Formularbuch Recht und Steuern 10. Auflage
Freischaltung der Online-Version mit regelmäßigen Aktualisierungen

Sehr geehrte Leserin,
sehr geehrter Leser,

als Käufer dieses Buches können Sie auch auf die **elektronische Version** des Formularbuchs in beck-online.DIE DATENBANK und auf die in den Erläuterungen zitierten Gesetzestexte, Urteile und Erlasse zugreifen. Die elektronische Version wird regelmäßig aktualisiert und an Gesetzesänderungen, neue Urteile und Verwaltungserlasse angepasst.

Sämtliche **Formulartexte** können Sie mit Hilfe der elektronischen Version problemlos in ein Textverarbeitungsprogramm übernehmen und dort für Ihre individuelle Fallgestaltung anpassen oder erweitern.

Nutzen Sie die elektronische Version und profitieren Sie von den dort enthaltenen zusätzlichen Materialien und den komfortablen Recherchemöglichkeiten von beck-online.

Und so geht's:

1. Rufen Sie die Internetadresse www.freischaltung.beck.de auf.
2. Geben Sie Ihren persönlichen Freischaltcode (s. unten) ein und folgen Sie den Anweisungen auf dem Bildschirm.
3. **Wichtig:** Wenn Sie bereits beck-online-Kunde sind, benutzen Sie zum Login bitte **unbedingt** Ihre bekannten Zugangsdaten. Das Handbuch wird Ihrem Konto dann zugeschaltet.
4. Sollten Sie noch kein beck-online-Kunde sein, klicken Sie auf „Registrieren". Sie erhalten dann eine E-Mail mit Ihrem Benutzernamen und einem Aktivierungslink.
5. Bestätigen Sie den Aktivierungslink innerhalb von 28 Tagen und wählen Sie ein Passwort.
6. Sie können nun mit Ihrem **Benutzernamen** und Ihrem **Passwort** von jedem beliebigen PC, Tablet oder Smartphone auf die Online-Version zugreifen.

Ihr Freischaltcode: FORMR-GGHFC-PFR68-HMDAW

Das Angebot gilt für einen Nutzer. Ihren Online-Zugang können Sie bis zum Erscheinen der 11. Auflage dieses Buches nutzen.

Ihr Verlag C.H.BECK

Formularbuch
Recht und Steuern

Formularbuch Recht und Steuern

Gesellschaftsverträge – Sonstige Verträge
Besteuerungsverfahren – Rechtsmittelverfahren
Steuerstrafverfahren

Bearbeitet von

Dr. Jörg Alvermann, Rechtsanwalt und Fachanwalt für Steuerrecht in Köln;
Dipl.-Fw. Dr. Jochen Bahns, Rechtsanwalt und Steuerberater in Bonn;
Manuela Beckert, Rechtsanwältin und Fachanwältin für Steuerrecht in München;
Prof. Dr. Burkhard Binnewies, Rechtsanwalt und Fachanwalt für Steuerrecht in Köln;
Dipl.-Kfm. Dr. Philipp Böwing-Schmalenbrock, LL.M., Richter am Finanzgericht Münster;
Dr. Ralf Dremel, Rechtsanwalt und Steuerberater in Düsseldorf;
Dr. Nico Fischer, Rechtsanwalt in München;
Dr. Markus J. Friedl, LL.M., Rechtsanwalt in Frankfurt am Main;
Joachim Hund-von Hagen, D.E.A. (Paris II), Rechtsanwalt, Fachanwalt für Steuerrecht
und Wirtschaftsmediator in Frankfurt am Main;
Dipl.-Kfm. Hasso Kolberg, Rechtsanwalt, Wirtschaftsprüfer und Steuerberater
in München;
Dr. Joachim Krämer, Rechtsanwalt und Steuerberater in Bonn;
Dr. Jörg Schauf, Rechtsanwalt und Fachanwalt für Steuerrecht in Bonn;
Dr. Rolf Schwedhelm, Rechtsanwalt und Fachanwalt für Steuerrecht in Köln;
Prof. Dr. Ingo Stangl, Steuerberater in München;
Dipl.-Fw. Manfred Tremmel, München;
Dr. Michael Winter, Rechtsanwalt und Steuerberater in Bonn;
Dr. Markus Wollweber, Rechtsanwalt und Fachanwalt für Steuerrecht in Köln

10., neu bearbeitete und erweiterte Auflage 2021

C.H.BECK

www.beck.de

ISBN 978 3 406 76232 1

© 2021 Verlag C.H. Beck oHG
Wilhelmstraße 9, 80801 München
Satz, Druck und Bindung: Druckerei C.H. Beck Nördlingen
(Adresse wie Verlag)
Umschlaggestaltung: Martina Busch, Grafikdesign, Homburg Saar

Gedruckt auf säurefreiem, alterungsbeständigem Papier
(hergestellt aus chlorfrei gebleichtem Zellstoff)

Vorwort zur 10. Auflage

Bei der Gestaltung von Verträgen kommt es wegen der oft gravierenden finanziellen Folgen entscheidend auf die Beachtung aller denkbaren steuerlichen Auswirkungen an. Dieses Vertrags- und Formularhandbuch erläutert umfassend die gesellschafts- und zivilrechtlichen Grundlagen sowie die steuerlichen Konsequenzen von Gesellschaftsverträgen und anderen Verträgen. Alle Vertragsformulare werden nach ihrer wirtschaftlichen Bedeutung, nach Gesellschafts- und Zivilrecht sowie nach Steuerrecht behandelt. Daran schließen sich wie bei einem Kommentar die Erläuterungen der Vertragsregelungen an, wiederum aufgegliedert in die einzelnen Rechtsgebiete:

- **Gesellschaftsverträge:** Aktiengesellschaft, Betriebsaufspaltung, Einbringung, EWIV, SE, GbR, GmbH, Gewinngemeinschaft, KG und GmbH & Co. KG, OHG und ähnliche Verträge, Partnerschaft, Joint Venture, Realteilung, Schiedsvertrag, Stille Gesellschaft, Umwandlung, Unterbeteiligung, Verein, Stiftung
- **Sonstige Verträge:** von Angehörigenverträge, Anteilsabtretung bis Unternehmenskauf und Werkvertrag
- **Anträge im Besteuerungsverfahren:** von Abrechnungsbescheid, Abtretung bis Verbindliche Zusage und Verbindliche Auskunft
- **Rechtsmittelverfahren:** Verfahren vor den Finanzbehörden, den Finanzgerichten und dem BFH
- **Steuerstrafverfahren:** Selbstanzeige, Berichtigung gem. § 153 AO, Beschwerde gegen Durchsuchungs- und Beschlagnahmebeschluss, Widerruf der freiwilligen Herausgabe von Unterlagen
- **Mandatsbezogene Verträge:** Steuerberaterrahmenvertrag, Vollmacht, Mandatsbeendigung, Haftungsbegrenzung und Vergütungsvereinbarungen.

Die *10. Auflage* hat den Stand 1.4.2021. Alle Verträge und Formulierungshilfen wurden gründlich überarbeitet und ergänzt. Die seit der letzten Auflage im Jahr 2017 erfolgten Gesetzesänderungen (u.a. zuletzt durch das Jahressteuergesetz 2020, die Corona-Steuerhilfegesetze I bis III, das Gesetz über Maßnahmen im Gesellschafts-, Genossenschafts-, Vereins-, Stiftungs- und Wohnungseigentumsrecht zur Bekämpfung der Auswirkungen der COVID-19-Pandemie, das Kostenrechtsänderungsgesetz 2021 und das Gesetz zur Abmilderung der Folgen der COVID-19-Pandemie im Zivil-, Insolvenz- und Strafverfahrensrecht) sind komplett berücksichtigt. Zum Entwurf eines Gesetzes zur Modernisierung des Personengesellschaftsrechts (MoPeG – BR-Drs. 59/21) und zum Entwurf eines Gesetzes zur Modernisierung des Körperschaftsteuerrechts (KöMoG – BR-Drs. 244/21), die beide bei Redaktionsschluss noch nicht verabschiedet waren, finden sich an verschiedenen Stellen der Erläuterungen hilfreiche Hinweise. Ausführliche Erläuterungen und aktualisierte Formulartexte können Sie zeitnah nach Verkündung der beiden Gesetze in der elektronischen Version des Formularbuchs abrufen. Auf das entsprechende Modul in beck-online haben Sie ohne Mehrkosten Zugriff. Details zur Freischaltung des Moduls finden Sie auf Seite VII „Aktualisierungen in beck-online". Neu in die Sammlung aufgenommen wurde das Formular E.2 Berichtigung gemäß § 153 AO.

Konzeptionell verfolgt das *Formularbuch Recht und Steuern* die Zielsetzung, dem gesellschaftsrechtlich nicht spezialisierten Berater alle wesentlichen *zivilrechtlichen Grundlagen* zu vermitteln, die sich bei der Gestaltung und Abfassung von Verträgen ergeben. In *steuerrechtlicher Hinsicht* sollen alle steuerlich denkbaren Folgen bei Abschluss von Gesellschaftsverträgen sowie von sonstigen Verträgen erörtert werden. Hinter dieser Konzeption steht die in der Praxis immer wieder gemachte Erfahrung, dass bei zivilrechtlich ausgerichteten Beratern die steuerrechtlichen Probleme und bei steuerrecht-

V

Vorwort

lichen Beratern zivil-, handels- und gesellschaftsrechtliche Fragen im Rahmen von Vertragsgestaltungen oft zu kurz kommen. Dies kann für den Berater erhebliche haftungsrechtliche Folgen haben. Denn während zivilrechtliche Gestaltungsfehler auch rückwirkend noch korrigierbar sind, können Fehlplanungen aus steuerlicher Sicht für die Betroffenen sehr teuer werden, weil rückwirkende Vertragsänderungen insofern nicht anerkannt werden. Ungewollte steuerrechtliche Wirkungen können auch bei sog. einfachen Verträgen wie z. B. einem Anstellungsvertrag oder einem Darlehensvertrag auftreten, weshalb wir auch diese Verträge aus zivil- und steuerrechtlicher Sicht darstellen.

Die Umsetzung des vorstehenden Konzepts dieses „Formular-Kommentars" geschieht auf *zwei Ebenen:*

(1) Zunächst erfolgt die *grundsätzliche* Erörterung des jeweiligen Vertragsmusters nach seiner wirtschaftlichen Bedeutung, zivilrechtlichen Einordnung und steuerrechtlichen Folgewirkung. (2) Im Anschluss daran wird jede einzelne Vertragsvorschrift getrennt erläutert, wobei die Kommentierung wiederum nach Gesellschaftsrecht einerseits sowie Steuerrecht andererseits erfolgt. Darüber hinaus werden, soweit erforderlich, auch arbeits- und wettbewerbsrechtliche Hinweise gegeben.

Seinem Aufbau nach unterscheidet das *Formularbuch Recht und Steuern* sechs Teile: An den das Handbuch prägenden Teil „*A. Gesellschaftsverträge*" schließt sich Teil „*B. Sonstige Verträge*" an. Teil „*C. Anträge im Besteuerungsverfahren*" bringt Formulierungsvorschläge für die wichtigsten Anträge an das Finanzamt, die außerhalb des Rechtsbehelfsverfahrens im Rahmen der Besteuerung immer wieder gestellt werden. Teil „*D. Rechtsmittelverfahren*" unterteilt sich in das Verfahren vor den Finanzbehörden, die Klageverfahren vor den Finanzgerichten sowie das Revisions- und Beschwerdeverfahren vor dem Bundesfinanzhof. Teil „*E. Steuerstrafverfahren*" enthält wichtige Formulierungshilfen bei der Steuerstrafverfolgung. Teil „*F. Mandatsbezogene Verträge*" schließlich umfasst Formularvorschläge vom Steuerberaterrahmenvertrag bis zur Vergütung.

Wie bereits bei der Vorauflage kann jeder Käufer des Buches auf die elektronische Version des Formularbuchs und auf die in den Erläuterungen zitierten Gesetzestexte, Urteile und Erlasse zugreifen. Zudem wird die in *beck-online* enthaltene Version *regelmäßig aktualisiert* und an Gesetzesänderungen und neue Rechtsprechung angepasst. Sämtliche Formulare können aus *beck-online* problemlos in ein Textverarbeitungsprogramm exportiert und dort für die individuelle Fallgestaltung angepasst oder erweitert werden. Erläuterungen zur Freischaltung und Ihren Freischaltcode finden Sie unmittelbar vor der Titelseite des Buches.

Aus dem Kreis der Autoren ausgeschieden ist Frau Karin Stahl-Sura. Verlag und Mitverfasser sind ihr für ihr langjähriges Engagement zu großem Dank verpflichtet. Herr Dr. Philipp Böwing-Schmalenbrock, der bereits in der letzten Auflage zusammen mit ihr für die Teile D.1 und D.2 (Verfahren vor den Finanzbehörden und -gerichten) verantwortlich zeichnete, verantwortet diese nun allein. Zusätzlich hat er auch Teil D.3 (Verfahren vor dem Bundesfinanzhof) übernommen.

Wir hoffen, dass Ihnen die vorgelegte Neuauflage unseres Formularbuchs wieder von großem Nutzen sein wird. Für die äußerst positive Aufnahme der bisherigen Auflagen unseres Handbuchs danken wir allen unseren Lesern und bitten Sie weiterhin um Anregungen, Hinweise und Verbesserungsvorschläge.

Im Mai 2021   Die Verfasser

Aktualisierungen in beck-online

Mit ihrem persönlichen Freischaltcode haben alle Käufer des Buches Zugriff auf *Aktualisierungen der Buchinhalte in beck-online. DIE DATENBANK.* In der Online-Version werden die Formulare regelmäßig an Gesetzesänderungen, neue Rechtsprechung etc. angepasst. Beachten Sie hierzu bitte die Hinweise zur *Freischaltung der Online-Version* und den eingedruckten *Freischaltcode* vor dem Titelblatt des Buches.

Die Formularmustertexte wurden mit größtmöglicher Sorgfalt erstellt. Da jedoch andere Rechtsansichten und Fehler des Autors oder des Verlages niemals ganz ausgeschlossen werden können, erhebt keine der in den Mustertexten enthaltenen Formulierungen Anspruch auf uneingeschränkte Rechtsgültigkeit. Der Verlag und die Autoren übernehmen daher keine Haftung für den Inhalt der Mustertexte.

Bearbeiterverzeichnis

Dr. Jörg Alvermann .... A. Gesellschaftsverträge (Formulare 17, 18)

Dr. Jochen Bahns .... B. Sonstige Verträge (Formulare 11–15, 17–20, 22, 23)

Manuela Beckert .... A. Gesellschaftsverträge (Formulare 8, 9, 16)

B. Sonstige Verträge (Formular 16)

C. Anträge im Besteuerungsverfahren (Formulare 1–20)

Prof. Dr. Burkhard Binnewies .... A. Gesellschaftsverträge (Formular 1 und 2)

Dr. Philipp Böwing-Schmalenbrock .... D. Rechtsmittelverfahren (Formulare 1, 2.01–2.15, 2.17-2.28, 3)

Dr. Nico Fischer .... B. Sonstige Verträge (Formular 21)

Dr. Markus J. Friedl .... A. Gesellschaftsverträge (Formular 4.02, 12.00)

Dr. Markus J. Friedl/
Dr. Joachim Krämer .... A. Gesellschaftsverträge (Formulare 3, 12.01, 15)

Joachim Hund-von Hagen .... A. Gesellschaftsverträge (Formulare 5, 11, 13)

Dipl.-Kfm. Hasso Kolberg .... A. Gesellschaftsverträge (Formular 14)

B. Sonstige Verträge (Formular 8a)

Dr. Joachim Krämer .... A. Gesellschaftsverträge (Formular 4.01)

Dr. Jörg Schauf .... E. Steuerstrafverfahren (Formulare 1–4)

Dr. Rolf Schwedhelm/
Dr. Markus Wollweber .... A. Gesellschaftsverträge (Formular 6)

Prof. Dr. Ingo Stangl/
Dr. Michael Winter .... A. Gesellschaftsverträge (Formular 10)

Manfred Tremmel .... D. Rechtsmittelverfahren (Formular 2.16)

Dr. Michael Winter/
Dr. Ralf Dremel .... A. Gesellschaftsverträge (Formular 7)

B. Sonstige Verträge (Formulare 1–8, 9, 10)

Dr. Markus Wollweber .... F. Mandatsbezogene Verträge (Formulare 1–5)

Inhaltsübersicht

Inhaltsverzeichnis

(In kursiver Schrift ist der jeweilige Autor genannt)

Teil A. Gesellschaftsverträge

Inhaltsverzeichnis

Inhaltsverzeichnis

Inhaltsverzeichnis

Inhaltsverzeichnis

Inhaltsverzeichnis

Inhaltsverzeichnis

Inhaltsverzeichnis

Abkürzungs- und Literaturverzeichnis

Abkürzungs- und Literaturverzeichnis

Abkürzungs- und Literaturverzeichnis

Bott/Walter	Bott/Walter, Körperschaftsteuergesetz, Kommentar (Loseblatt) – früher Ernst & Young
BpO	Betriebsprüfungsordnung
BR	Bundesrat
BRAO	Bundesrechtsanwaltsordnung
BR-Drs.	Bundesrats-Drucksache
BReg.	Bundesregierung
BSG	Bundessozialgericht
bspw.	beispielsweise
BStBl. I, II, III	Bundessteuerblatt Teile I, II, III
BT	Bundestag
BT-Drs.	Bundestags-Drucksache
Buchst.	Buchstabe
Bunjes	Bunjes, Kommentar zum Umsatzsteuergesetz, 19. Aufl. 2020
BUrlG	Bundesurlaubsgesetz
BVerfG	Bundesverfassungsgericht
BVerfGE	Entscheidungen des Bundesverfassungsgerichts
BVerwG	Bundesverwaltungsgericht
BVerwGE	Entscheidungen des Bundesverwaltungsgerichts
BZSt	Bundeszentralamt für Steuern
bzgl.	bezüglich
bzw.	beziehungsweise
CoronaStHG	Corona-Steuerhilfegesetz
DB	Der Betrieb (Zeitschrift)
DBA	Doppelbesteuerungsabkommen
D'dorf	Düsseldorf
Der Konzern	Der Konzern (Zeitschrift)
ders.	derselbe
dh.	das heißt
dies.	dieselbe(n)
DIS	Deutsche Institution für Schiedsgerichtsbarkeit e.V.
DM	Deutsche Mark
DNotI-Report	Informationsdienst des Deutschen Notarinstituts (Zeitschrift)
DNotZ	Deutsche Notar-Zeitschrift
D/P/M	Dötsch/Pung/Möhlenbrock, Die Körperschaftsteuer (Loseblatt)
D/P/P/M	Dötsch/Patt/Pung/Möhlenbrock, Umwandlungssteuerrecht, 7. Aufl. 2012
DRiG	Deutsches Richtergesetz
DrittelbG	Drittelbeteiligungsgesetz
Drs.	Drucksache
DStJG	Deutsche Steuerjuristische Gesellschaft
DStR	Deutsches Steuerrecht (Zeitschrift)
DStRE	Deutsches Steuerrecht Entscheidungsdienst (Zeitschrift)
DStRK	Deutsches Steuerrecht kurzgefaßt
DStZ	Deutsche Steuer-Zeitung (Zeitschrift)
DV, DVO	Durchführungs-Verordnung
E/B/J/S	Ebenroth/Boujong/Joost/Strohn, Handelsgesetzbuch, 4. Aufl. 2020
EFG	Entscheidungen der Finanzgerichte (Zeitschrift)

Abkürzungs- und Literaturverzeichnis

EFZG	Entgeltfortzahlungsgesetz
EG	Europäische Gemeinschaft(en)
EGAO	Einführungsgesetz zur AO
EGBGB	Einführungsgesetz zum Bürgerlichen Gesetzbuch
EGHGB	Einführungsgesetz zum Handelsgesetzbuch
EGV	Vertrag zur Gründung der Europäischen Wirtschaftsgemeinschaft
EK	Eigenkapital
Emmerich/Habersack	Emmerich/Habersack, Aktien- und GmbH-Konzernrecht, 9. Aufl. 2019
Engl	Engl (Hrsg.), Formularbuch Umwandlungen, 5. Aufl. 2020
ErbR	ErbR – Zeitschrift für die gesamte erbrechtliche Praxis
ErbStB	Der Erbschaft-Steuer-Berater
ErbStG	Erbschaftsteuer- und Schenkungsteuergesetz
ErbStH	Erbschaftsteuer-Hinweise
ErbStR	Erbschaftsteuer-Richtlinien
ErbStRG	Erbschaftsteuer-Reformgesetz
ErbStRG 2016	Gesetz zur Anpassung des Erbschaftsteuer- und Schenkungsteuergesetzes an die Rechtsprechung des Bundesverfassungsgerichts v. 4.11.2016 (BGBl. I 16, 2464)
Erfurter Kommentar ArbR	Erfurter Kommentar zum Arbeitsrecht, 21. Aufl. 2021
Erle/Sauter	Erle/Sauter, Körperschaftsteuergesetz, 3. Aufl. 2010
Erman	Erman, BGB, 16. Aufl. 2020
ESt	Einkommensteuer
EStB	Der Ertrag-Steuer-Berater (Zeitschrift)
EStDV	Einkommensteuer-Durchführungsverordnung
EStG	Einkommensteuergesetz
EStH	Einkommensteuer-Hinweise
EStR	Einkommensteuer-Richtlinien
etc.	et cetera
EU	Europäische Union
EuGH	Europäischer Gerichtshof
EuGHE	Sammlung der Entscheidungen des Europäischen Gerichtshofs
EURLUmsG	Richtlinien-Umsetzungsgesetz v. 9.12.2004 (BGBl. I 04, 3310)
EuZW	Europäische Zeitschrift für Wirtschaftsrecht
e. V.	eingetragener Verein
EVertr.	Einigungsvertrag
evtl.	eventuell
EWG	Europäische Wirtschaftsgemeinschaft
EWIR	Entscheidungen zum Wirtschaftsrecht (Zeitschrift)
EWIV	Europäische Wirtschaftliche Interessenvereinigung
EWIV-AG	EWIV-Ausführungsgesetz
EWIV-VO	EWG-Verordnung Nr. 2137/85 v. 25.7.1985 über die Schaffung einer Europäischen wirtschaftlichen Interessenvereinigung (EWIV)
EWS	Europäisches Währungssystem
f., ff.	folgend, fortfolgend
FA, FÄ	Finanzamt, Finanzämter
FG	Finanzgericht
FGO	Finanzgerichtsordnung

FGOÄndG	FGO-Änderungsgesetz
FinVerw.	Finanzverwaltung
Fitting	Fitting/Engels/Schmidt/Trebinger/Linsenmaier/Schelz, Betriebsverfassungsgesetz, 30. Aufl. 2020
FM	Finanzministerium
FMBl.	Finanzministerialblatt
Fn.	Fußnote
FR	Finanz-Rundschau (Zeitschrift)
Frotscher/Drüen	Frotscher/Drüen, Kommentar zum Körperschaft-, Gewerbe- und Umwandlungsteuergesetz (Loseblatt)
Fusions-RL	RL 2009/133/EG über das gemeinsame Steuersystem für Fusionen, Spaltungen, Abspaltungen, die Einbringung von Unternehmensteilen und den Austausch von Anteilen, die Gesellschaften verschiedener Mitgliedstaaten betreffen, sowie für die Verlegung des Sitzes einer Europäischen Gesellschaft oder einer Europäischen Genossenschaft von einem Mitgliedstaat in einen anderen Mitgliedstaat v. 19.10.2009
FS	Festschrift
FVG	Gesetz über die Finanzverwaltung
GAV	Gewinnabführungsvertrag
GBl.	Gesetzblatt
GBO	Grundbuchordnung
GbR	Gesellschaft des bürgerlichen Rechts
gem.	gemäß
GenG	Genossenschaftsgesetz
Geßler/Hefermehl	Geßler/Hefermehl/Eckardt/Kropff, Aktiengesetz, 2. Aufl. 1986
GewArch	Gewerbearchiv (Zeitschrift)
GewO	Gewerbeordnung
GewSt	Gewerbesteuer
GewStDV	Gewerbesteuer-Durchführungsverordnung
GewStG	Gewerbesteuergesetz
GewStR	Gewerbesteuer-Richtlinien
GG	Grundgesetz
ggf.	gegebenenfalls
GKG	Gerichtskostengesetz (jetzt: GNotKG)
glA	gleicher Ansicht
Glanegger/Güroff	Güroff/Selder/Wagner, GewStG, 10. Aufl. 2021
GmbH	Gesellschaft mit beschränkter Haftung
GmbHG	Gesetz betreffend die Gesellschaft mit beschränkter Haftung
GmbHR	GmbH-Rundschau (Zeitschrift)
GmbH-Stb	GmbH-Steuerberater (Zeitschrift)
GmS-OGB	Gemeinsamer Senat der obersten Gerichtshöfe des Bundes
GNotKG	Gerichts- und Notarkostengesetz
GoB	Grundsätze ordnungsmäßiger Buchführung
Gosch KStG	Gosch, Körperschaftsteuergesetz, 4. Aufl. 2020
Gräber	Gräber, Finanzgerichtsordnung, 9. Aufl. 2019
grds.	grundsätzlich
GrESt-Erlass	Gleichlautender Ländererlass v. 2.12.1999, BStBl. I 99 S. 991
GrEStG	Grunderwerbsteuergesetz
Groß	Stumpf/Groß, Der Lizenzvertrag, 8. Aufl. 2005
GrS	Großer Senat

Abkürzungs- und Literaturverzeichnis

Jauernig	Jauernig, BGB, 18. Aufl. 2021
JbFfSt.	Jahrbuch der Fachanwälte für Steuerrecht
JDStJG	Jahrbuch der Deutschen Steuerjuristischen Gesellschaft e. V., s. DStJG
Jesse	Jesse, Einspruch und Klage im Steuerrecht, 4. Aufl. 2017
JStG	Jahressteuergesetz
J/J/R	Joecks/Jäger/Randt, Steuerstrafrecht, 8. Aufl. 2015
KAGG	Gesetz über Kapitalanlagegesellschaften
Kallmeyer	Kallmeyer, Umwandlungsgesetz, 7. Aufl. 2020
KapErhG	Kapitalerhöhungsgesetz
KapErhStG	Kapitalerhöhungs-Steuergesetz
Kapp/Ebeling	Kapp/Ebeling, Kommentar zum Erbschaftsteuer- und Schenkungsteuergesetz (Loseblatt)
KapVerm.	Kapitalvermögen
Kfz.	Kraftfahrzeug
KG	Kammergericht; Kommanditgesellschaft
KGaA	Kommanditgesellschaft auf Aktien
Kirchhof	Kirchhof, EStG-Kompakt-Kommentar, 19. Aufl. 2020
Kj.	Kalenderjahr
K/K/R/D	Koller/Kindler/ Roth/Drüen, HGB, 9. Aufl. 2019; 8. Aufl. Kindler/Koller/Roth/Morck
Klein	Klein, Kommentar zur Abgabenordnung, 15. Aufl. 2020
Knobbe-Keuck	Knobbe-Keuck, Bilanz- und Unternehmenssteuerrecht, 9. Aufl. 1993
Kölner Komm.	Kölner Kommentar zum Aktiengesetz, herausgegeben von Zöllner/Noack, 3. Aufl. 2004
Koenig	Koenig, Kommentar zur Abgabenordnung, 3. Aufl. 2014
Korb II-Gesetz	Gesetz zur Umsetzung der Protokollerklärung der Bundesregierung zum StVergAbG v. 22.12.2003 (BGBl. I 03, 2840)
Korintenberg	Korintenberg, Gerichts- und Notarkostengesetz, 21. Aufl. 2020
KÖSDI	Kölner Steuerdialog (Zeitschrift)
Koslowski	Steuerberatungsgesetz, 7. Aufl. 2015
KostVerz.	Kostenverzeichnis
KroatienAnpG	Gesetz zur Anpassung des nationalen Steuerrechts an den Beitritt Kroatiens zur EU und zur Änderung weiterer steuerlicher Vorschriften v. 25.7.2014 (BGBl. I 14, 1266)
Küting/Pfitzer/ Weber	Küting/Pfitzer/Weber, Handbuch der Rechnungslegung – Einzelabschluss (Loseblatt)
KSchG	Kündigungsschutzgesetz
K/S/M	Kirchhof/Söhn/Mellinghoff, Einkommensteuergesetz (Loseblatt)
KSt	Körperschaftsteuer
KStDV	Körperschaftsteuer-Durchführungsverordnung
KStG	Körperschaftsteuergesetz
KStR	Körperschaftsteuer-Richtlinien
KWG	Gesetz über das Kreditwesen
lfd.	laufend(e)
LFZG	Lohnfortzahlungsgesetz; jetzt Aufwendungsausgleichsgesetz
LG	Landgericht

Abkürzungs- und Literaturverzeichnis

Limmer .... Limmer (Hrsg.), Handbuch der Unternehmensumwandlung, 6. Aufl. 2019

Littmann .... Littmann/Bitz/Pust, Das Einkommensteuerrecht. Kommentar (Loseblatt)

LSG .... Landessozialgericht

LStDV .... Lohnsteuer-Durchführungsverordnung

LStH .... Lohnsteuer-Hinweise

LStR .... Lohnsteuer-Richtlinien

lt. .... laut

LuF .... Land- und Forstwirtschaft

Lutter UmwG .... Lutter (Hrsg.), Umwandlungsgesetz, 6. Aufl. 2019

Lutter/Hommelhoff Lutter/Hommelhoff, GmbH-Gesetz, 20. Aufl. 2019

M/D/L Organschaft Müller/Detmering/Lieber, Die Organschaft, 11. Aufl., 2019

mE .... meines Erachtens

Meilicke .... Meilicke/Graf von Westphalen/Hoffmann/Lenz/Wolff, Partnerschaftsgesellschaftsgesetz, 3. Aufl. 2015

M/H/H .... Meincke/Hannes/Holtz, Kommentar zum Erbschaftsteuer- und Schenkungsteuergesetz, 17. Aufl. 2018

Michalski .... Michalski/Heidinger/Leible/Schmidt, Kommentar zum Gesetz betreffend die Gesellschaften mit beschränkter Haftung (GmbH-Gesetz) Bd. 1 und 2, 3. Aufl. 2017

MinBl. .... Ministerialblatt

MittBayNot. .... Mitteilungen der Bayerischen Notarkammer

MoMiG .... Gesetz zur Modernisierung des GmbH-Rechts und zur Bekämpfung von Missbräuchen v. 23.10.2008 (BGBl. I 08, 2026)

MünchHdb GesR .. Münchener Handbuch des Gesellschaftsrechts Bd. 1–6, 4. Aufl. 2014

MünchKommAktG Münchener Kommentar zum Aktiengesetz, 5. Aufl. 2019

MünchKommBGB Münchener Kommentar zum Bürgerlichen Gesetzbuch, 8. Aufl. 2018

MünchKomm-
GmbHG .... Münchener Kommentar zum Gesetz betreffend die Gesellschaften mit beschränkter Haftung (GmbHG), 3. Aufl. 2018

MünchKommHGB Münchener Kommentar zum Handelsgesetzbuch, 5. Aufl. 2021

MünchKommZPO Münchener Kommentar zur Zivilprozessordnung, 6. Aufl. 2020

MuSchG .... Mutterschutzgesetz

mwN .... mit weiteren Nachweisen

MwStSystRL .... Mehrwertsteuersystem-Richtlinie

Nds. .... Niedersachsen

nF .... neue Fassung

Nirk/Ziemons/
Binnewies .... Nirk/Ziemons/Binnewies, Handbuch der Aktiengesellschaft (Loseblatt)

NJW .... Neue Juristische Wochenschrift (Zeitschrift)

NJW-RR .... NJW-Rechtsprechungsreport (Zeitschrift)

NJW-Spezial .... Beilage zur Neuen Juristischen Wochenschrift (Zeitschrift)

NotBZ	Zeitschrift für die notarielle Beratungs- und Beurkundungspraxis
Nr.	Nummer
NRW	Nordrhein-Westfalen
NZG	Neue Zeitschrift für Gesellschaftsrecht (Zeitschrift)
nv.	nicht veröffentlicht
NWB	Neue Wirtschaftsbriefe (Zeitschrift)
oä.	oder ähnliche(s)
Oetker	Oetker, Kommentar zum Handelsgesetzbuch, 7. Aufl. 2021
OFD	Oberfinanzdirektion
OG	Organgesellschaft
o.g.	oben genannt
OHG	Offene Handelsgesellschaft
OLG	Oberlandesgericht
OT	Organträger
OVG	Oberverwaltungsgericht
OWiG	Gesetz über Ordnungswidrigkeiten
p.a.	per annum
Pahlke	Pahlke, Kommentar zum Grunderwerbsteuergesetz, 6. Aufl. 2018
Palandt	Palandt, Bürgerliches Gesetzbuch, 80. Aufl. 2021
PartG	Partnerschaftsgesellschaft
PartGG	Gesetz über Partnerschaftsgesellschaften Angehöriger Freier Berufe
Pkw	Personenkraftwagen
PRV	Partnerschaftsregisterverordnung
PublG	Publizitätsgesetz
R/D	Rau/Dürrwächter, UStG-Kommentar (Loseblatt)
RegE (Begr.)	Regierungsentwurf (Begründung)
Rev.	Revision
Reichert	Reichert, GmbH & Co. KG, 8. Aufl. 2021
RG	Reichsgericht
RGBl.	Reichsgesetzblatt
RGZ	Entscheidungen des Reichsgerichts in Zivilsachen
R/H/L	Rödder/Herlinghaus/van Lishaut, Umwandlungssteuergesetz, 3. Aufl. 2019
R/H/N	Rödder/Herlinghaus/Neumann, Körperschaftsteuergesetz, 2015
RhPf.	Rheinland-Pfalz
Richardi	Richardi, Betriebsverfassungsgesetz, 16. Aufl. 2018
RIW	Recht der Internationalen Wirtschaft (Zeitschrift)
rkr.	rechtskräftig
Rössler/Troll	Rössler/Troll, Kommentar zum Bewertungsgesetz (Loseblatt)
Rowedder	Rowedder/Schmidt-Leithoff, GmbHG, 6. Aufl. 2017
RpflegerG	Rechtspflegergesetz
Rspr.	Rechtsprechung
RVO	Rechtsverordnung
Rz.	Randziffer

Abkürzungs- und Literaturverzeichnis

s.	siehe
S.	Seite
Sauter/Schweyer	Sauter/Schweyer/Waldner, Der eingetragene Verein, 21. Aufl. 2021
S/B/B	Sagasser/Bula/Brünger (Hrsg.), Umwandlungen, 5. Aufl. 2017
Schaub, Handbuch	Schaub, Arbeitsrechts-Handbuch, 18. Aufl. 2019
SchlHol.	Schleswig-Holstein
Schmidt	Schmidt, Kommentar zum Einkommensteuergesetz, 40. Aufl. 2021
Schmidt/Lutter	Schmidt/Lutter, Aktiengesetz, 4. Aufl. 2019
Scholz	Scholz, Kommentar zum GmbH-Gesetz, 12. Aufl. 2018
Schwab/Walter	Schwab/Walter, Schiedsgerichtsbarkeit, 7. Aufl. 2005
SEAG	SE-Ausführungsgesetz
SEBG	Gesetz über die Beteiligung der Arbeitnehmer in einer Europäischen Gesellschaft (SE-Beteiligungsgesetz)
SEStEG	Gesetz über steuerliche Begleitmaßnahmen zur Einführung der Europäischen Gesellschaft und zur Änderung weiterer steuerrechtlicher Vorschriften v. 7.12.2006 (BGBl. I 06, 2782)
SE-VO	Verordnung (EG) Nr. 2157/2001 v. 8.10.2001 über das Statut der Europäischen Gesellschaft (SE)
S/F	Schnitger/Fehrenbacher, KStG, 2. Aufl. 2018
SG	Sozialgericht
SGB I	Sozialgesetzbuch, Erstes Buch, Allgemeiner Teil
SGB IV	Sozialgesetzbuch, Viertes Buch, Gemeinsame Vorschriften für die Sozialversicherung
S/H	Schmitt/Hörtnagel, Umwandlungsgesetz, Umwandlungssteuergesetz, 9. Aufl. 2020
Sj	steuer-journal (Zeitschrift)
so.	siehe oben
Sölch/Ringleb	Sölch/Ringleb, Kommentar zum Umsatzsteuergesetz (Loseblatt)
Soergel	Soergel/Siebert, Bürgerliches Gesetzbuch mit Einführungsgesetz und Nebengesetzen, 13. Aufl. 2000
sog.	sogenannte(r)
SolZG	Solidaritätszuschlagsgesetz
Sp.	Spalte
Spindler/Stilz	Spindler/Stilz, Kommentar zum Aktiengesetz, 4. Aufl. 2019
SpTrUG	Gesetz über die Spaltung der von der Treuhandanstalt verwalteten Unternehmen
S/St	Semler/Stengel, Umwandlungsgesetz, 4. Aufl. 2017
StÄndG	Steueränderungsgesetz
Staudinger	Staudinger, Kommentar zum Bürgerlichen Gesetzbuch, 18 Aufl. 2020
StB	Der Steuerberater (Zeitschrift)
StBerG	Gesetz über die Rechtsverhältnisse der Steuerberater und Steuerbevollmächtigten (Steuerberatungsgesetz)
Stbg.	Die Steuerberatung (Zeitschrift)
StBGebV	Steuerberatergebührenverordnung
StbJb.	Steuerberater-Jahrbuch
StBKongRep.	Steuerberaterkongress-Report
StBp.	Steuerliche Betriebsprüfung (Zeitschrift)
StBVV	Steuerberatervergütungsverordnung
StbW	Steuerberater Woche (Zeitschrift)

Abkürzungs- und Literaturverzeichnis

Abkürzungs- und Literaturverzeichnis

UStDV	Umsatzsteuer-Durchführungsverordnung
UStG	Umsatzsteuergesetz
UStR	Umsatzsteuer-Richtlinien
usw.	und so weiter
uU	unter Umständen
UVR	Umsatzsteuer- und Verkehrsteuerrecht (Zeitschrift)
UWG	Gesetz gegen den unlauteren Wettbewerb
UZK	Zollkodex der Europäischen Union (EU-VO Nr. 952/2013)
v.	von, vom
VAG	Gesetz über die Beaufsichtigung der Versicherungsunternehmen (Versicherungsaufsichtsgesetz)
v. Campenhausen/Richter	v. Campenhausen/Richter, Stiftungsrechts-Handbuch, 4. Aufl. 2014
vEK	verwendbares Eigenkapital
Verf.	Verfasser
VergVO	Vergütungsverordnung
VermBDV	Verordnung zur Durchführung des Vermögensbildungsgesetzes
VermBG	Vermögensbildungsgesetz
VersStG	Versicherungsteuergesetz
Vfg.	Verfügung
vGA	verdeckte Gewinnausschüttung
VGH	Verwaltungsgerichtshof
vgl.	vergleiche
VO	Verordnung
Vogel	Vogel/Lehner, DBA, 6. Aufl. 2015
VSF	Vorschriftensammlung der Bundesfinanzverwaltung
VuV	Vermietung und Verpachtung
VVaG	Versicherungsverein auf Gegenseitigkeit
VVG	Versicherungsvertragsgesetz
VwGO	Verwaltungsgerichtsordnung
VwZG	Verwaltungszustellungsgesetz
VZ	Veranlagungszeitraum
WEG	Wohnungseigentumsgesetz
WG	Wirtschaftsgut
W/H/S/S	Willemsen/Hohenstatt/Schweibert/Seibt, Umstrukturierung und Übertragung von Unternehmen, 5. Aufl. 2016
Windbichler	Windbichler, Gesellschaftsrecht, 24. Aufl. 2017
wistra	Zeitschrift für Wirtschafts- und Steuerstrafrecht
Witte	Witte, UZK – Zollkodex der Union, 7. Aufl. 2018
Wj.	Wirtschaftsjahr
WM	Wertpapiermitteilungen (Zeitschrift)
W/M	Widmann/Mayer, Umwandlungsrecht, Kommentar (Loseblatt)
WoBauG	Wohnungsbaugesetz
WoPG	Wohnungsbau-Prämiengesetz
WPg	Die Wirtschaftsprüfung (Zeitschrift)
WPH	Wirtschaftsprüfer-Handbuch, 17. Aufl. 2021
WPO	Wirtschaftsprüferordnung
WuW	Wirtschaft und Wettbewerb (Zeitschrift)

Abkürzungs- und Literaturverzeichnis

zB	zum Beispiel
ZfB	Zeitschrift für Betriebswirtschaft; ab 2013: Journal of Business Economics
ZfbF	Zeitschrift für betriebswirtschaftliche Forschung
ZfV	Zeitschrift für Versicherungswesen
ZfZ	Zeitschrift für Zölle und Verbrauchsteuern
ZgK	Zeitschrift für das gesamte Kreditwesen
ZGR	Zeitschrift für Unternehmens- und Gesellschaftsrecht
ZHR	Zeitschrift für das gesamte Handels- und Wirtschaftsrecht
Ziff.	Ziffer
ZIP	Zeitschrift für Wirtschaftsrecht
Zöller	Zöller, Kommentar zur ZPO, 33. Aufl. 2020
ZPO	Zivilprozessordnung
zT	zum Teil
zust.	zustimmend
ZVG	Gesetz über die Zwangsversteigerung und Zwangsverwaltung
zzgl.	zuzüglich

A. Gesellschaftsverträge

A. 1. Kleine Aktiengesellschaft – AG

Übersicht

A. 1.00 Satzung (Bargründung)

Gliederung

I. FORMULARE

Formular A. 1.00 Satzung (Bargründung)

SATZUNG der … AG

I. Allgemeine Bestimmungen

§ 1 Firma, Sitz

(1) Die Gesellschaft führt die Firma „…… AG".

(2) Sie hat ihren Satzungssitz in …… *[Ort]*. Der Vorstand ist berechtigt, einen vom Satzungssitz abweichenden Verwaltungssitz innerhalb der Bundesrepublik Deutschland zu wählen.

§ 2 Gegenstand des Unternehmens

(1) Gegenstand des Unternehmens ist …… .

(2) Die Gesellschaft ist zu allen Geschäften und Maßnahmen berechtigt, die geeignet erscheinen, dem Gegenstand des Unternehmens zu dienen. Sie kann zu diesem Zweck Niederlassungen errichten, andere Unternehmen im In- und Ausland gründen, erwerben und sich an ihnen beteiligen sowie solche Unternehmen einheitlich leiten oder sich auf die Verwaltung der Beteiligung beschränken. Sie kann ihren Betrieb ganz oder teilweise in verbundene Unternehmen ausgliedern.

§ 3 Geschäftsjahr, Bekanntmachung

(1) Geschäftsjahr ist das Kalenderjahr. Das erste Geschäftsjahr ist ein Rumpfgeschäftsjahr, welches mit der Eintragung der Gesellschaft in das Handelsregister beginnt und am 31.12. …. endet.

(2) Die Bekanntmachungen der Gesellschaft erfolgen im elektronischen Bundesanzeiger. Freiwillige Bekanntmachungen können stattdessen auf der Website der Gesellschaft erfolgen.

II. Grundkapital und Aktien

§ 4 Grundkapital, Aktien, Vinkulierung

(1) Das Grundkapital der Gesellschaft beträgt € 50.000,– (in Worten: Euro fünfzigtausend).

(2) Das Grundkapital ist eingeteilt in 50.000 Stückaktien.

(3) Die Stückaktien lauten auf den Namen. Dies gilt auch für Aktien aus einer zukünftigen Kapitalerhöhung, sofern der Erhöhungsbeschluss keine abweichende Bestimmung enthält.

(4) Die Form der Aktienurkunden setzt der Vorstand mit Zustimmung des Aufsichtsrats fest. Die Gesellschaft kann einzelne Aktien in Aktienurkunden zusammenfassen, die eine Mehrzahl von Aktien verbriefen (Globalurkunden). Der Anspruch des Aktionärs auf Einzelverbriefung seiner Aktien ist ausgeschlossen.

(5) Die Aktien sind nur mit Zustimmung der Gesellschaft übertragbar. Die Zustimmung erklärt der Vorstand. Über die Erteilung der Zustimmung entscheidet die Hauptversammlung mit einfacher Mehrheit der bei der Beschlussfassung abgegebenen Stimmen. Dabei gilt Stimmenthaltung nicht als Stimmabgabe.

§ 5 Einziehung von Aktien

(1) Einziehung von Aktien durch die Gesellschaft ist nach Maßgabe von § 237 AktG zulässig. Eine Zwangseinziehung von Aktien ist der Gesellschaft gestattet, wenn

a) über das Vermögen des betroffenen Aktionärs das Insolvenzverfahren rechtskräftig eröffnet oder die Eröffnung eines solchen Verfahrens rechtskräftig mangels Masse abgelehnt wird oder der Aktionär gem. § 807 ZPO die Richtigkeit seines Vermögensverzeichnisses an Eides statt zu versichern hat;

b) die Aktien ganz oder teilweise von einem Gläubiger des betroffenen Aktionärs gepfändet werden oder in sonstiger Weise in diese vollstreckt wird und die Vollstreckungsmaßnahme nicht innerhalb von drei Monaten, spätestens jedoch bis zur Verwertung der Aktien, aufgehoben wird;

c) diese Aktien von Todes wegen auf eine oder mehrere Personen übergehen, bei denen es sich nicht um einen anderen Aktionär, den Ehegatten oder einen leiblichen Abkömmling des verstorbenen Aktionärs handelt und die Aktien nicht innerhalb von sechs Monaten nach dem Tode des Aktionärs auf eine oder mehrere dieser Personen übertragen werden.

(2) Im Falle der Zwangseinziehung ist an den betroffenen Aktionär bzw. an seinen Rechtsnachfolger als Einziehungsentgelt ein Betrag zu zahlen, der den Bilanzwert (eingezahlte Einlagen zuzüglich offener Rücklagen, zuzüglich Jahresüberschuss und Gewinnvortrag und abzüglich Jahresfehlbetrag und Verlustvortrag) der eingezogenen Aktien nicht übersteigen darf. Maßgebend für die Berechnung des Bilanzwerts der eingezogenen Aktien ist die Handelsbilanz des am Tag der Beschlussfassung durch die Hauptversammlung vorangehenden Geschäftsjahrs. Stille Reserven jeglicher Art und ein Firmenwert werden nicht berücksichtigt. Die Festsetzung der weiteren Bedingungen der Zwangseinziehung bleibt der Beschlussfassung durch die Hauptversammlung überlassen.

III. Vorstand

§ 6 Zusammensetzung des Vorstands, Geschäftsführung, Vertretung

(1) Der Vorstand besteht aus einer, höchstens drei Personen, sofern zwingende gesetzliche Bestimmungen nicht eine höhere Zahl vorschreiben. Der Aufsichtsrat bestimmt in diesem Rahmen die Zahl der Mitglieder des Vorstands. Der Aufsichtsrat kann einen Vorsitzenden des Vorstands und einen stellvertretenden Vorsitzenden des Vorstands ernennen.

(2) Sofern der Vorstand aus mehreren Mitgliedern besteht, sind diese zur Gesamtgeschäftsführung befugt. Der Aufsichtsrat kann bestimmen, dass einzelne oder alle Vorstandsmitglieder, mit oder ohne Beschränkung, zur Einzelgeschäftsführung befugt sind.

(3) Der Vorstand fasst seine Beschlüsse mit einfacher Stimmenmehrheit. Bei Stimmengleichheit gibt die Stimme des Vorsitzenden den Ausschlag, sofern mehr als zwei Vorstandsmitglieder bestellt sind. Der Vorstand ist beschlussfähig, sofern $2/3$ der Vorstandsmitglieder anwesend sind. Beschlüsse können im Umlaufverfahren (schriftlich, per Telefax, per E-Mail, telefonisch) gefasst werden.

(4) Der Vorstand kann sich durch einstimmigen Beschluss eine Geschäftsordnung geben, wenn nicht der Aufsichtsrat eine Geschäftsordnung für den Vorstand erlässt. Eine Geschäftsordnung des Vorstands bedarf der Zustimmung des Aufsichtsrats.

(5) Ist nur ein Vorstandsmitglied bestellt, ist dieses einzelvertretungsbefugt. Zwei Vorstandsmitglieder sind gesamtvertretungsbefugt. Besteht der Vorstand aus mehr als zwei Mitgliedern, können jeweils zwei Vorstände gemeinschaftlich oder ein Vor-

stand mit einem Prokuristen die Gesellschaft vertreten. Der Aufsichtsrat kann bestimmen, dass einzelne oder alle Vorstandsmitglieder einzelvertretungsbefugt sind. Der Aufsichtsrat kann einzelne oder alle Vorstandsmitglieder von § 181 2. Alt. BGB befreien.

IV. Aufsichtsrat

§ 7 Zusammensetzung des Aufsichtsrats, Amtszeit, Amtsniederlegung

(1) Der Aufsichtsrat besteht aus drei Mitgliedern, sofern zwingende gesetzliche Bestimmungen nicht eine höhere Anzahl vorschreiben.

(2) Die Aufsichtsratsmitglieder werden längstens für die Zeit bis zur Beendigung der Hauptversammlung gewählt, die über die Entlastung für das vierte Geschäftsjahr nach dem Beginn ihrer Amtszeit beschließt. Dabei wird das Geschäftsjahr, in dem die Amtszeit beginnt, nicht mitgerechnet.

(3) Scheidet ein Aufsichtsratsmitglied vor Ablauf seiner Amtszeit aus, so ist das an seiner Stelle in den Aufsichtsrat eintretende Mitglied nur für die Zeit bis zum Ablauf der Amtszeit des ausgeschiedenen Aufsichtsratsmitglieds zu wählen. Wiederwahl ist möglich.

(4) Jedes Aufsichtsratsmitglied kann sein Amt unter Einhaltung einer Frist von einem Monat niederlegen. Die Niederlegung muss durch schriftliche Erklärung gegenüber dem Vorstand unter Benachrichtigung des Vorsitzenden des Aufsichtsrats erfolgen. Das Recht zur Amtsniederlegung aus wichtigem Grund bleibt hiervon unberührt.

(5) Ein Mitglied des Aufsichtsrats wird durch den Aktionär ...... entsandt. Der Aktionär ... kann sich auch selbst in den Aufsichtsrat entsenden, sofern er nicht Mitglied des Vorstands der Gesellschaft ist. Das Entsenderecht kann nur durch eine schriftliche Erklärung ausgeübt werden, in der das zu entsendende Mitglied zu benennen ist. Die Erklärung ist an den Vorstand zu senden. Die Hauptversammlung wählt sämtliche Mitglieder des Aufsichtsrats, wenn nicht bis spätestens vor Beginn der Hauptversammlung (die Hauptversammlung beginnt mit der Begrüßung), in der die turnusmäßige Wahl des Aufsichtsrats ansteht, vom Entsenderecht Gebrauch gemacht wird.

§ 8 Vorsitzender und Stellvertreter des Aufsichtsrats

(1) Der Aufsichtsrat wählt nach jeder Hauptversammlung, die über die Entlastung für das Geschäftsjahr beschließt, aus seiner Mitte einen Vorsitzenden, und zwar jeweils für die Zeit bis zur Beendigung der nächsten Hauptversammlung, die über die Entlastung für das Geschäftsjahr beschließt. Stellvertreter haben die Rechte und Pflichten des Vorsitzenden des Aufsichtsrats, wenn dieser verhindert ist. Unter mehreren Stellvertretern gilt die bei ihrer Wahl bestimmte Reihenfolge.

(2) Scheidet der Vorsitzende oder einer seiner Stellvertreter vorzeitig aus dem Amt aus, so hat der Aufsichtsrat unverzüglich eine Neuwahl für die restliche Amtszeit des Ausscheidenden vorzunehmen.

§ 9 Einberufung des Aufsichtsrats

(1) Der Aufsichtsrat soll einmal im Kalenderhalbjahr einberufen werden.

(2) Die Sitzungen des Aufsichtsrats werden durch den Vorsitzenden, ersatzweise durch seinen Stellvertreter, mit einer Frist von 14 Tagen schriftlich einberufen. Bei der Berechnung der Frist werden der Tag der Absendung der Einladung und der Tag der Sitzung nicht mitgerechnet. In dringenden Fällen kann der Vorsitzende die Frist verkürzen und mündlich, fernmündlich, telegrafisch oder per Telefax einberufen, wenn kein Aufsichtsratsmitglied diesem Verfahren widerspricht.

(3) Mit der Einberufung ist die Tagesordnung mitzuteilen. Ist eine Tagesordnung nicht ordnungsgemäß angekündigt worden, darf hierüber nur beschlossen werden, wenn kein Aufsichtsratsmitglied widerspricht.

§ 10 Beschlussfassung des Aufsichtsrats

(1) Beschlüsse des Aufsichtsrats werden in der Regel in Sitzungen gefasst. Außerhalb von Sitzungen können auf Anordnung des Vorsitzenden des Aufsichtsrats Beschlussfassungen im Umlaufverfahren (schriftlich, per Telefax, per E-Mail, telefonisch) erfolgen, wenn kein Mitglied diesem Verfahren widerspricht. Solche Beschlüsse werden vom Vorsitzenden schriftlich festgestellt und allen Mitgliedern zugeleitet.

(2) Der Aufsichtsrat ist beschlussfähig, wenn an der Beschlussfassung, sofern der Aufsichtsrat aus drei Mitgliedern besteht, alle, ansonsten mindestens drei und mindestens die Hälfte der Mitglieder, teilnehmen. Ein Mitglied nimmt auch dann an der Beschlussfassung teil, wenn es sich in der Abstimmung der Stimme enthält. Abwesende Aufsichtsratsmitglieder können an der Abstimmung des Aufsichtsrats dadurch teilnehmen, dass sie schriftliche Stimmabgaben überreichen lassen.

(3) Beschlüsse des Aufsichtsrats werden, soweit das Gesetz nicht zwingend etwas anderes bestimmt, mit einfacher Mehrheit der abgegebenen Stimmen gefasst. Dabei gilt Stimmenthaltung nicht als Stimmabgabe. Bei Stimmgleichheit gibt die Stimme des Vorsitzenden des Aufsichtsrats den Ausschlag; dies gilt auch bei Wahlen. Nimmt der Vorsitzende des Aufsichtsrats an der Abstimmung nicht teil, so gibt die Stimme seines Stellvertreters den Ausschlag.

(4) Der Aufsichtsratsvorsitzende ist ermächtigt, im Namen des Aufsichtsrats die zur Durchführung der Beschlüsse des Aufsichtsrats erforderlichen Willenserklärungen abzugeben.

(5) Über die Verhandlungen und Beschlüsse des Aufsichtsrats sind Niederschriften anzufertigen, die vom Vorsitzenden der Sitzung oder bei Abstimmungen außerhalb von Sitzungen vom Leiter der Abstimmung zu unterzeichnen sind.

§ 11 Zustimmungsbedürftige Geschäfte

(1) Der Vorstand bedarf der vorherigen Zustimmung des Aufsichtsrats zur Vornahme folgender Geschäfte:

a) Erwerb, Veräußerung und Belastung von Grundbesitz.

b) Aufnahme und Gewährung von Krediten, Übernahme von Bürgschaften, Garantien oder sonstigen Haftungen, die einen Betrag von € ...... übersteigen.

c) Veräußerung oder Stilllegung des Betriebs.

(2) Darüber hinaus kann der Aufsichtsrat einen Katalog zustimmungspflichtiger Geschäfte beschließen. Der Katalog ist nicht formeller, satzungsmäßiger Bestandteil des Gesellschaftsvertrags, sondern eine intern bindende Richtlinie für den Vorstand. Der Katalog kann daher durch einen formlosen Beschluss des Aufsichtsrats beschlossen, erweitert oder beschränkt werden.

(3) Die nach Abs. 1 erforderlichen Zustimmungen des Aufsichtsrats können auch in Form einer allgemeinen Ermächtigung für bestimmte Arten der vorbezeichneten Geschäfte erfolgen. Derartige Ermächtigungen müssen die in Betracht kommenden Geschäftsvorgänge sowie deren Zweck und die Zeit, in der sie ausgeführt sein müssen, genau bestimmen. Im Falle der Verweigerung der Zustimmung beschließt die Hauptversammlung auf Antrag des Vorstands über die Zustimmung.

§ 12 Geschäftsordnung des Aufsichtsrats

Der Aufsichtsrat kann für sich im Rahmen von Gesetz und Satzung eine Geschäftsordnung festsetzen.

§ 13 Vergütung des Aufsichtsrats

Die Mitglieder des Aufsichtsrats erhalten den Ersatz aller Auslagen. Über die Vergütung für das abgelaufene Geschäftsjahr beschließt die Hauptversammlung in der Hauptversammlung, in der über die Entlastung der Mitglieder des Aufsichtsrats abgestimmt wird. Der Vorsitzende des Aufsichtsrats erhält die doppelte Vergütung eines einfachen Mitglieds. Die Vergütung ist zzgl. Umsatzsteuer zu zahlen. Die Vergütung darf € ...... zzgl. Umsatzsteuer nicht überschreiten.

V. Hauptversammlung

§ 14 Ort und Einberufung der Hauptversammlung

(1) Die Hauptversammlung findet am Sitz der Gesellschaft oder einem anderen Ort in der Bundesrepublik Deutschland statt.

(2) Die Hauptversammlung wird durch den Vorstand oder in den gesetzlichen Fällen durch den Aufsichtsrat einberufen.

(3) Die Einberufung muss mindestens 30 Tage vor dem Tag der Versammlung erfolgen. Der Tag der Versammlung zählt bei der Fristberechnung nicht mit. Tagungsort, Tagungszeit und Tagesordnung sind in der Einladung mitzuteilen. Die Einladung kann per eingeschriebenem Brief erfolgen, sofern der Gesellschaft sämtliche Aktionäre bekannt sind. Ist von den Aktionären eine E-Mail-Adresse bekannt, kann die Einberufung auch per E-Mail erfolgen. Ansonsten erfolgt die Einberufung durch Bekanntmachung im elektronischen Bundesanzeiger. Die Einladung kann formlos und fristlos erfolgen, wenn sämtliche Aktionäre an der Hauptversammlung teilnehmen bzw. vertreten sind und kein Aktionär dem Verfahren widerspricht.

(4) Die Hauptversammlung, die über die Entlastung von Vorstand und Aufsichtsrat, die Gewinnverwendung und – soweit erforderlich – über die Feststellung des Jahresabschlusses beschließt (ordentliche Hauptversammlung), findet innerhalb der ersten acht Monate eines jeden Geschäftsjahrs statt.

(5) Werden von einem Aktionär Aktien an eine andere Person übertragen, ist der Vorstand verpflichtet, unverzüglich nach Anzeige der Übertragung die Hauptversammlung mit einer Frist von nicht mehr als einem Monat einzuberufen, damit diese gem. § 4 der Satzung über die Erteilung der erforderlichen Zustimmung zur Übertragung beschließen kann.

§ 15 Stimmrecht in der Hauptversammlung

(1) Jede Aktie gewährt eine Stimme.

(2) Das Stimmrecht beginnt mit der vollständigen Leistung der Einlage.

(3) Die Vollmacht zur Ausübung des Stimmrechts kann schriftlich, per Telefax oder per E-Mail erteilt werden.

§ 16 Vorsitz in der Hauptversammlung

(1) Den Vorsitz in der Hauptversammlung führt der Vorsitzende des Aufsichtsrats, im Falle seiner Verhinderung sein Stellvertreter oder ein anderes durch den Aufsichtsrat zu bestimmendes Aufsichtsratsmitglied (Versammlungsleiter). Übernimmt kein Aufsichtsratsmitglied den Vorsitz, so eröffnet der an Lebensjahren älteste anwesende Aktionär die Versammlung und lässt von dieser einen Versammlungsleiter wählen.

(2) Der Versammlungsleiter bestimmt die Reihenfolge, in der die Gegenstände der Tagesordnung erledigt werden, sowie die Form der Abstimmung.

§ 17 Beschlussfassung in der Hauptversammlung

(1) Beschlüsse der Hauptversammlung werden mit einfacher Mehrheit der abgegebenen Stimmen gefasst, soweit nicht nach zwingenden gesetzlichen Vorschriften oder Regelungen in der Satzung eine größere Stimmenmehrheit erforderlich ist. Soweit Kapitalmehrheit erforderlich ist, genügt die einfache Kapitalmehrheit, sofern nicht gesetzlich eine größere Mehrheit vorgesehen ist. Dabei gilt Stimmenthaltung nicht als Stimmabgabe.

(2) Wird bei einer Wahl im ersten Wahlgang eine einfache Stimmenmehrheit nicht erreicht, so findet eine engere Wahl unter den Personen statt, denen die beiden höchsten Stimmenzahlen zugefallen sind. Bei der engeren Wahl entscheidet die höchste Stimmenzahl, bei Stimmengleichheit das durch den Vorsitzenden zu ziehende Los.

(3) Die Hauptversammlung ist beschlussfähig, wenn 50% des stimmberechtigten Grundkapitals vertreten sind. Erweist sich eine Hauptversammlung als nicht beschlussfähig, ist eine neu einberufene Hauptversammlung, die innerhalb der nächsten sechs Wochen stattfindet, hinsichtlich der Gegenstände, die auf der Tagesordnung der nicht beschlussfähigen Hauptversammlung standen, ohne Rücksicht auf die Höhe des dann vertretenen Grundkapitals beschlussfähig, wenn in der Einberufung darauf hingewiesen wurde.

§ 18 Niederschrift der Hauptversammlung

(1) Über die Verhandlung in der Hauptversammlung wird ein vom Versammlungsleiter zu unterzeichnendes Protokoll aufgenommen.

(2) Werden Beschlüsse gefasst, für die das Gesetz eine $3/4$ oder eine größere Mehrheit vorschreibt, so ist über diese Beschlüsse ein notarielles Protokoll aufzunehmen.

(3) Die Niederschrift, der ein vom Vorsitzenden der Hauptversammlung zu unterzeichnendes Verzeichnis der erschienenen oder vertretenen Aktionäre und der Vertreter von Aktionären beizufügen ist, hat für die Aktionäre sowohl untereinander als auch in Beziehung auf ihre Vertreter volle Beweiskraft.

VI. Rechnungslegung

§ 19 Jahresabschluss

(1) Der Vorstand hat innerhalb der gesetzlichen Frist für das vergangene Geschäftsjahr den Jahresabschluss aufzustellen und – erforderlichenfalls – dem Abschlussprüfer vorzulegen. Unverzüglich nach Aufstellung oder – soweit gesetzlich vorgeschrieben – unverzüglich nach Eingang des Prüfungsberichts des Abschlussprüfers hat der Vorstand den Jahresabschluss dem Aufsichtsrat mit einem Vorschlag über die Verwendung des Bilanzgewinns vorzulegen.

(2) Der Aufsichtsrat hat den Jahresabschluss, den Lagebericht des Vorstands und den Vorschlag für die Verwendung des Bilanzgewinns zu prüfen und über das Ergebnis der Prüfung schriftlich an die Hauptversammlung zu berichten. Er hat seinen Bericht innerhalb eines Monats, nachdem ihm die Vorlagen zugegangen sind, dem Vorstand zuzuleiten. Billigt der Aufsichtsrat nach Prüfung den Jahresabschluss, ist dieser festgestellt, sofern nicht der Vorstand und der Aufsichtsrat beschließen, die Feststellung des Jahresabschlusses der Hauptversammlung zu überlassen.

(3) Nach Eingang des Berichts des Aufsichtsrats hat der Vorstand die ordentliche Hauptversammlung unverzüglich einzuberufen. Der Jahresabschluss, der Lagebericht des Vorstands und der Bericht des Aufsichtsrats und des Vorstands für die Verwendung des Bilanzgewinns sind von der Einberufung an in den Geschäftsräumen der Gesellschaft zur Einsicht der Aktionäre auszulegen.

VII. Schlussbestimmungen

§ 20 Schiedsvereinbarung

Alle Streitigkeiten zwischen den Aktionären aus diesem Vertrag sollen unter Ausschluss des ordentlichen Rechtswegs von einem Schiedsgericht entschieden werden. Gerichtsstand ist Köln. Es gelten hierfür die §§ 1025 ff. ZPO.

§ 21 Gründungskosten

Die Gesellschaft trägt die mit der Eintragung verbundenen Kosten bis zu einem Gesamtbetrag von € ....

Formular A. 1.00a Gründungsprotokoll (Bargründung)

Urkundenrolle Nummer ......

Verhandelt am ...... zu ......

Vor dem Notar ...... erschienen

1. Herr/Frau ......, ... *[Beruf]*, geboren am ...... wohnhaft ......,

2. ......,

3. ....

Die Erschienenen wiesen sich wie folgt aus:

Die Erschienenen erklärten:

1. Wir errichten eine Aktiengesellschaft unter der Firma ...... AG mit Sitz in ......

2. Wir stellen hiermit die Satzung gem. Anlage zu dieser Urkunde fest.

3. Das Grundkapital ist in 50.000 Stückaktien eingeteilt, die wie folgt übernommen werden:

   a) Herr/Frau ......, ... Stückaktien

   b) ......

   c) ......

   Die Einlagen sind in bar zu leisten. Sie sind in voller Höhe sofort zur Zahlung fällig. Die Ausgabe der Aktien erfolgt ohne Aufgeld.

4. Zu Mitgliedern des ersten Aufsichtsrats bestellen wir

   – Herrn/Frau ...... *[Name, Beruf, Anschrift]*,

   – ...... sowie

   – ....

   und zwar für die Zeit bis zur Beendigung der Hauptversammlung, die über die Entlastung des Aufsichtsrats für das am 31.12. .... *[Jahr der Gründung]* endende Rumpfwirtschaftsjahr beschließt.

(5. Zum Abschlussprüfer für dieses Rumpfwirtschaftsjahr bestellen wir ......)

5./6. Wir bevollmächtigen hiermit Herrn/Frau ...... *[Name, Beruf, Anschrift]* etwa erforderliche Änderungen oder Ergänzungen dieser notariellen Urkunde, insbesondere der Satzung, vorzunehmen, sofern das Registergericht dies zur Eintragung in das Handelsregister verlangt. Der Bevollmächtigte ist von den Beschränkungen des § 181 BGB befreit.

> ### Formular A. 1.00b Wahl des ersten Vorstands (Bargründung)

Niederschrift

über die Sitzung des Aufsichtsrats der ...... AG mit Sitz in ....

Laut Gründungsprotokoll vom ...... (Urkundenrolle Nummer ...... des Notars ...... in ......) sind Herr/Frau ......, Herr/Frau ...... und Herr/Frau ...... zu Mitgliedern des Aufsichtsrats der ...... AG bestellt worden. Sie nehmen die Bestellung an, treten zu einer Sitzung zusammen und fassen einstimmig die nachfolgenden Beschlüsse:

1. Zum Vorsitzenden des Aufsichtsrats wird Herr/Frau ......, zu seinem Stellvertreter Herr/Frau ...... gewählt. Herr/Frau ...... und Herr/Frau ...... nehmen die Wahl an.

2. Herr/Frau ...... *[Name, Beruf, Wohnort]* und Herr/Frau ...... *[Name, Beruf, Wohnort]* werden auf die Dauer von fünf Jahren zu Vorstandsmitgliedern bestellt. Herr/Frau ...... wird zum Vorsitzenden des Vorstandes ernannt.

3. Die dem Aufsichtsrat vorliegenden Anstellungsverträge werden genehmigt. Der Vorsitzende des Aufsichtsrates wird ermächtigt, diese im Namen des Aufsichtsrates mit den Vorstandsmitgliedern abzuschließen.

........................, den ....

....

(Unterschriften)

> ### Formular A. 1.00c Gründungsbericht (Bargründung)

Wir, die unterzeichnenden Gründer der ...... AG mit Sitz in ......, erstatten über den Hergang der Gründung folgenden Bericht:

1. Die Satzung der Gesellschaft wurde gem. notariellem Gründungsprotokoll vom ...... (Urkundenrolle Nummer ...... des Notars ...... in ......) festgestellt.

2. Als Gründer haben sich beteiligt:
   a) Herr/Frau ......, ... *[Beruf]*, geboren am ......, wohnhaft ......,
   b) ......,
   c) ....

3. Das Grundkapital der Gesellschaft beträgt € 50.000,–. Die Gründer haben die 50.000 Stückaktien übernommen. Sie haben hierauf ausschließlich bare Einlagen in voller Höhe der Nennbeträge auf das Konto der Gesellschaft bei der ...... Bank in ...... geleistet. Diese Einlage steht laut Bescheinigung der ...... Bank vom ...... endgültig zur freien Verfügung des Vorstandes.

4. Die Gründer haben als Mitglieder des ersten Aufsichtsrats Herrn X, Frau Y und Herrn T bestellt. Diese haben am ...... Herrn/Frau ...... zum Vorsitzenden und Herrn/Frau ...... zum stellvertretenden Vorsitzenden des Aufsichtsrats gewählt.

5. Durch Beschluss vom ...... hat der Aufsichtsrat Herrn/Frau ...... und Herrn/Frau ...... zu Mitgliedern des ersten Vorstands bestellt.

6. Bei der Gründung wurden keine Aktien für Rechnung des Vorstandes oder eines Mitglieds des Aufsichtsrats übernommen. Weder ein Mitglied des Vorstands noch des Aufsichtsrats hat sich einen besonderen Vorteil, eine Entschädigung oder Belohnung für die Gründung oder ihre Vorbereitung ausbedungen.

7. Die Gesellschaft hat nach § 21 der Satzung die Gründungskosten in einer geschätzten Höhe von € ...... übernommen.

........................, den ....

....

(Unterschriften)

Formular A. 1.00d Gründungsprüfungsbericht (Bargründung)

Wir, die unterzeichnenden Mitglieder des ersten Vorstands und des ersten Aufsichtsrats der ...... AG mit Sitz in ...... haben den Hergang der Gründung geprüft.

Bei der Prüfung haben uns folgende Unterlagen vorgelegen:

1. Die notarielle Urkunde vom ...... (Urkundenrolle Nummer ...... des Notars ...... in
   ......) über die Gründung der ...... AG, die Feststellung der Satzung, die Übernahme
   der Aktien durch die Gründer, die Bestellung des ersten Aufsichtsrats (und die Bestellung des Abschlussprüfers);

2. die Niederschrift vom ...... über die Bestellung des Vorstandes durch den Aufsichtsrat und die Wahl eines Aufsichtsratsvorsitzenden;

3. die Bescheinigung der ...... Bank in ...... vom ...... über die Einzahlung von
   € 50.000,– auf das Konto der Gesellschaft und die Bestätigung der Bank, dass der
   eingezahlte Betrag endgültig zur freien Verfügung des Vorstandes steht;

4. der Gründungsbericht vom ....

Nach unseren Feststellungen entspricht der Hergang der Gründung den gesetzlichen
Vorschriften. Die Angaben der Gründer über die Übernahme der Aktien, die Einlage
auf das Grundkapital, Sondervorteile und Gründungsaufwand sind richtig und vollständig. Gegen den Ansatz der Gründungskosten in geschätzter Höhe von € ...... bestehen keine Einwendungen.

........................, den ....

....

(Unterschriften)

Formular A. 1.00e Handelsregisteranmeldung (Bargründung)

Amtsgericht ...... *[Ort]*

– Registergericht –

Postfach ......

......

Neue Handelsregistersache ...... AG

Wir, die unterzeichnenden Gründer sowie Mitglieder des Vorstands und des Aufsichtsrats, melden die

...... AG

mit Sitz in ...... zur Eintragung in das Handelsregister an.

1. Gründer der Gesellschaft sind:

   ......

2. Mitglieder des ersten Aufsichtsrats sind:

   ......

   Zum Vorsitzenden des Aufsichtsrats wurde Herr/Frau ... gewählt.

3. Mitglieder des Vorstands sind:

......

4. Das Grundkapital der Gesellschaft beträgt € 50.000,– und ist eingeteilt in 50.000 Stückaktien. Die Aktien wurden gegen Bareinlage ohne Aufgeld ausgegeben. Auf jede Aktie ist die Einlage in voller Höhe auf das Konto der Gesellschaft bei der ...... Bank in ...... eingezahlt. Der eingezahlte Betrag von insgesamt € ...... steht, abzüglich der bei der Gründung angefallenen Gründungskosten, endgültig zur freien Verfügung des Vorstands. An Gründungskosten sind gezahlt worden:

......

5. Die Gesellschaft wird durch ein Vorstandsmitglied vertreten, sind zwei Vorstandsmitglieder bestellt, sind diese gesamtvertretungsbefugt. Besteht der Vorstand aus mehr als zwei Mitgliedern, können jeweils zwei Vorstände gemeinschaftlich oder ein Vorstand mit einem Prokuristen die Gesellschaft vertreten. Der Aufsichtsrat kann bestimmen, dass einzelne oder alle Vorstandsmitglieder einzeln vertretungsbefugt sind. Der Aufsichtsrat kann einzelne oder alle Vorstandsmitglieder von § 181 2. Alt. BGB befreien.

Die Vorstandsmitglieder zeichnen ihre Unterschrift zur Aufbewahrung bei Gericht wie folgt:

....

(Unterschrift)   (Unterschrift)

6. Wir, die unterzeichnenden Mitglieder des Vorstands, versichern, dass keine Umstände vorliegen, die unserer Bestellung nach § 76 Abs. 3 Satz 2 und 3 AktG entgegenstehen. Wir sind weder wegen eines Insolvenzdeliktes verurteilt noch besteht gegen uns ein Berufs- oder Gewerbeverbot eines Gerichts oder einer Behörde. Von dem beurkundenden Notar sind wir über unsere unbeschränkte Auskunftspflicht gegenüber dem Gericht belehrt worden.

7. Die Geschäftsräume der Gesellschaft befinden sich in ...... *[Ort und Straße]*.

8. Dieser Anmeldung sind folgende Urkunden beigefügt:

   – Das Gründungsprotokoll vom ...... (Urkundenrolle Nr.: ...... des Notars ...... in ......) mit der Feststellung der Satzung, der Übernahme der Aktien durch die Gründer, der Errichtung der Gesellschaft und der Bestellung der Mitglieder des ersten Aufsichtsrats;
   – die Niederschrift vom ...... über die Wahl eines Aufsichtsratsvorsitzenden und die Bestellung des ersten Vorstands durch den Aufsichtsrat;
   – der Gründungsbericht der Gründer vom ......;
   – der Prüfungsbericht der Mitglieder des Vorstands und des Aufsichtsrats vom ......;
   – die Bestätigung der ...... Bank in ...... vom ...... über die Einzahlung des Betrages von € 50.000,– auf das Konto der Gesellschaft bei der ...... Bank sowie die Bestätigung, dass dieser Betrag abzüglich der Gründungskosten zur freien Verfügung des Vorstands steht;
   – die Nachweise über die von dem eingezahlten Betrag gezahlten Gründungskosten;
   – die Liste der Aufsichtsratsmitglieder.

........................, den ....

....

(Unterschriften)

....

(Beglaubigungsvermerk)

II. ERLÄUTERUNGEN

Erläuterungen zu A. 1.00 Satzung (Bargründung)

1. Grundsätzliche Anmerkungen

1 **Schrifttum:** *Dinhausen/Eckstein*, Beck'sches Handbuch der AG, 3. Aufl. 2018; *Happ/Groß*, Aktienrecht, 5. Aufl. 2019; *Frodermann/Jannott*, Handbuch des Aktienrechts, 9. Aufl. 2017; *Hölters/Deilmann/Buchta*, Die kleine Aktiengesellschaft, 2. Aufl. 2002; *Hüffer/Koch*, AktG, 14. Aufl. 2020; *Manz/Mayer/Schröder*, Die Aktiengesellschaft, 7. Aufl. 2014; *Ziemons/Binnewies*, Handbuch der Aktiengesellschaft (Loseblatt); *Seibert/Kiem/Schüppen*, Handbuch der kleinen AG, 5. Aufl. 2008; *Streck*, KStG, 9. Aufl. 2018; *Wahlers*, Die Satzung der kleinen Aktiengesellschaft, 3. Aufl. 2003.

a) Wirtschaftliches Vertragsziel

2 Vertragsziel ist die **Bargründung** einer nicht börsennotierten AG mit weniger als 500 Beschäftigten unter Beteiligung eines kleinen Kreises von Gründern (zu den Einzelschritten vgl. Rz. 11). Für eine solche AG hat sich der Begriff der kleinen AG herausgebildet (vgl. zB *Lutter* AG 94, 429, 430).

3 Die **kleine AG** ist keine eigene Rechtsform. Sie ist für eine **reguläre AG**, auf die sämtliche Regelungen für die AG zur Anwendung kommen. Durch das „Gesetz für kleine Aktiengesellschaften und zur Deregulierung des Aktienrechts" v. 2.8.94 (BGBl. I 94, 1961), in Kraft seit dem 10.8.94, ist das Recht der AG lediglich in Einzelpunkten geändert worden, insbesondere um die AG auch für mittelständische Unternehmen attraktiv zu machen (vgl. *Seibert/Köster/Kiem*, Die kleine AG, Rz. 6ff.; *Hölters/Buchta* DStR 03, 79; *Lutter* AG 94, 429; *Olbing/Binnewies* GmbH-StB 01, 59).

4 Die AG ist – wie die GmbH – eine Kapitalgesellschaft.

Vorteile der AG:
– **Gewaltenteilung** zwischen Vorstand, Aufsichtsrat und Hauptversammlung. Der Vorstand ist nur dem Aufsichtsrat verantwortlich. Durch diese Zwischenschaltung des Aufsichtsrats kann daher kein Aktionär (soweit er keine Mehrheit besitzt) unmittelbar die Ablösung des Vorstands durchsetzen;
– leichtere Übertragbarkeit und damit Erleichterung des Generationenwechsels in Form des „fließenden" „Übergangs auf die folgende Generation.

5 **Nachteile der AG:**
– Mindeststammkapital € 50.000,–;
– immer noch relativ kompliziertere Gesellschaftsform auf Grund zahlreicher – zum Großteil unabdingbarer – Vorschriften.

6 Zur kleinen AG nach den Regelungen durch das Gesetz v. 2.8.94 (vgl. Rz. 7): Der Begriff der kleinen AG hat keinen fest definierten Inhalt. Tatsächlich knüpfen die Vereinfachungsregeln an ganz **unterschiedliche Merkmale** an, so dass die kleine AG sich unterschiedlich definiert je nachdem, von welchen gesetzlichen Regelungen die Rede ist. Kleine AG sind (vgl. *Bösert* DStR 94, 1423):
– im Hinblick auf die Gründungsvorschriften solche, bei denen von Anfang an weniger als fünf Personen die Aktien gegen Einlagen übernehmen sollen;
– im Hinblick auf die erleichterte Einberufung der Hauptversammlung solche, die all ihre Aktionäre namentlich kennen;
– im Hinblick auf die erleichterte Protokollierung der Hauptversammlung solche, deren Aktien nicht an der Börse zum Handel zugelassen sind;
– im Hinblick auf die Unbeachtlichkeit sämtlicher Einberufungsvorschriften der §§ 121–128 AktG solche, bei denen alle Aktionäre in der Hauptversammlung anwesend oder vertreten sind, und
– im Hinblick auf die Freistellung von der Mitbestimmung solche, die weniger als 500 Arbeitnehmer haben.

Die **Regelungen zur Förderung der kleinen AG im Einzelnen:**	7

(1) Zulässigkeit der Einmann-AG-Gründung (vgl. Formular A. 1.02).

(2) Auf € 1,– herabgesetzter Mindestnennbetrag der Aktie, § 8 Abs. 1 AktG.

(3) Möglicher Ausschluss des Rechts jedes Aktionärs auf Einzelverbriefung (vgl. Rz. 39).

(4) Keine Arbeitnehmer-Mitbestimmung im Aufsichtsrat für AG mit weniger als 500 Angestellten (vgl. Rz. 54).

(5) Vereinfachung bei der Bestellung des ersten Aufsichtsrats bei Sachgründungen auch bei mitbestimmter AG (kein Arbeitnehmervertreter mehr).

(6) Vereinfachung für die Durchführung der Hauptversammlung: Einladung durch eingeschriebenen Brief; Formerleichterung bzgl. der Protokollierung von Hauptversammlungsbeschlüssen (vgl. A. 1.17 Rz. 11 ff.; A. 1.24 Rz. 2 ff.).

(7) Verzicht auf sämtliche Einberufungsformalitäten bei Vollversammlungen (vgl. A. 1.17 Rz. 13).

(8) Erleichterter Bezugsrechtsausschluss bei Kapitalerhöhung gegen Bareinlagen.

Die Satzung ist im Wesentlichen **juristisches Fundament** zur Gründung der AG	8 und weniger „Gebrauchsanweisung" für den Umgang mit ihr. Die Satzung entspricht nur den wichtigsten gesetzlich vorgegebenen Bestimmungen. Die für die AG maßgeblichen Gesetze (insbes. AktG, §§ 238 ff. HGB, MontanMitbestG, MitbestG, BetrVG) enthalten eine Vielzahl von zwingenden Bestimmungen, so dass eine Übernahme sämtlicher Vorschriften nicht zweckdienlich ist. Der ständige Blick ins Gesetz, sowohl bei Gründung der AG wie auch später, ist daher unerlässliche Voraussetzung für den Umgang mit der AG. Eine Abstimmung der Satzung auf die **konkreten Umstände** des Einzelfalles ist unentbehrlich.

b) Gesellschaftsrecht

Gründer kann jede in- oder ausländische natürliche oder juristische Person oder	9 Personengesellschaft sein. Eine Gründerfähigkeit einer Erbengemeinschaft wird heute durch die hM bejaht (vgl. *Hüffer/Koch* § 2 AktG Rz. 11, mwN). Für geschäftsunfähige oder nur beschränkt geschäftsfähige Personen handelt der gesetzliche Vertreter. Hier sind die besonderen Vorschriften über die Vertretung (§§ 181, 1629 BGB) zu beachten. Der gesetzliche Vertreter bedarf nach §§ 1822 Nr. 3, 1643 Abs. 1 BGB zudem der Genehmigung des Vormundschaftsgerichts, wenn die AG – wie regelmäßig – auf den Betrieb eines Erwerbsgeschäftes gerichtet ist.

Die Gründung einer AG durch nur einen Gründer ist zulässig, § 2 AktG. Bei der	10 **Einmann-AG** sind folgende Sondervorschriften zu beachten: §§ 42, 121 Abs. 6 AktG (vgl. *Lutter* AG 94, 429, 430); vgl. auch Formular A. 1.02.

Die Gründung einer AG geschieht in mehreren **Schritten:**	11

– Errichtung in Form der notariellen Beurkundung sowie Feststellung der Satzung in Form eines notariell beurkundeten Errichtungsprotokolls;

– Aufbringung des Grundkapitals durch Übernahme der Aktien durch die Gründer (§ 29 AktG);

– Bestellung der Organe (§ 30 AktG);

– Leistung der Einlage (§§ 36 f. AktG);

– Gründungsbericht und Gründungsprüfung (§§ 32 ff. AktG);

– Handelsregisteranmeldung (§§ 36 f. AktG);

– Gründungskontrolle durch Prüfung und Nachgründungsvorschriften (§§ 32 ff., 52 ff. AktG).

Die AG ist juristische Person und als solche mit eigener Rechtspersönlichkeit aus-	12 gestattet. Unabhängig von ihrem Unternehmensgegenstand gilt sie als **Handelsgesellschaft,** § 3 AktG.

Mit der Feststellung der Satzung und der Übernahme aller Aktien durch die Grün-	13 der ist die AG **errichtet** (§ 29 AktG). Ihr Entstehungszeitpunkt ist jedoch erst die

Eintragung ins Handelsregister. Bis zu diesem Zeitpunkt existiert die AG als solche noch nicht (§ 41 Abs. 1 Satz 1 AktG). Sie ist in diesem Stadium eine Organisationsform eigener Art **(Vor-AG).** Auf die Vor-AG finden die Normen des AG-Rechts Anwendung, sofern sie nicht die Eintragung voraussetzen (vgl. zu den Einzelheiten *Ziemons/Binnewies* Handbuch der AG Rz. I 2.290 ff.). Wer für die Vor-AG handelt, haftet persönlich (§ 41 Abs. 1 Satz 2 AktG). Neben dem Handelnden haftet die Vor-AG mit dem Gesellschaftsvermögen. Ob und in welchem Umfang daneben auch die Gründer haften, ist streitig (vgl. *Ziemons/Binnewies* Handbuch der AG Rz. I 2.305 ff.). Die Haftung des Handelnden erlischt mit der Eintragung der AG in das Handelsregister (vgl. zur Haftung in der Gründungsphase auch *Heidinger* GmbHR 03, 189).

14   Die Vor-AG kann nach hM bei Zustimmung aller Gründer unbeschränkt am Geschäftsverkehr teilnehmen (vgl. *Hüffer/Koch* § 41 AktG Rz. 11). Die durch die Geschäftstätigkeit entstandenen Rechtsbeziehungen gehen mit Eintragung der AG auf diese über. Soweit durch die Tätigkeit der Vor-AG das Aktivvermögen im Zeitpunkt der Eintragung unter dem publizierten Grundkapital liegt, trifft die Gründer für die Differenz die persönliche **Haftung** (*Hüffer/Koch* § 41 AktG Rz. 8).

15   Bereits vor Errichtung der AG nach § 29 AktG können sich die Gründer zur Errichtung einer AG zusammenschließen **(Vorgründungsgesellschaft).** Die Vorgründungsgesellschaft wird als BGB-Gesellschaft (§ 705 BGB) oder – wenn bereits ein Grundhandelsgewerbe betrieben wird – als OHG (§ 105 HGB) behandelt. Wird die AG errichtet, endet die BGB-Gesellschaft bzw. OHG infolge Zweckerreichung. Die Rechte und Verbindlichkeiten der Vorgründungsgesellschaft gehen nicht automatisch auf die Vor-AG über. Sie müssen durch besondere Rechtsgeschäfte übertragen werden (vgl. *Ziemons/Binnewies* Handbuch der AG Rz. I 2.286).

16   Die Satzung muss durch **notarielle Beurkundung** festgestellt werden, § 23 Abs. 1 AktG. Es gelten §§ 8 ff. BeurkG. Nicht erforderlich ist, dass alle Gründer gleichzeitig anwesend sind. Ihre Beitrittserklärungen können vor dem Notar zeitlich nacheinander abgegeben werden. Auch Vertretung ist möglich. Es gelten grds. §§ 164 ff. BGB. Gemäß § 23 Abs. 1 Satz 2 AktG müssen Vollmachten allerdings notariell beglaubigt sein.

17   Die **Mindestanforderung** an den Inhalt der AG-Satzung normiert § 23 AktG. Unverzichtbar sind demnach für jede Satzung folgende Angaben:
   – Firma und Sitz der Gesellschaft,
   – Gegenstand des Unternehmens,
   – Höhe des Grundkapitals,
   – Nennbeträge und Anzahl der Aktien,
   – Angabe, ob Inhaber- oder Namensaktien,
   – Zahl der Mitglieder des Vorstands oder Regeln, nach denen diese Zahl festgelegt wird,
   – Bestimmung über Form der Bekanntmachungen der HV,
   – (Mindest-)Katalog zustimmungsbedürftiger Geschäfte.

18   Die AG wird nach § 262 AktG **aufgelöst**
   – durch Ablauf der in der Satzung bestimmten Zeit;
   – wegen Beschluss der Hauptversammlung mit $^3/_4$ Mehrheit;
   – durch Eröffnung des Insolvenzverfahrens;
   – bei Ablehnung der Eröffnung des Insolvenzverfahrens mangels Masse.

19   Die **Abwicklung** wird durchgeführt von den Vorstandsmitgliedern, § 265 AktG.

20   *(frei)*

c) Steuerrecht

21   Als **Kapitalgesellschaft** gelten für die AG grds. die gleichen steuerlichen Regeln wie für die GmbH (vgl. BFH X R 45/09 v. 23.3.11, NZG 11, 887). S. daher hierzu A. 6.00 Rz. 14 ff.

Zur GmbH hat die Finanzrechtsprechung besondere Bedingungen für die steuerli- 22
che Anerkennung von Leistungsbeziehungen zwischen der GmbH und ihrem **beherrschenden Gesellschafter** oder beherrschenden Gesellschaftern nahestehenden
Personen entwickelt. Danach hängt die steuerliche Anerkennung dieser Leistungsbeziehungen von folgenden Kriterien ab:
– Zivilrechtlich wirksame Vereinbarung,
– klare und eindeutige Vereinbarung,
– im Vorhinein, dh. vor erfolgter Leistung abgeschlossene Vereinbarung,
– tatsächliche Durchführung des Vereinbarten.

Aufgrund der zwischen der GmbH und der Aktiengesellschaft **differierenden Or-** 22a
ganisationsstruktur ist diese zur GmbH entwickelte Rechtsprechung nicht unmittelbar auf das Steuerrecht der Aktiengesellschaft zu übertragen. Auch der BFH hat es
abgelehnt, die im GmbH-Recht entwickelte Rechtsprechung zu den Sonderbedingungen für beherrschende Gesellschafter auf die Aktiengesellschaft zu übertragen
(BFH I R 76/68 v. 15.12.71, BStBl. II 72, 436; I R 5/69 v. 15.12.71, BStBl. II 72,
438, bestätigt durch BFH I R 93/01 v. 18.12.02, GmbHR 03, 846; FG Berlin-
Brandenburg 12 K 12174/08 v. 9.11.11, EFG 12, 873; vgl. auch BFH I B 10/04 v.
9.6.04, GmbHR 04, 1160). Grund der Differenzierung ist der zwischen GmbH und
AG bestehende Strukturunterschied. Die gesellschaftsrechtlichen Einflussmöglichkeiten eines beherrschenden GmbH-Gesellschafters sind mit denen eines beherrschenden
Aktionärs nicht vergleichbar. Der beherrschende Aktionär hat es nicht wie ein beherrschender GmbH-Gesellschafter in der Hand, Gewinne in Form von verschleierten
Betriebsausgaben auszuschütten und dadurch nach Belieben abzusaugen, da er aufgrund der anders gelagerten Organisationsstruktur anders als der beherrschende
GmbH-Gesellschafter keine vergleichbare gesellschaftsrechtliche Machtposition innehat, um entsprechende Gestaltungen in der Gesellschaft problemlos durchzusetzen.

IR der für die Aktiengesellschaft anzustellenden **differenzierten Betrachtung** sind 22b
die konkreten Einflussmöglichkeiten des beherrschenden Aktionärs im Einzelfall zu
prüfen (ausf. *Streck/Binnewies* AG 98, 26; *Binnewies* DStR 03, 2105; ebenso *Gosch*
KStG/Gosch § 8 Rz. 566 ff.). Zwischen folgenden Fallgruppen kann differenziert werden:

(1) Mehrheitsaktionär ohne Sitz im Vorstand oder Aufsichtsrat   22c

Für den Abschluss von Rechtsgeschäften zwischen Mehrheitsaktionär und Gesellschaft greift die gesetzlich vorgeschriebene Kompetenzordnung ein. Für die Gesellschaft handelt der Vorstand als gemäß § 78 AktG vertretungsberechtigtes Organ. Der
Vorstand ist ausschließlich verpflichtet, im Gesellschaftsinteresse zu handeln und unterliegt nicht den Weisungen des Mehrheitsaktionärs (§ 76 Abs. 1 AktG). Auch die persönliche Abhängigkeit ist abgemildert, da die Vorstandsmitglieder regelmäßig für fünf
Jahre bestellt werden und die Bestellung nur aus wichtigem Grund widerrufen werden
kann (§ 84 Abs. 1 Satz 1, Abs. 3 Satz 1 AktG). Ferner haften die Vorstandsmitglieder
gemäß § 93 Abs. 2 Satz 1 AktG für den der Gesellschaft entstehenden Schaden, wenn
sie ihre Pflicht, die Sorgfalt eines ordentlichen und gewissenhaften Geschäftsleiters anzuwenden, verletzen. Schließlich werden unter Verstoß gegen § 57 AktG erfolgte
Leistungen gemäß § 62 AktG vom Aktionär zurückzufordern sein. Gemäß § 93 Abs. 3
Nr. 1 und 2 AktG haftet der Vorstand für die Rückgewähr der verbotswidrig an den
Mehrheitsaktionär geflossenen Leistungen. Schließlich wird der Vorstand durch den
Aufsichtsrat überwacht (§ 111 AktG). Auch die Aufsichtsratsmitglieder sind verpflich-
tet, ausschließlich im Interesse der Gesellschaft zu handeln, und unterliegen nicht den
Weisungen des Mehrheitsaktionärs. Im Ergebnis führt die weisungsfreie Leitung der
Gesellschaft durch den Vorstand und die zwingende Trennung zwischen Geschäfts-
führung und Überwachung derselben zu dem Ergebnis, dass der Mehrheitsaktionär
keine dem beherrschenden GmbH-Gesellschafter vergleichbaren Manipulationsmög-

lichkeiten innehat, so dass die Rechtfertigung für die Anwendung der Sonderbedingungen entfällt.

22d   (2) Alleinaktionär ohne Sitz im Aufsichtsrat oder Vorstand

Im Fall der Ein-Mann-AG ändert sich an den Zuständigkeiten der Organe nichts. Vorstand und Aufsichtsrat handeln ausschließlich im Interesse der Gesellschaft. Ein **Weisungsrecht** besteht nicht. Auch der Alleinaktionär ist also bei Abschluss und Durchsetzung von Vereinbarungen mit der Gesellschaft auf die Mitwirkung der – rechtlich – unabhängigen Organmitglieder angewiesen. Darüber hinaus gilt auch § 57 AktG für die Ein-Mann-AG. Zwar besteht bei einer Ein-Mann-AG verstärkt die Gefahr, dass Vorstand und Aufsichtsrat aufgrund der erhöhten persönlichen Abhängigkeit vom Alleinaktionär und dem Wegfall der Interessen außen stehender Aktionäre ihren gesetzlich festgeschriebenen Pflichten nicht in gleicher Weise nachkommen wie in einer mehrgliedrigen Gesellschaft. Letztlich kommt es aber auf die konkrete Besetzung der Organe an. Nur sofern aus konkreten Umständen geschlossen werden kann, dass Vorstand und Aufsichtsrat nicht Willens oder in der Lage sind, sich dem tatsächlichen Einfluss des Alleinaktionärs im Interesse der Gesellschaft zu entziehen und etwaige Gewinnmanipulationen zu verhindern, kommt eine Anwendung der Sonderbedingungen in Betracht.

22e   (3) Mehrheits-/Alleinaktionär mit Sitz im Vorstand

Auch in dieser Konstellation ist der beherrschende Aktionär nicht wie ein beherrschender Gesellschafter-Geschäftsführer einer GmbH ohne weiteres in der Lage, mit Hilfe von rechtsgeschäftlichen Vereinbarungen zwischen ihm und der Gesellschaft Gewinnmanipulationen durchzusetzen. Anders als in der GmbH ist der beherrschende Aktionär unabhängig vom Selbstkontrahierungsverbot aus § 181 BGB auf die Mitwirkung des Aufsichtsrats angewiesen. Gemäß § 112 AktG vertritt der **Aufsichtsrat** die Gesellschaft gegenüber den Vorstandsmitgliedern. Dabei handelt es sich um zwingendes Recht. Will die Finanzverwaltung die Sonderbedingungen für beherrschende Gesellschafter zur Anwendung bringen, ist sie auch in dieser Konstellation verpflichtet, konkrete Umstände darzulegen und nachzuweisen, die gegen eine Einhaltung der gesetzlichen Pflichten des Aufsichtsrats als zentrales Organ in diesem Zusammenhang sprechen.

22f   (4) Mehrheits-/Alleinaktionär mit Sitz im Aufsichtsrat

Auch für den beherrschenden Aktionärs-Aufsichtsrat gilt, dass zum Abschluss rechtsgeschäftlicher Vereinbarungen zwischen ihm und der Gesellschaft zwingend die Mitwirkung Dritter (Vorstand, Aufsichtsrat) notwendig ist, die allein dem Interesse der Gesellschaft verpflichtet sind. Außerdem sieht das AktG besondere **formelle Voraussetzungen** sowie inhaltliche Bedingungen für die Gewährung von Aufsichtsratsvergütungen oder den Abschluss anderer Verträge vor. Die Aufsichtsratsvergütungen können gemäß § 113 Abs. 1 Satz 2 AktG nur in der Satzung festgesetzt oder durch Beschluss in der Hauptversammlung festgelegt werden. Konsequenz ist, dass anderweitig versprochene Sondervergütungen nach § 134 BGB nichtig sind. Auf beiden Wegen ist eine Bezifferung erforderlich, so dass insoweit für Publizität gesorgt ist. Zur Begrenzung der Höhe von Aufsichtsratsvergütungen trägt in der Praxis darüber hinaus § 10 Nr. 4 KStG bei. Sofern mit Aufsichtsratsmitgliedern darüber hinaus für Tätigkeiten außerhalb der Aufsichtsratstätigkeit Verträge geschlossen werden, greifen §§ 114, 115 AktG ein. Insbesondere für den Abschluss von Beraterverträgen und Kreditzusagen an das einzelne Aufsichtsratsmitglied ist danach die Zustimmung des gesamten Gremiums erforderlich. Im Ergebnis muss auch in dieser Fallgruppe eine Anwendung der Sonderbedingungen für beherrschende Gesellschafter davon abhängig gemacht werden, ob das Finanzamt darlegen kann, dass aufgrund der konkreten Machtverhältnisse, dh. der konkreten Besetzung des Aufsichtsrats und des Vorstands, davon ausgegangen werden muss, dass dem Mehrheitsaktionär die Möglichkeit zu Gewinnmanipulationen eingeräumt wird.

Zur steuerlichen Behandlung von **Aufsichtsratsvergütungen** vgl. § 10 Nr. 4 **23** KStG: Abzugsfähig bei der AG nur zur Hälfte (vgl. iE *Streck/Olgemöller* § 10 KStG Rz. 30).

2. Einzelerläuterungen

Zu § 1: Firma, Sitz

Firma: Für die AG gelten die allgemeinen Regeln. Es können Personen-, Sach- **24** und/oder Phantasienamen verwendet werden (vgl. *Hüffer/Koch* § 4 AktG Rz. 5 ff.) Zwingend bleibt der Zusatz „Aktiengesellschaft" oder eine allgemein verständliche Abkürzung dieser Bezeichnung (§ 4 AktG). Im vorliegenden Muster wurde die Abkürzung „AG" als übliche Abkürzung gewählt.

Sitz: Beim „Sitz" der Gesellschaft ist zwischen **Satzungssitz** (Registersitz) und **25** dem **Verwaltungssitz** (Ort der tatsächlichen Geschäftsleitung) zu unterscheiden. Unter Sitz iSv. § 5 AktG ist der Satzungssitz, also der Sitz, an dem die Gesellschaft im Handelsregister registriert wird, zu verstehen. Dieser muss sich zwingend im Inland befinden. Der Verwaltungssitz kann abweichend vom Satzungssitz frei gewählt werden. Die Wahl des Verwaltungssitzes ist Geschäftsführungsmaßnahme. ME kann der Verwaltungssitz auch ins Ausland verlegt werden, ohne dass die Gesellschaft ihre Rechtsfähigkeit verliert. Dies ist nicht unumstritten (vgl. *Hüffer/Koch* § 5 AktG Rz. 3). Ist dies relevant, sollte in die Satzung aufgenommen werden, dass die Verlegung des Verwaltungssitzes ins Ausland nur mit Zustimmung des Aufsichtsrats erfolgen darf.

Zu § 2: Gegenstand des Unternehmens

Der **Unternehmensgegenstand** muss derart **individualisiert** bezeichnet werden, **26** dass der Schwerpunkt für Geschäftstätigkeit für außenstehende Dritte erkennbar wird (*Hüffer/Koch* § 23 AktG Rz. 24).

Grds. kann jeder **wirtschaftliche** oder **ideelle Zweck** Unternehmensgegenstand **27** sein. Beschränkungen ergeben sich aus § 134 BGB und aus § 138 BGB. Weitere Beschränkungen können bei der Ausübung eines freien Berufs aus standesrechtlichen Normen resultieren. Anders als bei der GmbH sollte der Unternehmensgegenstand bei der AG eher eng gefasst werden. Der Vorstand führt die Geschäfte der AG in eigener Verantwortung (§ 76 AktG). Der Vorstand unterliegt weder den Weisungen des Aufsichtsrats noch der Hauptversammlung. Die Grenze des Unternehmensgegenstands ist daher einzige effektive Grenze der Geschäftsführungsbefugnis des Vorstands (vgl. § 82 Abs. 2 AktG). Handelt der Vorstand außerhalb des Unternehmensgegenstands, handelt er pflichtwidrig und macht sich ggf. schadensersatzpflichtig.

Zu § 3: Geschäftsjahr, Bekanntmachung

Geschäftsjahr: Das Geschäftsjahr kann vom **Kalenderjahr** abweichen. Es kann **28** kürzer, aber nicht länger als 12 Monate sein (§ 240 Abs. 2 Satz 2 HGB). Eine spätere **Änderung** des Geschäftsjahrs ist Satzungsänderung. Bei Gründung der AG im laufenden Jahr kann das erste Geschäftsjahr ein Rumpfgeschäftsjahr sein. Zum Wirtschaftsjahr vgl. A. 6.00 Rz. 33 ff.

Bekanntmachung: § 23 Abs. 4 AktG schreibt eine Bestimmung über die **Form** **29** der Bekanntmachungen in der Satzung vor. § 23 Abs. 4 AktG steht in Verbindung mit § 25 AktG. Diese Vorschrift schreibt als Form für Pflichtbekanntmachungen den **Bundesanzeiger,** der nur noch elektronisch geführt wird, vor. Um unnötigen Aufwand zu vermeiden, sollten etwaige weitere Formen der Bekanntmachung in der Satzung nicht zwingend vorgesehen werden.

Zu § 4: Grundkapital, Aktien, Vinkulierung

30   Das Grundkapital muss auf einen **Nennbetrag in Euro** lauten und mindestens € 50.000,– betragen (§§ 6, 7 AktG).

31   Das Grundkapital ist in **Aktien** aufzuteilen. Jede Aktie muss mindestens **€ 1,–** am Grundkapital repräsentieren (§ 8 AktG). Bei **Nennbetragsaktien** führt dies dazu, dass diese mindestens auf € 1,– lauten müssen (§ 8 Abs. 2 Satz 1 AktG). Bei **Stückaktien** führt dies dazu, dass der auf die einzelne Aktie entfallende anteilige Betrag des Grundkapitals ebenfalls € 1,– nicht unterschreiten darf (§ 8 Abs. 3 Satz 3 AktG). Die Teilung des Gesamtkapitals durch die Anzahl der Stückaktien darf kein kleineres Ergebnis als € 1,– ergeben. Vorliegend ist die größtmögliche Stückelung vorgesehen. Die Aktien müssen entweder als Nennbetragsaktien oder als Stückaktien ausgegeben werden. Eine Mischung ist unzulässig. Neben der vereinfachten Ausgestaltung hat die Stückaktie insbes. Vorteile bei einer Kapitalerhöhung aus Gesellschaftsmitteln, die dann ohne Ausgabe neuer Aktien möglich ist.

32   Die Ausgabe von Aktien mit **hohen Ausgabebeträgen** (zB bei zwei Aktionären jeweils eine Aktie, die jeweils € 25.000,– des Mindestgrundkapitals repräsentieren) vermeidet die Zersplitterung des Aktienbesitzes. Aktien mit **niedrigen Ausgabebeträgen** hingegen erleichtern Teilanteilsbesitzübertragungen.

33   Aufgrund des **Auf- und Abspaltungsverbots** können die Aktien weder real noch inhaltlich geteilt werden. Die wesentlichen mit der Aktie verbundenen Mitgliedschaftsrechte, wie zB das Stimmrecht, das Auskunftsrecht sowie das Gewinnrecht, können von der Aktie nicht abgespalten werden. Zulässig ist lediglich die Abtretung des Dividendenanspruchs.

34   Die Aktien müssen **auf den Namen** lauten (§ 10 Abs. 1 AktG). Etwas anderes gilt nur für börsennotierte Gesellschaften oder wenn der Anspruch auf Einzelverbriefung ausgeschlossen ist und die Sammelurkunde bei einer Wertpapiersammelbank iSd. § 1 Abs. 3 Satz 1 DepotG, einem zugelassenen Verwalter oder einer anerkannten Drittland-Zentralverwaltung oder einem die sonstigen Voraussetzungen des § 5 Abs. 4 DepotG erfüllenden ausländischen Verwahrer hinterlegt wird.

35   **Namensaktien** lauten auf eine bestimmte Person. Dies ist zunächst der Gründer, der Aktien im Rahmen der Gründung übernimmt. Namensaktien sind unter Angabe des Namens, Geburtsdatums und der Adresse des Inhabers sowie der Stückzahl oder der Aktiennummer und bei Nennbetragsaktien des Betrags in das **Aktienregister** der Gesellschaft einzutragen (§ 67 Abs. 1 Satz 1 AktG). Im Verhältnis zur Gesellschaft gilt als Aktionär nur, wer als solcher im Aktienregister eingetragen ist (§ 67 Abs. 2 Satz 1 AktG). Übertragungen von Namensaktien sind damit der Gesellschaft mitzuteilen (§ 67 Abs. 3 AktG).

36   Namensaktien sind grds. frei übertragbar. Sie werden aber bei der kleinen AG üblicherweise als **vinkulierte Namensaktien** ausgestaltet. Die Übertragung dieser Aktie ist dann gem. § 68 Abs. 2 AktG nur mit der Zustimmung der Gesellschaft zulässig. Diese Zustimmung erteilt grds. der Vorstand (§ 68 Abs. 2 Satz 2 AktG). Die Satzung kann jedoch bestimmen, dass der Aufsichtsrat oder die Hauptversammlung über die Erteilung der Zustimmung beschließen (§ 68 Abs. 2 Satz 3 AktG). Die Satzung kann ferner auch Gründe bestimmen, aus denen die Zustimmung verweigert werden darf (§ 68 Abs. 2 Satz 3 AktG). Es kann zB vorgesehen werden, dass eine Zustimmung zur Übertragung an Wettbewerber unzulässig ist. Bei der kleinen AG bietet sich die Vinkulierung der Aktien an, um den regelmäßig begrenzten Aktionärskreis vor einer nicht beabsichtigten „Überfremdung" zu schützen. Je nachdem, ob der Wert der freien Übertragbarkeit der Aktie oder der Wert des Schutzes vor Überfremdung den Gründern wichtiger erscheint, ist zu entscheiden, ob Aktien vinkuliert werden oder nicht. Eine eingeschränkte Vinkulierung ist möglich, zB die Festlegung, dass bestimmte Übertragungen (zB an Familienmitglieder, im Rahmen

einer Erbauseinandersetzung, innerhalb des Konzerns) von vornherein keiner Zustimmung bedürfen.

Gemäß § 11 Abs. 2 AktG bilden Aktien, die mit gleichen Rechten ausgestattet sind, **37** eine Gattung. Die **Aktiengattungen** und die Zahl der Aktien jeder einzelnen Gattung müssen als notwendiger Bestandteil in der Satzung angegeben werden. Üblicherweise wird zwischen Stammaktien und Vorzugsaktien unterschieden. Vorteile der Vorzugsaktien bestehen insbes. in Bezug auf die Verteilung des Gewinns oder des Liquidationserlöses. Nach § 139 Abs. 1 AktG kann das Stimmrecht ausgeschlossen werden, wenn die Aktien mit einem Vorzug bei der Verteilung des Gewinns ausgestattet sind. Das sind sog. **stimmrechtslose Vorzugsaktien.** Vorzugsaktien können den Vorteil bieten, dass die Verwaltungsmacht weiter bei – möglicherweise wenigen – Stammaktionären konzentriert bleibt.

Aktien müssen nicht in einzelnen **Urkunden** verbrieft werden. § 10 Abs. 5 AktG **38** ermöglicht Regelungen in der Satzung – wie im Formular vorgesehen –, die den Anspruch auf Einzelverbriefung der Aktien ausschließen oder beschränken. Wird durch die Satzung die Einzelverbriefung ausgeschlossen oder eingeschränkt, bleibt der Anspruch auf Verbriefung der Aktien überhaupt bestehen. Er kann aber durch die Lieferung einer Mehrfachurkunde (Globalaktien), in der alle Anteile des betreffenden Aktionärs zusammengefasst sind, erfüllt werden.

Die „gesellschaftsrechtliche Entstehung" der Aktie bzw. der damit verbundenen **39** **Mitgliedschaftsrechte** hängt nicht von ihrer Verbriefung ab. Die Aktie entsteht gesellschaftsrechtlich mit Übernahme.

Inhaberaktien, die schriftlich verbrieft sind, können durch Einigung über den Eigentumsübergang und Übergabe der Aktienurkunde **übertragen** werden. Bei kleinen **40** AG werden Aktien allerdings nur selten in Urkunden tatsächlich verbrieft. Ohne Verbriefung erfolgt die Übertragung der Aktien durch Abtretung nach §§ 398, 413 BGB. Das kann grds. auch mündlich geschehen, da es keinerlei Form bedarf. Zu Nachweiszwecken wird regelmäßig die Schriftform gewählt. Gleiches gilt für Namensaktien. Auch diese werden durch Abtretung, die regelmäßig schriftlich erfolgt, übertragen. Die Abtretung ist nicht bedingungsfeindlich. Aktien können insbes. unter der aufschiebenden Bedingung der vollständigen Kaufpreiszahlung verkauft und abgetreten werden. Der sachenrechtliche Bestimmtheitsgrundsatz ist zu wahren (ausführl. *Iverssen* AG 08, 736).

Für einen geringeren Betrag als den Nennbetrag dürfen Aktien nicht ausgegeben **41** werden (Verbot der **Unterpariemission,** § 9 Abs. 1 AktG). In der Satzung kann jedoch festgelegt werden, dass ein höherer Betrag bei der Ausgabe zu zahlen ist (Überpariemission, § 9 Abs. 2 AktG). Die Differenz ist als **Agio** in die **Kapitalrücklage** einzustellen. Steuerrechtlich ist das Agio im Einlagekonto gemäß § 27 KStG zu erfassen. Vor Anmeldung der AG zur Eintragung im Handelsregister ist bei Bareinlagen mindestens $^{1}/_{4}$ des Nennbetrags und bei Überpariemission das gesamte Agio einzuzahlen (§§ 36 Abs. 2, 36a AktG).

Zu § 5: Einziehung von Aktien

§ 5 der Satzung lässt die Einziehung von Aktien zu. Es handelt sich um eine **gestat- 42 tete Zwangseinziehung** iSv. § 237 Abs. 1 Satz 2, 2. Alt. AktG. Über die gestattete Zwangseinziehung entscheidet die Hauptversammlung durch Beschluss. Bei der gestatteten Zwangseinziehung kann eine Regelung des Einziehungsentgelts in der Satzung unterbleiben. In diesem Fall ist die Einziehung nur gegen eine angemessene Vergütung nach Maßgabe von § 305 AktG zulässig. Vorliegend ist in der Satzung als Einziehungsvergütung der **Buchwert** vorgesehen. Die Zulässigkeit der Bestimmung eines Einziehungsentgelts, welches den Ertragswert unterschreitet, ist umstritten (*Hüffer/Koch* § 237 AktG Rz. 17). Da in der Situation der beschlossenen Zwangseinziehung der Streit um die Höhe des Entgelts unabhängig von der Regelung in der Satzung vorprogrammiert ist, ist vorliegend die Buchwertklausel vorgesehen, im Bewusstsein, dass diese angreifbar ist.

Zu § 6: Zusammensetzung des Vorstands, Geschäftsführung, Vertretung

43   Dem Vorstand obliegen Geschäftsführung und Vertretung der AG (§§ 76 bis 78 AktG). Die **Vertretungsbefugnis** kann im Außenverhältnis nicht, die **Geschäftsführungsbefugnis** nur in den Grenzen des § 82 Abs. 2 AktG eingeschränkt werden.

44   Gemäß § 76 Abs. 2 AktG kann der Vorstand aus einer oder mehreren Personen bestehen. Gemäß § 23 Abs. 3 Nr. 6 AktG ist in der Satzung entweder die Zahl der Mitglieder des Vorstands oder die Regel, nach der die Zahl festgelegt wird, zu bestimmen. Ausreichend konkret ist die Regelung, dass sich die konkrete Zahl der Vorstandsmitglieder nach der **Beschlussfassung des Aufsichtsrats** richtet.

45   Vorstandsmitglieder können nur **natürliche Personen** sein. Sie müssen die persönlichen Voraussetzungen des § 76 Abs. 3 AktG erfüllen. Vorstandsmandat und Aufsichtsratsmandat schließen sich gegenseitig aus (§ 105 AktG).

46   Das **Gesetz** sieht **Gesamtgeschäftsführungsbefugnis** und **Gesamtvertretungsbefugnis** vor (§§ 77, 78 AktG). Hier besteht **Gestaltungsspielraum.** Insbes. kann es dem Aufsichtsrat gestattet werden, einzelnen oder sämtlichen Vorstandsmitgliedern Einzelgeschäftsführungsbefugnis und Einzelvertretungsbefugnis zu verleihen. Gleiches gilt für die Befreiung von § 181, 2. Alt. BGB. § 181, 1. Alt. BGB ist durch § 112 AktG ausgeschlossen.

47   Der Vorstand agiert gemäß **§ 76 AktG** unabhängig vom Willen der Gesellschafter. Die Bestellung und Abberufung der Vorstandsmitglieder erfolgt zwingend durch den Aufsichtsrat (§ 84 AktG). Der Vorstand hat gegenüber dem Aufsichtsrat Bericht zu erstatten (§ 90 AktG). Die Gesellschaft wird gegenüber den Vorstandsmitgliedern durch den Aufsichtsrat vertreten (§ 112 AktG). Die Satzung oder der Aufsichtsrat hat zu bestimmen, dass bestimmte Arten von Geschäften nur mit Zustimmung des Aufsichtsrats vorgenommen werden dürfen (§ 111 Abs. 4 Satz 2 AktG). Wesentliche **zustimmungsbedürftige Geschäfte** sollten in der Satzung vorgesehen werden. Daneben sollte es dem Aufsichtsrat gestattet sein, darüber hinaus einen Katalog zustimmungsbedürftiger Geschäfte außerhalb der Satzung beschließen zu können, um flexibel zu bleiben. Ändert sich dieser Katalog, kann dies formlos durch den Aufsichtsrat beschlossen werden, ohne dass es einer Satzungsänderung bedarf. Die Hauptversammlung entscheidet über Fragen der Geschäftsführung nur, wenn der Vorstand es verlangt (§ 119 Abs. 2 AktG).

48   Die **Amtszeit** eines Vorstandsmitglieds beträgt höchstens fünf Jahre (§ 84 Abs. 1 Satz 1 AktG). Wiederbestellung ist möglich.

49   Die Amtszeit **endet vorzeitig,** wenn das Vorstandsmitglied stirbt oder die Bestellung vom Aufsichtsrat widerrufen wird (§ 84 Abs. 3 AktG). Das Vorstandsmitglied kann das Amt niederlegen.

50   Wie bei der GmbH-Geschäftsführung ist von der **gesellschaftsrechtlichen Bestellung** die zivilrechtliche Anstellung zu unterscheiden. Der **schuldrechtliche Vorstandsvertrag** wird für die AG von dem Aufsichtsrat mit jedem einzelnen Vorstandsmitglied abgeschlossen (§ 112 AktG). Es sind die Regelungen der §§ 87 ff. AktG zu beachten.

Zu § 7: Zusammensetzung des Aufsichtsrats, Amtszeit, Amtsniederlegung des Aufsichtsrats

51   Der Aufsichtsrat besteht aus mindestens **drei Mitgliedern** (§ 95 Abs. 1 Satz 1 AktG). Die Satzung kann eine höhere Zahl festlegen, die Zahl muss durch **drei teilbar** sein, wenn dies aus mitbestimmungsrechtlichen Vorgaben erforderlich ist (§ 95 Abs. 1 Satz 3 AktG). § 95 Abs. 1 Satz 4 AktG setzt eine Höchstzahl fest, die abhängig von der Höhe des Grundkapitals ist.

Weiter Vorgaben für die Besetzung des Aufsichtsrats können sich aus den Rege- 52
lungen zur **Mitbestimmung** für Gesellschaften mit mindestens 500 Arbeitnehmern
ergeben.

Persönliche Voraussetzungen für Aufsichtsratsmitglieder ergeben sich aus § 100 53
AktG. § 100 Abs. 2 AktG enthält Begrenzungen für die Anzahl von Aufsichtsratsmandaten, die ein Aufsichtsratsmitglied wahrnehmen kann.

Die Mitglieder des Aufsichtsrats werden von der **Hauptversammlung** gewählt 54
(§ 101 Abs. 1 Satz 1 AktG), sofern nicht Regelungen über die Mitbestimmung bei
Gesellschaften mit mindestens 500 Arbeitnehmern eingreifen. Die Amtszeit der Aufsichtsratsmitglieder beträgt fünf Jahre (§ 102 Abs. 1 AktG), wobei Wiederwahl zulässig
ist.

Die Satzung sieht in § 7 Abs. 5 ein **Entsenderecht** vor. Bis zu $^1/_3$ der Aufsichts- 55
ratsmitglieder können von dem oder den Aktionären entsandt werden, denen in der
Satzung ein entsprechendes Entsenderecht zugestanden ist (§ 101 Abs. 2 AktG). Insbes. bei Familiengesellschaften kann dies sinnvoll sein. Besteht der Aktionärskreis beispielsweise aus zwei Familienstämmen, kann jedem Familienstamm in der Satzung das
Recht eingeräumt werden, jeweils einen Aufsichtsratssitz durch Entsendung zu besetzen. Dies würde voraussetzen, dass der Aufsichtsrat aus sechs Mitgliedern besteht, da nur
$^1/_3$ der insgesamt vorhandenen Aufsichtsratsmandate durch Entsendung besetzt werden
darf. Der Entsendeberechtigte kann sich auch selbst entsenden. Das Entsenderecht stellt
ein Sonderrecht iSv. § 35 BGB dar, das den Berechtigten nur durch Satzungsänderung
mit dessen Zustimmung genommen werden kann. Sofern das Entsenderecht an die In-
haberschaft bestimmter Aktien geknüpft wird, muss es sich um Namensaktien handeln,
die vinkuliert sind, dh. deren Übertragung nur mit Zustimmung der Gesellschaft zulässig ist (§ 101 Abs. 2 Satz 2 AktG). Das entsandte Aufsichtsratsmitglied ist nicht weisungsgebunden. Im Zweifel hat das entsandte Aufsichtsratsmitglied den Belangen der
Gesellschaft den Vorzug vor denen des Entsendungsberechtigten zu geben (BGH II
ZR 1/61 v. 29.1.62, BGHZ 36, 296).

§ 101 Abs. 3 Satz 1 AktG verbietet die Bestellung von stellvertretenden Aufsichts- 56
ratsmitgliedern. In § 101 Abs. 3 Satz 2 AktG ist allerdings die Möglichkeit vorgesehen,
Ersatzmitglieder zu bestellen. Diese rücken bei Ausscheiden eines Aufsichtsratsmitglieds für den Rest der Amtszeit nach. Die Bestellung des Ersatzmitglieds kann nur
gleichzeitig mit der Bestellung des Aufsichtsratsmitglieds erfolgen. Auf diese Weise
kann vermieden werden, eine außerordentliche Hauptversammlung abhalten zu müssen, wenn ein Aufsichtsratsmitglied aus dem Aufsichtsrat vorzeitig ausscheidet (zur gerichtlichen Bestellung von Aufsichtsratsmitgliedern vgl. OLG München 31 Wx 24/09
v. 2.7.09, AG 09, 745).

Der **erste Aufsichtsrat** wird nicht durch die Hauptversammlung, sondern durch 57
die Gründer bestellt (§ 30 Abs. 1 Satz 1 AktG). Die Gründer berufen die nach Gesetz
oder Satzung vorgeschriebene Zahl von Aufsichtsratsmitgliedern. Der erste Aufsichtsrat ist sodann zuständig, den ersten Vorstand zu bestellen. Die Amtszeit des ersten
Aufsichtsrats endet mit der Beendigung der Hauptversammlung, die gemäß § 120
AktG über die Entlastung für das erste Rumpf- oder Vollgeschäftsjahr beschließt (§ 30
Abs. 3 Satz 1 AktG).

Der Aufsichtsrat ist **zwingendes Organ** der AG. Zentrale Aufgabe des Aufsichts- 58
rats ist die **Bestellung des Vorstands** sowie dessen **Überwachung** (§§ 84 Abs. 1,
111 AktG). Die Überwachung der Geschäftsführung nach § 111 AktG ist zum einen
auf die Kontrolle des Vorstands zur Verhinderung und Aufdeckung von Fehlentwick-
lungen und zum anderen auf die Beratung des Vorstands in übergeordneten Fragen
der Unternehmensführung gerichtet (BGH II ZR 188/89 v. 25.3.91, BGHZ 114,
127). Der Vorstand hat gegenüber dem Aufsichtsrat zu berichten (§ 90 AktG). Der
Aufsichtsrat hat gemäß § 111 Abs. 2 AktG das Recht zur jederzeitigen Einsichtnahme
in die Bücher und Schriften der Gesellschaft. Das Informationsrecht kann von jedem

Aufsichtsratmitglied, aber nur zugunsten des gesamten Aufsichtsrats geltend gemacht werden (OLG Frankfurt a. M. 20 W 141/07 v. 1.10.07, GmbHR 08, R 102). Aufgrund der umfassenden Informationsrechte unterliegen die Aufsichtsratmitglieder der Pflicht zur Verschwiegenheit gemäß §§ 116, 93 Abs. 1 Satz 2 AktG.

59   Über die **Besetzung des Aufsichtsrats** nehmen die Aktionäre mittelbar Einfluss auf die Besetzung des Vorstands. Gemäß § 101 Abs. 1 Satz 1 AktG werden die Mitglieder des Aufsichtsrats von den Aktionären gewählt. Der Vorstand wiederum wird gemäß § 84 AktG vom Aufsichtsrat bestellt.

60   Der Vorstand leitet die Gesellschaft in **eigener Verantwortung** (§ 76 AktG). Gleichwohl sind dem Aufsichtsrat bedeutende Entscheidungen der Unternehmensführung in eigener Verantwortung zugewiesen:
- Bestellung und Abberufung des Vorstands (§ 84 AktG),
- Gestaltung der Vorstandsorganisation (§ 77 Abs. 2 AktG),
- Vertretung der Gesellschaft gegenüber dem Vorstand (§ 112 AktG),
- Empfangszuständigkeit des Aufsichtsrats bei Führungslosigkeit (§ 78 Abs. 1 Satz 2 AktG),
- Mitwirkung bei der Bilanzfeststellung (§§ 170 ff. AktG),
- Einberufung der Hauptversammlung, wenn es das Wohl der Gesellschaft erfordert (§ 111 Abs. 3 AktG),
- Zustimmung bei Krediten an Vorstandsmitglieder (§ 89 AktG),
- Erarbeitung von Beschlussvorschlägen für die Hauptversammlung (§ 124 Abs. 3 AktG),
- Vorschlag des Abschlussprüfers an die Hauptversammlung (§ 124 Abs. 3 AktG),
- Insolvenzantragspflicht bei Führungslosigkeit (§ 15a InsO).

61   Der Aufsichtsrat ist im Rahmen der eigenen **Sorgfaltspflicht** aus § 116 AktG verpflichtet, Schadensersatzansprüche nach § 93 AktG gegen den Vorstand zu prüfen und ggf. geltend zu machen. Dem Aufsichtsrat steht bei seinen Handlungen ein unternehmerischer Ermessensspielraum zu.

62   Aufsichtsräte können von der Hauptversammlung **abberufen** werden. Der Beschluss bedarf einer Mehrheit von mindestens $3/4$ der abgegebenen Stimmen (§ 103 Abs. 1 AktG). Dies bedeutet, dass der Beschluss notariell protokolliert werden muss (§ 130 Abs. 1 AktG).

Zu § 8: Vorsitzender und Stellvertreter des Aufsichtsrats

63   Die Satzung sieht vor, dass der Aufsichtsrat seinen Vorsitzenden für jeweils ein Geschäftsjahr wählt. Die kurze Wahlperiode soll einen etwaigen Wechsel im Aufsichtsratsvorsitz ermöglichen.

Zu § 9: Einberufung des Aufsichtsrats

64   Gemäß § 110 Abs. 1 AktG kann jedes **Aufsichtsratsmitglied** oder der **Vorstand** unter Angabe des Zwecks und der Gründe verlangen, dass der Vorsitzende des Aufsichtsrats unverzüglich den Aufsichtsrat einberuft. Das Gesetz sieht ferner vor, dass der Aufsichtsrat zu zwei Sitzungen im Kalenderhalbjahr einberufen werden muss (§ 110 Abs. 3 Satz 1 AktG). Die Satzung reduziert dies auf eine Aufsichtsratssitzung im Kalenderhalbjahr. Dies ist bei nicht börsennotierten Gesellschaften zulässig (§ 110 Abs. 3 Satz 2 AktG).

Zu § 10: Beschlussfassung des Aufsichtsrats

65   § 108 Abs. 2 Satz 1 AktG überlässt die Bestimmung der Beschlussfähigkeit weitgehend der **Satzung.** Sieht die Satzung keine Regelung vor, ist der Aufsichtsrat gemäß § 108 Abs. 2 Satz 2 AktG nur beschlussfähig, wenn mindestens die Hälfte der Mitglieder, aus denen er nach Gesetz oder Satzung zu bestehen hat, an der Beschlussfassung teilnimmt. Als zwingende Untergrenze der Beschlussfähigkeit ist gemäß § 108 Abs. 2

Satz 3 AktG die Teilnahme von **mindestens drei Mitgliedern** vorgesehen. Hieran orientiert sich die Satzung.

Abwesende Aufsichtsratsmitglieder können an der Beschlussfassung teilnehmen, **66** indem sie **schriftliche Stimmabgaben** überreichen lassen (§ 108 Abs. 3 AktG). Aufsichtsratsmitglieder können sich nicht vertreten lassen. Der zur Stimmabgabe Entsandte nimmt die Funktion eines **Boten** ein, nicht die des Vertreters. Dies bedeutet, dass er kein eigenes Rede- und Fragerecht hat. Er hat lediglich die Funktion, die vom verhinderten Aufsichtsratsmitglied angewiesene Stimmabgabe zu überbringen. Nur, wenn Dritte zur Teilnahme zugelassen sind, können Nicht-Aufsichtsratsmitglieder die Stimme des verhinderten Aufsichtsratsmitglieds übergeben.

Ein Aufsichtsratsmitglied, das sich bei der Beschlussfassung **enthält,** zählt für die **67** Feststellung der Beschlussfähigkeit mit, es sei denn, dass das Aufsichtsratsmitglied erklärt, es nehme an der Beschlussfassung nicht teil. Ein abwesendes Mitglied, das seine Stimme abgeben lässt, nimmt an der Beschlussfassung teil.

Der Aufsichtsrat kann als Organ Entscheidungen nur durch Beschlussfassung treffen **68** (§ 81 Abs. 1 AktG). Erforderlich ist eine **ausdrückliche Beschlussfassung** im Wege der Abstimmung. Sofern nicht Satzung oder Gesetz eine qualifizierte Mehrheit vorschreiben, gilt der Beschluss als angenommen, wenn er mit der einfachen Mehrheit der abgegebenen Stimmen gefällt ist. Die Satzung sieht vor, dass bei Stimmengleichheit die Stimme des Vorsitzenden den Ausschlag gibt. Im Fall der Verhinderung des Aufsichtsratsvorsitzenden gilt dies für die Stimme des Stellvertreters entsprechend.

Der Aufsichtsrat kann **Beschlüsse** auch ohne Abhaltung einer Sitzung fassen (§ 108 **69** Abs. 4 AktG). Insbes. bei kleinen AG sollte die Beschlussfassung möglichst flexibel gestaltet werden. Hieran orientiert sich § 10 der Satzung, worin die Beschlussfassung außerhalb einer Sitzung in allen denkbaren Formen ausdrücklich vorgesehen ist. Bei der vorgesehenen Niederschrift handelt es sich um eine deklaratorische Beweisurkunde, die keine Wirksamkeitsvoraussetzung für die Beschlüsse des Aufsichtsrats ist (§ 107 Abs. 2 AktG).

Das **Teilnahmerecht** an Aufsichtsratssitzungen ist in § 109 AktG geregelt. Auf- **70** sichtsratsmitglieder sind kraft ihres Amtes zur Teilnahme an den Sitzungen berechtigt und verpflichtet. Vorstandsmitglieder unterliegen gemäß § 109 Abs. 1 Satz 1 AktG zwar keinem gesetzlichen Teilnahmeverbot, sind aber auch nicht kraft Gesetzes berechtigt, an Sitzungen des Aufsichtsrats und seinen Ausschüssen teilzunehmen. Weitere Dritte haben grds. kein Teilnahmerecht. Auch der Mehrheitsaktionär ist Dritter. Auch der Ehrenvorsitzende oder das Ehrenmitglied des Aufsichtsrats ist Dritter iSv. § 109 AktG. Gemäß § 109 Abs. 3 AktG sieht die Satzung vor, dass Stimmboten als Dritte iSv. § 109 AktG teilnahmeberechtigt sind, wenn das verhinderte Aufsichtsratsmitglied diese schriftlich zur Stimmabgabe angewiesen hat. Sachverständige und Auskunftspersonen können zu einzelnen Gegenständen der Tagesordnung hinzugezogen werden (§ 109 Abs. 1 Satz 2 AktG). Der Abschlussprüfer hat an den Verhandlungen des Aufsichtsrats über die Prüfung des Jahresabschlusses teilzunehmen (§ 171 Abs. 1 Satz 2 AktG).

Zu § 11: Zustimmungsbedürftige Geschäfte

Gemäß § 111 Abs. 4 Satz 2 AktG hat die Satzung oder der Aufsichtsrat zu bestim- **71** men, dass **bestimmte Arten von Geschäften** nur mit seiner **Zustimmung** vorgenommen werden dürfen. In der Satzung sollte der Katalog zustimmungsbedürftiger Geschäfte möglichst klein gehalten werden, da die Erstellung eines Katalogs zustimmungsbedürftiger Geschäfte im Wege der Beschlussfassung durch den Aufsichtsrat flexibler ist. Anpassungen können ohne Satzungsänderungen vorgenommen werden. Gewisse Grundgeschäfte sollten allerdings auch die Satzung von der Zustimmung des Aufsichtsrats abhängig machen. Der Aufsichtsrat erlangt hierdurch Einfluss auf die Geschäftsführung, allerdings nur in Form eines **Vetorechts.** Verweigert der Aufsichtsrat seine Zustimmung, kann der Vorstand verlangen, dass die Hauptversammlung über die Zustimmung beschließt (§ 111 Abs. 4 Satz 3 AktG).

Zu § 12: Geschäftsordnung des Aufsichtsrats

72   Zur **Binnenorganisation** kann sich der Aufsichtsrat eine Geschäftsordnung geben. Bei kleinen AG mit einer Aufsichtsratsanzahl von drei Mitgliedern bedarf es regelmäßig keiner Geschäftsordnung.

Zu § 13: Vergütung des Aufsichtsrats

73   Gemäß § 113 Abs. 1 Satz 1 AktG kann den Aufsichtsratsmitgliedern für ihre Tätigkeit eine Vergütung gewährt werden. Die Vergütung kann in der **Satzung** festgesetzt oder von der **Hauptversammlung** bewilligt werden (§ 113 Abs. 1 Satz 2 AktG). Die Satzung sieht vor, dass die Hauptversammlung über die Vergütung für das abgelaufene Geschäftsjahr beschließt, wobei eine Höchstgrenze in der Satzung selbst vorgesehen ist. Daneben haben die Aufsichtsratsmitglieder Anspruch auf Ersatz ihrer Auslagen.

Zu § 14: Ort und Einberufung der Hauptversammlung

74   Die Hauptversammlung ist das **Organ,** in dem die Aktionäre nach § 118 Abs. 1 AktG ihre Rechte in den Angelegenheiten der Gesellschaft ausüben. Hierzu zählt insbesondere:
- Bestellung und Abberufung der Aufsichtsratsmitglieder (§§ 101, 103 AktG),
- Entlassung der Mitglieder des Vorstands und des Aufsichtsrats (§ 120 AktG),
- Entscheidung über die Verwendung des Bilanzgewinns (§ 174 AktG),
- Satzungsänderung (§ 179 AktG),
- Kapitalmaßnahmen (§§ 182 ff. AktG),
- Bestellung des Abschlussprüfers (§ 318 HGB),
- Geltendmachung von Ersatzansprüchen (§ 147 AktG),
- Auflösung der Gesellschaft (§ 262 Abs. 1 Nr. 2 AktG).

75   Zu Fragen der **Geschäftsführung** kommt der Hauptversammlung nur dann eine Kompetenz zu, wenn der Vorstand eine Entscheidung verlangt (§ 118 Abs. 2 AktG). Ein Weisungsrecht der Hauptversammlung gegenüber der Geschäftsleitung besteht grds. nicht. Eine Ausnahme besteht im Anwendungsbereich des § 83 AktG. Sofern es im Rahmen der o. g. Kompetenzen der Hauptversammlung notwendig ist, diese durch Geschäftsführungsmaßnahmen umzusetzen, kann der Vorstand im Rahmen der originären Kompetenz der Hauptversammlung bezüglich dieser Maßnahmen angewiesen werden.

76   Die **Zuständigkeiten** der Hauptversammlung sind zwingend. Die Kompetenzen der Hauptversammlung können durch die Satzung nicht erweitert werden, es sei denn, das Gesetz sieht dies ausdrücklich vor. Beispiel ist das in der Satzung vorgesehene Zustimmungserfordernis im Rahmen der Vinkulierung.

77   Ohne eine den **Tagungsort** regelnde Satzungsbestimmung muss die Hauptversammlung einer nicht börsennotierten Gesellschaft am Sitz der Gesellschaft stattfinden (§ 121 Abs. 5 AktG). Die Satzung räumt dem einberufenen Organ ein freies Bestimmungsrecht innerhalb der Bundesrepublik Deutschland ein.

78   Nach § 121 Abs. 2 Satz 1 AktG wird die Hauptversammlung durch den **Vorstand** einberufen, gemäß § 113 Abs. 3 AktG ausnahmsweise durch den **Aufsichtsrat.** Die Einberufungskompetenzen sind ebenfalls zwingend und können in der Satzung nicht abbedungen werden. Die Satzung kann allerdings zusätzlichen anderen Personen (zB einzelnen Mitgliedern von Vorstand und Aufsichtsrat, einzelnen Aktionären) das Recht zur Einberufung gewähren. Im Rahmen des Minderheitenschutzes haben auch Aktionäre das Recht, die Einberufung der Hauptversammlung zu verlangen, wenn ihre Anteile mindestens 5% des Grundkapitals ausmachen (§ 122 Abs. 1 und Abs. 3 AktG). Die Satzung kann für das Einberufungsrecht ein geringeres Quorum als 5%, nicht aber ein höheres vorsehen.

Gemäß § 121 Abs. 4 Satz 1 AktG ist die Einberufung der Hauptversammlung in **79** Gesellschaftsblättern, dh. vorliegend im **elektronischen Bundesanzeiger,** bekannt- zumachen. Als Mindestangaben müssen in der Bekanntmachung die Firma, der Sitz der AG, die Zeit und der Ort der Hauptversammlung sowie die Tagesordnung ge- nannt werden. Sind die Aktionäre der Gesellschaft namentlich bekannt, kann die Ein- berufung durch eingeschriebenen Brief erfolgen (§ 121 Abs. 4 Satz 2 und Satz 3 AktG). Die Satzung sieht darüber hinaus als Erleichterung die Einberufung per E-Mail vor. Gemäß § 121 Abs. 6 AktG kann die Hauptversammlung Beschlüsse ohne Einhal- tung jeglicher gesetzlicher Einberufungsvoraussetzungen fassen, wenn alle Aktionäre erschienen oder vertreten sind und kein Aktionär der Beschlussfassung widerspricht.

Die Hauptversammlung ist gemäß § 123 Abs. 1 AktG mindestens **30 Tage** vor dem **80** Tag der Hauptversammlung einzuberufen. Die Einberufungsfrist kann in der Satzung verlängert, nicht aber verkürzt werden. Der Fristbeginn richtet sich nach der Be- kanntmachung. Dies ist das Erscheinungsdatum im Bundesanzeiger. Sofern die Einbe- rufung durch eingeschriebenen Brief erfolgt, ist für den Fristbeginn die Einlieferung des letzten Briefs (Poststempel) entscheidend. Der Einberufungstag und der Versamm- lungstag zählen bei der Berechnung der Fristen nicht mit (§ 121 Abs. 7 AktG).

Beschlüsse einer Hauptversammlung, die unter **Verstoß** gegen § 121 Abs. 2, Abs. 3 **81** Satz 1 oder Abs. 7 AktG gefasst werden, sind nach § 241 Nr. 1 AktG nichtig. Sind im Fall von § 121 Abs. 4 Satz 2 und Satz 3 AktG (Ladung durch eingeschriebenen Brief) nicht alle Aktionäre ordnungsgemäß geladen worden, kann die Nichtigkeit gemäß § 242 Abs. 2 Satz 4 AktG geheilt werden. Die Nichtbeachtung der Ladungsfrist macht die gefassten Beschlüsse anfechtbar nach §§ 243 ff. AktG.

Aktionäre können sich in der Hauptversammlung **vertreten** lassen. Gemäß § 134 **82** Abs. 3 Satz 2 AktG kann die Gesellschaft dann, wenn ein Aktionär mehr als eine Per- son bevollmächtigt, eine oder mehrere Bevollmächtigte (dh. alle bis auf einen Vertre- ter) zurückweisen. Offen ist, ob das Zurückweisungsrecht der Gesellschaft auch be- steht, wenn ein Aktionär die Vertretung seines Aktienbesitzes dergestalt splittet, dass er einen Teil der Aktien selbst vertritt und zur Vertretung des anderen Teils einen Drit- ten bevollmächtigt. Das ist insbes. für den Fall relevant, in dem der Aktionär in Be- gleitung eines Beraters an der Hauptversammlung teilnehmen möchte. ME liegt der Regelung des Gesetzes der Gedanke zugrunde, dass der Vertreter anstelle des Aktio- närs an der Hauptversammlung teilnimmt. Dafür würde sprechen, dass das Zurück- weisungsrecht besteht. Spielraum für eine vom Gesetz abweichende Satzungsgestal- tung dürfte wegen § 23 Abs. 5 AktG nicht bestehen (vgl. *Ziemons/Binnewies* Handbuch der AG Rz. I 10.528).

Zu § 15: Stimmrecht

§ 12 Abs. 1 Satz 1 AktG gewährt **jeder Aktie** das Stimmrecht, das sich grds. nach **83** den Nennbeträgen der Aktien, bei Stückaktien nach deren Zahl, richtet (§ 134 Abs. 1 Satz 1 AktG). Dem folgt die Satzung. Für nicht börsennotierte Gesellschaften kann in der Satzung ein **Höchststimmrecht** vorgesehen werden (§ 134 Abs. 1 Satz 2 AktG). Das Stimmrecht des einzelnen Aktionärs wird dadurch unabhängig von seiner tatsäch- lichen Beteiligung an der AG auf eine bestimmte Anzahl von Stimmen begrenzt. Bei der Berechnung einer nach Gesetz oder Satzung erforderlichen Kapitalmehrheit wird die Stimmrechtsbeschränkung gemäß § 134 Abs. 1 Satz 7 AktG nicht mitgerechnet. Die Satzung einer nicht börsennotierten AG kann auch vorsehen, dass jeder Aktionär ohne Rücksicht auf die Höhe seines Aktienbesitzes nur eine Stimme hat. Von einer solchen Regelung wird das gesetzliche Prinzip des Stimmrechts nach Kapitalanteilen im Ergebnis durch ein Stimmrecht nach Köpfen ersetzt. Dies kann gerade für Famili- engesellschaften sinnvoll sein.

Das Stimmrecht **beginnt** gemäß § 134 Abs. 2 Satz 1 AktG mit der vollständigen **84** Leistung der Einlage. Sofern auf keine Aktie die Einlage voll erbracht wurde, gewähren auch Aktien, auf die nur die Mindesteinlage geleistet worden ist, das Stimmrecht. Wird anschließend auf nur eine einzige Aktie die volle Einlage geleistet, führt dies nach dem Gesetz zum Stimmrechtsausschluss für alle Aktien, auf die die Einlagen nur teilweise erbracht worden sind. Die Satzung kann diesbezüglich vorsehen, dass das Stimmrecht bereits ab Leistung der gesetzlichen oder einer höheren satzungsmäßigen Mindesteinlage beginnt (§ 134 Abs. 2 Satz 4 AktG). Unter dem Begriff der Mindesteinlage ist in diesem Zusammenhang entsprechend § 36a Abs. 1 AktG $^1/_4$ des Nennbetrags der Aktien zzgl. eines ggf. vereinbarten Aufgelds (dieses ist in voller Höhe zu versteuern). Bei Stückaktien gilt Entsprechendes für den von der Stückaktie repräsentierten Anteil des Grundkapitals.

Zu § 16: Vorsitz in der Hauptversammlung

85   Der **Vorsitz in der Hauptversammlung** wird durch das Gesetz nicht geregelt. §§ 129 Abs. 2, 130 Abs. 2 AktG gehen allerdings von der Existenz eines Leiters der Hauptversammlung aus. Die Satzung kann daher frei bestimmen, wer aus dem Kreis der legitimierten Hauptversammlungsteilnehmer generell oder im Einzelfall Versammlungsleiter sein soll und wer ihn bei seiner Verhinderung vertritt. Trifft die Satzung keine Regelung, ist es Aufgabe der Hauptversammlung, sich selbst einen Versammlungsleiter zu wählen. Mitglieder des Vorstands sowie der zur Niederschrift hinzugezogene Notar können nicht gewählt werden (*Hüffer/Koch* § 129 AktG Rz. 20).

86   Hauptaufgabe des **Versammlungsleiters** ist die rechtmäßige und zweckmäßige Durchführung der Hauptversammlung. Er hat die Hauptversammlung zu eröffnen, die Einberufungsformalitäten zu prüfen, die Präsenz festzustellen sowie für eine sachgerechte und rechtsfehlerfreie Erledigung der Gegenstände der Tagesordnung zu sorgen. Zur sachgerechten Behandlung der Tagesordnung gehört insbesondere eine ausführliche und geordnete Erörterung aller die einzelnen Tagespunkte betreffenden Fragen. Ferner ist die ordnungsgemäße Durchführung der Beschlussfassung festzustellen.

Zu § 17: Beschlussfassung

87   Nach § 133 Abs. 1 AktG bedürfen Beschlüsse der Hauptversammlung grds. der **Mehrheit** der abgegebenen Stimmen, soweit nicht im Gesetz oder in der Satzung eine größere Mehrheit oder weitere Erfordernisse vorgesehen sind. Auch für Wahlen (Aufsichtsrat nach § 101 Abs. 1 AktG, Abschlussprüfer nach § 318 HGB, Sonderprüfer nach § 142 Abs. 2 AktG) gilt grds. das Prinzip der einfachen Stimmenmehrheit. Die einfache Mehrheit ist erreicht, wenn die Zahl der gültigen Ja-Stimmen die der gültigen Nein-Stimmen um wenigstens eine übertrifft. Bei Stimmengleichheit ist ein zur Beschlussfassung gestellter Antrag abgelehnt. Stimmenthaltungen werden hierbei nicht berücksichtigt, also nicht den Nein-Stimmen hinzugerechnet. Dies ist in der Satzung ausdrücklich klargestellt.

88   Das Erfordernis der **einfachen Stimmenmehrheit** kann durch die Satzung nur verschärft, nicht aber verringert werden. Für Wahlen kann das Mehrheitserfordernis sowohl verschärft als auch abgemildert werden. Die Verschärfung des Mehrheitserfordernisses kann bis zum Einstimmigkeitserfordernis reichen, es sei denn, das Gesetz stellt ausdrücklich auf eine einfache Stimmenmehrheit ab (vgl. *Hüffer/Koch* § 133 AktG Rz. 15). Sofern das Gesetz bereits eine qualifizierte Mehrheit vorsieht, kann die Satzung dieses Erfordernis erhöhen, regelmäßig aber nicht abmildern.

89   **Qualifizierte Mehrheiten** sieht das Gesetz insbesondere für folgende Entscheidungen vor:
- Satzungsänderung (§ 179 Abs. 2 Satz 1 AktG),
- Abschluss und Änderung von Unternehmensverträgen (§§ 293, 295 AktG),
- Kapitalmaßnahmen (§§ 182 ff. AktG),
- Umwandlungs-, Verschmelzungs-, Spaltungs- und Formwechselbeschlüsse,
- Auflösung der Gesellschaft (§ 262 Abs. 1 Nr. 2 AktG).

Einen **Stimmrechtsausschluss** sieht das Gesetz nur ausnahmsweise vor. Aktionäre 90
können also auch an solchen Abstimmungen teilnehmen, an deren Ergebnis sie ein
besonderes eigenes Interesse haben. Unzulässig ist lediglich die Verfolgung eines Son-
dervorteils zum Schaden der Gesellschaft (vgl. § 243 Abs. 2 AktG). Aktionäre können
also auch mitstimmen bei Beschlüssen über Geschäfte, an denen sie selbst beteiligt
sind. Ein Stimmverbot besteht nach § 136 Abs. 1 AktG dann, wenn ein Vorstands-
oder Aufsichtsratsmitglied über seine eigene Entlastung mitabstimmen will oder eine
Beschlussfassung über die Befreiung eines solchen Verwaltungsmitglieds von einer
Verbindlichkeit gegenüber der Gesellschaft oder über die Geltendmachung eines solchen Anspruchs ansteht. Wer einem Stimmverbot unterliegt, kann auch nicht durch
einen Bevollmächtigten abstimmen lassen.

Zu § 18: Niederschrift der Hauptversammlung

Gemäß § 130 Abs. 1 AktG ist über jeden Beschluss einer Hauptversammlung eine 91
notarielle Niederschrift aufzunehmen. In der Niederschrift sind der Ort und der
Tag der Verhandlung, der Name und die Niederschrift des aufnehmenden Notars sowie die Art und das Ergebnis der Abstimmung über die Feststellung des Vorsitzenden
über die Beschlussfassung anzugeben (§ 130 Abs. 2 Satz 1 AktG). Unter Art der Abstimmung ist die Form zu verstehen, in der das Stimmrecht ausgeübt wird, zB ob geheim, schriftlich oder durch Aufstehen, Handerheben oder namentliche Abstimmung.
Als Ergebnis der Abstimmung ist sowohl der sachliche Inhalt des Beschlusses als auch
das ziffernmäßige Ergebnis der Abstimmung festzuhalten, also die Anzahl der für den
Antrag und gegen ihn abgegebenen Stimmen. Aus Informationsgründen empfiehlt es
sich weiterhin, auch die Stimmenthaltungen aufzunehmen.

Bei **kleinen AG** reicht eine vom Vorsitzenden des Aufsichtsrats unterzeichnete 92
Niederschrift aus, soweit keine Beschlüsse gefasst werden, für die das Gesetz eine $^{3}/_{4}$-
oder größere Mehrheit bestimmt (§ 130 Abs. 1 Satz 2 AktG).

Das Gesetz erfordert ein **Verzeichnis** der erschienenen oder vertretenen Aktionäre 93
nicht mehr. Aus Gründen der Rechtsklarheit sieht dies die Satzung jedoch vor.

Zu § 19: Jahresabschluss

Die Satzung gibt hier die **gesetzlichen Vorschriften** gemäß §§ 170 ff. AktG wie- 94
der.

Zu § 20: Schiedsvereinbarung

Die Satzung sieht das Schiedsverfahren vor. Dies sollte mit den Gründern ausführ- 95
lich erörtert werden. Für das Schiedsverfahren spricht die Vertraulichkeit sowie der
verkürzte Rechtsweg. Mit letzterem kann allerdings auch ein verkürzter Rechtschutz
einhergehen.

Zu § 21: Gründungskosten

Soll der **Gründungsaufwand** von der Gesellschaft getragen werden, ist dies gemäß 96
§ 26 Abs. 2 AktG in der Satzung vorzusehen. Ist eine Satzungsregelung nicht vorhanden und trägt die Gesellschaft gleichwohl Gründungskosten, handelt es sich um verdeckte Gewinnausschüttungen.

(frei) 97–100

Erläuterungen zu A. 1.00a Gründungsprotokoll (Bargründung)

Feststellung der Satzung: Die Satzung muss durch **notarielle Beurkundung** 101
festgestellt werden (§ 23 Abs. 1 Satz 1 AktG). Es gelten die §§ 6 ff. BeurkG. Die Satzung kann entweder in das **Gründungsprotokoll** aufgenommen werden oder der
Niederschrift als Anlage beigefügt werden. Das Gründungsprotokoll muss von sämtlichen Gründern unterschrieben werden. Die Gründer können sich bei der Satzungs-

feststellung **vertreten** lassen. Die dazu erforderliche **Vollmacht** muss notariell beglaubigt sein (§ 23 Abs. 1 Satz 2 AktG). Es gelten § 129 BGB, § 40 BeurkG. § 23 Abs. 1 Satz 2 AktG gilt nicht für die gesetzliche bzw. organschaftliche Vertretung von Gründungsmitgliedern. Deren Vertretungsmacht ist durch die üblichen Nachweise – wie Bestallungsurkunde beim Vormund, Handelsregisterauszug beim Geschäftsführer einer GmbH etc. – darzulegen. Zur **Satzungsfeststellung im Ausland** vgl. *Hüffer/Koch* § 23 AktG Rz. 10 f.

102   **Aktienübernahme:** Der bzw. die Gründer müssen sämtliche Aktien übernehmen. Die Übernahme erfolgt durch gesonderte Erklärung der Gründer, die notariell zu beurkunden ist (§ 23 Abs. 2 AktG). Mit der Übernahme aller Aktien ist die Gesellschaft errichtet (§ 29 AktG; zur Rechtsnatur der Vor-AG im Stadium zwischen Errichtung und Eintragung vgl. Rz. 13) und sind die Gründer zur Leistung der Einlage verpflichtet (§ 54 AktG). Nach der gesetzlichen Regelung der §§ 36a Abs. 1, 36 Abs. 2 AktG muss bei Bareinlagen vor der Anmeldung mindestens ein Viertel des Nennbetrags als eingeforderter Betrag eingezahlt worden sein.

103   **Bestellung des ersten Aufsichtsrates:** Die Gründer haben zudem den ersten Aufsichtsrat für das erste Voll- bzw. Rumpfgeschäftsjahr zu bestellen. Die Bestellung muss notariell beurkundet werden, § 30 Abs. 1 AktG. Die Amtszeit der Aufsichtsratsmitglieder währt längstens bis zu der Hauptversammlung, die über die Entlastung für das erste Geschäftsjahr beschließt. Der erste Aufsichtsrat bestellt den ersten Vorstand, § 30 Abs. 4 AktG (zur Bestellung vgl. Formular A. 1.28).

104   **Bestellung der ersten Abschlussprüfer:** Ist die AG nach § 316 Abs. 1 iVm. § 267 Abs. 4 HGB prüfungspflichtig, haben die Gründer durch notarielle Urkunde auch die Abschlussprüfer für das erste Voll- oder Rumpfgeschäftsjahr zu bestellen (§ 39 Abs. 1 AktG, vgl. dazu *Hüffer/Koch* § 30 AktG Rz. 10 f.).

105   **Vollmacht für Satzungsanpassung:** Eine solche Bevollmächtigung ist zweckmäßig für den Fall, dass das Registergericht von den Gründern Änderungen der Satzung verlangt, die ausschließlich die Fassung betreffen. Es brauchen dann nicht mehr sämtliche Gründer zusammenzutreten.

106   **Kosten:** Die Beurkundung der Feststellung der Satzung löst eine 2,0-Gebühr aus, bei einem Geschäftswert von mindestens € 50.000 bis höchstens € 10 Mio. (KV-Nr. 21100, § 107 Abs. 1 GNotKG). Daneben fallen Gebühren für die Bestellung von Aufsichtsrat und Vorstand, ggf. Abschlussprüfer sowie ggf. die Gründungsprüfung an. Zu den Kosten der Eintragung vgl. A. 6.00 Rz. 105.

Erläuterungen zu A. 1.00b Wahl des ersten Vorstands (Bargründung)

107   **Form:** Eine notarielle Beurkundung ist nicht erforderlich. Es genügt die privatschriftliche Niederschrift (§ 107 Abs. 2 Satz 1 AktG).

108   **Bestellung der Vorstandsmitglieder:** Vgl. dazu Formular A. 1.28. Die Amtszeit des ersten Vorstands ist nicht wie die des ersten Aufsichtsrats auf das erste Geschäftsjahr beschränkt.

109   **Anstellungsvertrag für den Vorstand:** Die Genehmigung der Anstellungsverträge muss nicht mit der Bestellung verbunden werden. Vgl. zum Anstellungsvertrag Formular A. 1.10.

Erläuterungen zu A. 1.00c Gründungsbericht (Bargründung)

110   **Zweck:** Der Gründungsbericht, § 32 AktG, bezweckt den Schutz gegen unzulängliche Gründungen. Er ist Grundlage für die Gründungsprüfung (§§ 33 ff. AktG) und die Prüfung durch das Registergericht (§ 38 AktG). Die Gründer **haften** für die Richtigkeit und Vollständigkeit des Berichts strafrechtlich nach § 399 Abs. 1 Nr. 2 AktG,

zivilrechtlich gegenüber der AG nach § 46 AktG und gegenüber den Aktionären sowie den Gesellschaftsgläubigern nach § 823 Abs. 2 BGB iVm. § 399 Abs. 1 Nr. 2 AktG.

Zeitpunkt: Der Gründungsbericht ist nach der Bestellung der Organe und vor der 111 Gründungsprüfung (§§ 33 ff. AktG) zu erstellen.

Form: Der Gründungsbericht ist schriftlich zu erstatten (§ 32 Abs. 1 AktG). Die 112 Gründer haben den Bericht persönlich – uU durch ihre gesetzlichen Vertreter bzw. Organe – zu erstatten und zu unterschreiben. Eine rechtsgeschäftliche Vertretung ist unzulässig (*Hüffer/Koch* § 32 AktG Rz. 2). Die Hinzuziehung eines Gehilfen ist erlaubt.

Notwendiger **Inhalt:** Vgl. § 32 Abs. 2 und 3 AktG. Hinsichtlich der erbrachten 113 Bareinlage ist eine Bestätigung der Bank einzuholen (vgl. § 37 Abs. 1 Satz 3 AktG). Ist bereits zum Zeitpunkt der Abfassung des Gründungsberichts die Einlage geschmälert – zB durch Notarkosten – ist dieses betragsmäßig anzugeben.

Erläuterungen zu A. 1.00d Gründungsprüfungsbericht (Bargründung)

Zweck: Auch die allgemeine Gründungsprüfung durch die Mitglieder des ersten 114 Vorstands und Aufsichtsrats, vgl. §§ 33 ff. AktG, dient dem Schutz gegen unzulängliche Gründungen. Sie ist Grundlage für die Anmeldung und Prüfung durch das Registergericht (§§ 37 f. AktG). Die Mitglieder des Vorstands und Aufsichtsrats **haften** für die Richtigkeit und Vollständigkeit der Prüfung strafrechtlich nach § 399 Abs. 1 Nr. 2 AktG, zivilrechtlich gegenüber der AG nach § 48 AktG und gegenüber den Aktionären sowie den Gesellschaftsgläubigern nach § 823 Abs. 2 BGB iVm. § 399 Abs. 1 Nr. 2 AktG.

Form: Der Prüfungsbericht ist schriftlich zu erstatten (§ 34 Abs. 2 AktG). Die Mit- 115 glieder des Vorstands und Aufsichtsrats haben die Prüfung persönlich vorzunehmen und den Bericht persönlich zu erstatten und zu unterschreiben. Eine rechtsgeschäftliche Vertretung ist unzulässig (vgl. *Hüffer/Koch* § 33 AktG Rz. 2). Die Hinzuziehung von Gehilfen ist erlaubt.

Inhalt: Zu prüfen ist der Hergang der Gründung, § 33 Abs. 1 AktG. Zum Umfang 116 iE vgl. § 34 AktG.

Die Gründungsprüfer haben jeweils ein Exemplar ihres Berichts dem Gericht und 117 dem Vorstand einzureichen, § 34 Abs. 3 AktG. Der Bericht kann auch dem Vorstand eingereicht werden, damit dieser sodann die Einreichung bei Gericht (im Rahmen der Anmeldung, § 37 Abs. 4 AktG) übernimmt (vgl. *Hüffer/Koch* § 34 AktG Rz. 7).

Besondere Gründungsprüfung: Unter den Voraussetzungen des § 33 Abs. 2 118 AktG ist eine besondere Gründungsprüfung durch einen vom Gericht bestellten Gründungsprüfer (sog. externe Prüfung) durchzuführen. In den Fällen des § 33 Abs. 3 AktG kann die Gründungsprüfung von dem beurkundenden Notar vorgenommen werden. Vgl. zum Verfahren § 33 Abs. 4 und 5, §§ 34 f. AktG und *Ziemons/Binnewies* Handbuch der AG Rz. I 2.130 ff.

Erläuterungen zu A. 1.00e Handelsregisteranmeldung (Bargründung)

Anmeldungspflichtige: Die Anmeldung hat durch alle Gründer und Mitglieder 119 des Vorstands und Aufsichtsrats zu erfolgen (§ 36 Abs. 1 AktG). Eine rechtsgeschäftliche Stellvertretung ist nach hM unzulässig (vgl. *Hüffer/Koch* § 36 AktG Rz. 4). Die Anmeldenden **haften** für die Vollständigkeit und Richtigkeit sowohl strafrechtlich (§ 399 AktG) als auch zivilrechtlich (§§ 46, 48 AktG, § 823 Abs. 2 BGB iVm. § 399 AktG).

120   **Form:** Die Anmeldung hat in öffentlich beglaubigter Form zu erfolgen (§ 12 Abs. 1 HGB). Es gelten die § 129 Abs. 1 BGB, §§ 39 f. BeurkG. Die anmeldepflichtigen Personen müssen die Anmeldung nicht gleichzeitig vornehmen. Eine getrennte Beglaubigung ist möglich.

121   **Inhalt und Anlagen:** Welchen Inhalt und welche Anlagen die Anmeldung haben muss, bestimmen §§ 36, 37 AktG. Zur Einmann-AG vgl. § 42 AktG.

122   **Zuständiges Gericht:** Nach § 14 AktG ist das Amtsgericht (§ 125 Abs. 1 FGG) des Sitzes der Gesellschaft zuständig. Das Gericht prüft, ob die Gesellschaft ordnungsgemäß errichtet und angemeldet ist, § 38 AktG. Mit der Eintragung entsteht die AG.

123   **Kosten:** Notarkosten: Für den Entwurf der Handelsregisteranmeldung nebst Unterschriftsbeglaubigung fällt eine 0,5-Gebühr an (KV-Nr. 24102, 21201 Nr. 5 GNotKG); der Geschäftswert richtet sich nach dem Grundkapital (§ 119 Abs. 1 iVm. § 105 Abs. 1 Satz 2 GNotKG).

A. 1.01 Satzung (Sachgründung)

Gliederung

I. FORMULARE

Formular A. 1.01 Satzung (Sachgründung)

SATZUNG

§ 1 Firma, Sitz, Geschäftsjahr

(1) ......

(2) ......

(3) ......

§ 2 Gegenstand des Unternehmens

(1) ......

(2) ......

§ 3 Grundkapital, Aktien

(1) Das Grundkapital der Gesellschaft beträgt € 2.000.000,–.

(2) Das Grundkapital ist eingeteilt in 20.000 Aktien zum Nennbetrag von je € 100,–.

(3) Die Aktien lauten auf die Namen.

(4) Herr/Frau ...... bringt das Grundstück ...... *[genaue Bezeichnung]* als Sacheinlage in die Gesellschaft ein und übernimmt dafür Aktien im Nennbetrag von insgesamt € 550.000,– zum Ausgabewert von € 550.000,–.

(5) Der Vorstand bestimmt die Form der Aktienurkunden ....

§ 4 Vorstand

(1) ......

(2) ......

Formular A. 1.01a Gründungsprotokoll (Sachgründung)

Urkundenrolle Nummer ......

Verhandelt am ...... zu ......

Vor dem Notar ...... erschienen

1. Herr/Frau ......, ... *[Beruf]*, geboren am ......, wohnhaft ......,

2. ....

Die Erschienenen wiesen sich wie folgt aus:

Die Erschienenen erklärten:

  I. Wir errichten eine Aktiengesellschaft unter der Firma ...... AG mit Sitz in ....

  II. Wir stellen hiermit die Satzung gemäß Anlage zu dieser Urkunde fest.

  III. Als Gründer übernehmen wir vom Grundkapital in Höhe von € 2.000.000,– die folgenden Aktien:

     1. Herr/Frau ...... 9.000 Aktien im Nennbetrag von je € 100,– (= € 900.000,–), gegen Bareinlage,

     2. Herr/Frau ...... 11.000 Aktien im Nennbetrag von je € 100,– (= € 1.100.000,–), davon

       – 5.500 Aktien im Nennbetrag von insgesamt € 550.000,– gegen Bareinlage

       – 5.500 Aktien im Nennbetrag von insgesamt € 550.000,– gegen Sacheinlage.

  IV. Die Ausgabe der Aktien erfolgt zum Nennbetrag.

  V. Die Bareinlagen sind in voller Höhe sofort zur Zahlung fällig.

  VI. Die von Herrn/Frau ...... gegen Sacheinlage übernommenen Aktien im Nennbetrag von € 550.000,– werden gegen die in der Satzung festgesetzte Übertragung des Grundstücks ...... *[genaue Bezeichnung]* ausgegeben. Es wird der nachfolgende

Einbringungsvertrag

geschlossen:

     1. Herr/Frau ...... verpflichtet sich, gem. § 3 Abs. 3 der Satzung folgenden Grundbesitz auf die ...... AG zu übertragen:
Grundbuch von ...... *[Ort]*,
Band/Blatt ...... *[Nummer]*,
Flurstück Nr. ......
Der Grundbesitz ist wie folgt belastet: ......
Alle Lasten und Rechte Dritter werden mit dem Grundbesitz übernommen.

     2. Die zur Eigentumsübertragung erforderlichen Rechtshandlungen werden innerhalb von 14 Tagen nach Eintragung der ...... AG in das Handelsregister vorgenommen.

     3. Besitz, Nutzungen, Lasten und Gefahr sowie die Verkehrssicherungspflicht gehen ab ...... *[Datum]* auf die ...... AG über.

     4. ...... *[Gewährleistungsrechte]*

5. Die Kosten des Vollzugs dieser Vereinbarung sowie die anfallenden Steuern trägt die ...... AG.

6. Der Wert des Grundbesitzes ist per Sachverständigengutachten von Herrn/Frau ...... vom ...... mit € 550.000,– festgestellt. Dabei wurde folgende Bewertungsmethode zugrunde gelegt: ......

VII. Zu Mitgliedern des ersten Aufsichtsrats bestellen wir ....

Formular A. 1.01b Gründungsbericht (Sachgründung)

Wir, die unterzeichnenden Gründer der ...... AG mit Sitz in ......, erstatten über den Hergang der Gründung folgenden Bericht:

1. Die Satzung der Gesellschaft wurde gem. notariellem Gründungsprotokoll vom ...... (Urkundenrolle Nummer ...... des Notars ...... in ......) festgestellt.

2. Als Gründer haben sich beteiligt:

   ......

3. Das Grundkapital der Gesellschaft beträgt € 2.000.000,–. Es ist eingeteilt in 20.000 Namensaktien im Nennbetrag von je € 100,–. Davon haben übernommen:

   a) Herr/Frau ...... 9.000 Aktien im Nennbetrag von insgesamt € 900.000,– zum Ausgabebetrag von € 900.000,–;

   b) Herr/Frau ...... 11.000 Aktien im Nennbetrag von insgesamt € 1.100.000,–, und zwar 5.500 Aktien im Nennbetrag von € 550.000,– zum Ausgabebetrag von € 550.000,– gegen Sacheinlage durch Übertragung des Grundstücks ...... sowie 5.500 Aktien im Nennbetrag von insgesamt € 550.000,– zum Ausgabebetrag von € 550.000,– gegen Bareinlage.

4. Soweit die Gründer für die von ihnen übernommenen Aktien Bareinlagen zu erbringen hatten, haben sie die vollen Beträge auf das Konto der Gesellschaft bei der ...... Bank in ...... geleistet. Diese Einlage steht laut Bescheinigung der ...... Bank vom ...... endgültig zur freien Verfügung des Vorstandes.

5. Zur Angemessenheit der Leistung der Gesellschaft für die vorstehend ausgeführte Sacheinlage legen wir dar:

   a) Herr/Frau ...... hat sich im notariellen Protokoll über die Gründung der ...... AG vom ...... (UR. Nr. ...... des Notars ...... in ......) verpflichtet, das Grundstück ...... zu übertragen. Dieses Grundstück hat Herr/Frau ...... am ...... für € ...... erworben.

   b) Laut Sachverständigengutachten des Herrn ...... vom ...... beträgt der Wert des Grundstücks derzeit € 550.000,–. Wir halten daher die Ausgabe von Aktien der Gesellschaft im Nennbetrag von € 550.000,– für eine angemessene Gegenleistung für die Sacheinlage von Herrn/Frau ......

   c) Der Verpflichtung von Herrn/Frau ...... zur Erbringung der Sacheinlage sind keine Rechtsgeschäfte vorausgegangen, die auf den Erwerb durch die Gesellschaft hingezielt haben.

6. Die Gründer haben zu Mitgliedern des ersten Aufsichtsrats bestellt ......

Formular A. 1.01c Gründungsprüfungsbericht (Sachgründung)

Wir, die unterzeichnenden Mitglieder des ersten Vorstands und des ersten Aufsichtsrats der ...... AG mit Sitz in ......, haben den Hergang der Gründung geprüft.

Bei der Prüfung haben uns folgende Unterlagen vorgelegen:

1. Die notarielle Urkunde vom ...... (Urkundenrolle Nummer ...... des Notars ...... in ......) über die Gründung der ...... AG, die Feststellung der Satzung, die Übernahme der Aktien durch die Gründer, die Bestellung des ersten Aufsichtsrats;

2. die Niederschrift vom ...... über die Bestellung des Vorstandes durch den Aufsichtsrat;

3. die Bescheinigung der ...... Bank in ...... vom ...... über die Einzahlung von € 100.000,– auf das Konto der Gesellschaft und die Bestätigung der Bank, dass der eingezahlte Betrag endgültig zur freien Verfügung des Vorstandes steht;

4. der Gründungsbericht vom ......;

5. das Sachverständigengutachten des Herrn ...... vom ...... über den Wert des als Sacheinlage zu übertragenden Grundstücks.

Nach Feststellungen entspricht der Hergang der Gründung den gesetzlichen Vorschriften. Die Angaben der Gründer über die Übernahme der Aktien, die Einlage auf das Grundkapital, die Festsetzung zu der Sacheinlage, Sondervorteile und Gründungsaufwand in der Satzung sind richtig und vollständig. Gegen den Ansatz der Gründungskosten in geschätzter Höhe von € ...... bestehen keine Einwendungen.

Gegenstand der Sacheinlage ist das Grundstück .... Der Wert der Sacheinlage erreicht den Ausgabebetrag der dafür gewährten Aktien. Bei der Ermittlung des Werts des zu übertragenden Grundstücks im Sachverständigengutachten vom ...... hat Herr ...... wie folgt ermittelt: ....

........................., den ....

....

(Unterschriften)

II. ERLÄUTERUNGEN

Erläuterungen zu A. 1.01 Satzung (Sachgründung)

1. Gesellschaftsrecht

Den Gründern steht die Wahl zwischen der Bar- oder **Sachgründung** frei. Zwar **1** ist das Grundkapital stets in der Satzung als fester Euro-Betrag anzugeben, die konkrete Einlageverpflichtung kann jedoch außer auf Geldleistung auch auf Einbringung von Sachen oder sonstigen Vermögenswerten gerichtet sein. Bar- und Sachgründung können auch kombiniert werden.

Eine **Sacheinlage** liegt vor, wenn die Einlageverpflichtung durch Übertragung von **2** Sachen bzw. sonstigen Vermögensgegenständen erfüllt werden soll (vgl. § 27 Abs. 1 Satz 1 1. Alt. AktG). Soll die Gesellschaft einen Vermögensgegenstand übernehmen, für den eine Vergütung gewährt wird, die auf die Einlage eines Aktionärs angerechnet werden soll, gilt dies als **Sacheinlage** (§ 27 Abs. 1 Satz 2 AktG). Soll die Gesellschaft den Vermögensgegenstand entgeltlich erwerben, ohne dass eine Verrechnung auf die Einlage erfolgt, liegt eine **Sachübernahme** vor, die den gleichen Regeln wie die Sacheinlage unterliegt (§ 27 Abs. 1 Satz 1 2. Alt. AktG). Vgl. zur **verschleierten Sacheinlage** *Ziemons/Binnewies* Handbuch der AG Rz. II 230 ff.

Gegenstand der Sacheinlage können alle Vermögensgegenstände sein, die über- **3** tragbar sind und einen wirtschaftlichen Wert haben (§ 27 Abs. 2 AktG; zB: Auto, Grundstücke, Forderungen, Gesellschaftsanteile, Lizenzen, Firmenwert, Handelsgeschäfte, Unternehmen, Teilbetrieb; vgl. *Hüffer/Koch* § 27 AktG Rz. 16 ff.).

Für die Sachgründung gelten grds. die gleichen Regeln wie bei der Bargründung **4** (vgl. Formular A. 1.00). Um sicherzustellen, dass die im Rahmen der Sacheinlage zu übertragenden Vermögenswerte dem Nennbetrag zuzüglich eines eventuellen Agios tatsächlich entsprechen **(Kapitalaufbringungsschutz)**, sind **besondere Vorschriften** der Offenlegung (§§ 27 Abs. 1, 32 Abs. 2 AktG), der Registerkontrolle (§§ 36, 37

Abs. 1 und 4, 37a, 38 AktG) sowie der Werthaltigkeitsprüfung (§§ 33 ff. AktG) zu beachten. § 32 Abs. 2 und 3 AktG normiert bei der Sachgründung auch besondere zusätzliche Erfordernisse für den Gründungsbericht.

5   In der **Satzung** muss der Gegenstand der Sacheinlage, die Person, von der die Gesellschaft den Gegenstand erwirbt, und der Nennbetrag sowie bei Stückaktien die Zahl
der bei der Sacheinlage zu gewährenden Aktien festgesetzt sein (§ 27 Abs. 1 Satz 1
2. HS AktG). Die Bezeichnung des einzubringenden Gegenstandes muss hinreichend
bestimmt sein. Bei der Einbringung von Sachgesamtheiten, wie einem Unternehmen,
ist eine Auflistung der einzelnen Gegenstände nicht notwendig. Es genügt eine gene-
ralisierende Umschreibung (zB Einbringung des Betriebs der …… GmbH mit allen
Aktiven und Passiven). Fehlen hinreichend bestimmte Angaben, ist der Gründer zur
Bareinzahlung verpflichtet (*Hüffer/Koch* § 27 AktG Rz. 2).

6   Neben der Festsetzung der Sacheinlage in der Satzung ist ein **Einbringungsvertrag** zu schließen. Er ist Bestandteil des Gesellschaftsvertrages und der Satzung als Anlage beizufügen oder in das Gründungsprotokoll aufzunehmen. Der Einbringungsvertrag regelt die Einzelheiten der Einbringungsverpflichtung (Gegenstand, Fälligkeit,
Gewährleistungsrechte etc.). Der Einbringungsvertrag sollte auch Angaben zur Wertermittlung der Gegenstände enthalten, um die spätere Prüfung durch den Vorstand
und Aufsichtsrat, den Gründungsprüfer sowie das Gericht zu erleichtern. Für den Einbringungsvertrag gelten die allgemeinen Formvorschriften (zB § 311b BGB bei
Grundstücken). Zum **Sachübernahmevertrag** vgl. *Hüffer/Koch* § 27 AktG Rz. 6).

7   Vom Einbringungs**vertrag** ist der **Vollzug** der Einbringung zu unterscheiden. Die
einzubringenden Gegenstände sind einzeln zu übertragen. Es gelten die allgemeinen
Vorschriften. Die Übertragung kann bereits im Einbringungsvertrag enthalten sein. Die
Leistung muss innerhalb von fünf Jahren nach der Eintragung der Gesellschaft in das
Handelsregister bewirkt sein (§ 36a Abs. 2 AktG, vgl. *Hüffer/Koch* § 36a AktG Rz. 4).

8   Bei der Sachgründung ist die **besondere Gründungsprüfung** durch einen vom
Gericht bestellten, also externen Gründungsprüfer vorgeschrieben (vgl. §§ 33 ff. AktG
und *Ziemons/Binnewies* Handbuch der AG Rz. I 2.255 ff.). Im Ausnahmefall kann von
einer externen Gründungsprüfung abgesehen werden (§ 33a AktG).

9   Erreicht der Wert der einzubringenden Gegenstände nicht den Nennbetrag der
übernommenen Aktien zuzüglich eines eventuellen Agios, hat das Registergericht die
Eintragung abzulehnen (§ 38 Abs. 2 Satz 2 AktG). Wird dennoch eingetragen, hat der
Gründer den Differenzbetrag in bar zu zahlen (**Differenzhaftung,** vgl. *Hüffer/Koch*
§ 36a AktG Rz. 6).

2. Steuerrecht

10   Zum Steuerrecht vgl. A. 6.01 Rz. 10 ff.

> ### Erläuterungen zu A. 1.01a Gründungsprotokoll (Sachgründung)

11   Eine Vereinfachung hat das Reformgesetz v. 2.8.94 (BGBl. I 94, 1961) bezüglich
der Arbeitnehmervertreter im Aufsichtsrat gebracht, vgl. die Regelung des § 31 Abs. 5
AktG (verlängerte Amtszeit der ersten Arbeitnehmer-Aufsichtsräte bei Sachgründung).
Für eine AG mit weniger als 500 Arbeitnehmern bringt § 31 Abs. 5 AktG keine Neuerung, da sie mitbestimmungsfrei ist (vgl. A. 1.00 Rz. 6).

> ### Erläuterungen zu A. 1.01b Gründungsbericht (Sachgründung)

12   Grds. zum Gründungsbericht vgl. A. 1.00 Rz. 110 ff.

13   Bei der Sachgründung sind im Gründungsbericht zusätzlich die wesentlichen Umstände darzulegen, von denen die Angemessenheit der Leistung für die Sacheinlage
abhängen (vgl. iE § 32 Abs. 2 AktG).

Erläuterungen zu A. 1.01c Gründungsprüfungsbericht (Sachgründung)

Grds. zum Gründungsprüfungsbericht vgl. A. 1.00 Rz. 114 ff.   14

Bei der Sachgründung muss sich die Prüfung auch auf die Angemessenheit der Sacheinlage erstrecken (vgl. § 34 AktG).

Zudem ist eine Prüfung durch einen oder mehrere vom Gericht bestellte Gründungsprüfer vorgeschrieben (vgl. §§ 33 ff. AktG). Eine externe Prüfung durch den beurkundenden Notar ist nicht möglich (§ 33 Abs. 2 AktG).

A. 1.02 Satzung (Einmann-AG)

Formular A. 1.02 Satzung (Einmann-AG)

Satzung

Urkundenrolle Nummer ......

Verhandelt am ...... zu ......

Vor dem Notar ...... erschien

Herr/Frau ......, ... *[Beruf]*, geboren am ......,

wohnhaft ....

Der Erschienene wies sich wie folgt aus:

Der Erschienene erklärte:

Ich errichte hiermit eine Aktiengesellschaft unter der Firma ...... AG mit Sitz in ...... und stelle den nachfolgenden Gesellschaftsvertrag fest.

1. Firma, Sitz, Geschäftsführung

(1) Die Gesellschaft führt die Firma ......

(2) ......

Erläuterungen zu A. 1.02 Satzung (Einmann-AG)

Die **Einmann-AG-Gründung** ist zulässig, vgl. § 2 AktG.   1

Die Einmann-AG ist allerdings nur beschränkt mit der Einmann-GmbH vergleich- 2 bar. Anders als die GmbH kann eine AG nicht von einer einzigen Person geführt werden: Auch die Einmann-AG hat notwendigerweise einen Aufsichtsrat mit mindestens drei Mitgliedern sowie mindestens einen Vorstand (der nicht Mitglied des Aufsichtsrats sein kann).

Da der Alleingründer Vorstand oder Aufsichtsrat werden kann, bedarf es mindestens 3 vier Personen um eine AG zu gründen.

Bestellt sich der Gründer zum Aufsichtsratsmitglied oder lässt er sich in den Vor- 4 stand wählen, ist nach § 33 Abs. 2 Nr. 1 AktG eine besondere **Gründungsprüfung** durch einen vom Registergericht zu bestellenden unabhängigen Gründungsprüfer durchzuführen. Nach § 33 Abs. 3 AktG kann diese Prüfung durch den beurkundenden Notar erfolgen.

Nach § 42 AktG sind Name, Vorname, Beruf und Wohnort des alleinigen Aktio- 5 närs unverzüglich bei dem Gericht anzumelden. Zur **Anmeldung** sind neben dem Aktionär auch die Mitglieder des Vorstandes und des Aufsichtsrats verpflichtet. Die Angaben werden nicht in das Handelsregister eingetragen.

Die Anmeldungspflicht gilt auch bei nachträglicher Anteilsvereinigung. Vorausset- 6 zung ist nur, dass alle Aktien einem einzigen Aktionär gehören.

A. 1.10 Anstellungsvertrag für Vorstandsmitglieder

Gliederung

I. FORMULAR

Formular A. 1.10 Anstellungsvertrag für Vorstandsmitglieder

ANSTELLUNGSVERTRAG

Zwischen der XY AG mit Sitz in Z, vertreten durch ihren Aufsichtsrat, dieser vertreten durch seinen Vorsitzenden,

– nachfolgend „die Gesellschaft" –

und

Herrn ......, *[Ort]*, wird nachstehender

Dienstvertrag

geschlossen:

§ 1 Aufgaben

(1) Durch Beschluss des Aufsichtsrats vom ...... ist Herr ...... zum Mitglied des Vorstandes der Gesellschaft bestellt.

(2) Herr ...... führt seine Geschäfte nach Maßgabe des Gesetzes, der Satzung und ggf. der Geschäftsordnung. Er hat seine gesamte Arbeitskraft der Gesellschaft zur Verfügung zu stellen.

(3) Jede entgeltliche oder unentgeltliche Nebenbeschäftigung, insbesondere die Wahrnehmung von Aufsichtsratsmandaten, bedarf der vorherigen schriftlichen Zustimmung des Aufsichtsrats, vertreten durch dessen Vorsitzenden.

§ 2 Bezüge

(1) Herr ...... erhält ein festes Jahresgehalt von € ...... Das Gehalt wird in monatlichen Teilbeträgen am jeweiligen Monatsletzten ausgezahlt.

(2) Ferner erhält Herr ...... eine Tantieme in Höhe von ....

(3) Herr ...... erhält einen Dienstwagen der Marke .... Die auf die private Nutzung entfallende Lohn- bzw. Einkommensteuer wird nicht von der Gesellschaft übernommen.

(4) Bei vorübergehender Arbeitsunfähigkeit wegen Krankheit oder bei sonstiger unverschuldeter Verhinderung werden die Bezüge für sechs Monate, längstens bis zur Beendigung des Anstellungsvertrags, fortgezahlt. Ein von einer Krankenkasse gezahltes Krankengeld ist auf die Bezüge anzurechnen.

(5) Stirbt Herr ...... während seiner Bestellung als Vorstandsmitglied, werden seiner Witwe oder nach deren Tod seinen unterhaltsberechtigten Kindern die vollen Bezüge [*alternativ:* nachstehend aufgeführte Vergütungsbestandteile ......] für ...... [*zB:* den

Sterbemonat sowie die drei darauf folgenden Kalendermonate] weitergezahlt. Danach gilt § 6 Abs. 3.

(6) Herr ...... erhält in angemessenem Umfang Ersatz für die im Gesellschaftsinteresse erforderlichen Aufwendungen. Erforderliche Reisekosten werden gegen Einzelnachweis erstattet. Die darin enthaltenen Tage- und Übernachtungsgelder können im Rahmen der steuerlich zulässigen Beträge pauschal abgerechnet werden.

(7) Eine Abtretung oder Verpfändung der Bezüge ist ohne Genehmigung der Gesellschaft unzulässig.

§ 3 Dauer

(1) Der Dienstvertrag wird geschlossen für fünf Jahre, beginnend am ...... Danach verlängert sich der Vertrag jeweils um die Dauer, für die Herr ...... nach dem ...... zum Vorstandsmitglied der Gesellschaft bestellt worden ist.

(2) Wird Herr ...... während der Laufzeit des Anstellungsvertrags dauernd arbeitsunfähig, endet der Anstellungsvertrag mit dem Ende des Quartals, in dem die dauernde Arbeitsunfähigkeit festgestellt worden ist. Von Arbeitsunfähigkeit in diesem Sinne ist auszugehen, wenn Herr ...... länger als sechs Monate nicht imstande ist, seine Aufgaben wahrzunehmen und die Wiederherstellung seiner Einsatzfähigkeit auch während weiterer sechs Monate nicht zu erwarten ist.

(3) Der Vertrag ist jederzeit aus wichtigem Grunde fristlos kündbar.

(4) Wird Herr ...... vor Ablauf des Anstellungsvertrags als Vorstand abberufen, endet mit der Abberufung gleichzeitig das Anstellungsverhältnis in den Fristen des § 626 BGB. Für Herrn ...... ist die Abberufung als Vorstandsmitglied ebenfalls Grund für die fristlose Kündigung.

(5) Im Falle der Abberufung wie der Kündigung endet die Vorstandseigenschaft mit dem Zugang der Mitteilung über die Abberufung bzw. über die Kündigung.

§ 4 Urlaub

(1) Herr ...... hat einen Anspruch auf ...... Arbeitstage bezahlten Urlaub im Geschäftsjahr, der in zeitlicher Abstimmung mit den übrigen Mitgliedern des Vorstands festzulegen ist.

(2) Kann Herr ...... seinen Jahresurlaub nicht nehmen, weil Interessen der Gesellschaft entgegenstehen, hat er Anspruch auf Abgeltung des Urlaubs unter Zugrundelegung der Höhe des Grundgehalts (§ 2 Abs. 1).

§ 5 Wettbewerb

(1) Während der Dauer dieses Vertrags und der darauf folgenden zwei Jahre nach dessen Beendigung wird Herr ...... ohne Einwilligung des Aufsichtsrats kein Unternehmen betreiben oder im Geschäftszweig der Gesellschaft für eigene oder fremde Rechnung Geschäfte machen. Ohne Einwilligung des Aufsichtsrats wird Herr ...... auch nicht Mitglied des Vorstands, Geschäftsführer oder Geschäftsführergesellschafter einer anderen Handelsgesellschaft sein.

(2) Herr ...... wird sich während der Dauer des Einstellungsvertrags nicht an einem Konkurrenzunternehmen oder einem mit diesem Unternehmen verbundenen Unternehmen mittelbar oder unmittelbar beteiligen.

(3) Das Wettbewerbsverbot gilt nicht, wenn dieser Vertrag von Herrn ...... aus wichtigem Grund zulässigerweise fristlos gekündigt wird.

(4) Nach Beendigung des Vertrags zahlt die Gesellschaft, wenn sie nicht in entsprechender Anwendung der Grundsätze des § 75a HGB ausdrücklich auf die Geltendmachung des Wettbewerbsverbots schriftlich verzichtet, an den Vorstand eine Ent-

schädigung iHv. 50 % des durchschnittlichen festen Jahresgehalts der letzten drei Jahre pro Jahr für die Dauer des Wettbewerbsverbots.

(5) Für jeden Fall des Verstoßes gegen das Wettbewerbsverbot zahlt Herr ...... der Gesellschaft eine Vertragsstrafe in Höhe eines $^1/_{24}$ des Jahresgehalts; steht er nicht mehr in den Diensten der Gesellschaft, gilt der letzte von dieser gezahlte Jahresbezug. Die Vertragsstrafe tritt neben die übrigen Ansprüche der Gesellschaft aus der Wettbewerbsvereinbarung. Bei einem andauernden Wettbewerbsverstoß gilt die Tätigkeit während eines Monats als jeweils selbstständiger Verstoß im Sinne des Satzes 1.

§ 6 Ruhegehalt

Nach einer angemessenen Wartezeit sollte mit Herrn ...... eine gesonderte Ruhegehaltsvereinbarung getroffen werden.

§ 7 Schlussbestimmungen

(1) Die vertraglichen Vereinbarungen der Parteien ergeben sich erschöpfend aus diesem Vertrag. Vertragsänderungen bedürfen der Schriftform. Eine Befreiung von der Schriftform durch mündliche Vereinbarung ist unwirksam.

(2) Gerichtsstand und Erfüllungsort für alle Leistungen aus diesem Vertrag ist der Satzungssitz der Gesellschaft.

II. ERLÄUTERUNGEN

Erläuterungen zu A. 1.10 Anstellungsvertrag für Vorstandsmitglieder

1. Grundsätzliche Anmerkungen

a) Wirtschaftliches Vertragsziel

1   Die Rechtsbeziehung zwischen der AG und den Mitgliedern des Vorstands ist zweigleisig. Rechtlich ist zu trennen zwischen der **Bestellung** zum Mitglied des Vorstands und der **Anstellung.** Mit der Bestellung wird der Bestellte Mitglied des Vorstands, dh. wird Organ der AG. Daneben tritt die Anstellung als Regelung der schuldrechtlichen, vertraglichen Beziehung zwischen AG und Vorstandsmitglied.

2   Die inhaltliche Ausgestaltung des Anstellungsvertrags wird weitgehend davon abhängen, ob das Vorstandsmitglied selbst an der AG – insbes.: beherrschend – beteiligt ist oder nicht (Fremd-Vorstand). Allgemeine Vertragsvorschläge für die Ausgestaltung von Vorstands-Anstellungsverträgen sind zumeist zugeschnitten auf den Fremd-Vorstand. Bei einer Übertragung dieser Vorschläge auf den Gesellschafter-Vorstand ist Vorsicht geboten, um nicht in die Gefahr verdeckter Gewinnausschüttungen zu gelangen. Insoweit bestehen hier vergleichbare Gefahren wie beim GmbH-Gesellschafter-Geschäftsführer (vgl. A. 1.00 Rz. 22 sowie A. 6.26 Rz. 15 ff., 36 ff.).

b) Zivilrecht

3   Der Anstellungsvertrag ist zivilrechtlich als Dienstvertrag, §§ 611 ff. BGB, zu werten. Vorstandsmitglieder sind grds. keine Arbeitnehmer, da sie auf Grund ihrer Leitungsbefugnis und Weisungsunabhängigkeit für die Gesellschaft Arbeitgeberfunktion ausüben.

4   Zuständig für den Abschluss des Anstellungsvertrags ist namens der Gesellschaft der Aufsichtsrat (§§ 84, 112 AktG).

c) Steuerrecht

5   Bei der AG sind die Aufwendungen für den Vorstand Betriebsausgaben. Ebenso wie bei der GmbH wird die steuerrechtliche Anerkennung jedoch versagt, soweit es sich um vGA handelt.

Die Bezüge des Vorstands werden als Einkünfte aus nicht selbständiger Arbeit (§ 19 **6** EStG) qualifiziert und unterliegen dem Lohnsteuerabzug. Zum Lohnzufluss bei Gewährung von Aktienoptionen (vgl. BFH VIII R 19/11 v. 9.4.13, BStBl. II 13, 689; *Heurung/Hilbert/Engel* DStR 11, 2436).

Schließlich gilt auch für den Vorstand, dass ihm als Organ der AG die Erfüllung der **7** steuerlichen Pflichten der Gesellschaft obliegt, § 34 AO. Verletzt er diese Pflichten, trifft ihn die Steuerhaftung nach §§ 191, 69 AO. Es gelten die gleichen Grundsätze wie zur Geschäftsführerhaftung, Verweis auf A. 6.26 Rz. 24.

2. Einzelerläuterungen

Zu § 1: Aufgaben

Gem. § 76 AktG hat der Vorstand unter eigener Verantwortung die Gesellschaft zu **8** leiten, dh. ihm obliegen Geschäftsführung und Vertretung, §§ 77, 78 AktG.

Die Befreiung von § 181 2. Alt. BGB bedarf einer entsprechenden Satzungsermäch- **9** tigung.

Zu § 2: Bezüge

Grundsätze für die Bezüge von Vorstandsmitgliedern normiert § 87 AktG: Bei Fest- **10** setzung der Gesamtbezüge des einzelnen Vorstandsmitglieds hat der Aufsichtsrat dafür zu sorgen, dass diese in einem „angemessenen Verhältnis" zu den Aufgaben des Vorstandsmitglieds sowie zur Lage der Gesellschaft stehen. Konkretisierungen bietet der Gesetzestext nicht. Als Kriterien sind anerkannt zB: Besondere Fähigkeiten, Kenntnisse, Erfahrungen, Leistungen, längere Vorstandtätigkeit, konkrete Verhandlungslage, Dauer der Zugehörigkeit zur Gesellschaft, familiäre Verhältnisse und anderes (vgl. *Hüffer/Koch* § 87 AktG Rz. 4). Allein eine wirtschaftlich schlechte Lage der Gesellschaft nötigt nicht unbedingt zu niedrigeren Bezügen. Entscheidend ist, zu welchem Preis eine zur Sanierung geeignete Persönlichkeit gefunden werden kann (*Hüffer/Koch* § 87 AktG Rz. 3).

Sind die dem Vorstandsmitglied gewährten Bezüge nach den Maßstäben des § 87 **11** AktG zu hoch, bleibt es zivilrechtlich gleichwohl bei der vereinbarten Leistung; uU ist der Aufsichtsrat allerdings schadensersatzpflichtig nach § 116 AktG (vgl. *Hüffer/Koch* AktG § 87 Rz. 23).

Zu steuerlichen Gefahren der vGA vgl. A.1 Rz. 21 ff. und A. 6.26 Rz. 36 ff. **12**

Der Aufsichtsrat soll einseitig die Gesamtbezüge „angemessen herabsetzen". Voraus- **13** setzung ist, dass nachträglich eine Verschlechterung der Verhältnisse der AG eingetreten ist, die so wesentlich ist, dass die Weitergewährung der zunächst vereinbarten Gesamtbezüge unbillig wäre, § 87 Abs. 2 AktG. Unter welchen Voraussetzungen dies der Fall ist, muss auf den Einzelfall bezogen geprüft werden. Persönliche Verhältnisse des Vorstandsmitglieds sind zu berücksichtigen (vgl. *Hüffer/Koch* § 87 AktG Rz. 27). Notwendig ist jedoch immer, dass die Verschlechterung nachträglich eingetreten ist. Für die Herabsetzung genügt nicht, wenn der Aufsichtsrat lediglich nachträglich feststellt, dass die zunächst erfolgte Festsetzung der Bezüge von Anfang an zu hoch war. Das von der Herabsetzung betroffene Vorstandsmitglied kann klagen (nach wohl hM auf Bestimmung durch Urteil, vgl. *Hüffer/Koch* § 87 AktG Rz. 30) oder den (grds. fortbestehenden) Anstellungsvertrag gem. § 87 Abs. 3 Satz 4 AktG kündigen.

Zur Ausgestaltung der Bezüge des Vorstandsmitglieds im Einzelnen: Hier besteht **14** Vertragsfreiheit. Verweis auf die Grundsätze der Bemessung der Bezüge der GmbH-Geschäftsführer, A. 6.26 Rz. 36 ff.

Der Anstellungsvertrag kann eine Gewinnbeteiligung vorsehen. Es gelten die allge- **15** meinen Grundsätze des § 87 AktG.

Scheidet ein Vorstandsmitglied während des Geschäftsjahres aus, so steht ihm, falls **16** nichts anderes vereinbart ist, die auf das gesamte Geschäftsjahr berechnete Tantieme zeitanteilig zu. Endet die Bestellung, ohne dass der Anstellungsvertrag beendet wird, besteht der aus dem Anstellungsvertrag folgende Tantiemeanspruch im Zweifel weiter.

17   Gewinnabhängige Tantiemen sind regelmäßig fällig mit der Feststellung des Jahresabschlusses durch den Aufsichtsrat (§ 172 AktG) oder die Hauptversammlung (§ 173 AktG). Eine dividendenabhängige Tantieme wird mit dem Gewinnverwendungsbeschluss der Hauptversammlung fällig (§ 174 AktG).

18   Neben Gehalt und Tantieme können weitere Nebenleistungen vereinbart werden (vgl. zB: Übernahme von Versicherungen, Telefonkosten, Kosten für Vorsorgeuntersuchungen, usw. [vgl. dazu A. 6.26 Rz. 36]). Zur Kreditgewährung an Vorstandsmitglieder vgl. § 89 AktG.

19   Für die Regelung, welche Folgen im Krankheitsfall gelten sollen, sind die Vertragsparteien relativ frei. Das Lohnfortzahlungsgesetz gilt nicht (§ 1 Abs. 1 LFZG). Ohne Regelung greift lediglich § 616 BGB, der eine obligatorische Fortzahlung nur für eine „verhältnismäßig nicht unerhebliche Zeit" normiert.

Zu § 3: Dauer

20   Der Anstellungsvertrag kann nach hM nur fünf Jahre geschlossen werden, vgl. *Hüffer/Koch* § 84 AktG Rz. 20. Es kann allerdings pauschal die entsprechende Verlängerung des Anstellungsvertrags für den Fall der Verlängerung der Bestellung als Vorstandsmitglied vereinbart werden, § 84 Abs. 1 Satz 5 AktG.

21   Für die Kündigung des Anstellungsvertrags gelten die allgemeinen Vorschriften, vgl. § 84 Abs. 1 Satz 5 AktG. Damit können das Schicksal von Bestellung (Organstellung) und Anstellung (Dienstvertrag) desselben Vorstandsmitglieds rechtlich umgekehrt auseinanderlaufen. Das Ende der Bestellung bedeutet nicht automatisch auch die Beendigung der Anstellung, vgl. *Hüffer/Koch* § 84 AktG Rz. 20. Vorliegend ist der Anstellungsvertrag auflösend bedingt durch die Abberufung als Vorstand. Dies ist bei Beachtung der Frist aus § 626 BGB zulässig. Als weniger strenge Variante kann bestimmt werden, dass dies nicht gilt, wenn die Abberufung auf dem Vertrauensentzug durch die Hauptversammlung beruht (§ 84 Abs. 3 S. 2 AktG). Dies ist aus Sicht des Vorstands gerechtfertigt, da der Vertrauensentzug nicht begründet werden muss.

Zu § 4: Urlaub

22   Das Bundesurlaubsgesetz gilt nicht.

Zu § 5: Wettbewerb

23   Nach der Regelung des § 88 AktG darf ein Vorstandsmitglied ohne Einwilligung des Aufsichtsrats weder ein Handelsgewerbe betreiben noch im Geschäftszweig der Gesellschaft für eigene oder fremde Rechnung Geschäfte machen. Es darf ohne Einwilligung des Aufsichtsrats auch nicht Mitglied des Vorstands oder Geschäftsführer oder persönlich haftender Gesellschafter einer anderen Handelsgesellschaft sein (§ 88 AktG). Insofern sind die Regelungen im vorliegenden Vertragsentwurf lediglich deklaratorisch.

24   Durch § 88 AktG ist allerdings nicht der Erwerb von Gesellschaftsanteilen geregelt. Daher empfiehlt es sich, in Anstellungsverträgen eine entsprechende Absprache aufzunehmen.

25   Ein gesetzliches **nach**vertragliches Wettbewerbsverbot enthält das AktG nicht. Nach hM gelten auch die Beschränkungen der §§ 74 ff. HGB nicht (*Hüffer/Koch* § 88 AktG Rz. 10, mwN). Die **vertragliche** Vereinbarung eines nachvertraglichen Wettbewerbsverbots ist allerdings zulässig. Bezüglich der sachlichen Grenzen ist eine enge Orientierung an den Aufgabenbereich des Vorstandsmitglieds geboten (*Hüffer/Koch* § 88 AktG Rz. 10). Soweit es um die zeitlichen Grenzen geht, wird ein Verbot auf die Dauer von zwei Jahren im Allgemeinen nicht zu beanstanden sein (BGH KZR 3/92 v. 19.10.93, NJW 94, 384, 385).

Zu § 6: Ruhegehalt

Es gelten die gleichen Grundsätze wie beim GmbH-Geschäftsführer, vgl. daher **26**
A. 6.26 Rz. 47 ff.

A. 1.11 Arbeitsvertrag

Formular A. 1.11 Arbeitsvertrag

Siehe: „Arbeitsvertrag", Formular A. 6.13 (**GmbH** – Arbeitnehmer).

Erläuterungen zu A. 1.11 Arbeitsvertrag

Ist der Gesellschafter Aktionär, gelten die gleichen Überlegungen wie zum GmbH- **1**
Gesellschafter-Arbeitnehmer.

Ist der Aktionär Mitglied des Vorstands, siehe Anstellungsvertrag für Vorstandsmit- **2**
glieder, Formular A. 1.10.

A. 1.12 Beratungsvertrag

Formular A. 1.12 Beratungsvertrag

Siehe: „Beratungsvertrag", Formular A. 6.17 (**GmbH**).

Erläuterungen zu A. 1.12 Beratungsvertrag

Es gelten in Bezug auf den Beratungsvertrag zwischen AG und Aktionär die gleichen Überlegungen wie zum Vertrag zwischen GmbH und Gesellschafter.

A. 1.13 Betriebsabgrenzungsvertrag zwischen AG und Gesellschafter-Vorstand

Gliederung

I. FORMULARE

Formular A. 1.13 Betriebsabgrenzungsvertrag zwischen AG und Gesellschafter-Vorstand

Siehe: „Betriebsabgrenzungsvertrag zwischen GmbH und dem Gesellschafter-
Geschäftsführer", Formular A. 6.18 (GmbH).

Formular A. 1.13a Aufsichtsratsbeschluss

Aufsichtsratsbeschluss

Niederschrift

über die Sitzung des Aufsichtsrats der ...... AG mit Sitz in ......

An der Sitzung haben teilgenommen: ......

Mit einstimmigem Beschluss wird Herr A vom Wettbewerbsverbot nach § 88 AktG bezüglich der Tätigkeit ...... befreit und der dem Aufsichtsrat vorliegende Betriebsabgrenzungsvertrag genehmigt. Der Vorsitzende des Aufsichtsrats wird ermächtigt, diesen im Auftrag des Aufsichtsrats mit Herrn ...... abzuschließen.

........................, den ....

....

(Aktiengesellschaft)

....

(Der Aufsichtsrat)

II. ERLÄUTERUNGEN

Erläuterungen zu A. 1.13 Betriebsabgrenzungsvertrag zwischen AG und Gesellschafter-Vorstand

---

1. Wirtschaftliches Vertragsziel

1   Will ein **Vorstandsmitglied** neben seiner **Tätigkeit** für die **AG** noch ein eigenes Gewerbe betreiben oder eine eigene freiberufliche Tätigkeit ausüben, ist dies von Bedeutung sowohl unter **steuerlichem Aspekt** als auch im Bezug auf das zu Lasten des Vorstands gesetzlich normierte **Wettbewerbsverbot**, § 88 AktG (Hinweis auf A. 6.18 Rz. 1).

2. Zivilrecht

2   Gem. § 88 AktG ist Vorstandsmitgliedern grds. versagt,
– ein Handelsgewerbe zu betreiben,
– im Geschäftszweig der Gesellschaft für eigene oder fremde Rechnung Geschäfte zu machen oder
– Mitglied des Vorstands oder Geschäftsführer oder persönlich haftender Gesellschafter einer anderen Handelsgesellschaft zu sein.

3   Außergesellschaftliche eigene **freiberufliche** Tätigkeit ist von § 88 Abs. 1 AktG nach hM (vgl. *Hüffer/Koch* § 88 AktG Rz. 3) nicht erfasst – vorausgesetzt, die AG ist nicht selbst freiberuflich tätig.

4   Eine Befreiung von diesem gesetzlichen Wettbewerbsverbot ist nur möglich per Einwilligung, dh. per **vorheriger** Zustimmung (§ 183 BGB) des Aufsichtsrats (oder eines zuständigen Ausschusses, § 107 Abs. 3 AktG). Die Einwilligung kann nicht grds. erfolgen, sondern ist einzelfallbezogen auszusprechen.

5   Erforderlich für die wirksame Befreiung ist der entsprechende **Beschluss** des Aufsichtsrats. Der Beschluss kann nicht abstrakt vom Wettbewerbsverbot befreien, sondern nur für die jeweils konkrete Fälligkeit.

6   Ob das Wettbewerbsverbot des § 88 Abs. 1 AktG noch fortgilt, wenn die Bestellung widerrufen, die Organstellung also beendet ist, der Anstellungsvertrag aber fort-

gilt, ist streitig (vgl. *Hüffer/Koch* § 88 AktG Rz. 2). Richtigerweise kann von einer Fortgeltung mE nicht ausgegangen werden.

Angesichts dessen, dass die Befreiung vom Wettbewerbsverbot nach der gesetzli- 7 chen Regelung im Voraus auszusprechen ist, muss die Befreiung ggf. gleichzeitig mit der Bestellung zum Vorstand ausgesprochen werden, ist also aufzunehmen in den Bestellungsbeschluss (vgl. Formular A. 1.28) bzw. den vom Aufsichtsrat mit dem Vorstand abzuschließenden Anstellungsvertrag (vgl. Formular A. 1.10).

Ist der Betroffene bereits Mitglied des Vorstands, ist der Vertrag der Situation anzu- 8 passen, dass – korrekterweise – die konkurrierende Tätigkeit/Position des Vorstandsmitglieds vorerst nur eine geplante ist.

Anzupassen ist das Vertragsformular darüber hinaus in § 4 Abs. 3: Beendigung bei 9 Widerruf der Bestellung und Kündigung des Anstellungsvertrags.

3. Steuerrecht

Die Ausführungen zur GmbH (A. 6.18 Rz. 3 ff.) gelten für die AG und ihren Vor- 10 stand entsprechend.

A. 1.14 Bürgschaft

Formular A. 1.14 Bürgschaft

Siehe Formular A. 6.19: „Bürgschaft" (GmbH).

Erläuterungen zu A. 1.14 Bürgschaft

Zu beachten für das Verhältnis zwischen AG und Vorstand ist § 89 AktG (vgl. 1 Formular A. 1.10).

Nach hM (vgl. *Hüffer/Koch* § 89 AktG Rz. 2) ist der Begriff der „Darlehensgewäh- 2 rung" in diesem Zusammenhang weit auszulegen. So fällt darunter ua. bereits die Bereitstellung von Sicherheiten gleich welcher Art bei Kreditierung durch Dritte.

Auch der Bürgschaftsvertrag kann daher nur durch den Aufsichtsrat auf der Grund- 3 lage eines entsprechenden positiven Aufsichtsratsbeschlusses abgeschlossen werden.

A. 1.15 Darlehen

Formular A. 1.15 Darlehen

Siehe „Darlehen", Formular A. 6.20 (GmbH).

Erläuterungen zu A. 1.15 Darlehen

Für das Verhältnis zwischen AG und Vorstand ist die Regelung des § 89 AktG zu 1 berücksichtigen. Die AG darf eigenen Vorstandsmitgliedern Kredit nur auf Grund eines **Beschlusses** des **Aufsichtsrats** gewähren.

Der Darlehensvertrag kann daher nur auf der Basis eines entsprechenden positiven 2 Aufsichtsratsbeschlusses geschlossen werden.

A. 1.16 Dienstvertrag

Siehe „Arbeitsvertrag", Formular A. 1.11 und „Anstellungsvertrag-Vorstand", Formular A. 1.10.

A. 1.17 Einberufung der ordentlichen Hauptversammlung

I. FORMULAR

Formular A. 1.17 Einberufung der ordentlichen Hauptversammlung

...... AG, ... *[Ort]*

Wir laden unsere Aktionäre zu der am ...... dem ......, um ...... Uhr in der ...... Halle in ...... stattfindenden ordentlichen Hauptversammlung ein.

Tagesordnung:

1. Vorlage des festgestellten Jahresabschlusses und des Geschäftsberichts für das Geschäftsjahr ...... mit dem Bericht des Aufsichtsrats.

2. Verwendung des Bilanzgewinns.

   Vorstand und Aufsichtsrat schlagen vor, den zur Verfügung stehenden Bilanzgewinn von € ...... wie folgt zu verwenden:

   a) Ausschüttung einer Dividende von € ...... je Aktie
   b) Einstellung in offene Rücklagen ......
      € ......

3. Entlastung des Vorstandes für das Geschäftsjahr ......

   Vorstand und Aufsichtsrat schlagen vor, die Entlastung zu erteilen.

4. Entlastung des Aufsichtsrats für das Geschäftsjahr ......

   Vorstand und Aufsichtsrat schlagen vor, Entlastung zu erteilen.

5. Wahl des Abschlussprüfers für das Jahr ......

   Der Aufsichtsrat schlägt vor, die XY Wirtschaftsprüfungsgesellschaft zum Abschlussprüfer für das Geschäftsjahr ...... zu bestellen.

........................., den ....

....

(Aktiengesellschaft)

....

(Der Vorstand)

II. ERLÄUTERUNGEN

Erläuterungen zu A. 1.17 Einberufung der ordentlichen Hauptversammlung

1   Durch die Einberufung wird die Hauptverhandlung in Gang gesetzt.
2   Gem. § 121 AktG ist die Hauptversammlung einzuberufen, wenn
   – das Gesetz dies bestimmt,
   – die Satzung es vorsieht oder
   – das Wohl der Gesellschaft es erfordert.
3   „Gesetzliche Fälle" iSv. § 121 Abs. 1 AktG sind insbes. die alljährliche Entlastung der Mitglieder des Vorstands und des Aufsichtsrats, § 120 Abs. 1 Satz 1 AktG, die Verwendung des Bilanzgewinns, § 174 Abs. 1 AktG, und die Feststellung des Jahresabschlusses, sofern diese Entscheidung in die Zuständigkeit der Hauptversammlung fällt, § 173 Abs. 1 AktG.
4   Diese drei gesetzlichen Punkte einer ordentlichen Hauptversammlung sind gem. §§ 120 Abs. 3 Satz 1, 175 Abs. 3 Satz 2 AktG in einer einheitlichen Hauptversammlung zusammenzufassen.

In allen anderen gesetzlichen Fällen (zB von der Hauptversammlung zu beschlie- 5
ßende Satzungsänderung) handelt es sich um außerordentliche Hauptversammlungen.

Zuständig für die Einberufung der ordentlichen Hauptversammlung ist der Vor- 6
stand, § 121 Abs. 2 AktG. Minderheitsgesellschafter können die Einberufung nach
§ 122 AktG verlangen.

Den notwendigen Inhalt der Einberufung legen §§ 121 Abs. 3, 124 Abs. 1 AktG 7
fest. Danach muss die Einberufung die Firma, den Sitz der Gesellschaft, Zeit und Ort
der Hauptversammlung angeben sowie die Bedingungen, von denen die Teilnahme
an der Hauptversammlung und die Ausübung des Stimmrechts abhängen. Darüber
hinaus sind bei der Einberufung die Tagesordnung bekannt zu machen sowie ggf.
Vorschläge zur Beschlussfassung.

Darüber hinaus legt das Gesetz (zB § 124 AktG) besondere Ankündigungserforder- 8
nisse für spezielle Tagesordnungspunkte fest (insbes. Wahlen zum Aufsichtsrat, Satzungsänderungen, Beschlussfassungen über bestimmte Unternehmensverträge).

Einberufungsfrist: Die Hauptversammlung ist mindestens einen Monat vor dem 9
Tage der Versammlung einzuberufen, § 123 Abs. 1 AktG. Die Einberufungsfrist beträgt damit einen Monat. Dieser volle Monat muss zwischen Einberufung und Beginn
der Hauptversammlung liegen. Maßgeblich für die Fristberechnung sind §§ 187, 188
BGB.

Darüber hinaus war ursprünglich zwingend stets die Einberufung der Hauptver- 10
sammlung und die Bekanntgabe ihrer Tagesordnung in den „Gesellschaftsblättern"
vorgeschrieben, § 121 Abs. 3 AktG, dh. insbes. im Bundesanzeiger.

Durch das Reformgesetz v. 2.8.94 (BGBl. I 94, 1961; vgl. A. 1.00 Rz. 3) wurde 11
dieses bis dahin zwingende Procedere vereinfacht: Sowohl die Einberufung der
Hauptversammlung als auch die Bekanntmachung der Tagesordnung kann nunmehr
per eingeschriebenen Brief erfolgen, §§ 121 Abs. 4, 124 Abs. 1 AktG. Dabei gilt bereits der Tag der **Absendung** des letzten Einschreibens als Tag der Bekanntmachung.
Von dem Formerfordernis des geschriebenen Briefes kann die Satzung weitere Erleichterungen zulassen.

Voraussetzung für die vereinfachte Einberufung ist allerdings, dass „die Aktionäre 12
der Gesellschaft namentlich bekannt sind", § 121 Abs. 4 AktG (kritisch hierzu bereits
Heckschen DNotZ 95, 275, 279). Bei Namensaktien ist namentlich bekannt, wer als
Aktionär im Aktienregister (vgl. dazu A. 1.00 Rz. 35) eingetragen ist. Problematischer
ist die Einberufung der Hauptversammlung per Einschreiben dagegen, wenn Inhaberaktien ausgegeben sind: Ist auch nur **ein** Aktionär nicht korrekt geladen, zB weil er
übersehen wurde, weil die Gesellschaft keine Kenntnis von einer Aktienveräußerung
hatte etc., führt dies regelmäßig zur **Nichtigkeit** aller auf der Hauptversammlung
selbst getroffenen Beschlüsse, § 241 Nr. 1 AktG. Eine Hilfe bietet insoweit lediglich
§ 242 Abs. 2 Satz 4 AktG: Der nicht geladene Aktionär kann den Beschluss genehmigen. Ist dies geschehen, kann die Nichtigkeit nicht mehr geltend gemacht werden.

Schließlich: Nach § 121 Abs. 6 AktG können Hauptversammlungsbeschlüsse uU 13
auch völlig ohne Beachtung der gesetzlichen Form- und Fristvorschriften §§ 121–128
AktG gefasst werden. Voraussetzung ist, dass alle Aktionäre erschienen (oder zumindest vertreten) sind, sogenanntes **Vollversammlungsprivileg.** Voraussetzung ist allerdings, dass „kein Aktionär der Beschlussfassung widerspricht". Legt auch nur ein
Aktionär sein Veto ein, kann kein (wirksamer) Beschluss in der Hauptversammlung
gefasst werden. Zutreffend der Rat (vgl. *Heckschen* DNotZ 95, 275, 282), bei der Beurkundung von Vollversammlungen (vgl. Formular A. 1.24) den Verzicht auf die Einhaltung der Form- und Fristvorschriften aufzunehmen sowie die ausdrückliche Feststellung, dass kein Widerspruch erhoben wurde.

Vgl. zu besonderen Mitteilungspflichten, §§ 125–127 AktG. 14

A. 1.18 Geschäftsordnung des Vorstands

Gliederung

I. FORMULAR

Formular A. 1.18 Geschäftsordnung des Vorstands

Der Vorstand der ...... AG hat durch einstimmige Entscheidung vom ...... die nachfolgende

GESCHÄFTSORDNUNG FÜR DEN VORSTAND

mit sofortiger Wirkung für verbindlich erklärt:

§ 1 Grundsätzliche Aufgaben, Ziele

(1) Die Geschäftsführung durch jedes Mitglied des Vorstands unterliegt dieser Geschäftsordnung, den Bestimmungen der Satzung und der Gesetze.

(2) Die Geschäftsführung bezweckt eine einheitliche, einvernehmliche und effektive Leitung der AG.

§ 2 Geschäftsbereiche

(1) Die Geschäfte des Vorstands sind in folgende Geschäftsbereiche aufgeteilt:

– Unternehmensleitung (Führung, Koordination, Öffentlichkeitsarbeit, Grundsatzfragen, Kontrolle, Revision),

– Forschung und Entwicklung,

– Materialwirtschaft,

– Produktion,

– Personal,

– Finanz- und Betriebswirtschaft.

(2) Dem Vorsitzenden des Vorstands obliegt die Koordinierung des Gesamtvorstands und die Behandlung von Grundsatzfragen sowie der Verkehr des Vorstands mit Aufsichtsrat, Behörden und Öffentlichkeit und die Leitung von Vorstandssitzungen. Im Falle der Abwesenheit des Vorsitzenden werden diese Aufgaben von seinem Stellvertreter übernommen.

(3) Über die Zugehörigkeit von Vorstandsmitgliedern für die Geschäftsbereiche entscheidet der Aufsichtsrat oder ein damit beauftragter Aufsichtsratsausschuss.

(4) Unbeschadet der Gesamtverantwortung des Vorstands leitet jedes Vorstandsmitglied seinen Geschäftsbereich selbstständig. Über alle Fragen von grundsätzlicher Bedeutung oder von besonderem Gewicht für das Unternehmen entscheidet der gesamte Vorstand.

(5) Jedes Vorstandsmitglied ist jedem Vorstandsmitglied auskunftspflichtig über alle Maßnahmen der Geschäftsführung. Über Vorgänge, die auch den Geschäftsbereich eines anderen Vorstandsmitglieds berühren, ist dieses so rechtzeitig vorher zu unterrichten, dass es Gelegenheit zu einer Stellungnahme hat.

§ 3 Vorstandssitzungen

(1) Oberstes Organ der Geschäftsführung ist die Vorstandssitzung. Die Mitglieder des Vorstands vereinbaren einen wöchentlich wiederkehrenden Zeitpunkt für die Vorstandssitzung. Unabhängig davon hat jedes Mitglied des Vorstands das Recht, jederzeit die Einberufung einer Vorstandssitzung zu verlangen.

(2) Für folgende Geschäftsführungsmaßnahmen ist ein Beschluss des gesamten Vorstands herbeizuführen:

a) Den Jahresabschluss der Gesellschaft.

b) Angelegenheiten, die dem Aufsichtsrat vorzulegen sind.

c) Inangriffnahme und Durchführungen von Investitionen mit einem Aufwand von mehr als € ......

d) Erwerb, Veräußerung und Belastung von Grundeigentum unter grundstücksgleichen Rechten, wenn der Betrag im Einzelfall € ...... überschreitet.

e) ......

(3) Über erforderliche Beschlüsse sind alle Vorstandsmitglieder eine Woche vor der Beschlussfassung mündlich oder schriftlich zu unterrichten. Erfolgt diese Unterrichtung nicht, können – abweichend von Abs. 4 – Beschlüsse nur einstimmig gefasst werden.

(4) Die Geschäftsführer treffen Beschlüsse mit der einfachen Mehrheit aller Stimmen. Jeder Geschäftsführer verfügt über eine Stimme.

........................., den ....

....

(A-AG)

....

(Der Vorstand)

II. ERLÄUTERUNGEN

Erläuterungen zu A. 1.18 Geschäftsordnung des Vorstands

1. Wirtschaftliches Vertragsziel

Ziel der Geschäftsordnung ist die **innere Ordnung** des **Vorstands.** Geregelt wird 1 das Verhältnis der Mitglieder des Vorstands und ihre Aufgabenbereiche zueinander.

2. Zivilrecht

Verweis auf die Ausführungen zur GmbH-Geschäftsführungsordnung, Formular 2 A. 6.28 Rz. 1–5. Parallelregelungen zu §§ 35, 36 GmbHG sind für die AG §§ 77, 78 AktG. Danach gilt auch für die AG der Grundsatz der Gesamtgeschäftsführung.

Vorgaben für eine Geschäftsordnung des Vorstands enthält § 77 Abs. 2 AktG: 3 Demnach kann der Vorstand selbst sich eine Geschäftsordnung geben. Voraussetzung für diese Zuständigkeit des Vorstands ist allerdings, dass die Satzung dieses Recht nicht dem Aufsichtsrat zugewiesen oder diese auch ohne Satzungsregelung eine Geschäftsordnung bereits erlassen hat.

Eine bestimmte Form schreibt das Gesetz für die Geschäftsordnung nicht vor. Nach 4 hM soll jedoch Schriftform erforderlich sein (vgl. *Hüffer/Koch* § 77 AktG Rz. 21). Diese empfiehlt sich unabhängig davon in jedem Fall.

Inhaltlich können die Regelungen im Rahmen der §§ 76 ff. AktG frei bestimmt 5 werden. Hier gibt es keine Muster, sondern sie sind einzelfallbezogen zu formulieren.

3. Steuerrecht

6   Die Geschäftsordnung hat in erster Linie gesellschaftsrechtlichen Hintergrund. Steuerlich ist vor allzu großem Vertrauen von Vorstandsmitgliedern in die Abgrenzung der Zuständigkeitsbereiche zu warnen. Dies gilt insb. für eine steuerliche Haftung von Vorstandsmitgliedern für Steuern der AG, §§ 69, 191 AO. Trotz Aufgabenteilung und Formalisierung dieser Teilung in Form der Geschäftsordnung bleibt die grundsätzliche steuerliche Gesamtverantwortlichkeit jedes Mitglieds des Vorstands bestehen, entlastet die interne Aufgabenteilung im Zweifel daher nicht.

A. 1.19 Hauptversammlung

Siehe „Einberufung der Hauptversammlung", Formular A. 1.17, und „Notarielle Niederschrift über die Hauptversammlung", Formular A. 1.24.

A. 1.20 Kaufvertrag

Siehe „Kaufvertrag", Formular A. 6.33 (GmbH). Keine Unterschiede bei der AG.

A. 1.21 Lieferungsvertrag

Siehe „Lieferungsvertrag", Formular A. 6.37 (GmbH). Der für GmbHs entworfene Vertrag gilt auch, soweit die AG beteiligt ist.

A. 1.22 Mietvertrag

Siehe „Mietvertrag", Formular A. 6.39 (GmbH). Der Vertrag kann auch für die AG verwandt werden.

A. 1.23 Pensionszusage

Siehe hierzu A. 1.10 Rz. 14, A. 6.42 Rz. 47 ff.

A. 1.24 Notarielle Niederschrift über die Hauptversammlung

I. FORMULAR

Formular A. 1.24 Notarielle Niederschrift über die Hauptversammlung

Verhandelt zu ......

am ......

Der unterzeichnende Notar ...... mit dem Amtssitz in ...... *[Ort]*, hatte sich auf Ersuchen des Vorstands der ...... AG mit Sitz in ...... *[Ort]* in die Räumlichkeiten, ... *[Adresse]*, begeben, um über die dort stattfindende, auf den heutigen Tag für ...... Uhr einberufene ordentliche Hauptversammlung der Gesellschaft die Niederschrift zu führen.

Es waren anwesend:

1. Folgende Mitglieder des Aufsichtsrats:

    (1)......

    (2)......

    (3)......

2. Die Vorstandsmitglieder:

(1)......

(2)......

(3)......

3. Die in dem dieser Niederschrift als Anlage 1 beigefügten Teilnehmerverzeichnis aufgeführten Aktionäre bzw. deren Vertreter.

Um ...... Uhr eröffnete Herr ...... als Vorsitzender des Aufsichtsrats die Hauptversammlung und übernahm den Vorsitz sowie die Leitung der Hauptversammlung.

Der Vorsitzende stellte fest, dass die Hauptversammlung durch eingeschriebenen Brief vom ...... an die im Namensregister eingetragenen Aktionäre unter Wahrung der Einberufungsfrist einberufen worden ist und hierbei die Tagesordnung, die allen Teilnehmern der Hauptversammlung gedruckt vorliegt, bekannt gegeben wurde. Eine Kopie des Einberufungsschreibens ist dieser Niederschrift als Anlage 2 beigefügt.

Das gemäß § 129 AktG errichtete Verzeichnis der erschienenen oder vertretenen Aktionäre wurde vor der ersten Abstimmung allen Teilnehmern zugänglich gemacht und stand allen Teilnehmern bis zur Beendigung der Hauptversammlung zur Einsicht zur Verfügung.

Nach dem Teilnehmerverzeichnis waren ...... Aktien mit ...... Stimmen vertreten. Insgesamt gibt es in der Gesellschaft ...... Aktien mit ...... Stimmen. Der Vorsitzende stellte fest, dass die Hauptversammlung beschlussfähig ist.

Der Vorsitzende bestimmte die folgende Abstimmungsart: Abgestimmt wird durch Handaufheben. Stimmenthaltungen werden bei der Zählung nicht berücksichtigt. Die Auszählung der Stimmen erfolgt durch Zählung der Ja- und der Nein-Stimmen (Additionsverfahren). Über die Tagesordnungspunkte wird getrennt abgestimmt.

Sodann wurden die Punkte der Tagesordnung wie folgt behandelt:

Punkt 1 der Tagesordnung: ......

Die Abstimmung erfolgte durch Handaufheben und ergab:

... Ja-Stimmen

... Nein-Stimmen

Der Vorsitzende stellte fest, dass der Vorschlag der Verwaltung über ... mit der erforderlichen Mehrheit angenommen wurde.

Punkt 2 der Tagesordnung: ......

Punkt 3 der Tagesordnung: ......

Damit war die Tagesordnung erledigt.

Der Vorsitzende schloss die Hauptversammlung um ...... Uhr.

....

(Versammlungsleiter)

....

(Notar)

II. ERLÄUTERUNGEN

Erläuterungen zu A. 1.24 Notarielle Niederschrift über die Hauptversammlung

Nach § 130 Abs. 1 Satz 1 AktG ist über jede Hauptversammlung (also auch bei **1** Vollversammlungen und bei Ein-Personen-Gesellschaften) eine Niederschrift zu fertigen, die durch einen Notar zu beurkunden ist. Werden keine Beschlüsse gefasst, die nach Gesetz, nicht nach Satzung, eine Dreiviertel- oder größere Mehrheit erfordern, genügt eine vom Vorsitzenden des Aufsichtsrats zu unterzeichnende Niederschrift (§ 130 Abs. 1 Satz 3 AktG), wenn es sich um eine nicht börsennotierte Gesellschaft handelt (vgl. § 3 Abs. 2 AktG). Bei der kleinen AG kann die ordentliche Hauptversammlung also regelmäßig ohne Notar stattfinden. Sind nur einzelne Tagesordnungspunkte beurkundungspflichtig, bezieht sich die Beurkundungspflicht nur auf diese.

2   Der Inhalt des notariellen oder des einfachen Protokolls ist identisch. Es handelt sich nicht um ein Wort-, sondern um ein Beschlussprotokoll. Umfassen muss die Niederschrift insbes.

– Ort und Tag der Hauptversammlung,
– Art der Abstimmung und Ermittlung des Ergebnisses,
– jeden zur Abstimmung gestellten Beschluss sowie die Feststellung des Beschlussergebnisses,
– gesetzlich vorgesehene Minderheitsverlangen (zB §§ 120 Abs. 1 Satz 2, 131 Abs. 5, 137, 147 Abs. 1 AktG),
– Widerspruch gegen die Beschlussfassung (§ 245 Nr. 1 AktG).

Es ist empfehlenswert, auch versammlungsleitende Ordnungsmaßnahmen zu protokollieren.

3   Belege über die Einberufung sind als Anlage beizufügen (§ 130 Abs. 3 AktG). Das Teilnehmerverzeichnis muss der Niederschrift nicht als Anlage beigefügt werden, es empfiehlt sich aber sie beizufügen. § 130 Abs. 5 AktG verpflichtet zur Einreichung des Protokolls zum Handelsregister.

A. 1.25 Vorstandsvertrag

Siehe „Anstellungsvertrag für Vorstandsmitglieder", Formular A. 1.10.

A. 1.26 Vollversammlung

Vgl. A. 1.17 Rz. 13 f.

A. 1.27 Vorstand

Siehe „Vorstandsbestellung", Formular A. 1.28, und „Anstellungsvertrag für Vorstandsmitglieder", Formular A. 1.10.

A. 1.28 Vorstandsbestellung

I. FORMULAR

Formular A. 1.28 Vorstandsbestellung

Niederschrift über die Sitzung des Aufsichtsrats der ...... AG in ...... am ......

Der Vorsitzende stellte die ordnungsgemäße Einladung und die vollzählige Anwesenheit fest.

Der einzige Punkt der Tagesordnung wurde wie folgt erledigt:

Der Aufsichtsrat hat in geheimer Abstimmung einstimmig beschlossen:

Herr ...... wird zum (weiteren) Mitglied des Vorstands der ...... Aktiengesellschaft bestellt. Gemäß § ...... der Satzung vertritt er die Gesellschaft gemeinsam mit einem anderen Mitglied des Vorstands oder mit einem Prokuristen. Der dem Aufsichtsrat vorliegende Anstellungsvertrag wird genehmigt. Der Vorsitzende des Aufsichtsrats wird ermächtigt, ihn im Namen des Aufsichtsrats mit Herrn ...... abzuschließen.

........................, den ....

....
Der Aufsichtsrat (Vorsitzender)

II. ERLÄUTERUNGEN

Erläuterungen zu A. 1.28 Vorstandsbestellung

Die Mitglieder des Vorstands werden durch Beschluss des Aufsichtsrats bestellt und **1** abberufen, §§ 84, 108 AktG (zur Bestellung des ersten Vorstands vgl. § 30 Abs. 4 AktG). Privatschriftliche Niederschrift über die Sitzung ist ausreichend, § 107 AktG.

Die Anzahl der Vorstandsmitglieder wird verbindlich durch die Satzung festgelegt. **2**

Die Auswahl obliegt dem Aufsichtsrat. Nach hM (vgl. *Hüffer/Koch* § 76 AktG **3** Rz. 60) kann die Satzung zwar persönliche Eignungsvoraussetzungen festlegen. Unverzichtbar ist jedoch, dass dem Aufsichtsrat das entscheidende Auswahlermessen bleibt (*Hüffer/Koch* § 76 AktG Rz. 60, § 84 AktG Rz. 5, mwN).

Vorstandsmitglieder können für maximal fünf Jahre bestellt werden, § 84 Abs. 1 **4** AktG. Verlängerungen – auch wiederholte – sind jedoch möglich. Allerdings darf jede einzelne Verlängerung nie für länger als fünf Jahre erfolgen. Enthält die Bestellung keine Laufzeit, gilt die Bestellung als für fünf Jahre ausgesprochen.

Jede Bestellung und jede wiederholte Bestellung erfordert einen eigenen Beschluss **5** des Aufsichtsrats. **Nicht** ausreichend ist daher eine lediglich **stillschweigende** oder konkludente **Zustimmung** des Aufsichtsrats (vgl. *Hüffer/Koch* § 108 AktG Rz. 4).

Üblich ist die **Wiederbestellung** sechs bis neun Monate vor dem Ablauf des Be- **6** stellungszeitraums. Das Gesetz sieht eine Maximalfrist von einem Jahr vor, § 84 Abs. 1 Satz 3 AktG.

Mögliche Vorstandsmitglieder können nur natürliche, unbeschränkt geschäftsfähige **7** Personen sein, § 76 Abs. 3 AktG. Nicht bestellt werden darf, wer rechtskräftig wegen einer **Insolvenzstraftat** (§§ 283 bis 283d StGB) verurteilt worden ist, und zwar für fünf Jahre ab Rechtskraft. Andere Straftaten sind kein Bestellungshindernis. Die Nationalität spielt keine Rolle. Gleichgültig ist auch, ob das potentielle Vorstandsmitglied Aktionär ist oder nicht. Ausgeschlossen vom Vorstandsamt sind (§ 105 Abs. 1 AktG) Aufsichtsratsmitglieder (Ausnahme: § 105 Abs. 2 AktG).

Wird eine kraft Gesetzes unfähige Person zum Vorstandsmitglied bestellt, so ist die **8** Bestellung nichtig, § 134 BGB. Tritt die **Unfähigkeit** erst **nachträglich** ein (zB Verurteilung wegen Insolvenzstraftat während der Vorstandseigenschaft), wird die Bestellung mit dem Eintritt des Unfähigkeitsgrundes unwirksam (*MünchKommAktG/Spindler* § 84 AktG Rz. 29).

A. 2. Betriebsaufspaltung

Übersicht

A. 2.00 Rechtsform Besitzunternehmen

I. FORMULAR

> **Formular A. 2.00 Rechtsform Besitzunternehmen**

Zur Unternehmensform der Betriebsaufspaltung und zum Begriff und zur Funktion des Besitzunternehmens s. Formular A. 2.02 ff.

II. ERLÄUTERUNGEN

> **Erläuterungen zu A. 2.00 Rechtsform Besitzunternehmen**

Das **Besitzunternehmen** kann in der typischen und mitunternehmerischen Betriebsaufspaltung folgende **Rechtsformen** haben: **1**
– Einzelperson
– Gesellschaft des bürgerlichen Rechts (GbR)
– OHG
– KG (GmbH & Co. KG)

In der **kapitalistischen** Betriebsaufspaltung hat das Besitzunternehmen idR die **2** Rechtsform der GmbH.

Eigenständige Muster zu diesen Rechtsformen werden hier nicht vorgestellt; insoweit wird verwiesen auf die Teile A. 5. und A. 8.

Zur **inneren Verknüpfung** der Gesellschaftsverträge des Besitzunternehmens und **3** der Betriebsgesellschaft s. A. 2.01 Rz. 2 ff.

A. 2.01 Rechtsform Betriebsgesellschaft

I. FORMULAR

> **Formular A. 2.01 Rechtsform Betriebsgesellschaft**

Zur **Unternehmensform** der **Betriebsaufspaltung** und zu Begriff und Funktion der **Betriebsgesellschaft** s. Formular A. 2.02.

II. ERLÄUTERUNGEN

Erläuterungen zu A. 2.01 Rechtsform Betriebsgesellschaft

1   Die **Betriebsgesellschaft** hat in der typischen und kapitalistischen Betriebsaufspaltung idR die **Rechtsform der GmbH,** in der mitunternehmerischen die der KG (GmbH & Co. KG). Ein Einzelunternehmen kann nicht Betriebsunternehmen sein (*Schmidt/Wacker* § 15 EStG Rz. 855).

    Eigenständige Muster zu diesen Rechtsformen werden hier nicht vorgestellt; insoweit wird verwiesen auf Formulare A. 6. und A. 8.

2   Zu überlegen ist, ob man in den Gesellschaftsverträgen von Besitzunternehmen und Betriebsgesellschaft, wenn die Betriebsaufspaltung von *mehreren* Personen gebildet wird, vertraglich **sicherstellt,** dass bei beiden Gesellschaften eine Personen-, Beteiligungs- und Stimmrechts**identität** gegeben ist oder dass eine bestimmte Gesellschaftergruppe in beiden Gesellschaften **herrscht.**

3   Dies könnte dadurch geschehen, dass eine **Änderung** im Gesellschafterbestand bei einer Gesellschaft zwingend zu einer **entsprechenden Änderung** bei der anderen Gesellschaft führt.

    Üblich ist diese Verknüpfung nicht, da die Gefahr einer Zerstörung der Betriebsaufspaltung – und damit einer möglichen Gewinnrealisierung – nicht gebannt ist. Wird zB durch einen GmbH-Anteilsverkauf die Beherrschung der GmbH durch eine Person oder Personengruppe aufgehoben, so wird die Beherrschung auch dadurch nicht wiederhergestellt, dass die Beteiligten im Besitzunternehmen gleichziehen.

4   Ob eine Betriebsaufspaltung Bestand hat, hängt im Wesentlichen nicht nur von den vertraglichen Verpflichtungen, sondern von dem **tatsächlichen Verhalten** der Beteiligten, also der tatsächlichen Durchführung der Vereinbarungen, ab.

A. 2.02 Pachtvertrag (Betriebspacht)

Gliederung

I. FORMULAR

Formular A. 2.02 Pachtvertrag (Betriebspacht)

Pachtvertrag

zwischen

V ......

– nachfolgend Verpächter genannt –

und

P ...... GmbH,

vertreten durch ihren alleinvertretungsberechtigten, von den Beschränkungen des § 181 BGB befreiten Geschäftsführer,

– nachfolgend Pächterin genannt –

Präambel

Der Verpächter hat zum Zweck einer Betriebsaufspaltung Teile seines betrieblichen Anlage- und Umlaufvermögens des Einzelunternehmens ...... auf die Pächterin übertragen. Im Zuge dieser Betriebsaufspaltung schließt der Verpächter mit der Pächterin folgenden

BETRIEBSPACHTVERTRAG

§ 1 Pachtobjekt

(1) Der Verpächter verpachtet mit Wirkung vom ...... an die Pächterin seinen Betrieb – einschließlich des Geschäftswertes –, wie er sich aus der Anlage dieses Vertrages ergibt. Die Anlage ist durch Zu- und Abschreibungen für Ersatz- und Neuanschaffungen sowie für Abgänge auf dem Laufenden zu halten.

(2) Die Pächterin ist berechtigt, die Firma ...... fortzuführen. Der Verpächter stimmt der Firmenfortführung ausdrücklich zu.

(3) Die Parteien werden zum Handelsregister des Verpächters den Übergang des Handelsgeschäfts mit dem Recht der Fortführung der gemäß Abs. 1 geänderten Firma unter Verwendung des Namens (...) auf die Pächterin und das Erlöschen der bisherigen Firma des Verpächters sowie zum Handelsregister der Pächterin die Errichtung des Handelsgeschäfts unter der mit dem übergegangenen Handelsgeschäft fortgeführten geänderten Firma anmelden. Beide Handelsregisteranmeldungen werden unmittelbar nach Abschluss dieses Vertrages durch Verpächter und Pächterin in notariell beglaubigter Form unterzeichnet; der beglaubigende Notar wird beauftragt und angewiesen, beide Handelsregisteranmeldungen zu den Handelsregistern einzureichen.

(4) Die Parteien schließen den Übergang von Verbindlichkeiten auf die Pächterin nach Maßgabe des § 25 Abs. 2 HGB aus. Die Handelsregisteranmeldungen iSd. Abs. 3 enthalten die Beschränkung gemäß § 25 Abs. 2 HGB, dass der Übergang der in dem Betrieb des Geschäfts entstandenen Verbindlichkeiten und Forderungen beim Erwerb des Geschäfts durch den neuen Inhaber ausgeschlossen ist. Die Parteien sind wechselseitig zur unverzüglichen Anmeldung der Beschränkungen nach den Sätzen 1 und 2 zum Handelsregister verpflichtet

(5) Die Pächterin ist berechtigt, die verpachteten Gegenstände im Rahmen des Betriebes ihres Unternehmens zu nutzen.

§ 2 Pachtbeginn, Übergabe

(1) Der Pachtvertrag beginnt am ...... Das Pachtjahr ist das Kalenderjahr.

(2) Die Pächterin befindet sich bereits im Besitz der Pachtgegenstände. Sie erkennt an, dass sich das Pachtobjekt in geordnetem und für den Betrieb des Unternehmens geeignetem Zustand befindet.

§ 3 Pachtzins

(1) Die Höhe des jährlichen Pachtzinses (Pachtjahr) beträgt – vorbehaltlich Abs. 2 bis 6 – € ....

(2) Die Pacht erhöht oder ermäßigt sich ab ...... nach folgenden Grundsätzen:

a) Ausgangswert ist der steuerliche Buchwert des Pachtobjektes am Ende eines vergangenen Pachtjahres des Verpächters, erstmals der Buchwert per ...... Abweichungen des Buchwertes des verpachteten beweglichen Anlagevermögens zum Ende des folgenden Pachtjahres – erstmals zum ...... – nach oben oder nach unten führen für das darauf folgende Jahr – erstmals für ...... – zu einer Erhöhung oder Ermäßigung der Pacht in Höhe von ......% des Differenzbetrages.

b) Ferner sind nach Ablauf eines jeden Pachtjahres – erstmals nach Ablauf des Jahres ...... – für das verpachtete bewegliche Anlagevermögen die hierauf entfallenden steuerlichen Absetzungen für Abnutzung des Pachtjahres zu ermitteln. Abweichungen dieser Absetzungen nach oben oder nach unten gegenüber den steuerlichen Absetzungen auf das Pachtobjekt für das vergangene Pachtjahr – erstmals im Vergleich zum Jahr ...... – führen für das folgende Pachtjahr – erstmals für ...... – in Höhe des Differenzbetrages zu einer Erhöhung oder Ermäßigung der Pacht.

c) Hat der Verpächter steuerliche Sonderabschreibungen auf das Pachtobjekt in Anspruch genommen, hat er das der Pächterin nach Ablauf des Pachtjahres mitzuteilen. Die Vertragsparteien werden alsdann von Fall zu Fall eine Vereinbarung darüber treffen, ob und in welchem Umfang die Sonderabschreibungen und der Einfluss der Sonderabschreibungen auf den steuerlichen Buchwert des Pachtobjektes bei der Anpassung der Pacht gemäß Buchst. a. und b. zu berücksichtigen sind.

d) Die endgültige ziffernmäßige Ermittlung der Pacht ist spätestens bei Erstellung der Bilanz des Verpächters für das abgelaufene Pachtjahr vorzunehmen. Ein sich hierbei ergebender Differenzbetrag gegenüber der bisher für das laufende Pachtjahr gezahlten Pacht ist mit ...... % p.a. zugunsten des Forderungsberechtigten seit Beginn des maßgebenden Pachtjahr folgenden Pachtjahres zu verzinsen und unverzüglich an den Berechtigten zu zahlen.

(3) Die Pacht des Abs. 1 ist – vorbehaltlich der endgültigen Ermittlung gemäß Abs. 2 Buchst. d. – in monatlichen Teilbeträgen, die am 1. eines jeden Monats vorschüssig fällig sind, als Vorauszahlung zu entrichten. Ist gemäß Abs. 2 eine von der Pacht nach Abs. 1 abweichende Festsetzung der Pacht erfolgt, ist von dem folgenden Monatsersten an als monatliche Vorauszahlung ein Zwölftel der gemäß Abs. 2 neu festgesetzten Pacht zu entrichten.

(4) Die Regelungen gemäß Abs. 1 bis 3 gelten zunächst für die ersten vier Pachtjahre. Für den Zeitraum ab dem fünften Pachtjahr werden die Vertragspartner prüfen, ob die wirtschaftlichen Verhältnisse des Unternehmens, der Branche und der Volkswirtschaft im Allgemeinen, die bei Abschluss des Pachtvertrages vorlagen, eine Veränderung der Pachthöhe – über die Veränderungen gemäß Abs. 2 hinaus – ab dem fünften Pachtjahr tunlich erscheinen lassen. Insbesondere kann die Pächterin verlangen, dass der Pachtzins ermäßigt wird, wenn sie in drei aufeinander folgenden Jahren keinen Gewinn erzielt, der 10 % ihres Buchvermögens (eingezahlte Stammeinlagen zuzüglich offene Rücklagen zuzüglich Gewinnvortrag abzüglich Verlustvortrag) übersteigt.

(5) Die Pächterin ist verpflichtet – sofern der Verpächter die Umsätze aus der Verpachtung der Regel-Umsatzsteuer unterwirft –, zusätzlich die Umsatzsteuer in ihrer gesetzlichen Höhe auf den jeweiligen Pachtzins und etwaige Nebenentgelte zu zahlen. Der Verpächter verpflichtet sich, die Umsatzsteuer gemäß § 14 UStG in Rechnung zu stellen oder diesen Vertrag so zu ändern, dass der Vertrag den Vorsteuerabzug vermittelt.

§ 4 Versicherungen, besondere Kosten

(1) Die Pächterin wird auf ihre Kosten für das Pachtobjekt angemessene Haftpflichtversicherungen sowie Versicherungen gegen Feuer-, Sturm-, Wasserschäden, Diebstahl und Einbruch abschließen und unterhalten. Tritt infolge Neu- oder Ersatzbeschaffungen, infolge Baumaßnahmen des Verpächters oder der Pächterin (§ 7) oder infolge von Abgängen eine Veränderung des Pachtobjektes ein, wird die Versicherung hierauf entsprechend ausgedehnt oder entsprechend eingeschränkt.

(2) Die Pächterin trägt die Kosten der Heizung des Pachtobjektes, die Kosten der Strom-, Gas- und Wasserversorgung aus einem öffentlichen Versorgungsnetz sowie die Gebühren für Straßenreinigung, Entwässerung, Müllabfuhr, Schornsteinreinigung und alle ähnlichen Aufwendungen. Dies gilt sowohl für die Grundstücke als auch für bestehende sowie Erweiterungs- und Neubauten.

(3) Die Pächterin trägt alle Ausgaben, die ihren Gewerbebetrieb und dessen Ausübung betreffen. Hierzu gehören neben der eigenen Betriebshaftpflichtversicherung insbesondere auch etwaige Genehmigungs- oder Konzessionsgebühren für die Benutzung des Pachtobjektes. Ferner hat die Pächterin auf ihre Kosten angemessene Versicherungen entsprechend Abs. 1 für die gepachteten beweglichen Wirtschaftsgüter abzuschließen.

(4) Die durch den Grundbesitz verursachten, vorstehend nicht erwähnten öffentlichen Abgaben und Lasten, einschließlich der Grundsteuer, trägt der Verpächter.

§ 5 Verkehrssicherungs- und ähnliche Pflichten

(1) Die Pächterin hat für ausreichende Bewachung der Grundstücke und für angemessene Beleuchtung der Zuwegungen zu und auf dem von ihr gepachteten Betriebsgelände zu sorgen. Ihr obliegen alle im Hinblick auf den öffentlichen Verkehr mit dem Besitz der Grundstücke verbundenen Verkehrssicherungspflichten, wie insbesondere die Beseitigung von Eis und Schnee und die Streupflicht sowohl auf angrenzenden öffentlichen Straßen, den Zuwegungen als auch auf den gepachteten Grundstücken selbst. Ferner hat die Pächterin für die Sauberhaltung des Pachtobjektes, insbesondere des Grundbesitzes, aber auch der Zufahrten zu sorgen.

(2) Soweit durch den Betrieb der Pächterin oder durch Auswirkungen der Grundstücke, hinsichtlich derer die Pächterin gemäß Abs. 1 die Verkehrssicherungspflicht übernommen hat, Dritte beeinträchtigt oder verletzt werden sollten, hat die Pächterin den Verpächter von allen Ansprüchen Dritter freizustellen. Behördliche Anordnungen, die die Instandhaltung des gepachteten Grundbesitzes oder der Gebäude betreffen, sind von der Pächterin unverzüglich zu erfüllen. Im Rahmen der von ihr übernommenen Verpflichtungen steht die Pächterin dem Verpächter für die Erfüllung der hinsichtlich des Pachtobjektes geltenden gesetzlichen und behördlichen Vorschriften und Auflagen ein.

§ 6 Instandhaltung, Ersatzbeschaffung

(1) Der Pächterin obliegen die bauliche und sonstige Instandhaltung sowie insbesondere Reparaturen des Pachtobjektes, einschließlich der Gegenstände des beweglichen Anlagevermögens. Sie trägt auch die notwendigen (Schönheits-) Reparaturen.

(2) Die für den vertragsmäßigen Gebrauch des Pachtobjektes einschließlich der Gegenstände des beweglichen Anlagevermögens erforderlichen Ersatzanschaffungen werden von dem Verpächter auf eigene Kosten vorgenommen. Satz 1 gilt nicht für schuldhafte Zerstörungen von Wirtschaftsgütern durch die Pächterin und für geringwertige Wirtschaftsgüter des Anlagevermögens; insoweit ist die Pächterin zur Ersatzbeschaffung auf eigene Kosten verpflichtet. Der Verpächter ist verpflichtet, die verpachteten Wirtschaftsgüter auf Verlangen der Pächterin und in Abstimmung mit dieser im betriebsüblichen Umfang durch Ersatzbeschaffungen zu ersetzen. Neuanschaffungen, die eine Erweiterung des Pachtobjektes darstellen, bedürfen der beiderseitigen Vereinbarung. Durch Abs. 2 werden die Rechte und Pflichten der Pächterin gemäß § 7 nicht berührt.

(3) Werden Mängel, deren Beseitigung der Pächterin obliegt, von dem Verpächter festgestellt und beanstandet und von der Pächterin nicht binnen 30 Tagen nach Aufforderung beseitigt, so ist der Verpächter berechtigt, die Mängel auf Rechnung der Pächterin beseitigen zu lassen. Satz 1 gilt entsprechend in Fällen des Abs. 2 Satz 2.

(4) Gepachtete immaterielle Wirtschaftsgüter hat die Pächterin nach den Regeln ordnungsmäßiger Betriebsführung zu pflegen.

§ 7 Veränderungen an dem Pachtobjekt

(1) Die Pächterin ist zu baulichen und sonstigen Veränderungen des Pachtobjektes befugt, soweit sie betriebsnotwendig sind oder die Zweckbestimmung des Pachtobjektes nicht beeinträchtigen. Unabhängig hiervon wird der Verpächter auf Grund Sonderabsprache im Einzelfall Erweiterungs- und/oder Neubauten für den Betrieb der Pächterin auf eigene Kosten durchführen. In einem solchen Fall ist der Pachtzins des § 3 entsprechend anzupassen.

(2) Wenn die Pächterin gemäß Abs. 1 Satz 1 eine Veränderung an dem Pachtobjekt vornimmt, kann der Verpächter verlangen, dass die Pächterin bei Pachtende auf eigene Kosten den ursprünglichen Zustand vor Vornahme der Veränderung wiederherstellt. Statt dessen kann der Verpächter verlangen, dass die Pächterin ihm das Pachtobjekt bei Pachtende in dem geänderten Zustand überlässt. Letzterenfalls ist der Verpächter verpflichtet, der Pächterin für die von dieser vorgenommene Veränderung den Zeitwert bei Pachtende abzüglich des Wertes eines ursprünglich vorhandenen, aber durch die Veränderung beseitigten Gegenstandes im Zeitpunkt der Veränderung zu ersetzen. Ist durch die Veränderung ein Teil des Pachtobjektes zwar nicht beseitigt, aber wertgemindert worden, so ist der von dem Verpächter zu ersetzende Zeitwert bei Pachtende um die Wertminderung im Zeitpunkt der Veränderung zu kürzen.

(3) Einrichtungen, die die Pächterin während der Pachtzeit erworben und eingebaut hat, kann sie auf eigene Kosten bei Beendigung der Pacht entfernen. Dabei ist der frühere Zustand wiederherzustellen.

§ 8 Haftung der Pächterin

Die Pächterin haftet unbeschadet ihrer sonstigen Verpflichtungen aus diesem Vertrag für alle Schäden, die durch schuldhafte Verletzung ihrer Sorgfaltspflicht am Pachtobjekt entstehen. Ihrem Verschulden steht das Verschulden ihrer Beauftragten, Besucher oder Angestellten gleich.

§ 9 Kontrollrechte

Der Verpächter ist jederzeit berechtigt, sich über den Zustand des Pachtobjektes zu unterrichten sowie sich von der Einhaltung der sich aus diesem Vertrag ergebenden Verpflichtungen durch Augenschein zu überzeugen und sich hierbei von Sachverständigen oder Zeugen begleiten zu lassen.

§ 10 Unterpachtvertrag

Eine Unterverpachtung (-vermietung) bedarf der Zustimmung des Verpächters.

§ 11 Minderung, Aufrechnung

Eine Minderung der Pacht oder eine Aufrechnung mit Gegenansprüchen ist ausgeschlossen.

§ 12 Unterbrechung des Pachtverhältnisses

Ist die Pächterin infolge behördlicher Anordnung oder gesetzlicher Bestimmungen, ohne dass dies von ihr zu vertreten ist, oder infolge höherer Gewalt länger als sechs Monate an der Fortführung des Unternehmens gehindert, so entfällt vom Beginn des siebten Monats an die Verpflichtung zur Zahlung der Beträge nach § 3. Macht die Pächterin von diesem Recht Gebrauch, ist der Verpächter zur fristlosen Kündigung des Pachtvertrages berechtigt.

§ 13 Dauer, Beendigung

(1) Der Pachtvertrag wird bis zum ...... fest abgeschlossen. Er verlängert sich alsdann jeweils um ...... Jahre, wenn er nicht mit einer Frist von zwölf Monaten zum Ende eines Pachtjahres gekündigt wird. Die Vertragsparteien behalten sich das Recht vor, den Vertrag einverständlich zu einem früheren Termin aufzuheben.

(2) Aus wichtigem Grund ist das Pachtverhältnis fristlos kündbar. Ein wichtiger Grund liegt insbesondere vor, wenn die Pächterin

a) mit einer nach § 3 zu erbringenden Zahlung drei Monate im Rückstand ist;

b) trotz zweimaliger Anmahnung in Abständen von einem Monat ihren Pflichten nach § 5 nicht nachkommt;

c) die gepachteten Gegenstände unzulässigerweise unterverpachtet oder wenn

d) über das Vermögen der Pächterin das Insolvenzverfahren eröffnet worden ist.

(3) Die Kündigung ist schriftlich auszusprechen.

(4) Wird das Pachtverhältnis vorzeitig gekündigt und ist dies von einer Partei zu vertreten, so ist sie zum Schadensersatz verpflichtet.

(5) Teilkündigungen sind nicht zulässig.

(6) Bei Beendigung der Pacht hat die Pächterin das Pachtobjekt, auch die gepachteten immateriellen Wirtschaftsgüter, zurückzugeben, soweit nicht etwas anderes vereinbart wird; ebenfalls endet das Recht der Pächterin, die Firma des Verpächters fortzuführen (§ 1 Abs. 2). In die gemäß der Grundsatzvereinbarung zur Betriebsaufspaltung auf die Pächterin übergegangenen Vertragsverhältnisse tritt der Verpächter – vorbehaltlich zwingender abweichender gesetzlicher Bestimmungen – nur wieder ein, soweit das ausdrücklich vereinbart wird.

§ 14 Schlussbestimmungen

(1) Änderungen dieses Vertrages bedürfen der Schriftform.

(2) Sollte eine Bestimmung dieses Vertrages unwirksam sein oder sollte der Vertrag eine Lücke enthalten, so wird die Wirksamkeit der übrigen Bestimmungen hiervon nicht berührt. Anstelle der unwirksamen Bestimmung oder zur Ausfüllung der Lücke soll zunächst zwingend die gesetzliche Regelung, sodann eine Regelung gelten, die, soweit rechtlich möglich, dem am nächsten kommt, was die Vertragschließenden gewollt haben oder, hätten sie den Punkt bedacht, gewollt hätten.

(3) Jedes in diesem Vertrag ausbedungene Entgelt für eine umsatzsteuerpflichtige Leistung ist als Netto-Entgelt zu verstehen, das sich gegebenenfalls um die gesetzliche Umsatzsteuer (Regel-Umsatzsteuer) erhöht.

(4) Die Anlage wird bei Abschluss des Vertrages vorläufig formuliert. Sie ist nach Maßgabe dieses Vertrages und der vorläufigen Anlage spezifiziert neu zu fassen, sobald die Bilanz des Einzelunternehmens ...... zum ...... vorliegt.

Anlage

I. Maßgebend ist die Bilanz des Einzelunternehmens per .... Von in dieser Bilanz ausgewiesenen Wirtschaftsgütern werden verpachtet:

　　1. Grundstücke: ......

　　2. Kraftfahrzeuge: ......

　　3. Betriebs- und Geschäftsausstattung: ......

　　4. Geringwertige Wirtschaftsgüter: ......

II. Außerdem wird verpachtet:

　　5. Firmenwert und sonstige in der Bilanz des Einzelunternehmens ...... per ...... nicht ausgewiesene immaterielle Wirtschaftsgüter, die zum Betriebsvermögen des Einzelunternehmens gehören; hierzu zählt auch der Kundenstamm.

II. ERLÄUTERUNGEN

Erläuterungen zu A. 2.02 Pachtvertrag (Betriebspacht)

1. Grundsätzliche Anmerkungen

a) Wirtschaftliches Vertragsziel

1   Die Betriebsaufspaltung ist eine **Unternehmensform,** die im Gesellschaftsrecht als **Typus nicht vorgezeichnet** ist, sondern aus **haftungsrechtlichen** und **steuerrechtlichen Motivationen** geschaffen wurde. Bei der Betriebsaufspaltung wird das Unternehmen in einen **aktiven Teil** und einen **passiven Teil** geteilt. Der aktive Teil, in der Regel eine GmbH oder eine GmbH & Co. KG, führt das Unternehmen **(Betriebsgesellschaft),** der passive Teil **(Besitzunternehmen)** verwaltet die wesentlichen Betriebsgrundlagen, in der Regel das Betriebsgrundstück, und verpachtet es an die Betriebsgesellschaft. Betriebsgesellschaft und Besitzunternehmen werden von denselben Personen oder derselben Personengruppe beherrscht.

2   **Zweck** der Gestaltung ist idR die Haftungsbegrenzung auf den „aktiven Teil", ohne dass die wesentliche Betriebsgrundlage selbst in die allgemeine Unternehmenshaftung miteinbezogen wird (*Söffing/Micker,* Die Betriebsaufspaltung, 7. Aufl. 2019, S 1 ff.).

3   In einem Vertragsmusterbuch kann kein Vertragstyp „Betriebsaufspaltung" vorgelegt werden; die Betriebsaufspaltung besteht aus **verschiedenen Verträgen,** die, bezogen auf einen wirtschaftlichen Sachverhalt, zusammen die Betriebsaufspaltung ergeben. Entscheidend sind Besitzunternehmen (s. dort), Betriebsgesellschaft (s. dort) und Pachtvertrag.

4   Der **Pachtvertrag** steht als Vertragsmuster zum Stichwort Betriebsaufspaltung im Mittelpunkt. Dazu schlagen wir eine „Grundsatzvereinbarung" vor (s. Formular A. 2.03).

5   Unsere Erläuterungen zum Muster Betriebsaufspaltung/Pachtvertrag ersetzen nicht eine vertiefte Kenntnis des Rechts der Betriebsaufspaltung, der höchstrichterlichen BFH-Rspr. und der einschlägigen **Spezialliteratur.** Hinweis auf EStR 15.7 Abs. 4 bis 8; *Schmidt/Wacker* § 15 EStG Rz. 800 ff.

6   Die **typische Erscheinungsform** der Betriebsaufspaltung:
- Betriebsgesellschaft: GmbH.
- Besitzunternehmen: Einzelperson, GbR, OHG oder KG/GmbH & Co. KG (OHG oder KG nur, falls die handelsrechtlichen Voraussetzungen einer Personenhandelsgesellschaft gegeben sind).

7   **Mitunternehmerische Betriebsaufspaltung:**
- Betriebsgesellschaft: Personengesellschaft (OHG, KG, GmbH & Co. KG).
- Besitzunternehmen: Einzelperson, GbR, OHG oder KG/GmbH & Co. KG (zu OHG und KG s. Rz. 6).

8   **Kapitalistische Betriebsaufspaltung:**
- Betriebsgesellschaft: GmbH, UG oder AG.
- Besitzunternehmen: GmbH, UG oder AG.

9   **Sonderformen (Beispiele):**
- Betriebsgesellschaft: GmbH.
- Besitzunternehmen: öffentlich-rechtliche Körperschaft mit Betrieb gewerblicher Art, steuerbefreite Körperschaft (zB gemeinnütziger Verein) mit wirtschaftlichem Geschäftsbetrieb.

10   Das Steuerrecht nimmt nur dann eine Betriebsaufspaltung mit den spezifischen Steuerfolgen (s. Rz. 22 ff.) an, wenn **zwei Tatbestandsbedingungen** gegeben sind.

11   Das Besitzunternehmen muss (mindestens) eine **wesentliche Betriebsgrundlage** an die Betriebsgesellschaft vermieten/verpachten **(sachliche Verflechtung);** dazu

Schmidt/Wacker § 15 EStG Rz. 808 ff. mwN. Bei einer Kapitalgesellschaft als Betriebsgesellschaft reicht auch die unentgeltliche Überlassung an diese aus. Besitzunternehmen und Betriebsgesellschaft müssen von einem **einheitlichen geschäftlichen Betätigungswillen** bestimmt sein; beide Unternehmen müssen von derselben Person oder Personengruppe beherrscht werden **(personelle Verflechtung).** Diese personelle Verflechtung wird idR durch die Eigentümerstellung oder durch Gesellschaftsrechte (auf der ersten Stufe wird die Stimmrechtsmacht geprüft, auf der zweiten Stufe die Geschäftsführungsbefugnis), im Ausnahmefall durch faktische Machtverhältnisse hergestellt. Zur personellen Verflechtung s. EStR 15.7 Abs. 5 mit Zusammenstellung der Rspr. und *Schmidt/Wacker* § 15 EStG Rz. 820 ff.

Der **Pachtvertrag** betrifft nicht die personelle, sondern die sachliche Verflechtung. **12**
Sein Gegenstand ist die Verpachtung mindestens einer wesentlichen Betriebsgrundlage.

Das **Muster** des Pachtvertrages greift *eine* Möglichkeit aus einer Vielzahl denkbarer **13**
heraus. Um ihn richtig einordnen zu können, sei der **Kreis** der **Möglichkeiten** nachfolgend gezogen. Der Pachtvertrag erscheint in drei typischen **Grundmodellen.**

Betriebserhaltung: Der gesamte Betrieb wird verpachtet und als solcher vom **14**
Pächter zugunsten des Verpächters erhalten. Vorräte und kurzfristige Forderungen und Verbindlichkeiten gehen auf den Pächter über. Der Betriebsgesellschaft obliegt die Substanzerhaltungs- und -erneuerungspflicht. Erweiterungsinvestitionen werden vom Besitzunternehmen oder von der Betriebsgesellschaft durchgeführt.

Für dieses Modell spricht:
– Der Verpächter behält in seiner Hand ein voll funktionstüchtiges Unternehmen.
– Der Verpächter behält den höchstmöglichen Einfluss.
– Jederzeitige Reaktionsmöglichkeit auf Rechtsverböserungen zu Lasten der Betriebs-
  GmbH ist möglich.
– Die Beendigung der personellen Verflechtung führt bei Weiterüberlassung des voll
  funktionsfähigen Unternehmens nicht zur Betriebsaufgabe im Besitzunternehmen,
  da die Grundsätze der Betriebsverpachtung im Ganzen gelten.

Schrumpfungsmodell: Der Betrieb wird verpachtet. Alle Erhaltungs-, Erneue- **15**
rungs- und Erweiterungsinvestitionen führt die Betriebsgesellschaft auf eigene Rechnung durch. Der verpachtete Gegenstand wird also immer kleiner (daher der Name). Dieses Modell wird man idR als Interimslösung wählen, um ohne weiteren Vermögenstransfer schließlich das folgende Modell zu erreichen.

Steuerberater-Modell: Das Besitzunternehmen verpachtet nur die Immobilie und **16**
den Firmenwert bzw. sonstige immaterielle Wirtschaftsgüter; die übrigen Aktiva werden von der Betriebsgesellschaft übernommen. Der Name rührt daher, weil dieses Modell von Steuerberatern bevorzugt wird. Es ist die Gestaltungsvariante, die sich für kleinere Unternehmen anbietet.

Das hier vorgestellte Muster folgt dem – ausgebauten – zuletzt genannten Modell, **17**
da es in der Beratungspraxis häufig anzutreffen ist.

b) Zivilrecht

Der Besitzunternehmen und Betriebsgesellschaft verbindende Vertrag kann ein rei- **18**
ner **Mietvertrag** nach §§ 535 ff., 578 ff. BGB sein. Nur Grund und Boden sowie ein Bauwerk werden vermietet. Wird ein Betrieb zur Nutzung überlassen, der dem Nutzenden auch den „Genuss der Früchte" gestattet, liegt ein **Pachtvertrag** vor (§§ 581–584b BGB; *Palandt/Weidenkaff* § 581 BGB Rz. 1/2 f.). Ein Pachtvertrag ist auch anzunehmen, wenn neben der Immobilie der Geschäftswert zur Nutzung überlassen wird. Das Miet- und Pachtrecht wird in erster Linie durch das vertragliche Recht bestimmt; daher hat die Frage, ob ein Miet- oder ein Pachtvertrag vorliegt, für die Praxis nur nachrangige Bedeutung.

Der Miet- oder Pachtvertrag kann **formfrei** abgeschlossen werden. Soll er (Regel!) **19**
für länger als ein Jahr geschlossen werden, kann nur durch die **Schriftform** er-

reicht werden, dass er nicht als für unbestimmte Zeit abgeschlossen gilt (§§ 578, 550 BGB).

20   Zum Risiko der Nutzungsüberlassung in der **Insolvenz der Betriebsgesellschaft** s. § 135 Abs. 3 InsO; zum vGA-Risiko: *Streck/Schwedhelm* § 8 Anh. Rz. 170 ff.

21   Die Betriebsaufspaltung wird von der Haftung im **faktischen Konzern** betroffen (*Söffing/Micker,* Die Betriebsaufspaltung, 7. Aufl. 2019, S. 447).

c) Steuerrecht

22   Die Betriebsaufspaltung ist ein **Institut des Steuerrechts** (vgl. hierzu allgemein: *Kußmaul/Schwarz* GmbHR 12, 834). Wesentliche Rechtsfolge ist die Umqualifizierung der Einkünfte im Besitzunternehmen von vermögensverwaltenden Einkünften aus Vermietung und Verpachtung (§ 21 EStG) in Einkünfte aus Gewerbebetrieb (§ 15 EStG). Ursprünglich diente der Rechtsmissbrauchsgedanke als Rechtfertigung: Durch die Aufspaltung eines gewerblichen Einzelunternehmens in das Überlassungsunternehmen (Besitzunternehmen) und eine Betriebskapitalgesellschaft werden die überlassenen Betriebsgrundlagen dem steuerlichen Betriebsvermögen entzogen und auf der Ebene der Betriebskapitalgesellschaft durch die Pachtzahlungen die Bemessungsgrundlage für die GewSt gemindert. Um dies zu verhindern, qualifizieren FinVerw. und Finanzrechtsprechung bei Vorliegen der Voraussetzungen der Betriebsaufspaltung (sachliche und personelle Verflechtung) die Einkünfte im Besitzunternehmen um in Einkünfte aus Gewerbebetrieb. Inzwischen wird der aufgrund der personellen Verflechtung vermutet hinter beiden Unternehmen stehende einheitliche geschäftliche Betätigungswille als Rechtfertigung herangezogen. Eine gesetzliche Regelung gibt es bis heute nicht. In § 50i EStG und in § 13b ErbStG wird das Institut vorausgesetzt, nicht aber einer gesetzlichen Regelung zugeführt. Es handelt sich um richterliche Rechtsfortbildung und inzwischen um Gewohnheitsrecht. Verwaltungspraxis und Finanzrechtsprechung sind – abgesehen von der früheren Zusammenrechnung von Ehegattenanteilen – nicht verfassungswidrig, BVerfG 1 BvR 571/81 u. a. v. 12.3.85, BStBl. II 85, 475; 1 BvR 1946/94 v. 13.1.95, GmbHR 95, 308; zuletzt 1 BvR 19/07 v. 14.2.08, HFR 08, 754.

23   **Steuerfolgen** bei der **Betriebsgesellschaft:** Keine besonderen Steuerfolgen bei der Betriebsgesellschaft. Es gelten die allgemeinen Regeln.

24   **Besonderheiten** gelten im **Besitzunternehmen:** Obwohl eine Tätigkeit vorliegt, die steuerrechtlich als vermögensverwaltende Einkünfte aus VuV zu qualifizieren ist (§ 21 EStG), nehmen Verwaltung und Rechtsprechung eine **Umqualifizierung in Einkünfte aus Gewerbebetrieb** (§ 15 EStG) vor. Dies hat nicht nur die laufende Gewerbesteuerpflicht im Besitzunternehmen zur Folge, sondern auch den Wechsel in eine Gewinneinkunftsart, bei der die dieser Einkunftsart dienenden Wirtschaftsgüter im steuerlichen Betriebsvermögen steuerverstrickt sind. Dies bedeutet, dass jedenfalls die vom Besitzunternehmen an die Betriebskapitalgesellschaft überlassenen Wirtschaftsgüter und die Anteile an der Betriebskapitalgesellschaft selbst notwendiges Betriebsvermögen des Besitzunternehmens sind. Fallen die Voraussetzungen der Betriebsaufspaltung, also personelle oder sachliche Verflechtung, weg, liegt im Besitzunternehmen eine Betriebsaufgabe vor, mit der Konsequenz der Aufdeckung der stillen Reserven im Betriebsvermögen des Besitzunternehmens. Dies ist bei einer Beendigung des Pachtvertrags zu bedenken. Einkünfte der ansonsten vermögensverwaltend tätigen Besitzpersonengesellschaft werden auch dann als gewerbliche Einkünfte qualifiziert (§ 15 Abs. 3 Nr. 1 EStG), wenn die für sich betrachtet vermögensverwaltende Tätigkeit – bspw. Vermietung von Grundstücken an Dritte – erst wegen der Betriebsaufspaltung als eine originär gewerbliche Tätigkeit zu bewerten ist. Dies gilt selbst dann, wenn die Überlassung an die Betriebskapitalgesellschaft unentgeltlich erfolgt und insoweit keine Gewinnerzielungsabsicht vorliegt (§ 15 Abs. 3 Nr. 1 Satz 2 EStG). Zum **Umfang** des **Betriebsvermögens** s. BFH IV R 214/84 v. 23.10.86, BStBl. II 87, 120.

Die **Begründung** der Betriebsaufspaltung kann in vielfältiger Form erfolgen. Typi- 25
scherweise wird die Betriebskapitalgesellschaft im Wege der Bar- oder Sachgründung
errichtet und das Betriebsvermögen mit Ausnahme des zu verpachtenden Anlagevermögens an die Betriebsgesellschaft verkauft oder dort (offen oder verdeckt) eingelegt.
Verkauf oder Einlage unterliegen den allgemeinen Besteuerungsregeln, führen also
idR zur Gewinnrealisierung (§ 6 Abs. 6 Satz 2 EStG für den Fall der Einlage; s
Schmidt/Wacker § 15 EStG Rz. 877 ff.). Die **Beendigung** der Betriebsaufspaltung kann
durch Einbringung des Besitzunternehmens in die Betriebsgesellschaft oder durch
Verschmelzung des Besitzunternehmens auf die Betriebsgesellschaft unter den Bedingungen der §§ 20, 24 UmwStG steuerneutral gestaltet werden (*Schwedhelm*, Die Unternehmensumwandlung, 9. Aufl., 2019, S. 426 f.). Ansonsten führt der Wegfall der
sachlichen oder personellen Verflechtung zur Betriebsaufgabe im Besitzunternehmen
(vgl. *Schmidt/Wacker* § 15 Rz. 865 mwN). Allerdings leben bei Wegfall nur der personellen Verflechtung die Grundsätze der Betriebsverpachtung im Ganzen uU wieder
auf, so dass das Wahlrecht zur gewerblichen Verpachtung ausgeübt werden kann, um
die Betriebsaufgabe zu vermeiden (vgl. BFH IV R 12/16 v. 17.4.19, BFH/NV 19,
1179).

Der Pachtvertrag muss **zivilrechtlich gültig, vor** dem **Nutzungsverhältnis** abge- 26
schlossen sein und tatsächlich durchgeführt werden, um nach den Regeln beherrschender Gesellschafter **verdeckte Gewinnausschüttungen** zu **vermeiden.** Die
Pacht muss eindeutig **berechenbar** und **angemessen** sein, da die nicht klar vereinbarte und unangemessen hohe Pacht zu verdeckten Gewinnausschüttungen führt. Soweit der Betriebsgesellschaft **Wirtschaftsgüter übertragen** werden, die nach Beendigung des Pachtverhältnisses an den Verpächter **zurückfallen** sollen, muss dies
ebenfalls im Pachtvertrag geregelt werden, um vGA zu vermeiden. Bei einem vollständigen oder teilweisen **Verzicht** auf angemessene Pachtzahlungen beschränkt ggf.
§ 3c Abs. 2 Satz 6 EStG den Betriebsausgabenabzug im Besitzunternehmen auf 60%
der Aufwendungen, die mit den überlassenen Wirtschaftsgütern im Zusammenhang
stehen.

Zur **Angemessenheit** der **Pacht:** Die Angemessenheit ist unter Berücksichtigung 27
der Verkehrswerte des überlassenen Vermögens einschl. Geschäftswert, der Einzelregelungen des Pachtvertrages, der Ertragsfähigkeit der Betriebsgesellschaft und des Besitzunternehmens und vergleichbarer Marktmieten zu ermitteln. Zur Vermeidung von
vGA muss der Betriebsgesellschaft langfristig ein angemessener Gewinn verbleiben.
Das Besitzunternehmen kann eine angemessene Kapitalverzinsung und Ersatz des
Wertverzehrs des überlassenen Vermögens beanspruchen. Diese „Grundidee" kann
nach Praktikabilitätsgesichtspunkten vereinfacht werden. Bei dem beweglichen Anlagevermögen kann von den steuerlichen Werten ausgegangen werden; für das vermietete oder verpachtete Grundvermögen muss allerdings der Verkehrswert angesetzt
werden. Die Pachtbemessung für den Geschäftswert muss von griffweise geschätzten
Werten ausgehen. Verbleibt der Geschäftswert beim Besitzunternehmen, ist nur eine
Verzinsung vorzunehmen; ein Wertverzehr ist nicht zu entgelten. Auch bezüglich des
sonstigen Vermögens entfällt die Wertverzehrkomponente, soweit die Betriebsgesellschaft zur Substanzerhaltung verpflichtet ist.

Bei der Festlegung der Pacht, aber auch während der Dauer der Betriebsaufspaltung 28
ist eine Überprüfung angebracht, ob die Betriebsgesellschaft noch mit einem hinreichenden Gewinn arbeitet. Die Betriebsgesellschaft muss in jedem Fall angemessen an
dem Gesamtgewinn von Besitzunternehmen und Betriebsgesellschaft beteiligt sein
(vgl. BFH I R 294/81 v. 23.5.84, BStBl. II 84, 673).

(frei) 29

Eine **Umsatzpacht** ist möglich (und auch üblich), wenn sie nicht den Gewinn der 30
Betriebsgesellschaft „absaugt". **Gewinnabhängige** Pachtzinsen sind nicht zu empfehlen, da sie die Gefahr der Mitunternehmerschaft der Betriebsunternehmer begründen.

31   Eine **zu geringe Pacht** führt zu keinen körperschaftsteuerlichen Folgen bei der Betriebskapitalgesellschaft, da die Gesellschafter einer GmbH die Möglichkeit haben, Leistungen auch unentgeltlich oder teilentgeltlich zu erbringen. Es liegt auch keine Nutzungseinlage vor (vgl. BFH GrS 2/86 v. 26.10.87, BStBl. II 88, 348, *Streck/Schwedhelm* § 8 KStG Rz. 107).

32   Für die Gewerbesteuer sind die Hinzurechnungsregeln des § 8 Nr. 1 GewStG zu beachten; vgl. *Söffing/Micker,* Die Betriebsaufspaltung, 7. Aufl. 2019, S. 358 ff. Die **GewSt-Freiheit** (§ 3 GewStG) der Betriebsgesellschaft gilt auch für das Besitzunternehmen (BFH X R 42/16 v. 19.2.19, BFH/NV 19, 586; *Söffing/Micker,* Die Betriebsaufspaltung, 7. Aufl. 2019, S. 330 ff.).

33   Die VuV ist **umsatzsteuerbar.** Sie kann umsatzsteuerfrei sein (§ 4 Nr. 12 UStG); eine Option kann im Rahmen des § 9 UStG erfolgen. Regelmäßig besteht jedoch zwischen Besitzunternehmen und Betriebsgesellschaft eine **umsatzsteuerliche Organschaft.** Nur das Besitzunternehmen (der Besitzunternehmer) ist umsatzsteuerlicher Unternehmer; die Umsätze der Betriebsgesellschaft werden ihm zugerechnet. Das Miet- und Pachtverhältnis ist ein Innenumsatz.

34, 35   *(frei)*

2. Einzelerläuterungen

Zu § 1: Pachtobjekt

36   Auf die genaue Bezeichnung der verpachteten Gegenstände ist großer Wert zu legen. Der Vertrag verweist auf eine Anlage, die – anknüpfend an eine Bilanz – die Umschreibung übernimmt.

37   Wer ein gepachtetes Handelsgeschäft unter der bisherigen Firma fortführt, haftet gemäß § 25 Abs. 1 HGB für die im Betrieb des Geschäftes begründeten Verbindlichkeiten eines früheren Pächters. Das Gleiche gilt für den Verpächter bei der Rücknahme des Betriebes in Bezug auf die Verbindlichkeiten des Pächters. Ein Haftungsausschluss ist Dritten gegenüber nur wirksam, wenn er im Handelsregister eingetragen und bekanntgemacht oder dem Dritten mitgeteilt worden ist (§ 25 Abs. 2 HGB; vgl. hierzu auch OLG Stuttgart 8 W 99/10 v. 26.2.10, BeckRS 2010, 12416). Das Muster sieht einen Haftungsausschluss in § 1 Abs. 3 vor.

Zu § 3: Pachtzins

38   Die Pachtzinsvereinbarung ist ein Vorschlag; hier sind vielfältige Alternativen denkbar; s. auch Rz. 27 ff.

39   **Absatz 1** legt in einem Betrag den von den Vertragsparteien als angemessen angesehenen Pachtzins fest. Eine Aufteilung auf die Einzelnen verpachteten Gegenstände sollte nicht erfolgen. Sie würde leicht zum Streitstoff in einer Betriebsprüfung werden, wenn Einzelbewertungen angegriffen werden.

40   **Absatz 2** passt die Pacht mit geringer zeitlicher Verzögerung an den sich verändernden Pachtgegenstand an. Buchst. a vereinbart die Verzinsung des Differenzbetrages des verpachteten Vermögens, Buchst. b die Übernahme der zusätzlichen AfA.

41   **Absatz 5:** Vorsorgliche Regelung. Zur Umsatzbesteuerung s. Rz. 33.

Zu § 4: Versicherungen, besondere Kosten

42   Die Kostenverteilung folgt der Vereinfachungsregel, im Zweifel alle Kosten die Betriebsgesellschaft tragen zu lassen. Ausnahme: Abs. 4.

Zu § 6: Instandhaltung, Ersatzbeschaffung

43   Bei der Regelung der Substanzerhaltung entscheidet sich, welches Grundmodell gewählt wird (s. Rz. 6 ff.). Ist vereinbart, dass die Pächterin auch die Erneuerung der

gepachteten Anlagegüter zugunsten des Verpächters vorzunehmen hat, trägt die Substanzerhaltungspflicht der Pächter. Eine solche Vereinbarung ist nicht die Regel. Die Substanzerneuerung obliegt in dem Muster, der Üblichkeit folgend, dem Verpächter.

§ 583a BGB bestimmt für die Fälle, in denen die Betriebsgesellschaft das Inventar zu **44** Eigentum erwirbt, dass Vereinbarungen, die die Betriebsgesellschaft verpflichten, über diese Inventarstücke nicht oder nur mit Einwilligung des Verpächters zu verfügen oder Inventar an den Verpächter zu veräußern, nur rechtswirksam sind, wenn der Verpächter verpflichtet ist, das Inventar bei Vertragsbeendigung zum Schätzpreis zu übernehmen. Auf diese Vorschrift ist zu achten. Durch das Muster ist sie nicht berührt.

Zu § 13: Dauer, Beendigung

Absatz 6 bezieht sich auf die Grundsatzvereinbarung. S. hierzu Formular A. 2.03. **45**

Zu § 14: Schlussbestimmungen

Absatz 3: Vorsorgliche Bestimmung. Zur Umsatzbesteuerung s. Rz. 33. **46**

A. 2.03 Grundsatzvereinbarung zur Betriebsaufspaltung

I. FORMULAR

Formular A. 2.03 Grundsatzvereinbarung zur Betriebsaufspaltung

Präambel

Der Betriebsverpächter unterhält unter der Firma ...... einen Gewerbebetrieb mit dem Gegenstand ...... in der Rechtsform eines Einzelunternehmens. Mit Wirkung zum ...... verpachtet der Betriebsverpächter seinen Betrieb – im Rahmen einer steuerlichen Betriebsaufspaltung – an die GmbH. Die GmbH führt ab ...... den Betrieb fort.

Zu diesem Zweck treffen GmbH und Betriebsverpächter folgende

GRUNDSATZVEREINBARUNG

1. Auf die GmbH werden Teile des beweglichen Anlagevermögens und das Umlaufvermögen entgeltlich übertragen. Der Umfang der Übertragung ergibt sich aus Anlage 1, die allein für die übertragenen Gegenstände maßgebend ist. Das Entgelt für die Übertragung entspricht den Teilwerten per 31.12.20.. zuzüglich der Regel-Umsatzsteuer in der gesetzlich geschuldeten Höhe, soweit die Umsätze umsatzsteuerbar und umsatzsteuerpflichtig sein sollten.

2. Die GmbH übernimmt unter Verrechnung auf den Übernahmepreis (Ziffer 1) die in Anlage 2 bezeichneten Verbindlichkeiten des Einzelunternehmens. Soweit die GmbH auch Rückstellungen übernimmt, gehen die damit verbundenen Verpflichtungen ebenfalls auf die GmbH über, wobei der Betriebsverpächter garantiert, dass die Verpflichtungen die Höhe der Rückstellungen nicht übersteigen. Für die Bewertung gilt Ziffer 1 entsprechend.

   Die Vertragspartner werden bemüht sein, die Freistellung des bisherigen Schuldners durch die Gläubiger zu erreichen. Soweit dies mangels Zustimmung der Gläubiger nicht möglich oder – insbesondere bei fälligen Verpflichtungen – nicht tunlich ist, wird die GmbH den Betriebsverpächter im Innenverhältnis freistellen.

3. In Höhe einer etwaigen Differenz zwischen den übernommenen Aktiva und Passiva zuzüglich etwaiger Umsatzsteuer auf das gesamte Entgelt steht dem Betriebsverpächter eine Forderung gegen die GmbH bzw. der GmbH gegen den Betriebsverpächter zu.

4. Ändern sich die Wertansätze der übernommenen Aktiva und/oder Passiva nachträglich auf Grund des Ergebnisses einer steuerlichen Veranlagung oder Prüfung, sind die so veränderten Werte maßgebend. Der Differenzbetrag ist unverzüglich auszugleichen.

5. Die gemäß Ziffer 3 begründete Forderung wird wie folgt beglichen: Besteht eine Forderung des Betriebsverpächters bis zur Höhe der Umsatzsteuer, so wird die Umsatzsteuer von der GmbH zur Verfügung gestellt, sobald sie fällig ist. Im Übrigen wird ein etwa verbleibender Saldo zugunsten des Betriebsverpächters oder zugunsten der GmbH als Darlehen gewährt, welches binnen sechs Monaten zu tilgen ist, soweit nicht eine Verlängerung vereinbart wird.

6. Über die Veräußerung stellt der Betriebsverpächter eine den gesetzlichen Anforderungen entsprechende Rechnung aus, sofern nach Ziffer 1 die Regel-Umsatzsteuer mit geschuldet wird.

7. Für etwaige Verrechnungskonten und das Darlehen gemäß Ziffer 5 wird ein Zins von ...... % p. a. vereinbart, der nach der Zinsstaffelmethode berechnet wird.

8. Das zum Einzelunternehmen gehörende sonstige Anlagevermögen – einschließlich des Firmenwerts – gemäß Bilanz zum 31.12.20.. wird der Betriebsverpächter im Wege der steuerlichen Betriebsaufspaltung der GmbH verpachten. Hierüber wird ein gesonderter Pachtvertrag abgeschlossen.

9. Mit Wirkung vom 1.1.20.. übernimmt die GmbH – soweit nichts anderes vereinbart wird – alle das Einzelunternehmen betreffenden Verträge mit Dritten, ausgenommen Schulden, sofern insoweit vorstehend keine Sondervereinbarungen gelten, zur völligen Entlastung des Betriebsverpächters, soweit rechtlich zulässig. Die GmbH wird entsprechende Vereinbarungen mit den dritten Vertragspartnern abschließen. Sind die Dritten nicht bereit, den Betriebsverpächter aus der Verpflichtung aus diesen Verträgen zu entlassen, wird die GmbH im Innenverhältnis den Betriebsverpächter freistellen. Beide Vertragsparteien werden sich jedoch bemühen, die Freistellung des Betriebsverpächters auch im Außenverhältnis zu erreichen. Widerspricht ein Arbeitnehmer dem Übergang des Arbeitsverhältnisses, werden GmbH und Betriebsverpächter einvernehmlich klären, ob der Arbeitnehmer zwar für den Betriebsverpächter, im Innenverhältnis aber für die GmbH arbeitet oder ob der Betriebsverpächter das Arbeitsverhältnis löst. In beiden Fällen gehen die Kosten zu Lasten der GmbH.

10. Reklamationen aus Lieferungen und Leistungen des Einzelunternehmens ...... werden von der GmbH für Rechnung des Betriebsverpächters abgewickelt. Forderungsausfälle betreffend die übertragenen Forderungen trägt das als Besitzunternehmen fortbestehende Einzelunternehmen zur Entlastung der GmbH. Im Übrigen leistet der Betriebsverpächter für das durch die GmbH übernommene Vermögen keine Gewähr, soweit nichts anderes ausdrücklich vereinbart wird.

Anlage 1

Maßgebend ist die Bilanz des Einzelunternehmens per 31.12.20... Folgende Bilanzpositionen werden auf die GmbH übertragen:

1. Aus dem beweglichen Anlagevermögen:

......

2. Warenbestand

3. Forderungen

4. Geldkonten

5. Kassenbestand

6. Rechnungsabgrenzung

7. Sonstiges:

......

Anlage 2

Verbindlichkeiten per 31.12.20.., die auf die GmbH übergehen:

......

II. ERLÄUTERUNGEN

Erläuterungen zu A. 2.03 Grundsatzvereinbarung zur Betriebsaufspaltung

Die Grundsatzvereinbarung ist kein notwendiger Bestandteil der Betriebsaufspal- 1
tung. Die hier vorgeschlagene Rahmenvereinbarung kommt in Betracht, wenn die
Betriebsaufspaltung durch die Übertragung von Verträgen, Aktiva und Passiva oder
sonstigen Rechtspositionen des Besitzunternehmens auf die Betriebsgesellschaft begründet werden soll.

Zu den steuerlichen Folgen s. Formular A. 2.02 Rz. 22. 2

Zu **Ziffer 7:** Der **Zinssatz,** den die GmbH schuldet, muss zur Vermeidung vGA 3
angemessen sein.

Zu **Ziffer 9:** Für die **Arbeitsverhältnisse** gilt bei der Begründung einer Be- 4
triebsaufspaltung § 613a BGB (*Palandt/Weidenkaff* § 613a BGB Rz. 9). Greift § 613a
BGB ein, so gilt er auch bei der Rückgabe des Betriebes bei Pachtende (*Heinze* DB
80, 205, 208). Erfolgt eine Verpachtung nach Muster, sind auch immaterielle Wirtschaftsgüter verpachtet. Hier ist § 613a BGB anwendbar. Weitere **Beispiele** für Verträge mit Dritten: Versicherungsverträge, Verträge über die Lieferung von Gas, Wasser, Strom und Telefon, Dauerwartungsverträge.

A. 2.11 Geschäftsführervertrag

Für den Geschäftsführervertrag, auch den, der mit einem beherrschenden Gesellschafter-Geschäftsführer abgeschlossen ist, gelten keine Besonderheiten. Wir verweisen
auf Formulare A. 6.26 und A. 6.27.

A. 2.12 Lizenzvertrag

Auch die Vergabe eines Patents in Lizenz kann eine Betriebsaufspaltung begründen,
wenn das Patent oder sonst überlassene geistige Eigentum eine wesentliche Betriebsgrundlage aus Sicht des Betriebsunternehmens darstellt (*Schmidt/Wacker* § 15 EStG
Rz. 808). Zum Lizenzvertrag s. Formular B. 12.

A. 2.13 Mietvertrag

Siehe hierzu die Erläuterungen zu Formular A. 6.39.

A. 2.14 Pachtvertrag

Der Pacht- oder Mietvertrag ist idR das Bindeglied zwischen Besitzunternehmen
und Betriebsgesellschaft in der Betriebsaufspaltung. S. hierzu Formular A. 2.02.

A. 3. Einbringung

Übersicht

A. 3.00 Einbringung in Einzelunternehmen (ertragsteuerliche Einlage)

Gliederung

I. FORMULAR

Formular A. 3.00 Einbringung in Einzelunternehmen (ertragsteuerliche Einlage)

1. In das bisher von Herrn A in ...... *[Ort/Geschäftsadresse]* betriebene Einzelunternehmen, eingetragen im Handelsregister ...... unter HRA Nummer ...... mit dem Geschäftszweck der Entwicklung von Software sowie dem Einzelhandel von Soft- und Hardware werden folgende im Alleineigentum des A stehende Wirtschaftsgüter ab ...... eingebracht:

   1.1 Das im Grundbuch Gemarkung ....../Grundbuchblatt ...... eingetragene Grundstück in ...... *[Ort/Straße]* mit einem Verkehrswert von € 500.000,– (€ 100.000,– für Grund und Boden, € 400.000,– für Gebäude), und

   1.2 alle Geschäftsanteile an der „A-Computer Großhandels GmbH", eingetragen im Handelsregister ......, HRB Nummer ......, mit Sitz in ....

2. Anlass für die ertragsteuerliche Einbringung ist der Umzug des bisherigen Einzelunternehmens in das vorstehend genannte Gebäude sowie des bisher in gemieteten Räumen betriebenen Großhandels der „A-Computer Großhandels GmbH" in diese Geschäftsräume.

II. ERLÄUTERUNGEN

> **Erläuterungen zu A. 3.00 Einbringung in Einzelunternehmen (ertragsteuerliche Einlage)**

1. Zivilrecht

1   Zivilrechtlich ist das Formular nicht nötig, weil **kein Wechsel des Rechtsträgers** eintritt. A ist nämlich vor und nach der Einbringung unmittelbar Eigentümer sowohl des bebauten Grundstücks als auch der GmbH-Anteile. Das Formular wird aber zur ertragsteuerlichen Klarstellung empfohlen (s. Rz. 2 ff.). Wird ein Teil des Gebäudes von der GmbH genutzt, ist hierfür auch ein Mietvertrag zwischen A und der GmbH abzuschließen (vgl. Formular A. 6.39).

2. Steuerrecht

a) Ertragsteuerrecht

2   Das Formular dient zur **Dokumentation der geänderten steuerrechtlichen Zuordnung** sowohl der GmbH-Anteile als auch des bebauten Grundstücks als Folge der Umgestaltung:

- Durch den Umzug des bisherigen Einzelunternehmens aus gemieteten Räumen in das Gebäude von A wird der von dem Einzelunternehmen genutzte Grundstücksteil notwendiges Betriebsvermögen;
- durch den Umzug des Großhandelsgeschäftsbetriebes der GmbH ebenfalls in das Gebäude von A sowie durch die geschäftsmäßige Verflechtung des bisherigen Einzelhandels mit dem Großhandel werden auch der restliche Teil des bebauten Grundstücks und die GmbH-Anteile nunmehr notwendiges Betriebsvermögen (evtl. gewillkürtes Betriebsvermögen, falls die sachlichen Voraussetzungen der Betriebsaufspaltung nicht vorliegen, vgl. Formulare A. 2.00 ff.).

3   Die **GmbH-Anteile** befanden sich bei A bisher **im steuerlichen Privatvermögen;** es handelt sich um eine sog. „qualifizierte" Beteiligung iSv. § 17 Abs. 1 EStG **(mindestens 1 %).** Die Einlage der GmbH-Anteile ist grds. zum Teilwert, gem. § 6 Abs. 1 Nr. 5 Satz 1 Hs. 2 Buchst. b EStG höchstens aber mit den historischen Anschaffungskosten von A anzusetzen. Haben diese € 50.000,– betragen, so kann die Einlage auch bei einem höheren Teilwert (zB € 500.000,–) nicht mit dem höheren Teilwert erfolgen. Reserven, die im Privatvermögen gebildet wurden (im Beispielsfall € 450.000,–), werden zwingend in den betrieblichen Bereich verlagert. Dies deshalb, weil die „einfache Einlage" iSv. § 4 Abs. 1 Satz 7 EStG, § 6 Abs. 1 Nr. 5 EStG keine Veräußerung iSd. § 17 EStG ist. Liegt der Teilwert im Einlagezeitpunkt unter den Anschaffungskosten, ist die Beteiligung mit den Anschaffungskosten einzulegen. Wegen dieses Wertverlusts kann eine Teilwertabschreibung nicht beansprucht werden. Die Wertminderung ist erst in dem Zeitpunkt steuermindernd zu berücksichtigen, in dem die Beteiligung veräußert wird oder gem. § 17 Abs. 4 EStG als veräußert gilt, sofern ein hierbei realisierter Veräußerungsverlust nach § 17 Abs. 2 Satz 6 EStG zu berücksichtigen wäre (EStH 17 Abs. 8; BFH X R 48/02 v. 2.9.08, BStBl. II 10, 162).

    Veräußerungen der 100%igen Beteiligung unterliegen grds. der Halbeinkünftebesteuerung gem. § 3 Nr. 40a EStG (ab VZ 2009: Teileinkünfteverfahren; im Ergebnis 40 % steuerfrei). Gemäß § 3c Abs. 2 EStG sind im Gegenzug Betriebsvermögensminderungen (zB aus Teilwertabschreibungen) und Veräußerungskosten, die im wirtschaftlichen Zusammenhang mit einer solchen Veräußerung stehen, unabhängig davon, in welchem VZ die Einnahmen angefallen sind, ebenfalls nur zur Hälfte abziehbar (ab VZ 2009: Teileinkünfteverfahren; 60 % abziehbar).

Das Halb- bzw. Teileinkünfteverfahren greift allerdings nur, soweit es sich nicht um sog. (alte) **einbringungsgeborene Anteile** iSd. § 21 UmwStG in der am 12.12.06 geltenden Fassung handelt (§ 3 Nr. 40 Satz 3 EStG aF iVm. § 52 Abs. 4b Satz 2 EStG) oder seit der Einbringung mindestens **sieben Jahre** verstrichen sind (§ 3 Nr. 40 Satz 4 Buchst. a EStG aF) oder die Anteile gegen die Einbringung von anderen begünstigten Anteilen erworben wurden (§ 3 Nr. 40 Satz 4 Buchst. b EStG aF).

Verluste aus Veräußerungen der 100%igen Beteiligung unterliegen nicht der eingeschränkten **Verlustverrechnung gemäß § 15 Abs. 4 EStG.** Diese sind im Rahmen des § 10d EStG verrechenbar und vortragsfähig. Allerdings ist ein solcher Verlust nur zur Hälfte zu berücksichtigen (§ 3c Abs. 2 Satz 1 EStG; ab VZ 2009: 60%). Die Beschränkung des § 3c Abs. 2 Satz 1 EStG gilt auch, wenn aus der Beteiligung niemals Betriebsvermögensmehrungen oder Einnahmen iSv. § 3 Nr. 40a EStG erzielt worden sind (§ 3c Abs. 2 Satz 2 EStG idF des JStG 2010 v. 8.12.10 (BGBl. I 10, 1768).

Gewinne aus der Veräußerung der 100%igen Beteiligung sind grds. ab dem VZ 2002 (abhängig vom Wj. der Beteiligungsgesellschaft) **keine außerordentlichen Einkünfte** mehr (§ 34 Abs. 2 Nr. 1 EStG iVm. § 52 Abs. 47 Satz 2 EStG), so dass die Vergünstigungen des § 34 Abs. 1 EStG (sog. $1/_5$-Regelung) sowie die des § 34 Abs. 3 EStG (sog. **ermäßigter** Steuersatz) keine Anwendung mehr finden.

Durch das Steuersenkungs-Ergänzungsgesetz 2001 (StSenkErgG v. 19.12.00, BGBl. I 00, 1812) sollte der sog. **ermäßigte** (ab 2004: nur noch 56% des Tarifs) **Steuersatz** nach **§ 34 Abs. 3 EStG idF StSenkErgG** auf Antrag für bestimmte Realisierungsvorgänge wieder gewährt werden. Hiervon nicht begünstigt sind aber Veräußerungen von Anteilen iSd. § 17 Abs. 1 EStG; für diese gilt nämlich der pauschale Ausschlusstatbestand des § 34 Abs. 2 Nr. 1 EStG. Derartige Anteilseigner werden also auf das Halb- bzw. Teileinkünfteverfahren iSd. § 3 Nr. 40 EStG verwiesen, das seinerseits regelmäßig erst ab dem 1.1.02 anwendbar ist (s. Rz. 3). Da der Ausschlusstatbestand des § 34 Abs. 2 Nr. 1 EStG auf die Anwendung des Halb- bzw. Teileinkünfteverfahrens nach § 3 Nr. 40 Buchst. b EStG verweist und damit auch die in einem Betriebsvermögen gehaltenen Anteile an Kapitalgesellschaften (gem. § 3 Nr. 40 Satz 2 EStG über § 20 Abs. 8 EStG) erfasst, hilft auch die vorherige Einlage in ein Betriebsvermögen nicht zur Erlangung der Begünstigungen des § 34 Abs. 3 EStG (notwendig dafür wäre die vorherige Umwandlung der GmbH in eine Personengesellschaft).

Der sog. **ermäßigte** (ab 2004: 56%) durchschnittliche **Steuersatz** nach § 34 Abs. 3 EStG wird mit einer Mindestbesteuerung in Höhe des Eingangssteuersatzes (von VZ 2005 bis VZ 2010: 15%, ab VZ 2011: 14%) unter folgenden **Voraussetzungen** auf (widerrufbaren) Antrag gewährt:

– Auf Betriebsveräußerungsgewinne (außerordentliche Einkünfte iSd. § 34 Abs. 2 Nr. 1 EStG; nicht erfasst sind Veräußerungsgewinne iSd. § 17 Abs. 2 EStG und von Anteilen an Kapitalgesellschaften im Betriebsvermögen),

– für maximal € 5 Millionen und

– wenn der Steuerpflichtige im Zeitpunkt der Realisierung entweder das 55. Lebensjahr vollendet hat oder er im sozialversicherungsrechtlichen Sinne dauernd berufsunfähig ist.

Den ermäßigten Steuersatz (ab 2004: 56%) nach § 34 Abs. 3 EStG kann ein Steuerpflichtiger „nur einmal **im Leben**" in Anspruch nehmen. Allerdings gelten Inanspruchnahmen von Steuerermäßigungen nach § 34 EStG aF in den Veranlagungszeiträumen bis einschließlich VZ 2000 als unbeachtlich. Werden in einem VZ Gewinne aus mehreren Betriebsverkäufen realisiert, darf **nur für einen Veräußerungsgewinn** die Begünstigung des § 34 Abs. 3 EStG in Anspruch genommen werden.

Erfüllt eine Betriebsveräußerung sowohl die Voraussetzungen des § 34 Abs. 3 EStG (ermäßigter Steuersatz) als auch § 34 Abs. 1 ($1/_5$-Regelung), besteht ein **Wahlrecht.** Anhand von Vergleichsrechnungen ist daher zu entscheiden, welche der beiden Vergünstigungen vorzuziehen ist. Da jedoch § 34 Abs. 1 EStG lediglich einen Progressionsvorteil einräumt, dürfte bei hohen Veräußerungsgewinnen regelmäßig der halbe Steuersatz vorzuziehen sein.

4 Das **bebaute Grundstück** (Grund und Boden und Gebäude) kann dann mit dem Teilwert angesetzt werden, wenn es mehr als drei Jahre vor der Einlage von A angeschafft (bzw. das Gebäude hergestellt) wurde. Zum Nachweis des Teilwertes empfiehlt sich die Einholung eines Sachverständigengutachtens (Bausachverständiger, Richtwertauskünfte und dergleichen). Wurde das bebaute Grundstück innerhalb von drei Jahren vor der Einlage angeschafft, ist der Höchstansatz gem. § 6 Abs. 1 Nr. 5 Satz 1 Hs. 2 Buchst. a und Satz 2 EStG beschränkt auf die fortgeführten historischen Anschaffungs- bzw. Herstellungskosten (Anschaffungs- bzw. Herstellungskosten abzüglich zwischenzeitlicher Abschreibungen). Wird das Grundstück innerhalb der Zehnjahresfrist seit der Anschaffung aus dem Betriebsvermögen veräußert (§ 23 Abs. 1 Satz 5 Nr. 1 EStG) tritt bei der Ermittlung des Gewinns oder Verlustes aus dem privaten Veräußerungsgeschäft an die Stelle des Veräußerungspreises der Wert, mit dem die Einlage in das Betriebsvermögen angesetzt wurde (BMF v. 5.10.00, BStBl. I 00, 1383). Für die weitere AfA vgl. § 7 Abs. 1 Satz 5 idF des JStG 2010. Falls das Grundstück bisher Betriebsvermögen (zB im Rahmen eines anderen Betriebes) war, ist die Einlage zum bisherigen Buchwert nach § 6 Abs. 5 Satz 1 EStG zwingend (auch dann, wenn das Grundstück bisher Betriebsvermögen eines freiberuflichen bzw. eines land- und forstwirtschaftlichen Betriebes war). Soweit ein Teil des bebauten Grundstücks im Rahmen einer Betriebsaufspaltung an die GmbH vermietet ist, sollen nach Auffassung der FinVerw. für Aufwendungen im Zusammenhang mit diesem Teil des Grundstücks die Regelungen des Teilabzugsverbots gelten, wenn eine un- oder teilentgeltliche Überlassung vorliegt (vgl. BMF v. 23.10.13, DStR 13, 2394).

b) Verkehrsteuerrecht

Bei der Einlage in ein Einzelunternehmen fallen regelmäßig keine Verkehrsteuern an.

5 Keine **Umsatzsteuer:** Bei der Einbringung fehlt es an einem Umsatz. Zu prüfen ist, ob es sich wegen § 15a UStG empfiehlt, bzgl. der nachfolgenden Vermietung an die GmbH auf die Steuerfreiheit gem. §§ 4 Nr. 12a, 9 UStG zu verzichten.

6 Keine **Grunderwerbsteuer:** Es fehlt an einem Rechtsträgerwechsel (auch keine GrESt nach § 1 Abs. 3 GrEStG, falls GmbH selbst Grundbesitz haben sollte).

A. 3.01 Einbringung in Personenhandelsgesellschaft (gegen Gewährung von Gesellschaftsrechten)

Gliederung

I. FORMULARE

Formular A. 3.01 Einbringungs- und Gesellschaftsvertrag

1. Herr A, geschäftsansässig in ......, betreibt das im Handelsregister des Amtsgerichts ...... unter HRA ...... unter der Firma ...... eingetragene ...... Einzelunternehmen. Herr A beabsichtigt, sein Unternehmen zukünftig in der Rechtsform einer KG zu führen, und zwar unter Aufnahme des Herrn B als Kommanditisten. Zu diesem Zweck schließen Herr A und Herr B den nachfolgenden

EINBRINGUNGS- UND GESELLSCHAFTSVERTRAG

2. Herr A und Herr B gründen eine Kommanditgesellschaft unter der Firma „A & B KG" mit dem Sitz in ...... *[Geschäftssitz]*. Gesellschafter werden:
   - Herr A als Komplementär,
   - Herr B als Kommanditist mit einer Kommanditeinlage (Haftsumme) von € 100.000,–.
3. Als Einlagen sind zu leisten:

   3.1 Herr A bringt hiermit sein ...... Einzelunternehmen, und zwar sämtliche in den Anlagen aufgeführten Wirtschaftsgüter (Aktiva und Passiva), sowie Vertragsverhältnisse mit Wirkung zum 31.12.01 in die Kommanditgesellschaft ein. Der Einlage ist die Einbringungsbilanz zum 31.12.01 zugrunde zu legen, in der sämtliche Wirtschaftsgüter zu Teilwerten zu erfassen sind. Herr A erhält hierfür einen festen Kapitalanteil von € 100.000,– eingeräumt.

   3.2 Herr B erbringt seine Kommanditeinlage durch Bareinzahlung am 31.12.01 in Höhe von € 100.000,–.
4. Die Kommanditgesellschaft beginnt mit ihrer Eintragung im Handelsregister, im Innenverhältnis jedoch nicht vor dem 1.1.02; bei Eintragung nach dem 31.12.01 ist für das Innenverhältnis vom Beginn ab dem 1.1.02 auszugehen.
5. Zwischen Herrn A und Herrn B gilt der folgende Gesellschaftsvertrag: ......
6. Es besteht Einigkeit zwischen den Gesellschaftern, dass Herr A die Versteuerung eines Einbringungsgewinns durch Bildung einer negativen Ergänzungsbilanz vermeiden kann. Soweit sich daraus Minderabschreibungen ergeben, trägt der Gesellschafter A allein die sich daraus ergebende Gewerbesteuermehrbelastung.
7. Weiter besteht zwischen den Gesellschaftern Einigkeit darüber, dass Herr B die Refinanzierung seiner Kommanditeinlage seiner steuerlichen Sonderbilanz zur KG zuordnet. Die sich daraus ergebenden Gewerbesteuerminderungen (durch Minderung des Gewerbeertrags nach Berücksichtigung der Hinzurechnung sog. Entgelte für Schulden) sollen dem Gesellschafter B alleine als Vorabgewinn zugute kommen.

......................................, den ....

....

[Unterschrift A]   [Unterschrift B]

Formular A. 3.01a Handelsregisteranmeldung

An das Amtsgericht

Handelsregister

HRA-Nummer ......

Firma A ...... – nunmehr Firma „A & B-KG"

Die unterzeichnenden Gesellschafter der A & B-KG melden hiermit zur Eintragung in das Handelsregister an:

Der bisherige Einzelkaufmann Herr A hat den Kaufmann Herrn B, geschäftsansässig in ...... als Kommanditisten in sein Handelsgeschäft aufgenommen. Die Hafteinlage des Kommanditisten beträgt € 100.000,–. Die Firma lautet nunmehr „A & B-KG".

Die Gesellschaft beginnt mit ihrer Eintragung in das Handelsregister. Sie hat ihren Sitz in ...... Der Gesellschaftszweck ist ...... Die Geschäftsräume befinden sich unverändert in ......

....

[Unterschrift A]   [Unterschrift B]

....

[Beglaubigungsvermerk]

II. ERLÄUTERUNGEN

Erläuterungen zu A. 3.01 Einbringungs- und Gesellschaftsvertrag

---

1. Wirtschaftliches Vertragsziel

1   Der Vertrag bezweckt die Einbringung des Einzelunternehmens im Wege der **Einzelrechtsnachfolge** unter gleichzeitiger Aufnahme eines weiteren Gesellschafters. Alternativ zu der Einbringung durch Einzelrechtsnachfolge kann eine Ausgliederung gem. §§ 123, 152 ff. UmwG auf die vorher von A zusammen mit B gegründete und damit im Zeitpunkt der Ausgliederung bereits bestehende A & B KG erfolgen (vgl. Formular A. 15.30 zur Ausgründung einer GmbH aus dem Vermögen eines Einzelkaufmanns; zu den Voraussetzungen vgl. A. 15.30 Rz. 4; das Formular A. 15.30 kann mit den in A. 15.30 Rz. 6 dargestellten Änderungen entsprechend auch auf die Ausgliederung auf eine bestehende Personenhandelsgesellschaft angewendet werden). Eine solche Ausgliederung bedingt eine partielle Gesamtrechtsnachfolge. Die Vorteile der Ausgliederung liegen insbes. in der Möglichkeit der Bezugnahme auf Bilanzen und Inventare (§ 126 Abs. 2 Satz 3 UmwG), der Vermeidung von Gläubigerzustimmungen (vgl. Rz. 2) und der für Zwecke der Ertragsteuern möglichen bis zu achtmonatigen Rückwirkung (vgl. Rz. 11). Wegen der sonstigen, evtl. aufzunehmenden Regelungen in einen Kommanditgesellschaftsvertrag wird auf Formular A. 8.00 und Formular A. 8.01 verwiesen.

2. Zivilrecht

2   Es handelt sich um den **Abschluss eines Kommanditgesellschaftsvertrags,** wobei A seiner gesellschaftsvertraglichen Einlageverpflichtung im Wege der **Sacheinlage** aller Wirtschaftsgüter seines bisherigen Einzelunternehmens nachkommt. Die Einbringung erfolgt im Wege der **Einzelrechtsübertragung** (keine Gesamtrechtsnachfolge),

dh. sämtliche Aktiva und Passiva (unter Beachtung der jeweiligen Formvorschriften) sowie laufende Vertragsverhältnisse sind (unter Zustimmung der jeweils anderen Vertragspartner, insbes. Gläubiger) auf die Kommanditgesellschaft (dh. in das Gesamthandsvermögen) zu übertragen. Die vollständige Auflistung der Gegenstände ist anzuraten, damit der Bestimmtheitsgrundsatz gewahrt ist und damit das Eigentum an allen Gegenständen auf die Kommanditgesellschaft übergeht. Sie erfolgt zweckmäßigerweise in gesonderten Anlagen, die Bestandteil des Einbringungsvertrags sind. Eine Auflistung der zu übertragenden Gegenstände im Einbringungsvertrag verhindert auch, dass ein Vertrag vorliegt, in dem sich A verpflichtet, sein gegenwärtiges Vermögen als Ganzes oder einen Bruchteil davon auf die Kommanditgesellschaft zu übertragen. Ein Vertrag über eine solche Verpflichtung würde der notariellen Beurkundung bedürfen (§ 311b Abs. 3 BGB). § 1365 BGB ist ebenfalls zu beachten. Das Formular fasst Einbringungsvertrag und Gesellschaftsvertrag zusammen, beide Verträge können jedoch auch in getrennten Dokumenten verfasst werden, insbes. kann der Gesellschaftsvertrag als Anlage aufgenommen werden.

Der Gesellschafter B erbringt seine **Kommanditeinlage in Geld.** Es ist vorgesehen, dass der von ihm eingebrachte Geldbetrag seine Haftsumme, die ins Handelsregister eingetragen wird und mit der er gegenüber Gläubigern der Kommanditgesellschaft haftet, darstellt. Die ins Handelsregister einzutragende Haftsumme kann jedoch auch von der zwischen den Gesellschaftern vereinbarten Kommanditeinlage abweichen (*Baumbach/Hopt/Roth* § 171 HGB Rz. 1), sollte allerdings geringer sein. Denn bei höherer Haftsumme gilt der Differenzbetrag zur Kommanditeinlage gegenüber den Gläubigern als nicht geleistet.

Zum Ausschluss der unbeschränkten Haftung des Kommanditisten gem. §§ 176, **3** 130 HGB bei einer Aufnahme des Geschäftsbetriebs vor Eintragung in das Handelsregister ist vorgesehen, dass die **Kommanditgesellschaft** erst **mit Eintragung in das Handelsregister** beginnt. Da in der Praxis gleichwohl das Bedürfnis für den Beginn mit Wechsel zu einem neuen Geschäftsjahr (bzw. zumindest zu einem neuen Monat), hier mit dem Jahreswechsel 01/02 besteht, ist darüber hinaus für das Innenverhältnis vorgesehen, dass die Gesellschaft bei vorheriger Eintragung erst **ab dem 1.1.02** beginnt. Bei Eintragung **nach dem 1.1.02** gilt die Gesellschaft im Innenverhältnis bereits ab 1.1.02 als für Rechnung der KG geführt. Der A führt die Gegenstände seines Einzelunternehmens dinglich erst mit Eintragung in die Gesellschaft über, das wirtschaftliche Ergebnis des Einzelunternehmens wird der Gesellschaft aber seit dem 1.1.02 zugerechnet. Eine derartige schuldrechtliche Rückbeziehung zwischen den Gesellschaftern ist zulässig. Die Sacheinlagen sind möglichst vor Beginn der Kommanditgesellschaft zu leisten, da handelsrechtlich keine Rückbeziehungsbestimmung eingreift. Wegen des (auch aus Haftungsgründen empfohlenen) Beginns der Gesellschaft erst mit Eintragung in das Handelsregister ist die Handelsregisteranmeldung rechtzeitig vor dem Stichtag 1.1.02 einzureichen. Die Anmeldung zum Handelsregister hat elektronisch in öffentlich beglaubigter Form zu erfolgen (§ 12 Abs. 1 Satz 1 HGB; vgl. *Baumbach/Hopt* § 12 HGB Rz. 1 und s. A. 3.02 Rz. 41). Es empfiehlt sich weiter, auch den Einbringungs- und KG-Vertrag spätestens am 1.1.02 abzuschließen, weil steuerrechtlich ebenso keine Rückwirkungsbestimmung eingreift (s. Rz. 9); hilfsweise: rechtzeitige Einigung zwischen den Parteien dokumentieren (der Gesellschaftsvertrag kann formlos mündlich geschlossen werden) und erläutern, dass die zunächst getroffene Einigung erst nachträglich schriftlich fixiert wurde.

Haftung für betriebliche Steuerschulden des eingebrachten Einzelunter- 4 nehmens: Die aufnehmende Personenhandelsgesellschaft haftet gem. § 75 AO für Betriebssteuern, für Ansprüche auf Erstattung von Steuervergütungen und Steuerabzugsbeträge des eingebrachten Einzelunternehmens des A, die seit dem Beginn des letzten vor dieser Einbringung liegenden Kj. entstanden sind und die bis zum Ablauf von einem Jahr nach Anmeldung des Betriebs für die Personengesellschaft festgesetzt oder durch die Personengesellschaft angemeldet werden (am Beispiel des Formulars: Haftung für Steueransprüche, die im Jahr 01 entstanden sind und deren Anmeldung bzw. Festsetzung bis Dezember 2002 erfolgt). Als Betriebssteuern kommen im Wesentlichen die Umsatzsteuer, Gewerbesteuer und betrieblich veranlasste Verbrauchsteuern in Betracht. Abzugssteuern erfassen insbes. die Lohnsteuer, Kapitalertragsteuer (§ 43 EStG) und Abzugssteuern bei beschränkt steuerpflichtigen Empfängern (§ 50a EStG). Die Haftung beschränkt sich auf den Bestand des übernommenen Vermögens. Die aufnehmende Personenhandelsgesellschaft übernimmt aber keine Haftung für persönliche Steuern des Einbringenden (zB Einkommensteuer bei natürlichen Personen, Körperschaftsteuer bei juristischen Personen, Erbschaftsteuer und dergleichen).

3. Steuerrecht

a) Ertragsteuerrecht (Allgemeines)

5   Das Formular geht von der Einbringung eines Einzelunternehmens in eine neu gegründete Kommanditgesellschaft gegen Gewährung von Gesellschaftsrechten aus; hierauf findet § 24 UmwStG Anwendung. Nach herrschender Auffassung findet § 24 UmwStG auch Anwendung, wenn das eingebrachte Betriebsvermögen teilweise (nur) Sonderbetriebsvermögen des Einbringenden bei der übernehmenden Personengesellschaft wird (BMF v. 11.11.11, BStBl. I 11, 1314, Tz. 24.05; ganz herrschende Meinung, vgl. statt aller *R/H/L/Rasche* § 24 UmwStG Rz. 58 f.; **aA** uU *D/P/P/M/Patt* § 24 UmwStG Rz. 14, 16, 104). § 24 UmwStG gilt für die Einbringung von Betrieben, Teilbetrieben und Mitunternehmeranteile in Personengesellschaften ohne weitere Einschränkungen hinsichtlich der übertragenden oder übernehmenden Rechtsträger (§ 1 Abs. 3 Nr. 4 iVm. Abs. 4 Satz 2 UmwStG). Nach § 24 UmwStG bestehen unter der Voraussetzung, dass das Recht der Bundesrepublik Deutschland hinsichtlich der Besteuerung des eingebrachten Betriebsvermögens nicht ausgeschlossen oder beschränkt wird (in sog. 50i-Konstellationen ist immer auch die Einschränkung des Buchwertwahlrechts nach § 50i Abs. 2 EStG idF des Anti-BEPS-Umsetzungsgesetz v. 24.12.16 (BGBl. I 16, 3000) zu beachten), zur ertragsteuerlichen Behandlung folgende **Wahlmöglichkeiten** (zur Ausübung des Wahlrechts s. BayLfSt v. 7.7.14, DB 14, 1898):

– Vermeidung der Gewinnrealisierung durch A bei Fortführung der bisherigen Buchwerte des Einzelunternehmens durch die KG (Handelsbilanz der KG und Ergänzungsbilanz des A).

– Volle Gewinnrealisierung bei Ansatz des gemeinen Werts durch die KG (Handelsbilanz der KG und Ergänzungsbilanz des A) für alle Wirtschaftsgüter, einschließlich Firmenwert; in diesem Fall Gewerbesteuerfreiheit des Einbringungsgewinns und einkommensteuerliche Anwendung des Freibetrags gem. § 16 Abs. 4 EStG sowie auf Antrag der Tarifermäßigung gem. § 34 EStG auf die quotale Beteiligung des B von 50 % (§ 24 Abs. 3 Satz 3 UmwStG iVm. § 16 Abs. 2 Satz 3 EStG): Soweit auf der Seite des Einbringenden und auf der Seite der aufnehmenden Personengesellschaft dieselben Personen (hier A) Unternehmer oder Mitunternehmer sind, sollen die Vergünstigungen der §§ 16 Abs. 4 und 34 Abs. 1 EStG nicht anwendbar sein; insoweit soll es sich um einen laufenden Gewinn handeln. In der Höhe der Beteiligungsquote des Einbringenden A an der aufnehmenden Gesellschaft liegt damit ein laufender Gewinn vor (zur Gewerbesteuer s. Rz. 13 und Rz. 19).

– Teilweise Gewinnrealisierung unter Ansatz eines Zwischenwertes durch die KG (Handelsbilanz der KG und Ergänzungsbilanz des A) mit Besteuerung als laufender Gewinn (einkommensteuerlich keine Anwendung von §§ 16 Abs. 4 und 34 Abs. 1 EStG aber Gewerbesteuerfreiheit, vgl. *S/H/S/Schmitt* § 24 UmwStG Rz. 256; *D/P/P/M/Patt* § 24 UmwStG Rz. 152; *R/H/L/Rasche* § 24 UmwStG Rz. 93).

Nach Auffassung der hM und der Finanzverwaltung reicht es für die Anwendbarkeit von § 24 UmwStG aus, wenn funktional wesentliche Betriebsgrundlagen zurückbehalten werden und durch Abschluss eines Nutzungsvertrags mit der übernehmenden Personengesellschaft zu Sonderbetriebsvermögen werden (so zB wenn A im Formular das Grundstück (Grund und Boden und Gebäude) nicht mit auf die A & B KG übertragen, sondern zurückbehalten und nur an sie vermietet hätte; vgl. UmwSt-Erl. 2011 BMF v. 11.11.11, BStBl. I 11, 1314, Tz. 24.05, *S/H/S/Schmitt* § 24 UmwStG Rz. 34, 70; *R/H/L/Rasche* § 24 UmwStG Rz. 44, 58; **aA** *D/P/P/M/Patt* § 24 UmwStG Rz. 15 f., 19, 104).

Nach Abschaffung des sog. halben ESt-Satzes (ab 1999) in § 34 Abs. 1 EStG wird **6** regelmäßig unter Barwertgesichtspunkten die volle Vermeidung der Gewinnrealisierung anzustreben sein.

Durch das StSenkErgG v. 19.12.00 (BGBl. I 00, 1812; BR-Drs. 722/00) wurde für Realisierungsvorgänge ab dem VZ 2001 nach § 34 Abs. 3 EStG idF des StSenkErgG für bestimmte Fälle (§ 16 EStG, nicht aber § 17 EStG) der sog. **ermäßigte** (ab 2004: 56%) durchschnittliche **Einkommensteuersatz** wieder eingeführt (einmal im Leben eines Steuerpflichtigen ab VZ 2001 für max. € 5 Millionen bei Vollendung des 55. Lebensjahres oder bei dauernder Berufsunfähigkeit im sozialversicherungsrechtlichen Sinne (vgl. A. 3.00 Rz. 3).

Die Anwendung des **ermäßigten** (ab 2004: 56%) **Steuersatzes** nach § 34 Abs. 3 EStG auf einen bei **Einbringung nach § 24 UmwStG** erzielten Gewinn ist möglich (§ 24 Abs. 3 Satz 2 UmwStG). Ausgeschlossen ist der ermäßigte (ab 2004: 56%) Steuersatz aber, soweit nur ein Teil-Mitunternehmeranteil ab 2001 eingebracht wurde (§ 24 Abs. 3 Satz 2 UmwStG; nicht Fall des Formulars) oder soweit der Veräußerungsgewinn nach § 3 Nr. 40 Satz 1 Buchst. b iVm. § 3c Abs. 2 EStG teilweise steuerbefreit ist. Der Höhe nach sind die Begünstigungen des § 34 EStG aber in jedem Fall nur in der Quote zu gewähren, mit welcher andere Mitunternehmer an der aufnehmenden Personengesellschaft beteiligt sind; denn nach § 16 Abs. 2 Satz 3 EStG iVm. § 24 Abs. 3 Satz 3 UmwStG gilt der Einbringungsgewinn in Höhe der Beteiligungsquote des Einbringenden als laufender Gewinn.

Maßgebend dafür, in welcher **Höhe** eine **Gewinnrealisierung** vorliegt, ist der An- **7** satz der eingebrachten Wirtschaftsgüter bei der aufnehmenden Kommanditgesellschaft, und zwar die Summe des Ansatzes in der Handelsbilanz der KG und in der Ergänzungsbilanz des Gesellschafters. Es ist also durchaus möglich, dass in der Handelsbilanz voll aufgestockt wird (zB aus Gläubigergesichtspunkten, bzw. zur Vermeidung eines nicht verrechenbaren Verlustes gem. § 15a EStG), in der Ergänzungsbilanz des Einbringenden aber durch Abstockung (sog. negative Ergänzungsbilanz) im Ergebnis steuerlich die bisherigen Buchwerte fortgeführt werden.

Abweichend von der Einbringung in eine Kapitalgesellschaft gem. § 20 Abs. 2 **8** Satz 2 Nr. 2 UmwStG enthält § 24 UmwStG **keine** Regelungen zum **Mindestansatz;** eingebracht werden kann also auch ein Betrieb mit einem sog. negativen Kapitalkonto, ohne dass allein dadurch insoweit eine zwingende Gewinnrealisierung eintritt (vgl. *R/H/L/Rasche* § 24 UmwStG Rz. 68; UmwSt-Erl. 2011 BMF v. 11.11.11, BStBl. I 11, 1314 Tz. 24.04).

§ 24 UmwStG enthält **keine** auf die Einbringung durch Einzelrechtsnachfolge an- **9** wendbare steuerrechtliche **Rückwirkungsbestimmung.** Die achtmonatige steuerliche Rückwirkung (gem. § 20 Abs. 5 und 6 UmwStG) ist nicht für die Einbringung im Wege der Einzelrechtsnachfolge anwendbar (§ 24 Abs. 4 2. Hs. UmwStG; vgl. *R/H/L/Rasche* § 24 UmwStG Rz. 123); ertragsteuerlich kann allenfalls nach allgemeinen Grundsätzen eine Rückbeziehung für eine relativ kurze Zeit, zB bis zu einem Monat, anerkannt werden. Der Einbringungs- und Gesellschaftsvertrag ist daher schon aus steuerlichen Gründen rechtzeitig abzuschließen (vgl. Rz. 3).

Soll gleichwohl eine bis zu achtmonatige steuerliche Rückwirkung auf Antrag er- **10** möglicht werden, müsste A sein im Handelsregister eingetragenes nicht überschuldetes Einzelunternehmen **alternativ** im Wege der **Ausgliederung** gem. §§ 123, 152 ff.

UmwG auf eine vorher zusammen mit B gegründete (und damit im Zeitpunkt der Ausgliederung bereits bestehende) A & B KG überführen (zur Ausgliederung aus dem Vermögen eines Einzelkaufmanns vgl. Formular A. 15.30).

Wird hierzu handelsrechtlich ein bis zu acht Monate zurückliegender Ausgliederungsstichtag gewählt (§ 17 Abs. 2 iVm. § 125 UmwG), kann nach § 24 Abs. 4 2. Hs. UmwStG iVm. § 20 Abs. 5 und 6 UmwStG dieser Stichtag auf Antrag auch für die steuerliche Ermittlung des Einkommens zugrunde gelegt werden (obwohl der Wortlaut von § 24 Abs. 4 2. Hs. UmwStG nur die Einbringung im Wege der Gesamtrechtsnachfolge erfasst, soll die Rückwirkung nach dem Bericht des Finanzausschusses des BT zur Ergänzung des § 24 Abs. 4 UmwStG durch das Jahressteuergesetz 1996 auch für die mit der Ausgliederung einhergehende partielle Gesamtrechtsnachfolge gelten; vgl. *R/H/L/Rasche* § 24 UmwStG Rz. 123). Stellt sich die Einbringung als Kombination von Gesamt- und Einzelrechtsnachfolge dar, nimmt auch letztere an der Rückbeziehung teil (UmwSt.-Erl. 2011 BMF v. 11.11.11, BStBl. I 11, 1314, Tz. 24.06; beachte: verlängerte Rückwirkungsfristen in 2020 und 2021 aufgrund der COVID-19-Pandemie).

11   Die neu errichtete aufnehmende Personengesellschaft kann auch ein vom Kalenderjahr abweichendes **Wirtschaftsjahr** wählen, ohne eine Zustimmung des FA nach § 4a Abs. 1 Satz 2 Nr. 2 Satz 2 EStG einholen zu müssen.

aa) Einzelerläuterungen zum Ertragsteuerrecht

12   Dem Formular liegt die **Einbringung des Einzelunternehmens** des A **mit Buchwerten** (= bisheriges Kapitalkonto) von € 50.000,– und mit einem Teilwert (gemeinem Wert) von € 100.000,– zugrunde. Die stillen Reserven von € 50.000,– verteilen sich auf:

Grund und Boden	€ 10.000,–
Gebäude	€ 20.000,–
Umlaufvermögen	€ 10.000,–
Firmenwert	€ 10.000,–

Bei dem vorgesehenen Teilwertansatz (Ansatz des gemeinen Werts) in der Handelsbilanz der KG (Eröffnungsbilanz) ergibt sich Folgendes:

Handelsbilanz KG (Eröffnungsbilanz zu Teilwerten/gemeinen Werten) zum 1.1.02

Aktiva	T€	Passiva	T€
Grund und Boden (20 + 10)	30	Kapital A	100
Gebäude (80 + 20)	100	Kapital B	100
Umlaufvermögen (50 + 10)	60	Verbindlichkeiten	100
Firmenwert (0 + 10)	10		
Bank (Einzahlung von B)	100		
	300		300

Aufgrund dieser Eröffnungsbilanz würde sich für den A ein Veräußerungsgewinn von € 50.000,– wie folgt errechnen:

Ansatz des Einzelunternehmens in Handelsbilanz	100
./. bisheriges Kapital (Buchwerte)	./. 50
Veräußerungsgewinn	50

13   Auf diesen Veräußerungsgewinn sind einkommensteuerlich der **Freibetrag** des § 16 Abs. 4 EStG und die **Tarifbegünstigung** des § 34 Abs. 1 EStG nur insoweit zu gewähren, als der Einbringende A an der Personengesellschaft nicht beteiligt ist (§ 24 Abs. 3 Satz 3 UmwStG iVm. § 16 Abs. 2 Satz 3 EStG); dh. im vorliegenden Fall wäre der Einbringungsgewinn nur zur Hälfte gem. §§ 16 Abs. 4 und 34 Abs. 1 EStG be-

günstigt. Nach Auffassung der FinVerw. (UmwSt-Erl. 2011 BMF v. 11.11.11, BStBl. I 11, 1314 Tz. 24.17) unterliegt der Veräußerungsgewinn insoweit, als der Einbringende A an der aufnehmenden Personengesellschaft als Mitunternehmer beteiligt ist, durch die in § 16 Abs. 2 Satz 3 EStG angeordnete Fiktion als „laufender Gewinn" (so die Begründung zu Art. 8 Nr. 2 der BR-Drs. 612/93) der **Gewerbesteuerpflicht** (BFH VIII R 7/01 v. 15.6.04, BStBl. II 04, 754; *R/H/L/Rasche* § 24 UmwStG Rz. 94; UmwSt-Erl. 2011 BMF v. 11.11.11, BStBl. I 11, 1314 Tz. 24.17). Hat der Einbringende bisher seinen Gewinn mittels Einnahme-Überschuss-Rechnung ermittelt, ist es nach neuer Auffassung der FinVerw. nicht mehr zwingend erforderlich, dass er vor der Einbringung zur Gewinnermittlung durch Betriebsvermögensvergleich wechselt, wenn die Einbringung vollumfänglich zu Buchwerten erfolgt (vgl. OFD NRW v. 9.2.16, DB 16, 383).

A hat jedoch die Wahl, den Veräußerungsgewinn in voller Höhe durch die Bildung **14** einer sog. **negativen Ergänzungsbilanz** zu vermeiden (UmwSt-Erl. 2011 BMF v. 11.11.11, BStBl. I 11, 1314 Tz. 24.13f.). Entscheidet er sich dafür (in Übereinstimmung mit Ziff. 5 des Vertrags), ist folgende negative Ergänzungsbilanz für A aufzustellen:

Negative Ergänzungsbilanz A (in Eröffnungsbilanz) 1.1.02

Aktiva	T€	Passiva	T€
Minderkapital	50	Mindervermögen	100
		Grund und Boden	10
		Gebäude	20
		Umlaufvermögen	10
		Firmenwert	10
	50		50

Die sich durch die Minderabschreibungen in den Folgejahren ergebenden **Gewer- 15 besteuermehrbelastungen** der KG sind nach dem vorgesehenen Vertragsmuster (vgl. Ziff. 5) von A zu tragen. Die Aufnahme von derartigen Bestimmungen ist notwendig, weil sonst keine Verlagerung auf den Gesellschafter A möglich wäre.

Variante (mit Zuzahlung außerhalb des Betriebsvermögens durch B an A 16 iHv. T€ 50): A erhält € 50.000,– Kapitalkonto und weitere € 50.000,– von B in bar als **Zuzahlung.**

Erhält A abweichend vom Formularmuster lediglich ein Kapitalkonto von € 50.000,– für sein eingebrachtes Einzelunternehmen, jedoch von B eine Zuzahlung von weiteren € 50.000,–, die nicht Betriebsvermögen der Personengesellschaft wird, so ergibt sich bei Vollaufstockung in der Handelsbilanz der KG folgende Eröffnungsbilanz:

KG Handelsbilanz (Eröffnungsbilanz) bei Teilwertansatz

Aktiva	T€	Passiva	T€
Grund und Boden	30	Kapital A	50
Gebäude	100	Kapital B (davon 50	
Umlaufvermögen	60	von A erbracht)	100
Firmenwert	10	Verbindlichkeiten	100
Bank (Einzahlung von B)	50		
	250		250

Die **Verteilung der Kapitalkonten** errechnet sich folgendermaßen: B hat € 100.000,– aufgewandt (€ 50.000,– Einzahlung in die KG, € 50.000,– Zuzahlung an A); A hat in diesem Fall nur € 50.000,– aufgewandt (Einbringung Betriebsvermögen mit Teilwert € 100.000,– ./. erhaltene Zuzahlung € 50.000,–). Daraus ergibt sich eine Gewinn- und Verlustbeteiligung von A:B im Verhältnis von 50:100; dh. von 1:2.

Bezüglich der **steuerlichen Realisierung** hat A hier folgende **Wahlmöglichkeiten:**

17   **Volle Realisierung** unter Ausweis eines Veräußerungs- und Einbringungsgewinns von € 50.000,– für A bzw. **teilweise Realisierung** unter Ausweis eines Veräußerungsgewinns von mind. € 25.000,– für A: Der Veräußerungsgewinn setzt sich hier zusammen aus jeweils einem Veräußerungs- und einem Einbringungsgewinn von je € 25.000,– (Veräußerungserlös von € 50.000,– gegenüber den anteiligen bisherigen Buchwerten von € 25.000,–; Einbringungsgewinn: Ansatz der eingebrachten Wirtschaftsgüter, soweit diese auf Rechnung des A eingebracht wurden, von € 50.000,– gegenüber anteiligen bisherigen Buchwerten von € 25.000,–). Dies entspricht BFH IV R 82/92 v. 8.12.94, BStBl. II 95, 599 (glA UmwSt-Erl. 2011 BMF v. 11.11.11, BStBl. I 11, 1314 Tz. 24.10); der durch die Zuzahlung realisierte Veräußerungsgewinn von € 25.000,– kann nicht durch die Erstellung einer negativen Ergänzungsbilanz vermieden werden. Lediglich in Höhe des Einbringungsgewinns von € 25.000,– könnte dieser Teil durch Erstellung einer negativen Ergänzungsbilanz neutralisiert werden. Im Beispielsfall ist also für A eine volle Realisierung von € 50.000,–, mindestens aber eine teilweise Realisierung von € 25.000,– erforderlich. In Bezug auf den Einbringungsgewinn (der durch Bildung einer negativen Ergänzungsbilanz iHv. € 25.000,– in vollem Umfang vermieden werden könnte) besteht natürlich auch die Möglichkeit, diesen nur teilweise, dh. durch Bildung einer negativen Ergänzungsbilanz von weniger als € 25.000,– zu vermeiden.

18   Bezüglich der Gewährung der **Steuerbegünstigungen der §§ 16 Abs. 4, 34 Abs. 1 EStG** auf den von A realisierten Einbringungs- und Veräußerungsgewinn gilt auf Grund § 24 Abs. 3 Satz 3 UmwStG iVm. § 16 Abs. 2 Satz 3 EStG Folgendes: Die Gewährung der Begünstigungen der §§ 16 Abs. 4, 34 Abs. 1 EStG kommt überhaupt nur dann in Betracht, wenn die stillen Reserven im Einzelunternehmen des A im Rahmen der Einbringung mit Zuzahlung in vollem Umfang aufgedeckt werden, dh. auch der Einbringungsgewinn nicht durch Bildung einer negativen Ergänzungsbilanz wieder neutralisiert wird. Die Begünstigungen sind aber insoweit nicht zu gewähren, als auf der Seite des Veräußerers (hier A) und auf der Seite des Erwerbers (hier KG) dieselben Personen (hier A) als Unternehmer bzw. Mitunternehmer beteiligt sind. Dies bedeutet, dass die Begünstigung iHv. $^1/_3$ (insoweit ist A an der KG nach der Einbringung weiterhin beteiligt) nicht zu gewähren ist, dh. insoweit als „laufender Gewinn" iSd. § 16 Abs. 2 Satz 3 EStG iVm. § 24 Abs. 3 Satz 3 UmwStG gilt (Maßgeblichkeit der Gewinnbeteiligung des Veräußerers A an der erwerbenden KG zur Ausfüllung des Begriffs „soweit" in § 16 Abs. 2 Satz 3 EStG; BFH VIII R 7/01 v. 15.6.04, BStBl. II 04, 754; vgl. auch das Beispiel in UmwSt-Erl. 2011 BMF v. 11.11.11, BStBl. I 11, 1314 Tz. 24.16). Auf den insgesamt zu realisierenden Veräußerungs- und Einbringungsgewinn von € 50.000,– sind also nur iHv. $^2/_3$ die Steuerbegünstigungen der §§ 16 Abs. 4, 34 Abs. 1 EStG anwendbar.

19   Bezüglich der **Gewerbesteuer** bleibt es bei der Gewerbesteuerpflicht, soweit ein „laufender Gewinn" iSd. § 16 Abs. 2 Satz 3 EStG iVm. § 24 Abs. 3 Satz 3 UmwStG vorliegt, s. Rz. 13. Im Übrigen fällt keine Gewerbesteuer an, unabhängig davon, ob ein Einbringungsgewinn auf dem Ansatz des gemeinen Werts oder von Zwischenwerten beruht (vgl. *S/H/S/Schmitt* § 24 UmwStG Rz. 256; *D/P/P/M/Patt* § 24 UmwStG Rz. 152 f.; *R/H/L/Rasche* § 24 UmwStG Rz. 93; BFH IV R 93/85 v. 29.10.87, BStBl. II 88, 374, 377 geht davon aus, dass auch ein bei der Einbringung eines Betriebs zu Zwischenwerten entstehender Einbringungsgewinn nicht der Gewerbeertragsteuer unterliegt, weil die Einbringung einen tauschähnlichen Vorgang iS. einer Betriebsveräußerung darstellt). Wird ein Betrieb aus einer Kapitalgesellschaft in eine Personengesellschaft eingebracht, gehen dessen GewSt-Verlustvorträge nicht mit auf die Personengesellschaft über (BFH III R 35/17 v. 17.1.19, BStBl. II 19, 407).

Im BFH-Urteil IV R 82/92 v. 8.12.94 (BStBl. II 95, 599) wurde erstmals entschie- **20** den, dass ein Veräußerungsgewinn auf Grund **Zuzahlung außerhalb des Betriebs- vermögens** nicht durch Erstellung einer negativen Ergänzungsbilanz des Einbringen- den neutralisiert werden kann. Dem schließt sich die FinVerw. an: Nach UmwSt-Erl. 2011 BMF v. 11.11.11, BStBl. I 11, 1314 Tz. 24.09 ff. entsteht eine anteilige Steuer- pflicht durch unterstellte Veräußerung eines Anteils am Einzelunternehmen durch A an B vor der Einbringung (die für Einkommensteuerzwecke zu einem laufenden Ge- winn führt) und die unterstellte Entnahme des Veräußerungserlöses durch A in Höhe der Zuzahlung. Die Einbringung des von B (fiktiv) anteilig erworbenen Betriebs soll nach Auffassung der FinVerw. also aufgestockt erfolgen, die Einbringung des (fiktiven) Restbetriebs soll nach Auffassung der FinVerw. zu den (teilweise) fortgeführten Buchwerten erfolgen können. Das gilt selbst dann, wenn die Zuzahlung in ein Be- triebsvermögen erfolgt, vgl. BFH IV R 33/11 v. 17.9.14, BStBl. II 15, 717.

Gestaltungshinweis: A entnimmt anstelle der Zuzahlung vor der Einbringung ei- **21** nen entsprechenden Betrag (nach Schuldaufnahme) aus seinem Einzelunternehmen. Unschädlich ist ferner, wenn dem Einbringenden neben Gesellschaftsrechten an der übernehmenden Personengesellschaft sonstige Wirtschaftsgüter (typischerweise Darle- hensforderungen in Form von Guthaben auf einem Darlehenskonto) gewährt werden (sog. Mischentgelt; BFH X R 42/10 v. 18.9.13, DStR 13, 2380 entgegen BMF v. 11.11.11, BStBl. I 11, 1314 Tz. 24.07; siehe hierzu auch *Rosenberg* DB 13, 1924; be- achte nunmehr aber die Änderungen im StÄndG 2015 v. 2.11.15 (BGBl. I 15, 1834) – vgl. hierzu *Richter* DStR 16, 840; *Nöcker* DB 16, 72. Im Ergebnis ist mit der Neu- formulierung von § 24 Abs. 2 UmwStG durch das StÄndG 2015 v. 2.11.15 (aaO) jeg- liche Gegenleistung bis zum Buchwert des eingebrachten Betriebsvermögens für die Steuerneutralität der Einbringung unschädlich. Übersteigt der gemeine Wert der sons- tigen Gegenleistung jedoch 25 % des Buchwerts des eingebrachten Betriebsvermögens bzw. EUR 500.000, höchstens jedoch den Buchwert des eingebrachten Betriebsver- mögens, geht das sog. Buchwertwahlrecht verloren. Soweit für die Einbringung des Betriebsvermögens eine Gegenleistung in Form anderer Wirtschaftsgüter erbracht wird, ist allerdings zu prüfen, ob ggf. eine nachtsteuerschädliche Veräußerung iSd § 13a Abs. 6 ErbStG vorliegt (vgl. OFD Frankfurt v. 22.6.20, DStR 20, 1921 für die Einbringung in eine Kapitalgesellschaft).

bb) Sonstige ertragsteuerliche Folgen

Setzt die aufnehmende Personengesellschaft das übertragene Betriebsvermögen mit **22** den **gemeinen Werten** an (in Handelsbilanz der KG und Ergänzungsbilanz), gelten diese Wirtschaftsgüter als von der Personengesellschaft zum Einbringungsstichtag zum gemeinen Wert angeschafft (§ 23 Abs. 4 1. Hs. iVm. § 24 Abs. 4 1. Hs. UmwStG, wenn es sich – wie hier – um einen Vermögensübergang im Wege der Einzelrechtsnachfolge handelt; bei Ausgliederung – vgl. Rz. 1 – gilt allerdings keine Anschaffungsfiktion; § 23 Abs. 4 2. Hs. UmwStG); daraus folgt zB, dass geringwertige Wirtschaftsgüter im ersten Geschäftsjahr bei der Personengesellschaft sofort gewinnmindernd ausgebucht werden können (bzw. Anwendung der Sammelpostenmethode nach § 6 Abs. 2a EStG) und dass die Personengesellschaft degressive Abschreibungen gem. § 7 Abs. 2 EStG für bewegli- che Anlagegüter vornehmen kann (Hinweis auf die Abschaffung der degressiven Abschreibung durch die Unternehmensteuerreform 2008 und ihre teilweise, vorüber- gehende (bis 31.12.10) Wiedereinführung durch das Gesetz zur Umsetzung steuerrecht- licher Regelungen des Maßnahmenpakets „Beschäftigungssicherung durch Wachstums- stärkung" (sog. „Konjunkturpaket I" v. 21.12.08, BGBl. I 08, 2896). Bei nur teilweiser Aufstockung, dh. nur teilweiser Realisierung, erhöht sich die Abschreibungsbasis um den Aufstockungsbetrag (§ 23 Abs. 3 iVm. § 24 Abs. 4 1. Hs. UmwStG). Bei Buchwert- fortführung tritt die KG bzgl. der AfA, der erhöhten Absetzungen, der Sonderabschrei- bungen, der Inanspruchnahme einer Bewertungsfreiheit oder eines Bewertungsabschlags, der den steuerlichen Gewinn mindernden Rücklagen sowie der Anwendung der Vorschriften des § 6 Abs. 1 Nr. 2 Satz 2 und 3 EStG in die Rechtsstellung des Einbringenden ein (§ 4 Abs. 2 Satz 3; § 12 Abs. 3 Satz 1 iVm. § 23 Abs. 1 und § 24 Abs. 4 1. Hs. UmwStG). Ein **Zinsvortrag** nach § 4h Abs. 1 Satz 2 EStG nF des eingebrachten Betriebs geht nicht auf die übernehmende Personengesellschaft über (§ 20 Abs. 9 iVm. § 24 Abs. 6 UmwStG). Die übernehmende PersGes kann evtl. gewerbesteuerliche Verlustvorträge aus dem eingebrachten Betriebsvermögen unter den allgemeinen gewerbesteuerlichen Voraussetzungen (§ 10a GewStG) von ihren künftigen positiven Gewerbeerträgen abziehen (*R/H/L/Rasche* § 24 UmwStG Rz. 127; Hinweis auf § 10a Satz 10 GewStG idF des JStG 2009). Werden im Rahmen der Einbringung Anteile an Kapitalgesellschaften mit übertragen, sind die Regelungen des § 24 Abs. 5 UmwStG zu beachten, wobei in diesem Fall die Nachweispflichten nach § 22 Abs. 3 UmwStG nach ganz überwiegender Meinung ins Leere laufen (*D/P/P/M/Patt* § 24 UmwStG Rz. 233; **aA** BMF v. 11.11.11, BStBl. I 11, 1314 Tz. 24.29).

Werden **andere Wirtschaftsgüter** als ein Betrieb, Teilbetrieb oder Mitunternehmeranteil **eingebracht,** gilt Folgendes:

23   Die **Einbringung einer** zu einem Betriebsvermögen gehörenden **100%igen Beteiligung** einer Kapitalgesellschaft wird von der FinVerw. (obwohl eine gesetzliche Bestimmung fehlt) der Einbringung eines Teilbetriebs iSv. § 24 Abs. 1 UmwStG gleichgestellt (UmwSt-Erl. 2011 BMF v. 11.11.11, BStBl. I 11, 1314 Tz. 24.02; anders BFH I R 77/06 v. 17.7.08, BStBl. I 09, 464, zum UmwStG 1995; dagegen: BMF v. 20.5.09, BStBl. I 09, 671 mit Ankündigung einer gesetzlichen Klarstellung). Auch hierfür ist keine ertragsteuerliche Rückwirkung möglich (Ausnahme: Einbringung auf Grund zumindest partieller Gesamtrechtsnachfolge, vgl. Rz. 11). Bei Einbringung einer 100%igen Beteiligung aus einem Betriebsvermögen ist der Einbringungsgewinn regelmäßig nicht von der Gewerbesteuer befreit (GewStH 7.1 Abs. 3 „Gewinn aus der Veräußerung einer 100%igen Beteiligung an einer Kapitalgesellschaft"), es sei denn, die 100%ige Beteiligung ist Bestandteil einer Sacheinlage (uU auch als Sonderbetriebsvermögen – vgl. *W/M/Widmann* § 20 UmwStG Rz. 1140). Bei (Mit-)Einbringung von Anteilen an Körperschaften ist die siebenjährige Sperrfrist nach § 24 Abs. 5 UmwStG zu beachten (vgl. hierzu auch UmwSt-Erl. 2011 BMF v. 11.11.11, BStBl. I 11, 1314 Tz. 24.18 ff.).

24   Bei **Einbringung von einzelnen Wirtschaftsgütern,** die aus einem Betriebsvermögen stammen, ist § 24 UmwStG vorrangig vor § 6 Abs. 5 Satz 3 EStG anzuwenden, wenn die Voraussetzungen erfüllt sind (vgl. BMF v. 8.12.11, BStBl. I 11, 1279, Tz. 12). Einer der wesentlichen Unterschiede zwischen der Übertragung nach § 6 Abs. 5 Satz 3 EStG und der Einbringung nach § 24 UmwStG ist, dass nur bei letzterer Verbindlichkeiten für die Steuerneutralität der Einbringung unschädlich mitübernommen werden können.

25   **Werden Wirtschaftsgüter des Privatvermögens** gegen Gewährung von Gesellschaftsrechten in das betriebliche Gesamthandsvermögen einer Personengesellschaft eingebracht, handelt es sich insoweit um einen tauschähnlichen Vorgang (BMF v. 29.3.00, BStBl. I 00, 462), der insbes. bei qualifizierten Beteiligungen an Kapitalgesellschaften (oder alten sog. einbringungsgeborenen Anteilen) sowie bei Grundstücken während der zehnjährigen sog. Spekulationsfrist zu einem steuerpflichtigen Veräußerungsgeschäft führt. Dies kann dadurch verhindert werden, dass die Sacheinlage ausschließlich (vgl. BFH I R 77/06 v. 17.7.08, BStBl. II 09, 464; mit Übergangsregelung: BMF v. 20.5.09, BStBl. I 09, 671; jetzt auch: BMF v. 11.7.11, DStR 11, 1319) auf einem gesamthänderisch gebundenen Rücklagenkonto gebucht wird (zur Abgrenzung Kapital-, Darlehens- und Rücklagenkonto vgl. BMF v. 26.11.04, BStBl. I 04, 1190).

26   Zur **Haftung** der aufnehmenden Personengesellschaft gem. § 75 AO für **Betriebssteuern,** für Ansprüche auf Erstattung von Steuervergütungen und für Steuerabzugsbeträge des eingebrachten Einzelunternehmens vgl. Rz. 4. Die Einbringung von Wirt-

schaftsgütern (einschließlich Anteilen an Kapitalgesellschaften, vgl. Gleichl. Ländererlasse v. 20.11.13, BStBl. I 13, 1508) in eine Personengesellschaft nach § 24 UmwStG stellt regelmäßig keinen Verstoß gegen die **Behaltensregelung** des **§ 13a Abs. 5 ErbStG** dar (§ 13a Abs. 5 Nr. 1 Satz 2, 2. Hs. ErbStG; vgl. hierzu auch koordinierte Ländererlasse v. 22.6.17, BStBl. I 17, 902). Zur weiteren Ermittlung der Lohnsumme s. Gleichl. Ländererlasse v. 21.11.13, BStBl. I 13, 1510.

b) Verkehrsteuerrecht

Umsatzsteuer: Werden wie hier alle wesentlichen Grundlagen des Einzelunter- **27** nehmens des A in die KG eingebracht, liegt eine nicht umsatzsteuerbare sog. Geschäftsveräußerung im Ganzen (§ 1 Abs. 1a UStG) vor. Die übernehmende Personengesellschaft (KG) tritt gem. § 1 Abs. 1a Satz 3 UStG an die Stelle des einbringenden Einzelunternehmers A. Dies ist vor allem für die Berichtigung des Vorsteuerabzugs nach § 15a UStG bedeutsam: Nach § 15a Abs. 10 UStG wird (der Regelung in § 1 Abs. 1a UStG entsprechend) der für ein Wirtschaftsgut maßgebliche Vorsteuer-Berichtigungszeitraum durch eine Geschäftsveräußerung bzw. Geschäftseinbringung nicht unterbrochen. Die übernehmende KG tritt in die Verpflichtungen des bisherigen Einzelunternehmers A bzgl. einer Vorsteuerberichtigung wegen geänderter Verhältnisse ein (hierzu hat A der KG die für die Durchführung der Berichtigung erforderlichen Angaben zu machen, § 15a Abs. 10 Satz 2 UStG).

Soweit keine nicht umsatzsteuerbare Geschäftsveräußerung im Ganzen vorliegt und **28** bzgl. einzelner Gegenstände die Steuerbefreiung gem. § 4 Nr. 8 Buchst. b, c, e, f, g und Nr. 9a UStG nicht greifen bzw. darauf durch Option verzichtet wurde, wird die Umsatzsteuer (vollen Vorsteuerabzug der aufnehmenden KG vorausgesetzt) regelmäßig zu keiner definitiven Kostenbelastung führen (Hinweis auf UStAE 1.6 Abs. 2).

Die Gewährung von Gesellschaftsrechten durch die aufnehmende KG stellt keinen **29** **steuerbaren,** mithin auch keinen nach § 4 Nr. 8 Buchst. f UStG **steuerbefreiten, Umsatz** dar (BFH V R 32/00 v. 1.7.04, BStBl. II 04, 1022). Nach UStAE 15.21 ist der Vorsteuerabzug auf die Gründungskosten nach allgemeinen Grundsätzen zu gewähren.

Grunderwerbsteuer fällt an, wenn zum eingebrachten Vermögen ein Grundstück **30** gehört, soweit der nichteinbringende Gesellschafter danach vermögensmäßig an der Personengesellschaft beteiligt ist (bzgl. der eigenen Beteiligung des Einbringenden greift die quotale Steuerbefreiung von § 5 Abs. 2 GrEStG ein). Grunderwerbsteuer kann auch anfallen, wenn zum eingebrachten Vermögen Anteile an einer grundstücksbesitzenden Kapital- oder Personengesellschaft gehören. Siehe hierzu auch §§ 1 Abs. 3a und 6a GrEStG idF des AmtshilfeRLUmsG v. 26.6.13 (BGBl. I 13, 1809) und Gleichl. Ländererlasse v. 9.10.13, BStBl. I 13, 1364 und 1375; *Behrens* DStR 13, 2726. Zur ertragsteuerlichen Behandlung der Kosten für den Vermögensübergang einschl. der Grunderwerbsteuer vgl. *Krohn* DB 18, 1755. Aufgrund der neuen, sehr weiten Auslegung der Regelung durch den BFH ist jeweils auch zu prüfen, ob eine Vergünstigung nach § 6a GrEStG in Betracht kommt (zur BFH-Rspr. *Loose* DB 20, 919).

A. 3.02 Einbringung eines (Teil-)Betriebs in GmbH (Sacheinlage gegen Kapitalerhöhung)

Gliederung

I. FORMULARE

Formular A. 3.02 Beschluss zur Kapitalerhöhung und Einbringung

Verhandelt zu ......

am ......

vor mir, ... Notar erschienen

1. Herr A ...... *[Beruf/Wohn- bzw. Geschäftsadresse]*

2. Herr B ...... *[Beruf/Wohn- bzw. Geschäftsadresse]*

Die Erschienenen erklärten mit dem Ersuchen um Beurkundung:

I. Beteiligte

1. Herr A ist alleiniger Gesellschafter der A-GmbH mit Sitz in ...... *[Ort, Straße]*, eingetragen im Handelsregister des Amtsgerichts ...... unter HRB ......, deren voll eingezahltes Stammkapital € 50.000,– beträgt. Herr A hält den einzigen Geschäftsanteil im Nennbetrag von € 50.000,–. Herr A ist gleichzeitig einziger Geschäftsführer der A-GmbH.

2. Herr B ist Alleininhaber des im Handelsregister des Amtsgerichts ...... unter HRA ...... eingetragenen Einzelunternehmens „B ......". Dieses Einzelunternehmen besteht aus einem Teilbetrieb in A-Stadt und einem Teilbetrieb in B-Stadt, für welche jeweils getrennte Jahresabschlüsse vorliegen. Gegenstand der nachfolgend vereinbarten Einbringung ist der Teilbetrieb in B-Stadt.

3. Unter Verzicht auf sämtliche Form- und Fristvorschriften für die Einberufung und Abhaltung einer Gesellschafterversammlung erklärt Herr A, eine Gesellschaftervollversammlung der A-GmbH abzuhalten und einstimmig was folgt zu beschließen.

II. Gesellschafterbeschlüsse

1. Der Geschäftsanteil im Nennbetrag von € 50.000,– wird hiermit in 50.000 einzelne Geschäftsanteile mit Nennbetrag von jeweils € 1,– geteilt. Diese durch Teilung entstandenen Geschäftsanteile tragen die laufenden Nummern 1 bis 50.000.

2. Das Stammkapital der Gesellschaft wird von bisher € 50.000,– um € 25.000,– auf nunmehr € 75.000,– durch Ausgabe von 25.000 neuen Geschäftsanteilen im Nennbetrag von jeweils € 1,– erhöht. Die neu ausgegebenen Geschäftsanteile tragen die laufenden Nummern 50.001 bis 75.000.

3. Die Einlagen auf die Geschäftsanteile mit den Nr. 50.001 bis 75.000 sind nicht in bar, sondern als Sacheinlage durch Einbringung des Teilbetriebs in B-Stadt des

unter der Firma B ...... im Handelsregister des Amtsgerichts ...... unter HRA ......
eingetragenen Einzelunternehmens nach folgenden Maßgaben zu erbringen:

3.1 Eingebracht werden sämtliche in der zugrunde liegenden, dieser Ausfertigung
als Anlage beigefügten Bilanz zum 31.12.01 ausgewiesenen Vermögensgegenstände und Schulden, mit einem Nettobuchwert von € 25.000,–. Unter Berücksichtigung der im Anlagevermögen enthaltenen stillen Reserven von € 15.000,–
sowie eines Firmenwerts von € 10.000,– beträgt der Verkehrswert der Sacheinlage € 50.000,– (Annahmewert). Mit einzubringen ist das in der Einbringungsbilanz enthaltene bebaute Grundstück in ......, Gemarkung ......, Grundbuch
......, Band ......, Blatt ...... mit einer Grundstücksgröße von ...... qm und einer
bebauten Fläche von ...... qm *[ggf. Beschreibung]* als wesentliche Betriebsgrundlage des Teilbetriebs in B-Stadt.

3.2 Der eingebrachte Teilbetrieb wird ab dem 1.1.02 für Rechnung der A-GmbH
geführt.

3.3 Die zwischen dem Einbringungsstichtag (31.12.01 24.00 Uhr) und dem heutigen Tag als Ersatz für ausgeschiedene Vermögenswerte angeschafften oder
an deren Stelle getretenen Wirtschaftsgüter sollen ebenfalls auf die GmbH
übergehen (Surrogation).

3.4 Unterschreitet der tatsächliche Wert des einzubringenden Teilbetriebs im
Zeitpunkt der Eintragung im Handelsregister den gesamten Nennbetrag der
von B übernommenen Geschäftsanteile mit den Nr. 50.001 bis 75.000, ist der
Differenzbetrag von B durch Barzahlung auszugleichen.

3.5 Die A-GmbH wird den zu übertragenden Teilbetrieb in der Aufnahmebilanz
(Handels- und Steuerbilanz) mit den bisherigen in der Einbringungsbilanz angesetzten Buchwerten fortführen. Ändert sich ein Wertansatz in der Einbringungsbilanz nachträglich durch rechtskräftige Feststellung auf Grund einer
steuerlichen Außenprüfung, ist ein etwaiges Mehrvermögen in eine Kapitalrücklage einzustellen, ein etwaiges Mindervermögen durch Herrn B an die A-
GmbH in bar auszugleichen.

4. Zur Übernahme der Geschäftsanteile mit den Nr. 50.001 bis 75.000 ist Herr B zugelassen. Auf die auf diese Geschäftsanteile zu erbringende Einlageverpflichtung
wird die Sacheinlage mit dem in der Einbringungsbilanz zu Buchwerten ausgewiesenen Nettobetriebsvermögen angerechnet (Anrechnungswert), überschießende
Beträge werden als Agio geschuldet und in die Kapitalrücklage eingestellt, ein etwaiger Fehlbetrag ist durch Barzuzahlung auszugleichen.

5. § ...... (Stammkapital/Geschäftsanteile) der Gesellschaftsvertrags der A-GmbH in
der zuletzt geänderten Fassung vom ...... wird wie folgt neu gefasst: „Das Stammkapital der Gesellschaft beträgt € 75.000,–. Es besteht aus 75.000 Geschäftsanteilen im Nennbetrag von jeweils € 1,–, die die laufenden Nummern 1 bis 75.000 tragen.“

6. § ...... (Gesellschafterbeschlüsse) der Gesellschaftsvertrags der A-GmbH in der
zuletzt geänderten Fassung vom ...... wird wie folgt neu gefasst:
„Jeder Geschäftsanteil gewährt eine Stimme.“

7. Firma ...... [falls Änderung der bisherigen Firma erwünscht].

III. Einbringungen

1. Zur Erbringung der vorstehend geschuldeten Sacheinlage überträgt Herr B hiermit
sämtliche in der Einbringungsbilanz aufgeführten Vermögensgegenstände auf die
A-GmbH; Herr A als einzelvertretungsberechtigter Geschäftsführer der A-GmbH
nimmt die Übertragung an.

2. Die A-GmbH übernimmt auch die in der Einbringungsbilanz ausgewiesenen Verbindlichkeiten; die Parteien werden sich unverzüglich um Zustimmung der Gläubiger zum Schuldnerwechsel bemühen, zwischenzeitlich erfolgt ein Schuldbeitritt der A-GmbH, die Herrn B im Innenverhältnis für den Fall der künftigen Inanspruchnahme freistellt.

3. Das in B-Stadt ......, Straße Nr. ...... gelegene und im Grundbuch, Gemarkung ......, Band ......, Blatt ......, eingetragene bebaute Grundstück zu ...... ha wird hiermit von Herrn B auf die A-GmbH aufgelassen. Die Vertragsteile sind sich über den vereinbarten Eigentumsübergang einig und bewilligen und beantragen die Eintragung der Rechtsänderung im Grundbuch. Auf Eintragung einer Auflassungsvormerkung wird verzichtet. Herr A als einzelvertretungsberechtigter Geschäftsführer der A-GmbH nimmt diese Auflassung an. Die Herren A und B beauftragen und bevollmächtigen den beurkundenden Notar alle für den Vollzug des Eigentümerwechsels im Grundbuch notwendigen Erklärungen abzugeben.

   Herr B übernimmt die neuen Geschäftsanteile zu den in dem Kapitalerhöhungsbeschluss niedergelegten und vorstehend wiedergegebenen Bedingungen.

4. Die Kosten dieser Urkunde, ihres Vollzugs und die sonstigen hieraus anfallenden Steuern trägt die A-GmbH.

Der Notar wies die Erschienenen darauf hin, dass

– die Kapitalerhöhung erst mit der Eintragung in das Handelsregister wirksam wird;

– das Eigentum an dem Grundstück erst mit Eintragung der Auflassung in das Grundbuch übergeht und hierzu eine grunderwerbsteuerliche Unbedenklichkeitsbescheinigung erforderlich ist;

– alle Gesellschafter für übernommene, aber nicht erbrachte Stammeinlagen und die Vollwertigkeit der Sacheinlagen bei Eingang der Anmeldung der Kapitalerhöhung beim Registergericht haften.

Diese Niederschrift und die ihr beigehefteten Anlagen wurden den Erschienenen vom Notar vorgelesen, von ihnen genehmigt und von ihnen und dem Notar eigenhändig wie folgt unterschrieben:

....
[Unterschrift A]   [Unterschrift B]

....
                                            [Unterschrift Notar]

Anlage

Einbringungsbilanz des Teilbetriebs in B-Stadt des im Handelsregister des Amtsgerichts ...... unter HRA ...... eingetragenen Einzelunternehmens des Herrn B

Formular A. 3.02a Übernahmeerklärung gemäß § 55 Abs. 1 GmbHG

---

1. Die Gesellschafterversammlung der Firma „A-GmbH" mit Sitz in ...... hat am ...... beschlossen, das Stammkapital der Gesellschaft von € 50.000,– um € 25.000,– auf € 75.000,– zu erhöhen.

2. Zur Übernahme der neuen 25.000 Geschäftsanteile mit den laufenden Nummern 50.001 bis 75.000 wurde Herr B, geschäftsansässig in ......, zugelassen. Die Einlagen auf diese Geschäftsanteile sind durch Sacheinlage zu erbringen, indem Herr B seinen Teilbetrieb in B-Stadt des unter der Firma beim Handelsregister des Amtsgerichts ...... unter HRA ...... eingetragenen Einzelunternehmens ...... auf die A-GmbH unter Zugrundelegung der Einbringungsbilanz zum 31.12.01 überträgt. Das zu Buchwerten eingebrachte Nettovermögen gemäß der Einbringungsbilanz wird mit dem dort ausgewiesenen Wert des Nettobetriebsvermögens auf die Einlagen

auf diese Geschäftsanteile angerechnet, überschießende Beträge werden als Agio geschuldet, ein etwaiger Fehlbetrag ist durch Bareinzahlung auszugleichen.

3. Herr B übernimmt die Geschäftsanteile mit den laufenden Nummern 50.001 bis 75.000 zu den in dem Kapitalerhöhungsbeschluss niedergelegten und vorstehend wiedergegebenen Bedingungen.

.... [Ort], den ....

....
[Unterschrift]

....
[Beglaubigungsvermerk]

Formular A. 3.02b Handelsregisteranmeldung der Kapitalerhöhung

An das

Amtsgericht

– Handelsregister –

Zum Handelsregister der Firma A-GmbH, HRB ......, überreiche ich, der unterzeichnete alleinige Geschäftsführer der A-GmbH:

1. beglaubigte Abschrift des Gesellschafterbeschlusses vom ......, Urkunde-Nr. ......, des Notars ...... in ...... mit Anlage (Bilanz des Teilbetriebs in B-Stadt der Firma ...... zum 31.12.01), welche in Abschnitt 3 auch die zur Ausführung der Kapitalerhöhung notwendige Übertragung aller Gegenstände des Betriebsvermögens des Teilbetriebs in B-Stadt einschließlich der Grundstücksauflassung (Einbringungsvertrag) enthält;

2. beglaubigte Abschrift der Übernahmeerklärung von Herrn B;

3. vollständigen Wortlaut des Gesellschaftsvertrags mit Bescheinigung des Notars gemäß § 54 Abs. 1 Satz 2 GmbHG;

4. Liste der Übernehmer der neu ausgegebenen Geschäftsanteile;

5. Liste der Gesellschafter;

6. Sacherhöhungsbericht (mit Angabe der Jahresergebnisse der beiden letzten Geschäftsjahre).

Zur Eintragung in das Handelsregister melde ich an:

1. Das Stammkapital der Gesellschaft wurde von € 50.000,– um € 25.000,– auf € 75.000,– erhöht.

2. Die §§ ...... [Stammkapital/Stammeinlagen], [Gesellschafterbeschlüsse], [evtl. Firma] des Gesellschaftsvertrags wurden geändert.

Ich, der alleinige Geschäftsführer, versichere, dass alle Vermögensgegenstände des Teilbetriebs in B-Stadt unter der Firma ...... einschließlich des in B gelegenen bebauten Grundstücks *[Straße, Nummer, Grundbuch, Band, Blatt usw.]* mit Erwerb des Anwartschaftsrechts aus erklärter Auflassung auf die Gesellschaft übergegangen sind (vgl. Einbringungsvertrag sowie Auflassung im Grundbuch ......) und sich damit das gesamte Vermögen des Teilbetriebs endgültig zur freien Verfügung der Geschäftsführung der A-GmbH befindet.

.... [Ort], den ....

....
[Unterschrift]

....
[Beglaubigungsvermerk]

II. ERLÄUTERUNGEN

Erläuterungen zu A. 3.02 Beschluss zur Kapitalerhöhung und Einbringung

---

1. Grundsätzliche Anmerkungen

a) Wirtschaftliches Vertragsziel

1   Die Einbringung eines Betriebs bzw. Teilbetriebs in eine bestehende GmbH gegen Gewährung neuer Geschäftsanteile aus einer Kapitalerhöhung an den Einbringenden bezweckt die **zukünftige gemeinsame Führung** des bisherigen Betriebs der GmbH zusammen mit dem eingebrachten Betrieb.

2   **Gewinnrealisierung** kann dabei sowohl beim Einbringenden als auch bei der aufnehmenden Gesellschaft **vermieden werden:**
– Wenn die aufnehmende GmbH die bisherigen steuerlichen Buchwerte des Einbringenden fortführt, kann die Realisierung stiller Reserven auf Seiten des Einbringenden gem. § 20 UmwStG vermieden werden.
– Bei der aufnehmenden GmbH und dem einbringenden Gesellschafter tritt keine Realisierung ein, wenn dem eintretenden Gesellschafter eine unter kaufmännischen Gesichtspunkten ausgewogene Beteiligung eingeräumt wird.

3   Als Sacheinlage ist auch ein **Teilbetrieb** einlagefähig. Neben Sachgesamtheiten wie einem Betrieb bzw. Teilbetrieb sind im Wege der Sacheinlage auch alle anderen vermögenswerten Gegenstände des Rechtsverkehrs einlagefähig (Beteiligungen an Personengesellschaften und Kapitalgesellschaften, einzelne materielle und immaterielle Wirtschaftsgüter, obligatorische Nutzungsrechte); ungeeignet für Einlagen sind Forderungen gegenüber dem Gesellschafter.

4   **Verhältnis zur Ausgliederung gem. § 123 Abs. 3 Nr. 1 UmwG.** Trotz des in § 1 Abs. 2 UmwG anscheinend vorgeschriebenen Numerus Clausus ist die in diesem Formular angewandte Technik der Einzelübertragung von Wirtschaftsgütern (auch wenn diese einen Betrieb bzw. Teilbetrieb bilden) auf eine GmbH gegen Gewährung neuer Anteile zulässig (allg. Meinung). Im Einzelfall dürfte der Einbringung nach der bereits bisher bestehenden Technik der Einzelrechtsnachfolge insb. aus folgenden Gründen gegenüber der Ausgliederung gem. § 123 Abs. 3 Nr. 1, §§ 152 ff. UmwG der **Vorzug** zu geben sein:
– Die gesamtschuldnerische Haftung auch des übernehmenden Rechtsträgers (hier der A-GmbH) für fünf Jahre ab dem Zeitpunkt der Eintragung der Ausgliederung sogar für nicht eingebrachte Verbindlichkeiten des übertragenden Rechtsträgers (hier des Einzelkaufmanns B) gem. § 133 Abs. 3 UmwG wird für die aufnehmende GmbH (zumindest wenn diese wie hier bereits einen eigenen Geschäftsbetrieb und andere Gesellschafter hat) nicht akzeptabel sein.
– Die Vorlagepflicht des Entwurfs des Ausgliederungs- und Übertragungsvertrags mindestens einen Monat vor Beschlussfassung der Gesellschafterversammlung sowohl an die Betriebsräte (nur sofern solche bestehen) des übertragenden Rechtsträgers (hier Einzelkaufmann B) als auch des übernehmenden Rechtsträgers (hier A-GmbH) gem. § 126 Abs. 3 UmwG wird bei der Einzelrechtsübertragung vermieden.
– Die notarielle Beurkundung des Ausgliederungs- und Übernahmevertrags kann in Ausnahmefällen höhere Notarkosten zur Folge haben als die Beurkundung des Kapitalerhöhungsbeschlusses (evtl. zusammen mit der Übertragung beurkundungspflichtiger Wirtschaftsgüter) und der nur zu beglaubigenden Übernahmeerklärung, sowie der ebenfalls nur zu beglaubigenden Unterschriften sämtlicher Geschäftsführer bei der Anmeldung der Kapitalerhöhung zum Handelsregister.
– Die Ausgliederung erfordert Zustimmungsbeschlüsse der Gesellschafterversammlung sowohl der übertragenden als auch der übernehmenden Rechtsträger.

Gegenüber der Einzelrechtsübertragung (Einbringung) hat die Ausgliederung nach 5
§ 123 Abs. 3 UmwG dagegen den Vorteil, dass die von der Ausgliederung erfassten
Vermögensgegenstände. § 131 Abs. 1 Nr. 1 UmwG im Wege der partiellen Gesamtrechtsnachfolge, demnach kraft Gesetzes, übergehen. Allgemeine Abtretungsver-
bote, wie bspw. § 399 BGB, oder Übertragungsbeschränkungen hindern den Übergang einer Forderung oder eines Vertrags mit einem Dritten nicht. Dies folgt aus der
Streichung der §§ 131 Abs. 1 Nr. 1 Satz 2, 132 UmwG (vgl. Art. 1 Nr. 20 und 21
Zweites Gesetz zur Änderung des UmwG v. 19.4.07, BGBl. I 07, 546). Die Streichung dieser Vorschriften macht Ausgliederungen rechtssicherer, da die Vermögensgegenstände entsprechend der Zuweisung im Ausgliederungsvertrag übergehen
(*S/St/Schröer* § 131 Rz. 19; *Müller* NZG 06, 491, 493). Allerdings ist auch bei der
Ausgliederung der Bestimmtheitsgrundsatz für die auszugliedernden Teile des Vermögens (§ 126 Abs. 2 UmwG) zu beachten, insbesondere für solche Vermögensgegenstände, deren Übertragung der notariell beurkundeten Form bedarf (Grundbesitz, § 28
GBO). Im Einzelfall ist daher zu fragen, ob die Vorteile der Ausgliederung das aufwändige Verfahren gegenüber der Einbringung rechtfertigen.

Die Ausgliederung nach § 123 Abs. 3 Nr. 1 UmwG als Alternative zu der hier vor- 6
liegenden Einbringung ist nicht möglich, wenn die Firma des übertragenden Rechtsträgers (hier Einzelunternehmer B) nicht im Handelsregister eingetragen ist (§ 152
UmwG), es sei denn, dass zuvor noch deren Eintragung betrieben wird, oder wenn
die auszugliedernden Teile seines Vermögens nicht sein Einzelunternehmen oder Teile hiervon betreffen oder wenn die Verbindlichkeiten des übertragenden Rechtsträgers
(Einzelunternehmer B) sein Vermögen überschreiten (§§ 152 Satz 2, 154 UmwG).

Im Falle der Nicht-Beteiligung anderer Gesellschafter an dem übernehmenden 7
Rechtsträger bietet sich alternativ zur Einbringung im Wege der Sachgründung die
Ausgliederung durch Neugründung gem. § 123 Abs. 3 Nr. 2 UmwG an (vgl. hierzu
Formular A. 15.30).

b) Gesellschaftsrecht

Die Kapitalerhöhung ist als **Satzungsänderung notariell zu beurkunden** (§ 53 8
Abs. 2 GmbHG). Der Gesellschafterbeschluss ist mit mindestens $^3/_4$-Mehrheit zu fassen (§ 53 Abs. 2 GmbHG). Die Übernahmeerklärung ist entweder zu beurkunden
oder notariell zu beglaubigen (§ 55 Abs. 1 GmbHG). Hier wird ein getrenntes Formular mit Beglaubigung zur Kostenminderung vorgeschlagen. Allerdings empfiehlt
sich bei Mitbeurkundung des Einbringungsvertrags, zB wegen Vorhandenseins von
Grundstücken oder GmbH-Geschäftsanteilen, die Aufnahme auch der Übernahmeerklärung in die Urkunde. Bei Beurkundung mit dem Beschluss der Kapitalerhöhung ist
ein Gebührenvergleich vorzunehmen, dabei kann der höchste Gebührensatz aus der
Summe der Verfahrenswerte günstiger sein (§ 35 Abs. 1 GNotKG). Gegenstand und
Betrag der Sacheinlage sind sowohl im Kapitalerhöhungsbeschluss als auch in der
Übernahmeerklärung genau zu bezeichnen (§ 56 Abs. 1 GmbHG). Allerdings müssen
sie nicht in die Neufassung des Gesellschaftsvertrags aufgenommen werden (*Scholz/
Priester* § 56 Rz. 82).

Die **Sacheinlagen** sind entsprechend ihrer Art bereits vor der Anmeldung zum 9
Handelsregister an die Gesellschaft zu **erbringen** (§ 7 Abs. 3 GmbHG); dh. Forderungen abzutreten, bewegliche Sachen und Schutzrechte zu übertragen. Dies ist von den
Geschäftsführern bei der Anmeldung zu versichern (§ 8 Abs. 2 GmbHG). Dies gilt
grundsätzlich auch bei Grundstücken und anderen Immobiliarrechten, bei denen es
auf die Eintragung des Eigentümerwechsels im Grundbuch ankommt (*Baumbach/
Hueck* § 7 GmbHG Rz. 14). Allerdings sieht bei Grundstücken die hM im Schrifttum
die Sacheinlage als erbracht an, wenn bindende Einigung und rangwahrender Antrag
beim Grundbuchamt oder Eintragung einer Auflassungsvormerkung erfolgt sind
(*Baumbach/Hueck* § 7 GmbHG Rz. 14; *Lutter/Hommelhoff* § 7 GmbHG Rz. 17; **aA**

Scholz/Winter/Veil § 7 GmbHG Rz. 40). Letztlich ist die Praxis des zuständigen Registergerichts in Erfahrung zu bringen.

10   Bei der Einbringung eines Betriebs bzw. Teilbetriebs ist die **Einzelübertragung** sämtlicher übergehender Vermögenswerte notwendig (bei Grundstücken bzw. GmbH-Anteilen ist die Formvorschrift des § 311b Abs. 1 BGB bzw. § 15 Abs. 3 und 4 GmbHG zu erfüllen; dies kann auch – wie im Formular vorgesehen – bereits bei der notariell beurkundeten Kapitalerhöhung geschehen); es empfiehlt sich, zusätzlich zur Einbringungsbilanz die einzubringenden Aktiva, Passiva und Vertragsverhältnisse listenmäßig zu erfassen und als weitere (zu beurkundende) Anlage dem Kapitalerhöhungsbeschluss beizufügen. Zweckmäßigerweise wird der Sacheinlage für einen Betrieb ein möglichst zeitnaher Abschlusszeitpunkt zugrunde gelegt (Zeitpunkt, auf den die Einbringungsbilanz aufgestellt ist). Gesetzliche Vorschriften über eine handelsrechtliche Rückwirkung fehlen (zur bis zu achtmonatigen Rückwirkung für die Ermittlung des steuerlichen Einkommens vgl. Rz. 37). Die Einbringungsbilanz muss „zeitnah" zu dem Datum der Anmeldung ins Handelsregister aufgestellt sein (*W/M/Mayer* Anh 5 Rz. 52 und 215). Als Höchstgrenze für eine Rückbeziehung dürfte in entsprechender Anwendung von § 20 Abs. 6 Satz 3 UmwStG eine Ausdehnung auf acht Monate möglich sein (vgl. *Scholz/Winter/Westermann* § 5 GmbHG Rz. 59). Der gewählte Zeitpunkt der Sacheinlage ist im Kapitalerhöhungsbeschluss festzulegen. Gewinne und Verluste ab dem Einbringungsstichtag sind bereits bei der GmbH, nicht mehr beim Einbringenden zu erfassen.

11   Bei Anmeldung des Kapitalerhöhungsbeschlusses erstreckt sich die Prüfungspflicht des Registerrichters auch auf die **Werthaltigkeit der Sacheinlage.** Gem. § 9c Abs. 1 GmbHG, der nach § 57a GmbHG auf Kapitalerhöhungen entsprechend anzuwenden ist, hat der Registerrichter nur noch zu prüfen, ob die Sacheinlage **nicht unwesentlich überbewertet** ist. Unwesentliche Überbewertungen, zB solche innerhalb der Bandbreite üblicher Bewertungsabweichungen, bleiben daher außer Betracht (vgl. *Roth/Altmeppen* § 9c GmbHG Rz. 7a). Wann die Abweichung zwischen dem Wert der Sacheinlage und dem Ausgabebetrag für die übernommenen Geschäftsanteile wesentlich ist, liegt im pflichtgemäßen Ermessen des Registerrichters (*Lutter/Hommelhoff* § 9c GmbHG Rz. 17). Er wird dabei auch einen strengen Maßstab anlegen dürfen (vgl. *Spindler/Stilz/Döbereiner* § 38 AktG Rz. 9 hinsichtlich des ähnlichen Wortlauts bei der AG). Das Gericht hat dabei zuerst nur eine vorläufige Grobabschätzung vorzunehmen, bevor es genauere Ermittlungen einleitet. Ergeben sich begründete Zweifel, die auf eine nicht nur unwesentliche Überbewertung hindeuten, hat aber eine umfassende Prüfung der Werthaltigkeit zu erfolgen (*Roth/Altmeppen* § 9c GmbHG Rz. 7a; *Baumbach/Hueck* § 9c GmbHG Rz. 7). In diesem Fall hat das Registergericht gemäß § 26 FamFG weitere Unterlagen anzufordern oder eigene Sachverständige zu beauftragen, auch wenn für den Bereich der Kapitalerhöhung im Wege der Sacheinlage weiterhin Verweisungen auf die für die Sachgründung vorgesehenen Regelungen (Erstellung eines Sachgründungsberichts gem. § 5 Abs. 4 Satz 2 GmbHG, Beifügung von Wertnachweisunterlagen gem. § 8 Abs. 1 Nr. 5 GmbHG, vgl. zum Meinungsstand *W/M/Mayer* Anh 5 Rz. 363 und *Lutter/Hommelhoff* § 56 Rz. 7 und § 57a Rz. 2) fehlen. Bestehen allerdings keine Anhaltspunkte für eine Überbewertung, darf das Gericht auch keine Ausforschungsermittlung einleiten, ob denn zB eine wesentliche Überbewertung der Sacheinlage vorliegt oder überhaupt keine Geldleistungen erbracht worden sind (*Böhringer* BWNotZ 08, 104, 108). Um eine Verzögerung der Eintragung zu vermeiden, empfiehlt sich, entsprechende Unterlagen (Sacherhöhungsbericht und Wertnachweisunterlagen) zu erstellen und einzureichen und evtl. die Einbringungsbilanz mit einem Bestätigungsvermerk eines Steuerberaters oder Wirtschaftsprüfers versehen zu lassen, woraus sich die Werthaltigkeit der Sacheinlage ergibt und bestätigt wird, dass die Aktiva nicht überbewertet und die Passiva nicht unterbewertet sind. Entsprechende Nachweise sind vor allem bei der Einbringung von Grundstücken und Unternehmen erforderlich (*Lutter/Hommelhoff* § 9c Rz. 18). Zu Einzelheiten eines Sacherhöhungsberichts vgl. Formular A. 3.05e.

Falls die Sacheinlage den Betrag der übernommenen Stammeinlage nicht erreicht, **12** besteht gem. § 9 Abs. 1 GmbHG eine **Differenzhaftung in Geld.** Nachzuschießen ist aber nur die Differenz zwischen dem Nennwert der Stammeinlage und dem wirklichen Wert des Einbringungsgegenstands, eine Unterdeckung des Agios ist dagegen nicht auszugleichen (*MünchKommGmbHG/Lieder* § 57a Rz. 22; *Scholz/Priester* § 56 Rz. 95; *Baumbach/Hueck* § 9c GmbHG Rz. 7).

Die **aufnehmende GmbH übernimmt** regelmäßig sämtliche **Schulden** aus dem **13** eingebrachten Betrieb (soweit nicht ausdrücklich bei der Einbringung ausgenommen). Der Einbringende haftet zwar weiter, wenn nicht die Zustimmung der Gläubiger zum Schuldnerwechsel vorliegt (§§ 414, 415 Abs. 1 BGB); regelmäßig wird aber im Innenverhältnis die **Freistellung des Einbringenden** durch die aufnehmende GmbH vereinbart oder gilt im Zweifel als vereinbart (§ 415 Abs. 2 BGB). Darüber hinaus haftet die aufnehmende GmbH bei Firmenübernahme gem. § 25 HGB (mit oder ohne Nachfolgezusatz), sofern nicht ein Haftungsausschluss ins Handelsregister eingetragen ist oder den Gläubigern mitgeteilt wurde. Auch ohne Firmenübernahme haftet die aufnehmende GmbH nach den Bestimmungen des § 75 AO für Betriebsteuern, für Abzugsteuern und für Erstattung von Steuervergütungen des eingebrachten Unternehmens. Schließlich sollte darauf geachtet werden, dass die Einbringung nicht die Merkmale einer Rechtshandlung nach den §§ 1 ff. AnfG erfüllt, wenn das eingebrachte Vermögen das gesamte oder wesentliche Vermögen des Einbringenden darstellt und die Organe der aufnehmenden Gesellschaft hiervon positive Kenntnis haben; zu beachten ist auch § 1365 BGB.

Änderungen durch das MoMiG. Durch das MoMiG v. 23.10.08 (BGBl. I 08, **14** 2026) wurde in § 5 Abs. 2 und 3 GmbHG die Stückelung von Geschäftsanteilen neu geregelt. Der Nennbetrag eines Geschäftsanteils muss nunmehr nur noch auf volle Euro lauten und kann daher auch € 1,– betragen. Nach § 55 Abs. 4 GmbHG sind diese Vorschriften auch bei der Kapitalerhöhung anzuwenden. Folglich muss der Betrag der Kapitalerhöhung mindestens € 1,– betragen. Auch die Vorschriften zur Teilbarkeit von Geschäftsanteilen (insbes. § 17 GmbHG aF) sind entfallen.

c) Steuerrecht

aa) Ertragsteuerrecht

Inlandssachverhalte: Die im Formular vorgesehene Einbringung eines Teilbe- **15** triebs ermöglicht dem Einbringenden, unter Anwendung von § 20 UmwStG auf die **sofortige Realisierung stiller Reserven zu verzichten.** Die **Voraussetzungen** hierfür sind im Wesentlichen (vgl. iE A. 15.80 Rz. 20 ff.):

– Es wird ein Teilbetrieb eingebracht (Teilbetrieb als die Gesamtheit der in einem Unternehmensteil einer Gesellschaft vorhandenen aktiven und passiven WG, die in organisatorischer Hinsicht einen selbständigen Betrieb, d. h. eine aus eigenen Mitteln funktionsfähige Einheit darstellen). Mit dem UmwSt-Erl. 2011 BMF v. 11.11.11, BStBl. I 11, 1314 Tz. 20.6 iVm. 15.02 ist die Finanzverwaltung zum Teilbetriebsbegriff der FRL 2009/133/EG v. 19.10.09 (EU-ABl. L 310 S. 34) übergegangen. Schon vor dem UmwSt-Erl. 2011 BMF v. 11.1.11, aaO hatten sich für Auslegung des Teilbetriebsbegriffs nach Art. 2 Buchst. i FRL 2009/133/EG ausgesprochen *D/P/P/M/Patt* § 20 UmwStG Rz. 76; *R/H/L/Herlinghaus* § 20 UmwStG Rz. 58 ff. (zur Besonderheit bei von mehreren Teilbetrieben gemeinsam genutzten Grundstücken *T. Pyszka* DStR 16, 2017 ff., 2074 ff.). In Fällen mit steuerlicher Rückwirkung ist zu beachten, dass die Teilbetriebsvoraussetzungen zum steuerlichen Übertragungsstichtag vorliegen müssen (UmwSt-Erl. 2011 BMF v. 11.11.11, BStBl. I 11, 1314 Tz. 20.06 iVm. Tz. 15.03).

– Es werden alle für den Teilbetrieb wesentlichen Betriebsgrundlagen (im Formular „Grundstück als wesentliche Betriebsgrundlage") eingebracht (ausreichend ist die Begründung wirtschaftlichen Eigentums; die bloße Nutzungsüberlassung ist nicht ausreichend, BFH I R 96/08 v. 7.4.11, BStBl. II 11, 467; UmwSt-Erl. 2011 BMF v. 11.11.11, BStBl. I 11, 1314 Tz. 20.06 iVm. Tz. 15.07; auch Miteigentumsanteile an Betriebsgrundstücken sind mit einzubringen, vgl. BFH I R 7/16 v. 27.11.17, BFH/NV 18, 810).
– Die aufnehmende GmbH führt die bisherigen steuerlichen Buchwerte fort.
– Der einbringende Gesellschafter erhält (zumindest teilweise) von der aufnehmenden GmbH im Wege der Kapitalerhöhung neu geschaffene Gesellschaftsanteile und der gemeine Wert der daneben gewährten sonstigen Wirtschaftsgüter übersteigt nicht den steuerlichen Buchwert des eingebrachten Teilbetriebs (s. Rz. 16; beachte nunmehr aber die Änderungen durch das StÄndG 2015 v. 2.11.15 (BGBl. I 15, 1834) – vgl. hierzu *Korn* SteuK 15, 435. Ausreichend sein soll auch eine Barkapitalerhöhung mit Übertragung des Betriebs, Teilbetriebs oder Mitunternehmeranteils als Agio (BFH I R 55/09 v. 7.4.10, BStBl. II 10, 1094).
– Das Besteuerungsrecht der Bundesrepublik Deutschland hinsichtlich des Gewinns aus der Veräußerung des eingebrachten Betriebsvermögens bei der übernehmenden Gesellschaft ist nicht ausgeschlossen oder beschränkt (§ 20 Abs. 2 Satz 1 Nr. 3 UmwStG; in sog. 50i-Konstellationen ist immer auch die Einschränkung des Buchwertwahlrechts nach § 50i Abs. 2 EStG idF des Anti-BEPS-Umsetzungsgesetz v. 24.12.16 zu beachten).
– Es besteht steuerlich kein negatives Kapitalkonto des eingebrachten Betriebs bzw. Teilbetriebs (ansonsten insoweit Gewinnrealisierung und Mindestansatz bei der aufnehmenden GmbH; evtl. Ausgleich des negativen Kapitalkontos vor der Einbringung).

Die Wahlmöglichkeit besteht ferner für die **Einbringung von Anteilen an Kapitalgesellschaften,** wenn die aufnehmende Gesellschaft danach an dieser unmittelbar die Mehrheit der Stimmrechte hat (§ 21 UmwStG; sog. qualifizierter Anteilstausch vgl. Rz. 25) und zwar auch für Anteile, die sich im Privatvermögen befinden und eine Beteiligung iSd. § 17 EStG darstellen (UmwSt-Erl. 2011 BMF v. 11.11.11, BStBl. I 11, 1314 Tz. 21.02; dies ergibt sich auch aus dem Verweis auf § 17 Abs. 3 EStG in § 21 Abs. 3 Satz 1 UmwStG).

16   Sind alle vorstehenden Voraussetzungen gegeben, so führt die **Einbringung bei Buchwertfortführung** für den einbringenden Gesellschafter nicht zur Gewinnrealisierung (zur Ausübung des Bewertungswahlrechts vgl. LfSt Bayern v. 7.7.14, DB 14, 1898). Der von der aufnehmenden GmbH angesetzte Buchwert gilt für den Einbringenden als Veräußerungspreis für seinen Betrieb/Teilbetrieb und als Anschaffungskosten für die neuen GmbH-Anteile aus der Kapitalerhöhung (dabei soll nur der Einbringende die Bewertung der eingebrachten Wirtschaftsgüter anfechten können, BFH I R 79/10 v. 8.6.11, BStBl. II 12, 421). Erhält der Einbringende neben den neuen GmbH-Anteilen noch andere Wirtschaftsgüter (zB Darlehensforderungen), so ist deren gemeiner Wert von den fiktiven Anschaffungskosten der neuen GmbH-Anteile abzuziehen. Da der Abzug nicht zu einem negativen Wert führen kann, wird nur insoweit eine Gewinnrealisierung vermieden, als der gemeine Wert der anderen (neben den GmbH-Anteilen gewährten) Wirtschaftsgüter den bisherigen Buchwert nicht übersteigt (ansonsten in Höhe des übersteigenden Wertes Mindestansatz bei der aufnehmenden Kapitalgesellschaft gem. § 20 Abs. 2 Satz 4 UmwStG und Gewinnrealisierung beim Einbringenden gem. § 20 Abs. 3 Satz 3 UmwStG; beachte nunmehr aber die Änderungen durch das StÄndG 2015 v. 2.11.15 (BGBl. I 15, 1834) vgl. hierzu *Korn* SteuK 15, 435). Nach § 20 Abs. 2 UmwStG idF nach dem StÄndG 2015 geht das sog. Buchwertwahlrecht verloren, wenn der Wert der sonstigen Gegenleistung 25 % des Buchwerts des eingebrachten Betriebsvermögens oder € 500.000, höchstens jedoch den Buchwert des eingebrachten Betriebsvermögens übersteigt (vgl. auch *Born* DB 15, 940). Zur Frage, ob bei der Einbringung eines Mitunternehmeranteils im Rückwirkungszeitraum begründete Verbindlichkeiten gegenüber dem einbringenden Mitunternehmer als Gegenleistung zu qualifizieren sind, vgl. *Rapp* DStR 17, 580. Soweit für die Einbringung des Betriebsvermögens eine Gegenleistung in Form anderer Wirtschaftsgüter erbracht wird, liegt allerdings eine nachtsteuerschädliche Veräußerung iSd § 13a Abs. 6 S. 1 Nr. 1 S. 1 ErbStG vor (OFD Frankfurt v. 22.6.20, DStR 20, 1921).

Die Buchwertverknüpfung als Voraussetzung für die **Vermeidung der Gewinn-** **17** **realisierung** führt dazu, dass stille Reserven die bisher im eingebrachten Betrieb/Teilbetrieb vorhanden waren, sowohl auf die GmbH (zukünftige Nachversteuerung mit Gewerbesteuer und Körperschaftsteuer) als auch auf die GmbH-Anteile übergehen (vgl. *R/H/L/Herlinghaus* § 20 UmwStG Rz. 189); sog. **Verdoppelung der stillen Reserven.**

In Folge der Abschaffung der sog. einbringungsgeborenen Anteile iSv. § 21 UmwStG 1995 unterfallen die im Rahmen der Sacheinbringung erhaltenen Anteile an der GmbH ohne weiteres dem sog. Null- bzw. Teileinkünfteverfahren. Allerdings führt die Veräußerung der erhaltenen Anteile innerhalb von sieben Jahren nach der Einbringung zur rückwirkenden Besteuerung des Einbringungsgewinns nach § 22 Abs. 1 UmwStG (sog. Einbringungsgewinn I; beachte Abschmelzung pro rata temporis nach § 22 Abs. 1 Satz 3 UmwStG; zur Erbringung des Nachweises nach § 22 Abs. 3 UmwStG vgl. BMF v. 4.9.07, BStBl. I 07, 698 sowie UmwSt-Erl. 2011 BMF v. 11.11.11, BStBl. I 11, 1314 Tz. 22.28 ff.; interessant hierzu auch FinMin Schleswig-Holstein v. 2.3.16, DStR 16, 917; Hinweis auch auf § 17 Abs. 6 EStG). Zwar steht die unentgeltliche Übertragung der erhaltenen Anteile auf eine Kapitalgesellschaft einer (schädlichen) Veräußerung gleich (§ 22 Abs. 1 Satz 6 Nr. 1 UmwStG), die unentgeltliche Übertragung auf sonstige Körperschaften (etwa eine in- oder ausländische Familienstiftung) fällt allerdings unter § 22 Abs. 6 UmwStG, löst also keinen Einbringungsgewinn I aus (*S/H/S/Schmitt* § 22 UmwStG Rz. 75; *D/P/P/M/Patt* § 22 UmwStG Rz. 40). Bereits der Formwechsel der übernehmenden Gesellschaft soll gegen die Sperrfrist verstoßen und die Einbringungsgewinnbesteuerung auslösen (FG Hessen 2 K 406/16 v. 10.7.19, DStR 19, 1393, Rev. I R 25/18). Ist Einbringender eine natürliche Person, unterliegt der Einbringungsgewinn I nicht der GewSt, selbst wenn nur ein Teil der erhaltenen Anteile veräußert wird (BFH I R 26/18 v. 11.7.19, BFH/NV 20, 439).

Ohne Einbringung des Teilbetriebs in die GmbH könnte bei Veräußerung des Teilbetriebs ab dem 1.1.01 der sog. **ermäßigte** (ab 2004: 56%) **Steuersatz** gem. § 34 Abs. 3 EStG in Anspruch genommen werden. Die Gewährung des **ermäßigten** (ab 2004: 56%) Steuersatzes nach § 34 Abs. 3 EStG ist ab dem VZ 2002 aber für GmbH-Anteile nicht mehr möglich; dies ergibt sich aus dem Ausschlusstatbestand des § 34 Abs. 2 Nr. 1 EStG (zur Anwendung vgl. A 3.00 Rz. 3) iVm. § 3 Nr. 40 Buchst. b EStG. Für die GmbH-Anteile einer natürlichen Person gilt nur die Begünstigung des Halb- bzw. Teileinkünfteverfahrens nach § 3 Nr. 40 Buchst. c iVm. § 3c Abs. 2 EStG; dies gilt auch für einen Einbringungsgewinn iSd. § 20 UmwStG soweit zum eingebrachten Betriebsvermögen Anteile an einer Kapitalgesellschaft gehört haben (§ 20 Abs. 4 Satz 2 UmwStG).

Erfolgt die Betriebseinbringung unter ganzer Gewinnrealisierung, erklärt § 20 Abs. 4 Satz 2 UmwStG nunmehr die $^1/_5$-Regelung des § 34 Abs. 1 EStG und den sog. ermäßigten Steuersatz nach § 34 Abs. 3 EStG für anwendbar.

EU-Sachverhalte: Die Einbringung nach § 20 UmwStG wie auch der Anteils- **18** tausch nach § 21 UmwStG sind in Folge des SEStEG v. 7.12.06 (BGBl. I 06, 2782) wenn auch nicht vollständig, so doch zumindest weitestgehend internationalisiert worden. Die umständlichen Regelungen zur Einbringung innerhalb der Europäischen Union nach § 23 UmwStG 1995 sind damit entfallen.

Grundsätzlich kann Vermögen (Betrieb, Teilbetriebe oder Mitunternehmeranteile), unabhängig davon, wo es belegen ist (vgl. *R/H/L/Herlinghaus* § 20 UmwStG Rz. 6), in jede EU-Kapitalgesellschaft iSv. § 1 Abs. 2 Satz 1 Nr. 1 UmwStG nach § 20 UmwStG eingebracht werden (§ 1 Abs. 4 Satz 2 Nr. 1 UmwStG) und zwar unabhängig davon, ob die Gesellschaft (un-)beschränkt steuerpflichtig ist. Einbringende können nach § 1 Abs. 4 Satz 1 Nr. 2 Buchst. a UmwStG jegliche EU-Kapitalgesellschaften, natürliche Personen mit Wohnsitz in der EU oder entsprechende EU-Personengesellschaften sein. Dabei kommt es nicht darauf an, dass im Anschluss ein deutsches Besteuerungsrecht an den erhaltenen Anteilen besteht. In Fällen von Steuerausländern soll die Besteuerung der stillen Reserven über den Einbringungsgewinn I (§ 22 Abs. 1 UmwStG) sichergestellt werden (vgl. *D/P/P/M/Patt* § 20 UmwStG Rz. 229.) Allein der Austritt Großbritanniens aus der EU (ohne weiteres Zutun des Anteilseigners) soll allerdings keine Einbringungsgewinn-Besteuerung auslösen (§ 22 Abs. 8 UmwStG idF des Brexit-StBG v. 25.3.19, BGBl. I 19, 357).

Drittstaatengesellschaften oder natürliche Personen mit Wohnsitz in Drittstaaten können nur dann Einbringende iSv. § 20 UmwStG sein, wenn das deutsche Besteuerungsrecht hinsichtlich des Gewinns aus der Veräußerung der erhaltenen Anteile nicht ausgeschlossen oder beschränkt ist (§ 1 Abs. 4 Satz 1 Nr. 2 Buchst. b UmwStG). Hieran wird es in den meisten Fällen scheitern. So können zB in der Schweiz ansässige Gesellschafter einer deutschen Mitunternehmerschaft ihren Mitunternehmeranteil nicht nach § 20 UmwStG in eine deutsche Kapitalgesellschaft einbringen. In allen Fällen ist eine Einbringung eines in Deutschland steuerverhafteten Vermögens zu Buchwerten allerdings nur möglich, wenn das deutsche Besteuerungsrecht hinsichtlich des Gewinns aus der Veräußerung des eingebrachten Betriebsvermögens bei der übernehmenden Gesellschaft nicht ausgeschlossen oder beschränkt ist (§ 20 Abs. 2 Satz 2 Nr. 3 UmwStG).

Eine Einbringung nach § 20 UmwStG kann auch mittels eines einer Ausgliederung nach § 123 Abs. 3 UmwG vergleichbaren ausländischen Vorgangs erfolgen (§ 1 Abs. 3 Nr. 2 UmwStG).

19   *(frei)*

20   Die **Einbringung von Anteilen** (iSv. § 21 UmwStG; Anteilstausch) an in- oder ausländischen **Kapitalgesellschaften** oder Genossenschaften in eine andere deutsche oder EU-Kapitalgesellschaft iSv. § 1 Abs. 2 Satz 1 Nr. 1 UmwStG ist gem. § 21 Abs. 1 Satz 2 UmwStG zum Buchwert bzw. unter dem gemeinen Wert möglich, wenn die aufnehmende Kapitalgesellschaft nach der Einbringung unmittelbar die Mehrheit der Stimmrechte an der Gesellschaft hat, deren Anteile eingebracht werden (sog. qualifizierter Anteilstausch). Wiederum können nach § 1 Abs. 4 Satz 1 Nr. 2 Buchst. a UmwStG Einbringende nach § 21 UmwStG jegliche EU-Kapitalgesellschaften, natürliche Personen mit Wohnsitz in der EU oder entsprechende EU-Personengesellschaften sein.

21   Wie bei der Einbringung nach § 20 UmwStG gilt auch beim **Anteilstausch** grundsätzlich der Wert, mit dem die übernehmende Gesellschaft die eingebrachten Anteile ansetzt für den Einbringenden als Veräußerungspreis für die eingebrachten Anteile und Anschaffungskosten der erhaltenen Anteile (§ 21 Abs. 2 Satz 1 UmwStG).

22   Allerdings soll abweichend der **gemeine Wert** als Veräußerungspreis bzw. Anschaffungskosten gelten (unabhängig vom Ansatz bei der übernehmenden Gesellschaft), wenn das Recht der Bundesrepublik Deutschland hinsichtlich der Besteuerung des Gewinns aus der Veräußerung der eingebrachten oder erhaltenen Anteile ausgeschlossen oder beschränkt wird (§ 21 Abs. 2 Satz 2 UmwStG).

23   Auf Antrag (zur Ausübung des Wahlrechts vgl. LfSt Bayern v. 11.11.14, DStR 15, 429) gilt aber (unabhängig vom Ansatz bei der übernehmenden Gesellschaft) auch in den Fällen des § 21 Abs. 2 Satz 2 UmwStG der Buchwert oder ein Zwischenwert als Veräußerungspreis und Anschaffungskosten, wenn das deutsche Besteuerungsrecht hinsichtlich der erhaltenen Anteile nicht ausgeschlossen oder beschränkt ist (§ 21 Abs. 2 Satz 3 Nr. 1 UmwStG) oder wenn wegen Art. 8 FRL eine Besteuerung des

Anteilstausches unzulässig ist. Hier wird dann das deutsche Besteuerungsrecht durch einen treaty override bei der späteren Veräußerung der erhaltenen Anteile sichergestellt (§ 21 Abs. 2 Satz 3 Nr. 2 UmwStG). Zur Frage der Verfassungsmäßigkeit eines treaty override vgl. zuletzt BFH I R 4/13 v. 11.12.13, DStR 14, 306 mit dem der BFH diese Frage dem BVerfG (2 BvL 15/14) vorgelegt hat.

Um **missbräuchliche Gestaltungen zu verhindern,** wird der Gewinn aus der 24 Einbringung im Wirtschaftsjahr der Einbringung rückwirkend als Gewinn des Einbringenden aus der Veräußerung von Anteilen versteuert (sog. Einbringungsgewinn II; beachte Abschmelzung pro rata temporis nach § 22 Abs. 2 Satz 3 UmwStG), wenn die übernehmende Gesellschaft die eingebrachten Anteile innerhalb von sieben Jahren nach der Einbringung veräußert und der Einbringende keine durch § 8b Abs. 2 KStG begünstigte Person ist (§ 22 Abs. 2 UmwStG; hinsichtlich der Nachweispflicht nach § 22 Abs. 3 UmwStG s. BMF v. 4.9.07, BStBl. I 07, 698 sowie UmwSt-Erl. 2011 BMF v. 11.11.11, BStBl. I 11, 1314 Tz. 22.28 ff.; sowie OFD Frankfurt v. 22.7.14, DStR 14, 2509). Zur Frage der Gewerbesteuerpflicht des Einbringungsgewinns I oder II vgl. FG Schleswig-Holstein 1 K 1/16 v. 21.3.18, EFG 18, 861; *Pitzal* DStR 18, 985. Der Einbringungsgewinn II entsteht nicht, wenn der Einbringende die erhaltenen Anteile vorher voll gewinnrealisierend veräußert hat (§ 22 Abs. 2 Satz 5 UmwStG).

Die Einbringung von Wirtschaftsgütern (einschließlich Anteilen an Kapitalgesell- 25 schaften, sog. **Anteilstausch** vgl. Gleichl. Ländererlasse v. 20.11.13, DStR 14, 103) in eine Kapitalgesellschaft nach § 20 UmwStG stellt regelmäßig keinen Verstoß gegen die Behaltensregelung des § 13a Abs. 5 ErbStG dar (§ 13a Abs. 5 Nr. 1 Satz 2, 2. Hs.; Nr. 4 Satz 2, 2. Hs. ErbStG; vgl. hierzu auch Gleichl. Ländererlasse v. 20.11.13, aaO; sowie koordinierte Ländererlasse v. 22.6.17, BStBl. I 17, 902). Zur weiteren Ermittlung der Lohnsumme s. Gleichl. Ländererlasse v. 21.11.13, BStBl. I 13, 1510.

Zur Frage der zutreffenden ertragsteuerlichen Behandlung von Kosten im Zusammenhang mit der Einbringung, vgl. *Ott* DStR 16, 778.

(frei) 26–28

bb) Verkehrsteuerrecht

aaa) Grunderwerbsteuer

Gehört zum eingebrachten Betrieb/Teilbetrieb auch ein inländisches Grundstück, 29 so fällt diesbezüglich Grunderwerbsteuer an. Der anzuwendende Grunderwerbsteuersatz hängt davon ab, in welchem Bundesland das Grundstück belegen ist. Der Grunderwerbsteuersatz beträgt je nach Bundesland zwischen 3,5 und 6,5 %. Bemessungsgrundlage ist der sog. Grundbesitzwert iSd. § 138 Abs. 2 oder 3 BewG (§ 8 Abs. 2 GrEStG). Zur Verfassungsmäßigkeit der Grundbesitzwerte für GrESt-Zwecke vgl. BVerfG 1 BvL 13/11, 1 BvL 14/11 v. 23.6.15, DStR 15, 1678 und hierzu OFD NRW v. 24.7.15, BeckVerw 313036). Mit StÄndG 2015 v. 2.11.15 (BGBl. I 15, 1834) ist der Verweis in § 8 Abs. 2 GrEStG dahingehend geändert worden, dass nunmehr die sog. **Erbschaftsteuerwerte** Ersatzbemessungsgrundlage sind. Die Neuregelung ist auf alle Erwerbsvorgänge nach dem 31.12.08 anzuwenden (vgl. Gleichl. Ländererlasse v. 16.12.15, BStBl. I 15, 1082; *Loose* DB 16, 75; *Schade* DStR 16, 657). Auch bei der (Mit-) Übertragung von Anteilen an grundstücksbesitzenden Kapital- oder Personengesellschaften kann Grunderwerbsteuer anfallen. Vgl. auch § 1 Abs. 3a und § 6a GrEStG idF des AmtshilfeRLUmsG v. 26.6.13 (BGBl. I 13, 1809) und Gleichl. Ländererlasse v. 9.10.13, BStBl. I 13, 1364 und 1375; *Behrens* DStR 13, 2726. Nach dem im Entwurf vorliegenden *Gesetz zur Änderung des Grunderwerbsteuergesetzes* (BR-Drs. 355/19) könnte auch schon die Veränderung im Gesellschafterbestand der übernehmenden GmbH Grunderwerbsteuer auslösen. Aufgrund der neuen, sehr weiten Auslegung der Regelung durch den BFH ist jeweils auch zu prüfen, ob eine Vergünstigung nach § 6a GrEStG in Betracht kommt (zur BFH-Rspr. *Loose* DB 20, 919).

Zur ertragsteuerlichen Behandlung der Kosten für den Vermögensübergang einschl. der Grunderwerbsteuer vgl. *Krohn* DB 18, 1755.

bbb) Umsatzsteuer

30   Die Einbringung eines Betriebs/Teilbetriebs ist als Geschäftsveräußerung im Ganzen nicht umsatzsteuerbar, soweit sie an die aufnehmende GmbH für deren Unternehmen ausgeführt wird (was idR gegeben sein dürfte; § 1 Abs. 1a UStG). Werden wie hier alle wesentlichen Grundlagen des Betriebs in die A-GmbH eingebracht, liegt eine derartige, nicht umsatzsteuerbare Geschäftsveräußerung im Ganzen vor. Die übernehmende Kapitalgesellschaft (A-GmbH) tritt gem. § 1 Abs. 1a Satz 3 UStG an die Stelle des einbringenden Einzelunternehmers B. Dies ist vor allem für die Berichtigung des Vorsteuerabzugs nach § 15a UStG bedeutsam: Nach § 15a Abs. 10 UStG (der Regelung in § 1 Abs. 1a UStG entsprechend) wird der für ein Wirtschaftsgut maßgebliche Berichtigungszeitraum durch eine Geschäftsveräußerung bzw. Geschäftseinbringung nicht unterbrochen. Die übernehmende A-GmbH tritt in die Verpflichtung des bisherigen Einzelunternehmers B bzgl. einer Vorsteuerberichtigung wegen geänderter Verwendungsverhältnisse ein (hierzu hat B der A-GmbH die für die Durchführung der Berichtigung erforderlichen Angaben zu machen, § 15a Abs. 10 Satz 2 UStG).

31   Soweit keine nicht umsatzsteuerbare Geschäftsveräußerung im Ganzen vorliegt und bzgl. einzelner Gegenstände die Steuerbefreiungen des § 4 Nr. 8 Buchst. b, c, e, f, g und 9a UStG nicht greifen, bzw. darauf durch Option verzichtet wurde, wird die Umsatzsteuer, vollen Vorsteuerabzug der aufnehmenden A-GmbH vorausgesetzt, regelmäßig zu keiner definitiven Kostenbelastung führen. Die Vorsteuer aus den Gründungs- bzw. Kapitalerhöhungskosten bleibt unter allgemeinen Voraussetzungen abzugsfähig (Hinweis auf UStAE 15.21; vgl. hierzu auch BFH V R 29/09 v. 6.5.10, BStBl. II 10, 885). Zur Frage, ab wann die übernehmende GmbH umsatzsteuerlich Unternehmereigenschaft hat, vgl. OFD Frankfurt v. 17.12.15, BeckVerw 322886.

2. Einzelerläuterungen

32   Vor dem Kapitalerhöhungsbeschluss wird der veränderten Rechtslage nach Inkrafttreten des MoMiG v. 23.10.08 (BGBl. I 08, 2026). Rechnung getragen. Der bis dahin einzige Geschäftsanteil im Nennbetrag von € 50.000,– wird in 50.000 Geschäftsanteile im Nennbetrag von jeweils € 1,– geteilt. Die Teilung bedarf nach § 46 Nr. 4 GmbHG eines Gesellschafterbeschlusses. Gleichzeitig werden den dadurch neu entstandenen Geschäftsanteilen laufende Nummern zugewiesen, um die betroffenen Geschäftsanteile im Einzelfall konkret bezeichnen zu können (vgl. *Bormann* GmbHR 06, 1021, 1023).

33   Der Kapitalerhöhungsbeschluss ist notariell zu beurkunden; er bedarf einer ³/₄-Mehrheit der Stimmen der Gesellschafterversammlung (falls der Gesellschaftsvertrag keine weiteren Erfordernisse aufstellt). Im Zuge der Kapitalerhöhung werden neue Geschäftsanteile, die jeweils laufende Nummern erhalten, im Nennbetrag von jeweils € 1,– ausgegeben.

34   Da in dem Fall, der dem Formular zugrunde liegt, zum eingebrachten Teilbetriebsvermögen auch ein Grundstück gehört, das wegen der Formvorschrift des **§ 311b Abs. 1 BGB** in notariell beurkundeter Form als Sacheinlage mit zu übertragen ist, ist die Einbringung des Teilbetriebs und damit die Übertragung des Grundstücks in der gleichen Urkunde vorgesehen.

35   Die Kapitalerhöhung selbst ist im Formular mit € 25.000,– (= Buchwert) vorgesehen, obwohl der Verkehrswert des eingebrachten Teilbetriebs (einschließlich € 25.000,– stiller Reserven) € 50.000,– beträgt. Dies ist zutreffend, wenn der von der GmbH bisher selbst geführte Betrieb einen Wert von € 100.000,– hat (bei einem Buchwert von € 50.000,–). Der Betrag der vorzunehmenden Kapitalerhöhung berechnet sich nach dem Verhältnis des Werts des eingebrachten Betriebs zum Wert der

bereits bestehenden GmbH (zu Zeit- bzw. Teilwerten) zuzüglich des eingebrachten Betriebs (50.150 = 25.75).

Betrag und Gegenstand der **Sacheinlage** sind im Kapitalerhöhungsbeschluss mög- **36** lichst genau anzugeben. Da es sich um **Einzelrechtsübertragungen** handelt, müssen die einzubringenden Wirtschaftsgüter (Aktiva und Passiva; vgl. zu Passiva zB OLG Düsseldorf 3 Wx 36/92 v. 30.7.92, DB 93, 974) sowie übergehende Schuldverhältnisse vollständig bezeichnet werden.

Die Erbringung der Sacheinlage hat vor der Anmeldung der Kapitalerhöhung ins **37** Handelsregister zu erfolgen (§ 7 Abs. 3 iVm. § 56a GmbHG). Da zum eingebrachten Teilbetrieb ein Grundstück gehört, muss von den Beteiligten gleichzeitig auch die Auflassung in notariell beurkundeter Form vorgenommen und die Eigentumsumschreibung im Grundbuch eingetragen werden oder wenigstens ein rangwahrender Antrag beim Grundbuchamt oder die Eintragung einer Auflassungsvormerkung erfolgt sein (vgl. Rz. 9).

Gesellschaftsrechtlich ist die Einbringung erst mit der Übertragung des einzubrin- **38** genden Betriebs vollzogen. Die handelsrechtlich aus Praktikabilitätsgründen für zulässig erachtete, bis zu achtmonatige **Rückbeziehung** der Einbringung (vgl. Rz. 10) ist ohne gesetzliche Grundlage. Gleichwohl ist für die Einbringung eine achtmonatige steuerrechtliche Rückwirkung in § 20 Abs. 6 Satz 3 UmwStG iVm. § 20 Abs. 5 Satz 1 UmwStG auf Antrag angeordnet. Danach darf die Einbringung der Sacheinlage auf Antrag auf einen Tag zurückbezogen werden, der höchstens acht Monate vor dem Tag des Abschlusses des Einbringungsvertrags und des Übergangs des eingebrachten Betriebsvermögens liegt. Die Rückwirkungsmöglichkeit ist antragsbezogen (Antrag der aufnehmenden Kapitalgesellschaft nach UmwSt-Erl. 2011 BMF v. 11.11.11, BStBl. I 11, 1314 Tz 20.14 maßgeblich; vgl. auch *Schmitt* DB 10, 522). Auf Antrag ist damit der höchstens acht Monate vor dem Abschluss des Einbringungsvertrags und dem Zeitpunkt des Übergangs der Sacheinlage auf die Kapitalgesellschaft liegende **Einbringungsstichtag** auch für die Ermittlung des Einkommens des Einbringenden und der übernehmenden Kapitalgesellschaft zugrunde zu legen (§ 20 Abs. 5 Satz 1 UmwStG). Dies gilt hinsichtlich des Einkommens und des Gewerbeertrags allerdings nicht für Entnahmen und Einlagen, die nach dem steuerlichen Übertragungsstichtag erfolgen (§ 20 Abs. 5 Satz 2 UmwStG; diesbezüglich sind die Anschaffungskosten der Geschäftsanteile um den Buchwert der Entnahmen zu vermindern und um den sich nach § 6 Abs. 1 Nr. 5 EStG ergebenden Wert der Einlagen gem. § 20 Abs. 5 Satz 3 UmwStG zu erhöhen). *Beachte:* Betriebs- und Teilbetriebsvoraussetzungen genauso wie Mitunternehmeranteile müssen bereits am (rückbezogenen) steuerlichen Übertragungsstichtag vorgelegen haben (UmwSt-Erl. 2011 BMF v. 11.11.11, BStBl. I 11, 1314 Tz. 20.14).

Erläuterungen zu A. 3.02a Übernahmeerklärung gemäß § 55 Abs. 1 GmbHG

Die **Übernahmeerklärung** ist entweder in notariell beurkundeter oder in notariell **39** beglaubigter Form abzugeben (§ 55 Abs. 1 GmbHG). Aus Kostenersparnisgründen ist daher die Übernahmeerklärung von der notariell zu beurkundenden Kapitalerhöhung getrennt (vgl. Rz. 8) und lediglich die Beglaubigung vorgesehen. Gründe der Übersichtlichkeit mögen für die Aufnahme der Übernahmeerklärung in die notarielle Urkunde der Kapitalerhöhung sprechen.

Inhaltlich hat die Übernahmeerklärung bei Sacheinlagen ebenfalls den Gegenstand **40** und den Nennbetrag der auf die Geschäftsanteile zu erbringenden Sacheinlage zu enthalten (§ 56 Abs. 1 Satz 2 GmbHG). Die Verpflichtung des Übernehmers, die Differenz zwischen dem Nennbetrag der übernommenen Geschäftsanteile und dem wirklichen Wert des Einbringungsgegenstands auszugleichen, entspricht der gesetzlichen Differenzhaftung (§§ 56 Abs. 2, 9 GmbHG; vgl. Rz. 12). Dagegen begründet die

Verpflichtung, eine Unterdeckung des Agios in bar auszugleichen, eine selbstständige vertragliche Verpflichtung des Übernehmers gegenüber der Gesellschaft.

Erläuterungen zu A. 3.02b Handelsregisteranmeldung der Kapitalerhöhung

---

41   Die **Handelsregisteranmeldung** ist von allen Geschäftsführern der GmbH vorzunehmen. Darin ist u.a. zu versichern, dass die Sacheinlage erbracht ist und zur freien Verfügung der Gesellschaft steht. Wegen dieser Versicherung ist die Anmeldung von den Geschäftsführern höchstpersönlich abzugeben (keine Vertretung möglich, *Baumbach/Hueck* § 7 GmbHG Rz. 3). Die Anmeldung kann erst erfolgen, nachdem das eingebrachte Vermögen rechtswirksam auf die GmbH übergegangen ist, dh. bei Grundstücken Auflassung und Eintragung im Grundbuch oder wenigstens bei Einigung und rangwahrendem Grundbuchantrag oder Eintragung einer Auflassungsvormerkung; s. Rz. 9). Der Anmeldung ist eine aktualisierte Liste der Gesellschafter, aus der Name, Vorname, Geburtsdatum und Wohnort der Gesellschafter (hier der Herren A und B) sowie die Nennbeträge und die laufenden Nummern der von den Gesellschaftern übernommenen Geschäftsanteile ersichtlich ist, beizufügen (vgl. § 40 Abs. 1 GmbHG). Ferner ist eine beglaubigte Abschrift des Kapitalerhöhungsbeschlusses und eine beglaubigte Abschrift des Einbringungsvertrags beizulegen, um dem Registerrichter die Möglichkeit der Überprüfung der tatsächlichen Durchführung zu geben.

42   Die Handelsregisteranmeldung ist **elektronisch in öffentlich beglaubigter Form** zum Handelsregister einzureichen (§ 12 HGB Abs. 1 Satz 1 HGB, dazu *Baumbach/Hopt* § 12 HGB Rz. 1). Eine Einreichung in Papierform ist nicht mehr möglich. Die elektronische Anmeldung erfolgt durch den Notar, der das Dokument mit einem einfachen elektronischen Zeugnis gem. § 39a BeurkG versieht und dann an das elektronische Gerichtspostfach des Registergerichts übermittelt (*Seibert/Decker* DB 06, 2447). Die beglaubigten Abschriften des Kapitalerhöhungsbeschlusses und Einbringungsvertrags sind ebenfalls elektronisch und mit einem einfachen elektronischen Zeugnis versehen einzureichen (§ 12 Abs. 2 Satz 1 und Satz 2, 2. Hs. HGB; vgl. *Baumbach/Hopt* § 12 HGB Rz. 7; *Seibert/Decker* DB 06, 2447). An dem materiellen Inhalt der Handelsregisteranmeldung hat sich jedoch nichts geändert.

43   Der **Registerrichter** hat zu prüfen, ob die Sacheinlage **nicht unwesentlich überbewertet** ist (§ 9c Abs. 1 Satz 2 GmbHG). Obwohl die Bestimmungen zur Sachkapitalerhöhung keine Verweisungen auf § 5 Abs. 4 Satz 2 GmbHG (Sachgründungsbericht) und § 8 Abs. 1 Nr. 5 GmbHG (Wertnachweisunterlagen) vorsehen, sollte man zur Vermeidung von Verzögerungen einen entsprechenden **Sacherhöhungsbericht** und Wertnachweisunterlagen (Einbringungsbilanz mit Bestätigung eines Wirtschaftsprüfers/Steuerberaters, dass die Aktiva nicht überbewertet und die Passiva nicht unterbewertet sind) beifügen oder zumindest bereithalten. Die ebenfalls beizufügende Gesellschafterliste bzgl. der neu ausgegebenen Anteile ist von den anmeldenden Geschäftsführern in vertretungsberechtigter Zahl zu unterzeichnen.

A. 3.03 Einbringung von Gesellschaftsanteilen in GmbH (Barkapitalerhöhung mit Sachagio; gemischte Einlage)

Gliederung

I. FORMULARE

> **Formular A. 3.03 Kapitalerhöhungsbeschluss, Übernahmeerklärung und Einbringungsvertrag**

Verhandelt zu ......

am ......

vor mir, ... Notar erschienen

1. Herr A ...... *[Beruf/Wohn- bzw. Geschäftsadresse]*

2. Herr B ...... *[Beruf/Wohn- bzw. Geschäftsadresse]*

Die Erschienenen erklärten mit dem Ersuchen um Beurkundung:

I. Beteiligte

1. Herr A ist alleiniger Geschäftsführer der X-GmbH mit Sitz in ...... *[Ort, Straße]*, **eingetragen im Handelsregister des Amtsgerichts ...... unter HRB ...... („X-GmbH"), deren voll eingezahltes Stammkapital € 500.000,– beträgt.**

2. Herr B ist alleiniger Geschäftsführer der A-GmbH mit Sitz in ...... *[Ort, Straße]*, **eingetragen im Handelsregister des Amtsgerichts ...... unter HRB ...... („A-GmbH"), deren voll eingezahltes Stammkapital € 25.000,– beträgt.**

Die Erschienenen gaben mit Ersuchen um Beurkundung die folgenden Erklärungen ab:

II. Gesellschafterversammlung der A-GmbH

Die X-GmbH ist mit einem Geschäftsanteil mit der lfd. Nr. 1 im Nennbetrag von € 25.000,– alleinige Gesellschafterin der A-GmbH. Das voll eingezahlte Stammkapital der A-GmbH beträgt € 25.000,–.

Unter Verzicht auf alle gesetzlichen oder gesellschaftsvertraglichen Formen und Fristen der Ankündigung, Einberufung und Durchführung einer Gesellschafterversammlung hält die X-GmbH hiermit eine Gesellschafterversammlung der A-GmbH ab und beschließt einstimmig was folgt:

1. Das Stammkapital der A-GmbH wird von € 25.000,– um € 100,– auf € 25.100,– erhöht und zwar durch Bildung eines neuen Geschäftsanteils mit der lfd. Nr. 2 im Nennbetrag von € 100,– („Neuer Geschäftsanteil").

2. Der Neue Geschäftsanteil nimmt ab dem Beginn des bei Eintragung der Kapitalerhöhung im Handelsregister laufenden Geschäftsjahres am Gewinn der A-GmbH teil.

3. Die auf den Nennbetrag des Neuen Geschäftsanteils zu leistende Einlage ist sofort in bar zu leisten.

4. Zur Übernahme des Neuen Geschäftsanteils wird die X-GmbH zugelassen.

5. § ...... (Stammkapital/Geschäftsanteile) des Gesellschaftsvertrags der A-GmbH in der zuletzt geänderten Fassung vom ...... wird wie folgt neu gefasst:

„Das Stammkapital der Gesellschaft beträgt € 25.100,–. Es besteht aus 2 Geschäftsanteilen im Nennbetrag von € 25.000,– und € 100,–, die die laufenden Nummern 1 und 2 tragen."

6. Der Neue Geschäftsanteil wird mit einem korporationsrechtlichen Aufgeld ausgegeben. Die Leistung auf das Aufgeld erfolgt nach näherer Maßgabe eines zwischen der A-GmbH und X-GmbH abzuschließenden Einbringungsvertrags nicht in bar, sondern durch Übertragung der folgenden, von der X-GmbH gehaltenen Gesellschaftsanteile:

6.1 Kommanditbeteiligung mit einem Festkapitalanteil von € 100.000,– an der XY-GmbH & Co. KG mit Sitz in ......, eingetragen im Handelsregister des Amtsgerichts ...... unter HRA ......;

6.2 Geschäftsanteil mit der Lfd. Nr. 1 im Nennbetrag von € 25.000,– an der XY-Verwaltungs GmbH mit Sitz in ......, eingetragen im Handelsregister des Amtsgerichts ...... unter HRB ....

7. Das korporationsrechtliche Aufgeld ist in die Kapitalrücklage gemäß § 272 Abs. 2 Nr. 1 HGB einzustellen.

Damit ist die Gesellschafterversammlung beendet. Weitere Beschlüsse werden nicht gefasst.

III. Übernahmeerklärung der X-GmbH

Vorbemerkung

1. Das Stammkapital der A-GmbH ist durch den Gesellschafterbeschluss unter Ziffer II.1 von € 25.000,– um € 100,– auf € 25.100,– erhöht worden („Kapitalerhöhungsbeschluss").

2. Die X-GmbH ist zur Übernahme des Neuen Geschäftsanteils gemäß dem Gesellschafterbeschluss unter Ziffer II.4 zugelassen worden.

Die X-GmbH erklärt hiermit: Die X-GmbH übernimmt hiermit zu den Bedingungen des Kapitalerhöhungsbeschlusses den Neuen Geschäftsanteil.

IV. Einbringungsvertrag zwischen der A-GmbH und der X-GmbH

Präambel

Die X-GmbH ist alleinige Gesellschafterin der A-GmbH. Durch Gesellschafterbeschluss gem. Ziffer II.1 ist das Stammkapital der A-GmbH von € 25.000,– durch Bildung eines neuen Geschäftsanteils im Nennbetrag von € 100,– („Neuer Geschäftsanteil") auf € 25.100,– erhöht worden („Kapitalerhöhungsbeschluss").

Gemäß dem Kapitalerhöhungsbeschluss wird der Neue Geschäftsanteil mit einem korporationsrechtlichen Aufgeld ausgegeben. Zur Übernahme des Neuen Geschäftsanteils wurde die X-GmbH zugelassen. Die Leistung auf das Aufgeld soll nicht in bar, sondern durch Einbringung der von X-GmbH gehaltenen Kommanditbeteiligung an der XY-GmbH & Co. KG mit Sitz in ......, eingetragen im Handelsregister des Amtsgerichts ...... unter HRA ...... (XY-KG) sowie des von X-GmbH gehaltenen Geschäftsanteils an der XY-Verwaltungs GmbH mit Sitz in ...... eingetragen im Handelsregister des Amtsgerichts ...... unter HRB ...... (XY-GmbH) erfolgen.

Die X-GmbH hat durch Übernahmeerklärung in Ziffer III die Übernahme des Neuen Geschäftsanteils erklärt (Übernahmeerklärung). Die Parteien beabsichtigen, die im Kapitalerhöhungsbeschluss und der Übernahmeerklärung festgesetzte Leistung des Aufgelds mittels dieses Einbringungsvertrags (Vertrag) näher zu regeln und umzusetzen.

1. Status und Einbringungsgegenstand

1.1 Die X-GmbH ist an der XY-KG wie folgt beteiligt: Die X-GmbH hält eine Kommanditeinlage mit einem Festkapitalanteil von € 100.000,–; die Beteiligung von X-GmbH als Kommanditist mit der Gesamtheit seiner Rechte und Pflichten aus dem Gesellschaftsverhältnis, einschließlich sämtlicher für ihn bei der Gesellschaft geführter Gesellschafterkonten, einschließlich des für X-GmbH bei der XY-KG geführten Darlehenskontos, wird nachfolgend als „XY-Kommanditanteil" bezeichnet.

1.2 Persönlich haftender Gesellschafter der XY-KG ist die XY-GmbH, die keinen Festkapitalanteil an der XY-KG hält. An der XY-GmbH mit einem Stammkapital von € 25.000,– ist die X-GmbH wie folgt beteiligt: Die X-GmbH hält einen Geschäftsanteil mit der laufenden Nummer 1 im Nennbetrag von € 25.000,– (einschließlich sämtlicher hierzu bestehender Nebenrechte: „XY-Geschäftsanteil"),

2. Einbringung und Abtretung; Gewinnanspruch

2.1 Zur Erfüllung der gemäß Kapitalerhöhungsbeschluss und Übernahmeerklärung festgesetzten Leistung des Aufgelds bringt die X-GmbH den XY-Kommanditanteil sowie den XY-Geschäftsanteil (zusammen: „Eingebrachte Anteile") in die A-GmbH ein.

2.2 Die X-GmbH tritt hiermit unter der auflösenden Bedingung, dass die Kapitalerhöhung aufgrund des Kapitalerhöhungsbeschlusses nicht innerhalb von drei Monaten nach dem Tag dieser Urkunde im Handelsregister eingetragen wurde, die eingebrachten Anteile an die A-GmbH ab. Die Abtretung des XY-Kommanditanteils erfolgt im Wege der Sonderrechtsnachfolge.

2.3 Nicht ausgeschüttete bzw. entnommene Gewinne früherer Geschäftsjahre sowie der Gewinn des laufenden Geschäftsjahres stehen der A-GmbH zu.

2.4 Die A-GmbH wird die eingebrachten Anteile gem. § 272 Abs. 2 Nr. 1 HGB als Aufgeld verbuchen und den sog. Buchwertantrag gem. § 20 Abs. 2 Satz 2 UmwStG stellen. Die Parteien werden darauf hinwirken, dass in der Steuerbilanz der XY-KG (einschließlich Sonderbilanzen) die Buchwerte des den Eingebrachten Anteilen zuzuordnenden Betriebsvermögens fortgeführt werden.

2.5 Für ertragsteuerliche Zwecke soll die Einbringung auf den …… 24:00 Uhr (steuerlicher Übertragungsstichtag) als bewirkt gelten. Die A-GmbH wird einen entsprechenden Antrag gem. § 20 Abs. 6 Satz 3 UmwStG stellen.

3. Handelsregisteranmeldung

Die X-GmbH, die A-GmbH, sowie die XY-GmbH fertigen im Zuge der Beurkundung dieses Vertrags die gemäß Anlage beigefügte notariell beglaubigte Handelsregisteranmeldung aus und beauftragen den beurkundenden Notar mit der Durchführung dieser Anmeldung.

4. Gewährleistung

4.1 Die X-GmbH gewährleistet gegenüber der A-GmbH, dass die nachfolgenden Erklärungen am heutigen Tag zutreffen:

(a) Die unter Ziffer 1.1 und 1.2 getroffenen Aussagen treffen zu.

(b) Die eingebrachten Anteile sind frei von Rechten Dritter. Es bestehen keine Ansprüche Dritter auf die Einräumung solcher Rechte oder auf die Übertragung der Eingebrachten Anteile.

(c) Das Stammkapital auf den XY-Geschäftsanteil ist vollständig eingezahlt.

4.2   Weitere Gewährleistungen oder Garantien werden nicht abgegeben.

5. Schlussbestimmungen

5.1 Steuern der Einbringung trägt die X-GmbH.

5.2 Sollte eine Bestimmung dieses Einbringungsvertrages ganz oder teilweise nichtig sein oder werden oder sollte sich eine Lücke in diesem Einbringungsvertrag herausstellen, wird dadurch die Wirksamkeit der übrigen Bestimmungen nicht berührt. An Stelle der nichtigen Bestimmung oder zur Ausfüllung der Lücke gilt mit Rückwirkung diejenige wirksame und durchführbare Regelung als vereinbart, die rechtlich und wirtschaftlich dem am nächsten kommt, was die Parteien gewollt haben oder nach dem Sinn und Zweck dieses Einbringungsvertrages gewollt hätten, wenn sie diesen Punkt beim Abschluss des Einbringungsvertrages bedacht hätten.

5.3 Ausschließlicher Gerichtsstand für sämtliche im Zusammenhang mit diesem Einbringungsvertrag entstehenden Streitigkeiten ist ....

5.4 Nebenabreden, Änderungen oder Ergänzungen zu diesem Vertrag bedürfen der Schriftform, soweit nicht eine strengere Form gesetzlich erforderlich ist. Auf die Schriftform kann nur schriftlich verzichtet werden.

Der Notar wies die Erschienenen darauf hin, dass

– die Kosten dieser Urkunde und der Eintragung im Handelsregister die A-GmbH trägt,

– die Kapitalerhöhung erst mit der Eintragung in das Handelsregister wirksam wird,

– alle Gesellschafter für übernommene, aber nicht erbrachte Stammeinlagen und die Vollwertigkeit der Sacheinlagen bei Eingang der Anmeldung der Kapitalerhöhung beim Registergericht haften.

Diese Niederschrift wurde den Erschienenen vom Notar vorgelesen, von ihnen genehmigt und von ihnen und dem Notar eigenhändig wie folgt unterschrieben:

....
[Unterschrift A]   [Unterschrift B]
....
                                                       [Unterschrift Notar]

Formular A. 3.03a Handelsregisteranmeldung der Kapitalerhöhung

An das

Amtsgericht

– Handelsregister –

Zum Handelsregister der Firma A-GmbH, HRB ...... überreiche ich, der unterzeichnete alleinige Geschäftsführer der A-GmbH:

1. beglaubigte Abschrift der notariellen Urkunde vom ......, Urkunde-Nr. ......, des Notars ...... in ...... mit Gesellschafterbeschluss der A-GmbH über die Erhöhung des Stammkapitals der Gesellschaft und entsprechender Änderung des Gesellschaftsvertrags, der Übernahmeerklärung der X-GmbH sowie Einbringungsvertrag zwischen der A-GmbH und der X-GmbH;

2. vollständigen Wortlaut des Gesellschaftsvertrags mit Bescheinigung des Notars gemäß § 54 Abs. 1 Satz 2 GmbHG;

3. Liste der Übernehmer der neu ausgegebenen Geschäftsanteile;

4. Liste der Gesellschafter;

Zur Eintragung in das Handelsregister melde ich an:

1. Das Stammkapital der Gesellschaft wurde von € 25.000,– um € 100,– auf € 25.100,– erhöht.

2. Die §§ ...... [Stammkapital/Stammeinlagen] des Gesellschaftsvertrags wurden geändert.

Ich, der alleinige Geschäftsführer, versichere, dass alle Geldeinlagen für die Zwecke der Gesellschaft voll eingezahlt und nicht an die Einleger zurückgezahlt sind und der

Gegenstand aller auf die neuen Geschäftsanteile erbrachten Leistungen sich endgültig zu meiner freien Verfügung befindet.

.... [Ort], den ....

....

[Unterschrift]

....

[Beglaubigungsvermerk]

II. ERLÄUTERUNGEN

Erläuterungen zu A. 3.03 Kapitalerhöhungsbeschluss, Übernahmeerklärung und Einbringungsvertrag

1. Grundsätzliche Anmerkungen

a) Wirtschaftliches Vertragsziel

Die Einbringung der sämtlichen Gesellschaftsanteile, hier der XY-KG, in eine bestehende GmbH, der A-GmbH, gegen Gewährung neuer Geschäftsanteile aus einer Kapitalerhöhung an den Einbringenden, die X-GmbH, bezweckt die **zukünftige Führung** des bisherigen Betriebs der A-GmbH zusammen mit der eingebrachten XY-KG. Um diese Zusammenlegung zu erreichen, wurde die Gestaltungsvariante einer **Barkapitalerhöhung kombiniert mit der Einbringung von Vermögensgegenständen,** hier Gesellschaftsanteile, in Form eines Agios gewählt. Das Agio besteht daher nicht als Leistung in bar, sondern als Übereignung von Vermögensgegenständen und wird daher als **Sachagio** bezeichnet. **1**

Bei dieser Gestaltungsvariante der **Barkapitalerhöhung mit Sachagio** werden folglich sowohl Barmittel als auch sacheinlagefähige Gegenstände eingebracht, so dass man auch von einer **gemischten Einlage** sprechen kann. Angesichts der Tatsache, dass eine klare Terminologie nicht besteht, ist diese Variante dennoch von der gemischten Sacheinlage und der Mischeinlage zu unterscheiden. Eine **gemischte Sacheinlage** liegt vor, wenn der Wert des Einlagegegenstandes den Nennbetrag der zu übernehmenden Geschäftsanteile übersteigt und die Differenz dem Einbringenden von der Gesellschaft zu vergüten ist (*MünchKommGmbHG/Lieder* § 56 Rz. 8; vgl. BGH II ZR 176/05 v. 20.11.06, NJW 07, 765). Die gemischte Sacheinlage ist wie eine reguläre Sacheinlage zu behandeln. Von der Barkapitalerhöhung mit Sachagio bzw. gemischten Einlage unterscheidet sie sich dadurch, dass letztere eine klassische Bareinlage darstellt, bei der die Gesellschaft keine „übermäßigen Einlagen" zurückgewähren muss. Bei einer **Mischeinlage** handelt es sich um eine Kombination aus Bar- und Sacheinlage, allerdings bleibt der Wert des Einlagegegenstandes hinter dem Nennbetrag der auszugebenden Geschäftsanteile zurück, so dass der Einbringenden die Differenz in bar zu erbringen hat (*MünchKommGmbHG/Lieder* § 56 Rz. 9). Auch hier finden aus Gründen des Gläubigerschutzes die Vorschriften über die Kapitalerhöhung gegen Sacheinlagen uneingeschränkt Anwendung (*MünchKommGmbHG/Lieder* § 56 Rz. 9). Indem der Wert der Bareinlage und der Sacheinlage zusammen den Nennbetrag der Geschäftsanteile bildet, unterscheidet sie sich von der hier vorgestellten Barkapitalerhöhung mit Sachagio, bei der nur der Wert der Bareinlage dem Nennbetrag der Geschäftsanteile entspricht, der Wert des eingebrachten Gegenstands aber als Kapitalrücklage bilanziell berücksichtigt wird (dazu s. Rz. 35). **2**

Mit der Barkapitalerhöhung mit Sachagio, wie in diesem Formular vorgestellt, soll erreicht werden, dass der Einbringende einen **(Teil-)Betrieb oder Mitunterneh-** **3**

meranteil in eine Gesellschaft zu Buchwerten, dh. ohne Aufdeckung stiller Reserven, einbringen kann. Ein (Teil-)Betrieb oder Mitunternehmeranteil ist auch als Sacheinlage – sowohl gesellschaftsrechtlich als auch steuerrechtlich – einlagefähig. Eine Aufdeckung stiller Reserven kann bei der aufnehmenden Gesellschaft vermieden werden, wenn die aufnehmende GmbH die bisherigen steuerlichen Buchwerte des Einbringenden gem. § 20 UmwStG auf Antrag fortführt. Dabei sollen aufwändige Werthaltigkeitsprüfungen bezüglich des eingebrachten Gegenstandes gemäß §§ 5, 7, 9, 19 und 30 GmbHG sowie tatbestandsmäßige verdeckte Sacheinlagen (§ 19 Abs. 4 GmbHG) vermieden werden (s. ausführlich dazu *Lubberich* DNotZ 16, 164 ff.).

4   Die Fortführung der Buchwerte der übertragenen Wirtschaftsgüter des (Teil-)Betriebs gem. der Vorgabe des § 20 UmwStG lässt sich auch auf anderem Wege gewährleisten. Zum einen kann die Einbringung durch eine sog. **offene Sacheinlage** erfolgen, in der der Einbringende für die Leistung seiner Sacheinlage neue Anteile im Wert dieser Einlage erhält. Dies hat aber den Nachteil, dass sich die registerrechtliche Kontrolle auf die Werthaltigkeit der gesamten Sacheinlage bezieht; dieser lässt sich allerdings minimieren, indem das Stammkapital nur geringfügig erhöht wird (*Lubberich* DNotZ 16, 173 f.). Gleiches kann mit einer Stufengründung erreicht werden, dh. einer Bargründung mit anschließender Kapitalerhöhung gegen Sacheinlage, bei der der Erhöhungsbetrag absichtlich niedrig angesetzt wird (*Lubberich* DNotZ 16, 174).

5   Schließlich lassen sich die steuerlichen Gestaltungsziele auch durch **Maßnahmen nach dem UmwG** erreichen, zB durch **Ausgliederung** eines Einzelunternehmens oder einer Personenhandelsgesellschaft auf eine Kapitalgesellschaft gemäß §§ 123 Abs. 3, 152 ff. UmwG (*Lubberich* DNotZ 16, 174). Dabei sind allerdings die Vorgaben des UmwG zu beachten. So ist eine Ausgliederung als Alternative zu der hier vorliegenden Einbringung nicht möglich, wenn die Firma des übertragenden Rechtsträgers, zB des Einzelunternehmens, nicht im Handelsregister eingetragen ist (§ 152 UmwG), es sei denn, dass zuvor noch deren Eintragung betrieben wird, oder wenn die auszugliedernden Teile des Vermögens nicht das Einzelunternehmen oder Teile hiervon betreffen oder wenn die Verbindlichkeiten des übertragenden Rechtsträgers das Vermögen des Einzelkaufmanns überschreiten (§ 152 Satz 2, § 154 UmwG). Darüber hinaus ist eine Ausgliederung auf eine UG (haftungsbeschränkt) nicht zulässig. Vorteilhaft ist dagegen, dass durch die Ausgliederung sämtliche Vermögensgegenstände des Unternehmens (auch Verbindlichkeiten und Vertragsverhältnisse ohne Zustimmungserfordernis des Dritten) kraft Gesetzes im Wege der Gesamtrechtsnachfolge auf die übernehmende Gesellschaft übergehen.

6   Im Verhältnis zu einer Ausgliederung nach dem UmwG dürfte dennoch die **Einbringung vorzugswürdig** sein, und zwar wegen folgender Nachteile einer Ausgliederung: Bei einer Ausgliederung besteht eine gesamtschuldnerische Haftung des übernehmenden Rechtsträgers für fünf Jahre ab dem Zeitpunkt der Eintragung der Ausgliederung sogar für nicht eingebrachte Verbindlichkeiten des übertragenden Rechtsträgers. Der Entwurf des Ausgliederungs- und Übertragungsvertrags ist vor Beschlussfassung der Gesellschafterversammlung an die Betriebsräte sowohl des übertragenden Rechtsträgers als auch des übernehmenden Rechtsträgers vorzulegen. Der Ausgliederungs- und Übernahmevertrag ist zwingend notariell zu beurkunden, die Ausgliederung erfordert Zustimmungsbeschlüsse der Gesellschafterversammlung sowohl der übertragenden als auch der übernehmenden Rechtsträger; im Einzelnen siehe hierzu auch A. 3.02 Rz. 4.

7   Demgegenüber vereint die **Barkapitalerhöhung mit Sachagio** eine Reihe von Vorteilen. Zum einen ist eine Werthaltigkeitsprüfung bezüglich des einzubringenden Gegenstands nicht erforderlich, da sich bei der GmbH die Prüfung der Werthaltigkeit nur auf die Erbringung des Stammkapitals bezieht, nicht jedoch auf Gegenstände, die bilanziell der Kapitalrücklage zugeschrieben werden. Des Weiteren ist das Risiko einer verdeckten Sacheinlage gemäß § 19 Abs. 4 GmbHG gering, da einerseits die Einbrin-

gung des Sachgegenstands als Nebenleistung in Form eines Agios offen gelegt wird und andererseits die geleistete Bareinlage auf die Erhöhung des Stammkapitals nicht zurückfließen soll. Auf der anderen Seite entfällt eine gesamtschuldnerische Nachhaftung, wie sie bei Umwandlungsvorgängen besteht. Vor allem aber ist aus steuerlicher Sicht anerkannt, dass es sich bei der Einbringung des Gegenstands als Sachagio um eine steuerneutrale Einbringung iSd. § 20 UmwStG handeln kann und damit Buchwerte fortgeführt werden können. Voraussetzung ist allerdings, dass die Einbringung in sachlichem und zeitlichem Zusammenhang mit der Gewährung von Anteilen erfolgt (s. ausführlich unten Rz. 13 ff.; BFH I R 55/09 v. 7.4.10, DStR 10, 1780).

b) Gesellschaftsrecht

Die Kapitalerhöhung ist als **Satzungsänderung notariell zu beurkunden** (§ 53 **8** Abs. 2 GmbHG). Der Gesellschafterbeschluss ist mit mindestens $^3/_4$-Mehrheit zu fassen (§ 53 Abs. 2 GmbHG). Die Übernahmeerklärung ist entweder zu beurkunden oder notariell zu beglaubigen (§ 55 Abs. 1 GmbHG). Hier wird vorgeschlagen, die Übernahmeerklärung zusammen mit dem Kapitalerhöhungsbeschluss in derselben Urkunde zu beurkunden. In der Urkunde mitaufgenommen ist der Einbringungsvertrag, da neben einer Kommanditbeteiligung (hier Beteiligung an der XY-KG) auch ein GmbH-Geschäftsanteil (hier Anteil an der XY-GmbH) eingebracht wird und die Einbringung des GmbH-Geschäftsanteils ebenfalls der notariellen Beurkundung bedarf.

Der Gesellschafterbeschluss enthält den Beschluss, dass der neue Geschäftsanteil mit **9** einem **korporativen Agio (Aufgeld)** ausgegeben wird. Die Leistung eines Agios stellt eine Nebenleistungspflicht der Gesellschafter dar. Solche Nebenleistungspflichten können durch schuldrechtlichen Vertrag oder auf gesellschaftsvertraglicher (korporativer) Grundlage gemäß § 3 Abs. 2 GmbHG begründet werden (*Baumbach/Hueck* § 5 GmbHG Rz. 11). Für die Erreichung der steuerlichen Ziele der Einbringung macht es keinen Unterschied, ob ein korporatives oder nur ein schuldrechtliches Agio vereinbart wird, wenn beim schuldrechtlichen Agio der Kapitalerhöhungsbeschluss bzw. die Gründungsvereinbarung und die schuldrechtliche Nebenleistung in ihrer Wirksamkeit in einem gegenseitigen Abhängigkeitsverhältnis stehen (BFH I R 55/09 v. 7.4.10, DStR 10, 1781; *D/P/M/Patt* § 20 UmwStG Rz. 159). Aus gesellschaftsrechtlicher (wie aufgrund der vorgenannten Einschränkung auch aus steuerlicher) Sicht ist allerdings ein korporatives Agio anzuraten, denn nur dann ist die Bindung an die Mitgliedschaft und Gleichlauf mit der Einlagepflicht gewährleistet (*Baumbach/Hueck* § 5 GmbHG Rz. 11); deshalb ist in dem Formular die Variante des gesellschaftsvertraglichen, korporativen Agio gewählt. Nach § 272 Abs. 2 Nr. 1 HGB ist ein Aufgeld in der Bilanz als Kapitalrücklage auszuweisen.

Die Einbringung des Sachagios ist im **Einbringungsvertrag** geregelt. Darin wird **10** der Gesellschafterbeschluss dinglich umgesetzt, dh. die Gegenstände das Sachagios werden auf die empfangende Gesellschaft übertragen. Anders als bei einer Sacheinlage ist es nicht zwingend notwendig, dass die Einbringung des Sachagios bereits vor der Anmeldung der Barkapitalerhöhung zum Handelsregister erfolgt sein muss. Dies ist von den Geschäftsführern auch nicht bei der Anmeldung zu versichern; § 8 Abs. 2 GmbHG findet keine Anwendung. Vielmehr ist ausreichend, dass die **Einbringung des Sachagios** in **engem zeitlichen und sachlichen Zusammenhang mit der Bareinlage** erfolgt und nicht nur „bei Gelegenheit" der Bareinlage (*Lubberich* DNotZ 16, 175; *Mentel* SteuK 10, 519). In dem Formular ist vorgesehen, dass die Einbringung des Sachagios mit Wirkung der Eintragung der Barkapitalerhöhung erfolgt, um so jeglichen Zweifeln, die Erbringung des Sachagios stehe nicht im Zusammenhang mit der Ausgabe neuer Anteile, vorzubeugen.

Bei **Anmeldung des Kapitalerhöhungsbeschlusses** erstreckt sich die Prüfungs- **11** pflicht des Registerrichters nicht auf die Werthaltigkeit des Sachagios. Folglich sind entsprechende Unterlagen (Sacherhöhungsbericht, Wertnachweisunterlagen oder Einbringungsbilanz) weder zu erstellen noch bei Anmeldung einzureichen. Falls der Wert des Sachagios den in die Kapitalrücklage gem. § 272 Abs. 2 Nr. 1 HGB eingestellten Betrag nicht erreicht, besteht **keine Differenzhaftung in Geld** gem. § 9 Abs. 1 GmbHG, da das Agio nicht an der Kapitalbindung teilnimmt. Eine solche Unterdeckung des Agios ist nicht von dem einbringenden Gesellschafter auszugleichen; die Eintragung kann deshalb nicht abgelehnt werden (*MünchKommGmbHG/Lieder* § 57a Rz. 22; *Scholz/Priester* § 56 Rz. 95; *Baumbach/Hueck* § 9c GmbHG Rz. 7a aE). Vielmehr sind in einem solchen Fall anschließend entsprechende Abwertungen des Gegenstands und Auflösungen der Kapitalrücklage vorzunehmen.

12   *(frei)*

c) Steuerrecht

aa) Ertragsteuerrecht

13   Ertragsteuerlich handelt es sich bei der vorgestellten Barkapitalerhöhung mit Sachagio um eine Einbringung nach § 20 UmwStG. § 20 UmwStG erfasst die Einbringung von Betrieben und Teilbetrieben (dargestellt in Formular A 3.02) sowie Mitunternehmeranteilen (dargestellt in diesem Formular). Insoweit kann daher für die ertragsteuerlichen Auswirkungen vollumfänglich auf A 3.02 Rz. 15 ff. verwiesen werden.

14   Die Besonderheit der Barkapitalerhöhung mit Sachagio besteht darin, dass der (Teil-)Betrieb bzw. der Mitunternehmeranteil lediglich als Agio eingebracht wird. § 20 UmwStG verlangt jedoch ausdrücklich, dass der Einbringende für die Einbringung eines (Teil-)Betriebs oder Mitunternehmeranteils **neue Gesellschaftsrechte** erhält („Wird ein Betrieb oder Teilbetrieb oder ein Mitunternehmeranteil in eine Kapitalgesellschaft […] eingebracht und erhält der Einbringende dafür [!] neue Anteile an der Gesellschaft" § 20 Abs. 1 UmwStG). Es war daher lange Zeit fraglich, ob die reine Übertragung des (Teil-)Betriebs bzw. Mitunternehmeranteils als Agio die Voraussetzungen des § 20 UmwStG erfüllt, weil strenggenommen, der Einbringende für die Übertragung seines (Teil-)Betriebs bzw. Mitunternehmeranteils gerade keine neuen Gesellschaftsrechte erhält.

15   Nach der Auffassung des BFH (I R 55/09 v. 7.4.10, DStR 10, 1780) steht der Beurteilung als „Sacheinlage" nicht entgegen, dass die ausschließlich in Form von Aufgeldern geschuldete Einbringung einer Kommanditbeteiligung gesellschaftsrechtlich nicht als Sacheinlageverpflichtungen iSv. § 5 Abs. 4, § 56 Abs. 1 GmbHG, sondern als „andere Verpflichtungen" (Nebenleistungen) iSv. § 3 Abs. 2 GmbHG anzusehen sind. § 20 Abs. 1 UmwStG setze gerade nicht voraus, dass auf die Einbringung des betreffenden Betriebsvermögens die gesellschaftsrechtlichen Vorschriften über Sacheinlagen anwendbar sein müssen. Vielmehr enthalte § 20 Abs. 1 UmwStG eine eigenständige Legaldefinition des umwandlungssteuerrechtlichen Begriffs der „Sacheinlage", die nicht in jedem Fall deckungsgleich mit dem gesellschaftsrechtlichen Sacheinlagebegriff sein muss. Für die umwandlungssteuerrechtliche Sacheinlage sei es nach dem Wortlaut des § 20 Abs. 1 UmwStG erforderlich aber auch ausreichend, dass der Einbringende als Gegenleistung („dafür") für die Einbringung des Betriebsvermögens neue Gesellschaftsanteile erhält. Diese Voraussetzung sei auch gegeben, wenn der Einbringungsgegenstand als reines Aufgeld neben der Bareinlage zu übertragen ist. Dieses vom Wortlaut getragene Verständnis wird nach Auffassung des BFH auch dem Gesetzeszweck der §§ 20 ff. UmwStG gerecht, Umstrukturierungen von Unternehmen steuerlich zu begünstigen, soweit sichergestellt ist, dass ein vor der Einbringung bestehendes Besteuerungsrecht in Bezug auf die bislang im einzubringenden Betriebsvermögen entstandenen stillen Reserven gewahrt bleibt (vgl. RegE (Begr.) zum Gesetz über steuerliche Begleitmaßnahmen zur Einführung der Europäischen Gesellschaft und zur Änderung weiterer steuerrechtlicher Vorschriften, BT-Drs. 16/2710, S. 42). Denn die vom Einbringenden neu erworbenen Geschäftsanteile repräsentieren nach Auffassung

des BFH auch dann den Wert der stillen Reserven des eingebrachten Betriebsvermögens, wenn dieses in Form eines Aufgelds zur Bareinlage in die Kapitalgesellschaft eingebracht worden ist.

Dieser Auffassung des BFH hat sich das Schrifttum angeschlossen (*R/H/L* § 20 UmwStG Rz. 129a; *D/P/P/M/Patt* § 20 UmwStG Rz. 158; *Wachter* DB 10, 2137). Auch die Finanzverwaltung folgt dieser Meinung (UmwSt-Erl. BMF v. 11.11.11, BStBl. I 11, 1314 Tz. E 20.09 iVm. Tz. 01.44 „Bei einer Bargründung oder -kapitalerhöhung kann auch dann eine Sacheinlage vorliegen, wenn der Gesellschafter zusätzlich zu der Bareinlage gleichzeitig eine Verpflichtung übernimmt, als Aufgeld einen Betrieb, Teilbetrieb oder Mitunternehmeranteil in die Kapitalgesellschaft einzubringen.").

(frei) 16–24

bb) Verkehrsteuerrecht

aaa) Umsatzsteuer

Es kann vollumfänglich auf A 3.02 Rz. 27 ff. verwiesen werden. 25

(frei) 26

bbb) Grunderwerbsteuer

Es kann vollumfänglich auf die Ausführungen zu Formular A 3.02 Rz. 30 verwie- 27 sen werden. Die möglicherweise ganz erheblichen GrESt-Verschärfungen bei der Übertragung von Gesellschaftsanteilen durch das *Gesetz zur Änderung des Grunderwerbsteuergesetzes* (BR-Drs. 355/19) sind in jedem Fall zu beachten.

2. Einzelerläuterungen

Die Gesellschafterversammlung, die die Kapitalerhöhung gegen Bareinlagen und 28 Einbringung des Sachagios beschließt, ist aufgrund des Kapitalerhöhungsbeschlusses notariell zu beurkunden; dieser Beschluss bedarf einer $^3/_4$-Mehrheit der Stimmen der Gesellschafterversammlung (falls der Gesellschaftsvertrag keine weiteren Erfordernisse aufstellt). Im Zuge der Kapitalerhöhung wird ein neuer Geschäftsanteil ausgegeben. Besonderheit der Barkapitalerhöhung mit Sachagio ist, dass die Erhöhung des Stammkapitals gegen Bareinlage in nur geringem Umfang, hier im Betrag von € 100,–, erfolgt und entsprechend auch nur ein Geschäftsanteil mit geringem Nennbetrag ausgegeben wird. Für die Bareinlage gelten die üblichen Voraussetzungen. Insbesondere ist die Bareinlage vor Anmeldung der Kapitalerhöhung an die Gesellschaft, hier die X-GmbH, zu leisten.

Der **Gegenstand des Sachagios,** dh. die von dem Einbringenden zu übertragen- 29 den Gesellschaftsanteile, ist im Kapitalerhöhungsbeschluss **hinreichend bestimmbar** im Sinne des Bestimmtheitsgrundsatzes anzugeben. Die Angaben in dem Gesellschafterbeschluss haben sich mit denen in der Übernahmeerklärung und dem Einbringungsvertrag zu decken. Der Gegenstand des Sachagios ist nicht zwingend vor Anmeldung der Kapitalerhöhung an die Gesellschaft zu leisten. Grundsätzlich können Gesellschaft und Gesellschafter Abreden über die Fälligkeit des Aufgelds oder anderer Nebenleistungen treffen. Um allerdings die steuerlichen Vorteile der Einbringung des Sachagios zu vereinnahmen, ist eine **Erbringung des Gegenstands des Sachagios an die Gesellschaft in engem zeitlichen und sachlichen Zusammenhang mit der Kapitalerhöhung** notwendig. Daher ist die Einbringung des Gegenstands des Sachagios vor der Anmeldung der Kapitalerhöhung anzuraten.

Die **Übernahmeerklärung** ist entweder in notariell beurkundeter oder in notariell 30 beglaubigter Form abzugeben (§ 55 Abs. 1 GmbHG). Um Widersprüche mit dem Gesellschafterbeschluss auszuschließen und um aus Gründen der Übersichtlichkeit, die Übernahmeerklärung eindeutig auf den Beschluss zu beziehen, wurde die Übernahmeerklärung in die notarielle Urkunde mitaufgenommen und unmittelbar im Anschluss an den Gesellschafterbeschluss protokolliert. Inhaltlich bezieht sich die Übernahmeerklärung nur auf die Bareinlage und nicht auf den Gegenstand des Sachagios. § 56 Abs. 1 Satz 2 GmbHG bezüglich der Übernahmeerklärung bei Sacheinlagen findet daher keine Anwendung.

31   Ebenso wenig besteht eine Pflicht des Übernehmers, die Differenz zwischen dem vereinbarten und in die Kapitalrücklage eingestellten Wert der eingebrachten Gesellschaftsanteile und dem wirklichen Wert des Einbringungsgegenstands in bar auszugleichen. Die gesetzliche **Differenzhaftung** (§ 56 Abs. 2, § 9 GmbHG) **findet** auf ein **Agio keine Anwendung;** erreicht der Wert des Einlagegegenstands nicht den des Agios, bleiben nur Ansprüche aus dem Gesellschaftsvertrag oder anderen vertraglichen Vereinbarungen (*Henssler/Strohn/Schäfer* GmbHG § 9 Rz. 4).

32, 33   *(frei)*

34   Der **Einbringungsvertrag** regelt das dingliche Rechtsgeschäft zwischen dem einbringenden Gesellschafter und der Gesellschaft. Bringt eine GmbH als einbringender Gesellschafter ihr gesamtes oder nahezu gesamtes Vermögen ein, findet § 179a AktG keine analoge Anwendung (vgl. BGH II ZR 364/18 v. 8.1.19, NZG 19, 505). Durch den Einbringungsvertrag werden die Gegenstände des Sachagios auf die Gesellschaft übertragen, hier die Geschäftsanteile an einer GmbH und Kommanditanteile an einer KG an die GmbH abgetreten. Die **Abtretung** wird zum selben Zeitpunkt wie die Barkapitalerhöhung durchgeführt. Damit soll sichergestellt werden, dass die Einbringung der Anteile in engem zeitlichen und sachlichen Zusammenhang mit der Kapitalerhöhung steht. Allerdings steht die Abtretung gleichzeitig unter der auflösenden Bedingung, dass die Barkapitalerhöhung nicht eingetragen wird. Scheitert die Barkapitalerhöhung, erhält der einbringende Gesellschafter die Anteile wieder zurück. Dies dient dem Schutz des einbringenden Gesellschafters.

35   Der Vertrag hält auch fest, dass die eingebrachten und übertragenen Gesellschaftsanteile als Aufgeld erbracht werden und somit entsprechend als Aufgeld in die **Kapitalrücklage** gem. § 272 Abs. 2 Nr. 1 HGB zu verbuchen sind. Die Parteien verpflichten sich auch, die steuerlichen Vorteile einer Einbringung nach § 20 UmwStG nutzbar zu machen und einen **Buchwertantrag** zu stellen.

36   Schließlich enthält der Einbringungsvertrag übliche Regelungen zum Vorgehen bezüglich der Anmeldung zum Handelsregister (siehe Ziff. 3) und **Garantien** zu den eingebrachten Gesellschaftsanteilen (Ziff. 4). Dabei beziehen sich die Garantien nur auf das Bestehen der Anteile selbst und die Freiheit von Rechten Dritter daran, nicht jedoch auf deren Werthaltigkeit.

Erläuterungen zu A. 3.03a Handelsregisteranmeldung der Kapitalerhöhung

---

37   Die **Handelsregisteranmeldung** ist von allen Geschäftsführern der GmbH vorzunehmen. Darin ist ua. zu versichern, dass die Bareinlage erbracht ist und zur freien Verfügung der Gesellschaft steht. Wegen dieser Versicherung ist die Anmeldung von den Geschäftsführern höchstpersönlich abzugeben (keine Vertretung möglich, *Baumbach/Hueck* § 7 GmbHG Rz. 3). Die Anmeldung kann erst erfolgen, nachdem die Bareinlage rechtswirksam erbracht wurde. Das Sachagio ist nicht zwingend vor der Anmeldung zu erbringen. Das Formular geht von einem korporativen Agio aus, das in engem zeitlichen und sachlichen Zusammenhang mit der Barkapitalerhöhung und der Ausgabe der neuen Geschäftsanteile steht. Um dies zu dokumentieren, wird hier empfohlen, dass der Geschäftsführer auch versichert, er habe sämtliche Gegenstände, sowohl Bareinlage als auch Sachgegenstände, die vom Gesellschafter einzubringen waren, zu seiner freien Verfügung.

38   Der Anmeldung ist eine **aktualisierte Liste der Gesellschafter,** aus der Name, Vorname, Geburtsdatum und Wohnort der Gesellschafter sowie die Nennbeträge und die laufenden Nummern der von den Gesellschaftern übernommenen Geschäftsanteile

ersichtlich sind, beizufügen (§ 40 Abs. 1 GmbHG). Ferner ist eine beglaubigte Abschrift des Kapitalerhöhungsbeschlusses und eine beglaubigte Abschrift des Einbringungsvertrags beizulegen, um dem Registerrichter die Möglichkeit der Überprüfung der tatsächlichen Durchführung zu geben. Die Gesellschafterliste bzgl. der neu ausgegebenen Anteile ist von den anmeldenden Geschäftsführern in vertretungsberechtigter Zahl zu unterzeichnen.

Die Handelsregisteranmeldung ist **elektronisch in öffentlich beglaubigter** 39 **Form** zum Handelsregister einzureichen (§ 12 Abs. 1 Satz 1 HGB). Eine Einreichung in Papierform ist nicht mehr möglich. Die elektronische Anmeldung erfolgt durch den Notar, der das Dokument mit einem einfachen elektronischen Zeugnis gem. § 39a BeurkG versieht und dann an das elektronische Gerichtspostfach des Registergerichts übermittelt (*Seibert/Decker* DB 06, 2447). Die beglaubigte Abschrift der notariellen Urkunde samt Kapitalerhöhungsbeschluss, Übernahmeerklärung und Einbringungsvertrag ist ebenfalls elektronisch und mit einem einfachen elektronischen Zeugnis versehen einzureichen (§ 12 Abs. 2 Satz 1 und Satz 2, 2. Hs. HGB; vgl. *Baumbach/Hopt* § 12 HGB Rz. 7; *Seibert/Decker* DB 06, 2447).

Der **Registerrichter** hat zu prüfen, ob die Bareinlage wirksam erbracht wurde 40 (§ 56a, § 7 Abs. 2 GmbHG). Hinsichtlich der **Gegenstände des Sachagios** bestehen **keine Prüfungspflicht** und auch kein Prüfungsrecht. Damit entfällt eine Prüfung, ob die Gegenstände des Sachagios nicht unwesentlich überbewertet sind; § 9c Abs. 1 GmbHG ist nicht analog anzuwenden. Gleichermaßen sind ein Sacherhöhungsbericht oder andere Wertnachweisunterlagen (Einbringungsbilanz mit Bestätigung eines Wirtschaftsprüfers/Steuerberaters) nicht zum Handelsregister einzureichen.

A. 3.04 Einbringung in GmbH ohne Gegenleistung (steuerlich sog. verdeckte Einlage)

Gliederung

I. FORMULARE

Formular A. 3.04 Einbringung GmbH-Beteiligung (notariell)

Vor mir ...... Notar ...... in ...... erschien heute, am ......

Herr A ......, Kaufmann, geschäftsansässig in ......

Herr A erklärte, dass er alleiniger Gesellschafter der im Handelsregister des Amtsgerichts ...... unter HRB ...... eingetragenen „A-GmbH", sowie deren einzelvertretungsberechtigter, von den Beschränkungen des § 181 BGB befreiter Geschäftsführer sei. Daneben besitzt Herr A 25 % der Geschäftsanteile an der im Handelsregister des Amtsgerichts ...... unter HRB ...... eingetragenen B-GmbH, mit Sitz in ...... Herr A erklärte weiter, sowohl im eigenen Namen zu handeln als auch als einzelvertretungsberechtigter Geschäftsführer der A-GmbH. Dies vorausgeschickt schließt Herr A mit der A-GmbH folgenden

GESCHÄFTSANTEILSEINBRINGUNGS- UND -ABTRETUNGSVERTRAG

1. Herr A bringt seinen gesamten Geschäftsanteil im Nennbetrag von € 12.500,– an der B-GmbH (25 % von € 50.000,–) hiermit in die A-GmbH ein und tritt diesen an die A-GmbH ab. Die A-GmbH nimmt die Einbringung und Abtretung an. Die Abtretung erfolgt ohne Gegenleistung seitens der A-GmbH, jedoch sind sich die Parteien einig, dass die Geschäftsanteile an der B-GmbH von der A-GmbH mit dem Verkehrswert aktiviert und der Gegenwert als Eigenkapital (Kapitalrücklage gemäß § 272 Abs. 2 Nr. 4 HGB) ausgewiesen wird. Herr A erklärt, dass nach einem ihm vorliegenden Gutachten der Wirtschaftsprüfungsgesellschaft ...... der Verkehrswert für die 25 %-ige Beteiligung € 100.000,– beträgt.

2. Die Abtretung der B-GmbH-Anteile ist ohne Zustimmung der B-GmbH bzw. der übrigen Gesellschafter der B-GmbH möglich.

3. Herr A nimmt als einzelvertretungsberechtigter und von den Beschränkungen des § 181 BGB befreiter Geschäftsführer der A-GmbH die vorstehende Abtretung an.

4. Die Kosten dieser Urkunde trägt die A GmbH.

Diese Niederschrift wurde dem Erschienenen vom Notar vorgelesen, von ihm genehmigt und von ihm und dem Notar eigenhändig wie folgt unterschrieben:

....

[Unterschrift A]

....

[Unterschrift Notar]

Formular A. 3.04a Einbringung eines Betriebs und Gewährung eines zinslosen Darlehens (privatschriftlich)

Zwischen Herrn A ......, geschäftsansässig in ......, und der A-GmbH, vertreten durch Herrn A als einzelvertretungsberechtigtem und von den Beschränkungen des § 181

BGB befreitem Geschäftsführer wird folgender Einbringungs- und Darlehensvertrag geschlossen.

1. Herr A bringt sein in ...... betriebenes Einzelunternehmen unter der Firma „A ......", eingetragen im Handelsregister des Amtsgerichts ...... unter HRA ...... in die A-GmbH ein. Eingebracht und übertragen werden sämtliche in der zugrunde liegenden, dieser Aufstellung als Anlage beigefügten Bilanz zum 31.12.... ausgewiesenen Vermögensgegenstände und Schulden, deren Nettobuchwert zusammen € 20.000,– beträgt. Mit eingebracht wird auch das im Betriebsvermögen befindliche selbstentwickelte Patent ...... Herr A geht davon aus, dass unter Berücksichtigung des Firmenwerts von € 50.000,– und des Werts des Patents in Höhe von € 30.000,– das eingebrachte Einzelunternehmen insgesamt einen Wert von € 100.000,– hat. Die Übertragung erfolgt unentgeltlich.

2. Die A-GmbH nimmt diese Einbringung und Übertragung an. Nach dem Willen der Parteien wird die aufnehmende A-GmbH das eingebrachte Einzelunternehmen insgesamt mit € 100.000,– ansetzen (€ 20.000,– insgesamt für das materielle Betriebsvermögen, € 30.000,– für das Patent und € 50.000,– für den Firmenwert). Die Vermögensmehrung wird als Eigenkapital (Kapitalrücklage gemäß § 272 Abs. 2 Nr. 4 HGB) ausgewiesen.

3. Ferner gewährt Herr A der A-GmbH ein zinsloses Darlehen in Höhe von € 50.000,–. Die auszureichende Darlehensvaluta erfolgt durch Überweisung auf das Konto ...... bei der X-Bank mit Wertstellung zum 1.1.... Das Darlehen ist zinsfrei. Die Rückzahlung erfolgt am ....

4. Die Kosten des Vertrags trägt die A-GmbH.

...., den ....

....
[Unterschrift A]   [Unterschrift B]

                                                         ....
                                                         [Unterschrift Notar]

II. ERLÄUTERUNGEN

Erläuterungen zu A. 3.04 Einbringung GmbH-Beteiligung (notariell)

1. Grundsätzliche Anmerkungen

a) Wirtschaftliches Vertragsziel

Die Übertragung von Wirtschaftsgütern (Einlage) in eine GmbH ohne Gegenleis- **1** tung, insb. ohne formelle Stammkapitalerhöhung wird wohl regelmäßig nur von einem Alleingesellschafter einer GmbH vorgenommen werden; soweit nämlich andere Gesellschafter an der aufnehmenden GmbH beteiligt sind, würde diesen unentgeltlich ein ihrer Beteiligungsquote entsprechender Anteil an dem Wert der eingelegten Wirtschaftsgüter und Nutzungen zukommen (was wirtschaftlich in der Regel nicht bezweckt ist, aber schenkungsteuerlich günstig sein kann vgl. BFH II R 28/08 v. 9.12.09, BStBl. II 10, 566). Die steuerliche Rechtsprechung hat für Einlagen eines Gesellschafters ohne ausgewogene Gegenleistung den Begriff **„verdeckte Einlage"** entwickelt; denn der Gesellschafter hat an die GmbH mehr geleistet, als die GmbH ihm als Gegenleistung eingeräumt hat und er hat somit der GmbH in „verdeckter" Form Kapital zugeführt. Handelsrechtlich ist der Begriff der „verdeckten Einlage" unbekannt; es handelt sich um eine Sacheinlage des Gesellschafters, ohne dass er dafür eine Stammeinlage erhält. Abzugrenzen ist er von dem gesellschaftsrechtlichen Begriff der „verdeckten Sacheinlage", bei der eine Geldeinlage bei wirtschaftlicher Betrachtung und aufgrund einer im Zusammenhang mit der Übernahme der Geldeinlage getroffenen Abrede vollständig oder teilweise als Sacheinlage zu bewerten ist (vgl. § 19 Abs. 4 GmbHG). Handelsrechtlich besteht bei der „verdeckten Einlage" folgendes Wahlrecht: wird der Wille und der Wert der Sacheinlagezuführung im Einlagevertrag durch den Gesellschafter dokumentiert, kann die GmbH die Sacheinlage aktivieren und die Vermögensmehrung im Gegenposten „Kapitalrücklagen" iSd. § 272 Abs. 2 Nr. 4 HGB ausweisen (s. Rz. 11 mwN). Fehlt es dagegen an der Dokumentation des Willens des Gesellschafters im Einlagevertrag, kommt für die Zuführung selbst keine Aktivierung und keine Dotierung der Kapitalrücklagen in Betracht; allerdings führt die spätere Realisierung (zB durch Verkauf des eingelegten Vermögensgegenstands) dann zu einem höheren Bilanzgewinn. Derartige Einlagen (ohne formelle Kapitalerhöhung) bieten sich an, um den Jahresabschluss der GmbH (entweder über Kapitalrücklagen oder über höhere Bilanzgewinne) zu beeinflussen, ohne die strengen Formvorschriften der Sachgründung bzw. Sachkapitalerhöhung beachten zu müssen. Im Formular ist der erstgenannte Weg der bewusst dokumentierten Sacheinlagezuführung (Aktivierung und Erhöhung der Kapitalrücklagen) gewählt. Beide Fälle werden aber ertragsteuerlich als sog. „verdeckte Einlage" im Ergebnis gleich behandelt (s. Rz. 2 ff.). Der steuerrechtlichen Terminologie folgend werden nachfolgend beide Formen der handelsrechtlichen Kapitalzuführung als „verdeckte Einlage" bezeichnet. Es können alle Vermögensgegenstände, die Gegenstände einer gesellschaftsrechtlichen Sacheinlage sein können, auch verdeckt eingelegt werden (bewegliche und unbewegliche Sachen, Rechte, bewertbare immaterielle Wirtschaftsgüter, zB Patente, Knowhow, Firmenwert sowie obligatorische Nutzungsrechte).

b) Steuerrecht

aa) Voraussetzungen einer (ertragsteuerlichen) verdeckten Einlage

2   Eine verdeckte Einlage ist die Zuwendung eines bilanzierbaren Vermögensvorteils aus gesellschaftsrechtlichen Gründen ohne Entgelt in Gestalt von Gesellschaftsrechten (EStH 4.3 „Verdeckte Einlage"). Als verdeckte Einlage sind nur Wirtschaftsgüter geeignet, die das Vermögen der Kapitalgesellschaft durch den Ansatz oder die Erhöhung eines Aktivpostens oder durch den Wegfall oder die Verminderung eines Passivpostens vermehrt haben (BFH IV R 10/01 v. 6.11.03, BStBl. II 04, 416). Auch ein Geschäfts- oder Firmenwert kann Gegenstand einer verdeckte Einlage sein (BFH I R 202/83 v. 24.3.87, BStBl. II 87, 705; EStH 5.5 „Geschäfts- oder Firmenwert/Praxiswert"). Maßgebendes Kriterium für einen Übergang des Geschäfts- oder Firmenwerts von einem Einzelunternehmen auf eine Kapitalgesellschaft im Wege der verdeckten Einlage ist, dass dem nutzenden Unternehmen die materiellen und immateriellen Wirtschaftsgüter sowie die sonstigen Faktoren, welche sich im Geschäfts- oder Firmenwert niederschlagen, auf einer vertraglichen Grundlage überlassen werden, die Nutzung auf Dauer angelegt ist und kein Rechtsanspruch auf Rückgabe dieser Wirtschaftsgüter besteht (BFH X R 32/05 v. 2.9.08, BStBl. II 09, 634; EStH 4.3 „Verdeckte Einlage").

bb) Rechtsfolgen der verdeckten Einlage

3   Die steuerrechtlichen Folgen einer verdeckten Einlage
– beim verdeckt einlegenden Gesellschafter und
– bei der aufnehmenden Kapitalgesellschaft
sind unterschiedlich, je nachdem ob der verdeckt eingelegte Vermögensgegenstand beim einbringenden Gesellschafter steuerliches Betriebsvermögen (s. Rz. 4 ff.) oder steuerliches Privatvermögen war (s. Rz. 7 ff.).

aaa) Gegenstand der verdeckten Einlage war beim einlegenden Gesellschafter steuerliches Betriebsvermögen

Gewinnrealisierung beim einlegenden Gesellschafter. Die verdeckte Einlage **4** führt beim einlegenden Gesellschafter immer zur Versteuerung der stillen Reserven, denn der verdeckten Einlage von einzelnen Wirtschaftsgütern aus dem Betriebsvermögen des einlegenden Gesellschafters geht grundsätzlich die vorherige Entnahme der nämlichen Wirtschaftsgüter aus dem Betriebsvermögen des Einlegenden voraus (vgl. BFH X R 22/02 v. 20.7.05, BStBl. II 06, 457). Ist Gegenstand der verdeckten Einlage zB ein Einzelunternehmen, tritt Gewinnrealisierung nach § 16 Abs. 3 Satz 1 und 3 EStG auch bzgl. eingebrachter immaterieller Wirtschaftsgüter und in Bezug auf den eingebrachten Firmenwert ein (BFH I R 202/83 v. 24.3.87, BStBl. II 87, 705 und VIII R 17/85 v. 18.12.90, BStBl. II 1991, 512). Obwohl es bei einer verdeckten Einlage an einer Gegenleistung fehlt, kann die Gewinnrealisierung beim einbringenden Gesellschafter nicht durch Anwendung von § 20 bzw. § 21 UmwStG vermieden werden, weil es an der Gewährung neuer Anteile fehlt.

Nachträgliche Anschaffungskosten beim einlegenden Gesellschafter. Aller- **5** dings entstehen beim einbringenden Gesellschafter in Höhe des gemeinen Werts der verdeckt eingelegten Vermögensgegenstände nachträgliche Anschaffungskosten für die Anteile an der aufnehmenden Kapitalgesellschaft (wie beim Tausch von Wirtschaftsgütern, vgl. BFH GrS 2/86 v. 26.10.87, BStBl. II 88, 348).

Teilwertansatz bei der aufnehmenden Gesellschaft. Die aufnehmende Kapi- **6** talgesellschaft hat den verdeckt eingelegten Vermögensgegenstand mit dem Teilwert zu aktivieren (§ 6 Abs. 1 Nr. 5 Satz 3 und Nr. 4 Satz 1 EStG iVm. § 8 Abs. 1 KStG). Allerdings ist die auf Grund der verdeckten Einlage entstehende Vermögensmehrung bei dieser steuerfrei § 4 Abs. 1 Satz 1 EStG iVm. § 8 Abs. 1 Satz 1 KStG. Vermögensmehrungen auf Grund von Einlagen sind im **steuerlichen Einlagekonto** der aufnehmenden Kapitalgesellschaft zu erfassen (§ 27 Abs. 1 Satz 1 KStG).

bbb) Gegenstand der verdeckten Einlage war beim einlegenden Gesellschafter steuerliches Privatvermögen

Gewinnrealisierung beim einlegenden Gesellschafter nur, wenn der eingeleg- **7** te Vermögensgegenstand steuerlich verstricktes Privatvermögen darstellt. Dies gilt u. a. für **Grundstücke innerhalb der Spekulationsfrist** (§ 23 Abs. 1 Satz 5 Nr. 2 EStG) und für **Beteiligungen iSd. § 17 EStG** (§ 17 Abs. 1 Satz 2 EStG). Für die verdeckte Einlage von Wirtschaftsgütern iSd. § 20 Abs. 2 EStG, siehe § 20 Abs. 2 Satz 2 EStG. Soweit Anteile eingelegt werden, die aus einer Einbringung nach § 20 UmwStG unter dem gemeinen Wert resultieren, kann die verdeckte Einlage die Besteuerung des **sog. Einbringungsgewinns I** auslösen (§ 22 Abs. 1 Satz 6 Nr. 1 UmwStG).

Für **(alte) einbringungsgeborene Anteile** iSd. § 21 UmwStG 1995 s. § 21 Abs. 2 Nr. 4 UmwStG iVm. § 27 Abs. 3 Nr. 3 Satz 1 UmwStG. Zur Nichtanwendbarkeit des Halbeinkünfteverfahrens in diesen Fällen s. § 3 Nr. 40 Sätze 3 und 4 EStG aF iVm. § 52 Abs. 4b Satz 2 EStG.

Nachträgliche Anschaffungskosten beim einlegenden Gesellschafter. Beim **8** verdeckt einlegenden Gesellschafter entstehen nachträgliche Anschaffungskosten für die Anteile an der aufnehmenden Kapitalgesellschaft in Höhe des Teilwerts der verdeckt eingelegten Wirtschaftsgüter (§ 6 Abs. 6 Satz 2 EStG).

Bei der aufnehmenden Kapitalgesellschaft ist der verdeckt eingelegte Vermö- **9** gensgegenstand regelmäßig gem. § 6 Abs. 1 Nr. 5 Satz 1 1. Hs. EStG iVm. § 8 Abs. 1 Satz 1 KStG mit dem Teilwert anzusetzen (Ausnahmen s. § 6 Abs. 1 Nr. 5 Satz 1 2. Hs. EStG). Die Bewertung der verdeckten Einlage einer Beteiligung iSd. § 17 Abs. 1 Satz 1 EStG (und wohl auch von Wirtschaftsgütern iSd. § 20 Abs. 2 EStG) erfolgt (auch entgegen § 6 Abs. 1 Nr. 5 Satz 1 2. Hs. Buchstabe b EStG) immer mit dem Teilwert (EStH 6.12 „Verdeckte Einlage"). Gleiches gilt für die verdeckte Einlage von Grundstücken die § 23 Abs. 1 Satz 5 Nr. 2 EStG unterfällt.

2. Einzelerläuterungen zur Einbringung von GmbH-Anteilen

a) Handelsrecht

10   Sowohl die Einbringung der Anteile an der B-GmbH als das schuldrechtliche Rechtsgeschäft als auch die Übertragung als das dingliche Rechtsgeschäft bedürfen der notariellen Beurkundung (§ 15 Abs. 3 und Abs. 4 GmbHG). Das Formular geht davon aus, dass der Alleingesellschafter A gleichzeitig einzelvertretungsberechtigter Geschäftsführer der A-GmbH und von den Beschränkungen des § 181 BGB befreit ist.

11   Obwohl die Einbringung ohne Gegenleistung erfolgt, empfiehlt sich die Angabe des Werts der GmbH-Anteile, wenn die eingebrachte Beteiligung in der **Handelsbilanz** der aufnehmenden A-GmbH mit dem Verkehrswert angesetzt und die daraus resultierende Vermögensmehrung der Kapitalrücklage iSv. § 272 Abs. 2 Nr. 4 HGB zugeführt werden soll (*Beck Bil-Komm./Förschle/Taetzner* § 272 HGB Rz. 206); würde kein Wert angegeben werden, wäre die Einlage mangels Anschaffungskosten mit Null anzusetzen und keine Kapitalrücklage auszuweisen (*Schulze zur Wiesche* GmbHR 88, 36).

b) Steuerrecht

aa) Ertragsteuern

12   Zu unterscheiden ist die steuerliche Behandlung beim Einbringenden (s. Rz. 12 ff.) und bei der aufnehmenden GmbH (s. Rz. 14 ff.).

aaa) Behandlung beim einbringenden Gesellschafter

13   Beim einbringenden A stellt die Beteiligung mit 25 % am Stammkapital der B-GmbH eine Beteiligung iSv. § 17 Abs. 1 EStG (qualifizierte Beteiligung bereits ab 1 %) dar.
Da es sich um eine Beteiligung iSv. § 17 Abs. 1 EStG handelt, entsteht ein steuerpflichtiger idR nach dem **Teileinkünfteverfahren begünstigter** Veräußerungsgewinn (s. Rz. 7). Für den einlegenden A entstehen nachträgliche Anschaffungskosten für seine Beteiligung an der aufnehmenden A-GmbH in Höhe des Teilwerts der verdeckt eingelegten B-GmbH Beteiligung (§ 6 Abs. 6 Satz 2 EStG). Die verdeckte Einlage von Wirtschaftsgütern stellt einen Verstoß gegen die Behaltensregelung des § 13a Abs. 5 ErbStG dar (§ 13a Abs. 5 Nr. 4 Satz 1 ErbStG).

bbb) Behandlung bei der aufnehmenden A-GmbH

14   Ertragsteuerlich ist die verdeckt eingelegte wesentliche Beteiligung zwingend mit dem Teilwert (hier € 100.000,–) anzusetzen (§ 6 Abs. 1 Nr. 5 EStG iVm. § 8 Abs. 1 KStG). Die Begrenzung in § 6 Abs. 1 Nr. 5 Satz 1 Hs. 2 Buchst. b EStG (Höchstansatz mit Anschaffungskosten) gilt nicht (s. Rz. 9).

bb) Verkehrsteuern

15   Die Umsätze mit Anteilen an Gesellschaften sind gem. § 4 Nr. Buchst. 8 f UStG umsatzsteuerfrei. Im Übrigen dürfte der der Umsatz bereits nicht umsatzsteuerbar sein, da wegen des fehlenden Entgelts kein Leistungsaustausch vorliegt. Eine Option gem. § 9 Abs. 1 UStG kommt somit nicht in Betracht. Zur Grunderwerbsteuer vgl. oben A. 3.02 Rz. 29. Eine Steuervergünstigung nach § 6a GrEStG kommt hier nicht in Betracht.

> **Erläuterungen zu A. 3.04a Einbringung eines Betriebs und Gewährung eines zinslosen Darlehens (privatschriftlich)**

1. Grundsätzliche Anmerkungen

Siehe unter Rz. 1 ff.

15a

2. Einzelerläuterungen

a) Handelsrecht

Die Einbringung des Betriebs und die Darlehensgewährung sind privatschriftlich **16** möglich, da Grundstücke nicht eingebracht werden (für diese Fälle wäre notarielle Beurkundung nach § 311b Abs. 1 BGB erforderlich). Da es sich um eine Einzelrechtsübertragung handelt, ist auf die vollständige Auflistung aller zu übertragenden Vermögensgegenstände und Rechte sowie Rechtsverhältnisse (möglichst in Anlagen) zu achten. Bei Übertragung von Verbindlichkeiten ist die Zustimmung der Gläubiger einzuholen (§ 415 BGB).

Die Bestimmung des Wertes des eingebrachten Betriebs dient dem Ansatz bei der **17** aufnehmenden GmbH zum Verkehrswert sowie dem Ausweis einer Kapitalrücklage gemäß § 272 Abs. 2 Nr. 4 HGB (ansonsten wegen fehlender Anschaffungskosten Ansatz zu Null; s. Rz. 11).

b) Steuerrecht

aa) Ertragsteuerrecht

Im Zuge der Einbringung des Betriebs ist die steuerliche Behandlung beim Einbrin- **18** genden (s. Rz. 19 ff.) und bei der aufnehmenden GmbH (s. Rz. 22 ff.) zu unterscheiden:

aaa) Behandlung beim Einbringenden

Die Einbringung eines Betriebs im Wege der verdeckten Einlage in eine Kapitalge- **19** sellschaft wird steuerrechtlich als Betriebsaufgabe behandelt und führt gemäß § 16 Abs. 3 Satz 1 EStG zur Besteuerung, und zwar einschließlich der im Betrieb enthaltenen stillen Reserven in materiellen Wirtschaftsgütern, eines Firmenwerts und sonstiger immaterieller Wirtschaftsgüter (s. Rz. 4).

Das zinslose Darlehen stellt nach dem Beschluss des BFH GrS 2/86 v. 26.10.87, BStBl. II 88, 348 keine verdeckte Einlage dar (Gestaltungshinweis: Zinsen vereinbaren und nach Entstehung der Zinsforderungen nachträglich darauf verzichten; dann allerdings Besteuerung der Zinsen beim Darlehensgeber).

Der Aufgabegewinn von A beträgt in dem hier zugrunde gelegten Fall € 80.000,– (€ 100.000,– ./. € 20.000,– Buchwerte).

Eine Vermeidung der Gewinnrealisierung wäre dann möglich, wenn der Betrieb **20** gegen Gewährung neuer Gesellschaftsrechte (Sacheinlage gegen Kapitalerhöhung) in die GmbH eingebracht würde, vgl. Formular A. 3.02, oder gem. § 123 Abs. 3 Nr. 1 UmwG auf die GmbH gegen Gewährung neuer Anteile ausgegliedert würde (entspr. Formular A. 15.30). Einbringung und Ausgliederung würden dann jeweils nach § 20 UmwStG erfolgen.

Durch die verdeckte Einlage entstehen für die Beteiligung des A an der A-GmbH **21** nachträgliche Anschaffungskosten in Höhe des für die Betriebsaufgabe gem. § 16 Abs. 3 Satz 1 EStG angesetzten Betrages von € 100.000,–. Die verdeckte Einlage von Wirtschaftsgütern stellt einen Verstoß gegen die Behaltensregelung des § 13a Abs. 5 ErbStG dar (die Voraussetzungen des § 13a Abs. 5 Nr. 1 Satz 2, 2. Hs. ErbStG liegen nicht vor).

bbb) Behandlung bei der aufnehmenden A-GmbH

22   Die aufnehmende GmbH hat das im Wege der verdeckten Einlage erworbene Betriebsvermögen mit dem Teilwert anzusetzen (§ 6 Abs. 1 Nr. 5 EStG iVm. § 8 KStG). Der Ansatz mit dem Teilwert gilt auch für immaterielle Wirtschaftsgüter (BFH I R 202/83 v. 24.3.87, BStBl. II 87, 705); das Aktivierungsverbot des § 5 Abs. 2 EStG steht dem nicht entgegen (die Regeln der verdeckten Einlage gehen dem Aktivierungsverbot des § 5 Abs. 2 EStG vor). Bei dem dem Formular zugrunde liegenden Fall ist der Firmenwert mit € 50.000,– und das Patent mit € 30.000,– anzusetzen. Der Firmenwert ist regelmäßig auf 15 Jahre abzuschreiben (vgl. § 7 Abs. 1 Satz 3 EStG).

23   Die Vermögensmehrung auf Grund der verdeckten Einlage selbst ist ertragsteuerfrei (Zuführung des Vermögenswertes auf Grund gesellschaftsrechtlicher, nicht betrieblicher Grundlage, vgl. Rz. 6 und 9). In der Gliederung des verwendbaren Eigenkapitals ist der Vermögenszugang beim **steuerlichen Einlagekonto iSv. § 27 KStG** auszuweisen.

24   Der Vermögensvorteil auf Grund des zinslos gewährten Darlehens (zukünftig ersparte Zinsaufwendungen) ist nach dem Beschluss des Großen Senats BFH GrS 2/86 v. 26.10.87, BStBl. II 88, 348 nicht einlagefähig.

bb) Verkehrsteuern

25   **Umsatzsteuer.** Zur Nichtsteuerbarkeit gem. § 1 Abs. 1a UStG vgl. A. 3.01 Rz. 28.

Die Darlehensgewährung ist gem. § 4 Nr. 8 Buchst. a UStG umsatzsteuerfrei. Grunderwerbsteuer vgl. oben A. 3.02 Rz. 29.

A. 3.05 Einbringung GmbH & Co. KG in Komplementär-GmbH (durch Einbringung sämtlicher Kommanditanteile gegen Kapitalerhöhung)

Gliederung

I. FORMULARE

Formular A. 3.05 Kapitalerhöhungsbeschluss der Komplementär-GmbH

Verhandelt zu ...... am ...... Vor mir, ..., Notar, erschienen

1. Frau AB, ... *[Beruf/Wohn- bzw. Geschäftsadresse]*,

2. Herr BC, ... *[Beruf/Wohn- bzw. Geschäftsadresse]*,

3. Herr CD, ... *[Beruf/Wohn- bzw. Geschäftsadresse]*.

1.

Das Stammkapital der „ABC-GmbH" mit Sitz in......, eingetragen im Handelsregister des Amtsgerichts ...... unter HRB ......, beträgt € ......; hieran sind beteiligt:

– Frau AB mit einem Geschäftsanteil im Nennbetrag von € ...... (......%)
– Herr BC mit einem Geschäftsanteil im Nennbetrag von € ...... (......%)
– Herr CD mit einem Geschäftsanteil im Nennbetrag von € ...... (......%).

Die Geschäftsanteile sind voll einbezahlt.

Die „ABC-GmbH" ist alleinige persönlich haftende Gesellschafterin (Komplementärin) der im Handelsregister des Amtsgerichts ...... unter HRA ...... eingetragenen Kommanditgesellschaft unter der Firma „ABC-GmbH & Co. KG" mit Sitz in ......; die Komplementärin hat keine Einlage geleistet und ist am Gewinn und Verlust nicht beteiligt.

Kommanditisten der „ABC-GmbH & Co. KG" sind

– Frau AB mit einer Kommanditeinlage von € ...... (......%)
– Herr BC mit einer Kommanditeinlage von € ...... (......%)
– Herr CD mit einer Kommanditeinlage von € ...... (......%).

Die Kommanditeinlagen sind voll erbracht.

2.

Die Erschienenen treten hiermit unter Verzicht auf sämtliche Form- und Fristvorschriften für die Einberufung und Abhaltung zu einer Gesellschaftervollversammlung der „ABC-GmbH" zusammen und fassen folgende Beschlüsse:

1. Das Stammkapital der Gesellschaft wird von € ...... um € ...... auf € ...... durch Ausgabe von drei neuen Geschäftsanteilen zum Nennwert erhöht. Zur Übernahme der neuen Geschäftsanteile werden zugelassen:

    1.1 Frau AB mit einem neuen Geschäftsanteil im Nennbetrag von € ......
    1.2 Herr BC mit einem neuen Geschäftsanteil im Nennbetrag von € ......
    1.3 Herr CD mit einem neuen Geschäftsanteil im Nennbetrag von € ......
    Die bisherigen und neuen Geschäftsanteile haben die folgenden laufenden Nummern:
    Nr. 1: bisheriger Geschäftsanteil von Frau AB im Nennbetrag von € ......
    Nr. 2: bisheriger Geschäftsanteil von Herrn BC im Nennbetrag von € ......
    Nr. 3: bisheriger Geschäftsanteil von Herrn CD im Nennbetrag von € ......
    Nr. 4: neuer Geschäftsanteil von Frau AB im Nennbetrag von € ......
    Nr. 5: neuer Geschäftsanteil von Herrn BC im Nennbetrag von € ......
    Nr. 6: neuer Geschäftsanteil von Herrn CD im Nennbetrag von € ......

2. Die Einlagen auf die neuen Geschäftsanteile mit den laufenden Nummern 4, 5 und 6 sind als Sacheinlage durch die Gesellschafter in voller Höhe dadurch zu erbringen, dass diese ihre Kommanditanteile einschließlich ihrer Gesellschafterkonten (nachfolgend Kapitalkonten genannt) an der „ABC-GmbH & Co. KG" auf „ABC-GmbH" übertragen. Die Sacheinlagen erfolgen mit folgenden Maßgaben:

- Die an die „ABC-GmbH" abzutretenden Kommanditanteile repräsentieren die gesamte Beteiligung am Vermögen sowie am Gewinn und Verlust der „ABC-GmbH & Co. KG". Durch die Abtretung geht deren gesamtes Vermögen im Wege der Anwachsung auf die „ABC-GmbH" über.
- Im Innenverhältnis soll die bisherige „ABC-GmbH & Co. KG" ab dem 1.1.02 als für Rechnung der „ABC-GmbH" geführt gelten; die Gesellschafter treten ihre Kommanditanteile mit Gewinnbezugsrecht ab dem 1.1.02 an die „ABC GmbH" ab. Der Einbringung werden im Innenverhältnis die in der als Anlage beigefügten Bilanz der „ABC-GmbH & Co. KG" zum 31.12.01 angesetzten Werte zugrunde gelegt (Einbringungsbilanz), deren Buchwerte die aufnehmende „ABC-GmbH" steuerlich fortführen wird.

3. Die in der Einbringungsbilanz zum 31.12.01 der „ABC-GmbH & Co. KG" für die Kommanditisten ausgewiesenen Kapitalkonten in Höhe von insgesamt € ...... für Frau AB, insgesamt € ...... für Herrn BC und insgesamt € ...... für Herrn CD werden im Rahmen der Einbringung wie folgt behandelt:

Sie werden zunächst jeweils in Höhe des Nennwerts auf die von den Gesellschaften übernommenen neuen Stammeinlagen an der „ABC-GmbH" angerechnet.

Darüber hinaus gehende Beträge stellen Verbindlichkeiten der „ABC-GmbH" gegenüber den jeweiligen Gesellschaftern dar. Die Verbindlichkeiten sind ab der Eintragung der Kapitalerhöhung ins Handelsregister mit x % pa. zu verzinsen. Daraus ergibt sich voraussichtlich folgende Verwendung der Kapitalkonten:

Neue Geschäftsanteile	Darlehen	Gesamt
AB	€	€	€ ......
BC	€	€	€ ......
CD	€	€	€ ......

Unterschreitet der tatsächliche Wert der eingebrachten Kommanditanteile einschließlich der Gesellschafterkonten eines Gesellschafters an der „ABC-GmbH & Co. KG" im Zeitpunkt der Eintragung in das Handelsregister den Nennbetrag des jeweilig übernommenen Geschäftsanteils, entfällt der Ausweis einer Verbindlichkeit gegenüber dem betreffenden Gesellschafter und ist der Differenzbetrag durch Zuzahlung in bar des betreffenden Gesellschafters auszugleichen.

3.

Der Gesellschaftsvertrag der „ABC-GmbH" idF vom ...... wird in § 2 (Firma), § 3 (Stammkapital/Stammeinlagen) und § 4 (Unternehmensgegenstand) geändert und wie folgt neu gefasst:

1. § 2 (Firma) lautet wie folgt:

„Die Firma der Gesellschaft lautet „ABC ....-GmbH."

2. § 3 (Stammkapital/Geschäftsanteile) lautet wie folgt:

„Das Stammkapital der Gesellschaft beträgt € ...... Es ist eingeteilt in folgende Geschäftsanteile, die wie folgt gehalten werden:

2.1   Frau AB mit Geschäftsanteilen von € ...... (Nr. 1) und € ...... (Nr. 4)

2.2   Herr BC mit Geschäftsanteilen von € ...... (Nr. 2) und € ...... (Nr. 5)

2.3   Herr CD mit Geschäftsanteilen von € ...... (Nr. 3) und € ...... (Nr. 6)."

3. § 4 (Unternehmensgegenstand) wird geändert und lautet wie folgt:

„Gegenstand des Unternehmens ist ......"

4. Die Kosten dieser Urkunde, ihres Vollzugs und die daraus anfallenden Steuern trägt die „ABC-GmbH" bis zur Höhe von € ......, darüber hinaus die Kommanditisten im Verhältnis ihrer bisherigen Gewinnbeteiligung.

Der Notar wies darauf hin, dass

– die Kapitalerhöhung erst mit Eintragung wirksam wird,

– die Übernehmer, sollte der Wert der Kommanditanteile bei Eingang der Anmeldung der Kapitalerhöhung beim Registergericht den Betrag der dafür übernommenen Stammeinlage nicht erreichen, in Höhe des Fehlbetrags eine Einlage in Geld zu leisten haben,

– alle Gesellschafter für übernommene, aber nicht erbrachte Stammeinlagen und die Werthaltigkeit der Sacheinlagen haften.

Diese Niederschrift samt Anlagen wurde den Erschienenen vom Notar vorgelesen, von ihnen genehmigt und von ihnen und dem Notar eigenhändig wie folgt unterschrieben:

....

[Unterschrift AB]   [Unterschrift BC]   [Unterschrift CD]

....

[Unterschrift Notar]

Anlage:

Einbringungsbilanz der Firma „ABC-GmbH & Co. KG" zum 31.12.01 (mit Bescheinigung hinsichtlich Wertansätze: „Ich, der unterzeichnete WP/StB bescheinige hiermit, dass die Wertansätze in der vorstehenden Bilanz den gesetzlichen Vorschriften entsprechen und insb. die Aktiva nicht über- und die Passiva nicht unterbewertet sind").

Formular A. 3.05a Übernahmeerklärung gem. § 55 Abs. 1 GmbHG

1. Die Gesellschafter der „ABC-GmbH" mit dem Sitz in ...... haben am ...... beschlossen, das Stammkapital der Gesellschaft von € ...... um € ...... auf € ...... zu erhöhen.

2. Zur Übernahme der neuen Stammeinlagen wurden zugelassen:

    2.1   Frau AB mit einem neuen Geschäftsanteil im Nennbetrag von € ......

    2.2   Herr BC mit einem neuen Geschäftsanteil im Nennbetrag von € ......

    2.3   Herr CD mit einem neuen Geschäftsanteil im Nennbetrag von € ......

    Die Einlagen auf die neuen Geschäftsanteile mit den laufenden Nummern 4, 5 und 6 sind als Sacheinlage durch die Gesellschafter in voller Höhe dadurch zu erbringen, dass diese ihre Kommanditgesellschaftsanteile einschließlich ihrer Gesellschafterkonten (nachfolgend Kapitalkonten genannt) an der Kommanditgesellschaft unter der Firma „ABC-GmbH & Co. KG" mit dem Sitz in ... auf die Gesellschaft, unter Zugrundelegung der Einbringungsbilanz zum 31.12.01, übertragen. Die Kapitalkonten der Gesellschafter in der Einbringungsbilanz werden jeweils mit dem Nennwert auf die von den Gesellschaften übernommenen neuen Geschäftsanteile angerechnet, überschießende Beträge werden den Gesellschaftern als Darlehen gutgeschrieben, Fehlbeträge sind durch Bareinzahlungen auszugleichen.

3. Wir, Frau AB, Herr BC und Herr CD, übernehmen die neuen Geschäftsanteile mit den laufenden Nummern 4, 5 und 6 zu den im Kapitalerhöhungsbeschluss niedergelegten und den in vorstehender Ziff. 2 wiedergegebenen Bedingungen.

....

[Unterschrift AB]   [Unterschrift BC]   [Unterschrift CD]

....

[Beglaubigungsvermerk]

Formular A. 3.05b Vertragliche Abtretung der Kommanditgesellschaftsanteile an der „ABC-GmbH & Co. KG" an die „ABC(Komplementär)-GmbH"

„ABC-GmbH" (vertreten durch ihre beiden jeweils einzelvertretungsberechtigten und von den Beschränkungen des § 181 BGB befreiten Geschäftsführer, den Herren BC und CD) ist alleinige Komplementärin der Kommanditgesellschaft unter der Firma „ABC-GmbH & Co. KG"; Kommanditisten sind

– Frau AB mit einer Kommanditeinlage von € ......,

– Herr BC mit einer Kommanditeinlage von € ......,

– Herr CD mit einer Kommanditeinlage von € ....

1. Die vorstehenden Parteien vereinbaren was folgt:

   1.1 Frau AB, Herr BC und Herr CD treten ihre Kommanditgesellschaftsanteile einschließlich ihrer Gesellschafterkonten (Kapitalkonten) an der Kommanditgesellschaft unter der Firma „ABC-GmbH & Co. KG" an die „ABC-GmbH" ab, und zwar auf Grund der Übernahmeerklärung vom ...... zum Zwecke der Leistung ihrer Einlagen auf die neuen Geschäftsanteile bei der „ABC-GmbH"; diese nimmt die Abtretungen an.

   1.2 Die Abtretungen erfolgen mit sofortiger dinglicher Wirkung und mit schuldrechtlicher Wirkung zum 31.12.01 unter Zugrundelegung der zu diesem Stichtag aufgestellten Einbringungsbilanz der „ABC-GmbH & Co. KG", wonach die Kapitalkonten für Frau AB € ......, für Herrn BC € ...... und für Herrn CD € ...... betragen.

   1.3 Frau AB, Herr BC sowie Herr CD garantieren, dass ihre Kommanditeinlagen voll einbezahlt sind.

2. Die Gesellschafter der „ABC-GmbH & Co. KG" erteilen hiermit ihre Zustimmung zur Abtretung der Kommanditgesellschaftsanteile an die „ABC-GmbH".

3. Sämtliche Gesellschafter der „ABC-GmbH & Co. KG" erklären sich damit einverstanden, dass die „ABC-GmbH" zur Fortführung der Firma ...... berechtigt ist.

....

[Unterschrift AB]   [Unterschrift BC]   [Unterschrift CD]

....

[ABC-GmbH]

Formular A. 3.05c Handelsregisteranmeldung der Kapitalerhöhung bei der „ABC-GmbH"

An das

Amtsgericht ......

– Handelsregister –

HRB ...... Firma „ABC-GmbH"

Als sämtliche Geschäftsführer der vorgenannten Gesellschaft überreichen wir, die Herren BC und CD:

1. Ausfertigung des Protokolls der Gesellschafterversammlung vom ...... UrkNr. ...... des Notars ...... in ...... mit Anlage (Bilanz der ABC-GmbH & Co. KG" zum 31.12.01 mit Wertbescheinigung des WP/StB ...... vom ......);

2. beglaubigte Übernahmeerklärungen von Frau AB, von Herrn BC und von Herrn CD vom ......;

3. vollständigen Wortlaut des Gesellschaftsvertrags mit Bescheinigung gem. § 54 Abs. 1 Satz 2 GmbHG;

4. neue Liste der Gesellschafter;

5. beglaubigte Kopie des Abtretungsvertrags vom ...... über die Abtretung sämtlicher Kommanditgesellschaftsanteile einschließlich aller Gesellschafterkonten (Kapitalkonten) an der „ABC-GmbH & Co. KG" an die Gesellschaft;

6. Sacherhöhungsbericht der Gesellschafter.

Zur Eintragung in das Handelsregister melden wir an:

– Das Stammkapital der Gesellschaft wurde von € ...... um € ...... auf € ...... erhöht.

– Die Firma der Gesellschaft wurde in „ABC ......-GmbH" geändert.

Der Gegenstand des Unternehmens wurde geändert und ist nun „ ...... ".

– Die §§ 2 (Firma) 3 (Stammkapital/Geschäftsanteile) und 4 (Unternehmensgegenstand) des Gesellschaftsvertrags wurden geändert.

Wir, die Geschäftsführer der Gesellschaft, versichern, dass die Kommanditgesellschaftsanteile von Frau AB, von Herrn BC und Herrn CD an der „ABC-GmbH & Co. KG" einschließlich ihrer Gesellschafterkonten (Kapitalkonten) auf die Gesellschaft übergegangen sind und sich damit das gesamte Vermögen der „ABC-GmbH & Co. KG" endgültig zu unserer freien Verfügung befindet.

Sämtliche Gesellschafter der „ABC-GmbH & Co. KG", nämlich die Gesellschaft als alleinige Komplementärin, vertreten durch die Geschäftsführer der Gesellschaft, sowie Frau AB, Herr BC und Herr CD als sämtliche Kommanditisten, erklären die Einwilligung zur Fortführung der Firma ...... in der nunmehrigen Firma „......-GmbH".

....

[Unterschrift AB]   [Unterschrift BC]   [Unterschrift CD]

....

[Beglaubigungsvermerk]

Formular A. 3.05d Handelsregisteranmeldung der Abtretung der Kommanditgesellschaftsanteile

An das

Amtsgericht ......

– Handelsregister –

HRA ...... Firma „ABC-GmbH & Co. KG"

Zur Eintragung in das Handelsregister melden wir an:

1. Sämtliche Kommanditgesellschaftsanteile an der Kommanditgesellschaft unter der Firma „ABC-GmbH & Co. KG" wurden im Wege der Sonderrechtsnachfolge von den Kommanditisten auf die Komplementär-GmbH, unter der Firma „ABC-GmbH" mit Sitz in ......, eingetragen im Handelsregister ...... unter HRB Nr. ......, übertragen nämlich

   1.1 Frau AB ihre Kommanditgeschäftsanteile von € ......,

   1.2 Herr BC seine Kommanditgeschäftsanteile von € ...... und

   1.3 Herr CD seine Kommanditgeschäftsanteile von € ......

2. Die Kommanditgesellschaft unter der Firma „ABC-GmbH & Co. KG" ist damit beendet und ohne Liquidation aufgelöst und deren gesamtes Vermögen im Wege der Anwachsung auf die Komplementär-GmbH, die „ABC-GmbH", übergegangen.

3. Das Geschäft wird von dem verbliebenen Gesellschafter, der „ABC-GmbH" mit Geschäftsräumen in ......, ohne Liquidation mit allen Aktiven und Passiven fortgeführt.

4. Die Firma der „ABC-GmbH & Co. KG" ist erloschen.

ABC-GmbH, vertreten durch

....
[Unterschrift BC]   [Unterschrift CD]

....
[Unterschrift AB]   [Unterschrift BC]   [Unterschrift CD]

....
[Beglaubigungsvermerk]

Formular A. 3.05e Sacherhöhungsbericht entsprechend § 5 Abs. 4 GmbHG

Wir, die sämtlichen Gesellschafter der ABC-GmbH (im Folgenden „Gesellschaft") erstatten zur Angemessenheit der Leistungen für die im Kapitalerhöhungsbeschluss vom ...... (UrkR-Nr. ...... des Notars ......) festgelegten Sacheinlagen folgenden Bericht:

Das Vermögen der ABC-GmbH & Co. KG ist mit allen Aktiven und Passiven in die Gesellschaft eingebracht. Die Einbringung erfolgte durch Abtretung sämtlicher Kommanditanteile und sämtlicher Gesellschafterkonten gemäß der Einbringungsbilanz zum 31. Dezember 01 durch sämtliche Kommanditisten. Die dadurch eingetretene Netto-Betriebsvermögensmehrung der Gesellschaft ergibt sich aus der Summe der in der Einbringungsbilanz ausgewiesenen Kapitalkonten von insgesamt € .... Die Summe dieser Kapitalkonten überschreitet um ...... den Gesamtbetrag der Kapitalerhöhung von € .... Auch die jeweiligen Kapitalkonten der drei Gesellschafter überschreiten die von den jeweiligen Gesellschaftern übernommenen neuen Stammeinlagen wie folgt: ....

Bei den in der Einbringungsbilanz angegebenen Kapitalkonten handelt es sich um Buchwerte. Die Verkehrswerte liegen noch deutlich über den Buchwerten; dies ergibt sich insb. aus folgenden Tatsachen: ...... *[vgl. entsprechend die Angaben im Sachgründungsbericht im Formular A. 15.30b]*.

In der Zeit nach dem 31. Dezember 01 (Stichtag der Einbringungsbilanz) wurde ein positives Geschäftsergebnis erwirtschaftet. Entnahmen, welche das Geschäftsergebnis in dieser Zeit übersteigen würden, sind nicht vorgenommen worden. Daraus ergibt sich, dass sich der Wert des eingebrachten Vermögens in der Zeit seit dem Stichtag der Einbringungsbilanz nicht vermindert hat. Die Jahresergebnisse der ABC-GmbH & Co. KG für die beiden letzten Geschäftsjahre 00 und 01 betrugen ....

Aufgrund der vorstehenden Tatsachen stellen wir fest, dass der Wert des von den Gesellschaftern eingebrachten Vermögens auch unter Berücksichtigung der Verbindlichkeiten und der zusätzlich vereinbarten Darlehen auf jeden Fall die jeweiligen Nennbeträge der von den Gesellschaftern übernommenen Geschäftsanteile mit den Nummern 4, 5 und 6 von insgesamt € ...... erreicht, auf den sich diese Sacheinlagen beziehen.

..........................., den ....

....
[Unterschrift AB]   [Unterschrift BC]   [Unterschrift CD]

II. ERLÄUTERUNGEN

> **Erläuterungen zu A. 3.05 Kapitalerhöhungsbeschluss der Komplementär-GmbH**

1. Grundsätzliche Anmerkungen

a) Wirtschaftliches Vertragsziel

Vertragsziel ist die Überführung des Vermögens der GmbH & Co. KG auf die **1** Komplementär-GmbH im Wege der **Gesamtrechtsnachfolge** mit der Möglichkeit des Verzichts auf eine ertragsteuerliche Realisierung stiller Reserven (Buchwertfortführung).

Das vorstehende Formular ermöglicht diese Ziele wie folgt: **2**
– Durch Übertragung sämtlicher Kommanditgesellschaftsanteile an der GmbH & Co. KG auf die Komplementär-GmbH wird die GmbH & Co. KG aufgelöst, ihr Vermögen wächst der verbleibenden Gesellschafterin, der Komplementär-GmbH, im Wege der Gesamtrechtsnachfolge an (§ 738 BGB); eine Liquidation der GmbH & Co. KG gem. §§ 161 Abs. 2, 145 ff. HGB findet nicht statt (vgl. BGH II ZR 37/07 v. 7.7.08, NJW 08, 2992).
– Mit der Einbringung der Kommanditanteile durch die Kommanditisten in die Komplementär-GmbH als Sacheinlage gegen Kapitalerhöhung wird auf Antrag die Möglichkeit des Aufschubs der Besteuerung stiller Reserven gem. § 20 UmwStG durch Buchwertfortführung geschaffen. Die steuerlich dem Sonderbetriebsvermögen der Kommanditisten zugerechneten Anteile an der Komplementär-GmbH brauchen dazu nach Auffassung der FinVerw. nicht in die Komplementär-GmbH mit eingebracht werden (UmwSt-Erl. 2011 BMF v. 11.11.11, BStBl. I 11, 1314 Tz. 20.09; allerdings muss sich der Einbringende damit einverstanden erklären, dass aus diesen Anteilen sog. sperrfristbehaftete Anteile iSv. § 22 Abs. 1 UmwStG werden.).

b) Zivilrecht

Bei der im Formular vorgesehenen Gestaltung erfolgt die Überführung der GmbH **3** & Co. KG auf die KG durch Einbringung sämtlicher Kommanditeinlagen in die Komplementär-GmbH unter gleichzeitiger Kapitalerhöhung (zu Alternativen s. Rz. 4– 6); der Vermögensübergang auf die Komplementär-GmbH vollzieht sich im Wege der Anwachsung (die GmbH & Co. KG ist mit Ausscheiden des vorletzten Gesellschafters ohne Abwicklung aufgelöst). Es findet eine **Kapitalerhöhung gegen Einbringung von Sacheinlagen** statt (s. Rz. 14). Bei Anmeldung des Kapitalerhöhungsbeschlusses erstreckt sich die Prüfungspflicht des Registerrichters auch auf die **Werthaltigkeit der Sacheinlage**. Gem. § 9c Abs. 1 GmbHG, der nach § 57a GmbHG auf Kapitalerhöhungen entsprechend anzuwenden ist, hat der Registerrichter nur zu prüfen, ob die Sacheinlage **nicht unwesentlich überbewertet** ist. Eine umfassende Prüfung der Werthaltigkeit soll demnach nur erfolgen, wenn der Registerrichter eine nicht nur unwesentliche Überbewertung für gegeben hält. Hat der Registerrichter diesbzgl. begründete Zweifel, ist er weiterhin im Einzelfall berechtigt und verpflichtet, Nachweise über Anschaffungskosten oder Herstellungskosten, ein Sachverständigengutachten oder eine Bilanz (bei Einbringung eines Unternehmens) einzuholen, soweit dies zur Kontrolle der Werthaltigkeit notwendig erscheint (OLG Rostock 1 W 4/15 v. 19.5.16, DStR 16, 2981; *Baumbach/Hueck* § 57a GmbHG Rz. 10; *MünchKommGmbHG/Lieder* § 56 Rz. 112). Bestehen allerdings keine Anhaltspunkte für eine Überbewertung, soll er dagegen keine Ausforschungsermittlung einleiten dürfen, ob denn zB eine wesentliche Überbewertung der Sacheinlage vorliegt oder überhaupt keine Geldleistungen erbracht worden sind (*Böhringer* BWNotZ 08, 104, 108). Erfolgt trotz dieses reduzierten Prüfungsmaßstabs eine Prüfung durch den Registerrichter und erreicht der Wert der Sacheinlage nicht den Nennbetrag der neuen Stammeinlage, wird die Eintragung abgelehnt (§§ 57a, 9c GmbHG). Der Einbringende haftet dann auf die Differenz zwischen dem Wert der Sacheinlage und dem Nominalbetrag der Stammeinlage (§§ 56 Abs. 2, 9 GmbHG). Auch nach Änderung des Prüfungsmaßstabs in § 9c Abs. 1 GmbHG bleibt unklar, ob ein **Sacherhöhungsbericht** (in Anlehnung an einen Sachgründungsbericht gem. § 5 Abs. 4 GmbHG) zu erstatten und **Wertnachweisunterlagen** (entsprechend § 8 Abs. 1 Nr. 5 GmbHG) einzureichen sind. Der Gesetzgeber hat die Unklarheit, dass § 5 Abs. 4 GmbHG bzw. § 8 Abs. 1 Nr. 5 GmbHG in den Vorschriften über die Kapitalerhöhung durch Sacheinlagen, nämlich in den §§ 56 und 57 Abs. 3 GmbHG, nicht genannt sind (vgl. zum Meinungsstand *W/M/Mayer* Anh 5 Rz. 363 und *MünchKommGmbHG/Lieder* § 56 Rz. 111 f. mwN; gegen Notwendigkeit eines Sacherhöhungsberichts zB *Lutter/Hommelhoff* § 56 GmbHG Rz. 7 und § 57a Rz. 2 mwN), nicht beseitigt. Um eine Verzögerung oder gar eine Ablehnung der Eintragung zu vermeiden, empfiehlt es sich, weiterhin einen Sacherhöhungsbericht (im Formular A. 3.05e vorgesehen) zu erstatten und als Wertnachweisunterlage die zugrunde gelegte Einbringungsbilanz mit einer Bescheinigung eines Wirtschaftsprüfers/Steuerberaters versehen zu lassen, dass keine Überbewertung von Aktiva und keine Unterbewertung von Passiva darin vorgenommen wurde und der Wert der Sacheinlage den Nominalbetrag der Kapitalerhöhung deckt (vgl. Formulierungsvorschlag des Formulars A. 3.05e für den Kapitalerhöhungsbeschluss).

c) Alternative Gestaltungsmöglichkeiten

4   Alternativ zu der hier behandelten Gestaltung kann eine „Umwandlung" in eine GmbH auch wie folgt gestaltet werden:

(1) Verschmelzung im Wege der Aufnahme durch Übertragung des Vermögens der GmbH & Co. KG (übertragender Rechtsträger) als Ganzes auf die Komplementär-GmbH (bestehender übernehmender Rechtsträger) gegen Gewährung von Anteilen an der Komplementär-GmbH an die Kommanditisten der bisherigen GmbH & Co. KG gem. § 2 Nr. 1 UmwG (vgl. Formular A. 15.80a).

(2) Anwachsung des Vermögens der GmbH & Co. KG auf Komplementär-GmbH durch Ausscheiden sämtlicher Kommanditisten.

(3) Sachgründung einer GmbH (vgl. Formular A. 6.01a) mit Einzelrechtsübertragung des Vermögens der GmbH & Co. KG sowie anschließender Auflösung und Liquidation der GmbH & Co. KG und der Komplementär-GmbH.

Die Nachteile der vorstehenden Alternativen gegenüber dem in diesem Formular behandelten Modell liegen im Wesentlichen in Folgendem:

5   **Zu (1): Bei der Verschmelzung zur Aufnahme gem. § 2 Nr. 1 UmwG** sind insbes. die folgenden zusätzlichen Anforderungen bzw. Formalien zu beachten (vgl. dazu Formular A. 15.80a):

– Mindestinhalt des Verschmelzungsvertrags gem. § 5 Abs. 1 UmwG (zB Darstellung der Folgen der Verschmelzung für die Arbeitnehmer und ihre Vertretungen sowie die insoweit vorgesehenen Maßnahmen), Beurkundungspflicht des Verschmelzungsvertrags (§ 6 UmwG) mit der Kostenfolge auf der Grundlage der Bilanzsumme der übertragenden Gesellschaft.

– Zuleitung des Verschmelzungsvertrags oder dessen Entwurfs mindestens einen Monat vor Fassung der Zustimmungsbeschlüsse der Gesellschafterversammlung des übertragenden und des übernehmenden Rechtsträgers (§ 5 Abs. 3 UmwG) an sämtliche Betriebsräte (sofern dort vorhanden) des übertragenden und übernehmenden Rechtsträgers.

– Notariell beurkundete Zustimmungsbeschlüsse der Gesellschafterversammlungen des übertragenden und des übernehmenden Rechtsträgers (§ 13 UmwG) mit den sich daraus ergebenden Kostenfolgen (falls nicht Fassung zusammen mit dem Verschmelzungsvertrag in gleicher Urkunde).

– Zwingendes Angebot einer Barabfindung im Verschmelzungsvertrag bzgl. des Erwerbs von Anteilen der Anteilsinhaber des übertragenden Rechtsträgers für den Fall, dass diese der Verschmelzung widersprechen (§ 29 UmwG).

– Verschmelzungsbericht (§ 8 Abs. 1 UmwG), falls nicht alle Anteilsinhaber aller beteiligten Rechtsträger auf seine Erstattung in notariell beurkundeter Form verzichten (§ 8 Abs. 3 UmwG).

– Verschmelzungsprüfung und Prüfungsbericht (gem. §§ 9–12 und 30 Abs. 2 UmwG), falls nicht alle Anteilsinhaber aller beteiligten Rechtsträger in notariell beurkundeter Form auf diese verzichten (§ 8 Abs. 3 iVm. §§ 9 Abs. 3 und 12 Abs. 3 sowie 30 Abs. 2 UmwG).

– Verbot der Gewährung von Darlehen an bisherige Kommanditisten und Begrenzung der Barzuzahlungen auf 10% des Gesamtnennbetrags der gewährten Geschäftsanteile (§ 54 Abs. 4 UmwG).

Zu (2): Ausscheiden mit Anwachsung: Der Nachteil des „klassischen" An- 6 wachsungsmodells liegt in der Realisierung der stillen Reserven in den Kommanditanteilen und den Anteilen der Komplementär-GmbH (UmwSt-Erl. 2011 BMF v. 11.11.11, BStBl. I 11, 1314 Tz. E 20.10, *S/H/S/Schmitt* § 20 UmwStG Rz. 194), und zwar einschließlich eines selbstgeschaffenen Firmenwerts (vgl. BFH I R 202/83 v. 24.3.87, BStBl. II 87, 705).

Verzichten die Kommanditisten nicht auf ihre Abfindungsansprüche, führt dies insoweit zu einer (Gesellschafter-)Fremdfinanzierung des auf die Komplementär-GmbH übergehenden Betriebsvermögens der GmbH & Co. KG.

Vorteile des Anwachsungs-Modells könnten die erheblich geringeren Notar- und Registerkosten sein sowie im Vergleich zur Alternative 1 die einfache Durchführung. Weitere Vereinfachungen könnten sich durch Nichtanwendung von Sachgründungs- bzw. Sacherhöhungsvorschriften ergeben.

Zu (3): Sachgründung mit der Übertragung des Vermögens der GmbH & 7 Co. KG: Bei der Sachgründung mit Übertragung des Betriebsvermögens der GmbH & Co. KG ist jeweils Einzelübertragung notwendig (bei Verbindlichkeiten ist die Zustimmung der Gläubiger einzuholen); die verbleibende GmbH & Co. KG und die Komplementär-GmbH sind aufzulösen und abzuwickeln.

Wegen der vorstehenden Nachteile ist uE die hier behandelte „Einbringung" der 8 GmbH & Co. KG auf die Komplementär-GmbH durch Einbringung sämtlicher Kommanditanteile in die Komplementär-GmbH unter gleichzeitiger Kapitalerhöhung regelmäßig zu empfehlen.

d) Steuerrecht

aa) Ertragsteuern

Die Übertragung des Vermögens der GmbH & Co. KG auf die Komplementär- 9 GmbH durch Einbringung sämtlicher Kommanditanteile in diese gegen Gewährung neuer Anteile aus einer Kapitalerhöhung fällt ertragsteuerlich in den Anwendungsbereich von § 20 UmwStG. Diese Vorschrift ermöglicht auf Antrag die Vermeidung einer Gewinnrealisierung durch Buchwertfortführung (in sog. 50i-Konstellationen ist immer auch die Einschränkung des Buchwertwahlrechts nach § 50i Abs. 2 EStG idF des Anti-BEPS-Umsetzungsgesetzes v. 24.12.16 (BGBl. I 16, 3000 zu beachten) bzw. eine (steuerlich begünstigte: keine Gewerbesteuer unabhängig von der ertragsteuerlichen Begünstigung nach § 34 EStG) teilweise oder vollständige **Gewinnrealisierung.** Zwar gehen die Kommanditanteile mit der Einbringung in die Komplementär-GmbH unter (weil die Kommanditgesellschaft durch Ausscheiden des vorletzten Gesellschafters aufgelöst ist), dh. die Leistung der Kommanditisten besteht in ihrem Verzicht auf einen Abfindungsanspruch; die FinVerw. behandelt den Vorgang bisher aber unter wirtschaftlicher Betrachtungsweise der Einbringung von (fortbestehenden) Mitunternehmeranteilen gleich (vgl. UmwSt-Erl. 2011 BMF v. 11.11.11, BStBl. I 11, 1314 Tz E 20.10). Dies war in Folge des SEStEG v. 7.12.06 (BGBl. I 06, 2782) teilweise in der Literatur bezweifelt worden (vgl. *D/P/P/M/Patt* § 20 UmwStG Rz. 7; dagegen aber die wohl hM vgl. *R/H/L/Herlinghaus* § 20 UmwStG Rz. 39c mwN, *Orth* DStR 09, 192; *S/H/S/Schmitt* § 20 UmwStG Rz. 195). Der Umstand, dass die Kommanditisten nur ihren Mitunternehmeranteil, nicht aber ihre regelmäßig zum Sonderbetriebsvermögen gehörenden Geschäftsanteile an der Komplementär-GmbH in diese einbringen steht der Steuerneutralität nicht entgegen. Es ist anerkannt, dass die Beteiligung an der Komplementär-GmbH wenigstens dann nicht zu den funktional wesentlichen Betriebsgrundlagen gehört, wenn die KG im Rahmen der Umwandlung untergeht (BFH I R 97/08 v. 16.12.09, BStBl. II 10, 808).

10   Bezüglich der Voraussetzungen für die **Buchwertfortführung** bzw. der Fälle, in denen eine Realisierung zwingend vorgeschrieben ist (insb. negatives Kapitalkonto, Ausschluss des deutschen Besteuerungsrechts hinsichtlich des Gewinns aus der Veräußerung des eingebrachten Betriebsvermögens, sonstige Leistungen übersteigen Kapitalkonto) wird auf die allgemeinen Erläuterungen zur Verschmelzung einer Personenhandelsgesellschaft auf eine GmbH unter A. 15.80 Rz. 20 ff. und Einbringung eines Teilbetriebs in eine GmbH unter A. 3.02 Rz. 15 verwiesen. Für die Besteuerung der einbringenden Kommanditisten ist auch hier der Ansatz in der Steuerbilanz der übernehmenden Komplementär-GmbH maßgebend (Buchwert, gemeiner Wert oder Zwischenwert). Soweit die Komplementär-GmbH – abweichend vom Regelfall – selbst am Vermögen der GmbH & Co. KG (bzw. am Gewinn und Verlust) beteiligt war, ist eine Aufstockung über den Buchwert hinaus allerdings nicht möglich. Soweit die GmbH das Betriebsvermögen über dem Buchwert ansetzt, ist beim Kommanditisten ein steuerbegünstigter Einbringungsgewinn gegeben (keine Gewerbesteuer; der Freibetrag gem. § 16 Abs. 4 EStG bzw. die Begünstigung nach § 34 Abs. 1 und 3 EStG wird allerdings nur bei voller Aufstockung auf den gemeinen Wert gewährt, § 20 Abs. 4 UmwStG). Soweit die Komplementär-GmbH das von einem Mitunternehmer eingebrachte (anteilige) Betriebsvermögen der GmbH & Co. KG unter dem gemeinen Wert ansetzt, führt eine Veräußerung (oder ein gleichgestellter Vorgang, § 22 Abs. 1 Satz 6 UmwStG) der Anteile des Kommanditisten an der Komplementär-GmbH innerhalb von sieben Jahren nach der Einbringung zur rückwirkenden Besteuerung des sog. Einbringungsgewinns I nach § 22 Abs. 1 UmwStG (beachte Abschmelzung pro rata temporis nach § 22 Abs. 1 Satz 3 UmwStG); dies gilt nach Auffassung der FinVerw. hinsichtlich der früheren sog. einbringungsgeborenen Anteile auch für die bereits vor der Einbringung von den Kommanditisten gehaltenen alten Anteilen an der Komplementär-GmbH (vgl. § 22 Abs. 7 UmwStG; UmwSt-Erl. 2011 BMF v. 11.11.11, BStBl. I 11, 1314 Tz. 22.43). Ist Einbringender eine natürliche Person, unterliegt der Einbringungsgewinn I nicht der GewSt, selbst wenn nur ein Teil der erhaltenen Anteile veräußert wird (BFH I R 26/18 v. 11.7.19, BFH/NV 20, 439). Das Gleiche gilt für einen evtl. Einbringungsgewinn II, soweit Anteile an einer mit eingebrachten Kapitalgesellschaft veräußert werden (BFH I R 13/18 v. 11.7.19, BFH/NV 20, 437).

bb) Verkehrsteuern

11   **Grunderwerbsteuer.** Soweit zum Vermögen der anwachsenden GmbH & Co. KG Grundstücke gehören, unterliegt deren Übergang gem. § 1 Abs. 1 Nr. 3 GrEStG der Grunderwerbsteuer. Bemessungsgrundlage sind gem. § 8 Abs. 2 GrEStG die sog. Grundbesitzwerte nach § 138 Abs. 2 oder 3 BewG (FinMin BaWü v. 19.12.97, DStR 1998, 82 zu B.). Zu Zweifeln an der Verfassungsmäßigkeit der Grundbesitzwerte für GrESt-Zwecke vgl. BFH II R 64/08 v. 27.5.09, DStR 09, 1474 (Bescheide ergehen

insoweit nur noch vorläufig, Gleichl. Ländererlasse v. 17.6.11, BStBl. I 11, 575; beachte nunmehr: BVerfG 1 BvL 13/11, 1 BvL 14/11 v. 23.6.15, DStR 15, 1678 und hierzu OFD NRW v. 24.7.15, BeckVerw 313036). Mit StÄndG 2015 v. 2.11.15 (BGBl I 15, 1834) ist der Verweis in § 8 Abs. 2 GrEStG dahingehend geändert worden, dass nunmehr die sog. **Erbschaftsteuerwerte** Ersatzbemessungsgrundlage sind. Die Neuregelung ist auf alle Erwerbsvorgänge nach dem 31.12.08 anzuwenden (vgl. Gleichl. Ländererlasse v. 16.12.15, BStBl. I 15, 1082; *Loose* DB 16, 75; *Schade* DStR 16, 657). Der Grunderwerbsteuersatz ist von Bundesland zu Bundesland verschieden (zwischen 3,5% und 6,5%). § 6 Abs. 2 GrEStG scheidet in der Regel wegen § 6 Abs. 4 GrEStG aus. Vgl. auch § 1 Abs. 3a und § 6a GrEStG idF des Amtshilfe-RLUmsG v. 26.6.13 (BGBl. I 13, 1809) und Gleichl. Ländererlasse v. 9.10.13, BStBl. I 13, 1364 und 1375; *Behrens* DStR 13, 2726. Zur ertragsteuerlichen Behandlung der Kosten für den Vermögensübergang einschl. der Grunderwerbsteuer vgl. *Krohn* DB 18, 1755. Aufgrund der neuen, sehr weiten Auslegung der Regelung durch den BFH ist jeweils auch zu prüfen, ob eine Vergünstigung nach § 6a GrEStG in Betracht kommt (zur BFH-Rspr. *Loose* DB 20, 919).

Umsatzsteuer. Die im Formular vorgesehene Einbringungsvariante unterliegt im Ergebnis nicht der Umsatzsteuer. Ist der Einbringende kein Unternehmer, ist die Einbringung schon nicht umsatzsteuerbar. Ansonsten liegt idR eine nicht steuerbare Geschäftsveräußerung nach § 1 Abs. 1a UStG vor. **12**

2. Einzelerläuterungen

Das Formular geht vom Regelfall aus, dass die Kommanditisten der GmbH & Co. KG gleichzeitig auch (und im selben Verhältnis) Gesellschafter der Komplementär-GmbH sind. **13**

Zu 1.: Da es sich um eine Kapitalerhöhung gegen Einbringung von Sacheinlagen handelt, ist die Festsetzung der Sacheinlagen im Kapitalerhöhungsbeschluss erforderlich (gleichzeitig auch noch in der Übernahmeerklärung, vgl. Formular A. 3.05a), aber nicht im Gesellschaftsvertrag (*Scholz/Priester* § 56 GmbHG Rz. 82; anders als bei Sachgründung – § 5 Abs. 4 Satz 1 GmbHG).

Vorgesehen ist, dass die Einbringung in Höhe des Nominalbetrags der Kapitalkonten (Eigenkapitalanteil der Gesellschafter an der Personenhandelsgesellschaft) durch Verrechnung mit der Stammeinlage erfolgt und überschießende Beträge den Gesellschaftern als Darlehen von der Komplementär-GmbH gutgeschrieben werden bzw. Fehlbeträge durch Barzahlung auszugleichen sind. Der Betrag, der als Eigenkapitalanteil des Gesellschafters im Zeitpunkt der Einbringung gilt, ist durch Auslegung des Gesellschaftsvertrags zu ermitteln. Denn von Gesetzes wegen (§ 167 Abs. 2 HGB) ist dieser Kapitalanteil des Kommanditisten an der KG fest, allerdings sehen Gesellschaftsverträge regelmäßig vor, dass auch für Kommanditisten ein fester Kapitalanteil (auf dem Kapitalkonto I) und ein variabler Kapitalanteil (auf dem Kapitalkonto II) geführt werden; sog. System des gespaltenen Kapitalanteils (*MünchHdb GesR* Bd. 2 § 22 Rz. 18). Besteht ein solches Kapitalkonto II für den Kommanditisten, ist durch Auslegung zu ermitteln, ob es sich dabei um ein Beteiligungsrecht oder ein Forderungsrecht handelt (OLG Köln 22 U 139/99 v. 11.1.00, NZG 00, 979). Dabei ist zu berücksichtigen, welchen Zweck die Gesellschafter mit der Regelung erreichen wollten. In den meisten Fällen dürfte ein solches Kapitalkonto II als Beteiligungsrecht des Gesellschafters ausgestaltet sein; dies gilt insbes. dann, wenn es unverzinslich ausgestaltet ist und Verluste mit Guthaben auf dem Konto verrechnet werden dürfen (*MünchHdb GesR* Bd. 2 § 22 Rz. 52 f.). Ist dies der Fall, besteht der Eigenkapitalanteil des Kommanditisten aus den Beträgen des Kapitalkontos I und II. **14**

Die Beträge der Kapitalkonten müssen bestimmbar sein, eine Bezifferung ist nicht notwendig (vgl. *Scholz/Priester* § 56 GmbHG Rz. 78 mwN; aA OLG Stuttgart 8 W

295/81 v. 19.1.82, GmbHR 82, 110 f.). Um ein Wiederaufleben der Kommanditistenhaftung wegen Rückzahlung der Kommanditeinlagen gem. § 172 Abs. 4 HGB zu vermeiden, empfiehlt es sich, die Beträge der neuen Stammeinlagen mindestens in Höhe der bisherigen Kommanditeinlagen iSd Hafteinlagen der einzelnen Kommanditisten zu bestimmen; ob die Gutschrift als Darlehen als Einlagenrückgewähr gem. § 172 Abs. 4 HGB gilt, ist strittig (verneint BGH II ZR 124/61 v. 9.5.63, BGHZ 39, 331).

Die bisherigen und neuen Geschäftsanteile werden durch Gesellschafterbeschluss mit laufenden Nummern versehen. Auch wenn hier keine weitere Teilung der Geschäftsanteile vorgenommen wird (was allerdings möglich wäre; vgl. hierzu Formular A. 3.02) und damit die einzelnen Geschäftsanteile unterscheidbar bleiben dürften, sind die Geschäftsanteile in der einzureichenden Gesellschafterliste zu nummerieren (vgl. *Katschinski/Rawert* ZIP 08, 1995). Diese Nummerierung soll hier durch Gesellschafterbeschluss dokumentiert werden.

15 **Zu 2.: Firma.** Vorgesehen ist, dass die Komplementär-GmbH die Firma der GmbH & Co. KG fortführt, und zwar ohne Anfügung eines Nachfolgezusatzes (§ 4 Satz 1 GmbH iVm § 22 HGB); Voraussetzung dafür ist neben dem Erwerb des Unternehmens (auch Einbringung als Sacheinlage gilt als Erwerb, vgl. *Baumbach/Hueck* § 4 Rz. 20) die Fortführung des Unternehmens der GmbH & Co. KG durch die GmbH sowie Zustimmung aller bisherigen Gesellschafter.

16 **Zu 3.: Stammkapital, Unternehmensgegenstand.** Die Bestimmung des Gesellschaftsvertrags über das Stammkapital und die Stammeinlagen ist an die Kapitalerhöhung anzupassen (s. Rz. 14). Ebenso dürfte eine Änderung des Unternehmensgegenstands erforderlich werden. War die GmbH als Komplementärin zuvor vorrangig für die Geschäftsführung des Unternehmens tätig, ist sie nach der Einbringung selbst Träger des Unternehmens.

17 **Zu Anlage Einbringungsbilanz:** Obwohl nach dem Gesetzeswortlaut auf die Sacherhöhung die Vorschriften einer Sachgründung (insb. Sachgründungsbericht und Wertnachweisunterlagen) nicht unmittelbar anwendbar sind, der Registerrichter aber unter Umständen die Werthaltigkeit der Sacheinlage prüfen kann (vgl. Rz. 3), empfiehlt sich, der Einbringung eine Bilanz der GmbH & Co. KG zugrunde zu legen, aus der die Werte der jeweils eingebrachten Kommanditgeschäftsanteile ersichtlich sind. Es empfiehlt sich auch, diese Bilanz mit einer Bestätigung eines Steuerberaters/Wirtschaftsprüfers versehen zu lassen, wonach die Wertansätze den gesetzlichen Vorschriften entsprechen und die Aktiva nicht überbewertet und die Passiva nicht unterbewertet sind und damit der Wert der Sacheinlage den Betrag der Stammeinlage deckt.

18 Ein **Stichtag,** auf den diese Einbringungsbilanz aufgestellt sein muss, ist gesetzlich nicht bestimmt. Für steuerliche Zwecke ist gem. § 20 Abs. 5 iVm. Abs. 6 Satz 3 UmwStG eine **Rückwirkung bis zu acht Monaten** möglich, wenn den zuständigen Finanzämtern diesbezüglich eine Erklärung der aufnehmenden Kapitalgesellschaft vorliegt (UmwSt-Erl. 2011 BMF v. 11.11.11, BStBl. I 11, 1314 Tz. 20.14). Im Formular ist die Einbringung mit schuld- und steuerrechtlicher Rückwirkung zum Ablauf des 31.12.01 vorgesehen.

Erläuterungen zu A. 3.05a Übernahmeerklärung gem. § 55 Abs. 1 GmbHG

19 Die Trennung der Übernahmeerklärung und des Erhöhungsbeschlusses (Formular A. 3.05a) erfolgt aus Kostengründen; während der Kapitalerhöhungsbeschluss notariell zu beurkunden ist, muss die Übernahmeerklärung lediglich notariell beglaubigt werden (§ 55 Abs. 1 GmbHG).

20 Die Übernahmeerklärung wird gegenüber den Geschäftsführern der Komplementär-GmbH abgegeben. Da es sich um eine Kapitalerhöhung im Wege der Sacheinlage handelt, muss die Festlegung der Sacheinlage selbst auch in der Übernahmeerklärung enthalten sein (§ 56 Abs. 1 Satz 2 GmbHG).

Erläuterungen zu A. 3.05b Vertragliche Abtretung der Kommanditgesell-schaftsanteile an der „ABC-GmbH & Co. KG" an die „ABC(Komplementär)-GmbH"

Die Abtretung der Kommanditgesellschaftsanteile kann privatschriftlich erfolgen, **21** auch wenn die GmbH & Co. KG Grundbesitz haben sollte.

Im Formular ist im Hinblick auf mögliche Zustimmungserfordernisse für die Abtre- **22** tung im Gesellschaftsvertrag der GmbH & Co. KG auch die Mitwirkung und Zu-stimmung der Komplementär-GmbH vorgesehen.

Je nach Ausgestaltung der **Kapitalkonten** im Vertrag der GmbH & Co. KG sollte **23** zusätzlich klargestellt werden, welche Gesellschafterdarlehenskonten (zB Privatkonten, Darlehenskonten) mit abgetreten werden (dh Eigenkapital in der GmbH werden), in-wieweit sie auf die Stammeinlagen angerechnet werden, als Agio geschuldet werden oder aber als Gesellschafterdarlehen (gegenüber der GmbH) weiterbestehen. Im Kapi-talerhöhungsbeschluss des Formulars ist lediglich die Aufteilung des Kapitalkontos (Kommanditeinlage) in Stammeinlage und Gesellschaftsdarlehen geregelt.

Zu 3.: Die Zustimmung aller Gesellschafter der bisherigen GmbH & Co. KG zu **24** der Fortführung der Firma der anwachsenden GmbH & Co. KG durch die Komple-mentär-GmbH ist gem. § 22 Abs. 1 HGB notwendig (s. Rz. 15).

Erläuterungen zu A. 3.05c Handelsregisteranmeldung der Kapitalerhöhung bei der „ABC-GmbH"

Zur Anmeldung der Kapitalerhöhung im Allgemeinen wird auf A. 3.02 Rz. 40 ff. **25** verwiesen (vgl. insb. § 57 GmbHG und zur Form der Anmeldung § 12 HGB). Nach dem Gesetzeswortlaut ist ein Sacherhöhungsbericht (entsprechend dem Sachgrün-dungsbericht) nicht einzureichen (s. Rz. 3, 17 und 27) und kann vom Registerrichter auch nicht von vornherein angefordert werden (*Baumbach/Hueck* § 57a GmbHG Rz. 10). Die Beifügung ist aber zu empfehlen; bzgl. der vom Registerrichter vorzu-nehmenden Prüfung der Werthaltigkeit der Sacheinlage ist auf die Einbringungsbilanz der GmbH & Co. KG zu verweisen (vgl. Rz. 17 und 27). Wegen der Einwilligung zur Firmenfortführung ist die Anmeldung – neben den Geschäftsführern der GmbH – auch von den Gesellschaftern der aufgelösten GmbH & Co. KG vorzunehmen (vgl. Rz. 24). Nach § 40 Abs. 1 GmbHG ist auch eine aktualisierte Liste der Gesellschafter, aus der Name, Vorname, Geburtsdatum und Wohnort der Gesellschafter sowie die Nennbeträge und die laufenden Nummern der von den Gesellschaftern übernomme-nen Geschäftsanteilen ersichtlich ist, beizufügen.

Erläuterungen zu A. 3.05d Handelsregisteranmeldung der Abtretung der Kommanditgesellschaftsanteile

---

Da die Personenhandelsgesellschaft mit Ausscheiden des vorletzten Gesellschafters, **26** dh. mit Abtretung sämtlicher Kommanditgeschäftsanteile im Wege der Sonderrechts-nachfolge auf die Komplementär-GmbH, aufgelöst ist, daher keine Liquidation statt-findet, ist zum Handelsregister der KG deren Auflösung ohne Liquidation und das Er-löschen der Firma (und evtl. Prokuren) anzumelden. Eine Sonderrechtsnachfolge bei den Kommanditanteilen ist nicht gesondert anzumelden und einzutragen (vgl. OLG München 31 Wx 94/10 v. 16.6.10, NZG 10, 989).

Erläuterungen zu A. 3.05e Sacherhöhungsbericht entsprechend § 5 Abs. 4 GmbHG

---

27   Die Erstattung eines Sacherhöhungsberichts durch die Gesellschafter der GmbH, die Sacheinlagen erbringen, wird vorerst weiterhin empfohlen (s. Rz. 3 und Rz. 25), um jedenfalls Verzögerungen bei der Eintragung zu vermeiden. Der Sacherhöhungsbericht lehnt sich an § 5 Abs. 4 Satz 2 GmbHG an. Er hat die **Werthaltigkeit der Sacheinlage,** dh. die Deckung der Stammeinlage durch die Sacheinlagen **zu erläutern.** Die einzelnen Gegenstände der Sacheinlage sollten bzgl. ihrer Wertermittlung umfassend beschrieben werden (Angabe der historischen Anschaffungs- bzw. Herstellungskosten, der Abschreibungsmethode, der Wiederbeschaffungskosten bzw. Marktwerte; möglichst durch Gutachten belegt) Besteht die Sacheinlage in einem Unternehmen, ist der nach allgemeinen Grundsätzen ermittelte Unternehmenswert maßgeblich. Dieser besteht grundsätzlich in dem Ertragswert zuzüglich des Verkehrswertes des nicht betriebsnotwendigen Vermögens. Unternehmen sind folglich regelmäßig nicht nach dem Substanz- oder (Bilanz-)Buchwert, sondern nach der sogenannten modifizierten Ertragsmethode zu bewerten (OLG Rostock 1 W 4/15 v. 19.5.16, DStR 16, 2980 ff.). Bei Wirtschaftsgütern mit stillen Reserven bzw. gewinnträchtigen Vertragsverhältnissen können die über die Anrechnungswerte hinausgehenden Beträge der Abdeckung von evtl. zwischenzeitlichen Fehlbeträgen zwischen Einbringungsstichtag (s. Rz. 18: Stichtag, auf den die Einbringungsbilanz aufgestellt ist) und der Eintragung der Kapitalerhöhung im Handelsregister dienen. Denn für die Differenzhaftung gem. § 9 iVm. § 56 Abs. 2 GmbHG kommt es auf die Werthaltigkeit der Sacheinlage im Zeitpunkt der Eintragung der Kapitalerhöhung im Handelsregister an.

    Gem. § 5 Abs. 4 Satz 2 2. Hs. GmbHG sind bei Übernahme eines Unternehmens die Jahresergebnisse der beiden letzten Geschäftsjahre anzugeben. Falls die Gesellschaft erst innerhalb der beiden letzten Geschäfsjahre den Betrieb aufgenommen haben sollte, ist darauf hinzuweisen. Wegen der Differenzhaftung ist auch die Geschäftsentwicklung nach dem Einbringungsstichtag zu erläutern.

A. 4. Europäisches Recht

Übersicht

A. 4.01 Europäische Wirtschaftliche Interessenvereinigung – EWIV (mit Sitz in der Bundesrepublik Deutschland)

Gliederung

I. FORMULARE

Formular A. 4.01 Gesellschaftsvertrag – EWIV

GESELLSCHAFTSVERTRAG der
A, B & Co. Forschungs- und Entwicklungs-EWIV

§ 1 Firma, Sitz

(1) Die Firma der Vereinigung lautet A, B & Co. Forschungs- und Entwicklungs-EWIV.

(2) Sitz der Vereinigung ist ...... [Bundesrepublik Deutschland].

§ 2 Gegenstand des Unternehmens

(1) Gegenstand des Unternehmens der EWIV ist die gemeinsame Forschung für die Mitglieder einschließlich der Registrierung der daraus entwickelten Europapatente. Die gemeinsame Forschung umfasst sowohl Grundlagenforschung als auch die Umsetzung von Produkten, Produktionsverfahren und Know-how eines einzelnen Mitglieds für die Anwendung durch ein anderes Mitglied auf dessen nationalem Markt.

(2) Die Vereinigung wird ausschließlich gegenüber den Mitgliedern und den mit diesen verbundenen Gesellschaften tätig, um deren Ergebnisse aus den in den jeweili-

gen nationalen Märkten durchgeführten Geschäften zu verbessern. Sie hat nicht den Zweck, Gewinn für sich selbst zu erzielen.

(3) Die Vereinigung ist berechtigt, sämtliche zur Erreichung des Unternehmensgegenstandes zweckdienlichen Geschäfte durchzuführen und Zweigniederlassungen, insbesondere am Sitz der Mitglieder, im In- und Ausland zu errichten.

(4) Die Vereinigung ist nicht berechtigt, Geschäftsanteile oder Aktien an einem Unternehmen der Mitglieder oder einem diesem nahe stehenden Unternehmen zu halten, und zwar weder unmittelbar noch mittelbar. Der Vereinigung ist es auch nicht gestattet, einem Leiter des Unternehmens eines der Mitglieder oder einer mit dieser verbundenen Person Darlehen zu gewähren. Die Vereinigung darf ferner nicht Mitglied einer anderen europäischen wirtschaftlichen Interessenvereinigung sein. Die Vereinigung darf auch weder die Leitungs- noch die Kontrollmacht über Tätigkeiten ihrer Mitglieder oder eines anderen Unternehmens, und zwar auch nicht teilweise ausüben.

§ 3 Dauer, Geschäftsjahr

(1) Die Vereinigung beginnt am 1.1.01, nicht jedoch vor Eintragung ins Handelsregister. Sie wird auf unbestimmte Dauer errichtet.

(2) Geschäftsjahr ist das Kalenderjahr.

§ 4 Mitglieder, Einlagen

(1) Unbeschränkt persönlich haftende Mitglieder sind:

1. Die Firma A GmbH mit Sitz in ......, eingetragen im Handelsregister des Amtsgerichts ...... unter HRB ......, und Geschäftsadresse in ...... [Straße, Ort].

2. Die Firma ......, eine Gesellschaft/Personenvereinigung, errichtet und existierend nach dem Recht des Staates ...... [Mitglied der Europäischen Union] mit Sitz in ......, eingetragen im Handelsregister ...... unter Nr. ......, ... [Straße, Ort].

3. Herr ......, mit Wohnsitz in ......, der als ......Kaufmann in ...... [Ort in einem Land, das Mitglied der Europäischen Union ist] tätig ist.

(2) Die Mitglieder haben folgende Einlagen zu leisten:

a) Als Bareinlagen jeweils € ......, fällig innerhalb von 14 Tagen und einzahlbar auf das Konto Nr. ...... der Vereinigung.

b) Als Sacheinlagen ......

c) Als Leistungen (Nutzungseinlage, laufende Zuschüsse) ......

§ 5 Geschäftsführung und Vertretung

(1) Zur Geschäftsführung und Vertretung ist ausschließlich der jeweils bestellte Geschäftsführer berechtigt. Sind mehrere Geschäftsführer bestellt, vertreten jeweils zwei Geschäftsführer gemeinsam.

(2) Zum ersten Geschäftsführer wird bestellt Herr ......, mit Wohnsitz in ......, auf den keiner der Ausschlussgründe nach Art. 19 Abs. 1 Satz 2 der EWG-Verordnung Nr. 2137/85 zutrifft. Die Bestellung weiterer Geschäftsführer ist nur durch einstimmigen Beschluss der Mitglieder möglich. Die Abberufung kann durch einfache Mehrheit der Mitglieder erfolgen, bei Vorliegen eines wichtigen Grundes iSd. § 38 Abs. 2 GmbHG auch durch ein Mitglied alleine.

(3) Der oder die Geschäftsführer sind an Beschlüsse der gemeinschaftlich handelnden Mitglieder (§ 6) gebunden.

§ 6 Beschlüsse der gemeinschaftlich handelnden Mitglieder (oberstes Organ der EWIV)

(1) Oberstes Organ der EWIV sind die gemeinschaftlich handelnden Mitglieder der Vereinigung. Dieses Organ ist dem oder den Geschäftsführern übergeordnet und

kann jede Geschäftsführungsmaßnahme jederzeit an sich ziehen und der Geschäftsführung Weisung erteilen.

(2) Jedes Mitglied hat eine Stimme. Stimmabgabe kann im schriftlichen Verfahren erfolgen, soweit nicht ein Mitglied die Einberufung einer Versammlung verlangt. Vor jedem Beschluss ist eine Anhörung aller Mitglieder durchzuführen. Die Anhörung ist durch schriftliche Mitteilung des Beschlussgegenstandes und der Einzelbegründung zu ermöglichen. Daraufhin soll jedes Mitglied innerhalb von 14 Tagen seine Stellungnahme zu dem Beschlussgegenstand den jeweils anderen Mitgliedern schriftlich mitteilen.

(3) Zur Wirksamkeit der Beschlussfassung ist in folgenden Fällen die Einstimmigkeit erforderlich:

a) Änderung des Gründungsvertrags, insbesondere bezüglich des Unternehmensgegenstands, des Stimmrechts, der Bedingungen für die Beschlussfassung, der Vertragsdauer und der Beitragspflichten.

b) Sitzverlegung in einen anderen Mitgliedstaat.

c) Zustimmung zur Aufnahme eines neuen Mitglieds, zur Kündigung eines bisherigen Mitglieds, zur Rechtsnachfolge bei Tod eines Mitglieds bzw. zur Abtretung einer Beteiligung.

d) Änderungen von Regelungen in Bezug auf die Bestellung und Abberufung der Geschäftsführung.

(4) Für alle übrigen Beschlüsse ist die einfache Mehrheit der vorhandenen Stimmen ausreichend.

(5) Jedes Mitglied hat eine Person und einen Vertreter zu bevollmächtigen, welche ihn allein im Organ der gemeinsam handelnden Mitglieder vertritt. Ist diese Person nicht berechtigt, das Mitglied rechtswirksam allein zu vertreten, so ist der das Mitglied vertretenden Person und deren Vertreter eine entsprechende allgemeine Handlungsvollmacht zu erteilen. Jeder Widerruf oder jede Änderung der Vollmacht ist den anderen Mitgliedern durch eingeschriebenen Brief mit Rückschein, sowie der Geschäftsführung anzuzeigen. Bis auf weiteres werden hiermit zu alleinvertretungsberechtigten Personen der Mitglieder im Organ der gemeinsam handelnden Mitglieder bestellt:

a) für Firma A GmbH: Herr/Frau ......
   und Herr/Frau ...... als dessen Vertreter;

b) für B ......: Herr/Frau ......
   und Herr/Frau ...... als dessen Vertreter;

c) für C ......: Herr/Frau ......
   und Herr/Frau ...... als dessen Vertreter.

§ 7 Konten der Mitglieder

(1) Für jedes Mitglied wird ein Kapitalkonto und ein Verrechnungskonto gebildet.

(2) Auf dem Kapitalkonto werden die Bar- und Sacheinlagen gebucht. Das Kapitalkonto wird nicht verzinst.

(3) Auf dem Verrechnungskonto werden sämtliche anderen Vorgänge verbucht, insbesondere Leistungseinlagen, Zuschüsse, Gewinne, Entnahmen und sonstige Kostenverrechnungen. Der jeweilige Saldo des Verrechnungskontos am Monatsende ist von Beginn des darauf folgenden Monats an mit 7 % im Soll und Haben zu verzinsen. Die Zinsberechnung erfolgt staffelmäßig.

§ 8 Jahresabschluss

(1) Die Geschäftsführung ist verpflichtet, innerhalb von sechs Monaten zum Ende jedes Geschäftsjahres einen handelsrechtlichen Jahresabschluss iSd. §§ 242 ff. HGB aufzustellen.

(2) Der Jahresabschluss ist auf Verlangen eines Mitglieds auf seine Kosten durch einen von diesem bestellten Abschlussprüfer zu überprüfen.

(3) Der Jahresabschluss ist gegebenenfalls zusammen mit dem Prüfungsbericht des Abschlussprüfers den Mitgliedern zur Abstimmung gem. § 5 Abs. 2 zu übersenden. Der Jahresabschluss wird von den gemeinschaftlich handelnden Mitgliedern mit einfacher Mehrheit festgestellt.

§ 9 Ergebnisermittlung und -verteilung

(1) Zur Ermittlung des zur Verteilung gelangenden Jahresergebnisses werden Zinsen und sonstige den Mitgliedern auf Grund vertraglicher Abmachung zustehende Leistungsvergütungen als Aufwand der Vereinigung bzw. werden der Vereinigung zustehende Erstattungen durch Mitglieder für in Anspruch genommene Leistungen als Ertrag der Vereinigung behandelt.

(2) Eine evtl. bei einzelnen oder allen Mitgliedern gem. § 5 Abs. 1 Satz 4 GewStG erhobene Gewerbesteuer wird als Aufwand der Vereinigung behandelt; das jeweils in Anspruch genommene Mitglied hat diesbezüglich einen vollen Erstattungsanspruch gegen die Vereinigung. Zur Vereinfachung soll die Gewerbesteuer unmittelbar von der Vereinigung bezahlt werden.

(3) Ein danach verbleibendes positives Jahresergebnis wird zu gleichen Teilen auf die Mitglieder verteilt. Ein sich etwa ergebender Verlust ist von den Mitgliedern zu gleichen Teilen auszugleichen.

§ 10 Kündigung, Ausschluss

(1) Jedes Mitglied kann den Gesellschaftsvertrag innerhalb einer Frist von zwölf Monaten zum Ende eines Geschäftsjahres kündigen. Die Kündigung bedarf zur Wirksamkeit nicht der Zustimmung der übrigen Mitglieder. Die Kündigung ist durch eingeschriebenen Brief mit Rückschein an die Geschäftsführung und die übrigen Mitglieder zu richten.

(2) Wenn ein Mitglied grob gegen seine Pflichten zur Förderung des gemeinsamen Zwecks verstößt, kann dieses mit den Stimmen aller übrigen Mitglieder mit Wirkung zum Ablauf des laufenden Geschäftsjahres ausgeschlossen werden. Ein grober Verstoß gegen die Pflichten liegt insbesondere dann vor, wenn ein Mitglied mit Produkten oder Verfahren, die ein anderes Mitglied selbst entwickelt oder durch die Vereinigung hat entwickeln lassen, oder ähnlichen Produkten oder Verfahren auf dessen nationalem Markt in unmittelbare Konkurrenz tritt. Vor dem Ausschluss ist das seine Pflichten verletzende Mitglied durch die Geschäftsführung unter Setzung einer vierzehntägigen Frist zur Unterlassung aufzufordern. Gibt das seine Pflichten verletzende Mitglied eine Unterlassungserklärung mit Anerkennung einer Konventionalstrafe von € ...... für jede Zuwiderhandlung ab, ist ein Ausschluss nur zulässig, wenn das Mitglied der Unterlassungserklärung zuwiderhandelt.

§ 11 Auflösung

(1) Durch einstimmigen Beschluss aller Mitglieder kann die Vereinigung aufgelöst werden.

(2) Das nach Abwicklung verbleibende Vermögen wird an die Mitglieder zu gleichen Teilen verteilt.

§ 12 Schlussbestimmungen

(1) Änderungen und Ergänzungen dieses Vertrags bedürfen der Schriftform.

(2) Sollten sich einzelne Bestimmungen dieses Vertrags als ungültig erweisen, so wird dadurch die Gültigkeit dieses Vertrags im Übrigen nicht berührt.

(3) Die Rechtsverhältnisse der Mitglieder unterliegen dem Recht der Bundesrepublik Deutschland.

Formular A. 4.01a Handelsregisteranmeldung

Amtsgericht

– Registergericht –

......

Abt. A/neu A, B & Co. Forschungs- und Entwicklungs-EWIV

Als alleiniger Geschäftsführer überreiche ich den vollständigen Gründungsvertrag der A, B & Co. Forschungs- und Entwicklungs-EWIV vom .... Ich melde die Vereinigung und mich als deren alleinigen Geschäftsführer zur Eintragung in das Handelsregister an:

1. Die Firma der Vereinigung lautet „A, B & Co. Forschungs- und Entwicklungs-EWIV.“

2. Der Sitz der Vereinigung ist in ......

3. Gegenstand des Unternehmens der Vereinigung ist die gemeinsame Forschung für die Mitglieder einschließlich der Registrierung der daraus entwickelten Europapatente. Die gemeinsame Forschung umfasst sowohl Grundlagenforschung, als auch die Umsetzung von Produkten, Produktionsverfahren und Know-how eines einzelnen Mitglieds für die Anwendung durch ein anderes Mitglied auf dessen nationalem Markt.

4. Mitglieder der Vereinigung sind:

   4.1. Die Firma A GmbH, eine Gesellschaft mit beschränkter Haftung mit Sitz in ......, eingetragen im Handelsregister des Amtsgerichts ...... unter HRB ......

   4.2. Die Firma ......, eine Gesellschaft/Personenvereinigung, errichtet und existierend nach dem Recht des Staates ...... mit Sitz in ......, eingetragen im Handelsregister ...... unter Nr. ......

   4.3. Herr ......, mit Wohnsitz in ......, der als ...... Kaufmann in ...... tätig ist.

5. Als Geschäftsführer bin ich, ... im Gründungsvertrag bestellt. Die Gesellschaft wird durch einen Geschäftsführer allein vertreten, wenn er alleiniger Geschäftsführer ist. Sonst wird die Gesellschaft gemeinschaftlich durch zwei Geschäftsführer vertreten.

Ich versichere, dass keine Umstände vorliegen, die meiner Bestellung als Geschäftsführer nach Art. 19 Abs. 1 der EWG-Verordnung Nr. 2137/85 vom 25. Juli 1985 über die Schaffung einer Europäischen wirtschaftlichen Vereinigung (EWIV) entgegenstehen, nämlich dass ich weder nach dem auf mich persönlich anwendbaren ...... *[Recht des Wohnsitzlandes],* noch nach dem deutschen Recht *[als Recht des Sitzstaates der Vereinigung]* noch auf Grund einer in einem Mitgliedstaat ergangenen oder anerkannten gerichtlichen Entscheidung oder Verwaltungsentscheidung daran gehindert bin, dem Verwaltungs- oder Leitungsorgan von Gesellschaften angehören zu dürfen, Unternehmen leiten zu dürfen oder als Geschäftsführer einer Europäischen Wirtschaftlichen Interessenvereinigung handeln zu dürfen, insbesondere bin ich nicht wegen einer Insolvenzstraftat (Bankrott, Verletzung der Buchführungspflicht, Gläubigerbegünstigung, Schuldnerbegünstigung – §§ 283 bis 283d StGB) rechtskräftig verurteilt worden und ist mir die Ausübung eines Berufs, Berufszweiges, Gewerbes oder Gewerbezweiges weder durch gerichtliches Urteil noch durch vollziehbare Entscheidung einer Verwaltungsbehörde untersagt. Ich versichere weiter, dass ich über meine unbeschränkte Auskunftspflicht gegenüber dem Gericht durch den Notar ...... *[Name des beglaubigenden Notars]* belehrt worden bin.

Die Vereinigung beginnt mit ihrer Eintragung im Handelsregister.

Die Geschäftsräume der Vereinigung befinden sich in ...... *[Ort, Straße]*.

.... *[Ort]*, den ....

....

[Beglaubigungsvermerk]   **[Unterschrift CD]**

II. ERLÄUTERUNGEN

Erläuterungen zu A. 4.01 Gesellschaftsvertrag – EWIV

1. Grundsätzliche Anmerkungen

a) Wirtschaftliches Vertragsziel

1   Die Europäische Wirtschaftliche Interessenvereinigung („EWIV") ist eine grenzüberschreitende Rechtsform, die eine Kooperation von in mehreren Mitgliedsländern
der EG tätigen Unternehmen für Hilfstätigkeiten ermöglicht. Die EWIV kann zB für
folgende Bereiche eingesetzt werden (vgl. *Autenrieth* BB 89, 307):
– Zusammenlegung von Forschungsaktivitäten,
– gemeinsame Entwicklungsvorhaben,
– Poolung von Transportmitteln,
– Kunden- und Reparaturdienstgemeinschaften,
– gemeinsamer Ein- oder Verkauf,
– Transport- und Lagergemeinschaften,
– gemeinsame Teileherstellung,
– Markt- und Meinungsforschungsgemeinschaften,
– Inkassogemeinschaften,
– Zusammenlegung von Ausschreibungen,
– gemeinsame Durchführung von Großprojekten,
– Schulungs- und Fortbildungskooperationen,
– Poolung der Werbung und Marketingdokumentation,
– Nachfrage- und Versandhandelskooperationen,
– Fuhrparkgemeinschaften,
– Zusammenlegung von Marken.

2   Der **Unternehmensgegenstand** der EWIV **ist auf Hilfstätigkeiten beschränkt,**
dh. Ziel der Vereinigung darf nur sein, die wirtschaftliche Tätigkeit ihrer Mitglieder
zu fördern und deren Ergebnisse zu verbessern. Daher muss die Tätigkeit der EWIV
im Zusammenhang mit der Tätigkeit der Mitglieder stehen. Die EWIV darf nicht die
Haupttätigkeit ihrer Mitglieder ersetzen. Ausdruck der Beschränkung auf Hilfstätigkeiten ist auch das Verbot, „Gewinn für sich selbst" zu erzielen. Nicht möglich ist die
EWIV als Leitungs- oder Kontrollstelle für die Mitgliedsunternehmen oder andere
Unternehmen, und zwar auch nicht auf Teilbereichen (zB Personal-, Finanz- und In-
vestitionswesen); sog. **Konzernleitungsverbot.** Darüber hinaus besteht ein **Holdingverbot,** wonach es der EWIV verboten ist, unmittelbar oder mittelbar Aktien
oder sonstige Anteile an einem Mitgliedsunternehmen zu halten; allerdings kann die
EWIV Gesellschaftsanteile und Beteiligungen an Drittunternehmen für Rechnung der
Mitglieder (als Treuhänder) halten, wenn diese Beteiligungen dazu dienen, den
Zweck der Vereinigung zu erreichen. Eine EWIV darf schließlich nicht Mitglied einer
anderen EWIV sein; sog. **Beteiligungsverbot.**

3   Die EWIV könnte ein Vehikel zur Umgehung der **Mitbestimmung** sein; daher
darf die EWIV selbst nicht mehr als 500 Arbeitnehmer haben (allerdings können die

Mitglieder durchaus mehr als 500 Arbeitnehmer haben). Um Kaskadeneffekte zu vermeiden, darf die EWIV ihrerseits nicht Mitglied einer anderen EWIV sein (allerdings können die Mitglieder bei verschiedenen EWIV Mitglieder sein).

Die praktische Bedeutung der EWIV ist wegen der Zweckbeschränkungen und der **4** Einzelverbote, wie zB dem Holdingverbot, gering. Hauptanwendungsfall der EWIV ist die grenzüberschreitende Zusammenarbeit von Anwaltskanzleien und anderen freien Berufen (*Baumbach/Hopt* Anh § 160 HGB Rz. 2). Mittelständische oder industrielle Gewerbetreibende nutzen die Rechtsform der EWIV dagegen selten.

b) Gesellschaftsrecht

Die EWIV wurde durch EWG-VO Nr. 2137/85 v. 25.7.85 (ABl. EG Nr. 199 S. 1, **5** nachfolgend: EWIV-VO) als **erste multinationale Gesellschaftsform** für die Kooperation von Gesellschaften, natürlichen Personen und anderen juristischen Einheiten, die in verschiedenen Mitgliedsländern der EU ansässig sind, geschaffen. Aufgrund des EWIV-AusführungsG v. 14.4.88 (BGBl. I 88, 514, nachfolgend: EWIV-AG) kann eine EWIV auch mit Sitz in der Bundesrepublik Deutschland gegründet werden. Soweit sich aus der EWIV-VO nichts anderes ergibt, sind auf eine EWIV mit Sitz in der Bundesrepublik Deutschland im Wesentlichen die **Vorschriften für eine offene Handelsgesellschaft** (OHG) anzuwenden; die EWIV mit Sitz in Deutschland gilt als Handelsgesellschaft iSd. HGB (§ 1 EWIV-AG), aber nicht als OHG. Danach ist auf die EWIV das dreistufige Normengefüge in dieser Reihenfolge anzuwenden:
– die EWIV-VO,
– das EWIV-AG, bzw.
– Vorschriften für die OHG (§§ 105 bis 160 HGB iVm. §§ 705 bis 740 BGB).

Die wesentlichen **Abweichungen zu einer OHG** liegen im Folgenden: **6**
– Die **Handelsregistereintragung** der EWIV **wirkt konstitutiv,** dh. erst ab Eintragung erlangt die EWIV die Fähigkeit, im eigenen Namen Träger von Rechten und Pflichten zu sein, Verträge zu schließen oder Rechtshandlungen vorzunehmen (Art. 1 Abs. 2 EWIV-VO).
– Die Mitglieder haben **jeweils eine Stimme** (ein Stimmrecht nach Kapitalanteilen **7** ist nicht möglich; ein Mehr-Stimmrecht kann im Gründungsvertrag vorgesehen werden, solange keinem Mitglied Stimmenmehrheit eingeräumt wird, vgl. Art. 17 Abs. 1 Satz 2 EWIV-VO). Für eine Vielzahl von Maßnahmen ist das Mehrheitsprinzip durch obligatorische Einstimmigkeitsgebote (vgl. Katalog Art. 17 Abs. 2 Buchst. a bis e, Art. 14 Abs. 1 Satz 3, Art. 22 Abs. 1 Hs. 2, Art. 26 Abs. 1 EWIV-VO) und für eine Reihe von Maßnahmen durch ein subsidiäres Einstimmigkeitsprinzip (falls der Gesellschaftsvertrag nichts anderes bestimmt) ersetzt.
– Ein **Gewinn** der EWIV ist **ohne Feststellungsbeschluss** unmittelbar auf die Mit- **8** glieder **zu verteilen** (Art. 21 Abs. 1 EWIV-VO); damit korrespondiert die unmittelbare Verlustausgleichspflicht der Mitglieder (Art. 21 Abs. 2 EWIV-VO).
– Die EWIV kennt **keine Selbstorganschaft.** Die EWIV hat obligatorisch mindes- **9** tens zwei Organe: oberstes Organ sind zunächst die „gemeinschaftlich handelnden Mitglieder" der EWIV, die jeden Beschluss fassen können, dh. auch die den Geschäftsführern vorbehaltenen Entscheidungen jederzeit an sich ziehen können **(Devolutivrecht)** und deshalb das den Geschäftsführern übergeordnete Organ sind. Die als Organ handelnden Mitglieder der Vereinigung können allerdings nach außen nicht vertreten. **Notwendiges Vertretungsorgan** der EWIV sind der oder die Geschäftsführer (Art. 16 Abs. 1, Art. 20 EWIV-VO). Der oder die Geschäftsführer besorgen im Innenverhältnis die Geschäftsführung. Die Fremdgeschäftsführung dient den Bedürfnissen der Praxis, wonach die laufende Geschäftsführung unabhängig von den Mitgliedern professionell arbeiten können soll. Die Fremdgeschäftsführung schließt aber nicht aus, dass auch Mitglieder der EWIV bzw. Organe der Mitglieder der EWIV zu Geschäftsführern bestellt werden können.

10 – Unternehmensgegenstand ist gem. Art. 3 EWIV-VO auf **Hilfstätigkeiten** zur Förderung der wirtschaftlichen Tätigkeit ihrer Mitglieder beschränkt; ausdrücklich verboten sind die Konzernleitung durch eine EWIV (Art. 3 Abs. 2 Buchst. a) und die
EWIV als Holding für Anteile an den Mitgliedern (Art. 3 Abs. 2 Buchst. b; möglich
allerdings Treuhandholding für Mitglieder). Die EWIV darf nicht mehr als 500 Arbeitnehmer haben und darf nicht Mitglied einer anderen EWIV sein.

11 – Die **Haftung** von Mitgliedern **ist subsidiär:** Nach Art. 24 Abs. 2 EWIV-VO kann
ein Gläubiger der EWIV ein Mitglied in Anspruch nehmen, wenn er die EWIV zur
Zahlung aufgefordert hat und diese nicht in angemessener Frist gezahlt hat.

12 Soweit keine der vorstehenden Besonderheiten (in Abweichung vom Recht der offenen Handelsgesellschaft) eingreifen, wird auf A. 9.00 Rz. 3 ff. verwiesen. Bezüglich
der Besonderheiten der EWIV wird auf die Einzelerläuterungen (s. Rz. 42 ff.) verwiesen. Insbesondere
– bezüglich der Mindestanforderungen für den EWIV-Gesellschaftsvertrag (s. Rz. 42),
– zur Firma (s. Einzelerläuterungen zu § 1 Abs. 1, Rz. 45),
– zum Unternehmensgegenstand (s. Einzelerläuterungen zu § 2, Rz. 48),
– zum Kreis der Mitglieder (s. Einzelerläuterungen zu § 4 Abs. 1, Rz. 62 ff.),
– zur Geschäftsführung (s. Einzelerläuterungen zu § 5, Rz. 73 ff.),
– zum obersten Organ, den gemeinschaftlich handelnden Mitgliedern (s. Einzelerläuterungen zu § 6, Rz. 81 ff.).

13 Da auf die EWIV die Rechtsvorschriften für offene Handelsgesellschaften anzu-
wenden sind (s. Rz. 5), ist sie verschmelzungsfähiger Rechtsträger iSd. § 3 Abs. 1
Nr. 1 UmwG (*Beck PersGes-HB/Bärwaldt* § 19 Rz. 89; *S/St/Stengel* § 3 UmwG
Rz. 14).

14 Die EWIV kann innerhalb der EU ihren **Sitz verlegen,** ohne dass dies zur Auflö-
sung der Gesellschaft und dem Erfordernis einer Neugründung führt (Art. 13 Abs. 1
EWIV-VO, vgl. *MünchHdb GesR* Bd. 1, § 95 Rz. 22). Dabei ist jedoch das in Art. 14
EWIV-VO vorgeschriebene Verfahren einzuhalten. Die Geschäftsführer haben einen
Verlegungsplan zu erstellen, der zum Handelsregister eingereicht und anschließend
durch Hinweis auf die Einreichung bekannt gemacht werden muss (*Beck PersGes-
HB/Bärwaldt* § 19 Rz. 79). Frühestens zwei Monate nach dieser Bekanntmachung
kann die Sitzverlegung von den Mitgliedern (einstimmig) beschlossen werden. Diese
wird mit der Eintragung im für den neuen Sitz zuständigen Register wirksam (Art. 14
Abs. 1 Satz 4 EWIV-VO).

c) Steuerrecht

aa) Transparenzprinzip bei Einkommensteuer/Körperschaftsteuer

15 Art. 40 EWIV-VO bestimmt, dass das Ergebnis der Tätigkeit der Vereinigung nur
bei ihren Mitgliedern besteuert wird. Damit ist für alle Mitgliedstaaten das sog.
Transparenzprinzip festgelegt und sichergestellt, dass Gewinne (bzw. Verluste) nicht
bei der EWIV selbst, sondern nur auf der Ebene ihrer Mitglieder besteuert werden
können (bzw. Verluste sich dort auswirken können). Damit ist auch von vornherein
eine Doppelbelastung etwaiger Gewinne im Sitzstaat der EWIV und im Ansässigkeitsstaat des Mitglieds ausgeschlossen. Neben dem Transparenzprinzip in Art. 40 enthält
die EWIV-VO aber keine einzige weitere Regelung zur steuerlichen Behandlung.

16 Das vorliegende Formular beschränkt sich auf eine EWIV mit Sitz in der Bundesrepublik Deutschland. Diese unterliegt nach § 1 EWIV-AG den für eine OHG geltenden Rechtsvorschriften; dies gilt gem. EStH 15.8 Abs. 1 auch für das Einkommensteuerrecht. Da die EWIV aber keine OHG ist, muss für die Frage der
Ertragsbesteuerung der EWIV anhand der tatsächlichen Tätigkeit der EWIV Folgendes (s. Rz. 17 ff., 21 und 22 f.) geprüft werden:

aaa) Gewerbliche Tätigkeit der EWIV iSd. § 15 Abs. 2 EStG?

Gewerbebetrieb setzt eine selbstständige nachhaltige Betätigung voraus, die mit der **17** Absicht unternommen wird, Gewinn zu erzielen und sich als Beteiligung am allgemeinen Wirtschaftsverkehr darstellt (wobei die Betätigung weder als Ausübung von Land- und Forstwirtschaft noch als Ausübung selbstständiger Arbeit anzusehen ist). Von besonderer Bedeutung für die Qualifizierung der Tätigkeit einer EWIV als gewerblich ist die Beteiligung am allgemeinen Wirtschaftsverkehr und die Frage der Gewinnerzielungsabsicht. Fehlt es an einem der beiden Merkmale, erzielt die EWIV keine gewerblichen Einkünfte:

- Eine **Beteiligung am allgemeinen Wirtschaftsverkehr** liegt dann nicht vor, **18** wenn die EWIV nur gegenüber ihren Mitgliedern tätig wird.
- Für die **Gewinnerzielungsabsicht** ist es nach § 15 Abs. 2 EStG ausreichend, wenn **19** diese nur ein Nebenzweck ist. Zwar hat die EWIV nach Art. 3 Abs. 1 Satz 1 2. Hs. EWIV-VO nicht den Zweck, Gewinn für sich selbst zu erzielen, sie darf aber Gewinn erzielen; daher ist die Gewinnerzielungsabsicht regelmäßig zu bejahen.

In der Praxis wird daher die Gewerblichkeit nur dann vorliegen, wenn die EWIV **20** nicht nur gegenüber ihren Mitgliedern tätig wird, sondern sich am allgemeinen wirtschaftlichen Verkehr beteiligt. Eine „gewerblich geprägte" EWIV iSd. § 15 Abs. 3 Nr. 2 EStG kann auf Grund Fremdorganschaft (s. Rz. 73 ff.) leicht vermieden werden (*Knobbe-Keuck* § 9 II 4. b. cc). Die Frage der **Gewerblichkeit** ist auch dafür maßgebend, ob eine deutsche EWIV gewerbesteuerpflichtig wird (s. Rz. 26 ff.).

bbb) Mitunternehmerschaft iSd. § 15 Abs. 1 Nr. 2 EStG?

Nur wenn die Tätigkeit der EWIV einen Gewerbebetrieb iSd. § 15 Abs. 2 EStG **21** darstellt (s. Rz. 17–20), stellt sich die Frage, ob eine Mitunternehmerschaft vorliegt. Dies ist dann zu bejahen, wenn die Mitglieder Mitunternehmerrisiko tragen und Mitunternehmerinitiative entfalten können. Das **Mitunternehmerrisiko** ist auf Grund der unbeschränkten gesamtschuldnerischen Haftung der Mitglieder gem. Art. 24 Abs. 1 EWIV-VO gegeben. Auch die **Mitunternehmerinitiative** dürfte auf Grund des Einstimmigkeitsprinzips für die in Art. 17 Abs. 2 EWIV-VO vorgesehenen Beschlussgegenstände, bzw. für Beschlussgegenstände, die nicht gem. Art. 17 Abs. 3 vertraglich mit Mehrheit gefasst werden können, sowie auf Grund des Auskunfts- und Einsichtsrechts gem. Art. 18 EWIV-VO regelmäßig gegeben sein. Dem steht nicht entgegen, dass bei der EWIV durch die vorgesehene Fremdgeschäftsführung die Mitglieder regelmäßig nicht unmittelbar an unternehmerischen Entscheidungen teilhaben (vgl. *Autenrieth* EWIV S. 27 f.). Danach ist eine gewerbliche EWIV grds. auch als „andere Mitunternehmerschaft" iSv. § 15 Abs. 1 Nr. 2 EStG anzusehen. Dies hat zur Folge, dass Vergütungen, die ein Mitglied von der EWIV für seine Tätigkeit im Dienst der Gesellschaft oder für die Hingabe von Darlehen oder für die Überlassung von Wirtschaftsgütern bezogen hat, dem gewerblichen Gewinn der EWIV als **Sondervergütungen** gem. § 15 Abs. 1 Nr. 2 2. Hs. EStG hinzugerechnet werden.

ccc) Inländische Betriebsstätte der EWIV?

Für die Besteuerung ausländischer Mitglieder einer gewerblichen EWIV ist weiter **22** von Bedeutung, ob die EWIV eine Betriebsstätte iSd. jeweiligen zwischen Deutschland mit dem Ansässigkeitsstaat des Mitglieds abgeschlossenen DBA im Inland hat. Nur wenn eine **Betriebsstätte iSd. jeweiligen DBA** vorliegt, hat nämlich Deutschland das Recht, das Ergebnis des ausländischen Mitglieds im Rahmen der beschränkten deutschen Einkommensteuer/Körperschaftsteuer gem. § 49 Abs. 1 Nr. 2 Buchst. a EStG zu besteuern. Regelmäßig zu keiner Betriebsstätte iSd. DBA führen sonstige Geschäftseinrichtungen, die ausschließlich zu dem Zweck unterhalten werden, Tätigkeiten vorbereitender Art oder Hilfstätigkeiten auszuüben (vgl. Art. 5 Abs. 4 OECD-MA; vgl. insbes. BMF v. 26.9.14, BStBl. I 14, 1258).

23   Die Frage der Betriebsstätte iSd. DBA ist ferner dafür maßgebend, ob eine ausländische gewerbliche EWIV mit deutscher Dependence gewerbesteuerpflichtig wird.

ddd) Ergebnisfeststellung

24   Das Ergebnis der EWIV wird **einheitlich und gesondert festgestellt:** Wenn es sich um eine gewerbliche EWIV handelt, gem. § 180 Abs. 1 Nr. 2a AO einschließlich von Sondervergütungen iSv. § 15 Abs. 1 Nr. 2 2. Hs. EStG; bei nicht gewerblichen EWIV gem. der Verordnung zu § 180 Abs. 2 AO, vgl. BMF v. 15.11.88, DB 89, 354, 355.

25   *(frei)*

bb) Gewerbesteuer

26   Nur eine EWIV mit gewerblicher Tätigkeit (s. Rz. 17 ff.) unterliegt der Gewerbesteuer (die Begriffsbestimmung des Gewerbebetriebs iSd. § 15 Abs. 2 EStG gilt auch für den Begriff des Gewerbebetriebs iSd. § 2 Abs. 1 GewStG, vgl. GewStR 2.1 Abs. 1). Fehlt es an einem Gewerbebetrieb, entfällt die Gewerbesteuerpflicht.

27   Unterhält die EWIV einen Gewerbebetrieb, so bestimmt § 5 Abs. 1 Satz 4 GewStG (abweichend von § 5 Abs. 1 Satz 3 GewStG), dass die Gewerbesteuer von den **Mitgliedern als Gesamtschuldner** erhoben wird (bei Personengesellschaften ist Steuerschuldner ansonsten die Gesellschaft, § 5 Abs. 1 Satz 3 GewStG).

28   Der **Gewerbesteuermessbescheid** und der **Gewerbesteuerbescheid** werden gegen die Mitglieder der EWIV als Gesamtschuldner erlassen. Es ist in das Ermessen der Gemeinde gestellt, welchen Gesamtschuldner sie in Anspruch nimmt (GewStR 5.2); dies wird idR das inländische Mitglied sein. Im Gesellschaftsvertrag der EWIV sollte daher klargestellt werden, dass die **Gewerbesteuer als Aufwand der EWIV** behandelt wird (damit die Mitglieder im Ergebnis gleichmäßig belastet werden) und unmittelbar von der EWIV gezahlt werden soll (mit Wirkung für und gegen alle Mitglieder).

29   **Verlustanteile** eines deutschen Mitglieds einer nichtgewerblichen EWIV mindern den Gewerbeertrag des deutschen Mitglieds; Verlustanteile einer gewerblichen EWIV sind dagegen mit dem eigenen Gewerbeertrag eines Mitglieds nicht verrechenbar.

30–34   *(frei)*

cc) Gestaltungshinweis zur Steuerminimierung

35   Zur Minimierung der deutschen Belastung mit Ertragsteuer (Einkommensteuer, Körperschaftsteuer, Gewerbesteuer) sowie zur möglichst einfachen Abwicklung empfiehlt es sich, auf Folgendes zu achten:

36   – Die **Gewerblichkeit** der EWIV sollte von vornherein **vermieden** werden, zB durch Beschränkung der Tätigkeit auf reine Hilfstätigkeiten für die Mitglieder (keine Beteiligung am allgemeinen wirtschaftlichen Verkehr) und den möglichst weitgehenden Ausschluss der Gewinnerzielungsabsicht, zB nur reine Kostenerstattung der Mitglieder ohne Verrechnung von Gewinnaufschlägen.

37   – Für den Fall, dass die Gewerblichkeit nicht dem Grunde nach ausgeschlossen werden kann, sollten zur Vermeidung von Hinzurechnungen gem. § 15 Abs. 1 Nr. 2 2. Hs. EStG **Sondervergütungen** nicht unmittelbar an die Mitglieder, sondern möglichst an Kapitalgesellschaften vereinbart werden, die diesen nahe stehen.

38   Darüber hinaus sollte darauf geachtet werden, dass die EWIV keine Betriebsstätte iSd. jeweils einschlägigen DBA begründet.

39   *(frei)*

dd) Umsatzsteuer

40   Umsatzsteuerlich ist die EWIV **grundsätzlich Unternehmer.** Die Unternehmereigenschaft ist selbst bei einer nicht gewerblichen EWIV gegeben, die nur gegenüber ihren Mitgliedern tätig wird (BMF v. 15.11.88, DB 89, 354, 355; *Busl* UR 89, 229 f.).

Allerdings werden regelmäßig sonstige Leistung die die EWIV an ausländische Mitglieder (= Unternehmer) ausführt, nicht der Umsatzsteuer unterliegen, weil als Ort der sonstigen Leistungen der Ort gilt von dem aus der Empfänger sein Unternehmen betreibt (§ 3a Abs. 2 UStG). Diese Leistungen unterliegen damit nicht der deutschen Umsatzsteuer, gleichzeitig bleibt der EWIV aber der Vorsteuerabzug gem. § 15 UStG erhalten.

(frei)   41

2. Einzelerläuterungen

Mindestanforderungen an die Gründung einer EWIV: 42
- Abschluss eines **schriftlichen Gesellschaftsvertrags,** der als Mindestangaben (vgl. Art. 5 EWIV-VO) enthalten muss:
  - den Namen der Vereinigung mit den voran- oder nachgestellten Worten „Europäische Wirtschaftliche Interessenvereinigung" oder der Abkürzung „EWIV",
  - den Sitz der Vereinigung,
  - den Unternehmensgegenstand,
  - Namen, Firma, Rechtsform mit Wohnsitz bzw. Sitz, sowie ggf. Nummer und Ort der Handelsregistereintragung eines jeden Mitglieds der Vereinigung und
  - die Dauer der Vereinigung, sofern sie nicht unbestimmt ist.
- Anmeldung und Eintragung der EWIV zum Handelsregister und
- die Hinterlegung des Gründungsvertrags und der Urkunde über die Bestellung der Geschäftsführer und ihre Befugnisse beim Handelsregister (Art. 7 Abs. 1 Abs. 2 Buchst. d EWIV-VO). Die Eintragungen im Handelsregister werden in einem elektronischen Informations- und Kommunikationssystem des jeweiligen Bundeslandes bekannt gemacht (Art. 38 Abs. 1, Art. 8 EWIV-VO, § 1 EWIV-AG iVm. § 10 HGB, vgl. *Baumbach/Hopt* § 10 HGB Rz. 1). Daneben erfolgen Veröffentlichungen im Amtsblatt der EG (Art. 38 Abs. 1, Art. 11 EWIV-VO).

Die Mindestanforderungen für die Gründung werden in den nachfolgenden Einzelerläuterungen zum EWIV-Gesellschaftsvertrag erläutert. Hinsichtlich Anmeldung zum, Eintragung in das Handelsregister sowie Publizität vgl. Rz. 100 ff. im Anschluss an das Formular zur Handelsregisteranmeldung.

(frei)   43, 44

Zu § 1 Abs. 1: Firma

Das Formular sieht eine Personenfirma vor. Danach muss die Firma der EWIV den   45
Namen wenigstens eines ihrer Mitglieder und das Vorhandensein einer Gesellschaft andeutenden Zusatz enthalten. Nach **Neuregelung des Firmenrechts** darf die EWIV jede für die Individualisierung geeignete Firma führen, auch eine reine Sachfirma (§ 18 HGB; vgl. *Beck PersGes-HB/Bärwaldt* § 19 Rz. 24).

Streitig ist, ob bei einer EWIV, deren Mitglieder nur Kapitalgesellschaften sind,   46
gem. § 19 Abs. 2 HGB ein die **Haftungsbeschränkung** zum Ausdruck bringender Zusatz in die Firma aufzunehmen ist (für die Aufnahme zB *Autenrieth* BB 89, 305, 309; gegen die Anwendung von § 19 Abs. 2 HGB: *Müller-Gugenberger* BB 89, 1923; *Gleichmann* EuZW 90, 136).

Zu § 1 Abs. 2: Sitz

Nach Art. 12 Satz 1 EWIV-VO muss der Sitz der EWIV in der Gemeinschaft lie-   47
gen. Als Sitz ist zu bestimmen entweder der Ort, an dem die Vereinigung ihre Hauptverwaltung hat oder der Ort, an dem eines der Mitglieder der Vereinigung seine Hauptverwaltung hat, bzw. bei einer natürlichen Person als Mitglied, der Ort, an dem diese ihre Haupttätigkeit ausübt, sofern die Vereinigung dort auch tatsächlich eine Tätigkeit ausübt. Dies bedeutet einen Kompromiss zwischen der Sitz- und der Gründungstheorie (Art. 12 EWIV-VO; vgl. *Baumbach/Hopt* HGB Anh § 160 Rz. 20).

Das vorliegende Formular geht davon aus, dass als Sitz der EWIV ein Ort innerhalb der Bundesrepublik Deutschland bestimmt wird und damit das deutsche EWIV-AG zur Anwendung kommt.

Zu § 2: Gegenstand des Unternehmens

48   Art. 3 EWIV-VO enthält eine **Zweckbeschränkung** für den Unternehmensgegenstand einer EWIV. Wird dagegen verstoßen, ist auf Antrag eines Beteiligten oder einer zuständigen Behörde durch das Registergericht die Auflösung der Vereinigung auszusprechen. Die Zweckbeschränkung in Art. 3 ist zum einen in Abs. 1 positiv formuliert als wirtschaftliche Hilfstätigkeit für die Mitglieder (s. Rz. 49) und andererseits in Art. 3 Abs. 2 negativ abgegrenzt durch diverse Verwendungsverbote (s. Rz. 52 ff.).

Zu § 2 Abs. 1 und 3: Zulässige Hilfstätigkeiten

49   Zweck der EWIV kann nur sein, die wirtschaftliche Tätigkeit ihrer Mitglieder zu fördern bzw. zu erleichtern oder zu entwickeln oder deren Ergebnisse zu verbessern oder zu steigern. Die EWIV soll nicht die Haupttätigkeit eines oder mehrerer Mitglieder ersetzen. Die Beschränkung des Unternehmensgegenstandes auf Hilfstätigkeiten verdeutlicht auch Art. 3 Abs. 1 Satz 1 2. Hs. EWIV-VO, wonach die EWIV nicht den Zweck hat, Gewinn für sich selbst zu erzielen (denn Gewinnerzielung ist gem. Art. 21 nicht verboten).

50   Die EWIV wird also als Unternehmensgegenstand im Gesellschaftsvertrag nur einen Teil des Unternehmensgegenstands der Mitglieder erfassen, allerdings mit einem wirtschaftlichen Zusammenhang zum Unternehmensgegenstand der Mitglieder. Damit eröffnet sich ein äußerst breiter Anwendungsbereich (vgl. die Beispiele oben Rz. 1, sowie *Brindlmayer* EWIV, S. 24–55).

Zu § 2 Abs. 2: Vermeidung der steuerlichen Gewerblichkeit

51   Die im Formular vorgesehene Beschränkung der Geschäftstätigkeit dient der Vermeidung der steuerlichen Gewerblichkeit (s. Rz. 17), insb. der Gewerbesteuer (s. Rz. 26).

Zu § 2 Abs. 4: Verwendungsverbote

52   **Absolutes Konzernleitungsverbot:** Art. 3 Abs. 2 Buchst. a EWIV-VO enthält ein Konzernleitungsverbot, und zwar auch ein Teilleitungsverbot (zB auf Gebieten des Personal-, Investitions- oder Finanzwesens).

53   **Holdingverbot:** Art. 3 Abs. 2 Buchst. b EWIV-VO bestimmt, dass die EWIV keine Anteile ihrer Mitgliedsunternehmen halten darf, und zwar weder unmittelbar noch mittelbar. Lediglich das Halten von Anteilen an Drittunternehmen ist unter der Voraussetzung gestattet, dass dies für Rechnung der Mitglieder geschieht und zur Erreichung des Zwecks der EWIV erforderlich ist. Die EWIV kann also für eine Treuhänderstellung bzgl. der Anteile an Drittunternehmen ausgestaltet werden.

54   **Arbeitnehmergrenze:** Die EWIV darf nach Art. 3 Abs. 2 Buchst. c EWIV-VO nicht mehr als 500 Arbeitnehmer beschäftigen. Zweck dieser Regelung ist wohl, die Umgehung der Regelungen über betriebliche Mitbestimmung zu verhindern (vgl. *Baumbach/Hopt* HGB Anh § 160 Rz. 6). Ob diese Bestimmung in der Praxis ihr Ziel erreicht, ist fraglich, da neben dem Ausleihen von Arbeitnehmern auch mehrere EWIVs parallel gegründet werden können, die jeweils nur Teile eines gesamten Kooperationsprojekts durchführen.

55   **Darlehensgewährung** an leitende Personen eines Mitglieds oder verbundene Personen in Art. 3 Abs. 2 Buchst. d: Das Verbot zielt auf das britische Gesellschaftsrecht ab, wonach ein „conflict of interests" vermieden werden soll; für die Rechtsbeziehungen zu Mitgliedern in anderen EG-Ländern, insb. in Deutschland, hat diese Bestimmung kaum praktische Bedeutung.

Kaskadenverbot: Schließlich enthält Art. 3 Abs. 2 Buchst. e das Verbot, dass eine **56** EWIV nicht Mitglied einer anderen EWIV sein darf; allerdings dürfen Mitglieder auch gleichzeitig Mitglieder in weiteren EWIVs sein.

Kapitalmarktausschluss: Die Vereinigung darf sich nicht öffentlich an den Kapi- **57** talmarkt wenden (Art. 23 EWIV-VO). Daher findet das Sonderrecht der Publikums-personengesellschaften keine Anwendung (*Baumbach/Hopt* Anh § 160 HGB Rz. 56).

(frei)   **58, 59**

Zu § 3: Dauer, Geschäftsjahr

Das Formular sieht als Dauer der Gesellschaft eine unbestimmte Zeit vor. Falls die **60** Dauer der EWIV beschränkt werden soll, ist es zweckmäßig, anstelle eines festen Termins die sachlichen Kriterien der Beendigung zu definieren (zB Verbrauch von Fördermitteln, Erteilung eines Patentes u. ä.).

Das Formular geht weiter davon aus, dass die EWIV ihre Geschäftätigkeit nach **61** der konstitutiven Eintragung im Handelsregister zum 1. Januar eines Kalenderjahres aufnimmt und als Wirtschaftsjahr das Kalenderjahr bestimmt wird. Sollte aus prakti-schen Erwägungen die EWIV ihre Geschäftätigkeit im Laufe eines Geschäftsjahres aufnehmen, wird entweder für den verbleibenden Zeitraum bis zum Ablauf des Ka-lenderjahres ein Rumpfwirtschaftsjahr gebildet oder es kann bereits bei Gründung ein vom Kalenderjahr abweichendes Wirtschaftsjahr (ohne Genehmigung des Finanzamts) bestimmt werden.

Zu § 4 Abs. 1: Mitglieder

Art. 4 Abs. 1 EWIV-VO bestimmt, wer Mitglied einer EWIV werden kann. Es **62** sind dies gem. Art. 4 Abs. 1 Buchst. a EWIV-VO Gesellschaften iSv. Art. 48 Abs. 2 EGV (jetzt: Art. 54 AEUV) mit Sitz und Hauptverwaltung innerhalb der EU (s. dazu unten Rz. 63–65) und gem. Art. 4 Abs. 1 Buchst. b **natürliche Personen** mit Er-werbstätigkeiten innerhalb der EU (s. dazu Rz. 66 ff.).

Als **Gesellschaften** iSd. Art. 48 Abs. 2 EGV (jetzt: Art. 54 AEUV) können Mit- **63** glieder einer EWIV werden insbes.
– Gesellschaften des Handelsrechts (Personenhandelsgesellschaften, Kapitalgesellschaf-ten),
– Gesellschaften des bürgerlichen Rechts,
– Genossenschaften und
– andere juristische Einheiten des öffentlichen und des privaten Rechts (auf deutscher Seite: sogenannte sonstige juristische Personen des privaten Rechts, zB Vereine, Stiftungen, Anstalten und dergl.; in anderen Ländern: „legal bodies" bzw. „entités juridiques").

Die Mitgliedschaft in der EWIV setzt für die vorgenannten Gesellschaften iSd. **64** Art. 48 Abs. 2 EGV (jetzt: Art. 54 AEUV) voraus, dass diese nach dem Recht eines EG-Staates gegründet wurden und ihren satzungsmäßigen oder gesetzlichen **Sitz und ihre Hauptverwaltung** (zulässig auch in anderem Land als Sitzland) in der Gemein-schaft haben. Braucht nach dem Recht eines Mitgliedstaats eine Gesellschaft oder eine andere juristische Einheit keinen satzungsmäßigen oder gesetzlichen Sitz (zB eine eng-lische „partnership", oder eine französische „Societé en Participation"), genügt es, wenn sich allein die Hauptverwaltung in der Gemeinschaft befindet.

Auch Gesellschaften und andere juristische Personen, die **keinen Erwerbszweck** **65** verfolgen, können Mitglied einer EWIV werden (vgl. *Meyer-Landrut* EWIV, 1988, S. 127; *Gleichmann* ZHR 85, 638; *Ganske* DB 85, Beil. 20, 4). Damit können auch gemeinnützige Unternehmen, wie zB staatliche oder private Forschungsorganisatio-nen, staatliche Regiebetriebe und gemeinwirtschaftliche Unternehmen Mitglieder ei-ner EWIV werden.

66   **Natürliche Personen,** die eine gewerbliche, kaufmännische, handwerkliche, landwirtschaftliche oder freiberufliche Tätigkeit in der Gemeinschaft ausüben oder dort andere Dienstleistungen erbringen (Art. 3 Abs. 1 Buchst. b EWIV-VO), können Mitglieder einer EWIV sein. Demnach steht natürlichen Personen die Mitgliedschaft in einer EWIV offen, auch wenn sie in Nicht-EU-Staaten ansässig sind, sofern sie nur eine Tätigkeit in der Gemeinschaft ausüben. Deutschland hat von dem in Art. 4 Abs. 4 EWIV-VO vorgesehenen Recht, bestimmte Gruppen von natürlichen Personen, Gesellschaften oder anderen juristischen Einheiten von der Beteiligung auszuschließen, keinen Gebrauch gemacht. Damit dürfen auch **Freiberufler** (zB Notare, Rechtsanwälte, Wirtschaftsprüfer, Steuerberater, Apotheker, Architekten, Ärzte etc) Mitglied einer EWIV werden. Zu beachten ist aber, dass nach Erwägungsgrund Nr. 5 die EWIV selbst keinen freien Beruf ausüben darf und Erwägungsgrund Nr. 6 ausdrücklich auf die Standesvorschriften verweist.

Der Vertrag muss Mindestangaben zu den Mitgliedern enthalten, nämlich Name, Firma, Rechtsform, Wohnsitz oder Sitz, bei Gesellschaften auch Nummer und Ort der Registereintragung (Art. 5 Buchst. d EWIV-VO), vgl. Rz. 42.

67   **Grenzüberschreitender Charakter.** Entsprechend dem Ziel der EWIV, die wirtschaftliche Zusammenarbeit in Europa grenzüberschreitend zu erleichtern, müssen mindestens zwei Mitglieder einer Vereinigung verschiedenen Staaten der Gemeinschaft angehören. Bei Gesellschaften und juristischen Einheiten wird hierfür auf den Ort der Hauptverwaltung abgestellt, bei natürlichen Personen auf den Ort der Ausübung der Haupttätigkeit. Fällt der grenzüberschreitende Charakter einer EWIV nachträglich weg, ist ein zwingender Auflösungsgrund gegeben (Art. 31 Abs. 3 EWIV-VO).

68   Für die Gründung einer EWIV sind mindestens zwei Mitglieder notwendig (Art. 4 Abs. 2 EWIV-VO); von der Ermächtigung in Art. 4 Abs. 3 EWIV-VO, die Mitgliederzahl auf 20 zu begrenzen, hat der deutsche Gesetzgeber im EWIV-AG keinen Gebrauch gemacht.

Zu § 4 Abs. 2: Einlagen

69   Wegen der unbeschränkten und gesamtschuldnerischen Haftung der Mitglieder für jegliche Verbindlichkeiten der Vereinigung (Art. 24 Abs. 1 Satz 1 EWIV-VO) und der unmittelbaren Verlustausgleichsverpflichtung der Mitglieder gem. Art. 21 Abs. 2 EWIV-VO, kann die Vereinigung grds. auch **ohne festes Kapital** gegründet werden. Danach müssten die Mitglieder aber fortlaufend Nachschüsse in Höhe der Fehlbeträge gem. Art. 21 Abs. 2 EWIV-VO leisten. Zu diesem Zweck müssten Einnahme- und Ausgabenrechnungen als Budget erstellt und fortlaufend zur Ermittlung des jeweiligen Nachschussbedarfs fortgeschrieben werden. Dies erscheint nur schwer praktizierbar, daher wird im Formular vorgeschlagen, dass im Gründungsvertrag bereits die Einlagen, zumindest in Höhe der Anfangskapitalausstattung, als Kapitaleinlagen festgelegt werden. Dies erscheint auch aus haftungsrechtlichen Gesichtspunkten der Mitglieder empfehlenswert: Denn abweichend zur Haftung im deutschen OHG-Recht enthält Art. 24 Abs. 2 EWIV-VO eine nur subsidiäre Haftung der Mitglieder. Die Inanspruchnahme eines Mitglieds durch einen Gläubiger der EWIV setzt nämlich voraus, dass die Vereinigung zur Zahlung aufgefordert worden und die Zahlung nicht in angemessener Frist erfolgt ist.

70   Es empfiehlt sich darüber hinaus, auch alle weiteren Beiträge im Gründungsvertrag festzulegen, zB Sacheinlagen, Dienstleistungen, die Einlage von Rechten, gewerblichen Schutzrechten, Know-how und dergleichen.

71   Die **Quote** der Einlageleistungen ist dann gesondert anzugeben, wenn diese von der gleichmäßigen Verteilung auf die Mitglieder abweicht.

72   Die Einlage- und Beitragsregelungen sollten im Gründungsvertrag im Hinblick auf den konkreten Unternehmensgegenstand so detailliert und flexibel als möglich geregelt sein, weil Änderungen nach Art. 17 Abs. 2 Buchst. e EWIV-VO zwingend nur einstimmig, dh. durch die Gesamtheit der Mitglieder beschlossen werden können.

Zu § 5: Geschäftsführung und Vertretung

Der (oder die) Geschäftsführer ist (sind) neben den „gemeinschaftlich handelnden **73** Mitgliedern" (s. Rz. 81 ff. zu § 6) das **zweite obligatorische Organ** der Vereinigung (Art. 16 Abs. 1 EWIV-VO). Diesem Organ obliegt im Innenverhältnis die **Geschäftsführung** (Art. 19 EWIV-VO) und im Außenverhältnis die **Vertretung** (Art. 20 EWIV-VO). Art. 19 Abs. 1 Satz 1 EWIV-VO bestimmt, dass die Geschäfte der Vereinigung von einer oder mehreren natürlichen Personen geführt werden, die durch den Gründungsvertrag oder durch Beschluss der Mitglieder bestellt werden. Zu beachten ist danach die Beschränkung der Geschäftsführung auf **natürliche Personen** und die Möglichkeit der Drittorganschaft **(Fremdgeschäftsführung).** Da das EWIV-AG von der Ausnahmemöglichkeit in Art. 19 Abs. 2 EWIV-VO, dass auch eine juristische Person Geschäftsführer werden kann, keinen Gebrauch gemacht hat, können bei einer deutschen EWIV nur natürliche Personen Geschäftsführer werden.

§ 5 Abs. 1 Satz 1 des Formulars gibt zur Klarstellung die Grundregel der Fremdge- **74** schäftsführung wieder, wonach zur Geschäftsführung im Innenverhältnis und zur Vertretung nach außen nur das jeweilige Geschäftsführungsorgan berechtigt und verpflichtet ist. Satz 2 bestimmt die Vertretungsberechtigung im Außenverhältnis, wenn mehrere Geschäftsführer bestellt sind; er weicht damit von der in Art. 20 Abs. 1 EWIV-VO vorgesehenen Regel ab, dass auch bei Bestellung mehrerer Geschäftsführer jeder einzeln vertreten kann. Die Rechtsgrundlage hierfür liegt in Art. 20 Abs. 2 EWIV-VO, wonach im Gründungsvertrag auch die Gesamtvertretung angeordnet werden kann. Sie ist im Außenverhältnis allerdings nur dann wirksam, wenn sie gem. Art. 8 EWIV-VO veröffentlicht wird und (über Art. 9 Abs. 1 EWIV-VO) § 15 HGB beachtet wird, dh. die Gesamtvertretung kann Dritten erst auf Grund der Publizität des Handelsregisters entgegengesetzt werden (vgl. *Scriba* EWIV, 1988, S. 155). Die Gesamtvertretung muss darüber hinaus auch auf dem Briefkopf und allen anderen Schriftstücken der Vereinigung vermerkt werden (Art. 25 Buchst. d EWIV-VO).

Zu § 5 Abs. 2: Bestellung/Abberufung

Das Formular enthält in **Satz 1** aus Praktikabilitätsgründen bereits die Bestellung **75** des ersten Geschäftsführers mit dem Hinweis, dass auf diesen keiner der Ausschlussgründe für „unwürdige" Personen zutrifft. Die **Ausschlussgründe** richten sich
1. nach dem auf die betreffende Person anzuwendenden einzelstaatlichen Recht (zB für britische Staatsbürger Ausschlussgründe von Sec. 295–310 des Corporation Act 1985 oder Teil II Kap. 1 des Insolvency Act 1985) und
2. nach dem innerstaatlichen Recht des Sitzstaats der Vereinigung (im Falle des Formulars nach deutschem Recht) sowie
3. nach gerichtlichen oder behördlichen Entscheidungen, die nur in einem Mitgliedstaat ergangen oder anerkannt sind (einschließlich Entscheidungen aus Drittstaaten, vgl. *Ganske* DB 85, Beil. 20, 8 Fn. 129).

Welche Vorschriften des deutschen Rechts in Bezug auf die zweite Alternative **76** (Recht des Sitzstaats) anzuwenden sind, ist unklar. Nachdem § 1 EWIV-AG nur auf das subsidiäre Recht der OHG verweist, dieses aber nur Selbstorganschaft kennt (und deshalb die Fähigkeit zum Geschäftsführer nur von den allgemeinen Regeln des BGB über die Geschäftsfähigkeit abhängig ist), dürfte die zweite Alternative bei einer deutschen EWIV leerlaufen. Dies wird als unbefriedigend empfunden; die an sich sachgerechte Regelung des § 6 Abs. 2 GmbHG (bzw. § 76 Abs. 2 AktG) wird wegen der eindeutigen Bestimmung von § 1 EWIV-AG auch nicht analog anwendbar sein (*Meyer-Landrut* aaO, S. 56). *Müller-Gugenberger* (NJW 89, 1457) will dagegen für den Bereich der Geschäftsführung die Vorschriften des GmbH-Rechts zur Ergänzung von

§ 19 EWIV-AG anwenden. Zu den sehr weitreichenden Folgen der dritten Alternative (vgl. *Scriba* aaO, S. 144). Wird eine Person unter Verstoß gegen eine (oder mehrere) der vorstehenden drei Ausschlussgründe zum Geschäftsführer bestellt, ist eine solche Bestellung nichtig.

77 Die im Formular vorgesehene Bestellung des ersten Geschäftsführers im Rahmen eines Gründungsvertrags ist aus Praktikabilitätsgründen vorgesehen (wegen der überragend wichtigen Bedeutung der Fremdgeschäftsführung). Natürlich kann die Bestellung auch außerhalb des Gründungsvertrags erfolgen.

78 **Satz 2** des Formulars weicht vom Regelstatut ab, wonach grds. (ohne anderweitige Regelung im Vertrag) die Bestellung von Geschäftsführern durch Mehrheitsbeschluss der Mitglieder möglich ist (vgl. *Meyer-Landrut* aaO, S. 56). Normalerweise reicht für die Bestellung einfache Mehrheit aus, wegen der für jedes einzelne Mitglied großen Tragweite der Fremdorganschaft ist in § 5 Abs. 2 Satz 2 hierfür aber die Einstimmigkeit vorgesehen, wiewohl man das damit verbundene Blockaderisiko beachten muss.

79 **Satz 3** des Formulars bestätigt zunächst die Grundregel, dass für den Widerruf grds. ein einfacher Mitgliederbeschluss ausreichend ist. Wegen der großen Bedeutung der Fremdorganschaft für jedes einzelne Mitglied wird zusätzlich vorgesehen, dass bei Vorliegen eines wichtigen Grundes iSd. § 38 Abs. 2 GmbHG auch jedes Mitglied alleine einen wirksam bestellten Geschäftsführer abberufen kann. Dies erscheint notwendig, weil auch bei Missbrauch der Befugnisse eines Geschäftsführers im Falle der EWIV die „Ultra-Vires" Lehre nicht weiter hilft (vgl. *Gleichmann* ZHR 85, 644; *Ganske* aaO, S. 8; *Wüst* JZ 89, 274; *Müller-Gugenberger* NJW 89, 1457).

Zu § 5 Abs. 3

80 Die im Vertragsmuster vorgesehene Formulierung wiederholt das Regelstatut, wonach das oberste Organ, die „gemeinschaftlich handelnden Mitglieder", jederzeit das Recht hat, auch die den Geschäftsführern vorbehaltenen Entscheidungen an sich zu ziehen und der Geschäftsführung Weisung zu erteilen (Devolutivrecht, vgl. dazu die Einzelerläuterungen zu § 6 Abs. 1 unter Rz. 82).

Zu § 6: Beschlüsse der gemeinschaftlich handelnden Mitglieder (oberstes Organ der EWIV)

81 Den gemeinschaftlich handelnden Mitgliedern der EWIV kommt wegen der fremdorganschaftlichen Struktur (den Geschäftsführern) eine eigenständige Organstellung zu (abweichend von der Struktur einer deutschen OHG, jedoch ähnlich der Struktur eines französischen Groupement).

Zu § 6 Abs. 1: Absolute Herrschaft der Mitglieder

82 Der im Vertragsformular vorgesehene Text wiederholt und umschreibt die in Art. 16 Abs. 1 Satz 1 und Abs. 2 EWIV-VO enthaltene Regelung: die absolute Herrschaft der Mitglieder über die Geschicke der Vereinigung (vgl. *Scriba* aaO, S. 113 f.; *Meyer-Landrut* aaO, S. 36).

Zu § 6 Abs. 2: Beschlussfassung

83 Da in der EWIV-VO das Beschlussverfahren nicht geregelt ist, sondern lediglich in Art. 17 Abs. 4 EWIV-VO auf Veranlassung eines Geschäftsführers oder auf Verlangen eines Mitglieds durch die Geschäftsführung vor Beschlussfassung eine Anhörung der Mitglieder durchzuführen ist, empfiehlt es sich, das Beschlussverfahren vertraglich zu regeln.

84 Nach Art. 17 Abs. 1 Satz 1 EWIV-VO hat **jedes Mitglied eine Stimme;** in Abweichung zum deutschen Recht einer Personenhandelsgesellschaft ist ein variables Stimmrecht oder ein Stimmrecht nach Kapitalanteilen bei einer EWIV nicht möglich (*Meyer-Landrut* aaO, S. 39). Allerdings lässt Art. 17 Abs. 1 Satz 2 EWIV-VO für ein-

zelne Mitglieder die Regelung von Mehrstimmrechten zu, soweit dadurch nicht ein Mitglied insgesamt die Stimmenmehrheit auf sich vereint.

Zu § 6 Abs. 3: Beschlussgegenstände mit Einstimmigkeitserfordernis

Art. 17 Abs. 2 EWIV-VO zählt **sieben Beschlussgegenstände** auf, von denen die unter den Buchst. a bis e genannten fünf Bestimmungen zwingende Einstimmigkeit erfordern, während die unter den Buchst. f und g bezeichneten Änderungen (andere Verpflichtungen eines Mitglieds als Beiträge zur Finanzierung und sonstige Änderungen des Gründungsvertrags) der dispositiven Regelung im Vertrag unterliegen. Der im Formular vorgesehene Text fasst die zwingend vorgeschriebenen Einstimmigkeitserfordernisse in Abs. 3 unter Buchst. a zusammen und ordnet darüber hinaus in Buchst. b, c und d (zT Klarstellung) weitere Einstimmigkeitserfordernisse an. **85**

Soweit bei einer EWIV das Erfordernis der Einstimmigkeit für Beschlüsse besteht, bedeutet dies, dass alle Mitglieder zustimmen müssen, so dass Abwesenheit und Enthaltung einer wirksamen Beschlussfassung entgegenstehen (*Meyer-Landrut* aaO, S. 39; aA *Gleichmann* ZHR 85, 643, Fn. 15). **86**

Zu § 6 Abs. 5: Vertretungspflicht der Mitglieder

Da die Verordnung keine Vorschrift über die Verfügungsmöglichkeit der Mitglieder über ihre Stimmrechte vorsieht, und die Abstimmungs- und Anhörungsverfahren praktikabel sein müssen, wird im Formular vorgesehen, dass jedes Mitglied namentlich eine Person und einen Vertreter dieser Person benennt, die ihn bei allen Beschlussfassungen vertritt. **87**

Zu § 7: Konten der Mitglieder

Wegen der besonderen rechtlichen Konzeption der EWIV enthält die EWIV-VO keinerlei Regelungen über die Eigentumsverhältnisse an der Vereinigung. Dies erklärt sich daraus, dass die Mitglieder unbeschränkt **haften** und damit Verluste von ihnen ausgeglichen werden und sie für Gewinnanteile einen direkten Auszahlungsanspruch haben. Gleichwohl wird die EWIV regelmäßig Vermögen haben, insb. wenn, wie im vorliegenden Formular vorgesehen, die Mitglieder Einlagen zu leisten haben (s. Rz. 69 ff.). Es bedarf dann einer Regelung der Vermögenszuordnung, die sich gem. Art. 2 Abs. 1 EWIV-VO iVm. § 1 EWIV-AG nach den Vorschriften für eine deutsche OHG richtet. Gem. § 105 Abs. 2 HGB iVm. §§ 718, 719 BGB steht das Vermögen der Vereinigung den Mitgliedern zur gesamten Hand zu. Das Formular sieht daher die Bildung von Mitgliederkonten nach dem Muster für eine OHG vor. **88**

Zu § 8: Jahresabschluss

Die Verordnung enthält keine ausdrückliche Regelung über die Aufstellung eines Jahresabschlusses; lediglich Art. 21 Abs. 2 EWIV-VO setzt für den Verlustausgleich die Ermittlung des Betrags voraus, mit dem die Ausgaben die Einnahmen übersteigen. Über § 6 EWIV-AG und § 1 EWIV-AG iVm. § 242 HGB hat die Vereinigung aber einen Jahresabschluss **(Bilanz sowie Gewinn- und Verlustrechnung)** aufzustellen (vgl. zur Rechnungslegung und Prüfung *Frey* DB 92, 233). Die Gewinn- und Verlustrechnung wird gleichzeitig auch zur Bestimmung des Verlustausgleichsbetrags iSd. Art. 21 Abs. 2 EWIV-VO herangezogen werden können (vgl. *Meyer-Landrut* aaO, S. 79; *Scriba* aaO, S. 123). **89**

Abweichend vom deutschen Recht für die OHG trifft die Verpflichtung zur ordnungsmäßigen Buchführung und den Jahresabschluss den oder die Geschäftsführer (nicht die Mitglieder), vgl. § 6 EWIV-AG. **90**

Zu § 9 Abs. 1 und 2: Ergebnisermittlung

Die in § 9 Abs. 1 vorgesehene Regelung über Leistungsverrechnungen dient der Klarstellung der Abrechnung zwischen der EWIV und einzelnen Mitgliedern. **91**

92 Die in § 9 Abs. 2 enthaltene Regelung soll sicherstellen, dass eine etwa anfallende **Gewerbesteuer** im Innenverhältnis als Aufwand der EWIV behandelt wird. Diese Regelung ist empfehlenswert, da § 5 Abs. 1 Satz 4 GewStG anordnet, dass die Mitglieder der EWIV die Gewerbesteuer als Gesamtschuldner schulden, und GewStR 36 Satz 6 es in das Ermessen der Gemeinde stellt, welches der Mitglieder als Gesamtschuldner in Anspruch genommen wird. Damit besteht die Gefahr, dass regelmäßig deutsche Mitglieder mit der Gewerbesteuer belastet werden (s. Rz. 28).

Zu § 9 Abs. 3: Ergebnisverteilung

93 Die im Formular vorgeschlagene gleichmäßige Verteilung des Jahresergebnisses (Jahresüberschuss bzw. Jahresfehlbetrag) auf die Mitglieder entspricht der in Art. 21 Abs. 1 und Abs. 2 EWIV-VO vorgesehenen Regelverteilung. Falls eine andere Verteilung gewünscht wird, können auch Quoten (zB Mitglied A: 40%, Mitglied B und C: jeweils 30%) vereinbart werden.

94 Anders als bei der OHG sind die Mitglieder unmittelbar am Ergebnis der EWIV beteiligt, so dass es auf die Feststellung des Jahresabschlusses insoweit nicht ankommen würde: Art. 21 Abs. 1 EWIV-VO ordnet an, dass Gewinne der EWIV als Gewinne der Mitglieder „gelten" und Art. 21 Abs. 2 EWIV-VO, dass die Mitglieder der Vereinigung eventuelle Verluste „tragen". Hieraus folgen ein unmittelbares Gewinnbezugsrecht und eine unmittelbare Verlustausgleichs- bzw. Nachschussverpflichtung. Gleichwohl ist im Formular in § 8 Abs. 3 Satz 2 aus Praktikabilitätsgründen und zur Vermeidung künftiger Streitigkeiten die Feststellung mit einfacher Mehrheit vorgesehen.

Zu § 10 Abs. 1: Kündigung

95 Art. 27 Abs. 1 EWIV-VO sieht für den Regelfall ein Austrittsrecht eines Mitglieds unter Fortsetzung der Vereinigung mit den übrigen Mitgliedern nur bei einstimmiger Zustimmung der übrigen Mitglieder oder aus wichtigem Grund vor. Damit wäre das ordentliche (einseitige) Kündigungsrecht praktisch fast gänzlich ausgeschlossen. Das Formular sieht vor, dass jedes Mitglied ohne Zustimmungserfordernis der übrigen Mitglieder mit einer zwölfmonatigen Frist zum Ende eines Geschäftsjahres kündigen kann. Je nach dem wirtschaftlichen Zweck der Vereinigung bedarf es aber der sorgfältigen Abwägung, ob mit der Zulassung der einseitigen ordentlichen Kündigung der Vereinigungszweck nicht zu Lasten der verbleibenden Mitglieder erheblich gestört wird (evtl. könnte auch die Kündigungsfrist über zwölf Monate hinaus ausgedehnt werden und/oder „Austrittsgeld" vereinbart werden). Ein Auseinandersetzungsguthaben darf auf Grund von Art. 33 Satz 2 EWIV-VO nicht im Voraus pauschal bestimmt werden; dessen niedrige Festsetzung ist daher als „pönale" Maßnahme nicht geeignet (allenfalls könnte ein „Austrittsgeld" zur Abgeltung von Leistungen der EWIV vereinbart werden).

96 Das Recht zur **außerordentlichen Kündigung aus wichtigem Grund** ist nicht abdingbar. Zur Frage, wann im Einzelfall ein wichtiger Grund vorliegt, kann auf die Kasuistik zu § 723 BGB, § 133 HGB verwiesen werden (vgl. *MünchHdb GesR* Bd. 1, § 96 Rz. 25).

Zu § 10 Abs. 2: Ausschluss aus wichtigem Grund

97 Art. 27 Abs. 2 EWIV-VO lässt die Möglichkeit des Ausschlusses aus wichtigem Grund (bei grobem Pflichtverstoß oder Verursachung schwerer Störungen der Arbeit der Vereinigung) als nicht-dispositive Regelung zu. Darüber hinaus kann im Gründungsvertrag frei über andere Ausschlussgründe und das Ausschlussverfahren bestimmt werden.

Das Formular konkretisiert wichtige Ausschlussgründe beispielhaft (es macht damit Gebrauch von der Erweiterung der Ausschlussgründe im Gründungsvertrag). Darüber hinaus sieht es vor, dass das jeweilige Mitglied durch Unterlassungserklärung dem Ausschluss entgegenwirken kann.

Zum Ausscheiden eines Mitglieds in anderen Fällen als durch Kündigung oder Ausschluss, vgl. Art. 28 Abs. 1 EWIV-VO (Tod einer natürlichen Person als Mitglied, Verlust der Mitgliedereigenschaft nach Art. 4 Abs. 1 EWIV-VO, Eröffnung des Insolvenzverfahrens über das Vermögen eines Mitglieds gem. § 8 EWIV-AG).

Zu § 11: Auflösung

Art. 31 und 32 EWIV-VO enthalten eine **abschließende Aufzählung der Auf-** 98 **lösungsgründe** für eine EWIV:
– Auflösung durch feststellenden Mitgliederbeschluss (Art. 31 Abs. 2 EWIV-VO)
– Auflösung durch gerichtliche Entscheidung (Art. 32 EWIV-VO) oder
– Eröffnung des Konkursverfahrens über das Vermögen der Vereinigung (Art. 36 EWIV-VO iVm. dem deutschen Insolvenzrecht)

Die **grundlose Auflösung** der Vereinigung nach Art. 31 Abs. 1 EWIV-VO durch 99 Beschluss der Mitglieder erfordert nicht zwingend die Einstimmigkeit. Demgegenüber sieht das Formular die Einstimmigkeit vor. In jedem Fall bedarf es eines feststellenden Mitgliederbeschlusses oder einer gerichtlichen Entscheidung. Die Folgen der Auflösung sind: Die Geschäftsführer müssen die Urkunden über die Auflösung beim Registergericht hinterlegen und die Auflösung anmelden. Zweckmäßigerweise erfolgt die Auflösung durch Beschluss zum Ende des laufenden Geschäftsjahres.

Erläuterungen zu A. 4.01a Handelsregisteranmeldung

Die Vereinigung ist bei dem Gericht, in dessen Bezirk sie ihren im Gründungsver- 100 trag genannten Sitz hat, zur **Eintragung ins Handelsregister** anzumelden (§ 2 Abs. 1 EWIV-AG). Die EWIV wird in die Abteilung A des Handelsregisters eingetragen (§ 3 Abs. 2 HRV). Die Anmeldung zur Eintragung ist durch sämtliche Geschäftsführer **höchstpersönlich** vorzunehmen (keine Vertretungsmöglichkeit, vgl. *Meyer-Landrut* aaO, S. 140 mwN in Fn. 99). Die Anmeldung ist elektronisch in öffentlich beglaubigter Form vorzunehmen (§ 12 Abs. 1 Satz 1 HGB, zur elektronischen Anmeldung siehe A. 3.02 Rz. 41).

Der **Inhalt** der Anmeldung der Eintragung der Vereinigung ist in § 2 Abs. 2 101 EWIV-AG aufgeführt. In der Anmeldung haben die Geschäftsführer zu versichern, dass keine Umstände vorliegen, die nach Art. 19 Abs. 1 EWIV-VO ihrer Bestellung entgegenstehen und dass sie über ihre unbeschränkte Auskunftspflicht belehrt worden sind (§ 3 Abs. 3 EWIV-AG).

Beizufügen ist der Anmeldung der vollständige Wortlaut des **Gründungsvertrags** 102 (Art. 7 Satz 1 EWIV-VO, vgl. *Meyer-Landrut* aaO, S. 139).

Falls Geschäftsführer allgemein von der Beschränkung des **§ 181 BGB** befreit sind, 103 ist auch diese Befreiung anzumelden.

Die Eintragung der errichteten EWIV hat **konstitutive Wirkung** (Art. 1 Abs. 2 104 EWIV-VO). Publizitätswirkungen entfalten die Eintragungen erst nach Bekanntmachung (Art. 9 Abs. 1 EWIV-VO zur Entgegensetzbarkeit bekanntmachungspflichtiger Urkunden und Angaben, Art. 9 Abs. 2 EWIV-VO zur Haftung für Handlungen vor Eintragung).

Gem. § 1 EWIV-AG iVm. § 9 HGB ist die **Öffentlichkeit** des Registers dadurch 105 gegeben, dass jedermann das Handelsregister und die eingereichten Urkunden einsehen, einen Ausdruck bzw. eine Abschrift der Eintragungen und der hinterlegten Urkunden (einschließlich des vollständigen Wortlauts des Gründungsvertrags und aller Änderungen) verlangen kann und Bekanntmachungen nach Art. 8 EWIV-VO (in Deutschland: elektronisches Informations- und Kommunikationssystem des jeweiligen Bundeslandes) und Art. 11 EWIV-VO (Amtsblatt der Europäischen Gemeinschaft) erfolgen.

A. 4.02 Europäische Gesellschaft – Societas Europaea, SE
(mit Sitz in der Bundesrepublik Deutschland)

Gliederung

I. FORMULARE

> **Formular A. 4.02 Umwandlungsplan betreffend die
> formwechselnde Umwandlung einer AG mit Sitz in Deutschland in eine Europäische Gesellschaft (SE)**

UMWANDLUNGSPLAN betreffend die formwechselnde Umwandlung der A-Software AG, mit Sitz in ......, Deutschland, – nachfolgend „A AG" – in die Rechtsform der Europäischen Gesellschaft (*Societas Europaea,* SE) – nachfolgend „A SE" –

Präambel

(1) Die A AG ist eine Aktiengesellschaft deutschen Rechts mit Sitz und Hauptverwaltung in Deutschland und damit innerhalb der Europäischen Gemeinschaft. Sie ist eingetragen im Handelsregister des Amtsgerichts ......, Deutschland unter HRB ...... und hat ihren Sitz in ....

(2) Das Grundkapital der A AG beträgt € 5.000.000,– und ist in 5.000.000 nennwertlose Stückaktien eingeteilt. Der auf die einzelne Aktie entfallende anteilige Betrag am Grundkapital der A AG beträgt € 1,– je Aktie. Die Aktien der AG lauten auf den Namen. Alleinige Aktionärin der A AG ist die B-GmbH mit Sitz in ....

(3) Es ist geplant, die A AG gemäß Art. 2 Abs. 4 iVm. Art. 37 der Verordnung (EG) Nr. 2157/2001 des Rates vom 8. Oktober 2001 über das Statut der Europäischen Gesellschaft (SE) („SE-VO") in eine Europäische Gesellschaft (*Societas Europaea,* SE) umzuwandeln.

(4) Der Wechsel der Rechtsform stellt nach der Überzeugung des Vorstands der A AG einen konsequenten Schritt in der Unternehmensentwicklung dar, der dem erfolgreichen Ausbau der internationalen Geschäftstätigkeit der A-Gruppe von

Deutschland und Spanien aus folgt. Zudem bringt der Rechtsformwechsel von einer Aktiengesellschaft in eine Europäische Gesellschaft das Selbstverständnis der A AG als ein europäisch und weltweit ausgerichtetes Unternehmen auch äußerlich zum Ausdruck. Die Rechtsform der Europäischen Gesellschaft bietet ferner die Möglichkeit, die bisherige Unternehmensstruktur der A AG weiter zu entwickeln.

(5) Die A SE soll ihren Sitz und ihre Hauptverwaltung in Deutschland beibehalten.

Der Vorstand der A AG erstellt daher den folgenden Umwandlungsplan:

§ 1 Umwandlung der A AG in die A SE

(1) Die A AG wird gemäß Art. 2 Abs. 4 iVm. Art. 37 SE-VO in eine Europäische Gesellschaft (*Societas Europaea,* SE) umgewandelt.

(2) Die A AG ist alleinige Gesellschafterin der im Jahr 01 gegründeten A-Computadora S.L. in Spanien, Geschäftsadresse ......, die seit dem ...... im spanischen Handelsregister unter der Registernummer ...... eingetragen ist. Damit hat die A AG seit mehr als zwei Jahren eine Tochtergesellschaft, die dem Recht eines anderen Mitgliedstaats der Europäischen Union (EU) unterliegt. Die Voraussetzung für eine Umwandlung der A AG in die A SE gemäß Art. 2 Abs. 4 SE-VO ist damit erfüllt.

(3) Die Umwandlung der A AG in eine Europäische Gesellschaft hat weder die Auflösung der A AG zur Folge noch die Gründung einer neuen juristischen Person. Die Beteiligung der B-GmbH als bisherige Aktionärin an der Gesellschaft besteht aufgrund der Wahrung der Identität des formwechselnden Rechtsträgers fort.

§ 2 Wirksamwerden der Umwandlung

Die Umwandlung wird wirksam mit ihrer Eintragung im Handelsregister.

§ 3 Firma, Sitz, Grundkapital und Satzung der A SE

(1) Die Firma der SE lautet „A-Software SE".

(2) Der Sitz der A SE ist ......, Deutschland; dort befindet sich auch ihre Hauptverwaltung.

(3) Das Grundkapital der A AG in der zum Zeitpunkt der Eintragung der Umwandlung in das Handelsregister bestehenden Höhe (€ 5.000.000,–) und in der zu diesem Zeitpunkt bestehenden Einteilung in auf den Namen lautende Stückaktien (Stückzahl: 5.000.000) wird zum Grundkapital der A SE. Die Personen und Gesellschaften, die zum Zeitpunkt der Eintragung der Umwandlung in das Handelsregister Aktionäre der A AG sind (derzeit nur die B-GmbH), werden Aktionäre der A SE und zwar in demselben Umfang und mit derselben Anzahl an Stückaktien am Grundkapital der A SE, wie sie unmittelbar vor Wirksamwerden der Umwandlung am Grundkapital der A AG beteiligt sind. Der rechnerische Anteil jeder Stückaktie am Grundkapital (€ 1,00 je Stückaktie) bleibt so erhalten, wie er unmittelbar vor Wirksamwerden der Umwandlung besteht.

(4) Die A SE erhält die als Anlage beigefügte Satzung. Diese ist Bestandteil dieses Umwandlungsplans. Dabei entspricht zum Zeitpunkt des Wirksamwerdens der Umwandlung der A AG in eine SE die Grundkapitalziffer mit der Einteilung in Stückaktien der A SE (§ 4 Abs. 1 der als Anlage beigefügten Satzung der A SE) der Grundkapitalziffer mit der Einteilung in Stückaktien der A AG (§ 4 Abs. 1 der Satzung der A AG).

(5) Die Aktionäre, die der Umwandlung widersprechen, erhalten kein Angebot auf eine Barabfindung, da dies gesetzlich nicht vorgesehen ist.

§ 4 Vorstand

Es ist davon auszugehen, dass der Aufsichtsrat der A SE die bisher amtierenden Mitglieder des Vorstands der A AG zu Vorständen der A SE bestellen wird. Die derzeitigen Mitglieder des Vorstands der A AG sind die Herren ...... und ....

§ 5 Aufsichtsrat

(1) Gemäß § 8 der als Anlage beigefügten Satzung der A SE wird bei der A SE ein Aufsichtsrat gebildet, der ebenso wie der bisherige Aufsichtsrat der A AG aus drei Mitgliedern besteht. Die Mitglieder des Aufsichtsrats werden durch die Hauptversammlung gewählt, die nicht an Wahlvorschläge gebunden ist.

(2) Die Ämter der Aufsichtsratsmitglieder der A AG enden mit Wirksamwerden der Umwandlung.

(3) Die folgenden Mitglieder des Aufsichtsrats der A AG werden aufgrund Bestellung in der Satzung der A SE zu Mitgliedern des Aufsichtsrats der A SE bestellt:

– Herr ......, von Beruf ......, geboren ......, wohnhaft ......;
– Herr ......, von Beruf ......, geboren ......, wohnhaft ......;
– Frau ......, von Beruf ......, geboren ......, wohnhaft ....

§ 6 Angaben zum Verfahren zur Vereinbarung über die Beteiligung der Arbeitnehmer

(1) Zur Sicherung der Rechte der Arbeitnehmer der A AG auf Beteiligung an Unternehmensentscheidungen ist im Zusammenhang mit der Umwandlung in eine SE ein Verfahren über die Beteiligung der Arbeitnehmer in der A SE durchzuführen. Ziel ist der Abschluss einer Vereinbarung über die Beteiligung der Arbeitnehmer in der SE.

(2) Eine Mitbestimmung der Arbeitnehmer im Aufsichtsrat der A AG besteht derzeit nicht. Die Bestimmungen des MitbestG sowie des DrittelbG finden auf den Aufsichtsrat der A AG keine Anwendung. Bei der A-Computadora S. L. besteht entsprechend den spanischen Vorgaben eine Arbeitnehmervertretung. Die A AG verfügt über einen Betriebsrat am Standort ....

(3) Die Einleitung des Verfahrens zur Beteiligung der Arbeitnehmer erfolgt nach den Vorschriften des SEBG. Dieses sieht in § 4 SEBG vor, dass die Leitung der beteiligten Gesellschaft, dh. der Vorstand der A AG, die jeweiligen Arbeitnehmervertretungen über das Umwandlungsvorhaben informiert und sie zur Bildung eines besonderen Verhandlungsgremiums auffordert. Einzuleiten ist das Verfahren durch die entsprechende Information unaufgefordert und unverzüglich, nachdem der Vorstand der A AG den erstellten Umwandlungsplan offen gelegt hat. Die Offenlegung erfolgt durch Einreichung des Umwandlungsplans beim zuständigen Handelsregister in .... Die Information der Arbeitnehmervertretungen erstreckt sich insbesondere auf die Identität und Struktur der A AG, der betroffenen Tochtergesellschaft und der betroffenen Betriebe und deren Verteilung auf die Mitgliedstaaten der EU, die in diesen Gesellschaften und Betrieben bestehenden Arbeitnehmervertretungen, die Zahl der in diesen Gesellschaften und Betrieben jeweils beschäftigten Arbeitnehmer sowie die daraus zu errechnende Gesamtzahl der in einem Mitgliedstaat der EU beschäftigten Arbeitnehmer und die Zahl der Arbeitnehmer, denen Mitbestimmungsrechte in den Organen dieser Gesellschaften zustehen.

(4) Es ist gesetzlich vorgesehen, dass die Arbeitnehmer, ihre betroffenen Vertretungen bzw. zuständigen Gewerkschaften innerhalb von zehn Wochen nach der in vorstehendem Abs. 4 beschriebenen Information der Arbeitnehmer bzw. ihrer betroffenen Vertretungen die Mitglieder des besonderen Verhandlungsgremiums wählen oder bestellen sollen, das aus Vertretern der Arbeitnehmer aus allen betroffenen Mitgliedstaaten der EU zusammengesetzt ist. Hinsichtlich dieses besonderen Verhandlungsgremiums gilt folgendes:

a) Das besondere Verhandlungsgremium hat die Aufgabe, mit der Unternehmensleitung die Ausgestaltung des Beteiligungsverfahrens und die Festlegung der Beteiligungsrechte der Arbeitnehmer in der SE zu verhandeln. Bildung und Zusammensetzung des besonderen Verhandlungsgremiums richten sich im Grundsatz nach deutschem Recht.

b) Die Verteilung der Sitze im besonderen Verhandlungsgremium auf die Mitgliedstaaten der EU, in dem die A-Gruppe Arbeitnehmer beschäftigt, Deutschland und Spanien, folgt nach der Grundregel, dass Deutschland und Spanien jeweils mindestens einen Sitz erhalten. Die Anzahl der einem Mitgliedstaat der EU zugewiesenen Sitze erhöht sich jeweils um 1, soweit die Anzahl der in diesem Mitgliedstaat der EU beschäftigten Arbeitnehmer der A-Gruppe jeweils die Schwelle von 10 Prozent, 20 Prozent, 30 Prozent usw. aller Arbeitnehmer der A-Gruppe übersteigt. Zur Bestimmung der Sitzverteilung ist grundsätzlich abzustellen auf die Arbeitnehmerzahlen zum Zeitpunkt der Information der Arbeitnehmer bzw. ihrer jeweiligen Vertretungen. Ausgehend von den Beschäftigtenzahlen der A-Gruppe in Deutschland und Spanien zum …… 09 ergibt sich die nachfolgende Sitzverteilung:

Land	Anzahl Arbeitnehmer	In %	Delegierte
Deutschland	160	80	8
Spanien	40	20	2
Gesamt (2 Länder)	200	100	10

c) Für die Wahl bzw. Bestellung der Mitglieder (sowie ggf. deren Stellvertreter) des besonderen Verhandlungsgremiums aus den einzelnen Mitgliedstaaten der EU gelten die jeweiligen nationalen Vorschriften. Es kommen daher verschiedene Verfahren zur Anwendung. Das deutsche Recht sieht die Wahl durch ein Wahlgremium, dh. dem Betriebsrat der A AG, vor.

d) Wählbar in das besondere Verhandlungsgremium sind in Deutschland Arbeitnehmer der A AG sowie Gewerkschaftsvertreter. Frauen und Männer sollen entsprechend ihrem zahlenmäßigen Verhältnis gewählt werden. Für jedes Mitglied ist ein Ersatzmitglied zu bestellen. Da dem besonderen Verhandlungsgremium mehr als zwei Mitglieder aus Deutschland angehören werden, ist jedes dritte Mitglied aus Deutschland auf Vorschlag einer Gewerkschaft zu wählen; Voraussetzung hierfür ist, dass die Gewerkschaft in der A AG oder einer deren inländischer Tochtergesellschaften vertreten ist. Gehören dem besonderen Verhandlungsgremium wie vorliegend mehr als sechs Mitglieder aus Deutschland an, ist mindestens jedes siebte Mitglied auf Vorschlag der Sprecherausschüsse und in Ermangelung solcher auf Vorschlag der leitenden Angestellten zu wählen.

e) Die Wahl bzw. Bestellung der Mitglieder sowie die Konstituierung des besonderen Verhandlungsgremiums liegen grundsätzlich in der Verantwortung der Arbeitnehmer, ihrer betroffenen Vertretungen bzw. zuständigen Gewerkschaften.

(5) Frühestens nachdem alle Mitglieder des besonderen Verhandlungsgremiums benannt sind, spätestens aber zehn Wochen nach der Information iSd. § 4 Abs. 2 und Abs. 3 SEBG, hat der Vorstand der A AG unverzüglich zur konstituierenden Sitzung des besonderen Verhandlungsgremiums einzuladen. Mit dem Tag, zu dem der Vorstand der A AG zu der konstituierenden Sitzung des besonderen Verhandlungsgremiums eingeladen hat, beginnen die Verhandlungen und die gesetzlich vorgesehene Frist von sechs Monaten, in der die Verhandlungen abgeschlossen werden sollen. Ziel der Verhandlungen ist der Abschluss einer schriftlichen Vereinbarung zwischen dem Vorstand der A AG und dem besonderen Verhandlungsgremium über die Beteiligung der Arbeitnehmer in der A SE.

(6) Die Satzung der A SE muss die Zahl der Mitglieder des Aufsichtsrats oder die Regeln für ihre Festlegung bestimmen. § 8 Abs. 1 der als Anlage beigefügten Satzung der A SE regelt, dass der Aufsichtsrat zukünftig aus drei Mitgliedern bestehen wird, die von der Hauptversammlung der A SE ohne Bindung an Wahlvorschläge gewählt werden. Die Satzung der SE darf zu keinem Zeitpunkt im Widerspruch zu der ausgehandelten Vereinbarung stehen. Daher ist die Satzung gegebenenfalls durch Be-

schluss der Hauptversammlung der A AG zu ändern, falls eine Regelung zur Mitbestimmung der Arbeitnehmer in einer Vereinbarung über die Beteiligung der Arbeitnehmer in der A SE davon abweicht. Die Umwandlung der A AG in eine SE würde
erst nach entsprechender Satzungsänderung wirksam.

(7) In der Vereinbarung zwischen dem Vorstand und dem besonderen Verhandlungsgremium ist ferner ein Verfahren zur Unterrichtung und Anhörung der Arbeitnehmer
in der SE festzulegen. Dies kann entweder dadurch erfolgen, dass die Verhand-
lungsparteien ein an den Gegebenheiten der A-Gruppe ausgerichtetes maßge-
schneidertes Verfahren, welches die Unterrichtung und Anhörung der Arbeitnehmer
der A SE gewährleistet, vereinbaren oder im Wege der Errichtung eines SE-
Betriebsrats erreicht werden.

(8) Der Abschluss einer Vereinbarung zwischen der Unternehmensleitung und dem
besonderen Verhandlungsgremium über die Beteiligung der Arbeitnehmer bedarf eines Beschlusses des besonderen Verhandlungsgremiums. Der Beschluss wird mit
der Mehrheit der Mitglieder, die zugleich die Mehrheit der vertretenen Arbeitnehmer
repräsentieren muss, gefasst.

(9) Das besondere Verhandlungsgremium kann beschließen, keine Verhandlungen
aufzunehmen oder bereits aufgenommene Verhandlungen abzubrechen. Für diesen
Beschluss ist eine Mehrheit von zwei Dritteln der Mitglieder erforderlich, die mindestens zwei Drittel der Arbeitnehmer in mindestens zwei Mitgliedsstaaten vertreten.
Ein solcher Beschluss beendet das Verfahren zum Abschluss der Vereinbarung über
die Beteiligung der Arbeitnehmer. Die Hauptversammlung der A AG kann sich im
Rahmen ihres etwaigen zustimmenden Beschlusses zu diesem Umwandlungsplan
und der Genehmigung der diesem Umwandlungsplan als Anlage beigefügten Satzung der A SE das Recht vorbehalten, die Eintragung der A SE davon abhängig zu
machen, dass sie die geschlossene Vereinbarung über die Beteiligung der Arbeitnehmer in der A SE ausdrücklich genehmigt.

(10) Kommt eine Vereinbarung über die Beteiligung der Arbeitnehmer innerhalb der
vorgesehenen Frist nicht zustande, findet eine gesetzliche Auffanglösung Anwendung; diese kann auch von vornherein als vertragliche Lösung vereinbart werden. Im
Hinblick auf die unternehmerische Mitbestimmung im Aufsichtsrat findet die gesetzliche Auffanglösung im Fall einer durch Umwandlung gegründeten SE nur dann Anwendung, wenn in der Gesellschaft bereits vor der Umwandlung Bestimmungen über
die Mitbestimmung der Arbeitnehmer im Aufsichts- oder Verwaltungsorgan galten.
Die A AG unterliegt keinen der in Deutschland geltenden Gesetze zur Mitbestimmung
der Arbeitnehmer im Aufsichtsrat. Insbesondere finden die Regelungen des MitbestG
sowie des DrittelbG auf den Aufsichtsrat der A AG keine Anwendung. Da die Voraussetzungen für die Anwendung der Regelungen über die Mitbestimmung der Arbeitnehmer kraft Gesetz nicht verwirklicht sind, bliebe der Aufsichtsrat der A AG somit
auch nach Umwandlung in die A SE mitbestimmungsfrei.

(11) Im Fall der gesetzlichen Auffanglösung ist alle zwei Jahre vom Tag der konstituierenden Sitzung des SE-Betriebsrats an gerechnet von der Leitung der SE unter
Mitteilung an den SE-Betriebsrat zu prüfen, ob Änderungen der SE, ihrer Tochtergesellschaften und Betriebe, insbesondere bei den Arbeitnehmerzahlen in den einzelnen Mitgliedstaaten der EU eine Änderung der Zusammensetzung des SE-
Betriebsrats erforderlich machen; in diesem Fall hat der SE-Betriebsrat entsprechende Maßnahmen zu veranlassen. Im Fall der gesetzlichen Auffanglösung hat der
SE-Betriebsrat ferner vier Jahre nach seiner Einsetzung mit der Mehrheit seiner Mitglieder darüber zu beschließen, ob Verhandlungen über eine Vereinbarung zur Arbeitnehmerbeteiligung in der SE aufgenommen werden sollen oder die bisherige Regelung weiter gelten soll. Wird der Beschluss gefasst, über eine Vereinbarung über

die Arbeitnehmerbeteiligung zu verhandeln, so tritt für diese Verhandlungen der SE-Betriebsrat an die Stelle des besonderen Verhandlungsgremiums.

(12) Die durch die Bildung und Tätigkeit des besonderen Verhandlungsgremiums entstehenden erforderlichen Kosten trägt die A AG sowie nach der Umwandlung die A SE. Die Kostentragungspflicht umfasst die erforderlichen sachlichen und persönlichen Kosten, die im Zusammenhang mit der Tätigkeit des besonderen Verhandlungsgremiums, einschließlich der Verhandlungen, entstehen. Insbesondere sind für die Sitzungen in erforderlichem Umfang Räume, sachliche Mittel (zB Telefon, Fax, notwendige Literatur), Dolmetscher und Büropersonal zur Verfügung zu stellen sowie die erforderlichen Reise- und Aufenthaltskosten der Mitglieder des besonderen Verhandlungsgremiums zu tragen.

§ 7 Sonstige Folgen der Umwandlung für die Arbeitnehmer und ihre Vertretungen

(1) Die Arbeitsverhältnisse der Arbeitnehmer der A AG sowie die Arbeitsverhältnisse der Arbeitnehmer der A-Gruppe bleiben von der Umwandlung unberührt. Arbeitsverhältnisse können nicht aus Anlass der Umwandlung gekündigt werden. Etwaige Versorgungsanwartschaften aktiver Mitarbeiter der A-Gruppe sowie etwaige Versorgungsanwartschaften bzw. -ansprüche ausgeschiedener Arbeitnehmer bzw. deren Angehörigen bleiben unberührt.

(2) Die Umwandlung führt zu keiner Veränderung in der betrieblichen Struktur und betrieblichen Organisation in den Betrieben des A-Konzerns. Die betriebsverfassungsrechtliche Identität der Betriebe wird durch die Umwandlung nicht berührt. Die in den Betrieben der A AG und der A-Computadora S.L. errichteten Betriebsräte bleiben unverändert im Amt und werden mit dem Wirksamwerden der Umwandlung Betriebsräte der A SE. Die bestehenden Betriebsvereinbarungen sowie Tarifverträge bleiben nach Maßgabe der jeweiligen Vereinbarung bestehen.

(3) Die Umwandlung der A AG in eine SE hat für die Arbeitnehmer der A-Gruppe mit Ausnahme des unter vorstehendem § 6 beschriebenen Verfahrens der Beteiligung der Arbeitnehmer keine Auswirkungen auf die Beteiligungsrechte der Arbeitnehmer in der A AG bzw. nach Wirksamwerden der Umwandlung in der A SE und der A-Computadora S.L.

(4) Aufgrund der Umwandlung sind auch vorbehaltlich der Ausführungen in vorstehendem Abs. 1 bis 3 keine anderweitigen Maßnahmen vorgesehen oder geplant, die Auswirkung auf die Situation der Arbeitnehmer oder ihre Vertretungen hätten.

§ 8 Abschlussprüfer

Zum Abschlussprüfer für das erste Geschäftsjahr der A SE wird die ......, geschäftsansässig ......, bestellt.

§ 9 Keine weiteren Rechte oder Sondervorteile

(1) Personen im Sinne von § 194 Abs. 1 Nr. 5 UmwG und/oder Art. 20 Abs. 1 Satz 2 lit. f) SE-VO werden über die in vorstehendem § 3 Abs. 3 genannten Aktien hinaus keine Rechte gewährt und besondere Maßnahmen für diese Personen sind nicht vorgesehen; die Rechte der Aktionäre ergeben sich im Einzelnen aus der als Anlage beigefügten Satzung der A SE.

(2) Personen im Sinne von Art. 20 Abs. 1 Satz 2 lit. g) SE-VO sowie dem gemäß § 8 bestellten Abschlussprüfer werden im Zuge der Umwandlung keine Sondervorteile gewährt.

.... [Ort], den ....

A AG

Anlage: Satzung der A SE

SATZUNG der A-Software SE

§ 1 Sitz und Geschäftsjahr

(1) Die Gesellschaft ist eine Europäische Gesellschaft (SE) und führt die Firma

„A-Software SE".

(2) Sie hat ihren Sitz in ....

(3) Das Geschäftsjahr ist das Kalenderjahr.

§ 2 Gegenstand des Unternehmens

(1) Gegenstand des Unternehmens ist der Entwicklung von Softwareprogrammen aller Art.

(2) Die Gesellschaft darf andere Unternehmen gleicher oder ähnlicher Art im In- und Ausland erwerben, vertreten oder sich an solchen Unternehmen beteiligen. Sie darf alle Geschäfte vornehmen, die der Erreichung und Förderung des Unternehmenszwecks dienlich sein können. Sie darf auch Zweigniederlassungen im In- und Ausland errichten.

§ 3 Bekanntmachungen

Bekanntmachungen der Gesellschaft erfolgen ausschließlich im elektronischen Bundesanzeiger.

§ 4 Höhe und Einteilung des Grundkapitals

(1) Das Grundkapital der Gesellschaft beträgt € 5.000.000,– (in Worten: Euro fünf Millionen) und ist eingeteilt in 5.000.000 (in Worten: fünf Millionen) nennwertlose Stückaktien.

(2) Die Aktien lauten auf den Namen der Aktionäre.

(3) Die Form der Aktienurkunden und der Gewinnanteile und Erneuerungsscheine bestimmt der Vorstand. Über mehrere Aktien eines Aktionärs kann eine Urkunde ausgestellt werden. Der Anspruch auf Einzelverbriefung ist ausgeschlossen.

§ 5 Zusammensetzung des Vorstands

(1) Der Vorstand besteht aus mindestens zwei Personen. Der Aufsichtsrat bestimmt ihre Zahl.

(2) Der Aufsichtsrat bestellt die Vorstandsmitglieder für fünf Jahre. Er kann einen Vorsitzenden des Vorstands ernennen.

(3) Die Beschlüsse des Vorstands werden mit Stimmenmehrheit gefasst. Ist ein Vorstandsvorsitzender ernannt, gibt bei Stimmengleichheit seine Stimme den Ausschlag.

§ 6 Geschäftsführung

(1) Der Vorstand führt die Geschäfte der Gesellschaft nach Maßgabe der gesetzlichen Bestimmungen, dieser Satzung und seiner Anstellungsverträge.

(2) Der Vorstand bedarf zur Ausführung der nachfolgenden Geschäfte und Maßnahmen:

– Erwerb von Unternehmen und Unternehmensteilen, Errichtung von Betriebsstätten und Zweigniederlassungen, wenn der Wert 5 % des Eigenkapitals der Gesellschaft übersteigt;

- Abschluss von Unternehmensverträgen und Verträgen nach dem Umwandlungs-gesetz sowie die Beschlussfassung über derartige Maßnahmen bei Tochtergesell-schaften;
- Ausgabe von Schuldverschreibungen und Schuldscheindarlehen, wenn das Aus-gabevolumen € 1.000.000,– übersteigt.

§ 7 Vertretungsbefugnis

(1) Die Gesellschaft wird durch zwei Vorstandsmitglieder oder durch ein Vorstands-mitglied in Gemeinschaft mit einem Prokuristen vertreten.

(2) Der Aufsichtsrat kann einem, mehreren oder allen Vorstandsmitgliedern Einzel-vertretungsbefugnis erteilen.

(3) Jedes Vorstandsmitglied kann – soweit gesetzlich nichts anderes zwingend vor-geschrieben ist – für Rechtsgeschäfte mit Dritten durch Beschluss des Aufsichtsra-tes für einzelne Geschäfte oder ganz allgemein vom Verbot der Mehrfachvertretung gemäß § 181 BGB befreit werden.

§ 8 Zusammensetzung des Aufsichtsrats, Amtsdauer, Amtsniederlegung

(1) Der Aufsichtsrat besteht aus drei Mitgliedern. Er wählt aus seiner Mitte einen Vor-sitzenden. Die ersten Mitglieder des Aufsichtsrats sind

- Herr ......, von Beruf ......, geboren ......, wohnhaft ......;
- Herr ......, von Beruf ......, geboren ......, wohnhaft ......;
- Frau ......, von Beruf ......, geboren ......, wohnhaft ....

(2) Die Aufsichtsratsmitglieder werden für die Zeit bis zur Beendigung der Hauptver-sammlung gewählt, die über ihre Entlastung für das vierte Geschäftsjahr nach dem Beginn der Amtszeit beschließt. Das Geschäftsjahr, in dem die Amtszeit beginnt, wird nicht mitgerechnet. Die Wahl des Nachfolgers eines vor Ablauf der Amtszeit ausscheidenden Mitglieds erfolgt für den Rest der Amtszeit des ausgeschiedenen Mitglieds. In jedem Fall kann die Hauptversammlung bei der Wahl eine kürzere Amtsdauer bestimmen.

(3) Die Mitglieder des Aufsichtsrats können ihr Amt durch ein an den Vorsitzenden des Aufsichtsrates oder, im Fall des Aufsichtsratsvorsitzenden, an den Vorstand zu richtende schriftliche Erklärung unter Einhaltung einer Frist von zwei Wochen jeder-zeit niederlegen.

§ 9 Wahl des Aufsichtsratsvorsitzenden

Im Anschluss an eine Hauptversammlung, in der alle von der Hauptversammlung zu wählenden Aufsichtsratsmitglieder neu gewählt worden sind, findet eine Aufsichts-ratssitzung statt. In der Sitzung wählt der Aufsichtsrat für die Dauer seiner Amtszeit unter dem Vorsitz des an Lebensjahren ältesten Aufsichtsratsmitglieds aus seiner Mitte den Vorsitzenden des Aufsichtsrats und einen Stellvertreter. Scheidet der Auf-sichtsratsvorsitzende oder sein Stellvertreter während der Amtszeit aus, so hat der Aufsichtsrat unverzüglich eine Ersatzwahl vorzunehmen.

§ 10 Einberufung, Beschlussfassung und Willenserklärungen des Aufsichtsrats

(1) Aufsichtsratssitzungen werden vom Vorsitzenden, im Falle seiner Verhinderung von seinem Stellvertreter einberufen, sofern das Gesetz und die Geschäfte es erfor-dern.

(2) Der Aufsichtsrat ist beschlussfähig, wenn die Mitglieder unter der zuletzt bekannt gegebenen Anschrift schriftlich, fernmündlich, oder auf elektronischem Wege einge-laden und drei Mitglieder des Aufsichtsrats anwesend sind.

(3) Den Vorsitz führt der Aufsichtsratsvorsitzende oder sein Stellvertreter. Die Art der Abstimmung bestimmt der Vorsitzende der Sitzung.

(4) Beschlüsse können auch ohne Einberufung einer Sitzung im Wege schriftlicher (auch per Telefax oder E-Mail) gefasst werden, wenn der Vorsitzende des Aufsichtsrates oder im Falle seiner Verhinderung sein Stellvertreter dies anordnet und kein Mitglied diesem Verfahren widerspricht.

(5) Die Beschlüsse werden mit einfacher Stimmenmehrheit gefasst. Bei Stimmengleichheit gibt die Stimme des Aufsichtsratsvorsitzenden, im Falle seiner Verhinderung die Stimme des Stellvertreters, den Ausschlag.

(6) Willenserklärungen des Aufsichtsrates und seiner Ausschüsse werden namens des Aufsichtsrates durch den Aufsichtsratsvorsitzenden abgegeben.

(7) Über Sitzungen des Aufsichtsrats ist eine Niederschrift anzufertigen, die der Aufsichtsratsvorsitzende zu unterzeichnen hat.

§ 11 Aufgaben und Rechte des Aufsichtsrats, Vergütung

(1) Der Aufsichtsrat hat die gesetzlich festgelegten Aufgaben und Rechte.

(2) Die Aufsichtsratsmitglieder haben über vertrauliche Angaben und Geheimnisse der Gesellschaft, namentlich Betriebs- und Geschäftsgeheimnisse, die ihnen durch die Tätigkeiten im Aufsichtsrat bekannt werden, Stillschweigen zu bewahren. Beabsichtigt ein Mitglied des Aufsichtsrats, Informationen an Dritte weiterzugeben, so hat er dies zuvor dem Aufsichtsratsvorsitzenden unter Bekanntgabe der Gründe und der Person, an die die Informationen weitergegeben werden sollten, mitzuteilen.

(3) Jedes Mitglied des Aufsichtsrates erhält nach Abschluss des Geschäftsjahres eine angemessene Vergütung, die durch Beschluss der Hauptversammlung festgelegt wird. Die Gesellschaft erstattet jedem Aufsichtsratsmitglied die baren Auslagen sowie die auf seine Bezüge entfallende Umsatzsteuer.

§ 12 Ort und Einberufung der Hauptversammlung

(1) Die Hauptversammlung findet am Sitz der Gesellschaft statt. Die Hauptversammlung wird durch den Vorstand oder in den gesetzlich vorgesehenen Fällen durch den Aufsichtsrat per eingeschriebenen Brief einberufen.

(2) Die Einberufung der Hauptversammlung erfolgt nach Maßgabe des auf die Gesellschaft anwendbaren Rechts mindestens 30 Tage vor dem Tag der Hauptversammlung, wobei der Tag der Versammlung bei der Fristberechnung nicht mitgerechnet wird. Fällt das Ende der vom Tage der Hauptversammlung zurückzurechnenden Frist auf einen Sonntag, einen am Sitz der Gesellschaft gesetzlich anerkannten Feiertag oder einen Sonnabend, so tritt an die Stelle dieses Tages der zeitlich vorhergehende Werktag. Der Sonnabend gilt nicht als Werktag im Sinne dieses Absatzes.

(3) Zur Teilnahme an der Hauptversammlung und zur Ausübung des Stimmrechts sind die Aktionäre zugelassen, deren Aktien im Aktienregister eingetragen sind und die sich nicht später als am fünften Werktag vor der Hauptversammlung bei der Gesellschaft angemeldet haben.

§ 13 Vorsitz der Hauptversammlung

Den Vorsitz in der Hauptversammlung führt der Aufsichtsratsvorsitzende, im Falle seiner Verhinderung sein Stellvertreter. Wenn sowohl der Aufsichtsratsvorsitzende als auch sein Stellvertreter verhindert sind, wird der Vorsitzende durch die Hauptversammlung gewählt. Der Vorsitzende leitet die Verhandlungen und bestimmt die Reihenfolge der Tagesordnungspunkte.

§ 14 Beschlussfassung der Hauptversammlung

(1) Jede Stückaktie gewährt in der Hauptversammlung eine Stimme. Das Stimmrecht kann durch Bevollmächtigte ausgeübt werden. Für die Vollmacht ist die schriftliche Form erforderlich und ausreichend. Bei Zweifeln über die Gültigkeit einer Vollmacht entscheidet der Vorsitzende der Hauptversammlung.

(2) Die Beschlüsse der Hauptversammlung werden, soweit nicht zwingende gesetzliche Vorschriften entgegenstehen, mit einfacher Mehrheit der abgegebenen Stimmen und, sofern das Gesetz außer der Stimmenmehrheit eine Kapitalmehrheit vorschreibt, mit der einfachen Mehrheit des bei der Beschlussfassung vertretenen Grundkapitals gefasst.

(3) Bei Stimmengleichheit gilt ein Antrag als abgelehnt.

(4) Der Vorsitzende bestimmt die Form und die weiteren Einzelheiten der Abstimmung.

§ 15 Jahresabschluss

(1) Der Vorstand hat in den ersten drei Monaten des Geschäftsjahres den Jahresabschluss sowie den Lagebericht für das vorangegangene Geschäftsjahr aufzustellen und dem Abschlussprüfer vorzulegen. Unverzüglich nach Eingang des Prüfungsberichtes des Abschlussprüfers hat der Vorstand den Jahresabschluss und den Lagebericht dem Aufsichtsrat vorzulegen. Zugleich hat der Vorstand dem Aufsichtsrat einen Vorschlag vorzulegen, den er der Hauptversammlung für die Verwendung des Bilanzgewinns machen will.

(2) Der Aufsichtsrat hat den Jahresabschluss, den Lagebericht und den Vorschlag für die Verwendung des Bilanzgewinns zu prüfen. Billigt der Aufsichtsrat den Jahresabschluss, so ist dieser festgestellt.

(3) Wenn sich Vorstand und Aufsichtsrat für die Feststellung des Jahresabschlusses durch die Hauptversammlung entscheiden oder wenn der Aufsichtsrat den Jahresabschluss nicht billigt, hat der Vorstand unverzüglich die Hauptversammlung zur Feststellung des Jahresabschlusses einzuberufen. Stellen Vorstand und Aufsichtsrat den Jahresabschluss fest, so können sie Beträge bis zur Hälfte des Jahresüberschusses in andere Gewinnrücklagen einstellen. Solange die Gewinnrücklagen die Hälfte des Grundkapitals nicht übersteigen und soweit nach der Einstellung die Hälfte nicht übersteigen würden, sind Vorstand und Aufsichtsrat darüber hinaus ermächtigt, bis zu 75 % des Jahresüberschusses in andere Gewinnrücklagen einzustellen. Beträge, die in die gesetzliche Rücklage einzustellen sind ohne einen Verlustvortrag, sind vorab vom Jahresüberschuss abzuziehen.

§ 16 Gewinnverwendung

(1) Die Hauptversammlung beschließt gemäß Vorschlag des Vorstandes und Aufsichtsrates über die Verendung des Bilanzgewinns.

(2) Die Gewinnanteile der Aktionäre werden stets im Verhältnis der Zahl der Stückaktien verteilt.

(3) Bei Ausgabe neuer Aktien kann für diese eine andere Gewinnanteilsberechtigung festgesetzt werden.

§ 17 Satzungsänderung

(1) Satzungsänderungen beschließt die Hauptversammlung.

(2) Satzungsänderungen, die nur die Fassung betreffen, werden vom Aufsichtsrat beschlossen.

§ 18 Umwandlungskosten, Kapitalaufbringung

(1) Die Kosten des Formwechsels der A-Software AG in eine Europäische Gesellschaft trägt die Gesellschaft bis zu einem Gesamtbetrag von € ....

(2) Das Grundkapital der A-Software SE wurde dadurch aufgebracht, dass die A-Software AG in eine Europäische Gesellschaft (SE) umgewandelt wurde.

Formular A. 4.02b Vereinbarung über die Beteiligung der Arbeitnehmer

---

VEREINBARUNG ÜBER DIE BETEILIGUNG DER ARBEITNEHMER
zwischen der A-Software AG und dem Besonderen Verhandlungsgremium

Präambel

(1) Die A AG, eingetragen im Handelsregister des Amtsgerichts ......, Deutschland unter HRB ...... und mit Sitz in ......, ist eine Aktiengesellschaft deutschen Rechts mit Sitz und Hauptverwaltung in Deutschland. Die A AG ist alleinige Gesellschafterin der A-Computadora S.L., eingetragen im spanischen Handelsregister unter der Registernummer ......, Geschäftsadresse ....

(2) Die A AG soll gemäß Art. 2 Abs. 4 iVm. Art. 37 der Verordnung (EG) Nr. 2157/2001 des Rates vom 8.10.01 über das Statut der Europäischen Gesellschaft (SE) („SE-VO") in eine Europäische Gesellschaft *(Societas Europaea, SE)* umgewandelt werden. Nach Umwandlung soll die Gesellschaft als A-Software SE („A SE") firmieren.

(3) In der A SE soll das dualistische System von Aufsichtsrat und Vorstand beibehalten werden. Der Sitz der A SE bleibt unverändert.

(4) Aufgrund der Richtlinie des Rates zur Ergänzung des Statuts der Europäischen Gesellschaft hinsichtlich der Beteiligung der Arbeitnehmer (Richtlinie 201/86/EG vom 8.10.01) und auf Grundlage des Gesetzes über die Beteiligung der Arbeitnehmer in der Europäischen Gesellschaft („SEBG") schließen der Vorstand der A AG und das Besondere Verhandlungsgremium die nachfolgende Vereinbarung über die Beteiligung der Arbeitnehmer in der A SE („Vereinbarung").

§ 1 Anwendungsbereich der Vereinbarung,

(1) Diese Vereinbarung findet auf die Arbeitnehmer der A SE sowie ihrer Tochtergesellschaften, insbesondere der A-Computadora S.L., und Betrieben in den Mitgliedstaaten der Europäischen Union (EU) und den Vertragsstaaten des Abkommens über den Europäischen Wirtschaftsraum (EWR) („Arbeitnehmer") Anwendung und regelt deren Rechte auf Unterrichtung und Anhörung innerhalb der A-Gruppe.

(2) Diese Vereinbarung berührt nicht die den Arbeitnehmern nach nationalen Rechtsvorschriften und Regelungen zustehenden Beteiligungsrechte auf nationaler Ebene.

§ 2 Anwendbares Recht und Vertragssprache

(1) Auf diese Vereinbarung findet deutsches Recht Anwendung. Gerichtsstand, soweit zulässig vereinbar, ist ....

(2) Maßgeblich ist ausschließlich die deutsche Fassung der Vereinbarung.

§ 3 Errichtung eines SE-Betriebsrats

(1) Es wird gemäß § 22 Abs. 1 Nr. 1 SEBG vereinbart, dass in der A SE ein SE-Betriebsrat errichtet wird.

(2) Der SE-Betriebsrat hat 11 Mitglieder, die von den Arbeitnehmervertretungen oder Arbeitnehmer der A SE und der A-Computadora S.L. sowie deren Betrieben gewählt werden.

(3) Die Amtszeit des SE-Betriebsrats beträgt 4 Jahre. Sollte sich die Zahl der in der A SE beschäftigten Mitarbeiter während der Amtszeit des SE-Betriebsrats wesentlich ändern, so besteht dieser dennoch mit der Anzahl seiner Mitglieder fort, bis seine Amtszeit oder die Amtszeit eines Mitglieds aus einem anderen Grund beendet wird.

(4) Im Übrigen finden auf den SE-Betriebsrat die Vorschriften der §§ 23 bis 33 SEBG Anwendung.

§ 4 Mitbestimmung in der A SE

Eine unternehmerische Mitbestimmung der Arbeitnehmer im Aufsichtsrat der A SE erfolgt nicht. Die A AG unterliegt vor der Umwandlung keinen der in Deutschland geltenden Gesetze zur Mitbestimmung der Arbeitnehmer im Aufsichtsrat. Insbesondere finden die Regelungen MitbestG sowie des DrittelbG auf den Aufsichtsrat der A AG keine Anwendung. Auch die A-Computadora S.L. unterliegt keinen spanischen Mitbestimmungsregeln. Somit sind die gesetzlichen Voraussetzungen des § 34 SEBG nicht verwirklicht, so dass der Aufsichtsrat der A AG auch nach Umwandlung in die A SE mitbestimmungsfrei bleibt.

§ 5 Schlussbestimmungen

(1) Diese Vereinbarung tritt mit Eintragung der Umwandlung der A AG in eine SE im Handelsregister in Kraft.

(2) Die Vereinbarung wird auf unbestimmte Zeit geschlossen. Sie kann von beiden Seiten mit einer Frist von sechs (6) Monaten zum Jahresende, erstmals zum ...... schriftlich gekündigt werden. Das Recht, diese Vereinbarung außerordentlich aus wichtigem Grund zu kündigen, bleibt für beide Parteien unberührt. Kündigungen haben schriftlich zu erfolgen. Diese Vereinbarung endet automatisch und vollständig, wenn und soweit die A SE nicht mehr die Rechtsform einer Europäischen Gesellschaft hat. Wird nach dem Ausspruch einer Kündigung bis zum Ablauf der Kündigungsfrist, soweit anwendbar, keine neue Vereinbarung abgeschlossen, gelten die Regelungen dieser Vereinbarung weiter, bis sie durch eine neue Vereinbarung ersetzt werden.

(3) Neuverhandlungen über diese Vereinbarung sind erforderlich, wenn strukturelle Änderungen gemäß § 18 Abs. 3 SEBG geplant sind. Der Vorstand der A SE wird in diesem Fall die Neuverhandlungen mit einem dazu zu bildenden besonderen Verhandlungsgremium führen und die betroffenen Arbeitnehmer über die geplante strukturelle Änderung informieren.

(4) Änderungen dieser Vereinbarung bedürfen der Schriftform. Dies gilt auch für eine Änderung dieser Schriftformklausel.

(5) Sollten einzelne Bestimmungen dieser Vereinbarung unwirksam sein oder unwirksam werden, bleibt die Vereinbarung im Übrigen wirksam. Die rechtsunwirksamen Bestimmungen werden in diesem Falle – soweit vorhanden – durch die gesetzlichen Bestimmungen und in Ermangelung gesetzlicher Regelungen durch ergänzende Vereinbarungen zwischen dem Vorstand der A SE und dem besonderen Verhandlungsgremium ersetzt.

Formular A. 4.02c Antrag auf Bestellung eines unabhängigen Sachverständigen

---

Landgericht ......

– Vorsitzender der Kammer für Handelssachen –

......

A AG; HRB ......

Antrag auf Bestellung eines unabhängigen Sachverständigen gemäß Art. 37 Abs. 6 SE-Verordnung (EG) Nr. 2157/2001 des Rates vom 8. Oktober 2001 über das Statut der Europäischen Gesellschaft (SE-VO) in Verbindung mit § 10 UmwG.

Die im Handelsregister des Amtsgerichts ...... unter der Nummer HRB ...... eingetragene A AG ist eine Aktiengesellschaft mit Sitz in .... Die A AG plant die Umwandlung in eine Europäische Gesellschaft *(Societas Europaea – SE)* nach Art. 2 Abs. 4 iVm. Art. 37 SE-VO (SE-VO beigefügt als <u>Anlage 1</u>).

Die A AG hat mit der A- Computadora S. L. in Spanien, ..., seit ...... – und damit seit mindestens zwei Jahren – eine dem Recht eines anderen Mitgliedstaats unterliegende Tochtergesellschaft und erfüllt somit die Voraussetzungen zur Umwandlung nach Art. 37 Abs. 1, Art. 2 Abs. 4 SE-VO. Gemäß Art. 37 Abs. 6 SE-VO ist vor der Hauptversammlung der A AG, die dem Umwandlungsplan zustimmt und die Satzung der Europäischen Gesellschaft genehmigt, von einem oder mehreren Sachverständigen zu bescheinigen, dass die A AG über Nettovermögenswerte mindestens in Höhe ihres Grundkapitals zuzüglich der kraft Gesetzes oder Statut nicht ausschüttungsfähigen Rücklagen verfügt.

Der Sachverständige, der die vorbezeichnete Bescheinigung auszustellen hat, ist nach den einzelstaatlichen Durchführungsbestimmungen zu Art. 10 der Richtlinie 78/855/EWG durch ein Gericht oder eine Verwaltungsbehörde des Mitgliedstaates, dessen Recht die sich in eine Europäische Gesellschaft umwandelnde Aktiengesellschaft unterliegt, zu bestellen. Art. 10 der Richtlinie 78/855/EWG ist umgesetzt durch § 10 UmwG. Eine Prüfung des Umwandlungsplans durch den Sachverständigen findet gemäß Art. 37 SE-VO nicht statt.

Der Vorstand der A AG beantragt daher hiermit,

die Bestellung eines Sachverständigen zur Erstellung einer Bescheinigung gemäß Art. 37 Abs. 6 SE-VO.

Für die Bestellung des Sachverständigen ist das Landgericht ...... zuständig, da die A AG ihren Sitz in ...... hat (§ 10 Abs. 2 UmwG).

Zur Auswahl des Sachverständigen dürfen wir auf folgende Gesichtspunkte hinweisen: Aus Sicht des Vorstands der A AG kommt aufgrund der erforderlichen Erfahrung auf dem Gebiet der Umwandlung einer Kapitalgesellschaft insbesondere eine überregionale Wirtschaftsprüfungsgesellschaft in Betracht. Die ...... Wirtschaftsprüfungsgesellschaft, ... erfüllt diese Anforderungen und hat sich nach vorgenommener interner Konfliktprüfung für den Fall ihrer entsprechenden gerichtlichen Bestellung zur Übernahme des Amtes bereit erklärt <u>(Anlage 2)</u>.

......................................, den ....

A AG

Als Anlagen überreichen wir:

– Anlage 1:   SE-VO in Kopie
– Anlage 2:   Schreiben der ...... Wirtschaftsprüfungsgesellschaft, ...

Formular A. 4.02d Handelsregisteranmeldung

Amtsgericht ......

– Registergericht –

......

A AG; HRB ......

Wir, die Unterzeichnenden, als sämtliche Vorstandsmitglieder der im Betreff genannten Gesellschaft (formwechselnder Rechtsträger) und zugleich sämtliche Vorstandsmitglieder des neuen Rechtsträgers (SE) melden gemäß Art. 15 Abs. 1 SE-VO iVm. §§ 246, 198 Abs. 1 UmwG die Gründung der A SE durch Umwandlung der A AG zur Eintragung in das Handelsregister an und erklären was folgt:

1. Der Vorstand der A AG hat am ...... den Umwandlungsplan über die formwechselnde Umwandlung der A AG in die A SE erstellt. Die Satzung der A SE ist wesentlicher Bestandteil des Umwandlungsplans.

2. Mit Urkunde des Notars ...... in ...... am ......, UrkR-Nr ...... hat die außerordentliche Hauptversammlung der A AG dem Umwandlungsplan zugestimmt und die Satzung der A SE genehmigt.

3. Der ...... hat als gerichtlich bestellter unabhängiger Sachverständiger die Bescheinigung zur Kapitaldeckung im Rahmen der Umwandlung der A AG in die A SE am ...... erstellt.

4. Die A AG und das besondere Verhandlungsgremium haben am ...... eine Vereinbarung über die Beteiligung der Arbeitnehmer in der A SE abgeschlossen.

5. Mitglieder des Vorstands sind, jeweils mit der Befugnis im Namen der Gesellschaft mit sich als Vertreter eines Dritten Rechtsgeschäfte abzuschließen: Herr ......, geb. ......, wohnhaft ......, Herr ......, geb. ......, wohnhaft ....

6. Die Vertretungsbefugnis ist in § 7 der Satzung der A SE wie folgt geregelt:

   „Ist nur ein Vorstand bestellt, so vertritt dieser einzeln. Besteht der Vorstand aus mehreren Personen, so wird die Gesellschaft durch zwei Vorstandsmitglieder oder durch ein Vorstandsmitglied in Gemeinschaft mit einem Prokuristen vertreten. Sind mehrere Vorstandsmitglieder bestellt, so kann der Aufsichtsrat einem mehrer oder allen Aufsichtsratsmitgliedern Einzelvertretungsbefugnis erteilen."

   Sämtlichen Mitgliedern des Vorstandes wurde Einzelvertretungsbefugnis erteilt. Sämtliche Mitglieder des Vorstands sind befugt, im Namen der Gesellschaft mit sich als Vertreter eines Dritten Rechtsgeschäfte abzuschließen.

7. Mitglieder des Aufsichtsrats der A SE sind: Herr ......, Herr ......, Frau .... Zum Vorsitzenden des Aufsichtsrat wurde Herr ...... und zum stellvertretenden Aufsichtsratsvorsitzenden wurde Herr ...... gewählt. Dies wird lediglich zur Kenntnisnahme, nicht zur Eintragung mitgeteilt.

8. Das Grundkapital der Gesellschaft beträgt € 5.000.000,– und ist eingeteilt in 5.000.000 nennwertlose Stückaktien, die auf den Namen lauten

9. Die Gesellschaft hat den Kostenaufwand für die Umwandlung bis zu einem Gesamtbetrag von € ...... übernommen.

10. Die Geschäftsräume der Gesellschaft befinden sich in ....

Wir legen in der Anlage – soweit erforderlich in zweifacher Ausfertigung – vor:

1. Ausfertigung der Niederschrift des Umwandlungsbeschlusses der außerordentlichen Hauptversammlung der A AG vom ...... (Zustimmung zum Umwandlungsplan und Genehmigung der Satzung), UrkR-Nr ...... des Notars ...... in ...... mit Bestellung des Abschlussprüfers (§ 8 des Umwandlungsplans), diese enthaltend

1.1. den vom Vorstand der A AG erstellten Umwandlungsplan nebst Satzung vom ......;

1.2. den Nachweis der Einreichung des Umwandlungsplans beim Amtsgericht ...... (Anlage 1); und

1.3. die Nachweise über die Zuleitung des Umwandlungsplans an den Betriebsrat der A AG (Anlage 2).

2. Kopie der Registerbescheinigung im Hinblick auf die spanische Tochtergesellschaft der A AG, A-Computadora S.L. mit Sitz in ......, Spanien, gegründet im Jahr ... und eingetragen in das spanische Handelsregister *(Registro Mercantil)* unter der Registernummer *(numero de inscripcion)* ...... seit dem ...... zum Nachweis der Gründungsberechtigung im Sinne des Art. 2 Abs. 4 SE-VO.

3. Notariell beglaubigte Abschrift des Umwandlungsberichts.

4. Bescheinigung zur Kapitaldeckung im Rahmen der Umwandlung der A AG in die A SE gemäß Art. 37 Abs. 6 SE-VO des auf Antrag der A AG gerichtlich bestellten unabhängigen Sachverständigen ....

5. Beglaubigte Abschrift der Vereinbarung über die Beteiligung der Arbeitnehmer in der A SE.

6. Berechnung des Gründungsaufwands.

Die alleinige Aktionärin des formwechselnden Rechtsträgers hat auf das Recht der Anfechtungs- und Nichtigkeitsklage verzichtet. Weiter wurde rein vorsorglich auf ein Abfindungsangebot verzichtet.

Wir, die unterzeichneten Mitglieder des Vorstands der A SE versichern, dass wir nicht wegen einer Straftat nach den §§ 283 bis 283d StGB (Bankrott, Verletzung der Buchführungspflicht, Gläubigerbegünstigung, Schuldnerbegünstigung) verurteilt worden sind und keinem von uns durch gerichtliches Urteil oder durch vollziehbare Entscheidung einer Verwaltungsbehörde die Ausübung eines Berufs, Berufszweigs, Gewerbes oder Gewerbezweigs untersagt worden ist, mithin keine Umstände vorliegen, die unserer Bestellung nach § 76 Abs. 3 AktG entgegenstehen.

Wir sind durch den beglaubigenden Notar über unsere uneingeschränkte Auskunftspflicht gegenüber dem Gericht belehrt worden.

Die unterfertigten Vorstände versichern rein vorsorglich, dass sich das Grundkapital in voller Höhe endgültig in ihrer freien Verfügung befindet.

.............................., [Ort], den ....

A AG   **A SE, Vorstand**

(als formwechselnder Rechtsträger)

....

[Unterschrift]   [Unterschrift]   [Unterschrift]   [Unterschrift]

....

[Beglaubigungsvermerk]

Anlagen

II. ERLÄUTERUNGEN

> **Erläuterungen zu A. 4.02 Umwandlungsplan betreffend die formwechselnde Umwandlung einer AG mit Sitz in Deutschland in eine Europäische Gesellschaft (SE)**

1. Grundsätzliche Anmerkungen

a) Wirtschaftliches Vertragsziel

Mit der Umwandlung soll die A AG, eine Aktiengesellschaft deutschen Rechts, in **1** die A SE, eine Europäische (Aktien-)Gesellschaft, umgewandelt werden. Die Europäische (Aktien-)Gesellschaft oder Societas Europaea (abgekürzt: SE) ist eine Rechtsform, die seit der Verabschiedung der Verordnung (EG) Nr. 2157/2001 des Rates v. 8.10.01 (EU ABl. Nr. L 294 S. 1) über das Statut der Europäischen Gesellschaft (SE-VO) deutschen Unternehmen zur Verfügung steht. Voraussetzung ist nur, dass grenzüberschreitender Sachverhalt vorliegt. Die Rechtsform der SE kann dabei wie folgt erlangt werden:
- Verschmelzung von Aktiengesellschaften, sofern mindestens zwei von ihnen dem Recht verschiedener Mitgliedsstaaten der EU (immer einschließlich der Vertragsstaaten des EWR) unterliegen (Art. 2 Abs. 1 SE-VO).
- Gründung einer Holding-SE, sofern mindestens zwei der beteiligten Gesellschaften dem Recht verschiedener Mitgliedsstaaten der EU unterliegen oder seit mindestens zwei Jahren eine dem Recht eines anderen Mitgliedstaats unterliegende Tochtergesellschaft oder Zweigniederlassung haben (Art. 2 Abs. 2 SE-VO).
- Gründung einer Tochter-SE durch Zeichnung ihrer Aktien, sofern die Aktionäre dem Recht verschiedener Mitgliedsstaaten unterliegen oder seit mindestens 2 Jahren eine dem Recht eines anderen Mitgliedstaats unterliegende Tochtergesellschaft oder Zweigniederlassung haben (Art. 2 Abs. 3 SE-VO; Joint-Venture SE).
- Umwandlung einer Aktiengesellschaft, wenn sie seit mindestens zwei Jahren eine dem Recht eines anderen Mitgliedstaats unterliegende Tochtergesellschaft hat (Art. 2 Abs. 4 SE-VO).

Im Rahmen der Erlangung der **Rechtsform der SE** ist darauf hinzuweisen, dass **1a** auch eine Gründung einer **deutschen Vorrats-SE** mit dem Unternehmensgegenstand „Verwaltung eigenen Vermögens" zulässig ist (*Lutter/Hommelhoff/Bayer* Art. 2 SE-VO Rz. 29). Hat die Vorrats-SE keine Arbeitnehmer, ist sie mitbestimmungsfrei und es bedarf nicht der Verhandlungen über die Arbeitnehmerbeteiligung (AG Düsseldorf HRB 52618 v. 16.1.06, ZIP 06, 287; AG München HRB 159649 v. 29.3.06, ZIP 06, 1300; *Janott/Frodermann/Kienast* Handbuch der Europäischen Aktiengesellschaft § 13 Rz. 210 ff.; aA aber LG Hamburg 417 T 15/05 v. 30.9.05, BeckRS 2009, 12608). Die Gründer der SE und die SE selbst haben aber zu versichern, dass die Gesellschaft Arbeitnehmer weder beschäftigt noch jemals beschäftigen will (OLG Düsseldorf I-3 Wx 248/09 v. 30.3.09, BeckRS 2009, 10698). Die Anteile der Vorrats-SE können von einem Dritten, der im Anschluss die Gesellschaft für seine Zwecke einsetzen will, erworben werden. Aus deutscher Sicht sind bei einer geänderten Nutzung der Vorrats-SE die Grundsätze der wirtschaftlichen Neugründung zu beachten (*Lutter/Hommelhoff/Bayer* Art. 2 SE-VO Rz. 29). Wird die Vorrats-SE später „aktiviert", zB im Rahmen von Umstrukturierungen in Konzernen, und beschäftigt sie dann auch Arbeitnehmer, ist ggf. das Verfahren über die Beteiligung der Arbeitnehmer gemäß § 18 Abs. 3 SEBG nachzuholen (OLG Düsseldorf I-3 Wx 248/09 v. 30.3.09, BeckRS 2009, 10698; *Lutter/Hommelhoff/Bayer* Art. 2 SE-VO Rz. 30; *Janott/Frodermann/Kienast* Handbuch der Europäischen Aktiengesellschaft § 13 Rz. 187 ff.). Im Übrigen sind die in der SE-VO geregelten Gründungsformen abschließend (vgl. *Jannott/Frodermann/Jannott* Handbuch der Europäischen Aktiengesellschaft § 3 Rz. 1: „numerus clausus"). Insbesondere ist die Entstehung einer SE durch grenzüberschreitenden Formwechsel, so wie er nach der „Vale"-Rechtsprechung des EuGH (Rs. C-378/10 v. 12.7.12, NZG 12, 871; vgl. *Bött-cher/Kraft* NJW 12, 2701) durchgeführt werden kann, nicht möglich, da dieser nur den Formwechsel von der nationalen Rechtsform eines Mitgliedstaats in die nationale Rechtsform eines anderen Mitgliedstaats der EU erlaubt.

2   Das Formular sieht letztere Möglichkeit, die Umwandlung einer deutschen AG in eine SE, vor (Art. 2 Abs. 4 SE-VO). Die Zulässigkeit im Formular folgt daraus, dass die A AG eine spanische Tochtergesellschaft hat. Die Umwandlung hat weder die Auflösung der deutschen AG noch die Gründung einer neuen juristischen Person zur Folge (Art. 37 Abs. 2 SE-VO). Der umzuwandelnde Rechtsträger erhält daher nur eine „neues Rechtskleid", rechtlich behält er aber seine Kontinuität. Dies entspricht dem Formwechsel nach § 190 UmwG. Die Umwandlung der AG in die SE führt folglich nicht zu einem Vermögensübergang (sog. **Identitätsprinzip;** vgl. § 202 Abs. 1 Nr. 1 UmwG).

3   Die Umwandlung einer nationalen Aktiengesellschaft in einer SE ist in § 2 Abs. 4, § 37 SE-VO) geregelt. Hinsichtlich des hier vorliegenden Falls der Umwandlung einer deutschen AG in eine SE finden die Vorschriften der SE-VO, insbes. der genannten Vorschriften, vollumfänglich Anwendung. Daneben findet das SE-Ausführungsgesetz v. 22.12.04 (SEAG) Anwendung, in dem in der SE-VO offen gelassene Regelungsbereiche geregelt werden. Das hat zur Folge, dass Europäische Gesellschaften zwar ein – europäisch verordnetes – gleiches Grundgerüst haben, aber dennoch nationale Eigenarten besitzen, die es von Europäischen Gesellschaften anderer nationaler Prägungen, auch unterscheiden können. Subsidiär finden die Regelungen des AktG weiterhin Anwendung. Bezüglich der Rechte der Arbeitnehmer in den Gesellschaften, die an der Gründung der SE beteiligt sind, ist die Richtlinie 2001/86/EG v. 8.10.01 (EU ABl. Nr. L 294 S. 22) zur Ergänzung des Statuts der Europäischen Gesellschaft hinsichtlich der Beteiligung der Arbeitnehmer zu beachten, die der deutsche Gesetzgeber durch das Gesetz über die Beteiligung der Arbeitnehmer in einer Europäischen Gesellschaft (SE-Beteiligungsgesetz – SEBG) umgesetzt hat.

4   Aufgrund der Voraussetzung eines grenzüberschreitenden Sachverhalts kommt die **Gründung einer SE** für **europaweit agierende Gesellschaften oder Konzerne** in Betracht. Diese Gesellschaften können sich durch die Rechtsform der SE ein internationales Image geben und EU-weit als rechtliche Einheit mit nationalen Tochtergesellschaften und Zweigniederlassungen auftreten. Die SE kann zudem ihren Sitz unter der Wahrung der Identität in einen anderen Mitgliedstaat verlegen, ohne dass eine Auflösung im Wegzugsstaat oder Neugründung im Zuzugsstaat erforderlich wäre. Dies ist zunehmend nicht nur für Großkonzerne, sondern auch für mittelständische Unternehmen, die international tätig sind, attraktiv. Die Wahl der europäischen Rechtsform kann darüber hinaus nationale Empfindlichkeiten vermeiden, da nationale Interessen dann zwangläufig zurück stehen müssen. Die Wahl der SE kann aber auf lange Sicht Einsparungen bewirken. So kann bei der SE – anders als bei der deutschen AG – ein monistisches Leitungssystem bestehend aus zwei Personen etabliert werden. Ein gesonderter Aufsichtsrat ist dann nicht mehr erforderlich. Mittelständische Unternehmen können das monistische System innerhalb der SE auch nutzen, um die Unternehmensnachfolge stufenloser zu gestalten. Schließlich hat die Wahl der SE auch Auswirkung auf die Arbeitnehmermitbestimmung. Innerhalb der SE ist es möglich, die Mitbestimmung zu vermeiden oder auf einer niedrigen Stufe (zB auf der Stufe des Regimes unter dem Drittelbeteiligungsgesetz) „einzufrieren" (vgl. zu den Einsatzmöglichkeiten *Heckschen* in Fachanwaltshandbuch Handels- und Gesellschaftsrecht, S. 1504). Dies soll für einen nicht mitbestimmten Aufsichtsrat selbst dann gelten, wenn in der AG vor der Umwandlung ein mitbestimmter Aufsichtsrat rechtlich hätte bestehen müssen (LG München I, 38 O 15760/17 v. 26.6.18, BeckRS 2018, 18010).

Die praktische Bedeutung der SE nimmt stetig zu, ohne im Vergleich zur AG oder 5
GmbH überragende Bedeutung zu gewinnen. Etliche Großkonzerne (zB Allianz,
BASF) sind nunmehr in der Rechtsform der SE organisiert. Aber auch kleinere, eher
mittelständisch geprägte Unternehmen oder Familienunternehmen (Wackler Holding,
RKW, Nolte) haben die Rechtsform der SE gewählt. Bei Letzteren kann die Wahl
einer monistischen Leitungsstruktur dem Mehrheitsgesellschafter oder Patriarchen die
Möglichkeit geben, über eine Tätigkeit als Verwaltungsratsmitglied und gleichzeitig
der Bestellung zum geschäftsführenden Direktor maßgeblichen Einfluss auf die Gesellschaft auszuüben (vgl. *Heckschen* GWR 20, 89). Schließlich wird die SE auch als
Rechtsform für die Übernahme der Stellung des persönlich haftenden Gesellschafters
gewählt (Fresenius; Compugroup). Rechtspolitische Initiativen zur Erweiterung der
unternehmerischen Mitbestimmung bei Gesellschaften deutschen Rechts (vgl. *Scho-
ckenhoff* AG 12, 185), die wiederum die Attraktivität der Rechtsform der SE erhöhen
würden, sind derzeit nicht geplant.

b) Zivilrecht

Das Formular geht von einem einfach gelagerten Sachverhalt aus: Die A AG, deren 6
Aktien zu 100% von der B-GmbH gehalten werden, soll in die A SE umgewandelt
werden. Die A AG hat nur eine Tochtergesellschaft mit Sitz in Spanien. Bei dieser
Umwandlung soll auf materielle und formelle Voraussetzungen, soweit möglich, verzichtet werden. Die Durchführung der Umwandlung bedarf grundsätzlich der folgenden Schritte:

– Aufstellung des **Umwandlungsplans;** der Umwandlungsplan ist gemäß Art. 37 7
Abs. 4 SE-VO von dem Vertretungsorgan aufzustellen. Da Ausgangsrechtsform für
die Umwandlung in eine SE immer eine AG sein muss, ist der Umwandlungsplan
vom Vorstand, hier dem der S AG, und zwar in vertretungsberechtigter Zahl aufzustellen. Die SE-VO sieht keine besondere Form vor. Der Umwandlungsplan kann
daher auch schriftlich vom Vorstand aufgestellt werden. Teilweise wird aber eine
notarielle Beurkundung gefordert (*Lutter/Hommelhoff/Seibt* Art. 37 SE-VO Rz. 36).
Diesbezüglich ist eine vorherige Abstimmung mit dem Handelsregister erforderlich.
Auch der Inhalt des Umwandlungsplans ist gesetzlich nicht geregelt. Um dem Informationsinteresse der Aktionäre zu genügen, sollte der Umwandlungsplan wenigstens folgende Informationen enthalten: vorgesehene Firma und vorgesehener Sitz
der SE, Satzung der SE, Zahl und Gattung der Aktien, Beschreibung der Rechte,
die Aktionäre als Sonderrechte zugewiesen bekommen und besondere Vorteile, die
Sachverständige erhalten. Daneben können weitere Angaben im Umwandlungsplan
enthalten sein, wie zB ein Abfindungsangebot widersprechender Aktionäre, Angaben zur Beteiligung der Arbeitnehmer oder die Bestellung eines Abschlussprüfers.
– **Offenlegung** des Umwandlungsplans; der Umwandlungsplan ist nach Art. 37 8
Abs. 5 SE-VO einen Monat vor der Hauptversammlung, die über die Umwandlung
beschließt, auszulegen. Dieses Offenlegungsverfahren richtet sich nach nationalen
Vorschriften. Weiterhin ist der Umwandlungsplan zum Handelsregister anzumelden, die die Anmeldung öffentlich bekannt zu machen hat. Dies ergibt aus analoger
Anwendung des § 5 SEAG iVm. § 61 UmwG (*MünchKommAktG/Schäfer* Art 37
SE-VO Rz. 19). Eine Zuleitung an den Betriebsrat ist nach richtiger, aber umstrit-
tener Ansicht nicht erforderlich (vgl. *Lutter/Hommelhoff/Seibt* Art. 37 SE-VO
Rz. 40).
– Erstellung eines **Umwandlungsberichts;** nach Art. 37 Abs. 4 SE-VO hat der Vor- 9
stand eine Umwandlungsbericht zu erstellen, der die rechtlichen und wirtschaftlichen Aspekte der Umwandlung erläutert und begründet sowie die Auswirkungen,
die der Übergang zu der Rechtsform der SE für die Aktionäre und die Arbeitnehmer hat, darlegt. Notwendiger Inhalt ist daher: (a) rechtliche und wirtschaftliche
Hintergründe der Umwandlung, (b) wesentliche Verfahrensschritte, (c) Erläuterung

des Umwandlungsplans, (d) Auswirkungen auf die Aktionäre, (e) Auswirkungen für die Arbeitnehmer und ihre Vertretungsorgane, insbes. hinsichtlich einer abgeschlossenen oder abzuschließenden Mitbestimmungsvereinbarung, (f) steuerliche Auswirkungen und (g) Kosten der Umwandlung (*Lutter/Hommelhoff/Seibt* Art. 37 SE-VO Rz. 41). Da der Umwandlungsbericht auch der Information der Arbeitnehmer dient, kann auf ihn nicht verzichtet werden. Er ist rechtzeitig vor der Einladung zur Hauptversammlung aufzustellen, damit er entsprechend ausgelegt werden kann.

10 – **Umwandlungsprüfung** und Erstellung eines Prüfungsberichts; nach Art. 37 Abs. 6 SE-VO ist zu bescheinigen, dass die umzuwandelnde Gesellschaft am Tag der beschließenden Hauptversammlung über Nettovermögenswerte mindestens in Höhe ihres Grundkapitals zuzüglich der kraft Gesetzes oder Satzung nicht ausschüttungsfähigen Rücklagen verfügt. Zu den nicht ausschüttungsfähigen Rücklagen zählen die gesetzliche Rücklage (§ 150 Abs. 1 und 2 AktG) sowie die Kapitalrücklagen nach § 272 Abs. 2 Nr. 1 bis 3 HGB (*Habersack/Drinhausen/Bücker* Art. 37 SE-VO Rz. 49). Die Bescheinigung ist von einem oder mehreren unabhängigen Sachverständigen auszufertigen. Das ist in der Regel ein Wirtschaftsprüfer. Auf dessen Auswahl finden die §§ 9–11, 60 UmwG Anwendung. Der Wirtschaftsprüfer ist demnach auf Antrag des Vorstands gerichtlich zu bestellen (s. Formular A. 4.02c). Die Umwandlungsprüfung ist ebenfalls nicht durch Erklärung aller Aktionäre verzichtbar, da sie vor allem dem Schutz der Gläubiger dient (*Habersack/Drinhausen/Bücker* Art. 37 SE-VO Rz. 52). Die Prüfung muss zeitlich vor der umwandlungsbeschließenden Hauptversammlung erfolgen, da die Prüfungsbescheinigung einen Monat vor der Hauptversammlung zur Einsicht der Aktionäre bereitgehalten werden muss (*Louven/Ernst* BB 14, 329).

11 – Einsetzung eines **besonderen Verhandlungsgremiums;** nach Offenlegung des Umwandlungsplans hat der Vorstand nach § 4 SEBG die Arbeitnehmervertretungen und Sprecherausschüsse in der AG und in deren Tochtergesellschaften und Betrieben über das Vorhaben eines Formwechsels zu informieren und zur Bildung eines sog. besonderen Verhandlungsgremiums aufzufordern. Bestehen keine solchen Gremien, sind die Arbeitnehmer direkt zu informieren. Die Information hat sich nach § 4 Abs. 3 SEBG insbes. auf die Identität und Struktur betroffenen Gesellschaften und Tochtergesellschaften, die in diesen Einheiten bestehenden Arbeitnehmervertretungen, Zahl der darin beschäftigten Arbeitnehmer sowie die Zahl der Arbeitnehmer, denen Mitbestimmungsrechte in Organen der jeweiligen Gesellschaft zustehen.

12 **Ziel des besonderen Verhandlungsgremiums** ist es mit dem Vorstand der formzuwechselnden AG eine Vereinbarung auszuhandeln, die die Beteiligung der Arbeitnehmer in der zukünftigen SE regelt. Diese Verhandlungen beginnen mit der Einsetzung des besonderen Verhandlungsgremiums und sollen regelmäßig sechs Monate dauern; eine Verlängerung auf 12 Monate möglich (§ 20 SEBG).

13 – **Zustimmungsbeschluss der Hauptversammlung;** nach Art. 37 Abs. 7 Satz 1 SE-VO muss die Hauptversammlung der formzuwechselnden AG dem Umwandlungsplan zustimmen und die Satzung der SE genehmigen. Dieser Beschluss bedarf einer Mehrheit von 75 % des in der Hauptversammlung vertretenen Grundkapitals (Art. 37 Abs. 7 Satz 2 SE-VO iVm. § 65 Abs. 1 UmwG). Der Zustimmungsbeschluss ist notariell zu beurkunden. Weiterhin hat die Hauptversammlung Anteilseigner in den Aufsichtsrat, sofern das dualistische System aufrechterhalten wird, oder in den Verwaltungsrat, sofern ein Wechsel in das monistische System erfolgt, zu wählen. Diese Wahl sollte in der Hauptversammlung, die über die Umwandlung entscheidet, erfolgen, sofern die Aufsichtsratsmitglieder nicht durch Aufnahme in der Satzung bestellt werden. Im Anschluss kann der neu gewählte Aufsichtsrat die Vorstandsmitglieder für die SE bestellen. Darüber hinaus sind die Abschlussprüfer für das erste Rumpfgeschäftsjahr der SE zu bestellen. Entbehrlich sind jedoch ein

Gründungsbericht, eine Gründungsprüfung sowie ein Angebot auf eine Barabfindung an Aktionäre, die dem Formwechsel widersprechen (*Lutter/Hommelhoff/Seibt* Art. 37 SE-VO Rz. 66).

– Die Hauptversammlung kann dem Formwechselbeschluss entweder vor dem Abschluss einer Vereinbarung über die Mitbestimmung der Arbeitnehmer fassen und diesen auch nicht vom Zustandekommen einer Vereinbarung abhängig machen (*Lutter/Hommelhoff/Seibt* Art. 37 SE-VO Rz. 65) oder den Formwechsel erst nach Abschluss des Arbeitnehmerbeteiligungsverfahrens beschließen. Welche Reihenfolge vorzugswürdig ist, hängt von den Umständen des Einzelfalls, insbesondere der Frage ab, wie gewiss das Ergebnis der Verhandlungen mit den Arbeitnehmern ist. In der Praxis zeigt sich wohl eine Tendenz, den Hauptversammlungsbeschluss zuerst zu fassen und im Anschluss das Arbeitnehmerbeteiligungsverfahren durchzuführen (vgl. *Louven/Ernst* BB 14, 324 mit weiteren Ausführungen zum Zeitpunkt des Hauptversammlungsbeschlusses). **14**

– Abschluss einer **Vereinbarung über die Mitbestimmung der Arbeitnehmer**; die Verhandlungen mit dem besonderen Verhandlungsgremium münden grundsätzlich in eine Vereinbarung über die Mitbestimmung der Arbeitnehmer in der SE. Der Inhalt dieser Vereinbarung richtet sich nach § 21 SEBG. Innerhalb des besonderen Verhandlungsgremiums muss die Mehrheit ihrer Mitglieder der gefundenen Einigung zustimmen (§ 15 Abs. 2 SEBG). Wenn eine Minderung der Mitbestimmungsrechte vorgesehen ist, gelten andere Zustimmungserfordernisse, um die Wirksamkeit der Vereinbarung herbeizuführen. Bei einer Umwandlung einer AG in eine SE gemäß Art. 37 SE-VO, wie in dem Formular vorgesehen, ist eine Minderung der Mitbestimmungsrechte nicht möglich (§ 15 Abs. 5 SEBG). Wird keine Einigung gefunden, kann entweder die gesetzliche Auffanglösung (§§ 23–33 SEBG) vereinbart werden oder diese findet automatisch Anwendung, wenn keine Einigung erzielt wurde und das besondere Verhandlungsgremium keinen Beschluss gefasst hat (§ 22 SEBG). Eine Vereinbarung ist nicht erforderlich, wenn keine der beiden Gesellschaften Arbeitnehmer beschäftigt (vgl. OLG Düsseldorf I-3 Wx 248/09 v. 30.3.09, BeckRS 2009, 10698). Umstritten und noch nicht höchstrichterlich geklärt ist jedoch die Frage, ob dann, wenn die Gesellschaft vor der Umwandlung mitbestimmungspflichtig gewesen wäre, aber gesetzeswidrig eine Mitbestimmung nicht eingeführt wurde, durch die Umwandlung in die SE der vorherige, tatsächliche Zustand eingefroren wird oder ob nach der Umwandlung ein Anspruch der Arbeitnehmer auf eine Drittel- oder paritätische Mitbestimmung im Aufsichtsrat besteht und insofern ein entsprechendes Statusverfahren durchzuführen ist (vgl. *Heckschen* GWR 20, 89). Der BGH (II ZB 20/18 v. 23.7.19, NZG 19, 1157) hatte sich in einem Urteil dazu nicht äußern müssen, da in dem zu entscheidenden Fall bereits vor Umwandlung ein Statusverfahren entsprechend §§ 98 f. AktG eingeleitet worden war; jedenfalls in diesem Fall sei ein Antrag auf Feststellung auch nach Umwandlung der Gesellschaft in eine SE zulässig. **15**

– **Anmeldung** der Umwandlung zum Handelsregister der formzuwechselnden AG; die Vertretungsorgane haben den Formwechsel in die SE zur Eintragung in das Handelsregister der AG anzumelden. Die Anmeldung und die beizufügenden Unterlagen richten sich nach deutschem Recht (Art. 15 SE-VO iVm. §§ 198 ff. UmwG). **16**

– **Eintragung** der SE; nach Art. 16 SE-VO entsteht die SE erst mit Eintragung in das in Art. 12 SE-VO genannte Register, bei einer SE mit Sitz in Deutschland, in das Handelsregister am Sitz der SE. Bei der Umwandlung ist keine besondere Rechtmäßigkeitskontrolle durch das Registergericht vorgesehen, was an dem im Formwechsel innewohnenden Identitätsprinzip liegt (*MünchKommAktG/Schäfer* Art. 37 SE-VO Rz. 32). Am Tag der Eintragung bestehen alle Rechte und Pflichten der AG in der Rechtsform der SE weiter. Die zuwendende Rechtsordnung ändert sich ebenfalls mit diesem Tag. **17**

18 – **Bekanntmachung** der Eintragung; nach Art. 15 Abs. 2, Art. 13 SE-VO iVm. § 10 Abs. 1 HGB hat das Handelsregister die Eintragung der SE im elektronischen Bundesanzeiger bekannt zu machen.

19 Der dem Formular zugrunde gelegten Umwandlung einer deutschen nicht börsennotierten AG mit Sitz in Deutschland, die nur einen Aktionär hat, in eine SE mit Sitz in Deutschland, stellt einen einfach gelagerten Sachverhalt dar. Kapitalmarktrechtliche Fragen, wie eine Ad-hoc-Publizitätspflicht, stellen sich somit nicht (dazu *Louven/Ernst* BB 14, 325). Dennoch sind die Erstellung eines Umwandlungsberichts und die Durchführung einer Umwandlungsprüfung notwendig. Dennoch wurde auf ein Formular eines Umwandlungsberichts verzichtet; es wird im Ergebnis einem Verschmelzungsbericht bei einer grenzüberschreitenden Verschmelzung ähneln, s. dazu Formular A. 15.62b. Auch ein Hauptversammlungsprotokoll über die Zustimmung zu dem Formwechsel wurde nicht mit aufgenommen, da sich der Ablauf der Hauptversammlung nach nationalem Recht richtet; hierzu s. Formular A. 1.24.

20 *(frei)*

c) Steuerrecht

aa) Einkommensteuer/Körperschaftsteuer

21 Die formwechselnde Umwandlung einer deutschen AG in eine SE mit Sitz in Deutschland verändert die rechtliche Identität der umzuwandelnden Gesellschaft nicht. Dies folgt aus Art. 37 Abs. 2 SE-VO, der fordert, dass anlässlich der Umwandlung die Gesellschaft weder aufgelöst noch eine neue juristische Person gegründet werden darf. Darüber hinaus ist bei einer formwechselnden Umwandlung gemäß Art. 37 Abs. 3 SE-VO eine Sitzverlegung ausgeschlossen. Aus diesem Grund ist die formwechselnde Umwandlung aus steuerrechtlicher Sicht kein relevanter Vorgang, zumal insbes. keine Vermögensübertragung erfolgt und die bisherigen Aktionäre der AG solche der SE bleiben (*Lutter/Hommelhoff/Schön* SE im Steuerrecht, Rz. 415). Folglich ist der Formwechsel aufgrund des Identitätsprinzips vollkommen neutral (*Lutter/Hommelhoff/Schön* SE im Steuerrecht, Rz. 416) und löst keinerlei Ertragssteuern und Verkehrssteuern aus (*Lutter/Hommelhoff/Seibt* Art. 37 SE-VO Rz. 3).

22 Da die formwechselnde Umwandlung auf Ebene der Aktionäre der deutschen AG und der zukünftigen SE zu keiner Veränderung der Beteiligung führt, ist sie auch auf Anteilseignerebene steuerlich neutral (*Kölner Komm./Wenz/Daisenberger* Schlussanh III Rz. 176).

23 Hinsichtlich der laufenden Besteuerung der SE stellen sich wesentliche Sachfragen vor allem bei der Unternehmensbesteuerung. Anders als bezüglich der gesellschaftsrechtlichen und arbeitnehmerrechtlichen Regelungen stellt die SE-VO keinerlei Sondervorschriften für die steuerrechtliche Behandlung einer SE bereit (*MünchKommAktG/Fischer* SteuerR der SE, Rz. 59), so dass Fragen der laufenden Besteuerung aus den nationalen steuerrechtlichen Vorschriften abzuleiten sind. Dies folgt auch aus dem Diskriminierungsverbot des Erwägungsgrunds 5 der SE-VO und Art. 10 SE-VO (vgl. *Kölner Komm./Wenz/Daisenberger* Schlussanh III Rz. 177).

24 Die SE ist als Körperschaftsteuersubjekt und Kapitalgesellschaft explizit anerkannt, § 1 Abs. 1 Nr. 1 KStG (*Lutter/Hommelhoff/Schön* SE im Steuerrecht, Rz. 43). Folglich sind die Vorschriften des KStG und anderer steuerlicher Gesetze, die auf Kapitalgesellschaften Anwendung finden, auch auf die SE anwendbar.

25 Zwingende Voraussetzung der unbeschränkten Körperschaftsteuerpflicht der SE in Deutschland und der Anwendbarkeit der entsprechenden Normen des KStG und anderer steuerlicher Gesetze ist allerdings, dass die SE ihre Geschäftsleitung oder ihren Sitz in Deutschland hat. Da nach § 2 SEAG die Geschäftsleitung der SE zwingend am satzungsmäßigen Sitz sein muss, fällt dies bei der SE in Deutschland zusammen. Daher ist zu konstatieren, dass die SE mit Sitz in Deutschland dem deutschen KStG voll un-

terworfen ist. Die Besteuerung unterscheidet sich daher nicht von der deutschen AG (oder GmbH); vgl. zur Besteuerung der AG/GmbH: A. 6.00 Rz. 14.

Folge der unbeschränkten Körperschaftsteuerpflicht ist, dass das gesamte Welteinkommen der SE in Deutschland zur Körperschaftsteuer herangezogen wird. Einschränkungen ergeben sich nur dort, wo nach einem DBA das Besteuerungsrecht für bestimmte Einkünfte einem anderen Staat zugewiesen wird (*Kölner Komm./Wenz/Daisenberger* Schlussanh III Rz. 184). **26**

Verfügt die SE – anders als in dem im Formular zugrunde liegenden Fall – weder über einen inländischen Sitz noch über einen inländischen Ort der Geschäftsleitung, ist die SE in Deutschland gemäß § 2 Nr. 1 KStG beschränkt körperschaftsteuerpflichtig, wenn sie im Inland Einkünfte erzielt (*Kölner Komm./Wenz/Daisenberger* Schlussanh III Rz. 185). **27**

(frei) **28, 29**

bb) Gewerbesteuer

Die SE mit Sitz oder Ort der Geschäftsleitung im Inland als Kapitalgesellschaft ist stets auch als Gewerbebetrieb einzuordnen. Daher ist die SE mit Sitz in Deutschland in vollem Umfang gewerbesteuerpflichtig, § 2 Abs. 2 Satz 1 GewStG (*Lutter/Hommelhoff/Schön* SE im Steuerrecht, Rz. 45; *Kölner Komm./Wenz/Daisenberger* Schlussanh III Rz. 186). **30**

Eine SE mit Sitz oder Ort der Geschäftsleitung im Ausland ist dagegen nur dann in Deutschland gewerbesteuerpflichtig, wenn sie in Deutschland eine Betriebsstätte unterhält (*Kölner Komm./Wenz/Daisenberger* Schlussanh III Rz. 186). **31**

cc) Verkehrssteuern

Die SE ist Unternehmer iSd. § 2 Abs. 1 UStG, wenn sie eine gewerbliche oder berufliche Tätigkeit ausübt. Als solche unterliegt sie – wie eine deutsche AG – dem deutschen Umsatzsteuerrecht. Da im Bereich der indirekten Steuern die Rechtsform des Steuerpflichtigen fast keine Rolle spielt, ergeben sich hier im Vergleich zu einer AG keine Besonderheiten (vgl. *Lutter/Hommelhoff/Schön* SE im Steuerrecht, Rz. 40). Die Umsatzsteuerpflicht der SE entfällt jedoch, wenn sie Organgesellschaft ist (§ 2 Abs. 2 Nr. 2 UStG). **32**

Erwirbt die SE ein Grundstück, so ist sie grunderwerbsteuerpflichtig. Im Rahmen des Grunderwerbsteuerrechts ist darüber hinaus zu beachten, dass Grunderwerbsteuer anfällt, wenn wenigstens 95 % der Aktien an der SE in einer Person zusammenfallen (vgl. *Lutter/Hommelhoff/Schön* SE im Steuerrecht, Rz. 41). **33**

(frei) **34**

2. Einzelerläuterungen

Der Umwandlungsplan ist das zentrale Dokument bei der Umwandlung einer Aktiengesellschaft mit Sitz in Deutschland in eine SE mit Sitz in Deutschland. Er ist vom Vorstand der formzuwechselnden AG in vertretungsberechtigter Zahl aufzustellen. Dies folgt aus den Vorgaben des deutschen Aktienrechts, da die SE-VO diese Frage nicht regelt. **35**

Die SE-VO regelt nicht den **Inhalt des Umwandlungsplans.** Nach seinem Zweck und seiner Funktion muss der Umwandlungsplan jedoch sämtliche Angaben enthalten, die zum Funktionieren des Formwechsels, einschließlich der Satzung der SE, erforderlich sind. Zum anderen muss er die Aktionäre angemessen über den bevorstehenden Formwechsel informieren, da diese über den Formwechsel abzustimmen haben (*MünchKommAktG/Schäfer* Art. 37 SE-VO Rz. 9). Zur Konkretisierung der inhaltlichen Vorgaben ist sich daher an den Art. 20 Abs. 1 Satz 2, Art. 32 Abs. 2 SE-VO zu orientieren, die Vorgaben für einen Verschmelzungsplan und Gründungsplan auf- **36** stellen. Der Umwandlungsplan muss infolgedessen wenigstens folgende Informationen enthalten: vorgesehene Firma und vorgesehener Sitz der SE, Satzung der SE, Zahl und Gattung der Aktien, Beschreibung der Rechte, die Aktionäre als Sonderrechte zugewiesen bekommen und besondere Vorteile, die Sachverständige erhalten (*Lutter/Hommelhoff/Seibt* Art. 37 SE-VO Rz. 33).

37   Die SE-VO besagt nicht, welcher **besonderen Form** der Umwandlungsplan bedarf. Daher ist umstritten, ob der Umwandlungsplan notariell beurkundet werden muss. Die notarielle Form wird zT gefordert, um eine höhere materielle Richtigkeitsgewähr und eine Belehrung der Beteiligten zu bieten (*Heckschen* DNotZ 03, 264). Andere wollen die schriftliche Form genügen lassen (*Lutter/Hommelhoff/Seibt* Art. 37 SE-VO Rz. 36), was wohl richtig sein dürfte. Es ist aber darauf hinzuweisen, dass in der Praxis überwiegend der Umwandlungsplan notariell beurkundet wird.

Zu § 1: Umwandlung

38   § 1 des Umwandlungsplans beschreibt die Umwandlung der AG in eine SE und gibt in § 1 Abs. 1 die entscheidende Rechtsgrundlage an.

39   In Abs. 2 wird ausgeführt, dass die **Voraussetzungen für eine solche Umwandlung** vorliegen. Nach Art. 2 Abs. 4 SE-VO kann die AG, die nach dem Recht Deutschlands gegründet wurde und ihren Sitz in Deutschland hat, in eine SE umgewandelt werden, wenn sei seit mindestens zwei Jahren eine dem Recht eines anderen Mitgliedsstaats unterliegende Tochtergesellschaft hat. Die Innehabung einer Zweigniederlassung ist nicht ausreichend (*MünchKommAktG/Oechsler* Art. 2 SE-VO Rz. 44). Dies ist in dem durch das Formular vorgegebenen Sachverhalt der Fall, da die A AG mit der A-Computadora S.L. in Spanien eine 100%ige Tochtergesellschaft hat. Diese besteht auch schon seit zwei Jahren. Zur Berechnung der Zweijahresfrist ist entscheidend, dass die Anmeldung der Umwandlung in die SE nach zwei Jahren seit Bestehen der Tochtergesellschaft angemeldet wurde *MünchKommAktG/Oechsler* Art. 2 SE-VO Rz. 34).

40   Durch die Umwandlung wird **kein neuer Rechtsträger geschaffen,** es gilt der Grundsatz der Identität beider Rechtsträger, der AG und der SE. Dies stellt Abs. 3 nochmals fest.

41   *(frei)*

Zu § 2: Wirksamwerden der Umwandlung

42   Die Umwandlung der SE mit Sitz in Deutschland wird mit der Eintragung in das Handelsregister wirksam. Dies folgt schon aus Art. 12 SE-VO iVm. § 3 SEAG und ist in § 2 klarstellend festgehalten.

Zu § 3 Abs. 1: Firma

43   § 3 Abs. 1 legt die Firma der SE fest. Art. 11 SE-VO schreibt bezüglich der Firma, dh. des Namens der Gesellschaft, nur fest, dass der **Zusatz „SE"** in der Firma enthalten sein muss. Der Zusatz ist zwingende Voraussetzung für eine Eintragung ins Handelsregister. Ein weiterer Zusatz, wie zB „Europäische Aktiengesellschaft", ist dagegen wegen der Verwechslungsgefahr mit nationalen Aktiengesellschaften nicht zulässig (*Lutter/Hommelhoff/Langhein* Art. 11 SE-VO Rz. 4).

44   Im Übrigen gilt bezüglich der Wahl der Firma das nationale Aktien- und Handelsrecht, also insbes. die §§ 17 ff. HGB (*Lutter/Hommelhoff/Langhein* Art. 11 SE-VO Rz. 12).

Zu § 3 Abs. 2: Sitz

45   In § 3 Abs. 2 wird der Sitz der SE festgelegt. Nach Art. 7 SE-VO muss sich der **Sitz der SE im Gemeinschaftsgebiet,** dh. einem Land der EU oder des EWR, befinden. Der Sitz darf anlässlich der Umwandlung der AG in eine SE nicht in einen anderen Mitgliedsstaat verlegt werden, Art. 37 Abs. 3 SE-VO. Folglich muss sich der

Sitz der SE weiterhin in Deutschland befinden, da auch die AG in Deutschland ihren registrierten Sitz hat.

Der **Sitz** der SE hat **entscheidende Bedeutung** für die SE. Er ist das entscheiden- 46 de Anknüpfungskriterium für Generalklauseln und Spezialverweisungen und bestimmt daher das zur Anwendung kommende Subsidiärrecht sowie für viele administrative Zuständigkeiten (*Lutter/Hommelhoff/Zimmer/Ringe* Art. 7 SE-VO Rz. 1 f, in diesem Fall die Anwendung des SEAG und weiter des AktG.

Gleichzeitig wird klargestellt, dass sich die **Hauptverwaltung am Ort des Sitzes** 47 der SE befindet. Die Hauptverwaltung muss sich nach Art. 7 Satz 1 SE-VO im gleichen Mitgliedsstaat wie der registrierte Sitz befinden. Satzungssitz und Verwaltungssitz müssen sich demnach im gleichen Mitgliedsland befinden. Darüber hinaus besagt § 2 SEAG (aufgrund der Ermächtigung des Art. 7 Satz 2 SE-VO), dass in der Satzung der SE als Sitz den Ort der Hauptverwaltung bestimmen muss. Folglich müssen bei einer SE mit Sitz in Deutschland Satzungs- und Verwaltungssitz am gleichen Ort sein. Dem kommt die Regelung in Abs. 2 hier nach. Das deutsche Recht der SE stellt damit hinsichtlich der Wahl des Sitzes und der Hauptverwaltung strengere Vorgaben auf, als für nationale AG gelten. Diese können gemäß § 5 AktG ihren Verwaltungssitz auch an einem anderen Ort als den Satzungssitz haben, wobei sogar ein Verwaltungssitz im Ausland in Betracht kommt.

Zu § 3 Abs. 3: Grundkapital und Satzung

In § 3 Abs. 3 sind das Grundkapital der SE und ihre Einteilung in Aktien aufge- 48 führt. Das Formular sieht vor, dass die Einteilung der Aktien, die bei der AG besteht, in der SE beibehalten werden soll. Das Grundkapital muss nach Art. 4 Abs. 2 SE-VO jedoch mindestens € 120.000,– betragen. Bei geringerem Kapital vor dem Formwechsel muss eine entsprechende Kapitalerhöhung durchgeführt werden (*Lutter/Hommelhoff/Seibt* Art. 37 SE-VO Rz. 23).

Abs. 4 macht die Satzung (s. Formular A. 4.02a) zum Bestandteil des Umwand- 49 lungsplans. Zwar ist sie nicht von Gesetzes wegen notwendiger Bestandteil des Umwandlungsplans, eine Beifügung ergibt sich aber wohl in analoger Anwendung des Art. 20 Abs. 1 lit. h SE-VO, der die Beifügung bei der Verschmelzung vorsieht. Die Beifügung dient auch dem wohlverstandenen Informationsinteresse der Aktionäre.

Zu § 3 Abs. 5: Beteiligung der Aktionäre

Die Umwandlung von einer AG in eine SE gemäß Art. 2 Abs. 4, 37 SE-VO sieht 50 nicht vor, dass Aktionäre, die der Umwandlung widersprechen, gegen Erhalt einer Barabfindung aus der Gesellschaft ausscheiden können. Dies folgt daraus, dass die Rechtsstellung eines Aktionärs einer AG dem eines Aktionärs in der SE vergleichbar ist (*Lutter/Hommelhoff/Seibt* Art. 37 SE-VO Rz. 66). Deshalb ist die AG **nicht verpflichtet,** bei einer Umwandlung eine **Barabfindung anzubieten.** Allerdings steht es ihr frei, ein solches Angebot zu unterbreiten. Im hier vorliegenden Umwandlungsplan wird jedoch festgehalten, dass die Gesellschaft kein Angebot auf eine Barabfindung abgibt, sollten Aktionäre der Umwandlung im Rahmen des Zustimmungsbeschlusses nicht zustimmen.

Aktionäre können aber dennoch in der Hauptversammlung gegen die Umwandlung 51 stimmen und Widerspruch gegen den Zustimmungsbeschluss einlegen. Im Anschluss können sie den Zustimmungsbeschluss nach allgemeinen aktienrechtlichen Regelungen anfechten und im Anfechtungsprozess eine Verletzung des Gesetzes oder der Satzung der AG bei Durchführung des Umwandlungsverfahrens rügen.

Zu § 4: Vorstand

Es ist vorgesehen, dass auch nach Umwandlung in eine SE die Leitung der Gesell- 52 schaft durch zwei Organe, einem Leitungs- und einem Aufsichtsorgan (sog. dualisti-

sches System), erfolgt; Art. 38 lit. b SE-VO. In diesem Fall bestimmt Art. 39 Abs. 2
SE-VO, dass die Mitglieder des Leitungsorgans vom Aufsichtsorgan bestellt und abberufen werden. Die Personen des Vorstands sind daher nicht im Umwandlungsplan
festzusetzen. Die Vorschrift spiegelt somit die unter einer SE mit dualistischem System
geltende Rechtslage wider.

Zu § 5: Aufsichtsrat

53   In Abs. 1 wird deutlich gemacht, dass der wie bei der A AG als formwechselnde
Gesellschaft auch bei der A SE ein Aufsichtsrat gebildet wird. Dies folgt auch aus der
Entscheidung zum **dualistischen System** in der A SE. Anders als bei der AG (vgl.
§ 95 S. 3 AktG) muss die Zahl der Aufsichtsratsmitglieder nicht durch drei teilbar sein
(LG Nürnberg-Fürth 1 H KO 8471/09 v. 8.2.10, NZG 10, 547). Da die A AG bisher
weder Mitbestimmung nach dem Drittelbeteiligungsgesetz noch nach dem Mitbestimmungsgesetz unterlag, legt der Umwandlungsplan fest, dass auch die SE keinen
mitbestimmten Aufsichtsrat hat und alle Mitglieder von der Hauptversammlung zu
bestellen sind; Art. 40 Abs. 2 Satz 1 SE-VO. Zwar wäre es möglich, im Zuge der
Umwandlung in die SE die Mitbestimmung einzuführen, so im Wege der Vereinbarung mit dem besonderen Verhandlungsgremium, dies ist aber in aller Regel gerade
nicht gewollt. Vielmehr soll der jeweilige Status Quo der Mitbestimmung im Unternehmen festgeschrieben werden.

54   Für den **ersten Aufsichtsrat einer SE** stellt Art. 40 Abs. 2 Satz 2 SE-VO eine
Sonderregelung bereit. Danach können die Mitglieder des ersten Aufsichtsrats auch in
der Satzung bestellt werden. Die satzungsmäßige Bestellung ist jedoch nicht zwingend
(*Lutter/Hommelhoff/Drygala* Art. 40 SE-VO Rz. 13), vor allem wenn, wie bei der
Umwandlung einer AG in eine SE von einer Kontinuität des Rechtsträgers auszuge-
hen ist. In diesem Fall führt der Formwechsel nicht zu einer Änderung des rechtlichen
Rahmens für den Aufsichtsrat, so dass eine Neubestellung des Aufsichtsrats entbehrlich
ist (*MünchKommAktG/Reichert/Brandes* Art. 40 SE-VO Rz. 45). Das Formular nutzt
jedoch die Möglichkeit des Art. 40 Abs. 2 Satz 2 SE-VO und stellt klar, dass die
Amtszeit des bisherigen Aufsichtsrats mit der Umwandlung endet und die Satzung der
A SE, die dem Umwandlungsplan beigefügt ist, die Bestellung der Mitglieder des ersten Aufsichtsrats der SE enthält. Dies kann der Rechtssicherheit dienen. Die Mitglieder des Aufsichtsrats der formwechselnden AG können dabei jederzeit Aufsichtsratsmitglieder der SE sein.

Zu § 6: Beteiligung der Arbeitnehmer

55   Der Umwandlungsplan muss grundsätzlich keine Angaben zu dem Verfahren zur
Vereinbarung über die Beteiligung der Arbeitnehmer enthalten. In analoger Anwendung des Art. 20 Abs. 1 Satz 2 lit. i SE-VO, der dies für die Verschmelzungsvariante
vorsieht, könnte man dies auch für den Umwandlungsplan fordern. Allerdings beginnt
das Verfahren der Arbeitnehmerbeteiligung erst mit der Offenlegung des Umwandlungsplans, so dass im Umwandlungsplan selbst dieses Verfahren als Information der
Aktionäre in abstrakter Weise dargestellt werden kann. Da im Umwandlungsbericht
ebenfalls Angaben zu der Arbeitnehmerbeteiligung zu machen sind, kann man sich im
Umwandlungsplan auf die kurze Darstellung der Grundzüge beschränken (vgl. *Lutter/
Hommelhoff/Bayer* Art. 20 SE-VO Rz. 26).

56   Dieser Darstellung kommt das Formular in diesem § 6 nach. Das **Verfahren der
Arbeitnehmerbeteiligung** wird **in abstrakter Weise** dargestellt. Konkret kann
allerdings die Zusammensetzung des besonderen Verhandlungsgremiums erläutert
werden; vgl. Abs. 4 Buchst. b des Umwandlungsplans. Darin wird der Berechnungs-
schlüssel dargestellt und, diesen auf die A Gruppe und deren Arbeitnehmer in den verschiedenen Mitgliedsstaaten, erläutert, welche Gesellschaft wie viele Delegierte in dem
besonderen Verhandlungsgremium stellen darf.

Zu § 7: Sonstige Folgen für Arbeitnehmer

Eine Darstellung der sonstigen Folgen der Umwandlung für die Arbeitnehmer ist 57
von Gesetzes wegen nicht erforderlich, zumal der Umwandlungsbericht Erläuterungen
zu den Auswirkungen der Umwandlung auf die Arbeitnehmer enthalten muss; vgl.
Art. 37 Abs. 4 SE-VO.

Das Formular enthält dennoch deskriptive Angaben zu den Folgen für die Arbeit- 58
nehmer, zumal aufgrund der fehlenden Mitbestimmung die Angaben kurz gehalten
werden können. Es wird insbes. klargestellt, dass die Umwandlung keinen Einfluss auf
die arbeitsvertragliche Situation der Arbeitnehmer hat und dass auch die betriebliche
Struktur unverändert bleibt.

Zu § 8: Abschlussprüfer

Die Hauptversammlung, die über die Zustimmung zur Umwandlung in die SE be- 59
schließt, hat nach § 197 Satz 1 UmwG, § 30 Abs. 1 Satz 1 AktG analog den **Abschlussprüfer** für das **erste (Rumpf-)Geschäftsjahr der SE** zu bestellen (*Lutter/
Hommelhoff/Seibt* Art. 37 SE-VO Rz. 74). Der Umwandlungsplan enthält daher die
Bestimmung über die Bestellung von Abschlussprüfer. Denn mit der Zustimmung zu
dem Umwandlungsplan, wir dessen Inhalt angenommen und daher zugleich die Bestellung der Abschlussprüfer vorgenommen.

Zu § 9: Keine weiteren Rechte oder Sondervorteile

Angaben zu Rechten an Aktionäre oder zur Gewährung von Sondervorteilen sind 60
in den Umwandlungsplan in entsprechender Anwendung des Art. 20 Abs. 1 Satz 2 lit.
f und lit. g SE-VO zu machen. Das Formular macht diese entsprechende Anwendung
dieser Vorschriften kenntlich, indem es die Vorschriften in den Umwandlungsplan mit
aufnimmt.

Anzugebende Sonderrechte sind **sämtliche besonderen Rechte,** auch solche, die 61
nicht mitgliedschaftlicher Natur sind (*MünchKommAktG/Schäfer* Art. 20 SE-VO
Rz. 18), wie zB die von Inhabern von Schuldverschreibungen. Darüber hinaus bezieht sich die Angabepflicht aufgrund des eindeutigen Wortlauts auch auf Rechte, die
allen Aktionären eingeräumt wurden. Als Sondervorteile sind solche gemeint, die den
zukünftigen Mitgliedern des Vorstands und Aufsichtsrats gewährt werrden. Dies soll
dazu dienen, dass die Aktionäre die Unabhängigkeit dieser Personen einschätzen können. Anders als bei § 5 Abs. 1 Nr. 8 UmwG ist der Abschlussprüfer in Art. 20 Abs. 1
Satz 2 lit. g) SE-VO nicht erfasst.

In dem hier zugrunde liegenden Sachverhalt sollen allerdings keine solche Rechte 62
und Sondervorteile gewährt werden. Das Formular führt über die gesetzliche Notwendigkeit hinaus auf, dass auch dem Abschlussprüfer keine Sondervorteile gewährt
werden.

Erläuterungen zu A. 4.02a Satzung der SE

Zu § 1: Sitz und Geschäftsjahr

In § 1 enthält die Satzung der SE Angaben zu Firma (s. Rz. 43 f.), Sitz (s. Rz. 45 ff.) 63
und Geschäftsjahr.

Das Formular legt fest, dass das Geschäftsjahr das Kalenderjahr ist. Die SE-VO selbst 64
enthält keine Regelungen zum Geschäftsjahr der SE. Daher findet auf das Geschäftsjahr nationales Recht Anwendung, dh. die Regelungen des AktG.

Zu § 2: Gegenstand des Unternehmens

Der Gegenstand des Unternehmens ist notwendiger Satzungsbestandteil nach § 23 65
Abs. 3 Nr. 2 AktG. Da die SE-VO diesbezüglich keine Regelung enthält finden die
aktienrechtlichen Normen ungehindert Anwendung. Aufgrund Art. 3 Abs. 2 SE-VO

kann die A SE selbst eine oder mehrere Tochtergesellschaften als SE gründen, ohne dass dies im Unternehmensgegenstand enthalten sein muss. Das Erfordernis der Mehrstaatlichkeit soll für solche (sekundäre) Gründungen nicht mehr gelten (*Lutter/Hommelhoff/Bayer* Art. 2 SE-VO Rz. 10).

Zu § 3: Bekanntmachungen

66 Die Vorschriften über Bekanntmachungen richten sich ausschließlich nach nationalem Recht, so dass hier die §§ 23 Abs. 4, 25 AktG anzuwenden sind. Die Veröffentlichungen haben daher im **elektronischen Bundesanzeiger** und nur dort zu erfolgen.

Zu § 4: Grundkapital

67 Das Grundkapital ist zwingend in der Satzung anzugeben; Art. 9 Abs. 1 lit. c SE-VO iVm. § 23 Abs. 3 Nr. 3 AktG. Bei einer SE muss das Grundkapital zwingend mindestens € 120.000,– betragen. Eine Obergrenze besteht nicht (*Lutter/Hommelhoff/Fleischer* Art. 4 SE-VO Rz. 7).

68 Das Kapital der SE ist gemäß Art. 1 Abs. 2 Satz 1 SE-VO in Aktien zerlegt. Die Art der Aktien richtet sich aber wieder nach nationalem Recht. Sie können demnach als Nennbetrags- oder Stückaktien ausgegeben werden. Gleiches gilt für die Einteilung in Inhaber- oder Namensaktien Das Formular sieht deswegen die Ausgabe von Namens-Stückaktien vor, die derzeit gängige Form von Aktien bei Aktiengesellschaften.

69 Abs. 3 der Satzung regelt die Verbriefung der Aktien in Urkunden, die sich ebenfalls nach nationalem Recht bestimmt (*Lutter/Hommelhoff/Ziemons* Anh I Art. 5 SE-VO Rz. 17). Die Regelung gleicht einer Satzungsbestimmung wie für eine deutsche AG (s. A. 1.00 Rz. 39 f.).

Zu § 5: Zusammensetzung des Vorstands

70 § 5 der Satzung sieht vor, dass die SE einen Vorstand hat. Die Satzung, in Zusammenschau mit § 8 der Satzung, der den Aufsichtsrat regelt, geht daher davon aus, dass in der SE das dualistische System gemäß Art. 38 lit. b 1. Alt. SE-VO gelten soll. Das **dualistische System** ist geprägt von dem Bestehen eines **Leitungsorgans (Vorstand)** und eines **Aufsichtsorgans (Aufsichtsrat).** Die SE-VO stellt hierfür die Art. 39 bis 42 SE-VO bereit, das SEAG die §§ 15 bis 19 SEAG. Das dualistische System in der SE entspricht im Wesentlichen dem der AG. Der deutsche Gesetzgeber wollte bei Wahl des dualistischen Systems auch einen Gleichlauf zwischen SE mit Sitz in Deutschland und deutscher AG schaffen (*MünchKommAktG/Reichert/Brandes* Art. 38 SE-VO Rz. 10). Ebenso wäre auch die Wahl des **monistischen Systems** nach Art. 38 lit. b 2. Alt. SE-VO iVm. Art. 43 bis 45 SE-VO, §§ 20 bis 49 SEAG möglich gewesen. Die SE hätte dann anstatt eines Leitungsorgans und Aufsichtsorgans ein Verwaltungsorgan, welches die Geschäfte der SE führt (zur Sozialversicherungspflicht von Verwaltungsratsmitgliedern einer monistischen SE LSG Baden-Württemberg L 2 BA 1487/18 v. 21.11.18, BeckRS 2018, 35201).

71 Abs. 1 legt fest, dass der Vorstand aus einer oder mehreren Personen besteht. Nach Art. 39 Abs. 4 SE-VO ist die Zahl der Vorstandsmitglieder zwingend in der Satzung festzulegen. Bei einer SE mit einem Grundkapital von mehr als drei Millionen Euro hat gemäß § 16 SEAG das Leitungsorgan aus mindestens zwei Personen zu bestehen, außer die Satzung bestimmt, dass es einer Person bestehen soll. Die Satzung der A SE hat von dieser Ausnahme keinen Gebrauch gemacht und angesichts des Grundkapitals von fünf Millionen bestimmt, dass der Vorstand mindestens aus zwei Personen zu bestehen hat. Die Satzung ermächtigt den Aufsichtsrat, die genaue Anzahl der Vorstandsmitglieder festzulegen (Art. 39 Abs. 4 SE-VO iVm. § 16 SEAG).

72 Nach Art 39 Abs. 2 SE-VO werden die Mitglieder des Leitungsorgans vom Aufsichtsorgan bestellt und abberufen. Abs. 2 der Satzung legt fest, dass die Bestellung für

fünf Jahre erfolgt. Nach Art. 46 Abs. 1 SE-VO darf der festgelegte Zeitraum sechs Jahre nicht überschreiten. Die Satzung gesteht auch das Recht zu, dass das Aufsichtsorgan einen Vorsitzenden des Leitungsorgans bestimmt (entsprechend § 84 Abs. 2 AktG).

Art. 50 SE-VO regelt die **Beschlussfähigkeit und die Beschlussfassung der** 73 **Organe einer SE,** lässt aber abweichende Regelungen durch die Satzung zu. Danach ist zur Beschlussfassung ein Anwesenheitsquorum von mindestens der Hälfte der Vorstandsmitglieder notwendig. Die Beschlüsse werden dann mit der einfachen Mehrheit der anwesenden oder vertretenen Mitglieder gefasst. Abs. 3 Satz 1 wiederholt diese Beschlussfähigkeitsregelung zur Verdeutlichung, denn das deutsche AktG geht aufgrund des Kollegialitätsprinzips grundsätzlich von der Einstimmigkeit bei Beschlussfassungen aus. Abweichende Regelungen können in der Satzung oder Geschäftsordnung des Vorstands festgehalten werden. (vgl. *MünchKommAktG/Reichert/Brandes* Art. 38 SE-VO Rz. 11). Um ein Patt bei Vorstandsbeschlüssen zu vermeiden, statuiert die Satzung, dass bei Stimmengleichheit die Stimme des Vorstandsvorsitzenden den Ausschlag gibt (Stichentscheidsrecht). Dies entspricht Art. 50 Abs. 2 Satz 1 SE-VO.

Zu §§ 6, 7: Geschäftsführung und Vertretungsbefugnis

Im dualistischen System führt der Vorstand die Geschäfte der SE in eigener Verant- 74 wortung (§ 39 Abs. 1 Satz 1 SE-VO). Er ist demnach zur Geschäftsführung befugt und unterliegt dabei keinen Weisungen.

Die **SE-VO** enthält bewusst **keine Regelungen zur Vertretungsmacht** der 75 Vorstandsmitglieder. Es finden daher über Art. 9 Abs. 1 lit. c SE-VO die nationalen Vorschriften Anwendung (*Lutter/Hommelhoff/Seibt* Art. 39 SE-VO Rz. 9). Die SE wird demnach vom Vorstand vertreten, gegenüber Vorstandsmitgliedern allerdings vom Aufsichtsrat (§ 112 AktG). Die Regelungen des § 7 entsprechen üblichen Vertretungsregelungen für Vorstandsmitglieder einer deutschen AG und sollen daher auch für die SE mit dualistischem System gelten.

Nach Art. 48 Abs. 1 SE-VO hat die Satzung zwingend Arten von Geschäften auf- 76 zuführen, für die das Leitungsorgan die Zustimmung des Aufsichtsorgans bedarf. § 19 SEAG in Ausübung der Ermächtigung des Art. 48 Abs. 1 Satz 2 SE-VO bestimmt, dass der Aufsichtsrat bestimmte Arten von Geschäften von seiner Zustimmung abhängig machen kann. Hier sieht bereits die Satzung die Arten von Geschäften vor, die der Zustimmung des Aufsichtsrats bedürfen. Daneben kann der Aufsichtsrat weitere Geschäfte festlegen, die seiner Zustimmung bedürfen.

Zu § 8: Zusammensetzung des Aufsichtsrats

Art. 40 Abs. 1 SE-VO besagt, dass das **Aufsichtsorgan** die **Führung der Ge-** 77 **schäfte durch das Leitungsorgans überwacht** und **nicht berechtigt** ist, die **Geschäfte zu führen.** Die Zahl der Aufsichtsratsmitglieder wird in der Satzung bestimmt (Art. 40 Abs. 3 SE-VO). Daher bestimmt Abs. 1 Satz 1 die Anzahl der Aufsichtsratsmitglieder. Der Aufsichtsrat muss auch mindestens drei Mitglieder haben, wie sich aus § 17 SEAG ergibt. Abs. 1 Satz 2 wiederholt Art. 42 Satz 1 SE-VO, wonach ein Aufsichtsratsvorsitzender zu wählen ist.

Nach Art. 46 Abs. 1 SE-VO darf die Amtszeit eines Mitglieds des Aufsichtsrats 78 sechs Jahre nicht überschreiten. Die in Abs. 2 enthalten Regelung kommt dem nach und bestimmt die Amtszeit entsprechend der üblichen Regelung für die AG.

Weder die SE-VO noch das SEAG enthalten Regelungen zur Amtsniederlegung. 79 Diesbezüglich findet daher das nationale Recht Anwendung. Die Amtsniederlegung ist jedoch auch nicht im AktG geregelt, jedoch im Prinzip anerkannt (*Hüffer/Koch* AktG § 103 Rz. 17). Abs. 3 regelt das Prozedere der Amtsniederlegung, insb. eine Frist von zwei Wochen zwischen Niederlegungserklärung und Beendigung des Aufsichtsratsamts.

Zu §§ 9 bis 11: Regelungen zu Aufsichtsrat

80   Die §§ 9 bis 11 der Satzung enthalten Vorschriften über die innere Ordnung des Aufsichtsrats. Die SE-VO enthält nur wenige Regeln über das Aufsichtsorgan und der Gesetzgeber will durch das SEAG auch einen Gleichlauf zwischen Aufsichtsorgan einer SE und Aufsichtsrat einer AG erreichen. Daher entsprechen diese Regeln denen des Aufsichtsrats einer AG (s. Formular A. 1.00).

Zu §§ 12 bis 14: Regelungen zu Hauptversammlung

81   Nach Art. 38 lit. a SE-VO ist zwingendes Organ einer SE die Hauptversammlung der Aktionäre. Die Art 52 bis 60 SE-VO und die §§ 50, 51 SEAG enthalten weitere Vorschriften über die Hauptversammlung bei einer SE. Nach Art 52 Abs. 1 SE-VO ist die Hauptversammlung zuständig für Angelegenheiten, die ihr durch die SE-VO oder des SEBG als in Anwendung der RL 2001/86/EG erlassene Rechtsvorschrift zugewiesen sind. Darüber hinaus entscheidet die Hauptversammlung einer SE mit Sitz in Deutschland in Angelegenheiten, für die die Hauptversammlung einer deutschen AG kraft AktG oder kraft in Übereinstimmung mit deutschem Recht erlassener Satzung zuständig ist; Art. 52 Abs. 2 SE-VO.

82   Art. 53 SE-VO bestimmt, dass – vorbehaltlich der Vorschriften der Art. 54 bis 60 SE-VO – hinsichtlich der Organisation und des Ablaufs der Hauptversammlung sowie für das Abstimmungsverfahren des Rechts des Sitzstaats der SE, hier deutsches Aktienrecht, Anwendung findet. Organisatorische Fragen betreffen zB die Einberufung, die Tagesordnung sowie Zeit und Dauer der Hauptversammlung. Der Ablauf beinhaltet zB die Teilnahme an der Hauptversammlung, das Frage- und Rederecht sowie die Versammlungsleitung. Die Satzungsregelungen sind daher zulässige Regelungen und können diesbezüglich Vorschriften statuieren. Dabei kann die Satzung einer SE mit Satzungssitz in Deutschland auch einen Hauptversammlungsort im Ausland bestimmen, allerdings muss eine vom Satzungssitz oder – bei börsennotierten Gesellschaften – von einem deutschen Börsensitz abweichende Bestimmung eines Versammlungsorts eine sachgerechte, am Teilnahmeinteresse der Aktionäre ausgerichtete Vorgabe enthalten (BGH II ZR 330/13 v. 21.10.14, NJW 15, 336).

Zu §§ 15, 16: Jahresabschluss, Gewinnverwendung

83   Die SE-VO (und auch nicht das SEAG) enthält keine Vorschriften zu der Aufstellung des Jahresabschlusses und der Gewinnverwendung bei einer SE mit dualistischem System. Daher ist gemäß der Verweisung in Art. 9 Abs. 1 lit. c SE-VO deutsches Aktienrecht Anwendung.

Erläuterungen zu A. 4.02b Vereinbarung über die Beteiligung der Arbeitnehmer

---

84   Nach Art. 12 Abs. 2 SE-VO kann eine SE erst dann eingetragen werden, wenn **entweder** eine **Vereinbarung über die Beteiligung der Arbeitnehmer geschlossen** wurde oder die **sechsmonatige Verhandlungsfrist erfolglos abgelaufen** ist. Das Formular zeigt eine solche Vereinbarung über die Beteiligung der Arbeitnehmer. In dieser Vereinbarung können die Parteien, für die Gesellschaft der Vorstand (bei dualistischem System) und für die Arbeitnehmer das besondere Verhandlungsgremium, autonom die Beteiligungs- und Mitbestimmungsrecht der Arbeitnehmer in der SE festlegen. Darüber hinaus enthält § 21 SEBG weitere Vorgaben bzgl. des Inhalts der Vereinbarung. Allerdings können die Parteien von einer solchen autonomen Regelung auch absehen und stattdessen vereinbaren, dass die Arbeitnehmer kraft Gesetzes beteiligt werden sollen (Auffanglösung); vgl. § 22 Abs. 1 Nr. 1 SEBG. Das Formular geht hier davon aus, dass die Parteien sich auf diese Auffanglösung geeinigt haben. Dies hat eventuell den Nachteil, dass für die Gesellschaft günstigere Lösungen auf dem

Verhandlungsweg nicht erreicht werden, vermeidet allerdings zeitaufwändige und unter Umständen beschwerliche Verhandlungen.

Zu § 1: Anwendungsbereich der Vereinbarung

Nach § 21 Abs. 1 Nr. 1 SEBG ist zwingend der Geltungsbereich der Vereinbarung **85** einschließlich einbezogenen Unternehmen und Betriebe festzulegen. § 1 kommt dem nach, indem die Vorschrift klarstellt, dass die Vereinbarung auf die A SE und deren Tochtergesellschaft einschließlich deren Betriebe Anwendung finden soll.

Zu § 2: Anwendbares Recht und Vertragssprache

§ 2 regelt das anwendbare Recht, den Gerichtsstand sowie die gültige Vertragsspra- **86** che. Da bei der Gründung der SE immer ein internationaler Sachverhalt, evtl. unter Beteiligung von Arbeitnehmern außerhalb Deutschlands, vorliegt, ist eine solche Vorschrift anzuraten. Dies hilft bei der Klärung im Falle von später auftretenden Streitigkeiten über die Vereinbarung.

Zu § 3: Errichtung eines SE-Betriebsrats

Das Formular sieht vor, dass ein SE-Betriebsrat errichtet wird. Auf diesen sollen **87** grundsätzlich die Vorschriften der §§ 23 bis 33 SEBG Anwendung finden. Die Parteien haben daher in der Vereinbarung keine individuelle Regelung getroffen, wie die Arbeitnehmer in der A Gruppe beteiligt werden sollen, sondern nach § 22 Abs. 1 Nr. 1 SEBG die gesetzliche Auffanglösung vereinbart, welche die Errichtung des SE-Betriebsrats vorsieht. Der SE-Betriebsrat dient der **Sicherung des Rechts auf Unterrichtung und Anhörung von Arbeitnehmervertretern.** Die Zuständigkeit des SE-Betriebsrat ist vorrangig in §§ 27 ff. SEBG geregelt, ergibt sich aber auch aus anderen Vorschriften. Danach ist der SE-Betriebsrat zuständig für Angelegenheiten, die die SE, einer ihrer Tochtergesellschaften oder Betriebe in einem anderen Mitgliedsstaat betreffen, oder die über die Befugnisse der zuständigen Arbeitnehmerorgane auf Ebene des Mitgliedsstaats hinausgehen (sog. grenzüberschreitende Angelegenheiten; *MünchKommAktG/Jacobs* Vor § 23 SEBG Rz. 11). Nach § 28 SEBG ist der SE-Betriebsrat mindestens einmal im Kalenderjahr über die Entwicklung der Geschäftsklage und die Perspektiven der SE zu unterrichten und anzuhören. Dazu gehören insbes. die wirtschaftliche und finanzielle Lage der SE, die voraussichtliche Entwicklung des Geschäfts, die Lage der Beschäftigung und deren Entwicklung und geplante Verlegungen von Unternehmen oder Zusammenschlüsse (vgl. § 28 Abs. 2 SEBG). Daneben ist der SE-Betriebsrat nach § 29 SEBG auch bei außergewöhnlichen Umständen, die erhebliche Auswirkungen auf die Interessen der Arbeitnehmer haben, zu unterrichten. Der SE-Betriebsrat hat dann wiederum die Arbeitnehmervertreter der SE, deren Tochtergesellschaften oder der Betriebe über die erhaltenen Informationen zu unterrichten.

Der SE-Betriebsrat hat mindestens zehn Mitglieder. Dies folgt aus § 23 Abs. 1 **88** Satz 3 SEBG, der bzgl. dessen **Zusammensetzung** auf die Vorschriften zur Errichtung des besonderen Verhandlungsgremiums verweist. Die Vereinbarung sieht hier vor, dass der SE-Betriebsrat elf Mitglieder haben soll. Dies dient dazu, um Patt-Situationen im Gremium zu vermeiden. Der SE-Betriebsrat setzt sich aus Arbeitnehmern der SE, deren Tochtergesellschaften und Betriebe zusammen. Gewerkschaftsvertreter sind im SE-Betriebsrat nicht vertreten, da auf die entsprechende Vorschrift zur Bildung des besonderen Verhandlungsgremiums nicht verwiesen wird (*MünchKommAktG/Jacobs* Vor § 23 SEBG Rz. 4).

Die **Dauer der Amtszeit** aller Mitglieder des SE-Betriebsrats ist in der Vereinba- **89** rung auf vier Jahre festgelegt. Die gesetzliche Amtszeit für aus Deutschland kommende Mitglieder (§ 23 Abs. 1 Satz 6 SEBG) wurde somit auch auf aus dem Ausland kommende Mitglieder erweitert. Die Dauer entspricht im Übrigen der Dauer eines nationalen Betriebsrats nach § 21 BetrVG. Nach § 25 SEBG können alle zwei Jahre nach

der konstituierenden Sitzung des SE-Betriebsrats Änderungen, insbes. bei den Arbeitnehmerzahlen, zu einer veränderten Zusammensetzung des SE-Betriebsrats führen.
Dies ist jedoch unpraktikabel, da sich das Gremium während der Amtszeit von vier
Jahren uU neu formieren muss. Daher sieht die Vereinbarung in Abweichung von
§ 25 SEBG vor, dass solche Änderungen während der Amtszeit unberücksichtigt bleiben sollen. Sie können vielmehr bei der nächsten Wahl des SE-Betriebsrats berücksichtigt werden.

Zu § 4: Mitbestimmung in der A SE

90   Die Mitbestimmung der Arbeitnehmer in den Organen der SE richtet sich, da die
Parteien gemäß § 22 Abs. 1 Nr. 1 SEBG die Auffanglösung vereinbart haben, nach
§ 34 SEBG. Darin ist in Abs. 1 Nr. 1 geregelt, dass im Fall einer Umwandlung einer
SE, wie sie hier im Formular vorgesehen ist, die Mitbestimmungsregeln des SEBG nur
dann Anwendung finden, wenn bereits vor der Umwandlung Bestimmungen über die
Mitbestimmung der Arbeitnehmer kraft Gesetzes galten. Dies ist allerdings in dem im
Formular vorgesehenen Beispiel nicht der Fall, da davon ausgegangen wird, dass aufgrund der in Deutschland beschäftigten Arbeitnehmer weder das DrittelbG noch das
Mitbestimmungsgesetz Anwendung finden und deswegen keine Arbeitnehmervertreter im Aufsichtsrat der A AG vertreten waren. § 4 der Vereinbarung hält diese rechtliche Situation nochmals klarstellend fest.

Zu § 5: Schlussbestimmungen

91   Abs. 1 enthält die zwingende Regelung über das Inkrafttreten der Vereinbarung
(vgl. § 21 Abs. 1 Nr. 6 SEBG). Abs. 2 regelt die Dauer der Vereinbarung (§ 21 Abs. 1
Nr. 6 SEBG). Die Vereinbarung sieht vor, dass sie auf unbestimmte Zeit geschlossen
werden soll. Dies macht die Regelung von Kündigungsrechten erforderlich. Das
Recht auf eine außerordentliche Kündigung kann dabei nicht ausgeschlossen werden.

92   Abs. 3 enthält die zwingende Vorschrift der Fälle, wann diese Vereinbarung neu
ausgehandelt werden soll (§ 21 Abs. 1 Nr. 6 SEBG). Die Vereinbarung beschränkt sich
hier auf einen Verweis auf § 18 Abs. 3 SEBG, der ohnehin zwingend ist (*Münch-
KommAktG/Jacobs* § 18 SEBG Rz. 8). Daher soll es nur in diesen Fällen zu Neuverhandlungen kommen. Da auch das auf diese Neuverhandlungen anzuwendende Verfahren aufzuführen ist, legt das Formular fest, dass dazu erneut ein besonderes Verhandlungsgremium zu bilden ist, das mit der SE die neue Vereinbarung entsprechend
dem SEBG auszuhandeln hat.

Erläuterungen zu A. 4.02c Bestellung eines unabhängigen Sachverständigen

93   Vgl. zunächst Rz. 10.
Die Bestellung eines unabhängigen Sachverständigen erfolgt nach Art. 37 Abs. 6
SE-VO nach den nationalen Durchführungsbestimmungen des Art. 10 der nationalen
Verschmelzungsrichtlinie (RL 78/855/EWG v. 9.10.78, ABl. EU L 295 S. 36 ff.).
Damit finden §§ 60, 10 Abs. 1 S. 1, Abs. 2 UmwG Anwendung. Der Antrag ist vom
Vorstand der A AG in vertretungsberechtigter Zahl zu stellen. Zuständig ist das Land-
gericht, in dessen Bezirk die A AG ihren Sitz hat, vgl. § 10 Abs. 2 S. 1 UmwG (vgl.
Louven/Ernst BB 14, 329). Ist bei dem Gericht eine Kammer für Handelssachen einge-
richtet, so entscheidet deren Vorsitzender anstatt der Kammer, § 10 Abs. 2 S. 2
UmwG.

94   Als unabhängige Sachverständige kommen nur Wirtschaftsprüfer oder Wirtschaftsprüfungsgesellschaften in Betracht, vgl. §§ 60, 11 Abs. 1 UmwG, §§ 319, 319a HGB.
Das Formular sieht die Bestellung einer überregionalen Wirtschaftsprüfungsgesellschaft
vor, um damit dem Umstand der Komplexität der Prüfung Rechnung zu tragen. Da
die Ausschlussgründe der §§ 319 Abs. 2 bis 5, 319a HGB Anwendung finden, emp-

fiehlt es sich, dem Antrag ein Schreiben des vorgeschlagenen Sachverständigen beizufügen, in dem dieser vorab bestätigt, die Bestellung auch annehmen zu können, weil kein Mandatskonflikt vorliegt. Die Tätigkeit als Abschlussprüfer der formwechselnden AG stellt kein Bestellungshindernis dar (vgl. *Louven/Ernst* BB 14, 329).

Erläuterungen zu A. 4.02d Handelsregisteranmeldung

Vgl. zunächst Rz. 16 ff.   **95**

Jede SE ist in das Register des entsprechenden Sitzstaats, bei der A SE in das Handelsregister einzutragen (Art. 12 Abs. 1 SE-VO, § 3 SEAG). Daher ist die Umwandlung der AG in die SE bei dem Gericht, in dessen Bezirk die AG und zukünftige SE ihren im Sitz, dh. den satzungsmäßigen Sitz, hat, zur **Eintragung ins Handelsregister** anzumelden. Die **Form der Anmeldung** und die **beizufügenden Unterlagen** legt das **nationale Recht** (Art. 15 SE-VO iVm. §§ 198 ff. UmwG) fest, da die SE-VO die Anmeldung bei der Gründung durch Formwechsel keine Vorschriften dazu enthält (*Lutter/Hommelhoff/Seibt* Art. 37 SE-VO Rz. 79). Die Anmeldung bedarf demnach der notariellen Beglaubigung. Sie vom Vorstand in vertretungsberechtigter Zahl zu unterzeichnen (*MünchKommAktG/Schäfer* Art. 37 SE-VO Rz. 33).

Anzumelden ist daher zum einen die Umwandlung der AG in eine SE, die durch **96** Abfassung des Umwandlungsplans und er Zustimmung zum Umwandlungsplan und Genehmigung der Satzung vollzogen worden ist. Da nach Art. 12 Abs. 2 SE-VO die Eintragung erst erfolgen kann, wenn eine Vereinbarung über die Beteiligung der Arbeitnehmer geschlossen wurde, ist anzumelden, dass eine solche Vereinbarung zwischen der Gesellschaft und dem besonderen Verhandlungsgremium abgeschlossen wurde. Gleichzeitig sind die Vertretungsorgane der SE anzumelden, hier bei der A SE mit dualistischen System die Mitglieder des Vorstands (*Lutter/Hommelhoff/Seibt* Art. 37 SE-VO Rz. 80). Dabei ist die abstrakte und konkrete Vertretungsbefugnis anzugeben. Die Vertretungsorgane haben in der Anmeldung gemäß §§ 37 Abs. 2, 76 Abs. 3 Sätze 3 und 4 AktG zu versichern, dass sie nicht wegen einer Straftat verurteilt wurden.

Der Anmeldung sind **folgende Unterlagen** im Original oder öffentlich beglaubig- **97** ter Abschrift **beizufügen:**
– Umwandlungsplan (str, da er dem Handelsregister bereits vorliegt; vgl. *Lutter/Hommelhoff/Seibt* Art. 37 SE-VO Rz. 81 aE);
– Niederschrift des Umwandlungsbeschlusses;
– Nachweis über Bestehen der ausländischen Tochtergesellschaft, regelmäßig durch entsprechenden Registerauszug;
– Notariell beglaubigte Abschrift des Umwandlungsberichts der A AG;
– Bescheinigung der Umwandlungsprüfer zur Kapitaldeckung;
– notariell beglaubigte Abschrift der Vereinbarung über die Beteiligung der Arbeitnehmer in der A SE; ist eine solche Vereinbarung nicht geschlossen worden, ist entweder der Beschluss nach § 16 SEBG oder die Vereinbarung zur einvernehmlichen Beendigung der Verhandlungen beizufügen oder der Ablauf der sechsmonatigen Verhandlungsfrist (§ 20 SEBG) nachzuweisen (*Lutter/Hommelhoff/Seibt* Art. 37 SE-VO Rz. 81);
– Berechnung der Kosten des Formwechsels (§ 197 UmwG iVm. § 37 Abs. 2 Nr. 2, 2. Alt. AktG).

Schließlich müssen die anmeldenden Vorstandsmitglieder ein Negativattest (vgl. **98** § 16 Abs. 2 Satz 1 UmwG) abgeben, dass gegen den Umwandlungsbeschluss keine Anfechtungsklagen anhängig sind (*MünchKommAktG/Schäfer* Art. 37 SE-VO Rz. 33). In der Anmeldung wird hierzu auch darauf verwiesen, dass die alleinige Aktionärin auf ihr Klagerecht von vornherein verzichtet hat.

Die Eintragung der SE hat **konstitutive Wirkung.** Nach Art. 16 Abs. 1 SE-VO **99** erwirbt die SE erst am Tag ihrer Eintragung Rechtspersönlichkeit.

100   Nach Art. 15 Abs. 2 SE-VO iVm. Art. 13 SE-VO ist die Eintragung entsprechend offen zu legen. Diese **Offenlegung** hat nur deklaratorischen Charakter. Für eine SE mit Sitz in Deutschland bedeutet dies, dass die Eintragung vom Handelsregister im elektronischen Bundesanzeiger bekannt zu machen ist. Darüber hinaus ist die Gründung nach Art. 14 SE-VO im EU-Amtsblatt bekannt zu machen (*MünchKomm-mAktG/Schäfer* Art. 13, 14 SE-VO Rz. 2). Auch wenn die Zuständigkeit für diese Bekanntmachung nicht geregelt ist, ist davon auszugehen, dass sie von Amts wegen, folglich durch das Registergericht, zu erfolgen hat (vgl. *MünchKommAktG/Schäfer* Art. 13, 14 SE-VO Rz. 3).

A. 5. Gesellschaft des bürgerlichen Rechts – GbR

Übersicht

A. 5.00 Vermögensverwaltende GbR

Gliederung

I. FORMULAR

Formular A. 5.00 Gesellschaftsvertrag Vermögensverwaltende GbR

Vorbemerkung

Im Grundbuch von A des Amtsgerichts A-Stadt sind in Band ...... Blatt ...... als Eigentümer der dort vorgetragenen Grundstücke

Flur ......

Flurstück ......

A, B, C, D und E in Gesellschaft bürgerlichen Rechts eingetragen.

Die vorgenannten Gesellschafter regeln ihre Beziehungen im Rahmen des Gesellschaftsverhältnisses nachstehend durch folgenden

GESELLSCHAFTSVERTRAG

§ 1 Name, Sitz, Rechtsform

(1) Der Name der Gesellschaft lautet:

A Grundstücksgesellschaft bürgerlichen Rechts.

(2) Sitz der Gesellschaft ist A-Stadt.

(3) Die Gesellschaft ist eine Gesellschaft bürgerlichen Rechts.

§ 2 Gesellschaftsgegenstand

(1) Im Gesamthandseigentum der Gesellschafter stehen die Grundstücke eingetragen im Grundbuch von A-Stadt

Band ......

Blatt ......

Flur ......

Flurstück ......

(2) Gegenstand der Gesellschaft ist die Verwaltung und Vermietung der Grundstücke zur Erzielung von Überschüssen.

(3) Die Gesellschaft ist berechtigt, alle Geschäfte und Tätigkeiten vorzunehmen, welche den Gegenstand der Partnerschaft unmittelbar oder mittelbar zu fördern geeignet sind. Die Gesellschaft ist jedoch nicht berechtigt, in irgendeiner Weise gewerblich tätig zu werden.

§ 3 Dauer, Kündigung

(1) Die Gesellschaft ist auf unbestimmte Dauer geschlossen.

(2) Jeder Gesellschafter kann seine Beteiligung an der Gesellschaft mit einer Frist von einem Jahr zum Ende eines jeden Rechnungsjahres der Gesellschaft kündigen, erstmals jedoch zum 31. Dezember 20.. .

(3) Die Kündigung hat schriftlich mittels Übergabe-Einschreiben an die Gesellschaft vertreten durch die Geschäftsführung mit Wirkung für und gegen die Mitgesellschafter oder an alle Mitgesellschafter persönlich zu erfolgen. Für die Rechtzeitigkeit der Kündigung kommt es auf das Datum des Postabgangsstempels an.

(4) Das außerordentliche Kündigungsrecht nach § 723 Abs. 1 S. 3 BGB bleibt unberührt.

§ 4 Gesellschaftsvermögen, Gesellschafter

(1) Das Gesellschaftsvermögen besteht aus den in § 2 Abs. 1 bezeichneten Grundstücken sowie dem sonstigen Gesellschaftsvermögen.

(2) Gesellschafter der Gesellschaft mit den nachstehend aufgeführten Anteilen am Gesellschaftsvermögen sind

a)	A	ohne Vermögensbeteiligung
b)	B	30%
c)	C	30%
d)	D	20%
e)	E	20%

(3) Änderungen im Bestand der Gesellschafter oder des Vermögens sind in einem durch die Geschäftsführer zu führendes Verzeichnis fortzuschreiben. Für die einzelnen Vermögensgegenstände sind die Anschaffungs- oder Herstellungskosten – ggf. gemindert durch die steuerlich zulässigen Abschreibungen – anzusetzen.

§ 5 Geschäftsführung und Vertretung

(1) Zur Geschäftsführung können grundsätzlich nur Gesellschafter berufen werden.

(2) Für die erste Geschäftsführung und Vertretung der Gesellschaft gilt Folgendes:

a) Die Gesellschafter zu § 4 Abs. 2a) und b) sind zur Geschäftsführung und Vertretung gemeinschaftlich berechtigt.

b) Die übrigen Gesellschafter sind von der Geschäftsführung und Vertretung ausgeschlossen.

c) Fällt einer der Geschäftsführer fort, so steht die Geschäftsführung und Vertretung allen Gesellschaftern gemeinschaftlich zu, bis die Gesellschafterversammlung einen Nachfolger für den fortgefallenen Geschäftsführer gewählt hat.

(3) Die Gesellschafterversammlung kann einzelnen Gesellschaftern das Recht zur Alleingeschäftsführung und -vertretung unter Befreiung von den Beschränkungen des § 181 BGB verleihen oder entziehen.

(4) Zur Vertretung der Gesellschaft gegenüber Dritten ist jedem Geschäftsführer eine Vollmacht auszuhändigen. Auf Wunsch des Geschäftsführers ist diese Vollmacht in grundbuchfähiger Form zu erteilen.

(5) Die Geschäftsführung erstreckt sich auf alle Maßnahmen, die im Interesse der Gesellschaft und zur Verwirklichung des Gesellschaftszwecks notwendig sind.

(6) Die Geschäftsführung bedarf zur Vornahme folgender Geschäfte eines zustimmenden Gesellschafterbeschlusses:

a) Erwerb, Veräußerung und Belastung von Grundstücken, grundstücksgleichen Rechten, sowie Rechten an Grundstücken und an grundstücksgleichen Rechten;

b) Abschluss, Änderung und Beendigung von Miet-, Pacht- oder Leasingverträgen;

c) Kreditaufnahme, Kreditgewährung, Übernahme von Bürgschaften, Wechselausstellungen und -annahmen;

d) Abschluss von Geschäften jeder Art mit einem höheren Gegenstandswert als € ...... oder einer längeren Vertragsdauer oder einer längeren Kündigungsfrist als ...... Jahren;

e) Abschluss aller Geschäfte, die über den üblichen Geschäftsbetrieb der Gesellschaft hinausgehen.

§ 6 Gesellschafterversammlungen, vereinfachte Beschlussfassung

(1) Beschlüsse der Gesellschaft werden in Gesellschafterversammlungen gefasst.

(2) Jeder Gesellschafter oder die Geschäftsführung können eine Gesellschafterversammlung einberufen. Die Einberufung der Gesellschafterversammlung erfolgt mittels Übergabe-Einschreiben. Sie ist mit einer Frist von mindestens einer Woche zu bewirken. Die Tagesordnung der Gesellschafterversammlung muss in der Einladung angekündigt werden. Ist die Gesellschafterversammlung nicht ordnungsgemäß einberufen, so können Beschlüsse nur gefasst werden, wenn sämtliche Gesellschafter auf die Rüge der nicht ordnungsgemäßen Einberufung verzichten. Die Gesellschafterversammlung ist beschlussfähig, wenn alle Gesellschafter vertreten sind. Ist dies nicht der Fall, so ist eine zweite Gesellschafterversammlung mit derselben Tagesordnung entsprechend den Bestimmungen nach den Sätzen 1 bis 3 einzuberufen. Die zweite Gesellschafterversammlung ist ohne Rücksicht auf die Anzahl der vertretenen Gesellschafter beschlussfähig. In der Einladung ist hierauf hinzuweisen.

(3) Anstelle der Beschlussfassung in einer Gesellschafterversammlung ist auch eine schriftliche, fernmündliche, fernschriftliche oder Beschlussfassung per E-Mail zulässig, wenn sämtliche Gesellschafter hiermit einverstanden sind.

(4) Jeder Gesellschafter kann sich durch einen anderen Gesellschafter, durch einen zur Verschwiegenheit verpflichteten Berufsträger eines rechts- oder steuerberatenden Berufsstandes, durch einen Abkömmling, seinen Ehegatten oder Lebenspartner iSd. LPartG vertreten lassen. Der Vertreter hat sich durch eine schriftliche Stimmrechtsvollmacht auszuweisen.

(5) Über jeden Gesellschafterbeschluss ist eine Niederschrift anzufertigen, von welcher jedem Gesellschafter eine Abschrift zu übersenden ist.

§ 7 Stimmrecht, Mehrheits- und Einstimmigkeitserfordernisse

(1) Die Stimmen stehen den Gesellschaftern im Verhältnis ihrer Beteiligung am Gesellschaftsvermögen zu. Dabei gewährt jeder die Beteiligung am Gesellschaftsvermögen wiedergebende volle Prozentpunkt eine Stimme. Der Gesellschafter A hat überdies eine Stimme. Jeder Gesellschafter hat die ihm zustehenden Stimmen einheitlich abzugeben.

(2) Der Einstimmigkeit bedarf die Beschlussfassung über die Änderung des Gesellschaftsvertrages hinsichtlich der Gewinnverteilung, des Gesellschaftszwecks und der Stimmenzuteilungsregelung sowie die Abberufung der in § 5 Abs. 2a genannten Geschäftsführers.

(3) Einer $^2/_3$-Mehrheit der vorhandenen Stimmen bedürfen:

a) Änderungen des Gesellschaftsvertrages, soweit nicht Einstimmigkeit erforderlich ist,

b) Auflösung der Gesellschaft,

c) Ausschluss eines Gesellschafters,

d) Erbringung von zusätzlichen Einlagen der Gesellschafter im Verhältnis ihrer Beteiligungen am Gesellschaftsvermögen, wenn Sanierungsbedürftigkeit der Gesellschaft eintritt; in diesem Fall bleibt es der Entscheidung der einzelnen Gesellschafter überlassen, ob sie sich an einer mehrheitlich beschlossenen Kapitalerhöhung zur Sanierung der Gesellschaft beteiligen wollen oder ob sie stattdessen eine Verwässerung ihrer Beteiligung hinnehmen wollen, soweit nicht aufgrund der gesellschafterlichen Treuepflicht ein Ausscheiden der sanierungsunwilligen Gesellschafter unter Zahlung des anteiligen Fehlbetrages zwingend geboten ist;

e) Beschlüsse zu zustimmungsbedürftigen Geschäftsführungsmaßnahmen (§ 5 Abs. 6).

(4) Der einfachen Mehrheit der vorhandenen Stimmen bedürfen:

a) Genehmigung der von der Geschäftsführung aufgestellten Überschussrechnung;

b) Genehmigung des von der Geschäftsführung aufzustellenden Wirtschaftsplans für das folgende Rechnungsjahr;

c) Bestellung und Abberufung sowie Entlastung der Geschäftsführung;

d) Erteilung oder Widerruf der Bevollmächtigung der Geschäftsführung vorbehaltlich der Sonderregelungen nach Abs. 2 S. 2;

e) Verwendung der Überschüsse einschließlich Festsetzung der Entnahmen auf die Gewinnanteile (§ 12 Abs. 2 und 3);

f) Verfügungen über den Gesellschaftsanteil (§ 13 Abs. 1);

g) alle sonstigen Fragen, welche die Geschäftsführung der Gesellschafterversammlung zur Beschlussfassung vorlegt.

§ 8 Rechnungsjahr

Rechnungsjahr ist das Kalenderjahr. Das erste Rechnungsjahr der Gesellschaft endet am 31. Dezember 20.. .

§ 9 Überschussrechnung

Die Geschäftsführung ist verpflichtet, innerhalb der ersten drei Monate eines jeden Rechnungsjahres eine Überschussrechnung für das abgelaufene Rechnungsjahr aufzustellen und allen Gesellschaftern zu übermitteln.

§ 10 Beteiligung an Überschüssen und Verlusten

(1) An den Überschüssen und Verlusten der Gesellschaft nehmen die Gesellschafter im Verhältnis ihrer Vermögensbeteiligung teil.

(2) Mit A wird ein separater Geschäftsführervertrag abgeschlossen.

§ 11 Gesellschafterkonten

(1) Zur Abwicklung des Zahlungsverkehrs zwischen der Gesellschaft und den Gesellschaftern werden bei der Gesellschaft für jeden Gesellschafter gesondert Abrechnungskonten errichtet.

(2) Guthaben auf den Abrechnungskonten werden mit zwei und Schuldsalden mit drei Prozentpunkten über dem Basiszinssatz verzinst.

§ 12 Entnahmen

(1) Die Gesellschafter dürfen zu Lasten ihres laufenden Abrechnungskontos bei der Gesellschaft ohne Rücksicht auf die Einkünfte der Gesellschaft alle Steuerbeträge entnehmen, die mit ihrer Gesellschafterstellung, insbesondere mit ihrer Beteiligung an den Überschüssen und am Vermögen der Gesellschaft zusammenhängen; die Höhe der Steuerbeträge ist durch eine Berechnung des Steuerberaters des jeweiligen Gesellschafters nachzuweisen.

(2) Im Übrigen entscheidet über Entnahmen die Gesellschafterversammlung nach Maßgabe der Liquiditätslage der Gesellschaft insbesondere nach Bezahlung sämtlicher Ausgaben und Dotierung der gebotenen Rückstellungen auf der Grundlage eines Beschlussvorschlages der Geschäftsführung, wobei grundsätzlich alle Überschüsse der Gesellschaft entnommen werden sollen.

(3) Die Beteiligung an den Entnahmen entspricht der Überschussbeteiligung eines jeden Gesellschafters. Entnahmen werden an alle Gesellschafter gleichzeitig ausbezahlt.

§ 13 Verfügungen

(1) Verfügungen über Gesellschaftsanteile, einschließlich der Verpfändung, der Belastung mit einem Nießbrauch, die Einräumung einer Unterbeteiligung, die Eingehung eines Rechtsverhältnisses, durch das ein Gesellschafter hinsichtlich seines Gesellschaftsanteils in eine treuhänderische Stellung gerät oder die Ausübung seiner Gesellschafterrechte an die Zustimmung eines Dritten bindet, sowie jede sonstige Belastung sind nur mit Zustimmung der Gesellschafterversammlung wirksam.

(2) Der Zustimmung der Gesellschafterversammlung zu den in Abs. 1 genannten Verfügungen bedarf es nicht, soweit diese zugunsten des Ehegatten, Lebenspartners iSd. LPartG oder eines Abkömmlings des betroffenen Gesellschafters erfolgen. Die Gesellschafter erteilen hiermit schon jetzt ihre Zustimmung zu derartigen Verfügungen. Als Inhalt eines Nießbrauchsrechts kann zwischen Nießbrauchsbesteller und Nießbraucher vereinbart werden, dass der Nießbraucher in laufenden Angelegenheiten der Gesellschaft ein eigenes – das Gesellschaftermitwirkungsrecht des Nießbrauchsbestellers – ausschließendes Stimmrecht hat.

(3) Ansonsten ist die Übertragung eines Gesellschaftsanteils ohne Zustimmung der Gesellschafterversammlung bzw. der übrigen Gesellschafter nur im Rahmen eines Verkaufs zu den nachfolgenden Bedingungen zulässig:

a) Will ein Gesellschafter seinen Gesellschaftsanteil veräußern, so ist er zuvor den übrigen Gesellschaftern zu dem von ihm in Aussicht genommenen Preis durch Übergabe-Einschreiben anzubieten. Diese können das Angebot innerhalb eines Monats ab Zugang des Angebots annehmen. Üben mehrere Gesellschafter das Erwerbsrecht aus, so steht es ihnen im Verhältnis ihrer Beteiligungen am Gesellschaftsvermögen zu.

b) Wird das Erwerbsrecht gem. Buchst. a) nicht ausgeübt, ist der betroffene Gesellschafter berechtigt, seinen Gesellschaftsanteil an Dritte zu veräußern, wenn sich der Dritte in dem Kaufvertrag verpflichtet, auch die Gesellschaftsanteile der übrigen Gesellschafter zu gleichen Konditionen zu erwerben, sofern sie ihm ihre Gesellschaftsanteile andienen (Andienungsrecht). Gesellschaftern, die von ihrem Andienungsrecht keinen Gebrauch machen, steht ein Vorkaufsrecht hinsichtlich aller veräußerten Gesellschaftsanteile zu. Üben mehrer Gesellschafter das Vorkaufsrecht aus, so steht es ihnen im Verhältnis ihrer Beteiligungen am Gesellschaftsvermögen zu.

§ 14 Auflösung der Gesellschaft

In allen Fällen, in denen das Gesetz an den Eintritt bestimmter Ereignisse in der Person eines Gesellschafters die Auflösung der Gesellschaft anknüpft, soll diese nicht eintreten. Vielmehr soll der betroffene Gesellschafter aus der Gesellschaft ausscheiden und die Gesellschaft unter den verbliebenen Gesellschaftern fortgesetzt werden.

§ 15 Ausscheiden aus der Gesellschaft

(1) Ein Gesellschafter scheidet aus der Gesellschaft insbesondere bei folgenden Ereignissen aus:

a) Tod,

b) Kündigung,

c) Eröffnung eines Insolvenz- oder ähnlichen Verfahrens über das Vermögen des betroffenen Gesellschafters oder Ablehnung desselben mangels Masse,

d) Kündigung durch Privatgläubiger gem. § 725 BGB,

e) Ausschluss.

(2) Wird die gem. Abs. 1c oder Abs. 1d gegen den Gesellschafter getroffene Maßnahme binnen sechs Monaten wieder aufgehoben, gilt der betroffene Gesellschafter als nicht ausgeschieden. Innerhalb dieser Frist dürfen in Ansehung des Gesellschaftsanteils des ausgeschiedenen Gesellschafters keine Veränderungen im Gesellschaftsverhältnis erfolgen.

(3) Der Ausschluss eines Gesellschafters ist bei vorsätzlicher, grober Pflichtverletzung zulässig, wenn dem Auszuschließenden zuvor Gelegenheit zur Stellungnahme zu den gegen ihn erhobenen Vorwürfen gegeben worden ist. Der Auszuschließende hat kein Stimmrecht bei der Beschlussfassung über den Ausschluss. Der Ausschluss wird mit Mitteilung des Gesellschafterbeschlusses gegenüber dem Auszuschließenden wirksam.

§ 16 Erbfolge

(1) Nur der Ehegatte, Lebenspartner im Sinne des LPartG oder Abkömmlinge des verstorbenen Gesellschafters können im Erbfall als Gesellschaftsnachfolger in die Gesellschaft eintreten. Das Eintrittsverlangen muss von den Erben gegenüber den verbliebenen Gesellschaftern innerhalb von 6 Monaten nach dem Tode des Gesellschafters schriftlich angezeigt werden. Bei dem Eintritt eines Erben wird kein Abfindungsguthaben an die übrigen Erben gezahlt. Etwaige Erbansprüche sind im Verhältnis zwischen dem Eintretenden und den übrigen Erben zu regeln. Die Gesellschaft ist in diesem Fall von sämtlichen Forderungen der übrigen Erben freigestellt.

(2) Mehrere Erben haben zur gemeinschaftlichen Ausübung ihrer Gesellschafterrechte, insbesondere des Stimmrechts, einen gemeinsamen Vertreter zu bestellen. Solange ein solcher Vertreter nicht bestellt ist, ruhen die Gesellschafterrechte mit Ausnahme der vermögensrechtlichen Ansprüche.

(3) Wenn kein Erbe gem. Abs. 1 eintritt oder eintreten kann, steht den Erben eine Abfindung in sinngemäßer Anwendung des § 17 zu.

§ 17 Abfindung

(1) Scheidet ein Gesellschafter aus der Gesellschaft aus, so erhält er eine Abfindung.

(2) Die Höhe der Abfindung bemisst sich nach dem Verkehrswert des Gesellschaftsvermögens zum Zeitpunkt des Ausscheidens des Gesellschafters im Verhältnis seiner Beteiligung am Gesellschaftsvermögen.

(3) Erzielen die Gesellschaft und der ausscheidende Gesellschafter über den Verkehrswert des Gesellschaftsvermögens binnen einer Frist von zwei Monaten nach dem Ausscheiden keine Einigkeit, wird dieser von zwei öffentlich vereidigten Grundstückssachverständigen, von denen je einer von der Gesellschaft und von dem ausscheidenden Gesellschafter benannt wird, festgestellt. Erzielen auch diese binnen einer Frist von einem weiteren Monat nach ihrer Bestellung keine Einigkeit, sollen die beiden Grundstückssachverständigen einen dritten unabhängigen öffentlich vereidigten Grundstückssachverständigen als Schiedsgutachter benennen, welcher den Verkehrswert für alle Gesellschafter verbindlich feststellt. Die Kosten dieses Verfahrens tragen die Gesellschaft und der ausscheidende Gesellschafter je zur Hälfte.

(4) Befreiung von oder Sicherheitsleistung wegen nicht fälliger Schulden kann der ausscheidende Gesellschafter nicht verlangen. Sobald diese fällig werden, kann er Befreiung verlangen.

(5) Änderungen der steuerlichen Feststellungen bspw. auf Grund einer finanzamtlichen Außenprüfung haben auf die Höhe des Abfindungsguthabens keinen Einfluss.

(6) Das Abfindungsguthaben ist in vier gleichen Jahresraten, von denen die Erste sechs Monate nach dem Ausscheidungstermin fällig wird, zu tilgen und mit ...... Prozentpunkten über dem Basiszinssatz ab dem Datum des Ausscheidens zu verzinsen.

(7) Die Gesellschaft ist zur vorzeitigen Zahlung auf das Abfindungsguthaben berechtigt.

§ 18 Liquidation

Wird die Gesellschaft aufgelöst, so sind die Gesellschafter am Liquidationserlös im Verhältnis ihrer Beteiligung am Gesellschaftsvermögen beteiligt.

§ 19 Schiedsverfahren

Für Streitigkeiten aus diesem Vertrag wird die ordentliche Gerichtsbarkeit ausgeschlossen und die Zuständigkeit eines Schiedsgerichts vereinbart. Für das Schiedsgericht, seine Zusammensetzung und sein Verfahren gilt der Schiedsvertrag, welcher in gesonderter Urkunde heute im Anschluss an diesen Vertrag abgeschlossen worden ist.

§ 20 Schriftform, MoPeG

(1) Änderungen dieses Vertrages bedürfen zu ihrer Wirksamkeit der Schriftform. Auch wiederholte Verstöße gegen diese Bestimmung beseitigen nicht das Schriftformerfordernis.

(2) Die Gesellschafter werden die weitere Entwicklung des Gesetzgebungsverfahrens zum Gesetz zur Modernisierung des Personengesellschaftsrechts (MoPeG) beobachten und den Gesellschaftsvertrag vor Inkrafttreten der Gesetzesnovelle gemeinsam überprüfen.

§ 21 Teilnichtigkeit

Sollte eine Bestimmung dieses Vertrages nichtig, anfechtbar oder unwirksam sein, so soll die Wirksamkeit der übrigen Bestimmungen hiervon nicht berührt werden. Die angreifbare Bestimmung ist vielmehr so auszulegen, dass der mit ihr erstrebte wirtschaftliche und/oder ideelle Zweck nach Möglichkeit erreicht wird. Dasselbe gilt sinngemäß für die Ausfüllung von Vertragslücken.

....

(Unterschriften)

II. ERLÄUTERUNGEN

> **Erläuterungen zu A. 5.00 Gesellschaftsvertrag Vermögensverwaltende GbR**

1. Grundsätzliche Anmerkungen

a) Wirtschaftliches Vertragsziel

1   Die Gesellschaft bürgerlichen Rechts (GbR) ist die Grundform aller Personengesellschaften. Konstitutives Merkmal jeder Personengesellschaft ist die Verfolgung eines gemeinsamen Zweckes. Der Unterschied zu anderen Personengesellschaften, bspw. den Personenhandelsgesellschaften oder Partnerschaftsgesellschaften, ist, dass der gesetzlich zulässige Rahmen für die Vereinbarung eines bestimmten Zwecks bei GbR wesentlich weiter ist. So sind Personenhandelsgesellschaften, wie bspw. die OHG (vgl. Formular A. 9.00) auf den Betrieb eines Handelsgewerbes (vgl. § 105 Abs. 1 HGB abgesehen von der Eintragungsmöglichkeit einer kleingewerblichen oder vermögensverwaltenden OHG nach § 105 Abs. 2 HGB) und Partnerschaftsgesellschaften (vgl. Formular A. 11.00) auf die gemeinschaftliche Ausübung Freier Berufe (§ 1 Abs. 1 PartGG) ausgerichtet. Bei der GbR kann hingegen jeder erlaubte, dauernde oder vorübergehende wirtschaftliche oder auch nur ideelle Zweck vereinbart werden (*Palandt/Sprau* § 705 BGB Rz. 20). Von

daher können auf der Grundlage des Rechtes der GbR höchst unterschiedliche wirtschaftliche Vertragsziele verfolgt werden. Hinzukommt, dass die gesetzlichen Vorschriften, die auf die vertragliche Ausgestaltung einer GbR Anwendung finden, weitgehend dispositiver Natur sind. Damit ist in der Praxis eine **Vielfalt von Erscheinungsformen der GbR** anzutreffen: bspw. Pool- und Konsortialvereinbarungen, Arbeitsgemeinschaften in der Bauwirtschaft (ARGE). Auf nichteheliche Lebensgemeinschaften, unter Ehegatten sowie in Lebenspartnerschaften kann GbR-Recht mit der Folge eines schuldrechtlichen Ausgleichsanspruchs nach §§ 730ff., 738ff. BGB zur Anwendung kommen. Wegen der Einzelheiten wird hierzu auf das Formular A. 5.02 zum Erwerb eines Eigenheims durch eine nichteheliche Lebensgemeinschaft in GbR verwiesen. Überdies liegt bereits der **Regierungsentwurf eines Gesetzes zur Modernisierung des Personengesellschaftsrechts (MoPeG)** v. 23.1.21 (BR-Drs. 59/21) vor. Die danach durchaus als weitreichend zu bezeichnenden geplanten Änderungen im Personengesellschaftsrecht sollen nach dem **Regierungsentwurf am 1.1.23,** nach der Stellungnahme des Bundesrates v. 5.3.21 (BR-Drs. 59/21 (B)) jedoch **erst am 1.1.26 in Kraft** treten. Es empfiehlt sich, den sich daraus eventuell noch ergebenen Anpassungsbedarf im Auge zu behalten (vgl. A. 5.00 Rz. 73; A. 5.01 Rz. 40; A. 5.02 Rz 20).

Häufige Erscheinungsform der GbR ist die gemeinschaftliche Verwaltung eines oder **2** mehrerer Vermögensgegenstände (zB Grundstück, Wertpapierdepot) mit dem Ziel der Erwirtschaftung von laufenden Überschüssen und der Mehrung des Gesellschaftsvermögens **(vermögensverwaltende GbR).** Besonders für die Verwaltung und Übertragung von Grundstücken kann die GbR vorteilhaft sein: Ein Wechsel im Mitgliederbestand stellt keine Eigentumsübertragung des Grundstückes selbst dar, sondern macht allenfalls das Grundbuch unrichtig (vgl. auch A. 5.10 Rz. 2). Der Eigenbedarf des Gesellschafters rechtfertigt die **Eigenbedarfskündigung** eines Wohnraummietvertrages einer GbR (BGH VIII ZR 74/11 v. 23.11.11 NJW-RR 12, 237; BGH VIII ZR 232/15 v. 14.12.16, NJW 17, 547). Bei einer OHG ist das jedoch nicht möglich (BGH VIII ZR 210/10 v. 15.12.10, NJW 11, 993). Eine GbR, die sich auf private Vermögensverwaltung beschränkt, kann **Verbraucher** i.S.v. § 13 BGB sein (BGH XI ZR 63/01 v. 23.10.01, NJW 02, 368; enger aber nicht zwingend ausgeschlossen nach EuGH C-329/19 v. 2.4.20, BeckRS 2020, 4823, Anm. *Pfeiffer* LMK 2020, 430374). Gehört ihr aber eine GmbH als Gesellschafter an, ist sie unabhängig davon, ob sie lediglich zu privaten Zwecken und nicht gewerblich oder selbständig beruflich tätig ist, nicht Verbraucher i.S.v. § 13 BGB (BGH VII ZR 269/15 v. 30.3.17, NJW 17, 2752).

Die Rechtsform der GbR kommt traditionell auch in Betracht zur gemeinschaftli- **3** chen Berufsausübung **(unternehmerische GbR).** Für die Freiberufler sind hier die Steuerberater- oder Rechtsanwaltssozietät und die Gemeinschaftspraxis von Ärzten zu nennen (zu unterscheiden von der sog. Praxisgemeinschaft bzw. von der bloßen Bürogemeinschaft, vgl. *Palandt/Sprau* § 705 BGB Rz. 40, 49), wenn sich solche freiberuflichen Vereinigungen nicht zu neueren Gesellschaftsformen zusammenschließen (zB Partnerschaftsgesellschaft, vgl. A. 11.00, oder Rechtsanwalts GmbH, vgl. §§ 59cff. BRAO). In Betracht kommt die Rechtsform der GbR zudem für Gewerbetreibende, wenn deren Unternehmen keinen in kaufmännischer Weise eingerichteten Geschäftsbetrieb erfordert und nicht im Handelsregister eingetragen werden soll (*Palandt/Sprau* § 705 BGB Rz. 41, zu der Frage, ob sich eine GbR an einer OHG oder KG beteiligen kann *Prütting* AnwBl. 14, 107, 109) und ferner zum gemeinschaftlichen Betrieb eines landwirtschaftlichen Unternehmens. Wegen der erheblichen Bedeutung der vorgenannten beiden Erscheinungsformen wird hier zunächst ein Muster für die **vermögensverwaltende GbR** (Formular A. 5.00) und eines für die **unternehmerische GbR** (vgl. Formular A. 5.01) vorgestellt. Auch für diese beiden Erscheinungsformen der GbR kann es freilich kein auf alle denkbaren Fälle passendes Formular geben.

Bei der Verfolgung unternehmerischer oder vermögensverwaltender Ziele mittels **4** einer GbR ist deren **Haftungsverfassung** zu beachten. Die GbR haftet mit ihrem

Gesellschaftsvermögen. Daneben haften die Gesellschafter mit ihrem Privatvermögen. Es handelt sich dabei um eine akzessorische Haftung, die nach derzeit hM angesichts der Anerkennung der Rechtsfähigkeit der GbR (vgl. Rz. 9) aus einer Analogie zu den die OHG betreffenden §§ 128f. HGB hergeleitet wird (BGH II ZR 331/00 v. 29.1.01, NJW 01, 1056, nicht rkr. vgl. BGH II ZR 331/00 v. 18.2.02, NJW 02, 1207; BGH XI ZR 37/09 v. 12.1.10, DStR 10, 501). Die **Doppelverpflichtungstheorie,** wonach die Haftung der Gesellschafter mit der Überlegung begründet wurde, dass der Geschäftsführer bei Handlungen für die Gesellschaft im Zweifel nicht nur eine Verpflichtung der Gesamthand also der GbR begründet, sondern daneben kraft seiner Vertretungsmacht grundsätzlich auch eine solche der Gesellschafter persönlich, ist damit gegenstandslos geworden. Versuche, die Haftung einer GbR bspw. in Form einer „GbR mit beschränkter Haftung" oder „GbR mbH" durch Vertragsgestaltungen mit den jeweiligen Geschäftspartnern zu begrenzen, dürften sich angesichts der Aufgabe der Doppelverpflichtungstheorie und der kompletten Neuausrichtung der Rspr. des II. Zivilsenats des BGH in der Praxis als schwierig erweisen (vgl. bereits BGH II ZR 371/98 v. 27.9.99, DStR 99, 1704 sowie die Anmerkungen in der 5. Auflage unter A. 5.00 Rz. 2; vgl. auch BGH XI ZR 144/11 v. 27.11.12, DStR 13, 319 zur quotalen Gesellschafterhaftung, zu steuerlichen Konsequenzen bei Versuchen eines individualvertraglichen Haftungsausschlusses über eine „GmbH & Co. GbR" vgl. *Dornheim* DStR 14, 13). Die Verwerfung eines fast hundert Jahre lang geltenden Verständnisses zur Haftungsverfassung der GbR durch den II. Zivilsenat des BGH hat die Diskussion über die „GbR mbH" freilich nicht ganz verstummen lassen (vgl. auch unten Rz. 9). Vereinzelt wird die Möglichkeit einer gesellschaftsvertraglichen Haftungsbeschränkung jedenfalls für nichtwirtschaftliche GbR in der Form der GbR mbH nach wie vor bejaht (*Beuthien* WM 12, 1). Vgl. aber BMF v. 17.3.14, BStBl. I 14, 555.

5   Dennoch hat der II. Zivilsenat des BGH die Haftungsverfassung der GbR unter Aufgabe der traditionellen Auffassung weiter derjenigen angenähert, welche für die OHG gesetzlich geregelt ist. Neben der Akzessorietätstheorie soll dementsprechend grundsätzlich auch § 130 HGB anwendbar sein, wonach in Abkehr zu der früher hM auch der neu eintretende Gesellschafter für **Altverbindlichkeiten** haftet (BGH II ZR 56/02 v. 7.4.03, NJW 03, 1803). Das gilt auch für Erben analog §§ 128, 130 HGB (BGH II ZR 121/12 v. 17.12.13, NZG 14, 696). § 28 HGB (iVm. § 128 HGB) gilt allerdings nicht und zwar auch nicht analog, wenn eine GbR durch Beitritt erstmals entsteht. Der II. Zivilsenat des BGH hat dies jedenfalls bei einem Zusammenschluss von Einzelanwälten verneint, weil bei persönlichen und eigenverantwortlichen Dienstleistungen der bei Kaufleuten maßgebende Gesichtspunkt der Unternehmens- und Haftungskontinuität nicht passe und ein Freiberufler seine Haftung auch nicht durch Eintragung in das Handelsregister nach § 128 Abs. 2 HGB ausschließen könne (BGH IX ZR 161/09 v. 17.11.11, NJW-RR 12, 239; BGH IX ZR 65/01 v. 22.1.04, DStR 04, 609). Ein Anleger, der sich als Treugeber über einen Treuhänder, der für sämtlichen Anleger nur einen einheitlichen Geschäftsanteil hält und ausdrücklich als „wirtschaftlicher Beteiligter" oder „wirtschaftlicher Gesellschafter der Gesellschaft" bezeichnet, unterliegt nach Auffassung des XI. Zivilsenats nicht der persönlichen Haftung entsprechend § 128 HGB (BGH XI ZR 148/08 v. 21.4.09, DStR 09, 1920). Mit Urteil BGH II ZR 385/99 v. 24.2.03, NJW 03, 1445 hat der II. Zivilsenat ebenfalls unter Aufgabe der bis dahin hM bestimmt, dass sich die GbR zu **deliktischem Schadensersatz** verpflichtendes Handeln ihrer (geschäftsführenden) Gesellschafter entsprechend § 31 BGB zurechnen lassen muss und die Gesellschafter daher insoweit persönlich als Gesamtschuldner dem Geschädigten gegenüber einzustehen haben (bestätigend BGH IX ZR 218/05 v. 3.5.07, DStR 07, 1736). Damit ist im Einklang mit der hM zur OHG de facto eine verschuldensunabhängige deliktische Haftung mit dem gesamten Privatvermögen der Gesellschafter geschaffen worden (vgl. *Altmeppen* NJW 03, 1553 für eine einschränkende Auslegung). In der Literatur wird

zu Recht die Frage gestellt, ob „die Jurisprudenz vom Odium der Beliebigkeit affiziert würde, wenn eine entscheidende Wertungsfrage, wie die Ausweitung der persönlichen und deliktischen Haftung der Mitgesellschafter, von der Zufälligkeit abhängen würde, welcher dogmatischen Konstruktion zur Haftungsverfassung in der GbR die hM gerade zuneigt" (so *Altmeppen* NJW 03, 1553, 1554).

Immerhin hat der II. Zivilsenat des BGH im Nachhinein die Tragweite der Neu- **6** ausrichtung seiner Rspr. zur Haftungsverfassung der GbR aus Gründen des **Vertrauensschutzes** für Altfälle eingeschränkt (BGH II ZR 56/02 v. 7.4.03, NJW 03, 1803 wg. Haftung des Beigetretenen für Altverbindlichkeiten; BGH II ZR 2/00 v. 21.1.02, NJW 02, 1642 wg. erkennbarer Haftungsbeschränkung ohne Individualvereinbarung), dies aber nicht ausnahmslos (BGH II ZR 300/08 v. 19.7.11, NZG 11, 1023; BVerfG 1 BvR 2266/11 v. 18.10.12, NJW 13, 523).

GbR-Gesellschafter können sich bei Inanspruchnahme wegen einer Verbindlichkeit **7** der Gesellschaft analog § 129 HGB auf die der GbR zustehenden Einwendungen berufen (BGH II ZR 112/19 v. 29.9.20, DStR 20, 2619). Für eine vertragliche **Unterlassungsverpflichtungserklärung der GbR** haften ihre Gesellschafter auf das Interesse und nicht persönlich auf Unterlassung (BGH I ZR 201/11 v. 20.6.13, NZG 13, 1095).

Die Gesellschafter haften zwar analog § 128 S. 1 HGB für Verbindlichkeiten der **8** GbR (BGH II R 243/09 v. 8.2.11, DStR 11, 984), die Durchsetzung der zivilrechtlich begründeten Haftung des Gesellschafters für die GbR mittels **Verwaltungsakt** setzt jedoch eine weitere Rechtsgrundlage voraus (VGH Kassel 5 A 872/17.Z v. 10.7.17, NVwZ-RR 17, 937). Eine analoge Anwendung des § 191 AO bei der Inanspruchnahme eines Gesellschafters für Sozialabgaben ist hierbei abzulehnen (LSG BaWü L 3 AL 4432/18 v. 12.2.20, NZG 20, 666; LSG Bayern L 5 KR 394/18 v. 29.1.19, BeckRS 2019, 9936 Tz. 36; LSG Bayern L 5 KR 460/18 v. 17.12.19, LSK 2020, 26809027).

b) Gesellschaftsrecht

Wesensbestimmende Merkmale der GbR sind der gemeinsame Zweck (vgl. **9** Rz. 1) und die zu seinem Erreichen bestehende gegenseitige Förderungspflicht (*Jauernig/Stürner* § 705 BGB Rz. 1).

Ebenso wie die Personengesellschaften des Handelsrechts oder die Partnerschaftsgesellschaft (vgl. A. 11.00 Rz. 6) hat die GbR keine eigene Rechtspersönlichkeit. Auch wenn die GbR im Rechtsverkehr einen Namen führen darf (zu den Einzelheiten vgl. Rz. 31), ergibt sich im Unterschied zur OHG und der Partnerschaftsgesellschaft nicht schon aus der unmittelbaren Anwendung einer gesetzlichen Vorschrift (zB § 124 HGB, § 7 Abs. 2 PartGG), dass sie unter ihrem Namen Rechte erwerben, Verbindlichkeiten eingehen, Eigentum und andere dingliche Rechte erwerben, vor Gericht klagen oder verklagt werden könnte. Nach traditioneller Auffassung ist die GbR allenfalls teilrechtsfähig. So war ua. bereits ihre Insolvenzfähigkeit (§ 11 InsO) und ihre Wechsel- und Scheckfähigkeit (BGH XI ZR 154/96 v. 15.7.97, DStR 97, 1501) anerkannt, nicht hingegen ihre Parteifähigkeit (BGH IX ZR 135/95 v. 10.10.96, NJW 97, 1236; BGH V ZR 141/98 v. 15.10.99, NJW 00, 291, 292) oder ihre Markenrechtsfähigkeit (BGH I ZR 168/97 v. 24.2.00, NJW-RR 01, 114, 116). Hiergegen hat der II. Zivilsenat des BGH mit Versäumnisurteil II ZR 331/00 v. 29.1.01, NJW 01, 1056; nicht rkr. vgl. Beschluss BGH II ZR 331/00 v. 18.2.02, NJW 02, 1207, vgl. auch oben Rz. 4) entschieden, dass eine Außen-GbR **Rechtsfähigkeit** besitzt, soweit sie durch die Teilnahme am Rechtsverkehr eigene Rechte und Pflichten begründet. Dabei ist sie auch im Zivilprozess aktiv und passiv parteifähig. Dieser Akt der Rechtsprechung wurde zwar anfänglich von großen Teilen der Literatur begrüßt, wird aber mitunter nach wie vor zu Recht auch als ein Fehler angesehen (*Kesseler* NZI 18, 680, 681; *Wertenbruch* NZG 19, 407, 408). Jedenfalls ist die Entwicklung der Rechtsprechung kennzeichnend für eine rechtliche Verselbstständigung des Sondervermögens, welche zu einer Annäherung an die gesetzlich für die Personenhandelsgesellschaften oder die Partnerschaftsgesellschaft geltenden Grundsätze geführt hat.

10   Zur Verwirklichung des Gesellschaftszwecks wird sowohl bei der hier vorgestellten unternehmerischen als auch bei der vermögensverwaltenden GbR „gemeinschaftliches Vermögen" gebildet (§ 718 BGB), das als vom übrigen Vermögen der Gesellschafter getrenntes Sondervermögen der **gesamthänderischen Bindung** aller Gesellschafter unterliegt (§ 719 BGB). Bewegliche Sachen sind der GbR also zB durch Einigung und Übergabe bzw. Übergabesurrogat zu übereignen, Grundstücke sind an sie aufzulassen. Im Unterschied zur bloßen Gemeinschaft iSd. §§ 741 ff. BGB existiert ein neben den Gesellschaftern bestehendes Gesellschaftsvermögen und ein Gesellschafter kann im Unterschied zum Teilhaber einer Gemeinschaft nicht über seinen Anteil am Gesellschaftsvermögen verfügen (§§ 719, 747 BGB).

11   Anders als bspw. bei der Partnerschaftsgesellschaft (vgl. A 11.00 Rz. 7) bedarf es bei der **Gründung** einer GbR grds. nicht der Einhaltung einer bestimmten Form oder einer Registereintragung. Der Gesellschaftsvertrag kann sogar konkludent geschlossen werden. Allerdings können sich besondere Formerfordernisse aus dem Gesellschaftszweck ergeben (vgl. Rz. 34). Überdies dient die schriftliche Niederlegung auch ohne eine besondere gesetzliche Anordnung der Rechtssicherheit unter den Gesellschaftern und kann jedenfalls aus Sicht der Finanzverwaltung auch bei steuerlichen Auseinandersetzungen, zB bei der Familien-GbR, geboten oder für die Betroffenen bei derartigen Auseinandersetzungen wenigstens hilfreich sein.

c) Steuerrecht

aa) Einkommen- und Gewerbesteuer

12   Nicht die GbR als solche, sondern die einzelnen Gesellschafter sind gem. § 1 EStG einkommensteuerpflichtig. Um eine einheitliche Besteuerung sicherzustellen, werden die **Einkünfte einheitlich und gesondert festgestellt,** auf die Gesellschafter verteilt und diesen im Rahmen ihrer Einkommensbesteuerung zugerechnet (§§ 179, 180 Abs. 1 Nr. 2a, 182 Abs. 1 AO). Sind beschränkt Stpfl. an einer GbR beteiligt, so bedarf es einer Feststellung gemäß §§ 179, 180 Abs. 1 Nr. 2a AO nicht, wenn die ESt für die Einkünfte durch den gemäß § 50a EStG vorzunehmenden Steuerabzug als abgegolten gilt. Hierüber ist im Feststellungsverfahren zu befinden, in dem ansonsten diese Einkünfte festzustellen wären. § 50a EStG erfasst auch gesamthänderisch erzielte Einkünfte, soweit die Voraussetzungen der Vorschrift im Übrigen vorliegen (BFH I R 86/89 v. 23.10.91, DB 92, 510). Zur steuerlichen Behandlung von **Personengesellschaften mit Auslandsbezug** wird auf BMF v. 26.9.14, BStBl. I 14, 1258 (Anwendung der DBA auf Personengesellschaften) verwiesen.

13   Die Wahl der Gesellschaftsform der GbR kommt für sechs der sieben in § 2 Abs. 1 EStG genannten Einkunftsarten (LuF, Gewerbebetrieb, selbstständige Arbeit, Kapitalvermögen, VuV, sonstige Einkünfte) in Betracht (zu Einkünften aus nichtselbstständiger Arbeit vgl. A. 5.01 Rz. 10). Grundsätzlich ist das Muster für vermögensverwaltende GbR (Formular A. 5.00) mit Einkünften aus VuV oder Kapitalvermögen gedacht, während das Muster für unternehmerische GbR (Formular A. 5.01) mit Einkünften aus Gewerbebetrieb, selbstständiger Arbeit oder LuF gedacht ist, wobei naturgemäß jeder Einzelfall einer individuellen Anpassung bedarf. Für die Zuordnung von Einkünften zu einer bestimmten Einkunftsart kommt es nicht nur auf die konkrete Vertragsgestaltung an, sondern vor allem auch auf die tatsächliche Durchführung. So gilt eine GbR, die nicht ausschließlich vermögensverwaltend, sondern teilweise auch gewerblich tätig ist **(Seitwärtsinfektion)** oder gewerbliche Beteiligungseinkünfte bezieht **(Aufwärtsinfektion),** gem. § 15 Abs. 3 Nr. 1 EStG als in vollem Umfang gewerblich und nicht vermögensverwaltend ua. mit der Folge der Gewerbesteuerpflicht und der idR ungünstigeren Stpfl. auch bezogen auf Veräußerungsgewinne, die bspw. aus der Veräußerung von Grundstücken erzielt werden **(Abfärbe- oder Infektionstheorie).** Dies

gilt u.a mit der Folge der GewSt-Pflicht auch für alle übrigen Einkünfte jedenfalls bei einer Seitwärtsinfektion. Nicht nur vermögensverwaltende Einkünfte sind dabei betroffen, sondern auch freiberufliche. Bei einer Aufwärtsinfektion vertritt der IV. BFH-Senat immerhin die Auffassung, § 2 Abs. 1 S. 2 GewStG verfassungskonform dahin auszulegen, dass ein gewerbliches Unternehmen i.S.d. § 15 Abws. 3 Nr. 1 Var. 2 EStG in diesem Fall nicht als nach § 2 Abs. 1 S. 1 GewStG der Gewerbesteuer unterliegender Gewerbebetrieb gilt (BFH IV R 30/1 v. 6.6.19, NZG 19, 1074). Ansonsten führt auch die mitunternehmerische Beteiligung von Personen, die keine Freiberufler iSd. § 18 EStG sind, nach gefestigter Rspr. dazu, dass die GbR insgesamt zu einem Gewerbebetrieb wird (BFH VIII R 13/93 v. 14.12.93, BStBl. II 94, 922; zu StB/WP GmbH & Co. KG BFH III RV 42/10 v. 10.10.12, DStR 12, 2532). Eine Unter-GbR erzielt freiberufliche Einkünfte nur, wenn neben den unmittelbar an ihr beteiligten natürlichen Personen alle mittelbar beteiligten Gesellschafter der Ober-GbR über die persönliche Berufsqualifikation verfügen und in der Unter-GbR zumindest in geringfügigem Umfang leitend und eigenverantwortlich mitarbeiten (BFH VIII R 24/17 v. 4.8.20, DB 20, 2441). Eine Abfärbung auf den Gesamthandsbereich einer freiberuflich tätigen GbR erfolgt hingegen nicht, wenn gewerbliche Einkünfte im Sonderbereich eines Gesellschafters erzielt werden (BFH XI R 31/05 v. 28.6.06, DStR 06, 1934). Schon eine geringfügige gewerbliche Tätigkeit kann zur Umqualifizierung der Einkünfte führen (zu den Problemen der ertragsteuerlichen Abgrenzung zwischen selbstständiger und gewerblicher Tätigkeit im Allgemeinen: *Korn* DStR 95, 1249). Allerdings hat der BFH (XI R 12/98 v. 11.8.99, BStBl. II 00, 229) im Fall einer Gemeinschaftspraxis für Krankengymnastik entschieden, dass nach Maßgabe des Verhältnismäßigkeitsgrundsatzes bei einem äußerst geringen Anteil der originär gewerblichen Tätigkeit die umqualifizierende Wirkung des § 15 Abs. 3 Nr. 1 EStG nicht eingreift. Im damals entschiedenen Fall wurde dies bei einem Anteil von 1,25% der Gesamtumsätze anerkannt. Die danach vertretbare Obergrenze für die originär gewerbliche Tätigkeit dürfte im Allgemeinen sogar höher liegen als im konkret entschiedenen Fall (vgl. *Bernütz* DStR 13, 886, 891 mwN zur Rspr.). Negative Einkünfte aus einer gewerblichen Tätigkeit führen nicht zu Umqualifizierung der vermögensverwaltenden Einkünfte einer GbR (BFH IV R 5/15 v. 12.4.18, DStR 18,1421).

Vermögensverwaltende GbR, die Grundstücke verwalten, sowie deren Gesellschaf- **14** ter haben bei dem Erwerb und der Veräußerung von Grundstücken bzw. Beteiligungen an grundstücksverwaltenden Gesellschaften die besonderen Voraussetzungen zu beachten, die zu einer Umqualifizierung ihrer Einkünfte in gewerbliche nach § 15 EStG iSe. **gewerblichen Grundstückshandels** führen können (*Schmidt/Wacker* § 15 EStG Rz. 70ff.; BFH GrS 1/93 v. 3.7.95, BStBl. II 95, 617).

Soweit von einer unternehmerischen GbR gewerbliche Einkünfte, Einkünfte aus **15** LuF oder freiberufliche Einkünfte erzielt werden, gilt diese steuerlich als „andere Gesellschaft" iSd. § 15 Abs. 1 Nr. 2 EStG (bzw. iVm. § 18 Abs. 4 EStG, § 13 Abs. 7 EStG). Voraussetzung für eine entsprechende steuerliche Veranlagung ist auch, ob der betreffende Gesellschafter Mitunternehmer ist. **Mitunternehmer** ist nur, wer Mitunternehmerinitiative entfalten kann, Mitunternehmerrisiko trägt und eine Gewinnabsicht hinsichtlich des Gesamtgewinns verfolgt (zu den Einzelheiten *Schmidt/Wacker* § 15 EStG Rz. 262ff., § 18 EStG Rz. 42ff.; BFH VIII R 63/13 v. 3.11.15, DStR 16, 726: keine Mitunternehmerstellung mangels Vermögensbeteiligung ohne Ausgleich durch ein Mehr an Mitunternehmerinitiative). Umgekehrt kann es auch erforderlich sein, ein Weniger an Mitunternehmerinitiative durch ein Mehr an Mitunternehmerrisiko auszugleichen. Das ist insbesondere bei der Gewährung von Sonderrechten an bestimmte Gesellschafter der Fall, die andere in ihren Stimmrechten beschneiden. So kann der Stimmrechtsausschluss den Verlust der Mitunternehmerinitiative und damit auch den Verlust der Mitunternehmerstellung zur Folge haben (*Grever* RNotZ 19, 1, 9; BFH VIII R 328/83 v. 11.10.88, NJW 89, 2910 zu Kommanditist).

16   Bei vermögensverwaltenden GbR, die bspw. negative Einkünfte aus VuV erzielen, stellt sich hingegen die Frage, ob der Werbungskostenabzug gem. § 9 EStG und die damit möglicherweise beabsichtigte Verlustverrechnung mit positiven Einkünften aus anderen Einkunftsquellen gem. §§ 2 Abs. 3, 10d EStG schon deshalb ausgeschlossen ist, weil mangels Überschusserzielungsabsicht der Tatbestand der **Liebhaberei** vorliegt. Die Überschusserzielungsabsicht muss sowohl auf Ebene der GbR als auch auf Ebene der Gesellschafter vorliegen. Im Regelfall bedarf es allerdings insoweit keiner getrennten Beurteilung (BFH IX R 49/95 v. 8.12.98, BStBl. II 99, 468; BMF v. 8.10.04, BStBl. I 04, 933 Tz. 30).

Darüber hinaus ist sowohl für die unternehmerische als auch die vermögensverwaltende GbR generell das Verbot der Verlustverrechnung im Zusammenhang mit sog. **Steuerstundungsmodellen** zu beachten (§ 15b EStG).

17   Bei gewerblichen GbR ist – anders als bei der ESt – die GbR selbst Schuldnerin der **Gewerbesteuer** (§ 5 Abs. 1 Satz 3 GewStG). Die GewSt nebst aller Nebenleistungen sind keine Betriebsausgaben (§ 4 Abs. 5b EStG). Dafür kommt eine pauschalierte Ermäßigung der ESt gem. § 35 Abs. 1 Satz 1 Nr. 2 EStG zur Anwendung. Die tarifliche ESt ermäßigt sich danach um das 3,8fache des jeweils anteiligen GewSt-Messbetrages. Der Anteil eines Mitunternehmers an dem GewSt-Messbetrag richtet sich nach seinem Anteil am Gewinn nach Maßgabe des allgemeinen Gewinnverteilungsschlüssels ohne Berücksichtigung von Vorabgewinnzuweisungen (§ 35 Abs. 2 Satz 2 EStG). Dies wäre bei Vertragsgestaltungen mit Vorabgewinn zu beachten.

18   Bei der **Erbauseinandersetzung** gilt nach dem Beschluss des GrS des BFH GrS 2/89 v. 5.7.90 (BStBl. II 90, 837), dass Erbfall und Erbauseinandersetzung keine Einheit für die Einkommensbesteuerung bilden. Bei Gesellschaften mit Einkünften aus Gewerbebetrieb erzielen die der Erbengemeinschaft angehörenden Erben unabhängig von der Dauer der Gemeinschaft mitunternehmerische Einkünfte. Bei der freiberuflichen GbR kann ein Erbfall die Umqualifizierung der Einkünfte in gewerbliche bedeuten, wenn der Erbe nicht nach § 18 EStG qualifiziert ist (vgl. Rz. 13, BMF v. 14.3.06, BStBl. I 06, 253 Tz. 5). Nach Auffassung der FinVerw. ist in den Fällen der Auseinandersetzung von Erbengemeinschaften sowie Mitunternehmerschaften immerhin eine steuerlich unschädliche Rückwirkung auf den Zeitpunkt des Erbfalls in engen Grenzen anzuerkennen, da die Erbengemeinschaft eine gesetzliche Zufallsgemeinschaft ist, die auf Teilung angelegt ist. Danach wird bei einer Auseinandersetzungsvereinbarung in der Regel eine rückwirkende Zurechnung laufender Einkünfte für sechs Monate anerkannt. Soweit laufende Einkünfte rückwirkend zugerechnet werden, ist die Auseinandersetzung steuerlich so zu behandeln, als ob sich die Erbengemeinschaft unmittelbar nach dem Erbfall auseinandergesetzt hat (BMF v. 14.3.06, BStBl. I 06, 253 Tz. 7). Zu den ertragsteuerlichen Auswirkungen der Fortsetzung oder Auflösung der GbR im Erbfall sowie von Eintritts-, einfachen und qualifizierten Nachfolgeklauseln vgl. BMF v. 14.3.06, BStBl. I 06, 253 Tz. 69 ff., *Schmidt/Wacker* § 16 EStG Rz. 660 ff.

bb) Abgabenordnung

19   Aus Sicht der FinVerw. müssen bei der **Bekanntgabe eines Steuerbescheids an die GbR** grds. alle Gesellschafter in dem Steuerbescheid angegeben werden. Dabei genügt es, dass im Bescheidrubrum eine Kurzbezeichnung („GbR Peter Müller u. a.") eingesetzt und die einzelnen Mitglieder in einer Anlage oder in den Bescheiderläuterungen aufgeführt werden (AEAO zu § 122 Nr. 2.4.). Steuerbescheide sind an die GbR zu richten, wenn die GbR selbst Steuerschuldner ist. Dies gilt zB für die USt, die GewSt einschließlich der Festsetzung des Messbetrages und der Zerlegung, die Kfz-Steuer, wenn das Fahrzeug auf die Gesellschaft zugelassen ist, die pauschale Lohnsteuer, die Festsetzung des Grundsteuermessbetrages, wenn der Gesellschaft der Steuergegenstand zugerechnet worden ist, und die Grunderwerbsteuer, soweit Gesamthandseigentum der Gesellschaft besteht (AEAO zu § 122 Nr. 2.4.1). Die Auswechselung aller Gesellschafter berührt die Identität der Gesellschaft nicht, aber wirksam bekanntgegeben werden kann ein an eine GbR gerichteter Steuerbescheid nur an die im Zeitpunkt seiner Bekanntgabe vertretungsberechtigten Personen (BFH II R 61/93 v. 12.12.96, DStR 97, 450 für Grunderwerbsteuerbescheid). Unter Berücksichtigung der neueren Rspr. des II. Zivilsenats des BGH (vgl. Rz. 1 ff. u. 9) können die Gesellschafter für Steuerschulden der GbR nur auf Grund eines Duldungsbescheides nach § 191 Abs. 1 AO in Anspruch genommen werden (vgl. a. A 5.00 Rz. 8). Im Übrigen sind nach Auffassung der FinVerw. **Steuerbescheide und Feststellungsbescheide an die Gesellschafter zu richten,** wenn die einzelnen Gesellschafter unmittelbar aus dem Steuerschuldverhältnis in Anspruch genommen werden sollen. Insbesondere Bescheide über gesonderte und einheitliche Feststellungen richten sich nicht an die GbR als solche, sondern an die einzelnen Gesellschafter, die den Gegenstand der Feststellung (vgl. Rz. 12) anteilig zu versteuern haben. Ein einheitlicher Feststellungsbescheid erlangt volle Wirksamkeit, wenn er allen Feststellungsbeteiligten bekannt gegeben wird. Mit seiner Bekanntgabe an einzelne Feststellungsbeteiligte entfaltet er nur diesen gegenüber Wirksamkeit (AEAO zu § 122 Nr. 2.4.2 ff.). Dennoch ist eine GbR auch im Feststellungsverfahren beteiligungsfähig und klagebefugt (BFH VIII R 83/05 v. 16.12.08, BFH/NV 09, 1118). Gem. § 51 Abs. 1 Satz 2 AO können nur die in § 1 Abs. 1 KStG aufgezählten Körperschaften, Personenvereinigungen und Vermögensmassen die mit der **Gemeinnützigkeit** verbundenen Steuervergünstigungen in Anspruch nehmen. Deshalb stehen diese Vergünstigungen der GbR nach hM nicht zu (*Wedemann* NZG 16, 645 mwN).

cc) Umsatzsteuer

Unabhängig davon, aus welchen Einkunftsarten die (vermögensverwaltende oder **20** unternehmerische) GbR Einkünfte erzielt, kann sie **Unternehmer** iSd. § 2 UStG und Steuersubjekt der USt sein, da Unternehmer im umsatzsteuerlichen Sinne jedes selbstständig tätige Wirtschaftsgebilde ist, das nachhaltig Leistungen gegen Entgelt ausführt (vgl. UStAE 2.1). Für die Steuerbarkeit und Steuerpflicht der Umsätze und die Möglichkeit des Vorsteuerabzugs gelten im Grundsatz die allgemeinen Regeln. So kann bspw. eine grundstücksverwaltende GbR auf die Steuerbefreiung nach § 4 Nr. 12 UStG für ihre Vermietungsumsätze gem. § 9 UStG verzichten und mit dieser Maßgabe zum Vorsteuerabzug berechtigt sein.

Für die Frage der Steuerbarkeit von Leistungen einer Gesellschaft an ihre Gesell- **21** schafter kommt es darauf an, ob ein Leistungsaustausch vorliegt; das Umsatzsteuerrecht enthält insoweit keine besonderen Regelungen für Personenvereinigungen. Die Annahme einer Leistung gegen Entgelt erfordert eine zum Zwecke der Entgelterzielung erbrachte Leistung **(Leistungsaustausch);** es muss ein zweckgerichtetes Handeln der GbR gegeben sein, das sich auf eine gewollte, erwartete oder erwartbare Gegenleistung richtet und sie damit auslöst, so dass die wechselseitigen Leistungen nicht bloß äußerlich miteinander verbunden sind.

Ob ein Leistungsaustausch in diesem Sinne zu bejahen ist, hängt davon ab, ob die **22** **Leistungen der Gesellschaft an den einzelnen Gesellschafter** im Gesamtinteresse der Gesellschaft liegen oder dem Individualinteresse des einzelnen Gesellschafters dienen, also die Gesellschaft nicht Gesamtbelange, sondern Sonderbelange des Gesellschafters verfolgt. Ob die Leistung im Gesellschaftsvertrag vereinbart wurde oder hierfür von den Gesellschaftern eine Vergütung oder ein Beitrag an die Gesellschaft zu zahlen ist, die dem Wert der erbrachten Leistung entspricht, ist lediglich als Beweisanzeichen bei der Prüfung des Vorliegens oder Nichtvorliegens eines Leistungsaustausches zu berücksichtigen (vgl. BFH V R 123/93 v. 18.4.96, BStBl. II 96, 387). Wenngleich es für die Annahme einer entgeltlichen Lieferung oder sonstigen Leistung nur nachrangig darauf ankommt, ob auf der Entgeltseite eine leistungsgerechte Gegenleistung des Gesellschafters vorliegt, so kann zumindest nicht mit der bloßen Überlegung, es läge ein Gewinnverzicht auf Gesellschafterseite vor, eine Gegenleistung oder angebliche Entgeltlichkeit konstruiert werden. Bei einer Wertabgabe durch die Gesellschaft an einen Gesellschafter mindert sich das Vermögen der Gesellschaft jedenfalls dann ohne Zufluss, wenn die anderen Gesellschafter einverstanden sind. Beim Gesellschafter führt die Entnahme zwar zu einem (möglicherweise für die Gesellschaft nach § 3 Abs. 9a UStG steuerbaren) Wertzufluss, doch steht diesem kein Aufwand, sondern nur eine Minderung des Gesellschaftsvermögens gegenüber (BFH V R 4/73 v. 3.11.83, BStBl. II 84, 169; V R 5/73 v. 3.11.83, BStBl. II 84, 170).

23   Bei der umsatzsteuerlichen Beurteilung von **Leistungen eines Gesellschafters an die Gesellschaft** ist zu unterscheiden zwischen Leistungen, die gegen (Sonder-)Entgelt ausgeführt werden und solchen, die als Gesellschafterbeitrag iSd. § 706 BGB durch das Gesellschaftsverhältnis veranlasst sind. Die Beteiligten haben es weitgehend in der Hand, Leistungen als – durch die Beteiligung an Gewinn und Verlust der Gesellschaft abgegoltenen (unentgeltlichen) – Gesellschafterbeitrag zu vereinbaren oder die entsprechenden Leistungen auf der Grundlage eines echten Austauschvertrages gegen Sonderentgelt zu erbringen. Ein solches kann auch in der Vereinbarung eines Gewinnvorabs liegen (vgl. UStAE 1.6 mwN).

Zur **PKW-Überlassung** vgl. A. 5.01 Rz. 18 ff.

dd) Grunderwerbsteuer

24   **Beim Übergang eines Grundstücks** vom Alleineigentümer oder von mehreren Miteigentümern auf eine Gesamthand, also eine GbR, wird die Grunderwerbsteuer insoweit nicht erhoben, als der Anteil des jeweiligen Miteigentümers bzw. des Alleineigentümers dem Anteil am Vermögen der Gesellschaft entspricht (§ 5 Abs. 1 u. 2 GrEStG). Geht ein Grundstück von einer Gesamthand, also der GbR, in das Miteigentum mehrerer an der GbR beteiligter Personen oder in das Alleineigentum einer an der GbR beteiligten Person über, so wird die Steuer in Höhe des Anteils nicht erhoben, zu dem der Erwerber am Vermögen der GbR beteiligt ist (§ 6 Abs. 1 u. 2 GrEStG).

25   Zur Grunderwerbsteuerpflicht bei **Änderung des Gesellschafterbestandes** vgl. A. 5.10 Rz. 6 f.; A 5.11 Rz. 3.

25a   Eine **Grundstücksveräußerung der Gesellschaft an Gesellschafter** unterliegt nach § 1 Abs. 1 Nr. 1 GrEStG der Grunderwerbsteuer. Die Bemessungsgrundlage richtet sich nach dem Wert der Gegenleistung und nicht nach dem Grundbesitzwert, wenn der Erwerb des Gesellschafters nicht zu Rechtsänderungen der Gesellschafterstellung führt (BFH II R 28/15 v. 20.2.19, DStR 19, 1687).

ee) Erbschaft- und Schenkungsteuer

26   Bis zum BFH-Urt. II R 150/85 v. 7.12.88 (BStBl. II 89, 237) konnten Erwerber im Erbschaft- und Schenkungsteuerrecht nur natürliche oder juristische Personen sein, nicht aber Personengesellschaften (vgl. zB BFH III R 72/70 v. 2.7.71, BStBl. II 71, 678). Nach BFH II R 150/85 v. 7.12.88 (aaO) konnten auch Gesamthandsgemeinschaften Erwerber ua. mit der Folge sein, dass ihre Erwerbe im Rahmen der ungünstigsten Steuerklasse mit Erbschaft- und Schenkungsteuer belastet werden konnten. Der BFH hat diese stark kritisierte Auffassung (vgl. dazu *Beck StVFB/Meulenbergh*, 2. Aufl. A. 5.00) korrigiert (BFH II R 95/92 v. 14.9.94, BStBl. II 95, 81). Danach sind stets die **Gesellschafter Erwerber und damit Steuerschuldner** nach § 20 ErbStG, wenn einer GbR durch Schenkung oder Erbschaft Vermögen zufällt. Hieran ändert auch die zwischenzeitlich vom II. Zivilsenat des BGH forcierte rechtliche Verselbstständigung des Sondervermögens und die Annäherung der GbR an die OHG (vgl. Rz. 1 ff. u. 9) nichts. Der BFH wendete nämlich schon vor dieser Änderung in der Zivilrechtsprechung auch auf Personenhandelsgesellschaften dieselben erbschaftsteuerlichen Grundsätze an (BFH II R 95/92 v. 14.9.94, BStBl. II 95, 81; BFH II R 82/96 v. 15.7.98, BStBl. II 98, 630; BFH II R 9/17 v. 5.2.20, DStR 20, 1721 Tz. 27 ff.).

Führt ein Gesellschafter dem Gesellschaftsvermögen im Wege einer Einlage ohne entsprechende Gegenleistung einen Vermögenswert zu, der hinsichtlich der Höhe über den aufgrund seiner Beteiligung an der Gesellschaft geschuldeten Anteil hinausgeht (disquotale Einlage), kann darin eine schenkungssteuerpflichtige freigebige Zuwendung des Gesellschafters an einen anderen Gesellschafter liegen (BFH II R 9/17 v. 5.2.20, DStR 20, 1721). Ob und unter welchen Voraussetzungen dies auch für disquotale Gewinnausschüttungen gelten kann, ist noch nicht entschieden (ablehnend *Greve* RNotZ 19, 1, 13).

Im Wege der Fiktion regelt § 3 Abs. 1 Nr. 2 ErbStG, dass der durch den Tod eines **27** Gesellschafters bedingte Anteilsübergang auf die anderen Gesellschafter als Schenkung auf den Todesfall gilt, soweit der Steuerwert des Anteils zum Stichtag Abfindungsansprüche Dritter übersteigt. Erfolgt das Ausscheiden unter Lebenden, fingiert § 7 Abs. 7 ErbStG eine entsprechende Schenkung. Der Steuerwert nach § 12 ErbStG führt aufgrund von Änderungen des Bewertungsrechts zu wesentlich höheren Werten als nach bisherigem Recht (vgl. auch ErbStR B 95, ErbStR B 109.2, ErbStR B 199.1 ff. Zur Anwendung der §§ 11, 95, bis 109 und 199 ff. BewG und für eine einschränkende Auslegung s. *Kreutziger* ZEV 13, 252).

Insbes. bei der unternehmerischen GbR können steuerliche Auswirkungen abge- **28** schwächt werden, wenn die gesetzlichen Vergünstigungen für die Unternehmensnachfolge Anwendung finden. Soweit die diesbzgl. Voraussetzungen nach §§ 13a und 13b ErbStG erfüllt sind, kann es zu einer entsprechenden Verschonung bei dem bzw. den verbleibenden Gesellschaftern kommen. Bei vermögensverwaltenden GbR wäre insbesondere die spezielle Steuerbefreiung für zu Wohnzwecken vermietete Grundstücke in Betracht zu ziehen (§ 13d ErbStG).

(frei) **29, 30**

2. Einzelerläuterungen

Zu § 1: Name, Sitz, Rechtsform

Die **Namensbildung und –führung** ist gesetzlich nicht geregelt. Allerdings kann im **31** Gesellschaftsvertrag oder durch Gesellschafterbeschluss ein Name der GbR festgelegt werden. Grds. wird der Name einer GbR aus den Namen der Gesellschafter mit einem die Gesellschaftsform kennzeichnenden Zusatz (zB „GbR") gebildet. Dies kann freilich bei mehreren GbR mit Gesellschafteridentität oder bei einer großen Zahl von Gesellschaftern impraktikabel sein. Zulässig ist daher auch die Bildung eines Gesamtnamens, bei dem nur ein Teil der Gesellschafter als Namensgeber auftreten oder auch ein Zusatz, der eine Sachbezeichnung beinhaltet (zB „Müller Objekt Hauptstr. GbR"). Unzulässig ist der Zusatz „& Partner" oder „Partnerschaft" oä., da diese Bezeichnungen gem. § 11 PartGG – abgesehen von einer Übergangsregelung für Altgesellschaften – der Partnerschaftsgesellschaft vorbehalten sind (BGH AnwZ (BrfG) 14/12 v. 24.10.12, BeckRS 2012, 24720: Keine verfassungsrechtlichen Bedenken). Ferner sind bei der Bildung des Namens allgemeine wettbewerbsrechtliche und berufsrechtliche Vorschriften zu beachten. Da eine Außengesellschaft nach der neueren Rspr. des II. Zivilsenats des BGH parteifähig ist und der OHG angenähert wird, kann sie auch unter ihrem Namen klagen und verklagt werden (BGH II ZR 331/00 v. 29.1.01, NJW 01, 1056; *Bamberger/Roth/Schöne* § 705 BGB Rz. 150ff.). Eine GbR kann unter ihrem Namen (ihrer eigenen Bezeichnung) als Eigentümerin eingetragen werden, wenn sie im Gesellschaftsvertrag oder in einer Gerichtsentscheidung mit einem Namen ohne Auflistung der Gesellschafter bezeichnet ist (BGH V ZB 74/08 v. 4.12.08, DStR 09, 284). Allerdings sieht § 47 Abs. 2 Satz 1 GBO nunmehr vor, dass auch deren Gesellschafter einzutragen sind. Zur Bezeichnung der Gesellschaft können – müssen aber nicht – zusätzlich deren Name und Sitz im **Grundbuch** angegeben werden (*Böttcher* NJW 12, 822 mwN zur Rspr.). Zur Frage einer eventuellen Grundbuchberichtigung nach einem Gesellschafterwechsel vgl. A. 5.10 Rz. 2. Wenn die (Außen-)GbR Kommanditistin einer Kommanditgesellschaft ist, sind neben der GbR als solcher auch die ihr zum Zeitpunkt ihres Beitritts zu der Kommanditgesellschaft angehörenden Gesellschafter mit Namen, Geburtstag und Wohnort (entspr. § 106 Abs. 2 BGB) zur Eintragung in das **Handelsregister** anzumelden; entsprechendes gilt für jeden späteren Wechsel in der Zusammensetzung der Gesellschafter der Gesellschaft bürgerlichen Rechts (BGH II ZB 23/00 v. 16.7.01, DNotZ 02, 57; Zur Eintragung der GbR in das Handelsregister vgl. *Beck* DNotZ 17, 247). Die GbR ist keine „Vereinigung" iSd. § 20 Abs. 1 Satz 1 GwG, da dort nur juristische Personen des Privatrechts und eingetragene Personengesellschaften benannt sind, so dass GbR von dem Pflichtenregime des **Transparenzregisters** nicht erfasst sind (*Schaub* DStR 17, 1438). Sofern die GbR Anteile an einer GmbH hält, sind gem. § 40 Abs. 1 Satz 2 GmbHG auch die Gesellschafter der GbR in die **Gesellschafterliste der GmbH** einzutragen.

32   Zum **Schutz ihres Namens** kann sich die GbR auf das Namensrecht aus § 12 BGB berufen, da dieser sich auch auf den Namen von Personenvereinigungen erstreckt (vgl. *Bamberger/Roth/Schöne* § 705 BGB Rz. 149 mwN).

33   Die GbR hat nicht notwendigerweise einen **Sitz,** wie das in § 106 Abs. 2 Nr. 2 HGB für die Personenhandelsgesellschaften vorgesehen ist. Dies bedeutet jedoch nicht, dass die vertragliche Begründung eines Sitzes bei der GbR unzulässig wäre; § 11 AO legt die Vereinbarung eines Sitzes vielmehr nahe.

Zu § 2: Gesellschaftsgegenstand

34   Das Formular geht davon aus, dass sich das Grundstück bereits im Gesamthandseigentum der Gesellschafter befindet und von daher der Gesellschaftsvertrag nicht der notariellen Form bedarf. Sieht der Unternehmensgegenstand im Gesellschaftsvertrag hingegen eine Erwerbspflicht für ein bestimmtes Grundstück vor, bedarf er gem. § 311b BGB der notariellen Form (*MünchKommBGB/Ulmer/Schäfer* § 705 Rz. 36 ff.; BGH II ZR 331/99 v. 2.4.01, DStR 01, 1711: bei Gegenstandsangabe auch „der Erwerb ......"). Vgl. zB Formular A. 5.02 für eine Grundstückserwerbspflicht.

35   Mit dem Verbot der gewerblichen Betätigung in Abs. 3 soll vermieden werden, dass § 15 Abs. 3 Nr. 1 EStG mit der Folge zum Zuge kommt, dass die VuV-Einkünfte in Einkünfte aus Gewerbebetrieb umqualifiziert werden. Steuerlich maßgeblich bleibt auch die tatsächlich durch die GbR ausgeübte Tätigkeit (vgl. Rz. 12).

36   Der im Gegenstand der Gesellschaft geregelte Geschäftszweck bestimmt auch die Haftung der Geschäftsführung nach Maßgabe der **Geschäftschancenlehre,** welche auch auf eine GbR Anwendung findet (BGH II ZR 159/10 v. 4.12.12, DStR 13, 600).

Zu § 3: Dauer, Kündigung

37   Bei der GbR ist es nicht möglich, die Kündigung auf unbestimmte Zeit auszuschließen. Sie kann gegenüber den Bestimmungen des § 723 BGB lediglich erschwert werden. Auch kann – wie im Formular – vorgesehen werden, dass die Kündigung nur das Ausscheiden des kündigenden Gesellschafters zur Folge hat und das Gesellschaftsverhältnis unter den übrigen Gesellschaftern fortgesetzt werden kann (§§ 14, 15 Abs. 1) oder fortgesetzt wird. Nach § 723 Abs. 3 BGB ist eine Vereinbarung nichtig, durch welche das Kündigungsrecht (aus wichtigem Grund) ausgeschlossen oder der Vorschrift zuwider beschränkt wird (*Palandt/Sprau* § 723 BGB Rz. 7). Auch eine übermäßige zeitliche Beschränkung des ordentlichen Kündigungsrechts kann unzulässig sein (*Palandt/Sprau* § 723 BGB Rz. 2).

Eine unzulässige Einschränkung des Kündigungsrechts kann insbesondere bei unangemessen restriktiven Abfindungsregelungen zur verzeichnen sein. Eine unter dem wirklichen Anteilswert liegende Abfindung, kann angreifbar sein, wenn wegen der seit dem Vertragsschluss eingetretenen Verhältnisse dem Ausscheidenden das Festhalten an der gesellschaftsvertraglichen Regelung auch unter Berücksichtigung der berechtigten

Interessen der Mitgesellschafter nicht zugemutet werden kann. Dabei sind die gesamten Umstände des konkreten Falles in Betracht zu ziehen (zu Buchwertklauseln s. BGH II ZR 36/92 v. 24.5.93, NJW 93, 2101; zu Belastung der Abfindung durch Versorgungsansprüche der verbliebenen Gesellschafter BGH II ZR 133/09 v. 21.6.10, DStR 10, 1898; *MünchKommBGB/Schäfer* § 723 Rz. 72, 76 und § 738 Rz. 41 ff. und *MünchKommBGB/Schäfer* § 738 Rz. 63 ff.). Eine unzulässige Benachteiligung des kündigungswilligen Gesellschafters durch eine Buchwertabfindung wurde bspw. in dem BGH II ZR 256/83 v. 24.9.84 (NJW 85, 192 f.) zugrundeliegenden Fall gesehen. Nach BGH II ZR 242/92 v. 6.12.93 (NJW 94, 796) ist eine Vereinbarung für wirksam befunden worden, wonach im Falle der Auflösung einer ärztlichen Gemeinschaftspraxis die Gesellschaft in der Weise aufgelöst werden sollte, dass das Praxisinventar geteilt wird und die Gesellschafter, ohne irgendwelchen Beschränkungen zu unterliegen, auch in Zukunft Patienten der früheren Praxis behandeln dürfen (vgl. auch A. 5.01 Rz. 35). Zu den Gestaltungsmöglichkeiten bei Familienimmobiliengesellschaften *Skusa/Thürauf* NJW 15, 3478. Wegen der schenkungs- und erbschaftsteuerlichen Konsequenzen s. Rz. 27.

Hinsichtlich des Zugangserfordernisses und der Empfangsvollmacht der Geschäfts- **38** führung für die Kündigung eines Gesellschafters vgl. A. 5.14 Rz. 2.

Zu § 4: Gesellschaftsvermögen, Gesellschafter

Absatz 1: Die Bezeichnung des Gesellschaftsvermögens ist wegen des Grundsatzes **39** der Rechtsklarheit geboten. Das Gesellschaftsvermögen steht den Gesellschaftern nicht bruchteilsmäßig, sondern zur gesamten Hand zu (§ 718 Abs. 1, § 719 BGB). Seit Anerkennung der Rechtsfähigkeit der Außen-GbR durch den BGH soll es sich sogar um eigenes Vermögen der Gesellschaft handeln (vgl. Rz. 9). Nichtsdestotrotz wird das Gesamthandsvermögen abgabenrechtlich den Gesellschaftern gem. § 39 Abs. 2 Nr. 2 AO bruchteilsmäßig zugerechnet. Bei Vermögensübergängen zwischen Gesellschaft und Gesellschaftern sind dieselben Übertragungsbestimmungen des Sachenrechts maßgebend, wie sie für den Rechtsverkehr unter fremden Dritten vorgesehen sind. So geht Mobiliareigentum durch Einigung und Übergabe bzw. Übergabeersatz und Grundstückseigentum durch Auflassung und Eintragung über.

Absatz 2: Mit der vorgeschlagenen Beteiligung des A als Gesellschafter ohne Betei- **40** ligung am Vermögen der Gesellschaft (OLG Frankfurt 30 W 264/12 v. 20.9.12, NZG 13, 338; *Staudinger/Kessler* Vor § 705 BGB Rz. 84 ff.; aA wohl OLG Celle 9 U 84/06 v. 3.1.07, NZG 07, 542 zu restriktiv, soweit danach eine Vermögensbeteiligung Voraussetzung für eine Gesellschafterstellung sein soll; offen gelassen unter Ablehnung einer Mitunternehmerstellung im dortigen Fall: BFH VIII R 63/13 v. 3.11.15, DStR 16, 726) wird die Möglichkeit vorgestellt, eine Geschäftsführerstellung gesellschaftsvertraglich abzusichern. Dies kann zB im Generationengefüge zweckmäßig sein, wenn der Schenker sich zwar seines Eigentums entäußern, nichtsdestoweniger jedoch die Kontrolle über die Gegenstände der Schenkung behalten will. Zur Stellung von A vgl. auch Rz. 53 und A. 5.01 Rz. 10. Zu der Frage, ob eine GbR auch Anteile an sich selbst halten kann vgl. *Priester* ZIP 14, 245.

Absatz 3: Insbes. bei größeren GbR empfiehlt sich ein Gesellschafterverzeichnis, **40a** das zweckmäßigerweise von der Geschäftsführung geführt wird (vgl. Formular A. 5.22). Die Praxis hat nämlich gezeigt, dass Anteilsübergänge aufgrund von Einzel- und Gesamtrechtsnachfolgen häufig nicht hinreichend transparent dokumentiert sind und deshalb zu einem späteren Zeitpunkt nur noch schwer nachvollziehbar sind. Da für GbR keine dem Handelsregister ähnliche Einrichtung besteht, sollte diese Funktion durch die Geschäftsführung übernommen werden. Im Vermögensverzeichnis werden – wie in der Bilanz des Handelsunternehmens – die Vermögensgegenstände und Schulden der Gesellschaft buchhalterisch wiedergegeben. Vgl. auch Rz. 31 zu Transparenzregister ua. öffentlichen Registern.

Zu § 5: Geschäftsführung und Vertretung

41 **Absatz 1 und 2:** Im Gesetz ist die Geschäftsführung und Vertretung in den §§ 709, 714 BGB geregelt. Danach wird als Regelfall die Geschäftsführung und Vertretung der Gesellschaft durch alle Gesellschafter gemeinschaftlich (Gesamtgeschäftsführung) unterstellt. Dies ist impraktikabel. Da die gesetzlichen Regelungen dispositiver Natur sind, wird im Formular eine dem Verfasser sinnvoll erscheinende abweichende Regelung vorgestellt, wonach nicht alle Gesellschafter geschäftsführungs- und vertretungsbefugt sind (vgl. auch § 710 BGB). Die vertragliche Regelung geht davon aus, dass die Geschäftsführer grundsätzlich von der Gesellschafterversammlung gewählt werden (vgl. auch § 7 Abs. 4c), dass aber zu Beginn der Gesellschaft zwei aktive – womöglich fachlich vorgebildete – Gesellschafter bereits im Gesellschaftsvertrag bestellt werden. Nur eingeschränkt ist die Bestellung eines Fremdgeschäftsführers möglich. Das Prinzip der Selbstorganschaft verbietet nämlich, dass in einer Personengesellschaft sämtliche Gesellschafter von der organschaftlichen, also mit der Gesellschafterstellung verbundenen Geschäftsführung und Vertretung, ausgeschlossen sind und diese vollständig auf gesellschaftsfremde Dritte übertragen werden (BGH V ZB 266/10 v. 20.1.11, DNotZ 11, 361; *Palandt/Sprau* Vor § 709 BGB Rz. 3a mwN). Die Bestellung eines Notgeschäftsführers analog § 29 BGB wird bei einer kleinen vermögensverwaltenden Familiengesellschaft nicht für möglich gehalten (OLG Frankfurt 20 W 368/13 v. 30.1.14, NZG 14, 418). Allerdings kommt das Notgeschäftsführungsrecht analog § 744 Abs. 2 BGB in Betracht, das über dessen Wortlaut hinaus nicht nur Maßnahmen zur Erhaltung eines bestimmten Gegenstandes des Gesamthandvermögens erfasst, sondern auch dann eingreift, wenn der Gesellschaft selbst eine akute Gefahr droht und zu ihrer Abwendung rasches Handeln erforderlich ist (BGH II ZR 205/16 v. 26.6.18, DStR 18, 1829).

42 **Absatz 3:** Die Befreiung vom Selbstkontrahierungsverbot nach § 181 BGB kann aus praktischen Gründen bspw. im Grundbuchverkehr zweckmäßig sein.

43 **Absatz 4:** Für den Nachweis einer nach dem Gesellschaftsvetrag von §§ 709, 714 BGB abweichenden Vertretungsmacht gilt bei einseitigen Rechtsgeschäften § 174 BGB analog (BAG 2 AZR 147/19 v. 5.12.19, NZG 20, 623). Anders als bei den Handelsgesellschaften werden die Vertretungsrechte nicht in einem öffentlichen Register verlautbart. Gerade bei einer Grundstücksverwaltungsgesellschaft empfiehlt es sich daher, den geschäftsführenden Gesellschaftern eine beurkundete Vollmacht zu Verfügung zu stellen (bei der erstmaligen Eintragung der GbR als Eigentümerin und auch später kann die Praxis der Grundbuchämter hinsichtlich des Nachweises der Existenz und der Vertretung der GbR mitunter erheblich voneinander abweichen vgl. Formular A. 5.32 mwN).

44 **Absatz 6:** Der dort aufgeführte Katalog zustimmungsbedürftiger Geschäfte kann beliebig erweitert oder beschränkt werden.

45 Sollen die zur Vertretung befugten Geschäftsführer einen (bspw. gem. § 550 BGB) der Schriftform unterliegenden Vertrag unterzeichnen, so muss dies in der Urkunde durch einen das Vertretungsverhältnis anzeigenden Zusatz hinreichend deutlich zum Ausdruck kommen. Ohne einen solchen Zusatz wäre nämlich nicht auszuschließen, dass die Unterschriften der übrigen Gesellschafter noch fehlen. Es reicht allerdings, wenn neben den Unterschriften ein Stempelabdruck der Gesellschaft gesetzt wird (BGH XII ZR 35/11 v. 23.1.13 NJW 13, 1082).

Zu § 6: Gesellschafterversammlungen, vereinfachte Beschlussfassung

46 **Absatz 1 und 2:** Anders als im Recht der Personengesellschaften des Handelsrechts (vgl. §§ 114, 115, 119 HGB) ist bei der GbR die Beschlussfassung der Geschäftsführungsebene einerseits und der Gesellschafterebene andererseits nicht getrennt. Es erscheint bei einer kapitalistisch strukturierten GbR zweckmäßig, diese Ebenen wie bei Personenhandelsgesellschaften zu trennen.

47 **Absatz 4:** Das Formular stellt die Möglichkeit der Bevollmächtigung Dritter zur Teilnahme und Stimmabgabe bei Gesellschafterversammlungen ausdrücklich klar, da

diese nach der Rspr. ohne eine vertragliche Grundlage nur in bestimmten Ausnahmefällen besteht (*Palandt/Sprau* Vor § 709 BGB Rz. 13). Zu den Gestaltungsmöglichkeiten, Gesellschaftern die Verpflichtung zur Erteilung einer Vorsorgevollmacht bezogen auf die Gesellschafterrechte aufzuerlegen, vgl. *Baumann* RNotZ 15, 605.

Zu § 7: Stimmrecht, Mehrheits- und Einstimmigkeitserfordernisse

Absatz 1: Nach § 709 Abs. 1 BGB kann die Entscheidung auf Grund von Stim- **48** menmehrheit vereinbart werden. Auch kann für die Berechnung der Mehrheit abweichend von der gesetzlichen Vermutung einer Stimmenberechnung nach der Zahl der Gesellschafter (vgl. § 709 Abs. 2 BGB) auf Kapitalanteile abgestellt werden (*Palandt/Sprau* § 709 BGB Rz. 2). Vorliegend wurde dem nicht vermögensbeteiligten Gesellschafter A eine Stimme nicht zuletzt auch deshalb eingeräumt, um Pattsituationen bei der Abstimmung zu vermeiden. Zu Stimmverboten, die sich aus dem Grundsatz ergeben können, dass niemand Richter in eigener Sache sein kann, vgl. BGH II ZR 230/09 v. 7.2.12, NZG 12, 525.

Absatz 2: Die Rspr. (vgl. BGH II ZR 84/13 v. 21.10.14, NJW 15, 859 sowie *Wi-* **49** *cke* MittBayNot 17, 125 ff.) hat für Mehrheitsentscheidungen unter Aufgabe des sog. Bestimmtheitsgrundsatzes für Vertragsänderungen bei Grundlagengeschäften oder im Kernbereich der Mitgliedschaftsrechte eine **zweistufige Prüfung** entwickelt: Danach ist auf der ersten Stufe anhand des Gesellschaftsvertrages die formelle und auf der zweiten Stufe die materielle Legitimation für die betreffende Mehrheitsentscheidung zu prüfen. Auf der ersten Stufe geht es anhand des Gesellschaftervertrages darum, ob die Gesellschafter es bei dem Einstimmigkeitsgrundsatz belassen oder – ganz oder teilweise – das Mehrheitsprinzip einführen wollten. Auf der zweiten Stufe geht es darum, ob unter Berücksichtigung sämtlicher Umstände des Einzelfalls die Mehrheitsentscheidung zu einem Verstoß gegen die gesellschaftliche Treuepflicht gegenüber der Minderheit führt. Im Bereich der absolut oder relativ unentziehbaren Rechte trägt die Mehrheit die Beweislast dafür, dass keine treuepflichtwidrige Entscheidung vorliegt, dh., ob der Eingriff im Interesse der Gesellschaft geboten und dem betroffenen Gesellschafter unter Berücksichtigung seiner eigenen schutzwerten Belange zumutbar ist (BGH II ZR 84/13 v. 21.10.14, NJW 15, 859 Rz. 19). In den sonstigen Fällen muss hingegen die Minderheit nachweisen, dass eine treuepflichtwidrige Mehrheitsentscheidung vorliegt (BGH II ZR 84/13 v. 21.10.14, NJW 15, 859 Rz. 12).

Absatz 3: Vertraglicher Gestaltungsspielraum bei den Mehrheitserfordernissen be- **50** steht nicht nur hinsichtlich der Quote, sondern auch hinsichtlich der Formulierung, ob es um die **Mehrheit der abgegebenen** (vgl. § 47 Abs. 1 GmbHG u. BGH II ZR 153/09 v. 19.7.11, DB 11, 2199: es zählen nur die Ja- und Nein-Stimmen), der **anwesenden** (vgl. BGH II ZR 153/09 v. 19.7.11, DB 11, 2199: es zählen auch die Enthaltungen) **oder** der **vorhandenen Stimmen** geht. Abweichend von der gesetzlichen Regel (§ 707 BGB) sieht das Formular unter Buchstabe d) vor, dass die Gesellschafter mit qualifizierter Mehrheit beschließen können, den vermögensbeteiligten Gesellschaftern Nachschusspflichten aufzuerlegen. Sachgerecht ist es, den Gesellschafter A, der nicht am Vermögen der GbR beteiligt ist, von Nachschusspflichten zu befreien. Überdies können Liquidatoren Nachschüsse zum Zweck des Ausgleichs unter den Gesellschaftern einfordern (BGH II ZR 150/19 v. 27.10.20, DStR 21, 48). Da es im Rahmen der zweistufigen Prüfung der Wirksamkeit eines Mehrheitsbeschlusses auf der zweiten Stufe um die Treuepflichten geht, ist es sinnvoll, schon im Gesellschaftsvertrag die Erwartungshaltung der Gesellschafter wie im Formular vorgeschlagen mit aufzunehmen (*Wicke* MittBayNot 17, 125, 129).

Zu § 8: Rechnungsjahr

Bei der nichtgewerblichen GbR muss das Rechnungsjahr das Kalenderjahr sein (§ 2 **51** Abs. 7, § 4a EStG).

Zu § 9: Überschussrechnung

52   Die schnelle Vorlage der Überschussrechnung soll die Gesellschafter in die Lage versetzen, innerhalb der gesetzlichen Frist (idR 31. Mai des Folgejahres; vgl. §§ 109, 149 Abs. 2 Satz 1 AO) die Steuererklärungen abzugeben. Vermögensverwaltende GbR, die ihre Einkünfte bspw. aus Kapitalvermögen oder VuV erzielen, haben ihren Gewinn nicht durch Betriebsvermögensvergleich bzw. Einnahme-Überschussrechnung iSd. § 4 EStG, sondern im Wege der Überschussrechnung iSd. § 2 Abs. 2 Nr. 2, § 8 EStG zu ermitteln. Zur Einkünfteermittlung bei im Betriebsvermögen gehaltenen Beteiligungen an vermögensverwaltenden Personengesellschaften (sog. Zebragesellschaften) vgl. BFH GrS 2/02 v. 11.4.05, BStBl. II 05, 679; BMF v. 17.7.07, BStBl. I 07, 542, Tz. 20, BMF v. 29.4.94, BStBl. I 94, 282, str. vgl. *Schmidt/Wacker* § 15 EStG Rz. 200 ff. mwN.

Zu § 10: Beteiligung an Überschüssen und Verlusten

53   Nach der dispositiven gesetzlichen Regelung des § 722 BGB hat jeder Gesellschafter ohne Rücksicht auf Art und Größe seines Beitrags einen gleichen Anteil am Gewinn und Verlust. Bei einer vermögensverwaltenden GbR ist dieses Ergebnis lebensfremd. Daher wurde die Beteiligung an den Ergebnissen entsprechend der Beteiligung am Vermögen gleichgestellt. Der Gesellschafter A (zu § 4 Abs. 2a) erhält danach wegen seiner fehlenden Beteiligung am Gesellschaftsvermögen keinen Gewinnanteil. Für ihn kann eine Tätigkeitsvergütung auf Grund eines gesondert abzuschließenden Dienstvertrages vorgesehen werden. Wird diese nicht als Vorabgewinn, sondern als Sondervergütung ausgestaltet, bedarf es einer eigenständigen, von der durch die vermögensverwaltende GbR verwirklichten Einkunftsart unabhängigen, steuerlichen Einordnung der Sondervergütung. Eine entsprechende Anwendung von § 15 Abs. 1 Nr. 2 Alt. 2 EStG kommt nicht in Betracht (FG Düsseldorf 15 K 3568/16 E v. 17.7.18 DStRE 19, 604; vgl. A. 5.01 Rz. 10 zur Problematik der Qualifizierung des Gesellschafters als Arbeitnehmer). Zur disquotalen Gewinnverteilung vgl. *Grever* RNotZ 19, 1, 11, insbes. auch für unternehmerische GbR vgl. OFD Frankfurt v. 13.5.15, BeckVerw 306178. Zur Schenkungs- und Erbschaftssteuer vgl. A. 5.00 Rz. 26). Für die steuerliche Anerkennung der Ergebnisverteilung empfiehlt sich eine eindeutige nachvollziehbare Festlegung; die FinVerw. erkennt rückwirkende Vereinbarungen nur sehr eingeschränkt an (vgl. *Schmidt/Weber-Grellet* § 2 EStG Rz. 50 f.).

Für die Verteilung des Einnahmen- und des Werbungskostenüberschusses der GbR, d. h. für die Bestimmung des Teilbetrags vom Einnahmen- oder Werbungskostenüberschuss der Gesellschaft, der dem einzelnen Gesellschafter einkommensteuerrechtlich als Ergebnisanteil zuzurechnen ist, ist grundsätzlich der zivilrechtliche Verteilungsschlüssel maßgeblich, so wie sich dieser für den Einzelfall aus den Bestimmungen des Gesellschaftsvertrages der GbR ergibt. Der dem einzelnen Gesellschafter einer Immobilien-GbR zuzurechnende Anteil am Überschuss steht daher erst mit Ablauf des Veranlagungszeitraums fest. Der Überschuss ist damit nicht zwingend den Personen zuzurechnen, die im Zeitpunkt des Zuflusses der Einnahmen oder des Abflusses von Ausgaben Gesellschafter waren. So ist eine Änderung des bisher gültigen Ergebnisverteilungsschlüssels einer GbR mit der Maßgabe, dass dem während des Geschäftsjahres der GbR eintretenden Gesellschafter der auf den Geschäftsanteil fallende Einnahmen- oder Werbungskostenüberschuss für das gesamte Geschäftsjahr, d. h. ohne eine zeitanteilige Berücksichtigung des Anteils des ausgeschiedenen Gesellschafters zugerechnet wird, danach steuerrechtlich anzuerkennen, wenn diese vom Beteiligungsverhältnis abweichende Ergebnisverteilung für die Zukunft getroffen worden ist (BFH IX R 35/17 v. 25.9.18, DStR 19, 94 Tz. 17 f.). Die abweichende Ergebnisverteilung muss ihren Grund im Gesellschaftsverhältnis haben und darf nicht rechtsmissbräuchlich sein (BFH IX R 35/17 v. 25.9.18, DStR 19, 94 Tz. 17 f.). Es liegt im Interesse der vermögensverwaltenden Gesellschaft, dass Altgesellschafter auf Verlustzuweisungen zugunsten neuer Gesellschafter verzichten, um hierdurch einen Anreiz für den Beitritt neuer

Gesellschafter und damit einen Anreiz zur Zuführung neuen Kapitals zu schaffen (BFH IX R 35/17 v. 25.9.18, DStR 19, 94 Tz. 24f.). Offen geblieben ist allerdings noch, ob bei einer vermögensverwaltenden Personengesellschaft mit Einkünften aus Vermietung und Verpachtung auch eine Änderung der Ergebnisverteilung während des Geschäftsjahres mit schuldrechtlicher Rückbeziehung auf den Beginn des Geschäftsjahres steuerlich anzuerkennen wäre (für gewerblich tätige Personengesellschaften verneinend BFH IV R 209/80 v. 7.7.83, BStBl. II 84, 53; offen gelassen für vermögensverwaltende GbR BFH IX R 35/17 v. 25.9.18, DStR 19, 94 Tz. 24f.).

Zu § 11: Gesellschafterkonten

Die Einrichtung von Gesellschafterkonten, wie sie ausgehend von Kapitalgesell- **54** schaften bei Personenhandelsgesellschaften üblich geworden ist, empfiehlt sich aus Gründen der Klarheit auch für die GbR. Gleichwohl herrscht mangels gesetzlicher Regelungen spezifisch für die GbR Vertragsfreiheit. Zu den weiteren Gestaltungsmöglichkeiten vgl. *Wälzholz* DStR 11, 1815ff., 1861ff.).

(frei) **55**

Zu § 12: Entnahmen

In § 721 BGB sieht das Gesetz – ausgehend von einer typischen Gelegenheitsgesell- **56** schaft (*MünchKommBGB/Schäfer* § 721 Rz. 1) – vor, dass der Gewinn bzw. Verlust nur einmalig nach Auflösung der Gesellschaft bezahlt bzw. belastet wird.

§ 721 Abs. 2 BGB beinhaltet für Gesellschaften mit längerer Dauer den jährlichen **57** Rechnungsabschluss.

Die in § 12 vorgestellte Entnahmeregelung ist sehr restriktiv. Sie überlässt die Aus- **58** schüttung von nicht zur Steuerzahlung notwendigen Beträgen der Beschlussfassung in der Gesellschafterversammlung. Nachdem § 9 Abs. 5 EStG nicht mehr auf das Verbot des Schuldzinsenabzugs bei Überentnahmen (§ 4 Abs. 4a EStG) verweist, ist jedenfalls bei Einkünften aus VuV der Schuldzinsenabzug im Rahmen der sog Mehrkontenmodelle zulässig (Näheres vgl. *Blümich/Drüen* § 4 EStG Rz. 603). Ebenso verweist § 9 EStG nicht auf die mit dem UntStRefG 2008 v. 14.8.07 (BGBl. I 07, 1912) eingeführte Zinsschranke nach § 4h EStG. Die ebenfalls mit dem UntStRefG 2008 eingeführte Begünstigung von thesaurierten, also nicht entnommenen, Gewinnen betrifft nur die hier nicht in Rede stehenden Gewinne aus Land und Forstwirtschaft, Gewerbebetrieb oder selbstständiger Arbeit (§ 34a EStG).

Unabhängig von vertraglichen Entnahmebeschränkungen sind im Rahmen der GbR **59** bezogene Überschusseinkünfte bei Verfügungsmöglichkeit in der GbR zugeflossen.

Zu § 13: Verfügungen

Absatz 1: Bei Zustimmung aller Gesellschafter ist die Verfügung über den Gesell- **60** schaftsanteil zulässig (§ 719 Abs. 1 Fall 1 BGB). Der Gesellschaftsvertrag kann – wie hier in § 7 Abs. 4f – eine Zustimmung durch Mehrheitsentscheidung vorsehen (*Bamberger/Roth/Schöne* § 719 BGB Rz. 10).

Einer besonderen Form bedarf die Übertragung nicht – und zwar auch dann nicht, wenn zum Vermögen der Gesellschaft ein Grundstück gehört (*MünchKommBGB/Schäfer* § 719 Rz. 33).

Absatz 2: Auch kann allgemein im Gesellschaftsvertrag die Abtretung zugelassen **61** sein, so dass es eines besonderen Beschlusses nicht bedarf (BGH II ZR 8/53 v. 28.4.54, NJW 54, 1155; *MünchKommBGB/Schäfer* § 719 Rz. 27). Bei Familiengesellschaften erscheint eine derartige Regelung schon mit Blick auf eine rechtzeitige Vorsorge für die Nachfolge geboten. Dabei sollte die Zustimmung auch schon für weitere Nachfolgegestaltungen erteilt werden, die sich steuerlich üblicherweise anbieten (zB Vorbehaltsnießbrauch). Dies wurde in der Systematik der Abs. 1 und 2 berücksichtigt.

Absatz 3: Die Einräumung von Ankaufs-, Vorkaufs- und Beitrittsrechten zum **62** Verkauf dürfte bei einer vermögensverwaltenden GbR mit wenigen Gesellschaftern, die aber gemeinsam erhebliche Vermögenswerte in GbR halten, der Interessenlage der Gesellschafter entsprechen. Zu Alternativgestaltungen mit sog. „chinesischen", „Russian-Roulette-Klauseln" oder „Texan-Shoot-Out-Klauseln" mit „sizilianischer Eröffnung" vgl. OLG Nürnberg 12 U 49/13 v. 20.12.13, NZG 14, 222.

Zu § 14: Auflösung der Gesellschaft

63 Nach § 736 Abs. 1 BGB ist die Vereinbarung einer Fortsetzungsklausel zulässig. Der ausscheidende Gesellschafter oder seine Erben haben Anspruch auf Abfindung (vgl. § 17). Zur Nachhaftung im Fall der Auflösung s. A. 5.13 Rz. 4).

Zu § 15: Ausscheiden aus der Gesellschaft

64 **Absatz 2:** Entsprechend der gesetzlichen Regelung ist im Formular klargestellt, dass der auszuschließende Gesellschafter kein Stimmrecht hat (§ 737 Satz 2 BGB, *Palandt/Sprau* § 737 BGB Rz. 3). Dem Auszuschließenden soll aber nach hM rechtliches Gehör gewährt werden (*Palandt/Sprau* § 737 BGB Rz. 3). Bei Nichtgewährung rechtlichen Gehörs sind jedenfalls Schadensersatzansprüche möglich (*MünchKommBGB/Schäfer* § 737 Rz. 15). Grundsätzlich ist es abweichend vom Formular (vgl. § 14 Abs. 3) möglich, eine einfache Mehrheitsentscheidung vorzusehen (vgl. *MünchKommBGB/Schäfer* § 737 Rz. 13). Die Mitteilung an den Auszuschließenden ist gem. § 737 Satz 3 BGB Wirksamkeitsvoraussetzung für den Ausschluss. Sie kann innerhalb der Gesellschafterversammlung oder nachträglich erfolgen (*MünchKommBGB/Schäfer* § 737 Rz. 14); vgl. ferner A. 5.01 Rz. 21 f. und Formular A. 5.17.

65 **Absatz 4:** Bei Vermögensverfall ist keine Kündigung erforderlich; das Ausscheiden erfolgt ipso iure. Dies ist wegen der Gestaltungsfreiheit der Gesellschafter zulässig (vgl. *MünchKommBGB/Schäfer* § 736 Rz. 1). Alternativ käme eine Zwangsabtretungsklausel mit einem geringeren Entgelt als die nach § 19 vorgesehene Abfindung zum Verkehrswert in Betracht, um unnötige Liquiditätsabflüsse und Schenkungsteuer für den Differenzbetrag zu vermeiden (zum Diskussionsstand vgl. *Sommer/Müller/Leuchten* DB 13, 329).

Die Nachhaftung gegenüber Gläubigern der Gesellschaft bestimmt sich gem. § 736 Abs 2 BGB, der auf die sinngemäße Anwendung der für Personenhandelsgesellschaften geltenden Regelungen verweist. Die Nachhaftung des Gesellschafters einer GbR, die zum Zeitpunkt seines Ausscheidens Wohnungseigentümerin ist, erstreckt sich auf Beitragspflichten, die auf nach seinem Ausscheiden von den Wohnungseigentümern gefassten Beschlüssen beruhen; auch insoweit handelt es sich um Altverbindlichkeiten iSv § 160 Abs. 1 S. 1 HGB (BGH V ZR 250/19 v. 3.7.20, NJW 20, 3315). Die in § 160 HGB vorgesehene Enthaftungsfrist von fünf Jahren ab Eintragung des Ausscheidens beginnt bei GbR mit Kenntnis des Gläubigers von dem Ausscheiden des Gesellschafters (BGH V ZR 250/19 v. 3.7.20, NJW 20, 3315 Tz. 28; *Palandt/Sprau* § 736 BGB Rz. 14), es sei denn, die GbR wird in eine eintragungsfähige Personenhandelsgesellschaft umgewandelt. Letzterenfalls beginnt die Frist mit der Eintragung (*Palandt/Sprau* § 736 BGB Rz. 14).

Zu § 16: Erbfolge

66 **Absatz 1:** Gemäß § 727 Abs. 1 BGB würde die Gesellschaft durch den Tod eines Gesellschafters aufgelöst werden, wenn der Gesellschaftsvertrag nichts anderes vorsehen würde. Zusammen mit der Fortsetzungsklausel des § 16 stellt die Bestimmung über ein Eintrittsrecht binnen einer Frist von sechs Monaten nach dem Tod eines Gesellschafters den Anteil im Ergebnis erblich (zu den steuerlichen Wirkungen vgl. Rz. 18, 27), wie dies bei Familiengesellschaften sinnvoll sein kann (zur Ausübung des Eintrittsrechts und zu anderen Gestaltungen vgl. A. 5.19 Rz. 1 ff.).

67 **Absatz 2:** Diese Regelung will die Gesellschaft vor einer Vielzahl von Erben schützen und soll diese zwingen, sich auf einen Vertreter zu einigen.

Zu § 17: Abfindung

Die Abfindungsklausel modifiziert die gesetzliche Regelung der §§ 738 bis 740 **68**
BGB. Sie geht allerdings – wie das Gesetz – von einer Abfindung zum Verkehrswert
aus. Allerdings wird der Anspruch des ausgeschiedenen Gesellschafters auf Befreiung
oder Sicherheitsleistung für noch nicht fällige Schulden (vgl. § 738 Abs. 1 Satz 3 BGB)
abbedungen.

Grds. zulässig ist auch die Vereinbarung von Abfindungen unterhalb der Verkehrs- **69**
werte – je nach Umständen des Einzelfalls bis hin zur Buchwertabfindung (vgl.
Rz. 37). Zu den steuerlichen Konsequenzen vgl. Rz. 27. IdR handelt es sich dann um
Abfindungen unter dem Steuerwert. Deshalb sollte jedenfalls bei derartigen Abfindun-
gen zusätzlich eine Klarstellung aufgenommen werden, wer die Erbschaft- und Schen-
kungsteuer im Innenverhältnis trägt. Im Außenverhältnis ist der Erwerber Steuerschuldner, bei einer Schenkung auch der Schenker (§ 20 Abs. 1 ErbStG). Zum
Einfluss des Bewertungs- und Erbschaftsteuerrechts auf Abfindungsklauseln vgl.
Wangler DStR 09, 1501. Die allseitige Vereinbarung einer Anwachsungsklausel unter
Abfindungsausschluss kann ausnahmsweise als aleatorisches Rechtsgeschäft auch den
Pflichtteilsergänzungsanspruch nach § 2325 Abs. 1 BGB ausschließen, wenn nämlich
ungewiss war, wer von mehreren Gesellschaftern zuerst versterben würde und sich
deshalb jeder Gesellschafter dem Risiko aussetzte, den Gesellschaftsanteil im eigenen
Todesfall abfindungsfrei zu verlieren (BGH IVa ZR 154/80 v. 26.3.81, NJW 81,
1956). Dies gilt allerdings wohl nur, wenn der Abfindungsausschluss vor dem Hintergrund einer sicherzustellenden Unternehmenskontinuität gerechtfertigt ist (BGH IV
ZR 16/19 v. 3.6.20, NJW 20, 2396). Deshalb werden derartige Gestaltungen bei rein
vermögensverwaltenden GbR eher angreifbar sein.

Anstelle der in Abs. 3 vorgeschlagenen Regelung kann auch die Zuständigkeit des **70**
Schiedsgerichts gem. § 19 vorgesehen werden.

Zu § 18: Liquidation

Vgl. Formular A. 5.13.   **71**

Zu § 19: Schiedsverfahren

Vgl. Teil A. 13.   **72**

Zu § 20: Schriftform, MoPeG

Nach derzeitigem Stand der Gesetzesnovelle soll das MoPeG (vgl. Rz. 1) erst am **73**
1.1.23 oder gar erst am 1.1.26 in Kraft treten. Prüfungsbedarf wird vor allem in Bezug
auf die Frage der Differenzierung zwischen „rechtsfähiger Gesellschaft" und „nicht
rechtsfähiger Gesellschaft", der Transparenz durch Registrierung und die Regelung
von Beschlussmängelstreitigkeiten geben (vgl. Regierungsentwurf eines Gesetzes zur
Modernisierung des Personengesellschaftsrechts v. 23.1.21, BR-Drs. 59/21).

A. 5.01 Unternehmerische GbR

Gliederung

I. FORMULAR

Formular A. 5.01 Unternehmerische GbR

§ 1 Gründung, Gegenstand, Name, Rechtsform

(1) A und B gründen hiermit mit Wirkung ab dem ...... 20.. zum gemeinschaftlichen Betrieb einer ...... eine Gesellschaft bürgerlichen Rechts. Die Gesellschaft tritt nach außen mit den Namen der Vertragschließenden in der Reihenfolge

A und B Gesellschaft bürgerlichen Rechts

auf. Bei Aufnahme etwaiger weiterer Gesellschafter soll grundsätzlich die jetzt geltende Reihenfolge beibehalten werden.

(2) Die Gesellschaft ist eine Gesellschaft bürgerlichen Rechts.

§ 2 Sitz der Gesellschaft

Sitz der Gesellschaft ist A-Stadt.

§ 3 Gesellschaftskapital

(1) Die Gesellschaft hat ein festes Gesellschaftskapital von € 60.000,–.

(2) Am Gesellschaftskapital sind die Gesellschafter mit festen Kapitalanteilen wie folgt beteiligt:

a) A mit einem festen Kapitalanteil von € 40.000,–,

b) B mit einem festen Kapitalanteil von € 20.000,–.

§ 4 Vertragsdurchführung

(1) Die Gesellschafter widmen ihre ganze Arbeitskraft dem Unternehmen.

(2) Ein Gesellschafter, der das 60. Lebensjahr vollendet hat, kann das Ausmaß seiner Arbeit durch Teilzeittätigkeit reduzieren. Gewinnanteil und Gewinnvoraus (§ 14) sind in diesem Falle anteilig zu kürzen.

§ 5 Geschäftsführung und -vertretung

(1) Zur Geschäftsführung können grundsätzlich nur Gesellschafter berufen werden.

(2) Die Gesellschafterversammlung kann einzelnen Gesellschaftern das Recht zur Einzelgeschäftsführung und -Vertretung unter Befreiung von den Beschränkungen des § 181 BGB verleihen und wieder entziehen.

(3) Die Geschäftsführung und -vertretung erstreckt sich auf alle Maßnahmen im Interesse der Gesellschaft und zur Verwirklichung des Gesellschaftszwecks.

(4) Die Gesellschafter A und B sind zur gemeinschaftlichen Geschäftsführung befugt. Ihnen ist jeweils Einzelvertretungsbefugnis unter Befreiung von den Beschränkungen des § 181 BGB erteilt.

§ 6 Gesellschafterbeschlüsse, Stimmrecht

(1) Gesellschafterbeschlüsse werden stets einstimmig gefasst.

(2) Jeder Gesellschafter hat eine Stimme.

(3) Beschlüsse der Gesellschafter sind schriftlich zu dokumentieren.

§ 7 Informationspflicht

Es besteht eine gegenseitige Informationspflicht. Insbesondere ist jeder Gesellschafter verpflichtet, die von ihm für Rechnung der Gesellschaft getätigten Geschäfte in den Geschäftsunterlagen hinreichend zu dokumentieren. Jeder Gesellschafter ist berechtigt, Einsicht in die Geschäftsunterlagen der Gesellschaft zu nehmen.

§ 8 Anlagevermögen

(1) A bringt die in Anlage A aufgeführten Gegenstände zu Gesamthandseigentum in die Gesellschaft ein.

B bringt die in Anlage B aufgeführten Gegenstände zu Gesamthandseigentum in die Gesellschaft ein.

Die in den Anlagen A und B aufgeführten Gegenstände werden mit ihrem auf den Gründungsstichtag ermittelten Buchwerten aus den bisherigen Einzelunternehmen des A bzw. B von der Gesellschaft übernommen und die sich danach ergebenden Buchwerte auf die Einlageverpflichtungen nach § 3 Abs. 2 angerechnet.

(2) Anzuschaffendes Inventar wird Gesamthandsvermögen der Gesellschafter. Inventargegenstände, die ein Gesellschafter nachweislich auf eigene Kosten anschafft und die nicht Gesamthandseigentum werden sollen, sind entsprechend zu kennzeichnen; diese Gegenstände bleiben im Eigentum des betreffenden Gesellschafters, der sie aber dem Unternehmen unentgeltlich zur Mitbenutzung überlässt.

(3) Für Kraftfahrzeuge, die von der Gesellschaft angeschafft und einem Gesellschafter zur privaten Nutzung überlassen werden, trifft die Gesellschaft mit dem betreffenden Gesellschafter eine Vereinbarung über das hierfür zu entrichtende Entgelt.

§ 9 Geschäftsjahr, Buchführung, Rechnungsabschluss

(1) Geschäftsjahr der Gesellschaft ist das Kalenderjahr. Für das erste Geschäftsjahr wird ab dem Zeitpunkt der Gründung der Gesellschaft bis zum 31.12.20.. ein Rumpfgeschäftsjahr gebildet.

(2) Die Einnahmen und Ausgaben der Gesellschaft sind in einer geordneten Buchführung laufend aufzuzeichnen. Ferner sind alle Belege geordnet aufzubewahren.

(3) Innerhalb von drei Monaten nach Abschluss eines jeden Geschäftsjahres ist für das abgelaufene Geschäftsjahr ein Rechnungsabschluss zu erstellen, aus dem sich der Saldo zwischen den Einnahmen und Ausgaben (Überschuss oder Verlust) ergibt. Der Rechnungsabschluss ist durch Gesellschafterbeschluss festzustellen. Mit der Feststellung wird der Rechnungsabschluss für die Gesellschafter und die Gesellschaft verbindlich.

§ 10 Gesellschafterkonten

(1) Für jeden Gesellschafter wird ein Kapitalkonto entsprechend § 3 Abs. 2 eingerichtet, das die Höhe der Beteiligung am Gesellschaftsvermögen wiedergibt. Die Kapitalkonten sind Festkonten; sie werden nicht verzinst.

(2) Daneben wird für jeden Gesellschafter ein Privatkonto eingerichtet, über das sich der Verrechnungsverkehr zwischen der Gesellschaft und den Gesellschaftern vollzieht. Guthaben auf den Privatkonten werden mit …… Prozentpunkten über dem Basiszinssatz gem. § 247 BGB verzinst, Schulden ebenfalls mit …… Prozentpunkten über diesem Basiszinssatz. Die Zinsen werden staffelmäßig berechnet; Grundlage ist der jeweilige Stand am 1. eines Kalendermonats. Die vorgenannten Zinsen auf Privatkonten stellen im Verhältnis der Gesellschafter zueinander Aufwand bzw. Ertrag dar.

§ 11 Einnahmen

Alle Einnahmen aus der Berufstätigkeit der Gesellschafter sind Einnahmen der Gesellschaft.

§ 12 Ausgaben

(1) Die durch den Betrieb des Unternehmens veranlassten Ausgaben sind Betriebsausgaben der Gesellschaft.

(2) Zu den Betriebsausgaben gehören nicht Ausgaben, die der einzelne Gesellschafter für zweckmäßig hält, ohne dass sie sämtlichen Gesellschaftern zugute kommen.

§ 13 Haftpflichtversicherung, Haftung im Innenverhältnis

(1) Die Gesellschaft schließt eine Haftpflichtversicherung in angemessener Höhe gegen die üblichen berufsbedingten Haftungsrisiken ab.

(2) Soweit die Haftpflichtversicherung Schadensersatzverpflichtungen gegenüber Dritten nicht deckt, sind Schadensersatzverpflichtungen auf Grund leichter Fahrlässigkeit im Innenverhältnis Betriebsausgaben der Gesellschaft, bei mittlerer Fahrlässigkeit im Innenverhältnis jeweils zur Hälfte von der Gesellschaft und vom verantwortlichen Gesellschafter zu tragen, und bei grober Fahrlässigkeit oder Vorsatz vom verantwortlichen Gesellschafter im Innenverhältnis allein zu tragen.

§ 14 Beteiligung an Gewinn und Verlust

(1) Am Gewinn und Verlust sind die Gesellschafter nach Maßgabe ihrer Beteiligung am Gesellschaftsvermögen gemäß § 3 Abs. 2 beteiligt.

(2) Die Gesellschafter entnehmen als Gewinnvoraus unter Anrechnung auf Ihren jeweiligen Gewinn- und Verlustanteil:

a) A: € 36.000,– p.a.

b) B: € 24.000,– p.a.

Der Gewinnvoraus kann in 12 gleichen Monatsraten jeweils zum 27. eines Monats zu entnommen werden.

§ 15 Entnahmen, Einlagen

(1) Soweit im Übrigen nicht ausdrücklich anders geregelt bedürfen Entnahmen eines Gesellschafterbeschlusses.

(2) Eine Verpflichtung zur Erbringung zusätzlicher Einlagen, die über die Beträge der Kapitalanteile gem. § 3 Abs. 2 hinausgehen, besteht nicht.

§ 16 Krankheit, Urlaub

(1) Wenn im Fall von Krankheit die Arbeitskraft eines Gesellschafters ausfällt, bleibt sein Recht auf anteiligen Gewinnvoraus nach § 14 Abs. 2 für die Dauer von acht Wochen unverändert.

(2) Wenn im Fall von Krankheit die Arbeitskraft eines Gesellschafters ausfällt, bleibt zudem seine Überschussquote gemäß § 14 Abs. 1 für die Dauer von sechs Monaten unverändert. Anschließend können die übrigen Gesellschafter wahlweise die Überschussquote des ausgefallenen nach billigem Ermessen für die Restdauer des Ausfalles reduzieren oder zu Lasten der Überschussquote des Ausgefallenen eine Ersatzkraft beschäftigen.

(3) Jedem Gesellschafter steht ein Jahresurlaub von 30 Arbeitstagen zu, der die Gewinn- und Verlustbeteiligung unberührt lässt.

§ 17 Schwangerschaft und Elternzeit

(1) Im Falle der Schwangerschaft ist eine Gesellschafterin berechtigt, sechs Wochen vor dem errechneten Datum der Entbindung und acht Wochen nach der Entbindung ihre Tätigkeit für die Gesellschaft zu unterbrechen. Ihren Anspruch auf Gewinnbeteiligung und Gewinnvoraus gem. § 14 behält sie voll.

(2) Eltern können Elternzeit bis zur Vollendung des dritten Lebensjahrs eines Kindes in sinngemäßer Anwendung des § 15 BEEG geltend machen. Der Anspruch auf Gewinnbeteiligung und Gewinnvoraus gem. § 14 ruht für die Zeit der Unterbrechung.

§ 18 Dauer, Ausschluss, Kündigung, Abfindung, Übertragbarkeit der Beteiligung

(1) Die Dauer der Gesellschaft ist unbestimmt.

(2) Jeder Gesellschafter kann durch gemeinschaftliche schriftliche Erklärung aller übrigen Gesellschafter mit einer Frist von sechs Monaten zum Ende eines Kalenderjahres ausgeschlossen werden, wenn hierfür ein sachlicher Grund vorliegt. Liegt in der Person eines Gesellschafters ein wichtiger Grund vor, so kann dieser durch gemeinsame schriftliche Erklärung aller übrigen Gesellschafter fristlos ausgeschlossen werden.

(3) Ein einzelner Gesellschafter kann gegenüber den anderen Gesellschaftern seine Beteiligung mit einer Frist von sechs Monaten zum Ende eines Kalenderjahres gegenüber den übrigen Gesellschaftern kündigen. Kündigt ein Gesellschafter so kann jeder der übrigen Gesellschafter binnen eines Monats gegenüber dem kündigenden und den übrigen Gesellschaftern eine Anschlusskündigung mit der Maßgabe erklären, dass diese zum selben Zeitpunkt wirksam wird. Das Recht zur Kündigung aus wichtigem Grund bleibt unberührt. Jedwede Kündigung hat schriftlich zu erfolgen.

(4) Das Ausscheiden eines Gesellschafters gleich aus welchem Rechtsgrund hat auf den Bestand der Gesellschaft keinen Einfluss, solange nach dem Ausscheiden noch zwei Gesellschafter vorhanden sind. Ist nur noch ein Gesellschafter vorhanden, so geht das Gesellschaftsvermögen auf den zuletzt verbliebenen Gesellschafter über, sofern dieser nicht innerhalb einer Frist von einem Monat nach dem Ausscheiden die Auflösung der Gesellschaft verlangt.

(5) Ausgeschiedene Gesellschafter bzw. deren Erben haben einen Abfindungsanspruch in Höhe des ihnen nach den steuerlichen Vorschriften zuzurechnenden anteiligen Verkehrswertes des Betriebsvermögens.

(6) Die Gesellschafter gestatten der Gesellschaft, ihre Namen über ihr Ausscheiden aus der Gesellschaft hinaus fortzuführen, soweit dem nicht ein wichtiger Grund entgegensteht. Die Gestattung erfasst auch den Fall der Umwandlung in eine andere Gesellschaftsform. Als wichtiger Grund gegen eine Fortführung des Namens gilt insbesondere der Betrieb eines Konkurrenzunternehmens.

(7) Die Gesellschafterstellung ist weder vererblich noch übertragbar. Eventuelle Erben sind auf den Abfindungsanspruch nach Abs. 5 verwiesen.

§ 19 Schriftform

(1) Änderungen dieses Vertrages bedürfen zu ihrer Wirksamkeit der Schriftform. Auch wiederholte Verstöße gegen diese Bestimmung beseitigen nicht das Schriftformerfordernis.

(2) Die Gesellschafter werden die weitere Entwicklung des Gesetzgebungsverfahrens zum Gesetz zur Modernisierung des Personengesellschaftsrechts (MoPeG) beobachten und den Gesellschaftsvertrag vor Inkrafttreten der Gesetzesnovelle gemeinsam überprüfen.

§ 20 Teilnichtigkeit

Sollte eine Bestimmung dieses Vertrages nichtig, anfechtbar oder unwirksam sein, so soll die Wirksamkeit der übrigen Bestimmungen hiervon nicht berührt werden. Die angreifbare Bestimmung ist vielmehr durch eine wirksame zu ersetzen und/oder so auszulegen, dass der mit ihr erstrebte wirtschaftliche und/oder ideelle Zweck nach Möglichkeit erreicht wird.

....

(Unterschriften)

II. ERLÄUTERUNGEN

Erläuterungen zu A. 5.01 Unternehmerische GbR

1. Grundsätzliche Anmerkungen

a) Wirtschaftliches Vertragsziel

1   Lange Zeit war die GbR die einzige Organisationsform, welche Freiberuflern oder Kleingewerbetreibenden zur gemeinschaftlichen Berufsausübung zur Verfügung stand. Das änderte sich mit dem **Handelsrechts-Reformgesetzes** v. 22.6.98 (BGBl. I 98, 1474) sowohl für Freiberufler (vgl. A. 11.00 Rz. 2) als auch Kleingewerbetreibende geändert. Insbes. für Kleingewerbetreibende kommen nach § 105 Abs. 2 und § 161 Abs. 2 HGB in der Fassung vor dem auch die Rechtsformen der KG und der OHG in Betracht (vgl. A. 5.00 Rz. 1). Allerdings bietet die Rechtsform der GbR für Kleinbetriebe den Vorteil, Handelsregisterformalitäten und die Risiken des anspruchsvolleren, auf Großunternehmen zugeschnittenen Kaufmannsrechts zu vermeiden. Trotz der mittlerweile bestehenden größeren Wahlmöglichkeiten wird in der Literatur auch angesichts der Begünstigung ausländischer Gesellschaftsformen durch die EuGH-Rspr. zur Niederlassungsfreiheit von Gesellschaften eine völlig neue Architektur des deutschen Personengesellschaftsrechts gefordert (*Henssler* BB Spezial, 3/2010, 2). Überdies liegt bereits ein Regierungsentwurf zu einem Gesetz zur Modernisierung des Personengesellschaftsrechts (MoPeG) v. 23.1.21 (BR-Drs. 59/21) vor, vgl. auch A. 5.00 Rz. 1.

2   Das **wirtschaftliche Vertragsziel** der unternehmerischen GbR liegt in der Bündelung der Erträge und der Vereinbarung fester Quoten, um damit einer Verstetigung der individuellen Einkünfte nahezukommen. Vgl. im Übrigen A. 5.00 Rz. 1 ff. Das hier vorgestellte Formular ist vor allem auf kleinere unternehmerische Gesellschaften ausgerichtet, bei denen die persönlichen beruflichen Beiträge der Gesellschafter im Vordergrund stehen. Es geht zunächst von einer zweigliedrigen Gesellschaft aus. Da aber bspw. bei Wachstum des Unternehmens durchaus auch der Wunsch nach Aufnahme weiterer Gesellschafter an Bedeutung gewinnen kann, beinhaltet das Formular bereits vorbeugend zahlreiche Regelungen, die auch bei einer Gesellschaft mit mehr als zwei Gesellschaftern praktikabel erscheinen. Freilich gibt es im Rahmen der für GbR weitgehend bestehenden Vertragsfreiheit noch zahlreiche Alternativgestaltungen, auf die sich die Parteien je nach den Umständen ihres unternehmerischen Vorhabens schon bei Gründung der Gesellschaft oder je nach Entwicklung ihres gemeinsamen Unternehmens zu einem späteren Zeitpunkt einigen können (vgl. Formular A. 5.31). Diese Flexibilität ist nach wie vor eine der Stärken der Rechtsform der GbR auch im unternehmerischen Bereich.

b) Gesellschaftsrecht

3   Es wird auf die Ausführungen unter A. 5.00 Rz. 4 ff. verwiesen. Eine unternehmerische GbR wird kraft Gesetzes, also nicht erst durch Eintragung im Handelsregister, zu einer OHG, wenn ihr Zweck auf den Betrieb eines Handelsgewerbes gerichtet ist und deren Betrieb einen nach Art und Umfang in kaufmännischer Weise eingerichteten Geschäftsbetrieb erfordert (§ 123 Abs. 2 HGB sowie *MünchKommHGB/Schmidt* § 123 Rz. 13). Damit kommt die unternehmerische GbR in erster Linie für Kleingewerbetreibende und Freiberufler in Betracht. Für Freiberufler dürfte jedoch regelmäßig die Partnerschaftsgesellschaft ggf. mit beschränkter Berufshaftung vorzugswürdig sein (vgl. Formular A. 11). Nach Ansicht des BGH kann eine GbR allerdings anders als eine Partnerschaft gem. § 59e Abs. 1 S. 1 BRAO Gesellschafterin einer Rechtsanwaltsgesellschaft sein (BGH AnwZ Brfg 33/16 v. 20.3.17, NJW 17, 1681; BGH PatAnwZ 1/00 v. 9.7.01, NJW 02, 68); zur Partnerschaft noch offen BVerfG 1 BvR 1072/17).

c) Steuerrecht

Es wird auf die Ausführungen unter A. 5.00 Rz. 12 ff. verwiesen.   4

Aufgrund der Tatsache, dass die unternehmerische GbR regelmäßig eher für Klein- 5
gewerbetreibende und für Freiberufler in Betracht kommt (vgl. Rz. 3), besteht ein
Wahlrecht hinsichtlich der Gewinnermittlungsmethode. Statt der Gewinnermittlung
durch Bilanz kann der Gewinn nämlich auch durch eine Einnahmeüberschussrech-
nung ermittelt werden, wenn auch ansonsten keine gesetzliche Verpflichtung besteht
Bücher zu führen und regelmäßige Abschlüsse zu machen (§ 4 Abs. 3 EStG).

Eine **Gewerbesteuerpflicht** besteht insoweit, als die in GbR ausgeübte Tätigkeit 6
im Fall der Alleinausübung durch einen Gesellschafter gewerblich wäre (§ 15 EStG).
GbR zwischen Selbstständigen, zB Rechtsanwälten, Steuerberatern und Ärzten, unterliegen § 18 EStG und sind damit nicht gewerbesteuerpflichtig (§ 2 Abs. 1 Satz 2
GewStG). Näheres zur sog. **Abfärbe- oder Infektionstheorie** s. A. 5.00 Rz. 13 f.

2. Einzelerläuterungen

Zu § 1: Gründung, Gegenstand, Unternehmensbezeichnung

Es wird auf A. 5.00 Rz. 31–35 verwiesen. Der Name einer GbR, sofern er im ge- 7
schäftlichen Verkehr benutzt wird, steht als Unternehmenskennzeichen (§ 5 Abs. 2
MarkenG) unter dem Schutz des § 15 MarkenG (*Bamberger/Roth/Schöne* § 705 BGB
Rz. 149).

Zu § 2: Sitz der Gesellschaft

Anders als bei der Partnerschaft ist zwar ein Sitz nicht vorgeschrieben, jedoch aus 8
steuerlichen Gründen wegen der einheitlichen und gesonderten Überschussfeststellung
zweckmäßig. Vgl. im Übrigen A. 5.00 Rz. 33.

Zu § 3: Gesellschaftskapital

Die Einrichtung eines festen Gesellschaftskapitals rückt die GbR in die Nähe der 9
kapitalistischen KG – oder auch OHG – und erleichtert den Verrechnungsverkehr
zwischen den Gesellschaftern.

Zu § 4: Vertragsdurchführung

Nebentätigkeiten der Gesellschafter bedürfen der Einwilligung der Mitgesellschaf- 10
ter.

Wesentlicher Bestandteil der Beitragspflichten der Gesellschafter einer unternehmerischen GbR ist die Erbringung von Diensten. Die Möglichkeit der Begründung von
Dienstleistungsverpflichtungen durch Gesellschaftsvertrag ist gesetzlich ausdrücklich
anerkannt (§ 706 Abs. 3 BGB). Eine Qualifizierung als Arbeitsverhältnis im Sinne der
§§ 611a ff. BGB verbietet sich daher idR. Sie kommt nur in Betracht, wenn zwischen
der Gesellschaft und dem Gesellschafter ausdrücklich ein gesonderter Arbeitsvertrag
geschlossen wird oder im Einzelfall eine Umgehung der arbeitrechtlichen Schutzbe-
stimmungen mittels gesellschaftsvertraglicher Gestaltung vorliegt (vgl. *Erfurter Kommentar ArbR/Preis* 230 § 611a BGB Rz. 91). Fehlt es an der ausdrücklichen Vereinbarung
eines Arbeitsverhältnisses, soll auf Grund einer Gesamtbetrachtung der tatsächlichen
Ausgestaltung der Rechtsverhältnisse insbesondere unter Berücksichtigung des Merk-
mals der persönlichen Abhängigkeit geprüft werden, ob der mitarbeitende Gesellschafter neben seiner gesellschaftsrechtlichen Stellung auch Arbeitnehmer ist (vgl. *Erfurter
Kommentar ArbR/Preis* 230 § 611 BGB Rz. 18; LSG Nordrhein-Westfalen L 9 AL
155/18 v. 20.2.20; BeckRS 2020, 26461). Jedenfalls wer – wie hier – Mitsprache-
und Informationsrechte sowie Beteiligung an stillen Reserven und Gewinn genießt, ist
kein Arbeitnehmer (vgl. *Erfurter Kommentar ArbR/Preis* 230 § 611a BGB Rz. 93).
Ebenso ist in der Regel ein Beschäftigungsverhältnis iSd. § 7 SGB IV für GbR-Gesell-

schafter abzulehnen (*Erfurter Kommentar ArbR/Rolfs* 545 § 7 SGB IV Rz. 19: Allgemein für persönlich haftende Gesellschafter).

11   Unabhängig davon, ob Vergütungen einer GbR auf Grund eines Arbeitsverhältnisses gezahlt werden – und zwar gleichgültig, ob die Arbeitnehmereigenschaft oder die Mitunternehmereigenschaft überwiegt, – werden diese selbst bei einer auch nur geringfügigen Beteiligung des Empfängers an der GbR steuerlich gem. § 15 Abs. 1 Nr. 2 S. 1 EStG als gewerbliche Einkünfte (*Schmidt/Wacker* § 15 EStG Rz. 581) erfasst. Dies dürfte gem. § 18 Abs. 4 Satz 2 EStG auch für Freiberufler-GbR gelten.

Zu § 5: Geschäftsführung und -vertretung

12   **Absatz 1 und 2:** Vgl. A. 5.00 Rz. 41.

Absatz 4: Die gesetzliche Regelung geht von der gemeinschaftlichen Geschäftsführungs- und Vertretungsbefugnis aller Gesellschafter aus. Wird einzelnen Gesellschaftern wie im Formular vorgeschlagen bereits im Vertrag Geschäftsführungs- und Vertretungsbefugnis erteilt, so ist deren Entzug nur im Falle eines wichtigen Grundes möglich (vgl. §§ 712, 715 BGB).

Zu § 6: Stimmrecht

13   Das Formular geht vom Einstimmigkeitsprinzip des BGB aus. Dies erscheint bei einer aus wenigen Personen bestehenden Berufsausübungsgemeinschaft sachgerecht. Zu den unterschiedlichen Ausgestaltungsmöglichkeiten des Stimmrechts vgl. A. 5.00 Rz. 48 f.

14   Zu der Problematik einer eventuellen Qualifizierung der Mitarbeit eines Gesellschafters als Arbeitnehmerverhältnis bei unangemessenen Beschränkungen des Stimmrechts vgl. Rz. 10.

Zu § 7: Informationspflicht

15   Die Informationspflicht rechtfertigt sich schon aus haftungsrechtlichen Gesichtspunkten (vgl. § 12 des Formulars).

16   Zu der Problematik einer eventuellen Qualifizierung der Mitarbeit eines Gesellschafters als Arbeitnehmerverhältnis bei unangemessenen Beschränkungen des Informationsrechts vgl. Rz. 10.

Zu § 8: Anlagevermögen

17   **Absatz 1:** Befanden sich die nach dieser Regelung eingebrachten Gegenstände in einem Betriebsvermögen der Gesellschafter, so erfolgt die Übertragung unter den Voraussetzungen des § 6 Abs. 5 EStG zwingend zu Buchwerten. Ein Wahlrecht zur Einbringung zu Teilwerten besteht nach hM in der Regel nicht (vgl. *Schmidt/Kulosa* § 6 EStG Rz. 684). § 6 Abs. 1 Satz 4 des Formulars bezieht sich daher in diesen Fällen auf den Buchwert der eingebrachten Gegenstände. Sollten erhebliche stille Reserven vorhanden sein, wäre dies bei der Vertragsgestaltung auch aus wirtschaftlicher Sicht bspw. bei der Gewinnbeteiligung zu beachten. Bei der Einbringung eines Betriebes, Teilbetriebes oder Mitunternehmeranteils wird nach § 24 Abs. 2 UmwStG der gemeine Wert angesetzt, es sei denn es würde Buchwertfortführung beantragt.

18   **Absatz 3:** In der Praxis haben Gesellschafter häufig unterschiedliche Bedürfnisse und Vorstellungen zu den von ihnen betrieblich und gleichzeitig privat genutzten **PKW.** Steuerlich stellt sich dabei das Problem der optimalen Vertragsgestaltung für den Vorsteuerabzug. Denkbar sind im Ansatz zwei Gestaltungsmodelle: Entweder Anschaffung der PKW durch die Gesellschafter selbst oder Anschaffung durch die Gesellschaft.

19   Schafft ein Gesellschafter einen **PKW auf eigene Rechnung aus eigenen Mitteln** an und überlässt er ihn der Gesellschaft zur Nutzung mit der Maßgabe, dass er ihn selbst nutzt, und erfolgt die Überlassung des PKW an die Gesellschaft **unentgeltlich,** so soll weder die Gesellschaft noch der Gesellschafter die dem Gesellschafter beim Erwerb in Rechnung gestellte Umsatzsteuer als Vorsteuer abziehen dürfen (UStAE 1.6 Abs. 7

Nr. 1b). Die Vorteile des Vorsteuerabzugs lassen sich demnach nur sichern, wenn der Gesellschafter für die Überlassung des PKW eine Vergütung erhält und dabei als eigenständiger Unternehmer im umsatzsteuerlichen Sinne gegenüber der Gesellschaft auftritt. Insoweit haben der BFH und die FinVerw. anerkannt, dass der Gesellschafter einer (Personenhandels-)Gesellschaft mit der **entgeltlichen** Vermietung eines PKW an die Gesellschaft im Rahmen eines auf Leistungsaustausch gerichteten Geschäfts tätig werden kann, auch wenn er den PKW ausschließlich selbst nutzt (BFH XI R 45/90 v. 16.3.93, BStBl. II 93, 530; UStAE 1.6 Abs. 7 Nr. 1a). Ein Leistungsaustausch ist danach nicht bereits dann zu verneinen, wenn zwar entsprechende Vereinbarungen vorliegen, diese aber nicht vertragsgemäß vollzogen werden, oder wenn sie nicht dem entsprechen, was unter Fremden üblich ist (OFD Münster v. 29.7.93, DStR 93, 1785). Nach BFH V R 108/93 v. 9.6.94 (BFH/NV 95, 644) reicht allerdings für die Annahme von entgeltlichen (Vermietungs-)Leistungen eine Vereinbarung nicht aus, wonach die Kosten für einen bei der Geschäftsführung vom Gesellschafter eingesetzten (eigenen) PKW von der Gesellschaft nach Anzahl der gefahrenen Kilometer pauschal erstattet werden. Soweit der Gesellschafter den der Gesellschaft entgeltlich überlassenen PKW für eigene unternehmensfremde Zwecke verwendet, liegt bei ihm eine nach § 3 Abs. 9a Satz 1 Nr. 1 iVm. § 10 Abs. 4 Nr. 1 UStG steuerbare unentgeltliche Wertabgabe vor.

Schafft die Gesellschaft einen **PKW auf eigene Rechnung aus Gesellschafts- 20 mitteln** an und überlässt sie ihn einem Gesellschafter, ist wiederum zu unterscheiden, ob die Überlassung entgeltlich oder unentgeltlich erfolgt. Hat der Gesellschafter die private Nutzung des PKW zu bezahlen, zB durch Belastung seines Verrechnungskontos, erfolgt die Überlassung **entgeltlich.** Hinsichtlich der Privatfahrten liegt dann eine Vermietung des PKW durch die Gesellschaft vor. Ist das Entgelt niedriger als die Mindest-Bemessungsgrundlage, ist diese anzusetzen (§ 10 Abs. 5 Nr. 1 iVm. Abs. 4 Nr. 2 UStG, UStAE 1.6 Abs. 1 Bsp. 1, OFD Hannover v. 29.6.05, DStR 05, 1363). Der Gesellschaft steht der Vorsteuerabzug aus der Anschaffung des PKW zu (OFD Hannover v. 29.6.05, aaO). Ist kein Entgelt vereinbart und ist der Gesellschafter gegenüber der Gesellschaft nicht unternehmerisch tätig, kann in der Regel davon ausgegangen werden, dass der Gesellschafter den PKW **unentgeltlich** für seine Zwecke nutzt. Ein Leistungsaustausch liegt dann nicht vor. Die Gesellschaft kann den PKW ihrem Unternehmen nur zuordnen, wenn er neben der Überlassung mindestens zu 10% für unternehmerische Zwecke genutzt wird (§ 15 Abs. 1 Satz 2 UStG). Der Vorsteuerabzug steht der Gesellschaft nach § 15 Abs. 1 Nr. 1 UStG zu (OFD Hannover v. 29.6.05, aaO). Vgl. hierzu auch A. 5.00 Rz. 20 f.

Zu § 9: Geschäftsjahr, Buchführung, Rechnungsabschluss

Das Wirtschafts- bzw. Geschäftsjahr ist regelmäßig das Kalenderjahr, da die GbR 21 nicht in das Handelsregister eingetragen wird (vgl. § 2 Abs. 7, § 4a Abs. 1 EStG). Der Rechnungsabschluss ist die Grundlage für die Gewinnverteilung und für die Erstellung der Einnahme-Überschussrechnung (vgl. Rz. 5). Der Vorteil der Einnahme-Überschussrechnung liegt darin, dass die aufwändigeren Bilanzierungspflichten entfallen. Dies gilt allerdings nur für solche Unternehmer, die berechtigt sind, ihren Gewinn nach Einnahme-Überschussrechnung gem. § 4 Abs. 3 EStG zu ermitteln. Andernfalls ist der Gewinn nach § 4 Abs. 1 EStG durch Betriebsvermögensvergleich zu ermitteln. Dann müssen Forderungen allerdings vor Zufluss versteuert werden. Zum Wechsel zum Betriebsvermögensvergleich vgl. EStR 4.6.

Zu § 10: Gesellschafterkonten

Vgl. Rz. 19 f.   22

Zu § 11: Einnahmen

Es entspricht der wirtschaftlichen Zielsetzung eines Gesellschaftsvertrages, alle be- 23 rufsbedingten Einnahmen der Gesellschafter der Gesellschaft zuzuordnen.

Zu § 12: Ausgaben

24   Zu den typischen Betriebsausgaben, die ein Gesellschafter für zweckmäßig halten mag, die aber nicht direkt den übrigen Gesellschaftern zugutekommen, können die Kosten für die Teilnahme an Berufsfortbildungsveranstaltungen zählen. Durch den Formularvorschlag soll hier ein Zwang zur vorherigen Zustimmung aller Gesellschafter hergestellt werden.

25   Prämien für **Risikolebensversicherungen** von Gesellschaftern sind steuerlich nicht abzugsfähig, auch wenn sich die Gesellschafter hierzu im Gesellschaftsvertrag gegenseitig verpflichtet haben (BFH VIII R 4/10 v. 23.4.13, DStR 13, 1371). Ebenso steuerlich nicht abzugsfähig sind Aufwendungen eines Facharztes für die **Facharztausbildung seines Sohnes,** der als Nachfolger unentgeltlich in eine GbR eintreten soll, wenn eine solche Ausbildung einem fremden Dritten nicht gewährt worden wäre. Die Aufwendungen kommen auch nicht als Sonderbetriebsausgaben des Sohnes in Betracht, wenn dieser während der Ausbildung noch nicht Gesellschafter war (BFH VIII R 49/10 v. 6.11.12, DStR 13, 240).

Zu § 13: Haftpflichtversicherung, Haftung im Innenverhältnis

26   Im Innenausgleich haften die Gesellschafter grundsätzlich entsprechend ihrer Beteiligung am Gewinn und Verlust. Etwas anderes kann gelten, wenn die der gesamtschuldnerischen Haftung unterliegende Verbindlichkeit der Gesellschaft auf dem schuldhaften Verhalten eines der Gesellschafter beruht. Wie auch sonst im Gesamtschuldnerinnenausgleich kann dies unter Heranziehung des Gedankens des § 254 BGB im Innenverhältnis zu einer Alleinhaftung des schuldhaft handelnden Gesellschafters im Verhältnis zu seinen Mitgesellschaftern führen (BGH II ZR 268/07 v. 9.6.08, DStR 08, 2029). Nach der gesetzlichen Regelung des § 708 BGB haften die Gesellschafter untereinander nur für diejenige Sorgfalt, welche sie in eigenen Angelegenheiten anzuwenden pflegen. An den Beweis, in eigenen Angelegenheiten eine geringere als die im Verkehr erforderliche Sorgfalt anzuwenden, sind strenge Anforderungen zu stellen. Der Umstand, dass der Gesellschafter sich durch die schadensbegründende Handlung zugleich selbst geschädigt hat, reicht zum Nachweis der Entlastungsvoraussetzungen des § 708 BGB nicht aus (BGH II ZR 391/12 v. 24.9.13, DStR 14, 51). Die im Formular vorgeschlagene Klausel dient der Objektivierung der untereinander anzuwendenden Sorgfalt. Dies erscheint jedenfalls bei einer unternehmerischen GbR geboten.

Zu § 14: Beteiligung am Gewinn und Verlust

27   Das Formular enthält eine **starre, sich nicht verändernde Beteiligung am Ergebnis.** Das Modell basiert auf der Überlegung, dass A und B ihre bisherigen Einzelunternehmen in die Gesellschaft eingebracht haben und dass die Gewinnanteile anhand der Ergebnisse der bisherigen Einzelunternehmen ausgehandelt worden sind. Im Innenverhältnis ist der Gewinnvoraus als Aufwand anzusehen; steuerlich ist er als Einnahmen gem. § 15 EStG bzw. § 18 EStG zu erfassen.

Grds. herrscht **Vertragsfreiheit** bei der Gestaltung der Gewinn- und Verlustbeteiligung. Auch andere Modelle können sinnvoll und zulässig sein (vgl. auch A. 11.00 Rz. 29). Für die steuerliche Anerkennung der Ergebnisverteilung empfiehlt sich eine eindeutige nachvollziehbare Festlegung (vgl. auch A. 5.00 Rz. 53); die FinVerw. erkennt rückwirkende Vereinbarungen nur sehr eingeschränkt an (vgl. *Schmidt/Weber-Grellet* § 2 EStG Rz. 50 f, *Schmidt/Wacker* § 15 EStG Rz. 452 f.) Offen geblieben ist zwar bisher, ob bei einer vermögensverwaltenden Personengesellschaft mit Einkünften aus Vermietung und Verpachtung auch eine Änderung der Ergebnisverteilung während des Geschäftsjahres mit schuldrechtlicher Rückbeziehung auf den Beginn des Geschäftsjahres steuerlich anzuerkennen ist, für gewerblich tätige Personengesellschaften wurde dies allerdings verneint (BFH IV R 209/80 v. 7.7.83, BStBl. II 84, 53; offen gelassen für vermögensverwaltende GbR BFH IX R 35/17 v. 25.9.18, DStR 19, 94 Tz. 24f. vgl. A. 5.00 Rz. 53). Wegen der umsatzsteuerlichen Konsequenzen vgl. A. 5.00 Rz. 23. Vorliegend ist der Gewinnvoraus nicht als umsatzsteuerbares Sonderentgelt zu qualifizieren, weil eine Anrechnung auf den Gewinnanteil erfolgt (*Zugmaier* NJW 03, 801, 802). Zu der Problematik einer eventuellen Qualifizierung der Mitarbeit eines Gesellschafters als Arbeitnehmerverhältnis bei unangemessenen Beschränkungen der Gewinnbeteiligung vgl. Rz. 10. Zu Pensionsrückstellungen vgl. A. 9.00 Rz. 61 und A. 9.10 Rz. 7.

Zu § 15: Entnahmen, Einlagen

Absatz 1: In der Entnahmepraxis ist zu beachten, dass sog. Überentnahmen gem. 28 § 4 Abs. 4a EStG den Schuldzinsenabzug für betriebliche Konten vereiteln können (vgl. BMF v. 17.11.05, BStBl. I 05, 1019; BMF v. 8.9.05, DStR 05, 1899; BMF v. 18.2.13, BStBl. I 13, 197; *Keß* SteuK 13, 221).

Absatz 2: Die Regelung ist im Zusammenhang mit § 3 zu lesen. Zum einen füh- 29 ren Einlagen hier nicht zu einer höheren Beteiligung am Gesellschaftskapital, zum anderen soll die Regelung Streit über die Bewertung von Einlagen vermeiden helfen.

Zu § 16: Krankheit, Urlaub

Absatz 1: Von besonderer Dringlichkeit ist eine Regelung, wie hinsichtlich der 30 Bezüge im Krankheitsfall eines Gesellschafters zu verfahren ist. Vereinbarungen, die unter dem Druck des Ernstfalls geschlossen werden, können das Gesellschaftsklima belasten. Gerade bei kleineren Unternehmen, sollte sich weitestgehend um Grundsatz orientiert werden, dass private Risiken privat und nur betriebliche Risiken betrieblich abzusichern sind.

Das Formular orientiert sich hinsichtlich der Fortzahlung des Gewinnvoraus an den 31 Grundsätzen, die bei Arbeitsverhältnissen gelten. Dieser Gesichtspunkt ist für die Prüfung, ob auf Grund der sog. Gesamtbetrachtung der tatsächlichen Ausgestaltung der Rechtsverhältnisse ein Arbeitsverhältnis vorliegt (vgl. Rz. 10), eher zu vernachlässigen. ME. gibt es keinen Grund, warum sich ein Gesellschafter bzw. Mitunternehmer im Krankheitsfall gesellschaftsvertraglich schlechter stellen müsste als seine Arbeitnehmer, um eine Mutation seines arbeits- und sozialrechtlichen Status in einen abhängig Beschäftigten oder Arbeitnehmer zu vermeiden. Dies wäre schon vor dem Hintergrund der Finanzierung eines Ausfalls aus dem gesamthänderischen Vermögen der Gesellschafter nicht nachvollziehbar.

Absatz 2: Nach der vorgeschlagenen Regelung hat die Entscheidung über die Re- 32 duzierung der Überschussquote nach billigem und nicht nach freiem Ermessen zu erfolgen. Sie ist damit gerichtlich überprüfbar (vgl. §§ 315 ff. BGB). Zu den Gestaltungsmöglichkeiten, Gesellschaftern die Verpflichtung zur Erteilung einer Vorsorgevollmacht bezogen auf die Gesellschafterrechte aufzuerlegen vgl. *Baumann* RNotZ 15, 605.

Zu § 17: Schwangerschaft und Elternzeit

Die Regelung ist rechtlich nicht zwingend. Sie kann aber praxisgerecht sein und 33 orientiert sich gesellschaftsrechtlich an den Grundsätzen, die für Arbeitsverhältnisse gelten würden. Sozialrechtlich wird Elterngeld idR in Höhe von 67% des Einkommens aus Erwerbstätigkeit vor der Geburt des Kindes gewährt. Es wird bis zu einem Höchstbetrag von 1800 Euro monatlich für volle Monate gezahlt, in denen die berechtigte Person kein Einkommen aus Erwerbstätigkeit hat (§ 2 Abs. 1 S. 1 u. 2 BEEG). Für Monate nach der Geburt des Kindes, in denen die berechtigte Person ein Einkommen aus Erwerbstätigkeit hat, das durchschnittlich geringer ist als das Einkommen aus Erwerbstätigkeit vor der Geburt, wird Elterngeld in Höhe des maßgeblichen Prozentsatzes des Unterschiedsbetrages dieser Einkommen aus Erwerbstätigkeit gezahlt (§ 2 Abs. 3 S. 1 BEEG).

Die monatlich durchschnittlich zu berücksichtigende Summe der positiven Einkünfte aus Land- und Forstwirtschaft, Gewerbebetrieb und selbstständiger Arbeit (Gewinneinkünfte), vermindert um die Abzüge für Steuern und Sozialabgaben, ergibt das Einkommen aus selbstständiger Erwerbstätigkeit § 2d Abs. 1 BEEG). Bei der Ermittlung der im Bemessungszeitraum zu berücksichtigenden Gewinneinkünfte sind die entsprechenden im ESt-Bescheid ausgewiesenen Gewinne anzusetzen (§ 2d Abs. 2 S. 1 BEEG), die dem letzten abgeschlossenen steuerlichen Veranlagungszeitraum vor der Geburt des Kindes zugrunde liegen (§ 2b Abs. 2 S. 1 BEEG: Bemessungszeitraum). Grundlage der Ermittlung der in den Bezugsmonaten zu berücksichtigenden Gewinneinkünfte ist eine Gewinnermittlung, die mindestens den Anforderungen des § 4 Abs. 3 EStG entspricht (§ 2d Abs. 3 S. 1 BEEG). Unter bestimmten Voraussetzungen ist der im Steuerbescheid ausgewiesene Jahresgewinn bei einem Personengesellschafter nicht mehr anteilig im Elterngeldbezugszeitraum als Einkommen anzurechnen, wenn der Gesellschafter für diese Zeit auf seinen Gewinn verzichtet hat (vgl. näher BSG B 10 EG 5/17 R v. 13.12.18, DStR 19, 1103).

Zu § 18: Dauer, Ausschluss, Kündigung, Abfindung, Übertragbarkeit der Beteiligung

34   **Absatz 2:** Die Bestimmung sieht ein ordentliches Hinauskündigungs- (oder Ausschluss-) -recht vor, wenn ein sachlicher Grund vorliegt. Angesichts der unbestimmten Dauer der Gesellschaft soll die Trennung von einzelnen Gesellschaftern auf Veranlassung der Gesellschaft durch gemeinschaftliche Erklärung der Mitgesellschafter bei Vorliegen eines sachlichen Grundes ermöglicht werden. Es bedarf also keines wichtigen Grundes iSd. § 737 Satz 1 BGB. Die gesetzliche Regelung wird nach hL für dispositiv gehalten (*MünchKommBGB/Schäfer* § 737 Rz. 16ff., *Palandt/Sprau* § 737 BGB Rz. 5), wenngleich der BGH hier strenge Maßstäbe an den Minderheitenschutz stellt (BGH II ZR 217/75 v. 20.1.77, BGHZ 68, 212; BGH II ZR 56/80 v. 13.7.81, BGHZ 81, 264). Zum Verfahren s. A. 5.00 Rz. 67 und Formular A. 5.17.

35   **Absatz 3:** In einem Rechtsanwalts-Sozietätsvertrag stellt der Ausschluss des Rechts zur ordentlichen Kündigung für einen Zeitraum von 30 Jahren auch dann eine unzulässige Kündigungsbeschränkung iSd. § 723 Abs. 3 BGB dar, wenn sie Teil der Alterssicherung der Seniorpartner ist (BGH II ZR 137/04 v. 18.9.06, NJW 07, 295). Zu Kündigungsbeschränkungen s. A. 5.00 Rz. 37.

36   **Absatz 4:** Abweichend von der Regel des § 723 BGB wird durch die Kündigung bzw. das Ausscheiden eines Gesellschafters die Gesellschaft nicht aufgelöst.

37   **Absatz 5:** Zur Höhe der Abfindung aus gesellschaftsrechtlicher Sicht vgl. A. 5.00 Rz. 37 sowie aus steuerlicher Sicht A. 5.00 Rz. 27 (Schenkungsteuer) und A. 5.17 Rz. 3f. (Einkommensteuer).

38   **Absatz 6:** Es erscheint zweckmäßig, in Anlehnung an § 24 Abs. 2 HGB den Namen mit der Hauptbezeichnung der Gesellschaft fortzuführen, auch wenn der Namensgeber ausgeschieden ist. Der Namen eines ausgeschiedenen Gesellschafters kann auch mit dessen Doktortitel fortgeführt werden, wenn keiner der verbliebenen Partner promoviert ist (BGH II ZB 7/17 v. 8.5.18, NZG 18, 900 zu Partnerschaftsgesellschaft). Die ausdrückliche Zustimmung der Namensfortführung für den Fall der Umwandlung der GbR in eine andere Gesellschaftsform soll nach Auffassung des LG München (13 T 6624/97 v. 11.6.97, NJW-RR 97, 1188) bei einer Umwandlung in eine Partnerschaftsgesellschaft erforderlich sein. Zutreffend ist der BGH dieser Auffassung entgegengetreten (BGH I ZR 195/99 v. 28.2.02, NJW 02, 2093).

39   Zur Nachhaftung vgl. A. 5.00 Rz. 65. Die fünfjährige Enthaftungsfrist (§ 160 Abs. 1 HGB) soll für die Gewerbesteuer mit positiver Kenntnis der Gemeinde (nicht schon des für den Grundsteuermessbescheid zuständigen Finanzamtes) vom Ausscheiden des Gesellschafters beginnen (VGH München 4 ZB 121393 v. 2.5.13, DStR 13, 1791). Führt die Gesellschaft den Namen des ausgeschiedenen Gesellschafters aller-

dings fort, so stellt sich insbesondere bei Freiberuflersozietäten für den Ausgeschiedenen die Problematik der Rechtsscheinhaftung (*MünchKommBGB/Ulmer/Schäfer* Vor § 705 Rz. 37), so dass das Ausscheiden den Gläubigern gegenüber kenntlich zu machen ist.

Zu § 19: Schriftform, MoPeG

Vgl. A.5.00 Rz. 73   40

A. 5.02 Eigenheim GbR (nichteheliche Lebensgemeinschaft)

Gliederung

I. FORMULAR

Formular A. 5.02 Eigenheim GbR (nichteheliche Lebensgemeinschaft)

Nr. ...... der Urkundenrolle für 20..

Verhandelt

zu ......

am ......

Vor mir, dem unterzeichneten Notar

mit dem Amtssitz zu ......

erschienen:

1. A

   (hiernach auch „Verkäufer" genannt)

2. B

3. C

Die Erschienenen sind dem Notar persönlich bekannt. ...

Sie erklärten mit der Bitte um

BEURKUNDUNG:

1. **Der Verkäufer ist Eigentümer des im Grundbuch von ...... eingetragenen Grundstücks.**

2. **Zum Zwecke des Erwerbs des unter Ziff. 1 näher bezeichneten Grundbesitzes gründen die Erschienenen zu 2. und 3. eine Gesellschaft bürgerlichen Rechts mit dem Namen „Villa Schön GbR" (hiernach auch „Käufer" genannt) und stellen den Gesellschaftsvertrag der neugegründeten Gesellschaft mit den in Anlage 1 enthaltenen Regelungen fest.**

3. Der Verkäufer verkauft an den Käufer den unter Ziff. 1. näher bezeichneten Grundbesitz.

4. ....

Vorstehende Verhandlung nebst Anlage wurde den Erschienenen von dem Notar vorgelesen, von ihnen genehmigt und von ihnen und dem Notar eigenhändig wie folgt unterschrieben:

....

(Unterschriften)

Anlage 1

GESELLSCHAFTSVERTRAG

§ 1 Name, Rechtsform

(1) Die Bezeichnung der Gesellschaft lautet: B & C Villa Schön GbR.

(2) Die Gesellschaft ist eine Gesellschaft bürgerlichen Rechts. Soweit nachfolgend nicht ausdrücklich anders geregelt gelten die gesetzlichen Bestimmungen der §§ 705 ff. BGB.

§ 2 Gesellschaftszweck

(1) Zweck der Gesellschaft ist der gemeinsame Erwerb und die Renovierung der Immobilie ...... sowie deren Nutzung als gemeinsamer Hauptwohnsitz der in nichtehelicher Lebensgemeinschaft zusammenlebenden Gesellschafter B und C.

(2) Die Gesellschaft ist berechtigt, alle Geschäfte vorzunehmen, die zur Unterhaltung und Verwaltung der in Abs. 1 näher bezeichneten Immobilie erforderlich sind.

§ 3 Gesellschafterbeiträge

(1) Die Gesellschafter sollen zu gleichen Teilen zur Finanzierung der Immobilie beitragen. Im Einzelnen handelt es sich hierbei um die Eigenkapitalleistung auf den Kaufpreis, Tilgungsleistungen auf die Fremdfinanzierung, Renovierungs-, Reparatur-, Betriebs- und Verwaltungskosten.

(2) Die Gesellschafter sind sich einig, dass anfangs nur B Eigenkapital stellt und zwar in Höhe eines Betrages von € ....

(3) Die Gesellschafter beabsichtigen, die Renovierung und anfallende Reparaturen nach Möglichkeit auch in Eigenregie zu bewerkstelligen.

(4) Ist ein Gesellschafter infolge der Geburt eines gemeinsamen Kindes oder eines Kindes, das die Gesellschafter einvernehmlich betreuen, ganz oder teilweise nicht erwerbstätig, einigen sich die Gesellschafter zeitnah nach Eintritt dieser Veränderung ihrer Lebensverhältnisse schriftlich auf einen Betrag, der dem betreffenden Gesellschafter hierfür auf die nach Abs. 1 zu erbringende Gesellschafterleistung gutgeschrieben werden soll.

§ 4 Gesellschafterkonten

(1) Über die geleisteten Gesellschafterbeiträge wird Buch geführt. Für jeden Gesellschafter wird ein Konto geführt, auf das die geleisteten Gesellschafterbeiträge verbucht werden.

(2) Auf den Konten werden auch Eigenleistungen nach § 3 Abs. 3 erfasst. Voraussetzung ist, dass der Wert der jeweiligen Eigenleistung zeitnah durch von beiden Gesellschaftern unterschriebene Stundenaufstellungen nebst anzusetzenden Stundensatz nachgewiesen ist. Ist kein Stundensatz aufgeführt, ist ein Stundensatz von € ...... anzusetzen. Eventuelle Materialkosten sind durch Originalrechnungen nachzuweisen.

(3) Auf den Konten werden auch Gutschriften nach § 3 Abs. 4 erfasst.

§ 5 Angehörigenleistungen

Soweit Angehörige eines Gesellschafters Renovierungs- oder Reparaturleistungen erbringen, verpflichten sich die Gesellschafter, den jeweils anderen Gesellschafter und die Gesellschaft von eventuellen Ansprüchen der Angehörigen freizustellen. Die Gesellschafter werden gegenüber ihren jeweiligen Angehörigen klarstellen und möglichst schriftlich vereinbaren, dass sie derartige Leistungen allein ihrem eigenen Angehörigen zuwenden und dass sie gegen den anderen Gesellschafter bei Trennung oder Tod eines Gesellschafters keinerlei Ansprüche haben.

§ 6 Dauer der Gesellschaft, Kündigung, Auflösung, Anwachsung

(1) Die Dauer der Gesellschaft ist unbestimmt. Sie wird nicht durch Trennung, Eheschließung oder Scheidung aufgelöst.

(2) Die Gesellschaft kann von jedem Gesellschafter mit der Folge ihrer Auflösung mit einer Frist von drei Monaten zum Quartalsende gegenüber dem anderen Gesellschafter gekündigt werden. Die Kündigung hat schriftlich zu erfolgen.

(3) Im Falle des Todes eines Gesellschafters wird die Gesellschaft unter Ausschluss der Abfindung der Erben unter den verbliebenen Gesellschaftern fortgesetzt, sofern in diesem Zeitpunkt mehrere Gesellschafter vorhanden sind. Verbleibt nur ein Gesellschafter, so wächst diesem das Gesellschaftsvermögen unter Ausschluss einer Abfindung der Erben an.

§ 7 Auseinandersetzung, laufender Gewinn

(1) Der Anteil eines Gesellschafters an einem etwaigen Auseinandersetzungsguthaben entspricht dem Anteil an den bis zur Auflösung der Gesellschaft geleisteten Gesellschafterbeiträgen gem. §§ 3 und 4.

(2) Entsprechendes gilt bei einem vor der Auflösung realisierten Gewinn.

§ 8 Schriftform, MoPeG

(1) Änderungen dieses Vertrages bedürfen zu ihrer Wirksamkeit der Schriftform. Auch wiederholte Verstöße gegen diese Bestimmung beseitigen nicht das Schriftformerfordernis.

(2) Die Gesellschafter werden die weitere Entwicklung des Gesetzgebungsverfahrens zum Gesetz zur Modernisierung des Personengesellschaftsrechts (MoPeG) beobachten und den Gesellschaftsvertrag vor Inkrafttreten der Gesetzesnovelle gemeinsam überprüfen.

II. ERLÄUTERUNGEN

Erläuterungen zu A. 5.02 Eigenheim GbR (nichteheliche Lebensgemeinschaft)

1. Grundsätzliche Anmerkungen

a) Wirtschaftliches Vertragsziel

Das Formular konzentriert sich auf mögliche Regelungen bei der Anschaffung großer Vermögenswerte, wie bspw. einer Immobilie, im Rahmen einer nichtehelichen Lebensgemeinschaft. Gerade mit Blick auf die für die Ausgestaltung von GbR bestehende große Vertragsfreiheit sind im Einzelfall sicherlich auch andere Lösungen denkbar und geboten, zumal nichteheliche Lebensgemeinschaften in den unterschiedlichsten Formen auftreten und von daher auch die Interessen der jeweiligen Partner stark variieren können. **1**

2   Denkbar ist es auch, weiteren Aspekten einer nichtehelichen Lebensgemeinschaft, wie Altersversorgungsansprüche oder Unterhaltspflichten etc., das Rechtskleid der GbR zu geben (*Grziwotz* FF 10, 429). Im Einzelfall sollte jedoch geprüft werden, ob die sich daraus ergebende größere und umfassendere Verbindlichkeit und Verrechtlichung der Beziehung von den betroffenen Partnern überhaupt gewollt ist. Sofern es um steuerliche Vorteile und sozialrechtliche Versorgung geht, dürften die Ehe und die eingetragene Lebenspartnerschaft Vorzüge bieten, die in der Regel durch einen Gesellschaftsvertrag nicht kompensiert werden können (*Grziwotz* FF 10, 429). Deshalb beschränkt sich das vorgestellte Formular auf die Problematik der Anschaffung eines Eigenheims im Rahmen einer nichtehelichen Lebensgemeinschaft (vgl. auch *Grziwotz* FF 10, 429, 441).

b) Gesellschaftsrecht

3   Die hM ist nach wie vor unter Hinweis darauf, dass die nichteheliche Lebensgemeinschaft vom Ansatz her **eine Verbindung ohne Rechtsbindungswillen** sei, eher zögerlich bei der Verrechtlichung der Beziehungen der jeweiligen Partner. Verfolgen die Partner der nichtehelichen Lebensgemeinschaft Zwecke, die nicht über die Verwirklichung der nichtehelichen Lebensgemeinschaft hinausgehen, bestehen grundsätzlich Zweifel an dem erforderlichen Rechtsbindungswillen. Denn die Partner haben in diesem Punkt regelmäßig keine über die Ausgestaltung ihrer Lebensgemeinschaft hinausgehenden rechtlichen Vorstellungen, so dass auch nicht davon ausgegangen werden kann, dass die Partner zumindest **konkludent** in Bezug auf das gemeinsam errichtete Haus einen **Gesellschaftsvertrag nach §§ 705 ff. BGB geschlossen haben** (BGH XII ZR 179/05 v. 9.7.08, NJW 08, 3277; XII ZR 132/12 v. 8.5.13, NJW 13, 2187). Allerdings hat der BGH immerhin anerkannt, dass es für gesellschaftsrechtliche Ausgleichsansprüche unter Partnern einer nichtehelichen Lebensgemeinschaft nicht zwingend – wie unter Ehegatten sowie in eingetragenen Lebenspartnerschaften – einer über die Verwirklichung der eheähnlichen oder Ehegemeinschaft bzw. eingetragenen Lebenspartnerschaft hinausgehenden Zweckverfolgung bedarf und dass neben gesellschaftsrechtlichen Ausgleichsansprüchen auch Ansprüche aus **ungerechtfertigter Bereicherung** (§ 812 Abs. 1 Satz 2 BGB) sowie nach den Grundsätzen über den **Wegfall der Geschäftsgrundlage** in Betracht kommen (Aufgabe der bisherigen Rspr. BGH XII ZR 179/05 v. 9.7.08, NJW 08, 3277; BGH XII ZR 190/08 v. 6.7.11, DStR 11, 1720; XII ZR 132/12 v. 8.5.13, NJW 13, 2187). Angesichts des Vorstehenden sind die Partner einer nichtehelichen Lebensgemeinschaft zumindest bei großen finanziellen Investitionen gehalten, sich über die rechtlichen Konsequenzen Gedanken zu machen und diese ggf. ausdrücklich abweichend zur Rechtslage nach Maßgabe der sich immer wieder im Fluss befindlichen Rspr. des BGH zu regeln. Dies kann in Form einer GbR erfolgen (vgl. auch A. 5.00 Rz. 9 ff.).

c) Steuerrecht

4   Es wird zunächst auf A. 5.00 Rz. 12 ff. verwiesen. Das vorgestellte Formular betrifft eine selbstgenutzte Immobilie. Da die **selbstgenutzte Immobilie** seit 1987 nicht mehr mit ihrem Nutzungswert steuerlich erfasst wird, können auch die mit der Nutzung der Immobilie wirtschaftlich zusammenhängenden Aufwendungen, einschließlich der AfA nicht als Werbungskosten abgezogen werden (§ 9 Abs. 1 Satz 2 EStG). Es handelt sich um privatveranlasste Kosten, die steuerlich grundsätzlich irrelevant sind (§ 12 EStG). In Betracht kommen aber Abzugssätze gem. § 10 f EStG für Baudenkmäler und Sanierungsgebiete, gem. § 10 g EStG für schutzwürdige Kulturgüter oder nach § 7 FördG. Zu beachten sind allerdings mögliche steuerliche Konsequenzen im Zusammenhang mit der Frage des Objektverbrauchs und der Frage der Anteilszurechnung nach § 10 f Abs. 3 u. 4 EStG. Bei Anteilsveräußerung oder Veräußerung der Immobilie kommt eine Besteuerung als sog. **privates Veräußerungsgeschäft** gem. § 23 EStG in Betracht (vgl. A. 5.10 Rz. 4).

Die Übernahme der Zins- und Tilgungsleistungen für die Finanzierung der ge- 4a
meinsamen Wohnimmobilie durch einen Partner oder Ehegatten kann als **schen-
kungssteuerbare** unentgeltliche Zuwendung angesehen werden. Bei Ehegatten wirkt
sich dies jedoch angesichts der Steuerbefreiung nach § 13 Nr. 4a ErbStG nicht aus
(*Schlünder/Geißler* ZEV 07, 64 f, 67). Bei einer **nichtehelichen Lebensgemeinschaft**
käme allenfalls die Steuerbefreiung nach § 13 Nr. 12 ErbStG in Betracht (*Schlün-
der/Geißler* ZEV 07, 64). Greifen diese Befreiungstatbestände nicht, kann etwas anderes nur bei einer ausdrücklichen schuldrechtlichen Vereinbarung wie bspw. einem Gesellschaftsvertrag gelten, auf deren Grundlage die Zins- und Tilgungsleistungen
erbracht werden (*Schlünder/Geißler* ZEV 07, 64 f.).

Angesichts der in dem vorgestellten Formular vorgesehenen variablen Vermögens- 5
beteiligungsquoten (vgl. §§ 3, 4 u. 7 des Formulars) ist von folgenden **grunderwerbsteuerlichen** Grundsätzen auszugehen: Steuerschuldner für die beim Erwerb der Immobilie anfallenden Grunderwerbsteuer ist die GbR (§ 13 Nr. 1 GrEStG). Die
Änderung der Beteiligungsquote infolge unterschiedlicher Gesellschafterbeiträge ist bis
zur Grenze der Anwachsung nicht steuerbar (§ 1 Abs. 1 Nr. 3 Satz 1 GrEStG). § 1
Abs. 3 GrEStG ist auch dann nicht einschlägig, wenn sich die Vermögensbeteiligungs-
quote eines Gesellschafters aufgrund stark unterschiedlicher Gesellschafterbeiträge auf
95 % oder mehr erhöht (*v. Proff* NotBZ 10, 73, 78 f. mwN).

2. Einzelerläuterungen

Zu § 1: Name, Rechtsform

Absatz 1: Zu der Möglichkeit der Namensgebung vgl. A. 5.00 Rz. 31 f. Die Na- 6
mensgebung ist zur Unterscheidung der GbR von anderen gemeinsamen GbR der
Partner der nichtehelichen Lebensgemeinschaft vor allem sinnvoll, wenn in der anderen GbR Einkünfte in erzielt werden. Vor allem ist zur vermeiden, dass eine Vermi-
schung des Vermögens mit anderen GbR vermieden wird, in denen gewerbliche Einkünfte erzielt werden (vgl. A. 5.00 Rz. 13) mittelbar mit den höheren Zinsen des
anderen Gesellschafters zu belasten.

Absatz 2: Der Verweis auf die gesetzlichen Bestimmungen bedeutet hier insbeson- 7
dere Gesamtgeschäftsführungs- und Vertretungsbefugnis nach §§ 709 ff. BGB und
zwar unabhängig von den Vermögensbeteiligungen nach §§ 3, 4 u. 7 des Formulars.

Zu § 2: Gesellschaftszweck

Vgl. A. 5.00 Rz. 9. Wegen des Erfordernisses der Form der notariellen Beurkun- 8
dung bei einer auf den Erwerb eines Grundstücks gerichteten GbR vgl. A. 5.00
Rz. 34. Bei der erstmaligen Eintragung der GbR als Eigentümerin, aber auch später,
kann die Praxis der Grundbuchämter hinsichtlich des Nachweises der Existenz und
der Vertretung der GbR mitunter erheblich voneinander abweichen vgl. Formular
A. 5.32 mwN).

Zu § 3: Gesellschafterbeiträge

Absatz 1: Die Zinsen auf Fremddarlehen sind nicht als Gesellschafterleistung auf- 9
geführt worden, da sich deren Höhe nach der individuellen Bonität des betreffenden
Gesellschafters richtet und es unangemessen wäre, den Gesellschafter mit der besseren
Bonität mittelbar mit den höheren Zinsen des anderen Gesellschafters zu belasten.

Absatz 3: Die Gesellschafterbeiträge können nach dieser Regelung nicht nur in 10
Geld sondern auch dort, wo es möglich ist durch Eigenleistung erbracht werden. Eine
derartige Regelung ist vor allem dann sinnvoll, wenn ein Partner der nichtehelichen
Lebensgemeinschaft oder beide in der Baubranche tätig und erfahren sind. Bestehen
die Einlagen in Dienstleistungen oder Nutzungsüberlassungen, kann für diese bei der
Liquidation der Gesellschaft kein Ersatz verlangt werden (§ 733 Abs. 2 s. 3 BGB). Mit

§§ 3, 4 und 7 des Formulars ist die insoweit dispositive gesetzliche Regel abbedungen (vgl. auch *Fleischer* WM 17, 881, 884).

11   **Absatz 4:** Auch die Regelung einer Gutschrift für Erziehungsleistungen ist nicht zwingend, kann aber je nach den Verhältnissen in der Praxis als wünschenswert und als gerecht empfunden werden.

Zu § 4: Gesellschafterkonten

12   **Absatz 1:** § 3 führt iVm. § 7 des Formulars zu beweglichen Vermögensbeteiligungsquoten. Vor diesem Hintergrund muss über die jeweiligen Gesellschafterleistungen Buch geführt werden, indem die Leistungen der Gesellschafter auf separaten Konten erfasst und dokumentiert werden. Nur dies hilft, künftige Streitigkeiten über das, was gewesen und das, was hätte sein sollen, zu vermeiden. Zur Grunderwerbsteuer vgl. Rz. 5.

13   **Absatz 2:** Unentgeltliche Arbeits- oder Dienstleistungen sind nach der Rspr. keine Schenkungen iSd. § 516 BGB (*v. Proff* NotBZ 10, 73, 79 mwN). Um unnötigen Streit zu vermeiden, ist sinnvoll, diese zeitnah einvernehmlich zu dokumentieren, ihren Wert festzustellen und zu verbuchen.

14   **Absatz 3:** Auch wenn die Anrechnung solcher Leistungen durch Gutschrift als wünschenswert und gerecht empfunden wird, birgt sie das Risiko der Schenkungsteuerbarkeit der von dem anderen Gesellschafter tatsächlich erbrachten Finanzierungsbeiträge in Bezug auf die Immobilie (*v. Proff* NotBZ 10, 73, 79). Das dürfte erst recht gelten, wenn man die Möglichkeit der Gutschrifterteilung nach § 3 Abs. 4 iVm. § 7 des Formulars auf andere Leistungen wie Haushaltsführung oder auf die Übernahme der Kosten der allgemeinen Lebensführung erstreckt.

Zu § 5: Angehörigenleistungen

15   Mit der vorgeschlagenen Klausel soll einer weiteren häufig in derartigen Konstellationen auftretenden Streitquelle vorgebeugt werden. Sie ist natürlich nicht zwingend. Wenn allerdings Angehörigenleistungen erwünscht sind, sollten sich die Beteiligten von Anfang an Klarheit darüber verschaffen, wie sie diese in Zukunft bewertet und behandelt wissen wollen.

Zu § 6: Dauer der Gesellschaft, Kündigung, Auflösung, Anwachsung

16   **Absatz 1 u. 2:** Nach § 726 BGB endet eine Gesellschaft, wenn der vereinbarte Zweck erreicht oder dessen Erreichung unmöglich geworden ist. Mit der Regelung wird vorsorglich klargestellt, dass das Ende der nichtehelichen Lebensgemeinschaft, sei es durch Trennung, Eheschließung oder Scheidung, keinesfalls automatisch die Rechtsfolgen des § 726 BGB der Auflösung auslöst. Vielmehr bedarf es der Kündigung.

17   **Absatz 3:** Die Bestimmung wird von der hM nicht als unentgeltliche Vereinbarung eingestuft, so dass erstens die Vereinbarung jedenfalls nicht wegen § 2301 BGB iVm. § 2276 BGB der notariellen Beurkundung bedürfte und zweitens, der Wert des Gesellschaftsanteils des verstorbenen Gesellschafters nicht in die Bemessungsgrundlage für etwaige Pflichtteilsergänzungsansprüche (§ 2325 BGB) einfließt (*v. Proff* NotBZ 10, 73, 79 mwN auch zum Meinungsstand; *Werner* ZEV 13, 66). Schenkungs- und erbschaftsteuerlich ist allerdings von einem steuerpflichtigen Tatbestand im Todesfall auszugehen (§ 3 Abs. 1 Nr. 2 Satz 2 ErbStG sowie *v. Proff* NotBZ 10, 73, 81). Die von Todes wegen erfolgende Anwachsung ist gem. § 1 Abs. 1 Nr. 3 Satz 1 GrEStG iVm. § 3 Nr. 2 GrEStG von der Grunderwerbsteuer befreit (*v. Proff* NotBZ 10, 73, 81 f.).

Zu § 7: Auseinandersetzung

18   Zur Grunderwerbsteuer vgl. Rz. 5.

Zu § 8: Schriftform

Absatz 1: Die Schriftform dient der Streitvermeidung. Angesichts der persönlichen 19
Nähe der Gesellschafter liegt es nahe, dass häufig und viel über das gemeinsame Pro-
jekt möglicherweise auch noch im Beisein von und mit Angehörigen und Dritten geredet wird, die Schriftform aber erst eine gewisse Verbindlichkeit und mehr Rechtssicherheit unter den Gesellschaftern herstellen kann.
20
Absatz 2: Vgl. A. 5.00 Rz. 73

A. 5.10 Abtretung (Verkauf)

Gliederung

I. FORMULAR

Formular A. 5.10 Kaufvertrag

Zwischen

A   – nachfolgend Verkäufer genannt –

und

B   – nachfolgend Käufer genannt –

wird folgender

KAUFVERTRAG

abgeschlossen:

§ 1 Vertragsgegenstand

(1) Der Verkäufer ist zu 30 % an der aus ihm sowie ...... unter der Bezeichnung
„Grundstücksgesellschaft A" bestehenden Gesellschaft bürgerlichen Rechts beteiligt.

(2) Einziger Vermögensgegenstand der Gesellschaft ist das im Grundbuch von ......
Bezirk X Band Y Blatt Z

eingetragene Grundstück lfd. Nr. 1 Flur ...... Flurstück ....

(3) Die Verfügung über die Beteiligung an dieser Gesellschaft ist gem. § 13 Abs. 2
[vgl. Formular A. 5.00] des Gesellschaftsvertrages vom ...... ohne Zustimmung der
Mitgesellschafter zulässig.

§ 2 Verkauf der Beteiligung und des Ergebnisbezugsrechts

Der Verkäufer verkauft hiermit seine Beteiligung an der in § 1 bezeichneten Gesellschaft im Wege der Abtretung mit Wirkung zum 1. ...... 20.. (hiernach: Übertragungs-

stichtag) an den Käufer. Die Ergebnisse der Gesellschaft bis zum Übertragungsstichtag stehen dem Verkäufer und vom Übertragungsstichtag an dem Käufer zu.

§ 3 Kaufpreis

Der Kaufpreis beträgt € ...... und ist zum Übertragungsstichtag zur Zahlung auf das Konto des Verkäufers, Konto-Nr. ...... bei der ...... Bank (BLZ ......), fällig.

§ 4 Abtretung der Beteiligung

Der Verkäufer tritt seine Beteiligung hiermit an den dies annehmenden Käufer mit Wirkung zum Übertragungsstichtag unter der aufschiebenden Bedingung ab, dass der Kaufpreis rechtzeitig und vollständig gezahlt ist.

§ 5 Mitteilung

(1) Unverzüglich nach Eintritt der Bedingung gemäß § 4 werden die Parteien gemeinsam die Geschäftsführung der Gesellschaft über den Abschluss und die Durchführung dieses Vertrages unterrichten.

(2) Mit Vertragsunterzeichnung erkennt der Käufer gleichzeitig den Gesellschaftsvertrag vom ...... und die gemäß § 19 *[vgl. Formular A. 5.00]* des vorstehenden Gesellschaftsvertrages am selben Tage geschlossene Schiedsvereinbarung als für ihn in allen Bestimmungen verbindlich an.

§ 6 Haftung für Rechts- und Sachmängel

(1) Der Verkäufer garantiert dem Käufer (§ 276 BGB), dass ihm die Beteiligung an der Gesellschaft zusteht und er ihm die Beteiligung nach Maßgabe dieses Vertrages als neuem Berechtigten verschaffen wird.

(2) Der Käufer hat das Grundstück der Gesellschaft besichtigt und in alle wesentlichen Unterlagen Einsicht genommen. Der Verkäufer schuldet in Bezug auf das Grundstück der Gesellschaft keine besondere Beschaffenheit und keinen bestimmten Zustand. Garantien werden insoweit keine übernommen.

§ 7 Schiedsverfahren

Für Streitigkeiten aus diesem Vertrag wird die ordentliche Gerichtsbarkeit ausgeschlossen und die Zuständigkeit eines Schiedsgerichts vereinbart. Für das Schiedsgericht, seine Zusammensetzung und sein Verfahren gilt die Schiedsvereinbarung, welche in gesonderter Urkunde heute im Anschluss an diesen Vertrag abgeschlossen worden ist.

§ 8 Schriftform

Änderungen dieses Vertrages bedürfen zu ihrer Wirksamkeit der Schriftform. Auch wiederholte Verstöße gegen diese Bestimmung beseitigen nicht das Schriftformerfordernis.

§ 9 Teilnichtigkeit

Sollte eine Bestimmung dieses Vertrages nichtig, anfechtbar oder unwirksam sein, so soll die Wirksamkeit der übrigen Bestimmungen hiervon nicht berührt werden. Die angreifbare Bestimmung ist vielmehr durch eine wirksame zu ersetzen und/oder so auszulegen, dass der mit ihr erstrebte wirtschaftliche und/oder ideelle Zweck nach Möglichkeit erreicht wird.

....

(Unterschrift A)   (Unterschrift B)

II. ERLÄUTERUNGEN

1. Grundsätzliche Anmerkungen

a) Wirtschaftliches Vertragsziel

Das vorgestellte Formular ist auf die Übertragung einer Minderbeteiligung an einer　1 vermögensverwaltenden GbR, namentlich einer Grundstücks-GbR ausgerichtet, die in der Praxis regelmäßig Einkünfte aus VuV beziehen dürfte. Bei den nachfolgenden Anm. werden daher Sonderfragen, welche die unternehmerische GbR betreffen, nur am Rande erläutert.

b) Zivilrecht

Die Übertragung von Anteilen an einer GbR **bedarf keiner Form,** sie muss jedoch　2 im Gesellschaftsvertrag oder ad hoc zugelassen sein (vgl. BGH II ZR 8/53 v. 28.4.54, NJW 54, 1155; *MünchKommBGB/Schäfer* § 719 Rz. 27); aus Gründen der Nachweisbarkeit empfiehlt sich jedoch zumindest die Einhaltung der Schriftform. Die notarielle Form ist auch dann nicht vorgeschrieben, wenn einziger Vermögensgegenstand der Gesellschaft ein Grundstück ist, es sei denn es läge ein Umgehungstatbestand vor (*Palandt/Grüneberg* § 311b BGB Rz. 5; *MünchKommBGB/Ulmer/Schäfer* § 705 Rz. 36). Die Rspr. hat einen Umgehungstatbestand bisher deshalb verneint, weil in den konkret zu entscheidenden Fällen jedenfalls eine Umgehungsabsicht nicht feststellbar war (BGH II ZR 288/81 v. 31.1.83, BGHZ 86, 367, 371; OLG Frankfurt 20 W 516/94 v. 15.4.96, NJW-RR 96, 1123, 1124; krit. *Ulmer/Löbbe* DNotZ 98, 711, 718 ff.). Die Veränderung im Gesellschafterbestand ist nach §§ 899a BGB, 47 Abs. 2 GBO, 15 Abs. 3 GBV im Grundbuch einzutragen. Nach § 82 Satz 3 GBO besteht ein Berichtigungszwang. Die Berichtigung muss in der Form des § 29 GBO durch alle Gesellschafter, auch den Ausgeschiedenen, erfolgen. Dies bedeutet, dass der Berichtigungsantrag oder sonstige zu der Eintragung erforderlichen Erklärungen durch öffentliche oder öffentlich beglaubigte Urkunden nachgewiesen werden müssen (vgl. auch *Böttcher* NJW 12, 822, 823; *Hirte* NJW 12, 581, 586; *Suttmann* NJW 13, 423). Nicht zwingend erforderlich ist hingegen der Nachweis des Gesellschaftsvertrages in der Form des § 29 GBO (OLG München 34 Wx 303/12 und 34 Wx 406/12 v. 27.11.12, NJW-Spezial 13, 113; OLG München 34 Wx 420/19 v. 7.1.20, DNotI-Report 20, 29: Zweifel an der Aktualität eines privatschriftlichen Gesellschaftsvertrages könnte durch privatschriftliche Erklärungen aller ursprünglichen Gesellschafter sowie der Erben ausgeräumt werden). Verfügt die Geschäftsführung über eine notariell beglaubigte Vollmacht oder – wie nach dem Formular A. 5.32 sogar über – eine notariell beurkundete Vollmacht, können Verkäufer und Käufer die Grundbuchberichtigung zusammen mit der Geschäftsführung der Gesellschaft ohne Mitwirkung der übrigen Gesellschafter bewirken. Der notariellen Form bedarf allerdings die Übertragung eines Anteils an einer GbR, deren Zweck erst der Erwerb eines bestimmten Grundstücks ist, wie auch der Gesellschaftsvertrag einer derartigen GbR der notariellen Form bedarf (*MünchKommBGB/Ulmer/Schäfer* § 705 Rz. 38; vgl. auch A. 5.00 Rz. 34). Das Verpflichtungsgeschäft zur Übertragung eines Gesellschaftsanteils an einer GbR, deren Gesellschaftsvermögen aus einem GmbH-Anteil besteht, bedarf nicht schlechthin der notariellen Beurkundung entsprechend § 15 Abs. 4 GmbHG. Formbedürftigkeit besteht nur dann, wenn das Geschäft dazu dient, die Formvorschrift des § 15 Abs. 4 GmbHG zu umgehen. In einem Fall, der eine Mitarbeiterbeteiligung betraf, wurde eine derartige Umgehungsabsicht nicht verzeichnet (BGH II ZR 312/06 v. 10.3.08, DStR 08, 1147).

Der II. Zivilsenat des BGH (II ZR 56/02 v. 7.4.03, DStR 03, 1084) hat in Abkehr　3 zur bisher hM entschieden, dass ein neu in eine GbR eintretender Gesellschafter für bereits bei seinem Eintritt bestehende Verbindlichkeiten der Gesellschafter neben den bisherigen Gesellschaftern persönlich, dh. mit seinem Privatvermögen haftet(vgl. A. 5.00 Rz. 5f.). Zur Nachhaftung des ausgeschiedenen Gesellschafters vgl. A. 5.00 Rz. 65.

c) Steuerrecht

4   Werden innerhalb der Gesellschaft Einkünfte aus VuV bezogen – was bei der **vermögensverwaltenden GbR** die Regel sein dürfte (vgl. A. 5.00 Rz. 13) –, so führt der Verkäufer ein **steuerpflichtiges privates Veräußerungsgeschäft** iSd. § 23 Abs. 1 Nr. 1 EStG aus, wenn der Zeitraum zwischen Anschaffung und der Veräußerung seiner Beteiligung an der Grundstücks-GbR nicht mehr als zehn Jahre beträgt, denn die Anschaffung oder Veräußerung einer unmittelbaren oder mittelbaren Beteiligung an einer Personengesellschaft gilt als Anschaffung oder Veräußerung der anteiligen Wirtschaftsgüter, also hier des Grundstücks (vgl. § 23 Abs. 1 Satz 4 EStG). Gewinn oder Verlust aus dem Veräußerungsgeschäft ist der Unterschied zwischen Veräußerungspreis einerseits und den Anschaffungs- und Herstellungskosten und den Werbungskosten andererseits. Die Anschaffungs- und Herstellungskosten mindern sich um die AfA, erhöhte Absetzungen und Sonderabschreibungen, soweit sie bei der Ermittlung der Einkünfte aus VuV abgezogen worden sind. Verluste dürfen nur bis zur Höhe des Gewinns, den der Verkäufer im gleichen Kalenderjahr aus privaten Veräußerungsgeschäften erzielt hat, ausgeglichen werden. Die Verluste mindern jedoch nach Maßgabe des § 10d EStG die Einkünfte, die der Verkäufer in dem vorangegangenen VZ oder in den folgenden VZ aus privaten Veräußerungsgeschäften erzielt hat oder erzielt (vgl. § 23 Abs. 3 Satz 1, 4, 7, 8 EStG nF bzw. § 23 Abs. 3 Satz 1, 4, 8, 9 EStG aF).

5   Liegt hingegen eine **unternehmerische GbR** vor, also eine GbR, die gewerbliche oder freiberufliche Einkünfte erzielt (vgl. A. 5.00 Rz. 13), so ist ein mit der Anteilsveräußerung erzielter **Veräußerungsgewinn** nach § 16 Abs. 1 Nr. 2 EStG (bzw. bei freiberuflichen Einkünften iVm. § 18 Abs. 3 Satz 2 EStG) steuerpflichtig. Hat der Verkäufer das 55. Lebensjahr vollendet oder ist er im sozialversicherungsrechtlichen Sinne dauernd berufsunfähig, so wird der Veräußerungsgewinn auf Antrag zur ESt nur herangezogen, soweit er € 45.000,– übersteigt. Dieser Freibetrag ist dem Steuerpflichtigen nur einmal zu gewähren. Er ermäßigt sich um den Betrag, um den der Veräußerungsgewinn € 136.000,– übersteigt (§ 16 Abs. 4 EStG). Überdies kann ein Verkäufer, der die vorgenannten persönlichen Voraussetzungen erfüllt, auf Antrag gem. § 34 Abs. 3 EStG den sog. ermäßigten Steuersatz auf den Veräußerungsgewinn „einmal im Leben" geltend machen. Verkäufer, welche die genannten persönlichen Voraussetzungen nicht erfüllen, können lediglich die sog. Tarifglättung nach § 34 Abs. 1 EStG beanspruchen. Alternativ kann für den Verkäufer die Bildung einer Rücklage bzw. eines Abzugs nach §§ 6b, 6c EStG als die steuerlich sinnvollere Gestaltung in Betracht kommen. Zur **Gewerbesteuer** bei der Veräußerung von Anteilen an einer gewerblichen GbR, die auch dort nur in (str.) Ausnahmefällen greift, vgl. A. 9.10 Rz. 5.

6   Ändert sich bei einer GbR, zu deren Vermögen ein Grundstück gehört, innerhalb von fünf Jahren der Gesellschafterbestand unmittelbar oder mittelbar dergestalt, dass mindestens 95% der Anteile am Gesellschaftsvermögen auf neue Gesellschafter übergehen, liegt ein **grunderwerbsteuerbarer** Vorgang vor (§ 1 Abs. 2a GrEStG). Für die Einzelheiten der Anwendung des § 1 Abs. 2a GrEStG wird auf Gleichl. Ländererlasse v. 26.2.03, DStR 03, 980 verwiesen. Nach BFH II R 49/12 v. 9.7.14, DStR 14, 1829 kann für die Frage des mittelbaren Gesellschafterwechsels auf die vom Zivilrecht abweichende wirtschaftliche Betrachtungsweise (§ 39 Abs. 2 Nr. 1 AO) abzustellen sein. Subsidiär ist insbes. für vorgelagerte Rechtsgeschäfte § 1 Abs. 3 GrEStG anwendbar. Die Übertragung von mindestens 95% der Anteile an einer grundbesitzenden Personengesellschaft ist auch dann nach § 1 Abs. 2a GrEStG steuerbar, wenn der (Alt-)Gesellschafter nach der Übertragung der Anteile weiter mittelbar im vollen Umfang an der grundbesitzenden Personengesellschaft beteiligt bleibt. Allerdings ist die Steuer

in entsprechender Anwendung von § 6 Abs. 3 Satz 1 iVm. Abs. 1 GrEStG insgesamt nicht zu erheben (BFH II R 57/09 v. 29.2.12, DStR 12, 1181). Allgemein zur GrEStG bei Umstrukturierungen von Familiengesellschaften vgl. *Götz* DStR 12, 226.

Bemessungsgrundlage für die GrESt sind in den Fällen des § 1 Abs. 2a und Abs. 3 **7** GrEStG in der Regel die Werte iSd. § 138 Abs. 2 oder 3 BewG (§ 8 Abs. 2 GrEStG). Für den Nachweis eines niedrigeren gemeinen Werts eines zum Vermögen einer Gesellschaft gehörenden Grundstücks reicht der Wertansatz des Grundstücks in der Bilanz der Gesellschaft nicht aus und er kann regelmäßig auch nicht durch Ableitung aus dem Kaufpreis für einen Gesellschaftsanteil geführt werden (BFH II R 47/15 v. 25.4.18, DStR 18, 2147).

2. Einzelerläuterungen

Zu § 1: Vertragsgegenstand

Wegen der Formerfordernisse vgl. Rz. 2.   **8**

Zu § 2: Verkauf der Beteiligung und des Ergebnisbezugsrechts

Für die steuerliche Anerkennung der Ergebnisverteilung empfiehlt sich eine eindeu- **9** tige nachvollziehbare Festlegung; die FinVerw. erkennt rückwirkende Vereinbarungen nur sehr eingeschränkt an (vgl. *Schmidt/Weber-Grellet* § 2 EStG Rz. 50 f, *Schmidt/Wacker* § 15 EStG Rz. 452 f.). Vor der zivilrechtlichen Übertragung des Gesellschaftsanteils an einer unternehmerischen GbR ist dem Erwerber die Mitunternehmerstellung nur dann zuzurechnen, wenn er rechtsgeschäftlich eine auf den Erwerb des Gesellschaftsanteils gerichtete, rechtlich geschützte Position erworben hat, die ihm gegen seinen Willen nicht mehr entzogen werden kann, und Mitunternehmerrisiko sowie Mitunternehmerinitiative vollständig auf ihn übergegangen sind (BFH IV R 15/15 v. 1.3.18, DStRE 18, 1032; BFH IV R 39/11 v. 20.9.18, DStR 18, 2689).

Zu § 3: Kaufpreis

Die Kaufpreiszahlung bedingt die Wirksamkeit der Abtretung (vgl. § 4 des Formu- **10** lars). Dies ist hier eine Sicherung für den Verkäufer.

Zu § 4: Abtretung der Beteiligung

Im Formular wird davon ausgegangen, dass nach dem Gesellschaftsvertrag die freie **11** Abtretung von Gesellschaftsanteilen zulässig ist. Dies ist möglich (vgl. BGH II ZR 8/53 v. 28.4.54, NJW 54, 1155; *MünchKommBGB/Schäfer* § 719 Rz. 27). Sieht der Gesellschaftsvertrag die Zulässigkeit der Abtretung ohne Zustimmung der übrigen Gesellschafter nicht vor, so wäre einem Kaufvertrag der in die Abtretung einwilligende Beschluss der Gesellschafterversammlung beizugeben. Dieser bedarf der Einstimmigkeit, soweit der Gesellschaftsvertrag auch insoweit keine Erleichterungen vorsieht. Vgl. im Übrigen Rz. 10.

Zu § 5: Mitteilung

Absatz 1: Die vorgeschlagene Mitteilung knüpft an § 16 GmbHG an. Sie ist insbes. **12** dann erforderlich, wenn – wie im Musterfall – sich die Abtretung ohne Wissen der Mitgesellschafter vollzieht. Eine Bestimmung über die Anerkennung der Verbindlichkeit des Gesellschaftsvertrags durch den Käufer sollte vorsorglich aufgenommen werden.

Absatz 2: Der eintretende Gesellschafter ist auch an eine eventuell im Gesell- **13** schaftsvertrag getroffene Schiedsvereinbarung gebunden. Dies gilt auch dann, wenn der Gesellschaftsvertrag wiederum auf eine Schiedsvereinbarung zwischen den Gesellschaftern verweist (*Zilles*, Schiedsgerichtsbarkeit im Gesellschaftsrecht, 2002, S. 30 f.). Angesichts der Formvorschrift des § 1032 ZPO sollte allerdings schriftlich eine eindeutige Verweisung auf die getroffene Schiedsvereinbarung vorgenommen werden.

(frei)   **14**

Zu § 6: Haftung für Sach- und Rechtsmängel

15   **Absatz 1:** Auf den Kauf von Rechten, also wie hier Gesellschaftsanteilen finden die Vorschriften über den Kauf von Sachen auf den Kauf von Rechten entsprechende Anwendung (§ 453 Abs. 1 BGB). Nach früherem Recht bestand beim Rechtskauf (Beteiligungskauf) noch ausdrücklich eine verschuldensunabhängige Haftung des Verkäufers für den rechtlichen Bestand des veräußerten Rechts (vgl. § 437 BGB aF). Im Schrifttum wird teilweise bemängelt, dass § 453 Abs. 1 BGB eine verschuldensunabhängige Haftung nicht ausdrücklich vorsieht. Wenn ein der früheren Rechtslage ähnliches Ergebnis im Interesse des Käufers gesichert werden soll, wäre vorsorglich eine (unselbstständige) Garantie iSd. § 276 Abs. 1 Satz 1 BGB aufzunehmen, wie dies auch in dem Formular vorgeschlagen wird (vgl. *Wälzholz* DStR 02, 500, 502).

16   **Absatz 2:** Ist ein Recht verkauft, das zum Besitz einer Sache berechtigt, so ist der Käufer verpflichtet, dem Käufer die Sache frei von Sach- und Rechtsmängeln zu übergeben (§ 453 Abs. 3 BGB). Letzteres dürfte jedoch insbes. auch angesichts der durch den II. Zivilsenat des BGH forcierten Annährung der GbR an die OHG (vgl. A. 5.00 Rz. 4 ff.) als Grundlage für eine Haftung des verkaufenden Gesellschafters für Sach- und Rechtsmängel in Bezug auf **Sachen, die sich im Vermögen der GbR befinden,** eher zweifelhaft sein. Nach überwiegender Meinung hat die OHG auf Grund der Anordnung des § 124 HGB selbst Besitz, so dass – so wie bei dem Erwerb von GmbH-Anteilen – der Abs. 3 des § 453 BGB nicht einschlägig ist (vgl. *Palandt/Weidenkaff* § 453 BGB Rz. 21a, 23, *Wälzholz* DStR 02, 500, 502). Sofern gleichwohl eine Haftung des Verkäufers für Sach- und Rechtsmängel gewollt ist, wird man entsprechend der früheren Rspr. weiter verlangen müssen, dass eine derartige Haftung nur in Betracht kommt, wenn der Anteilskauf wirtschaftlich dem Kauf des gesamten Unternehmens bzw. des Grundbesitzes gleichkommt (*Weitnauer* NJW 02, 2511). Ab welcher Anteilsquote dies der Fall ist, hat der BGH bisher offengelassen (vgl. *Palandt/Weidenkaff* § 453 BGB Rz. 23, *Weitnauer* NJW 02, 2511, 2513). Um Vertragsunsicherheiten zu vermeiden, ist es daher sinnvoll, entweder weitergehende Haftungsklauseln in den Vertrag aufzunehmen (vgl. *Bisle* DStR 13, 364, 365 ff.) oder diese, falls eine umfassendere Haftung des Käufers in Bezug auf das Vermögen der Gesellschaft nicht gewollt ist, ausdrücklich auszuschließen, wie dies in Abs. 2 des Formulars weitgehend geschehen ist. Eine derartige Klausel lässt freilich die Haftung wegen arglistiger Täuschung unberührt (*Wälzholz* NJW 02, 500, 503; vgl. Näheres zur Haftung auch *Weitnauer* NJW 02, 2511; *Seibt/Reiche* DStR 02, 1135, 1181).

Zu § 7: Schiedsverfahren

17   Unabhängig von der in § 5 Abs. 2 des Formulars vereinbarten Bezugnahme auf die für die Gesellschaft bestehende Schiedsvereinbarung bedarf es einer gesonderten Schiedsvereinbarung für den Fall, dass der Käufer und der Verkäufer eventuelle Streitigkeiten in ihrem Verhältnis schiedsgerichtlich austragen wollen (vgl. Formular A. 13).

A. 5.11 Abtretung (Schenkung)

Gliederung

I. FORMULAR

Formular A. 5.11 Abtretung (Schenkung)

Nr. ...... der Urkundenrolle für 20..

Verhandelt

zu ......

am ......

Vor mir, dem unterzeichneten Notar ......

mit dem Amtssitz zu ......

erschienen:

1. Herr A   – nachfolgend Schenker genannt –

2. Herr B   – nachfolgend Beschenkter genannt –

Die Erschienenen sind dem Notar persönlich bekannt.

Die Erschienenen erklärten mit der Bitte um

BEURKUNDUNG

§ 1 Vertragsgegenstand

Der Schenker ist zu 30 % an der aus ihm sowie ...... unter der Bezeichnung „Grundstücksgesellschaft A" bestehenden Gesellschaft bürgerlichen Rechts beteiligt. Einziger Vermögensgegenstand der Gesellschaft ist das im Grundbuch von ......

Bezirk X Band Y Blatt Z

eingetragene Grundstück lfd. Nr. 1

Flur ...... Flurstück ......

Die Verfügung über die Beteiligung an dieser Gesellschaft ist gemäß § 13 Abs. 2 *[vgl. Formular A. 5.00]* des Gesellschaftsvertrages vom ...... ohne Zustimmung der Mitgesellschafter zulässig.

§ 2 Schenkung

Der Schenker schenkt hiermit dem dies annehmenden Beschenkten seine Beteiligung an der in § 1 bezeichneten Gesellschaft im Wege der Abtretung.

§ 3 Wirksamwerden

Der Schenker tritt hiermit die nach § 2 dem Beschenkten geschenkte Beteiligung mit sofortiger Wirkung an den dies annehmenden Beschenkten ab. Die Ergebnisse der Gesellschaft stehen seit dem letzten Jahresabschluss bis zum heutigen Tag dem Schenker und vom heutigen Tag an dem Beschenkten zu.

§ 4 Mitteilung

(1) In Vollzug dieses Vertrages werden die Parteien gemeinsam die Geschäftsführung unverzüglich vom Abschluss dieses Vertrages unterrichten.

(2) Mit Vertragsunterzeichnung erkennt der Beschenkte gleichzeitig den Gesellschaftsvertrag vom ...... und die gem. § 19 *[vgl. Formular A. 5.00]* des vorstehenden Gesellschaftsvertrages am selben Tage geschlossene Schiedsvereinbarung als für ihn in allen Bestimmungen verbindlich an.

§ 5 Haftung des Schenkers

Es gelten die gesetzlichen Bestimmungen der § 521 ff. BGB mit der Maßgabe, dass der Schenker nur Vorsatz zu vertreten hat.

Vorstehende Verhandlung wurde den Erschienenen von dem Notar vorgelesen, von ihnen genehmigt und von ihnen und dem amtierenden Notar eigenhändig wie folgt unterschrieben.

§ 6 Rückforderungsrecht

(1) Der Schenker ist berechtigt, die übertragene Beteiligung zurückzufordern, wenn

a) der Beschenkte vor dem Schenker verstirbt, ohne dass die Beteiligung auf einen Abkömmling des Beschenkten oder Schenkers übergeht,

b) über das Vermögen des Beschenkten das Insolvenzverfahren eröffnet oder mangels Masse abgelehnt wird.

(2) Die gesetzlichen Rückforderungsmöglichkeiten gem. §§ 528 ff. BGB bleiben von den vorstehenden Regelungen unberührt.

§ 7 Sonstiges

(1) Die Kosten der Schenkung und des Vollzugs einschließlich einer etwaigen Schenkungsteuer trägt der Beschenkte.

(2) Der Beschenkte hat sich diese Zuwendung beim Ableben des Schenkers auf den Pflichtteil anrechnen zu lassen.

....

(Unterschrift A)   (Unterschrift B)

....

(Beglaubigungsvermerk)   (Unterschrift Notar)

II. ERLÄUTERUNGEN

Erläuterungen zu A. 5.11 Abtretung (Schenkung)

1. Grundsätzliche Anmerkungen

a) Wirtschaftliches Vertragsziel

1   Das wirtschaftliche Vertragsziel einer Schenkung kann darin liegen, schon zu Lebzeiten für die Nachfolge Sorge zu tragen. Dies kann insbesondere für die wiederholte Ausnutzung der persönlichen Freibeträge bei der Erbschaft- und Schenkungsteuer sinnvoll sein (vgl. § 14 Abs. 1 Satz 1 iVm. § 16 ErbStG). Darüber hinaus ist zu erwägen, ob zugunsten des Schenkers gleichzeitig ein Vorbehaltsnießbrauch oder eine andere Absicherung von regelmäßigen Einnahmen sinnvoll ist (zum Vorbehaltsnießbrauch vgl. A. 5.26 Rz. 6, 12).

b) Zivilrecht

2   Gem. § 518 BGB ist für Schenkungsverträge die **notarielle Beurkundung** vorgeschrieben, wobei nicht schlechthin jeder im eigentlichen Sinn unentgeltliche Erwerb eines Gesellschaftsanteils als formbedürftige Schenkung qualifiziert wird. So kommt es insbes. bei der Aufnahme in eine Außengesellschaft darauf an, ob der Wert der Beteiligung die Belastungen des unentgeltlich aufgenommenen Gesellschafters die Belastung mit der persönlichen Haftung und mit einer etwaigen Tätigkeitspflicht erheblich übersteigt sowie ob Unentgeltlichkeit gewollt war (vgl. *Bamberger/Roth/Schöne* § 705 BGB Rz. 49, *MünchKommBGB/Ulmer/Schäfer* § 705 Rz. 43; zum Meinungsstand und in Abgrenzung zur Rechtslage der GbR zu oHG und KG vgl. *Werner* ZEV 13, 66).

    Gem. § 518 Abs. 2 BGB wird der **Formmangel** durch die Bewirkung der versprochenen Leistung **geheilt**. Nach BGH II ZR 16/52 v. 29.10.52, BGHZ 7, 378 soll die

Einbuchung des Anteils des Beschenkten in den Gesellschaftsbüchern jedenfalls bei einer Innengesellschaft keine Bewirkung der versprochenen Leistung darstellen. Richtigerweise ist allerdings die versprochene Leistung iSd. § 518 Abs. 2 BGB bereits bewirkt, wenn der Gesellschaftsanteil in Erfüllung des Schenkungsversprechens abgetreten wird (*Bamberger/Roth/Gehrlein* § 518 BGB Rz. 11). Deshalb hat die nach dem Formular vorgeschlagene notarielle Form lediglich vorsorglichen Charakter.

Zu Formerfordernissen, die sich aus anderen Vorschriften, insbesondere der gebotenen Grundbuchberichtigung, ergeben vgl. A. 5.10 Rz. 2. Zur Nachhaftung des ausscheidenden Gesellschafters vgl. A. 5.00 Rz. 65 und zur Haftung des neu eintretenden Gesellschafters für Altverbindlichkeiten vgl. A. 5.10 Rz. 3.

c) Steuerrecht

Zur Schenkungsteuer vgl. A. 5.00 Rz. 27 f. Ein nach § 1 Abs. 2a GrEStG mit **3** Grunderwerbsteuer steuerbarer Gesellschafterwechsel bei schenkweiser Übertragung der Anteile an einer grundbesitzenden Personengesellschaft ist jedenfalls gem. § 3 Nr. 2 GrEStG steuerfrei (BFH II R 79/05 v. 12.10.06, BStBl. II 07, 409, FinMin Bayern v. 12.10.07, ZEV 07, 548). Ertragsteuerlich sind bei unentgeltlichen Übertragungen steuerliche Gestaltungsmöglichkeiten nach § 6 Abs. 3 EStG, §§ 20, 24 UStG zu beachten, um Buchwertfortführung sicherzustellen.

2. Einzelerläuterungen

Zu § 3: Wirksamkeit

Zur Frage der Möglichkeit einer steuerlichen Rückwirkung vgl. A. 5.10 Rz. 9. **4**

Zu § 4: Mitteilung

Vgl. A. 5.10 Rz. 12 f. **5**

Zu § 5: Haftung des Schenkers

Nach der gesetzlichen Regelung haftet der Schenker nur für Vorsatz und grobe **6** Fahrlässigkeit (§ 521 BGB). Überdies ist es vertraglich zulässig, die Haftung auf Vorsatz zu beschränken (§ 276 Abs. 3 BGB, vgl. *Palandt/Weidenkaff* § 521 BGB Rz. 1).

Zu § 7: Sonstiges

Absatz 1: Übernimmt der Schenker diese Beträge, erhöht sich die Bemessungs- **7** grundlage für die Schenkungssteuer entsprechend.

Absatz 2: Eine eventuelle Anrechnung auf den Pflichtteil muss schon bei der Zu- **8** wendung angeordnet worden sein (§ 2315 Abs. 1 BGB).

A. 5.12 Abtretung (Sicherungsabtretungsvertrag)

Gliederung

I. FORMULAR

Formular A. 5.12 Sicherungsabtretungsvertrag

Zwischen

A   – nachfolgend Sicherungsgeber genannt –

und

B   – nachfolgend Sicherungsnehmer genannt –

wird folgender

SICHERUNGSABTRETUNGSVERTRAG

geschlossen:

§ 1 Vertragsgegenstand

Der Sicherungsgeber ist zu 30 % an der aus ihm sowie ...... unter der Bezeichnung „Grundstücksgesellschaft A" bestehenden Gesellschaft bürgerlichen Rechts beteiligt. Einziger Vermögensgegenstand der Gesellschaft ist das im Grundbuch von ......

Bezirk X Band Y Blatt Z

eingetragene Grundstück lfd. Nr. 1

Flur ...... Flurstück ......

Die Verfügung über die Beteiligung an dieser Gesellschaft ist gem. § ...... des Gesellschaftsvertrages vom ...... ohne Zustimmung der Mitgesellschafter zulässig.

§ 2 Sicherungsabtretung

Der Sicherungsnehmer hat dem Sicherungsgeber am ...... in Darlehen in Höhe von € ...... zuzüglich ...... % Zinsen p. a. gewährt. Zur Sicherung dieses Darlehens tritt der Sicherungsgeber dem Sicherungsnehmer hiermit seine Stellung an der gem. § 1 bezeichneten Gesellschaft bürgerlichen Rechts ab, der Sicherungsnehmer nimmt diese Abtretung hiermit an.

§ 3 Offenlegung, Gesellschaftsrechte

(1) Es besteht Einvernehmen darüber, dass die Offenlegung dieser Sicherungsabtretung solange nicht erfolgt, wie der Sicherungsgeber seinen Verpflichtungen aus dem Darlehensvertrag vom ...... pünktlich nachkommt. Der Sicherungsgeber ist daher berechtigt, die Rechte aus dem sicherungshalber abgetretenen Gesellschaftsanteil selbst auszuüben. Er verpflichtet sich, den Sicherungsnehmer über die Verhältnisse der Gesellschaft, insbesondere deren Vermögen, und des Gesellschaftsanteils unterrichtet zu halten. Der Sicherungsgeber wird sein Stimmrecht nach den Weisungen des Sicherungsnehmers ausüben.

(2) Kommt der Sicherungsgeber seinen Verpflichtungen aus dem Darlehensvertrag nicht nach, so wird der Sicherungsnehmer seine Rechte an dem sicherungshalber abgetretenen Gesellschaftsanteil selbst wahrnehmen. Er wird dies dem Sicherungsgeber durch schriftliche Erklärung mitteilen. Dem Sicherungsnehmer steht dieses Recht auch dann zu, wenn der Sicherungsgeber gegen eine wesentliche Verpflichtung aus diesem Vertrag verstößt oder wenn eine Veränderung des Sicherungsgegenstandes zu besorgen ist.

§ 4 Verwertung

Der Sicherungsnehmer ist berechtigt, den Gesellschaftsanteil freihändig zu verkaufen oder anderweitig zu verwerten – insbesondere durch öffentliche Versteigerung.

Auf Verlangen des Sicherungsgebers ist er zur öffentlichen Versteigerung verpflichtet. Der Sicherungsnehmer hat den Sicherungsgeber von den Bedingungen eines etwaigen freihändigen Verkaufs spätestens eine Woche vor Vertragsschluss schriftlich zu unterrichten.

§ 5 Freigabe der Sicherheit

Der Sicherungsnehmer ist verpflichtet, dem Sicherungsgeber nach Rückzahlung des gesicherten Darlehens einschließlich aller Nebenansprüche den Gesellschaftsanteil zurückzuübertragen.

§ 6 Kosten

Die mit dem Abschluss und der Durchführung dieses Vertrages verbundenen Kosten trägt der Sicherungsgeber.

§ 7 Salvatorische Klausel

(1) Sollte eine Bestimmung dieses Vertrages nichtig, anfechtbar oder unwirksam sein, so soll die Wirksamkeit der übrigen Bestimmungen hiervon nicht berührt werden. Die angreifbare Bestimmung ist vielmehr so auszulegen, dass der mit ihr erstrebte wirtschaftliche und/oder ideelle Zweck nach Möglichkeit erreicht wird. Dasselbe gilt sinngemäß für die Ausfüllung von Vertragslücken.

(2) Gerichtsstand und Erfüllungsort ist der Sitz der Gesellschaft.

....

(Unterschrift A)   **(Unterschrift B)**

II. ERLÄUTERUNGEN

Erläuterungen zu A. 5.12 Sicherungsabtretungsvertrag

1. Grundsätzliche Anmerkungen

a) Wirtschaftliches Vertragsziel

Der Sicherungswert von nicht notierten Beteiligungen ist zweifelhaft. Neben den **1** Schwierigkeiten der Bewertung ist auf solche der Verwertung hinzuweisen. Im Einzelfall kann der Sicherungswert einer nicht notieren Beteiligung jedoch erheblich sein, wenn es sich um eine GbR mit wertvollem Grundbesitz und mit hohen Mieterträgen handelt. Im Hinblick auf die persönliche Haftung eines Gesellschafters ist allerdings bei Sicherungsabtretungen von Anteilen an GbR mit hohen Verbindlichkeiten Vorsicht geboten. Die Verwertung kann bspw. dadurch erleichtert werden, dass der freihändige Verkauf der Beteiligung zugelassen ist. Enthält der Gesellschaftsvertrag überdies vereinfachte Kündigungsmöglichkeiten und eine großzügige Regelung bezüglich des Abfindungshabens, vereinfacht dies die Verwertung erheblich.

b) Zivilrecht

Die sicherungsweise Hingabe – oder auch Verpfändung – eines Gesellschaftsanteils **2** ist nur möglich, wenn seine Übertragung **im Gesellschaftsvertrag zugelassen** ist oder die Mitgesellschafter ihr ad hoc zustimmen (vgl. BGH II ZR 8/53 v. 28.4.54, NJW 54, 1155; *MünchKommBGB/Schäfer* § 719 Rz. 27. Ist für die Übertragung an den Sicherungsnehmer die Zustimmung der Mitgesellschafter erforderlich, so ist in dieser Zustimmung in der Regel auch die Einwilligung zur Rückabtretung an die Gesellschafter zu sehen (vgl. *MünchKommBGB/Schäfer* § 719 Rz. 29; BGH II ZR 219/79 v. 30.6.80, NJW 80, 2708 zu Kommanditanteil; BGH II ZR 77/63 v. 8.4.65, NJW

65, 1376 zum GmbH-Anteil). Zur Zulässigkeit der Sicherungsabtretung der in § 717 Satz 2 BGB genannten Vermögensrechte vgl. auch *MünchKommBGB/Schäfer* § 719 Rz. 29. Zu den **Formerfordernissen** insbesondere wegen der gebotenen Grundbuchberichtigung vgl. A. 5.10 Rz. 2. Zur Nachhaftung des ausscheidenden Gesellschafters vgl. A. 5.00 Rz. 65 und zur Haftung des neu eintretenden Gesellschafters für Altverbindlichkeiten vgl. A. 5.10 Rz. 3.

c) Steuerrecht

3   Sicherungsweise oder treuhänderisch übereignete WG sind nicht dem zivilrechtlichen Eigentümer (Sicherungsnehmer), sondern dem Sicherungsgeber zuzurechnen (*Schmidt/Weber-Grellet* § 5 EStG Rz. 154).

2. Einzelerläuterungen

Zu § 1: Vertragsgegenstand

4   Im Formular wird davon ausgegangen, dass der Gesellschaftsvertrag allgemein die freie Abtretung von Gesellschaftsanteilen für zulässig erklärt. Dies ist möglich (vgl. BGH II ZR 8/53 v. 28.4.54, NJW 1954, 1155; *MünchKommBGB/Schäfer* § 719 Rz. 27). Sieht der Gesellschaftsvertrag keine Freistellung vor, so wäre einer Sicherungsabtretung der in die Abtretung einwilligende Beschluss der Gesellschafterversammlung mit der darin vorgesehenen Mehrheit beizugeben.

Zu § 3: Offenlegung, Gesellschaftsrechte

5   Die Sicherungsabtretung kann vor den Mitgesellschaftern geheim gehalten oder ihnen offengelegt werden. Meist wird die Geheimhaltung gewünscht sein, solange der Sicherungsgeber seine Verpflichtungen aus dem Darlehensvertrag erfüllt.

6   Erfolgt keine Offenlegung, so bedarf es einer besonderen Ermächtigung des Sicherungsgebers durch den Sicherungsnehmer, das Stimmrecht auszuüben, da dieses durch die sicherungsweise Abtretung übergeht.

Zu § 4: Verwertung

7   Die Regelung des Formulars enthält insofern eine Einschränkung bei der Verwertung zugunsten der Vermögensinteressen des Sicherungsgebers, als dieser im Verwertungsfalle die öffentliche Versteigerung verlangen kann (vgl. auch Rz. 1).

A. 5.13 Auflösung (Beschluss)

I. FORMULAR

Formular A. 5.13 Auflösung (Beschluss)

Die unterzeichneten Gesellschafter der unter der Bezeichnung „Grundstücksgesellschaft A" bestehenden Gesellschaft bürgerlichen Rechts halten hiermit unter Verzicht auf alle gesetzlichen und/oder statutarischen Form- und/oder Fristvorschriften eine

AUSSERORDENTLICHE GESELLSCHAFTERVERSAMMLUNG

ab und beschließen was folgt:

Die Gesellschaft wird aufgelöst.

B wird zum Liquidator ernannt.

Aufgabe des Liquidators ist es, das Gesellschaftsvermögen bestmöglich im Wege der freihändigen Veräußerung zu verwerten, die Schulden der Gesellschaft zu bezahlen und alsdann das verbleibende Gesellschaftsvermögen den Gesellschaftern im Verhältnis ihrer Beteiligung gemäß § 4 Abs. 2 des Gesellschaftsvertrages *[vgl. Formular A. 5.00]* auszuzahlen.

....

(Unterschrift A)   **(Unterschrift B)**

II. ERLÄUTERUNGEN

Erläuterungen zu A. 5.13 Auflösung (Beschluss)

1. Zivilrecht

Durch die Auflösung der Gesellschaft tritt anstelle des werbenden ein auf die Ab- **1** wicklung gerichteter Gesellschaftszweck. Es handelt sich um eine Vertragsänderung die – falls der Gesellschaftsvertrag nichts Gegenteiliges vorsieht – von allen Gesellschaftern einvernehmlich zu beschließen ist.

Die einem Gesellschafter nach dem Gesellschaftsvertrag zustehende Befugnis zur Ge- **2** schäftsführung erlischt mit der Auflösung, wenn nicht aus dem Vertrag sich ein anderes ergibt. Die Geschäftsführung steht von der Auflösung an allen Gesellschaftern gemeinschaftlich zu (§ 730 BGB). Die Ernennung eines Liquidators ist – anders als bei den Personenhandelsgesellschaften – gesetzlich nicht ausdrücklich vorgesehen. Eine solche Ernennung ist jedoch zweckmäßig. Das Prinzip der Selbstorganschaft steht der Bestellung eines Nichtgesellschafters zum Liquidator nicht entgegen. Das ist nach § 146 Abs. 1 HGB für Personenhandelsgesellschaften anerkannt und gilt entsprechend für die GbR (BGH II ZR 68/11 v. 17.9.13, NZG 14, 302; *MünchKommBGB/Schäfer* Vor § 730 Rz. 47).

Die auf dem Gesellschaftsverhältnis beruhenden Einzelansprüche eines Gesellschafters **3** gegen die Gesellschaft oder gegen einen anderen Gesellschafter oder der Gesellschaft gegen Gesellschafter können nach der Auflösung wegen der sog. Durchsetzungssperre nur noch eingeschränkt geltend gemacht werden; sie werden dann Posten der Auseinandersetzungsrechnung (*Palandt/Sprau* § 730 BGB Rz. 6 ff. mwN). Allerdings betrifft ein auf Feststellung einer Gewinnbeteiligung an einer aufgelösten GbR gerichteter Antrag ein Rechtsverhältnis iSv § 256 Abs. 1 ZPO, an dessen Feststellung ausnahmsweise ein schutzwürdiges Interesse besteht, wenn die Voraussetzungen für die Geltendmachung eines Zahlungsanspruchs mangels Auseinandersetzung und Erstellung einer Schlussabrechnung nicht vorliegen (BGH II ZR 59/18 v. 22.1.19, NJW 19, 1002).

Ansprüche gegen die Gesellschafter verjähren nach Auflösung der Gesellschaft grund- **4** sätzlich nach § 159 HGB in entsprechender Anwendung, wenngleich der lediglich das Ausscheiden eines Gesellschafters betreffende § 736 Abs. 2 BGB nicht unmittelbar gilt (BFH VII R 63/97 v. 26.8.97, BStBl. II 97, 745; BAG 8 AZR 144/13 v. 13.2.14, NJW 14, 2223; *Palandt/Sprau* Vor § 723 BGB Rz. 3). Die Verjährungsfrist beginnt in dem Zeitpunkt, in dem der Gläubiger von dem Ausscheiden des Gesellschafters Kenntnis erlangt (BFH VII R 63/97 v. 26.8.97, aaO; *Palandt/Sprau* Vor § 723 BGB Rz. 3).

2. Steuerrecht

Handelt es sich um eine vermögensverwaltende GbR, so ist vor allem der Besteue- **5** rungstatbestand des § 23 EStG zu beachten (vgl. A. 5.10 Rz. 2).

Handelt es sich um eine GbR mit gewerblichen Einkünften, vgl. A. 9.13 Rz. 4 ff. Bei einer unternehmerische GbR kann das Steuerrisiko einer Besteuerung des Praxiswerts bzw. Mandantenstamms vermieden werden, wenn die Voraussetzungen einer steuerneutralen Realteilung vorliegen (BMF v. 19.12.18, DStR 19, 55 – Realteilungserlass; *Stenert* DStR 19, 245).

A. 5.14 Ausscheiden (Austrittsrecht)

I. FORMULAR

Formular A. 5.14 Ausscheiden (Austrittsrecht)

Grundstücksgesellschaft A,

vertreten durch deren Geschäftsführer ......

Hiermit kündige ich meine Gesellschafterstellung gemäß § 3 des Gesellschaftsvertrages vom ...... *[Formular A. 5.00]* und scheide demgemäß zum 31.12.20.. aus der Gesellschaft aus.

....

Unterschrift

II. ERLÄUTERUNGEN

Erläuterungen zu A. 5.14 Ausscheiden (Austrittsrecht)

---

1. Zivilrecht

1   Es handelt sich um eine Kündigung gem. § 3 des Formulars A. 5.00. Danach ist eine Fortsetzung der Gesellschaft gem. § 736 BGB vorgesehen (vgl. §§ 14, 15 des Formulars A. 5.00). Der Anteil des ausscheidenden Gesellschafters am Gesellschaftsvermögen wächst den übrigen Gesellschaftern zu (§ 738 Abs. 1 BGB). Ohne eine derartige Klausel würde die Gesellschaft gem. §§ 732 ff. BGB aufgelöst (*Palandt/Sprau* Vor § 723 BGB Rz. 1). Zu Formerfordernissen insbesondere wegen der gebotenen Grundbuchberichtigung vgl. A. 5.10 Rz. 2. Zur Nachhaftung des ausgeschiedenen Gesellschafters vgl. A. 5.00 Rz. 65.

2   Gem. § 3 Abs. 2 des Formulars A. 5.00 wurde der Geschäftsführung ausdrücklich **Vertretungsbefugnis** eingeräumt. Ist eine solche Vertretungsbefugnis nicht eingeräumt, ist die Kündigung vorsorglich auch gegenüber allen Mitgesellschaftern zu erklären (*Palandt/Sprau* § 723 BGB Rz. 1).

2. Steuerrecht

3   Sofern der Gesellschaftsvertrag eine Abfindungsregelung enthält, sind je nach Ausgestaltung dieser Regelung auch **schenkungsteuerliche Konsequenzen** zu beachten (vgl. A. 5.00 Rz. 27 f.).

4   Handelt es sich um eine vermögensverwaltende GbR, so ist aus Sicht des Ausscheidenden vor allem § 23 EStG zu beachten (vgl. A. 5.10 Rz. 4), handelt es sich um eine unternehmerische GbR (vgl. A. 5.10 Rz. 5). Bei dem Ausscheiden aus einer GbR sind auch steuerneutrale Gestaltungen denkbar, bspw. können die Grundsätze der Realteilung gem. § 16 Abs. 3 EStG auch beim Ausscheiden eines Freiberuflers unter Mitnahme eines Teilbetriebs angewandt werden (BFH III R 49/13 v. 17.9.15, DStR 16, 377); oder sogar eine gewinnneutrale Realteilung in allen Fällen der Sachwertabfindung kann möglich sein, wenn der ausscheidende Gesellschafter erhaltene Wirtschaftsgüter weiter als Betriebsvermögen verwendet, also auch bei Erhalt von Einzelwirtschaftsgütern (BFH IV R 31/14 v. 16.3.17, DStR 17, 1381 u. IV R 11/15 v. 30.3.17, DStR 17, 1376; vgl. A. 5.10 Rz. 5).

A. 5.15 Ausscheiden (Ausscheidensvereinbarung)

I. FORMULAR

Formular A. 5.15 Ausscheiden (Ausscheidensvereinbarung)

Zwischen

Frau A

Herrn B

Frau C

Herrn D

(nachfolgend verbleibende Gesellschafter genannt)

und

Herrn E

(nachfolgend austretender Gesellschafter oder E genannt)

wird folgende

VEREINBARUNG ÜBER DAS AUSSCHEIDEN DES HERRN E AUS DER

A Grundstücksgesellschaft bürgerlichen Rechts

geschlossen:

§ 1 Vertragsgegenstand

Die Unterzeichneten sind die alleinigen Gesellschafter der A Grundstücksgesellschaft bürgerlichen Rechts (hiernach: Gesellschaft), an der E mit einem Anteil von 20 % am Gesellschaftsvermögen beteiligt ist. A, B, C und D sind ebenfalls mit jeweils 20 % am Gesellschaftsvermögen beteiligt. Alleiniger Vermögensgegenstand der Gesellschaft ist das im Grundbuch von ...... in Band ...... Blatt ...... unter der lfd. Nr. ...... eingetragene Grundstück. Der Gesellschaftsvertrag vom ...... enthält keine Regelung über das Ausscheiden von Gesellschaftern. E hat die Absicht, aus der Gesellschaft auszutreten.

§ 2 Austrittsstichtag, Anwachsung

Die Vertragschließenden sind sich darüber einig, dass E mit Wirkung vom 1. ...... 20.. aus der Gesellschaft ausscheidet (Austrittsstichtag) und dass sein Anteil am Gesellschaftsvermögen den übrigen Gesellschaftern entsprechend ihrer jeweiligen Beteiligung am Gesellschaftsvermögen anwächst. Die Ergebnisbeteiligung an der Gesellschaft steht E bis zum Austrittsstichtag zu und vom Austrittsstichtag an den verbleibenden Gesellschaftern.

§ 3 Abfindung

Die Vertragschließenden vereinbaren, ohne in ein besonderes Bewertungsverfahren einzutreten, eine Abfindung von € 170.000,–, die wie folgt ausgezahlt wird:
......

§ 4 Haftungsfreistellung

Die verbleibenden Gesellschafter und die Gesellschaft stellen E von Schulden der Gesellschaft frei sobald diese fällig werden.

§ 5 Ausschluss der gesetzlichen Bestimmungen

Den Vertragschließenden stehen abgesehen von den nach §§ 3 und 4 vorgesehenen Ansprüchen keine weitergehenden Rechte nach den §§ 738 bis 740 BGB zu.

§ 6 Einsichts- und Auskunftsrechte, Grundbuchberichtigung

(1) Die Vertragschließenden sind sich einig, dass sie sich auch nach dem Austrittsstichtag gegenseitig Auskunft und Einsicht in Unterlagen geben, soweit dies für die Ergebnisermittlung zum Austrittsstichtag und deren steuerlichen Behandlung erforderlich ist.

(2) Die Vertragschließenden verpflichten sich, unverzüglich die Berichtigung im Grundbuch herbeizuführen. Die Vertragschließenden bewilligen und beantragen hiermit die Eintragung der mit dieser Vereinbarung getroffene Rechtsänderung im Grundbuch dergestalt, dass Eigentümer des in § 1 bezeichnete Grundstück nur noch A, B, C und D sind und E aus der GbR ausgeschieden ist.

§ 7 Salvatorische Klausel

(1) Sollte eine Bestimmung dieses Vertrages nichtig, anfechtbar oder unwirksam sein, so soll die Wirksamkeit der übrigen Bestimmungen hiervon nicht berührt werden. Die angreifbare Bestimmung ist vielmehr so auszulegen, dass der mit ihr erstrebte wirtschaftliche und/oder ideelle Zweck nach Möglichkeit erreicht wird. Dasselbe gilt sinngemäß für die Ausfüllung von Vertragslücken.

....

(Unterschrift A)   (Unterschrift B)

....

(Unterschriften A, B, C und D)   (Unterschrift E)

....

(Beglaubigungsvermerk)

II. ERLÄUTERUNGEN

Erläuterungen zu A. 5.15 Ausscheiden (Ausscheidensvereinbarung)

Zu § 1: Vertragsgegenstand

1   Neben dem einseitigen Ausschluss durch die Gesellschaft oder der Kündigung durch den Gesellschafter kommt ein einvernehmliches Ausscheiden aus der Gesellschaft in Betracht. Dies kann insbes. zur Verkürzung der Kündigungsfristen oder zur Vermeidung der Auflösung und Auseinandersetzung der Gesellschaft kraft Gesetzes (mangels einer Fortsetzungsvereinbarung) sinnvoll sein. Nach dem Grundsatz der Vertragsfreiheit können die Gesellschafter zu jeder Zeit jede beliebige Form des Ausscheidens vereinbaren.

Zu § 2: Austrittsstichtag, Anwachsung

2   Zur steuerlichen Rückwirkung von Vereinbarungen vgl. A. 5.10 Rz. 9.

Zu § 3: Abfindung

3   Handelt es sich um eine vermögensverwaltende GbR, so ist aus Sicht des Ausscheidenden vor allem § 23 EStG zu beachten (vgl. A. 5.10 Rz. 4), handelt es sich um eine unternehmerische GbR vgl. A. 5.10 Rz. 5. Für die Abfindung kann teilweise die Behandlung als sofort abzugsfähiger Aufwand unter dem Gesichtspunkt der Auszahlung eines lästigen Gesellschafters in Betracht kommen (vgl. *Schmidt/Wacker* § 16 EStG Rz. 491). Ist die Abfindung höher als der Buchwert des Anteils des ausgeschiedenen Gesellschafters so besteht in ständiger Rspr. eine widerlegbare Vermutung dafür, dass der den Buchwert übersteigende Teil der Abfindung Entgelt für den Anteil des Gesellschafters an den (danach ebenso vermuteten) stillen Reserven oder an einem etwa vorhandenen Geschäftswert ist und danach von den verbleibenden Gesellschaftern als

Anschaffungskosten für den Anteil des ausgeschiedenen Gesellschafters an den stillen Reserven bzw. dem Geschäftswert zu aktivieren sind (BFH IV R 79/82 v. 7.6.84, BStBl. II 84, 584; BFH VIII R 37/93 v. 14.6.94, BStBl. II 95, 246).

Bei dem Ausscheiden aus GbR, insbesondere unternehmerischen GbR, sind auch steuerneutrale Gestaltungen denkbar, bspw. können die Grundsätze der Realteilung gem. § 16 Abs. 3 EStG auch beim Ausscheiden eines Freiberuflers unter Mitnahme eines Teilbetriebs angewandt werden (BFH III R 49/13 v. 17.9.15, DStR 16, 377) oder sogar eine gewinnneutrale Realteilung in allen Fällen der Sachwertabfindung möglich sein, wenn der ausscheidende Gesellschafter erhaltene Wirtschaftsgüter weiter als Betriebsvermögen verwendet, also auch bei Erhalt von Einzelwirtschaftsgütern (BFH IV R 31/14 v. 16.3.17, DStR 17, 1381 u. IV R 11/15 v. 30.3.17, DStR 17, 1376; vgl. A. 5.10 Rz. 5).

Zu § 4: Haftungsfreistellung

Gem. § 738 Abs. 1 Satz 3 BGB haben beim Ausscheiden eines Gesellschafters die **4** verbleibenden Gesellschafter die Wahl, den Ausscheidenden von Gesellschaftsschulden zu befreien – und zwar durch Zahlung oder befreiende Schuldübernahme (vgl. *Palandt/Sprau* § 738 BGB Rz. 3b) – oder für das Haftungsrisiko Sicherheit zu leisten. Dies alles kann zu erheblichen Kapitalabflüssen bei der Gesellschaft führen. Deshalb werden in der Praxis häufig diese Rechte des ausscheidenden Gesellschafters wie hier iVm. § 5 des Formulars eingeschränkt. Zur Nachhaftung des ausgeschiedenen Gesellschafters vgl. A. 5.00 Rz. 65.

Zu § 5: Ausschluss der gesetzlichen Bestimmungen

Insbes. ist hiernach die befreiende Schuldübernahme oder Sicherheitsleistung durch **5** die verbleibenden Gesellschafter (vgl. Rz. 3), die Haftung für einen Fehlbetrag durch den Ausscheidenden (vgl. § 739 BGB), dessen Recht auf Rückgewähr von Gegenständen, die er der Gesellschaft überlassen hat (vgl. § 738 Abs. 1 Satz 2 BGB) und dessen Recht auf Ergebnisbeteiligung an schwebenden Geschäften (vgl. § 740 BGB) ausgeschlossen.

Zu § 6: Einsichts- und Auskunftsrechte, Grundbuchberichtigung

Sinnvoll für die registerrechtlichen Erfordernisse ist es, die Vereinbarung – wie vor- **6** geschlagen – in notariell beglaubigter Form zu unterzeichnen, auch wenn sie ansonsten keiner besonderen Form bedarf (vgl. A. 5.10 Rz. 2).

A. 5.16 Ausscheiden des vorletzten Gesellschafters

I. FORMULAR

Formular A. 5.16 Ausscheiden des vorletzten Gesellschafters

AUSSCHEIDENSVEREINBARUNG

zwischen

A

und

B

§ 1 Vertragsgegenstand

A und B sind die alleinigen Gesellschafter der unter der Bezeichnung „A Grundstücksgesellschaft bürgerlichen Rechts" (hiernach: Gesellschaft) bestehenden Gesellschaft bürgerlichen Rechts. B hat die Absicht, aus der Gesellschaft auszuscheiden.

§ 2 Austrittsstichtag, Anwachsung

Die Vertragschließenden sind darüber einig, dass B mit Wirkung vom ...... aus der Gesellschaft ausscheidet (Austrittsstichtag). Damit geht der alleinige Vermögensgegenstand der Gesellschaft, das im Grundbuch von ...... in Band ...... Blatt ...... unter lfd. Nr. ...... eingetragene Grundstück, im Wege der Anwachsung in das Alleineigentum des A über. Die Vertragschließenden bewilligen und beantragen die Eintragung dieser Rechtsänderung im Grundbuch dergestalt, dass künftig A als Alleineigentümer des Grundstücks eingetragen wird. Die Ergebnisbeteiligung an der Gesellschaft steht B bis zum Austrittsstichtag zu und vom Austrittsstichtag an steht A die alleinige Verwertungs- und Nutzungsbefugnis über das Gesellschaftsvermögen zu.

§ 3 Abfindung

Die Vertragschließenden vereinbaren, ohne in ein besonderes Bewertungsverfahren einzutreten, eine Abfindung von € 170.000,–, die wie folgt ausgezahlt wird:
......

§ 4 Haftungsfreistellung

A stellt B von Schulden der Gesellschaft frei sobald diese fällig werden.

§ 5 Ausschluss der gesetzlichen Bestimmungen

Den Vertragschließenden stehen abgesehen von den nach §§ 3 und 4 vorgesehen Ansprüchen Rechten keine weitergehenden Rechte nach den §§ 738 bis 740 BGB zu.

§ 6 Einsichts- und Auskunftsrechte, Grundbuchberichtigung

(1) Die Vertragschließenden sind sich einig, dass sie sich auch nach dem Austrittsstichtag gegenseitig Auskunft und Einsicht in Unterlagen geben, soweit dies für die Ergebnisermittlung zum Austrittsstichtag und deren steuerlichen Behandlung erforderlich ist.

(2) Die Vertragschließenden verpflichten sich, unverzüglich die Berichtigung im Grundbuch herbeizuführen.

§ 7 Salvatorische Klausel

Sollte eine Bestimmung dieses Vertrages nichtig, anfechtbar oder unwirksam sein, so soll die Wirksamkeit der übrigen Bestimmungen hiervon nicht berührt werden. Die angreifbare Bestimmung ist vielmehr so auszulegen, dass der mit ihr erstrebte wirtschaftliche und/oder ideelle Zweck nach Möglichkeit erreicht wird. Dasselbe gilt sinngemäß für die Ausfüllung von Vertragslücken.

....

(Unterschrift A)   (Unterschrift B)

....

(Unterschrift A)   (Unterschrift B)

....

(Beglaubigungsvermerk)

II. ERLÄUTERUNGEN

Erläuterungen zu A. 5.16 Ausscheiden des vorletzten Gesellschafters

Da das Gesetz keine Einmann-Personengesellschaft kennt, wird die Gesellschaft bei Ausscheiden des vorletzten Gesellschafters aufgelöst (*Palandt/Sprau* § 736 BGB Rz. 4). Enthält der Gesellschaftsvertrag eine Fortsetzungsklausel, so ist das Ausscheiden des vorletzten Gesellschafters unter Fortsetzung der Gesellschaft schon begrifflich nicht möglich (*MünchKommBGB/Schäfer* § 736 Rz. 9). Eine Fortsetzungsklausel kann dann als Übernahmeklausel ausgelegt werden (*MünchKommBGB/Schäfer* § 736 Rz. 9). Das Gesellschaftsvermögen geht in diesem Fall gem. §§ 738 ff. BGB im Wege der Anwachsung auf den verbliebenen Gesellschafter über (*Palandt/Sprau* § 738 BGB Rz. 1a). In diesem Fall ist von einer liquidationslosen Vollbeendigung der Gesellschaft auszugehen (BGB v. 7.7.08, DStR 08, 1792). Vorstehende Vereinbarung schafft insoweit Rechtsklarheit zwischen den Beteiligten. Zu weiteren Besonderheiten der steuerlichen und zivilrechtlichen Gestaltungsmöglichkeiten beim Ausscheiden des vorletzten Gesellschafters: *v. Proff* DStR 16, 2227. Vgl. im Übrigen die Anm. zu Formular A. 5.15.1). Zu Formerfordernissen insbesondere wegen der gebotenen Grundbuchberichtigung vgl. A. 5.10 Rz. 2.

A. 5.17 Ausschluss eines Gesellschafters

I. FORMULAR

Formular A. 5.17 Ausschluss eines Gesellschafters

Gesellschafterversammlung

der A Grundstücksgesellschaft bürgerlichen Rechts

Die unterzeichneten Gesellschafter der A Grundstücksgesellschaft bürgerlichen Rechts haben sich am .. in der Gaststätte .. zu einer

GESELLSCHAFTERVERSAMMLUNG

zusammengefunden mit dem einzigen Tagesordnungspunkt:

Ausschluss des Gesellschafters B aus wichtigem Grund.

Die Gesellschafter wählten alsdann in offener Abstimmung A einstimmig zum Versammlungsleiter. Dieser stellte fest, dass die Gesellschafterversammlung frist- und ordnungsgemäß durch Übergabe-Einschreiben des geschäftsführenden Gesellschafters A einberufen worden ist. Er stellte auch fest, dass alle Gesellschafter vertreten sind und damit Beschlussfähigkeit gegeben ist.

A rief sodann den einzigen Tagesordnungspunkt auf:

Ausschluss des Gesellschafters B aus wichtigem Grund.

Hierzu stellte A fest, dass B seit drei Jahren seine Mitgliedsbeiträge trotz ihm nachgewiesener Mahnungen durch die Geschäftsführung nicht gezahlt hat.

B gab hierzu keine Erklärungen ab.

A rief sodann den Tagesordnungspunkt zur Abstimmung auf und stellte fest, dass B als Betroffener kein Stimmrecht habe.

Es wurde sodann durch Handheben abgestimmt.

Von den vorhandenen 1.000 Stimmen stimmten 980 für den Ausschluss des B. B stimmte mit seinen 20 Stimmen gegen seinen Ausschluss.

Wegen der Abfindung des B wurde A als Geschäftsführer beauftragt, möglichst eine einvernehmliche Lösung herbeizuführen.

....

(Unterschriften)

II. ERLÄUTERUNGEN

Erläuterungen zu A. 5.17 Ausschluss eines Gesellschafters
---

1. Zivilrecht

1   Der Ausschluss eines Gesellschafters ist nur möglich, wenn im Gesellschaftsvertrag eine Fortsetzungsklausel vorgesehen ist (vgl. § 737 Satz 1 BGB), wie dies in den Formularen A. 5.00 und A. 5.01 der Fall ist. Anderenfalls ist nur der einvernehmliche Austritt (vgl. Formulare A. 5.15 und 5.16) oder die Auflösung der Gesellschaft und Gründung einer neuen Gesellschaft unter den übrigen Gesellschaftern möglich, was allerdings für die aufgelöste Gesellschaft zu einem Auseinandersetzungsverfahren nach §§ 730 ff. BGB und nicht zur unmittelbaren Anwendung der §§ 736, 739 ff. BGB führt. Vgl. im Übrigen zum Ausschlussverfahren und zum vermeintlichen Stimmrecht des Ausgeschlossenen A. 5.00 Rz. 64, A. 5.01 Rz. 34 f. Zu Formerfordernissen insbesondere wegen der gebotenen Grundbuchberichtigung vgl. A. 5.10 Rz. 2. Zur Nachhaftung des ausgeschiedenen Gesellschafters vgl. A. 5.00 Rz. 65.

2. Steuerrecht

2   Sofern der Gesellschaftsvertrag eine Abfindungsregelung enthält, sind je nach Ausgestaltung dieser Regelung auch **schenkungsteuerliche Konsequenzen** zu beachten (vgl. A. 5.00 Rz. 27).

3   Handelt es sich um eine vermögensverwaltende GbR, so ist aus Sicht des Ausscheidenden vor allem § 23 EStG zu beachten (vgl. A. 5.10 Rz. 4), handelt es sich um eine unternehmerische GbR vgl. A. 5.10 Rz. 5.

4   Vgl. zur einkommensteuerlichen Behandlung der Abfindung auf Seiten der Gesellschaft A. 5.15 Rz. 3.A.

A. 5.18 Beirat (Vertragsänderung)

I. FORMULAR

Formular A. 5.18 Beirat (Vertragsänderung)

Die unterzeichneten Gesellschafter der unter der Bezeichnung A Grundstücksgesellschaft bürgerlichen Rechts bestehenden GbR haben sich heute unter Verzicht auf alle gesetzlichen und/oder statutarischen Form- und/oder Fristvorschriften zu einer

AUSSERORDENTLICHEN GESELLSCHAFTERVERSAMMLUNG

zusammengefunden und folgendes einstimmig beschlossen:

1. In den Gesellschaftsvertrag vom ...... wird als § 7a *[vgl. Formular A. 5.00]* folgende Regelung aufgenommen:

   „§ 7a Beirat

   (1) Die Gesellschaft hat einen Beirat. Die Mitglieder des Beirats werden von der Gesellschafterversammlung gewählt. Der Beirat besteht aus drei Mitgliedern, nämlich zwei ordentlichen Mitgliedern und einem Vorsitzenden. Die Mitglieder des Beirats werden für die Dauer von ...... Jahren gewählt.

   (2) Die Aufgabe des Beirats ist es, die Geschäftsführung zu überwachen und der Gesellschafterversammlung hierüber zu berichten. Insoweit ist die Geschäfts-

führung verpflichtet, dem Beirat umfassend Auskunft und Einsicht in alle Geschäftsvorgänge zu geben. Der Beirat stellt gemeinsam mit den geschäftsführenden Gesellschaftern für jedes Jahr einen Finanzplan auf. Die von der Geschäftsführung zu erstellende Überschussrechnung ist von dem Beirat zu genehmigen. Bei Meinungsverschiedenheiten zwischen dem Beirat und der Geschäftsführung in der Finanzplanung entscheidet die Gesellschafterversammlung. Der Beirat ist überdies zur Schlichtung von Meinungsverschiedenheiten zwischen der Geschäftsführung und der Gesellschafterversammlung berufen. Auf Verlangen des Beirats hat die Geschäftsführung eine Gesellschafterversammlung einzuberufen. Im Übrigen steht dem Beirat gegenüber der Geschäftsführung kein Weisungsrecht zu. Daneben ist der Beirat in allen Angelegenheiten zuständig, die ihm von der Gesellschafterversammlung mit einer Mehrheit von drei der vorhandenen Stimmen zugewiesen werden.

(3) Jedes Beiratsmitglied hat eine Stimme. Der Beirat fasst seine Beschlüsse mit einfacher Mehrheit der Beiratsmitglieder.

(4) Der Beirat tritt ...... mal im Jahr zu einer Sitzung zusammen.

(5) Die Mitglieder des Beirats haben das Recht, an der Gesellschafterversammlung auch dann teilzunehmen, wenn sie nicht der Gesellschaft angehören.

(6) Die ordentlichen Beiratsmitglieder erhalten für ihre Tätigkeit eine jährliche Vergütung von € ......, der Vorsitzende eine jährliche Vergütung von € .... Auslagen werden nach Anfall gegen ordnungsgemäße Abrechnung erstattet."

2. Für die erste Amtsperiode werden die anwesenden X, Y zu ordentlichen Mitgliedern und Z zum Vorsitzenden des Beirats ernannt, welche die Ernennung hiermit annehmen.

3. Die Geschäftsführung wurde beauftragt, den Gesellschaftsvertrag vom ...... unter Berücksichtigung der heute unter Ziffer 1. beschlossenen Änderung neu zu fassen und von allen Gesellschaftern im Umlaufverfahren in ...facher Ausfertigung unterzeichnen zu lassen.

....

(Unterschriften)

II. ERLÄUTERUNGEN

Erläuterungen zu A. 5.18 Beirat (Vertragsänderung)

1. Grundsätzliche Anmerkungen

Die Bildung eines Beirats bei der GbR empfiehlt sich insb. bei größeren Familien- **1** gesellschaften, bei denen eine Kontrolle der Geschäftsführung wegen der Vielzahl von Gesellschaftern mit unterschiedlicher Geschäftserfahrenheit auf praktische Schwierigkeiten trifft. Zweck der Einrichtung eines Beirats kann es aber auch sein, außerhalb des Gesellschafterkreises fachlichen Sachverstand oder Kapitalgeber für die Gesellschaft zu gewinnen oder den Generationenwechsel in der Geschäftsführung sicherzustellen, indem Geschäftsführer im vorgerückten Alter in eine lediglich überwachende und beratende Funktion, nämlich die eines Beirats überwechseln (*Knief/Hille* Teil E Kap. 6 Rz. 1304 ff., 1351.6 ff.; *Werner* ZEV 10, 619). Der Grundsatz der Vertragsfreiheit (§§ 305 ff. BGB) erlaubt es, den Beirat je nach den Bedürfnissen einflussreich auszustatten oder auf eine reine Beratungsfunktion ohne die rechtliche Möglichkeit der Durchsetzung von eigenen Vorstellungen gegenüber der Geschäftsführung zu reduzieren. Das Formular geht von diesem Leitbild aus. Bei weiterreichenderen Befugnissen des Beirats kann die Mitgliedschaft gesellschaftsfremder Personen im Beirat unzulässig sein (vgl. Näheres *MünchKommBGB/Ulmer/Schäfer* § 705 Rz. 267).

2   Bei der Ausgestaltung der Kompetenzen des Beirats ist insbes. der bei Personengesellschaften gültige zwingende Grundsatz der Selbstorganschaft zu beachten. Diesem ist allerdings im Allgemeinen Genüge getan, wenn nach dem Gesellschaftsvertrag für die organschaftliche Vertretung der Gesellschaft die Mitwirkung mindestens eines (geschäftsführenden) Gesellschafters erforderlich ist (*Knief/Hille* Teil E Kap. 6 Rz. 1359.6). Eindeutig unzulässig wäre es, einem Beirat, dem nur Nichtgesellschafter angehören, die alleinige Vertretungsbefugnis der Gesellschaft zu überlassen (*Knief/Hille* Teil E Kap. 6 Rz. 1359.5). Auch ein Geschäftsführerbestellungs- und Abberufungsrecht des Beirats dürfte unzulässig sein. Letzteres dürfte auch dann gelten, wenn der Beirat aus Gesellschaftern besteht, aber Minderheitenrechte der übrigen Gesellschafter umgangen werden.

3   Zur Haftung von Beiratsmitgliedern vgl. (*Knief/Hille* Teil E Kap. 6 Rz. 1379).

4   Die Einrichtung eines Beirats hat Satzungscharakter, so dass sie nach den gesetzlichen Bestimmungen einstimmig durch die Gesellschafter zu erfolgen hat, wenn der Gesellschaftsvertrag für Satzungsänderungen dieser Art keine Mehrheitsentscheidungen vorsieht.

2. Einzelerläuterungen

Zu § 7a Absatz 1:

5   Insbes. bei Neueinrichtung eines Beirats sollte die erste Amtszeit nicht zu lange bemessen werden.

Zu § 7a Absatz 2:

6   Das Formular sieht im Wesentlichen nur Kontrollrechte des Beirats vor. Denkbar sind zudem Beratungs-, Initiativ-, Zustimmungs- und Weisungsrechte (*Knief/Hille* Teil E Kap. 6 Rz. 1351.7 ff.), wobei allerdings die Grenzen der Selbstorganschaft und des Minderheitenschutzes zu beachten sind (vgl. Rz. 2).

Zu § 7a Absatz 6:

7   Die Beiratsvergütungen bilden bei der Gesellschaft je nach Art der ausgeübten Tätigkeit Betriebsausgaben oder Werbungskosten, wenn die Beiratsmitglieder nicht zugleich Gesellschafter sind. Bei den Mitgliedern des Beirats können in diesem Fall freiberufliche, gewerbliche oder sonstige Einkünfte in Betracht kommen. Wenn die Beiratsmitglieder Gesellschafter sind, so ist die Vergütung bei der einheitlichen und gesonderten Gewinnfeststellung der Gesellschaft zu berücksichtigen (vgl. A. 5.00 Rz. 12).

A. 5.19 Eintritt

I. FORMULAR

Formular A. 5.19 Eintritt

In § 16 des Gesellschaftsvertrages *[vgl. Formular A. 5.00]* der A Grundstücksgesellschaft bürgerlichen Rechts heißt es unter Absatz 1:

„Nur der Ehegatte, Lebenspartner im Sinne des LPartG oder Abkömmlinge des verstorbenen Gesellschafters können im Erbfall als Gesellschaftsnachfolger in die Gesellschaft eintreten. Das Eintrittsverlangen muss von den Erben gegenüber den verbliebenen Gesellschaftern innerhalb von sechs Monaten nach dem Tode des Gesellschafters schriftlich angezeigt werden. Bei einem Eintritt eines Erben wird kein Abfindungsguthaben an die übrigen Erben gezahlt. Etwaige Erbansprüche sind im

Verhältnis zwischen dem Eintretenden und den übrigen Erben zu regeln. Die Gesellschaft wird in diesem Fall von sämtlichen Forderungen der Erben freigestellt."

Nach dem vom Amtsgericht ...... am ...... eröffneten Testament des A hat dieser mich zu seinem Nachfolger in die Gesellschafterstellung bestimmt und mir darüber hinaus seine vermögensrechtlichen Ansprüche aus dem Gesellschaftsverhältnis vermacht.

Ich erkläre hiermit meinen Eintritt in die Gesellschaft und erkenne die Bestimmungen des Gesellschaftsvertrages und der am selben Tag gem. § 19 [vgl. Formular A. 5.00] geschlossenen Schiedsvereinbarung vom ...... als in vollem Umfang für mich verbindlich an.

....

(Unterschrift)

II. ERLÄUTERUNGEN

Erläuterungen zu A. 5.19 Eintritt

Ohne eine sog. Eintritts- oder Nachfolgeklausel im Gesellschaftsvertrag würde beim **1** Tod eines Gesellschafters gem. § 727 Abs. 1 BGB die Auflösung der Gesellschaft eintreten. Die Bestimmung lässt jedoch eine abweichende vertragliche Regelung zu. In Betracht kommen insb. die sog. **Eintritts- oder Nachfolgeklausel.**

Bei der **Eintrittsklausel,** von deren Existenz im Formular (vgl. § 16 Abs. 1 des **2** Formulars A. 5.00 und A. 5.00 Rz. 66) ausgegangen wird, vollzieht sich die Nachfolge nicht ipso iure, sondern auf Grund einer besonderen Eintrittserklärung des Berechtigten. Bis zum Eintritt des Berechtigten wird die Gesellschaft unter den verbliebenen Gesellschaftern allein fortgesetzt und diese halten bis dahin den Kapitalanteil des verstorbenen zugunsten des Eintrittsberechtigten treuhänderisch (*Beck PersGes-HB/Landsittel* § 9 Rz. 96 mwN). Eine Bestimmung über den Abfindungsanspruch des verstorbenen Gesellschafters im Gesellschaftsvertrag empfiehlt sich, wenn der zum Eintritt Berechtigte nicht der Alleinerbe des verstorbenen Gesellschafters ist. Ohne eine entsprechende Regelung fällt der Abfindungsanspruch nämlich in den Nachlass und der Eintrittsberechtigte müsste sich die vermögensrechtliche Stellung des verstorbenen Gesellschafters erst durch Einlagen erwerben (*Beck PersGes-HB/Lendsittel* § 9 Rz. 96 mwN). Parallel dazu empfiehlt es sich, dem Eintrittsberechtigten den Gesellschaftsanteil und den Abfindungsanspruch letztwillig durch Vermächtnis oder durch Schenkung von Todes wegen zuzuwenden.

Anders verhält es sich bei einer **Nachfolgeklausel** (etwa: „Die Gesellschaft wird **3** mit den Erben fortgesetzt", vgl. Formular A. 5.28). Sie führt unmittelbar zum Eintritt des Berechtigten als Gesellschafter in die Gesellschaft. Nach hM tritt bei der Beerbung eines Gesellschafters durch mehrere Erben nicht die gesamthänderisch verbundene Erbengemeinschaft an die Stelle des verstorbenen Gesellschafters, sondern jeder einzelne Erbe als Einzelrechtsnachfolger in Höhe seines Erbteils, sog. Sondererbfolge (*Bamberger/Roth/Schöne* § 727 BGB Rz. 16).

Denkbar sind auch sog. **qualifizierte Nachfolgeklauseln,** auf Grund derer nur ei- **4** ner von mehreren Erben zB ein solcher, der über eine bestimmte Ausbildung verfügt, – als Nachfolger in die Gesellschafterstellung einrücken kann (Näheres vgl. *Beck PersGes-HB/Landsittel* § 9 Rz. 73 ff.).

Zu **Formerfordernissen** insbesondere wegen der gebotenen Grundbuchberichti- **5** gung vgl. A. 5.10 Rz. 2.

Vgl. im Übrigen zu steuerlichen Fragen A. 5.00 Rz. 18, 27. **6**

A. 5.20 Fortsetzung

I. FORMULAR

Formular A. 5.20 Fortsetzung

Durch den Tod des Gesellschafters A ist die A Grundstücksgesellschaft bürgerlichen Rechts gem. § 727 Abs. 1 BGB aufgelöst.

Wir, die ehemaligen Gesellschafter B, C, D und E beschließen hiermit die Fortsetzung der Gesellschaft und vereinbaren, dass für das Gesellschaftsverhältnis die Bestimmungen des Gesellschaftsvertrages vom ...... gelten sollen.

Des Weiteren wird folgende Fortsetzungsklausel vereinbart:

„Durch die Kündigung oder den Tod eines Gesellschafters sowie in allen Fällen, in denen das Gesetz an den Eintritt bestimmter Ereignisse in der Person eines Gesellschafters die Auflösung der Gesellschaft anknüpft, soll diese nicht eintreten. Vielmehr soll der betroffene Gesellschafter aus der Gesellschaft ausscheiden. Die übrigen Gesellschafter setzen alsdann die Gesellschaft mit dem vorhandenen Gesellschaftsvermögen und dem Recht der Fortführung der Bezeichnung fort.“

....

(Unterschriften)

II. ERLÄUTERUNGEN

Erläuterungen zu A. 5.20 Fortsetzung

---

1   Gem. § 727 BGB wird die Gesellschaft grds. durch den Tod eines Gesellschafters aufgelöst.

2   Gem. § 736 BGB ist die Vereinbarung einer Fortsetzungsklausel möglich.

3   Hat eine Fortsetzungsklausel gefehlt, steht es den Gesellschaftern dennoch frei, die Fortsetzung nach eingetretener Auflösung zu beschließen.

4   Zu den Gestaltungsmöglichkeiten durch Nachfolge- und Eintrittsklauseln vgl. A. 5.19 Rz. 1 ff.

5   Zu **Formerfordernissen** insbesondere wegen der gebotenen Grundbuchberichtigung vgl. A. 5.10 Rz. 2.

A. 5.21 Geschäftsführung und Vertretung (Änderung)

I. FORMULAR

Formular A. 5.21 Geschäftsführung und Vertretung (Änderung)

Gesellschafterversammlung

der

A Grundstücksgesellschaft bürgerlichen Rechts

Sämtliche unterzeichneten Gesellschafter der Grundstücksgesellschaft A haben sich unter Verzicht auf alle gesetzlichen und/oder statutarischen Form- und/oder Fristvorschriften heute zu einer

AUSSERORDENTLICHEN GESELLSCHAFTERVERSAMMLUNG

zusammengefunden und folgendes beschlossen:

Unter Bezugnahme auf § 5 Abs. 1 und 3 des Gesellschaftsvertrages vom ...... wird C zum weiteren Geschäftsführer bestellt. C vertritt die Gesellschaft allein. Ihm wird insbesondere für den Grundbuchverkehr eine notariell protokollierte Vollmacht erteilt.

....

(Unterschriften)

II. ERLÄUTERUNGEN

Erläuterungen zu A. 5.21 Geschäftsführung und Vertretung (Änderung)

s. A. 5.00 Rz. 41 ff. Wegen der Vollmacht s. Formular A. 5.32.

A. 5.22 Gesellschafterverzeichnis

I. FORMULAR

Formular A. 5.22 Gesellschafterverzeichnis

Gesellschafterverzeichnis der

A Grundstücksgesellschaft bürgerlichen Rechts mit beschränkter Haftung

Gesellschafter, Anschrift, Steuernummer	Beteiligung
1. A	ohne Beteiligung
2. B	30 %
3. C	30 %
4. D	20 %
5. E	20 %

II. ERLÄUTERUNGEN

Erläuterungen zu A. 5.22 Gesellschafterverzeichnis

Siehe Einzelerläuterungen zu A. 5.00 Rz. 31, 40a.

A. 5.23 Haftungsbeschränkung

I. FORMULAR

Formular A. 5.23 Haftungsbeschränkung

Vgl. Formular A. 5.00 Rz. 4.

Hund-von Hagen

249

II. ERLÄUTERUNGEN

Erläuterungen zu A. 5.23 Haftungsbeschränkung

Nach BGH II ZR 371/98 v. 27.9.99 (DStR 99, 1704) ist eine Haftungsbeschränkung in der Praxis durch eine nachweisbare Individualabrede mit dem jeweiligen Geschäftspartner sicherzustellen (Näheres s. A. 5.00 Rz. 4; zu früheren Alternativgestaltungen vgl. *Beck StVFB/Meulenbergh* 3. Auflage A. 5.00 Rz. 29 sowie dort Formular A. 5.23).

A. 5.24 Kündigung durch Gesellschafter

Formular A. 5.24 Kündigung durch Gesellschafter

Vgl. Formular A. 5.14.

A. 5.25 Kündigung durch Privatgläubiger eines Gesellschafters

I. FORMULAR

Formular A. 5.25 Kündigung durch Privatgläubiger eines Gesellschafters
---

An die

A, B, C, D + E

in Gesellschaft bürgerlichen Rechts

unter der Bezeichnung

„A Grundstücksgesellschaft bürgerlichen Rechts"

und die Herren A, B, C, D und E

Nach dem rechtskräftigen Urteil des Landgerichts ...... vom ...... habe ich gegen den Kaufmann A wegen einer Forderung von € ...... nebst ......% Zinsen seit dem ...... zu vollstrecken versucht. Die Vollstreckung war fruchtlos. Eine einfache Kopie des Urteils sowie eine Bescheinigung des Gerichtsvollziehers über die Fruchtlosigkeit der Zwangsvollstreckung überreiche ich in der Anlage.

Durch Beschluss des Amtsgerichts ...... vom ...... ist auf Grund dieses Urteils der Anteil des A am Gesellschaftsvermögen sowie der Gewinnanspruch des A mir überwiesen worden. Dieser Beschluss ist Ihnen am ...... zugestellt worden.

Ich kündige hiermit die Gesellschaft fristlos gem. § 725 Abs. 1 BGB.

....

(Unterschrift)

II. ERLÄUTERUNGEN

Erläuterungen zu A. 5.25 Kündigung durch Privatgläubiger eines Gesellschafters
---

1   Hat ein Gläubiger eines Gesellschafters die Pfändung des Anteils des Gesellschafters an dem Gesellschaftsvermögen erwirkt, so kann er die Gesellschaft ohne Einhaltung

einer Kündigungsfrist kündigen, sofern der Schuldtitel nicht bloß vorläufig vollstreckbar ist (§ 725 Abs. 1 BGB). Ein erfolgloser Vollstreckungsversuch in andere Vermögenswerte des Gesellschafters ist idR nicht erforderlich, um die Wirksamkeit der Kündigung sicherzustellen. Die Kündigung ist vorsorglich gegenüber allen Gesellschaftern und der Geschäftsführung auszusprechen, auch wenn häufig in Gesellschaftsverträgen der Geschäftsführung eine entsprechende Empfangsvollmacht vorgesehen ist.

Die Kündigung führt zur Auflösung der Gesellschaft, es sei denn, im Gesellschafts- **2** vertrag wäre eine Fortsetzungsklausel vorgesehen (vgl. A. 5.00 Rz. 63 ff.). Mit der Kündigung wandelt sich das Pfändungsrecht an dem Gesellschaftsanteil in ein Pfändungsrecht an dem Anspruch des Gesellschafters, die Auseinandersetzung – bzw. im Falle einer Fortsetzungsklausel Abfindung – zu verlangen.

Dem Gläubiger stehen allerdings auch in der Liquidationsgesellschaft keine Mit- **3** verwaltungsrechte zu (*Bamberger/Roth/Schöne* § 725 BGB Rz. 14 mwN). Enthält der Gesellschaftsvertrag Bestimmungen darüber, wie das Auseinandersetzungs-/Abfindungsguthaben festgestellt und ausgezahlt werden soll, gelten diese auch für den Pfändungsgläubiger. Beschränkungen des Auseinandersetzungs-/Abfindungsguthabens allein für den Fall der Anteilspfändung und der anschließenden Kündigung sind jedoch gem. § 138 Abs. 1 BGB unwirksam (*Bamberger/Roth/Schöne* § 725 BGB Rz. 17 mwN).

A. 5.26 Nießbrauch

Gliederung

I. FORMULAR

Formular A. 5.26 Nießbrauch

NIESSBRAUCHSBESTELLUNG

zwischen

A

– nachfolgend Nießbrauchbesteller genannt –

und N

– nachfolgend Nießbraucher genannt –

§ 1 Nießbrauchsbestellung

(1) Der Nießbrauchsbesteller ist zu 30 % an der aus ihm sowie ...... unter der Bezeichnung „A ...... GbR" bestehenden Gesellschaft bürgerlichen Rechts beteiligt.

(2) Der Nießbrauchsbesteller bestellt hiermit dem Nießbraucher den lebenslänglichen, unentgeltlichen Nießbrauch an dem in Abs. 1 bezeichneten Gesellschaftsanteil. Der Nießbrauch setzt sich im Falle des Ausscheidens des Nießbrauchbestellers aus der Gesellschaft oder bei Auflösung der Gesellschaft an dem jeweiligen Surrogat, insbesondere an einer Abfindung oder einem Auseinandersetzungsguthaben, fort.

§ 2 Zustimmung der Mitgesellschafter

Der Zustimmung der Mitgesellschafter bedarf es gemäß § ...... des Gesellschaftsvertrages vom ...... nicht.

§ 3 Stimm- und sonstige Rechte

(1) Alle gesellschaftlichen Mitwirkungsrechte an dem belasteten Anteil werden der Nießbraucher und der Nießbrauchbesteller gegenüber der Gesellschaft gemeinschaftlich ausüben. Sie beraten sich regelmäßig – möglichst formlos – über die Angelegenheiten der Gesellschaft zur Vorbereitung ihrer gemeinschaftlichen Entscheidung.

(2) Wird intern keine Einigkeit nach Abs. 1 erzielt, gelten für die gemeinschaftliche Mitwirkung gegenüber der Gesellschaft die allgemeinen zivil- und gesellschaftsrechtlichen Grundsätze. Danach

a) besteht für den Nießbraucher in laufenden Angelegenheiten ein eigenes – das Gesellschaftermitwirkungsrecht des Nießbrauchsbestellers ausschließendes – Stimmrecht, das allerdings die Gesellschaftermitwirkungsrechte des Nießbrauchbestellers nicht weiter ausschließt, als dies nach § 164 HGB (in entsprechender Anwendung) vorgesehen ist.

b) behält der Nießbrauchbesteller seine Kompetenz als Gesellschafter, bei Beschlüssen, welche die Grundlagen der Gesellschaft oder den Kernbereich seiner Mitwirkungsrechte (wie etwa Verbot der Änderung der Gewinnbeteiligung oder der Beschneidung des Auseinandersetzungsguthabens) betreffen, wobei sich der Nießbraucher sein Zustimmungsrecht nach § 1071 BGB vorbehält.

§ 4 Auskunfts- und Informationsrechte

Der Nießbrauchbesteller und der Nießbraucher sind einander zur umfassenden Auskunft und Information über die Angelegenheiten der Gesellschaft verpflichtet und berechtigt.

§ 5 Erhöhung der Beteiligung

(1) Erfolgt eine Erhöhung der Beteiligung des Nießbrauchbestellers aus Gesellschaftsmitteln, so unterliegt der aus der Erhöhung auf A entfallende Betrag dem Nießbrauch.

(2) Erfolgt eine Kapitalerhöhung, bei welcher der Nießbrauchsbesteller aus eigenen Mitteln weitere Einlagen leistet, so ist der aus dieser Einlagenerhöhung hervorgehende Teil nicht vom Nießbrauch erfasst.

§ 6 Schlussbestimmungen

(1) Änderungen dieses Vertrages bedürfen zu ihrer Wirksamkeit der Schriftform. Auch wiederholte Verstöße gegen diese Bestimmung beseitigen nicht das Schriftformerfordernis.

(2) Sollte eine Bestimmung dieses Vertrages nichtig, anfechtbar oder unwirksam sein, so soll die Wirksamkeit der übrigen Bestimmungen hiervon nicht berührt werden. Die angreifbare Bestimmung ist vielmehr durch eine wirksame zu ersetzen und/oder so auszulegen, dass der mit ihr erstreckte wirtschaftliche und/oder individuelle Zweck nach Möglichkeit erreicht wird.

....

[Unterschrift A]   [Unterschrift N]

II. ERLÄUTERUNGEN

Erläuterungen zu A. 5.26 Nießbrauch
---

1. Grundsätzliche Anmerkungen

a) Zivilrecht

Nach § 1069 Abs. 2 BGB kann ein Nießbrauch nicht bestellt werden an Rechten, **1** die nicht übertragbar sind. Nach hM und hL ist die Bestellung eines Nießbrauchs an dem Anteil einer GbR zulässig, wenn die Übertragbarkeit der Anteile nach dem Gesellschaftsvertrag oder auf Grund der Zustimmung der Mitgesellschafter zugelassen ist (vgl. *Götz/Hülsmann,* Der Nießbrauch im Zivil- und Steuerrecht, 12. Auflage, Rz. 332 f mwN). Zu unterscheiden von der Nießbrauchsbestellung am Gesellschaftsanteil ist die Bestellung eines Nießbrauchs, der sich lediglich auf die Gewinnanteile oder das Auseinandersetzungsguthaben bezieht. Eine derart eingeschränkte Nießbrauchsbestellung bedarf nicht einer Zulassung im Gesellschaftsvertrag oder durch die Mitgesellschafter (vgl. *Götz/Hülsmann,* aaO Rz. 334). Sie ist aber steuerlich nur eingeschränkt wirksam (vgl. Rz. 5 ff.).

Die Bestellung des Nießbrauchs an Gesellschaftsanteilen erfolgt in der gleichen **2** Weise, wie diese übertragen werden (vgl. § 1069 BGB, A. 5.10 Rz. 2), wobei allerdings das Grundbuch im Falle einer Grundstücks GbR durch die Nießbrauchsbestellung nicht unrichtig wird und keiner Berichtigung bedarf (OLG München 34 Wx 148/10 v. 25.1.11, DStR 11, 533; OLG Celle 4 W 39/11 v. 25.5.11, ZIP 11, 1519).

Dem Nießbraucher steht zivilrechtlich nur der entnahmefähige Teil des Gewinns zu **3** (BGH II ZR 143/69 v. 20.4.72, NJW 72, 1755; BFH VIII R 35/92 v. 1.3.94, BStBl. II 95, 241, *Götz/Hülsmann,* aaO Rz. 377 mwN).

Der nießbrauchbestellende Gesellschafter behält die Befugnis, bei Beschlüssen, die **4** Grundlagen der Gesellschaft betreffen (zB Mitwirkung beim Rechnungsabschluss), selbst abzustimmen (vgl. BGH II ZR 213/97 v. 9.11.98, NJW 99, 571). Der BGH hat in der vorgenannten Entscheidung offen gelassen hat, wem das Stimmrecht bei laufenden Angelegenheiten zusteht. Hierzu ist der BFH der Auffassung, dass dies dem Nießbraucher zusteht (BFH VIII R 35/92 v. 1.3.94, BStBl. II 95, 241). Insgesamt lassen die gesetzlichen Regelungen und die hierzu ergangene Rspr. viele Fragen offen und ungelöst. Dies führt zu einer gewissen Kompliziertheit der vertraglichen Ausgestaltung der beiderseitigen Rechte in der Praxis (vgl. Rz. 5 ff., 12, 14).

b) Steuerrecht

Für die **gewerbliche GbR** gilt, dass nicht nur der Gesellschafter Einkünfte aus **5** Gewerbebetrieb erzielt, wenn er Mitunternehmer ist, sondern auch eine Person die zwar nicht Gesellschafter ist, aber mit anderen Personen in einem wirtschaftlich vergleichbaren Gemeinschaftsverhältnis steht. Diese Voraussetzungen erfüllt der Nießbraucher an einem Gesellschaftsanteil, wenn er die Verwaltungs- und Verfügungsbefugnisse eines Gesellschafters ausübt und wenn seine Bezüge in gleicher Weise wie die eines Anteilseigners erfolgshabhängig sind (vgl. Näheres *Götz/Hülsmann,* aaO Rz. 1201, 1203; *Daragan* DStR 11, 1347, 1348 f.; *Schmidt/Wacker* § 15 EStG Rz. 306). Die bloße Einräumung eines Nießbrauchs am Gewinnstammrecht, Gewinnanteil oder Auseinandersetzungsguthaben genügt nach hM hierfür nicht (BFH IX R 78/88 v. 9.4.91, BStBl. II 91, 809, 812; *Götz/Hülsmann,* aaO Rz. 1201, 1203 mwN). Der Nießbrauchbesteller bleibt in der Regel Mitunternehmer, was auch für die Begünstigungen nach §§ 13a, 13b Abs. 1 Nr. 2 ErbStG iVm § 15 Abs. 1 S. 1 Nr. 2 EStG entscheidend sein kann. Er trägt Mitunternehmerrisiko, weil er am Gewinn und Verlust beteiligt ist, soweit diese nicht dem Nießbraucher zuzuordnen sind, und weil ihm Wertsteigerungen oder Verluste am Geschäftswert des Unternehmens zuzurechnen sind; er übt auch Mitunternehmerinitiative aus, weil er die Möglichkeit hat, Stimm-, Kontroll- und Widerspruchsrechte auszuüben (vgl. Näheres BFH VIII R 35/92 v. 1.3.94, BStBl. II 95, 241; BFH II R 34/13 v. 6.5.15, BStBl II 15, 821; *Götz/Hülsmann,* aaO Rz. 1216).

Vorsicht ist daher bei Gestaltungen geboten, die **vom gesetzlichen Leitbild abweichen,** bspw. eine das Stimmrecht des Nießbrauchers verdrängende Stimmrechtsvollmacht an den Nießbrauchsbesteller, wenngleich eine Stimmrechtsvollmacht als solche nicht grundsätzlich zum Ausschluss der Mitunternehmerstellung führen muss (BFH II R 34/16 v. 6.11.19, DStR 20, 382 Tz. 37). Denkbar sind Nießbrauchsgestaltungen auch im Zusammenhang mit Anteilsübertragungen. Erfolgt die Übertragung eines Mitunternehmeranteils unter Nießbrauchsvorbehalt und wird der neue Gesellschafter Mitunternehmer, steht der Nießbrauchsvorbehalt der Buchwertfortführung nach § 6 Abs. 3 EStG nicht entgegen. Die Grundsätze des zu Einzelbetrieben mit gewerblichen Einkünften nach § 15 EStG ergangenen Urteils BFH X R 59/14 v. 25.1.17, BStBl II 19, 730 gelten nämlich nach Auffassung der FinVerw. nicht für die Übertragung von Mitunternehmeranteilen (BMF v. 20.11.19, BStBl. I 19, 1291 zu § 6 Abs. 3 EStG,). Zur Problematik der Höhe des vom Nießbraucher zu versteuernden Gewinnanteils vgl. *Götz/Hülsmann* aaO Rz. 1206 ff.

6   Für die vermögensverwaltende GbR, die zB **Einkünfte aus VuV** erzielt, ist insbes. der Nießbrauchserlass zu VuV (BMF v. 30.9.13, BStBl. I 13, 1184) zu beachten. Danach erfüllt auch der Nießbraucher an einem Gesellschaftsanteil einer GbR mit Einkünften aus VuV den Tatbestand der Einkunftsart VuV, wenn ihm kraft seines Nießbrauchs eine Stellung eingeräumt ist, die der eines Gesellschafters entspricht. Hierfür genügt die bloße Einräumung eines Anspruchs auf Gewinnbezug nicht (BMF v. 30.9.13, aaO Tz. 1). Beim sog. **unentgeltlichen Zuwendungsnießbrauch** darf der Nießbraucher AfA auf das Gebäude nicht abziehen, während ihm dieses Recht bei von ihm in Ausübung des Nießbrauchs eingebauten Anlagen und Einrichtungen iSd. § 95 Abs. 1 BGB zusteht (BMF v. 30.9.13, aaO Tz. 19). Dem Nießbrauchbesteller sollen hingegen keine Einkünfte aus dem nießbrauchbelasteten Anteil zuzurechnen sein und er soll ebenfalls keine AfA auf das Gebäude und Grundstücksaufwendungen, die er getragen hat, als Werbungskosten abziehen können, da er keine Einnahmen erzielt (BMF v. 30.9.13, aaO Tz. 23, 24). Beim **entgeltlichen Zuwendungsnießbrauch** darf der Nießbraucher Einmalzahlungen für Zeiträume von bis zu 5 Jahren als Werbungskosten im Zeitpunkt der Zahlung abziehen. Bei Nießbrauch auf Lebenszeit ist Abzugsfähigkeit der Zahlung auf die mutmaßliche Lebenszeit zu verteilen. Bei gleichmäßig laufenden Zahlungen für die Einräumung des Nießbrauchs sind im jeweiligen Kalenderjahr als Werbungskosten abzugsfähig (BMF v. 30.9.13, aaO Tz. 26). Beim Anteilseigner handelt es sich umgekehrt um Einnahmen im Jahr des Zuflusses. Bei Vorauszahlungen für mehr als 5 Jahre können die Einnahmen auf den Zeitraum verteilt werden (BMF v. 30.9.13, aaO Tz. 28). Zur Afa ist er berechtigt (BMF v. 30.9.13, aaO Tz. 30). Vom unentgeltlichen, entgeltlichen und teilentgeltlichen Zuwendungsnießbrauch ist der Vorbehaltsnießbrauch zu unterscheiden. Ein **Vorbehaltsnießbrauch** liegt vor, wenn bei der Übertragung gleichzeitig ein Nießbrauchsrecht für den bisherigen Eigentümer an dem übertragenen Grundstück bestellt wird. Einem Vorbehaltsnießbraucher ist ein Schenker gleichzustellen, der mit dem Beschenkten im Voraus eine klare und eindeutige Schenkungsabrede über den Erwerb eines Anteils und die Bestellung eines Nießbrauchsrechts daran trifft (BMF v. 30.9.13, aaO Tz. 39). Im Wesentlichen erfolgt die steuerliche Zurechnung beim Vorbehaltsnießbraucher unabhängig davon, ob dieser entgeltlich oder unentgeltlich bestellt wurde (zur steuerlichen Behandlung iE vgl. BMF v. 30.9.13, aaO Tz. 41 ff.).

7   Erzielt die GbR Einkünfte aus **Kapitalvermögen,** gelten insoweit noch Tz. 55 bis 59, 63 bis 65 des Nießbraucherlasses des BMF v. 23.11.83, BStBl. I 83, 508), wobei sich die Problematik des Anrechnungsguthabens auf Grund des Systemwechsels so nicht mehr stellt.

Zu den erbschaft- und schenkungsteuerlichen Gestaltungsmöglichkeiten vgl. *Geck* **8** DStR 09, 1005; *Fleischer* DStR 13, 902.

(frei) **9, 10**

2. Einzelerläuterungen

Zu § 1: Nießbrauchsbestellung

Die Nießbrauchbestellung kann formlos erfolgen (vgl. Rz. 2) Aus steuerlichen **11** Gründen ist jedoch die Einhaltung der Schriftform unbedingt anzuraten.

Nach dem Formular erfolgt die Bestellung unentgeltlich als Zuwendungsnießbrauch. **12** Dies kann zwar bei gewerblichen GbR steuerlich durchaus sinnvoll sein (vgl. Rz. 5), doch bei vermögensverwaltenden GbR könnte Abschreibungspotential verloren gehen. Dem zuletzt genannte Risiko könnte je nach den Umständen des Einzelfalls im Rahmen eines Vorbehaltsnießbrauchs entgegengewirkt werden (vgl. Rz. 6), bei dem A seinen Gesellschaftsanteil unter gleichzeitigem Vorbehalt des Nießbrauchs schenkt.

Zu § 2: Zustimmung der Mitgesellschafter

Vgl. Rz. 1. **13**

Zu § 3: Stimm- und sonstige Rechte

Im Formular wird die Vergemeinschaftung der Gesellschafterrechte jedenfalls auf **14** freiwilliger Basis angeregt, um bestmöglich aus eventuellen steuerlichen Gründen die Mitunternehmerstellung sowohl des Nießbrauchbestellers als auch des Nießbrauchers sicherzustellen (vgl. Rz. 5 ff.). Auf der Hand liegt, dass dies bei Uneinigkeit zu erheblichen praktischen Schwierigkeiten führen kann, die auch nach den allgemeinen gesetzlichen Regelungen und Rechtsprechungsgrundsätzen, wie sie in Abs. 2 dargestellt sind, nicht immer einfach zu lösen sind. Sofern im konkreten Fall die Mitunternehmerstellung eines der Beteiligten nicht von erheblicher steuerlicher Bedeutung ist, wäre es denkbar, hier eindeutiger die Kompetenzen abzugrenzen. Ist aber umgekehrt die Mitunternehmerstellung von beiden Beteiligten von erheblicher Bedeutung, ist es riskant, bspw. dem Schenker im Rahmen des Nießbrauchs mehr Befugnisse zuzuordnen, als ihm nach den allgemeinen Grundsätzen zustehen. Derartiges kann nämlich die Mitunternehmerstellung des Beschenkten und Nießbrauchbestellers gefährden. Dabei würde auch die Option, dem Nießbrauchbesteller und dem Nießbraucher jeweils einen lastenfreien Zwerganteil zu belassen bzw. zu übertragen, keine verlässliche Grundlage für die Qualifizierung als Mitunternehmer bieten: Der Erwerb von Mitunternehmeranteilen ist schenkungsteuerlich immer nur dann nach §§ 13a, 13b, und 19a ErbStG begünstigt, wenn der Schenker Mitunternehmer war und der Erwerber Mitunternehmer wird. Die Mitunternehmerstellung des Erwerbers muss gerade und aufgrund der Schenkung vermittelt werden (BFH II R 5/12 v. 16.5.13, DStR 13, 1380; *Wachter* DStR 13, 1929, 1931 mwN). Behält sich der Schenker bei der freigebigen Zuwendung einer Beteiligung den Nießbrauch zu einer bestimmten Quote hiervon einschließlich der Stimm- und Mitverwaltungsrechte vor, vermittelt der mit dem Nießbrauch belastete Teil der Beteiligung dem Erwerber für sich genommen keine Mitunternehmerstellung, weshalb für diesen Teil die Steuervergünstigungen nach § 13a Abs. 1 und 2 ErbStG nicht beansprucht werden können (BFH II R 5/12 v. 16.5.13, DStR 13, 1380).

Zu § 4: Auskunfts- und Informationsrechte

Diese Regelung dient der Stärkung der beiderseitigen Mitunternehmerstellung (vgl. **15** Rz. 5 ff., 14) und erscheint auch im Hinblick auf die gegenseitige Interessenlage sachgerecht.

Zu § 5: Erhöhung der Beteiligung

16   Im Formular wird davon ausgegangen, dass Erhöhungen des Anteils dann vom Nießbrauch erfasst sein sollen, wenn die Erhöhung aus Gesellschaftsmitteln erfolgt. Erhöhungen infolge von Leistungen des Gesellschafters verbleiben demgegenüber vom Nießbrauch unberührt.

A. 5.27 Schenkung

Formular A. 5.27 Schenkung

Siehe Formular A. 5.11.

A. 5.28 Testamentsvollstreckung

I. FORMULAR

Formular A. 5.28 Testamentsvollstreckung

Die unterzeichneten Gesellschafter der unter der Bezeichnung A Grundstücksgesellschaft bürgerlichen Rechts bestehenden GbR haben sich heute unter Verzicht auf alle gesetzlichen und/oder statutarischen Form- und/oder Fristvorschriften zu einer

AUSSERORDENTLICHEN GESELLSCHAFTERVERSAMMLUNG

zusammengefunden und folgendes einstimmig beschlossen:

1. §§ 16 und 17 Abs. 1 des Gesellschaftsvertrages vom ...... *[vgl. Formular A. 5.00]* geändert und wie folgt neugefasst:

„§ 16 Erbfolge

(1) Die Gesellschaft wird mit den Erben des Gesellschafters fortgesetzt.

(2) Mehrere Erben haben zur gemeinschaftlichen Ausübung ihrer Gesellschafterrechte, insbesondere des Stimmrechts, einen gemeinsamen Vertreter zu bestellen. Solange ein solcher Vertreter nicht bestellt ist, ruhen die Gesellschafterrechte mit Ausnahme der vermögensrechtlichen Ansprüche.

(3) Hat der verstorbene Gesellschafter letztwillig Testamentsvollstreckung angeordnet, so werden sämtliche Gesellschaftsrechte und -pflichten des verstorbenen Gesellschafters von den oder dem Testamentsvollstrecker(n) bis zur Beendigung der Testamentsvollstreckung ausgeübt.

§ 17 Abfindung

(1) Scheidet ein Gesellschafter aus der Gesellschaft aus, so erhält er eine Abfindung. Dies gilt nicht im Falle der Erbfolge nach § 16."

2. Die Geschäftsführung wurde beauftragt, den Gesellschaftsvertrag vom ...... unter Berücksichtigung der heute unter Ziffer 1. beschlossenen Änderung neu zu fassen und von allen Gesellschaftern im Umlaufverfahren in ...facher Ausfertigung unterzeichnen zu lassen.

....

(Unterschriften)

II. ERLÄUTERUNGEN

Erläuterungen zu A. 5.28 Testamentsvollstreckung

Der BGH (IV ZB 21/94 v. 10.1.96, BB 96, 1128) hat die Testamentsvollstreckung ausdrücklich auch bzgl. eines GbR-Anteils anerkannt. Ein Nachlassgericht ist verpflichtet, ein entsprechendes Testamentsvollstreckerzeugnis zu erteilen. In dem Testamentsvollstreckerzeugnis sind etwaige gesetzliche Beschränkungen der Befugnisse des Testamentsvollstreckers, die sich aus dem Gesellschaftsrecht ergeben, nicht anzugeben. Nach der vom BGH in vorgenanntem Beschluss vertretenen Auffassung ist eine Testamentsvollstreckung bzgl. eines Anteil eines persönlich haftenden Gesellschafters jedenfalls insofern denkbar, als sie sich im Wesentlichen auf die Wahrnehmung und Erhaltung der mit dem Anteil verbundenen, übertragenen Vermögensrechte beschränkt. Der BGH verlangt allerdings, dass die Testamentsvollstreckung im Gesellschaftsvertrag oder ad hoc zugelassen wird (BGH II ZB 1/89 v. 3.7.89, NJW 89, 3152; vgl. auch *Bisle* DStR 13, 1037). Hat ein Erblasser hinsichtlich einer Beteiligung an einer Gesellschaft unbeschränkte Testamentsvollstreckung angeordnet, sind die Erben grundsätzlich gem. § 2205 Satz 1, § 2211 BGB von der Ausübung der Gesellschafterbefugnisse ausgeschlossen. Die den Geschäfts-/Gesellschaftsanteil betreffenden Verwaltungs- und Vermögensrechte werden allesamt von dem Testamentsvollstrecker ausgeübt, der hierbei an den Willen der Erben nicht gebunden ist und in seinen Kompetenzen lediglich durch die Verbote der unentgeltlichen Verfügung nach § 2205 Satz 3 BGB und der Begründung einer persönlichen Haftung der Erben (vgl. § 2206 BGB) sowie durch seine generelle Pflichtenstellung gegenüber den Erben eingeschränkt ist (BGH II ZR 250/12 v. 13.5.14, NZG 14, 945, Rz. 14). Die klageweise Geltendmachung der Fehlerhaftigkeit von Gesellschafterbeschlüssen obliegt deshalb gem. § 2212 BGB ebenfalls dem Testamentsvollstrecker (BGH II ZR 250/12 v. 13.5.14, NZG 14, 945, Rz. 14). Gleichwohl gilt die Testamentsvollstreckung an Gesellschaftsanteilen nach wie vor als unsicheres Terrain (*Kollmeyer* NJW 18, 3750 zu Mehrfachbeteiligungen; v. *Proff* DStR 18, 415 jedenfalls bei Dauervollstreckungen).

A. 5.29 Tod eines Gesellschafters (Fortsetzungsbeschluss)

Formular A. 5.29 Tod eines Gesellschafters (Fortsetzungsbeschluss)

Siehe Formular A. 5.20.

A. 5.30 Verpfändung eines Gesellschaftsanteils

I. FORMULAR

Formular A. 5.30 Verpfändung eines Gesellschaftsanteils

§ 1 Verpfändung

A verpfändet hiermit B seinen Gesellschaftsanteil an der aus ihm sowie C und D unter der Bezeichnung „A Grundstücksgesellschaft bürgerlichen Rechts" bestehenden Gesellschaft bürgerlichen Rechts.

§ 2 Überschüsse

Die auf den verpfändeten Gesellschaftsanteil entfallenden entnahmefähigen Überschüsse stehen B zu. B darf sie entnehmen, sofern A sie nach dem Gesellschaftsvertrag vom ...... entnehmen durfte.

§ 3 Gesicherter Anspruch

Die Verpfändung erfolgt zur Sicherung des dem A durch B gemäß Darlehensvertrag vom ...... am ...... gewährten Darlehens im Betrag von € ......, das gem. § ...... des Darlehensvertrages ohne Kündigung am ...... zur Rückzahlung fällig gewesen ist.

§ 4 Verwertung

Zahlt A das Darlehen nicht pünktlich am ...... zurück, so ist B berechtigt, den verpfändeten Gesellschaftsanteil öffentlich versteigern zu lassen. Die Versteigerung ist A vier Wochen vor dem Versteigerungstermin anzukündigen. Von B bezogene Überschüsse auf den Anteil des A sind auf die Darlehensverbindlichkeit anzurechnen.

....

(Unterschriften)

II. ERLÄUTERUNGEN

Erläuterungen zu A. 5.30 Verpfändung eines Gesellschaftsanteils
---

1   Die Verpfändung von Anteilen an Personengesellschaften ist kaum ein taugliches Sicherungsmittel. Insbes. darf vor Pfandreife nicht eine weniger komplizierte Verwertung als die öffentliche Versteigerung vereinbart werden. Verpfändet ein Gesellschafter monatlich entstehende Gewinnforderungen aus einer Beteiligung an einer GbR, erwirbt der Pfandgläubiger an den nach der Insolvenzeröffnung entstehenden Forderungen auch dann kein Pfandrecht, wenn außerdem der Gesellschaftsanteil selbst verpfändet wurde (BGH IX ZR 78/09 v. 14.1.10, DNotZ 10, 828).

2   Die Verpfändung ist gem. § 719 BGB nur mit Zustimmung der übrigen Mitgesellschafter möglich, sofern sie nicht im Gesellschaftsvertrag zugelassen ist.

3   Das Formular sieht vor, dass der Pfandgläubiger ein Nutzungspfandrecht gem. § 1213 BGB erhält.

A. 5.31 Vertragsänderung

I. FORMULAR

Formular A. 5.31 Vertragsänderung

Die unterzeichneten Gesellschafter der unter der Bezeichnung A Grundstücksgesellschaft bürgerlichen Rechts bestehenden GbR haben sich heute unter Verzicht auf alle gesetzlichen und/oder statutarischen Form- und/oder Fristvorschriften zu einer

AUSSERORDENTLICHEN GESELLSCHAFTERVERSAMMLUNG

zusammengefunden und folgendes beschlossen:

§ 3 des Gesellschaftsvertrages vom ...... wird in Abs. 1 geändert, und zwar dergestalt, dass die Kündigungsfrist auf zwei Jahre ausgedehnt wird.

§ 3 Absatz 1 lautet daher nunmehr wie folgt:

„Die Gesellschaft ist auf unbestimmte Dauer geschlossen. Jeder Gesellschafter kann seine Beteiligung an der Gesellschaft mit einer Frist von zwei Jahren zum Ende eines jeden Rechnungsjahres der Gesellschaft kündigen, erstmals jedoch zum 31.12.20..".

Die Geschäftsführung wurde beauftragt, den Gesellschaftsvertrag vom ...... unter Berücksichtigung der heute beschlossenen Änderung neu zu fassen und von allen Gesellschaftern im Umlaufverfahren in ...facher Ausfertigung unterzeichnen zu lassen.

....

(Unterschriften)

II. ERLÄUTERUNGEN

Erläuterungen zu A. 5.31 Vertragsänderung

Die Änderung eines GbR-Vertrages kann formlos – auch mündlich – beschlossen **1** werden – und zwar auch dann, wenn der Gesellschaftsvertrag Schriftform vorschreibt. Voraussetzung ist aber, dass die gleichzeitige Aufhebung der Schriftform gewollt ist und das von demjenigen bewiesen wird, der sich hierauf beruft (*Münch-KommBGB/Ulmer/Schäfer* § 705 Rz. 51). Die Änderung der Satzung muss einstimmig erfolgen, es sei denn die Satzung sieht eine abweichende Regelung vor (vgl. Näheres unter A. 5.00 Rz. 49).

Insbes. aus steuerlichen Gründen empfiehlt es sich aber dringend, bei allen Ände- **2** rungen die Schriftform zu beachten.

Darüber hinaus lehrt die Praxis, dass bei Gesellschaftsvertragsänderungen stets Neu- **3** fassungen des Gesellschaftsvertrages unter Berücksichtigung der beschlossenen Änderungen erstellt werden sollten, wie das zB bei Satzungsänderungen der GmbH vorgeschrieben ist.

A. 5.32 Vollmacht

I. FORMULAR

Formular A. 5.32 Vollmacht

Nr. ...... der Urkundenrolle für 20..

Verhandelt

zu ...

am ...

Vor mir, dem unterzeichneten Notar

mit dem Amtssitz zu ...

erschienen:

1. Herr A

2. Frau B

3. Herr C

4. Herr D

5. Frau E

Die Erschienenen sind dem Notar persönlich bekannt.

Sie erklärten mit der Bitte um

BEURKUNDUNG:

Wir haben heute bezüglich des von uns in Gesellschaft bürgerlichen Rechts gehaltenen Grundbesitzes, welche unter der Bezeichnung „A Grundstücksgesellschaft bürgerlichen Rechts" besteht, den Vertrag über eine Gesellschaft bürgerlichen Rechts abgeschlossen und sind deren alleinigen Gesellschafter. In dem Gesellschaftsvertrag sind die Erschienenen zu 1) und 2) zu gesamtvertretungsberechtigten Geschäftsführern der Gesellschaft bestellt worden. Da eine Gesellschaft bürgerlichen Rechts nicht in ein öffentliches Register eingetragen wird und mithin auch die Vertretungsbefugnis der geschäftsführenden Gesellschafter nicht in einem solchen Verzeichnis verlautbart wird, erteilen wir hiermit

1. Herrn A

und

2. Frau B

GEMEINSCHAFTSVOLLMACHT,

uns in ihrer Eigenschaft als geschäftsführende Gesellschafter der A Grundstücksgesellschaft bürgerlichen Rechts gemeinschaftlich handelnd zu vertreten.

Die Vertretungsmacht besteht nur in Ansehung solcher Gegenstände, die uns in Gesellschaft „A Grundstücksgesellschaft bürgerlichen Rechts" gehören oder gehören werden. Dies betrifft insbesondere die bereits für die Gesellschaft im Grundbuch von A-Stadt, Band …., Blatt …., Flur …., Flurstück …. eingetragenen Grundstücke.

Die Bevollmächtigten sind insbesondere berechtigt, Grundbuchberichtigungen insbesondere auch hinsichtlich des Gesellschafterbestandes zu bewilligen, Willenserklärungen gegenüber Dritten, insbesondere auch Behörden und Gerichten, mit Wirkung für und gegen uns abzugeben und entgegenzunehmen und den jeweiligen Eigentümer der sofortigen Zwangsvollstreckung in das belastete Grundstück zu unterwerfen. Die Bevollmächtigten haben das Recht, gemeinschaftlich Untervollmachten zu erteilen und gemeinschaftlich Rechtsgeschäfte abzuschließen, an denen sie selbst oder als Vertreter dritter Personen beteiligt sind (Befreiung von den Beschränkungen gemäß § 181 BGB).

Der Notar ist angewiesen, jedem der Bevollmächtigten eine Ausfertigung dieser Vollmacht zu erteilen.

Vorstehende Verhandlung wurde den Erschienenen von dem Notar vorgelesen, von ihnen genehmigt und von ihnen und dem Notar eigenhändig wie folgt unterschrieben:

....
(Unterschrift A)   (Unterschrift B)   (Unterschrift C)

....
(Unterschrift D)   (Unterschrift E)   (Unterschrift Notar)

II. ERLÄUTERUNGEN

Erläuterungen zu A. 5.32 Vollmacht

Die Erteilung einer schriftlichen oder wie hier sogar notariell beurkundeten Vollmacht ist sinnvoll, vor allem um Komplikationen bei einseitigen Rechtsgeschäften nach §§ 174, 180 BGB und bei Vertragsschlüssen nach § 178 BGB zu vermeiden

(*Spelge* RdA 16, 309). Für den Nachweis der Vertretungsmacht nach dem Gesellschaftsvertrag gilt nämlich bei einseitigen Rechtsgeschäften abweichend von der gesetzlichen Grundregel der §§ 709, 714 BGB bspw. § 174 BGB analog (BAG 2 AZR 147/19 v. 5.12.19, NZG 20, 623). Die Erteilung einer notariell beurkundeten Vollmacht empfiehlt sich in erster Linie für den **Grundbuchverkehr** und wird auch als sog. Geburtsvollmacht bezeichnet, die dabei hilft den in GbR gehaltenen Grundbesitz verkehrsgängiger zu machen, wenn sie gleich von den Gründungsgesellschaftern erteilt wird (*Heinze* DNotZ 16, 344). Bei der erstmaligen Eintragung der GbR als Eigentümerin weicht die Praxis der Grundbuchämter hinsichtlich des Nachweises der Existenz und der Vertretung der GbR mitunter erheblich voneinander ab (vgl. im Einzelnen BRAK-Stellungnahme-Nr. 15/2011 sowie OLG München 34 Wx 155/10 v. 14.1.11, DStR 11, 730 zur Frage der Veränderung des Gesellschafterbestandes nach dem Erwerb des Grundstücks).

Für Grundbuchgeschäfte ist nicht nur die ursprüngliche Erteilung sondern auch der **Fortbestand der Vollmacht** nachzuweisen. Der Nachweis des Fortbestandes lässt sich mit der Vermutung des Fortbestandes einer Vollmacht nach § 172 Abs. 2 BGB erbringen. Diese Vermutung setzt nach § 172 Abs. 1 BGB, § 29 GBO voraus, dass der Vollmachtgeber dem Bevollmächtigten eine Ausfertigung der Vollmachtsurkunde aushändigen lässt und der Bevollmächtigte diese Ausfertigung bei Abgabe der Erklärung vorweist, bei der er den Vollmachtgeber vertreten will.

Das könnte durch einen entsprechenden Vermerk in der Urkunde über die auf Grund der Vollmacht abgegebene Erklärung nachgewiesen werden. Die bloße nachträgliche Vorlage einer beglaubigten Abschrift der Vollmachtsurkunde würde die Wirkungen des § 172 Abs. 2 BGB nach Ansicht des BGH nicht auslösen (BGH V ZB 90/11 v. 13.10.11, NZG 12, 102).

A. 6. Gesellschaft mit beschränkter Haftung – GmbH

Übersicht

A. 6.00 Gesellschaftsvertrag

Gliederung

I. FORMULARE

Formular A. 6.00 Gesellschaftsvertrag

GESELLSCHAFTSVERTRAG

§ 1 Firma, Sitz, Geschäftsjahr

(1) Die Gesellschaft führt die Firma: ....

(2) Die Gesellschaft hat ihren Rechtssitz in ...... Die Geschäftsführung ist befugt, den Verwaltungssitz der Gesellschaft an jeden beliebigen Ort im Inland zu verlegen. Eine Verlegung ins Ausland bedarf der Zustimmung der Gesellschafterversammlung. Der Beschluss ist mit satzungsändernder Mehrheit zu fassen (§ 8).

(3) Das Geschäftsjahr ist das Kalenderjahr. Das erste Geschäftsjahr ist ein Rumpfgeschäftsjahr, das mit der Eintragung der Gesellschaft in das Handelsregister beginnt und an dem hierauf folgenden 31.12. endet.

§ 2 Gegenstand des Unternehmens

(1) Gegenstand des Unternehmens ist ....

Ferner hat die Gesellschaft die Beteiligung an anderen Unternehmen mit einem verwandten Unternehmenszweck sowie deren Geschäftsführung unter Übernahme der unbeschränkten Haftung zum Gegenstand.

(2) Die Gesellschaft darf alle Maßnahmen treffen, die geeignet sind, den Gesellschaftszweck zu fördern.

(3) Die Gesellschaft ist berechtigt, Zweigniederlassungen zu errichten, andere ihr ähnliche Unternehmen zu erwerben oder sich an solchen zu beteiligen.

(4) Gegenstand der Gesellschaft kann auch sein, Organ im Rahmen eines steuerlichen Organschaftsverhältnisses zu sein. Die Gesellschafterversammlung kann die Geschäftsführung ermächtigen, einen Beherrschungs- und Ergebnisabführungsvertrag abzuschließen.

§ 3 Stammkapital, Geschäftsanteil

(1) Das Stammkapital der Gesellschaft beträgt € ....

(2) Die Gesellschafter haben folgende Geschäftsanteile übernommen:

a) Herr ...... 12.500 Geschäftsanteile im Nennwert von jeweils € 1,– (Geschäftsanteile Nr. 1 bis 12.500).

b) Herr ...... 12.500 Geschäftsanteile im Nennwert von jeweils € 1,– (Geschäftsanteile Nr. 12.501 bis 25.000).

......

(3) Das Stammkapital ist in Geld einzuzahlen.

(4) Mehrere Geschäftsanteile eines Gesellschafters können nicht zusammengelegt werden, es sei denn, dies wäre zum Zweck einer Kapitalherabsetzung erforderlich. In diesem Fall und im Fall der Teilung von Geschäftsanteilen ist hierüber von der Gesellschafterversammlung mit satzungsändernder Mehrheit (§ 8) zu beschließen. Die Zustimmung des betroffenen Gesellschafters ist nicht erforderlich, es sei denn, sein Stimmrecht wird beeinträchtigt. Teilung und Zusammenlegung werden erst mit Aufnahme der geänderten Gesellschafterliste im Handelsregister wirksam.

(5) Jeder Gesellschafter ist verpflichtet, der Geschäftsführung Veränderungen in seiner Person oder seiner Beteiligung an der Gesellschaft innerhalb von vier Wochen schriftlich mitzuteilen. Nachweise sind durch Urschriften oder beglaubigte Abschriften zu führen. Im Fall der Erbfolge gilt § 35 GBO entsprechend.

§ 4 Vertretung, Geschäftsführung

(1) Die Gesellschaft hat einen oder mehrere Geschäftsführer, die von der Gesellschafterversammlung berufen und abberufen werden. Ist nur ein Geschäftsführer vorhanden, so ist er stets alleinvertretungsberechtigt. Sind mehrere Geschäftsführer vorhanden, so wird die Gesellschaft jeweils von zwei Geschäftsführern gemeinsam oder von einem Geschäftsführer und einem Prokuristen vertreten. Auch wenn mehrere Geschäftsführer vorhanden sind, kann einem oder mehreren Geschäftsführern das Recht der Alleinvertretung verliehen werden.

(2) Die Gesellschafterversammlung kann Geschäftsführer von den Beschränkungen des § 181 BGB generell befreien.

(3) Die Geschäftsführung bedarf für alle Geschäfte, die über den gewöhnlichen Betrieb des Unternehmens der Gesellschaft hinausgehen, der ausdrücklichen vorhergehenden Einwilligung der Gesellschafterversammlung (§ 7 Abs. 1 Satz 1). Hierzu zählen insbesondere:

a) alle Verfügungen über Grundstücke, Rechte an einem Grundstück oder Rechte an einem Grundstücksrecht, die Verpflichtung zur Vornahme derartiger Verfügungen;

b) die Veräußerung des Unternehmens im Ganzen, die Errichtung, Veräußerung und Aufgabe von Betrieben oder Betriebstätten;

c) der Erwerb anderer Unternehmen, der Erwerb, die Änderung oder Kündigung von – auch stillen – Beteiligungen einschließlich des Erwerbs von Geschäftsanteilen der Gesellschaft sowie der Abtretung eigener Geschäftsanteile der Gesellschaft; ferner die Stimmabgabe in Beteiligungsgesellschaften;

d) der Abschluss, die Änderung und die Kündigung von Verträgen über Organschaften (Beherrschungs- und Ergebnisabführungsverträge), Poolungen und Kooperationen;

e) der Abschluss, die Änderung und die Kündigung von Lizenzverträgen;

f) Anschaffungen und Investitionen, einschließlich der Vornahme von Baumaßnahmen, wenn die Anschaffungs- oder Herstellungskosten € ...... im Einzelfall oder € ...... im Geschäftsjahr übersteigen;

g) die nachhaltige Änderung der hergebrachten Art der Verwaltung, der Organisation, der Produktion oder des Vertriebes; ferner die Einstellung oder wesentliche Einschränkung betriebener Geschäftszweige und die Aufnahme neuer Geschäftszweige;

h) die Inanspruchnahme oder die Gewährung von Sicherheiten oder Krediten sowie die Übernahme fremder Verbindlichkeiten; ausgenommen sind Kunden- und Lieferantenkredite, soweit sie im Einzelfall € ...... oder insgesamt € ...... nicht übersteigen, sowie die Aufnahme und die Kündigung von Barkrediten bis zu € ...... im Einzelfall;

i) der Abschluss und die Kündigung von Dauerschuldverträgen mit einer Jahresbelastung von mehr als € ......;

j) die Einstellung und Entlassung von Arbeitnehmern mit monatlichen Bruttobezügen von mehr als € ......;

k) die Erteilung von Prokuren und Generalvollmachten;

l) die Einleitung von Rechtsstreitigkeiten mit einem Streitwert von mehr als € ......;

m) die Erteilung von Schenkungsversprechen sowie die Hingabe nicht marktüblicher Geschenke;

n) Vereinbarungen mit nahen Angehörigen von Gesellschaftern oder Geschäftsführern und mit Gesellschaften, an denen Gesellschafter oder Geschäftsführer oder ihre Angehörigen nicht nur unwesentlich beteiligt sind. Die nahen Angehörigen bestimmen sich nach § 15 AO. Unwesentlich im vorstehenden Sinn ist eine Beteiligung von nicht mehr als ......% am Kapital der jeweiligen Gesellschaft.

(4) Darüber hinaus kann die Gesellschafterversammlung einen Katalog zustimmungspflichtiger Geschäfte beschließen. Der Katalog ist nicht formeller, satzungsmäßiger Bestandteil des Gesellschaftsvertrages, sondern eine interne, bindende Richtlinie für die Geschäftsführung. Der Katalog kann daher durch einen formlosen Beschluss der Gesellschafterversammlung ohne Einhaltung der für eine Satzungsänderung vorgeschriebenen Formvorschriften – auch einzelnen Geschäftsführern gegenüber – beschlossen, erweitert oder beschränkt werden.

(5) Bei Abschluss, Änderung oder Beendigung von Anstellungsverträgen mit Geschäftsführern wird die Gesellschaft durch die Gesellschafterversammlung vertreten.

§ 5 Aufsichtsrat

(1) Die Gesellschafter können mit einer Mehrheit von ......% der abgegebenen Stimmen beschließen, dass die Gesellschaft einen aus drei oder mehr Mitgliedern bestehenden Aufsichtsrat erhält.

(2) Auf den Aufsichtsrat findet § 52 Abs. 1 GmbHG nur Anwendung, falls und soweit die Gesellschafter dies mit einer Mehrheit von ......% der abgegebenen Stimmen beschließen.

(3) Der Aufsichtsrat überwacht die Geschäftsführung. Die Gesellschafter können dem Aufsichtsrat durch Beschluss mit einer Mehrheit von ......% der abgegebenen Stimmen weitere Aufgaben und Befugnisse zuweisen.

(4) Jedes Mitglied des Aufsichtsrates hat Anspruch auf Ersatz seiner Aufwendungen sowie auf eine jährliche Vergütung zuzüglich Umsatzsteuer. Die Höhe wird durch Gesellschafterbeschluss festgesetzt. Die Vergütung ist jeweils nach Ablauf des Geschäftsjahres zahlbar.

§ 6 Gesellschafterversammlung

(1) Die ordentliche Gesellschafterversammlung findet in den ersten sieben Monaten eines jeden Geschäftsjahres statt. Gegenstand der ordentlichen Gesellschafterversammlung ist die Feststellung des Jahresabschlusses und der Ergebnisverwendung, die Entlastung der Geschäftsführung und – vorbehaltlich § 12 Abs. 4 Satz 2 – die Wahl des Abschlussprüfers.

(2) Die Gesellschafterversammlungen werden schriftlich unter Beifügung der Tagesordnung einberufen. Das Schreiben ist mindestens drei Wochen vor dem Termin per Einschreiben/Rückschein zur Post zu geben oder gegen Quittung zu übergeben. Der Ladung per Post steht eine Ladung per Telefax gleich. Jeder Geschäftsführer ist einzeln zur Einberufung berechtigt. Die Geschäftsführung hat die Gesellschafterversammlung einzuberufen, wenn Gesellschafter, denen allein oder gemeinsam mindestens 10 % des Stammkapitals (§ 3 Abs. 1) zustehen, es verlangen. Kommt die Geschäftsführung einem solchen Verlangen nicht innerhalb einer Frist von zwei Wochen nach, ist der (sind die) Gesellschafter, der (die) ein solches Verlangen gestellt hat (haben), selbst berechtigt, die Gesellschafterversammlung einzuberufen. Ist die Gesellschaft führungslos und ein Geschäftsführer nicht vorhanden, sind Gesellschafter, denen allein oder gemeinsam mindestens 10 % des Stammkapitals (§ 3 Abs. 1) zustehen, unmittelbar zur Einberufung berechtigt. Die Gesellschafterversammlungen finden grundsätzlich am Verwaltungssitz der Gesellschaft statt.

(3) Die Gesellschafterversammlung ist beschlussfähig, wenn sie ordnungsgemäß einberufen ist und mindestens ......% des Stammkapitals (§ 3 Abs. 1) vertreten sind; eine zu Beginn beschlussfähige Gesellschafterversammlung bleibt auch bei nachträglicher Minderung des vertretenen Stammkapitals während laufender Gesellschafterversammlung beschlussfähig. Wird die zu Beginn der Gesellschafterversammlung erforderliche Mehrheit nicht erreicht, so ist innerhalb von drei Wochen eine zweite Gesellschafterversammlung mit gleicher Ladungsfrist und gleicher Tagesordnung einzuberufen. Diese Gesellschafterversammlung ist sodann ohne Rücksicht auf das vertretene Kapital beschlussfähig. Auf diese Rechtsfolge ist in der zweiten Einladung hinzuweisen.

(4) Jeder Gesellschafter kann sich in der Gesellschafterversammlung durch einen Angehörigen der rechts-, steuerberatenden oder wirtschaftsprüfenden Berufe, der gesetzlich zur Berufsverschwiegenheit verpflichtet ist, vertreten lassen oder sich des Beistandes einer solchen Person bedienen. Im Übrigen ist eine Vertretung nur durch Mitgesellschafter oder durch Testamentsvollstrecker gestattet. Gesetzliche Vertreter, die nicht zu den Personen nach Satz 1 oder 2 gehören, müssen sich in ihrer Eigenschaft als gesetzliche Vertreter durch einen zugelassenen Bevollmächtigten vertreten lassen. Die Vertreter müssen sich durch schriftliche Vollmacht oder amtliches Zeugnis ausweisen. Ein Testamentsvollstrecker, der nicht der Personengruppe nach Satz 1 angehört, kann durch einstimmigen Beschluss der übrigen in der Gesellschafterversammlung vertretenen Gesellschafter – ohne Angabe von Gründen – abgelehnt werden.

§ 7 Gesellschafterbeschlüsse

(1) Gesellschafterbeschlüsse werden mit einfacher Mehrheit der in der Gesellschafterversammlung abgegebenen Stimmen gefasst. Dies gilt nicht, soweit das Gesetz zwingend oder dieser Vertrag ausdrücklich etwas anderes bestimmen. Die Gesellschafter stimmen in eigenen Angelegenheiten mit ab, soweit nicht § 47 Abs. 4 GmbHG oder dieser Vertrag ausdrücklich etwas anderes bestimmen.

(2) Gesellschafterbeschlüsse können – vorbehaltlich zwingender gesetzlicher Formvorschriften –, wenn alle Gesellschafter mit diesem Verfahren einverstanden sind, auch telefonisch, durch Telefax oder per E-Mail, schriftlich oder mündlich oder in sonstiger medialer Form ohne förmliche Gesellschafterversammlung gefasst werden.

(3) Je € 1,– eines Geschäftsanteils (§ 3 Abs. 2) gewährt eine Stimme.

(4) Die Gesellschafterbeschlüsse, auch die formlos gefassten, sind zu protokollieren und von einem alleinvertretungsberechtigten Geschäftsführer oder von mindestens zwei Geschäftsführern zu unterzeichnen. Hat die Gesellschaft mehr als zwei Ge-

schäftsführer, sind die Geschäftsführer, die nicht unterzeichnen, zu informieren. Jedem Gesellschafter ist das Protokoll in Kopie oder Abschrift zuzusenden.

(5) Die Unwirksamkeit oder Anfechtbarkeit von Gesellschafterbeschlüssen kann, sofern nicht gegen zwingende gesetzliche Vorschriften verstoßen wird, nur innerhalb eines Monats geltend gemacht werden. Die Frist beginnt mit Zugang des Protokolls. Sie endet in jedem Fall spätestens sechs Monate nach Beschlussfassung. Für die Fristwahrung ist die Klageerhebung erforderlich.

§ 8 Änderung des Gesellschaftsvertrags, Kapitalerhöhung, -herabsetzung, Liquidation

Änderungen des Gesellschaftsvertrages müssen mit mindestens 75 % der abgegebenen Stimmen beschlossen werden; dies gilt auch für Kapitalerhöhung, Kapitalherabsetzung und Liquidation sowie eine Umwandlung.

§ 9 Eigene und eingezogene Geschäftsanteile

Soweit in diesem Vertrag auf die Beteiligung an der Gesellschaft abgestellt ist, bleiben eigene und eingezogene Geschäftsanteile bei der Berechnung der Beteiligung außer Ansatz.

§ 10 Wahrnehmung der Gesellschafterrechte, Informations- und Kontrollrechte

(1) Außerhalb der Gesellschafterversammlungen können die Gesellschafter ihre Rechte, insbesondere ihre Informations- und Kontrollrechte nach § 51a GmbHG, auch durch einen Angehörigen der rechts-, steuerberatenden oder wirtschaftsprüfenden Berufe, der gesetzlich zur Berufsverschwiegenheit verpflichtet ist, ausüben lassen. Im Übrigen können Gesellschafter die Rechte nur selbst ausüben oder durch Mitgesellschafter, gesetzliche Vertreter oder einen Testamentsvollstrecker ausüben lassen. Die Vertreter müssen sich durch schriftliche Vollmacht oder amtliches Zeugnis ausweisen.

(2) Im Übrigen gilt § 51a GmbHG.

§ 11 Wettbewerbsverbot

(1) Für alle Gesellschafter gilt das gesetzliche Wettbewerbsverbot des § 112 Abs. 1 HGB entsprechend, mit der Weiterung, dass ein Gesellschafter außerhalb der Gesellschaft in deren Tätigkeitsbereich weder selbständig noch unselbständig noch beratend, auch nicht gelegentlich oder mittelbar, tätig werden darf. Ebenso ist eine Beteiligung an Konkurrenzunternehmen – außer in Gestalt von Aktien und Wandelanleihen –, auch als stiller Gesellschafter oder Unterbeteiligter, unzulässig.

(2) Das Wettbewerbsverbot endet zwei Jahre nach dem Ausscheiden des Gesellschafters.

(3) Jedem Gesellschafter kann durch Gesellschafterbeschluss, der mit mindestens ......% der abgegebenen Stimmen zu fassen ist, Befreiung vom Wettbewerbsverbot erteilt werden.

(4) Abs. 3 gilt entsprechend für Gesellschafter-Geschäftsführer.

(5) Verstößt ein Gesellschafter gegen das Wettbewerbsverbot des Abs. 1, so ist – ohne Rücksicht auf das Verschulden – für jeden Verstoß eine Vertragsstrafe in Höhe von € ...... verwirkt. Bei einem andauernden Verstoß gilt die Tätigkeit während eines Monats als jeweils ein selbständiger Verstoß im Sinne des Satzes 1. Die Vertragsstrafe tritt neben die übrigen Ansprüche der Gesellschaft aus dem Wettbewerbsverbot.

(6) Abs. 5 gilt entsprechend für ausgeschiedene Gesellschafter während des in Abs. 2 genannten Zeitraums.

§ 12 Jahresabschluss

(1) Der Jahresabschluss hat den handelsgesetzlichen Vorschriften zu entsprechen und zugleich den steuerlichen Vorschriften zu genügen. Von der Steuerbilanz weicht die Handelsbilanz ab, soweit dies notwendig ist, um ein den tatsächlichen Verhältnissen entsprechendes Bild der Vermögens-, Finanz- und Ertragslage zu vermitteln.

(2) Weicht die steuerliche Veranlagung von der Steuerbilanz der Gesellschaft ab oder wird die Veranlagung nachträglich geändert, so ist die Handelsbilanz nach Bestandskraft des Bescheides unter Berücksichtigung von Abs. 1 anzupassen, sofern nicht die Gesellschafterversammlung etwas anderes beschließt.

(3) Die Geschäftsführung hat den Jahresabschluss (Bilanz, Gewinn- und Verlustrechnung sowie Anhang) und den Lagebericht bis zum 31. März des nachfolgenden Geschäftsjahres aufzustellen und jedem Gesellschafter unverzüglich in Abschrift zu übersenden.

(4) Der Jahresabschluss und der Lagebericht sind von einem Abschlussprüfer zu prüfen. Die Gesellschafterversammlung kann beschließen, von der Prüfung des Jahresabschlusses nach Satz 1 abzusehen, wenn die Voraussetzungen des § 267 Abs. 1 HGB vorliegen (kleine GmbH). Ihr obliegt die Wahl des Abschlussprüfers (§ 6 Abs. 1). Der Prüfungsbericht ist allen Gesellschaftern unverzüglich, spätestens mit der Einladung zur ordentlichen Gesellschafterversammlung zu übersenden.

(5) Die ordentliche Gesellschafterversammlung hat spätestens bis zum Ablauf der Ersten acht Monate über die Feststellung des Jahresabschlusses und des Lageberichts sowie die Entlastung der Geschäftsführung zu beschließen (§ 6 Abs. 1). Die Feststellung des Jahresabschlusses und des Lageberichts sowie die Entlastung der Geschäftsführung gelten als erfolgt durch Unterzeichnung durch die Gesellschafter, die dem aufgestellten Jahresabschluss zugestimmt haben.

(6) Kommt über den Jahresabschluss, den Lagebericht oder die Entlastung der Geschäftsführung kein Mehrheitsbeschluss im Sinne des § 7 Abs. 1 Satz 1 zustande, so entscheidet ein Sachverständiger, der vom (Haupt-)Geschäftsführer der zuständigen Industrie- und Handelskammer auf Antrag der Geschäftsführung bestellt wird, als Schiedsgutachter endgültig, wenn die Gesellschafterversammlung nicht einen Sachverständigen wählt. Kommt die Geschäftsführung ihrer Antragspflicht nicht binnen einer Frist von vierzehn Tagen nach der Gesellschafterversammlung nach, ist jeder Geschäftsführer berechtigt, den Antrag zu stellen.

§ 13 Gewinnverwendung

(1) Über die Verwendung des Jahresergebnisses (Summe aus Jahresüberschuss und Gewinnvortrag abzüglich Verlustvortrag) oder – soweit einschlägig – über die Verwendung des Bilanzgewinns entscheidet die Gesellschafterversammlung spätestens bis zum Ablauf der Ersten acht Monate des Geschäftsjahres mit einfacher Mehrheit (§ 7 Abs. 1 Satz 1).

(2) Die Gewinnausschüttung hat binnen einer Frist von ...... – gerechnet ab Beschlussfassung – zu erfolgen.

(3) Die Gewinnverwendung erfolgt grundsätzlich im Verhältnis der Geschäftsanteile. Durch Gesellschafterbeschluss, dem sämtliche Gesellschafter zustimmen müssen, kann eine abweichende Gewinnverwendung beschlossen werden. Ein solcher Beschluss wirkt für die jeweils beschlossene Gewinnverwendung.

§ 14 Offenlegung

(1) Der Geschäftsführer hat nach Maßgabe der §§ 325 ff. HGB den Jahresabschluss mit dem Bestätigungsvermerk des Abschlussprüfers, den Lagebericht und, soweit sich die Ergebnisverwendung nicht aus dem eingereichten Jahresabschluss ergibt,

den Beschluss über die Ergebnisverwendung zum elektronischen Bundesanzeiger elektronisch einzureichen und bekanntzumachen.

(2) Von den größenabhängigen Erleichterungen nach §§ 326, 327, 327a HGB hat der Geschäftsführer bei Vorliegen der entsprechenden Voraussetzungen Gebrauch zu machen, sofern die Gesellschafterversammlung nichts anderes beschließt.

§ 15 Verfügung über Geschäftsanteile, Teilung von Geschäftsanteilen

(1) Die Gesellschafter können ihre Geschäftsanteile frei an Personen, die im Erbgang Nachfolger eines Gesellschafters werden können, abtreten oder zugunsten solcher Personen belasten, sofern es sich um eine unentgeltliche Übertragung im Wege der vorweggenommenen Erbfolge handelt. Im Übrigen bedarf die Abtretung oder Belastung der Geschäftsanteile oder von Teilen eines Geschäftsanteils der Zustimmung der Gesellschaft. Die Gesellschaft darf die Zustimmung nur erteilen, wenn sie hierzu durch Beschluss der Gesellschafterversammlung mit mindestens ......% der abgegebenen Stimmen ermächtigt worden ist.

(2) Die Regelung des Abs. 1 gilt entsprechend für die Bestellung eines Nießbrauchs sowie für die Einräumung von Unterbeteiligungen, auch an Teilanteilen.

(3) Die Ansprüche auf Gewinn und Liquidationserlös sind unter den Voraussetzungen des Abs. 1 abtretbar und belastbar.

§ 16 Einziehung von Geschäftsanteilen

1. Die Gesellschafter können jederzeit die Einziehung von eingezahlten Geschäftsanteilen beschließen, wenn der betroffene Gesellschafter zustimmt. Zulässig ist auch die Einziehung von eigenen Anteilen der Gesellschaft.

2. Ohne Zustimmung des betroffenen Gesellschafters kann die Einziehung voll eingezahlter Geschäftsanteile eines Gesellschafters beschlossen werden, wenn

   a) in seiner Person ein wichtiger Grund vorliegt, insbesondere wenn er gegen das Wettbewerbsverbot oder nachhaltig gegen die Geschäftsführungsbeschränkungen verstößt;

   b) über sein Vermögen das Insolvenzverfahren eröffnet worden ist und nicht innerhalb von drei Monaten seit Eröffnung – ausgenommen mangels Masse – eingestellt wird; der Eröffnung des Insolvenzverfahrens steht die Nichteröffnung mangels Masse gleich;

   c) in seinen Geschäftsanteil die Zwangsvollstreckung betrieben und diese nicht innerhalb von einem Monat abgewandt wird;

   d) ein Geschäftsanteil im Wege der Zwangsvollstreckung oder der Insolvenz eines Gesellschafters an einen Dritten gelangt ist, weil die Einziehung während des Verfahrens nach Abs. 4 nicht zulässig war;

   e) er Nießbrauchsrechte oder Unterbeteiligungen über den nach dieser Satzung zulässigen Rahmen hinaus einräumt.

3. Ein Geschäftsanteil, der mehreren Inhabern gemeinsam zur gesamten Hand oder nach Bruchteilen zusteht, kann eingezogen werden, wenn die Voraussetzungen gem. Abs. 2 bei einem Mitberechtigten vorliegen.

4. Die Einziehung erfolgt durch Beschluss der Gesellschafterversammlung, der der einfachen Mehrheit der abgegebenen Stimmen bedarf. Der betroffene Gesellschafter hat in den Fällen des Abs. 2 kein Stimmrecht.

5. Statt der Einziehung kann die Gesellschafterversammlung in Fällen des Abs. 2 mit einfacher Mehrheit der abgegebenen Stimmen (ohne Stimmrecht des betroffenen Gesellschafters) beschließen, dass der betroffene Gesellschafter oder dessen Rechtsnachfolger verpflichtet wird, den Geschäftsanteil (nebst aller hierauf entfallender und bis zum Zeitpunkt der Beschlussfassung entstandener Gewinnansprü-

che, soweit eine Gewinnausschüttung beschlossen wurde oder wird) ganz oder teilweise auf die Gesellschaft, auf Mitgesellschafter oder andere von der Gesellschafterversammlung im Beschluss bezeichnete Empfänger zu übertragen (Zwangsabtretung). Die Gesellschaft, vertreten durch ihre Geschäftsführer in vertretungsberechtigter Zahl, ist für diesen Fall ermächtigt, unter Befreiung von den Beschränkungen des § 181 BGB die Zwangsabtretung in Vollzug des Beschlusses im Namen des von der Zwangsabtretung betroffenen Gesellschafters vorzunehmen. Die Kosten der Zwangsabtretung sind vom betroffenen Gesellschafter und dem bzw. den Übernehmern des Geschäftsanteils oder der Geschäftsanteile je zu gleichen Teilen zu tragen.

6. Die Einziehung bzw. die Verpflichtung zur Abtretung wird mit Zugang der Mitteilung des Beschlusses an den betroffenen Gesellschafter – unabhängig von der Zahlung der Abfindung – wirksam. Hat der betroffene Gesellschafter nicht an der den Beschluss fassenden Gesellschafterversammlung teilgenommen, so wird ihm der Beschluss von der Geschäftsführung schriftlich mitgeteilt und mit Bewirkung dieser Mitteilung wirksam.

7. In den Fällen des Abs. 5 kann aus dem Geschäftsanteil, dessen Zwangsabtretung beschlossen wurde, das Stimmrecht vom betroffenen Gesellschafter ab Bewirkung der Mitteilung nach Abs. 6 nicht mehr ausgeübt werden.

8. Die Einziehung oder Zwangsabtretung erfolgt gegen Zahlung einer Abfindung, die sich nach § 20 der Satzung bemisst. Diese ist bei der Einziehung von der Gesellschaft, im Fall der Zwangsabtretung vom jeweiligen Erwerber zu zahlen.

9. Für den Fall, dass bei Einziehung nach Abs. 2 eine vollständige Abfindungszahlung (ggf. zuzüglich Zinsen) von der Gesellschaft nicht zu erlangen ist, ist eine Haftung der verbleibenden Gesellschafter für den gegen die Gesellschaft gerichteten Abfindungsanspruch vorbehaltlich des Satzes 2 ausgeschlossen. Eine persönliche Haftung der verbleibenden Gesellschafter für die Abfindung entsteht allein dann, wenn die Fortsetzung der Gesellschaft unter Verzicht auf Maßnahmen zur Befriedigung des Abfindungsanspruchs des ausgeschiedenen Gesellschafters als treuwidrig anzusehen ist, und dieses treuwidrige Vorgehen der verbleibenden Gesellschafter ursächlich dafür ist, dass die Gesellschaft außerstande ist, die Abfindung zu zahlen.

§ 17 Dauer der Gesellschaft, Kündigung

(1) Die Mitgliedschaft in der Gesellschaft kann mit einer Frist von ......, erstmals zum 31.12. ...., sodann zum Schluss eines jeden Geschäftsjahres gekündigt werden. Die Kündigung ist der Geschäftsführung gegenüber durch eingeschriebenen Brief (Einschreiben/Rückschein), der spätestens zum 31.12. zur Post zu geben ist, auszusprechen.

(2) Durch die Kündigung wird die Gesellschaft nicht aufgelöst. Der kündigende Gesellschafter hat seinen Geschäftsanteil auf die übrigen Gesellschafter gegen Abfindung durch diese im Verhältnis ihrer Stammeinlagen zueinander zu übertragen. Ist eine Teilung des Geschäftsanteils nicht möglich, so ist der Geschäftsanteil auf die übrigen Gesellschafter als Mitberechtigte im Sinne des § 18 GmbHG zu übertragen. Die übrigen Gesellschafter sind zur Übernahme des Geschäftsanteils verpflichtet.

(3) Die übrigen Gesellschafter können stattdessen mit ......% der abgegebenen Stimmen verlangen, dass der kündigende Gesellschafter seinen Geschäftsanteil nur auf einen Gesellschafter, auf die Gesellschaft oder auf einen oder mehrere Dritte(n) überträgt. Der kündigende Gesellschafter hat kein Stimmrecht, seine Stimmen zählen nicht mit. Absatz 5 Satz 2 und Satz 3 gelten entsprechend. Der Erwerb durch die Gesellschaft ist nicht zulässig, wenn sie das Entgelt nicht zahlen kann, ohne ihr Stammkapital anzugreifen.

§ 18 Erbfolge

(1) Verstirbt ein Gesellschafter, so wird die Gesellschaft mit seinen Erben oder einem zur Nachfolge in den Gesellschaftsanteil bestimmten Vermächtnisnehmer fortgesetzt. Zur Durchführung der Erbauseinandersetzung kann ein Geschäftsanteil auch ohne Beschlussfassung der Gesellschafterversammlung geteilt werden.

(2) Sind andere Personen als Abkömmlinge eines Gesellschafters oder Mitgesellschafters Erben des verstorbenen Gesellschafters oder zur Nachfolge in den Gesellschaftsanteil bestimmte Vermächtnisnehmer und wird/werden der/die Geschäftsanteil/e des verstorbenen Gesellschafters auch nicht innerhalb von drei Monaten nach dem Tod des Gesellschafters auf einen oder mehrere Abkömmlinge eines Gesellschafters oder einen oder mehrere Mitgesellschafter übertragen, so unterliegt/unterliegen der/die Geschäftsanteil/e des verstorbenen Gesellschafters der Zwangseinziehung oder Zwangsabtretung gem. § 16 dieses Vertrags. Wird der dazu gemäß § 16 notwendige Gesellschafterbeschluss nicht innerhalb von zwölf Monaten nach dem Tod des Gesellschafters gefasst, erlischt das Recht nach Satz 1 in Bezug auf diese Person.

§ 19 Ausscheiden eines Gesellschafters, Fortführung der Gesellschaft

Scheidet ein Gesellschafter – gleich aus welchem Grunde – aus der Gesellschaft aus, so können die verbleibenden Gesellschafter mit mindestens ......% der abgegebenen Stimmen, spätestens innerhalb von drei Monaten nach dem Ausscheiden des Gesellschafters, die Auflösung der Gesellschaft beschließen. Der ausscheidende Gesellschafter hat kein Stimmrecht, seine Stimme zählt nicht mit. Der ausgeschiedene Gesellschafter nimmt sodann an der Liquidation der Gesellschaft teil.

§ 20 Abfindung

(1) Scheidet ein Gesellschafter, gleich aus welchem Rechtsgrund, insbesondere nach §§ 16, 17 oder 18 aus der Gesellschaft aus, so erhält er eine Abfindung.

(2)

a) Maßgebend für die Ermittlung des Abfindungsguthabens ist der handelsrechtliche Bilanzkurs (eingezahlte Stammeinlage zuzüglich offene Rücklagen, zuzüglich Jahresüberschuss und Gewinnvortrag und abzüglich Jahresfehlbetrag und Verlustvortrag). Dieser ergibt sich aus der Handelsbilanz zum 31.12., der dem Tag des Ausscheidens vorangeht oder mit diesem zusammenfällt. Stille Reserven jeder Art und ein Firmenwert – gleichgültig ob originär oder erworben – bleiben außer Ansatz.

b) Der Ausscheidende erhält von dem nach Buchst. a) ermittelten Betrag einen Teilbetrag, der seiner prozentualen Beteiligung am Stammkapital der Gesellschaft entspricht.

c) Auf das Abfindungsguthaben ist anteilig eine nach dem nach Buchst. a) maßgebenden Stichtag erfolgte Gewinnausschüttung anzurechnen.

(3)

a) Das Abfindungsguthaben ist in ...... gleich hohen Jahresraten, beginnend ...... Monate nach dem Ausscheiden, auszuzahlen.

b) Das jeweilige Abfindungs(rest)guthaben ist mit ......% zu verzinsen. Die Zinsen sind jeweils mit den Jahresraten fällig.

c) Eine vorzeitige Auszahlung des Abfindungsguthabens ist jederzeit – auch in Teilbeträgen – zulässig.

d) Das Ergebnis einer Betriebsprüfung nach dem Ausscheiden beeinflusst das Abfindungsguthaben nicht.

(4) Soweit in den Fällen der §§ 16–18 Geschäftsanteile gegen Abfindung zu übertragen sind, hat die Übertragung des (der) Geschäftsanteils (Geschäftsanteile) auf den oder die Erwerber unverzüglich nach Entstehen des Erwerbsrechts oder der Erwerbspflicht in notarieller Urkunde zu erfolgen, und zwar unabhängig davon, ob die Höhe der Abfindung bereits feststeht und ob die Zahlung der Abfindung in einem Betrag oder in mehreren Raten erfolgt. Erwerben mehrere Personen, so haftet jeder Erwerber dem ausgeschiedenen Gesellschafter nur für den Teil des Gegenwertes, der auf den von ihm erworbenen Teilgeschäftsanteil bzw. Bruchteil oder Gesamthandanteil in Fällen des § 18 GmbHG entfällt. Eine Gesamthaftung mehrerer Erwerber ist ausgeschlossen, sofern sie nicht ausdrücklich vereinbart wird.

§ 21 Schlussbestimmungen

(1) Die Bekanntmachungen der Gesellschaft erfolgen nur im elektronischen Bundesanzeiger.

(2) Die Ungültigkeit einzelner Bestimmungen des Vertrages berührt nicht seine Wirksamkeit. Anstelle der unwirksamen Bestimmung oder zur Ausfüllung einer Lücke ist eine angemessene Regelung zu vereinbaren, die dem am nächsten kommt, was die Vertragschließenden gewollt haben oder nach dem Sinn und Zweck des Vertrages gewollt hätten, sofern sie den Punkt bedacht hätten. Beruht die Ungültigkeit auf einer Leistungs- oder Zeitbestimmung, so tritt an ihre Stelle das gesetzlich zulässige Maß.

(3) Alle Streitigkeiten aus diesem Vertrag unterliegen dem Recht der Bundesrepublik Deutschland; sie sollen unter Ausschluss des ordentlichen Rechtsweges von einem Schiedsgericht entschieden werden. Es gelten hierfür die §§ 1025 ff. ZPO.

(4) Die Gesellschaft und die Gesellschafter verpflichten sich, alle diejenigen Maßnahmen zu erwägen und durchzuführen, die geeignet sind, die steuerliche Belastung der Gesellschaft und ihrer Gesellschafter zu ermäßigen.

(5) Die Gesellschaft trägt die mit der Errichtung der Gesellschaft anfallenden Kosten (Rechtsanwalts-, Notar- und Registergerichtsgebühren, einschließlich Veröffentlichungskosten) bis zur Höhe von insgesamt € ....

(6) Sämtliche gesetzlichen und vertraglichen Ansprüche zwischen der Gesellschaft und ihren Gesellschaftern, zwischen den Gesellschaftern untereinander, zwischen der Gesellschaft und deren Organen sowie zwischen den Gesellschaftern und den Organen der Gesellschaft verjähren, sofern vorstehend nichts Abweichendes geregelt ist, in zehn Jahren ab dem jeweiligen gesetzlichen Verjährungsbeginn.

Formular A. 6.00a Gründungsprotokoll

Urkundenrolle Nummer ......

Verhandelt am ...... zu ......

Vor dem Notar ...... erschienen:

1. Herr/Frau ......, geboren am ......,
   wohnhaft in ......,

2. ......

3. ......

Die Erschienenen wiesen sich wie folgt aus: ......

Sie erklärten:

1. Wir errichten hiermit eine Gesellschaft mit beschränkter Haftung und schließen den dieser Niederschrift als Anlage beigefügten Gesellschaftsvertrag.

2. Wir bestellen Herrn/Frau ...... *[Beruf, Anschrift]* zum alleinvertretungsberechtigten Geschäftsführer. Der Geschäftsführer ist von der Beschränkung des § 181 BGB generell befreit.

Der Notar wies die Erschienenen darauf hin, dass ....

Diese Niederschrift nebst Anlage wurde den Erschienenen vorgelesen, von ihnen genehmigt und eigenhändig wie folgt unterschrieben:

....

(Unterschriften)

Formular A. 6.00b Handelsregisteranmeldung

Amtsgericht

– Registergericht –

Neue Handelsregistersache ...... GmbH.

Als Geschäftsführer überreiche ich:

1. Ausfertigung des notariellen Gründungsprotokolls vom ......

   (UR ...... des Notars ......)

   der ...... GmbH, die den Gesellschaftsvertrag und meine Bestellung zum Geschäftsführer enthält;

2. die von mir unterzeichnete Liste der Gesellschafter.

Ich melde die Gesellschaft und meine Bestellung zum Geschäftsführer zur Eintragung in das Handelsregister an.

Zur Vertretungsberechtigung:

Ist nur ein Geschäftsführer vorhanden, so ist er stets alleinvertretungsberechtigt. Sind mehrere Geschäftsführer vorhanden, so wird die Gesellschaft jeweils von zwei Geschäftsführern gemeinsam oder von einem Geschäftsführer und einem Prokuristen vertreten.

Ich vertrete die Gesellschaft allein und bin von der Beschränkung des § 181 BGB befreit.

Als Geschäftsführer zeichne ich wie folgt:

....

(Name)   (Unterschrift)

1. Ich versichere:
   - dass das gesamte Stammkapital von € ...... in voller Höhe in bar erbracht ist;
   - (– dass auf die übernommenen Stammeinlagen vom Gesellschafter ...... ein Betrag von € ...... und vom Gesellschafter ...... ein Betrag von € ...... und damit auf jede Stammeinlage mindestens ein Viertel und auf das Stammkapital insgesamt mindestens ein Betrag von € 12.500,– einbezahlt worden ist;)
   - (– dass die Sacheinlagen auf die Gesellschaft übertragen worden sind;)
   - dass sich die von den Gesellschaftern einbezahlten Beträge endgültig in meiner freien Verfügung befinden;
   - (– dass sich der Gegenstand der vorstehenden Leistungen (Bareinlagen und Sacheinlagen) endgültig in meiner freien Verfügung befindet;)
   - dass ich nicht wegen Insolvenzverschleppung, einer Insolvenzstraftat (Bankrott, Verletzung der Buchführungspflicht, Gläubigerbegünstigung, Schuldnerbegünstigung – §§ 283–283d StGB), falscher Angabe nach § 82 GmbHG oder § 399 AktG, unrichtiger Darstellung nach §§ 400 AktG, 331 HGB, 313 UmwG oder § 17 PublizitätsG, oder Betrugs (§§ 263 bis 264a und §§ 265b bis 266a StGB) oder im

Ausland wegen einer Tat, die mit den vorstehend genannten Taten vergleichbar ist, rechtskräftig verurteilt worden bin und mir die Ausübung eines Berufs, Berufszweiges, Gewerbes oder Gewerbezweiges weder durch gerichtliches Urteil noch durch vollziehbare Entscheidung einer Verwaltungsbehörde untersagt ist und dass ich über meine unbeschränkte Auskunftspflicht gegenüber dem Gericht durch den Notar ...... *[Name des beglaubigenden Notars]* belehrt worden bin.

2. Der Gegenstand des Unternehmens bedarf nicht der staatlichen Genehmigung.

3. Die Geschäftsräume der Gesellschaft befinden sich in ...... *[Ort, Straße]*.

4. Ein Schreiben der IHK, in dem sich die IHK mit der Firmierung der Gesellschaft einverstanden erklärt, füge ich bei.

.........................., den ....

....
(Unterschrift)

....
(Beglaubigungsvermerk)

II. ERLÄUTERUNGEN

Erläuterungen zu A. 6.00 Gesellschaftsvertrag

1. Grundsätzliche Anmerkungen

a) GmbH-Reform

Die deutsche GmbH war die weltweit erste Form einer haftungsbeschränkten Kapi- 1
talgesellschaft: Das GmbHG trat am 20.4.92 in Kraft (RGBl. 1892, S. 477 ff.). Die letzte große Reform des GmbH-Rechts erfolgte durch das am 28.10.08 verkündete **MoMiG** v. 23.10.08 (BGBl. I 08, 2026). Die Konkurrenzfähigkeit der GmbH wurde gestärkt, insbesondere im Vergleich zur englischen Private Limited Company. Erlaubt ist seither die Gründung einer Unternehmergesellschaft (haftungsbeschränkt) – im Folgenden „UG (haftungsbeschränkt)" – mit einem Stammkapital, das den Betrag des Mindeststammkapitals nach § 5 Abs. 1 GmbHG (€ 25.000,–) unterschreitet. Zugleich ist die Mobilität der GmbH gesteigert worden (Streichung von § 4a Abs. 2 GmbHG). Weiterer Bestandteil der Reform war die Einführung von Missbrauchsregelungen im Zusammenhang mit einer führungslosen GmbH. Schließlich erlaubt § 16 Abs. 3 GmbHG bei unrichtiger Eintragung eines Nichtgesellschafters in der Gesellschafterliste ggf. den gutgläubigen Anteilserwerb (vgl. hierzu auch *Mohr* GmbH-StB 09, 283; *Wicke* NotBZ 09, 1, 12f.). Zusammenfassend zur Reform: *Wälzholz* GmbHR 08, 841; *Wachter* NotBZ 08, 361; *Fliegner* DB 08, 1668; *Oppenhoff* BB 08, 1630; *Meyer* BB 08, 1742; *Katschinski/Rawert,* ZIP 08, 1993; *Levedag* GmbHR 09, 13; *Wicke* NotBZ 09, 1; *Karsten* GewArch 08, 476; im Übrigen s. nachfolgende Einzelerläuterungen.

b) Wirtschaftliches Vertragsziel

Vertragsziel ist die **Bargründung** einer GmbH unter Beteiligung mehrerer Gesell- 2
schafter.

Der Gesellschaftsvertrag ist sowohl juristisches Fundament als auch „Gebrauchsanweisung" für den Umgang mit der GmbH. Der Vertrag wiederholt daher auch gesetzlich vorgegebene Formulierungen.

Eine Abstimmung auf den konkreten Einzelfall ist unentbehrlich. Zu den **Beleh- 3 rungspflichten** des **Beraters** vgl. BGH IX ZR 205/01 v. 22.9.05, NJW-RR 06, 195; IV a ZR 162/85 v. 25.2.87, NJW-RR 87, 1377; *Schiffers* GmbH-StB 99, 346.

c) Gesellschaftsrecht

4   Der **Abschluss** des Gesellschaftsvertrages ist der Erste von fünf notwendigen Gründungsakten zur Errichtung einer GmbH. Es folgen die **Bestellung der Geschäftsführer** (§ 6 GmbHG, vgl. Rz. 149), die erforderliche **Leistung auf die Stammeinlage** (§ 7 Abs. 2 und 3 GmbHG), die **Anmeldung zum Handelsregister** (§ 7 Abs. 1 GmbHG, vgl. Rz. 151 ff.) und die **registergerichtliche Prüfung, Eintragung und Bekanntmachung** (§§ 9c, 10 GmbHG). Erst mit der Eintragung entsteht die GmbH (§ 11 Abs. 1 GmbHG).

Für die Neugründung einer GmbH stehen zwei unterschiedliche Verfahren zur Verfügung: Die Verwendung eines Musterprotokolls (§ 2 Abs. 1a GmbHG) und die herkömmliche Individualgründung. Das **Musterprotokoll** kann sowohl für die klassische GmbH als auch für die neu im Gesetz geschaffene „Gesellschaftsform" der **Unternehmergesellschaft (haftungsbeschränkt)** (s. § 5a GmbHG) verwendet werden. In ihm sind Gesellschaftsvertrag, Geschäftsführerbestellung und Gesellschafterliste in einem Dokument zusammengefasst. Zu weiteren Einzelheiten des Musterprotokolls s. Formular A. 6.02.

5   Eine GmbH kann zu jedem gesetzlich zulässigen erwerbswirtschaftlichen, anderen wirtschaftlichen oder ideellen **Zweck** errichtet werden (§ 1 GmbHG). Unzulässige Zwecke sind solche, die gegen ein gesetzliches Verbot verstoßen. In Ausnahmefällen ist die Rechtsform der GmbH ausgeschlossen (Beispiel: Betrieb einer Apotheke, § 8 ApothekenG; vgl. ferner *Baumbach/Hueck/Fastrich* § 1 GmbHG Rz. 13 ff.; *Lutter/Hommelhoff/Bayer* § 1 GmbHG Rz. 12 ff.). Zulässig sind Steuerberatungs- und Wirtschaftsprüfungsgesellschaften (§ 49 StBerG, § 27 WPO), Rechtsanwalts-GmbH (§§ 59c ff. BRAO, 52c ff. PatAnwO), Zahnarzt-GmbH (BGH I ZR 281/91 v. 25.11.93, DStR 94, 469).

6   **Gesellschafter** kann jede natürliche oder juristische Person sein, aber auch Personenhandelsgesellschaften (OHG, KG) und Gesamthandgemeinschaften (GbR, Erbengemeinschaft; *Roth/Altmeppen* § 1 GmbHG Rz. 32; zu ausländischen Gesellschaften als Gesellschafter OLG Frankfurt 20 W 191/06 v. 28.7.06, DB 06, 1156; KG Berlin 1 W 3412/96 v. 11.2.97, DB 97, 1124). Bei der Beteiligung minderjähriger Kinder sind die besonderen Vorschriften über die Vertretung (§§ 181, 1629 BGB) und die vormundschaftsgerichtliche Genehmigung (§§ 1643 Abs. 1, 1645, 1822 Nr. 3 BGB) zu beachten. Zur Gründung durch Treuhänder vgl. A. 6.47 Rz. 2.

7   Die Gründung der GmbH durch nur einen Gesellschafter ist zulässig, § 1 GmbHG (**Ein-Personen-GmbH;** vgl. *Baumbach/Hueck/Fastrich* § 1 GmbHG Rz. 49 ff.); vgl. auch Formular A. 6.02.

8   Der Gesellschaftsvertrag bedarf der notariellen **Form** (§ 2 Abs. 1 GmbHG), dh. einer unter Beachtung der §§ 6 ff. BeurkG aufgenommenen notariellen Niederschrift über die Erklärung der Gesellschafter, eine GmbH zu errichten (Gründungsprotokoll; s. Rz. 148).

9   Zwischen Vertragsabschluss und Eintragung in das Handelsregister existiert die GmbH als solche nicht (§ 11 Abs. 1 GmbHG). Sie ist in diesem Stadium eine Personenvereinigung eigener Art **(Vor-GmbH).** Auf die Vor-GmbH finden die Normen des GmbH-Rechts Anwendung, sofern sie nicht gerade die Rechtsfähigkeit voraussetzen (vgl. zu den Einzelheiten *Baumbach/Hueck/Fastrich* § 11 GmbHG Rz. 6 ff.). Wer für die Vor-GmbH nach außen auftritt, haftet gem. § 11 Abs. 2 GmbHG persönlich (s. *Lutter/Hommelhoff/Bayer* § 11 GmbHG Rz. 18 ff. mwN; zur Haftung der Gesellschafter BAG 10 AZR 238/05 v. 25.1.06, DB 06, 1146; BGH II ZR 204/00 v. 4.11.02, DStR 02, 2232).

10   Die Vor-GmbH kann bei Zustimmung aller Gesellschafter unbeschränkt am Geschäftsverkehr teilnehmen. Die durch die Geschäftstätigkeit entstandenen Rechtsbeziehungen gehen mit Eintragung der GmbH auf die juristische Person über. Sind bereits vor der Eintragung im Handelsregister Geschäftshandlungen für die Vor-GmbH

vorgenommen worden, haften die Handelnden allerdings – ähnlich einer GbR – solidarisch und persönlich (sog. Handelndenhaftung, § 11 Abs. 2 GmbHG). Soweit durch die Tätigkeit der Vor-GmbH das Aktivvermögen im Zeitpunkt der Eintragung unter dem publizierten Stammkapital liegt, trifft die Gründer für die Differenz die persönliche Haftung (sog. **„Unterbilanzhaftung"**; BGH II ZR 59/80 v. 16.3.81, NJW 81, 1452; BGH II ZR 190/97 v. 9.11.98, DStR 99, 206; BGH II ZR 65/04 v. 16.1.06, DStR 06, 711; *Lutter/Hommelhoff/Bayer* § 11 GmbHG Rz. 41 mwN). Nach den Grundsätzen des **existenzvernichtenden Eingriffs** haftet der Gesellschafter persönlich und der Höhe nach unbeschränkt, wenn er unter Außerachtlassung der gebotenen angemessenen Rücksichtnahme die Existenz der GmbH durch Entzug von Vermögen gefährdet (BGH II ZR 178/99 v. 17.9.01, BGHZ 149, 10; II ZR 196/00 v. 25.2.02, BGHZ 150, 61, 64; II ZR 3/04 v. 16.7.07, DStR 07, 1586 („Trihotel")). Seit der Entscheidung des BGH II ZR 3/04 v. 16.7.07, aaO, sieht das Gericht die Existenzvernichtungshaftung systematisch als besondere Fallgruppe der sittenwidrigen vorsätzlichen Schädigung iSd. § 826 BGB an. Inhaber des Anspruchs ist die GmbH. Im Insolvenzfall der GmbH wird der Anspruch durch den Insolvenzverwalter durchgesetzt.

Ein gesellschaftsrechtlicher Zusammenschluss der Gründungsgesellschafter vor Abschluss des Gesellschaftsvertrages (**„Vorgründungsgesellschaft"**) wird zivilrechtlich als BGB-Gesellschaft (§ 705 BGB) oder – wenn bereits ein Handelsgewerbe betrieben wird – als OHG behandelt (BGH II ZR 120/02 v. 26.4.04, DStR 04, 1094; *Baumbach/Hueck/Fastrich* § 11 GmbHG Rz. 35 ff.; *Priester* GmbHR 95, 481). Aktiva und Passiva gehen von der Vorgründungsgesellschaft nur durch Einzelrechtsübertragung auf die GmbH über (BGH II ZR 366/96 v. 9.3.98, DStR 98, 821; *Lutter/Hommelhoff/Bayer* § 11 GmbHG Rz. 2; *Roth/Altmeppen* § 11 GmbHG Rz. 7, jeweils mwN). **11**

Die Gründung der Gesellschaft kann einen **kartellrechtlichen Zusammenschluss** **12** darstellen (§ 37 GWB), der dem Bundeskartellamt (§ 39 Abs. 1 GWB) bzw. dem Europäischen Kartellamt anzumelden ist.

Zur Durchgriffshaftung *Lutter/Hommelhoff/Bayer* § 13 GmbHG Rz. 11 ff.; *Hirtz* NJW 07, 817; *Altmeppen* ZIP 02, 1553.

(frei) **13**

d) Steuerrecht

Abgabenordnung: Die Gründung sowie andere Umstände, die für die steuerliche **14** Erfassung von Bedeutung sind, müssen binnen eines Monats dem FA, in dessen Bezirk sich die Geschäftsleitung der Gesellschaft befindet, angezeigt werden (§§ 137, 20 AO). Ferner ist die Anzeige über die Aufnahme einer Erwerbstätigkeit zu erstatten (§ 138 AO).

Körperschaftsteuer: Die GmbH ist Körperschaftsteuersubjekt. Die KSt entsteht **15** mit Abschluss des Gesellschaftsvertrages (BFH I R 98–99/86 v. 13.12.89, BStBl. II 90, 468). Streitig ist, ob dies auch gilt, wenn die Gründung scheitert (*Streck/Streck* § 1 KStG Rz. 20). Die Vor-GmbH und die später eingetragene GmbH bilden steuerlich ein und dasselbe Rechtssubjekt (BFH I R 17/92 v. 14.10.92, BStBl. II 93, 352, auch bei Wechsel der Gesellschafter vor Eintragung). Gewinn und Verlust sind in dem Jahr der Eintragung einheitlich zu ermitteln (*H/H/R/Klein* § 1 KStG Rz. 69). Die Vorgründungsgesellschaft ist hingegen weder mit der Vor-GmbH noch mit der GmbH identisch. Sie ist im Zweifel eine Mitunternehmerschaft (BFH I R 174/86 v. 8.11.89, BStBl. II 90, 91).

(frei) **16**

Durch das **Unternehmensteuerreformgesetz 2008** v. 14.8.07 (BGBl. I 07, 1912) **17** wurde der Körperschaftsteuersatz **ab VZ 2008** von 25% auf 15% abgesenkt. Die Gewerbesteuer ist seither nicht mehr als Betriebsausgabe abzugsfähig. Die Gesamtsteuerbelastung der GmbH sinkt damit auf ca. 30%. Für natürliche Personen sowie Personengesellschaften mit natürlichen Personen als Gesellschaftern, die Anteile an Kapitalgesellschaften im Betriebsvermögen halten, sind nach dem 31.12.08 zufließende Dividenden zu 60% steuerpflichtig und unterliegen dem persönlichen Einkommensteuersatz des jeweiligen Gesellschafters (sog. Teileinkünfteverfahren, § 3 Nr. 40 Buchst. d EStG idF des UntStRefG 2008). Betriebsausgaben können entsprechend zu 60% steuermindernd berücksichtigt werden (§ 3c Abs. 2 Satz 1 EStG idF des UntStRefG 2008).

Werden die Anteile im Privatvermögen gehalten, unterliegen die Dividenden ab VZ 2009 grds. der **Abgeltungssteuer** von 25%; zu den Ausnahmen siehe § 32d Abs. 2 EStG. Bei den körperschaftsteuerpflichtigen Anteilseignern ändert sich nichts. § 8b KStG bleibt insoweit unverändert. Allerdings wurden durch das **JStG 2008** v. 20.12.07 (BGBl. I 07, 3150) gesetzliche Abzugsverbote insbes. für kapitalersetzende Gesellschafterkredite in § 8b Abs. 3 KStG eingeführt; zu den Einzelheiten siehe *Streck/ Binnewies* § 8b KStG Rz. 89.

18   **Gründungskosten** sind unbeschränkt als Betriebsausgaben abziehbar; s. Rz. 147.

19   **Gewerbesteuer:** Die GmbH selbst ist kraft Rechtsform gewerbesteuerpflichtig (§ 2 Abs. 2 Nr. 2 GewStG). Nimmt die Vor-GmbH eine nach außen in Erscheinung tretende Tätigkeit auf, beginnt die Gewerbesteuerpflicht (BFH I R 98/87 v. 18.7.90, BStBl. II 90, 1073).

20   **Umsatzsteuer:** Die GmbH ist idR als Unternehmer iSd. § 2 Abs. 1 UStG Umsatzsteuersubjekt (Ausnahme: Organgesellschaft, § 2 Abs. 2 Nr. 2 UStG). Sie kann gem. § 15 Abs. 1 UStG Vorsteuern aus Lieferungen und Leistungen abziehen, die an die Vor-GmbH erbracht worden sind; Vorsteuern aus der Zeit vor Abschluss des Gesellschaftsvertrages kann die GmbH nicht geltend machen (FG RhPf. 3 K 219/81 v. 6.10.83, EFG 84, 318), aber ggf. die Vorgründungsgesellschaft als selbstständige Unternehmerin (*Bunjes/Heidner* § 15 UStG Rz. 57 f.).

21   Erwirbt die Vor-GmbH ein Grundstück, so ist die Vor-GmbH **grunderwerbsteuerpflichtig.** Der Übergang von der Vor-GmbH zur GmbH löst keine erneute Steuerpflicht aus (*Boruttau/Meßbacher-Hönsch* § 1 GrEStG Rz. 39 ff.). Die Übertragung eines Grundstücks von einer Vorgründungsgesellschaft auf die Vor-GmbH oder die GmbH unterliegt der Grunderwerbsteuer (*Boruttau/Meßbacher-Hönsch* § 1 GrEStG Rz. 45).

22   Satzungsbestimmungen können zu **verdeckten Gewinnausschüttungen** führen. Gewährt die Satzung einem Anteilseigner ein Recht, das sich bei ihm mangels angemessener Gegenleistung als Vorteilszuwendung darstellt, besteht die Möglichkeit einer vGA (vgl. *Streck/Schwedhelm* § 8 KStG Rz. 195 ff.). Vgl. auch Rz. 102.

23   Betreibt ein Gesellschafter **neben** der **GmbH** noch ein **Einzelunternehmen** oder ist er aktiv in einer Personengesellschaft, die den gleichen Zweck wie die GmbH verfolgt, führt dies nur dann zu einer vGA, wenn „Geschäftschancen" der GmbH ausgenutzt werden (*Streck/Schwedhelm* § 8 Anh. KStG Rz. 1407; vgl. auch Formular A. 6.18).

24   Unentgeltliche oder unangemessen niedrig entgoltene Lieferungs- und Leistungserbringungen von Seiten des Anteilseigners an die GmbH können als **verdeckte Einlagen** zu werten sein (vgl. *Streck* § 8 KStG Rz. 83).

Gesellschafterdarlehen oder ähnliche obligatorische Kapitalüberlassungen führen nicht zu **verdecktem Stammkapital** (BFH I R 127/90 v. 5.2.92, BStBl. II 92, 532; *Groh* BB 93, 1882; *Wassermeyer* ZGR 92, 639; zur Besteuerung der Zinsen BFH VIII R 33/92 v. 16.11.93, BStBl. II 94, 632). Ab VZ 2008 gilt die sog. Zinsschranke (§ 8a KStG iVm. § 4h Abs. 1 EStG), die die Absetzbarkeit von Finanzierungsaufwand generell einschränkt (BMF v. 4.7.08, BStBl. I 08, 718; *Streck/Schwedhelm* § 8a KStG Rz. 1 ff.; zur möglichen Verfassungswidrigkeit der Zinsschranke vgl. Vorlagebeschluss des BFH (I R 20/15 v. 14.10.15, BStBl. II 17, 1240) an das BVerfG (Az. 2 BvL 1/16).

25   **Schenkungsteuer:** Die Einziehung eines Geschäftsanteils gegen Gewährung einer Abfindung an den ausscheidenden Gesellschafter unterhalb des nach schenkungsteuerlichen Vorgaben ermittelten Verkehrswerts ist als unentgeltliche Zuwendung des Gesellschafters an die Gesellschaft gemäß § 7 Abs. 7 Satz 2 ErbStG schenkungsteuerbar. Durch die Umstellung des steuerlichen Bewertungsverfahrens vom sog. Stuttgarter Verfahren auf das modifizierte Ertragswertverfahren (§ 12 Abs. 2 ErbStG iVm. § 11 BewG) kann dies zu erheblichem Steuerrisiko führen (vgl. *Casper/Altgen* DStR 08, 2319; *Klose* GmbHR 10, 300; *Groß* ErbStB 09, 154ff.; *Mohr* GmbH-StB 10, 73, 76ff.).

(frei) 26–30

2. Einzelerläuterungen

Zu § 1: Firma, Sitz, Geschäftsjahr

Firma: Gem. § 18 Abs. 1 HGB muss die Firma zur Kennzeichnung des Kaufmanns 31 geeignet sein und Unterscheidungskraft besitzen. Notwendig ist der Rechtsformzusatz „mbH", „GmbH" oder „Gesellschaft mit beschränkter Haftung", § 4 Satz 1 GmbHG (eingehend zur Firmenbildung *Schulenburg* NZG 00, 1156; *Müther* GmbHR 98, 1058; *Roth/Altmeppen* § 4 GmbHG Rz. 2ff.). Möglich ist auch – sofern nicht irreführend – die Nennung eines Nichtgesellschafters (OLG Karlsruhe 11 Wx 86/13 v. 22.11.13, GmbHR 14, 142; OLG Karlsruhe 11 Wx 50/09 v. 24.2.10, MDR 10, 1130). Gesellschaften, die ausschließlich und unmittelbar steuerbegünstigte Zwecke (§§ 51–68 AO) verfolgen, dürfen die Abkürzung „gGmbH" führen, § 4 Satz 2 GmbHG.

Sitz: Durch die Streichung des § 4a Abs. 2 GmbHG iRd. MoMiG v. 23.10.08 32 (BGBl. I 08, 2026) besteht für eine GmbH die Möglichkeit, ihren Verwaltungssitz unmittelbar oder nachträglich an einen anderen Ort als ihren Satzungssitz zu verlegen, und zwar auch ins Ausland. Es soll der Export der KapGes deutschen Rechts ermöglicht werden. Die Briefkastengesellschaft deutschen Rechts ist damit möglich. Da die Verlegung des Verwaltungssitzes ins Ausland eine derart grundlegende Maßnahme darstellt, dass sie von der Geschäftsführungsbefugnis der Unternehmensleiter idR nicht gedeckt sein wird, ist eine Legitimation durch Beschluss der Gesellschafterversammlung vorgesehen. Ob durch die Streichung des § 4a Abs. 2 GmbHG tatsächlich eine umfassende Mobilität ermöglicht wird, ist umstritten; vgl. hierzu *Triebel/Otte* ZIP 06, 1326; *Flesner* NZG 06, 641; *Kindler* AG 07, 721; *Preuß* GmbHR 07, 57.

Steuerrechtlich gelten die allgemeinen Entstrickungsregeln des § 12 Abs. 1 KStG. Mit Verlegung des Verwaltungssitzes in einen DBA-Staat wird regelmäßig die steuerliche Ansässigkeit in dem DBA-Staat begründet (vgl. Art. 4 Abs. 1 und 3 OECD-MA). Bis 2009 hatte der BFH vertreten, die Verlegung des Betriebs in das Ausland führe stets zur sofortigen (fiktiven) Betriebsaufgabe; im Urteil vom 28.10.09 hat der BFH die Sichtweise aufgegeben und für die Aufdeckung stiller Reserven auch nach der Verlegung des Sitzes in das Ausland auf die Entnahme oder Veräußerung des einzelnen Wirtschaftsguts abgestellt (BFH I R 99/08 v. 28.10.09, BFH/NV 10, 346). Durch das am 13.12.10 verkündete JStG 2010 v. 8.12.10 (BGBl. I 10, 1768) sind die allgemeinen Steuerentstrickungsregelungen der § 4 Abs. 1 EStG, § 12 Abs. 1 KStG jeweils um ein Regelbeispiel erweitert worden, wonach eine Besteuerung der stillen Reserven von Wirtschaftsgütern ua. dann erfolgt, wenn diese innerhalb eines Unternehmens nicht mehr einer inländischen, sondern einer ausländischen Betriebsstätte zugeordnet werden. Der Zustand der alten Rspr. ist damit wiederhergestellt. Eine Realisierung der stillen Reserven im Betriebsvermögen der wegziehenden Körperschaft wird daher – nach wie vor – nur in den Fällen vermieden, in denen die Wirtschaftsgüter einer im Inland zurückbleibenden Betriebsstätte zugeordnet werden können. Hinsichtlich inländischer Grundstücke besteht ein solches Besteuerungsrecht auch ohne Vorliegen einer Betriebsstätte sowohl nach nationalem Recht als auch nach DBA (§ 49 Abs. 1 Nr. 2a und f EStG, Art. 6 OECD-MA).

Das **Geschäftsjahr** kann vom Kalenderjahr abweichen. Es kann kürzer, aber nicht 33 länger als 12 Monate sein (§ 240 Abs. 2 Satz 2 HGB). Bei Gründung der GmbH während des Kalenderjahres und Übereinstimmung von Geschäfts- und Kalenderjahr bildet das erste Geschäftsjahr ein Rumpfgeschäftsjahr.

34   Dem Geschäftsjahr entspricht steuerrechtlich das **Wirtschaftsjahr** (§ 4a EStG). Die spätere Umstellung des Wj. auf einen vom Kalenderjahr abweichenden Zeitraum kann nur im Einvernehmen mit dem FA erfolgen (§ 4a Abs. 1 Nr. 2 Satz 2 EStG, § 8b EStDV); eine Umstellung auf das Kalenderjahr bedarf keiner Zustimmung. Verluste des ersten (Rumpf-)Wj. können nach § 10d EStG vorgetragen werden. Zum Aufeinanderfolgen von zwei Rumpf-Wj. vgl. *Streck/Schwedhelm* BB 88, 679.

35   Die Umstellung des Geschäftsjahres/Wirtschaftsjahres ist **Satzungsänderung** und bedarf notarieller Form (§ 53 GmbHG).

Zu § 2: Gegenstand des Unternehmens

36   Der Gegenstand muss den Schwerpunkt der Geschäftstätigkeit klar erkennen lassen (*Heckschen* GmbHR 07, 198; *Baumbach/Hueck/Fastrich* § 3 GmbHG Rz. 7 ff.; *Lutter/Hommelhof/Bayer* § 3 GmbHG Rz. 9). Der Unternehmensgegenstand ist ggf. Indiz für die Zurechnung von Geschäftschancen und kann damit vGA-relevant sein.

37   Abs. 1 S. 2 erlaubt der GmbH, die Stellung des persönlich haftenden Gesellschafters in einer **GmbH & Co KG** zu übernehmen. Zu den Anforderungen an die Bezeichnung des Unternehmensgegenstandes einer Komplementär-GmbH BayObLG 3Z BR 71/95 v. 22.6.95, DB 95, 1801. Ist dies nicht geplant, kann der Satz gestrichen werden.

38   Abs. 4 gibt die Ermächtigung zum Abschluss eines Ergebnisabführungsvertrags, dh. zur Gründung einer Organschaft (vgl. Formular A. 10.00); er ist nur erforderlich, falls eine Organschaft gewollt oder möglich ist.

Zu § 3: Stammkapital, Geschäftsanteile

39   Der Gesellschaftsvertrag muss den Betrag des **Stammkapitals** und die **Zahl und die Nennbeträge der Geschäftsanteile,** die jeder Gesellschafter gegen Einlage auf das Stammkapital übernimmt, gesondert ausweisen, § 3 Abs. 1 Nr. 3, 4 GmbHG. Das Stammkapital muss mindestens € 25.000,– betragen (§ 5 Abs. 1 GmbHG; abweichend für die Unternehmergesellschaft (haftungsbeschränkt): § 5a GmbHG). Im Übrigen steht die Festsetzung der Höhe des Stammkapitals im Ermessen der Gesellschafter (*Scholz/Veil* § 5 GmbHG Rz. 15). § 1 Abs. 1 Satz 1 EGGmbHG gestattet einer bis spätestens 31.12.01 im Handelsregister eingetragenen GmbH, das Stammkapital weiterhin in DM auszuweisen, solange keine Kapitaländerung vorgenommen wird (vgl. hierzu auch *Witte/Rousseau* GmbHR 10, R65–R66).

40   Gesellschafter kann nur sein, wer eine Stammeinlage übernimmt; jeder Gesellschafter kann bei Errichtung der Gesellschaft mehrere Geschäftsanteile übernehmen (§ 5 Abs. 2 Satz 2 GmbHG). Der Nennbetrag jedes Geschäftsanteils muss auf volle Euro lauten (§ 5 Abs. 2 Satz 1 GmbHG). Der Mindestnennbetrag eines Geschäftsanteils ist € 1,–. Die Höhe der Nennbeträge der einzelnen Geschäftsanteile kann verschieden bestimmt werden (§ 5 Abs. 3 Satz 1 GmbHG). Der Nennbetrag der Geschäftsanteile muss mit dem Stammkapital übereinstimmen (§ 5 Abs. 3 Satz 2 GmbHG, vgl. auch *Baumbach/Hueck/Fastrich* § 5 GmbHG Rz. 9). In der Gesellschafterliste sind die Geschäftsanteile durchgehend zu nummerieren (§ 8 Abs. 1 Nr. 3 GmbHG).

41   Ein Viertel der auf jede Stammeinlage zu leistenden Geldeinlage ist vor Anmeldung einzubezahlen (§ 7 Abs. 2 Satz 1 GmbHG; vgl. Rz. 152). Insgesamt muss auf das Stammkapital vor Anmeldung so viel eingezahlt werden, dass der Gesamtbetrag der eingezahlten Geldeinlagen zuzüglich des Gesamtnennbetrages der Geschäftsanteile, für die Sacheinlagen zu leisten sind, € 12.500,– erreicht (§ 7 Abs. 2 Satz 2 GmbHG). Im Übrigen beschließt die Gesellschafterversammlung über die Einforderung von Geldeinlagen (§ 46 Nr. 2 GmbHG), sofern der Gesellschaftsvertrag nichts anderes bestimmt. Für rückständiges Stammkapital haften die Gesellschafter unter den Vorausset-

zungen des § 24 GmbHG kollektiv (zur Verzinsung § 20 GmbHG und *Wachter* GmbHR 02, 665), ebenso für überhöhten Gründungsaufwand (§ 9a Abs. 2 GmbHG; zum Gründungsaufwand *Berge* GmbHR 20, 82) und falsche Angaben bei der Errichtung (§ 9a Abs. 1 GmbHG).

Zur sog. verdeckten Sacheinlage vgl. Rz. 152.

Der Gesellschaftsvertrag kann eine Verpflichtung zur Leistung einer den Nennwert **42** der Stammeinlage übersteigenden Geldeinlage begründen (**Überpariemission**). Das Aufgeld (Agio) ist als Kapitalrücklage auszuweisen (§ 272 Abs. 2 Nr. 1 HGB). Eine reine schuldrechtlich wirkende Vereinbarung über das Agio ist zulässig (BGH II ZR 216/06 v. 15.10.07, DStR 08, 60; *Görden* GmbH-StB 08, 7). Steuerrechtlich ist das Aufgeld Einlage (*Streck/Schwedhelm* § 8 KStG Rz. 73). Eine Unterpariemission ist unzulässig (*Baumbach/Hueck/Fastrich* § 5 GmbHG Rz. 11).

§ 55a GmbHG sieht die Möglichkeit vor, dass der Geschäftsführer für höchstens **42a** fünf Jahre nach Eintragung der Gesellschaft das Stammkapital bis zu einem bestimmten Nennbetrag durch Ausgabe neuer Geschäftsanteile gegen Einlagen erhöhen kann (**genehmigtes Kapital**). Der Gesellschaftsvertrag muss eine entsprechende Ermächtigung des Geschäftsführers vorsehen. In der Praxis wird von § 55a GmbHG bislang wenig Gebrauch gemacht, da eine reguläre Kapitalerhöhung idR zügig umsetzbar ist. Zudem erfordert die Ausgabe des genehmigten Kapitals eine notarielle Übernahmeerklärung, so dass die Kostenersparnis im Vergleich zu der Kapitalerhöhung idR marginal ist (*Cramer* GmbHR 09, 406, 407). Der Weg über § 55a GmbHG bietet sich ggf. an, wenn die zukünftige Entwicklung der Gesellschafterinteressen unklar ist und die Geschäftsführung daher zur Ausgabe neuer Geschäftsanteile ohne die Ungewissheit berechtigt sein soll, ob zukünftige Gesellschafterquoren eine formale Kapitalerhöhung verhindern können. Formuliert werden kann wie folgt (vgl. § 3a unten auch *Lohr* GmbH-Stb 09, 51; *Wachter* NotBZ 08, 361, 374; weiteres Formulierungsbeispiel: *Schelp* GmbH-StB 13, 58 ff.; Gestaltungshinweise: *Kramer* GmbHR 15, 1073):

§ 3a Genehmigtes Kapital

(1) Die Geschäftsführer werden ermächtigt, bis zum ...... das Stammkapital von € ......,– um insgesamt € ......,– auf einen Betrag von € ......,– durch ein- oder mehrmalige Ausgabe einzelner oder mehrerer Geschäftsanteile gegen Bareinlage zu erhöhen. Die Bareinlagen sind sofort und in voller Höhe sofort zahlbar und fällig.

(2) Den bisherigen Gesellschaftern ist ein Bezugsrecht einzuräumen.

(3) Die Geschäftsführer können die weiteren Bedingungen der Ausgabe der neuen Geschäftsanteile regeln, insbesondere Regelungen zum Stimmrecht, zur Höhe der Einlagen sowie zur Zahlung von Aufgeldern und sonstigen Nebenleistungen treffen.

(4) Die jeweiligen Geschäftsführer werden ermächtigt, die Satzungsregelungen über das Stammkapital der Gesellschaft entsprechend anzupassen. Sofern keine gesetzliche Befugnis zur Anpassung besteht, wird hiermit vorsorglich eine entsprechende Vollmacht unter Befreiung vom Verbot des § 181 BGB erteilt.

Kapitalerhaltung: Durch das MoMiG v. 23.10.08 (BGBl. I 08, 2026) wurde das **42b** Recht der Kapitalerhaltung neu geregelt. Grundsätzlich verbleibt es auch nach § 30 Abs. 1 Satz 1 GmbHG nF dabei, dass das zur Erhaltung des Stammkapitals erforderliche Vermögen der Gesellschaft nicht an die Gesellschafter ausgezahlt werden darf. Nach bisher geltenden Grundsätzen des BGH war eine verbotene Einlagenrückgewähr auch dann gegeben, wenn Gesellschafterdarlehen ausgereicht werden, die nicht aus freien Rücklagen oder Gewinnvorträgen finanziert werden können, unabhängig von der Werthaltigkeit des Rückforderungsanspruchs (BGH II ZR 171/01 v. 24.11.03, DStR 04, 427). Der Verstoß gegen das Verbot der Einlagenrückgewähr führte zur entsprechenden Rückzahlungsverpflichtung des Gesellschafters sowie zur Haftung des Geschäftsführers und der übrigen Gesellschafter. § 30 Abs. 1 Satz 2

GmbHG stellt nunmehr klar, dass eine Einlagenrückgewähr nicht gegeben ist, wenn der Rückforderungsanspruch werthaltig ist.

Ferner führen die Formulierung von § 30 Abs. 1 Satz 3 GmbHG sowie die Aufhebung von §§ 32a und 32b GmbHG aF dazu, dass die bisherigen Grundsätze zu eigenkapitalersetzenden Darlehen und sonstigen eigenkapitalersetzenden Leistungen abgeschafft worden sind. Mit der Regelung des § 39 Abs. 1 Nr. 5 InsO werden Gesellschafterdarlehen grundsätzlich in der Insolvenz zu nachrangigen Forderungen, unabhängig davon, ob sie kapitalersetzenden Charakter haben oder nicht. Zu den weiteren Einzelheiten s. *Baier* DB 14, 227 ff.; *Wälzholz* GmbHR 08, 841; *Hoffmann* GmbH-StB 07, 257; *Fuhrmann* NWB Fach 4, 5391; *Bäuml* GmbHR 08, Sonderheft zum MoMiG; *Groh* FR 08, 264; *Heinze* ZIP 08, 110. Die FinVerw. hat die bisherigen Grundsätze zum Eigenkapitalersatzrecht und zu der Frage, unter welchen Voraussetzungen der Forderungsausfall zu nachträglichen Anschaffungskosten der Beteiligung iSd. § 17 EStG bislang fortgeführt (BMF v. 21.10.10, BStBl. I 10, 832; EStH 17 Abs. 5; *Schwedhelm/Olbing/Binnewies* GmbHR 10, 1233; *Levedag* GmbHR 10, 1228; *Pflüger* GStB 11, 229. Mit dem Grundsatzurteil BFH IX R 36/15 v. 11.7.17, DStR 17, 2098 hat der BFH entschieden, dass der Ausfall des Gesellschafters mit einer eigenkapitalersetzenden (Darlehens-)Forderung nach Aufhebung des Eigenkapitalrechts durch das MoMiG nicht mehr zu Anschaffungskosten führt; der BFH gewährt für Altfälle aber Vertrauensschutz bis zum 27.9.17.

42c   Im Einzelfall kann es sich anbieten, Regelungen in die Satzung aufzunehmen, dass und in welchem Umfang **personenbezogene Einlagen** in die Gesellschaft möglich sind. Hintergrund: Erfolgen Einlagen in die allgemeine Kapitalrücklage, ist dies ggf. nach § 7 Abs. 8 ErbStG als Schenkung des einlegenden Gesellschafters an die übrigen Gesellschafter entsprechend der Beteiligungsverhältnisse zu handhaben, deren Anteile durch die Einlage mehr wert werden: Gemäß § 7 Abs. 8 Satz 1 ErbStG gilt als Schenkung auch die Werterhöhung von Anteilen an einer Kapitalgesellschaft, die eine an der Gesellschaft unmittelbar oder mittelbar beteiligte natürliche Person durch die Leistung einer anderen Person (Zuwendender) an die Gesellschaft erlangen. Hier kann die Bildung eines personenbezogenen Rücklagenkontos die Entstehung von Schenkungsteuer verhindern.

Formulierungsbeispiel:

Durch Gesellschafterbeschluss können die Gesellschafter ein personenbezogenes Rücklagenkonto einrichten, auf dem die über das Stammkapital hinausgehenden Einlagen des einzelnen Gesellschafters und deren Einlagenrückgewähr personenbezogen erfasst werden.

Ohne eine solche (Öffnungs-)Klausel können – dies wird in der Praxis bislang leider kaum berücksichtigt – ertragsteuerlich in erheblicher Weise ungewollte Effekte eintreten (zum Ganzen: *Wollweber* GmbHR 19, 874).

Zu § 4: Vertretung, Geschäftsführung

43   Die GmbH muss mindestens einen **Geschäftsführer** haben (§ 6 Abs. 1 GmbHG). Der Gesellschaftsvertrag kann eine Mindest- oder Höchstzahl vorschreiben. Eine dem Mitbestimmungsgesetz unterliegende GmbH hat mindestens zwei Geschäftsführer (§ 33 MitbestG; *Roth/Altmeppen* § 6 GmbHG Rz. 75; *Lutter/Hommelhoff/Kleindiek* § 6 GmbHG Rz. 5).

44   Geschäftsführer kann nur eine natürliche, unbeschränkt geschäftsfähige Person sein (§ 6 Abs. 2 Satz 1 GmbHG), deren Bestellung kein Tätigkeitsverbot nach § 6 Abs. 2 Satz 2 oder 3 GmbHG entgegensteht. Gesellschafter können zu Geschäftsführern bestellt werden (§ 6 Abs. 3 GmbHG). Deutsche Staatsangehörigkeit, Wohnsitz oder Aufenthalt im Inland sind nicht erforderlich. Damit können grds. auch Ausländer zu Geschäftsführern bestellt werden (OLG Stuttgart 8 W 164/04 v. 9.2.05, NZG 06,

789; LG Rostock 5 T 9/03 v. 22.3.03, NJW-RR 04, 398; eingehend auch zu den praktischen Grenzen *Wachter* ZIP 99, 1577; *Wachter* GmbHR 03, 538; *Lutter/Hommelhoff/Kleindiek* § 6 GmbHG Rz. 14; jeweils mwN).

Die **Bestellung** zum Geschäftsführer kann im Gesellschaftsvertrag (§ 6 Abs. 3 Satz 2 **45** GmbHG) oder durch Gesellschafterbeschluss (§ 46 Nr. 5 GmbHG) erfolgen. Der Gesellschaftsvertrag kann qualifizierte Mehrheiten für die Bestellung vorsehen oder das Bestellungsrecht auf andere Organe (zB Aufsichtsrat, einzelne Gesellschafter) übertragen.

Von der Bestellung zum Geschäftsführer ist der Abschluss des **Anstellungsvertra- 46 ges** zu unterscheiden (vgl. Formular A. 6.26).

Geschäftsführungsbefugnisse (Innenverhältnis) und **Vertretungsmacht** (Au- **47** ßenverhältnis) sind zu unterscheiden.

Die Geschäftsführung umfasst alle Maßnahmen im Rahmen des gewöhnlichen Ge- **48** schäftsbetriebes (*Baumbach/Hueck/Zöllner/Noack* § 37 GmbHG Rz. 2). Durch Gesellschaftsvertrag oder Gesellschafterbeschluss können die Geschäftsführungsbefugnisse einzelner oder aller Geschäftsführer erweitert oder beschränkt, bestimmte Geschäfte von der Zustimmung der Gesellschafter oder anderer Organe abhängig gemacht werden. Vgl. auch Formular A. 6.28.

Vertreten wird die Gesellschaft durch ihre Geschäftsführer (§ 35 Abs. 1 GmbHG). **49** Für die Aktiv-Vertretung gilt Gesamtvertretung, wenn der Gesellschaftsvertrag nichts anderes bestimmt. Für die Passiv-Vertretung gilt zwingend Einzelvertretung (§ 35 Abs. 2 Satz 2 GmbHG). Ist die GmbH ohne Geschäftsführer („Führungslosigkeit"), sind die Gesellschafter passivlegitimiert zum Empfang von Willenserklärungen, § 35 Abs. 1 Satz 2 GmbHG. Legt der einzige Geschäftsführer einer GmbH sein Amt nieder, ist eine gegen die Gesellschaft gerichtete Klage mangels gesetzlicher Vertretung unzulässig; in Betracht kommen dann aus Sicht des Prozessgegners der Antrag auf Bestellung eines Prozesspflegers oder auf Bestellung eines Notgeschäftsführers (BGH II ZR 115/09 v. 25.10.10, DStR 10, 2643; vgl. auch zu den Voraussetzungen der Bestellung: OLG Düsseldorf I-3 Wx 302/15 v. 8.6.16, GmbHR 16, 1032).

Die Vertretungsmacht der Geschäftsführer kann im Außenverhältnis nicht be- **50** schränkt werden (§ 37 GmbHG).

Grundsätzlich kann ein Geschäftsführer die GmbH bei einem mit ihm oder mit ei- **51** nem ebenfalls von ihm vertretenen Dritten abzuschließenden Geschäft nicht vertreten (§ 181 BGB).

Von der Beschränkung des **§ 181 BGB** können abstrakt alle oder konkret einzelne **52** Geschäftsführer **befreit** werden. Zur steuerlichen Bedeutung s. A. 6.26 Rz. 18. Eine Befreiung kann generell für alle oder nur für bestimmte Rechtsgeschäfte erteilt werden. Die Gestattung für *bestimmte* Rechtsgeschäfte kann durch einfachen Gesellschafterbeschluss herbeigeführt werden. Umstritten ist, ob eine *generelle* Befreiung einer Satzungsgrundlage bedarf (so KG Berlin 1 W 252/05 v. 21.3.06, DB 06, 1261; OLG Köln 2 Wx 33/92 v. 2.10.92, GmbHR 93, 37; *Theusinger/Liese* EWIR 06, 683; *Scholz/Schneider/Schneider/Hohenstatt* § 35 GmbHG Rz. 143; **aA** *Baumbach/Hueck/Zöllner/Noack* § 35 GmbHG Rz. 157, mwN). Nach BayObLG 3 Z 163/83 v. 7.5.84, DB 84, 1517, genügt es, wenn die Satzung die Gesellschafterversammlung zur Befreiung durch einfachen Gesellschafterbeschluss ermächtigt. Die generelle Befreiung von § 181 BGB ist ins Handelsregister einzutragen (§ 10 Abs. 1 Satz 2 GmbHG; OLG Frankfurt 10 U 8/96 v. 13.12.96, GmbHR 97, 349; OLG Düsseldorf 3 Wx 20/93 v. 1.7.94, DB 94, 1922). Ob auch die Ermächtigung zur Befreiung eintragungspflichtig ist, ist zweifelhaft, siehe OLG Hamm 15 W 224/91 v. 22.1.93, GmbHR 93, 500; LG Köln 87 T 19/93 v. 14.5.93, GmbHR 93, 501; OLG Frankfurt 20 W 175/93 v. 7.10.93, DB 93, 2174). Die Eintragung hat nur deklaratorische Bedeutung (*Priester* DStR 92, 254; *Tiedtke* GmbHR 93, 385; dem folgend BFH I R 64/94 v. 31.5.95, BStBl. II 96, 246).

Bei einem **geschäftsführenden Alleingesellschafter** kann die Befreiung von § 181 **53** BGB (ob generell oder für einzelne Rechtsgeschäfte) nach hM nur durch den Gesellschaftsvertrag oder auf Grund einer im Gesellschaftsvertrag enthaltenen Ermächtigung erfolgen (§ 35 Abs. 3 GmbHG; vgl. BayObLG 3 Z 163/83 v. 7.5.84, DB 84, 1517; OLG Hamm 15 W 79/98 v. 27.4.98, DB 98, 1457; aA *Bachmann* ZIP 99, 85; *Roth/ Altmeppen* § 35 GmbHG Rz. 57). Im Falle einer Ermächtigung ist der die Ermächtigung nutzende Beschluss in der Form des § 48 Abs. 3 GmbHG zu fassen (BayObLG 3 Z 163/83 v. 7.5.84, DB 84, 1517). Auch hier ist die Eintragung der generellen Befreiung ins Handelsregister erforderlich, aber nicht Wirksamkeitsvoraussetzung, Rz. 52.

54 Die einem bestimmten Gesellschafter-Geschäftsführer einer mehrgliedrigen GmbH durch den Gesellschaftsvertrag erteilte Befreiung von der Beschränkung des § 181 BGB erlischt nicht, wenn aus der mehrgliedrigen GmbH eine Ein-Personen-GmbH wird, deren alleiniger Gesellschafter dieser Geschäftsführer ist (BGH II ZB 3/91 v. 8.4.91, DStR 91, 782; BFH I R 1/90 v. 13.3.91, BStBl. II 91, 597; aA waren BayObLG BReg. 3 Z 163/86 v. 22.5.87, BB 87, 1482; dem folgend FG RhPf. 5 K 1218/89 v. 25.9.89, EFG 90, 124).

55 Der Katalog **zustimmungsbedürftiger Geschäfte** kann erweitert oder beschränkt werden. Diese interne Regelung beeinflusst grds. nicht die Wirksamkeit der im Außenverhältnis abgeschlossenen Rechtsgeschäfte, da die Vertretungsmacht des Geschäftsführers nicht beschränkt werden kann (§ 37 Abs. 2 GmbHG). Dieser Grundsatz gilt aber nicht für Rechtsgeschäfte zwischen der GmbH (vertreten durch den Geschäftsführer) und dem Gesellschafter. Hier ist die Innen-Beschränkung des Geschäftsführers zu beachten (BGH II ZR 353/95 v. 23.6.97, DStR 97, 1296; *Baumbach/ Hueck/Zöllner/Noack* § 37 GmbHG Rz. 26 ff.). Hat sich eine GmbH eine Geschäftsführungsordnung mit einem Katalog zustimmungsbedürftiger Geschäfte gegeben, kann die Gesellschafterversammlung die Geschäftsordnung auch mit einfacher Mehrheit aufheben (OLG Hamm 8 U 112/09 v. 28.7.10, GmbHR 10, 1033). Wird ein Kataloggeschäft ohne Zustimmung der Gesellschafterversammlung mit einem Gesellschafter abgeschlossen, ist das Rechtsgeschäft unwirksam. Bei einem beherrschenden Gesellschafter oder einer ihm nahe stehenden Person kann eine vGA vorliegen (FG Nds. VI 592/90 v. 7.6.91, GmbHR 92, 391; BFH I R 96/95 v. 16.12.98, NJW 99, 3070; kritisch *Paus* GmbHR 99, 1278).

56 Die **Abberufung** von Geschäftsführern ist jederzeit zulässig (§ 38 Abs. 1 GmbHG); durch den Gesellschaftsvertrag kann die Abberufung allerdings an das Vorliegen eines wichtigen Grundes geknüpft werden (§ 38 Abs. 2 Satz 1 GmbHG). Die Abberufung ist von der Kündigung des Anstellungsvertrags zu unterscheiden (vgl. A. 6.26 Rz. 63).

57 Die Bestimmung über die **Vertretung gegenüber** den **Geschäftsführern** (Abs. 5) dient der Klarstellung (BGH II ZR 169/90 v. 25.3.91, DStR 91, 751).

58 Zum **Steuerrecht** vgl. A. 6.26 Rz. 15 ff. u. 29.

Zu § 5: Aufsichtsrat

59 Ein **Aufsichtsrat** ist nur bei einer GmbH mit mehr als 500 Beschäftigten obligatorisch (§ 1 Abs. 1 Nr. 3 DrittelbG; vgl. auch § 6 MitBestG). Ansonsten steht es den Gesellschaftern bei Gründung frei, einen Aufsichtsrat zu installieren. Der Gesellschaftsvertrag kann die entsprechende Regelung unmittelbar treffen oder die Gesellschafter zu einer Regelung ermächtigen; im Einzelnen: *Otto* GmbHR 16, 19; vgl. zu den Problempunkten des Rechtsanwalts im Aufsichtsrat: *Ziemons* ZGR 16, 839). Die Einrichtung eines Aufsichtsrats bei einer GmbH auf der Grundlage einer **Öffnungsklausel** im Gesellschaftsvertrag ist nach Ansicht des BGH keine Satzungsänderung und ohne Beachtung der für eine Satzungsänderung geltenden Vorschriften zulässig, wenn die Ermächtigung ausreichend bestimmt ist und der Einrichtungsbeschluss nicht gegen das Gesetz oder die Satzung verstößt (BGH II ZR 406/17 v. 2.7.19, NJW 19, 3155; II ZR 67/82 v. 13.6.83, ZIP 83, 1063; II ZR 81/92 v. 7.6.93, BGHZ 123, 15). Ausreichend bestimmt soll eine solche Öffnungsklausel dann sein, wenn sie die Möglichkeit der Einrichtung eines Aufsichtsrats und der Übertragung der Überwachung der

Geschäftsführung auf diesen regelt und der Gesellschaftsvertrag daneben eine Auswahlmöglichkeit zur Anzahl der Mitglieder des Aufsichtsrats sowie die Möglichkeit enthält, die Personalkompetenz und das Weisungsrecht als wesentliche Aufgaben der Gesellschafterversammlung auf den Aufsichtsrat zu übertragen; darüber hinausgehend muss eine Öffnungsklausel nach Ansicht des BGH nicht jede Einzelheit regeln, sondern kann die nähere Ausgestaltung den Gesellschaftern überlassen (BGH II ZR 406/17 v. 2.7.19, NJW 19, 3155).

Die Rechtsstellung des Aufsichtsrates bestimmt sich nach § 52 GmbHG und den **60** dort erwähnten Vorschriften des Aktienrechts, soweit der Gesellschaftsvertrag die entsprechende Anwendbarkeit nicht einschränkt (zu Einzelheiten vgl. *Altmeppen* ZGR 99, 241; *Baumbach/Hueck/Zöllner/Noack* § 52 GmbHG Rz. 20 ff. *Lutter/Hommelhoff/Lutter/Hommelhoff* § 52 GmbHG Rz. 3 ff.; *Dahlbender* GmbH-StB 08, 21).

Der Aufsichtsrat kann auch als **Beirat,** Verwaltungsrat etc. bezeichnet werden. Ein **61** Organ iSd. § 52 GmbHG liegt aber nur vor, wenn diesem die Überwachung der Geschäftsführung als Aufgabe verbleibt (*Lutter/Hommelhoff/Lutter/Hommelhoff* § 52 GmbHG Rz. 13; *Roth/Altmeppen* § 52 GmbHG Rz. 22; *Yanli* DStR 91, 1352). Zur Mitgliedschaft eines Geschäftsführers vgl. OLG Frankfurt 20 W 247/86 v. 21.11.86, BB 87, 22.

Der Anspruch auf **Aufwandsentschädigung** besteht unabhängig von der Rege- **62** lung im Gesellschaftsvertrag (§§ 675, 670 BGB).

Eine Vergütung kann durch den Gesellschaftsvertrag oder durch Gesellschafterbe- **63** schluss gewährt werden (§ 113 Abs. 1, 2 AktG; s. auch BGH II ZR 268/90 v. 24.6.91, DStR 92, 551; *Roth/Altmeppen* § 52 GmbHG Rz. 17; zu Gestaltungsmöglichkeiten *Mäger* DB 98, 1389).

Die Vergütungen sind bei der Gesellschaft nur beschränkt abziehbar (§ 10 Nr. 4 **64** KStG; zur Kritik vgl. *Streck/Olgemöller* § 10 KStG Rz. 30). Aufwandsentschädigungen fallen nicht unter § 10 Nr. 4 KStG, soweit sie den im Einzelfall erforderlichen Aufwand nicht übersteigen (KStR 10.3). Zur Berücksichtigung der **Umsatzsteuer** bei der Ermittlung des Einkommens der GmbH vgl. KStR 10.1.

Die Vergütungen sind beim Aufsichtsratsmitglied **Einkünfte** aus sonstiger selbststän- **65** diger Arbeit (§ 18 Abs. 1 Nr. 3 EStG). Sie unterliegen der **Umsatzsteuer** (FG Hamburg 3 K 66/06 v. 25.7.06, EFG 07, 454; BFH V R 68/78 v. 2.10.86, BStBl. II 87, 42).

Zu § 6: Gesellschafterversammlung

Der Aufgabenkreis der **Gesellschafterversammlung** ergibt sich im Grundsatz aus **66** §§ 45, 46 GmbHG. Die Regelung ist dispositiv (zu den Grenzen *Baumbach/Hueck/Zöllner/Noack* § 45 GmbHG Rz. 6 ff.).

Die Formalien regeln §§ 47–51 GmbHG, sofern der Gesellschaftsvertrag nichts an- **67** deres bestimmt (§ 45 Abs. 2 GmbHG).

Die **Einberufung** obliegt den Geschäftsführern (§ 49 Abs. 1 GmbHG). Der Ver- **68** trag stellt klar, dass jeder Geschäftsführer allein zur Einberufung befugt ist.

Form und Frist der Einberufung sind in § 51 Abs. 1 u. 4 GmbHG geregelt. Zum **69** notwendigen Inhalt s. § 51 Abs. 2 GmbHG und *Roth/Altmeppen* § 51 GmbHG Rz. 10 ff.; zum Zugang der Ladung OLG München 7 U 2905/93 v. 3.11.93, DB 94, 320; zu Ladungsmängeln: *Baumbach/Hueck/Zöllner/Noack* § 51 GmbHG Rz. 28; *Michalski* NZG 98, 319; *Stuppi* GmbHR 06, 54; *Gehrlein* BB 06, 852; *Lutz* GmbHR 16, 785; *Podewils* AnwZert HaGesR 1/16, Anm. 1. Unzulässig ist eine Eventualeinberufung der zweiten Versammlung bereits vor der ersten Versammlung (OLG Düsseldorf 16 U 95/98 v. 14.11.03, ZIP 04, 1956; BGH II ZR 216/96 v. 8.12.97, NJW 98, 1317). Zwingend ist die Ladung aller Gesellschafter; unzulässig eine Regelung, wonach Beschlüsse ohne ordnungsgemäße Ladung gefasst werden können. Der Vertrag verlängert die Ladungsfrist von einer (§ 51 Abs. 1 Satz 2 GmbHG) auf drei Wochen. § 42a Abs. 2 Satz 1 GmbHG schreibt die Beschlussfassung über die Feststellung des

Jahresabschlusses und die Ergebnisverwendung bis spätestens zum Ablauf der ersten acht Monate des Geschäftsjahres vor (Ausnahme: kleine GmbH bis zu elf Monaten). Es empfiehlt sich daher, für die ordentliche Gesellschafterversammlung vertraglich eine kürzere Frist festzulegen, um eine fristgemäße Beschlussfassung auch im Falle des § 6 Abs. 3 Satz 2 und 3 des Vertrages zu gewährleisten.

70   Der vorgeschlagene Vertragstext nimmt keine Rücksicht auf die gesetzlich **zulässigen längeren Fristen** bei der **kleinen GmbH** iSd. § 267 Abs. 1 HGB. Sollen diese ausgeschöpft werden können, so ist wie folgt zu formulieren:

§ 6

(1) Die ordentliche Gesellschafterversammlung findet in den ersten sieben Monaten, bei Vorliegen der Voraussetzungen des § 267 Abs. 1 HGB (kleine GmbH) innerhalb der Ersten zehn Monate eines jeden Geschäftsjahres statt.

§ 12

(3) Die Geschäftsführung hat den Jahresabschluss (Bilanz, Gewinn- und Verlustrechnung sowie Anhang) und den Lagebericht bis zum 31.3., bei Vorliegen der Voraussetzungen des § 267 Abs. 1 HGB (kleine GmbH) und soweit dies einem ordnungsgemäßen Geschäftsgang entspricht, spätestens bis zum 30.6. des nachfolgenden Geschäftsjahres aufzustellen und jedem Gesellschafter unverzüglich in Abschrift zu übersenden.

......

(5) Die ordentliche Gesellschafterversammlung hat spätestens bis zum Ablauf der Ersten acht Monate, bei Vorliegen der Voraussetzungen des § 267 Abs. 1 HGB (kleine GmbH) bis zum Ablauf der Ersten elf Monate über die Feststellungen des Jahresabschlusses und des Lageberichts sowie die Entlastung der Geschäftsführer zu beschließen (§ 6 Abs. 1). Die Feststellung des Jahresabschlusses und des Lageberichts sowie die Entlastung der Geschäftsführung gelten als erfolgt durch Unterzeichnung durch die ....

§ 13

(1) Über die Verwendung des Jahresergebnisses (Summe aus Jahresüberschuss und Gewinnvortrag abzgl. Verlustvortrag) entscheidet die Gesellschafterversammlung spätestens bis zum Ablauf der Ersten acht, bei Vorliegen der Voraussetzungen des § 267 Abs. 1 HGB (kleine GmbH) spätestens bis zum Ablauf der Ersten elf Monate des Geschäftsjahres mit einfacher Mehrheit (§ 7 Abs. 1 Satz 1).

71   Das Gesetz enthält keine Bestimmungen über **Ort, Vorsitz** und **Leitung** der Versammlung. Der Vertrag kann diese Fragen, muss sie aber nicht regeln.

72   Mindestanforderungen an die **Beschlussfähigkeit** der Gesellschafterversammlung bestehen nach dem Gesetz nicht. Es empfiehlt sich eine vertragliche Regelung (zB 75 %). Geregelt sein sollte auch, ob die Beschlussfähigkeit – idR empfehlenswert – nur zu Beginn der Gesellschafterversammlung vorhanden sein muss.

73   Der Vertrag sieht eine Einschränkung der rechtsgeschäftlichen **Vertretung** in der Gesellschafterversammlung vor, die natürlich modifizierbar ist. Zur Zulässigkeit solcher Teilnahmeregelungen vgl. BGH II ZR 18/88 v. 17.10.88, NJW–RR 89, 347. Die Mitnahme eines Beistandes ist hingegen grds. nur mit Satzungsgrundlage zulässig, OLG Stuttgart 20 W 1/97 v. 7.3.97, GmbHR 97, 1107; OLG Düsseldorf 6 U 201/91 v. 14.5.92, GmbHR 92, 610; *Fingerhut/Schröder* BB 99, 1230; *Werner* GmbHR 06, 871.

Zu § 7: Gesellschafterbeschlüsse

74   **Gesellschafterbeschlüsse** werden mit einfacher Mehrheit der abgegebenen Stimmen gefasst, soweit Gesetz oder Gesellschaftsvertrag keine größeren Mehrheiten verlangen (§ 47 Abs. 1 GmbHG). Zulässig ist es, statt an die Mehrheit der abgegebenen

Stimmen an die Mehrheit der vertretenen Stimmen oder an die Mehrheit aller Stimmen anzuknüpfen.

Der Gesellschafter ist bei den in § 47 Abs. 4 GmbHG genannten vier Tatbeständen **75** vom **Stimmrecht** ausgeschlossen (zu Gestaltungsmöglichkeiten: *Heckschen* GmbHR 16, 897). Inwieweit vertragliche Abweichungen zulässig sind, ist umstritten (vgl. *Roth/ Altmeppen* § 47 GmbHG Rz. 93 ff.; *Baumbach/Hueck/Zöllner/Noack* § 47 GmbHG Rz. 106). Zu **§ 181 BGB** vgl. A. 6.29 Rz. 1.

Der Vertrag knüpft an § 48 GmbHG an. Durch Gesellschaftsvertrag oder einstim- **76** migen Beschluss kann die Zulässigkeit von Beschlussfassungen außerhalb der Gesellschafterversammlung beschränkt oder erweitert werden (§ 48 Abs. 2 GmbHG).

Für die **Ein-Personen-GmbH** gilt § 48 Abs. 3 GmbHG. **77**

Jeder Euro eines Geschäftsanteils gewährt eine **Stimme** (§ 47 Abs. 2 GmbHG). Die **78** Satzung kann einen geringeren oder höheren Betrag festlegen oder Abstimmung nach Köpfen vorschreiben. Anteile mit einem geringeren Betrag als dem festgesetzten sind stimmrechtslos. Zu Stimmrechtsvereinbarungen *Roth/Altmeppen* § 47 GmbHG Rz. 36.

Das Gesetz verlangt keine **Protokollierung** (Ausnahme § 48 Abs. 3 GmbHG). Sie **79** ist aus Beweisgründen zu empfehlen. Enthält die **Satzung Formerfordernisse** für die Beschlussfassung, führt eine Missachtung zur Unwirksamkeit (OLG Düsseldorf I-16 U 104/04 v. 8.7.05, BB 05, 1984; BayObLG BReg. 3 Z 97/91 v. 19.9.91, BB 91, 2103). Eine Satzungsbestimmung, die für die Anfechtung des Gesellschafterbeschlusses eine Frist von weniger als einem Monat vorsieht, ist unwirksam (BGH II ZR 308/87 v. 21.3.88, NJW 88, 1844). Ohne Satzungsregelung gilt eine angemessene Frist (BGH II ZR 126/89 v. 14.5.90, NJW 90, 2625; II ZR 234/89 v. 10.6.91, DStR 91, 1055; OLG Düsseldorf I-16 U 104/04 v. 8.7.05, DB 05, 1984, 1988). Ist ein Beschluss der Gesellschafter vom Versammlungsleiter formell festgestellt worden, so können formelle oder materielle Mängel des Beschlusses grundsätzlich nur, vorbehaltlich einer Nichtigkeit des Beschlusses, durch Erhebung der Anfechtungsklage geltend gemacht werden, BayObLG 3 Z BR 298/98 v. 2.7.99, NJW-RR 00, 181; BGH II ZR 41/96 v. 17.2.97, DStR 97, 788; zur Fristwahrung OLG Köln 19 U 167/94 v. 17.2.95, BB 95, 792 und BGH II ZR 40/97 v. 15.6.98, NJW 98, 3344: Zusammenfassend bei den Möglichkeiten der Anfechtung mit taktischen Empfehlungen *Klein* GmbH-StB 99, 227. Die Schiedsfähigkeit von Nichtigkeits- und Anfechtungsklagen setzt voraus, dass das schiedsgerichtliche Verfahren in einer dem Rechtsschutz durch staatliche Gerichte gleichwertigen Weise – dh. unter Einhaltung eines aus dem Rechtsstaatsprinzip folgenden Mindeststandards an Mitwirkungsrechten und damit an Rechtsschutzgewährung für alle ihr unterworfenen Gesellschafter – ausgestaltet ist (BGH II ZR 255/08 v. 6.4.09, GmbHR 09, 705; vgl. auch *Müller* GmbHR 10, 729; *Nolting* GmbHR 11, 1017; zum Meinungsstand *Lutter/Hommelhoff/Bayer* Anh. § 47 GmbHG Rz. 95 ff. mwN).

Zu § 8: Änderung des Gesellschaftsvertrags, Kapitalerhöhung, -herabsetzung, Liquidation

§ 53 Abs. 2 GmbHG verlangt zur Änderung des Gesellschaftsvertrages eine $^3/_4$- **80** Mehrheit der abgegebenen Stimmen. Durch die Satzung kann die erforderliche Mehrheit erhöht, **nicht** aber vermindert werden.

Der Beschluss ist **notariell** zu **beurkunden** (§ 53 Abs. 2 GmbHG). Vgl. Formulare **81** A. 6.29, A. 6.31, A. 6.32 und A. 6.38.

Zu § 10: Wahrnehmung der Gesellschafterrechte, Informations- und Kontrollrechte

Die **Auskunfts-** und **Einsichtsrechte** des Gesellschafters sind in § 51a GmbHG **82** geregelt (eingehend *Karl* DStR 95, 940; *Kahlen* GmbH-StB 04, 364). Die Vorschrift ist grds. nicht dispositiv (§ 51a Abs. 3 GmbHG) und kann daher nicht beschränkt werden. Verfahrensfragen können geregelt werden, dürfen das Informationsrecht jedoch nicht einschränken (BayObLG BReg. 3 Z 100/88 v. 27.10.88, GmbHR 89, 201). Die unberechtigte Verweigerung durch den Geschäftsführer kann diesem gegenüber einen Kündigungsgrund des Anstellungsvertrages darstellen (OLG Frankfurt 5 U 67/90 v. 24.11.92, DB 93, 2324). Zum Auskunftsanspruch ausgeschiedener Gesellschafter nach § 810 BGB: OLG München 31 Wx 80/05 v. 21.12.05, DB 06, 328; OLG Köln 16 Wx 114/88 v. 26.10.88, GmbHR 89, 207; BGH II ZR 258/88 v. 17.4.89, NJW 89, 3272; BayObLG 3 Z BR 96/93 v. 1.7.93, DStR 93, 1717; *Kiethe* DStR 93, 1708.

83   Der Gesellschafter kann sich zur Einsicht eines Sachverständigen bedienen. § 10 Abs. 1 stellt die Modalitäten klar. Zur gerichtlichen Geltendmachung vgl. § 51b GmbHG sowie BGH II ZR 86/87 v. 7.12.87, WM 88, 121; BayObLG BReg. 3 Z 157/88 v. 22.12.88, WM 89, 371; *Driesen* GmbHR 04, 500; *Gustavus* GmbHR 89, 181; zur Zuständigkeit eines Schiedsgerichts OLG Koblenz 6 W 834/89 v. 21.12.89, DB 90, 1813; OLG Hamm 15 W 355/99 v. 7.3.00, NZG 00, 1182.

Zu § 11: Wettbewerbsverbot

84   Gesellschafter der GmbH unterliegen grundsätzlich keinem **Wettbewerbsverbot** (*Scholz/Seibt* § 14 GmbHG Rz. 113; *Baumbach/Hueck/Fastrich* § 13 GmbHG Rz. 28; persönliche Bindung des Kleingesellschafters und Geschäftsführers an ein Wettbewerbsverbots der GmbH: BGH X ZR 109/02 v. 30.11.04, DStR 05, 485). Bei stark personenbezogenen Gesellschaften kann sich die allgemeine Treuepflicht zu einem Wettbewerbsverbot verdichten (*Scholz/Seibt* § 14 GmbHG Rz. 113; *Rowedder/Schmidt-Leithoff/Pentz* § 13 GmbHG Rz. 89 ff.).

85   Klarstellend oder ergänzend kann ein Wettbewerbsverbot vertraglich statuiert werden. § 112 HGB darf erweitert oder beschränkt werden. Es bedarf jedoch einer örtlichen, sachlichen und zeitlichen Begrenzung (OLG Düsseldorf 15 U 162/95 v. 23.10.96, GmbHR 98, 180; *Wulf* DStR 97, 2038; OLG Hamm 8 U 295/87 v. 9.11.88, GmbHR 89, 2594; mit Formulierungsbeispielen: *Fröhlich* GmbH-StB 12, 157). § 1 GWB ist zu beachten (OLG Karlsruhe 15 U 179/97 v. 6.11.98, GmbHR 99, 539; 8 U 127/86 v. 30.9.86, GmbHR 87, 309; BGH II ZR 2/89 v. 16.10.89, BB 90, 11; *Ivens* DB 88, 215). Die Vereinbarung eines Wettbewerbsverbotes gegen Vergütung macht den ausscheidenden GmbH-Gesellschafter nicht zum Unternehmer iSd. Umsatzsteuerrechts (BFH V R 41/76 v. 30.7.86, BStBl. II 86, 874; zur Gefahr einer vGA, vgl. A. 6.26 Rz. 36a u. Formular A. 6.18).

86   **Sanktion:** Vgl. § 16 Abs. 1 Buchst. a. Ohne Sanktion ist das Verbot wertlos.

Zu § 12: Jahresabschluss

87   Unabhängig vom Unternehmensgegenstand besteht **Buchführungspflicht** (§ 238 HGB). Die Buchführung ist Grundlage des **Jahresabschlusses.**

88   Der Jahresabschluss besteht aus **Bilanz, Gewinn- und Verlustrechnung** sowie dem **Anhang** (§ 264 Abs. 1 Satz 1 HGB iVm. §§ 242 ff., 284 ff. HGB). Der Jahresabschluss muss ein den tatsächlichen Verhältnissen entsprechendes Bild vermitteln (§ 264 Abs. 2 HGB; Grundsatz des „true and fair view"). Gegebenenfalls sind im Anhang zusätzliche Angaben zu machen. Daneben ist – mit Ausnahme der kleinen GmbH (§ 264 Abs. 1 Satz 4 HGB) – ein **Lagebericht** aufzustellen (§ 289 HGB; vgl. dazu *Dörner/Bischof* WPg 99, 445).

89   **Buchführung** sowie **Aufstellung** von Jahresabschluss und Lagebericht **obliegen** zwingend den **Geschäftsführern** mit der Möglichkeit, die technische Durchführung auf einen Angehörigen der steuerberatenden oder wirtschaftsprüfenden Berufe zu übertragen (BGH II ZR 109/94 v. 26.6.95, DStR 95, 1852).

90   Die Maßgeblichkeit der Handelsbilanz für die Steuerbilanz und die umgekehrte Maßgeblichkeit sind seit Inkrafttreten des BilMoG v. 25.5.09 (BGBl. I 09, 1102) im

Jahr 2009 gelockert (vgl. auch BMF v. 12.3.10, BStBl. I 10, 239). Der Vertrag sieht eine Anknüpfung der Handelsbilanz an das Steuerrecht vor, soweit dies gesetzlich möglich ist.

§ 264 Abs. 1 Satz 2 HGB zwingt zur **Aufstellung** des Jahresabschlusses und des Lage- **91** berichts innerhalb von **drei Monaten** nach Schluss des Geschäftsjahres. Eine Verlängerungsmöglichkeit durch die Satzung besteht nicht. Nur die **„kleine" GmbH** iSd. § 267 Abs. 1 HGB darf den Jahresabschluss auch später aufstellen, wenn dies einem ordnungsmäßigen Geschäftsgang entspricht (eingehend zum Jahresabschluss der kleinen GmbH *Farr* GmbHR 96, 92, 185; zum Begriff „ordnungsmäßiger Geschäftsgang" vgl. BFH VIII R 110/79 v. 6.12.83, BStBl. II 84, 227, 229), spätestens aber innerhalb von sechs Monaten. Anders lautende Satzungsbestimmungen sind **unwirksam** (BayObLG BReg 3 Z 29/87 v. 5.3.87, DB 87, 978). Zur Vertragsformulierung vgl. Rz. 70.

Die **Abschlussprüfung** ist bei der „großen" und „mittelgroßen" GmbH iSd. § 267 **92** HGB obligatorisch, bei der „kleinen" GmbH fakultativ (§ 316 Abs. 1 HGB). Die fehlende Prüfung des Jahresabschlusses einer prüfungspflichtigen GmbH führt zur Nichtigkeit des Gewinnverteilungsbeschlusses (*Seitz* DStR 91, 315; *Rauch* BB 97, 35). Tantiemen werden somit nicht fällig. Werden sie dennoch ausgezahlt, ist der Verzicht auf eine Verzinsung ggf. eine vGA (BFH I R 70/97 v. 17.12.97, BStBl. II 98, 545).

Als **Abschlussprüfer** sind bei der „großen" GmbH nur Wirtschaftsprüfer und **93** Wirtschaftsprüfungsgesellschaften, bei „mittelgroßen" Gesellschaften auch vereidigte Buchprüfer und Buchprüfungsgesellschaften zugelassen (§ 319 Abs. 1 HGB). Die gesetzliche Regelung ist **zwingend.**

Der Abschlussprüfer ist jeweils für ein Geschäftsjahr vor Ablauf desselben zu wählen **94** (§ 318 Abs. 1 HGB). Eine längere Bestellungsperiode ist unzulässig, Wiederwahl unbeschränkt möglich. Wahlorgan ist grds. die Gesellschafterversammlung (§ 318 Abs. 1 Satz 1 HGB). Die Wahlkompetenz kann durch die Satzung einem anderen Organ, nicht aber dem Geschäftsführer übertragen werden. Die Wahl erfolgt – solange die Satzung nichts anderes bestimmt – mit einfacher Mehrheit.

Als Ergebnis der Abschlussprüfung ist ein **Prüfungsbericht** (§ 321 HGB) zu erstel- **95** len und den Gesellschaftern vorzulegen (§ 42a Abs. 1 S. 2 GmbHG).

Nach § 42a Abs. 3 GmbHG ist der Abschlussprüfer verpflichtet, auf Verlangen eines **96** Gesellschafters an den Verhandlungen über die Feststellung des Jahresabschlusses teilzunehmen.

Vgl. zur Möglichkeit, einen Abschlussprüfer zu ersetzen, § 318 Abs. 3 HGB, zu den **97** Gründen, die einen Abschlussprüfer von der Wahl ausschließen, § 319 Abs. 2 HGB und BGH IX ZR 3/91 v. 7.11.91, DB 92, 466; II ZR 317/95 v. 21.4.97, DStRE 97, 574; *Paal/Ebke* ZGR 05, 894; *Hommelhoff* ZGR 97, 550; im Übrigen zur Bestellung *Lutter/Hommelhoff/Kleindiek* Vor § 41 GmbHG Rz. 64ff.; zur Haftung des Abschlussprüfers *Quick* BB 92, 1675.

Die **Feststellung** des Jahresabschlusses ist von seiner Aufstellung deutlich zu tren- **98** nen. Durch die Feststellung wird der Jahresabschluss für verbindlich erklärt. Bis zur Feststellung ist eine Gestaltung durch das Feststellungsorgan in den Grenzen des Bilanzrechts möglich. Durch eine Änderung wird uU eine Nachtragsprüfung erforderlich (§ 316 Abs. 3 HGB).

Feststellungsorgan ist grds. die Gesellschafterversammlung. Die Abschlussfeststel- **99** lung kann jedoch einem anderen Gesellschaftsorgan (Aufsichtsrat, Beirat, Bilanzausschuss) oder einzelnen Gesellschaftern übertragen werden. Nach hM ist selbst eine satzungsmäßige Feststellungskompetenz der Geschäftsführer zulässig (*Scholz/K. Schmidt* § 46 GmbHG Rz. 46; aA *Hommelhoff/Priester* ZGR 86, 477).

Zur Entscheidung über die **Gewinnverwendung** im Jahresabschluss vgl. **100** Rz. 103ff.

Frist zur Beschlussfassung über den Jahresabschluss vgl. § 42a Abs. 2 GmbHG und **101** insbes. zur Vertragsformulierung Rz. 70.

102   In der Vergangenheit wurde versucht, die negativen ertragsteuerlichen Folgen einer vGA durch sog. **„Satzungsklauseln"** auszuschließen (zum Meinungsstand *Streck/Schwedhelm* § 8 KStG Rz. 305 ff. mwN; *Wollweber* GmbHR 19, 874). Der BFH steht dieser Technik ablehnend gegenüber (BFH VIII R 10/07 v. 14.7.09, BFH/NV 09, 1815; I B 58/87 v. 2.3.88, BFH/NV 89, 460; I R 176/83 v. 29.4.87, BStBl. II 87, 733; I R 248/81 v. 23.10.85, BStBl. II 86, 178). Der Rückgewähranspruch beseitigt nicht die Ausschüttung (BFH I B 58/87 v. 2.3.88, aaO). Die Rückzahlung wird als Einlage behandelt (BFH I R 118/93 v. 29.5.96, BStBl. II 97, 92; VIII R 59/97 v. 25.5.99, BStBl. II 01, 226; VIII R 7/99 v. 29.8.00, BStBl. II 01, 173; zweifelnd BFH VIII B 38/98 v. 14.7.98, DStR 98, 1547; dazu *Gosch* DStR 98, 1550; *Wassermeyer* DB 98, 1997; *Ahmann* DStZ 99, 233). Schenkungsteuerlich sollen derartige Klauseln nach § 29 Abs. 1 Nr. 1 ErbStG iVm. § 15 Abs. 4 ErbStG Bedeutungszuwachs erlangt haben, nachdem eine vGA grundsätzlich auch Schenkungsteuer auslösen können soll (*Wälzholz* GmbH-StB 13, 120; *Geck* DNotZ 12, 329 (332)). Wie der II. Senat des BFH allerdings entschieden hat, soll jedenfalls eine kongruente vGA nur unter ertragsteuerrechtlichen Gesichtspunkten gewürdigt, nicht aber zusätzlich als freigebige Zuwendung iSd. § 7 Abs. 1 Nr. 1 ErbStG angesehen werden (BFH II R 6/12 v. 30.1.13, DStR 13, 649; FG Münster 3 K 103/13 Erb v. 24.10.13, EFG 14, 301; der Rspr. nunmehr folgend auch die FinVerw. Gleichl. Ländererlasse v. 20.4.18, BStBl. I 18, 632). Im Fall der inkongruenten vGA kann im Einzelfall eine Schenkung zwischen den Gesellschaftern und der die Bereicherung empfangenden Person vorliegen (BFH II R 54/15, II R 32/16, II R 42/16 v. 13.9.17, BStBl. II 18, 292). Formulierungsbeispiel (*Wollweber* GmbHR 19, 874):

§ 12

(7)

a) Vermögenswerte und bewertbare Vorteile jeder Art dürfen Gesellschaftern und denen nahestehenden Personen nur aufgrund eines ordnungsgemäßen Gewinnverteilungsbeschlusses zugewendet werden. Alle Rechtsgeschäfte zwischen der Gesellschaft und ihren Gesellschaftern oder denen nahestehenden Personen sind so abzuschließen, dass diesen keine Vorteile zugewandt werden, die durch das Gesellschaftsverhältnis veranlasst sind, also die dritten Personen nicht in gleicher Weise zugewandt worden wären.

b) Hat der Zuwendung an den Gesellschafter bzw. eine diesem nahestehende Person die einfache Mehrheit der nicht durch die Zuwendung begünstigten Gesellschafter, gezählt nach Stimmgewichtung in der Gesellschafterversammlung unter Berücksichtigung von Stimmverboten nach § 47 Abs. 4 GmbHG und § 181 BGB, zugestimmt, so ist der Vorteil auch dann nicht nach Maßgabe der nachfolgenden Absätze zu erstatten, wenn steuerlich eine vGA vorliegt. Eines formellen Gesellschafterbeschlusses bedarf es dafür nicht. Die Beweislast für die Zustimmung der erforderlichen Anzahl der Mitgesellschafter trägt der Gesellschafter, der sich darauf beruft. Sind alle Gesellschafter gleichmäßig durch eine Zuwendung begünstigt, so entstehen keine Erstattungsansprüche der Gesellschaft nach dieser Satzungsregelung; ebenso wenig, wenn alle Gesellschafter zugestimmt haben. Sofern die Zuwendung auf einem Gesellschafterbeschluss beruht, der nicht angefochten wurde und nicht nichtig ist, so kann nach dieser Klausel keine Erstattung verlangt werden.

c) Gesetzliche Erstattungsansprüche bleiben unberührt.

d) Soweit ein Rechtsgeschäft gegen die vorstehenden Maßstäbe verstößt, sind die Vorteile, die durch das Gesellschaftsverhältnis veranlasst sind, der Gesellschaft grds. in Natur zu erstatten (Grundsatz der Naturalrestitution).

e) Kann die Rückgewähr nicht in Natur erfolgen, so ist der Wert des Vorteils am Tage der Zuwendung des Vorteils zu erstatten. Dieser Rückgewähranspruch ist ab dem

Zeitpunkt des Zuflusses beim Gesellschafter bis zur Erstattung mit drei Prozentpunkten über dem Basiszinssatz nach § 247 BGB zu verzinsen.

f) Schuldner des Erstattungsanspruchs ist der Gesellschafter, auch wenn der Vorteil einer diesem nahestehenden Person zugeflossen ist.

g) Ersatzweise kann die einfache Mehrheit der nicht durch die vGA begünstigten Gesellschafter mit Wirkung für alle Gesellschafter beschließen, dass ihnen zum Ausgleich der gleiche Vorteil zzgl. der vorstehenden Verzinsung als zusätzliche Gewinnausschüttung überproportional aus Rücklagen oder aus künftigen Gewinnen ausgeschüttet werden soll. In diesem Fall entfällt die Erstattungspflicht des Gesellschafters.

h) Für die Rückforderung einer vGA nach den vorstehenden Bestimmungen bedarf es stets eines mit einfacher Mehrheit gefassten Gesellschafterbeschlusses, bei dem der unmittelbar oder mittelbar begünstigte Gesellschafter kein Stimmrecht hat. Das Vertretungsorgan der Gesellschaft hat insoweit kein eigenes Entscheidungsermessen. Der Anspruch entsteht erst mit der Fassung des entsprechenden Beschlusses. Dies gilt auch in der Insolvenz der GmbH.

i) Diese vGA-Klausel und alle daraus fließenden Ansprüche erlöschen endgültig mit berechtigter Insolvenzantragstellung (auflösende Bedingung). Dies gilt selbst dann, wenn der Beschluss über die Geltendmachung der vGA gegen den begünstigten Gesellschafter bereits vorher gefasst worden sein sollte.

Im Übrigen zur **gesellschaftsrechtlichen Zulässigkeit einer vGA:** *Baumbach/Hueck/Fastrich* § 29 GmbHG Rz. 71; *Scholz/Verse* § 29 GmbHG Rz. 118 ff.; 16; *Lutter/Hommelhoff/Hommelhoff* § 29 GmbHG Rz. 48 ff.; *Roth/Altmeppen* § 29 GmbHG Rz. 53 ff. Bei einvernehmlichem Handeln gilt nur die Grenze des § 30 GmbHG. Strenger ist die Rspr. der Strafsenate im Rahmen des § 266 StGB (BGH 3 StR 242/86 v. 29.5.87, DB 87, 1930; 3 StR 232/88 v. 24.8.88, NJW 89, 112; 3 StR 75/89 v. 11.8.88, GmbHR 89, 465; vgl. auch *Wassermeyer* BB 89, 1382).

Bislang kaum erörtert in Schrifttum oder Rechtsprechung ist die Frage, ob und unter welchen Voraussetzungen es zielführend sein kann, in der Satzung einen **Anspruch** des Gesellschafters gegenüber Gesellschaft und übrigen Gesellschaftern und Geschäftsführern aufzunehmen, an einer **Selbstanzeige,** die zu Vorgängen in der Gesellschaft abgegeben werden soll, **teilzunehmen.** Zielsetzung eines solchen gesellschaftsvertraglich eingeräumten Anspruchs wäre es, alle „Beteiligten" einer Gesellschaft, also sowohl Geschäftsführer als auch Gesellschafter, in den Genuss der strafbefreienden Wirkung einer Selbstanzeige kommen zu lassen (zum Ganzen: *Wollweber* GmbHR 19, 874; eingehend: *Wollweber* GS Joecks, 1208, 799 ff.).

Zu § 13: Gewinnverwendung

Die Gesellschafter sind in der Entscheidung über die **Gewinnverwendung** frei **103** (§ 29 GmbHG). Sie können das Jahresergebnis **ausschütten** oder **thesaurieren** (zu Gewinnverwendungsklauseln in der Satzung *Walk* Die zweckmäßige Gewinnverwendungsklausel in der GmbH, Köln 1993; *Schwedhelm* DStR 93, 1760).

Das Gesetz eröffnet **verschiedene Wege:**

– Der Ergebnisanteil, der thesauriert werden soll, wird bei der Aufstellung des Jahresabschlusses in die Gewinnrücklagen eingestellt (§ 266 Abs. 3 A.III.4. HGB). Die Bilanz weist nur den Ausschüttungsbetrag als Gewinn aus. Die Gesellschafter entscheiden mit der Abschlussfeststellung über die Ergebnisverwendung (Umfang von Ausschüttung und Thesaurierung; §§ 42a Abs. 2 S. 1, 46 Nr. 1 GmbHG). Der Verwendungsbeschluss bleibt erforderlich, um den Auszahlungsanspruch der Gesellschafter zu begründen (*Roth/Altmeppen* § 29 GmbHG Rz. 46 ff.).

– Die Gesellschafter entscheiden nicht im Feststellungs-, sondern erst im Ergebnisverwendungsbeschluss über Ausschüttung und/oder Thesaurierung (§§ 29 Abs. 2,

46 Nr. 1 GmbHG). Die von der Verteilung ausgenommenen Beträge können entweder der Gewinnrücklage (§ 266 Abs. 3 A. III. 4. HGB) zugeführt oder als Gewinnvortrag (§ 266 Abs. 3 A. IV. HGB) ausgewiesen werden.

– Über die durch Feststellungsbeschluss thesaurierten Beträge hinaus werden im Verwendungsbeschluss weitere Beträge von der Ausschüttung ausgenommen.

– Umgekehrt: Alte Gewinnrücklagen werden durch den Gewinnverwendungsbeschluss aufgelöst und ausgeschüttet. Dies ist in den Grenzen des § 30 GmbHG (Erhaltung des Stammkapitals) unbedenklich (*Scholz/Verse* § 29 GmbHG Rz. 30: Feststellung des Jahresabschlusses; *Rowedder/Schmidt-Leithoff/Pentz* § 29 GmbHG Rz. 121).

– Selbst die Ausschüttung erst im Feststellungsbeschluss thesaurierter Beträge ist uE grundsätzlich zulässig. Eine Umgehung der Publizitätsvorschriften liegt nicht vor, da auch der Gewinnverwendungsbeschluss der Öffentlichkeit zugänglich ist (vgl. Rz. 112 ff.).

– Die Bildung oder Auflösung von Kapitalrücklagen (zB § 272 Abs. 2 HGB iVm. § 42 Abs. 2 GmbHG) oder gesetzlich festgelegten Gewinnrücklagen (zB Rücklagen für eigene Anteile, § 272 Abs. 4 HGB iVm. § 33 GmbHG) muss hingegen bereits bei der Bilanzerstellung, also im Jahresabschluss, berücksichtigt werden (*Beck Bil-Komm/Winkeljohann/Taetzner* § 270 HGB Rz. 15 ff.). Entsprechendes gilt, wenn der Gesellschaftsvertrag die Gewinnverwendung (teilweise oder ganz) zwingend vorschreibt.

– Möglich ist es auch, zunächst eine vollständige oder teilweise Ergebnisverwendung vorzunehmen und erst danach die Bilanz aufzustellen und den Jahresabschluss festzustellen (§§ 268 Abs. 1, 270 Abs. 2 HGB). Ein weiterer Verwendungsbeschluss bezieht sich dann auf den Bilanzgewinn (§ 268 Abs. 1 HGB).

104   Nach § 278 HGB sind für den handelsrechtlichen Jahresabschluss die **Steuern** vom Einkommen und vom Ertrag auf der Grundlage des Beschlusses über die Verwendung des Ergebnisses zu berechnen. Liegt ein solcher Beschluss im Zeitpunkt der Feststellung des Jahresabschlusses nicht vor, so ist nach § 278 HGB vom Vorschlag über die Verwendung des Ergebnisses auszugehen. Da bei der GmbH eine Bindung der Gesellschafterversammlung an den von der Geschäftsführung aufgestellten Jahresabschluss nicht besteht, ist für die Berechnung letztlich die in der Feststellung des Jahresabschlusses vorgesehene Ausschüttung maßgeblich.

105   Werden der Beschluss über die Feststellung des Jahresabschlusses und der Gewinnverwendungsbeschluss nicht einheitlich gefasst, sondern werden auf Grund des Gewinnverwendungsbeschlusses über die im festgestellten Jahresabschluss vorgesehenen Thesaurierungen weitere Beträge von der Ausschüttung ausgenommen (vgl. Rz. 103), so braucht der Jahresabschluss nicht geändert zu werden (§ 278 Satz 2 HGB).

106   Die Gesellschafter beschließen über die Ergebnisverwendung – sofern der Gesellschaftsvertrag nichts anderes bestimmt – mit **einfacher Mehrheit** (§ 29 Abs. 2 iVm. § 47 Abs. 1 GmbHG). Damit besteht die Gefahr, dass Mehrheitsgesellschafter die Minderheit durch laufende Thesaurierung der Gewinne „aushungern". Ein Minderheitenschutz ergibt sich nur aus den gesellschaftsrechtlichen Treuepflichten (zum Meinungsstand *Lutter/Hommelhoff/Hommelhoff* § 29 GmbHG Rz. 23 ff.); zu den Leitlinien der Ergebnisverwendung und Grenzen der Treuwidrigkeit, vgl. OLG Nürnberg 12 U 690/07 v. 9.7.08, DB 08, 2415; *Hommelhoff* GmbHR 10, 1328.

107   Die Ergebnisverwendung ist **satzungsdispositiv** (§ 29 Abs. 1, 2 GmbHG). Der Gesellschaftsvertrag kann die Ergebnisverwendung in vielfältiger Weise vorgeben, Ausschüttung und Thesaurierung Grenzen setzen; zur inkongruenten Ausschüttung s. A. 6.30.

108   Die **Frist** zur Beschlussfassung über die Gewinnverwendung beträgt acht Monate, bei der „kleinen" GmbH elf Monate (§ 42a Abs. 2 GmbHG; vgl. Rz. 69).

109   **Körperschaftsteuer:** Sofern die Gesellschaft im Geltungsbereich des Anrechnungsverfahrens über Altbestände an EK 40 oder EK 02 verfügte, wurde das aus die-

sen Beträgen hergeleitete Körperschaftsteuerguthaben gemäß § 37 Abs. 5 KStG idF des JStG 2008 v. 20.12.07 (BGBl. I 07, 3150) letztmals zum 31.12.06 festgestellt. Nunmehr hat die Körperschaft oder deren Rechtsnachfolger innerhalb eines Auszahlungszeitraums von 2008 bis einschließlich 2017 einen Anspruch auf Auszahlung des zuletzt festgestellten Körperschaftsteuerguthabens in zehn gleichen Jahresraten. Der erste Jahresbetrag wird erst im VZ 2008 ausgezahlt. Ab VZ 2009 wird zum jeweils 30.9. die Rate ausgezahlt. Für das Jahr 2007 ist jegliche Körperschaftsteuerminderung gesperrt (vgl. im Einzelnen BMF v. 14.1.08, FR 08, 196; BMF v. 21.7.08, FR 08, 886; *Streck/Binnewies* § 37 KStG Rz. 92 ff.).

Durch das **JStG 2008** (Rz. 109) wurde ab dem VZ 2007 das System der Körper- **110** schaftsteuererhöhung durch eine zwingende, ausschüttungsunabhängige pauschale Abschlagzahlung ersetzt. Der Körperschaftsteuererhöhungsbetrag beträgt 3% des zum 31.12.06 festgestellten EK 02-Betrags. Er ist jedoch begrenzt auf den Betrag an Körperschaftsteuer, der sich bei Vollausschüttung zum 31.12.06 nach der alten Regelung ergeben hätte (§ 38 Abs. 4 bis 10 KStG). Zu den Einzelheiten vgl. *Streck/Binnewies* § 38 KStG Rz. 1 und 5.

Zur alten Rechtslage wird auf die Ausführungen in der 5. Auflage (A. 6.00 **111** Rz. 109 f.) verwiesen.

Zu § 14: Offenlegung

Durch das Gesetz über elektronische Handelsregister und Genossenschaftsregister **112** sowie das Unternehmensregister (EHUG) v. 15.11.06 (BGBl. I 06, 2553) wurde das Recht der **Unternehmenspublizität** mit Wirkung ab 1.1.07 neu geregelt. Das EHUG hat drei wesentliche Neuerungen gebracht: 1. Die Umstellung der Handels-, Genossenschafts- und Partnerschaftsregister auf elektronischen Betrieb, 2. die Veröffentlichung von Rechnungslegungsinformationen auf elektronischen Betrieb und 3. die Schaffung des Unternehmensregisters.

Die §§ 325 ff. HGB sehen keine einheitliche Offenlegung für alle GmbH vor. Der Umfang der **Publizitätspflicht** bestimmt sich nach der Größe des jeweiligen Unternehmens. Alle Gesellschaften sind zur Veröffentlichung ihrer festgestellten Bilanz und des Anhangs verpflichtet. Mittlere und große Gesellschaften iSd. § 267 HGB müssen überdies ihren vollständigen und testierten Jahresabschluss (also zusätzlich Gewinn- und Verlustrechnung) und den Lagebericht publizieren (§§ 325, 327 HGB).

§ 325 Abs. 1 HGB sieht für mittlere und große Gesellschaften darüber hinaus vor, **113** dass der Vorschlag über die Ergebnisverwendung und der endgültige Gewinnverwendungsbeschluss der Gesellschaft bekannt zu geben ist, sofern sich diese Informationen nicht bereits aus dem Jahresabschluss ergeben. Angaben über die Ergebnisverwendung brauchen jedoch von einer GmbH nicht gemacht zu werden, wenn sich anhand dieser Angaben die Gewinnanteile von natürlichen Personen feststellen lassen, die Gesellschafter sind, § 325 Abs. 1 Satz 4 HGB.

Der Gesetzeswortlaut des § 325 HGB verlangt ferner, dass der Jahresabschluss un- **114** verzüglich nach Vorlage an die Gesellschafter, spätestens aber zwölf Monate nach dem Bilanzstichtag eingereicht wird. Wenn die entsprechenden Beschlüsse nicht innerhalb der 12-Monatsfrist zustande kommen, sind die Geschäftsführer zur Einreichung des aufgestellten Jahresabschlusses verpflichtet (ablehnend: *MünchKommHGB/Fehrenbacher* § 325 HGB Rz. 58). Die endgültigen Unterlagen sind nachzureichen (§ 325 Abs. 1 Satz 5 HGB).

Die Einreichung der publizitätspflichtigen Unterlagen durch die gesetzlichen Ver- **115** treter der GmbH nach § 325 HGB erfolgt zum elektronischen Bundesanzeiger.

In welchem Format die Unterlagen im Einzelnen übermittelt werden müssen, lässt sich den Informationen des elektronischen Bundesanzeigers entnehmen *(https://www.unternehmensregister.de)*. Die elektronische Einreichung innerhalb von 12 Monaten nach dem Geschäftsjahresende ist für den Jahresabschluss und den Lagebericht zwingend. Die übrigen Unterlagen können nachgereicht werden, § 325 Abs. 1 Satz 5 HGB. Unterliegt das veröffentlichungspflichtige Unternehmen darüber hinaus der Konzernabschlusspflicht, so muss auch der Konzernabschluss zum elektronischen Bundesanzeiger eingereicht werden.

Im Falle der Nichtveröffentlichung droht gemäß § 335 HGB von Amts wegen die Androhung eines Ordnungsgelds bis zu € 25.000,– durch das neu geschaffene Bundesamt für Justiz.

Der elektronische Bundesanzeiger übermittelt die eingereichten Daten an das Unternehmensregister. Das Unternehmensregister ermöglicht für jedermann die unentgeltliche Einsichtnahme in die publizitätspflichtigen Unterlagen, § 8b Nr. 1 HGB. Handelsregisterauszüge sind kostenpflichtig, die Einsichtnahme auf der Geschäftsstelle ist kostenfrei. Zur Einführung des elektronischen Unternehmens- und Handelsregisters *Theile/Nitsche* WPg 06, 1141; *Clausnitz/Blatt* GmbHR 06, 1303; *Liebscher/Scharff* NJW 06, 3745; *Seibert/Wedemann* GmbHR 07, 17; *Schlotter* BB 07, 1; *Apfelbaum* DNotZ 07, 166; *Schlotter/Reiser* BB 08, 118.

116   Die Publizitätspflicht kann durch gesellschaftsvertragliche Abreden nur erweitert, nicht eingeschränkt werden (§ 325 Abs. 5 HGB; *MünchKommHGB/Fehrenbacher* § 325 HGB Rz. 119). Es ist im Übrigen nicht notwendig, die Publizitätspflichten in die Satzung aufzunehmen, da sie per Gesetz gelten. Werden sie aufgenommen, besteht neben der gesetzlichen eine gesellschaftsvertragliche Pflicht zur Publizität. Zur Publizitätsverweigerung vgl. *Jansen* DStR 00, 596; *ders.* DStR 99, 1490, mwN.

Zu § 15: Verfügung über Geschäftsanteile, Teilung von Geschäftsanteilen

117   Geschäftsanteile sind frei veräußerlich (§ 15 Abs. 1 GmbHG). Form: § 15 Abs. 3 GmbHG; zu den Formerfordernissen bei internationalen Transaktionen: *Link* DB 14, 579.

118   Die **Veräußerung** und **Belastung** der Anteile kann durch den Gesellschaftsvertrag **beschränkt** werden (§ 15 Abs. 5 GmbHG; *Baumbach/Hueck/Fastrich* § 15 GmbHG Rz. 37 ff.; BGH II ZR 211/87 v. 14.3.88, NJW 88, 2241; OLG Nürnberg 1 U 3651/87 v. 23.8.88, GmbHR 90, 166; LG Aachen 41 O 30/92 v. 19.5.92, DB 92, 1564; OLG Koblenz U 1053/87 v. 12.1.89, DB 89, 672; OLG Hamburg 11 W 30/92 v. 5.6.92, DStR 92, 1291; OLG Köln 22 U 175/91 v. 25.2.92, DStR 92, 1211; *Heckschen* GmbHR 07, 198; zur Ein-Personen-GmbH BGH II ZR 209/90 v. 15.4.91, DStR 91, 952). Gem. § 15 Abs. 2 des Gesellschaftsvertrags ist allein die Übertragung im Wege der vorweggenommenen Erbfolge auf nachfolgeberechtigte Erben ohne Zustimmung der übrigen Gesellschafter gestattet. Durch den sonst greifenden Zustimmungsvorbehalt haben es die Gesellschafter in der Hand, einer möglichen Verlustvernichtung nach § 8c KStG durch Übertragung von mehr als 25 % der Anteile (dann ggf. anteilige Verlustvernichtung) oder von mehr als 50 % (dann ggf. vollständige Verlustvernichtung) vorzubeugen (vgl. hierzu auch BMF v. 4.7.08, BStBl. I 08, 718, Tz. 4; *Levedag* GmbHR 09, 13, 22 ff.).

119   Nachträglich kann die Abtretung oder Belastung von Geschäftsanteilen nur mit Zustimmung aller Gesellschafter ausgeschlossen oder eingeschränkt werden (streitig, s. *Lutter/Hommelhoff/Bayer* § 15 GmbHG Rz. 73 ff., mwN).

Gemäß § 46 Nr. 4 GmbHG ist die Gesellschafterversammlung sowohl für die Teilung als auch für die Zusammenlegung von Anteilen zuständig – es ist keine Satzungsänderung erforderlich. Im Einzelfall kann die Teilung auch durch bloße Zustimmung der Gesellschafter zur Veräußerung eines Teilgeschäftsanteils ausreichend sein, wenn in der Zustimmungserklärung auf die Teilungserklärung im Veräußerungs- oder Abtretungsvertrag Bezug genommen wird, in der der geteilte Geschäftsanteil, die neuen Geschäftsanteile und ihre Nennbeträge bestimmt sind (BGH II ZR 21/12 v. 17.12.13, DStR 14, 340; vgl. *Ulrich* GmbHR 14, R 53).

Vgl. Formular A. 6.10.

Zu § 16: Einziehung von Geschäftsanteilen

Die **Einziehung** ist – vorbehaltlich der Kaduzierung nach § 21 GmbHG – nur auf 120 Grund einer Ermächtigung im Gesellschaftsvertrag zulässig (§ 34 Abs. 1 GmbHG). Voraussetzungen und Bedingungen für eine Einziehung ohne Zustimmung des Anteilseigners müssen konkret festgesetzt werden (§ 34 Abs. 2 GmbHG; eingehend *Gehrlein* ZIP 96, 1157; *Wehrstedt/Füssenich* GmbHR 06, 698). Erfolgt die Einziehung gegen den Willen des betroffenen Gesellschafters aus wichtigem Grund, hat dieser kein Stimmrecht (BGH II ZR 235/52 v. 1.4.53, BGHZ 9, 157; II ZR 115/75 v. 20.12.76, GmbHR 77, 81). Ein einseitiges Ausschließungsrecht nach freiem Ermessen ist nur in Ausnahmefällen zulässig (BGH II ZR 194/89 v. 9.7.90, NJW 90, 2622).

Bei der Einziehung war streitig, ob nach einem sog. Korrespondenzgebot gem. § 5 Abs. 3 Satz 3 GmbHG die Summe der Nennbeträge der Geschäftsanteile mit dem Betrag des Stammkapitals übereinstimmen müsse (vgl. hierzu OLG München 7 U 2413/11 v. 15.11.11, BeckRS 2015, 13853; 7 U 2413/11 v. 21.9.11, BeckRS 2015, 07344; LG Essen 42 O 100/09 v. 9.6.10, NZG 10, 867; LG Neubrandenburg 10 O 62/09 v. 31.3.10, ZIP 11, 1214; *Gehrlein* Der Konzern 07, 771, 774; *Greitemann* in *Saenger/Inhester* § 34 GmbHG Rz. 59; *Katschinski/Rawert* ZIP 08, 1993, 1997; *Meyer* NZG 09, 1201, 1202; aA: OLG Saarbrücken 8 U 315/10 v. 1.12.11, GmbHR 12, 209, mit Anm. *Blunk;* LG Dortmund 13 O 47/11 v. 1.3.12, BeckRS 2012, 13332; *Stehmman* GmbHR 13, 574). Nach Ansicht des **BGH** II ZR 322/13 v. 2.12.14, BB 15, 672 (Anm. *Wachter* BB 15, 782 ff) setzt der Einziehungsbeschluss für seine Wirksamkeit **nicht** voraus, dass zeitgleich eine Kapitalanpassungsmaßnahme durchgeführt wird.

Weiterhin zu beachten ist, dass die Einziehung ebenso wie die Abtretung eines Geschäftsanteils eine Veränderung des Gesellschafterbestands nach sich zieht und daher stets eine neue Gesellschafterliste zum Handelsregister einzureichen ist.

Durch das MoMiG ist die Bedeutung der Gesellschafterliste aufgewertet worden. So richtet sich die Frage, wer Gesellschafter ist, für alle Beteiligten verbindlich nach der im Handelsregister aufgenommenen Gesellschafterliste (§ 16 Abs. 1 Satz 1 iVm. § 40 GmbHG). Nur der in der Gesellschafterliste eingetragene Gesellschafter gilt gegenüber der Gesellschaft als Gesellschafter und ist zu laden. Nur dieser ist bei der Gesellschafterversammlung teilnahmeberechtigt und kann das Stimmrecht ausüben (vgl. etwa OLG Zweibrücken v. 15.12.11 3 W 144/11, NZG 12, 471; zum Ganzen: *Binnewies/ Wollweber,* Der Gesellschafterstreit, 1. Aufl. 2017, Teil I „Einstweiliger Rechtsschutz). Die Legitimationswirkung des § 16 Abs. 1 Satz 1 GmbHG greift auch bei eingezogenen Geschäftsanteilen (BGH II ZR 12/17 v. 20.11.18, NZG 19, 269).

Die grdl. **unwiderlegliche Legitimationswirkung** der Gesellschafterliste wirft prozessual insbesondere Fragen des einstweiligen Rechtsschutzes auf: Gelingt es dem die Einziehung betreibenden Gesellschafter, zeitnah nach Beendigung streitiger Gesellschafterversammlung, die die Einziehung der Anteile des anderen Gesellschafters zum Gegenstand hat, eine geänderte Gesellschafterliste beim Handelsregister zu hinterlegen, die den von der Einziehung betroffenen Gesellschafter nicht mehr ausweist, muss dieser sich bis zur letztinstanzlichen rechtskräftigen Hauptsacheentscheidung so behandeln lassen, als wäre er nicht mehr Gesellschafter.

Grundsätzlich soll in dieser Situation auch **kein einstweiliger Rechtsschutz** möglich sein, wenn erst einmal die neue Liste beim Register hinterlegt ist (KG Berlin 23 U 99/15 v. 10.12.15, GmbHR 16, 416; 23 U 20/15 v. 24.8.15, GmbHR 16, 416; OLG Jena 2 U 168/16 v. 24.8.06, GmbHR 17, 416; zum Ganzen: *Wollweber* GmbHR 19, 874). Es fragt sich, ob und inwieweit angesichts dieser Rspr. Satzungsklauseln einstweiligen Rechtsschutz eröffnen oder erweitern können.

Es dürfte wohl nicht in der Dispositionsbefugnis der Gesellschafter liegen, ordentlichen Gerichten rechtsverbindliche Vorgaben für die Prüfung von Verfügungsanspruch und -grund zu machen. Unzulässig dürfte daher etwa eine Klausel sein, die den ordentlichen Gerichten vorgibt, eine einstweilige Verfügung mit dem Inhalt zu erlassen, die Gesellschafterliste mit den alten Verhältnissen beim Handelsregister zu hinterlegen, wenn der Antrag binnen 4 Wochen beim Landgericht gestellt wird und – ausgehend von der Darlegungs- und Beweislast im Hauptverfahren – Gründe für die Rechtmäßigkeit des Einziehungsbeschlusses nach Anhörung der übrigen Gesellschafter und der Gesellschaft nicht glaubhaft gemacht sind (*Wollweber* GmbHR 19, 874).

Möglich sein dürfte aber die satzungsmäßige Regelung eines **abgekürzten, einstweiligen Schiedsverfahrens,** bei dem in einem Zeitraum von bspw. vier Wochen über die Berechtigung der Geschäftsleitung entschieden wird, nach streitiger Gesellschafterversammlung eine neue Gesellschafterliste beim Handelsregister einreichen zu dürfen. Zugleich sollte eine solche Satzungsklausel regeln, ob der betroffene Gesellschafter während der Laufzeit des gerichtlichen Hauptsachestreitverfahrens als Gesellschafter zu behandeln ist. Die Glaubhaftmachungslast im beschleunigten Schiedsverfahren hätte sich, so könnte in der Klausel klargestellt werden, nach der Darlegungs- und Beweislast im Hauptsacheverfahren zu richten. Für die übrigen Verfahrensregeln würde auf die Regeln der DIS verwiesen. Der eigentliche Hauptsacheprozess könnte in der ordentlichen Gerichtsbarkeit bei den Landgerichten geführt werden (*Wollweber* GmbHR 19, 874).

121   Das im Vertrag als Alternative zur Einziehung vorgesehene Abtretungsverlangen dient dem Schutz der Liquidität der Gesellschaft – vgl. Formular A. 6.23. Das Formular ermächtigt die Gesellschaft in § 16 Abs. 6, die Abtretungserklärung im Namen des Ausgeschlossenen abzugeben; ohne diese Klausel müssten die Gesellschafter den Ausgeschlossenen zunächst auf Abgabe der Abtretungserklärung verklagen (vgl. dazu im Einzelnen: *Blath* GmbHR 12, 657).

122   Wenn sich die nach Einziehung verbleibenden Anteile zu 95 % in einer Hand vereinigen, kann Grunderwerbsteuer anfallen (§ 1 Abs. 3 Nr. 2 GrEStG, BFH II R 193/85 v. 10.8.88, BStBl. II 88, 959) – vgl. im Übrigen Rz. 140 ff.

123   Ohne besondere Satzungsregelung ist der **Ausschluss** eines Gesellschafters allein aus wichtigem Grund zulässig (*Baumbach/Hueck/Fastrich* Anh. § 34 GmbHG Rz. 2; OLG Thüringen 6 U 162/05 v. 5.10.05, BB 05, 2318; BGH II ZR 215/86 v. 9.3.87, GmbHR 87, 302).

124   § 16 Abs. 7 ordnet für den Fall des Ausschlusses eines Gesellschafters durch Gesellschafterbeschluss an, dass der betroffene Gesellschafter seine Gesellschafterstellung mit sofortiger Wirkung, dh. schon vor Zahlung seiner Abfindung verliert; eine solche Bestimmung ist höchstrichterlich bestätigt (BGH II ZR 263/07 v. 8.12.08, DStR 09, 439). Fehlte bislang eine entsprechende Bestimmung über die Beendigung der Gesellschafterstellung in der Satzung, ging die wohl hM nach der **Bedingungstheorie** davon aus, dass der wirksam ausgeschlossene Gesellschafter seine Gesellschafterstellung erst bei vollständiger Abfindungszahlung verliert (BGH II ZR 245/99 v. 17.9.01, DStR 01, 1898; II ZR 162/96 v. 28.4.97, DStR 97, 1336). Der BGH ist dieser Ansicht nunmehr entgegengetreten (BGH II ZR 109/11 v. 24.1.12, DB 12, 504): Ist ein Einziehungsbeschluss weder nichtig noch für nichtig erklärt, wird die Einziehung mit der Mitteilung des Beschlusses an den betroffenen Gesellschafter und nicht erst mit der Leistung der Abfindung wirksam, sofern die Satzung nichts anderes regelt. Mit Grundsatzurteil v. 24.1.12 hat der BGH zugleich entschieden: Die Gesellschafter, die einen wirksamen Einziehungsbeschluss gefasst haben, haften dem ausgeschiedenen Gesellschafter anteilig, wenn sie nicht dafür sorgen, dass die Abfindung aus dem ungebundenen Vermögen der Gesellschaft geleistet werden kann, oder sie die Gesellschaft nicht auflösen (BGH II ZR 109/11 v. 24.1.12, DStR 12, 568). Zwischenzeitlich hat der BGH den Anwendungsbereich der persönlichen Haftung weiter konturiert und begrenzt. Die persönliche Haftung der Gesellschafter nach den Grundsätzen des BGH-Urteils v. 24.1.12 soll – so der BGH –

– weder bereits mit der Fassung des Einziehungsbeschlusses

– noch allein aufgrund des Umstands, dass die Gesellschaft später zum Zeitpunkt der Fälligkeit gemäß § 34 Abs. 3, § 30 Abs. 1 GmbHG an der Zahlung der Abfindung gehindert ist oder sie unter Berufung auf dieses Hindernis verweigert,

entstehen; die persönliche Haftung der Gesellschafter entstehe vielmehr erst in dem Zeitpunkt, ab dem die Fortsetzung der Gesellschaft unter Verzicht auf Maßnahmen zur Befriedigung des Abfindungsanspruchs des ausgeschiedenen Gesellschafters als treuwidrig anzusehen sei (BGH II ZR 342/14 v. 10.5.16, DStR 16, 1558). Liegen diese Voraussetzungen für die Annahme eines treuwidrigen Verhaltens vor, haften die Gesellschafter allerdings auch dann, wenn die Einziehung nicht gegen den Willen des betroffenen Gesellschafters, sondern mit seiner Zustimmung erfolgt (BGH II ZR 342/14 v 10.5.16, aaO, Rz. 24). Andererseits soll eine Haftung der verbliebenen Gesellschafter – so der BGH weiter – grundsätzlich dann nicht zwingend entstehen, wenn im Zeitpunkt der Fälligkeit der Abfindung oder danach über das Vermögen der Gesellschaft das Insolvenzverfahren eröffnet werde oder die Gesellschaft jedenfalls insolvenzreif sei und die Antragstellung nicht treuwidrig verzögert werde (BGH II ZR 342/14 v. 10.5.16, aaO, Rz. 26). Ob die Dritthaftung der verbleibenden Gesellschafter für die Abfindung vollständig begrenzt werden kann, erscheint für den Fall des sittenwidrigen Vorenthaltens der entstandenen Abfindung zweifelhaft; im Übrigen kann eine Satzungsklausel aber sicherlich die o. g. Kriterien des BGH-Urteils vom 10.5.16, aaO aufnehmen und die Haftung der verbleibenden Gesellschafter auf Fälle der sitten- oder treuwidrigen Abfindungsvereitelung begrenzen.

Zu § 17: Dauer der Gesellschaft, Kündigung

Der Gesellschaftsvertrag gilt als für unbestimmte Zeit geschlossen, sofern der Gesell- **125** schaftsvertrag keine Befristung vorsieht (§ 3 Abs. 2, § 60 Abs. 1 Nr. 1 GmbHG). Eine Auflösung erfolgt dann nur aus den gesetzlich vorgesehenen Auflösungsgründen (vgl. § 60 GmbHG; zu weiteren gesetzlichen Auflösungsgründen *Baumbach/Hueck/Haas* § 60 GmbHG Rz. 72 ff.).

Der Gesellschaftsvertrag kann weitere Auflösungsgründe vorsehen (§ 60 Abs. 2 **126** GmbHG).

Die Ausübung eines vertraglich vorgesehenen **Kündigungsrechts** führt nach hM **127** zur Auflösung der GmbH, sofern der Gesellschaftsvertrag nichts anderes bestimmt (*Baumbach/Hueck/Haas* § 60 GmbHG Rz. 90).

Der Vertrag (§§ 16 und 18) eröffnet bei Kündigung eines Gesellschafters die Mög- **128** lichkeit, die Gesellschaft ohne den ausscheidenden Gesellschafter (§ 16 Abs. 2) oder mit einem Dritten (§ 16 Abs. 3) fortzuführen oder die Gesellschaft zu liquidieren (§ 18).

Zu § 18: Erbfolge

Die Gesellschaftsanteile der GmbH sind vererblich (§ 15 Abs. 1 GmbHG). Die **129** **Vererblichkeit** als solche kann nicht ausgeschlossen werden (*Baumbach/Hueck/Fastrich* § 15 GmbHG Rz. 12; *Roth/Altmeppen* § 15 GmbHG Rz. 28, *Wollweber/Scherberich* GmbH-StB 20, 25; *Burandt/Jensen* NWB 12, 2237; *Ivens* ZEV 11, 177).

Der Gesellschaftsvertrag kann den/die Erben aber verpflichten, den Geschäftsanteil **130** an eine bestimmte Person, die GmbH, die übrigen Gesellschafter oder eine von den Gesellschaftern zu bestimmende Person abzutreten (Einzelheiten bei *Lessmann* GmbHR 86, 409).

Der Gesellschaftsvertrag kann zudem allgemein oder unter bestimmten Vorausset- **131** zungen die **Einziehung** des auf einen Erben übergegangenen Geschäftsanteils vorsehen. Umstritten ist, ob eine Regelung zulässig ist, wonach die Einziehung des Geschäftsanteils automatisch mit dem Tod seines Inhabers als erfolgt gilt (*Scholz/Westermann* § 34 GmbHG Rz. 49; *Baumbach/Hueck/Fastrich* § 15 GmbHG Rz. 12, *Wollweber/Scherberich* GmbH-StB 20, 25; *Burandt/Jensen* NWB 12, 2237; *Ivens* ZEV 11, 177).

132   Der Vertrag sieht die Fortsetzung der Gesellschaft nur mit **bestimmten Erben** vor. Eine weitere Einschränkung des Personenkreises ist ebenso möglich wie der **vollständige Verzicht** auf diesen Passus. Soll die Teilung oder Übertragung von Anteilen im Falle der Erbauseinandersetzung eingeschränkt werden, muss dies ausdrücklich geregelt sein (OLG Düsseldorf 6 U 119/89 v. 28.12.89, GmbHR 90, 504).

133   Durch den Gesellschaftsvertrag kann eine **Abfindung** zugunsten der Erben ausgeschlossen oder auf eine bestimmte Höhe (zB Buchwert) festgesetzt werden (BGH II ZR 222/55 v. 22.11.56, NJW 57, 180; *Hölscher* ZEV 10, 609; zu den steuerlichen Folgen: *Schneider/Blunk* UVR 18, 144–149). Durch eine Kombination von qualifizierter Nachfolgeklausel und Abfindungsausschluss bei Einziehung im Todesfall können ggf. Pflichtteils- und Pflichtteilsergänzungsansprüche von Personen, die nach dem Willen des Erblassers nach Möglichkeit von einem Zugriff auf die Erbmasse ausgeschlossen werden sollen, minimiert werden (zum Ganzen: *Wollweber/Scherberich* GmbH-StB 20, 25). Die bei einer zweigliedrigen, vermögensverwaltenden GbR für den Fall des Todes eines Gesellschafters vereinbarte Anwachsung seines Gesellschaftsanteils beim überlebenden Gesellschafter unter Ausschluss eines Abfindungsanspruchs kann je nach Einzelfall allerdings eine Schenkung iSv § 2325 Abs. 1 BGB sein (BGH IV ZR 16/19 v. 3.6.20, NJW 20, 2396). Die Einziehung oder Abtretung ohne Abfindung wird von der hM als Zuwendung auf den Todesfall angesehen (§ 2301 BGB; vgl. *Baumbach/Hueck/Fastrich* § 15 GmbHG Rz. 14; *Scholz/Seibt* § 15 GmbHG Rz. 31).

134, 135   *(frei)*

136   Der Vertrag sieht eine differenzierte Regelung vor. Zur Abfindung vgl. Rz. 137 ff.; zur **Erbschaftsteuer** Rz. 141.

Zu § 20: Abfindung

137   Ohne gesellschaftsvertragliche Regelung ist der ausscheidende Gesellschafter mit dem Verkehrswert seines Anteils abzufinden, § 738 BGB analog (*Scholz/Seibt* § 34 GmbHG Rz. 25; *Baumbach/Hueck/Fastrich* § 34 GmbHG Rz. 22). Der Gesellschaftsvertrag kann eine **Abfindung** unter Verkehrswert vorsehen (im Einzelnen streitig, vgl. *Lutter/Hommelhoff/Lutter/Kleindiek* § 34 GmbHG Rz. 168, 172 ff.; *Rowedder/Schmidt-Leithoff/Görner* § 34 GmbHG Rz. 40 ff.; *Scholz/Seibt* § 34 GmbHG Rz. 25 ff.; *Grossfeld* AG 88, 217; *Carlé* KÖSDI 94, 9696; *Piltz* BB 94, 1021; *Sörgel/Engelmann* DStR 03, 1260; *Schröder* GmbHR 02, 541; *MünchHdb GesR, Bd. 2/Schulte/Hushahn* § 38 Rz. 22 ff.).

138   Der Beschluss über die Zwangseinziehung eines Geschäftsanteils oder die Kündigung der Gesellschafterstellung eines Gesellschafters sind unwirksam, wenn bereits bei Beschlussfassung feststeht, dass die Abfindung nicht aus freiem, die Stammkapitalziffer nicht beeinträchtigenden Vermögen der Gesellschaft gezahlt werden kann (§§ 34 Abs. 3, 30 Abs. 1 GmbHG; dazu *Grunewald* GmbHR 91, 185; BGH II ZR 263/08 v. 5.4.11, ZIP 11, 1104; II ZR 263/07 v. 8.12.08, ZIP 09, 314; II ZR 73/99 v. 19.6.00, BGHZ 144, 365, 369 f.). Ist in der Gesellschaft nicht ausreichend ungebundenes Kapital vorhanden, um die Abfindung zu zahlen, kann regelmäßig nur dann ein wirksamer Ausschluss erfolgen, wenn statt der Zwangseinziehung die Zwangsabtretung an einen Dritten oder Mitgesellschafter beschlossen wird, der dann – in Höhe des Abfindungsguthabens – als Gegenleistung ein entsprechendes Zwangsabtretungsentgelt schuldet.

139   Der Vertrag sieht eine einheitliche Abfindung zum **Buchwert** vor. Dies ist idR nicht sittenwidrig, sondern führt bei nachträglicher erheblicher Abweichung vom Verkehrswert zur Anpassung der Abfindung im Wege der Vertragsauslegung (BGH II ZR 36/92 v. 24.5.93, NJW 93, 2101; II ZR 104/92 v. 20.9.93, NJW 93, 3193; II ZR 38/93 v. 13.6.94, NJW 94, 2536; OLG München 7 U 6152/99 v. 1.9.04, DB 04, 2207; zum aktuellen Meinungsstand *Lutter/Hommelhoff/Lutter/Kleindiek* § 34 GmbHG Rz. 168, 172 ff.; *Baumbach/Hueck/Fastrich* § 34 GmbHG Rz. 35; *Lenz* INF 99, 560;

Hülsmann GmbHR 01, 409; *Casper/Altgen* DStR 08, 2319; zur steuerlichen Beurteilung von Abfindungsklauseln: *Ivens* GmbHR 11, 465). Bei Unsicherheiten über die Wirksamkeit der Buchwertklausel kann es sich anbieten, für den Fall der Unzulässigkeit im Gesellschaftsvertrag eine salvatorische Abfindungsklausel mit einem dann höheren Abfindungsanspruch vorzusehen (BGH II ZR 279/09 v. 27.9.11, DZWIR 12, 194). Zum Gewinnbezugsrecht nach Einziehung s. BGH II ZR 172/97 v. 14.9.98, DStR 98, 1688; *Gehrlein* DB 98, 2355.

Die rechtliche Zulässigkeit der hier verwendeten Sachwertklausel ist in folgenden Fällen noch nicht höchstrichterlich geklärt: 1. Umwandlung eines Unternehmens ohne Buchwertklausel in eine GmbH mit Buchwertklausel; 2. sonstige Fälle der Einbringung zu Buchwerten; 3. erstmalige Vereinbarung bei einer bestehenden Gesellschaft.

Abfindungen sind nach hM keine Ausschüttungen, die beim Anteilseigner zu Einkünften iSv. § 20 Abs. 1 Nr. 1 EStG führen, sondern eine Veräußerung, die § 16 bzw. § 17 EStG unterfällt. Zur steuerlichen Behandlung s. A. 6.10 Rz. 15 ff. **140**

Die Einziehung eines Geschäftsanteils gegen Gewährung einer Abfindung an den ausscheidenden Gesellschafter unterhalb des Verkehrswerts ist grundsätzlich als unentgeltliche Zuwendung des Gesellschafters an die Gesellschaft gem. § 7 Abs. 7 Satz 2 ErbStG schenkungsteuerbar. Schuldner dieser Schenkungsteuer sind die verbleibenden Gesellschafter. Im Fall der Einziehung aus wichtigem Grund kann überlegenswert sein, die an den Ausgeschlossenen zu zahlende Abfindung um die durch die Abfindungszahlung entstehende Schenkungsteuer zu kürzen, um hierdurch wirtschaftlich die entstehende Schenkungsteuer auf den Ausgeschlossenen zu überwälzen (*Wollweber* GmbHR 19, 874). **141**

Formulierungsbeispiel:

Wird die Zwangseinziehung oder Zwangsabtretung aus wichtigem Grund beschlossen, reduziert sich das Abfindungsentgelt um den Betrag einer etwaigen Verkehrs- und/oder Aufwandsteuer, insbesondere um Schenkung- oder Grunderwerbsteuer, die durch die Zwangseinziehung oder Zwangsabtretung auf Ebene der Gesellschaft oder der verbleibenden Gesellschafter verursacht worden sind.

Möglich wäre alternativ, da die Schenkungsteuer im Szenario einer Zwangseinziehung nach § 7 Abs. 7 ErbStG gesamtschuldnerisch vom Ausscheidenden und von den verbleibenden Gesellschaftern geschuldet wird, in der Satzung den gesamtschuldnerischen Innenausgleich dahingehend zu bestimmen, dass im Fall eines „bad leavers" eine mögliche Schenkungsteuer im Innenausgleich (§ 426 Abs. 1 und Abs. 2 BGB) allein vom Ausscheidenden zu tragen ist; sollte diese Zuweisung der Schenkungsteuer – was gem. § 10 Abs. 2 ErbStG regelmäßig der Fall ist – erneut Schenkungsteuer auslösen, wäre auch die hierauf entfallende Schenkungsteuer ggf. vertraglich auf den bad leaver zu überwälzen (*Wollweber* GmbHR 19, 874).

Durch die Umstellung des steuerlichen Bewertungsverfahrens vom sog. Stuttgarter Verfahren auf das **modifizierte Ertragswertverfahren** (§ 12 Abs. 2 ErbStG iVm. § 11 BewG) kann dies zu einem erheblichen Steuerrisiko führen (vgl. *Casper/Altgen* DStR 08, 2319; *Klos* GmbHR 10, 300; *Groß* ErbStB 09, 154; *Mohr* GmbH-StB 10, 73, 76; *Ivens* GmbHR 11, 465). **142**

(frei) **143–145**

Zu § 21: Schlussbestimmungen

Bekanntmachung vgl. § 12 GmbHG. **146**

Der gesamte **Gründungsaufwand** ist von den Gesellschaftern zu tragen, soweit die **147** Satzung nichts anderes bestimmt (zum Gründungsaufwand *Berge* GmbHR 20, 82). Dies gilt auch hinsichtlich der Kosten, die nach außen von der GmbH geschuldet werden, wie die **Eintragungskosten** (§§ 22, 29 GNotKG) und die Bekanntmachungskosten (KV-Nr. 31004 GNotKG). Soll der Aufwand von der GmbH getragen werden, ist er in der **Satzung betragsmäßig** festzusetzen (BGH II ZB 10/88 v. 20.2.89, NJW 89, 1610; zuletzt: OLG Zweibrücken 3 W 28/13 v. 25.6.13, GmbHR 14, 427, mwN). Ansonsten droht eine vGA (BFH I R 12/87 v. 11.10.89, BStBl. II 90, 89; I R 42/96 v. 11.2.97, DStRE 97, 595; FG Nds. v. 15.2.00, GmbHR 00, 783; *Brenner* HFR 01, 603). Teilweise wird es von Registergerichten als unzulässig qualifiziert, wenn die Übernahme der Gründungskosten durch die Gesellschaft nicht mit einem konkreten Betrag, sondern nur mit einem Höchstbetrag („Die Gesellschaft trägt die Gründungskosten bis zu einem Betrag iHv. € (…)") benannt wird (OLG Celle 9 W 10/16 v. 11.2.16, ZIP 16, 618); die Ansicht ist uE abzulehnen (so auch *Wachter* EWiR 16, 331; *Lange* NotBZ 16, 263). Zur **Haftung** bei überhöhtem Gründungsaufwand vgl. § 9a GmbHG. Sieht die Satzung vor, dass die GmbH mit einem Stammkapital von 25.000,– € Gründungskosten bis zu 15.000,– € trägt, sind diese Kosten unangemessen; die Satzungsgestaltung ist unzulässig und steht der Eintragung im Handelsregister entgegen (OLG Celle 9 W 124/14 v. 22.10.15, GmbHR 15, 139, **aA** für die UG (haftungsbeschränkt): KG Berlin 22 W 67/14 v. 27.7.15, GmbHR 15, 56). Die Satzungsregelungen über die Tragung des Gründungsaufwandes in der Satzung der GmbH dürfen mit Blick auf die Informationsinteressen des Rechtsverkehrs und die Verjährungsfristen (vgl. § 9 Abs. 2 GmbHG) jedenfalls vor Ablauf von zehn Jahren nach erstmaliger Eintragung der Gesellschaft nicht gestrichen werden (OLG Celle 9 W 15/18 v. 2.2.18, DStR 18, 423).

147a Die **Verjährungsregelung** verlängert die ansonsten durch die Schuldrechtsreform abgekürzten und teilweise streitigen Fristen (eingehend *Müller* BB 02, 137; *Wachter* GmbHR 02, 665; *Mohr* GmbH-StB 02, 138).

Erläuterungen zu A. 6.00a Gründungsprotokoll
---

148 Die **Gründung** einer GmbH erfolgt durch die **notarielle Beurkundung** des **Gesellschaftsvertrages** (§ 2 Abs. 1 GmbHG). Der Gesellschaftsvertrag kann entweder in das Gründungsprotokoll aufgenommen oder unter Bezugnahme in der Niederschrift als Anlage beigefügt werden. Das Gründungsprotokoll ist von sämtlichen Gesellschaftern zu unterzeichnen (§§ 8 ff. BeurkG; zur Vertretung s. *Baumbach/Hueck/Fastrich* § 2 GmbHG Rz. 20 ff.).

149 Die **Bestellung der Geschäftsführer** kann im Gründungsprotokoll, durch einen gesonderten Beschluss (vgl. Formular A. 6.25) oder im Gesellschaftsvertrag erfolgen, § 6 Abs. 3 Satz 2 GmbHG. Zu den anfallenden Notargebühren OLG Frankfurt 20 W 264/04 v. 5.7.07, DB 07, 2593. Zur Befreiung von § 181 BGB vgl. Rz. 51 ff.

150 Zur **Belehrungspflicht** des Notars § 17 BeurkG (vgl. OLG Oldenburg 13 U 73/05 v. 26.1.06, DB 06, 777; BGH IX ZR 15/89 v. 2.11.89, DNotZ 90, 437); zur steuerlichen Belehrungspflicht des Notars *Kapp* StVj 89, 360. Zur **Beurkundung im Ausland** *Kröll* ZGR 00, 111; *Goethe* DStR 96, 709; *Sick/Schwarz* NZG 98, 540; *Lutter/Hommelhoff/Bayer* § 2 GmbHG Rz. 27.
Vgl. ferner Rz. 4 ff.

Erläuterungen zu A. 6.00b Handelsregisteranmeldung
---

151 Die GmbH ist bei dem Gericht, in dessen Bezirk sie ihren Sitz hat, zur Eintragung im Handelsregister **anzumelden** (§ 7 Abs. 1 GmbHG). Liegt der Verwaltungssitz im Ausland, ist zwingend eine inländische Geschäftsanschrift anzugeben (§ 8 Abs. 4 GmbHG). Die Anmeldung ist von den Gesellschaftern **elektronisch in öffentlich beglaubigter** Form zu bewirken (§ 78 GmbHG, § 12 Abs. 1 HGB; zum Schutz der Privatanschrift im elektronischen Handelsregister: *Seibert/Wedemann* GmbHR 07, 17). Die Übermittlung der Anmeldung erfolgt durch ein mit einem einfachen elektroni-

schen Zeugnis iSd. § 39a BeurkG versehenes Dokument. Zwecks Realisierung einer sicheren und fehlerfreien Datenübermittlung ist die Anmeldung zur Eintragung in das Handelsregister über das „Elektronische Gerichts- und Verwaltungspostfach" einzureichen. Voraussetzung ist die Installation einer EGVP-Client-Software und einer Java Runtime-Environment-Software (www.egvp.de/software/index.htm).

Die Eintragung darf erst erfolgen, wenn die Einlagen in dem von § 7 Abs. 2, 3 **152** GmbHG vorgeschriebenen Umfang geleistet sind. Das Formular enthält entsprechende Formulierungsalternativen. Zur Art und Weise der Stammeinlagezahlung vgl. *Lutter/Hommelhoff/Bayer* § 7 GmbHG Rz. 10 ff.; *Scholz/Veil* § 7 GmbHG Rz. 26 ff.; BGH II ZR 101/02 v. 2.12.02, DStR 03, 1131. Zum Vorbelastungsverbot BayObLG 3 Z BR 177/98 v. 7.10.98, DB 98, 2359; OLG Düsseldorf 3 Wx 293/96 v. 31.7.96, DB 96, 2122; KG Berlin 1 W 4534/95 v. 24.9.96, BB 97, 172; BayObLG BReg. 3 Z 110/91 v. 1.10.91, GmbHR 92, 109; OLG Frankfurt 20 W 134/92 v. 27.5.92, DB 92, 1282; OLG Hamm 15 W 275/92 v. 1.12.92, BB 93, 21; zur Haftung der Bank bei falscher Bescheinigung BGH II ZR 263/91 v. 13.7.92, ZIP 92, 1387; II ZR 104/90 v. 18.2.91, DStR 91, 915.

Zivilrechtlich und steuerrechtlich riskant sind sog. **„verdeckte Sacheinlagen"** (Bargründung mit anschließendem Kauf von Sachleistungen eines Gesellschafters). Zivilrechtlich drohte vor Inkrafttreten des MoMiG eine Haftung für die nicht erbrachte Bareinlage in voller Höhe ohne Anrechnung der Sachleistungen (BGH II ZR 235/01 v. 7.7.03, DStR 03, 1844; II ZR 303/96 v. 16.3.98, DStR 98, 730; *Lutter/Hommelhoff/Bayer* § 5 GmbHG Rz. 46, § 19 GmbHG Rz. 54 ff.; *Scholz/Seibt* § 19 GmbHG Rz. 116 ff.; *Baumbach/Hueck/Fastrich* § 5 GmbHG Rz. 18 f.; *Bayer* ZIP 98, 1985; *Pentz* ZIP 03, 2093; zur Kapitalerhöhung BGH II ZR 272/05 v. 12.2.07, DStR 07, 541; OLG München 23 U 2381/05 v. 6.10.05, ZIP 05, 1923; OLG Brandenburg 7 U 17/98 v. 1.7.98, NJW-RR 99, 258; OLG Hamburg 11 W 36/96 v. 5.8.96, GmbHR 97, 70; OLG Düsseldorf 17 U 87/94 v. 18.11.94, DB 95, 135; zur Heilung BGH II ZB 8/95 v. 4.3.96, DStR 96, 795; *Roth/Altmeppen* § 19 GmbHG Rz. 54 ff.; *Schiessel/Rosengarten* GmbHR 97, 772; *Habetha* ZGR 98, 305; *Prieslei* GmbHR 98, 861; *Ettinger/Reiff* NZG 04, 258; *Wächter* GmbHR 06, 1084; zur Rückabwicklung *Reichert-Clauß* NZG 04, 273; zur Abgrenzung von gewöhnlichen Umsatzgeschäften OLG Hamm 27 U 189/03 v. 17.8.04, ZIP 05, 1138; s. auch A. 6.46 Rz. 2). Steuerrechtlich hat der Gesellschafter die stillen Reserven der Sachleistung zu realisieren (§ 6 Abs. 6 Satz 2 EStG; *Schmidt/Weber-Grellet* § 5 EStG Rz. 639; *Altrichter-Herzberg* GmbHR 04, 1188; *Tillmann/Tillmann* DB 04, 1853).

Das MoMiG v. 23.10.08 (BGBl. I 08, 2026) hat in § 19 Abs. 4 GmbHG die Rechtsfolgen der **verdeckten Sacheinlage** neu geregelt. Liegt eine verdeckte Sacheinlage vor, besteht die Einlageverpflichtung des Gesellschafters fort. Allerdings ist die Vereinbarung über die Sacheinlage sowie die Übertragung der Wirtschaftsgüter seitens des Gesellschafters an die Gesellschaft nunmehr – im Gegensatz zu der nach altem Recht ergangenen Rspr. (vgl. Nachweise bei *Baumbach/Hueck/Fastrich* § 19 GmbHG Rz. 45 ff.) – wirksam. Der Wert des Vermögensgegenstands wird auf die Bareinlageverpflichtung angerechnet. Die Anrechnung erfolgt erst im Zeitpunkt der Eintragung der Gesellschaft im Handelsregister (§ 19 Abs. 4 Satz 3 und 4 GmbHG). Die Beweislast für die Werthaltigkeit des Vermögensgegenstands trägt der Gesellschafter (§ 19 Abs. 4 Satz 5 GmbHG). Zu Einzelproblemen iRd. § 19 Abs. 4 GmbHG vgl. *Sporré* DZWIR 10, 184 ff.; *Blasche* GmbHR 10, 288; OLG Düsseldorf 18 U 25/08 v. 25.6.08, BB 08, 180; *Maier-Reimer/Wenzel* ZIP 08, 1450; *Ulmer* ZIP 09, 243.

Steuerlich hat die Neuregelung des § 19 Abs. 4 GmbHG zur Folge, dass der Gesellschafter, da er im Ergebnis nur noch einmal in Höhe seiner Einlageverpflichtung in Anspruch genommen wird, nur in dieser Höhe AK iSd. § 17 EStG hat.

Nach § 19 Abs. 5 GmbHG steht nunmehr auch das sog. **Hin- und Herzahlen** (dh. der Geldbetrag, den die GmbH vom Gesellschafter zur Erbringung seiner Einlage erhalten hat, fließt aufgrund eines vereinbarten Darlehens an den Gesellschafter zurück) einer wirksamen Kapitalaufbringung nicht entgegen, wenn der Rückforderungsanspruch bei bilanzieller Betrachtung werthaltig und der Rückgewähranspruch jederzeit fällig oder durch fristlose Kündigung jederzeit kündbar ist (vgl. *Wälzholz* GmbHR 08, 841, 846; *Wachter* NotBZ 08, 361; zu Möglichkeiten der Bereinigung von Altfällen der Einlagenrückgewähr: *Wammer-Laufer* NJW 14, 36). Soll die geleistete Bareinlage an den Gesellschafter zurückgezahlt werden, kann sich folgende Formulierung in der Regelung der Satzung zur Einlagenerbringung anbieten (nach: *Wicke* NotBZ 09, 1, 3):

> „**Im Hinblick auf die Bareinlage, die der Gesellschafter ...... auf den von ihm übernommenen Geschäftsanteil Nr. ...... zum Nennbetrag von ...... € geleistet hat, wurde gem. § 19 Abs. 5 GmbHG vereinbart, dass die Einlage in Höhe eines Geldbetrags von ...... € als Darlehen wieder zurückgezahlt werden soll. Der entsprechende Darlehensvertrag ist dieser Anmeldung als Anlage beigefügt. Der Rückforderungsanspruch der Gesellschaft aus dem Darlehensvertrag ist vollwertig und kann jederzeit durch außerordentliche Kündigung fällig gestellt werden.“**

153   Der **Anmeldung** sind **beizufügen** (§ 8 GmbHG):
- Gründungsprotokoll nebst Gesellschaftsvertrag (vgl. Rz. 8);
- Beschluss über die Geschäftsführerbestellung (vgl. Rz. 149);
- Gesellschafterliste;
- ggf. Sachgründungsbericht (vgl. A. 6.01 Rz. 8) sowie die sonstigen auf die Sacheinlage bezogenen Verträge und Unterlagen gem. § 8 Abs. 1 Nr. 4 und 5 GmbHG;
- ggf. Urkunde über die Bestellung des Aufsichtsrates (vgl. Rz. 59 ff.).

154   In der Anmeldung ist anzugeben, welche **Vertretungsbefugnisse** die **Geschäftsführer** haben (§ 8 Abs. 4 GmbHG). Dabei ist sowohl die abstrakte Regelung des Gesellschaftsvertrages oder – falls eine solche fehlt – des GmbHG (Alleinvertretung) als auch konkret die Vertretungsbefugnis der (des) angemeldeten Geschäftsführer(s) anzugeben. Nur die abstrakte Regelung muss eingetragen werden (OLG Frankfurt 20 W 107/87 v. 9.7.87, GmbHR 88, 65).

      Ferner ist eine allgemeine Befreiung von § 181 BGB anzumelden (vgl. Rz. 52). Des Weiteren ist der Geschäftsführer verpflichtet, auf den Fall des Hin- und Herzahlens (s. Rz. 152) hinzuweisen (§ 19 Abs. 5 Satz 2 GmbHG).

155   Die Versicherungen nach § 8 Abs. 2 und 3 GmbHG sind von sämtlichen Geschäftsführern in der Anmeldung höchstpersönlich abzugeben.

156   Das Registergericht hat nur in **Zweifelsfällen** vor Eintragung das Gutachten der **IHK/HWK** über die Firma der GmbH einzuholen (§ 23 Handelsregisterverfügung). Im Übrigen wurden die Kontrollkompetenzen des Registergerichts durch das MoMiG v. 23.10.08 (BGBl. I 08, 2026) hinsichtlich der Erbringung von Bareinlagen und der Werthaltigkeit von Sacheinlagen eingeschränkt (vgl. § 8 Abs. 2 Satz 2 und § 9c Abs. 1 Satz 2 GmbHG).

157   Die Lage der Geschäftsräume und der Unternehmensgegenstand sind anzugeben (§ 37 Abs. 1 Satz 2 Handelsregisterverfügung). Mit der Streichung des § 8 Abs. 1 Nr. 6 GmbHG iRd. MoMiG v. 23.10.08 (BGBl. I 08, 2026) ist bei Gesellschaften mit genehmigungsbedürftigem Unternehmensgegenstand die Erteilung der entsprechenden Konzession nicht mehr Voraussetzung für ihre Eintragung in das Handelsregister. Dies ändert freilich nichts an der Notwendigkeit, eventuell bestehende öffentlich-rechtliche Voraussetzungen für die Aufnahme der Geschäftstätigkeit herbeizuführen.

      Das jeweilige Gericht macht die Eintragungen in das Handelsregister gemäß § 10 HGB in dem von der Landesjustizverwaltung bestimmten elektronischen Informations- und Kommunikationssystem in der zeitlichen Reihenfolge ihrer Eintragung bekannt.

158   **Steuerrecht:** vgl. Rz. 14 ff.

A. 6.01 Gesellschaftsvertrag (Sachgründung)

Gliederung

I. FORMULAR

Formular A. 6.01 Gesellschaftsvertrag (Sachgründung)

---

§ 1 Firma, Sitz, Geschäftsjahr

(1) ......

(2) ......

(3) ......

§ 2 Gegenstand des Unternehmens

(1) ......

(2) ......

(3) ......

§ 3 Stammkapital, Geschäftsanteil

(1) Das Stammkapital der Gesellschaft beträgt € ....

(2) Die Gesellschafter haben folgende Geschäftsanteile übernommen:

......

......

(3) Die für den Geschäftsanteil mit der laufenden Nr. ...... von ...... übernommene Stammeinlage von € ...... ist in Höhe von € ...... durch Einbringung der/des ...... zu leisten.

§ 4 Vertretung, Geschäftsführung

(1) ......

(2) ......

II. ERLÄUTERUNGEN

Erläuterungen zu A. 6.01 Gesellschaftsvertrag (Sachgründung)

---

1. Gesellschaftsrecht

Den Gesellschaftern steht die Wahl zwischen **Bar-** oder **Sachgründung** frei. Zwar **1** sind Stammkapital und Stammeinlagen im Gesellschaftsvertrag als feste Euro-Beträge anzugeben, die konkrete Einlagepflicht kann jedoch außer auf Geldleistung auch auf Einbringung von Sachen oder sonstigen Vermögenswerten gerichtet sein. Bar- und Sachgründung können kombiniert werden.

2   Der **Gegenstand der Sacheinlage** und der Betrag der Stammeinlage, auf die sich die Sacheinlage bezieht, sind im Gesellschaftsvertrag festzusetzen (§ 5 Abs. 4 Satz 1 GmbHG). Ohne gesonderte vertragliche Regelung sind Einlagen notwendig in Geld zu leisten.

3   Die Sacheinlage kann unmittelbar durch Einbringung von Sachen bzw. sonstigen Vermögensgegenständen (Sacheinlage ieS) oder durch Übertragung derartiger Vermögenswerte gegen eine Vergütung, die auf die Stammeinlage verrechnet wird, erbracht werden (Sachübernahme; vgl. zu den Einzelheiten *Baumbach/Hueck/Fastrich* § 5 GmbHG Rz. 16).

4   Gegenstand der Sacheinlage können Sachen, Rechte und sonstige übertragbare vermögenswerte Positionen sein (zB Auto, Grundstück, Lizenzen, Patente, Konzessionen, Forderungen, Handelsgeschäft, Unternehmen; vgl. ferner *Baumbach/Hueck/Fastrich* § 5 GmbHG Rz. 23 f.). Nicht einlagefähig sind obligatorische Rechte gegen einen einlagepflichtigen Gesellschafter sowie Verpflichtungen zur eigenen Dienstleistung (*Baumbach/Hueck/Fastrich* § 5 GmbHG Rz. 24).

5   Der Gegenstand der Sacheinlage muss im Gesellschaftsvertrag so genau bezeichnet werden, dass er identifizierbar ist. Es genügt die verkehrsübliche Bezeichnung, etwa bei Handelsgeschäften Firma und Handelsregisternummer.

6   Die gesellschaftsvertragliche Einlageverpflichtung ist vor der Anmeldung der GmbH zur Eintragung in das Handelsregister zu erfüllen (§ 7 Abs. 3 GmbHG).

7   Deckt der Wert einer Sacheinlage im Zeitpunkt der Anmeldung der Gesellschaft nicht den Betrag der dafür übernommenen Stammeinlage, so hat der Gesellschafter den Fehlbetrag in bar einzulegen (**Differenzhaftung,** § 9 Abs. 1 GmbHG). Diese Haftung trifft im Ergebnis alle Gründer (§ 24 GmbHG).

8   Die für die Bewertung der Sacheinlage wesentlichen Umstände sind in einem **Sachgründungsbericht** darzulegen (§ 5 Abs. 4 Satz 2 GmbHG).

Der Bericht ist nicht Teil des Gesellschaftsvertrages, daher auch nicht mit diesem zu beurkunden (*Baumbach/Hueck/Fastrich* § 5 GmbHG Rz. 54 ff.). Er bedarf jedoch der Schriftform (§ 8 Abs. 1 Nr. 4 GmbHG). Anhalt für den Inhalt bietet § 32 Abs. 2 AktG, der für die GmbH aber nicht bindend ist.

Anzugeben sind idR Art des Gegenstandes, Anschaffungs- bzw. Herstellungspreis, Marktpreis, Zustand, Nutzungsmöglichkeit, Bedeutung für das Unternehmen. Für die Einbringung eines Unternehmens ist die Angabe der beiden letzten Jahresergebnisse zwingend (§ 5 Abs. 4 Satz 2 GmbHG).

9   Mängel des Sachgründungsberichts hindern die **Handelsregistereintragung.**

2. Steuerrecht

10   Werden einzelne Wirtschaftsgüter aus dem Betriebsvermögen eines Gesellschafters als Sacheinlage verwendet, so führt dies zu einer **Gewinnrealisierung,** da die Sacheinlage aus dem Betriebsvermögen des Gesellschafters ausscheidet (Entnahme) und in das Vermögen eines anderen Steuerpflichtigen (GmbH) eingeht. Steuerlich handelt es sich um ein Tauschgeschäft (*Schmidt/Kulosa* § 6 EStG Rz. 751 ff.) bei dem jedes einzelne Wirtschaftsgut mit dem gemeinen Wert anzusetzen ist (§ 6 Abs. 6 Satz 1 EStG).

11   Eine **Buchwertverknüpfung** ist zulässig in den Fällen der Einbringung eines Betriebes, Teilbetriebes oder Mitunternehmeranteils in eine unbeschränkt körperschaftsteuerpflichtige GmbH gegen Gewährung von Geschäftsanteilen (§ 20 UmwStG, vgl. Formulare A. 3.02 und A. 3.03; zur „verdeckten Einlage" A. 6.00 Rz. 152; zur Betriebsaufspaltung A. 2.02 Rz. 25).

12   Einlagen aus einem **Privatvermögen** realisieren Gewinne nur bei Einlage einer Beteiligung iSd. § 17 EStG (*Schmidt/Weber-Grellet* § 17 EStG Rz. 110 ff.) bzw. nach § 20 Abs. 2 Satz 2 EStG.

Ist der Gesellschafter Unternehmer iSd. **Umsatzsteuerrechts,** so tätigt er mit der **13** Einbringung eines Wirtschaftsgutes eine Lieferung, deren Entgelt in dem zu erwerbenden GmbH-Anteil besteht. Es handelt sich um einen Tausch iSd. § 3 Abs. 12 UStG. Steuerfrei sind Umsätze nach § 4 Nr. 8 oder 9 UStG, also etwa die Einbringung von Wertpapieren oder Grundstücken (*Sölch/Ringleb/Wäger* § 4 Nr. 8 UStG Rz. 35), es sei denn, es wird nach § 9 Abs. 1 UStG zur USt optiert. Nicht der USt unterliegt die Einbringung eines Unternehmens oder Teilbetriebes (§ 1 Abs. 1a UStG).

Der Gesellschafter kann die zur Anschaffung oder Herstellung des umsatzsteuer- **14** pflichtig eingebrachten Wirtschaftsgutes aufgewandte Vorsteuer geltend machen.

Die Einbringung von Grundstücken unterliegt der **Grunderwerbsteuer** (§ 1 **15** Abs. 1 Nr. 1 GrEStG).

Vgl. ferner Formular A. 6.00.

A. 6.02 Gesellschaftsvertrag (Ein-Personen-GmbH)

Gliederung

I. FORMULAR

Formular A. 6.02 Gesellschaftsvertrag (Ein-Personen-GmbH)

Urkundenrolle Nummer ......

Verhandelt am ...... zu ......

Vor dem Notar erschienen:

Herr/Frau ......, geboren am ......,

wohnhaft in ....

Der Erschienene wies sich wie folgt aus: ......

Er erklärte: Ich errichte hiermit eine Gesellschaft mit beschränkter Haftung und stelle den nachstehenden Gesellschaftsvertrag fest.

§ 1 Firma, Sitz, Geschäftsjahr

(1) Die Gesellschaft führt die Firma: ....

(2) Die Gesellschaft hat ihren Rechts- und Verwaltungssitz in ....

(3) Das Geschäftsjahr ist das Kalenderjahr.

§ 2 Gegenstand des Unternehmens

(1) ......

(2) ......

II. ERLÄUTERUNGEN

Erläuterungen zu A. 6.02 Gesellschaftsvertrag (Ein-Personen-GmbH)
---

1. Wirtschaftliches Vertragsziel

1   Anlass für die **Gründung** einer Ein-Personen-GmbH wird in der Regel die Möglichkeit zur Haftungsbeschränkung sein.

2. Gesellschaftsrecht

2   Die **Ein-Personen-GmbH** ist **gesetzlich anerkannt** (§ 1 GmbHG). Für die Ein-Personen-GmbH gelten dieselben Grundsätze wie für eine GmbH mit mehreren Gesellschaftern (vgl. Formulare A. 6.00 und A. 6.01) mit den nachfolgend erläuterten Besonderheiten.

3   Im Rahmen des MoMiG v. 23.10.08 (BGBl. I 08, 2026) wurde für die Gründung von Ein-Personen-Gesellschaften ein neben der herkömmlichen Gründung stehendes vereinfachtes Verfahren durch Verwendung des Musterprotokolls (§ 2 Abs. 1a GmbHG) geschaffen. Dies kann zur Reduzierung der Notarkosten führen. Das Musterprotokoll kann nur für die Bargründung verwendet werden. Die Aufbringung der Stammeinlage muss entweder in voller Höhe oder zu 50 % erfolgen. Auf die Höhe des Stammkapitals kommt es bei der Verwendung des Musterprotokolls nicht an. Der Unternehmensgegenstand kann iRd. Musterprotokolls frei definiert werden. Der Geschäftsführer ist automatisch von § 181 BGB befreit. Das Musterprotokoll kann grds. durch satzungsändernden Beschluss abgeändert werden. Dieser bedarf nach den allgemeinen Regeln (§ 53 GmbHG) der notariellen Beurkundung.

4   Neben dem Musterprotokoll zur Gründung einer Ein-Personen-Gesellschaft findet sich im Anhang zum GmbHG auch ein Musterprotokoll für die Gründung einer Mehrpersonengesellschaft mit bis zu drei Gesellschaftern.

5   **Unwirksamkeitsrisiken** sind bei der Gründung der Ein-Personen-GmbH zu beachten, wenn der Gründungsgesellschafter sich vertreten lässt: So ist die Gründung einer Ein-Personen-GmbH durch einen vollmachtlosen Vertreter als einseitige nicht empfangsbedürftige Willenserklärung nach § 180 Satz 1 BGB unheilbar nichtig (KG Berlin 25 W 48/11 v. 14.12.11, GmbHR 12, 569). Die Ein-Personen-GmbH kann nicht nur durch Gründung, sondern auch durch **spätere Anteilsvereinigung** entstehen. Beim Handelsregister ist eine neue Gesellschafterliste einzureichen (§ 40 Abs. 1 GmbHG). Zu § 181 BGB vgl. A. 6.00 Rz. 54.

6   Da bei der Ein-Personen-GmbH die Gesellschafterversammlung nur aus dem Alleingesellschafter besteht, sind **Beschlussfassungen** unverzüglich zu protokollieren (§ 48 Abs. 3 GmbHG). Doch auch nicht protokollierte Beschlüsse sind wirksam. Die Protokollierung dient bei der Ein-Personen-GmbH in erster Linie Beweiszwecken (vgl. *Baumbach/Hueck/Zöllner/Noack* § 48 GmbHG Rz. 46 ff.). **Rechtsgeschäfte** mit dem Geschäftsführer sind zu protokollieren (§ 35 Abs. 3 Satz 2 GmbHG).

7   Der Alleingesellschafter kann zugleich **Geschäftsführer** sein. Für ihn gilt § 181 BGB (§ 35 Abs. 3 Satz 1 GmbHG). Eine Befreiung von § 181 BGB kann nur auf der Grundlage des Gesellschaftsvertrages erfolgen. Eine gesellschaftsvertragliche Ermächtigung soll genügen (BayObLG BReg. 3 Z 163/83 v. 7.5.84, DB 84, 1517; *Goette* DStR 00, 697; vgl. A. 6.00 Rz. 53). Der Beschluss ist dann in der Form des § 48 Abs. 3 GmbHG zu fassen. Eine generelle Befreiung von § 181 BGB ist ins Handelsregister einzutragen (§ 10 Abs. 1 Satz 2 GmbHG).

8   Zur sog. **Kein-Personen-GmbH** (Erwerb sämtlicher Geschäftsanteile durch die Gesellschaft) vgl. *Baumbach/Hueck/Fastrich* § 33 GmbHG Rz. 19.

9   *(frei)*

3. Steuerrecht

Die Ein-Personen-GmbH ist auch steuerrechtlich anerkannt (*Streck/Streck* § 1 KStG **10** Rz. 8). Sie ist grds. wie eine Mehrpersonen-GmbH zu behandeln (vgl. dazu Formular A. 6.00).

Für **Leistungsbeziehungen** zwischen der GmbH und dem alleinigen Gesellschaf- **11** ter gelten die Sonderbedingungen für beherrschende Gesellschafter (A. 6.26 Rz. 18). **Schriftform** ist zwar nicht zwingend, aber aus Beweisgründen dringend zu empfeh- len. Es genügt, die wesentlichen Punkte – Entgelt und Leistung – festzulegen.

A. 6.03 Gesellschaftsvertrag (Unternehmergesell-schaft haftungsbeschränkt)

Gliederung

I. FORMULAR

Formular A. 6.03 Gesellschaftsvertrag (Unternehmergesellschaft (haftungs-beschränkt))

Urkundenrolle Nummer ......

Verhandelt am ...... zu ......

Vor dem Notar erschienen:

Herr/Frau ......, geboren am ......,

wohnhaft in ....

Der Erschienene wies sich wie folgt aus: ......

Er erklärte: Ich errichte hiermit eine Unternehmergesellschaft (haftungsbeschränkt) und stelle den nachstehenden Gesellschaftsvertrag fest.

§ 1 Firma, Sitz, Geschäftsjahr

(1) Die Gesellschaft führt die Firma: ...... Unternehmergesellschaft (haftungsbe-schränkt).

(2) Die Gesellschaft hat ihren Rechts- und Verwaltungssitz in ....

(3) Das Geschäftsjahr ist das Kalenderjahr.

§ 2 Gegenstand des Unternehmens

(1) ......

(2) ......

......

§ 12 Jahresabschluss

(1) Der Jahresabschluss hat den handelsgesetzlichen Vorschriften zu entsprechen und zugleich den steuerlichen Vorschriften zu genügen. Von der Steuerbilanz weicht

die Handelsbilanz ab, soweit dies notwendig ist, um ein den tatsächlichen Verhältnissen entsprechendes Bild der Vermögens-, Finanz- und Ertragslage zu vermitteln.

(1a) In der Bilanz des aufzustellenden Jahresabschlusses ist gemäß § 5a Abs. 3 Satz 1 GmbHG eine gesetzliche Rücklage zu bilden, in die ein Viertel des um einen Verlustvortrag aus dem Vorjahr geminderten Jahresüberschusses einzustellen ist. Die Rücklage darf nur für die in § 5a Abs. 3 Satz 2 GmbHG genannten Zwecke verwandt werden.

(2) ......

§ 13 Gewinnverwendung

(1) Über die Verwendung des nach Rücklagenbildung gem. § 12 Abs. 1a verbleibenden Jahresergebnisses (Summe aus Jahresüberschuss und Gewinnvortrag abzüglich Verlustvortrag) oder – soweit einschlägig – über die Verwendung des Bilanzgewinns entscheidet die Gesellschafterversammlung spätestens bis zum Ablauf der ersten acht Monate des Geschäftsjahres mit einfacher Mehrheit (§ 7 Abs. 1 Satz 1).

(2) ......

II. ERLÄUTERUNGEN

Erläuterungen zu A. 6.03 Gesellschaftsvertrag (Unternehmergesellschaft haftungsbeschränkt)

1. Wirtschaftliches Vertragsziel

1   Die iRd. MoMiG v. 23.10.08 (BGBl. I 08, 2026) geschaffene neue „Gesellschaftsform" der **Unternehmergesellschaft (haftungsbeschränkt)** bietet die Möglichkeit eine Kapitalgesellschaft mit beschränkter Haftung unterhalb des Mindeststammkapitals einer GmbH iHv. € 25.000,– zu errichten (§ 5a GmbHG). Nach den Vorstellungen des historischen Gesetzgebers ist die Unternehmergesellschaft (haftungsbeschränkt) – UG – nur eine schlichte Variante und Unterform der GmbH und gerade keine eigene Rechtsform (OLG Köln 28 Wx 12/15 v. 3.11.15, GmbHR 16, 61).

2. Gesellschaftsrecht

2   Bei der Unternehmergesellschaft (haftungsbeschränkt) gelten sämtliche Regelungen des GmbHG. Die einzige Sonderregelung ist § 5a GmbHG mit den nachfolgend erläuterten Besonderheiten.

3   Das Stammkapital der Unternehmergesellschaft (haftungsbeschränkt) kann € 1,– betragen. Es gibt kein Mindeststammkapital. € 1,– ist allerdings der Mindestbetrag, den ein Geschäftsanteil repräsentieren muss (§ 5 Abs. 2 Satz 1 GmbHG).

4   Die Gesellschaft muss die Bezeichnung „Unternehmergesellschaft (haftungsbeschränkt)" oder „UG (haftungsbeschränkt)" führen.

5   In der Bilanz ist eine gesetzliche Rücklage zu bilden, in die $1/4$ des um einen Verlustvortrag aus dem Vorjahr geminderten Jahresüberschusses einzustellen ist (§ 5a Abs. 3 GmbHG). Die Rücklage darf nur für eine Kapitalerhöhung aus Gesellschaftsmitteln (§ 57c GmbHG) oder für den Ausgleich eines Jahresfehlbetrags oder eines Verlustvortrags aus dem Vorjahr verwendet werden (zu den Gestaltungsmöglichkeiten: *Kessel* GmbHR 16, 199). Die Nichterfüllung der gesetzlichen Rücklageverpflichtung führt zur Nichtigkeit des Jahresabschlusses analog § 256 Abs. 1 Nr. 4 AktG. Zur Klarstellung und Warnung der Gesellschafter ist die gesetzliche Pflicht zur Rücklagenbildung im Formular unter § 12 Abs. 1a aufgenommen worden. Ob die Rücklage

auch noch gebildet werden muss, wenn die Summe aus Stammkapital und Rücklage € 25.000,– erreicht hat, ist umstritten (vgl. *Bormann* GmbHR 07, 897; *Veil* GmbHR 07, 1080). Nach dem Gesetzeswortlaut entfällt die Pflicht zur Rücklagenbildung erst, wenn das Stammkapital € 25.000,– erreicht hat (§ 5a Abs. 5 GmbHG).

Die Gesellschaft kann nur im Wege der Bargründung und bei vollständiger Einzah- 6
lung der Einlageverpflichtung zum Zeitpunkt der Anmeldung errichtet werden (§ 5a Abs. 2 GmbHG); Zur UG als aufnehmender Rechtsträger im Rahmen einer Verschmelzung ohne Durchführung einer Kapitalerhöhung: *Rousseau/Hoyer* GmbHR 16, 1023; zum Sacheinlageverbot bei der Unternehmergesellschaft (haftungsbeschränkt): *Bressensdorf* Jura 16, 777.

Die Unternehmergesellschaft (haftungsbeschränkt) wird zu einer „normalen" 7
GmbH, wenn durch Satzungsänderung das Stammkapital auf mindestens € 25.000,– erhöht wird. Mit Erhöhung des Stammkapitals auf mindestens € 25.000,– sind zwei Konsequenzen verbunden: Die Thesaurierungspflicht nach § 5a Abs. 3 GmbHG entfällt. In der Satzung kann die Firma geändert werden, dh. der Zusatz „GmbH" geführt werden (Vgl. § 4 GmbHG). Eine Pflicht zur Umfirmierung gibt es jedoch nicht.

Weitere Einzelheiten vgl. *Lange* NJW 10, 3686. Die Unternehmergesellschaft kann auf die Weise durch Barkapitalerhöhung zur GmbH erstarken, dass die Summe ihres ursprünglichen, der Volleinzahlungspflicht unterliegenden Stammkapitals und des auf den neuen Anteil eingezahlten Anteils zusammen dem Halbaufbringungsgrundsatz genügen (OLG Celle 9 W 70/17 v. 17.7.17, BB 17, 2448).

Die Unternehmergesellschaft (haftungsbeschränkt) kann Organgesellschaft sein. Das 8
Thesaurierungsgebot iHv. 25% des Jahresüberschusses kollidiert nicht mit der Verpflichtung der Abführung des gesamten Gewinns an den Organträger gem. dem abzuschließenden Ergebnisabführungsvertrag. Die Durchführung des Ergebnisabführungsvertrags wird nicht in Frage gestellt, wenn gesetzlich zu bildende Rücklagen gebildet werden (vgl. zB die Zuführung zur gesetzlichen Rücklage gem. § 300 AktG; *Bäuml* StuB 08, 667).

Die Unternehmergesellschaft (haftungsbeschränkt) & Co KG wird von der hM für 9
zulässig gehalten, sofern die Firma der KG auf die Rechtsform ihrer Komplementärin klarstellend hinweist (KG Berlin 1 W 244/09 v. 8.9.09, DStR 09, 2114; *Wachter* NZG 09, 1263 ff.; *Stenzel* NZG 09, 168 ff.; *Heeg* DB 09, 719 ff.; *Kock/Vater/Mraz* BB 09, 848 ff.).

Weitere Einzelheiten vgl. *Katschinski/Rawert* ZIP 08, 1993; *Dahlbender/Schelp* GmbH-StB 09, 23.

(frei)

3. Steuerrecht

Die Unternehmergesellschaft (haftungsbeschränkt) ist unbeschränkt stpfl. Körper- 10
schaftsteuersubjekt gemäß § 1 Abs. 1 Nr. 1 KStG. Dies ist zwingend, da sich der Satzungssitz der Unternehmergesellschaft (haftungsbeschränkt) gesellschaftsrechtlich zwingend im Inland befinden muss.

Damit kann sie auch Umwandlungssubjekt iSd. UmwG und UmwStG sein. Dies ist 11
sie allerdings insofern nur eingeschränkt, als die Umwandlungskonstellationen, die mit einer Sachgründung verbunden sind, ausscheiden, da die Unternehmergesellschaft (haftungsbeschränkt) nur im Wege der Bargründung errichtet werden kann (OLG Frankfurt 20 W 7/10 v. 9.3.10, DStR 10, 2093; *Berninger* GmbHR 10, 63 ff.; *Tettinger* Der Konzern 08, 75 ff.; *Heinemann* NZG 08, 820 ff.; *Patt* GmbH-Stb 11, 20).

Wird eine Unternehmergesellschaft (haftungsbeschränkt) in eine GmbH „umgewan- 12
delt", gilt steuerliche Kontinuität. Dies gilt sowohl für die Umsatzsteuer, die Körperschaftsteuer als auch für die Grunderwerbsteuer. Es findet kein Rechtsträgerwechsel statt. Steuerliche Konsequenzen ergeben sich nicht. Dies gilt auch iRd. Betriebsauf-

spaltung. Steuerrechtlich ist die Situation vergleichbar mit dem Übergang von der Vor-GmbH in die GmbH durch Eintragung in das Handelsregister.

13   Führt die Unternehmergesellschaft (haftungsbeschränkt) eine Kapitalerhöhung gem. § 5a Abs. 3 Nr. 1 iVm. § 57c GmbHG durch, kommt es steuerlich gem. § 1 KapErhG beim Gesellschafter nicht zu einem Zufluss. Es entstehen auch keine zusätzlichen AK auf die Anteile. Gemäß § 3 KapErhG werden die AK der Altanteile auf sämtliche Anteile verteilt. Die Kapitalerhöhung aus Gesellschaftsmitteln führt zu einem Sonderausweis gem. § 28 Abs. 1 Satz 3 KStG. Dies soll sicherstellen, dass bei einer späteren Kapitalherabsetzung gem. § 28 Abs. 2 Satz 1 KStG zunächst der Sonderausweis gemindert wird und seine Auskehrung an die Gesellschafter als Dividende zu versteuern ist.

14   Die gewerbliche Prägung iSd. § 15 Abs. 3 Nr. 2 Satz 1 EStG kann mit Hilfe der Unternehmergesellschaft (haftungsbeschränkt) herbeigeführt werden.

A. 6.10 Anteilsabtretung (Kauf)

Gliederung

I. FORMULAR

Formular A. 6.10 Anteilsabtretung (Kauf)

Urkundenrolle Nummer ......

Verhandelt am ...... zu ......

Vor dem Notar...... erschienen:

1.   Herr/Frau ......, geboren am ......,

    wohnhaft in ......,

2.   ......   **– nachfolgend Verkäufer genannt –**

3.   Herr/Frau ......, geboren am ......,

    wohnhaft in ....   **– nachfolgend Käufer genannt –**

Die Erschienenen wiesen sich wie folgt aus: ......

Sie baten um die Beurkundung des nachstehenden

KAUF- UND ABTRETUNGSVERTRAGS

§ 1 Vertragsgegenstand

(1) Die Verkäufer sind die alleinigen Gesellschafter der im Handelsregister des Amtsgerichts ...... unter HRB ...... eingetragenen X-GmbH – im Folgenden „Gesellschaft" genannt.

Der Verkäufer zu 1. hält einen Geschäftsanteil an der Gesellschaft im Nennbetrag von € ...... (Geschäftsanteil Nr. ......), der Verkäufer zu 2. einen solchen im Nennbetrag von € ...... (Geschäftsanteil Nr. ......) des insgesamt € ...... betragenden Stammkapitals der Gesellschaft.

(2) Die Geschäftsanteile sind für die Verkäufer in der im Handelsregister der Gesellschaft HRB ...... aufgenommenen Gesellschafterliste vom ...... unter den Nrn. ...... widerspruchsfrei eingetragen. Der Notar hat die Gesellschafterliste einsehen lassen.

(3) Die Stammeinlagen sind in voller Höhe einbezahlt.

§ 2 Verkauf

(1) Die Verkäufer verkaufen die in § 1 bezeichneten Geschäftsanteile an den dieses Kaufangebot annehmenden Käufer.

(2) Der Kaufpreis für die Geschäftsanteile des Verkäufers zu 1. beträgt € ......, für die Geschäftsanteile des Verkäufers zu 2. € ....

(3) Der Kaufpreis ist spätestens am ...... auf ein von den Verkäufern zu benennendes Bankkonto spesenfrei zu bezahlen. Ab dem ...... ist er mit ......% p.a. zu verzinsen; diese Zinspflicht berührt die sonstigen Rechte der Verkäufer bei Nichtzahlung des Kaufpreises nicht.

§ 3 Abtretung

(1) Die Verkäufer treten die in § 1 bezeichneten Geschäftsanteile mit Wirkung zum ......, ... Uhr, an den Käufer ab, der die Abtretung annimmt.

(2) Die Verkäufer erklären hiermit jeweils gegenseitig als Gesellschafter gemäß § ...... der Satzung der Gesellschaft die Zustimmung zu der Abtretung. Die Zustimmung kann nicht widerrufen werden.

(3) Den Beteiligten ist bekannt, dass der Erwerber seine Gesellschafterrechte gegenüber der Gesellschaft erst dann wirksam ausüben kann, wenn er in die im Handelsregister aufgenommene Gesellschafterliste eingetragen ist. Die Verkäufer erteilen dem Erwerber bereits heute mit Wirkung über ihren Tod hinaus und unter Befreiung von den Beschränkungen des § 181 BGB unwiderruflich Vollmacht sämtliche Gesellschafterrechte aus den vertragsgegenständlichen Geschäftsanteilen in vollem Umfang und uneingeschränkt auszuüben.

§ 4 Jahresabschluss

(1) Der bestätigte Jahresabschluss (Bilanz nebst Gewinn- und Verlustrechnung) der Gesellschaft zum 31.12.20.. wurde dem Käufer vor Abschluss dieses Vertrags übergeben.

(2) Die Entwicklung der Aktiv- und Passivwerte der Bilanz zum 31.12.20.. bis zum Zeitpunkt des Vertragsabschlusses ist den Parteien bekannt.

(3) Das Ergehen bzw. die Änderung von Steuerbescheiden – gleich aus welchem Rechtsgrund – für Veranlagungszeiträume, die vor oder auf den Zeitpunkt der Abtretung der Anteile (§ 3 Abs. 1) enden, ist – vorbehaltlich § 5 – ohne Auswirkung auf diesen Vertrag.

§ 5 Zusicherungen

Die Verkäufer sichern zu, dass

– sie Inhaber der Geschäftsanteile sind;

– die Anteile frei von Rechten Dritter sind;

– die Grundsätze ordnungsgemäßer Buchführung gewahrt werden;

– alle in der Bilanz zum ...... ausgewiesenen Forderungen werthaltig sind;

– keinerlei Verbindlichkeiten der Gesellschaft bestehen, die nicht aus den Buchführungsunterlagen oder der Anlage 1 ersichtlich sind;

– die Gesellschaft keinerlei Steuerrückstände hat, für die in der Bilanz zum ...... keine Rückstellungen gebildet wurden oder die nicht in der Anlage 2 zu diesem Vertrag aufgeführt sind;

– die Gesellschaft an keine Verträge, insbesondere keine Anstellungs- oder Dienst-verträge, gebunden ist, die nicht in der Anlage 3 zu diesem Vertrag aufgeführt sind;

– die Gesellschaft über alle zur Fortführung des Geschäftsbetriebs erforderlichen Genehmigungen und Erlaubnisse verfügt;

– die Gesellschaft – vorbehaltlich der in der Anlage 4 bezeichneten Verfahren – weder an einem Verfahren vor staatlichen Gerichten oder Behörden noch an einem Verfahren vor Schiedsgerichten beteiligt ist;

– alle fälligen Leistungen auf die in § 1 bezeichneten Geschäftsanteile erbracht sind;

– alle Angaben in diesem Vertrag richtig sind;

– die Verkäufer mit diesem Vertrag nicht über ihr gesamtes Vermögen oder den we-sentlichen Teil ihres Vermögens verfügen.

§ 6 Gewinn

Ein etwaiger Gewinn aus dem Geschäftsjahr 20.. steht dem Käufer zu. Entsprechen-des gilt für einen etwaigen Gewinn aus vorangegangenen Geschäftsjahren, für den kein abweichender Beschluss über die Ergebnisverwendung gefasst worden ist.

§ 7 Wettbewerbsverbot

(1) Die Verkäufer verpflichten sich, mit der Gesellschaft auf den sachlichen und örtli-chen Märkten, auf denen die Gesellschaft bei Abschluss dieses Vertrags tätig war, weder unmittelbar noch mittelbar in Wettbewerb zu treten.

(2) Die Verkäufer verpflichten sich für jeden Fall der Zuwiderhandlung gegen das Wettbewerbsverbot, eine Vertragsstrafe in Höhe von € ...... an den Käufer zu zahlen.

(3) Das Wettbewerbsverbot nach Abs. 1 gilt für einen Zeitraum von zwei Jahren; die Frist beginnt gegenüber jedem Verkäufer mit dinglichem Wirksamwerden der jewei-ligen Abtretung iSd. § 3.

§ 8 Verjährung

Sämtliche Ansprüche aus diesem Vertrag verjähren in zwölf Monaten von dem Zeit-punkt an, in dem der Anspruchsberechtigte von der den Anspruch auslösenden Tatsa-che Kenntnis erlangt, spätestens in fünf Jahren nach Wirksamwerden dieses Vertrags.

§ 9 Sonstiges

(1) Die mit Abschluss und der Durchführung dieses Vertrags entstehenden Kosten tragen die Verkäufer.

(2) Sollte der Anteilsverkauf Umsatzsteuer auslösen, so zahlt der Käufer an die Ver-käufer die auf die steuerpflichtigen Teile des Kaufpreises entfallende Umsatzsteuer, sobald er von den Verkäufern eine den Vorschriften des § 14 UStG entsprechende Rechnung über den Anteilskauf erhalten hat. Die Rechnung ist von den Verkäufern in Abstimmung mit dem Käufer aufzustellen.

(3) Etwaige Grunderwerbsteuer trägt der Käufer.

(4) Sollte ein Teil dieses Vertrags nichtig oder unwirksam sein oder werden, so soll an die Stelle der nichtigen oder unwirksamen Bestimmung eine angemessene Er-satzregelung treten, die dem Geist dieses Vertrags gerecht wird und von der ange-nommen werden kann, dass die Vertragschließenden sie vereinbart hätten, wenn sie die Nichtigkeit gekannt hätten. Die übrigen Bestimmungen dieses Vertrags bleiben von der Nichtigkeit oder Unwirksamkeit unberührt.

(5) Gerichtsstand ist .... Sämtliche Streitigkeiten aus diesem Vertrag unterliegen dem Recht der Bundesrepublik Deutschland unter Ausschluss des UN-Kaufrechts.

Der Notar belehrte die Erschienenen darüber, dass der Käufer für die nichterbrachten Geldeinlagen oder Fehlbeträge nicht vollwertig geleisteter Sacheinlagen der Verkäufer unbeschränkt haftet.

Diese Niederschrift wurde den Erschienenen vom Notar vorgelesen, von ihnen genehmigt und von ihnen und dem Notar eigenhändig wie folgt unterschrieben:

....

(Unterschrift)

II. ERLÄUTERUNGEN

Erläuterungen zu A. 6.10 Anteilsabtretung (Kauf)

1. Grundsätzliche Anmerkungen

a) Wirtschaftliches Vertragsziel

Verkauf und Abtretung sämtlicher Geschäftsanteile dienen dem Erwerb des ganzen 1 **Unternehmens.** Der Vertrag ist einfach gestaltet.

Die Veräußerung erfolgt auf der Grundlage der letzten erstellten **Bilanz** und der 2 daraus bis zum Vertragsabschluss fortgeschriebenen Buchführung. Der Vertrag sieht daher keine Anpassung des Kaufpreises an eventuelle Wertveränderungen während des laufenden Geschäftsjahres vor. Dies unterstellt, dass der Käufer über die wirtschaftliche Lage des Unternehmens unterrichtet ist. Ist dies nicht der Fall, so sollte eine Kaufpreisanpassung vorgesehen oder eine Zwischenbilanz erstellt werden (vgl. Formular B. 21.02).

b) Zivilrecht

Zivilrechtlich ist bei der Veräußerung von Geschäftsanteilen – ebenso wie bei jeder 3 sonstigen Veräußerung – zwischen dem **obligatorischen** und dem **dinglichen** Geschäft, also zwischen der Verpflichtung zur Abtretung und der Abtretung selbst, zu unterscheiden. Da beide Rechtsgeschäfte der **notariellen Beurkundung** bedürfen (§ 15 Abs. 3, Abs. 4 S. 1 GmbHG), empfiehlt es sich aus Kostengründen, Verkauf und Abtretung in einem Vertrag zu regeln. Getrennte Vereinbarungen sind jedoch zulässig. Zur Beurkundung im Ausland siehe die Nachweise bei A. 6.00 Rz. 150; OLG Frankfurt 11 U 8/04 v. 25.1.05, GmbHR 05, 764.

Ein **Formmangel** führt zur Nichtigkeit des Rechtsgeschäfts (§ 125 BGB). Durch 4 wirksame (notarielle) Abtretung wird der formnichtige obligatorische Vertrag allerdings geheilt, nicht aber umgekehrt (§ 15 Abs. 4 Satz 2 GmbHG; eingehend *Hadding* ZIP 03, 2133, *Loritz* DNotZ 00, 90; *Pohlmann* GmbHR 95, 412; *Roth/Altmeppen* § 15 GmbHG Rz. 83 ff.; BGH VIII ZR 185/96 v. 25.3.98, DStR 98, 1026; VIII ZR 257/93 v. 21.9.99, DNotZ 95, 557).

Die Veräußerung von Geschäftsanteilen ist ein **Rechtskauf** gem. § 453 BGB. Der 5 Verkäufer haftet für den rechtlichen Bestand der Geschäftsanteile (zur Abgrenzung von Rechts- und Sachmängelhaltung beim Unternehmenskauf: *Palandt/Weidenkaff* § 453 BGB Rz. 23 ff.).

Werden durch einen einheitlichen Vertrag, an dem auf Käufer- und Verkäuferseite 6 auch mehrere Personen beteiligt sein können (RG I 111/28 v. 5.12.28, RGZ 122, 378), sämtliche Geschäftsanteile veräußert, so haftet der Verkäufer ggf. auch für etwaige **Mängel** des von der GmbH betriebenen Unternehmens (*Palandt/Weidenkaff* § 434 BGB Rz. 95; *Scholz/Seibt* § 15 GmbHG Rz. 153 ff.). Umstritten ist, ob dies auch bei dem Erwerb einer beherrschenden Anteilsquote gilt (vgl. BGH VIII ZR 64/79 v. 2.6.80, NJW 80, 2408; *Schröder* ZGR 05, 63; *Mössle* BB 83, 2146) und was unter einem Sachmangel beim Unternehmenskauf im Einzelnen zu verstehen ist (vgl. BGH VIII ZR 222/87 v. 5.10.88, WM 88, 1700). Es empfiehlt sich, die Eigenschaften des Unternehmens, für welche der Verkäufer in jedem Fall haften soll, vertraglich zu fixieren (ausführlich zur Gewährleistung *Triebel/Hölzle* BB 02, 521; *Roschmann* ZIP 98, 1941). Der Vertragsentwurf (§ 5) enthält lediglich Beispiele.

7   Die (dingliche) Übertragung der Geschäftsanteile bedarf gem. § 413 iVm. § 398 BGB nur der Einigung (*MünchKommBGB/Roth/Kieninger* § 413 BGB Rz. 10). Auch zukünftige Geschäftsanteile können abgetreten werden, nicht aber Anteile an der Vor-GmbH (streitig, s. *K. Schmidt* GmbHR 97, 869; *Scholz/Seibt* § 15 GmbHG Rz. 12). Abtretungsempfänger und abzutretende Geschäftsanteile müssen genau bezeichnet sein (*Scholz/Seibt* § 15 GmbHG Rz. 89). Werden Verpflichtung und Abtretung – wie hier – in einem Vertrag zusammengefasst, so ist deutlich zum Ausdruck zu bringen, dass neben der schuldrechtlichen Verpflichtung auch die dingliche **Abtretung** gewollt ist. Zur Absicherung der Verkäuferposition kann es sich ggf. anbieten, das Wirksamwerden der Abtretung aufschiebend bedingt an die vollständige Kaufpreiszahlung zu koppeln.

8   Ist der Verkäufer nicht Inhaber der Geschäftsanteile, etwa weil er sie bereits an einen Dritten abgetreten hat, so ist nach den iRd. MoMiG v. 23.10.08 (BGBl. I 08, 2026) geschaffenen Regelungen der §§ 16 Abs. 3 und 40 GmbHG ein **gutgläubiger Erwerb** möglich. Voraussetzung für einen gutgläubigen Erwerb ist, dass 1. der nicht berechtigte Veräußerer als Gesellschafter in der Gesellschafterliste eingetragen ist und dass die Gesellschafterliste im Erwerbszeitpunkt seit **mindestens drei Jahren** unrichtig ist, oder 2. die Gesellschafterliste seit weniger als drei Jahren unrichtig ist und die Unrichtigkeit dem wahren Berechtigten zuzurechnen ist, und 3. der Gesellschafterliste kein **Widerspruch** gegen ihre Richtigkeit zugeordnet ist (zur Einlegung des Widerspruchs: *Bernauer/Bernauer* GmbHR 16, 621).

Hierzu ausführlich *Harbath* ZIP 08, 57; *Mohr* GmbH-StB 09, 283; *Wicke* NotBZ 09, 1, 12 f.; vgl auch OLG München 31 Wx 162/10 v. 11.3.11, NZG 11, 473.

9   Zum sog **„Mantelkauf"** BGH II ZB 4/02 v. 7.7.03, WM 03, 1814; *Heyer/Reichert-Clauß* NZG 05, 193; *Bohrer* DNotZ 03, 888; *Altmeppen* DB 03, 2050.

10   Im Hinblick auf **§ 1365 BGB** ist festzusetzen, ob der Verkäufer durch die Anteilsübertragung über sein gesamtes Vermögen oder den wesentlichen Teil seines Vermögens verfügt. Weitere familien- und erbrechtliche Beschränkungen sind möglich (vgl. zB §§ 1419, 1450, 1643, 1822 Nr. 3, 2040 Abs. 1, 2112, 2211, 1984 BGB). Zur vormundschaftsgerichtlichen Genehmigung bei Erwerb durch **Minderjährige** vgl. BGH X ZR 199/99 v. 28.1.03, ZEV 03, 375; II ZR 148/88 v. 20.2.89, NJW 89, 1926.

11   Durch den Gesellschaftsvertrag kann die Abtretung der Geschäftsanteile an weitere Voraussetzungen geknüpft, insb. von der **Zustimmung** der Gesellschaft abhängig gemacht werden (§ 15 Abs. 5 GmbHG; zur Ein-Personen-GmbH BGH II ZR 209/90 v. 15.4.91, DStR 91, 952). Die Vertragsgestaltung setzt daher die Kenntnis der GmbH-Satzung voraus. Zur Umgehung von solchen Vinkulierungsklauseln *Liebscher* ZIP 03, 825; *Lutter/Grunewald* AG 89, 109; *Transfeld* GmbHR 10, 185 ff.

12   Der Verkauf von Geschäftsanteilen kann bei umsatzstarken Unternehmen **kartellrechtlichen** Beschränkungen unterliegen (§§ 35 ff. GWB). Zur Haftung bei Scheitern eines Kaufs *Kapp* DB 89, 1224; bei arglistiger Täuschung: *Hübner* BB 10, 1483.

13, 14   *(frei)*

c) Steuerrecht

15   Bei im **Privatvermögen** gehaltenen Beteiligungen unterlag der Veräußerungsgewinn vor Inkrafttreten des UntStRefG 2008 v. 14.8.07 (BGBl. I 07, 1912) nur unter den Voraussetzungen des § 17 EStG (Beteiligung von mindestens 1%), des § 23 EStG (privates Veräußerungsgeschäft) oder des § 21 UmwStG bzw. § 22 UmwStG 2006 (einbringungsgeborene Anteile) der ESt.

Nach § 17 EStG ist eine Anteilsveräußerung steuerpflichtig, wenn der Veräußerer 15a
oder – bei unentgeltlichem Erwerb – sein Rechtsvorgänger zu irgendeinem Zeitpunkt
innerhalb der letzten fünf Jahre zu mindestens 1% an der Kapitalgesellschaft beteiligt
war. Diese Neuregelung gilt für Veräußerungen seit dem 1.1.02 (bei abweichendem
Wj. der Gesellschaft, deren Anteile verkauft werden, ggf. auch später, s. § 52 Abs. 34a
EStG). Hieran hat sich durch das UntStRefG 2008 (Rz. 15) grds. nichts geändert.

Natürliche Personen mit Wohnsitz im **Ausland** unterliegen über § 49 Abs. 1 S. 2 16
EStG ebenfalls der Steuerpflicht nach § 17 EStG, wenn die Kapitalgesellschaft, deren
Anteile veräußert werden, Geschäftsleitung oder Sitz im Inland hat. Eine Besteuerung
wird regelmäßig nur eintreten, wenn kein DBA existiert, da die Abkommen hier idR
die Wohnsitzbesteuerung vorsehen (vgl. Art. 13 Abs. 4 OECD-MA).

Gewinne aus der Veräußerung unterlagen **bis zum 31.12.08** (bei abweichendem 17
Wj. ggf. später, § 52 Abs. 4a EStG; zu Ausnahmen siehe Rz. 19) dem sog. **Halbein-
künfteverfahren** (§ 3 Nr. 40 EStG).

Bei Veräußerungen **seit dem 1.1.09** gilt das sog. **Teileinkünfteverfahren** (§ 3 17a
Nr. 40 Buchst. a EStG, § 3c Abs. 2 Satz 1 EStG), dh. 60% des Veräußerungsgewinns
sind zu versteuern, 60% der Anschaffungskosten sind zu berücksichtigen. Soweit das
Teileinkünfteverfahren greift, entfällt die Tarifbegünstigung des § 34 EStG. Verbleibende Veräußerungsverluste sind iRd. § 10d EStG zu 60% ausgleichs- und vortragsfähig, es sei denn es gelten die Ausnahmeregelungen des § 17 Abs. 2 Satz 6 EStG.

Bei Anteilen im Privatvermögen und einer Beteiligung an der Kapitalgesellschaft, 18
die 1% des Stammkapitals nicht erreicht, ist bei Veräußerungen bis einschließlich
31.12.08 eine Steuerpflicht nur gemäß § 23 EStG im Fall eines **Spekulationsge-
schäfts** gegeben, dh. schuldrechtlicher Erwerb und schuldrechtliche Veräußerung innerhalb einer Jahresfrist.).

Bei Veräußerungen ab dem 1.1.09 wird der Veräußerungsgewinn aus einer im Pri- 19
vatvermögen gehaltenen Beteiligung, die 1% des Stammkapitals nicht erreicht, als
Einkünfte aus Kapitalvermögen gem. § 20 Abs. 2 Nr. 1 EStG qualifiziert. Es gelten die
Grundsätze der **Abgeltungssteuer** mit einer Definitivbelastung von 25%. Auf eine
Haltefrist kommt es nicht an. Verluste aus der Veräußerung von GmbH-Anteilen
können mit den übrigen Einkünften aus Kapitalvermögen verrechnet werden. Der
Abzug der tatsächlichen Werbungskosten ist bei der Ermittlung der Einkünfte aus Ka-
pitalvermögen ausgeschlossen (§ 20 Abs. 9 EStG). Zu den Einzelheiten s. *Binnewies*
GmbH-StB 08, 16; *ders.* AG 08, 25 ff.

Für **Anteile im Betriebsvermögen** eines Einzelunternehmens oder einer Perso- 20
nengesellschaft gilt seit 2009 (s. Rz. 17a) das Teileinkünfteverfahren. Zur Rechtslage
bis 2002 s. die 3. Auflage.

Gewinne aus der **Veräußerung** einer Beteiligung an einer GmbH **durch eine** 21
Kapitalgesellschaft sind gem. § 8b Abs. 2 KStG zu 95% steuerfrei gestellt; nach
§ 8b Abs. 3 S. 1 KStG werden 5% als nicht abzugsfähige Betriebsausgabe fingiert.
Dies gilt sowohl für Beteiligungen an inländischen als auch für Beteiligungen an aus-
ländischen Kapitalgesellschaften. Steuerpflichtig ist die Veräußerung nach § 21 Abs. 1
Satz 1 UmwStG bzw. § 22 Abs. 1 Satz 1 UmwStG 2006 einbringungsgeborener An-
teile, sofern die Veräußerung nicht mehr als sieben Jahre nach dem Einbringungs-
vorgang liegt. **Verluste** aus einer Teilwertabschreibung, einem Verkauf oder einer
Liquidation sind – wohl auch innerhalb der Sperrfristen – steuerlich irrelevant (§ 8b
Abs. 3 KStG).

Gehört zum Betriebsvermögen der GmbH ein Grundstück, so löst die Anteilsüber- 22
tragung **Grunderwerbsteuer** aus, wenn sich durch den Erwerb 95% der Anteile mittelbar oder unmittelbar in der Hand des Erwerbers vereinigen (§ 1 Abs. 3 GrEStG zu
den Einzelheiten: *Fabry/Pitzer* GmbHR 99, 766; *Mack/Schwedhelm/Olgemöller/
Spatscheck* GmbHR 99, 1221; Gleichl. Ländererlasse v. 2.12.99, BStBl. I 99, 991;
Baumann UVR 00, 334).

23   Die Veräußerung unterliegt nicht der **Umsatzsteuer.** Soweit der Verkäufer Unternehmer iSd. UStG ist, liegt zwar ein umsatzsteuerbarer Vorgang vor, der jedoch nach § 4 Nr. 8 f UStG befreit ist. Es besteht die Möglichkeit, nach § 9 UStG zu optieren.

24, 25   *(frei)*

2. Einzelerläuterungen

Rubrum: Zu den Formerfordernissen vgl. Rz. 3 ff.

Zu § 1: Vertragsgegenstand

26   Der Erwerber eines Geschäftsanteils haftet gem. §§ 16 Abs. 2, 22, 24 GmbHG für die von seinem Rechtsvorgänger und anderen Gesellschaftern nicht erbrachten Stammeinlagen, einschließlich nicht geleisteter Fehlbeträge (*Baumbach/Hueck/Fastrich* § 16 GmbHG Rz. 23; *Krafczyk/Gerloch* GmbHR 06, 1038; *Schmidt* BB 85, 154). Diese Haftung kann vertraglich nicht beschränkt werden.

26a   Die Regelung in Absatz 2 ist der iRd. MoMiG geschaffenen Möglichkeit des gutgläubigen Erwerbs § 16 Abs. 2 GmbHG geschuldet und hat klarstellende Funktion.

Zu § 2 Abs. 2: Verkauf (Kaufpreis)

27   Ein für das **Gewinnbezugsrecht** des Veräußerers (§ 101 Nr. 2 Halbs. 2 BGB; vgl. unten Anm. zu § 6) gezahlter Kaufpreisanteil für privat gehaltene Geschäftsanteile unterfällt beim Verkäufer nicht den Einkünften aus Kapitalvermögen, sondern ist Teil des Veräußerungspreises (BFH VIII R 316/83 v. 22.5.84, BStBl. II 84, 746; FG Hamburg I 230/81 v. 15.8.84, EFG 85, 122). Der Erwerber kann einen anteiligen Kaufpreis für das Recht zum Bezug dieser Gewinnanteile nicht als Werbungskosten geltend machen; es handelt sich um Anschaffungskosten der Geschäftsanteile iSd. § 17 Abs. 2 EStG (BFH IX R 36/01 v. 21.9.04, BStBl. II 06, 12; VIII R 316/83 v. 22.5.84, BStBl. II 84, 746; *Dirrigl* DB 90, 1045).

28   Entsprechendes gilt für den Erwerb eines zum **Betriebsvermögen** gehörenden Geschäftsanteils (BFH I R 199/84 v. 21.5.86, BStBl. II 86, 794; I R 190/81 v. 21.5.86, BStBl. II 86, 815; *Schmidt* FR 86, 465). Der gesamte Kaufpreis stellt Anschaffungskosten für die Beteiligung dar, auch wenn für das anteilige Gewinnbezugsrecht ein Entgelt gesondert ausgewiesen wird (BFH I R 190/81 v. 21.5.86, BStBl. II 86, 815).

Zu § 2 Abs. 3: Verkauf (Fälligkeit des Kaufpreises)

29   Die Fälligkeit ist nicht an den Anteilsübergang gebunden. Die Zahlung kann auch auf einen früheren oder späteren Zeitpunkt vereinbart werden.

30   Liegt zwischen Übertragung und Kaufpreiszahlung ein langer Zeitraum, wird der Kaufpreis gestundet oder Ratenzahlung ohne Verzinsung der Raten vereinbart, so hat zur Bewertung der Gegenleistung eine Abzinsung zu erfolgen. Für den Fall längerer Zahlungsziele sollten Sicherheiten, etwa eine selbstschuldnerische Bankbürgschaft, in Betracht gezogen oder der Übergang der Geschäftsanteile unter die aufschiebende Bedingung der vollständigen Kaufpreiszahlung gestellt werden.

31   Zur Besteuerung von **Veräußerungsrenten** *Schmidt/Loschelder* § 4 EStG Rz. 192 ff. u. *Schmidt/Weber-Grellet* § 17 EStG Rz. 205 ff.

Zu § 3 Abs. 1: Abtretung (Zeitpunkt)

32   Da die Übertragung der GmbH-Anteile dinglich der bloßen Einigung gem. § 413 iVm. § 398 BGB bedarf, können die Vertragschließenden den Übergang auf einen bestimmten künftigen **Zeitpunkt** legen (*MünchKommBGB/Roth/Kieninger* § 398 BGB Rz. 15). Mit diesem Zeitpunkt wird die Übertragung Dritten gegenüber wirksam. Nur noch der Erwerber kann über den Geschäftsanteil verfügen (*Scholz/Seibt* § 16 GmbHG Rz. 12). Gegenüber der GmbH gilt der Erwerber hingegen erst mit der

Anmeldung bei der Gesellschaft gem. § 16 Abs. 1 Satz 1 GmbHG als Gesellschafter (eingehend *Müller* DStR 98, 296, mwN). Bis dahin ist die GmbH verpflichtet, den Veräußerer als Berechtigten zu behandeln, selbst wenn sie von der Abtretung weiß. Der Erwerber muss bis zur Anmeldung alle Rechtshandlungen zwischen der GmbH und dem Veräußerer (wie etwa eine Gewinnausschüttung) gegen sich gelten lassen. Nur auf Grund des Kaufvertrags kann er ggf. beim Verkäufer Regress nehmen (*Scholz/Seibt* § 16 GmbHG Rz. 11).

Der Zeitpunkt, zu dem das wirtschaftliche Eigentum an der Beteiligung auf den **33** Erwerber übergeht, ist **einkommensteuerrechtlich** für die Entstehung des Veräußerungsgewinns maßgeblich (FG München 1 K 4352/02 v. 28.1.04, EFG 04, 810; BFH IV R 113/81 v. 30.6.83, BStBl. II 83, 640). Er ist nach dem Vertragswortlaut unter Beachtung des wirtschaftlichen Gehalts der gesamten zwischen den Beteiligten getroffenen vertraglichen Vereinbarungen zu bestimmen (BFH VIII R 7/90 v. 22.9.92, BStBl. II 93, 228; IV R 107/92 v. 29.4.93, BStBl. II 93, 666; IV R 88/90 v. 23.1.92, BStBl. II 92, 525; IV R 47/73 v. 2.5.74, BStBl. II 74, 707; FG Köln XII 283/78 F v. 28.4.81, EFG 82, 80; FG Berlin VIII 491/85 v. 23.3.87, EFG 87, 505). Ist die Abtretung des Geschäftsanteils aufschiebend durch die vollständige Kaufpreiszahlung bedingt, geht das wirtschaftliche Eigentum idR gleichwohl bereits mit Wirksamwerden des schuldrechtlichen Vertrags über (vgl. hierzu BFH VIII R 28/02 v. 17.2.04, BStBl. ll 05, 46).

Erfolgt die Übertragung zum **Jahreswechsel,** so ist vertraglich klar zu bestimmen, ob die Übertragung noch in den abgelaufenen oder bereits in den neuen VZ fällt. Die Uhrzeit ist mit anzugeben, also „31.12.2007, 24.00 Uhr (Mitteleuropäische Zeit)" für den Übergang noch in 2007, „1.1.2008, 0.00 Uhr (Mitteleuropäische Zeit)" für den Übergang erst in 2008. Um Zweifeln aus dem Wege zu gehen, kann der Zeitpunkt des Anteilsübergangs um den Ablauf eines Tages verlegt werden („31.12.2007, 0.00 Uhr"; „1.1.2008, 24.00 Uhr").

Für das **Schachtelprivileg** bei der GewSt (§ 9 Nr. 2a GewStG) ist die Identität des **34** Abtretungszeitpunkts mit dem Schnittpunkt des Geschäftsjahres bedeutsam. Sie ist ferner maßgeblich für die steuerliche Anerkennung einer **Organschaft.** Wechselt die Organgesellschaft (veräußertes Unternehmen) den Organträger (Veräußerer/Erwerber) zum Stichtag des Wirtschaftsjahres, so ist die finanzielle Eingliederung gem. § 14 KStG beim Veräußerer und beim Erwerber gegeben (*Streck/Olbing* § 14 KStG Rz. 61). Siehe im Übrigen A. 10.00 Rz. 20 ff.

Zu § 3 Abs. 2: Abtretung (Zustimmung)

Vgl. Rz. 11. Die Zustimmung ist hier in den Vertrag aufgenommen, da alle Anteils- **35** eigner verkaufen. Werden nicht alle Geschäftsanteile verkauft, muss die erforderliche Zustimmung idR durch gesonderten Gesellschafterbeschluss herbeigeführt werden.

Alternativ zu der hier vorgeschlagenen unbedingten Übertragung kann zur Absicherung des Kaufpreisanspruchs ggf. die Wirksamkeit der Abtretung unter die **aufschiebende Bedingung** der vollständigen Kaufpreiszahlung gestellt werden.

Zu § 3 Abs. 3: Vollmacht

Eine Bevollmächtigung des Erwerbers für den Zeitraum bis zur Eintragung im **35a** Handelsregister ist wegen § 16 Abs. 1 Satz 1 GmbHG erforderlich.

Zu § 5: Zusicherungen

Vgl. zunächst Rz. 6. Die Zusicherungen sind nicht zwingend. Sie können – je nach **36** Einzelfall – erweitert, beschränkt oder modifiziert werden.

Zu § 6: Gewinn

Gesellschaftsrechtlich stehen konkrete **Gewinnansprüche** gegen die Gesellschaft **37** den im Zeitpunkt des Gewinnverteilungsbeschlusses beteiligten Gesellschaftern zu

(§ 29 GmbHG), auch soweit sie auf die Beteiligungszeit eines Dritten entfallen. Die Gesellschaft schüttet an den nach außen hin Berechtigten aus.

38 Im Verhältnis zwischen Käufer und Verkäufer gebühren die Gewinnanteile des laufenden Geschäftsjahres dem Veräußerer und dem Erwerber gem. § 101 Nr. 2 Halbs. 2 BGB nach dem Verhältnis der Dauer ihrer Beteiligung (BGH II ZR 45/94 v. 30.1.95, DStR 95, 537; *Loritz* DStR 98, 84). Diese Bestimmung ist jedoch dispositiv, so dass die Parteien eine abweichende Regelung treffen können.

39 **Steuerlich** sind Ausschüttungen nach Anteilsübertragung dem Erwerber zuzurechnen und von ihm zu versteuern, selbst wenn es sich um Erträge aus der Zeit vor Abtretung handelt (§ 20 Abs. 5 EStG).

40 **Verluste** können im Zusammenhang mit einer Anteilsübertragung gemäß §§ 8c, 8d KStG nur noch begrenzt erhalten werden. Bei Anteils- oder Stimmrechtsübertragung von mehr als 25 % aber weniger als 50 % ist ein quotaler Untergang des Verlustabzugs vorgesehen. Ein schädlicher Anteilswechsel liegt vor, wenn innerhalb eines Zeitraums von fünf Jahren mittelbar oder unmittelbar mehr als 25 % der Anteile an einen Erwerber, nahe stehende Personen oder eine Gruppe mit gleichgerichteten Interessen übertragen werden (§ 8c Satz 1 KStG). Werden innerhalb eines Zeitraums von fünf Jahren mittelbar oder unmittelbar mehr als 50 % der Anteile an einen Erwerber, nahe stehende Personen oder eine Gruppe mit gleichgerichteten Interessen übertragen, geht der vorhandene Verlustvortrag vollständig verloren (§ 8c Satz 2 KStG). Bei der Feststellung der Grenze von 50 % sind die schädlichen Anteilserwerbe, die bereits zu einem quotalen Untergang des Verlustvortrags geführt haben, mit zu berücksichtigen. Zu den Einzelheiten siehe *Streck/Olbing* § 8c KStG Rz. 1 ff.; zur Vorgängerregelung des § 8 Abs. 4 KStG aF vgl. 5. Auflage (A. 6.10 Rz. 40).

Nach § 8d Abs. 1 Satz 1 KStG ist die Regelung des **Verlustuntergangs** nach § 8c KStG nach einem schädlichen Beteiligungserwerb auf Antrag **nicht anzuwenden,** wenn die Körperschaft seit ihrer Gründung oder zumindest seit dem Beginn des dritten Veranlagungszeitraums, der dem Veranlagungszeitraum des schädlichen Beteiligungserwerbs vorausgeht, ausschließlich **denselben Geschäftsbetrieb** unterhält und in diesem Zeitraum bis zum Schluss des Veranlagungszeitraums des schädlichen Beteiligungserwerbs kein Ereignis iSd. § 8d Abs. 2 KStG stattgefunden hat. Ein Geschäftsbetrieb iSd. § 8d Abs. 1 Satz 3 KStG umfasst die von einer einheitlichen Gewinnerzielungsabsicht getragenen, nachhaltigen, sich gegenseitig ergänzenden und fördernden Betätigungen der Körperschaft und bestimmt sich nach qualitativen Merkmalen in einer Gesamtbetrachtung, wie sie näher in § 8d Abs. 1 Satz 4 KStG definiert sind.

Wird der Geschäftsbetrieb **eingestellt,** geht der nach § 8d Abs. 1 KStG zuletzt festgestellte fortführungsgebundene Verlustvortrag unter; § 8c Abs. 1 Satz 6 bis 9 KStG gilt bezogen auf die zum Schluss des vorangegangenen Veranlagungszeitraums vorhandenen stillen Reserven entsprechend. Gleiches gilt, wenn der Geschäftsbetrieb **ruhend** gestellt wird (§ 10d Abs. 2 Satz 2 Nr. 1 KStG), der Geschäftsbetrieb einer **andersartigen Zweckbestimmung** zugeführt wird (§ 8d Abs. 2 Satz 2 Nr. 2 KStG), die Körperschaft einen **zusätzlichen Geschäftsbetrieb** aufnimmt (§ 8d Abs. 2 Satz 2 Nr. 3 KStG), die Körperschaft sich an einer **Mitunternehmerschaft beteiligt** (§ 8d Abs. 2 Satz 2 Nr. 4 KStG), die Körperschaft die Stellung eines **Organträgers** iSd. § 14 Abs. 1 KStG einnimmt (§ 10d Abs. 2 Satz 2 Nr. 5 KStG) oder auf die Körperschaft Wirtschaftsgüter übertragen werden, die sie zu einem geringeren als dem gemeinen Wert ansetzt (§ 8d Abs. 2 Satz 2 Nr. 6 KStG; Weitergehend hierzu: *Ferdinand* BB 17, 87; *Suchanek/Rüsch* Ubg 17, 7; *Frey/Thürmer* GmbHR 16, 1083; *von Wilcken* NZI 16, 996; *Dreßler/Rogall* DB 16, 2375; *Bergmann/Süß* DStR 16, 2185; *Orthmann/Babel/Bolik* DB 16, 2984). **Achtung:** BVerfG (2 BVL 6/11 v. 29.3.17, DStR 17, 1094) hat § 8c Abs. 1 Satz 1 KStG in der Variante, dass binnen 5 Jahren mehr als 25 %, aber weniger als 50 % übertragen werden, als gleichheits- und damit verfassungswidrig erklärt.

Durch das JStG 2018 ist diese Variante mit Wirkung für die Vergangenheit abgeschafft worden.

Nach dem Wortlaut des § 8c Abs. 1a Satz 1 KStG führt zudem ein grundsätzlich nach § 8c Abs. 1 KStG schädlicher Beteiligungserwerb, der zum Zweck der Sanierung des Geschäftsbetriebs der Körperschaft erfolgt, nicht zur Verlustvernichtung (sog. Sanierungsklausel). Sanierung ist gemäß § 8c Abs. 1a Satz 2 KStG eine Maßnahme, die darauf gerichtet ist, die Zahlungsunfähigkeit oder Überschuldung zu verhindern oder zu beseitigen und zugleich die wesentlichen Betriebsstrukturen zu erhalten. Durch Kommissionsbeschluss v. 26.1.11 (PM IP/11/65) hatte die Kommission die **Sanierungsklausel** rückwirkend für **mit dem EU-Recht unvereinbar** erklärt (dazu *Drüen* DStR 11, 289, s. auch *Dörr* NWB 11, 690; *Dorfmueller* StuB 11, 147). Zwischenzeitlich hat der EuGH allerdings durch gleichlautende Urteile v. 28.6.18 die Sanierungsklausel des § 8c Abs. 1a KStG für gemeinschaftsrechtskonform, den Beschluss der Kommission aufgehoben und § 8c Abs. 1a KStG für anwendbar erklärt (EuGH C-203/16 v. 28.6.18, IStR 18, 552; C-208/16 v. 28.6.18, EuZW 18, 686; C-209/16 v. 28.6.18, BeckRS 2018, 13338 und C-219/16 v. 28.6.18, DStR 18, 1434).

Zu § 7: Wettbewerbsverbot

Ein gegenständlich, örtlich und zeitlich begrenztes **Wettbewerbsverbot** verstößt 41 nicht gegen § 1 GWB. In der Rspr.-Praxis wird idR die Dauer eines nachvertraglichen Wettbewerbsverbotes von zwei Jahren als angemessen angesehen (BGH II ZR 159/03 v. 18.7.05, NJW 05, 3061; I ZR 286/94 v. 29.1.96, NJW-RR 96, 741f.; II ZR 59/02 v. 29.9.03, NZG 04, 35; II ZR 208/08 v. 30.11.09, GmbHR 10, 256). Sollte die zeitliche Begrenzung des Wettbewerbsverbots im Einzelfall den angemessenen Rahmen überschreiten, die örtliche und gegenständliche Begrenzung aber nicht zu beanstanden sein, kommt eine geltungserhaltende Reduktion des Wettbewerbsverbots auf einen zeitlich angemessenen Rahmen in Betracht (BGH II ZR 159/03 v. 18.7.05, NJW 05, 3061; *Lohr* GmbH-StB 10, 115). Entscheidend für die Wirksamkeit einer Wettbewerbsklausel ist im Übrigen die Interessenlage im Einzelfall. Maßstab für das Gefahrenpotential ist der mögliche Einfluss des Gesellschafters auf die Geschicke der Gesellschaft (OLG Stuttgart 14 U 26/16 v. 7.3.19, GmbHR 19, 779; *Tomat* GmbH-StB 19, 190; *Lohr* GmbH-StB 19, 280). Ein solches Gefahrenpotential kann bei einem Minderheitsgesellschafter nur aufgrund besonderer Umstände in Betracht kommen (zB Sonderrechte oder besonderes Fach- und Branchenwissen des Minderheitsgesellschafters, Einflussnahme über Drittgesellschaften). Umfassende Wettbewerbsverbote können bei Minderheitsgesellschaftern außerhalb besonderer Umstände daher nur dann wirksam vereinbart werden, wenn die GmbH „personalistisch strukturiert" ist, insbesondere bei persönlicher Mitarbeit und Zusammenarbeit der Gesellschafter (OLG Stuttgart 14 U 26/16 v. 7.3.19, GmbHR 19, 779). Andernfalls kann die Gesellschaft nach Auffassung des OLG Stuttgart ausreichend durch eine Kundenschutzklausel geschützt werden; ist in einer solchen Situation ein umfassendes Wettbewerbsverbot vereinbart, ist dies ggf. nach § 138 BGB unwirksam.

Steuerrechtlich ist ein Wettbewerbsverbot, das nicht nur eine Nebenabrede zum 42 Unternehmenskaufvertrag, sondern eine – ggf. gesondert vergütete – Hauptleistung darstellt, dem eigenständige wirtschaftliche Bedeutung zukommt, ein selbständig zu aktivierendes Wirtschaftsgut (BFH VIII B 26/06 v. 16.2.07, BFH/NV 07, 1113, mwN; vgl. auch *Wiesbrock/Wübbelsmann* GmbHR 05, 519; BFH VI 67/64 U, VI 68/64 U v. 23.7.65, BStBl. III 65, 612; I R 130/85 v. 30.3.89, BFH/NV 89, 780). Eine eigenständige wirtschaftliche Bedeutung ist dem Wettbewerbsverbot beizumessen, wenn es zeitlich begrenzt ist, sich in seiner wirtschaftlichen Bedeutung heraushebt und wenn dies in den getroffenen Vereinbarungen, vor allem in einem neben dem Kaufpreis für die Beteiligung geleisteten Entgelt, das auch verdeckt vereinbart sein kann, klar zum Ausdruck gelangt (BFH IX R 76/99 v. 11.3.03, BFH/NV 03, 1161).

Ist ein aktivierungspflichtiges und aktivierungsfähiges selbstständiges Wirtschaftsgut anzunehmen, unterliegt dieses der AfA.

43   *(frei)*

Zu § 8: Verjährung

44   Die **Verjährung** der Gewährleistungsansprüche beim Anteilserwerb kann streitanfällig sein. Die Verjährungsfristen sollte daher vertraglich festgelegt werden.

Zu § 9 Abs. 1: Sonstiges (Kosten)

45   Beim Erwerber zählen zu den **Anschaffungskosten** neben dem Kaufpreis auch die anfallenden Nebenkosten, zB Kosten der Beratung, Notarkosten und etwaige Grunderwerbsteuer, aber auch Reisekosten etc. (BFH VIII R 52/02 v. 20.4.04, BStBl. II 04, 556; VIII R 13/90 v. 18.8.92, BStBl. II 93, 34).

46   Beim Verkäufer stellen diese Kosten **Betriebsausgaben, Veräußerungskosten** (§§ 16, 17 EStG) oder **Werbungskosten** dar. Zur steuerlichen Abzugsfähigkeit s. Rz. 15 ff.

Zu § 9 Abs. 2: Sonstiges (Umsatzsteuer)

47   USt fällt zwar grundsätzlich nicht an (vgl. Rz. 23), dennoch sollte auf eine vertragliche Klarstellung, dass sich der vereinbarte Kaufpreis ggf. um die gesetzliche USt erhöht, nicht verzichtet werden. Zu weiteren Steuerklauseln s. *Stümper/Walter* GmbHR 08, 31.

A. 6.11 Anteilsabtretung (Schenkung)

Gliederung

I. FORMULAR

Formular A. 6.11 Anteilsabtretung (Schenkung)

Urkundenrolle Nummer ......

Verhandelt am ...... zu ......

Vor dem Notar ...... erschienen:

1. Herr ......, geboren am ......,

   wohnhaft in ......,   – nachfolgend Schenker genannt –

2. dessen Sohn, Herr ......   – nachfolgend Beschenkter genannt –

Die Erschienenen wiesen sich wie folgt aus: ......

Sie baten um die Beurkundung der nachstehenden

SCHENKUNG UND ANTEILSABTRETUNG

§ 1 Vertragsgegenstand

(1) Der Schenker ist an der im Handelsregister des Amtsgerichts ...... unter HRB ...... eingetragenen GmbH (im Folgenden „Gesellschaft") mit einem Geschäftsanteil im

Nennbetrag von € ...... (Geschäftsanteil Nr. ......) beteiligt. Das Stammkapital der Gesellschaft beträgt € ...... (in Worten: ......).

(2) Die Stammeinlagen sind in voller Höhe einbezahlt.

§ 2 Schenkung und Abtretung

(1) Der Schenker tritt seinen Geschäftsanteil mit Wirkung zum ......, ... Uhr Mitteleuropäischer Zeit, an den Beschenkten unentgeltlich ab.

(2) Der Beschenkte nimmt die Schenkung und Abtretung an.

§ 3 Gewährleistung

Für die Sorgfaltspflichten sowie für die Haftung wegen Sach- oder Rechtsmangels gelten die §§ 521 bis 524 BGB, jedoch mit der Maßgabe, dass der Schenker nur Vorsatz zu vertreten hat.

§ 4 Widerruf

Der Schenker ist berechtigt, die Schenkung unter den Voraussetzungen des § 530 BGB zu widerrufen.

§ 5 Sonstiges

(1) Der Gesellschaftsvertrag sieht eine Beschränkung der Abtretung der Geschäftsanteile nicht vor.

(2) Die mit dem Abschluss und der Durchführung dieses Vertrags entstehenden Kosten sowie die ggf. entstehende Schenkungsteuer trägt der Beschenkte.

(3) Der Schenker verpflichtet sich, die Anteilsabtretung bei der Gesellschaft anzuzeigen.

(4) Sollte ein Teil dieses Vertrags nichtig oder unwirksam sein oder werden, so soll an die Stelle der nichtigen oder unwirksamen Bestimmung eine angemessene Ersatzregelung treten, die dem Geist dieses Vertrags gerecht wird und von der angenommen werden kann, dass die Vertragschließenden sie vereinbart hätten, wenn sie die Nichtigkeit gekannt hätten. Die übrigen Bestimmungen dieses Vertrags bleiben von der Nichtigkeit oder Unwirksamkeit unberührt.

Der Notar belehrte die Erschienenen darüber, dass der Beschenkte für die nichterbrachten Geldeinlagen oder Fehlbeträge nicht vollwertig geleisteter Sacheinlagen unbeschränkt haftet.

Diese Niederschrift wurde den Erschienenen vom Notar vorgelesen, von ihnen genehmigt und von ihnen und dem Notar eigenhändig wie folgt unterschrieben:

....

(Unterschrift)   **(Unterschrift)**   **(Unterschrift Notar)**

II. ERLÄUTERUNGEN

> **Erläuterungen zu A. 6.11 Anteilsabtretung (Schenkung)**

1. Grundsätzliche Anmerkungen

a) Wirtschaftliches Vertragsziel

Ziel des Vertrags ist die **unentgeltliche** Übertragung eines Geschäftsanteils. Häu- **1** figster Fall wird die Abtretung an Kinder etwa im Rahmen vorweggenommener Erbfolge sein. In diesem Fall ist in der Vereinbarung klarzustellen, ob eine Anrechnung auf den Erbteil und/oder den Pflichtteil erfolgen soll oder nicht (vgl. § 2315 BGB). Der Erblasser kann dabei den Anrechnungswert bis zur Höhe des Verkehrswerts bestimmen.

b) Zivilrecht/Gesellschaftsrecht

2 Zivilrechtlich enthält der Vertrag den sofortigen Vollzug der Schenkung durch Abtretung der Geschäftsanteile (zur Abtretung vgl. A. 6.10 Rz. 7).

3 Der Vertrag bedarf **notarieller Beurkundung** (§ 15 Abs. 4 Satz 1 GmbHG) und bei dem Anteilserwerb durch Minderjährige uU vormundschaftsgerichtlicher Genehmigung (§§ 1643, 1821, 1822 BGB; im Einzelnen streitig, vgl. BGH X ZR 199/99 v. 28.1.03, ZEV 03, 375; II ZR 167/88 v. 20.2.89, BGHZ 107, 23; *Wälzholz* GmbH-StB 06, 170; *Scholz/Seibt* § 15 GmbHG Rz. 242 f.; *Rowedder/Schmidt-Leithoff/Görner* § 15 GmbHG Rz. 122 ff.; *Baumbach/Hueck/Fastrich* § 15 GmbHG Rz. 3 ff.), die im Hinblick auf die steuerrechtliche Anerkennung der Schenkung stets eingeholt werden sollte (vgl. BFH IX R 216/84 v. 31.10.89, HFR 90, 297; FG BaWü 4 K 177/02 v. 19.9.06, EFG 06, 1824).

c) Steuerrecht

4 **Ertragsteuern:** Durch die zivilrechtlich wirksame (vgl. Rz. 3) Abtretung des Geschäftsanteils geht die Einkunftsquelle auf den Beschenkten über. Maßgeblicher Zeitpunkt ist der Übergang des wirtschaftlichen Eigentums.

5 **Erbschaftsteuer:** Die Anteilsschenkung ist schenkungsteuerpflichtig (§ 7 Abs. 1 Nr. 1 ErbStG). Da das BVerfG die alten Bewertungsregeln für erbschaft- und schenkungsteuerrechtliche Zwecke für verfassungswidrig erklärt hatte (BVerfG 1 BvL 10/02 v. 7.11.06, BStBl. II 07, 192), war der Gesetzgeber verpflichtet, bis zum 31.12.08 ein neues Gesetz zu schaffen. Am 1.1.09 trat das Erbschaftsteuerreformgesetz v. 24.12.08 (BGBl. I 08, 3018) in Kraft. Darin werden aus Sicht der GmbH insbes. die Bewertung von GmbH-Anteilen neu geregelt (§ 12 ErbStG), sowie Verschonungsregeln für die Schenkung oder Vererbung von Unternehmensvermögen eingeführt (§ 13a und § 13b ErbStG). Zu den Einzelheiten der Reform aus Sicht der GmbH vgl. *Piltz* DStR 08, 745; *Rödder* DStR 08, 997; *Kamps* FR 09, 353; *Riedel* ZErb 09, 2; *Schwedhelm/Fraedrich* GmbH-StB 08, 110; *Fraedrich* GmbH-StB 09, 45; *Schilten/Korezkij* DStR 09, 73. Schenker und Beschenkter sind Gesamtschuldner der Schenkungsteuer; der Vertrag stellt klar, dass im Innenverhältnis die Schenkungsteuer durch den Beschenkten getragen werden soll. Durch das Gesetz zur Anpassung des ErbStG an die Rechtsprechung des BVerfG v. 4.11.16 (BGBl. I 16, 2464) sind die Regelungen der §§ 13a, 13b ErbStG nochmals grundlegend überarbeitet worden (vgl. zu den Neuregelungen: *Kotzenberg/Jülicher* GmbHR 16, 1135; *Viskorf/Löcherbach/Jehle* DStR 16, 2425).

6 **Grunderwerbsteuer:** Die Anteilsübertragung kann Grunderwerbsteuer auslösen (vgl. A. 6.10 Rz. 22). Im Fall der Schenkung greift jedoch die Befreiung nach § 3 Nr. 2 GrEStG.

7–9 *(frei)*

2. Einzelerläuterungen

Zu § 1: Vertragsgegenstand

10 Vgl. A. 6.10 Rz. 26.

Zu § 2: Schenkung und Abtretung

11 Vgl. A. 6.10 Rz. 32 ff.

Zu § 3: Gewährleistung

12 Nach § 521 BGB haftet der Schenker grds. für Vorsatz und grobe Fahrlässigkeit. Zur **Haftung** für Rechts- und Sachmängel vgl. §§ 523, 524 BGB sowie A. 6.10

Rz. 6 ff. Die Haftung für Vorsatz kann vertraglich nicht ausgeschlossen werden (§ 276 Abs. 3 BGB).

Zu § 4: Widerruf

Nach § 530 BGB kann die Schenkung **widerrufen** werden, wenn sich der Be- 13
schenkte durch schwere Verfehlung groben Undanks schuldig macht (vgl. im Einzelnen *Palandt/Weidenkaff* § 530 BGB Rz. 4 ff.).

Zu § 5 Abs. 1: Sonstiges (Abtretungsbeschränkung)

Die Vereinbarung ist dem jeweiligen Gesellschaftsvertrag anzupassen (vgl. § 15 14
Abs. 5 GmbHG u. A. 6.10 Rz. 35).

A. 6.12 Anteilsverpfändung

Gliederung

I. FORMULAR

Formular A. 6.12 Anteilsverpfändung

Urkundenrolle Nummer ......

Verhandelt am ...... zu ......

Vor dem Notar ...... erschienen:

1. Herr A, wohnhaft in ......,

2. Herr B, wohnhaft in ....

Die Erschienenen wiesen sich wie folgt aus:

Sie baten um die Beurkundung nachstehender

VERPFÄNDUNG EINES GESCHÄFTSANTEILS

1. Herr A hält an der im Handelsregister des Amtsgerichts ...... unter HRB ...... (Geschäftsanteil Nr. ......) eingetragenen ......-GmbH einen Geschäftsanteil im Nennbetrag von € ...... des insgesamt € ...... betragenden Stammkapitals. Die Stammeinlagen sind in voller Höhe einbezahlt.

2. Herr A verpfändet den in Ziffer 1. genannten Geschäftsanteil an Herrn B. Die Verpfändung erstreckt sich nicht auf die Gewinnansprüche.

3. Die Verpfändung dient der Sicherung aller sich aus dem am ...... zwischen den Parteien abgeschlossenen Darlehensvertrag ergebenden Ansprüche des Herrn B gegen Herrn A.

4. Alle Mitgliedschaftsrechte, insbesondere das Stimmrecht, verbleiben bei Herrn A, der sich verpflichtet, alles zu unterlassen, was den Wert des Geschäftsanteils beeinträchtigen könnte.

5. Das Pfandrecht erlischt, sobald das Darlehen (Hauptsumme nebst Zinsen) getilgt ist.

6. Herr B kann den gepfändeten Geschäftsanteil ohne vollstreckbaren Titel öffentlich versteigern lassen, falls Herr A mit einer fälligen Verbindlichkeit aus dem Darlehensvertrag vom ...... mit mehr als 30 Kalendertagen in Verzug gerät. Die Versteigerung kann an jedem beliebigen Ort in der Bundesrepublik Deutschland stattfinden.

7. Die Einwilligung der Gesellschaft zur Verpfändung des Geschäftsanteils liegt vor. Sonstige Beschränkungen der Verpfändung durch den Gesellschaftsvertrag bestehen nicht.

8. Die mit dem Abschluss und der Durchführung dieses Vertrags entstehenden Kosten trägt Herr A.

9. Sollte ein Teil dieses Vertrags nichtig oder unwirksam sein oder werden, so soll an die Stelle der nichtigen oder unwirksamen Bestimmung eine angemessene Ersatzregelung treten, die dem Geist dieses Vertrags gerecht wird und von der angenommen werden kann, dass die Vertragschließenden sie vereinbart hätten, wenn sie die Nichtigkeit gekannt hätten. Die übrigen Bestimmungen dieses Vertrags bleiben von der Nichtigkeit oder Unwirksamkeit unberührt.

10. Gerichtsstand ist ....

11. Der Notar wird gebeten, die Verpfändung des Geschäftsanteils bei der Gesellschaft anzuzeigen.

Diese Niederschrift wurde den Erschienenen vom Notar vorgelesen, von ihnen genehmigt und von ihnen und dem Notar eigenhändig wie folgt unterschrieben:

....

(Unterschrift A)   (Unterschrift B)

....

(Unterschrift Notar)

II. ERLÄUTERUNGEN

Erläuterungen zu A. 6.12 Anteilsverpfändung

1. Grundsätzliche Anmerkungen

a) Wirtschaftliches Vertragsziel

1   Die Verpfändung des Geschäftsanteils dient der **Sicherung** einer Forderung, hier eines Darlehens (eingehend *Bruhns* GmbHR 06, 587; *Kupjetz* GmbHR 04, 1006; *Mertens* ZIP 98, 1787; *Rodewald* GmbHR 95, 418; mit Formulierungsvorschlag: *Dahlbender* GmbH-StB 12, 386).

2   **Alternativ** könnte der Geschäftsanteil zur **Sicherheit abgetreten** werden. Die Sicherungsabtretung unterliegt jedoch ggf. der Grunderwerbsteuer (vgl. A. 6.10 Rz. 22 f.) und belastet den Sicherungsnehmer mit allen Verpflichtungen, die sich aus der Gesellschafterstellung ergeben. IdR ist daher die Verpfändung als Sicherungsmittel vorzuziehen. Ggf. kann das Pfandrecht auf die Gewinnansprüche ausgedehnt und der Pfandgläubiger zur Ausübung des Stimmrechts ermächtigt werden (vgl. Rz. 12).

b) Zivilrecht

3   Geschäftsanteile oder Teile eines Geschäftsanteils können verpfändet werden, soweit die Abtretung zulässig ist (§ 1274 Abs. 2 BGB). Schließt der Gesellschaftsvertrag die Abtretung aus oder macht er sie von bestimmten Voraussetzungen abhängig (§ 15

Abs. 5 GmbHG), so gilt dies auch für die Verpfändung. Die Teilverpfändung bedarf entsprechend § 46 Nr. 4 GmbHG der Beschlussfassung durch Gesellschafterversammlung. Darüber hinaus ist jeweils zu prüfen, ob der Gesellschaftsvertrag die Verpfändung von gesonderten Voraussetzungen abhängig macht. Sofern die GmbH selbst eigene ihrer Anteile hält, können auch diese ggf. verpfändet werden, vgl. *Jordans* GmbHR 13, R 246.

Auch zukünftige Geschäftsanteile vor Eintragung der GmbH oder vor Durchfüh- 4 rung einer beschlossenen Kapitalerhöhung können wirksam verpfändet werden (*Scholz/Seibt* § 15 GmbHG Rz. 172).

Die Verpfändung bedarf der **notariellen Form** (§ 15 Abs. 3 GmbHG, § 1274 5 Abs. 1 BGB).

Wird der verpfändete Geschäftsanteil **abgetreten,** so geht das Pfandrecht als dingli- 6 che Last mit über. Der gutgläubige lastenfreie Erwerb ist nicht geschützt: Das wirksam vereinbarte Pfandrecht bleibt also auch für den Fall des gutgläubigen Erwerbs vom Nichtberechtigten bestehen (§ 16 Abs. 3 Satz 1 GmbHG).

Das Pfandrecht kann jederzeit formfrei **aufgehoben** werden. 7

c) Steuerrecht

Die Verpfändung des Geschäftsanteils ist für die steuerrechtliche **Zuordnung** des 8 Vermögensgegenstandes und der Erträge grds. unbeachtlich. Steuerlicher „Anteilseigner" ist der Sicherungsgeber (*Schmidt/Levedag* § 20 EStG Rz. 230 ff.).

Grunderwerbsteuer fällt ebenfalls nicht an. 9

Erst bei der Verwertung des Pfandrechts durch öffentliche Versteigerung oder frei- 10 händigen Verkauf entstehen steuerrechtliche Folgen aus dem Übergang des Geschäftsanteils (vgl. hierzu A. 6.10 Rz. 15 ff.).

2. Einzelerläuterungen

Zu 2: Gewinnansprüche werden von dem Pfandrecht nicht erfasst, es sei denn, 11 diese werden ausdrücklich mitverpfändet (Nutzungspfand). Das Gewinnbezugsrecht kann auch allein verpfändet werden (vgl. *Scholz/Seibt* § 15 GmbHG Rz. 182).

Zu 4: Der Pfandgläubiger hat grds. nur das Recht zur Befriedigung aus dem Pfand. 12 Die **Mitgliedschaftsrechte** werden von dem Pfandrecht nicht erfasst. Allerdings kann der Pfandgläubiger bevollmächtigt werden, das Stimmrecht auszuüben, soweit der Gesellschaftsvertrag dies nicht ausschließt (*Scholz/Seibt* § 15 GmbHG Rz. 179 f.).

Gegen **Beeinträchtigungen** des Pfandrechts durch Gesellschafterbeschlüsse oder 13 rechtsgestaltende Akte der GmbH ist der Pfandgläubiger grds. nicht geschützt (vgl. *Scholz/Seibt* § 15 GmbHG Rz. 191 ff.). Ausnahme: Vorsätzliche sittenwidrige Schädigung.

Zu 5: Das Pfandrecht **erlischt** mit der Befriedigung des Pfandgläubigers, soweit 14 nichts anderes vereinbart wird.

Zu 6: Grds. kann der Pfandgläubiger seine Befriedigung aus dem Pfandrecht nur 15 auf Grund eines vollstreckbaren Titels im Wege der **Zwangsvollstreckung** suchen (§ 1277 BGB). Unter Beachtung von §§ 1229, 1245 Abs. 2 BGB können jedoch von der gesetzlichen Verwertungsart abweichende Vereinbarungen getroffen werden (*Palandt/Wicke* § 1277 BGB Rz. 3). So kann auf die Notwendigkeit eines dinglichen Titels verzichtet werden. Statt öffentlicher Versteigerung kann freihändiger Verkauf vereinbart werden (§§ 1245, 1235 BGB).

Zu 7: Der Vertragstext ist auf den jeweiligen Gesellschaftsvertrag hin abzustimmen 16 (vgl. Rz. 3).

Zu 11: Ob die Verpfändung im Hinblick auf § 1280 BGB (*Bruhns* GmbHR 06, 17 587) der **Anzeige/Anmeldung** an die Gesellschaft bedarf, ist streitig (vgl. *Scholz/Seibt* § 15 GmbHG Rz. 175; verneinend für die neue Rechtslage: *Pilger* GmbHR 09, R193–R194). Vorsorglich sollte eine Anmeldung erfolgen.

A. 6.13 Arbeitsvertrag

I. FORMULAR

Formular A. 6.13 Arbeitsvertrag

---

1. Herr/Frau ......   – nachfolgend Arbeitnehmer genannt –

und

2. X-GmbH   – nachfolgend GmbH genannt –

schließen folgenden

ARBEITSVERTRAG

1. Mit Arbeitnehmer wird ab ...... ein Arbeitsverhältnis vereinbart.
2. Arbeitnehmer wird folgende Arbeiten verrichten:

   ......

   ......
3. Die Arbeitszeit beträgt ...... Stunden in der Woche; im Übrigen werden die Zeiten nach den Betriebserfordernissen festgelegt.
4. Arbeitnehmer erhält ein Gehalt von € ...... monatlich, das zum Ende eines Monats gezahlt wird. Im Dezember werden € ...... als Weihnachtsgeld gezahlt.
5. Das Gehalt wird im Fall vorübergehender Verhinderung – wie zB durch Krankheit – entsprechend den gesetzlichen Vorschriften weitergezahlt.
6. Arbeitnehmer erhält einen Erholungsurlaub von ...... Werktagen.
7. Für die Beendigung des Arbeitsverhältnisses gelten die gesetzlichen Bestimmungen.

II. ERLÄUTERUNGEN

Erläuterungen zu A. 6.13 Arbeitsvertrag

---

1   Der Vertrag regelt das **Verhältnis** zu einem **Gesellschafter–Arbeitnehmer.** Es handelt sich um eine Kurzfassung, die Einzelregelungen auf Grund eines Interessengegensatzes zwischen GmbH und Arbeitnehmer weitgehend vermeidet. Der Vertrag bezweckt in erster Linie, dem Gebot klarer und rechtzeitiger, zivilrechtlich gültiger Verträge zur Vermeidung von vGA nachzukommen.

2   Ist der Gesellschafter Geschäftsführer, s. „Geschäftsführervertrag", Formular A. 6.26 und „Geschäftsführervertrag (Kurzfassung)", Formular A. 6.27.

3   Das mit einem Gesellschafter vereinbarte Gehalt muss angemessen sein, um vGA zu vermeiden.

4   Der als Arbeitnehmer angestellte Alleingesellschafter ist nicht sozialversicherungspflichtig (BSG B 12 KR 30/04 R v. 25.1.06, GmbHR 06, 645; 11 RAr 39/89 v. 9.11.89, GmbHR 90, 300; *Löw* GmbHR 06, 649). Bei Missachtung besteht die Gefahr einer vGA.

A. 6.14 Auftrag

Siehe Formular A. 6.24 „Geschäftsbesorgung".

A. 6.15 Aufwendungsersatz

Siehe hierzu Formular A. 6.26 § 8 „Geschäftsführervertrag". Die dort in den Geschäftsführervertrag eingebaute Vereinbarung über einen Aufwendungsersatz kann – nach Anpassung – auch in andere Verträge übernommen werden. Soweit die Vereinbarung mit einem beherrschenden Gesellschafter getroffen wird, muss sie klar, rechtzeitig und zivilrechtlich gültig sein, außerdem vertragsgemäß durchgeführt werden.

A. 6.16 Beirat

Siehe Formular A. 6.00 § 5 mit Anmerkungen.

A. 6.17 Beratungsvertrag

I. FORMULAR

Formular A. 6.17 Beratungsvertrag

1. Herr/Frau ......

und

2. X-GmbH

schließen den nachfolgenden

BERATUNGSVERTRAG

1. Herr/Frau ...... steht der GmbH zur Beratung zur Verfügung.
2. Die Beratung erstreckt sich insbesondere auf folgende Bereiche:

   ......

   ......

3. Die Beratung erfolgt mündlich gegenüber der Geschäftsführung oder in Abstimmung mit der Geschäftsführung auch gegenüber anderen Mitarbeitern der GmbH. Nach Absprache im Einzelfall wird Herr/Frau ...... seine/ihre Überlegungen auch schriftlich niederlegen.
4. Als Entgelt erhält Herr/Frau ...... monatlich pauschal € ....../je Beratungstag € ....../je Beratungsstunde € ...... zuzüglich der gesetzlichen Umsatzsteuer, sofern diese ordnungsgemäß nach § 14 UStG in Rechnung gestellt wird. Nachgewiesene Aufwendungen, die durch die Beratungstätigkeit verursacht sind (zB Reisekosten), werden zusätzlich erstattet.
5. Der Vertrag ist auf unbestimmte Dauer abgeschlossen. Er kann von jeder Seite mit einer Frist von drei Monaten zum Quartalsende eines Kalenderjahres gekündigt werden.

II. ERLÄUTERUNGEN

Erläuterungen zu A. 6.17 Beratungsvertrag

Der **Zweck** eines Beratungsvertrages ist evident. Mit dem Alleingesellschafter oder **1** einem beherrschenden Gesellschafter der GmbH wird er häufig dann vereinbart, wenn sich der Gesellschafter im Alter aus der Geschäftsführung zurückzieht und die unmittelbare Geschäftsführung durch Beratungsleistungen ablöst.

2   Der **zeitgerechte Abschluss** des Vertrages mit beherrschenden Gesellschaftern vermeidet verdeckte Gewinnausschüttungen. Das Problem liegt in der Angemessenheit des Beratungshonorars. Allerdings stellt sich das Problem nicht nur dem Berater, sondern auch der prüfenden FinVerw. Fälle wegen Unangemessenheit des Honorars sind daher relativ selten.

3   Der beratende Gesellschafter bezieht idR gewerbliche, also **gewerbesteuerpflichtige** Einkünfte, da der Tatbestand des § 18 Abs. 1 EStG selten erfüllt sein dürfte. Hierauf ist besonders hinzuweisen, weil in der Praxis die Steuerpflichtigen Beratereinkünfte spontan dem Freiberuflichen zuordnen und die Gewerbesteuerlast vergessen (viele Finanzämter auch).

A. 6.18 Betriebsabgrenzung

Gliederung

I. FORMULAR

Formular A. 6.18 Betriebsabgrenzung

Protokoll über die Gesellschafterversammlung der X-GmbH vom ......

Am ...... erschienen in ......

die Gesellschafter

......

......

sowie der Geschäftsführer

......

......

Unter Verzicht auf alle Frist- und Formerfordernisse beschließt die Gesellschafterversammlung den nachfolgenden Betriebsabgrenzungsvertrag, der hiermit mit dem Gesellschafter-Geschäftsführer abgeschlossen wird:

BETRIEBSABGRENZUNGSVERTRAG

zwischen

GmbH und dem Gesellschafter-Geschäftsführer

§ 1 Die abzugrenzenden Betriebe

(1) Herr ...... betreibt als Einzelunternehmer ein Unternehmen mit dem Unternehmenszweck ......

(2) Herr ...... ist zugleich Gesellschafter-Geschäftsführer der ...... GmbH, deren Gesellschaftszweck ...... ist.

§ 2 Befreiung vom Wettbewerbsverbot

(1) Herrn ...... ist es als Geschäftsführer gestattet, ohne Einschränkung das Einzelunternehmen zu betreiben.

(2) Herrn ...... ist es als Gesellschafter gestattet, ohne Einschränkung das Einzelunternehmen zu betreiben.

§ 3 Abgrenzung der Betriebe

(1) Die Vertragsparteien wollen durch diesen Vertrag eine Abgrenzung der in § 1 erwähnten Betriebe regeln.

(2) Herr ...... wird in seinem Einzelunternehmen folgende Geschäfte abwickeln:
......

(3) Die ...... GmbH wird im Rahmen ihres Gesellschaftszwecks folgende Geschäfte abwickeln: ......

(4) Die Vertragsparteien werden im Hinblick auf die vorstehende Abgrenzung nicht in dem jeweils anderen Geschäftsbereich tätig werden.

§ 4 Entgelt

Ein besonderes Entgelt wird nicht vereinbart. Bei der Bemessung des Geschäftsführer-Entgelts ist berücksichtigt, dass der ...... GmbH die Arbeitskraft des Gesellschafter-Geschäftsführers nur eingeschränkt zur Verfügung steht.

(Oder: Im Hinblick auf die Vorteilhaftigkeit des Vertrages für beide Seiten wird auf ein Entgelt verzichtet.)

§ 5 Dauer des Vertrages

(1) Der Vertrag ist auf unbestimmte Zeit abgeschlossen.

(2) Der Vertrag kann mit einer Kündigungsfrist von vier Wochen zum Quartalsende gekündigt werden.

(3) Der Vertrag endet, wenn die Geschäftsführerstellung des Gesellschafter-Geschäftsführers endet.

(4) Ausgleichs- oder Abfindungsansprüche nach Beendigung des Vertrages sind ausgeschlossen.

II. ERLÄUTERUNGEN

> **Erläuterungen zu A. 6.18 Betriebsabgrenzung**

1. Wirtschaftliche Vertragsziele

Der Vertrag ist zweckmäßig, wenn der Gesellschafter-Geschäftsführer neben seiner 1
Tätigkeit für die GmbH noch ein **eigenes Gewerbe** oder einen **eigenen freiberuflichen Betrieb** führt. Einmal muss er vom für den Geschäftsführer (und evtl. für den Gesellschafter) geltenden Wettbewerbsverbot befreit werden (s. Rz. 2); zum anderen ist aus steuerlichen Gründen eine klare Abgrenzung beider Betriebssphären empfehlenswert. Bei kleineren Familien-GmbH tritt der zivilrechtliche Zweck (Befreiung vom Wettbewerbsverbot) häufig zurück, da die Befreiung konkludent ausgesprochen wird. Hier ist der klare und eindeutige Abgrenzungsvertrag verbunden mit der ausdrücklichen Befreiung vom Wettbewerbsverbot in erster Linie ratsam, um vGA zu vermeiden. Die steuerlichen Zwecke stehen im Vordergrund.

2. Zivilrecht

2 Zivilrechtlich sinnvoll ist eine Regelung und evtl. **Befreiung** vom **Wettbewerbsverbot.** Jeder GmbH-**Geschäftsführer** muss grundsätzlich seine Arbeitskraft der GmbH zur Verfügung stellen; jede anderweitige Tätigkeit, die mit dem Gewerbe der GmbH **in Konkurrenz** tritt, muss **genehmigt** werden (BGH II ZR 168/79 v. 16.2.81, NJW 81, 1512). Ob und inwieweit die Befreiung vom Wettbewerbsverbot in der Satzung vorgesehen sein muss, ist streitig (vgl. *Baumbach/Hueck/Fastrich* § 37 GmbHG Rz. 89). Bei Befreiung durch Mehrheitsentscheidung soll die GmbH für entstehende Nachteile entschädigt werden (*Baumbach/Hueck/Fastrich* § 35 GmbHG Rz. 43). Wird das Wettbewerbsverbot verletzt, so stehen der GmbH Schadensersatzanspruch und der Anspruch auf Vorteilsherausgabe zu (*Baumbach/Hueck/Fastrich* § 37 GmbHG Rz. 87). S. auch A. 6.26 Rz. 33.

Zum Wettbewerbsverbot für den GmbH-**Gesellschafter** s. A. 6.00 Rz. 84. Greift es ein, kann die Befreiung nur durch eine Satzungsänderung oder auf Grund einer Satzungsermächtigung durch Gesellschafterbeschluss erfolgen. Das Vertragsmuster setzt eine solche Satzungsermächtigung (Öffnungsklausel) voraus; es ist die praktikabelste und am häufigsten verwendete Möglichkeit, das Problem des Wettbewerbsverbots in den Griff zu bekommen.

Der **Betriebsabgrenzungsvertrag** ist zivilrechtlich allenfalls insoweit geboten, als er eine Regelung des Wettbewerbsverbots konkretisieren kann. Im Übrigen ist er ein **Instrument** des **Steuerrechts** (s. Rz. 3 ff.).

3. Steuerrecht

S. hierzu *Streck/Schwedhelm* § 8 Anh. KStG Rz. 1406 ff.

3 Der Betriebsabgrenzungsvertrag und die Befreiung vom Wettbewerbsverbot sind nach der Rspr. des BFH im Einzelfall ratsam, um **verdeckte Gewinnausschüttungen** zu vermeiden. Die **Rechtsprechung** des **BFH** hat hierbei einen bewegten Verlauf unternommen. Seit langem verlangte die Rspr. bei einer konkurrierenden Tätigkeit des beherrschenden Gesellschafter-Geschäftsführers außerhalb der GmbH eine im Voraus getroffene klare Vereinbarung über die **Abgrenzung der Tätigkeiten** beider Gesellschaften. Fehlte eine solche Abgrenzung, wurde die Tätigkeit außerhalb der GmbH steuerlich der GmbH zugerechnet. Da sie dort nicht erfasst war, handelte es sich um vGA (s. BFH I 181/63 U v. 15.12.65, BStBl. III 66, 123; I R 130/68 v. 30.9.70, BStBl. II 71, 68; I R 79/68 v. 27.1.71, BStBl. II 71, 352; I R 128/77 v. 11.2.81, BStBl. II 81, 448; I R 229/81 v. 9.2.83, BStBl. II 83, 487).

4 Mit BFH I R 177/83 v. 11.2.87, BStBl. II 87, 461 ist die Rspr. einen Schritt weiter gegangen. Verstößt ein Gesellschafter-Geschäftsführer gegen das zivilrechtliche **Wettbewerbsverbot** und verzichtet die GmbH auf die Geltendmachung ihres Anspruchs auf Schadensersatz bzw. Vorteilsherausgabe, so lag nach der Rspr. des BFH eine vGA vor (BFH I R 8/85 v. 14.3.89, BStBl. II 89, 633; I R 142–143/85 v. 12.4.89, BStBl. II 89, 636; I R 172/87 v. 26.4.89, BStBl. II 89, 673). Vermieden wurde die vGA nur, wenn eine wirksame Befreiung vom Wettbewerbsverbot vorlag. Dabei ging die Rspr. des BFH davon aus, dass die GmbH die Befreiung idR nur dann erteilen wird, wenn sie hierfür eine angemessene Vergütung erhält. Verzichtet die GmbH hierauf, könnte auch dies eine vGA sein.

Mit BFH I R 155/94 v. 30.8.95 (DStR 95, 1873; bestätigt und fortgeführt in BFH I R 127/94 v. 12.10.95, DStR 96, 337; I R 45/95 v. 22.11.95, BFH/NV 96, 645; I R 97/95 v. 11.6.96, DStR 96, 1769; I R 149/94 v. 13.11.96, DStR 97, 323; I R 26/95 v. 18.12.96, DStR 97, 575; I R 126/95 v. 13.11.96, DStR 97, 918; I R 14/96 v. 12.6.97, HFR 97, 837) hat der BFH seine **Rechtsprechung grundlegend geändert** (s. dazu *Gosch* DStR 97, 442; *Wassermeyer* DStR 97, 681; *Höpken* DB 97, 702; *Weisser* GmbHR 97, 429): § 8 Abs. 3 Satz 2 KStG **erlaubt nicht,** die von einem Gesellschafter im eigenen Namen und für eigene Rechnung ausgeübte Tätigkeit und die daraus erzielten **Einkünfte** der GmbH **zuzurechnen,** selbst wenn sie dem Unternehmensgegenstand der GmbH unterfällt. Gegen einen **Alleingesellschafter** besteht – zumindest solange er der GmbH kein Vermögen entzieht, das zur Deckung des Stammkapitals erforderlich ist – kein Schadensersatzanspruch wegen einer konkurrierenden Tätigkeit, da der Alleingesellschafter **keinem Wettbewerbsverbot** gegenüber seiner Gesellschaft unterliegt. Selbst bei einem vertraglichen Wettbewerbsverbot für den Gesellschafter und/oder Geschäftsführer besteht bei Verstoß kein Schadensersatzanspruch gegen den Alleingesellschafter-Geschäftsführer. Entsprechendes gilt für eine **mehrgliedrige GmbH,** wenn die Gesellschafter gemeinschaftlich und in Ausübung gleichgerichteter Interessen handeln.

Das **Fehlen** eines zivilrechtlichen **Schadensersatzanspruchs schließt** die An- 5 nahme einer **vGA** durch Gewinnverlagerung zu Lasten der GmbH jedoch nach der BFH-Rspr. **nicht aus** (BFH I R 149/94 v. 13.11.96, DStR 97, 323). Dabei ist zu differenzieren, ob der Gesellschafter(-Geschäftsführer) als Subunternehmer für die GmbH oder für Dritte tätig wird. Bei Aufträgen, die der Gesellschafter(-Geschäftsführer) als **Subunternehmer** ausführt, handelt es sich um **Geschäftschancen** der GmbH. Ob die Ausführung des Geschäfts durch den Gesellschafter als Subunternehmer zur vGA führt, richtet sich nach dem Maßstab des ordentlichen und gewissenhaften Geschäftsleiters: War die Gesellschaft personell, finanziell und sachlich in der Lage, den Auftrag selbst aufzuführen oder war es kostengünstiger, einen Dritten zu beauftragen? Hierbei ist mit entscheidend, ob die an den Gesellschafter als Subunternehmer vergebene Tätigkeit nicht bereits zu seinen Geschäftsführeraufgaben gehörten (BFH I R 25/03 v. 17.12.03, BFH/NV 04, 819; I R 127/94 v. 12.10.95, DStR 96, 337; I R 149/94 v. 13.11.96, DStR 97, 323). Soweit der Gesellschafter-Geschäftsführer **von Dritten** beauftragt wird oder **mit Dritten** ein Geschäft abschließt, kann eine vGA nur angenommen werden, wenn konkrete Anhaltspunkte dafür festgestellt werden, dass der Gesellschafter hierbei Geschäftschancen der GmbH ausnutzt. Dabei können die Geschäftschancen nicht nach formalen Kriterien (etwa nach dem Unternehmensgegenstand) zugeordnet werden. Es besteht auch kein Gebot der Aufgabenabgrenzung.

Der BFH hat die Kriterien einer „**Geschäftschance**“ bisher nicht handhabbar 6 präzisiert (s. hierzu *Schwedhelm* BB 03, 605; *Thiel* DStR 93, 1801; *Schneider* DB 93, 1192; *Timm* GmbHR 91, 177; *Streck* GmbHR 05, 1157). Nach BFH I R 97/95 v. 11.6.96, DStR 96, 1769, ist zu prüfen, ob der Gesellschafter-Geschäftsführer sein Wissen von der Geschäftschance durch seine Tätigkeit bei der Gesellschaft erlangt hat. Dabei kann der Unternehmensgegenstand ein Indiz für die Zuordnung der Geschäftschance sein.

Der BFH hat mit der vorstehenden Rspr. das Erfordernis einer **Betriebsabgren-** 7 **zung** bei konkurrierender Tätigkeit eines beherrschenden Gesellschafter-Geschäftsführers außerhalb der GmbH aufgegeben (BFH I R 149/94 v. 13.11.96, DStR 97, 323). Das Fehlen einer Betriebsabgrenzung führt damit nicht mehr automatisch zur vGA. Vereinbarungen über die jeweilige Geschäftstätigkeit begründen aber eine Vermutung für die jeweilige Zuordnung einer Geschäftschance. **Betriebsabgrenzungsvereinbarungen** sind daher in der Praxis weiterhin zu **empfehlen** (ebenso *Hoffmann* GmbH-StB 97, 75). Aus diesem Grund wird das Vertragsmuster hier fortgeführt.

Die **Unternehmenssteuerreform 2001** v. 23.10.00 (BGBl. I 00, 1433) mit der 7a Abschaffung des Anrechnungsverfahrens hob das Problem nicht auf, da vGA weiterhin das Einkommen nicht mindern dürfen.

Das **Muster** enthält sowohl die Betriebsabgrenzung als auch die Befreiung vom 8 Wettbewerbsverbot auf Grund einer Öffnungsklausel (s. Rz. 2). Es ist für den beherrschenden Gesellschafter-Geschäftsführer entworfen, kann jedoch auch für den nicht beherrschenden verwandt werden.

A. 6.19 Bürgschaft

I. FORMULAR

Formular A. 6.19 Bürgschaft

zwischen

1. X-GmbH   – nachfolgend GmbH genannt –

und

2. Herr/Frau ......   – nachfolgend Gesellschafter genannt –

1. Die GmbH übernimmt für Verpflichtungen des Gesellschafters eine selbstschuldnerische Bürgschaft.
2. Für die Dauer der Bürgschaft zahlt der Gesellschafter an die GmbH eine Avalprovision in Höhe von ......% des verbürgten Betrags. Die Provision wird halbjährlich gezahlt.
3. GmbH und Gesellschafter können diesen Vertrag mit einer Frist von ...... Tagen kündigen. Unabhängig von dieser Kündigungsmöglichkeit bleibt der Gesellschafter jedoch zur Zahlung der Avalprovision (Nr. 2) verpflichtet, solange die Bürgschaftsverpflichtung der GmbH dem Gläubiger gegenüber wirksam ist.

II. ERLÄUTERUNGEN

Erläuterungen zu A. 6.19 Bürgschaft

1   Das Muster enthält nicht die Bürgschaftserklärung gegenüber dem Gläubiger, sondern befasst sich mit dem Verhältnis zwischen Bürge und Schuldner.

2   Das Muster ist hier aufgenommen, um durch eine rechtzeitige Vereinbarung zwischen GmbH und ihrem beherrschenden Gesellschafter eine vGA zu vermeiden, die möglich ist, wenn die GmbH eine Bürgschaft übernimmt, ohne eine Avalprovision zu erhalten, oder wenn der Gesellschafter die Bürgschaft für eine GmbH übernimmt und eine Avalprovision erhält, ohne dass ein rechtzeitig geschlossener Vertrag vorliegt.

3   Das Muster geht von einer Bürgschaft der GmbH aus; es ist jedoch problemlos auf die Bürgschaft des Gesellschafters umzuschreiben.

A. 6.20 Darlehen

I. FORMULAR

Formular A. 6.20 Darlehen

DARLEHENSVERTRAG

zwischen

X-GmbH   – nachfolgend Darlehensgeberin genannt –

und

Herr/Frau ......   – nachfolgend Darlehensnehmer genannt –

§ 1 Darlehen

(1) Darlehensgeberin gewährt Darlehensnehmer ein Darlehen über € ....

(2) Darlehensnehmer bestätigt, den Darlehensbetrag erhalten zu haben.

§ 2 Zinsvereinbarung

(1) Das Darlehen wird mit ......% p. a. verzinst.

(2) Die Zinsabrechnung erfolgt vierteljährlich/jährlich, erstmals zum ....

§ 3 Kündigung

(1) Das Darlehen ist von beiden Seiten mit einer Frist von ...... zum Quartalsende, erstmals zum ......, in voller Höhe oder in Teilbeträgen kündbar. In dem Zeitpunkt, in dem die Kündigung wirksam wird, wird der Darlehensbetrag nach § 1 gemeinsam mit den Zinsen in einer Summe fällig.

(2) Darlehensnehmer kann auch unabhängig von Abs. 1 Darlehensbeträge zurückzahlen.

§ 4 Sicherung

Nach Überprüfung der Bonität des Darlehensnehmers verzichtet Darlehensgeberin auf die Stellung einer Sicherheit.

(Oder: Der Darlehensnehmer stellt folgende Sicherheit: ......)

§ 5 Beendigung des Vertrags

(1) Vorbehaltlich § 3 endet der Vertrag am .... Zu diesem Zeitpunkt wird der Darlehensbetrag nach § 1 gemeinsam mit den Zinsen in einer Summe fällig.

(2) Über eine Darlehensverlängerung werden sich die Parteien ggf. verständigen.

(3) Zwingendes Recht des Bürgerlichen Gesetzbuchs geht dem Vertrag vor und lässt ihn im Übrigen bestehen.

II. ERLÄUTERUNGEN

> **Erläuterungen zu A. 6.20 Darlehen**

Es handelt sich um einfache Darlehensverträge zwischen GmbH und ihrem Gesell- 1 schafter. Die GmbH ist Darlehensgeberin. Sofern es sich bei dem Gesellschafterdarlehen ausnahmsweise um ein Verbraucherdarlehen handelt, muss der Vertrag zusätzlich gem. § 492 Abs. 2 BGB die Pflichtangaben nach Art. 247 § 6 Abs. 2 EGBGB enthalten; der Darlehensnehmer hat in diesem Fall ein Widerrufsrecht nach § 495 BGB.

§ 5 des Vertrags hat die Funktion klarzustellen, dass der Darlehensbetrag auf jeden 2 Fall zurückgezahlt werden soll (Vermeidung einer verdeckten Gewinnausschüttung durch „Darlehensausschüttung", vgl. *Streck/Schwedhelm* § 8 Anh. KStG Rz. 248 ff.).

Zur Vermeidung eines steuerlichen vGA-Risikos sollte der Darlehensvertrag zwi- 3 schen GmbH und ihrem Gesellschafter bzw. einer dem Gesellschafter nahestehenden Person fremdüblich, insbesondere mit Blick auf Verzinsung, Tilgung und Sicherheiten vereinbart und vollzogen werden.

Die steuerliche Behandlung des **Ausfalls eines Gesellschafterdarlehens,** wenn 4 der Gesellschafter den Anteil im **Privatvermögen** hält, ist seit vielen Jahren umstritten. Die Finanzverwaltung und die BFH-Rechtsprechung knüpften früher an den Status des Darlehens als eigenkapitalersetzendes Darlehen an. Durch den Wegfall der §§ 32a und 32b GmbHG durch das MoMiG in 2008 ist eine solche Kopplung nicht mehr möglich. Mit einer Grundsatzentscheidung hat der **IX. Senat des BFH** dieser steuerlichen Behandlung ein Ende gesetzt (BFH IX R 36/15 v. 11.7.17, DStR 17, 2089). Nach Auffassung des IX. Senats des BFH ist mit Wegfall der §§ 32a und 32b GmbHG der Anknüpfungspunkt für eine Qualifizierung des Darlehensausfalls als nachträgliche Anschaffungskosten auf die Beteiligung an der Kapitalgesellschaft entfallen. Vor dem Hintergrund der langjährigen Rechtsentwicklung räumt der BFH – eine sehr seltene und auch sehr umstrittene Ausnahmeregelung – Vertrauensschutz ein. Gesellschafter, die ihrer AG Darlehen gewährt haben, die **bis zum 27.9.17** eigenkapitalersetzend geworden sind, können bei Ausfall ihres Rückzahlungsanspruchs im Fall der Veräußerung oder Auflösung (Insolvenz) der Gesellschaft nachträgliche Anschaffungskosten geltend machen. Entgegen erstinstanzlicher Urteile hält der BFH an seiner Vertrauensschutz-Rechtsprechung fest (BFH IX R 13/18 v. 2.7.19, BStBl. II 20, 89).

5   In einem weiteren Urteil (BFH VIII R 18/16 v. 6.8.19, BFH/NV 20, 52) hat der BFH seine Rechtsprechung bezüglich des Ausfalls von sog. Neu-Darlehen bestätigt. Darlehen, die der Gesellschafter unter dem Regime der Abgeltungsteuer (ab 1.1.09) gewährt hat, können bei Ausfall zum Verlust bei den Einkünften aus Kapitalvermögen nach § 20 Abs. 2 EStG führen. Grundsätzlich können Verluste bei den Einkünften aus Kapitalvermögen nur mit künftigen Überschüssen bei den Einkünften aus Kapitalvermögen verrechnet werden. Anders ist dies jedoch, wenn der Gesellschafter, der das Darlehen gegeben hat, mit mindestens 10 % an der Gesellschaft beteiligt ist. In diesem Fall gilt weder das Teileinkünfteverfahren noch die Beschränkung des § 20 Abs. 6 EStG (§ 32d Abs. 2 Nr. 1b Satz 2 EStG).

Ferner hat der BFH ausgesprochen, dass nicht nur der Ausfall des Darlehens im Rahmen der Insolvenz, sondern auch der Verzicht auf ein wertloses Darlehen zum Verlust nach § 20 Abs. 2 EStG führen kann.

6   Vor dem Hintergrund dieser Rechtsprechung ist der Gesetzgeber aktiv geworden. Im **„JStG 2019"** v. 12.12.19 (BGBl. I 19, 2451) ist **§ 17 Abs. 2a EStG** neu eingeführt worden. Damit wird die alte Rechtslage bezüglich der Anerkennung nachträglicher Anschaffungskosten bei Ausfall „eigenkapitalersetzender" Darlehen wieder hergestellt. § 17 Abs. 2a EStG nF ist erstmals für Veräußerungen nach dem 31.7.19 anzuwenden, auf Antrag ist die Vorschrift aber auch für frühere Veräußerungen anwendbar. Parallel dazu ist eine Änderung in **§ 20 Abs. 2 EStG** eingeführt. Es wird klargestellt, dass unter „Veräußerung" iSv. § 20 Abs. 2 EStG der Ausfall, der Verzicht usw. wertloser Darlehen zu verstehen ist. Allerdings erfolgt ein Ausgleich bzw. eine Verrechnung nur innerhalb der Einkünfte aus Kapitalvermögen. Ferner wird der jährlich verrechenbare Verlust auf 10.000 € pro Jahr begrenzt. Der Rest wird in die Folgejahre vorgetragen (zum Ganzen: *Demuth* GmbH-StB 20, 189).

A. 6.21 Dienstvertrag

Siehe Formulare A. 6.26 und A. 6.27.

A. 6.22 Einlage

1   Ein besonderer Einlagevertrag ist nicht erforderlich. Überweist der Gesellschafter seiner GmbH zur finanziellen Unterstützung € 50.000,– in seiner Eigenschaft als Gesellschafter ohne sonstigen Rechtsgrund, so handelt es sich um eine gesellschaftsrechtliche Einlage, die die GmbH der Rücklage zuführen wird. Ein besonderer Einlage-Vertrag ist nicht erforderlich, wird hier also *nicht als Formular vorgestellt*.

2   Allerdings kann sich die Einlage in sonstigen Verträgen als verdeckte Einlage verbergen. Kauft der Anteilseigner von seiner GmbH ein Grundstück für € 1 Mio., das € 600.000,– wert ist, so erbringt er in Höhe von € 400.000,– eine verdeckte Einlage.

A. 6.23 Einziehung

I. FORMULAR

Formular A. 6.23 Einziehung

Protokoll über die Gesellschafterversammlung der X-GmbH vom ....

1. Am ...... um ...... erschienen in ...... die Gesellschafter
   - Herr A ......
   - Herr B ......
   - Herr C ......
   sowie der Geschäftsführer Herr ....
2. Zum Versammlungsleiter wurde mit einer Mehrheit von ...... gewählt: ....
3. Der Versammlungsleiter stellte fest:
   a) Die Versammlung ist gem. § ...... des Gesellschaftsvertrages ordnungsgemäß einberufen worden.
   b) Es sind ......% des Stammkapitals vertreten. Die Versammlung ist gem. § ...... des Gesellschaftsvertrages beschlussfähig.
4. Der Versammlungsleiter stellt fest, dass folgende Beschlüsse einstimmig gefasst wurden:
   a) Der Geschäftsanteil des Gesellschafters B im Nennbetrag von € ...... wird gem. § ...... des Gesellschaftsvertrages eingezogen.
   b) Der Geschäftsführer wird beauftragt, dem Gesellschafter B gegenüber die Einziehung schriftlich zu erklären.
   c) Die Nennbeträge der nach der Einziehung verbleibenden Geschäftsanteile werden anteilig um den Nennbetrag des eingezogenen Geschäftsanteils im Verhältnis der Nennbeträge der verbleibenden Geschäftsanteile zum Stammkapital erhöht (Aufstockung).
   d) Der Geschäftsführer wird mit der Ermittlung und Auszahlung des Abfindungsguthabens gem. § ...... des Gesellschaftsvertrages beauftragt.
5. Der Gesellschafter B gab keine Erklärung ab.
6. Die Gesellschafterversammlung wurde um ...... Uhr beendet.

II. ERLÄUTERUNGEN

Erläuterungen zu A. 6.23 Einziehung

Eine Einziehung ist nur auf Grund einer Ermächtigung im Gesellschaftsvertrag zulässig (§ 34 Abs. 1 GmbHG). Fehlt eine solche satzungsmäßige Ermächtigung, kann der zwangsweise Ausschluss nur durch Ausschlussklage herbeigeführt werden. Die Einziehung nicht voll eingezahlter Anteile ist wegen eines andernfalls drohenden Verstoßes gegen § 19 Abs. 2 GmbHG unzulässig, sofern sie nicht mit einer entsprechenden Kapitalherabsetzung verbunden ist (vgl. *Scholz/Seibt* Anh. § 34 GmbHG Rz. 43; *Battke* GmbHR 08, 850; eingehend *Zeilinger* GmbHR 02, 772). **1**

Nach Beschlussfassung ist die Einziehung gegenüber dem betroffenen Gesellschafter durch den Geschäftsführer (schriftlich) zu erklären, wenn der Gesellschafter an der Beschlussfassung nicht teilgenommen hat. Eine Eintragung der Einziehung in das Handelsregister ist nicht Wirksamkeitsvoraussetzung (*Baumbach/Hueck/Fastrich* § 34 GmbHG Rz. 18), wohl aber die Einreichung einer neuen Gesellschafterliste (§ 40 **2**

GmbHG), da nach § 16 GmbHG die Gesellschafterliste gegenüber Dritten aber auch den Organen der Gesellschaft verbindlich vorgibt, wer als Gesellschafter zu behandeln ist (OLG Zweibrücken 3 W 144/11 v. 15.12.11, GmbHR 12, 689). Durch die Einziehung wird das Beteiligungsrecht des betroffenen Geschäftsanteils vernichtet.

Steht im Zeitpunkt der Beschlussfassung über die Einziehung eines Geschäftsanteils fest, dass das freie Vermögen der Gesellschaft zur Bezahlung des Einziehungsentgeltes nicht ausreicht, ist der Einziehungsbeschluss auch dann nichtig, wenn die Gesellschaft über stille Reserven verfügt, deren Auflösung ihr die Bezahlung des Einziehungsentgeltes ermöglichen würde (BGH II ZR 109/11 v. 24.1.20, DStR 18, 1827); ob ausreichend freies Vermögen vorhanden ist, ermittelt der BGH insoweit aufgrund einer streng **handelsbilanziellen Betrachtung** der Eigenkapitalseite (BGH ll ZR 65/16 v. 26.6.18, DStR 18, 1827).

3   Seit Inkrafttreten des MoMiG v. 23.10.08 (BGBl. I 08, 2026) waren materielle wie formelle Fragen im Zusammenhang mit der Einziehung von Geschäftsanteilen unklar. Ausgangspunkt ist der durch das MoMiG neugefasste § 5 Abs. 3 Satz 2 GmbHG: Streit bestand über die Frage, ob im Fall der Einziehung, durch die der eingezogene Anteil untergeht, zugleich Kapitalanpassungsmaßnahmen erforderlich sind, um ein Auseinanderfallen vom Betrag des Stammkapitals einerseits und der Summe der Nennbeträge der nach der Einziehung verbleibenden Geschäftsanteile zu vermeiden (vgl. hierzu OLG München 7 U 2413/11 v. 15.11.11, DNotI-Report 12, 30; 7 U 2413/11 v. 21.9.11, DNotI-Report 12, 30; LG Essen 42 O 100/09 v. 9.6.10, NZG 10, 867, mit Anm. *Schulze* juris-PR-HaGesR 12/2010 Anm. 5; *Haberstroh* NZG 10, 1094; *Wanner-Laufer* NJW 10, 1499; *Lange* DNotI-Report 10, 29; LG Neubrandenburg 10 O 62/09 v. 31.3.11, ZIP 11, 1214; *Gehrlein* Der Konzern 07, 771, 774; *Saenger/Inhester/Greitemann* § 34 GmbHG Rz. 59; *Katschinski/Rawert* ZIP 08, 1993, 1997; *Meyer* NZG 09, 1201, 1202; OLG Saarbrücken 8 U 315/10 v. 1.12.11, GmbHR 12, 209; *Blunk/Rabe* GmbHR 12, 212; *Rossa-Heise* GmbH-StB 12, 76). Der BGH hat mit Urteil II ZR 322/13 v. 2.12.14, BB 15, 672 (Anm. *Wachter* BB 15, 782) klargestellt, dass der Einziehungsbeschluss für seine Wirksamkeit **nicht** die zeitgleiche Durchführung einer Kapitalanpassungsmaßnahme voraussetzt.

4   Sollen gleichwohl zeitlich mit dem Einziehungsbeschluss Kapitalanpassungsmaßnahmen durchgeführt werden, sind formelle Voraussetzungen zu beachten: Die Anpassung des Stammkapitals im Gesellschaftsvertrag als Satzungsänderung bedarf der notariellen Beurkundung. Gleiches soll nach herrschender – allerdings streitiger – Ansicht für den Fall der Ausgabe eines neuen Geschäftsanteils gelten (zum Streitstand: *Braun* GmbHR 10, 82). Jedenfalls für den Fall der Erhöhung der verbliebenen Anteile um den Nennbetrag des untergegangenen Geschäftsanteils („nominelle Aufstockung") wird die nicht notariell beurkundete Beschlussfassung überwiegend als zulässig angesehen, da es sich hierbei nicht um eine formale Satzungsänderung handeln soll (*Baumbach/Hueck/Fastrich* § 34 GmbHG Rz. 20; *Blath* GmbHR 11, 1177; *Priester* GmbHR 16, 1065; *Deutsches Notarinstitut* DNotI-Report 10, 29; *Braun* GmbHR 10, 82). Der BGH hat die Frage der Formbedürftigkeit einer Aufstockung bislang nicht abschließend entschieden (BGH II ZR 318/87 v. 6.6.98, NJW 89, 168).

5   Empfohlen wird zT, nach Ausschluss eines Gesellschafters dessen Anteil nicht einzuziehen, sondern – sofern die Satzung dies vorsieht – die Abtretung an die verbleibenden Gesellschafter oder an Dritte zu verlangen (*Lange* DNotI-Report 10, 29).

6   Vorliegendes Muster sieht die Aufstockung der verbleibenden Geschäftsanteile um den Nennbetrag des untergegangenen Geschäftsanteils vor. Restrisiken der formellen Unwirksamkeit können vermieden werden, wenn die Niederschrift über die gefassten Einziehungs- und Satzungsänderungs- oder Aufstockungsbeschlüsse durch einen in der Versammlung anwesenden Notar beurkundet wird.

7   In der Bilanz wird nach Einziehung das Stammkapital in alter Höhe ausgewiesen. Das gezahlte oder noch geschuldete Einziehungsentgelt muss wegen des Kapitalerhal-

tungsgebotes (§§ 34 Abs. 3, 30 Abs. 1 GmbHG) zu Lasten offener Rücklagen oder eines Gewinnvortrags verbucht werden (*Scholz/Westermann* § 34 GmbHG Rz. 64).

Werden Beschlüsse über die Einziehung von Geschäftsanteilen vom Ausgeschlossenen mit der **Anfechtungsklage** angegriffen, ist höchstrichterlich bislang ungeklärt, welche Auswirkungen dies auf die Rechtmäßigkeit der in der Schwebezeit eines gegen den Einziehungsbeschluss gerichteten Anfechtungsprozesses gefassten Beschlüsse hat. ME bleiben die in einer solchen Schwebezeit gefassten Folgebeschlüsse rechtmäßig und wirksam; gleichwohl muss jeder Beschluss gesondert darauf geprüft werden, ob die durch ihn gesetzten Rechtsfolgen auch in der Person des ausgeschlossenen Gesellschafters eintreten (zum Ganzen: *Wollweber/Vitale* GmbH-StB 19, 314). **8**

Vgl. ferner – auch zur **steuerlichen Behandlung** – A. 6.00 Rz. 137 ff. u. Rz. 120 ff. **9**

A. 6.24 Geschäftsbesorgung

I. FORMULAR

Formular A. 6.24 Geschäftsbesorgung

1. Herr/Frau ......

und

2. X-GmbH

schließen den nachfolgenden

GESCHÄFTSBESORGUNGSVERTRAG

1. Herr/Frau ...... übernimmt die nachfolgend umschriebene Geschäftsbesorgung für die GmbH:
   ......
2. Herr/Frau ...... wird sich bei der Geschäftsbesorgung ausschließlich vom Interesse der GmbH leiten lassen.
3. Herr/Frau ...... erhält als Entgelt € ...... zuzüglich der gesetzlichen Umsatzsteuer (also € ......), sofern diese ordnungsgemäß nach § 14 UStG in Rechnung gestellt wird. Das Entgelt wird zwei Wochen nach Inrechnungstellung fällig.
4. Herr/Frau ...... wird alles, was er/sie zur Ausführung der Geschäftsbesorgung erhält und was er/sie aus der Geschäftsbesorgung erlangt, herausgeben.
5. Die GmbH wird Herrn/Frau ...... alle Aufwendungen erstatten, die er/sie zur Besorgung des Geschäfts für erforderlich halten darf.
6. Der Vertrag endet mit der Beendigung des zu besorgenden Geschäfts.
   (Oder: Der Vertrag kann jederzeit mit zweiwöchiger Frist gekündigt werden.)

II. ERLÄUTERUNGEN

Erläuterungen zu A. 6.24 Geschäftsbesorgung

Geschäftsbesorgungsverträge gibt es in typisierter Form (Rechtsanwalt, Steuerberater, Makler, Bank, Gebrauchtwagenverkauf usw.). Das hier abgedruckte Formular ist in erster Linie für atypische Fälle der **Geschäftsbesorgung im Einzelfall** geschaffen. **1**

2 Geschäftsbesorgungsverträge werden in solchen Fällen selten schriftlich vereinbart. Soll der Vertrag mit einem beherrschenden Gesellschafter abgeschlossen werden, ist der rechtzeitige klare Vertragsabschluss zur Vermeidung verdeckter Gewinnausschüttungen erforderlich; hier empfiehlt sich auch die Schriftform.

3 Einkünfte aus Geschäftsbesorgungsverträgen sind idR gewerbliche Einkünfte, sofern die Geschäftsbesorgung nicht Teil einer freiberuflichen Tätigkeit iSd. § 18 EStG ist.

4 Die **Umsatzklausel** der Nr. 3 setzt voraus, dass der Geschäftsbesorger Unternehmer im umsatzsteuerlichen Sinn ist. Bei einer anhaltenden Geschäftsbesorgung ist dies die Regel; bei einer einmaligen muss dies nicht der Fall sein.

A. 6.25 Geschäftsführerbestellung

I. FORMULARE

Formular A. 6.25 Geschäftsführerbestellung

Die Gesellschafterversammlung der X-GmbH, bestehend aus

1. Herrn A ......

2. Herrn B ......

3. Herrn C ......

beschließt unter Verzicht auf alle Formen und Fristen für die Einberufung einer Gesellschafterversammlung gem. § ...... des Gesellschaftsvertrages einstimmig:

BESTELLUNG

1. Die Bestellung des Herrn A zum Geschäftsführer wird mit Wirkung zum ...... widerrufen. Herrn A wird Entlastung und Generalbereinigung erteilt.

2. Herr B wird mit Wirkung zum ...... zum Geschäftsführer bestellt. Herr B vertritt die Gesellschaft allein. Er ist von der Beschränkung des § 181 BGB generell befreit.

3. Mit Herrn B schließt die Gesellschaft den als Anlage beigefügten Anstellungsvertrag. Herr B ist insoweit von § 181 BGB befreit.

.................................., den ....

(Unterschrift)

Formular A. 6.25a Handelsregisteranmeldung

Titl.

Amtsgericht

– Registergericht –

Handelsregistersache X-GmbH

HRB ......

Wir überreichen den Gesellschafterbeschluss vom ...... und melden zur Eintragung an: ......

1. Die Bestellung von Herrn A zum Geschäftsführer ist mit Wirkung zum ...... widerrufen worden.

2. Herr B ist mit Wirkung zum ...... zum Geschäftsführer bestellt worden. Herr B vertritt die Gesellschaft allein. Er ist von der Beschränkung des § 181 BGB generell befreit.

3. Herr B zeichnet seine Unterschrift wie folgt:

....

(Unterschrift)

4. Herr B versichert, dass er nicht wegen einer Insolvenzstraftat (Bankrott, Verletzung der Buchführungspflicht, Gläubigerbegünstigung, Schuldnerbegünstigung – §§ 283–283d StGB) rechtskräftig verurteilt worden ist und ihm die Ausübung eines Berufs, Berufszweiges, Gewerbes oder Gewerbezweiges weder durch gerichtliches Urteil noch durch vollziehbare Entscheidung einer Verwaltungsbehörde untersagt ist und dass er über seine unbeschränkte Auskunftpflicht gegenüber dem Gericht durch den Notar (Name des beglaubigenden Notars) belehrt worden ist.

............................., den ....

  (Geschäftsführer)

  ....

  (Beglaubigungsvermerk)

II. ERLÄUTERUNGEN

Erläuterungen zu A. 6.25 Geschäftsführerbestellung

Bestellung und Abberufung eines Geschäftsführers erfolgt durch **Beschluss** der Gesellschafter, soweit der Gesellschaftsvertrag nichts anderes bestimmt (§ 46 Nr. 5 und 7 GmbHG). Bei der Gründung erfolgt die Bestellung idR im Gründungsprotokoll (vgl. A. 6.00 Rz. 148 ff.). 1

Unterliegt die GmbH der **Mitbestimmung,** so ist die Bestellung und Abberufung der Geschäftsführer zwingend dem Aufsichtsrat zugewiesen (§ 31 MitbestG, §§ 12, 13 MontanMitbestG). 2

Entlastung kann dem Geschäftsführer im Beschlusswege von der Gesellschafterversammlung nach deren Ermessen für die im Zeitpunkt der Beschlussfassung bekannten oder erkennbaren Ersatzansprüche betreffend das jeweils in Bezug genommene Geschäftsjahr erteilt werden. Die Entlastung bewirkt, dass solche Ersatzansprüche erlöschen, die für das entlastende Organ aufgrund der Rechenschaftslegung samt aller zugänglich gemachter Unterlagen bei Anwendung der im Verkehr erforderlichen Sorgfalt erkennbar waren (OLG München 23 U 4861/14 v. 22.10.15, GmbHR 15, 1324; BGH II ZR 165/84 v. 20.5.85, NJW 86, 129). Der Entlastungsbeschluss wird grundsätzlich mit einfacher Mehrheit gefasst. Dabei hat der zu Entlastende grundsätzlich kein Stimmrecht, § 47 Abs. 4 GmbHG. Der Geschäftsführer der GmbH hat grundsätzlich keinen Anspruch auf Erteilung der Entlastung (BGH II ZR 165/84 v. 20.5.85, NJW 86, 129). Weiterreichend als die Entlastung im engeren Sinne wirkt die Erteilung einer **Generalbereinigung.** Die Generalbereinigung stellt den Verzicht auf sämtliche denkbare Ersatzansprüche gegenüber dem Geschäftsführer bis zur gesetzesrechtlichen Zulässigkeit dar (BGH II ZR 236/96 v. 8.12.97, GmbHR 98, 278). Der ausscheidende Geschäftsführer sollte daher stets ein Interesse an der Beschlussfassung über die Erteilung einer Generalbereinigung haben. 3

Auch der Abschluss des **Anstellungsvertrages (Geschäftsführervertrag),** der von der Bestellung zu trennen ist, setzt einen Gesellschafterbeschluss voraus, der jedoch getrennt von der Bestellung gefasst werden kann. Vgl. hierzu A. 6.26 Rz. 12 ff. 4

Erläuterungen zu A. 6.25a Handelsregisteranmeldung

Die Bestellung und Abberufung eines Geschäftsführers sind zur Eintragung im Handelsregister anzumelden, § 39 Abs. 1 GmbHG. Die **Anmeldung** erfolgt elektro- 5 nisch in öffentlich beglaubigter Form (§ 12 HGB; *Seibert/Wedemann* GmbHR 07, 17; *Clausnitzer/Blatt* GmbHR 06, 1303) durch die Geschäftsführer. Ein neu bestellter Geschäftsführer kann selbst die Anmeldung vornehmen (Einzelvertretung) oder an ihr mitwirken (Gesamtvertretung), ein abberufener Geschäftsführer nur dann, wenn er zurzeit der Anmeldung selbst noch Geschäftsführer ist (*Baumbach/Hueck/Beurskens* § 39 GmbHG Rz. 11; OLG Zweibrücken 3 W 209/05 v. 15.2.06, DB 06, 662; BayObLG 3 Z BR 183/03 v. 17.9.03, GmbHR 03, 1356; großzügig LG Berlin 98 T 25/92 v. 22.7.92, GmbHR 93, 291, für einen alleinigen Geschäftsführer).

6   Zur Befreiung v. § 181 BGB vgl. A. 6.00 Rz. 52 ff.

A. 6.26 Geschäftsführervertrag

Gliederung

I. FORMULAR

Formular A. 6.26 Geschäftsführervertrag

GESCHÄFTSFÜHRERVERTRAG

zwischen

1. X-GmbH, vertreten durch die Gesellschafterversammlung,

– nachfolgend Gesellschaft genannt –

und

2. Herr/Frau ......   – nachfolgend Geschäftsführer genannt –

§ 1 Geschäftsführung und Vertretung

(1) Der Geschäftsführer ist berechtigt und verpflichtet, die Gesellschaft nach Maßgabe der Gesetze, des Gesellschaftsvertrags und einer etwaigen Geschäftsführungsordnung allein zu vertreten und die Geschäfte der Gesellschaft allein zu führen. Weisungen der Gesellschafterversammlung sind zu befolgen, soweit Vereinbarungen in diesem Vertrag nicht entgegenstehen.

(2) Der Geschäftsführer hat die ihm obliegenden Pflichten mit der Sorgfalt eines ordentlichen und gewissenhaften Kaufmanns unter Wahrung der Interessen der Gesellschaft wahrzunehmen.

(3) Der Geschäftsführer ist von den Beschränkungen des § 181 BGB befreit.

§ 2 Einzelne Aufgaben

(1) Dem Geschäftsführer obliegt die Leitung und Überwachung des Unternehmens im Ganzen.

(2) Der Geschäftsführer nimmt die Rechte und Pflichten des Arbeitgebers im Sinne der arbeits- und sozialrechtlichen Vorschriften wahr.

(3) Der Geschäftsführer hat die steuerlichen Interessen der Gesellschaft zu wahren. Er ist verpflichtet, innerhalb von 3 Monaten nach Ablauf des Geschäftsjahres unter Beachtung der handels- und steuerrechtlichen Bilanzierungsregeln den Jahresabschluss (Bilanz, Gewinn- und Verlustrechnung sowie Anhang) zu erstellen. Ihm obliegt es, für eine den handels- und steuerrechtlichen Vorschriften entsprechende Buchführung und eine dem Unternehmen entsprechende Betriebsabrechnung zu sorgen.

(4) Der Geschäftsführer hat für die rechtzeitige und ordnungsgemäße Offenlegung des Jahresabschlusses nach § 325 HGB Sorge zu tragen. Von größenabhängigen Erleichterungen nach §§ 326, 327, 327a HGB ist Gebrauch zu machen, sofern die Gesellschafterversammlung nichts anderes beschlossen hat.

(5) Soweit kein abweichender Gesellschafterbeschluss gefasst wird, hat der Geschäftsführer die Gesellschafterversammlung ordnungsgemäß einzuberufen, sie zu leiten und ordnungsgemäß abzuwickeln sowie die Gesellschafterbeschlüsse zu protokollieren.

(6) Der Geschäftsführer hat der Gesellschafterversammlung einen Geschäftsbericht zu erstatten. Auf Verlangen sind schriftliche Zwischengeschäftsberichte und Auskünfte zu erteilen.

(7) Der Geschäftsführer hat die notwendigen Anmeldungen zum Handelsregister vorzunehmen.

(8) Genehmigungen zur Abtretung von Geschäftsanteilen und Teilgeschäftsanteilen darf der Geschäftsführer nur auf Grund des Gesellschaftsvertrags und der einschlägigen Gesellschafterbeschlüsse vornehmen. Dasselbe gilt für die Anforderung etwa noch ausstehender Stammeinlagen.

(9) Der Geschäftsführer hat gemäß § 40 GmbHG nach jeder Veränderung in den Personen der Gesellschafter oder des Umfangs ihrer Beteiligung unverzüglich eine von ihm unterschriebene Liste der Gesellschafter mit deren Namen, Vornamen, Stand, Wohnort und Stammeinlagen zum Handelsregister einzureichen.

§ 3 Genehmigungsbedürftige Geschäfte

Der Geschäftsführer bedarf für alle Geschäfte und Maßnahmen, die über den gewöhnlichen Betrieb des Handelsgewerbes der Gesellschaft hinausgehen, der ausdrücklichen Einwilligung der Gesellschafterversammlung. Hierzu zählen insbesondere:

a) Alle Verfügungen über Grundstücke, Rechte an einem Grundstück oder Rechte an einem Grundstücksrecht, die Verpflichtung zur Vornahme derartiger Verfügungen;

b) die Veräußerung des Unternehmens im Ganzen, die Errichtung, Veräußerung und Aufgabe von Betrieben oder Betriebstätten;

c) der Erwerb anderer Unternehmen, der Erwerb, die Änderung oder Kündigung von – auch stillen – Beteiligungen einschließlich des Erwerbs von Geschäftsanteilen der Gesellschaft sowie der Abtretung eigener Geschäftsanteile der Gesellschaft; ferner die Stimmabgabe in Beteiligungsgesellschaften;

d) der Abschluss, die Änderung und die Kündigung von Verträgen über Organschaften (Beherrschungs- und Ergebnisabführungsverträge), Poolungen und Kooperationen;

e) der Abschluss, die Änderung und die Kündigung von Lizenzverträgen;

f) Anschaffungen und Investitionen, einschließlich der Vornahme von Baumaßnahmen, wenn die Anschaffungs- oder Herstellungskosten € ...... im Einzelfall oder € ...... im Geschäftsjahr übersteigen;

g) die nachhaltige Änderung der hergebrachten Art der Verwaltung, der Organisation, der Produktion oder des Vertriebs; ferner die Einstellung oder wesentliche Einschränkung betriebener Geschäftszweige und die Aufnahme neuer Geschäftszweige;

h) die Inanspruchnahme oder die Gewährung von Sicherheiten oder Krediten sowie die Übernahme fremder Verbindlichkeiten; ausgenommen sind Kunden- und Lieferantenkredite, soweit sie im Einzelfall € ...... oder insgesamt € ...... nicht übersteigen, sowie die Aufnahme und die Kündigung von Barkrediten bis zu € ...... im Einzelfall;

i) der Abschluss und die Kündigung von Dauerschuldverträgen mit einer Jahresbelastung von mehr als € ......;

j) die Einstellung und Entlassung von Arbeitnehmern mit monatlichen Bruttobezügen von mehr als € ......;

k) die Erteilung von Prokuren und Generalvollmachten;

l) die Einleitung von Rechtsstreitigkeiten mit einem Streitwert von mehr als € ......;

m) die Erteilung von Schenkungsversprechen sowie die Hingabe nicht marktüblicher Geschenke;

n) Vereinbarungen mit nahen Angehörigen von Gesellschaftern oder Geschäftsführern und mit Gesellschaften, an denen Gesellschafter oder Geschäftsführer oder ihre Angehörigen nicht nur unwesentlich beteiligt sind. Die nahen Angehörigen bestimmen sich nach § 15 AO. Unwesentlich im vorstehenden Sinn ist eine Beteiligung von nicht mehr als ......% am Kapital der jeweiligen Gesellschaft.

§ 4 Dienstleistung

(1) Der Geschäftsführer hat seine ganze Arbeitskraft und seine gesamten Kenntnisse und Erfahrungen der Gesellschaft zur Verfügung zu stellen.

(2) An bestimmte Arbeitszeiten ist der Geschäftsführer nicht gebunden.

§ 5 Treuepflichten, Betriebsgeheimnisse

(1) Der Geschäftsführer ist verpflichtet, Dritten gegenüber strengstes Stillschweigen über alle Angelegenheiten der Gesellschaft zu wahren. Diese Pflicht besteht nach Beendigung des Anstellungsverhältnisses fort.

(2) Geschäftliche und betriebliche Unterlagen aller Art, einschließlich persönlicher Aufzeichnungen über dienstliche Angelegenheiten, dürfen nur zu geschäftlichen Zwecken verwandt werden und sind sorgfältig aufzubewahren. Bei Beendigung des Anstellungsverhältnisses sind vorstehende Unterlagen der Gesellschaft auszuhändigen.

(3) Zurückbehaltungsrechte können durch den Geschäftsführer nicht geltend gemacht werden. Der Geschäftsführer kann mit Ansprüchen gegen die Gesellschaft nicht aufrechnen.

§ 6 Nebentätigkeit, Wettbewerb

(1) Nebentätigkeit, auch die Wahrnehmung von Ehrenämtern, bedürfen der Einwilligung der Gesellschafterversammlung.

(2) Der Geschäftsführer verpflichtet sich, für die Dauer dieses Vertrags und der darauf folgenden zwei Jahre nach dessen Beendigung ohne Zustimmung der Gesellschaft in keiner Weise für ein Konkurrenzunternehmen der Gesellschaft oder ein mit diesem verbundenen Unternehmen tätig zu werden oder sich mittelbar oder unmittelbar an einem solchen zu beteiligen sowie Geschäfte für eigene oder fremde Rechnung auf dem Arbeitsgebiet der Gesellschaft zu machen.

(3) Das Wettbewerbsverbot gilt nicht, wenn dieser Vertrag von dem Geschäftsführer aus wichtigem Grund zulässigerweise fristlos gekündigt wird. Es gilt ferner nicht für Beteiligungen an Unternehmen in Gestalt von Wertpapieren, die an Börsen gehandelt und die zum Zwecke der Kapitalanlage erworben werden.

(4) Nach Beendigung des Vertrags zahlt die Gesellschaft, wenn sie nicht in entsprechender Anwendung des Grundsatzes des § 75a HGB ausdrücklich auf die Geltendmachung des Wettbewerbsverbots schriftlich verzichtet, an den Geschäftsführer eine Entschädigung in Höhe von 50 % des durchschnittlichen festen Jahresgehalts der letzten drei Jahre pro Jahr für die Dauer des Wettbewerbsverbots.

(5) Für jeden Fall des Verstoßes gegen das Wettbewerbsverbot zahlt der Geschäftsführer der Gesellschaft eine Vertragsstrafe in Höhe eines $^1/_{24}$ des Jahresgehalts; steht er nicht mehr in den Diensten der Gesellschaft, gilt der letzte von dieser gezahlte Jahresbezug. Die Vertragsstrafe tritt neben die übrigen Ansprüche der Gesellschaft aus der Wettbewerbsvereinbarung. Bei einem andauernden Wettbewerbsverstoß gilt die Tätigkeit während eines Monats als jeweils selbstständiger Verstoß im Sinne des Satzes 1.

§ 7 Bezüge des Geschäftsführers

(1) Der Geschäftsführer erhält ein festes Jahresgehalt von € ...... Das Gehalt wird in monatlichen Teilbeträgen am jeweiligen Monatsletzten ausgezahlt.

(2) Besteht das Dienstverhältnis während eines gesamten Kalenderjahres, so erhält der Geschäftsführer eine zusätzliche Weihnachtsgratifikation in Höhe von € ...... Die Gratifikation wird mit dem letzten Gehalt des Jahres gezahlt.

(3) Ferner erhält der Geschäftsführer eine Tantieme in Höhe von ......% des Jahresüberschusses der Steuerbilanz nach Verrechnung mit Verlustvorträgen und vor Abzug der Körperschaft- und Gewerbesteuer. Die Bemessungsgrundlage ist nicht um Gewinnanteile stiller Gesellschafter, um die Tantieme selbst und um andere gewinnabhängige Aufwendungen der Gesellschaft zu kürzen.

Die Gewinntantieme ist einen Monat nach Genehmigung des Jahresabschlusses durch die Gesellschafterversammlung fällig.

Nachträgliche Änderungen der Steuerbilanz, insbesondere auf Grund abweichender steuerlicher Veranlagung, sind zu berücksichtigen. Überzahlte Beträge hat der Geschäftsführer zu erstatten.

Die Gewinntantieme entfällt, wenn dem Geschäftsführer aus wichtigem Grund gekündigt wird, für das Geschäftsjahr der Kündigung. Scheidet der Geschäftsführer aus sonstigen Gründen während des Geschäftsjahres aus seinem Amt aus, hat er Anspruch auf eine zeitanteilige Tantieme.

(4) Ein Anspruch auf Vergütung von Überstunden, Sonntags-, Feiertags- oder sonstiger Mehrarbeit besteht nicht.

(5) Im Krankheitsfall oder bei sonstiger unverschuldeter Verhinderung bleibt der Gehaltsanspruch (Abs. 1) für die Dauer von 6 Monaten bestehen. Dauert die Verhinderung länger als ununterbrochen 6 Monate an, so wird der Tantiemeanspruch (Abs. 2) entsprechend der 6 Monate überschreitenden Zeit zeitanteilig gekürzt.

(6) Stirbt der Geschäftsführer, so wird seinen Hinterbliebenen (der Witwe oder, wenn nur Kinder vorhanden sind, den Kindern, die minderjährig sind oder in einer Berufsausbildung stehen und vom Geschäftsführer unterhalten worden sind) das feste Gehalt (Abs. 1) anteilmäßig für die Dauer von ...... Monaten weitergezahlt. Der Tantiemeanspruch bleibt zeitanteilig bis zum Monatsletzten, der auf das Ableben folgt, bestehen.

(7) Eine Abtretung oder Verpfändung der Bezüge ist ohne Genehmigung der Gesellschaft unzulässig.

§ 8 Spesen, Aufwendungsersatz

(1) Trägt der Geschäftsführer im Rahmen seiner ordnungsmäßigen Geschäftsführertätigkeit Kosten und Aufwendungen, so werden sie ihm von der Gesellschaft erstattet, sofern der Geschäftsführer die Geschäftsführungs- und Betriebsbedingtheit belegt oder sie offenkundig sind.

(2) Reisespesen werden bis zu den jeweils steuerlich zulässigen Höchstsätzen ersetzt.

(3) Der Geschäftsführer hat Anspruch auf die Gestellung eines Pkw der Klasse ......
Der Geschäftsführer darf den Pkw auch privat nutzen; eine Kostenbeteiligung durch den Geschäftsführer erfolgt nicht. Die Gesellschaft wird den Vorteil ordnungsgemäß lohn- und umsatzversteuern.

(4) Soweit der Geschäftsführer für Zwecke der Geschäftsführung seinen privaten Pkw nutzt, ersetzt ihm die Gesellschaft die Aufwendung nach den jeweils steuerlich zulässigen Höchstsätzen, wobei die von der Finanzverwaltung zugelassene Berechnung nach einem pauschalierten km-Satz zugrunde gelegt wird.

(5) Der Geschäftsführer darf die erste Klasse der Bahn benutzen, bei Flugreisen im Inland die einfache Klasse, bei sonstigen Flügen ist er in der Wahl frei.

§ 9 Urlaub

(1) Der Geschäftsführer hat Anspruch auf ...... Arbeitstage (Samstag ist kein Arbeitstag) bezahlten Urlaub im Geschäftsjahr. Der Geschäftsführer hat den Zeitpunkt seines Urlaubs so einzurichten, dass den Bedürfnissen der Geschäftsführung Rechnung getragen wird. Der Urlaub ist mit dem weiteren Geschäftsführer, sofern einer bestellt ist, abzustimmen.

(2) Kann der Geschäftsführer seinen Jahresurlaub nicht nehmen, weil Interessen der Gesellschaft entgegenstehen, so hat er Anspruch auf Abgeltung des Urlaubs unter Zugrundelegung der Höhe des Grundgehalts (§ 7 Abs. 1). Die Abgeltung wird mit dem ersten Gehalt des folgenden Geschäftsjahres gezahlt.

§ 10 Ruhegehalt

(1) Nach ...... Dienstjahren besteht ein Anspruch auf Ruhegehalt für den Fall der vollen Berufsunfähigkeit oder mit Vollendung des 67. Lebensjahres.

(2) Das Ruhegehalt beträgt ......% des in den letzten drei Jahren vor dem Eintritt des Versorgungsfalles gezahlten festen durchschnittlichen Monatsgehalts.

(3) Die Witwe des Geschäftsführers hat Anspruch auf ......% des Ruhegehalts, das der Geschäftsführer im Zeitpunkt seines Todes bezog bzw. das ihm zu diesem Stichtag zugestanden hätte.

(4) Kinder des verstorbenen Geschäftsführers haben Anspruch auf Waisenrente, solange sie unterhaltsberechtigt sind, höchstens jedoch bis zur Vollendung ihres 24. Lebensjahres. Die Waisenrente beträgt ......% der Witwenrente. Witwen- und Waisenrente betragen zusammen höchstens ......% des Ruhegehalts des verstorbenen Geschäftsführers. Alle Renten sind, soweit dies danach erforderlich ist, anteilig zu kürzen. Vollwaisen erhalten ......% der Witwenrente.

(5) § 7 Abs. 1 Satz 1 gilt für Witwen- und Waisenrenten entsprechend.

(6) Das Ruhegehalt sowie die Witwen- und Waisenrente verändern sich in demselben Verhältnis wie die gesetzliche Angestelltenversicherungsrente.

(7) Die Gesellschaft behält sich vor, die Leistungen zu kürzen oder einzustellen, wenn

a) die wirtschaftliche Lage des Unternehmens sich nachhaltig so wesentlich verschlechtert hat, dass ihm eine Aufrechterhaltung der zugesagten Leistungen nicht mehr zugemutet werden kann, oder

b) die rechtliche, insbesondere die steuerrechtliche Behandlung der Aufwendungen, die zur planmäßigen Finanzierung der Versorgungsleistungen von der Gesellschaft gemacht werden oder gemacht worden sind, sich so wesentlich ändert, dass der Gesellschaft die Aufrechterhaltung der zugesagten Leistungen nicht mehr zugemutet werden kann, oder

c) der Pensionsberechtigte Handlungen begeht, die in grober Weise gegen Treu und Glauben verstoßen oder zu einer fristlosen Entlassung berechtigen würden.

(8) Der Fall der vollen Berufsunfähigkeit ist gegeben, wenn der Geschäftsführer zu mehr als ......% arbeitsunfähig ist. Die Berufsunfähigkeit ist durch einen amtlich anerkannten Sachverständigen auf Verlangen der Gesellschaft nachzuweisen.

(9) Die Gesellschaft ist berechtigt, ihre Ruhegehaltsverpflichtung dadurch abzulösen, dass sie für die Anspruchsberechtigten einen gleichwertigen Rentenanspruch bei einer Versicherung begründet.

(10) Die Gesellschaft ist zum Abschluss einer Rückdeckungsversicherung berechtigt. Der Geschäftsführer ist bereit, sich auf Anforderung der Rückdeckungsversicherung ärztlich untersuchen zu lassen.

§ 11 Dauer, Kündigung

(1) Die Tätigkeit als Geschäftsführer beginnt am ....

(2) Der Vertrag wird auf unbestimmte Zeit geschlossen und ist mit einer Frist von ...... Wochen zum Quartalsende kündbar.

(3) Der Vertrag ist jederzeit aus wichtigem Grund fristlos kündbar.

(4) Ein wichtiger Grund liegt für die Gesellschaft insbesondere vor, wenn

a) der Geschäftsführer gegen das Wettbewerbsverbot verstößt;

b) der Geschäftsführer ohne die erforderliche Einwilligung Geschäfte für die Gesellschaft tätigt und der Gesellschaft dadurch ein Schaden entsteht, es sei denn, dass dies wegen Eilbedürftigkeit geboten war;

c) der Geschäftsführer wissentlich einen unrichtigen Jahresabschluss aufstellt;

d) die Gesellschaft liquidiert wird.

(5) Die Kündigung ist schriftlich auszusprechen. Der Geschäftsführer hat sein Kündigungsschreiben an den Gesellschafter mit der höchsten Kapitalbeteiligung zu richten.

(6) Die Abberufung als Geschäftsführer ist jederzeit zulässig. Die Abberufung ist schriftlich auszusprechen. Sie gilt gleichzeitig als Kündigung des Anstellungsverhältnisses zu dem nächst zulässigen Zeitpunkt.

(7) Im Falle der Abberufung sowie der Kündigung endet das Geschäftsführeramt mit dem Zugang der Mitteilung über die Abberufung bzw. über die Kündigung.

(8) Endet die Geschäftsführertätigkeit vorzeitig, so kann die Gesellschaft aus Gründen der Billigkeit eine besondere, angemessene Abfindung zahlen.

§ 12 Schlussbestimmungen

(1) Die vertraglichen Vereinbarungen der Partner ergeben sich erschöpfend aus diesem Vertrag. Vertragsänderungen bedürfen der Schriftform sowie der ausdrücklichen Zustimmung der Gesellschafterversammlung. Eine Befreiung von der Schriftform durch mündliche Vereinbarung ist unwirksam.

(2) Die Ungültigkeit einzelner Bestimmungen berührt nicht die Rechtswirksamkeit des Vertrags im Ganzen. Anstelle der unwirksamen Vorschrift ist eine Regelung zu vereinbaren, die der wirtschaftlichen Zwecksetzung der Parteien am ehesten entspricht.

(3) Alle Streitigkeiten aus diesem Vertrag werden im ordentlichen Rechtsweg entschieden.

(4) Dieser Vertrag tritt am …… in Kraft.

II. ERLÄUTERUNGEN

> **Erläuterungen zu A. 6.26 Geschäftsführervertrag**

1. Grundsätzliche Anmerkungen

a) Wirtschaftliches Vertragsziel

1   Der Geschäftsführervertrag regelt die **obligatorischen** Beziehungen des Geschäftsführers zur Gesellschaft; es handelt sich um das **dienstvertragliche Innenverhältnis** im Gegensatz zur gesellschaftsrechtlichen Organstellung des Geschäftsführers (vgl. dazu Formular A. 6.25).

2   Allerdings kann das Anstellungsverhältnis statt in einem gesonderten schuldrechtlichen Vertrag auch unmittelbar im Gesellschaftsvertrag geregelt werden (vgl. *Scholz/Schneider/Hohenstatt* § 35 GmbHG Rz. 253). Hieran ist insbes. zu denken, wenn einem Gesellschafter die Geschäftsführung als **gesellschaftliches Sonderrecht** zugewiesen wird. Die nachstehenden Ausführungen, insbesondere zur steuerlichen Angemessenheit der Geschäftsführerausstattung, gelten dann entsprechend für die Satzung.

3   Die konkrete Ausgestaltung des Anstellungsvertrags wird weitgehend davon abhängen, ob der Geschäftsführer selbst an der GmbH – insbes.: beherrschend – beteiligt ist **(Gesellschafter-Geschäftsführer)** oder nicht **(Fremd-Geschäftsführer).** Während bei dem Gesellschafter-Geschäftsführer idR steuerliche Notwendigkeiten (Vermeidung verdeckter Gewinnausschüttungen) im Vordergrund stehen (vgl. Rz. 15 ff.), dient der Geschäftsführervertrag mit dem Fremd-Geschäftsführer in erster Linie der Ausgestaltung des zivilrechtlichen Dienstverhältnisses (*Brandmüller,* Der GmbH-Geschäftsführer, 18. Aufl. 2006, Rz. 49 ff.; zum „ruhenden Arbeitsverhältnis" nach Bestellung zum Geschäftsführer *Arens* DStR 10, 115; *Sasse/Schnitger* BB 07, 154; *Haase* GmbHR 06, 596; *Reiserer* DStR 00, 31; *Bauer/Baeck/Löseler* ZIP 03, 1821).

4   Auch das **Arbeits-** und **Sozialrecht** knüpfen an die jeweilige Stellung des Geschäftsführers unterschiedliche Rechtsfolgen (Übersicht bei *Goette* DStR 98, 1137). So ist der **Fremd-Geschäftsführer** idR **sozialversicherungspflichtig** (vgl. BSG B 12 KR 10/01 R v 18.12.01, GmbHR 02, 324), der Gesellschafter-Geschäftsführer hingegen nur, wenn er – wie ein Arbeitnehmer – in persönlicher Abhängigkeit zur Gesellschaft steht. Die persönliche Abhängigkeit wird dadurch bestimmt, dass der Geschäftsführer laufende feste Bezüge erhält, in den Arbeitsprozess des Betriebs integriert ist und ihm maßgeblicher Einfluss auf die Gesellschaft fehlt (BSG B 12 KR 10/14 R v 11.11.15, GmbHR 16, 533). Ein dem Fremd-Geschäftsführer bloß schuldrechtlich außerhalb des Gesellschaftsvertrags im Geschäftsführeranstellungsvertrag eingeräumtes Veto-Recht gegen mehrheitlich gefasste Beschlüsse der Gesellschafterversammlung ändert an dessen Abhängigkeit nichts (LSG Bln-Bdbg L 1 KR 396/15 v. 8.3.18, juris). Nicht sozialversicherungspflichtig ist daher der **Gesellschafter-Geschäftsführer,** wenn er über die Mehrheit an Kapital und Stimmrechten oder zumindest über eine echte Sperrminorität verfügt (eingehend mit Beispielen und mwN *Tillmann/Mohr* GmbH-Geschäftsführer, Rz. 754 ff.; *Peetz* GmbHR 17, 230). Die Sperrminorität muss sich aus dem Gesellschaftsvertrag ergeben, die gesamte Unternehmenstätigkeit erfassen und hinreichend beständig sein (LSG BaWü L 7 BA 704/18 v. 17.10.19, BeckRS 2019, 25722). Die hinreichende Beständigkeit der Sperrminorität ist nach Auffassung des LSG BaWü (L 7 BA 704/18 v. 17.10.19, BeckRS 2019, 25722) allerdings abzu-

lehnen, wenn ein Gesellschafterbeschluss, der Einstimmigkeit vorsieht, jederzeit durch die Gesellschafterversammlung mit der satzungsmäßigen Mehrheit gegen den Willen des Gesellschafter-Geschäftsführers aufgehoben werden kann.

Zur Anwendung des BetrAVG vgl. Rz. 48 ff. Zum Anspruch auf Insolvenzgeld vgl. LSG Sachsen L 3 AL 78/11 v 5.12.13, BeckRS 2016, 72965.

Zu den Hinweispflichten des Beraters vgl. BGH lX 2 R 92/08 v. 23.2.12, GmbHR 12, 643; OLG Düsseldorf 18 U 242/88 v. 15.11.90, GI 91, 150; KG Berlin 13 U 4954/00 v. 31.7.01, GI 03, 94; BGH IVa ZR 162/85 v. 25.2.87, StB 87, 242.

Der Vertrag ist ein **Vorschlag.** Er muss den Besonderheiten des Einzelfalls **ange-** 5 **passt** werden. Insb. ist darauf zu achten, dass die Vereinbarung im Geschäftsführervertrag mit der einschlägigen GmbH-Satzung übereinstimmt. Der Geschäftsführervertrag darf dem Geschäftsführer keine weitergehenden Rechte einräumen, als sie in dem Gesellschaftsvertrag oder in einem zulässigen Gesellschafterbeschluss vorgesehen sind.

Der Vertragsentwurf ist **umfassend** gestaltet. Er kann daher sowohl für den Fremd- 6 wie für den Gesellschafter-Geschäftsführer benutzt werden. Bei einem Gesellschafter-Geschäftsführer, insb. bei einem beherrschenden (vgl. Rz. 18 ff.), ist eine derart umfassende Regelung nicht in jedem Fall notwendig, da Interessengegensätze zwischen Gesellschaft und Geschäftsführer nicht bestehen. Der Vertrag kann dann auf das steuerrechtlich Notwendige beschränkt werden (vgl. Formular A. 6.27).

(frei) 7

b) Zivilrecht

Zivilrechtlich ist zwischen dem gesellschaftsrechtlichen Akt der **Geschäftsführer-** 8 **bestellung** (vgl. dazu Formular A. 6.25) und dem hier behandelten schuldrechtlichen **Anstellungsvertrag** zu unterscheiden. Die Bestellung gibt dem Geschäftsführer das Amt nach außen, der Anstellungsvertrag regelt das interne Rechtsverhältnis.

Der entgeltliche Geschäftsführungsvertrag ist ein den Bestimmungen der §§ 611 ff. 9 BGB entsprechender **Dienstvertrag,** kein Arbeitsvertrag. Es fehlt dazu die Voraussetzung der zivilrechtlichen Unselbstständigkeit (str., vgl. *Baumbach/Hueck/Beurskens* § 37 GmbHG Rz. 100, 107 ff.; *Scholz/Schneider/Hohenstatt* § 35 GmbHG Rz. 261 ff.). Sind die Dienste des Geschäftsführers ohne Entgelt zu leisten (was möglich ist), so ist ein **Auftrag** gegeben (§§ 662 ff. BGB).

Der Anstellungsvertrag ist auch dann wirksam, wenn er nur mündlich geschlossen 10 wird. Bei der Einmann-GmbH sind § 35 Abs. 3 und § 48 Abs. 3 GmbHG zu beachten. Nicht oder nicht vollständig schriftlich nachweisbare Anstellungsbedingungen führen aber leicht zu Streitigkeiten und erwecken überdies das Misstrauen des FA. Daher sollte in jedem Fall ein **schriftlicher** Anstellungsvertrag abgeschlossen werden (zu den steuerrechtlichen Gründen vgl. Rz. 18).

Der Geschäftsführervertrag wird zwischen dem Geschäftsführer und dem zur Bestel- 11 lung des Geschäftsführers berufenen Organ – idR also der **Gesellschafterversamm- lung** (vgl. § 46 Nr. 5 GmbHG) – abgeschlossen, sofern der Gesellschaftsvertrag nichts anderes bestimmt (*Baumbach/Hueck/Zöllner/Noack* § 46 GmbHG Rz. 36). Bei Gesellschaften, die dem MitbestG/MontanMitbestG unterliegen (vgl. A. 6.00 Rz. 59), ist zwingend der Aufsichtsrat zuständig (§ 31 MitbestG/§ 12 MontanMitbestG). Auch die Aufhebung und Änderung des Anstellungsvertrags fällt in den Kompetenzbereich der Gesellschafterversammlung (BGH II ZR 282/98 v. 3.7.00, DStR 00, 1743; II ZR 169/90 v. 25.3.91, DStR 91, 751; OLG Brandenburg 7 U 24/07 v. 16.1.08, juris; OLG Köln 13 U 195/89 v. 21.2.90, GmbHR 91, 156).

Voraussetzung ist ein entsprechender **Gesellschafterbeschluss** (vgl. A. 6.25 Rz. 3). 12 Ist der Geschäftsführer Gesellschafter, kann er mit abstimmen. Das Stimmrechtsverbot des § 47 Abs. 4 GmbHG findet keine Anwendung (hM, vgl. *Scholz/K. Schmidt* § 47 GmbHG Rz. 118 u. *dies.* § 46 GmbHG Rz. 74 ff. mwN). Zu dem anschließenden **Abschluss des Vertrages** mit dem Geschäftsführer kann die Gesellschaftsversammlung einen Gesellschafter, Geschäftsführer oder Dritten (auch konkludent) bevollmächtigen (OLG Köln 13 U 195/89 v. 21.2.90, GmbHR 91, 156; siehe auch BFH I R 49/90 v. 11.12.91, BStBl. II 92, 434).

13 Umstritten ist die Frage, ob der Gesellschafter-Geschäftsführer für den Abschluss oder die Änderung des Anstellungsvertrages von § 181 BGB befreit sein muss. UE ist eine Befreiung nicht erforderlich, da es sich bei dem Vertragsabschluss um einen Annex zur Organbestellung handelt, für die § 181 BGB nicht gilt (ebenso *Heinemann* GmbHR 85, 176; **aA** *Scholz/Schneider/Schneider/Hohenstatt* § 35 GmbHG Rz. 170; *Remmert/Schmalz* GmbHR 08, 85). Zur steuerrechtlichen Bedeutung Rz. 18.

14 Zur Haftung des Geschäftsführers im Allgemeinen (*Meyer* BB 08, 1742; *K. Schmidt* GmbHR 08, 449), bei Insolvenzreife (*Hiebert* KSI 20, 10), im Wettbewerbs- und Immaterialgüterrecht (*Wick* GRUR 20, 23). Zu vertraglichen Möglichkeiten der Haftungsbegrenzung bei einfacher Fahrlässigkeit im Geschäftsführeranstellungsvertrag und im Geschäftsführerverhältnis: *Janert* BB 13, 3016.

c) Steuerrecht

15 Bei der GmbH sind die Aufwendungen für den Geschäftsführer **Betriebsausgaben.** Ihre steuerrechtliche Anerkennung wird jedoch versagt, soweit es sich um **verdeckte Gewinnausschüttungen** handelt (§ 8 Abs. 3 Satz 2 KStG). Eine vGA ist bei einer GmbH eine Vermögensminderung oder verhinderte Vermögensvermehrung, die durch das Gesellschaftsverhältnis veranlasst ist, sich auf die Höhe des Unterschiedsbetrags gem. § 4 Abs. 1 Satz 1 EStG iVm. § 8 Abs. 1 KStG auswirkt und in keinem Zusammenhang mit einer offenen Ausschüttung steht (BFH I R 2/02 v. 7.8.02, BStBl. II 04, 131; I R 32/06 v. 22.8.07, BStBl. II 07, 961). Die Rspr. des BFH nimmt eine Verursachung im Gesellschaftsverhältnis idR an, wenn ein ordentlicher und gewissenhafter Geschäftsleiter (§ 43 Abs. 1 GmbHG) den Vermögensvorteil einer Person, die nicht Gesellschafter ist, unter sonst gleichen Umständen nicht gewährt hätte. Zudem verlangt der BFH, dass sich aus dem Vermögensvorteil beim Gesellschafter objektiv ein zurechenbarer (materieller) Vorteil iSd. § 20 Abs. 1 Nr. 1 Satz 2 EStG ergeben kann (BFH I R 2/02 v. 7.8.02, BStBl. II 04, 131). Zu Einzelheiten *Streck/Schwedhelm* § 8 KStG Rz. 142 ff. mwN.

16 VGA kommen nur in Betracht bei einem **Gesellschafter-Geschäftsführer** sowie bei einem Fremd-Geschäftsführer, der auf Grund persönlicher oder sachlicher Gründe (Verwandtschaft, Ehe, gesellschaftsrechtliche Bande, etc.; Übersicht bei *Streck/Schwedhelm* § 8 KStG Rz. 191) einem Anteilseigner **nahe steht.**

17 Zur Vermeidung einer vGA darf die Vergütung des Gesellschafter-Geschäftsführers (bzw. eines dem Gesellschafter nahe stehenden Geschäftsführers) die Grenze der **Angemessenheit** nicht überschreiten. Maßgebend ist die **Gesamtausstattung,** dh. die Summe aller Vorteile und Entgelte, die der Geschäftsführer für seine Tätigkeit erhält (Festgehalt, Tantieme, Pensionszusage, Sachleistungen). Unübliche Gestaltungen sind nach der Rspr. des BFH Indizien für eine vGA (s. BFH I B 28/06 v. 6.10.06, GmbHR 07, 104; I B 139/05 v. 1.3.06, BFH/NV 06, 977; I R 27/04 v. 6.4.05, GmbHR 05, 1143; I R 24/97 v. 29.10.97, BStBl. II 98, 573; zur „Nur-Gewinntantieme"; BFH I R 60/12 v. 23.10.13, GmbHR 14, 495; I R 19/09 v. 17.3.10, GmbHR 10, 826; I R 147/93 v. 17.5.95, BStBl. II 96, 204, zur „Nur-Pension"; VIII R 32/14 v. 14.3.17, GmbHR 17, 993, zur mittelbaren vGA; *Streck/Schwedhelm* § 8 Anh. KStG Rz. 897). Daher empfiehlt es sich, in der Praxis gängige Vergütungsregeln (Festgehalt + Tantieme + ggf. Pensionszusage + Sachleistungen) zu vereinbaren. Siehe auch Rz. 36 ff. Die Bestimmung der Angemessenheit ist schwierig. Feste Formeln lassen sich nicht aufstellen; zu berücksichtigen sind alle Umstände des Einzelfalls. Beurteilungskriterien sind Art und Umfang der Tätigkeit, die künftigen Ertragsaussichten des Unternehmens, das Verhältnis des Geschäftsführergehalts zum Gesamtgewinn und zur verbleibenden Kapitalverzinsung sowie Art und Höhe der Vergütungen, die gleichartige Betriebe ihren Geschäftsführern für entsprechende Leistungen gewähren (BFH I R 5/10 v. 24.8.11, GmbHR 12, 223; I R 80, 81/01 v. 27.2.03, BFH/NV 03, 1346; I R 24/02 v. 4.6.03, BStBl. II 04, 136; I R 111/03 v. 14.7.04, BStBl. II 05, 307; *Brinkmeier* GmbH-StB 06, 148; *Peetz* GmbHR 01, 699; zu weiteren Einzelheiten vgl. *Streck/Schwedhelm* § 8 Anh. KStG Rz. 278 ff. und 284 ff.; *Schwedhelm* GmbH-StB 17, 49). Gehaltsstrukturuntersuchungen bieten Anhaltspunkte (BFH I R 61/03 v. 15.12.04, GmbHR 05, 697; I R 85/01 v. 18.12.02, BFH/NV 03, 822; einen aktuellen Überblick über die in der Bundesrepublik gewährten Geschäftsführervergütungen bietet *Ute* GmbHR 20, R52, mwN; *Masuch/Meyer/Koller-van Delden/Meyer/Reinig, ABC des GmbH-Geschäftsführers* 2020, Rz. 4040; zur Sicht der FinVerw. BMF v. 1.2.02, BStBl. I 02, 219 und v. 14.10.02, BStBl. I 02, 972).

Zusätzliche Anforderungen gelten für den Geschäftsführervertrag mit einem **be- 18 herrschenden Anteilseigner.** Das Fehlen einer rechtzeitig, klar und eindeutig getroffenen, zivilrechtlich gültigen und durchgeführten Vereinbarung indiziert, dass die Vereinbarung nicht ernstlich gemeint und damit steuerlich nicht anzuerkennen ist (BFH VIII R 31/12 v. 21.10.14, GmbHR 15, 772; I R 40/03 v. 11.8.04, BFH/NV 05, 248; I R 39/96 v. 8.4.97, BFH/NV 97, 902; I R 24/97 v. 29.10.97, BStBl. II 98, 573; I R 96/95 v. 16.12.98, GmbHR 99, 667; *Neu* EFG 05, 480). Schriftform ist nicht erforderlich (BFH I R 157/86 v. 24.1.90, BStBl. II 90, 645; I R 39/91 v. 26.2.92, BFH/NV 93, 385), aber dringend zu empfehlen. S. auch Rz. 71. Eine **Befreiung von § 181 BGB** kann – soweit überhaupt notwendig (s. Rz. 13) – mit steuerlicher Wirkung auf den Vertragsabschluss nachgeholt werden (BFH I R 71/95 v. 23.10.96, BStBl. II 99, 35). Im Übrigen werden **rückwirkende Vereinbarungen** – auch wenn sie zivilrechtlich wirksam sind – nicht anerkannt. Diese Sonderbedingungen sind den allgemeinen Kriterien einer vGA vorgeschaltet. Fehlen sie, so ist bereits aus diesem Grund eine vGA gegeben. Andernfalls ist gleichwohl nach den allgemeinen Regeln der vGA zu prüfen, ob die Ausstattung angemessen ist.

Die Gesellschaft wird beherrscht von einem Anteilseigner, der über die **Mehrheit 19** der für allgemeine Beschlüsse erforderlichen Stimmen verfügt, idR also bei einer Beteiligung von über 50 % (*Streck/Schwedhelm* § 8 KStG Rz. 395). Maßgebend sind die Stimmrechtsverhältnisse im Zeitpunkt des der Leistung zugrunde liegenden Vertragsabschlusses (BFH I R 139/94 v. 18.12.96, BStBl. II 97, 301; I R 43/96 v. 11.2.97, GmbHR 97, 909). Anteile von **Ehegatten** werden nicht automatisch zusammengerechnet (BFH I R 73/85 v. 1.2.89, BStBl. II 89, 522). Im Einzelfall kann Beherrschung auch dann vorliegen, wenn keine gesellschaftsrechtliche Beherrschung vorliegt, jedoch ein Gesellschafter mit anderen Gesellschaftern zusammen bzgl. eines Geschäfts auf Grund **gleichgerichteter Interessen** als beherrschender Gesellschafter anzusehen ist (*Streck/Schwedhelm* § 8 KStG Rz. 405, mwN).

Auch Verträge mit **Nahestehenden** (vgl. Rz. 16) von beherrschenden Gesellschaf- 20 tern unterliegen den besonderen Bedingungen (*Streck/Schwedhelm* § 8 KStG Rz. 292).

Verdeckte Gewinnausschüttungen haben zusätzliche Steuerbelastungen zur Fol- 21 ge. *Beispiel:* Der Gesellschafter-Geschäftsführer erhält € 120,– zu viel Gehalt. Als Gehalt unterliegt der Betrag nur der ESt zzgl. Solidaritätszuschlag und ggf. Kirchensteuer von – unterstellt – 45 %, somit € 54,–. Wird der Betrag als vGA behandelt, fällt an: GewSt € 20,– (Hebesatz 400 unterstellt), KSt € 18,– und ESt etc. (so.) € 32,– (120 × 60 % × 45 %). Somit fallen statt € 45,– insgesamt € 70,– als Steuerbelastung an.

Die **Einkünfte des Geschäftsführers** auf Grund des Dienstvertrags sind idR **Ein- 22 künfte aus nicht selbständiger Arbeit** und damit lohnsteuerpflichtig (siehe FG Nds. XI 259/89 v. 15.10.92, GmbHR 93, 758). Zuschüsse zu Sozialversicherungsbeiträgen sind nur steuerfrei (§ 3 Nr. 62 EStG), wenn der Geschäftsführer Arbeitnehmer iSd. Sozialversicherungsrechts ist (siehe hierzu Rz. 4; *Büchter-Hole* EFG 04, 1035; FG Saarland 2 K 291/00 v. 29.4.04, EFG 04, 1035; FG München 13 K 1924/94 v. 10.12.96, EFG 98, 196, bestätigt durch BFH VI R 179/97 v. 6.6.02, BeckRS 2002,

25001255; *Bordewin/Brandt/Stuhrmann* § 3 Nr. 62 EStG Rz. 32; *Schwedhelm* GmbHR 93, 354). Bei beherrschendem Gesellschafter-Geschäftsführer gelten Vergütungen, die die GmbH dem Geschäftsführer schuldet, mit Fälligkeit zugeflossen (BFH VIII R 9/03 v. 5.10.04, BFH/NV 05, 526). Steuerfreie Zuschläge für Sonntags-, Feiertags- oder Nachtarbeit sowie die Vereinbarung von Überstundenvergütungen werden vom BFH – auch für Fremd-Geschäftsführer – nicht anerkannt (BFH VIII R 27/09 v. 27.3.12, BFH/NV 12, 1127; *Streck/Schwedhelm* § 8 Anh. KStG Rz. 332). Eine Ausgestaltung als Beratervertrag mit Einkünften nach §§ 15 oder 18 EStG ist möglich und auch umsatzsteuerlich anzuerkennen (BFH V R 29/03 v. 10.3.05, BStBl. II 05, 730 gegen FG Köln 6 K 5692/01 v. 30.4.03, DStRE 03, 1409, und BFH V R 43/01 v. 6.6.02, DStR 02, 1346; dazu *Hiller/Robisch* DStR 05, 1125; BMF v. 23.12.03, BStBl. I 04, 240 und v. 21.9.05, BStBl. I 05, 936; dazu *Widmann* DB 05, 2373; *Tigtemeyer* BB 06, 408; vgl. auch BFH VIII R 34/08 v. 20.10.10, GmbHR 11, 313). Zu den **Werbungskosten** (ggf. zu den Betriebsausgaben) können – neben den üblichen berufsbedingten Aufwendungen – auch Verluste aus einer zugunsten der GmbH übernommenen Bürgschaft gehören (BFH VI R 55/14 v. 7.5.15, GmbHR 15, 1119; VI R 97/10 v. 16.11.11, GmbHR 12, 228; VI R 36/01 v. 2.3.05, BFH/NV 06, 33; VI R 48/88 v. 14.5.91, BStBl. II 91, 758; aA für den Gesellschafter-Geschäftsführer BFH VIII R 64/02 v. 5.10.04, GmbHR 04, 1545; VI R 125/88 v. 17.7.92, BStBl. II 93, 111; FG Köln 7 K 198/86 v. 24.8.89, EFG 90, 229 „nachträgliche Anschaffungskosten"); ebenfalls sind Zahlungen als Werbungskosten bzw. Betriebsausgaben zu werten, die der Geschäftsführer erbringt, sofern er auf Grund des Geschäftsführungsverhältnisses in Haftung genommen wird.

23 Der Geschäftsführervertrag begründet keine ertragsteuerliche **Mitunternehmerschaft** zwischen der GmbH und dem Geschäftsführer, selbst wenn der Geschäftsführer an der GmbH beteiligt ist, ihm weitreichende Befugnisse innerhalb der GmbH eingeräumt werden und er eine Gewinntantieme bezieht (vgl. BFH VIII R 303/81 v. 22.1.85, BStBl. II 85, 363; IV R 17/84 v. 22.10.87, BStBl. II 88, 62). Ausnahmen bleiben bei ungewöhnlichen Gestaltungen aber denkbar (vgl. BFH IV R 82/85 v. 11.9.86, BStBl. II 87, 111; FG Köln V 443/82 F v. 28.1.86, EFG 86, 232), insbes. wenn der Geschäftsführer an der GmbH als stiller Gesellschafter beteiligt ist (BFH VIII R 64/03 v. 26.11.03, GmbHR 04, 436; VIII R 42/90 v. 15.12.92, NJW 94, 480; *Schwedhelm* GmbHR 94, 445; *Weber* GmbHR 94, 144; *Horn/Maertius* GmbHR 94, 147; *Braun* EFG 05, 952; A. 14.02 Rz. 11 ff.).

24 Der Geschäftsführer hat – unabhängig von dem Bestehen eines Geschäftsführervertrags – als **Organ** der GmbH deren steuerliche Pflichten zu erfüllen (§ 34 AO). Er **haftet** nach § 69 AO. Daneben tritt die **steuerstrafrechtliche** Verantwortung. Eingehend zur Geschäftsführerhaftung *Wollweber/Vitale* GmbH-StB 20, 48; *Müller* GmbHR 03, 389; *Hülsmann* GmbHR 19, 1168; *Lutter* GmbHR 00, 301. Zur Haftung des Geschäftsführers für Sozialversicherungsbeiträge BGH II ZR 220/10 v. 18.12.12, GmbHR 13, 265; KG Berlin 9 U 215/06 v. 25.9.07, GmbH-StB 08, 8; *Versin* GmbHR 20, 132; für eigenmächtige Vergütungszahlungen BGH II ZR 161/06 v. 26.11.07, DStR 08, 158; für nicht abgeführte Lohnsteuer FG Münster 8 K 2598/04 v. 16.11.06, EFG 07, 971, und Umsatzsteuer BFH VII B 74/15 v. 11.11.15, BFH/NV 16, 270.

25, 26 *(frei)*

2. Einzelerläuterungen

Zu § 1: Geschäftsführung und Vertretung

27 **Vertretungsmacht** (Außenverhältnis) und **Geschäftsführungsbefugnis** (Innenverhältnis) sind zu unterscheiden.

Der Geschäftsführer vertritt die GmbH nach außen. Für die Passiv-Vertretung gilt zwingend **Einzelvertretung** (§ 35 Abs. 2 Satz 2 GmbHG). Für die Aktiv-Vertretung gilt **Gesamtvertretung,** wenn der Gesellschaftsvertrag nichts anderes bestimmt. Das Muster sieht ein Alleinvertretungsrecht des Geschäftsführers vor. Voraussetzung hierfür ist eine entsprechende Regelung oder Ermächtigung im Gesellschaftsvertrag (vgl. A. 6.00 Rz. 49).

Die Vertretungsmacht der Geschäftsführer kann nicht **beschränkt** werden (§ 37 Abs. 2 GmbHG). Ebensowenig dürfen die Informationsrechte eines Mitgeschäftsführers auch bei spezifischer Ressortverteilung beschränkt werden (OLG Koblenz 6 U 1170/07 v. 22.11.07, GmbHR 08, 37).

Die Geschäftsführung umfasst alle Maßnahmen im Rahmen des **gewöhnlichen** 28 **Geschäftsbetriebs** (*Baumbach/Hueck/Beurskens* § 37 GmbHG Rz. 2). Durch Gesellschaftsvertrag, Geschäftsführungsordnung oder Gesellschafterbeschluss können die Geschäftsführungsbefugnisse einzelner oder aller Geschäftsführer erweitert oder beschränkt, bestimmte Geschäfte von der Zustimmung der Gesellschafter oder anderer Organe abhängig gemacht werden.

Die **Befreiung von § 181 BGB** bedarf einer entsprechenden Satzungsermächti- 29 gung (vgl. A. 6.00 Rz. 52). Sie ist als Teil der Vertretungsregelung im elektronischen **Handelsregister** einzutragen (§§ 10 Abs. 1, 39 Abs. 1 GmbHG; § 12 HGB). Ist die Befreiung beschränkt, sind auch diese Beschränkungen bei der Anmeldung konkret zu benennen und einzutragen (OLG Stuttgart 8 W 412/07 v. 18.10.07, BB 07, 2428). Bei fehlender oder fehlerhafter Befreiung von § 181 BGB sind die von dem Geschäftsführer mit sich selbst abgeschlossenen Rechtsgeschäfte zivilrechtlich schwebend unwirksam. Zivilrechtlich wie steuerrechtlich (Rz. 18) ist eine Genehmigung mit rückwirkender Kraft möglich.

Zu § 2: Einzelne Aufgaben

§ 2 enthält eine Auflistung der für den Geschäftsführer typischen **Aufgaben,** die 30 sich bereits weitgehend aus dem Gesetz ergeben (vgl. § 34 AO, §§ 40, 41, 42a, 43, 49, 51a, 78 GmbHG, § 325 HGB) und soll der Orientierung beider Vertragsparteien dienen.

Zu § 3: Genehmigungsbedürftige Geschäfte

Die Liste der zustimmungsbedürftigen Geschäfte ist bei der individuellen Vertrags- 31 gestaltung sorgfältig **abzuwandeln.** Sie sollte mit der entsprechenden Regelung des GmbH-Gesellschaftsvertrags übereinstimmen. Zur steuerlichen Relevanz s. auch A. 6.00 Rz. 55.

Zu § 4: Dienstleistung

Die Regelung ist zu **modifizieren,** falls der Geschäftsführer noch andere Aufgaben 32 (zB die Geschäftsführung einer weiteren GmbH) übernommen hat, um vGA zu vermeiden (vgl. Formular A. 6.18).

Zu § 6: Nebentätigkeit, Wettbewerb

Das **Wettbewerbsverbot** des Geschäftsführers ergibt sich für die Dauer der Amts- 33 zeit bereits aus der allgemeinen Treuepflicht gegenüber der Gesellschaft, aber auch analog aus § 88 AktG (*Baumbach/Hueck/Beurskens* § 37 GmbHG Rz. 83 ff.; kein Wettbewerbsverbot aus Treuepflicht für Alleingesellschafter-Geschäftsführer, vgl. BGH II ZR 299/91 v. 28.9.92, GmbHR 93, 38). Ein Wettbewerbsverbot über die Amtszeit hinaus bedarf hingegen der vertraglichen Vereinbarung (*Baumbach/Hueck/Beurskens* § 37 GmbHG Rz. 92). Schriftformerfordernis und Vergütungspflicht der §§ 74 ff. HGB gelten für den Geschäftsführer grds. nicht (BGH II ZR 229/83 v. 26.3.84, NJW 84, 2366; zu § 75a HGB aber BGH II ZR 140/91 v. 17.2.92, DStR 92, 512; *von Hoyningen-Huene* EWIR 02, 521; *Lutter/Hommelhoff/Kleindiek* § 6 GmbHG Rz. 25). Nachvertragliche Wettbewerbsverbote, die den Geschäftsführer in zeitlicher, räumlicher und sachlicher Hinsicht unangemessen einschränken, sind nichtig (§ 138 BGB; s.

Scholz/Schneider/Crezelius § 43 GmbHG Rz. 176 ff.); zum Wettbewerbsverbot des Geschäftsführers beim Unternehmenserwerb: *Gresbrand* GmbHR 13, 119.

Der Verstoß eines Gesellschafter-Geschäftsführers gegen das Wettbewerbsverbot führt nur dann zur vGA, wenn eine konkrete Geschäftschance der GmbH ausgenutzt wird (BFH I R 155/94 v. 30.8.95, DStR 95, 1873; *Streck/Schwedhelm* § 8 Anh. KStG Rz. 1406 f.; sowie A. 6.18 Rz. 3 ff.). Ebenso bedarf die Entschädigung für ein nachvertragliches Wettbewerbsverbot bei einem beherrschenden Gesellschafter-Geschäftsführer zur Vermeidung verdeckter Gewinnausschüttungen klarer, im Voraus getroffener Vereinbarungen, was die Höhe bzw. Bemessungsgrundlage der Entschädigung und die Dauer der Zahlung angeht.

Zu § 7: Bezüge des Geschäftsführers

34 Der **Vergütungsanspruch** des Geschäftsführers ergibt sich aus § 612 BGB. Als Vergütung kann ein festes Gehalt ggf. zuzüglich erfolgsabhängiger Bezüge (Gewinn-, Umsatzbeteiligung, Provisionen) vereinbart werden. Hinzu können sonstige Vergütungen kommen, wie Gratifikationen, Übernahme von Beiträgen für Kranken-, Haftpflicht-, Invaliditäts- und Pflegefallversicherung, Überlassung zinsloser Darlehen oder betriebseigener Fahrzeuge zur privaten Nutzung. Der Vertrag sieht eine Mischform vor.

35 Für **Fremdgeschäftsführer** besteht bei der Bemessung der Vergütung zivilrechtlich und steuerrechtlich (soweit es sich nicht um eine nahe stehende Person handelt, vgl. Rz. 16, 20) volle Vertragsfreiheit hinsichtlich Höhe und Bewertungsgrundlage.

36 Die Bezüge eines **Gesellschafter-Geschäftsführers** unterliegen gewissen Beschränkungen. Gesellschaftsrechtlich können überhöhte Bezüge als **verdeckte Einlagenerstattung** gegen § 30 GmbHG verstoßen, wenn die Zahlung der überhöhten Vergütung aus dem gebundenen Vermögen erfolgt (*Scholz/Schneider/Schneider/Hohenstatt* § 35 GmbHG Rz. 374 f.; allgemein zur gesellschaftsrechtlichen vGA *Scholz/Verse* § 29 GmbHG Rz. 115). Gleichbehandlungsgrundsatz und Treuepflicht verpflichten zur Wahrung der Angemessenheit (BGH I R 4/04 v. 20.10.04, GmbHR 05, 494; II ZR 126/89 v. 14.5.90, BB 90, 1293).

36a Steuerrechtlich besteht bei dem Gesellschafter-Geschäftsführer und bei dem Fremd-Geschäftsführer, der zu den nahe stehenden Personen eines Gesellschafters gehört, die Gefahr **verdeckter Gewinnausschüttungen,** wenn die Vergütung überhöht oder unüblich ist (vgl. Rz. 15 ff.). Gleiches gilt bei nur bedingt gewährter Vergütung (BFH I R 99/87 v. 13.12.89, BStBl. II 90, 454; I R 21/90 v. 29.4.92, BStBl. II 92, 851; kritisch *Hoffmann* GmbHR 94, 234) oder wenn das Vereinbarte nicht vollzogen wird (BFH I R 136/84 v. 20.7.88, BFH/NV 90, 64; FG Sachsen 6 K 1217/00 v. 5.4.06, EFG 06, 1004).

37 Ein Anspruch auf Tantieme kann entweder in der Form einer Gewinnbeteiligung **(Gewinntantieme)** oder als Umsatzbeteiligung **(Umsatztantieme)** gewährt werden. **Umsatzabhängige Tantiemen** sind bei Gesellschafter-Geschäftsführern und Geschäftsführern, die Gesellschaftern nahe stehen, nach der Rspr. des BFH nur ausnahmsweise steuerlich anzuerkennen, wenn hierfür besondere Gründe vorliegen (BFH I B 70/10 v. 12.10.10, BFH/NV 11, 301; *Streck/Schwedhelm* § 8 Anh. KStG Rz. 310 mit Nachweisen der Rspr.). Dies gilt auch für den eine leitende Position innehabenden Ehegatten eines beherrschenden Gesellschafters (BFH I B 123/06 v. 9.7.07, BFH/NV 07, 2148). Für die Praxis muss vor Umsatztantiemen wegen der derzeitigen Rspr. nachdrücklich gewarnt werden.

Gewinntantiemen sind zulässig und üblich (*Streck/Schwedhelm* § 8 Anh. KStG Rz. 314). Bei beherrschenden Gesellschaftern ist auf die Klarheit der Regelung zu achten. Die Bezugsgröße der Tantieme muss eindeutig sein (s. BFH I B 78/06 v. 9.1.07, BFH/NV 07, 1189; I R 36/02 v. 9.7.03, GmbHR 04, 136; I R 63/90 v. 4.12.91, BStBl. II 92, 362; FG Berlin VIII 261/95 v. 20.12.95, GmbHR 96, 706:

„Gewinn vor Steuern" ist unklar). Bei einem Anknüpfen an den Jahresüberschuss ist zu regeln, ob der Jahresüberschuss der Handels- oder Steuerbilanz gemeint ist (s. FG Hamburg VI 156/00 v. 13.2.01, EFG 01, 774). Eindeutig als Bezugsgröße ist das zu versteuernde Einkommen. Jegliche Vorbehaltsklauseln, die die Höhe der Tantieme in das Ermessen der Gesellschaft stellen, sind zu vermeiden (s. BFH I R 21/90 v. 29.4.92, BStBl. II 92, 851; hierzu kritisch *Hoffmann* GmbHR 94, 234). Wird die Tantieme im Laufe eines Veranlagungszeitraums vereinbart, ist sie zeitanteilig zu kürzen (BFH I R 70/97 v. 17.12.97, BStBl. II 98, 545; FG Hamburg VII 314/04 v. 10.3.06, EFG 06, 1364).

Ist **Bemessungsgrundlage der Gegenleistung** die Handels- oder Steuerbilanz, so **38** sind Änderungen, zB durch eine Betriebsprüfung – positiv wie negativ – zu berücksichtigen. Eine entsprechende Vertragsformulierung ist empfehlenswert (FG Nds. 6 K 547/95 v. 9.11.99, EFG 00, 807), uE aber nicht notwendig (BFH I R 114/70 v. 22.4.71, BStBl. II 71, 600). Ist Bemessungsgrundlage der Tantieme das nach dem KStG zu versteuernde Einkommen, so führen Änderungen auch ohne Vertragsklausel zur Anpassung der Tantieme (FG Köln 13 K 6741/98 v. 15.2.00, DStRE 00, 804). Zur Formulierung s. A. 6.27.

Die **Nichtberücksichtigung von Verlustvorträgen** bei der Tantiemebemessung wird teilweise von der Rspr. als Indiz für eine vGA gewertet (BFH I B 93/10 v. 4.5.11, BFH/NV 11, 1920; I R 22/03 v. 17.12.03, BStBl. II 04, 524; I R 73/06 v 18.9.07, BStBl. II 08, 31; *Streck/Schwedhelm* § 8 Anh. KStG Rz. 315, mwN; zur Formulierung einer „Verlustvortragsklausel" s. *Korn* KÖSDI 96, 10815 und FG BaWü 6 K 3640/13 v 5.5.15, EFG 15, 2215).

Die **Modifizierung der Bemessungsgrundlage** (zB im Hinblick auf Sonderabschreibungen etc.) ist möglich (zur rohgewinnbezogenen Tantieme BFH I R 27/99 v. 27.3.01, BStBl. II 02, 111; I B 119/98 v. 26.1.99, BStBl. II 99, 241; BMF v. 1.2.02, BStBl. I 02, 219; *Mertes* GmbH-Stpr. 04, 293), setzt aber eine präzise Vertragsformulierung voraus (Beispiele bei *Carlé* KÖSDI 89, 7719; *Schnittker/Best* GmbHR 02, 565).

Zur **Ermittlung des Prozentsatzes** der Tantieme ist eine Prognoseberechnung **39** anzustellen. Ziel – so der BFH – soll sein, die Jahresgesamtbezüge zu rd. 75% als Festgehalt und zu rd. 25% als erfolgsabhängige Tantieme zu zahlen (BFH I R 50/94 v. 5.10.94, BStBl. II 95, 549; I R 80, 81/01 v. 27.2.03, BFH/NV 03, 1346; I R 42/03 v. 19.11.03, GmbHR 04, 512; BMF v. 1.2.02, BStBl. I 02, 219; *Hoffmann* GmbHR 04, 1538; *Trassen* EFG 04, 1482).

Beispiel (zur Kritik):
Die angemessene Gesamtvergütung beträgt € 200.000,–, das anteilige Festgehalt somit € 150.000,– (75%). Im Zeitpunkt der Vertragsvereinbarung erwartet die Gesellschaft einen zukünftig durchschnittlich erzielbaren Jahresüberschuss vor Abzug der KSt, GewSt und Tantieme (= Bemessungsgrundlage) von € 500.000,–. Als Tantieme werden daher 10% der Bemessungsgrundlage vereinbart. Die sich nachfolgend auf Grund der Vereinbarung ergebende tatsächliche Tantieme ist angemessen, gleichgültig, ob sie unter oder über der Prognose liegt.

Die Prognoseberechnung sollte für spätere Diskussionen mit der Betriebsprüfung dokumentiert, nicht aber zum Vertragsbestandteil gemacht werden.

Tantiemeversprechen gegenüber einem oder mehreren **Geschäftsführern** dür- **40** fen grds. insgesamt den Satz von 50% des Gewinns vor Steuern und Tantieme nicht übersteigen (s. BFH I B 99/05 v. 1.2.06, BFH/NV 06, 982; I B 223/03 v. 6.5.04, BFH/NV 04, 1294; I R 50/94 v. 5.10.94, BStBl. II 95, 549; zur Bemessungsgrundlage: BFH I R 24/02 v. 4.6.03, BStBl. II 04, 136; BMF v. 1.2.02, BStBl. I 02, 219: Dies gilt auch bei einem nicht beherrschenden Gesellschafter: BFH I R 74/99 v. 15.3.00, BStBl. II 00, 547; I B 99/05 v. 1.2.06, BFH/NV 06, 982). Der BFH hat Ausnahmen bisher nur für die Anlaufphase zugelassen (BFH I R 74/99 v. 15.3.00, BStBl. II 00, 547).

Abweichende Fälligkeitsregelungen stehen in der Gefahr, als unüblich angesehen zu werden (BFH I R 88/94 v. 6.12.95, BStBl. II 96, 383; s. auch *Frischholz* StBp. 95, 11, mwN; kritisch zum Kriterium der Üblichkeit *Hoffmann* GmbHR 96, 664; *Schmidt* GmbH-StB 04, 242).

Tantiemezahlungen gelten dem beherrschenden Gesellschafter bereits mit Feststellung des Jahresabschlusses als zugeflossen, sofern nicht zivilrechtlich wirksam und fremdüblich etwas anderes vereinbart wurde (BFH VI R 13/14 v. 14.4.16, GmbHR 16, 940; VI R 66/09 v. 3.2.11, BFH/NV 11, 1057; BMF v. 12.5.14, BStBl. I 14, 860; *Streck/Schwedhelm* § 8 Anh. KStG Rz. 354). Wird eine Tantieme vor Fälligkeit ausbezahlt, so ist der Verzicht auf eine Verzinsung vGA (BFH I R 70/97 v. 17.12.97, BStBl. II 98, 545), sofern die Gewährung von Vorschüssen nicht von vorneherein klar vereinbart wurde (FG Köln 13 K 6661/02 v. 8.4.03, DStRE 03, 1225, wegen nicht hinreichender Klarheit der Vereinbarung aufgehoben durch BFH I R 36/03 v. 22.10.03, BStBl. II 04, 307).

41   Ein Anspruch auf **Gratifikation** (Weihnachtsgeld, Urlaubsgeld) besteht bereits dann, wenn sie dem Geschäftsführer mehrfach vorbehaltlos gewährt wurden (OLG München 7 U 4750/83 v. 15.2.84, WM 84, 896; **aA** *Haase* GmbHR 05, 265).

Urlaubs- und Weihnachtsgelder werden vom BFH als Vergütung für Dienste im laufenden Geschäftsjahr angesehen (BFH I R 49/90 v. 11.12.91, BStBl. II 92, 434; s. auch FG Saarland 1 K 225/93 v. 8.2.94, EFG 94, 675). Sie sind daher beim beherrschenden Gesellschafter nur zeitanteilig anzuerkennen, wenn sie nicht bereits zu Beginn des Jahres vereinbart waren. Eine Zahlung „entsprechend der betrieblichen Übung" ist ausreichend, wenn eine solche Übung nachweisbar ist (FG Saarland 1 K 102/93 v. 5.4.94, GmbHR 94, 334).

42   Bei **vorübergehender Verhinderung** (Krankheit etc.) bleibt der Vergütungsanspruch für sechs Wochen bestehen (§ 616 Satz 1 BGB), sofern die Verhinderung nicht schuldhaft herbeigeführt ist (*Scholz/Schneider/Hohenstatt* § 35 GmbHG Rz. 413). Solange ruht der Anspruch auf Krankengeld (§ 49 SGB V).

43   Der Vergütungsanspruch des Geschäftsführers verjährt drei Jahre nach Kenntnis des Anspruchs, spätestens nach zehn Jahren (§§ 195, 199 Abs. 4 BGB).

44   Bei wesentlicher Veränderung der wirtschaftlichen Verhältnisse kann die Gesellschaft bzw. der Geschäftsführer analog § 87 AktG eine **Anpassung der Tätigkeitsvergütung** verlangen (*Baumbach/Hueck/Beurskens* § 37 GmbHG Rz. 129 f.; *Scholz/Schneider/Hohenstatt* § 35 GmbHG Rz. 368 ff.). Die Anpassung beinhaltet eine Vertragsänderung. **Steuerrechtlich** ist bei Gesellschafter-Geschäftsführern und Geschäftsführern, die einem Gesellschafter nahe stehen, zur Vermeidung einer vGA eine regelmäßige Überprüfung der Vergütung erforderlich. Der BFH (I R 50/94 v. 5.10.94, BStBl. II 95, 549; s. auch *Engelsing* StuB 03, 363; *Zimmers* LGp 07, 30) geht davon aus, dass das Gehalt eines Geschäftsführers laufenden Anpassungen unterliegt. Die Gewinntantieme ist anlässlich jeder tatsächlich vorgenommenen Gehaltsanpassung, spätestens jedoch nach Ablauf von drei Jahren, auf ihre Angemessenheit zu überprüfen. Die Vereinbarung einer absoluten Obergrenze der Tantieme vermeidet die Notwendigkeit, die Vertragsvereinbarung alle drei Jahre zu überprüfen und ggf. anzupassen. Die Obergrenze kann uE großzügig (zB Begrenzung auf ein Jahresfestgehalt) bemessen werden, wenn die Prognoseberechnung bei Vertragsabschluss realistisch war. Eine Vertragsvereinbarung, wonach das Festgehalt im gleichen Prozentsatz steigt oder fällt, in dem Gehälter nach einem bestimmten Tarifvertrag und Tarifklasse steigen oder fallen, ist steuerlich unproblematisch (vgl. *Streck/Schwedhelm* § 8 Anh. KStG Rz. 339). Die zivilrechtliche Wirksamkeit solcher Wertsicherungsklauseln richtet sich nach dem Preisklauselgesetz; wird die Wertsicherung an die allgemeine Lohnentwicklung gekoppelt, dürfte die Klausel gemäß § 1 Abs. 1 Preisklauselgesetz unproblematisch sein. Weitergehende Vertragsvereinbarungen im Hinblick auf eine Anpassung der Bezüge (s. zB *Korn* KÖSDI 96, 10815; *Tillmann/Schmidt* GmbHR 95, 796; *Fritsche/Köhl*

GmbHR 96, 677; *Neumann* GmbHR 96, 740, 822; *Prühs* GmbH-Stpr 05, 10; *ders.* GmbH-Stpr. 06, 363) halten wir weder für erforderlich noch für zweckmäßig. Sie beinhalten vielmehr das Risiko, als „Vorbehaltsklausel" angesehen zu werden und gefährden damit die Anerkennung der gesamten Vergütung.

Zu § 8: Spesen, Aufwendungsersatz

Der Anspruch des Geschäftsführers auf Ersatz seiner **Auslagen** ergibt sich aus 45 §§ 669f., 675 BGB. Besteht kein Anstellungsvertrag, folgt der Ersatzanspruch aus § 683 BGB. Bei beherrschenden Gesellschafter-Geschäftsführern (vgl. Rz. 18) ist jedoch eine rechtzeitige klare Vereinbarung erforderlich, selbst wenn sich der zivilrechtliche Ersatzanspruch bereits aus dem Gesetz ergibt (vgl. BFH VIII R 9/03 v. 5.10.04, GmbHR 05, 176; I R 4/04 v. 20.10.04, GmbHR 05, 494; aA: FG Hamburg III 78/01 v. 28.11.03, EFG 04, 685; FG Nds. 6 K 302/00 v. 26.11.02, EFG 03, 1196). UE gilt dies allerdings nicht für überraschend notwendige Aufwendungen, die der Geschäftsführer für die GmbH tätigt (vgl. *Streck* GmbHR 87, 104). Vorsorglich sollte der Anspruch auf Aufwendungsersatz jedoch vereinbart werden.

Zu § 9: Urlaub

Ein **Urlaubsanspruch** ist auch ohne besondere Vereinbarung anzunehmen (vgl. 46 BFH I B 28/06 v. 6.10.06, GmbHR 07, 104; BGH II ZR 201/61 v. 3.12.62, NJW 63, 535). Das BUrlG gilt nicht (*Haase* GmbHR 05, 265; *ders.* GmbHR 05, 338; aA: im Falle der expliziten Einbeziehung tarifvertraglicher Regelungen in den Anstellungsvertrag OLG Frankfurt 24 U 185/06 v. 9.2.07, GmbHR 07, 1222; *Baumbach/Hueck/Beurskens* § 37 GmbHG Rz. 141). Ist eine Freizeit wegen Beendigung des Anstellungsverhältnisses nicht mehr möglich oder aus Unternehmensinteressen ausgeschlossen, besteht ein Anspruch auf Abgeltung (BGH II ZR 201/61 v. 3.12.62, aaO). Bei Gesellschafter-Geschäftsführern liegt in der Abgeltung daher keine vGA (BFH I R 21/68 v. 8.1.69, BStBl. II 69, 327; I R 119/70 v. 10.1.73, BStBl. II 73, 322; I R 50/03 v. 28.1.04, BStBl. II 05, 524).

Zu § 10: Ruhegehalt

Ruhegehaltsansprüche können dem Geschäftsführer aus der gesetzlichen Ren- 47 tenversicherung, aus einer privaten Direktversicherung, für die die Gesellschaft die Zahlung der Versicherungsbeiträge übernimmt, oder aus einer Direktzusage zustehen. Ob und welches Ruhegehalt die Gesellschaft ihrem Geschäftsführer und dessen Hinterbliebenen zahlt, unterliegt – abgesehen von der Sozialversicherungspflicht (vgl. Rz. 4) – der freien Vereinbarung. Vereinbart werden kann, dass
– dem Geschäftsführer sofort ein fester Versorgungsanspruch zusteht,
– ihm ein solcher nur zusteht, wenn er eine Mindestzeit Organmitglied war (so der Vertrag),
– ein Versorgungsanspruch nur zusteht, wenn der Geschäftsführer bei Eintritt des Versorgungsfalls (Altersgrenze, Tod, Invalidität) noch Organmitglied ist.
Bei der Gestaltung ist darauf zu achten, dass Pensionsvereinbarungen mit **„abhän-** 48 **gigen" Geschäftsführern** im betriebsrentenrechtlichen Sinn den Bestimmungen der **§§ 1 ff. BetrAVG** unterliegen (zur Abgrenzung vgl. nachfolgend Rz. 49). Scheidet ein abhängiger Geschäftsführer vor Eintritt des Versorgungsfalls aus, so behält er seine Anwartschaft, wenn er zu diesem Zeitpunkt das 21. Lebensjahr vollendet hat und die Versorgungszusage seit mindestens drei Jahren bestand (§ 1b BetrAVG). Eine vertragliche Unverfallbarkeitsregel, die eine längere Betriebstreue verlangt, ist unwirksam (§ 19 Abs. 3 BetrAVG; BGH I ZR 15/80 v. 18.3.82, WM 82, 1123).

Nicht anwendbar sind die Bestimmungen der §§ 1–16 BetrAVG auf den als Ge- 49 schäftsführer tätigen Alleingesellschafter (BGH II ZR 254/78 v. 28.4.80, BGHZ 77, 94), den geschäftsführenden Mehrheitsgesellschafter (BGH II ZR 254/78 v. 28.4.80, aaO; FG RhPf. 5 K 105/87 v. 26.2.87, EFG 87, 496), wobei Anteile von Familienangehörigen nicht ohne weiteres hinzugerechnet werden, sowie jeden von mehreren Gesellschafter-Geschäftsführern, die zusammen über die Mehrheit der Stimmen verfügen, wenn die eigene Beteiligung nicht ganz unbedeutend ist (BGH II ZR 255/78 v. 9.6.80, NJW 80, 2257; vgl. ferner BGH II ZR 259/88 v. 25.9.89, NJW 90, 49, für den Minderheitsgesellschafter neben einem Mehrheitsgesellschafter sowie BGH II ZR 29/90 v. 28.1.91, DStR 91, 320, für den nur treuhänderisch beteiligten Gesellschafter und BAG 3 AZR 869/95 v. 16.4.97, GmbHR 98, 84; LG Bamberg 3 T 122/05 v. 8.12.05, ZInsO 06, 47). Diese **„Unternehmer-Geschäftsführer"** stehen den vorstehend behandelten „abhängigen" Geschäftsführern gegenüber.

50 Zulässig und unbedenklich ist es, vor Eintritt der Unverfallbarkeit vorzusehen, dass der Versorgungsanspruch entfällt, wenn der Anstellungsvertrag durch die Gesellschaft gekündigt wird, weil der Geschäftsführer gröblich seine Pflichten verletzt hat (BGH II ZR 219/75 v. 8.12.77, WM 78, 109; OLG Frankfurt 1 U 67/98 v. 22.4.99, GmbHR 00, 664). Fehlt eine solche Vereinbarung, so kann die Versorgungszusage nur bei außerordentlich schweren Verfehlungen entfallen (BGH II ZR 71/83 v. 19.12.83, NJW 84, 1529; *Fleck* WM 85, 677, 682).

51 Der Vertrag sieht eine **Anpassung** der Versorgungsbezüge durch eine Wertsicherungsklausel vor, die nicht genehmigungsbedürftig ist (§ 1 Preisklauselgesetz). Bei abhängigen Geschäftsführern ist § 16 BetrAVG zu beachten. Fehlt eine vertragliche Vereinbarung über die Anpassung, so richtet sich diese für Unternehmer-Geschäftsführer nach § 242 iVm. § 315 BGB (BGH II ZR 252/79 v. 6.4.81, NJW 81, 2059; BAG 3 AZR 156/83 v. 23.4.85, ZIP 85, 889, 890; BAG 3 AZR 881/94 v. 17.10.95, BB 96, 1388).

52 Auch Ruhegehaltszahlungen unterliegen dem **Rückzahlungsverbot** nach § 30 GmbHG (BGH II ZR 55/86 v. 8.12.86, NJW 87, 779).

53 **Steuerrechtlich** gehört die Pensionszusage zur **Gesamtausstattung** des Geschäftsführers (vgl. Rz. 17), die bei Gesellschafter-Geschäftsführern dem Angemessenheitsgebot genügen muss. Bei der Prüfung der Angemessenheit wird die Pensionszusage mit einer fiktiven Jahresnettoversicherungsprämie ohne Abschluss- und Verwaltungskosten bewertet, die, abgestellt auf das Alter im Zusagezeitpunkt, für eine entsprechende Versicherung gezahlt werden müsste (KStH 8.7; *Streck/Schwedhelm* § 8 Anh. KStG Rz. 916).

54 Pensionszusagen bedürfen schon aufgrund des § 6a EStG (und damit auch bei nicht beherrschenden Gesellschaftern) der **Schriftform** und der **Rechtsverbindlichkeit** (BFH I R 91/15 v. 31.5.17, GmbHR 18, 98; I R 17/10, I R 18/10 v. 12.10.10, BFH/NV 11, 452, auch bei Änderungen der Pensionszusage). Dabei ist auf eine klare Formulierung zu achten.

55 Ist **Bezugsgröße** das letzte Festgehalt, sollte klargestellt werden, auf welches Jahr oder auf den Durchschnitt welcher Jahre sich der Prozentsatz bezieht. Das Gebot der Klarheit steht einer Auslegung der Vereinbarung nicht entgegen, dh. im Falle der Unklarheit bzw. Nichteindeutigkeit des Inhalts der Pensionszusage kann auf die geltenden Auslegungsregeln zurückgegriffen werden (BFH XI R 48/17 v. 23.7.19, BStBl. II 19, 763). Das Protokoll über den Beschluss der Gesellschafterversammlung genügt nicht, wenn das Protokoll keine Fixierung von Art und Höhe der Pensionszusage enthält (BFH I R 37/02 v. 22.10.03, BStBl. II 04, 121; gegen FG Nds. 6 K 256/99 v. 28.2.02, EFG 02, 1021; FG Saarland 1 K 239/86 v. 13.7.88, EFG 88, 592).

56 **§ 6a EStG** schreibt **kein Mindestpensionsalter** vor. Die Pensionsrückstellung ist daher immer nach dem in der Zusage vorgesehenen Alter zu berechnen (BFH I R 72/12 v. 11.9.13, BStBl. II 16, 1008; I R 2/14 v. 26.11.14, BFH/NV 15, 500; FG Hessen 4 K 3070/11 v. 22.5.13, EFG 13, 1508; BMF v. 9.12.16, BStBl. I 16, 1427). Eine Zusage auf ein Endalter unter 65 Jahre indiziert bei einem beherrschenden Gesellschafter eine vGA (BFH I R 25/04 v. 28.6.05, GmbHR 05, 1510). Nach Ansicht der Finanzverwaltung (BMF v. 9.12.16, BStBl. I 16, 1427) ist bei Neuzusagen nach

dem 9.12.16 bei einer Altersgrenze unter 62 davon auszugehen, dass die Rückstellung in voller Höhe zur vGA führt. Liegt die Altersgrenze unter dem 67. Lebensjahr, soll anteilig eine vGA vorliegen. Für Zusagen bis zum 9.12.16 sollen die Altersgrenzen bei 60 und 65 Jahren liegen. Die Anhebung der Altersgrenzen in der gesetzlichen Rentenversicherung ab 2007 hat nach der Rechtsprechung jedenfalls keinen Einfluss auf die steuerliche Beurteilung von Zusagen, die vor 2007 erteilt wurden (BFH I R 72/12 v. 11.9.13, BStBl. II 16, 1008; I R 26/12 v. 11.9.13, BFH/NV 14, 728; I R 2/14 v. 26.11.14, BFH/NV 15, 500).

Für die Frage, ob eine **vGA** vorliegt, ist grundsätzlich auf den Zeitpunkt der Zusage **56a** abzustellen. Ist einem nicht beherrschenden Gesellschafter-Geschäftsführer eine Pensionszusage erteilt worden, die die strengeren Anforderungen für beherrschende Gesellschafter-Geschäftsführer nicht erfüllt, führt dies grundsätzlich nicht zur vGA, wenn der nicht beherrschende Gesellschafter-Geschäftsführer zum beherrschenden wird (sog. „Statuswechsel") (BMF v. 9.12.16, BStBl. I 16, 1427; offen gelassen von BFH I R 72/12 v. 11.9.13, BStBl. II 16, 1008).

Eine Regelung, wonach die **Versorgungsverpflichtung** durch eine einmalige **57** Zahlung in Höhe der zum Abfindungszeitpunkt (noch) bestehenden steuerlichen Rückstellung **abgefunden** werden kann, ist ein schädlicher Vorbehalt gem. § 6a Abs. 1 Nr. 1 EStG, weil die Abfindung unter dem Barwert der Versorgungsleistung liegt (BFH I R 49/97 v. 10.11.98, GmbHR 99, 303; BMF v. 6.4.05, GmbHR 05, 796; *Paus* GmbHR 05, 975).

Wird an eine **Umsatztantieme** angeknüpft, die als vGA zu werten ist, so ist auch die Zusage eine vGA (BFH I R 45/08 v. 4.3.09, BFH/NV 10, 244).

Pensionszusagen sind „**unangemessen**" (und damit vGA auch bei nicht beherr- **57a** schenden Gesellschaftern), wenn sie dem Berechtigten erstmals in einem Alter gewährt werden, zu dem ein ordentlicher Geschäftsleiter eine solche Zusage nicht erteilt hätte. Zusagen nach Vollendung des 60. Lebensjahrs führen daher grds. zur vGA (BFH I R 26/12 v.11.9.13, GmbHR 14, 497; I R 80/02 v. 23.7.03, BStBl. II 03, 926; I R 94/04 v. 9.11.05, BFH/NV 06, 616); ebenso eine Zusage nach Ausbruch einer lebensbedrohenden Erkrankung (BFH I R 108110/03 v. 11.8.04, BFH/NV 05, 385).

Ist die Zahlung einer Pension nicht an die **tatsächliche Beendigung** des Dienstverhältnisses, sondern „nur" an das Erreichen des Ruhestandsalters geknüpft, führt dies nicht zur vGA (BFH I R 60/12 v. 23.10.13, BFH/NV 14, 781).

Wird das Dienstverhältnis des Gesellschafter-Geschäftsführers **nach** Erreichen des in **58** der Pensionszusage vorgesehenen **Ruhestandsalters fortgeführt,** so muss die Geschäftsführervergütung auf die Versorgungsleistung angerechnet werden. Soweit dies nicht erfolgt, liegt nach Ansicht des BFH in Höhe des nicht angerechneten Betrags eine vGA vor (BFH I R 12/07 v. 5.3.08, BFH/NV 08, 1273; I R 60/12 v. 23.10.13, BStBl. II 15, 413; nach FG Köln 10 K 1949/12 v. 26.3.15, EFG 15, 1220, gilt dies auch, wenn die Vergütung mit Eintritt des Versorgungsfalls gekürzt wurde, rkr.; ferner FG Bln-Brdbg 6 K 6168/13 v. 6.9.16, EFG 16, 1916: vGA auch, wenn der Geschäftsführervertrag beendet und durch einen Beratervertrag ersetzt wird, aufgehoben durch BFH I B 104/16 v. 22.8.17, nv.; zur Kritik *Binnewies/Mückl/Olbing* GmbHR 19, 1313; *Schwedhelm/Höpfner* GmbHR 13, 800; *Kamchen/Kling* NWB 14, 1270; *Hoffmann* GmbHR 14, 497). War der Gesellschafter-Geschäftsführer allerdings bereits ausgeschieden und seine spätere Wiedereinstellung zu diesem Zeitpunkt nicht beabsichtigt, ist eine vGA nach FG Münster (10 K 1583/19 K v. 25.7.19, EFG 19, 1620, Rev. I R 41/19) abzulehnen, wenn er nach ein paar Monaten aufgrund eines Anstellungsvertrags für die GmbH weiterhin tätig wird und dem neu vereinbarten Geschäftsführergehalt nur Anerkennungscharakter zukommt (hier: ca. 26% der vorherigen Gesamtbezüge des Gesellschafter-Geschäftsführers).

Eine **vGA wird vermieden,** wenn der vereinbarte Eintritt des Versorgungsfalls **59** aufgeschoben wird, bis der Begünstigte endgültig seine Geschäftsführerfunktion beendet. In diesem Fall dürfen die Pensionszusagen nach versicherungsmathematischen Grundsätzen erhöht werden (BFH I R 60/12 v. 23.10.13, BStBl. II 15, 413; FG Köln 10 K 1949/12 v. 26.3.15, EFG 15, 1220, rkr.).

60   Bei einem **beherrschenden Gesellschafter-Geschäftsführer** müssen zwischen dem Zeitpunkt der Zusage und dem vorgesehenen Zeitpunkt für den Eintritt in den Ruhestand mindestens zehn Jahre liegen (sog. Erdienbarkeit) (BFH I R 98/93 v. 21.12.1994, BStBl. II 95, 419; I R 26/12 v. 11.9.13, BFH/NV 14, 728; *Wellisch/ Kutzner* BB 16, 2135). Eine kurzfristige Unterbrechung der Dienstzeit ist unschädlich (BFH I R 56/01 v. 30.1.02, GmbHR 02, 795; gegen FG Köln 13 K 5425/00 v. 5.12.00, EFG 02, 46). Ansonsten führt die Berücksichtigung von Vordienstzeiten zur vGA (BFH I R 39/12 v. 26.6.13, BStBl. II 14, 174). Scheidet der Gesellschafter-Geschäftsführer bei einer unverfallbaren Pensionszusage vor Ablauf der zehn Jahre als Geschäftsführer aus, wird die bis dahin gebildete Rückstellung mangels tatsächlicher Durchführung zur vGA (BFH I R 76/13 v. 25.6.14, BFH/NV 14, 864; *Paus* FR 14, 1129). Der Erdienungszeitraum ist nicht gewahrt, wenn der beherrschende Gesellschafter-Geschäftsführer vor Ablauf von zehn Jahren in den Ruhestand treten kann (FG Münster 9 K 4626/01 v. 9.1.04, EFG 04, 600, bestätigt durch BFH I R 25/04 v. 28.6.05, GmbHR 05, 1510).

60a   Bei einem **nicht beherrschenden Gesellschafter-Geschäftsführer** kann hingegen auch eine vor der Zusage liegende Dienstzeit berücksichtigt werden, wenn der Geschäftsführer vor Zusage seit mehr als zwölf Jahren im Betrieb tätig gewesen ist und eine aktive Dienstzeit von mindestens drei Jahren verbleibt (BFH I R 17/14 v. 20.5.15, BStBl. II 15, 1022; I R 52/97 v. 29.10.97, GmbHR 98, 338). Dabei sind auch Zeiträume zu berücksichtigen, in denen das Unternehmen noch nicht als GmbH geführt wurde (BFH I R 40/99 v. 15.3.00, BStBl. II 00, 504).

61   Durch **nachträgliche Verlängerung** des Zeitraums kann die vGA verhindert werden (BFH I R 36/97 v. 19.5.98, GmbHR 98, 944; *Hoffmann* DStR 98, 1625), allerdings nur ab Änderung der Zusage (BFH I R 80/02 v. 23.7.03, BB 03, 2549; I R 25/04 v. 28.6.05, GmbHR 05, 1510). Die vom BFH vorgegebenen Zeiträume haben jedoch nur indizielle Bedeutung. Im Einzelfall kann eine Pensionszusage auch bei Unterschreitung der regulären Erdienbarkeitszeit anerkannt werden (siehe BFH I R 14/04 v. 14.7.04, DStRE 04, 1287; I R 43/01 v. 24.4.02, BStBl. II 03, 416, dazu BMF v. 13.5.03, BStBl. I 03, 300; BFH I R 56/01 v. 30.1.02, BFH/NV 02, 1055; für eine vGA, auch wenn der Zeitraum nur um wenige Monate unterschritten wurde, FG Bremen 1 K 63/07 v. 8.5.08, EFG 08, 1324).

61a   Die Einhaltung der **Zehnjahresfrist** gilt auch für die Erhöhung einer Pensionszusage (BFH I R 62/07, v. 23.9.08, FR 09, 672), selbst wenn die Erhöhung aufgrund der Abhängigkeit der Pension von der gezahlten Vergütung aus einer (angemessenen) sprunghaften Erhöhung des Festgehalts resultiert („Pensionssprung" nach „Gehaltssprung"). Allenfalls eine Anpassung durch Koppelung an dynamische Steigerungen des Gehalts (zB tarifvertragliche Steigerungen) ist ohne Einhaltung einer Wartefrist zulässig (BFH I R 17/14 v. 20.5.15, DStR 15, 2064; zur Gefahr einer Überversorgung siehe Hessisches FG 4 K 2677/97 v. 15.2.00, GmbHR 00, 625). Nach FG Hamburg ist eine nachträgliche Dynamisierung nach Vollendung des 60. Lebensjahres vGA (FG Hamburg 3 K 13/16 v. 15.4.16, EFG 16, 1357).

61b   Wird eine **Einbeziehung von Vordienstzeiten** vereinbart, so sind diese bei der Rückstellung in der Bilanz zu berücksichtigen und außerbilanziell durch eine vGA zu korrigieren (BFH I R 39/12 v. 26.6.13, BStBl. II 14, 174). Werden Vordienstzeiten bei der Rückstellungsbildung berücksichtigt, ohne dass dies vereinbart war, so ist die gebildete Pensionsrückstellung fehlerhaft und in der Bilanz zu berichtigen. Sie führt – wenn die Zusage als solche angemessen ist – nicht zur vGA (BFH III R 43/00 v. 18.4.02, GmbHR 02, 860, mit Anm. *Hoffmann;* BFH I B 108/08 v. 19.11.08, BFH/NV 09, 608).

Die **Gewährung einer Pensionszusage unmittelbar nach Anstellung des** 62
Geschäftsführers ist nach Ansicht der Finanzverwaltung (BMF v. 14.12.12, BStBl. I
13, 58) und nach der Rechtsprechung (BFH I R 2/92 v. 16.12.92, BStBl. II 93, 455;
I R 70/04 v. 23.2.05, BStBl. II 05, 882 mit Anm. *Hoffmann;* I R 78/08 v. 28.4.10,
BStBl. II 13, 41) „unüblich" und damit idR eine vGA. Etwas anderes gilt, wenn die
GmbH aus einem bestehenden Unternehmen hervorgegangen ist (BFH I R 39/12 v.
26.6.13, BStBl. II 14, 174; I R 18/01 v. 24.4.02, BStBl. II 02, 670; FG Rh-Pf 2 K
1945/01 v. 13.8.02, EFG 03, 184; FG Bln-Brdbg 10 V 10102/13 v. 17.6.14, EFG 14,
1713). Eine Wartezeit von fünf Jahren ist in jedem Fall ausreichend (BFH I R 42/97
v. 15.10.97, BStBl. II 99, 316; BMF v. 14.12.12, BStBl. I 13, 58). Bei einem Geschäftsführer mit Branchenerfahrung genügen 18 Monate (BFH I B 131/97 v. 4.5.98,
GmbHR 98, 1049; siehe auch BFH I R 99/02 v. 20.8.03, BFH/NV 04, 373). Ohne
Branchenerfahrung genügen 15 Monate nicht (BFH I R 73/97 v. 11.2.98, GmbHR
98, 893). Nach Auffassung der Finanzverwaltung (BMF v. 14.12.12, BStBl. I 13, 58)
ist eine Probezeit von zwei bis drei Jahren – bei Neugründung von fünf Jahren– idR
ausreichend.

Zuführungen zu einer Rückstellung für eine Pensionszusage, die ohne Beachtung der Probezeit vereinbart worden ist, werden bis zum Ablauf der Probezeit als
vGA behandelt (BFH I R 19/09 v. 17.3.10, BFH/NV 10, 1310, vorgehend FG Saarland 1 K 1377/04 v. 3.12.08, EFG 09, 774). Nach der Rechtsprechung des BFH
wächst eine Pensionszusage, die unter Einräumung einer unangemessen kurzen Probezeit gewährt wird, auch nach Ablauf einer objektiv angemessenen Probezeit nicht in
die Angemessenheit hinein. Zuführungen zur Rückstellung nach Ablauf einer angemessenen Probezeit bleiben vGA (BFH I R 78/08 v. 28.4.10, BStBl. II 13, 41; BMF
v. 14.12.12, BStBl. I 13, 58; *Killat* DB 13, 195; *Altendorf* GmbH-StB 13, 80).

Der BFH verlangt die **Finanzierbarkeit der Pensionszusage** (BFH I R 65/03 v. 62a
31.3.04, BStBl. II 05, 664; I R 86/00 v. 28.11.01, BFH/NV 02, 675; BVerfG 1 BvR
1964/97 v. 12.2.98, GmbHR 98, 750). Für die Beurteilung der Finanzierbarkeit ist
aber nur der versicherungsmathematische Barwert (§ 6a Abs. 3 Satz 2 Nr. 2 EStG) anzusetzen (BFH I R 79/00 v. 7.11.01, BStBl. II 05, 659; I R 14/00 v. 24.1.01,
BFH/NV 01, 1147; I R 7/01 v. 4.9.02, BStBl. II 05, 662). Abzustellen ist nicht auf
den jeweiligen Bilanzstichtag, sondern auf den Zeitpunkt der Zusage (BFH I R 70/99
v. 8.11.00, BStBl. II 05, 653, mit Anm. *Hoffmann,* GmbHR 01, 399; FG Köln 13 K
644/99 v. 12.7.99, EFG 99, 1098, aufhebend). Fällt die Finanzierbarkeit aufgrund einer späteren Vermögensentwicklung fort, so ist eine Einschränkung oder ein Widerruf
der Pensionszusage erst dann notwendig, wenn eine entsprechende zivilrechtliche
Grundlage besteht und ein ordentlicher und gewissenhafter Geschäftsleiter in der gegebenen Situation gegenüber einem Fremdgeschäftsführer von diesen Möglichkeiten
Gebrauch gemacht hätte. Die bloße bilanzielle Überschuldung ist kein Grund für eine
solche Anpassung (BFH I R 44/01 v. 18.12.02, GmbHR 03, 778; I R 70/99 v.
8.11.00, BStBl. II 05, 653). Bei einer kombinierten Zusage (Altersversorgung, Invalidität, Witwenpension) ist jede einzeln zu beurteilen (BFH I R 14/00 v. 24.1.01,
BFH/NV 01, 1142; eingehend zu dem Widerstreit zwischen BFH und FinVerw.
Gosch DStR 01, 822; Checkliste zu den Anforderungen der Rechtsprechung bei *Wo-
chinger* Stbg 99, 193, 203). Immaterielle Wirtschaftsgüter wie ein Firmenwert sind bei
positiver Fortführungsprognose bei der Beurteilung der Finanzierbarkeit heranzuziehen (BFH I R 65/03 v. 31.3.04, GmbHR 04, 1034; gegen FG Nbg I 152/2000 v.
26.11.02, DStRE 03, 1340; FG Brdg 2 K 1116/98 K, F, G v. 14.3.01, EFG 01, 708,
die Revision führte zur Zurückverweisung: BFH I R 43/01 v. 24.4.02, BStBl. II 03,
416). Nach FG Berlin 8 K 8280/04 v. 2.5.05, EFG 05, 1961, mit Anm. *Neu,* ist bei
der Berechnung der Steuerrückstellung iRd. fiktiven Überschuldungsbilanz nur der
Teilwert der Pensionsrückstellung anzusetzen. VGA ist die Pensionszusage nur, soweit
sie nicht finanzierbar ist. Ggf. ist die Rückstellung also teilweise anzuerkennen (BFH I

R 79/00 v. 7.11.01, BStBl. II 05, 659). Eine rückgedeckte Pensionszusage ist grundsätzlich finanzierbar, sofern die Beträge zur Versicherung geleistet werden (FG Bln-Brdbg 6 K 6326/10 v. 3.12.13, EFG 14, 482).

62b   Die **Höhe der Pensionszusage** einschließlich der gesetzlichen Rentenanwartschaften darf 75 % der Aktivbezüge (= tatsächlich gezahltes Entgelt) nicht überschreiten (BFH I R 4/15 v. 20.12.16, BStBl. II 17, 678; I R 70/03 v. 31.3.04, BStBl. II 04, 937; siehe hierzu *Briese* FR 17, 737; *Wenzler* GmbHR 17, 651; zur Überversorgung durch eine Witwenklausel, wenn die Ehefrau selbst als Geschäftsführerin einen Pensionsanspruch hat, FG Saarland 1 K 11/97 v. 5.4.01, EFG 01, 1316, insoweit bestätigt durch BFH I R 48/01 v. 4.9.02, BFH/NV 03, 347; zur Berücksichtigung sonstiger Rentenansprüche BFH I 29/06 v. 20.12.06, BFH/NV 07, 1350; vgl. auch BFH I R 4/15 v. 20.12.16, DStR 17, 841. Im Fall einer andernfalls vorliegenden Überversorgung ist die Rückstellung iHd. Überversorgung aufzulösen (BFH I R 79/03 v. 31.3.04, BB 04, 1956; aA FG München 6 K 2086/01 v. 11.2.03, DStRE 04, 390; siehe auch BMF v. 3.11.04, BStBl. I 04, 1045; *Langohr-Plato* INF 05, 134; *Briese* DStR 05, 272), es sei denn, der Versorgungsfall ist bereits eingetreten (BFH I B 96/11 v. 4.4.12, BFH/NV 12, 1179). Eine Dynamisierung der Rente ist zulässig (BFH I R 105/94 v. 17.5.94, BStBl. II 96, 423; I R 34/95 v. 25.10.95, BB 96, 582; zu den Grenzen FG Hessen 4 K 2677/97 v. 15.2.00, GmbHR 00, 625). Eine Überversorgung ist aus steuerrechtlicher Sicht regelmäßig auch dann gegeben, wenn die Versorgungsanwartschaft trotz dauerhaft abgesenkter Aktivbezüge unverändert beibehalten und nicht ihrerseits gekürzt wird; darauf, ob die Kürzung der Anwartschaft nach arbeitsrechtlichen Maßgaben zulässig ist, kommt es nicht an (BFH I R 4/15 v. 20.12.16, BStBl. II 17, 678; I R 56/11 v. 27.3.12, BStBl. II 12, 665; FG Köln 13 K 2435/09 v. 29.4.15, EFG 15, 1563; *Briese* FR 17, 737). Erfolgt hingegen während einer bloß temporären Unternehmenskrise allein eine zeitlich begrenzte Herabsetzung der aktiven Bezüge, muss es nicht zwingend sofort zu einer Absenkung der Versorgung kommen, um den Maßgaben der Überversorgung zu entsprechen.

62c   Von der **Prüfung einer Überversorgung wird abgesehen,** wenn die laufenden Aufwendungen für die Altersversorgung (Sozialversicherungsbeiträge und Zuführung zur Pensionsrückstellung) 30 % des steuerpflichtigen Arbeitslohns nicht übersteigen (BFH I R 70/03 v. 31.3.04, BStBl. II 04, 937; I R 37/95 v. 22.11.95, BFH/NV 96, 596, mwN). Eine Umwandlung von Barlohn in Versorgungsleistungen ist bei entsprechender Absicherung des Versorgungsanspruchs zulässig (BFH I R 89/15 v. 7.3.18, BStBl. II 19, 70; I R 62/03 v. 15.9.04, DStR 05, 63).

62d   Das **Fehlen einer Pensionszusage** an übrige Arbeitnehmer ist – wenn diese nicht die gleiche Tätigkeit wie der Gesellschafter ausüben – ebenso wenig ein Indiz einer vGA wie eine Widerrufsklausel entsprechend § 6a Abs. 1 Nr. 2 EStG (BFH I R 52/97 v. 29.10.97, BStBl. II 99, 318; I R 42/97 v. 15.10.97, BStBl. II 99, 316). Die sofortige Unverfallbarkeit einer nach sechs Dienstjahren erteilten Pensionszusage ist kein Indiz einer vGA, wenn die Zusage eine proportionale Kürzung bei vorzeitigem Ausscheiden vorsieht (BFH I R 39/12 v. 26.6.13, GmbHR 14, 114; I R 12/07 v. 5.3.08, BStBl. II 15, 409; I R 99/02 v. 20.8.03, BFH/NV 04, 373; BMF v. 9.12.02, BStBl. I 02, 1393; dazu *Weber-Grellet* FR 14, 114; *Langohr-Plato* INF 03, 256). Das Fehlen einer Rückdeckungsversicherung begründet keine vGA BFH I R 52/97 v. 29.10.97, BStBl. II 99, 318; *Heildesheim* DStZ 02, 747).

62e   Die **Zusage einer Hinterbliebenenpension** zugunsten des nichtehelichen Lebensgefährten führt nicht zur vGA (FG Münster 9 K 7675/97 v. 5.7.99, DStRE 00, 361; bestätigt durch BFH I R 90/99 v. 29.11.00, GmbHR 01, 304, mit Anm. *Bickenbach*; BMF v. 25.7.02, BStBl. I 02, 706), wohl aber eine Witwenpension zugunsten einer erheblich (30 Jahre) jüngeren Ehefrau (FG Nürnberg I 269/97 v. 14.3.00, EFG 00, 701). Die Zusage an die neue Lebenspartnerin oder Ehefrau nach dem Tod der bis dahin begünstigten Ehefrau oder Lebenspartnerin stellt eine Neuzusage dar mit der

Folge, dass die Zusage erdienbar sein muss (BFH I R 17/13 v. 27.11.13, BFH/NV 14, 731).

Nach FG München 6 K 1001/99 v. 19.3.02, EFG 02, 941 ist die Zusage einer **62f** nicht rückgedeckten Invaliditätsrente auch bei gewährleisteter Finanzierung vGA. Gleiches gilt nach FG Berlin 8 K 8384/97 v. 8.1.01, DStRE 02, 167 für eine sofort unverfallbare Invaliditätsrente. Der BFH (I R 21/03 v. 28.1.04, BStBl. II 05, 841; dazu *Höfer/Kaiser* DStR 04, 2136) hat die Entscheidung des FG München in der Sache bestätigt. Eine vGA liege aber nicht wegen des Risikos, sondern wegen der Unüblichkeit einer dienstzeitunabhängigen Invaliditätsversorgung iHv. 75% des Bruttogehalts vor.

Die Zahlungen für eine **Rückdeckungsversicherung** sind keine vGA, auch wenn die Pensionszusage als vGA anzusehen ist (BFH I R 2/02 v. 7.8.02, BStBl. II 04, 131). Auch die Zahlungen für eine Betriebsunterbrechungsversicherung, die auch das Erkrankungsrisiko des Gesellschafter-Geschäftsführers mit abdeckt, ist keine vGA, wenn nur die GmbH Bezugsberechtigter ist (BFH I R 16/13 v. 11.3.15, BFH/NV 15, 1273).

Der **Verzicht** des Gesellschafter-Geschäftsführers auf eine unverfallbare Pensionszusage ist Einlage in Höhe des Teilwerts der Anwartschaft (*Streck/Schwedhelm* § 8 KStG Rz. 101, mwN). Bei einer verfallbaren Pensionszusage ist der Teilwert null (BFH I R 62/10 v. 8.6.11, GmbHR 11, 1171).

Erfolgt der Verzicht auf eine unverfallbare Pensionszusage **gegen Zahlung einer** **62g** **angemessenen Abfindung,** so ist dies grundsätzlich keine vGA, wenn die Abfindung betrieblich veranlasst ist. Dies ist regelmäßig der Fall, wenn die Abfindung im Zusammenhang mit der Beendigung des Dienstverhältnisses steht (BFH I R 78/08 v. 28.4.10, GmbHR 10, 924; FG Münster 9 K 319/02 K, G, F v. 23.3.09, EFG 09, 1779; *Schwedhelm/Olbing/Binnewies* GmbHR 09, 1233, 1242). In diesen Fällen spricht es nicht gegen die betriebliche Veranlassung, wenn die Abfindung vor Eintritt des Versorgungsfalls gezahlt wird (FG Münster 9 K 319/02 K, G, F v. 23.3.09, EFG 09, 1779).

Etwas anderes gilt nach Ansicht des BFH, wenn die **Abfindung vor Beendigung** **des Dienstverhältnisses** erfolgt. Hier sieht der BFH in Höhe der Abfindung eine vGA, die nicht durch die Auflösung der Pensionsrückstellung kompensiert wird (BFH I R 28/13 v. 11.9.13, BFH/NV 14, 795; I R 89/12 v. 23.10.13, BFH/NV 14, 797).

Die **Höhe einer Abfindung** darf die Grenze der Angemessenheit und damit den Barwert der künftigen Pensionsleistungen zum Zeitpunkt der Abfindung gem. § 6a Abs. 3 Nr. 2 EStG nicht überschreiten. Maßgebend ist, was der Versorgungsberechtigte aufwenden müsste, um einen gleich hohen Versorgungsanspruch bei einem gleichwertigen Schuldner zu erwerben (BFH I R 49/97 v. 10.11.98, BStBl. II 05, 261; BMF v. 6.4.05, BStBl. I 05, 619; v. 1.9.05, BStBl. I 05, 860; *Frotscher/Drüen* § 8 KStG, Anh. Pensionszusage; *Wellisch/Quast/Machill* BB 07, 987). In diesen Fällen ist die Abtretung von Ansprüchen aus einer Rückdeckungsversicherung zur Abfindung ebenso zulässig (*Reuter* GmbHR 02, 6) wie die Abfindung der Pensionszusage mit einer Direktversicherung (siehe BFH I 283/63 v. 22.2.67, BStBl. III 67, 328).

Bei einem beherrschenden Gesellschafter-Geschäftsführer muss das Abfindungsver- **62h** sprechen vor Zahlung klar und eindeutig vereinbart sein. Die Vereinbarung bereits bei Zusage ist aber zulässig (BFH I R 12/07 v. 5.8.08, BFH/NV 08, 1273). Schriftform ist uE nicht erforderlich (aA BMF v. 6.4.05, BStBl. I 05, 619; v. 1.9.05, BStBl. I 05, 860; offengelassen von BFH I R 38/05 v. 14.3.06, BFH/NV 06, 1515).

Der auf dem Gesellschaftsverhältnis beruhende **Verzicht** auf eine noch nicht unverfallbare Pensionszusage führt auf Ebene der Kapitalgesellschaft iHd. Teilwerts der Pensionsanwartschaften zu einer Einkommenserhöhung, ohne dass dieser Erhöhung kompensatorisch eine verdeckte Einlage gegenüberstünde (BFH I R 28/13 v. 11.9.13, BFH/NV 14, 795; I R 89/12 v. 23.10.13, BFH/NV 14, 797).

Die **Abfindung einer verfallbaren Pensionszusage** ist eine vGA (BFH XI R 18/02 v. 13.8.03, BStBl. II 04, 106, mit Anm. *Wendt* FR 04, 209, und *Gosch* StBp 04, 53; BFH I R 38/05 v. 14.3.06, BFH/NV 06, 1515; FG Bln-Bdbg 6 K 9136/07 v. 16.6.09, DStRE 10, 349).

62i Beim Gesellschafter ist die Abfindung – soweit sie nicht als vGA zu qualifizieren ist – nach § 34 EStG und ggf. nach § 24 EStG **begünstigter Arbeitslohn** (BFH XI R 18/02 v. 13.8.03, BStBl. II 04, 106; XI R 32/02 v. 10.4.03, BFH/NV 04, 17; XI R 11/02 v. 15.10.03, BFH/NV 04, 624; XI B 89/04 v. 24.11.04, BFH/NV 05, 546; VI R 6/02 v. 12.4.07, BStBl. II 07, 581; FG München 1 K 3324/01 v. 13.11.02, EFG 03, 467). Zum Lohnzufluss kommt es auch, wenn die Abfindung auf Verlangen des Geschäftsführers auf eine andere GmbH übertragen wird (BFH VI R 6/02 v. 12.4.07, BStBl. II 07, 581; dazu *Heeg/Schramm* DStR 07, 1706; FG D'dorf 7 K 609/12 E v. 24.10.12, BB 13, 1301; nicht aber, wenn der Geschäftsführer kein Recht hat, die Auszahlung an sich oder eine von ihm zu benennende Gesellschaft zu verlangen (s. BFH VI R 46/13 v. 18.8.16, BFH/NV 17, 16; VI R 18/13 v. 18.8.16, BStBl. II 17, 730; dazu *Janssen* NWB 16, 3776; *Ott* DStZ 17, 435; *Perwein* GmbHR 17, 396).

Zu § 11: Dauer, Kündigung

63 **Hinsichtlich der Kündigung** ist zwischen der **Organstellung** und dem **Anstellungsvertrag** zu unterscheiden. Die Bestellung zum Geschäftsführer ist jederzeit widerruflich (§ 38 Abs. 1 GmbHG). Durch den Gesellschaftsvertrag – nicht durch den Geschäftsführervertrag – kann die Abberufung von dem Vorliegen eines **wichtigen Grundes** abhängig gemacht werden (§ 38 Abs. 2 GmbHG). Zu den Besonderheiten der Amtsniederlegung des Einmann-Gesellschafter-Geschäftsführers vgl. OLG Bamberg 5 W 51/17 v. 17.7.17, GmbHR 17, 1144; OLG Düsseldorf I-25 Wx 18/15, 25 Wx 18/15 v. 10.6.15, GmbHR 15, 1271; OLG Zweibrücken 3 W 209/05 v. 15.2.06, GmbHR 06, 430. Entsprechend der gesellschaftsvertraglichen Regelung ist § 12 Abs. 7 zu fassen. Das (eigentliche) Dienstverhältnis **endet** mit Ablauf der Zeit, für die es eingegangen wurde, oder bei unbefristeter Dauer durch Kündigung (§ 620 Abs. 2 BGB).

64 Für die **Kündigungsfrist** gelten die §§ 621, 622 BGB (*Scholz/Schneider/Hohenstatt* § 35 GmbHG Rz. 447), sofern der Dienstvertrag – wie hier – nichts Abweichendes vorsieht.

65 Der arbeitsrechtliche **Kündigungsschutz** findet auf Geschäftsführer keine Anwendung (§ 14 Abs. 1 Nr. 1 KSchG; BAG 6 AZR 1045/06 v. 25.10.07, NJW 08, 1018; 6 AZR 665/15 v. 23.2.17, NJW 17, 2698; *Dimsic/Link* BB 15, 3063; *Hümmerich* NJW 95, 1177; *Reiserer* DB 94, 1822; zu Ausnahmen BFH VIII R 34/08 v. 20.10.10, GmbHR 11, 313; ArbG Essen 6 Ca 1729/15 v. 15.2.16, BeckRS 2016, 131176; BAG 5 AZB 22/98 v. 6.5.99, NJW 99, 3069; 5 AZR 664/98 v. 26.5.99, DB 99, 1906; 2 AZR 207/99 v. 8.6.00, ZIP 00, 1844; allgemein zum Verhältnis von Arbeits- und Zivilrecht beim Geschäftsführervertrag: *Werner* StBW 13, 379). Somit ist eine fristgerechte Kündigung ohne Angabe von Gründen möglich.

66 Ein Dienstvertrag kann jederzeit ohne Einhaltung einer Frist aus **wichtigem Grund** gekündigt werden (§ 626 BGB; BGH II ZR 225/93 v. 13.2.95, DStR 95, 695). Der Anstellungsvertrag kann einzelne, eine fristlose Kündigung rechtfertigende Gründe festschreiben. So kann vereinbart werden, dass jede Beendigung der Organstellung eine fristlose Kündigung des Anstellungsvertrages rechtfertigt (vgl. BGH II ZR 220/88 v. 29.5.89, NJW 89, 2683, sowie Rz. 69).

67 Liegt der Geschäftsführertätigkeit ein (unentgeltliches) **Auftragsverhältnis** zugrunde (vgl. Rz. 9), so kann dieses von der Gesellschaft **widerrufen,** von dem Geschäftsführer gekündigt werden (§ 671 Abs. 1 BGB). Der Geschäftsführer hat allerdings dabei die Interessen der Gesellschaft zu berücksichtigen (Verbot der Kündigung zur Unzeit, Rechtsfolge: Schadensersatz, § 671 Abs. 2 BGB).

Jede Kündigung setzt den Zugang einer Kündigungserklärung voraus **68**
(§§ 130 ff. BGB). Außerordentliche Kündigungen müssen innerhalb von zwei Wochen seit Kenntnis vom wichtigen Grund erfolgen (§ 626 Abs. 2 BGB; zum Fristbeginn BGH II ZR 318/96 v. 15.6.98, DStR 98, 1101). Für die Kenntnis der die Zweiwochenfrist nach § 626 Abs. 2 BGB auslösenden Tatsachen kommt es auf den Wissensstand des zur Entscheidung über die fristlose Kündigung berufenen und bereiten Gremiums der Gesellschaft an, idR also auf die Kenntnis der Gesellschafterversammlung (BGH II ZR 273/11 v. 9.4.13, MDR 13, 730). Die Zweiwochenfrist beginnt damit bei zügiger Einberufung mit Durchführung der Gesellschafterversammlung, in der die wichtigen Kündigungsgründe erstmals thematisiert und ggf bereits Abberufung und Kündigung beschlossen werden. Wird die Einberufung der Gesellschafterversammlung von ihren einberufungsberechtigten Mitgliedern nach Kenntniserlangung von dem Kündigungssachverhalt unangemessen verzögert, so droht die Verfristung der Kündigung (vgl. OLG Düsseldorf I-6 U 33/15, 6 U 33/15 v. 21.7.16, BeckRS 2016, 130950).

Die Beendigung der Organstellung führt nicht automatisch zur Beendigung des **69** Anstellungsvertrages (vgl. *Baumbach/Hueck/Beurskens* § 38 GmbHG Rz. 103). Umgekehrt beinhaltet die Kündigung des Anstellungsvertrages nicht immer gleichzeitig den Widerruf bzw. die Niederlegung der Organstellung. Einzelheiten sind umstritten (*Baumbach/Hueck/Beurskens* § 38 GmbHG Rz. 95). Es empfiehlt sich daher, das Verhältnis von Abberufung und Kündigung vertraglich zu regeln. Die Koppelung der automatischen Beendigung des Geschäftsführeranstellungsvertrags an die wirksame Abberufung des Geschäftsführers soll als auflösende Bedingung jedenfalls dann zulässig sein, wenn der Geschäftsführer zugleich Gesellschafter ist und damit auf Entscheidungsprozesse der Gesellschafterversammlung Einfluss nehmen kann (OLG Saarbrücken 1 U 154/12 v. 8.5.13, DB 13, 2321; BGH II ZR 27/98 v. 21.6.99, DStR 99, 1743; in die gleiche Richtung OLG Karlsruhe 8 U 122/15 v. 25.10.16, GmbHR 17, 295; teils **aA** *Bauer/Diller* GmbHR 98, 809 unter Hinweis auf BGH II ZR 232/96 v. 1.12.97, DStR 98, 861). Die Kündigungsfristen des § 622 BGB sind allerdings trotzdem zu beachten, und eine geltungserhaltende Reduktion iSd. § 306 Abs. 2 BGB scheidet dahingehend aus, dass die Beendigung des Anstellungsverhältnisses erst nach Ablauf der gesetzlichen Mindestkündigungsfristen nach § 622 BGB eintrete (BGH II ZR 121/16 v. 20.8.19, GmbHR 19, 1233; OLG Karlsruhe 8 U 122/15 v. 25.10.16, GmbHR 17, 295; mit Blick auf AGB-Kontrolle auch kritisch *Graf von Westphalen* BB 15, 834).

Abberufung und Kündigung fallen in die Kompetenz der **Gesellschafterver- 70 sammlung** (BGH II ZR 240/85 v. 27.10.86, NJW 87, 1890; OLG Köln 13 U 195/89 v. 21.2.90, GmbHR 91, 156).

Zur Rechtsstellung des Geschäftsführers in der Insolvenz der Gesellschaft *Fichtelmann* GmbHR 08, 76.

Aus Sicht des Geschäftsführers kann es sich anbieten, zu versuchen, in den Ge- **70a** schäftsführeranstellungsvertrag auch sog. **Verfallsklauseln** aufzunehmen: Die Klausel in einem **individualvertraglich** ausgehandelten Geschäftsführeranstellungsvertrag, wonach alle beiderseitigen Ansprüche aus dem Arbeitsverhältnis und solche, die mit dem Arbeitsverhältnis in Verbindung stehen, verfallen, wenn sie nicht innerhalb von sechs Monaten geltend gemacht werden, soll wirksam sein (OLG Hamm 8 U 25/16 v. 12.9.16, BeckRS 2016, 121343). In jedem Fall möglich sein dürfte auch der vertragliche Haftungsausschluss im Geschäftsführeranstellungsvertrag für einfach fahrlässig verursachte Schäden (zum Ganzen: *Janert* BB 13, 3016, 3020).

Zu § 12: Schlussbestimmungen

Schriftformklauseln – auch qualifiziert – können mündlich abgeändert werden. **71** Steuerlich wird die Aufhebung nur anerkannt, wenn sich der Wille der Vertragsparteien zur Aufhebung der Schriftformklausel nachweisen lässt (BFH I R 115/95 v. 24.7.96, BStBl. II 97, 138). Wegen der Gefahr verdeckter Gewinnausschüttungen sollte bei Gesellschafter-Geschäftsführern auf eine solche Klausel verzichtet werden.

A. 6.27 Geschäftsführervertrag (Kurzfassung)

I. FORMULAR

Formular A. 6.27 Geschäftsführervertrag (Kurzfassung)

GESCHÄFTSFÜHRERVERTRAG

zwischen

1. X-GmbH, vertreten durch die Gesellschafterversammlung

                     – nachfolgend Gesellschaft genannt –

und

2. Herrn/Frau ......   – nachfolgend Geschäftsführer genannt –

§ 1 Geschäftsführung und Vertretung

(1) Der Geschäftsführer ist berechtigt und verpflichtet, die Gesellschaft nach Maßgabe der Gesetze, des Gesellschaftsvertrages und einer etwaigen Geschäftsführungsordnung allein zu vertreten und die Geschäfte der Gesellschaft allein zu führen. Weisungen der Gesellschafterversammlung sind zu befolgen, soweit Vereinbarungen in diesem Vertrag nicht entgegenstehen.

(2) Der Geschäftsführer hat die ihm obliegenden Pflichten mit der Sorgfalt eines ordentlichen und gewissenhaften Kaufmanns wahrzunehmen.

(3) Der Geschäftsführer ist von den Beschränkungen des § 181 BGB befreit.

§ 2 Bezüge des Geschäftsführers

(1) Der Geschäftsführer erhält ein festes Jahresgehalt von € .... Das Gehalt wird in monatlich gleichen Teilbeträgen am jeweiligen Monatsletzten ausgezahlt.

(2) Ferner erhält der Geschäftsführer eine Tantieme in Höhe von ......% des Jahresüberschusses der Steuerbilanz nach Verrechnung mit Verlustvorträgen und vor Abzug der Körperschaft- und Gewerbesteuer. Die Bemessungsgrundlage ist nicht um Gewinnanteile stiller Gesellschafter, um die Tantieme selbst und um andere gewinnabhängige Aufwendungen der Gesellschaft zu kürzen.

Die Gewinntantieme ist einen Monat nach Genehmigung des Jahresabschlusses durch die Gesellschafterversammlung fällig.

Nachträgliche Änderungen der Steuerbilanz, insbesondere auf Grund abweichender steuerlicher Veranlagung, sind zu berücksichtigen. Überzahlte Beträge hat der Geschäftsführer zu erstatten.

Die Gewinntantieme entfällt, wenn dem Geschäftsführer aus wichtigem Grund gekündigt wird, für das Geschäftsjahr der Kündigung. Scheidet der Geschäftsführer aus sonstigen Gründen während des Geschäftsjahres aus seinem Amt aus, hat er Anspruch auf eine zeitanteilige Tantieme.

(3) Im Krankheitsfall oder bei sonstiger unverschuldeter Verhinderung bleibt der Gehaltsanspruch für die Dauer von 6 Monaten bestehen; etwaige Krankengeldzahlungen der Krankenversicherung sowie sonstige Lohnersatzleistungen werden auf den Anspruch nach Satz 1 angerechnet und reduzieren diesen. Dauert die Verhinderung

länger als ununterbrochen 6 Monate an, so wird der Tantiemeanspruch entsprechend der 6 Monate übersteigenden Zeit zeitanteilig gekürzt.

(4) Stirbt der Geschäftsführer, so wird seinen Hinterbliebenen (der Witwe oder, wenn nur Kinder vorhanden sind, den Kindern, die minderjährig sind oder in einer Berufsausbildung stehen und vom Geschäftsführer unterhalten worden sind) das feste Gehalt (Abs. 1) anteilsmäßig für die Dauer von 3 Monaten weitergezahlt. Der Tantiemeanspruch bleibt zeitanteilig bis zum Monatsletzten, der auf das Ableben folgt, bestehen.

§ 3 Aufwendungsersatz

(1) Trägt der Geschäftsführer im Rahmen seiner ordnungsmäßigen Geschäftsführertätigkeit Kosten und Aufwendungen, so werden sie ihm von der Gesellschaft erstattet, sofern der Geschäftsführer die Geschäftsführungs- und Betriebsbedingtheit belegt oder sie offenkundig sind.

(2) Der Geschäftsführer hat Anspruch auf die Gestellung eines Pkw der Klasse .... Der Geschäftsführer darf den Pkw auch privat nutzen; eine Kostenbeteiligung durch den Geschäftsführer erfolgt nicht. Die Gesellschaft wird den Vorteil ordnungsgemäß lohn- und umsatzversteuern.

(3) Die Gesellschaft ersetzt dem Geschäftsführer seine Reisespesen nach den jeweils steuerlich zulässigen Höchstsätzen. Der Geschäftsführer muss seine Auslagen belegen können, soweit üblicherweise Belege erteilt werden. Im Übrigen reichen Eigenbelege aus (zB für Telefonate und Trinkgelder).

(4) Der Geschäftsführer darf die erste Klasse der Bahn benutzen, bei Flugreisen im Inland die einfache Klasse, bei sonstigen Flügen ist er in der Wahl frei.

§ 4 Urlaub

(1) Der Geschäftsführer hat Anspruch auf ...... Arbeitstage (Samstag ist kein Arbeitstag) bezahlten Urlaub im Geschäftsjahr.

(2) Kann der Geschäftsführer seinen Jahresurlaub nicht nehmen, weil Interessen der Gesellschaft entgegenstehen, so hat er Anspruch auf Abgeltung des Urlaubs unter Zugrundelegung der Höhe des Grundgehaltes (§ 2 Abs. 1). Die Abgeltung wird mit dem ersten Gehalt des folgenden Geschäftsjahres gezahlt.

§ 5 Dauer, Kündigung

(1) Die Tätigkeit als Geschäftsführer beginnt am ....

(2) Der Vertrag wird auf unbestimmte Zeit abgeschlossen.

§ 6 Schlussbestimmungen

(1) Die Ungültigkeit einzelner Bestimmungen berührt nicht die Rechtswirksamkeit des Vertrages im ganzen. Anstelle der unwirksamen Vorschrift ist eine Regelung zu vereinbaren, die der wirtschaftlichen Zwecksetzung der Parteien am ehesten entspricht.

(2) Dieser Vertrag tritt am ...... in Kraft.

II. ERLÄUTERUNGEN

Erläuterungen zu A. 6.27 Geschäftsführervertrag (Kurzfassung)

Bei einem beherrschenden Gesellschafter-Geschäftsführer entfällt der Interessengegensatz zwischen Gesellschaft und Geschäftsführer. Der Geschäftsführervertrag kann daher auf das steuerrechtlich Notwendige reduziert werden. Im Einzelnen vgl. Formular A. 6.26. **1**

Zu § 3 Abs. 2: Pkw-Gestellung

2   Trägt die Kosten der Privatnutzung die GmbH, so ist dieser Vorteil nicht nur lohn- und umsatzsteuerpflichtig, der Vorteil ist auch bei dem Gesellschafter-Geschäftsführer in die Angemessenheitsprüfung einzubeziehen. Wird der Geschäftsführer bezüglich der Privatnutzung mit einer Kostenbeteiligung belastet, so muss diese bei einem beherrschenden Gesellschafter-Geschäftsführer klar und eindeutig vereinbart sein. Ein Verweis auf den vom FA festgesetzten Privatanteil ist nicht ausreichend (BFH I R 122/83 v. 13.3.85, BFH/NV 86, 48).

3   Der geldwerte Vorteil ist mit monatlich 1% des Listen-Kaufpreises des Kraftfahrzeugs zu berechnen (§ 8 Abs. 2 Satz 2–5 EStG) es sei denn, es wird ein Fahrtenbuch geführt (s. im Einzelnen *Schmidt/Krüger* § 8 EStG Rz. 30 ff.).

Die freie Verfügung über den Dienstwagen setzt eine rechtzeitige Vereinbarung voraus. Ist eine private Pkw-Nutzung nicht gestattet, so liegt in der privaten Nutzung eine vGA. Nach BFH ist die Höhe der vGA auf der Ebene der GmbH nach Fremdvergleichsmaßstäben und nicht mit dem lohnsteuerlichen Wert (1%-Regelung) anzusetzen, was idR zum Ansatz des gemeinen Werts führt (BFH I R 70/04 v. 23.2.05, BStBl. II 05, 882; krit. *Hoffmann* GmbHR 05, 775; eingehend auch *Briese* GmbHR 05, 1271; *Pust* StuW 06, 324).

A. 6.28 Geschäftsführungsordnung

Gliederung

I. FORMULAR

Formular A. 6.28 Geschäftsführungsordnung

1. Herr A ......

2. Herr B ......

3. Herr C ......

sind die Gesellschafter der X-GmbH.

Sie sind zugleich die alleinvertretungsberechtigten Geschäftsführer der X-GmbH.

Durch die Geschäftsführungsordnung soll die Geschäftsführung der Geschäftsführer untereinander geregelt werden.

I. Gesellschafterbeschluss

Die zu 1.–3. Genannten treten unter Verzicht auf alle Frist- und Formerfordernisse zu einer Gesellschafterversammlung zusammen und beschließen die nachfolgende Geschäftsführungsordnung für die Geschäftsführung der Gesellschaft. Die Geschäftsführer werden angewiesen, entsprechend dieser Geschäftsführungsordnung zu verfahren.

II. Geschäftsführungsordnung

§ 1

(1) Geschäftsführer der X-GmbH sind

1. Herr A ......

2. Herr B ......

3. Herr C ......

(2) Jeder Geschäftsführer ist alleinvertretungsberechtigt.

(3) Die Geschäftsführung unterliegt dieser Geschäftsführungsordnung, den Bestimmungen des Gesellschaftsvertrages, den Beschlüssen der Gesellschafter und dem Gesetz.

§ 2

(1) Die Geschäftsführung bezweckt eine einheitliche, einvernehmliche und effektive Leitung der GmbH. Zu diesem Zweck haben die Geschäftsführer bestimmte Zuständigkeiten, die wie folgt bestimmt werden:

......

......

......

(2) Im Verhinderungsfall gilt:

......

§ 3

(1) Im Rahmen seiner Zuständigkeit ist jeder Geschäftsführer zur alleinigen Geschäftsführung berechtigt.

(2) Jeder Geschäftsführer kann durch die Geschäftsführerkonferenz angewiesen werden, im Übrigen nach dem Recht des Gesellschaftsvertrages und des Gesetzes durch die Gesellschafter.

§ 4

Jeder Geschäftsführer ist jedem Geschäftsführer auskunftspflichtig über alle Maßnahmen der Geschäftsführung. Jeder Geschäftsführer unterrichtet die anderen Geschäftsführer unaufgefordert über alle Maßnahmen, Ereignisse und Umstände, die für das Unternehmen insgesamt von Bedeutung sind.

§ 5

(1) Oberstes Organ der Geschäftsführung ist die Geschäftsführerkonferenz. Sie dient der Koordination der Geschäftsführung, der Entscheidungsfindung und der Information.

(2) Die Geschäftsführer vereinbaren einen regelmäßig wiederkehrenden Zeitpunkt für die Geschäftsführerkonferenz, um Fragen der Geschäftsführung zu erörtern und um anliegende Beschlüsse fassen zu können. Darüber hinaus hat jeder Geschäftsführer das Recht, jederzeit die Einberufung der Geschäftsführerkonferenz zu verlangen.

(3) Für folgende Geschäftsführungsmaßnahmen ist ein Beschluss der Geschäftsführer herbeizuführen:

a) Geschäftsführungsmaßnahmen, die nach dem Gesetz oder dem Gesellschaftsvertrag einer Zustimmung der Gesellschafterversammlung bedürfen. Unbeschadet des rechtlichen Vorrangs des Beschlusses der Gesellschafterversammlung ist die Maßnahme zur Entscheidung zu stellen.

b) Buchst. a) gilt entsprechend für den Jahresabschluss.

c) Maßnahmen, die ein Geschäftsführer ausdrücklich zur Beschlusssache schriftlich den beiden übrigen Geschäftsführern gegenüber erklärt.

d) Maßnahmen von offensichtlich für das Unternehmen wesentlicher Bedeutung (Grundsatzentscheidungen, Zielprojektionen, Zukunftsplanungen, größere Investitionen etc.).

(4) Über erforderliche Beschlüsse sind alle Gesellschafter eine Woche vor der Beschlussfassung mündlich oder schriftlich zu unterrichten. Erfolgt diese Unterrichtung nicht, so können – abweichend von Abs. 5 – Beschlüsse nur einstimmig gefasst werden.

(5) Die Geschäftsführer treffen Beschlüsse mit der einfachen Mehrheit ihrer Stimmen. Jeder Geschäftsführer verfügt über eine Stimme.

§ 6

Diese Geschäftsführungsordnung wird durch Beschluss der Gesellschafterversammlung aufgehoben und geändert.

II. ERLÄUTERUNGEN

> Erläuterungen zu A. 6.28 Geschäftsführungsordnung

1. Grundsätzliche Anmerkungen

a) Wirtschaftliches Vertragsziel

1   Die Geschäftsführungsordnung bezweckt, das **Verhältnis** zwischen **mehreren Geschäftsführern** einer GmbH zu regeln.

b) Zivilrecht

2   Die **Vertretungsbefugnis** umfasst die Befugnis des Geschäftsführers, für die GmbH mit Außenwirkung aufzutreten. Sie ist in § 35 GmbHG geregelt.

3   Die **Geschäftsführung** ist die Tätigkeit, die entscheidet, in welcher Weise tagtäglich der Gesellschaftszweck verfolgt wird; sie obliegt den Geschäftsführern, soweit sie nicht anderen Organen durch Gesetz, Gesellschaftsvertrag oder Gesellschafterbeschluss zugewiesen ist. § 35 GmbHG befasst sich mit der Geschäftsführung. Die Geschäftsführung umfasst für den Geschäftsführer den ganzen Bereich der möglichen Geschäftsführungen. Die mögliche Geschäftsführung kann durch das Gesetz, den Gesellschaftsvertrag oder Gesellschafterbeschlüsse beschränkt werden. Diese Beschränkungen sind im Innenverhältnis – unbeschadet des Vertretungsrechts nach außen – zu beachten (§ 37 Abs. 1 GmbHG).

4   Sind **mehrere Geschäftsführer** bestellt, so steht ihnen – unabhängig vom Vertretungsrecht – das Geschäftsführungsrecht nur gemeinschaftlich zu (gesetzlich nicht geregelt, aber hA, *Baumbach/Hueck/Zöllner/Noack* § 37 GmbHG Rz. 12). Gemeinschaftlich heißt, Entscheidungen müssen einstimmig gefasst werden (*Baumbach/Hueck/Zöllner/Noack* § 37 GmbHG Rz. 12).

5   Die Geschäftsführung kann – hiervon abweichend – durch den Gesellschaftsvertrag oder durch Gesellschafterbeschluss geregelt werden; so kann die Alleinvertretung mit der Alleingeschäftsführung verknüpft werden. Eine solche Regelung der Geschäftsführung stellt die **Geschäftsführungsordnung** dar. Sie regelt das Verhältnis der Geschäftsführungspflicht und -befugnis mehrerer Geschäftsführer untereinander.

6   Eine Geschäftsführungsordnung kann der **Gesellschaftsvertrag** enthalten (*Scholz/Schneider/Schneider* § 37 GmbHG Rz. 109) oder durch **Gesellschafterbeschluss** auf-

gestellt werden (*Scholz/Schneider/Schneider* § 37 GmbHG Rz. 112). In diesen Fällen handelt es sich um Beschränkungen iSv. § 37 GmbHG, die **Anweisungscharakter** für die Geschäftsführer haben. Die Geschäftsführungsordnung kann auch von den **Geschäftsführern untereinander** – einstimmig – vereinbart werden (*Scholz/Schneider/Schneider* § 37 GmbHG Rz. 116 f.). In diesem Fall handelt es sich auch bei der Geschäftsführungsordnung um eine Maßnahme der Geschäftsführung, die die grds. Verantwortung eines jeden Geschäftsführers für die Gesamtgeschäftsführung nicht aufhebt (*Scholz/Schneider/Schneider* § 37 GmbHG Rz. 117). Wir haben die Form der Geschäftsführungsordnung durch Gesellschafterbeschluss als Muster gewählt. Der Beschluss grenzt einmal auch im Verhältnis zu den Gesellschaftern die Geschäftsführung ein. Die Beschlussform ist auf der anderen Seite gegenüber der Bestimmung im Gesellschaftsvertrag flexibler, da sie einfacher änderbar ist.

Eine **Form** ist für die Geschäftsführungsordnung gesetzlich nicht vorgeschrieben, **7** jedoch wird in der Literatur die Schriftform gefordert (*Scholz/Schneider/Schneider* § 37 GmbHG Rz. 110). Dieselben Autoren vertreten die Ansicht, dass die Geschäftsführungsordnung mit der für die Satzung erforderlichen Mehrheit beschlossen wird; als Anweisung an die Geschäftsführung kann sie jedoch auch mit einfacher Mehrheit beschlossen werden (vgl. hierzu *Scholz/Schneider/Schneider* § 37 GmbHG Rz. 112).

c) Steuerrecht

Aus steuerlicher Sicht hat die Geschäftsführungsordnung für die Frage Bedeutung, **8** inwieweit sich ein nach §§ 34, 69 AO für **Steuerschulden** in **Anspruch genommener** Geschäftsführer hierauf berufen kann. Die Entscheidungen des BFH V R 128/79 v. 26.4.84, BStBl. II 84, 776; VII B 353/02 v. 21.10.03, BFH/NV 04, 157; VII S 33/85 v. 4.3.86, BStBl. II 86, 384; VII R 90/85 v. 17.5.88, BFH/NV 89, 4, und VII R 4/98 v. 23.6.98, BStBl. II 98, 761, haben sich hiermit auseinandergesetzt. Sie folgen der gesellschaftsrechtlichen Ordnung. Eine Geschäftsordnung des Gesellschaftsvertrags oder eines Gesellschafterbeschlusses ist erheblicher als die interne Ordnung unter den Geschäftsführern. In jedem Fall fordert der BFH eine eindeutige – idR schriftliche – Zuweisung von Zuständigkeiten.

Im Übrigen ist die Geschäftsführungsordnung in erster Linie eine Sache des Zivil- **9** bzw. Gesellschaftsrechts und nicht des Steuerrechts.

2. Einzelerläuterungen

Für die Geschäftsführungsordnung gibt es keine Standardformulierungen. Das vor- **10** gelegte Formular ist ein Beispiel; es kann und muss den Gegebenheiten und dem Interesse des Einzelfalles angepasst werden.

A. 6.29 Gesellschafterbeschlüsse

Gliederung

I. FORMULARE

Formular A. 6.29 Beschlussfassung in einer Gesellschafterversammlung

---

Protokoll über die Gesellschafterversammlung der ......-GmbH vom ....

1. Am ...... um ...... erschienen in ...... die Gesellschafter
   - Herr ......
   - Herr ......
   - Frau ......
   so wie der Geschäftsführer Herr ....
2. Die Gesellschafterversammlung stellte fest:
   a) Die Versammlung ist gem. § ...... des Gesellschaftsvertrages ordnungsgemäß einberufen worden.
   b) Es sind ......% des Stammkapitals vertreten. Die Versammlung ist gem. § ...... des Gesellschaftsvertrages beschlussfähig.
3. Die Gesellschafterversammlung beschließt
   a) einstimmig, ...;
   b) mit ...... zu ...... Stimmen.
4. Die Gesellschafterversammlung wurde um ...... Uhr beendet.

............................, den ....
                                                 (Unterschrift)

Formular A. 6.29a Beschlussfassung im schriftlichen Verfahren

---

Die Gesellschafterversammlung der ......-GmbH, bestehend aus

1. Herrn ......

2. Frau ......

3. Herrn ......

beschließt unter Verzicht auf alle Formen und Fristen für die Einberufung einer Gesellschafterversammlung gem. § ...... des Gesellschaftsvertrages einstimmig:

1. ......

2. ......

............................, den ....
                                                 (Unterschrift)

Formular A. 6.29b Beschlussfassung bei Ein-Personen-GmbH

Niederschrift über einen Gesellschafterbeschluss der ......-GmbH vom ......

Ich, ..., bin alleiniger Gesellschafter der ......-GmbH.

Ich beschließe,

1. ......

2. ......

............................, den ....
                                                 (Unterschrift)

Formular A. 6.29c Beschlussfassung über eine Satzungsänderung

Urkundenrolle Nummer ......

Verhandelt am ...... zu ......

Vor dem Notar ...... erschienen:

1. Herr/Frau ......, geboren am ......,

   wohnhaft in ....

2. ......

Die Erschienenen wiesen sich wie folgt aus:

Die Erschienenen erklärten:

Wir sind die alleinigen Gesellschafter der im Handelsregister des Amtsgerichts ...... unter HRB ...... eingetragenen ......-GmbH. Wir halten jeweils einen Geschäftsanteil im Nennbetrag von € ...... des insgesamt € ...... betragenden Stammkapitals.

Unter Verzicht auf alle Formen und Fristen für die Einberufung einer Gesellschafterversammlung gem. § ...... des Gesellschaftsvertrags halten wir hiermit eine außerordentliche Gesellschafterversammlung ab und beschließen einstimmig:

1. Die Firma der Gesellschaft wird in ......-GmbH geändert.

2. Der Sitz der Gesellschaft wird nach ...... verlegt.

3. § 1 des Gesellschaftsvertrags wird damit wie folgt neu gefasst:

§ 1 Firma, Sitz, Geschäftsjahr

(1) Die Gesellschaft führt die Firma ......-GmbH.

(2) Die Gesellschaft hat ihren Sitz in ....

(3) Das Geschäftsjahr ist das Kalenderjahr.

Die Erschienenen erklärten die Gesellschafterversammlung sodann für beendet.

Der Notar wies die Erschienenen darauf hin, dass die gefassten Beschlüsse die Gesellschafter zwar untereinander binden, die Änderung des Gesellschaftsvertrags aber erst mit Eintragung im Handelsregister wirksam wird.

Diese Niederschrift wurde den Erschienenen vom Notar vorgelesen, von ihnen genehmigt und von ihnen und dem Notar eigenhändig wie folgt unterschrieben:

....

(Unterschrift)   (Unterschrift)

                                                         ....

                                                         (Unterschrift Notar)

Formular A. 6.29d Handelsregisteranmeldung

Amtsgericht

– Registergericht –

Handelsregistersache ......-GmbH

– HRB –

Als alleinvertretungsberechtigter Geschäftsführer überreiche ich:

1. Ausfertigung der notariellen Niederschrift über die außerordentliche Gesellschafterversammlung vom ...... (UR-Nr. ...... des Notars ......) sowie

2. den vollständigen Wortlaut des Gesellschaftsvertrags mit der Bescheinigung des Notars nach § 54 Abs. 1 Satz 2 GmbHG

und melde zur Eintragung an:

Die Firma der Gesellschaft ist in ......-GmbH geändert, der Sitz der Gesellschaft ist nach ...... verlegt worden.

§ 1 des Gesellschaftsvertrags wurde damit wie folgt neu gefasst:

§ 1 Firma, Sitz

(1) Die Gesellschaft führt die Firma ......-GmbH.

(2) Die Gesellschaft hat ihren Sitz in ....

(3) Das Geschäftsjahr ist das Kalenderjahr.

Die IHK ...... hat der Änderung der Firma mit beigefügtem Schreiben vom ...... zugestimmt. Die Geschäftsräume der Gesellschaft befinden sich in ....

..............................., den ....

                                                          (Unterschrift)

                                                          ....

                                                          (Beglaubigungsvermerk)

II. ERLÄUTERUNGEN

> **Erläuterungen zu A. 6.29 bis A. 6.29d Gesellschafterbeschlüsse**

1   Das Gesetz verlangt keine Protokollierung von Gesellschafterbeschlüssen (Ausnahme: Ein-Personen-GmbH, § 48 Abs. 3 GmbHG). Ebenso ist eine Versammlungsleitung und die Beschlussfeststellung durch den Versammlungsleiter gesetzlich nicht zwingend vorgesehen; häufig enthalten allerdings Satzungen, dass Gesellschafterversammlungen durch einen Versammlungsleiter geführt und durch einen Protokollführer protokolliert werden. Soweit nicht anders in der Satzung angeordnet, kommt der Beschlussfeststellung durch einen Versammlungsleiter vorläufige Verbindlichkeit zu, sofern der Beschluss nicht aufgrund eines besonders schweren Rechtsverstoßes iSd. § 241 AktG nichtig ist (KG Berlin 22 W 74/15 v. 12.10.15, GmbHR 16, 58; *Wiester* GmbHR 08, 189, 195; *Hoffmann/Köster* GmbHR 03, 1327, 1329). Das Formular A. 6.29 geht von dem gesetzlichen Grundfall aus, dass kein Versammlungsleiter bestellt ist.

    In jedem Fall ist zu empfehlen, dass aus **Beweisgründen** eine schriftliche Niederschrift über die Gesellschafterversammlung angefertigt wird. Stimmt ein Gesellschafter für sich und als Vertreter für einen anderen Gesellschafter oder ein Dritter als Vertreter mehrerer Gesellschafter ab, so bedarf es idR einer Befreiung von § 181 BGB (BGH II ZR 318/87 v. 6.6.88, NJW 89, 168; II ZR 167/89 v. 24.9.90, DStR 91, 89; *Kirstgen* GmbHR 89, 406).

2   Das Muster zum schriftlichen Verfahren knüpft an § 48 GmbHG an. Es ist zu prüfen, ob der Gesellschaftsvertrag die Zulässigkeit von Beschlussfassungen außerhalb der Gesellschafterversammlung beschränkt (§ 45 Abs. 1 GmbHG).

    Vgl. ferner A. 6.00 Rz. 74ff. und Formulare A. 6.23; A. 6.25; A. 6.30; A. 6.31; A. 6.32; A. 6.38.

3   Zu Satzungsänderungen vgl. zunächst A. 6.00 Rz. 80f. sowie § 53 GmbHG.

4   Nicht jede Änderung einer Vertragsbestimmung ist Satzungsänderung. Unter § 53 GmbHG fallen nur solche Regeln, die die Grundlage der Gesellschaft betreffen und derzeitige wie künftige Gesellschafter binden (vgl. *Scholz/Priester* § 53 GmbHG Rz. 18ff.).

5   **Beispiele** (+ = Satzungsänderung; – = keine Satzungsänderung):
    Abfindungsregelung (+); Auflösung (–, § 60 GmbHG); Aufsichtsrat (+); Ausschließung (–); Verlängerung der durch die Satzung vorgesehenen Anfechtungsfrist für die Anfechtung von Gesellschafterbeschlüssen (+) Austrittsrecht (+); Beirat (+); Beteiligungserwerb (–); Dauer (+); Einziehungsmöglichkeit (+); Firma (+); Gegenstand des Unternehmens (idR –); Geschäftsführung,

Vertretung (+); Geschäftsjahr (+, streitig); Kündigungsrechte (+); Nachschusspflicht (+, § 53 Abs. 3 GmbHG); Selbstkontrahierung (im Einzelfall –, generell +, vgl. Formulare A. 6.01 Rz. 52); Sitz (+); Stammkapital (+, vgl. Formulare A. 6.31 und A. 6.32); Zweckänderung (+); Aufstockung der verbleibenden Geschäftsanteile nach (Zwangs-) Einziehung (–, streitig).

Zu weiteren Einzelfällen vgl. *Scholz/Priester* § 53 GmbHG Rz. 110 ff.

Satzungsänderungen sind zum elektronischen Handelsregister anzumelden (§ 54 **6** GmbHG; § 12 HGB nF). Bei Satzungsänderungen, die Regelungen nach § 10 Abs. 1 oder Abs. 2 GmbHG zum Gegenstand haben (zB Firma, Sitz), genügt nicht die Bezugnahme auf das Beschlussprotokoll (BGH II ZB 12/86 v. 16.2.87, NJW 87, 3191; OLG Hamm 15 W 136/01 v. 12.7.01, GmbHR 02, 64). Es empfiehlt sich die inhaltliche Wiedergabe der geänderten Satzungsbestimmung. Zur Satzungsänderung zwischen Anmeldung und Eintragung BayObLG BReg. 3 Z 85/88 v. 14.9.88, DB 88, 2354; zur registergerichtlichen Kontrolle bei einer Vorrats-GmbH BGH II ZB 12/02 v. 9.12.02, DNotZ 03, 443; OLG Celle 9 W 47/02 v. 30.4.02, GmbHR 02, 1066.

A. 6.30 Gewinnausschüttung

I. FORMULAR

Formular A. 6.30 Gewinnausschüttung

Protokoll über die Gesellschafterversammlung der ......-GmbH vom ....

1. Am ...... um ...... erschienen in ...... die Gesellschafter

  – Herr ......
  – Herr ......
  – Frau ......

  sowie der Geschäftsführer Herr ....

2. Die Gesellschafterversammlung stellte fest:

  a) Die Versammlung ist gem. § ...... des Gesellschaftsvertrages ordnungsgemäß einberufen worden.

  b) Es sind ......% des Stammkapitals vertreten. Die Versammlung ist gem. § ...... des Gesellschaftsvertrages beschlussfähig.

3. Die Gesellschafterversammlung fasst einstimmig folgende Beschlüsse:

  a) Der Jahresabschluss zum ...... wird gemäß Anlage festgestellt.

  b) Der Jahresüberschuss in Höhe von € ...... zuzüglich des Gewinnvortrags in Höhe von € ...... und abzüglich des Verlustvortrags in Höhe von € ......, somit insgesamt € ......, wird zu einem Teilbetrag von € ...... an die Gesellschafter ausgeschüttet, zu einem Teilbetrag von € ...... in die freien Rücklagen eingestellt und zu einem Teilbetrag von € ...... als Gewinn vorgetragen.

  c) ......

  d) ......

4. Die Gesellschafterversammlung wurde um ...... Uhr beendet.

...., den ....

(Unterschrift)

II. ERLÄUTERUNGEN

Erläuterungen zu A. 6.30 Gewinnausschüttung

Vgl. zunächst A. 6.00 Rz. 87 ff. und 103 ff.   **1**

Die Formulierung des Gewinnverwendungsbeschlusses knüpft an den Wortlaut des **§ 29 Abs. 1 GmbHG** an. Sie ist sorgsam auf den Einzelfall abzustimmen.

2   Wird die Bilanz unter Berücksichtigung einer teilweisen Ergebnisverwendung aufgestellt oder werden Rücklagen aufgelöst, so haben die Gesellschafter Anspruch auf den **Bilanzgewinn** iSd. §§ 268, 270 HGB (§ 29 Abs. 1 Satz 2 GmbHG).

3   Zur Gewinnverteilung nach Bilanzberichtigung vgl. BFH I R 38/89 v. 11.4.90, BStBl. II 90, 998. Eine vom Verhältnis der Geschäftsanteile zueinander abweichende Gewinnverteilung ist nach § 29 Abs. 3 Satz 2 GmbHG zivilrechtlich jedenfalls zulässig, wenn in der Satzung eine anderweitige Verteilung vorgesehen wird. Zulässig ist auch eine Öffnungsklausel, welche der Gesellschafterversammlung überlässt, die Gewinnverteilung abweichend vom gesetzlichen Verteilungsmechanismus zu beschließen. Handelt es sich um eine einmalige Abweichung von der Regelgewinnverteilung, ist ein solcher Beschluss als Satzungsdurchbrechung zu qualifizieren und mit der hM zivilrechtlich anzuerkennen, auch ohne Satzungsgrundlage. Ein solcher Beschluss bedarf analog § 53 Abs. 3 GmbHG der Zustimmung der bei der konkreten Gewinnverteilung benachteiligten Gesellschafter (vgl. *Binnewies*, Die Konzerneingangskontrolle in der abhängigen Gesellschaft, 1996, S. 175 ff.). Der BFH hat die gesellschaftsrechtlich wirksame inkongruente Ausschüttung steuerlich anerkannt (BFH I R 77/96 v. 19.8.99, BStBl. II 01, 43; I R 97/05 v. 28.6.06, BFH/NV 06, 2207). Die FinVerw. hatte die Rspr. ursprünglich mit einem Nichtanwendungserlass belegt (BMF v. 7.12.00, BStBl. I 01, 47; hiergegen *Schwedhelm/Binnewies* DB 01, 503, mwN), zwischenzeitlich aber anerkannt unter der Voraussetzung, dass die von der Verteilung des Stammkapitals abweichende Gewinnverteilung zivilrechtlich wirksam bestimmt ist: Dies soll nach Ansicht des BMF der Fall sein, wenn im Gesellschaftsvertrag gem. § 29 Abs. 3 Satz 2 GmbHG ein anderer Maßstab als das Verhältnis der Geschäftsanteile im Gesellschaftsvertrag festgesetzt wurde. Für eine nachträgliche Satzungsänderung zur Regelung einer ungleichen Gewinnverteilung ist gem. § 53 Abs. 3 GmbHG die Zustimmung aller Gesellschafter erforderlich (BMF v. 17.12.13, BStBl. I 14, 63; vgl. hierzu auch: *Levedag* GmbHR 14, R 22).

A. 6.31 Kapitalerhöhung

Gliederung

I. FORMULARE

Formular A. 6.31 Beschluss

Urkundenrolle Nummer ......

Verhandelt am ...... zu ......

Vor dem Notar ...... erschienen:

1. Herr ......, geboren am ......, wohnhaft in ......;

2. Frau ......

3. Herr ....

Die Erschienenen wiesen sich wie folgt aus: ....

Sie erklärten:

Wir sind die alleinigen Gesellschafter der im Handelsregister des Amtsgerichts ...... unter HRB ...... eingetragenen ......-GmbH – im Folgenden Gesellschaft genannt. Wir halten hiermit eine gem. § ...... des Gesellschaftsvertrages ordnungsgemäß einberufene außerordentliche Gesellschafterversammlung ab und beschließen einstimmig:

1. Das derzeit durch den Geschäftsanteil lfd. Nr. ...... im Nennbetrag von € 50.000,– repräsentierte Stammkapital der Gesellschaft wird neu eingeteilt in 50.000 Geschäftsanteile im Nennbetrag von je € 1,– mit den Nrn. 1 bis 50.000.

2. Das Stammkapital der GmbH wird von ...... *[zB € 50.000,–]* um ...... *[zB € 50.000,–]* auf ...... *[zB € 100.000,–]* gegen Ausgabe von ...... *[zB 50.000]* Geschäftsanteilen im Nennbetrag von je € 1,– mit den Nrn. ...... *[zB 50.001 bis 100.000]* erhöht. Die Einlage auf die neuen Geschäftsanteile ist sofort in bar ohne Aufgeld zu erbringen.

3. Die neuen Geschäftsanteile sind vom Beginn des bei der Eintragung der Kapitalerhöhung im Handelsregister laufenden Geschäftsjahres am Gewinn der Gesellschaft beteiligt.

4. § ...... des Gesellschaftsvertrages wird wie folgt geändert:

    „§ ...... Stammkapital

    (1) Das Stammkapital der Gesellschaft beträgt € .... Es ist eingeteilt in ...... *[zB 100.000]* Geschäftsanteile im Nennbetrag von je € 1,–.

    (2) An dem Stammkapital sind beteiligt:

    a) Herr ...... mit ...... *[zB 50.000]* Geschäftsanteilen im Nennwert von jeweils € 1,– (Geschäftsanteile Nr. ...... bis ......) *[zB Nr. 1 bis 50.000].*

    b) Herr ...... mit ...... *[zB 50.000]* Geschäftsanteilen im Nennwert von jeweils € 1,– (Geschäftsanteile Nr. ...... bis ...... *[zB Nr. 50.001 bis 100.000].*"

5. Zur Übernahme der neuen Geschäftsanteile werden zugelassen:

    – der Erschienene zu 1 zur Übernahme der Geschäftsanteile lfd. Nr. ...... bis ......;
    – der Erschienene zu 2 zur Übernahme der Geschäftsanteile lfd. Nr. ...... bis ......;
    – ....

6. Die Gesellschaft trägt die mit der Kapitalerhöhung anfallenden Kosten (Rechtsanwalts-, Notar- und Registergebühren, einschließlich Veröffentlichungskosten) in Höhe von insgesamt € ....

Die Gesellschafterversammlung ist beendet.

Der Notar wies die Erschienenen darauf hin, dass die Kapitalerhöhung erst mit ihrer Eintragung ins Handelsregister wirksam wird und die Gesellschafter für die Einlagen auf die neuen Geschäftsanteile gesamtschuldnerisch haften.

Diese Niederschrift wurde den Erschienenen vorgelesen, von ihnen genehmigt und eigenhändig wie folgt unterschrieben:

...................., den ....

                                         (Unterschrift)

Formular A. 6.31a Übernahmeerklärung

Das Stammkapital der ......-GmbH ist durch Gesellschafterbeschluss vom ...... (UR ...... des Notars ......) um € ...... auf € ...... gegen Ausgabe von ...... *[zB 50.000]* Geschäftsanteilen von je € 1,– mit den Nrn. ...... bis ...... *[zB 50.001 bis 100.000]* erhöht worden.

Auf das erhöhte Stammkapital übernehme ich entsprechend dem Kapitalerhöhungsbeschluss ...... *[zB 50.000]* Geschäftsanteile im Nennbetrag von je € 1,– mit den Nrn.
...... bis ...... *[zB 50.001 bis 100.000].*

......................................, den ....

                                                         (Unterschrift)

                                                         ....

                                                         (Beglaubigungsvermerk)

Formular A. 6.31b Handelsregisteranmeldung

Amtsgericht

– Registergericht –

Handelsregistersache ......-GmbH, HRB ......

Als Geschäftsführer überreichen wir:

1. Ausfertigung der notariellen Niederschrift über die außerordentliche Gesellschafterversammlung vom ...... (UR ...... des Notars ......);

2. notariell beglaubigte Übernahmeerklärungen des Herrn ......, der Frau ...... und
   des Herrn ......

3. von dem Geschäftsführer unterzeichnete Liste der Übernehmer der neuen
   Stammeinlagen und von dem Notar errichtete und mit der Bescheinigung des Notars gem. § 40 Abs. 2 Satz 2 GmbHG versehene Liste der Gesellschafter sowie ......

4. den vollständigen Wortlaut des Gesellschaftsvertrages mit der Bescheinigung des
   Notars nach § 54 Abs. 1 Satz 2 GmbHG

und melden zur Eintragung an:

Das Stammkapital der Gesellschaft ist im Wege der Bareinlage von € ...... *[zB
€ 50.000,–]* um € ...... *[zB € 50.000,–]* durch Ausgabe von ...... *[zB 50.000]* Geschäftsanteilen im Nennbetrag von je € 1,– mit den Nrn. ...... bis ...... *[zB
Nr. 50.001 bis 100.000]* erhöht worden. § ...... des Gesellschaftsvertrages wurde
entsprechend wie folgt neu gefasst:

„§ ...... Stammkapital

(1) Das Stammkapital der Gesellschaft beträgt € .... Es ist eingeteilt in ...... *[zB
100.000]* Geschäftsanteile im Nennbetrag von je € 1,–.

(2) An dem Stammkapital sind beteiligt:
   a) Herr ...... mit ...... *[zB 50.000]* Geschäftsanteilen im Nennwert von jeweils
      € 1,– (Geschäftsanteile Nr. ...... bis ......) *[zB Nr. 1 bis 50.000].*
   b) Herr ...... mit ...... *[zB 50.000]* Geschäftsanteilen im Nennwert von jeweils
      € 1,– (Geschäftsanteile Nr. ...... bis Nr. ......) *[zB Nr. 50.001 bis 100.000].*“

Wir versichern, dass auf jeden neuen Geschäftsanteil mindestens ein Viertel und insgesamt auf das Stammkapital mindestens soviel eingezahlt ist, dass der Gesamtbetrag der eingezahlten Geldeinlagen zuzüglich des Gesamtnennbetrages der
Geschäftsanteile, für die Sacheinlagen zu leisten sind, die Hälfte des Mindeststammkapitals gemäß § 5 Abs. 1 GmbHG erreicht. Ferner versichern wir, dass die eingezahlten Beträge sich endgültig in unserer freien Verfügung befinden.

......................................, den ....

                                                         (Unterschrift des Geschäftsführers)

                                                         ....

                                                         (Beglaubigungsvermerk)

II. ERLÄUTERUNGEN

> **Erläuterungen zu A. 6.31 bis A. 6.31b Kapitalerhöhung**

1. Zivilrecht

Die Kapitalerhöhung ist **Satzungsänderung**. Sie bedarf eines notariell beurkunde- **1** ten Gesellschafterbeschlusses mit einer Mehrheit von drei Viertel der abgegebenen Stimmen bzw. einer im Gesellschaftsvertrag für Satzungsänderungen vorgesehenen größeren Mehrheit (§ 53 GmbHG). Die vollständige Einzahlung des bestehenden Stammkapitals ist nicht Voraussetzung.

Der **Kapitalerhöhungsbeschluss** muss den Betrag der Erhöhung angeben. Zuläs- **2** sig ist die Festlegung eines Maximalbetrages. Gleichzeitig kann ein Mindestbetrag festgelegt werden. Die Kapitalerhöhung ist dann der Höhe nach bedingt durch die Deckung mit neuen Stammeinlagen.

Die Einlage kann in **Geld-** oder **Sachleistungen** bestehen. Durch das MoMiG v. **3** 23.10.08 (BGBl. I 08, 2026) wurden die Kapitalaufbringungsvorschriften wesentlich modifiziert. Die nunmehr in § 19 Abs. 4 GmbHG gesetzlich definierte verdeckte Sacheinlage bleibt zwar verboten, führt aber nicht zur Unwirksamkeit der Sacheinlagevereinbarung. Vgl. im Einzelnen *Pentz* GmbHR 09, 126; *Wälzholz* GmbHR 08, 841, 845; *Heinze* GmbHR 08, 1065; BGH II ZR 61/15 v. 19.1.16, DStR 16, 923. Ohne ausdrückliche Regelung im Beschluss über die Kapitalerhöhung ist die Einlage in bar zu erbringen (s. auch Formular A. 6.01; zur Kapitalaufbringung *Heidinger* GmbHR, 02, 1045; BGH II ZR 11/01 v. 18.3.02, DStR 02, 1538). Bei der Kapitalerhöhung durch Sacheinlage muss der Beschluss den Gegenstand der Sacheinlage und den Nennbetrag des Geschäftsanteils, auf den sich die Sacheinlage bezieht, nennen (§ 56 GmbHG). Nach wie vor ungeklärt ist die Notwendigkeit eines dem Sachgründungsbericht entsprechenden Sacherhöhungsberichts analog § 5 Abs. 4 GmbHG (gegen Sachgründungsbericht: *Lutter/Hommelhoff/Bayer* § 56 GmbHG Rz. 7; LG Memmingen 2 HT 278/04 v. 18.10.04, NZG 05, 322; **aA:** OLG Stuttgart 8 W 295/81 v. 19.1.81, GmbHR 82, 109, 112 mit Anm. *Priester;* vgl. auch *Timm* GmbHR 80, 286, 290; *Ehlke* GmbHR 85, 284, 290). Jedenfalls bedarf es eines Wertnachweises (BayObLG 3 Z BR 276/94 v. 2.11.94, DB 95, 35). Zur Kapitalerhöhung aus Gesellschaftsmitteln vgl. Rz. 7.

Forderungen des Gesellschafters gegen die Gesellschaft (zB Darlehen) können **4** nur als Sacheinlage eingebracht werden. Eine Verrechnung mit einer Bareinlageverpflichtung ist unter den Voraussetzungen des durch das MoMiG v. 23.10.08 (BGBl. I 08, 2026) neu gefassten § 19 Abs. 4 GmbHG möglich.

Einer näheren Bestimmung, wann und in welchem Umfang die Stammeinlage ein- **5** zuzahlen ist, bedarf es in dem Erhöhungsbeschluss nicht. Sie ist idR aber **zweckmäßig**. Die Einlagen können auch später durch einfachen Gesellschafterbeschluss eingefordert werden. Im Rahmen der Kapitalerhöhung ist es zweckmäßig, die bislang ausgegebenen Geschäftsanteile zu teilen in Geschäftsanteile von je € 1,–; dies erübrigt zukünftig die Teilung von Geschäftsanteilen und erleichtert die Anteilsübertragung. Entsprechend ist die Teilung des bestehenden Geschäftsanteils in Geschäftsanteile mit je € 1,– im Muster vorgesehen. Der Beschluss beinhaltet eine Änderung des Gesellschaftsvertrages und muss den geänderten Wortlaut hinsichtlich der Summe des Stammkapitals festlegen (vgl. § 54 Abs. 1 Satz 2 GmbHG). Wer welche Anteile übernimmt, braucht nicht in den Gesellschaftsvertrag aufgenommen zu werden.

Der Erhöhungsbeschluss kann die zur Übernahme berechtigten Personen bestim- **6** men. Als Übernehmer kommen die alten oder neuen Gesellschafter in Betracht. Problematisch ist in diesem Zusammenhang, dass die Gesellschafter nach inzwischen wohl hM ein **Bezugsrecht** auf das erhöhte Stammkapital entsprechend ihrer bisherigen Beteilung am Stammkapital haben sollen (vgl. *Scholz/Priester* § 55 GmbHG Rz. 40 ff.; *Baumbach/Hueck/Zöllner/Fastrich* § 55 GmbHG Rz. 22; *Lutter/Hommelhoff/Bayer* § 55 GmbHG Rz. 40 ff.). Missachtet der Zulassungsbeschluss nach § 55 Abs. 2 Satz 1 GmbHG dieses Bezugsrecht, so unterliegt der Beschluss der materiellen Beschlusskontrolle insbes. im Fall der Abhängigkeitsbegründung durch den Bezugsrechtsausschluss (ausführl. *Binnewies,* Die Konzerneingangskontrolle in der abhängigen Gesellschaft, 1996, S. 183). Ist die Übernahme der neuen Stammeinlagen abweichend von den bisherigen Beteiligungen oder durch neue Gesellschafter vorgesehen, so empfiehlt sich zur Vermeidung von Rechtsunsicherheiten die Festlegung in dem Erhöhungsbeschluss mit der dort erforderlichen qualifizierten Mehrheit.

7   Eine **Kapitalerhöhung aus Gesellschaftsmitteln** durch Umwandlung von Rücklagen in Stammkapital ist zulässig (§ 57c GmbHG; *Wissmann* INF 95, 528; *Toka* StB 01, 452). Ein solcher Erhöhungsbeschluss setzt die Feststellung des letzten Jahresabschlusses und den Beschluss über die Ergebnisverwendung voraus (§ 57c Abs. 2 GmbHG). Nach LG Duisburg 12 T 8/88 v. 9.12.88, GmbHR 90, 85, ist eine bedingte Kapitalerhöhung zulässig. Dem Erhöhungsbeschluss ist die letzte Jahresbilanz oder eine Zwischenbilanz zugrunde zu legen (§§ 57c Abs. 3, 57e, 57f GmbHG). Die Bilanz muss von einem Abschlussprüfer geprüft und mit einem Bestätigungsvermerk versehen sein. Ihr Stichtag darf nicht mehr als acht Monate vor dem Tag der Eintragung liegen (§§ 57e Abs. 1, 57f Abs. 1 GmbHG). Umwandlungsfähig sind Rücklagen nur unter den Voraussetzungen des § 57d GmbHG. Ausgeführt werden kann die Kapitalerhöhung durch Bildung neuer oder Erhöhung des Nennbetrages bestehender Geschäftsanteile (§ 57h GmbHG); bei teileingezahlten Geschäftsanteilen nur durch Erhöhung des Nennbetrages (§ 57l Abs. 2 GmbHG). Die neuen Geschäftsanteile stehen den Gesellschaftern im Verhältnis ihrer bisherigen Beteiligungen am Stammkapital zu (§ 57j GmbHG). Ein anderslautender Beschluss ist nichtig (§ 57j Satz 2 GmbHG).

8   Die Kapitalerhöhung aus Gesellschaftermitteln muss durch die Übernahme von Stammeinlagen gedeckt werden. Die neuen Geschäftsanteile und die Geschäftsanteile, deren Nennbetrag erhöht wird, müssen auf einen Betrag gestellt werden, der auf volle Euro lautet (§ 57h Abs. 1 Satz 2 GmbHG).

9   Wird der fest bestimmte Betrag oder der Mindestbetrag nicht erreicht, so ist die Kapitalerhöhung **gescheitert** (zu den Rechtsfolgen BGH II ZR 170/98 v. 11.1.99, NZG 99, 495).

10   Die **Übernahmeerklärung** durch den Übernahmeberechtigten bedarf der notariellen Beurkundung oder Beglaubigung (§ 55 Abs. 1 GmbHG). Sie kann vor, nach oder getrennt von dem Kapitalerhöhungsbeschluss abgegeben werden. Eine getrennt notariell beglaubigte Erklärung ist kostengünstiger. Ob die Übernahme einer neuen Stammeinlage durch einen **Minderjährigen** der vormundschaftsgerichtlichen Genehmigung bedarf, ist streitig (§ 1822 Nr. 3 u. Nr. 10 BGB; vgl. *Scholz/Priester* § 55 GmbHG Rz. 106 ff.). Die Erklärung muss den Betrag der Stammeinlage und – im Fall neuer Gesellschafter – etwaige Nebenleistungspflichten enthalten (§ 55 Abs. 2 Satz 2 GmbHG). Zur Kündigung der Erklärung bei Konkurseintritt vor Einzahlung vgl. OLG Hamm 8 U 2/88 v. 15.6.88, DB 89, 167.

11   Die **Annahme** der Erklärung erfolgt idR formlos durch den (stillschweigend) ermächtigten Geschäftsführer. § 181 BGB ist hierbei zu beachten.

12   Der Übernehmer neuer Stammeinlagen **haftet** für nicht erbrachte Stammeinlagen anderer Gesellschafter gem. § 24 GmbHG. Bei Kapitalerhöhung mit Sacheinlage gilt die Differenzhaftung des § 19 Abs. 2 GmbHG (§ 56 Abs. 2 GmbHG).

13   Die Übernahme neuer Stammeinlagen kann einen **kartellrechtlichen Zusammenschluss** nach § 37 Abs. 1 Nr. 3 GWB darstellen und anmelde- oder anzeigepflichtig sein (§ 39 GWB).

14   Der Beschluss über die Kapitalerhöhung ist durch sämtliche Geschäftsführer (§ 78 GmbHG) in öffentlich beglaubigter Form (§ 12 HGB) zur **Eintragung im elektro-**

nischen Handelsregister anzumelden, nachdem das erhöhte Kapital oder der Mindestbetrag des erhöhten Kapitals durch Übernahme von Stammeinlagen gedeckt ist (§ 57 Abs. 1 GmbHG), ein Viertel der Bareinlagen eingezahlt wurde und endgültig zur freien Verfügung der Geschäftsführer steht (§ 57 Abs. 2 Satz 1, § 7 Abs. 2 Satz 1 GmbHG). Zur Bewirkung der Einlage BGH II ZR 203/89 v. 24.9.90, NJW 91, 226; II ZR 248/93 v. 11.7.94, DStR 95, 498; OLG SchlHol 5 U 71/99 v. 7.9.00, NZG 01, 137. Bei der Kapitalerhöhung der **Ein-Personen-GmbH** gilt § 7 Abs. 2 Satz 3 GmbHG (§ 56a GmbHG).

Die **Anmeldung** muss den Inhalt des Kapitalerhöhungsbeschlusses, insbesondere **15** die geänderten Satzungsbestandteile angeben (BGH II ZB 12/86 v. 16.2.87, NJW 87, 3191; *Keilbach* MittRhNotK 00, 365). Die Geschäftsführer haben zu versichern, dass ein Viertel der Bareinlage eingezahlt wurde und sich endgültig in ihrer freien Verfügung befindet (§ 57 Abs. 2 Satz 1, § 7 Abs. 2 GmbHG). Bei der **Ein-Personen-GmbH** ist, falls die Bareinlagen nicht voll geleistet worden sind, die Versicherung gem. § 8 Abs. 2 Satz 2 GmbHG abzugeben (§ 57 Abs. 2 Satz 2 GmbHG).

Der Anmeldung sind die Niederschrift des Beschlusses über die Kapitalerhöhung in **16** Ausfertigung oder beglaubigter Abschrift, die Übernahmeerklärungen oder beglaubigte Abschriften derselben (§ 57 Abs. 3 Nr. 1 GmbHG), die Liste der Übernehmer (§ 57 Abs. 3 Nr. 2 GmbHG), eine geänderte Gesellschafterliste iSd. § 40 GmbHG und der vollständige Wortlaut des Gesellschaftsvertrages mit der Bescheinigung des Notars nach § 54 Abs. 1 Satz 2 GmbHG, bei der Kapitalerhöhung durch Sacheinlage ferner die Verträge, die den Festsetzungen nach § 56 Abs. 1 GmbHG zugrunde liegen oder zu ihrer Ausführung geschlossen worden sind, beizufügen (§ 57 Abs. 3 Nr. 3 GmbHG). Zur Anmeldung der Kapitalerhöhung aus Gesellschaftsmitteln vgl. § 57i GmbHG.

Die Kapitalerhöhung wird mit der Eintragung im Handelsregister **wirksam** (§ 54 **17** Abs. 3 GmbHG). Erst dann darf das erhöhte Nennkapital in der Bilanz ausgewiesen werden (vgl. *Beck Bil-Komm/Winkeljohann/Hoffmann* § 272 HGB Rz. 20; vgl. auch BFH II R 231/81 v. 6.3.85, BStBl. II 85, 388; II R 244/81 v. 19.11.85, BStBl. II 86, 249).

(frei) **18, 19**

2. Steuerrecht

Die Kapitalerhöhung durch Zuführung neuer Mittel wirft idR **ertragsteuerlich 20** keine Besonderheiten auf.

Die Vermögensmehrung auf Grund der Kapitalerhöhung ist eine **Einlage,** die ohne **21** Auswirkung auf das körperschaftsteuerpflichtige Einkommen der GmbH ist.

Für anlässlich einer Kapitalerhöhung anfallende Kosten gilt das Veranlassungsprin- **22** zip. Übernimmt die GmbH die Kosten, die mit der eigentlichen Kapitalerhöhung zusammenhängen, liegt keine vGA vor, ohne dass es einer besonderen Satzungsregelung bedarf. Trägt die GmbH hingegen auch Kosten, die auf die Übernahme der neuen Anteile zurückzuführen sind, liegt eine vGA vor (BFH I R 21/99 v. 17.5.00, GmbHR 01, 117; I R 24/99 v. 19.1.00, BStBl. II 00, 546; gegen vGA FG Düsseldorf 6 K 79–97 K, G, F, BB, H und FG Düsseldorf v. 29.2.00, EFG 00, 586; *Tiedkte/ Wälzholz* GmbHR 01, 223; *Brenner* HFR 01, 603).

Die Ausgabe neuer Geschäftsanteile zu einem besonders günstigen Bezugskurs ist **23** keine **verdeckte Gewinnausschüttung** der kapitalerhöhenden Gesellschaft, da nicht die Gesellschaft, sondern die das Bezugsrecht nicht ausübenden Gesellschafter den Vermögensnachteil erleiden (BFH VIII R 64/69 v. 24.9.74, BStBl. II 75, 230; *Wassermeyer* FR 93, 532), möglicherweise aber eine vGA einer an der kapitalerhöhenden Gesellschaft beteiligten Kapitalgesellschaft, wenn sie ihre Gesellschafter neue Stammeinlagen aus der Kapitalerhöhung günstig erwerben lässt (BFH I 261/63 v. 16.3.67, BStBl. III 67, 626); oder bei Nichtteilnahme an Kapitalerhöhung (BFH I R 6/04 v. 15.12.04, BStBl. II 09, 197; *Bucick* DStZ 05, 279; *Fritsche* GmbHR 05, 635).

24 Für die **Bewertung von Sacheinlagen** sowie hinsichtlich der Gewinnrealisierung bei den Gesellschaftern gelten grundsätzlich die gleichen Rechtsfolgen wie bei der Sachgründung (vgl. A. 6.01 Rz. 10; zu den Verkehrsteuern bei Sacheinlagen vgl. A. 6.01 Rz. 13 ff.). Die Veräußerung eines konkreten Bezugsrechts auf Grund des Kapitalerhöhungsbeschlusses (vgl. Rz. 6) ist bei einer wesentlichen Beteiligung des Gesellschafters gem. § 17 EStG einkommensteuerpflichtig. Auch die entgeltliche Nichtteilnahme an einer Kapitalerhöhung ist Veräußerung einer „Anwartschaft" iSd. § 17 EStG (BFH VIII R 68/04 v. 19.4.05, BStBl. II 05, 762; VIII R 3/89 v. 13.10.92, BStBl. II 93, 477; *Moritz* INF 05, 686, *Schimmele* GmbH-StB 05, 261; *Schmidt/Weber-Grellet* § 17 EStG Rz. 27 u. 104).

25 Eine Kapitalerhöhung bei sog. **„einbringungsgeborenen Anteilen"** iSd. § 22 UmwStG führt nicht zu einer Besteuerung der auf andere Anteile übergehenden stillen Reserven, sondern zur Mitverstrickung der anderen Anteile (§ 22 Abs. 7 UmwStG).

26 Die **Kapitalerhöhung aus Gesellschaftsmitteln** nach §§ 57c ff. GmbHG ist steuerneutral (vgl. § 1 KapErhStG). Zu den Anschaffungskosten vgl. § 3 KapErhStG. Die Erhöhung ist dem FA zu melden (§ 4 KapErhStG). Die auf dem Einlagenkonto (§ 27 KStG) ausgewiesenen Beträge gelten als vor sonstigen Rücklagen (zB Gewinnrücklagen) verwendet (§ 28 KStG; zu Einzelheiten s. *Schaumburg/Rödder*, Unternehmenssteuerreform 2001, S. 577 ff.). Soweit versteuerte Rücklagen als verwendet gelten, sind diese steuerlich getrennt auszuweisen und gesondert festzustellen. Spätere Kapitalrückzahlungen führen insoweit zu Einnahmen aus Kapitalvermögen.

27 Zur Kapitalerhöhung aus Gesellschaftsmitteln außerhalb des KapErhG vgl. Formular A. 6.46.

28 Die **fehlgeschlagene Kapitalerhöhung** führt nicht zur Mitunternehmerschaft (FG Saarland 1 K 205/88 v. 24.8.90, EFG 91, 81; FG Hamburg VI 252/99 v. 11.7.01, EFG 01, 1435).

A. 6.32 Kapitalherabsetzung

Gliederung

I. FORMULARE

Formular A. 6.32 Beschluss

Urkundenrolle Nummer ......

Verhandelt am ...... zu ......

Vor dem Notar ...... erschienen:

1. Herr ......, geboren am ......, wohnhaft in ......

2. Herr ......

3. Frau ......

Die Erschienenen wiesen sich wie folgt aus: ....

Sie erklärten:

Wir sind die alleinigen Gesellschafter der im Handelsregister des Amtsgerichts ......
unter HRB ...... eingetragenen ......-GmbH – im folgenden Gesellschaft genannt. Wir
sind wie folgt an der Gesellschaft beteiligt:

1. Herr ...... mit ...... *(zB 100.000)* Geschäftsanteilen im Nennbetrag von je € 1,– mit
   den Nrn. ...... bis ...... *(zB 1 bis 100.000);*
2. Herr ...... *(zB 100.000)* Geschäftsanteilen im Nennbetrag von je € 1,– mit den
   Nrn. ...... bis ...... *(zB 200.001 bis 300.000);*
3. Frau ...... *(zB 100.000)* Geschäftsanteilen im Nennbetrag von je € 1,– mit den
   Nrn. ...... bis ...... *(zB 200.001 bis 300.000);*

Wir halten hiermit eine gem. § ...... des Gesellschaftsvertrages ordnungsgemäß einberufene außerordentliche Gesellschafterversammlung ab und beschließen einstimmig:

1. Das Stammkapital der Gesellschaft wird von ...... *(zB € 300.000,–)* um ...... *(zB
   € 150.000,–)* auf ...... *(zB € 150.000,–)* herabgesetzt.
2. Den Gesellschaftern werden geleistete Stammeinlagen in Höhe von je € ...... ausgezahlt.
3. Die Herabsetzung des Stammkapitals wird folgendermaßen durchgeführt:
   a) Die Geschäftsanteile mit den Nrn. ......bis ...... *(zB 50.001 bis 100.000)*, Nrn. ......
      bis ...... *(zB 150.001 bis 200.000)* sowie Nrn. ...... bis ...... *(zB 250.001 bis
      300.000)*, im Gesamtnennbetrag von insgesamt ...... bis ...... *(zB € 150.000,–)*
      werden entschädigungslos eingezogen.
   b) Die Geschäftsanteile mit den Nrn. ...... bis ...... *(zB 100.001 bis 150.000)* erhalten
      die Nrn. ...... bis ...... *(zB 50.001 bis 100.000)*, Geschäftsanteile mit den Nrn. ......
      bis ...... *(zB 200.001 bis 250.000)* erhalten die Nrn. ...... bis ...... *(zB 100.001 bis
      150.000).*
4. Nach Durchführung der Kapitalherabsetzung sind die Herren ...... und ...... sowie
   Frau ...... wie folgt an der Gesellschaft beteiligt:
   a) Herr ...... mit ...... *(zB 50.000)* Geschäftsanteilen im Nennbetrag von je € 1,– mit
      den Nrn. ...... bis ...... *(zB 1 bis 50.000).*
   b) Herr ...... mit ...... *(zB 50.000)* Geschäftsanteilen im Nennbetrag von je € 1,– mit
      den Nrn. ...... bis ...... *(zB 50.001 bis 100.000).*
   c) Frau ...... mit 50.000 Geschäftsanteilen im Nennbetrag von je € 1,– mit den
      Nrn. ...... bis ...... *(zB 100.001 bis 150.000).*
5. § ...... des Gesellschaftsvertrages wird wie folgt geändert:
   „§ ...... Stammkapital
   (1) Das Stammkapital der Gesellschaft beträgt € ...... Es ist eingeteilt in ...... *(zB
       150.000)* Geschäftsanteile im Nennbetrag von je € 1,–.
   (2) An dem Stammkapital sind beteiligt:
       a) Herr ...... mit ...... *(zB 50.000)* Geschäftsanteilen im Nennbetrag von je € 1,–
          mit den Nrn. ...... bis ...... *(zB 1 bis 50.000).*
       b) Herr ...... mit ...... *(zB 50.000)* Geschäftsanteilen im Nennbetrag von je € 1,–
          mit den Nrn. ...... bis ...... *(zB 50.001 bis 100.000).*
       c) Frau ...... mit ...... *(zB 50.000)* Geschäftsanteilen im Nennbetrag von je € 1,–
          mit den Nrn. ...... bis ...... *(zB 100.001 bis 150.000).*"

Die Gesellschafterversammlung ist beendet.

Der Notar wies die Erschienenen darauf hin, dass ....

Diese Niederschrift wurde den Erschienenen vorgelesen, von ihnen genehmigt und
eigenhändig wie folgt unterschrieben:

...................................., den ....

(Unterschrift)

Formular A. 6.32a Bekanntmachung

Das Stammkapital der ......-GmbH in ...... ist durch Beschluss der Gesellschafter vom ...... von € ...... um € ...... auf € ...... herabgesetzt worden.

Die Gläubiger werden aufgefordert, sich bei der Gesellschaft zu melden.

.............................., den ....

                                                       (Unterschrift)

Formular A. 6.32b Handelsregisteranmeldung

Amtsgericht

– Registergericht –

Handelsregistersache ......-GmbH, HRB ......

Als Geschäftsführer überreichen wir:

1. Ausfertigung der notariellen Niederschrift über die außerordentliche Gesellschafterversammlung vom ...... (UR ...... des Notars ......),

2. Belegexemplar der Nrn. ......, ... und ...... des Bundesanzeigers vom ......, welche die Bekanntmachung der Herabsetzung des Stammkapitals der Gesellschaft und die Aufforderung an die Gläubiger der Gesellschaft enthalten, sowie

3. den vollständigen Wortlaut des Gesellschaftsvertrages mit der Bescheinigung des Notars nach § 54 Abs. 1 Satz 2 GmbHG gemeinsam mit der geänderten Liste der Gesellschafter mit der Bescheinigung des Notars gemäß § 40 Abs. 2 Satz 2 GmbHG

und melden zur Eintragung an:

Das Stammkapital der Gesellschaft ist von € ...... um € ...... auf € ...... herabgesetzt worden. § ...... des Gesellschaftsvertrages wurde entsprechend geändert.

Wir versichern, dass alle Gläubiger, welche sich bei der Gesellschaft gemeldet und der Herabsetzung des Stammkapitals nicht zugestimmt haben, befriedigt oder sichergestellt worden sind.

.............................., den ....

                                                   (Unterschrift des Geschäftsführers)

                                                   ....

                                                   (Beglaubigungsvermerk)

II. ERLÄUTERUNGEN

Erläuterungen zu A. 6.32 bis A. 6.32b Kapitalherabsetzung

1. Zivilrecht

1   Die Kapitalherabsetzung ist **Satzungsänderung.** A. 6.31 Rz. 1 gilt entsprechend. Der Beschluss über die Kapitalherabsetzung muss den Betrag angeben, um den das Kapital herabgesetzt werden soll. Das Mindeststammkapital von € 25.000,– muss jedoch erhalten bleiben (§ 58 Abs. 2 Satz 1, § 5 Abs. 1 GmbHG).

2   Der **Zweck** der Kapitalherabsetzung muss im Beschluss angegeben werden (*Scholz/Priester* § 58 GmbHG Rz. 37 f.). In Betracht kommt die Rückzahlung von Stammeinlagen, der Erlass ausstehender Einlagen, die Beseitigung einer Unterbilanz,

die Einstellung in Rücklagen oder die Abfindung ausscheidender Gesellschafter (vgl. zu den Einzelheiten *Scholz/Priester* § 58 GmbHG Rz. 10 ff.).

Bei einer Kapitalherabsetzung zur Freisetzung von Vermögen ändert sich der **Nennwert** der einzelnen Geschäftsanteile entsprechend. In anderen Fällen ist dies nach hM nicht zwingend, aber zweckmäßig (*Scholz/Priester* § 58 GmbHG Rz. 21–24). Die Kapitalherabsetzung kann auch durch Zusammenlegung mit der Einziehung von Anteilen vollzogen werden (vgl. *Scholz/Priester* § 58 GmbHG Rz. 19 f.; *Baumbach/Hueck/Zöllner/Haas* § 58 GmbHG Rz. 9). Zur Behandlung eigener Geschäftsanteile vgl. *Felix* GmbHR 89, 286. **3**

Der Beschluss über die Kapitalherabsetzung ist von den Geschäftsführern **im elektronischen Bundesanzeiger bekanntzumachen.** Die Gläubiger der Gesellschaft sind aufzufordern, sich bei der Gesellschaft zu melden (§ 58 Abs. 1 Nr. 1 GmbHG). Die Gläubiger, die sich bei der Gesellschaft melden und der Kapitalherabsetzung widersprechen, sind zu befriedigen oder sicherzustellen (§ 58 Abs. 1 Nr. 2 GmbHG). **4**

Die **Anmeldung zum elektronischen Handelsregister** kann erst nach Ablauf des Sperrjahres erfolgen (§ 58 Abs. 1 Nr. 3 GmbHG). Zum **Inhalt** vgl. § 58 Abs. 1 Nr. 4 GmbHG, zur **Form** § 78 GmbHG, § 12 HGB nF. Mit Eintragung in das elektronische Handelsregister wird die Kapitalherabsetzung **wirksam** (§ 54 Abs. 3 GmbHG; nach dem am 1.1.07 in Kraft getretenen EHUG v. 10.11.06 (BGBl. I 06, 2553) wird die Eintragung im elektronischen Handelsregister gemäß § 8a Abs. 1 HGB wirksam, sobald sie in den für die Eintragung bestimmten Datenspeicher aufgenommen ist und auf Dauer inhaltlich unverändert in lesbarer Form wiedergegeben werden kann). **5**

(frei) **6**

2. Steuerrecht

Die Kapitalherabsetzung ist ein betriebsfremder Vorgang, der grds. **steuerneutral** zu behandeln ist. **7**

Die Auszahlung des freigewordenen Stammkapitals an die Gesellschafter hat grds. keine Auswirkung auf die **Körperschaftsteuerschuld** der GmbH. Vielmehr wird die Rückzahlung unmittelbar mit dem Nennkapital verrechnet. **8**

Wurde das Stammkapital der GmbH nach dem 31.12.00 durch Umwandlung von Rücklagen erhöht, gilt für die Auszahlung zunächst der Teil des Nennkapitals als verwendet, der aus der Umwandlung von Gewinnrücklagen entstanden ist (§ 28 Abs. 2 Satz 1 KStG). Die Rückzahlung führt dann zu **Einkünften aus Kapitalvermögen** (§ 28 Abs. 2 Satz 2 KStG, § 20 Abs. 1 Nr. 2 KStG). **9**

(frei) **10**

Die Gefahr **verdeckter Gewinnausschüttung** durch Kapitalherabsetzung besteht nur dann, wenn gesellschaftsrechtliche Formalien einer Kapitalherabsetzung missachtet werden (vgl. BFH VIII R 72/70 v. 6.4.76, BStBl. II 76, 341), ein Gestaltungsmissbrauch vorliegt (vgl. BFH VIII R 69/93 v. 29.6.95, BStBl. II 95, 725; VIII R 46/76 v. 25.10.79, BStBl. II 80, 247) oder eigene Anteile von der GmbH gehalten werden (BFH I R 31/91 v. 29.7.92, BStBl. II 93, 369; vgl. hierzu auch: *Lieder* GmbHR 2014, 57). **11**

Erfolgt die **Kapitalherabsetzung ohne Kapitalrückgewähr,** so verringert sich das Nennkapital, während sich das steuerliche Einlagenkonto erhöht. **12**

Verkehrssteuern werden durch die Kapitalherabsetzung nicht ausgelöst, es sei denn, die Rückzahlung von Stammkapital erfolgt durch Sachleistungen. Hier gelten die Anmerkungen A. 6.01 Rz. 13 ff. entsprechend. **13**

A. 6.33 Kaufvertrag

I. FORMULAR

Formular A. 6.33 Kaufvertrag

---

1. Die X-GmbH – nachfolgend Käufer genannt –

und

2. Herr/Frau ......   – nachfolgend Verkäufer genannt –

schließen folgenden Kaufvertrag ab:

1. Gegenstand des Kaufvertrag ist ...... (nachstehend „Kaufgegenstand")
2. Der Verkäufer verkauft dem dies annehmenden Käufer den Kaufgegenstand; Übergabe und Eigentumsübergang erfolgen am ....
3. Der Kaufpreis beträgt ...... zuzüglich Umsatzsteuer, insgesamt € ...... Der Kaufpreis ist fällig am ....
4. Der Kaufgegenstand ist besichtigt und bekannt. Soweit zulässig, werden gesetzliche Garantie- oder Gewährleistungsansprüche ausgeschlossen.

II. ERLÄUTERUNGEN

Erläuterungen zu A. 6.33 Kaufvertrag

---

1   Es handelt sich um ein einfaches Muster eines Kaufvertrags, der zwischen der GmbH und einem ihrer Gesellschafter abgeschlossen ist, wobei ein Interessengegensatz keine nennenswerte Rolle spielt.

2   Der Vertrag ist insbes. notwendig, um eine vGA zwischen der GmbH und ihrem beherrschenden Gesellschafter nicht deshalb zu verursachen, weil es an einem rechtzeitigen und klaren Vertrag fehlt.

A. 6.34 Kontokorrentvertrag

I. FORMULAR

Formular A. 6.34 Kontokorrentvertrag

KONTOKORRENTVERTRAG

zwischen

der X-GmbH   – nachfolgend GmbH genannt –

und

Herrn/Frau ......   – nachfolgend Gesellschafter genannt –

1. Gesellschafter ist der alleinige Gesellschafter der GmbH. Soweit Entgelte auf Grund gesellschaftsrechtlicher oder obligatorischer Verträge zwischen GmbH und Gesellschafter oder auf Grund gesetzlicher Ansprüche über das Darlehenskonto des Gesellschafters bei der GmbH abgewickelt werden, gilt dieser Vertrag.

2. GmbH und Gesellschafter führen das Darlehenskonto in Kontokorrentform (§ 355 HGB). Es dient der Abwicklung des laufenden Zahlungsverkehrs zwischen GmbH und Gesellschafter. Insbesondere werden über das Konto abgewickelt:
   - Gehaltsgutschriften,
   - Kostenersatz,
   - Reisekosten,
   - Auszahlungen an Gesellschafter,
   - positive und negative Zinsen aus Darlehensverpflichtungen,
   - ......,
   - ....

3. GmbH und Gesellschafter gehen davon aus, dass auf längere Zeit gesehen das Konto ausgeglichen bleibt und nicht zu Lasten einer Partei nachhaltig eine Verpflichtung ausweist. Auf eine Verzinsung wird daher verzichtet. (Alternative: Der jeweilige Schuldsaldo wird mit ......% verzinst.)

4. Der Vertrag kann mit einer Frist von ...... Tagen gekündigt werden. Die Schuldverpflichtung zum Kündigungstag ist innerhalb von acht Wochen vom Schuldner auszugleichen.

II. ERLÄUTERUNGEN

Erläuterungen zu A. 6.34 Kontokorrentvertrag

Der Kontokorrentvertrag regelt die laufende Abrechnung zwischen GmbH und 1 Gesellschafter über ein Darlehenskonto. Er ist allgemein in §§ 355–357 HGB geregelt.

Auf eine Verzinsung sollte nur dann verzichtet werden, wenn tatsächlich der Be- 2 stand so schwankt, dass keine Seite begünstigt wird. Je mehr eine Seite kontinuierlich Gläubiger ist, umso mehr umkleidet das Kontokorrentverhältnis einen Darlehensvertrag; daraus folgt im Verhältnis der GmbH zu ihrem Gesellschafter zur Vermeidung einer vGA die Notwendigkeit einer angemessenen Verzinsung. Vgl. Formular A. 6.20 „Darlehensvertrag".

A. 6.35 Kostenersatz

Siehe Formular A. 6.15 „Aufwendungsersatz".

A. 6.36 „Leg-ein-Hol-zurück"-Verfahren

I. FORMULAR

Formular A. 6.36 „Leg-ein-Hol-zurück"-Verfahren

Siehe hierzu Formular A. 6.22 „Einlage".

II. ERLÄUTERUNGEN

Erläuterungen zu A. 6.36 „Leg-ein-Hol-zurück"-Verfahren

Das „Leg-ein-Hol-zurück"-Verfahren bezweckte, der Körperschaft (GmbH) im 1 Wege der Einlage Kapital zur Verfügung zu stellen, das sie ausschütten und wodurch sie im System des Anrechnungsverfahrens gespeicherte KSt realisieren konnte. Durch die Unternehmenssteuerreform 2001 hat das Verfahren an Bedeutung verloren.

2   Die Ausschüttungsmasse wird durch eine Einlage des Gesellschafters erhöht. S. hierzu Formular A. 6.22 „Einlage".

3   Ein besonderer „Leg-ein-Hol-zurück"-Vertrag ist nicht erforderlich.

A. 6.37 Lieferungsvertrag

I. FORMULAR

Formular A. 6.37 Lieferungsvertrag

---

1. Die X-GmbH   – nachfolgend Käufer genannt –
2. und die Y-GmbH   – nachfolgend Verkäufer genannt –

vereinbaren folgenden

LIEFERUNGSVERTRAG

1. Die Verkäuferin wird dem Käufer im laufenden Geschäftsverkehr folgende Waren liefern:

   ......

   ......

2. Die Inrechnungstellung erfolgt mit den Preisen und zu den Konditionen, die der Verkäufer im Rahmen seines laufenden Geschäftsverkehrs nach seinen Preislisten und Üblichkeiten auch Dritten berechnet. Die Preise erhöhen sich um die gesetzliche Umsatzsteuer.

3. Die Parteien vereinbaren folgende Zahlungsbedingungen:

   ......

   ......

4. Der Verkäufer behält sich das Eigentum an der dem Käufer gelieferten Ware bis zur vollständigen Bezahlung des Kaufpreises sowie bis zur Erfüllung aller zum Zeitpunkt der Lieferung bestehenden oder später entstehenden Forderungen aus diesem Vertrag vor.

5. Die Vertragsparteien gehen davon aus, dass der Käufer mit den gelieferten Waren und nach den vereinbarten Preisen einen hinreichenden Gewinn erwirtschaftet. Der Verkäufer ist zu einer Preiskorrektur bereit, wenn der Käufer in den Jahren ...... mit einem Verlust abschließt. Die Preiskorrektur ist so zu bemessen, dass der Verlust ausgeglichen wird. Dieser Ausgleich erfolgt im Interesse des Verkäufers, um auf diese Weise dem Käufer ein Eindringen in den Markt zu ermöglichen und Anlaufschwierigkeiten zu bewältigen. Die Preiskorrektur ist nach Ansicht der Vertragspartner kein Beleg dafür, dass die ursprünglich berechneten Preise nicht angemessen im Sinn eines Fremdvergleichs sind und Teile einer Gewinnausschüttung enthalten.

6. Dieser Vertrag tritt am ...... in Kraft. Er wird für die Dauer von ...... Zeitjahren geschlossen. Wird er nicht jeweils ...... Monate vor Ablauf gekündigt, verlängert er sich jeweils um ...... Jahre.

II. ERLÄUTERUNGEN

Erläuterungen zu A. 6.37 Lieferungsvertrag

Der Lieferungsvertrag bezweckt die vertragliche Regelung des Lieferverkehrs zwischen einer GmbH und ihrem Gesellschafter zur Vermeidung von vGA, die allein deshalb angenommen werden könnten, weil ein rechtzeitiger Vertrag fehlt. **1**

Das Formular geht davon aus, dass die Muttergesellschaft (Verkäufer) die Tochtergesellschaft (Käufer) beliefert.

Nr. 5 ist von großer Wichtigkeit. Die Formulierung muss auf den Einzelfall zugeschnitten werden. Behandelt wird das Problem der **Preiskorrektur,** das, im Nachhinein vereinbart und durchgeführt, im Verhältnis Mutter-/Tochtergesellschaft regelmäßig zu vGA oder – je nach der Richtung der Korrektur – zu verdeckten Einlagen führt (vgl. *Streck/Schwedhelm* § 8 Anh. KStG Rz. 797 ff.). Das Muster könnte auf eine ausländische Mutter-Produktionsgesellschaft angewandt werden, die mit ihrer inländischen Vertriebs-Tochtergesellschaft in den inländischen Markt eindringen will. Hier sind Preiskorrekturen als Unterstützung in der Anlaufphase angemessen. Werden sie jedoch nicht rechtzeitig vereinbart, wird die Betriebsprüfung vermuten, dass die ursprünglichen Lieferpreise unangemessen hoch sind. **2**

A. 6.38 Liquidation

Gliederung

I. FORMULARE

Formular A. 6.38 Auflösungsbeschluss

Die Gesellschafterversammlung der ......-GmbH, bestehend aus

1. Herrn ......

2. Herrn ......

3. Herrn ......

beschließt unter Verzicht auf alle Formen und Fristen für die Einberufung einer Gesellschafterversammlung gem. § ...... des Gesellschaftsvertrages einstimmig:

1. Die Gesellschaft wird mit Ablauf des ...... aufgelöst.

2. Die Herren ...... und ...... werden als Geschäftsführer abberufen.

3. Herr ...... wird zum alleinigen, von den Beschränkungen des § 181 BGB befreiten Liquidator bestellt.

4. Herr ...... vertritt die Gesellschaft allein, solange er alleiniger Liquidator ist. Ansonsten vertritt er die Gesellschaft gemeinschaftlich mit einem anderen Liquidator.

5. Die Bücher und Schriften der Gesellschaft werden nach Beendigung der Liquidation durch den Gesellschafter ...... verwahrt.

...................., den ......　　　　　..

　　　　　　　　　　　　　　　　　　　(Unterschrift)

Formular A. 6.38a Handelsregisteranmeldung der Auflösung

Amtsgericht

– Registergericht –

Handelsregistersache ......-GmbH, HRB ....

Als alleiniger Liquidator der Gesellschaft überreiche ich den Gesellschafterbeschluss vom ...... und melde zur Eintragung an:

1. Die Gesellschaft ist mit Ablauf des ...... aufgelöst.
2. Die Herren ...... und ...... sind nicht mehr Geschäftsführer.
3. Ich bin zum Liquidator bestellt und als solcher von den Beschränkungen des § 181 BGB befreit.
4. Ich vertrete die Gesellschaft allein, solange ich alleiniger Liquidator bin. Ansonsten vertrete ich die Gesellschaft gemeinschaftlich mit einem anderen Liquidator.

Als Liquidator zeichne ich wie folgt:

....　　　..

(Name)　　　　　　　　　　　　　　　(Unterschrift)

Ich versichere, dass ich nicht wegen einer Insolvenzstraftat (Bankrott, Verletzung der Buchführungspflicht, Gläubigerbegünstigung, Schuldnerbegünstigung – §§ 283 bis 283d StGB) rechtskräftig verurteilt worden bin und mir die Ausübung eines Berufs, Berufszweiges, Gewerbes oder Gewerbezweiges weder durch gerichtliches Urteil noch durch vollziehbare Entscheidung einer Verwaltungsbehörde untersagt ist und dass ich über meine unbeschränkte Auskunftspflicht gegenüber dem Gericht durch den Notar ...... *[Name des beglaubigenden Notars]* belehrt worden bin.

...................., den ......　　　　　..

　　　　　　　　　　　　　　　　　　　(Unterschrift)

　　　　　　　　　　　　　　　　　　　..

　　　　　　　　　　　　　　　　　　　(Beglaubigungsvermerk)

Formular A. 6.38b Bekanntmachung der Auflösung

Die ......-GmbH mit Sitz in ...... ist aufgelöst. Die Gläubiger der Gesellschaft werden aufgefordert, sich bei ihr zu melden.

...................., den ......　　　　　..

　　　　　　　　　　　　　　　　　　　(GmbH i. L.) Der Liquidator

Formular A. 6.38c Handelsregisteranmeldung der Beendigung der Liquidation

---

Amtsgericht

– Registergericht –

Handelsregistersache ......-GmbH, HRB ....

Als alleiniger, von den Beschränkungen des § 181 BGB befreiter Liquidator der Gesellschaft melde ich zur Eintragung an, dass die Liquidation der Gesellschaft beendigt und deren Firma erloschen ist.

Ich überreiche die Belegexemplare der Nrn. ...... des Bundesanzeigers vom ......, aus denen sich ergibt, dass die Auflösung der Gesellschaft und die Aufforderung an die Gläubiger, sich bei der Gesellschaft zu melden, im elektronischen Bundesanzeiger bekannt gemacht worden ist. Nach § ...... des Gesellschaftsvertrages haben Bekanntmachungen der Gesellschaft nur im elektronischen Bundesanzeiger zu erfolgen.

Der Gesellschafter ...... hat die Bücher und Schriften der Gesellschaft zur Verwahrung übernommen.

........................., den ......

....

(Unterschrift)

....

(Beglaubigungsvermerk)

II. ERLÄUTERUNGEN

Erläuterungen zu A. 6.38 bis A. 6.38c Liquidation

---

1. Zivilrecht

Zu den **Auflösungsgründen** vgl. zunächst A. 6.00 Rz. 125 ff. sowie § 60 GmbHG.

Bei **Auflösung** der Gesellschaft **durch Beschluss** ist eine Mehrheit von 75% der **1** abgegebenen Stimmen erforderlich, soweit der Gesellschaftsvertrag nichts anderes bestimmt (§ 60 Abs. 1 Nr. 2 GmbHG).

Notarielle Beurkundung ist nur dann erforderlich, wenn der Auflösungsbeschluss **2** eine Satzungsänderung beinhaltet (§ 53 Abs. 2 GmbHG). Dies ist etwa dann der Fall, wenn der Gesellschaftsvertrag die Zeitdauer der Gesellschaft bestimmt oder die Auflösung durch Beschluss in sonstiger Weise modifiziert (im Einzelnen streitig, vgl. *Baumbach/Hueck/Haas* § 60 GmbHG Rz. 18). Ansonsten kann der Beschluss formlos gefasst werden (*Baumbach/Hueck/Haas* § 60 GmbHG Rz. 19). Ein Auflösungsbeschluss kann auch darin liegen, dass alle Gesellschafter die Kündigung aussprechen (BayObLG 3 Z BR 152/94 v. 2.11.94, DB 95, 261).

Die Auflösung wird mit dem im Beschluss bezeichneten Zeitpunkt **wirksam.** **3** Nennt der Beschluss keinen Termin, so tritt die Auflösung mit Beschlussfassung ein (*Baumbach/Hueck/Haas* § 60 GmbHG Rz. 21). Beinhaltet die Auflösung eine Satzungsänderung, so tritt die Wirksamkeit erst mit Eintragung ins Handelsregister ein (§ 54 Abs. 3 GmbHG).

Mit Wirksamwerden der Auflösung tritt die Gesellschaft in das **Liquidationsstadi-** **4** **um.** Sie besteht mit dem Zweck der Liquidation fort (vgl. §§ 69 bis 73 GmbHG). Bis zur Vollbeendigung (vgl. Rz. 11) kann die Gesellschaft durch einen entsprechenden

Beschluss grds. in das Stadium der werbenden Tätigkeit zurückgeführt werden (vgl. im Einzelnen *Scholz/K. Schmidt* § 69 GmbHG Rz. 1 ff.).

5   Die Liquidation erfolgt durch die **Geschäftsführer** als Liquidatoren, wenn durch Gesellschaftsvertrag oder Gesellschafterbeschluss nicht andere Personen berufen werden (§ 66 Abs. 1 GmbHG). In diesem Fall verlieren die Geschäftsführer ihr Amt. Eine Regelung im Auflösungsbeschluss dient der Klarstellung.

6   Für die Befähigung zum **Liquidator** gilt das Gleiche wie für die zum Geschäftsführer (§§ 66 Abs. 4, 6 Abs. 2 Satz 2 u. 3 GmbHG), mit der Ausnahme, dass auch **juristische Personen** zu Liquidatoren bestellt werden können (§ 66 Abs. 4 GmbHG verweist nicht auf § 6 Abs. 2 Satz 1 GmbHG).

7   Die **Vertretungsbefugnis** der Liquidatoren entspricht der von Geschäftsführern (vgl. §§ 68, 70 GmbHG).

8   Die Auflösung der Gesellschaft sowie die Liquidatoren und ihre Vertretungsbefugnis sind in öffentlich beglaubigter Form (§ 12 HGB nF; § 39a BeurkG) zum **elektronischen Handelsregister** anzumelden (§§ 65, 67 GmbHG).

9   Anmeldepflichtig sind idR die **Liquidatoren** als gesetzliche Vertreter der Gesellschaft (siehe *Scholz/K. Schmidt* § 65 GmbHG Rz. 7, § 67 GmbHG Rz. 8). Dies gilt auch bei einer Löschung kraft Gesetzes (BayObLG BReg. 3 Z 75/87 v. 30.6.87, GmbHR 87, 468).

10   Die Auflösung ist von den Liquidatoren **im elektronischen Bundesanzeiger bekannt zu machen** (§ 65 Abs. 2 GmbHG iVm. § 12 Satz 1 GmbHG). Im Zuge der Bekanntmachung sind die Gläubiger der Gesellschaft aufzufordern, sich bei derselben zu melden (§ 65 Abs. 2 Satz 2 GmbHG). Die Veröffentlichung ist Voraussetzung für die Ingangsetzung der **Sperrfrist** gem. § 73 Abs. 1 GmbHG.

11   Die Gesellschaft **erlischt** kraft Gesetzes, sobald kein verteilbares Gesellschaftsvermögen mehr vorhanden ist **(Vollbeendigung)**. Das Erlöschen ist anmeldepflichtig (§ 13 Abs. 3 GmbHG iVm. §§ 6 Abs. 1, 29, 31 Abs. 2 HGB). Die **Eintragung** hatte nach früher hM nur deklaratorische Wirkung (str. vgl. *Scholz/K. Schmidt* § 74 GmbHG Rz. 13; *K. Schmidt* GmbHR 88, 209; *Schmelz* NZG 07, 135). Nunmehr wird ihr überwiegend konstitutive Bedeutung beigemessen (zu den Nachweisen: *Scholz/K. Schmidt* § 74 GmbHG Rz. 13, der die Lehre vom Doppeltatbestand bestehend aus Vermögenslosigkeit plus Eintragung entwickelt hat). Vor Ablauf des Sperrjahres gem. § 73 Abs. 1 GmbHG dürfen die Beendigung der Liquidation und das Erlöschen der Firma nur angemeldet und eingetragen werden, wenn das Vermögen der GmbH zur Erfüllung von Verbindlichkeiten verbraucht worden ist (*Scholz/K. Schmidt* § 74 GmbHG Rz. 12). Stellt sich nach Löschung heraus, dass noch Gesellschaftsvermögen vorhanden ist oder weitere Abwicklungsmaßnahmen erforderlich sind, so ist eine **Nachtragsliquidation** erforderlich (dazu *Baumbach/Hueck/Haas* § 60 GmbHG Rz. 104 ff.; BGH II ZR 92/88 v. 10.10.88, NJW 89, 220; *Hohfeld* GmbHR 01, 255; *Galla* GmbHR 06, 635; *Küster* DStR 06, 209).

12   **Bücher und Schriften** sind für die Dauer von zehn Jahren nach Beendigung der Liquidation zu verwahren (§ 147 AO) – zu **Bilanzierungspflichten** vgl. § 71 GmbHG.

13, 14   *(frei)*

2. Steuerrecht

15   Die Gesellschaft bleibt während der Liquidation **Körperschaftsteuersubjekt.** Lediglich die **Gewinnermittlung** ändert sich (vgl. § 11 KStG). Der Gewinnermittlungszeitraum beginnt mit dem Schluss des dem Auflösungsbeginn vorangehenden Wj. und endet mit der vollständigen Verteilung des Vermögens an die Anteilseigner, frühestens mit Ablauf des Sperrjahres gem. § 73 GmbHG (*Streck/Olgemöller* § 11 KStG Rz. 7; zum Ganzen: *Wollweber/Vitale* GmbH-StB 20, 299). Der Besteuerungszeitraum

soll drei Jahre nicht übersteigen (§ 11 Abs. 1 Satz 2 KStG). Liquidationsgewinn ist die Differenz aus Abwicklungs-Endvermögen und Abwicklungs-Anfangsvermögen (§ 11 Abs. 2 KStG). Der Liquidationsgewinn umfasst die Realisierung der stillen Reserven und die im Liquidationszeitraum erzielten Erträge. Zu Einzelheiten vgl. *Streck/Olgemöller* § 11 KStG Rz. 5–22.

Der Liquidationsgewinn unterliegt bei der Gesellschaft der **Körperschaftsteuer** 16 nach dem allgemein für die Körperschaft geltenden Tarifsatz.

Beim **Anteilseigner** teilt sich der Liquidationserlös in **Kapitalerträge** gem. § 20 17 Abs. 1 Nr. 2 Satz 1 EStG und **Kapitalrückzahlungen.**

Steuerpflichtige **Einkünfte aus Kapitalvermögen** liegen bei einer Liquidation 18 vor, soweit die Rückzahlung das Stammkapital und das Einlagekonto (§ 27 KStG) abzüglich der in Nennkapital umgewandelten Rücklagen (§ 28 Satz 4 KStG) übersteigt. Bei natürlichen Personen gilt für diesen Fall das Teileinkünfteverfahren (§ 3 Nr. 40 EStG), bei körperschaftsteuerpflichtigen Gesellschaftern bleiben die Bezüge zu 95% außer Ansatz (§ 8b Abs. 1, Abs. 5 KStG).

Der in Kapitalerträgen bestehende Teil des Liquidationserlöses ist kapitalertragsteu- 19 erpflichtig (§ 43 Abs. 1 Nr. 1 EStG) und unterliegt auf Ebene des Anteileigners, sofern dieser natürliche Person ist und den Anteil im Privatvermögen gehalten hat, der Abgeltungssteuer; die Einbehaltung und die Abführung der Kapitalertragsteuer iHv. 25% zzgl. Solidaritätszuschlag und ggf. Kirchensteuer hat mit Blick auf die Einkommensteuer des Anteilseigners also endgültig Abgeltungswirkung.

(frei) 20, 21

Liegen der Buchwert bzw. die Anschaffungskosten über dem Betrag der Kapital- 22 rückzahlung, entsteht ein **Aufgabeverlust.** IdR entsteht der Verlust in dem Zeitpunkt, in dem mit einer Auskehrung von Gesellschaftsvermögen und mit einer Änderung der durch die Beteiligung veranlassten Aufwendungen nicht mehr zu rechnen ist (BFH VIII R 36/00 v. 27.11.01, BStBl. II 02, 731), spätestens mit Abschluss der Liquidation (BFH VIII B 308/04 v. 22.11.05, BFH/NV 06, 539; nach FG Düsseldorf 13 K 7553/95 v. 14.10.99, GmbHR 00, 502 ggf. schon bei Auflösungsbeschluss; FG Düsseldorf 11 K 2442/03 v. 16.3.06, EFG 06, 881), im Insolvenzverfahren mit Abschluss des Verfahrens (BFH VIII R 63/98 v. 25.1.00, BStBl. II 00, 343; zum Ganzen: *Wollweber/Vitale* GmbH-StB 20, 299). Zur steuerlichen Berücksichtigung eines solchen Verlustes s. A. 6.10 Rz. 17 u. 21. Als (nachträgliche) Anschaffungskosten sind ggf. auch verdeckte Einlagen (BFH VIII R 46/98 v. 12.10.99, GmbHR 00, 500; FG Düsseldorf 14 K 230/88 E v. 5.8.93, EFG 94, 39; *Flies* DStZ 96, 197; *Hoffmann* GmbH-StB 00, 227), (verlorene) kapitalersetzende Darlehen (BFH VIII R 52/02 v. 20.4.04, BStBl. II 04, 556; VIII R 31/98 v. 13.7.99, BStBl. II 99, 724, mit Anm. *Hoffmann* GmbHR 99, 1041; BFH VIII R 16/94 v. 24.4.97, BStBl. II 99, 339; VIII R 23/93 v. 24.4.97, GmbHR 97, 1161; VIII R 18/94 v. 4.11.97, BStBl. II 99, 344; VIII R 6/96 v. 10.11.98, BStBl. II 99, 348 „krisenbestimmtes Darlehen"; FG Köln 10 K 862/95 v. 10.2.99, EFG 99, 547; FG Düsseldorf 11 K 2558/04 v. 17.10.05, EFG 06, 110; *Zimmers* GmbH-Stpr 06, 168; zu den Anschaffungskosten bei teilweise kapitalersetzenden Darlehen; *Hoffmann* GmbHR 97, 1140; *ders.* GmbHR 98, 174; *Gebhard* DStR 98, 225; *Gschwendtner* NJW 99, 2165; *Ostermayer/Erhart* BB 03, 449; eigenkapitalersetzende Grundsicherheiten: BFH VIII B 186/04 v. 15.5.06, BFH/NV 06, 1472) oder Inanspruchnahmen aus einer Bürgschaft (BFH VIII R 22/92 v. 12.12.00, BFH/NV 01, 761; VIII R 9/98 v. 6.7.99, BStBl. II 99, 817, mit Anm. *Hoffmann* GmbHR 99, 1302; VIII B 87/92 v. 26.2.93, BFH/NV 93, 364; FG Köln 2 K 4286/87 v. 23.11.93, EFG 94, 351, auch bei Nichtzahlung des Bürgen; s. auch FG Münster 2 K 766/93 E v. 29.2.96, EFG 96, 1034; BFH VIII R 32/96 v. 26.1.99, BFH/NV 99, 922; bei Ratenzahlung nur abgezinst –; nicht „Patronatserklärung", FG Düsseldorf 14 K 2511/93 E v. 17.7.96, EFG 96, 1035; BFH VIII R 21/94 v. 8.4.98, BStBl. II 98, 660, keine Anschaffungskosten, wenn Zahlungsunfähigkeit feststeht) zu berücksichtigen (BFH VIII R 99/90 v. 8.12.92, BFH/NV 93, 654; *Schmidt/Weber-Grellet* § 17 EStG Rz. 175; BFH VIII R 87/89 v. 27.10.92, BStBl. II 93, 340). Allerdings erhöhen kapitalersetzende Maßnahmen nicht den Anteil an der GmbH, was für die Anwendung des § 17 EStG von Bedeutung ist (BFH VIII R 16/88 v. 19.5.92, BStBl. II 92, 902). Nicht zu berücksichtigen sind Aufwendungen nahe stehender Personen (sog. „Drittaufwand"; BFH VIII R 52/93 v. 12.12.00, DB 01, 570; s. aber auch BFH VIII R 22/92 v. 12.12.00, BStBl. II 01, 385, zur Bürgschaft des Ehegatten). Wird der Liquidation eine Veräußerung der Anteile vorgeschaltet (sog. „Anteilsrotation"), so ist dies idR kein Gestaltungsmissbrauch (s. BFH I R 4/97 v. 23.8.00, BStBl. II 01, 260; I R 48/97 v. 18.7.01, BFH/NV 01, 1636; Anm. *Streck/Binnewies* GmbHR 01, 1056; *Lorenz* EStB 04, 42; *Neu* EFG 02, 561).

23 Die GmbH bleibt bis zur Beendigung der Liquidation **gewerbesteuerpflichtig** (§ 4 GewStDV). Der Liquidationsgewinn der GmbH unterliegt der Gewerbeertragsteuer (§ 16 GewStDV).

24 Die GmbH bleibt im Liquidationsstadium als **Unternehmer** iSd. § 2 UStG tätig. Diese Eigenschaft erlischt idR erst mit Löschung der GmbH im Handelsregister.

A. 6.39 Mietvertrag

I. FORMULAR

Formular A. 6.39 Mietvertrag

Zwischen

der ......-GmbH, vertreten durch ......   **– nachfolgend Mieter genannt –**

und

Herrn/Frau   **– nachfolgend Vermieter genannt –**

wird folgender

MIETVERTRAG

vereinbart:

1. Der Vermieter vermietet an den Mieter folgende Räume:

......

......

2. Das Mietverhältnis beginnt am ...... Es kann mit sechswöchiger Frist jeweils zum Quartalsende gekündigt werden.

3. Die monatliche Miete beträgt € ...... zuzüglich der gesetzlichen USt (= € ......), insgesamt € ...... Sollte dieser Vertrag als Rechnung im Sinn von § 14 UStG nicht ausreichen, wird der Vermieter eine umsatzsteuerrechtlich ordnungsgemäße Rechnung ausstellen; solange dem Verlangen nach dieser Rechnung nicht Genüge getan ist, muss die Umsatzsteuer nicht gezahlt werden.

4. Für die Nebenkosten gilt:

......

......

5. Die Instandsetzung und Wiederbeschaffungen obliegen dem Vermieter, die Schönheitsreparaturen dem Mieter.

6. Die gemieteten Räume sind bei Beendigung des Vertrags in vertragsgemäßem Zustand zurückzugeben.

II. ERLÄUTERUNGEN

Erläuterungen zu A. 6.39 Mietvertrag

Es ist ein Miet-Kurzvertrag, der ein Mietverhältnis zwischen **beherrschendem** 1 **Gesellschafter** und **seiner GmbH über gewerblich genutzte Räume** regelt. Im Mittelpunkt stehen die Höhe der Miete, die Nebenkostenregelung und die Zahlungsweise. Die Vertragsformulierung bzgl. der USt setzt voraus, dass der Vermieter zur Regelbesteuerung optieren konnte und optiert hat. Diese Regelungen sind erforderlich, um den Bedingungen rechtzeitiger und klarer Verträge zu genügen. Sofern ein Mietvertrag mit Dritten geschlossen wird, sollte bei umsatzsteuerpflichtiger Vermietung in jedem Fall eine **Steuerklausel** aufgenommen werden, nach der sich der Mieter verpflichtet, den Mietgegenstand ausschließlich für Zwecke zu nutzen, die den Vorsteuerabzug beim Vermieter nicht ausschließen. Andernfalls drohen dem Vermieter erhebliche Nachzahlungen aus den Rückforderungen von Vorsteuer, die er für die Anschaffungs- und Herstellungskosten des Mietobjekts erstattet erhalten hat.

Der Mietvertrag muss durchgeführt werden. Ist eine monatliche Miete vereinbart, 2 muss sie auch monatlich gezahlt werden; andernfalls droht insbesondere für den Fall, dass der beherrschende Gesellschafter oder dessen nahestehenden Personen Vermieter sind, die Annahme einer vGA. Aus diesem Grund sollte, sofern aufgrund einer Liquiditätskrise der GmbH die Zahlungsstockung droht, in jedem Fall frühzeitig, noch vor Eintritt des Zahlungsverzugs, eine Stundungs- oder Darlehensvereinbarung geschlossen werden.

S. auch Formular A. 6.41.

A. 6.40 Nießbrauch

Gliederung

I. FORMULARE

Formular A. 6.40 Vorbehaltsnießbrauch

Urkundenrolle Nummer ......

Verhandelt am ...... zu ......

Vor dem Notar ...... erschienen:

1. Herr/Frau ......   **– nachfolgend Nießbrauchbesteller genannt –**

2. Herr/Frau ......   **– nachfolgend Nießbraucher genannt –**

Die Erschienenen wiesen sich wie folgt aus:

Sie baten um die Beurkundung nachstehender Anteilsabtretung unter Vorbehalt des Nießbrauchs.

§ 1 Vertragsgegenstand

(1) Der Nießbraucher ist an der im Handelsregister des Amtsgerichts ...... unter HRB ...... eingetragenen ......-GmbH – im Folgenden „Gesellschaft" genannt – mit einem Geschäftsanteil im Nennbetrag von € ...... (lfd. Nr. ......) beteiligt. Das Stammkapital der Gesellschaft beträgt € ...... (in Worten: ......).

(2) Die Stammeinlagen sind in voller Höhe einbezahlt.

§ 2 Schenkung und Abtretung

(1) Der Nießbraucher schenkt den in § 1 bezeichneten Geschäftsanteil dem Nießbrauchbesteller.

(2) Der Nießbrauchbesteller nimmt die Schenkung hiermit an.

(3) Der Nießbraucher tritt seine Geschäftsanteile an den Nießbrauchbesteller ab; der Nießbrauchbesteller nimmt die Abtretung an.

(4) Schenkung und Abtretung erfolgen mit Wirkung zum ....

(5) Der Nießbraucher ist berechtigt, die Schenkung der Beteiligung zu widerrufen, falls

– die Voraussetzungen des § 530 BGB vorliegen;
– der Nießbrauchbesteller stirbt;
– der Nießbrauchbesteller seinen Verpflichtungen aus diesem Vertrag nicht ordnungsgemäß nachkommt.

§ 3 Nießbrauch

(1) Der Nießbrauchbesteller räumt dem Nießbraucher an der Beteiligung (§ 1) den lebenslänglichen unentgeltlichen Nießbrauch ein.

(2) Die Bestellung des Nießbrauchs an der Beteiligung erfolgt mit Wirkung zu dem in § 2 Abs. 4 genannten Zeitpunkt.

(3) Dem Nießbraucher gebühren die während des Nießbrauchs auf die Beteiligung entfallenden Gewinnanteile. Wird der Nießbrauch im Laufe eines Geschäftsjahres bestellt oder aufgehoben, so hat der Nießbraucher Anspruch auf einen der Zeitdauer entsprechenden Teil der Gewinne.

(4) Die mit der Beteiligung verbundenen Mitgliedschaftsrechte, insbesondere die Stimmrechte, stehen dem Nießbrauchbesteller zu. Der Nießbrauchbesteller verpflichtet sich jedoch, alles zu unterlassen, was den Nießbrauch an der Beteiligung beeinträchtigen oder vereiteln könnte.

(5) Der Nießbrauchbesteller ist verpflichtet, dem Nießbraucher auf Verlangen unverzüglich Auskunft über alle Angelegenheiten der Gesellschaft zu erteilen.

§ 4 Kündigung

(1) Der Nießbraucher ist berechtigt, die Nießbrauchbestellung durch einseitige an den Nießbrauchbesteller zu richtende Erklärung zu beenden.

(2) Die Aufhebung des Nießbrauchs durch formlosen zwischen den Erschienenen zu schließenden Vertrag bleibt unberührt.

§ 5 Sonstiges

(1) Die gem. § ...... des Gesellschaftsvertrags notwendige Zustimmung zur Abtretung der Geschäftsanteile sowie zur Bestellung des Nießbrauchs wurde durch Beschluss der Gesellschafterversammlung vom ...... erteilt.

(2) Die mit dem Abschluss und der Durchführung dieses Vertrags entstehenden Kosten trägt der Nießbraucher.

(3) Eventuell anfallende Verkehrsteuern trägt der Nießbraucher.

(4) Sollte ein Teil dieses Vertrags nichtig oder unwirksam sein, so soll an die Stelle der nichtigen oder unwirksamen Bestimmung eine angemessene Ersatzregelung treten, die dem Geist dieses Vertrags gerecht wird und von der angenommen werden kann, dass die Vertragschließenden sie vereinbart hätten, wenn sie die Nichtigkeit gekannt hätten. Die übrigen Bestimmungen dieses Vertrags bleiben von der Nichtigkeit oder Unwirksamkeit unberührt.

(5) Jede Änderung dieses Vertrags bedarf der Schriftform, soweit gesetzlich nicht notarielle Beurkundung vorgeschrieben ist.

Der Notar wird gebeten, die Abtretung der Geschäftsanteile und die Bestellung des Nießbrauchs an den Geschäftsanteilen nach § 16 GmbHG bei der Gesellschaft anzumelden.

Diese Niederschrift wurde den Erschienenen vom Notar vorgelesen, von ihnen genehmigt und von ihnen und dem Notar eigenhändig wie folgt unterschrieben:

....

(Unterschrift)   (Unterschrift)   (Unterschrift Notar)

Formular A. 6.40a Zuwendungsnießbrauch

Urkundenrolle Nummer ......

Verhandelt am ...... zu ......

Vor dem Notar ...... erschienen:

1. Herr/Frau ......   – nachfolgend Nießbrauchbesteller genannt –

2. Herr/Frau ......   – nachfolgend Nießbraucher genannt –

Die Erschienenen wiesen sich wie folgt aus: ....

Sie baten um die Beurkundung nachstehender Nießbrauchbestellung:

§ 1 Vertragsgegenstand

(1) Der Nießbrauchbesteller ist an der im Handelsregister des Amtsgerichts ...... unter HRB ...... eingetragenen ......-GmbH – im Folgenden „Gesellschaft" genannt – mit einem Geschäftsanteil im Nennbetrag von € ...... beteiligt. Das Stammkapital der Gesellschaft beträgt € ...... (in Worten: ......).

(2) Die Stammeinlagen sind in voller Höhe einbezahlt.

§ 2 Nießbrauch

(1) Der Nießbrauchbesteller räumt dem Nießbraucher an der Beteiligung (§ 1) den lebenslänglichen unentgeltlichen Nießbrauch ein.

(2) Die Bestellung des Nießbrauchs erfolgt mit Wirkung zum ....

(3) Dem Nießbraucher gebühren die während des Nießbrauchs auf die Beteiligung entfallenden Gewinnanteile. Wird der Nießbrauch im Laufe eines Geschäftsjahres bestellt oder aufgehoben, so hat der Nießbraucher Anspruch auf einen der Zeitdauer entsprechenden Teil des Gewinns.

(4) Die mit der Beteiligung verbundenen Mitgliedschaftsrechte, insbesondere die Stimmrechte, stehen dem Nießbrauchbesteller zu. Der Nießbrauchbesteller verpflichtet sich jedoch, alles zu unterlassen, was den Nießbrauch an der Beteiligung beeinträchtigen oder vereiteln könnte.

(5) Der Nießbrauchbesteller ist verpflichtet, dem Nießbraucher auf Verlangen unverzüglich Auskunft über alle Angelegenheiten der Gesellschaft zu erteilen.

§ 3 Kündigung

(1) Der Nießbraucher ist berechtigt, die Nießbrauchbestellung durch einseitige an den Nießbrauchbesteller zu richtende Erklärung zu beenden.

(2) Die Aufhebung des Nießbrauchs durch formlosen zwischen den Erschienenen zu schließenden Vertrag bleibt unberührt.

§ 4 Sonstiges

(1) Der Gesellschaftsvertrag der Gesellschafter enthält keine Beschränkungen für die Abtretung von Geschäftsanteilen oder die Bestellung eines Nießbrauchs an Geschäftsanteilen.

(2) Die mit dem Abschluss und der Durchführung dieses Vertrags entstehenden Kosten trägt der Nießbraucher.

(3) Eventuell anfallende Verkehrsteuern trägt der Nießbraucher.

(4) Sollte ein Teil dieses Vertrags nichtig oder unwirksam sein, so soll an die Stelle der nichtigen oder unwirksamen Bestimmung eine angemessene Ersatzregelung treten, die dem Geist dieses Vertrags gerecht wird und von der angenommen werden kann, dass die Vertragschließenden sie vereinbart hätten, wenn sie die Nichtigkeit gekannt hätten. Die übrigen Bestimmungen dieses Vertrags bleiben von der Nichtigkeit oder Unwirksamkeit unberührt.

(5) Jede Änderung dieses Vertrags bedarf der Schriftform, soweit gesetzlich nicht notarielle Beurkundung vorgeschrieben ist.

(6) Der Nießbrauchbesteller verpflichtet sich, die Bestellung des Nießbrauchs an den Geschäftsanteilen nach § 16 GmbHG bei der Gesellschaft anzumelden.

(7) Gerichtsstand ist ......

Diese Niederschrift wurde den Erschienenen vom Notar vorgelesen, von ihnen genehmigt und von ihnen und dem Notar eigenhändig wie folgt unterschrieben:

....
(Unterschrift)   (Unterschrift)   (Unterschrift Notar)

II. ERLÄUTERUNGEN

> **Erläuterungen zu A. 6.40 und A. 6.40a Vorbehalts- und Zuwendungsnießbrauch**

1. Grundsätzliche Anmerkungen

a) Wirtschaftliches Vertragsziel

1   Eine Nießbrauchbestellung dient in erster Linie dazu, die auf den Geschäftsanteil entfallenden wirtschaftlichen Vorteile einem anderen als dem Gesellschafter selbst zukommen zu lassen. Man unterscheidet folgende typische Gestaltungen:
- Der Geschäftsanteil wird schenkweise übertragen. Der Schenker behält sich den Nießbrauch an dem Anteil vor **(Vorbehaltsnießbrauch)**.
- Der Erbe ist auf Grund letztwilliger Verfügung des Erblassers verpflichtet, einem Dritten den Nießbrauch an dem ererbten Geschäftsanteil einzuräumen **(Vermächtnisnießbrauch)**.

– Der Gesellschafter räumt einem Dritten – entgeltlich oder unentgeltlich – einen Nießbrauch ein, ohne dass ein Zusammenhang mit einem Anteilsübergang besteht (**Zuwendungsnießbrauch**).

Dem entgeltlichen Zuwendungsnießbrauch kommt ua. wegen der steuerrechtlichen **2** Folgen (vgl. Rz. 16) kaum praktische Bedeutung zu.

b) Zivilrecht

Nießbrauch an einem Gesellschaftsanteil ist zivilrechtlich Nießbrauch an einem **3** Recht. Es gelten die **§§ 1068 ff. BGB.** Voraussetzung der Bestellung ist danach die Übertragbarkeit des Geschäftsanteils. Schließt der Gesellschaftsvertrag dies aus, so ist die Bestellung unzulässig.

Enthält der **Gesellschaftsvertrag Einschränkungen** (zB Genehmigungserfor- **4** nis der Gesellschafterversammlung, § 15 Abs. 5 GmbHG), so sind diese zu beachten. Der Nießbrauch kann nach hM auch an dem Teil eines Geschäftsanteils bestellt werden (vgl. *Scholz/Seibt* § 15 GmbHG Rz. 212).

Bei Anordnung des Nießbrauchs durch **Testament** ist der Erbe als Anteilseigner **5** verpflichtet, dem Vermächtnisnehmer den Nießbrauch unter Beachtung von § 15 Abs. 3 und 5 GmbHG zu bestellen und gem. § 16 Abs. 1 GmbHG anzumelden. Die Nießbrauchbestellung ist notariell zu beurkunden (§ 1069 BGB iVm. § 15 Abs. 3 GmbHG). Die Geltendmachung des Nießbrauchs gegenüber der GmbH bedarf der Anzeige an die GmbH gem. § 16 Abs. 1 GmbHG.

Der Nießbraucher hat das Recht, die **Nutzungen** aus dem Geschäftsanteil zu zie- **6** hen (§§ 1030, 1068 BGB). Er kann unmittelbar von der GmbH den auf den Geschäftsanteil entfallenden Jahresgewinn verlangen. Der Anspruch entsteht mit dem Gewinnverteilungsbeschluss. Gewinnausschüttungen, die den Zeitraum der Nießbrauchbestellung oder -aufhebung betreffen, sind zeitanteilig zu verteilen (vgl. § 101 Nr. 2 BGB), sofern vertraglich nichts anderes vereinbart wird. Vergütungen für besondere Leistungen des Gesellschafters, zB für eine Geschäftsführertätigkeit, gehören hingegen nicht zu den Nutzungen.

Kapitalzahlungen, also etwa Abfindungsguthaben, Rückgewähr von Stammeinla- **7** gen oder Anteile am Liquidationserlös sind an den Gesellschafter und den Nießbraucher gemeinsam zu leisten (§ 1077 BGB).

Bei einer **Kapitalerhöhung aus Gesellschaftsmitteln** erwirbt der Nießbraucher **8** auch an einem neuen Gesellschaftsanteil, der dem Nießbrauchbesteller zufällt, ein Nießbrauchsrecht. Bei einer Kapitalerhöhung gegen Einlagen besteht ein schuldrechtlicher Anspruch gegen den Gesellschafter auf anteilige Ausweitung des Nießbrauchs auf die neuen Anteile.

Alle **Mitverwaltungsrechte** (Stimmrecht, Mitwirkungs-, Auskunftsrechte etc.) **9** verbleiben nach hM bei dem Gesellschafter (vgl. *Scholz/Seibt* § 15 GmbHG Rz. 217; *Baumbach/Hueck/Fastrich* § 15 GmbHG Rz. 53; *Palandt/Herrler* § 1068 BGB Rz. 3), der bei der Rechtsausübung die Interessen des Nießbrauchers zu beachten hat. Aus Gründen der Rechtssicherheit sollte dieser Punkt stets vertraglich geregelt werden.

Der Nießbrauch erlischt mit dem **Tod** des Nießbrauchers (§§ 1061, 1068 BGB). **10** Der Nießbrauch kann, sofern der Vertrag nichts anderes bestimmt, jederzeit durch formlosen Vertrag oder durch einseitige Erklärung des Nießbrauchers aufgehoben werden (§§ 1064, 1072 BGB). Die Aufhebung ist der GmbH gem. § 16 Abs. 1 GmbHG anzuzeigen.

Der Gesellschafter kann ohne Zustimmung des Nießbrauchers den Geschäftsanteil **11** veräußern oder verpfänden (zur Verpfändung: *Jordans* GmbHR 13, R 246). Der Nießbrauch wird hiervon nicht berührt. Der Nießbrauch erlischt auch dann nicht, wenn der Erwerber den wirksam mit einem Nießbrauchsrecht belasteten Geschäftsanteil von einem Nichtberechtigten gutgläubig gem. § 16 Abs. 3 Satz 1 GmbHG erwirbt.

(frei) **12**

c) Steuerrecht

13   **Ertragsteuerlich** steht die bis heute heftig umstrittene Frage im Vordergrund, wem bei einem Nießbrauch die Einkünfte aus dem Geschäftsanteil zuzurechnen sind (s. *K/S/M/Jochen* § 20 EStG Rz. B 56; *Schmidt/Levedag* § 20 EStG Rz. 236 f., *Schmidt/Kulosa* § 21 EStG Rz. 71 ff., jeweils mit zahlreichen Nachweisen; FG Münster 7 K 2638/00 E v. 14.1.03, EFG 03, 690).

14   Beim **Vorbehalts-** und **Vermächtnisnießbrauch** sind die Einnahmen und Veräußerungserlöse im Regelfall grds. dem Nießbraucher zuzurechnen (vgl. BFH IX R 51/10 v. 24.1.12, BStBl. II 12, 308). Nach BFH (X R 16/12 v. 21.1.15, GmbHR 15, 776) kann die Bestellung eines Vorbehaltsnießbrauchs an Anteilen, die Gegenstand einer Betriebsaufspaltung sind, wegen Wegfalls der personellen Verflechtung aber zur **Beendigung der Betriebsaufspaltung** führen, da das Stimmrecht losgelöst vom Geschäftsanteil durch den Nießbrauchsberechtigten zurückgehalten werden können soll. Ob sich aus dieser Entscheidung etwas anderes für die Zurechnung der Einnahmen und Veräußerungserlöse ergibt, ist offen.

15   Beim **unentgeltlichen Zuwendungsnießbrauch** wird die Übertragung einer Einkunftsquelle idR nicht anerkannt (BFH VIII R 146/73 v. 14.12.76, BStBl. II 77, 115; FG BaWü 14 K 210/97 v. 13.12.01, EFG 02, 826; FG Münster 7 K 2638/00 E v. 14.1.03, EFG 03, 690). Die Einnahmen werden dem Nießbrauchbesteller zugerechnet.

16   Unklar ist die Rechtslage bei einer **entgeltlichen Nießbrauchbestellung.** Nach Auffassung der FinVerw. hat der Nießbrauchbesteller das Entgelt nach § 20 Abs. 2 Nr. 2 EStG zu versteuern, während der Nießbraucher lediglich eine Forderung einziehe, so dass die Kapitalerträge bei ihm nicht zu besteuern seien (*Schmidt/Kulosa* § 21 EStG Rz. 73, BMF v. 30.9.13, BStBl. I 13, 1184 Tz. 28).

17   Soweit das Nießbrauchsverhältnis steuerlich nicht anerkannt wird, kann der Nießbrauch auch auf den Wert begrenzt werden, mit dem der Gewinnanspruch nach Abzug der persönlichen Einkommensteuerbelastung unter Berücksichtigung der Kapitalertragsteuer dem Nießbrauchbesteller zugerechnet wird. Ebenso können vertragliche Regelungen zur Erstattungsfähigkeit anrechenbarer Körperschaftsteuerbeträge getroffen werden (vgl. hierzu *Reichert/Schlitt/Düll* GmbHR 98, 565, 572).

18   *(frei)*

19   Der **Vermächtnisnießbrauch** erfüllt den Tatbestand des § 3 Abs. 1 Nr. 1 **ErbStG;** der unentgeltliche Zuwendungsnießbrauch ist nach § 7 Abs. 1 ErbStG steuerpflichtig. Für die Ermittlung des Werts des Nießbrauchs sind die §§ 13–15 BewG anzuwenden. Ist der Nießbraucher danach zur Errichtung von Erbschaftsteuer verpflichtet, so steht ihm ein Wahlrecht zu, ob er den Kapitalwert des Nießbrauchs als einmalige Zuwendung oder aber jährlich den Jahreswert des Nießbrauchs der Steuer unterwerfen will (§ 23 Abs. 1 ErbStG). Wählt der Nießbraucher zunächst den Jahreswert, der nach §§ 15, 16 BewG ermittelt wird, so hat er das Recht, die Jahressteuer zum jeweils nächsten Fälligkeitstermin mit ihrem Kapitalwert abzulösen (§ 23 Abs. 2 ErbStG). Bis zum Inkrafttreten der Erbschaftsteuerreform (ErbStReformG v. 24.12.08, BGBl. I 08, 3018) zum 1.1.09 wurde beim **Vorbehaltsnießbrauch** der Erwerb des Anteils, dessen Nutzen dem Schenker oder dem Ehegatten des Erblassers/Schenkers zusteht, ohne Berücksichtigung dieser Belastung der Erbschaftsteuer unterworfen (§ 25 Abs. 1 Satz 1 ErbStG aF), allerdings, soweit die Erbschaftsteuer auf den Kapitalwert des Nießbrauchs entfiel, bis zum Erlöschen des Nießbrauchs zinslos gestundet (§ 25 Abs. 1 Satz 2 ErbStG aF). § 25 ErbStG aF ist im Zuge der Erbschaftsteuerreform aufgehoben worden. Durch die Streichung des § 25 ErbStG aF wird nunmehr ermöglicht, den gem. §§ 13 bis 15 BewG kapitalisierten Wert des Vorbehaltsnießbrauchs der Zuwendung abzuziehen (vgl. hierzu etwa *Mohr/Jainty* GmbH-StB 10, 269, mwN).

20   Eine **Umsatzsteuerpflicht** entsteht ggf., wenn die Nießbrauchbestellung entgeltlich erfolgt oder ein Eigenverbrauch vorliegt (*Jansen/Jansen* Der Nießbrauch im Zivil- und Steuerrecht, 8. Aufl. 2009, 177 ff.).

Grunderwerbsteuer fällt bei Bestellung eines Nießbrauchs an einem GmbH-Anteil 21 nicht an.

2. Einzelerläuterungen

a) Vorbehaltsnießbrauch

Zu § 2: Schenkung und Abtretung

Zur Schenkung und Abtretung eines GmbH-Anteils vgl. Formular A. 6.11. 22

Zu § 5 Abs. 1: Sonstiges (Zustimmung)

Diese Vertragspassage ist auf den entsprechenden Gesellschaftsvertrag abzustimmen. 23

Zu § 5 Abs. 3: Sonstiges (Verkehrsteuern)

Vgl. Rz. 21 sowie A. 6.11 Rz. 6 f. 24

b) Zuwendungsnießbrauch

Zu § 4 Abs. 1: Sonstiges (Beschränkungen)

Diese Vertragspassage ist auf den entsprechenden Gesellschaftsvertrag abzustimmen. 25

A. 6.41 Pacht

Formular A. 6.41 Pacht

Siehe hierzu Formular A. 6.39 „Mietvertrag".

Erläuterungen zu A. 6.41 Pacht

Insbesondere der **Pachtvertrag** der **Betriebsaufspaltung** (Formular A. 2.02) kann für das Verhältnis beherrschender Gesellschafter/GmbH gekürzt übernommen werden.

A. 6.42 Pensionszusage

Siehe hierzu A. 6.26 Rz. 47 ff.

A. 6.43 Pkw-Gestellung

Formular A. 6.43 Pkw-Gestellung

Siehe hierzu § 3 des Formular A. 6.27 „Geschäftsführervertrages (Kurzfassung)".

Erläuterungen zu A. 6.43 Pkw-Gestellung

Die dort in den Geschäftsführervertrag eingebaute Vereinbarung einer Pkw-Gestellung kann auch in andere Verträge übernommen werden. Soweit dem Gesellschafter auch für nicht betriebliche Zwecke ein Pkw gestellt wird, muss eine angemessene Gegenleistung vorliegen, um eine vGA zu vermeiden. Finden die Regeln für beherrschende Gesellschafter Anwendung, muss die Vereinbarung klar und rechtzeitig vereinbart sein, außerdem vertragsgemäß durchgeführt werden.

A. 6.44 Reisekosten

Formular A. 6.44 Reisekosten

Siehe hierzu § 8 des Formulars A. 6.26 „Geschäftsführervertrages".

Erläuterungen zu A. 6.44 Reisekosten

Die Vereinbarung einer Reisekostenerstattung kann – nach entsprechender Anpassung – in andere Verträge übernommen werden. Bei der Vereinbarung mit einem beherrschenden Gesellschafter ist eine zivilrechtlich gültige, klare, rechtzeitige und durchgeführte Vereinbarung erforderlich.

A. 6.45 Steuerklausel

Im Recht der GmbH versteht man unter diesem Stichwort die Satzungsklausel, die sich mit der vGA befasst; vgl. A. 6.00 Rz. 102.

A. 6.46 „Schütt-aus-Hol-zurück"-Vertrag

Gliederung

I. FORMULAR

Formular A. 6.46 „Schütt-aus-Hol-zurück"-Vertrag

VEREINBARUNG FÜR EIN DARLEHENSVERHÄLTNIS

zwischen

1. Herrn A ......
2. Herrn B ......
3. Frau C ......
4. X-GmbH ......

§ 1

(1) Die Vertragschließenden zu 1.–3. sind Gesellschafter (nachfolgend: Gesellschafter) der X-GmbH, der Vertragschließenden zu 4. (nachfolgend: GmbH).

(2) Die Gesellschafter der GmbH verpflichten sich durch diesen Vertrag, bestimmte Beträge ausgeschütteter Gewinne der GmbH als Darlehen zur Verfügung zu stellen.

§ 2

(1) Die Gesellschafter sind verpflichtet, ...% der ausgeschütteten Gewinne der GmbH als Darlehen zur Verfügung zu stellen.

(2) Bemessungsgrundlage für Abs. 1 ist der in dem Gewinnausschüttungsbeschluss genannte Ausschüttungsbetrag ohne Körperschaftsteuerguthaben, soweit er auf jeden Gesellschafter entfällt.

(3) Abs. 1 und 2 gelten nicht, wenn im Gewinnausschüttungsbeschluss bestimmt wird, dass die Wiederanlageverpflichtung aus diesem Vertrag keine Anwendung findet.

§ 3

(1) Die Geschäftsführung ist berechtigt, den Gewinnanteil, der nach § 2 als Darlehen zu gewähren ist, einzubehalten und mit dem auszuschüttenden Betrag zu verrechnen.

(2) Abs. 1 gilt nicht, wenn der Gesellschafter widerspricht. In diesem Fall ist dem Gesellschafter der Gewinn entsprechend dem Gewinnverteilungsbeschluss auszuzahlen. Das Widerspruchsrecht berührt nicht die Pflicht nach § 2, den dort bestimmten Teil der GmbH als Darlehen zur Verfügung zu stellen; der Gesellschafter ist im Fall des Widerspruchs frei in der Finanzierung der Anlageverpflichtung.

§ 4

(1) Für das Darlehensverhältnis gilt der in der Anlage beigefügte Darlehensvertrag.

(2) Mit der Ausschüttung können Gesellschafter und GmbH auch abweichende Bedingungen vereinbaren.

§ 5

(1) Die Gesellschafter verpflichten sich, im Fall der Abtretung von Geschäftsanteilen die Pflichten und Rechte aus diesem Vertrag auf die Einzelrechtsnachfolger zu übertragen.

(2) Die GmbH und die Gesellschafter stimmen bereits heute dieser Übertragung zu.

§ 6

(1) Dieser Vertrag gilt bis zum ...... und kann sodann mit zwölfmonatiger Frist, erstmals zum ...... gekündigt werden.

(2) Im Übrigen ist der Vertrag aus wichtigem Grund kündbar.

(3) Hat ein Gesellschafter oder die GmbH einem Gesellschafter gegenüber den Vertrag wirksam gekündigt, so endet er zum Kündigungszeitpunkt auch den anderen Vertragschließenden gegenüber.

II. ERLÄUTERUNGEN

Erläuterungen zu A. 6.46 „Schütt-aus-Hol-zurück"-Vertrag

1. Grundsätzliche Anmerkungen

a) Wirtschaftliche Vertragsziele

Zweck des Vertrages war es, unter Geltung des Anrechnungsverfahrens die Gesell- 1 schafter zur Ausnutzung des „Schütt-aus-Hol-zurück"-Verfahrens zur Wiederanlage bestimmter Teile ausgeschütteter Gewinne zu verpflichten. Die Gewinne waren bei der GmbH mit 40% KSt belastet. Die Ausschüttung und Wiederanlage führte zu einem Belastungsaustausch; anstelle der körperschaftsteuerlichen Belastung trat die steuerliche Belastung nach den persönlichen Bedingungen des Anteilseigners. Ist dessen Steuerbelastung niedriger, lohnte dieser Belastungsaustausch.

Nach dem **StSenkG 2001** v. 23.10.00 (BGBl. I 00, 1433) wird das „Schütt-aus-Hol-zurück-Verfahren" in Einzelfällen noch Bedeutung haben. Aus diesem Grund ist das entsprechende Formular hier weiterhin enthalten.

b) Zivilrecht

2   Das „Hol-zurück" kann im Wege einer **Darlehensgewährung,** einer **stillen Beteiligung,** einer **Einlage** oder einer **Kapitalerhöhung** erfolgen. Die Rückgewähr kann **freiwillig** geschehen oder auf Grund eingegangener obligatorischer oder gesellschaftsrechtlicher **Verpflichtungen.** Die Verpflichtung zur Rückgewähr muss nicht mit der Körperschaft vereinbart werden; dies kann auch durch einen Vertrag unter den Anteilseignern geschehen. Eine Wiederanlageverpflichtung – in Form eines Darlehens, über eine stille Gesellschaft oder als Einlage – kann auch die GmbH-Satzung vorsehen, zB über § 3 Abs. 2 GmbHG als Nebenleistungsverpflichtung (*Baumbach/Hueck/Fastrich* § 3 GmbHG Rz. 39; *Esch* NJW 78, 2531), evtl. auch als Nachschusspflicht gem. §§ 26 ff. GmbHG (vgl. *Esch* NJW 78, 2531). Soweit die Rückholung durch Rücklagenbildung erfolgt, ist darauf zu achten, dass die Rücklagen als Kapitalrücklagen iSv. § 272 Abs. 2 Nr. 4 HGB ausgewiesen werden (*Orth* GmbHR 87, 195). Bei einer Kapitalerhöhung sind idR die Sachgründungsvorschriften zu beachten (BGH II ZR 104/90 v. 18.2.91, DStR 91, 915 – dazu *Sernetz* ZIP 95, 173; *Sigel* GmbHR 95, 487; OLG Köln 22 U 272/89 v. 22.5.90, GmbHR 90, 510; vgl. auch A. 6.01 Rz. 1 ff.; A. 6.31 Rz. 4).

3   Das hier vorgestellte **Muster** sieht die (formfreie) obligatorische Verpflichtung vor, Teile der Gewinnausschüttung als **Darlehen** zurück zu gewähren. Es ist ohne Schwierigkeiten zB auf eine stille Gesellschaft umzuschreiben.

4   Bei **Familiengesellschaften** sind die zivilrechtlichen Formen zu beachten. Für die Wiederanlage in Form eines Darlehens (oder einer stillen Beteiligung) ist, sofern sie freiwillig von einem Minderjährigen erfolgt, während die GmbH von dem Vater vertreten wird, Pflegerbestellung erforderlich. Das gilt nicht, wenn die Wiederanlage geschuldet wird (§ 181 letzter Halbs. BGB). Natürlich muss in diesem Fall der zur Wiederanlage verpflichtende Vertrag ggf. mit einem Pfleger abgeschlossen werden.

c) Steuerrecht

5   Das „Schütt-aus-Hol-zurück"-Verfahren funktionierte im Anrechnungsverfahren **körperschaftsteuerlich** nur, wenn der ausgeschüttete Gewinn ab- und dem Gesellschafter vor der Wiederanlage zufließt, da nur auf diese Weise der Belastungsaustausch eintrat.

6   Die Grenzen des **Missbrauchs** (§ 42 AO) sind noch nicht endgültig durch die Rspr. bestimmt; wir meinen jedoch, dass dann, wenn eine echte, für den Gesellschafter verfügbare Ausschüttung vorliegt, § 42 AO auf keinen Fall eingreift; positiv zum „Schütt-aus-Hol-zurück"-Verfahren BFH I R 77/96 v. 19.8.99, BFH/NV 00, 112.

7   *(frei)*

2. Einzelerläuterungen

Zu § 1:

8   Die Vertragschließenden können die Gesellschafter sein oder die Gesellschafter und die GmbH. Ist die GmbH nicht Vertragschließende, kann nur die Verpflichtung zur Wiederanlage, nicht jedoch der Vertrag über die Anlage, zB der Darlehensvertrag, vereinbart werden.

Zu § 2:

Der wiederanzulegende Betrag sollte so bemessen sein, dass der Gesellschafter – un- 9
ter Berücksichtigung des Körperschaftsteuerguthabens – die auf die Ausschüttung entfallende Steuer zahlen kann.

Zu § 3:

Abs. 2 stellt den Zufluss der Ausschüttung beim Gesellschafter sicher, denn er behält 10
die volle Verfügungsmacht über den ihm zustehenden Gewinn. Er kann die Verrechnung hinnehmen, ihr aber auch widersprechen und der Wiederanlageverpflichtung in
anderer Weise nachkommen.

Zu § 4:

Abs. 1 verweist auf eine Anlage, die die Bedingungen des Darlehensvertrages for- 11
muliert. Diese Anlage ist hier nicht beigefügt; Hinweis auf das Formular A. 6.20 „Darlehen".

Zu § 5:

Bei der Abtretung von Geschäftsanteilen gehen schuldrechtliche Verpflichtungen 12
nicht zwingend auf den Rechtsnachfolger über. § 5 sieht eine obligatorische Pflicht
vor, auch den Rechtsnachfolger in den Vertrag einzubeziehen. Eine weitere Sicherung ist dadurch möglich, dass die Übertragung der Geschäftsanteile nur mit Genehmigung der GmbH möglich ist und diese die Genehmigung nur erteilen darf, wenn
der Erwerber der Anteile die Wiederanlageverpflichtung übernimmt (vgl. *Priester*
ZGR 77, 467).

Zu § 6:

Zu Abs. 3: Die „Schütt-aus-Hol-zurück"-Vereinbarung setzt ihrer Natur nach idR 13
voraus, dass alle Gesellschafter gleichförmig handeln. Wird eine Beziehung gelöst, so
ist es daher sinnvoll, auch die anderen Beziehungen zu beenden.

A. 6.47 Treuhandvertrag

Gliederung

I. FORMULAR

Formular A. 6.47 Treuhandvertrag

TREUHANDVERTRAG

zwischen

Herr/Frau ......　　　　　　　　　　　**– nachfolgend Treugeber genannt –**

und

Herrn/Frau ......　　　　　　　　　　　**– nachfolgend Treuhänder genannt –**

§ 1 Gegenstand des Auftrags und Begründung des Treuhandverhältnisses

(1) Der Treuhänder wird bei der Gründung der ......-GmbH mit Sitz in ...... – nachstehend GmbH genannt – eine Stammeinlage in Höhe von € ...... übernehmen. Er wird diese zukünftigen Geschäftsanteile treuhänderisch für den Treugeber halten.

(2) Der Treugeber beauftragt den Treuhänder, einen Gesellschaftsvertrag für die GmbH abzuschließen.

§ 2 Zurechnung der Beteiligung; Anspruchsabtretung

(1) Im Außenverhältnis ist der Treuhänder Gesellschafter, im Innenverhältnis der Treugeber. Steuerrechtlich wird der Geschäftsanteil dem Treugeber zugerechnet.

(2) Der Treuhänder tritt seine Ansprüche gegen die GmbH auf Gewinn, Auseinandersetzungsguthaben und Liquidationserlös bereits jetzt an den Treugeber ab, der diese Abtretung annimmt.

§ 3 Pflichten des Treuhänders

(1) Der Treuhänder ist verpflichtet, alles, was er als Gesellschafter auf Grund dieses Treuhandverhältnisses erlangt, an den Treugeber herauszugeben, sofern er es nicht einvernehmlich für den Treugeber verwaltet.

(2) Sofern der Treugeber seine Rechte und Pflichten bei der GmbH nicht selbst wahrnimmt, ist der Treuhänder verpflichtet, diese Rechte und Pflichten nach den Anweisungen des Treugebers auszuüben bzw. zu erfüllen. Falls dem Treuhänder keine Weisungen erteilt werden, hat der Treuhänder im Interesse des Treugebers unter Beachtung seiner gesellschaftsrechtlichen Treuepflichten gegenüber der GmbH zu handeln.

(3) Der Treuhänder ist verpflichtet, dem Treugeber auf Anforderung jede Auskunft zu erteilen, die der Treuhänder als Gesellschafter von der GmbH verlangen kann.

(4) Der Treuhänder wird über den Geschäftsanteil nur nach vorheriger Zustimmung oder auf Weisung des Treugebers verfügen.

§ 4 Pflichten des Treugebers

(1) Der Treugeber stellt dem Treuhänder die zur Leistung der Einlage erforderlichen Mittel (vgl. § 1 Abs. 1) vor Gründung der GmbH zur Verfügung.

(2) Der Treugeber ist verpflichtet, den Treuhänder von allen Ansprüchen freizustellen, die gegen diesen mit Rücksicht darauf geltend gemacht werden, dass er den Geschäftsanteil treuhänderisch verwaltet.

§ 5 Kostenersatz und Entgelt

(1) Der Treugeber hat dem Treuhänder alle mit der Treuhandschaft verbundenen Kosten zu ersetzen. Der Treuhänder kann für Kosten angemessene Vorschüsse verlangen.

(2) Der Treuhänder erhält für die Treuhandschaft ein Entgelt in Höhe von jährlich € ......, das im Voraus zu entrichten ist. Erstmals wird dieses Entgelt am ...... in Höhe von € ...... fällig.

§ 6 Kapitalerhöhung und -herabsetzung, Änderung der Rechtsform

(1) Im Falle der Erhöhung oder Herabsetzung des treuhänderisch gehaltenen Anteils gilt das Treuhandverhältnis auch hinsichtlich des veränderten Gesellschaftsanteils.

(2) Sollte der Geschäftsanteil durch Umwandlung, Verschmelzung oder ähnliche Vorgänge eine rechtliche Umformung erfahren, wird das Treuhandverhältnis in möglichst enger Anlehnung an die Bestimmungen dieses Vertrags auf die neue Beteiligung übertragen.

§ 7 Kündigung, Beendigung des Treuhandverhältnisses

(1) Das Treuhandverhältnis kann vom Treugeber jederzeit gekündigt werden. Eine Kündigung des Treuhandverhältnisses durch den Treuhänder kann durch schriftliche Erklärung ohne Angabe von Gründen mit einer Kündigungsfrist von einem Monat zum Ablauf eines Halbjahres – erstmals zum ...... – erfolgen.

(2) Der Treuhänder hat ein fristloses Kündigungsrecht,

– wenn die Einlage nicht bis zum vorgesehenen Gründungstermin (§ 4 Abs. 1) erbracht wurde,

– wenn Kostenersatz oder ein Kostenvorschuss (§ 5 Abs. 1) nicht innerhalb von vier Wochen nach Anforderung geleistet wurde,

– wenn das vereinbarte Entgelt (§ 5 Abs. 2) nicht fristgemäß gezahlt ist,

– oder wenn der Treugeber seine Treugeberstellung ohne vorherige Zustimmung des Treuhänders überträgt.

(3) Nach Beendigung des Treuhandverhältnisses ist der Treuhänder verpflichtet, den Geschäftsanteil auf den Treugeber zu übertragen.

§ 8 Schadensersatzansprüche, Verjährung

(1) Bei der Ausübung der Rechte und Pflichten aus diesem Vertrag haftet der Treuhänder für diejenige Sorgfalt, die er in eigenen Angelegenheiten anzuwenden pflegt.

(2) Ansprüche gegen den Treuhänder wegen Verletzung seiner gesellschaftsrechtlichen und treuhänderischen Obliegenheiten verjähren in zwölf Monaten.

(3) Die Verjährung beginnt mit Beendigung der ordentlichen Gesellschafterversammlung der GmbH für alle Ansprüche, die in dem jeweils vorhergehenden Geschäftsjahr der GmbH entstanden sind.

§ 9 Schlussbestimmungen

(1) Die Wirksamkeit des Treuhandvertrags soll durch die Unwirksamkeit einzelner in ihm enthaltener Bestimmungen nicht berührt werden. Die Vertragschließenden sind verpflichtet, etwaige Vertragslücken unter Berücksichtigung des Vertragszwecks und der beiderseitigen wirtschaftlichen Belange auszufüllen.

(2) Soweit Leistungen umsatzsteuerpflichtig sind, erhöht sich das Entgelt um die gesetzliche Umsatzsteuer.

II. ERLÄUTERUNGEN

Erläuterungen zu A. 6.47 Treuhandvertrag

1. Grundsätzliche Anmerkungen

a) Wirtschaftliche Funktion

Die treuhänderische Gründung einer GmbH wird gewählt, wenn der Gründer 1 selbst nicht in Erscheinung treten will. Er bedient sich eines Treuhänders (sog. **fremdnützige Verwaltungstreuhand**).

Das Treuhandverhältnis kann vor Gründung der GmbH eingegangen werden. Der 2 Treuhänder wirkt für den Treugeber bei der Gründung mit **(Gründungstreuhand).**

Später ist eine Treuhandschaft in unterschiedlichen Formen möglich: Der Gesellschafter wird Treugeber. Er tritt seinen Geschäftsanteil an den Treuhänder ab. Oder: Der Gesellschafter vereinbart mit einem Dritten, dass er zukünftig den Gesellschaftsanteil als Treuhänder für den Dritten (Treugeber) hält **(Vereinbarungstreuhand).**

Oder: Der Treuhänder verpflichtet sich für Rechnung des Treugebers einen existierenden GmbH-Anteil zu erwerben (**Erwerbstreuhand**).

3   Die Treuhand kann ferner dazu dienen, **rechtlichen Beschränkungen** des Treugebers aus dem Weg zu gehen oder aus **Vereinfachungsgründen** Anteile zu bündeln.

4   Die **Sicherungstreuhand** dient demgegenüber dem Interesse des Treuhänders (vgl. *MünchKommBGB/Schubert* § 164 BGB Rz. 51).

b) Zivilrecht

5   Einen gesetzlichen **Vertragstypus** „Treuhandvertrag" gibt es nicht. Die rechtliche Bewertung richtet sich in erster Linie nach den Vertragsvereinbarungen, ergänzend nach Auftrags- und Geschäftsbesorgungsrecht (§§ 662, 675 BGB eingehend *Armbrüster* GmbHR 01, 941; *ders.* GmbHR 01, 1021).

6   Die Gründung und Verwaltung der GmbH durch einen Treuhänder ist – abgesehen von Fällen echter Schädigungsabsicht – weder Scheingeschäft (§ 117 BGB) noch gesetz- oder sittenwidrige Umgehung von Gründungs- und Haftungsvorschriften (BGH II ZB 11/56 v. 9.10.56, NJW 57, 19; II ZR 187/57 v. 14.12.59, NJW 60, 285; *Scholz/Cramer* § 2 GmbHG Rz. 68; *Baumbach/Hueck/Fastrich* § 1 GmbHG Rz. 40).

7   Der Treuhänder ist in vollem Umfang **Gesellschafter**. Er ist schuldrechtlich verpflichtet, diese Stellung im Interesse und auf Rechnung des Treugebers wahrzunehmen. Er unterliegt den Weisungen des Treugebers (§ 665 BGB). Die gesetzlichen und vertraglichen Rechte und Pflichten des Gesellschafters treffen grds. allein den Treuhänder.

8   Das Treuhandverhältnis ist – sofern offenkundig – gesellschaftsrechtlich zu berücksichtigen, soweit der Normzweck das im Einzelnen gebietet. Die **Einzelheiten** sind streitig (*Scholz/Cramer* § 2 GmbHG Rz. 70 ff.; *Baumbach/Hueck/Fastrich* § 1 GmbHG Rz. 42 f.; *Roth/Altmeppen* § 1 GmbHG Rz. 23; *Grage* RNotZ 05, 251). In den Fällen der Gründungshaftung und der Haftung für Gesellschafterdarlehen ist der Treugeber dem Gesellschafter gleichgestellt (§§ 9a Abs. 4, 39 Abs. 1 Nr. 5 GmbHG, § 135 InsO). Außerdem haftet der Treugeber uU neben dem Treuhänder für die Aufbringung und Erhaltung des Stammkapitals entsprechend §§ 19, 24, 30, 31 GmbHG (BGH II ZR 187/57 v. 14.12.59, NJW 60, 285; teils aA *Baumbach/Hueck/Fastrich* § 1 GmbHG Rz. 44; *Ehlke* DB 85, 795). Ein Durchgriff auf die Person des Treugebers ist ferner möglich, wenn in seiner Person die Gründe für einen Stimmrechtsausschluss, einen Ausschluss oder eine Auflösung vorliegen (BGH II ZR 22/59 v. 25.1.60, NJW 60, 866).

9   Die Geschäftsanteile haften grds. nicht für Verbindlichkeiten des Treuhänders. Der Treugeber kann **Drittwiderspruchsklage** erheben (§ 771 ZPO), bei **Insolvenz** des Treuhänders Aussonderung gem. § 47 InsO verlangen; *Haas/Müller* ZIP 03, 49. Dies gilt jedenfalls, wenn das Treugut – also der Geschäftsanteil – aus dem Vermögen des Treugebers übertragen wird (*Uhlenbruck/Brinkmann* § 47 InsO Rz. 79 ff.). Bei der Erwerbstreuhand ist dies umstritten (gegen ein Aussonderungsrecht *Rowedder/Schmidt-Leithoff/Görner* § 15 GmbHG Rz. 79; dafür *Scholz/Seibt* § 15 GmbHG Rz. 257). Dem Treugut droht im Fall der Insolvenz des Treuhänders also Gefahr.

10   **Formerfordernisse:** Der notariellen Form bedarf nach § 15 Abs. 4 GmbHG ein Treuhandvertrag, dessen Gegenstand ein bestehender Geschäftsanteil ist (BGH II ZR 330/04 v. 12.12.05, DStR 06, 1378; *Nuckel/Panknin* INF 04, 422; *Große-Wilde* GmbH-StB 06, 256). Beurkundungspflichtig sind daher die Vereinbarungstreuhand (Rz. 2), auch wenn sie sich auf die Rechte an einer Vor-GmbH beziehen (BGH II ZR 365/97 v. 19.4.99, DStR 99, 861), sowie Fälle der Erwerbstreuhand, sofern die GmbH bereits gegründet ist (so auch FG SchlHol 1 K 359/00 v. 2.12.05, EFG 06, 1782). Formfrei ist nur die Gründungstreuhand.

Schriftform ist zweckdienlich, aber nicht zwingend. 11

Die **dingliche Übertragung,** also die Abtretung der Anteile vom Treuhänder an 12
den Treugeber oder einen Dritten, bedarf der **notariellen Beurkundung** gem. § 15
Abs. 3 GmbHG. Sie kann gesellschaftsvertraglichen Beschränkungen, insbesondere der
Vinkulierung, unterliegen, § 15 Abs. 5 GmbHG: *Tebben* GmbHR 07, 63.

Auch ein **Wechsel in der Person des Treugebers** ist notariell zu beurkunden 13
(*Baumbach/Hueck/Fastrich* § 15 GmbHG Rz. 57; *Scholz/Seibt* § 15 GmbHG Rz. 230).
Die Abtretung des Anspruchs des Treugebers gegen den bisherigen Treuhänder auf
Übertragung eines Geschäftsanteils auf einen neuen Treuhänder bedarf nicht der nota-
riellen Form (BGH II ZR 222/54 v. 17.11.55, NJW 56, 58). Für die Abtretung der
Anteile von dem alten auf den neuen Treuhänder gilt § 15 Abs. 3 GmbHG.

Bilanzierung: Zur Bilanzierung des Treuguts vgl. *BeckBil-Komm./Schmidt/Ries* 14
§ 246 HGB Rz. 9 ff.

c) Steuerrecht

Abgabenordnung: Die Geschäftsanteile sind gem. § 39 Abs. 2 AO idR, dies be- 15
darf allerdings der Einzelfallprüfung, dem **Treugeber** zuzuordnen. Er hat unmittelbar
die mit dem Treugut verbundenen Steuern zu zahlen (*Tipke/Kruse/Drüen* § 39 AO
Rz. 42).

Der **Treuhänder** ist Verfügungsberechtigter iSd. § 35 AO. Er hat gem. § 34 AO 16
die steuerlichen Pflichten des Treugebers hinsichtlich der Geschäftsanteile zu erfüllen,
soweit er hierzu rechtlich und tatsächlich in der Lage ist.

Gem. § 159 AO hat der Treuhänder die Treuhandschaft nachzuweisen. Erforderlich
ist eine eindeutige und tatsächlich durchgeführte Vereinbarung sowie eine entsprechende Bilanzierung (*Tipke/Kruse/Drüen* § 39 AO Rz. 40 f.).

Ertragsteuern: Die Gewinnanteile unterfallen idR unmittelbar beim **Treugeber** 17
der Einkommen- oder Körperschaftsteuer (BFH IV R 47/76 v. 24.5.77, BStBl. II 77,
737; *Nuckel/Panknin* INF 04, 468). Die Aufwendungen des Treugebers (Aufwendungsersatz, § 670 BGB; Geschäftsbesorgungsentgelt) sind Betriebsausgaben (BFH IV
400/55 U v. 23.8.56, BStBl. III 56, 302) oder Werbungskosten.

Der **Treuhänder** hat grds. nur das Geschäftsbesorgungsentgelt der ESt zu unter- 18
werfen. Die Tätigkeit des Treuhänders ist grds. eine sonstige selbstständige Arbeit iSd.
§ 18 Abs. 1 Nr. 3 EStG (*Schmidt/Wacker* § 18 EStG Rz. 141, 155), im Übrigen eine
umsatzsteuerpflichtige sonstige Leistung. Zur Frage gewerblicher Treuhandtätigkeit
vgl. BFH I R 122/81 v. 23.5.84, BStBl. II 84, 823; *Nuckel/Panknin* INF 04, 468; *Sen-
der/Weilbach* StuB 03, 695.

Die treuhänderische Übertragung der Geschäftsanteile ist **umsatzsteuerfrei,** § 4 19
Nr. 8 Buchst f. UStG.

Gehört zum Vermögen einer GmbH ein Grundstück, führt die Übertragung von 20
Geschäftsanteilen zur **Grunderwerbsteuer,** wenn sich 95 % der Anteile in der Hand
des Erwerbers vereinigen (§ 1 Abs. 3 GrEStG). Die Anteilsvereinigung ist auch mittels
eines Treuhandverhältnisses möglich (BFH II R 8/95 v. 16.7.97, BFH/NV 98, 81; II
R 17/88 v. 31.7.91, BFH/NV 92, 56). Vgl. dazu und speziell zu der Frage der Steuerpflicht von Rückübertragungen auf den Treugeber Gleichl. Ländererlasse v. 19.9.18,
BStBl. I 18, 1074;; *Boruttau/Meßbacher-Hönsch* § 1 GrEStG Rz. 1076 f.

(frei) 21–24

2. Einzelerläuterungen

Zu § 2 Abs. 2:

Die Regelung dient dem Schutz des Treugebers, der damit einen unmittelbaren 25
Zahlungsanspruch gegen die GmbH erlangt.

Zu § 3 Abs. 2:

26   Weisungen des Treugebers, die einen Verstoß gegen die gesellschaftsrechtliche Treuepflicht bedeuten würden, sind nicht bindend (*Scholz/K. Schmidt* § 47 GmbHG Rz. 44).

Zu § 7:

27   Wesentliches Kriterium eines Treuhandverhältnisses ist ua. die Verpflichtung des Treuhänders zur jederzeitigen Rückgabe des Treuguts (BFH VIII R 56/93 v. 15.7.97, BStBl. II 98, 152; VIII R 14/05 v. 4.12.07, BFH/NV 08, 745; *Tipke/Kruse/Drüen* § 39 AO Rz. 33). Die Übertragung ist formbedürftig gem. § 15 Abs. 3 GmbHG.

A. 6.48 Unterbeteiligungsvertrag über einen Geschäftsanteil an der GmbH

Gliederung

I. FORMULAR

> **Formular A. 6.48 Unterbeteiligungsvertrag über einen Geschäftsanteil an der GmbH**

Herr/Frau ......   – nachfolgend Gesellschafter genannt –

hält an der GmbH einen Geschäftsanteil.

Der Gesellschafter vereinbart mit

1. Herrn ......

2. Frau ......

3. Herrn ......   **– nachfolgend Unterbeteiligter 1 (2, 3) genannt –**

ein Unterbeteiligungsverhältnis.

Die Unterbeteiligten sind im Innenverhältnis so gestellt, als hielten sie in Höhe ihres Unterbeteiligtenanteils unmittelbar einen Geschäftsanteil an der GmbH. Daher gelten die Vorschriften in dem Gesellschaftsvertrag der GmbH für den Gesellschafter, soweit sie für ihn anwendbar und rechtlich zulässig sind, auch für die Unterbeteiligten im Innenverhältnis, falls die nachfolgenden Vereinbarungen nicht ausdrücklich andere Regelungen enthalten.

Dies vorausgeschickt, vereinbaren die Beteiligten im Einzelnen folgendes:

§ 1 Gesellschaft, Geschäftsjahr

(1) Die Unterbeteiligten bilden zusammen mit dem Gesellschafter eine Innengesellschaft in der Rechtsform einer einheitlichen Gesellschaft des bürgerlichen Rechts. Im Innenverhältnis stehen die Gesellschafter zueinander, als ob sie gesamthänderisch an dem Geschäftsanteil an der GmbH beteiligt wären. Der Hauptgesellschafter

verwaltet die Beteiligung nach den Grundsätzen, die für ordnungsgemäß handelnde GmbH-Gesellschafter gelten.

(2) Das Geschäftsjahr der Innengesellschaft ist das Kalenderjahr. Das erste Geschäftsjahr läuft vom ...... bis zum ...... Das Geschäftsjahr dieser Gesellschaft ändert sich entsprechend der Änderung des Geschäftsjahres der Hauptgesellschaft.

§ 2 Beteiligungen

(1) Der Gesellschafter hält an der GmbH einen Geschäftsanteil im Nennbetrag von € ...... mit lfd. Nr. ....

(2) An dem Geschäftsanteil sind beteiligt:

der Gesellschafter mit ...... % = € ......

und der

Unterbeteiligte 1 mit ...... % = € ......,

Unterbeteiligte 2 mit ...... % = € ......,

Unterbeteiligte 3 mit ...... % = € ....

(3) Die Unterbeteiligten haben ihre Einlagen zur Unterbeteiligung wie folgt erbracht ....

(4) Wird das Stammkapital in der GmbH erhöht, haben die Unterbeteiligten das Recht, entsprechend ihrer Unterbeteiligung im Innenverhältnis an der Kapitalerhöhung teilzunehmen.

§ 3 Geschäftsführung

(1) Der Gesellschafter ist entsprechend der gesetzlichen Rechtslage allein zur Wahrnehmung der Rechte und Pflichten aus der Beteiligung an der GmbH berechtigt.

(2) Die Geschäftsführung der Innengesellschaft obliegt dem Gesellschafter allein, soweit dieser Vertrag nichts Abweichendes bestimmt.

(3) Das Recht zur Geschäftsführung in der Innengesellschaft ist dem Gesellschafter nicht entziehbar, ausgenommen beim Vorliegen eines wichtigen Grundes.

§ 4 Kontrollrechte, Geheimhaltung

(1) Die Unterbeteiligten haben Anspruch auf alle Informationen, die der Gesellschafter von der GmbH als Gesellschafter erhält.

(2) Auf Beschluss der Gesellschafterversammlung der Innengesellschaft ist der Gesellschafter verpflichtet, gegenüber der GmbH seine Kontroll- und Auskunftsrechte auszuüben. Ist der Gesellschafter berechtigt, seine Rechte durch einen Dritten ausüben zu lassen, so bestimmt die Gesellschafterversammlung dieser Gesellschaft durch Beschluss die Person des Dritten.

(3) Auf Beschluss der Gesellschafterversammlung dieser Gesellschaft hat der Gesellschafter die Übersendung von Betriebsprüfungsberichten und von Steuerbescheiden der GmbH an sich zu verlangen, sofern dies rechtlich möglich ist.

(4) Über das Ergebnis der Rechtsausübung hat der Gesellschafter die Unterbeteiligten unverzüglich und ausreichend zu unterrichten.

(5) Die Unterbeteiligten verpflichten sich zur Geheimhaltung in dem Maße, in der der Gesellschafter zur Geheimhaltung verpflichtet ist.

§ 5 Wettbewerbsverbot

(1) Die Unterbeteiligten erkennen ein besonderes Wettbewerbsverbot für den Gesellschafter auf Grund des Gesellschaftsvertrages der GmbH ausdrücklich auch als für sich bindend an.

(2) Das Gleiche gilt entsprechend für Sanktionen, die bei der Verletzung des Wettbewerbsverbots eingreifen. Insoweit schulden die Unterbeteiligten der Innengesellschaft die hiernach im Fall der Verletzung vereinbarten Strafen, Geldzahlungen usw.

§ 6 Gesellschafterversammlung, Gesellschafterbeschlüsse

(1) Jährlich hält die Innengesellschaft zwei Gesellschafterversammlungen ab.

(2) Eine Gesellschafterversammlung findet innerhalb von vierzehn Tagen nach Unterrichtung des Gesellschafters über Termin und Gegenstand der jeweiligen ordentlichen Gesellschafterversammlung der GmbH, auf jeden Fall vor dieser Gesellschafterversammlung, statt. Gegenstand dieser Gesellschafterversammlungen ist die Beschlussfassung über die Stimmabgabe des Gesellschafters in der Gesellschafterversammlung der GmbH.

(3) Binnen einer Frist von einem Monat nach der Gesellschafterversammlung der GmbH wird die zweite ordentliche Gesellschafterversammlung der Innengesellschaft durchgeführt. Diese hat insbesondere zum Gegenstand:

a) Bericht des Gesellschafters über den Jahresabschluss der Hauptgesellschaft,

b) Rechnungslegung der Innengesellschaft,

c) Aufteilung des Jahresergebnisses,

d) Entlastung des Gesellschafters wegen seiner Geschäftsführung für die Innengesellschaft.

(4) Jeder Unterbeteiligte kann von dem Gesellschafter verlangen, dass aus wichtigen Gründen eine außerordentliche Gesellschafterversammlung einberufen wird, die innerhalb angemessener Frist abzuhalten ist.

(5) Die Einladung zu den Gesellschafterversammlungen erfolgt durch den Gesellschafter; sie enthält die Tagesordnung, die Versammlungszeit und den Tagungsort und ist mindestens vierzehn Tage vor dem Tage der Gesellschafterversammlung zur Post zu geben. Die Einberufungsfrist beträgt im Fall des Abs. 2 nach Möglichkeit mindestens vier Tage.

(6) Die Gesellschafterversammlung ist beschlussfähig, wenn mindestens ......% aller den Innengesellschaftern zustehenden Stimmen vertreten sind. Wird diese Mehrheit nicht erreicht, so ist eine zweite Gesellschafterversammlung mit denselben Gegenständen einzuberufen, die frühestens vierzehn Tage nach der ersten Gesellschafterversammlung stattzufinden hat und die ohne Rücksicht auf das vertretene Kapital beschlussfähig ist; hierauf ist in der erneuten Ladung hinzuweisen. Vorsitzender der Gesellschafterversammlung ist der Gesellschafter oder derjenige Unterbeteiligte, auf den sich die erschienenen Gesellschafter mit einfacher Mehrheit einigen. Sätze 1 und 2 gelten nicht für die Gesellschafterversammlungen im Sinne des Abs. 2; diese sind stets beschlussfähig.

(7) Die Gesellschafter können sich in der Gesellschafterversammlung durch Mitgesellschafter, durch ihre Testamentsvollstrecker, durch Gesellschafter der GmbH, ferner durch unabhängige Personen, die zur Berufsverschwiegenheit verpflichtet sind, vertreten lassen. Die Vertreter und Beistände müssen sich gegenüber der Gesellschafterversammlung durch eine schriftliche Vollmacht ausweisen.

(8) Mit Einverständnis aller Gesellschafter kann auf alle Frist- und Formerfordernisse in den Abs. 1–7 verzichtet werden.

(9) Je € 100,– Beteiligung an der Stammeinlage (§ 2 Abs. 2) gewähren eine Stimme.

(10) Soweit dieser Vertrag und die Gesetze nichts Abweichendes vorschreiben, werden die Gesellschafterbeschlüsse mit einfacher Mehrheit der vertretenen Stimmen gefasst. Beschlüsse über Änderungen dieses Gesellschaftsvertrags bedürfen der Zustimmung von ......% aller den Gesellschaftern zustehenden Stimmen.

§ 7 Ergebnisverteilung

(1) Der Gesellschafter erhält für die Geschäftsführung der Innengesellschaft und für seine Verantwortung nach außen vorab ......% der Ausschüttung, die auf den Geschäftsanteil entfällt, der Gegenstand des Unterbeteiligungsvertrags ist, mindestens jährlich € ......; außerdem erhält er Ersatz seiner Aufwendungen, sofern diese durch die Geschäftsführung für die Unterbeteiligung verursacht sind.

(2) An den um den Vorab nach Abs. 1 geminderten Ausschüttungen sind sodann Gesellschafter und Unterbeteiligte im Verhältnis ihrer Beteiligung am Geschäftsanteil (§ 2 Abs. 2) beteiligt.

(3) Der auf jeden Beteiligten entfallende Betrag ist vom Hauptgesellschafter vierzehn Tage nach Beschluss der Gesellschafterversammlung gem. § 6 Abs. 3 auszuzahlen.

(4) Ist der Vorab nach Abs. 1 höher als der Ausschüttungsbetrag, sind die Unterbeteiligten nach Aufforderung durch den Gesellschafter zu dem Zeitpunkt des Abs. 3 zum Ausgleich dem Gesellschafter gegenüber verpflichtet.

§ 8 Vermögensverfall

Für den Insolvenz-, Vergleichs- und Pfändungsfall von Innengesellschaftern gelten die Vereinbarungen im Gesellschaftsvertrag der GmbH entsprechend.

§ 9 Ausschließung von Gesellschaftern

(1) Durch Gesellschafterbeschluss kann ein Unterbeteiligter ausgeschlossen werden, wenn in seiner Person ein wichtiger Grund vorliegt, namentlich, wenn er seine Gesellschafterpflichten zum Nachteil der Gesellschaft verletzt – insbesondere, wenn er gegen das Wettbewerbsverbot verstößt – oder die Zwangsvollstreckung in seine Beteiligung betrieben wird.

(2) Tritt ein wichtiger Grund in der Person des Gesellschafters ein, so wird auf Beschluss die Innengesellschaft aufgelöst.

(3) Der von der Ausschließung betroffene Gesellschafter hat bei der Beschlussfassung über die Ausschließung kein Stimmrecht. Sein Stimmrecht gilt bei der Abstimmung als nicht vorhanden. Der Gesellschafterbeschluss ist mit einer Mehrheit von 75 % der den übrigen Gesellschaftern zustehenden Stimmen zu fassen.

(4) Der ausgeschlossene Gesellschafter wird nach § 13 abgefunden.

§ 10 Verfügungen

(1) Unterbeteiligungen sind an die Personen abtretbar, denen die Unterbeteiligung nach § 11 vererbt werden kann. Im Übrigen ist eine Abtretung möglich, wenn die Gesellschafterversammlung mit einer Mehrheit von ......% der vertretenen Stimmen zustimmt.

(2) Der Gesellschafter kann seine Beteiligung an der Hauptgesellschaft abtreten, wenn die Gesellschafterversammlung mit einer Mehrheit von ......% der vertretenen Stimmen zustimmt.

(3) Abtretungen können nur mit Wirkung zu Beginn des folgenden Geschäftsjahres erfolgen.

(4) Ansprüche jeglicher Art des Gesellschafters aus dem Gesellschaftsverhältnis sind nicht abtretbar, soweit sich aus diesem Vertrag nicht ausdrücklich Abweichendes ergibt.

§ 11 Erbfolge

(1) Unterbeteiligungen können im Wege der Erbeinsetzung oder des Vermächtnisses ganz oder teilweise nur an Abkömmlinge oder Mitgesellschafter dieser Innengesellschaft übergehen.

(2) Für den Gesellschafter gilt bezüglich der Erbfolge das gesetzliche oder vertragliche Recht der GmbH.

(3) Geht von Todes wegen eine Beteiligung auf eine Person über, die nicht unter Abs. 1 fällt, so folgt sie nicht in die Gesellschaft nach. Sie wird nach § 13 abgefunden.

(4) Geht der Geschäftsanteil, der Gegenstand dieses Vertrags ist, an eine Person über, die nicht nachfolgeberechtigt ist, wird die Innengesellschaft aufgelöst.

§ 12 Dauer der Gesellschaft, Kündigung, Beendigung

(1) Die Gesellschaft wird für ...... Jahre fest vereinbart. Sie verlängert sich jeweils um ...... Jahre, wenn sie nicht gekündigt wird. Die Kündigungsfrist beträgt ...... Monate, so dass die erste Kündigung am ...... zum ...... erfolgen kann. Die Kündigung erfolgt eingeschrieben gegenüber jedem Gesellschafter.

(2) Liegt ein wichtiger Grund vor, der nach § 133 Abs. 2 HGB zur Erhebung der Auflösungsklage berechtigen würde, kann jeder Gesellschafter auch fristlos kündigen. Abs. 1 Satz 3 gilt entsprechend.

(3) Unterbeteiligte, die gekündigt haben, scheiden aus der Gesellschaft aus. Satz 1 gilt entsprechend, wenn der Gläubiger eines Unterbeteiligten die Gesellschaft kündigt.

(4) Kündigt der Gesellschafter, wird die Gesellschaft beendet. Das Gleiche gilt, wenn die Beteiligung an der GmbH durch Abtretung, Liquidation usw. endet. Für den Fall der Umwandlung gilt § 14.

(5) Die Abfindung ausscheidender Unterbeteiligter und die Verteilung des Vermögens im Fall der Auflösung richtet sich nach § 13.

(6) Im Fall der Beendigung der Innengesellschaft obliegt dem Hauptbeteiligten deren Abwicklung.

§ 13 Abfindung

(1) Unterbeteiligte erhalten im Fall ihres Ausscheidens und bei Beendigung der Unterbeteiligung eine Abfindung.

(2) Die Abfindung schulden die verbleibenden Gesellschafter nach dem Verhältnis, zu dem sie nach dem Ausscheiden des Abzufindenden an der Innengesellschaft beteiligt sind. Verbleibt nur der Gesellschafter, schuldet er die Abfindung.

(3) Zum Zweck der Abfindungsbemessung wird das Vermögen, insbesondere der GmbH-Geschäftsanteil, an dem die Gesellschafter im Innenverhältnis beteiligt sind, zu Verkehrswerten bewertet. Die Unterbeteiligten haben einen Geldanspruch gegen den Abfindungsschuldner, der ihrem Anteil an der Unterbeteiligung entspricht (§ 2 Abs. 2). Dieser Anspruch ist in ...... Jahresraten, beginnend ...... Monate nach der Beendigung, zu erfüllen und mit ......% zu verzinsen.

(4) An einem etwaigen Veräußerungsgewinn aus der Abtretung der Hauptbeteiligung sind die Unterbeteiligten entsprechend ihrer Beteiligung (§ 2 Abs. 2) beteiligt.

(5) Die Grundsätze der Abs. 3 und 4 gelten entsprechend für den Anteil des Gesellschafters am Liquidationserlös der GmbH und für das Abfindungsguthaben, das der Gesellschafter für sein Ausscheiden aus der GmbH erhält.

(6) Wenn ein Unterbeteiligter das vorzeitige Ausscheiden des Gesellschafters aus der GmbH verursacht, hat er den dadurch entstandenen Schaden dem Gesellschafter und ggf. den übrigen Innengesellschaftern zu ersetzen. Eine Abfindung an den Verpflichteten erfolgt solange nicht, wie eine Vereinbarung über die Ersatzpflicht nicht herbeigeführt worden ist. Satz 1 gilt entsprechend für den Gesellschafter, wenn er selbst das vorzeitige Ausscheiden verursacht.

§ 14 Umwandlung

Im Falle der Umwandlung der GmbH gehen die Rechte und Pflichten aus dieser Innengesellschaft auf die neue Beteiligung über, die an die Stelle des Geschäftsanteils tritt, an dem die Unterbeteiligung besteht. Die Beteiligten sind verpflichtet, diesen Vertrag so abzuändern, dass er ohne Schmälerung der Rechte und Pflichten der Beteiligten der neuen formalrechtlichen Rechtslage entspricht.

§ 15 Schlussbestimmungen

(1) Soweit dieser Vertrag nicht Besonderheiten vorsieht, gelten die Bestimmungen des Gesellschaftsvertrags der GmbH analog. Maßgebend ist dessen jeweilige Fassung. Als Anlage wird der Gesellschaftsvertrag der GmbH beigefügt.

(2) Ergänzend gilt das Recht der Gesellschaft des bürgerlichen Rechts.

(3) Auf keinen Fall gehen die Rechte der Unterbeteiligten bezüglich der Beteiligung an der GmbH weiter als die Rechte, die der Gesellschafter gegenüber der GmbH hat.

(4) Etwa ungültige Bestimmungen dieses Vertrags berühren nicht die Rechtswirksamkeit des Vertrags im Ganzen. Sollten Bestimmungen dieses Vertrags unwirksam sein oder werden oder sollten sich in diesem Vertrag Lücken herausstellen, so wird infolgedessen die Gültigkeit der übrigen Bestimmungen nicht berührt. Anstelle der unwirksamen Bestimmungen oder zur Ausfüllung einer Lücke ist eine angemessene Regelung zu vereinbaren, die, soweit rechtlich zulässig, dem am nächsten kommt, was die Vertragschließenden gewollt haben oder nach dem Sinn und Zweck des Vertrags gewollt haben würden, sofern sie den Punkt bedacht hätten. Beruht die Ungültigkeit einer Bestimmung auf einem darin angegebenen Maß der Leistung oder Zeit, so hat unter Berücksichtigung des vorstehend Gesagten ein gesetzlich zulässiges Maß an die Stelle zu treten.

II. ERLÄUTERUNGEN

Erläuterungen zu A. 6.48 Unterbeteiligungsvertrag über einen Geschäftsanteil an der GmbH

1. Grundsätzliche Anmerkungen

a) Wirtschaftliche Vertragsziele

Die Unterbeteiligung **bezweckt,** den Unterbeteiligten „**intern**" an einem Gesell- **1** schaftsanteil zu **beteiligen.** Im Verhältnis zum Hauptbeteiligten ist er Mitteilhaber; im Verhältnis zur Gesellschaft ist nur der Hauptgesellschafter beteiligt.

Vom **Nießbrauch** an einem Geschäftsanteil **unterscheidet** sich die Unterbeteili- **2** gung dadurch, dass bei ihr keine dingliche Berechtigung besteht und dass im Fall der atypischen Unterbeteiligung diese selbst Rechte an der Substanz vermittelt. Der **Treuhandschaft** ist die Unterbeteiligung ähnlich. Sie lässt sich als Gesellschaftsbeteiligung mit einem 100%igen Unterbeteiligten verstehen.

Bei der Unterbeteiligung kann wie bei der Stillen Gesellschaft (s. Formular A. 14.) **3** zwischen **typischer** und **atypischer** unterschieden werden. Die Erstere beteiligt nur am Ertrag, die zweite auch (intern) an der Substanz, insbesondere an den stillen Reserven. Ob eine typische Unterbeteiligung an einem GmbH-Anteil anzuerkennen ist, ist sehr zweifelhaft. Diese Gestaltung wird hier nicht vorgestellt. Die atypische Unterbeteiligung an dem GmbH-Anteil ist uE auch steuerlich anzuerkennen, wenn auch im Hinblick auf die Problematik eines Nießbrauchs am GmbH-Anteil (s. Formular A. 6.40) Zweifel nicht zu leugnen sind (s. Rz. 12). Hier wird die **atypische Unterbeteiligung** behandelt.

4   **Motive** für die Vereinbarung einer Unterbeteiligung können alle Gründe sein, die die Beteiligung eines Dritten an der Gesellschaft, hier: einer GmbH, rechtfertigen. In einer Familiengesellschaft kann zB der Generationenwechsel Grund für eine Unterbeteiligung werden. Da die Unterbeteiligung möglich ist, wenn die Abtretung an GmbH-Anteilen rechtlich beschränkt ist (s. Rz. 9), kann sie auch eingeräumt werden, um zumindest „intern" diese Schranken zu überschreiten. Da die Unterbeteiligung der Gesellschaft nicht offenbart werden muss, kann sie auch **geheim** bleiben.

5   Die Unterbeteiligung wird häufiger in Bezug auf Beteiligungen an Personengesellschaften vereinbart. Bei Anteilen an Kapitalgesellschaften – GmbH – ist sie seltener. Zur Unterbeteiligung an einer Personengesellschaft s. Formular A. 16.00.

6   *(frei)*

b) Zivilrecht

7   Die Unterbeteiligung stellt zivilrechtlich eine Gesellschaft des Bürgerlichen Rechts in Form einer **Innengesellschaft** dar (BGH II ZR 179/66 v. 11.7.68, NJW 68, 2003; BFH VIII R 34/01 v. 18.5.05, BStBl. II 05, 857; *Braun* EFG 01, 1386). Das Formular vereinbart eine solche Innengesellschaft. Nicht abschließend geklärt ist, ob und inwieweit ergänzend das Recht der Stillen Gesellschaft (§§ 230 ff. HGB) anzuwenden ist (so zB *Scholz/Seibt* § 15 GmbHG Rz. 225). Dieser Unsicherheit sollte durch einen Vertrag, der alle problematischen Punkte regelt, begegnet werden. Vgl. hierzu insbes. *Blaurock/Berninger* GmbHR 90, 11, 87.

8   Der Unterbeteiligungsvertrag ist grundsätzlich **nicht beurkundungspflichtig:** § 15 Abs. 3 und Abs. 4 GmbHG unterwerfen nur die Abtretung bzw. die Verpflichtung zur Abtretung von Gesellschaftsanteilen dem Erfordernis der notariellen Beurkundung (vgl. BFH IX R 61/05 v. 22.7.08, GmbHR 08, 1229), während durch eine Unterbeteiligung idR weder rechtlich noch wirtschaftlich eine Abtretung von Geschäftsanteilen erfolgt, sondern lediglich zwischen Hauptgesellschaftern und Unterbeteiligten eine schuldrechtliche Innengesellschaft entsteht (OLG Schleswig 5 U 58/01 v. 23.5.02, GmbHR 02, 652 ff.; OLG Frankfurt 15 U 233/83 v. 8.8.85, GmbHR 87, 57; allgemein für die GbR: BGH II ZR 312/06 v. 10.3.08, ZIP 08, 876). Eine Beurkundungspflicht besteht aber dann, wenn

– der im Außenverhältnis durch den Veräußerer gehaltene Geschäftsanteil im Innenverhältnis dem Unterbeteiligten wirtschaftlich völlig zugeordnet werden soll und durch eine derartige „Vereinbarungstreuhand" die durch §§ 15 ff. GmbHG bewirkten Rechtsfolgen (nicht zuletzt die Publizität der Anteilsübertragung) letztlich umgangen werden sollen (OLG Schleswig 5 U 58/01 v. 23.5.02, GmbHR 02, 652;

– bei Beendigung der Unterbeteiligung eine Pflicht zur Übertragung oder Teilung des Geschäftsanteils vereinbart wird (*Lutter/Hommelhoff/Bayer* § 15 GmbHG Rz. 110);

– generell durch den Vertrag die Verpflichtung eines Gesellschafters zur Abtretung eines Geschäftsanteils begründet werden soll (BFH IX R 61/05 v. 22.7.08, BFH/NV 08, 2004). Wird die Unterbeteiligung **geschenkt,** bedarf der Vertrag der notariellen Beurkundung (§ 518 BGB; BGH II ZR 16/52 v. 29.10.52, NJW 53, 138; BFH I R 82/76 v. 8.8.79, BStBl. II 79, 768).

9   Sieht der Gesellschaftsvertrag der GmbH eine **Genehmigung** oder andere Bedingungen für die Abtretung von Geschäftsanteilen vor, gilt dies nicht für die Einräumung einer Unterbeteiligung (hM; OLG Frankfurt 15 U 233/83 v. 8.8.85, aaO). Allerdings kann die Einräumung einer Unterbeteiligung in der GmbH-Satzung den Gesellschaftern verboten werden; bei einem Verstoß gegen das Verbot sind Sanktionen möglich (zB Einziehung; vgl. *Scholz/Seibt* § 15 GmbHG Rz. 224).

Für die Vereinbarung einer Unterbeteiligung mit **Minderjährigen** gelten die allgemeinen Regeln.

10   Bei der Vertragsgestaltung ist darauf zu achten, dass der Hauptgesellschafter nicht **Pflichten** übernimmt, die er **nicht realisieren** kann (zB Informationspflichten gegenüber dem Unterbeteiligten über die Hauptgesellschaft, die er gegenüber dieser nicht durchsetzen kann). Insoweit kann die Unterbeteiligung nicht mehr Rechte vermitteln, als der Hauptgesellschafter hat.

(frei) **11**

c) Steuerrecht

Zweifelhaft und im Einzelfall zu klären ist, ob die Unterbeteiligung am GmbH-Anteil **12** **steuerlich anzuerkennen** ist (für weitgehende Anerkennung *Blaurock/Berninger* GmbHR 90, 87; zur einkommensteuerlichen Einordnung einer atypisch stillen Unterbeteiligung BFH VIII R 34/01 v. 18.5.05, BStBl. II 05, 857; *Moritz* AktStR 06, 61; *Braun* EFG 01, 1386). Wer an Anteilen einer Kapitalgesellschaft unterbeteiligt ist, aber die Gesellschaftsrechte nicht ausüben kann und von den Entscheidungen des Hauptgesellschafters abhängig ist, überdies nur über ein begrenztes Gewinnbezugsrecht verfügt, soll nach Ansicht des BFH – jedenfalls noch – kein wirtschaftlicher Eigentümer der Anteile sein (BFH IX R 6/11 v. 1.8.12, BFH/NV 13, 9). Der Übergang des wirtschaftlichen Eigentums auf den Unterbeteiligten ist uE andererseits zumindest für die hier vorgestellte atypische Unterbeteiligung zu bejahen; denn wenn die Innengesellschafts-Beteiligung an einem Personengesellschaftsanteil möglich ist (vgl. zB BFH I R 127/78 v. 18.3.82, BStBl. II 82, 546; IV R 103/83 v. 24.7.86, BStBl. II 87, 54), gibt es keine grds. Erwägung, die Innengesellschafts-Beteiligung am GmbH-Anteil zu verneinen. Die Zweifel bzgl. der Anerkennung des Nießbrauchs am Geschäftsanteil (vgl. Formular A. 6.40 und A. 6.40 Rz. 11) stehen dem nicht entgegen, sofern der Unterbeteiligte – intern – Vollrechts-Geschäftsanteilseigentümer wird. Vgl. *Baier* NWB F 18, 2865. Zur steuerrechtlichen Anerkennung einer formunwirksam vereinbarten Unterbeteiligung zwischen Ehegatten: BFH IX R 19/09 v. 11.5.10, BStBl. II 10, 823).

Die **atypische** Unterbeteiligung ist auch bzgl. eines GmbH-Anteils eine Beteili- **13** gung mehrerer an einer Einkunftsquelle; ein gesondertes **Feststellungsverfahren** ist ggf. notwendig. Eine Mitunternehmerschaft liegt nicht vor, ist aber für ein Feststellungsverfahren auch nicht erforderlich (vgl. *Tipke/Kruse/Brandis* § 180 AO Rz. 23). Im Feststellungsverfahren werden die Einkünfte aus der Beteiligung dem Hauptgesellschafter und den Unterbeteiligten zugerechnet (vgl. *Blaurock/Berninger* GmbHR 90, 93). Das gilt auch dann, wenn die Einkünfte beim Hauptgesellschafter und beim Unterbeteiligten unterschiedlichen Einkunftsarten zuzurechnen sind (nicht unstreitig: Vgl. *Tipke/Kruse/Brandis* § 180 AO Rz. 18 ff.). UE war in diesem Feststellungsverfahren auch das KSt-Guthaben des Hauptbeteiligten zu verteilen.

Stellt die Unterbeteiligung beim Unterbeteiligten **Privatvermögen** dar, bezieht er **14** Einkünfte aus Kapitalvermögen, stellt sie **Betriebsvermögen** dar, sind es Einkünfte der Betriebseinkunftsarten (vgl. *Blaurock* Rz. 31.2 ff.). Auch dies wird uE im Feststellungsverfahren festgestellt (s. Rz. 13).

Die **Gewinnverteilung** in der Innengesellschaft wird regelmäßig der vereinbarten **15** prozentualen Beteiligung folgen. Vereinbaren einander Fremde eine hiervon abweichende Verteilung, wird dem steuerrechtlich idR zu folgen sein. Auch für eine Unterbeteiligung unter Familienangehörigen – auch mit minderjährigen Kindern – gilt uE für die Ertragsbeteiligung die vereinbarte Quote am Geschäftsanteil, sofern das Familienmitglied intern ohne Beschränkung wie ein Geschäftsanteilsinhaber gestellt ist (keine Absicherung durch die Rspr.; wie hier *Felix* KÖSDI 85, 5801).

Im **Veräußerungsfall,** bei **Kapitalherabsetzungen** oder im Fall der **Liquidation** **16** wird uE der Unterbeteiligte so behandelt, als sei er unmittelbar Anteilseigner (uE auch im Fall des § 17 EStG; glA *Blaurock/Berninger* GmbHR 90, 94; *Schmidt/Weber-Grellet* § 17 EStG Rz. 52; *Pupeter* GmbHR 06, 910; *Schulze zur Wiesche* GmbHR 06, 630). Dies ist notwendige Folge, wenn die Unterbeteiligung als solche anerkannt wird. Wie vieles im Recht der Unterbeteiligung ist auch dies streitig; wie hier *Felix* KÖSDI 85, 5801.

17 Stellt die Beteiligung bei dem Hauptgesellschafter und Unterbeteiligten Privatvermögen dar, fällt **Gewerbesteuer** nicht an. Ist die Beteiligung der Hauptgesellschafter Betriebsvermögen, greift die Hinzurechnungsvorschrift des § 8 Nr. 3 GewStG aF (BFH IV R 196/69 v. 8.10.70, BStBl. II 71, 59, betreffend eine Unterbeteiligung an einem Mitunternehmeranteil). Ist die Beteiligung des Unterbeteiligten Betriebsvermögen, unterliegt sie der Gewerbesteuer.

Ab VZ 2008 greift die Hinzurechnungsvorschrift des § 8 Nr. 1 Buchst. c GewStG idF des UntStRefG 2008 v. 14.8.07 (BGBl. I 07, 1912) unabhängig davon, ob die Zahlungen beim Unterbeteiligten der Gewerbesteuer unterliegen.

18–20 *(frei)*

2. Einzelerläuterungen

21 Es handelt sich um einen Vertrag mit mehreren Unterbeteiligten, der jedoch unschwer auf einen Vertrag mit nur einem Unterbeteiligten reduziert werden kann.

Zu § 2: Beteiligungen

22 In § 2 Abs. 3 kann der Rechtsgrund für die Unterbeteiligung aufgenommen werden (Schenkung, Kauf, usw.). Dieser Rechtsgrund kann auch außerhalb des Vertrags über die Unterbeteiligung geregelt werden. In diesem Fall kann der Satz aufgenommen werden: „Die Unterbeteiligten haben ihre Einlage erbracht."

Zu § 5: Wettbewerbsverbot

23 Gerade im Fall der Unterbeteiligung kann die Vereinbarung eines solchen Wettbewerbsverbots auch entfallen.

Zu § 6 Abs. 7: Gesellschafterversammlung (Vertretung)

24 Die Vertretungsmöglichkeit kann auch vollständig ausgeschlossen oder in anderer Weise modifiziert werden.

Zu § 9 Abs. 2: Erbfolge

25 Sofern in § 9 Abs. 2 die Ermächtigung aufgenommen werden soll, dass der aus wichtigem Grund Ausgeschlossene per Beschluss verpflichtet werden kann, seine Hauptbeteiligung an einen Gesellschafter oder Dritten abzutreten, wäre eine solche Ermächtigung materiell zulässig; in diesem Fall müsste der Unterbeteiligungsvertrag allerdings **notariell beurkundet** werden (*Blath* GmbHR 12, 657, 660; *Bacher/Blumenthal* NZG 08, 406, 408; zur Abtretungsverpflichtung nach Kündigung: BGH II ZR 71/68 v. 30.6.69, NJW 69, 2049; RG II 236/25 v. 19.3.26, RGZ 113, 147).

Zu § 11 Abs. 1: Erbfolge

26 Die Vererbungsmöglichkeit kann natürlich auch ausgedehnt werden, zB auf Ehegatten, oder vollkommen freigestellt werden. Auf den Bezug zu § 10 sollte man achten; zu den Gestaltungsmöglichkeiten im Erbfall s. *Carlé* AnwZert ErbR 18/2013, Anm. 2.

Zu § 13: Abfindung

27 Die Vollbeteiligung des Unterbeteiligten an dem Geschäftsanteil ist wesentlich für die Qualifizierung des Gesellschaftsverhältnisses als atypische Unterbeteiligung (vgl. Rz. 3).

A. 6.49 Wettbewerbsgestattung

Siehe Formular A. 6.18 „Betriebsabgrenzungsvertrag".

A. 6.50 Stimmbindungsvertrag

Gliederung

I. FORMULAR

Formular A. 6.50 Stimmbindungsvertrag

STIMMBINDUNGSVERTRAG

zwischen

Herr/Frau ......

und

Herrn/Frau ......   – beide nachfolgend auch Gesellschafter genannt –

Vorbemerkung

Herr/Frau ...... ist mit Geschäftsanteilen im Nennbetrag von ...... (Ide. Nr.), Herr/Frau ...... mit Geschäftsanteilen im Nennbetrag von ...... (Ide. Nr.) an der im Handelsregister des Amtsgerichts ...... unter HRB ...... eingetragenen ...... GmbH (nachfolgend „Gesellschaft") mit Sitz in ...... beteiligt. Die Gesellschafter beabsichtigen, ihre Stimmmacht zu bündeln, hierdurch ihren Einfluss auf die Gesellschaft zu stärken und Patt-Situationen zu vermeiden.

§ 1 Einheitliche Stimmabgabe

(1) Die Gesellschafter verpflichten sich, in Zukunft übereinstimmend abzustimmen oder sich übereinstimmend der Stimme zu enthalten. Der Stimmbindungsvertrag gilt für alle Gesellschafterbeschlüsse, die bei der Gesellschaft zu treffen sind.

(2) Auch Grundlagenbeschlüsse (zB Zustimmung zu Unternehmensverträgen, Umwandlungen, Liquidationen, zur Auflösung der Gesellschaft) und Beschlüsse, die nach dem Gesellschaftsvertrag der Gesellschaft einer qualifizierten Mehrheit bedürfen, unterliegen diesem Vertrag.

§ 2 Interne Beschlussfassung

Intern stimmen die Gesellschafter über ihr Abstimmungsverhalten ab. Beschlüsse über das künftige Abstimmungsverhalten bedürfen der einfachen Mehrheit der abgegebenen Stimmen, dies auch dann, wenn der anstehende Beschluss der Gesellschaft nach der Satzung oder dem Gesetz einer qualifizierten Mehrheit bedarf. Je ein Euro gewährt eine Stimme.

§ 3 Stimmverbote

Die Stimmverbote des § 47 Abs. 4 GmbHG finden entsprechend Anwendung für die Beschlussfassung über das künftige Abstimmungsverhalten.

§ 4 Vertragsstrafe

Im Falle der Zuwiderhandlung gegen einen Beschluss über das künftige Abstimmungsverhalten hat der Zuwiderhandelnde für jeden Fall der Zuwiderhandlung eine sofort fällige Vertragsstrafe von ...... an die Gesellschaft als Gesamtgläubiger zu zahlen. Im Innenverhältnis steht den anderen Gesellschaftern die Vertragsstrafe im Verhältnis ihrer Beteiligungsquote zu. Die Vertragsstrafe tritt neben sonstige Ersatzansprüche wegen Verstößen gegen Pflichten aus dieser Vereinbarung.

§ 5 Weitere Regelungen

(ggf. Regelungen zur Vertretungsberechtigung/Geschäftsführung, Poolung bei Veräußerung, Kündigung, Dauer der Gesellschaft, salvatorische Klausel, Schriftform)

II. ERLÄUTERUNGEN

Erläuterungen zu A. 6.50 Stimmbindungsvertrag

1. Zivilrecht

1   **Formanforderungen:** Der Stimmbindungsvertrag begründet im Regelfall zwischen den beteiligten Gesellschaftern eine Innen-GbR (vgl. hierzu BGH II ZR 116/08 v. 24.11.08, NJW 09, 669). Stimmbindungsverträge können formlos – ggf. auch mündlich – geschlossen werden, dies auch in den Fällen, in denen der Beschluss als solcher beurkundungspflichtig ist (für Satzungsänderungen: *Schulte* GmbHR 02, 1050 ff.; *Lohr* GmbH-StB 09, 287). Zu Stimmrechtsvereinbarungen im Gesellschaftsvertrag s. *Carle* KÖSDI 13, 18569.

2   **Regelungsgehalt des Stimmbindungsvertrages:** Grds. kann jeder Beschluss, auch Grundlagenbeschlüsse und Beschlüsse der Gesellschaft, für die eine qualifizierte Mehrheit erforderlich ist, Gegenstand der Stimmbindungsvereinbarung sein (BGH II ZR 116/08 v. 24.11.08, NJW 09, 669).

Unstreitig kann jede Gesellschaftergruppe, die Teil einer Stimmrechtsbindungsvereinbarung ist, aus ihrer Mitte einen **Vertreter** für die Gesellschafterversammlung bestimmen. Streitig ist, ob dies auch eine Fremde dritte Person sein kann (zum Streitstand s. *Carle* KÖSDI 13, 18569, 18572).

3   **Mehrheiten:** Die Parteien der Stimmbindungsvereinbarung können grds. die einfache Mehrheit auch dann vereinbaren, wenn der zu treffende Beschluss bei der GmbH einer qualifizierten Mehrheit bedarf (BGH II ZR 116/08 v. 24.11.08, NJW 09, 669).

4   **Stimmverbote:** Vorliegender Stimmbindungsvertrag erklärt die Stimmverbote des § 47 Abs. 4 GmbHG für anwendbar. Andernfalls könnte der Mehrheitsgesellschafter mittelbar Stimmergebnisse durchsetzen, die bei der Abstimmung der GmbH-Gesellschafter am Stimmverbot scheitern würden (*Lohr* GmbH-StB 09, 287).

5   **Sanktion:** Verstöße beim Stimmverhalten der Gesellschafterversammlung gegen die internen Beschlüsse aufgrund des Stimmbindungsvertrages sind mit einer Vertragsstrafe sanktioniert.

6   **Weitere Regelungen:** Die Gesellschafter können weitere Regelungen treffen in Form von Verpflichtungen zu einer einheitlichen Anteilsveräußerung oder zur Einräumung wechselseitiger Ankaufs- oder Vorkaufsrechte. Sie können ggf. auch regeln, dass die Stimmen in der Gesellschafterversammlung einheitlich durch einen Bevollmächtigten abgegeben werden, der die Gesellschafter insoweit in der Gesellschafterversammlung vertritt.

2. Steuerrecht

7   **Schenkung-/Erbschaftsteuer:** Durch den Abschluss eines Stimmbindungs-/poolungsvertrages kann ggf. erreicht werden, dass auch Gesellschafter, die an einer Gesellschaft mit nicht mehr als 25 % beteiligt sind, diese Beteiligung als steuerbegünstigtes Betriebsvermögen (85%ige oder ggf. 100%ige Steuerfreistellung) übertragen können. Begünstigt gem. § 13b Abs. 1 Nr. 3 ErbStG ist die Übertragung von Anteilen an Kapitalgesellschaften mit Sitz im Inland oder der EU/EWR, wenn der Erblasser oder Schenker am Nennkapital der Gesellschaft zu mehr als 25% unmittelbar beteiligt ist. Ob der Erblasser oder Schenker die Mindestbeteiligung erfüllt, ist nach der Summe der dem Erblasser oder Schenker unmittelbar zuzurechnenden Anteile und der Anteile weiterer Gesellschafter zu bestimmen, wenn der Erblasser oder Schenker und die weiteren Gesellschafter untereinander verpflichtet sind, über die Anteile nur einheitlich zu verfügen oder ausschließlich auf andere, derselben Verpflichtung unterliegende Anteilseigner zu übertragen und das Stimmrecht gegenüber nicht gebundenen Gesellschaftern einheitlich auszuüben (vgl. hierzu auch *Kamps* FR 09, 353, 358; *ders.* ErbR 09, 136 ff.; *Hannes/Steger* ErbStB 09, 113).

Körperschaftsteuer: Stimmrechtsvereinbarungen können nach Auffassung der Fi- 8 nanzverwaltung zum Untergang des Verlustvortrages nach § 8c KStG führen. Verluste einer Kapitalgesellschaft gehen unter, wenn innerhalb von fünf Jahren mittelbar oder unmittelbar mehr als 25% des gezeichneten Kapitals oder der Stimmrechte an einer Körperschaft an einen Erwerber oder eine diesem nahe stehende Person übertragen werden oder ein vergleichbarer Sachverhalt vorliegt, § 8c Abs. 1 Satz 1 KStG. Ein vergleichbarer Sachverhalt iSd. Vorschrift soll nach Ansicht der FinVerw. (BMF v. 4.7.08, BStBl. I 08, 736 Rz. 7) bei Stimmrechtsvereinbarungen vorliegen können (*Kamps* FR 09, 353, 358; *ders.* ErbR 09, 136 ff.; *Bron* FR 10, 208 ff.; *Roser* FR 09, 937).

A. 6.51 Rangrücktrittsvereinbarung

Gliederung

I. FORMULAR

Formular A. 6.51 Rangrücktrittsvereinbarung

RANGRÜCKTRITTSVEREINBARUNG

zwischen

Herr/Frau ......   – nachfolgend Darlehensgeber –

und

der ...... GmbH   – nachfolgend Gesellschaft –

§ 1 Vertragsgegenstand

Mit Darlehensvertrag vom [*nähere Bezeichnung des zugrundeliegenden Darlehensvertrags*] hat der Darlehensgeber der Gesellschaft ein Darlehen iHv. € [*Darlehensvaluta*], verzinslich mit [*Zinssatz*] Prozent Zinsen pro Jahr gewährt. Der Darlehensvertrag ist dieser Vereinbarung als Anlage beigefügt. Der Darlehensbetrag ist in voller Höhe in der Bilanz der Gesellschaft passiviert.

§ 2 Rangrücktritt

(1) Der Darlehensgeber tritt hiermit mit sämtlichen Ansprüchen aus dem in § 1 genannten Darlehen gem. § 19 Abs. 2 Satz 2 InsO im Rang hinter sämtliche Forderungen anderer bestehender und künftiger Gläubiger in der Weise zurück, dass Tilgung und Verzinsung [*ggf. sonstige Nebenforderungen einfügen*] des Darlehens nur nachrangig nach allen anderen Gläubigern im Rang des § 39 Abs. 1 Nr. 1 bis 5 InsO, also im Rang des § 39 Abs. 2 InsO, verlangt werden können. Ein Verzicht auf die Forderung wird nicht vereinbart.

(2) Tilgung und Verzinsung [*ggf. sonstige Nebenforderungen einfügen*] des Darlehens können nur aus künftigen Jahresüberschüssen, aus einem Liquidationsüberschuss oder aus sonstigem freien Vermögen verlangt werden.

(3) Eine Befriedigung i. S. d. Abs. 2 hat ausnahmslos zu unterbleiben, wenn und / oder soweit hierdurch eine Überschuldung oder Zahlungsunfähigkeit der Gesellschaft im insolvenzrechtlichen Sinne entsteht oder zu entstehen droht.

(4) Die Abs. 1 bis 3 gelten sowohl vor als auch nach Eröffnung eines Insolvenzverfahrens.

(5) Im Übrigen ist der Darlehensgeber uneingeschränkt befugt, seine Rechte aus dem Darlehen geltend zu machen und Erfüllung zu verlangen.

(6) Die Vertragsparteien stellen klar, dass es sich bei der vorliegenden Vereinbarung um einen Vertrag zugunsten der Gläubigergesamtheit der Gesellschaft iSd. § 328 Abs. 2 BGB handelt. Eine Aufhebung dieser Rangrücktrittserklärung soll daher ohne Mitwirkung der Gläubiger nur zulässig sein, wenn eine Insolvenzreife (Abs. 3) der Gesellschaft nicht vorliegt oder beseitigt ist.

§ 3 Kündigung

Diese Rangrücktrittsvereinbarung kann mit einer Frist von zwei Wochen zum Monatsende gekündigt werden, frühestens zum 31.12. (....). Sie ist ausgeschlossen, wenn dadurch Überschuldung oder Zahlungsunfähigkeit der Gesellschaft im insolvenzrechtlichen Sinne entsteht oder zu entstehen droht.

§ 4 Sonstiges

Sollte eine Bestimmung dieses Vertrags oder seiner künftigen Änderungen oder Ergänzungen ganz oder teilweise unwirksam oder undurchführbar sein oder werden oder sollte sich in dem Vertrag eine Lücke herausstellen, so wird hierdurch die Gültigkeit der übrigen Bestimmungen nicht berührt. Anstelle der unwirksamen und undurchführbaren Bestimmungen oder zur Ausfüllung der Lücke soll eine angemessene Regelung gelten, die, insoweit rechtlich möglich, dem am nächsten kommt, was die Vertragsschließenden gewollt haben oder nach dem Sinn und Zweck des Vertrags gewollt haben würden, sofern sie bei Abschlusses dieses Vertrags oder bei der Aufnahme einer Bestimmung den Punkt bedacht hätten.

II. ERLÄUTERUNGEN

> ### Erläuterungen zu A. 6.51 Rangrücktrittsvereinbarung

1. Zivilrecht

1 In zivilrechtlicher Hinsicht muss eine Rangrücktrittsvereinbarung gewährleisten, dass eine Forderung im Überschuldungsstatus einer Gesellschaft unberücksichtigt bleibt (vgl. etwa BGH IX ZR 133/14 v. 5.3.15, NJW 15, 1672, *Nasall* jurisPR-BGHZivilR 9/2015 Anm. 3).

Eine Überschuldung liegt vor, wenn das Vermögen des Schuldners die bestehenden **2** Verbindlichkeiten nicht mehr deckt, es sei denn, die Fortführung des Unternehmens ist nach den Umständen überwiegend wahrscheinlich (§ 19 Abs. 2 Satz 1 InsO). Ausgangspunkt für die Frage, ob eine Überschuldung vorliegt, ist somit ein sog. Überschuldungsstatuts, in dem die Aktiva und Passiva der Gesellschaft gegenübergestellt werden (vgl. etwa *K. Schmidt* § 19 InsO Rz. 21). Dabei sind Forderungen auf Rückgewähr von Gesellschafterdarlehen, für die gem. § 39 Abs. 2 InsO zwischen Gläubiger und Schuldner der Nachrang im Insolvenzverfahren hinter den in § 39 Abs. 1 Nr. 1 bis 5 InsO bezeichneten Forderungen vereinbart worden ist, nicht bei den Verbindlichkeiten zu berücksichtigen (§ 19 Abs. 2 Satz 2 InsO).

Die heutige Fassung des § 19 Abs. 2 Satz 2 InsO wurde am 1.11.08 durch das sog. **3** Gesetz zur Modernisierung des GmbH-Rechts und zur Bekämpfung von Missbräuchen (MoMiG) eingeführt. Nach der bis dahin geltenden Rechtslage wurde für einen sog. qualifizierten Rangrücktritt gefordert, dass der Gläubiger erklärt, er wolle erst nach Befriedigung sämtlicher Gesellschaftsgläubiger und – bis zur Abwendung der Krise – auch nicht vor, sondern nur zugleich mit den Einlagerückgewähransprüchen der Gesellschafter berücksichtigt werden (vgl. dazu auch BGH II ZR 88/99 v. 8.1.01, BGHZ 146, 264). Nach heutiger Rechtslage (§§ 19 Abs. 2 Satz 2, 39 Abs. 2 InsO) reicht nach Ansicht des BGH eine solche Formulierung aber aus. Dass die Gläubigerin dadurch noch vor den Einlagerückgewähransprüchen der Gesellschafter rangiert, ist unproblematisch (vgl. BGH IX ZR 133/14 v. 5.3.15, NJW 15, 1672; *Hoos/Köhler* GmbHR 15, 730).

Dieser Nachrang hinter den Forderungen aus § 39 Abs. 1 Nr. 5 InsO muss gemäß **4** § 19 Abs. 2 Satz 2 InsO allerdings jedenfalls „im Insolvenzverfahren" bestehen. Bislang war angesichts dieses Gesetzeswortlauts unklar, ob es ausreicht, nur für den Fall der Eröffnung eines Insolvenzverfahrens einen solchen Nachrang zu vereinbaren (vgl. dazu etwa *Taplan/Baumgartner/Baumgartner,* GmbHR 15, 347). Der BGH hat nunmehr klargestellt, dass eine Rangrücktrittsvereinbarung, die die Vermeidung einer Insolvenz sicherstellen soll, sowohl vor als auch nach Verfahrenseröffnung ausschließen muss, dass eine Darlehensforderung als Verbindlichkeit in den Überschuldungsstatus aufgenommen wird. Der Rangrücktritt müsse daher auch den Zeitraum vor Verfahrenseröffnung erfassen. Eine Forderung könne nicht vor Verfahrenseröffnung durchsetzbar sein, nach Verfahrenseröffnung aber ausgeblendet werden, wenn es um die Feststellung der Überschuldung gehe (vgl. BGH IX ZR 133/14 v. 5.3.15, NJW 15, 1672).

Unklar ist zudem, ob der Rangrücktritt auch für den Fall einer (drohenden) Zah- **5** lungsunfähigkeit greifen muss. Dagegen spricht zunächst der Wortlaut des § 19 Abs. 2 Satz 2 BGB, der nur auf die Überschuldung abstellt. Allerdings ist der BGH in der Entscheidung vom 5.3.15 (IX ZR 133/14, NJW 15, 1672) davon ausgegangen, dass es bei einem Rangrücktritt dem Willen der Vertragspartner entspricht, dass die Forderung vor Verfahrenseröffnung nur aus „ungebundenem Vermögen" beglichen werden darf. Die im Entscheidungsfall vorgelegte Rangrücktrittsvereinbarung legt der BGH dahingehend aus, dass kein Zahlungsanspruch der Gläubigerin bestand, wenn eine Befriedigung der Forderung bei der Schuldnerin eine Überschuldung oder Zahlungsunfähigkeit auslösen konnte. Der BGH spricht von einer sog. Durchsetzungssperre. In der Literatur wird daraus z.T. der Schluss gezogen, eine entsprechende Klausel sei zwingend erforderlich, um eine Rangrücktrittsvereinbarung iSd. § 19 Abs. 2 Satz 2 InsO wirksam zu vereinbaren (vgl. *Farian* GmbHR 15, 478). Schon aus diesem Grund ist empfehlenswert, die (drohende) Zahlungsunfähigkeit in die Durchsetzungssperre aufzunehmen. Zudem erscheint uns dies zweckmäßig, um sicherzustellen, dass die zugrunde liegende Verbindlichkeit nicht nur den Insolvenzgrund der Überschuldung sondern auch die Insolvenzgründe der (drohenden) Zahlungsunfähigkeit (§§ 17, 18 InsO) nicht herbeiführen kann.

6   Nach Ansicht des BGH kann die mit einer Rangrücktrittserklärung verbundene Vorsorge gegen den Eintritt eines Insolvenzgrundes nur verwirklicht werden, wenn den Gläubigern eine gesicherte Rechtsposition verschafft wird. Im Interesse des Gläubigerschutzes sei es unumgänglich, eine Bindung der Vertragsparteien an eine Rangrücktrittserklärung anzuerkennen, die eine freie Aufhebung des Übereinkommens ausschließt. Der BGH qualifiziert die Rücktrittserklärungen daher als sog. **Verträge zugunsten Dritter.** Dies hat zugleich die Konsequenz, dass eine Rangrücktrittsvereinbarung ohne Mitwirkung der begünstigten Gläubiger nicht ohne weiteres aufgehoben werden kann. Eine Aufhebung sei ohne Mitwirkung der Gläubiger nur zulässig, wenn eine Insolvenzreife der Schuldnerin nicht vorliegt oder beseitigt ist (vgl. BGH IX ZR 133/14 v. 5.3.15, NJW 15, 1672).

7   Der BGH (aaO) geht zwar davon aus, dass eine solche Begründung eines selbständigen Rechts der Gläubiger stets miterklärt wird. Angesichts der geltenden Vertragsfreiheit wird in der Literatur jedoch empfohlen, in der Rangrücktrittsvereinbarung ausdrücklich zum Ausdruck zu bringen, dass die Vereinbarung nicht durch eine Abrede von Gläubiger und Schuldner aufgehoben werden kann, sondern als Vertrag zugunsten der anderen Gläubiger iSd. § 328 Abs. 2 BGB ausgestaltet sein müsse (vgl. *Farian* GmbHR 15, 478; *Bitter/Heim,* ZIP 15, 644). Um die insolvenzrechtliche Wirksamkeit einer Rangrücktrittsvereinbarung sicherzustellen, empfehlen wir daher, eine entsprechende Klarstellung in die Vereinbarung aufzunehmen.

7a   Nach Ansicht des LG Münster trifft den **Steuerberater** idR keine Pflicht, die insolvenzrechtliche Wirksamkeit einer Rangrücktrittsvereinbarung zu überprüfen. Der Steuerberater darf mit Blick auf das Rechtsdienstleistungsgesetz (RDG) die insolvenzrechtliche Wirksamkeit einer Rangrücktrittsvereinbarung auch nicht überprüfen; umgekehrt muss er den Mandanten – so das LG Münster – auch nicht auf eine von ihm unterlassene insolvenzrechtliche Prüfung oder die erforderliche Prüfung durch einen Rechtsanwalt hinweisen; der Mandant kann idR auch vom Steuerberater nicht erwarten, dass dieser insolvenzrechtlich prüft (LG Münster 110 O 40/16 v. 23.8.17, DStRE 18, 829). Vorstehende Erwägungen greifen nicht für einen Rechtsanwalt, von dem grundsätzlich auch die insolvenzrechtliche Prüfung verlangt werden kann.

7b   Eine qualifizierte Nachrangvereinbarung In **AGB** ist gegenüber **Verbrauchern** nur dann hinreichend transparent, wenn aus ihr die Rangtiefe, die vorinsolvenzliche Durchsetzungssperre, deren Dauer und die Erstreckung auf die Zinsen klar und unmissverständlich hervorgehen und die Voraussetzungen der vorinsolvenzlichen Durchsetzungssperre hinreichend deutlich erläutert werden. Insbesondere die Klausel, inwieweit die Ansprüche aus dem Darlehen bereits dann nicht mehr durchsetzbar sind, wenn die Gesellschaft zum Zeitpunkt des Leistungsverlangens bereits zahlungsunfähig oder überschuldet ist oder dies zu werden droht (BGH IX ZR 77/19 v. 12.12.19, NJW-RR 20, 292), muss klargestellt werden.

2. Steuerrecht

8   In steuerlicher Hinsicht muss eine Rangrücktrittsvereinbarung sicherstellen, dass die Verbindlichkeit in der Steuerbilanz – anders als im og. Überschuldungsstatus – auszuweisen ist. Die Rangrücktrittsvereinbarung könnte sonst zu einer ertragswirksamen Auflösung solcher Verbindlichkeiten führen (vgl. dazu etwa *Kahlert* DStR 15, 734; *K. Schmidt* DB 15, 600; *Taplan/Baumartner/Baumgartner* GmbHR 15, 347). Grundsätzlich sind Schulden und Verbindlichkeiten in der Handelsbilanz auszuweisen (§ 247 Abs. 1 HGB). Dies gilt nach § 8 Abs. 1 KStG, 5 Abs. 1 EStG auch für die Steuerbilanz (vgl. BFH I R 44/14 v. 15.4.15, DStR 15, 1551; FG Niedersachsen 6 K 324/12 v. 12.6.14, EFG 14, 1601; *Kahlert,* DStR 15, 734).

9   Die Bilanzierung einer Verbindlichkeit erfordert, dass der Unternehmer (1.) zu einer dem Inhalt und der Höhe nach bestimmten Leistung verpflichtet ist, (2.) diese vom Gläubiger erzwungen werden kann und (3.) eine wirtschaftliche Belastung darstellt (vgl. BFH I R 100/10 v. 30.11.11, BStBl. II 12, 332 mwN; FG Niedersachsen 6 K 324/12 v. 12.6.14, EFG 14, 1601; *Taplan/Baumgartner/Baumgartner* GmbHR 15, 347).

Zu Rangrücktrittserklärungen vor der Gesetzesänderung durch das MoMiG wurden **10** diese Voraussetzungen von der Finanzverwaltung und der Rechtsprechung bejaht (vgl. dazu BFH I R 44/14 v. 15.4.15, DStR 15, 1551; IV R 13/04 v. 10.11.05, BStBl. II 06, 618; BMF v. 8.9.06, BStBl. I 06, 497). Für die derzeit geltende Rechtslage ist – soweit ersichtlich – hierzu bislang weder eine höchstrichterliche Entscheidung noch eine Verwaltungsverlautbarung ergangen. Die Literatur geht jedoch davon aus, dass die Voraussetzungen weiterhin erfüllt werden: Da der BGH in der Entscheidung vom 5.3.15 (IX ZR 133/14, NJW 15, 1672) klargestellt habe, dass durch den Rangrücktritt nur die Rangfolge, nicht aber der Bestand der Forderung geändert werde, geht die Literatur davon aus, dass trotz Rangrücktritts weiterhin die ersten beiden Voraussetzungen für eine Bilanzierung der vom Rangrücktritt betroffenen Verbindlichkeit vorliegen: Die Verpflichtung zu einer bestimmten Leistung und die Durchsetzbarkeit durch den Gläubiger (vgl. ausführlich *Kahlert* DStR 15, 734).

Eine wirtschaftliche Belastung liegt nach Auffassung der Literatur in der Verbind- **11** lichkeit sowohl vor als auch nach der Insolvenzeröffnung vor (vgl. ausdrücklich *Kahlert* DStR 15, 734; *Bitter/Heim* ZIP 15, 644; *Taplan/Baumgartner/Baumgartner* GmbHR 15, 347). Dass die Befriedigung der Forderung aufgrund (drohender) Zahlungsunfähigkeit oder Überschuldung und folglich Insolvenzeröffnung erschwert ist, ändere an diesem Ergebnis nichts (vgl. *Kahlert* DStR 15, 734; zur Bilanzierung von Verbindlichkeit bei Zahlungsunfähigkeit oder Überschuldung vgl. BFH I B 50/70 v. 6.11.07, BFH/NV 08, 616; VIII R 29/91 v. 9.2.93, BStBl. II 93, 747; OFD NRW v. 21.11.14, DB 14, 2741).

Eine Ausnahme beinhaltet aber ggf. § 5 Abs. 2a EStG: Für Verpflichtungen, die nur **12** zu erfüllen sind, soweit künftig Einnahmen oder Gewinne anfallen, sind Verbindlichkeiten erst dann anzusetzen, wenn die Einnahmen oder Gewinne angefallen sind. Rechtsprechung und Verwaltungsanweisungen dazu, ob § 5 Abs. 2a EStG bei Rangrücktrittsvereinbarung nach dem derzeit geltenden Recht greift, sind – soweit ersichtlich – bislang nicht ergangen.

Für Fallgestaltungen nach altem Recht (vor MoMiG) ist § 5 Abs. 2a EStG nicht **13** anwendbar, wenn die Verbindlichkeit nicht nur aus zukünftigen Gewinnen, sondern auch aus sogenanntem **sonstigen freien Vermögen** zu bedienen ist. Der BFH hat dies damit begründet, dass die Verbindlichkeit in diesem Fall nicht nur zukünftige Gewinne belastet, sondern auch das Vermögen des Schuldners, das nicht zur Befriedigung anderer Gläubiger eingesetzt werden muss. Deshalb bestehe in diesem Fall eine gegenwärtige Belastung des Vermögens. Der Nichtausweis der Verbindlichkeit würde gegen den Vollständigkeits- und den Vorsichtsgrundsatz verstoßen (vgl. etwa BFH I R 44/14 v. 15.4.15, DStR 15, 1551; IV R 13/04 v. 10.11.05; BStBl. II 06, 618; ebenso BMF IV B 2-S 2133-10/06 v. 8.9.06, BStBl. I 06, 497). Anders – keine wirtschaftliche Belastung – hat es der BFH hingegen für den Fall gesehen, dass Darlehen nur aus künftigen Überschüssen, soweit sie bestehende Verlustvorträge übersteigen, oder aus einem Liquidationsüberschuss zurückbezahlt werden müssten. In dem Fall fehle es an einer gegenwärtigen wirtschaftlichen Belastung (BFH I R 100/10 v. 30.11.11, BStBl. II 12, 332).

In der Literatur wird es für das derzeit geltende Recht weiterhin als ausreichend erachtet, dass die Tilgung auch aus sonstigem freien Vermögen erfolgen kann (vgl. etwa *Hoos/Köhler* GmbHR 15, 733; *Bitter/Heim* ZIP 15, 644; *Taplan/Baumgartner/Baumgartner* GmbHR 15, 347).

Im vorliegenden Formular ist vorgesehen, dass Zins und Tilgung nur verlangt wer- **14** den können, wenn dies aus künftigen Gewinnen, aus einem Liquidationsüberschuss oder sonstigem freien Vermögen möglich ist. UE dürfte die Klausel daher bereits aus diesem Grund die Bilanzierungspflicht der zugrunde liegenden Verbindlichkeiten nicht beseitigt haben.

15   In Bezug auf qualifizierte Rangrücktrittsvereinbarungen nach altem Recht argumentierte das BMF ferner so: § 5 Abs. 2a EStG sei nicht anwendbar. Es bestehe keine Abhängigkeit zwischen Verbindlichkeit und Einnahmen oder Gewinnen, sondern die Begleichung der Verbindlichkeit könne zeitlich aufschiebend bedingt – bis zur Abwendung der Krise – verweigert werden (vgl. BMF v. 8.9.06, BStBl. I 06, 497).

16   Die Literatur hält dies für die heutige Rechtslage ebenfalls für zutreffend. Nach dem Konzept des BGH in der Entscheidung BGH IX ZR 133/14 v. 5.3.15 (NJW 15, 1672) dürfe die Verbindlichkeit, sofern bei Auszahlung keine Zahlungsunfähigkeit oder Überschuldung drohe, befriedigt werden. Die Befriedigung der Verbindlichkeit sei somit nicht von Gewinnen abhängig, sondern von der Insolvenzreife, die durch die Auszahlung ausgelöst werden könnte (vgl. *Kahlert* DStR 15, 734).

17   Der **Rangrücktritt** kann im Einzelfall geeignetes Mittel sein, um bis zur Feststellung des Jahresabschlusses eine bestehende rechnerische Überschuldung iSd. § 19 Abs. 2 InSO zu beseitigen und dadurch eine Bilanzierung mit Going Concern nach § 252 Abs. 1 Nr. 2 HGB zu ermöglichen (zum Ganzen: *Wollweber* Stbg 18, 271).

A. 7. Gewinngemeinschaft

Übersicht

A. 7.00 Gewinngemeinschaftsvertrag

Gliederung

I. FORMULAR

Formular A. 7.00 Gewinngemeinschaftsvertrag

GEWINNGEMEINSCHAFTSVERTRAG

zwischen

1. der A-GmbH, vertreten durch ......

2. der B-GmbH, vertreten durch ......

– nachfolgend Vertragsparteien genannt –

Die Vertragsparteien beabsichtigen, ihre bisherige geschäftliche Zusammenarbeit unter Aufrechterhaltung der rechtlichen Selbstständigkeit durch die Vereinbarung einer Gewinngemeinschaft (Gewinnpoolung) zu vertiefen, und vereinbaren dazu Folgendes:

§ 1 Gewinngemeinschaft

Die Vertragsparteien verpflichten sich, ihr gesamtes Jahresergebnis zur Aufteilung des gemeinschaftlichen Ergebnisses zusammenzulegen.

§ 2 Vorbilanzen

(1) Ihr gesamtes Jahresergebnis im Sinne des § 1 dieses Vertrages ermitteln die Vertragsparteien auf Grund einer nach den für sie geltenden handelsrechtlichen Vorschriften erstellten Bilanz (Vorbilanz).

(2) Beide Vertragsparteien stellen ihre Vorbilanzen nach den gleichen handelsrechtlichen Grundsätzen auf. Das gilt insbesondere für die Ausübung von bilanziellen Wahlrechten und die Bildung und Auflösung von Rücklagen. Abweichungen hiervon, zB aus steuerlichen Gründen, bedürfen der Zustimmung der anderen Vertragspartei; diese

darf in ihrer Vorbilanz einen Ausgleich vornehmen. Die Vertragsparteien bestellen den gleichen Abschlussprüfer, der für die Einhaltung dieser Verpflichtung Sorge trägt.

(3) Die Vorbilanzen sind binnen drei Monaten nach Abschluss des Geschäftsjahres aufzustellen.

§ 3 Ergebnisaufteilung

(1) Die nach § 2 ermittelten Jahresergebnisse werden zum gemeinschaftlichen Ergebnis addiert. Das gemeinschaftliche Ergebnis wird auf die Vertragsparteien im Verhältnis ihres Eigenkapitals im Sinne des § 272 HGB aufgeteilt.

(2) Wenn die Entwicklung der Verhältnisse erweist, dass dieser Verteilungsschlüssel nicht mehr angemessen ist, werden ihn die Vertragsparteien gemeinschaftlich in anderer Weise festsetzen.

§ 4 Jahresbilanzen

(1) Bei der Aufstellung ihrer Jahresbilanzen sind die Abführungen und Empfänge auf Grund dieses Vertrages von den Vertragsparteien zu berücksichtigen.

(2) Forderungen und Verbindlichkeiten auf Grund dieses Vertrages werden auf einem Sonderkonto verbucht und bis zu der gemeinschaftlich zu beschließenden Zahlung mit ...... Prozentpunkten über dem jeweiligen Basiszinssatz gem. § 247 BGB verzinst.

§ 5 Vertragsdauer

(1) Der Vertrag wird auf die Dauer von ...... Jahren abgeschlossen. Er ist erstmals für das Geschäftsjahr ...... anzuwenden.

(2) Der Vertrag verlängert sich um weitere drei Jahre, falls er nicht mindestens ein Jahr vor Ablauf von einer der Vertragsparteien gekündigt wird.

§ 6 Schiedsgericht

(1) Die Beilegung von Meinungsverschiedenheiten aus diesem Vertrage, die die Ergebnisaufteilung nach § 3 dieses Vertrages betreffen, obliegt den Geschäftsführungen der Vertragsparteien. Einigen sie sich nicht, gilt Abs. 3.

(2) Zur Beilegung von Meinungsverschiedenheiten bei der Aufstellung der Vorbilanzen nach § 2 dieses Vertrages bestellen die Vertragsparteien den gemeinsamen Abschlussprüfer als Schiedsgutachter.

(3) Über die nach Abs. 1 und 2 nicht beigelegten Meinungsverschiedenheiten entscheidet ein Schiedsgericht.

II. ERLÄUTERUNGEN

Erläuterungen zu A. 7.00 Gewinngemeinschaftsvertrag

1. Grundsätzliche Anmerkungen

Schrifttum: *Emmerich/Habersack* Konzernrecht, 10. Aufl. 2010 § 13 und § 32 Rz. 52 f.; *Fedke* Ertragspooling als Gewinngemeinschaften, DK 15, 53; *H/H/R/Rosenberg* § 5 EStG Anm. 1395 ff.; *Kersten/Bühling* Formularbuch, 24. Aufl. 2014, § 152 Rz. 20 M; *Kessler* in: *Herzig* Organschaft, 2003 S. 574 ff.; *Knepper* BB 82, 2061; *Krieger* in: MünchHdB AG, § 72 Anm. 8 ff.; *Lechner* Die Gewinnpoolung im Ertragsteuerrecht, 1983; *Mann* Steuerliche Probleme bei der Poolung von Unternehmensgewinnen, in: *Hintner/Linhardt* Zur Besteuerung der Unternehmung, FS Scherpf, 1969, S. 223 ff.; *Meister* in: *Grotherr* Handbuch der internationalen Steuerplanung, 3. Aufl. 2011, S. 759; *Reuter* Die Besteuerung der verbundenen Unternehmen, 1970, S. 343 ff.; *Reuter* Konzernsteuerliche Fragen, JbFfSt 1971/72 S. 180; *Schubert/Küting* Unternehmenszusammenschlüsse, 1981; *Strobl ua.* Gewinnpoolung, JbFfSt 1987/88, 312; *Veil* Unternehmensverträge, 2003; *Walter* in *Bott/Walter* § 14 KStG Rz. 537 ff.; *Wöhe* Interessengemeinschaften, DStR 90, Beihefter zu Heft 7 S. 22.

a) Wirtschaftliche Vertragsziele

Wie bei den meisten Unternehmenszusammenschlüssen liegt der Zweck der Ge- **1** winngemeinschaft in der Erzielung eines Gemeinschaftsgewinns, der größer ist als die Summe der Einzelgewinne der Unternehmen vor dem Bestehen der Gewinngemeinschaft. Einzelzwecke können zB sein: Sicherung des Unternehmenswachstums, Risikostreuung, Fusionsersatz, Erhalt der Wettbewerbsfähigkeit, Ausschüttungskontinuität, Steuerminderung bzw. Vermeidung zusätzlicher Steuerbelastungen. Zur Durchsetzung der Ziele wird oft gemeinsame Leitung vereinbart, durch Personalunion oder Bildung eines Gemeinschaftsorgans, das die Geschäftspolitik festlegt.

b) Zivilrecht

§ 292 Abs. 1 Nr. 1 AktG zählt den Gewinngemeinschaftsvertrag zu den „anderen" **2** Unternehmensverträgen. Nach hM besteht sein **wesentlicher Inhalt** darin, dass zwei oder mehrere Unternehmen ihren Gewinn zusammenlegen und den gemeinschaftlichen Gewinn nach einem bestimmten Verteilungsschlüssel auf die beteiligten Unternehmen aufteilen. Der einzubringende Gewinn kann jener des ganzen Unternehmens oder eines Teilbetriebes oder nur ein Teil des Unternehmensgewinns sein. Auch Verluste können dazu zählen, dann liegt genau genommen ein Ergebnisgemeinschaftsvertrag vor (vgl. § 722 Abs. 2 BGB). Entscheidend ist, dass der Jahresgewinn vergemeinschaftet wird und nicht nur der Gewinn eines oder mehrerer bestimmter Geschäfte, wie es bei einer Arbeitsgemeinschaft oder einer Metaverbindung (s. Formular A. 7.01) der Fall ist. Statt von Gewinngemeinschaft wird gleichbedeutend auch von Gewinnpoolung und Interessengemeinschaft gesprochen.

Gewinngemeinschaften sind **zwischen Unternehmen jeder Rechtsform** mög- **3** lich. Soweit eine AG oder KGaA beteiligt ist, bedarf der Vertrag als Unternehmensvertrag der qualifizierten Zustimmung ihrer Hauptversammlung (§ 293 Abs. 1 AktG) sowie der Eintragung ins Handelsregister (§ 294 AktG). Für die GmbH gilt nach hM Entsprechendes (analog § 292 Abs. 1 Nr. 1 AktG oder §§ 53, 54 GmbHG, *Emmerich/Habersack* § 292 AktG Rz. 21 f.); es empfiehlt sich, die Frage der Eintragungsfähigkeit insoweit mit dem Registergericht möglichst vorab zu klären.

Der Gewinngemeinschaftsvertrag begründet zwischen den Beteiligten eine **Gesell-** **4** **schaft bürgerlichen Rechts** (§§ 705 ff. BGB) als Innengesellschaft, da sie nach außen nicht auftritt (BGH II ZR 250/55 v. 23.5.57, BGHZ 24, 279; OLG Frankfurt 9 U 80/84 v. 23.3.88, AG 88, 267).

Schwerpunkte der Vertragsgestaltung sind die Aufstellung der Vorbilanzen und **5** die Bestimmung des Gewinnverteilungsschlüssels (vgl. Rz. 18 f.). Wenn eine AG oder KGaA eine Gewinngemeinschaft mit ihrem Aktionär eingeht, muss der Gewinnverteilungsschlüssel angemessen sein; denn die §§ 57, 58 und 60 AktG werden durch die Gewinngemeinschaft nicht suspendiert (*Hüffer/Koch* § 292 AktG Rz. 11).

Gewinngemeinschaften **mit ausländischen Partnern** sind möglich, jedoch ist bei **6** der Ausgestaltung den nationalen konzernrechtlichen Schutzsystemen Rechnung zu tragen. Für eine deutsche AG oder KGaA soll daher nach hM stets deutsches Recht gelten (*MünchKommAktG/Altmeppen* § 292 AktG Rz. 44; für grundsätzlich freie Rechtswahl hingegen *Meister* aaO S. 425).

Für Gewinngemeinschaften zwischen **Wettbewerbern** sind §§ 1, 37 Abs. 1 Nr. 2 **7** GWB, Art. 101 AEUV zu beachten, besonders bei einheitlicher Leitung (*Haarmann* JbFfSt 1.992/93, 525).

c) Steuerrecht

aa) Einkommensteuer/Körperschaftsteuer

Die Parteien des Gewinngemeinschaftsvertrages bleiben **selbstständige Steuer-** **8** **rechtssubjekte.** Die Gewinngemeinschafts-GbR ist kein Körperschaftsteuersubjekt iSd. §§ 1, 3 KStG, Sie kann allerdings als **„andere Gesellschaft" Mitunternehmer-**

schaft iSd. § 15 Abs. 1 Nr. 2 EStG sein (BFH I R 35/14 v. 22.2.17, BStBl. II 18, 33; **aA** etwa *Kirchhof/Seer/Krumm* § 15 EStG Rz. 170; vgl. etwa auch *Lüdicke/Sistermann/Schiessl/Brinkmann,* Unternehmenssteuerrecht § 4 Rz. 106 ff.; *Bott/Walter/Walter* KStG § 14 Rz. 537 ff.). Voraussetzung ist dabei insbes., dass jeder Gesellschafter der Gewinngemeinschafts-GbR als Mitunternehmer des Betriebs des jeweils anderen Gesellschafters anzusehen ist, also insoweit Mitunternehmerrisiko trägt und Mitunternehmerinitiative entfalten kann. Dies ist eine **Frage der Gesamtwürdigung des Einzelfalls** (BFH I R 35/14 v. 22.2.17 aaO; in konkreten Fall ablehnend: RFH VI A 833/33 v. 9.5.34, RStBl. 34, 658; BFH VI 317/62 U v. 9.10.64, BStBl. III 65, 71). Es liegt auch keine Organschaft im Sinne des § 14 KStG vor. Der für die körperschaftsteuerliche Organschaft erforderliche Gewinnabführungsvertrag und der Gewinngemeinschaftsvertrag schließen sich vielmehr begrifflich aus. Die Finanzverwaltung will der Ergebnisaufteilung im Rahmen einer Gewinn- und Verlustgemeinschaft generell die Anerkennung versagen (D/P/M § 14 KStG Rz. 66).

9   Ist die Gewinngemeinschaft als Mitunternehmerschaft einzuordnen, so gelten hierfür die allgemeinen Grundsätze. Im Übrigen wird der Gewinngemeinschaftsvertrag grds. – die betriebliche Veranlassung vorausgesetzt – auch ohne das Vorliegen einer Mitunternehmerschaft steuerlich anerkannt. Der abgeführte Gewinnanteil ist dann **Betriebsausgabe,** der erhaltene Gewinnanteil ist **Betriebseinnahme** (zB RFH I 238/38 v. 22.11.38, RStBl. 39, 476; BFH VI 317/62 U v. 9.10.64, BStBl. III 65, 71; *Reuter* JbFfSt 1971/72 S. 182 mit umfassenden Rspr.-Nachweisen; *Lüdicke/Sistermann/Schiessl/Brinkmann,* Unternehmenssteuerrecht § 4 Rz. 107). Auf diese Art und Weise können auch Verluste des einen Unternehmens mit Gewinnen des anderen Unternehmens ausgeglichen werden. Damit lassen sich der Organschaft vergleichbare Wirkungen auch ohne Vorliegen von deren Voraussetzungen herbeiführen. Die steuerliche Anerkennung hängt davon ab, dass der Vertrag ernst gemeint ist, tatsächlich durchgeführt wird und wirtschaftlich begründet ist. Insb. muss der Gewinnverteilungsschlüssel leistungsgerecht sein. Da einander Fremde sich im Geschäftsleben nichts zu schenken pflegen, kann die Erfüllung dieser Voraussetzungen bei Verträgen zwischen ihnen unterstellt werden.

10   Gewinngemeinschaftsverträge zwischen **nahe stehenden Unternehmen** werden zwar grds. ebenfalls steuerlich anerkannt, jedoch unter engeren Voraussetzungen. Die gegenseitigen Abführungen und Empfänge müssen angemessen sein, dh. dem entsprechen, was einander Fremde vereinbart hätten (BFH I 155/54 U v. 6.12.55, BStBl. III 56, 95). Nach BFH I 155/54 U v. 6.12.55, aaO kommt es für die Prüfung der Angemessenheit auf das Jahr der Abführung oder des Empfangs der Leistung an, nicht auf das Jahr des Vertragsabschlusses; uE unrichtig. Häufig wird sich der „gerechte Ausgleich" erst über einen Zeitraum von mehreren Jahren einstellen, je nachdem wie die Geschäfte der einzelnen Unternehmen laufen (so mit Recht *Reuter* JbFfSt 1971/72, 184). Welchen Sinn hätte der Vertrag, wenn die Beteiligten für die Abführung ihres Gewinnanteils einen Anspruch in gleicher Höhe für das gleiche Jahr erwarten? Einzelheiten s. *Walter* BB 95, 1876. Aus BFH IV R 73/93 v. 26.1.95 (BStBl. II 95, 589) folgt, dass ein Gewinngemeinschaftsvertrag zwischen personenidentischen Personengesellschaften nur dann steuerlich anerkannt wird, wenn der Vertrag eine auch unter Freunden denkbare ausgeglichene Leistungsbeziehung begründet (sa. BFH IV R 50/99 v. 21.9.00, BStBl. II 01, 299).

11   Folge der steuerlichen **Nichtanerkennung** der Gewinngemeinschaft ist für Körperschaften die Annahme von vGA oder verdeckten Einlagen (RFH VI A 629/32 v. 4.4.33, RStBl. 33, 969), soweit Nahestehende beteiligt sind. Unter nahe stehenden Personenunternehmen liegen dann statt Betriebseinnahmen und -ausgaben Einlagen bzw. Entnahmen vor (BFH IV R73/93 v. 26.1.95, aaO). Nicht klar ist, ob auch eine steuerlich schlichte Negierung des Vertrages in Betracht kommt. BFH VI 155/54 U v. 6.12.55, aaO und VI 317/62 U v. 9.10.64, aaO könnten dafür sprechen, obwohl die Tendenz zu erkennen ist, den angemessenen Gewinnanteil durch einen Fremdver-

gleich zu ermitteln, und falls dies nicht möglich ist, die von der Rspr. entwickelten Grundsätze zur Gewinnermittlung in einer Familienpersonengesellschaft heranzuziehen (BFH IV R 50/99 v. 21.9.00, BStBl. II 01, 299). Bei Gewinngemeinschaften „im Interesse der Gesellschafter" sind auch § 4 Abs. 4 und § 12 EStG zu prüfen.

Nach Auffassung der FinVerw. bis einschl. 1992 konnten Gewinngemeinschaften **12** zwischen **Produktions-** und **Vertriebsgesellschaften** und einem Einzelkaufmann mit Produktionsbetrieb und einer Einmanngesellschaft als Vertriebsgesellschaft steuerlich nicht anerkannt werden (Abschn. 138b Abs. 4 und 5 EStR bis 1992). Dagegen mit Recht *Mann* aaO S. 238 ff. Ob solche Gewinngemeinschaften ab 1993 steuerlich möglich sind, ist offen, dem Vernehmen nach sieht die FinVerw. Gewinngemeinschaften kritisch (vgl. Rz. 8).

Grds. wird auch die Gewinngemeinschaft zwischen einem **in-** und einem **auslän- 13 dischen Unternehmen** anerkannt. Soweit es sich um nahe stehende Unternehmen handelt, sind die oben entwickelten Grundsätze zu beachten. Zusätzlich gilt § 1 AStG. Im Sinne der DBA sind die Erträge auf Grund des Vertrages Unternehmensgewinne (Art. 7 OECD-MA), nicht etwa Dividenden (*Döllerer* JbFfSt 87/88, 316). Zu grenzüberschreitenden Aspekten *Meister* aaO, S. 438 ff.

Soweit bei steuerlicher Nichtanerkennung eine vGA anzunehmen ist, liegen dage- **14** gen bei aus dem Ausland ins Inland fließenden Erträgen **Schachteldividenden** vor und es sind die einschlägigen Bestimmungen der DBA (insbes. Schachtelprivileg) und des nationalen Rechts (§ 26 KStG) zu beachten.

bb) Gewerbesteuer

Durch eine Gewinngemeinschaft verbundene Unternehmen bleiben für die GewSt **15** selbstständige Rechtssubjekte. Abführungen und Empfänge wirken sich auf den Gewerbeertrag (§ 7 GewStG) aus. Eine gewerbesteuerliche Organschaft (§ 2 Abs. 2 Satz 2 GewStG) zwischen den Beteiligten der Gewinngemeinschaft ist ab EZ 2002 nicht mehr möglich, da nunmehr dieselben Voraussetzungen wie für eine körperschaftsteuerliche Organschaft erfüllt sein müssen, dh. also Abschluss eines die Gewinngemeinschaft ausschließenden Gewinnabführungsvertrages.

cc) Umsatzsteuer

USt fällt nicht an, weil die Ausgleichszahlungen auf Grund der Gewinngemein- **16** schaft allein noch keinen Leistungsaustausch iSd. Umsatzsteuerrechts beinhalten (BFH V R 42/70 v. 26.7.73, BStBl. II 73, 766; UStAE 1.1 Abs. 17; *Sölch/Ringleb* § 1 UStG Rz. 81 „Interessengemeinschaft"). Die Innengesellschaft (s. Rz. 4) ist kein Unternehmer iSd. UStG, nur die Vertragspartner sind es (UStAE 2.1 Abs. 5).

dd) Abgabenordnung

Über die Frage, ob die Beteiligten einer Gewinn- und Verlustgemeinschaft eine **17** Mitunternehmerschaft bilden, ist im Verfahren zur gesonderten und einheitlichen Feststellung zu entscheiden (BFH I R 35/14 v. 22.2.17, DStR 17, 1527). Liegt keine Mitunternehmerschaft vor, findet darüber hinaus keine einheitliche Gewinnfeststellung nach § 180 Abs. 1 Nr. 2 AO statt (BFH VI 317/62 U v. 9.10.64, BStBl. III 65, 71; *Tipke/Kruse* § 180 AO Rz. 28). Möglich ist eine Konzernprüfung durch die FinVerw. nach einheitlichen Gesichtspunkten, wenn die Voraussetzungen des § 13 Abs. 1 und 2 BpO (2000) vorliegen. Die Gewinngemeinschaft allein begründet keine Haftung für Steuerschulden des anderen Vertragspartners.

2. Einzelerläuterungen

Zu § 2: Vorbilanzen

Anstelle der handelsrechtlichen können auch die steuerrechtlichen Vorschriften her- **18** angezogen werden. Statt solcher Generalverweisungen können auch einzelne Grundsätze über die Bewertung der Bestände, Höhe der Abschreibungen und Wertberichtigungen, Bildung von Rückstellungen usw. vorgesehen werden (vgl. den Vertragstext bei OLG Frankfurt 5 U 257/84 v. 21.1.86, AG 87, 43). Ebenso können bestimmte Posten vollständig herausgenommen werden, zB die Bezüge leitender Angestellter.

Zu § 3: Ergebnisaufteilung

19   Andere mögliche Gewinnverteilungsschlüssel sind der Unternehmenswert (wenig empfehlenswert, da schwer zu bestimmen, vgl. *WPH II* Abschn. A Rz. 7 ff.), der Umsatz, der Absatz bestimmter Waren, Personal der beteiligten Unternehmen. Weitere Möglichkeiten bei *Schubert/Küting* aaO S. 193 und *Meister* aaO S. 429.

A. 7.01 Metageschäft

Gliederung

I. FORMULAR

Formular A. 7.01 Vertrag Metageschäft

VERTRAG

zwischen

Handelshaus A-GmbH, vertreten durch ......

und

Handelshaus B-KG, vertreten durch ......

– nachfolgend Vertragsparteien genannt –

Die Vertragsparteien beabsichtigen die gemeinsame Erschließung des brasilianischen Marktes für den Export von Spritzgussmaschinen für die Kunststoffverarbeitung und vereinbaren dazu Folgendes:

§ 1 Funktionen

(1) A übernimmt den Einkauf der Maschinen, ihren Transport nach Brasilien und die Abladefunktion am Seehafen in Brasilien.

(2) B übernimmt die Akquisition der Kunden, die Bearbeitung der Lieferverträge bis zum Abschluss, den Transport vom Seehafen zum Standort des Kunden und die nachvertragliche Bearbeitung (Einweisung in den Gebrauch der Maschinen, Mängelbearbeitung, Inkassowesen).

(3) B hat das Recht, in Brasilien eine Zweigniederlassung oder Tochtergesellschaft zu gründen und ihr die in Absatz 2 genannten Funktionen zu übertragen. Die Übertragung bedarf der Genehmigung von A.

§ 2 Vertretung

Jede Vertragspartei tritt für die ihr gemäß § 1 zugewiesenen Funktionen nach außen im eigenen Namen auf.

§ 3 Gewinnverteilung

(1) Jede Vertragspartei trägt die Kosten der ihr nach § 1 zugewiesenen Funktionen selbst.

(2) Von dem aus dem Verkauf der Maschinen erzielten Bruttogewinn (Einkaufspreis von A ./. Verkaufspreis von B) erhält

– A 40 %,

– B 60 %.

B überweist vierteljährlich von den von ihr vereinnahmten Verkaufspreisen an A den A zustehenden Anteil.

§ 4 Vertragsdauer

Das Vertragsverhältnis beginnt mit der Unterzeichnung dieses Vertrages und endet am 31.12.20... Es verlängert sich jeweils um zwei Jahre, wenn es nicht von einer der Vertragsparteien ein halbes Jahr vor dem jeweiligen Ablauf durch eingeschriebenen Brief gekündigt wird.

§ 5 Kontroll- und Einsichtsrecht

Jede Vertragspartei hat das Recht auf Auskunft und Einsicht in die Bücher, Papiere und sonstigen Unterlagen der anderen Vertragspartei über die in § 1 bezeichneten Geschäfte. Sie darf dieses Recht jedoch nur durch einen zur Verschwiegenheit verpflichteten Sachverständigen ausüben.

§ 6 Steuerliche Dokumentationspflichten

(1) Zur Erfüllung ihrer steuerlichen Dokumentationspflicht gem. § 90 Abs. 3 AO ist jede Vertragspartei von ihrer Verschwiegenheitsverpflichtung hinsichtlich der in § 1 bezeichneten Geschäfte entbunden.

(2) Jede Vertragspartei verpflichtet sich, die jeweils andere bei der Erfüllung der Pflichten gem. § 90 Abs. 3 AO hinsichtlich Informationsbeschaffung zu unterstützen.

§ 7 Schiedsgericht

Über Meinungsverschiedenheiten aus diesem Vertrage entscheidet ein Schiedsgericht.

II. ERLÄUTERUNGEN

> **Erläuterungen zu A. 7.01 Vertrag Metageschäft**

1. Grundsätzliche Anmerkungen

Schrifttum: *E. Müller* Die Metagesellschaft im Steuerrecht, Stbg 62, 158; *Richter* Zum Begriff des Metageschäfts, ZBlfHR 28, 150; *Soergel/Hadding/Kießling* BGB 13. Aufl. 2012, vor § 705 Anm. 46; *Strobl ua.* Meta-Gesellschaft, JbFfSt 1988/89, 246.

a) Wirtschaftliche Vertragsziele

Das Metageschäft ähnelt der Gewinngemeinschaft (vgl. Formular A. 7.00) insoweit, **1** als es auch hier um die Vergemeinschaftung eines Gewinns geht, jedoch beim Metageschäft um den Gewinn eines oder mehrerer einzelner Geschäfte, nicht des gesamten

Unternehmensgewinns. Hauptmotive sind die Risikoverteilung, wenn zB ein bestimmtes Geschäft die finanziellen, personellen oder technischen Möglichkeiten eines Unternehmens übersteigt und die Arbeitsteilung in der Weise sinnvoll ist, dass die Beteiligten sich ergänzende Tätigkeiten vornehmen, die sie besonders gut beherrschen, zB kann A eine Ware günstig einkaufen, B sie bearbeiten und C sie verkaufen, D ggf. das Geschäft finanzieren. Häufig findet sich das Metageschäft auch bei der Auswertung von Lizenzen und sonstigen Rechten, zB Filmen. Das Metageschäft ist somit eine Erscheinungsform der Unternehmenskooperation.

b) Zivilrecht

2   Der Metavertrag ist als Vertragstypus gesetzlich nicht ausdrücklich geregelt. Sein **wesentlicher Inhalt** besteht darin, dass zwei oder mehr Personen eine Verbindung eingehen, um ein oder mehrere Geschäfte auf gemeinschaftliche Rechnung, aber nach außen im eigenen Namen abzuschließen (BGH VIII ZR 142/62 v. 27.11.63, DB 64, 67; II ZR 125/81 v. 11.10.82, WM 82, 1403; II ZR 128/88 v. 26.6.89, NJW 90, 573; OLG Köln 4 U 13/96 v. 7.3.97, VersR 98, 760; *Soergel/Hadding* aaO). Trotz des Wortlautes a meta (= zur Hälfte) ist anerkannt, dass nicht nur zwei Personen, sondern auch mehrere mitwirken können und dass der Gewinn nicht nur gehälftet, sondern auch in anderer Weise verteilt werden kann. Gleichbedeutend wird auch von Metaverbindung und Metagesellschaft gesprochen, die Vertragsparteien werden als Metisten bezeichnet.

3   Metaverträge sind **zwischen Unternehmen jeder Rechtsform** möglich. Der Vertrag ist formfrei. Bei Aktiengesellschaften gilt § 292 Abs. 1 Nr. 1 AktG für den Metavertrag nicht.

4   Der Metavertrag begründet zwischen den Beteiligten eine **Gesellschaft bürgerlichen Rechts** (§§ 705 ff. BGB) als Innengesellschaft, da sie nach außen nicht auftritt. Wenn den Parteien die sich aus den §§ 705 ff. BGB ergebenden Rechtsfolgen nicht angemessen erscheinen, müssen sie diese, soweit möglich, abbedingen, zB die gesamtschuldnerische Haftung. Üblicherweise hat die Gesellschaft kein Gesellschaftsvermögen. Eine andere Vereinbarung, zB Einbringung eines „Startkapitals", ist möglich.

5   **Schwerpunkte der Vertragsgestaltung** sind die Zuweisung der von den Vertragsparteien wahrzunehmenden Funktionen und die Gewinnverteilung (vgl. Rz. 16 ff.).

6   Metaverträge **mit ausländischen Partnern** sind möglich.

7   Zur Erfassung im Jahresabschluss s. HFA-Stellungnahme 1/1993: Zur Bilanzierung von Joint Ventures, WPg 93, 441 und Kommentare zu §§ 275, 277 HGB.

c) Steuerrecht

aa) Einkommensteuer/Körperschaftsteuer

8   Die Parteien des Metavertrages bleiben **selbstständige Steuerrechtssubjekte.** Die Metagesellschaft ist insbesondere kein Körperschaftsteuersubjekt iSd. §§ 1, 3 KStG. Ob die Metagesellschaft Mitunternehmerschaft i.S. des § 15 Abs. 1 Satz 1 Nr. 2 EStG ist, hängt von der Ausgestaltung des Vertrages und der Tätigkeit der Gesellschaft ab. Die Metagesellschaft ist Mitunternehmerschaft, wenn ihre Tätigkeit als gewerblich i.S.v. § 15 Abs. 2 EStG einzuordnen ist und die Metisten dem Typus eines Mitunternehmers entsprechen, also Mitunternehmerinitiative entfalten können und Mitunternehmerrisiko tragen. Wird die Metavereinbarung für ein einmaliges Gelegenheitsgeschäft geschlossen, liegt idR keine Mitunternehmerschaft vor. Die Abgrenzung ist auch danach vorzunehmen, ob nach den Vereinbarungen der Beteiligten die Gesamtrisiken und -chancen anteilig oder konkret nach dem jeweiligen Leistungsbeitrag verteilt seien (BFH I R 92/01 v. 18.12.02, IStR 03, 388 mit Anm. *Wassermeyer*, BFH X R 108/91 v. 26.5.93, BStBl. II 94, 96; s. auch: RFH VI A 2120/29 v. 23.7.30,

RStBl. 30, 716; VI A 182/31 v. 25.3.31, StuW 31 Nr. 434; FG Hamburg I 73/73 v. 3.9.75, EFG 76, 136; FG BaWü 12 K 247/88 v. 20.5.92, EFG 93, 225; *Schmidt/ Wacker* § 15 EStG Rz. 328).

Für den Spezialfall der gemeinsamen Verwertung von Filmrechten hat die Rspr. allerdings Mitunternehmerschaft angenommen, unabhängig davon, ob ein Metageschäft oder ein anderes Rechtsverhältnis vorlag (BFH IV R 152/76 v. 19.2.81, BStBl. II 81, 602; BFH I R 25/79 v. 28.10.81, BStBl. II 82, 186); uE nicht für alle Metageschäfte zu verallgemeinern. Es kommt auf die Vertragsgestaltung im Einzelfall an. Für den Fall einer Beurteilung einer Metagesellschaft als Mitunternehmerschaft s. BFH I R 92/01 v. 18.12.02, IStR 03, 388 mit Anm. *Wassermeyer; Strunk/Kaminski* Stbg 03, 280; *Weninger* SWI 03, 389; FG Hamburg 6 K 162/10 v. 27.2.12, BeckRS 2012, 95061, sowie folgend Rz. 11.

9 Liegt zwischen den Metisten keine Mitunternehmerschaft iS des § 15 Abs. 1 Satz 1 Nr. 2 EStG vor, so mindert der aus dem Metageschäft abzuführende Gewinn als **Betriebsausgabe** den Gewinn des abführenden Metisten und erhöht als **Betriebseinnahme** den Gewinn des anderen Metisten (zu den Buchungsvorgängen vgl. *E. Müller* Stbg 62, 158).

10 Metaverträge zwischen **nahe stehenden Personen** werden grds. ebenso anerkannt wie solche zwischen einander Fremden. Die allgemeinen Bedingungen für die steuerrechtliche Anerkennung von Verträgen zwischen nahe stehenden Personen sind zu beachten. Insb. im Verhältnis Kapitalgesellschaft zu ihrem Gesellschafter finden die Grundsätze der vGA und verdeckten Einlage auch in Ansehung eines Metavertrages Anwendung (BFH I 178/61 v. 27.2.63, BeckRS 1963, 21007642). Danach muss der Gewinnverteilungsschlüssel dem entsprechen, was einander fremde Personen vereinbart hätten.

11 Bei Metaverträgen mit ausländischen Metisten begründet der inländische Metist für den ausländischen weder eine **Betriebsstätte** (§ 12 AO) noch einen **ständigen Vertreter** (§ 13 AO) im Inland und folglich besteht keine beschränkte Steuerpflicht im Sinne des § 49 EStG unter diesem Gesichtspunkt (RFH VI A 2120/29 v. 23.7.30, RStBl. 30, 718 und VI A 182/31 v. 25.3.31, StuW 31 Nr. 434). Ebensowenig begründet der ausländische Metist für den inländischen eine Betriebsstätte oder einen ständigen Vertreter im Ausland mit den einschlägigen Rechtsfolgen, zB §§ 34c, 34d EStG. Im Einzelfall kann die Metaverbindung auf Grund besonderer vertraglicher Vereinbarungen oder besonderen tatsächlichen Verhaltens so „verdichtet" sein, dass Mitunternehmerschaft iSd. § 15 Abs. 1 Satz 1 Nr. 2 EStG vorliegt und damit der eine Metist eine Betriebsstätte am Ort des anderen Metisten hat (vgl. RFH I R 92/01 v. 25.4.33, RStBl. 33, 1019, zur Abgrenzung auch *Schönfeld/Ditz/Hruschka* DBA Art. 5 (2014) 207). So für den gemeinsamen Kunsthandel durch einen Schweizer Galeristen und eine deutsche OHG (BFH I R 92/01 v. 18.12.02, IStR 03, 388 mit Anm. *Wassermeyer; Teichgräber*, IStR 04, 804; sa. BFH IV R 152/76 v. 19.2.81, BStBl. II 81, 602). Es liegt dann eben kein Metageschäft mehr vor. Bei Metaverträgen mit ausländischen nahe stehenden Personen sind neben vGA und verdeckter Einlage auch § 1 AStG und § 90 Abs. 3 AO zu beachten.

12 Bei Verlust der einem ausländischen Geschäftspartner überlassenen Meta-Einlage greift das Abzugsverbot des § 2a Abs. 1 Nr. 5 EStG ein (FG BaWü 12 K 247/88 v. 20.5.92, EFG 93, 225).

bb) Gewerbesteuer

13 Metagesellschaften sind als Nicht-Mitunternehmerschaften keine Gewerbesteuerrechtssubjekte. Nur die Metisten sind gewerbesteuerpflichtig (*Glanegger/Güroff/Güroff* § 2 GewStG Rz. 32; *Glanegger/Güroff/Selder* § 7 GewStG Rz. 217; *Lenski/Steinberg* § 2 GewStG Rz. 2227). Abführung und Empfänge auf Grund des Metavertrages wirken sich auf den Gewerbeertrag aus. Liegt eine Mitunternehmerschaft vor, so ist diese nach allgemeinen Grundsätzen Gewerbesteuersubjekt, ggf. ist die Metagesellschaft von der Arbeitsgemeinschaft abzugrenzen vgl. § 2a GewStG).

cc) Umsatzsteuer

14   Die Meta-Innengesellschaft ist nicht selbst Unternehmer im Sinne des § 2 UStG (UStAE 2.1 Abs. 5; Vgl. BFH V 161/55 v. 21.12.55, BStBl. III 56,58.). Folglich sind Umsätze zwischen der Meta-Innengesellschaft und den ihr angehörenden einzelnen Unternehmen nicht möglich (*Sölch/Ringleb/Treiber* § 2 UStG Rz. 41). Kennzeichnend für diese Fälle ist, dass sich die Beteiligten auf verschiedenen Wirtschaftsstufen – hintereinandergeschaltet – betätigen. Die Geschäfte zwischen den Metisten sind umsatzsteuerbar, weil die Metisten weiterhin selbstständige Unternehmer iSd. § 2 UStG sind. Zum Entgelt für jede Lieferung gehört auch der auf den Metisten entfallende Gewinnanteil (vgl. *Sölch/Ringleb/Oelmaier* § 1 UStG Rz. 81 „Interessengemeinschaft").

dd) Abgabenordnung

15   Sofern die Vertragsparteien des Metavertrages keine Mitunternehmer sind, findet keine einheitliche Gewinnfeststellung nach § 180 Abs. 1 Nr. 2a AO statt (*Tipke/Kruse* § 180 AO Rz. 38). Anders, falls im Einzelfall doch Mitunternehmerschaft vorliegt (BFH IV R 152/76 v. 19.2.81, BStBl. II 81, 602). Wird der Metavertrag mit einer ausländischen nahe stehenden Person iSd. § 1 Abs. 2 AStG geschlossen, so ist der inländische Steuerpflichtige ab VZ 2003 verpflichtet, diese Geschäftsbeziehungen einschließlich der Grundlagen ihrer Entscheidungen über Festsetzung von Verrechnungspreisen und sonstigen Geschäftsbedingungen zu dokumentieren (§ 90 Abs. 3 AO iVm. der GewinnaufzeichnungsVO). Kommt er dieser Pflicht nicht nach so findet § 162 Abs. 3 und Abs. 4 AO Anwendung.

2. Einzelerläuterungen

Zu § 1: Funktionen

16   Die Funktionszuweisung ist, neben der Gewinnverteilung, Schwerpunkt des Vertrages. Insbes. dann, wenn, wie im Formular, jede Partei die ihr entstehenden Kosten selbst trägt, muss die Funktionszuweisung detailliert erfolgen.

Zu § 3: Gewinnverteilung

17   Die Gewinnverteilung hängt in der Regel von der Funktionszuweisung ab. Eine hälftige Aufteilung bei zwei Partnern findet sich häufig, ist aber nicht zwingend. Wenn auch die Kosten ganz oder zum Teil vergemeinschaftet werden, fällt die Gewinnverteilung in der Regel anders aus. Bei längere Zeit laufenden Metaverträgen ist es empfehlenswert, eine Überprüfung der Gewinnverteilung ins Auge zu nehmen, die davon abhängig gemacht werden kann, dass sich die von den Beteiligten zu tragenden Kosten in bestimmten Größenordnungen verändert haben.

18   Die Abrechnungsmodalitäten zwischen den Metisten, insbesondere der Zeitpunkt der Abrechnung, hängt in der Regel von der Natur des Geschäfts ab. Beim Massengeschäft ist jährliche Abrechnung anzutreffen, bei großvolumigen Einzelgeschäften Abrechnung von Fall zu Fall.

Zu § 5: Kontroll- und Einsichtsrecht

19   Die Beschränkung von Kontroll- und Einsichtsrechten auf die gemeinschaftlichen Geschäfte ist idR aus Wettbewerbsgründen geboten.

Zu § 6: Steuerliche Dokumentationspflichten

20   Diese Klausel dient der Erfüllung der steuerlichen Dokumentationspflichten aus § 90 Abs. 3 AO.

A. 8. Kommanditgesellschaft und GmbH & Co. KG

Übersicht

A. 8.00 Gesellschaftsvertrag KG (einfach) mit Anmeldung

Gliederung

I. FORMULARE

Formular A. 8.00 Gesellschaftsvertrag (einfach)

GESELLSCHAFTSVERTRAG DER KUNTERBUNT-KG

§ 1 Firma, Sitz, Rechtsform

(1) Die Firma lautet:

Kunterbunt-KG

(2) Sitz der Gesellschaft ist ....

§ 2 Gegenstand des Unternehmens

(1) Gegenstand des Unternehmens ist die Fertigung von und der Handel mit Textilien.

(2) Die Gesellschaft ist berechtigt, alle Geschäfte vorzunehmen, die den Gesellschaftszweck unmittelbar oder mittelbar zu fördern geeignet sind, einschließlich der Beteiligung an anderen Unternehmen sowie der Errichtung von Zweigniederlassungen im In- und Ausland.

§ 3 Beginn der Gesellschaft, Geschäftsjahr

(1) Die Gesellschaft beginnt am 1.7.20.. Im Außenverhältnis besteht die Gesellschaft ebenfalls ab diesem Zeitpunkt. Bis zur Eintragung im Handelsregister haben die Kommanditisten nur die Rechtsstellung von atypisch still beteiligten Gesellschaftern, für die die Bestimmungen dieses Vertrages entsprechend gelten.

(2) Geschäftsjahr ist das Kalenderjahr. Das erste Geschäftsjahr ist ein Rumpfgeschäftsjahr und dauert vom 1.7.20.. bis 31.12.20..

§ 4 Dauer der Gesellschaft, Kündigung

(1) Die Gesellschaft wird auf unbestimmte Dauer errichtet.

(2) Eine ordentliche Kündigung der Gesellschaft ist bis zum .... ausgeschlossen. Danach ist eine Kündigung zum Schluss jedes Geschäftsjahres mit einer Frist von .... Monaten zulässig. Darüber hinaus ist jeder berechtigt, die Gesellschaft mit sofortiger Wirkung aus wichtigem Grund zu kündigen.

(3) Die Kündigung bedarf zu ihrer Wirksamkeit einer schriftlichen Erklärung gegenüber allen Gesellschaftern.

(4) Kündigt ein Kommanditist, so scheidet er aus der Gesellschaft aus. Diese wird mit den verbleibenden Gesellschaftern fortgesetzt. Entsprechendes gilt für die Kündigung durch einen von mehreren persönlich haftenden Gesellschaftern. Verbleibt nur noch ein persönlich haftender Gesellschafter, ist dieser berechtigt, das Handelsgeschäft unter Übernahme sämtlicher Aktiva und Passiva und ohne vorherige Liquidation fortzuführen.

(5) Kündigt der einzige persönlich haftende Gesellschafter das Gesellschaftsverhältnis, wird die Gesellschaft mit Ablauf der Kündigungsfrist aufgelöst und tritt in Liquidation, es sei denn, die übrigen Gesellschafter beschließen bis zum Ablauf der Kündigungsfrist mit einer Mehrheit von 75 % ihrer Stimmen unter gleichzeitiger Bestellung eines neuen persönlich haftenden Gesellschafters die Fortsetzung der Gesellschaft bzw. der verbleibende alleinige Gesellschafter beschließt die Fortführung des Handelsgeschäfts unter Übernahme aller Aktiven und Passiven ohne Liquidation. Der kündigende persönlich haftende Gesellschafter scheidet in diesem Falle mit Ablauf der Kündigungsfrist aus der Gesellschaft aus.

§ 5 Gesellschafter, Kapitalanteile und Einlagen

(1) Persönlich haftende Gesellschafter (Komplementäre) sind:

a) ......, geboren am ......, wohnhaft in ......,

b) ......, geboren am ......, wohnhaft in ....

(2) Kommanditisten sind:

a) ......, geboren am ......, wohnhaft in ...... mit einer im Handelsregister einzutragenden Hafteinlage in Höhe von ...... EUR.

b) ......, geboren am ......, wohnhaft in ...... mit einer im Handelsregister einzutragenden Hafteinlage in Höhe von ...... EUR.

c) ......, geboren am ......, wohnhaft in ...... mit einer im Handelsregister einzutragenden Hafteinlage in Höhe von ...... EUR.

Sofern und soweit die von einem Kommanditisten nach § 5 Abs. 4 zu erbringende Pflichteinlage die Höhe seiner Hafteinlage übersteigt, kann hieraus eine Haftung des Kommanditisten gegenüber den Gläubigern der Gesellschaft iSv. § 171 Abs. 1 HGB nicht abgeleitet werden.

(3) Die Gesellschaft hat ein vollständig durch Einlagen zu erbringendes Festkapital von .... EUR.

Hieran sind die Gesellschafter wie folgt beteiligt:

a) der persönlich haftende Gesellschafter .... mit einem festen Kapitalanteil von .... EUR, dh. zu .... Prozent;

b) der persönlich haftende Gesellschafter .... mit einem festen Kapitalanteil von .... EUR, dh. zu .... Prozent;

c) der Kommanditist .... mit einem festen Kapitalanteil von .... EUR, dh. zu .... Prozent;

d) der Kommanditist .... mit einem festen Kapitalanteil von .... EUR, dh. zu .... Prozent.

Der feste Kapitalanteil ist maßgeblich für die Beteiligung des Gesellschafters am Ergebnis und am Vermögen, an einem etwaigen Auseinandersetzungsguthaben der Gesellschaft sowie für sein Stimmrecht.

(4) Die von den Gesellschaftern zur Deckung des Gesellschaftskapitals zu leistenden Einlagen (Pflichteinlagen) werden wie folgt erbracht:

a) der Beitrag des Gesellschafters .... durch Einbringung aller Aktiva und Passiva des von ihm bisher unter der Firma .... betriebenen Einzelunternehmens mit dem Sitz in .... gemäß den Bestimmungen des diesem Gesellschaftsvertrag als Anlage .... beigefügten Einbringungsvertrages; zur näheren Bezeichnung nehmen die Gesellschafter auf die von Herrn Steuerberater .... zum .... aufgestellte und diesem Gesellschaftsvertrag als Anlage .... beigefügte Schlussbilanz des Einzelunternehmens Bezug; diese Sacheinlage wird von den Gesellschaftern mit .... EUR bewertet;

b) der Beitrag des Gesellschafters .... durch Einlage eines Geldbetrages in Höhe von .... EUR;

c) der Beitrag des Gesellschafters .... durch Einlage eines Geldbetrages in Höhe von .... EUR;

d) der Beitrag des Gesellschafters ...... durch Übereignung des Grundbesitzes Flurstück ...... der Gemarkung ...... sowie weiteren beweglichen Anlagevermögens gemäß den Bestimmungen des diesem Gesellschaftsvertrag als Anlage .... beigefügten Einbringungsvertrages; diese Sacheinlage wird von den Gesellschaftern mit ...... EUR bewertet;

Die Barbeträge sind am .... zur Zahlung fällig.

(5) Soweit der Wert der Einlagen insgesamt die Höhe des Festkapitals übersteigt, wird der überschießende Betrag in die Kapitalrücklage der Gesellschaft eingestellt und auf den Rücklagenkonten der Gesellschafter im Verhältnis ihrer festen Kapitalanteile gemäß § 5 Abs. 3 verbucht.

(6) Die Gesellschafter sind weder berechtigt noch verpflichtet, ihre Einlage zu erhöhen. Dies gilt auch dann, wenn der Kapitalanteil eines Gesellschafters negativ wird.

§ 6 Geschäftsführung und Vertretung

(1) Zur Geschäftsführung und Vertretung der Gesellschaft sind die Komplementäre jeweils gemeinsam berechtigt und verpflichtet. Scheidet ein Komplementär aus, so ist der verbliebene Komplementär allein zur Geschäftsführung und Vertretung berechtigt und verpflichtet.

(2) Zur Vornahme von Geschäften und Rechtshandlungen, die über den üblichen Rahmen des Geschäftsbetriebes hinausgehen, ist die Einwilligung der Gesellschafterversammlung erforderlich.

§ 7 Aufwendungsersatz, Geschäftsführervergütung

(1) Die Komplementäre haben Anspruch auf Ersatz aller ihnen durch die Geschäftsführung erwachsenden Aufwendungen.

(2) Darüber hinaus steht den Komplementären eine Tätigkeitsvergütung zu, die alljährlich mit Feststellung des Jahresabschlusses für das Folgejahr von der Gesellschafterversammlung festgelegt wird.

§ 8 Konten der Gesellschafter

(1) Für jeden Gesellschafter werden ein festes Kapitalkonto, ein Verlustvortragskonto und ein Rücklagenkonto bei der Gesellschaft geführt.

a) Das feste Kapitalkonto spiegelt seine Beteiligung am Gesellschaftsvermögen und an den Gesellschaftsrechten wider. Dieses Kapitalkonto entspricht bei den Kommanditisten der zum Handelsregister angemeldeten Pflichteinlage.

b) Um die Feststellung aufgelaufener Verluste zu vereinfachen, ist für jeden Gesellschafter ein Verlustvortragskonto einzurichten. Buchungen auf diesem Konto werden durch spätere Gewinne wieder ausgeglichen.

c) Für jeden Gesellschafter wird außerdem ein Rücklagenkonto als weiteres Kapitalkonto eröffnet, auf welchem eine anteilige Kapitalrücklage sowie die im Rahmen der Gewinnverteilung in die Rücklage einzustellenden Beträge verbucht werden.

(2) Kapital-, Rücklagen- und Verlustvortragskonten gem. Abs. 1 werden nicht verzinst.

(3) Des Weiteren wird für jeden Gesellschafter ein Privatkonto eingerichtet, über das sich der Verrechnungsverkehr zwischen der Gesellschaft und den Gesellschaftern vollzieht. Alle sonstigen Beträge wie Einlagen, Entnahmen, Zinsen oder nicht zum Verlustausgleich benötigte bzw. in die Rücklage eingestellte Gewinne, sind auf diesem Privatkonto zu verbuchen.

Guthaben und Verbindlichkeiten auf dem Privatkonto werden mit dem jeweils marktüblichen Zinssatz p.a. verzinst. Die Zinsberechnung erfolgt am Jahresende. Die Zinsen gelten im Verhältnis der Gesellschafter zueinander als Aufwand bzw. Ertrag.

§ 9 Gesellschafterversammlung

(1) Beschlüsse der Gesellschafter, die nach diesem Vertrag oder dem Gesetz erforderlich sind, werden in Gesellschafterversammlungen gefasst.

(2) Die ordentliche Gesellschafterversammlung findet innerhalb eines Monats nach Fertigstellung und – soweit erforderlich – Prüfung des Jahresabschlusses für das

vorangegangene Geschäftsjahr statt. Außerordentliche Gesellschafterversammlungen finden statt, wenn dies im Interesse der Gesellschaft erforderlich ist.

(3) Alle Gesellschafterversammlungen finden am Sitz der Gesellschaft statt, sofern sich nicht alle Gesellschafter mit der Abhaltung an einem anderen Ort einverstanden erklären.

(4) Die Gesellschafterversammlung wird von den persönlich haftenden Gesellschaftern einberufen und geleitet, sofern die Leitung nicht einem anderen Gesellschafter übertragen wird. Die Einberufung erfolgt formlos unter Bekanntgabe der zu behandelnden Tagesordnungspunkte. Widerspricht ein Gesellschafter der formlosen Einberufung, so ist die Gesellschafterversammlung von den Komplementären durch eingeschriebenen Brief an alle Gesellschafter einzuberufen. Zwischen der Absendung des Briefes und dem Tag der Versammlung müssen mindestens zwei Wochen liegen. Bei der Einberufung ist die Tagesordnung mitzuteilen.

(5) Die persönlich haftenden Gesellschafter sind zur Einberufung verpflichtet, wenn es im Interesse der Gesellschaft erforderlich erscheint oder ein Kommanditist, der mit mindestens 10 % am Kapital beteiligt ist, es unter Angabe des Zwecks und der Gründe verlangt. Entspricht der persönlich haftende Gesellschafter einem solchen Verlangen nicht unverzüglich, kann der Kommanditist selbst eine Gesellschafterversammlung einberufen. Abs. 4 Satz 3 ff. gilt für diesen Fall entsprechend.

(6) Die Gesellschafterversammlung ist beschlussfähig, wenn 50 % des Festkapitals anwesend oder vertreten ist. Fehlt es an dieser Voraussetzung, so ist unverzüglich eine weitere Gesellschafterversammlung einzuberufen, die ohne Rücksicht auf die Zahl der anwesenden oder vertretenen Gesellschafter beschlussfähig ist. Auf diesen Umstand ist in der erneuten Ladung hinzuweisen. Für die Einberufung der weiteren Gesellschafterversammlung kann in dringenden Fällen die Ladungsfrist auf eine Woche verkürzt werden.

(7) Jeder Gesellschafter kann sich in der Gesellschafterversammlung durch einen anderen Gesellschafter oder durch eine von Gesetzes wegen zur Berufsverschwiegenheit verpflichteten Person vertreten bzw. beraten lassen. Die Vollmacht ist schriftlich zu erteilen und in der Versammlung vorzulegen.

(8) Über die Beschlüsse der Gesellschafterversammlung ist eine Niederschrift anzufertigen und von dem Vorsitzenden der Gesellschafterversammlung zu unterzeichnen.

§ 10 Gesellschafterbeschlüsse

(1) Gesellschafterbeschlüsse werden mit einfacher Mehrheit der abgegebenen Stimmen gefasst, sofern nicht dieser Vertrag oder das Gesetz eine andere Mehrheit vorschreiben.

(2) Je € 1.000,– auf dem festen Kapitalkonto gem. § 8 Abs. 1 gewähren eine Stimme.

(3) Gesellschafterbeschlüsse können – vorbehaltlich zwingender vertraglicher oder gesetzlicher Formvorschriften – wenn alle Gesellschafter damit einverstanden sind, auch telefonisch, durch Telefax oder per E-Mail schriftlich oder mündlich oder in sonstiger medialer Form ohne förmliche Gesellschafterversammlung gefasst werden. Die gefassten Beschlüsse sind durch den persönlich haftenden Gesellschafter zu protokollieren.

§ 11 Jahresabschluss

(1) Die geschäftsführenden Gesellschafter haben innerhalb einer Frist von sechs Monaten nach Ablauf des Geschäftsjahres den Jahresabschluss für das abgelaufene Geschäftsjahr aufzustellen. Soweit nicht zwingende handelsrechtliche Vorschriften entgegenstehen, hat die Handelsbilanz der für Zwecke der Einkommensbesteuerung aufzustellenden Steuerbilanz zu entsprechen. Eine Abschrift ist den

Gesellschaftern zusammen mit der Ladung zur ordentlichen Gesellschafterversammlung zuzuleiten.

(2) Die nach diesen Grundsätzen aufgestellte Bilanz ist maßgeblich für die Gewinn- und Verlustverteilung nach § 12 dieses Vertrages. Sollte sich zum Zwecke der steuerlichen Gewinnermittlung eine zwingende Abweichung von der Handelsbilanz ergeben, ist letztere für die Gewinn- und Verlustverteilung maßgeblich.

(3) Wird die Steuerbilanz im Rahmen des Veranlagungsverfahrens oder auf Grund einer Außenprüfung durch das Finanzamt bestandskräftig geändert, so ist die Handelsbilanz zum nächstmöglichen Zeitpunkt an die Steuerbilanz anzupassen, sofern nicht zwingende handelsrechtliche Bestimmungen entgegenstehen.

§ 12 Ergebnisverteilung

(1) Zur Ermittlung des zur Verteilung gelangenden Jahresergebnisses werden Tätigkeitsvergütungen sowie Pensionszahlungen an Gesellschafter oder deren Hinterbliebene als abzugsfähiger Aufwand der Gesellschaft behandelt.

(2) Zinsen für Guthaben oder Schulden auf Privatkonten werden zur Ermittlung des verteilungsfähigen Ergebnisses als Aufwand bzw. Ertrag der Gesellschaft behandelt.

(3) Das danach verbleibende Ergebnis wird nach dem Verhältnis der festen Kapitalkonten auf die Gesellschafter verteilt. Dabei wird ein sich ergebender Verlust dem Verlustvortragskonto gem. § 8 Abs. 1c) belastet; Gewinnanteile werden zu 25 % den Verlustvortragskonten, solange diese einen Saldo ausweisen, gutgeschrieben. Darüber hinaus können die Gesellschafter mit der einfachen Mehrheit der Stimmen beschließen, dass ein bestimmter Anteil des Gewinns, höchstens jedoch 25 %, den Rücklagenkonten gutgeschrieben wird. Der verbleibende Gewinn ist den Privatkonten gutzuschreiben.

§ 13 Einlagen und Entnahmen

(1) Einlagen zum Ausgleich negativer Beträge auf den Privatkonten gemäß § 8 sind jederzeit zulässig.

(2) Eine Entnahme von Guthaben von dem Privatkonto eines Kommanditisten ist unzulässig, wenn die Summe sämtlicher Kapitalkonten negativ ist (steuerlich negatives Kapitalkonto) und sich dieses negative Konto durch die Entnahmen erhöht oder ein solches negatives Kapitalkonto durch die Entnahmen entsteht.

(3) Im Übrigen sind Entnahmen auf Grund eines mit einfacher Mehrheit zu fassenden Gesellschafterbeschlusses zulässig.

(4) Tätigkeitsvergütungen eines Gesellschafters können bei Fälligkeit entnommen werden.

§ 14 Auflösung der Gesellschaft, Fortführung der Firma

(1) Die Gesellschaft wird in den gesetzlich vorgesehenen Fällen aufgelöst. Die Auflösung der Gesellschaft durch Erhebung der Auflösungsklage nach § 133 HGB wird – soweit rechtlich möglich – ausgeschlossen.

(2) Bei Auflösung der Gesellschaft erfolgt die Liquidation durch die persönlich haftenden Gesellschafter. Der Umfang ihrer Geschäftsführungs- und Vertretungsmacht wird durch die Eröffnung der Liquidation nicht verändert.

(3) Für alle Fälle des Ausscheidens aus der Gesellschaft gibt jeder Gesellschafter seine Einwilligung zur Fortführung der Firma.

§ 15 Ausscheiden und Ausschluss eines Gesellschafters

(1) Ein Gesellschafter scheidet aus der Gesellschaft aus, im Falle

a) der Zwangsvollstreckung in den Gesellschaftsanteil, den Gewinnanteil oder das Auseinandersetzungsguthaben eines Gesellschafters mit Zustellung des Pfändungs- und Überweisungsbeschlusses an die Gesellschaft, wenn dieser nicht innerhalb von drei Monaten wieder aufgehoben wird und die Voraussetzungen des § 135 HGB vorliegen, oder

b) der rechtskräftigen Eröffnung des Insolvenzverfahrens über das Vermögen eines Gesellschafters oder der Ablehnung eines entsprechenden Antrags mangels Masse, oder

c) der Abgabe einer eidesstattlichen Versicherung nach § 807 ZPO durch einen Gesellschafter oder Anordnung der Haftung zur Erzwingung ihrer Abgabe, oder

d) der Erhebung der Auflösungsklage nach § 133 HGB, oder

e) der Kündigung durch den Gesellschafter gemäß § 4.

(2) Gesellschafter, die in ihrer Person einen wichtigen Grund im Sinne des § 133 Abs. 1 HGB erfüllen, können durch einstimmigen Beschluss aller übrigen Gesellschafter aus der Gesellschaft ausgeschlossen werden.

(3) Scheidet ein Gesellschafter nach Abs. 1 oder 2 aus der Gesellschaft aus, wird diese mit den übrigen Gesellschaftern fortgesetzt. Es gelten die Bestimmungen gemäß § 4 Abs. 3 und 4 entsprechend.

§ 16 Tod eines Gesellschafters

(1) Im Fall des Todes eines Kommanditisten wird die Gesellschaft mit dessen Erben fortgesetzt. Die Konten des verstorbenen Gesellschafters sind entsprechend aufzuteilen.

(2) Stirbt einer von mehreren Komplementären, so steht demjenigen Erben oder Vermächtnisnehmer des Verstorbenen das Recht zu, als Komplementär in die Gesellschaft einzutreten, den der Verstorbene letztwillig zu seinem Nachfolger ernannt hat. Der somit benannte Nachfolger-Komplementär hat seinen Eintritt gegenüber allen Mitgesellschaftern durch eingeschriebenen Brief zu erklären, der spätestens sechs Monate nach dem Tod des verstorbenen Komplementärs zugegangen sein muss. Im Übrigen gilt die Bestimmung des § 139 HGB entsprechend.

(3) Hat der verstorbene Gesellschafter letztwillig Testamentsvollstreckung angeordnet, so werden sämtliche Gesellschaftsrechte und -pflichten des verstorbenen Gesellschafters von den oder dem Testamentsvollstrecker(n) bis zur Beendigung der Testamentsvollstreckung ausgeübt.

§ 17 Übertragung und Belastung von Gesellschaftsanteilen, Abtretung von Ansprüchen aus dem Gesellschaftsverhältnis

(1) Verfügungen über die Gesellschaftsbeteiligung, insbesondere die Übertragung, Sicherungsabtretung oder Verpfändung, sind nur mit Zustimmung aller Gesellschafter möglich. Diese darf nur verweigert werden, wenn die Verfügung zugunsten von Personen erfolgt, die nicht Gesellschafter oder Abkömmlinge eines Gesellschafters sind.

(2) Die Abtretung von Ansprüchen aus dem Gesellschaftsverhältnis ist ausgeschlossen.

§ 18 Abfindung

(1) Scheidet ein Gesellschafter aus der Gesellschaft aus, erhält er als Abfindung den Buchwert seiner Beteiligung zuzüglich seines Anteils an den stillen Reserven des Anlagevermögens. Der Buchwert wird durch Saldierung sämtlicher Konten des Gesellschafters einschließlich seines Anteils an etwaigen gemeinschaftlichen Konten in

der letzten Jahresschlussbilanz ermittelt, die stillen Reserven des Anlagevermögens durch einen Vergleich der Buchwerte mit den Teilwerten, die gegebenenfalls durch Gutachten eines von der zuständigen Wirtschaftsprüferkammer zu bestimmenden Sachverständigen zu ermitteln sind. Die Kosten des Gutachtens tragen Gesellschafter und Gesellschaft zu gleichen Teilen. Ein selbst geschaffener Unternehmenswert sowie sonstige nicht bilanzierungsfähige Wirtschaftsgüter bleiben ebenso außer Betracht wie schwebende Geschäfte oder der Unternehmensertrag.

(2) Die Auszahlung der Abfindung erfolgt zur Hälfte binnen sechs Monaten und zur anderen Hälfte binnen weiterer sechs Monaten, nachdem das Abfindungsguthaben festgestellt worden ist. Das Abfindungsguthaben ist marktüblich vom Zeitpunkt des Ausscheidens an verzinslich.

§ 19 Güterstandsvereinbarung

(1) Die Gesellschafter sind verpflichtet, durch Abschluss eines Ehevertrages dafür Sorge zu tragen, dass Wertsteigerungen der Beteiligung und Ansprüche aus dem Gesellschaftsverhältnis keine Rechnungsposten bei der Berechnung des Zugewinnausgleichs bilden, also im Fall der Scheidung nicht auszugleichen sind.

(2) Im Fall einer Verletzung der vorstehenden Verpflichtung ist ein Ausschlussgrund gegeben (§ 15 Abs. 2).

§ 20 Schlussbestimmungen

(1) Änderungen und Ergänzungen dieses Vertrages bedürfen der Schriftform. Mündliche Nebenabreden bestehen nicht. Kein Gesellschafter kann sich auf eine vom Vertrag abweichende tatsächliche Übung berufen, solange die Abweichung nicht schriftlich fixiert ist.

(2) Sollten sich einzelne Bestimmungen dieses Vertrages als ungültig erweisen, so wird dadurch die Gültigkeit des Vertrages im Übrigen nicht berührt. In einem solchen Fall sind die Gesellschafter verpflichtet, durch Beschluss die ungültige Bestimmung durch diejenige gesetzlich zulässige Bestimmung zu ersetzen, die den Zweck der ungültigen Bestimmung, insbesondere das, was die Vertragsparteien gewollt haben, mit der weitestgehend möglichen Annäherung erreicht. Entsprechendes gilt, wenn sich bei Durchführung des Vertrages eine ergänzungsbedürftige Lücke ergeben sollte.

(3) Erfüllungsort und Gerichtsstand für sämtliche Streitigkeiten aus diesem Vertrag und über das Zustandekommen dieses Vertrages ist der Sitz der Gesellschaft, soweit dies zulässig vereinbart werden kann.

(4) Die Kosten der Gründung trägt die Gesellschaft.

§ 21 Schiedsklausel

(1) Über alle Streitigkeiten aus diesem Vertrag, insbesondere auch über seine Wirksamkeit oder die Wirksamkeit einzelner seiner Bestimmungen, ausgenommen derjenigen Streitigkeiten, die von Gesetzes wegen oder aufgrund Vertrag nicht einem Schiedsgericht zur Entscheidung zugewiesen werden können, entscheidet unter Ausschluss des ordentlichen Rechtswegs ein Schiedsgericht. Zuständigkeit, Zusammensetzung und Verfahren des Schiedsgerichts haben die Gesellschafter im Schiedsvertrag vom .... näher geregelt.

(2) Jeder neue Gesellschafter, der in die Gesellschaft eintritt, gleichgültig auf Grund welchen Rechtsvorgangs, unterwirft sich dem Schiedsgericht entsprechend den im Schiedsvertrag getroffenen Vereinbarungen.

Formular A. 8.00a Handelsregisteranmeldung

An das

Amtsgericht

– Handelsregister A –

A-Stadt

Durch elektronische Übermittlung

Betrifft: Neu gegründete Firma Kunterbunt-KG

Die Unterzeichneten melden hiermit zur Eintragung in das Handelsregister an:

Wir haben unter der Firma

Kunterbunt-KG

eine Kommanditgesellschaft mit Sitz in ...... errichtet, die mit der Eintragung in das Handelsregister beginnt.

Persönlich haftende Gesellschafter sind:

Herr Dieter A *(Name, Vorname, Geburtsdatum, Wohnort)*,

Frau Christa B *(Name, Vorname, Geburtsdatum, Wohnort)*,

beide Kaufleute in A-Stadt.

Kommanditisten sind:

Herr Josef C *(Name, Vorname, Geburtsdatum, Wohnort)* mit einer
Kommanditeinlage von   € ......,–

Herr Christoph D *(Name, Vorname, Geburtsdatum, Wohnort)* mit
einer Kommanditeinlage von   € ......,–

Frau Monika E *(Name, Vorname, Geburtsdatum, Wohnort)*,

mit einer Kommanditeinlage von   € ......,–

sämtlich A-Stadt.

Die persönlich haftenden Gesellschafter sind zur gemeinschaftlichen Vertretung der Gesellschaft berechtigt.

Die Gesellschaft betreibt die Fertigung von und den Handel mit Textilien.

Das Geschäftslokal befindet sich in A-Stadt, Z-Straße 7.

....

(Unterschriften)   (Beglaubigungsvermerk)

                                        ....

                                        (Notar)

II. ERLÄUTERUNGEN

Erläuterungen zu A. 8.00 Gesellschaftsvertrag (einfach)

---

1. Grundsätzliche Anmerkungen

a) Wirtschaftliches Vertragsziel

Die KG gem. §§ 161 ff. HGB in ihrem Grundtypus, nämlich mit einem oder mehreren natürlichen Personen als persönlich haftenden Gesellschaftern und einer oder mehreren nicht notwendigerweise natürlichen Personen als beschränkt haftenden Gesellschaftern – Kommanditisten –, ist häufig die für eine reine Familiengesellschaft angemessene Rechtsform zum Betrieb eines vollkaufmännischen Handelsgewerbes iSd. **1**

§ 1 Abs. 2 HGB oder eines Handelsgewerbes gem. § 2 HGB. Die weitgehende Nachgiebigkeit des KG-Rechts erlaubt es, einen als natürlich zu bezeichnenden Interessengegensatz zwischen Komplementärin und Kommanditisten auszugleichen.

2   Häufig entstehen **Familien-KG aus Einzelunternehmen,** insb. dann, wenn der Unternehmensgründer im Wege der sog. vorweggenommenen Erbfolge Familienmitglieder – den Ehepartner und/oder Kinder – als beschränkt haftende Gesellschafter (Kommanditisten) in das Unternehmen aufnimmt. Dabei wird der Firmengründer für eine gewisse Zeit als Komplementär die Unternehmensverantwortung behalten, wobei der eigentliche Unternehmensnachfolger, der den Betrieb aktiv weiterführen soll, später gegen den Senior als Komplementär ausgetauscht werden kann. Die nicht zur Unternehmensnachfolge bestimmten Familienmitglieder werden demgegenüber an der unternehmerischen Substanz beteiligt, ohne in die Führung der täglichen Geschäfte eingreifen zu können.

3   Neben den mehr in erbrechtlichen Erwägungen liegenden Gründen kann für das Entstehen einer KG – sei es durch erstmalige Gründung oder durch Aufnahme von Gesellschaftern in ein bestehendes Unternehmen – das **Motiv** maßgebend sein, das für den Betrieb eines Unternehmens erforderliche Kapital zur Verwirklichung eines bestimmten Unternehmenszwecks zusammenzubringen. Die KG ist von ihrer Handhabung nur wenig komplizierter als die OHG; und ihr wird am Markt wegen der persönlichen Verbundenheit der Gesellschafter sowie der persönlichen Haftung der Komplementäre häufig ein besonderes Vertrauen entgegengebracht. Gleichzeitig aber erlaubt sie es, das unternehmerische Risiko eines Teils der Gesellschafter, nämlich der Kommanditisten, auf die geleistete Einlage zu begrenzen.

b) Gesellschaftsrecht

4   Die Kommanditgesellschaft ist wie die offene Handelsgesellschaft (oHG) eine Personenhandelsgesellschaft, deren **Zweck auf den Betrieb eines Handelsgewerbes** unter gemeinschaftlicher Firma gerichtet ist und bei der bei einem oder bei einigen von den Gesellschaftern die Haftung gegenüber den Gesellschaftsgläubigern auf den Betrag einer bestimmten Vermögenseinlage beschränkt ist, während bei einem oder mehreren anderen Gesellschaftern eine Beschränkung der Haftung nicht stattfindet. Es wird also unterschieden zwischen Kommanditisten einerseits und persönlich haftenden Gesellschaftern (Komplementären) andererseits (§ 161 Abs. 1 HGB). Als Abwandlung von der OHG haftet also mindestens ein Komplementär unbeschränkt nach §§ 128 ff. HGB, während die anderen Gesellschafter (Kommanditisten) nur beschränkt nach §§ 171 ff. HGB haften. Die §§ 171 bis 176 HGB betreffen die Haftung des Kommanditisten und bilden dabei den Kern des Rechts der KG, während die übrigen Vorschriften (§§ 161 bis 170, 177 HGB) durch diesen Hauptunterschied veranlasste weitere Abweichungen vom Recht der OHG mit sich bringen.

4a   Im Hinblick auf das Erfordernis eines gewerblichen Unternehmens können sich **freiberuflich Tätige** nach wie vor im Regelfall nicht zu einer KG zusammenschließen. Etwas anderes gilt allerdings dann, wenn die Gesellschaft gewerblichen Zuschnitt hat (*Baumbach/Hopt* § 105 HGB Rz. 3 und § 1 HGB Rz. 20). Jederzeit besteht neben der Möglichkeit der Begründung einer GbR die Möglichkeit zum Zusammenschluss in einer Partnerschaft nach dem PartGG. Zu den geplanten Neuerungen durch den RegE zum MoPeG (BR-Drs. 59/21) s. A. 9.00 Rz. 9. In Bezug auf die KG handelt es sich im Wesentlichen um punktuelle Änderungen (*Fleischer* DStR 21, 430).

5   Bei der KG handelt es sich ebenso wie bei der OHG um eine **Personengesellschaft;** kraft der gesetzlichen Verweisung in § 161 Abs. 2 HGB finden auf die Kommanditgesellschaften mangels ausdrücklicher abweichender Regelung die für die OHG geltenden Vorschriften Anwendung.

6   Als **Träger des Gesellschaftsvermögens** ist die KG Gesamthandsgemeinschaft mit einer weitgehenden **Teilrechtsfähigkeit** (vgl. hierzu A. 9.00 Rz. 10). Als Han-

delsgesellschaft ist ihr Zweck auf den Betrieb eines Handelsgewerbes unter gemeinschaftlicher Firma gerichtet. Unter ihrer Firma tritt die Gesellschaft im Rechtsverkehr selbstständig auf und ist auch delikts- wie verfahrensrechtlich weitgehend selbstständiges Rechtsobjekt. Zur Zwangsvollstreckung in das Gesellschaftsvermögen ist ein gegen die Gesellschaft gerichteter vollstreckbarer Schuldtitel ausreichend und erforderlich (§§ 161 Abs. 2, 124 Abs. 2 HGB).

Die Gesellschaft muss **mindestens einen Komplementär** haben, der persönlich **7** und unbeschränkt haftet. Neben dem Komplementär muss mindestens ein nur beschränkt haftender Kommanditist vorhanden sein. Dieser haftet nach außen nur in Höhe der im Handelsregister eingetragenen Haftsumme (Hafteinlage). Die Hafteinlage ist mit der Pflichteinlage, dh. der Einlage zu deren Leistung sich der Kommanditist seinen Mitgesellschaftern gegenüber verpflichtet hat, nicht identisch. Das Gesetz spricht allerdings immer nur von „Einlage" und unterscheidet nicht zwischen Haft- und Pflichteinlage. Ist die Hafteinlage geleistet, so ist eine Haftung des Kommanditisten gegenüber den Gläubigern der Gesellschaft ausgeschlossen (§ 171 Abs. 1 HGB). Dabei ist zu beachten, dass im Verhältnis zu den Gläubigern der Gesellschaft nach der Eintragung in das Handelsregister die Einlage eines Kommanditisten durch den in der Eintragung angegebenen Betrag bestimmt wird. Zu beachten ist auch, dass vor Eintragung des Kommanditisten und der Höhe seiner Hafteinlage im Handelsregister eine unbeschränkte persönliche Haftung des Gesellschafters für die mit seiner Zustimmung getätigten Geschäfte besteht, die Haftungsbeschränkungen der §§ 171 f. HGB nicht greifen (§ 176 HGB).

Komplementär kann jeder sein, der auch persönlich haftender Gesellschafter der **7a** oHG sein kann, also jede natürliche und juristische Person und jede Personenhandelsgesellschaft (oHG oder KG) sowie eine unter das Partnerschaftsgesetz fallende Partnerschaft. Gleiches gilt für die Partenreederei und die EWIV (*MünchKommHGB/K. Schmidt* § 105 HGB Rz. 95). Auch die Außen-GbR kann Kommanditistin einer KG sein kann (BGH II ZB 23/00 v. 16.7.01, NJW 01, 3121; II ZR 331/00 v. 29.1.01, NJW 01, 1056). In einem solchen Fall sind neben der GbR als solcher auch die ihr zum Zeitpunkt ihres Beitritts zu der KG angehörenden Gesellschafter mit Namen, Geburtstag und Wohnort zur Eintragung in das Handelsregister anzumelden. Auch ein späterer Wechsel in der Zusammensetzung der Gesellschafter der GbR ist anzumelden. Trotz der Rechtsprechung des BGH zur Rechtsfähigkeit der Außen-GbR ist es höchstrichterlich noch nicht geklärt, ob die GbR auch persönlich haftende Gesellschafterin der KG sein kann (bejahend LG Berlin 102 T 6/03, v. 8.4.03, EB 03, 135; *Schlegelberger/K. Schmidt* § 105 HGB Rz. 71 ff.; ablehnend *MünchKommBGB/Ulmer* § 705 BGB Rz. 316 f.).

Zu beachten ist, dass die Ausführungen unter Rz. 7a für die **reine Innengesell- 7b schaft** (auch als GbR und insbesondere für die stille Gesellschaft) nicht gelten; eine solche kann daher weder Komplementär noch Kommanditist sein (vgl. *Baumbach/Hopt* § 105 HGB Rz. 29). Eine ausländische rechtsfähige Gesellschaft kann persönlich haftender Gesellschafter einer deutschen KG sein (BayOLG BReg 3 Z 148/85 v. 21.3.86, NJW 86, 3029). Nach hM kann eine Erbengemeinschaft oder auch die eheliche Gütergemeinschaft nicht Gesellschafterin sein (BGH IV a ZR 229/81 v. 4.5.83, NJW 83, 2376; BGH II ZR 120/75 v. 10.2.77, NJW 77, 1339; BayOLG 3 Z BR 238/02, 239/02 und 240/02 v. 22.1.03, NJW-RR 03, 899).

Wird die **Hafteinlage** nach Leistung durch den Kommanditisten an diesen **zu- 8 rückgezahlt,** gilt sie den Gläubigern gegenüber als nicht geleistet. Gleiches gilt, soweit der Kommanditist Gewinnanteile entnimmt, während sein Kapitalanteil durch Verlust oder durch Entnahme unter den eingetragenen Haftbetrag absinkt. Allerdings muss der Kommanditist nicht zurückzahlen, was er auf Grund ordnungsgemäßer „in gutem Glauben" errichteter Bilanz in Unkenntnis der Fehlerhaftigkeit der Bilanz bezogen hat (§ 172 Abs. 4 und 5 HGB). Die Anwendung von § 172 HGB setzt aber zwingend eine unrichtige Bilanz voraus. Weiter ist zu beachten, dass die Frage, ob der

Kapitalanteil eines Kommanditisten unter den Betrag der geleisteten Einlage herabgemindert ist oder durch eine Gewinnentnahme iSv. § 172 Abs. 4 S. 2 HGB herabgemindert wird, sich allein nach dem Inhalt der Bilanz und nicht nach dem guten Glauben des Gesellschafters beurteilt (vgl. BGH II ZR 88/08 v. 20.4.09, NJW 09, 2126).

Zu beachten ist weiterhin, dass gegenüber den Gläubigern einer Gesellschaft, bei der kein persönlich haftender Gesellschafter eine natürliche Person ist (also insbes. der GmbH & Co. KG) die Einlage eines Kommanditisten nicht in der Form geleistet werden kann, dass Anteile an der oder den persönlich haftenden Gesellschaftern eingebracht werden (§ 172 Abs. 6 Satz 1 HGB).

9   Wie die OHG muss die KG ein **Handelsgewerbe** unter gemeinsamer Firma betreiben. Nach der Legaldefinition des § 1 Abs. 2 HGB ist Handelsgewerbe jeder Gewerbebetrieb, es sei denn, dass das Unternehmen nach Art und Umfang einen in kaufmännischer Weise eingerichteten Geschäftsbetrieb nicht erfordert. Allerdings ist in diesen Fällen oder dann, wenn nur eigenes Vermögen verwaltet wird, die Gesellschaft gleichwohl eine KG, wenn die Firma des Unternehmens in das Handelsregister eingetragen ist.

10   Die **KG entsteht** grundsätzlich mit der Aufnahme ihrer Geschäfte; die erforderliche Eintragung im Handelsregister hat lediglich deklaratorische Wirkung, soweit das Unternehmen nach Art oder Umfang einen in kaufmännischer Weise eingerichteten Geschäftsbetrieb unterhält. Wenn kein in kaufmännischer Weise eingerichteter Gewerbebetrieb vorhanden ist oder die Gesellschaft nur eigenes Vermögen verwaltet, entsteht sie erst mit der Eintragung ins Handelsregister, dh. die Eintragung in das Register wirkt insoweit konstitutiv. Die Eintragung dient hinsichtlich der Kommanditisten der **Haftungsbeschränkung.** Da die Gesellschafter einer neu gegründeten KG häufig mit dem Beginn der Geschäftstätigkeit nicht bis zur Eintragung im Handelsregister abwarten wollen, ist zu empfehlen, den Kommanditisten zur Vermeidung ihrer persönlichen Haftung bis zur Eintragung nur die Rechtsstellung von atypisch still beteiligten Gesellschaftern einzuräumen.

10a   Werden **Minderjährige** an der Gesellschaft beteiligt, so sollten diese zur Vermeidung der mit der unbeschränkten Haftung verbundenen Konsequenzen als Kommanditisten beteiligt werden. Der Abschluss des Gesellschaftervertrages zur Errichtung der KG bedarf bei der Beteiligung von Minderjährigen gem. §§ 1822 Nr. 3, 1629 Abs. 2 BGB der familiengerichtlichen Genehmigung (vgl. BGH II ZR 202/53 v. 30.4.55, NJW 55, 1067). Nach BGH II ZR 209/61 v. 20.9.62, NJW 62, 2344 bedarf bei Beteiligung eines Minderjährigen allerdings nicht jede Änderung des Gesellschaftsvertrages der vormundschaftlichen Genehmigung. Bei der Aufnahme von Minderjährigen ist weiter das auf einen Zeitraum von drei Monaten begrenzte Sonderkündigungsrecht des § 723 Abs. 1 Nr. 2 BGB zu beachten; dies gilt allerdings nur für den Ausnahmefall, dass die Gesellschaft auf bestimmte Zeit errichtet ist. Vgl. zur Vertretung Minderjähriger *Maier-Reimer/Marx* NJW 05, 3025; *Baumbach/Hopt* § 105 HGB Rz. 26. Bei der Errichtung von Familiengesellschaften ist zu beachten, dass die Notwendigkeit der Bestellung eines Ergänzungspflegers bei Gründung der Gesellschaft besteht, wenn zumindest ein Elternteil ebenfalls an dieser beteiligt ist (§ 1909 Abs. 1 S. 1 iVm. §§ 1629 Abs. 2, 1795 Abs. 2 BGB), siehe hierzu ausführlich Formular A. 9.00 Rz. 4.

11   Zur **Haftung nach dem Ausscheiden** eines Gesellschafters aus der Gesellschaft sowie der Nachhaftung vgl. A. 9.00 Rz. 11 ff. Wie bei der OHG haftet die KG für das Verschulden ihrer Organe nach zutreffender hM gem. § 31 BGB (*MünchKommBGB/Schäfer* § 705 BGB Rz. 268 ff.; BGH I ZR 92/51 v. 8.2.52, NJW 52, 537; BGH II ZR 385/99 v. 24.2.03, NJW 03, 1445, 1446).

12   Der **Abschluss des Gesellschaftsvertrages** kann grds. **formfrei** erfolgen, wobei sich aus Beweisgründen allerdings Schriftform empfiehlt. Notarielle Beurkundung des Vertrages ist erforderlich, sofern er ein Rechtsgeschäft enthält, das seinerseits formbedürftig ist, zB. ein Gesellschafter übernimmt die Verpflichtung zur Einbringung eines Grundstücks oder eines GmbH-Geschäftsanteils (§§ 311b BGB, 15 Abs. 4 Satz 1

GmbHG, siehe hierzu auch BGH II ZR 312/06 v. 10.3.08, DStR 08, 1147 betreffend die Formbedürftigkeit der Übertragung von GbR-Anteilen). Grds. kann der Gesellschaftsvertrag auch durch schlüssiges Verhalten abgeschlossen werden (BGH II ZR 282/55 v. 29.11.56, NJW 57, 218), wobei allerdings in diesem Fall die Haftungsbeschränkungen der Kommanditisten im Außenverhältnis nicht greift, es sei denn, die Gesellschaft ist im Handelsregister eingetragen und die Einlage erbracht. Zur – nicht bestehenden – Möglichkeit der stillschweigenden Abänderung des Vertrages vgl. BGH II ZR 55/03 v. 18.4.05, DStR 05, 1236.

Abgrenzung zur OHG: Von der OHG unterscheidet sich die KG dadurch, dass **13** bei ihr neben den unbeschränkt persönlich haftenden Gesellschaftern beschränkt haftende Kommanditisten Gesellschafter sind. Gesellschaftszweck kann gem. §§ 161 Abs. 2 iVm. 105 Abs. 2 HGB auch die Verwaltung eigenen Vermögens sein. Zu beachten ist allerdings, dass bei einer Vermögensverwaltungstätigkeit die Wirksamkeit der Gesellschaft im Außenverhältnis nicht bereits mit Aufnahme der Geschäfte nach außen eintritt, sondern erst mit Eintragung in das Handelsregister (§§ 161 Abs. 2 iVm. 123 Abs. 1 und 2, § 2 HGB).

c) Steuerrecht

Die KG als Personengesellschaft ist für einige Steuerarten **steuerrechtsfähig,** zB die **14** Umsatzsteuer, die Gewerbesteuer, die Grundsteuer, die Grunderwerbsteuer sowie Zölle und Verbrauchsteuern. Für die Einkommensteuer (ESt) ist die KG **nicht steuerrechtsfähig,** sondern deren Gesellschafter. Deren Einkommen bzw. Betriebsvermögen wird mit den auf die Gesellschafter entfallenden Anteilen einheitlich und gesondert gem. § 180 Abs. 1 Nr. 2a AO festgestellt. Das gilt auch für Veräußerungsgewinne beim Ausscheiden und die Ergebnisse etwaiger Ergänzungs- und Sonderbilanzen. Zu den möglichen Änderungen durch das Gesetz zur Modernisierung des Körperschaftsteuerrechts (KöMoG – BR-Drs. 244/21) vgl. Rz. 24d.

Ertragsteuerrechtlich werden die Gesellschafter einer Personengesellschaft als „**Mit- 15 unternehmer**" bezeichnet (§ 15 Abs. 1 Nr. 2 EStG). Eine gesetzliche Definition der Mitunternehmerschaft fehlt. Mitunternehmer im Sinne des § 15 Abs. 1 Satz 1 Nr. 2 EStG ist, wer zivilrechtlich Gesellschafter einer Personengesellschaft ist und eine gewisse **unternehmerische Initiative** entfalten kann sowie **unternehmerisches Risiko** trägt. Beide Merkmale können im Einzelfall mehr oder weniger ausgeprägt sein (BFH VIII R 74/03 v. 25.4.06, DStRE 06, 912, BFH GrS 4/82 v. 25.6.84, NJW 85, 93 und BFH VIII R 154/85 v. 15.7.86, BStBl. II 86, 896; EStR 15.8).

Nach der Aufgabe der sog. Bilanzbündeltheorie durch den BFH (GrS 4/82 v. 25.6.84, **16** BStBl. II 84, 751), ist bei der Beantwortung der Frage, ob der Tatbestand einer Einkunftsart verwirklicht ist, von der Gesellschaft und nicht mehr vom Gesellschafter auszugehen. Obwohl selbst nicht steuerrechtsfähig, ist die Personengesellschaft und damit die KG als **partielles Steuersubjekt** anzusehen (BFH GrS 4/82 v. 25.6.84, BStBl. II 84, 751). Sie (und nicht der einzelne Gesellschafter) ist Subjekt der Gewinnerzielung, Gewinnermittlung und Einkünftequalifikation (Einheit der Gesellschaft; **Einheitstheorie**).

Familienpersonengesellschaften werden steuerlich anerkannt, wenn eine Mitun- **17** ternehmerschaft vorliegt. Der Gesellschaftsvertrag muss in die Tat umgesetzt werden, der tatsächliche Ablauf der vertraglichen Gestaltung muss mit der Wirklichkeit übereinstimmen, insb. müssen die Familienangehörigen volle Gesellschafterrechte genießen (BFH IV R 153/78 v. 3.5.79, BStBl. II 79, 515; EStH 15.9 Abs. 1).

Da durch die Bildung von Familiengesellschaften die Progressionswirkung der Be- **18** steuerung gemildert werden kann, ist bei den Finanzbehörden gegenüber Familienpersonengesellschaften ein erhebliches Misstrauen vorgegeben. **Familienmitglieder werden Mitunternehmer** iSd. § 15 Abs. 1 Nr. 2 EStG, wenn sie in vollem Umfang Gesellschafter werden. Hierzu gehört in erster Linie, dass sie ihre Einlagen erbringen und an den stillen Reserven des Gesellschaftsvermögens beteiligt sind (BFH IV R

138/67 v. 1.2.73, DB 73, 553). Die rein formale Beteiligung von Kindern an einer KG ist nicht ausreichend (BFH IV R 73/73 v. 29.1.76, BStBl. II 74, 404). Schädlich ist es insb., wenn sich ein Elternteil bei der unentgeltlichen Einräumung einer Beteiligung an einem Anteil an einer Personengesellschaft das Recht vorbehält, jederzeit eine unentgeltliche Rückübertragung der Anteile von dem Kind zu verlangen. In diesem Fall wird keine Einkunftsquelle auf das Kind übertragen. Gleiches gilt bei schenkweiser Übertragung eines Gesellschaftsanteils mit Rückübertragungsverpflichtung wie auch bei einer von vornherein befristeten Gesellschafterstellung des Kindes (vgl. hierzu BFH IV R 73/73 v. 29.1.76, BStBl. II 76, 324). Werden Kinder von ihren Eltern schenkweise in die KG aufgenommen, so müssen sie wenigstens annähernd diejenigen Rechte eingeräumt erhalten, die einem Kommanditisten nach dem gesetzlichen Leitbild des HGB zustehen. Maßgeblich ist das gesetzliche Regelstatut (BFH IV R 103/83 v. 24.7.86, BStBl. II 87, 54). Dazu gehören auch die gesetzlichen Regelungen, die im Gesellschaftsvertrag abbedungen werden können (EStR 15.9 Abs. 2; vgl. hierzu ausführlich *Schmidt/Wacker* § 15 EStG Rz. 740 ff.).

19   Der BFH (IV R 73/73 v. 29.1.76, BStBl. II 76, 325) verlangt bei der **Beteiligung Minderjähriger** nicht die Bestellung von Dauerpflegern (*MünchKommBGB/Schneider* § 1909 BGB Rz. 38). Bei der Beteiligung von Familienangehörigen im Wege der Schenkung ist unbedingt die gem. § 518 Abs. 1 BGB vorgeschriebene notarielle Beurkundungsform zu beachten, da nach der – sehr umstrittenen – Entscheidung des BGH II ZR 16/52 v. 29.10.52 (NJW 53, 138) in der bloßen Einbuchung des Anteils des Beschenkten keine Bewirkung der versprochenen Leistung zu sehen ist.

20   Nach dem Beschluss des Großen Senats des BFH GrS 4/71 v. 21.5.72, BStBl. II 73, 5 wird bei der Beteiligung nicht im Betrieb mitarbeitender Familienangehöriger bei denjenigen Kommanditisten, die ihre Beteiligung unentgeltlich erworben haben, ein **Gewinnverteilungsschlüssel** anerkannt, der eine durchschnittliche Rendite von nicht mehr als 15 % des tatsächlichen Werts der Kommanditeinlage ergibt. Gewinnanteile, welche 15 % übersteigen, sind den übrigen Gesellschaftern zuzurechnen, sofern nicht auch für diese die vom Großen Senat gezogenen Begrenzungen gelten (vgl. EStH 15.9 Abs. 3). Der **Angemessenheitsprüfung** unterliegt nicht der tatsächlich dem betreffenden Kommanditisten zugeflossene Gewinn, sondern die Abrede, nach welcher die Gewinnverteilung erfolgt (vgl. *Streck* FR 1973, 462). Zur Angemessenheitsprüfung s. auch BFH IV R 103/83 v. 24.7.86, BStBl. II 87, 54; BFH IV R 50/99 v. 21.9.00, DStR 01, 115; FG Bremen 1 K 53/05 v. 1.9.05, DStRE 07, 939 sowie *Schmidt/Wacker* § 15 EStG Rz. 776 ff.).

21   Auch die Einkünfte des Kommanditisten sind als Einkünfte aus Gewerbebetrieb gem. § 15 Abs. 1 Nr. 2 EStG zu erfassen und sowohl als positive wie auch als negative Einkünfte grundsätzlich entsprechend den allgemeinen Grundsätzen zu versteuern. Nach § 15a Abs. 1 EStG dürfen jedoch einem Kommanditisten zuzurechnende Anteile am Verlust der KG weder mit anderen Einkünften aus Gewerbebetrieb noch mit Einkünften aus anderen Einkunftsarten ausgeglichen werden, soweit ein negatives Kapitalkonto des Kommanditisten entsteht oder sich erhöht; ein solcher Verlust darf auch nicht nach § 10d EStG abgezogen werden.

22   Haftet der Kommanditist am Bilanzstichtag den Gläubigern der Gesellschaft wegen nicht erbrachter Einlage nach § 171 Abs. 1 HGB, so können bis zur Höhe der ausbedungenen Einlage Verluste ausgeglichen oder abgezogen werden. Wegen der Anwendung und Auslegung der gesetzestechnisch und systematisch verfehlten Regelung muss auf die Erläuterungswerke zum EStG – zB *Schmidt/Wacker* § 15a EStG Rz. 71 ff.; *H/H/R/Lüdemann* § 15a EStG Rz. 105 ff. – verwiesen werden. Vor der Erweiterung des steuerlichen Verlustausgleichspotentials ist insbesondere an eine rechtzeitige Erhöhung der im Handelsregister eingetragenen Hafteinlage zu denken.

23   Wegen der steuerlichen Folgen des Wechsels im Bestand der Gesellschafter wird auf die Erläuterungen zu den Formularen A. 8.10 ff. verwiesen. Für den Fall des Todes eines Gesellschafters bzw. der Erbauseinandersetzung vgl. A. 8.20 Rz. 3 f. sowie insbes. A. 9.00 Rz. 72 ff.

Gewerbesteuer: Die KG selbst und nicht deren Gesellschafter ist, wenn sie einen 24 Gewerbebetrieb unterhält, gewerbesteuerpflichtig. Dies folgt aus dem Charakter der Gewerbesteuer als einer Objektsteuer. Unter einem Gewerbebetrieb ist zunächst gem. § 2 Abs. 1 Satz 2 GewStG ein gewerbliches Unternehmen iSd. EStG, also des § 15 EStG, zu verstehen. Von einer im Handelsregister eingetragenen Gesellschaft wird vermutet, dass sie gewerblich tätig ist und damit der Gewerbesteuerpflicht unterliegt. Die Vermutung ist grds. widerlegbar. Die Gesellschaft kann im Einzelfall auch Einkünfte aus Land- und Forstwirtschaft, Kapitalvermögen oder VuV erzielen.

Die Gewerbesteuer und die darauf entfallenden Nebenleistungen (z.B. Verspä- 24a tungszinsen) sind seit der Unternehmensteuerreform 2008 (Gesetz v. 14.8.07, BGBl. I 07, 1912) **nicht mehr als Betriebsausgabe absetzbar** (vgl. § 4 Abs. 5b EStG). Die Gewerbesteuer mindert weder die Bemessungsgrundlage für die Einkommensteuer noch für die Gewerbesteuer selbst. Entgelte für Schulden (Zinsen) sowie Renten und Dauernde Lasten führen zu einer Hinzurechnung von 25% (§ 8 GewStG). Ausnahme: Pensionszahlungen auf Grund einer unmittelbar vom Arbeitgeber erteilten Versorgungszusage. Außerdem erfolgt eine Hinzurechnung der Gewinnanteile des stillen Gesellschafters von 25% (unabhängig davon, ob die Zahlungen bei diesem der Gewerbesteuer unterliegen). Schließlich werden Miet- und Pachtzinsen für bewegliches Anlagevermögen von 25% × 20% (also 5%) und bei unbeweglichem Anlagevermögen 25% × 50% (also 12,5%) hinzugerechnet. Die Hinzurechnung erfolgt aber nur dann, wenn die Summe der hinzuzurechnenden Beträge den Betrag von EUR 100.000 übersteigt.

Die Steuermesszahl für den Gewerbeertrag beträgt einheitlich **3,5 %** (§ 11 Abs. 2 GewStG) für alle Unternehmen.

Es erfolgt eine pauschalierte Anrechnung der Gewerbesteuer auf die Einkommensteuerschuld des Gesellschafters in Höhe des **3,8-fachen des Gewerbesteuermessbetrages.** Faktisch ist damit die Gewerbesteuer Teil der Einkommensteuervorauszahlung des Gesellschafters. § 35 Abs. 1 Satz 2 EStG sieht eine Beschränkung des Ermäßigungsbetrages auf die tatsächlich zu zahlende Gewerbesteuer vor. Verfahrensrechtlich ist anzumerken, dass sowohl der Gewerbesteuermessbetrag, der anteilige Gewerbesteuermessbetrag und die anteilig zu zahlende Gewerbesteuer für jeden Gesellschafter der Personengesellschaft gesondert und einheitlich festgestellt werden, § 35 Abs. 2 bis 4 EStG.

Der **Anteil eines Mitunternehmers am Gewerbesteuermessbetrag** richtet sich 24b dabei nach seinem Anteil am Gewinn der Mitunternehmerschaft nach Maßgabe des allgemeinen Gewinnverteilungsschlüssels. Ein Gewinn vorab ist für die Bemessung des Anteils eines Mitunternehmers am Gewerbesteuermessbetrag nicht zu berücksichtigen, § 35 Abs. 2 S. 2 EStG (vgl. BFH IV B 109/08 v. 7.4.08, BStBl. II 10, 116; vgl. auch BMF v. 22.12.09, BStBl. II 10, 43). Der allgemeine Gewinnverteilungsschlüssel gilt selbst bei unterjähriger Veräußerung des Mitunternehmeranteils und wenn sich der ausgeschiedene Veräußerer zivilrechtlich zur Tragung der Gewerbesteuer auf den Veräußerungsgewinn verpflichtet hat (BFH IV R 5/14 v. 14.1.16, DStR 16, 1094). Im gleichen Urteil hat der BFH auch entschieden, dass auch nach unterjährigem Gesellschafterwechsel der Anteil am Gewerbesteuermessbetrag nur für diejenigen Gesellschafter festzustellen ist, die zum Zeitpunkt der Entstehung der Gewerbesteuer Mitunternehmer der fortbestehenden Personengesellschaft als Schuldnerin der Gewerbesteuer sind.

Die Verteilung nach dem **allgemeinen Gewinnverteilungsschlüssel** führt unter Umständen zu verzerrten Ergebnissen: Erhält bspw. nur ein Gesellschafter hohe, deutlich gegenüber den anderen Gesellschaftern abgehobene Vergütungen, so führt dies zu einer Gewerbesteuermehrbelastung. Die hieraus resultierende Anrechnung ist allen

Gesellschaftern gleichmäßig nach allgemeinem Gewinnverteilungsschlüssel zuzurechnen. Sachgerechter wäre demgegenüber eine Lösung, die im Wege einer gesellschaftsvertraglichen Bestimmung eine Zuweisung des auf den Sonderbetriebsbereich entfallenden Gewerbesteueraufwands zu dem verursachenden Gesellschafter ermöglicht; diesem wäre dann auch die Ermäßigung zu gewähren (vgl. hierzu *Plambeck* DStR 10, 1553). *Levedag* GmbHR 09, 13 (17) schlägt hierbei folgende Klausel vor:

> „Belastungen der Gesellschaft durch Gewerbesteuer, die ihre Ursache im Bereich des Sonderbetriebsvermögens und den Vergütungen nach § 15 Abs. 1 Nr. 2 Alt. 2 EStG sowie den Ergebnissen eventueller Ergänzungsbilanzen haben, sind bei der Gewinnverteilung vorweg bei dem Gesellschafter als besonderer Aufwand zu berücksichtigen, dem das Sonderbetriebsvermögen, die Vergütungen sowie die Ergebnisse eventueller Ergänzungsbilanzen zuzurechnen sind. Bei Minderungen der Gewerbesteuer auf Grund von Sonderbetriebsausgaben oder Ergänzungsbilanzverlusten ist S. 1 sinngemäß anzuwenden und dem Gesellschafter ein besonderer Ertrag zuzuweisen.
>
> Entstehen durch die Anrechnung der Gewerbesteuer (§ 35 EStG) einkommensteuerliche Entlastungseffekte, so sind die Gesellschafter untereinander verpflichtet, in Höhe des sie begünstigenden Entlastungseffekts Ausgleichszahlungen an den Gesellschafter zu leisten, in dessen Sphäre die der Anrechnung zugrunde liegenden Umstände entstanden sind. Die Ausgleichzahlung bemisst sich nach dem 3,8fachen des dem begünstigten Gesellschafter aufgrund des allgemeinen Gewinnverteilungsschlüssels „zu hoch zugewiesenen Gewerbesteuermessbetrags", höchstens jedoch nach dem Betrag, der von der Gesellschaft gezahlt wird und nach dem allgemeinen Gewinnverteilungsschlüssel gemäß § 35 Abs. 4 EStG anteilig auf den ausgleichspflichtigen Gesellschafter entfällt. Der „zu hoch zugewiesene Gewerbesteuermessbetrag" entspricht dem Teil des Gewerbesteuermessbetrags, der auf die Sonderbetriebseinnahmen, die gewinnabhängige Sondervergütungen nach dem BMF-Schreiben v. 19.9.07, BStBl. I 07, 701 und/oder Ergänzungsbilanz entfällt."

24c   Gleichfalls im Zuge der Unternehmensteuerreform 2008 (Gesetz v. 14.8.07, BGBl. I 07, 1912) wurde die **Thesaurierungsbesteuerung** (§ 34a EStG vgl. hierzu *Blümich/Ratschow* § 34a EStG Rz. 1 ff.) eingeführt. Der Unternehmer besitzt ein Wahlrecht, ob er einen **nicht entnommenen Gewinn** aus seiner Gesellschaft mit seinem persönlichen Einkommensteuersatz oder **auf Antrag** mit dem **Thesaurierungssteuersatz** von 28,25 % (zzgl. SolZ 29,8 %) versteuern will. Bei einer späteren Entnahme des günstiger besteuerten Gewinns kommt es dann zu einer **Nachversteuerung** mit 25 % (zzgl. SolZ 26,37 %). Die Nachversteuerung entspricht der Abgeltungsteuer mit 25 % auf Ausschüttungen einer Kapitalgesellschaft und soll die von der Unternehmensteuerreform 2008 angestrebte Gleichstellung von Kapitalgesellschaften und Personengesellschaften gewährleisten. Bemessungsgrundlage für die Nachversteuerung ist der nicht entnommene Gewinn abzüglich gezahlter Thesaurierungssteuer. Die Wahlmöglichkeit zwischen Regelbesteuerung und Thesaurierungsbesteuerung wird jedem Gesellschafter einer Personengesellschaft, dessen Gewinnanteil in dem betreffenden Jahr mehr als 10 % beträgt und EUR 10.000 übersteigt, gesondert zugestanden (vgl. BMF v. 11.8.08, DStR 08, 1637; s. a, *Blöchle/Meninniger* DStR 16, 1974).

24d   Seit vielen Jahren wird gefordert, die reichlich komplexe Thesaurierungsbegünstigung in § 34a EStG zu vereinfachen und zu verbessern. Der Gesetzgeber geht nunmehr einen anderen Weg. Am 24.3.21 hat das Kabinett den Gesetzesentwurf zur Modernisierung des Körperschaftsteuerrechts (KöMoG – BR-Drs. 244/21) beschlossen. Anstatt die Steuerbegünstigung bei einer Gewinnthesaurierung zu verbessern, sollen Personengesellschaften nun alternativ die Möglichkeit erhalten, sich wie eine Körperschaft besteuern zu lassen **(Optionsmodell)**. Das KöMoG will damit vor allem die internationale Wettbewerbsfähigkeit von Familienunternehmen in der Rechtsform der OHG und KG stärken. Das Gesetz soll bereits in 2022 in Kraft treten.

25   **Umsatzsteuer:** Unabhängig von der Art ihrer Einkünfte ist die KG Unternehmerin iSv. § 2 UStG und unterliegt mit ihren steuerpflichtigen Umsätzen der USt. Der Gesellschafter als solcher ist nicht Unternehmer iSd. UStG. Zur Umsatzsteuer bei Geschäftsführungs- und Vertretungsleistungen gegenüber der Gesellschaft siehe Rz. 38b.

Grunderwerbsteuer: Die KG ist besonderer Rechtsträger iSd. Grunderwerbsteuer- **25a**
rechts (s. hierzu *Boruttau* § 1 GrEStG Rz. 76 ff.). Ein Wechsel im Personenstand der Gesellschaft durch Eintritt oder Austritt eines Gesellschafters unterliegt darum auch dann
nicht der Grunderwerbsteuer, wenn sich im Gesellschaftsvermögen ein Grundstück befindet. Voraussetzung ist allerdings ein Fortbestand der Gesellschaft. Zu beachten sind
jedoch die Restriktionen des § 1 Abs. 2a GrEStG. Danach löst ein unmittelbarer oder
mittelbarer Wechsel von 95 % des Gesellschafterbestandes der Personengesellschaft
innerhalb von fünf Jahren Grunderwerbsteuer aus (s. hierzu *Boruttau* § 1 GrEStG
Rz. 808 ff. (826)). Durch das AmtshilfeRLUmsG v 26.6.13 (BGBl. I 13, 1809) wurde
§ 3 Abs. 3a GrEStG eingeführt, Danach entsteht GrESt, wenn ein Rechtsträger 95 %
einer wirtschaftlichen Beteiligung an einer grundstückshaltenden Gesellschaft innehat.
Der Wortlaut der Regelung soll sog. RETT-Blockerstrukturen verhindern (Gleichl.
Ländererlasse v. 9.10.13, BStBl. I 13, 1364). Aktuell ist eine weitere Verschärfung der
Grunderwerbsteuer geplant. So soll die schädliche Anteilsvereinigungsquote von 95 %
auf 90 % gesenkt werden, gleichzeitig soll die Frist von fünf auf zehn Jahre ausgedehnt
werden. Das von einer Arbeitsgruppe der Länderfinanzministerien entwickelte Konzept
für eine Reform der GrESt, das bereits im Referentenentwurf des BMF v. 8.5.19 enthalten war, war bei Redaktionsschluss dieses Buchs noch nicht Gesetz geworden (zuletzt Regierungsentwurf BR-Drs. 355/19). Unabhängig davon besteht keine Sicherheit, ob eventuelle Verschärfungen nicht auch rückwirkend in Kraft gesetzt werden.

2. Einzelerläuterungen

Zu § 1: Firma, Sitz, Rechtsform

Gem. § 17 Abs. 1 HGB ist die **Firma** eines Kaufmanns **der Name,** unter dem er **26**
im Handel seine Geschäfte betreibt und die Unterschrift abgibt. Unter der Firma kann
die KG klagen und verklagt werden (§§ 17, 124 BGB). Das Firmenrecht der KG ist –
entsprechend den allgemeinen Grundsätzen – durch die Grundsätze der Firmenwahrheit in Form eines allgemeinen Täuschungsverbots, der Firmenklarheit (oder
Firmenunterscheidbarkeit) in Form des Ausschlusses der Verwechslungsgefahr, der
Firmeneinheit (*Baumbach/Hopt* § 17 HGB Rz. 7 f.) und der Firmenbeständigkeit gekennzeichnet.

Der **Firmenname der KG kann** – im Rahmen der oben genannten grundsätzli- **27**
chen Einschränkungen – **frei gewählt werden** (vgl. §§ 18, 19 HGB). Danach können auch eine Sachfirma oder eine „Fantasiefirma" gebildet werden, die nicht dem
Unternehmensgegenstand entnommen ist. Die Firma muss jetzt lediglich noch zur
Kennzeichnung geeignet sein, Unterscheidungskraft besitzen und keine irreführenden
Angaben enthalten. Die Aufnahme des Namens eines Gesellschafters ist nicht erforderlich. Die Firma der KG muss zwingend die Bezeichnung „Kommanditgesellschaft"
oder eine allgemein verständliche Abkürzung (z. B. „KG") enthalten. Ist keiner der
Gesellschafter eine natürliche Person, muss sich aus der Firma darüber hinaus die Haftungsbeschränkung ergeben (§ 19 Abs. 2 HGB); zu den notwendigen Angaben auf
den Geschäftsbriefen in diesen Fällen s. § 125a HGB (zur Firmierung ausführlich
Baumbach/Hopt § 18 HGB Rz. 1 ff.). In den Fällen, in denen dem Namen der Gesellschaft eine eigene wirtschaftliche Bedeutung zukommt („goodwill"), kann es sich anbieten, bereits im Gesellschaftsvertrag eine Regelung zu treffen, um nach Ausscheiden
eines namensgebenden Gesellschafters den Namen fortführen zu dürfen (vgl. auch
Regelung in § 14 Abs. 3).

Die KG muss einen Sitz haben. Der **Sitz der Gesellschaft** befindet sich am Ort der **28**
Geschäftsführung, ggf. der zentralen Geschäftsbüroführung (vgl. *MünchKommHGB/
Langhein* § 106 HGB Rz. 26; BGH II ZR 158/06 v. 27.10.08, NJW 09, 289; s. hierzu
ausführlich *Baumbach/Hopt/Roth* § 106 HGB Rz. 8 und Einl. 29 vor § 105 HGB). Sie
kann nur einen Sitz haben (vgl. *MünchKommHGB/Langhein* § 106 HGB Rz. 27). Eine

hiervon abweichende Bestimmung im Gesellschaftsvertrag ist unbeachtlich. Am Ort des Sitzes ist die Anmeldung zum Registergericht vorzunehmen (§ 106 HGB).

Hierzu sieht der Entwurf des MoPEG (BR-Drs. 59/21) vor, dass die Gesellschafter nach § 706 S. 2 BGB-E einen Ort im Inland als Sitz vereinbaren (Vertragssitz) können, der dann Sitz der Gesellschaft ist. Durch dieses Sitzwahlrecht, das grds. auch für die OHG bzw. KG gilt, sollte es für Personengesellschaften künftig möglich, sein, sämtliche Geschäftstätigkeiten außerhalb des deutschen Hoheitsgebietes zu entfalten, ohne auf die vertraute deutsche Rechtsform verzichten zu müssen (vgl. hierzu *Fleischer* BB 21, 386). Aufgrund mehrerer EuGH-Urteile (EuGH Rs. C-208/00 v. 5.11.02, NJW 02, 3614 – *Überseering;* EuGH C-167/01 v. 30.9.03, NJW 03, 3331 – *Inspire Art;* EuGH C-9/02 v. 11.3.04, NJW 2004, 2439 – *Hughes de Lasteyrie du Saillant*), war umstritten, **welche Folgen die Verlegung des Verwaltungssitzes einer KG vom Inland in das EU-Ausland hat;** die wohl hM geht davon aus, dass dies die Auflösung der Gesellschaft bedingt. Bestätigt wird diese Rechtsauffassung ausdrücklich durch das Urteil des EuGH C-210/06 v. 16.12.08, DStR 09, 121 – *Cartesio,* vgl. auch NJW-Spezial 09, 48); (siehe hierzu *Lieder/Oetker* § 105 HGB Rz. 139 ff.; zu den Folgen des Wegzugs der Komplementär-GmbH s. *Hasse/Steierberg* IStR 14, 888). Anders ist es in Zuzugsfällen. Verlegt eine EU- oder EWR-Gesellschaft ihren Sitz ins Inland, verdrängt die Niederlassungsfreiheit die Sitztheorie und es gilt das Recht es Gründungsstaates (s. auch *Frobenius* DStR 09, 487 ff.). Dies gilt nicht für nicht EU- oder EWR-Staaten (vgl. hierzu auch BGH II ZR 158/06 v. 27.10.08, DStR 09, 59 zur Nichtanwendbarkeit auf eine Schweizer AG; zur Problematik ausführlich *Baumbach/Hopt* HGB, Einl. 29 ff. vor § 105).

Zu § 2: Gegenstand des Unternehmens

29 Jede Gesellschaft, deren Gewerbebetrieb nicht schon nach § 1 Abs. 2 HGB Handelsgewerbe ist, weil sie über einen vollkaufmännisch eingerichteten Geschäftsbetrieb verfügt, oder die nur eigenes Vermögen verwaltet, kann KG werden. Voraussetzung ist lediglich, dass die **Firma** des Unternehmens **in das Handelsregister eingetragen** wird.

29a Rechtlich nicht möglich ist eine **Freiberufler KG** (*Ammon* DStR 98, 1474, 1476; *Schön* DB 98, 1169, 1174; *Baumbach/Hopt* § 105 HGB Rz. 3). Demgegenüber wird die Auffassung vertreten, dass es sich bei § 105 Abs. 2 HGB um einen Auffangtatbestand handelt, mit der Folge, dass jede zu einem gesetzlich zulässigen Zweck gebildete rechtsfähige Personengesellschaft, dh. jede Außengesellschaft – als OHG oder KG eingetragen werden kann (*MünchKommHGB/K. Schmidt* § 105 HGB Rz. 58). Da die Bestimmungen nach ihrem Wortlaut und der Begründung nur auf die bisher nicht eintragungsfähigen Vermögensverwaltungsgesellschaften wie Immobilienverwaltungs-, Holding- und Grundbesitzgesellschaften abzielen, ist für die von *K. Schmidt* vorgeschlagene „ausdehnende Auslegung" kein Raum.

Zu § 3: Beginn der Gesellschaft und Geschäftsjahr

30 Die KG wird durch den **Abschluss des Gesellschaftsvertrages** gegründet. Im Innenverhältnis entsteht sie mit dem Zeitpunkt, der in dem Gesellschaftsvertrag für den Beginn festgelegt wird, mangels einer solchen Bestimmung mit Abschluss des Vertrages. Im Außenverhältnis entsteht die Gesellschaft mit ihrer Eintragung im Handelsregister. Betreibt die Gesellschaft jedoch ein Handelsgewerbe gem. § 1 Abs. 2 HGB und nimmt sie ihre Tätigkeit bereits vor Eintragung im Handelsregister auf, so entsteht sie mit dem Geschäftsbeginn (§ 161 Abs. 2 iVm. § 123 Abs. 2 HGB). Etwas anderes gilt für KG, die erst mit ihrer Eintragung in das Handelsregister entstehen (§§ 105 Abs. 2, 2 HGB). In diesen Fällen besteht vor Eintragung in das Handelsregister eine GbR.

30a Steuerlich beginnt die KG als **Subjekt der Gewinnerzielung und -ermittlung** mit Aufnahme der Geschäftstätigkeit; eine Mitunternehmerschaft kann bereits vor oder auch ohne Abschluss eines Gesellschaftsvertrages bestehen (BFH IV R 152/76 v. 19.2.81, BStBl. II 81, 602). Die Errichtung auf unbestimmte Dauer entspricht § 132 HGB.

Die Dauer des Geschäftsjahres kann zivilrechtlich abweichend vom Kalenderjahr **30b** festgelegt werden; darf aber zwölf Monate nicht überschreiten. Im Einzelfall, zB zu Beginn der Gesellschaft oder bei der Umstellung des Geschäftsjahres, kann es ausnahmsweise den Zeitraum von zwölf Monaten unterschreiten (sog. **Rumpfgeschäftsjahr,** vgl *Baumbach/Hopt* § 240 HGB Rz. 6). Die KG kann ein vom Kalenderjahr **abweichendes Wirtschaftsjahr** wählen (*Beck Bil-Komm/Budde* § 240 HGB Rz. 60 ff.). Sie ist hierin bei der Neugründung frei. Beim lebenden Betrieb darf die Umstellung vom Kj. auf ein abweichendes Wj. nur im Einvernehmen mit dem FA erfolgen (§§ 4a Abs. 1 Nr. 2 EStG, § 8b Nr. 2 Satz 2 EStDV).

Zu § 4: Dauer der Gesellschaft und Kündigung

Die Kündigung ist **formlos** gegenüber allen anderen Gesellschaftern zu erklären. **31** Die Kündigung führt nach § 131 Abs. 3 Nr. 3 HGB grds. zum Ausscheiden des kündigenden Gesellschafters. Der Gesellschaftsvertrag kann allerdings abweichende Kündigungsfolgen vorsehen. Bei der KG ist es nicht zulässig, die Kündigung der Gesellschaft auf unbestimmte Zeit auszuschließen. Sie kann jedoch gegenüber der nach §§ 161 Abs. 2, 131 Abs. 3, 132 HGB geltenden gesetzlichen Regelung erschwert werden. Wegen der Einzelheiten vgl. A. 9.00 Rz. 30 f.

Zu § 5: Gesellschafter, Kapitalanteile und Einlagen

Einlagen können gem. §§ 161 Abs. 2, 105 Abs. 1 HGB iVm. 706 BGB alle über- **32** tragbaren Vermögenswerte sein, zB Geld, Sachen, Dienstleistungen, Goodwill, Rechte, gewerbliche Schutzrechte, Know how etc. Art und Höhe der Einlagen sollten im Gesellschaftsvertrag geregelt sein. Soweit im Gesellschaftsvertrag abweichende Regelungen nicht getroffen sind, haben die Gesellschafter gleiche Beiträge zu leisten.

Bei der **Bewertung von Sacheinlagen** sind die Gesellschafter untereinander grds. **33** frei, nicht aber im Verhältnis zu den Gläubigern der Gesellschaft (vgl. BGH II ZR 269/84 v. 8.7.85, NJW 85, 2947). Die Grenze besteht dort, wo die Bewertung sittenwidrig ist (BGH II ZR 24/73 v. 5.12.74, WM 75, 325 mwN). Der von den Gesellschaftern festgelegte Wert der Einlage findet seinen Niederschlag im festen Kapitalkonto. Bei **Mängeln hinsichtlich der eingebrachten Sacheinlagen** sind nach überwiegender Auffassung von Literatur und Rspr. (BGH II ZR 219/63 v. 2.5.66, NJW 66, 1311 zur Rechtsmängelhaftung bei der GmbH) die kaufrechtlichen Vorschriften der § 434 ff. BGB bei der Einbringung mangelhafter Sachen in entsprechender Weise anwendbar, soweit sie mit den Besonderheiten der Einbringung einer Sacheinlage vereinbar sind. Bei **Mängeln einer zum Gebrauch überlassenen Sache** kommen die Vorschriften des Mietrechts (§§ 536 ff. BGB), bei **mangelhaften Dienstleistungen** die Regeln des Dienstvertragsrechts mit Ausnahme der §§ 616, 617 BGB (Verhinderung bei Krankheit) sowie § 624 BGB (Kündigungsfrist) und § 630 BGB (Zeugnis) entsprechend zur Anwendung. Der Gesellschafter schuldet bei Erbringung mangelhafter Leistungen Schadensersatz aus positiver Vertragsverletzung. Die hM zur Gewährleistung wird zu Recht kritisiert, weil die genannten Vorschriften allein auf synallagmatische Verträge zugeschnitten sind, in denen eine Partei eine Leistung erbringt, um eine andere zu erhalten (vgl. ua. *MünchKommHGB/K. Schmidt* § 105 HGB Rz. 183 ff.). Soweit Sacheinlagen im Gesellschaftsvertrag vorgesehen sind, sollten demzufolge im Hinblick auf die hM klare Regeln zur Gewährleistung im Vertrag vereinbart werden.

Zur **ertragsteuerlichen Behandlung von Sacheinlagen und Nutzungen:** Ist **34** ein Gesellschafter gegen Gewährung von Gesellschaftsrechten zur Einbringung eines Wirtschaftsgutes aus dem Privatvermögen verpflichtet, so ist diese Einlage grds. mit

dem Teilwert anzusetzen (§ 6 Abs. 1 Nr. 5, 6 EStG). Dies gilt nicht, wenn das eingebrachte Wirtschaftsgut innerhalb der letzten drei Jahre vor dem Zeitpunkt der Einlage
angeschafft oder hergestellt worden ist oder wenn es sich bei dem eingebrachten Wirtschaftsgut um eine Beteiligung an einer Kapitalgesellschaft iSv. § 17 Abs. 1 oder Abs. 6
EStG bzw. um ein Wirtschaftsgut iSv § 20 Abs. 2 EStG handelt. In diesem Fall ist die
Einlage mit den Anschaffungs- oder Herstellungskosten anzusetzen (vgl. § 6 Abs. 1
Nr. 5 EStG).

34a   Nach § 6 Abs. 5 Satz 3 ff. EStG sind **steuerneutrale Übertragungen** von Wirtschaftsgütern zu Buchwerten zwischen (Sonder-)Betriebsvermögen eines Mitunternehmers und Gesamthandsvermögen einer Mitunternehmerschaft sowie zwischen
Sonderbetriebsvermögen verschiedener Mitunternehmer derselben Mitunternehmerschaft möglich. Ausgeschlossen sind Übertragungen zum Buchwert, soweit sich durch
die Übertragung der Anteil einer Körperschaft, Personenvereinigung oder Vermögensmasse an dem Wirtschaftsgut mittelbar oder unmittelbar erhöht; in diesen Fällen
ist der Teilwert anzusetzen (zum Ganzen s. auch BMF v. 8.12.11, BStBl. I 11, 1279
und BMF v. 12.9.13, BStBl. I 13, 1164; vgl. auch EStH 6.15; zur Übertragung von
stillen Lasten *Pitzal* DStR 16, 2831).

34b   Soweit der Gesellschafter ein Wirtschaftsgut nicht einlegt, sondern der Gesellschaft
zur **Nutzung** zur Verfügung stellt, entsteht nicht Betriebsvermögen der Gesellschaft,
sondern Sonderbetriebsvermögen des Gesellschafters (zB Vermietung von Betriebsgrundstücken etc.). Dass Nutzungsrechte einlegbar und entnehmbar sind, ist durch die
Rspr. des BFH ausdrücklich geklärt (GrS 2/86 v. 26.10.87, BStBl. II 88, 348; vgl.
hierzu eingehend *Schmidt/Loschelder* § 4 EStG Rz. 225 ff. mwN). Grds. Fragen, wie
die in der Praxis bedeutsame Frage des Abzugs von Drittaufwand bei unentgeltlicher
Nutzung und Überlassung, lässt der BFH allerdings offen. Nicht Gegenstand einer
Einlage kann nach der hM die eigene Arbeitskraft des Mitunternehmers sein. Eingelegte Wirtschaftsgüter nehmen am Betriebsvermögensvergleich grundsätzlich in vollem Umfang teil. Bei Wirtschaftsgütern, die bis dahin der Einkünfteerzielung im
Rahmen einer Überschusseinkunftsart (zB Vermietung und Verpachtung) gedient haben, bemisst sich die Abschreibung nicht mehr nach dem Einlagewert, sondern nach
den ursprünglichen Anschaffungs- und Herstellungskosten des Wirtschaftsgutes abzüglich der bereits vorgenommenen Abschreibung (§ 7 Abs. 1 Satz 5 EStG).

Zu § 6: Geschäftsführung und Vertretung

35   Gem. §§ 161 Abs. 2, 114 ff., 125 ff. HGB sind die Komplementäre zur Geschäftsführung und Vertretung berufen – und zwar im Regelfall jeder einzeln. Gem. § 125
Abs. 2 HGB kann Gesamtvertretung – wie im Formular – vorgesehen werden. Diese
ist im Handelsregister einzutragen (§ 106 Abs. 2 Nr. 4 HGB). Darüber hinaus ist eine
Beschränkung des Umfangs der Vertretungsmacht Dritten gegenüber unwirksam
(§ 126 Abs. 2 HGB). Die vereinbarte Gesamtvertretung berührt im Übrigen nie die
passive Vertretung der Gesellschaft bei der Entgegennahme von Willenserklärungen;
hier gilt zwingend immer Einzelvertretung, dh. die Erklärung braucht nur einem Gesamtvertreter zuzugehen (§ 125 Abs. 2 Satz 3 HGB).

36   Die Kommanditisten sind gem. § 164 HGB von der Geschäftsführung ausgeschlossen. Es ist aber möglich, die gem. § 164 HGB von der Geschäftsführung ausgeschlossenen Kommanditisten an der Geschäftsführung zu beteiligen. Von der organschaftlichen
Vertretung der KG sind sie aber zwingend ausgeschlossen (§ 170 HGB). Kommanditisten können aber Prokura erhalten. Der einzige persönlich haftende Komplementär darf
aber nicht an die Mitwirkung eines Kommanditisten mit Prokura gebunden werden
(vgl. *Baumbach/Hopt* § 170 HGB Rz. 1 mwN).

37   Bei kleineren KG genügt anstelle eines ausführlichen Einwilligungskatalogs, wie im
Formular A. 8.01 § 8 Abs. 3, ein allgemeiner Einwilligungsvorbehalt der vorgeschlagenen Art.

Zu § 7: Aufwendungsersatz, Geschäftsführervergütung

Tätigkeitsvergütungen an Gesellschafter sind handelsrechtlich Aufwand der Ge- **38** sellschaft und mindern deren Gewinn. Dabei kann eine Verpflichtung dahingehend bestehen, die Tätigkeitsvergütung an veränderte Verhältnisse der Gesellschaft und der Gesellschafter anzupassen (OLG Koblenz 6 U 637/78 v. 20.9.79, DB 80, 247 mwN; hierzu auch *MünchKommHGB/Rawert* § 114 HGB Rz. 82). Die Anpassung kann auch in einer Herabsetzung der Vergütung bestehen. Aus Gründen der Klarheit empfiehlt sich in der Praxis der Abschluss eines entsprechenden Anstellungsvertrages. Hierfür kann weitgehend auf die für die GmbH geltenden Bestimmungen und verwendeten Formulare zurückgegriffen werden, jedoch ohne die für eine GmbH spezifischen Bestimmungen (vgl. Formular A. 6.27, jedoch ohne dort § 2 Abs. 2). Soweit Kommanditisten in die Geschäftsführung eingebunden sind oder in sonstiger Weise für die Gesellschaft tätig sind, ist eine schriftliche Vereinbarung schon im Hinblick darauf zwingend zu empfehlen, dass Zahlungen, die als Gegenleistung für eine Mitarbeit gewährt werden, keine Einlagenrückgewähr darstellen und demgemäß nicht gemäß § 173 Abs. 4 HGB zu einem Wiederaufleben der Haftung wegen (ggf. vermuteter) Einlagenrückgewähr führen. Zur Entlassungsentschädigung eines Kommanditisten, der gleichzeitig Gesellschafter-Geschäftsführer der Komplementär-GmbH gewesen ist, s. OFD Frankfurt v. 20.10.16, DStR 16, 2856.

Steuerlich gehören Tätigkeitsvergütungen ebenso wie sonstige Vergütungen an die **38a** Gesellschafter (zB Miet- oder Darlehenszinsen) zum einheitlich und gesondert festzustellenden Gewinn (§ 15 Abs. 1 Nr. 2 EStG). Die Hinzurechnung zum steuerlichen Gewinn gilt unabhängig von der zivilrechtlichen Grundlage des Vertrages, also unabhängig davon, ob die Vergütung unmittelbar im Gesellschaftsvertrag oder auf Grund eines speziellen Anstellungsvertrages geschuldet wird.

Umsatzsteuer: Der BFH hat entschieden, dass die Tätigkeit eines geschäftsführen- **38b** den Komplementärs einer Kommanditgesellschaft umsatzsteuerlich auch **nicht** selbständig ausgeübt werden kann (BFH XI R 14/09 v. 14.4.10, BStBl. II 11, 433). Bei einer natürlichen Person als Komplementär ist demnach jeder **Einzelfall nach dem Gesamtbild der Verhältnisse** genau zu prüfen. Sofern der Komplementär als Geschäftsführer weisungsgebunden ist, liegt regelmäßig keine umsatzsteuerpflichtige Geschäftsführungsleistung durch den Geschäftsführer vor. Im Urteilsfall war die Weisungsgebundenheit gegeben, da ein Verwaltungsrat den Geschäftsführer beraten und überwacht hat und darüber hinaus berechtigt war, den Geschäftsführer jederzeit nach eigenem Ermessen abzuberufen (vgl. hierzu auch BMF v. 2.5.11, BStBl. I 11, 490). Die aktuelle Rechtsauffassung gilt **nur für natürliche Personen** als Geschäftsführer einer Personengesellschaft. Juristische Personen als Gesellschafter-Geschäftsführer, die Geschäftsführungs- und Vertretungsleistungen an die Gesellschaft erbringen, sind weiterhin grundsätzlich selbständig. Ein Weisungsrecht der Gesellschafterversammlung gegenüber der juristischen Person als Geschäftsführerin führt nicht zur Unselbständigkeit derselben (vgl. hierzu *Raab* SteuK 10, 478 und *Gerz* SteuK 12, 10).

Zu § 8: Konten der Gesellschaft

Das Formular sieht feste Kapitalkonten, ein Rücklagenkonto und ein Verlustvor- **39** tragskonto vor (vgl. *MünchKommHGB/Grunewald* § 167 HGB Rz. 14 ff.). Je nach Qualifizierung der Konten als Eigen- oder Fremdkapitalkonten können diese den Charakter von Kapital bzw. Forderungen oder Verbindlichkeiten im Verhältnis zum Gesellschafter haben. Dies kann einerseits haftungsrechtlich von Bedeutung sein, zB im Hinblick auf § 172 Abs. 4 HGB. Unter bestimmten Voraussetzungen (zB bei einem beschränkt steuerpflichtigen Gesellschafter können sich daneben auch unterschiedliche steuerliche Konsequenzen ergeben (zB für § 15a EStG und die Frage der nur verrechenbaren Verluste von den ausgleichsfähigen Verlusten, für die Ermittlung der nicht abziehbaren Schuldzinsen gemäß § 4 Abs. 4a EStG, für die Ermittlung der

Eigenkapitalquote bei Anwendung der Zinsschranke gemäß § 4h EStG (vgl. zum Charakter der Konten *Beck Bil-Komm/Schmidt/Hoffmann* § 247 HGB Rz. 150 ff; zur steuerlichen Behandlung der jeweiligen Konten siehe grundlegend BFH IV R 98/06 v. 16.10.08, DStR 09, 212; OFD Frankfurt v. 9.12.16, DStR 17, 498; sowie zu steuerlichen Besonderheiten BFH I R 81/00 v. 5.6.02, DStR 02, 1480). Das im Formular vorgesehene Kontenmodell gewährleistet größtmögliche Transparenz. Durch die Trennung von Rücklagen- und Darlehenskonten ergibt sich darüber hinaus eine deutliche Unterscheidung von Eigen- und Fremdkapital, so dass die − namentlich aus Bankensicht bedeutsame − Eigenkapitalquote der Gesellschaft gut erkennbar wird.

39a   Durch das **feste Kapitalkonto,** das der vertraglich bedungenen Einlage des Gesellschafters entspricht, wird die Beteiligung des Gesellschafters in einem unverändert verbleibenden Verhältnis quotenmäßig festgelegt. Diese Regelung weicht von der gesetzlichen Grundregel der §§ 177 ff. iVm. §§ 120 ff. HGB ab, wonach grundsätzlich von variablen Kapitalkonten auszugehen und daneben gem. § 167 Abs. 2 HGB dem Kommanditisten sein Gewinn nur so lange zuzuschreiben ist, als dieser den Betrag der angemeldeten Kommanditeinlage nicht erreicht. Die Ausgestaltung und die durch das Kapitalkonto I (festes Kapitalkonto) zum Ausdruck kommende Beteiligungsquote ist maßgeblich für die Beteiligung am Ergebnis und am Vermögen, an den stillen Reserven im Fall der Auseinandersetzung und für das Stimmrecht. Neben dem festen Kapitalkonto werden ein **Rücklagekonto** und ein **Verlustvortragskonto** für jeden Gesellschafter geführt. Zur Zuweisung der Ergebnisanteile zu den Konten vgl. § 12 des Formulars. Die Einrichtung eines gesonderten Verlustvortragskontos dient der Vereinfachung der Feststellung jeweils aufgelaufener Verluste sowie für steuerliche Zwecke vor allem auch der Feststellung der Verrechenbarkeit von Verlusten gem. § 15a EStG hinsichtlich der Kommanditisten.

39b   Festes Kapitalkonto, Rücklagen- und Verlustvortragskonto sind unverzinslich. Daneben wird ein Privatkonto eingeführt, über das Entnahmen und freie Einlagen verbucht werden. Dieses ist im Gegensatz zu den anderen genannten Konten, die bei vertragsgemäßer Durchführung stets im gleichen Verhältnis zueinander stehen müssen, grds. variabel. Guthaben und Schulden auf dem Privatkonto werden verzinst. Guthaben auf dem Privatkonto sind grds. entnahmefähig, soweit nicht die Regelung in § 13 Abs. 2 entgegensteht.

Zu § 9: Gesellschafterversammlung

40   Dazu allgemein *MünchKommHGB/Jickeli* § 116 HGB Rz. 1 ff. Nach dem Gesetz kommen Gesellschafterbeschlüsse ohne Beachtung einer bestimmten Form zustande. Gesellschafterbeschlüsse bedürfen ohne abweichende vertragliche Regelung grds. der Zustimmung aller Gesellschafter (§§ 161 Abs. 2, 119 Abs. 1 HGB). Die strikte Anwendung des Einstimmigkeitsprinzips würde die Gesellschaftsform unpraktikabel machen. Es empfiehlt sich daher, grds. das einfache Mehrheitsprinzip vorzusehen. Darüber hinaus kann ein besonderer Katalog für die Zuständigkeiten der Gesellschafterversammlung aufgestellt werden. Auf Formular A. 8.01 § 10 Abs. 1a bis 1g wird verwiesen. Da das Stimmrecht als Mitgliedschaftsrecht dem Gesellschafter höchst persönlich zusteht (vgl. *Baumbach/Hopt* § 119 HGB Rz. 5 und Rz. 21), empfiehlt es sich, die Vertretung bei der Teilnahme an der Gesellschaftsversammlung vorzusehen, wenn dies gewünscht wird.

Zu § 10: Gesellschafterbeschlüsse

41   Grds. sind Gesellschafterbeschlüsse in allen Angelegenheiten der Gesellschaft zulässig. Während sie nach § 119 Abs. 1 HGB grds. einstimmig zu fassen sind, geht das Formular von Mehrheitsbeschlüssen aus. Solche Mehrheitsbeschlüsse sind auch dann zulässig, wenn es um Grundlagen der Gesellschaft geht, bspw. Aufnahme oder Entlassung von Gesellschaftern, Änderung des Gesellschaftszwecks sowie andere Änderungen des Gesellschaftsvertrages oder Liquidation der Gesellschaft (*Baumbach/Hopt* § 119 HGB Rz. 1 f.; BGH II ZR 116/08, v. 24.11.08, NJW 09, 669 BayObLG BReg. 3 Z

107/86 v. 20.11.86, BB 87, 713). Dies muss im Gesellschaftsvertrag nach dem Bestimmtheitsgrundsatz allerdings eindeutig klargestellt werden bzw. muss sich durch die
Auslegung des Gesellschaftsvertrages ergeben (vgl. hierzu grundlegend BGH II ZR
245/05, 15.1.07, DStR 07, 494). Das Formular sieht keine Berechtigung zur Änderung des Gesellschaftsvertrages mit einfacher oder qualifizierter Mehrheit vor. Solche
Maßnahmen sind ggf. ausdrücklich und einzeln zu benennen (Änderung des Gesellschaftsvertrages; Ausschließung eines Gesellschafters; Aufnahme eines Gesellschafters;
Auflösung der Gesellschaft). Besonders ungewöhnliche Änderungen des Gesellschaftsvertrages bedürfen im Hinblick auf gesellschaftsrechtlich geschützten Kernbereich und
dem Bestimmtheitsgrundsatz gleichwohl einer einstimmigen Beschlussfassung (vgl.
hierzu *Baumbach/Hopt* § 119 HGB Rz. 35 ff.).

Zu § 11: Jahresabschluss

Die Aufstellung der Bilanz ist die Angelegenheit der Komplementäre, ihre Feststel- **42**
lung aber fällt in die Zustimmung aller Gesellschafter (BGH II ZR 263/94 v. 29.3.96
(NJW-RR 96, 989). Das Formular geht mit dem BGH von der Zuständigkeit der
Geschäftsführung für die Aufstellung und der Genehmigung (Feststellung) durch die
Gesellschafterversammlung aus (*MünchKommHGB/Grunewald* § 167 HGB Rz. 2).

Die dem Kaufmann obliegenden Buchführungs- und Bilanzierungspflichten sind in
§§ 238 ff. HGB geregelt. Da die Steuerbilanz auf der Handelsbilanz aufbaut, die sie
grds. anerkennt, empfiehlt sich für kleinere Gesellschaften die Erstellung einer Einheitsbilanz, die den steuerlichen Vorschriften entspricht. Eine Verpflichtung zur Aufstellung einer eigenen Steuerbilanz besteht nicht (§ 60 Abs. 1 und 2 EStDV).

Für Zwecke der Besteuerung sind eventuell **Sonder- und Ergänzungsbilanzen** **43**
der Gesellschafter zu erstellen. In Sonderbilanzen ist das Sonderbetriebsvermögen einzelner Gesellschafter ausgewiesen. Hierbei wird unterschieden zwischen dem Sonderbetriebsvermögen I (Wirtschaftsgüter, die der Gesellschafter der Gesellschaft zur Benutzung überlässt) und dem Sonderbetriebsvermögen II (Wirtschaftsgüter, die in
unmittelbarem Zusammenhang mit der Beteiligung stehen und der Beteiligung zu
dienen bestimmt sind, zB Bankdarlehen zur Finanzierung der Einlage). Ergänzungsbilanzen sind aufzustellen, wenn ein Gesellschafter seinen Anteil von einem (ausgeschiedenen) Gesellschafter erworben hat und der Kaufpreis vom steuerlichen Buchwert des
Anteils abweicht. Der Mehr- oder Minderbetrag wird in der Ergänzungsbilanz des
Erwerbers als Auf- bzw. Abstockung der Buchwerte der Wirtschaftsgüter der Gesellschaft berücksichtigt. Die Steuerbilanz der Gesellschaft sowie die Sonder- und Ergänzungsbilanzen der Gesellschafter bilden zusammen die Gesamtbilanz der Gesellschaft.
Nach der BFH-Rechtsprechung sind die Sondervergütungen für einzelne Gesellschafter in der Gesamthandsbilanz und in deren Sonderbilanzen korrespondierend zu bilanzieren. Demnach sind Sondervergütungen an einen Gesellschafter iSd. § 15 Abs. 1 S. 1
Nr. 2 S. 2 EStG – für die Tätigkeit im Dienst der Gesellschaft, die Hingabe von Darlehen oder für die Überlassung von Wirtschaftsgütern – zeit- und betragsgleich als
Aufwand in der Steuerbilanz der Gesellschaft und als Ertrag in der Sonderbilanz des
Gesellschafters auszuweisen, so dass sich in der Gesamtschau durch diese Sondervergütungen keine Gewinnauswirkung ergibt.

Die Zugehörigkeit eines WG zum **Sonderbetriebsvermögen** hat zur Folge, dass
Einnahmen und Ausgaben im Zusammenhang mit diesem WG für die Ertragsbesteuerung maßgeblich sind. Verfahrensmäßig werden diese Einnahmen und Ausgaben im
Rahmen der einheitlichen und gesonderten Feststellung für die Gesellschaft miterfasst
(§ 180 AO).

Der **Gewinn- oder Verlustanteil** des einzelnen Gesellschafters ergibt sich dann, **44**
wenn man den Stand seines Gesamtkapitalkontos zu Beginn des Wirtschaftsjahres von
dem Kontostand zum Ende des Wirtschaftsjahres abzieht und die auf ihn in diesem
Wirtschaftsjahr entfallenden Einlagen abzieht und seine Entnahmen hinzurechnet.

45   Der Jahresabschluss ist von allen persönlich haftenden Gesellschaftern zu unterschreiben (§ 245 Satz 2 HGB), wobei das Fehlen der Unterschrift den Jahresabschluss nicht unwirksam macht (*Baumbach/Hopt* § 245 HGB Rz. 1). Eine bestimmte Aufstellungsfrist ist im Gesetz nicht vorgesehen; § 243 Abs. 3 HGB schreibt lediglich die Aufstellung innerhalb der einem ordnungsgemäßen Geschäftsgang entsprechenden Zeit vor. Grds. sollte jedoch die für kleine Kapitalgesellschaften vorgesehene Sechs-Monatsfrist (§ 264 Abs. 1 Satz 3 HGB) nur geringfügig überschritten werden (nach BFH VIII R 110/79 v. 6.12.83, ZIP 84, 882 darf die Frist jedenfalls ein Jahr nicht überschreiten).

Die in Abs. 3 vorgesehene **Anpassung der Handelsbilanz** an Änderungen der **Steuerbilanz** auf Grund einer Betriebsprüfung entspricht der im Formular vorgesehenen Aufstellung einer Einheitsbilanz und soll vermeiden, dass bei späteren Änderungen einer Steuerbilanz künftig Handels- und Steuerbilanz auseinanderfallen.

Zu § 12: Ergebnisverteilung

46   Vgl. hierzu A. 9.00 Rz. 57 f.

Zu § 13: Einlagen und Entnahmen

47   Das Entnahmeverbot gem. Abs. 2 ist im Hinblick auf § 15a Abs. 3 EStG sinnvoll. Entnahmen, die zu einem negativen Kapitalkonto führen, werden danach dem betreffenden Gesellschafter als Gewinn zugerechnet. Wegen der Einzelheiten vgl. *Schmidt/Wacker* § 15a EStG Rz. 91 ff. Hinsichtlich der Tätigkeitsvergütungen ist vereinbart, dass diese bei Fälligkeit jederzeit entnommen werden können. Dabei ist zu beachten, dass auch hierdurch uU steuerlich ein negatives Kapitalkonto entstehen kann, wenn es sich um Tätigkeitsvergütungen eines Kommanditisten handelt. Hierauf sollte im Einzelfall geachtet und ggf. eine abweichende Regelung bzw. ein Verzicht auf die Entnahme im konkreten Fall vereinbart werden.

Zu § 14: Auflösung der Gesellschaft, Fortführung der Firma

48   Dazu allgemein *MünchKommHGB/K. Schmidt* §§ 131 ff. HGB Rz. 1 ff. Gem. §§ 161 Abs. 2, 131 HGB wird die Gesellschaft aufgelöst
– durch den Ablauf der Zeit für welche sie eingegangen ist;
– durch Beschluss der Gesellschafter;
– durch die Eröffnung des Insolvenzverfahrens über das Vermögen der Gesellschaft;
– durch gerichtliche Entscheidung.

Nach der Auflösung besteht die Personenhandelsgesellschaft fort, jedoch mit dem geänderten Zweck, der auf eine Abwicklung der Gesellschaft gerichtet ist. Aus der werbenden wird eine Abwicklungsgesellschaft. Die Identität der Gesellschaft bleibt bewahrt und im Außenverhältnis zu den Gläubigern ergeben sich keine Änderungen. Da die KG den Betrieb eines Handelsgeschäfts zum Inhalt hat, muss die Firma einen Liquidationszusatz („i. L.") tragen (§ 153 HGB).

49   Gem. § 24 Abs. 2 HGB bedarf es bei Ausscheiden eines Gesellschafters, dessen Name in der Firma enthalten ist, zur Fortführung der Firma der ausdrücklichen Einwilligung des Gesellschafters oder seiner Erben. Diese Einwilligung wird in Abs. 3 generell erteilt. Die Regelung ist erforderlich, weil der BGH dem Interesse der verbleibenden Gesellschafter großes Gewicht einräumt (BGH II ZR 83/88 v. 9.1.89, NJW 89, 2685). Zum Ausscheiden des letzten Gesellschafters vgl. A. 9.15 Rz. 8.

Zu § 15: Ausscheiden und Ausschluss eines Gesellschafters

50   Die Regelung stimmt im Wesentlichen mit der Rechtslage gem. §§ 161 Abs. 2, 131 Abs. 3 HGB überein, wonach in bestimmten Fällen ein Ausscheiden des Gesellschafters anstelle der früher üblichen Auflösung der Gesellschaft vorgesehen ist. Die Regelung des Abs. 2, wonach bei Zurlastlegung eines Verstoßes gegen eine Bestimmung des Gesellschaftsvertrages dem betroffenen Gesellschafter kein Stimmrecht zusteht, entspricht der gesetzlichen Ausgangslage und dient der ausdrücklichen Klarstellung. Mit dem Ausscheiden endet die Gesellschafterstellung des Ausgeschiedenen; seine Gesellschafterrechte und -pflichten erlöschen grundsätzlich. Der Anteil des Ausgeschiedenen am Gesellschaftsvermögen wächst zwingend den übrigen Gesellschaftern an (vgl. *MünchKommBGB/Schäfer* § 738 BGB Rz. 6 ff.).

Zu § 16: Tod eines Gesellschafters

Abs. 1: Diese Regelung entspricht der Bestimmung des § 177 HGB für den 51 Kommanditisten. Der Tod des Kommanditisten führt weder zur Auflösung der Gesellschaft noch zu dessen Ausscheiden; im Zweifel ist der Gesellschaftsanteil des Kommanditisten vererblich, § 177 HGB.

Abs. 2: Beim Tod eines Komplementärs wird die Gesellschaft nicht aufgelöst (§§ 161 Abs. 2, 131 Abs. 3 HGB); stattdessen scheidet der Komplementär aus der Gesellschaft aus. Etwas anderes gilt nur für den Tod des einzigen Komplementärs (hierzu *MünchKommHGB/K. Schmidt* § 131 HGB Rz. 46 ff.). Dennoch bietet sich an, eine ausdrückliche Regelung im Gesellschaftsvertrag zu treffen. Die gesetzlichen Regelungen sind sowohl für den Komplementär als auch für den Kommanditisten dispositiv, dh. der Gesellschaftsvertrag kann die Vererbbarkeit des Gesellschaftsanteile zB beschränken, ausschließen usw. Das Formular sieht vorliegend ein Eintrittsrecht bestimmter Erben vor. Zu den Alternativen und den dringend erforderlichen gesellschaftsvertraglichen Regelungen sowie zu den steuerrechtlichen Auswirkungen s. A. 9.00 Rz. 63 ff., Rz. 72 ff.

Abs. 3: Die Anordnung der Testamentsvollstreckung kann insb. den Interessen der 52 verbleibenden Mitgesellschafter entsprechen. Unter Umständen ist die Anordnung eines gemeinsamen Vertretungsberechtigten bei mehreren Erben allerdings sinnvoller. Im Hinblick auf die grds. Unübertragbarkeit der Personengesellschaftsbeteiligung (§ 717 S. 1 BGB) ist im Übrigen für die Ausübung von Testamentsvollstreckerrechten an Personengesellschaften Voraussetzung, dass die Zulässigkeit einer Testamentsvollstreckung im Gesellschaftsvertrag vorgesehen ist oder die übrigen Gesellschafter der Rechtsausübung durch den Testamentsvollstrecker nachträglich zustimmen (vgl. zu den Grenzen der Einheitlichkeit der Mitgliedschaft einer Personengesellschaft, BGH IV ZB 21/94 v. 10.1.96, NJW 96, 1284, 1286).

Zu § 17: Übertragung und Belastung von Gesellschaftsanteilen, Abtretung von Ansprüchen aus dem Gesellschaftsverhältnis

Verfügungen über den Gesellschaftsanteil sind nur auf Grund entsprechender Be- 53 stimmungen im Gesellschaftsvertrag zulässig (*MünchKommBGB/Schäfer* § 719 BGB Rz. 21 ff.). Sie bedürfen als sogenanntes Grundlagengeschäft der Zustimmung aller Gesellschafter. Die im Formular vorgestellte eingeschränkte Verfügungsmöglichkeit entspricht der in einer Familiengesellschaft vorgegebenen Interessenlage. Ausführliche Regelung s. Formular A. 9.00 § 14.

Zu § 18: Abfindung

Wegen der Höhe der Abfindung herrscht grds. Vertragsfreiheit (*MünchKommBGB/* 54 *Schäfer* § 738 BGB Rz. 39 ff.). Allerdings wäre eine Vereinbarung gem. § 723 Abs. 3 BGB nichtig, durch welche das Kündigungsrecht ausgehöhlt werden würde (vgl. hierzu BGH II ZR 230/83 v. 4.6.84, MDR 85, 122). Die im Formular vorgestellte Regelung dürfte nicht angreifbar sein. Zu den Alternativen s. Formular A. 9.00 § 17; vgl. zur Zulässigkeit von Buchwertabfindungsklauseln und zur steuerlichen Behandlung der Abfindung iÜ A. 9.00 Rz. 99 f.

Durch Abs. 2 wird klargestellt, dass im Verhältnis der Gesellschafter zueinander Guthaben und Schulden auf Privatkonten nicht zur Beteiligung gehören, wie dies gem. § 15 Abs. 1 Nr. 2 EStG steuerlich der Fall ist.

Zu § 19 Güterstandsvereinbarung

Die Geltendmachung von **Zugewinnausgleichsansprüchen** im Falle einer Ehe- 55 scheidung würde dazu führen, dass in aller Regel der betroffene Gesellschafter hohe Entnahmen tätigen und sich darüber hinaus sogar noch verschulden muss, um die entsprechenden Ansprüche zu erfüllen. Da dies die wirtschaftlichen Grundlagen der Gesellschaft nicht unerheblich beeinträchtigen würde, empfiehlt es sich für jeden Gesellschafter, dieses Risiko durch Abschluss eines solche Ansprüche eingrenzenden **Ehevertrages** auszuschließen. Darüber hinaus sollte eine derartige vertragliche Gestaltung auch im Gesellschaftsvertrag selbst zur Verpflichtung gemacht werden, nicht zuletzt, um die Durchsetzung der vertraglichen Vereinbarung gegenüber dem Ehegatten zu erleichtern. Zu den möglichen steuerlichen Überlegungen vgl. A. 9.00 Rz. 110.

Zu § 21 Schiedsklausel

56   Vgl. hierzu A. 9.00 Rz. 112 und A. 13.00.

Erläuterungen zu A. 8.00a Handelsregisteranmeldung

57   Die **Verpflichtung zur Anmeldung** ergibt sich aus §§ 161 Abs. 2, 106, 162 Abs. 1 HGB. Alle Gesellschafter, auch die Kommanditisten, müssen anmelden (vgl. *Baumbach/Hopt* § 108 HGB Rz. 1). Die Unterschriften und die Firmenzeichnung sind notariell zu beglaubigen.

58   Die Anmeldung muss für die Gesellschafter Namen, Vornamen, Geburtsdatum und Wohnort enthalten (§§ 161 Abs. 2, 106 Abs. 2 Nr. 1 HGB) und gem. § 162 Abs. 1 HGB die Bezeichnung der Kommanditisten und den Betrag der Einlage. Mit der Einlage ist die Haftsumme und nicht die Pflichteinlage gemeint (vgl. A. 8.00 Rz. 7). Zu den Besonderheiten bei Beteiligung einer GbR vgl. A. 8.00 Rz. 7a. Die Verpflichtung zur Angabe der Vertretungsverhältnisse ergibt sich aus § 106 Abs. 2 Nr. 4 HGB. Gem. § 24 HRV sollen Unternehmensgegenstand und Lage der Geschäftsräume angegeben werden.

59   Gem. § 12 Abs. 1 HGB müssen die Anmeldung und die Unterschriftszeichnungen in öffentlich beglaubigter Form vorgelegt werden.

60   Zuständig für die Führung der Register sind die Amtsgerichte. Um die Verwaltung der Register zu beschleunigen, können Unterlagen seit 1.1.07 nur noch elektronisch (vom Notar) eingereicht werden. Aus Gründen der Rechtssicherheit bleibt für die Anmeldungen zur Eintragung eine öffentliche Beglaubigung erforderlich. Zur Beschleunigung der Eintragungsverfahren ist über Anmeldungen zur Eintragung grundsätzlich „unverzüglich" zu entscheiden; zudem sind die Ausnahmen vom Erfordernis eines Kostenvorschusses erweitert worden.

Weil die Register elektronisch geführt werden, werden Handelsregistereintragungen auch elektronisch bekannt gemacht.

61   Bisher waren nach § 162 Abs. 2 HGB bei der Bekanntgabe keine Angaben zum Kommanditisten zu machen. Diese Regelung soll nunmehr nach dem RegE zum MoPeG (BR-Drs. 59/21) gestrichen werden.

A. 8.01 Gesellschaftsvertrag GmbH & Co. KG (ausführlich) mit Anmeldung

Gliederung

I. FORMULARE

Formular A. 8.01 Gesellschaftsvertrag GmbH & Co. KG (ausführlich)

GESELLSCHAFTSVERTRAG DER A-GMBH & CO. KG

§ 1 Firma, Sitz, Rechtsform

(1) Die Firma lautet:

A-GmbH & Co. KG

(2) Sitz der Gesellschaft ist ....

§ 2 Gegenstand des Unternehmens

(1) Gegenstand des Unternehmens ist die Fertigung von und der Handel mit Textilien.

(2) Die Gesellschaft ist auch berechtigt, den Betrieb oder Teile ihres Betriebes an nahe stehende Unternehmen zu verpachten oder in sonstiger Weise zur Nutzung zu überlassen und Betriebe mit gleichem oder ähnlichem Unternehmensgegenstand ganz oder teilweise zu pachten.

(3) Im Übrigen ist die Gesellschaft befugt, alle Geschäfte durchzuführen oder Maßnahmen vorzunehmen, die den Gesellschaftszweck unmittelbar oder mittelbar zu fördern geeignet sind, Zweigniederlassungen zu errichten, sich an gleichartigen oder ähnlichen Unternehmen zu beteiligen und Organschaftsverhältnisse einzugehen.

§ 3 Beginn der Gesellschaft, Geschäftsjahr

(1) Die Gesellschaft beginnt am 1.7.20... Sie wird auf unbestimmte Dauer errichtet. Im Außenverhältnis besteht die Gesellschaft ebenfalls ab diesem Zeitpunkt. Bis zur Eintragung im Handelsregister haben die Kommanditisten nur die Rechtsstellung von atypisch still beteiligten Gesellschaftern, für die die Bestimmungen dieses Vertrages entsprechend gelten.

(2) Geschäftsjahr ist das Kalenderjahr. Das erste Geschäftsjahr ist ein Rumpfgeschäftsjahr und dauert vom 1.7.20.. bis 31.12.20...

§ 4 Dauer der Gesellschaft, Kündigung

(1) Die Gesellschaft wird auf unbestimmte Dauer errichtet.

(2) Das Gesellschaftsverhältnis kann von jedem Gesellschafter mit einer Frist von ...... Monaten zum Ende eines Geschäftsjahres mit eingeschriebenem Brief gekündigt werden, erstmals jedoch zum 31.12.20.. . Darüber hinaus ist jeder Gesellschafter berechtigt, die Gesellschaft mit sofortiger Wirkung aus wichtigem Grund zu kündigen. Das Recht, nach § 133 HGB Auflösungsklage zu erheben, wird, soweit gesetzlich zulässig, abbedungen.

(3) Die Kündigung bedarf zu ihrer Wirksamkeit einer schriftlichen Erklärung gegenüber allen Gesellschaftern.

(4) Kündigt ein Kommanditist, so scheidet er aus der Gesellschaft aus. Diese wird mit den verbleibenden Gesellschaftern fortgesetzt.

(5) Kündigt die Komplementär-GmbH als einzige persönlich haftende Gesellschafterin das Gesellschaftsverhältnis, wird die Gesellschaft mit Ablauf der Kündigungsfrist aufgelöst und tritt in Liquidation, es sei denn, die übrigen Gesellschafter beschließen bis zum Ablauf der Kündigungsfrist mit einer Mehrheit von 75 % ihrer Stimmen unter gleichzeitiger Bestellung eines neuen persönlich haftenden Gesellschafters die Fortsetzung der Gesellschaft. Die kündigende Komplementär-GmbH scheidet in diesem Falle mit Ablauf der Kündigungsfrist aus der Gesellschaft aus.

(6) Besteht die Gesellschaft im Zeitpunkt der Kündigung eines Gesellschafters nur aus zwei Gesellschaftern, ist der andere Gesellschafter berechtigt, das Handelsgeschäft unter Übernahme aller Aktiva und Passiva fortzuführen.

(7) § 18 Abs. 4 gilt entsprechend.

§ 5 Gesellschafter, Kapitalanteile und Einlagen

(1) Persönlich haftende Gesellschafterin ist die ...... GmbH (Komplementär-GmbH).

(2) Kommanditisten sind:

a) ..., geboren am ..., wohnhaft in ...... mit einer im Handelsregister einzutragenden Hafteinlage in Höhe von ...... EUR;

b) ..., geboren am ..., wohnhaft in ...... mit einer im Handelsregister einzutragenden Hafteinlage in Höhe von ...... EUR.

Sofern und soweit die von einem Kommanditisten nach § 4 Absatz 4 zu erbringende Pflichteinlage die Höhe seiner Hafteinlage übersteigt, kann hieraus eine Haftung des Kommanditisten gegenüber den Gläubigern der Gesellschaft iSv. § 171 Abs. 1 HGB nicht abgeleitet werden.

(3) Die Gesellschaft hat ein vollständig durch Einlagen zu erbringendes Festkapital von ...... EUR.

Hieran sind die Gesellschafter wie folgt beteiligt:

a) der Kommanditist ...... mit einem festen Kapitalanteil von ...... EUR, dh. zu ...... Prozent;

b) der Kommanditist ...... mit einem festen Kapitalanteil von ...... EUR, dh. zu ...... Prozent;

c) Die Komplementär-GmbH verfügt über keinen Kapitalanteil, ist also am Festkapital mit 0 Prozent beteiligt.

Der feste Kapitalanteil ist maßgeblich für die Beteiligung des Gesellschafters am Ergebnis und am Vermögen sowie an einem etwaigen Auseinandersetzungsguthaben der Gesellschaft sowie für sein Stimmrecht.

(4) Die von den Gesellschaftern zur Deckung des Gesellschaftskapitals zu leistenden Einlagen (Pflichteinlagen) werden wie folgt erbracht:

a) der Beitrag des Gesellschafters ...... durch Einbringung aller Aktiva und Passiva des von ihm bisher unter der Firma ...... betriebenen Einzelunternehmens mit dem Sitz in ...... gemäß den Bestimmungen des diesem Gesellschaftsvertrag als Anlage ...... beigefügten Einbringungsvertrages; zur näheren Bezeichnung nehmen die Gesellschafter auf die von Herrn Steuerberater ...... zum ...... aufgestellte und diesem Gesellschaftsvertrag als Anlage ...... beigefügte Schlussbilanz des Einzelunternehmens Bezug; diese Sacheinlage wird von den Gesellschaftern mit ...... EUR bewertet;

b) der Beitrag des Gesellschafters ...... durch Einlage eines Geldbetrages in Höhe von ...... EUR;

Die Barbeträge sind am ...... zur Zahlung fällig.

(5) Soweit der Wert der Einlagen insgesamt die Höhe des Festkapitals übersteigt, wird der überschießende Betrag in die Kapitalrücklage der Gesellschaft eingestellt und auf den Rücklagenkonten der Gesellschafter im Verhältnis ihrer festen Kapitalanteile gemäß § 4 Abs. 3 verbucht.

(6) Die Gesellschafter sind weder berechtigt noch verpflichtet, ihre Einlage zu erhöhen. Dies gilt auch dann, wenn der Kapitalanteil eines Gesellschafters negativ wird.

§ 6 Konten der Gesellschafter

(1) Für jeden Gesellschafter werden ein festes Kapitalkonto, ein Verlustvortragskonto, und ein Rücklagenkonto bei der Gesellschaft geführt.

a) Das feste Kapitalkonto spiegelt seine Beteiligung am Gesellschaftsvermögen und an den Gesellschaftsrechten wider. Dieses Kapitalkonto entspricht bei den Kommanditisten der zum Handelsregister angemeldeten Pflichteinlage.

b) Um die Feststellung aufgelaufener Verluste zu vereinfachen, ist für jeden Gesellschafter ein Verlustvortragskonto einzurichten. Buchungen auf diesem Konto werden durch spätere Gewinne wieder ausgeglichen.

c) Für jeden Gesellschafter wird außerdem ein Rücklagenkonto als weiteres Kapitalkonto eröffnet, auf welchem eine anteilige Kapitalrücklage sowie die im Rahmen der Gewinnverteilung in die Rücklage einzustellenden Beträge verbucht werden.

(2) Kapital-, Rücklagen- und Verlustvortragskonten gem. Abs. 1 werden nicht verzinst.

(3) Des Weiteren wird für jeden Gesellschafter ein Privatkonto eingerichtet, über das sich der Verrechnungsverkehr zwischen der Gesellschaft und den Gesellschaftern vollzieht. Alle sonstigen Beträge wie Einlagen, Entnahmen, Zinsen oder nicht zum Verlustausgleich benötigte bzw. in die Rücklage eingestellte Gewinne sind auf diesem Privatkonto zu verbuchen.

(4) Guthaben und Verbindlichkeiten auf dem Privatkonto werden mit dem jeweils marktüblichen Zinssatz verzinst. Die Zinsberechnung erfolgt am Jahresende. Die Zinsen gelten im Verhältnis der Gesellschafter zueinander als Aufwand bzw. Ertrag.

§ 7 Kapitalerhöhung

(1) Erhöhungen der Kapitalkonten gem. § 5 Abs. 1 Buchst. a) (Kapitalerhöhungen) sollen grundsätzlich nur auf Grund von einstimmigen Gesellschafterbeschlüssen erfolgen.

(2) Kapitalerhöhungen gemäß Abs. 1 sollen grundsätzlich nur aus Gesellschaftsmitteln zulasten des Rücklagekontos vorgenommen werden.

(3) Besteht ein für die Existenz des Unternehmens unabweisbares Bedürfnis auf Kapitalerhöhung, so ist jeder Gesellschafter verpflichtet, an etwaigen Kapitalerhöhungsbeschlüssen mitzuwirken, und zwar auch in solchen Fällen, in denen ein Gesellschafter nicht imstande ist, die für die Durchführung der Kapitalerhöhung notwendigen Mittel einzuschießen. In diesen Fällen wird der Erhöhungsbetrag in Höhe des nicht eingeschossenen Teils gegenüber dem betreffenden Gesellschafter als „Forderung aus Kapitalerhöhung" gebucht und ist gem. § 5 Abs. 3 zu verzinsen.

§ 8 Geschäftsführung und Vertretung

(1) Zur Geschäftsführung und Vertretung der Gesellschaft ist die Komplementär-GmbH allein berechtigt und verpflichtet, die durch ihre Organe handelt. Sie kann im Rahmen der Geschäftsführungsbefugnis alle Handlungen vornehmen, die der gewöhnliche Geschäftsbetrieb mit sich bringt und die zur Erreichung des Gesellschaftszwecks erforderlich erscheinen. Sie hat die Geschäfte mit der Sorgfalt eines ordentlichen Geschäftsmanns zu führen.

(2) Die Komplementär-GmbH und ihre jeweiligen Geschäftsführer sind von den Beschränkungen des § 181 BGB befreit.

(3) Zur Vornahme von Geschäften und Rechtshandlungen, die über den üblichen Rahmen des Geschäftsbetriebes hinausgehen, ist die Einwilligung der Gesellschafterversammlung erforderlich. Dies gilt – aber nicht ausschließlich – für die nachstehenden Rechtshandlungen und Rechtsgeschäfte:

a) der Erwerb und die Veräußerung von Unternehmen;

b) die Erteilung von Bürgschaften und Sicherheiten;

c) der Erwerb, die Veräußerung und die Belastung von Grundstücken und grundstücksgleichen Rechten (Erbbaurechten);

d) Rechtsgeschäfte zwischen der Gesellschaft und den Gesellschaftern;

e) die Erteilung und der Widerruf von Prokuren und Handlungsvollmachten;

f) der Erwerb, die wesentliche Erweiterung sowie die Veräußerung von Beteiligungen;

g) die Neuaufnahme oder Aufgabe von Betätigungsfeldern, soweit dies nicht ohnehin eine Änderung des Unternehmensgegenstandes ist;

h) alle sonstigen Geschäfte, die über den gewöhnlichen Betrieb des Handelsgewerbes der Gesellschaft hinausgehen.

§ 9 Aufwendungsersatz, Geschäftsführervergütungen

(1) Die persönlich haftende Gesellschafterin erhält für ihre Tätigkeit und für die Übernahme der persönlichen Haftung neben dem Ersatz ihrer im Interesse der Gesellschaft getätigten Aufwendungen, wozu auch die (ggf. anteiligen) Gehälter und sonstigen Vergütungen für ihre Geschäftsführer sowie die von ihr gezahlten Steuerberatungskosten gehören, für jedes (Stammkapital) Wirtschaftsjahr eine Tätigkeitsvergütung in Höhe von .... ihres haftenden Kapitals zu Beginn des Wirtschaftsjahrs, ggf. zzgl. USt. Diese Beträge werden im Verhältnis der Gesellschafter untereinander als Aufwand behandelt. Die Vergütung ist jeweils am Ende eines Wirtschaftsjahrs zur Zahlung fällig.

(2) Soweit Kommanditisten geschäftsführend tätig sind, steht ihnen eine Tätigkeitsvergütung zu, die von Fall zu Fall von der Gesellschafterversammlung festgelegt wird. Diese Tätigkeitsvergütungen stellen im Verhältnis der Gesellschafter zueinander Aufwand dar.

§ 10 Gesellschafterversammlung

(1) Die ordentliche Gesellschafterversammlung findet jährlich, spätestens zwei Monate nach Fertigstellung und – soweit erforderlich – nach Prüfung des Jahresabschlusses statt. Sie ist in folgenden Fällen zuständig:

a) Genehmigung des von der Geschäftsführung aufgestellten Jahresabschlusses;

b) Beschlussfassung über die Zuführung von Teilen des Jahresgewinns auf das Rücklagekonto und deren Höhe;

c) Entlastung der Geschäftsführung;

d) Wahl und Bestellung der Person, die den Abschluss prüft;

e) Zustimmung wegen Befreiung vom Wettbewerbsverbot;

f) Festsetzung der Tätigkeitsvergütungen der Geschäftsführer der persönlich haftenden Gesellschafterin.

g) in allen Fällen, die ein Gesellschafter als weiteren Gegenstand der Gesellschafterversammlung unverzüglich nach Eingang der Einladung benennt.

(2) Eine außerordentliche Gesellschafterversammlung findet statt, wenn das Wohl und Interesse der Gesellschaft es erforderlich erscheinen lassen.

(3) Die Gesellschafterversammlungen finden am Sitz der Gesellschaft statt, sofern sich nicht alle Gesellschafter mit der Abhaltung an einem anderen Ort einverstanden erklären.

§ 11 Einberufung der Gesellschafterversammlung und Beschlussfassung

(1) Gesellschafterbeschlüsse werden in der Regel in der Gesellschafterversammlung gefasst. Der Abhaltung einer Gesellschafterversammlung bedarf es nicht, wenn sämtliche Gesellschafter sich schriftlich, durch Telekopie oder per E-Mail mit dem zu fassenden Beschluss einverstanden erklären oder durch Stimmabgabe an der Beschlussfassung teilnehmen.

(2) Die ordentliche Gesellschafterversammlung ist von der Komplementär-GmbH einzuberufen. Der Einberufung zur ordentlichen Gesellschafterversammlung ist der Entwurf des Jahresabschlusses beizufügen.

Außerordentliche Gesellschafterversammlungen sind von der Komplementär-GmbH einzuberufen, wenn nach diesem Vertrag oder den gesetzliche Bestimmungen eine Beschlussfassung notwendig wird (§ 10 Abs. 2) oder wenn Gesellschafter mit wenigstens 10 % Kapitalanteil es verlangen.

(3) Die Einberufung der Gesellschafterversammlung erfolgt schriftlich durch den Geschäftsführer der Komplementär-GmbH. Die Ladungsfrist beträgt drei Wochen und beginnt mit der Aufgabe des Ladungsschreibens per eingeschriebenem Brief an die letzte bekannte Anschrift der Gesellschafter zur Post oder mit der Übergabe des Schreibens gegen Empfangsbekenntnis. Mit der Einladung ist die Tagesordnung zu übermitteln.

(4) Die Leitung der Gesellschafterversammlung steht in jedem Fall dem Geschäftsführer der Komplementär-GmbH zu, im Falle seiner Verhinderung demjenigen Kommanditisten, der über den größten Anteil am Festkapital der Gesellschaft verfügt.

(5) Die Gesellschafterversammlung ist beschlussfähig, wenn 50 % des Festkapitals anwesend oder vertreten ist. Fehlt es an dieser Voraussetzung, so haben die geschäftsführenden Gesellschafter innerhalb von vier Wochen eine neue Gesellschafterversammlung einzuberufen, die dann in jedem Fall beschlussfähig ist. Hierauf ist in der Ladung hinzuweisen.

(6) Je € 1.000,– Festkapitaleinlage gewähren eine Stimme (§ 5 Abs. 3). Die Komplementär-GmbH ist vom Stimmrecht ausgeschlossen.

(7) Zur Wirksamkeit der Beschlüsse ist im Allgemeinen eine einfache Mehrheit der abgegebenen Stimmen genügend, sofern das Gesetz oder dieser Vertrag nicht zwingend eine höhere Mehrheit vorschreibt. Stimmenthaltungen gelten als nicht abgegebene Stimmen.

(8) Die Gesellschafter können sich in der Gesellschafterversammlung durch einen Mitgesellschafter oder durch von Berufs wegen zur Verschwiegenheit verpflichtete Angehörige der rechts- und steuerberatenden Berufe vertreten lassen. Der Gesellschafter, der sich im vorstehenden Sinne vertreten lassen will, hat diese Absicht spätestens bis zum Ablauf des zehnten Tages vor der Gesellschafterversammlung der einberufenden Stelle mitzuteilen. Erfolgt eine solche Vertretung, so haben auch die übrigen Gesellschafter das Recht, in der Gesellschafterversammlung mit einem von Berufs wegen zur Verschwiegenheit verpflichteten Angehörigen der rechts- und steuerberatenden Berufe zu erscheinen, ohne dies zuvor gesondert mitteilen zu müssen.

§ 12 Protokolle über die Beschlüsse

(1) Über die Beschlüsse der Gesellschafterversammlung, gleichviel ob sie in förmlicher Versammlung oder im Umlaufverfahren gefasst worden sind, ist eine Niederschrift anzufertigen und von dem Vorsitzenden der Gesellschafterversammlung bzw. – im Falle des Umlaufverfahrens – der Geschäftsführung der Komplementär-GmbH zu unterzeichnen.

(2) Die Niederschrift ist den Gesellschaftern schriftlich zuzustellen.

§ 13 Anfechtung von Beschlüssen

(1) Beschlüsse der Gesellschafterversammlung sind aus den gleichen Gründen nichtig oder anfechtbar, aus denen sie nichtig oder anfechtbar wären, wenn es sich um eine Gesellschaft mit beschränkter Haftung handeln würde.

(2) Die Frist zur Erhebung einer Anfechtungsklage beträgt einen Monat seit Beschlussfassung.

§ 14 Rechnungswesen, Jahresabschluss

(1) Der Jahresabschluss (Bilanz nebst Gewinn- und Verlustrechnung, ergänzt um einen Anhang und einen Lagebericht) ist von den Geschäftsführern innerhalb von drei Monaten nach Ablauf eines Geschäftsjahres aufzustellen. Soweit handelsrechtlich zulässig, sind für die Handelsbilanz die Vorschriften über die einkommensteuerrechtliche Gewinnermittlung anzuwenden.

(2) Die Geschäftsführer haben den Jahresabschluss nach dessen Aufstellung ggf durch den Abschlussprüfer prüfen zu lassen. Den geprüften Jahresabschluss und den Prüfungsbericht haben die Geschäftsführer unverzüglich sämtlichen Gesellschaftern – letzteren mindestens drei Wochen vor der ordentlichen Gesellschafterversammlung – in Kopien zu übermitteln.

(3) Die nach diesen Grundsätzen aufgestellte Bilanz ist maßgeblich für die Gewinn- und Verlustverteilung nach § 16 dieses Vertrages. Sollte sich zum Zwecke der steuerlichen Gewinnermittlung eine zwingende Abweichung von der Handelsbilanz ergeben, ist letztere für die Gewinn- und Verlustverteilung maßgeblich.

(4) Wird die Steuerbilanz durch das Finanzamt bestandskräftig geändert, so ist die Handelsbilanz, sofern nicht zwingende handelsrechtliche Bestimmungen zu beachten sind, an die Steuerbilanz zum nächstmöglichen Zeitpunkt anzupassen.

§ 15 Offenlegung

(1) Der Geschäftsführer hat nach Maßgabe der §§ 325ff. HGB den Jahresabschluss beim elektronischen Bundesanzeiger einzureichen und bekanntzumachen.

(2) Von den größenabhängigen Erleichterungen nach §§ 326, 327 HGB hat der Geschäftsführer bei Vorliegen der entsprechenden Voraussetzungen Gebrauch zu machen, sofern die Gesellschafterversammlung nichts anderes beschließt.

§ 16 Gewinnermittlung und -verteilung

(1) Der Gewinn ergibt sich nach Berücksichtigung der Posten, die im Verhältnis der Gesellschafter zueinander betriebswirtschaftlich Aufwand oder Ertrag darstellen. Es handelt sich dabei um folgende Aufwendungen bzw. Erträge:

a) Zinsen auf Guthaben/Schulden der Privatkonten;

b) Zinsen auf Forderungen auf Kapitaleinzahlungskonten;

c) Haftungsvergütung für die Komplementär-GmbH;

d) sämtliche Bezüge der Gesellschafter-Geschäftsführer sowie sonstiger angestellter Geschäftsführer;

e) etwaige Pensions- und/oder Ruhegehaltsbezüge von Gesellschafter-Geschäftsführern, Geschäftsführern und deren Hinterbliebenen;

f) Zuführungen zu Rückstellungen für Pensions- und/oder Ruhegehaltszusagen.

(2) Die Gesellschafterversammlung kann bis zu ......% von dem verbleibenden Gewinn dem Rücklagekonto der Gesellschaft zuführen. Soll dem Rücklagekonto ein ......% dieses Betrages übersteigender Betrag zugeführt werden, bedarf der Beschluss einer Stimmenmehrheit von mehr als ......% der insgesamt vorhandenen Stimmen.

(3) Der nach Abs. 1 und 2 verbleibende Gewinn oder Verlust wird im Verhältnis der festen Kapitalkonten gemäß § 6 auf die Gesellschafter verteilt. Die persönlich haftende Gesellschafterin nimmt am Verlust der Gesellschaft nicht teil.

(4) Der verbleibende Gewinn oder Verlust gemäß Abs. 3 wird wie folgt verbucht:

a) Verluste werden auf den Verlustvortragskonten gemäß § 6 Abs. 1 Buchst. b gebucht;

b) Gewinnanteile werden auf den Privatkonten gemäß § 6 Abs. 3 gebucht, sofern nicht Verlustvortragskonten gemäß § 6 Abs. 1 Buchst. b auszugleichen sind.

(5) Wird die Gewerbesteuerbelastung der Gesellschaft dadurch beeinflusst, dass im Sonderbetriebsvermögensbereich eines Gesellschafters Geschäftsvorfälle stattfinden, die den Gewerbeertrag vermindern bzw. erhöhen, hat zwischen der Gesellschaft und dem Gesellschafter ein Ausgleich zu erfolgen. Die Gesellschaft und der betroffene Gesellschafter sind im Ergebnis so zu stellen, als hätten sich Ergebnisse im Sonderbetriebsvermögensbereich auf den Gewerbeertrag nicht ausgewirkt.

§ 17 Einlagen und Entnahmen

(1) Einlagen zum Ausgleich von Verlustvortragskonten oder Privatkonten mit negativem Saldo sind jederzeit auch ohne Zustimmung der übrigen Gesellschafter zulässig.

(2) Einlagen sind auf Privatkonten zu verbuchen, insofern nicht Verlustvortragskonten ausgeglichen werden sollen.

(3) Einlagen dürfen nicht zu einer Änderung der Beteiligungsverhältnisse oder der Gewinnverteilung führen.

(4) Im Fall einer Kapitalerhöhung, die nicht aus der Umwandlung von Rücklagen erfolgt, können die Gesellschafter ihre Beiträge nach freier Wahl durch eine Einlage oder die Umbuchung von Guthaben von den Privatkonten erbringen.

(5) Tätigkeitsvergütungen einschließlich Tantiemen können bei Fälligkeit frei entnommen werden, auch wenn hierdurch ein steuerlich negatives Kapitalkonto im Sinne des Abs. 7 dieser Bestimmung entsteht.

(6) Entsprechendes gilt für Steuern, die mit der Gesellschafterstellung bei dieser Gesellschaft im Zusammenhang stehen. Dies gilt auch für Erbschaftsteuern – nicht aber für Schenkungsteuern – und zwar insoweit, als die Steuer auf dem Übergang einer Beteiligung an dieser Gesellschaft beruht. Dabei ist davon auszugehen, dass die durch die Gesellschaftsbeteiligung ausgelösten Steuern in der höchsten Progressionsstufe des betreffenden Gesellschafters ausgelöst werden.

(7) Eine Entnahme von Guthaben von dem Privatkonto eines beschränkt haftenden Gesellschafters ist unzulässig, wenn die Summe aller Kapitalkonten eines Kommanditisten (Festkapital-, Darlehens-, Verlustvortrags-, Privat- und anteiliges Rücklagekonto) negativ ist (steuerlich negatives Kapitalkonto) und sich dieses negative Kapitalkonto durch die Entnahmen erhöht oder ein solches negatives Kapitalkonto durch die Entnahmen entsteht.

(8) Im Übrigen sind Entnahmen auf Grund eines mit einfacher Mehrheit zu fassenden Gesellschafterbeschlusses zulässig.

§ 18 Auflösung oder Fortsetzung der Gesellschaft, Ausscheiden eines Gesellschafters

(1) Die Gesellschaft wird durch Beschluss der Gesellschafter, durch die Eröffnung des Insolvenzverfahrens über das Vermögen der Gesellschaft oder durch gerichtliche Entscheidung aufgelöst. § 144 HGB bleibt unberührt.

(2) Ein Gesellschafter scheidet aus der Gesellschaft aus im Falle

a) der Zwangsvollstreckung in den Gesellschaftsanteil, den Gewinnanteil oder das Auseinandersetzungsguthaben eines Gesellschafters mit Zustellung des Pfändungs- und Überweisungsbeschlusses an die Gesellschaft, wenn dieser nicht innerhalb von drei Monaten wieder aufgehoben wird und die Voraussetzungen des § 135 HGB vorliegen, oder

b) der rechtskräftigen Eröffnung des Insolvenzverfahrens über das Vermögen eines Gesellschafters oder der Ablehnung eines entsprechenden Antrags mangels Masse, oder

c) der Abgabe einer eidesstattlichen Versicherung nach § 807 ZPO durch einen Gesellschafter oder Anordnung der Haftung zur Erzwingung ihrer Abgabe, oder

d) der Erhebung der Auflösungsklage nach § 133 HGB, oder

e) der Kündigung durch den Gesellschafter gemäß § 4.

(3) Gesellschafter, die in ihrer Person einen wichtigen Grund im Sinne des § 133 Abs. 1 HGB erfüllen, können durch einstimmigen Beschluss aller übrigen Gesellschafter aus der Gesellschaft ausgeschlossen werden. Bei der Beschlussfassung ist der betroffene Gesellschafter nicht stimmberechtigt.

(4) Scheidet ein Gesellschafter nach Absatz 2 oder 3 aus der Gesellschaft aus, wird diese mit den übrigen Gesellschaftern fortgesetzt. Verbleibt nur noch ein Gesellschafter, ist er berechtigt, das Handelsgeschäft unter Übernahme aller Aktiva und Passiva fortzuführen. Scheidet die Komplementär-GmbH als alleinige persönlich haftende Gesellschafterin aus, ist die Gesellschaft aufgelöst und tritt in Liquidation, es sei denn, die übrigen Gesellschafter beschließen mit einer Mehrheit von 75 % ihrer Stimmen unter gleichzeitiger Bestellung eines neuen persönlich haftenden Gesellschafters die Fortsetzung der Gesellschaft bzw. der verbleibende alleinige Gesellschafter beschließt die Fortführung des Handelsgeschäfts unter Übernahme aller Aktiven und Passiven ohne Liquidation.

§ 19 Tod eines Kommanditisten

(1) Stirbt ein Kommanditist, so wird das Gesellschaftsverhältnis mit seinen Erben fortgeführt.

(2) Insoweit Gesellschafter Erben eines Gesellschafters werden, wächst ihnen der Kapitalanteil des ausgeschiedenen Gesellschafters zu.

(3) Hat der verstorbene Gesellschafter letztwillig Testamentsvollstreckung angeordnet, so werden sämtliche Gesellschaftsrechte und -pflichten des verstorbenen Gesellschafters von dem oder den Testamentsvollstrecker(n) bis zur Beendigung der Testamentsvollstreckung ausgeübt.

(4) § 18 Abs. 4 gilt entsprechend.

§ 20 Verfügungen über Gesellschaftsanteile

(1) Jeder Gesellschafter kann seinen Gesellschaftsanteil ganz oder teilweise auf seine Abkömmlinge oder andere Gesellschafter übertragen. Für Übertragungen auf andere Personen ist ein Einwilligungsbeschluss der Gesellschafter erforderlich, der einer Mehrheit von ......% aller nach dem Gesellschaftsvertrag vorhandenen Stimmen bedarf.

(2) Zur Verpfändung oder Belastung oder zur Einräumung einer Unterbeteiligung an einem Gesellschaftsanteil und zur Verfügung über Rechte und Ansprüche aus dem Gesellschaftsverhältnis zugunsten anderer als in Abs. 1 genannter Personen bedarf ein Gesellschafter gleichfalls eines Einwilligungsbeschlusses der Gesellschafterversammlung mit einer Mehrheit von ......% aller nach dem Gesellschaftsvertrag vorhandenen Stimmen.

§ 21 Auseinandersetzungsguthaben

(1) Scheidet ein Gesellschafter aus der Gesellschaft aus, erhält er als Auseinandersetzungsguthaben den Buchwert seiner Beteiligung zuzüglich seines Anteils an den stillen Reserven des Anlagevermögens. Der Buchwert wird durch Saldierung sämtlicher Konten des Gesellschafters einschließlich seines Anteils an etwaigen gemeinschaftlichen Konten in der letzten Jahresschlussbilanz ermittelt, die stillen Reserven des Anlagevermögens durch einen Vergleich der Buchwerte mit den Teilwerten, die gegebenenfalls durch Gutachten eines von der zuständigen Wirtschaftsprüferkammer zu bestimmenden Sachverständigen zu ermitteln sind. Die Kosten des Gutachtens tragen Gesellschafter und Gesellschaft zu gleichen Teilen. Die Bewertung erfolgt nach den Grundsätzen der Unternehmensbewertung, wie sie vom Berufsstand der Wirtschaftsprüfer jeweils empfohlen werden (IDW 1 oder nachfolgende Standards). Ein selbst geschaffener Unternehmenswert sowie sonstige nicht bilanzierungsfähige

Wirtschaftsgüter bleiben ebenso außer Betracht wie schwebende Geschäfte oder der Unternehmensertrag.

(2) Scheidet ein Gesellschafter aus einem der in § 18 Abs. 2 Buchst. a) bis c) und Abs. 3 genannten Gründe aus der Gesellschaft aus, so verringert sich das nach § 21 Abs. 1 geschuldete Auseinandersetzungsguthaben um 30 Prozent.

(3) Das nach vorstehenden Grundsätzen ermittelte Auseinandersetzungsguthaben ist vom Beginn des dem Tage des Ausscheidens folgenden Geschäftsjahres marktüblich zu verzinsen.

(4) Sofern sich die Beteiligten nicht über eine anderweitige Regelung einigen, ist das Auseinandersetzungsguthaben in fünf gleichen Jahresraten zu entrichten, von denen die Erste sechs Monate nach Beginn des dem Ausscheiden des betreffenden Gesellschafters folgenden Geschäftsjahres fällig wird. Die folgenden Raten sind jeweils ein Jahr nach Fälligkeit der vorangegangenen Raten zu entrichten. Zusammen mit den Raten sind die Zinsen für den jeweils vorausgegangenen Zeitraum zu entrichten.

(5) Die die Gesellschaft fortführenden Gesellschafter sind berechtigt, die Abfindungssumme ganz oder teilweise vorzeitig zur Rückzahlung zu bringen. Außerordentliche Zahlungen erfolgen dann jeweils für Rechnung der nächsten fällig werdenden Rate bzw. Raten.

(6) Die die Gesellschaft fortsetzenden Gesellschafter sind berechtigt, die Herabsetzung der jährlichen Raten und eine Hinausschiebung der Zahlungstermine zu verlangen, wenn die Liquidität der Gesellschaft durch die Zahlung der Raten gefährdet wird. Mehrere Berechtigte haben sich den Auszahlungsbetrag im Verhältnis ihrer zu tilgenden Ansprüche zu teilen. Die Zahlungen können jedoch höchstens auf zehn Jahre verteilt hinausgeschoben werden. Die Gefährdung der Liquidität ist den Berechtigten nachzuweisen.

(7) Wird der ausgeschiedene Gesellschafter von Gläubigern der Gesellschaft in Anspruch genommen, so ist er von der Gesellschaft und den verbleibenden Gesellschaftern von den Ansprüchen freizustellen.

(8) Ergibt sich ein negativer Betrag, so ist dieser innerhalb von drei Monaten nach Festsetzung vom ausgeschiedenen Gesellschafter auszugleichen.

§ 22 Güterstandsvereinbarung

(1) Gesellschafter, die natürliche Personen sind, sind verpflichtet, bei Eingehen einer Ehe durch ehevertragliche Regelung sicherzustellen, dass ihre Beteiligung an dieser Gesellschaft bei der Berechnung eines etwaigen Zugewinns außer Ansatz bleibt.

(2) Ein Verstoß gegen diese Bestimmung gilt als wichtiger Grund im Sinne von § 18 Abs. 2.

§ 23 Wettbewerbsverbot

(1) Jedem Gesellschafter ist es untersagt, während seiner Zugehörigkeit zur Gesellschaft dieser Gesellschaft mittelbar oder unmittelbar, gelegentlich oder gewerbsmäßig, unter eigenem oder fremdem Namen, für eigene oder fremde Rechnung im Geschäftszweig der Gesellschaft Konkurrenz zu machen. Dies gilt auch für solche Geschäftszweige, in denen die Gesellschaft beim Abschluss dieses Vertrages noch nicht tätig war. Entsprechendes gilt für eine Beteiligung von mehr als ......% am stimmberechtigten Kapital von Konkurrenzgesellschaften.

Als Konkurrenzgesellschaften gelten nicht bereits bei Abschluss dieses Vertrages bestehende Beteiligungen sowie solche Gesellschaften, die zwar im Geschäftszweig der Gesellschaft tätig sind, jedoch nicht mit ihr in konkretem Wettbewerb stehen. Über Befreiungen vom Wettbewerbsverbot entscheidet die Gesellschafterversammlung.

(2) Für das Geltungsgebiet des Grundgesetzes bleibt das Wettbewerbsverbot für die Dauer von zwei Jahren nach dem Ausscheiden des Gesellschafters aus der Gesell-

schaft bestehen. Eine Entschädigung für die Einhaltung dieses Wettbewerbsverbots durch den Gesellschafter wird nicht gezahlt.

§ 24 Schlussbestimmungen

(1) Änderungen und Ergänzungen dieses Vertrages bedürfen der Schriftform. Mündliche Nebenabreden bestehen nicht. Kein Gesellschafter kann sich auf eine vom Vertrag abweichende tatsächliche Übung berufen, solange die Abweichung nicht schriftlich fixiert ist.

(2) Sollten sich einzelne Bestimmungen dieses Vertrages als ungültig erweisen, so wird dadurch die Gültigkeit des Vertrages im Übrigen nicht berührt. In einem solchen Fall sind die Gesellschafter verpflichtet, durch Beschluss die ungültige Bestimmung durch diejenige gesetzliche zulässige Bestimmung zu ersetzen, die den Zweck der ungültigen Bestimmung, insbesondere das, was die Vertragsparteien gewollt haben, mit der weitestgehend möglichen Annäherung erreicht. Entsprechendes gilt, wenn sich bei Durchführung des Vertrages eine ergänzungsbedürftige Lücke ergeben sollte.

(3) Erfüllungsort und Gerichtsstand für sämtliche Streitigkeiten aus diesem Vertrag und über das Zustandekommen dieses Vertrages ist der Sitz der Gesellschaft, soweit dies zulässig vereinbart werden kann.

(4) Die Kosten der Gründung trägt die Gesellschaft.

§ 25 Schiedsgericht

(1) Über alle Streitigkeiten aus diesem Vertrag, insbesondere auch über seine Wirksamkeit oder die Wirksamkeit einzelner seiner Bestimmungen, ausgenommen derjenigen Streitigkeiten, die von Gesetzes wegen oder aufgrund Vertrag nicht einem Schiedsgericht zur Entscheidung zugewiesen werden können, entscheidet unter Ausschluss des ordentlichen Rechtswegs ein Schiedsgericht. Zuständigkeit, Zusammensetzung und Verfahren des Schiedsgerichts haben die Gesellschafter im Schiedsvertrag vom .... näher geregelt.

(2) Jeder neue Gesellschafter, der in die Gesellschaft eintritt, gleichgültig auf Grund welchen Rechtsvorgangs, unterwirft sich dem Schiedsgericht entsprechend den im Schiedsvertrag getroffenen Vereinbarungen.

Formular A. 8.01a Handelsregisteranmeldung

An das

Amtsgericht

– Handelsregister A –

A-Stadt

durch elektronische Übermittlung

Neu gegründete Firma A-GmbH & Co. KG

Die unterzeichneten Gesellschafter der im Rubrum genannten Gesellschaft melden hiermit zur Eintragung in das Handelsregister an:

1. Wir haben unter der Firma „A-GmbH & Co. KG" eine Kommanditgesellschaft errichtet, die am ...... begonnen hat. Die Gesellschaft betreibt den Handel mit Textilien und hat ihren Sitz in A-Stadt.

2. Persönlich haftende Gesellschafterin ist die A-GmbH.

3. Kommanditisten sind:

   B (Name, Vorname, Geburtsdatum, Wohnort) mit einer Kommanditeinlage von € ......,

   C (Name, Vorname, Geburtsdatum, Wohnort) mit einer Kommanditeinlage von € ......

4. Zur Geschäftsführung und Vertretung der Gesellschaft ist die Komplementärin allein berechtigt und verpflichtet. Die Geschäftsführer der persönlich haftenden Gesellschafterin sind für Rechtsgeschäfte zwischen der persönlich haftenden Gesellschafterin und der Gesellschaft von den Beschränkungen des § 181 BGB befreit. In der Anlage wird eine beglaubigte Abschrift aus dem Handelsregister des Amtsgerichts B-Stadt – HRB – betreffend die Eintragung der A-GmbH beigefügt, aus der sich die Einzelvertretungsberechtigung des Geschäftsführers A ergibt.

Das Geschäftslokal befindet sich in ....

....

(Unterschriften aller Gesellschafter)   **(Beglaubigungsvermerk)**

II. ERLÄUTERUNGEN

Erläuterungen zu A. 8.01 Gesellschaftsvertrag GmbH & Co. KG (ausführlich)

1. Grundsätzliche Anmerkungen

a) Wirtschaftliches Vertragsziel

Wesentlicher Grund für die Wahl der GmbH & Co. KG bildet regelmäßig das **1** Bestreben, die haftungs- und organisationsrechtlichen Vorzüge einer Kapitalgesellschaft einerseits mit den gesellschafts- und steuerrechtlichen Vorzügen der Personengesellschaft andererseits zu kombinieren (s. hierzu *MünchKommHGB/Grunewald* § 161 HGB Rz. 46 ff.). Dabei besteht die einheitliche Unternehmensform „GmbH & Co. KG" zwar aus zwei gesellschaftsrechtlich selbstständigen Gesellschaften, sie wird jedoch als Personengesellschaft qualifiziert.

Die GmbH & Co. KG ist heute im Bereich der gewerblichen Wirtschaft in Deutschland eine der verbreitetsten Rechtsformen. Grund hierfür ist zum einen der Umstand, dass die **Haftungsrisiken** zunehmend höher eingeschätzt werden und gleichzeitig die Bereitschaft sinkt, die volle und unbeschränkte persönliche Haftung für alle Schulden der Gesellschaft zu unternehmen. Daneben sind Personengesellschaften in vielerlei Hinsicht flexibler handhabbar als Kapitalgesellschaften, insb. hinsichtlich der weitgehend disponiblen Natur der inneren Verfassung der Gesellschaft wie der hohen Kapitalflexibilität.

Häufiges **wirtschaftliches Motiv** für die Wahl der Rechtsform der GmbH & Co. KG ist weiterhin die Möglichkeit der sog. „Fremdorganschaft", also die Trennung der Geschäftsführerstellung einerseits von der Gesellschafterstellung andererseits. Daneben wird das Nachfolgeproblem durch die Unternehmensperpetuierung häufig einfacher lösbar, die Kapitalbeschaffung ist durch besseren Zugang zum Finanz- und Kapitalmarkt eher gegeben und es kann eine faktische Beherrschung der Gesellschaft ermöglicht werden, ohne dass an dieser eine Kapitalmehrheit erforderlich ist. Weiterhin kann nach wie vor eine Vermeidung der unternehmerischen Mitbestimmung im Aufsichtsrat nach BetrVG sowie eine Entschärfung derjenigen nach dem Mitbestimmungsgesetz erfolgen. Weggefallen ist im Jahre 2000 durch die Einführung von § 264a HGB durch das Kapitalgesellschaften und Co.-Richtlinie-Gesetz v. 24.4.00 (BGBl. I 00, 154) allerdings die Befreiung der GmbH & Co. KG von den Prüfungs- und Publizitätspflichten des Bilanzrichtliniengesetzes v. 19.12.85 (BGBl. I 85, 2355).

b) Gesellschaftsrecht

Zur Gründung einer GmbH & Co. KG ist zunächst die Gründung der Komple- **2** mentär-GmbH erforderlich (vgl. *MünchKommHGB/Grunewald* § 161 HGB Rz. 58 ff.). Grundsätzlich können rechtsfähige Gesellschaften aus dem EU-Ausland Komplemen-

täre einer deutschen KG sein (vgl. hierzu *MünchKommHGB/Grunewald* § 161 HGB
Rz. 110 mwN). Vgl. hierzu auch A. 6.00.

3   Die GmbH & Co. KG ist eine vollwertige KG. Auf die grundsätzlichen Anmerkungen zu Ziff. II des Formulars A. 8.00 wird daher zunächst verwiesen. Gegenüber
der (gesetzestypischen) KG tritt an die Stelle des persönlich haftenden Komplementärs
bei der GmbH & Co. KG eine GmbH, die im Regelfall nur über das gesetzliche
Mindeststammkapital von € 25.000,– verfügt und die typischerweise am Vermögen
der KG nicht beteiligt ist. Demgegenüber ist an der sog. unechten GmbH & Co. KG
eine natürliche Person als weiterer Vollhafter beteiligt. In der Praxis häufig sind **beteiligungsidentische** GmbH & Co. KG's, bei denen die Gesellschafter der Komplementär-GmbH im gleichen Verhältnis als Kommanditisten beteiligt sind. Schließlich
existiert die sternförmige GmbH & Co. KG, deren Komplementär als Vollhafter für
verschiedene Kommanditgesellschaften auftritt und die **Einheitsgesellschaft,** bei der
die GmbH & Co. KG selbst sämtliche Geschäftsanteile an ihrer Komplementär-
GmbH hält.

3a   Die durch das MoMiG v. 23.10.08 (BGBl. I 08, 2026) geschaffene **neue „Gesellschaftsform" der Unternehmergesellschaft (haftungsbeschränkt; UG)** bietet
die Möglichkeit, eine Kapitalgesellschaft mit beschränkter Haftung unterhalb des Mindeststammkapitals einer GmbH iHv. € 25.000,– zu errichten (§ 5a GmbHG). Bei der
UG gelten im Grundsatz sämtliche Regelungen des GmbHG mit Ausnahme der in
§ 5a GmbHG genannten Änderungen. Wichtigste Ausnahme ist hierbei der Verzicht
auf ein Mindeststammkapital. Es genügt ein Kapital von EUR 1,–. Die Gesellschaft
muss die Bezeichnung „Unternehmergesellschaft (haftungsbeschränkt)" oder „UG
(haftungsbeschränkt)" führen (zu den Einzelheiten s. Formular 6.03). Die UG kann
Komplementärin einer KG sein (*Baumbach/Hopt* Anh. § 177a HGB Rz. 4 und 11).
Die gewerbliche Prägung iSv. § 15 Abs. 3 Nr. 2 Satz 1 EStG liegt immer dann vor,
wenn ausschließlich eine (oder mehrere) Kapitalgesellschaft(en) persönlich haftende
Gesellschafter ist (bzw. sind) und nur diese oder Personen, die nicht Gesellschafter
sind, zur Geschäftsführung befugt (gewerblich geprägte Personengesellschaft) sind. Die
Unternehmergesellschaft (haftungsbeschränkt) gleicht weitgehend einer GmbH und
damit auch einer Kapitalgesellschaft. Die bisher teilweise praktizierte Gründung einer
Ltd. & Co. KG, durch die gleichfalls mit geringem Kapitalaufwand eine gewerbliche
Prägung erreicht werden kann (BFH XI R 15/05 v. 14.3.07, NZG 07, 479), wird da-
durch entbehrlich.

4   Die haftungsmäßigen Beschränkungen bei der GmbH & Co. KG führen im Wesentlichen dazu, dass deren Gläubigern nur eine ähnlich beschränkte Haftungsmasse
wie den Gläubigern einer Kapitalgesellschaft zusteht.

5   Da bei der GmbH & Co. KG keine natürliche Person unbeschränkt mit ihrem Vermögen haftet, muss auf **Geschäftsbriefen** weiterhin die Rechtsform und der Sitz der
Gesellschaft, das Registergericht des Sitzes der Gesellschaft und die Handelsregister-
Nr. angegeben werden. Ferner muss die Firma der persönlich haftenden Gesellschafterin, deren Rechtsform und Sitz, ihr Registergericht und die Handelsregister-Nr. sowie
alle Geschäftsführer ausgewiesen werden. Hat die Gesellschaft einen Aufsichtsrat gebildet, so ist zusätzlich der Name des Aufsichtsratsvorsitzenden mit mindestens einem aus-
geschriebenen Vornamen anzugeben (§ 177a iVm. § 125a HGB). Geschäftsbriefe sind
dabei alle Mitteilungen des Kaufmanns über geschäftliche Angelegenheiten nach außen,
die an einen bestimmten Empfänger gerichtet sind (z.B. Angebote, Annahmen, Män-
gelrügen und Bestellscheine, nicht aber Drucksachen und Postwurfsendungen (*Baum-
bach/Hopt* § 125a HGB Rz. 7 ff., § 37a HGB Rz. 4 ff.).

6   Bei einer GmbH & Co. KG ist im Falle einer **Überschuldung** oder **Zahlungsunfähigkeit** der KG die Eröffnung des Insolvenzverfahrens zu beantragen, (§ 15a InsO).
Jedenfalls ist der Antrag dabei ohne schuldhaftes Zögern, spätestens aber drei Wochen
nach Eintritt der Zahlungsunfähigkeit oder der Überschuldung der Gesellschaft zu

stellen. Ein Verstoß gegen die vorgenannten Bestimmungen ist gem. § 15a Abs. 4, 5 InsO mit Freiheitsstrafe bis zu drei Jahren oder mit Geldstrafe bedroht. Bei Führungslosigkeit der Gesellschaft, § 10 Abs. 2 Satz 2 InsO, ist korrespondierend zu § 15 Abs. 3 InsO eine Antragspflicht für Gesellschafter und Aufsichtsratsmitglieder eingeführt worden, auf die sich die strafrechtlichen Vorschriften des § 15a Abs. 4, 5 InsO beziehen. Unberührt bleibt die Rechtsprechung zum faktischen Geschäftsführer (BT-Drucks. 16/6140 S. 127f.); dieser ist ebenfalls zur Antragstellung verpflichtet.

Soweit die Gesellschaft ihre Geschäfte begonnen hat, bevor sie in das Handelsregis- 7 ter eingetragen ist, **haftet** jeder Kommanditist für die **bis zur Eintragung** begründeten Verbindlichkeiten der Gesellschaft wie ein persönlich haftender Gesellschafter, soweit er dem Geschäftsbeginn zugestimmt hat (§ 176 HGB). Gleiches gilt für die handelnden Personen der Komplementär-GmbH, wenn diese im Zusammenhang mit der Gründung nicht vor Geschäftsaufnahme eingetragen wird. Eine Haftungsbeschränkung ist daneben dann nicht gegeben, wenn bei Neueintritt eines Kommanditisten oder bei Übernahme eines Kommanditanteils die Eintragung in das Handelsregister (vorübergehend) unterbleibt (§ 176 Abs. 2 HGB). Nach neuerer Auffassung des OLG Frankfurt (13 U 195/06 v. 9.5.07, NZG 07, 625) reicht allerdings für eine Haftungsbeschränkung des Kommanditisten vor Eintragung aus, wenn die Gesellschaft als GmbH & Co. KG firmiert. Das OLG Frankfurt begründet seine Auffassung mit den aktuellen Regelungen des Firmenrechts, wonach im Rechtsverkehr niemand mehr damit rechnen kann, dass bei einer GmbH & Co. KG ein nicht eingetragener Gesellschafter (natürliche Person) kein Kommanditist ist (zustimmend *Baumbach/Hopt* Anh. § 177a HGB Rz. 19).

c) Steuerrecht

Die GmbH & Co. ist keine Kapitalgesellschaft iSd. § 1 Abs. 1 Nr. 1 KStG und als 8 solche nicht körperschaftsteuerpflichtig. Danach spricht für die GmbH & Co. der Vorzug, dass eventuelle negative Ergebnisse gem. § 15 Abs. 1 Nr. 2 EStG unmittelbar in der Person des einzelnen Gesellschafters entstehen. Sie können dort – allerdings im durch § 15a EStG eingeschränkten Rahmen – mit anderen positiven Einkünften ausgeglichen werden. Für Verluste aus so genannten Steuerstundungsmodellen (Medienfonds, Schiffbeteiligungen, New Energy Fonds, Leasingsfonds, Wertpapierhandelsfonds und Videogamefonds) sind die Einschränkungen des § 15b EStG zu beachten (allgemein hierzu *H/H/R/Hallerbach* § 15b EStG Rz. 1ff.). Anders verhält es sich bei der GmbH: Dort können Verluste nur in der Gesellschaft vorgetragen und überhaupt nicht in die persönliche Einkommensteuersphäre des einzelnen Gesellschafters transportiert werden.

Nach § 15 Abs. 3 Nr. 2 EStG gilt eine mit Einkunftserzielungsabsicht unternom- 9 mene Betätigung einer GmbH & Co. auch dann als gewerblich, wenn sie keine Tätigkeit iSd. § 15 Abs. 1 Satz 1 Nr. 1 EStG ausübt. Dies ist zB der Fall bei einer lediglich Immobilien verwaltenden GmbH & Co. Dieses Ergebnis kann allerdings dadurch vermieden werden, dass zB ein Kommanditist als Geschäftsführer berufen wird; denn in diesem Fall tritt die Fiktionswirkung der gewerblichen Betätigung nicht ein (vgl. *Schmidt/Wacker* § 15 EStG Rz. 230ff.).

Die **Anteile an der Komplementär-GmbH,** die einem Kommanditisten gehö- 10 ren, stellen bei diesem grundsätzlich notwendiges **Sonderbetriebsvermögen II** dar, weil die GmbH-Anteile einen Einfluss auf die Geschäftsführung der KG vermitteln (vgl. BFH VIII R 18/93 v. 16.5.95, BStBl. II 95, 714 mwN). Eine Ausnahme kann dann gelten, wenn die Komplementär-GmbH noch eine andere Geschäftstätigkeit von nicht ganz untergeordneter Bedeutung ausübt (BFH VIII R 14/87 v. 11.12.90, BStBl. II 91, 510 mwN; nach Auffassung des BFH und der FinVerw. liegt allerdings in diesen Fällen auch Sonderbetriebsvermögen II vor, wenn die Komplementär-GmbH zusätzlich mit der KG erheblich wirtschaftlich verflochten ist, beispielsweise als

Vertriebsgesellschaft (so OFD München v. 2.4.01, DStR 01, 1032; BFH VIII R 57/94 v. 29.7.97, BStBl. II 98, 652, 655). Der BFH hat entschieden, dass eine Minderheitsbeteiligung des Kommanditisten von weniger als 10% an der Komplementär-GmbH regelmäßig kein notwendiges Sonderbetriebsvermögen II darstellt. Dies soll auch dann gelten, wenn die Komplementär-GmbH außergewöhnlich hoch am Gewinn der KG beteiligt ist (vgl. BFH IV R 1/12 v. 16.4.15, DStR 15, 1362).

10a   **Gewinnausschüttungen der Komplementär-**GmbH auf die Anteile im Sonderbetriebsvermögen der Kommanditisten sind bei diesen Sonderbetriebseinnahmen und im Gesamtgewinn der KG enthalten (BFH VIII R 18/93 v. 16.5.95, BStBl. II 1995, 714 zu 1. d; BFH IV R 65/94 v. 21.9.95, BStBl. II 96, 66 aE). Zu den Sonderbetriebseinnahmen gehört auch der Erlös der Veräußerung der GmbH-Anteile, wobei der Gewinn laufender Gewinn ist (BFH I R 230/70 v. 5.7.72, BStBl. II 72, 928); etwas anderes gilt nur dann, wenn alle Anteile von allen Gesellschaftern gleichzeitig veräußert werden oder die Anteile zusammen mit dem KG-Anteil veräußert werden.

10b   Zu den Grundzügen der Besteuerung iÜ vgl. A. 8.00 Rz. 14 ff. Die dortigen Anmerkungen gelten vollumfänglich auch für die GmbH & Co. KG, soweit sich nicht aus Vorstehendem etwas anderes ergibt.

2. Einzelerläuterungen

Zu § 1: Firma, Sitz, Rechtsform

11   Siehe A. 8.00 Rz. 26 ff. zu § 1.

Gem. § 19 Abs. 2 HGB muss aus der Firma ersichtlich sein, dass einziger persönlich haftender Gesellschafter eine juristische Person ist. Diesem Erfordernis wird durch den Zusatz „GmbH & Co. KG" genügt.

Zu § 2: Gegenstand des Unternehmens

12   Siehe A. 8.00 Rz. 29 f. zu § 2.

Im Gesellschaftsvertrag der **Komplementär-GmbH** muss der Gegenstand des Unternehmens konkret und individuell bezeichnet werden; die Angabe des Geschäftszweiges der KG ist nach mittlerweile wohl hM nicht nötig, es genügt als Unternehmensgegenstand die „Übernahme der Komplementärstellung bei der X KG" anzugeben (vgl. BayOLG XI ZR 8/94 v. 22.6.95, NJW 95, 2221). Die Angabe des Geschäftszweigs der Gesellschaft ist aber unschädlich und vermeidet im Zweifel Verzögerungen bei der Eintragung.

Zu § 3: Beginn der Gesellschaft, Geschäftsjahr

13   Siehe A. 8.00 Rz. 30 ff. zu § 3.

Zu § 4: Dauer der Gesellschaft, Kündigung

13a

Bei der KG ist es **nicht zulässig,** die Kündigung der Gesellschaft auf unbestimmte Zeit auszuschließen. Sie kann jedoch gegenüber der nach §§ 161 Abs. 2, 131 Abs. 3, 132 HGB geltenden gesetzlichen Regelung erschwert werden. Zu Einzelheiten vgl. A. 9.00 Rz. 26 f.

Zu § 5: Gesellschafter

14   Siehe A. 8.00 Rz. 7a.

15   Häufig sind bei der GmbH & Co. KG die Gesellschafter der Komplementär-GmbH einerseits und die Kommanditisten andererseits als deren wirtschaftliche Träger **identisch (sog. beteiligungsidentische GmbH & Co. KG).** Die GmbH dient in diesen Fällen lediglich dazu, im formalrechtlichen Sinne die Aufgaben des Komplementärs zu erfüllen. Das Formular setzt dies nicht zwangsläufig voraus. Soll eine entsprechende Vereinbarung getroffen werden, so könnte sie folgenden Wortlaut haben:

(...) „Die Gesellschafterstellung bei dieser Gesellschaft ist wirtschaftlich verbunden mit der Gesellschafterstellung an der Komplementärin, der X-GmbH. Deshalb darf jeder Gesellschafter nur in dem Verhältnis am Stammkapital der Komplementärin beteiligt sein, das seiner Beteiligung am Festkapital der Gesellschaft entspricht. Jeder Gesellschafter verpflichtet sich gegenüber der Gesellschaft und gegenüber jedem einzelnen Gesellschafter, bei Übertragungen und sonstigen Verfügungen (Testamenten) entsprechend zu verfahren."

Zur Sicherung der verhältnismäßigen Beteiligung kann im KG-Vertrag ein besonderes Recht zur Ausschließung und im Gesellschaftsvertrag der Komplementär-GmbH ein besonderes Recht zur Einziehung vereinbart werden (vgl. hierzu *Münch-KommHGB/Grunewald* § 161 HGB Rz. 94).

Zu beachten ist, dass die Koppelung bei Vereinbarung im KG-Vertrag regelmäßig dazu führt, dass der Vertrag insgesamt **notariell zu beurkunden** ist. Dies gilt, wenn die Anteilsabtretung eines KG-Anteils nur erfolgen darf, soweit gleichzeitig eine Verpflichtung zur Übertragung eines entsprechenden Geschäftsanteils an der Komplementär-GmbH erfolgt (§ 15 Abs. 4 GmbHG). Eine entsprechende Bestimmung sollte dann auch im Gesellschaftsvertrag der Komplementär-GmbH verankert werden.

Da die GmbH lediglich der formalrechtlichen Wahrnehmung der Aufgaben des **16** Komplementärs dient, soll sie in der Regel keine Einlage erbringen, keinen Kapitalanteil erhalten und auch kein Stimmrecht haben.

Steuerlich ist streitig, inwieweit die Komplementär-GmbH auch dann Mitunter- **17** nehmer sein kann, wenn sie nicht am Vermögen und Verlust beteiligt und im Innenverhältnis weisungsgebunden ist. Diese Frage ist zu bejahen (*Schmidt/Wacker* § 15 EStG Rz. 709 mwN; BFH VIII R 74/03 v. 25.4.06, DStRE 06, 912). Auch eine gewinnabhängige Vergütung für Tätigkeit und Haftungsrisiko wird nicht als zwingend erforderlich angesehen (*Schmidt/Wacker* aaO; *H/H/R/Haep* § 15 EStG Rz. 373; BFH IV R 122/73 v. 3.2.77, BStBl. II 77, 346). Andererseits betont der BFH in st. Rspr., dass eine Mitunternehmerstellung Mitunternehmerrisiko voraussetzt. Mitunternehmerrisiko ist die „gesellschaftsrechtliche Teilhabe" am Erfolg oder Misserfolg eines Unternehmens. Dieses Risiko wird regelmäßig durch Beteiligung am Gewinn und Verlust sowie an den stillen Reserven des Gesellschaftsvermögens einschließlich des Geschäftswerts vermittelt (BFH VIII R 66–70/97 v. 28.10.99, BStBl. II 00, 183). Die Entscheidung ist zwar zu einem Kommanditisten ergangen, gleichwohl sollte eine gewisse Gewinnbeteiligung neben dem Auslagenersatz vorgesehen werden.

Unter bestimmten Voraussetzungen kann iÜ eine verdeckte Mitunternehmerschaft des nicht als Kommanditisten beteiligten Geschäftsführers der Komplementär-GmbH vorliegen (faktische Mitunternehmerschaft, vgl. *Schmidt/Wacker* § 15 EStG Rz. 280 ff. und 356; Übersicht bei *H/H/R/Haep* § 15 EStG Rz. 375).

Zu § 6: Konten der Gesellschafter

Vgl. zunächst A. 8.00 Rz. 39. **18**

Abs. 1: Grds. ist der „Kapitalanteil" des Gesellschafters keine feste Größe. Dies **19** folgt aus § 120 Abs. 2 HGB, wonach Gewinne und Verluste dem Kapitalanteil gutgeschrieben und belastet werden; ebenso vollzieht sich der Geldverkehr über den Kapitalanteil. Es empfiehlt sich jedoch, zur Herstellung klarer Verhältnisse **feste Kapitalkonten** einzurichten und diese der festen Kommanditeinlage, also der zum Handelsregister angemeldeten Hafteinlage des Gesellschafters, oder alternativ einer darüberhinausgehenden Pflichteinlage (wenn die Hafteinlage gering gehalten werden soll) gleichzusetzen. Das Guthaben auf dem Kapitalkonto ist eine bloße Berechnungsziffer, nicht aber die Fixierung einer Forderung des Gesellschafters gegen die Gesellschaft. Bei der Fixierung des gesamten Festkapitals – und ggf. der Rücklagen – muss einer Unterkapitalisierung vorgebeugt werden. UU kann Durchgriffshaftung eingreifen (BGH II ZR 204/76 v. 30.11.78, NJW 79, 2104). Zu beachten ist auch § 172

Abs. 6 HGB; danach gilt gegenüber den Gläubigern einer GmbH & Co., an der keine natürliche Person beteiligt ist, die KG-Einlage als nicht geleistet, soweit sie in Geschäftsanteilen an den persönlich haftenden Gesellschaftern besteht. (Wegen der Unterkapitalisierung s. für Fälle vor dem 1.11.08 *Baumbach/Hopt* § 172a HGB Rz. 1 ff., *Frankfurter Kommentar zur InsO/Schumacher* § 135 InsO Rz. 26 ff.).

20   Die Einrichtung von gesonderten **Verlustvortragskonten** hat zunächst handelsrechtliche Bedeutung im Verhältnis der Gesellschafter zueinander; sie dient insbesondere der Vereinfachung der Feststellung aufgelaufener Verluste.

21   Die **Privatkonten** wurden früher zumeist Darlehenskonten genannt. Sie dienen der Aufnahme des Geldverkehrs zwischen der Gesellschaft und den Gesellschaftern.

22   Das globale **Rücklagenkonto** ist dafür bestimmt, erforderlichenfalls Kapitalerhöhungen aus Gesellschaftsmitteln vornehmen zu können (BFH II R 48/77 v. 27.2.80, BStBl. II 80, 404). Die Regelung trägt zugleich § 264c Abs. 2 Satz 8 HGB Rechnung, wonach nur auf gesellschaftsvertraglicher Basis Rücklagen gebucht werden dürfen.

Zu § 7: Kapitalerhöhung

23   Gilt grds. das einfache Mehrheitsprinzip, wie in § 10 Abs. 6 vorgesehen, so könnten auch Kapitalerhöhungen mit einfacher Mehrheit beschlossen werden (vgl. *Baumbach/Hopt* Anhang § 177a HGB Rz. 69a ff.). Da dies zu erheblichen Benachteiligungen von kapitalschwachen Minderheitsgesellschaftern führen kann, ist in Abs. 1 das Einstimmigkeitsprinzip als Regel und für Ausnahmefälle (Abs. 3) vorgesehen, dass zB bei dringendem Kapitalbedarf, jeder Gesellschafter an dem Kapitalerhöhungsbeschluss mitwirken muss.

Zu § 8: Geschäftsführung und Vertretung

24   **Abs. 1:** s. A. 8.00 Rz. 35 ff. zu § 6. Der Geschäftsführer der Komplementär-GmbH ist kein Arbeitnehmer im arbeitsrechtlichen Sinne, da er die GmbH & Co. KG kraft Gesetzes vertritt. Steuerrechtlich ist das anders, der GmbH-Geschäftsführer erzielt Einkünfte aus nicht-selbständiger Tätigkeit, wenn er nicht Gesellschafter der KG ist, andernfalls durch Qualifikation als Sondervergütungen Einkünfte aus Mitunternehmerschaft (§ 15 Abs. 1 Nr. 2 EStG). Wird der Geschäftsführervertrag mit der GmbH abgeschlossen, ist die Gesellschafterversammlung – ebenso wie für spätere Änderungen – kraft Annexkompetenz zur Bestellung und Abberufung zuständig. Kommt er demgegenüber mit der KG zustande, kann der Geschäftsführer Abschluss und Änderungen des Geschäftsführervertrages in eigener Person ohne Mitwirkung der Gesellschafterversammlung vornehmen, wenn er von den Beschränkungen des § 181 BGB befreit ist.

24a   **Abs. 2:** Der ausdrücklichen Befreiung von den Beschränkungen des § 181 BGB bedarf es, wenn sie gewollt ist, da die Komplementär-GmbH einerseits und die KG andererseits verschiedene Rechtsträger sind. Alleinige Befreiung bei der GmbH – s. § 35 Abs. 4 GmbHG – genügt nicht.

24b   **Abs. 3:** Es ist zweckmäßig, auch im Gesellschaftsvertrag der KG einen Katalog zustimmungsbedürftiger Rechtsgeschäfte aufzustellen und sich nicht damit zu begnügen, dies bei der GmbH vorzusehen. Dies schon deshalb, da die Gesellschafter der KG nicht unbedingt auch Gesellschafter der GmbH sein müssen.

Zu § 9: Aufwendungsersatz, Geschäftsführervergütungen

25   **Abs. 1:** Der Komplementärin muss ein Anspruch auf Ersatz der ihr für die KG erwachsenden Aufwendungen zustehen; eine Versagung dieses Anspruchs würde aus der Sicht der GmbH zu vGA führen. Die Angemessenheit der einer Komplementär-GmbH zu gewährenden Vergütung wird einerseits durch die Geschäftsführungstätigkeit, andererseits durch die Haftungsübernahme der Komplementär-GmbH bestimmt. Der Übernahme der Geschäftsführung durch sie misst der BFH unter Hinweis darauf, dass die Komplementär-GmbH typischerweise nur für den Zweck geschaffen wird, die Geschäfte der KG formal zuführen, während in Wirklichkeit die tatsächliche Durchführung den

Kommanditisten obliegt, keine entscheidende Bedeutung zu. Es genügt deshalb, wenn der Komplementär-GmbH sämtliche Aufwendungen ersetzt werden, die ihr in Zusammenhang mit ihrer geschäftsführenden Tätigkeit entstehen; ein Gewinnzuschlag hierauf ist nicht notwendig (vgl. BFH VI R 279/66 v. 25.4.68, BStBl. II 68, 741).

Zur ertragsteuerlichen Notwendigkeit der Haftungsvergütung vgl. Rz. 17. Für die **26** Übernahme der persönlichen Haftung verlangt der BFH ein Entgelt, welches fest oder gewinnabhängig sein kann und sich an einer dem Risiko des Einzelfalls entsprechenden, im Wirtschaftsleben für diesen Fall üblichen Avalprovision zu orientieren hat. Es ist zu berücksichtigen, dass das Risiko der Komplementär-GmbH, für die Verbindlichkeiten der GmbH & Co KG in Anspruch genommen zu werden, insbes. bei langen Kündigungsfristen im Gesellschaftsvertrag oder bei nur geringen Einlagen der Kommanditisten besonders hoch sein kann. Bei einer nicht kapitalmäßig beteiligten Komplementär-GmbH liegt die angemessene Haftungsvergütung bei einer Vergütung in Höhe einer banküblichen Avalprovision (BFH IV R 122/73 v. 3.2.77, BStBl. II 77, 346); bei einer kapitalmäßig beteiligten Komplementär-GmbH kommt eine angemessene Verzinsung der Einlage hinzu (*Blümich/Bode* § 15 EStG Rz. 296).

Abs. 2: Von der Komplementärin gezahlte Tätigkeitsvergütungen sind normaler Gewinnvorab iSv. § 15 Abs. 1 Nr. 2 EStG, wenn die Empfänger zugleich Kommanditisten der KG sind. Es empfiehlt sich daher, sämtliche Tätigkeitsvergütungen für die Geschäftsführung direkt von der KG zu bezahlen, die auch über die Mittel hierzu verfügt; bei Fremdgeschäftsführung sind die entsprechenden Vergütungen bei der KG-Betriebsausgaben.

Umsatzsteuer auf Tätigkeitsvergütungen: Die Komplementär-GmbH als juristi- **27** sche Person erbringt durch ihre Geschäftsführungs- und Vertretungstätigkeiten gegenüber der KG umsatzsteuerpflichtige Leistungen (BFH V R 43/01 v. 6.6.02, BStBl. II 03, 36; BMF v. 31.5.07, BStBl. I 07, 503, Tz. 5.). Die Komplementär-GmbH einer sog. Einheits-GmbH & Co. KG (100%ige unmittelbare Beteiligung der KG an der GmbH) übt ihre Tätigkeit allerdings nicht selbständig aus (vgl. UStAE 2.2 Abs. 6). Die **Haftungsvergütung** gemäß Abs. 2 unterliegt nach geänderter Auffassung der Finanzverwaltung als zusätzliches Entgelt der Umsatzsteuer, weil im Falle der Übernahme der Haftung bei gleichzeitiger Erbringung von Geschäftsführerleistungen eine einheitliche steuerpflichtige Leistung vorliegt (UStAE 1.6 Abs. 6). Diese Rechtsauffassung vertritt auch der BFH (BFH V R 24/10 v. 3.3.11, BStBl. II 11, 951).

Zu § 10: Gesellschafterversammlung

s. A. 8.00 Rz. 40 zu § 9.   **28**

Zu § 11: Einberufung der Gesellschafterversammlung und Beschlussfassung und zu § 12: Protokolle über die Beschlüsse

Die vorgeschlagenen Förmlichkeiten für das Einberufungs- und das Beschlussver- **29** fahren sowie auch hinsichtlich der Protokollierung sind wegen des weitgehenden Schweigens des Gesetzes zweckmäßig. Sie sind grds. auch Wirksamkeitsvoraussetzungen für die auf diese Art zustande gekommenen Beschlüsse. Dies gilt allerdings mit der Einschränkung, dass Gesellschaftsverträge einer KG auch formlos geändert werden können. Hiervor schützt letztlich auch nicht die Schriftformvorschrift (§ 24 Abs. 1).

Die Frage der Vertretung in der Gesellschafterversammlung bedarf der Regelung. **30** Das Stimmrecht als Mitgliedschaftsrecht steht dem Gesellschafter höchstpersönlich zu (vgl. *Baumbach/Hopt* § 119 HGB Rz. 5).

Es ist zulässig, die Komplementär-GmbH von ihrem Stimmrecht in der Gesellschaf- **31** terversammlung der KG auszuschließen. Bei der Einheits-KG, bei der die Gesellschafter der Komplementär-GmbH und KG gleich sind, ist eine gleichmäßige Willensbildung in beiden Gesellschaften dennoch gewährleistet. Ein Stimmrechtsausschluss ist grds. auch bei der nicht personenidentischen GmbH & Co. KG zulässig und üblich, wenn keine

Kapitalbeteiligung besteht. Sie hat jedoch (durch ihren Geschäftsführer vertreten) regelmäßig ein Teilnahmerecht (BGH III ZR 20/92 v. 18.2.93, NJW 93, 2100 und BGH II ZR 229/54 v. 14.5.56, NJW 56, 1198; *Baumbach/Hopt/Roth* § 119 HGB Rz. 13.

Zu § 13: Anfechtung von Beschlüssen

31a   **Abs. 1:** Die Anfechtung von Gesellschafterbeschlüssen ist im GmbHG wie im HGB für die Personengesellschaften nicht geregelt. Es gibt zur „Anfechtbarkeit von Gesellschafterbeschlüssen" jedoch eine umfangreiche Rspr., auf die hier nicht eingegangen werden kann. Es muss diesbezüglich auf die Erläuterungswerke zum GmbHG verwiesen werden (vgl. zB *Baumbach/Hueck* Anhang § 47 GmbHG Rz. 81 ff.). Als Anfechtungsgründe kommen zB Verstöße gegen vertraglich vereinbarte Einberufungsformalitäten in Betracht.

31b   Da im Gesetz weder für die GmbH noch für die KG eine ausdrückliche Anfechtungsfrist vorgesehen ist, sollte diese im Vertrag der Klarheit halber eindeutig vereinbart werden. Die Rspr. greift im Zweifelsfall regelmäßig auf § 246 Abs. 1 AktG zurück, wonach die Frist für die Klageerhebung einen Monat beträgt.

Zu § 14: Rechnungswesen, Jahresabschluss

32   S. zunächst generell A. 8.00 Rz. 42 f. zu § 11. Die GmbH & Co. KG muss die besonderen Vorschriften des HGB zur Aufstellung, Prüfung und Offenlegung des Jahresabschlusses für Kapitalgesellschaften beachten, also die Aufstellungsfrist von drei Monaten für mittlere und große und bis zu sechs Monaten für kleine (Kapital-)Gesellschaften (vgl. § 264 Abs. 1 S. 3 u. 4 u. 264a HGB). Für kleine (Kapital-)Gesellschaften besteht keine Pflicht, einen Lagebericht aufzustellen (§ 264 Abs. 1 S. 4 HGB) und den Jahresabschluss prüfen zu lassen (§ 316 Abs. 1 S. 1 HGB).

32a   **Abs. 4:** Die Anpassungsverpflichtung auf Grund bestandskräftiger steuerlicher Außenprüfungen ist sinnvoll, da aus der steuerlichen Verpflichtung nicht unbedingt eine handelsrechtliche im Innenverhältnis zwischen den Gesellschaftern folgt.

Zu § 15: Offenlegung

33   Nach § 264a HGB haben Kapitalgesellschaften & Co. wie Kapitalgesellschaften Rechnung zu legen (vgl. hierzu in *Baumbach/Hopt* § 264a HGB Rz. 1).

Für die GmbH & Co. KG, bei der nicht wenigstens eine natürliche Person persönlich unbeschränkt haftet, sondern ausschließlich Gesellschaften, deren Haftung auf das Gesellschaftsvermögen beschränkt ist, die Komplementärstellung übernehmen, sind grds. die ergänzenden Rechnungslegungsvorschriften für Kapitalgesellschaften anzuwenden (Drittes Buch, 2. Abschn. des HGB). Diese betreffen den Jahresabschluss und Lagebericht, §§ 264 bis 289 HGB, den Konzernabschluss und Konzernlagebericht, §§ 290 bis 315 HGB, die Pflicht für mittelgroße und große Gesellschaften iSv. § 267 Abs. 2 und 3 HGB, den Jahresabschluss und den Lagebericht von einem Abschlussprüfer nach §§ 315 bis 324 HGB prüfen zu lassen sowie die Vorschriften über die Offenlegung des Jahresabschlusses (§§ 325 bis 329 HGB).

34   Nach den §§ 325 ff. HGB besteht allerdings **keine einheitliche Offenlegungspflicht.** Der Umfang der Publizitätspflicht bestimmt sich vielmehr nach der Größe des jeweiligen Unternehmens. Dabei sind grundsätzlich alle Gesellschaften zur Veröffentlichung ihrer festgestellten Bilanz und des Anhangs verpflichtet. Mittlere und große Gesellschaften iSd. § 267 HGB müssen darüber hinaus sämtliche in § 325 HGB genannten Unterlagen einreichen. Diese sind:

- der Jahresabschluss mit dem Bestätigungsvermerk des Abschlussprüfers,
- der Lagebericht,
- (der Bericht des Aufsichtsrats),
- der Ergebnisverwendungsvorschlag und -beschluss (nicht erforderlich, wenn sich anhand dieser Angaben die Gewinnanteile von natürlichen Personen feststellen lassen, die Gesellschafter sind, § 325 Abs. 1 S. 4 HGB).

- (die Entsprechenserklärung nach § 161 AktG. Für eingetragene Genossenschaften gelten Besonderheiten; vgl. § 339 HGB).

Kleine Gesellschaften können von der Erleichterung nach § 326 HGB und mittelgroße Gesellschaften von den Erleichterungen nach § 327 HGB Gebrauch machen. Einzureichen und offenzulegen sind von kleinen Gesellschaften nur Bilanz und Anhang.

Offenlegungspflichtige Unternehmen müssen die Rechnungslegungsunterlagen 35 nach § 325 HGB beim Betreiber des elektronischen Bundesanzeigers einreichen und bekannt machen lassen. Die Rechnungslegungsunterlagen müssen innerhalb von zwölf Monaten eingereicht werden, für kapitalmarktorientierte Unternehmen iSd. § 325 Abs. 4 HGB beträgt die Frist vier Monate. Die Frist ist nicht verlängerbar.

Nachdem die Unterlagen zum elektronischen Bundesanzeiger eingereicht und hier bekannt gemacht wurden, übermittelt dessen Betreiber die Unterlagen an das Unternehmensregister. Sie werden auf der Internetseite www.unternehmensregister.de eingestellt. Darüber hinaus können die Daten auch im elektronischen Bundesanzeiger kostenlos eingesehen werden.

Der Betreiber des **elektronischen Bundesanzeigers** prüft, ob die einzureichen- 35a den Unterlagen **fristgemäß und vollzählig** eingereicht worden sind (§ 329 Abs. 1 Satz 1 HGB). Fällt die Prüfung negativ aus, unterrichtet der Betreiber des elektronischen Bundesanzeigers das für die Durchführung von Ordnungsgeldverfahren zuständige Bundesamt für Justiz.

Für Verstöße sieht das Gesetz einen **Ordnungsgeldrahmen** von 2.500 bis 25.000 Euro vor (§ 335 Abs. 1 Satz 4 HGB). Das Verfahren wird von Amts wegen eingeleitet. Das Ordnungsgeld kann sowohl gegen die Gesellschaft als auch gegen ihre gesetzlichen Vertreter festgesetzt werden. Es muss vorher angedroht werden und kann bei Nichtbefolgung mehrfach festgesetzt werden. Der Einspruch gegen die Androhung des Ordnungsgeldes hat keine aufschiebende Wirkung. Gegen die Ablehnung eines Einspruchs und gegen die Festsetzung des Ordnungsgeldes kann die sofortige Beschwerde erhoben werden, über die das LG Bonn entscheidet.

Sinnvoll und erforderlich ist eine Regelung, wonach von größenabhängigen Erleichterungen Gebrauch zu machen ist. Andernfalls kann – jedenfalls bei ausdrücklicher gegenteiliger Regelung – kraft Anordnung in der Satzung eine gesetzlich nicht statuierte Pflicht zur Offenlegung begründet werden (vgl. BGH II ZR 227/06 v. 26.11.07, DStR 08, 629).

Zu § 16: Gewinnermittlung und -verteilung

Abs. 1: Aufbauend auf dem steuerlichen Ergebnis (§ 14) weicht die Gewinnvertei- 36 lung von § 15 Abs. 1 Satz 1 Nr. 2 EStG ab und erklärt zum verteilungsfähigen Gewinn den Betrag, der nach Abzug der steuerlich nicht abziehbaren Aufwendungen verbleibt. Diese Bestimmung macht die Aufstellung einer eigenen Handelsbilanz überflüssig.

Abs. 2: Im Interesse der Stärkung der Eigenmittel der Gesellschaft sollte insbes. bei 37 vielköpfigen Gesellschaften die Möglichkeit vorgesehen werden, mit einfacher oder qualifizierter Mehrheit bestimmte Teile des Jahresergebnisses dem Rücklagenkonto zuzuführen. Vgl. iÜ Rz. 22.

Abs. 3: Es entspricht der fehlenden kapitalmäßigen Beteiligung der Komplementä- 38 rin an der Gesellschaft, ihr auch keine Verluste zuzuordnen. Aufgrund der einheitlich und gesondert vorzunehmenden Gewinnfeststellung (§ 180 AO) treten die Verluste vielmehr direkt bei den Kommanditisten ein. Steuerlich wirken sich die Verluste der Kommanditisten auf deren persönlicher Ebene im Rahmen der Beschränkungen des § 15a EStG aus.

Abs. 4: Die Einrichtung von Verlustvortragskonten ist aus den zu Rz. 20 genannten Gründen sinnvoll.

Zu § 17: Einlagen und Entnahmen

39 **Abs. 1:** Aus der Bestimmung folgt, dass auch Einlagen nur in den eigens dafür vorgesehenen Fällen zulässig sind. Ist zB der Zinssatz für Guthaben auf Privatkonten günstig, so soll die Gesellschaft nicht als „Depositenkasse" für ihre Gesellschafter fungieren.

40 **Abs. 2 und 3** stellen sicher, dass Einlagen zu keiner Änderung in den Beteiligungsverhältnissen führen.

41 **Abs. 4:** Bei einer Kapitalerhöhung im Wege der Umbuchung gem. § 17 Abs. 4 müssen die umgebuchten Guthaben auf den Privatkonten werthaltig vorhanden sein, um zur Haftungsbeschränkung zu führen.

42 **Abs. 5:** Die Bestimmung beschränkt sich auf Tätigkeitsvergütungen einschließlich Tantiemen. Diese Beträge sollen ohne entsprechenden Gesellschafterbeschluss entnommen werden dürfen, auch wenn steuerlich ein negatives Kapitalkonto mit den entsprechenden Folgen gemäß § 15a EStG bei dem betreffenden Gesellschafter entsteht. Der geschäftsführende Gesellschafter empfängt betriebswirtschaftlich seinen Lohn von der Gesellschaft als Entgelt für seine Tätigkeit. Er wird in der Regel die Vergütung zum Bestreiten seines Lebensunterhalts benötigen, auch wenn ihm diese steuerlich als Einlageminderung und damit als Gewinnerhöhung zugerechnet wird (§ 15a Abs. 3 Satz 1 EStG).

43 **Abs. 6:** Ebenfalls unter Inkaufnahme der nachteiligen Folgen gemäß § 15a EStG wird man den Gesellschaftern die Entnahmen der Steuern gestatten müssen, die mit der Gesellschafterstellung unausweichlich verbunden sind. Hingegen kann der Anfall von Schenkungsteuer durch Unterlassen der Schenkung vermieden werden.

44 **Abs. 7:** Ansonsten soll im Interesse aller Gesellschafter dem Entstehen von steuerlich negativen Kapitalkonten entgegengewirkt werden.

Abs. 8: Für nicht in § 17 ausdrücklich zugelassene Entnahmen ist ein Gesellschafterbeschluss erforderlich (einfache Mehrheit).

Zu § 18: Auflösung oder Fortsetzung der Gesellschaft, Ausscheiden eines Gesellschafters

45 **Abs. 1:** s. A. 8.00 Rz. 51 zu § 16.

Abs. 2: Aus § 140 HGB folgt, dass der Stimmrechtsausschluss im Fall des § 18 Abs. 3 zulässig ist.

46 *(frei)*

Zu § 19: Tod eines Gesellschafters

47 **Abs. 1:** Bereits § 177 HGB bestimmt, dass beim Tod eines Kommanditisten die Gesellschaft mangels abweichender vertraglicher Bestimmung mit dessen Erben fortgesetzt wird. Abs. 1 wiederholt dies. Das Formular geht damit von einer sogenannten **Nachfolgeklausel** aus (*Baumbach/Hopt* § 139 HGB Rz. 10ff.). Der oder die Erben treten ohne weiteres mit dem Tod des Erblassers in die Gesellschaft ein, ohne dass es einer besonderen Erklärung der Erben oder einer besonderen Aufnahme durch die übrigen Gesellschafter bedarf. Bei Minderjährigkeit des Erben ist keine Genehmigung des Familiengerichts nach § 1822 Nr. 3 und 10 BGB erforderlich (*Palandt/Götz* § 1822 BGB Rz. 10). Wird der Gesellschafter von mehreren Personen beerbt, so erben diese die Beteiligung nicht in Erbengemeinschaft. Die Miterben werden auf Grund des Erbrechts entsprechend ihrem Erbanteil Gesellschafter, sog. Sondererbfolge, BGH II ZR 120/75 v. 10.2.77, NJW 77, 1339; BGH IVa ZR 229/81 v. 4.5.83, NJW 83, 2377).

Von einer sog. **qualifizierten Nachfolgeklausel** spricht man, wenn bestimmte – möglicherweise bereits im Gesellschaftsvertrag benannte – Personen mit bestimmten Fähigkeiten Nachfolger werden sollen.

48 Eine **Eintrittsklausel** liegt demgegenüber vor, wenn bestimmten Personen – ggf. unter im Gesellschaftsvertrag aufzuführenden Voraussetzungen – der Anspruch auf

Eintritt in die Gesellschaft eingeräumt wird (BGH II ZR 180/64 v. 23.6.66, DNotZ 67, 387). In diesem Fall wird die Gesellschaft unter den übrigen Gesellschaftern fortgesetzt (§ 736 BGB), der Erblasser gilt als mit dem Tod ausgeschieden, sein Gesellschaftsanteil wächst den übrigen Gesellschaftern zu, die Erben erhalten einen Abfindungsanspruch und ggf. gegen Verrechnung mit diesem kann dann der Eintritt erfolgen. Eine entsprechende Klausel könnte wie folgt lauten:

„Beim Tod eines Kommanditisten steht dem ältesten Sohn des Verstorbenen das Recht zu, seinen Eintritt in die Gesellschaft zu erklären. Die Eintrittserklärung ist allen Gesellschaftern gegenüber durch Einschreibebrief abzugeben, und zwar innerhalb von ...... Monaten seit dem Todesfall."

Zur Ausübung des Eintrittsrechts brauchen minderjährige Gesellschafter die Genehmigung des Vormundschaftsgerichts (*Palandt/Götz* § 1822 BGB Rz. 9).

Umfassend zu den möglichen Nachfolgeregelungen sowie den steuerlichen Auswir- **49** kungen vgl. A. 9.00 Rz. 63 ff.

Die Eröffnung des Insolvenzverfahrens über das Vermögen der Komplementär-GmbH einer GmbH & Co. KG mit einem einzigen Kommanditisten führt zum Ausscheiden der Komplementär-GmbH aus der KG und zur liquidationslosen Vollbeendigung der KG unter Gesamtrechtsnachfolge des Kommanditisten (vgl. BGH II ZR 247/01 v. 15.3.04, DStR 04, 1137).

Zu § 20: Verfügungen über Geschäftsanteile

Entgegen dem Wortlaut des § 719 Abs. 1 BGB ist die Übertragung des Anteils oder **50** eines Teilanteils durch den Gesellschafter an einen Mitgesellschafter oder einen Dritten, der dadurch Gesellschafter wird, möglich, wenn dies im Gesellschaftsvertrag vorgesehen ist (*Baumbach/Hopt* § 124 HGB Rz. 18 und *ders.* § 105 HGB Rz. 69). Es kommt auf den Einzelfall an, ob die Abtretung von Gesellschaftsanteilen erschwert oder erleichtert werden soll. Der das Gesellschaftsrecht grds. beherrschende Gedanke der Vertragsfreiheit bietet weiten Gestaltungsraum. Soll der veräußerungswillige Gesellschafter vor der beabsichtigten Übertragung die Zustimmung erhalten wie im Musterfall, so ist die Einwilligung (§ 183 BGB) erforderlich. Soll die nachträgliche Zustimmung genügen (§ 184 BGB), so ist ein Genehmigungsbeschluss erforderlich. Alternative: vgl. A 8.00 Rz. 53.

Zu § 21: Auseinandersetzungsguthaben

Die vorgeschlagene Regelung entspricht dem Stand der Rspr., welche die sog. **51** Buchwertklausel nach wie vor anerkennt (vgl. BGH II ZR 258/88 v. 17.4.89, DB 89, 1399), wenn gewisse Grenzen beachtet werden (kritisch zur Buchwertklausel *Leuering* NJW-Spezial 09, 239). Zu den Einzelheiten vgl. A. 9.00 Rz. 87. Dabei ist auch die Außerachtlassung des Goodwill zulässig. Allerdings steht nach BGH II ZR 258/88 v. 17.4.89, aaO dem zum Buchwert oder einem anderen nicht nach dem wirklichen Wert seiner Beteiligung berechneten Betrag ausgeschiedenen Gesellschafter ein Recht auf Einsicht in die Unterlagen der Gesellschaft zu, wenn er konkrete Anhaltspunkte dafür hat, dass der Abfindungsbetrag erheblich unter dem Beteiligungswerk liegen könnte. Für unzulässig hält der BGH eine zu lang gestreckte zeitliche Auszahlung der Abfindung (BGH II ZR 83/88 v. 9.1.89, NJW 89, 2685); im Urteilsfall war eine ratierliche Auszahlung über fünfzehn Jahre vorgesehen). Das OLG Dresden (21 U 3559/99 v. 18.5.00, DB 00, 1221) hält bereits eine Streckung der Abfindung über bis zu zehn Jahre für unzulässig. Grds. ist allerdings nicht ein einzelner Aspekt (etwa die Auszahlungsdauer oder die Art und Weise der Bemessung) maßgeblich; sondern es ist eine Gesamtbetrachtung aller Umstände vorzunehmen. Dabei spielt auch die Sicherung des Bestandes der Gesellschaft und die etwaige Absicherung des ausscheidenden Gesellschafters sowie die Verzinsung des Guthabens eine Rolle.

51a Der Abfindungsanspruch des ausscheidenden Gesellschafters entsteht gemäß § 738 Abs. 1 Satz 2 BGB im Zeitpunkt des Ausscheidens. §§ 738 ff. BGB sind nicht zwingend, einschränkende Abfindungsklauseln können jedoch gegen die guten Sitten verstoßen. Der vollständige Ausschluss des Abfindungsanspruchs wird heute als sittenwidrig iSd. § 138 BGB angesehen. Zu den **Besonderheiten im Todesfall** vgl. A. 9.00 Rz. 98.

52 Auch sollen Bestimmungen nicht wirksam sein, die weit unter den Verkehrswerten liegende Abfindungen vorsehen, wenn dadurch das Kündigungsrecht des Gesellschafters unangemessen eingeschränkt wird (§ 723 Abs. 3 BGB); nach BGH II ZR 104/92 v. 20.9.93 (NJW 93, 3193) wird eine gesellschaftsvertragliche Abfindungsklausel, die eine unter dem wirklichen Anteilswert liegende Abfindung vorsieht, nicht deswegen unwirksam, weil sie infolge eines im Laufe der Zeit eingetretenen groben Missverhältnisses geeignet ist, das Kündigungsrecht des Gesellschafters zu beeinträchtigen. Die Klausel ist vielmehr unter Berücksichtigung aller Umstände des konkreten Falles entsprechend den veränderten Verhältnissen neu zu ermitteln (BGH II ZR 104/92 v. 20.9.93, aaO, s. hierzu auch BGH II ZR 295/04 v. 13.3.06, DStR 06, 1005, Abfindung zum Ertragswert bei höherem Liquidationswert). Vgl. iÜ zur steuerlichen Behandlung der Abfindung A. 9.00 Rz. 95 ff.

Zu § 22: Güterstandsvereinbarung

53 Werden **Angehörige der Folgegeneration** in die Gesellschaft aufgenommen, so sollte in Güterstandsvereinbarungen unbedingt sichergestellt werden, dass etwaige Wertsteigerungen der Gesellschaftsbeteiligung nicht in einen ggf. ausgleichspflichtigen Zugewinn fallen.

Zu § 23: Wettbewerbsverbot

54 Kommanditisten unterliegen keinem Wettbewerbsverbot (§ 165 HGB). Es kann nützlich sein, ein solches zu vereinbaren. Der Kommanditist kann jedoch ausnahmsweise einem Wettbewerbsverbot unterliegen, wenn er nach dem Gesellschaftsvertrag Geschäftsführungsbefugnis oder sonst einen maßgeblichen Einfluss auf die Geschäftsführung hat (zB Weisungsrecht oder Mehrheitsbeteiligung, vgl. BGH X ZR 167/99 v. 4.12.01, NJW 02, 1046, 1047; BGH X ZR 109/02 v. 30.11.04, WM 05, 391).

Zu § 25: Schiedsklausel

55 Vgl. A. 9.00 Rz. 112 f und A. 13.00.

Erläuterungen zu A. 8.01a Handelsregisteranmeldung

56 S. zunächst Anmerkungen zur Handelsregisteranmeldung bei A. 8.00 Rz. 58 ff.
Nach § 19 Abs. 1 Nr. 3, Abs. 2 HGB muss die Haftungsbeschränkung durch einen Zusatz wie „GmbH & Co. KG" deutlich gemacht werden (vgl. *Baumbach/Hopt* § 19 HGB Rz. 24 ff.) und daneben die Bezeichnung Kommanditgesellschaft oder eine allgemein verständliche Abkürzung enthalten.

57 Die laut Gesellschaftsvertrag für jeden Gesellschafter generell gültige, sog. abstrakte Vertretungsmacht, ist anzumelden. Daneben ist auch die hiervon abweichende konkrete Vertretungsmacht eines persönlich haftenden Gesellschafters anzumelden. Sofern eine abweichende konkrete Vertretungsmacht nicht besteht, also für alle Komplementäre die gleiche abstrakte Regelung gilt, ist eine Negativerklärung sinnvoll. Zur Angabe der Vertretungsmacht zählt auch eine erteilte Befreiung von den Beschränkungen des § 181 BGB.

58 Zum elektronischen Handelsregister s. A. 8.00 Rz. 60.

A. 8.10 Abtretung (Verkauf) mit Anmeldung im Wege der Sonderrechtsnachfolge

Gliederung

I. FORMULARE

Formular A. 8.10 Abtretung (Verkauf) im Wege der Sonderrechtsnachfolge

VERTRAG

zwischen

1. Kaufmann A — nachfolgend Verkäufer genannt –

und

2. Kaufmann B — nachfolgend Käufer genannt –

§ 1 Vertragsgegenstand

Der Verkäufer ist als Kommanditist mit einer voll eingezahlten Kommanditeinlage von € ......,– an der aus ihm sowie ...... bestehenden Kommanditgesellschaft in Firma „A-GmbH & Co. KG" beteiligt. Gegenstand des Unternehmens ist die Fertigung von und der Handel mit Textilien. Zu Übertragungen an familienfremde Personen ist gem. § ...... des Gesellschaftsvertrages vom ...... die Einwilligung der übrigen Gesellschafter erforderlich. Der Einwilligungsbeschluss ist am ...... einstimmig gefasst worden und liegt in Abschrift dieser Vereinbarung bei.

§ 2 Verkauf, Abtretung

(1) Der Verkäufer verkauft die in § 1 genannte Beteiligung in vollem, tatsächlich bestehendem Umfang samt allen damit verbundenen Rechten und Pflichten mit Wirkung im Innenverhältnis zum 1. Januar 20.. (Abtretungsstichtag) an den Erwerber, soweit nicht in diesem Vertrag etwas anderes geregelt ist.

(2) Der Verkäufer tritt seinen Anteil an der Gesellschaft an den Erwerber ab; die Abtretung ist aufschiebend bedingt durch die vollständige Entrichtung des Kaufpreises und die Eintragung des Erwerbers als Kommanditist kraft Sonderrechtsnachfolge im Handelsregister. Der Erwerber nimmt die Abtretung an.

§ 3 Gewinn und Verlustbeteiligung

(1) Dem Verkäufer steht das auf seine Beteiligung entfallende Ergebnis des laufenden und vorangegangenen Geschäftsjahres nach Maßgabe der von der Gesellschafterversammlung beschlossenen Jahresabschlüsse bzw. des für das laufende Geschäftsjahr noch festzustellenden Jahresabschlusses zu. Soweit es nach den Bestimmungen des Gesellschaftsvertrags entnommen werden kann, wird es dem

Verkäufer ausbezahlt. Soweit es auf sein Darlehenskonto zu verbuchen ist, gilt § 5. Die Aufstellung des Jahresabschlusses für das laufende Geschäftsjahr erfolgt nach den gleichen Grundsätzen wie für vorangegangene Rechnungsperioden unter Beachtung der formellen und materiellen Bewertungs- und Bilanzierungskontinuität.

(2) Nachträgliche Änderungen der handels- und steuerrechtlichen Jahresabschlüsse betreffend Jahre der Beteiligung des Verkäufers, gleich aus welchem Grund, insbes. infolge einer steuerlichen Außenprüfung, berechtigen den Verkäufer nicht zu einer nachträglichen Entnahme etwaiger Mehrgewinne, auch nicht soweit sie Mehrsteuern auslösen, und verpflichten ihn nicht zur Erstattung etwaiger Überentnahmen oder zur Tragung von Verlusten; etwaige auf seine Beteiligung entfallende Steuererstattungen stehen ihm zu.

§ 4 Kaufpreis, Fälligkeit

Der Kaufpreis beträgt € ...... (in Worten: Euro ......).

Er ist wie folgt zur Zahlung fällig:

a) € ......

b) € ......

c) € ......

§ 5 Guthaben auf Darlehenskonto

(1) Ein Guthaben des Veräußerers auf seinem bei der Kommanditgesellschaft geführten Darlehenskonto einschließlich von etwaigen Gutschriften im Zusammenhang mit der Verteilung des Gewinns für das laufende Geschäftsjahr wird von der Veräußerung der Beteiligung des Verkäufers nicht erfasst; es steht nach wie vor dem Verkäufer zu und geht nicht auf den Käufer über.

(2) Abweichend von dem Gesellschaftsvertrag der Kommanditgesellschaft treffen die Parteien hinsichtlich der Auszahlung des Guthabens des Verkäufers auf dem Darlehenskonto folgende Regelung:

a) Am .... wird ein Betrag von .... ausgezahlt.

b) Das danach verbleibende Guthaben ist in drei gleichen Jahresraten jeweils am 1. Januar eines jeden Jahres, beginnend mit dem 1.1...., zur Auszahlung fällig.

(3) Das Darlehensguthaben ist, soweit es noch nicht ausgezahlt ist, iHv 2 % über dem jeweiligen Basiszinssatz zu verzinsen. Die aufgelaufenen Zinsen sind bei jeweiliger Fälligkeit einer Rate nach Abs. 2 zu entrichten.

(4) Gerät die Kommanditgesellschaft mit der Auszahlung des Darlehensguthabens in Verzug, ist der rückständige Betrag mit 6 % über dem jeweiligen Basiszinssatz zu verzinsen. Die Geltendmachung eines weitergehenden Verzugsschadens ist hierdurch nicht ausgeschlossen.

(5) Das gesamte Darlehensguthaben ist sofort fällig, wenn die Kommanditgesellschaft mit der Zahlung einer Rate länger als 30 Tage in Verzug gerät.

§ 6 Mitteilung, Gesellschaftsvertrag

In Vollzug dieses Vertrages werden die Parteien gemeinsam der Geschäftsführung der Gesellschaft Mitteilung vom Abschluss dieses Vertrages machen.

Mit Vertragsunterzeichnung erkennt der Verkäufer gleichzeitig den Gesellschaftsvertrag vom ...... als für ihn in allen Bestimmungen verbindlich an.

§ 7 Gewährleistung

(1) Der Verkäufer versichert und steht dafür ein, dass

a) der gemäß § 1 veräußerte Gesellschaftsanteil rechtlich wirksam begründet ist;

b) der vertragsgegenständliche Kommanditanteil nicht durch Verluste gemindert und/oder ganz oder teilweise zurückgezahlt ist;

c) der vertragsgegenständliche Kommanditanteil frei von Rechten Dritter – insbesondere von Pfand-, Pfändungspfand- oder sonstigen Sicherungsrechten ist;

d) der diesem Vertrag beigegebene von Herrn Steuerberater ...... auf den 30.6.20... errichtete Vermögensstatus das Vermögen der Gesellschaft richtig und vollständig wiedergibt und dass die Gesellschaft keinen nicht bilanzierungsfähigen Verbindlichkeiten ausgesetzt ist, welche nicht in einer besonderen Anlage zu diesem Vertrag aufgeführt sind;

e) die in weiterer Anlage dargestellten Arbeitsverhältnisse vollständig und richtig sind und dass den Arbeitnehmern der Kommanditgesellschaft insbesondere keine Zusagen gewährt oder versprochen worden sind, welche sich nicht aus den aufgelisteten Dienst- und Arbeitsverträgen ergeben;

f) ...... *[Raum für weitere Zusicherungen].*

(2) Sollten die abgegebenen Erklärungen unrichtig oder unvollständig sein, ist der Verkäufer dem Käufer zum Schadensersatz verpflichtet, soweit sich ein bezifferbarer Vermögensnachteil für den Käufer ergibt. Zwischen den Vertragsparteien besteht Einigkeit, dass die dem Käufer zur Verfügung gestellten Unterlagen und Informationen, unabhängig davon, ob sie vorstehend erwähnt sind oder nicht, keine Beschaffenheitsgarantie und/oder Beschaffenheitsvereinbarung begründen sollen, soweit sich nicht aus vorstehenden § 7 Abs. 1 Buchst. a–d ausdrücklich etwas anderes ergibt; der Umfang der vorstehend gemachten Zusicherungen ist vielmehr ausdrücklich auf den übernommenen Inhalt beschränkt. Weitergehende Ansprüche bestehen nicht. Ein Rücktrittsrecht des Käufers wird ausdrücklich ausgeschlossen. Etwaige Schadensersatzansprüche verjähren zum ....

(3) Sollte der Verkäufer von den Gläubigern der Kommanditgesellschaft auf Erfüllung von Gesellschaftsverbindlichkeiten in Anspruch genommen werden, stellt der Käufer ihn von diesen Ansprüchen frei, jedoch nur bis zur Höhe des von ihm nach § 1 erworbenen Kapitalanteils. Die vorstehende Freistellung findet keine Anwendung, soweit der Verkäufer seinerseits aufgrund der vorstehenden Gewährleistungen einzustehen hat oder eine persönliche Haftung gem. § 172 Abs. 4 HGB durch eine Einlagenrückgewähr an den Verkäufer nach dem Zeitpunkt der Übertragung wiederauflebt. Im letzten Fall hat der Verkäufer den Käufer von sämtlichen darauf beruhenden Ansprüchen auf Erfüllung von Gesellschaftsverbindlichkeiten freizustellen, die von den Gläubigern der Kommanditgesellschaft gegen ihn geltend gemacht werden.

§ 8 Änderungen in Folge steuerlicher Außenprüfungen

Änderungen, welche sich auf Grund von steuerlichen Außenprüfungen ergeben und die Zeiträume vor dem Wirksamwerden dieses Vertrages betreffen, haben auf den Kaufpreis keinen Einfluss und betreffen im Übrigen nur den Verkäufer.

§ 9 Abwicklung

Mit Rücksicht auf die gem. § 2 Abs. 2 vereinbarte aufschiebende Wirkung des Inkrafttretens dieses Vertrages wird hiermit vereinbart, dass die heute vor Herrn Notar ...... unterzeichnete Anmeldung zum Handelsregister erst dann dem Register vorgelegt wird, wenn dem Notar die Zahlung gemäß § 4 vollständig nachgewiesen worden ist.

§ 10 Teilnichtigkeit

Sollte eine Bestimmung dieses Vertrages nichtig, anfechtbar oder unwirksam sein, so soll die Wirksamkeit der übrigen Bestimmungen hiervon nicht berührt werden. Die angreifbare Bestimmung ist vielmehr so auszulegen, dass der mit ihr erstrebte wirtschaftliche und/oder ideelle Zweck nach Möglichkeit erreicht wird. Dasselbe gilt sinngemäß für die Ausfüllung von Vertragslücken.

§ 11 Kosten

(1) Die Kosten dieses Vertrags trägt der Käufer.

(2) Die Kosten der Anmeldung zum Handelsregister betreffend das Ausscheiden des Verkäufers und das Eintreten des Käufers trägt die Kommanditgesellschaft.

Formular A. 8.10a Handelsregisteranmeldung

An das

Amtsgericht

– Handelsregister A –

A-Stadt

durch elektronische Übermittlung

HRA

Firma A-GmbH & Co. KG

Die unterzeichneten Gesellschafter der im Rubrum genannten Gesellschaft melden hiermit zur Eintragung in das Handelsregister an:

Der Kommanditist A hat seinen Kommanditanteil durch Vertrag vom ...... an den Kaufmann B veräußert und ist damit aus der Gesellschaft ausgeschieden. An seiner Stelle ist der Kaufmann B *(Name, Vorname, Geburtsdatum, Wohnort)* als Kommanditist im Wege der Sonderrechtsnachfolge in die Gesellschaft eingetreten.

Die Kommanditeinlage von Herrn B beträgt € ......,–.

Die Gesellschafter vertreten die Gesellschaft wie folgt: ....

Die persönlich haftende Gesellschafterin sowie die unterzeichneten Kaufleute A und B versichern, dass die Gesellschaft dem Veräußerer keine Abfindung aus dem Gesellschaftsvermögen gewährt oder versprochen hat. Der ausgeschiedene Kommanditist A ist mit der unveränderten Fortführung der Firma einverstanden.

Die Firma bleibt unverändert.

Das Geschäftslokal befindet sich weiterhin in A-Stadt, D-Straße.

....

(Unterschriften aller Gesellschafter)   (Beglaubigungsvermerk)

II. ERLÄUTERUNGEN

Erläuterungen zu A. 8.10 Abtretung (Verkauf) im Wege der Sonderrechtsnachfolge

1. Grundsätzliche Anmerkungen

a) Wirtschaftliche Funktion

1   Ein Abtretungsvertrag über einen Kommanditanteil wird dann geschlossen werden, wenn ein Kommanditist nicht in der Gesellschaft verbleiben möchte und sein Gesellschaftsanteil unmittelbar auf einen neuen Gesellschafter übergehen soll.

Ob und inwieweit im Hinblick auf die bei der KG häufig gegebene enge Bindung der Gesellschafter untereinander die Zustimmung der übrigen oder aller übriger Mitgesellschafter erforderlich ist, sollte im Gesellschaftsvertrag geregelt werden (vgl. hierzu A. 8.01 Rz. 50 zu § 20).

b) Zivilrecht

Der Vertrag ist Rechtskauf, Kauf des Geschäftsanteils. Hierbei ist zwischen dem 2
Verpflichtungsgeschäft, dh. dem Kauf, und der Übertragung des Gesellschaftsanteils, dem **Erfüllungsgeschäft** zu unterscheiden.

Die Übertragung von Kommanditanteilen bedarf keiner Form, sie muss jedoch im Gesellschaftsvertrag oder ad hoc von allen Gesellschaftern zugelassen sein (vgl. *Palandt/Sprau* § 719 BGB Rz. 6). Die notarielle Form ist auch dann nicht vorgeschrieben, wenn zum Gesellschaftsvermögen Grundstücke gehören.

Der Form der notariellen Beurkundung bedarf die Übertragung jedoch dann, wenn es sich um den KG-Anteil an einer GmbH & Co. KG handelt und im Gesellschaftsvertrag der GmbH & Co. KG vorgesehen ist, dass mit der Übertragung des KG-Anteils die gleichzeitige Übertragung des Geschäftsanteils an der Komplementär-GmbH erforderlich ist. Soll in diesem Fall der GmbH-Anteil gleichzeitig mit übertragen werden oder übernimmt der Verkäufer auch nur die Verpflichtung, demnächst den Geschäftsanteil an der GmbH abzutreten, so ergibt sich die Beurkundungspflicht aus § 15 Abs. 3 und 4 GmbHG – letzterenfalls allerdings mit der Möglichkeit der Heilung gem. § 15 Abs. 4 Satz 2 GmbHG. Zur Abtretung des Anteils eines Komplementärs an einer KG mit einer natürlichen Person als Komplementär wird auf das Formular A. 9.10 verwiesen. Lebt der Veräußerer im Güterstand der Zugewinngemeinschaft ist § 1365 BGB zu beachten. Die Veräußerung eines Komplementär- oder eines Kommanditanteils durch oder an einen Minderjährigen bedarf der familiengerichtlichen Genehmigung nach § 1822 Nr. 3 BGB (BGH II ZR 202/53 v. 30.4.55, NJW 55, 1067).

c) Steuerrecht

Die Veräußerung eines Kommanditanteils entspricht steuerlich einer **Veräußerung** 3
des Mitunternehmeranteils des Altgesellschafters an den Neugesellschafter. Der vom Altgesellschafter bei der Veräußerung erzielte Gewinn ist dabei nach § 16 Abs. 1 Nr. 2 EStG zu einem besonderen Steuersatz (§ 34 EStG) zu versteuern; dieser beträgt 56% vom Durchschnittssteuersatz. Hiervon sind Veräußerungsgewinne bis zu einem Betrag von € 5 Mio. begünstigt. Weitere Voraussetzung ist danach, dass der Steuerpflichtige das 55. Lebensjahr vollendet hat oder im sozialversicherungsrechtlichen Sinne dauernd berufsunfähig wird. Die Begünstigung kann nur einmal im Leben in Anspruch genommen werden. Der Steuersatz beträgt jedoch mind. 15%. Zu den Freibeträgen vgl. § 16 Abs. 4 EStG. Der Veräußerungsgewinn ist gewerbesteuerfrei, wenn er auf eine natürliche Person als unmittelbar beteiligter Mitunternehmer entfällt, § 7 Abs. 1 S. 2 GewStG. Ein Veräußerungsgewinn ist aber als laufender Gewinn zu versteuern, wenn auf Seiten des Veräußerers und Erwerbers dieselben Personen Unternehmer bzw. Mitunternehmer sind (§ 16 Abs. 2 S. 3 EStG; BFH VIII R 7/01 v. 15.6.04, BStBl. II 04, 754). Ggf. bietet es sich wie im Formular an, im Vertrag eine Gewerbesteuerklausel mitaufzunehmen, damit sie von dem Gesellschafter getragen wird, der sie verursacht (vgl. A. 9.10 Rz. 5).

Für die Gewinnrealisierung und die Abgrenzung der Ergebniszurechnung auf Verkäufer 4
und Käufer ist grds. der **Zeitpunkt des Anteilsübergangs** maßgeblich. Schuldrechtliche Vereinbarungen, die einen Rückbezug etwa auf den Jahresbeginn vorsehen, sind steuerrechtlich grds. unbeachtlich (vgl. *Schmidt/Wacker* § 16 EStG Rz. 440). Ausnahmen gelten bei kurzen Zeitspannen (bis zu drei Monaten) oder wenn in einem gerichtlichen oder außergerichtlichen Vergleich der Rückbezug das Ergebnis eines gegenseitigen Nachgebens ist (*Schmidt/Wacker* § 16 EStG Rz. 443). Steuerpflichtig ist der Gewinn, den der Verkäufer über den Buchwert seiner Beteiligung hinaus erzielt. Ggf. ist ein negatives Kapitalkonto dem Veräußerungsgewinn hinzuzurechnen, egal, ob es durch Verluste oder Entnahmen entstanden ist. Dies gilt auch für solche negativen Kapitalkonten, auf die § 15a EStG nicht anzuwenden ist (*Schmidt/Wacker* § 16 EStG Rz. 473).

5   In für den neu eintretenden Gesellschafter aufzustellenden **Ergänzungsbilanzen** ist der Mehr- oder Minderwert als **Auf- bzw. Abstockung der Buchwerte** der Wirtschaftsgüter der Gesellschaft zu berücksichtigen. Ein evtl. erworbener Geschäftswert ist als abnutzbares Wirtschaftsgut mit einer gesetzlich festgelegten Nutzungsdauer von 15 Jahren abschreibungsfähig (§ 7 Abs. 1 Satz 3 EStG).

6   Wird ein **bisheriger Arbeitnehmer** neuer **Gesellschafter,** so muss die Pensionsrückstellung für diesen Arbeitnehmer nicht gewinnerhöhend aufgelöst werden, da die Pensionszusage insoweit keine Vergütung für die Tätigkeit eines Gesellschafters ist (BFH I R 142/72 v. 8.1.75, BStBl. II 75, 437; BFH VIII R 40/03 v. 14.2.06, DStR 06, 741, 744; BFH IV R 25/04 v. 30.3.06, DStRE 06, 1033; *H/H/R/Tiede* § 15 EStG Rz. 538 aE; *Schmidt/Wacker* § 15 EStG Rz. 590). Die fortzuführende Pensionsrückstellung ist mit dem Barwert der zukünftigen Pensionsleistung anzusetzen (§ 6a Abs. 3 Satz 2 EStG) und in den folgenden Jahren um die jährlichen Zinsen zu erhöhen (BMF v. 29.1.08, BStBl. I 08, 317).

7   Gehören zum Gesellschaftsvermögen Grundstücke, so entsteht **Grunderwerbsteuer** nur in Ausnahmefällen (Anteilsvereinigung von mindestens 95%, § 1 Abs. 3 Nr. 1 GrEStG; unmittelbarer oder mittelbarer Wechsel von 95% des Gesellschafterbestandes der KG innerhalb von fünf Jahren, § 1 Abs. 2a GrEStG, zur geplanten Verschärfung vgl. A. 8.00 Rz. 25a.

2. Einzelerläuterungen

Zu § 1: Vertragsgegenstand

8   Das Formular geht davon aus, dass die Abtretung zwar entgegen der gesetzlichen Regelung grds. zulässig ist (vgl. *Baumbach/Hopt* § 105 HGB Rz. 69 ff.), dass sie aber außerhalb des Familienkreises der Einwilligung der Mitgesellschafter bedarf. Dem Kaufvertrag ist daher eine Abschrift des Einwilligungsbeschlusses beizugeben.

Zu § 2: Verkauf, Abtretung

9   Schuldrechtliches Verpflichtungs- und dingliches Erfüllungsgeschäft sind in einer Vorschrift zusammengefasst. Die Sonderrechtsnachfolge unterscheidet sich vom Austritt eines Kommanditisten und dem Eintritt eines Nachfolgers in der Höhe der gleichen Haftsumme dadurch, dass bei ihr Alt- und Neugesellschafter haftungsfrei werden, wenn nur einer von ihnen die Haftsumme geleistet und keiner etwas darauf zurückerhalten hat (vgl. RG – GZS v. 30.9.44, DNotZ 44, 195), s. auch die Anmerkungen zu § 7 (Rz. 16). Vom Verkauf nicht erfasst sind Ansprüche des Verkäufers aus etwaigen Guthaben auf Nebenkonten wie zB Privat- und Darlehenskonten. Nach dem Vertragsformular verbleibt der Verkäufer hinsichtlich solcher Konten Gläubiger der Gesellschaft.

10   Die Vereinbarung der Übertragung der Gesellschafterstellung unter der aufschiebenden Bedingung der vollständigen Kaufpreiszahlung ist zur Sicherung des Verkäufers sinnvoll.

10a   Gemäß § 176 Abs. 2 HGB haftet der Kommanditist, der in eine bestehende Gesellschaft eintritt, für die in der Zeit zwischen seinem Eintritt und dessen Eintragung in das Handelsregister begründeten Verbindlichkeiten der Gesellschaft gleich einem persönlich haftenden Gesellschafter, dh. unbeschränkt, es sei denn, dem Gläubiger war die Beteiligung als Kommanditist bekannt oder er hatte genaue Kenntnis von allen persönlich haftenden Gesellschaftern (vgl. BGH II ZR 167/85 v. 7.7.86, NJW-RR 87, 416). Um diese Haftung zu vermeiden, empfiehlt es sich, die Wirksamkeit der Abtretung des Geschäftsanteils vom Vollzug der Eintragung des Erwerbers im Handelsregister abhängig zu machen.

Zu § 3: Gewinn und Verlustbeteiligung

11   Eine Gewinnabgrenzung für das laufende Geschäftsjahr ist nicht erforderlich, wenn wie im Formular eine Veräußerung auf das Geschäftsjahresende erfolgt. Für diesen Fall sieht das Formular lediglich die Fortgeltung der bisher angewendeten Bilanzierungs- und Bewertungsgrundsätze vor. Ist eine unterjährige Veräußerung gewollt, so ist sowohl gesellschafts- als auch steuerrechtlich eine Gewinnabgrenzung vorzunehmen.

Im Formular findet sich darüber hinaus eine Regelung zu den Rechtsfolgen einer nachträglichen Bilanzänderung, insbes. Steuerbilanzänderung infolge von Außenprüfungen und sich daraus etwa ergebender Änderungen auch der Handelsbilanzen vergangener Perioden. Hier geht es um die Fragen, ob noch nachträglich im Falle von Gewinnerhöhungen und dadurch ausgelösten Mehrsteuern Steuerentnahme- oder weitergehende Gewinnbeteiligungsrechte, und im Fall von Gewinnminderungen Verpflichtungen zur Rückerstattung zu viel entnommener Gewinne oder zumindest erstatteter Steuern bestehen sollen. Dies schließt das Formular aus; eine Kontrolle ist häufig in der Praxis gar nicht möglich.

Zu den steuerlichen Folgen der Veräußerung s. Rz. 3 ff. Wird anstelle eines **12** Barkaufpreises der Betrieb gegen eine Leibrente veräußert, so hat der Veräußerer ein Wahlrecht:

Er kann den entstandenen Gewinn **sofort** in vollem Umfang **versteuern;** in diesem Fall ist § 16 EStG mit der Maßgabe anzuwenden, dass Veräußerungsgewinn der Unterschiedsbetrag zwischen dem versicherungsmathematischen Barwert der Rente vermindert um etwaige Veräußerungskosten des Steuerpflichtigen und den Buchwert des steuerlichen Kapitalkontos im Zeitpunkt des Betriebs ist. Die in den Rentenzahlungen enthaltenen Ertragsanteile sind sonstige Einkünfte iSd. § 22 Abs. 1 Buchst. a EStG. Bei Ermittlung des Barwerts der wiederkehrenden Bezüge ist von einem Zinssatz von 5,5 % auszugehen, wenn nicht vertraglich ein anderer Satz vereinbart ist.

Wahlweise kann der Steuerpflichtige anstatt dessen die Rentenzahlung **als nach-** **13** **trägliche Betriebseinnahme** iSd. § 15 iVm. § 24 Nr. 2 EStG behandeln. Der Gewinn entsteht in diesem Fall erst dann, wenn die Rentenzahlungen das steuerliche Kapitalkonto des Veräußerers zzgl. etwaiger Veräußerungskosten des Veräußerers übersteigen. Es werden weder Freibeträge nach § 16 Abs. 4 EStG noch der ermäßigte Steuersatz des § 34 EStG gewährt. Zu den Mischformen (Barpreis gekoppelt mit Leibrente) s. EStR 16 Abs. 11 Satz 9.

Während es nach früherer Rechtslage insb. bei hohen Veräußerungsgewinnen häu- **14** fig attraktiv gewesen ist, für die sofortige Besteuerung zu optieren und den Veräußerungsgewinn im Rahmen der §§ 16, 34 EStG bis zu den vorgesehenen Höchstbeträgen zum halben durchschnittlichen Steuersatz zu versteuern, ist es nach den Einschränkungen hinsichtlich der Begünstigung von Veräußerungsgewinnen häufig ratsamer, die **Rentenzahlung als nachträgliche Betriebseinnahme** zu vereinbaren und mit dem normalen Steuersatz zu besteuern. Die Frage ist im Einzelfall sorgfältig zu prüfen.

Zu § 5: Guthaben auf den Darlehenskonten

Da das Darlehenskonto nicht auf den Käufer übergeht, sind Regelungen betreffend **15** die Auszahlung des Darlehenskontos im Vertrag zu treffen.

Zu § 7: Gewährleistung

Die Volleinzahlung der Kommanditeinlage und die nicht erfolgte Rückzahlung ist **16** wichtig im Hinblick auf §§ 171, 172 Abs. 1 und 4 HGB, da der Käufer auch bei Sonderrechtsnachfolge den Gesellschaftsgläubigern haften würde, wenn Rückzahlungen aus der Kommanditeinlage an den Altgesellschafter erfolgt wären. Die Kommanditeinlage kann allerdings durch Verluste gemindert werden, ohne dass ein Wiederaufleben der Haftung eintritt. Nach der Entscheidung des OLG Rostock 1 U 59/99 v. 8.2.01 (NJW-RR 02, 244) haften der alte und der neue Kommanditist in entspr. Anwendung des § 173 HGB als Gesamtschuldner.

Zum Umfang der Gewährleistung und zur Verjährung vgl. A. 9.10 Rz. 15 f.

Zu § 9: Abwicklung

17   Die Vereinbarung, dass nur der Notar nach ihm nachgewiesener Kaufpreiszahlung die Anmeldungsurkunde dem Registergericht vorlegen soll, erfolgt zur Sicherung der Kaufpreiszahlung zugunsten des Verkäufers; eine Haftung gemäß § 176 Abs. 2 HGB kann nicht eintreten, da der Eintritt des Kommanditisten aufschiebend bedingt durch die vollständige Kaufpreiszahlung ist. – Soweit die Kaufpreiszahlungen durch Ratenzahlung langfristig gestreckt sind, ist die in § 2 vereinbarte aufschiebende Bedingung für den vollständigen Anteilsübergang unter Umständen zu modifizieren und dem Sicherungsbedürfnis des Verkäufers auf andere Art und Weise, bspw. durch Hergabe einer Bankbürgschaft, Rechnung zu tragen. Andernfalls wird die Handelsregisteranmeldung unter Umständen über Gebühr lange hinausgezögert, was weder im Interesse des Veräußerers noch im Interesse des Erwerbers liegt.

Erläuterungen zu A. 8.10a Handelsregisteranmeldung

---

18   Die Anmeldung der Sonderrechtsnachfolge mit der Versicherung, dass die Kommanditeinlage voll erbracht und nicht zurückgezahlt worden ist sowie die entsprechende Eintragung im Handelsregister müssen zur Herbeiführung der Haftungsfreistellung erfolgen (vgl. zum Nachfolgevermerk *MünchKommHGB/K. Schmidt* § 173 HGB Rz. 26).

19   Die Verpflichtung zur Anmeldung folgt aus §§ 161 Abs. 2, 107, 143 Abs. 1 und 2, 162 HGB. Die Anmeldung ist von allen Gesellschaftern, auch dem Veräußerer zu bewirken, §§ 162 Abs. 2, 108 Abs. 1 HGB. Gem. § 24 Abs. 2 HGB muss auch der ausscheidende Kommanditist, dessen Name in der Firma enthalten ist, ausdrücklich seine Einwilligung mit der unveränderten Firmenfortführung erklären (*Baumbach/Hopt* § 24 HGB Rz. 11). Die Unterschriften der Anmeldenden sind notariell zu beglaubigen (§ 12 HGB).

20   Insoweit die Einlage gezahlt gewesen ist, kommt das dem Erwerber voll zugute und der ausgeschiedene Kommanditist wird von der Haftung frei. Diese Sonderrechtsnachfolge ist besonders anzumelden, und es muss von den Beteiligten versichert werden, dass der Kommanditist keine Abfindung aus dem Gesellschaftsvermögen erhalten hat, die seine Haftung nach § 172 Abs. 4 HGB neuerlich begründen würde (OLG Köln 2 Wx 43/91 v. 24.6.92, BB 92, 1742; BayObLG BReg. 3 Z 98/82 v. 10.12.82, DB 83, 384, dagegen *Jeschke* DB 83, 541, KG Berlin 1 W 685/03 v. 8.6.04, BB 04, 1521, bestätigt durch BGH II ZB 11/04 v. 19.9.05, DStR 06, 50; sa. *Röhl* DNotZ 13, 657).

21   Die Vertretungsverhältnisse müssen nach § 106 Abs. 2 Nr. 4 HGB angegeben werden; dies gilt auch, wenn sie den gesetzlichen Bestimmungen entsprechen. Nach der Übergangsregelung des Art. 52 EGHGB gilt dies für Altgesellschaften zwar grds. erst bei einer vom gesetzlichen Regelfall abweichenden Änderung der Vertretungsverhältnisse; da solche in der Praxis häufig sind, ist hierauf ggf. zu achten.

A. 8.11 Abtretung (Schenkung) mit Anmeldung

Gliederung

I. FORMULARE

> **Formular A. 8.11 Abtretungs-(Schenkungs-)vertrag**

VERTRAG

zwischen

1. Herr A ......   – nachfolgend Schenker genannt –

und

2. Herr B ......   – nachfolgend Beschenkter genannt –

§ 1 Vertragsgegenstand

Der Schenker ist mit einer voll eingezahlten Kommanditeinlage iHv. € ...... an der unter der Firma „A GmbH & Co. KG" bestehenden Kommanditgesellschaft beteiligt. Gegenstand des Unternehmens ist die Herstellung von und der Handel mit Textilien. Die Verfügung über Kommanditanteile ist gem. § 20 Abs. 1 des Gesellschaftsvertrages vom ...... mit Zustimmung der Mitgesellschafter zulässig. Die Gesellschafterversammlung hat ihre Zustimmung zu dieser Schenkung in der Gesellschafterversammlung vom ...... erteilt.

§ 2 Schenkung und Abtretung

(1) Der Schenker schenkt hiermit dem dies annehmenden Beschenkten seine Kommanditeinlage an der in § 1 bezeichneten Gesellschaft. Alle Ansprüche aus dem für den Schenker geführten Privatkonto bleiben unberührt.

(2) In Vollzug der vorstehenden Schenkungsabrede tritt der Schenker hiermit die Kommanditeinlage in Höhe von € ...... sowie an den sonstigen für ihr geführten Konten mit Ausnahme des Privatkontos an den Beschenkten ab.

(3) Die Abtretung erfolgt mit dinglicher Wirkung zum Zeitpunkt der Eintragung der Sonderrechtsnachfolge im Handelsregister. Bis dahin hat der Beschenkte die Stellung eines atypisch stillen Gesellschafters inne.

(4) Der Beschenkte muss sich den Wert dieser Zuwendung in Höhe von € ...... gemäß § 2315 BGB auf seinen Pflichtteil nach dem Schenker anrechnen lassen.

§ 3 Widerrufs- und Rückforderungsrecht

(1) Der Schenker behält sich das Recht vor, durch schriftliche Erklärung per Einschreiben/Rückschein gegenüber dem betreffenden Beschenkten bzw dessen Gesamtrechtsnachfolgern die Schenkung des gemäß § 2 übertragenen Gesellschaftsanteils zu widerrufen und die Rückübertragung auf sich zu verlangen, wenn

a) der Schenker versterben sollte, ohne dass ausschließlich Abkömmlinge von ihm aufgrund Erbfolge oder Vermächtnis den Gesellschaftsanteil erwerben, oder

b) in den Gesellschaftsanteil oder wegen dieses Gesellschaftsanteils ein Zugewinnausgleichs- oder Pflichtteilsanspruch oder ein Anspruch auf Auseinandersetzung des Güterstandes einer Gütergemeinschaft geltend gemacht wird, oder

c) die Voraussetzungen für den Ausschluss des Beschenkten aus der Gesellschaft gemäß § ...... der Gesellschaftssatzung vorliegen, insbesondere/oder auch weil ein Gläubiger des Erwerbers in dessen Gesellschaftsanteil die Zwangsvollstreckung betreibt und die Maßnahmen nicht innerhalb von drei Monaten wieder eingestellt werden, über das Vermögen des Gesellschafters das Insolvenzverfahren eröffnet oder dessen Eröffnung mangels Masse abgelehnt wird, oder

d) der Gesellschaftsanteil vom Beschenkten zu Lebzeiten des Schenkers ohne dessen Zustimmung ganz oder teilweise veräußert oder belastet wird, gleichgültig ob im Wege eines Rechtsgeschäfts oder im Wege der Zwangsversteigerung, oder

e) der Beschenkte die Gesellschaft zu Lebzeiten des Veräußerers kündigt oder Auflösungsklage nach § 133 HGB erhebt, oder

f) der Beschenkte sich grob undankbar verhält.

(2) Die Rückübertragung des Gesellschaftsanteils hat mit allen dazugehörigen anteiligen Nebenrechten, insbesondere mit den bei der Gesellschaft geführten anteiligen Kapitalkonten zu erfolgen. Die auf dem Privatkonto des Beschenkten verbuchten Gesellschafterforderungen bzw. Verbindlichkeiten verbleiben diesem und sind mit der Gesellschaft abzurechnen. Die Rückübertragung erfolgt unentgeltlich, jedoch gegen Erstattung der vom Beschenkten auf seinen Gesellschaftsanteil (Kapitalanteil) unter Verbuchung auf dem Rücklagenkonto zusätzlich geleisteten Einlagen, soweit diese nicht aus den Erträgen der Gesellschaft bestritten wurden.

§ 4 Mitteilung

In Vollzug dieses Vertrages werden die Parteien gemeinsam der Geschäftsführung Mitteilung vom Abschluss dieses Vertrages machen.

§ 5 Gewährleistung

Die Gewährleistung wird ausgeschlossen, soweit gesetzlich zulässig.

§ 6 Sonstiges

Die etwa anfallende Schenkungsteuer sowie die Kosten dieses Vertrages und seiner Durchführung trägt der Beschenkte. Die Vertragsparteien verpflichten sich, unverzüglich die Eintragung der Beteiligungsänderung im Handelsregister in der erforderlichen Form herbeizuführen.

....

(Unterschrift A)   (Unterschrift B)

Formular A. 8.11a Handelsregisteranmeldung

An das Amtsgericht ......

– Handelsregister A –

– A-Stadt –

durch elektronische Übermittlung

HRA ......

Firma A-GmbH & Co. KG

Die unterzeichneten Gesellschafter der im Rubrum genannten Gesellschaft melden hiermit zur Eintragung in das Handelsregister an:

Der Kommanditist A hat seinen Kommanditanteil durch Vertrag vom ...... an den Kaufmann B übertragen und ist damit aus der Gesellschaft ausgeschieden. An seine Stelle ist der Kaufmann B *(Name, Vorname, Geburtsdatum, Wohnort)* als Kommanditist im Wege der Sonderrechtsnachfolge in die Gesellschaft eingetreten.

Die Kommanditeinlage von Herrn B beträgt € ......

Die Gesellschafter vertreten die Gesellschaft wie folgt: ......

Die Firma bleibt unverändert. Der ausgeschiedene Kommanditist A ist mit der unveränderten Fortführung der Firma einverstanden.

Die persönlich haftende Gesellschafterin sowie die unterzeichneten Kaufleute A und B versichern, dass die Gesellschaft dem Veräußerer keine Abfindung aus dem Gesellschaftsvermögen gewährt oder versprochen hat.

Das Geschäftslokal befindet sich weiterhin in A-Stadt, D-Straße.

....
(Unterschriften)   **(Beglaubigungsvermerk)**

II. ERLÄUTERUNGEN

> **Erläuterungen zu A. 8.11 Abtretungs-(Schenkungs-)vertrag**

1. Grundsätzliche Anmerkungen

a) Zivilrecht

Vgl. zur zivilrechtlichen Ausgangslage zunächst A. 8.10 Rz. 2. **1**
Neben der Abtretung des gesamten Anteils ist auch eine Abtretung eines Teils eines Geschäftsanteils zulässig.

Das Schenkungsversprechen bedarf gem. § 518 BGB grds. der notariellen Form. **2**
Der Formmangel wird jedoch durch Vollzug der Schenkung geheilt, der in der Einrichtung neuer Konten und der Umbuchung auf Grund der Abtretung des Gesellschaftsanteils erfolgt. Wegen der Einzelheiten vgl. A. 9.11 Rz. 4.

b) Steuerrecht

Wegen der steuerrechtlichen Folgen der Schenkung eines Kommanditanteils, der **3**
steuerrechtlich einen Mitunternehmeranteil darstellt, vgl. insgesamt A. 9.11 Rz. 6 ff.
Zu den Entwicklungen im Erbschaftsteuerrecht s. A. 9.00 Rz. 72 ff. Zur möglichen GrESt-Pflicht vgl. A. 9.12 Rz. 6.

2. Einzelerläuterungen

Zu § 2: Schenkung/Abtretung

Zu Abs. 2: Um die Aufstellung einer Zwischenbilanz zu vermeiden, empfiehlt es **4**
sich im Regelfall, auf das **Jahresende** abzustellen, ggf. kann eine zeitanteilige Beteiligung am Ergebnis des laufenden Geschäftsjahres vereinbart werden.

Zu Abs. 3: Regelfall in der Praxis ist die Schenkung an einen als Nachfolger vor- **5**
gesehenen Abkömmling. Für diesen Fall wird deshalb angeordnet, dass der beschenkte Abkömmling die Schenkung auf den Pflichtteil anrechnen lassen muss. Die schenkweise Übertragung eines Kommanditanteils auf Minderjährige bedarf der familiengerichtlichen Genehmigung, unabhängig davon, ob der Kommanditanteil voll eingezahlt ist (strittig vgl. OLG Frankfurt 20 W 123/08 v. 27.5.08, NJW-RR 08, 1568, **aA** OLG Bremen 2 W 38/08 v. 16.6.08, NZG 08, 750).

Zu § 3: Widerrufs- und Rückforderungsrecht

Das Formular sieht vor, dass der Schenker die Anteilsschenkung unter gewissen Be- **6**
dingungen widerrufen und die Rückübertragung des geschenkten Anteils verlangen kann. Die Schenkungsabrede ist grundsätzlich frei gestaltbar, der Schenker hat aber gerade bei Personengesellschaften die Grenzen des **§ 138 BGB** zu beachten. Die Gründe müssen sachlich gerechtfertigt sein. Ob bei Schenkung von Gesellschaftsanteilen eine zeitliche Begrenzung für die Rückforderung besteht, ist stark umstritten. Ein Teil der Literatur will die Widerrufsmöglichkeit auf 10, längstens 15 Jahre begrenzen (vgl. hierzu *Pauli* ZEV 13, 289; verneinend wohl BGH V ZR 122/11 v. 6.7.12, ZEV 12, 550).

6a   Es ist sinnvoll, die **Rechtsfolgen des Schenkungswiderrufs** im Einzelnen zu regeln. Unstrittig ist, dass die für den geschenkten Gesellschaftsanteil bestehenden Eigenkapitalkonten (Festkapitalkonto, Rücklagenkonto, Verlustvortragskonto) auf den Schenker zurück zu übertragen sind. Weniger klar ist dies hinsichtlich des Privatkontos, insbesondere wenn dieses dem Beschenkten – anders als im Formular vorgegeben – vom Schenker mit geschenkt wurde.

6b   Zum Widerruf einer Schenkung wegen groben Undanks vgl. OLG Brandenburg 6 U 101/14 v. 21.6.16, BeckRS 2016, 12666.

6c   Einzelne **Rückforderungsrechte** können die Mitunternehmerstellung des Beschenkten nicht beeinträchtigen. Auch die Kumulation von Rückforderungstatbeständen, auf deren Eintritt der Schenker keinen Einfluss hat, lässt die Mitunternehmerstellung des Beschenkten nicht entfallen, denn die Beteiligten wollen mit der Vereinbarung von Rückforderungstatbeständen den langfristigen Erhalt einzelner Vermögenswerte sichern. Die bloße Vereinbarung mehrerer Rückforderungsrechte beeinträchtigt weder die Mitunternehmerinitiative noch das Mitunternehmerrisiko. Es sind aber stets die Gesamtumstände einzubeziehen (vgl. hierzu ausführlich *Pauli* ZEV 13, 289). Durch die Rückübertragung einer Kommanditbeteiligung an einer KG mit Immobilienvermögen kann GrESt ausgelöst werden (vgl. FG Münster 8 K 1686/13 GrE v. 20.12.16, EFG 17, 332).

Zu § 5: Gewährleistung

7   Gem. § 523 BGB haftet der Schenker lediglich für einen arglistig verschwiegenen Mangel. Soweit weitergehende Zusicherungen erfolgen sollen, insb. der Schenker eine Versicherung dahingehend abgeben soll, dass die Kommanditeinlage von ihm in voller Höhe erbracht worden ist und dass keine Rückzahlungen aus dem Gesellschaftsvermögen an ihn erfolgt sind mit sich daraus etwa ergebenden Haftungsfolgen für den Beschenkten, bedarf der Schenkungsvertrag der notariellen Beurkundung (§ 518 BGB; *Palandt/Weidenkaff* § 518 BGB Rz. 7). Bei Verträgen unter fremden Dritten kann es sich auch anbieten, eine Versicherung dahingehend aufzunehmen, dass dem Schenker weder bestehende noch drohende künftige oder schwebende Verbindlichkeiten bekannt sind, welche zur Illiquidität oder Überschuldung der Gesellschaft führen können.

Erläuterungen zu A. 8.11a Handelsregisteranmeldung

8   Vgl. A. 8.10 Rz. 18 f.

A. 8.12 Abtretung (Sicherungsabtretung) mit Anmeldung

Gliederung

I. FORMULARE

Formular A. 8.12 Abtretung (Sicherungsabtretungsvertrag)

VERTRAG

zwischen

Herrn A ......   – nachfolgend Sicherungsgeber genannt –

und

Herrn B ......   – nachfolgend Sicherungsnehmer genannt –

§ 1 Vertragsgegenstand

Der Sicherungsgeber ist mit einer voll eingezahlten Kommanditeinlage von € ......,– an der aus ihm sowie ...... mit der Firma „A GmbH & Co. KG" bestehenden Kommanditgesellschaft beteiligt. Gegenstand des Unternehmens ist die Herstellung von und der Handel mit Textilien.

Die Verfügung über die Beteiligung an dieser Gesellschaft ist gem. § 20 Abs. 1 des Gesellschaftsvertrages vom ...... ohne Zustimmung der Mitgesellschafter zulässig.

§ 2 Sicherungsabtretung

(1) Der Sicherungsnehmer hat dem Sicherungsgeber am ...... ein Darlehen in Höhe von € ...... zuzüglich ......% Zinsen p. a. gewährt. Zur Sicherung dieses Darlehens tritt der Sicherungsgeber dem Sicherungsnehmer hiermit seine Stellung an der gem. § 1 bezeichneten Kommanditgesellschaft ab, der Sicherungsnehmer nimmt diese Abtretung hiermit an.

(2) Der Sicherungsgeber übergibt dem Sicherungsnehmer die von beiden Vertragsparteien vor dem Notar ...... unterschriebene und beglaubigte Anmeldung an das Handelsregister des Amtsgerichts ...... Die Abtretung (dingliche Übertragung) des Gesellschaftsanteils ist aufschiebend bedingt durch die Eintragung des Sicherungsnehmers als Kommanditist kraft Sonderrechtsnachfolge im Handelsregister.

§ 3 Offenlegung, Gesellschaftsrechte

(1) Es besteht Einvernehmen darüber, dass die Offenlegung dieser Sicherungsabtretung solange nicht erfolgt, als der Sicherungsgeber seinen Verpflichtungen aus dem Darlehensvertrag vom ...... fristgemäß nachkommt. Der Sicherungsgeber ist daher berechtigt, die Rechte aus dem sicherungshalber abgetretenen Gesellschaftsanteil selbst auszuüben. Er verpflichtet sich, den Sicherungsnehmer über die Verhältnisse der Gesellschaft, insbesondere deren Vermögen, und der Gesellschaftsanteile unterrichtet zu halten. Der Sicherungsgeber wird sein Stimmrecht nach den Weisungen des Sicherungsnehmers ausüben.

(2) Kommt der Sicherungsgeber seinen Verpflichtungen aus dem Darlehensvertrag nicht nach, so wird der Sicherungsnehmer seine Rechte an dem sicherungshalber abgetretenen Gesellschaftsanteil selbst wahrnehmen. Er wird dies dem Sicherungsnehmer durch schriftliche Erklärung mitteilen.

Der Sicherungsnehmer hat alsdann auch das Recht, die unterzeichnete und notariell beglaubigte Anmeldung an das Handelsregister dem Amtsgericht ...... vorzulegen.

Dem Sicherungsnehmer steht dieses Recht auch dann zu, wenn der Sicherungsgeber gegen eine wesentliche Verpflichtung aus diesem Vertrag verstößt oder wenn eine Veränderung des Sicherungsgegenstandes zu besorgen ist.

§ 4 Verwertung

Der Sicherungsnehmer ist berechtigt, den Gesellschaftsanteil freihändig zu verkaufen oder anderweitig zu verwerten – insbesondere durch öffentliche Versteigerung. Auf Verlangen des Sicherungsgebers ist er zur öffentlichen Versteigerung verpflichtet. Der Sicherungsnehmer hat den Sicherungsgeber von den Bedingungen eines etwaigen freihändigen Verkaufs schriftlich zu unterrichten.

§ 5 Freigabe der Sicherheit

(1) Der Sicherungsnehmer ist verpflichtet, dem Sicherungsgeber nach Rückzahlung des gesicherten Darlehens einschließlich aller Nebenansprüche den Gesellschaftsanteil zurückzuübertragen und dem Sicherungsgeber die unterschriebene und notariell beglaubigte Anmeldung an das Handelsregister zurückzugeben.

(2) Sollte der Sicherungsnehmer diese Anmeldung bereits dem Registergericht vorgelegt haben, so ist er verpflichtet, vor einem deutschen Notar eine Anmeldung über die Rückübertragung des Gesellschaftsanteils auf den Sicherungsgeber zu unterzeichnen und beglaubigen zu lassen.

§ 6 Kosten

Die mit dem Abschluss und der Durchführung dieses Vertrages verbundenen Kosten trägt der Sicherungsgeber.

§ 7 Salvatorische Klausel

(1) Sollte eine Bestimmung dieses Vertrages nichtig, anfechtbar oder unwirksam sein, so soll die Wirksamkeit der übrigen Bestimmungen hiervon nicht berührt werden. Die angreifbare Bestimmung ist vielmehr so auszulegen, dass der mit ihr erstrebte wirtschaftliche und/oder ideelle Zweck nach Möglichkeit erreicht wird. Dasselbe gilt sinngemäß für die Ausfüllung von Vertragslücken.

(2) Gerichtsstand und Erfüllungsort ist der Sitz der Gesellschaft.

Formular A. 8.12a Handelsregisteranmeldung

Vgl. Formular A. 8.10a.

II. ERLÄUTERUNGEN

Erläuterungen zu A. 8.12 Abtretung (Sicherungsabtretungsvertrag)

---

1. Grundsätzliche Anmerkungen

a) Wirtschaftliche Funktionen

1   Eine Sicherungsabtretung eines Gesellschaftsanteils wird dann erfolgen, wenn Kredite des Gesellschafters in Anspruch genommen worden sind und keine anderweitige Sicherheit zur Verfügung steht. Vgl. zum Sinn und Zweck der Sicherungsabtretung iÜ § 2 des Vertrages.

b) Zivilrecht

2   Die sicherungsweise Übereignung oder Verpfändung (vgl. Formular A. 8.30) eines Gesellschaftsanteils ist grds. nur dann möglich, wenn seine Übertragung im Gesellschaftsvertrag zugelassen ist. Ist dies der Fall, so ist in dieser Zustimmung auch die Einwilligung zur Rückabtretung an die Gesellschafter zu sehen (BGH II ZR 77/63 v. 8.4.65, NJW 65, 1376 zu GmbH-Anteil).

Zur grds. Zulässigkeit der Sicherungsabtretung eines Gesellschaftsanteils vgl. auch *MünchKommBGB/Schäfer* § 717 BGB Rz. 30 ff.

Zur Zulässigkeit der Abtretung vgl. iÜ die grds. Anmerkungen zu Formular A. 8.10. Zivilrechtlich ist die Sicherungsabtretung eine voll wirksame Abtretung. Die Abtretung ist gemäß § 2 Abs. 2 aufschiebend bedingt dahingehend ausgestaltet, dass der Sicherungsnehmer die ihm zu übergebende Handelsregisteranmeldung dem Registergericht vorlegt (vgl. hierzu auch Rz. 5). Diese Regelung soll verhindern, dass der Sicherungsnehmer, der mit der Abtretung zivilrechtlich vollumfänglich Gesellschafter (Kommanditist) mit allen Rechten und Pflichten wird, wegen fehlender Eintragung im Handelsregister für die nach seinem Eintritt begründeten Verbindlichkeiten im Außenverhältnis voll haftet (vgl. § 176 HGB).

c) Steuerrecht

Steuerrechtlich hat die Sicherungsübereignung keine Auswirkungen. Vielmehr sind 3 die sicherungsweise bzw. treuhänderisch übereigneten Wirtschaftsgüter nicht in der Bilanz des zivilrechtlichen Eigentümers (Sicherungsnehmers) auszuweisen, sondern ausschließlich in der des Sicherungsgebers (§ 246 HGB Abs. 1 HGB; *Beck Bil-Komm* § 246 HGB Rz. 19).

2. Einzelerläuterungen

Zu § 1: Vertragsgegenstand

Das Formular geht davon aus, dass die Übertragung (Abtretbarkeit) von Gesell- 4 schaftsanteilen im Gesellschaftsvertrag für zulässig erklärt ist. Anderenfalls wäre ein Beschluss der Gesellschafterversammlung mit der gem. Vertrag vorgesehenen Mehrheit beizufügen.

Zu § 2: Sicherungsabtretung

Der Vertrag sieht vor, dass eine unterschriebene und beglaubigte Handelsregister- 5 anmeldung übergeben wird, die Vorlage an das Handelsregister jedoch in das Ermessen des Sicherungsnehmers gestellt bleibt. Vgl. hierzu auch Rz. 2.

Zu § 3: Offenlegung, Gesellschaftsrechte

Solange der Sicherungsgeber den gewährten Kredit ordnungsgemäß bedient, soll die 6 Sicherungsabtretung nach außen hin nicht aufscheinen. Dies wird durch die entsprechenden Regelungen in § 3 sichergestellt.

Zu § 4: Verwertung

Hinsichtlich der Verwertung ist ausdrücklich geregelt, dass der Sicherungsnehmer 7 nach seinem Belieben freihändig den Anteil verkaufen oder anderweitig verwerten, insb. eine öffentliche Versteigerung des Anteils vornehmen kann. Dies wird sich idR allerdings nicht anbieten. – Anstelle der Anteilsverwertung durch Versteigerung oder freihändigen Verkauf (Vereinbarung allerdings erst nach Pfandreife wirksam zulässig, § 1245 Abs. 2 BGB) hat der Pfandgläubiger auch die Möglichkeit der Kündigung. Auf diesem Wege kann er das Auseinandersetzungsguthaben liquidieren und es sich gem. § 835 Abs. 1 ZPO zur Einziehung überweisen lassen. Im Hinblick auf die zwingende Regelung des § 725 BGB bedarf es bei dieser Art der Verwertung allerdings eines rechtskräftigen, dh. nicht bloß vorläufig vollstreckbaren Titels. Für diese Art der Verwertung müsste der Pfandgläubiger daher trotz seines schon bestehenden vertraglichen Pfandrechts den Gesellschaftsanteil nochmals gem. § 857 ZPO auf Grund eines Vollstreckungstitels pfänden (*Thomas/Putzo* § 857 ZPO Rz. 1, str.). Zur Kündigung durch den Pfandgläubiger s. auch Formular A. 9.22.

Zu § 5: Freigabe der Sicherheit

8   Auch wenn die Handelsregisteranmeldung dem Registergericht bereits vorgelegt wurde, wird dies regelmäßig keine besonderen gravierenden Nachteile für den Abtretenden mit sich bringen. Denn im Hinblick auf das Erfordernis der Unterzeichnung der Anmeldung durch alle Gesellschafter (vgl. A. 8.00 Rz. 57) werden sich hieraus noch keine Konsequenzen in Form einer Eintragung ergeben.

Erläuterungen zu A. 8.12a Handelsregisteranmeldung

---

9   Vgl. hierzu Formular A. 8.10a. Anstelle der dortigen Formulierung „veräußert" sollte von einer **Übertragung** geredet werden.

A. 8.13 Auflösung (Beschluss ohne Liquidation) mit Anmeldung

I. FORMULARE

Formular A. 8.13 Auflösung (Beschluss ohne Liquidation)

BESCHLUSS

Die unterzeichneten Gesellschafter der A-GmbH & Co. KG haben sich heute unter Verzicht auf alle gesetzlichen und/oder statutarischen Form- und/oder Fristvorschriften zu einer

AUSSERORDENTLICHEN GESELLSCHAFTERVERSAMMLUNG

zusammengefunden und Folgendes beschlossen:

1. Die Gesellschaft ist aufgelöst.

2. Das Gesellschaftsvermögen ist an die Gesellschafter verteilt worden.

3. Eine Liquidation findet nicht statt.

................................., den ....

                                                 (Unterschrift)

Formular A. 8.13a Handelsregisteranmeldung

An das

Amtsgericht

– Registergericht –

A-Stadt

durch elektronische Übermittlung

HRA

A-GmbH & Co. KG

Die unterzeichneten Gesellschafter der im Rubrum genannten Gesellschaft melden hiermit zur Eintragung in das Handelsregister an:

Die Gesellschaft ist durch Beschluss der Gesellschafter aufgelöst worden. Eine Liquidation findet nicht statt.

....

(Unterschriften)   (Beglaubigungsvermerk)

II. ERLÄUTERUNGEN

Erläuterungen zu A. 8.13 Auflösung (Beschluss ohne Liquidation)

1. Wirtschaftliche Funktion

Eine Auflösung ohne Liquidation kommt dann in Betracht, wenn alle Gesellschafter **1** sich in das Privatleben zurückziehen bzw. eine andere Tätigkeit ausüben möchten und sich ein Käufer für das Geschäft nicht findet.

2. Zivilrecht

Gem. §§ 161 Abs. 2, 145 Abs. 1 HGB ist der Normalfall der Auflösung die Ausei- **2** nandersetzung unter den Gesellschaftern im Wege der Liquidation. § 145 Abs. 1 HGB lässt jedoch auch andere Arten der Auseinandersetzung zu. Insb. kann der Gesellschaftsvertrag etwas anderes bestimmen. Die Gesellschafter können aber auch ad hoc die andere Art vereinbaren. Das Formular geht von der Verteilung des Gesellschaftsvermögens aus. Gläubiger der Gesellschaft können dem Ausschluss der Liquidation nicht widersprechen, sie sind durch die fortdauernde Haftung der Gesellschafter gem. §§ 161 Abs. 2, 128 ff., 159 f. HGB geschützt. Gem. §§ 161 Abs. 2, 131 Abs. 1 Nr. 2 wird die Gesellschaft durch Beschluss der Gesellschafter aufgelöst Der Auflösungsbeschluss ist – wie jede andere Änderung des Gesellschaftsvertrages – grundsätzlich einstimmig zu fassen (§ 709 Abs. 1 BGB, § 119 Abs. 1 HGB). Auch ein Mehrheitsbeschluss über die Auflösung ist zulässig, sofern der Gesellschaftsvertrag eine eindeutige Regelung vorsieht (§§ 109, 119 Abs. 2 HGB; *Baumbach/Hopt* § 119 HGB Rz. 1).

Unabhängig von der Auflösung der KG ist die Komplementär-GmbH unter Be- **3** rücksichtigung der hierfür geltenden Bestimmungen zu liquidieren, vgl. Formular A. 6.38.

3. Steuerrecht

Zu den steuerlichen Konsequenzen der Aufgabe vgl. A. 9.12 Rz. 4 ff. Die dortigen **4** Ausführungen gelten auch für Kommanditisten.

Erläuterungen zu A. 8.13a Handelsregisteranmeldung

Vgl. hierzu A. 9.13a Rz. 11 ff. **5**

A. 8.14 Auflösung (Beschluss mit Liquidation) mit Anmeldung

I. FORMULARE

Formular A. 8.14 Auflösung (Beschluss mit Liquidation)

BESCHLUSS

Die unterzeichneten Gesellschafter der A-GmbH & Co. KG haben sich heute unter Verzicht auf alle gesetzlichen und/oder statutarischen Form- und/oder Fristvorschriften zu einer

AUSSERORDENTLICHEN GESELLSCHAFTERVERSAMMLUNG

zusammengefunden und folgendes beschlossen:
Die Gesellschaft wird zum 31.12.20.. aufgelöst.

Es findet eine Liquidation statt. Zum alleinigen Liquidator wird Herr A bestellt.

Der Liquidator ist an die Weisungen der Gesellschafter gebunden. Die Gesellschafter beschließen über solche Weisungen mit einfacher Mehrheit der abgegebenen Stimmen. Zu folgenden Maßnahmen ist jedoch die Zustimmung der Gesellschafterversammlung erforderlich:

......

Während der Liquidation werden Beschlüsse der Gesellschafterversammlung mit einfacher Mehrheit gefasst. Herr A erhält für seine Tätigkeit als Liquidator eine Vergütung von € ...., die bis zum 10. eines jeden Monats zahlbar ist, letztmals für den Monat, in dem das Erlöschen der Gesellschaft zum Handelsregister angemeldet wird.

Formular A. 8.14a Handelsregisteranmeldung

An das

Amtsgericht

– Handelsregister A –

A-Stadt

durch elektronische Übermittlung

HRA

A-GmbH & Co. KG

Die unterzeichneten Gesellschafter der im Rubrum genannten Gesellschaft melden hiermit zur Eintragung in das Handelsregister an:

Die Gesellschaft ist durch Beschluss der Gesellschafterversammlung vom ...... aufgelöst worden. Zum Liquidator wurde Herr A *[Name, Vorname, Geburtsdatum, Wohnort]* bestellt.

Der Liquidator ist zur alleinigen Vertretung der Gesellschaft berechtigt.

Die Geschäftsräume befinden sich weiter in ....

....

(Unterschriften)   (Beglaubigungsvermerk)

II. ERLÄUTERUNGEN

Erläuterungen zu A. 8.14 Auflösung (Beschluss mit Liquidation)

1. Wirtschaftliche Funktion

1   Eine Auflösung mit Liquidation findet statt, wenn der Geschäftsbetrieb der Gesellschaft insgesamt eingestellt werden soll, also nicht von einem Gesellschafter oder einem Dritten übernommen wird. In diesem Fall muss das Vermögen der Gesellschaft einzeln veräußert oder von den Gesellschaftern privat übernommen werden.

2. Gesellschaftsrecht

2   Gem. §§ 161 Abs. 2, 131 Abs. 1 Nr. 2 HGB erfolgt die Liquidation auf Grund eines Gesellschafterbeschlusses. Für den Beschluss bedarf es der im Gesellschaftsvertrag vorgesehenen Mehrheit.

3   Nach dem Gesetz erfolgt die **Liquidation durch alle Gesellschafter,** auch durch diejenigen, welche vor Auflösung nicht geschäftsführungsbefugt und vertretungsberechtigt waren. Hierzu zählen auch die Kommanditisten (*Baumbach/Hopt* § 146 HGB

Rz. 2). Die Gesellschafter können jedoch etwas anderes bestimmen. Hiervon geht das Formular aus. Der RegE zum MoPeG (BR-Drs. 59/21) schließt in § 178 HGB-E künftig die Kommanditisten als geborene Liquidatoren aus.

Soweit **mehrere Liquidatoren bestellt** werden, können diese nach dem Gesetz 4 grds. nur gemeinsam handeln. Demgegenüber ist die Erteilung einer Einzelvertretungsberechtigung zulässig (§ 150 HGB). Mit der Fassung des Auflösungsbeschlusses bzw. zu dem im Auflösungsbeschluss genannten Zeitpunkt erfolgt der Übergang aus der dem Gesellschaftszweck gewidmeten, werbenden Tätigkeit in die Auseinandersetzung unter den Gesellschaftern. Zu den Einzelheiten des Liquidationsverfahrens vgl. im Übrigen §§ 145 ff. HGB, 730 ff. BGB.

Zu beachten ist, dass die Komplementär-GmbH gesondert zu liquidieren ist. Vgl. Formular A. 6.38.

Nach BGH IV ZR 7/55 v. 21.5.55, NJW 55, 1227 können geschäftsführende Ge- 5 sellschafter einer Personengesellschaft ohne Vereinbarung keine **Vergütung** verlangen (vgl. *Baumbach/Hopt* § 110 HGB Rz. 19). Dies gilt auch für die Liquidatoren (*Baumbach/Hopt* § 146 HGB Rz. 4). Deshalb empfiehlt sich für den der Gesellschaft angehörenden Liquidator eine entsprechende Regelung. Zur Behandlung des Privatkontos im Falle der Liquidation vgl. BFH IV R 29/06 v. 26.6.07, DStR 08, 31.

3. Steuerrecht

Zu den steuerlichen Konsequenzen der Liquidation vgl. A. 9.13 Rz. 4 ff. **6**

Erläuterungen zu A. 8.14a Handelsregisteranmeldung

Vgl. hierzu A. 9.13 Rz. 11 ff. **7**

A. 8.15 Ausscheiden (Kündigung) mit Anmeldung

I. FORMULARE

Formular A. 8.15 Kündigung

An die

persönlich haftenden Gesellschafter (Name, Vorname, Adresse .....) der A-KG

Hiermit kündige ich meine Gesellschafterstellung gem. § ...... des Gesellschaftsvertrages vom ...... und scheide demgemäß nach § ...... zum 31.12.20.. aus der Gesellschaft aus.

..

(Unterschrift)

Formular A. 8.15a Handelsregisteranmeldung

An das

Amtsgericht

– Handelsregister A –

A-Stadt

durch elektronische Übermittlung

HRA

Firma A-KG

Die unterzeichneten Gesellschafter melden hiermit zur Eintragung in das Handelsregister an:

Der Kommanditist B ist aus der Gesellschaft ausgeschieden. Die Gesellschaft wird unter derselben Firma unter den verbliebenen Gesellschaftern fortgesetzt.

....
(Unterschriften)   (Beglaubigungsvermerk)

II. ERLÄUTERUNGEN

Erläuterungen zu A. 8.15 Kündigung

1. Wirtschaftliche Funktion

1   Ein Gesellschafter möchte nicht in der Gesellschaft verbleiben. Da ein außerordentlicher Kündigungsgrund nicht vorliegt, kündigt er seine Beteiligung fristgerecht zum nächsten Kündigungstermin.

2. Gesellschaftsrecht

2   Die Kündigung ist eine einseitige empfangsbedürftige Willenserklärung, die gegenüber allen anderen Gesellschaftern, nicht gegenüber der Gesellschaft abzugeben ist und grundsätzlich mit dem Zugang bei diesen wirksam wird (vgl. *Schulte/Hushahn* MünchHdb GesR Bd. 2 § 36 Rz. 13). Zur Kündigung bzw. deren Zulässigkeit vgl. zunächst A. 8.00 Rz. 31 sowie Formular A. 9.00 § 4 u. A. 9.00 Rz. 30 ff. Der Formulierungsvorschlag geht davon aus, dass im Gesellschaftsvertrag eine Kündigungsfrist festgeschrieben ist. Ansonsten gilt die gesetzliche Frist gem. § 132 HGB, wonach eine Kündigung mit sechs Monaten zum Ende des Geschäftsjahres zulässig ist. Durch die Kündigung eines Gesellschafters wird die Gesellschaft nicht aufgelöst (§ 131 Abs. 3 Nr. 3 HGB). Vielmehr scheidet der kündigende Gesellschafter mangels abweichender vertraglicher Bestimmungen aus der Gesellschaft aus.

3. Steuerrecht

3   Die steuerlichen Folgen entsprechend denen bei Ausscheiden eines Gesellschafters; s. A. 9.14 Rz. 5 f.

Erläuterungen zu A. 8.15a Handelsregisteranmeldung

4   Die Anmeldepflicht ergibt sich aus §§ 161 Abs. 2, 143 Abs. 1 und 2 und 162 HGB. Anmeldepflichtig ist auch der ausgeschiedene Gesellschafter. Die Unterschriften bedürfen der notariellen Beglaubigung (§ 12 HGB).

A. 8.16 Ausscheiden (Ausscheidensvereinbarung) mit Anmeldung

Gliederung

I. FORMULARE

Formular A. 8.16 Ausscheidensvereinbarung

VERTRAG

Vertrag über das Ausscheiden eines Gesellschafters aus der A-KG

zwischen

1. Herrn A

2. Herrn C

3. Herrn D

und

4. Herrn B

Vorbemerkungen:

An der A-KG sind Herr A als Komplementär mit einem Festkapital von € ......,– (40 %) sowie als Kommanditisten Herr B mit € ......,– (30 %), Herr C mit € ......,– (20 %) und Herr D mit € ......,– (10 %) beteiligt. Aus Altergründen möchte B sich zum 31. Dezember 20.. aus der Gesellschaft zurückziehen.

Die verbleibenden Gesellschafter wollen die Gesellschaft fortführen und übernehmen die Anteile des ausscheidenden B nach Maßgabe der nachfolgenden Bestimmungen:

§ 1 Anteilsübertragung

Von dem Festkapital von B übernimmt C € ......,– (10 %) und D € ......,– (20 %). Demzufolge sind C und D zukünftig mit je 30 % beteiligt.

§ 2 Gewinnverteilung

Das Ergebnis des laufenden Geschäftsjahres steht den Gesellschaftern entsprechend den bisherigen Beteiligungsverhältnissen zu. Die auf dem Privatkonto verbuchten Ansprüche von B gehen nicht auf die verbleibenden Gesellschafter über. Ein positiver oder negativer Saldo auf dem Privatkonto ist binnen eines Monats nach Feststellung der Bilanz für das laufende Geschäftsjahr und Verbuchung der Gewinnanteile auszugleichen.

§ 3 Abfindung

Als Abfindung für die Aufgabe seines Geschäftsanteils erhält B ein Auseinandersetzungsguthaben in Höhe von € .... Dieser Betrag ist wie folgt auszuzahlen:

a) Ein Barbetrag in Höhe von € ...... ist zum ...... auf folgendes Konto des B zu zahlen: Kto-Nr.: ...... bei XY-Bank ....

b) Der verbleibende Abfindungsbetrag in Höhe von € ...... wird verrentet und ist auf Lebensdauer des B in monatlichen Teilbeträgen in Höhe von € ...... zum Ende eines jeden Monats auf das vorstehend genannte Konto von B zu überweisen.

c) Die Auszahlung des Auseinandersetzungsguthaben obliegt anteilig C mit jeweils € ...... und D mit € ...... C und D haften jedoch B als Gesamtschuldner.

§ 4 Haftungsfreistellung

Die verbleibenden Gesellschafter A, C und D verpflichten sich, B im Innenverhältnis von allen A-KG betreffenden Verbindlichkeiten freizustellen. Sicherheitsleistung kann B nicht verlangen, Befreiung erst und insoweit, als er für Verbindlichkeiten in Anspruch genommen wird.

§ 5 Geltung des Gesellschaftsvertrags und Zustimmung zur Firmenfortführung

Der Gesellschaftsvertrag vom ...... gilt fort, soweit sich nicht daraus etwas anderes ergibt, dass B ausscheidet. B willigt in die Fortführung der Firma A-KG ein.

§ 6 Kosten

Die Kosten dieses Vertrages tragen die verbleibenden Gesellschafter und der Ausscheidende im gleichen Verhältnis. Die Kosten der Handelsregistereintragung trägt die Gesellschaft.

§ 7 Sonstiges

Änderungen und Ergänzungen dieses Vertrages bedürfen zu ihrer Wirksamkeit der Schriftform. Mündliche Nebenabreden bestehen nicht. Den Vertragsparteien stehen keine über diesen Vertrag hinausgehenden gegenseitigen Ansprüche zu. Erfüllungsort und Gerichtsstand für sämtliche Streitigkeiten aus diesem Vertrag ist der Sitz der Gesellschaft, soweit dies zulässig vereinbart werden kann.

§ 8 Eintragung ins Handelsregister

Die Vertragsparteien verpflichten sich, unverzüglich die Eintragung der Beteiligungsänderung im Handelsregister in der erforderlichen Form herbeizuführen.

Formular A. 8.16a Handelsregisteranmeldung

An das Amtsgericht

– Registergericht –

durch elektronische Übermittlung

A-KG

HRA ......

Zur Eintragung in das Handelsregister wird angemeldet:

B ist mit Wirkung zum ...... aus der Gesellschaft ausgeschieden. Die Gesellschaft wird unter der bisherigen Firma fortgeführt. Die Geschäftsräume befinden sich nach wie vor in ....

....

(Unterschriften)   (Beglaubigungsvermerk)

II. ERLÄUTERUNGEN

Erläuterungen zu A. 8.16 Ausscheidensvereinbarung

1. Grundsätzliche Anmerkungen

a) Wirtschaftliche Funktion

1   Der Kommanditist B möchte aus der Gesellschaft aus Altersgründen ausscheiden. Da ein Nachfolger nicht vorhanden ist, wollen die verbleibenden Gesellschafter das

Geschäft allein fortführen. Es soll auch kein Dritter (Nichtgesellschafter) den Anteil erwerben; vielmehr sollen die bisherigen Minderheitsgesellschafter in stärkerem Maße an der Gesellschaft beteiligt werden.

b) Gesellschaftsrecht

Wegen der gesellschaftsrechtlichen Auswirkungen wird auf A. 9.14 Rz. 2 ff. verwiesen. **2**

Zur Haftung: Soweit der ausgeschiedene Kommanditist mit seiner Abfindung **3** wertmäßig seine Einlage aus dem Gesellschaftsvermögen zurückerhält, lebt seine persönliche Haftung wieder auf, maximal bis zur Höhe der Haftsumme, §§ 172 Abs. 4, 171 Abs. 1 HGB. Die Rechtsfolge des § 172 Abs. 4 HGB tritt aber nur gegenüber den Gesellschaftsgläubigern ein, deren Ansprüche vor dem Ausscheiden des Kommanditisten und nach dessen Eintragung im Handelsregister begründet worden waren. Nach zutreffender hM unterliegt der ausgeschiedene Kommanditist erst dann der Haftung nach § 172 Abs. 4 Satz 1 HGB, wenn der Abfindungsbetrag an ihn ausgezahlt ist (zum Stand der Meinungen vgl. *MünchKommHGB/K. Schmidt* §§ 171, 172 HGB Rz. 73). Das Nachhaftungsbegrenzungsgesetz begrenzt die Haftung des ausgeschiedenen Kommanditisten auf die Dauer von fünf Jahren (vgl. hierzu iE A. 9.00 Rz. 12 ff.).

c) Steuerrecht

Zu den steuerlichen Folgen des Ausscheidens vgl. A. 9.14 Rz. 5 ff. **4**

2. Einzelerläuterungen

Vgl. hierzu A. 9.14 Rz. 8 ff. **5**

Erläuterungen zu A. 8.16a Handelsregisteranmeldung

Vgl. A. 9.15 Rz. 9 ff. Soweit der Name von B in der Firma erscheint und nach sei- **6** nem Ausscheiden die Firma fortgeführt werden soll, ist dies in der Handelsregisteranmeldung wie im Vertrag als solchen im Hinblick auf § 24 Abs. 2 HGB ausdrücklich aufzunehmen. Die Anmeldung bedarf notarieller Beurkundung (§ 12 HGB), ebenso die Unterschrift des ausgeschiedenen Kommanditisten.

A. 8.17 Ausscheiden des letzten Kommanditisten mit Anmeldung

Gliederung

I. FORMULARE

Formular A. 8.17 Ausscheidensvereinbarung

VEREINBARUNG

zwischen

Herrn B ......　　　　　　　　　　– nachfolgend Komplementär genannt –

und

Herrn A ......　　　　　　　　　　– nachfolgend Kommanditist genannt –

§ 1 Vorbemerkung

Der Gesellschaftsvertrag der A-KG vom ...... enthält keine Regelung über das Ausscheiden von Gesellschaftern. Der Kommanditist hat die Absicht, aus der Gesellschaft auszuscheiden.

§ 2 Zeitpunkt des Ausscheidens

Die Vertragschließenden sind sich darüber einig, dass der Kommanditist mit Ablauf des 31.12.20...... aus der Gesellschaft ausscheidet und dass sein Anteil am Gesellschaftsvermögen dem Komplementär anwächst.

§ 3 Firmenfortführung

Der Komplementär hat das Recht, das bisher in Kommanditgesellschaft geführte Unternehmen unter Beibehaltung der Firma fortzuführen.

§ 4 Außenprüfung

Die etwaigen Folgen einer steuerlichen Außenprüfung der Veranlagungszeiträume, in denen A der Gesellschaft angehört hat, treffen A, ohne dass die Höhe seines Abfindungsanspruchs hiervon berührt wird. Die Gesellschaft wird A daher die Möglichkeit einräumen, bei einer ihn danach mitbetreffenden steuerlichen Außenprüfung mitzuwirken.

§ 5 Abfindungsanspruch

Die Vertragschließenden vereinbaren, ohne in ein besonderes Bewertungsverfahren einzutreten, eine Abfindung von € ......,–, die wie folgt ausgezahlt wird: ....

§ 6 Kosten

Die Kosten dieses Vertrags trägt der Ausscheidende. Die Kosten der Handelsregisteranmeldung trägt der verbleibende Gesellschafter.

§ 7 Sonstiges

(1) Sollte eine Bestimmung dieses Vertrages nichtig, anfechtbar oder unwirksam sein, so soll die Wirksamkeit der übrigen Bestimmungen hiervon nicht berührt werden. Die angreifbare Bestimmung ist vielmehr so auszulegen, dass der mit ihr erstrebte wirtschaftliche und/oder ideelle Zweck nach Möglichkeit erreicht wird. Dasselbe gilt sinngemäß für die Ausfüllung von Vertragslücken.

(2) Gerichtsstand und Erfüllungsort ist der Sitz der Gesellschaft.

Formular A. 8.17a Handelsregisteranmeldung

An das

Amtsgericht

– Handelsregister A –

A-Stadt

durch elektronische Übermittlung

HRA

A-KG

Die unterzeichneten Gesellschafter der vormaligen A-KG melden hiermit zur Eintragung in das Handelsregister an:

1. Der Kommanditist A ist aus der Gesellschaft ausgeschieden.

2. Der vormalige Komplementär B führt das Geschäft unter Beibehaltung der Firma im ausdrücklichen Einverständnis mit A fort.

Das Geschäftslokal ist unverändert.

....

(Unterschriften)   **(Beglaubigungsvermerk)**

II. ERLÄUTERUNGEN

Erläuterungen zu A. 8.17 Ausscheidensvereinbarung

---

1. Grundsätzliche Anmerkungen

a) Wirtschaftliche Funktion

Ein Gesellschafter möchte sich aus der Gesellschaft zurückziehen, der Mitgesell- **1** schafter das Geschäft fortführen.

b) Gesellschaftsrecht

Siehe zunächst A. 9.14 Rz. 2 ff. Nach hM gelten die Vorschriften der §§ 738 bis **2** 740 BGB für die Übernahme der Gesellschaft durch den verbleibenden Gesellschafter beim Ausscheiden des vorletzten Gesellschafters entsprechend (*MünchKommBGB/ Schäfer* § 738 BGB Rz. 11; BGH II ZR 10/64 v. 13.12.65, NJW 66, 827, 828; BGH II ZR 37/07 v. 7.7.08, NJW 08, 2992). Die Gesellschaft erlischt, wenn von den zwei Gesellschaftern nur noch einer übrig bleibt (Konfusion). Das Gesellschaftsvermögen geht im Wege der Gesamtrechtsnachfolge über (*MünchKommBGB/Schäfer* § 738 BGB Rz. 11; *Baumbach/Hopt* § 131 HGB Rz. 35).

Wird über das Vermögen der Komplementär-GmbH einer GmbH & Co. KG mit einem Kommanditisten das Insolvenzverfahren eröffnet, führt dies zum Ausscheiden der Komplementär-GmbH aus der KG und zur liquiditätslosen Vollbeendigung der KG unter Gesamtrechtsnachfolge des Kommanditisten (vgl. BGH II ZR 247/01 v. 15.3.04, DStR 04, 1137).

c) Steuerrecht

Zu den **ertragsteuerlichen Konsequenzen** s. A. 9.14 Rz. 5 f. mit den dort ge- **3** nannten weiteren Nachweisen.

Grunderwerbsteuer: Soweit sich im Vermögen der Gesellschaft Grundstücke be- **4** finden, unterliegt der Vorgang gem. § 1 Abs. 3 Nr. 1 GrEStG der Grunderwerbsteuer (Vereinigung aller Anteile in einer Hand). Die Steuer bemisst sich in diesem Fall nach dem Einheitswert des Grundstücks (§§ 8 Abs. 2 Nr. 2, 10 GrEStG, § 99 Abs. 1 Nr. 1 BewG). Zu den geplanten Neuerungen s. A. 9.00 Rz. 22.

2. Einzelerläuterungen

Zu §§ 1, 2: Vorbemerkung, Zeitpunkt des Ausscheidens

5   Das Formular geht von der vertraglichen Übernahme des Geschäfts durch einen Gesellschafter aus. Das Gesellschaftsvermögen geht auf den Verbliebenen im Wege der Gesamtrechtsnachfolge (nicht Anwachsung) über (*MünchKommBGB/Schäfer* § 718 BGB Rz. 21; *Baumbach/Hopt* § 131 HGB Rz. 35) was Konsequenzen für die Haftung hat (der verbleibende Gesellschafter haftet als Gesamtrechtsnachfolger unbeschränkt für alle Altschulden der Gesellschaft). Einzelübertragungsakte, insbes. Auflassungen, etc. sind nicht erforderlich. Das Grundbuch wird ggf. unrichtig. Der Nachweis der Unrichtigkeit muss in der Form des § 29 GBO geführt werden.

> **Erläuterungen zu A. 8.17a Handelsregisteranmeldung**

6   Das Ausscheiden ist gem. § 143 Abs. 2 HGB zum Handelsregister anzumelden. Bei Ausscheiden des vorletzten Gesellschafters einer KG ist die Fortführung der Firma trotz § 22 HGB nur unter Beifügung eines Nachfolgezusatzes zulässig (*Baumbach/Hopt* § 22 HGB Rz. 17). Die Anmeldung ist von sämtlichen Gesellschaftern zu unterzeichnen, auch von demjenigen, dessen Ausscheiden den Gegenstand der Anmeldung bildet (*Baumbach/Hopt* § 143 HGB Rz. 3). Sie ist notariell zu beglaubigen (§ 12 HGB).

Die **Angabe des Zeitpunkts** des Ausscheidens ist nicht zwingend erforderlich (vgl. *GroßKommHGB/Ulmer* § 143 HGB Rz. 31).

A. 8.18 Ausschluss eines Gesellschafters

I. FORMULARE

> **Formular A. 8.18 Ausschluss eines Gesellschafters**

Gesellschafterversammlung

der

A-GmbH & Co. KG

Die unterzeichneten Gesellschafter der A-GmbH & Co. KG haben sich am ...... in der Gaststätte ...... zu einer

AUSSERORDENTLICHEN GESELLSCHAFTERVERSAMMLUNG

zusammengefunden mit dem einzigen Tagesordnungspunkt:

Ausschluss des Gesellschafters B aus wichtigem Grund.

Die Gesellschafter wählten in offener Abstimmung A zum Versammlungsleiter. Dieser stellte fest, dass die Gesellschafterversammlung ordnungsgemäß durch die Geschäftsführung der Komplementärin einberufen worden ist. Er stellte auch fest, dass alle Gesellschafter vertreten sind und damit Beschlussfähigkeit gegeben ist.

A rief sodann den einzigen Tagesordnungspunkt auf: Ausschluss des Gesellschafters B aus wichtigem Grund gem. § 18 Abs. 3 des Gesellschaftsvertrages vom ...... [Formular A. 8.01]. Hierzu stellte A fest, dass B seit drei Jahren unter dem Namen seiner Ehefrau in B-Stadt ein mit dem Unternehmen der Gesellschaft in Wettbewerb

stehendes Unternehmen betreibt und damit gegen § 23 des Gesellschaftsvertrages verstößt.

B gab hierzu keine Erklärungen ab.

A rief sodann den Tagesordnungspunkt zur Abstimmung auf.

Es wurde durch Handaufheben abgestimmt.

Von den vorhandenen 1.000 Stimmen stimmten 800 für den Ausschluss des B. B stimmt mit seinen 200 Stimmen gegen seinen Ausschluss. Hierzu stellte A fest, dass B gem. § 18 Abs. 3 letzter Satz des Gesellschaftsvertrages kein Stimmrecht hat.

Wegen der Abfindung des B wurde die Geschäftsführung der Komplementärin beauftragt möglichst eine einvernehmliche Lösung herbeizuführen; dabei ist ein Abschlag auf den sich nach § 21 Abs. 1 ergebenden Betrag im Hinblick auf § 21 Abs. 2 des Gesellschaftsvertrages vorzunehmen.

Formular A. 8.18a Handelsregisteranmeldung

An das Amtsgericht

– Registergericht –

durch elektronische Übermittlung

A-GmbH & Co. KG

HRA ......

Zur Eintragung in das Handelsregister wird angemeldet:

1. Der Kommanditist B ist aus der Gesellschaft ausgeschieden.

2. Die Firma der Gesellschaft wird unverändert fortgeführt.

3. Die Geschäftsräume der Gesellschaft befinden sich weiterhin in ....

....

(Unterschriften)   (Beglaubigungsvermerk)

II. ERLÄUTERUNGEN

Erläuterungen zu A. 8.18 Ausschluss eines Gesellschafters

Zu den gesellschaftsrechtlichen Auswirkungen vgl. A. 9.16 Rz. 2 ff., zu den steuer- **1** rechtlichen Auswirkungen A. 9.16 Rz. 9 ff. und A. 9.14 Rz. 5 f.

Erläuterungen zu A. 8.18a Handelsregisteranmeldung

Vgl. zur Handelsregisteranmeldung A. 9.16 Rz. 12 f.   **2**

A. 8.19 Beirat

I. FORMULAR

Formular A. 8.19 Beirat

§ 1 Zugehörigkeit zum Beirat

(1) Die Gesellschaft hat einen Beirat, der aus ...... Mitgliedern besteht.

(2) Dem Beirat können Gesellschafter oder gesellschaftsfremde Personen angehören.

(3) Die Mitglieder der Geschäftsführung der Gesellschaft oder der Komplementärin oder andere Bedienstete beider Gesellschaften können dem Beirat nicht angehören.

§ 2 Wahl der Beiratsmitglieder

(1) Die Mitglieder des Beirats werden von der Gesellschafterversammlung in geheimer Wahl mit einfacher Mehrheit gewählt. Die Amtsdauer der Beiratsmitglieder endet mit der ordentlichen Gesellschafterversammlung, in welcher über die Entlastung für das vierte Geschäftsjahr nach ihrer Wahl beschlossen wird. Dabei wird das Geschäftsjahr, in welchem die Wahl stattgefunden hat, nicht mitgerechnet. Nach Amtsablauf bleibt jedes Beiratsmitglied bis zur Wahl seines Nachfolgers im Amt.

(2) Fällt ein Beiratsmitglied fort, so wählen die verbliebenen Beiratsmitglieder einen Ersatzmann, dessen Amtszeit mit der Regelamtszeit des fortgefallenen Beiratsmitglieds endet.

§ 3 Vorsitz, Beschlussfähigkeit

(1) Der Beirat wählt aus seiner Mitte einen Vorsitzenden. Der Vorsitzende vertritt den Beirat gegenüber der Komplementärin. Der Vorsitzende bestimmt für den Fall seiner Verhinderung einen Vertreter.

(2) Der Vorsitzende des Beirats beruft dieses Gremium ein, wenn es die Geschäfte der Gesellschaft erfordern, mindestens jedoch zweimal jährlich. Er ist zur Einberufung verpflichtet, falls ein Mitglied des Beirats oder ein Geschäftsführer der Gesellschaft es verlangt. Die Einberufung erfolgt rechtzeitig unter Mitteilung der Tagesordnung, des Ortes und der Zeit der Sitzung.

(3) Beschlüsse des Beirats können auch ohne Einberufung einer Sitzung durch schriftliche, fernschriftliche oder telegrafische Stimmabgabe gefasst werden, wenn der Vorsitzende dies vorschlägt und kein Mitglied des Beirats unverzüglich widerspricht.

(4) Der ordnungsgemäß einberufene Beirat ist beschlussfähig, wenn ...... Mitglieder an der Beschlussfassung teilnehmen. Abgestimmt wird mit einfacher Mehrheit. Jedes Beiratsmitglied hat eine Stimme. Bei Stimmengleichheit gibt die Stimme des Vorsitzenden den Ausschlag. Wenn kein Mitglied des Beirats widerspricht, kann auch schriftlich, fernschriftlich, telegrafisch oder fernmündlich abgestimmt werden.

(5) Über Beschlüsse des Beirats – gleichviel auf welche Art sie zustande kommen – ist ein Protokoll anzufertigen, das von dem Vorsitzenden zu unterzeichnen ist.

§ 4 Aufgaben und Befugnisse des Beirats sind:

a) Bestimmung der Grundzüge der Geschäftspolitik der Gesellschaft,

b) laufende Beratung der Geschäftsführung in allen Zweigen der Geschäftstätigkeit und Überwachung des Geschäftsablaufs,

c) laufende Entgegennahme der Berichterstattung der Geschäftsführung, Einsicht in die Bücher und Schriften der Gesellschaft und Überprüfung des Bestands des Gesellschaftsvermögens,

d) Genehmigung des von der Geschäftsführung alljährlich zu erstellenden Budgets (Ertrags-, Kosten-, Investitions-Finanzbudget) vor Beginn des betreffenden Wirtschaftsjahres und Überwachung von dessen Einhaltung,

e) Erörterung des Jahresabschlusses und Prüfung des Vorschlags der Geschäftsführung für die Gewinnverwendung,

f) Zustimmungen zu Geschäftsführungsmaßnahmen, die nach § ...... des Gesellschaftsvertrages der Zustimmung des Beirats bedürfen sowie die Erteilung genereller oder bestimmter Anweisungen an die Geschäftsführung,

g) Erledigung aller Angelegenheiten, die nach nicht zwingender gesetzlicher Vorschrift im Allgemeinen in die Zuständigkeit der Gesellschafterversammlung fallen.

h) Die Gesellschafterversammlung kann dem Beirat weitere Aufgaben übertragen.

§ 5 Vergütung

Die Mitglieder des Beirats erhalten eine Vergütung von jährlich € ...... Der Vorsitzende erhält das Eineinhalbfache dieses Betrages.

Im Übrigen befindet über die Höhe der Beiratsvergütung die Gesellschafterversammlung.

II. ERLÄUTERUNGEN

Erläuterungen zu A. 8.19 Beirat

1. Wirtschaftliches Vertragsziel

Generell sind die Motive für die Einrichtung zusätzlicher Gremien bei der Personengesellschaft zahlreich. Häufig geht es um die Beratung, Überwachung und Kontrolle der Geschäftsführung. Daneben um die Nutzung externen Sachverstandes und schließlich auch um die Pflege von Geschäftskontakten und ein besseres Image. Ziel der Einrichtung eines Beirats kann es insbes. in Familiengesellschaften sein, die Geschäftsführung von einer nicht notwendigerweise sachlich entscheidenden Gesellschafterversammlung abzuschirmen. Der vorgeschlagene Beirat ist außerordentlich stark. Mit der Ausnahme des Rechts der Bestellung und Abberufung der Geschäftsführung kann er mit dem Aufsichtsrat einer AG verglichen werden. **1**

Das Formular geht von der Vorgabe aus, dass es sich bei der Gesellschaft um eine GmbH & Co. KG handelt. Hier bietet es sich an, den Beirat bei der Komplementär-GmbH einzurichten. Diesem könnte dann das Recht erteilt werden, die Geschäftsführung zu bestellen und abzuberufen. **2**

2. Gesellschaftsrecht

Der Grundsatz der Vertragsfreiheit lässt breiten Gestaltungsspielraum. Für die GmbH & Co. schreibt das Gesetz nicht zwingend die Bildung eines Aufsichtsorgans vor. Lediglich § 4 iVm. § 1 MitbestG 1976 sieht vor, dass bei einer GmbH & Co. mit mehr als 2000 Arbeitnehmern diese der Komplementärgesellschaft zugerechnet werden, sofern Mehrheitsidentität besteht. Vgl. zum Beirat ergänzend A. 9.17 Rz. 3 ff. **3**

3. Steuerrecht

Vergütungen an Beiratsmitglieder, die gleichzeitig Gesellschafter sind, fallen unter § 15 Abs. 1 Nr. 2 EStG. An gesellschaftsfremde Beiratsmitglieder gezahlte Vergütungen sind Betriebsausgaben. **4**

An ausländische Beiratsmitglieder gezahlte Vergütungen unterliegen nicht der Aufsichtsratsteuer gem. § 50a EStG, da diese Bestimmung nicht auf Mitunternehmerschaften Anwendung findet. Ist der Beirat bei der GmbH eingerichtet, so kommt es darauf an, ob der Beirat eine dem Aufsichtsrat ähnlich starke Stellung hat. Ist dies der Fall, ist die Abzugssteuer einzubehalten und abzuführen. **5**

Die Beiratsvergütungen sind umsatzsteuerpflichtig (BFH V R 136/71 v. 27.7.72, BStBl. II 72, 810). **6**

A. 8.20 Eintritt eines Kommanditisten im Todesfall

I. FORMULARE

Formular A. 8.20 Eintritt eines Kommanditisten

Erklärung

In § 16 des Gesellschaftsvertrages der A-KG heißt es unter Absatz 1:

„Stirbt der Kommanditist A, so steht demjenigen das Recht zu, in die Gesellschaft an seiner Stelle einzutreten, welcher von A durch Verfügung von Todes wegen als sein Nachfolger bestimmt worden ist."

Gemäß Erbschein des Amtsgerichts A-Stadt vom ...... bin ich Alleinerbe des am ...... verstorbenen A. Ich erkläre hiermit meinen Eintritt in die Gesellschaft und erkenne die Bestimmungen des Gesellschaftsvertrages vom ...... als in vollem Umfang für mich verbindlich an. Der Eintritt wird wirksam mit seiner Eintragung ins Handelsregister.

....

(Unterschrift)

Formular A. 8.20a Handelsregisteranmeldung

An das

Amtsgericht

– Handelsregister A –

A-Stadt

durch elektronische Übertragung

HRA

A-KG

Die unterzeichneten Gesellschafter der im Rubrum genannten Gesellschaft melden hiermit zur Eintragung in das Handelsregister an:

1. Der Kommanditist A ist durch Tod aus der Gesellschaft ausgeschieden.

2. Der Kaufmann B *(Name, Vorname, Geburtsdatum, Wohnort)* ist auf Grund testamentarischer Verfügung im Wege der Sonderrechtsnachfolge in die Gesellschaft eingetreten. Die Kommanditeinlage des neuen Kommanditisten beträgt unverändert € ....

Für die Komplementärin und für die Kommanditisten wird versichert, dass dem bisherigen Kommanditisten sowie den Miterben nach dem verstorbenen Kommanditisten, keine Abfindung aus dem Geschäftsvermögen der Kommanditgesellschaft gewährt oder versprochen worden ist.

....

(Unterschriften)   (Beglaubigungsvermerk)

II. ERLÄUTERUNGEN

Erläuterungen zu A. 8.20 Eintritt eines Kommanditisten

1. Wirtschaftliche Bedeutung

1   Der Gesellschaftsvertrag der A-KG enthält eine sog. **Eintrittsklausel.** Danach tritt der Erbe nicht automatisch in die Gesellschafterstellung des verstorbenen Gesellschaf-

ters ein, sondern hat lediglich einen schuldrechtlichen Anspruch gegen die verbleibenden Gesellschafter auf Aufnahme in die Gesellschaft anstelle des verstorbenen Gesellschafters. Der Eintritt in die Gesellschaft vollzieht sich also nicht selbst kraft Erbrechts, sondern auf Grund rechtsgeschäftlichen Aufnahmevertrages. Von diesem Recht macht der Erbe Gebrauch.

2. Zivilrecht

Die Eintrittsklausel im Gesellschaftsvertrag stellt, wenn sie ohne Mitwirkung des **2** Eintrittsberechtigten vereinbart wird, einen Vertrag zugunsten Dritter (§ 328 Abs. 1 BGB) dar. Dabei findet die Formvorschrift des § 2301 Abs. 1 BGB nach hM auf die Vereinbarung einer Eintrittsklausel grds. keine Anwendung (*MünchKommBGB/ Musielak* § 2301 BGB Rz. 45, *Palandt/Weidlich* § 2301 BGB Rz. 17). Der Abschluss des die Aufnahme in die Gesellschaft vollziehenden Aufnahmevertrages des Eintrittsberechtigten mit den verbliebenen Gesellschaftern steht im freien Ermessen des Eintrittsberechtigten. Der Eintretende haftet für die Gesellschaftsschulden nach den allgemeinen Grundsätzen. Wird er persönlich haftender Gesellschafter, haftet er für Alt- und Neuverbindlichkeiten unbeschränkt (§§ 130, 128 HGB). Wird er Kommanditist, haftet er für Altverbindlichkeiten gemäß §§ 173, 171, 172 HGB auf seine – etwa noch ausstehende – Hafteinlage beschränkt; dasselbe gilt für Neuverbindlichkeiten, welche nach Eintragung des Eintretenden in das Handelsregister begründet werden. Für sogenannte Zwischenneuschulden, welche in der Zeit zwischen Eintritt des Kommanditisten und dessen Eintragung im Handelsregister entstehen, gilt § 176 Abs. 2 HGB, mit der Folge, dass der Eintretende hierfür gegebenenfalls unbeschränkt haftet. Das Wirksamwerden des Eintritts als Kommanditist wird im Formular deshalb von der entsprechenden Eintragung im Handelsregister abhängig gemacht.

Vgl. im Übrigen zu den Klauseln beim Tod eines Gesellschafters A. 9.00 Rz. 63 ff.

3. Steuerrecht

Einkommensteuer: Ertragsteuerlich kommt es in erster Linie darauf an, ob der **3** oder die Eintrittsberechtigten ihr Eintrittsrecht ausüben. Üben sie ihr Eintrittsrecht innerhalb von sechs Monaten nach dem Erbfall aus, so treten die ertragsteuerlichen Konsequenzen der einfachen Nachfolgeklausel ein, wenn alle Erben von ihrem Eintrittsrecht Gebrauch machen (BMF v. 14.3.06, BStBl. I 06, 253 Tz. 70). Danach setzen die Erben ertragsteuerlich die Mitunternehmerstellung des verstorbenen Gesellschafters fort. Steuerlich wird der Fall so behandelt, als sei der Anteil unmittelbar auf die Erben übergegangen, ohne dass es einer Auseinandersetzung bedurfte. Einkommensteuerrechtlich liegt ein Fall der Buchwertfortführung nach § 6 Abs. 3 EStG vor mit der Folge, dass in der Person des Erblassers weder ein Veräußerungs- noch ein Entnahmegewinn entsteht und der einzelne Miterbe keine zusätzlichen Anschaffungskosten hat.

Machen demgegenüber nur ein bzw. nicht alle Erben von ihrem Eintrittsrecht Gebrauch, gelten die Regeln der qualifizierten Nachfolgeklausel entsprechend (BMF v. 14.3.06, aaO). Danach wird der Nachfolgegesellschafter, nicht aber die weichenden Erben, Mitunternehmer iSd. § 15 Abs. 1 Nr. 1 EStG. Lediglich der Gesellschafter-Nachfolger führt die Buchwerte des Erblassers fort. Bei Zahlung einer Abfindung im Fall des Nichteintritts erzielt der Erblasser – wie bei der Fortsetzungsklausel – einen tarifbegünstigten Veräußerungsgewinn (§§ 16, 34 EStG). Zu den Einzelheiten vgl. A. 9.00, Rz. 63 ff.

Erbschaftsteuer: Erbschaftsteuerlich liegt bis zur Ausübung des Eintrittsrechts ein **4** auflösend bedingter Erwerb der Mitgesellschafter nach § 3 Abs. 1 Nr. 2 Satz 2 ErbStG vor. Dieser ist nach § 5 Abs. 1 BewG wie ein unbedingter Erwerb zu behandeln. Die Höhe des erbschaftsteuerlichen Erwerbs ist je nach Fallgestaltung davon abhängig, in welcher Höhe nicht nachfolgeberechtigten Erben eine Abfindung gezahlt wird, wie hoch die Einlage des Eintretenden ist und ob bei den verbleibenden Gesellschaftern im Zeitraum zwischen Erbfall und Eintritt des nachfolgeberechtigten Gesellschafters eine Bereicherung eingetreten ist. – Macht der Erbe von seinem Eintrittsrecht Gebrauch, liegt darin ein steuerpflichtiger Erwerb von Todes wegen iSd. § 3 Abs. 1 Nr. 2 Satz 1 ErbStG. Die Höhe der steuerpflichtigen Bereicherung entspricht grds. dem auf den Erblasser entfallenden anteiligen Steuerwert des Betriebsvermögens der Gesellschaft.

Wegen der Einzelheiten insbes. zur Besteuerung des Betriebsvermögens vgl. A. 9.00 Rz. 72 f.

5　　**Grunderwerbsteuer:** Gehört zum Betriebsvermögen der Gesellschaft ein inländisches Grundstück, so fällt grds. keine Grunderwerbsteuer an. Etwas anderes gilt lediglich bei Vorliegen der Voraussetzungen des § 1 Abs. 2a GrEStG.

Erläuterungen zu A. 8.20a Handelsregisteranmeldung

6　　Die Anmeldung ist von sämtlichen Gesellschaftern zu unterzeichnen. Wegen der Sonderrechtsnachfolge wird auf A. 8.10 Rz. 19 verwiesen. Die Unterschriften bedürfen der notariellen Beglaubigung (§ 12 HGB).

A. 8.21 Eintritt eines Kommanditisten in das Geschäft eines Einzelkaufmannes

I. FORMULARE

Formular A. 8.21 Eintrittsvertrag

---

zwischen

A　　　　　　　　　　　– im folgenden Vertragschließender zu 1) genannt –

und

B　　　　　　　　　　　– im folgenden Vertragschließender zu 2) genannt –

wird folgender

EINTRITTSVERTRAG

abgeschlossen:

§ 1 Vertragsgegenstand

Der Vertragschließende zu 1) betreibt in A-Stadt unter der Firma Josef A ein Handelsgewerbe, das die Herstellung von und den Handel mit Textilien zum Gegenstand hat.

§ 2 Eintritt des B

Der Vertragschließende zu 2) tritt in das in § 1 beschriebene Handelsgewerbe des Vertragschließenden zu 1) als Kommanditist mit einer Kommanditeinlage von € ......,– ein.

§ 3 Haftungsausschluss

Die Haftung des Vertragschließenden zu 2) für die im Geschäftsbetrieb des bisherigen Alleininhabers entstandenen Verbindlichkeiten wird ausgeschlossen.

§ 4 Beteiligung der Vertragschließenden

(1) Es besteht Einigkeit darüber, dass die Beteiligung des Vertragschließenden zu 1) am Vermögen der entstehenden Kommanditgesellschaft seinem steuerlichen Eigenkapital – abgerundet auf einen durch zehntausend teilbaren Betrag – entspricht, das sich aus seiner auf den 31.12.20.. erstellten Steuerbilanz ergibt. Bei der Teilung durch zehntausend verbleibende Spitzenbeträge werden dem Privatkonto des Vertragschließenden zu 1) gutgeschrieben. Entsprechendes gilt für Mehr- oder Mindererergebnisse auf Grund bestandskräftiger Änderungen der Steuerbilanz.

(2) Die Beteiligung des Vertragschließenden zu 2) am Gesellschaftsvermögen entspricht seiner angemeldeten Kommanditeinlage. Hierauf nicht eingezahlte Beträge sind dem Vertragschließenden zu 2) auf Privatkonto zu belasten.

§ 5 Stille Reserven – Aufgeld

Es besteht Einigkeit zwischen den Parteien darüber, dass im Betriebsvermögen des bisherigen Einzelunternehmens stille Reserven nicht vorhanden sind, so dass die Zahlung eines Aufgeldes nicht in Betracht kommt.

§ 6 Gesellschaftsvertrag

Für das Gesellschaftsverhältnis der Vertragschließenden untereinander soll der diesem Eintrittsvertrag in der ANLAGE beigegebene Gesellschaftsvertrag maßgebend sein *[Formular A. 8.00]*.

§ 7 Beginn

Die Gesellschaft beginnt mit ihrer Eintragung in das Handelsregister.

Formular A. 8.21a Handelsregisteranmeldung

An das

Amtsgericht

– Handelsregister A –

A-Stadt

durch elektronische Übermittlung

Firma Josef A – nunmehr Josef A-KG

Die unterzeichneten Gesellschafter der vorgenannten Gesellschaft melden hiermit zur Eintragung in das Handelsregister an:

Der bisherige Einzelkaufmann Josef A hat den Kaufmann B als Kommanditisten in sein Handelsgeschäft aufgenommen. B haftet nicht für die vor seinem Eintritt entstandenen Verbindlichkeiten. Die Firma der damit entstandenen KG lautet nunmehr

Josef A-KG

Persönlich haftender Gesellschafter ist:

Herr Josef A *(Name, Vorname, Geburtsdatum, Wohnort)*.

Kommanditist ist:

Herr Fritz B *(Name, Vorname, Geburtsdatum, Wohnort)* mit einer Kommanditeinlage von € ....

Die Gesellschaft beginnt mit ihrer Eintragung in das Handelsregister. Sie hat ihren Sitz in A-Stadt. Der Gesellschaftszweck ist die Herstellung von und der Handel mit Textilien. Zur Geschäftsführung und Vertretung der KG ist allein Josef A als Komplementär berechtig und verpflichtet. Die Geschäftsräume befindet sich unverändert in ......

....

(Unterschriften)   (Beglaubigungsvermerk)

II. ERLÄUTERUNGEN

> **Erläuterungen zu A. 8.21 Eintrittsvertrag**

1. Grundsätzliche Anmerkungen

a) Wirtschaftliches Vertragsziel

1 Der Einzelunternehmer A möchte einen Mitgesellschafter in seine Firma aufnehmen, wobei der Mitgesellschafter als Kommanditist lediglich beschränkt haften soll. Demzufolge schließen die Vertragsparteien einen Vertrag über den Eintritt einerseits und parallel hierzu einen Gesellschaftsvertrag für die KG (vgl. Formular A. 8.00) andererseits.

b) Gesellschaftsrecht

2 Der Eintritt eines Gesellschafters in das Unternehmen eines Einzelkaufmanns ist ein Sonderfall der Gründung einer Personenhandelsgesellschaft. Zivilrechtlich ist diese zulässig, an eine besondere Form ist die Aufnahme des Kommanditisten grds. nicht gebunden. Aus Gründen der Klarheit empfiehlt sich jedoch Schriftform. Sofern Grundbesitz zum Betriebsvermögen des Einzelunternehmens gehört, bedarf der gesamte Eintrittsvertrag der **notariellen Form,** § 311b Abs. 1 BGB.

3 Rechtlich handelt es sich um die Neugründung einer Personengesellschaft, bei der das bisherige Einzelunternehmen als Sacheinlage im Wege der Einzelrechtsnachfolge (*MünchKommHGB/Thiessen* § 28 HGB Rz. 1) in das Gesellschaftsvermögen eingebracht wird. Es ist also eine Einzelübertragung aller zum Unternehmen gehörenden Aktiva und Passiva erforderlich. Arbeitsverträge gehen gem. § 613a BGB über. Die Haftung nach § 28 HGB bewirkt einen Schuldbeitritt; Einzelkaufmann und Gesellschaft sind Gesamtschuldner (*MünchKommHGB/Thiessen* § 28 HGB Rz. 27).

c) Steuerrecht

4 Der Eintritt eines Gesellschafters in das Einzelunternehmen durch Gründung einer Personenhandelsgesellschaft stellt für den bisherigen Einzelunternehmer eine Einbringung iSd. § 24 UmwStG dar (vgl. *W/M* § 24 UmwStG Rz. 7812; vgl. auch *H/M/B/* § 24 UmwStG Rz. 62). Die Gesellschaft kann demzufolge das eingebrachte Betriebsvermögen **auf Antrag** in ihrer Bilanz einschließlich der Ergänzungsbilanzen zum Buchwert, oder zu einem Zwischenwert ansetzen (§ 24 Abs. 2 S. 2 UmwStG). Ohne Antrag erfolgt der Ansatz zum gemeinen Wert (§ 24 Abs. 2 S. 1 UmwStG). Dieser Wertansatz gilt für den einbringenden Einzelunternehmer zugleich als Veräußerungspreis (§ 24 Abs. 3 UmwStG). Zur steuerlichen Behandlung der Einbringung mit „Mischentgelt" (Einbringung gegen Gesellschaftsanteile zzgl. weiterer Gegenleistungen (vgl. BFH X R 42/10 v. 18.9.13, DStR 13, 2380) sieht § 24 Abs. 2 S. 2 Nr. 2 UmwStG idF. des StÄndG 2015 v. 2.11.15 (BGBl. I 15, 1834) eine Verschärfung dahingehend vor, dass eine Buchwerteinbringung bei einer Einbringung mit weiteren Gegenleistungen nur noch dann möglich ist, soweit die Gegenleistung 25% des Buchwerts des eingebrachten Betriebsvermögens oder 500.000 EUR, höchstens jedoch den Buchwert des eingebrachten Betriebsvermögens, nicht übersteigt. Werden diese Werte überschritten, so sind künftig die stillen Reserven anteilig aufzudecken. Die Änderungen sind erstmals anzuwenden auf Einbringungen mit einem erfolgten Umwandlungsbeschluss bzw. einem abgeschlossenen Einbringungsvertrag nach dem **31.12.14** (§ 27 Abs. 14 UmwStG). Zur Änderung s. *Richter* DStR 15, 840. Vgl. auch ausführlich A. 9.18 Rz. 5f.

5 Soweit im Zusammenhang mit der Einbringung stille Reserven aufgedeckt werden, kommt der ermäßigte Steuersatz des § 34 EStG zur Anwendung (vgl. hierzu A. 8.10 Rz. 3).

Sofern sich im Vermögen des Einbringenden Grundstücke befanden, löst die Ein- 6
bringung Grunderwerbsteuer aus, § 1 Abs. 1 Nr. 1 GrEStG. Gemäß § 5 Abs. 2 GrEStG
besteht Steuerfreiheit in Höhe des Anteils des Einbringenden an der übernehmenden
Personengesellschaft. Spätere Änderungen der Anteilsverhältnisse können nach § 1
Abs. 2a und 3 Grunderwerbsteuer auslösen bzw. innerhalb eines Fünfjahreszeitraums
eine Steuerbefreiung nach § 5 Abs. 1 oder 2 GrEStG rückwirkend entfallen lassen, § 5
Abs. 3 GrEStG. Zur Umschreibung des Grundbesitzes im Grundbuch muss das Finanzamt die grunderwerbsteuerliche Unbedenklichkeit des Erwerbsvorgangs aufgrund
Grunderwerbsteuerfreiheit oder Entrichtung der Steuer bescheinigen, § 22 GrEStG.

2. Einzelerläuterungen

Zu § 3: Haftungsausschluss

Der Haftungsausschluss wirkt im Außenverhältnis nur, wenn eine entspr. Eintra- 7
gung in das Handelsregister erfolgt und bekannt gemacht worden ist oder der Haftungsausschluss von einem der Gesellschafter dem Gläubiger mitgeteilt worden ist
(§ 28 Abs. 2 HGB). Wird der frühere Geschäftsinhaber Kommanditist und haftet die
Gesellschaft für die Altschulden, wird seine eigene – persönliche – Nachhaftung nach
§§ 28 Abs. 3, 26 Abs. 1 HGB auf die Verbindlichkeiten eingeschränkt, die innerhalb
von fünf Jahren nach Eintragung im Handelsregister fällig und – innerhalb dieser Frist
– gerichtlich geltend gemacht oder schriftlich anerkannt werden.

Die Übertragung des Einzelunternehmens in seiner Gesamtheit führt zu einer gesetz- 7a
lichen Haftung für betriebliche Steuerschulden dieses Unternehmens, insbesondere also
Umsatzsteuer-, Gewerbesteuer-, Lohnsteuer-, Kapitalertragsteuer- und Zollverbind-
lichkeiten, § 75 AO. Im Außenverhältnis kann diese Haftung nicht ausgeschlossen werden. Zeitlich gibt es eine Beschränkung dahin, dass nur gehaftet wird, soweit Steuer und
Abzugsbeträge seit Beginn des letzten vor der Übertragung liegenden Kalenderjahres
entstanden sind. Übertragung bedeutet dabei tatsächliche Übergabe des Unternehmens
(nicht also unbedingt der Vertragsschluss (vgl. *Klein/Rüsken* § 75 AO Rz. 36 ff.).

Zu § 4: Beteiligung der Vertragschließenden

Bei einer kapitalistisch gewünschten Struktur der Gesellschaft, die heute üblich ist, 8
empfiehlt es sich, die Beteiligung der Gesellschafter auf Festkonten festzuschreiben.
Sonst würde u. a. insb. für die Gewinn- und Verlustverteilung die sehr unpräzise Regelung des § 168 HGB gelten.

Zu § 5: Stille Reserven – Aufgeld

Sind keine stillen Reserven vorhanden oder sollen solche nicht abgegolten werden, 9
so empfiehlt sich eine Regelung der vorgeschriebenen Art. Anderenfalls wäre das Agio
zu fixieren. In seiner Höhe würden beim Eintretenden zusätzliche Anschaffungskosten
entstehen, die dieser in einer Ergänzungsbilanz aktivieren müsste. Für den bisherigen
Einzelunternehmer gilt dann § 24 UmwStG, vgl. Rz. 4.

A. 8.22 Firma (Änderung)

I. FORMULARE

Formular A. 8.22 Änderung der Firma

BESCHLUSS

**Die unterzeichneten Gesellschafter der A-KG, nämlich A und B als persönlich haf-
tende Gesellschafter und C und D als Kommanditisten, haben sich heute unter Ver-**

zicht auf alle gesetzlichen und/oder statutarischen Form- und/oder Fristvorschriften
zu einer

AUSSERORDENTLICHEN GESELLSCHAFTERVERSAMMLUNG

zusammengefunden und Folgendes einstimmig beschlossen:

Die bisherige Firma A-KG wird geändert. Die Gesellschaft soll nunmehr

A- und B-KG

heißen.

Weitere Beschlüsse wurden nicht gefasst.

....

(Unterschriften)

Formular A. 8.22a Handelsregisteranmeldung

An das

Amtsgericht

– Handelsregister A –

A-Stadt

durch elektronische Übermittlung

HRA

A-KG

Die unterzeichneten Gesellschafter der im Rubrum genannten Gesellschaft melden
hiermit zur Eintragung in das Handelsregister an:

Die Gesellschaft führt nunmehr die Firma

A & B-KG

Das Geschäftslokal befindet sich weiterhin in ....

....

(Unterschriften)   (Beglaubigungsvermerk)

II. ERLÄUTERUNGEN

Erläuterungen zu A. 8.22 Änderung der Firma

1   Die Änderung der Firma der KG bedarf eines Gesellschafterbeschlusses mit der nach
Vertrag erforderlichen Mehrheit. Anders als im Kapitalgesellschaftsrecht besteht bei
Personengesellschaften kein Erfordernis, im Fall von Beschlüssen, durch die der Gesellschaftsvertrag materiell geändert wird, auch den Vertragstext des Gesellschaftsvertrags zu ändern. Der Klarheit halber, ist es aber zu empfehlen. Zur nunmehr weitgehenden Freiheit bei der Firmierung vgl. A. 8.00 Rz. 26 ff.

Erläuterungen zu A. 8.22a Handelsregisteranmeldung

2   Die Änderung ist im Hinblick auf die Vorschriften der §§ 161 Abs. 2, 107 f. HGB
von allen Gesellschaftern, also auch den Kommanditisten anzumelden. Die Unterschriften bedürfen der notariellen Beglaubigung (§ 12 HGB).

A. 8.23 Fortsetzungsbeschluss

I. FORMULARE

Formular A. 8.23 Fortsetzungsbeschluss

BESCHLUSS

Die unterzeichneten Gesellschafter der in Liquidation befindlichen A-KG iL haben sich heute unter Verzicht auf alle gesetzlichen und/oder statutarischen Form- und/oder Fristvorschriften zu einer

AUSSERORDENTLICHEN GESELLSCHAFTERVERSAMMLUNG

zusammengefunden und folgendes einstimmig beschlossen:

Der Liquidationsbeschluss vom ...... wird aufgehoben. Die Gesellschaft wird fortgesetzt.

Weitere Beschlüsse wurden nicht gefasst.

....

(Unterschriften)

Formular A. 8.23a Handelsregisteranmeldung

An das

Amtsgericht

– Handelsgericht A –

A-Stadt

durch elektronische Übermittlung

HRA

A-KG

Die unterzeichneten Gesellschafter der im Rubrum genannten Gesellschaft nehmen Bezug auf die am ...... angemeldete Liquidation der Gesellschaft und melden zur Eintragung in das Handelsregister hiermit an:

Wir haben einstimmig den Beschluss über die Liquidation der Gesellschaft aufgehoben und beschlossen, dass die Gesellschaft mit sofortiger Wirkung wieder werbend tätig wird. Die Firma bleibt unverändert.

Die Geschäftsräume befindet sich nach wie vor in ....

....

(Unterschriften)   (Beglaubigungsvermerk)

II. ERLÄUTERUNGEN

Erläuterungen zu A. 8.23 Fortsetzungsbeschluss

Stellt sich während der Liquidationsphase aber vor Vollbeendigung der Gesellschaft **1** und Beendigung der Liquidation heraus, dass die Gesellschaft fortgeführt werden soll, so ist hierfür ein Gesellschafterbeschluss erforderlich und ausreichend.

Erläuterungen zu A. 8.23a Handelsregisteranmeldung

2   Die Fortführung der Gesellschaft ist zum Handelsregister anzumelden, wobei die Anmeldung notarieller Beurkundung bedarf (§ 12 HGB).

A. 8.24 Geschäftsführung und Vertretung (Änderung)

I. FORMULARE

Formular A. 8.24 Änderung der Geschäftsführung und Vertretung

BESCHLUSS

Die unterzeichneten Gesellschafter der „A-KG" haben sich heute unter Verzicht auf alle gesetzlichen und/oder statutarischen Form- und/oder Fristvorschriften zu einer

AUSSERORDENTLICHEN GESELLSCHAFTERVERSAMMLUNG

zusammengefunden und folgendes beschlossen:

Der Komplementär B ist nicht mehr zur Geschäftsführung und Vertretung befugt. Die Gesellschaft wird nunmehr allein von dem Komplementär A vertreten, der auch die Geschäftsführung innehat.

Weitere Beschlüsse wurden nicht gefasst.

....

(Unterschriften)

Formular A. 8.24a Handelsregisteranmeldung

An das

Amtsgericht

– Handelsregister A –

A-Stadt

durch elektronische Übermittlung

HRA

A-KG

Die unterzeichneten Gesellschafter der im Rubrum genannten Gesellschaft melden hiermit zur Eintragung in das Handelsregister an:

Der Komplementär B ist nicht mehr zur Vertretung der Gesellschaft berechtigt. Diese wird nunmehr allein durch den Komplementär A *[Name, Vorname, Geburtsdatum, Wohnort]* vertreten.

Die Geschäftsräume befinden sich weiterhin in ....

....

(Unterschriften)   (Beglaubigungsvermerk)

II. ERLÄUTERUNGEN

Erläuterungen zu A. 8.24 Änderung der Geschäftsführung und Vertretung

1   Gem. §§ 161 Abs. 2, 114 Abs. 2, 125 Abs. 1 Halbs. 2 HGB kann einem von mehreren persönlich haftenden Gesellschaftern die Geschäfts- und Vertretungsbefugnis entzogen werden (vgl. auch BGH II ZR 217/07 v. 11.2.08, NJW-Spezial 09, 240).

Der Ausschluss des Vertretungsrechts ist gem. §§ 106 Abs. 2 Nr. 4, 107 HGB zur 2
Eintragung in das Handelsregister anzumelden. Die Unterschriften der Gesellschafter
sind notariell zu beglaubigen (§ 12 HGB).

A. 8.25 Handelsregistervollmacht

I. FORMULAR

Formular A. 8.25 Handelsregistervollmacht

Ich, B *(Geburtsdatum, Anschrift),* **erteile der A-GmbH** *(Firma, Sitz, Handelsregister-nummer)* **als alleinvertretungsberechtigter Komplementär der X GmbH & Co. KG** *(Sitz, Handelsregisternummer)* **Vollmacht, mich bei allen Anmeldungen zur Eintragung in das Handelsregister zu vertreten, zu deren Vornahme ich als Kommanditist der X GmbH & Co. KG verpflichtet bin. Ausgenommen sind Anmeldungen, die mein Ausscheiden aus der Gesellschaft oder die Erhöhung meiner Kapitaleinlage (Haftsumme) betreffen.**

Die Vollmacht soll über meinen Tod hinaus gültig sein, bis sie von meinen Erben widerrufen wird.

Ort, Datum

....

(Unterschriften)   **(Beglaubigungsvermerk)**

II. ERLÄUTERUNGEN

Erläuterungen zu A. 8.25 Handelsregistervollmacht

Die Vertretung bei Anmeldungen zum Handelsregister ist grds. zulässig (vgl. § 12 1
Abs. 1 S. 2 HGB). Die Vorschrift des § 108 Abs. 1 HGB, wonach Anmeldungen zum
Handelsregister von sämtlichen Gesellschaftern zu bewirken sind, führt bei Publikumsgesellschaften mit einer großen Zahl von Kommanditisten zu praktischen Problemen. Es
ist bei diesen Gesellschaften sinnvoll und üblich, dass dem geschäftsführenden Gesellschafter durch die Kommanditisten eine öffentlich beglaubigte **Handelsregistervollmacht** erteilt wird (zum Sonderfall einer von einem Treuhänder vermittelten und fi-
nanzierten Immobilienbeteiligung s. BGH XI ZR 195/09 v. 23.2.20, BeckRS 2010,
07175).

(frei)   2

Vollmachten für Anmeldungen beim Handelsregister müssen aus sich selbst heraus 3
verständlich sein. Eine über ihren Wortlaut hinausgehende Auslegung ist unzulässig
(OLG Frankfurt 20 W 143/10 v. 3.5.10, FGPrax 10, 305; KG Berlin 1 W 4/04 v.
1.3.05, DB 05, 1620).

Bei einer GmbH & Co. KG ist es sinnvoll, die jeweilige Komplementär-GmbH zu 4
bevollmächtigen.

Bei Anmeldungen, die die Haftung des Kommanditisten berühren, wird sich der 5
Betroffene vielfach die eigene Mitwirkung vorbehalten wollen. Rechtlich geboten
sind die Einschränkungen allerdings nicht.

Die postmortale Vollmacht ist auch bei Handelsregisteranmeldungen zulässig (OLG 6
Hamburg 2 W 53/74 v. 18.6.74, MDR 74, 1022; *Baumbach/Hopt/Hopt* § 12 HGB
Rz. 3).

7 Die Vollmacht muss keine Befreiung von den Beschränkungen des § 181 BGB enthalten, da sie eine verfahrensrechtliche Erklärung und kein Rechtsgeschäft darstellt,
das vom Verbot des Selbstkontrahierens bzw. der Mehrfachvertretung erfasst wäre.

A. 8.26 Kündigung durch Privatgläubiger eines Gesellschafters

I. FORMULAR

Formular A. 8.26 Kündigung

KÜNDIGUNG

An die

A-GmbH & Co. KG

z. H. der Geschäftsführung

deren Komplementärin, der

B-GmbH

Nach dem rechtskräftigen Urteil des Landgerichts ...... v. ...... habe ich gegen Herrn
A wegen einer Forderung von € ...... nebst ......% Zinsen seit dem ...... ohne Erfolg in
dessen bewegliches Vermögen zu vollstrecken versucht. Eine einfache Kopie des
Urteils sowie eine Bescheinigung des Gerichtsvollziehers über die Fruchtlosigkeit
der Zwangsvollstreckung überreiche ich in der Anlage.

Durch Beschluss des AG ...... v. ...... ist auf Grund dieses Urteils der Anteil des Herrn
A am Gesellschaftsvermögen gepfändet sowie sein Gewinnanspruch mir überwiesen
worden. Dieser Beschluss ist Ihnen am ...... zugestellt worden.

Ich kündige hiermit die Gesellschaft unter Einhaltung der gesetzlich vorgeschriebenen Sechsmonatsfrist zum Ende des Geschäftsjahres, also zum 31.12.20..

....

(Unterschriften)

Formular A. 8.26a Handelsregisteranmeldung

Siehe Formular A. 8.16a bzw. bei Ausscheiden des letzten Kommanditisten Formular A. 8.17a.

II. ERLÄUTERUNGEN

Erläuterungen zu A. 8.26 Kündigung

1. Zivilrecht

1 In Gesellschaftsverträgen ist regelmäßig vorgesehen, dass ein Ausscheiden des von
einer Kündigung bzw. einer Pfändung des Geschäftsanteils betroffenen Gesellschafters
bereits mit der Pfändung erfolgt (vgl. zB Formular A. 8.00 § 15 und Formular A. 8.01
§ 18). Enthält der Gesellschaftsvertrag keine entspr. Bestimmung, so kann der Privatgläubiger des Gesellschafters unter den Voraussetzungen des § 135 HGB die Gesellschaft kündigen und das Abfindungsguthaben sowie Gewinnansprüche etc. pfänden.

2 Entgegen der früheren Rechtslage führt die Kündigung nicht mehr zur Auflösung
der Gesellschaft, sondern auch ohne entspr. gesellschaftsvertragliche Regelung gem.

§ 131 Abs. 3 Nr. 4 HGB zum Ausscheiden des betroffenen Gesellschafters. Zu den Einzelheiten vgl. A. 9.22 Rz. 1 ff.; vgl. dort auch zu den geltenden Übergangsvorschriften und einem etwa erforderlichen Fortsetzungsbeschluss.

2. Steuerrecht

Der ausscheidende Gesellschafter veräußert seinen Anteil an die verbleibenden Ge- 3 sellschafter (Folge: Ein Veräußerungsgewinn unterliegt gem. § 16 Abs. 1 Nr. 2 iVm. § 34 EStG dem begünstigten Steuersatz: Die gilt auch für die Gewerbesteuer, vgl. GewStR 7.1 Abs. 3 S. 3; BFH VIII R 7/01 v. 15.6.05, BStBl. II 04, 754). Zu den Einzelheiten vgl. A. 9.10 Rz. 5 ff.

Erläuterungen zu A. 8.26a Handelsregisteranmeldung

Für den Fall der Fortsetzung der Gesellschaft ist lediglich das Ausscheiden des Ge- 4 sellschafters anzumelden. Erläuterungen hierzu s. unter A. 8.16 Rz. 5. Bei Ausscheiden des letzten Kommanditisten s. A. 8.17 mwN.

A. 8.27 Nießbrauch

Gliederung

I. FORMULAR

Formular A. 8.27 Nießbrauchsbestellung

NIESSBRAUCHSBESTELLUNG

zwischen

A   – nachfolgend Kommanditist genannt –

und

N   – nachfolgend Nießbraucher genannt –

§ 1 Nießbrauchsbestellung

(1) Kommanditist bestellt Nießbraucher an seinem Kommanditanteil an der „A-KG" den lebenslänglichen, unentgeltlichen Nießbrauch.

(2) Der Nießbrauch besteht an dem gesamten Kommanditanteil des Kommanditisten, jedoch nicht an etwaigen Forderungskonten. Der Nießbrauch setzt sich im Falle des Ausscheidens des Kommanditisten aus der Gesellschaft oder bei Auflösung der Gesellschaft an dem jeweiligen Surrogat, insbesondere an einer Abfindung oder einem Auseinandersetzungsguthaben, fort. Erlischt die Gesellschaft durch Anteilsvereinigung, erhält der Nießbraucher einen entsprechenden Nießbrauch am Gesellschaftsvermögen.

§ 2 Umfang des Nießbrauchs

Für die Dauer der Nießbrauchsbestellung stehen dem Nießbraucher sämtliche auf den Gesellschaftsanteil entfallenden entnahmefähigen Gewinnanteile – ausgenom-

men solche aus außerordentlichen Erträgen – sowie die auf die Gesellschafterkonten entfallenden entnahmefähigen Zinsen zu. Die Entnahmefähigkeit ergibt sich aus Gesetz, Gesellschaftsvertrag, festgestellten Jahresabschlüssen und sonstigen Gesellschafterbeschlüssen. An Verlusten ist der Nießbraucher nicht beteiligt.

§ 3 Stimm- und sonstige Rechte

Die mit der Kommanditistenstellung verbundenen Stimm- und sonstigen Rechte stehen dem Kommanditisten weiterhin zu.

§ 4 Informationspflicht

Der Kommanditist ist verpflichtet, dem Nießbraucher im Rahmen der ihm von Gesetz und Gesellschaftsvertrag eingeräumten Informationsrechte auf Verlangen Auskunft über die Angelegenheiten im Zusammenhang mit der Kommanditistenstellung zu erteilen, soweit nicht ausdrückliche Geheimhaltungsvorschriften dem entgegenstehen.

§ 5 Erhöhung der Beteiligung

(1) Erfolgt eine Erhöhung der Beteiligung des Kommanditisten aus Gesellschaftsmitteln, so unterliegt der aus der Erhöhung auf den Kommanditisten entfallende Betrag dem Nießbrauch.

(2) Erfolgt eine Kapitalerhöhung, bei welcher der Kommanditist weitere Einlagen leistet, so ist der aus der Einlagenerhöhung hervorgehende Teil nicht vom Nießbrauch erfasst.

§ 6 Vorbehalt der Zustimmung der Mitgesellschafter

Es besteht Einigkeit darüber, dass zur Wirksamkeit dieser Nießbrauchsbestellung die Zustimmung der Mitgesellschafter des Kommanditisten erforderlich ist. Insoweit steht die Wirksamkeit dieses Vertrags unter der aufschiebenden Bedingung der Zustimmungserteilung durch Gesellschafterbeschluss.

§ 7 Sonstiges

(1) Die mit dem Abschluss und der Durchführung dieses Vertrags entstehenden Kosten trägt der Nießbraucher.

(2) Sollte ein Teil dieses Vertrags nichtig oder unwirksam sein, so soll an die Stelle der nichtigen oder unwirksamen Bestimmung eine angemessene Ersatzregelung treten, die dem Geist dieses Vertrags gerecht wird und von der angenommen werden kann, dass die Vertragschließenden sie vereinbart hätten, wenn sie die Nichtigkeit gekannt hätten. Die übrigen Bestimmungen dieses Vertrags bleiben von der Nichtigkeit oder Unwirksamkeit unberührt.

(3) Jede Änderung dieses Vertrags bedarf der Schriftform, soweit gesetzlich nicht notarielle Beurkundung vorgeschrieben ist.

....

(Unterschriften)

II. ERLÄUTERUNGEN

> **Erläuterungen zu A. 8.27 Nießbrauchsbestellung**

1. Grundsätzliche Anmerkungen

a) Zivilrecht

1   Der **Nießbrauch am Anteil an einer Personengesellschaft** ist nach ganz hM als echter Nießbrauch an einem Recht ohne Vollübertragung des Gesellschaftsanteils auf

den Nießbraucher zulässig, § 1068 BGB (vgl. BGH II ZR 143/69 v. 20.4.72, BGHZ 58, 316 und *MünchKommBGB/Schäfer* § 705 BGB Rz. 96 und *MünchKommBGB/Schäfer* § 717 BGB Rz. 7 ff.). Wegen näherer Einzelheiten vgl. A. 9.23 Rz. 1 ff. (vgl. dortiges Vertragsmuster und Regelungen zur Nießbrauchsbestellung bei Auseinanderfallen von Stammrecht einerseits und Nießbrauch andererseits bspw. wegen Vererbung des Stammrechts an die Kinder und des Nießbrauchs an den überlebenden Ehegatten).

b) Steuerrecht

Einkommensteuer: Die ertragsteuerlichen Folgen der Nießbrauchsbestellung rich- **2** ten sich danach, in welchem Umfang dem Nießbraucher neben dem reinen Gewinnbezugsrecht weitere Rechte, insbes. Stimmrechte übertragen werden. Grds. gilt, dass bei Vollrechtsübertragung der Nießbraucher Mitunternehmer wird. Bei der **Bestellung eines abgespaltenen, echten Nießbrauchs** an der Mitgliedschaft ohne Übertragung des Gesellschaftsanteils wird der Nießbraucher dann Mitunternehmer, wenn er insb. die Stimmrechte ausüben kann und im Einzelfall Mitunternehmerinitiative entfaltet.

Verlustanteile: Insoweit kommt es darauf an, wie das Rechtsverhältnis zwischen **3** Nießbraucher und dem Nießbrauchsbesteller ausgestaltet ist und wer danach den Verlust erlitten hat. Ohne besondere Regelung geht die hM davon aus, dass sie dem Besteller zuzurechnen sind (*Schmidt/Wacker* § 15 EStG Rz. 311 mwN). Bei **Nießbrauchsbestellung** durch Belastung des **Gewinnstammrechts** oder der Gewinnansprüche wird der Nießbraucher nicht Mitunternehmer. Die Bezüge des Nießbrauchers sind entweder nichtsteuerpflichtige Einnahme und beim Nießbrauchsbesteller entsprechend nicht abzugsfähige Einkommensverwendung gem. § 12 Nr. 2 EStG oder es handelt sich um wiederkehrende Bezüge iSv. § 22 Nr. 1 EStG (dann beim Nießbrauchsbesteller entsprechend Sonderausgaben, § 10 Abs. 1 Nr. 1a EStG).
Wegen der Einzelheiten vgl. A. 9.23 Rz. 6 ff.

Erbschaft- und Schenkungsteuer: Vgl. hierzu A. 9.23 Rz. 11. **4**

2. Einzelerläuterungen

Zu § 1: Nießbrauchsbestellung

Die Bestellung des Nießbrauchs erfolgt nach den für die Übertragung des Gesell- **5** schaftsanteils geltenden Vorschriften (§ 1069 Abs. 1 BGB). Grds. reicht also ein formloser Vertrag aus. Schon aus steuerlichen Gründen ist jedoch die Einhaltung der Schriftform anzuraten.

Zu § 2: Umfang des Nießbrauchs

Dem Nießbraucher stehen kraft Gesetzes (§§ 1068 Abs. 2, 1030, 100 BGB) die **6** Früchte des Gesellschaftsanteils (§ 99 BGB) sowie die Vorteile, welche der Gebrauch des Anteils gewährt, zu. Der Nießbraucher kann jedoch die Früchte nur insoweit in Anspruch nehmen, als sie dem Anteilsinhaber nach dem Gesellschaftsvertrag zustehen. Er ist also insbes. an **Entnahmebeschränkungen** gebunden. Für die Frage der steuerlichen Zurechnung ist es unbeachtlich, ob Gewinne entnommen werden können oder nicht. Durch die Übertragung der Mitgliedschaft können die Anteile an der Gesellschaft in einer Hand zusammenfallen. Erlischt hierdurch die Gesellschaft, so erlischt auch der Nießbrauch am Anteil (OLG Düsseldorf 3 Wx 209/98 v. 14.9.98, NJW-RR 99, 619). Ein Verfügungsschutz nach § 1071 BGB besteht insoweit nicht. Für diesen Fall kann jedoch ein entsprechender Quotennießbrauch am Gesellschaftsvermögen vereinbart werden.
Vgl. hierzu ergänzend A. 9.23 Rz. 17 f.

Zu § 3: Stimm- und sonstige Rechte

Wird zwischen Nießbrauchsbesteller und Nießbrauchsberechtigtem eine Mitunter- **7** nehmerschaft gewünscht, empfiehlt es sich, mit Rücksicht auf BFH IV R 67/69 v.

11.4.73, BFHE 109, 133 dem Nießbraucher das gesamte Stimmrecht zuzuweisen. Zu den möglichen Alternativen vgl. Formular A. 9.23 § 3 (Gesellschafterrechte) sowie A. 9.23 Rz. 19.

Zu § 4: Informationspflicht

8   Das beiderseitige Informationsrecht empfiehlt sich, um möglichen Schwierigkeiten auf der Gesellschaftsebene zu begegnen. Der Nießbraucher hat keinen eigenen Informationsanspruch gegenüber der Gesellschaft.

Zu § 5: Erhöhung der Beteiligung

9   Das Formular geht davon aus, dass Erhöhungen des Anteils dann vom Nießbrauch erfasst sein sollen, wenn die Erhöhung aus Gesellschaftsmitteln erfolgt. Erhöhungen infolge von Leistungen des Gesellschafters verbleiben demgegenüber außerhalb des Nießbrauchs.

    Zu möglichen Alternativen vgl. Formular A. 9.23 § 5 (Änderung der Kapitalverhältnisse) und A. 9.23 Rz. 21.

Zu § 6: Vorbehalt der Zustimmung der Mitgesellschafter

10   Die Bestellung eines Nießbrauchs ist nur zulässig, wenn der Gesellschaftsanteil als solcher übertragbar ist (§ 1069 Abs. 2 BGB). Da hierfür die Zustimmung der Gesellschafter erforderlich ist, wird diese auch für die Einräumung des Nießbrauchs benötigt. Vgl. weiter A. 9.23 Rz. 2.

A. 8.28 Prokura (Erteilung) mit Anmeldung

I. FORMULARE

Formular A. 8.28 Prokura

PROKURA

Herrn A

......

Wir freuen uns, Ihnen mitteilen zu können, dass die Gesellschafterversammlung mit Beschluss vom ...... Ihnen für unsere Gesellschaft Prokura in der Form der Gesamtprokura erteilt hat. Sie vertreten die Gesellschaft in Gemeinschaft mit einem anderen Prokuristen oder zusammen mit der persönlich haftenden Gesellschafterin.

..

(Unterschriften)

Formular A. 8.28a Handelsregisteranmeldung

An das

Amtsgericht

– Handelsregister A –

A-Stadt

durch elektronische Übermittlung

HRA

A-GmbH & Co. KG

Die unterzeichnete persönlich haftende Gesellschafterin der im Rubrum genannten Gesellschaft meldet hiermit zur Eintragung in das Handelsregister an:

Herrn A (Name, Vorname, Geburtsdatum, Wohnort)

ist Prokura in der Form der Gesamtprokura erteilt worden. Der Prokurist vertritt die Gesellschaft in Gemeinschaft mit einem anderen Prokuristen oder in Gemeinschaft mit der persönlich haftenden Gesellschafterin.

Ich überreiche als Anlage die Niederschrift der Gesellschafterversammlung vom ...... in beglaubigter Abschrift.

....

(Unterschriften) **(Beglaubigungsvermerk)**

II. ERLÄUTERUNGEN

Erläuterungen zu A. 8.28 Prokura

Die Erteilung der Prokura erfolgt formlos durch den Geschäftsinhaber gemäß § 48 **1** Abs. 1 HGB.

Im Fall der GmbH & Co. KG erfolgt die Erteilung durch die persönlich haftende Gesellschafterin gem. §§ 161 Abs. 2, 116 Abs. 3 Satz 1, 126 Abs. 1 HGB. Die Prokura kann auch als Alleinprokura erteilt werden. Die Anmeldepflicht sowie die Pflicht zur notariellen Beglaubigung ergibt sich aus §§ 53 Abs. 1, 12 Abs. 1 HGB.

Bei der GmbH & Co. KG kann Prokura auch bei der GmbH erteilt werden. Dann **2** handelt der Prokurist – entweder allein oder in Gesamtvertretung – mittelbar für die KG.

A. 8.29 Sitzverlegung mit Anmeldung

I. FORMULARE

Formular A. 8.29 Sitzverlegung

BESCHLUSS

Die unterzeichneten Gesellschafter der A-KG haben sich heute unter Verzicht auf alle gesetzlichen und/oder statutarischen Form- und/oder Fristvorschriften zu einer

AUSSERORDENTLICHEN GESELLSCHAFTERVERSAMMLUNG

zusammengefunden und Folgendes beschlossen:

Der Sitz der Gesellschaft wird verlegt nach A-Stadt.

Die Geschäftsräume befinden sich dort in der B-Straße.

....

(Unterschriften)

Formular A. 8.29a Handelsregisteranmeldung

An das

Amtsgericht

– Handelsregister A –

A-Stadt

durch elektronische Übermittlung

HRA

A-KG

Die unterzeichneten Gesellschafter der im Rubrum genannten Gesellschaft melden hiermit zur Eintragung in das Handelsregister an:

Der Sitz der Gesellschaft ist von Z-Stadt nach A-Stadt verlegt worden. Die Geschäftsräume der Gesellschaft befinden sich in A-Stadt in der B-Straße.

....

(Unterschriften)   (Beglaubigungsvermerk)

II. ERLÄUTERUNGEN

Erläuterungen zu A. 8.29 und A. 8.29a Sitzverlegung, Handelsregisteranmeldung

1   Die Sitzverlegung stellt sich als Änderung des Gesellschaftsvertrages dar und ist mit der für solche Änderungen notwendigen Mehrheit zu beschließen. Die Anmeldepflicht ergibt sich aus § 107 HGB. Anzumelden haben alle Gesellschafter, ihre Unterschriften müssen gem. § 12 HGB notariell beglaubigt werden. Zu den Folgen der Sitzverlegung ins Ausland siehe A. 8.00 Rz. 28.

A. 8.30 Verpfändung eines Kommanditanteils

I. FORMULAR

Formular A. 8.30 Verpfändung eines Kommanditanteils

Vorbemerkungen

An der A-KG sind als Komplementäre A ...... B ...... und als Kommanditist C ...... beteiligt. Die Gesellschaft ist im Handelsregister des Amtsgerichts ...... (HRA ......) eingetragen. C hat gegenüber der XY-Bank Verbindlichkeiten in Höhe von € ......,–. Der Gesellschaftsvertrag vom ...... sieht vor, dass die Verpfändung von Gesellschaftsanteilen nur mit ausdrücklicher Zustimmung aller Gesellschafter der A-KG zulässig ist. Die Gesellschafterversammlung der A-KG hat gem. Gesellschaftsbeschluss vom ...... einer Verpfändung des Gesellschaftsanteils des C an die XY-Bank zum Zwecke der Sicherung des Kredits einstimmig mit der Maßgabe zugestimmt, dass in dem Vertrag über die Verpfändung den Gesellschaftern A und B ein Ablösungsrecht eingeräumt wird. Dies vorausgeschickt vereinbaren C und die XY-Bank was folgt:

§ 1 Verpfändung

Zur Sicherung eines C am ...... gewährten und am ...... rückzahlbaren Darlehens in Höhe von € ......,– nebst ...... Zinsen p.a. verpfändet C der XY-Bank seinen Gesellschaftsanteil an der oben bezeichneten A-KG.

§ 2 Rechte des Pfandnehmers/Pflichten des Verpfänders

(1) Alle auf den verpfändeten Gesellschaftsanteil entfallenden und nach dem Gesellschaftsvertrag entnahmefähigen Gewinne stehen der XY-Bank bis zur Höhe der jeweils fälligen Ansprüche aus dem Darlehensvertrag zu. Die übrigen Gesellschaftsrechte stehen C weiterhin zu.

(2) C ist verpflichtet, seiner Tätigkeit als Prokurist und seiner besonderen Mitarbeitspflicht auch weiterhin nachzukommen.

§ 3 Ablösungsrecht

(1) Den Mitgesellschaftern A und B der A-KG wird das Recht eingeräumt, den von der XY-Bank dem C gewährten Kredit bei Fälligkeit abzulösen, soweit C seinen Verpflichtungen nicht nachkommt.

(2) Das Pfandrecht geht für den Fall der Ablösung auf A und B über.

§ 4 Pfandverwertung

Die XY-Bank ist berechtigt, aus dem ihr verpfändeten Gesellschaftsanteil Befriedigung zu suchen, wenn C seine Verpflichtungen aus dem ihm gewährten Darlehen nicht rechtzeitig erfüllt und die Mitgesellschafter A und B von ihrem Ablöserecht gem. § 3 Abs. 1 keinen Gebrauch machen. Die Befriedigung hat durch öffentliche Versteigerung zu erfolgen, die in ...... vorzunehmen ist und von der XY-Bank mit einer Frist von vier Wochen anzudrohen ist.

§ 5 Sonstiges

(1) Die mit dem Abschluss und der Durchführung dieses Vertrags entstehenden Kosten trägt C.

(2) Sollte ein Teil dieses Vertrags nichtig oder unwirksam sein oder werden, so soll an die Stelle der nichtigen oder unwirksamen Bestimmung eine angemessene Ersatzregelung treten, von der angenommen werden kann, dass die Vertragschließenden sie vereinbart hätten, wenn sie die Nichtigkeit gekannt hätten. Die übrigen Bestimmungen dieses Vertrags bleiben von der Nichtigkeit oder Unwirksamkeit unberührt.

II. ERLÄUTERUNGEN

> **Erläuterungen zu A. 8.30 Verpfändung eines Kommanditanteils**

S. A. 9.25 Rz. 1 ff. Die Verpfändung ist eine Alternative zur Sicherungsübereignung **1** (vgl. Formular A. 8.12). Sind die Kommanditisten gleichzeitig an der Komplementär-GmbH beteiligt, kann der Gläubiger daran interessiert sein, auch die Geschäftsanteile an der Komplementär-GmbH zu pfänden. Die Verpfändung der Geschäftsanteile an der Komplementär-Gesellschaft beurteilt sich im Grundsatz nach den gleichen Regeln wie die Verpfändung von Kommanditanteilen, vgl. hierzu Formular A. 6.12.

A. 8.31 Vertretung und Geschäftsführung der KG (Entziehung durch gerichtliche Entscheidung)

I. FORMULAR

> **Formular A. 8.31 Vertretung und Geschäftsführung der KG (Entziehung durch gerichtliche Entscheidung)**

Gesellschafterversammlung der

A-KG

Die unterzeichneten Gesellschafter der A-KG haben sich am ...... in der Gaststätte ...... zu einer

AUSSERORDENTLICHEN GESELLSCHAFTERVERSAMMLUNG

zusammengefunden mit dem einzigen Tagesordnungspunkt:

Entziehung der Geschäftsführungs- und Vertretungsbefugnis des Komplementärs A durch das Gericht.

Die Gesellschafter wählten alsdann in offener Abstimmung den Komplementär B zum Versammlungsleiter. Dieser stellte fest, dass die Gesellschafterversammlung ordnungsgemäß durch seine an alle Gesellschafter ergangenen Einschreiben vom ...... einberufen worden ist. B stellte auch fest, dass alle Gesellschafter vertreten sind und damit Beschlussfähigkeit gegeben ist und dass A bei der Beschlussfassung kein Stimmrecht zustehe.

B rief sodann den einzigen Tagesordnungspunkt auf:

Beschlussfassung über die Klage auf Entziehung der Geschäftsführungs- und Vertretungsbefugnis des A.

B teilte hierzu mit, dass ihm beweisfähige Informationen darüber vorliegen, dass A in der Nachbarstadt B durch seine Frau als Treuhänderin ein in Wettbewerb mit der Gesellschaft stehendes Unternehmen betreibt und damit gegen § 112 HGB verstößt.

A gab hierzu keine Erklärungen ab.

B rief sodann den Tagesordnungspunkt zur Abstimmung auf.

Es wurde durch Handaufheben abgestimmt.

Von den vorhandenen 1.000 Stimmen stimmten 800 für die Klageerhebung.

....

(Unterschriften)

II. ERLÄUTERUNGEN

> **Erläuterungen zu A. 8.31 Vertretung und Geschäftsführung der KG (Entziehung durch gerichtliche Entscheidung)**

1   § 117 HGB sieht vor, dass einem Gesellschafter auf Antrag der übrigen Gesellschafter durch gerichtliche Entscheidung die Geschäftsführungsbefugnis entzogen werden kann, wenn ein wichtiger Grund vorliegt. Für die Vertretungsbefugnis enthält § 127 HGB die entsprechende Bestimmung. Das Entziehungsverfahren ist ein streitiges Verfahren, kein Verfahren der freiwilligen Gerichtsbarkeit.

2   Geschäftsführungs- und Vertretungsbefugnis können auch in getrennten Verfahren entzogen werden; zumeist geschieht das eine jedoch nicht ohne das andere (*Baumbach/Hopt* § 127 HGB Rz. 8). Als minderschwerwiegende Maßnahme ist auch die Beschränkung der Geschäftsführungs- und Vertretungsbefugnis möglich − etwa die Reduzierung von der Alleingeschäftsführungs- und Alleinvertretungsbefugnis auf die Kollektivgeschäftsführungs- und -vertretungsbefugnis.

3   Die Entziehung durch das Gericht ist zum Handelsregister anzumelden.

A. 8.32 Wechsel der Gesellschafterstellung

Gliederung

I. FORMULARE

> **Formular A. 8.32 Vertrag über den Wechsel der Stellung eines Komplementärs in die eines Kommanditisten und umgekehrt**

VERTRAG ÜBER DEN WECHSEL DER STELLUNG EINES KOMPLEMENTÄRS IN DIE EINES KOMMANDITISTEN UND UMGEKEHRT

zwischen

1. Herrn A
2. Herrn B und
3. Herrn C

Vorbemerkung:

An der Kommanditgesellschaft in Firma A und B KG mit Sitz in ...... sind A und B als Komplementäre und C als Kommanditist beteiligt.

A möchte aus Altersgründen mit Ablauf des Kalenderjahres zum 31.12.20.. aus der Stellung des Komplementärs in die eines Kommanditisten wechseln und sich aus der aktiven Tätigkeit für die Gesellschaft zurückziehen; dafür soll C mit Wirkung ab dem gleichen Zeitpunkt Komplementär der Gesellschaft werden.

Dies vorausgeschickt, vereinbaren die Parteien folgende Abänderungen des Gesellschaftsvertrages vom ....

§ 1 Wechsel von A in die Stellung des Kommanditisten

(1) Die bisherige Stellung von A als Komplementär wird mit Wirkung ab 1.1.20.. in die eines Kommanditisten geändert. Sein fester Kapitalanteil von € ......,– bleibt unverändert und wird als seine Hafteinlage in das Handelsregister eingetragen. Die Eintragung ist unverzüglich vorzunehmen.

(2) Die Tätigkeitsvergütung von A sowie der Gewinnvoraus von ......% entfallen mit Wirkung ab dem in Abs. 1 genannten Zeitpunkt. Im Übrigen verbleibt es bei den vertraglich vereinbarten Regelungen über die Beteiligung am Gewinn und die Entnahmen.

§ 2 Wechsel von C in die Stellung des Komplementärs

(1) C wird mit Wirkung ab 1.1.20.. persönlich haftender Gesellschafter. Seine gegenüber den Gesellschaftsgläubigern bestehende Haftungsbeschränkung auf die im Handelsregister eingetragene Hafteinlage wird aufgehoben. Sein fester Kapitalanteil von € ......,– bleibt unverändert.

(2) C ist verpflichtet, zukünftig seine ganze Arbeitskraft in den Dienst der Gesellschaft zu stellen. Ihm steht eine Tätigkeitsvergütung in Höhe von jährlich € ......,– zu; die Tätigkeitsvergütung ist in zwölf gleich bleibenden monatlichen Raten zu zahlen. Im Verhältnis der Gesellschafter zueinander wird die Vergütung als Aufwand behandelt.

(3) Neben der Tätigkeitsvergütung (Abs. 2) erhält C einen Gewinnvoraus von ......% für die Übernahme der persönlichen Haftung. Maßgeblich ist der Gewinn, der nach Berücksichtigung der Beträge verbleibt, die im Verhältnis der Gesellschafter zueinander als Aufwand und Ertrag zu behandeln sind.

§ 3 Firma

Die Firma der Gesellschaft wird unverändert fortgeführt.

§ 4 Fortgeltung des Gesellschaftervertrages

Der Gesellschaftsvertrag vom ...... gilt unverändert fort, soweit sich aus den vorstehenden Bestimmungen nichts Gegenteiliges ergibt.

§ 5 Teilnichtigkeit

Sollte eine Bestimmung dieses Vertrages nichtig, anfechtbar oder unwirksam sein, so soll die Wirksamkeit der übrigen Bestimmungen hiervon nicht berührt werden. Die angreifbare Bestimmung ist vielmehr so auszulegen, dass der mit ihr erstrebte wirtschaftliche und/oder ideelle Zweck nach Möglichkeit erreicht wird. Dasselbe gilt sinngemäß für die Ausfüllung von Vertragslücken.

§ 6 Kosten

Die Kosten dieses Vertrages sowie der Handelsregisteranmeldung trägt die Gesellschaft.

Formular A. 8.32a Handelsregisteranmeldung

An das Amtsgericht

– Registergericht –

A-Stadt

durch elektronische Übermittlung

Betr.: A- und B-KG

HRA-Nr ......

Zur Eintragung in das Handelsregister wird angemeldet:

1. Der bisherige persönlich haftende Gesellschafter A ist mit Ablauf des 31.12.20.. als persönlich haftender Gesellschafter ausgeschieden und mit Wirkung zum 1.1.20.. als Kommanditist mit einer Hafteinlage von € ......,– eingetreten.

2. Der bisherige Kommanditist C ist mit Ablauf des 31.12.20.. als Kommanditist aus der Gesellschaft ausgeschieden und zugleich mit Wirkung ab 1.1.20.. als persönlich haftender Gesellschafter in die Gesellschaft eingetreten.

3. Die Firma der Gesellschaft wird unverändert fortgeführt. A willigt in die Fortführung ein.

4. Die persönlich haftenden Gesellschafter A und C vertreten die Gesellschaft je einzeln.

....　　....................................　　....................................

(Unterschrift A)　　　　　　　　(Unterschrift B)　　　　　　　　(Unterschrift C)

　　　　　　　　　　　　　　　....................................

　　　　　　　　　　　　　　　(Beglaubigungsvermerk)

II. ERLÄUTERUNGEN

> **Erläuterungen zu A. 8.32 Vertrag über den Wechsel der Stellung eines Komplementärs in die eines Kommanditisten und umgekehrt**

1. Grundsätzliche Anmerkungen

a) Wirtschaftliche Funktion

Die KG besteht aus den beiden Komplementären A und B sowie dem (jüngeren) **1** Kommanditisten C. Während A sich aus Altersgründen in den Ruhestand verabschieden möchte, soll der bisherige Kommanditist C in die Geschäftsführung eintreten und zukünftig die Rolle eines vollhaftenden und tätigen Gesellschafters übernehmen. Der Tausch der Gesellschafterrollen von Komplementär zu Kommanditist kommt nicht selten im Rahmen der Unternehmensnachfolge innerhalb eines Familienunternehmens vor.

Damit stehen A zukünftig (nur) noch die Rechte eines Kommanditisten zu, wobei **2** seine Gewinnbeteiligung und sein Gesellschaftsanteil grds. unverändert bleiben. Für ihn entfallen die Geschäftsführervergütung sowie der Gewinn vorab für die bisherige Haftungsübernahme. An seine Stelle tritt insofern C, der neben seinem Gewinnanteil im Zusammenhang mit seiner Beteiligung am Festkapital zukünftig eine Tätigkeitsvergütung sowie die Vorwegvergütung für die Übernahme der persönlichen Haftung erhält.

b) Gesellschaftsrecht

Die Umwandlung der Stellung eines Komplementärs in die eines Kommanditisten **3** und umgekehrt ist eine Änderung des Gesellschaftsvertrages (vgl. *Baumbach/Hopt* § 161 HGB Rz. 6). Dabei ist die Beteiligungsumwandlung kein Gesellschafterwechsel, die Mitgliedschaft dauert also fort (BayObLG BReg. 2 Z 24/70 v. 21.5.70, NJW 70, 1796). Für den Abschluss des Vertrages ist die Zustimmung aller Gesellschafter nötig, soweit der Gesellschaftsvertrag nicht ausdrücklich etwas anderes bestimmt. Eine Verpflichtung des Kommanditisten, in Anbetracht der vom Formular vorgegebenen Situation – ein Komplementär möchte in den Ruhestand treten und sich daher auf die zukünftige Stellung eines Kommanditisten beschränken – aus dem Gesichtspunkt der gesellschaftsrechtlichen Treuepflicht, bei dieser Ausgangslage seinerseits einem Wechsel in die Person des Komplementärs zuzustimmen, kann sich nur ganz ausnahmsweise ergeben (OLG München 7 U 4069/96 v. 5.2.97, NJW-RR 97, 611).

Wie der Gesellschaftsvertrag selbst bedarf auch der Aufnahmevertrag grds. keiner be- **4** stimmten Form. Sinnvollerweise sollte allerdings Schriftform vereinbart werden. Die von allen Gesellschaftern vorzunehmende Handelsregisteranmeldung hat lediglich deklaratorische Bedeutung. Dritte sind durch § 15 HGB geschützt. Durch die Änderung in der Gesellschafterstellung ergeben sich bei beiden Beteiligten **haftungsrechtliche Konsequenzen**. Für jeden Kommanditisten muss kraft Gesetzes seine Haftungssumme vereinbart und im Handelsregister eingetragen sein. Nach zutreffender Auffassung entfaltet die Haftsumme grds. für alle Verbindlichkeiten, die nach dem Zeitpunkt begründet werden, auf den die Umwandlung der Rechtsstellung vereinbart wurde, haftungsbegrenzende Wirkung (*K. Schmidt* ZHR 144, 192). Insb. muss der künftige Kommanditist zur Vermeidung der persönlichen Haftung nach § 171 Abs. 1 Halbs. 2 HGB für künftige Verbindlichkeiten eine wertmäßig erfassbare Einlage in Höhe der Haftsumme leisten. Nach der Rspr. des BGH kann dies dadurch geschehen, dass dem Kommanditisten sein Kapitalanteil, den er bisher als Komplementär hatte, als Kommanditeinlage gutgeschrieben wird (BGH II ZR 259/86 v. 1.6.87, NJW 87, 3184). Voraussetzung hiernach ist, dass der zum Zeitpunkt der Änderung der Gesellschafterstellung bestehende Anteil am Gesellschaftsvermögen bei objektiver Bewertung die Haftsumme erreicht oder übersteigt, weil dieser Anteil als Sacheinlage zur Kommanditbeteiligung wird.

5   Für **frühere Verbindlichkeiten** haftet der ehemalige Komplementär entsprechend den zur Nachhaftung gemäß §§ 159, 160 HGB geltenden Regelungen (vgl. hierzu iE A. 9.00 Rz. 11 ff.). Insb. ist damit die Haftung des früheren Komplementärs für alle Verbindlichkeiten bei Dauerschuldverhältnissen auf den Zeitraum von fünf Jahren nach Eintragung der Änderung der Rechtsstellung begrenzt.

6   Der künftige **Komplementär** steht **haftungsrechtlich** einem in eine OHG eintretenden Gesellschafter gleich und haftet wie ein solcher auch für alle bereits bestehenden Verbindlichkeiten der Gesellschaft entspr. § 130 HGB persönlich. Ein Haftungsausschluss kann nicht wirksam gegenüber Dritten vereinbart werden (§ 130 Abs. 2 HGB).

c) Steuerrecht

7   Die Änderung hinsichtlich der Gesellschafterstellung iRd. bestehenden Mitunternehmerschaft unter Beibehaltung des Mitunternehmeranteils stellt grds. **keinen Veräußerungsvorgang** dar, der zu einem steuerpflichtigen Gewinn führen könnte (BFH IV R 36/79 v. 16.3.83, BStBl. II 83, 459). Etwas anderes kann sich dann ergeben, wenn die Gewinnverteilung entgeltlich geändert wird, d.h. hierfür eine besondere Vergütung entrichtet wird. Insoweit kann steuerrechtlich die teilweise Veräußerung des Mitunternehmeranteils mit der Folge vorliegen, dass ein steuerpflichtiger Gewinn in Höhe des Entgeltes entsteht. Da die Mitunternehmerschaft fortbesteht, bedarf es grds. keiner Aufstellung einer Zwischenbilanz.

8   Zukünftig gehören Tätigkeitsvergütung, Pensionszusagen und Pensionszahlungen an den Komplementär steuerrechtlich zum Gewerbeertrag der Gesellschaft und den gewerblichen Einkünften des Gesellschafters (§ 15 Abs. 1 Nr. 2 EStG; BFH I R 124/95 v. 9.4.97, BStBl. II 97, 910). Pensionsrückstellungen können steuerrechtlich nicht mehr gebildet werden; etwas anderes gilt nur für die Zeit, in der der Pensionsberechtigte noch nicht Mitunternehmer war (vgl. hierzu A. 9.10 Rz. 7).

9   Änderungen ergeben sich im Hinblick auf § 15a EStG hinsichtlich des **Verlustabzuges**. Während diese Beschränkungen beim bisherigen Kommanditisten grds. entfallen, unterliegt den entspr. Einschränkungen zukünftig der bisherige Komplementär. Insofern ist umstritten, ob beim Wechsel eines Komplementärs in die Stellung eines Kommanditisten der Verlustanteil bis zur Eintragung des Wechsels im Handelsregister (also vom Zeitpunkt der Vereinbarung der Änderung der Rechtsstellung) ebenfalls bereits der Abzugsbeschränkung des § 15a EStG unterliegt. Nach zutreffender Auffassung ist dies nicht der Fall. Die entgegenstehende Regelung der Verwaltung (EStH 15a) widerspricht dem Normzweck des § 15a EStG und steht dem handelsrechtlichen Haftungsvorgaben entgegen, wurde aber durch BFH IV R 70/02 v. 12.2.04, BStBl. II 04, 678 ausdrücklich bestätigt (im Anschluss an FG München 1 K 2710/01 v. 21.8.02, DStRE 03, 646).

10   Weiter hat der BFH Folgendes entschieden: 1.) Wechselt der Komplementär während des Wirtschaftsjahres in die Rechtsstellung des Kommanditisten, so ist die Verlustverrechnungsverwertungsbeschränkung des § 15a EStG für das gesamte Wirtschaftsjahr und damit für den dem Gesellschafter insgesamt zuzurechnenden Anteil am Gewinn der KG zu beachten (BFH VIII R 81/02 v. 14.10.03, DStR 04, 29). 2.) Allein auf Grund der Umwandlung der Rechtstellung eines Kommanditisten in diejenige eines Komplementärs ist der für ihn bisher festgestellte verrechenbare Verlust (§ 15a Abs. 4 EStG) nicht in einen ausgleichsfähigen Verlust umzuqualifizieren (BFH VIII R 81/02 v. 14.10.03, DStR 04, 31).

2. Einzelerläuterungen

Zu § 1: Wechsel in Kommanditistenstellung

11   Das Formular geht davon aus, dass der Gesellschaftsvertrag feste Kapitalanteile vorsieht. Dies ist üblicherweise der Fall.

Da der Komplementär ausweislich der Vorbemerkung seine aktive Tätigkeit für die 12
Gesellschaft einstellt, muss ggf. vereinbart werden, dass zum einen seine bisherige Tätigkeitsvergütung entfällt, zum anderen auch eine Vorausvergütung für die Übernahme der persönlichen Haftung zukünftig nicht mehr gezahlt wird. Unter Umständen
kann es angemessen sein, die Haftungsvergütung schrittweise abzusenken (zB bei erheblichen Nachhaftungsrisiken, die eine Weiterzahlung der Haftungsvergütung jedenfalls teilweise rechtfertigen, vgl. hierzu auch Rz. 5).

Zu § 2: Wechsel in die Stellung des Komplementärs

Siehe hierzu Rz. 11 f., die im umgekehrten Verhältnis gelten. 13

Zu § 3: Firma

Zur **Firmenfortführung** vgl. § 24 HGB. Häufig ist die Einwilligung schon im Ge- 14
sellschaftsvertrag vorgesehen; sie kann sodann entfallen.

Zu § 4: Fortgeltung Gesellschaftsvertrag

Die Regelung über die Fortgeltung des Gesellschaftsvertrages hat vor allem klarstel- 15
lenden Charakter. Häufig wird der grundlegende Eingriff in die Gesellschaft, die der
Wechsel in der Beteiligtenstellung mit sich bringt, Anlass sein, den bisherigen Gesellschaftsvertrag den aktuellen Entwicklungen anzupassen. Dies kann allerdings uU erhebliche Konsequenzen mit sich bringen, bspw. für die Gültigkeit von Abfindungsklauseln im Fall des Ausscheidens eines Gesellschafters.

Erläuterungen zu A. 8.32a Handelsregisteranmeldung

Die Änderung der Stellung von Komplementär und Kommanditist ist gemäß 16
§§ 161 Abs. 2, 143 Abs. 2, 161 Abs. 1 und 3 HGB anmeldepflichtig (vgl. *Baum-
bach/Hopt* § 162 HGB Rz. 10). Anmeldepflichtig sind dabei grds. alle Gesellschafter
einschließlich der Kommanditisten, §§ 161 Abs. 2, 108 Abs. 1 HGB.

Im Handelsregister wird die Änderung der Stellung eines Komplementärs in die ei- 17
nes Kommanditisten und umgekehrt als Ausscheiden des Komplementärs bzw. Kommanditisten und anschließender Eintritt eingetragen. Allerdings ist die Anmeldung in
dieser Form nicht zwingend erforderlich. Vielmehr genügt die Anmeldung, dass der
namentlich bezeichnete Kommanditist die Rechtstellung eines persönlich haftenden
Gesellschafters erlangt hat (vgl. BayObLG 2 Z 24/70 v. 21.5.70, BB 70, 940; Bay-
ObLG BReg. 3 Z 184/87 v. 3.3.88, WM 88, 710). Im Hinblick auf §§ 171, 172
HGB ist eine Eintragung des neuen Kommanditisten im Handelsregister erforderlich,
um die Haftungsbeschränkung zu erreichen.

Zur Firmenfortführung und dem Einverständnis hierfür vgl. § 24 HGB. 18
Die Vertretungsverhältnisse sind auch dann ausdrücklich anzugeben, wenn diese 19
den gesetzlichen Bestimmungen entsprechen.
Die Anmeldung bedarf öffentlicher Beglaubigung, § 12 Abs. 1 HGB. 20

A. 8.33 Zweigniederlassung (Errichtung) mit Anmeldung

I. FORMULARE

Formular A. 8.33 Errichtung einer Zweigniederlassung

BESCHLUSS

**Die unterzeichneten Gesellschafter der A-GmbH & Co. KG haben sich heute unter
Verzicht auf alle gesetzlichen und/oder statutarischen Form- und/oder Fristvorschriften zu einer**

AUSSERORDENTLICHEN GESELLSCHAFTERVERSAMMLUNG

zusammengefunden und einstimmig folgendes beschlossen:

Der von der Komplementärin gewünschten Errichtung einer Zweigniederlassung in B-Stadt wird gem. § ...... des Gesellschaftsvertrages vom ...... zugestimmt.

....

(Unterschriften)

Formular A. 8.36a Handelsregisteranmeldung

An das

Amtsgericht

– Handelsregister A –

A-Stadt

durch elektronische Übermittlung

HRA

A-GmbH & Co. KG

Die unterzeichnete Komplementärin der im Rubrum genannten Gesellschaft meldet hiermit zur Eintragung in das Handelsregister an:

Die Gesellschaft hat eine Zweigniederlassung in B-Stadt errichtet. Diese Zweigniederlassung wird mit dem nachgestellten Zusatz Zweigniederlassung B-Stadt geführt.

A B

Die Geschäftsräume befinden sich in B-Stadt, C-Straße

....　　　　..

(Unterschriften)　　　　　　　　　　(Beglaubigungsvermerk)

II. ERLÄUTERUNGEN

Erläuterungen zu A. 8.33 Errichtung einer Zweigniederlassung

1　Die Anmeldung der Zweigniederlassung ist Geschäftsführungsmaßnahme und unterliegt grds. daher nicht der Beschlussfassung durch die Gesellschafterversammlung. Dem Registergericht genügt die Anmeldung durch die Komplementärin. Gem. § 7 Abs. 3 Buchst. h des Formulars A. 8.01 bedarf die Geschäftsführung jedoch der Zustimmung der Gesellschafterversammlung für die Errichtung und Aufhebung der Zweigniederlassung.

Erläuterungen zu A. 8.33 Handelsregisteranmeldung

2　Die Anmeldung ist an das Gericht der Hauptniederlassung zu richten. Eine beglaubigte Ablichtung für die Zweigniederlassung ist beizufügen. Die Anmeldpflicht ergibt sich aus § 13 HGB. Die Geschäftsräume sind nach § 24 HRV anzugeben. Die Beifügung eines Zusatzes zur Unterscheidung ist nicht notwendig aber zulässig, Firmenkern der Hauptniederlassung und der Zweigniederlassung müssen jedoch einheitlich sein (*Baumbach/Hopt* § 13 HGB Rz. 7). Die Unterschriften der vertretungsberechtigten Geschäftsführer sowie die Firmenbezeichnungen sind notariell zu beglaubigen (§ 12 HGB).

A. 9. Offene Handelsgesellschaft – OHG

Übersicht

A. 9.00 Gesellschaftsvertrag (ausführliches Muster)

Gliederung

I. FORMULARE

Formular A. 9.00 Gesellschaftsvertrag

GESELLSCHAFTSVERTRAG DER FANTASIE OHG

§ 1 Firma, Sitz

(1) Die Firma der Gesellschaft lautet Fantasie OHG.

(2) Sitz der Gesellschaft ist ....

§ 2 Gegenstand des Unternehmens

(1) Gegenstand des Unternehmens der Gesellschaft ist die Entwicklung und der Vertrieb von Computersoftware. Die Gesellschaft kann auch alle Service- und Reparaturarbeiten und ähnliche Arbeiten durchführen.

(2) Die Gesellschaft ist berechtigt, sämtliche zur Erreichung des Unternehmensgegenstandes zweckdienlichen Geschäfte durchzuführen, sich an anderen Unternehmen zu beteiligen sowie Zweigniederlassungen im In- und Ausland zu errichten.

§ 3 Beginn der Gesellschaft , Geschäftsjahr

(1) Die Gesellschaft beginnt am 1.10.20... Sie wird auf unbestimmte Dauer errichtet.

(2) Geschäftsjahr ist das Kalenderjahr. Das erste Geschäftsjahr ist ein Rumpfgeschäftsjahr und dauert vom 1.10.20.. bis 31.12.20…

§ 4 Dauer der Gesellschaft, Kündigung

(1) Die Gesellschaft wird auf unbestimmte Dauer errichtet.

(2) Das Gesellschaftsverhältnis kann von jedem Gesellschafter mit einer Frist von zwölf Monaten zum Ende eines Geschäftsjahres gekündigt werden, erstmals zum 31.12.20… Darüber hinaus ist jeder Gesellschafter berechtigt, die Gesellschaft mit sofortiger Wirkung aus wichtigem Grund zu kündigen.

(3) Die Kündigung bedarf zu ihrer Wirksamkeit einer schriftlichen Erklärung gegenüber der Gesellschaft. Die Gesellschaft teilt nach Zugang der Kündigung diese den übrigen Gesellschaftern unverzüglich mit.

(4) Mit Wirksamwerden der Kündigung scheidet der kündigende Gesellschafter aus der Gesellschaft aus. Die Gesellschaft wird von den verbleibenden Gesellschaftern fortgeführt.

(5) In allen Fällen des Ausscheidens des vorletzten Gesellschafters ist der verbleibende Gesellschafter berechtigt, aber nicht verpflichtet das Geschäft ohne Liquidation mit allen Aktiven und Passiven zu übernehmen.

(6) Die Kündigung eines Privatgläubigers eines Gesellschafters steht der Kündigung eines Gesellschafters gleich.

§ 5 Gesellschafter, Kapitalanteile und Einlagen

(1) Gesellschafter sind …. .

a) ……, geboren am ……, wohnhaft in ……,

b) ……, geboren am ……, wohnhaft in ……,

c) ……, geboren am ……, wohnhaft in …… .

Alle Gesellschafter haften unbeschränkt und persönlich.

(2) Die Gesellschaft hat ein vollständig durch Einlagen zu erbringendes Festkapital von € ….

Hieran sind die Gesellschafter wie folgt beteiligt:

a) …. mit einem festen Kapitalanteil von € …., dh. zu …. Prozent;

b) …. mit einem festen Kapitalanteil von € …., dh. zu …. Prozent;

c) …. mit einem festen Kapitalanteil von € …., dh. zu …. Prozent.

(3) Der feste Kapitalanteil ist maßgeblich für die Beteiligung des Gesellschafters am Ergebnis und am Vermögen sowie an einem etwaigen Auseinandersetzungsguthaben der Gesellschaft sowie für sein Stimmrecht.

(4) Die von den Gesellschaftern zur Deckung des Gesellschaftskapitals zu leistenden Einlagen werden wie folgt erbracht:

a) der Beitrag des Gesellschafters …. durch Einbringung aller Aktiva und Passiva des von ihm bisher unter der Firma …. betriebenen Einzelunternehmens mit dem Sitz in …. gemäß den Bestimmungen des diesem Gesellschaftsvertrag als Anlage …. beigefügten Einbringungsvertrages; zur näheren Bezeichnung nehmen die Gesellschafter auf die von Herrn Steuerberater …. zum …. aufgestellte und diesem Gesellschaftsvertrag als Anlage .... beigefügte Schlussbilanz des Einzelunternehmens Bezug; diese Sacheinlage wird von den Gesellschaftern mit € .... bewertet;

b) der Beitrag des Gesellschafters .... durch Einlage eines Geldbetrages in Höhe von € ....;

c) der Beitrag des Gesellschafters .... durch Einlage eines Geldbetrages in Höhe von € .... .

Die Einlagen sind innerhalb von 14 Tagen nach Unterzeichnung dieses Gesellschaftsvertrages zur Zahlung fällig und auf das Konto der Gesellschaft einzuzahlen.

(5) Soweit der Wert der Einlagen insgesamt die Höhe des Festkapitals übersteigt, wird der überschießende Betrag in die Kapitalrücklage der Gesellschaft eingestellt und auf den Rücklagenkonten der Gesellschafter im Verhältnis ihrer festen Kapitalanteile gemäß § 4 Abs. 3 verbucht.

(6) Die Gesellschafter sind weder berechtigt noch verpflichtet, ihre Einlage zu erhöhen. Dies gilt auch dann, wenn der Kapitalanteil eines Gesellschafters negativ wird.

§ 6 Konten der Gesellschafter

(1) Für jeden Gesellschafter werden ein festes Kapitalkonto, ein Verlustvortragskonto und ein Rücklagenkonto bei der Gesellschaft geführt.

a) Das feste Kapitalkonto spiegelt seine Beteiligung am Gesellschaftsvermögen und an den Gesellschaftsrechten wider. Es ist unveränderbar.

b) Um die Feststellung aufgelaufener Verluste zu vereinfachen, ist für jeden Gesellschafter ein Verlustvortragskonto einzurichten. Buchungen auf diesem Konto werden durch spätere Gewinne wieder ausgeglichen.

c) Für jeden Gesellschafter wird außerdem ein Rücklagenkonto als weiteres Kapitalkonto eröffnet, auf welchem eine anteilige Kapitalrücklage sowie die im Rahmen der Gewinnverteilung in die Rücklage einzustellenden Beträge verbucht werden.

(2) Kapital-, Rücklagen- und Verlustvortragskonten gem. Abs. 1 werden nicht verzinst.

(3) Des Weiteren wird für jeden Gesellschafter ein Privatkonto eingerichtet, über das sich der Verrechnungsverkehr zwischen der Gesellschaft und den Gesellschaftern vollzieht. Alle sonstigen Beträge wie Einlagen, Entnahmen, Zinsen oder nicht zum Verlustausgleich benötigte bzw. in die Rücklage eingestellte Gewinne sind auf diesem Privatkonto zu verbuchen.

(4) Guthaben und Verbindlichkeiten auf dem Privatkonto werden mit dem jeweils marktüblichen Zinssatz p.a. verzinst. Die Zinsberechnung erfolgt am Jahresende. Die Zinsen gelten im Verhältnis der Gesellschafter zueinander als Aufwand bzw. Ertrag.

§ 7 Geschäftsführung und Vertretung

(1) Zur Geschäftsführung und Vertretung ist jeder Gesellschafter allein berechtigt und verpflichtet.

(2) Maßnahmen, die über den üblichen Rahmen des Geschäftsbetriebes hinausgehen, dürfen nur mit vorheriger Zustimmung der Gesellschafterversammlung oder – bei Unaufschiebbarkeit – von zwei Geschäftsführern gemeinschaftlich vorgenommen werden. Dies gilt insbesondere für nachstehende Maßnahmen:

a) Erwerb, Veräußerung und Belastung von Grundstücken;

b) Eingehen von Wechselverbindlichkeiten über mehr als € .... im Einzelfall und mehr als € ...... insgesamt;

c) Übernahme von Bürgschaften; Vornahme von Zinsswap-Geschäften und sonstigen risikoreichen Finanzgeschäften;

d) Eingehen von Verbindlichkeiten gegenüber Lieferanten im Einzelfall von mehr als € ...... und Überschreiten eines Gesamtbetrages an Lieferantenverbindlichkeiten von mehr als € ......;

e) Aufnahme von Gelddarlehen, sei es bei Banken oder anderwärts, von mehr als € ...... insgesamt, worauf etwaige Wechselverbindlichkeiten nach b) anzurechnen sind;

f) Gründung von Filialbetrieben, Zweigniederlassungen, Übernahme von Beteiligungen an Gesellschaften gleich welcher Rechtsform, Aufnahme stiller Gesellschafter und partiarischer Darlehen gleich welcher Höhe;

g) Abschluss und Kündigung von Lizenz-, Nutzungs- und Verwertungsverträgen;

h) Abschluss und Kündigung von Anstellungsverträgen bei Monatsgehältern von mehr als der Beitragsbemessungsgrenze zur gesetzlichen Angestelltenversicherung;

i) Abschluss und Kündigung von Mietverträgen über Grundstücke oder Geschäftsräume;

j) Abschluss von Anschaffungs- und Verkaufsverträgen über Gegenstände des Anlagevermögens im Einzelwert von mehr als € ...... und Abschluss und Kündigung von Miet- und Leasingverträgen sowie sonstige Dauerschuldverhältnisse über Gegenstände, die bei Erwerb durch die Gesellschaft unter diese Bestimmung fallen würden; insgesamt darf ein Volumen von € ...... innerhalb eines 12-Monatszeitraumes nicht überschritten werden;

k) Rechtsgeschäfte aller Art zwischen der Gesellschaft auf der einen sowie den Gesellschaftern, deren Angehörigen im Sinne des § 15 der Abgabenordnung oder nichtehelichen Lebenspartnern auf der anderen Seite und Rechtsgeschäfte zwischen der Gesellschaft und Unternehmen, die Gesellschaftern, deren Angehörigen oder nichtehelichem Lebenspartner gehören oder an denen Gesellschafter bzw. deren Angehörige oder nichteheliche Lebenspartner beteiligt sind;

l) Hingabe von nicht marktüblichen Geschenken.

(3) Das Widerspruchsrecht nach § 115 Abs. 1 HGB des nichtmitwirkenden Geschäftsführers wird auf die Fälle des Abs. 2 beschränkt, in denen zwei Geschäftsführer wegen Unaufschiebbarkeit gehandelt haben.

§ 8 Regelung der Geschäftsführungstätigkeit

(1) Die Gesellschafter grenzen ihre Geschäftsführungsbereiche wie folgt voneinander ab:

A: Werbung, Marketing, Vertrieb

B: Technische Betriebsleistung

C: Verwaltung, Rechnungswesen, Personal

(2) Die geschäftsführenden Gesellschafter erhalten als Tätigkeitsvergütung ein monatliches Gehalt von € ......, das jeweils zum Monatsende fällig ist.

(3) Den geschäftsführenden Gesellschaftern steht jährlich ein Urlaub von ...... Wochen zu. Der Urlaub soll nur nach Absprache mit den Mitgeschäftsführern genommen werden.

(4) Im Krankheitsfall wird die Tätigkeitsvergütung für sechs Monate weitergezahlt.

(5) Ist ein Geschäftsführer ununterbrochen mindestens drei Monate infolge Krankheit oder sonstiger unverschuldeter Umstände an der Ausführung seiner Geschäftsführertätigkeit gehindert, so können die Mitgesellschafter zu Lasten seiner Tätigkeitsvergütung eine Hilfskraft einstellen. Das Monatsgehalt der Hilfskraft darf die Hälfte der letzten monatlichen Tätigkeitsvergütung des verhinderten Geschäftsführers nicht übersteigen.

(6) Weitere Einzelheiten können in einem gesonderten Dienstvertrag geregelt werden. Dabei haben alle geschäftsführenden Gesellschafter grundsätzlich Anspruch auf Gleichbehandlung.

(7) Jeder geschäftsführende Gesellschafter hat in den Angelegenheiten der Gesellschaft die Sorgfalt eines ordentlichen Geschäftsmannes zu beachten. Schadenersatzansprüche verjähren in fünf Jahren.

§ 9 Gesellschafterversammlung

(1) Die Gesellschafterversammlung beschließt insbesondere über

a) den Jahresabschluss und die Gewinnverwendung,

b) die Entlastung der geschäftsführenden Gesellschafter,

c) Änderungen des Gesellschaftsvertrags,

d) die Zustimmung zur Verfügung über Gesellschaftsanteile,

e) die Aufnahme und Ausschließung von Gesellschaftern,

f) die Auflösung bzw. Fortsetzung der Gesellschaft.

(2) Für die Einberufung von Gesellschafterversammlungen gilt folgendes:

a) Die ordentliche Gesellschafterversammlung findet jährlich spätestens zwei Monate nach Fertigstellung und – soweit erforderlich – Prüfung des Jahresabschlusses statt und ist von den geschäftsführenden Gesellschaftern einzuberufen. Die Tagesordnung hat mindestens die in Abs. 1 Buchst a) und b) genannten Punkte zu enthalten.

b) Außerordentliche Gesellschafterversammlungen sind von den geschäftsführenden Gesellschaftern einzuberufen, wenn nach diesem Vertrag oder den gesetzlichen Bestimmungen eine Beschlussfassung notwendig wird oder wenn Gesellschafter mit wenigstens 10 % Kapitalanteil (§ 6 Abs. 1a) es verlangen.

c) Die Gesellschafterversammlungen finden am Sitz der Gesellschaft statt.

d) Die Einberufung der Gesellschafterversammlung erfolgt schriftlich durch die geschäftsführenden Gesellschafter. Die Ladungsfrist beträgt drei Wochen und beginnt mit der Aufgabe des Ladungsschreibens per eingeschriebenem Brief an die letzte bekannte Anschrift der Gesellschafter zur Post oder mit der Übergabe des Schreibens gegen Empfangsbekenntnis. Mit der Einladung ist die Tagesordnung zu übermitteln.

(3) Die Leitung der Gesellschafterversammlung steht in jedem Fall demjenigen geschäftsführenden Gesellschafter zu, der über den größten Anteil am Festkapital der Gesellschaft verfügt, ansonsten dem Ältesten. Der Versammlungsleiter erstellt über die Gesellschafterversammlungen ein Protokoll, von dem jeder Gesellschafter eine Kopie erhält. Das Protokoll gilt als genehmigt, wenn ihm nicht innerhalb von drei Wochen nach Erhalt widersprochen wird. Über Widersprüche eines Gesellschafters gegen das Protokoll einer Gesellschafterversammlung entscheidet verbindlich die nächste Gesellschafterversammlung.

(4) Die Gesellschafterversammlung ist beschlussfähig, wenn 50 % des Festkapitals anwesend oder vertreten ist. Fehlt es an dieser Voraussetzung, so haben die geschäftsführenden Gesellschafter innerhalb von vier Wochen eine neue Gesellschafterversammlung einzuberufen, die dann in jedem Fall beschlussfähig ist. Hierauf ist in der Ladung hinzuweisen. Für die Einberufung der weiteren Gesellschafterversammlung kann in dringenden Fällen die Ladungsfrist auf eine Woche verkürzt werden.

(5) Jeder Gesellschafter kann sich in der Gesellschafterversammlung durch einen anderen Gesellschafter oder durch eine von Gesetzes wegen zur Berufsverschwiegenheit verpflichtete Person vertreten bzw. beraten lassen. Die Vollmacht ist schriftlich zu erteilen und in der Versammlung vorzulegen.

§ 10 Gesellschafterbeschlüsse

(1) Gesellschafterbeschlüsse werden in der Regel in der Gesellschafterversammlung gefasst. Der Abhaltung einer Gesellschafterversammlung bedarf es nicht, wenn sämtliche Gesellschafter sich schriftlich, durch Telekopie oder per E-Mail mit dem zu fassenden Beschluss einverstanden erklären oder durch Stimmabgabe an der Beschlussfassung teilnehmen. Über die Beschlüsse der Gesellschafterversammlung, gleichviel ob sie in förmlicher Versammlung oder im Umlaufverfahren gefasst worden sind, ist eine Niederschrift anzufertigen und von dem Vorsitzenden der Gesellschafterversammlung bzw. – im Falle des Umlaufverfahrens – vom geschäftsführenden Gesellschafter zu unterzeichnen. Die Niederschrift ist den Gesellschaftern schriftlich zuzustellen. Die Belege über die rechtzeitige

(2) Gesellschafterbeschlüsse werden mit einfacher Mehrheit der abgegebenen Stimmen gefasst, sofern nicht dieser Vertrag oder das Gesetz eine andere Mehrheit vorschreiben. Die einfache Mehrheit aller abgegebenen Stimmen ist auch erforderlich, um die Durchführung einer Maßnahme nach § 7 Abs. 2 zu beschließen, der ein Gesellschafter gem. § 7 Abs. 3 widersprochen hat. In diesem Fall gilt als wirksam festgestellt, dass der Widerspruch unbeachtlich ist.

(3) Einer Mehrheit von 75 % der abgegebenen Stimmen bedarf die Beschlussfassung über:

a) die in § 9 Abs. 1 Buchst. c) bis f) aufgeführten Beschlussgegenstände,

b) eine von den in § 12 festgelegten Grundsätzen abweichende Gewinnverwendung,

c) die Neubestellung und Abberufung von Geschäftsführern,

d) die Umwandlung der Gesellschaft.

(4) Je € ...... auf den festen Kapitalkonten gem. § 6 Abs. 1 Buchst. a) gewähren eine Stimme. Stimmenthaltungen gelten als nicht abgegebene Stimmen. Bei Stimmengleichheit gilt ein Antrag als abgelehnt, sofern nicht dieser Vertrag etwas anderes vorschreibt.

§ 11 Jahresabschluss

(1) Die geschäftsführenden Gesellschafter haben innerhalb einer Frist von sechs Monaten nach Ablauf des Geschäftsjahres den Jahresabschluss für das abgelaufene Geschäftsjahr aufzustellen. Soweit nicht zwingende handelsrechtliche Vorschriften entgegenstehen, hat die Handelsbilanz der für Zwecke der Einkommensbesteuerung aufzustellenden Steuerbilanz zu entsprechen. Eine Abschrift ist den Gesellschaftern zusammen mit der Ladung zur ordentlichen Gesellschafterversammlung zuzuleiten.

(2) Die nach diesen Grundsätzen aufgestellte Bilanz ist maßgeblich für die Gewinn- und Verlustverteilung nach § 12 dieses Vertrages. Sollte sich zum Zwecke der steuerlichen Gewinnermittlung eine zwingende Abweichung von der Handelsbilanz ergeben, ist letztere für die Gewinn- und Verlustverteilung maßgeblich.

(3) Wird die Steuerbilanz im Rahmen des Veranlagungsverfahrens oder auf Grund einer Außenprüfung durch das Finanzamt bestandskräftig geändert, so ist die Handelsbilanz zum nächstmöglichen Zeitpunkt an die Steuerbilanz anzupassen, sofern nicht zwingende handelsrechtliche Bestimmungen entgegenstehen.

§ 12 Ergebnisverteilung

(1) Zur Ermittlung des zur Verteilung gelangenden Jahresergebnisses werden Tätigkeitsvergütungen sowie Pensionszahlungen an Gesellschafter oder deren Hinterbliebene als abzugsfähiger Aufwand der Gesellschaft behandelt.

(2) Zinsen für Guthaben oder Schulden auf Privatkonten werden zur Ermittlung des verteilungsfähigen Ergebnisses als Aufwand bzw. Ertrag der Gesellschaft behandelt.

(3) Das danach verbleibende Ergebnis wird nach dem Verhältnis der festen Kapitalkonten auf die Gesellschafter verteilt. Mit diesen Gewinnanteilen sind zunächst die Verlustvortragskonten auszugleichen. Von dem verbleibenden Gewinn ist ein Anteil von .... Prozent in die Rücklage einzustellen und auf den Rücklagenkonten zu verbuchen. Der restliche Gewinn ist den Privatkonten zuzuschreiben.

§ 13 Einlagen und Entnahmen

(1) Einlagen zum Ausgleich von Verlustvortragskonten oder Privatkonten mit negativem Saldo sind jederzeit auch ohne Zustimmung der übrigen Gesellschafter zulässig. Solche Einlagen dürfen nicht zu einer Änderung der Beteiligungsverhältnisse bei der Gewinnverteilung führen.

(2) Tätigkeitsvergütungen eines Gesellschafters können bei Fälligkeit entnommen werden.

(3) Guthaben auf den Privatkonten können nach Feststellung des Jahresabschlusses entnommen werden. Daneben kann monatlich als Abschlagszahlung auf den Gewinn des laufenden Jahres $1/24$ des Vorjahresgewinns entnommen werden. Die Gesellschafterversammlung kann mit $3/4$-Mehrheit höhere oder geringere Entnahmen zulassen. Die Gesellschafter haben selbst dafür Sorge zu tragen, dass für erforderliche Steuerzahlungen ggf. ausreichende Guthaben auf dem Privatkonto zur Verfügung stehen.

§ 14 Abtretung und sonstige Verfügungen

(1) Die Abtretung, Sicherungsabtretung und Verpfändung von Gesellschaftsanteilen, die Bestellung eines Nießbrauchrechts und die Einräumung einer stillen Beteiligung oder einer Unterbeteiligung ist nur mit Zustimmung der Gesellschafterversammlung mit einer Mehrheit von drei Vierteln aller vorhandenen Stimmen zulässig. Hierbei ist der zur Verfügung entschlossene Gesellschafter berechtigt, mitzustimmen. Keiner Zustimmung bedarf die Abtretung usw. an Ehegatten und/oder eheliche Abkömmlinge.

(2) Will ein Gesellschafter seinen Gesellschaftsanteil oder einen Teil seines Geschäftsanteils an andere Personen als seinen Ehegatten, seinen nichtehelichen Lebenspartner und/oder seine Abkömmlinge veräußern, so hat er ihn unbeschadet des Abs. 4 den anderen Gesellschaftern im Verhältnis ihrer Kapitalanteile zum Kauf anzubieten. Das Angebot hat durch eingeschriebenen Brief an alle übrigen Gesellschafter zu erfolgen.

(3) Jeder Angebotsempfänger hat sich innerhalb einer Frist von zwei Monaten, gerechnet ab Zugang des Einschreibebriefes an ihn, zu entscheiden, ob er das Angebot annimmt oder nicht. Nimmt ein Gesellschafter das Angebot nicht an, so erhöht sich das Erwerbsrecht der übrigen Gesellschafter im Verhältnis ihrer Kapitalanteile. Wird das Angebot angenommen, so ist unverzüglich zwischen den Beteiligten ein Vertrag über Verkauf und Abtretung des Gesellschaftsanteils abzuschließen.

(4) Macht keiner der anderen Gesellschafter von dem Ankaufsrecht Gebrauch oder ist es für alle anderen Gesellschafter erloschen, so sind die anderen Gesellschafter verpflichtet, die nach Abs. 1 nötige Zustimmung zur Abtretung des Gesellschaftsanteils oder eines Teils des Anteils des veräußerungswilligen Gesellschafters an einen oder mehrere Dritte zu erteilen. Vorstehende Verpflichtung gilt nicht, wenn der veräußerungswillige Gesellschafter seinen Anteil oder Teile seines Anteils an dritte Personen zu für diese günstigeren Bedingungen veräußert, als er seine Anteile den anderen Gesellschaftern angeboten hat. Vorstehende Verpflichtung der anderen Gesellschafter besteht weithin nicht, wenn die Veräußerung an einen oder mehrere Dritte zu einem späteren Zeitpunkt als sechs Monate nach Absendung der Angebote an die anderen Gesellschafter gem. Abs. 2 erfolgt oder wenn gegen die Person des

Erwerbers wichtige Gründe sprechen. Veräußert ein Gesellschafter seinen Gesellschaftsanteil oder einen Teil seines Gesellschaftsanteils an einen oder mehrere Dritte, obwohl die anderen Gesellschafter zu einer Zustimmung nicht verpflichtet sind und/oder eine notwendige Zustimmung nicht erteilt haben, so ist diese Veräußerung gegenüber den anderen Gesellschaftern unwirksam; insoweit steht den anderen Gesellschaftern ein Vorkaufsrecht am Gesellschaftsanteil des veräußernden Gesellschafters zu.

Wird das Vorkaufsrecht nicht innerhalb von zwei Monaten seit schriftlicher Mitteilung der Veräußerung an die anderen Gesellschafter ausgeübt, so gilt die Veräußerung als genehmigt. Der veräußernde Gesellschafter hat den anderen Gesellschaftern unverzüglich nach Abschluss des bzw. der Kaufverträge über seine Beteiligung die Veräußerung unter Beifügung einer Kopie des bzw. der Kaufverträge durch eingeschriebenen Brief oder gegen Empfangsbekenntnis mitzuteilen.

§ 15 Tod eines Gesellschafters

(1) Bei Tod eines Gesellschafters scheidet dieser aus der Gesellschaft aus, die Gesellschaft wird unter den verbleibenden Gesellschaftern fortgeführt; Abs. 2 bleibt unberührt.

(2) Soweit eheliche Abkömmlinge eines verstorbenen Gesellschafters vorhanden sind, die dessen Erben werden, wird die Gesellschaft mit diesen fortgesetzt. Sind mehrere Erben vorhanden, so haben diese sich durch einen gemeinsamen Bevollmächtigten vertreten zu lassen. Die verbleibenden Gesellschafter können binnen drei Monaten nach dem Zeitpunkt, in welchem sie von der bzw. den Personen der Erben Kenntnis erlangt haben, verlangen, dass der bzw. die Erbe(n) als Kommanditist ohne Geschäftsführungs- und Vertretungsbefugnis in der Gesellschaft verbleibt bzw. verbleiben. Sind mehrere Erben vorhanden, kann dieses Verlangen auf einen oder einzelne Erben beschränkt werden. Nimmt der betreffende Erbe einen dahingehenden Antrag der Mitgesellschafter nicht an, so scheidet er aus der Gesellschaft aus.

(3) Das Abfindungsguthaben von nicht in der Gesellschaft verbleibenden Erben bemisst sich nach § 17; maßgeblicher Stichtag ist der Todestag.

(4) § 139 HGB bleibt unberührt.

§ 16 Ausschließung eines Gesellschafters

(1) Ein Gesellschafter kann mit einer Mehrheit von mindestens drei Viertel der Stimmen der verbleibenden Gesellschafter aus der Gesellschaft ausgeschlossen werden, wenn ein wichtiger Grund vorliegt. Ein wichtiger Grund ist gegeben, wenn ein Gesellschafter die Interessen der Gesellschaft schuldhaft grob verletzt hat oder wenn den übrigen Gesellschaftern eine weitere Zusammenarbeit nicht zuzumuten ist. Bei der Beschlussfassung ist der betreffende Gesellschafter nicht stimmberechtigt.

(2) Ohne dass es eines Beschlusses bedarf, scheidet ein Gesellschafter aus, wenn:

a) über sein Vermögen das Insolvenzverfahren eröffnet oder die Eröffnung mangels Masse abgelehnt wird;

b) er eine eidesstattliche Versicherung gem. § 807 ZPO abgibt oder gegen ihn Haft zur Abgabe dieser eidesstattlichen Versicherung angeordnet wird;

c) in seinen Gesellschaftsanteil, seinen Gewinnanteil oder sein Auseinandersetzungsguthaben die Zwangsvollstreckung betrieben wird.

(3) Das Ausscheiden gem. Abs. 2 wird wirksam im Falle

a) des Abs. 2 Buchst. a

mit der Rechtskraft des entsprechenden Beschlusses;

b) des Abs. 2 Buchst. b

am Tage des ersten für die Abgabe der eidesstattlichen Versicherung angesetzten Termins;

c) des Abs. 2 Buchst. c

mit Zustellung des Pfändungs- und Überweisungsbeschlusses an die Gesellschaft, wenn die Voraussetzungen des § 135 HGB vorliegen und wenn dieser nicht innerhalb von drei Monaten nach Zustellung wieder aufgehoben wird.

§ 17 Auseinandersetzungsguthaben

(1) Scheidet ein Gesellschafter aus der Gesellschaft aus oder ist ein Erbe eines Gesellschafters, der nicht Gesellschafter wird bzw. bleibt, auszubezahlen, so berechnet sich sein Auseinandersetzungsguthaben nach dem Buchwert seiner Beteiligung (Summe sämtlicher für ihn bei der Gesellschaft geführter Konten gemäß § 6 Abs. 1) zuzüglich seines Anteils an den stillen Reserven der Gesellschaft im Zeitpunkt des Ausscheidens.

(2) Zur Ermittlung der stillen Reserven der Gesellschaft ist auf den Zeitpunkt des Ausscheidens eine Auseinandersetzungsbilanz zu erstellen, in der die Aktiva bzw. Passiva der Gesellschaft mit folgenden Werten anzusetzen sind:

a) Grundstücke werden mit dem vom zuständigen Gutachterausschuss amtlich festgestellten Schätzwert angesetzt.

b) Alle sonstigen bilanzierten Aktiva und Passiva werden mit dem Mittelwert zwischen Buchwert gemäß Steuerbilanz und Verkehrswert angesetzt, höchstens jedoch mit dem Verkehrswert, wenn dieser niedriger ist als der Buchwert. Der ausscheidende Gesellschafter kann verlangen, dass der Verkehrswert auf seine Kosten von einem vereidigten Sachverständigen geschätzt wird. Der Sachverständige ist von der für die Gesellschaft zuständigen Industrie- und Handelskammer zu benennen.

c) Ein selbstgeschaffener Geschäfts- oder Firmenwert und sonstige nicht bilanzierungsfähige Wirtschaftsgüter werden nicht berücksichtigt; dies gilt insbesondere für schwebende Geschäfte.

(3) Das nach vorstehenden Grundsätzen ermittelte Abfindungsguthaben ist vom Beginn des dem Tage des Ausscheidens folgenden Geschäftsjahres an marktüblich zu verzinsen.

(4) Sofern sich die Beteiligten nicht über eine anderweitige Regelung einigen, ist das Auseinandersetzungsguthaben in fünf gleichen Jahresraten zu entrichten, von denen die Erste sechs Monate nach Beginn des dem Ausscheiden des betreffenden Gesellschafters folgenden Geschäftsjahres fällig wird. Die folgenden Raten sind jeweils ein Jahr nach Fälligkeit der vorangegangenen Raten zu entrichten. Zusammen mit den Raten sind die Zinsen für den jeweils vorausgegangenen Zeitraum zu entrichten.

(5) Die die Gesellschaft fortführenden Gesellschafter sind berechtigt, die Abfindungssumme ganz oder teilweise vorzeitig zur Rückzahlung zu bringen. Außerordentliche Zahlungen erfolgen dann jeweils für Rechnung der nächsten fällig werdenden Rate bzw. Raten.

(6) Die die Gesellschaft fortsetzenden Gesellschafter sind berechtigt, die Herabsetzung der jährlichen Raten und eine Hinausschiebung der Zahlungstermine zu verlangen, wenn die Liquidität der Gesellschaft durch die Zahlung der Raten gefährdet wird. Mehrere Berechtigte haben sich den Auszahlungsbetrag im Verhältnis ihrer zu tilgenden Ansprüche zu teilen. Die Zahlungen können jedoch höchstens auf zehn Jahre verteilt hinausgeschoben werden. Die Gefährdung der Liquidität ist den Berechtigten nachzuweisen.

(7) Wird der ausgeschiedene Gesellschafter von Gläubigern der Gesellschaft in Anspruch genommen, so ist er von der Gesellschaft und den verbleibenden Gesellschaftern von den Ansprüchen freizustellen.

(8) Ergibt sich ein negativer Betrag, so ist dieser innerhalb von drei Monaten nach Festsetzung vom ausgeschiedenen Gesellschafter auszugleichen.

(9) Der Anteil des ausscheidenden Gesellschafters wächst den verbleibenden Gesellschaftern im Verhältnis ihrer festen Kapitalkonten an.

§ 18 Auflösung der Gesellschaft, Fortführung der Firma

(1) Bei Auflösung der Gesellschaft erfolgt die Liquidation durch die geschäftsführenden Gesellschafter. Der Umfang ihrer Geschäftsführungs- und Vertretungsmacht wird durch die Eröffnung der Liquidation nicht verändert.

(2) Für den Fall des Ausscheidens aus der Gesellschaft gibt jeder Gesellschafter seine Einwilligung zur Fortführung der Firma.

§ 19 Wettbewerbsverbot

(1) Jeder Gesellschafter hat die Interessen der Gesellschaft nach besten Kräften zu fördern. Geschäftsbeziehungen der Gesellschaft dürfen von keinem Gesellschafter für Konkurrenzgeschäfte auf eigene oder fremde Rechnung ausgenutzt werden.

(2) Jeder Gesellschafter verpflichtet sich, während seiner Zugehörigkeit zur Gesellschaft und auf die Dauer von zwei Jahren nach seinem Ausscheiden aus der Gesellschaft nur mit vorheriger Zustimmung der übrigen Gesellschafter mit einer Mehrheit von drei Viertel aller Stimmen im Tätigkeitsbereich der Gesellschaft tätig zu werden, sich mittelbar oder unmittelbar an Unternehmen zu beteiligen, die in einem irgendwie gearteten Konkurrenzverhältnis zur Gesellschaft stehen, oder in sonstiger Weise selbstständig oder unselbstständig für solche Unternehmen tätig zu werden. Das Wettbewerbsverbot gilt für folgendes Gebiet: ....

(3) Für jeden Fall der Zuwiderhandlung gegen das Wettbewerbsverbot schuldet der gegen das Wettbewerbsverbot verstoßende Gesellschafter eine Vertragsstrafe in Höhe der gesamten Bezüge, Vergütungen und/oder Gewinnanteile, die ihm auf Grund seiner gegen das Wettbewerbsverbot verstoßenden Tätigkeit zustehen, mindestens jedoch € ...... für jeden angefangenen Monat des Wettbewerbsverstoßes. Zur Ermittlung der Höhe der Vertragsstrafe verpflichtet sich der gegen das Wettbewerbsverbot verstoßende Gesellschafter hiermit ausdrücklich zur Vorlage der erforderlichen Nachweise (z.B. Steuerbescheide, Berichtigungsbescheide, Betriebsprüfungsberichte, Bilanzen etc.). Die Vertragsstrafe wird der Gesellschaft geschuldet. Die Geltendmachung eines weitergehenden Schadens sowie von Unterlassungsansprüchen durch die Gesellschaft sowie durch die Gesellschafter bleibt unberührt.

§ 20 Güterstandsklausel

Die Gesellschafter sind verpflichtet, hinsichtlich ihrer Beteiligung an dieser Gesellschaft mit ihren Ehegatten den Ausschluss des Güterstandes der Zugewinngemeinschaft zu vereinbaren. Der Abschluss des entsprechenden Ehevertrages ist der Gesellschaft nachzuweisen. Solange der Nachweis nicht geführt ist, sind Gewinnentnahmen nur in der Höhe an den betreffenden Gesellschafter auszuzahlen, dass die Steuerlast des Gesellschafters aus der Beteiligung gezahlt werden kann. Die Höhe dieser Steuerlast unter Berechnung nach dem Durchschnittssatz ist durch Bestätigung eines Angehörigen der rechts- oder steuerberatenden Berufe nachzuweisen. Der nach den vorstehenden Bestimmungen nicht auszahlbare Teil des entnahmefähigen Gewinns ist bis zum Nachweis des Abschlusses der entsprechenden Vereinbarung auf das Rücklagenkonto des Gesellschafters zu buchen.

§ 21 Schlussbestimmungen

(1) Änderungen und Ergänzungen dieses Vertrages bedürfen der Schriftform. Mündliche Nebenabreden bestehen nicht. Kein Gesellschafter kann sich auf eine vom Vertrag abweichende tatsächliche Übung berufen, solange die Abweichung nicht schriftlich fixiert ist.

(2) Sollten sich einzelne Bestimmungen dieses Vertrages als ungültig erweisen, so wird dadurch die Gültigkeit des Vertrages im Übrigen nicht berührt. In einem solchen Fall sind die Gesellschafter verpflichtet, durch Beschluss die ungültige Bestimmung durch diejenige gesetzlich zulässige Bestimmung zu ersetzen, die den Zweck der ungültigen Bestimmung, insbesondere das, was die Vertragsparteien gewollt haben, mit der weitestgehend möglichen Annäherung erreicht. Entsprechendes gilt, wenn sich bei Durchführung des Vertrages eine ergänzungsbedürftige Lücke ergeben sollte.

(3) Erfüllungsort und Gerichtsstand für sämtliche Streitigkeiten aus diesem Vertrag und über das Zustandekommen dieses Vertrages ist der Sitz der Gesellschaft, soweit dies zulässig vereinbart werden kann.

(4) Die Kosten der Gründung trägt die Gesellschaft.

§ 22 Schiedsgericht

(1) Über alle Streitigkeiten aus diesem Vertrag, insbesondere auch über seine Wirksamkeit oder die Wirksamkeit einzelner seiner Bestimmungen, ausgenommen derjenigen Streitigkeiten, die von Gesetzes wegen oder aufgrund Vertrag nicht einem Schiedsgericht zur Entscheidung zugewiesen werden können, entscheidet unter Ausschluss des ordentlichen Rechtswegs ein Schiedsgericht. Zuständigkeit, Zusammensetzung und Verfahren des Schiedsgerichts haben die Gesellschafter im Schiedsvertrag vom .... näher geregelt.

(2) Jeder neue Gesellschafter, der in die Gesellschaft eintritt, gleichgültig auf Grund welchen Rechtsvorgangs, unterwirft sich dem Schiedsgericht entsprechend den im Schiedsvertrag getroffenen Vereinbarungen.

Formular A. 9.00a Handelsregisteranmeldung

An das

Amtsgericht

– Registergericht –

durch elektronische Übermittlung

Betrifft: A, B & Co. OHG mit dem Sitz in ....

Neuanmeldung

Zur Eintragung in das Handelsregister wird angemeldet:

Wir, die Unterzeichnenden A *(Name, Vorname, Geburtsdatum, Wohnort)*, B *(Name, Vorname, Geburtsdatum, Wohnort)*, C *(Name, Vorname, Geburtsdatum, Wohnort)* und D *(Name, Vorname, Geburtsdatum, Wohnort)* haben eine offene Handelsgesellschaft gegründet. Die Firma der Gesellschaft lautet:

Fantasie OHG.

Gegenstand des Unternehmens der Gesellschaft ist die Entwicklung und der Vertrieb von Computer-Software und der zugehörigen Hardware. Die Gesellschaft hat ihren Sitz in .... Die Geschäftsräume befinden sich in der ....-straße.

Jeder Gesellschafter ist allein zur Vertretung der Gesellschaft berechtigt.

....
(Unterschrift A)   **(Unterschrift B)**   **(Unterschrift C)**

....
(Unterschrift D)

II. ERLÄUTERUNGEN

Erläuterungen zu A. 9.00 Gesellschaftsvertrag

1. Grundsätzliche Anmerkungen

a) Wirtschaftliches Vertragsziel

1   Die OHG ist die **Grundform der Personengesellschaft des Handelsrechts.** Sie ist ein Zusammenschluss von mindestens zwei natürlichen oder juristischen Personen zum Betrieb eines Handelsgeschäfts oder eines landwirtschaftlichen oder sonstigen gewerblichen Unternehmens mit kaufmännischem Geschäftsbetrieb unter gemeinschaftlicher Firma. Die OHG findet sich im Bereich des Handels ebenso wie im industriellen Sektor. Für die OHG als traditionelle Grundform der Zusammenarbeit von Kaufleuten ist typisch, dass alle Gesellschafter ihre Arbeitskraft voll in den Dienst der Gesellschaft stellen und darüber hinaus häufig ihr besonderes Know-how in die Gesellschaft einbringen. Kennzeichnend ist die unbeschränkte gesamtschuldnerische Haftung aller Gesellschafter gegenüber den Gesellschaftsgläubigern mit ihrem gesamten Vermögen. Daraus ergibt sich im Allgemeinen eine starke personenrechtliche Verbundenheit und damit die Notwendigkeit eines besonderen Vertrauensverhältnisses der Gesellschafter untereinander. Es kommt hinzu, dass die Mitgliedschaft in der Gesellschaft grds. nicht übertragbar ist, sofern nicht der Gesellschaftsvertrag eine Übertragung allgemein oder nur auf bestimmte Personen zulässt und dass das Vermögen der Gesellschaft den Gesellschaftern nur in ihrer gesamthänderischen Verbundenheit zusteht, dh. kein Gesellschafter alleiniger Eigentümer des Gesellschaftsvermögens sein kann.

1a   Bei Redaktionsschluss lag der Regierungsentwurf eines **Gesetzes zur Modernisierung des Personengesellschaftsrechts** (MoPeG – BR-Drs. 59/21) v. 20.1.21 vor. Es handelt sich dabei um das größte Reformvorhaben im Personengesellschaftsrecht seit mehr als 120 Jahren. Die geplanten Änderungen sollen nach dem Gesetzentwurf am 1.1.23 in Kraft treten. Im Zentrum des Entwurfs steht die GbR. Ihr gilt das Hauptaugenmerk des Reformgesetzgebers. Für die OHG und auch die KG sind weniger einschneidende – punktuelle Änderungen – geplant. Dennoch kann es künftig angeraten sein, Gesellschaftsverträge im Hinblick auf die gesetzlichen Neuerungen anzupassen (vgl. zu den geplanten Neuerungen insgesamt: *Fleischer* DStR 21, 430).

2   Die persönliche, kapitalmäßige und haftungsrechtliche Bindung der Gesellschafter untereinander hat **positive** wie **negative Folgen:** Einerseits erzeugt sie eine breite Kreditbasis und damit weitgehende Elastizität, Anpassungsfähigkeit und Krisenfestigkeit. Andererseits besteht für alle Gesellschafter ein hohes Haftungsrisiko. Die häufig engen Beziehungen und oft auch unübersichtlichen persönlichen Verhältnisse der Gesellschafter untereinander können aber auch – insbes. wenn es zum Streit unter den Gesellschaftern kommt oder die Zuführung von Kapital und damit möglicherweise der Beitritt neuer Gesellschafter erforderlich wird – ein schweres Hemmnis sein. Schwierige Konfliktsituationen können sich insb. im Erbfall ergeben. Die OHG ist häufig nur die Rechtsform der ersten Generation der Gesellschafter. Langfristig geht die Tendenz meist zur KG. Dies nicht zuletzt deshalb, weil jeder Erbe nach der unab-

dingbaren Vorschrift des § 139 Abs. 1 HGB sein Verbleiben in der Gesellschaft davon abhängig machen kann, dass ihm die Stellung eines Kommanditisten eingeräumt wird.

b) Gesellschaftsrecht

Die **OHG** ist eine Gesellschaft, deren Zweck auf den **Betrieb eines Handelsge- 3 werbes unter gemeinsamer Firma** gerichtet ist (§ 105 HGB). Die Ausübung des Gewerbebetriebs muss auf Dauer angelegt sein; eine Gelegenheitsgesellschaft ist keine OHG. Gesellschafter kann jede natürliche oder juristische Person und jede Personenhandelsgesellschaft (OHG oder KG) sowie eine unter das PartGG fallende Partnerschaft sein. Der BGH (II ZR 331/00 v. 29.1.01, NJW 01, 1056) hat die Rechtsfähigkeit der Außen-GbR ausdrücklich anerkannt (BGH II ZB 23/00 v. 16.7.01, NJW 01, 3121). Zu beachten ist, dass die vorstehenden Ausführungen für die reine Innengesellschaft (auch als GbR und insbes. für die stille Gesellschaft) nicht gelten; eine solche kann daher nicht Gesellschafter einer OHG sein (vgl. *Baumbach/Hopt* § 105 HGB Rz. 29). Nach hM kann eine Erbengemeinschaft oder auch die eheliche Gütergemeinschaft nicht Gesellschafterin sein (BGH II ZR 120/75 v. 4.5.83, BGHZ 68, 237 mwN) (vgl. hierzu kritisch *MünchKommHGB/K. Schmidt* § 105 HGB Rz. 104). Vgl. zur OHG allgemein auch *MünchKommHGB/K. Schmidt* § 105 HGB Rz. 1 ff.

Von einer **Beteiligung Minderjähriger an einer OHG** ist vom zivilrechtlichen 4 Standpunkt aus **abzuraten.** Inwieweit Minderjährige beim Abschluss des Vertrages durch ihre Eltern vertreten werden können (vgl. hierzu allgemein *Palandt/Götz* § 1629 BGB Rz. 1 ff.), erscheint nach der Entscheidung des BVerfG 1 BvR 1542/84 v. 13.5.86 (NJW 86, 1859) fraglich. Da das BVerfG in dieser Entscheidung ausgesprochen hat, dass es mit dem allgemeinen Persönlichkeitsrecht Minderjähriger nicht vereinbar ist, dass Eltern ihre Kinder kraft elterlicher Vertretungsmacht bei Fortführung eines ererbten Handelsgeschäfts in ungeteilter Erbengemeinschaft finanziell unbegrenzt verpflichten können, ist zweifelhaft, ob Minderjährige bei einer Beteiligung an einer OHG überhaupt von ihren Eltern vertreten werden können. Hält man die Beteiligung Minderjähriger und die Vertretung durch die Eltern für zulässig, so ist Folgendes zu beachten:

Soweit es sich um ein **Familienunternehmen** handelt, an dem die Eltern selbst beteiligt sind, dürfen die Eltern das Kind nicht vertreten (§ 181 BGB). Das Kind darf auch nicht vom anderen Elternteil vertreten werden, wenn nur ein Elternteil beteiligt ist (§§ 1629 Abs. 2, 1795 Abs. 1 Nr. 1 BGB). Eine Vertretung des Kindes durch die Eltern scheidet auch aus, wenn die Eltern zwar nicht selbst an der Gesellschaft beteiligt sind, aber andere (volljährige) Abkömmlinge (§ 1795 Abs. 1 Nr. 1 iVm. § 1629 Abs. 2 Satz 1 BGB). In den vorgenannten Fällen muss zum Zwecke des Abschlusses des Gesellschaftsvertrages ein Pfleger durch das zuständige Amtsgericht bestellt werden (BGH II ZR 209/61 v. 20.9.62, NJW 62, 2344). Der Pfleger braucht lediglich zum Zwecke des Abschlusses des Gesellschaftsvertrages bestellt zu werden; eine Dauerpflegschaft für die Zeit der Gesellschaft ist weder erforderlich noch zulässig (BFH IV R 102/73 v. 29.1.76, BStBl II 76, 328; BGH II ZB 6/74 v. 18.9.75, NJW 76, 49). In jedem Fall bedarf der mit dem Minderjährigen geschlossene Gesellschaftsvertrag der familiengerichtlichen Genehmigung gem. § 1822 Nr. 3 BGB, sofern der Gesellschaftsvertrag den Betrieb eines Erwerbsgeschäfts zum Gegenstand hat. – Bei der Aufnahme von Minderjährigen ist weiter das auf einen Zeitraum von drei Monaten begrenzte Sonderkündigungsrecht des § 723 Abs. 1 Nr. 2 BGB zu beachten; dies gilt allerdings nur für den Ausnahmefall, dass die Gesellschaft auf bestimmte Zeit errichtet ist. Vgl. zur Vertretung Minderjähriger *Maier-Reimer/Marx* NJW 05, 3025 ff.; *Baumbach/Hopt* § 105 HGB Rz. 26.

Besonderheiten können sich dann ergeben, wenn **ein Gesellschafter verheira- 5 tet** ist und im gesetzlichen **Güterstand der Zugewinngemeinschaft** lebt. In diesem Fall kann der Gesellschaftsvertrag nur mit Einwilligung des anderen Ehegatten rechtswirksam abgeschlossen werden, wenn der eintretende Gesellschafter sich zur Einbringung seines ganzen oder nahezu ganzen Vermögens verpflichtet (§ 1365 BGB). Das ganze Vermögen kann auch in einem einzelnen Vermögensgegenstand (zB Grundstück) bestehen. Soweit die Eheleute nicht vor Abschluss des Gesellschaftsvertrages Gütertrennung vereinbaren, kann der Ausschluss der Verfügungsbeschränkung des § 1365 BGB in notarieller Form erfolgen.

6   Um im Fall einer Auflösung der Ehe die Gesellschaft nicht mit einer Zugewinnausgleichsforderung zu gefährden, kann es sich darüber hinaus empfehlen, den Zugewinnausgleichsanspruch zumindest insoweit auszuschließen, als die Anteile an der Gesellschaft betroffen sind (s. Formular A. 9.00 § 20). Auch eine solche Vereinbarung bedarf notarieller Form.

7   Die Gesellschaft muss ein **Handelsgewerbe** unter gemeinsamer Firma betreiben. Handelsgewerbe ist nach der Legaldefinition des § 1 Abs. 2 HGB jeder Gewerbebetrieb, es sei denn, dass das Unternehmen nach Art oder Umfang einen in kaufmännischer Weise eingerichteten Geschäftsbetrieb nicht erfordert. In diesen Fällen oder dann, wenn nur eigenes Vermögen verwaltet wird, ist die Gesellschaft eine OHG, wenn die Firma des Unternehmens in das Handelsregister eingetragen ist. Die OHG entsteht grds. mit der Aufnahme ihrer Geschäfte; die erforderliche Eintragung im Handelsregister hat lediglich deklaratorische Wirkung, soweit das Unternehmen nach Art oder Umfang einen in kaufmännischer Weise eingerichteten Geschäftsbetrieb unterhält. Ist dieser demgegenüber nicht erforderlich oder verwaltet die Gesellschaft nur eigenes Vermögen, entsteht die OHG erst mit Eintragung in das Handelsregister, dh. die Eintragung in das Handelsregister wirkt konstitutiv. Bis dahin ist sie eine GbR.

8   Auch **land- und forstwirtschaftliche Unternehmen** können bei Vorliegen eines in kaufmännischer Weise eingerichteten Gewerbebetriebes in das Handelsregister eingetragen und in Form einer OHG geführt werden (§ 3 HGB). Eine Verpflichtung zur Eintragung besteht jedoch insoweit nicht.

9   Im Hinblick auf das Erfordernis eines gewerblichen Unternehmens können sich **freiberuflich Tätige** nach wie vor im Regelfall nicht zu einer OHG zusammenschließen (geplante Öffnung durch das MoPeG – BR-Drs. 59/21 – in § 107 Abs. 1 S. 2 HGB-E unter berufsrechtlichem Vorbehalt). Etwas anderes gilt allerdings dann, wenn die Gesellschaft gewerblichen Zuschnitt hat (*Baumbach/Hopt* § 105 HGB Rz. 3, § 1 HGB Rz. 20). Jederzeit besteht neben der Möglichkeit der Begründung einer GbR die Möglichkeit zum Zusammenschluss in einer Partnerschaft nach dem PartGG (vgl. hierzu Formular A. 11).

10   **Teilrechtsfähigkeit:** Die OHG kann unter ihrer Firma Rechte erwerben und Verbindlichkeiten eingehen, im Grundbuch eingetragen und vor Gericht klagen und verklagt werden (§ 124 HGB). Gleichwohl ist die OHG keine juristische Person, sondern lediglich rechtlich weitgehend selbstständig und deshalb als Übergangsform zur juristischen Person weithin den gleichen Regeln unterworfen (*Baumbach/Hopt* Einl. vor § 105 HGB Rz. 12). Gleichwohl geht die rechtliche Verselbstständigung (§ 124 HGB) nicht so weit wie bei Kapitalgesellschaften; so kann die Personenhandelsgesellschaft bspw. nicht ihr eigener Gesellschafter sein (anders § 71 AktG, § 33 GmbHG). Eigentümer des Gesellschaftsvermögens sind bei der OHG die einzelnen Gesellschafter zur gesamten Hand. Es gelten insoweit die Vorschriften des BGB über die GbR (§ 105 Abs. 2 HGB, §§ 705 ff., 718–720 BGB).

11   **Haftung:** Für Verbindlichkeiten der Gesellschaft haften neben der Gesellschaft als selbstständiger Trägerin von Rechten und Pflichten (§ 124 HGB) die einzelnen Gesellschafter persönlich und unbeschränkt als Gesamtschuldner (§ 128 HGB). Eine Einschränkung der (Außen-)Haftung erfordert in jedem Einzelfall eine Vereinbarung mit dem jeweiligen Vertragspartner (RG IV 847/26 v. 9.5.27, RGZ 117, 102). Die Haftung beginnt mit Gründung der Gesellschaft bzw. im Zeitpunkt des Eintritts als Gesellschafter (§ 130 HGB). Sie erstreckt sich auf alle während der Dauer der Gesellschaft entstandenen Verbindlichkeiten, auch wenn diese bereits vor Eintritt des Gesellschafters begründet wurden. Im Innenverhältnis bestehen im Fall der Inanspruchnahme

Ausgleichs- und Regressansprüche nach § 426 BGB zwischen den Gesellschaftern, bzw. können die Gesellschafter untereinander bestimmen, dass für einzelne oder für alle Geschäfte gewisse Gesellschafter überhaupt nicht oder nur in bestimmtem Umfang haften (Freistellungsanspruch gegenüber den Mitgesellschaftern).

Nach dem Ausscheiden eines Gesellschafters aus der Gesellschaft sowie nach de- **12** ren Auflösung besteht die Haftung des ausgeschiedenen Gesellschafters bzw. der ehemaligen Gesellschafter fort. Die Verjährungsfrist bzw. die Frist für die Nachhaftung des ausgeschiedenen Gesellschafters bzw. der ehemaligen Gesellschafter beträgt gemäß §§ 159, 160 HGB längstens fünf Jahre und beginnt mit der Auflösung der Gesellschaft bzw. dem Ausscheiden des Gesellschafters. Maßgeblicher Stichtag ist die Eintragung der Auflösung (§ 159 Abs. 2 HGB) bzw. des Ausscheidens im Handelsregister (§ 160 Abs. 1 Satz 2 HGB). Wird das Ausscheiden eines Gesellschafters nicht in das Handelsregister eingetragen, beginnt der Lauf der **Enthaftungsfrist** mit der **positiven Kenntnis** des Gesellschaftsgläubigers vom Ausscheiden des Gesellschafters (vgl. BGH II ZR 284/05 v. 24.9.07, NJW 07, 3784), §§ 159, 160 HGB begrenzen die Nachhaftung umfassend. Die Fünfjahresfrist ist nicht nur eine Obergrenze, sondern regelt die Haftungseinschränkungen abschließend (*Baumbach/Hopt* § 159 HGB Rz. 2, § 128 HGB Rz. 31, BGH II ZR 330/00 v. 29.4.02, NJW 02, 2170; so schon BGH II ZR 235/81 v. 8.2.82, NJW 82, 2443).

Die Begrenzung auf fünf Jahre gilt für alle Ansprüche aus der persönlichen Haftung **13** (§§ 128 ff. HGB) für Gesellschaftsverbindlichkeiten. Die Bestimmung gilt insbes. auch für Ansprüche aus betrieblicher Altersversorgung von Arbeitnehmern und Ansprüche aus sämtlichen Dauerschuldverhältnissen. Sie betrifft weiterhin Ansprüche aus Delikt (Schadensersatzansprüche). Dabei spielt es keine Rolle, ob der Anteil veräußert, wird, der Gesellschafter ausscheidet oder auch beim Ausscheiden des zweitletzten Gesellschafters eine Anwachsung beim verbleibenden letzten Gesellschafter erfolgt (BGH II ZR 120/98 v. 11.10.99, NJW 00, 210; vgl. hierzu auch *Baumbach/Hopt* § 160 HGB Rz. 2).

Nach wie vor von der **Nachhaftungsbegrenzung nicht erfasst** sind Ansprüche **14** gegen den ehemaligen Gesellschafter, die auf besonderen Rechtsgründen beruhen, zB aus eigener persönlicher Sicherung für Verbindlichkeiten der Gesellschaft wie Bürgschaften (*Baumbach/Hopt* § 160 HGB Rz. 2). Voraussetzung für das Bestehen des Anspruches gegen den ausgeschiedenen Gesellschafter ist insbes., dass bei Ansprüchen ein schriftliches Anerkenntnis ausreicht (§ 160 Abs. 2 HGB); die gerichtliche Geltendmachung ist nicht zwingend erforderlich. Bei öffentlich-rechtlichen Verbindlichkeiten (zB Steuerschulden) genügt die Geltendmachung durch Erlass eines Verwaltungsaktes (Steuerbescheid). Für ein **Verschulden ihrer Organe** haftet die OHG nach hM gemäß § 31 BGB (*MünchKommBGB/Schäfer* § 705 Anm. 268 ff.; BGH I ZR 92/51 v. 8.2.52, NJW 52, 537; BGH II ZR 385/99 v. 24.3.02, NJW 03, 1445, 1446).

Form: Der Abschluss des Gesellschaftsvertrages ist formfrei; aus Beweisgründen ist **15** Schriftform empfehlenswert. Übernimmt ein Gesellschafter die Verpflichtung zur Einbringung eines Grundstücks oder eines GmbH-Geschäftsanteils, ist notarielle Beurkundung des Gesellschaftsvertrages erforderlich (§ 311b BGB; § 15 Abs. 4 Satz 1 GmbHG; siehe hierzu BGH II ZR 312/06 v. 10.3.08, DStR 08, 1147 betreffend die Formbedürftigkeit der Übertragung von GbR-Anteilen). Der Gesellschaftsvertrag kann auch durch schlüssiges Verhalten (stillschweigend) abgeschlossen werden (BGH II ZR 282/55 v. 29.11.56, NJW 57, 218; *Baumbach/Hopt* § 105 HGB Rz. 54).

Abgrenzung gegenüber anderen Rechtsbeziehungen: Von der GbR unter- **16** scheidet sich die OHG dadurch, dass sie – bei im Übrigen gleichen Voraussetzungen – ein Handelsgewerbe betreibt. Nach § 105 Abs. 2 HGB kann Gesellschaftszweck einer OHG auch die Verwaltung eigenen Vermögens sein. Zu beachten ist allerdings, dass bei einer Vermögensverwaltungstätigkeit die Wirksamkeit der Gesellschaft im Außenverhältnis nicht bereits mit Aufnahme der Geschäfte nach außen eintritt, sondern erst mit Eintragung ins Handelsregister (§ 123 Abs. 1 und Abs. 2 HGB). Eng verwandt mit der OHG ist die KG; diese unterscheidet sich von der OHG dadurch, dass bei ihr neben einem oder mehreren persönlich unbeschränkt haftenden Gesellschaftern einer oder mehrere beschränkt haftende Gesellschafter vorhanden sind.

c) Steuerrecht

17   Die OHG als Personengesellschaft ist für einige Steuerarten **steuerrechtsfähig,** zB die Umsatzsteuer, die Gewerbesteuer, die Grundsteuer, die Grunderwerbsteuer sowie die Zölle und Verbrauchsteuern. Für die Einkommensteuer (ESt) ist die OHG **nicht steuerrechtsfähig;** nicht sie ist Steuersubjekt für die ESt, sondern deren Gesellschafter mit ihrem Anteil am Gewinn oder Verlust der Gesellschaft. Bei einer gewerblich tätigen Personenhandelsgesellschaft gehören zum steuerlichen Ergebnis auch die Sonderbetriebseinnahmen und- ausgaben der Gesellschafter. Zu den geplanten Änderungen durch das **Gesetz zur Modernisierung des Körperschaftsteuerrechts** (KöMoG – BR-Drs. 244/21) vgl. A. 8.00 Rz. 24d.

18   Deren Einkommen bzw. Betriebsvermögen wird mit den auf die Gesellschafter entfallenden Anteilen einheitlich und gesondert gem. § 180 Abs. 1 Nr. 2a AO festgestellt. Das gilt auch für Veräußerungsgewinne beim Ausscheiden und die Ergebnisse etwaiger Sonder- und Ergänzungsbilanzen. Die Feststellung erfolgt durch Bescheid gegenüber der Gesellschaft, wobei eine Zustellung an jeden Gesellschafter nur ausnahmsweise in Betracht kommt (§ 183 AO). Einwendungen gegen den Feststellungsbescheid können nur durch eine Anfechtung dieses Bescheides erhoben werden. Die Veranlagung des Gesellschafters ist nicht mit der Begründung anfechtbar, der Feststellungsbescheid sei unrichtig (§§ 182, 351 Abs. 2 AO).

19   Die Gesellschafter der OHG erzielen steuerlich idR **Einkünfte aus Gewerbebetrieb** iSv. § 15 Abs. 1 Nr. 2 EStG. Die Gesellschafter einer OHG sind als Mitunternehmer einzustufen, wenn die Gesellschaft ein gewerbliches Unternehmen betreibt. Dies ist bei einer OHG regelmäßig der Fall, soweit nicht Einkünfte aus Land- und Forstwirtschaft erzielt werden oder die Gesellschaft ausschließlich vermögensverwaltend tätig wird. Übt eine Personenhandelsgesellschaft neben einer gewerblichen Tätigkeit gleichzeitig auch andere Betätigungen aus, etwa eine vermögensverwaltende, freiberufliche oder land- und forstwirtschaftliche Tätigkeit, so gelten alle hieraus erzielten Einkünfte einheitlich als gewerbliche Einkünfte, **sog. Abfärbetheorie,** § 15 Abs. 3 Nr. 1 EStG.

Ein Gesellschafter ist dann nicht Mitunternehmer, wenn seine rechtliche Stellung durch den Gesellschaftsvertrag so stark beschnitten wird, dass sie mit dem typischen Leitbild eines OHG-Gesellschafters nichts mehr gemein hat (BFH I R 174/73 v. 30.7.75, BStBl. II 75, 818). vgl. hierzu A. 8.00 Rz. 15.

20   **Gewerbesteuer:** Die OHG selbst und nicht deren Gesellschafter ist, wenn sie einen Gewerbebetrieb unterhält, gewerbesteuerpflichtig. Dies folgt aus dem Charakter der Gewerbesteuer als einer Objektsteuer. Unter einem Gewerbebetrieb ist gem. § 2 Abs. 1 Satz 2 GewStG ein gewerbliches Unternehmen iSd. EStG, also des § 15 EStG zu verstehen. Von einer im Handelsregister eingetragenen Gesellschaft wird vermutet, dass sie gewerblich tätig ist und damit der Gewerbesteuerpflicht unterliegt. Die Vermutung ist grds. widerlegbar. Die Gesellschaft kann im Einzelfall auch Einkünfte aus Land- und Forstwirtschaft, Kapitalvermögen oder VuV erzielen. Zur Gewerbesteuer ausführlich A. 8.00 Rz. 24ff.

21   **Umsatzsteuer:** Unabhängig von der Art ihrer Einkünfte ist die OHG Unternehmer iSv. § 2 UStG und unterliegt mit ihren stpfl. Umsätzen der Umsatzsteuer. Der Gesellschafter ist als solcher nicht Unternehmer iSd. UStG – siehe hierzu auch A. 8.00 Rz. 25.

22   **Grunderwerbsteuer:** Die OHG ist besonderer Rechtsträger iSd. Grunderwerbsteuerrechts (s. hierzu *Boruttau* § 1 GrEStG Rz. 69ff.). Ein Wechsel im Personenstand der Gesellschaft durch Eintritt oder Austritt eines Gesellschafters unterliegt darum auch dann nicht der Grunderwerbsteuer, wenn sich im Gesellschaftsvermögen ein Grundstück befindet. Voraussetzung ist allerdings ein Fortbestand der Gesellschaft. Zu beachten sind jedoch die Restriktionen des § 1 Abs. 2a GrEStG. Danach löst ein unmittelbarer oder mittelbarer Wechsel von 95 % des Gesellschafterbestandes der Personengesellschaft innerhalb von fünf Jahren Grunderwerbsteuer aus (s. hierzu *Boruttau* § 1 GrEStG Rz. 801 ff. (872)). Durch das AmtshilfeRLUmsG v. 26.6.13 (BGBl. I 13, 1809) wurde § 1 Abs. 3a GrEStG eingeführt. Danach entsteht GrESt, wenn ein Rechtsträger 95 % einer wirtschaftlichen Beteiligung an einer grundstückshaltenden Gesellschaft inne hat. Der Wortlaut der Regelung soll sog. RETT-Blockerstrukturen verhindern (Gleichl. Ländererlasse v. 9.10.13, BStBl. I 13, 1364). Aktuell ist eine weitere Verschärfung der Grunderwerbsteuer geplant. So soll die schädliche Anteilsvereinigungsquote von 95 % auf 90 % gesenkt werden, gleichzeitig soll die Frist von fünf auf zehn Jahre ausgedehnt werden. Das von einer Arbeitsgruppe der Länderfinanzministerien entwickelte Konzept für eine **Reform der Grunderwerbsteuer**, das bereits im Referentenentwurf des BMF v. 8.5.19 enthalten war, soll voraussichtlich im Frühjahr 2021 wieder in Angriff genommen werden. Unabhängig davon besteht keine Sicherheit, ob eventuelle Verschärfungen nicht auch rückwirkend in Kraft gesetzt werden.

2. Einzelerläuterungen

Zu § 1: Firma, Sitz

Gem. § 17 Abs. 1 HGB ist die **Firma** eines Kaufmanns der Name, unter dem er im 23 Handel seine Geschäfte betreibt und die Unterschrift abgibt. Unter der Firma kann die OHG daneben klagen und verklagt werden (§§ 17, 124 BGB). Das Firmenrecht der OHG ist – entspr. den allgemeinen Grundsätzen – durch die Grundsätze der Firmenwahrheit in Form eines allgemeinen Täuschungsverbots, der Firmenklarheit (oder Firmenunterscheidbarkeit) in Form des Ausschlusses der Verwechslungsgefahr, der Firmeneinheit (*Baumbach/Hopt* § 17 HGB Rz. 7) und der Firmenbeständigkeit gekennzeichnet. Der Firmenname kann im Rahmen der oben genannten grds. Einschränkungen frei gewählt werden (vgl. §§ 18, 19 HGB). Es können auch eine Sachfirma oder eine „Fantasiefirma" gebildet werden, die nicht dem Unternehmensgegenstand entnommen ist. Die Firma muss lediglich zur Kennzeichnung geeignet sein, Unterscheidungskraft besitzen und keine irreführenden Angaben enthalten. Die Aufnahme des Namens eines Gesellschafters ist nicht erforderlich. Die Firma der OHG muss zwingend die Bezeichnung „Offene Handelsgesellschaft" oder eine allgemein verständliche Abkürzung (zB „OHG") enthalten. Ist keiner der Gesellschafter eine natürliche Person, muss sich aus der Firma darüber hinaus die Haftungsbeschränkung ergeben (§ 19 Abs. 2 HGB); zu den notwendigen Angaben auf den Geschäftsbriefen in diesen Fällen s. § 125a HGB (zur Firmierung ausführlich *Baumbach/Hopt* § 18 HGB Rz. 1 ff.).

Die OHG muss einen **Sitz** haben. Der Sitz der Gesellschaft befindet sich am Ort der 24 Geschäftsführung, ggf. der zentralen Geschäftsbüroführung (vgl. *MünchKommHGB/ Langhein* § 106 HGB Rz. 26, *Baumbach/Hopt* § 106 HGB Rz. 8). Am Ort des Sitzes ist die Anmeldung zum Registergericht vorzunehmen (§ 106 HGB). S. ausführlich A. 8.00 Rz. 28 ff. auch zu den geplanten Änderungen durch das MoPeG (BR-Drs. 59/21).

Zu § 2: Gegenstand des Unternehmens

Jede Gesellschaft, deren Gewerbebetrieb nicht schon nach § 1 Abs. 2 HGB Handelsgewerbe ist, weil sie über einen vollkaufmännisch eingerichteten Geschäftsbetrieb 25 verfügt, oder die nur eigenes Vermögen verwaltet, kann zur OHG werden. Voraussetzung ist lediglich, dass die **Firma** des Unternehmens **in das Handelsregister eingetragen** wird (vgl. BT-Drs. 13/8044 S. 63, vgl. Rz. 9).

Zu § 3: Beginn der Gesellschaft, Geschäftsjahr

Die OHG wird durch Abschluss des Gesellschaftsvertrages gegründet; im Innenver- 26 hältnis entsteht sie mit dem Zeitpunkt, der im Gesellschaftsvertrag für den Beginn festgelegt wird, oder mangels einer solchen Bestimmung mit Abschluss des Vertrages.

Im Außenverhältnis entsteht die Gesellschaft mit ihrer Eintragung im Handelsregister; betreibt die Gesellschaft jedoch ein Handelsgewerbe gem. § 1 Abs. 2 HGB, nimmt sie ihre Tätigkeit bereits vor Eintragung im Handelsregister auf, so entsteht die OHG nach außen mit dem Geschäftsbeginn (§ 123 Abs. 2 HGB). Rückwirkend ab Beginn bedeutet idR, dass zwischenzeitlich vorgenommene Geschäfte für Rechnung der Gesellschaft gehen sollen (s. hierzu BGH II ZR 207/74 v. 24.5.76, DB 76, 1860).

27 Ist die OHG nicht Kaufmann iSd. § 1 HGB, weil sie ein Kleingewerbe i. Sv. § 1 Abs. 2 HGB betreibt, so entsteht die OHG immer erst, wenn die Firma des Unternehmens in das Handelsregister eingetragen ist (Kann-Kaufmann, § 2 Satz 1 HGB) (*MünchKommHGB/K. Schmidt* § 6 HGB Rz. 5). Vor Eintragung besteht in diesen Fällen eine GbR; diese kann als „OHG in Gründung" bereits im Grundbuch eingetragen werden (BayObLG BReg. 2 Z 61/84 v. 24.5.85, NJW 86, 30); bei Entstehen der OHG (durch Eintragung in das Handelsregister) geht das Vermögen der GbR wegen Identität der beiden Gesellschaften ohne Einzelübertragung über. Zum Entstehen der OHG durch formwechselnde Umwandlung, Verschmelzung und Spaltung vgl. *MünchKommHGB/K.Schmidt* § 105 HGB Rz. 107 ff.

28 Steuerlich beginnt die **OHG** als **Subjekt der Gewinnerzielung und -ermittlung** mit Aufnahme der Geschäftstätigkeit; eine Mitunternehmerschaft kann bereits vor oder auch ohne Abschluss eines (schriftlichen) Gesellschaftsvertrages bestehen (BFH IV R 152/76 v. 19.2.81, BStBl. II 81, 602). Die Errichtung auf unbestimmte Dauer entspricht § 132 HGB.

29 Die OHG kann ein vom Kalenderjahr **abweichendes Wirtschaftsjahr** wählen (*Beck-BilKomm* § 240 HGB Rz. 60 ff.). Sie ist hierin bei der Neugründung frei. Beim lebenden Betrieb darf die Umstellung vom Kj. auf ein abweichendes Wj. nur im Einvernehmen mit dem FA erfolgen (§§ 4a Abs. 1 Nr. 2 EStG, § 8b Nr. 2 Satz 2 EStDV).

Zu § 4: Dauer der Gesellschaft, Kündigung

30 Abweichend von § 132 HGB, der eine Kündigungsfrist von sechs Monaten zum Ende des Geschäftsjahres vorsieht, ist im Formular die **Frist auf zwölf Monate verlängert**. Außerdem ist eine Mindestdauer der Gesellschaft vorgesehen, vor deren Ablauf eine Kündigung unzulässig ist. Eine Kündigung schon in den ersten Jahren der Gesellschaft kann uU als Missbrauch des Kündigungsrechts unwirksam sein (BGH II ZR 166/55 v. 20.12.56, NJW 57, 461).

30a Trotz der weitgehenden Vertragsfreiheit wäre ein Ausschluss der Kündigung auf Dauer unzulässig (Rechtsgedanke des § 723 Abs. 3 BGB; BGH II ZR 232/52 v. 14.11.53, NJW 54, 106). Eine feste zeitliche Grenze gibt es nicht. Unzulässig wäre auch eine Anordnung so gravierender wirtschaftlicher Nachteile für den Kündigenden, dass dies dem Ausschluss eines ordentlichen Kündigungsrechts gleich käme (zB durch Gestaltung des Abfindungsguthabens). Unzulässigkeit eines Kündigungsausschlusses führt idR nicht zur Nichtigkeit des Vertrages (§ 139 BGB), sondern zur Umdeutung in eine Gesellschaft auf unbestimmte Zeit mit Kündigungsrecht nach § 132 (BGH II ZR 232/52 v. 14.11.53, aaO).

30b In § 131 Abs. 3 Nr. 3 HGB ist für den Fall der Kündigung eines Gesellschafters mangels abweichender vertraglicher Bestimmungen das Ausscheiden des kündigenden Gesellschafters vorgesehen. Entspr. der in § 131 Abs. 3 Satz 2 HGB vorgesehenen Rechtslage scheidet in diesem Fall der kündigende Gesellschafter mit dem Wirksamwerden der Kündigung aus der Gesellschaft aus, diese wird unter den verbleibenden Gesellschaftern fortgeführt. Dem ausscheidenden kündigenden Gesellschafter steht das Abfindungsguthaben zu. Abweichend von der gesetzlichen Regelung, wonach die Kündigung nur für den Schluss eines Geschäftsjahres erfolgen kann und mindestens sechs Monate vor diesem Zeitpunkt stattfinden muss, kann eine kürzere oder längere Kündigungsfrist vereinbart werden. Die Grenzen der Vertragsgestaltung bestehen insoweit darin, dass keine übermäßig lange Bindung vereinbart werden darf (*Baumbach/Hopt* § 132 HGB Rz. 13). Eine feste zeitliche Grenze gibt es grundsätzlich nicht, es kommt auf die Umstände des Einzelfalles an (nach BGH II ZR 27/65 v. 19.1.67, WM 67, 315, 316 sind unter bestimmten Voraussetzungen selbst 30 Jahre unbedenklich; vgl. aber BGH II ZR 137/04 v. 18.9.06, NJW 07, 295: über 14 Jahre hinausgehende Bindung nicht hinnehmbar und damit sittenwidrig nach § 138 BGB).

Auch bei Ausscheiden des vorletzten Gesellschafters soll gem. Abs. 5 des Formulars **30c** der verbleibende Gesellschafter zur Übernahme des Geschäfts ausdrücklich berechtigt sein.

Diese Regelung entspricht § 140 Abs. 1 Satz 2 HGB und wird durch das Vertrags- **30d** muster ausdrücklich auf alle Fälle des Ausscheidens erstreckt.

Das MoPeG (BR-Drs. 59/21) sieht in § 132 Abs. 2 und 3 HGB-E nunmehr aus- **30e** drücklich das Recht zur Kündigung des Gesellschafters aus wichtigem Grund ohne Einhaltung einer Kündigungsfrist vor.

Zu § 5: Gesellschafter, Kapitalanteile und Einlagen

Gemäß § 105 Abs. 1 HGB iVm. § 706 BGB können **Einlagen** alle übertragbaren **31** Vermögenswerte sein, zB Geld, Sachen, Dienstleistungen, Good-Will, Rechte, gewerbliche Schutzrechte, Know-how etc. Art und Höhe der Einlagen sind im Gesellschaftsvertrag zu regeln. Soweit im Gesellschaftsvertrag abweichende Regelungen nicht getroffen werden, haben die Gesellschafter gleiche Beiträge zu leisten, § 706 Abs. 1 BGB, § 105 Abs. 3 HGB.

Bei der Bewertung von Sacheinlagen sind die Gesellschafter untereinander grds. **32** frei, nicht aber im Verhältnis zu den Gläubigern der Gesellschaft (vgl. BGH II ZR 269/84 v. 8.7.85, NJW 85, 2947). Die Grenze besteht dort, wo die Bewertung sittenwidrig ist (BGH II ZR 24/73 v. 5.12.74, WM 75, 325, 327 mwN). Der von den Gesellschaftern festgelegte Wert der Einlage findet seinen Niederschlag im festen Kapitalkonto. Bei **Mängeln hinsichtlich der eingebrachten Sacheinlagen** sind nach überwiegender Auffassung von Literatur und Rspr. die zivilrechtlichen Gewährleistungsansprüche gegenüber dem einbringenden Gesellschafter anwendbar (BGH II ZR 219/63 v. 2.5.66, NJW 66, 1311 zur Rechtsmängelhaftung bei der GmbH; vgl. ua. *MünchKommHGB/K. Schmidt* § 105 HGB Rz. 183 ff.). Soweit Sacheinlagen im Gesellschaftsvertrag vorgesehen sind, sollten demzufolge im Hinblick auf die hM klare Regeln zur Gewährleistung im Vertrag vereinbart werden.

Zur **ertragsteuerlichen Behandlung von Sacheinlagen** vgl. A. 8.00 Rz. 33 f.   **32a**

Zu § 6: Konten der Gesellschafter

Das Formular sieht feste Kapitalkonten, ein Rücklagenkonto und ein Verlustvor- **33** tragskonto vor (vgl. *MünchKommHGB/Grunewald* § 167 HGB Rz. 14 ff.; zu steuerlichen Behandlung der jeweiligen Konten siehe grundlegend BFH IV R 98/06 v. 12.10.08, DStR 09, 212; OFD Frankfurt v. 9.12.16, DStR 17, 498). Vgl. hierzu auch A. 8.00 Rz. 39 ff. Dieses **stark ausdifferenzierte Kontenmodell** hat den Vorteil größtmöglicher Transparenz, eignet sich für alle Arten und Größen von Gesellschaften und wird deshalb auch im Formular als Standard dargestellt. Durch die Trennung von Rücklagen- und Darlehenskonten ergibt sich darüber hinaus eine deutliche Unterscheidung von Eigen- und Fremdkapital, so dass die – namentlich aus Bankensicht bedeutsame – Eigenkapitalquote der Gesellschaft gut erkennbar wird.

Festes Kapitalkonto (Kapitalkonto I): Durch das feste Kapitalkonto, das der **34** vertraglichen Einlageverpflichtung des Gesellschafters entspricht, wird die Beteiligung des Gesellschafters in einem unverändert bleibenden Verhältnis quotenmäßig festgelegt. Die darin zum Ausdruck kommende Beteiligungsquote ist maßgebend für die Beteiligung am Ergebnis und am Vermögen, für die Beteiligung an den stillen Reserven im Fall der Auseinandersetzung und für das Stimmrecht. Die Vereinbarung eines

Festkapitals weicht vom gesetzlichen Leitbild ab (§ 120 Abs. 2 HGB), das von einer variablen Größe ausgeht.

35   **Verlustvortragskonto:** Die Einrichtung eines gesonderten Verlustvortragskontos dient der Vereinfachung der Feststellung jeweils aufgelaufener Verluste. Gewinne sind zunächst zum Ausgleich von Verlusten zu nutzen. Übersteigt das Verlustvortragskonto das Kapitalkonto I und wird somit der Kapitalanteil negativ, so wird dadurch eine **Nachschusspflicht** der Gesellschafter während der Dauer der Gesellschaft nicht begründet. Zur Begründung einer Nachschusspflicht vgl. BGH II ZR 22/06 v. 26.3.07, DStR 07, 1313. Im Fall der Liquidation kann sich jedoch eine Ausgleichsverpflichtung des betroffenen Gesellschafters ergeben (*Baumbach/Hopt* § 120 HGB Rz. 22; vgl. auch OLG München 23 U 4240/08 v. 2.7.09, BeckRS 2009, 20731).

36   **Rücklagenkonto (Kapitalkonto II):** Die Vereinbarung, wonach von Gewinnanteilen der Gesellschafter je 25% auf Kapitalkonto II zu verbuchen sind, soll zu einer nachhaltigen Stärkung des Eigenkapitals der Gesellschaft führen, da insoweit der Gewinn vom Gesellschafter nicht entnommen werden kann. Die auf Kapitalkonto II gebuchten Beträge haben Einlagencharakter, sind also nicht mehr wie ein Darlehen auszahlbar.

37   **Privatkonto:** Während die Kapitalkonten I und II sowie das Verlustkonto bei vertragsmäßiger Durchführung stets im gleichen Verhältnis zueinander stehen müssen (Ausnahme: Gewinne werden vorläufig auf Grund der Regelung des § 20 Satz 5 des Formulars gutgeschrieben), ist das Privatkonto eine variable Größe, da darauf Entnahmen und freie Einlagen verbucht werden. Guthaben und Schulden auf dem Privatkonto werden verzinst. Guthaben auf dem Privatkonto sind grds. entnahmefähig, soweit nicht die Regelung in § 12 Abs. 3 entgegensteht.

Zu § 7: Geschäftsführung und Vertretung

38   Die Regelung der Geschäftsführung und Vertretung in Abs. 1 (Alleingeschäftsführung und Alleinvertretung jedes Gesellschafters) entspricht der gesetzlichen Regelung der §§ 114, 125 HGB. Geschäftsführungs- und Vertretungsbefugnis können vertraglich eingeschränkt werden. Gegenüber Dritten ist eine Einschränkung der Vertretungsbefugnis dergestalt möglich, dass alle oder einige Gesellschafter nur gemeinsam zur Vertretung ermächtigt sind (Gesamtvertretung, § 125 Abs. 2 HGB). Ist Gesamtvertretung durch Gesellschafter angeordnet, so kann außerdem auch Gesamtvertretung durch einen oder mehrere Gesellschafter mit einem oder mehreren Prokuristen angeordnet werden (gemischte oder unechte Gesamtvertretung). Häufig ist die Anordnung der Vertretung durch entweder zwei Gesellschafter oder einen Gesellschafter mit einem Prokuristen (*Baumbach/Hopt* § 125 HGB Rz. 19, siehe auch *MünchKommHGB/ K. Schmidt* § 125 HGB Rz. 34 ff.). Die vereinbarte Gesamtvertretung berührt nie die passive Vertretung der Gesellschaft bei der Entgegennahme von Willenserklärungen; hier gilt zwingend immer Einzelvertretung, dh. die Erklärung braucht nur einem Gesamtvertreter zuzugehen (§ 125 Abs. 2 Satz 3 HGB).

39   Die Vertretungsverhältnisse sind zwingend im Handelsregister einzutragen (§ 106 Abs. 2 Nr. 4 HGB; *MünchKommHGB/K. Schmidt* § 106 HGB Rz. 32). Dies gilt sowohl für den Fall der Beibehaltung der gesetzlichen Regelung als auch den der Gesamtvertretung. Darüber hinaus ist eine Beschränkung des Umfangs der Vertretungsmacht Dritten gegenüber unwirksam (§ 126 Abs. 2 HGB).

40   Vertreter iSv. §§ 125 ff. HGB können idR nur Gesellschafter sein (**Selbstorganschaft;** BGH II ZR 203/80 v. 5.10.81, NJW 82, 1817, str.; vgl. *Baumbach/Hopt* § 125 HGB Rz. 5).

41   Die in Abs. 2 enthaltene Aufzählung von **Rechtsgeschäften,** die **nur von zwei Geschäftsführern gemeinsam** vorgenommen werden dürfen, führt lediglich zu einer Beschränkung der Geschäftsführungsbefugnis, jedoch nicht zu einer Einschränkung der Vertretungsbefugnis. Bei Verstoß besteht ein Unterlassungsanspruch der übrigen Gesellschafter-Geschäftsführer sowie ggf. Anspruch auf Schadensersatz.

Bei der **Alleingeschäftsführung** und **Alleinvertretung** hat gem. § 115 Abs. 1 **42**
HGB jeder andere geschäftsführende Gesellschafter ein Recht zum Widerspruch gegen Geschäftsführungsmaßnahmen eines anderen geschäftsführenden Gesellschafters.

Das **Widerspruchsrecht** nach § 115 Abs. 1 HGB ist nach dem Formular auf die **43**
Fälle der Maßnahmen, die über den üblichen Rahmen des Geschäftsbetriebs hinausgehen, beschränkt, wenn ein Gesellschafterbeschluss die Maßnahme nicht deckt. Auch bzgl. des Widerspruchsrechts sind zum Gesetz abweichende Regelungen im Gesellschaftsvertrag in weitestgehendem Umfang zulässig. Das Widerspruchsrecht kann bspw. für Geschäftsführungsmaßnahmen einzelner Gesellschafter ausgeschlossen werden. Es kann auch ganz ausgeschlossen oder nur allen oder einzelnen Geschäftsführern gegeben werden. Zulässig ist auch die Einräumung des Widerspruchsrechts an einen Dritten (BGH VII ZR 83/59 v. 22.2.60, NJW 60, 963, str. *MünchKommHGB/Rawert* § 115 HGB Rz. 41). Schließlich kann es von bestimmten Voraussetzungen abhängig gemacht werden (*MünchKommHGB/Rawert* § 115 HGB Rz. 42; *Baumbach/Hopt* § 114 HGB Rz. 28). Es ist auch möglich, einem Geschäftsführer stets Alleingeschäftsführungsbefugnis zu erteilen und anderen nicht. Der Widerspruch betrifft nur das Innenverhältnis, eine Außenwirkung kommt dem nicht zu, § 126 Abs. 2 HGB (RG I 80/12 v. 11.12.12, RGZ 81, 92). Etwas anderes gilt lediglich dann, wenn der Widerspruch des Mitgesellschafters gleichzeitig mit der Willenserklärung des Vertreters dem Dritten bekannt gegeben werden würde (RG I 80/12 v. 11.12.12, aaO).

Zu § 8: Regelung der Geschäftsführungstätigkeit

Die in dieser Bestimmung enthaltenen Regelungen können auch in Geschäftsführer- **44**
verträgen mit den einzelnen Gesellschaftern oder in einer allgemeinen Geschäftsordnung für Geschäftsführer enthalten sein. Sie wurden hier in das Vertragsmuster übernommen, weil erfahrungsgemäß häufig der Abschluss separater Geschäftsführerverträge unterbleibt. Die Aufnahme im Gesellschaftsvertrag ist dann nicht empfehlenswert, wenn der Gesellschaftsvertrag nur einstimmig geändert werden kann und für die Regelung der Geschäftsführungstätigkeit aus Gründen der Flexibilität eine einfachere Änderung möglich sein soll. Auch im Hinblick auf die Dokumentationspflicht gegenüber den Finanzbehörden empfiehlt sich der Abschluss eines gesonderten Geschäftsführervertrages.

Der **Umfang der Geschäftsführung** (Abs. 1 der Vorschrift) bestimmt sich nach **45**
den Bedürfnissen des Unternehmens, soweit der Gesellschaftsvertrag diesen nicht näher regelt (s. hierzu *MünchKommHGB/Rawert* § 114 HGB Rz. 6 ff.). Zur Klarheit sind im Formular die Geschäftsführungsbereiche aufgeteilt und einzelnen Geschäftsführern zugewiesen. Dies ändert jedoch nichts daran, dass im Außenverhältnis alle Geschäftsführer für die Einhaltung der Verpflichtungen der Gesellschaft verantwortlich sind.

Die **Tätigkeitsvergütungen** sind handelsrechtlich Aufwand der Gesellschaft und **46**
mindern deren Gewinn. Es kann eine Verpflichtung dahingehend bestehen, die Tätigkeitsvergütung an veränderte Verhältnisse der Gesellschaft und der Gesellschafter anzupassen (OLG Koblenz 6 U 637/78 v. 20.9.79, BB 80, 855 mwN; hierzu auch *MünchKommHGB/Rawert* § 114 HGB Rz. 82). Die Anpassung kann auch in einer Herabsetzung der Vergütung bestehen (*Dänzer-Vanotti* BB 83, 999). Steuerlich sind die Tätigkeitsvergütungen Teil des gewerblichen Gewinns der Gesellschaft und den Gesellschaftern vorab zuzurechnen (§ 15 Abs. 1 Nr. 2 EStG).

Da die Gesellschaft auf den Arbeitseinsatz jedes der Geschäftsführer angewiesen ist, **47**
haben die Mitgeschäftsführer bei längerer Dauer einer Verhinderung eines Geschäftsführerkollegen das Recht, auf dessen Kosten eine **Hilfskraft** anzustellen. Das Gehalt der Hilfskraft ist limitiert, um den verhinderten Geschäftsführer nicht unzumutbar zu belasten.

Ertragssteuerlich gehören Tätigkeitsvergütungen ebenso wie sonstige Vergütun- **48**
gen an die Gesellschafter (zB Miet- oder Darlehenszinsen) zum einheitlich und gesondert festzustellenden Gewinn (§ 15 Abs. 1 Nr. 2 EStG). Die Hinzurechnung zum

steuerlichen Gewinn gilt unabhängig von der zivilrechtlichen Grundlage des Vertrages, also unabhängig davon, ob die Vergütung unmittelbar im Gesellschaftsvertrag oder auf Grund eines speziellen Anstellungsvertrages geschuldet wird.

49 **Umsatzsteuer:** s. hierzu ausführlich unter A.8.00 Rz. 38b.

Zu § 9: Gesellschafterversammlung

50 Die Abhaltung von Gesellschafterversammlungen ist im Gesetz nicht geregelt (anders nunmehr im RegE zum MoPeG – BR-Drs. 59/21 – unter § 109 HGB-E). Fehlt eine vertragliche Regelung, so kann jeder Gesellschafter eine Gesellschafterversammlung einberufen. Strittig ist, ob eine vorherige Bekanntgabe der Tagesordnung erforderlich ist und ob mangels Bekanntgabe einer solchen Tagesordnung eine Vertagung der Gesellschafterversammlung verlangt werden kann (vgl. hierzu *MünchKommHGB/ Enzinger* § 119 HGB Rz. 48 ff.). Da es im Streitfall für die Wirksamkeit von Gesellschafterbeschlüssen entscheidend auf die Rechtmäßigkeit der Einberufung und Durchführung von Gesellschafterversammlungen ankommen kann, empfiehlt sich die detaillierte Regelung im Vertrag.

Zu § 10: Gesellschafterbeschlüsse

51 Dazu allgemein *MünchKommHGB/Jickeli* § 116 HGB Rz. 1 ff. Gesellschafterbeschlüsse sind in allen Angelegenheiten der Gesellschaft zulässig. Nach § 119 Abs. 1 HGB sind Beschlüsse grds. einstimmig zu fassen. Demgegenüber geht das Formular in § 10 Abs. 2 von Mehrheitsbeschlüssen aus. Mehrheitsbeschlüsse sind zulässig auch wenn es um Grundlagen der Gesellschaft geht, bspw. Aufnahme oder Entlassung von Gesellschaftern, Änderung des Gesellschaftszwecks sowie andere Änderungen des Gesellschaftsvertrages und Liquidation der Gesellschaft geht (*Baumbach/Hopt* § 119 HGB Rz. 34 f.; BGH II ZR 116/08 v. 24.11.08, NJW 09, 669; BayObLG BReg. 3 Z 107/86 v. 20.11.86, BB 87, 713). In diesem Fall muss im Gesellschaftsvertrag nach dem Bestimmtheitsgrundsatz (BGH II ZR 89/74 v. 24.11.75, BGHZ 66, 82 mwN; BGH 24.11.75 v. 10.5.76, NJW 76, 958) eindeutig klargestellt werden, dass ein Mehrheitsbeschluss auch für die vorzunehmende Maßnahme zulässig sein soll bzw. muss sich durch die Auslegung des Gesellschaftsvertrages ergeben (vgl. hierzu grundlegend BGH II ZR 245/05 v. 15.1.07, DStR 07, 494). Das Formular sieht in § 10 Abs. 3 Maßnahmen vor, die eine qualifizierte Mehrheit erfordern. Der Katalog kann erweitert oder auch eingeschränkt werden.

51a Zur Anfechtbarkeit und Nichtigkeit von Gesellschafterbeschlüssen sieht der RegE zum MoPeG (BR-Drs. 59/21) in § 110 HGB-E nunmehr ausdrückliche Regelungen vor.

Zu § 11: Jahresabschluss

52 Nach dem Vertragsmuster erfolgt die Gewinnermittlung auf Grund einer einheitlichen Handels- und Steuerbilanz **(Einheitsbilanz).** Grds. ist von der Maßgeblichkeit der Handels- für die Steuerbilanz auszugehen (§§ 242 ff. HGB, 5 Abs. 1 EStG; zur Maßgeblichkeit s. *Schmidt/Weber-Grellet* § 5 EStG Rz. 26 ff. mwN). Für steuerliche Zwecke ist zwischen dem Betriebsvermögen der Gesellschaft und dem Sonderbetriebsvermögen jedes Gesellschafters zu unterscheiden. Die Steuerbilanz der Gesellschaft ist die um steuerliche Besonderheiten modifizierte Handelsbilanz. In ihr ist das zum Gesamthandsvermögen gehörende Betriebsvermögen der Gesellschaft ausgewiesen. Daneben sind für Zwecke der Besteuerung evtl. **Sonder- und Ergänzungsbilanzen** der Gesellschafter zu erstellen. In den Sonderbilanzen ist das Sonderbetriebsvermögen einzelner Gesellschafter ausgewiesen. Hierbei wird unterschieden zwischen dem **Sonderbetriebsvermögen I** (WG, die der Gesellschafter der Gesellschaft zur Nutzung überlässt) und dem **Sonderbetriebsvermögen II** (WG, die in unmittelbarem Zusammenhang mit der Beteiligung stehen und der Beteiligung zu dienen be-

stimmt sind, zB Bankdarlehen zur Finanzierung der Beteiligung). Ergänzungsbilanzen sind aufzustellen, wenn ein Gesellschafter seinen Anteil von einem (ausgeschiedenen) Gesellschafter erworben hat und der Kaufpreis vom steuerlichen Buchwert des Anteils abweicht. Der Mehr- oder Minderwert wird in der Ergänzungsbilanz des Erwerbers als Auf- bzw. Abstockung der Buchwerte der WG der Gesellschaft berücksichtigt. Die Steuerbilanz der Gesellschaft sowie die Sonder- und Ergänzungsbilanzen der Gesellschafter bilden zusammen die Gesamtbilanz der Gesellschaft.

Die Zugehörigkeit eines WG zum **Sonderbetriebsvermögen** hat zur Folge, dass **53** Einnahmen und Ausgaben im Zusammenhang mit diesem WG für die Ertragsbesteuerung maßgeblich sind. Verfahrensmäßig werden diese Einnahmen und Ausgaben im Rahmen der einheitlichen und gesonderten Feststellung für die Gesellschaft miterfasst (§ 180 AO).

Der Jahresabschluss ist von allen persönlich haftenden Gesellschaftern zu unter- **54** schreiben (§ 245 Satz 2 HGB), wobei die Unterschrift aber nicht Wirksamkeitsvoraussetzung ist (*Baumbach/Hopt* § 245 HGB Rz. 1).

Eine bestimmte Aufstellungsfrist ist im Gesetz nicht vorgesehen; § 243 Abs. 3 HGB **55** schreibt lediglich die Aufstellung innerhalb der einem ordnungsgemäßen Geschäftsgang entsprechenden Zeit vor. Grds. sollte jedoch die für kleine Kapitalgesellschaften vorgesehene Sechs-Monatsfrist (§ 264 Abs. 1 Satz 3 HGB) nur geringfügig überschritten werden (nach BFH VIII R 110/79 v. 6.12.83, ZIP 198,882 darf die Frist jedenfalls ein Jahr nicht überschreiten).

Die in Abs. 3 vorgesehene **Anpassung der Handelsbilanz** an Änderungen der **56** **Steuerbilanz** auf Grund einer Betriebsprüfung entspricht der im Formular vorgesehenen Aufstellung einer Einheitsbilanz und soll vermeiden, dass bei späteren Änderungen einer Steuerbilanz künftig Handels- und Steuerbilanz auseinanderfallen.

Zu § 12: Ergebnisverteilung

Die Regelung, wonach Tätigkeitsvergütungen und Zinsen an Gesellschafter wie **57** Aufwand bzw. Ertrag der Gesellschaft behandelt werden, entspricht der handelsrechtlichen Betrachtungsweise, nach der Rechtsbeziehungen zwischen einer Personengesellschaft und einem Gesellschafter anzuerkennen sind. **Tätigkeitsvergütungen** und **Zinsen** sind deshalb bei Ermittlung des zu verteilenden Ergebnisses zu berücksichtigen. Steuerlich bestehen die Einkünfte eines Gesellschafters (Mitunternehmers) aus der Gesellschaft aus seinem Anteil am Gewinn zuzüglich Sondervergütungen (Tätigkeitsvergütungen, Zinsen) abzüglich Sonderbetriebsausgaben.

Die **Verbuchung des Ergebnisses** (Abs. 3) wiederholt nochmals die in § 5 (Ge- **58** sellschafterkonten) getroffene Regelung.

Abweichend von der gesetzlichen Regelung, die eine Verteilung des nach Verzin- **59** sung der Einlagen verbleibenden Gewinns nach Köpfen vorsieht (§ 121 Abs. 3 HGB), ist im Formular wie allgemein üblich vereinbart, dass das Ergebnis entsprechend den Beteiligungsquoten verteilt wird. Die Verlustverteilung erfolgt ebenfalls abweichend von § 121 Abs. 3 HGB entspr. den Beteiligungsquoten (Kapitalkonten I). Zur möglichen **disquotalen Gewinnverteilung** s. OFD Frankfurt v. 13.5.15, DStR 15, 1802. Zu den geplanten Änderungen im RegE zum MoPeG (BR-Drs. 59/21) in § 120 Abs. 1 S. 2 HGB-E vgl. *Fleischer* BB 21, 386).

Zu § 13: Einlagen und Entnahmen

Die Regelung, wonach **Einlagen,** soweit sie nicht zum Ausgleich von Verlustvor- **60** tragskonten oder Privatkonten mit negativem Saldo verwendet werden, nur mit Zustimmung der übrigen Gesellschafter zulässig sind, empfiehlt sich im Hinblick auf die Verzinsungspflicht von Guthaben auf dem Privatkonto.

Unabhängig vom Gewinn können die Gesellschafter ihre Tätigkeitsvergütungen **61** **entnehmen.** Darüber hinaus können lediglich 75 % der Gewinnanteile zzgl. der Zinsen für Guthaben auf dem Privatkonto entnommen werden, da 25% der Gewinnanteile zur Verstärkung der Eigenkapitalbasis auf Rücklagenkonto zu verbuchen sind. Sind Verlustvortragskonten aufzufüllen, vermindert sich das Entnahmerecht auf 50% des Gewinnanteils. Dadurch soll erreicht werden, dass Entnahmen in Höhe der etwaigen Steuerbelastung auf Gewinnanteile auch dann möglich sind, wenn zuvor Verluste erwirtschaftet worden sind. Für das laufende Jahr sind Abschlagszahlungen vorgesehen. – Fakultativ kann eine vollständige oder teilweise Begrenzung der Entnahmemöglichkeit von 50% vorgesehen werden, wenn von der Thesaurierungsgewinnbesteuerung Gebrauch gemacht werden soll.

Zu § 14: Abtretung und sonstige Verfügungen

62   Entgegen dem Wortlaut des § 719 Abs. 1 BGB ist die Übertragung eines Gesellschaftsanteils möglich, wenn dies im Gesellschaftsvertrag ausdrücklich vorgesehen ist (s. iE *Baumbach/Hopt* § 105 HGB Rz. 69). Die Übertragung des Anteils eines Minderjährigen bedarf der Genehmigung des Vormundschaftsgerichts (BGH II ZR 202/53 v. 30.4.55, WM 55, 828). Der Umfang der auf den Erwerber übergehenden Rechte und Verbindlichkeiten bestimmt sich nach der Vereinbarung zwischen Verkäufer und Erwerber. Im Hinblick auf die enge personenrechtliche Verbindung der Gesellschafter bei einer typischen OHG empfiehlt sich, die Übertragung nur unter engen Voraussetzungen zuzulassen (Zustimmung entweder aller anderen Gesellschafter oder zumindest einer qualifizierten Mehrheit). Im Formular ist weiter vorgesehen, dass der abtretungswillige Gesellschafter zunächst seinen Anteil den Mitgesellschaftern im Verhältnis von deren Beteiligung zum Kauf anbieten muss. Für ein solches Vorgehen ist eine möglichst detaillierte Darstellung des einzuhaltenden Verfahrens dringend zu empfehlen.

Zu § 15: Tod eines Gesellschafters

63   **Gesellschaftsrecht:** Die Gesellschaft wird durch den Tod eines Gesellschafters nicht aufgelöst, vielmehr scheidet dieser – falls keine anderweitige vertragliche Regelung besteht – aus der Gesellschaft aus, § 131 Abs. 3 Nr. 1 HGB. Eine ausdrückliche Regelung, wie im Fall des **Todes eines Gesellschafters** zu verfahren ist, ist dringend anzuraten. Insbes. ist zu berücksichtigen, dass bei Fehlen einer entspr. Regelung ein erhebliches „Nötigungspotential" auf Seiten der Erben besteht, weil diese hinsichtlich der ihnen zustehenden Abfindung nach den gesetzlichen Regelungen behandelt werden und insbes. Teilhabe an den vollen stillen Reserven verlangen können. Auch deshalb ist im Gesellschaftsvertrag hinsichtlich der Gesellschafternachfolge regelmäßig eine Regelung zu treffen, die gegenüber den erbrechtlichen Bestimmungen Vorrang hat. Hinsichtlich der **Fortführung einer Personengesellschaft** im Fall des Todes eines Gesellschafters ergeben sich im Wesentlichen **folgende Möglichkeiten:**
– Die Gesellschaft wird allein durch die verbleibenden Gesellschafter fortgeführt (**Fortsetzungsklausel bzw. Übernahmerecht** der verbleibenden bisherigen Gesellschafter unter Ausschluss der Erben).
– Die Gesellschaft wird mit allen Erben fortgeführt (sog. **einfache Nachfolgeklausel**).
– Die Gesellschaft wird mit einem oder einzelnen Erben fortgeführt (sog. **qualifizierte Nachfolgeklausel**).
– Die Gesellschaft wird mit den verbleibenden Gesellschaftern fortgeführt; es besteht aber ein Eintrittsrecht eines Dritten oder bestimmter Erben (sog. **Eintrittsklausel**).
Welche Regelung im Einzelfall zur Anwendung kommen soll, bedarf sorgfältiger Überlegung und Abstimmung mit den Beteiligten, da hiermit auch und insb. erhebliche steuerliche Konsequenzen verbunden sind (s. hierzu auch Rz. 69f.).

64   Nach der Regelung des Formulars wird im Fall des Todes eines Gesellschafters die Gesellschaft unter den verbleibenden Gesellschaftern fortgeführt; an die ausgeschiedenen Erben des verstorbenen Gesellschafters ist ein Abfindungsguthaben auszuzahlen. Abweichend von dieser grds. Regelung ist in Abs. 2 des Formulars festgelegt, dass Ab-

kömmlinge eines verstorbenen Gesellschafters, die dessen Erben werden, in der Gesellschaft verbleiben. Allerdings können die anderen Gesellschafter innerhalb von drei Monaten verlangen, dass die Erben Kommanditisten werden; zur Klarstellung ist darauf hingewiesen, dass dann keine Geschäftsführungs- und Vertretungsbefugnis besteht. Widerspricht ein Erbe diesem Verlangen, so scheidet er aus der Gesellschaft aus. Umgekehrt kann jeder Erbe sein Verbleiben in der Gesellschaft davon abhängig machen, dass er Kommanditist wird (§ 139 HGB). Diese Regelung ist nicht abdingbar, lediglich eine Beschränkung des Gewinnanteils ist möglich (§ 139 Abs. 5 HGB).

Ein **minderjähriger** Erbe wird Gesellschafter ohne Genehmigung des Familienge- **65** richts (BGH II ZR 258/67 v. 21.12.70, NJW 71, 1268; BGH II ZR 109/70 v. 28.9.72, BB 72, 1475). Seine Rechte übt der gesetzliche Vertreter, uU ein Pfleger, aus.

Die erbrechtliche **Nachfolgeklausel** für Abkömmlinge in Abs. 2 gilt im Zweifel **66** auch für Vor- und Nacherben (*Baumbach/Hopt* § 139 HGB Rz. 19). Der Vorerbe kann über den Anteil verfügen, aber nicht unentgeltlich (§ 2113 Abs. 2 BGB). Anfallende Gewinnanteile gebühren dem Vorerben als Nutzung iSd. § 2111 Abs. 1 Satz 1 BGB (BGH II ZR 268/79 v. 6.10.80, NJW 81, 115).

Treten **mehrere Erben** (Abkömmlinge) an die Stelle des verstorbenen Gesellschaf- **67** ters, so werden sie es durch eine Sondererbfolge (Einzelnachfolge) außerhalb der Erbengemeinschaft nach §§ 2032 ff. BGB, da eine Erbengemeinschaft nach wohl hM (vgl. hierzu Rz. 3) nicht Mitglied einer OHG werden kann. Die Erben werden Gesellschafter je mit dem ihrem Anteil entsprechenden Teil des Gesellschaftsanteiles des Verstorbenen (BGH II ZR 222/55 v. 22.11.56, NJW 57, 180; II ZR 120/75 v. 10.2.77, NJW 77, 1339; IVa ZR 229/81 v. 4.5.83, NJW 83, 2376, hierzu Rz. 4; *Baumbach/Hopt* § 139 HGB Rz. 14; *MünchKommHGB/K. Schmidt* § 139 HGB Rz. 13).

Nach hM ist es auch zulässig, für den Todesfall aller oder bestimmter Gesellschafter **68** einen **Abfindungsausschluss** zu vereinbaren. Es handelt sich dabei um eine vorweggenommene, auf den Todesfall bezogene gesellschaftsvertragliche Verfügung über den Anteilswert (*MünchKommBGB/Schäfer* § 738 BGB Rz. 40). Ein solcher Ausschluss stellt steuerlich uU eine Schenkung des Gesellschaftsanteils an die Mitgesellschafter dar (s. § 7 Abs. 7 ErbStG, hierzu *Troll* § 7 ErbStG Rz. 395 ff. und unten Rz. 84). Zu den möglichen erbrechtlichen Nachfolge- und Eintrittsklauseln allgem.: *MünchKommHGB/K. Schmidt* § 139 HGB Rz. 11 ff.

Steuerrecht: Ertragssteuer. Nach der Rspr. des BFH zur **Erbengemeinschaft 69** und **Erbauseinandersetzung** (BFH GrS 2/89 v. 5.7.90, NJW 91, 249 u. GrS 4–6/89 v. 5.7.90, BStBl. II 90, 847) wird die Erbauseinandersetzung als Vorgang angesehen, der „dem Erbfall als selbstständigem Rechtsvorgang nachfolgt und mit diesem keine rechtliche Einheit bildet".

Danach erzielt eine **Erbengemeinschaft** von Erben eines OHG-Gesellschafters stets und ausnahmslos **gewerbliche Einkünfte.** Die Erben erlangen mit dem Erbfall die Eigenschaft als Mitunternehmer („geborene Mitunternehmer"). **Setzen sich die Erben auseinander,** so erzielt der weichende Miterbe bei einer Abfindung in Geld, die die Buchwerte übersteigt, einen **Veräußerungsgewinn** (§ 16 Abs. 1 Nr. 2 EStG). Der übernehmende Miterbe hat **Anschaffungskosten** in Höhe der Abfindung (wegen der Einzelheiten vgl. *Schmidt/Wacker* § 16 EStG Rz. 605 ff. mwN und *H/H/R/Geissler* § 16 EStG Rz. 83 ff.). Der BFH (IX R 23/02 v. 14.12.04, DStRE 05, 383; bestätigt durch BFH IX R 48/08 v. 14.7.09, BFH/NV 09, 1808) hat entschieden, dass die von einem Miterben im Rahmen einer Erbauseinandersetzung übernommenen Schulden der Erbengemeinschaft auch insoweit Anschaffungskosten der von ihm übernommenen Nachlassgegenstände darstellen, als sie seinen Anteil am Nachlass übersteigen. Die Finanzverwaltung ist dem mit einem Nichtanwendungserlass entgegengetreten, weil die Entscheidung der Rspr. des GrS (BFH GrS 2/89 v. 5.7.90, BStBl. II 91, 249) entgegenstehen soll (BMF v. 30.3.06, BStBl. I 06, 306). Vgl. zum Vorstehen auch ausführlich *Blümich/Schallmoser,* § 16 EStG Rz. 37 ff.).

70   Der Formulierungsvorschlag des Formulars enthält eine sog. **qualifizierte Nachfolgeklausel,** nach der die Gesellschaftsanteile im Wege der Sonderrechtsnachfolge unmittelbar auf die ehelichen Abkömmlinge des verstorbenen Gesellschafters übergehen, soweit diese Erben werden. Die Abkömmlinge werden mit dem Erbfall Gesellschafter und übernehmen anteilig die Buchwerte des verstorbenen Gesellschafters; sonstige Erben (zB Ehegatten) werden nicht Gesellschafter. Eine Übertragung von Gesellschaftsanteilen zwischen dem Ehegatten, der zwar Erbe, aber nicht Gesellschafter werden soll, und den ehelichen Abkömmlingen, erfolgt nicht. Es entstehen demzufolge **weder** ein **Veräußerungsgewinn** (auf Seiten des Ehegatten) **noch** zusätzliche **Anschaffungskosten** (auf Seiten der ehelichen Abkömmlinge) hinsichtlich der Gesellschaftsanteile.

Sollen nicht alle ehelichen Abkömmlinge Gesellschafter werden, so empfiehlt sich eine weitere Einschränkung der qualifizierten Nachfolgeklausel dahingehend, dass nur eine bestimmte (möglicherweise im Gesellschaftsvertrag unmittelbar bezeichnete Person) Gesellschafter wird.

71   Unterbleibt im Gesellschaftsvertrag eine solche qualifizierte Nachfolgeklausel, wird jedoch andererseits im Testament eine **Teilungsanordnung** dahingehend getroffen, dass nur eine der im Gesellschaftsvertrag als mögliche Nachfolger bezeichneten Personen tatsächlich Gesellschafter werden soll, so hat die Aufgabe der Einheitstheorie durch die Rspr. zur Konsequenz, dass die Übertragung des Gesellschaftsanteils von den im Gesellschaftsvertrag genannten Nachfolgern auf den testamentarisch in der Teilungsanordnung bestimmten Nachfolger einen grds. **steuerpflichtigen Veräußerungstatbestand** auslöst (§§ 16, 34 EStG). Als allgemeine **Empfehlung** ist daher folgendes festzuhalten: **Wenn** eine **steuerpflichtige Auseinandersetzung** über den Gesellschaftsanteil zwischen mehreren Miterben **vermieden werden soll,** empfiehlt sich die Aufnahme einer **qualifizierten Nachfolgeklausel** in den Gesellschaftsvertrag, durch die festgelegt wird, wer Gesellschafter wird.

Ist kein zum Verbleib in der Gesellschaft qualifizierter Erbe vorhanden (nach dem Formular bei Fehlen ehelicher Abkömmlinge), so ist der verstorbene Gesellschafter mit seinem Tod aus der Gesellschaft ausgeschieden. Aus steuerlicher Sicht realisiert deshalb der Erblasser durch Aufgabe seines Mitunternehmeranteils unter Anwachsung bei den verbleibenden Gesellschaftern einen Aufgabegewinn in Höhe des Unterschieds zwischen dem Abfindungsanspruch und dem Buchwert seines Kapitalkontos im Todeszeitpunkt. Gleiches gilt hinsichtlich des Sonderbetriebsvermögens.

72   **Erbschaftsteuer.** Erbschaftsteuerlich wird der Erwerb des Gesellschaftsanteils an einer gewerblich tätigen Gesellschaft als solcher wie Betriebsvermögen behandelt. Die Besteuerung richtet sich nach § 13a ff ErbStG iVm. §§ 199 ff. BewG idF des „Gesetzes zur Anpassung des ErbStG an die Rspr. des BVerfG v. 4.11.16 (BGBl. I 16, 2464) mit rückwirkender Geltung für alle Erwerbe nach dem **30.6.16** (zum Übergang siehe § 37 Abs. 12 ErbStG).

73   Zur **alten Rechtslage** vgl. Anmerkungen in der 8. Auflage unter A. 9.00 Rz. 79 ff.

74   Die Erbschaft- und Schenkungsteuer befindet sich seit Jahren in der Diskussion. Zur Erinnerung: Der II. Senat des BFH (II R 9/11 v. 27.9.12, DStR 13, 2063) hielt die Erbschaftsteuernormen der §§ 13a und 13b ErbStG. idF des ErbStRG (BGBl. I 08, 3018), letztmalig angepasst durch das StVereinfG v. 1.11.11. (BGBl. I 11, 2131), wegen der Begünstigungen des Betriebsvermögens für **verfassungswidrig** und hat daher das komplette ErbStG **dem BVerfG zur Prüfung vorgelegt** (BVerfG 1 BvL 21/12).

75   BVerfG 1 BvL 21/12 v. 17.12.14 (DStR 15, 31) hat die erbschaftsteuerlichen Bestimmungen über die Privilegierung von Unternehmensvermögen wegen Verstoßes gegen Art. 3 Abs. 1 GG mit der Verfassung unvereinbar erklärt.

75a   Das „Gesetz zur Anpassung des ErbStG an die Rechtsprechung des BVerfG v. 4.11.16 (BGBl. I S. 2464" trat **rückwirkend** für Steuerentstehungszeitpunkte nach dem **30.6.16** in Kraft.

Die Änderungen waren für den Stpfl. im Ergebnis nicht so belastend wie befürch- **76** tet; das Regelungswerk ist aber komplex (vgl. zur Auslegung durch die FinVerw. ErbStR 2019 v. 16.12.19 BStBl. I 19, Sondernr. 1 S. 2). Der koordinierte Ländererlass v. 22.6.17, BStBl. I 17. 902 zur Anwendung der geänderten Vorschriften des ErbStG beschäftigt sich mit der Auslegung der Neuregelungen aus Sicht der FinVerw. Der Erlass ist ein Novum, denn es handelt sich nicht um einen gleichlautenden Ländererlass, sondern nur um einen koordinierten, da er zwar im Einvernehmen mit den obersten Finanzbehörden der Länder ergangen ist, jedoch mit ausdrücklicher Ausnahme des Freistaates Bayern (vgl. hierzu *Geck* ZEV 17, 481; *Reich* DStR 17, 1858). Die bayerischen Finanzämter sind somit nicht an den Inhalt des Erlasses gebunden. Auch in der Neuregelung bleibt das bekannte Grundkonzept erhalten: Ausgehend von einem als **begünstigungsfähig** definierten **Vermögen** (§ 13b Abs. 1 ErbStG) mit Aussonderung von **Verwaltungsvermögen** (§ 13b Abs. 4 ErbStG) wird der Erwerb zu 85 % (§ 13a Abs. 1 Satz 1 ErbStG) von der Erbschaftsteuer verschont **(Regelverschonung),** wenn die betroffenen Arbeitsplätze typisiert als **Lohnsumme** erhalten bleiben (§ 13a Abs. 3 ErbStG) und es nicht zu schädlichen Verfügungen bzw. gleichgestellten Vorgängen während einer **Behaltefrist** von fünf Jahren (§ 13a Abs. 6 ErbStG) kommt. Unter verschärften Voraussetzungen besteht auch weiterhin die Möglichkeit der 100%-Verschonung (§ 13a Abs. 10 ErbStG; **Optionsverschonung).**

Die Anwendung des bisherigen Verschonungssystems **(Regel- und Options-** **76a** **verschonung)** wurde auf Erwerbe von begünstigtem Vermögen im Wert von bis zu 26 Mio. Euro beschränkt. Für Erwerbe von begünstigtem Vermögen zwischen 26 Mio. Euro und 90 Mio. Euro kann der Erwerber zwischen dem sog. **Abschmelz-** **modell** oder der **Verschonungsbedarfsprüfung** wählen. Überschreitet der Wert des erworbenen begünstigten Vermögens 90 Mio. Euro, kommt nur noch die Verschonungsbedarfsprüfung zur Anwendung.

Die wesentliche Änderung auf Ebene der Voraussetzungen der Verschonung ist die **76b** neue **konsolidierte Form** der Ermittlung des Verwaltungsvermögens. Im Unterschied zum bisherigen Recht wird Verwaltungsvermögen auch grundsätzlich nicht mehr von der Begünstigung erfasst. Während es nach altem Recht nur bei Überschreiten der Grenzen von 50 % bzw. 10 % des Verwaltungsvermögens nicht zu einer Begünstigung kam, wird es nun – mit gewissen Rückausnahmen – in jedem Falle von der Begünstigung ausgenommen.

Auf der Rechtsfolgenseite wurde neben der Verschärfung der Lohnsummenregel für **76c** Kleinstbetriebe insbesondere ein **Vorababschlag für Familienunternehmen** geschaffen, dessen Gewährung von der Gestaltung der Gesellschaftsverträge bzw. Satzungen der betreffenden Unternehmen abhängig ist (vgl. § 13a Abs. 9 ErbStG).

Praktisch besondere Bedeutung hat zudem die Änderung des BewG in Bezug auf **76d** den im Rahmen des vereinfachten Ertragswertverfahrens anzuwendenden Kapitalisierungsfaktor. Dieser wurde auf 13,75 reduziert (§ 203 BewG). Folge hiervon ist, dass sich die im vereinfachten Ertragswertverfahren ermittelten Werte auf rd. 25 % reduzieren. Zudem ist die Stundungsregelung des § 28 ErbStG überarbeitet worden (vgl. hierzu ausführlich *Oppel* SteuK 16, 469).

Die Prüfung der Voraussetzungen der Verschonung ist zweiteilig. In einem ersten **77** Schritt wird formal geprüft, ob das übertragene Vermögen **begünstigungsfähig** ist (§ 13b Abs. 1 ErbStG). In einem zweiten Schritt ist das **begünstigte Vermögen** zu ermitteln. Zu diesem Zweck wird der gemeine Wert des begünstigungsfähigen Vermögens um den Nettowert des Verwaltungsvermögens gekürzt (§ 13b Abs. 2 ErbStG, zum Prüfungsschema siehe ErbStR E 13b.9). Die Begünstigung entfällt, wenn die Verwaltungsvermögensquote bei mind. 90 % liegt, § 13b Abs. 2 S. 2 ErbStG. Nach Ansicht der FinVerw. soll nicht nur das Verwaltungsvermögen iSv. § 13b Abs. 4 Nr. 1 bis 4 ErbStG vor dem Schuldenabzug anzusetzen sein, sondern auch die Finanzmittel, iSv. § 13b Abs. 4 Nr. 5 S. 1 ErbStG (ErbStR E 13b.25 S. 4, ErbStR E 13b.10 S. 3 u.

4, ErbStR E 13b.10). Diese Handhabe in der FinVerw. wird von der Literatur stark kritisiert, weil sie dazu führt, dass bei Unternehmen mit hohem Verwaltungsvermögen, insbes. im Bereich der Finanzmittel, die 90%-Grenze meist überschritten ist, selbst in Konstellationen, in denen der Begünstigungszweck der Fortführung mittelständischer gewerblich tätiger Unternehmen nicht in Frage steht (vgl. hierzu *Geck* ZEV 17, 481). Der Begriff des Verwaltungsvermögens wird im Gesetz nicht ausdrücklich definiert, sondern es wird in § 13b Abs. 4 Nr. 1–5 ErbStG ein abschließender Katalog aufgestellt. Bei dem begünstigungsfähigen Vermögen handelt es sich um land- und forstwirtschaftliches Vermögen, um Betriebsvermögen sowie um Beteiligungen an Kapitalgesellschaften, an deren Nennkapital der Erblasser oder Schenker allein oder mit anderen im Rahmen einer Poolvereinbarung zu mehr als 25% unmittelbar beteiligt ist (§ 13b Abs. 1 ErbStG).

78   Die Verwaltungsvermögensquote ist streng **stichtagsbezogen.** Maßgeblich sind die Verhältnisse zum Zeitpunkt der Entstehung der Steuer, dh. zum Zeitpunkt des Erbfalls oder der Ausführung der Schenkung (§ 9 ErbStG).

79   Das Verwaltungsvermögen einer Unternehmensgruppe wird konsolidiert ermittelt und in einer sog. **Verbundvermögensaufstellung** zusammengefasst (§ 13b Abs. 9 ErbStG). Die Nutzung von mehrstufigen Gesellschaftsstrukturen, um Verwaltungsvermögen zusammen mit begünstigtem Vermögen steuerfrei übertragen zu können (sog. **Kaskadeneffekt**), soll damit ausgeschlossen werden (vgl. hierzu auch *Viskorf/Löchebach/Jehle* DStR 16, 2425).

80   Mit § 13b Abs. 2 Satz 2 ErbStG hat der Gesetzgeber noch eine Missbrauchsvermeidungsnorm geschaffen, die erreichen soll, dass begünstigungsfähiges Verwaltungsvermögen von der Verschonung gänzlich ausgenommen wird, das nahezu ausschließlich (nämlich zu 90%) aus Verwaltungsvermögen besteht.

81   Die Anwendung der Regel- und Optionsverschonung ist auf den Erwerb begünstigten Vermögens im Wert von bis zu 26 Mio. Euro beschränkt (§ 13a Abs. 1 Satz 1 ErbStG). Zur Missbrauchsvermeidung soll diese Wertgrenze durch eine Zusammenrechnung sämtlicher Erwerbe begünstigten Vermögens erfolgen, die der Erwerber von derselben Person innerhalb der letzten **zehn Jahre** erhalten hat (§ 13a Abs. 1 Satz 2 ErbStG). Nach ErbStR E 13a.2 Abs. 3 S. 1 des Koordinierten Ländererlasses v. 22.6.17 (BStBl. I 17, 902) werden auch Erwerbe vor dem 1.7.16 dem Nacherwerb hinzugerechnet (vgl. hierzu kritisch *Geck* ZEV 17, 481).

82   Die **Optionsverschonung** ist ausgeschlossen, wenn das begünstigungsfähige Vermögen zu mehr als 20% aus Verwaltungsvermögen besteht (§ 13a Abs. 10 ErbStG). Nimmt der Steuerpflichtige das **Abschmelzungsmodell** in Anspruch, verringert sich der Verschonungsabschlag des Erwerbs um jeweils 1% je 750.000, die der Wert des begünstigten Vermögens den Betrag von 26 Mio. Euro übersteigt (§ 13c Abs. 1 Satz 1 ErbStG). Für die Regelverschonung bedeutet das, dass bei einem Wert von 89,75 Mio. Euro keine Abschmelzung mehr erfolgt. Wählt der Erwerber demgegenüber die Optionsverschonung gemäß § 13a Abs. 10 ErbStG, wird ab einem Wert von 90 Mio. Euro kein Verschonungsabschlag mehr gewährt (§ 13c Abs. 1 Satz 2 ErbStG, siehe hierzu die Rechenbeispiele bei *Viskorf/Löchebach/Jehle* DStR 16, 2425 und *Maier* ZEV 17, 10).

83   Hat das begünstigte Vermögen einen Wert von über 90 Mio. Euro, steht dem Erwerber nur noch die **Verschonungsbedarfsprüfung** offen. Die Verschonungsbedarfsprüfung (§ 28a ErbStG) soll eine der wesentlichen Kritikpunkte des BVerfG ausräumen, dass Großvermögen nach altem Recht ohne eine Bedürftigkeitsprüfung in den Genuss der Verschonung kommen konnten. Danach ist bei einem Erwerb von begünstigtem Vermögen im Wert von über 26 Mio. Euro die auf dieses begünstigte Vermögen entfallende Steuer auf **Antrag** zu erlassen, soweit der Erwerber nachweist, dass er persönlich nicht in der Lage ist, die Steuer aus seinem **verfügbaren Vermögen** zu begleichen. Das verfügbare Vermögen wird in § 28a Abs. 2 ErbStG definiert (vgl.

Viskorf/Löchebach/Jehle DStR 16, 2425 und *Maier* ZEV 17, 10). Es handelt sich hierbei um solches Vermögen, welches nicht begünstigt und daher im Umfang von 50% zur Tilgung der Erbschaftsteuerschuld einzusetzen ist. Dazu vertritt RE 28a.2 Abs. 2 S. 1 die Auffassung, im Rahmen der Verschonungsbedarfsprüfung seien allein die Verhältnisse im Besteuerungszeitpunkt maßgebend. Kritisch ist die in S. 6 geäußerte Auffassung, die auf den steuerpflichtigen Erwerb entfallende Steuer mindere den Wert des verfügbaren Vermögens nicht. Maßgebend im Rahmen der Verschonungsbedarfsprüfung ist somit bei der Festlegung des verfügbaren Vermögens dessen Bruttoerwerb und keineswegs der nach Abzug der Erbschaftsteuer auf den nicht begünstigten Erwerb verbleibende Nettobetrag (vgl. hierzu *Geck* ZEV 17, 482). Der Erlass ist an das Fortführen des Betriebsvermögens durch den Erwerber sowie an das Einhalten der Lohnsumme (§ 13a Abs. 10 Nr. 3–5 ErbStG) und der Behaltefrist (§ 13a Abs. 6 Satz 1 ErbStG) geknüpft. Die Verschonung steht ferner unter der auflösenden Bedingung, dass der Erwerber innerhalb von 10 Jahren (für Erwerb von Todes wegen nach dem 15.12.18, 7 Jahre) nach dem Zeitpunkt der Entstehung der Steuer weiteres verfügbares Vermögen durch Schenkung oder von Todes wegen erhält (§ 28a Abs. 4 Satz 1 Nr. 3 ErbStG, vgl. hierzu im Detail *Viskorf/Löcherbach/Jehle* DStR 16, 2425 und *Maier* ZEV 17, 10).

Zu den Details des Vorababschlags für Familienunternehmen siehe *Wachter* ZEV 16, 84
1168 und ErbStR E 13a.19.

Das Verschonungssystem wird durch die Stundungsmöglichkeit des § 28 Abs. 1 85
ErbStG ergänzt. Die Stundung kann bis zu zehn Jahren gewährt werden und ist im ersten Jahr unverzinslich (bei Erwerben von Todes wegen nach dem 15.12.18 erfolgt die Stundung für den vollen Stundungszeitraum zinslos). Sie muss vom Erben beantragt werden und gilt unabhängig vom jeweiligen Verschonungsmodell. Voraussetzung der Stundungsmöglichkeit ist, dass der Erbe sowohl die Lohnsummenregelung als auch die Behaltefrist beachtet. Verstößt der Erbe gegen eine der Voraussetzungen, endet die Stundung sofort, was zur Fälligkeit der Steuer führt.

(frei) 86

Wird – wie im Formular vorgesehen – eine **qualifizierte Nachfolgeklausel** ver- 87
einbart, wird der Erwerb des Gesellschaftsanteils ausschließlich dem Nachfolgeerben zugerechnet. Diesem stehen die steuerlichen Vergünstigungen zu.

Ist **Sonderbetriebsvermögen** vorhanden, so ist uU Folgendes zu beachten: Bei 88
Vereinbarung der einfachen Nachfolgeklausel bleibt Sonderbetriebsvermögen des Gesellschafter-Erblassers Betriebsvermögen. Diese Rechtsfolge folgt der ertragsteuerlichen Betrachtung, wonach alle Erben unmittelbar Mitunternehmer bleiben und demzufolge auch die personelle Verflechtung hinsichtlich des Sonderbetriebsvermögens erhalten bleibt. Dieses fällt in den Nachlass, so dass es uU mangels entsprechender Gestaltungen an Dritte fallen kann mit der Folge, dass die WG nicht mehr zum Betriebsvermögen gehören.

Zu § 16: Ausschließung eines Gesellschafters

Im Gesetz ist der Ausschluss eines Gesellschafters durch Gesellschafterbeschluss nicht 89
vorgesehen. Gem. § 140 HGB können die Gesellschafter den gerichtlichen Ausschluss eines Gesellschafters durch Klage beantragen, wenn ein wichtiger Grund vorliegt (§ 133 HGB). Ausdrücklich geregelt ist in § 142 Abs. 1 Satz 2 HGB, dass auch in einer zweigliedrigen Gesellschaft die Ausschließungsklage zulässig ist. § 140 HGB ist jedoch nicht zwingend; von der Vorschrift kann – wie im Formular – dahingehend abgewichen werden, dass ein Gesellschafter durch Beschluss der übrigen Gesellschafter aus der Gesellschaft ausgeschlossen wird (bei Stimmrechtsausschluss des Auszuschließenden; s. BGH II ZR 217/75 v. 20.1.77, NJW 77, 1292; *Ulmer* JZ 76, 97). Darüber hinaus kann auch ein einseitiges Ausschlussrecht bestimmter Gesellschafter vereinbart werden. Ein Ausschluss eines Gesellschafters ohne wichtigen Grund bedarf einer eindeutigen Vereinbarung und ist nur ausnahmsweise bei besonderen Gründen zulässig

(BGH II ZR 217/75 v. 20.1.77, NJW 77, 1292; II ZR 56/80 v. 13.7.81, NJW 81, 2565; s. iE *Baumbach/Hopt* § 140 HGB Rz. 31; A. 9.16 Rz. 2 ff.).

Mit dem Ausscheiden endet die Gesellschafterstellung des Ausgeschiedenen; seine Gesellschafterrechte und -pflichten (mit Ausnahme evtl. Nachhaftungen) erlöschen grundsätzlich. Der Anteil des Ausgeschiedenen am Gesellschaftsvermögen wächst zwingend den übrigen Gesellschaftern an (vgl. *MünchKommBGB/Schäfer* § 738 BGB Rz. 6 ff.).

90   **Ausscheiden durch Gesellschafterinsolvenz:** Durch die Eröffnung des Insolvenzverfahrens über das Vermögen eines Gesellschafters wird die Gesellschaft nach § 131 HGB nicht aufgelöst. Eine Auflösung im Insolvenzfall erfolgt vielmehr nur, wenn die Eröffnung des Insolvenzverfahrens über das Vermögen der Gesellschaft erfolgt. – Es ist sinnvoll, für den Fall der persönlichen Insolvenz eines Gesellschafters vorzusehen, dass dieser aus der Gesellschaft ausscheidet und die Gesellschaft unter den übrigen Gesellschaftern fortgeführt wird. Diese Regelung entspricht § 131 Abs. 3 Nr. 2 HGB, der für den Fall der Eröffnung des Insolvenzverfahrens über das Vermögen des Gesellschafters dessen Ausscheiden mangels abweichender vertraglicher Bestimmungen vorsieht.

91   **Ausscheiden bei eidesstattlicher Versicherung:** Da die eidesstattliche Versicherung gem. § 807 ZPO häufig der Insolvenz des Gesellschafters oder der Pfändung vorausgeht, wird das automatische Ausscheiden in diesem Fall vorverlegt.

92   **Pfändung des Anteils (Abs. 2c iVm. Abs. 3c):** Das Ausscheiden des betroffenen Gesellschafters empfiehlt sich wegen § 135 HGB: Der Privatgläubiger, der die Pfändung bewirkt hat, kann sonst die Gesellschaft mit einer Frist von sechs Monaten zum Ende des Geschäftsjahres kündigen. Die vertragliche vorgesehene Regelung entspricht im Grundsatz der Rechtslage nach § 131 Abs. 3 Nr. 4 HGB, wonach die Kündigung durch den Privatgläubiger des Gesellschafters mangels abweichender vertraglicher Bestimmungen zu seinem Ausscheiden – und nicht zur Liquidation – führt. Vorverlagert wird durch die vertragliche Regelung insb. der Zeitpunkt des Wirksamwerdens des Ausscheidens. Nach der gesetzlichen Regelung (§ 131 Abs. 3 Satz 2 HGB) wird das Ausscheiden im Falle der Kündigung nicht vor Ablauf der Kündigungsfrist wirksam.

93   Um ausgesprochene **Härtefälle zu vermeiden,** empfiehlt es sich, im Gesellschaftsvertrag klarzustellen, dass das Ausscheiden des Gesellschafter-Schuldners nur dann zu erfolgen hat, wenn sein Anteil auf Grund eines nicht nur für vorläufig vollstreckbar erklärten Schuldtitels gepfändet wird und ein Vollstreckungsversuch des Gläubigers in jüngerer Zeit erfolglos geblieben ist. Dies wird durch die Verweisung auf § 135 HGB erreicht. Weiterhin ist vorgesehen, dass die Folgen der Zwangsvollstreckung, die zu der Kündigung geführt haben, nicht innerhalb von drei Monaten durch den Gesellschafter-Schuldner wieder beseitigt werden, bevor der Ausschluss endgültig wirksam wird.

Zu § 17: Auseinandersetzungsguthaben

94   Mit dem Ausscheiden eines Gesellschafters entsteht für diesen grds. gemäß § 738 Abs. 1 S. 1 BGB ein Abfindungsanspruch, der sich gemäß § 124 HGB gegen die Gesellschaft richtet. Der Wert des Gesellschaftsvermögens setzt sich zusammen aus dem Buchwert sämtlicher Kapitalkonten und den vorhandenen stillen Reserven. Dementsprechend bemisst sich das Abfindungsguthaben eines ausscheidenden Gesellschafters nach dem Buchwert seiner Beteiligung (Summe sämtlicher für ihn geführter Kapitalkonten, also Kapitalkonten I und II, Verlustvortragskonto, Privatkonto) und seinem Anteil an den stillen Reserven der Gesellschaft entspr. seiner Beteiligungsquote, die dem Verhältnis seines Kapitalkontos I zu den Kapitalkonten I der anderen Gesellschafter entspricht. Zur Ermittlung der stillen Reserven ist eine Auseinandersetzungsbilanz zu erstellen, die im Formular bestimmte Bewertungsmaßstäbe vorschreibt. Ohne eine derartige Regelung müsste eine Bewertung des Unternehmens bei Unterstellung des Verkaufs als Einheit samt stillen und offenen Reserven einschließlich Ge-

schäftswert erfolgen. Demgegenüber gibt das Formular den Interessen der verbleibenden Gesellschafter den Vorrang, indem nicht sämtliche stillen Reserven und diese nicht in voller Höhe aufzulösen sind. Insbes. bleiben der Firmenwert sowie nicht bilanzierungsfähige immaterielle WG und schwebende Geschäfte außer Ansatz. Stille Reserven des Anlagevermögens sind nur zur Hälfte anzusetzen außer bei Grundstücken (amtlicher Schätzwert).

Generell beinhalten Abfindungsklauseln Regelungen über die bei der Bemessung **95** des Abfindungsguthabens anzuwendende Bewertungsmethode, über die Beschränkung der Höhe des Abfindungsguthabens und über die Modalitäten der Auszahlung. Die Abfindungsklauseln finden ihre Grenzen in den Aspekten des Gläubigerschutzes (über die insolvenzrechtliche Anfechtung hinaus auch aus § 138 BGB) und des Gesellschafterschutzes, der aus den §§ 138, 242, 723 Abs. 3 BGB sowie § 133 Abs. 3 HGB hergeleitet wird.

Unproblematisch sind **Abfindungsklauseln,** die Abfindungsguthaben in Höhe des **96** tatsächlichen Werts einer Beteiligung vorsehen. **Sittenwidrig** sind Regelungen in der Satzung, nach der im Fall einer (groben) Verletzung der Interessen der Gesellschaft oder der Pflichten des Gesellschafters keine Abfindung zu leisten ist. Ein solche Regelung ist auch unter dem Gesichtspunkt der **Vertragsstrafe** unzulässig (vgl. BGH II ZR 216/13 v. 29.4.14, GmbHR 14, 811).

Bei sog. **Buchwertklauseln** sind hingegen gewisse Grenzen zu beachten. Die **97** Buchwertabfindungsklausel darf nicht lediglich auf den Fall beschränkt sein, dass der Gesellschafter persönlich Insolvenz anmeldet oder sein Gesellschaftsanteil gepfändet wird. In diesem Fall ist in der Buchwertklausel eine einseitig die Gläubiger benachteiligende und damit unzulässige Regelung zu sehen. Buchwertklauseln sind weiter dann unzulässig, wenn sie wegen eines erheblichen Missverhältnisses zwischen Buchwert und tatsächlichem Wert die Freiheit des Gesellschafters zu einer Kündigung unvertretbar einengen (§ 723 Abs. 3 BGB; BGH II ZR 295/04 v. 13.3.06, DStR 06, 1005; BGH II ZR 87/13 v. 21.1.14, DStR 14, 1404; s. auch BGH II ZR 83/88 v. 9.1.89, NJW 89, 2685; kritisch zur Buchwertklausel *Leuering* NJW-Spezial 09, 239). In der Literatur werden verschiedentlich 50% des tatsächlichen Wertes als allerunterste Grenze genannt. Eine solche pauschale Betrachtung wird jedoch häufig den Umständen des Einzelfalls nicht gerecht und bietet daher allenfalls einen ersten Anhaltspunkt für die Bewertung. Eine gesellschaftsvertragliche Abfindungsklausel, die eine unter dem wirklichen Anteilswert liegende Abfindung vorsieht, wird insbesondere auch nicht deswegen wirksam, weil sie infolge eines im Laufe der Zeit eingetretenen groben Missverhältnisses zwischen dem Betrag, der sich auf Grund der vertraglichen Vereinbarung ergibt, und dem wirklichen Anteilswert geeignet ist, das Kündigungsrecht des Gesellschafters in tatsächlicher Hinsicht zu beeinträchtigen. Entspricht in solchen Fällen die vorgesehene Abfindung dadurch nicht mehr den aktuellen Umständen, dass eine ursprünglich wirksame Abfindungsklausel sich dadurch als untragbar erweist, dass sich Abfindungsanspruch und tatsächlicher Anteilswert im Laufe der Jahre immer weiter voneinander entfernt haben, so sind diese so entstandenen Lücken in Gesellschaftsverträgen im Wege der ergänzenden Vertragsauslegung in der Weise auszufüllen, dass die Grundzüge des konkreten Vertrages „zu Ende gedacht" werden. Im Ergebnis wird danach in solchen Fällen ein Mittelwert zwischen Buchwert und tatsächlichem Wert anzusetzen sein (vgl. BGH II ZR 104/92 v. 20.9.93, DB 93, 2265 und II ZR 36/92 v. 24.5.93, DStR 93, 1109).

Besonderheiten im Todesfall: Für den Fall des Todes eines Gesellschafters kann **98** der Gesellschaftsvertrag einen völligen Abfindungsausschluss für den nicht eintretenden Erben des verstorbenen Gesellschafters wirksam vorsehen. Der Anteil des Gesellschafters geht dann an die Mitgesellschafter, an einzelne von ihnen oder aber an Dritte (BGH III ZR 91/70 v. 14.7.71, WM 71, 1339). Eine solche Vereinbarung setzt jedoch voraus, dass sie gleichmäßig für alle Gesellschafter gilt. Unter diesen Voraussetzungen ist sie auch keine Schenkung (umstr., *Meincke* § 7 ErbStG Rz. 168 ff.; *Troll/Gebel* § 3 ErbStG Rz. 257).

Vgl. zu den Besonderheiten im Todesfall iÜ Rz. 63 ff. und A. 9.24 Rz. 1 ff.

99   Der unbeschränkten Haftung aller Gesellschafter entspricht es, dass ein ausscheidender Gesellschafter in dem Fall, dass der Buchwert seiner Beteiligung zzgl. des Anteils an den stillen Reserven negativ ist, zum **Nachschuss verpflichtet** ist.

100   **Zahlungsmodalitäten (Abs. 5 und 6):** Durch Zahlung der Abfindung in Raten über mehrere Jahre hinweg, lässt sich der gesetzliche Abfindungsanspruch zum Zwecke der Schonung der Liquidität der Gesellschaft zusätzlich beschränken. Der BGH hat den Spielraum für die Ausgestaltung entsprechende Regelungen dahingehend begrenzt, dass ein Auszahlungszeitraum von zehn Jahren keinesfalls überschritten werden darf und darüber hinaus dem ausscheidenden Gesellschafter eine angemessene Verzinsung des ausstehenden Abfindungsguthabens zugestanden werden muss (vgl. BGH II ZR 220/88 v. 29.5.89, NJW 89, 2685).

101   **Befreiung von Verbindlichkeiten (Abs. 7):** Gem. § 159 HGB haftet ein ausgeschiedener Gesellschafter noch fünf Jahre nach seinem Ausscheiden für Verbindlichkeiten der Gesellschaft (vgl. iE Rz. 12 f.). Gem. § 105 Abs. 2 HGB iVm. § 738 BGB ist der ausgeschiedene Gesellschafter im Innenverhältnis von den Schulden der Gesellschaft, für die er gem. § 128 HGB persönlich haftet, freizustellen (zur Haftung für Verbindlichkeiten aus Dauerschuldverhältnissen s. Rz. 13). Dies würde bedeuten, dass die Gesellschaft bei Ausscheiden eines Gesellschafters die Gläubiger zu befriedigen oder mit diesen eine befreiende Schuldübernahme zu vereinbaren hat. Um dieses Verfahren zu vermeiden ist im Formular vorgesehen, dass die Freistellung erst dann erfolgt, wenn der ausgeschiedene Gesellschafter von Gesellschaftsgläubigern in Anspruch genommen wird.

102   **Anwachsung (Abs. 9):** Die Bestimmung entspricht § 738 Abs. 1 Satz 1 BGB.

103   Soweit das **Abfindungsguthaben** des ausscheidenden Gesellschafters den Buchwert seiner Beteiligung übersteigt, erzielt er einen **Veräußerungsgewinn** gem. § 16 EStG, der nach Abzug evtl. Freibeträge gem. Abs. 4 dieser Vorschrift der ESt zu einem begünstigten Steuersatz unterliegt (§ 34 EStG). Gewerbesteuer fällt nicht an (hM, GewStR 7.1 Abs. 3 Satz 3). Ein Veräußerungsgewinn ist allerdings insoweit als laufender Gewinn zu versteuern, als auf Seiten des Veräußerers und Erwerbers dieselben Personen Unternehmer bzw. Mitunternehmer sind (§ 16 Abs. 2 S. 3 EStG, BFH VIII R 7/01 v. 15.6.04, BStBl. II 04, 754).

Zu § 18: Auflösung der Gesellschaft, Fortführung der Firma

104   Die Bestellung sämtlicher geschäftsführender Gesellschafter zu Liquidatoren entspricht § 146 Abs. 1 HGB. Abweichend von der gesetzlichen Regelung in § 150 Abs. 1 HGB sind die Liquidatoren nach dem Formular einzeln vertretungsberechtigt. S. auch A. 9.13 Rz. 3.

105   Die **Liquidatoren** und ihre Vertretungsmacht sind von sämtlichen Gesellschaftern zur Eintragung in das Handelsregister anzumelden; anmeldepflichtig sind sämtliche Gesellschafter (§ 148 HGB).

106   **Firmenfortführung** bei Ausscheiden: Gem. § 24 Abs. 2 HGB bedarf es bei Ausscheiden eines Gesellschafters, dessen Name in der Firma enthalten ist, zur Fortführung der Firma der ausdrücklichen Einwilligung des Gesellschafters oder seiner Erben. Die Einwilligung wird in Abs. 2 generell erteilt. Der BGH räumt dem Interesse der verbleibenden Gesellschafter großes Gewicht ein (BGH II ZR 142/88 v. 9.1.89, NJW 89, 1798). Zum Ausscheiden des letzten Gesellschafters vgl. A. 9.14 Rz. 9.

Zu § 19: Wettbewerbsverbot

107   Für die Dauer der Beteiligung eines Gesellschafters enthalten die §§ 112, 113 HGB ein gesetzliches Wettbewerbsverbot. Es ist Ausfluss der Treuepflicht. Dieses Wettbewerbsverbot wird im Formular für die Dauer von zwei Jahren nach Ausscheiden erweitert. Die Wirksamkeit eines nachvertraglichen Wettbewerbsverbots ist nicht von

der Zahlung einer Karenzentschädigung abhängig, da die §§ 74 ff. HGB für den Gesellschafter nicht gelten.

Die in Abs. 3 des Formulars festgelegten Rechtsfolgen eines Wettbewerbsverstoßes **108** entsprechen im wirtschaftlichen Ergebnis weitgehend § 113 HGB mit der Ausnahme, dass eine Vertragsstrafe in vereinbarter Mindesthöhe zu zahlen ist.

Steuerlich sind Zahlungen des gegen das Wettbewerbsverbot verstoßenden Gesell- **109** schafters an die Gesellschaft bei dem Gesellschafter Sonderbetriebsausgaben, bei der Gesellschaft Betriebseinnahmen.

Zu § 20: Güterstandsklausel

Die Verpflichtung zum Ausschluss des Güterstands der Zugewinngemeinschaft hin- **110** sichtlich der Gesellschaftsbeteiligung soll verhindern, dass bei Ehescheidung eines Gesellschafters gegen diesen uU erhebliche **Zugewinnausgleichsansprüche** geltend gemacht werden, die der betroffene Gesellschafter nur durch erhöhte Entnahmen aus der Gesellschaft befriedigen könnte. Ob und inwieweit eine solche Bestimmung durchsetzbar ist, muss in jedem Einzelfall geprüft werden. UU empfiehlt es sich, einen modifizierten Zugewinnausgleich in der Form zu vereinbaren, dass lediglich die Anteile am Gesellschaftsvermögen ausgeschlossen sind. Zu denkbaren alternativen Regelungen vgl. *Milzer* NZG 17, 1090.

In **erbschaftsteuerlicher Hinsicht** zu beachten ist allerdings, dass mit der Vereinba- **111** rung einer Güterstandsklausel den Gesellschaftern die Möglichkeit genommen wird, bei Übergang von Gesellschaftsanteilen an den Ehegatten in den Genuss der Vergünstigung des § 5 ErbStG zu kommen. Nach dieser Bestimmung unterliegt der Zugewinn des überlebenden Ehegatten nicht der Erbschaftsteuer. Während es in der Vergangenheit möglich war, durch Ehevertrag den Güterstand der Gütertrennung auch mit steuerlicher Wirksamkeit rückwirkend ab Eheschließung durch Vereinbarung der Zugewinngemeinschaft aufzuheben, gilt nach jetziger Rechtslage in steuerlicher Hinsicht, dass Zeitpunkt des Eintritts des Güterstandes der Tag des Vertragsabschlusses ist (§ 5 Abs. 1 Satz 4 ErbStG). Insoweit bedarf die Vereinbarung der (zivilrechtlich häufig sinnvollen) Güterstandsklausel unter steuerlichen Überlegungen uU einer Überprüfung.

Zu § 22 Schiedsklausel

Die Vereinbarung einer Schiedsklausel im Gesellschaftsvertrag hat sich in der Praxis **112** bewährt. Der Vorteil eines Schiedsverfahrens liegt darin, dass es unter Ausschluss der Öffentlichkeit geführt wird und gerade bei gesellschaftsvertraglichen Auseinandersetzungen, die sich häufig auch sehr persönlich gestalten, flexibler ist (vgl. SchiedsVfG, §§ 1025 ff. ZPO, vgl. hierzu allgemein *Baumbach/Lauterbach* ZPO, Grundz. § 1025 Rz 6 ff. ZPO). Der Schiedsvertrag bedarf der Form des § 1031 ZPO. Die üblichen Schiedsinstitutionen (z. B. Institution für Schiedsgerichtsbarkeit e. V.) stellen Schiedsordnungen und Schiedsklauseln, die stets dem aktuellen Stand der Rechtsprechung angepasst werden. Die Klauseln sind meist z. B. auf der Homepage verfügbar.

Der BGH hat nunmehr seine restriktiven Vorgaben für die Schiedsfähigkeit von **112a** Beschlussmängelstreitigkeiten in der GmbH im Grundsatz auch auf Beschlussmängelstreitigkeiten in Personengesellschaften erstreckt (BGH I ZB 23/16 v. 6.4.17, NZG 17, 657), ohne dabei alle offenen Fragen zu klären (vgl. *Baumann/Wagner* BB 17, 1993, 1997; *Karsten Schmidt* NZG 18, 121). Das Deutsche Institut für Schiedsgerichtsbarkeit hat für entsprechende Streitigkeiten ein eigenes Regelwerk bereitgestellt (DIS-ERGeS). Der Einfachheit halber sollte die Schiedsvereinbarung die Entscheidung von Beschlussmängelstreitigkeiten den Gerichten überlassen. In Gesellschaften mit vielen Gesellschaftern ist es sinnvoll, im Gesellschaftsvertrag zu vereinbaren, dass die Klage sich – in Anlehnung an Beschlussmängelstreitigkeiten in der GmbH – gegen die Gesellschaft richtet und nicht persönlich gegen jeden einzelnen Gesellschafter (vgl. *Borris* NZG 17, 761, 766; *Baumann/Wagner* BB 17, 1993, 1997). Siehe hierzu auch Formular A. 13.00.

> **Erläuterungen zu A. 9.00a Handelsregisteranmeldung**

113   Gem. § 106 iVm. § 14 HGB ist die Gründung der Gesellschaft zur Eintragung in das Handelsregister anzumelden. Die Anmeldung muss unverzüglich nach Aufnahme des Geschäftsbetriebs erfolgen; sie kann schon vorher erfolgen, wenn die Gesellschaft bereits entstanden ist (*Baumbach/Hopt* § 106 HGB Rz. 5).

Gem. § 106 Abs. 2 HGB **muss** die **Anmeldung enthalten:**
– den Namen, Vornamen, Geburtsdatum und Wohnort jedes Gesellschafters;
– die Firma der Gesellschaft, den Ort, an dem sie ihren Sitz hat, und die inländische Geschäftsanschrift;
– die Vertretungsmacht der Gesellschafter.

114   Gem. § 24 Abs. 2 Handelsregisterverfügung ist daneben darauf hinzuwirken, dass bei den Anmeldungen auch der **Geschäftszweig,** soweit er sich nicht aus der Firma ergibt, und die **Lage der Geschäftsräume** angegeben werden. Um Verzögerungen bei der Eintragung zu vermeiden, sind diese Angaben daher im Rahmen der Anmeldung zu machen.

115   Gem. § 108 Abs. 1 HGB ist die Anmeldung **von allen Gesellschaftern zu bewirken,** auch wenn sie nicht vertretungsbefugt sind. Die Angabe, dass jeder Gesellschafter allein zur Vertretung der Gesellschaft berechtigt ist, entspricht der gesetzlichen Regelung des § 125 Abs. 1 HGB; die Vertretungsmacht ist nunmehr in jedem Fall anzumelden.

Die Anmeldung bedarf gem. § 12 Abs. 1 HGB der **notariellen Beglaubigung.**

116   Zuständig für die Führung der Register sind die Amtsgerichte. Um die Verwaltung der Register zu beschleunigen, können Unterlagen seit dem 1.1.07 nur noch elektronisch (vom Notar) eingereicht werden. Aus Gründen der Rechtssicherheit bleibt für die Anmeldungen zur Eintragung eine öffentliche Beglaubigung erforderlich. Zur Beschleunigung der Eintragungsverfahren ist über Anmeldungen zur Eintragung grundsätzlich „unverzüglich" zu entscheiden; zudem sind die Ausnahmen vom Erfordernis eines Kostenvorschusses erweitert worden. Weil die Register elektronisch geführt werden, werden Handelsregistereintragungen auch elektronisch bekannt gemacht – eine preiswerte und für jeden Interessenten aus dem In- und Ausland in gleicher Weise leicht zugängliche Form.

A. 9.01 Gesellschaftsvertrag (einfaches Muster)

I. FORMULARE

> **Formular A. 9.01 Gesellschaftsvertrag**

GESELLSCHAFTSVERTRAG DER FIRMA A & B OHG

§ 1 Firma, Sitz

(1) Die Firma der Gesellschaft lautet

A & B OHG.

(2) Sitz der Gesellschaft ist ....

§ 2 Gegenstand des Unternehmens

(1) Gegenstand des Unternehmens ist der Einzelhandel mit Lebensmitteln aller Art.

(2) Die Gesellschaft ist berechtigt, sämtliche zur Erreichung des Unternehmensgegenstandes zweckdienlichen Geschäfte durchzuführen.

§ 3 Dauer, Geschäftsjahr

(1) Die Gesellschaft wird zum ...... auf unbestimmte Dauer errichtet.

(2) Geschäftsjahr ist das Kalenderjahr.

§ 4 Einlagen

(1) Die Gesellschafter A und B haben eine Bareinlage in Höhe von jeweils € ...... zu leisten.

(2) Die Einlagen sind innerhalb von 14 Tagen nach Unterzeichnung des Gesellschaftsvertrages zur Zahlung fällig und auf das Konto der Gesellschaft einzuzahlen.

§ 5 Geschäftsführung und Vertretung

(1) Zur Geschäftsführung und Vertretung ist jeder Gesellschafter allein berechtigt und verpflichtet.

(2) Maßnahmen, die über den üblichen Rahmen des Geschäftsbetriebes hinausgehen, dürfen nur von beiden Geschäftsführern gemeinsam vorgenommen werden. Dies gilt insbesondere für den Erwerb, die Veräußerung und die Belastung von Grundstücken und grundstücksgleichen Rechten, die Bestellung von Prokuristen, den Abschluss von Rechtsgeschäften aller Art zwischen der Gesellschaft auf der einen sowie den Gesellschaftern oder deren Angehörigen im Sinne des § 15 der Abgabenordnung auf der anderen Seite sowie den Abschluss von Verträgen mit einmaligen oder laufenden Verpflichtungen, die einen Gesamtbetrag von € ...... übersteigen.

§ 6 Jahresabschluss

Der Jahresabschluss ist als Handels- und Steuerbilanz innerhalb von sechs Monaten seit Ende des Geschäftsjahres zu erstellen. Soweit nicht zwingende handelsrechtliche Vorschriften entgegenstehen, hat die Handelsbilanz der für Zwecke der Einkommensteuerbesteuerung aufzustellenden Steuerbilanz zu entsprechen.

§ 7 Ergebnisverteilung

Von dem festgestellten Jahresgewinn erhält jeder Gesellschafter vorab einen Anteil in Höhe von 12 % seines Kapitalanteils. Der darüber hinausgehende Gewinn entfällt je zur Hälfte auf A und B.

§ 8 Entnahmen

Jeder Gesellschafter ist berechtigt, 75 % des auf ihn entfallenden Gewinnanteils für das letzte Geschäftsjahr zu entnehmen. Während des Geschäftsjahres kann monatlich darüber hinaus $1/24$ des Vorjahresgewinns entnommen werden. Weitergehende Entnahmen sind nur mit Zustimmung aller Gesellschafter zulässig.

§ 9 Kündigung

(1) Die Gesellschaft kann von jedem Gesellschafter unter Einhaltung einer Frist von sechs Monaten zum Ende eines Geschäftsjahres gekündigt werden, erstmals jedoch zum ....

(2) Die Kündigung bedarf der Schriftform.

§ 10 Schlussbestimmungen

(1) Änderungen und Ergänzungen dieses Vertrages bedürfen der Schriftform.

(2) Sollten sich einzelne Bestimmungen dieses Vertrages als ungültig erweisen, so wird dadurch die Gültigkeit dieses Vertrages im Übrigen nicht berührt.

Formular A. 9.01a Handelsregisteranmeldung

Siehe Formular A. 9.00a.

II. ERLÄUTERUNGEN

> ### Erläuterungen zu A. 9.01 Gesellschaftsvertrag

1. Grundsätzliche Anmerkungen

1   S. hierzu A. 9.00 Rz. 1 ff. Zur Abhaltung von Gesellschafterversammlungen und Gesellschafterbeschlüssen s. daneben A. 9.00 Rz. 50 ff.

2. Einzelerläuterungen

Zu § 1: Firma, Sitz

2   Siehe A. 9.00 Rz. 23 ff.

Zu § 2: Gegenstand des Unternehmens

3   Siehe A. 9.00 Rz. 25.

Zu § 3: Dauer, Geschäftsjahr

4   Siehe zunächst A. 9.00 Rz. 30 ff. Mangels abweichender Regelung im Gesellschaftsvertrag wird die Gesellschaft aufgelöst (1.) durch den Ablauf der Zeit, für welchen sie sie eingegangen ist, (2.) durch Beschluss der Gesellschafter, (3.) durch die Eröffnung des Insolvenzverfahrens über das Vermögen der Gesellschaft und (4.) durch gerichtliche Entscheidung (§ 131 Abs. 1 HGB). Mangels abweichender vertraglicher Bestimmung zum Ausscheiden eines Gesellschafters führen demgegenüber insbes. der (1.) Tod eines Gesellschafters, (2.) die Eröffnung des Insolvenzverfahrens über das Vermögen des Gesellschafters, (3.) die Kündigung des Gesellschafters und (4.) die Kündigung durch den Privatgläubiger des Gesellschafters nicht zur Auflösung der Gesellschaft. Der Gesellschafter scheidet vielmehr mit dem Eintritt des ihn betreffenden Ereignisses aus, im Fall der Kündigung aber nicht vor Ablauf der Kündigungsfrist (§ 131 Abs. 3 HGB).

Zu § 4: Einlagen

5   Siehe A. 9.00 Rz. 1 ff. und Rz. 60.

Zu § 5: Geschäftsführung und Vertretung

6   Siehe A. 9.00 Rz. 38 ff.

Zu § 6: Jahresabschluss

7   Siehe A. 9.00 Rz. 52 ff.

Zu § 7: Ergebnisverteilung

8   Nach der gesetzlichen Regelung in § 121 Abs. 1 HGB gebührt jedem Gesellschafter zunächst ein Anteil iHv. 4% seines Kapitalanteils (sog. Vorzugsgewinnanteil). Damit wird den Gesellschaftern eine besondere Vergütung für ihre Kapitalbeteiligung gewährt. Fehlt allerdings ein Gewinn, so erhalten die Gesellschafter nichts, dh. die 4% stellten keinen Kapitalzins dar (*Baumbach/Hopt* § 121 HGB Rz. 1 aE). Im Formular ist ein höherer, den tatsächlichen wirtschaftlichen Verhältnissen näher kommender Zinssatz zugrunde gelegt.

9   IÜ entspricht die Ergebnisverteilungsabrede in § 7 der gesetzlichen Regelung des § 121 HGB. Damit gilt weiterhin folgendes: Soweit der Jahresgewinn zur Bedienung der Vorzugsdividende nicht ausreicht, erhalten die Gesellschafter einen entspr. verminderten Satz (§ 121 Abs. 1 Satz 2 HGB). Einlagen und Entnahmen im Laufe des Kalenderjahres **(Veränderungen des Kapitalanteils)** werden für die Ermittlung des

Vorzugsgewinnanteils jedes Gesellschafters gem. § 121 Abs. 2 HGB zeitanteilig zum Vorzugsgewinnsatz verzinst.

Der **Vorzugsgewinnanteil entfällt** ganz, wenn kein Gewinn erzielt worden ist. 10 Gleiches gilt, wenn gem. Gesellschaftsvertrag (s. hier die Entnahmebeschränkung des § 8) zwar ein Gewinn erzielt wurde, dieser aber nicht verteilt werden darf (vgl. hierzu *MünchKommHGB/Priester* § 121 HGB Rz. 27 ff.).

Nach der gesetzlichen Regelung des § 121 Abs. 3 HGB ist der über die Vorzugsdi- 11 vidende **hinausgehende Gewinnanteil** sowie der Verlust nach Köpfen auf die Gesellschafter zu verteilen. Dieser Regelung folgt das Vertragsmuster.

Die **Gewinnverteilungsabrede** kann abweichend vom Gesetz und von dem hier 12 erfolgten Formulierungsvorschlag **beliebig anders ausgestaltet** werden, beispielsweise kann die Vorzugsdividende erhöht oder abgesenkt werden, der Mehrgewinn anders als nach Köpfen verteilt werden etc. Insb. ist auch eine Gewinnverteilung nach Festkapitalanteilen möglich und allgemein üblich. Eine solche Gewinnverteilungsabrede setzt allerdings die Einrichtung mindestens eines festen Kapitalkontos und eines variablen Kontos (Privatkontos) voraus.

Zu § 8: Entnahmen

Siehe zunächst A. 9.00 Rz. 60 ff. Nach dem Vertragsmuster ist vorgesehen, dass alle 13 Gesellschafter in der Gesellschaft voll mitarbeiten und demzufolge auch keine Tätigkeitsvergütung erhalten. Dies bedeutet, dass sie ihren gesamten Lebensunterhalt aus der Gesellschaft bestreiten müssen und daher auf großzügige Entnahmen angewiesen sind. Da die Gesellschaft andererseits für Investitionen etc. Kapitalbedarf hat, ist abweichend von § 122 HGB das Entnahmerecht auf 75 % des Gewinns beschränkt. Der Gesellschaftsvertrag kann auch ein gewinnunabhängiges Entnahmerecht vorsehen.

Zu § 9: Kündigung

Die Kündigungsregelung entspricht der gesetzlichen Vorschrift in § 132 HGB. Aus 14 Beweissicherungsgründen ist allerdings im Formular Schriftform vorgeschrieben, während nach dem Gesetz die Kündigung grds. auch formfrei zulässig ist.

Zur Kündigung s. iÜ A. 9.00 Rz. 30 ff. sowie Formular A. 9.21. 15

Erläuterungen zu A. 9.01a Handelsregisteranmeldung

Siehe A. 9.00a Rz. 113 ff. 16

A. 9.10 Abtretung (Verkauf)

Gliederung

I. FORMULARE

Formular A. 9.10 Anteilsabtretungsvertrag

VERTRAG ÜBER DIE ABTRETUNG EINES ANTEILS
AN DER A, B & C OHG

zwischen

Herrn C   – nachfolgend Veräußerer genannt –

und

Herrn D   – nachfolgend Erwerber genannt –

Vorbemerkungen

An der A, B & C OHG ist Herr C mit einem Festkapital von € ...... = 30 % des Gesellschaftskapitals beteiligt. Aus Altersgründen möchte C sich zum 31. Dezember 20.. aus der Gesellschaft zurückziehen.

Da C in der Familie keine geeigneten Nachfolger hat, veräußert er mit Zustimmung der Gesellschafter A und B seinen Anteil an der Gesellschaft an den bereits seit vielen Jahren als Prokurist für die Gesellschaft tätigen D gemäß nachstehenden Bestimmungen:

§ 1 Veräußerung

Der Veräußerer verkauft die in der Vorbemerkung genannte Beteiligung in vollem, tatsächlich bestehendem Umfang samt allen damit verbundenen Rechten und Pflichten mit Wirkung im Innenverhältnis zum 1. Januar 20.. (Abtretungsstichtag) an den Erwerber, soweit nicht in diesem Vertrag etwas anderes geregelt ist.

§ 2 Abtretung

Der Veräußerer tritt seinen Anteil an der Gesellschaft an den Erwerber ab; die Abtretung ist aufschiebend bedingt durch die vollständige Entrichtung des Kaufpreises. Der Erwerber nimmt die Abtretung an.

§ 3 Gewinn und Verlustbeteiligung

(1) Das Ergebnis des laufenden Geschäftsjahres steht dem Veräußerer zu. Ein Guthaben auf dem Privatkonto geht nicht über; ein Schuldsaldo ist vom Veräußerer auszugleichen.

(2) Die Aufstellung des Jahresabschlusses für das laufende Geschäftsjahr erfolgt nach den gleichen Grundsätzen wie für vorangegangene Rechnungsperioden unter Beachtung der formellen und materiellen Bewertungs- und Bilanzierungskontinuität.

(3) Nachträgliche Änderungen der handels- und steuerrechtlichen Jahresabschlüsse betreffend Jahre der Beteiligung des Verkäufers, gleich aus welchem Grund, insbes. infolge einer steuerlichen Außenprüfung, berechtigen den Verkäufer nicht zu einer nachträglichen Entnahme etwaiger Mehrgewinne, auch nicht soweit sie Mehrsteuern auslösen, und verpflichten ihn nicht zur Erstattung etwaiger Überentnahmen oder zur Tragung von Verlusten; etwaige auf seine Beteiligung entfallende Steuererstattungen stehen ihm zu.

§ 4 Anerkennung des Gesellschaftsvertrags

Mit Vertragsunterzeichnung erkennt der Verkäufer gleichzeitig den Gesellschaftsvertrag vom ...... als für ihn in allen Bestimmungen verbindlich an.

§ 5 Kaufpreis

Der Kaufpreis für den abgetretenen Gesellschaftsanteil beträgt € .... Der Kaufpreis ist wie folgt zu entrichten: ...... Ab dem ...... ist er mit ...... Prozentpunkten p. a. zu verzinsen; die Zinspflicht lässt die sonstigen Rechte des Veräußerers unberührt.

§ 6 Gewährleistung

Der Veräußerer gewährleistet und steht dafür ein, dass

a) der gemäß Vorbemerkung veräußerte Gesellschaftsanteil rechtlich wirksam begründet ist;

b) der vertragsgegenständliche Gesellschaftsanteil nicht mit irgendwelchen Rechten Dritter belastet ist;

c) der diesem Vertrag als Anlage beigefügte Jahresabschluss der A, B & C OHG zum 31.12.20.. das Vermögen der Gesellschaft richtig und vollständig wiedergibt, insbesondere alle Verbindlichkeiten richtig und vollumfänglich erfasst sind und die ausgewiesenen Forderungen werthaltig sind;

d) die Gesellschaft keinerlei Steuerrückstände hat, für die in der Bilanz zum 31.12.20... keine Rückstellungen gebildet wurden oder die nicht in der Anlage zu diesem Vertrag aufgeführt sind;

e) die Gesellschaft über alle zur Fortführung des Geschäftsbetriebs erforderlichen Genehmigungen und Erlaubnisse verfügt;

f) der Veräußerer mit diesem Vertrag nicht über sein gesamtes Vermögen oder den wesentlichen Teil seines Vermögens verfügt.

Soweit die abgegebenen Erklärungen und insbesondere die beigefügte Bilanz zum 31. Dezember 20.. unrichtig oder unvollständig sein sollen, ist der Veräußerer dem Erwerber zum Schadensersatz verpflichtet, soweit sich ein bezifferbarer Vermögensnachteil für den Erwerber ergibt. Zwischen den Vertragsparteien besteht Einigkeit, dass die dem Käufer zur Verfügung gestellten Unterlagen und Informationen, unabhängig davon, ob sie vorstehend erwähnt sind oder nicht, keine Beschaffenheitsgarantie und/oder Beschaffenheitsvereinbarung begründen sollen, soweit sich nicht aus vorstehenden Buchst. a–d ausdrücklich etwas anderes ergibt; der Umfang der vorstehend gemachten Zusicherungen ist vielmehr ausdrücklich auf den übernommenen Inhalt beschränkt. Weitergehende Ansprüche bestehen nicht. Etwaige Schadensersatzansprüche verjähren zum ....

§ 7 Haftungsfreistellung

D verpflichtet sich, C im Innenverhältnis von allen A, B & C OHG betreffenden Verbindlichkeiten, für die C unbeschränkt mithaftet, freizustellen. D wird – in Abstimmung mit den Mitgesellschaftern A und B – auch im Außenverhältnis alles unternehmen, um baldmöglichst eine Haftungsfreistellung von C von folgenden Gläubigern zu erlangen: ....

§ 8 Firmenfortführung

C willigt in die Fortführung der Firma ein.

§ 9 Handelsregisteranmeldung

Die Vertragsparteien verpflichten sich, unverzüglich nach der vollständigen Entrichtung des Kaufpreises die Eintragung der Beteiligungsänderung im Handelsregister in der erforderlichen Form herbeizuführen. Die Kosten der Anmeldung zum Handelsregister trägt D.

§ 10 Schlussbestimmungen

(1) Etwa anfallende Erwerbsteuer sowie die Kosten dieses Vertrages und seiner Durchführung trägt der Erwerber.

(2) Erfüllungsort und Gerichtsstand für sämtliche Streitigkeiten aus diesem Vertrag ist der Sitz der Gesellschaft, soweit dies zulässig vereinbart werden kann.

(3) Sollten sich einzelne Bestimmungen des Abtretungsvertrages als ungültig erweisen, so wird dadurch die Gültigkeit des Vertrages im Übrigen nicht berührt. In einem solchen Fall ist die ungültige Bestimmung durch eine gültige Bestimmung zu ersetzen, die mit der weitest möglichen Annäherung den Zweck der ungültigen Bestimmung erreicht.

§ 11 Kosten

(1) **Die Kosten dieses Vertrags trägt der Käufer.**

(2) **Die Kosten der Anmeldung zum Handelsregister betreffend das Ausscheiden des Verkäufers und das Eintreten des Käufers trägt die Gesellschaft.**

....
(Unterschrift C)   (Unterschrift D)

Als weitere Gesellschafter der A, B & C OHG stimmen wir der mit vorstehendem Vertrag vorgenommenen Abtretung zu:

....
(Unterschrift A)   (Unterschrift B)

Formular A. 9.10a Handelsregisteranmeldung

An das

Amtsgericht

Registergericht

durch elektronische Übermittlung

X-Stadt

Betrifft: A, B & C OHG

               HRA Nr. ......

Zur Eintragung in das Handelsregister wird angemeldet:

1. Mit Wirkung zum ...... ist der Gesellschafter C aus der Gesellschaft ausgeschieden. Die Gesellschaft wird unter der bisherigen Firma fortgeführt. C willigt in die Fortführung dieser Firma ein.

2. Mit Wirkung zum ...... ist auf Grund Abtretung des Anteils des C der D *(Name, Vorname, Geburtsdatum, Wohnort)* in die Firma eingetreten.

3. Die Gesellschafter vertreten die Gesellschaft wie folgt: ....

4. Die Geschäftsräume befinden sich weiterhin in X-Stadt in der XY-Straße:

Die Prokura für D ist erloschen.

....
(Unterschrift A)   (Unterschrift B)

....
(Unterschrift C)   (Unterschrift D)

....
(Beglaubigungsvermerk)

II. ERLÄUTERUNGEN

Erläuterungen zu A. 9.10 Anteilsabtretungsvertrag

1. Grundsätzliche Anmerkungen

a) Wirtschaftliche Funktion

Ein Kauf- und -abtretungsvertrag über einen Gesellschaftsanteil wird dann geschlos- **1** sen werden, wenn ein Gesellschafter nicht in der Gesellschaft verbleiben möchte und sein Gesellschaftsanteil unmittelbar auf einen neuen Gesellschafter übergehen soll.

Im Hinblick auf die bei der OHG typischerweise gegebene enge Bindung der Ge- **2** sellschafter untereinander wird die Abtretung eines Gesellschaftsanteils regelmäßig nur mit **Zustimmung aller** übrigen **Mitgesellschafter** vorgenommen werden. Sofern der Gesellschaftsvertrag eine Übertragung nicht allgemein oder auf bestimmte Personen zulässt, ist daneben schon aus Rechtsgründen eine Übertragung der Gesellschafterstellung ohne ausdrückliche Zustimmung der Mitgesellschafter unzulässig (§ 105 HGB iVm. § 717 BGB).

b) Gesellschaftsrecht

Die Abtretung der Beteiligung setzt einen rechtsgültigen **Abtretungsvertrag** vor- **3** aus (vgl. hierzu *MünchKommBGB/Schäfer* § 719 BGB Rz. 21 ff.). Der Vertrag ist Rechtskauf, Kauf des Geschäftsanteils. Hierbei ist zwischen dem Verpflichtungsgeschäft, dh. dem Kauf, und der Übertragung des Gesellschaftsanteils, dem Erfüllungsgeschäft zu unterscheiden.

Der Abtretungsvertrag über einen Gesellschaftsanteil an einer OHG kann regelmä- **4** ßig **formlos** geschlossen werden. Aus Beweisgründen empfiehlt sich jedoch Schriftform. Auch soweit das Gesellschaftsvermögen im Wesentlichen aus Grundbesitz besteht, ist der Vertrag formlos gültig (BGH II ZR 288/81 v. 31.1.83, DNotZ 84, 169). Lebt der Veräußerer im Güterstand der Zugewinngemeinschaft, ist § 1365 BGB zu beachten. Die Veräußerung des OHG-Anteils durch oder an einen Minderjährigen bedarf der familiengerichtlichen Genehmigung nach § 1822 Nr. 3 BGB.

c) Steuerrecht

Die Veräußerung eines OHG-Gesellschaftsanteils entspricht steuerlich einer **Ver-** **5** **äußerung des Mitunternehmeranteils** des Altgesellschafters an den Neugesellschafter. Der vom Altgesellschafter bei der Veräußerung erzielte Gewinn ist nach § 16 Abs. 1 Nr. 2 EStG zu einem besonderen Steuersatz (§ 34 EStG) zu versteuern; dieser beträgt 56% vom Durchschnittssteuersatz. Hiernach sind Veräußerungsgewinne bis zu einem Betrag von € 5 Mio. begünstigt. Weitere Voraussetzung ist, dass der Stpfl. das 55. Lebensjahr vollendet hat oder im sozialversicherungsrechtlichen Sinne dauernd berufsunfähig wird. Die Begünstigung kann nur einmal im Leben in Anspruch genommen werden. Der Steuersatz beträgt jedoch mind. 15%. Zu den Freibeträgen s. § 16 Abs. 4 EStG. Der Veräußerungsgewinn ist gewerbesteuerfrei, wenn er auf eine natürliche Person als unmittelbar beteiligter Mitunternehmer entfällt, § 7 Abs. 1 S. 2 GewStG. Ein Veräußerungsgewinn ist aber als laufender Gewinn zu versteuern, wenn auf Seiten des Veräußerers und Erwerbers dieselben Personen Unternehmer bzw. Mitunternehmer sind (§ 16 Abs. 2 S. 3 EStG; BFH VIII R 7/01 v. 15.6.04, BStBl. II 04, 754). Ggf. bietet es sich an, im Vertrag eine Gewerbesteuerklausel mitaufzunehmen, damit sie von dem Gesellschafter getragen wird, der sie verursacht. Zu beachten ist weiter, dass dem veräußernden Mitunternehmer kein anteiliger Gewerbesteuermessbetrag zugerechnet wird, denn die Gewebesteuerbelastung wird nach einem Gesellschafterwechsel nur von den Gesellschaftern getragen, die zum Zeitpunkt der Entstehung der Gewerbesteuer, d. h. zum Schluss des Wj., an der fortgesetzten Gesellschaft beteiligt sind. Insoweit kann dem Veräußerer auch vertraglich ein Anspruch gegenüber den verbleibenden Gesellschaftern auf Teilhabe am Anrechnungsguthaben (§ 35 EStG) eingeräumt werden (vgl. BMF v. 3.11.16, BStBl. I 16, 1187, Tz. 30).

6   In für den neu eintretenden Gesellschafter aufzustellenden **Ergänzungsbilanzen** ist der Mehr- oder Minderwert als **Auf- bzw. Abstockung der Buchwerte** der WG der Gesellschaft zu berücksichtigen. Ein evtl. erworbener Geschäftswert ist als abnutzbares WG mit einer gesetzlich festgelegten Nutzungsdauer von 15 Jahren abschreibungsfähig (§ 7 Abs. 1 Satz 3 EStG).

7   Wird ein bisheriger Arbeitnehmer neuer Gesellschafter, so muss die **Pensionsrückstellung** für diesen Arbeitnehmer nicht gewinnerhöhend aufgelöst werden, da die Pensionszusage insoweit keine Vergütung für die Tätigkeit eines Gesellschafters ist (BFH I R 142/72 v. 8.1.75, BStBl. II 75, 437). Die fortzuführende Pensionsrückstellung ist mit dem Barwert der zukünftigen Pensionsleistung anzusetzen (§ 6a Abs. 2 Satz 2 EStG) und in den folgenden Jahren um die jährlichen Zinsen zu erhöhen (BMF v. 20.12.77, BStBl. I 78, 8, Tz. 85 ff.). Soweit ein Mitunternehmer, der zugleich Arbeitnehmer der Gesellschaft ist, zwar als Gesellschafter ausscheidet, dabei aber Arbeitnehmer bleibt, kann für ihn eine Pensionsrückstellung gebildet werden. Diese Rückstellung umfasst auch Ansprüche aus einer ihm während der Zugehörigkeit zur Personengesellschaft erteilten Pensionszusage, da die auf § 15 Abs. 1 Nr. 2 EStG beruhende steuerrechtliche Nichtanerkennung mit seinem Ausscheiden als Mitunternehmer entfällt (BFH I R 124/95 v. 9.4.97, BStBl. II 97, 910). Gewerbesteuerlich mindern die Zinsen, die ein Mitunternehmer für ein Darlehen aufwendet, das er zum Erwerb eines Mitunternehmeranteils aufgenommen hat, nach § 7 GewStG den Gewerbeertrag. Die Zinsen sind ab VZ 08 zu 25 % dem Gewerbeertrag hinzuzurechnen. Dabei kommt es nicht darauf an, ob durch die Schuldaufnahme das Betriebskapital der Mitunternehmerschaft verstärkt worden ist (BFH IV R 178/80 v. 9.4.81, BB 81, 1505).

2. Einzelerläuterungen

Zu § 1: Veräußerung

8   Infolge der Abtretung tritt der eintretende Gesellschafter **mit allen Rechten und Pflichten** an die Stelle des abtretenden. Auf den neuen Gesellschafter gehen grds. alle Vermögens- und Verwaltungsrechte über (BGH II ZR 98/70 v. 7.12.72, NJW 73, 328). Dies gilt auch für evtl. Ansprüche aus Privatkonten und für den Gewinnanteil und die Gewinnquote des Abtretenden. Ebenso gehen dessen Informations- und Kontrollrechte einschließlich Stimmrecht und das Recht auf die Geschäftsführung über. Etwas anderes gilt nur dann, wenn es sich um ein höchstpersönliches Recht des abtretenden Gesellschafters gehandelt hat.

9   Erfolgt die Übertragung auf der Grundlage einer Bilanz, sollen im Zweifel diejenigen Ansprüche vom Übergang ausgeschlossen sein und beim Veräußerer verbleiben, die aus der Bilanz nicht ersichtlich sind (BGH II ZR 120/64 v. 25.4.66, NJW 66, 1307).

Zu § 2: Abtretung

10   Nach dem Formular ist vorgesehen, dass die **Abtretung aufschiebend bedingt** ist durch die vollständige Entrichtung des Kaufpreises. Dies dient der Sicherung des Verkäufers, insbes. wenn ein erheblicher Anteil des Kaufpreises erst nach dem im Innenverhältnis vereinbarten Stichtag für den Anteilsübergang gezahlt wird. Auf der anderen Seite ist zu berücksichtigen, dass damit auch die Anmeldung zum Handelsregister möglicherweise erheblich verzögert wird, was den Interessen beider Vertragspartner zuwiderlaufen kann. Die aufschiebende Bedingung kann in solchen Fällen zB an eine Teilzahlung geknüpft sein, die Absicherung des Verkäufers ggf. durch Stellung anderer Sicherheiten gewährleistet werden.

Zu § 3: Gewinn und Verlustbeteiligung

Soweit keine ausdrückliche oder stillschweigende Vereinbarung getroffen wird, ge- **11** hen nach dem zu § 1 (Rz. 9 f.) gesagten **alle Ansprüche** auf den Erwerber über. Es ist daher ausdrücklich klarzustellen, welche Ansprüche beim Veräußerer verbleiben sollen. Vgl. im Übrigen A.8.10 Rz. 11.

Zu § 5: Kaufpreis

Zu den steuerlichen Folgen der Veräußerung s. Rz. 5 ff. Wird anstelle eines **12** Barkaufpreises der Betrieb **gegen** eine **Leibrente veräußert,** so hat der Veräußerer ein **Wahlrecht:**

Er kann den entstandenen Gewinn sofort **in vollem Umfang versteuern;** in die- **13** sem Fall ist § 16 EStG mit der Maßgabe anzuwenden, dass Veräußerungsgewinn der Unterschiedsbetrag zwischen dem versicherungsmathematischen Barwert der Rente vermindert um etwaige Veräußerungskosten des Stpfl. und den Buchwert des steuerlichen Kapitalkontos im Zeitpunkt der Veräußerung des Betriebs ist. Die in den Rentenzahlungen enthaltenen Ertragsanteile sind sonstige Einkünfte iSd. § 22 Abs. 1 Buchst. a EStG. Bei der Ermittlung des Barwerts der wiederkehrenden Bezüge ist von einem Zinssatz von 5,5 % auszugehen, wenn nicht vertraglich ein anderer Satz vereinbart ist.

Wahlweise kann der Steuerpflichtige gem. EStR 16 Abs. 11 Satz 1 anstatt dessen **14** die **Rentenzahlung als nachträgliche Betriebseinnahme** iSd. § 15 iVm. § 24 Nr. 2 EStG behandeln. Der Gewinn entsteht in diesem Fall erst dann, wenn die Rentenzahlungen das steuerliche Kapitalkonto des Veräußerers zuzgl. etwaiger Veräußerungskosten des Veräußerers übersteigen. Es werden weder Freibeträge nach § 16 Abs. 4 EStG noch der ermäßigte Steuersatz des § 34 EStG gewährt. Zu den Mischformen (Barpreis gekoppelt mit Leibrente) s. EStR 16 Abs. 11 Satz 9.

Während es nach früherer Rechtslage insbes. bei höheren Veräußerungsgewinnen **14a** häufig attraktiv gewesen ist, für die sofortige Besteuerung zu optieren und den Veräußerungsgewinn im Rahmen der §§ 16, 34 EStG bis zu den vorgesehenen Höchstbeträgen zum halben durchschnittlichen Steuersatz zu versteuern, ist es nach den Einschränkungen hinsichtlich der Begünstigung von Veräußerungsgewinnen möglicherweise ratsamer, die Rentenzahlung als nachträgliche Betriebseinnahme zu vereinbaren und mit dem normalen Steuersatz zu besteuern (vgl. zur Wiedereinführung des halben Steuersatzes Rz. 5).

Zu § 6: Gewährleistung

Der Kauf von Gesellschaftsanteilen ist regelmäßig Rechtskauf, §§ 453, 434 ff. BGB. **15** Soweit keine ausdrücklichen anderweitigen Zusicherungen des Verkäufers gegeben werden, haftet der Veräußerer nur dafür, dass der Anteil in der entsprechenden Größe und die betreffende Gesellschaft bestanden hat und sich nicht in Liquidation befindet sowie für die rechtliche Eigenschaft des Gesellschaftsanteils, etwa die Höhe der Gewinnbeteiligung. Grds. keine Haftung ergibt sich danach für den Wert des Anteils sowie für Mängel des von der Gesellschaft betriebenen Unternehmens oder der Bestandteile des Gesellschaftsvermögens. Etwas anderes gilt nur dann, wenn sich der Rechtskauf wirtschaftlich als Unternehmenskauf darstellt (vgl. BGH VIII ZR 32/00 v. 4.4.01, NZG 01, 751, 752; *Weitnauer* NJW 02, 2511, 2514 ff., *Palandt/Weidenkaff* § 453 BGB Rz. 23). Wann von einem Unternehmenskauf ausgegangen werden kann hängt von der Höhe des übertragenen Geschäftsanteils ab. Bei welchem Prozentsatz die Grenze zu ziehen ist, ist allerdings offen; der BGH VIII ZR 64/79 v. 2.6.80 (NJW 80, 2408) hat bei einem Beteiligungserwerb eines GmbH-Anteils von 75 % die Anwendung der Regelungen über den Unternehmenskauf offen gelassen (bejahend OLG München 7 U 4926/97 v. 25.3.98, DB 98, 1321); in der Literatur wird ein Erwerb von 80 % verlangt (vgl. *Weitnauer* aaO).

16   Nach dem Formular wird die Gewährleistung des Verkäufers gegenüber der gesetzlichen Regelung deshalb modifiziert. Eine ausdrückliche Klarstellung, in welchem Umfang der Verkäufer des Geschäftsanteils haften soll, empfiehlt sich. Der Verkäufer haftet danach ausdrücklich für die Richtigkeit der in § 6 Buchst. a) bis f) gemachten Zusagen bzw. die Vollständigkeit der Bilanz.

17   Nach jetziger Rechtslage kommt es bei dem vorliegenden Rechtskauf nicht mehr zu einer einheitlichen Verjährungsfrist, sondern kann diese für einzelne Aspekte unterschiedlich lang sein (etwa die zweijährige Verjährung gem. § 438 Abs. 1 Nr. 3 BGB einerseits, demgegenüber dreijährige Verjährung hinsichtlich der Garantien, § 195 BGB). Darüber hinaus ist der Beginn der Verjährung abhängig von der Art des Anspruchs. Da § 202 BGB weitgehende Dispositionsfreiheit belässt (Ausnahme: Haftung wegen Vorsatz), empfiehlt sich eine Vereinbarung im Vertrag. ME sollte die zu vereinbarende Frist nicht unter einem und nicht über zwei Jahren liegen; als Beginn kann die dingliche Übertragung der Gesellschaftsanteile wie vorgesehen vereinbart werden oder es wird – wie im Formular vorgehen – ein bestimmter Zeitpunkt festgelegt, zu dem die Verjährung insgesamt endet.

Zu § 7: Haftungsfreistellung

18   Der ausgeschiedene Gesellschafter haftet den Gläubigern der Gesellschaft für die vor seinem Ausscheiden entstandenen Verbindlichkeiten grds. weiter. Die Verjährungsfrist beträgt gem. § 159 HGB fünf Jahre. Wegen der Einzelheiten, auch zur teilweise geänderten Rechtslage, s. A. 9.00 Rz. 11 ff. Sofern im Außenverhältnis eine Forthaftung ausgeschlossen werden soll, muss dies mit jedem Gläubiger gesondert vereinbart werden. Nach dem Formular verpflichtet sich der Käufer alles zu unternehmen, von bestimmten Gläubigern (insbesondere regelmäßig Banken) eine Haftungsfreistellung des Veräußerers zu erreichen. Hierzu werden ggf. vom Erwerber auch weitere Sicherheiten zu stellen sein.

Zu § 8: Firmenfortführung

19   Die Fortführung der Firma bedarf der Einwilligung des ausscheidenden Gesellschafters, § 24 HGB. Nach dem Formular ist die Erlaubnis hierzu nicht bereits im Gesellschaftsvertrag enthalten. Sie erfolgt daher im Abtretungsvertrag.

20   **Zustimmungserklärung.** Soweit die Zustimmung der Mitgesellschafter nicht im Hinblick auf das Fehlen einer Bestimmung im Gesellschaftsvertrag, wonach die Übertragung der Anteile zulässig ist, ohnehin erforderlich ist, empfiehlt sie sich im Hinblick auf die gerade bei der OHG sehr personalistische Ausgestaltung der Gesellschaft.

Erläuterungen zu A. 9.10a Handelsregisteranmeldung

---

21   Das Ausscheiden eines Gesellschafters ist gem. § 143 Abs. 2 HGB und das Eintreten gem. § 107 HGB zur Eintragung in das Handelsregister anzumelden. Gem. § 106 Abs. 2 Nr. 1 HGB muss die Anmeldung des eintretenden Gesellschafters dessen Namen, Vornamen, Geburtsdatum und Wohnort enthalten.

22   D ist – mangels anderweitiger Regelung im Gesellschaftsvertrag – vertretungsbefugt. Die bisher erteilte Prokura erlischt, da D jetzt kraft Gesetzes vertretungsbefugt ist; dies sollte der Klarheit halber gem. § 53 Abs. 2 HGB angemeldet werden.

23   Die Vertretungsverhältnisse müssen nach der geänderten Bestimmung des § 106 Abs. 2 Nr. 4 HGB angegeben werden, dies gilt auch, wenn sie den gesetzlichen Bestimmungen entsprechen. Nach der Übergangsregelung des Art. 52 EGHGB gilt dies für Altgesellschaften zwar grds. erst bei einer vom gesetzlichen Regelfall abweichenden Änderung der Vertretungsverhältnisse; da solche in der Praxis häufig sind, ist hierauf ggf. zu achten. Gem. § 12 HGB bedarf die Anmeldung notarieller Beglaubigung. Zum elektronischen Handelsregister s. A. 9.00a Rz. 116.

A. 9.11 Abtretung (Schenkung)

Gliederung

I. FORMULARE

Formular A. 9.11 Schenkungsvertrag

VERTRAG ÜBER DIE SCHENKUNG EINES ANTEILS AN DER A & B OHG

zwischen

Herrn A sen.

und

Herrn A jun.

Vorbemerkungen

An der A & B OHG ist Herr A sen. mit einem Festkapital von € .... = 60 % des Gesellschaftskapitals beteiligt. Herr A jun. arbeitet seit einigen Jahren erfolgreich in der A & B OHG mit und ist in Absprache mit dem weiteren Gesellschafter, Herrn B, als Nachfolger von Herrn A sen. vorgesehen.

Dies vorausgeschickt vereinbaren die Parteien was folgt:

1. Herr A sen. schenkt seinem Sohn einen Teilbetrag von € ...... seiner festen Kapitaleinlage an der A & B OHG. Die Schenkung erfolgt mit der Maßgabe, dass das Gewinnbezugsrecht aus der geschenkten Beteiligung ab dem ...... übergeht. Alle Ansprüche aus dem für Herrn A sen. geführten Privatkonto bleiben unberührt. Im Erbfall muss A jun. die Schenkung zur Ausgleichung bringen und sich ggf. auf den Pflichtteil anrechnen lassen.

2. In Vollzug der vorstehenden Schenkungsabrede tritt Herr A sen. hiermit den Teilbetrag von € ...... an dem für ihn bei der A & B OHG geführten Festkapitalkonto an seinen Sohn A jun. ab.

3. Herr A jun. nimmt die Schenkung und die in ihrem Vollzug erfolgende Abtretung an.

4. Die Gewährleistung wird ausgeschlossen, soweit gesetzlich zulässig.

5. Gemäß § 14 Abs. 1 des Gesellschaftsvertrags vom .....bedarf die Abtretung nicht der Zustimmung der anderen Gesellschafter.

6. Die etwa anfallende Schenkungsteuer sowie die Kosten dieses Vertrages und seiner Durchführung trägt A jun. Die Vertragsparteien verpflichten sich, unverzüglich die Eintragung der Beteiligungsänderung im Handelsregister in der erforderlichen Form herbeizuführen.

....

(Unterschrift A jun.)   (Unterschrift A sen.)

Formular A. 9.11a Handelsregisteranmeldung

An das

Amtsgericht

Registergericht

durch elektronische Übermittlung

Betrifft: Firma A & B OHG

                  HRA Nr. ......

Wir sind die alleinigen Gesellschafter der A & B OHG und melden zur Eintragung in das Handelsregister an, dass A jun. (Name, Vorname, Geburtsdatum, Wohnort) als weiterer persönlich haftender Gesellschafter in die Gesellschaft eingetreten ist. Das Geschäft wird unter der bisherigen Firma fortgeführt. Die Geschäftsräume der Gesellschaft befinden sich weiterhin in X-Stadt in der XY-Straße.

Die Gesellschafter vertreten die Gesellschaft stets einzeln.

....
(Unterschrift A sen.)   (Unterschrift B)

....
(Unterschrift A jun.)

....
(Beglaubigungsvermerk)

II. ERLÄUTERUNGEN

Erläuterungen zu A. 9.11 Schenkungsvertrag

1. Grundsätzliche Anmerkungen

a) Wirtschaftliche Funktion

1   Der als Nachfolger vorgesehene und gemäß Gesellschaftsvertrag nachfolgeberechtigte Sohn arbeitet bereits seit einiger Zeit erfolgreich in der Gesellschaft mit. Er soll daher in die unternehmerische Verantwortung genommen und schon jetzt an dem Unternehmen beteiligt werden, ohne dass der Vater sich bereits endgültig aus dem Unternehmen und der aktiven Tätigkeit zurückzieht.

b) Gesellschaftsrecht

2   Siehe hierzu zunächst A. 9.10 Rz. 3. Neben der Abtretung des gesamten Anteils ist auch die **Abtretung eines Teils eines Gesellschaftsanteils zulässig.** Soweit der Sohn nicht nach den Bestimmungen des Gesellschaftsvertrages durch Schenkung eines Anteils in die Gesellschaft aufgenommen werden kann, ist die Zustimmung aller weiteren Gesellschafter erforderlich.

3   Zu beachten ist, dass nach den gesetzlichen Bestimmungen sowohl für die Beschlussfassung in der Gesellschafterversammlung (§ 119 HGB) als auch für die Verteilung des Ergebnisses (§ 121 HGB) entscheidend **auf die Anzahl der Gesellschafter abgestellt** wird. Soweit der Gesellschaftsvertrag nicht von den gesetzlichen Bestimmungen abweicht, wird sich regelmäßig eine entspr. Änderung des Gesellschaftsvertrages empfehlen, dh. sowohl für die Beschlussfassung als auch für Verteilung von Gewinn und Verlust wird nicht mehr auf die Zahl der Köpfe, sondern auf die festen Kapitalanteile abgestellt (zu entspr. Regelungen s. Formular A. 9.00 §§ 8 und 11 sowie die Erläuterungen hierzu).

4   Das Schenkungsversprechen bedarf gem. § 518 BGB der **notariellen Form.** Der Formmangel wird jedoch durch Vollzug der Schenkung geheilt. Vollzug liegt hier in Gestalt der Einrichtung neuer Konten und der Umbuchung auf Grund der Abtretung

eines Gesellschaftsanteils vor. Anders als bei der schenkweisen Einräumung einer Beteiligung, bei der die Einbuchung der Beteiligung keinen heilenden Vollzug darstellt, weil dadurch lediglich ein schuldrechtlicher Anspruch des beschenkten neuen Gesellschafters gegen den Schenker begründet wird (so für die stille Gesellschaft BGH II ZR 136/51 v. 24.9.52, NJW 52, 1412 und II ZR 16/52 v. 29.10.52, NJW 53, 138), hat die Abtretung eines bestehenden Gesellschaftsanteils heilende Wirkung, da durch die Abtretung die Beteiligung mit dinglicher Wirkung vom Schenker auf den Abtretungsempfänger übergeht. Wegen der unbeschränkten Haftung nicht empfehlenswert ist die Schenkung eines OHG-Anteils an einen Minderjährigen (zu den Bedenken gegen die Beteiligung eines Minderjährigen an einer OHG s. auch A. 9.00 Rz. 4). Soll ein Minderjähriger beteiligt werden, sollte eine andere vertragliche Gestaltung gewählt werden, zB die Einräumung einer stillen Beteiligung, Unterbeteiligung oder allenfalls die Verschaffung einer Kommanditistenstellung.

In der vorliegenden Konstellation bieten sich sog. Widerrufs- oder Rückfallklauseln **5** nicht an. Siehe hierzu A. 8.11 Rz. 6.c).

c) Steuerrecht

Einkommensteuer: Gem. § 6 Abs. 3 EStG hat der Rechtsnachfolger (Beschenkte) **6** die Werte des bisherigen Gesellschafters fortzuführen. Beim Übertragenden ist demzufolge eine Gewinnverwirklichung durch Aufdeckung stiller Reserven grds. verboten. Nach der Rspr. des Großen Senats (BFH GrS 4–6/89 v. 5.7.90, BStBl. II 90, 847 und GrS 1/90 v. 15.7.91, BStBl. II 92, 78; vgl. hierzu BMF v. 13.1.93, NJW 91, 254) kann allerdings je nach vertraglicher Gestaltung die Übertragung eines Betriebs (Teilbetriebs, Mitunternehmeranteils) in vorweggenommener Erbfolge unabhängig davon, ob der Übergabevertrag zivilrechtlich gemischte oder Auflagenschenkung ist, einkommensteuerrechtlich unentgeltliche Übertragung iSv. § 6 Abs. 3 EStG) oder voll- bzw. teilentgeltliche Veräußerung durch den Übergeber und Anschaffung durch den Übernehmer sein (zu den Einzelheiten vgl. BMF v. 13.1.93, BStBl. I 96, 1508; v. 26.8.02, BStBl. I 02, 893 und v. 16.9.04, BStBl. I 04, 922; *Schmidt/Wacker* § 16 EStG Rz. 45 ff.).

Schenkungsteuer: Die unentgeltliche Übertragung des Anteils unterliegt als frei- **7** gebige Zuwendung unter Lebenden der Erbschafts- bzw. Schenkungsteuer (§ 7 Abs. 1 Nr. 1 ErbStG). Für die Schenkung von Betriebsvermögen an den Sohn gelten ab dem 1.1.09 bzw. 1.7.16 die Änderungen durch das Erbschaftsteuerreformgesetz 2009, bzw. Gesetz zur Anpassung der ErbStG an die Rechtsprechung des BVerfG. (vgl. hierzu A. 9.00 Rz. 79).

Dabei werden Schenkungen und andere Zuwendungen innerhalb von jeweils zehn Jahren zusammengerechnet, § 14 Abs. 1 ErbStG.

Zur **Bewertung** des Betriebsvermögens nach den vorgenannten Neuregelungen **8** siehe A. 9.00 Rz. 72 ff.

Grunderwerbsteuer: Die Anteilsübertragung kann Grunderwerbsteuer auslösen. **9** Im Fall der Schenkung greift jedoch die Befreiung nach § 3 Nr. 2 GrEStG.

2. Einzelerläuterungen

Zu Nr. 1:

Soweit andere Abkömmlinge vorhanden sind, die nicht in die Gesellschaft eintre- **10** ten, wird es regelmäßig angemessen sein, die Berücksichtigung der Schenkung im Erbfall vorzuschreiben. Dies geschieht durch Anordnung einer Ausgleichspflicht für den Fall der gesetzlichen Erbfolge (§ 2050 Abs. 3 BGB) und die Pflicht zur Anrechnung auf den Pflichtteil (§ 2315 BGB).

Zu Nr. 4:

Gem. § 523 BGB haftet der Schenker lediglich für einen arglistig verschwiegenen **11** Mangel. Dem folgt das Vertragsmuster.

Eine Erweiterung oder Beschränkung der Haftung des Schenkers ist zulässig. In diesem Fall bedarf der Vertrag jedoch notarieller Beurkundung (§ 518 BGB; *Palandt/Weidenkaff* § 521 BGB Rz. 1). Eine Beschränkung der Haftung für Vorsatz oder gar Arglist ist ausgeschlossen, § 276 Abs. 3 BGB.

Erläuterungen zu A. 9.11a Handelsregisteranmeldung

12   Zur Anmeldepflicht des Eintritts eines persönlich haftenden Gesellschafters und des Inhalts der Anmeldung vgl. A. 9.10 Rz. 23 f. – Die Anmeldung bedarf notarieller Beglaubigung (§ 12 HGB).

A. 9.12 Auflösung ohne Liquidation

I. FORMULARE

Formular A. 9.12 Gesellschafterbeschluss

Gesellschafterbeschluss

Wir, die Unterzeichner A, B und C, sind die alleinigen Gesellschafter der A, B & C OHG und beschließen unter Verzicht auf alle Formen und Fristen für die Einberufung einer Gesellschafterversammlung gem. § 9 Abs. 1 Buchst. f des Gesellschaftsvertrages einstimmig, dass die Gesellschaft mit Wirkung zum 31. Dezember 20.. aufgelöst wird. Eine Liquidation findet nicht statt. Mit Wirkung zum gleichen Tage wird das Geschäft mit allen Aktiven und Passiven auf Herrn G übertragen. Der Kaufpreis ist durch Herrn G unmittelbar an die Gesellschafter nach dem Verhältnis ihrer festen Kapitalanteile zu bezahlen; eine entsprechende Bestimmung ist in den abzuschließenden Kaufvertrag aufzunehmen.

....

(Unterschrift A)   (Unterschrift B)   (Unterschrift C)

Formular A. 9.12a Handelsregisteranmeldung

An das

Amtsgericht

– Registergericht –

durch elektronische Übermittlung

Betrifft: Firma A, B & C OHG

              HRA ......

Wir sind die alleinigen Gesellschafter der A, B & C OHG und melden zur Eintragung in das Handelsregister an: Die Gesellschaft ist durch Beschluss der Gesellschafter aufgelöst. Eine Liquidation findet nicht statt. Die Firma ist erloschen.

....

(Unterschrift A)   (Unterschrift B)   (Unterschrift C)

....

(Beglaubigungsvermerk)

II. ERLÄUTERUNGEN

Erläuterungen zu A. 9.12 Gesellschafterbeschluss

1. Wirtschaftliche Funktion

Eine **Auflösung ohne Liquidation** kommt dann in Betracht, wenn alle Gesell- **1** schafter sich in das Privatleben zurückziehen bzw. eine andere Tätigkeit ausüben möchten und sich ein anderweitiger Käufer für das Unternehmen nicht findet.

2. Gesellschaftsrecht

Gemäß § 131 Abs. 1 Nr. 2 HGB wird die Gesellschaft durch Beschluss der Gesell- **2** schafter aufgelöst. IdR muss der Auflösungsbeschluss einstimmig gefasst werden (*Baumbach/Hopt* § 119 HGB Rz. 1).

Regelmäßig wird die werbende Gesellschaft durch Liquidation beendet (§§ 145 ff. **3** HGB, 730 ff. BGB). Die Liquidation kann jedoch dann unterbleiben, wenn die Gesellschafter eine **andere Art der Auseinandersetzung vereinbart** haben, bspw. das Geschäft unmittelbar mit allen Aktiven und Passiven an einen Dritten veräußern. Damit eine Auseinandersetzung unter den Gesellschaftern nicht mehr erforderlich ist, sieht das Formular vor, dass das Entgelt für das übertragene Geschäft unmittelbar an die Gesellschafter und nicht an die Gesellschaft geleistet wird. Die Gesellschaft endet unmittelbar mit der Übertragung ihres Vermögens auf den Käufer (hM; nach Ansicht des BFH X R 28/80 v. 24.3.87, DB 87, 2503 ist die Gesellschaft erst dann vollbeendet, wenn das Rechtsverhältnis zwischen ihr und dem Finanzamt beendet ist).

3. Steuerrecht

Ertragsteuern: Die Mitunternehmerschaft endet im Fall der Veräußerung des Be- **4** triebes zu dem Zeitpunkt, zu dem das wirtschaftliche Eigentum auf den Erwerber übergeht. Die Betriebsveräußerung führt grds. zur Gewinnrealisierung. Soweit alle wesentlichen Betriebsgrundlagen in einem einheitlichen Vorgang auf einen Erwerber übertragen werden und damit die bisherige gewerbliche Betätigung des Veräußerers endet, liegt ein steuerbegünstigter Veräußerungsgewinn vor (§ 16 Abs. 1 Nr. 1 EStG; Freibetrag § 16 Abs. 4 EStG; Steuersatz § 34 EStG vgl. hierzu A. 9.10 Rz. 5). Der Veräußerungsgewinn ist gewerbesteuerfrei, soweit er auf eine natürliche Person als unmittelbar beteiligter Mitunternehmer entfällt (GewStR 7.1 Abs. 3 S. 4). Dies gilt auch dann, wenn die Beteiligung ihrerseits zu einem Betriebsvermögen gehört (GewStR 7.1 Abs. 3 S. 3).

Wird ein Teil der wesentlichen Betriebsgrundlagen dem Erwerber nur **zur Nut-** **5** **zung überlassen**, zum Beispiel vermietet, lässt sich nach der Zwecksetzung der §§ 16, 34 EStG keine Veräußerung des ganzen Gewerbebetriebes bejahen. Soweit iÜ lediglich WG zurückbehalten werden, die nicht zu den wesentlichen Betriebsgrundlagen gehören, steht dies der Wertung des Vorgangs als begünstigter Veräußerung des gesamten Gewerbebetriebs nicht entgegen (BFH IV R 88/81 v. 28.3.85, BStBl. II 85, 508). Nach der Rspr. gehören regelmäßig Betriebsgrundstücke zu den wesentlichen Betriebsgrundlagen (BFH IV R 119/76 v. 26.4.79, BStBl. II 79, 557; IV R 41/07 v. 17.3.10, BFH/NV 10, 1196; *Schmidt/Wacker* § 16 EStG Rz. 103). Nach BFH VIII R 342/82 v. 12.11.85, BStBl. II 1985, 299, ist ein Grundstück allerdings dann nicht als wesentliche Betriebsgrundlage anzusehen, „wenn es für die Betriebsgesellschaft von geringer wirtschaftlicher Bedeutung ist". Andererseits soll die „Austauschbarkeit" des Grundstücks die Eigenschaft als wesentliche Betriebsgrundlage nicht wegfallen lassen (BFH X R 78/91 v. 26.5.93, BStBl. II 93, 718; X R 21/93 v. 2.4.97, BStBl. II 97, 565; vgl. auch *Schmidt/Wacker* § 15 EStG Rz. 811 ff.).

6   **Grunderwerbsteuer:** Befinden sich im Gesellschaftsvermögen Grundstücke, so unterliegt der Erwerbsvorgang der Grunderwerbsteuer (§ 1 Abs. 1 Nr. 1 GrEStG). Die Steuer bemisst sich nach dem Wert der Gegenleistung (§ 8 Abs. 1 GrEStG), wobei als Gegenleistung der Kaufpreis einschließlich der vom Käufer übernommenen sonstigen Leistungen gilt (§ 9 Abs. 1 Nr. 1 GrEStG).

7   **Umsatzsteuer:** Die Geschäftsveräußerung unterliegt nach § 1 Abs. 1a UStG nicht der **Umsatzsteuer.** Eine Geschäftsveräußerung im umsatzsteuerlichen Sinne liegt vor, wenn ein Unternehmen oder ein in der Gliederung eines Unternehmens gesondert geführter Betrieb im Ganzen entgeltlich oder unentgeltlich übereignet oder in eine Gesellschaft eingebracht wird (§ 1 Abs. 1a Satz 2 UStG; vgl. hierzu auch UStAE 1.5 BFH V R 45/02 v. 24.2.05, BStBl II 05, 61; V R 14/05 v. 23.8.07, DStRE 08, 180; BFH XI R 27/08 v. 14.7.10, DStR 10, 1937 (Vorlage zum EuGH, ob § 1 Abs. 1a UStG anwendbar ist, wenn Ladenlokal „nur" vermietet wird s. EuGH C-444/10 v. 10.11.11, DStR 11, 2196).

8   **Haftung des Erwerbers:** Gem. § 75 AO haftet der Übernehmer des Unternehmens für die Betriebssteuern und für Steuerabzugsbeträge, soweit die Steuern seit dem Beginn des letzten, vor der Übereignung liegenden Kalenderjahres entstanden sind und bis zum Ablauf von einem Jahr nach der Anmeldung des Betriebs durch den Erwerber festgesetzt oder angemeldet werden. Steuererstattungsansprüche stehen dem Erwerber zu. Neben der Haftung für Steuerabzugsbeträge (insbes. Lohnsteuer und Kapitalertragsteuer) kommt daher eine Haftung in erster Linie für die Gewerbesteuer, Umsatzsteuer und Verbrauchsteuern bei bestimmten Herstellungsbetrieben in Betracht. Eine Haftung kommt nicht für persönliche Steuern der ehemaligen Inhaber, insbes. Einkommensteuer in Betracht. Kenntnis des Erwerbers von den Steuerschulden ist nicht erforderlich (*Tipke/Kruse* § 75 AO Rz. 39).

Erläuterungen zu A. 9.12a Handelsregisteranmeldung

---

9   § 143 Abs. 1 HGB schreibt die Anmeldung der Auflösung der Gesellschaft zur Eintragung in das Handelsregister vor. Zeitpunkt und Grund der Auflösung müssen nicht angegeben werden (vgl. *MünchKommHGB/K.Schmid* § 143 HGB Rz. 11 ff.). Streitig ist dies hinsichtlich des Grundes der Auflösung. Nach *MünchKommHGB/K. Schmidt* § 143 HGB Rz. 3 muss der Grund der Auflösung angegeben werden, damit dem Registergericht die Prüfung der Richtigkeit der angemeldeten Auflösung ermöglicht wird.

10   Nach Vollbeendigung der Liquidation ist das **Erlöschen der Firma** von den Liquidatoren **anzumelden.** Gem. § 31 Abs. 2 HGB ist das Erlöschen der Firma jedoch mit der Auflösung anzumelden, wenn die Firma ohne Liquidation erlischt (*Baumbach/Hopt* § 31 HGB Rz. 7 ff.). Die Anmeldung hat durch sämtliche Gesellschafter zu erfolgen (§ 143 Abs. 1). Gem. § 12 HGB ist notarielle öffentliche Beglaubigung erforderlich.

A. 9.13 Auflösung mit Liquidation

I. FORMULARE

Formular A. 9.13 Gesellschafterbeschluss

Gesellschafterbeschluss

Wir, die Unterzeichner A, B und C, sind die alleinigen Gesellschafter der A, B & C OHG und beschließen unter Verzicht auf alle Formen und Fristen für die Einberufung einer Gesellschafterversammlung gem. § 9 Abs. 1 Buchst. f des Gesellschaftsvertra-

ges die Auflösung der Gesellschaft zum 31. Dezember 20... Zu Liquidatoren werden die Gesellschafter A und B bestellt. Jeder Liquidator ist berechtigt, einzeln die Liquidation vorzunehmen.

....

(Unterschrift A)   (Unterschrift B)   (Unterschrift C)

Formular A. 9.13a Handelsregisteranmeldung

An das

Amtsgericht

– Registergericht –

durch elektronische Übermittlung

Betrifft: Firma A & B OHG

          HRA ......

Wir sind die alleinigen Gesellschafter der A & B OHG. Wir melden zur Eintragung in das Handelsregister an, dass die Gesellschaft durch Beschluss der Gesellschafter aufgelöst ist. Liquidatoren sind die Gesellschafter A und B, die die Liquidation einzeln vornehmen können. Die Geschäftsräume der Gesellschaft befinden sich weiterhin in X-Stadt in der XY-Straße.

....

(Unterschrift A)   (Unterschrift B)

....

(Unterschrift C)   (Unterschrift D)

....

(Beglaubigungsvermerk)

II. ERLÄUTERUNGEN

Erläuterungen zu A. 9.13 Gesellschafterbeschluss

1. Wirtschaftliche Funktion

Eine Auflösung mit Liquidation findet statt, wenn der Geschäftsbetrieb der Gesell-   **1** schaft insgesamt eingestellt, also nicht von einem Gesellschafter oder einem Dritten übernommen wird. In diesem Fall muss das Vermögen der Gesellschaft einzeln veräußert oder von den Gesellschaftern privat übernommen werden.

2. Gesellschaftsrecht

Gemäß § 131 Abs. 1 Nr. 2 HGB wird die Gesellschaft durch Beschluss der Gesell-   **2** schafter aufgelöst. IdR muss der Auflösungsbeschluss einstimmig gefasst werden (*Baumbach/Hopt* § 119 HGB Rz. 1). Auf die Auflösung der Gesellschaft folgt die Auseinandersetzung unter den Gesellschaftern, die in §§ 145 ff. HGB iVm. §§ 730 ff. BGB geregelt ist.

Grds. erfolgt die Liquidation durch sämtliche Gesellschafter als Liquidatoren. Sie   **3** kann aber durch Beschluss der Gesellschafter **einzelnen Gesellschaftern** oder auch anderen Personen **übertragen** werden (§ 146 Abs. 1 Satz 1 HGB). Mehrere Liquidatoren können nach dem Gesetz grds. nur gemeinsam handeln. Das Formular sieht Einzelvertretungsberechtigung vor, die auf Gesellschaftsbeschluss hin ebenfalls zulässig ist

(§ 150 HGB). Mit Fassung des Auflösungsbeschlusses bzw. zu dem im Auflösungsbe-schluss genannten Zeitpunkt erfolgt der Übergang aus der dem Gesellschaftszweck ge-widmeten, werbenden Tätigkeit in die Auseinandersetzung unter den Gesellschaftern. Zu den Einzelheiten des Liquidationsverfahrens vgl. iÜ §§ 145 ff. HGB, 730 ff. BGB, *MünchKommHGB/K. Schmidt* §§ 145 ff. HGB Rz. 1 ff. Zu den insoweit nur klarstellen-den Regelungen im RegE zum MoPeG (BR-Drs. 59/21) vgl. *Fleischer* BB 21, 386).

3. Steuerrecht

4   **Ertragsteuern:** Steuerrechtlich ist die Beendigung der betrieblichen Tätigkeit einer Personengesellschaft im Wege der Liquidation und Auflösung der Gesellschaft als Auf-gabe ihres Gewerbebetriebs zu beurteilen. Nach § 16 Abs. 3 Satz 1 EStG gilt auch die **Aufgabe des Gewerbebetriebs** als Veräußerung. Diese führt damit grds. zur **Ge-winnrealisierung.** In der Regel kommt damit der ermäßigte Steuersatz (§ 34 EStG) zur Anwendung (zur Gewerbesteuer vgl. Rz. 7). Die Betriebsaufgabe ist zu unterschei-den und begrifflich abzugrenzen von der allmählichen Abwicklung (Auflösung) eines Gewerbebetriebs. In diesem Fall kommt es zu einer sukzessiven Gewinnrealisierung, die nicht begünstigt ist. Weiterhin ist die Betriebsaufgabe von einer vorübergehenden Betriebseinstellung (Betriebsunterbrechung), die zu keiner Gewinnrealisierung führt, und schließlich einer innerbetrieblichen Strukturänderung oder Betriebsverlegung, die ebenfalls als solche nicht zur Gewinnrealisierung führen, bei denen aber Gewinne aus der Veräußerung oder Entnahme einzelner WG zu laufendem Gewinn gehören, zu unterscheiden. Voraussetzung der Steuerbegünstigung für die Liquidation ist, dass diese ein **einheitlicher** Vorgang ist und in einem engen zeitlichen Zusammenhang steht. Der BFH hat einen **engen zeitlichen Zusammenhang** bejaht bei einem Zeitraum von sechs Monaten, auch wenn danach noch schwebende Geschäfte abgewickelt wer-den (BFH IV 350/64 v. 25.6.70, BStBl II 70, 719). Entscheidend ist, dass alle wesentli-chen Betriebsgrundlagen in einem einheitlichen Vorgang in das Privatvermögen über-führt und/oder an verschiedene Erwerber veräußert werden. Zu den Einzelheiten vgl. *Schmidt/Wacker* § 16 EStG Rz. 193; *H/H/R/Kulosa* § 16 EStG Rz. 500 ff.). Gewinne, die während und nach der Aufgabe eines Betriebes aus normalen Geschäften und ihrer Abwicklung anfallen, insbes. aus der Veräußerung des Umlaufvermögens, gehören nicht zu dem begünstigten Veräußerungsgewinn. Etwas anderes gilt dann, wenn Ge-winne aus der Veräußerung von Umlaufvermögen nicht den Charakter einer normalen gewerblichen Betätigung haben, weil bspw. die Waren an frühere Lieferanten veräu-ßert werden (BFH IV R 136/79 v. 2.7.81, BStBl. II 81, 798).

5   Im Hinblick auf die Einschränkung der Vergünstigungen des § 34 EStG kommt uU vermehrt die Inanspruchnahme des **Wahlrechts** der Verpachtung des Gewerbebetriebs in Betracht. Hierfür ist erforderlich, dass der Steuerpflichtige einen (noch lebenden) Gewerbebetrieb oder einen Teilbetrieb, dessen Eigentümer oder Nutzungsberechtigter er ist (BFH VIII R 120/86 v. 22.5.90, BStBl. II 90, 780) einem anderen zur Nutzung überlässt. Dem ist nur dann genügt, wenn der Steuerpflichtige entweder den Betrieb im Ganzen als „geschlossenen Organismus" oder zumindest alle wesentlichen Grundlagen des Betriebs verpachtet, so dass der Pächter den Betrieb „im Wesentlichen fortsetzen" kann (BFH VIII R 2/95 v. 17.4.97, BStBl. II 97, 388; XI R 2/96 v. 6.3.97, BStBl. II 97, 460; X R 31/95 v. 26.2.97, BStBl. II 97, 561). Dabei muss dem Verpächter bzw. seinem Rechtsnachfolger objektiv die Möglichkeit verbleiben, den vorübergehend ein-gestellten Betrieb identitätswahrend wieder aufzunehmen und fortzuführen (BFH IX R 2/95 v. 3.6.97, BStBl. II 98, 373; IV R 20/02 v. 28.8.03, BStBl. II 04, 1785 und X R 39/04 v. 11.10.07, BStBl. II 08, 220). Es müssen alle wesentlichen Grundlagen des Betriebs verpachtet werden (vgl. auch EStR 16 Abs. 5, EStH 16 Abs. 5).

6   **Nachträgliche Einnahmen** gehören zu den Einkünften aus Gewerbebetrieb (§ 24 Nr. 2 EStG); sie sind nicht tarifbegünstigt. Nach der Rspr. des BFH GrS 1/92 v.

19.7.93 (BStBl II 93, 894) können steuerrelevante Ereignisse, die nach einer Veräußerung bzw. Aufgabe des ganzen Gewerbebetriebs eintreten, auch zu einer rückwirkenden Änderung des Veräußerungs- bzw. Aufgabegewinns oder -verlustes führen. Die
Veranlagung für das Jahr der Veräußerung ggf. nach § 175 Abs. 1 Nr. 2 AO ist nicht
nur bei einem Ausfall der Kaufpreisforderung aus der Betriebsveräußerung zu ändern,
sondern auch bei Ereignissen, die „nach Veräußerung neu hinzutreten" und ergeben,
„dass der der Besteuerung zugrunde gelegte Wert des Betriebsvermögens zu hoch
oder zu niedrig" angesetzt ist (wie zB bei Inanspruchnahme des Veräußerers für an
sich vom Erwerber übernommene Betriebsschulden). In diesen Fällen liegt materiellrechtlich eine Rückwirkung auf den Zeitpunkt der Veräußerung vor.

Die **Gewerbesteuerpflicht erlischt,** wenn die Gesellschaft nicht mehr werbend **7**
tätig ist, dh. mit der tatsächlichen Einstellung des Betriebes (BFH IV R 68/77 v.
24.4.80, BStBl. II 80, 658; GewStR 2.6.). Zu unterscheiden ist zwischen der Vorbereitung der Betriebsaufgabe und deren tatsächlichem Beginn (BFH IV R 36/81 v.
5.7.84, BStBl. II 94, 711).

Bis zur Beendigung der Mitunternehmerschaft gelten die Vorschriften über die **8**
einheitliche und gesonderte Feststellung von Besteuerungsgrundlagen (s. hierzu
A. 9.00 Rz. 18).

Grunderwerbsteuer: Übernimmt im Rahmen der Liquidation ein Gesellschafter **9**
ein Grundstück in sein Privatvermögen, so unterliegt dieser Vorgang der Grunderwerbsteuer. Bemessungsgrundlage ist der sog. Grundbesitzwert ermittelt nach § 138
Abs. 2 oder 3 BewG (§ 8 Abs. 2 Nr. 2 GrEStG), (s. iE *Boruttau* § 8 GrEStG Rz. 76).
Die Steuer wird jedoch in Höhe des Anteils nicht erhoben, zu dem der Erwerber am
Vermögen der Gesamthand beteiligt war oder – sofern eine vom Beteiligungsverhältnis abweichende Auseinandersetzungsquote vereinbart wurde – zu dem Anteil, der
seiner Auseinandersetzungsquote entspricht (§ 6 Abs. 2 iVm. Abs. 1 GrEStG).

Verfahrensrechtliches: Eine Personengesellschaft ist auch nach ihrer Auflösung **10**
(und Löschung im HR) so lange als materiell-rechtlich existent zu behandeln, bis alle
gemeinsamen Beziehungen aus dem Rechtsverhältnis zwischen der Gesellschaft und
dem FA abgewickelt sind. Für das **steuerrechtliche Fortbestehen** einer Personengesellschaft als Steuersubjekt kommt es daher entscheidend darauf an, ob an dem entsprechenden Stichtag möglicherweise noch Ansprüche aus dem Steuerschuldverhältnis
bestanden (BFH IV R 60/91 v. 1.10.92, BStBl. II 93, 82: FG Hamburg 6 V 22/11 v.
7.4.11, BeckRS 2011, 95616). Diese vom BFH in stRspr. vertretene Rechtsauffassung
führt in der Praxis dazu, dass sich Gesellschafter einer bereits liquidierten und gelöschten OHG noch einige Jahre später mit Betriebsprüfungen und deren steuerlichen Folgen konfrontiert sehen. Das steuerliche Pflichtenverhältnis besteht nämlich zumindest
noch so lange fort, wie die ordnungsgemäße Erfüllung der öffentlich-rechtlichen Verpflichtungen noch im Rahmen einer Außenprüfung überprüft werden können und
sich das steuerliche Ergebnis daher noch ändern kann. Ggf. ist in solchen Fällen ein
Nachtragsliquidator zu bestellen.

Erläuterungen zu A. 9.13a Handelsregisteranmeldung

Zur Anmeldung der Auflösung der Gesellschaft gem. § 143 Abs. 1 HGB vgl. **11**
A. 9.12 Rz. 19. Gem. § 148 HGB sind die **Liquidatoren und ihre Vertretungsmacht anzumelden** (*Baumbach/Hopt* § 148 HGB Rz. 1).

Das **Erlöschen der Firma** ist erst **mit Beendigung der Liquidation** anzumel- **12**
den (§ 157 Abs. 1 HGB), weil die Firma nicht bereits mit Auflösung der Gesellschaft
erlischt (vgl. A. 9.12 Rz. 10).

Auflösung der Gesellschaft **und Bestellung** der Liquidatoren sind **durch sämtli- 13**
che Gesellschafter anzumelden (§§ 143 Abs. 1, 148 Abs. 1 HGB; *MünchKomm
HGB/K.Schmidt* § 148 HGB Rz. 6). Gem. § 153 HGB ist die Firma im Rechtsver

kehr mit Dritten als Liquidationsfirma zu bezeichnen; dies kann durch den Zusatz „in Liquidation“, „i. L.“ oder „in Abwicklung“ erfolgen (vgl. *Baumbach/Hopt* § 153 HGB Rz. 1).

14   Die Anmeldung bedarf notarieller **Beglaubigung,** § 12 HGB.

A. 9.14 Ausscheiden eines Gesellschafters

I. FORMULARE

Formular A. 9.14 Ausscheiden eines Gesellschafters

VERTRAG ÜBER DAS AUSSCHEIDEN EINES GESELLSCHAFTERS AUS DER A, B & C OHG

zwischen

1. Herrn A

2. Herrn C

3. Herrn D

und

4. Herrn B

Vorbemerkungen

An der A, B & C OHG sind Herr A und Herr C mit einem Festkapital von je € ......,– = je 30 %, Herr B und Herr D mit je € ......,–, = je 20 % des Gesellschaftskapitals beteiligt. Aus Altersgründen möchte B sich zum 31. Dezember 20.. aus der Gesellschaft zurückziehen.

Die verbleibenden Gesellschafter wollen die Gesellschaft fortführen und übernehmen die Anteile des ausscheidenden B daher nach Maßgabe der nachfolgenden Bestimmungen:

Von dem Festkapital von B übernehmen A und C jeweils € ......,– = je 7,5 %; D übernimmt € ......,– = 5 % am Festkapital der Gesellschaft. Demzufolge sind A und C zukünftig mit je 37,5 % und D mit 25 % beteiligt.

§ 1 Gewinnverteilung

Das Ergebnis des laufenden Geschäftsjahres steht den Gesellschaftern entsprechend den bisherigen Beteiligungsverhältnissen zu. Die auf dem Privatkonto verbuchten Ansprüche von B gehen nicht auf die verbleibenden Gesellschafter über. Ein positiver oder negativer Saldo auf dem Privatkonto ist binnen einen Monats nach Feststellung der Bilanz für das laufende Geschäftsjahr und Verbuchung der Gewinnanteile auszugleichen.

§ 2 Abfindung

Als Abfindung für die Aufgabe seines Gesellschaftsanteiles erhält B ein Auseinandersetzungsguthaben in Höhe von € .... Dieser Betrag ist wie folgt auszuzahlen:

a) Ein Barbetrag in Höhe von € ...... ist zum ...... auf folgendes Konto von B zu zahlen: Kto.-Nr. ...... bei XY-Bank.

b) Der verbleibende Abfindungsbetrag in Höhe von € ...... wird verrentet und ist auf Lebensdauer des B in monatlichen Teilbeträgen in Höhe von € ...... zum Ende eines jeden Monats auf das vorstehend genannte Konto von B zu überweisen.

c) Die Auszahlung des Auseinandersetzungsguthabens obliegt anteilig A und C mit jeweils € ...... und D mit € .... A, C und D haften jedoch B als Gesamtschuldner.

§ 3 Haftungsfreistellung

Die verbleibenden Gesellschafter A, C und D verpflichten sich, B im Innenverhältnis von allen A, B & C OHG betreffenden Verbindlichkeiten freizustellen.

§ 4 Geltung des Gesellschaftsvertrags und Zustimmung zur Firmenfortführung

Der Gesellschaftsvertrag vom ...... gilt fort, soweit sich nicht daraus etwas anderes ergibt, dass B ausscheidet. B willigt in die Fortführung der Firma A, B & C OHG ein.

§ 5 Eintragung ins Handelsregister

Die Vertragsparteien verpflichten sich, unverzüglich die Eintragung der Beteiligungsänderung im Handelsregister in der erforderlichen Form herbeizuführen.

§ 6 Kosten

Die Kosten dieses Vertrages tragen die verbleibenden Gesellschafter und der Ausscheidende im gleichen Verhältnis. Die Kosten der Handelsregistereintragung trägt die Gesellschaft.

§ 7 Sonstiges

Änderungen und Ergänzungen dieses Vertrages bedürfen zu ihrer Wirksamkeit der Schriftform. Mündliche Nebenabreden bestehen nicht. Den Vertragsparteien stehen keine über diesen Vertrag hinausgehenden gegenseitigen Ansprüche zu. Erfüllungsort und Gerichtsstand für sämtliche Streitigkeiten aus diesem Vertrag ist der Sitz der Gesellschaft, soweit dies zulässig vereinbart werden kann.

Formular A. 9.14a Handelsregisteranmeldung

An das

Amtsgericht

– Registergericht –

durch elektronische Übermittlung

Betrifft: Firma A, B & C OHG

           HRA ......

Zur Eintragung in das Handelsregister wird angemeldet:

B ist mit Wirkung zum ...... aus der Gesellschaft ausgeschieden. Die Gesellschaft wird unter der bisherigen Firma fortgeführt. Die Gesellschafter vertreten die Gesellschaft wie folgt: .... Die Geschäftsräume der Gesellschaft befinden sich weiterhin in X-Stadt in der XY-Straße. B willigt in die Fortführung dieser Firma ein.

......................................, den ....

....
(Unterschrift A)   (Unterschrift C)

....
(Unterschrift B)   (Unterschrift D)

....
(Beglaubigungsvermerk)

II. ERLÄUTERUNGEN

Erläuterungen zu A. 9.14 Ausscheiden eines Gesellschafters

---

1. Grundsätzliche Anmerkungen

a) Wirtschaftliche Funktion

1   Ein Gesellschafter der A, B & C OHG möchte aus der Gesellschaft ausscheiden und sich zur Ruhe setzen. Ein Nachfolger ist nicht vorhanden, die verbleibenden Gesellschafter wollen das Geschäft allein untereinander fortführen. Es soll auch kein Dritter (Nichtgesellschafter) den Anteil erwerben.

b) Gesellschaftsrecht

2   Die gesetzlichen Vorschriften sehen ein freiwilliges Ausscheiden aus der OHG nicht vor. Nicht zu verwechseln ist das freiwillige Ausscheiden mit der Kündigung der Gesellschaft durch einen Gesellschafter nach § 132 HGB (s. hierzu Formular A. 9.21). Ein **freiwilliges Ausscheiden** aus der Gesellschaft ist möglich, wenn im Gesellschaftsvertrag dem Gesellschafter eine entspr. Befugnis eingeräumt ist oder wenn alle anderen Gesellschafter zustimmen. Die Austrittsvereinbarung ist Änderung des ursprünglichen Gesellschaftsvertrages und bedarf zu ihrer Wirksamkeit der Mitwirkung aller Gesellschafter, sofern der Gesellschaftsvertrag nichts Abweichendes bestimmt. In Ausnahmefällen kann sich aus der gesellschaftsrechtlichen Treuepflicht eine Verpflichtung ergeben, dem Ausscheiden eines anderen zuzustimmen. Zustimmungserfordernisse können sich insbesondere aus dem Minderjährigen- und dem Ehegüterrecht ergeben. Vereinbart ein minderjähriger Gesellschafter mit den übrigen Gesellschaftern sein Ausscheiden aus der Gesellschaft, so ist hierfür nach § 1822 Abs. 1 Nr. 3 BGB unter dem Gesichtspunkt der Veräußerung des Erwerbsgeschäfts die familien- bzw. vormundschaftsgerichtliche Genehmigung erforderlich. Lebt der Gesellschafter mit seinem Ehegatten in Zugewinngemeinschaft, bedarf die Austrittsvereinbarung der Zustimmung des Ehegatten, falls die Gesellschaftsbeteiligung das „gesamte" Vermögen des ausscheidenden Gesellschafters darstellt (vgl. *MünchHdb GesR / Schulte / Hushahn* Bd. 2 Rz. 31).

3   Die **Rechtsfolgen des Ausscheidens** sind in §§ 738 ff. BGB geregelt. Danach wächst der Anteil des Ausgeschiedenen am Gesellschaftsvermögen den anderen Gesellschaftern zu (§ 738 Abs. 1 Satz 1 BGB), ohne dass ein besonderer Übertragungsakt erforderlich ist. Der Klarheit halber sollte eindeutig vereinbart werden, in welchem Verhältnis die Anteile des ausscheidenden Gesellschafters den verbleibenden Gesellschaftern anwachsen sollen.

4   Gem. §§ 738 Abs. 1 Satz 2, 732 BGB sind Gegenstände, die ein Gesellschafter zur Nutzung überlassen hat, ihm zurückzugeben. Ggf. ist eine **Rückgaberegelung** aufzunehmen; das Formular sieht eine solche nicht vor.

c) Steuerrecht

5   Die steuerlichen Folgen des Ausscheidens eines Gesellschafters und der Übernahme seiner Gesellschaftsanteile durch die verbleibenden Gesellschafter entsprechen denen bei dem Verkauf (Abtretung) des Anteils an einem neueintretenden Gesellschafter. S. insoweit A. 9.10 Rz. 5 ff. und 13 ff. § 24 UmwStG ist nicht anzuwenden.

Aus Sicht des Ausgeschiedenen handelt es sich um die Übertragung seines Geschäftsanteils. Aus der Sicht des verbliebenen Gesellschafters handelt es sich um den Erwerb eines Mitunternehmeranteils in Form der Anteile an den bilanzierten und nichtbilanzierten Wirtschaftsgütern des Gesellschaftsvermögens durch die verbleibenden Gesellschafter, ggf. den letzten Gesellschafter, der das Unternehmen im Wege der Gesamtrechtsnachfolge fortführt.

6   Beim Ausssscheiden ohne Abfindung findet § 6 Abs. 3 S. 1 und 3 EStG Anwendung **(Buchwertfortführung).** Das Ausscheiden gegen Abfindung begründet grds. Die

Veräußerung des Mitunternehmeranteils bzw. bei einer Sachwertabfindung die Aufgabe eines Mitunternehmeranteils (vgl. hierzu BFH IV R 19/12 v. 9.7.15, , BStBl. II 15, 954 und BFH III R 49/13 v. 17.9.15, BStBl. II 17, 37).

Liegt der Abfindungsbetrag **über dem Buchwert** der Beteiligung, sind die akti- 7 vierten WG in der Bilanz der Gesellschaft aufzustocken und ggf. abzuschreiben (BFH VIII R 67/92 v. 28.9.93, BStBl. II 94, 449). Bei der Gesellschaft liegt ein Anschaffungsvorgang vor. Entsprechendes gilt für die von der Gesellschaft mit erworbenen Wirtschaftsgüter des Sonderbetriebsvermögens. Eine Ergänzungsbilanz ist insoweit nicht aufzustellen (BFH VIII R 67/92 v. 28.9.93, aaO; *Schmidt/Wacker* § 16 EStG Rz. 482). Die Aufwendungen für den Gesellschaftsanteil sind auch dann zu aktivieren, wenn im Gesellschaftsvertrag Buchwertabfindung vereinbart ist, der Ausgeschiedene aber gleichwohl mehr erhält. Liegt der Abfindungsbetrag **unter dem Buchwert** der Beteiligung, sind die Buchwerte abzustocken; die Abstockung kann nicht durch Passivierung des Minderbetrages als negativer Geschäftswert vermieden werden (BFH IV R 77/93 v. 12.12.96, BStBl. II 98, 180; siehe hierzu auch *Schmidt/Wacker* § 16 EStG Rz. 511 mwN). Soweit allerdings nachgewiesen ist, dass **der ausgeschiedene Gesellschafter „lästig" war,** sich beispielsweise betriebsschädigend verhalten hat, ist die Vermutung widerlegt, dass die über den Buchwert hinausgehenden Aufwendungen einen Anteil des Ausgeschiedenen an stillen Reserven und einem etwaigen Geschäftswert abgeben (vgl. hierzu *Schmidt/Wacker* § 16 EStG Rz. 491). Die Aufwendungen für die Abfindung sind insoweit sofort abzugsfähig.

2. Einzelerläuterungen

Zu § 1 und 2: Gewinnverteilung, Abfindung

S. zunächst Rz. 2 ff. Gem. § 740 BGB nimmt der Ausgeschiedene an dem Gewinn 8 und dem Verlust teil, welcher sich aus den zurzeit seines Ausscheidens schwebenden Geschäften ergibt. Das Formular geht demgegenüber von einem festen Abfindungsanspruch aus. Die Ergebnisbeteiligung endet mit dem Ausscheiden. Gleichzeitig wird geregelt, dass die Ansprüche auf dem Privatkonto dem ausgeschiedenen Gesellschafter noch zustehen bzw. – sofern dieses negativ ist – vom ausgeschiedenen Gesellschafter auszugleichen ist.

Zu § 4: Geltung des Gesellschaftsvertrags und Zustimmung zur Firmenfortführung

Die im Formular vorgesehene Freistellung von Verbindlichkeiten entspricht der ge- 9 setzlichen Regelung in § 738 Abs. 1 Satz 2 2. Hs. BGB.

Den Gesellschaftsgläubigern kann dies nicht entgegengehalten werden. Zur Forthaftung gegenüber den Gläubigern der Gesellschaft s. A. 9.00 Rz. 11 ff.

Das Formular sieht keine Verpflichtung der verbleibenden Gesellschafter vor, eine 10 **Haftungsfreistellung** auch **im Außenverhältnis** herbeizuführen. Eine solche Haftungsfreistellung erfordert eine Vereinbarung mit jedem Gläubiger. Es kann sinnvoll sein, eine Verpflichtung zur Haftungsfreistellung im Außenverhältnis für einzelne Gläubiger, insbes. Banken und wesentliche Lieferanten, vorzusehen (s. A. 9.10 Rz. 18 f.). Soweit der ausscheidende Gesellschafter über seine Stellung als Gesellschafter hinaus persönliche Sicherheiten gestellt hat (zB Grundschulden an Privatgrundstücken), sollte hierfür ebenfalls eine gesonderte Vereinbarung getroffen werden.

Zu § 5: Eintragung ins Handelsregister

Die Bestimmung über die Fortgeltung des Gesellschaftsvertrages gilt lediglich der 11 Klarstellung. Die Zustimmung zur Fortführung der Firma ist gem. § 24 Abs. 2 HGB erforderlich, weil die Firma den Namen des B enthält. Die Zustimmungserklärung kann unterbleiben, soweit sie bereits im Gesellschaftsvertrag verankert ist.

> **Erläuterungen zu A. 9.14a Handelsregisteranmeldung**

12   Das Ausscheiden eines Gesellschafters ist gem. § 143 Abs. 2 HGB zum Handelsregister anzumelden. Die Anmeldung ist **von sämtlichen Gesellschaftern zu unterzeichnen,** auch von demjenigen, dessen Ausscheiden den Gegenstand der Anmeldung bildet (*Baumbach/Hopt* § 143 HGB Rz. 3). Sie ist notariell zu beglaubigen (§ 12 HGB).

13   Die **Angabe des Zeitpunktes** des Ausscheidens ist nicht zwingend erforderlich.

14   Mit Einwilligung des ausscheidenden Gesellschafters kann die **bisherige Firma fortgeführt** werden (§ 24 Abs. 3 HGB). Die Einwilligung kann bereits im Gesellschaftsvertrag erteilt werden.

15   Die Vertretungsverhältnisse müssen nach § 106 Abs. 2 Nr. 4 HGB angegeben werden, dies gilt auch, wenn sie den gesetzlichen Bestimmungen entsprechen. Nach der Übergangsregelung des Art. 52 EGHGB gilt dies für Altgesellschaften zwar grds. erst bei einer vom gesetzlichen Regelfall abweichenden Änderung der Vertretungsverhältnisse; da solche in der Praxis häufig sind, ist hierauf. zu achten. Gem. § 12 HGB bedarf die Anmeldung notarieller Beglaubigung.

A. 9.15 Ausscheiden des vorletzten Gesellschafters

I. FORMULARE

> **Formular A. 9.15 Ausscheiden des vorletzten Gesellschafters**

VERTRAG ÜBER DAS AUSSCHEIDEN VON HERRN B AUS DER A & B OHG

zwischen

1. Herrn A

und

2. Herrn B

Vorbemerkungen

An der A & B OHG sind Herr A mit einem Festkapital von € ...... = 60 % und Herr B mit einem Festkapital von € ...... = 40 % beteiligt. Aus Altersgründen möchte B sich zum 31. Dezember 20.. aus der Gesellschaft zurückziehen.

Herr A möchte das Geschäft fortführen und übernimmt daher alle Anteile des ausscheidenden B nach Maßgabe der nachfolgenden Bestimmungen:

§ 1 Gewinnverteilung

Das Ergebnis des laufenden Geschäftsjahres steht den Gesellschaftern entsprechend den bisherigen Beteiligungsverhältnissen zu. Die auf dem Privatkonto verbuchten Ansprüche von B gehen nicht über. Der Saldo auf dem Privatkonto ist binnen eines Monats nach Feststellung der Bilanz für das laufende Geschäftsjahr und Verbuchung der Gewinnanteile auszugleichen.

§ 2 Abfindung

Als Abfindung für die Aufgabe seines Gesellschaftsanteiles erhält B ein Abfindungsguthaben in Höhe von € ...... Dieser Betrag ist am ...... auszuzahlen.

§ 3 Haftungsfreistellung

A verpflichtet sich, B im Innenverhältnis von allen A & B OHG betreffenden Verbindlichkeiten freizustellen. A wird auch im Außenverhältnis alles unternehmen, um baldmöglichst eine Haftungsfreistellung des B von den in Anlage 1 zu diesem Vertrag aufgeführten Gläubigern der Gesellschaft zu erlangen.

§ 4 Firmenfortführung

A führt die Firma A & B OHG mit dem Zusatz „Nachfolger A" fort. B willigt in die Fortführung der Firma ein.

§ 5 Handelsregistereintragung

Die Vertragsparteien verpflichten sich, unverzüglich die Eintragung der Beteiligungsänderung im Handelsregister in der erforderlichen Form herbeizuführen.

§ 6 Kosten

Die Kosten, die im Zusammenhang mit der Erstellung dieses Vertrages entstanden sind, trägt jeder Vertragspartei für sich selbst. Die Kosten der Handelsregistereintragung trägt die Gesellschaft.

§ 7 Sonstiges

Änderungen und Ergänzungen dieses Vertrages bedürfen zu ihrer Wirksamkeit der Schriftform. Mündliche Nebenabreden bestehen nicht. Den Vertragsparteien stehen keine über diesen Vertrag hinausgehenden gegenseitigen Ansprüche zu. Erfüllungsort und Gerichtsstand für sämtliche Streitigkeiten aus diesem Vertrag ist ..., soweit dies zulässig vereinbart werden kann.

Formular A. 9.15a Handelsregisteranmeldung

(Anmeldung des Ausscheidens des vorletzten Gesellschafters – Auflösung einer offenen Handelsgesellschaft – und Fortführung des Geschäfts als Einzelfirma)

An das
Amtsgericht
– Registergericht –
durch elektronische Übermittlung

Betrifft: Firma A & B OHG
             HRA ......

Zur Eintragung in das Handelsregister wird angemeldet:
Der Gesellschafter B ist mit Wirkung zum ...... aus der Gesellschaft ausgeschieden. Damit ist die Gesellschaft aufgelöst. A führt das Geschäft als Einzelkaufmann unter der Firma A & B e. K. fort. B ist mit der Fortführung der Firma einverstanden. Die Geschäftsräume der Gesellschaft befinden sich weiterhin in der X-Stadt in der XY-Straße. A zeichnet die Firma wie folgt:

...., den ......

....
(Unterschrift A)   (Unterschrift B)

....
(Beglaubigungsvermerk)

II. ERLÄUTERUNGEN

> **Erläuterungen zu A. 9.15 Ausscheiden des vorletzten Gesellschafters**

1. Grundsätzliche Anmerkungen

a) Wirtschaftliche Funktion

1　Siehe zunächst Vorbemerkungen zum Formular. B möchte aus der Gesellschaft ausscheiden, A will, da ein Nachfolger nicht vorhanden ist, das Geschäft allein fortführen.

b) Gesellschaftsrecht

2　Siehe zunächst A. 9.14 Rz. 2 ff. Nach hM gelten die Vorschriften der §§ 738 bis 740 BGB auf die Übernahme der Gesellschaft durch den verbleibenden Gesellschafter beim Ausscheiden des vorletzten Gesellschafters entsprechend (*MünchKommBGB/ Schäfer* § 738 BGB Rz. 11; BGH II ZR 10/64 v. 13.12.65, NJW 66, 827). Die Gesellschaft erlischt, wenn von den zwei Gesellschaftern nur noch einer übrig bleibt (Konfusion). Das Gesellschaftsvermögen geht im Wege der Gesamtrechtsnachfolge über (*MünchKommBGB/Schäfer* § 738 BGB Rz. 11; *Baumbach/Hopt* § 131 HGB Rz. 35).

c) Steuerrecht

3　Zu den **ertragsteuerlichen Konsequenzen** s. A. 9.14 Rz. 5 f. mit den dort genannten weiteren Nachweisen.

4　**Grunderwerbsteuer:** Soweit sich im Vermögen der Gesellschaft Grundstücke befinden, unterliegt der Vorgang gem. § 1 Abs. 3 Nr. 1 GrEStG der Grunderwerbsteuer (Vereinigung aller Anteile in einer Hand). Die Steuer bemisst sich in diesem Fall nach dem Grundbesitzwert (§§ 8 Abs. 2 Nr. 2, 10 GrEStG, §§ 99 Abs. 1 Nr. 1, 138 Abs. 3 BewG). Die Steuer wird jedoch in Höhe des Anteils nicht erhoben, zu dem der verbleibende Gesellschafter am Vermögen der Gesamthand beteiligt war (§ 6 Abs. 2 GrEStG).

5　*(frei)*

2. Einzelerläuterungen

Zu § 1: Gewinnverteilung

6　Siehe A. 9.14 Rz. 8.

Zu § 3: Haftungsfreistellung

7　Siehe zunächst A. 9.14 Rz. 9. – Das Formular sieht vor, dass der das Geschäft fortführende ehemalige Mitgesellschafter den Ausscheidenden auch im Außenverhältnis von den wesentlichen Verbindlichkeiten freistellen muss. Hierzu bedarf es der Mitwirkung der einzelnen Gläubiger. Da diese zu einer Haftungsfreistellung nicht verpflichtet sind, bedarf es möglicherweise der Stellung zusätzlicher Sicherheiten.

Zu § 4: Firmenfortführung

8　Die Fortführung der Firma ist gem. § 24 HGB nur mit Zustimmung des ausscheidenden Gesellschafters B zulässig. Die Firmenfortführung ist nach der insoweit geänderten Rechtslage allerdings nur noch unter Beachtung von § 19 Abs. 1 Nr. 1 HGB möglich (*MünchKommHGB/Heidinger* § 24 HGB Rz. 14 ff.). Dies bedeutet, dass die Firma nunmehr unter ausdrücklichem Hinweis auf das Bestehen der Einzelfirma geführt, das heißt ein Zusatz wie „eingetragener Kaufmann" oder „e. K." angebracht werden muss.

Erläuterungen zu A. 9.15a Handelsregisteranmeldung

Das Ausscheiden ist gem. § 143 Abs. 2 HGB zum Handelsregister **anzumelden** 9 (*Baumbach/Hopt* § 143 HGB Rz. 2). Bei Ausscheiden des vorletzten Gesellschafters einer OHG ist die Fortführung der Firma trotz § 22 HGB nur unter Beifügung eines Nachfolgezusatzes zulässig (*Baumbach/Hopt* § 22 HGB Rz. 17). Die Anmeldung ist von sämtlichen Gesellschaftern zu unterzeichnen, auch von demjenigen, dessen Ausscheiden den Gegenstand der Anmeldung bildet (*Baumbach/Hopt* § 143 HGB Rz. 3). Sie ist notariell zu beglaubigen (§ 12 HGB).

A. 9.16 Ausschluss eines Gesellschafters

I. FORMULARE

Formular A. 9.16 Ausschluss eines Gesellschafters

Protokoll

der außerordentlichen Gesellschafterversammlung der A, B & C OHG

Zeit: ......

Ort: ......

Anwesend: sämtliche Gesellschafter (A, B und C)

Zu Beginn der Versammlung wird mit den Stimmen der Gesellschafter A und B A als Versammlungsleiter gewählt. Er stellt fest, dass die Einladung zur Gesellschafterversammlung form- und fristgerecht ergangen ist und dass die Gesellschafterversammlung beschlussfähig ist.

Sodann ruft er den einzigen Tagesordnungspunkt „Ausschluss des Gesellschafters C" auf. Die Gesellschafter A und B stellen fest, dass der Gesellschafter C seine Geschäftsführungs- und Mitarbeitspflichten seit ca. sechs Monaten erheblich vernachlässigt hat und trotz Abmahnungen nicht mehr im Unternehmen erschienen ist. C gibt keine Erklärung ab.

A und B beschließen sodann einstimmig, C mit sofortiger Wirkung aus der Gesellschaft auszuschließen. C stimmt gegen diesen Beschluss. A stellt fest, dass C nicht stimmberechtigt ist.

Sodann fassen A und B folgenden Beschluss:

Die Firma der Gesellschaft wird geändert und lautet nunmehr wie folgt:

A & B OHG

.........................., den ......

....
(Unterschrift A)   (Unterschrift B)

Formular A. 9.16a Handelsregisteranmeldung

(Anmeldung des Ausschlusses eines Gesellschafters und Änderung der Firma zum Handelsregister)

An das

Amtsgericht

– Registergericht –

durch elektronische Übermittlung

Betrifft: **A, B & C OHG**

                HRA ......

Zur Eintragung in das Handelsregister wird angemeldet:

1. **Der persönlich haftende Gesellschafter C ist mit Wirkung zum ...... aus der Gesellschaft ausgeschieden.**

2. **Die Firma der Gesellschaft wird geändert; sie lautet nunmehr wie folgt: A & B OHG**

3. **A und B vertreten die Gesellschaft stets einzeln.**

4. **Die Geschäftsräume der Gesellschaft befinden sich weiterhin in X-Stadt in der XY-Straße.**

............................, den ....

....
(Unterschrift A)   (Unterschrift B)   (Unterschrift C)

....
(Beglaubigungsvermerk)

II. ERLÄUTERUNGEN

Erläuterungen zu A. 9.16 Ausschluss eines Gesellschafters

---

1. Wirtschaftliche Funktion

1   Im Gesellschaftsvertrag der A, B & C OHG, die von A, B und C betrieben wird, ist der Ausschluss eines Gesellschafters aus wichtigem Grund durch Gesellschafterbeschluss der übrigen Gesellschafter zugelassen. Der Gesellschafter C hat seine Geschäftsführungspflichten und Mitarbeitspflichten seit geraumer Zeit erheblich vernachlässigt, er ist kaum noch im Unternehmen erschienen. Abmahnungen sind ergebnislos gewesen. A und B beschließen daher, C aus der Gesellschaft auszuschließen.

2. Gesellschaftsrecht

2   Nach der gesetzlichen Regelung des § 140 Abs. 1 HGB können die übrigen Gesellschafter gerichtlich den Ausschluss eines Gesellschafters beantragen, wenn in der Person des auszuschließenden Gesellschafters ein wichtiger Grund vorliegt. Abweichend von dieser gesetzlichen Regelung ist der Ausschluss nach hM kraft Gesellschafterbeschluss zulässig, sofern er im Gesellschaftsvertrag vorgesehen ist (*Baumbach/Hopt* § 140 HGB Rz. 28 ff., § 133 HGB Rz. 18 ff.; BGH II ZR 32/59 v. 17.12.59, NJW 60, 625 und II ZR 217/75 v. 20.1.77, NJW 77, 1292). Der BGH hat mit Urt. II ZR 97/96 v. 15.9.97 (NJW 98, 146) ausdrücklich anerkannt, dass die Regelung des § 140 Abs. 1 HGB nicht zwingend ist, vielmehr der Gesellschaftsvertrag das Ausschließungs- oder

Übernahmerecht ohne weiteres erschweren oder sogar ganz beseitigen kann; im letzteren Fall verbleibt nur die Auflösung (BGH II ZR 42/67 v. 9.12.68, NJW 69, 793). Bei der Beschlussfassung ist der auszuschließende Gesellschafter nicht stimmberechtigt (*Baumbach/Hopt* § 119 HGB Rz. 8). Liegt ein wichtiger Grund in der Person des auszuschließenden Gesellschafters nicht vor, so wird von der Rspr. ein Ausschluss eines Gesellschafters durch Gesellschaftsbeschluss für unzulässig gehalten; dies gilt jedenfalls bei Gewährung „freien Ermessens" zur Ausschließung an die Mitgesellschafter (BGH II ZR 56/80 v. 13.7.81, NJW 81, 2565 mwN, str.; differenzierend *Hennerkes/Binz* NJW 1983, 73), es sei denn, dass eine solche Regelung wegen außergewöhnlicher Umstände sachlich gerechtfertigt ist.

Sieht der Gesellschaftsvertrag nicht ausdrücklich einen Mehrheitsbeschluss für den **3** Ausschluss vor, so bedarf es der Mitwirkung aller übrigen Gesellschafter (vgl. hierzu *MünchKommHGB/K. Schmidt* § 140 HGB Rz. 89 ff.).

Da eine **gerichtliche Nachprüfung** des Ausschließungsbeschlusses möglich ist **4** (BGH II ZR 32/59 v. 17.12.59, NJW 60, 625) und diese Möglichkeit der Überprüfung der Wirksamkeit des Ausschließungsbeschlusses auch nicht vertraglich ausgeschlossen werden kann (BGH II ZR 32/59 v. 17.12.59, aaO), ist es erforderlich, dass die nach dem Gesellschaftsvertrag einzuhaltenden Regularien über die Beschlussfassung genau eingehalten werden (s. hierzu Formular A. 9.00 § 9 und § 10 sowie Rz. 50 f.).

Wirksam wird die Ausschließung mit der Zustellung des Beschlusses an den **5** auszuschließenden Gesellschafter, wenn der wichtige Grund tatsächlich vorliegt. Ein wichtiger Grund ist gem. § 140 iVm. § 133 Abs. 2 HGB „insbesondere vorhanden, wenn ein anderer Gesellschafter eine ihm nach dem Gesellschaftsvertrag obliegende wesentliche Verpflichtung vorsätzlich oder aus grober Fahrlässigkeit verletzt oder wenn die Erfüllung einer solchen Verpflichtung unmöglich wird". Diese Aufzählung ist nach dem Gesetzeswortlaut („insbesondere") nicht abschließend. Nach der Rspr. ist ein **wichtiger Grund** „immer dann gegeben, wenn in der Person eines Gesellschafters Umstände vorliegen, die den anderen Gesellschaftern bei verständiger Abwägung aller in Betracht kommenden Tatsachen die Fortsetzung des Gesellschaftsverhältnisses unzumutbar machen" (BGH II ZR 32/59 v. 17.12.59, NJW 60, 625). Die nachhaltige Verletzung der Geschäftsführungspflichten und insb. der herausgestellten Mitarbeitspflicht des Gesellschafters C stellt einen solchen Grund dar (BGH II ZR 57/55 v. 26.3.56, NJW 56, 906). Verschulden des wichtigen Grundes ist nicht notwendige Voraussetzung, uU kann also auch die Unmöglichkeit der Erfüllung einer Verpflichtung wegen langer Krankheit zum Ausschluss führen (*Baumbach/Hopt* § 133 HGB Rz. 9). In solchen Fällen wird allerdings regelmäßig zu prüfen sein, ob nicht ein milderes Mittel als die Ausschließung in Betracht kommt. S. iÜ Formular A. 9.00 § 15 und Rz. 89 ff. Zur Notwendigkeit eines wichtigen Grundes für die Ausschließung vgl. *MünchKommHGB/K. Schmidt* § 140 HGB Rz. 98 mwN).

Die **Gesellschaft besteht** auf Grund des wirksamen Ausschließungsbeschlusses als **6** solche mit dem bisherigen Gesellschaftsvertrag **fort**. Ggf. kann sich die Notwendigkeit einer Anpassung einzelner Regelungen ergeben oder die gleichzeitige Aufnahme eines neuen Gesellschafters in Betracht kommen (s. hierzu Formular A. 9.18; der Ausschluss und der Eintritt können in einem Formular verbunden werden). Dem ausscheidenden Gesellschafter steht eine Abfindung zu. Soweit der Gesellschaftsvertrag hierzu keine Bestimmungen enthält (s. iE A. 9.00 Rz. 94 ff.) richten sich die Ansprüche nach §§ 738 bis 740 BGB (s. hierzu auch A. 9.14 Rz. 3 f.).

Soweit der Name des ausgeschlossenen Gesellschafters in der Firma enthalten ist, **7** bedarf es zur Fortführung der Firma seiner **Zustimmung** (§ 24 HGB). Diese kann auch im Gesellschaftsvertrag erteilt sein. Das Formular geht davon aus, dass C nicht einwilligt und die Firma daher zu ändern ist.

(frei) **8**

3. Steuerrecht

9   Zu den steuerlichen Folgen des Ausscheidens eines Gesellschafters s. A. 9.14 Rz. 5 f.

10   Zum Veräußerungspreis gehört beim Ausgeschiedenen auch ein Betrag, der bei den verbleibenden Gesellschaftern als **Abfindung eines lästigen Gesellschafters** nicht aktivierungspflichtig, sondern sofort abzugsfähig ist (s. hierzu *H/H/R/Kobor* § 16 EStG Rz. 413). Nach der Rspr. sind die Zahlungen an einen ausgeschiedenen Gesellschafter, der „lästig" gewesen ist, nur dann nicht zu aktivieren, soweit die Zahlungen die vorhandenen stillen Reserven und/oder den Geschäftswert (jeweils anteilig) übersteigen und daneben außerbetriebliche Gründe für die Mehrleistung über den Buchwert der Beteiligung ausscheiden (BFH IV R 56/75 v. 25.1.79, BStBl. II 79, 302; BFH IV R 107/88 v. 5.10.89, BFH/NV 90, 496).

11   Da mit dem Ausschluss eines Gesellschafters regelmäßig ernstliche Meinungsverschiedenheiten einhergehen werden, empfiehlt sich spätestens jetzt für alle Beteiligten eine Anzeige an das Betriebsfinanzamt der Gesellschaft. Gem. § 183 Abs. 2 AO entfällt damit die bisher bestehende gemeinsame Empfangsvollmacht.

Erläuterungen zu A. 9.16a Handelsregisteranmeldung

---

12   Das Ausscheiden eines Gesellschafters ist nach § 143 Abs. 2 HGB anzumelden. Zeitpunkt und Grund des Ausscheidens müssen nicht angegeben werden. Str. hinsichtlich des Grundes des Ausscheidens: Nach *MünchKommHGB/K. Schmidt* § 143 HGB Rz. 3 muss der Grund der Auflösung angegeben werden, damit dem Registergericht die Prüfung der Richtigkeit des angemeldeten Ausscheidens ermöglicht wird.

13   C ist hinsichtlich seines Ausscheidens ebenfalls anmeldepflichtig. Weigert er sich, an der Anmeldung mitzuwirken, so müssen die verbleibenden Gesellschafter Leistungsklage erheben. Das obsiegende Urteil ersetzt sodann die Unterschrift (§ 894 ZPO). Das Registergericht kann seinerseits die Unterschrift erzwingen (§ 14 HGB).

14   Die Vertretungsverhältnisse müssen nach § 106 Abs. 2 Nr. 4 HGB angegeben werden, dies gilt auch, wenn sie den gesetzlichen Bestimmungen entsprechen. Nach der Übergangsregelung des Art. 52 EGHGB gilt dies für Altgesellschaften grds. erst bei einer vom gesetzlichen Regelfall abweichenden Änderung der Vertretungsverhältnisse; da solche in der Praxis häufig sind, ist hierauf ggf. zu achten. Gem. § 12 HGB bedarf die Anmeldung notarieller Beglaubigung. Die Unterschriften sind notariell zu **beglaubigen**, § 12 HGB.

A. 9.17 Beirat

I. FORMULARE

Formular A. 9.17 Zusätzliche Bestimmungen im Gesellschaftsvertrag

---

§ 5a Beirat

(1) Die Gesellschaft hat einen Beirat, der aus drei Mitgliedern besteht. Die Mitglieder des Beirats werden von der Gesellschafterversammlung mit einer Mehrheit von $^2/_3$ der Gesellschafter gewählt. Die Wahl erfolgt für einen Zeitraum von vier Geschäftsjahren. Die Tätigkeit des Beirats beginnt mit Ablauf der Gesellschafterversammlung, in der die Wahl stattfindet und endet mit Ablauf der Gesellschafterversammlung, in der der Folgebeirat gewählt wird.

(2) Beiratsmitglieder können nur Nichtgesellschafter sein, die über die notwendige Sachkenntnis und wirtschaftliche Erfahrung verfügen. Die Beiratsmitglieder können ihr Amt ohne Angabe von Gründen jederzeit durch schriftliche Erklärung gegenüber

der Gesellschaft niederlegen. Jedes Mitglied kann durch Gesellschafterbeschluss, der der Mehrheit von $3/4$ aller Gesellschafter bedarf, fristlos abberufen werden. Für den Fall des Wegfalls eines Beiratsmitgliedes ist von der Gesellschafterversammlung für die restliche Amtsperiode ein neues Mitglied in den Beirat zu wählen.

(3) Der Beirat hat die Aufgabe, die geschäftsführenden Gesellschafter zu beraten und deren Geschäftsführung zu überwachen. Er ist berechtigt an den Gesellschafterversammlungen beratend teilzunehmen und ist zu den Gesellschafterversammlungen zu laden. Er kann die Bücher und Schriften der Gesellschaft sowie die Vermögensgegenstände einsehen und prüfen. Er kann damit auch einzelne Mitglieder oder für bestimmte Aufgaben besondere Sachverständige beauftragen.

Der Beirat hat das Recht, Maßnahmen, die über den üblichen Rahmen des Geschäftsbetriebs hinausgehen (§ 5 Abs. 2), zu widersprechen mit der Folge, dass diese unterbleiben müssen. Der vorherigen Zustimmung des Beirats bedürfen darüber hinaus nachfolgende Maßnahmen:

a) Erwerb, Veräußerung und Belastung von Grundstücken;

b) Gründung von Filialbetrieben, Zweigniederlassungen, Übernahme von Beteiligungen an Gesellschaften gleich welcher Rechtsform, Aufnahme stiller Gesellschafter und partiarischer Darlehen gleich welcher Höhe;

c) Bestellung von Prokuristen

d) Rechtsgeschäfte aller Art zwischen der Gesellschaft auf der einen sowie den Gesellschaftern oder deren Angehörigen iSd. § 15 der Abgabenordnung auf der anderen Seite und Rechtsgeschäfte zwischen der Gesellschaft und Unternehmen, die Gesellschaftern oder deren Angehörigen gehören oder an denen Gesellschafter bzw. deren Angehörige beteiligt sind.

(4) Widerspricht der Beirat einer Geschäftsführungsmaßnahme gem. Abs. 3 oder verweigert er seine Zustimmung, so ist er neben den Gesellschaftern berechtigt, eine Gesellschafterversammlung einzuberufen. § 7 gilt entsprechend. Die Gesellschafterversammlung kann mit einer Mehrheit von $3/4$ aller vorhandenen Stimmen beschließen, dass die Geschäftsführungsmaßnahme ohne Zustimmung bzw. gegen den Widerspruch des Beirats vorgenommen werden kann.

(5) Der Beirat gibt sich selbst eine Geschäftsordnung und wählt aus seiner Mitte einen Vorsitzenden und dessen Stellvertreter. Seine Beschlüsse fasst er mit einfacher Mehrheit in Sitzungen, die mit einer Frist von sieben Tagen unter Bekanntgabe der Tagesordnung vom Vorsitzenden und bei dessen Verhinderung von seinem Stellvertreter schriftlich einzuberufen sind. Die Geschäftsführer sind zu laden.

Die Beiratsmitglieder erhalten Auslagenersatz sowie jährlich eine angemessene Vergütung, deren Höhe von der Gesellschafterversammlung festzusetzen ist.

Die Bestimmungen des Aktiengesetzes sind nicht entsprechend anzuwenden.

Formular A. 9.17a Geschäftsordnung des Beirats

Geschäftsordnung des Beirats der A, B & Co. OHG

§ 1

Der Beirat führt seine Geschäfte nach den Vorschriften des Gesellschaftsvertrages und der Satzung.

§ 2

Alle Beiratsmitglieder sind verpflichtet, alle Kenntnisse über das Unternehmen und ihre Gesellschafter, die sie im Rahmen ihrer Beiratstätigkeit erlangen, geheim zu halten.

Die Beiratsmitglieder haben die Unterlagen, die sie im Rahmen ihrer Beiratstätigkeit erhalten, bei Beendigung ihrer Tätigkeit unverzüglich an den Beiratsvorsitzenden oder die Gesellschaft zurückzugeben.

§ 3

Der Beirat wählt einen Vorsitzenden, dessen Stellvertreter und den Schriftführer. Eine Neuwahl hat jeweils stattzufinden bei Änderung der Zusammensetzung des Beirats.

§ 4

Der Vorsitzende des Beirats oder bei dessen Verhinderung sein Stellvertreter hat Sitzungen immer dann einzuberufen, wenn es die Interessen der Gesellschaft erfordern. Jeder Geschäftsführer kann unter Angabe des Zwecks und der Gründe die Einberufung des Beirats verlangen.

§ 5

Zu den Beiratssitzungen sind die Geschäftsführer zu laden.

§ 6

Der Beirat ist beschlussfähig, wenn mindestens zwei seiner Mitglieder anwesend sind. Die Beschlussfassung erfolgt mit einfacher Mehrheit. Bei Stimmengleichheit entscheidet die Stimme des Vorsitzenden, bei seiner Abwesenheit die des Stellvertreters.
Schriftliche, telegraphische und fernmündliche Beschlussfassungen sind zulässig, wenn kein Beiratsmitglied einer solchen Beschlussfassung unverzüglich widerspricht.

§ 7

Über die Sitzungen des Beirats sowie über gem. § 6 Abs. 2 gefasste Beschlüsse sind Niederschriften anzufertigen. Diese sind vom Vorsitzenden, bei dessen Verhinderung vom Stellvertreter zu unterzeichnen und allen Beiratsmitgliedern sowie den Geschäftsführern der A, B & Co. OHG zuzuschicken.

§ 8

Der beigefügte Auszug aus dem Gesellschaftsvertrag ist Bestandteil dieser Ordnung:

„§ 5a Beirat

[Text der Bestimmung aus dem Gesellschaftsvertrag]."

II. ERLÄUTERUNGEN

Erläuterungen zu A. 9.17 Zusätzliche Bestimmungen im Gesellschaftsvertrag und A. 9.17a Geschäftsordnung des Beirats

1. Wirtschaftliche Funktion

1   Der Beirat ist ein gesetzlich nicht vorgesehenes Kontrollorgan. Die Motive für seine Errichtung sind vielfältig. Einerseits können Kontroll- und/oder Entscheidungsbefugnisse auf ein anderes Organ als die Gesellschafterversammlung übertragen werden.

Andererseits können Sinn und Zweck der Errichtung eines Beirats auch die Einholung zusätzlichen Know-hows sein (vgl. A.8.19 Rz. 1).

Soweit zwingende gesetzliche Vorschriften nicht entgegenstehen, sind die Gesell- 2 schafter berechtigt, ihrer Gesellschaft eine von der gesetzlichen Regelung **abweichende Organisation** zu geben (BGH II ZR 164/65 v. 23.10.67, WM 68, 98). Die dem Beirat angehörenden Mitglieder stehen – soweit es sich nicht um Gesellschafter handelt – in einem Rechtsverhältnis zur Gesellschaft und sind allein dieser verantwortlich (BGH II ZR 164/65 v. 23.10.67, aaO). Nach dem Formular können lediglich Nichtgesellschafter Beiratsmitglieder werden, wenn sie über die nötige Sachkenntnis verfügen. Bei einem größeren Gesellschafterkreis, von denen nicht alle Gesellschafter-Geschäftsführer sind, kann es sich empfehlen, auch Gesellschafter als Beiratsmitglieder zuzulassen. Als Bindeglied zwischen der Beirats- und der Gesellschafterebene sowie der Geschäftsführung kommt dem Beiratsvorsitzenden häufig eine besondere Rolle zu. Unter Umständen bietet es sich an, bspw. den Vorsitzenden der Geschäftsführung aus dem einen Familienstamm, den Beiratsvorsitzenden aus dem anderen Familienstamm zu bestimmen. Häufig wird zum Beiratsvorsitzenden auch eine familienfremde, erfahrene Vertrauensperson bestimmt.

2. Gesellschaftsrecht

Die vorgeschlagene Bestimmung im Gesellschaftsvertrag ist bei gewünschter Errich- 3 tung eines Beirats als zusätzliche Bestimmung im Vertrag aufzunehmen. Die Verweisungen auf andere Vorschriften beziehen sich auf Formular A. 9.00.

Im Hinblick auf die gesellschaftsrechtlich bestehende weitgehende **Dispositions-** 4 **freiheit** besteht bei der Ausgestaltung weitgehender Spielraum (zum Beirat allgemein vgl. *Hölters* Der Beirat der GmbH und GmbH & Co. KG; vgl. zu den zu beachtenden Problemfeldern auch *Hille* Steuerberater Handbuch Unternehmensberatung, 2. Aufl., Kapitel 6 E). Das Formular gewährt dem Beirat relativ weitgehende Kontroll- und auch Zustimmungs- bzw. Widerspruchsrechte. Eine Erweiterung oder Beschränkung dieser Rechte ist möglich.

Die **innere Ordnung des Beirats** kann im Übrigen im Gesellschaftsvertrag im 5 Einzelnen festgelegt werden; sie kann andererseits den Beiratsmitgliedern überlassen werden. Nach dem Formular sind im Gesellschaftsvertrag die wesentlichen Grundzüge festgehalten. Die vorgeschlagene Geschäftsordnung für den Beirat regelt darüber hinaus weitere Details.

Die Bestimmung des Gesellschaftsvertrages sieht vor, dass Beiratsmitglieder ihr **Amt** 6 **niederlegen** können. Da aus Sicht der Gesellschaft kein Interesse an amtsmüden Beiratsmitgliedern bestehen kann, empfiehlt sich eine entspr. Regelung.

Eine **Vergütung** der Beiratsmitglieder ist allgemein üblich, wenn – wie hier – Au- 7 ßenstehende Beiratsmitglieder werden können.

Pflichtverletzungen der Beiratsmitglieder können Schadensersatzansprüche auslösen. 8 Der Schadensersatzanspruch steht der Gesellschaft zu (vgl. hierzu *Hölters* Der Beirat der GmbH und GmbH & Co. KG, S. 64f.; BGH II ZR 151/77 v. 22.10.79, DB 80, 71ff.).

3. Steuerrecht

Die Vergütungen an gesellschaftsfremde Beiratsmitglieder sind **Betriebsausgaben** 9 der Gesellschaft. Vergütungen an Beiratsmitglieder, die gleichzeitig Gesellschafter sind, gehören gem. § 15 Abs. 1 Nr. 2 EStG zu den Einkünften aus Gewerbebetrieb.

Bei den gesellschaftsfremden Beiratsmitgliedern stellen die Beiratsbezüge **Einkünfte** 10 **aus selbstständiger Tätigkeit** dar.

Die Beiratsvergütungen sind **umsatzsteuerpflichtig** (BFH V R 136/71 v. 27.7.72, 11 BStBl. II 1972, 810).

A. 9.18 Eintritt eines Gesellschafters

Gliederung

I. FORMULARE

Formular A. 9.18 Vertrag über die Aufnahme eines Gesellschafters

VERTRAG ÜBER DIE AUFNAHME EINES GESELLSCHAFTERS

zwischen

A

sowie

B

einerseits   – nachfolgend auch Altgesellschafter genannt –

und

C

andererseits   – nachfolgend auch Neugesellschafter genannt –

Vorbemerkungen

A und B betreiben unter der Firma A & B OHG in ...... eine offene Handelsgesellschaft. Gegenstand des Unternehmens der Gesellschaft ist der Handel mit Textilien. Mit Gesellschafterbeschluss vom ...... haben die Altgesellschafter vereinbart, C als weiteren tätigen Gesellschafter aufzunehmen. Zu diesem Zweck vereinbaren die Parteien was folgt:

§ 1 Eintritt, Einlage des C

(1) C tritt mit Wirkung vom ...... als weiterer persönlich haftender Gesellschafter in die A & B OHG ein. Er erkennt die Bestimmungen des Gesellschaftsvertrages der A & B OHG vom ...... als verbindlich an.

(2) C erbringt eine Bareinlage in Höhe von € ......,–. Davon sind € ......,– bei Unterzeichnung dieses Vertrages zur Zahlung fällig; die restlichen € ......,– sind in vier gleichen Raten zu je € ......,– jeweils am ...... fällig. Ist C mit der Einzahlung einer Rate mehr als 14 Tage in Verzug, so wird die gesamte rückständige Einlage sofort zur Einzahlung fällig. Erbringt C die gesamte rückständige Einlage nicht innerhalb von weiteren 14 Tagen, so sind die Altgesellschafter berechtigt, C aus wichtigem Grund aus der Gesellschaft auszuschließen. In diesem Fall erhält C als Abfindungsguthaben lediglich die bisher von ihm eingezahlten Kapitaleinlagen, soweit

sich nicht nach dem Gesellschaftsvertrag vom ...... ein niedrigeres Abfindungsguthaben ergibt.

§ 2 Beteiligungsverhältnis

(1) Nach dem Eintritt des C sind die Gesellschafter wie folgt beteiligt:

A mit einem Festkapital von € ......,– (= 50 % des Gesellschaftskapitals)

B mit einem Festkapital von € ......,– (= 30 % des Gesellschaftskapitals)

C mit einem Festkapital von € ......,– (= 20 % des Gesellschaftskapitals).

(2) Zwischen den Parteien besteht Einigkeit darüber, dass die Kapitaleinlagen der Altgesellschafter in der in Abs. 1 genannten Höhe dadurch erbracht sind, dass die Kapitalanteile der Altgesellschafter an der A & B OHG unter Berücksichtigung der vorhandenen stillen Reserven den in Abs. 1 genannten Werten entsprechen. Die bisher für die Altgesellschafter geführten und für die Beteiligung am Ergebnis und am Vermögen der Gesellschaft maßgeblichen Festkonten werden auf die in Abs. 1 genannten Beträge aufgestockt. Die sonstigen für die Altgesellschafter geführten Konten (Verlustkonto, Privatkonto) werden unverändert fortgeführt.

§ 3 Geschäftsführung und Vertretung

A und B sind je einzeln zur Geschäftsführung und Vertretung der Gesellschaft berechtigt. C ist nur gemeinsam mit einem anderen Geschäftsführer zur Geschäftsführung und Vertretung der Gesellschaft berechtigt. Nach Ablauf eines Jahres soll C gleichfalls allein zur Geschäftsführung und Vertretung der Gesellschaft berechtigt werden.

§ 4 Gesellschaftsvertrag der OHG

Der Gesellschaftsvertrag der offenen Handelsgesellschaft in Firma A & B OHG wird mit Wirkung vom Eintritt des C wie folgt geändert:

a) § 5 erhält folgenden Wortlaut:

„§ 5 Gesellschafter, Kapitaleinlagen

(1) Unbeschränkt persönlich haftende Gesellschafter sind A, B und C.

(2) Die Gesellschafter erbringen folgende Einlagen:

A € ......,– = 50 % des Gesellschaftskapitals

B € ......,– = 30 % des Gesellschaftskapitals

C € ......,– = 20 % des Gesellschaftskapitals.

Die Einlagen von A und B sind dadurch erbracht, dass die bisher für A und B geführten Festkapitalkonten unter Berücksichtigung der vorhandenen stillen Reserven auf die in Abs. 2 genannten Beträge aufgestockt werden. C erbringt eine Bareinlage, die zu 50 % bei Unterzeichnung dieses Vertrages fällig ist, zu 50 % in vier gleichen Raten á € ......,– jeweils am ......“.

b) § 7 Abs. 1 wird wie folgt geändert:

„§ 7 Geschäftsführung und Vertretung

(1) Zur Geschäftsführung und Vertretung sind A und B jeweils einzeln, C jeweils zusammen mit einem anderen Geschäftsführer, zur Vertretung auch mit einem Prokuristen, berechtigt und verpflichtet.

(2) Im Übrigen bleibt der Gesellschaftsvertrag der A und B OHG vom ...... unverändert.“

Formular A. 9.18a Handelsregisteranmeldung

(Anmeldung des Eintritts eines persönlich haftenden Gesellschafters in eine bestehende OHG zum Handelsregister)

An das

Amtsgericht

– Registergericht –

durch elektronische Übermittlung

Betrifft: **Offene Handelsgesellschaft in Firma A & B OHG**

                 HRA ......

Zur Eintragung in das Handelsregister wird angemeldet:

1. **C (Name, Vorname, Geburtsdatum, Wohnort) ist mit Wirkung vom ...... als weiterer persönlich haftender Gesellschafter in die Gesellschaft eingetreten. Das Geschäft wird unter der bisherigen Firma fortgeführt.**

2. **C ist nur gemeinsam mit einem anderen persönlich haftenden Gesellschafter zur Vertretung der Gesellschaft berechtigt. A und B sind weiterhin einzelvertretungsberechtigte Geschäftsführer der Gesellschaft.**

3. **Die Geschäftsräume der Gesellschaft befinden sich weiterhin in X-Stadt in der XY-Straße.**

..........................., den ....

                                                      (Unterschrift)

....

(Unterschrift A)   **(Unterschrift B)**   **(Unterschrift C)**

....

(Beglaubigungsvermerk)

II. ERLÄUTERUNGEN

Erläuterungen zu A. 9.18 Vertrag über die Aufnahme eines Gesellschafters

---

1. Grundsätzliche Anmerkungen

a) Wirtschaftliche Funktion

1   Der Eintritt eines persönlich haftenden tätigen Gesellschafters in eine OHG kann, wenn der Eintretende keine Einlage erbringt, zur Stärkung ausschließlich der personalen Struktur der Gesellschaft erfolgen; ist wie im Formular vorgesehen, dass der Eintretende eine Kapitaleinlage erbringt, so wird zusätzlich die Kapitalbasis gestärkt.

b) Gesellschaftsrecht

2   Der Eintritt eines Gesellschafters (außerhalb Erbgangs) findet grundsätzlich statt durch einen Gesellschaftsvertrag zwischen dem Eintretenden und den vorhandenen Gesellschaftern. Dieser sog. Gesellschaftsvertrag ist ein **Beitrittsvertrag** zwischen sämtlichen Altgesellschaftern, auch soweit diese nicht geschäftsführungs- und vertretungsberechtigt sind, und dem neuen Gesellschafter. Er ist zugleich für die der Gesellschaft bereits angehörenden Gesellschafter eine **Vertragsänderung** (*MünchKomm-HGB/K. Schmidt* § 105 HGB Rz. 206; BGH II ZR 353/96 v. 3.11.97, NJW 98, 1225, 1226). Allerdings kann der Gesellschaftsvertrag die Entscheidung auf einzelne

oder mehrere Gesellschafter sowie auf Dritte übertragen. Die Gesellschafter können die Gesellschaft ermächtigen, im eigenen Namen neue Gesellschafter aufzunehmen (BGH II ZR 95/76 v. 14.11.77, NJW 78, 1000). Unter bestimmten Voraussetzungen kann sogar eine Verpflichtung der Mitgesellschafter bestehen, eine andere Person als Gesellschafter aufzunehmen, etwa bei Ausscheiden des Vaters den bereits tätigen Sohn.

Wie der Gesellschaftsvertrag selbst bedarf auch der Aufnahmevertrag grds. **keiner** 3 **bestimmten Form.** Dies gilt auch dann, wenn die Gesellschaft Grundbesitz hat (§ 311b BGB), weil der hinzutretende Gesellschafter nicht durch rechtsgeschäftliche Übertragung Miteigentum erlangt, sondern ihm die Anteile am Gesellschaftsvermögen entspr. § 738 Abs. 1 BGB anwachsen (BGH IV ZR 16/57 v. 5.6.57, NJW 57, 1316). Formbedürftigkeit gem. § 311b BGB besteht allerdings dann, wenn sich der eintretende Gesellschafter zur Einbringung eines Grundstücks im Rahmen des Aufnahmevertrages verpflichtet.

Der eintretende Gesellschafter **haftet** gem. § 130 HGB auch für die vor seinem 4 Eintritt begründeten Verbindlichkeiten der Gesellschaft. Ein Haftungsausschluss kann nicht wirksam gegenüber Dritten vereinbart werden (§ 130 Abs. 2 HGB).

c) Steuerrecht

Der Eintritt eines weiteren Gesellschafters in eine bestehende OHG gegen Geldein- 5 lage oder Einlage anderer WG entspricht steuerlich der **Einbringung der Mitunternehmeranteile** der Altgesellschafter in eine neue, durch den neu hinzutretenden Gesellschafter „erweiterte" Personengesellschaft. Gem. § 24 Abs. 2 S. 2 UmwStG können die Altgesellschafter ihre Mitunternehmeranteile an der bisherigen Personengesellschaft zum gemeinen Wert oder auf Antrag mit dem Buchwert oder mit einem höheren Wert einbringen, wenn – wie vorliegend – dem Neugesellschafter Gesellschaftsrechte als Gegenleistung für eine Bar- oder Sacheinlage gewährt werden. Ohne Antrag erfolgt die Einbringung mit dem gemeinen Wert, § 24 Abs. 2 S. 1 UmwStG.

Das **Wahlrecht** wird von der übernehmenden Personengesellschaft durch **Antrag** 6 ausgeübt. Jeder Altgesellschafter kann sein Wahlrecht nach § 24 UmwStG unabhängig von den anderen ausüben (UmwSt-Erl. 2011, BMF v. 11.11.11, BStBl. I 11, 1314, Tz. 24.03 iVm Tz. 20.11 und Tz. 20.22). Der Antrag ist für alle Altgesellschafter von der Geschäftsführung der Personengesellschaft als selbständige Schriftsätze spätestens bis zur erstmaligen Abgabe der steuerlichen Schlussbilanz für das Jahr, in dem der Eintritt des Neugesellschafters erfolgt ist bei dem für Gesellschaft zuständigen Finanzamt zu stellen § 24 Abs. 2 S. 3 iVm § 20 Abs. 2 S. 3 UmwStG. Der Antrag ist formfrei und unwiderruflich. Ausreichend ist, dem Finanzamt eine Steuerbilanz zu Buchwerten einzureichen und vorbehaltlos zu erklären, das Wahlrecht auf diese Weise ausüben zu wollen (vgl. UmwSt-Erl. 2011, BMF v. 11.11.11, BStBl. I 11, 1314, Tz. 03.29 und Tz. 20.21 und BFH IV R 34/12 v. 20.8.15, BFH/NV 16, 41).

Soweit die Gewinnermittlung durch Überschussrechnung nach **§ 4 Abs. 3 EStG** 7 erfolgt, verzichtet mittlerweile auch die FinVerw. auf die Aufstellung einer Schlussbilanz bzw. anschließenden Eröffnungsbilanz. Der Antrag auf Buchwertfortführung ist zusammen mit der Einreichung der Einnahmen-Überschuss-Rechnung für das Jahr der Einbringung zu stellen (vgl. OFD Frankfurt v. 24.10.14, DStR 15, 1312).

Nach der **Neuregelung** von § 24 UmwStG durch das StÄndG 2015 v. 2.11.15 8 (BGBl. I 15, 1834) mit Wirkung zum 1.1.15 ist die Einbringung eines Betriebs, eines Teilbetriebs oder eines Mitunternehmeranteils auf Antrag zu Buchwerten auch dann zulässig, wenn der Teil der Gegenleistung, der nicht in der Gewährung von Gesellschaftsrechten besteht, 25 % des Buchwerts oder 500.000 EUR nicht übersteigt.

Der Wert, mit dem das eingebrachte Betriebsvermögen in der Bilanz der Personenge- 9 sellschaft angesetzt wird, gilt nach **§ 24 Abs. 3 UmwStG** für den Einbringenden als Veräußerungspreis. Ein dabei entstehender Veräußerungsgewinn ist insoweit als laufender (auch für die Gewerbesteuer, vgl. GewStR 7.1 Abs. 3 S. 3; BFH VIII R 7/01 v.

15.6.04, DStRE 04, 1032) Gewinn anzusehen, als der einbringende Gesellschafter an der aufnehmenden Personengesellschaft beteiligt ist (§ 34 Abs. 3 Satz 2 iVm. § 16 Abs. 2 Satz 3 EStG). Die sofortige Besteuerung des Einbringungsgewinns kann jedoch durch Aufstellung einer negativen Ergänzungsbilanz vermieden werden. Offen ist allerdings, ob es zulässig ist, bei einer Aufstockung hinsichtlich des begünstigten und des nicht begünstigten Teils unterschiedlich zu verfahren, dh. grds. die gemeinen Werte anzusetzen, gleichzeitig aber nur auf die bisherigen Gesellschafter entfallenden nicht begünstigten Teil des Aufstockungsgewinns durch negative Ergänzungsbilanzen zu neutralisieren (so – mE zu Recht – wohl *Schmidt/Wacker* § 16 EStG Rz. 562; *Streck/Schwedhelm* BB 93, 2420; *Breidenbach* DB 95, 296; **aA** wohl *Pfalzgraf/B. Meyer* DStR 94, 1329).

10 Bei der **Aufnahme eines weiteren Gesellschafters** in eine OHG ergibt sich häufig die Notwendigkeit, die Buchwerte der Kapitalkonten der Altgesellschafter aufzustocken, um beim Vorhandensein stiller Reserven die Kapitalkonten der Gesellschafter im richtigen Verhältnis zueinander auszuweisen. Eine solche Aufstockung ist auch im Formular vorgesehen. Soll der Ausweis eines stpfl. Veräußerungsgewinns für die Altgesellschafter trotz Aufstockung der Kapitalkonten vermieden werden, so haben die Altgesellschafter die Möglichkeit, eine negative Ergänzungsbilanz zu erstellen und dadurch die Buchwerte ihrer Beteiligung im Ergebnis fortzuführen. Ob die Erstellung von Ergänzungsbilanzen sinnvoll ist, muss im Einzelfall geprüft werden.

11 Anstelle einer Aufstockung der Buchwerte der Altgesellschafter kann auch vereinbart werden, dass der eintretende Gesellschafter einen **höheren Betrag leisten** muss, als ihm in der Bilanz der Personengesellschaft als Kapitalkonto gutgeschrieben wird (die Differenz wird als offene Rücklage ausgewiesen). In diesem Fall muss der beitretende Gesellschafter eine Ergänzungsbilanz aufstellen, in der der Mehrbetrag seiner Einlage auf die vorhandenen WG zu aktivieren ist (s. zum Gesamtbereich den UmwSt-Erl. 2011, BMF v. 11.11.11, BStBl. I 11, 1314, Tz. 24.13–14).

12 Die Aufstellung einer **Zwischenbilanz** ist beim Eintritt im laufenden Kalenderjahr **nicht erforderlich** (BFH IV R 34/73 v. 9.12.76, BStBl. II 77, 241).

13 Zu den steuerlichen Konsequenzen des **Eintritts** eines Gesellschafters **in ein bestehendes Einzelunternehmen** s. UmwSt-Erl. 11 BMF v. 11.11.11, BStBl. I 11, 1314, Tz. 24.12 ff. und *Schmidt/Wacker* § 16 EStG Rz. 565.

14 **Grunderwerbsteuer:** Die Aufnahme eines Gesellschafters führt bei Vorhandensein von Grundvermögen nicht zu einer Grunderwerbsteuerpflicht. Etwas anderes gilt lediglich bei Vorliegen der Voraussetzungen des § 1 Abs. 2a GrEStG (insbes. Übergang von mehr als 95 % der Anteile innerhalb von fünf Jahren).

2. Einzelerläuterungen

Zu § 2: Beteiligungsverhältnisse

15 Das Formular geht davon aus, dass im Vermögen der OHG stille Reserven vorhanden sind und dass deshalb eine Aufstockung der Buchwerte der Kapitalkonten der Altgesellschafter durchgeführt wird, um zu Beteiligungsquoten zu gelangen, die den tatsächlichen Werten der Einlagen der Altgesellschafter einerseits und des eintretenden Neugesellschafters andererseits entsprechen. Ein dadurch entstehender Veräußerungsgewinn der Altgesellschafter unterliegt nur dann dem begünstigten Steuersatz, wenn alle stille Reserven einschließlich eines Firmenwerts aufgedeckt werden (§ 24 Abs. 3 Satz 2 UmwStG). Soll trotz Aufstockung der Buchwerte der Kapitalkonten das Entstehen eines steuerpflichtigen Veräußerungsgewinns vermieden werden, müssen die Altgesellschafter negative Ergänzungsbilanzen aufstellen (s. hierzu iE Rz. 6 ff.).

Zu § 3: Geschäftsführung und Vertretung

16 Obwohl der Eintretende tätiger Gesellschafter wird, kann es sich empfehlen, jedenfalls für eine Übergangszeit ihm die Geschäftsführungs- und Vertretungsbefugnisse le-

diglich zusammen mit einem anderen Geschäftsführer zu geben (s. hierzu iE Formular A. 9.00 § 7 und A. 9.00 Rz. 38 ff.).

Zu § 4: Gesellschaftsvertrag der OHG

Die Aufnahmevereinbarung bewirkt eine Änderung des bisherigen Gesellschaftsver- 17 trages (*Baumbach/Hopt* § 105 HGB Rz. 67; s. Rz. 2). Aus Gründen der Klarheit emp-fiehlt sich, die durch den Eintritt eingetretenen Änderungen des Gesellschaftsvertrages ausdrücklich zu beschließen; im Formular sind dies die Bestimmungen über Gesell-schafter und Kapitaleinlagen sowie über die Geschäftsführung. Die Verweisungen be-ziehen sich auf Formular A. 9.00.

Erläuterungen zu A. 9.18a Handelsregisteranmeldung

Es wird auf A. 9.10 Rz. 21 ff. verwiesen. 18

A. 9.19 Firmenänderung

I. FORMULARE

Formular A. 9.19 Gesellschafterbeschluss

Gesellschafterbeschluss

Die Gesellschafter der A & B OHG, A, B und C, treten unter Verzicht auf die Einhal-tung aller Form- und Fristvorschriften zu einer außerordentlichen Gesellschafterver-sammlung zusammen und beschließen einstimmig was folgt:

Die bisherige Firma der Gesellschaft A & B OHG wird geändert. Die Firma lautet nunmehr:

A, B & C OHG

Die Änderung ist unverzüglich in der erforderlichen Form zum Handelsregister an-zumelden.

Formular A. 9.19a Handelsregisteranmeldung

An das

Amtsgericht

– Registergericht –

durch elektronische Übermittlung

Betrifft: A & B OHG

HRA ......

Zur Eintragung in das Handelsregister wird angemeldet:

Die Firma der Gesellschaft ist geändert. Sie lautet nunmehr wie folgt:

A, B & C OHG

Die Geschäftsräume der Gesellschaft befinden sich weiterhin in X-Stadt in der XY-Straße. Die Gesellschafter vertreten die Gesellschaft wie folgt: ....

....

(Unterschrift A)   **(Unterschrift B)**   **(Unterschrift C)**

....

(Beglaubigungsvermerk)

II. ERLÄUTERUNGEN

Erläuterungen zu A. 9.19 Gesellschafterbeschluss
---

1. Wirtschaftliche Funktion

1   C ist seit längerer Zeit Gesellschafter der A & B OHG. Um dies gegenüber den Geschäftspartnern der Gesellschaft kenntlich zu machen, beschließen alle Gesellschafter, den Namen des C zusätzlich in der Firma zu führen.

2. Gesellschaftsrecht

2   Zur Beschlussfassung s. A. 9.00 Rz. 51. Die Firma ist Bestandteil des Gesellschaftsvertrages. Sie kann daher nur mit der Mehrheit geändert werden, die auch sonst für eine Änderung des Gesellschaftsvertrages erforderlich ist.

3   Grds. kann gem. § 24 HGB auch bei Aufnahme eines neuen Gesellschafters die **bisherige Firma,** dh. der Name, unter dem der Kaufmann im Handel seine Geschäfte betreibt, **fortgeführt** werden. Es steht den Gesellschaftern jedoch frei, auch den Namen des neuen Gesellschafters mit in die Firma aufzunehmen.

4   Bei der Wahl der Firma besteht weitgehende Freiheit. Wichtig ist, dass durch die Firma ausreichend unterscheidungskräftig die Gesellschafts- und Haftungsverhältnisse offengelegt sind und die Firma nicht irreführend ist. Sowohl Sachfirmen als auch Fantasiefirmen sind grds. erlaubt (vgl. A. 9.00 Rz. 23).

Erläuterungen zu A. 9.19a Handelsregisteranmeldung
---

5   Gemäß §§ 107, 108 HGB ist die Änderung der Firma dem Handelsregister anzuzeigen; die Anmeldung ist von sämtlichen Gesellschaftern zu bewirken. Sie bedarf notarieller Beglaubigung (§ 12 HGB).

6   Die Vertretungsverhältnisse müssen nach § 106 Abs. 2 Nr. 4 HGB angegeben werden, dies gilt auch, wenn sie den gesetzlichen Bestimmungen entsprechen. Nach der Übergangsregelung des Art. 52 EGHGB gilt dies für Altgesellschaften grds. erst bei einer vom gesetzlichen Regelfall abweichenden Änderung der Vertretungsverhältnisse; da solche in der Praxis häufig sind, ist hierauf ggf. zu achten.

A. 9.20 Geschäftsführung und Vertretung (Änderung)

I. FORMULARE

Formular A. 9.20 Gesellschafterbeschluss

Gesellschafterbeschluss

Die unterzeichnenden A, B, C und D sind die alleinigen Gesellschafter der A & B OHG und treten unter Verzicht auf Form- und Fristerfordernisse zu einer Gesellschafterversammlung zusammen. Sie beschließen einstimmig was folgt:

1. A und B sind zukünftig allein geschäftsführungs- und vertretungsberechtigt. C und D sind nur gemeinschaftlich geschäftsführungs- und vertretungsberechtigt.

2. C und D können die Gesellschaft nur gemeinsam mit einem anderen Geschäftsführer oder mit einem Prokuristen vertreten.

Formular A. 9.20a Handelsregisteranmeldung

(Anmeldung der Änderung der Vertretungsmacht zum Handelsregister)

An das

Amtsgericht

– Registergericht –

durch elektronische Übermittlung

Betrifft: **A & B OHG**

                 HRA ......

Zur Eintragung in das Handelsregister wird angemeldet:

Die Vertretungsbefugnis der Gesellschafter wurde durch Gesellschafterbeschluss vom ...... wie folgt geändert:

1. A und B sind jeweils einzeln zur Vertretung der Gesellschaft berechtigt.

2. C und D können die Gesellschaft nur gemeinschaftlich mit einem anderen Geschäftsführer oder mit einem Prokuristen vertreten.

3. Die Geschäftsräume der Gesellschaft befinden sich weiterhin in X-Stadt in der XY-Straße.

....
(Unterschrift A)   **(Unterschrift B)**

....
(Unterschrift C)   **(Unterschrift D)**

....
(Beglaubigungsvermerk)

II. ERLÄUTERUNGEN

Erläuterungen zu A. 9.20 Gesellschafterbeschluss

---

1. Wirtschaftliche Funktion

Bei der Gesellschaft waren bisher alle Geschäftsführer nur gemeinschaftlich mit ei- **1** nem anderen Geschäftsführer geschäftsführungs- und vertretungsberechtigt. Zukünftig sollen die beiden Hauptgesellschafter auch allein zur Vornahme von Geschäftsführungs- und Vertretungsmaßnahmen berechtigt sein.

2. Gesellschaftsrecht

Sowohl die gesellschaftsvertraglichen Bestimmungen über die Geschäftsführung als **2** auch die über die Vertretung können auf Grund eines späteren Beschlusses geändert werden; Mehrheitserfordernisse sind zu beachten.

Zur Frage der Beschlussfassung s. A. 9.00 Rz. 51. Zur Geschäftsführung und Vertretung s. A. 9.00 Rz. 38 ff.

Erläuterungen zu A. 9.20a Handelsregisteranmeldung

Gem. § 125 Abs. 4 HGB ist jede Änderung in der Vertretungsmacht eines Gesell- **3** schafters von sämtlichen Gesellschaftern zur Eintragung in das Handelsregister anzumelden. Anzumelden ist nach dieser Vorschrift auch der Ausschluss eines Gesellschafters von der Vertretung, die Anordnung einer Gesamtvertretung sowie eine etwa angeordnete gemischte Gesamtvertretung (Vertretung durch Gesellschafter gemeinsam mit einem Prokuristen, § 125 Abs. 4 Satz 1 iVm. Abs. 3 HGB). Auch wenn die Prokura selbst noch nicht gem. § 53 HGB angemeldet ist, ist die gemischte Vertretung zur Eintragung ins Handelsregister anzumelden. Es bedarf jedoch keiner Mitwirkung des Prokuristen bei der Anmeldung (vgl. *Baumbach/Hopt* § 108 HGB Rz. 1). Sollen einer oder mehrere Geschäftsführer von den Beschränkungen des § 181 BGB (Verbot des Selbstkontrahierens) befreit werden, so muss auch dies zum Handelsregister angemeldet werden.

4　　Gem. § 12 HGB ist die Anmeldung notariell zu **beglaubigen**.

A. 9.21 Kündigung durch Gesellschafter

I. FORMULARE

Formular A. 9.21 Kündigung

KÜNDIGUNG

Einschreiben

Herrn A ......

Herrn C ......

Kündigung meiner Beteiligung

Sehr geehrter Herr A,

sehr geehrter Herr C,

hiermit kündige ich meine Beteiligung an der A, B & C OHG fristgerecht zum 31. Dezember 20... Das Abfindungsguthaben bitte ich auf folgendes Konto zu überweisen: ......

Formular A. 9.21a Handelsregisteranmeldung

Vgl. Formular A. 9.14a und Rz. 4.

II. ERLÄUTERUNGEN

Erläuterungen zu A. 9.21 Kündigung

1. Wirtschaftliche Funktion

1　　Gesellschafter B möchte nicht in der Gesellschaft verbleiben. Da ein außerordentlicher Kündigungsgrund nicht vorliegt, kündigt er seine Beteiligung fristgerecht zum nächsten Kündigungstermin.

2. Gesellschaftsrecht

2　　Zur Kündigung s. Formular A. 9.00 § 4 und A. 9.00 Rz. 30ff. Der Formulierungsvorschlag geht davon aus, dass im Gesellschaftsvertrag eine Kündigungsfrist festgeschrieben ist (ansonsten gesetzliche Frist gem. § 132 HGB: sechs Monate zum Ende des Geschäftsjahres) und durch Kündigung eines Gesellschafters die Gesellschaft nicht aufgelöst wird. Soweit der Gesellschaftsvertrag keine Regelung zur Kündigung enthält, wird nach der nunmehr geänderten Rechtslage gem. § 131 Abs. 3 Nr. 3 HGB im Fall der Kündigung eines Gesellschafters die Gesellschaft nicht aufgelöst, sondern scheidet der kündigende Gesellschafter mangels abweichender vertraglicher Bestimmungen aus der Gesellschaft aus. Gem. § 131 Abs. 3 Satz 2 HGB erfolgt das Ausscheiden mit dem Eintritt des den ausscheidenden Gesellschafter betreffenden Ereignisses, im Fall der Kündigung aber nicht vor Ablauf der Kündigungsfrist, soweit nichts anderes vertraglich vereinbart ist (vgl. hierzu auch A. 9.00 Rz. 30f.).

3. Steuerrecht

Die steuerlichen Folgen entsprechen denen bei Ausscheiden eines Gesellschafters; **3** s. A. 9.14 Rz. 5 f. mwN.

Erläuterungen zu A. 9.21a Handelsregisteranmeldung

Siehe A. 9.14a Rz. 12. Die Anmeldung zum Handelsregister entspricht der beim **4** Ausscheiden eines Gesellschafters.

Im Formular wird davon ausgegangen, dass der Gesellschaftsvertrag die Einwilligung des B zur Fortführung der Firma nach seinem Ausscheiden enthält. Enthält der Vertrag diese Einwilligung nicht, so bedarf es der Einwilligung des B im Rahmen der Kündigung oder bis zum Anmelden des Ausscheidens (§ 24 HGB).

A. 9.22 Kündigung durch Privatgläubiger eines Gesellschafters (mit Fortsetzungsbeschluss)

I. FORMULARE

Formular A. 9.22 Kündigung

An die

Gesellschafter der A, B & C OHG

Herrn A in ......

Herrn B in ......

Herrn C in ......

Gem. rechtskräftigem Urteil des Oberlandesgerichts ...... vom ......, Aktenzeichen: ......, steht mir gegen den Gesellschafter A in ...... eine Forderung in Höhe von € ...... nebst Zinsen in Höhe von ......% hieraus seit dem ...... zu. Die Vollstreckung war fruchtlos. Eine Bescheinigung des Gerichtsvollziehers über die Fruchtlosigkeit der Zwangsvollstreckung wird in der Anlage überreicht.

Durch Beschluss des Amtsgerichts ...... vom ...... ist auf Grund des vorstehend genannten Urteils der Anspruch des A auf Auszahlung des Auseinandersetzungsguthabens als Gesellschafter der A, B & C OHG gepfändet und mir zur Einziehung überwiesen worden. Dieser Beschluss ist den anderen Gesellschaftern B und C am ...... zugestellt worden.

Ich kündige die Gesellschaft A, B & C OHG zum 31. Dezember 20...

........................, den ......

....

(Unterschrift P)

Formular A. 9.22a Fortsetzungsbeschluss

Fortsetzungsbeschluss nach Kündigung der Gesellschaft durch einen Privatgläubiger

Mit Wirkung zum 31. Dezember 20.. hat der Privatgläubiger P des Gesellschafters A die Gesellschaft gekündigt. Wir, B und C, sind die verbleibenden weiteren Gesellschafter und beschließen einstimmig die Fortsetzung der Gesellschaft unter uns übrigen Gesellschaftern vom 1. Januar 20.. an. A scheidet zum 31. Dezember 20.. als Gesellschafter aus der Gesellschaft aus.

.........................., den ......

....
(Unterschrift B)   (Unterschrift C)

Formular A. 9.22b Erklärung an den kündigenden Privatgläubiger über das Fortbestehen der Gesellschaft

Herrn P ......

Auf Ihre Kündigung unserer Gesellschaft als Privatgläubiger unseres Gesellschafters A teilen wir mit, dass wir als weitere Gesellschafter der A, B & C OHG beschlossen haben, dass die Gesellschaft unter uns vom 1. Januar 20.. an fortbestehen wird. A scheidet mit Ende des Geschäftsjahres am 31. Dezember 20.. aus der Gesellschaft aus.

....
(Unterschrift A)   (Unterschrift B)

Formular A. 9.22c Handelsregisteranmeldung

Vgl. Formular A. 9.14a und Rz. 13.

II. ERLÄUTERUNGEN

Erläuterungen zu A. 9.22 Kündigung, A. 9.22a Fortsetzungsbeschluss und A. 9.22b Erklärung an den kündigenden Privatgläubiger

1. Wirtschaftliche Funktion

1   Vgl. hierzu das Kündigungsschreiben des Privatgläubigers.

2. Gesellschaftsrecht

2   **Kündigungsschreiben:** Gem. § 135 HGB kann ein Gläubiger eines Gesellschafters auf Grund eines nicht bloß vorläufig vollstreckbaren Schuldtitels die Pfändung und Überweisung des Auseinandersetzungsguthabens eines Gesellschafters erwirken, wenn er innerhalb der letzten sechs Monate eine Zwangsvollstreckung in das bewegliche Vermögen des Gesellschafters erfolglos unternommen hat. Nach Erwirkung des Pfändungs- und Überweisungsbeschlusses ist er berechtigt, die Gesellschaft mit einer Frist von sechs Monaten zum Ende des Geschäftsjahres zu kündigen.

3   Die **Kündigungserklärung** muss **gegenüber allen Gesellschaftern,** insb. auch gegenüber dem Schuldner des Gläubigers abgegeben werden (BGH II ZR 156/55 v.

29.11.56, LM Nr. 7 zu § 142 HGB). Keinesfalls genügt die Kündigung gegenüber der Gesellschaft.

Die **Voraussetzungen der Kündigung** sind in § 135 HGB abschließend nor- 4 miert, so.Rz. 2. Auf die Reihenfolge der verschiedenen Voraussetzungen (Vollstre- ckungsversuch, Rechtskraft des Schuldtitels, Pfändungs- und Überweisungsbeschluss) kommt es nach der Rspr. nicht an (BGH II ZR 233/81 v. 28.6.82, NJW 82, 2773). Entscheidend ist lediglich, dass zum Zeitpunkt der Kündigung alle Voraussetzungen vorliegen.

Die Kündigung durch den Privatgläubiger des Gesellschafters führt zum Ausschei- 5 den dieses Gesellschafters mit dem Eintritt des ihn betreffenden Ereignisses. Im Fall der Kündigung aber nicht vor Ablauf der Kündigungsfrist (§ 131 Abs. 3 Satz 1 Nr. 4, Satz 2 HGB). Unter Umständen bietet es sich deshalb an, hinsichtlich des Zeitpunkts des Ausscheidens eine abweichende vertragliche Bestimmung zu treffen (vgl. hierzu Formular A. 9.00 § 16 Abs. 2 Buchst. c, Abs. 3 Buchst. c und A. 9.00 Rz. 89 ff.). § 135 HGB ist zum Schutz des Privatgläubigers zwingend, kürzere Kündigungsfristen stellen aber eine Erleichterung für ihn dar und sind grundsätzlich zulässig (vgl. *Baumbach/Hopt* § 135 HGB Rz. 12 ff.).

Fortsetzungsbeschluss: Sofern der Gesellschaftsvertrag für den Fall der Kündi- 6 gung eines Privatgläubigers die Auflösung der Gesellschaft vorsieht, bedarf es eines Fortsetzungsbeschlusses der verbleibenden Gesellschafter. Mangels einer anderen Bestimmung im Gesellschaftsvertrag muss die Fortsetzung von den Mitgesellschaftern einstimmig beschlossen werden. Am Geschäftsjahresende wird dann nicht die Gesellschaft aufgelöst, sondern der Gesellschafter (Schuldner), dessen Anteil gepfändet wurde, scheidet aus. Der Gläubiger kann sich aus dem ihm überwiesenen Auseinandersetzungsguthaben befriedigen. Er hat volles Auskunftsrecht bzgl. der Ermittlung des Auseinandersetzungsguthabens und der Ermittlung der Bemessungsgrundlage dieses Guthabens.

Etwaige Bestimmungen des Gesellschaftsvertrages über die Höhe des Auseinander- 7 setzungsguthabens (zB Nichtberücksichtigung von stillen Reserven, Geschäftswert) sind auch gegenüber dem Gläubiger wirksam, wenn sie nicht gerade zum Nachteil der Privatgläubiger der Gesellschafter getroffen wurden; zur Wirksamkeit von Abfindungsklauseln s. A. 9.00 Rz. 99 ff. Zur Rechtsstellung des Privatpfandgläubigers *Baumbach/Hopt* § 135 HGB Rz. 16, *MünchKommHGB/K. Schmidt* § 135 HGB Rz. 35.

Der Beschluss über die Fortsetzung und die Erklärung an den Gläubiger können re- 8 gelmäßig nur bis zum Kündigungstermin **(Geschäftsjahresende)** erfolgen. Mit Zustimmung des Gläubigers ist eine Verlängerung der Frist über den Auflösungszeitpunkt hinaus unter Aufschub der Liquidation zulässig (BGH II ZR 78/68 v. 25.11.68, NJW 69, 505).

Erklärung der Gesellschafter gegenüber dem kündigenden Privatgläubi- 9 **ger:** Der Beschluss über die Fortsetzung der Gesellschaft muss gegenüber dem Privatgläubiger geklärt werden (Rechtsgedanke aus § 141 Abs. 1 Satz 1 HGB aF). In diesem Fall scheidet der betreffende Gesellschafter mit dem Ende des Geschäftsjahres aus der Gesellschaft aus (§ 141 Abs. 1 Satz 2 HGB aF). Wie der Fortsetzungsbeschluss selbst muss auch die Erklärung vor Ablauf des Geschäftsjahres, zu dessen Ende gekündigt wurde, erfolgen. Die Verlängerung der Frist über den Auflösungszeitpunkt hinaus ist auch insoweit mit Zustimmung des Privatgläubigers möglich (BGH II ZR 78/68 v. 25.11.68, aaO).

(frei) 10

3. Steuerrecht

Der ausscheidende Gesellschafter veräußert bei Fortsetzung der Gesellschaft seinen 11 Anteil an die verbleibenden Gesellschafter (Folge: ein Veräußerungsgewinn unterliegt gem. § 16 Abs. 1 Nr. 2 iVm. § 34 EStG dem begünstigten Steuersatz; Gewerbesteuer fällt nicht an, GewStR 7.1 Abs. 3 S. 3 . Zu den Einzelheiten s. A. 9.10 Rz. 5 ff.

12 Für den Fall der Liquidation auf Grund der Kündigung vgl. A. 9.13 Rz. 4.

Erläuterungen zu A. 9.22c Handelsregisteranmeldung

13 Für den Fall der Fortsetzung der Gesellschaft ist lediglich das Ausscheiden des Gesellschafters anzumelden, nicht die Auflösung und die Fortsetzung. Siehe A. 9.14 Rz. 12 ff.; soweit der Anteil des zweitletzten Gesellschafters gepfändet wird s. A. 9.15 Rz. 9 f.

Für den Fall der Liquidation s. A. 9.13 Rz. 11 ff. In Abweichung zum Formular A. 9.13 ist als Grund für die Auflösung, Kündigung durch den Privatgläubiger anzugeben.

A. 9.23 Nießbrauch

Gliederung

I. FORMULAR

Formular A. 9.23 Vertrag über die Einräumung des Nießbrauchs an einem OHG-Anteil

VERTRAG ÜBER DIE EINRÄUMUNG DES NIESSBRAUCHS AN EINEM OHG-ANTEIL

zwischen

S

– nachfolgend Gesellschafter genannt –

und

seiner Mutter Frau N

– nachfolgend Nießbraucher genannt –

Vorbemerkungen

S ist als Alleinerbe nach seinem verstorbenen Vater an der offenen Handelsgesellschaft in Firma S & T OHG mit einem Kapitalanteil von € ...... beteiligt. Die für S im Rahmen der OHG geführten Konten weisen zum letzten Bilanzstichtag folgende Salden auf:

Kapitalkonto I	€ ......
Verlustvortragskonto	€ ......
Kapitalkonto II	€ ......
Privatkonto	€ ......

Der Gesellschaftsvertrag der OHG ist den Parteien bekannt. Aufgrund testamentarischer Anordnung ist S verpflichtet, seiner Mutter den Nießbrauch an dem vererbten

Gesellschaftsanteil einzuräumen. Zu diesem Zweck vereinbaren die Parteien Folgendes:

§ 1 Einräumung des Nießbrauchs

Der Gesellschafter räumt dem Nießbraucher mit Wirkung zum ...... (Todestag des Erblassers) den lebenslänglichen unentgeltlichen Nießbrauch an seinem vererbten Gesellschaftsanteil an der offenen Handelsgesellschaft in Firma S & T OHG ein.

§ 2 Umfang des Nießbrauchs

(1) Aufgrund des Nießbrauchs stehen dem Nießbraucher die auf den Anteil des Gesellschafters entfallenden, nach Gesellschaftsvertrag und Gesellschafterbeschlüssen entnahmefähigen Gewinnanteile zu (ohne Sondervergütungen für Tätigkeiten im Dienste der Gesellschaft und Überlassung von Wirtschaftsgütern an die Gesellschaft mit Ausnahme einer Verzinsung des Privatkontos). Der Nießbrauch setzt sich im Falle des Ausscheidens des Gesellschaftes aus der Gesellschaft oder bei Auflösung der Gesellschaft an dem jeweiligen Surrogat, insbesondere an einer Abfindung oder einem Auseinandersetzungsguthaben, fort. Erlischt die Gesellschaft durch Anteilsvereinigung, erhält der Nießbraucher einen entsprechenden Nießbrauch am Gesellschaftsvermögen des Einzelunternehmens.

(2) An Verlusten nimmt der Nießbraucher nur insoweit teil, als die auf den Gesellschafter entfallenden Verlustanteile den entnahmefähigen Gewinn mindern; zu Nachschüssen irgendwelcher Art ist der Nießbraucher nicht verpflichtet.

§ 3 Gesellschafterrechte

(1) Die Wahrnehmung der Gesellschafterrechte (Stimm- und Mitverwaltungsrechte) aus dem OHG-Anteil obliegt weiterhin dem Gesellschafter.

(2) Der Nießbraucher ist bevollmächtigt, während der Dauer des Nießbrauches die auf den Gesellschafter entfallenden Gesellschafterrechte bei Gesellschafterversammlungen und sonstigen Beschlussfassungen nach bestem Wissen und Gewissen im Sinne des Gesellschafters auszuüben; unbeschadet bleibt das Recht des Gesellschafters, diese Rechte selbst auszuüben.

(3) Nimmt der Gesellschafter seine Gesellschafterrechte selbst wahr, ist er verpflichtet, alles zu unterlassen, was den Nießbrauch an der Beteiligung beeinträchtigen oder vereiteln könnte.

§ 4 Informationspflicht

Der Gesellschafter ist verpflichtet, dem Nießbraucher im Rahmen der ihm von Gesetz und Gesellschaftsvertrag eingeräumten Informationsrechte auf Verlangen Auskunft über die Angelegenheiten der Gesellschaft zu erteilen, soweit nicht ausdrückliche Geheimhaltungsvorschriften dem entgegenstehen.

§ 5 Änderung der Kapitalverhältnisse

Erhöht der Gesellschafter seinen Kapitalanteil in der OHG, so verringert sich der dem Nießbraucher zustehende Gewinnanteil auf den Anteil am entnahmefähigen Gewinn, der dem Verhältnis des Kapitalanteils des Gesellschafters vor der Kapitalerhöhung zum Kapitalanteil nach der Kapitalerhöhung entspricht, es sei denn, der Nießbraucher stellt dem Gesellschafter die zur Kapitalerhöhung erforderlichen Mittel als unverzinsliches Darlehen zur Verfügung. Das unverzinsliche Darlehen ist bei Beendigung des Nießbrauchs an den Nießbraucher zurückzuzahlen.

§ 6 Zustimmung

Der Gesellschafter verpflichtet sich, unverzüglich die gem. § ...... des Gesellschaftsvertrages erforderliche Zustimmung der Gesellschafter zu beantragen.

§ 7 Sonstiges

(1) Die mit dem Abschluss und der Durchführung dieses Vertrags entstehenden Kosten trägt der Gesellschafter.

(2) Sollte ein Teil dieses Vertrags nichtig oder unwirksam sein, so soll an die Stelle der nichtigen oder unwirksamen Bestimmung eine angemessene Ersatzregelung treten, von der angenommen werden kann, dass die Vertragschließenden sie vereinbart hätten, wenn sie die Nichtigkeit gekannt hätten. Die übrigen Bestimmungen dieses Vertrags bleiben von der Nichtigkeit oder Unwirksamkeit unberührt.

(3) Jede Änderung dieses Vertrags bedarf der Schriftform, soweit gesetzlich nicht notarielle Beurkundung vorgeschrieben ist.

....

(Unterschrift S)   (Unterschrift N)

II. ERLÄUTERUNGEN

> **Erläuterungen zu A. 9.23 Vertrag über die Einräumung des Nießbrauchs an einem OHG-Anteil**

1. Grundsätzliche Anmerkungen

a) Wirtschaftliche Funktion

1   Der Nießbrauch an Personengesellschaften, insbesondere an Mitunternehmeranteilen, ist in der Praxis ein interessantes Gestaltungsmittel. Der Nießbrauch bietet die Möglichkeit, Vermögenssubstanz von dem Ertrag zu trennen und damit unterschiedlichen Interessen Rechnung zu tragen. Beim mitunternehmerischen **Vorbehaltsnießbrauch** überträgt der bisherige Gesellschafter/Mitunternehmer seinen Gesellschaftsanteil (Vermögenssubstanz) und behält sich den Nießbrauch (im Wesentlichen den Ertrag) daran zurück. Hierdurch wird dem Übergeber die Übertragung der Substanz erleichtert, weil ihm neben der Fruchtziehung auch noch Mitspracherechte eingeräumt werden. Der vom BFH (II R 67/09 v. 1.9.11, BStBl. II 13, 210) nunmehr ausdrücklich entschiedene und mittlerweile von der FinVerw. (vgl. hierzu Gleichl. Ländererlasse v. 2.11.12, BStBl. I 12, 1101), auch anerkannte – umgekehrte – Fall des mitunternehmerischen **Zuwendungsnießbrauchs,** bei dem der Gesellschafter/Mitunternehmer einem Dritten (der zivilrechtlich weder Gesellschafter sein noch werden muss) den Nießbrauch (Ertrag) an der Beteiligung einräumt, sich aber seinen Gesellschaftsanteil (Vermögenssubstanz) zurückbehält, ist die zielgerichtete Verlagerung von Erträgen unter Zurückbehaltung der Vermögenssubstanz. Die Anwendungsfälle des Nießbrauchs in der Praxis sind vielgestaltig (vgl. hierzu zB *Wälzholz* DStR 10, 1930). Zu den einzelnen Formen des Nießbrauchs vgl. auch A.6.40 Rz. 1.

b) Gesellschaftsrecht

2   Der Nießbrauch gibt dem Berechtigten das Recht, die Nutzungen des Gesellschaftsanteils, insb. den Gewinn, zu ziehen (§§ 1030 ff., 1068 BGB). Die Bestellung eines Nießbrauchs setzt voraus, dass der Gesellschaftsanteil als solcher übertragbar ist (§ 1069 Abs. 2 BGB); da die Übertragung eines Gesellschaftsanteils jedoch nur zulässig ist, wenn dies im Gesellschaftsvertrag vorgesehen ist oder die Mitgesellschafter zustimmen, ist auch für die Bestellung eines Nießbrauchs entweder die allgemeine Zulässigkeit im Gesellschaftsvertrag oder die Zustimmung der Mitgesellschafter im Einzelfall erforderlich (*Palandt/Herrler* § 1069 BGB Rz. 2).

3   Zivilrechtlich ist strittig, in welcher **Form** und mit welchem **Inhalt** ein Nießbrauch als dingliches Recht am Anteil an einer Personengesellschaft begründet werden

kann (zu den einzelnen Theorien, s. Anmerkungen in der 7. Auflage unter A.9.23 Rz. 3). Nach der im Schrifttum überwiegend vertretenen Auffassung kann der Nießbrauch durch Abspaltung bestimmter Rechte und Pflichten aus der Mitgliedschaft begründet werden: Der Nießbraucher wird nicht Gesellschafter, sondern übt im Verhältnis zur Gesellschaft nur bestimmte **Einzelrechte** aus. Dementsprechend bleibt der Nießbrauchsbesteller selbst Gesellschafter, haftet im Außenverhältnis für Schulden der Gesellschaft und übt im Wesentlichen die Gesellschafterrechte gegenüber der Gesellschaft aus (vgl. hierzu *MünchKommBGB/Schäfer* § 705 BGB Rz. 96 ff. und *MünchKommBGB/Schäfer* § 717 BGB Rz. 7 ff.); *Baumbach/Hopt* § 105 HGB Rz. 44; s. weiter die Übersicht bei *Bitz* DB 87, 1506).

Das Formular geht von der **Bestellung eines Nießbrauches ohne Übertragung** 4 **des Gesellschaftsanteils** aus. Im Hinblick darauf, dass der BGH die Mitgliedschaft und das Stimmrecht grds. für nicht trennbar hält (BGH IV ZR 248/52 v. 8.10.53, BB 53, 926; BGH II ZR 96/86 v. 17.11.86, NJW 87, 780: das Stimmrecht kann regelmäßig nicht von der Aktie abgespalten und ohne diese übertragen werden) und auch die unwiderrufliche Stimmrechtsvollmacht unter gleichzeitigem Stimmrechtsverzicht des Gesellschafters für unzulässig erklärt (BGH II ZR 111/50 v. 10.11.51, NJW 52, 178; s. auch BayObLG BReg. 3 Z 146/85 v. 21.11.85, DNotZ 86, 373; *Petzold* BB 75, Beil. 6 S. 11), ist im Formular vorgesehen, dass der Nießbrauchsbesteller weiterhin die Gesellschafterrechte ausüben kann, jedoch dem Nießbraucher Vollmacht zur Ausübung erteilt.

Der Nießbrauch ist bei **Anteilsübertragungen gewerblich tätiger Gesellschaf-** 5 **ten** weniger gebräuchlich, obwohl es die behaupteten Unsicherheiten in der zivilrechtlichen Durchführung (vgl *Carlé* KÖSDI 98, 11569) bei richtiger Vertragsgestaltung nicht gibt. Durch die Aufnahme entsprechender Regelungen in den Gesellschaftsvertrag selbst und eine konkrete Ausgestaltung des Nießbrauchs kann hier allerdings ausreichende Rechtssicherheit geschaffen werden (vgl. zum Nießbrauch im Übrigen Formular A. 6.40 Rz. 9 ff.)

c) Steuerrecht

Einkommensteuer: Der Nießbraucher ist ertragsteuerlich als **Mitunternehmer** 6 anzusehen, wenn er Mitunternehmerrisiko und Mitunternehmerinitiative entfalten kann (st. BFH-Rspr., vgl. BFH VIII R 35/92 v. 1.3.94, BStBl. II 95, 241; zuletzt BFH II R 5/12 v. 16.5.13, DStR 13, 1380). Ein nach den (dispositiven) Vorgaben des BGB ausgestalteter Nießbrauch lässt die Stellung des Nießbrauchsbestellers als Mitunternehmer nicht entfallen. Bestimmen die Vertragsparteien aber über die Vorgaben des BGB hinaus, dass die mit der übertragenen Beteiligung an der Personengesellschaft verbundenen Stimm- und Mitverwaltungsrechte hinsichtlich des mit dem Nießbrauch belasteten Teils der Gesellschaftsbeteiligung dem Nießbraucher zustehen sollen, und verfahren die Gesellschafter danach, ist dies unabhängig von der zivilrechtlichen Beurteilung zumindest **gemäß § 41 Abs. 1 AO steuerrechtlich beachtlich** und führt dazu, dass der Bedachte hinsichtlich des nießbrauchsbelasteten Anteils Mitunternehmer ist (so ausdrücklich BFH II R 5/12 v. 16.5.13, DStR 13, 1380; zu den erbschaftsteuerlichen Folgen s. nachfolgend Rz. 11).

Bei der Bestellung eines **abgespaltenen, echten Nießbrauchs** an der Mitglied- 7 schaft ohne Übertragung des Gesellschaftsanteils, wie es das Formular vorsieht, wird der Nießbraucher dann Mitunternehmer, wenn er auf Grund der im Einzelfall getroffenen Abreden eine rechtliche und tatsächliche Stellung erlangt, die dem typischen Begriff des Mitunternehmers entspricht (*Schmidt/Wacker* § 15 EStG Rz. 306 mwN); dazu ist idR erforderlich, dass der Nießbraucher die mit der Mitgliedschaft verbunden Verwaltungsrechte, zB die Stimmrechte ausüben kann und diese im Einzelfall praktische Bedeutung i.S. einer Unternehmerinitiative haben (BFH IV R 89/75 v. 29.1.76, BStBl. II 76, 374) oder dass der Nießbraucher im Verhältnis zu Dritten als weiterer Gesellschafter in Erscheinung tritt, insbes. für Schulden der Gesellschaft mithaftet (*Schmidt/ Wacker* § 15 EStG Rz. 306; s. auch die Übersicht bei *Petzold* GmbHR 87, 433).

Ertragsteuerlich bezieht der Nießbraucher beim **Unternehmensnießbrauch** gewerbliche Einkünfte iSv § 15 Abs. 1 S. 1 EStG. Er ist zur Anrechnung der Gewerbesteuer nach § 35 EStG berechtigt. Soweit der Unternehmensnießbrauch entgeltlich eingeräumt wurde, stellen die Zahlungen, die der Nießbraucher an den Besteller leistet, Sonderbetriebsausgaben dar.

8   Liegt mangels Mitunternehmerschaft kein Unternehmensnießbrauch vor, besteht steuerlich ein sog. reiner **Ertragsnießbrauch.** Bei einer **unentgeltlichen** Einräumung des Nießbrauchs am Gewinnstammrecht **(Zuwendungsnießbrauch),** sind die Gewinnanteile allein dem Nießbrauchbesteller zuzurechnen. Beim Besteller ist die Einräumung als Einkommensverwendung ertragsteuerlich unbeachtlich (*Schmidt/ Wacker* § 15 EStG Rz. 314, mwN). Sofern eine **entgeltliche** Nießbrauchsbestellung am Gewinnstammrecht gegeben ist, sind die Zahlungen des Nießbrauchers als Sonderbetriebseinnahmen des Bestellers und die Weiterleitung der Gewinnanteile als Sonderbetriebsausgaben zu beurteilen. Der Nießbraucher hat die Zahlungen in der Regel als Einnahmen aus Kapitalvermögen, § 20 Abs. 1 Nr. 7 EStG zu versteuern. Im Falle der Übertragung des Gesellschaftsanteils unter Vorbehalt des Nießbrauchs nur am Gewinnstammrecht, sind die Gewinnanteile, die dem Nießbrauchsbesteller zufließen, nachträgliche Betriebseinnahmen in Form eines gewinnabhängigen Veräußerungspreises, § 16 Abs. 1 Nr. 2, Abs. 2 EStG (BFH IV 52/08 v. 6.5.10, BStBl II 11, 261, Tz. 14). Der Nießbrauchsbesteller, der zivilrechtlich auf bestimmte Zeit aus der Gesellschaft ausscheidet, verliert dennoch idR seine Mitunternehmerstellung nicht, sondern bleibt neben dem Nießbraucher **Mitunternehmer** (vgl. BFH VIII R 35/92 v. 1.3.94, BStBl. II 95, 241; VIII R 18/93 v. 16.5.95, BStBl. II 95, 714). Dies ist anders, wenn der (Vorbehalts-)Nießbraucher die Gesellschafterrechte wahrnimmt (BFH II R 34/07 v. 10.12.08, BStBl. II 09, 312: *Schmidt/Wacker* § 15 EStG Rz. 309).

9   **Verlustanteile:** Für die Zurechnung von Verlustanteilen kommt es darauf an, wie das Rechtsverhältnis zwischen dem Nießbraucher und dem Nießbrauchsbesteller ausgestaltet ist und wer danach den Verlust erlitten hat, grds. sind sie dem Besteller zuzurechnen (*Schmidt/Wacker* § 15 EStG Rz. 311 mwN).

10   Bei Nießbrauchsbestellung durch Belastung des Gewinnstammrechts oder der Gewinnansprüche wird der Nießbraucher **nicht Mitunternehmer.** Einkommensteuerlich ist das Rechtsverhältnis wie eine Vorausabtretung künftiger Gewinnansprüche zu werten (BFH IV R 83/75 v. 13.5.76, BStBl. II 76, 592; *Biergans* DStR 85, 327; *Schmidt/Wacker* § 15 EStG Rz. 314; *Petzold* GmbHR 87, 438). Der Gewinnanteil ist allein dem Nießbrauchsbesteller zuzurechnen. Die Bezüge des Nießbrauchers sind entweder nichtsteuerpflichtige Einnahmen und dementsprechend beim Nießbrauchsbesteller nichtabzugsfähige Einkommensverwendung gem. § 12 Nr. 2 EStG oder es handelt sich um wiederkehrende Bezüge iSv. § 22 Nr. 1 EStG (dann beim Nießbrauchsbesteller entspr. Sonderausgaben gem. § 10 Abs. 1 Nr. 1a EStG).

11   **Erbschaft- und Schenkungsteuer:** Der Nießbraucher erwirbt als Erbe bzw. Vermächtnisnehmer vom Erblasser, nicht vom Erben als dem Nießbrauchsbesteller. Der Erwerb erfolgt erbschaftsteuerlich demgemäß beim Tod des Erblassers, nicht bei der Nießbrauchsbestellung.

12   Bis zum BFH-Urteil II R 67/09 v. 1.9.11 (DStRE 12, 38) war mit H 51 Abs. 1 ErbStH 2003 davon auszugehen, dass die Zuwendung von Nießbrauchsrechten an Personengesellschaftsanteilen erbschaftsteuerlich nicht begünstigt war. Dies hat sich durch das genannte BFH-Urteil geändert. Mit Gleichl. Ländererlassen v. 2.11.12 (BStBl. I 12, 1101 „Nießbrauchserlass") setzt die FinVerw. die BFH-Rspr. um. Zugleich wird die Anwendbarkeit der Grundsätze auch für den Nießbrauchsverzicht klargestellt, wenn die Mitunternehmerstellung auf den Gesellschafter übergeht. Für den Stpfl. wird damit Rechtssicherheit geschaffen. Nach der jetzigen Verwaltungsan-

sicht kann nunmehr ein nach den allgemeinen Bewertungsvorschriften (§§ 13 bis 16 BewG) zu bewertendes Nießbrauchsrecht die Begünstigungsvoraussetzungen der §§ 13a, 13b ErbStG erfüllen. Voraussetzung ist, dass das Nießbrauchsrecht so ausgestaltet ist, dass der Nießbraucher ertragsteuerlich Mitunternehmer der Personengesellschaft wird. Dann finden die Begünstigungsvoraussetzungen der §§ 13a, 13b ErbStG Anwendung. In diesem Fall gehört das Nießbrauchsrecht als immaterielles Wirtschaftsgut ertragsteuerlich und damit auch bewertungsrechtlich zum Sonderbetriebsvermögen, da es unmittelbare und untrennbare Voraussetzung für die Erzielung der gewerblichen Einkünfte ist. Dies gilt unabhängig davon, ob der Nießbraucher zivilrechtlich Gesellschafter der Personengesellschaft ist. Entsprechendes gilt auch, wenn ein Nießbraucher auf sein Nießbrauchsrecht verzichtet und dadurch eine Mitunternehmerstellung des Nießbrauchers auf den Gesellschafter übergeht (zu den Einzelheiten s. Gleichl. Ländererlasse v. 2.11.12, BStBl. I 12, 1101; hierzu auch *Stein* DStR 13, 567).

Zu der in der Praxis bedeutsamen Frage, **wann** der Übergeber und der begünstigte Zuwendungsnießbraucher sowie der Erwerber des Geschäftsanteils im konkreten Einzelfall **tatsächlich Mitunternehmer** sind, dh. wie die einzelnen Rechte zwischen dem Nießbraucher und dem Gesellschafter verteilt werden müssen, trifft der Nießbrauchserlass (Gleichl. Ländererlasse v. 2.11.12, BStBl. I 12, 1101) keine Aussage (vgl. hierzu *Fleischer* ZIV 12, 466, *Wälzholz* DStR 10, 1930). Die jüngere Rspr. nimmt eine zunehmend kritische Prüfung der Voraussetzungen der Mitunternehmerstellung im Schenkungs- und Erbfall vor (BFH II R 3/07 v. 10.12.08, BStBl. II 09, 312; II R 42/08 v. 23.2.10, BStBl. II 10, 555; aber auch BFH II R 44/08 v. 16.12.09, BFH/NV 10, 690). So hat der BFH (II R 5/12 v. 16.5.13, DStR 13, 1380) zuletzt ausdrücklich entschieden, dass für den mit dem Nießbrauch belasteten Anteil der übertragenen Beteiligung an einer Personengesellschaft keine Steuervergünstigungen nach § 13a Abs. 1 und 2 ErbStG in Anspruch genommen werden kann, wenn sich der Übertragende insoweit die Stimm- und Mitverwaltungsrechte am übertragenen Anteil umfassend vorbehalten hat, er vom Erwerber zu deren Ausübung bevollmächtigt wurde und dieser sich verpflichtet hat, von seinem eigenen Stimmrecht insoweit keinen Gebrauch zu machen, ersatzweise auf Wunsch nach den Weisungen des Übertragenden zu handeln, und die Beachtung dieser Vereinbarungen durch das eingeräumte Recht, bei einem Verstoß dagegen die Schenkung zu widerrufen, abgesichert ist. In diesem Fall – so der BFH – liege ertragsteuerrechtlich keine Mitunternehmerschaft vor und dies sei auch für die schenkungsteuerrechtliche Beurteilung maßgebend. **13**

Ausführlich hat BFH II R 67/09 v. 1.9.11 (DStRE 12, 38) auch unter Bezugnahme auf BFH II R 42/08 v. 23.2.10 (DStR 10, 868) dargelegt, dass die Steuervergünstigungen nur dann für den **schenkweisen Erwerb** eines Anteils an einer Personengesellschaft beansprucht werden können, wenn die Mitunternehmerstellung des Erwerbers durch den erworbenen Gesellschaftsanteil vermittelt wird. Es reiche nicht aus, wenn dem Erwerber hinsichtlich des erworbenen Anteils nur deshalb eine Mitunternehmerstellung zukäme, weil er bereits vor dem Erwerb der Beteiligung Mitunternehmer war. Unabhängig von der herkömmlichen Meinung, nach der die Mitgliedschaft eines Gesellschafters in einer Personengesellschaft unteilbar ist, ist danach nach BFH II R 67/09 v. 1.9.11, aaO dem § 13a ErbStG nur Genüge getan, wenn die Mitunternehmerstellung durch den erworbenen Gesellschaftsanteil vermittelt wird.

§ 25 ErbStG aF ist im Zuge der Erbschaftsteuerreform zum 1.1.09 **aufgehoben** worden, wonach die Bestellung des Nießbrauchs am vererbten/verschenkten Anteil nur zur zinslosen Stundung der Erbschaftsteuer auf den Kapitalwert des Nießbrauchs führt. Nunmehr mindert gem. §§ 13 bis 15 BewG der kapitalisierte Wert des Nießbrauchs den Wert der stpfl. Zuwendung. **14**

2. Einzelerläuterungen

Zu § 1: Einräumung des Nießbrauchs

15   **Form:** Die Bestellung des Nießbrauchs erfolgt nach den für die Übertragung des Gesellschaftsanteils geltenden Vorschriften (§ 1069 Abs. 1 BGB), also durch formlosen Vertrag.

16   Da die Nießbrauchsbestellung testamentarisch vorgesehen ist, erfolgt sie zweckmäßigerweise mit Wirkung zum Todestag des Erblassers (so auch die erbschaftsteuerliche Regelung, s. Rz. 11). Einkommensteuerlich liegt darin keine unzulässige Rückwirkung, da lediglich der testamentarischen Anordnung gefolgt wird.

Zu § 2: Umfang des Nießbrauchs

17   Gewinnanteil des Nießbrauchers ist der ihm zivilrechtlich im Verhältnis zum Nießbrauchsbesteller gebührende Gewinnanteil, dh. der nach Gesellschaftsvertrag oder Gewinnverwendungsbeschluss der Gesellschaft entnahmefähige Teil des Anteils am festgestellten Gewinn (*Schmidt/Wacker* § 15 EStG Rz. 307 mwN). Dieser Regelung entspricht die vertragliche Ausgestaltung. Der restliche Teil des Gewinns (zB der in offene Rücklagen einzustellende oder dem Kapitalkonto II zuzuschreibende Gewinnanteil) ist dem Nießbrauchsbesteller als weiterer Mitunternehmer zuzurechnen (vgl. *Biergans* DStR 85, 327). Ist der Nießbrauchsbesteller nicht Mitunternehmer, muss der gesamte auf den nießbrauchbelasteten Gesellschaftsanteil entfallende Gewinnanteil gem. Steuerbilanz, auch soweit er nicht entnahmefähig ist, dem Nießbraucher zugerechnet werden. Ein steuerlicher Ausgleich kommt in diesem Fall erst bei Beendigung des Nießbrauchs in Betracht (*Schmidt/Wacker* aaO; aA *Schulze zur Wiesche* DStR 80, 224: Der Nießbraucher hat den ihm nicht zustehenden Gewinnanteil zu passivieren).

18   Da Verlustanteile den Nießbraucher nur insoweit belasten, als sie den entnahmefähigen Gewinn mindern, aber keine Nachschusspflicht des Nießbrauchers auslösen, sind die Verluste mE dem **Nießbrauchsbesteller steuerlich zuzurechnen** (vgl. zur Problematik der Verlustanteile *Schmidt/Wacker* § 15 EStG Rz. 311 mit zahlreichen Nachweisen). Nach verbreiteter Auffassung (zB *Schön* StbJb. 96/97, 72 mwN) und auch der Rspr. des BFH VIII R 35/92 v. 1.3.94, BStBl. II 95, 241 zu III. 3. c) sind Verlustanteile in der Regel dem Besteller zuzurechnen. Eine Ausnahme gilt allerdings für den Fall, dass nach einer Vereinbarung zwischen Besteller und Nießbraucher letzterer den Verlust im Innenverhältnis zu tragen hat (so auch *Schön* aaO S. 73 mwN).

Zu § 3: Gesellschafterrechte

19   Im Hinblick darauf, dass die Rspr. einer Abspaltung des Stimmrechts von der Mitgliedschaft ablehnend gegenübersteht (s. Rz. 4), andererseits jedoch dem Nießbraucher gem. §§ 1068 Abs. 2, 1030 BGB nicht nur Nutzungs- sondern auch Verwaltungsrechte an dem belasteten Gesellschaftsanteil zustehen, ist im Formular eine Stimmrechtsvollmacht vorgesehen. Da diese Vollmacht die eigenen Stimmrechte des Gesellschafters nicht ausschließen kann, ist für den Fall der Eigenabstimmung durch den Gesellschafter ein Widerspruchsrecht des Nießbrauchers vorgesehen (s. hierzu auch *Wälzholz* DStR 10, 1786).

Zu § 4: Informationspflicht

20   Da der Nießbraucher nicht Gesellschafter wird, hat er keinen originären eigenen Informationsanspruch gegenüber der Gesellschaft. Im Vertrag ist deshalb vorgesehen, dass der Nießbrauchsbesteller den Nießbraucher umfassend zu informieren hat.

Zu § 5: Änderung der Kapitalverhältnisse

21   Erhöht der Nießbrauchsbesteller aus eigenen Mitteln seinen Kapitalanteil, so nimmt zweckmäßigerweise der Nießbraucher am Ergebnis des so erhöhten Kapitalanteils nur noch anteilig teil. Die im Muster vorgesehene Bestimmung, wonach es auf das Verhältnis der Kapitalanteile vor bzw. nach Erhöhung ankommt, berücksichtigt allerdings nicht stille Reserven im Gesellschaftsvermögen. Um Unbilligkeiten zu vermeiden, hat der Nießbraucher jedoch das Recht, dem Nießbrauchsbesteller den Betrag der Kapitalerhöhung als unverzinsliches Darlehen zur Verfügung zu stellen und dementsprechend am Ergebnis des erhöhten Kapitalanteils teilzunehmen.

Zu § 6: Zustimmung

Die Bestellung eines Nießbrauchs ist nur zulässig, wenn der Gesellschaftsanteil als **22** solcher übertragbar ist (§ 1069 Abs. 2 BGB). Da hierfür die Zustimmung der Gesellschafter erforderlich ist, wird diese auch für die Einräumung des Nießbrauchs benötigt (s. Rz. 2).

A. 9.24 Tod eines Gesellschafters

I. FORMULAR

Formular A. 9.24 Handelsregisteranmeldung

An das

Amtsgericht

– Registergericht –

durch elektronische Übermittlung

Betrifft: **A, B & C OHG**

HRA ......

Zur Eintragung in das Handelsregister wird angemeldet:

Der Gesellschafter A ist am ...... verstorben. Ausweislich des in Ausfertigung beigefügten Erbscheins des Amtsgerichts – Nachlassgerichts ...... vom ...... – AZ: ...... – wurde A von seiner Witwe W, geborene F, und seinem Sohn S beide wohnhaft in ...... beerbt. Die Gesellschaft ist durch den Tod des A aufgelöst. Die Geschäftsräume der Gesellschaft befinden sich weiterhin in X-Stadt in der XY-Straße.

Die Liquidation erfolgt durch B und C.

....

(Unterschrift B)   **(Unterschrift C)**   **(Unterschrift W)**

....

(Unterschrift S)

....

(Beglaubigungsvermerk)

II. ERLÄUTERUNGEN

Erläuterungen zu A. 9.24 Handelsregisteranmeldung

1. Gesellschaftsrecht

Die Handelsregisteranmeldung geht davon aus, dass der Gesellschaftsvertrag abwei- **1** chend von § 131 Abs. 3 Nr. 1 HGB und in Übereinstimmung mit dem alten Recht eine Klausel enthält, wonach durch den Tod eines Gesellschafters die Gesellschaft aufgelöst wird. Schon in der Vergangenheit fanden sich in Gesellschaftsverträgen demgegenüber häufig Bestimmungen, die eine Fortsetzung der Gesellschaft mit oder ohne Erben nach dem Tod eines Gesellschafters vorgesehen haben (vgl. hierzu Formular

A. 9.00 § 15 sowie A. 9.00 Rz. 63 f.). Den Gesellschaftern ist es in den genannten Fällen unbenommen, auch in diesem Stadium jederzeit die Fortsetzung der Gesellschaft zu beschließen. Der Fortsetzungsbeschluss bedarf der Zustimmung aller Erben, auch soweit deren Ausscheiden oder das Ausscheiden einzelner Erben vereinbart wird. Soweit die Erben im Übrigen den Verbleib in der Gesellschaft davon abhängig machen, dass sie unter Belassung des bisherigen Gewinnanteils die Stellung eines Kommanditisten eingeräumt erhalten, bestimmen sich die Konsequenzen nach § 139 HGB. Ein diesbzgl. Recht der Erben ist nicht abdingbar.

2   Ist im Gesellschaftsvertrag die Auflösung der Gesellschaft beim Tod eines Gesellschafters vorgesehen, so ist die Anmeldung entsprechend dem Formular vorzunehmen. Andernfalls ist der Tod des Gesellschafters anzuzeigen und ebenfalls anzuzeigen, in welcher Funktion (ggf. als Kommanditisten, vgl. Rz. 1) die Erben in der Gesellschaft verbleiben. Sie ist von sämtlichen Gesellschaftern und sämtlichen Erben des Verstorbenen zu bewirken (BayObLG BReg. 1 Z 102/78 v. 12.10.78, DB 79, 86). Soweit der Mitwirkung der Erben besondere Hindernisse entgegenstehen, bedarf es ihrer Unterschrift unter die Anmeldung nicht (§ 143 Abs. 3 HGB).

Für die Anmeldung ist gem. § 12 Abs. 2 Satz 2 HGB die Erbfolge durch öffentliche Urkunde nachzuweisen. Daher ist regelmäßig die Vorlage eines Erbscheins erforderlich, falls die Rechtsnachfolge sich nicht aus den Akten des Registergerichts selbst oder aus den Nachlassakten ergibt, die bei demselben Gericht geführt werden (BayObLG BReg. 3 Z 122/83 v. 13.7.83, WM 83, 1092).

3   Die Anmeldung geht davon aus, dass in Abweichung von der Regelung des § 146 HGB nur die **früheren Gesellschafter als Liquidatoren tätig** sind, nicht jedoch die Erben.

3a   Gem. § 150 HGB können mehrere Liquidatoren nur gemeinschaftlich tätig werden, es sei denn, es wird bestimmt, dass sie einzeln handeln können; eine solche Bestimmung ist in das Handelsregister einzutragen. Das Formular geht von der gemeinschaftlichen Tätigkeit aus. Gem. § 12 Abs. 1 HGB bedarf die Anmeldung der notariellen Beglaubigung.

2. Steuerrecht

4   Nach der Rspr. des BFH (GrS 2/89 Beschl. v. 5.7.90, BStBl. II 90, 837) werden die Miterben einkommensteuerrechtlich mit dem Erbfall Mitunternehmer (s. hierzu auch A. 9.00 Rz. 67 f.). Zu den steuerlichen Folgen der Liquidation im Übrigen s. A. 9.13 Rz. 4 ff. Zu den steuerlichen Folgen von Fortsetzungs- und Nachfolgeklauseln s. A. 9.00 Rz. 69 f.

A. 9.25 Verpfändung eines Gesellschaftsanteils

I. FORMULAR

Formular A. 9.25 Verpfändung eines Gesellschaftsanteils

Vorbemerkungen

An der A & B OHG sind als Gesellschafter A ...... B ...... und C ...... beteiligt. Die Gesellschaft ist im Handelsregister des Amtsgerichts ...... (HRA ......) eingetragen. C hat gegenüber der XY-Bank Verbindlichkeiten in Höhe von € .... Der Gesellschaftsvertrag vom ...... sieht vor, dass die Verpfändung von Gesellschaftsanteilen nur mit ausdrücklicher Zustimmung aller Gesellschafter der A & B OHG zulässig ist. Die Gesellschafterversammlung der A & B OHG hat gem. Gesellschaftsbeschluss vom ...... einer Verpfändung des Gesellschaftsanteils des C an die XY-Bank zum Zwecke der Sicherung des Kredits einstimmig mit der Maßgabe zugestimmt, dass in dem Vertrag über die Verpfändung den Gesellschaftern A und B ein Ablösungsrecht eingeräumt wird. Dies vorausgeschickt vereinbaren C und die XY-Bank was folgt:

§ 1 Verpfändung

Zur Sicherung eines C am ...... gewährten und am ...... rückzahlbaren Darlehens in Höhe von € 90.000,– nebst Zinsen in Höhe von ...% p.a. verpfändet C der XY-Bank seinen Gesellschaftsanteil an der oben bezeichneten A & B OHG.

§ 2 Rechte des Pfandnehmers/Pflichten des Verpfänders

(1) Alle auf den verpfändeten Gesellschaftsanteil entfallenden und nach dem Gesellschaftsvertrag entnahmefähigen Gewinne stehen der XY-Bank bis zur Höhe der jeweils fälligen Ansprüche aus dem Darlehensvertrag zu. Die übrigen Gesellschaftsrechte stehen C weiterhin zu.

(2) C ist verpflichtet, seiner Tätigkeit als Geschäftsführer und seiner besonderen Mitarbeitspflicht auch weiterhin nachzukommen.

§ 3 Ablösungsrecht

(1) Den Mitgesellschaftern A und B der A & B OHG wird das Recht eingeräumt, den von der XY-Bank dem C gewährten Kredit bei Fälligkeit abzulösen, soweit C seinen Verpflichtungen nicht nachkommt.

(2) Das Pfandrecht geht für den Fall der Ablösung auf A und B über.

§ 4 Pfandverwertung

Die XY-Bank ist berechtigt, aus dem ihr verpfändeten Gesellschaftsanteil Befriedigung zu suchen, wenn C seine Verpflichtungen aus dem ihm gewährten Darlehen nicht rechtzeitig erfüllt und die Mitgesellschafter A und B von ihrem Ablöserecht gem. § 3 Abs. 1 keinen Gebrauch machen. Die Befriedigung hat durch öffentliche Versteigerung zu erfolgen, die in ...... vorzunehmen ist und von der XY-Bank mit einer Frist von vier Wochen anzudrohen ist.

§ 5 Sonstiges

(1) Die mit dem Abschluss und der Durchführung dieses Vertrags entstehenden Kosten trägt Herr A.

(2) Sollte ein Teil dieses Vertrags nichtig oder unwirksam sein oder werden, so soll an die Stelle der nichtigen oder unwirksamen Bestimmung eine angemessene Ersatzregelung treten, von der angenommen werden kann, dass die Vertragschließenden sie vereinbart hätten, wenn sie die Nichtigkeit gekannt hätten. Die übrigen Bestimmungen dieses Vertrags bleiben von der Nichtigkeit oder Unwirksamkeit unberührt.

....

(Unterschrift C)   (Unterschrift XY-Bank)

II. ERLÄUTERUNGEN

> Erläuterungen zu A. 9.25 Verpfändung eines Gesellschaftsanteils

1. Grundsätzliche Anmerkungen

a) Wirtschaftliche Funktion

S. hierzu die Vorbemerkungen zum Formular. Eine Verpfändung der Gesellschafts- **1** anteile sollte nur dann erfolgen, wenn eine anderweitige Sicherung des Kredits nicht möglich ist (s. Rz. 4).

b) Gesellschaftsrecht

2   Gem. § 719 BGB ist die Verpfändung nur mit Zustimmung der Mitgesellschafter möglich. M. E. bedarf es der ausdrücklichen Zulassung der Verpfändung; die Zulassung der Veräußerlichkeit im Gesellschaftsvertrag als solche ist nicht ausreichend (str.; *Baumbach/Hopt* § 124 HGB Rz. 20; aA *MünchKommBGB/Schäfer* § 719 BGB Rz. 52).

3   Der **Pfandgläubiger** wird auf Grund der Einräumung des Pfandrechts **nicht Gesellschafter.** Ihm stehen damit insbesondere neben den vermögensrechtlichen Ansprüchen keinerlei sonstige Ansprüche, beispielsweise Stimmrecht etc. zu. Soweit im Verpfändungsvertrag nicht ausdrücklich etwas anderes geregelt ist, gelten die gesetzlichen Vorschriften der §§ 1273 ff. iVm §§ 1204 ff. BGB.

4   Eine Verpfändung von Gesellschaftsanteilen sollte nur vorgenommen werden, wenn dies zwingend erforderlich ist. Die Verpfändung eines Gesellschaftsanteils der OHG ist **als Sicherungsmittel außerordentlich problematisch:** So müssen der Pfändungsgläubiger und im Fall der Versteigerung der Anteile der Ersteher die Entwicklung der Rechtstellung des verpfändeten Gesellschafters in vollem Umfang gegen sich gelten lassen.

Dies gilt auch hinsichtlich der Entwicklung der Konten. Außerdem ist die Verwertungsmöglichkeit stark eingeschränkt: Vor dem Eintritt der Verkaufsberechtigung, also zum Zeitpunkt des Vertragsabschlusses kann auf Grund zwingender gesetzlicher Vorschriften (§ 1245 Abs. 2 BGB) eine Verwertung im Wege des freihändigen Verkaufs nicht wirksam vereinbart werden; vielmehr sind die Vertragsparteien zunächst an eine Verwertung im Wege der Versteigerung gebunden. Zwar kann bei Eintritt der Pfandreife noch eine abweichende Vereinbarung getroffen werden, doch kann zweifelhaft sein, ob zu diesem Zeitpunkt noch die Bereitschaft der Vertragsparteien zu einer einvernehmlichen Handlungsweise besteht, insb. der Schuldner und die Mitgesellschafter noch kooperationswillig sind.

5   Zur Abmilderung der Nachteile ist in § 3 des Vertrages ausdrücklich geregelt, dass die **Mitgesellschafter ein Recht zur Ablösung des Kredits** bei Eintritt der Fälligkeit haben und sodann das Pfandrecht auf sie übergeht. Damit wird den Mitgesellschaftern zumindest die Möglichkeit eingeräumt, eine Lösung der Probleme ohne die unmittelbare Einwirkung der Bank herbeizuführen. Die entsprechende Regelung im Verpfändungsvertrag ergänzt § 268 BGB, der ein entspr. Ablösungsrecht bereits einräumt und dient der ausdrücklichen Klarstellung.

6   Die Übertragung eines OHG-Gesellschaftsanteils ist **formlos** möglich; dementsprechend kann auch die Verpfändung formlos erfolgen (§ 1274 Abs. 1 Satz 1 BGB). Eine Anmeldung der Verpfändung zum Handelsregister ist nicht erforderlich.

c) Steuerrecht

7   Die Verpfändung des Gesellschaftsanteils und die Bestimmung, dass die entnahmefähigen Gewinne dem Pfändungsgläubiger zustehen, ändern nichts an der Mitunternehmerstellung des Verpfändenden. Steuerlich ist der Anteil am Ergebnis und Vermögen der OHG weiterhin dem Verpfändenden zuzurechnen (§ 39 Abs. 2 Nr. 1 Satz 2 2. Alt. AO; die Verpfändung steht insoweit der Sicherungsübereignung gleich, *H/H/Sp/Fischer* § 39 AO Rz. 281 ff.).

8   Erst die **Pfandverwertung** gem. § 4 würde zum Ausscheiden des Verpfändenden aus der Gesellschaft mit der Folge eines Veräußerungsgewinns oder -verlusts führen. Zu den steuerlichen Folgen des Ausscheidens s. A. 9.10 Rz. 5 ff.

2. Einzelerläuterungen

Zu § 4: Pfandverwertung

9   S. zunächst Rz. 2 ff. Anstelle der Anteilsverwertung durch Versteigerung oder freihändigen Verkauf (Vereinbarung allerdings erst nach Pfandreife zulässig, § 1245 Abs. 2

BGB) hat der Pfandgläubiger auch die Möglichkeit der Kündigung nach § 725 BGB. Auf diesem Wege kann er das Auseinandersetzungsguthaben liquidieren und es sich gem. § 835 Abs. 1 ZPO zur Einziehung überweisen lassen. Im Hinblick auf die zwingende Regelung des § 725 BGB bedarf es bei dieser Art der Verwertung allerdings eines rechtskräftigen, dh. nicht bloß vorläufig vollstreckbaren Titels. Für diese Art der Verwertung müsste der Pfandgläubiger daher trotz seines schon bestehenden vertraglichen Pfandrechts den Gesellschaftsanteil nochmals gem. § 857 ZPO auf Grund eines Vollstreckungstitels pfänden (*Thomas/Putzo* § 857 ZPO Rz. 1 ff., str.). Zur Kündigung durch den Pfandgläubiger s. auch Formular A. 9.22.

A. 10. Unternehmensverträge

Übersicht

A. 10.00 Überblick zur ertragsteuerlichen Organschaft

Gliederung

I. Steuerrechtliche Bedeutung

1. Körperschaftsteuerliche Organschaft

1   Verpflichtet sich eine Kapitalgesellschaft durch einen Gewinnabführungsvertrag iSd. § 291 Abs. 1 AktG, ihren ganzen Gewinn an ein einziges anderes gewerbliches Unternehmen abzuführen, ist das Einkommen der Organgesellschaft für körperschaftsteuerliche Zwecke unter bestimmten weiteren Voraussetzungen dem Träger des Unternehmens (Organträger) zuzurechnen (§§ 14 ff. KStG).

2   Für den Abschluss eines **Gewinnabführungsvertrages,** ggf. in Kombination mit einem Beherrschungsvertrag, sind damit steuerliche Erwägungen vielfach entscheidend: Die **körperschaftsteuerliche Organschaft** ermöglicht die **sofortige Verlustverrechnung** zwischen der zur Gewinnabführung verpflichteten Gesellschaft als der Organgesellschaft und dem anderen Unternehmen als dem Organträger. Ohne Organschaft könnten die beteiligten Gesellschaften erlittene Verluste jeweils nur selbst vor- und zurücktragen. Demgegenüber erlaubt die Organschaft die sofortige Saldierung von Verlusten und Gewinnen aller an der Organschaft beteiligten Gesellschaften (Organkreis) auf der Ebene des Organträgers. Die Steuerbelastung im Organkreis wird deshalb im Jahr der Entstehung des Verlustes häufig bereits gemildert (vgl. *Orth* WPg 2003, Sonderheft S. 13).

3   Ein weiterer steuerlicher Vorteil ist, dass der Gewinntransfer zwischen Organgesellschaft und Organträger grundsätzlich (zur Ausschüttung vororganschaftlicher Rücklagen siehe Rz. 251 ff. und zu § 14 Abs. 3 KStG siehe Rz. 413 ff.) nicht über den Weg einer nach § 8b Abs. 1 und Abs. 5 KStG im Ergebnis zu 5% steuerpflichtigen Ausschüttung, sondern über die Gewinnabführung erfolgt, die körperschaftsteuerlich durch die Einkommenszurechnung nach § 14 Abs. 1 Satz 1 KStG substituiert wird (vgl. hierzu KStR 14.6 Abs. 1). Dadurch **vermeidet** die Organschaft die sich ansonsten aus § 8b Abs. 1 und Abs. 5 KStG ergebende **5%-Kaskadenbesteuerung.** Hiermit ist auch ein Vorteil im Hinblick auf die KapESt verbunden. An sich wäre bei einer Ausschüttung gem. § 43 Abs. 1 Nr. 1 EStG Kapitalertragsteuer einzubehalten; dem stünde auch der Umstand nicht entgegen, dass die Ausschüttung im Ergebnis wegen § 8b Abs. 1 KStG steuerbefreit ist (ggf. mit Anrechnungs- bzw. Erstattungsmöglichkeit). Da aber die organschaftliche Gewinnabführung keine Ausschüttung iSd. § 43 Abs. 1 Nr. 1 EStG ist, ist **keine KapESt** einzubehalten. Insoweit entsteht ein Liquiditätsvorteil.

Die **Zinsschranke** (§ 4h Abs. 1 EStG, § 8a KStG) ist nach § 15 Satz 1 Nr. 3 Satz 1 **4** KStG bei der Organgesellschaft nicht anzuwenden. Organträger und Organgesellschaft gelten vielmehr als ein Betrieb im Sinne der Zinsschranke (§ 15 Satz 1 Nr. 3 Satz 2 KStG). Zinsaufwendungen und Zinserträge der Organgesellschaft, die in dem dem Organträger zuzurechnenden Einkommen der Organgesellschaft enthalten sind, werden in die Ermittlung der Zinsschranke **beim Organträger einbezogen** (§ 15 Satz 1 Nr. 3 Satz 3 KStG). Nur auf dessen Ebene wirkt sich die Zinsschranke dementsprechend aus. Entsprechendes gilt für die bei der Ermittlung des steuerlichen EBITDA hinzuzurechnenden Abschreibungen nach § 6 Abs. 2 Satz 1 und Abs. 2a Satz 2 und § 7 EStG (BMF v. 4.7.08, BStBl. I 08, 718 Tz. 45).

Dieses gesetzliche Vorgehen ist für den Steuerpflichtigen mit beachtlichen Vorteilen **5** verbunden. So sind Zinsaufwendungen des Organträgers mit Zinserträgen der Organgesellschaft im Rahmen der Bildung des Zinssaldos (§ 4h Abs. 1 1. Halbsatz EStG) uneingeschränkt saldierbar (et vice versa). Das steuerliche EBITDA des Organgesellschaft kann beim Organträger zum Abzug eines negativen Zinssaldos im Rahmen der 30%-Grenze der Zinsschranke (§ 4h Abs. 1 2. Halbsatz EStG) verwendet werden (und umgekehrt).

Dieser Effekt ist vor allem bei **Holdinggesellschaften** von Bedeutung. Wegen der **6** Steuerbefreiung von Holdingerträgen durch § 8b KStG verfügen diese in der Regel über kein ausreichend hohes steuerliches EBITDA, um bspw. Zinsen aus dem fremdfinanzierten Erwerb von Tochtergesellschaften im Rahmen der Zinsschranke zum Abzug zu bringen. Durch die Begründung einer Organschaft kann die Holding das steuerliche EBITDA der Organgesellschaften nutzen (was ggf. einen ansonsten notwendigen Debt-Push-Down per Down-Stream-Merger oä. ersparen kann).

Der als ein Betrieb geltende Organkreis bildet für sich allein keinen Konzern im **7** Sinne der Zinsschranke (vgl. BMF v. 4.7.08, BStBl. I 08, 718 Tz. 65). Halten die Gesellschaften eines Organkreises keine Anteile an außerhalb des Organkreises befindlichen Konzerngesellschaften iSd. § 4h Abs. 3 Satz 5 und 6 EStG und werden die Gesellschaften des Organkreises auch nicht von Anteilseignern gehalten, die zusammen mit dem Organkreis einen Konzern iSd. § 4h Abs. 3 Satz 5 EStG bilden oder zu einem Gleichordnungskonzern iSd. § 4h Abs. 3 Satz 6 EStG führen, so kann der Organkreis den sog. Stand-Alone-Escape nach § 4h Abs. 2 Satz 1 Buchst. b EStG – ggf. unter Beachtung des § 8a Abs. 2 KStG – nutzen (vgl. zB *H/H/R/Herlinghaus* § 15 KStG Rz. 67).

Für Zwecke des sog. Eigenkapitalescapes (§ 4h Abs. 2 Satz 1 Buchst. c EStG, § 8a **8** Abs. 3 KStG) ist dem Konzerneigenkapital das für den Organkreis ermittelte Eigenkapital gegenüberzustellen. Damit ist für den Organkreis ein Teilkonzernabschluss aufzustellen (vgl. zB *H/H/R/Herlinghaus* § 15 KStG Rz. 67). Eine für den Steuerpflichtigen nachteilige Wirkung der Betriebsfiktion des § 15 Satz 1 Nr. 3 Satz 2 KStG ergibt sich daraus, dass die Freigrenze des § 4h Abs. 2 Satz 1 Buchst. a EStG iHv. 3 Mio. Euro nur einmal für den gesamten Organkreis in Anspruch genommen werden kann (vgl. BMF v. 4.7.08, BStBl. I 08, 718 Tz. 57), während sie sonst jeder der Gesellschaften zustehen würde.

9   Ein weiterer Vorteil der Organschaft ist, dass abkommensrechtlich **steuerfreie ausländische Betriebsstättengewinne** der Organgesellschaft ohne weitere Steuerbelastung an den Organträger weitergereicht werden können. Ohne eine Organschaft würden die Betriebsstättengewinne nur auf der Ebene der Tochterkapitalgesellschaft steuerfrei sein; eine Weiterausschüttung dieser Gewinne an den Anteilseigner würde im Rahmen des § 8b Abs. 1 und Abs. 5 KStG bzw. im Rahmen des Teileinkünfteverfahrens bzw. der Abgeltungssteuer zu einer zusätzlichen Steuerbelastung führen. Diesen Vorteil der Organschaft (ggf. kombiniert mit einer ausländischen Körperschaftsteuer an Stelle einer in der Regel höheren ausländischen Einkommensteuer) macht sich zB das sog. „**Organschaftsmodell**" zunutze (vgl. hierzu zB *Haase* PIStB 08, 295 ff.; *Scheidmann* Stbg 14, 492 ff.; *Bär/Spensberger* StBp 19, 295 ff.; *Haun/Klumpp* IStR 19, 452 ff.).

10   Die körperschaftsteuerliche Organschaft kann für Zwecke der Rechnungslegung auch zur Glättung bzw. Stabilisierung der „**(Konzern-)Steuerquote**" führen (vgl. hierzu *Herzig/Dempfle* DB 02, 1 ff.; *Breuninger/Prinz* JbFStR 99/00, 538 ff.; *Krebühl* DB 95, 744).

11–15   *(frei)*

2. Gewerbesteuerliche Organschaft

16   Gewerbesteuerrechtlich bewirkt die Organschaft, dass die Organgesellschaft als Betriebsstätte des Organträgers gilt (§ 2 Abs. 2 Satz 2 GewStG). Der einheitliche Gewerbesteuermessbetrag für den Organkreis wird grundsätzlich nach Maßgabe der Lohnsummen der einzelnen Organgesellschaften – sie werden als Betriebsstätten des Organträgers betrachtet – auf die Betriebsstättengemeinden zerlegt. Die **Unterschiede zwischen den Hebesätzen** in den verschiedenen Betriebsstättengemeinden können hier unabhängig von der Möglichkeit des sofortigen Verlustausgleichs zu einem Steuervorteil, aber auch zu einer Erhöhung der gewerbesteuerlichen Gesamtbelastung im Organkreis führen.

17   Im Rahmen der gewerbesteuerlichen Organschaft treten die vorbeschriebenen **Vorteile** der körperschaftsteuerlichen Organschaft (sofortige Verlustverrechnung, Vermeidung einer 5%-Kaskadenbesteuerung zwischen Organgesellschaft und Organträger, Organkreis als Betrieb im Rahmen der Zinsschranke, ggf. auch Weiterleitung steuerfreier ausländischer Betriebsstättengewinne) ebenfalls ein. Ein weiterer, speziell gewerbesteuerlicher Vorteil der Organschaft liegt darin, dass Hinzurechnungen nach **§ 8 GewStG** unterbleiben, soweit die Hinzurechnungen zu einer doppelten gewerbesteuerlichen Belastung führen würden (vgl. GewStR 7.1 Abs. 5 Satz 4; Gleichl. Ländererlasse v. 2.7.12, BStBl. I 12, 654 Tz. 4). Dies ist va. im Hinblick auf Nutzungsüberlassungen iSd. § 8 Nr. 1 GewStG zwischen Organträger und Organgesellschaft bzw. zwischen verschiedenen Organgesellschaften desselben Organkreises von Bedeutung. So unterliegen bspw. die Zinsen, die eine Organgesellschaft dem Organträger zahlt, nicht der 25%igen Hinzurechnung des § 8 Nr. 1 Buchst. a GewStG. Dadurch werden Mehrfachbelastungen innerhalb des Organkreises vermieden.

18   Ein weiterer gewerbesteuerlicher Vorteil ergab sich bis 2016 auf Basis der Rspr. des BFH (BFH I R 39/14 v. 17.12.14, BStBl. 15, 1052) damit, dass die von einer Organgesellschaft vereinnahmten Dividenden auch auf der Ebene eines körperschaftsteuerpflichtigen Organträgers nicht der 5%-Besteuerung unterlegen haben (vgl. zur Umsetzung dieser Entscheidung inkl. der negativen Effekte auf mit der Beteiligung an der ausschüttenden Gesellschaft zusammenhängende Aufwendungen OFD Karlsruhe v. 17.2.16, DB 16, 74; OFD NRW v. 2.10.17, G 1452 – 2015/0018 St 13, nv.). Ab 2017 wird dieser Effekt durch die Neuregelung in § 7a GewStG vermieden.

19–31   *(frei)*

II. Gesellschaftsrechtliche Rahmenbedingungen der Organschaft

1. Unternehmensverträge als Mittel der Konzernorganisation

Der zur Begründung einer ertragsteuerlichen Organschaft erforderliche Gewinnab- **32** führungsvertrag zählt gesellschaftsrechtlich zu den **Unternehmensverträgen im engeren Sinne.** Dies sind nach § 291 Abs. 1 Satz 1 AktG Verträge, durch die eine AG oder KGaA die Leitung ihrer Gesellschaft einem anderen Unternehmen unterstellt (Beherrschungsvertrag) oder sich verpflichtet, ihren ganzen Gewinn an ein anderes Unternehmen abzuführen (Gewinnabführungsvertrag). Dem Gewinnabführungsvertrag wird zivilrechtlich – nicht auch steuerlich – der Geschäftsführungsvertrag gleichgestellt (Satz 2). Der Begriff des Unternehmensvertrages erschien bei diesen Verträgen passend, weil sie typischerweise die Struktur des Unternehmens ändern und regelmäßig auch nur zwischen Unternehmen geschlossen werden.

Solche Unternehmensverträge sind **Mittel der Konzernorganisation.** Ein „Kon- **33** zern" ist die Verbindung mehrerer rechtlich selbständiger Gesellschaften zu einer funktionalen unternehmerischen Einheit. Aus dem Wirtschaftsleben ist der Konzern nicht mehr wegzudenken: Nach Erkenntnissen der Monopolkommission gehören zwar nur 6,3 % der Unternehmen in Deutschland einer Unternehmensgruppe an. Diese Unternehmen vereinen jedoch 70 % der Umsätze und etwas mehr als die Hälfte der Beschäftigten auf sich (Achtzehntes Hauptgutachten der Monopolkommission, Rz. 142, BT-Drs. 17/2600, 80). Angesichts dieser wirtschaftlichen Bedeutung hat sich der deutsche Gesetzgeber im Zuge der Aktienrechtsreform von 1965 für eine umfassende Reglementierung entschieden; er hielt es gesellschaftsrechtlich für *„unumgänglich, ... dass solche Unternehmensverbindungen rechtlich erfasst und durchsichtig gemacht, dass die Aktionäre und Gläubiger gegen die mit ihnen verbundenen Gefahren und Nachteile besser geschützt und dass Leitungsmacht und Verantwortlichkeit in Einklang gebracht werden"* (Begr. RegE zum AktG 1965, abgedruckt bei *Stangl/Winter,* Organschaft 2013/2014, S. 332).

Ein herrschendes Unternehmen und die von ihm abhängigen Gesellschaften sollen **34** sich seitdem möglichst als Vertragskonzern organisieren, dh. einen **Beherrschungsvertrag** abschließen (§ 291 Abs. 1 Satz 1, 1. Alt. AktG). Erst dieser Beherrschungsvertrag gibt dem herrschenden Unternehmen das Recht, die abhängige Gesellschaft unter seine Leitung zu stellen und sie hierbei auch zu für sie nachteiligen Maßnahmen anzuweisen (§ 308 AktG). Der **Gewinnabführungsvertrag** (§ 291 Abs. 1 Satz 1, 2. Alt. AktG) verpflichtet demgegenüber eine (Organ-)Gesellschaft, ihren ganzen Gewinn an ein anderes Unternehmen (den Organträger) abzuführen. Beide Vertragstypen sind in den §§ 291 ff. AktG im Wesentlichen parallel geregelt. Sie können miteinander zu einem *einheitlichen* Beherrschungs- und Gewinnabführungsvertrag kombiniert werden (OLG Karlsruhe 11 Wx 77/00 v. 12.4.01, GmbHR 01, 523), der traditionell auch als **Organschaftsvertrag** bezeichnet wird.

Dass das herrschende Unternehmen der abhängigen Gesellschaft Weisungen erteilen **35** darf bzw. der Organträger den Gewinn der Organgesellschaft erhält, hat allerdings seinen Preis: Beherrschungs- und Gewinnabführungsvertrag müssen besondere Sicherungen für die verpflichtete Gesellschaft, ihre Aktionäre und Gläubiger vorsehen; insbesondere hat der andere Vertragsteil etwaigen außenstehenden Aktionären der verpflichteten Gesellschaft einen Ausgleich zu zahlen (§ 304 AktG) und eine Abfindung anzubieten (§ 305 AktG) sowie während der Vertragsdauer jeden bei der verpflichteten Gesellschaft sonst entstehenden Jahresfehlbetrag auszugleichen (§ 302 AktG).

(frei) **36–39**

2. Konzernsteuerung durch Beherrschungsvertrag

Der Abschluss eines Beherrschungsvertrages dient idR der Vereinfachung der Kon- **40** zernsteuerung. Im **Aktienkonzern** schafft erst der Beherrschungsvertrag die Rechtsgrundlage für Weisungen gegenüber dem Vorstand der abhängigen Gesellschaft: Der Vorstand einer AG hat diese unter eigener Verantwortung zu leiten, § 76 Abs. 1 AktG. Ohne Beherrschungsvertrag darf daher auch ein Mehrheitsaktionär die Gesellschaft nicht zu einem für sie nachteiligen Rechtsgeschäft veranlassen, es sei denn, dass er entstehende Nachteile ausgleicht (§ 311 AktG); anderenfalls ist Schadensersatz zu leisten (§ 317 AktG). Bei Bestehen eines Beherrschungsvertrages rechtfertigt dagegen das Konzerninteresse, dh. der angestrebte wirtschaftliche Erfolg des Gesamtunternehmens, auch die Erteilung von Weisungen, die für einzelne Unternehmensteile nachteilig sein mögen (§ 308 AktG). Insofern entfällt auch die Erstellung eines Abhängigkeitsberichts nach § 312 AktG und der damit einhergehende ggf. erhebliche Prüfungsaufwand.

41 Im **GmbH-Konzern** sind die Geschäftsführer dagegen bereits kraft Gesetzes an Weisungen der Gesellschafterversammlung gebunden, so dass eine besondere Beherrschungsabrede zumeist entbehrlich ist (§ 37 Abs. 1 GmbHG; empirische Daten bei *Lieder/Hoffmann* GmbHR 19, 1261). Wenn sie dennoch getroffen wird, kann Motiv hierfür zB die Sicherstellung einer umsatzsteuerlichen Organschaft sein. Außerdem befreit seit der GmbH-Reform durch das MoMiG v. 23.10.08 (BGBl. I 08, 2026) das Bestehen eines Beherrschungs- oder eines Gewinnabführungsvertrages bei der abhängigen bzw. zur Gewinnabführung verpflichteten Gesellschaft ausdrücklich von der Beachtung der Kapitalerhaltungsvorschriften (§ 30 Abs. 1 Satz 2 GmbHG bzw. § 57 Abs. 1 Satz 3 AktG; näher *Winter* DStR 07, 1484, 1489 ff.). Zu Beherrschungsverträgen mit Personengesellschaften *Schöning/Steininger* NZG 19, 890.

42 Im Einzelfall kann die **Beherrschungsabrede auch nachteilig** sein, vor allem in mitbestimmungsrechtlicher Hinsicht: Gemäß § 2 Abs. 2 DrittelbG sind Arbeitnehmer eines Konzernunternehmens dem herrschenden Unternehmen zuzurechnen, wenn zwischen beiden ein Beherrschungsvertrag besteht. Infolge der Zurechnung kann die Schwelle von 500 Arbeitnehmern in Deutschland für die drittelparitätische Mitbestimmung überschritten werden. Der Abschluss eines isolierten Gewinnabführungsvertrages führt demgegenüber nach dem DrittelbG nicht zur Zurechnung von Arbeitnehmern.

43 Soweit neben der Gewinnabführungs- auch eine Beherrschungsabrede erforderlich ist (zB im Aktienkonzern oder zur Absicherung einer umsatzsteuerlichen Organschaft), kann es sich ggf. anbieten, anstelle eines einheitlichen Beherrschungs- und Gewinnabführungsvertrages **beide Unternehmensverträge parallel, aber gesondert** abzuschließen. Dies erleichtert ggf. spätere Vertragsänderungen, zB die spätere Beendigung nur des Beherrschungsvertrages ohne Gefährdung der steuerlichen Mindestlaufzeit des Gewinnabführungsvertrages (s. hierzu Rz. 333; gegen die Möglichkeit einer Teilkündigung OLG Karlsruhe 11 Wx 77/00 v. 12.4.01, NJW-RR 01, 973).

44–50 *(frei)*

3. Entsprechende Anwendung der §§ 291 ff. AktG auf die GmbH

51 Das Aktiengesetz kodifiziert nur das Aktienkonzernrecht, nicht auch das GmbH-Konzernrecht. Die §§ 291 bis 310 AktG finden auf die abhängige GmbH jedoch *grundsätzlich* entsprechende Anwendung (BGH II ZB 7/88 v. 24.10.88, BGHZ 105, 324 „Supermarkt"; *Lutter/Hommelhoff* Anh § 13 Rz. 43). Die Einzelheiten sind streitig. Ausgangspunkt des Streits ist zumeist die Frage, ob die Gesellschafter der vertragstypisch verpflichteten GmbH dem Abschluss eines Beherrschungs- und/oder Gewinnabführungsvertrages mit qualifizierter Mehrheit (entsprechend § 293 Abs. 1 AktG bzw. §§ 53, 54 GmbHG) oder aber einstimmig (entsprechend § 33 Abs. 1 Satz 2 BGB) zustimmen müssen (ausführlich Rz. 124 ff.). Lässt man eine qualifizierte Mehrheit genügen, ist der Schutz der ggf. überstimmten Minderheit über eine analoge Anwendung zB auch der §§ 304, 305 AktG zu gewährleisten. Verlangt man dagegen GmbH-spezifisch Einstimmigkeit, kann sich jeder Gesellschafter selbst schützen und sind Analogien zum Aktienkonzernrecht nur ausnahmsweise veranlasst. Auch die in § 5a GmbHG als Unterform zur GmbH geregelte **Unternehmergesellschaft (haftungsbeschränkt)** kann ver-

pflichtete Gesellschaft eines Beherrschungs-, insbes. aber auch eines Gewinnabführungsvertrages entspr. § 291 AktG sein. Das Erfordernis der Rücklagenbildung nach § 5a Abs. 3 Satz 1 GmbHG steht dem nach zutreffender Ansicht nicht entgegen (*Rubel* GmbHR 10, 470; *Baumbach/Hueck/Servatius* § 5a GmbHG Rz. 37; **aA** *Weber* BB 09, 842, 847, der deshalb nur einen Teilgewinnabführungsvertrag für zulässig hält).

Die folgende Aufstellung gibt einen **Überblick über den Meinungsstand zur 52 analogen Anwendbarkeit der §§ 291 ff. AktG im GmbH-Konzern:**

Norm	Anwend-bar?	Ansicht
§ 291	(+)	**Beherrschungs- und Gewinnabführungsverträge** können nach allgem. Meinung auch mit einer GmbH als Organgesellschaft abgeschlossen werden, vgl. § 30 Abs. 1 Satz 2 GmbHG idF des MoMiG (zB *Emmerich/Habersack* § 291 AktG Rz. 41, 66); zur UG (haftungsbeschränkt) vgl. Rz. 51 aE.
§ 293 Abs. 1	(+)	Für den bei der **Organgesellschaft** zu fassenden **Zustimmungsbeschluss** genügt nach teilweiser Ansicht eine qualifizierte Mehrheit, entsprechend § 293 Abs. 1 AktG, § 53 Abs. 2 Satz 1 GmbHG (zB *Lutter/Hommelhoff* Anh § 13 Rz. 65 f.; *Michalski/Servatius* Syst. Darst. 4 Rz. 79; *Krafka* Registerrecht 11. Aufl. 2019 Rz. 1110).
		Folgt man dem, so wird z. T. weitergehend angenommen, dass dann der Organträger entsprechend § 47 Abs. 4 GmbHG vom Stimmrecht ausgeschlossen ist (*Altmeppen* Anh § 13 Rz. 39 f.; *Baumbach/Hueck* Schlussanhang Rz. 107; anders jedoch BGH II ZR 109/10 v. 31.5.11, DStR 11, 1576).
	(−)	Nach aA verändert der Unternehmensvertrag den Zweck der Organgesellschaft und bedarf deshalb entsprechend § 33 Abs. 1 Satz 2 BGB der **Zustimmung aller Gesellschafter** (z.B. *Roth/Altmeppen* Anh § 13 Rz. 36, 39; *Emmerich/Habersack* § 293 AktG Rz. 43a f.).
§ 293 Abs. 2	(+)	Ist der Organträger eine GmbH, so bedarf auch hier der **Zustimmungsbeschluss bei dem Organträger** einer Mehrheit von mindestens $^3/_4$ der bei der Beschlussfassung vertretenen Gesellschafter, weil sich namentlich aus der Verlustausgleichspflicht ein „erhöhtes Geschäftsrisiko" ergibt. Es genügt die einfache Schriftform, wobei der Vertrag der Urkunde als Anlage beizufügen ist (zB BFH I R 66/07 v. 22.10.08, BStBl. II 09, 972; BGH II ZB 7/88 v. 24.10.88, BGHZ 105, 324, 333 ff. „Supermarkt").
	(−)	Nach vereinzelter Ansicht ist § 293 Abs. 2 AktG auf den Organträger in der Rechtsform einer GmbH (wortlautgetreu) nicht anwendbar, da hier keine Abfindung in Aktien (§ 305 AktG) möglich ist (*Altmeppen* Anh § 13 Rz. 44).
§ 293 Abs. 3	(+)	Für den Vertrag genügt **Schriftform.** Sofern der Vertrag jedoch ein Abfindungsangebot analog § 305 AktG enthält, bedarf er nach § 15 Abs. 4 GmbHG der notariellen Beurkundung (zB *Emmerich/Habersack* § 293 Rz. 41).

Norm	Anwend-bar?	Ansicht
§§ 293a ff.	(+)	Die Analogiefähigkeit der **Prüfungs- und Berichtspflichten** wird überwiegend kritisch beurteilt (positiv aber *Michalski/Servatius* Syst. Darst. 4 Rz. 88). Zwar bilden nach teilweiser Ansicht die §§ 293a ff. AktG die Basis für dann erst wirklich sinnvolle Frage- und Einsichtsrechte aus § 51a GmbHG (*Lutter/Hommelhoff* Anh § 13 Rz. 59).
	(−)	Sofern man jedoch die Zustimmung aller Gesellschafter für erforderlich hält (so. zu § 293 Abs. 1 AktG), sind gesetzlich angeordnete Prüfungs- und Berichtspflichten entbehrlich (zB *Emmerich/Habersack* § 293a AktG Rz. 11).
		Nach wiederum aA sind die §§ 293a ff. AktG auf Publikumsgesellschaften zugeschnitten. Sie finden daher auf die GmbH (Organträger wie Organgesellschaft) keine Anwendung, unabhängig von den Mehrheitserfordernissen (zB *Altmeppen* Anh § 13 Rz. 47 f.).
§ 294	(+)	Der Unternehmensvertrag bedarf zu seiner Wirksamkeit der **Eintragung** in das Handelsregister der Organgesellschaft analog § 294 AktG oder § 54 Abs. 3 GmbHG (BFH I R 66/07 v. 22.10.08, BStBl. II 09, 972; BGH II ZB 7/88 v. 24.10.88, BGHZ 105, 324, 342 f. „Supermarkt").
§ 295 Abs. 1 Satz 1	(+)	Die **Änderung** eines Unternehmensvertrages erfordert bei der Organgesellschaft einen Zustimmungsbeschluss mit (mindestens) qualifizierter Mehrheit, ggf. sogar Einstimmigkeit (s.o. zu § 293 Abs. 1 AktG) (BFH I R 66/07 v. 22.10.08, BStBl. II 09, 972; *Emmerich/Habersack* § 295 AktG Rz. 4).
§§ 295 Abs. 1 Satz 2, 293 Abs. 3	(+)	Nach hA erfordert die Änderung auch einen Zustimmungsbeschluss bei dem Organträger. Dies gilt zunächst, wenn es sich um eine AG oder KGaA handelt, aber auch im Fall einer GmbH, weil die Interessenlage dieselbe ist (zB *Emmerich/Habersack* § 295 AktG Rz. 5).
	(−)	Nach vereinzelter Ansicht müssen die Gesellschafter des Organträgers GmbH nicht einmal dem Vertragsschluss zustimmen, damit auch nicht seiner Änderung (*Altmeppen* § 13 Anh Rz. 113, 103 ff.: allenfalls intern).
§ 295 Abs. 2	(+)	Sofern man für die Änderung eine qualifizierte Mehrheit genügen lässt, ist zusätzlich ein Sonderbeschluss der Minderheitsgesellschafter erforderlich (*Altmeppen* Anh § 13 Rz. 111).
	(−)	Nach aA bedarf die Änderung ohnehin der Zustimmung aller Gesellschafter (zB *Emmerich/Habersack* § 295 AktG Rz. 4a).
§ 296 Abs. 1 Satz 1	(+)	Nach inzwischen hM ist eine **Aufhebung** nur zum Ende eines Abrechnungszeitraums zulässig, daher ist ggf. ein Rumpfgeschäftsjahr zu bilden (BGH II ZR 384/13 v. 16.6.15, DStR 15, 1765; OLG München 31 Wx 70/12 v.

Norm	Anwend-bar?	Ansicht
		16.3.12, NZG 12, 590; *MünchKommGmbHG/Liebscher* § 13 Anh Rz. 985; im Ergebnis auch BFH I R 38/11 v. 6.6.13, BStBl. II 14, 398).
	(–)	Nach aA ist eine Aufhebung auch unterjährig auf der Grundlage einer Zwischenbilanz zulässig (*Priester* NZG 12, 641; *Baumbach/Hueck* Schlussanhang Rz. 134; zu denkbaren Alternativgestaltungen *Walter* GmbHR 15, 965; gegen die Möglichkeit einer auflösenden Bedingung *Michalski/Servatius* Syst. Darst. 4 Rz. 253).
§ 296 Abs. 1 Satz 2	(+)	Eine rückwirkende Aufhebung ist auch dann unzulässig, wenn die Organgesellschaft eine GmbH ist (BGH II ZR 119/00 v. 5.11.01, NJW 02, 822).
§ 296 Abs. 1 Satz 3	(+)	Der Aufhebungsvertrag bedarf der Schriftform (*MünchKommGmbHG/Liebscher* § 13 Anh Rz. 984).
§ 296 Abs. 2	(+)	Nach teilweiser, älterer Ansicht ist eine Aufhebung ohne Zustimmung der Gesellschafterversammlung der Organgesellschaft möglich (OLG Frankfurt 20 W 317/93 v. 11.11.93, ZIP 93, 1790; OLG Karlsruhe 4 W 122/93 v. 3.6.94, ZIP 94, 1022; *Krieger/Jannott* DStR 95, 1475, 1477).
	(–)	Zumindest für die Organgesellschaft ist die Aufhebung keine bloße Geschäftsführungsmaßnahme. Sie bedarf eines Gesellschafterbeschlusses, bei dem auch der Organträger stimmberechtigt ist (vgl. BGH II ZR 109/10 v. 31.5.11, DStR 11, 1576 zur Kündigung). Offen ist, ob ein Zustimmungsbeschluss mit einfacher Mehrheit genügt (dafür *Baumbach/Hueck* Schlussanhang Rz. 133) oder die Aufhebung dieselbe Bedeutung wie der Abschluss hat (*actus contrarius*) mit der Folge, dass die §§ 53, 54 GmbHG entsprechend anzuwenden sind (AG Hamburg HRB 38053 v. 4.2.13, GmbHR 13, 311; OLG Oldenburg 1 U 75/99 v. 23.3.00, NZG 00, 1138, 1139).
§ 297 Abs. 1	(+)	Für die **Kündigung** gilt § 297 Abs. 1 AktG entsprechend (OLG München 31 Wx 163/11 v. 20.6.11, NZG 11, 867; OLG Oldenburg 1 U 75/99 v. 23.3.00, NZG 00, 1138, 1140; *Emmerich/Habersack* § 297 AktG Rz. 3a).
§ 297 Abs. 2	(–)	Zumindest für die Organgesellschaft ist die Kündigung keine der Geschäftsführung obliegende bloße Geschäftsführungsmaßnahme. Sie bedarf eines Gesellschafterbeschlusses, bei dem auch der Organträger stimmberechtigt ist (BGH II ZR 109/10 v. 31.5.11, DStR 11, 1576; dazu *Peters/Hecker* DStR 12, 86). Dieser Beschluss bedarf der notariellen Beurkundung (so AG Hamburg HRB 38053 v. 4.2.13, GmbHR 13, 311; *Beck* DNotZ 13, 90).

Norm	Anwend-bar?	Ansicht
§ 297 Abs. 3	(+)	Die Kündigung bedarf der Schriftform (OLG München 31 Wx 80/11 v. 21.3.11, NZG 11, 1183).
§ 298	(+)	Nach hM hat die **Eintragung der Beendigung** – wie bei der AG – nur deklaratorische Bedeutung (OLG München 31 Wx 163/11 v. 20.6.11, NZG 11, 867; OLG Düsseldorf 3 Wx 302/95 v. 22.8.97, DB 97, 2425). In der Folge genügt es, wenn die Beendigung erst nach Vertragsende angemeldet und eingetragen wird (nach BayObLG 3 Z BR 232/02 v. 5.2.03, DB 03, 761 ist dies sogar zwingend).
		Nach aA wirkt die Eintragung – im Fall von Aufhebung und Kündigung – analog § 54 Abs. 3 GmbHG konstitutiv (zB *MünchKommGmbHG/Liebscher* Anh § 13 Rz. 995).
§ 299	(+)	Die Organgesellschaft kann nicht angewiesen werden, den Vertrag zu ändern, aufrechtzuerhalten oder zu beendigen (*Michalski/Servatius* Syst. Darst. 4 Rz. 136). Nach *Emmerich/Habersack* § 299 AktG Rz. 3a kann die Geschäftsführung immerhin angewiesen werden, die Maßnahme der Gesellschafterversammlung zur Billigung vorzulegen.
§ 300	(−)	Das GmbH-Recht kennt keine gesetzliche Rücklage (*Emmerich/Habersack* § 300 AktG Rz. 5).
§ 301	(+)	§ 301 AktG bestimmt auch für die GmbH den **Höchstbetrag der Gewinnabführung,** jedoch ist mangels gesetzlicher Rücklage die Verweisung auf § 300 AktG auszunehmen (*Emmerich/Habersack* § 301 AktG Rz. 6).
§ 302	(+)	Die **Verlustübernahmepflicht** ist unlösbar mit dem Abschluss des Unternehmensvertrages verbunden (allgem. Meinung, zB BGH II ZB 7/88 v. 24.10.88, BGHZ 105, 324, 334 „Supermarkt"). – Beachte das steuerliche Erfordernis einer ausdrücklichen Vereinbarung nach § 17 Satz 2 Nr. 2 KStG (s. hierzu Rz. 230 ff.).
§ 303	(+)	§ 303 AktG gilt entsprechend (KG 14 U 9216/98 v. 1.8.00, NZG 01, 80 (für den „qualifiziert faktischen Konzern"); *Emmerich/Habersack* § 303 AktG Rz. 3).
§§ 304, 305	(+)	Sofern man für den Abschluss die Zustimmung einer qualifizierten Mehrheit genügen lässt (so. zu § 293 Abs. 1 AktG), müssen die Minderheitsgesellschafter durch Ausgleichs- und Abfindungsrechte geschützt werden (*Altmeppen* Anh § 13 Rz. 86 f.; *Michalski/Servatius* Syst. Darst. 4 Rz. 108 f., 118, 329 f.; anders noch BGH II ZB 7/88 v. 24.10.88, BGHZ 105, 324, 335 „Supermarkt").
	(−)	Verlangt man hingegen für den Abschluss die Zustimmung aller Gesellschafter (so. zu § 293 Abs. 1 AktG), können diese ihre Rechte selbst wahren (*Emmerich/Habersack* § 304 AktG Rz. 11).

Norm	Anwendbar?	Ansicht
§ 307	(+)	Nach teilweiser Ansicht gilt der Beendigungsgrund des § 307 AktG entsprechend, weil später hinzutretende außenstehende Gesellschafter keine Möglichkeit hatten, für eine Regelung über Ausgleichszahlungen zu sorgen (*Krieger/Jannott* DStR 95, 1473, 1476; *E & Y/Walter* § 14 KStG Rz. 728 ff.).
	(−)	Nach aA spielt der Schutz außenstehender Gesellschafter wegen der größeren Transparenz der Gesellschafterverhältnisse und der Möglichkeit, beim (gegenüber der AG erschwerten) Anteilserwerb eine Kompensation zu vereinbaren, keine große Rolle (*Priester* FS Peltzer, 2001, S. 327; *Pluskat* Der Konzern 04, 525; *Katschinski* FS Reuter, 2010, S. 1043, 1047 ff.).
§ 308	(+)	OLG Stuttgart 20 U 8/97 v. 29.10.97, NZG 98, 601; *Emmerich/Habersack* § 308 AktG Rz. 9.
§ 309	(+)	*Emmerich/Habersack* § 309 AktG Rz. 7.
§ 310	(+)	*Emmerich/Habersack* § 310 AktG Rz. 5.
SpruchG (§ 306 aF)	(+)	Bei analoger Anwendung der §§ 304, 305 AktG liegt auch eine Analogie zum **Verfahrensrecht** nahe (zB *Simon* SpruchG, 2007, § 1 Rz. 39 ff.; *Michalski/Servatius* Syst. Darst. 4 Rz. 120; jetzt auch *Lutter/Hommelhoff* Anh § 13 Rz. 71a). Eine solche Analogie hat der BGH in anderen gesetzlich nicht geregelten Fällen bereits eröffnet (so zunächst BGH II ZR 13/01 v. 25.11.02, NZG 03, 280 „Macrotron"; aufgegeben in BGH II ZB 26/12 v. 8.10.13, DStR 13, 2526).
	(−)	*Kölner Komm.-SpruchG/Wasmann,* 2005, § 1 Rz. 46.

(frei) 53, 54

III. Personelle Voraussetzungen der körperschaftsteuerlichen Organschaft

1. Organträger (§ 14 Abs. 1 Satz 1 Nr. 2 KStG)

Der Einleitungsteil des **§ 14 Abs. 1 Satz 1 KStG** grenzt den Kreis potenzieller 55 Organträger zunächst auf **gewerbliche Unternehmen** ein und bezeichnet den Träger dieses Unternehmens per Klammerdefinition als „Organträger". Die Gewerblichkeit bestimmt sich hierbei nach hM anhand des § 2 Abs. 1 Satz 2 iVm. § 2 Abs. 1 GewStDV, § 15 Abs. 2 Satz 1 EStG (vgl. *Blümich/Krumm* § 14 KStG Rz. 66; *Bott/Walter/Walter* § 14 KStG Rz. 188; *Gosch/Neumann* § 14 KStG Rz. 105). Eine Gewerblichkeit kraft Rechtsform nach § 8 Abs. 2 KStG ist insoweit ausreichend (vgl. *Gosch/Neumann* § 14 KStG Rz. 111; *S/F/Brink* § 14 KStG Rz. 81). Land- und Forstwirte (§ 13 EStG) und Selbständige (§ 18 EStG) kommen nicht als Organträger in Betracht (vgl. *D/P/M/Dötsch/Pung* § 14 KStG Rz. 118). Die Finanzverwaltung forderte anfänglich, dass die Voraussetzung des „gewerblichen Unternehmens" bereits vom Beginn des Wirtschaftsjahrs der Organgesellschaft an erfüllt sein musste (vgl. BMF v.

10.11.05, BStBl. I 05, 1038 Tz. 21; kritisch *D/P/M/Dötsch/Pung* § 14 KStG Rz. 157 und Rz. 197 sowie *Frotscher/Drüen/Frotscher* § 14 KStG Rz. 85). Der BFH hat diese Verwaltungsauffassung abgelehnt (vgl. BFH I R 40/12 v. 24.7.13, BStBl. II 14, 372), nach dieser im BStBl. II veröffentlichten Ansicht des BFH reicht eine unterjährige Begründung der Gewerblichkeit – und theoretisch auch erst eine Begründung zum Wirtschaftsjahrende – aus. Die Forderung nach der Eingliederung in ein „einziges" gewerbliches Unternehmen ist vor dem Hintergrund der gesetzgeberischen Bestrebung zu sehen, der Mehrmütterorganschaft die Anerkennung zu versagen (vgl. *Gosch/Neumann* § 14 KStG Rz. 118).

56 Weitere Anforderungen an den Organträger werden in **§ 14 Abs. 1 Satz 1 Nr. 2 KStG** spezifiziert. Die Norm wurde im Rahmen der **„kleinen Organschaftsreform"** (UntStReiseKÄndG v. 20.2.13, BGBl. I 13, 285) im Hinblick auf die Frage eines ggf. notwendigen Inlandsbezugs des Organträgers grundlegend geändert und der davor einschlägige § 18 KStG in diesem Zusammenhang vollkommen gestrichen. In der **nunmehrigen Konzeption** stellt die Norm nicht mehr allgemein auf eine unbeschränkte oder beschränkte Steuerpflicht des Organträgers ab, sondern versucht – in Reaktion auf BFH I R 54, 55/10 v. 9.2.11 (BStBl. II 12, 106) – im Ergebnis eine Organschaft nur noch dann zuzulassen, wenn die Einkommenszurechnung in einer inländischen Betriebsstätte des Organträgers anfällt und wenn dieses Betriebsstättenergebnis nach nationalen und abkommensrechtlichen Normen auch in Deutschland besteuert werden kann. Hierbei verwendet die Regelung ein äußerst komplexes Konstrukt von – teilweise ineinander verwobenen – Tatbestands- und Rechtsfolgenelementen. Im Ergebnis werden folgende **Regelungselemente** bemüht (vgl. ausführlich zu der Regelung *Stangl/Brühl* Der Konzern 13, 77, 79 ff.; *Weigert/Strohm* Der Konzern 13, 249):

– **§ 14 Abs. 1 Satz 1 Nr. 2 Satz 1 KStG:** Der Organträger muss eine natürliche Person oder eine nicht von der Körperschaftsteuer befreite Körperschaft, Personenvereinigung oder Vermögensmasse sein.

– **§ 14 Abs. 1 Satz 1 Nr. 2 Satz 2 und Satz 3 KStG:** Organträger kann auch eine gewerblich tätige Personengesellschaft sein, wobei die Voraussetzungen des § 14 Abs. 1 Satz 1 Nr. 1 KStG im Verhältnis zur Personengesellschaft selbst erfüllt sein müssen.

– **§ 14 Abs. 1 Satz 1 Nr. 2 Satz 4 und 5 KStG:** Die Beteiligung an der Organgesellschaft muss ununterbrochen während der gesamten Dauer der Organgesellschaft einer inländischen Betriebsstätte iSd. § 12 AO zuzuordnen sein. Bei mittelbaren Beteiligungen gilt dies für die Beteiligung an der vermittelnden Gesellschaft entsprechend. Bei der Zwischenschaltung von Personengesellschaften gilt dies ebenfalls sinngemäß.

– **§ 14 Abs. 1 Satz 1 Nr. 2 Satz 6 KStG:** Das inländische Einkommen der Organgesellschaft ist der inländischen Betriebsstätte des Organträgers zuzurechnen, der die Beteiligung an der Organgesellschaft (bzw. an der vermittelnden Gesellschaft) zuzurechnen ist.

– **§ 14 Abs. 1 Satz 1 Nr. 2 Satz 7 KStG:** Für das Vorliegen einer inländischen Betriebsstätte iSd. vorstehenden Regelungen ist es zusätzlich erforderlich, dass die der Betriebsstätte zuzurechnenden Einkünfte sowohl nach innerstaatlichem Steuerrecht als auch nach Abkommensrecht einer inländischen Besteuerung unterliegen.

57 Im Ergebnis versucht die Regelung, eine Besteuerung des zuzurechnenden Organeinkommens als Voraussetzung (und als Rechtsfolge) einer Organschaft abzusichern. Dies ist va. bei ausländischen Organträgern von Bedeutung. Diese sollen im Ergebnis nur noch dann als Organträger agieren können, wenn die Voraussetzungen an eine das Organeinkommen umfassende beschränkte Steuerpflicht nach § 49 Abs. 1 Nr. 2 Buchst. a EStG erfüllt sind und die Ausübung dieses deutschen Besteuerungsrechts auch nicht durch ein DBA eingeschränkt bzw. versagt wird (im Folgenden kurz **„Betriebsstättenerfordernis"**). Auf den ersten Blick betrifft die Neuregelung nur Fälle

mit einem internationalen Bezug („ausländischer Organträger"). Im Schrifttum wird teilweise aber auch die Auffassung vertreten, dass hiervon auch **reine Inlandsfälle** betroffen sind und die Neuregelung zum **„Tod vieler Organschaften"** führen kann (vgl. *Schirmer* FR 13, 605, 608; *Schirmer* GmbHR 13, 797; *Schirmer* StBp 13, 245, 246 f.; *Schirmer*, Organschaft und Steuerrecht, S. 39 f.). Begründet wird dies damit, dass das Betriebsstättenerfordernis auch bei reinen Inlandsfällen eine funktionale Zuordnung zu einer Betriebsstätte erfordert, an der es zB bei mangelnden wirtschaftlichen Beziehungen fehlen kann; im Ergebnis werde das Kriterium einer „wirtschaftlichen Eingliederung" wieder durch die Hintertür eingeführt. Dies ist bei Lichte betrachtet unzutreffend (iE glA zB *D/P/M/Dötsch/Pung* § 14 KStG Rz. 190; *Frotscher/Drüen/Frotscher* § 14 KStG Rz. 141h; *R/H/N/Rödder/Liekenbrock* § 14 KStG Rz. 248). Selbst wenn bei reinen Inlandsfällen eine funktionale Zuordnung erforderlich wäre, muss beachtet werden, dass es zB auch bei ausschließlich vermögensverwaltenden Holdingkapitalgesellschaften eine Betriebsstätte im Inland geben wird (vgl. § 12 Satz 2 Nr. 1 AO) die letztlich das Stammhaus bildet. Wenn die Beteiligung zu keiner anderen Betriebsstätte zuzuordnen ist, ist sie letztlich dem Stammhaus und der hierdurch repräsentierten Betriebsstätte zuzuordnen, womit das Betriebsstättenerfordernis erfüllt ist. Dies entspricht letztlich auch der von der Finanzverwaltung bisher noch betonten „Zentralfunktion des Stammhauses" (BMF v. 24.12.99, BStBl. I 99, 1076 Tz. 2.4; BMF v. 11.11.11, BStBl. I 11, 1314 Tz. 03.20). Eine „Nichtzuordnung" von Beteiligungen kann es somit nicht geben.

Die Neuregelung in der Fassung der kleinen Organschaftsreform gilt **erstmals ab 58 VZ 2012** (§ 34 Abs. 1 KStG idF des UntStReisekÄndG v. 20.2.13, BGBl. I 13, 285).

Nach **§ 14 Abs. 1 Satz 1 Nr. 2 KStG** kommen als Organträger in Betracht: 59
– **Natürliche Personen** (§ 14 Abs. 1 Satz 1 Nr. 2 Satz 1 1. Halbsatz KStG).
Eine Organschaft setzt nach dem ab VZ 2012 geltenden Betriebsstättenerfordernis voraus, dass die Beteiligung an der Organgesellschaft (bzw. an der vermittelnden Gesellschaft) einer deutschen Betriebsstätte der natürlichen Person zuzuordnen ist und dass Deutschland das Besteuerungsrecht für das Organeinkommen – das wegen § 14 Abs. 1 Satz 1 Nr. 2 Satz 6 KStG dieser Betriebsstätte zuzurechnen ist – auch unter Beachtung von DBA effektiv ausüben kann.
– **Nicht steuerbefreite Körperschaften, Personenvereinigungen oder Vermögensmassen.**
Zusätzliche Voraussetzung war **bis VZ 2011,** dass es sich um Körperschaften, Personenvereinigungen oder Vermögensmassen iSd. § 1 KStG mit Geschäftsleitung im Inland handelte (§ 14 Abs. 1 Satz 1 Nr. 2 Satz 1 2. Halbsatz KStG aF). Vor dem UntStFG v. 20.12.01 (BGBl. I 00, 3858) war noch erforderlich, dass sich auch der Sitz im Inland befindet, was vom BFH als ein Verstoß gegen das abkommensrechtliche Diskriminierungsverbot gesehen wurde (vgl. BFH I R 5/99 v. 29.1.03, BStBl. II 04, 1043). Die Finanzverwaltung vertrat die Auffassung, dass diese Entscheidung nicht auf Gesellschaften mit Sitz und Ort der Geschäftsleitung im Ausland übertragbar war (vgl. BMF v. 8.12.04, BStBl. I 04, 1181). Der BFH war der Ansicht, dass auch eine Gesellschaft mit Sitz und Ort der Geschäftsleitung im Ausland Organträger sein kann, wenn im entsprechenden DBA ein Diskriminierungsverbot vereinbart war (vgl. BFH I R 54, 55/10 v. 9.2.11, DStR 11, 762 zur gewerbesteuerlichen Organschaft; vgl. zu den evtl. weit reichenden Folgen dieser Rspr. zB *Rödder/Schönfeld* DStR 11, 886; *Tetzlaff/Pockelwald* StuB 11, 414). Diese Rspr. war schließlich Hauptgrund für die Änderungen des § 14 Abs. 1 Satz 1 Nr. 2 KStG idF der „kleinen Organschaftsreform". Ab **VZ 2012** ist eine Geschäftsleitung im Inland nicht mehr erforderlich. Dafür greift das (oben in Rz. 57 dargestellte) Betriebsstättenerfordernis.
Eine **juristische Person des öffentlichen Rechts** kann mit ihrem Betrieb gewerblicher Art Organträger sein, wenn er die in Rz. 55 erläuterten Voraussetzun-

gen an ein gewerbliches Unternehmen erfüllt (vgl. BFH I R 20/09 v. 2.9.09 BFH/
NV 10, 391; *D/P/M/Dötsch/Pung* § 14 KStG Rz. 125; *Bott/Walter/Walter* § 14
KStG Rz. 194). **Ab VZ 2012** dürfte auch hierbei das Betriebsstättenerfordernis
(s. Rz. 57) zu beachten sein.

– Eine **Personengesellschaft** iSd. § 15 Abs. 1 Nr. 2 EStG, die eine Tätigkeit iSd.
§ 15 Abs. 1 Nr. 1 EStG ausübt, kann ebenfalls Organträger sein (§ 14 Abs. 1 Satz 1
Nr. 2 Satz 2 KStG). Hierbei müssen die Voraussetzungen des § 14 Abs. 1 Satz 1
Nr. 1 KStG im Verhältnis zur Personengesellschaft selbst erfüllt sein (§ 14 Abs. 1
Satz 1 Nr. 2 Satz 3 KStG). **Bis VZ 2011** war es noch erforderlich, dass die Personengesellschaft ihre Geschäftsleitung im Inland hatte. Dies wurde ab **VZ 2012**
durch das Betriebsstättenerfordernis (s. Rz. 57) ersetzt.

Das Erfordernis der Tätigkeit iSd. § 15 Abs. 1 Nr. 1 EStG (sog. originäre gewerbliche Tätigkeit) hat seinen Hintergrund in den Bestrebungen des Gesetzgebers, eine
Mehrmütterorganschaft zu vermeiden. Nach Ansicht der Finanzverwaltung **genügt
eine gewerbliche Prägung nach § 15 Abs. 3 Nr. 2 EStG, eine nur geringfügige gewerbliche Tätigkeit, eine reine Holdingtätigkeit oder eine Abfärbung qua Beteiligung an einer anderen, gewerblich tätigen Personengesellschaft** für die Qualifikation einer Personengesellschaft als Organträger **nicht**
(vgl. BMF v. 10.11.05, BStBl. I 05, 1038 Tz. 15, 17 f. und 20). Die Tätigkeit als
Besitzgesellschaft im Rahmen einer Betriebsaufspaltung und die Erbringung fremdüblich abgerechneter konzerninterner Dienstleistungen soll hingegen ausreichend
sein (vgl. BMF v. 10.11.05, BStBl. I 05, 1038 Tz. 16 und 19; hinsichtlich der Betriebsaufspaltung bestätigt durch BFH I R 40/12 v. 24.7.13, BStBl. II 14, 272). Mit
dieser besonderen Abgrenzung scheint die Finanzverwaltung die Gewerblichkeit
iSd. § 14 Abs. 1 Satz 1 Nr. 2 Satz 2 KStG als eine solche eigener Art zu verstehen.
Nach aA müsste auch eine gewerbliche Infektion oder Prägung iSd. § 15 Abs. 3
EStG genügen (vgl. die Nachweise bei *D/P/M/Dötsch/Pung* § 14 KStG Rz. 156;
zur gewerblichen Infektion vgl. auch *Frotscher/Drüen/Frotscher* § 14 KStG Rz. 129).
Vgl. hierzu bspw. auch *Löwenstein/Maier/Lohrmann* DStR 03, Beilage 4; *Hageböke/
Heinz* Der Konzern 05, 228. Nach anfänglicher Ansicht der Finanzverwaltung
musste die Gewerblichkeit während des gesamten Wirtschaftsjahrs der Organgesellschaft vorliegen (s. Rz. 55). Der BFH ordnet hingegen auch die unterjährige Begründung der Gewerblichkeit als ausreichend an (BFH I R 40/12 v. 24.7.13,
BStBl. II 14, 272), womit es theoretisch ausreichend sein müsste, dass die Gewerblichkeit spätestens zum Ablauf des Wirtschaftsjahrs vorliegt. Die FinVerw. hat diese
Entscheidung im BStBl. II veröffentlicht.

Auch **§ 14 Abs. 1 Satz 1 Nr. 2 Satz 3 KStG** soll Mehrmütterorganschaften vermeiden. Voraussetzung für die Anerkennung einer Organschaft zu einer Personengesellschaft ist demnach, dass sich zumindest die die Stimmrechtsmehrheit sichernde
Beteiligung an der Organgesellschaft im Gesamthandsvermögen der Personengesellschaft befindet, eine Zuordnung zum Sonderbetriebsvermögen ist nicht ausreichend
(vgl. BMF v. 10.11.05, BStBl. I 05, 1038 Tz. 13; *D/P/M/Dötsch/Pung* § 14 KStG
Rz. 159).

– Nach Auffassung der FinVerw. (BMF v. 20.8.15, BStBl. I 15, 649) steht eine **atypisch stille Beteiligung** an dem Betrieb des (vermeintlichen) Organträgers der
Qualifikation der betroffenen Gesellschaft als Organträger entgegen. Vgl. hierzu zB
Suchanek GmbHR 15, 1031.

60 Der Kreis potenzieller Organträger wurde bis VZ 2011 durch **§ 18 KStG aF** auf
ausländische gewerbliche Unternehmen erweitert, die im Inland eine im Handelsregister eingetragene Zweigniederlassung unterhalten. Hierbei musste der Gewinnabführungsvertrag unter der Firma der Zweigniederlassung abgeschlossen werden (§ 18
Satz 1 Nr. 1 KStG aF) und die für die finanzielle Eingliederung erforderliche Beteiligung musste zum Betriebsvermögen der Zweigniederlassung gehören (§ 18 Satz 1

Nr. 2 KStG aF) § 18 KStG aF ist im Rahmen der „kleinen Organschaftsreform" voll-umfänglich gestrichen worden. **Seit VZ 2012** werden auch ausländische Organträger von § 14 Abs. 1 Satz 1 Nr. 2 KStG erfasst und es ist (gerade) auch für sie das „Be-triebsstättenerfordernis" (s. Rz. 57) zu beachten.

61

Im Hinblick auf die Person des Organträgers spricht **§ 17 Abs. 1 Satz 1 KStG** von einem „andere(n) Unternehmen iSd. § 14 KStG". Damit kann zur Bestimmung des Organträgers auf die obigen Ausführungen zu § 14 KStG verwiesen werden.

62–66

(frei)

2. Organgesellschaft (§§ 14 Abs. 1 Satz 1, 17 Abs. 1 Satz 1 KStG)

67

Nach der Klammerdefinition des § 14 Abs. 1 Satz 1 KStG können als Organgesell-schaften **SE, AG** und **KGaA** fungieren. Der Katalog der organgesellschaftsfähigen Rechtsformen wird durch § 17 Abs. 1 Satz 1 KStG auf andere als die in § 14 Abs. 1 Satz 1 KStG bezeichneten Kapitalgesellschaften ausgedehnt, was va. zum Einbezug der **GmbH** führt. Damit können alle Kapitalgesellschaften iSd. § 1 Abs. 1 Nr. 1 KStG Organgesellschaft sein. **Personengesellschaften** können demnach keine Organgesell-schaften sein (für den Fall einer GmbH & Co KG vgl. bspw. BFH I R 119/71 v. 7.3.73, BStBl. II 73, 562). Unerheblich ist, ob die Organgesellschaft selbst eine origi-näre gewerbliche Tätigkeit ausübt oder nicht (vgl. *Bott/Walter/Walter* § 14 KStG Rz. 84; *M/S/O/Müller* § 14 KStG Rz. 61; *S/F/Brink* § 14 KStG Rz. 71).

68

Sowohl § 14 Abs. 1 Satz 1 KStG als auch § 17 Satz 1 KStG aF (s. hierzu auch Rz. 73) forderten, dass die Organgesellschaft Geschäftsleitung und Sitz im Inland hat. Während die §§ 14, 18 KStG aF für den Organträger auch einen gewissen Auslands-bezug akzeptieren, enthielten die §§ 14, 17 KStG aF für die Organgesellschaft einen strikten **doppelten Inlandsbezug.** Die Europäische Kommission war der Auffassung, dass dieser doppelte Inlandsbezug gegen Europarecht verstößt und hatte demzufolge ein Vertragsverletzungsverfahren gegen Deutschland eingeleitet. Vor diesem Hinter-grund hat die FinVerw. den doppelten Inlandsbezug zunächst **aufgegeben** (BMF v. 28.3.11, BStBl. I 11, 300; dazu *Winter/Marx* DStR 11, 1101). Dies war aber der Eu-ropäischen Kommission nicht genug; sie forderte eine Gesetzesänderung. Dieser For-derung wollte der deutsche Gesetzgeber im Rahmen der sog. „kleinen Organschaftsre-form" (*UntStReiseÄndG* v. 20.2.13, BGBl. I 13, 285) nachgekommen. Der doppelte Inlandsbezug in den §§ 14, 17 KStG aF wurde gestrichen. Hiernach kann nunmehr auch eine ihren Sitz im EU/EWR-Ausland habende Kapitalgesellschaft mit Geschäfts-leitung in Deutschland Organgesellschaft sein. Eine Organschaft kann jedoch auch in diesem Fall nur dann begründet werden, wenn auch die übrigen Voraussetzungen in §§ 14 ff. KStG für die Anerkennung einer steuerlichen Organschaft erfüllt sind. Dies bedeutet, dass auch in diesen Fällen der Abschluss eines Gewinnabführungsvertrages erforderlich ist (vgl. zB *Stangl/Brühl* Der Konzern 13, 77, 79). Somit führen die mit einem „grenzüberschreitenden Gewinnabführungsvertrag" verbundenen Rechtsunsi-cherheiten unverändert zu Problemen. Auch die Entscheidung des EuGH in der Sa-che „Groupe Steria" (EuGH C-386/14 v. 2.9.15, DStR 15, 2125) hat wegen der deutschen Besonderheit des Gewinnabführungsvertrags als Voraussetzung für eine Or-ganschaft keine hinreichende Klärung geliefert (vgl. hierzu zB *Heuning/Schmidt/ Kollmann* GmbHR 16, 449). Die europarechtliche Frage in Bezug auf eine „grenz-überschreitende Organschaft" (vgl. hierzu zB die Diskussion und die Nachweise bei *D/P/M/Dötsch/Pung* § 14 KStG Rz. 1181ff) sind hiermit also weiterhin nicht in hin-reichendem Umfang gelöst. Dies hat auch dazu geführt, dass die Europäische Kom-mission 2019 erneut ein Vertragsverletzungsverfahren (2019/4053) veranlasst hat (vgl. zu diesem *Bartelt/Geberth* DB 19, 1990; *Boller/Hackmann* IStR 20, 41ff), das eine eu-roparechtliche Problematik v.a. darin sieht, dass bei potenziellen Organträgern mit Ort der Geschäftsleitung im Inland aber ausländischem Satzungssitz an die Anerken-nung des Gewinnabführungsvertrags als Organschaftsvoraussetzung zu hohe Anforderungen gestellt werden. Die FinVerw. hat vor diesem Hintergrund die nach ihrer Ansicht bestehenden steuerlichen Anforderungen an einen grenzüberschreitenden Gewinnabführungsvertrag konkretisiert (vgl. OFD Frankfurt v. 12.11.19, DStR 19, 2701 als Ergebnis der Erörterungen zwischen den Vertretern des Bundes und der Länder; FinMin Schleswig-Holstein v. 17.1.20, DStR 20, 1573). Diese Anforderungen werden weiterhin als zu restriktiv kritisiert (vgl. z.B. *Prinz/Ludwig* DB 20, 1022, mit Hinweis auf FG Schleswig-Holstein 1 K 218/15 v. 13.3.2019, DStR 19, 1177 (Rev. I R 26/19) u.a. zum grenzüberschreitenden Gewinnabführungsvertrag in Outbound-Konstellationen; vgl. hierzu z.B. *Maack/Kersten* DStR 19, 2281; Hinweis auch auf *Koehler* Der Konzern 18, 325).

69 Das mit dem StVergAbG v. 16.5.03 (BGBl. I 03, 660) in § 14 Abs. 2 KStG ab VZ 2002 eingefügte Verbot einer körperschaftlichen Organschaft zu **Lebens- und Krankenversicherungsunternehmen** wurde mit dem JStG 2009 v. 19.12.08 (BGBl. I 08, 2794) ab dem VZ 2009 wieder aufgehoben.

70 Auch die **Vorgesellschaft** (dh. die „Gesellschaft" zwischen notariellem Vertragsschluss und konstitutiver Eintragung in das Handelsregister) kann Organgesellschaft sein (so wohl BFH IV R 38/07 v. 3.9.09, BStBl. II 10, 60; ebenso zB *Gosch/Neumann* § 14 KStG Rz. 48; *D/P/M/Dötsch/Pung* § 14 KStG Rz. 90 mwN; *M/S/O/Müller* § 14 KStG Rz. 37; *S/F/Brink* § 14 KStG Rz. 53; **aA** *Frotscher/Drüen/Frotscher* § 14 KStG Rz. 194). Sie wird auch als mit der dann durch Eintragung in das Handelsregister entstandenen Gesellschaft identisch betrachtet, so dass bei der Berechnung der fünfjährigen Mindestdauer des Vertrages die Zeit, in der die die Vorgesellschaft Vertragsteil ist, mitgerechnet werden kann (BFH IV R 38/07 v. 3.9.09, BStBl. II 10, 60). Erforderlich ist, dass der Gewinnabführungsvertrag mit der Vorgesellschaft wirksam ist, was insbesondere seine Eintragung in das Handelsregister voraussetzt.

71 Die hM vertritt die Auffassung, dass eine **Vorgründungsgesellschaft** keine Organgesellschaft sein kann (vgl. *D/P/M/Dötsch/Pung* § 14 KStG Rz. 90; *Frotscher/Drüen/Frotscher* § 14 KStG Rz. 195; *Gosch/Neumann* § 14 KStG Rz. 47; *M/S/O/Müller* § 14 KStG Rz. 37; *S/F/Brink* § 14 KStG Rz. 52; vgl. hierzu auch die Diskussion bei *Bott/Walter/Walter* § 14 KStG Rz. 64ff.). Der BFH (I R 174/86 v. 8.11.89, BStBl. II 90, 91; vgl. auch KStH 14.5) hat entschieden, dass ein zu einer Vorgründungsgesellschaft geschlossener „Gewinnabführungsvertrag" nicht ipso iure („automatisch") auf die spätere Vorgesellschaft/Kapitalgesellschaft übergeht.

72 Nach **§ 17 Abs. 1 Satz 1 KStG** gelten die §§ 14 bis 16 KStG entsprechend, wenn eine andere als die in § 14 Abs. 1 Satz 1 KStG bezeichnete Kapitalgesellschaft mit Geschäftsleitung und Sitz im Inland sich wirksam verpflichtet, ihren ganzen Gewinn an ein anderes Unternehmen iSd. § 14 KStG abzuführen.

73 § 17 Abs. 1 Satz 1 KStG dehnt damit den Kreis potenzieller **Organgesellschaften** über die in § 14 Abs. 1 Satz 1 KStG Genannten (SE, AG, KGaA) auf andere Kapitalgesellschaften und damit vor allem auf die **GmbH** aus (sa. Rz. 67). Erfasst wird hiervon auch die **Unternehmergesellschaft (haftungsbeschränkt)** (*D/P/M/Dötsch* § 17 KStG Rz. 6; *Rubel* GmbHR 10, 470, 471ff. mwN auch zur aA). Erwerbs- und Wirtschaftsgenossenschaften, Betriebe gewerblicher Art von Körperschaften des öffentlichen Rechts, Stiftungen, wirtschaftliche Vereine und VVaG werden als „Nicht-Kapitalgesellschaften" nicht von § 17 Abs. 1 Satz 1 KStG erfasst (*D/P/M/Dötsch* § 17 KStG Rz. 7). Wie § 14 Abs. 1 Satz 1 KStG fordert auch der Wortlaut des § 17 KStG bis zur Änderung durch die „**kleine Organschaftsreform**" einen **doppelten Inlandsbezug** (Sitz und Ort der Geschäftsleitung im Inland). Mit BMF v. 28.3.11 (BStBl. I 11, 300) hat die Finanzverwaltung auch diesen doppelten Inlandsbezug innerhalb EU/EWR auch für Zwecke des § 17 Abs. 1 Satz 1 KStG **aufgegeben**. Diese Aufgabe wurde mit der „kleinen Organschaftsreform" auch gesetzgeberisch in § 17 KStG vollzogen (s. Rz. 68).

74–77 *(frei)*

IV. Sachliche Voraussetzungen der körperschaftsteuerlichen Organschaft

Das Rechtsinstitut der Organschaft zieht die rechtlichen Folgerungen aus dem wirt- **78** schaftlichen Tatbestand der Verflechtung von Unternehmen.

Die körperschaftliche Organschaft iSd. § 14 KStG setzt sachlich grundlegend vor- **79** aus, dass **zwei Kernerfordernisse** erfüllt sind:
– Bestehen einer finanziellen Eingliederung (vgl. Rz. 81 ff.),
– Abschluss und tatsächliche Durchführung eines Gewinnabführungsvertrages (vgl. Rz. 104 ff.).

Über den Abschluss eines Gewinnabführungsvertrages kann der Steuerpflichtige das Entstehen einer körperschaft- und gewerbesteuerlichen Organschaft „steuern".

(frei) **80**

1. Finanzielle Eingliederung (§ 14 Abs. 1 Satz 1 Nr. 1 KStG)

a) Sachliche Anforderungen an die finanzielle Eingliederung

Der Organträger muss an der Organgesellschaft vom Beginn ihres Wirtschaftsjahrs **81** an ununterbrochen in einem solchen Maße **beteiligt** sein, dass ihm die **Mehrheit der Stimmrechte** aus den Anteilen an der Organgesellschaft zusteht (finanzielle Eingliederung, § 14 Abs. 1 Satz 1 Nr. 1 Satz 1 KStG). Hierbei sind mittelbare Beteiligungen zu berücksichtigen, wenn die Beteiligung an jeder vermittelnden Gesellschaft die Mehrheit der Stimmrechte gewährt (§ 14 Abs. 1 Satz 1 Nr. 1 Satz 2 KStG).

§ 14 Abs. 1 Satz 1 Nr. 1 Satz 1 KStG fordert, dass der Organträger an der Organge- **82** sellschaft „**beteiligt**" ist. Eine mittelbare Beteiligung reicht aus (§ 14 Abs. 1 Satz 1 Nr. 1 Satz 2 KStG). Maßgeblich für die Prüfung der Beteiligung ist das wirtschaftliche Eigentum an den Anteilen an der Organgesellschaft (vgl. *Blümich/Krumm* § 14 KStG Rz. 84; *D/P/M/Dötsch/Pung* § 14 KStG Rz. 250; *H/H/R/Kolbe* § 14 KStG Rz. 102; *Gosch/Neumann* § 14 KStG Rz. 128). Eine unmittelbare Beteiligung liegt somit vor, wenn der Organträger das wirtschaftliche Eigentum an Anteilen an der Organgesellschaft besitzt. Bei der mittelbaren Beteiligung ist erforderlich, dass der Organträger wirtschaftlicher Eigentümer der Anteile an der vermittelnden Gesellschaft ist und dass die vermittelnde Gesellschaft wirtschaftlicher Eigentümer der Anteile an der Organgesellschaft ist (vgl. *H/H/R/Kolbe* § 14 KStG Rz. 104; entsprechendes gilt, falls die Vermittlung über mehrere Beteiligungsstufen gehalten wird). Unter Berücksichtigung des § 14 Abs. 1 Satz 1 Nr. 2 Satz 4 und 5 KStG idF der „kleinen Organschaftsreform" besteht das zusätzliche Erfordernis, dass die Beteiligung an der Organgesellschaft bzw. die Beteiligung an der vermittelnden Gesellschaft einer deutschen Betriebsstätte iSd. § 12 AO zuzuordnen ist (vgl. Rz. 57).

Nach § 14 Abs. 1 Satz 1 Nr. 1 Satz 1 KStG ist erforderlich, dass dem Organträger **83** die Mehrheit der Stimmrechte „**aus den Anteilen an der Organgesellschaft**" zusteht. Die Stimmrechtsmehrheit muss demnach auf diesen Anteilen beruhen (vgl. *H/H/R/Kolbe* § 14 KStG Rz. 113; *S/F/Brink* § 14 KStG Rz. 173). Eine sich nicht aus den Anteilen ableitende Befugnis, die Stimmrechtsausübung wirtschaftlich zu beeinflussen (zB Stimmrechtsvollmachten, Stimmrechtsverbote), ist nach hM bei der Berechnung der finanziellen Eingliederung nicht einzubeziehen (vgl. *D/P/M/Dötsch/Pung* § 14 KStG Rz. 258; *E/S/Erle/Heurung* § 14 KStG Rz. 110; *Bott/Walter/Walter* § 14 KStG Rz. 276; *Frotscher/Drüen/Frotscher* § 14 KStG Rz. 220; *Gosch/Neumann* § 14 KStG Rz. 133; *H/H/R/Kolbe* § 14 KStG Rz. 113; *S/F/Brink* § 14 KStG Rz. 173; *Streck/Olbing* § 14 KStG Rz. 44 f.; vgl. hierzu auch *Walter* Der Konzern 13, 472, 472 ff.; Hinweis auch auf BFH I R 51/15 v. 10.5.17, DStR 17, 2109 und FG Bremen 3 K 12/17 v. 14.12.17, EFG 18, 228). Demzufolge soll zB auch ein Stimmbindungsvertrag allein nicht zur finanziellen Eingliederung führen (so FG Nds. VI

626/88 v. 7.6.90, GmbHR 91, 290). Krit. hierzu *M/S/O/Müller* § 14 KStG Rz. 164 unter Hinweis auf BFH V R 50/00 v. 22.11.01, BStBl. II 02, 167.

84   Fraglich ist, wie mit Situationen umzugehen ist, in denen der wirtschaftliche Eigentümer der Anteile und die Person, der gesellschaftsrechtlich die Stimmrechte zustehen, auseinanderfallen (zB **Treuhandverhältnisse, Sicherungsübereignung**). Teile des Schrifttums wollen hier auf den konkreten Einzelfall abstellen und eine finanzielle Eingliederung in den wirtschaftlichen Eigentümer der Anteile bejahen, wenn dieser aus steuerlicher Sicht auch die Befugnis zur Ausübung der Stimmrechte hat (so *Blümich/Krumm* § 14 KStG Rz. 84; *Gosch/Neumann* § 14 KStG Rz. 133; *Stadler/Bindl* GmbHR 10, 412, 415 f.). Eine Organschaft zum Treugeber sollte bspw. möglich sein, wenn der Treuhänder hinsichtlich der Stimmrechtsausübung an die Weisungen des Treugebers gebunden ist (so zutreffend *Bott/Walter/Walter* § 14 KStG Rz. 277; *Frotscher/Drüen/Frotscher* § 14 KStG Rz. 221; *Streck/Olbing* § 14 KStG Rz. 43).

85   § 14 Abs. 1 Satz 1 Nr. 1 Satz 1 KStG stellt auf die **Mehrheit der Stimmrechte** ab. Der Umfang der kapitalmäßigen Beteiligung ist nicht entscheidend (vgl. *D/P/M/ Dötsch/Pung* § 14 KStG Rz. 254; *Bott/Walter/Walter* § 14 KStG Rz. 273; *H/H/R/ Kolbe* § 14 KStG Rz. 111). Die einfache Stimmenmehrheit reicht aus, wenn der Gesellschaftsvertrag keine Besonderheiten vorsieht (vgl. *Blümich/Krumm* § 14 KStG Rz. 81; *D/P/M/Dötsch/Pung* § 14 KStG Rz. 254; *Gosch/Neumann* § 14 KStG Rz. 131; *H/H/R/Kolbe* § 14 KStG Rz. 111; vgl. auch FG Düsseldorf 6 K 3291/19 F v. 24.11.20, EFG 21, 228, Rev. I R 50/20). Sind übliche Beschlüsse der Gesellschaft gesellschaftsvertraglich an höhere Stimmrechtsmehrheiten gebunden, soll diese maßgeblich sein (vgl. *Blümich/Krumm* § 14 KStG Rz. 81; *D/P/M/Dötsch/Pung* § 14 KStG Rz. 254 unter Hinweis auf BFH V R 50/00 v. 22.11.01, BStBl. II 02, 167; *Gosch/Neumann* § 14 KStG Rz. 131; *H/H/R/Kolbe* § 14 KStG Rz. 111; *S/F/Brink* § 14 KStG Rz. 179; krit. hierzu *Bott/Walter/Walter* § 14 KStG Rz. 274). **Eigene Anteile** sind bei der Ermittlung der Stimmrechtsmehrheit nicht zu beachten (vgl. *D/P/M/Dötsch/Pung* § 14 KStG Rz. 256; *H/H/R/Kolbe* § 14 KStG Rz. 112). Auch **stimmrechtslose Aktien** sind nicht zu berücksichtigen (vgl. *D/P/M/Dötsch* § 14 KStG Rz. 257; *M/S/O/Müller* § 14 KStG Rz. 165). Bei einer **KGaA** ermittelt sich die Stimmrechtsmehrheit ausschließlich anhand der Stimmrechte aus den Kommanditaktien (vgl. *D/P/M/Dötsch/Pung* § 14 KStG Rz. 260; *Bott/Walter/Walter* § 14 KStG Rz. 276; *Frotscher/Drüen/Frotscher* § 14 KStG Rz. 213; *Gosch/Neumann* § 14 KStG Rz. 134; *H/H/R/Kolbe* § 14 KStG Rz. 113; *S/F/Brink* § 14 KStG Rz. 180). Bei einer **Wertpapierleihe** ist der Entleiher nach tradierter Auffassung im Regelfall zivilrechtlicher und wirtschaftlicher Eigentümer der entliehenen Anteile, so dass ihm die entsprechenden Stimmrechte für Zwecke der finanziellen Eingliederung zuzurechnen sind (vgl. *Frotscher/Drüen/Frotscher* § 14 KStG Rz. 228; *S/F/Brink* § 14 KStG Rz. 177); durch die Rechtsprechung und Verwaltungsauffassung zur sog. strukturierten Wertpapierleihe (vgl. BFH I R 88/13 v. 18.8.15, BStBl. II 16, 961; FG Nürnberg 1 K 904/14 v. 7.6.16, EFG 17, 59; FG Nds 6 K 230/15 v. 17.11.16, DStRK 17, 76; Hessisches FG 4 K 890/17, EFG 20, 1160; BMF v. 11.11.16, BStBl. I 16, 1324; BMF v. 17.7.17, BStBl. I 17, 986) ist im Hinblick auf die Zurechnung auch des wirtschaftlichen Eigentums an den Anteilen beim Entleiher auch im Bereich außerhalb der strukturierten Wertpapierleihe allerdings eine beachtliche Unsicherheit entstanden.

86   Nach § 16 Abs. 1 GmbHG bildet die **Gesellschafterliste** eine Legitimationsgrundlage für die Wahrnehmung mitgliedschaftlicher Rechte wie bspw. des Stimmrechts. Dies wirft die Frage auf, ob eine finanzielle Eingliederung daran scheitert, wenn der Organträger zum Beginn des Wirtschaftsjahrs der Organgesellschaft (zu diesem zeitlichen Aspekt vgl. Rz. 96 ff.) nicht in der Gesellschafterliste eingetragen ist. Nach zutreffender Ansicht sollte die Organschaft hieran nicht scheitern (vgl. z.B. *Blümich/ Krumm* § 14 KStG Rz. 92; *D/P/M/Dötsch/Pung* § 14 KStG Rz. 253; *Frotscher/Drüen/ Frotscher* § 14 KStG Rz. 217 f.; *Stadler/Bindl* GmbHR 10, 412).

Bei der Prüfung der Stimmrechtsmehrheit sind **mittelbare Beteiligungen** zu be- **87** rücksichtigen, wenn die Beteiligung an jeder vermittelnden Gesellschaft die Mehrheit der Stimmrechte gewährt (§ 14 Abs. 1 Satz 1 Nr. 1 Satz 2 KStG). Auch eine Vermittlung über mehrere Konzernstufen ist möglich (vgl. zB *E/S/Erle/Heurung* § 14 KStG Rz. 122). Hierbei ist es nicht erforderlich, dass die vermittelnde Gesellschaft selbst Organgesellschaft sein könnte (vgl. KStH 14.2 „Mittelbare Beteiligung"), womit zB auch die über eine **zwischengeschaltete Personengesellschaft** gehaltenen Beteiligungen Beachtung finden (vgl. BFH I R 143/75 v. 2.11.77, BStBl. II 78, 74; KStR 14.2 Satz 4; *Blümich/Krumm* § 14 KStG Rz. 88; *Bott/ Walter/Walter* § 14 KStG Rz. 290 ff.; *Frotscher/Drüen/Frotscher* § 14 KStG Rz. 249 ff.; *Gosch/Neumann* § 14 KStG Rz. 140). Die zutreffende hM des Schrifttums hält demzufolge auch die Vermittlung einer finanziellen Eingliederung über eine **zwischengeschaltete ausländische Gesellschaft** für zulässig (vgl. zB *D/P/M/Dötsch/Pung* § 14 KStG Rz. 271; *E/S/Erle/Heurung* § 14 KStG Rz. 119 und Rz. 125; *Bott/ Walter/Walter* § 14 KStG Rz. 293; *Gosch/Neumann* § 14 KStG Rz. 150; *Streck/Olbing* § 14 KStG Rz. 52).

Die genaue Art der Berechnung der mittelbaren Stimmrechte ist umstritten. **88**

Beispiel (vgl. *F/D/Frotscher* § 14 KStG Rz. 236): M-AG hält 60% an T-GmbH und T-GmbH hält 60% an E-GmbH. Ist E-GmbH in M-AG finanziell eingegliedert?

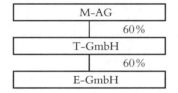

Auffassung 1 – **Durchrechnungsmethode:** Nach der Durchrechnungsmethode **89** hält M-AG nur 36% der Stimmrechte an E-GmbH (= 60% x 60%). Damit ist E-GmbH nicht in M-AG finanziell eingegliedert. Für die Durchrechnungsmethode spricht sich zB aus: *Gosch/Neumann* § 14 KStG Rz. 139. Die Finanzverwaltung verwendet die Durchrechnungsmethode (vgl. KStR 14.2 Beispiel Nr. 3).

Auffassung 2 – **Additionsmethode:** Nach der Additionsmethode ist es ausreichend, **90** dass M-AG die Stimmrechtsmehrheit an der vermittelnden Gesellschaft (T-GmbH) hält um die von der vermittelnden Gesellschaft an der Organgesellschaft (E-GmbH) gehaltenen Stimmrechte bei der Ermittlung der finanziellen Eingliederung im vollen Umfang zu berücksichtigen. Damit ist E-GmbH in M-AG finanziell eingegliedert, da M-AG die Stimmrechtsmehrheit bei der T-GmbH hat und Letztere die Stimmrechtsmehrheit bei der E-GmbH besitzt. Für die uE zutreffende Additionsmethode sprechen sich zB aus: *Blümich/Krumm* § 14 KStG Rz. 87; *D/P/M/Dötsch/Pung* § 14 KStG Rz. 267 mwN und Rz. 277; *E/S/Erle/Heurung* § 14 KStG Rz. 117; *Bott/Walter/Walter* § 14 KStG Rz. 295.1; *Frotscher/Drüen/Frotscher* § 14 KStG Rz. 237; *H/H/R/Kolbe* § 14 KStG Rz. 113; *S/F/Brink* § 14 KStG Rz. 159.

Die Stimmrechtsmehrheit kann sowohl ausschließlich aus einer unmittelbaren oder **91** ausschließlich aus einer mittelbaren Beteiligung resultieren. Auch eine Addition der Stimmrechte aus unmittelbaren und mittelbaren Beteiligungen ist möglich (**kein Additionsverbot,** das diesbezügliche Verbot ist ab 2001 entfallen; vgl. KStR 14.2 Satz 3; *Gosch/Neumann* § 14 KStG Rz. 137 f.; *D/P/M/Dötsch/Pung* § 14 KStG Rz. 277). Hierbei ist es nur erforderlich, dass der Organträger an der vermittelnden Gesellschaft die Stimmrechtsmehrheit hat. Eine Mehrheit zwischen vermittelnder Gesellschaft und Organgesellschaft ist nicht notwendig. Vgl. die Beispiele bei *D/P/M/Dötsch/Pung* § 14 KStG Rz. 278.

(frei) **92–95**

b) Zeitliche Anforderungen an die finanzielle Eingliederung

96   Die finanzielle Eingliederung muss **vom Beginn des Wirtschaftsjahres der Organgesellschaft ununterbrochen** bestehen (§ 14 Abs. 1 Satz 1 Nr. 1 Satz 1 KStG). „Ununterbrochen" bedeutet, dass diese Eingliederung vom Beginn des Wirtschaftsjahres der Organgesellschaft an ohne Unterbrechung bis zum Ende dieses Wirtschaftsjahres bestehen muss, was auch im Falle eines Rumpfwirtschaftsjahres gilt (KStR 14.4 Abs. 1 Satz 2 und Satz 3). Hierbei soll bereits eine kurze Unterbrechung der finanziellen Eingliederung schädlich sein (so zB *Frotscher/Drüen/Frotscher* § 14 KStG Rz. 272).

97   Die Finanzverwaltung akzeptiert die Vornahme von sog. **„Mitternachtsgeschäften",** dh. von Geschäften, in denen die Beteiligung an der Organgesellschaft zum Ende ihres Wirtschaftsjahres (dh. um 24.00 Uhr) veräußert wird. In diesem Fällen soll für das alte Wirtschaftsjahr die finanzielle Eingliederung zum Veräußerer noch in einem ausreichendem Maße bestanden haben, während der Käufer ab Beginn des neuen Wirtschaftsjahres die ausreichende finanzielle Eingliederung in Bezug auf die Organgesellschaft besitzt (KStR 14.4 Abs. 2 Satz 1 und Satz 2; *D/P/M/Dötsch/Pung* § 14 KStG Rz. 299; *Frotscher/Drüen/Frotscher* § 14 KStG Rz. 278 f.; *S/F/Brink* § 14 KStG Rz. 191 ff.).

98   Eine lückenlose Organschaft ist auch in den Fällen einer unterjährigen Beteiligungsveräußerung möglich, wenn die Organgesellschaft auf den Zeitpunkt der Beteiligungsveräußerung ihr **Wirtschaftsjahr** mit Zustimmung der Finanzverwaltung **umstellt** (KStR 14.4 Abs. 2 Satz 3). Die dafür nach § 7 Abs. 4 Satz 3 KStG erforderliche Zustimmung der Finanzverwaltung ist nach KStR 14.4 Abs. 3 Satz 1 zu erteilen, was auch dann gilt, wenn anschließend das Wirtschaftsjahr ein zweites Mal umgestellt wird, um den Abschlussstichtag der Organgesellschaft mit demjenigen des Organträgers zu synchronisieren (KStR 14.4 Abs. 3 Satz 2). Hierbei ist allerdings zu beachten, dass eine Geschäftsjahrumstellung eine Änderung des Gesellschaftsvertrags erfordert, erst mit Eintragung im Handelsregister wirksam wird und daher keine Rückwirkung entfaltet (vgl. BFH I R 105/86 v. 13.9.89, BFH/NV 90, 326; *Blümich/Krumm* § 14 KStG Rz. 91; *D/P/M/Dötsch/Pung* § 14 KStG Rz. 302).

99   Ob im Rahmen von **Umwandlungen** die finanzielle Eingliederung an der umwandlungssteuerrechtlichen Rückwirkung teilnimmt, hat die Rechtsprechung bisher für verschiedene Fallkonstellationen entschieden und dabei den Übergang der finanziellen Eingliederung im Rahmen der umwandlungssteuerrechtlichen Rechtsnachfolge bejaht (vgl. BFH I R 89/09 v. 28.7.10, DStR 10, 2182; BFH I R 111/09 v. 28.7.10, BFH/NV 11, 67; FG Hessen 4 K 412/19 v. 14.5.20, DStRK 20, 316 (Rev I R 21/20); FG Rheinland-Pfalz 1 K 1585/15 v. 18.8.20, BeckRS 2020, 32597 (Rev. I R 40/20); FG Hamburg 6 K 150/18 v. 4.9.20, EFG 21, 55, Rev. I R 36/20; FG Düsseldorf 6 K 2704/17 K v. 29.9.20, EFG 20, 1782 (Rev. I R 40/20); Hinweis aber auch auf BFH I R 19/15 v. 10.5.17, BStBl. II 19, 81). Im UmwSt-Erlass BMF v. 11.11.11 (BStBl. I 11, 1314 Tz. Org. 02 f., 08, 14 f.) misst die FinVerw. neben der umwandlungssteuerlichen Rechtsnachfolge – zumindest grundsätzlich – auch der steuerlichen Rückwirkung Bedeutung für den Übergang der finanziellen Eingliederung bei (dagegen FG Hessen 4 K 412/19 v. 14.5.20, DStRK 20, 316 (Rev I R 21/20); FG Rheinland-Pfalz 1 K 1585/15 v. 18.8.20, BeckRS 2020, 32597 (Rev. I R 40/20); FG Düsseldorf 6 K 2704/17 K v. 29.9.20, EFG 20, 1782 (Rev. I R 40/20)). Vgl. näher hierzu zB *Brühl/Weiss* Ubg 20, 715; *Hasbach* Der Konzern 20, 378; *Stangl/Winter,* Organschaft 2013/2014, Rz. 473 ff.

100   Ein **unterjähriger Wechsel von einer unmittelbaren zu einer mittelbaren finanziellen Eingliederung (und umgekehrt)** ist nach zutreffender Ansicht für das Zeitkriterium unschädlich (vgl. *D/P/M/Dötsch/Pung* § 14 KStG Rz. 296; *E/S/Erle/Heurung* § 14 KStG Rz. 113; *Bott/Walter/*Walter § 14 KStG Rz. 281; *Gosch/Neumann* § 14 KStG Rz. 155; *Streck/Olbing* § 14 KStG Rz. 53; *S/F/Brink* § 14 KStG

Rz. 197f.). Diese Auffassung wird wohl auch von der FinVerw. geteilt (vgl. BMF v. 11.11.11, BStBl. I 11, 1314 Tz. Org. 16).

(frei)   101–103

2. Gewinnabführungsvertrag

a) Rechtsnatur

Der Gewinnabführungsvertrag ist – ebenso wie der Beherrschungsvertrag – Unter- 104
nehmensvertrag im engeren Sinne. Damit ist er nach Ansicht von BGH und BFH
Organisationsvertrag: *„Der Unternehmensvertrag des § 291 AktG ist kein schuldrechtli-*
cher Vertrag, sondern ein gesellschaftsrechtlicher Organisationsvertrag; er ändert satzungsgleich
den rechtlichen Status der beherrschten Gesellschaft, indem er insbesondere den Gesellschafts-
zweck am Konzerninteresse ausrichtet und in das Gewinnbezugsrecht der Gesellschafter ein-
greift." (BGH II ZR 170/87 v. 14.12.87, BGHZ 103, 1, 4f.; entsprechend BFH I R
94/06 v. 28.11.07, BFHE 220, 51).

In der Folge sind auf den Vertrag grundsätzlich die **Auslegungsgrundsätze** anzu- 105
wenden, die für Satzungsbestimmungen mit körperschaftlichem Charakter gelten (ob-
jektivierte Auslegung, vgl. BFH I R 94/06 v. 28.11.07, DStRE 08, 878; BFH IV R
38/07 v. 3.9.09, BStBl. II 10, 60; BFH I B 27/10 v. 28.7.10, BStBl. II 10, 932 (geändert durch BFH I B 27/10 v. 15.9.10, BStBl. II 10, 935); BFH I B 71/10 v. 2.11.10,
BFH/NV 11, 849; BFH I R 1/12 v. 23.1.13, BFH/NV 13, 98; FG Bremen 1 K
46/05 v. 7.7.05, EFG 05, 1554).

Die §§ 291 ff. AktG stellen zwingende **Mindestanforderungen** an die inhaltliche 106
Ausgestaltung der Unternehmensverträge dar, ebenso wie auch andere zwingende aktienrechtliche Regelungen beachtet werden müssen. Im Übrigen besteht jedoch
grundsätzlich auch hier Vertragsfreiheit mit entsprechenden Gestaltungsspielräumen
(BGH II ZR 238/91 v. 5.4.93, BGHZ 122, 211, 217, 227f. „SSI"; *Hirte* ZGR 94,
644). Insbesondere ist *„der Gewinnabführungsanspruch ein vertraglicher Anspruch, dessen*
konkreter Inhalt hinsichtlich seiner Entstehung, Fälligkeit und Maßgeblichkeit des Jahresab-
schlusses für seine Höhe nach allgemeinen Grundsätzen durch Auslegung der vertraglichen Ver-
einbarung zu ermitteln ist" (BGH II ZR 175/18 v. 16.7.19, NZG 19, 1149 Tz. 42).
Dabei sind allerdings stets die zusätzlichen Erfordernisse des Steuerrechts zu berücksichtigen (vgl. zB Rz. 230ff.).

§ 292 Abs. 1 AktG erklärt noch vier weitere Vertragstypen zu Unternehmensver- 107
trägen, nämlich die Gewinngemeinschaft, den Teilgewinnabführungsvertrag, den Betriebspachtvertrag und den Betriebsüberlassungsvertrag. In diesen **„anderen Unter-**
nehmensverträgen" hat der Gesetzgeber keine (in die Verfassung der Gesellschaft
eingreifenden) Organisationsverträge, sondern rein schuldrechtliche Verträge zum
Austausch von Leistung und Gegenleistung gesehen (Begr. RegE zu § 292 AktG
1965, abgedruckt bei *Stangl/Winter,* Organschaft 2013/2014, S. 337).

(frei)   108–111

b) Vertragsparteien

Die aktienkonzernrechtlichen Vorschriften der §§ 291 ff. AktG sind unmittelbar an- 112
wendbar, sofern es sich bei der abhängigen bzw. zur Gewinnabführung verpflichteten
Gesellschaft **(Organgesellschaft)** um eine **AG, KGaA oder SE** mit Sitz in Deutsch-
land handelt (zur SE vgl. Art. 9 Abs. 2 lit. C) ii) SE-VO und ihre Erwähnung in § 14
Abs. 1 Satz 1 KStG). Für andere Rechtsformen ist das Konzernrecht nicht kodifiziert.
Unternehmensverträge mit einer **Personengesellschaft** als verpflichteter Gesellschaft
sind selten, aber möglich (vgl. BGH II ZR 210/76 v. 5.2.79, NJW 79, 2245 „Gervais";
OLG Düsseldorf 19 W 3/00 Akt/E v. 27.2.04, AG 04, 324, 326f. „EVA"; BayObLG 3
Z BR 130/92 v. 10.12.92, NJW 93, 1804 „BSW"; OLG München 31 Wx 2/11 v.
8.2.11, GmbHR 11, 376, 377). Zu Gewinnabführungsverträgen mit nach Deutschland
zugezogenen EU-/EWR-Gesellschaften vgl. *Winter/Marx* DStR 11, 1001.

113   Ein Beherrschungs- oder Gewinnabführungsvertrag kann nach allgem., durch § 30 Abs. 1 Satz 2 GmbHG bestätigter Meinung auch mit einer **GmbH** abgeschlossen werden; dies ist sogar der praktisch häufigste Fall. Auch die in § 5a GmbHG als Unterform zur GmbH geregelte **Unternehmergesellschaft (haftungsbeschränkt)** kann sich entsprechend verpflichten. Das Erfordernis der Rücklagenbildung nach § 5a Abs. 3 Satz 1 GmbHG steht dem Abschluss eines Gewinnabführungsvertrages nach zutreffender Ansicht nicht entgegen (*Rubel* GmbHR 10, 470; *Baumbach/Hueck/ Servatius* § 5a GmbHG Rz. 37; **aA** *Weber* BB 09, 842, 847, der deshalb nur einen Teilgewinnabführungsvertrag für zulässig hält).

114   Die Rechtsform des anderen Vertragsteils **(Organträger)** ist gleichgültig. Vertragspartner kann damit zB auch eine natürliche Person werden, sofern diese „**Unternehmen**" im konzernrechtlichen Sinne, nicht nur „Privataktionär" ist (näher hierzu *Rubner* Der Konzern 03, 735). Auch juristische Personen des Öffentlichen Rechts kommen in Frage, etwa kommunale Gebietskörperschaften. Bei Letzteren ist allerdings zu prüfen, ob nicht die betreffende Gemeindeordnung des Landes den Abschluss von Beherrschungs- und Gewinnabführungsverträgen mit kommunalen Beteiligungsunternehmen wegen der damit verbundenen Verlustausgleichspflicht verbietet (vgl. OLG München 31 Wx 16/09 v. 14.7.09, AG 09, 706 zu Art. 72 Abs. 2 BayGO); die zivilrechtliche Wirksamkeit eines dennoch geschlossenen Unternehmensvertrages bliebe hiervon unberührt (*Keßler* GmbHR 01, 320).

115   Zu den aus steuerlicher Sicht bestehenden personellen Anforderungen an den Organträger und die Organgesellschaft siehe Rz. 55 ff. und Rz. 67 ff.

116–118 *(frei)*

c) Abschluss des Vertrages

119   Das Aktiengesetz unterscheidet auf dem Weg zum wirksamen Unternehmensvertrag verschiedene Stufen: Der Vorstand entscheidet auf Grund seiner Leitungskompetenz (§ 76 Abs. 1 AktG) über die Vorbereitung, den Abschluss und den Inhalt des Unternehmensvertrages. Zu seiner Wirksamkeit bedarf der Vertrag als Organisationsvertrag (Rz. 104) zusätzlich jedoch noch der Zustimmung der jeweiligen Hauptversammlung (§ 293 Abs. 1 bzw. 2 AktG) und der Eintragung in das Handelsregister der abhängigen bzw. zur Gewinnabführung verpflichteten Gesellschaft (§ 294 AktG).

120   Der **Vertragsschluss** erfolgt für beide Vertragspartner durch den **Vorstand** (bzw. im Fall einer KGaA durch den persönlich haftenden Gesellschafter). Theoretisch kann die jeweilige Hauptversammlung den Vorstand hierzu auch (mit qualifizierter Mehrheit) anweisen, § 83 Abs. 1 AktG. Für den Vertrag genügt die **Schriftform,** § 293 Abs. 3 AktG.

121   Auch bei der **GmbH** kann der Unternehmensvertrag von den Geschäftsführern (in vertretungsberechtigter Zahl) **privatschriftlich** abgeschlossen werden (§ 293 Abs. 3 AktG analog). Sofern der Vertrag ausnahmsweise ein Abfindungsangebot analog § 305 AktG enthält, bedarf er allerdings nach § 15 Abs. 4 GmbHG der notariellen Beurkundung (zB *Emmerich/Habersack* § 293 AktG Rz. 41).

d) Zustimmungsbeschlüsse

122   Der **Zustimmungsbeschluss** der jeweiligen Hauptversammlung bedarf einer **qualifizierten Mehrheit** von drei Vierteln des bei der Beschlussfassung vertretenen Grundkapitals (§ 293 Abs. 1 Satz 2 AktG) sowie der einfachen Stimmenmehrheit (§ 131 Abs. 1 AktG), sofern die Satzung nicht noch weitergehende Erfordernisse bestimmt. Die Zustimmung kann dem Vertragsschluss sowohl nachfolgen (als Genehmigung gem. § 184 BGB) als auch vorangehen (als Einwilligung gem. § 183 BGB) (*Spindler/Stilz/Veil* § 293 AktG Rz. 16). Es ist also möglich, über einen Entwurf des Unternehmensvertrages Beschluss zu fassen und den Vertrag erst anschließend – dann allerdings unverändert – abzuschließen.

Zur **Form** des Zustimmungsbeschlusses enthält § 293 AktG keine spezielle Rege- 123
lung. Bei AG, KGaA oder SE bedarf er daher nach § 130 Abs. 1 Satz 1 AktG der **notariellen Beurkundung** (Satz 3 ist nicht einschlägig).

Im **GmbH-Konzern** ist zwischen dem Zustimmungsbeschluss bei der verpflichte- 124
ten Gesellschaft und bei dem anderen Vertragsteil zu differenzieren, in Bezug sowohl
auf die Mehrheits- als auch auf die Formerfordernisse:
– Bei der Organgesellschaft kann der Zustimmungsbeschluss nach zutreffender An-
  sicht mit qualifizierter Mehrheit, nach aA dagegen nur einstimmig gefasst werden.
  Dieser Beschluss ist notariell zu beurkunden.
– Bei dem Organträger genügt für den Zustimmungsbeschluss eine qualifizierte
  Mehrheit und Schriftform.
Im Einzelnen gilt für die GmbH:

aa) GmbH als Organgesellschaft

Bei der **Organgesellschaft** kommt der Abschluss eines Beherrschungs- und/oder 125
Gewinnabführungsvertrages einer Änderung des Gesellschaftsvertrages so nahe, dass ihre
Gesellschafter dem durch **vertragsändernden, somit notariell zu beurkundenden
Beschluss** entsprechend §§ 53, 54 GmbHG und § 293 Abs. 1 AktG zustimmen müssen
(BGH II ZB 7/88 v. 24.10.88, BGHZ 105, 324, 331 f., 338 „Supermarkt"; *Emme-
rich/Habersack* § 293 AktG Rz. 42). Streitig ist die erforderliche Mehrheit:

Nach einer Ansicht genügt eine **qualifizierte Mehrheit,** analog § 293 Abs. 1 126
AktG und § 53 Abs. 2 Satz 1 GmbHG (zB *Lutter/Hommelhoff* Anh § 13 Rz. 65 f.; *Mi-
chalski/Servatius* Syst. Darst. 4 Rz. 79; *Krafka* Registerrecht 11. Aufl. 2019 Rz. 1110;
MünchKommGmbHG/Liebscher § 13 Anh Rz. 735 ff. für kapitalistisch strukturierte Ge-
sellschaften). Kritiker dieser Ansicht wollen dem anderen Vertragsteil dann jedoch
zumindest nach § 47 Abs. 4 Satz 2 GmbHG das Stimmrecht absprechen (*Altmeppen*
Anh § 13 Rz. 39 f.; *Baumbach/Hueck* Schlussanhang Rz. 107; anders jedoch der BGH
II ZR 109/10 v. 31.5.11, DStR 11, 1576).

Die Gegenansicht verlangt entsprechend § 33 Abs. 1 Satz 2 BGB die **Zustimmung** 127
aller Gesellschafter: Der Abschluss eines Unternehmensvertrages bewirke eine Änderung des Gesellschaftszwecks (nur) der verpflichteten Gesellschaft, die entsprechend
§ 33 Abs. 1 Satz 2 BGB der Einstimmigkeit bedürfe. Hierdurch sollen Minderheitsgesellschafter effektiv geschützt und nicht auf eine analoge Anwendung der §§ 304, 305
AktG und ggf. des § 1 SpruchG verwiesen werden (*Altmeppen* Anh § 13 Rz. 36, 40;
Emmerich/Habersack § 293 AktG Rz. 43a; *MünchKommGmbHG/Liebscher* § 13 Anh
Rz. 740 für personalistisch strukturierte Gesellschaften).

Relevant wird dieser Meinungsstreit nur dann, wenn außenstehende Gesellschafter 128
bei der verpflichteten Gesellschaft tatsächlich überstimmt werden. Denn selbstverständlich muss den außenstehenden Gesellschaftern nicht gegen deren Willen in analoger Anwendung des § 304 AktG eine Ausgleichszahlung aufgedrängt werden, sondern kann *einstimmig* auch ein Unternehmensvertrag ohne jede Ausgleichszahlung
abgeschlossen werden – was insbesondere bei Konzernzugehörigkeit auch der außenstehenden Gesellschafter oder bei anderweitiger Kompensation nahe liegt (anders wohl
Michalski/Servatius Syst. Darst. 4 Rz. 109, 329).

In den wenigen danach noch verbleibenden Fällen **überzeugt der Rückgriff auf** 129
§ 33 BGB nicht. Im GmbH-Recht wirkt diese Bestimmung wie ein Fremdkörper:
Das GmbH-Recht lässt für Beschlüsse über Änderungen des Gesellschaftsvertrages
(einschließlich des Unternehmensgegenstandes), die Liquidation der Gesellschaft und
auch Umwandlungsmaßnahmen jeweils qualifizierte Mehrheitsentscheidungen genügen (§§ 53 Abs. 2, 60 Abs. 1 Nr. 2 GmbHG; §§ 50 Abs. 1, 233 Abs. 2, 240 Abs. 1
UmwG). Für den Formwechsel eines Vereins führt § 275 UmwG dagegen die Differenzierung des § 33 Abs. 1 BGB fort und verlangt bei Zweckänderung Einstimmigkeit.

130   Eine prominent vertretene, wenn auch vereinzelt gebliebene Ansicht bezweifelt daher aus guten Gründen schon die **Analogiefähigkeit des § 33 BGB:** *„Diese Vorschrift ist eine Sondernorm des eingetragenen Vereins, der die Mitglieder vor einer Verfälschung ihrer idealen Ziele schützen soll. Sowohl ihr dispositiver Charakter als auch der Vergleich mit gesetzlich geregelten Fällen der Zweckänderung sprechen dagegen, in § 33 BGB einen Satz gesellschaftsrechtlichen Naturrechts zu sehen.“* (*Wiedemann*, Gesellschaftsrecht I, 1980, S. 156; gleichsinnig *Flume* Die juristische Person, 1983, S. 264; vgl. § 40 BGB zur Dispositivität des § 33 BGB). Die hM geht gleichwohl davon aus, dass die Vorschrift auch auf GmbH und AG Anwendung findet, sofern diese ihren (vom Unternehmensgegenstand zu unterscheidenden) Gesellschaftszweck ändern wollen (*Baumbach/Hueck* § 53 Rz. 29, Schlussanhang Rz. 106; *Hüffer/Koch* § 23 AktG Rz. 22 und § 179 AktG Rz. 33).

131   Eine solche **Zweckänderung** setzt aber voraus, dass der **oberste Leitsatz** für die Tätigkeit des Vereins bzw. der Gesellschaft betroffen ist, mit dessen Abänderung das Mitglied bei seinem Beitritt schlechterdings nicht rechnen kann (so BGH II ZB 5/85 v. 11.11.85, BGHZ 96, 245, 251 f. und *MünchKommBGB/Leuschner* § 33 Rz. 11 f., beide für den Verein). Eines der wenigen anerkannten Beispiele hierfür ist der Übergang von einer erwerbswirtschaftlichen zu einer gemeinnützigen Tätigkeit (und umgekehrt) (vgl. *Hüffer/Koch* § 23 AktG Rz. 22). Dem müsste der Abschluss eines Unternehmensvertrages qualitativ in etwa gleichkommen. Dies ist aber weder für das Außen- noch für das Innenverhältnis der verpflichteten Gesellschaft der Fall.

132   **Nach außen hin** lässt der Abschluss eines Beherrschungs- oder Gewinnabführungsvertrages die erwerbswirtschaftliche Ausrichtung der Gesellschaft unberührt; die Gesellschaft tritt weiterhin unternehmerisch am Markt auf, mit dem Zweck der Umsatz- und Gewinnerzielung.

133   **Im Innenverhältnis der Gesellschafter** „erkauft“ der andere Vertragteil das Weisungsrecht und/oder die Gewinnabführung durch die Verpflichtung zum Verlustausgleich nach § 302 AktG und zur Leistung angemessener Ausgleichszahlungen an die Minderheitsgesellschafter. Die erwerbswirtschaftliche Ausrichtung der Beteiligungen der Minderheitsgesellschafter bleibt damit, wenn auch mit Einschränkungen, erhalten. Mit solchen Einschränkungen aufgrund eines Mehrheitsbeschlusses muss, wie § 293 Abs. 1 Satz 2 AktG zeigt, aber zumindest der Aktionär einer AG rechnen; jedenfalls dort bewirkt der Unternehmensvertrag also keine Zweckänderung iSd. § 33 BGB. Für die GmbH ist dann nicht anders zu entscheiden.

134   Schließlich schützt auch **§ 53 Abs. 3 GmbHG,** der regelmäßig als weiterer Beleg für das angebliche Einstimmigkeitserfordernis angeführt wird, nur vor einer Vermehrung von Leistungspflichten, nicht aber umgekehrt vor einer – entsprechend §§ 304, 305 AktG „abzufedernden“ – Verkürzung von Rechten.

135   Zum **Stimmverbot des § 47 Abs. 4 Satz 2 GmbHG** hat der BGH im „Supermarkt-Beschluss“ offen gelassen, ob die Vorschrift auch Beschlüsse über innere Angelegenheiten der Gesellschaft betrifft und die Zustimmung zum Unternehmensvertrag als ein solcher innergesellschaftlicher Akt zu werten ist. Jedenfalls bezweckt § 47 Abs. 4 Satz 2 GmbHG den Schutz des Gesellschaftsvermögens nur zugunsten der übrigen Gesellschafter bzw. der Gesellschaftergesamtheit und erfasst deshalb keine Geschäfte des Alleingesellschafters mit sich selbst (BGH II ZB 7/88 v. 24.10.88, BGHZ 105, 324, 332 f. „Supermarkt“). Nach BGH II ZR 109/10 v. 31.5.11, DStR 11, 1576 ist der Organträger bei der Beschlussfassung über die ordentliche Kündigung eines Beherrschungs- und Gewinnabführungsvertrages stimmberechtigt. Dann kann für den Abschluss nichts anderes gelten.

136–138 *(frei)*

bb) GmbH als Organträger

139   Auch wenn der Organträger eine GmbH ist, ist bei ihm entsprechend § 293 Abs. 2 AktG ein Zustimmungsbeschluss mit einer **qualifizierten Mehrheit** von mindestens

drei Vierteln der bei der Beschlussfassung vertretenen Gesellschafter (= abgegebene Stimmen) erforderlich. Das Zustimmungserfordernis in § 293 Abs. 2 AktG rechtfertigt sich aus der Sicherung außenstehender Aktionäre, der Verlustübernahme und der Sicherheitsleistung (§§ 302–305 AktG). Hieraus ergibt sich für den anderen Vertragsteil ein „erhöhtes Geschäftsrisiko", welches die Übernahme des aktienrechtlichen Zustimmungserfordernisses auch für die GmbH rechtfertigt (BGH II ZB 7/88 v. 24.10.88, BGHZ 105, 324, 333 ff. „Supermarkt").

Bei der GmbH als Organträger genügt für den Zustimmungsbeschluss die **einfache** 140 **Schriftform,** wobei der Vertrag der Niederschrift als Anlage beizufügen ist (BGH II ZB 15/91 v. 30.1.92, WM 92, 524). Im Falle einer AG wäre dagegen gemäß § 130 Abs. 1 Satz 1 AktG notarielle Beurkundung erforderlich (s. Rz. 123).

e) Wirksamwerden des Vertrages

Nach erteilter Zustimmung ist die Organgesellschaft gegenüber dem anderen Ver- 141 tragsteil verpflichtet, die **(konstitutive) Eintragung** des Vertrages in das Handelsregister und damit seine Wirksamkeit auch im Außenverhältnis herbeizuführen (§ 294 AktG). Anderenfalls kann sie wegen Verletzung einer vertraglichen Nebenpflicht zum Schadensersatz verpflichtet sein (§ 280 Abs. 1 BGB, *Spindler/Stilz/Veil* § 293 AktG Rz. 28). Diese Anmeldung und Eintragung nach § 294 AktG betrifft nach ihrem Wortlaut und der heute ganz hM nur das Handelsregister der Organgesellschaft, nicht auch das Handelsregister des anderen Vertragsteils (*Spindler/Stilz/Veil* § 294 AktG Rz. 2 mwN; vgl. OLG Celle 9 W 80/14 v. 4.6.02, BeckRS 2014, 70290). Erleichterungen gelten für Gewinnabführungsverträge mit Gesellschaften, die iSd. §§ 319 ff. AktG eingegliedert sind, § 324 Abs. 2 AktG (heute selten).

Auch bei der **GmbH** bedarf der Unternehmensvertrag zu seiner Wirksamkeit der 142 Eintragung in das Handelsregister der Organgesellschaft. Dies folgt aus einer Analogie zu § 294 AktG oder § 54 Abs. 3 GmbHG (BFH I R 66/07 v. 22.10.08, DStR 09, 100; BGH II ZB 7/88 v. 24.10.88, BGHZ 105, 324, 342 f. „Supermarkt").

Die konstitutive Wirkung der Eintragung schließt es nicht grundsätzlich aus, dass 143 sich der Vertrag **rückwirkende Kraft** beilegt. Gewinnabführungsverträge gelten daher regelmäßig bereits für das gesamte Geschäftsjahr, in dem sie durch Eintragung wirksam werden. Nach hM gilt diese Rückbeziehungsmöglichkeit allerdings – aufgrund ihrer organisationsrechtlichen Auswirkungen – nicht für Beherrschungsverträge (BayObLG 3 Z BR 370/01 v. 23.10.02, NZG 03, 36, 37; OLG Hamburg 11 U 30/90 v. 13.7.90, NJW 90, 3024; *Spindler/Stilz/Veil* § 294 AktG Rz. 26; gegen diese hM *MünchKommAktG/Altmeppen* § 294 AktG Rz. 57).

Gesellschaftsrechtlich könnte beim Gewinnabführungsvertrag insbesondere auch ein 144 in einem früheren Geschäftsjahr liegender Zeitpunkt gewählt werden, sofern für das frühere Geschäftsjahr der Jahresabschluss noch nicht erstellt ist (*Hüffer/Koch* § 294 AktG Rz. 20). Steuerrechtlich ist hingegen eine Rückwirkung nur im Rahmen des § 14 Abs. 1 Satz 2 KStG möglich. Dh. eine zivilrechtliche Rückwirkung ist steuerrechtlich nur insoweit beachtlich, als es sich um das Wirtschaftjahr der Organgesellschaft handelt, in welchem die Eintragung des Unternehmensvertrages in das Handelsregister erfolgt.

Möglich ist es, den Unternehmensvertrag zusätzlich mit einer **aufschiebenden** 145 **Bedingung** zu versehen, zB zusätzlich von der Zustimmung des Aufsichtsrates eines Vertragspartners abhängig zu machen (*Emmerich/Habersack* § 293 AktG Rz. 18; vgl. auch § 111 Abs. 4 Satz 2 AktG). Diese Bedingung muss dann vor der Eintragung in das Handelsregister ebenfalls eingetreten sein. Zulässig ist auch die Vereinbarung eines **späteren Anfangstermins,** etwa ein Inkrafttreten zum Beginn des nachfolgenden Geschäftsjahres (*Hüffer/Koch* § 294 AktG Rz. 18).

Etwaige **Anfechtungsklagen** gegen einen Zustimmungsbeschluss bewirken recht- 146 lich zwar keine Registersperre, das Registergericht kann die Entscheidung über den

Eintragungsantrag jedoch aussetzen (§§ 21, 381 FamFG). Die faktische Registersperre kann durch ein Freigabeverfahren (§ 246a AktG) überwunden werden.

147, 148   *(frei)*

f) Information der Gesellschafter

149   Die §§ 293a bis 293g AktG sollen nach dem Vorbild der §§ 8 bis 12 UmwG (und damit mittelbar der Verschmelzungsrichtlinie) die **umfassende Information** der Aktionäre bereits im Vorfeld und während der Hauptversammlung sicherstellen.

150   Ähnlich wie bei der Verschmelzung ist zunächst ein schriftlicher **Bericht über den Unternehmensvertrag** durch den Vorstand jeder daran beteiligten AG, KGaA oder SE erforderlich (§ 293a AktG). Dieser kann von den Vorständen auch gemeinsam erstattet werden (Satz 1, 2. Halbsatz); er ist durch die Organmitglieder in vertretungsberechtigter Zahl zu unterzeichnen (BGH II ZR 266/04 v. 21.5.07, NZG 07, 714). Im Bericht sind **(1)** der Abschluss des Unternehmensvertrages, **(2)** der Vertrag im Einzelnen und **(3)** insbesondere Art und Höhe des Ausgleichs nach § 304 AktG und der Abfindung nach § 305 AktG rechtlich und wirtschaftlich zu erläutern (vgl. LG Frankfurt 3–05 0 96/12 v. 18.12.12, NZG 13, 140). Durch diese Informationen sollen die Aktionäre in die Lage versetzt werden, die rechtliche Zulässigkeit und die wirtschaftliche Sinnhaftigkeit des Vertrages einer Plausibilitätsprüfung zu unterziehen. Zu erläutern ist insbesondere auch eine von der gewöhnlichen, nach dem Gesetz bestehenden Vertragssituation abweichende Regelung. Das Kammergericht hielt deshalb auch eine Kündigungsregelung für erläuterungsbedürftig, die zwar üblich war, aber gegenüber der gesetzlichen Regelung Besonderheiten aufwies (KG Berlin 2 W 101/07 v. 9.6.08, AG 09, 30, 34f.).

151   Der Bericht ist nach § 293a Abs. 3 AktG nicht erforderlich, wenn alle Anteilsinhaber aller beteiligten Unternehmen auf seine Erstattung durch öffentlich beglaubigte Erklärung **verzichten.** Durch dieses Erfordernis einer Beglaubigung anstelle der in der als Vorbild dienenden Norm § 8 Abs. 3 Satz 2 UmwG geforderten notariellen Beurkundung wollte der Gesetzgeber die mit der notariellen Beurkundung einhergehenden höheren Kosten vermeiden (RegBegr. BT-Drs. 12/6699, S. 178). Da die Einholung derartiger beglaubigter Verzichtserklärungen jedoch bei größerem Aktionärskreis schnell unpraktisch wird, muss zur Erfüllung des Formerfordernisses auch ein einstimmig gefasster, beurkundeter Beschluss genügen (*Spindler/Stilz/Veil* § 293a AktG Rz. 23).

152   § 293a Abs. 3 AktG erklärt einen Vertragsbericht nur dann für entbehrlich, wenn alle Anteilsinhaber aller beteiligten Unternehmen auf seine Erstattung verzichten. Demgegenüber fehlt eine Ausnahme für 100%ige Tochtergesellschaften, anders als für die Vertragsprüfung (§ 293b Abs. 1 Hs. 2 AktG).

153   Gem. § 293b Abs. 1 AktG muss der Unternehmensvertrag **durch sachverständige Prüfer geprüft** werden – es sei denn, dass sich alle Aktien der abhängigen Gesellschaft in der Hand des herrschenden Unternehmens befinden oder alle Anteilsinhaber aller beteiligten Unternehmen auch hierauf durch öffentlich beglaubigte Erklärung verzichten (Abs. 2 iVm. § 293a Abs. 3 AktG).

154   Die Vertragsprüfung dient dem Schutz der außenstehenden Aktionäre und der Entlastung eines ggf. nachfolgenden Spruchverfahrens, in dem das Gericht über die Angemessenheit des im Vertrag bestimmten Ausgleichs und der vorgesehenen Abfindung entscheidet (vgl. §§ 304 Abs. 3 Satz 3, 305 Abs. 5 Satz 2 AktG). § 293e AktG legt daher den Schwerpunkt des von den Vertragsprüfern zu erstellenden schriftlichen Prüfungsberichts – und damit auch der Vertragsprüfung selbst – auf die Ermittlung und die Angemessenheit von Ausgleich und Abfindung. Die Vertragsprüfer genügen ihrer Aufgabe, wenn sie neben einer Überprüfung des Vertrages auf das Vorhandensein der zwingenden Bestandteile eben diese Leistungen einer **„sachkundigen Plausibilitätskontrolle"** unterziehen (KG Berlin 2 W 101/07 v. 9.6.08, AG 09, 30, 35; *Emmerich/Habersack* § 293b AktG Rz. 18).

Die Vertragsprüfer werden auf Antrag durch das Gericht, nicht mehr wie früher **155** durch die beteiligten Gesellschaften ausgewählt und bestellt (§ 293c Abs. 1 AktG). In aller Regel wird ein Wirtschaftsprüfer oder eine Wirtschaftsprüfungsgesellschaft bestellt (§ 319 Abs. 1 Satz 1 HGB). Auf gemeinsamen, dh. inhaltlich übereinstimmenden Antrag aller Vorstände kann ein gemeinsamer Prüfer für beide vertragschließenden Gesellschaften bestimmt werden.

Von der Einberufung der Hauptversammlung an sind der Unternehmensvertrag, die **156** Jahresabschlüsse und Lageberichte der vertragschließenden Unternehmen für die letzten drei Geschäftsjahre sowie die Berichte der Vorstände und die Prüfungsberichte in den Geschäftsräumen zur Einsicht der Aktionäre **auszulegen** und ihnen auf Verlangen auch zu übersenden, § 293f AktG. Konzernabschlüsse sind in der Vorschrift nicht genannt und somit regelmäßig auch nicht auszulegen (KG Berlin 2 W 101/07 v. 9.6.08, AG 09, 30, 36; anders OLG Celle 9 U 55/03 v. 29.9.03, AG 04, 206, 207 für eine Holding-AG).

Während der Hauptversammlung müssen die genannten Dokumente ebenfalls ausgelegt werden; der Niederschrift über die Hauptversammlung ist der Vertrag als Anlage beizufügen, § 293g Abs. 1 und 2 AktG. Der Vorstand hat den Unternehmensvertrag zu Beginn der Verhandlung **mündlich zu erläutern** und jedem Aktionär auf Verlangen **Auskunft** auch über alle für den Vertragsabschluss wesentlichen Angelegenheiten des anderen Vertragsteils zu geben, § 293g Abs. 3 AktG. Die Vorschrift erweitert insoweit das allgemeine Auskunftsrecht des Aktionärs aus § 131 AktG, das sich nur auf die Angelegenheiten der Gesellschaft selbst sowie ihre rechtlichen und geschäftlichen Beziehungen zu verbundenen Unternehmen erstreckt. Ob dem Vorstand insoweit auch das allgemeine Auskunftsverweigerungsrecht nach § 131 Abs. 3 AktG zusteht, hat der BGH bisher offen gelassen (BGH II ZR 18/91 v. 15.6.92, BGHZ 119, 1, 16f.); die Frage ist zu bejahen, da das Auskunftsrecht der Aktionäre des Vertragspartners über die andere Gesellschaft kaum weitergehen kann als das Auskunftsrecht ihrer eigenen Aktionäre (*Spindler/Stilz/Veil* § 293g AktG Rz. 13).

Für die **GmbH** wird die Analogiefähigkeit der Prüfungs- und Berichtspflichten zu **158** Recht überwiegend kritisch beurteilt. Zwar bilden nach teilweiser Ansicht die §§ 293aff. AktG die Basis für dann erst wirklich sinnvolle Frage- und Einsichtsrechte aus § 51a GmbHG (*Lutter/Hommelhoff* Anh § 13 Rz. 59). Sofern man jedoch die Zustimmung aller Gesellschafter für erforderlich hält (s. Rz. 126ff. zu § 293 Abs. 1 AktG), sind gesetzlich angeordnete Prüfungs- und Berichtspflichten entbehrlich (zB *Emmerich/Habersack* § 293a AktG Rz. 11). Nach wiederum aA sind die §§ 293aff. AktG auf Publikumsgesellschaften zugeschnitten. Sie sollen daher auf die GmbH (Organträger wie Organgesellschaft) keine Anwendung finden, unabhängig von den Mehrheitserfordernissen (zB *Altmeppen* Anh § 13 Rz. 47f.). Da somit nicht abschließend geklärt ist, ob ggf. entsprechend §§ 293aff. AktG ein Bericht über den Unternehmensvertrag und dessen Prüfung erforderlich sein könnte, sollten hierauf in beiden Gesellschafterversammlungen vorsorglich alle Gesellschafter verzichten. Im Hinblick auf § 293a Abs. 3 AktG sollten die Verzichtserklärungen zudem vorsorglich notariell beglaubigt werden (*Lutter/Hommelhoff* Anh § 13 Rz. 60, jedoch einschränkend für 100%-Gesellschafter).

(frei) **159–161**

g) Erteilung von Weisungen (§ 308 AktG)

Nur bei Bestehen eines Beherrschungsvertrages ist das herrschende Unternehmen **162** nach § 308 Abs. 1 AktG berechtigt, dem Vorstand der abhängigen Gesellschaft hinsichtlich der Leitung der Gesellschaft Weisungen zu erteilen. Eine **„Weisung"** ist eine Willensäußerung des herrschenden Unternehmens, die aus der Perspektive des Vorstands der abhängigen Gesellschaft für den Einzelfall oder generell in der Erwartung erfolgt, dass der Vorstand sein Verhalten danach ausrichtet, damit auch schon eine bloße „Anregung" oder „Empfehlung" (*Hüffer/Koch* § 308 AktG Rz. 10). **Weisungsberechtigter** ist das herrschende Unternehmen, handelnd durch sein Vertretungsorgan; jedoch ist eine Delegation zumindest an Angestellte des herrschenden Unternehmens, etwa Prokuristen, zulässig (*Hüffer/Koch* § 308 AktG Rz. 5). **Weisungsempfänger** ist (nur) der Vorstand der abhängigen Gesellschaft; nachgeordnete Angestellte der abhängigen Gesellschaft dürfen also nicht am Vorstand vorbei angewiesen werden. Der Vorstand kann jedoch seine Angestellten anweisen, unmittelbare Weisungen des herrschenden Unternehmens zu befolgen (RegBegr zu § 308 AktG, abgedruckt bei *Stangl/Winter,* Organschaft 2013/2014, S. 363).

163 Das **Weisungsrecht** betrifft den gesamten Bereich, in dem der Vorstand die Gesellschaft nach § 76 Abs. 1 AktG zu leiten hat. Das herrschende Unternehmen kann damit beispielsweise die Unternehmensplanung und die Besetzung der Führungspositionen im Einzelnen bestimmen; zu bilanzpolitischen Entscheidungen siehe BGH II ZB 9/96 v. 20.5.97, BGHZ 135, 374. Nach § 308 Abs. 1 Satz 2 AktG ist es sogar berechtigt, auch Weisungen zu erteilen, die für die abhängige Gesellschaft nachteilig sind, solange sie nur im Übrigen im Konzerninteresse liegen, also dem Erfolg des Gesamtunternehmens dienen. Hierdurch wird die Funktion des Beherrschungsvertrages transparent, eine wirtschaftliche Fusion zu ermöglichen (*Spindler/Stilz/Veil* § 308 AktG Rz. 23).

164 Der Beherrschungsvertrag kann das **Weisungsrecht einschränken,** zB nachteilige Weisungen generell ausschließen (vgl. § 308 Abs. 1 Satz 2 AktG), bestimmte Geschäfte ausnehmen oder für Weisungen die Schriftform anordnen. Gem. § 299 AktG darf der Gesellschaft nicht die Weisung erteilt werden, den zugrunde liegenden Unternehmensvertrag zu ändern, aufrechtzuerhalten oder zu beenden. Auch existenzgefährdende Weisungen sind unzulässig (hM, etwa *Hüffer/Koch* § 308 AktG Rz. 19; **aA** *Spindler/Stilz/Veil* § 308 AktG Rz. 31 unter Hinweis auf die Verlustausgleichspflicht).

165 Der Vorstand der abhängigen Gesellschaft ist verpflichtet, die Weisungen des herrschenden Unternehmens **zu befolgen,** § 308 Abs. 2 AktG. Dies gilt auch dann, wenn eine Weisung iSd. § 308 Abs. 1 Satz 2 AktG nachteilig ist; es gilt dagegen nicht, wenn die Weisung rechtswidrig, insbesondere für die abhängige Gesellschaft existenzgefährdend ist. Soweit ein Geschäft in der abhängigen Gesellschaft der Zustimmung ihres Aufsichtsrats unterliegt (§ 111 Abs. 4 S. 2 AktG), darf der Vorstand das Geschäft erst nach dessen Zustimmung ausführen. Notfalls kann das herrschende Unternehmen die Weisung wiederholen und das Zustimmungserfordernis so entfallen lassen (§ 308 Abs. 3 AktG). Zur Möglichkeit, gemäß § 119 Abs. 2 AktG die Hauptversammlung anzurufen, *Habetha* ZIP 17, 652.

166–169 *(frei)*

h) Gewinnabführung (§ 291 Abs. 1 Satz 1, 2. Alt., § 301 AktG, § 14 Abs. 1 Satz 1 KStG)

aa) Aktienrechtliche Obergrenze und steuerrechtliche Untergrenze

170 Durch Gewinnabführungsvertrag verpflichtet sich die Gesellschaft gem. § 291 Abs. 1 Satz 1, 2. Alt. AktG, ihren *ganzen* Gewinn an ein anderes Unternehmen abzuführen; im Gegenzug übernimmt der andere Vertragsteil einen sonst entstehenden Jahresfehlbetrag (§ 302 AktG, dazu Rz. 220 ff.). Beim hiervon zu unterscheidenden – und für eine ertragsteuerliche Organschaft nicht ausreichenden – Teilgewinnabführungsvertrag schuldet die Gesellschaft hingegen nur die Abführung eines Teilgewinns (§ 292 Abs. 1 Nr. 2 AktG), der andere Vertragsteil dafür umgekehrt auch keinen Verlustausgleich nach § 302 AktG.

171 **§ 301 Satz 1 AktG** regelt die **Obergrenze** des abzuführenden Gewinns: Um zu verhindern, dass letztlich die Substanz der Organgesellschaft an den Organträger ausgekehrt wird, darf als Gewinn höchstens der ohne die Gewinnabführung entstehende Jahresüberschuss abgeführt werden, und zwar vermindert **(1)** um einen Verlustvortrag

aus dem Vorjahr, **(2)** um den Betrag, der nach § 300 AktG in die gesetzlichen Rücklagen einzustellen ist und **(3)** um den nach § 268 Abs. 8 HGB ausschüttungsgesperrten Betrag (s. näher Rz. 174 ff.). Zwar ließe sich aufgrund dieses Regelungsziels im Gewinnabführungsvertrag gesellschaftsrechtlich durchaus auch die Abführung eines geringeren Gewinns vereinbaren; steuerrechtlich würde dies dann aber nicht gem. § 14 Abs. 1 KStG als Abführung des ganzen Gewinns anerkannt (dazu sogleich Rz. 172). Die im Rahmen des *Gesetzes zur Umsetzung der Wohnimmobilienkreditrichtlinie und zur Änderung handelsrechtlicher Vorschriften* v. 11.3.16 (BGBl. I 16, 396) im Hinblick auf die darin geänderten Abzinsungsregeln für Rückstellungen für Altersvorsorgeverpflichtungen in § 253 Abs. 6 HGB eingeführte Ausschüttungssperre ist vom Gesetzgeber nicht in § 301 AktG „nachgezogen" (also mithin keine explizite Abführungssperre eingefügt) worden. Die FinVerw. schließt daraus, dass die Ausschüttungssperre des § 253 Abs. 6 HGB nicht iRd. § 301 AktG entsprechend (als Abführungssperre) zu beachten ist (und daher auch steuerlich nicht beachtet werden darf, s. sogleich); vgl. BMF v. 23.12.16, BStBl. I 17, 41; vgl. näher und kritisch hierzu *Hageböke/Hennrichs* DB 17, 18).

Ertragsteuerlich ist *Folgendes* **zu beachten:** Die in § 301 AktG geregelte Obergrenze für den abführbaren Gewinn darf auch steuerlich nicht überschritten werden. Denn dann würde es an der tatsächlichen Durchführung des Gewinnabführungsvertrags (§ 14 Abs. 1 Satz 1 Nr. 3 Satz 1 KStG) fehlen, da damit gegen den von § 14 Abs. 1 Satz 1 KStG mit Verweis auf § 291 Abs. 1 AktG geforderten Gewinnabführungsvertrag verstoßen würde. Andererseits fordert § 14 Abs. 1 Satz 1 KStG, dass sich die Organgesellschaft zur Abführung des „ganzen Gewinn(s)" verpflichten muss. Die (Ober-)Grenze des § 301 AktG darf somit steuerrechtlich auch nicht unterschritten werden (da ansonsten nicht mehr der „ganze Gewinn" abzuführen wäre), woraus abzuleiten ist, dass die von § 301 AktG festgezurrte Obergrenze steuerlich auch ausgeschöpft werden muss. Im Ergebnis ist für die steuerliche Anerkennung der Organschaft somit eine **„Punktlandung"** notwendig: Die Obergrenze des § 301 AktG darf nicht überschritten und die Mindestgrenze des § 14 Abs. 1 Satz 1 KStG („ganzer Gewinn", iE die Obergrenze des § 301 AktG) darf nicht unterschritten werden (vgl. *D/P/M/Dötsch/Pung* § 14 KStG Rz. 350; *S/F/Brink* § 14 KStG Rz. 321). **172**

(frei) **173**

bb) Ermittlung des abzuführenden Betrags

Nach § 301 AktG ergibt sich der **Höchstbetrag der Gewinnabführung** (= ertragsteuerlicher Mindestbetrag der Abführung des „gesamten Gewinns") für eine GmbH, eine KGaA und eine nicht eingegliederte AG als Organgesellschaft nach folgendem **Schema** (*D/P/M/Dötsch/Pung* § 14 KStG Rz. 372; s. dort auch zur eingegliederte AG; zur Nichtberücksichtigung der Ausschüttungssperre des § 253 Abs. 6 HGB nach Auffassung der FinVerw. s. Rz. 171): **174**

	(1) Ohne die Gewinnabführung sich ergebender Jahresüberschuss (Rz. 176 ff.)
./.	(2) Verlustvortrag aus dem Vorjahr (Rz. 180 ff.)
./.	(3) Betrag, der nach § 300 AktG in die gesetzlichen Rücklagen einzustellen ist (Rz. 184 ff.)
./.	(4) nach § 268 Abs. 8 HGB ausschüttungsgesperrter Betrag (Rz. 187 ff.)
+	(5) Entnahmen aus während der Vertragsdauer gebildeten anderen Gewinnrücklagen (Rz. 190)
=	abzuführender Gewinn bzw. auszugleichender Verlust

Bei der Bestimmung dieses abzuführenden Gewinns ist auch **ertragsteuerlich** jeweils die **geltende Fassung des § 301 AktG** zu beachten. Dies gilt unabhängig von eventuell anderslautenden vertraglichen Vereinbarungen innerhalb des Gewinnabführungsvertrags (vgl. bspw. zu den Änderungen des § 301 AktG im Rahmen des Bil- **175**

MoG: BMF v. 14.1.09, BStBl. I 10, 65; vgl. zu dem „Abführungsverbot" für in organschaftlicher Zeit gebildete Kapitalrücklagen BMF v. 27.11.03, BStBl. I 03, 647).

176 **Ad (1) – Ohne die Gewinnabführung sich ergebender Jahresüberschuss:** § 301 AktG orientiert sich an dem Jahresüberschuss der Handelsbilanz. Der fiktive Jahresüberschuss, der ohne die Gewinnabführung entstehen würde, ist in einer Vorbilanz zu ermitteln und entspricht grundsätzlich der Position des § 275 Abs. 2 Nr. 20 bzw. Abs. 3 Nr. 19 HGB. Jedoch ist nach § 277 Abs. 3 Satz 2 HGB der aufgrund eines Gewinnabführungsvertrages abgeführte Gewinn in der GuV unter entsprechender Bezeichnung gesondert auszuweisen, idR direkt vor dem „Jahresüberschuss/Jahresfehlbetrag". In der Bilanz ist er sodann als Verbindlichkeit gegenüber verbundenen Unternehmen unter § 266 Abs. 3 C.6 HGB zu zeigen (*Emmerich/Habersack* § 291 AktG Rz. 64).

177 Nach ganz hM dürfen insoweit auch **vorvertraglich gebildete stille Reserven** aufgelöst und abgeführt werden (BVerfG 1 BvR 1638/94 v. 27.1.99, NJW 99, 1701; BGH II ZB 9/96 v. 20.5.97, NJW 97, 2242; *Hüffer/Koch* § 301 AktG Rz. 4). Dies ist auch steuerrechtlich zu akzeptieren (vgl. *D/P/M/Dötsch/Pung* § 14 KStG Rz. 373).

178 Die Orientierung des § 301 AktG an der Handelsbilanz gilt im Ergebnis **ertragsteuerlich** auch für § 14 KStG. Denn der **„ganze Gewinn"** iSd. § 14 Abs. 1 Satz 1 KStG ist ebenfalls als handelsrechtliche Größe zu interpretieren (vgl. *D/P/M/Dötsch/ Pung* § 14 KStG Rz. 352). Maßgeblich ist somit im Ausgangspunkt der handelsbilanzielle Jahresüberschuss bzw. Jahresfehlbetrag vor Gewinnabführung (BFH I R 68/01 v. 18.12.02, Der Konzern 03, 564). Die Rechtsprechung des BGH stellt hierbei auf den sich bei **objektiv ordnungsgemäßer Bilanzierung zum Bilanzstichtag ergebenden (fiktiven) Jahresüberschuss bzw. Jahresfehlbetrag** ab, der nicht zwingend mit dem im Rahmen des festgestellten Jahresabschluss tatsächlich ermittelten Jahresüberschuss bzw. Jahresfehlbetrag übereinstimmen muss (BGH II ZR 172/88 v. 5.6.89, DB 89, 1863; BGH II ZR 120/98 v. 11.10.99, DStR 99, 1998; BGH II ZR 361/02 v. 14.2.05, DStR 05, 750). Dem wird sich im Steuerrecht angeschlossen (BFH I R 156/93 v. 5.4.95, DB 95, 1593; BFH IV R 21/07 v. 21.10.10, DStR 10, 2505; *D/P/M/Dötsch/Pung* § 14 KStG Rz. 350 ff.; *Meining* GmbHR 10, 309; *S/F/Brink* § 14 KStG Rz. 332).

Das Erfordernis der Abführung des „objektiv richtigen Gewinns" führt ua. vor dem Hintergrund, dass für viele **handelsrechtliche Bilanzierungsfragen keine klare („objektiv richtige") Auffassung** besteht und dass diese Unsicherheit sich dann auf die steuerliche Organschaft auswirkt (vgl. auch Rz. 199 ff.), zu beachtlichen praktischen Problemen. **Beispiele** für die kontroverse Diskussion sind:

– Ist das **Körperschaftsteuerguthaben iSd. § 37 KStG** einer Organgesellschaft auf der Ebene des Organträgers oder der Organgesellschaft zu erfassen? BMF v. 14.1.08 (DStR 08, 301) spricht sich für eine Erfassung auf der Ebene der Organgesellschaft aus. Ob die andere Ansicht zu einer fehlerhaften Durchführung des Gewinnabführungsvertrags führt, ist umstritten (abl. OFD Hannover v. 5.11.08, DB 08, 483; bej. *D/P/M/Dötsch/Pung* § 14 KStG Rz. 367; *Dötsch* Der Konzern 09, 171, 173). Vgl. hierzu auch Rz. 202.

– Sind **latente Steuern (§ 274 HGB)** auf der Ebene des Organträgers oder der Organgesellschaft zu erfassen? Im Rahmen des BilMoG v. 26.5.09 (BGBl. I 09, 102) wurde die Bedeutung der latenten Steuern (§ 274 HGB) für den handelsrechtlichen Jahresabschluss ausgeweitet. Insoweit stellt sich die Frage, ob die Organgesellschaft betreffende latente Steuern handelsbilanziell auf der Ebene der Organgesellschaft oder auf der Ebene des Organträgers zu erfassen sind. Bei „laufender" Organschaft führen diejenigen handels- und steuerbilanziellen Divergenzen, die sich voraussichtlich auch während des Organschaftsverhältnisses wieder ausgleichen, grundsätzlich zu einem Ansatz der latenten Steuern auf Organträgerebene, ein Ansatz auf Ebene der Organgesellschaft ist insoweit nicht zulässig (DRS 18 Tz. 32; ebenso der inzwischen aufgehobene *IDW* ERS HFA 27 Rz. 21 ff.). Eine Ausnahme hiervon liegt vor, wenn die mit den latenten Steuern zusammenhängende Steuerbe- und -entlastungen durch Steuerumlageverträge wirtschaftlich von der Organgesellschaft zu tragen sind. In diesem Fall sollen die latenten Steuern auch auf Organgesellschaftsebene zu berücksichtigen sein (DRS 18 Tz. 35). Wenn zu erwarten ist, dass sich die Umkehrung der den Steuerlatenzen zugrundeliegenden Divergenz erst nach der Beendigung der Organschaft einstellt, erfolgt eine Bildung der damit zusammenhängenden latenten Steuern auf Ebene der Organgesellschaft (DRS 18 Tz. 34).

– Neben solchen materiell-rechtlichen Fragen ergeben sich im Rahmen der Bilanzierung auch viele Bewertungsfragen (zB Höhe einer Rückstellung, einer Pauschalwertberichtigung von Forderungen oder weiterer außerplanmäßiger Abschreibungen). Auch hier stellt sich die Frage, ob mit der Wahl der Höhe solcher Maßnahmen der „objektiv richtige" Gewinn getroffen wird und welche Folgen dies für die steuerliche Anerkennung der Organschaft hat (vgl. hierzu Rz. 201).

Die Beispiele zeigen, dass das Erfordernis der Abführung des „objektiv richtigen Gewinns" für die ertragsteuerliche Anerkennung einer Organschaft von großer Bedeutung ist. Deshalb ist die Frage wichtig, ob ein Verstoß gegen dieses Erfordernis durch eine spätere **Korrektur von Bilanzierungsfehlern geheilt** werden kann (vgl. hierzu Rz. 199 ff.).

Der „ganze Gewinn" iSd. § 14 Abs. 1 Satz 1 KStG umfasst auch Gewinne, die nach **179** einem **DBA** in Deutschland **steuerbefreit** sind (BFH I B 177/10 v. 31.3.11, BFH/NV 11, 1397). Die Begründung einer **atypisch stillen Beteiligung** bei der Organgesellschaft soll einer Abführung des „ganzen Gewinns" iSd. § 14 Abs. 1 Satz 1 KStG entgegenstehen (BFH I B 177/10 v. 31.3.11, BFH/NV 11, 1397; OFD Frankfurt v. 30.1.13, BB 13, 1128; BMF v. 20.8.15, BStBl. I 15, 649 verneint gleich die gesamte Fähigkeit einer Kapitalgesellschaft Organschaft zu sein, wenn an ihr eine atypische stille Beteiligung besteht; kritisch zu diesem Themenkomplex mit überzeugenden Gründen *Hageböke* Der Konzern 13, 334; vgl. auch *S/F/Brink* § 14 KStG Rz. 342).

Ad (2) – Verminderung um einen Verlustvortrag aus dem Vorjahr: Der **180** fiktive Jahresüberschuss ist gem. § 301 Satz 1 AktG zunächst um einen etwaigen **Verlustvortrag** aus dem Vorjahr zu kürzen; dieser kann wegen der Verlustübernahme nach § 302 AktG nur aus dem letzten vor Inkrafttreten des Gewinnabführungsvertrages aufgestellten Jahresabschluss stammen (*Hüffer/Koch* § 301 AktG Rz. 5; anders beim – für eine ertragsteuerliche Organschaft nicht ausreichenden – Teilgewinnabführungsvertrag, für den § 301 AktG ebenfalls gilt, nicht jedoch § 302 AktG).

Ertragsteuerlich legt die Rechtsprechung an die Beachtung dieses Kriteriums **181** **strenge Maßstäbe** an. Das „Vergessen" der Verminderung des abzuführenden Gewinns um einen Verlustvortrag aus dem Vorjahr wird nicht als Verletzung einer bloßen Nebenpflicht verstanden und führt demnach als „fehlende tatsächliche Durchführung" grds. zur steuerlichen Nichtanerkennung der Organschaft (vgl. BFH IV R 21/07 v. 21.10.10, BStBl. II 14, 481). Dies soll unabhängig von der Höhe der „vergessenen" Verlustverrechnung gelten (BFH IV R 21/07 v. 21.10.10, aaO). Damit bestätigt der BFH diejenigen Stimmen in der Literatur, nach denen auch das „Vergessen" der Verrechnung eines geringfügigen Verlustvortrags steuerschädlich ist (so zB *D/P/M/Dötsch/Pung* § 14 KStG Rz. 381 und *S/F/Brink* § 14 KStG Rz. 355; nach **aA** soll das „Vergessen" einer Verrechnung eines geringfügigen Verlusts hingegen als bloße Nebenpflichtverletzung für die steuerliche Anerkennung der Organschaft unschädlich sein, so *Baldamus* Ubg 09, 484, 486; *Bott/Walter/Walter* § 14 KStG Rz. 680.2). Die restriktive Auffassung der Rechtsprechung kann sich bspw. auch bei der in der Praxis nicht unüblichen Nutzung von Vorratsgesellschaften als Organgesellschaften als problematisch erweisen, wenn diese aus der Gründungszeit noch über geringe Verlustvorträge verfügen und diese bei der Ermittlung der ersten Gewinnabführung nicht zum Abzug gebracht werden. Zur Frage einer möglichen **Heilung** einer vergessenen Verlustvortragsverrechnung vgl. unter Rz. 207.

182 Bei der Beantwortung der Frage, ob eine Verrechnung der vororganschaftlichen Verlustvorträge mit **vororganschaftlichen Rücklagen** steuerlich akzeptiert wird, ist zu differenzieren. Erfolgt diese Verrechnung vor Beginn des Gewinnabführungsvertrag, ist sie nach wohl h.M. steuerlich zu akzeptieren (vgl. *S/F/Brink* § 14 KStG Rz. 357 m.w.N.). Kritischer wird dies bei einer solchen Verrechnung während des Gewinnabführungsvertrag gesehen (vgl. hierzu *D/P/M/Dötsch/Pung* § 14 KStG Rz. 403; *S/F/Brink* § 14 KStG Rz. 357a; *Bott/Walter/Walter* § 14 KStG Rz. 680.3 jeweils mwN zum Diskussionsstand).

183 Während der vorvertragliche Verlustvortrag die handelsrechtliche Gewinnabführung nach § 301 AktG mindert, erfolgt wegen § 15 Satz 1 Nr. 1 KStG (vgl. hierzu Rz. 375) keine korrespondierende Verringerung der steuerlichen Einkommenszurechnung. Dies führt zu einer **Minderabführung.** R 63 Abs. 2 KStR 1995 hatte diese Minderabführung als organschaftlich verursacht eingeordnet mit der Folge der Bildung eines aktiven Ausgleichspostens (KStR 14.8 Abs. 2 spricht diese Frage nicht mehr an). Nach aA liegt eine vororganschaftlich verursachte Minderabführung und damit im Ergebnis eine Einlage vor (so *D/P/M/Dötsch/Pung* § 14 Rz. 887).

184 **Ad (3) – Betrag, der nach § 300 AktG in die gesetzlichen Rücklagen einzustellen ist:** Abzuziehen ist weiter der nach § 300 AktG in die gesetzliche Rücklage (§ 266 Abs. 3 A.III.1 HGB) einzustellende Betrag. Gesetzliche Rücklagen sind auch während des Bestehens des Gewinnabführungsvertrags zu bilden. Die Höhe der in die gesetzlichen Rücklagen einzustellenden Beträge ergibt sich im Falle einer AG als Organgesellschaft nach § 300 Nr. 1 AktG iVm. § 150 Abs. 2 AktG.

185 Die Bildung der gesetzlichen Rücklagen wird auch **ertragsteuerlich** akzeptiert (vgl. § 14 Abs. 1 Satz 1 Nr. 4 KStG). Das „Vergessen" der Einstellung in die gesetzliche Rücklage führt zur steuerlichen Gefährdung der Organschaft (vgl. *D/P/M/ Dötsch/Pung* § 14 KStG Rz. 386; zur evtl. möglichen Heilung s. Rz. 208).

186 *(frei)*

187 **Ad (4) – Nach § 268 Abs. 8 HGB ausschüttungsgesperrter Betrag:** Als dritter Abzugsposten ist durch das BilMoG v. 26.5.09 (BGBl. I 09, 1102) der nach **§ 268 Abs. 8 HGB** ausschüttungsgesperrte Betrag eingeführt worden. Diese Ausschüttungssperre erstreckt sich auf drei verschiedene Arten von Bilanzposten: **(1)** Selbst geschaffene immaterielle Vermögensgegenstände des Anlagevermögens (§ 248 Abs. 2 Satz 1 HGB), **(2)** aktive latente Steuern (§ 274 Abs. 1 Satz 2 HGB), sofern sie die insgesamt anzusetzenden passiven latenten Steuern übersteigen, und **(3)** in einem Pensionsschema (zB CTA) dem Gläubigerzugriff entzogene und mit dem Zeitwert zu bewertende Deckungsmassen für Altersversorgungsverpflichtungen, soweit ihr Wert die Anschaffungskosten sowie die durch sie abgesicherten Langzeitverpflichtungen übersteigt (§ 246 Abs. 2 Satz 3 HGB; ausführlich hierzu *Simon* NZG 09, 1081).

188 Diese Ausschüttungssperren sind im Rahmen eines Gewinnabführungsvertrags nach § 301 AktG als **Abführungssperren** zu beachten (vgl. *Frotscher/Drüen/Frotscher* § 14 KStG Rz. 388; *Lanfermann/Röhricht* DStR 09, 1216). Wird gegen sie verstoßen, so führt dies grundsätzlich zur ertragsteuerlichen Nichtanerkennung der Organschaft (vgl. *D/P/M/Dötsch/Pung* § 14 KStG Rz. 388). Dies ist auch bei Gewinnabführungsverträgen zu beachten, die vor dem BilMoG abgeschlossen wurden (eine explizite Vertragsanpassung ist insoweit allerdings nicht erforderlich, vgl. BMF v. 14.1.10, BStBl. I 10, 65). Zur Frage nach einer Heilungsmöglichkeit siehe unter Rz. 208.

189 Die Ausschüttungssperren für aktivierte immaterielle Wirtschaftsgüter des Anlagevermögens (§ 268 Abs. 8 Satz 1 HGB) und für Vermögensgegenstände im Zusammenhang mit Schulden aus Altersversorgungsverpflichtungen (§ 268 Abs. 8 Satz 3 HGB) sind um die hierfür gebildeten **passiven latenten Steuern** zu vermindern. Vergleichbares gilt im Rahmen des § 268 Abs. 8 Satz 2 HGB für aktive latente Steu-

ern, die ebenfalls nur insoweit zu einer Ausschüttungssperre führen, als diese die passiven latenten Steuern übersteigen. Dies ist auch im Rahmen der Abführungssperre des § 301 AktG zu beachten. Unter Berücksichtigung der Auffassung, nach der die Organgesellschaft betreffende passive latente Steuern grundsätzlich auf der Ebene des Organträgers zu bilden sind (vgl. Rz. 178), stellt sich die bisher noch nicht final entschiedene Frage, ob diese passiven latenten Steuern dennoch bei der Ermittlung der Abführungssperre zu beachten sind (vgl. zu dieser Frage s. *D/P/M/Dötsch/Pung* § 14 KStG Rz. 399 ff.; *Frotscher/Drüen/Frotscher* § 14 KStG Rz. 389 mwN).

Ad (5) – Entnahmen aus während der Vertragsdauer gebildeten anderen **190** **Rücklagen:** Während der Geltungsdauer des Gewinnabführungsvertrags gebildete Gewinnrücklagen dürfen während der Dauer des Vertrages auch aufgelöst und an den Organträger abgeführt werden (vgl. Rz. 251 ff.).

(frei) **191**

cc) Entstehung, Fälligkeit und Verzinsung

Der **Gewinnabführungsanspruch entsteht** nach hM mit Ablauf des Bilanzstich- **192** tags der Organgesellschaft (LG Frankfurt 3/5 O 71/05 v. 21.2.06, AG 07, 48, 50 f.; *Gänsler* Ubg 14, 701 ff.; *Gelhausen/Heinz* NZG 05, 775, 778; *Philippi/Neveling* BB 03, 1685, 1691; *Altmeppen* DB 99, 2453, 2455; *Gosch/Neumann* § 14 KStG Rz. 318; zum Diskussionsstand vgl. z.B. *Hüffer/Koch* § 291 AktG Rz. 26 mwN). Wird der Gewinnabführungsvertrag während eines Geschäftsjahrs der Organgesellschaft unterjährig beendet, so vertritt die hM des Schrifttums – zT unter Hinweis auf die Rechtsprechung zur Verlustübernahmeverpflichtung (vgl. hierzu Rz. 223) – die Ansicht, dass auch ein anteiliger Gewinn noch abzuführen ist (vgl. zB *D/P/M/Dötsch/Pung* § 14 KStG Rz. 613; *S/F/Brink* § 14 KStG Rz. 563; *Hüffer/Koch* § 302 AktG Rz. 11; *Münch-KommAktG/Altmeppen* § 302 AktG Rz. 25).

Fraglich ist, wann dieser Anspruch **fällig** wird. Der BFH ging ursprünglich davon **193** aus, dass der Gewinnabführungsanspruch mit der Feststellung der Bilanz der Organgesellschaft fällig wird (vgl. BFH II 246/60 Urt. v. 22.4.64, BStBl. III 64, 753). Im gesellschaftsrechtlichen Schrifttum wird dagegen zum Teil davon ausgegangen, dass die Vertragsparteien in der Bestimmung der Fälligkeit des Gewinnabführungsanspruchs frei sind (so *Emmerich/Habersack* § 301 AktG Rz. 22). Vor dem Hintergrund der BGH-Rechtsprechung zur Fälligkeit des Verlustübernahmeanspruchs (s. hierzu Rz. 224) tendiert die Praxis allerdings dazu, auch den Gewinnabführungsanspruch bereits zum Bilanzstichtag der Organgesellschaft fällig zu stellen (vgl. *Emmerich/Habersack* § 301 AktG Rz. 22; vgl. zB auch *Behrens/Renner* AG 07, 278, 278).

Auch im **steuerrechtlichen Schrifttum** ist die Frage nach der Fälligkeit des Ge- **194** winnabführungsanspruchs umstritten (vgl. die Nachweise bei *E/S/Erle/Heurung* § 14 KStG Rz. 169). Finanzverwaltungsnahe Stimmen im Schrifttum sprechen sich für die Fälligkeit des Gewinnabführungsanspruchs zum Bilanzstichtag der Organgesellschaft aus (vgl. *Gosch/Neumann* § 14 KStG Rz. 318). Vor diesem Hintergrund empfiehlt sich sicherheitshalber eine vertragliche Regelung, die den Fälligkeitszeitpunkt auf den Bilanzstichtag der Organgesellschaft legt (*Bott/Walter/Walter* § 14 KStG Rz. 649).

Hiermit verbunden ist dann auch eine Pflicht zur **Verzinsung.** Eine fehlende Ver- **195** zinsung wird im Schrifttum als nicht einlagefähige Nutzungsüberlassung gewertet, die der tatsächlichen Durchführung des Gewinnabführungsvertrages iSd. § 14 Abs. 1 Satz 1 Nr. 3 Satz 1 KStG nicht entgegenstehen soll (so *Behrens/Renner* AG 07, 278, 279; *Bott/Walter/Walter* § 14 KStG Rz. 649; vgl. zur Verzinsung der Verlustübernahme Rz. 225 f.).

(frei) **196–198**

dd) Rechtsfolge und Korrektur von Bilanzierungs-/Durchführungsfehlern

Erweist sich die der Gewinnabführung zugrunde gelegte **Bilanz** später als **unrich- 199** tig,** ist umstritten, ob diese (außerhalb der allgemeinen Regeln zur Nichtigkeit nach

§ 256 AktG) gleichwohl maßgebend bleibt (dafür *Hennrichs* ZHR 174 (2010), 683; *Wolf* NZG 07, 641) oder im Rahmen des § 301 AktG von denselben Regeln wie bei § 302 AktG auszugehen ist (vgl. allgemein *Emmerich/Habersack* § 301 AktG Rz. 25; vgl. Rz. 221). Rspr. und hM gehen von der Maßgeblichkeit des objektiv richtigen Gewinns aus (vgl. Rz. 178 mwN).

200   Wird nicht dieser „objektiv richtige" Gewinn (bzw. Verlust; s.Rz. 221) abgeführt bzw. ausgeglichen, so fehlt es **ertragsteuerlich** an einer tatsächlichen Durchführung iSd. § 14 Abs. 1 Satz 1 Nr. 3 Satz 1 KStG (*E/S/Erle/Heurung* § 14 KStG Rz. 176) und die Organschaft ist grundsätzlich steuerlich nicht anzuerkennen. Geschieht dies innerhalb der Fünfjahresfrist des § 14 Abs. 1 Satz 1 Nr. 3 Satz 1 KStG, so führt dies grundsätzlich dazu, dass die Organschaft rückwirkend von Anfang an nicht anzuerkennen ist (zur „ex tunc"-Wirkung vgl. BFH IV R 21/07 v. 21.10.10, DStR 10, 2505). Diesem Problem wird durch § 14 Abs. 1 Satz 1 Nr. 3 Satz 4 und 5 KStG i.d.F der sog **„kleinen Organschaftsreform"** (UntStReisekÄndG v. 20.2.13, BGBl. I 13, 285) begegnet. Im Folgenden wird zunächst die diesbezügliche Diskussion bis zur Gesetzesänderung aufgezeigt (die auch nach der Gesetzesänderung noch Bedeutung hat, vgl. Rz. 209) (Rz. 201 ff.), um anschließend die Änderungen aufgrund der Neuregelungen zu erläutern (Rz. 205 ff.).

201   **Rechtslage bis zur sog. „kleinen Organschaftsreform":** Das in Rz. 199 f. geschilderte Problem führte zu dem erheblichen Risiko, dass **handelsrechtliche Bilanzierungsfehler** zu einem **steuerrechtlichen Scheitern der Organschaft** führen können (vgl. *Dötsch* Der Konzern 09, 171; *Meining* GmbHR 10, 309). Dies war u.a. vor dem Hintergrund der zahlreichen ungeklärten Bilanzierungsfragen problematisch, wobei sich diese durch das BilMoG v. 26.5.09 (BGBl. I 09, 1102) weiter potenziert haben. Damit gewann die Frage, wann die Handelsbilanz im vorstehenden Sinne „objektiv richtig" ist, beachtliche steuerliche Bedeutung. Zumindest während der Betriebsprüfung ausgetragene Meinungsverschiedenheiten zwischen Organgesellschaft und Finanzverwaltung über den handelsrechtlichen Ansatz oder die Bewertung von Bilanzposten führten im Grundsatz auch dann nicht zur Nichtanerkennung der Organschaft, wenn diese zu Mehrergebnissen aufgrund der Betriebsprüfung führen (BFH I R 156/93 v. 5.5.95, DStR 95, 1109; BFH IV R 21/07 v. 21.10.10, BStBl. II 14, 481). Dennoch ist es auch nach Ansicht des BFH *„nicht auszuschließen, daß im Einzelfall unrichtige Handelsbilanzansätze Ausdruck einer mangelnden tatsächlichen Durchführung …… des EAV sein und zur Versagung der körperschaftsteuerlichen Anerkennung der Organschaft und damit der Gewinnabführung führen können"* (BFH I R 156/93 v. 5.5.95, aaO).

202   In Teilen der Literatur wurde in diesem Zusammenhang darauf abgestellt, ob der Jahresabschluss den Voraussetzungen an einen ordnungsmäßigen Jahresabschluss genügt, wobei **Bilanzierungsfehler „dem Grunde nach"** (im Sinne von Nichtansatz einer zwingend auszuweisenden Bilanzposition) außer in den Fällen nur geringfügiger Beträge immer zu einem Scheitern der Organschaft führen sollen, während **Bilanzierungsfehler „der Höhe nach"** nur dann zu einer Versagung der Organschaft führen sollen, wenn damit das Bilanzergebnis wesentlich verfälscht wird (so D/P/M/Dötsch/Pung § 14 KStG Rz. 367). Vor dem Hintergrund der zahlreichen ungeklärten (gerade auch im Hinblick auf das BilMoG neuen) Bilanzierungsfragen und der mit dem Scheitern einer steuerlichen Organschaft verbundenen drastischen Rechtsfolgen nahm das vorstehende Problem immer größere Ausmaße an. Dies galt vor allem vor dem Hintergrund, dass das BMF zu der „richtigen" Bilanzierungspraxis nur sehr sparsam und wenn, dann mit beachtlicher zeitlichen Verzögerung Stellung nimmt (eine umfassende offizielle Antwort auf die zahlreichen Fragen anlässlich des BilMoG ist zB nicht erfolgt). Als erfreuliche Ausnahme ist zB die hier in Rz. 178 bereits dargestellte Verfügung der OFD Hannover v. 5.11.08 (DB 08, 483) zur handelsbilanziellen Erfassung des Körperschaftsteuerguthabens einer Organgesellschaft iSv. § 37 KStG zu begrüßen nach der die Organschaft auch dann steuerlich anzuerkennen ist, wenn das Guthaben fälschlicherweise auf Ebene des Organträges aktiviert wird. Allerdings ist zu beachten, dass diese Praxis der OFD Hannover von Vertretern der Finanzverwaltung auch abgelehnt wird (so zB *D/P/M/Dötsch/Pung* § 14 KStG Rz. 367; *Dötsch* Der Konzern 09, 171, 173: „die Unternehmen sollten sich in anderen Fällen des Nichtausweises zwingender Bilanzpositionen sowie der wesentlichen Falschbewertung von Bilanzpositionen eher auf eine restriktive Haltung der Finanzverwaltung einstellen").

Als weiteres Beispiel für die aus handelsrechtlichen Fragen resultierenden Gefahren **203** für die Organschaft lässt sich die Bilanzierung **latenter Steuern** nennen (vgl. hierzu Rz. 178). Bis zur „kleinen Organschaftsreform" bestand das hohe Risiko, dass eine den in Rz. 178 dargestellten Grundsätzen nicht entsprechende bilanzielle Behandlung der latenten Steuern im Organkreis als Verstoß gegen die Abführung des „richtigen" Gewinns nach Ansicht der FinVerw. organschaftsschädlich sein könnte.

Ist dem Steuerpflichtigen ein zur Nichtanerkennung der Organschaft führender Bi- **204** lanzierungsfehler unterlaufen, so ließ sich die **Organschaft** auch schon vor der „kleinen Organschaftsreform" nach zutreffender Auffassung **noch retten,** wenn die betreffende Handelsbilanz rückwirkend berichtigt und die Gewinnabführung bzw. der Verlustausgleich entsprechend angepasst wird (so *Berger* DB 05, 903, 905; *Cahn/Simon* Der Konzern 03, 1, 6; *D/P/M/Dötsch/Pung* § 14 KStG Rz. 369; *E/S/Erle/Heurung* § 14 KStG Rz. 176; *Kreidl/Riehl* BB 06, 1880; im Ergebnis ebenso OFD Karlsruhe v. 16.1.14, FR 14, 434, 439). Teilweise wurde hierbei zu Recht auch die – handelsrechtlich akzeptierte (*IDW RS HFA 6* Tz. 21 f.; *Breker/Kuhn* WPg 07, 770, 772 f.) – Korrektur in laufender Rechnung als ausreichend erachtet (so *Meining* GmbHR 10, 309, 311 f.; demnach kann die Korrektur auch in einem späteren Jahresabschluss erfolgen). Nach **aA** konnte eine fehlerhafte Vertragsdurchführung hierdurch nicht mehr geheilt werden (so wohl *Gosch/Neumann* § 14 KStG Rz. 310). Der BFH hat die Frage nach einer solchen Heilungsmöglichkeit bisher explizit offengelassen (BFH IV R 21/07 v. 21.10.10, BStBl. II 14, 481).

Rechtslage nach der „kleinen Organschaftsreform": Mit der Einführung der **205** Sätze 4 und 5 in § 14 Abs. 1 Satz 1 Nr. 3 KStG hat der Gesetzgeber erfreulicherweise auf die vorstehend in Rz. 201 ff. geschilderten Probleme reagiert. Die Neuregelung gilt für alle noch nicht bestandskräftig veranlagten Fälle (§ 34 Abs. 9 Nr. 7 KStG idF vor Gesetz v. 25.7.14, BGBl. I 14, 1266; zur Frage auf welche Steuerbescheide hierbei abzustellen ist vgl. *Frotscher/Drüen/Frotscher* § 14 KStG Rz. 445b f.). Nach § 14 Abs. 1 Satz 1 Nr. 3 Satz 4 KStG gilt ein Gewinnabführungsvertrag unter den drei dort näher genannten kumulativen Voraussetzungen auch dann als durchgeführt, wenn die Gewinnabführung bzw. die Verlustübernahme auf einem Jahresabschluss beruht, der fehlerhafte Bilanzansätze enthält. Die Regelung enthält somit eine „Durchführungsfiktion". Sie greift nur bei **„fehlerhaften Bilanzansätzen",** was auf Basis des handelsrechtlichen Fehlerbegriffs auszulegen sein soll (*Dötsch/Pung* DB 13, 305, 309; *Rödder* Ubg 12, 717, 720; *R/H/N/Rödder/Liekenbrock* § 14 KStG Rz. 378; *Schneider/Sommer* GmbHR 13, 22, 24 f.; Hinweis auch auf OFD Frankfurt v. 30.5.16, DStR 16, 1375: Maßgeblichkeit des subjektiven Fehlerbegriffs). Unklar ist, inwieweit die Norm auch für Fehler gilt, die nicht „glasklare" bilanzielle Fehler sind (zB Verstoß gegen das Verlustverrechnungsgebot und Abführungssperren; fehlerhafte Rücklagenbildung; vgl. hierzu Rz. 207 f.).

Die **drei kumulativen Voraussetzungen** für die Durchführungsfiktion sind (vgl. **206** hierzu auch OFD Karlsruhe v. 16.1.14, FR 14, 434, 436 ff.; OFD Frankfurt v. 30.5.16, DStR 16, 1375):

– Der Jahresabschluss ist wirksam festgestellt (vgl. näher hierzu *D/P/M/Dötsch/Pung* § 14 KStG Rz. 483; *Frotscher/Drüen/Frotscher* § 14 KStG Rz. 445c; *R/H/N/Rödder/ Liekenbrock* § 14 KStG Rz. 385 f.; *Stangl/Brühl* Der Konzern 13, 77, 88 mwN).

– Die Fehlerhaftigkeit hätte bei Erstellung des Jahresabschlusses unter Anwendung der Sorgfalt eines ordentlichen Kaufmanns nicht erkannt werden müssen. Hierfür enthält § 14 Abs. 1 Satz 1 Nr. 3 Satz 5 KStG eine Fiktion, nach der ein schädliches „Erkennenmüssen" nicht vorliegt, wenn ein uneingeschränkter Bestätigungsvermerk (oä.) vorliegt. Vgl. näher hierzu *D/P/M/Dötsch/Pung* § 14 KStG Rz. 486; *Frotscher/Drüen/Frotscher* § 14 KStG Rz. 445 ff.; *R/H/N/Rödder/Liekenbrock* § 14 KStG Rz. 387 ff. und Rz. 411 ff.; *Stangl/Brühl* Der Konzern 13, 77, 88 f. mwN.

– Ein von der Finanzverwaltung beanstandeter Fehler muss spätestens in dem nächsten nach dem Zeitpunkt der Beanstandung des Fehlers aufzustellenden Jahresabschluss der Organgesellschaft und des Organträgers korrigiert und das Ergebnis entsprechend abgeführt oder ausgeglichen werden. Dieses „Korrekturerfordernis" soll aber nur gelten, soweit es sich um einen Fehler handelt, der in der Handelsbilanz zu korrigieren ist. Vgl. näher hierzu *D/P/M/Dötsch/Pung* § 14 KStG Rz. 495; *F/M/Frotscher* § 14 KStG Rz. 445v; *R/H/N/Rödder/Liekenbrock* § 14 KStG Rz. 391 ff.; *Stangl/Brühl* Der Konzern 13, 77, 89 ff.

207   Auch im Hinblick auf die **Verlustvortragsverrechnung** (siehe hierzu allgemein unter Rz. 180 ff.) stellt sich die Frage, ob das „Vergessen" der Verlustvortragsverrechnung über eine nachträgliche Korrektur der Gewinnabführung **geheilt** werden kann. Die wohl überwiegende Auffassung im Schrifttum bejaht dies schon vor der „kleinen Organschaftsreform" aus allgemeinen Erwägungen heraus (*Berger* DB 05, 903, 905; *D/P/M/Dötsch/Pung* § 14 KStG Rz. 384; *E/S/Erle/Heurung* § 14 KStG Rz. 176; *Krau* StBp 10, 65; *Kreidl/Riehl* BB 06, 1880; *Schneider/Hintz* Ubg 09, 238, 745). Hierbei war es allerdings umstritten, ob die Korrektur zwingend für das Jahr erfolgen muss, in dem die Verlustverrechnung „vergessen" wurde (so im Grundsatz *D/P/M/Dötsch* § 14 KStG Rz. 384) oder ob eine Korrektur für laufende Verrechnung ausreichend ist (so zB *Meining* GmbHR 10, 309, 311 f.). Nunmehr sollte uE eine „vergessene" Verlustvortragsverrechnung zumindest über die Regelung des § 14 Abs. 1 Satz 1 Nr. 3 Satz 4 und 5 KStG idF der „kleinen Organschaftsreform" heilbar sein (vgl. BT-Drs. 17/10774 (Begründung zu § 14 Abs. 1 Satz 1 Nr. 3); *D/P/M/Dötsch/Pung* § 14 KStG Rz. 385 und 470 ff.; *Bott/Walter/Walter* § 14 KStG Rz. 652.1; *Frotscher/Drüen/Frotscher* § 14 KStG Rz. 445 f.; *H/H/R/Dorenkamp* § 14 KStG Rz. J 12-8; *Stangl/Brühl* Der Konzern 13, 77, 87 f. mwN). Dies wird auch von der FinVerw. bejaht (vgl. OFD Karlsruhe v. 16.1.14, FR 14, 434, 426; OFD Frankfurt v. 30.5.16, DStR 16, 1375).

208   Nach zutreffender Ansicht sollte auch auf einen Verstoß gegen die **rücklagenbezogenen Abführungssperren** (vgl. allgemein hierzu Rz. 184 und Rz. 251 ff.) und die Abführungssperre gem. **§ 268 Abs. 8 HGB** (vgl. hierzu Rz. 187 ff.) die Heilungsmöglichkeit nach § 14 Abs. 1 Satz 1 Nr. 3 Satz 4 und 5 KStG idF der „kleinen Organschaftsreform" anwendbar sein (*Dötsch/Pung* DB 13, 305, 309; *Bott/Walter/Walter* § 14 KStG Rz. 652.2; *F/D/Frotscher* § 14 KStG Rz. 445 f.; *Stangl/Brühl* Der Konzern 13, 77, 88; ebenso OFD Karlsruhe v. 16.1.14, FR 14, 434, 436 ff.; OFD Frankfurt v. 30.5.16, DStR 16, 1375). Zu § 14 Abs. 1 Satz 1 Nr. 4 KStG s. Rz. 254.

209   Fraglich ist, ob die vor der Neuregelung diskutierten **Korrekturmöglichkeiten** (vgl. hierzu Rz. 204) neben den § 14 Abs. 1 Satz 1 Nr. 3 Satz 4 und 5 KStG weiter anzuwenden sind, oder ob sie durch die Neuregelung vollständig verdrängt werden. Nach Auffassung der FinVerw. (OFD Karlsruhe v. 16.1.14, FR 14, 434, 426: *„Eine rückwirkende Korrektur ist unabhängig von der Heilungsmöglichkeit des § 14 Abs. 1 Satz 1 Nr. 3 Sätze 5 und 5 KStG wie bereits bisher möglich.")* und im Schrifttum vertretener Auffassung (vgl. *Dötsch/Pung* DB 13, 305, 311; *Schneider/Sommer* GmbHR 13, 22, 24; *Streck/Olbing* § 14 KStG Rz. 129; *Stangl/Brühl* Der Konzern 13, 77, 86 f.) ist dies möglich. Diese Frage ist zB in Fällen relevant, in denen es strittig ist, ob die Voraussetzungen des § 14 Abs. 1 Satz 1 Nr. 3 Satz 4 Buchst. b (ggf. iVm. Satz 5) KStG bezüglich der Anwendung der Neuregelung vorliegen.

210–212   *(frei)*

ee) Keine Besonderheiten bei einer GmbH als Organgesellschaft (§ 17 Abs. 1 Satz 2 Nr. 1 KStG)

§ 17 Abs. 1 Satz 1 KStG fordert eine Verpflichtung zur Abführung des „ganzen 213 Gewinns". Als zusätzliche Voraussetzung nennt **§ 17 Abs. 1 Satz 2 Nr. 1 KStG,** dass eine Gewinnabführung den in § 301 AktG genannten Betrag nicht überschreitet. Daraus ergibt sich das steuerliche Erfordernis, die handelsrechtliche Obergrenze einerseits nicht zu unterschreiten und andererseits nicht zu überschreiten („Punktlandung", vgl. Rz. 172). Nach Verwaltungsauffassung muss die letztere Voraussetzung des § 17 Abs. 1 Satz 2 Nr. 1 KStG – im Gegensatz zu § 17 Abs. 1 Satz 2 Nr. 2 KStG (vgl. Rz. 230 ff.) – für Organgesellschaften in der Rechtsform einer GmbH nicht explizit Eingang in den Gewinnabführungsvertrag finden, es ist vielmehr ausreichend, wenn die Grenze tatsächlich eingehalten wird (vgl. BMF v. 24.3.94, DB 94, 708; BMF v. 14.1.10, BStBl. I 10, 65; vgl. auch *D/P/M/Dötsch* § 17 KStG Rz. 17; *S/F/Brink* § 17 KStG Rz. 66; zu der besonderen Problematik bei der UG (haftungsbeschränkt) vgl. Rz. 186 sowie *Rubel* GmbHR 10, 470). Wird eine explizite auf § 301 AktG Bezug nehmende Regelung in den Gewinnabführungsvertrag aufgenommen, so empfiehlt sich eine **„dynamische Verweisung"** auf diese Norm „in der jeweils gültigen Fassung", da damit sichergestellt ist, dass auch künftige – nach Gesellschaftsrecht (vgl. Rz. 52) und nach § 17 Abs. 1 Satz 2 Nr. 1 KStG in der tatsächlichen Durchführung zwingend zu beachtende – Änderungen des § 301 AktG automatisch Vertragsbestandteil werden (vgl. hierzu *D/P/M/Dötsch* § 17 KStG Rz. 17, dort auch mit Hinweis auf die Rechtsfolgen einer statischen Wiedergabe des Wortlauts des § 301 AktG im Vertrag bei einer künftigen Änderung des § 301 AktG (insoweit Unwirksamkeit des ansonsten (ggf. verdeutlicht durch eine Salvatorische Klausel) weitergeltenden Vertrags mit zwingender Beachtung der neuen Höchstgrenze).

Zur Bestimmung der vorstehend genannten Grenzen („ganzer Gewinn" und Ober- 214 grenze iSd. § 301 AktG) kann grds auf die allgemeinen Ausführungen zu § 14 KStG unter Rz. 170 ff. verwiesen werden. Eine Ausnahme gilt für die in § 301 AktG angesprochenen gesetzlichen Rücklagen nach § 300 AktG. Da § 300 AktG bei einer GmbH nicht entsprechend anzuwenden ist (vgl. Rz. 186), ist bei der Ermittlung der Obergrenze im Sinne der entsprechenden Anwendung des § 301 AktG auch keine Einstellung in diese Rücklagen zu fordern (zur Problematik bei der UG (haftungsbeschränkt) vgl. Rz. 186). Erfolgt dies doch, so soll dies nach im Schrifttum vertretener Auffassung nur dann nicht organschaftsschädlich sein, wenn die Voraussetzungen des § 14 Abs. 1 Satz 1 Nr. 4 KStG (vgl. hierzu Rz. 254) eingehalten sind (vgl. *D/P/M/Dötsch* § 17 KStG Rz. 20 mwN).

(frei)   215–219

i) Verlustübernahme (§ 302 AktG, §§ 14 Abs. 1 Satz 1, 17 Abs. 1 Satz 2 Nr. 2 KStG)

aa) Allgemein

Gem. § 302 Abs. 1 AktG hat der Organträger der Organgesellschaft „jeden sonst 220 entstehenden Jahresfehlbetrag auszugleichen", soweit nicht ein Ausgleich durch Verwendung von Rücklagen möglich ist, die während der Dauer des Vertrages gebildet worden sind. Auf diese Ansprüche kann nur nach Maßgabe des § 302 Abs. 3 AktG verzichtet werden.

*„Die **Höhe des Ausgleichsanspruchs** wird nicht durch den festgestellten Jahresabschluss ver-* 221 *bindlich festgelegt, sondern durch den zum Bilanzstichtag **zutreffend ausgewiesenen Fehlbetrag** bestimmt."* (so BGH II ZR 361/02 v. 14.2.05, ZIP 05, 854; BGH II ZR 120/98 v. 11.10.99, NJW 00, 210; BGH II ZR 172/88 v. 5.6.89, BB 89, 1518; BFH I R 156/93 v. 5.4.95, BFHE 177, 429; **aA** *Hennrichs* ZHR 174 (2010), 683; *Krieger* NZG 05, 787; vgl. zur Maßgeblichkeit des „objektiv richtigen" handelsbilanziellen Ergebnisses allgemein auch Rz. 178). Zur erfolgreichen prozessualen Geltendmachung eines

Verlustausgleichsanspruchs ist es daher nicht erforderlich, die Nichtigkeit der zugrunde gelegten Bilanz gemäß § 256 AktG nachzuweisen. Es genügt vielmehr, den bei objektiv ordnungsgemäßer Bilanzierung sich ergebenden Fehlbetrag darzulegen und zu beweisen (BGH II ZR 361/02 v. 14.2.05, aaO; *Häller* AG 20, 611).

222   **Ertragsteuerlich** gelten die Ausführungen zu den Bilanzierungsfehlern und zu § 14 Abs. 1 Satz 1 Nr. 3 Sätze 4 und 5 KStG idF der „kleinen Organschaftsreform" unter Rz. 199 ff. ebenfalls für die Ermittlung des auszugleichenden Verlusts.

223   Für die Beantwortung der Frage, wie der Umfang des bei **Beendigung des Vertrages auszugleichenden Verlustes** zu ermitteln ist, ist wie folgt zu differenzieren: Fällt der Zeitpunkt der Beendigung des Gewinnabführungsvertrags mit dem Bilanzstichtag der Organgesellschaft zusammen, ist der auf diesen Stichtag zu ermittelnde Verlust maßgeblich für die Verlustausgleichsverpflichtung (*Hüffer/Koch* § 302 AktG Rz. 11). Zu diesem Zeitpunkt tritt zugleich Fälligkeit des Anspruchs ein (siehe Rz. 224). Fällt der Beendigungszeitpunkt in das Geschäftsjahr der Organgesellschaft, so ist ein auf die Zeit bis zur Beendigung angefallener Verlust in einer Zwischenbilanz zu ermitteln und noch auszugleichen (BGH II ZR 170/87 v. 14.12.87, NJW 88, 1326; BGH II ZR 255/87 v. 19.9.88, NJW 88, 3143). Zum Gewinnabführungsanspruch bei unterjähriger Vertragsbeendigung s. Rz. 192.

224   Nach der Rechtsprechung des BGH **entsteht** der Verlustübernahmeanspruch am Stichtag der Bilanz der Organgesellschaft und er wird auch unmittelbar mit seiner Entstehung **fällig** (vgl. BGH II ZR 120/98 v. 11.10.99, DStR 99, 1998; BGH II ZR 361/02 v. 14.2.05, NZG 05, 481; ebenso zB *Hüffer/Koch* § 302 AktG Rz. 13 mwN).

225   Der Anspruch ist demgemäß bis zu seiner Erfüllung zu **verzinsen** (vgl. BGH II ZR 120/98 v. 11.10.99, DStR 99, 1998; ebenso zB *Hüffer/Koch* § 302 AktG Rz. 14 mwN).

226   Auch die **Finanzverwaltung** bejaht das Entstehen und die Fälligkeit des Verlustausgleichsanspruchs zum Bilanzstichtag und eine Pflicht zur Verzinsung des Anspruchs (vgl. BMF v. 15.10.07, BStBl. I 07, 765; LfSt Bayern v. 10.4.07, DStR 07, 994). Eine unterlassene oder unzutreffende Verzinsung soll als bloße Nebenpflichtverletzung nach Verwaltungsauffassung jedoch einer tatsächlichen Durchführung des Gewinnabführungsvertrags iSd. § 14 Abs. 1 Satz 1 Nr. 3 Satz 1 KStG nicht entgegenstehen, womit dies nicht zur steuerlichen Nichtanerkennung der Organschaft führt, sondern lediglich als verdeckte Gewinnausschüttung und daher im Rahmen der Organschaft als vorweggenommen Gewinnabführung zu behandeln ist (vgl. BMF v. 15.10.07, BStBl. I 07, 765; LfSt Bayern v. 10.4.07, DStR 07, 994; ebenso zB *D/P/M/Dötsch/Pung* § 14 KStG Rz. 439). Fraglich ist, ob dies auch dann gilt, wenn die Verzinsung explizit im Vertrag vereinbart ist und anschließend nicht tatsächlich erfolgt. Nach uE zutreffender Ansicht sollte auch in diesen Fällen die Organschaft steuerlich anerkannt werden, da es sich weiterhin nur um die Verletzung einer Nebenpflicht handelt (vgl. *Blümich/Krumm* § 14 KStG Rz. 146 mwN; so tendenziell wohl *D/P/M/Dötsch/Pung* § 14 KStG Rz. 440 mwN zum Diskussionsstand). Nach **aA** ist die Organschaft in diesen Fällen körperschaftsteuerlich nicht anzuerkennen (so *Prokopf* DB 07, 900). Vor dem Hintergrund dieser unsicheren Rechtslage empfiehlt es sich uE im Gewinnabführungsvertrag **keine explizite Regelung zur Verzinsung** aufzunehmen. Sie ist dann nach den allgemeinen Grundsätzen durchzuführen und ein Fehler bei dieser Durchführung sollte nach vorstehender Verwaltungsauffassung nicht organschaftsschädlich sein. Teilweise wird auch empfohlen, im Gewinnabführungsvertrag explizit einen Verzicht auf die Verzinsung zu vereinbaren (so *Bott/Walter/Walter* § 14 KStG Rz. 649).

227–229   *(frei)*

bb) Spezielle Anforderungen bei GmbH als Organgesellschaft (§ 17 Abs. 1 Satz 2 Nr. 2 KStG)

230   Die wohl kritischste Voraussetzung des § 17 KStG ist in **§ 17 Abs. 1 Satz 2 Nr. 2 KStG** enthalten. Hierbei ist zwischen der Gesetzesfassung („aF") vor der „kleinen Or-

ganschaftsreform" (s. allgemein hierzu Rz. 231 ff.) und der Gesetzesfassung („n. F.") nach dieser Reform (siehe hierzu Rz. 238 ff.) zu unterscheiden. Dabei ist die Altfassung auf Gewinnabführungsverträge anzuwenden, die bis zum 26.2.13 abgeschlossen, anschließend nicht geändert wurden und die eine hinreichende Vereinbarung im Hinblick auf § 302 Abs. 4 AktG haben (für diese Verträge gilt die aF auch nach dem 26.2.13 weiter), und die Neufassung gilt für ab dem 27.2.13 abgeschlossene Gewinnabführungsverträge und für davor geschlossene Verträge, die nach dem 26.2.13 geändert werden (§ 17 Abs. 2 KStG iVm. § 34 Abs. 10b Satz 1 KStG idF des Gesetzes v. 18.12.13 (BGBl. I 13, 4318)). Ein Vertrag ist dann „abgeschlossen", wenn er unterzeichnet wird, eine ggf. noch ausstehende Zustimmung der Hauptversammlung ist insoweit nicht von Relevanz (vgl. *D/P/M/Dötsch* § 17 KStG Rz. 31; *Frotscher/Drüen/ Frotscher* § 17 KStG Rz. 44; s. zur vergleichbaren Situation bei § 34 Abs. 9 Nr. 3 Satz 1 KStG aF: BMF v. 10.11.05, BStBl. I 05, 1038).

„Altverträge" – § 17 Satz 2 Nr. 2 KStG idF vor der „kleinen Organ- 231 **schaftsreform"** (bis zum 26.2.13 abgeschlossene Gewinnabführungsverträge, die nach dem 26.2.13 nicht mehr geändert wurden und die eine hinreichende Vereinbarung im Hinblick auf § 302 Abs. 4 AktG haben; vgl. aber **ab 2021** Rz. 243): Nach § 17 Satz 2 Nr. 2 KStG aF muss **„eine Verlustübernahme entsprechend den Vorschriften des § 302 des Aktiengesetzes vereinbart"** werden. Die Norm hat ihren Ursprung in einer Zeit, in der es gesellschaftsrechtlich noch nicht geklärt war, ob § 302 AktG auch auf eine GmbH entsprechend anwendbar ist. Hierbei sollte sichergestellt werden, dass ein körperschaftsteuerliche Organschaft nur dann erreicht werden kann, wenn eine vertragliche Verpflichtung zur Verlustübernahme besteht, die der des § 302 AktG gleichkommt. Gesellschaftsrechtlich ist es nunmehr allerdings geklärt, dass § 302 AktG auch bei einer GmbH Anwendung findet (vgl. Rz. 52). Vor diesem Hintergrund ist eine Aufnahme einer dem § 302 AktG entsprechenden Verlustübernahmeverpflichtung in den Gewinnabführungsvertrag zu einer GmbH gesellschaftsrechtlich an sich rein deklaratorisch. Dennoch hat der BFH in einer beeindruckenden Vielzahl von Urteilen entschieden, dass der Wortlaut des § 17 Satz 2 Nr. 2 KStG aF („vereinbart") dazu zwingt, dass ein Gewinnabführungsvertrag zu einer GmbH zwingend eine Klausel für die Verlustübernahme entsprechend den Vorschriften des § 302 AktG enthalten muss (vgl. zB BFH I R 220/78 v. 17.12.80, BStBl. II 81, 383; BFH I R 43/99 v. 29.3.00, BFH/NV 00, 1250; BFH I R 73/05 v. 22.2.06, GmbHR 06, 890; BFH I R 74/05 v. 22.2.06, DStR 06, 1224; BFH I R 68/09 v. 3.3.10, BFH/NV 10, 1132; BFH I B 27/10 v. 28.7.10, BStBl. II 10, 932 (geändert durch BFH I B 27/10 v. 15.9.10, BStBl. II 10, 935); BFH I B 83/10 v. 22.12.10, DStR 11, 219; BFH I R 40/12 v. 24.7.13, BStBl. II 14, 272; BFH I R 93/15 v. 10.5.17, DStR 17, 2429). Die Vereinbarung sollte sich auch unmittelbar im Gewinnabführungsvertrag befinden, eine Vereinbarung in einer Nebenabrede etc wird nicht akzeptiert (so zB FG Baden-Württemberg II 196/82 v. 26.6.85, EFG 86, 88; *Frotscher/Drüen/Frotscher* § 17 KStG Rz. 29; *Gosch/Neumann* § 17 KStG Rz. 10). Vor dem Hintergrund des rein deklaratorischen gesellschaftsrechtlichen Charakters einer solchen Klausel enthält § 17 Satz 2 Nr. 2 KStG aF somit – zumindest im Falle einer GmbH als Organgesellschaft (vgl. zur Unternehmergesellschaft (haftungsbeschränkt) Rz. 186 sowie *Rubel* GmbHR 10, 470 mwN) – eine **rein steuerliche Formvorschrift.**

Die vorstehende Rechtsprechung zu § 17 Satz 2 Nr. 2 KStG aF ist zu Recht einer 232 beachtlichen **Kritik** ausgesetzt (vgl. hierzu zB *Crezelius* Ubg 09, 733; *Hahn* DStR 09, 1834; *Lenz* Ubg 10, 179; *Schneider/Hinz* Ubg 09, 741). Diese Kritik haben sich auch einige Finanzgerichte zu Herzen genommen, was schon ein Blick auf die Vielzahl von Revisionsverfahren zeigt (vgl. zB FG Köln 13 K 4779/04 v. 13.5.09, EFG 09, 1969; vgl. schließlich aber FG Köln 13 K 3136/04 v. 12.4.11, BeckRS 2011, 95710). Eine sich gegen die BFH-Rechtsprechung richtende **Verfassungsbeschwerde** wurde jedoch nicht zur Entscheidung angenommen (BVerfG 2 BvR 998/10 v. 31.8.10, nv).

Auch eine im Rahmen des Gesetzgebungsverfahren zum JStG 2010 diskutierte **Gesetzesinitiative** zur Änderung des § 17 Satz 2 Nr. 2 KStG a. F. (vgl. BR-Drs 318/10, S. 59 ff.) wurde nicht umgesetzt. Zur Änderung des § 17 Satz 2 Nr. 2 KStG (jetzt: § 17 Abs. 1 Satz 2 Nr. 2 KStG) durch die „kleine Organschaftsreform" siehe Rz. 238 ff.

233   Das Scheitern der vorstehenden Gesetzgebungsinitiative ist zwar einerseits im Zusammenhang mit der unter Rz. 231 dargestellten Rechtsprechungsentwicklung aber andererseits auch in einem gewissen Zusammenhang mit der nunmehr eröffneten Möglichkeit einer EU-/EWR-Gesellschaft als Organgesellschaft (vgl. Rz. 68) zu sehen (vgl. hierzu die Hinweise auf zugezogene Kapitalgesellschaften bei BFH I R 68/09 v. 3.3.10, DStR 10, 858 und *E/S/Erle/Heurung* § 17 KStG Rz. 42; kritisch hierzu *Kutsch* GmbHR 10, 953, 957). Zu der Problematik des „grenzüberschreitenden Gewinnabführungsvertrags" vgl. Rz. 68 und zB *Winter/Marx* DStR 11, 1101 ff.

234   Nach der vorstehenden Rechtsprechung muss sich die Vereinbarung iSd. § 17 Satz 2 Nr. 2 KStG a. F. auf **Absatz 1** und **Absatz 3** des § 302 AktG beziehen (vgl. zB BFH I R 220/78 v. 17.12.80, BStBl. II 81, 383; BFH I R 43/99 v. 29.3.00, BFH/NV 00, 1250; BFH I R 74/05 v. 22.2.06, DStR 06, 275; R 66 Abs. 3 Satz 2 KStR 1995). Mit dem *Gesetz zur Anpassung von Verjährungsvorschriften an das Gesetz zur Modernisierung des Schuldrechts* v. 9.12.04 (BGBl. I 04, 3214) wurde in § 302 AktG ein neuer Absatz 4 eingefügt (vgl. *Schothöfer* GmbHR 05, 982). § 17 Satz 2 Nr. 2 KStG aF erfordert, dass sich die „Vereinbarung" auch auf diesen **Absatz 4** erstreckt (BFH I B 27/10 v. 28.7.10, BStBl. II 10, 932 (geändert durch BFH I B 27/10 v. 15.9.10, BStBl. II 10, 935); BFH I R 40/12 v. 24.7.13, BStBl. II 14, 272; BFH I R 93/15 v. 10.5.17, DStR 17, 2429; BMF v. 16.12.05, BStBl. I 06, 12). Die FinVerw. beanstandete es jedoch zunächst nicht, wenn vor dem 1.1.06 abgeschlossene Gewinnabführungsverträge einen Hinweis auf § 302 Abs. 4 AktG nicht enthalten; auch eine Anpassung dieser (Alt-)Verträge wurde nicht gefordert (BMF v. 16.12.05, BStBl. I 06, 12; KStH 17 „Verweis …"). Der BFH hat die Anerkennung dieser Übergangsregel der Finanzverwaltung aber zunächst für nach dem Inkrafttreten des § 302 Abs. 4 AktG (also seit dem 15.12.04) geschlossene Gewinnabführungsverträge abgelehnt (BFH I R 40/12 v. 24.7.13, BStBl. II 14, 272; vgl. hierzu Rz. 240). Anschließend hat der BFH die Anerkennung der Übergangsregelung der Finanzverwaltung auch für vor dem 15.12.04 geschlossene Gewinnabführungsverträge abgelehnt und die Anerkennung solcher Gewinnabführungsverträge zumindest dann versagt, wenn diese nur auf Abs. 1 und Abs. 3 des § 302 AktG verweisen und nicht an die Änderung des § 302 AktG angepasst wurden (BFH I R 93/15 v. 10.5.17, DStR 17, 2429). Das BMF wendet diese Entscheidungen des BFH nunmehr zwar an, gewährt aus Gründen des Vertrauensschutzes allerdings eine Übergangsregel (BMF v. 3.4.19, DStR 19, 879). Hiernach stehen Gewinnabführungsverträge, die keinen Verweis auf die entsprechende Anwendung von § 302 Abs. 4 AktG enthalten, aber von der Billigkeitsregelung des BMF-Schreibens v. 16.12.05 (BStBl. I 06, 12) umfasst waren, der Anerkennung der Organschaft nicht entgegen, wenn diese bis zum Ablauf des 31.12.19 an die Regelung des § 17 Abs. 1 S. 2 Nr. 2 KStG (dynamischer Verweis) angepasst wurden. Nach Auffassung des BMF war hierbei keine neue Fünfjahresfrist zu vereinbaren und eine Anpassung des Vertrags kann unterbleiben, wenn das Organschaftsverhältnis vor dem 1.1.20 beendet wurde. Vgl. zur Änderung von **§ 302 Abs. 3 AktG** ab 2021 und des damit wohl verbundenen **„Tods der Altverträge"** unter Rz. 243.

Eine Übernahme des den Fall der Betriebsverpachtung/-überlassung betreffenden **Absatz 2** des § 302 AktG in einen regulären Gewinnabführungsvertrag wird hingegen nicht gefordert (so zB *Bott/Walter/Walter* § 17 KStG Rz. 12 und *D/P/M/Dötsch* § 17 KStG Rz. 26 unter Hinweis auf BFH I B 83/10 v. 22.12.10, DStR 11, 219; vgl. hierzu auch *Gosch* BFH/PR 11, 144 f.; auch R 66 Abs. 3 Satz 2 KStR 1995 weist nur auf Abs. 1 und Abs. 3 des § 302 AktG hin).

235   Gestärkt durch die in Rz. 231 erläuterte Rechtsprechung hatte die Finanzverwaltung Gewinnabführungsverträge zu einer GmbH vermehrt unter dem Gesichtspunkt

der formalen Anforderungen des § 17 Satz 2 Nr. 2 KStG aF geprüft. Hierbei hat sie zunächst eine sehr restriktive Auslegungsvariante verfolgt (vgl. OFD Rheinland v. 12.8.09, DStR 10, 1136; OFD Magdeburg v. 6.4.10, KSt-Kartei ST § 17 KStG Karte 2), die dazu geführt hätte, dass folgende – in der Praxis nicht unübliche – Formulierung nicht mehr den steuerlichen Anforderungen des § 17 Satz 2 Nr. 2 KStG aF genügt hätte (vgl. hierzu zB *Rödder* DStR 10, 1218):

> „Die ...... GmbH verpflichtet sich, entsprechend § 302 AktG jeden während der Vertragsdauer sonst entstehenden Jahresfehlbetrag der ...... GmbH auszugleichen, soweit dieser nicht dadurch ausgeglichen wird, dass den freien Gewinnrücklagen Beträge entnommen werden, die während der Vertragsdauer in sie eingestellt worden sind."

Die Finanzverwaltung sah hierin zunächst keine für Zwecke des § 17 Satz 2 Nr. 2 **236** KStG aF ausreichende Formulierung, da mit der wörtlichen Wiedergabe des Wortlauts des § 302 Abs. 1 AktG der in der Formulierung enthaltene Verweis auf § 302 AktG einschränkend zu interpretieren sei, womit es an einer Bezugnahme auf § 302 Abs. 3 (und Abs. 4) AktG fehle. Dieser restriktiven Auslegungsalternative ist der BFH zu Recht nicht gefolgt [vgl. BFH I B 27/10 v. 28.7.09, BStBl. II 10, 932 (geändert durch BFH I B 27/10 v. 15.9.10, BStBl. II 10, 935)]. Die FinVerw. hat sich dieser Rechtsprechung anschließend angeschlossen und hält an ihrer alten Auffassung nicht länger fest (BMF v. 19.10.10, BStBl. I 10, 836).

Das Vorstehende zeigt, dass die Vereinbarung der Verlustübernahme iSd. § 17 **237** Satz 2 Nr. 2 KStG aF bei der Gestaltung eines Gewinnabführungsvertrags zu einer GmbH ein steuerlich hochsensibler Bereich mit schwer vermeidbaren Risiken war. In der Praxis finden sich zu § 17 Satz 2 Nr. 2 KStG aF unterschiedliche **„vertragliche Konzeptionen"**:

– **Wortlautklausel:** Einer eher älteren Vertragspraxis entsprach es, den Wortlaut des § 302 Abs. 1, Abs. 3 und Abs. 4 AktG unmittelbar in den Gewinnabführungsvertrag aufzunehmen. Die Finanzverwaltung akzeptierte dies. Nach R 66 Abs. 3 Satz 2 und Satz 3 KStR 1995 ist es ausreichend, wenn der „Vertragstext entsprechend dem Inhalt dieser Vorschriften gestaltet wird." Mit „diesen Vorschriften" ist § 302 Abs. 1 und Abs. 3 AktG angesprochen (R 66 Abs. 3 Satz 2 KStR 1995). Nach der Erweiterung des § 302 AktG um einen Abs. 4 (vgl. Rz. 234) dürfte für diesen Absatz entsprechendes gelten. Tendenziell strenger formuliert die – zwischenzeitlich aufgehobene (vgl. Rz. 236) – OFD Rheinland v. 12.8.09 (DStR 10, 1136), wenn sie fordert, dass der Gewinnabführungsvertrag „den Wortlaut der Vorschrift des § 302 AktG wörtlich übernehmen" muss. Eine Differenzierung im Hinblick auf § 302 Abs. 2 AktG wird von der OFD Rheinland hier nicht vorgenommen.

Obwohl die Übernahme des Wortlauts des § 302 Abs. 1, Abs. 3 und Abs. 4 AktG demnach steuerlich vor der Änderung durch die „kleine Organschaftsreform" (s. hierzu Rz. 238 ff.) zu akzeptieren war, erschien eine Wortlautklausel dennoch als suboptimal, wenn die Möglichkeit in Betracht gezogen wurde, dass § 302 AktG gesetzlichen Änderungen unterzogen werden kann. So hat die Einführung von § 302 Abs. 4 AktG bei Verträgen mit solchen Klauseln zunächst für Unruhe gesorgt. Die Finanzverwaltung hat zwar in diesem Fall mit einer Übergangsregelung reagiert, die jedoch vom BFH abgelehnt wird, wobei der BFH fordert, dass vor der jeweiligen Änderung des AktG geschlossene Verträge ggf. an die Änderungen anzupassen sind (die FinVerw. ist diesem – mit Übergangsregelung – gefolgt; vgl. Rz. 234). Vor dem Hintergrund dieser restriktiven BFH-Rechtsprechung ist nicht unwahrscheinlich, dass die Finanzverwaltung bei künftigen Änderungen des § 302 AktG keine vergleichsweise Übergangsregelung mehr gewährt.

– **Verweisklausel:** In jüngerer Zeit verbreitete sich ein Vorgehen, wonach sich der Gewinnabführungsvertrag schlicht an den Wortlaut des § 17 Satz 2 Nr. 2 KStG hält und dementsprechend im Vertrag eine Klausel aufgenommen wird, wonach „eine

Verlustübernahme entsprechend den Vorschriften des § 302 AktG vereinbart wird". Ein Verweis auf den § 302 AktG innerhalb des Vertragstextes wird von R 66 Abs. 3 Satz 2 KStR 1995 akzeptiert. Die – zwischenzeitlich aufgehobene (vgl. Rz. 235) – Verfügung der OFD Rheinland v. 12.8.09 (DStR 10, 1136) hat es ebenfalls als ausreichend erachtet, wenn die Verpflichtung zur Verlustübernahme – ohne jegliche Einschränkung – „entsprechend den Regelungen des § 302 AktG" vereinbart wird. Diese Alternative erschien für Verträge, die noch unter § 17 Satz 2 Nr. 2 KStG aF fallen, vorzugswürdig. Zwar gibt sie dem Vertragsanwender wenig dafür in die Hand, wie der Verlustausgleich zu berechnen bzw. durchzuführen ist (hierfür ist dann ein Blick in den § 302 AktG selbst notwendig). Allerdings ist die Vertragsregel einfach ausgestaltet und lässt keinen Raum für eine evtl. steuerschädliche Auslegung. Beachtet man zusätzlich die Möglichkeit künftiger gesetzlicher Änderungen des § 302 AktG empfahl es sich schon vor der „kleinen Organschaftsreform", **die Klausel zu dynamisieren,** indem auf „alle" Vorschriften des § 302 AktG „in der jeweils gültigen Fassung" verwiesen wird (zumal der BFH bei einer statischen Klausel eine Anpassung an etwaige Änderungen des § 302 AktG fordert; vgl. Rz. 234 und BFH I R 93/15 v. 10.5.17, DStR 17, 2429). Zwar verließ man hiermit den reinen Wortlaut des § 17 Satz 2 Nr. 2 KStG aF, dafür vermied man aber etwaige Unsicherheiten bei künftigen Gesetzesänderungen. Dementsprechend empfahl auch letztlich die wohl hM zu § 17 Satz 2 Nr. 2 KStG aF im Schrifttum eine Dynamisierung (vgl. *Bott/Walter/Walter* § 17 KStG Rz. 1mwN; im Ergebnis auch *E/S/Erle/Heurung* § 17 KStG Rz. 44). Zum Dynamisierungszwang für Verträge, die von § 17 Satz 2 Nr. 2 KStG nF erfasst werden, siehe Rz. 238ff.

– **Kombinationsklausel:** Eine Zwischenlösung zwischen den beiden vorstehenden Alternativen war es, auf den (gesamten) § 302 AktG zu verweisen und ergänzende Erläuterungen in den Vertragstext aufzunehmen. Eine solche Zwischenlösung (Verweis auf § 302 AktG mit gleichzeitiger Wiedergabe des Wortlauts des § 302 Abs. 1 AktG) wurde von der Finanzverwaltung zunächst nicht akzeptiert, wurde aber dann anschließend vom BFH und auch der Verwaltung anerkannt (vgl. Rz. 235). Die Finanzverwaltung lehnt die Anerkennung einer solchen Klausel allerdings dann ab, wenn die ergänzenden Erläuterungen *„erkennbar darauf gerichtet sind, die umfassende Bezugnahme auf § 302 AktG zu relativieren und bestimmt Absätze der Vorschrift von der Einbeziehung in die Vereinbarung über die Verlustübernahme auszuschließen"*, wobei *„von einer erkennbaren eingeschränkten Vereinbarung …… nur dann auszugehen (ist), wenn der Wortlaut der Vereinbarung die Einschränkung eindeutig vorsieht oder über den Wortlaut hinaus konkrete weitere Anhaltspunkte vorliegen"* (BMF v. 19.10.10, BStBl. I 10, 836). Durch diese Einschränkung wurde wieder eine gewisse Grauzone eröffnet.

Eine Vertragsklausel die „1 : 1" der vom BFH und dem BMF zwischenzeitlich „abgesegneten" Klausel entspricht, ist somit unter Geltung des § 17 Satz 2 Nr. 2 KStG aF unzweifelhaft anzuerkennen. Abweichungen hiervon sind allerdings insoweit als kritisch anzusehen, als man sich hiermit in die „Grauzone" des BMF-Schreibens v. 19.10.10 (BStBl. I 10, 836) bewegt. Des Weiteren war auch in dieser Vertragsvariante über eine Dynamisierung des Verweises nachzudenken.

238 **„Neuverträge" – § 17 Satz 2 Nr. 2 KStG idF der „kleinen Organschaftsreform"** (ab dem 27.2.13 abgeschlossene Gewinnabführungsverträge und davor abgeschlossene Gewinnabführungsverträge, die nach dem 26.2.13 geändert werden): Im Rahmen der „kleinen Organschaftsreform" wurde § 17 Satz 2 Nr. 2 KStG so gefasst, dass nunmehr „eine Verlustübernahme durch Verweis auf die Vorschriften des § 302 Aktiengesetz in seiner jeweils gültigen Fassung vereinbart" werden muss. Damit hat der Gesetzgeber nicht nur an dem strengen Formalerfordernis festgehalten, er hat es sogar **verschärft** (*Lenz/Adrian/Handwerker* BB 12, 2851, 2855; *Rödder* Ubg 12, 717, 718; *Stangl/Brühl* Der Konzern 13, 77, 94): Die Vereinbarung der Verlustübernahme

muss demnach durch einen „Verweis" vorgenommen werden und sie ist zwingend zu dynamisieren. Mit der Aufnahme eines Verweises auf § 34 Abs. 10b KStG idF der „kleinen Organschaftsreform" in den neuen § 17 Abs. 2 KSG durch KroatienAnpG v. 25.7.14, BGBl. I 14, 1266) wurde § 17 Satz 2 Nr. 2 KStG ohne inhaltliche Änderung zu § 17 Abs. 1 Satz 2 Nr. 2 KStG.

Die genauen Anforderungen der Neufassung des § 17 Abs. 1 Satz 2 Nr. 2 KStG an **239** die Vereinbarung einer Verlustübernahme sind **zweifelhaft** (vgl. *Mayer/Wiese* DStR 13, 629; *Scheifele/Hörner* DStR 13, 553; *Stangl/Brühl* DB 13, 538). KStR 17 Abs. 3 erwähnt schlicht, dass die Verlustübernahme durch den Verweis auf die Vorschriften des § 302 AktG in seiner jeweils gültigen Fassung vereinbart werden muss. Reine Wiedergaben des Wortlauts des geltenden § 302 AktG ohne Dynamisierungshinweis dürften – entgegen der bisherigen Praxis zu § 17 Abs. 1 Satz 2 Nr. 2 KStG aF (Rz. 237) – für § 17 Abs. 1 Satz 2 Nr. 2 KStG nF nicht mehr ausreichend sein. Vor dem Hintergrund des „Verweiserfordernisses" wird nach hM empfohlen, in den Vertrag schlicht den Wortlaut des § 17 Abs. 1 Satz 2 Nr. 2 KStG nF aufzunehmen (vgl. *D/P/M/Dötsch* § 17 KStG Rz. 28; *Dötsch/Pung* DB 13, 305, 314; *Bott/Walter/Walter* § 17 KStG Rz. 13; *Mayer/Wiese* DStR 13, 629, 630; *Rödder* Ubg 12, 717, 718; *Scheifele/Hörner* DStR 13, 553, 554; *Schneider/Sommer* GmbHR 13, 21, 29; *Stangl/Brühl* Der Konzern 13, 77, 93; vgl. auch den Formulierungsvorschlag bei OFD Karlsruhe v. 16.1.14, FR 14, 434, 439). Zweifelhaft ist, ob die bisher nicht unübliche (Rz. 237) Kombination eines (dynamischen) Generalverweises auf § 302 AktG iVm. der Wiedergabe ausgewählter Bereiche des geltenden § 302 AktG noch anzuerkennen ist. Auch wenn für eine Anerkennung eines solchen Vorgehens überzeugende und u. E. zutreffende Gründe bestehen (vgl. *Bott/Walter/Walter* § 17 KStG Rz. 13; *Frotscher/Drüen/Frotscher* § 17 KStG Rz. 31 f.; *H/H/R/Dorenkamp* § 17 KStG Rz. J 12-6; *Stangl/Brühl* DB 13, 538) und die Finanzverwaltung etwaige über den dynamischen Verweis hinausgehende Zusätze akzeptiert, wenn diese den Verweis nicht in Frage stellen (OFD Karlsruhe v. 16.1.14, FR 14, 434, 439), sollte darauf geachtet werden, sich im Gewinnabführungsvertrag auf den Verweis auf § 302 AktG in der jeweils geltenden Fassung zu beschränken und Wiedergaben des Wortlauts des geltenden § 302 AktG zu unterlassen. Auf jeden Fall sollte es vermieden werden dass die Verlustübernahme eine Kombination aus einem dynamischen Verweis auf § 302 AktG und einer Wortlautwiedergabe ist, bei der Letztere teilweise gegen § 302 AktG verstößt (**Kombination dynamischer Verweis mit § 302 AktG-nonkonformen Wortlaut**). Das FG Münster (9 K 1171/19 K v. 11.12.19, BeckRS 2019, 52383) hatte über einen Fall zu entscheiden, in dem der Gewinnabführungsvertrag einerseits einen Verweis auf § 302 AktG in seiner jeweils gültigen Fassung, und andererseits eine Regelung beinhaltete, nach der nicht nur in der Vertragszeit gebildete Gewinnrücklagen, sondern auch in der Vertragszeit gebildete Kapitalrücklagen sowie vorvertraglich gebildete Gewinn- und Kapitalrücklagen zum Ausgleich eines Jahresfehlbetrags verwendet werden konnten. Die letztere Regelung zu in der Vertragszeit gebildeten Kapitalrücklagen sowie zu vorvertraglichen Gewinn- und Kapitalrücklagen ist von § 302 AktG nicht gedeckt (vgl. Rz. 251 ff.). Das FG Münster hat die Anerkennung der Organschaft daher versagt. Die NZB vor dem BFH hatte keinen Erfolg (vgl. BFH I B 20/20 v. 19.10.20, BFH/NV 21, 356; vgl. hierzu *Mühling* FR 21, 179; *Pohl* Fr 21, 178; *Witt* FR 21, 177).

Ein Kernstück der Neuregelung war die in **§ 34 Abs. 10b KStG idF des Geset-** **240** **zes v. 18.12.13, BGBl. I 13, 4318** eingeführte **Übergangsregelung,** die eine Heilung von vor dem 27.2.13 geschlossenen Gewinnabführungsverträgen („Altverträge") ermöglichte, die den Anforderungen des § 17 Satz 2 Nr. 2 KStG aF nicht genügen. Durch das KroatienAnpG v. 25.7.14 (BGBl. I 14, 1266) wurde § 34 Abs. 10d KStG gestrichen, dessen Fortgeltung aber durch § 17 Abs. 2 KStG explizit angeordnet. Im Kern ist die Übergangsregelung nach hier vertretener Auffassung so zu lesen, dass eine rückwirkende Heilung solch mangelhafter Altverträge eintritt, wenn diese spätestens

bis zum 31.12.14 an die Anforderungen des § 17 Abs. 1 Satz 2 Nr. 2 KStG nF ange-
passt wurden und wenn eine Gewinnabführung entsprechend § 301 AktG bzw. eine
Verlustübernahme entsprechend § 302 AktG auch tatsächlich erfolgt ist (§ 34 Abs. 10b
Satz 2 KStG aF iVm. § 17 Abs. 2 KStG). Wurde die Organschaft vor dem 1.1.15 beendet, trat eine Heilung auch ohne die vorstehende Vertragsanpassung ein (§ 34 Abs. 10b
Satz 3 KStG). Die Vertragsanpassung galt nicht als Neuabschluss (§ 34 Abs. 10b Satz 4
KStG aF iVm. § 17 Abs. 2 KStG), womit keine neue fünfjährige Mindestlaufzeit zu
vereinbaren war und eine Vertragsanpassung während dieser Laufzeit nicht rückwirkend organschaftsschädlich war. Das BMF hat zu dieser Neuregelung nur in einem an
den BDI gerichteten inoffiziellen Schreiben BMF v. 29.5.13 (BeckVerw 276566) Stellung genommen. Der BFH hatte bereits in der Entscheidung I R 40/12 v. 24.7.13,
BStBl. II 14, 272 Gelegenheit, die Neuregelung anzuwenden. Im Einzelnen ergaben
sich bei der Auslegung der Übergangsregelung aber **erhebliche Zweifelsfragen** (vgl.
Benecke/Schnitger IStR 13, 143; *Mayer/Wiese* DStR 13, 629; *Scheifele/Hörner* DStR 13,
553; *Stangl/Brühl* DB 13, 538; *Stangl/Brühl* Der Konzern 13, 77, 94 ff.):

- **Sind Altverträge, die den Anforderungen des § 17 Satz 2 Nr. 2 KStG aF**
  genügen, zwingend an die Neuregelung anzupassen? Grundsätzlich besteht
  solange kein Anpassungszwang, als die Altverträge nicht geändert werden (§ 34
  Abs. 10b Satz 1 KStG aF iVm. § 17 Abs. 2 KStG; vgl. hierzu ab 2021 aber Rz. 243).
  Zweifel hieran werden allerdings geäußert, weil § 34 Abs. 10b Satz 2 KStG aF iVm.
  § 17 Abs. 2 KStG davon spricht, dass ein Altvertrag, der keinen § 17 Satz 2 Nr. 2
  KStG aF „entsprechenden Verweis" enthält, einer Anerkennung der Organschaft
  nicht entgegensteht, wenn der Vertrag bis spätestens zum 31.12.14 an die Neuregelung angepasst und der Verlustausgleich entsprechend § 302 AktG tatsächlich durchgeführt wurde (vgl. *Scheifele/Hörner* DStR 13, 553, 555 f.). § 17 Satz 2 Nr. 2 KStG aF
  forderte aber gerade keinen „Verweis" auf § 302 AktG. So ist u. a. für die Konzeption der Wortlautwiederholung (siehe Rz. 237) fraglich, ob ein Anpassungszwang
  besteht. Nach hier vertretener Auffassung ist dies abzulehnen (gl. A. *Bott/Walter/*
  Walter § 17 KStG Rz. 14; *Frotscher/Drüen/Frotscher* § 17 KStG Rz. 45 f.). Die Nennung eines „Verweises" in § 34 Abs. 10b Satz 2 KStG ist ein redaktioneller Fehler.
  Vor dem Finanzausschuss war noch ein Anpassungszwang vorgesehen (Verweis entsprechend § 17 Satz 2 KStG nF). Nachdem der Finanzausschuss hiervon abgerückt
  ist, hat der in § 34 Abs. 10b Satz 2 KStG aus dem nF schlicht ein aF gemacht (vgl.
  hierzu die Gesetzesmaterialien zur „kleinen Organschaftsreform") und dabei vergessen, den Hinweis auf den „Verweis" mit zu korrigieren. Dies dürfte auch dem Verständnis des BFH in BFH I R 40/12 v. 24 7.13, BStBl. II 14, 272 entsprechen.
- **Sind Altverträge, die keinen Verweis auf § 302 Abs. 4 AktG enthalten,**
  zwingend anzupassen? Für vor dem 1.1.06 abgeschlossene Gewinnabführungsverträge beanstandet es die Finanzverwaltung im Hinblick auf § 17 Satz 2 Nr. 2
  KStG aF zunächst nicht, wenn diese keinen Bezug auf § 302 Abs. 4 AktG enthalten
  (vgl. Rz. 234). Im Schrifttum wurden daraufhin aber teilweise Zweifel daran geäußert, ob diese Verträge weiterhin anzuerkennen sind (siehe *D/P/M/Dötsch* § 17
  KStG Rz. 33). Diese Zweifel sind u. E. zumindest für vor dem 15.12.04 geschlossene (und spätestens bis zum 31.12.19 geänderte) Verträge ungerechtfertigt – unter
  Zugrundelegung der damaligen Verwaltungsauffassung – und sollten letztlich auch
  nicht für nach dem 14.12.04 und vor dem 1.1.06 geschlossene Altverträge greifen
  (so letztlich im Ergebnis wohl auch *D/P/M/Dötsch* § 17 KStG Rz. 33). Für die Altverträge ist (bis zu einer evtl. Vertragsänderung) auch nach dem 26.2.13 weiterhin
  § 17 Satz 2 Nr. 2 KStG aF anzuwenden (§ 34 Abs. 10b Satz 1 KStG aF iVm. § 17
  Abs. 2 KStG; vgl. aber Rz. 241). Diese Norm wurde im Hinblick auf § 302 Abs. 4
  AktG von der Finanzverwaltung bisher so angewendet, dass ein vor dem 1.1.06 geschlossener Vertrag ohne Bezugnahme auf § 302 Abs. 4 AktG nicht zwingend anzupassen ist (vgl. Rz. 234). Der BFH folgt dieser Regelung allerdings nicht und for-

dert auch für diese bereits eine Inkludierung des § 302 Abs. 4 AktG (vgl. BFH I R 40/12 v. 24.7.13, BStBl. II 14, 272; BFH I R 93/15 v. 10.5.17, DStR 17, 2429). Diese restriktive Rechtsprechung hat die FinVerw. aber nur zum Anlass genommen, eine Änderung dieser Verträge bis zum 31.12.19 zu fordern (vgl. BMF v. 3.4.19, DStR 19, 879). Hieraus ist abzuleiten, dass vor dem 1.1.06 geschlossene Verträge, die keine dem § 302 Abs. 4 AktG entsprechende Regelung enthalten, auch nach Ansicht der Finanzverwaltung nicht bereits bis zum 31.12.14 (nach § 34 Abs. 10b KStG aF) anzupassen waren, sondern dass eine Anpassung bis zum 31.12.19 ausreicht, um die Organschaft lückenlos anzuerkennen.

– **Fällt auch ein vor dem 27.2.13 abgeschlossener aber erst nach dem 26.2.13 wirksam gewordener Gewinnabführungsvertrag unter die Übergangsregelung?** § 34 Abs. 10b Satz 1 KStG aF iVm. § 17 Abs. 2 KStG stellt lediglich auf den Abschluss eines Vertrages, d.h. auf dessen Unterschreibung (Rz. 230), ab. § 34 Abs. 10b Satz 2 KStG aF iVm. § 17 Abs. 2 KStG greift hingegen nur für nach dem 26.2.13 „wirksam abgeschlossene" Verträge. Wurde ein Vertrag somit vor dem 27.2.13abgeschlossen und erst nach dem 26.2.13 in das Handelsregister eingetragen, so fällt er nach dem Wortlaut der Norm noch unter § 17 Satz 2 Nr. 2 KStG aF (§ 34 Abs. 10b Satz 1 KStG aF iVm. § 17 Abs. 2 KStG), kann aber nicht von der Heilungsmöglichkeit nach § 34 Abs. 10b Satz 2 KStG aF iVm. § 17 Abs. 2 KStG Gebrauch machen. Dieses Ergebnis wird zu Recht als unbillig eingestuft (*Benecke/Schnitger* IStR 13, 143, 157; *D/P/M/Dötsch* § 17 KStG Rz. 31) und kann auch durch Auslegung behoben werden (vgl. *Bott/Walter/Walter* § 17 KStG Rz. 14).

– **Wann musste eine Vertragsanpassung bei abweichendem Wirtschaftsjahr spätestens wirksam werden?** Es ist umstritten, ob eine Vertragsanpassung auch bei einem abweichenden Wirtschaftsjahr spätestens bis zum 31.12.14 (so *Stangl/Brühl* Der Konzern 13, 77, 95 f.; im Ergebnis auch *Bott/Walter/Walter* § 17 KStG Rz. 17; *D/P/M/Dötsch* § 17 KStG Rz. 34; *Scheifele/Hörner* DStR 13, 553, 557) oder spätestens schon zum Ablauf des Wirtschaftsjahrs 13/14 (so *Benecke/Schnitger* IStR 13, 143, 156) wirksam werden musste.

– **Wird auch der VZ 2014 geheilt; wenn ja, wie?** Die Heilung hat nach dem ursprünglichen Wortlaut des § 34 Abs. 10b Satz 2 KStG nur für „Veranlagungszeiträume, die vor dem 31.12.2014 enden" gegriffen, was strenggenommen den VZ 2014 nicht umfasste (Heilung ab VZ 2014 aber evtl. über die Vertragsänderung selbst; Hinweis auf BFH I B 27/10 v. 28.7.10, BStBl. II 10, 932, geändert durch BFH I B 27/10 v. 15.9.10, BStBl. II 10, 935). Unseres Erachtens handelte es sich hierbei um ein redaktionelles Versehen und dieser VZ wird von der Heilung ebenfalls erfasst (vgl. *Stangl/Brühl* DB 13, 538, 540 f.). Diese Auffassung wurde im Ergebnis auch vom BMF geteilt (s. BMF v. 29.5.13, GmbHR 13, 728), wobei dort darauf hingewiesen wird, dass eine klarstellende Gesetzesänderung geplant ist. Entsprechende Planungen wurden mit dem *AIFM-Steueranpassungsgesetz* v. 18.12.13 (BGBl. I 13, 4318) umgesetzt. Nach der Neuregelung greift die Heilung des § 34 Abs. 10b Satz 2 KStG aF iVm. § 17 Abs. 2 KStG für Veranlagungszeiträume, die vor dem 1.1.15 enden.

– **Greift die Heilung auch für Fälle mit Gewinnabführung (also ohne Verlustübernahme)?** Der Wortlaut des § 34 Abs. 10b Satz 2 KStG aF iVm. § 17 Abs. 2 KStG setzt für die Heilung voraus, dass eine Verlustübernahme entsprechend § 302 AktG tatsächlich erfolgt ist. Nach zutreffender Auffassung des BFH (I R 40/12 v. 24.7.13, BStBl. II 14, 272) gilt die Heilung aber auch für die Fälle, in denen bisher keine Verluste entstanden sind und demzufolge nur Gewinnabführungen tatsächlich erfolgt sind (vgl. *Frotscher/Drüen/Frotscher* § 17 KStG Rz. 48; *Stangl/Brühl* DB 13, 538, 541; ebenso OFD Karlsruhe v. 16.1.14, FR 14, 434, 440).

– **Ist eine Vertragsanpassung auch in den Fällen notwendig, in denen eine GmbH zwischenzeitlich in eine AG formgewechselt wurde?** Unseres Erachtens ist in diesen Fällen für eine Heilung eines Vertragsmangels während der „GmbH-Zeit" eine Vertragsanpassung nicht notwendig, da mit dem Formwechsel qua Gesetz § 302 AktG in seiner jeweils geltenden Fassung unabhängig vom Vertragstext greift.

– **Greift die Heilung des § 34 Abs. 10b Satz 3 KStG aF iVm. § 17 Abs. 2 KStG auch für Organschaften, die vor dem 27.2.13 beendet worden sind?** Nach unserer Ansicht greift die Heilung des § 34 Abs. 10b Satz 3 KStG aF iVm. § 17 Abs. 2 KStG auch für vor dem 27.2.13 beendete Organschaften (vgl. näher hierzu *Schneider/Sommer* GmbHR 12, 22, 30; *Stangl/Brühl* Der Konzern 13, 77, 96; *Stangl/Brühl* DB 13, 538, 542). In BFH I R 40/12 v. 24.7.13, BStBl. II 14, 272 scheint das Gericht dieser Auffassung ebenfalls zuzustimmen. Im Hinblick auf § 302 Abs. 4 AktG verlangt die Finanzverwaltung grds. eine Anpassung bis zum 31.12.19, wobei sie aber auch für den Fall der fehlenden entsprechenden Anwendung des § 302 Abs. 4 KStG ausnahmsweise keine Anpassungsnotwendigkeit sieht, wenn die Organschaft vor dem 1.1.20 beendet wird (vgl. BMF v. 3.4.19, DStR 19, 879).

– **Greift § 34 Abs. 10b Satz 4 KStG aF iVm. § 17 Abs. 2 KStG auch für die prophylaktische Änderung von Verträgen, die den Anforderungen des § 17 Satz 2 Nr. 2 KStG aF genügen?** Die Verneinung eines Neuabschlusses in § 34 Abs. 10b Satz 4 KStG aF iVm. § 17 Abs. 2 KStG ist sehr bedeutend. Denn zum einen wird hieraus ersichtlich, dass bei einer Vertragsanpassung keine neue fünfjährige Mindestlaufzeit in den Vertrag aufgenommen werden muss. Zum anderen wird deutlich, dass eine Vertragsanpassung während der fünfjährigen Mindestvertragslaufzeit nicht zum rückwirkenden Wegfall der Organschaft führt. Vgl. hierzu zB *Weber* Ubg 10, 556, 559. Der Wortlaut der Norm stellt auf eine „Änderung iSd. Satzes 2" ab, womit fraglich ist, ob auch eine Änderung von Verträgen erfasst ist, die – trotz evtl. bestehender Zweifel – die Anforderungen des § 17 Satz 2 Nr. 2 KStG aF erfüllen. Nach zutreffender Auffassung ist dies zu bejahen (vgl. *D/P/M/ Dötsch* § 17 KStG Rz. 35: iE auch *Bott/Walter/Walter* § 17 KStG Rz. 19; *Scheifele/ Hörner* DStR 13, 553, 557 f.; *Frotscher/Drüen/Frotscher* § 17 KStG Rz. 52; *H/H/R/ Dorenkamp* § 17 KStG Rz. J 12-8; *Stangl/Brühl* DB 13, 538, 541; *Stangl/Brühl* Der Konzern 13, 77, 97). Dies entspricht nach BMF v. 29.5.13 (GmbHR 13, 728) und OFD Karlsruhe v. 16.1.14 (FR 14, 434, 440) auch der Auffassung der Finanzverwaltung. Gleiches sollte u. E. nun auch für die Übergangsregelung bezüglich § 302 Abs. 4 AktG und BMF v. 3.4.19 (DStR 19, 879) gelten.

241 *(frei)*

242 Die Ausführungen in Rz. 240 zeigen, dass in vielen Fällen nicht mit Sicherheit beurteilt werden konnte, **ob ein Altvertrag anzupassen war.** Besonders kritisch war dies in den Fällen, in denen die fünfjährige Mindestvertragslaufzeit noch nicht abgelaufen ist, da das Risiko nicht vollständig ausgeschlossen werden konnte, dass dies zu einem retroaktiven Wegfall der Organschaft für vergangene VZ führt. Daher war zwar die schnelle Klarstellung durch das BMF-Schreiben v. 29.5.13 (GmbHR 13, 728), das letztlich auch rein prophylaktische Änderungen akzeptiert, sehr hilfreich. Gleiches gilt für OFD Karlsruhe v. 16.1.14, FR 14, 434, 440. Es wäre aber der Rechtssicherheit dienlicher, wenn diese Verwaltungsauffassung auch ihren Weg in das BStBl. I gefunden hätte. Trotz dieser Unklarheiten war unter Berücksichtigung aller Umstände die Empfehlung zutreffend, Altverträge, die den von § 17 Abs. 1 Satz 2 Nr. 2 KStG nun geforderten dynamischen Verweis nicht enthalten – ggf. vorsorglich – an die Neuregelung anzupassen (vgl. auch *D/P/M/Dötsch* § 17 KStG Rz. 36; *H/H/R/Dorenkamp* § 17 KStG Rz. J 12-8). Gleiches gilt u. E. im Hinblick auf § 302 Abs. 4 AktG und die diesbzgl. Übergangsregelung in BMF v. 3.4.19, DStR 19, 879.

243 (Ab 2021 kein) Nebeneinander von „Alt- und Neuverträgen" (mehr): Aktuell findet man in der Praxis i. d. R. „Neuverträge" (also ab dem 27.2.13 abgeschlossene Verträge, die einen dynamischen Verweis haben, vgl. Rz. 238 f.). Die Übergangsregelung der „kleinen Organschaftsreform" sieht es an sich vor, dass „Altverträge" (also bis zum 26.2.13 abgeschlossene Verträge, soweit sie ohne dynamischen Verweis sind; vgl. zu diesen Rz. 231 ff.) weiterhin anzuerkennen und nicht an die Neuregelung anzupassen sind, solange sie den Anforderungen des § 17 Satz 2 Nr. 2 KStG a. F. entsprechen und nicht geändert werden. Demnach kann es an sich auch 2021 noch Organschaften geben, die auf Basis eines solchen „Altvertrags" weiterhin anzuerkennen sind. In praxi sind solche „Altverträge" aber zum jetzigen Stand unter Zugrundelegung der Sicht der FinVerw. nicht mehr geeignet, eine Organschaft zu begründen. Dies hat folgende drei Gründe: (1) Die Übergangsregel zur „kleinen Organschaftsreform" (Rz. 240) wurde vielfach genutzt, „Altverträge" auf „Neuverträge" umzustellen. (2) Die danach verbliebenen „Altverträge" mussten spätestens 2019 auf „Neuverträge" umgestellt werden, wenn sie keine adäquate Einbeziehung des § 302 Abs. 4 AktG hatten (vgl. Rz. 234). Danach verblieben nur noch solche „Altverträge", die eine adäquate Einbeziehung des § 302 Abs. 4 AktG aufweisen. (3) Mit dem Sanierungs- und InsolvenzrechtsfortentwicklungsG v. 22.12.20 (BGBl. I 20, 3256) wurde § 302 Abs. 3 Satz 2 AktG mit Wirkung 1.1.21 geändert. § 302 Abs. 3 AktG ist eine Norm, die in „Altverträgen" zwingend Rechnung zu tragen ist (vgl. Rz. 234). Werden die Grundzüge der Rspr. zu § 302 Abs. 4 AktG berücksichtigt (vgl. zu diesen Rz. 234), so stellt sich die Frage, ob „Altverträge" an diese Änderung angepasst werden müssen. Vor dem Hintergrund der verglichen mit § 302 Abs. 4 AktG geringeren Intensität der Änderungen in § 302 Abs. 3 Satz 2 AktG wird es als zweifelhaft angesehen, ob ein Anpassungszwang besteht (vgl. *Schäfer/Reppel* DB 21, 583, unter Hinweis darauf, dass die im Hinblick auf die Umstellung auf ein elektronisches Handelsregister im Rahmen des EHUG v. 1.11.06, BGBl. I 06, 2553 vorgenommenen reinen Wortlautanpassungen in § 302 Abs. 3 und Abs. 4 AktG zu keinem Anpassungszwang geführt haben). Die FinVerw. bejaht in BMF v. 24.3.21, DStR 21, 803 einen solchen durch die Änderung des § 302 Abs. 3 Satz 2 AktG ausgelösten Anpassungszwang und vertritt das folgende Vorgehen: (1) Nicht dynamisierte GAV sind (für nicht vor 1.1.22 beendete Organschaften) bis spätestens 31.12.21 an die geänderte aktienrechtliche Rechtslage anzupassen; (2) Bei dieser Anpassung muss gemäß der Übergangsregelung der „kleinen Organschaftsreform" zugleich auch auf einen dynamischen Verweis umgestellt werden. (3) Die vorstehenden Änderungen stellen keinen Neuabschluss des Vertrages dar und daher wird keine neue Mindestlaufzeit i. S. d. § 14 Abs. 1 Satz 1 Nr. 3 Satz 1 KStG in Gang gesetzt. Damit entsteht 2021 in praxi ein starker Anlass die (verbliebenen) „Altverträge" auf „Neuverträge" umzustellen. Daher dürfte 2021 praktisch eine Art „Tod der Altverträge" eintreten (soweit diese „Altverträge" nicht schon einen der Neuregelung entsprechenden dynamischen Verweis enthalten).

(frei) 244–250

j) Auflösung und Bildung von Rücklagen

Im Hinblick auf die **Auflösung** von **in vororganschaftlicher Zeit gebildeten** 251 **Gewinnrücklagen** ist zu beachten, dass diese im Falle einer **nicht eingegliederten Organgesellschaft** während der Vertragsdauer nicht aufgelöst und abgeführt werden dürfen. Geschieht dies dennoch, so führt dies grundsätzlich zur steuerlichen Nichtanerkennung der Organschaft (KStR 14.5 Abs. 4 Satz 1; *E/S/Erle/Heurung* § 14 KStG Rz. 321). Gleiches gilt für den **in vororganschaftlicher Zeit gebildeten Gewinnvortrag** (KStR 14.5 Abs. 4 Satz 2; *D/P/M/Dötsch/Pung* § 14 KStG Rz. 404; *Bott/Walter/Walter* § 14 KStG Rz. 680; *Frotscher/Drüen/Frotscher* § 14 KStG Rz. 381). Auch eine Verrechnung von Aufwand gegen vororganschaftliche Rücklagen bedeutet nach Verwaltungsauffassung Nichtdurchführung des Vertrages (KStR 14.5 Abs. 4 Satz 3). Sollte ein Verstoß gegen die vorstehenden Abführungsverbote vorliegen, so besteht nach zutreffender – aber nicht unumstrittener – Auffassung die Möglichkeit, dies im Rahmen des § 14 Abs. 1 Satz 1 Nr. 3 Satz 4 und 5 KStG idF der „kleinen Organschaftsreform" zu heilen (OFD Karlsruhe v. 16.1.14, FR 14, 434, 436; OFD Frankfurt v. 30.5.16, DStR 16, 1375; *Dötsch/Pung* DB 13, 305, 309; *Frotscher/Drüen/Frotscher* § 14 KStG Rz. 375 und 381; *Stangl/Brühl* Der Konzern 13, 77, 88; vgl. auch Rz. 208). Eine Ausschüttung der in vororganschaftlicher Zeit gebildeten Gewinnrücklagen und Gewinnvorträge während der Dauer der Organschaft ist hingegen zulässig, verhindert nicht die steuerliche Anerkennung der Organschaft und ist als Ausschüttung zu besteuern (KStR 14.5 Abs. 4 Satz 4 und Satz 5; *D/P/M/Dötsch/Pung* § 14 KStG Rz. 408; *Bott/Walter/Walter* § 14 KStG Rz. 666; *Frotscher/Drüen/Frotscher* § 14 KStG Rz. 377 und 557 unter Hinweis auf BMF v. 25.7.94, DB 94, 1546). Die in vororganschaftlicher Zeit gebildeten Gewinnrücklagen können nach hM auch organschaftsunschädlich mit vororganschaftlichen Verlustvorträgen der Organgesellschaft verrechnet werden (vgl. Rz. 182).

252 Bei einer iSd. § 319 AktG **eingegliederten Organgesellschaft** können vororganschaftliche Gewinnrücklagen während des Organschaftsverhältnisses hingegen aufgelöst und abgeführt werden, ohne dass dies die steuerliche Anerkennung der Organschaft gefährdet (*D/P/M/Dötsch/Pung* § 14 KStG Rz. 405; s.a. KStR 14.5 Abs. 3 Satz 2 und 3); die Abführung unterliegt nicht dem § 14 KStG, sondern den allgemeinen steuerlichen Vorschriften (*D/P/M/Dötsch/Pung* § 14 KStG Rz. 406).

253 Nach im Schrifttum vertretener Auffassung gilt das in Rz. 251 f. zu in vororganschaftlicher Zeit gebildeten Gewinnrücklagen Ausgeführte auch für die **Auflösung** von in **vororganschaftlicher Zeit gebildeten Kapitalrücklagen** (so *D/P/M/Dötsch/Pung* § 14 KStG Rz. 400; *Gosch/Neumann* § 14 KStG Rz. 313; *S/F/Brink* § 14 KStG Rz. 395). Demnach können diese für den Fall einer nicht eingegliederten Organgesellschaft nicht aufgelöst und abgeführt, sondern lediglich aufgelöst und ausgeschüttet werden, wenn das Organschaftsverhältnis steuerrechtlich anerkannt werden soll. Auch insoweit besteht bei einem anderen Vorgehen nach zutreffender – aber nicht unumstrittener – Auffassung die Möglichkeit, dies im Rahmen des § 14 Abs. 1 Satz 1 Nr. 3 Satz 4 und 5 KStG idF der „kleinen Organschaftsreform" zu heilen (OFD Karlsruhe v. 16.1.14, FR 14, 434, 436; OFD Frankfurt v. 30.5.16, DStR 16, 1375; *Dötsch/Pung* DB 13, 305, 309; *Stangl/Brühl* Der Konzern 13, 77, 88; vgl. auch Rz. 406). Bei einer nach § 319 AktG eingegliederten Organgesellschaft wird die Auflösung und Abführung hingegen steuerlich akzeptiert (so *D/P/M/Dötsch/Pung* § 14 KStG Rz. 405).

254 Für die **Bildung** von **Gewinnrücklagen in organschaftlicher Zeit** ist für die einzelnen Arten der Gewinnrücklagen iSd. § 272 Abs. 3 HGB wie folgt zu differenzieren:

– **Gesetzliche Rücklagen** sind zwingend zu bilden und vermindern den nach § 301 AktG abzuführenden Gewinn (vgl. Rz. 184 ff.). § 14 Abs. 1 Satz 1 Nr. 4 KStG enthält hierfür keine besonderen steuerlichen Restriktionen (*D/P/M/Dötsch/Pung* § 14 KStG Rz. 456; *H/H/R/Kolbe* § 14 KStG Rz. 248; *Frotscher/Drüen/Frotscher* § 14 KStG Rz. 386 und 423). Eine über die aktienrechtlichen Grenzen hinausgehende Dotierung der gesetzlichen Rücklagen soll jedoch wie die Bildung einer anderen Gewinnrücklage anhand der Maßstäbe des § 14 Abs. 1 Satz 1 Nr. 4 KStG zu werten sein (vgl. KStR 14.5 Abs. 5 Satz 1 Nr. 2 Satz 2; *E/S/Erle/Heurung* § 14 KStG Rz. 317; *Frotscher/Drüen/Frotscher* § 14 KStG Rz. 427; *H/H/R/Kolbe* § 14 KStG Rz. 248). Bei einer GmbH als Organgesellschaft sind – mit Ausnahme für die Unternehmergesellschaft (haftungsbeschränkt) nach § 5a Abs. 3 GmbHG – keine gesetzlichen Rücklagen vorgesehen, so dass bei einer GmbH bei der Bildung einer Rücklage § 14 Abs. 1 Satz 1 Nr. 4 KStG zu beachten ist (s. *Bott/Walter/Walter* § 14 KStG Rz. 659).

– **Satzungsmäßige und andere („freie") Gewinnrücklagen** können nach Auffassung der Finanzverwaltung wegen § 14 Abs. 1 Satz 1 Nr. 4 KStG nur insoweit gebildet werden, „als dies bei vernünftiger kaufmännischer Beurteilung wirtschaftlich begründet ist" (KStR 14.5 Abs. 5 Satz 1 Nr. 3 Satz 1; ebenso *D/P/M/Dötsch/ Pung* § 14 KStG Rz. 456; *S/F/Brink* § 14 KStG Rz. 412; **aA** *Frotscher/Drüen/ Frotscher* § 14 KStG Rz. 428, wonach satzungsmäßige Rücklagen nicht unter § 14 Abs. 1 Satz 1 Nr. 4 KStG fallen). Hierzu wird ein konkreter Anlass gefordert, der nach objektiven unternehmerischen Maßstäben eine Rücklagenbildung rechtfertigt, wobei die KStR als Beispiele eine geplante Betriebsverlegung, Werkserneuerung oder Kapazitätsausweitung nennen (KStR 14.5 Abs. 5 Satz 1 Nr. 3 Satz 3). Diese Aufzählung ist nicht abschließend, wobei es jeweils einer Einzelfallprüfung bedarf (vgl. BFH I R 61/77 v. 29.10.80, BStBl. II 81, 336 zur Rücklagenbildung zur Abdeckung besonderer Risiken). Denjenigen Stimmen im Schrifttum ist zuzustimmen, die der Organgesellschaft hierbei einen großen Beurteilungsspielraum einräumen (so zB *E/S/Erle/Heurung* § 14 KStG Rz. 319; *Gosch/Neumann* § 14 KStG Rz. 323; *H/H/R/Kolbe* § 14 KStG Rz. 250. Als weitere konkrete Anlässe für eine zulässige Rücklagenbildung nennt das Schrifttum Betriebserweiterung, Umsatzerweiterung, Rationalisierung, Modernisierung und Abwicklung eines flüssigen Geldverkehrs (vgl. *H/H/R/Kolbe* § 14 KStG Rz. 250). Keinen Verstoß gegen § 14 Abs. 1 Satz 1 Nr. 4 KStG stellt es dar, wenn der Gewinn nach Abführung alsbald wieder im Rahmen eines „Führ-ab-hol-zurück-Verfahrens" in die Organgesellschaft als Kapitalrücklage eingelegt wird (vgl. *D/P/M/Dötsch/Pung* § 14 KStG Rz. 449; *Bott/ Walter/Walter* § 14 KStG Rz. 654). Die Schranke des § 14 Abs. 1 Satz 1 Nr. 4 KStG betrifft nur die „Einstellung" in die Rücklagen, mithin deren erstmalige Bildung. Das Weiterführen einer einmal zulässigerweise gebildeten Rücklage in den kommenden Geschäftsjahren ist nicht mehr den Restriktionen des § 14 Abs. 1 Satz 1 Nr. 4 KStG unterworfen (vgl. *D/P/M/Dötsch/Pung* § 14 KStG Rz. 454; *Bott/Walter/Walter* § 14 KStG Rz. 663; *Frotscher/Drüen/Frotscher* § 14 KStG Rz. 432; *H/H/R/Kolbe* § 14 KStG Rz. 251; *S/F/Brink* § 14 KStG Rz. 414). Enthält der Gewinnabführungsvertrag weitergehende Einschränkungen für die Bildung von Gewinnrücklagen, führt ein Verstoß gegen diese – unabhängig von § 14 Abs. 1 Satz 1 Nr. 4 KStG – zu einer „Nichtdurchführung" des Vertrags und damit zu der steuerlichen Versagung der Organschaft (vgl. *E/S/Erle/Heurung* § 14 KStG Rz. 318; *Bott/Walter/Walter* § 14 KStG Rz. 660; *Gosch/Neumann* § 14 KStG Rz. 323; *H/H/R/Kolbe* § 14 KStG Rz. 253). Es ist zweifelhaft, ob ein Verstoß gegen § 14 Abs. 1 Satz 1 Nr. 4 KStG über § 14 Abs. 1 Satz 1 Nr. 3 Satz 4 und 5 KStG idF der „kleinen Organschaftsreform" (Rz. 205 ff.) geheilt werden kann (*Stangl/Brühl* Der Konzern 13, 77, 88; eine solche Heilung ablehnend zB OFD Karlsruhe v. 16.1.14, FR 14, 434, 437; *Dötsch/Pung* DB 13, 305, 309; *Frotscher/Drüen/Frotscher* § 14 KStG Rz. 445g).

– Die **Rücklage für Anteile an einem herrschenden oder mit Mehrheit beteiligten Unternehmen iSd. § 272 Abs. 4 HGB** unterliegt nach zutreffender Ansicht nicht den Beschränkungen des nur Rücklagen iSd. § 272 Abs. 3 HGB ansprechenden § 14 Abs. 1 Satz 1 Nr. 4 KStG (vgl. *D/P/M/Dötsch/Pung* § 14 KStG Rz. 458; *Bott/Walter/Walter* § 14 KStG Rz. 661; *Frotscher/Drüen/Frotscher* § 14 KStG Rz. 423). Die FinVerw. vertritt hingegen eine andere Ansicht, wenn sich KStR 14.5 Abs. 5 Satz 1 Nr. 3 dafür ausspricht, dass die Beschränkung des § 14 Abs. 1 Satz 1 Nr. 4 KStG auch für die Rücklage iSd. § 272 Abs. 4 HGB gilt. Nach § 272 Abs. 4 Satz 3 HGB „darf" die Rücklage aus anderen frei verfügbaren Rücklagen gebildet werden. Nach restriktiver Ansicht wird aus diesem „darf" ein steuerliches „muss", da ansonsten nicht der „ganze" Gewinn abgeführt wird (so *D/P/M/ Dötsch/Pung* § 14 KStG Rz. 459; *Frotscher/Drüen/Frotscher* § 14 KStG Rz. 423). Nach etwas milderer Ansicht gilt dies nur, wenn für das Stehenlassen der anderen frei verfügbaren Rücklagen nicht Gründe iSd. § 14 Abs. 1 Satz 1 Nr. 4 KStG vorliegen (so *S/F/Brink* § 14 KStG Rz. 407).

– Die handelsrechtlich zulässige **Bildung stiller Reserven** unterliegt nicht den Beschränkungen des § 14 Abs. 1 Satz 1 Nr. 4 KStG (KStR 14.5 Abs. 5 Satz 1 Nr. 3

Satz 4; *D/P/M/Dötsch/Pung* § 14 KStG Rz. 445; *Frotscher/Drüen/Frotscher* § 14 KStG Rz. 433). Gleiches galt vor BilMoG v. 26.5.09 (BGBl. I 09, 1102) für in der Handelsbilanz gebildete Sonderposten für Rücklagen iSd. **§ 6b EStG** oder **EStR 6.6** (R 60 Abs. 5 Satz 1 Nr. 3 Satz 4 KStR 1995; zu § 6b EStG vgl. bspw. *H/H/R/Kolbe* § 14 KStG Rz. 248); da nach BilMoG v. 26.5.09 (BGBl. I 09, 1102) in diesen Fällen in der Handelsbilanz keine Sonderposten mehr gebildet werden können, sollte es nach hier vertretener Auffassung zulässig sein, die entsprechenden Beträge nach § 14 Abs. 1 Satz 1 Nr. 4 KStG in die Gewinnrücklagen einzustellen. § 14 Abs. 1 Satz 1 Nr. 4 KSG gilt auch **nicht** für die Bildung von **Rückstellungen** (*Frotscher/Drüen/Frotscher* § 14 KStG Rz. 435).

255   Für die **Auflösung** von **in organschaftlicher Zeit gebildeten Gewinnrücklagen** erlaubt § 301 Satz 2 AktG die Auflösung und Abführung von Beträgen aus den in vertraglicher Zeit gebildeten anderen Gewinnrücklagen. Dies ist auch steuerlich zu akzeptieren (vgl. *D/P/M/Dötsch/Pung* § 14 KStG Rz. 411 und Rz. 455; *Bott/Walter/Walter* § 14 KStG Rz. 664; *Frotscher/Drüen/Frotscher* § 14 KStG Rz. 378).

256   Die **Bildung** von **Kapitalrücklagen in organschaftlicher Zeit** beeinflusst nicht den Gewinn und unterliegt nicht den Schranken des § 14 Abs. 1 Satz 1 Nr. 4 KStG (KStR 14.5 Abs. 5 Satz 1 Nr. 3 Satz 2; *D/P/M/Dötsch/Pung* § 14 Rz. 442; *Bott/Walter/Walter* § 14 Rz. 663; *Frotscher/Drüen/Frotscher* § 14 Rz. 422).

257   Die **Auflösung** von **in organschaftlicher Zeit gebildeten Kapitalrücklagen** unterliegt nach der Rechtsprechung des BFH – entgegen der noch in R 55 Abs. 3 Satz 4 Nr. 2 Satz 2 KStR 1995 enthaltenen Verwaltungsauffassung – nicht der Abführung, sondern kann lediglich ausgeschüttet werden (BFH I R 25/00 v. 8.8.01, BStBl. II 03, 923; vgl. auch *Gosch/Neumann* § 14 KStG Rz. 315 u. *Emmerich/Habersack* § 301 AktG Rz. 17). Die Finanzverwaltung wendet diese Rechtsprechung ab 2004 zwingend an, fordert aber nicht eine entsprechende Anpassung von alten Gewinnabführungsverträgen (BMF v. 27.11.03, BStBl. I 03, 647; vgl. hierzu auch *Richter* GmbHR 04, 79, 79 ff.). Auch insoweit besteht bei einem Verstoß gegen dieses Abführungsverbot nach zutreffender – aber nicht unumstrittener – Auffassung die Möglichkeit, dies im Rahmen des § 14 Abs. 1 Satz 1 Nr. 3 Satz 4 und 5 KStG idF der „kleinen Organschaftsreform" zu heilen (s. Rz. 208; vgl. auch OFD Karlsruhe v. 16.1.14, FR 14, 434, 436; OFD Frankfurt v. 30.5.16, DStR 16, 1375; *Dötsch/Pung* DB 13, 305, 309; *Stangl/Brühl* Der Konzern 13, 77, 88).

258   Im Rahmen des **BilMoG** v. 26.5.09 (BGBl. I 09, 1102) sind mehrere Wahlrechte bzw. (Sonder-)Posten weggefallen (§§ 247 Abs. 3, 249 Abs. 1 Satz 3 und Abs. 2, 250 Abs. 1 Satz 2, 253 Abs. 3 Satz 2 und Abs. 4, 273 HGB idF vor BilMoG), wobei entweder eine Beibehaltung (str., vgl. *Kröner/Bolik/Gageur* Ubg 10, 237, 238) oder eine Auflösung gegen unmittelbare Verbuchung in den Gewinnrücklagen erfolgen kann (Art. 66 Abs. 5, 67 Abs. 3 EGHGB; *IDW RS* HFA 28 Rz. 7 ff.). Bei einer Auflösung unter Verbuchung in den Gewinnrücklagen stellt sich die Frage, ob hierbei gegen § 14 Abs. 1 Satz 1 Nr. 4 KStG verstoßen wird. Dies wird von der Finanzverwaltung zumindest im Hinblick auf Aufwandsrückstellungen iSd. § 249 Abs. 1 Satz 3 und Abs. 2 HGB verneint (BMF v. 14.1.10, BStBl. I 10, 65). Gleiches sollte dann im Ergebnis auch für die übrigen Posten/Wahlrechte gelten (so im Ergebnis *D/P/M/Dötsch/Pung* § 14 KStG Rz. 463; *Frotscher/Drüen/Frotscher* § 14 KStG Rz. 426; *Görden* GmbH-StB 10, 67; *S/F/Brink* § 14 KStG Rz. 415).

259–263   *(frei)*

k) Erfüllung und tatsächliche Durchführung der Gewinnabführung bzw. des Verlustausgleichs

264   Der Anspruch auf Gewinnabführung bzw. Verlustausgleich richtet sich **grundsätzlich** auf eine **Geldleistung** (*MünchKommAktG/Altmeppen* § 302 AktG Rz. 88; *Hüffer/*

Koch § 302 AktG Rz. 13). Das schließt nicht aus, dass der Anspruch durch Einräumung eines Ausgleichsanspruchs und/oder dessen Umwandlung in eine Darlehensforderung erfüllt wird. Dies führt dann zwar nur zu einem bilanziellen Ausgleich. Aus der Gesetzesformulierung in § 302 Abs. 1 AktG „sonst entstehenden Jahresfehlbetrag" folgt aber, dass der Gesetzgeber eine solche bilanzielle Erfüllung als ausreichend angesehen hat. Nach BGH II ZR 384/13 v. 16.6.15, DStR 15, 1765 sind zur Erfüllung des Verlustausgleichsanspruchs auch **Leistungen an Erfüllungs statt** zulässig, sofern sie werthaltig sind. Ebenso ist, wie BGH II ZR 238/04 v. 10.7.06, BB 06, 1759 (Anm. *Theiselmann* GmbHR 06, 928 gegen OLG Thüringen 8 U 1187/03 v. 21.9.04, GmbHR 05, 1058) klargestellt hat, die **Erfüllung durch Aufrechnung** mit einer Gegenforderung zulässig, wenn und soweit diese werthaltig ist (vgl. *Kleefass* NZG 18, 374 zur Aufrechnung mit Gewinnanspruch). Im Hinblick auf dieses Werthaltigkeitserfordernis ist allerdings zu beachten, dass es sich bei dem vom BGH entschiedenen Fall um eine Aufrechnung im Hinblick auf eine Verlustausgleichsverpflichtung handelte, wobei die Aufrechnung erst nach Beendigung des Gewinnabführungsvertrags ausgesprochen wurde. Somit ist unklar, ob das Werthaltigkeitserfordernis auch für die Gewinnabführung bzw. bei fortbestehendem Gewinnabführungsvertrag gilt (s. näher hierzu *Stangl/Ritzer* Der Konzern 12, 529, 532 ff.). In der Praxis kommen Buchungen auf einem Verrechnungskonto vor, ebenso die Umwandlung in ein Darlehen. Insoweit tritt dann lediglich bilanziell ein Ausgleich ein. Dies entspricht der im Zivilrecht (vgl. *MünchKommAktG/Altmeppen* § 302 AktG Rz. 88; *Hüffer/Koch* § 302 AktG Rz. 13) vertretenen Ansicht, die Erfüllungssurrogate unter der Voraussetzung ihrer Werthaltigkeit zulassen will (vgl. auch BGH II ZR 384/13 v. 16.6.15, DStR 15, 1765; *Priester* BB 05, 2483). Teilweise werden hiergegen allerdings Bedenken vor dem Hintergrund des § 302 Abs. 3 AktG geäußert, der jedenfalls ein Verzicht oder Vergleich vor Ablauf einer Sperrfrist von drei Jahren untersagt (vgl. etwa *Emmerich/Habersack* § 302 AktG Rz. 40 f., 50).

Ertragsteuerlich stellt sich die Frage, welche konkrete Erfüllung dem Erfordernis 265 der tatsächlichen Durchführung (§ 14 Abs. 1 Satz 1 Nr. 3 Satz 1 KStG) gerecht wird:
– In der Praxis erfolgt regelmäßig zunächst eine Erfassung des Anspruchs auf Gewinnabführung bzw. Verlustausgleich als **Verbindlichkeit bzw. Forderung.** Dies ist steuerlich grundsätzlich zu akzeptieren (vgl. *D/P/M/Dötsch/Pung* § 14 KStG Rz. 517; *Bott/Walter/Walter* § 14 KStG Rz. 653; *Frotscher/Drüen/Frotscher* § 14 KStG Rz. 447; *H/H/R/Kolbe* § 14 KStG Rz. 203; *Suchanek/Herbst* FR 05, 665, 666). Das FG Schleswig-Holstein (1 K 113/17 v. 6.6.19, DStR 19, 1714; Rev I R 37/19) vertritt die Auffassung, dass ein Gewinnabführungsvertrag schon dann nicht tatsächlich durchgeführt wird, wenn ein bestehender und bezahlter Verlustübernahmeanspruch bei der Organgesellschaft bilanziell nicht erfasst wird (zu Recht kritisch hierzu zB *Binnewies/Mühling* AG 20, 176; *Walter* GmbHR 19, 1202).
  Umstritten ist, ob und ggf. wann diese Verbindlichkeit/Forderung auch tatsächlich beglichen werden muss. In der Praxis soll die Finanzverwaltung eine Begleichung in „angemessener Zeit" fordern (so berichtet *D/P/M/Dötsch/Pung* § 14 KStG Rz. 518). Teile des Schrifttums schließen sich dieser Forderung an (vgl. *Gosch/Neumann* § 14 KStG Rz. 318b; *Suchanek/Herbst* FR 05, 665, 666). Das FG Hamburg (6 K 236/12 v. 19.5.15, Der Konzern 15, 558) hat sich ebenfalls dafür ausgesprochen, dass die eingebuchten Forderungen und Verbindlichkeiten „zeitnah" zu erfüllen sind (allerdings ohne einen konkreten Rahmen zu quantifizieren). Die NZB hierzu wurde vom BFH an unzulässig verworfen (BFH I B 77/15 v. 26.4.16, BFH/NV 16, 1177), wobei die entsprechenden Ausführungen des BFH auch so verstanden werden könnten, dass er ebenfalls eine „zeitnahe" Erfüllung für erforderlich hält (die Formulierung des Beschlusses ist allerdings etwas unklar). Nach aA ist es ausreichend, wenn die Begleichung (ggf. mittels Substitute) spätestens mit Beendigung der Organschaft erfolgt (vgl. *D/P/M/Dötsch/Pung* § 14 KStG Rz. 518; *Bott/Walter/Walter* § 14 KStG Rz. 653; *H/H/R/Kolbe* § 14 KStG Rz. 203; *S/F/*

Brink § 14 KStG Rz. 482; wohl auch *E/S/Erle/Heurung* § 14 KStG Rz. 174; gegen die Forderung nach einer „zeitnahen" Erfüllung auch *Frotscher/Drüen/Frotscher* § 14 KStG Rz. 447). Vgl. hierzu auch *Stangl/Ritzer* Der Konzern 12, 529, 531.

– Nach im Schrifttum vertretener Auffassung ist es für die „tatsächliche Durchführung" ausreichend, wenn die zunächst eingebuchte Verbindlichkeit/Forderung später **per Novation in ein Darlehensverhältnis** überführt wird (vgl. *Bott/Walter/Walter* § 14 KStG Rz. 653; *H/H/R/Kolbe* § 14 KStG Rz. 204; wohl auch *Gosch/Neumann* § 14 KStG Rz. 318b; einschränkend *D/P/M/Dötsch/Pung* § 14 KStG Rz. 520, der dies nur dann als ausreichend erachtet, wenn der Schuldner zahlungsfähig ist (vgl. hierzu aber *Stangl/Ritzer* Der Konzern 12, 529, 532); restriktiver auch *Suchanek/Herbst* FR 05, 665, 667f., die eine Novation nur dann als ausreichend ansehen, wenn sie im Interesse des Gläubigers erfolgt und *Frotscher/Drüen/Frotscher* § 14 KStG Rz. 453, der die Novation in ein Darlehensverhältnis nur akzeptiert, wenn das Darlehen im Zeitpunkt seiner Begründung vollwertig ist). Teilweise wird zusätzlich gefordert, dass dieses Darlehensverhältnis verzinslich und ausreichend besichert ist (vgl. *Melan/Karrenbrock* FR 09, 757, 760). Nach zutreffender aA ist dies nicht erforderlich (vgl. *Bott/Walter/Walter* § 14 KStG Rz. 653; *Frotscher/Drüen/Frotscher* § 14 KStG Rz. 453; *H/H/R/Kolbe* § 14 KStG Rz. 204; *S/F/Brink* § 14 KStG Rz. 477), da mit der Novation eine Erfüllung des Gewinnabführungsanspruchs bzw. des Verlustausgleichsanspruchs erfolgt ist und das Darlehen anschließend nach eigenständigen Gesichtspunkten zu prüfen ist.

– Eine **Stundung** des Gewinnabführungsanspruchs bzw. der Verlustausgleichsverpflichtung mit einer **Verrechnung mit zukünftigen Ansprüchen** wird von der hM als Verstoß gegen die „tatsächliche Durchführung" iSd. § 14 Abs. 1 Satz 1 Nr. 3 Satz 1 KStG gewertet und führt demnach zur körperschaftsteuerlichen Nichtanerkennung der Organschaft (vgl. *Bott/Walter/Walter* § 14 KStG Rz. 653; *Gosch/Neumann* § 14 KStG Rz. 321; grds. auch *Streck/Olbing* § 14 KStG Rz. 121).

– Die Finanzverwaltung akzeptiert die vom BGH (vgl. Rz. 264) zivilrechtlich zugelassene Erfüllung des Gewinnabführungs- bzw. Verlustausgleichsanspruchs per **Aufrechnung** mit einer werthaltigen Gegenforderung auch für steuerliche Zwecke (vgl. BMF v. 25.8.06, Der Konzern 06, 651; ebenso zB *Blümich/Krumm* § 14 KStG Rz. 143; *Bott/Walter/Walter* § 14 KStG Rz. 653; *Gosch/Neumann* § 14 KStG Rz. 321; *S/F/Brink* § 14 KStG Rz. 476; zur richtigerweise nur eingeschränkten Bedeutung der Werthaltigkeitsanforderung vgl. *Bott/Walter/Walter* § 14 KStG Rz. 653.1; *Stangl/Ritzer* Der Konzern 12, 529, 532ff.).

– Auch die Erfüllung über ein regelmäßig auszugleichendes **laufendes Verrechnungskonto** soll körperschaftsteuerlich zu akzeptieren sein (vgl. *D/P/M/Dötsch* § 14 KStG Rz. 521; *E/S/Erle/Heurung* § 14 KStG Rz. 171; *Bott/Walter/Walter* § 14 KStG Rz. 653; *Suchanek/Herbst* FR 05, 665, 668f.).

– Eine Begleichung des Anspruchs auf Gewinnabführung bzw. Verlustausgleich über einen **physischen Cash-Pool** ist ebenfalls steuerlich ausreichend, wenn festgelegt wird, welcher Abführungs- bzw. Ausgleichsanspruch durch die Zahlung beglichen wird (vgl. *E/S/Erle/Heurung* § 14 KStG Rz. 171; *Bott/Walter/Walter* § 14 KStG Rz. 653). Hierbei wird gefordert, dass der Ausgleich über den Cash-Pool werthaltig ist, sich also die Muttergesellschaft nicht in einer entsprechenden Krisensituation befindet (vgl. *D/P/M/Dötsch/Pung* § 14 KStG Rz. 521; *Suchanek/Herbst* FR 05, 665, 668f.; *Blümich/Krumm* § 14 KStG Rz. 145).

– **Vorschüsse** bzw. **Abschlagszahlungen,** die vom BGH (vgl. BGH II ZR 238/04 v. 10.7.06, BB 06, 1759; *Nodouschani* NZG 17, 728) als zulässig erachtet werden, sofern klar ist, dass sie auf einen künftigen Verlustausgleich geleistet werden, werden auch steuerrechtlich akzeptiert (vgl. FG Münster 9 K 2134/00, K, F v. 12.3.04, EFG 04, 921; *E/S/Erle/Heurung* § 14 KStG Rz. 172; *Bott/Walter/Walter* § 14 KStG Rz. 649; *S/F/Brink* § 14 KStG Rz. 478). Wenn *Beck Bil-Komm/*

Schmidt/Heinz § 277 HGB Rz. 897 demgegenüber meinen, Abschlagszahlungen seien erst im neuen Geschäftsjahr ab Fälligkeit des Gewinnabführungsanspruchs denkbar, kann das uE nur für einseitig angeordnete, aber nicht für einvernehmlich vereinbarte Abschlagszahlungen gelten. Letztere sind insbesondere bei Organgesellschaften in der Rechtsform einer GmbH möglich, bei der auch Vorabausschüttungen unproblematisch zulässig wären (zu deren Einordnung als Vorabtilgung/Vorausleistung zB *Altmeppen* § 29 GmbHG Rz. 69; ausführlich *Priester* DB 73, 2382).

– Steuerlich ist auch das „**Führ-ab-hol-zurück-Verfahren**" zu akzeptieren, also wenn der Betrag der Gewinnabführung nach der Abführung wieder in die Organgesellschaft eingelegt wird bzw. wenn die Gewinnabführungsverpflichtung mit einer Einlageverpflichtung des Organträgers in die Organgesellschaft verrechnet wird (vgl.; *B/W/Walter* § 14 KStG Rz. 654; *S/F/Brink* § 14 KStG Rz. 480; *Streck/Olbing* § 14 KStG Rz. 120). Dies wird aber von Teilen des Schrifttums als kritisch angesehen, wenn ein Führ-ab-hol-zurück-Verfahren vertraglich von vornherein fest und langfristig vorgegeben ist, weil dies zB von finanzierenden Banken gefordert wird (*D/P/M/Dötsch/Pung* § 14 KStG Rz. 529 wollen in diesen Situationen die Durchführung verneinen; krit. auch *S/F/Brink* § 14 KStG Rz. 480; zurecht aA *Schell/Schrade* DStR 17, 86ff.; *Bott/Walter/Walter* § 14 KStG Rz. 654).

Die obigen Erfüllungsmöglichkeiten stehen nach einer im Schrifttum teilweise vertretenen Auffassung unter dem Vorbehalt, dass der Schuldner sich in keiner solchen **Krisensituation** befindet, dass der Erfüllungsanspruch als nicht werthaltig erscheint. Daher ist in Krisensituationen der „tatsächlichen Durchführung" des Gewinnabführungsvertrags besondere Sorgfalt zu widmen (vgl. hierzu *Blümich/Krumm* § 14 KStG Rz. 144; *D/P/M/Dötsch/Pung* § 14 KStG Rz. 522f.; *Suchanek/Herbst* FR 05, 665, 670ff.; krit. hierzu *Bott/Walter/Walter* § 14 KStG Rz. 653.1; *Stangl/Ritzer* Der Konzern 13, 529, 531ff.). **266**

Nach § 302 Abs. 3 Satz 1 AktG kann die abhängige Gesellschaft auf einen Verlustausgleichsanspruch erst drei Jahre nach dem Tage, an dem die Eintragung der Beendigung des Vertrags in das Handelsregister nach § 10 HGB bekannt gemacht worden ist, **verzichten** oder sich über ihn **vergleichen.** Dies gilt allerdings nicht, wenn der Ausgleichspflichtige zahlungsunfähig ist und sich zur Abwendung des Insolvenzverfahrens mit seinen Gläubigern vergleicht oder wenn die Ersatzpflicht in einem Insolvenzplan geregelt wird (Satz 2). Sofern außenstehende Gesellschafter bestehen, ist für den Verzicht bzw. den Vergleich erforderlich, dass diese durch einen Sonderbeschluss zustimmen und nicht eine Minderheit (Anteile ≥ 10% des bei der Beschlussfassung vertretenen Grundkapitals) zur Niederschrift Widerspruch erhebt (Satz 3). Dieses Verzichts- und Vergleichsverbot wird zumeist weit ausgelegt, weshalb etwa eine Stundung des Verlustausgleichs (als temporärer „Verzicht") auch zivilrechtlich problematisch sein kann (*Emmerich/Habersack* § 302 AktG Rz. 50). **267**

Ertragsteuerlich stellt jedenfalls ein gegen § 302 Abs. 3 AktG verstoßender Verzicht einen Verstoß gegen das Gebot der „tatsächlichen Durchführung" iSd. § 14 Abs. 1 Satz 1 Nr. 3 Satz 1 KStG dar (vgl. *Frotscher/Drüen/Frotscher* § 14 KStG Rz. 459). Auch ein dem § 302 Abs. 3 AktG entsprechender Verzicht wird überwiegend als Grund für die Nichtanerkennung der körperschaftsteuerlichen Organschaft gewertet (vgl. *D/P/M/Dötsch/Pung* § 14 KStG Rz. 528; *Frotscher/Drüen/Frotscher* § 14 KStG Rz. 459f.; *Streck/Olbing* § 14 KStG Rz. 121). **268**

(frei) **269–271**

l) Ausgleich und Abfindung außenstehender Gesellschafter

aa) Überblick

Beim Abschluss eines Beherrschungs- oder Gewinnabführungsvertrages haben die außenstehenden Aktionäre **die Wahl,** die Gesellschaft gegen angemessene Abfindung **272** zu verlassen (§ 305 AktG) oder aber gegen angemessene Ausgleichszahlungen in ihr zu verbleiben (§ 304 AktG). Die im Vertrag zwingend vorzusehenden Ausgleichzahlungen sollen die außenstehenden Aktionäre im Fall ihres Verbleibs gegen wirtschaftliche Beeinträchtigungen ihres Gewinnbezugsrechts sichern (vgl. § 58 Abs. 4 AktG; BGH II ZB 5/97 v. 4.3.98, BGHZ 138, 136, 139 „ASEA/BBC"). Diese können sich daraus ergeben, dass beim Gewinnabführungsvertrag der ganze Gewinn der Organgesellschaft an den Organträger abgeführt wird bzw. beim Beherrschungsvertrag die abhängige Gesellschaft sich der Leitung des herrschenden Unternehmens unterstellt, obwohl dieses nicht ausschließlich die Interessen der abhängigen Gesellschaft im Blick hat.

273   **Tatbestandlich** setzt § 304 AktG voraus:
- einen Beherrschungs- und/oder Gewinnabführungsvertrag – andere Unternehmensverträge, wie sie in § 292 AktG geregelt sind, genügen nicht;
- mit einer AG, KGaA oder SE;
- die Beteiligung außenstehender Aktionäre an dieser Organgesellschaft.

274   Ob die §§ 304, 305 AktG darüber hinaus auch auf Gesellschaften anderer Rechtsformen, namentlich die **GmbH,** entsprechend angewendet werden können, ist offen. Es handelt sich um eine Folgefrage. Vorrangig ist hierfür die Frage zu beantworten, ob die Gesellschafter der vertragstypisch verpflichteten GmbH dem Abschluss eines Unternehmensvertrages mit qualifizierter Mehrheit (entsprechend § 293 Abs. 1 AktG bzw. §§ 53, 54 GmbHG) oder aber einstimmig (entsprechend § 33 Abs. 1 Satz 2 BGB) zustimmen müssen (ausführlich Rz. 125 ff.). Lässt man zutreffend eine qualifizierte Mehrheit genügen, ist der Schutz der ggf. überstimmten Minderheit über eine analoge Anwendung auch der §§ 304, 305 AktG zu gewährleisten. Verlangt man dagegen GmbH-spezifisch Einstimmigkeit, kann sich jeder Gesellschafter selbst schützen und ist eine Analogie zu den §§ 304, 305 AktG nicht veranlasst. Vor- und Folgefrage können dann offenbleiben, wenn alle Gesellschafter dem Vertrag in Kenntnis des Umstands, dass dieser keine Abfindungs- und Ausgleichszahlungen vorsieht, tatsächlich zustimmen (in Konzernverhältnissen oder bei anderweitiger Kompensation dürfte dies sogar die Regel sein). Denn auch dann fehlt das für eine Analogie erforderliche Schutzbedürfnis. In der Folge ist der Vertrag dann auch nicht nichtig, weil er „entgegen § 304 Abs. 3 Satz 1 AktG" keinen Ausgleich vorsieht; zusätzlich absichern lässt sich dieses Ergebnis durch die ausdrückliche Festlegung eines „Null-Ausgleichs" im Vertrag (vgl. BGH II ZR 392/03 v. 13.2.06, BGHZ 166, 195 „Bochum-Gelsenkirchener Straßenbahnen").

275   **„Außenstehend"** sind alle Gesellschafter, die nicht selbst als anderer Vertragsteil Partei des Unternehmensvertrages werden und dem anderen Vertragsteil auch nicht zuzurechnen sind. Dem anderen Vertragsteil zuzurechnen sind Gesellschafter,
- die unmittelbar oder mittelbar zu 100% an dem anderen Vertragsteil beteiligt sind,
- an denen umgekehrt der andere Vertragsteil unmittelbar oder mittelbar zu 100% beteiligt ist oder
- die mit dem anderen Vertragsteil durch Beherrschungs- oder Gewinnabführungsvertrag verbunden sind (gleich in welcher Richtung) (hM, zB *Emmerich/Habersack* § 304 AktG Rz. 15 ff.; zu Zweifelsfragen *Baldamus* ZGR 07, 819; *ders.* DNotI-Report 17, 115).

276   *(frei)*

277   Als **Rechtsfolge** muss der Unternehmensvertrag zugunsten der außenstehenden Gesellschafter Ausgleichszahlungen in Form von auf die Anteile am Grundkapital bezogenen, jährlich wiederkehrenden Geldleistungen vorsehen. Schuldnerin der Ausgleichszahlungen ist nicht die abhängige bzw. zur Gewinnabführung verpflichtete Gesellschaft, sondern allein der andere Vertragsteil (*Hüffer/Koch* § 304 AktG Rz. 4). Sieht der Unternehmensvertrag überhaupt keine Ausgleichszahlungen vor, obwohl außenstehende Gesellschafter vorhanden sind, ist er grundsätzlich nichtig (§ 304 Abs. 1 Satz 3, Abs. 3 Satz 1 AktG). Hat die verpflichtete Gesellschaft zunächst keine außenstehenden Gesellschafter und treten solche später neu hinzu, endet der Unterneh-

mensvertrag automatisch mit dem Ende des betreffenden Geschäftsjahres (§ 307 AktG). Steuerlich führen Ausgleichszahlungen zu einem Einkommen, das von der Organgesellschaft zu versteuern ist (§ 16 KStG, vgl. dazu Rz. 301 ff.).

(frei) 278–280

bb) Gesellschafts- und steuerrechtliche Rahmenbedingungen des Ausgleichs (§ 304 AktG, § 16 KStG)

aaa) Arten des Ausgleichs

Inhaltlich unterscheidet das Gesetz zwei Arten von Ausgleichszahlungen, den festen 281 und den variablen Ausgleich:

In der Regel wird ein **„fester Ausgleich"** vereinbart (§ 304 Abs. 2 Satz 1 AktG). Dieser wird bei Abschluss des Unternehmensvertrages festgelegt und ist danach grundsätzlich unveränderlich. Durch den festen Ausgleich sollen die außenstehenden Gesellschafter so gestellt werden, als ob die abhängige bzw. zur Gewinnabführung verpflichtete Gesellschaft unabhängig geblieben wäre und weiterhin im gemeinsamen Interesse aller Gesellschafter geführt würde. Zu diesem Zweck ist ihnen mindestens die jährliche Zahlung des Betrages zuzusichern, der – unter der **Fiktion fortbestehender Unabhängigkeit** – nach der bisherigen Ertragslage der Organgesellschaft und ihren künftigen Ertragsaussichten voraussichtlich als durchschnittlicher Gewinnanteil auf die einzelne Aktie (den Geschäftsanteil) verteilt werden könnte.

Ist der andere Vertragsteil eine AG oder KGaA (oder SE mit Sitz im Inland), kann 282 statt des festen Ausgleichs ein **variabler Ausgleich** vereinbart werden (§ 304 Abs. 2 Sätze 2 und 3 AktG). Bei diesem ist die Höhe der Ausgleichszahlung nicht an die bisherige Ertragskraft der Organgesellschaft, sondern an die jährlich wechselnde Höhe der Dividendenausschüttung des Organträgers an die eigenen Aktionäre gekoppelt. Zur Bestimmung des variablen Ausgleichs bedient sich das Gesetz der **Fiktion einer Verschmelzung** der Organgesellschaft auf den Organträger: Als Ausgleichszahlung kann die Zahlung des Betrags zugesichert werden, der unter Herstellung eines angemessenen Umrechnungsverhältnisses auf Aktien des Organträgers jeweils als Gewinnanteil entfällt. Die Angemessenheit der Umrechnung bestimmt sich nach dem Verhältnis, in dem bei einer Verschmelzung auf eine Aktie der Organgesellschaft Aktien des Organträgers zu gewähren wären.

Eine **Kombination von festem Ausgleich und** einem am Ertrag der Organgesell- 283 schaft orientierten zusätzlichen **variablen Ausgleich** hat zwar BMF v. 13.9.91, DB 91, 2110 **ertragsteuerlich** als unbedenklich angesehen, weil es § 304 Abs. 2 AktG nicht verbietet, neben der nur als Mindestgröße vorgegebenen festen Ausgleichszahlung einen Zuschlag zu gewähren (vgl. *Mensching* BB 04, 1421). Der BFH sieht durch eine zumindest teilweise Koppelung der Ausgleichszahlung an das Ergebnis der Organgesellschaft vor Gewinnabführung jedoch die tatsächliche Durchführung der Gewinnabführungsverpflichtung infrage gestellt (BFH I R 1/08 v. 4.3.09, BStBl. II 10, 407). Die Finanzverwaltung hatte hierauf mit einem Nichtanwendungserlass reagiert (vgl. BMF v. 20.4.10, BStBl. I 10, 372) und wollte auch weiterhin den Mindestbetrag übersteigende Ausgleichszahlungen als organschaftsunschädlich behandeln. Nachdem der BFH aber seine restriktive Rechtsprechung bestätigt hatte (BFH I R 93/15 v. 10.5.17, DStR 17, 2429), sah sich der Gesetzgeber zum Handeln veranlasst und hat mit § 14 Abs. 2 KStG eine spezielle Norm zu dieser Problematik eingeführt. Siehe hierzu Rz. 304.

Eine Besonderheit besteht beim **isolierten Beherrschungsvertrag.** Hier kann – 284 mangels Gewinnabführung – bei der abhängigen Gesellschaft durchaus noch ein Gewinn entstehen und auch an die außenstehenden Gesellschafter ausgeschüttet werden. § 304 Abs. 1 Satz 2 AktG verpflichtet den anderen Vertragsteil daher insoweit nicht schlechthin zur Leistung von Ausgleichszahlungen, sondern zur Auffüllung der von der abhängigen Gesellschaft gezahlten Dividende bis zur Höhe des bei fortbestehender

Unabhängigkeit voraussichtlich gezahlten Betrages. Diese besondere Form der Ausgleichszahlung wird als **Garantiedividende** bezeichnet.

285   *(frei)*

bbb) Angemessenheit des Ausgleichs

286   § 304 Abs. 2 AktG enthält Mindesterfordernisse für die Angemessenheit des Ausgleichs („mindestens"). Die Bestimmung eines angemessenen Ausgleichs (und ebenso einer angemessenen Abfindung) hat aber auch verfassungsrechtliche Implikationen – die das BVerfG vor allem in seiner „DAT/Altana"-Entscheidung aufgezeigt hat (BVerfG 1 BvR 1613/94 v. 27.4.99, BVerfGE 100, 289, 304ff. *„DAT/Altana"*; BVerfG 1 BvR 1805/94 v. 27.1.99, AG 99, 218, 219 *„SEN/KHS"*; BVerfG 1 BvR 704/03 v. 29.11.06, NJW 07, 828 mit Anm. *Winter* BVerfG EWiR Art. 14 GG 1/07, 235). Danach gewährleistet die **Eigentumsgarantie des Art. 14 Abs. 1 GG** auch das in einer Aktie verkörperte „Anteilseigentum". Eine Strukturmaßnahme, die nicht zum Wohl der Allgemeinheit, sondern im Interesse des Hauptaktionärs erfolgt, erfordert daher eine „volle" Entschädigung der außenstehenden Aktionäre. Diese muss einen vollen Ausgleich für den hinzunehmenden Verlust bieten und darf deshalb insbesondere nicht unter dem Verkehrswert liegen.

287   **Angemessenheit des festen Ausgleichs.** Der **feste Ausgleich** tritt an die Stelle der Dividendenzahlungen durch die Organgesellschaft und bewirkt eine Verzinsung des Beteiligungsvermögens der außenstehenden Gesellschafter in Form einer „Rentengarantie". Er hat daher dem voraussichtlichen durchschnittlichen Gewinnanteil zu entsprechen.

288   Zur Ermittlung ist eine Unternehmensbewertung (nur) der Organgesellschaft erforderlich. Eine bestimmte Bewertungsmethode ist nicht vorgeschrieben. In der Praxis wird regelmäßig das **Ertragswertverfahren** angewendet und von der Rechtsprechung auch durchweg anerkannt (zB BGH II ZB 17/01 v. 21.7.03, AG 03, 627, 628 *„Ytong"*; OLG München 31 Wx 85/06 v. 2.4.08, OLGR München 08, 446; vgl. auch *Wüstemann* BB 09, 1518). Zulässig wären aber auch andere kapitalwertorientierte Bewertungsverfahren, insbesondere das Discounted Cashflow-Verfahren (*WP-Handbuch* 16. Aufl. 2019 Rz. C 291). Allen Verfahren ist gemein, dass sich der maßgebliche Unternehmenswert nicht mathematisch exakt, sondern nur näherungsweise ermitteln lässt. Daher sind auch die Gerichte nicht auf die von dem Bewertungsgutachter oder einem später hinzugezogenen gerichtlichen Sachverständigen ermittelten Werte festgelegt. Den Gerichten kommt vielmehr ein Schätzungsermessen zu, aufgrund dessen sie aus einer Bandbreite möglicher Werte denjenigen Wert auswählen und als angemessenen Ausgleich festsetzen können, den sie – unter Anwendung betriebswirtschaftlicher Methoden – für zutreffend erachten (§ 287 Abs. 2 ZPO; zu § 305 AktG OLG München 31 Wx 60/06 v. 17.7.07, BB 07, 2395, 2396; weitere Nachweise bei *Simon/Winter* SpruchG 2007 § 17 Rz. 19 Fn. 74).

289   Für die Bemessung des festen Ausgleichs gilt:
–   **Nicht betriebsnotwendiges Vermögen** bleibt außen vor, wenn es keinen unmittelbaren Ertrag bringt und auch seine Veräußerung nicht unmittelbar bevorsteht (*Spindler/Stilz/Veil* § 304 AktG Rz. 59).
–   Eine marktgerechte Verzinsung des **Liquidationswertes** ist nicht erforderlich, so dass der Ausgleich im Fall einer dauerhaft defizitären Organgesellschaft auch auf null festgesetzt werden kann (sog. **Null-Ausgleich**, BGH II ZR 392/03 v. 13.2.06, BGHZ 166, 195 „Bochum-Gelsenkirchener Straßenbahnen"; *MünchKommAktG/ van Rossum* § 304 Rz. 94f.).
–   Ein **Börsenkurs** der Aktien ist irrelevant. *„Soweit das BVerfG ...... eine Berücksichtigung des Börsenkurses der Aktien auch im Rahmen des § 304 AktG gefordert hat, betrifft das nur das Umtauschverhältnis im Rahmen des variablen Ausgleichs gem. § 304 Abs. 2 Satz 3, 4 AktG, nicht jedoch den festen Ausgleich gem. § 304 Abs. 2 Satz 1 AktG."*

(BGH II ZR 392/03 v. 13.2.06, aaO, S. 201, Tz. 13). Ohnehin wäre kein überzeugender Rechenweg ersichtlich, wie vom Börsenkurs auf die angemessene Ausgleichszahlung geschlossen werden könnte; insbesondere kann der Börsenkurs nicht einfach mit dem Ertragswert gleich gesetzt und verzinst werden (*Popp* WPg 08, 23, 24; zu einem Ausnahmefall siehe OLG Hamburg 11 W 29/94 v. 31.7.01, AG 02, 406, 408).

– Nach der Rechtsprechung des BGH (BGH II ZB 17/01 v. 21.7.03, BGHZ 156, 57 „Ytong"; s. auch Rz. 289) ist bei der Berechnung des angemessenen Ausgleichs auf den Bruttogewinnanteil je Aktie abzustellen. Hiervon ist die **Körperschaftsteuerbelastung** in der jeweils gesetzlich angegebenen Höhe abzusetzen (nach § 16 KStG hat die Organgesellschaft in Höhe von derzeit 20/17 der geleisteten Ausgleichszahlung ein eigenes Einkommen zu versteuern, vgl. hierzu unter Rz. 301 f.). Motiviert ist diese Rechtsprechung durch **mehrere Tarif- und sogar Systemänderungen** beim Körperschaftsteuerrecht, die erheblichen Einfluss auf die Bestimmung fester Ausgleichszahlungen haben und – abweichend vom Stichtagsprinzip – deshalb auch nachträglich noch Berücksichtigung finden sollen, sowohl zugunsten als auch (theoretisch) zulasten der außenstehenden Aktionäre. Im Einzelnen hat der BGH in der Entscheidung **„Ytong"** erklärt, dass „... *bereits bei der Festlegung des festen Ausgleichs im Beherrschungs- und Gewinnabführungsvertrag stets (mögliche) künftige Änderungen der körperschaftsteuerlichen Ausschüttungsbelastung zu berücksichtigen sind. Dabei ist als Ausgleichszahlung iSd. § 304 Abs. 1 Satz 1, Abs. 2 Satz 1 AktG der verteilungsfähige durchschnittliche (feste) Bruttogewinnanteil abzüglich der von dem Unternehmen hierauf zu entrichtenden (Ausschüttungs-)Körperschaftsteuer in Höhe des jeweils gültigen Steuertarifs zuzusichern.*" Denn: „*Als erwirtschafteter Gewinn ist – auch betriebswirtschaftlich – der Gewinn vor Körperschaftsteuer anzusehen, weil die Höhe der – der Kapitalgesellschaft als solcher auferlegten – Körperschaftsteuer von der Gesellschaft selbst nicht beeinflusst werden kann, sondern lediglich Ausfluss des von ihr erwirtschafteten Gewinns ist.*" (BGH II ZB 17/01 v. 21.7.03, aaO, S. 60). Der BGH hat als Gewinn somit den Gewinn vor Körperschaftsteuer angesehen, der dann in einem zweiten (variablen) Schritt um die jeweilige Körperschaftsteuer zu mindern ist.

Die Literatur hat die „*Ytong"-Entscheidung* zutreffend als inkonsequent kritisiert:　**289a**

– Der **Solidaritätszuschlag** und die **Gewerbesteuer** können kaum anders behandelt werden als die Körperschaftsteuer. Alle drei Steuerarten sind in der Gewinn- und Verlustrechnung als Aufwandsposten auszuweisen und mindern so den ausschüttungsfähigen Gewinn. Sie werden von der Körperschaft geschuldet und belasten diese definitiv. Änderungen des Steuersystems und der Steuersätze sind auch in Bezug auf die Solidaritätszuschlag und die Gewerbesteuer jederzeit möglich bzw. bereits erfolgt. Die Instanzgerichte berücksichtigen daher inzwischen jedenfalls auch die gesetzlich bestimmte Höhe des Solidaritätszuschlages (BayObLG 3Z BR 071/00 v. 28.10.05, AG 06, 41, 45; OLG München 31 Wx 059/06 v. 30.11.06, AG 07, 411, 414).

– Es ist kaum begründbar, warum das Stichtagsprinzip in Bezug auf den Körperschaftsteuertarif durchbrochen wird, Veränderungen etwa der körperschaftsteuerlichen **Bemessungsgrundlage** aber unberücksichtigt bleiben sollen.

Der Gewinn der Kapitalgesellschaft bzw. die ausgeschütteten Dividenden sind keineswegs einheitlich mit dem jeweils geltenden Körperschaftsteuersatz vorbelastet. Unmittelbar einsichtig ist dies für Gewinne ausländischer **Tochtergesellschaften;** aber auch bei inländischen Tochtergesellschaften hängt die Steuerbelastung zB von deren Rechtsform und (Nicht-)Einbindung in einen Organkreis ab (vgl. das Beispiel bei *Baldamus* AG 05, 77, 83 f. und OLG München 31 Wx 60/06 v. 17.7.07, BB 07, 2395, 2400).

Angemessenheit des variablen Ausgleichs. Als variabler Ausgleich kann gem.　**290** § 304 Abs. 2 Satz 2 AktG „... *die Zahlung des Betrags zugesichert werden, der unter Her-*

stellung eines angemessenen Umrechnungsverhältnisses auf Aktien der anderen Gesellschaft jeweils als Gewinnanteil entfällt. Die Angemessenheit der Umrechnung bestimmt sich nach dem Verhältnis, in dem bei einer Verschmelzung auf eine Aktie der Gesellschaft Aktien der anderen Gesellschaft zu gewähren wären.

291   Diese Vorgabe eines **„angemessenen Umrechnungsverhältnisses"** entspricht dem Verschmelzungsrecht (§§ 12 Abs. 2 Satz 1, 15 UmwG). Die Aktionäre der Organgesellschaft sollen wirtschaftlich hinsichtlich ihres Gewinnanspruchs so gestellt werden, als ob beide Gesellschaften miteinander verschmolzen worden wären (BGH II ZB 15/00 v. 12.3.01, BGHZ 147, 108, 117 „DAT/Altana"; *Hirte/Hasselbach* in Großkommentar AktG, 4. Aufl. 2005, § 304 Rz. 100; *MünchKommAktG/van Rossum* § 304 Rz. 97 f.). Bei der Festsetzung des variablen Ausgleichs ist daher ebenso wie bei der Verschmelzung die sog. **Verschmelzungswertrelation** maßgebend, dh. das Verhältnis der beiden Unternehmenswerte zueinander. Damit genügt es anders als für die Ermittlung des festen Ausgleichs nicht, nur die Organgesellschaft zu bewerten; die Ermittlung der Verschmelzungswertrelation erfordert vielmehr auch eine Bewertung des Organträgers. Da es um das Verhältnis der Unternehmenswerte und nicht um Ausschüttungserwartungen geht, finden die allgemeinen Bewertungsgrundsätze Anwendung, die auch im Umwandlungsrecht und zur Ermittlung der Abfindung nach § 305 AktG gelten (OLG Düsseldorf 19 W 1/93 AktE v. 25.5.00, AG 00, 422, 425; *Emmerich/Habersack* § 304 AktG Rz. 52).

292   In der Folge ergeben sich Unterschiede gegenüber der Ermittlung des festen Ausgleichs:
   – **Nicht betriebsnotwendiges Vermögen** ist grundsätzlich gesondert zu bewerten und zum Ertragswert der jeweiligen Gesellschaft zu addieren (*WP-Handbuch* 16. Aufl. 2019, Rz. C 278 A).
   – Der **Liquidationswert** ist als Untergrenze des jeweiligen Unternehmenswertes zu berücksichtigen (einschränkend *WP-Handbuch* 16. Aufl. 2019, Rz. C 292 A).
   – Der **Börsenkurs** bildet eine weitere Untergrenze der Bewertung (BVerfG 1 BvR 1613/94 v. 27.4.99, BVerfGE 100, 289 „DAT/Altana").

293   Unter dem **Gewinnanteil** iSd. § 304 Abs. 2 Satz 2 AktG wird überwiegend die vom Organträger tatsächlich ausgeschüttete Dividende verstanden (BVerfG 1 BvR 301/89 v. 8.9.99, AG 00, 40, 41 „Hartmann & Braun"; *Hüffer/Koch* § 304 AktG Rz. 15), nicht ein Anteil am Jahresüberschuss des Organträgers (dafür *Emmerich/Habersack* § 304 AktG Rz. 49). Durch eine restriktive Ausschüttungspolitik kann daher der variable Ausgleich beschränkt werden. Kapitalmaßnahmen, insbesondere bei einer Kapitalerhöhung aus Gesellschaftsmitteln, können einen ähnlichen Effekt haben. Im Ergebnis führt daher der variable Ausgleich häufig zu geringeren Ausgleichszahlungen als der feste Ausgleich. Dies lässt ihn für den Organträger oft als günstigere Variante erscheinen.

294–296   *(frei)*

ccc) Entstehen und Fälligkeit des Ausgleichs

297   Der **Ausgleichsanspruch entsteht als Stammrecht** mit dem Wirksamwerden des Vertrages durch Eintragung in das Handelsregister (*Emmerich/Habersack* § 304 AktG Rz. 42).

298   Hiervon zu unterscheiden sind das **Entstehen und die Fälligkeit des konkreten Zahlungsanspruchs.** Insoweit hatte es der BGH (II ZR 6/09 v. 31.5.10, NZG 10, 905) zunächst noch offen gelassen, ob der feste Ausgleich zu Beginn des Folgejahres oder nach der vertraglichen Vereinbarung, spätestens mit der Hauptversammlung nach dem jeweiligen Geschäftsjahr fällig wird – wie das Berufungsgericht „mit beachtlichen Gründen und in Übereinstimmung mit der herrschenden Meinung" angenommen hatte (OLG Düsseldorf 6 U 139/07 v. 18.12.08 BeckRS 2009, 13461; *MünchKommAktG/van Rossum* § 304 Rz. 110; *Hüffer/Koch* § 304 AktG Rz. 13). Die Gesetzmäßig-

keit einer solchen vertraglich vorgesehenen Leistungsmodalität könne weder im Anfechtungs- noch im Spruchverfahren, sondern nur im Rahmen eines nachfolgenden Leistungsprozesses geklärt werden. Der BGH hat sich aber in 2011 darauf festgelegt, dass der Anspruch auf die Zahlung des festen Ausgleichs jedes Jahr mit dem **Ende der** auf ein Geschäftsjahr folgenden **ordentlichen Hauptversammlung** der Organgesellschaft neu entsteht, sofern nicht im Vertrag zugunsten der außenstehenden Aktionäre etwas anderes vereinbart ist (BGH II ZR 237/09 v. 9.4.11, AG 11, 514 „Wella AG I", Tz. 14). Fällig werde er sodann – entsprechend der Praxis für die Dividendenzahlung börsennotierter Gesellschaften – jeweils am Tag nach dieser ordentlichen Hauptversammlung (BGH II ZR 237/09 v. 9.4.11, aaO, Tz. 15). Ab dem 1.1.17 ist die Fälligkeit des Dividendenanspruchs allerdings durch § 58 Abs. 4 Satz 2 und 3 AktG besonders geregelt. Danach ist der Anspruch erst am dritten auf den Hauptversammlungsbeschluss folgenden Geschäftstag (= Bankarbeitstag) fällig. Die Regelung ist teildispositiv insofern, als in dem Hauptversammlungsbeschluss oder in der Satzung zwar eine spätere, aber keine frühere Fälligkeit festgelegt werden kann.

Eine **Verzinsung** ist anders als bei der Barabfindung (§ 305 Abs. 3 Satz 3 AktG) **299** nicht vorgesehen. Im Falle eines **Squeeze-out** (§ 327a AktG) haben die außenstehenden Aktionäre keinen Anspruch mehr auf Zahlung des festen Ausgleichs für das Geschäftsjahr, wenn der Beschluss vor dem Entstehen des Anspruchs auf Ausgleichszahlung in das Handelsregister eingetragen wird. Ein Anspruch ergibt sich auch nicht aus § 101 Nr. 2 Halbs. 2 BGB (BGH II ZR 244/09 v. 19.4.11, NZG 11, 780; hierzu BVerfG 1 BvR 1577/11 v. 5.12.12, AG 13, 255; vgl. *Winter* EWiR 06, 418).

(frei) **300**

ddd) Steuerliche Folgen des Ausgleichs (§ 16 KStG)

Grundsätzliche Rechtsfolge der körperschaftsteuerlichen Organschaft ist, dass das **301** Einkommen der Organgesellschaft dem Organträger zugerechnet wird (vgl. Rz. 373). Hiernach hat die Organgesellschaft kein eigenes zu versteuerndes Einkommen und unterliegt damit auch keiner Verpflichtung zur Zahlung von Körperschaftsteuer. Eine Ausnahme hiervon gilt im Hinblick auf die Ausgleichszahlung an außenstehende Gesellschafter. Nach **§ 16 Satz 1 KStG** hat die Organgesellschaft ihr Einkommen in Höhe von 20/17 der geleisteten Ausgleichszahlungen selbst zu versteuern. Ist die Verpflichtung zum Ausgleich vom Organträger erfüllt worden, so hat die Organgesellschaft **nach § 16 Satz 2 KStG** 20/17 der geleisteten Ausgleichszahlungen anstelle des Organträgers zu versteuern. Nach **§ 4 Abs. 5 Nr. 9 EStG** dürfen Ausgleichszahlungen, die in den Fällen der §§ 14, 17 und 18 KStG an außenstehende Anteilseigner geleistet werden, den Gewinn nicht mindern.

Zielsetzung des § 16 KStG ist es, dass (bestimmte) Zahlungen an die außenstehen **302** den Gesellschafter im steuerlichen Ergebnis aus Einkommen geleistet werden, welches von der Organgesellschaft selbst versteuert wurde. Vor dem Hintergrund einer nicht die Bemessungsgrundlage mindernden Körperschaftsteuer von 15% „benötigt" die Organgesellschaft für eine Zahlung iH v. 17 ein eigenes steuerliches Einkommen von 20 (dh. 20 ./. 0,15 × 20 = 17 als für eine Ausschüttung zur Verfügung stehender Betrag; da § 16 KStG einen festen Bruch vorgibt, wird der Solidaritätszuschlag im Ergebnis hierbei nicht berücksichtigt, vgl. *H/H/R/Pache* § 16 KStG Rz. 23). Insoweit wird also die Wirkung der Organschaft im Ergebnis suspendiert.

§ 16 KStG spricht von **„geleisteten Ausgleichzahlungen"**, ohne diese näher zu **303** definieren. Als „geleistete Ausgleichszahlungen" im diesem Sinne sind in erster Linie die an außenstehende Gesellschafter erfolgenden Zahlungen nach § 304 AktG anzusehen (vgl. *H/H/R/Pache* § 16 KStG Rz. 9). Vgl. zu den gesellschaftsrechtlichen Grundlagen des festen und des variablen Ausgleichs unter Rz. 281ff. und zu der Problematik deren steuerlicher Anerkennung unter Rz. 304. **Verdeckte Gewinnausschüttungen** an außenstehende Gesellschafter sind nach der Verwaltungsauffassung (vgl. KStR 14.6 Abs. 4 Satz 4) und der hM (vgl. *Blümich/Krumm* § 16 KStG Rz. 19; *Bott/Walter/Walter* § 16 KStG Rz. 10; *Frotscher/Drüen/Frotscher* § 16 KStG Rz. 48; *H/H/R/Pache* § 16 KStG Rz. 28) von der Regelung des § 16 KStG erfasst. Nicht von § 16 KStG erfasst sind hingegen Abfindungszahlungen nach § 305 AktG oder Zahlungen im Rahmen eines Squeeze Out gemäß § 327a AktG (vgl. *H/H/R/Pache* § 16 KStG Rz. 25). Als **„geleistet"** sind Ausgleichszahlungen anzusehen, wenn sie aus dem Betriebsvermögen der Organgesellschaft abfließen (vgl. *Blümich/Krumm* § 16 KStG Rz. 22; *Frotscher/Drüen/Frotscher* § 16 KStG Rz. 47). Das Jahr der Leistung soll allerdings nicht zwingend mit dem Jahr übereinstimmen, in dem das Einkommen iSd. § 16 KStG zu versteuern ist. Für Letzteres soll das Jahr relevant sein, für das die Ausgleichszahlung geleistet wird (vgl. *D/P/M/Dötsch* § 16 KStG Rz. 39).

304 Umstritten war, ob auch den Mindestbetrag des § 304 AktG an festen Ausgleichszahlungen übersteigende **variable Ausgleichszahlungen** an außenstehende Gesellschafter unter § 16 KStG zu subsumieren waren. Der BFH verfolgt hier in seiner Entscheidung BFH I R 1/08 v. 4.3.09 (BStBl. II 10, 407) und BFH I R 93/15 v. 10.5.17 (DStR 17, 2429) eine restriktive Sichtweise: Eine zumindest teilweise Koppelung der Ausgleichszahlung an das Ergebnis der Organgesellschaft vor Gewinnabführung soll die tatsächliche Durchführung der Gewinnabführung infrage stellen und zur steuerlichen Nichtanerkennung der Organschaft mangels Abführung des ganzen Gewinns führen. Die Finanzverwaltung hatte auf BFH I R 1/08 v. 4.3.09 (BStBl. II 10, 407) zunächst mit einem Nichtanwendungserlass reagiert (vgl. BMF v. 20.4.10, BStBl. I 10, 372) und wollte auch weiterhin den Mindestbetrag übersteigende Ausgleichszahlungen als organschaftsunschädlich behandeln. Nachdem der BFH aber an seiner restriktiven Auffassung mit BFH I R 93/15 v. 10.5.17 (DStR 17, 2429) festgehalten hatte, hat sich der Gesetzgeber zum Handeln veranlasst gesehen. Mit dem **„JStG 2018"** v. 11.12.18 (BGBl. I 18, 2338) wurde ein neuer § 14 Abs. 2 KStG eingefügt. Nach dessen Satz 1 gilt (Fiktion!) der ganze Gewinn auch dann als abgeführt i.S.d. § 14 Abs. 1 S. 1 KStG, wenn über den mindestens zugesicherten Betrag i.S.d. § 304 Abs. 2 S. 1 KStG hinausgehende Ausgleichszahlungen vereinbart und geleistet werden. Demnach ist also eine Kombination von fixem und variablem Ausgleich im Grundsatz zulässig, wobei es u.E. von der Norm auch gedeckt ist, wenn das Fixum dem vom außenstehenden Gesellschafter maximal nach § 304 Abs. 2 S. 1 KStG objektiv forderbaren festen Ausgleich unterschreitet (ebenso z.B. *Hasbach* DStR 19, 81 (83 f.); in diesem Sinne könnte auch BMF v. 4.3.20, BStBl. I 20, 256 Tz. 5 verstanden werden). Allerdings darf der dadurch zulässige Mix aus festem und variablem Ausgleich nach § 14 Abs. 2 S. 2 KStG den dem Anteil am gezeichneten Kapital entsprechenden Gewinnanteil des Wirtschaftsjahres nicht überschreiten, der ohne Gewinnabführungsvertrag hätte geleistet werden können. Diese Höchstbetragsregelung ist mit etlichen Auslegungsfragen verbunden (vgl. zu diesen z.B. *Hasbach* DStR 19, 81 (84 ff.)), die nicht alle im einschlägigen BMF-Schreiben v. 4.3.20 (BStBl. I 20, 256) beantwortet werden (vgl. näher zu BMF v. 4.3.20, aaO: *Brühl/Weiss* BB 20, 1436; *Hasbach* DB 20, 806; *Strüder* GmbHR 20, 644; *Zimmermann* Der Konzern 20, 181). Sie stellt im Ergebnis auch eine Verschärfung dar, da die Finanzverwaltung vor der Neuregelung auch Kombinationen von fixem und variablem Ausgleich anerkannt hat, die diese Höchstgrenze überschritten. Nach § 14 Abs. 2 S. 3 KStG muss der variable Ausgleich darüber hinaus nach vernünftiger kaufmännischer Beurteilung wirtschaftlich begründet sein (sog. Kaufmannstest; vgl. hierzu z.B. *Hasbach* DStR 19, 81 (86 f.)). Die FinVerw. geht davon aus, dass dieser Kaufmannstest regelmäßig erfüllt ist, wenn Organträger und außenstehender Gesellschafter nicht in einem Näheverhältnis zueinanderstehen (vgl. BMF v. 4.3.20, BStBl. I 20, 256 Tz. 13). Die Regelung ist am 15.12.18 in Kraft getreten, ist aber im Grundsatz auch auf Veranlagungszeiträume vor 2017 anwendbar (§ 34 Abs. 6b S. 1 KStG). Da die Neuregelung zum Teil restriktiver als die bisherige Verwaltungsauffassung zu dieser Problematik ist, gewährt § 34 Abs. 6b S. 2 bis S. 4 KStG eine spezielle Übergangsregelung.

Wurde eine vor dem 1.8.18 bestehende Organschaft „nach anderen Grundsätzen ...... anerkannt" (gemeint ist wohl die bisherige Praxis der Finanzverwaltung), so sind diese Grundsätze letztmals für den Veranlagungszeitraum 2021 maßgebend. Wenn ein solcher Vertrag nach dem 1.8.18 und vor dem 31.12.21 gekündigt wird, so soll dies als wichtiger steuerlicher Grund anzusehen sein (§ 34 Abs. 6b S. 3 KStG). Wird ein solcher Vertrag an die Neuregelung in § 14 Abs. 2 KStG angepasst, so soll dies nicht als Neuabschluss gelten (§ 34 Abs. 6b S. 4 KStG), womit bei einer solchen Änderung keine neue fünfjährige Mindestlaufzeit zu vereinbaren ist.

Zur gesellschaftsrechtlichen Festlegung eines sog. **„Nullausgleichs"** für gewinnlose 305 Gesellschaften vgl. Rz. 289. Solche Nullausgleiche sind auch steuerlich zu akzeptieren und führen nicht zur steuerlichen Nichtanerkennung der Organschaft (vgl. *H/H/R/Pache* § 16 KStG Rz. 30). Zur Möglichkeit der Nutzung eines Nullausgleichs in Situationen, in denen das Bestehen einer Ausgleichsverpflichtung unklar ist, vgl. Rz. 274.

Der Wortlaut des § 16 KStG legt nicht fest, wer **Empfänger** der geleisteten Aus- 306 gleichszahlung sein muss. Nach hM sind hierunter ausschließlich außenstehende Gesellschafter iSd. § 304 AktG (ggf. analog) zu verstehen (vgl. zB *H/H/R/Pache* § 16 KStG Rz. 29 mwN). Vgl. zum Begriff des außenstehenden Aktionärs iSd. § 304 AktG hier unter Rz. 275. § 16 KStG umfasst hierbei auch Ausgleichszahlungen an außenstehende Anteilseigner einer GmbH (vgl. *Blümich/Krumm* § 16 KStG Rz. 16).

§ 16 KStG erfordert, dass das **Einkommen** der Organgesellschaft **aufgeteilt** wird 307 (vgl. *H/H/R/Pache* § 16 KStG Rz. 20). Nach hM sollen auf der Ebene der Organgesellschaft ohne Beachtung der Organschaft grundsätzlich steuerfreie Einkommensbestandteile (zB § 8b KStG oder Investitionszulagen) oder nicht abziehbare Betriebsausgaben im Rahmen der Ermittlung des nach § 16 KStG steuerpflichtigen Einkommens nicht anteilig berücksichtigt werden können (vgl. *Bott/Walter/Walter* § 16 KStG Rz. 28; für steuerfreie Einnahmen vgl. auch *Blümich/Krumm* § 16 KStG Rz. 26; *D/P/M/Dötsch* § 16 KStG Rz. 44). Auch vorvertragliche und laufende Verluste der Organgesellschaft oder des Organträgers sollen an der Versteuerung nach § 16 KStG nichts ändern (vgl. *Blümich/Krumm* § 16 KStG Rz. 25; *Bott/Walter/Walter* § 16 KStG Rz. 27; *Frotscher/Drüen/Frotscher* § 16 KStG Rz. 59. Nach § 4 Abs. 5 Nr. 9 EStG wird das Einkommen der Organgesellschaft auch dann nicht um die Ausgleichszahlung gemindert, wenn die Organgesellschaft die Ausgleichszahlung leistet (Hinzurechnung als nicht abziehbare Ausgabe; vgl. *Bott/Walter/Walter* KStG, § 16 Rz. 17 und Rz. 37, Nichtabziehbarkeit gilt auch in der GewSt).

Rechtsfolge für die Organgesellschaft ist, dass sie in Höhe ihres Einkommens 308 im Sinne von § 16 KStG selbstständig zur Körperschaftsteuer und zum Solidaritätszuschlag herangezogen wird. Diese Rechtsfolgen tritt unabhängig davon ein, ob die Organgesellschaft (§ 16 Satz 1 KStG) oder der Organträger (§ 16 Satz 2 KStG) die Ausgleichszahlung leistet (vgl. *H/H/R/Pache* § 16 KStG Rz. 44). Das nach § 16 KStG ermittelte Einkommen unterliegt nicht der Gewerbesteuer vgl. *D/P/M/Dötsch* § 16 KStG Rz. 45; *Bott/Walter/Walter* § 16 KStG Rz. 1; *Frotscher/Drüen/Frotscher* § 16 KStG Rz. 50; s. auch GewStR 71 Abs. 5 Satz 10.

Rechtsfolge für den Organträger ist, dass das auf Grundlage des § 16 KStG von 309 der Organgesellschaft zu versteuernde Einkommen nicht noch einmal vom Organträger zu versteuern ist (vgl. zu der entsprechenden Technik bspw. *D/P/M/Dötsch* § 16 KStG Rz. 48). Zahlt der Organträger die Ausgleichszahlung, so mindert diese das Einkommen des Organträgers nach § 4 Abs. 5 Nr. 9 EStG nicht (nicht abziehbare Ausgabe, die auch in der GewSt nicht abziehbar ist, vgl. *Bott/Walter/Walter* § 16 KStG Rz. 22 und Rz. 37). Zu der Frage, inwieweit die Ausgleichszahlung auf das steuerliche Einlagekonto zugreift, vgl. die Diskussion bei *D/P/M/Dötsch* § 16 KStG Rz. 63 ff). und *Frotscher/Drüen/Frotscher* § 16 KStG Rz. 56.

Bei dem **zahlungsempfangenden außenstehenden Gesellschafter** unterliegen 310 die Zahlungen als sonstige Bezüge iSd. § 20 Abs. 1 Nr. 1 Satz 1 EStG regulär den

Vorschriften über die Dividendenbesteuerung (d.h. § 8b KStG bzw. Teileinkünfteverfahren und Kapitalertragsteuer; vgl. *Blümich/Krumm* § 16 KStG Rz. 28; *H/H/R/Pache* § 16 KStG Rz. 10). Bei Minderheitsgesellschaften, die ihre Minderheitsanteile im Privatvermögen halten, greift ab 2009 für die Ausgleichszahlungen die Abgeltungsteuer (vgl. *D/P/M/Dötsch* § 16 KStG Rz. 73).

311–313 *(frei)*

cc) Gesellschafts- und steuerrechtliche Rahmenbedingungen der Abfindung (§ 305 AktG)

314 Bei gesellschaftsrechtlichen Strukturmaßnahmen gehört das **„Recht zum Austritt aus wichtigem Grund",** hier nach § 305 AktG, zum gesetzgeberischen Standardprogramm: Die Minderheitsgesellschafter können die Strukturmaßnahme selbst zwar nicht verhindern, sie aber zum Anlass nehmen, die Gesellschaft gegen angemessene Abfindung zu verlassen (vgl. §§ 29 f., 122i, 207 UmwG; § 7 SEAG; § 320b AktG; §§ 327a, 327b AktG bzw. § 39a WpÜG sehen sogar den Ausschluss der Minderheitsaktionäre vor). Daher muss ein Beherrschungs- oder Gewinnabführungsvertrag im Falle außenstehender Aktionäre außer der Verpflichtung zum Ausgleich nach § 304 AktG auch ein Abfindungsangebot des anderen Vertragsteils enthalten, § 305 Abs. 1 AktG.

aaa) Arten der Abfindung

315 § 305 Abs. 2 AktG enthält Vorgaben für die **Art der Abfindung:**
– Ist der andere Vertragsteil eine unabhängige AG oder KGaA mit Sitz in der EU oder dem EWR (Norwegen, Island, Liechtenstein), muss die Abfindung in Aktien dieser AG/KGaA bestehen (Nr. 1).
– Ist der andere Vertragsteil dagegen selbst eine nachgeordnete Konzerngesellschaft, dürfen die Vertragsparteien (!) wählen, ob sie eine Barabfindung oder eine Abfindung in Aktien der Konzernspitze anbieten wollen; diese Konzernspitze muss wiederum eine AG oder KGaA mit Sitz in der EU oder dem EWR sein (Nr. 2). Zwar setzt der Wortlaut weiter voraus, dass auch der andere Vertragsteil selbst eine AG oder KGaA ist; die Vorschrift soll jedoch auf Gesellschaften anderer Rechtsform (GmbH, KG …) entsprechend anzuwenden sein (*Spindler/Stilz/Veil* § 305 AktG Rz. 40; aA *Schmidt/Lutter/Stephan* § 305 AktG Rz. 44).
– In allen anderen Fällen ist eine Barabfindung anzubieten (Nr. 3).

316 Selbstverständlich dürfen die Beteiligten den außenstehenden Aktionären *zusätzlich* zu der gesetzlich vorgeschriebenen Abfindungsart auch andere Abfindungsarten anbieten, den Aktionären also insbesondere die Wahl zwischen einer Abfindung in eigenen Aktien oder einer Barabfindung ermöglichen (*Emmerich/Habersack* § 305 AktG Rz. 12). Es ist nicht rechtsmissbräuchlich, wenn die Konzernspitze zur Vermeidung einer Abfindung in eigenen Aktien (Nr. 1) eine GmbH „zwischenschaltet" (OLG Frankfurt 23 U 69/08 v. 26.8.09, AG 10, 368, 372).

bbb) Angemessenheit der Abfindung

317 § 305 Abs. 3 AktG trifft nur wenige Aussagen zur **Angemessenheit der Abfindung.** Im Fall einer Abfindung in Aktien sind danach ebenso viele Aktien zu gewähren, wie auch im Falle einer Verschmelzung zu gewähren wären; maßgeblich ist also die Verschmelzungswertrelation (Satz 1). Dies macht neben der Bewertung der Organgesellschaft, die für die Festlegung einer Barabfindung bereits ausreichend wäre, zusätzlich auch eine Bewertung des Organträgers erforderlich (vgl. bereits Rz. 291).

318 Die Bewertungspraxis versteht Ausgleich und Abfindung verbreitet als **zwei Seiten einer Medaille,** die notwendig äquivalent sein müssen: Der Ausgleich ist eine verrentete Abfindung und die Abfindung ein kapitalisierter Ausgleich. Deshalb wird der feste Ausgleich regelmäßig direkt aus der Abfindung abgeleitet und entspricht dann der Verzinsung des Unternehmenswertes je Aktie bezogen auf die voraussichtliche Dauer des Unternehmensvertrages (*WP-Handbuch* 14. Aufl. 2014 Bd. II, Rz. A 498; *Maul* DB 02, 1423, 1424 f.; *Emmerich/Habersack* § 304 AktG Rz. 38 ff.).

Nach herrschender Rechtsmeinung sind Abfindung und Ausgleich dagegen Elemente eines einheitlichen Schutzsystems mit **unterschiedlicher Zielrichtung.** Der BGH hat diese unterschiedliche Zielrichtung auf folgende Formel gebracht: *„Die Abfindung gemäß § 305 AktG ersetzt den Wert der Beteiligung insgesamt, der Ausgleich gemäß § 304 AktG die Gewinnanteile des außenstehenden Aktionärs bei fortbestehender Beteiligung an der abhängigen Gesellschaft."* (BGH II ZR 392/03 v. 13.2.06, BGHZ 166, 195, 200 „Bochum-Gelsenkirchener Straßenbahnen"). Die Abfindung muss deshalb so bemessen sein, dass die außenstehenden Aktionäre den Gegenwert ihrer Gesellschaftsbeteiligung erhalten. Die Ausgleichszahlungen dienen als Ersatz für die infolge des Unternehmensvertrages ausfallende Dividende. Der BGH hat es daher abgelehnt, die **Äquivalenz von Abfindung und Ausgleich** in den Rang eines zwingenden Prinzips zu erheben. Es genügt, wenn die Abfindung den Wert der Beteiligung und der Ausgleich die ausfallende Dividende ersetzt; ökonomisch gleichwertig oder aus Sicht der außenstehenden Aktionäre gleichermaßen attraktiv müssen Abfindung und Ausgleich hierfür nicht sein (BGH II ZR 392/03 v. 13.2.06, aaO). 319

Aus dieser unterschiedlichen Zielrichtung von Abfindung und (festem) Ausgleich ergeben sich insbesondere die folgenden Differenzierungen: 320

– **Nicht betriebsnotwendiges Vermögen** ist dem Ertragswert nur für Zwecke der Abfindung nach § 305 AktG hinzuzurechnen; bei der Bemessung des festen Ausgleichs nach § 304 AktG bleibt es dagegen außen vor, wenn es keinen unmittelbaren Ertrag bringt und auch seine Veräußerung nicht unmittelbar bevorsteht (vgl. Rz. 289).

– Der **Liquidationswert** bildet eine Untergrenze des Unternehmenswertes nur für die Ermittlung der Abfindung (hierzu *Fleischer/Schneider* DStR 13, 1736). Der feste Ausgleich muss diesen Liquidationswert nicht marktgerecht verzinsen (vgl. Rz. 289).

– Der **Börsenkurs** bildet eine weitere Untergrenze für die Ermittlung der Abfindung (BVerfG 1 BvR 1613/94 v. 27.4.99, BVerfGE 100, 289, 292 „DAT/Altana"). Für die Bemessung des – festen – Ausgleichs ist er dagegen irrelevant (vgl. Rz. 289).

(frei) 321

ccc) Befristung, Entstehen und Verzinsung des Abfindungsanspruchs

Das Abfindungsangebot kann und sollte im Vertrag **befristet** werden, § 305 Abs. 4 322 Satz 1 AktG. Wenn ein Spruchverfahren eingeleitet wird (was bei börsennotierten Aktiengesellschaften die Regel ist), kann der Organträger gleichwohl noch lange nach dem vertraglich vorgesehenen Fristende zur Abfindung verpflichtet bleiben; denn § 305 Abs. 4 Satz 3 AktG schiebt das Fristende in diesem Fall hinaus auf das Ende des Spruchverfahrens, genauer zwei Monate nach Bekanntmachung der (rechtskräftigen, vgl. § 14 SpruchG) gerichtlichen Entscheidung im Bundesanzeiger. Da Spruchverfahren in erster und zweiter Instanz durchaus zehn Jahre und länger dauern können (näher *Simon/Winter* SpruchG 2007 Vor § 7 Rz. 5), sind sog. **vertragsüberdauernde Spruchverfahren** keine Seltenheit. Bei ihnen ist der Unternehmensvertrag längst beendet, der Organträger bleibt wegen der „Guano"-Entscheidung des BGH (II ZB 9/96 v. 20.5.97, BGHZ 135, 374) und der Verlängerung der Annahmefrist durch § 305 Abs. 4 Satz 3 AktG dennoch zur Leistung der Abfindung verpflichtet.

Die **Rechtsnatur** des Abfindungsanspruchs hat der BGH in seiner Jenoptik- 323 Entscheidung geklärt, die ebenfalls ein vertragsüberdauerndes Spruchverfahren betraf (BGH II ZR 27/05 v. 8.5.06, ZIP 06, 1392 mit Anm. *Braun/Krämer*). Gestritten wurde über die Frage, ob ein Aktionär die Abfindung sogar dann verlangen kann, wenn die Aktien **(1)** von ihm erst nach dem Ende des Unternehmensvertrages erworben wurden und **(2)** wahrscheinlich sogar aus einer nachvertraglichen Kapitalerhöhung stammen. Das OLG Jena hat dies bejaht, weil **(1)** das Recht auf Abfindung vom abfindungsberechtigten Veräußerer auf den jeweiligen Erwerber übergehe und **(2)** Jenoptik es versäumt habe, die an sich nicht abfindungsberechtigten Aktien aus den nachvertraglichen Kapitalerhöhungen besonders zu kennzeichnen (OLG Jena 7 U 391/03 v. 22.12.04, NZG 05, 400). Der BGH hat demgegenüber schon die Prämisse, dass das Recht auf Abfindung übertragbar sei, für falsch erklärt (BGH II ZR 27/05 v. 8.5.06, ZIP 06, 1392 mit Anm. *Braun/Krämer*). Danach ist das Recht auf Abfindung kein wertpapiermäßig in der Aktie verkörpertes Mitgliedschaftsrecht, sondern ein **schuldrechtlicher Anspruch** gegen den Organträger auf der Grundlage des Unternehmensvertrages. Dieser Anspruch **entsteht** bei der Veräußerung der Aktie stets originär in der Person des Erwerbers, sofern auch er zum Kreis der außenstehenden Aktionäre gehört. Nach dem Ende des Unternehmensvertrages kann diese Rechtsstellung eines außenstehenden Aktionärs jedoch nicht mehr neu erworben werden.

324   **Fällig** wird der Abfindungsanspruch mit Einreichung der Aktien; ab diesem Zeitpunkt steht dem außenstehenden Aktionär kein Ausgleichsanspruch mehr zu (*Spindler/Stilz/Veil* § 305 AktG Rz. 18).

325   Empfangene **Ausgleichszahlungen** sind nach BGH ausschließlich auf die Abfindungszinsen nach § 305 Abs. 3 Satz 3 AktG, nicht jedoch auf die Barabfindung selbst **anzurechnen** (BGH II ZR 284/01 v. 16.9.02, BGHZ 152, 29 „Rütgers AG"; aA *Kamanabrou* BB 05, 449). Diese gesetzliche Verzinsung samt richterrechtlicher Anrechnung ist durch die in Rz. 323 erwähnte „Jenoptik"-Entscheidung des BGH (BGH II ZR 27/05 v. 8.5.06, ZIP 06, 1392 mit Anm. *Braun/Krämer*) begründungsbedürftig geworden: Wenn das Recht auf Abfindung nicht vom Vorbesitzer der Aktie abgeleitet wird, sondern in der Person des Erwerbers originär entsteht, ist unklar, warum das Gesetz dem Erwerber eine Verzinsung auch für Vorbesitzzeiten zugesteht und der Erwerber sich hierauf (ohne gesetzliche Anordnung) Ausgleichszahlungen anrechnen lassen soll, die nicht er, sondern der Vorbesitzer erhalten hat (*Simon/Winter* SpruchG 2007 § 17 Rz. 20).

326, 327   *(frei)*

ddd) Steuerrechtliche Rahmenbedingungen der Abfindung

328   Aus Sicht des **außenstehenden Gesellschafters** ist die Inanspruchnahme der Abfindung als steuerlicher Realisationsakt zu werten (entweder in Form eines Tauschvorgangs oder eines Verkaufs gegen Geldanspruch). Der hierbei realisierte Gewinn unterliegt bei ihm den Regelungen der §§ 3 Nr. 40, 3c Abs. 2 EStG bzw. des § 8b KStG oder des § 20 Abs. 2 Satz 1 Nr. 1 EStG. Aus Sicht des **herrschenden Unternehmens** liegt eine Anschaffung der im Rahmen der Abfindung auf dieses Unternehmen übergehenden Anteile am beherrschten Unternehmen vor. Falls der herrschende Unternehmer als Gegenleistung eigene Anteile ausgibt, sind die diesbezüglichen Regelungen der Finanzverwaltung (vgl. BMF v. 27.11.13, DStR 13, 2700) zu beachten.

329   *(frei)*

m) Änderung des Vertrages (§ 295 AktG)

330   Nach § 295 Abs. 1 AktG sind bei der Änderung eines Unternehmensvertrages die **gleichen Erfordernisse wie beim erstmaligen Abschluss** zu beachten. Es ist daher ein schriftlicher Änderungsvertrag abzuschließen (§ 293 Abs. 3 AktG), dem die Hauptversammlung der verpflichteten Gesellschaft mit qualifizierter Mehrheit zustimmen muss (§ 293 Abs. 1 AktG) und ebenso die Hauptversammlung des anderen Vertragsteils (§ 293 Abs. 2 AktG). Darüber hinaus bedarf es ggf. eines Sonderbeschlusses der außenstehenden Aktionäre, § 295 Abs. 2 AktG. Wirksam wird die Änderung erst mit ihrer Eintragung in das Handelsregister (§ 294 AktG). Nachdem § 295 Abs. 1 Satz 2 AktG auf die „§§ 293 *bis* 294" verweist, gelten für die Vertragsänderung grundsätzlich auch die Berichts-, Prüfungs-, Auslage- und sonstigen Informationspflichten

nach den §§ 293a ff. AktG. Dies kann die Vertragsänderung zu einem aufwändigen Unterfangen werden lassen.

Eine **Änderung** des Unternehmensvertrages ist jede einverständliche inhaltliche **331** Abänderung, die noch während der Laufzeit wirksam werden soll (BGH II ZR 139/78 v. 7.5.79, NJW 79, 2103). Dabei ist nach dem BFH nicht zwischen „wesentlichen" und „unwesentlichen" Änderungen zu unterscheiden; auch die subjektive Motivation der Vertragsparteien, aufgrund derer eine Bestimmung in den Vertrag aufgenommen oder geändert wird, spielt keine Rolle (BFH I R 66/07 v. 22.10.08, DStR 09, 100; die Parteien hatten behauptet, bei der Änderung handele es sich um eine bloße „Klarstellung"). Bestätigt hat der BFH hingegen, dass die Änderung eines Gewinnabführungsvertrages auf den Beginn des im Eintragungszeitpunkt bereits laufenden Wirtschaftsjahres zurückwirkt (BFH I B 27/10 v. 15.9.10, BStBl. II 10, 935 = GmbHR 10, 1159 mit Anm. *Walter*).

Steuerrechtlich stellen sich die brisanten Fragen, ob bei einer Vertragsänderung **332** die fünfjährige Frist des § 14 Satz 1 Nr. 3 Satz 1 KStG neu zu berücksichtigen ist und ob eine Vertragsänderung während der fünfjährigen Mindestlaufzeit zu einem organschaftsschädlichen Verstoß gegen diese Mindestlaufzeit führt. Vgl. hierzu bspw. *D/P/M/Dötsch/Pung* § 14 KStG Rz. 561; *Bott/Walter/Walter* § 14 KStG Rz. 638 mwN. Vgl. speziell zur Änderung im Zusammenhang mit § 34 Abs. 10b KStG aF iVm. § 17 Abs. 2 KStG Rz. 240.

Stets ist zu prüfen, ob eine beabsichtigte Vertragsänderung tatsächlich im Wege des **333** § 295 AktG möglich ist oder aber nur durch **Aufhebung** (§ 296 AktG) des bestehenden **und Neuabschluss** des neuen Vertrages (§ 293 AktG) zu erreichen ist. So wird insbesondere die Änderung des Vertragstypus verbreitet als Aufhebung und Neuabschluss gewertet (näher *Emmerich/Habersack* § 295 Rz. 12). Hingegen sollte die Beendigung nur der Gewinnabführungs- oder der Beherrschungsabrede eines kombinierten Beherrschungs- und Gewinnabführungsvertrages durch Vertragsänderung möglich sein; mithin also auch innerhalb der fünfjährigen Mindestlaufzeit nicht organschaftsschädlich sein und für sich kein Erfordernis einer neuen fünfjährigen Mindestlaufzeit auslösen (vgl. *H/H/R/Kolbe* § 14 KStG Rz. 201; *Schneider/Hinz* Ubg 09, 738, 742 f.; ähnlich wohl auch *Frotscher/Drüen/Frotscher* § 14 KStG Rz. 304 und tendenziell wohl auch *D/P/M/Dötsch/Pung* § 14 KStG Rz. 562). Um Unsicherheiten insofern zu vermeiden, kann es sich empfehlen, statt eines kombinierten Beherrschungs- und Gewinnabführungsvertrages von vornherein zwei getrennte Verträge abzuschließen.

Ein echter **Parteiwechsel** ist bei Unternehmensverträgen (ebenso wie bei gewöhn- **334** lichen Schuldverträgen) durch dreiseitigen Vertrag oder durch Vertrag zwischen der alten und der neuen Partei möglich, mit Zustimmung der verbleibenden Partei. In beiden Fällen handelt es sich aktienkonzernrechtlich um eine Vertragsänderung iSd. § 295 AktG (*Emmerich/Habersack* § 295 Rz. 13; *Spindler/Stilz/Veil* AktG § 295 Rz. 2). Auch nach allgemeinem Zivilrecht ist eine privatautonome, rechtsgeschäftliche Vertragsübernahme unstreitig zulässig (*Palandt/Grüneberg* § 398 BGB Rz. 41 mwN). Sie bewirkt, dass der Vertrag im Übrigen unverändert zwischen den neuen Vertragsparteien fortgesetzt wird; die Rechtsstellung des eintretenden Vertragspartners entspricht derjenigen, welche der ausscheidende Vertragspartner innehatte. Im Übrigen gelten die Rechtsfolgen der §§ 398 ff., 414 ff. BGB grundsätzlich entsprechend. Die zivilrechtliche Konstruktion – unveränderte Fortsetzung des Vertrages mit ausdrücklicher Zustimmung der schutzwürdigen verbleibenden Vertragspartei – spricht dafür, dass keine Zwischenabrechnung des Gewinnabführungsvertrags auf den Stichtag der Vertragsübernahme vorzunehmen ist.

Der **Beitritt** eines Unternehmens zu einem Unternehmensvertrag auf Seiten des **335** herrschenden Unternehmens führt nicht zur Festsetzung eines neuen (festen) Ausgleichs und einer neuen Barabfindung (BGH II ZB 5/97 v. 4.3.98, BGHZ 138, 136 „ASEA/BBC II").

336 § 295 AktG ist auch auf die abhängige bzw. zur Gewinnabführung verpflichtete **GmbH** anzuwenden. Die Änderung des Unternehmensvertrages erfordert daher neben einer schriftlichen Änderungsvereinbarung bei der **Organgesellschaft** einen Zustimmungsbeschluss mit (mindestens) qualifizierter Mehrheit, ggf. sogar Einstimmigkeit (vgl. Rz. 125 ff.) (BFH I R 66/07 v. 22.10.08, DStR 09, 100; *Emmerich/Habersack* § 295 AktG Rz. 4). Sofern man für die Änderung eine qualifizierte Mehrheit genügen lässt, ist zusätzlich ein Sonderbeschluss der Minderheitsgesellschafter erforderlich, sofern sich die Änderung auf ihre Rechtsstellung nachteilig auswirkt (*Altmeppen* § 13 Anh Rz. 101; *Michalski/Servatius* Syst. Darst. 4 Rz. 196). Nach hM erfordert die Änderung zusätzlich auch einen Zustimmungsbeschluss bei dem **Organträger.** Dies gilt zunächst, wenn es sich um eine AG oder KGaA handelt, aber auch im Fall einer GmbH, weil die Interessenlage dieselbe ist (zB *Emmerich/Habersack* § 295 AktG Rz. 5). Lediglich nach vereinzelter Ansicht müssen die Gesellschafter des Organträgers GmbH nicht einmal dem Vertragsschluss zustimmen, damit auch nicht seiner Änderung (*Altmeppen* § 13 Anh Rz. 103: allenfalls Innenverhältnis).

337 *(frei)*

n) Beendigung des Vertrages und steuerliche Mindestlaufzeit (§§ 296, 297 AktG, § 14 Abs. 1 Satz 1 Nr. 3 Satz 1 KStG)

aa) Zivilrechtliche Beendigungsmöglichkeiten

338 Zivilrechtlich ist für einen Beherrschungs- und/oder Gewinnabführungsvertrag keine Mindestvertragslaufzeit vorgesehen. Damit ein Gewinnabführungsvertrag jedoch zu einer körperschaft- und gewerbesteuerlich anzuerkennenden Organschaft führt, muss er gem. § 14 Abs. 1 Satz 1 Nr. 3 Satz 1 KStG auf **mindestens fünf Jahre fest abgeschlossen** und während seiner gesamten Geltungsdauer durchgeführt werden (vgl. sogleich Rz. 351 ff.).

339 Vorzeitig **beenden** lässt sich ein Unternehmensvertrag
  – durch einvernehmliche Aufhebung (§ 296 AktG)
  – durch ordentliche oder außerordentliche Kündigung (§ 297 AktG)
  – durch den erstmaligen Beitritt eines außenstehenden Aktionärs (§ 307 AktG), s. hierzu auch Rz. 356 und 367
  – durch Umwandlungsmaßnahmen, insbes. Verschmelzung der Organgesellschaft auf eine andere Gesellschaft (OLG Karlsruhe 15 W 19/94 v. 7.12.94, ZIP 94, 1529).

340 Die Eintragung der Beendigung in das Handelsregister (§ 298 AktG) wirkt deklaratorisch.

341 Für die **GmbH** wird angenommen, dass für die Aufhebung oder Kündigung bei der verpflichteten GmbH ein Gesellschafterbeschluss zu fassen ist (BGH II ZR 109/10 v. 31.5.11, DStR 11, 1576 zur Kündigung). Sofern man der Aufhebung dieselbe Bedeutung wie dem Abschluss beimisst (als actus contrarius), kann dies die entsprechende Anwendbarkeit der §§ 53, 54 GmbHG zur Folge haben und die Eintragung der Beendigung in das Handelsregister somit konstitutiv wirken (dafür zB *Emmerich/Habersack* § 296 Rz. 7c; *MünchKommGmbHG/Liebscher* Anh § 13 Rz. 995). Nach zutreffender und zugleich praxisgerechterer hM hat die Eintragung der Beendigung – wie bei der AG – jedoch nur deklaratorische Bedeutung (OLG München 31 Wx 163/11 v. 20.6.11, NZG 11, 867; OLG Düsseldorf 3 Wx 302/95 v. 22.8.97, DB 97, 2425; *Wicke* GmbHR 17, 686, 689). In der Folge genügt es, wenn die Beendigung erst nach Vertragsende angemeldet und eingetragen wird (nach BayObLG 3 Z BR 232/02 v. 5.2.03, DB 03, 761 ist dies sogar zwingend).

342 Gem. § 296 AktG kann ein Unternehmensvertrag **aufgehoben** werden. Hierzu ist ein schriftlicher Aufhebungsvertrag zu schließen. Der Abschluss des Aufhebungsvertrages ist bei AG und KGaA grundsätzlich eine reine Geschäftsführungsmaßnahme, dh. der Aufhebungsvertrag bedarf – anders als der Abschluss oder die Änderung des Vertrages – keiner Zustimmung der Hauptversammlung einer beteiligten AG oder KGaA

(Begr. RegE zu § 296 AktG 1965, abgedruckt bei *Stangl/Winter,* Organschaft 2013/ 2014, S. 345). Eine Ausnahme gilt nach Abs. 2 für Verträge, die einen Ausgleich oder eine Abfindung zugunsten außenstehender Aktionäre vorsehen; ihre Aufhebung erfordert einen **Sonderbeschluss der außenstehenden Aktionäre.**

Die Aufhebung kann nach dem eindeutigen Gesetzeswortlaut nur zum Ende des 343 Geschäftsjahres der Organgesellschaft erfolgen. Eine unterjährige Aufhebung bedarf daher einer Änderung des Geschäftsjahres im Wege der Satzungsänderung (*Emmerich/ Habersack* § 296 Rz. 14; krit. *Paschos/Goslar* Der Konzern 06, 479, 483 f.). Sofern durch die Aufhebung die **steuerliche Mindestfrist von fünf Jahren unterschritten wird,** entfallen die Wirkungen der steuerlichen Organschaft rückwirkend seit dem Zeitpunkt ihres Wirksamwerdens (s. Rz. 356).

Der Aufhebungsvertrag bedarf auch bei der **GmbH** der Schriftform (*Münch-* 344 *KommGmbHG/Liebscher* Anh § 13 Rz. 984). Nach teilweiser, älterer Ansicht ist eine Aufhebung auch bei der GmbH als reine Geschäftsführungsmaßnahme, dh. ohne Zustimmung der Gesellschafterversammlung der Organgesellschaft möglich (OLG Frankfurt 20 W 317/93 v. 11.11.93, ZIP 93, 1790; OLG Karlsruhe 4 W 122/93 v. 3.6.94, ZIP 94, 1022; *Krieger/Jannott* DStR 95, 1475, 1477). Mit Blick auf BGH II ZR 109/10 v. 31.5.11, DStR 11, 1576 (zur Kündigung) wird jedoch auch die Aufhebung auf Seiten der Organgesellschaft eines Gesellschafterbeschlusses bedürfen, bei dem auch der Organträger stimmberechtigt ist. Offen ist, ob ein Zustimmungsbeschluss mit einfacher Mehrheit genügt (dafür *Baumbach/Hueck* Schlussanhang Rz. 133) oder die Aufhebung dieselbe Bedeutung wie der Abschluss hat (actus contrarius) mit der Folge, dass die §§ 53, 54 GmbHG entsprechend anzuwenden sind (AG Hamburg HRB 38053 v. 4.2.03, GmbHR 13, 311; OLG Oldenburg 1 U 75/99 v. 23.3.00, NZG 00, 1138, 1139). Der Beschluss ist dann mit qualifizierter Mehrheit zu fassen und notariell zu beurkunden. Für eine Organträger-GmbH gilt dies jeweils nicht; ein hier ggf. gleichwohl zu fassender Gesellschafterbeschluss (Aufhebung als außergewöhnliche und damit zustimmungsbedürftige Geschäftsführungsmaßnahme) hat nur interne Bedeutung (hM, zB *MünchKommGmbHG/Liebscher* Anh § 13 Rz. 997 ff.).

Nach inzwischen hM ist eine Aufhebung auch bei der GmbH nur zum Ende eines Abrechnungszeitraums zulässig, daher ist ggf. ein Rumpfgeschäftsjahr zu bilden (BGH II ZR 384/13 v. 16.6.15 DStR 15, 1765; OLG München 31 Wx 70/12 v. 16.3.12, NZG 12, 590; OLG München 7 U 5025/11 v. 20.11.13, NZG 14, 545; *MünchKomm-GmbHG/Liebscher* § 13 Anh Rz. 985). Dem scheint auch der BFH zuzuneigen (BFH I R 40/12 v. 24.7.13, BStBl. II 14, 272). Nach aA ist eine Aufhebung auch unterjährig auf der Grundlage einer Zwischenbilanz zulässig (*Priester* NZG 12, 641; *Baumbach/Hueck* Schlussanhang Rz. 134). Eine rückwirkende Aufhebung ist unzulässig (BGH II ZR 384/13 v. 16.6.15, DStR 15, 1765; BGH II ZR 119/00 v. 5.11.01, NJW 02, 822).

Auch die **Kündigung** eines Unternehmensvertrages gem. § 297 AktG ist bei AG 345 und KGaA grundsätzlich eine reine Geschäftsführungsmaßnahme. Auch hier muss jedoch vor einer ordentlichen Kündigung durch die Organgesellschaft ggf. ein Sonderbeschluss der außenstehenden Aktionäre herbeigeführt werden (§ 297 Abs. 2 AktG). Im Vertrag können Gründe vereinbart werden, die zu einer solchen ordentlichen oder auch außerordentlichen Kündigung berechtigen (vgl. BGH II ZR 238/91 v. 5.4.93, BGHZ 122, 211, 217 f.). Die Vereinbarung eines Rechts zur außerordentlichen Kündigung empfiehlt sich namentlich für die Fälle, in denen in Betracht kommt, dass die Beteiligungen an den Organgesellschaften veräußert oder eingebracht werden oder auf andere Gesellschaften verschmolzen werden (vgl. dazu *Fenzl/Antoszkiewicz* FR 03, 1061).

Für die Kündigung eines Unternehmensvertrages mit einer **GmbH** gilt § 297 AktG 346 nur mit Modifikationen, was die Beschlussfassung angeht: Zumindest für die Organgesellschaft ist die Kündigung keine der Geschäftsführung obliegende bloße Geschäftsführungsmaßnahme. Sie erfordert vielmehr einen Gesellschafterbeschluss, bei dem auch der Organträger stimmberechtigt ist (BGH II ZR 109/10 v. 31.5.11, DStR 11, 1576; dazu *Peters/Hecker* DStR 12, 86). Dieser Beschluss bedarf der notariellen Beurkundung (so AG Hamburg HRB 38053 v. 4.2.03, GmbHR 13, 311; Beck DNotZ 13, 90). Für den Organträger verneint die hM eine Zuständigkeit der Gesellschafterversammlung (*MünchKommGmbHG/Liebscher* Anh § 13 Rz. 1008; *Wicke* GmbHR 17, 686, 689f.). Für die Kündigung selbst genügt Schriftform (OLG München 31 Wx 80/11 v. 21.3.11, NZG 11, 1183).

347–350   *(frei)*

bb) Ertragsteuerliche Fünfjahresfrist

351   Zivilrechtlich ist für den Gewinnabführungsvertrag zwar keine Mindestvertragslaufzeit vorgesehen (vgl. Rz. 338). Soll der Gewinnabführungsvertrag jedoch zu einer körperschaft- und gewerbesteuerlich anzuerkennenden Organschaft führen, so muss der Gewinnabführungsvertrag gem. § 14 Abs. 1 Satz 1 Nr. 3 Satz 1 KStG auf **mindestens fünf Jahre abgeschlossen** sein und während seiner gesamten Geltungsdauer durchgeführt werden. Für die Berechnung der fünfjährigen Mindestlaufzeit kann eine umwandlungssteuerrechtliche Rückwirkungsfiktion beachtlich sein, auch wenn sie auf einen Zeitpunkt vor Gründung der OG wirkt (vgl. BFH I R 19/15 v. 10.5.17, DStR 17, 2112). Nach § 14 Abs. 1 Satz 1 Nr. 3 Satz 1 KStG muss der Gewinnabführungsvertrag auf mindestens fünf Jahre „abgeschlossen" sein, woraus überwiegend abgeleitet wird, dass sich die fünfjährige Mindestlaufzeit **aus dem Vertrag selbst ergeben** muss **(Formerfordernis);** eine nur tatsächliche fünfjährige Durchführung ist demnach nicht ausreichend (vgl. *Bott/Walter/Walter* § 14 KStG Rz. 636 mwN; *Frotscher/Drüen/Frotscher* § 14 KStG Rz. 465; *Gosch/Neumann* § 14 KStG Rz. 212). Der BFH legt bei der vertraglichen Vereinbarung der fünfjährigen Mindestlaufzeit einen (zu) strengen Maßstab an (vgl. zB BFH I R 1/12 v. 23.1.13, BFH/NV 13, 989).

352   Fünf Jahre bedeutet nach Auffassung des I. Senats des BFH und der Finanzverwaltung **fünf volle Zeitjahre** (vgl. BFH I R 3/10 v. 12.1.11, DStR 11, 717 mwN zum Diskussionsstand im Schrifttum; KStR 14.5 Abs. 2; offen gelassen in BFH IV R 38/07 v. 3.9.09, BStBl. II 10, 60). Spricht der Vertrag selbst nur von „mindestens fünf Jahren" (also weder von „Geschäftsjahren"/„Wirtschaftsjahren" noch von „Zeitjahren"), so soll dies zugunsten des Steuerpflichtigen als „Zeitjahre" interpretiert werden, wenn der Vertrag tatsächlich mindestens fünf Zeitjahre durchgeführt wird (so *D/P/M/Dötsch/Pung* § 14 KStG Rz. 563; *S/F/Brink* § 14 KStG Rz. 303; § 14 Abs. 1 Satz 1 Nr. 3 Satz 1 KStG spricht selbst nur von „Jahren", was von der Rspr. als Zeitjahre ausgelegt wird). Die vertragliche Unterschreitung der Fünfjahresfrist nur um einen oder wenige Tage wird von der Rechtsprechung schon als schädlich angesehen, wobei dies zumindest nach Ablauf der Fünfjahresfrist auch durch einen notariellen Berichtigungsbeschluss nicht mehr geheilt werden könne (vgl. BFH I R 1/12 v. 23.1.13, BFH/NV 13, 989).

353   Die Festlegung der Mindestlaufzeit kann dadurch erfolgen, dass der Gewinnabführungsvertrag grundsätzlich auf unbestimmte Zeit abgeschlossen und eine ordentliche Kündigung während der ersten fünf Zeitjahre ausgeschlossen ist (vgl. *D/P/M/Dötsch/Pung* § 14 KStG Rz. 536; *H/H/R/Kolbe* § 14 KStG Rz. 200). Möglich ist auch, den Vertrag fix auf fünf Zeitjahre abzuschließen (ohne Möglichkeit einer ordentlichen Kündigung) und im Vertrag eine Verlängerung um jeweils ein Jahr vorzusehen, wenn der Vertrag nach Ablauf der Mindestlaufzeit nicht bis zu einem festgelegten Stichtag gekündigt wird (vgl. *D/P/M/Dötsch/Pung* § 14 KStG Rz. 538; *S/F/Brink* § 14 KStG Rz. 302).

354   Der Fünfjahreszeitraum **beginnt** nach der in den KStR enthaltenen Auffassung der Finanzverwaltung mit dem Anfang des Wirtschaftsjahres, für das die Rechtsfolgen des § 14 Abs. 1 Satz 1 KStG erstmals eintreten (KStR 14.5 Abs. 2 Satz 2). Davon im Ergebnis abweichend hat BFH I R 51/15 v. 10.5.17 (BStBl. II 18, 30) entschieden, dass

eine „Unterbrechung der Organschaft" für die Bemessung der Mindestlaufzeit nicht schädlich ist, wenn der Vertrag nur während des gesamten Fünfjahreszeitraums zivilrechtlich wirksam ist und tatsächlich durchgeführt wird. Das Erfordernis der Vertragsdurchführung in § 14 Abs. 1 Satz 1 Nr. 3 Satz 1 KStG beziehe sich auf die zivilrechtlichen Vertragspflichten und – vorbehaltlich Fälle gezielter Manipulation – nicht allgemein auf die steuerrechtlichen Tatbestandvoraussetzungen des § 14 KStG. Nachdem diese Entscheidung im BStBl. II veröffentlicht wurde, ist davon auszugehen, dass die FinVerw. an der gegenteiligen Auffassung in den älteren KStR nicht mehr festhält. Nach BMF v. 10.11.05 (BStBl. I 05, 1038 Tz. 4) ist die Mindestdauer nicht erfüllt, wenn der Vertrag zwar auf fünf Jahre abgeschlossen ist, aber erst in einem auf das Jahr des Abschlusses folgenden Jahr ins Handelsregister eingetragen wird (vgl. *Frotscher/Drüen/Frotscher* § 14 KStG Rz. 467; vgl. in diesem Zusammenhang auch BFH I R 66/07 v. 22.10.08, BStBl. II 09, 972 und BFH IV R 38/07 v. 3.9.09, BStBl. II 10, 60). Wegen Änderungen der Bestimmung über den Zeitpunkt des Wirksamwerdens der Organschaft und davon ausgehender praktischer Schwierigkeiten wird teilweise empfohlen, nicht eine anfängliche Vertragsdauer von fünf Jahren, wie sie steuerlich als Mindestdauer gefordert ist, sondern eine von sechs Jahren zu wählen (*Rödder/Schumacher* DStR 03, 805; eingehend hierzu, allerdings teilweise überholt, *Kerssenbrock* BB 98, Beil. 3). Diesem Problem kann aber auch mit einer **zeitlichen Gleitklausel** begegnet werden, die den Beginn der fünfjährigen Mindestvertragsdauer mit dem Zeitpunkt des Wirksamwerdens des Gewinnabführungsvertrags verknüpft (vgl. *Frotscher/Drüen/Frotscher* § 14 KStG Rz. 469; *S/F/Brink* § 14 KStG Rz. 305). Solche Vereinbarungen werden von der Finanzverwaltung nicht beanstandet (vgl. BMF v. 10.11.05, BStBl. I 05, 1038 Tz. 4; vgl. auch *D/P/M/Dötsch/Pung* § 14 KStG Rz. 537).

Für den Fall, dass der Gewinnabführungsvertrag in einem **Rumpfwirtschaftsjahr** 355 beginnt, vertritt die hM die Auffassung, dass die Mindestlaufzeit nicht nur mindestens fünf volle Zeitjahre, sondern – unter Beachtung des Umstands, dass die Beendigung der Organschaft nach § 14 Abs. 1 Satz 1 Nr. 3 Satz 1 KStG auf den Beginn des Wirtschaftsjahrs zurückwirkt – auch das volle letzte Wirtschaftsjahr umfassen muss, was letztlich zu einer fünf Jahre übersteigenden Mindestlaufzeit führt (vgl. *D/P/M/Dötsch/Pung* § 14 KStG Rz. 548; *E/S/Erle/Heurung* § 14 KStG Rz. 177; *Bott/Walter/Walter* § 14 KStG Rz. 637; *H/H/R/Sterner* § 14 KStG Rz. 200; ebenso FG Hessen 12 K 4237/01 v. 15.11.06, BeckRS 2006, 26024229; im Ergebnis bestätigt durch BFH IV R 38/07 v. 3.9.09, BStBl. II 10, 60). Gleiches soll für den Fall gelten, dass ein Gewinnabführungsvertrags ausnahmsweise während eines Wirtschaftsjahrs zu laufen beginnt (vgl. *Gosch/Neumann* § 14 KStG Rz. 212). Wird während der fünfjährigen Mindestlaufzeit ein Rumpfwirtschaftsjahr eingelegt, so stellt sich bei einer zeitlich fixen Mindestlaufzeit von 60 Monaten die Frage, ob ein Risiko für ein Scheitern der Organschaft besteht (gegen eine Schädlichkeit wohl BFH I R 45/12 v. 13.11.13, BStBl. II 14, 486). Evtl. dennoch verbleibenden Zweifel kann u. E. durch die vertragliche Vereinbarung eines gleitenden Endzeitpunktes der Mindestlaufzeit begegnet werden.

Kommt es zu einer Beendigung des Gewinnabführungsvertrages während der Fünf- 356 jahresfrist, hat dies grundsätzlich den vollumfänglichen rückwirkenden Wegfall der ertragsteuerlichen Organschaft zur Folge. Dies gilt ausnahmsweise nicht, wenn die Beendigung qua Kündigung oder Aufhebung auf einem wichtigen Grund beruht (näher hierzu Rz. 361 ff.). Teile des Schrifttums wenden den Maßstab des wichtigen Grundes auch für eine Vertragsbeendigung qua Gesetz an (s. zu § 307 AktG näher unter Rz. 367 f.).

(frei) 357–360

cc) Außerordentliche Kündigung aus wichtigem Grund

Eine Beendigung des Gewinnabführungsvertrages innerhalb des Fünfjahreszeitraums 361 des § 14 Abs. 1 Satz 1 Nr. 3 Satz 1 KStG führt grundsätzlich dazu, dass die körperschaft- und gewerbesteuerliche Organschaft von Anfang an steuerlich nicht anzuerkennen ist. Eine Ausnahme hiervon gilt jedoch dann, wenn der Gewinnabführungsvertrag aus **wichtigem Grund** gekündigt wird.

362   **Gesellschaftsrechtlich** erlaubt **§ 297 Abs. 1 Satz 1 AktG** eine Kündigung des
Vertrages aus wichtigem Grund ohne Einhaltung einer Kündigungsfrist. Satz 2 nennt
als wichtigen Grund beispielhaft den Umstand, dass „der andere Vertragsteil voraussichtlich nicht in der Lage sein wird, seine auf Grund des Vertrages bestehenden Verpflichtungen zu erfüllen". Diese Regelung ist nicht abschließend. Ein wichtiger
Grund iSd. Zivilrechts liegt allgemein dann vor, wenn dem Vertragsteil infolge einer
nicht in seine Risikosphäre gehörenden Veränderung der Verhältnisse die Fortsetzung
des Vertrages unter Abwägung des Interesses der Parteien bis zum Ablauf der ordentlichen Kündigungsfrist oder bis zum Ablauf des vereinbarten Beendigungstermins nicht
mehr zuzumuten ist (*Emmerich/Habersack* § 297 AktG Rz. 19; vgl. BGH II ZR 384/13
v. 16.6.15, DStR 15, 1765; BGH II ZR 109/10 v. 31.5.11, BGHZ 190, 45). Dazu
gehören die von der FinVerw. in KStR 14.5 Abs. 6 genannten Gründe (vgl. hierzu
Rz. 364) nicht ohne weiteres. So hat es BGH II ZR 384/13 v. 16.6.15, DStR 15,
1765 offengelassen, ob die Veräußerung der Beteiligung durch den Organträger ein
wichtiger Grund für die fristlose Kündigung des Gewinnabführungsvertrages durch
den Organträger sein kann. Andererseits steht es den Beteiligten gesellschaftsrechtlich
frei, weitere Gründe als „wichtige Gründe" zu vereinbaren (BGH II ZR 238/91 v.
5.4.93, BGHZ 122, 211; *Hüffer/Koch* § 297 AktG Rz. 8). Bei der Vereinbarung sollte
aber aus steuerlichen Gründen Zurückhaltung geübt werden (siehe Rz. 366).

363   **Körperschaftsteuerrechtlich** ist nach **§ 14 Abs. 1 Satz 1 Nr. 3 Satz 2 KStG**
eine Kündigung aus wichtigem Grund auch innerhalb der Fünfjahresfrist des § 14
Abs. 1 Satz 1 Nr. 3 Satz 1 KStG für die körperschaftsteuerliche Anerkennung der Organschaft unschädlich. Gleiches gilt nach KStR 14.5 Abs. 6 Satz 1 auch für die **Aufhebung** (vgl. auch *Blümich/Krumm* § 14 KStG Rz. 129a; FG Berlin-Brandenburg 12
K 12078/08 v. 19.10.11, EFG 12, 443). Es kommt somit auch in diesen Fällen nicht
zu einem vollständigen retroaktiven Wegfall der Organschaft, diese endet im Fall einer
unterjährigen Vertragsbeendigung nach § 14 Abs. 1 Satz 1 Nr. 3 Satz 3 KStG vielmehr
dann lediglich regulär auf den Beginn des Wirtschaftsjahres der Kündigung. Was ein
„wichtiger Grund" iSd. § 14 Abs. 1 Satz 1 Nr. 3 Satz 2 KStG ist, wird vom Gesetz
nicht näher definiert. Nach hM ist dieser Begriff steuerrechtlich autonom, dh. losgelöst vom Zivilrecht, auszulegen (vgl. zB *H/H/R/Kolber* § 14 KStG Rz. 213 mwN;
Stangl/Brühl Ubg 12, 657, 661 mwN; ebenso BFH I R 45/12 v. 13.11.13, BStBl. II
14, 486).

364   **KStR 14.5 Abs. 6 Satz 2** nennt die „Veräußerung oder Einbringung" der Organbeteiligung durch den Organträger sowie die Fälle der Verschmelzung, Spaltung und
der Liquidation des Organträgers oder der Organgesellschaft als **wichtige Gründe**
iSd. § 14 Abs. 1 Satz 1 Nr. 3 Satz 2 KStG. Stand bereits im Zeitpunkt des Vertragsabschlusses fest, dass der Gewinnabführungsvertrag vor Ablauf der ersten fünf Jahre beendet werden wird, soll ein wichtiger Grund nicht anzunehmen sein (vgl. KStR 14.5
Abs. 6 Satz 3). Da sich die in KStR 14.5 Abs. 6 Satz 2 genannten Gründe nicht mit
den wichtigen Gründen iSd. § 297 Abs. 1 AktG decken (vgl. Rz. 363), empfiehlt es
sich, (zumindest) diese Gründe explizit in den Gewinnabführungsvertrag als wichtige
Gründe aufzunehmen (s. auch Rz. 366). Dies ist zivilrechtlich möglich (siehe
Rz. 362). Teile des Schrifttums sehen in einer **Veräußerung innerhalb eines Konzerns** keinen wichtigen Grund, da es der Stpfl. ansonsten in der Hand hätte, „willkürlich" einen wichtigen Grund zu schaffen (*D/P/M/Dötsch/Pung* § 14 KStG Rz. 584;
Frotscher/Drüen/Frotscher § 14 KStG Rz. 682). Diesem folgt – allerdings für einen speziellen Einzelfall – auch der BFH (I R 45/12 v. 13.11.13, BStBl. II 14, 486). Die
Reichweite dieser Rechtsprechung ist in der Praxis äußerst umstritten. Teilweise wird
im Zusammenhang hiermit die Auffassung vertreten, dass ein Gewinnabführungsver

trag von Anfang an steuerlich nicht anzuerkennen ist, wenn der **Vertrag wichtige Gründe definiert, die steuerlich nicht von § 14 Abs. 1 Satz 1 Nr. 3 KStG erfasst sind** (vgl. *Herzberg* GmbHR 14, 85). Diese Auffassung würde zu einem flächendeckenden Wegfall steuerlicher Organschaften führen. Sie ist auch unzutreffend und wird vom BFH (I R 45/12 v. 13.11.13, BStBl. II 14, 486) zu Recht abgelehnt. Denn die Frage nach der steuerlichen Anerkennung eines wichtigen Grundes stellt sich nur im Fall der Kündigung und nicht schon abstrakt bei Vertragsabschluss. Nach zutreffender Ansicht kann auch einer **Veräußerung eines Teils der Anteile** an der Organgesellschaft ein wichtiger Grund sein, wenn hierdurch die finanzielle Eingliederung erlischt (vgl. *D/P/M/Dötsch/Pung* § 14 KStG Rz. 595; *Lange* GmbHR 11, 806, 811; zu § 307 AktG s.Rz. 367).

Die Ansicht, nach der eine konzerninterne Veräußerung kein steuerlich anzuerken- **365** nender wichtiger Grund sei (Rz 364) beruft sich ua. auch darauf, dass R 60 Abs. 6 Satz 2 KStR 1995 (und nunmehr auch KStR 14.5 Abs. 6 Satz 2) nur davon sprechen, dass eine Veräußerung ein wichtiger Grund sein „kann". Der Umwandlungssteuererlass 2011 (BMF v. 11.11.11, BStBl. I 11, 1314 Tz.Org.04, Org.12 und Org.26) spricht hingegen klar davon, dass eine Umwandlung ein wichtiger Grund „ist"; darüber hinaus stellt er Umwandlungen und Veräußerungen in den Tz. 00.02ff. steuersystematisch gleich. Allerdings formuliert KStR 14.5 Abs. 6 S. 2 und 3 hier vorsichtiger. Demnach kann eine Verschmelzung oder Spaltung einen wichtigen Grund darstellen, dies aber nur, wenn nicht im Zeitpunkt des Vertragsschlusses bereits feststand, dass der Gewinnabführungsvertrag vor Ablauf der ersten fünf Jahre beendet wird. Vgl. hierzu zB *Stangl/Brühl* Ubg 13, 657, 661ff. Erneut Hinweis aber auch auf BFH I R 45/12 v. 13.11.13, BStBl. II 14, 486.

Zivilrechtlich ist es möglich, auch **weitere wichtige Gründe** im Gewinnabfüh- **366** rungsvertrag zu regeln (vgl. Rz. 362). In der Praxis wird hiervon in unterschiedlicher Intensität Gebrauch gemacht. Jedenfalls einer extensiven Nutzung dieser Möglichkeit ist mit Vorsicht zu begegnen. Zum einen ist mit der Aufführung eines Grundes im Gewinnabführungsvertrag noch nicht rechtssicher die Frage beantwortet, ob hierin auch ein wichtiger Grund iSd. § 14 Abs. 1 Satz 1 Nr. 3 Satz 3 KStG zu sehen ist (hierfür ist immer eine autonome steuerrechtliche Prüfung erforderlich, s.Rz. 363). Zum anderen wird teilweise die Auffassung vertreten, dass ein extensiver Katalog wichtiger Gründe im Gewinnabführungsvertrag im Ergebnis zu einer „jederzeitigen" Kündigungsmöglichkeit und damit zu der Nichtanerkennung der ertragsteuerlichen Organschaft führen kann. Dem Vernehmen nach wird dieser Punkt in jüngerer Zeit von der FinVerw. öfter angesprochen. Vor diesem Hintergrund wird in Formular A.10.01 eine „schlanke" Lösung gewählt, die nur die wichtigen Gründe iSv. KStR 14.5 Abs. 6 Satz 2 aufzählt. Soweit die Auffassung vertreten wird, dass jegliche vertragliche Vereinbarung eines nicht von § 14 Abs. 1 Satz 1 Nr. 3 Satz 2 KStG erfassten „wichtigen Grundes" organschaftsschädlich ist, ist dies uE zu weitgehend und unzutreffend (vgl. Rz. 364).

Nach **§ 307 AktG** endet ein Gewinnabführungsvertrag zu einer AG bzw. KGaA **367** zwingend, wenn der Organgesellschaft erstmals außenstehende Aktionäre beitreten. Diese Beendigung wird im steuerrechtlichen Schrifttum als Beendigung aus wichtigem Grund angesehen (vgl. *Bott/Walter/Walter* § 14 KStG Rz. 726; *Frotscher/Drüen/Frotscher* § 14 KStG Rz. 683; *S/F/Brink* § 14 KStG Rz. 587; **aA** *Bredow/Liebscher* BB 03, 393, 395), dh., dass eine solche Beendigung auch innerhalb der Fünfjahresfrist des § 14 Abs. 1 Satz 1 Nr. 3 Satz 1 KStG nicht zum Wegfall der körperschaftsteuerlichen Organschaft von Anfang an führt.

Fraglich ist, ob die Ausführungen in Rz. 367 auch für Organgesellschaften in der **368** Rechtsform einer **GmbH** gelten. Hier ist die analoge Anwendung des § 307 AktG gesellschaftsrechtlich umstritten (vgl. *Pluskat* Der Konzern 04, 525; *Katschinski* FS Reuter, 2010, S. 1043, 1047ff.). Daher erkennen Teile des steuerlichen Schrifttums eine Beendigung des Gewinnabführungsvertrags zu einer GmbH beim erstmaligen Eintritt außenstehender Gesellschafter nur dann als Beendigung aus wichtigem Grund an, wenn dieser Grund im Gewinnabführungsvertrag explizit genannt wird (vgl. *D/P/M/Dötsch/Pung* § 14 KStG Rz. 581 mwN; für das Vorliegen eines wichtigen Grundes – wohl auch ohne entsprechende vertragliche Regelung – s. *Frotscher/Drüen/ Frotscher* § 14 KStG Rz. 683a). Siehe hierzu auch A. 10.02 Rz. 6 ff.

369–372   *(frei)*

V. Rechtsfolgen der körperschaftsteuerlichen Organschaft

1. Einkommenszurechnung

373   Körperschaftsteuerliche Rechtsfolge der Organschaft ist die **Zurechnung des Einkommens** der Organgesellschaft zum Einkommen des Organträgers (vgl. zB BFH I R 51/01 v. 18.12.02, BStBl. II 05, 49; vgl. zu den Berechnungsschritten *H/H/R/ Kolbe* § 14 KStG Rz. 81). Die Zurechnung erfolgt nach § 14 Abs. 1 Satz 2 KStG erstmals für das Kalenderjahr, in dem das Wirtschaftsjahr der Organgesellschaft endet und der Gewinnabführungsvertrag wirksam wird (vgl. auch Rz. 144). Nach § 14 Abs. 1 Satz 1 Nr. 2 Satz 6 KStG idF der „kleinen Organschaftsreform" ist das Organeinkommen der Betriebsstätte des Organträgers zuzurechnen, der auch die Anteile an der Organgesellschaft bzw. an der vermittelnden Gesellschaft zuzuordnen ist (vgl. näher hierzu Rz. 56 ff.). Das Einkommen der Organgesellschaft wird selbstständig ermittelt nach den allgemeinen Regeln (vgl. zB BFH I R 167/86 v. 11.4.90, BStBl. II 90, 772). Auch der eigene Gewinn des Organträgers ist nach den allgemeinen Regeln zu ermitteln. Die Einkommenszurechnung erfolgt nicht laufend, sondern erst mit Ablauf des Wirtschaftsjahres der Organgesellschaft, was zB bei unterjährigem Gesellschafterwechsel bei Organträger-Personengesellschaften von Bedeutung ist (vgl. BFH IV R 50/09 v. 28.2.13, BStBl. II 13, 494).

374   Die körperschaftsteuerliche Organschaft ändert nichts daran, dass Organgesellschaft und Organträger **selbstständige Rechtssubjekte** sind und bleiben (vgl. zB BFH VIII R 20/85 v. 9.9.86, BFH/NV 87, 442). Die Gewinnabführung an den Organträger ist für die Organgesellschaft Gewinnverwendung iSd. § 8 Abs. 3 KStG. Sie erhöht den handelsbilanziellen Gewinn des Organträgers und daher dessen Steuerbilanzgewinn. Eine Verlustübernahme des Organträgers mindert dessen Handelsbilanzgewinn (vgl. *D/P/M/Dötsch/Pung* § 14 KStG Rz. 755 f.). **Verträge,** zB Kaufverträge uä., zwischen Organgesellschaft und Organträger sind wegen der Selbstständigkeit der Rechtssubjekte **steuerlich anzuerkennen.** Deshalb treten im Organkreis durch auf Leistungsaustausch gerichtete Geschäfte Gewinnrealisierungen ein (keine „Zwischenergebniseliminierung").

2. Ermittlung des Einkommens der Organgesellschaft (§§ 15, 16 KStG)

375   Nach **§ 15 Satz 1 Nr. 1 KStG** ist ein **Verlustabzug** iSd. § 10d EStG bei der Organgesellschaft nicht zulässig. Daher können vororganschaftliche Verluste der späteren Organgesellschaft während der Dauer der Organschaft weder beim Organträger noch bei der Organgesellschaft verrechnet werden, sie werden vielmehr „eingefroren". Ein Abzug dieser Verlustvorträge ist deshalb erst nach Beendigung der Organschaft und dann auch nur auf der Ebene der ehemaligen Organgesellschaft im Wege des Verlustvortrags möglich. Es ist deshalb stets zu untersuchen, ob mit dem Abschluss eines Gewinnabführungsvertrages gewartet werden soll, bis die Verlustvorträge der Organgesellschaft verbraucht sind (zu der Frage eines auf den vollständigen Verlustverbrauch aufschiebend bedingten Gewinnabführungsvertrags vgl. *Orth* WPg-Sonderheft 2003, 22).

§ 15 Satz 1 Nr. 2 KStG kodifiziert die sog. **„Bruttomethode"**, die durch **§ 15** 376
Satz 2 KStG ergänzt wird. Hiernach sind § 8b Abs. 1 bis Abs. 6 KStG, § 4 Abs. 6
UmwStG und ein abkommensrechtliches Schachtelprivileg auf der Ebene der Organgesellschaft nicht anzuwenden. Die insoweit erzielten Einkommensbestandteile werden
auf der Ebene der Organgesellschaft somit nicht freigestellt, sondern in deren Einkommen erfasst und mit diesem Einkommen dem Organträger „brutto" zugerechnet. Auf
der Ebene des Organträgers erfolgt die Behandlung dieser Einkommensbestandteile
dann nach Maßgabe der für den konkreten Organträger geltenden Rechtsnormen.

- **Ausschüttungen** einer Kapitalgesellschaft an die Organgesellschaft sind demzufolge
  auf Ebene der Organgesellschaft nicht nach § 8b Abs. 1 und Abs. 5 KStG zu 95 %
  steuerfrei, sondern sie sind vollumfänglich dem Organträger zuzurechnen. Dort sind
  sie dann bei körperschaftsteuerpflichtigen Organträgern zu 95 % (§ 8b Abs. 1 und
  Abs. 5 iVm. § 15 Satz 1 Nr. 2 Satz 2 KStG) bzw. bei einem einkommensteuerpflichtigen Organträger zu 40 % (§ 3 Nr. 40 EStG iVm. § 15 Satz 1 Nr. 2 Satz 2
  KStG) steuerfrei. § 15 Satz 1 Nr. 2 Satz 4 KStG regelt, dass Beteiligungen des Organträgers und der Organgesellschaft für Zwecke der Beteiligungsgrenze des § 8b
  Abs. 4 KStG getrennt zu betrachten sind. Zur Bedeutung der „Bruttomethode in
  der GewSt s. Rz. 539. Zu § 8b Abs. 7, 8 oder 10 KStG s. Rz. 377.
- Bei der Einführung der Bruttomethode hatte der Gesetzgeber ursprünglich eine
  Regelung zu **abkommensrechtlichen Schachteldividenden** vergessen. Der
  BFH hat es auch abgelehnt, die Bruttomethode auf diese Situationen entsprechend
  anzuwenden (vgl. BFH I R 47/08 v. 14.1.09, BStBl. II 11, 131), womit anfänglich
  auch einkommensteuerpflichtige Organträger im Ergebnis in den Genuss des abkommensrechtlichen Schachtelprivilegs kamen. Hierauf hat der Gesetzgeber im
  Rahmen des StVergAbG v 16.5.03 (BGBl. I 03, 660) mit der Einführung des **§ 15
  Satz 2 KStG** reagiert. Nimmt eine ausländische Kapitalgesellschaft eine Ausschüttung an die Organgesellschaft vor und ist mit dem Ansässigkeitsstaat der ausschüttenden Gesellschaft und Deutschland ein DBA abgeschlossen, das ein abkommensrechtliches Schachtelprivileg vorsieht, so ist dieses Privileg nach § 15 Satz 2 KStG
  auf der Ebene der Organgesellschaft nicht anzuwenden und die Ausschüttung ist
  über die Einkommenszurechnung dem Organträger zuzurechnen. Auf dessen Ebene
  ist dann zu entscheiden, ob das abkommensrechtliche Schachtelprivileg greift (also
  regelmäßig nur bei körperschaftsteuerpflichtigen Organträgern).
- Im wirtschaftlichen Zusammenhang mit Einnahmen oder Vergütungen iSd. § 3
  Nr. 40 EStG stehende **Ausgaben** sind auf Ebene der Organgesellschaft zunächst
  voll abzuziehen und dem Organträger zuzurechnen. Sofern der Organträger einkommensteuerpflichtig ist, ist insoweit auf seiner Ebene anschließend § 3c Abs. 2
  EStG (iVm. § 15 Satz 1 Nr. 2 Satz 2 KStG) anzuwenden.
- Gewinne und Verluste, die der Organgesellschaft aus der **Veräußerung eines Anteils an einer Kapitalgesellschaft** entstehen, sind auf Ebene der Organgesellschaft
  in deren Einkommen zu erfassen und dem Organträger zuzurechnen. Auf der Ebene
  des Organträgers ist dann § 8b KStG (körperschaftsteuerpflichtiger Organträger) bzw.
  §§ 3 Nr. 40, 3c Abs. 2 EStG (einkommensteuerpflichtiger Organträger) anzuwenden.
- Ein bei einer Umwandlung einer Kapital- auf eine Personengesellschaft **(§§ 3 ff.
  UmwStG)** auf der Ebene der Organgesellschaft entstehender **Übernahmeverlust**
  ist bei der Organgesellschaft abweichend von § 4 Abs. 6 UmwStG abziehbar und
  mindert das dem Organträger zuzurechnende Einkommen. Auf der Ebene des Organträgers kommt es anschließend nach § 15 Satz 1 Nr. 2 Satz 2 KStG zur Anwendung des § 4 Abs. 6 UmwStG. Damit ist der Übernahmeverlust nicht (bei körperschaftsteuerpflichtigen Organträgern, vgl. § 4 Abs. 6 Satz 1 UmwStG iVm. § 15
  Satz 1 Nr. 2 Satz 2 KStG) bzw. im Grundsatz zu 60 % (bei einkommensteuerpflichtigen Organträgern, allerdings gedeckelt auf grundsätzlich 60 % des Dividendenteils
  iSd. § 7 UmwStG, vgl. § 4 Abs. 6 Satz 4 (s. aber auch Satz 5) UmwStG iVm. § 15

Satz 1 Nr. 2 Satz 2 KStG) abzugsfähig. Entsteht bei einer Umwandlung einer Kapital- auf eine Personengesellschaft hingegen ein Übernahmegewinn, so unterliegt dieser nach § 4 Abs. 7 UmwStG bei Körperschaften dem § 8b KStG. § 4 Abs. 7 UmwStG wird innerhalb des § 15 Satz 1 Nr. 2 KStG nicht erwähnt, so dass man der Auffassung zuneigen könnte, dass ein Übernahmegewinn auf Ebene der Organgesellschaft unabhängig von der Rechtsform des Organträgers zu 95% steuerfrei wäre. Die Finanzverwaltung scheint jedoch insoweit unmittelbar auf die Einbeziehung des § 8b KStG in die Bruttomethode abstellen zu wollen (so *D/P/M/Dötsch/Krämer/Pung* § 15 KStG Rz. 62; ebenso *Frotscher/Drüen/Frotscher* § 15 KStG Rz. 62; *S/F/Dallwitz* § 15 KStG Rz. 90). Demnach wäre der Übernahmegewinn im Einkommen der Organgesellschaft enthalten und dem Organträger zuzurechnen. Auf der Ebene des Organträgers kommt dann je nach Rechtsform § 8b KStG bzw. §§ 3 Nr. 40, 3c Abs. 2 EStG zur Anwendung.

– Der einen **Übernahmegewinn** im Rahmen einer Verschmelzung von Kapitalgesellschaften **(§§ 11 ff. UmwStG)** regelnde § 12 Abs. 2 UmwStG wurde innerhalb des § 15 KStG zunächst nicht erwähnt. Dennoch wollte die Finanzverwaltung in Tz. 12.07 des UmwSt-Erlasses (BMF v. 11.11.11 BStBl. I 11, 1314) ein mit der Bruttomethode vergleichbares Ergebnis erreichen, also insbesondere im Falle eines Up-Stream-Mergers einen Übernahmegewinn der Organgesellschaft bei einem einkommensteuerpflichtigen Organträger den Regelungen des Teileinkünfteverfahrens und bei einem körperschaftsteuerlichen Organträger der 5%-Besteuerung unterwerfen. Der BFH ist dieser Verwaltungsauffassung nicht gefolgt (vgl. BFH I R 16/16 v. 26.9.18, DStR 19, 682), seiner Ansicht nach erfolgt weder auf der Ebene des übernehmenden Rechtsträgers (Organgesellschaft) noch auf der Ebene der Organträgerin eine Besteuerung nach § 8b Abs. 3 S. 1 KStG. Hierauf hat der Gesetzgeber im Rahmen des „JStG 2019" v. 12.12.19 (BGBl. I 19, 2451) reagiert. Seitdem wird § 12 Abs. 2 Satz 1 UmwStG in die Bruttomethode einbezogen. Diese Änderung ist erstmals auf Umwandlungen anzuwenden, bei denen die Anmeldung zur Eintragung in das für die Wirksamkeit des jeweiligen Vorgangs maßgebende öffentliche Register nach dem 12.12.19 erfolgt ist (§ 34 Abs. 6f KStG).

377   § 15 Satz 1 Nr. 2 Satz 1 KStG suspendiert nicht die Anwendung der **Absätze 7 bis 10 des § 8b KStG** auf Ebene der Organgesellschaft. § 8b Abs. 7, 8 oder 10 KStG sind dem zufolge dann nach § 15 Satz 1 Nr. 2 Satz 3 KStG auch nicht auf der Ebene des Organträgers anzuwenden. Vgl. hierzu zB *D/P/M/Dötsch/Krämer/Pung* § 15 KStG Rz. 38 ff.

378   **§ 15 Satz 1 Nr. 3 KStG** regelt die Anwendung der **Zinsschranke** innerhalb eines Organkreises. Hierzu kann auf die entsprechenden Ausführungen unter Rz. 4 ff. verwiesen werden.

379   **§ 15 Satz 1 Nr. 4 und Nr. 5 KStG** wurden im Rahmen des JStG 2009 v. 19.12.08 (BGBl. I 08, 2794) eingeführt und flankieren die körperschaftsteuerlichen Regelungen des § 8 Abs. 7 Satz 2 und Abs. 9 KStG, deren Ziel ua. die Kodifizierung des steuerlichen Querverbunds bei **dauerdefizitären Geschäften der öffentlichen Hand** ist (gesetzgeberische Reaktion auf BFH I R 32/06 v. 22.8.07, BStBl. II 07, 961). Vgl. näher hierzu zB *D/P/M/Dötsch/Krämer/Pung* § 15 KStG Rz. 90 ff.

380   Zur steuerlichen Behandlung von Ausgleichszahlung an Minderheitsaktionäre nach **§ 16 KStG** vgl. Rz. 301 ff.

381–384   *(frei)*

3. Ermittlung des Einkommens des Organträgers

a) Allgemein

385   Der Organträger ermittelt im Ausgangspunkt sein eigenes Einkommen nach den **allgemeinen Vorschriften.** In der Steuerbilanz des Organträgers haben sich die handelsrechtliche Gewinnabführung bzw. der Verlustausgleich zunächst ertrags- bzw. aufwandswirksam niedergeschlagen. Steuerlich erfolgt über § 14 Abs. 1 Satz 1 KStG eine originäre ertragsteuerliche Zurechnung des Einkommens bzw. des Verlusts der Organgesellschaft. Zur **Verhinderung einer Doppelbesteuerung** ist nach KStR 14.6 Abs. 1 Satz 2 bei der Ermittlung des Einkommens des Organträgers der von der Organgesellschaft an den Organträger abgeführte Gewinn außer Ansatz zu lassen; ein vom Organträger an die Organgesellschaft zum Ausgleich eines sonst entstehenden Jahresfehlbetrags geleisteter Betrag darf nicht abgezogen werden.

Die **Zurechnung des Einkommens der Organgesellschaft** stellt, ebenso wenig **386** wie die Gewinnabführung, eine Ausschüttung dar (BFH I R 51/01 v. 18.12.02, BStBl. II 05, 49), so dass die mit einer Ausschüttung an sich verbundenen Rechtsfolgen nicht eintreten (vgl. *Wassermeyer* GmbHR 03, 313). Somit fällt auch nicht die mit einer Ausschüttung ansonsten verbundene „5%-Besteuerung" nach den § 8b Abs. 1 und Abs. 5 KStG an (vgl. Rz. 3). Das zugerechnete Einkommen unterliegt der Besteuerung beim Organträger, und zwar in der Steuerart und mit dem Steuersatz, der für ihn gilt. Ist er eine natürliche Person, so ist es deren persönlicher Steuersatz bei der Einkommensteuer. Handelt es sich beim Organträger um eine körperschaftsteuerpflichtige Person, so unterliegt die Einkommenszurechnung bei dieser der Körperschaftsteuer.

Das Einkommen der Organgesellschaft ist dem Organträger für das Kalenderjahr **387** **(Veranlagungszeitraum)** zuzurechnen, in dem die Organgesellschaft das Einkommen bezogen hat (KStH 14.7; BFH I R 240/72 v. 29.10.74, BStBl. II 75, 126). Diese Regel führt zu keinen Besonderheiten, wenn die Geschäftsjahre bei Organgesellschaft und Organträger übereinstimmen. Das am 31.12.01 entstehende und zuzurechnende Einkommen der Organgesellschaft erhöht das Einkommen des Organträgers zum 31.12.01. Wenn jedoch das Geschäftsjahr des Organträgers zB am 30.6.01 endet und dasjenige der Organgesellschaft am 30.9.01, so ist das Einkommen der Organgesellschaft gleichwohl im Jahr 01 beim Organträger zu berücksichtigen (vgl. *Walter/ Stümper* GmbHR 03, 652).

Geschäfte zwischen Organträger und Organgesellschaft, die dem Fremdvergleich **388** nicht genügen, führen zu **verdeckten Gewinnausschüttungen** (vgl. zB BFH I R 99/80 v. 1.8.84, BStBl. II 85, 18; *Blümich/Krumm* § 14 KStG Rz. 241 f.). Dies stellt jedoch die Durchführung des Vertrages nicht in Frage, denn die verdeckte Gewinnausschüttung wird steuerlich als vorweggenommene Gewinnabführung qualifiziert (vgl. KStR 14.6 Abs. 4 Satz 1). Dies hat ua. zur Folge, dass die verdeckte Gewinnausschüttung nicht mit der „5%-Besteuerung" nach § 8b Abs. 1 und Abs. 5 KStG belastet ist (vgl. Rz. 3 und Rz. 386). Im Hinblick auf die technische Umsetzung dieser Vorgabe vertreten Finanzverwaltung und Rechtsprechung unterschiedliche Vorgehensweisen. Die Finanzverwaltung will erst bei der Ermittlung des Einkommens des Organträgers den von der Organgesellschaft an den Organträger abgeführten Gewinn insoweit außer Ansatz lassen (KStR 14.6 Abs. 4 Satz 2). Der BFH will hingegen die verdeckte Gewinnausschüttung bereits bei dem hinzuzurechnenden Einkommen der Organgesellschaft nicht berücksichtigen (BFH I R 150/82 v. 20.8.86, BStBl. II 87, 455). Vgl. hierzu zB D/P/M/*Dötsch/Pung* § 14 KStG Rz. 771 f.

Eigene **Verluste** des **Organträgers,** die vor der Begründung der Organschaft ent- **389** standen sind (vororganschaftliche Verluste), können nach den allgemeinen Regeln vor- und zurückgetragen werden. Nachorganschaftliche Verluste des Organträgers können ebenfalls im Wege des Rücktrags und im Übrigen mit künftigen positiven Einkünften verrechnet werden. Auch während des Bestehens der Organschaft gelten hinsichtlich des Verlustabzugs auf Ebene des Organträgers die allgemeinen Regelungen (vgl. zB S/F/*Dallwitz* § 15 KStG Rz. 44). Spezielle Vorschriften hinsichtlich der Verrechenbarkeit von Verlusten – zB in den §§ 2a, 15 Abs. 4, 15a EStG – gelten auch innerhalb von Organschaftsverhältnissen sowohl für den Organträger als auch für die

Organgesellschaft; wobei auf der Ebene der Organgesellschaft nach hM auch insoweit § 15 Satz 1 Nr. 1 KStG anwendbar sein soll (vgl. zB *D/P/M/Dötsch/Krämer/Pung* § 15 KStG Rz. 6; *E/S/Erle/Heurung* § 15 KStG Rz. 15; *Bott/Walter/Walter* § 15 KStG Rz. 8; *Frotscher/Drüen/Frotscher* § 15 KStG Rz. 11; zweifelnd betreffend § 15a EStG *S/F/Dallwitz* § 15 KStG Rz. 50).

390 Mit Urteil BFH I R 101/75 v. 26.1.77, BStBl. II 77, 441 hat das Gericht entschieden, dass der Organträger für **drohende Verluste** aus der Übernahme des Verlusts der Organgesellschaft **keine Rückstellung** bilden darf (vgl. auch KStH 14.7). Handelsrechtlich wird eine solche Rückstellung als Rückstellung für drohende Verluste aus schwebenden Geschäften qualifiziert (vgl. *Blümich/Krumm* § 14 KStG Rz. 225; zum Handelsrecht vgl. auch *Kropff* FS Döllerer S. 351, *Hahn* FS L. Schmidt S. 655), womit einer solchen Rückstellung in der Steuerbilanz seit 1997 ohnehin § 5 Abs. 4a EStG entgegensteht.

391 Eine **Teilwertabschreibung auf die Beteiligung an der Organgesellschaft** ist steuerbilanziell unter den allgemeinen Voraussetzungen zulässig (KStR 14.7 Abs. 3 Satz 1). Eine Teilwertabschreibung soll allerdings nicht schon deshalb gerechtfertigt sein, weil die Organgesellschaft ständig Verluste erwirtschaftet (KStR 14.7 Abs. 3 Satz 2). Im Falle eines einkommensteuerpflichtigen Organträgers unterliegt die Teilwertabschreibung § 3c Abs. 2 EStG (vgl. § 3c Abs. 2 Satz 3 EStG; vgl. zB auch *Blümich/Krumm* § 14 KStG Rz. 226) und ist somit nur zu 60% steuerlich abzugsfähig. Im Falle eines körperschaftsteuerpflichtigen Organträgers kann die Teilwertabschreibung wegen § 8b Abs. 3 Satz 3 KStG steuerlich im Ergebnis keine Wirkung entfalten. Vielmehr ist mit ihr in diesen Fällen das Risiko einer späteren Wertaufholung verbunden, die grundsätzlich nach § 8b Abs. 2 und Abs. 3 Satz 1 KStG zu 5% steuerpflichtig ist (vgl. hierzu bspw. die Diskussion bei *H/H/R/Watermeyer* § 8b KStG Rz. 83). Aus steuerlicher Sicht kann daher ein freiwilliges Unterlassen einer grundsätzlich möglichen Teilwertabschreibung damit vorteilhaft sein. Ein solches freiwilliges Unterlassen wird seit dem BilMoG v. 25.5.09 (BGBl. I 09, 1102) von der FinVerw. akzeptiert (vgl. BMF v. 12.3.10, BStBl. I 10, 239 Tz. 15).

392 Die beim Organträger vorzunehmende Kürzung der Gewinnabführung und ihre Substitution durch die Einkommenszurechnung (vgl. Rz. 385) führt nach zutreffender Ansicht nicht dazu, dass der Organträger hiermit steuerfreie Einkünfte iSd. § 3c Abs. 1 EStG bzw. § 3c Abs. 2 EStG bezieht (die aA von *Thiel* DB 02, 1340 wird von der zutreffenden hM abgelehnt; vgl. nur *D/P/M/Dötsch/Pung* § 14 KStG Rz. 767). Demnach können **Ausgaben des Organträgers im Zusammenhang mit der Organbeteiligung** (zB Zinsen für Schulden, die der Organträger zum Erwerb der Beteiligung an der Organgesellschaft aufgenommen hat) bei der Ermittlung des Einkommens des Organträgers abgezogen werden (KStR 14.7 Abs. 1). Hinweis auch auf BFH IV R 61/16 v. 25.7.19, DStR 19, 291.

393 Zu den Auswirkungen der Organschaft auf die **Zinsschranke** vgl. Rz. 4 ff.

394 **Gewinne aus der Veräußerung** von Beteiligungen an der Organgesellschaft sind bei einem körperschaftsteuerpflichtigen Organträger gem. § 8b Abs. 2 iVm. Abs. 3 Satz 1 KStG im Ergebnis zu 95% steuerfrei (vgl. zB *D/P/M/Dötsch/Pung* § 14 KStG Rz. 767). In Konsequenz dessen sind Verluste aus der Veräußerung der Beteiligung an der Organgesellschaft für den körperschaftsteuerpflichtigen Organträger steuerlich im Ergebnis unbeachtlich (§ 8b Abs. 3 Satz 3 KStG). Das gilt auch für abführungsbedingte Teilwertabschreibungen; BFH I R 9/02 v. 13.11.02, BStBl. II 03, 570 ist damit im Ergebnis insoweit gegenstandslos. Bei einem einkommensteuerpflichtigen Organträger unterliegen Gewinne und Verluste aus der Veräußerung der Beteiligung an der Organgesellschaft regulär den §§ 3 Nr. 40, 3c Abs. 2 EStG (siehe insbesondere § 3c Abs. 2 Satz 3 EStG).

395 Auch im Hinblick auf den **Spendenabzug** findet eine getrennte Betrachtung von Organträger und Organgesellschaft statt. Maßstab für den Höchstbetrags des Spendenabzugs auf der Ebene des Organträgers ist das eigene Einkommen des Organträgers ohne Beachtung des von der Organgesellschaft zugerechneten Einkommens (vgl. *Blümich/Krumm* § 14 KStG Rz. 236; *D/P/M/Dötsch/Pung* § 14 KStG Rz. 769; Hinweis auf FG Düsseldorf 6 K 3767/10 F v. 26.6.12, EFG 12, 1876 (wegen mangelnder Beschwer bestätigt durch BFH I R 55/12 v. 23.10.13, BFH/NV 14, 903).

(frei) **396–400**

b) Bruttomethode

Die Bruttomethode führt zur Suspendierung des § 8b Abs. 1 bis Abs. 6 KStG, eines **401** abkommensrechtlichen Schachtelprivilegs und der §§ 4 Abs. 6, 12 Abs. 2 S. 1 UmwStG auf der Ebene der Organgesellschaft. Innerhalb des § 15 KStG wird für die von der Suspendierung betroffenen Einkommensbestandteile angeordnet, dass diese Normen (bzw. ihr Substitut für Nichtkapitalgesellschaften, zB §§ 3 Nr. 40, 3c Abs. 2 EStG) dann ggf. auf der Ebene des Organträgers – abhängig von dessen Rechtsform – nachzuholen sind. Vgl. näher hierzu Rz. 376.

c) Ausländische Verluste (§ 14 Abs. 1 Satz 1 Nr. 5 KStG)

Als 2002 mit dem **UntStFG** das Erfordernis eines inländischen Sitzes eines **Organ-** **402** **trägers** entfiel, sah sich der Gesetzgeber zur Vermeidung des Risikos einer doppelten Verlustnutzung („double-dip") dazu veranlasst, eine neue Nr. 5 in § 14 Abs. 1 Satz 1 KStG aufzunehmen. Nach dieser Norm blieb ein negatives Einkommen des Organträgers bei der inländischen Besteuerung unberücksichtigt, soweit es in einem ausländischen Staat im Rahmen einer der deutschen Besteuerung des Organträgers entsprechenden Besteuerung berücksichtigt wurde. Bereits diese Regelung wurde überwiegend als misslungen und kaum auslegbar angesehen (vgl. nur *D/P/M/Dötsch/ Pung* § 14 KStG Rz. 641: *„rechtswidrig und darüber hinaus ...... nicht praktizierbar.";* im Original mit Hervorhebungen). Im Rahmen der **„kleinen Organschaftsreform"** ist der doppelte Inlandsbezug für die **Organgesellschaft** entfallen (s Rz. 68). Dies hat den Gesetzgeber veranlasst, auch § 14 Abs. 1 Satz 1 Nr. 5 KStG zu ändern. Nach der geänderten Regelung bleiben negative Einkünfte des Organträgers oder der Organgesellschaft bei der inländischen Besteuerung unberücksichtigt, soweit sie in einem ausländischen Staat im Rahmen der Besteuerung des Organträgers, der Organgesellschaft oder einer anderen Person berücksichtigt werden. Die Änderung ist nach § 34 Abs. 9 Nr. 8 KStG idF des Gesetzes v. 18.12.13, BGBl. I 13, 4318 in allen noch nicht bestandskräftig veranlagten Fällen anzuwenden (unter dem Gesichtspunkt des Vertrauensschutzes ggf. bedenklich, vgl. *Blümich/Krumm* § 14 KStG Rz. 216; *H/H/R/Dorenkamp* § 14 KStG Rz. J 12–12; *Frotscher/Drüen/Frotscher* § 14 KStG Rz. 528 ff. ordnet § 14 Abs. 1 Satz 1 Nr. 5 KStG generell als verfassungswidrig ein). Sie leidet wie die Vorgängerregelung unter einer **Vielzahl von ungeklärten Zweifelsfragen,** wobei die Liste der Fragen sogar noch erweitert wurde (vgl. zB *D/P/M/Dötsch/Pung* § 14 KStG Rz. 648). Daneben bestehen beachtliche **europarechtliche Bedenken** (vgl. zB *Benecke/Schnitker* IStR 13, 143, 151; *Blümich/Krumm* § 14 KStG Rz. 217; *Schaden/ Polatzky* IStR 13, 131).

Der Wortlaut der Neuregelung würde eine restriktive Auslegung zulassen, die auch **403** für Fälle zu einem Verlustverrechnungsverbot kommt, die von dem Telos der Norm nicht erfasst sind.

Beispiele (angelehnt an *D/P/M/Dötsch/PUng* § 14 KStG Rz. 674):

Beispiel 1: Die deutsche D-AG unterhält in einem Staat, mit dem Deutschland kein DBA geschlossen hat, eine Betriebsstätte, die Verluste erwirtschaftet.
Diese Verluste können im Rahmen der unbeschränkten Körperschaftsteuerpflicht der D-AG in Deutschland grundsätzlich abgezogen werden. Des Weiteren hält D-AG 100% der Anteile an der in Deutschland ansässigen und auch ausschließlich in Deutschland tätigen D-GmbH.

Schließt D-AG mit der D-GmbH einen Gewinnabführungsvertrag ab, so ist der Anwendungsbereich des § 14 KStG eröffnet. Bei den Verlusten aus der Betriebsstätte könnte es sich begrifflich um „negative Einkünfte des Organträgers" iSd. § 14 Abs. 1 Satz 1 Nr. 5 KStG handeln. Da diese auch im Rahmen der beschränkten Steuerpflicht im Nicht-DBA-Staat berücksichtigt werden, können sie nach dem Wortlaut der Neuregelung von der Verlustverrechnungsbeschränkung erfasst sein.

> **Beispiel 2:** Die in einem Staat, der mit Deutschland kein DBA abgeschlossen hat, ansässige F-Inc unterhält in Deutschland eine Betriebsstätte, wobei sie für diese Betriebsstätteneinkünfte in ihrem Ansässigkeitsstaat der Anrechnungsmethode unterliegt. Die Betriebsstätte unterhält zwei Teilbetriebe („TB"). Im TB 1 erwirtschaftet sie einen hohen Verlust und im TB 2 einen moderaten Gewinn. Den Betriebsstättenverlust kann die F-Inc in ihrem Ansässigkeitsstaat steuerlich zum Abzug bringe. Schließt nun F-Inc über ihre Betriebsstätte mit der funktional dem TB 2 zuzurechnenden D-GmbH einen Gewinnabführungsvertrag ab, entsteht unter den Voraussetzungen des § 14 Abs. 1 Satz 1 Nr. 2 KStG (vgl. hierzu Rz. 56 ff.) eine Organschaft und der Anwendungsbereich des § 14 KStG ist eröffnet. Bei den Verlusten aus dem TB 1 könnte es sich begrifflich um „negative Einkünfte des Organträgers" iSd. § 14 Abs. 1 Satz 1 Nr. 5 KStG handeln. Da diese auch im Ansässigkeitsstaat der F-Inc berücksichtigt werden, könnte die Verlustverrechnungsbeschränkung nach der Neuregelung greifen.

404, 405   *(frei)*

406   Das Eingreifen von § 14 Abs. 1 Satz 1 Nr. 5 KStG in den vorstehenden Beispielsfällen ist vom Zweck der Norm – der Vermeidung einer doppelten Verlustnutzung in Organschaftsfällen – keinesfalls gedeckt (gegen eine Anwendung des § 14 Abs. 1 Satz 1 Nr. 5 KStG in diesen Fällen zB auch *R/H/N/Rödder/Liekenbrock* § 14 KStG Rz. 473). Im *Beispiel 1* ist die Organschaft rein inlandsbezogen und der Organträger kann die Verluste der ausländischen Betriebsstätte im Grundsatz unabhängig davon nutzen, ob er zu der D-GmbH eine Organschaft unterhält oder nicht. Im *Beispiel 2* hat die Organschaft ebenfalls nichts mit den Verlusten aus dem TB 1 zu tun. Die Begründung einer Organschaft würde in beiden Beispielsfällen zu einer Verlustverrechnungsbeschränkung für mit der Organschaft nicht zusammenhängenden Verlusten führen („Sonder(un)recht").

407   Das vorstehend in Rz. 403 ff. skizzierte extensive Verständnis der Neuregelung ist abzulehnen (vgl. näher zB *H/H/R/Dorenkamp* § 14 KStG Rz. J 12–12; *Stangl/Brühl* Der Konzern 13, 77, 99 f.). Die Verknüpfung einer Verlustverrechnungsbeschränkung für eine sachlich hiermit nicht verbundene Organschaft wäre willkürlich und kann auch nicht mit einem „Sonder(un)recht" für Organträger begründet werden. Sie hat auch nichts mit dem Zweck der Norm (Vermeidung einer doppelten Verlustberücksichtigung) zu tun. Auch der Wortlaut der Norm, der auf die im Rahmen des § 14 KStG nicht eindeutig definierte Größe „Einkünfte" abstellt, zwingt nicht zu einem extensiven Verständnis. Nach hier vertretener Auffassung sollte die Norm entsprechend ihrem Zweck und ihrer historischen Entwicklung nur auf doppelansässige Gesellschaften anzuwenden sein und sie sollte sich auf im Ausland berücksichtigte Verluste der Organgesellschaft beschränken, die dem Organträger wegen der Organschaft zugerechnet werden (vgl. näher *Stangl/Brühl* Der Konzern 13, 77, 100 ff.).

408   Ob die FinVerw. zu den zahlreichen Zweifelsfragen der Neuregelung Stellung beziehen wird, ist fraglich. Bereits zu der Vorgängerregel hat sie dem Steuerpflichtigen keine weitreichenden offiziellen Auslegungsregeln an die Hand gegeben. BMF v. 29.5.13 (GmbHR 13, 728) will zunächst die Bewertung von konkreten Einzelfällen abwarten, um darauf aufbauend zu prüfen, ob ein BMF-Schreiben zu § 14 Abs. 1 Satz 1 Nr. 5 KStG erforderlich ist (iE ähnlich OFD Karlsruhe v. 16.1.14, FR 14, 434, 436). Wenn es sich wie mit der Vorgängerregelung verhält, so ist wohl kaum eine klärende Verwaltungsverlautbarung zu erwarten. Dies könnte zwei Gründe haben, nämlich zum einen dass die FinVerw. die Norm mit Augenmaß anwendet und sie letztlich nur auf „missbräuchliche" Fälle beschränkt und zum anderen dass die Steuerpflichtigen die Organschaft in der Praxis nicht im Rahmen aggressiver Steuermodelle zur doppelten Verlustberücksichtigung nutzen. In diesem Fall würde der Neuregelung – wie bereits die Vorgängerregelung – überwiegend eine aus fiskalischer Sicht „prophylaktische" („abschreckende") Bedeutung zukommen.

(frei)   409–412

4. Mehr- und Minderabführungen

a) Überblick

Die Regelungen über Mehr- und Minderabführungen sind in den §§ 14 Abs. 3 und   413
Abs. 4, 27 Abs. 6, 37 Abs. 2 Satz 2 KStG sowie in § 44 Abs. 7 EStG geregelt. Sie dienen zum einen als **„Schrankenwärter"** zwischen der regulären Besteuerung von Kapitalgesellschaften und der Besteuerungsform der Organschaft (vororganschaftliche Mehr- und Minderabführungen) bzw. sie sollen innerhalb des Organschaftsregimes Doppel- bzw. Keinmalbesteuerungen des Organträgers vermeiden (organschaftliche Mehr- und Minderabführungen). Die gesetzliche Kodifizierung von Mehr- und Minderabführungen lässt sich wie folgt darstellen:

	vororganschaftlich		organschaftlich	
	Minder- abführung	Mehr- abführung	Minder- abführung	Mehr- abführung
Organträger	Einlage	Gewinnausschüttung § 44 Abs. 7 EStG: Kapitalertragsteuer	§ 14 Abs. 4 Satz 1 KStG: aktiver Ausgleichsposten	§ 14 Abs. 4 Satz 2 KStG: passiver Ausgleichsposten
Organgesellschaft	§ 14 Abs. 3 Satz 2 KStG: Einlage	§ 14 Abs. 3 Satz 1 KStG: Gewinnausschüttung (§ 37 Abs. 2 Satz 2 KStG)	§ 27 Abs. 6 KStG: Zugang Einlagekonto	§ 27 Abs. 6 KStG: Abgang Einlagekonto

b) Vororganschaftliche Mehr- und Minderabführungen (§ 14 Abs. 3 KStG)

R 59 Abs. 4 Satz 3 und Satz 5 KStR 1995 ordnete an, dass Mehr- bzw. Minderab-   414
führungen, die eine Folgewirkung von Geschäftsvorfällen aus vororganschaftlicher Zeit sind, wie Gewinnausschüttungen bzw. Einlagen zu behandeln sind. Mit BFH I R 51/01 v. 18.12.02, BStBl. II 05, 49, hat der BFH demgegenüber entschieden, dass Mehrabführungen nicht als Gewinnausschüttungen, sondern als Gewinnabführungen anzusehen sind (bestätigt durch BFH I R 38/11 v. 6.6.13, DStR 13, 1987 und BFH I R 36/13 v. 27.11.13, DStRE 14, 976). Die Finanzverwaltung wendete dieses Urteil unter Gewährung einer Übergangsregelung an (vgl. BMF v. 22.12.04, BStBl. I 04, 65; BMF v. 28.6.05, BStBl. I 05, 813). Im Rahmen des EURLUmsG v. 9.12.04 (BGBl. I 04, 3310) hat der Gesetzgeber auf diese BFH-Rechtsprechung reagiert und § 14 Abs. 3 KStG eingeführt, wonach vororganschaftliche Mehr- bzw. Minderabführungen als Gewinnausschüttungen bzw. Einlagen behandelt werden sollen. § 14 Abs. 3 KStG gilt erstmals ab 2004, was der BFH zumindest in bestimmten Fällen als verfassungswidrig einstuft und dem BVerfG vorgelegt hat (vgl. BFH I R 38/11 v. 6.6.13, DStR 13, 1987; BVerfG – Az. 2 BvL 7/13; BFH I R 36/13 v. 27.11.13, DStRE 14, 976; BVerfG – Az. 2 BvL 18/14).

Hintergrund der Regelungen zu vororganschaftlichen Mehr- und Minderabführun-   415
gen ist eine Art **„Schrankenwärterfunktion"** zwischen der regulären Besteuerung mit Körperschaftsteuer/Besteuerung von Ausschüttungen und der besonderen Besteuerung innerhalb einer Organschaft. Wenn eine Kapitalgesellschaft in einer Zeit ohne Organschaft aus steuerlicher Sicht „ausschüttbaren Gewinn" produziert hat, so soll sie

diesen auch nach einer Qualifikation als Organgesellschaft nicht ohne weitere steuerliche Folgen an den nunmehrigen Organträger abführen können. Die Auskehrung des aus steuerlicher Sicht vor der Organschaft entstandenen „ausschüttbaren Gewinns" der nunmehrigen Organgesellschaft an den Organträger via Gewinnabführung soll vielmehr weiterhin wie eine reguläre Ausschüttung besteuert werden. Den Minderabführungen liegt hingegen die Fiktion zugrunde, dass das entsprechende Einkommen bereits in der vororganschaftlichen Zeit steuerlich ausgeschüttet und dann anschließend während der Organschaftszeit in die Organgesellschaft eingelegt wird.

416 Aus fiskalischer Sicht dient § 14 Abs. 3 KStG somit im Wesentlichen zur **Sicherstellung der Besteuerung von Gewinnausschüttungen** innerhalb des Regimes des § 8b KStG (also Sicherstellung der 5%-Besteuerung bei körperschaftsteuerlichen Organträgern) bzw. innerhalb des Teileinkünfteverfahrens des § 3 Nr. 40 EStG (also Sicherstellung der 60%-Besteuerung bei einkommensteuerpflichtigen Organträgern). Zu der Zeit der Einführung des § 14 Abs. 3 KStG war die Besteuerung der Körperschaftsteuererhöhungen des **§ 38 KStG** noch ausschüttungsabhängig ausgestaltet. In diesem Zusammenhang verfolgt(e) § 14 Abs. 3 KStG den (Haupt-)Zweck, in der Zeit vor der Organschaft gebildetes EK 02 aus Zeiten des Anrechnungsverfahrens auch dann einer Körperschaftsteuererhöhung nach § 38 KStG zuzuführen, wenn es nach der Etablierung einer Organschaft via Abführungen an den Organträger transportiert wird. Dies hatte v. a. eine Bedeutung im Bereich der ehemalig gemeinnützigen Wohnbauunternehmen, die wegen der steuerlichen Teilwertbilanzierung zum Zeitpunkt des Eintritts in die Körperschaftsteuerpflicht über sehr hohe Bestände an EK 02 verfügten (vgl. exemplarisch nur den Sachverhalt bei BFH I R 38/11 v. 6.6.13, DStR 13, 1987 und BFH I R 36/13 v. 27.11.13, DStRE 14, 976). Mit der ab 2007 Wirkung entfaltenden Änderung der Systematik des § 38 KStG weg von einem ausschüttungsabhängigen hin zu einem ausschüttungsunabhängigen Regime hat der letztere Punkt jedoch weitgehend seine Bedeutung verloren (zur Übergangsregelung für ehemals gemeinnützige Wohnbauunternehmen vgl. § 34 Abs. 16 KStG idF vor dem Gesetz v. 25.7.14, BGBl. I 14, 1266).

417 § 14 Abs. 3 KStG enthält keine **Definition der Mehr- und Minderabführung.** Nach im Schrifttum vertretener Auffassung gilt die diesbezügliche Definition für organschaftliche Mehr- und Minderabführungen in § 14 Abs. 4 Satz 6 KStG zumindest im Ergebnis auch für vororganschaftliche Mehr- und Minderabführungen (vgl. *D/P/M/Dötsch/Pung* § 14 KStG Rz. 830; *E/S/Erle/Heurung* § 14 KStG Rz. 390; im Ergebnis auch *Gosch/Neumann* § 14 KStG Rz. 416a). Demnach liegen Minder- oder Mehrabführungen insbesondere dann vor, wenn der an den Organträger abgeführte Gewinn von dem Steuerbilanzgewinn der Organgesellschaft abweicht („steuerbilanzielle Sichtweise"). Demzufolge hat ein Vergleich des handelsrechtlich abzuführenden Gewinns (bzw. des handelsrechtlich auszugleichenden Verlusts) mit dem Steuerbilanzgewinn bzw. -verlust zu erfolgen (vgl. im Ergebnis auch *H/H/R/von Freeden* § 14 KStG Rz. 350; *Frotscher/Drüen/Frotscher* § 14 KStG Rz. 740 und 742; *S/F/Brink* § 14 KStG Rz. 1206). Nach dieser Definition spielen Elemente der zweiten (außerbilanziellen) Ebene der steuerlichen Gewinnermittlung für Mehr- und Minderabführungen keine Rolle. Es ist zweifelhaft, ob der BFH dieser Ansicht uneingeschränkt folgt. Für § 14 Abs. 3 KStG hat der BFH einerseits die entsprechende Anwendung des § 14 Abs. 4 Satz 6 KStG verneint, die Mehr- und Minderabführungen sind für Zwecke des § 14 Abs. 3 KStG originär auszulegen, wobei der BFH aber auch in dieser originären Auslegung zu der „steuerbilanziellen Sichtweise" tendiert (BFH I R 38/11 v. 6.6.13, DStR 13, 1987). Andererseits hat der BFH I R 65/11 v. 29.8.12, BStBl. II 13, 555, für die organschaftlichen Minderabführung iSd. § 14 Abs. 4 KStG entschieden, dass die außerbilanzielle Neutralisation eines Verlustes nach § 15a EStG die Bildung eines passiven Ausgleichspostens verhindert (vgl. hierzu zB *Aichberger/Ritzer* Der Konzern 14, 219 ff.).

Es ist offen, ob diese Rspr. zu § 14 Abs. 4 KStG auch auf § 14 Abs. 3 KStG durch- **418** schlagen könnte. Die Reichweite die vorgenannte Rspr. – zB ob sie eine generelle Abkehr von der steuerbilanziellen Sichtweise hin zu einer gewinnorientierten Sichtweise unter Einbezug der zweiten (außerbilanziellen) Gewinnermittlungsstufe darstellt – ist unklar (vgl. näher hierzu zB *Gosch* BFH/PR 13, 53; *Heurung/Engel/Schröder* BB 13, 663; *Hoheisel* SteuK 12, 508; *Trautmann/Faller* DStR 13, 293). Die Finanzverwaltung wendet die Entscheidung BFH I R 65/11 v. 29.8.12, BStBl. II 13, 555 nur auf Fälle an, die dem konkret entschiedenen Sachverhalt gleich sind (BMF v 15.7.13, BStBl. I 13, 921). Als Ursachen für Mehr- und Minderabführungen können – auch bei Zugrundelegung der steuerbilanziellen Sichtweise – zB das steuerbilanzielle Verbot für Drohverlustrückstellungen (§ 5 Abs. 4a EStG) oder die steuerbilanzielle Bewertung von Pensionsrückstellungen nach § 6a EStG genannt werden (zu weiteren Beispielen vgl. zB *Bott/Walter/Walter* § 14 KStG Rz. 979). Besondere Anlässe für Mehr- und Minderabführungen können bspw. Umwandlungen (vgl. hierzu UmwSt-Erlass 2011 BMF v. 11.11.11, BStBl. I 11, 1314 Tz. Org. 33 f.) und Beteiligungen der Organgesellschaften an Personengesellschaften (vgl. hierzu *D/P/M/Dötsch/Pung* § 14 KStG Rz. 1084 ff.; erneut aber auch Hinweis auf BFH I R 65/11 v. 29.8.12, BStBl. II 13, 555) sein.

Es ist umstritten, ob eine Mehr- oder Minderabführung nur als **bloße rechneri-** **419** **sche Differenzgröße** zu verstehen ist (so *D/P/M/Dötsch/Pung* § 14 KStG Rz. 827 *Frotscher/Drüen/*)oder ob diese auch eine tatsächliche **betragsmäßige Abführung** erfordert (so *Wassermeyer* GmbHR 03, 313, 316; *Flutgraf/Fuchs/Stifter* DB 04, 2012, *Rödder* DStR 05, 217; kritisch zu der Abführung eines Verlusts auch *Gosch/Neumann* § 14 KStG Rz. 420a). Nach ersterer Auffassung kann eine Mehrabführung bspw. auch dann vorliegen, wenn die Organgesellschaft im betreffenden Wirtschaftsjahr – bspw. aufgrund eines ausgeglichenen Ergebnisses – tatsächlich betraglich keine Gewinnabführung vornimmt. Der BFH hat sich der ersten Auffassung (rechnerische Differenzgröße) angeschlossen (vgl. BFH I R 38/11 v. 6.6.13, DStR 13, 1987).

Der Wortlaut des § 14 Abs. 3 KStG lässt auch die Frage unbeantwortet, ob die vo- **420** rorganschaftlichen Mehr- und Minderabführungen getrennt für jeden Geschäftsvorfall zu ermitteln und zu würdigen sind **(Saldierungsverbot)** oder ob zunächst eine Saldierung mehrerer Mehrabführungen bzw. Minderabführungen mit einer anschließenden Saldierung der Summe der Mehrabführungen mit der Summe der Minderabführungen vorzunehmen ist (entweder beschränkt auf vororganschaftliche oder auch unter Einbezug von organschaftlichen Mehr- und Minderabführungen), bevor die rechtlichen Konsequenzen aus § 14 Abs. 3 KStG zu ziehen sind (saldierende Betrachtungsweise). Unter Geltung der KStR 1995 hat sich die Finanzverwaltung für ein Saldierungsverbot ausgesprochen (vgl. BMF v. 28.10.97, BStBl. I 97, 939 Tz. III). Hieran soll nach wohl hM auch unter Geltung des § 14 Abs. 3 KStG festgehalten werden (vgl. *D/P/M/Dötsch/Pung* § 14 KStG Rz. 893; *Frotscher/Drüen/Frotscher* § 14 KStG Rz. 764; *Gosch/Neumann* § 14 KStG Rz. 422; *S/F/Brink* § 14 KStG Rz. 1216). Der BFH hat sich für ein Verbot der Saldierung zwischen vororganschaftlichen Mehr- und Minderabführungen untereinander und zwischen vororganschaftlichen und organschaftlichen Mehr- und Minderabführungen ausgesprochen (BFH I R 38/11 v. 6.6.13, DStR 13, 1987; Hinweis auch auf BFH I R 36/13 v. 27.11.13, BStBl. II 14). Das Saldierungsverbot wird im Schrifttum zum Teil kritisiert und zumindest eine Saldierung aller vororganschaftlichen Mehrabführungen eines Wirtschaftsjahrs gefordert (vgl. *H/H/R/von Freeden* § 14 KStG Rz. 352; *Rödder* DStR 05, 217, 221).

§ 14 Abs. 3 KStG definiert auch nicht, wann Mehr- und Minderabführungen ihre **421** **„Ursache in vororganschaftlicher Zeit"** haben. Nach BFH I R 51/01 v. 18.12.02, BStBl. II 05, 49 haben Mehr- und Minderabführungen unabhängig von ihrer ursprünglichen Ursache immer eine Ursache in der organschaftlichen Zeit, da sie über den Gewinnabführungsvertrag erfolgen und sich der Abführungsbegriff nach den

Regelungen des Zivilrechts ergibt (m. a. W. sind die Mehr- und Minderabführungen unmittelbar durch den Gewinnabführungsvertrag selbst und damit innerhalb der Organschaft verursacht). Legt man dieses Verständnis zugrunde, so kann es im Ergebnis begrifflich keine vororganschaftlich verursachten Mehr- oder Minderabführungen geben und die Regelung des § 14 Abs. 3 KStG würde leerlaufen (vgl. *H/H/R/von Freeden* § 14 KStG Rz. 351; *Rödder* DStR 05, 217). Vor diesem Hintergrund wird im Schrifttum teilweise die Auffassung vertreten, dass der Begriff der **Ursache** iSd. § 14 Abs. 3 KStG abweichend von dieser BFH-Rechtsprechung auszulegen ist. Hiernach soll nicht auf die direkte Ursache für die Mehr- oder Minderabführung abzustellen sein, sondern es sollen stattdessen die „eigentlichen, tiefer liegenden Ursachen" maßgeblich sein (so *D/P/M/Dötsch/Pung* § 14 KStG Rz. 838). Nach diesem Verständnis ist eine vororganschaftliche Verursachung v. a. dann zu bejahen, wenn die Mehr- und Minderabführung die Umkehrung einer Divergenz zwischen Handels- und Steuerbilanz ist, die bereits vor der Organschaft entstanden ist (vgl. *Blümich/Krumm* § 14 KStG Rz. 253). Der Zeitpunkt der Erfassung eines Geschäftsvorfalls in der Handels- bzw. Steuerbilanz soll demnach das entscheidende zeitliche Differenzierungskriterium sein (so *H/H/R/von Freeden* § 14 KStG Rz. 351). Der BFH scheint dieser Auslegung zuzustimmen (BFH I R 38/11 v. 6.6.13, DStR 13, 1987). Nach dieser Auffassung kommt es bspw. zu einer vororganschaftlichen Mehrabführung, wenn vor der Organschaft handelsbilanziell eine Drohverlustrückstellung gebildet wurde und der Rückstellungsfall dann während der Geltung der Organschaft eintritt. Der Rückstellungsfall soll nach dem vorstehenden Verständnis zu einer Mehrabführung führen, da der handelsrechtlich abzuführende Betrag den steuerbilanziellen Gewinn übersteigt, und diese soll vororganschaftlich verursacht sein, da diese Mehrabführung der Reflex aus der handelsbilanziellen Bildung und der steuerbilanziellen Nichtbildung der Drohverlustrückstellung in der Zeit vor der Organschaft ist.

422   Im Hinblick auf die **vororganschaftliche Zeit** wird die Auffassung vertreten, dass dies die Zeit vor dem Beginn des ersten Wirtschaftsjahrs der Organgesellschaft ist, für das erstmals die Organschaft steuerlich anzuerkennen ist (so *Blümich/Krumm* § 14 KStG Rz. 253; *D/P/M/Dötsch/Pung* § 14 KStG Rz. 840, *Frotscher/Drüen/Frotscher* § 14 KStG Rz. 750).

423   Beim Übergang von einer Körperschaftsteuerbefreiung zu einer regulären Körperschaftsteuerpflicht können die Wirtschaftsgüter in der Steuerbilanz nach § 13 Abs. 2 und Abs. 3 KStG mit dem Teilwert angesetzt werden, so dass die in der körperschaftsteuerbefreiten Zeit entstandenen stillen Reserven nicht steuerverstrickt werden. Dieser Teilwertansatz ist nach ausdrücklicher Anordnung in **§ 14 Abs. 3 Satz 4 KStG** der vororganschaftlichen Zeit zuzurechnen. Auch dies zielt insbesondere auf den Bereich der ehemals gemeinnützigen Wohnbauunternehmen im Zusammenhang mit § 38 KStG aF ab (vgl. *H/H/R/von Freeden* § 14 KStG Rz. 301 und den Sachverhalt bei BFH I R 38/11 v. 6.6.13, DStR 13, 1987; siehe hierzu Rz. 416).

424   Umstritten ist, auf **welches Organschaftsverhältnis** bei der Bestimmung der vororganschaftlichen Verursachung abzustellen ist. Nach einer engen Auffassung, ist immer auf das konkrete Organschaftsverhältnis abzustellen, in dessen Rahmen die Mehr- oder Minderabführung eintritt (so *Frotscher/Drüen/Frotscher* § 14 KStG Rz. 751; *S/F/Brink* § 14 KStG Rz. 1258; im Ansatz auch *D/P/M/Dötsch/Pung* § 14 KStG Rz. 880 und *Gosch/Neumann* § 14 KStG Rz. 418 (Letzterer allerdings für eine Ausnahme bei steuerlicher Gesamtrechtsnachfolge)). Nach aA ist ausschließlich auf die Sicht der Organgesellschaft abzustellen (so *Schumacher* DStR 06, 310). Der bloße Austausch des Gewinnabführungsvertrags bei einem ununterbrochen fortbestehenden Organschaftsverhältnis soll jedenfalls nicht dazu führen, dass Geschäftsvorfälle unter Geltung des alten Gewinnabführungsvertrags im Hinblick auf den neuen Gewinnabführungsvertrag als vororganschaftlich zu qualifizieren sind (vgl. *Frotscher/Drüen/Frotscher* § 14 KStG Rz. 751; *Gosch/Neumann* § 14 KStG Rz. 418).

Es kann sich die Frage stellen, ob auch während der Organschaft von außerhalb der **425** Organschaft der Organgesellschaft zugeführte Abweichungen zwischen Handels- und Steuerbilanz bei deren späterer Umkehrung zu den Rechtsfolgen des § 14 Abs. 3 KStG führen (Problem der sog. **außerorganschaftlichen Mehr- und Minderabführungen**). Solche Konstellationen treten va. in Umwandlungsfällen auf, in denen solche Abweichungen entweder vom übertragenden Rechtsträger auf die Organgesellschaft als übernehmenden Rechtsträger übergehen oder aufgrund der handels- bzw. steuerbilanziellen Zugangsbewertung auf der Ebene der Organgesellschaft als übernehmenden Rechtsträger eintreten. Der Wortlaut des § 14 Abs. 3 Satz 1 und Satz 2 KStG spricht eindeutig von der Ursache in vororganschaftlicher „Zeit", womit es schwerfällt, auch außerorganschaftlich verursachte Mehr- und Minderabführungen – die zeitlich gesehen klar während der Geltungsdauer der Organschaft verursacht sind – unter den Wortlaut der Norm zu subsumieren. Gleichwohl vertritt die FinVerw. im UmwSt-Erlass 2011 BMF v. 11.11.11 (BStBl. I 11, 1314) unter Tz. Org. 33 f. die Auffassung, dass die außerorganschaftlichen Mehr- und Minderabführungen von § 14 Abs. 3 KStG erfasst sind (iE ebenso zB *Blümich/Krumm* § 14 KStG Rz. 254; *Frotscher/Drüen/Frotscher* § 14 KStG Rz. 759; *H/H/R/von Freeden* § 14 KStG Rz. 343; **aA** *Grube/Behrendt* GmbHR 05, 1172; *Grube/Behrendt/Heg* GmbHR 06, 1026, 1079; *Meining* BB 09, 1444; *Sedemund* DB 10, 1255), und sie will dieses Ergebnis für eine Verschmelzung auf bzw. Einbringung in eine Organgesellschaft mit Nichtkapitalgesellschaften als Organträger über „Einverständniserklärungen" der an der Umwandlung beteiligten Rechtsträger absichern (vgl. Tz. 11.08 und 20.19 des UmwSt-Erlasses 2011 BMF v. 11.11.11; vgl. kritisch zu diesem Vorgehen *Hagebőke/Stangl* GmbHR 11, 744). FG Rheinland-Pfalz 1 K 1418/18 v. 10.9.19 (DStRE 20, 657; Rev. I R 51/19) hat sich für den Fall einer Verschmelzung auf die Organgesellschaft mit steuerbilanzieller Buchwertfortführung und handelsrechtlichem Ansatz von Verkehrswerten gegen die Auffassung der FinVerw. ausgesprochen (vgl. hierzu zB *Bisle* NWB 20, 1260; *Brühl* GmbHR 20, 237; *Weiss* StuB 20, 215).

Rechtsfolge der Anwendung des § 14 Abs. 3 KStG auf der **Ebene der Organge- 426 sellschaft** ist, dass Mehrabführungen als Gewinnausschüttungen und Minderabführungen als Einlagen gelten. Sie gelten nach § 14 Abs. 3 Satz 3 KStG als in dem Zeitpunkt als erfolgt, in dem das Wirtschaftsjahr der Organgesellschaft endet. Die Qualifikation als vororganschaftliche Mehr- oder Minderabführung hat auf die Ermittlung des Einkommens der Organgesellschaft keine strukturellen Auswirkungen (vgl. *H/H/R/von Freeden* § 14 KStG Rz. 319).

Für die Frage, ob die Organgesellschaft für eine als Gewinnausschüttung geltende **vo- 427 rorganschaftliche Mehrabführung** auf Organgesellschaftsebene auf ausschüttbaren Gewinn oder auf das Einlagekonto iSd. § 27 KStG zugreift, ist nach zutreffender Ansicht die allgemeine Verwendungsreihenfolge des § 27 Abs. 1 Satz 3 ff. KStG anzuwenden (vgl. *E/S/Erle/Heurung* § 14 KStG Rz. 395; *Frotscher/Drüen/Frotscher* § 14 KStG Rz. 769; *S/F/Brink* § 14 KStG Rz. 1234; *H/H/R/von Freeden* § 14 KStG Rz. 314, der darauf hinweist, dass das Erfordernis einer Bescheinigung der Einlagekontenverwendung einen Zugriff auf das steuerliche Einlagekonto verfahrensrechtlich aber regelmäßig ausschließen könnte). Solange die Übergangsregelungen der §§ 37, 38 KStG noch ausschüttungsabhängig ausgestaltet waren, führten vororganschaftliche Mehrabführungen auch zu Körperschaftsteuerminderungen (§ 37 Abs. 2 Satz 2 KStG) bzw. zu Körperschaftsteuererhöhungen (§§ 38 Abs. 2 Satz 1, 14 Abs. 3 Satz 1 KStG *Frotscher/Drüen/*).

Eine **vororganschaftliche Minderabführung** erhöht als Einlage i.R. des § 27 **428** Abs. 1 KStG das steuerliche Einlagekonto der Organgesellschaft (vgl. *Blümich/Krumm* § 14 KStG Rz. 256; *D/P/M/Dötsch/Pung* § 14 KStG Rz. 895; *E/S/Erle/Heurung* § 14 KStG Rz. 400; *Frotscher/Drüen/Frotscher* § 14 KStG Rz. 775).

Aus dem Wortlaut des § 14 Abs. 3 KStG geht nicht eindeutig hervor, ob diese **429** Norm auch die **Rechtsfolgen auf der Ebene des Organträgers** anordnet (vgl. *Gosch/Neumann* § 14 KStG Rz. 416). Nach vermutlicher Ansicht des BFH (BFH I R

38/11 v. 6.6.13, DStR 13, 1987) und der hM ist dies der Fall (vgl. *D/P/M/Dötsch/ Dötsch* § 14 KStG Rz. 867 und 896 unter Hinweis auf die Diskussion und Rechtsprechung zu § 8a KStG 1999; *E/S/Erle/Heurung* § 14 KStG Rz. 396; *Frotscher/Drüen/ Frotscher* § 14 KStG Rz. 772 ff.; *S/F/Brink* § 14 KStG Rz. 1238). Das heißt, dass eine vororganschaftliche Mehrabführung auf der Ebene des Organträgers wie die Vereinnahmung einer Gewinnausschüttung und dass die vororganschaftliche Minderabführungen auf der Ebene des Organträgers wie die Vornahme einer Einlage zu behandeln ist.

430   Eine **vororganschaftliche Mehrabführung** ist beim Organträger somit als Gewinnausschüttung zu erfassen, die grundsätzlich zu 5 % (beim körperschaftsteuerpflichtigen Organträger) bzw. zu 60 % (beim einkommensteuerpflichtigen Organträger) steuerpflichtig ist (vgl. *E/S/Erle/Heurung* § 14 KStG Rz. 397; *Frotscher/Drüen/Frotscher* § 14 KStG Rz. 773 ff.). Die Einordnung als Gewinnausschüttung führt auch dazu, dass von der Organgesellschaft für den Organträger **Kapitalertragsteuer** einzubehalten ist (vgl. *Frotscher/Drüen/Frotscher* § 14 KStG Rz. 784; *S/F/Brink* § 14 KStG Rz. 1241; zweifelnd *Schumann/Kempf* FR 06, 219). Nach § 44 Abs. 7 Satz 1 EStG entsteht die Kapitalertragsteuer in dem Zeitpunkt der Feststellung der Handelsbilanz der Organgesellschaft; sie entsteht spätestens acht Monate nach Ablauf des Wirtschaftsjahres der Organgesellschaft. Die so entstandene Kapitalertragsteuer ist an dem auf den Entstehungszeitpunkt nachfolgenden Werktag an das Finanzamt abzuführen, das für die Besteuerung der Organgesellschaft nach dem Einkommen zuständig ist (§ 44 Abs. 7 Satz 2 EStG). Im Übrigen ist § 44 Abs. 1 bis Abs. 4 EStG entsprechend anzuwenden (§ 44 Abs. 7 Satz 3 EStG).

431   Die Gleichstellung einer vororganschaftlichen Mehrabführung mit einer Gewinnausschüttung gilt allerdings nach zutreffender Auffassung nicht, soweit für die Gewinnausschüttung auf Basis der allgemeinen Verwendungsreihenfolge des § 27 Abs. 1 Satz 3 ff. KStG auf das Einlagekonto der Organgesellschaft zugegriffen wird (vgl. hierzu Rz. 427).

432   Eine **vororganschaftliche Minderabführung** führt beim Organträger zu einer steuerbilanziellen Erhöhung des Buchwerts und der Anschaffungskosten für die Beteiligung an der Organgesellschaft (vgl. *D/P/M/Dötsch/Pung* § 14 KStG Rz. 895; *E/S/ Erle/Heurung* § 14 KStG Rz. 400; *Frotscher/Drüen/Frotscher* § 14 KStG Rz. 783; *S/F/Brink* § 14 KStG Rz. 1250; *Gosch/Neumann* § 14 KStG Rz. 421a; **aA** *Blümich/ Krumm* § 14 KStG Rz. 256 (aktiver Ausgleichsposten)).

433–435   *(frei)*

c) Organschaftliche Mehr- und Minderabführungen (§ 14 Abs. 4 KStG)

436   Nach R 59 Abs. 2 bis Abs. 7 KStR 1995 führten organschaftliche Mehr- und Minderabführungen in der Steuerbilanz zu sog. organschaftlichen Ausgleichsposten. Nach R 59 Abs. 5 Satz 2 und Satz 3 KStR 1995 waren diese Ausgleichsposten bei der Veräußerung der Beteiligung an der Organgesellschaft erfolgswirksam aufzulösen. Vergleichbares regelte R 63 Abs. 3 KStR 1995. Mit Urteil BFH I R 5/05 v. 7.2.07 (BStBl. II 07, 796) hat der BFH demgegenüber entschieden, dass ein passiver organschaftlicher Ausgleichsposten erfolgsneutral aufzulösen ist. Hierauf hat die Finanzverwaltung mit einem Nichtanwendungserlass reagiert (vgl. BMF v. 5.10.07, BStBl. I 07, 743). Der Gesetzgeber hat anschließend im Rahmen des JStG 2008 v. 20.12.07 (BGBl. I 07, 3150) § 14 Abs. 4 KStG eingeführt, wobei diese Änderung nach § 34 Abs. 9 Nr. 5 KStG idF vor dem Gesetz v. 25.7.14 (BGBl. I 14, 1266) auch auf VZ vor 2008 anzuwenden sein soll (kritisch zu dieser zeitlichen Anwendungsregelung *Frotscher/Drüen/Frotscher* § 14 KStG Rz. 796; *Gosch/Neumann* § 14 KStG Rz. 446; *H/H/R/von Freeden* § 14 KStG Rz. 342; *S/F/Brink* § 14 KStG Rz. 992 ff.). Der Regierungsentwurf eines **Gesetzes zur Modernisierung des Körperschaftsteuerrechts** (KöMoG) v. 17.3.21 (BR-Drs. 244/21) sieht derzeit aber vor, die Ausgleichspostenmethode abzuschaffen und zu einer Einlagelösung zu wechseln (vgl. Rz. 438).

Zielsetzung des § 14 Abs. 4 KStG ist die Sicherstellung des Prinzips der Einmalbe- **437** steuerung im Organkreis (vgl. zB *E/S/Erle/Heurung* § 14 KStG Rz. 421; *H/H/R/von Freeden* § 14 KStG Rz. 341; vgl. auch BMF v. 5.10.07, BStBl. I 07, 743; BFH I R 65/11 v. 29.8.12, BStBl. II 13, 555; BFH I R 67/15 v. 15.3.17, BFH/NV 17, 1650). Ohne aktive organschaftliche Ausgleichsposten könnte es zu einer „Doppelbesteuerung" kommen, wenn vom Organträger zu versteuernde Einkommensbestandteile mangels entsprechender Abführung noch im Vermögen der Organgesellschaft enthalten sind und wenn der Organträger später die so im Wert noch erhöhte Beteiligung an der Organgesellschaft veräußert. Umgekehrt besteht die Gefahr einer „Keinmalbesteuerung" wenn der Wert der Beteiligung an der Organgesellschaft durch eine Abführung gemindert ist, ohne dass das entsprechende Einkommen bereits dem Organträger zugerechnet und von diesem versteuert wurde und wenn der Organträger dann die Beteiligung an der so im Wert geminderten Organgesellschaft veräußert.

Die **systematische Einordnung** der organschaftlichen Ausgleichsposten war (und **438** ist) umstritten (vgl. hierzu zB *H/H/R/von Freeden* § 14 KStG Rz. 352). Nach Ansicht der Finanzverwaltung sind sie ein steuerbilanzielles Korrektiv zum Ansatz der Beteiligung an der Organgesellschaft in der Steuerbilanz des Organträgers. Der BFH hatte diese Posten vor Einführung des § 14 Abs. 3 KStG demgegenüber als einen außerhalb der Steuerbilanz zu bildenden bilanztechnischen Erinnerungsposten eingestuft (vgl. BFH I R 5/05 v. 7.2.07, BStBl. II 07, 796; BFH I R 31/08 v. 29.10.08, BFH/NV 09, 790). Nach der Einführung des § 14 Abs. 3 KStG definiert der BFH die Posten als lediglich technische Korrekturposten bzw. Bilanzierungshilfen innerhalb der Steuerbilanz (vgl. BFH I R 65/11 v. 29.8.12, BStBl. II 13, 555). Als Alternative zu der Ausgleichspostenmethode wird vielfach die direkte Beachtung von organschaftlichen Mehr- und Minderabführungen im Ansatz der Beteiligung an der Organgesellschaft beim Organträger diskutiert (sog. **„Einlagelösung"**; vgl. zB *E/S/Erle/Heurung* § 14 KStG Rz. 613). Mit § 14 Abs. 4 KStG hat sich der Gesetzgeber zumindest bisher für die Beibehaltung der Ausgleichspostenmethode entschieden (zu der aber weiterhin nicht völlig geklärten Rechtsnatur der Ausgleichsposten vgl. BFH I R 65/11 v. 29.8.12, BStBl. II 13, 555; *D/P/M/Dötsch/Pung* § 14 KStG Rz. 943 ff.; *E/S/Erle/Heurung* § 14 KStG Rz. 513 ff.; *Frotscher/Drüen/Frotscher* § 14 KStG Rz. 842 ff.). Allerdings sieht der Regierungsentwurf eines **Gesetzes zur Modernisierung des Körperschaftsteuerrechts** (KöMoG) v. 17.3.21 (BR-Drs. 244/21) einen Wechsel von der Ausgleichspostenmethode zu einer Einlagelösung vor.

Nach § 14 Abs. 4 Satz 6 KStG liegen **Minder- oder Mehrabführungen** „insbe- **439** sondere" dann vor, wenn der an den Organträger abgeführte Gewinn von dem Steuerbilanzgewinn der Organgesellschaft abweicht. Obwohl die Regelung nur von Gewinnen spricht, sollen Minder- oder Mehrabführungen auch in Unterschieden bei der handelsbilanziell determinierten Verlustübernahme und einem Steuerbilanzverlust vorliegen (steuerbilanzielle Sichtweise, vgl. *E/S/Erle/Heurung* § 14 KStG Rz. 457; vgl. zur rechnerischen Betrachtungsweise auch die entsprechende Diskussion zu 14 Abs. 3 KStG unter Rz. 419). Steuerbilanzgewinn bzw. -verlust in diesem Sinne ist das steuerbilanzielle Ergebnis vor Gewinnabführung bzw. Verlustübernahme (vgl. *D/P/M/ Dötsch/Pung* § 14 KStG Rz. 939; *Frotscher/Drüen/Frotscher* § 14 KStG Rz. 799 ff.). Ursache für die so definierten Minder- oder Mehrabführungen sind bspw. unterschiedliche Ansatz- und Bewertungsvorschriften in Handels- und Steuerbilanz (also zB das steuerbilanzielle Verbot zum Ansatz von Drohverlustrückstellungen nach § 5 Abs. 4a EStG) oder auch die Bildung von Rücklagen bei der Organgesellschaft (vgl. *D/P/M/Dötsch/Pung* § 14 KStG Rz. 936). Auch die Beteiligung der Organgesellschaft an einer Personengesellschaft kann Quelle von Minder- oder Mehrabführungen sein (vgl. *D/P/M/Dötsch/Pung* § 14 KStG Rz. 936; Hinweis aber auf BFH I R 65/11 v. 29.8.12, BStBl. II 13, 555). Nach in der Literatur vertretener Auffassung sind sich auf der zweiten (außerbilanziellen) Ebene der Steuerbilanz ergebende Unterschiede zur

Handelsbilanz nicht geeignet Minder- oder Mehrabführungen zu kreieren oder zu vermeiden (vgl. *E/S/Erle/Heurung* § 14 KStG Rz. 464; *Aichberger/Ritzer* Der Konzern 14, 219 ff.; *Frotscher/Drüen*/vgl. im Grundsatz auch *D/P/M/Dötsch/Pung* § 14 KStG Rz. 966). Dieser Auffassung hat sich der BFH nicht vollumfänglich angeschlossen. BFH I R 65/11 v. 29.8.12, BStBl. II 13, 555, hat entschieden, dass die außerbilanzielle Neutralisation eines Verlustes nach § 15a EStG die Bildung eines passiven Ausgleichspostens verhindert. Diesem soll § 14 Abs. 4 Satz 6 KStG nicht entgegenstehen, da dieser nur „insbesondere" auf die Unterschiede zwischen Handels- und Steuerbilanz abstellt. Diese Rspr. wurde von BFH I R 67/15 v. 15.3.17 (BFH/NV 17, 1276) konsequent weitergeführt. Im Urteil hat der BFH entschieden, dass bei Rückgewähr eines als verdeckte Einlage zu qualifizierenden Ertragszuschusses eine organschaftliche Mehrabführung nicht deshalb ausscheide, weil die verdeckte Einlage erst auf zweiter Stufe der Gewinnermittlung das Einkommen der OG mindere. Vielmehr sei die Annahme einer Mehrabführung zwingend, um die Erhöhung des Beteiligungsbuchwerts (§ 6 Abs. 6 EStG) durch die Bildung eines passiven Ausgleichspostens und die Erhöhung des steuerlichen Einlagekontos (§ 27 Abs. 1 Satz 1 KStG) durch eine entsprechende Minderung nach § 27 Abs. 6 KStG auszugleichen. Denn der tatsächliche Wert der Beteiligung bleibe im Rahmen einer Organschaft aufgrund der Gewinnabführung unverändert. Damit wird man die Rspr., wonach der Tatbestand der organschaftlichen Mehr- oder Minderabführung am Grundanliegen des Gesetzgebers − die Einmalbesteuerung der organschaftlichen Erträge beim OT sicherzustellen − auszurichten sei, nunmehr mit steigender Tendenz als sich festigende BFH-Rspr. ansehen können (vgl. *Gosch/Adrian* GmbHR 17, 965). Die FinVerw. aber bisher keine Anpassung des als Reaktion auf BFH I R 65/11 v. 29.8.12 (BStBl. II 13, 555) erlassenen BMF-Schreibens v. 15.7.13 (BStBl. I 13, 921), welches die Anwendung der Grundsätze von BFH I R 65/11 auf identische Sachverhalte begrenzt, vorgenommen.

440   Die Frage der **„Ursache in organschaftlicher Zeit"** kann negativ zu der unter Rz. 421 ff. dargestellten Frage zur „Ursache in vororganschaftlicher Zeit" abgegrenzt werden (vgl. zB *E/S/Erle/Heurung* § 14 KStG Rz. 471). Demnach ist nach hM die **Ursache** nicht die unmittelbare Ursache für die Minder- oder Mehrabführung, sondern die mittelbare Ursache, deren Umkehreffekt zur Minder- oder Mehrabführung führt. Maßgeblich soll mithin auch hier der **Zeitpunkt** der buchhalterischen Erfassung des ursächlichen Geschäftsvorfalls in der Handels- bzw. Steuerbilanz sein (vgl. zB *E/S/Erle/Heurung* § 14 KStG Rz. 471). Dieser liegt in der **organschaftlichen Zeit,** wenn diese Erfassung in dem ersten organschaftlichen Wirtschaftsjahr der Organgesellschaft oder in einem späteren Jahr des Bestehens der Organschaft erfolgt (vgl. *E/S/Erle/Heurung* § 14 KStG Rz. 471). Auch hinsichtlich der Frage, auf welches **Organschaftsverhältnis** es ankommt und der Frage der **außerorganschaftlichen Mehr- und Minderabführungen** kann spiegelbildlich auf die diesbezüglichen Ausführungen zu § 14 Abs. 3 KStG (vgl. Rz. 424 f.) verwiesen werden.

441   Der Wortlaut des § 14 Abs. 4 KStG lässt die Frage unbeantwortet, ob für jede einzelne Minder- oder Mehrabführung ein konkreter Ausgleichsposten zu bilden ist, oder ob in gewissem Umfang auch eine **saldierende Betrachtungsweise** möglich ist. Gegen eine saldierende Betrachtungsweise bspw. *D/P/M/Dötsch/Dötsch* § 14 KStG Rz. 1009 und Rz. 1014 ff.; *S/F/Brink* § 14 KStG Rz. 1099. BFH I R 38/11 v. 6.6.13, DStR 13, 1987, hat diese Frage iE nicht beantwortet.

442   Die **Rechtsfolgen für den Organträger** sind in **§ 14 Abs. 4 Satz 1 bis Satz 5 KStG** geregelt. Nach § 14 Abs. 4 Satz 1 KStG führen organschaftliche Minderabführungen in der Steuerbilanz des Organträgers zu einem aktiven Ausgleichsposten und organschaftliche Mehrabführungen zu einem passiven Ausgleichsposten. Die Bildung der Ausgleichsposten ist für den Organträger steuerneutral (vgl. *Blümich/Krumm* § 14 KStG Rz. 278a; *E/S/Erle/Heurung* § 14 KStG Rz. 531 f.; *H/H/R/von Freeden* § 14 KStG Rz. 354; vgl. auch KStR 14.8 Abs. 2; BFH I R 31/08 v. 29.10.08, BFH/NV

09, 790), wobei die innerhalb der Steuerbilanz eintretenden Effekte aus der Ausgleichspostenbildung außerbilanziell neutralisiert werden (vgl. *D/P/M/Dötsch/Pung* § 14 KStG Rz. 1002; *Frotscher/Drüen/Frotscher* § 14 KStG Rz. 831 und Rz. 849; vgl. zum passiven Ausgleichsposten auch *Gosch/Neumann* § 14 KStG Rz. 449). Ein passiver Ausgleichsposten ist selbst dann erfolgsneutral zu bilden, soweit der den Buchwertansatz der Beteiligung übersteigt (worin ein bedeutender Unterschied zur „Einlagelösung" liegt, vgl. *D/P/M/Dötsch/Pung* § 14 KStG Rz. 949 und Rz. 922 zu hiermit verbundenen Gestaltungsmöglichkeiten; vgl. zu letzterem Aspekt auch *Dötsch/Pung* in FS Frotscher, 2013 S. 51, 68ff.). Der Ausgleichsposten wird nach § 14 Abs. 4 Satz 1 KStG in Höhe des Betrags gebildet, der dem Verhältnis der Beteiligung des Organträgers am Nennkapital der Organgesellschaft entspricht (ggf. **anteilige Bildung** des Ausgleichspostens, vgl. hierzu zB *D/P/M/Dötsch/Pung* § 14 KStG Rz. 1020).

Die Ausgleichsposten sind nach ihrer Bildung grundsätzlich unverändert fortzuführen. Ein Ausgleichsposten soll jedoch wieder aufzulösen sein, soweit sich die zu seiner Bildung führende **Ursache** während des Bestehens der Organschaft wieder **umgekehrt** und zu einer gegenläufigen Mehr- bzw. Minderabführung führt (vgl. *D/P/M/Dötsch/Pung* § 14 KStG Rz. 1005), diese Auflösung soll erfolgsneutral erfolgen (vgl. *Gosch/Neumann* § 14 KStG Rz. 460). Umstritten ist, ob ein aktiver organschaftlicher Ausgleichsposten einer **Teilwertabschreibung** zugänglich ist (ablehnend BFH I R 65/11 v. 29.8.12, BStBl. II 13, 555) und ob ein passiver organschaftlicher Ausgleichsposten bei der Frage, ob der Teilwert einer Beteiligung unter deren Buchwert ist, zu berücksichtigen ist (bejahend zB *E/S/Erle/Heurung* § 14 KStG Rz. 525 und 529). **443**

Nach **§ 14 Abs. 4 Satz 2 KStG** sind die Ausgleichsposten in dem Zeitpunkt aufzulösen, in dem die Beteiligung an der betreffenden Organgesellschaft veräußert wird. Wird nur ein Teil der Beteiligung an der Organgesellschaft veräußert, so soll dies auch nur eine anteilige Auflösung der Ausgleichsposten zur Folge haben (vgl. *D/P/M/Dötsch/Pung* § 14 KStG Rz. 1043). Nach **§ 14 Abs. 4 Satz 5 KStG** sind insbesondere die Umwandlung der Organgesellschaft auf eine Personengesellschaft oder eine natürliche Person, die verdeckte Einlage der Beteiligung an der Organgesellschaft und die Auflösung der Organgesellschaft der Veräußerung gleichgestellt (dh., dass sie zur Auflösung der Ausgleichsposten führen). Die schlichte **Auflösung des Gewinnabführungsvertrages** allein führt hingegen nach zutreffender hM noch nicht zur Auflösung der Ausgleichsposten (vgl. KStR 14.8 Abs. 3 Satz 1; *D/P/M/Dötsch/Pung* § 14 KStG Rz. 1064; *Gosch/Neumann* § 14 KStG Rz. 462; *S/F/Brink* § 14 KStG Rz. 1126). Umstritten ist, inwieweit auch **Umwandlungen** zwischen Kapitalgesellschaften zu der Auflösung von Ausgleichsposten führen können (vgl. hierzu zB *D/P/M/Dötsch/Pung* § 14 KStG Rz. 1052 mwN). Der UmwSt-Erlass 2011 BMF v. 11.11.11 (BStBl. I 11,1314) vertritt in Tz. Org.05, Org.16f. und Org.21f., Org.24 eine sehr restriktive Auffassung, wonach bspw. auch bei einer Verschmelzung einer Organgesellschaft auf eine Schwesterorgangesellschaft die auf der übertragenden Organgesellschaft beruhenden Ausgleichsposten aufzulösen sind (Tz. Org.21). Vgl. hierzu auch Rz. 488f. **444**

Die Auflösung der Ausgleichsposten erhöht oder mindert das Einkommen des Organträgers (§ 14 Abs. 4 Satz 3 KStG). Nach § 14 Abs. 4 Satz 4 KStG ist hierauf entweder §§ 3 Nr. 40, 3c Abs. 2 EStG (bei einkommensteuerpflichtigem Organträger) oder § 8b KStG (bei körperschaftsteuerpflichtigem Organträger) anzuwenden. Zum Zusammenhang mit den Sperrfristen nach § 8b Abs. 4 KStG aF bzw. § 3 Nr. 40 Satz 3 EStG aF vgl. zB *D/P/M/Dötsch/Pung* § 14 KStG Rz. 1060). **445**

§ 14 Abs. 4 KStG lässt auch die Frage unbeantwortet, ob die Rechtsfolgen der Ausgleichsposten getrennt von dem jeweiligen Beteiligungsbuchwert (**Bruttobetrachtung**) oder zusammen mit diesem Buchwert (**Nettobetrachtung**) zu ziehen sind. Die Antwort kann in den Fällen aktiver Ausgleichsposten beachtliche praktische Auswirkungen haben (vgl. zB von *Freeden/Joisten* Ubg 14, 512, 514ff.). **446**

447   Während es den Anschein erweckte, dass sich BMF v. 28.4.03 (BStBl. I 03, 292 Tz. 26) noch der Bruttobetrachtung angeschlossen hat, vertritt die FinVerw. nunmehr (KStR 14.8 Abs. 3 Satz 4; s. auch BMF v. 26.8.03, BStBl. I 03, 437 Tz. 43 f.) die Nettobetrachtung (ebenso OFD Frankfurt v. 8.11.05, DB 05, 2608). Auch nach der zutreffenden hM im Schrifttum soll die Nettobetrachtung auch nach dem Inkrafttreten von § 14 Abs. 4 KStG die maßgebliche Sichtweise sein (vgl. *Breier* Der Konzern 11, 11, 20 f.; *S/F/Brink* § 14 KStG Rz. 1095; *von Freeden/Joisten* Ubg 14, 512, 518 f.; *Frotscher/Drüen/Frotscher* § 14 KStG Rz. 911).

448   Die **Rechtsfolgen auf Ebene der Organgesellschaft** sind in **§ 27 Abs. 6 KStG** geregelt. Demnach erhöhen organschaftliche Minderabführungen das Einlagekonto der OG und organschaftliche Mehrabführungen mindern dieses Konto. Durch die Einlagekontominderung nach § 27 Abs. 6 KStG kann das Einlagekonto der OG auch negativ werden.

449–455   *(frei)*

5. Steuerabzug vom Organträger (§ 19 KStG)

456   Das Körperschaftsteuerrecht kennt einige besondere Tarifvorschriften (insbesondere § 26 Abs. 1 KStG, § 26 Abs. 6 KStG iVm. § 34 EStG, § 12 AStG). Die Anwendung dieser Vorschriften auf die Organgesellschaft ist problembehaftet, da diese Gesellschaft – mit Ausnahme des Einkommens iSd. § 16 KStG (vgl. hierzu Rz. 301 ff.) – über kein eigenes Einkommen verfügt, bei dem diese Tarifvorschriften Beachtung finden könnten (vgl. *D/P/M/Dötsch* § 19 KStG Rz. 8). § 19 KStG begegnet diesem Problem, indem die Norm die Anwendung dieser Tarifvorschriften auf die Ebene des Organträgers verschiebt. Die Norm verschiebt allerdings nur die Rechtsfolgen dieser Tarifvorschriften, die Prüfung, ob die Voraussetzungen für diese Tarifvorschriften erfüllt sind, ist weiterhin auf Ebene der Organgesellschaft selbst durchzuführen (vgl. *Blümich/Krumm* § 19 KStG Rz. 15). So kann ein von einer Organgesellschaft erzielter Veräußerungsgewinn beim einkommensteuerpflichtigen Organträger nicht nach den §§ 16, 34 EStG begünstigt werden, da die Organgesellschaft die (personellen) Voraussetzungen dieser Normen nicht erfüllt (vgl. BFH III R 19/02 v. 22.1.04, BStBl. II 04, 515; KStR 19 Abs. 2; *D/P/M/Dötsch* § 19 KStG Rz. 14; *Gosch/Neumann* § 19 KStG Rz. 15; vgl. auch Rz. 458). Sofern die Tarifvorschriften mit Höchstbetragsberechnungen verknüpft sind, sind diese Berechnungen auf Ebene des Organträgers durchzuführen (vgl. KStR 19 Abs. 1 Satz 4; *D/P/M/Dötsch* § 19 KStG Rz. 13). Zu § 19 Abs. 1 bis 4 KStG s. Rz. 457 ff. Zu § 19 Abs. 5 KStG s. zB *D/P/M/Dötsch* § 19 KStG Rz. 36 ff. Die Technik des § 19 KStG wurde an die des § 14 Abs. 1 Satz 1 Nr. 2 KStG im Rahmen des KroatienAnpG v. 25.7.14 (BGBl. I 14, 1266) mit Wirkung vom 31.7.14 angepasst.

457   Für einen **unbeschränkt körperschaftsteuerpflichtigen Organträger** bestimmt **§ 19 Abs. 1 KStG,** dass dieser die Tarifvorschriften so anzuwenden hat, als ob die Voraussetzungen hierfür bei ihm selbst erfüllt wären. So kann der Organträger bspw. eine Anrechnung nach § 26 Abs. 1 KStG auch dann vornehmen, wenn er von der Organgesellschaft selbst kein positives Einkommen zugerechnet bekommt.

458   Für **unbeschränkt einkommensteuerpflichtige Organträger** bestimmt **§ 19 Abs. 2 KStG,** dass auch dieser die Tarifvorschriften anwenden darf, als ob die Voraussetzungen hierfür bei ihm selbst erfüllt wären. Voraussetzung ist jedoch, dass das EStG vergleichbare Tarifvorschriften wie das KStG vorsieht. Dies ist zB bei der Anrechnung § 26 Abs. 1 KStG und § 34c EStG erfüllt. Rein einkommensteuerliche Tarifvorschriften (wie zB §§ 34, 34a, 34g, 35, 35a EStG) sind von der Norm hingegen nicht erfasst (vgl. *Blümich/Krumm* § 19 KStG Rz. 18; *Gosch/Neumann* § 19 KStG Rz. 6).

459   Unterliegt der Organträger nicht der unbeschränkten Körperschaft- oder Einkommensteuerpflicht, gelten § 19 Abs. 1 und Abs. 2 KStG nach **§ 19 Abs. 3 KStG** entsprechend, soweit die besonderen Tarifvorschriften bei beschränkt Steuerpflichtigen anwendbar sind.

Für **Personengesellschaften als Organträger** regelt § 19 Abs. 4 KStG, dass die 460
von der jeweiligen Tarifvorschrift betroffenen Beträge auf die hinter der Personengesellschaft stehenden Gesellschafter aufzuteilen sind. Die Aufteilung richtet sich nach
der steuerlichen Verteilung des Gewinns der Personengesellschaft (vgl. *D/P/M/Dötsch*
§ 19 KStG Rz. 34; idR Gewinnverteilungsschlüssel, siehe *Blümich/Krumm* § 19 KStG
Rz. 22; *Gosch/Neumann* § 19 KStG Rz. 21). Bei diesen Gesellschaftern unterliegen die
ihnen jeweils zugerechneten Teilbeträge dann den Regelungen des § 19 Abs. 1 KStG
(unbeschränkt körperschaftsteuerpflichtige Gesellschafter) bzw. § 19 Abs. 2 KStG (unbeschränkt einkommensteuerpflichtige Gesellschafter).

(frei) 461, 462

VI. Gewerbesteuerliche Organschaft

1. Personelle Voraussetzungen der gewerbesteuerlichen Organschaft

a) Organträger

Bis Erhebungszeitraum 2001 stellte § 2 Abs. 2 Satz 2 GewStG auf die Eingliederung 463
in ein „inländisches gewerbliches Unternehmen" ab. Durch die Angleichung der Voraussetzungen der gewerbesteuerlichen Organschaft an diejenigen der körperschaftsteuerlichen Organschaft (vgl. GewStR 2.3 Abs. 1 Satz 1) stellt § 2 Abs. 2 Satz 2 GewStG
nur noch auf einen „Organträger" ab. Durch den Verweis auf die §§ 14 und 17 KStG
erfolgt auch insoweit eine vollumfängliche **Bezugnahme auf das Körperschaftsteuerrecht.** Auch gewerbesteuerlich kann die Organschaft nur gegenüber einem anderen gewerblichen Unternehmen bestehen (GewStR 2.3 Abs. 2 Satz 1 und Satz 2).
Daher kann zur Bestimmung des gewerbesteuerlichen Organträgers auf die diesbezüglichen körperschaftsteuerlichen Ausführungen verwiesen werden (vgl. Rz. 55 ff.).

Die Verknüpfung mit dem Körperschaftsteuerrecht gilt auch für die strengen An- 464
forderungen des § 14 Abs. 1 Satz 1 Nr. 2 Satz 2 und Satz 3 KStG an die Organträgerstellung einer Personengesellschaft. Auch in der Gewerbesteuer muss die Personengesellschaft eine eigene gewerbliche Tätigkeit iSd. § 15 Abs. 1 Satz 1 Nr. 1 EStG
ausüben (vgl. GewStR 2.3 Abs. 3 Satz 2). Wie im Körperschaftsteuerrecht (vgl.
Rz. 59) versagt die Finanzverwaltung auch in der Gewerbesteuer einer gewerblich geprägten Personengesellschaft die Organträgerstellung (vgl. GewStR 2.3 Abs. 3 Satz 3),
während sie bei einem Besitzunternehmen im Rahmen einer Betriebsaufspaltung die
Befähigung zur Organträgerstellung bejaht (vgl. GewStR 2.3 Abs. 3 Satz 4 und Satz 5;
Hinweis insoweit auch auf BFH I R 40/12 v. 24.7.13, DStR 13, 1939).

(frei)

b) Organgesellschaft

§ 2 Abs. 2 Satz 2 GewStG stellte bis zur „kleinen Organschaftsreform" auf eine 465
„Kapitalgesellschaft" ab, die eine „Organgesellschaft im Sinne der §§ 14, 17 oder 18"
KStG ist. Ab VZ 2012 wird nun wegen der Streichung des § 18 KStG im Rahmen
der „kleinen Organschaftsreform" auch in § 2 Abs. 2 Satz 2 GewStG nur noch auf
eine Kapitalgesellschaft abgestellt, die „Organgesellschaft iSd. § 14 oder § 17" KStG
ist. Auch insoweit findet also ein vollumfänglicher Verweis auf das Körperschaftsteuerrecht statt, womit zur Bestimmung der Organgesellschaft auf die diesbezüglichen körperschaftsteuerlichen Ausführungen verwiesen werden kann (vgl. Rz. 67 ff.).

2. Sachliche Voraussetzungen der gewerbesteuerlichen Organschaft

Seit der Synchronisierung der Voraussetzungen einer gewerbesteuerlichen Organ- 466
schaft mit denjenigen einer körperschaftsteuerlichen Organschaft durch das StSenkG
2001 v. 23.10.00 (BGBl. I 00, 1433) und das UntStFG v. 20.12.01 (BGBl. I 01, 3858)

ist auch für die gewerbesteuerliche Organschaft sachlich nur noch die finanzielle Eingliederung und zusätzlich der Abschluss eines Gewinnabführungsvertrages erforderlich. Daher kann für die Gewerbesteuer auf die diesbezüglichen körperschaftsteuerlichen Ausführungen unter Rz. 78 ff. verwiesen werden.

3. Rechtsfolgen der gewerbesteuerlichen Organschaft

467   Gewerbesteuerrechtlich bewirkt die Organschaft, dass die Organgesellschaft als Betriebsstätte des Organträgers gilt (§ 2 Abs. 2 Satz 2 GewStG). Diese Betriebsstättenfiktion führt jedoch nicht dazu, dass die Organgesellschaft gewerbesteuerlich vollständig zu negieren und mit dem Organträger zusammen als ein einheitliches Unternehmen anzusehen wäre (vgl. GewStR 2.3 Abs. 1 Satz 3 und 7.1 Abs. 5 Satz 1). Organträger und Organgesellschaft bleiben trotz der gewerbesteuerlichen Organschaft selbständige Gewerbebetriebe, deren Gewerbeerträge selbständig zu ermitteln sind (vgl. GewStR 2.3 Abs. 1 Satz 4; sog **„gebrochene Einheitstheorie",** vgl. hierzu zB *Glanegger/Güroff* § 2 GewStG Rz. 488 mwN).

468   Die Organschaft bewirkt, dass die Gewerbeerträge des Organträgers und der Organgesellschaften zusammengerechnet werden (vgl. GewStR 7.1 Abs. 5 Satz 10) und dass der Organträger Steuerschuldner der aus diesen zusammenzurechnenden Gewerbesteuererträgen resultierenden Gewerbesteuer ist (vgl. *Glanegger/Güroff* § 2 GewStG Rz. 488). Der einheitliche Gewerbesteuermessbetrag wird grundsätzlich nach Maßgabe der Lohnsummen der einzelnen Organgesellschaften – sie werden als Betriebsstätten des Organträgers betrachtet – auf die Betriebsstättengemeinden **zerlegt,** wobei sich die Hebesatzunterschiede vorteilhaft oder nachteilig auswirken können (vgl. Rz. 16).

469   Die für die körperschaftsteuerliche Organschaft unter Rz. 373 ff. ausgeführten Rechtsfolgen gelten im Grundsatz auch für die gewerbesteuerliche Organschaft. Allerdings ist auf die folgenden gewerbesteuerlichen Besonderheiten hinzuweisen.

– Im Hinblick auf die **Bruttomethode** des § 15 KStG (vgl. hierzu Rz. 376) ist wie folgt zu differenzieren:

Bis 2016: Die Bruttomethode gilt auch in der Gewerbesteuer (BMF v. 26.8.03, BStBl. I 03, 437 Tz. 28; s. Anhang II. 6.). Allerdings führte diese nicht zur Suspendierung des § 9 Nr. 2a, Nr. 7 und Nr. 8 GewStG auf der Ebene der Organgesellschaft. Dies hatte zur Folge, dass diese Kürzungsvorschriften auf die von der Organgesellschaft vereinnahmten Ausschüttungen regulär anzuwenden sind (BMF v. 26.8.03, BStBl. I 03, 437 Tz. 30). Nach ursprünglicher Verwaltungsauffassung sollte bei einem körperschaftsteuerpflichtigen Organträger die „5%-Besteuerung" nach § 8b Abs. 5 KStG auch gewerbesteuerlich greifen (vgl. zB OFD Münster v. 4.9.06, BeckVerw 276042) und die Hinzurechnung des § 8 Nr. 5 GewStG sollte auch auf Ebene des Organträgers zu prüfen sein (BMF v. 26.8.03, BStBl. I 03, 437 Tz. 32). Der BFH (I R 39/14 v. 17.12.14, BStBl. II 15, 1052) war anderer Ansicht. Er entschied, dass die von einer Organgesellschaft vereinnahmten Dividenden auch auf der Ebene eines körperschaftsteuerpflichtigen Organträgers nicht der 5%-Besteuerung unterlegen haben (vgl. zur Umsetzung dieser Entscheidung inkl. der negativen Effekte auf mit der Beteiligung an der ausschüttenden Gesellschaft zusammenhängende Aufwendungen OFD Karlsruhe v. 17.2.16, DB 16, 741).

Ab 2017: Der vorstehende Effekt soll durch die Neuregelung in § 7a GewStG vermieden werden. Nach § 7a Abs. 1 GewStG sind § 9 Nr. 2a, 7 und 8 GewStG (sowie im Hinblick auf die im unmittelbaren Zusammenhang stehenden Aufwendungen) bei der Organgesellschaft nicht anzuwenden. Nach § 7a Abs. 2 Satz 1 GewStG ist in diesen Fällen § 15 Satz 1 Nr. 2 Satz 2 bis 4 KStG bei der Organgesellschaft anzuwenden.

– Nach § 10a Satz 3 GewStG kann die Organgesellschaft den maßgebenden Gewerbeertrag nicht um Fehlbeträge kürzen die sich vor dem rechtwirksamen Abschluss des Gewinnabführungsvertrags ergeben haben. Damit werden **vororganschaftli-**

che Verluste der Organgesellschaft – wie in der Körperschaftsteuer (vgl. hierzu Rz. 375) – während der Dauer der Organschaft „eingefroren".

– Während der Dauer der Organschaft anfallende Verluste der Organgesellschaft werden über die Organschaft dem Organträger zugerechnet. Fehlt es dort an einem Gewinn, so entsteht auf der Ebene des Organträgers ein **Verlustvortrag.** Dieser Verlustvortrag ist auch nach Beendigung der Organschaft ausschließlich auf Ebene des Organträgers abzugsfähig; eine Aufteilung zwischen Organgesellschaft und Organträger findet nicht statt (BFH I R 183/85 v. 27.6.90, BStBl. II 90, 916; BFH I R 158/87 v. 27.6.90, BFH/NV 91, 116; GewStH 10a.4 „Organschaftliche Verluste").

Innerhalb des Organkreises kommt es zu keinen Hinzurechnungen nach § 8 **470** **GewStG,** soweit diese zu einer doppelten steuerlichen Belastung führen würden (vgl. GewStR 7.1 Abs. 5 Satz 4; siehe auch Rz. 17).

Trotz der Organschaft sind die Voraussetzungen des **§ 19 GewStDV** isoliert für je- **471** des Unternehmen des Organkreises zu prüfen (BFH I 198/65 v. 29.5.68, BStBl. II 68, 807). Gleiches gilt für die erweiterte Kürzung iSd. **§ 9 Nr. 1 Satz 2 ff. GewStG** (GewStH 9.2 Abs. 2 „Organschaft") und Steuerbefreiungen nach **§ 3 GewStG** (GewStH 2.3 Abs. 1 „Steuerbefreiung im Organkreis").

A. 10.01 Beherrschungs- und Gewinnabführungsvertrag zwischen AG mit außenstehenden Aktionären

Gliederung

I. FORMULAR

Formular A. 10.01 Beherrschungs- und Gewinnabführungsvertrag

BEHERRSCHUNGS- UND GEWINNABFÜHRUNGSVERTRAG

zwischen

M-AG, Bonn (AG Bonn, HRB 1234)   – nachfolgend M genannt –

und

T-AG, Bonn (AG Bonn, HRB 2345)   – nachfolgend T genannt –

§ 1 Beherrschung

Die T unterstellt die Leitung ihrer Gesellschaft der M. Die M ist demgemäß berechtigt, dem Vorstand der T hinsichtlich der Leitung der Gesellschaft Weisungen zu erteilen. Unbeschadet des Weisungsrechts obliegt die Geschäftsführung und die Vertretung der T weiterhin dem Vorstand der T.

§ 2 Gewinnabführung

(1) Die T verpflichtet sich, ihren ganzen Gewinn gemäß allen Vorschriften des § 301 AktG in seiner jeweils gültigen Fassung an die M abzuführen.

(2) Während der Dauer dieses Vertrages gebildete andere Gewinnrücklagen sind auf Verlangen der M von der T aufzulösen und als Gewinn abzuführen.

(3) Die T kann mit Zustimmung der M Beträge aus dem Jahresüberschuss insoweit in die Gewinnrücklagen (§ 272 Abs. 3 HGB) mit Ausnahme der gesetzlichen Rückla-

gen einstellen, als dies handelsrechtlich zulässig und bei vernünftiger kaufmännischer Beurteilung wirtschaftlich begründet ist.

(4) Der Anspruch auf Gewinnabführung entsteht zum Ende des Geschäftsjahres der T. Er ist mit Wertstellung zu diesem Zeitpunkt fällig.

§ 3 Verlustübernahme

Die Vorschriften des § 302 AktG in seiner jeweils gültigen Fassung gelten (ggf. entsprechend).

§ 4 Ausgleichszahlung

(1) Die M verpflichtet sich, den außenstehenden Aktionären der T für die Dauer des Vertrages als angemessenen Ausgleich für jedes volle Geschäftsjahr der T eine feste Ausgleichszahlung in Höhe von brutto ...... € pro Aktie abzüglich Körperschaftsteuer und Solidaritätszuschlag nach den jeweils für das betreffende Geschäftsjahr der T geltenden Steuersätzen (Ausgleichsbetrag) zu zahlen. Unter Berücksichtigung der für das Geschäftsjahr 2021 geltenden Steuersätze ergibt sich für das Geschäftsjahr 2021 ein Ausgleichsbetrag von ...... € pro Aktie. Der Ausgleichsbetrag umfasst die nach den jeweiligen gesetzlichen Regeln einzubehaltende Kapitalertragsteuer und den nach den jeweiligen gesetzlichen Regeln einzubehaltenden Solidaritätszuschlag. Der Ausgleichsbetrag ist jeweils am dritten Geschäftstag nach der ordentlichen Hauptversammlung der T für das abgelaufene Geschäftsjahr zur Zahlung fällig. Der Ausgleichsbetrag entsteht erstmals für das Geschäftsjahr der T, in dem dieser Vertrag wirksam wird, und bezieht sich auf das gesamte Geschäftsjahr der T.

(2) Die Auszahlung des Ausgleichsbetrages an die außenstehenden Aktionäre erfolgt durch die T namens und für Rechnung der M als der Schuldnerin des Ausgleichsbetrages vorweg aus dem sich aus dem Jahresabschluss der T ergebenden und an die M abzuführenden Gewinn. Reicht der abzuführende Gewinn der T hierzu nicht aus, wird die M den Differenzbetrag der T zur Verfügung stellen.

(3) Falls der Vertrag während eines Geschäftsjahres der T endet oder die T während der Dauer des Vertrages ein weniger als 12 Monate dauerndes Rumpfgeschäftsjahr bildet, vermindert sich der Ausgleichsbetrag zeitanteilig.

(4) Falls das Grundkapital der T aus Gesellschaftsmitteln gegen Ausgabe neuer Aktien erhöht wird, vermindert sich die feste Ausgleichszahlung (bei Abschluss dieses Vertrages brutto ...... €) je Aktie in dem Maße, dass der Gesamtbetrag der festen Ausgleichszahlungen unverändert bleibt.

(5) Falls das Grundkapital der T durch Bareinlagen unter Gewährung eines Bezugsrechts an die außenstehenden Aktionäre erhöht wird, gelten die Rechte aus diesem Paragraphen auch für die von außenstehenden Aktionären bezogenen Aktien aus der Kapitalerhöhung entsprechend.

§ 5 Abfindung

(1) Die M verpflichtet sich, auf Verlangen eines außenstehenden Aktionärs der T dessen Aktien an der T gegen Aktien der M *[alternativ: der Konzernspitze Z]* zu erwerben, wobei je T-Aktie ...... M-Aktien *[alternativ: Z-Aktien]* gewährt werden.

(2) Die M verpflichtet sich, auf Verlangen eines außenstehenden Aktionärs der T, anstelle des in Absatz 1 dieses § 5 geregelten Umtausches, dessen Aktien an der T gegen eine Barabfindung in Höhe von ...... € je Aktie zu erwerben.

(3) Die in den Absätzen 1 und 2 dieses § 5 festgelegten Verpflichtungen der M sind befristet. Die Frist endet zwei Monate nach dem Tage, an dem die Eintragung des Bestehens dieses Vertrages im Handelsregister der T nach § 10 HGB bekannt gemacht worden ist. Eine Verlängerung der Frist nach § 305 Abs. 4 Satz 3 AktG bleibt hiervon unberührt.

§ 6 Wirksamwerden und Dauer

(1) Der Vertrag wird mit seiner Eintragung in das Handelsregister der T wirksam. Der Vertrag gilt bezüglich § 1 für die Zeit ab Eintragung dieses Vertrages in das Handelsregister der T. Im Übrigen gilt er rückwirkend ab dem Beginn des Geschäftsjahres der T, in dem dieser Vertrag in das Handelsregister der T eingetragen wird.

(2) Der Vertrag wird für fünf Zeitjahre, gerechnet ab dem Beginn seiner Geltung nach Abs. 1 Satz 3, fest geschlossen. Sofern diese fünf Zeitjahre während eines laufenden Geschäftsjahres der T enden, verlängert sich die Mindestvertragsdauer nach Satz 1 bis zum Ablauf dieses Geschäftsjahres. Der Vertrag setzt sich danach auf unbestimmte Zeit fort, sofern er nicht unter Beachtung der vorstehenden Mindestvertragsdauer mit einer Frist von einem Monat schriftlich gekündigt wird. § 297 Abs. 2 AktG bleibt unberührt.

(3) Darüber hinaus kann der Vertrag bei Vorliegen eines wichtigen Grundes ohne Einhaltung einer Kündigungsfrist schriftlich gekündigt werden. Ein wichtiger Grund liegt insbesondere auch dann vor, wenn die M nicht mehr mit der Mehrheit der Stimmrechte an der T beteiligt ist, die M die Anteile an der T veräußert oder einbringt oder die M oder die T verschmolzen, gespalten oder liquidiert wird.

§ 7 Salvatorische Klausel

Sollten einzelne oder mehrere Bestimmungen dieses Vertrages unwirksam oder undurchführbar sein oder werden oder dieser Vertrag eine oder mehrere Regelungslücken enthalten, wird hierdurch die Gültigkeit der übrigen Bestimmungen dieses Vertrages nicht berührt. Statt der unwirksamen oder undurchführbaren Bestimmung soll eine Bestimmung gelten, die dem wirtschaftlichen Ergebnis der unwirksamen oder undurchführbaren Bestimmung in zulässiger Weise am nächsten kommt. Statt der lückenhaften Regelung soll eine Regelung gelten, die von den Parteien im Hinblick auf ihre wirtschaftliche Absicht getroffen worden wäre, wenn sie die Regelungslücke erkannt hätten. Bei der Auslegung einzelner Bestimmungen dieses Vertrages sind die Vorgaben des § 14 KStG in seiner jeweils geltenden Fassung bzw. gegebenenfalls die entsprechende Nachfolgeregelung zu beachten.

Bonn, den ....

Für die M-AG:

....

Vorstand

Für die T-AG:

....

Vorstand

II. ERLÄUTERUNGEN

Erläuterungen zu A. 10.01 Beherrschungs- und Gewinnabführungsvertrag

1. Grundsätzliche Anmerkungen

Das Formular betrifft einen kombinierten Beherrschungs- und Gewinnabführungs- **1** vertrag (Organschaftsvertrag) zwischen zwei Aktiengesellschaften M und T, wobei an der Organgesellschaft T auch außenstehende Aktionäre beteiligt sind. Dementsprechend enthält das Vertragsmuster auch Ausgleichs- und Abfindungsregelungen (§§ 4, 5). Bei Beteiligung einer AG ist zur Information der Aktionäre grundsätzlich auch ein Vertragsbericht zu erstellen und eine Prüfung durch einen gerichtlich bestellten Vertragsprüfer vorzunehmen. Beide Hauptversammlungsbeschlüsse sind notariell zu beurkunden (§ 130 Abs. 1 Satz 3 AktG). Anzumelden und einzutragen ist der Vertrag nur bei dem Handelsregister der Organgesellschaft.

S. zur ertragsteuerlichen Organschaft allgemein zunächst die Erläuterungen unter A. 10.00 Rz. 1 ff.

2. Einzelerläuterungen

Zu § 1 Beherrschung

2   § 1 enthält die Beherrschungsabrede, die den Vertrag zum Beherrschungsvertrag iSd. § 291 Abs. 1 Satz 1, 1. Alt. AktG macht. Satz 1 ist insoweit konstitutiv, die Sätze 2 und 3 sind uE lediglich klarstellend. Ohnehin ist der notwendige **Mindestinhalt eines Beherrschungsvertrages** mit einer abhängigen AG oder KGaA überschaubar: Zwingend erforderlich ist lediglich die Unterstellung der abhängigen AG bzw. KGaA unter fremde Leitung; wenn außenstehende Aktionäre vorhanden sind, ist zudem zwingend eine Vereinbarung über Ausgleichsleistungen aufzunehmen, da sonst nach § 304 Abs. 3 Satz 1 AktG die Nichtigkeit des Vertrages droht. Nicht erforderlich ist es dagegen, den Beherrschungsvertrag gerade als solchen zu bezeichnen (hieran wird es etwa im Falle eines „verdeckten" Beherrschungsvertrages fehlen, bei dem sich die Parteien regelmäßig nicht bewusst sind, dass sie inhaltlich eine Beherrschungsabrede treffen).

3   Streitig ist, ob die Parteien ggf. das aus § 308 AktG resultierende Weisungsrecht näher beschreiben müssen. Dies wird zT bejaht, weil die Aktionäre sonst uU nicht wüssten, *wozu* sie gem. § 293 Abs. 1 bzw. 2 AktG ihre Zustimmung geben (*Emmerich/Habersack* § 291 AktG Rz. 17a); dagegen spricht jedoch neben der Formulierung des § 308 Abs. 1 Satz 1 AktG (Weisungsrecht nicht als Voraussetzung, sondern als Rechtsfolge eines Beherrschungsvertrages), dass die §§ 293a ff. AktG heute umfassende Sicherungen zur Information der Aktionäre (insoweit außerhalb des Beherrschungsvertrages) enthalten (zutr. *Schmidt/Lutter/Langenbucher* § 291 AktG Rz. 25). Bereits diese Diskussion zeigt jedoch, dass es mindestens sinnvoll ist, in den Beherrschungsvertrag **klarstellend** noch weitere Bestimmungen aufzunehmen, etwa zum Weisungsrecht (Satz 2 des Vertragsformulars). Das Weisungsrecht bezieht sich auf alle Fragen der Geschäftsführung und der Vertretung der Gesellschaft (näher A. 10.00 Rz. 162 ff.); es ändert aber nichts daran, dass die Geschäftsführung und Vertretung (§§ 77, 78 AktG) weiterhin durch den Vorstand erfolgen (§ 1 Satz 3 des Formulars).

4   **Zusätzliche Abreden** sind möglich: Über die in den §§ 291 ff. AktG geregelten (Mindest-)Anforderungen hinaus können die Parteien weitere vertragliche Regelungen treffen, soweit nicht zwingende aktienrechtliche Normen entgegenstehen (BGH II ZR 238/91 v. 5.4.93, BGHZ 122, 211, 217 „SSI"). Möglich sind daher auch die Kombination von Beherrschungs- und Gewinnabführungsvertrag in einem einheitlichen Vertrag und sonstige ggf. konstitutive Regelungen, etwa zur Zahlstellenfunktion der Organgesellschaft (§ 4 Abs. 2 des Vertragsformulars). Zulässig wäre ferner die Vereinbarung einer aufschiebenden Bedingung (die bis zur Eintragung in das Handelsregister eingetreten sein muss; zu Bedingungen und Befristungen *Emmerich/Habersack* § 293 AktG Rz. 18).

5   Die Möglichkeit, das **Weisungsrecht einzuschränken,** ist ebenfalls bereits in § 308 Abs. 1 Satz 2 AktG angelegt („Bestimmt der Vertrag nichts anderes …"). Derartige Einschränkungen können sowohl formeller (zB Schriftformerfordernis) als auch inhaltlicher Natur sein; letzteres zB beim **Teilbeherrschungsvertrag,** bei dem sich das Weisungsrecht auf einzelne Sachbereiche beschränkt bzw. bestimmte Sachbereiche vom Weisungsrecht ausgenommen werden (näher *Emmerich/Habersack* § 291 AktG Rz. 20).

6   Die Beherrschungsabrede ist **steuerlich** für die körperschaft- und gewerbesteuerliche Organschaft keine Voraussetzung. Im Hinblick auf die umsatzsteuerliche Organschaft dient sie allerdings nach zutreffender Auffassung der Finanzverwaltung zur Sicherstellung der Voraussetzung der organisatorischen Eingliederung (vgl. UStAE 2.8 Abs. 10 Satz 4 bis 6).

Zu § 2 Gewinnabführung

7   § 2 enthält die Gewinnabführungsabrede, die den Vertrag daneben auch zum Gewinnabführungsvertrag iSd. § 291 Abs. 1 Satz 1, 2. Alt. AktG macht. **Abs. 1** ist inso-

weit konstitutiv, der zusätzliche Verweis auf § 301 AktG, der die Obergrenze der Gewinnabführung definiert, allerdings nur klarstellend. Diese Obergrenze darf unter ertragsteuerlichen Gesichtspunkten nicht überschritten und nicht unterschritten werden („Punktlandung"; vgl. A. 10.00 Rz. 172). Daher ist die Vereinbarung, „den ganzen Gewinn" abzuführen, von besonderer Bedeutung, da hierdurch die für die Anerkennung der ertragsteuerlichen Organschaften notwendige Abführung der Obergrenze des § 301 AktG vereinbart wird. Die Bezugnahme auf „alle Vorschriften" des § 301 AktG „in seiner jeweils gültigen Fassung" erscheint hingegen auch ertragsteuerlich nicht als zwingend notwendig, da die Finanzverwaltung es zumindest bisher akzeptiert hat, wenn die Obergrenze des jeweils gültigen § 301 AktG tatsächlich abgeführt wird, auch wenn der Vertrag selber auf eine ältere Fassung des § 301 AktG Bezug nimmt (vgl. zur GmbH A. 10.00 Rz. 175; Entsprechendes muss erst recht für die AG gelten). Dennoch erscheint die Aufnahme dieser Formulierung in den Vertrag als sinnvoll, um auch im Falle einer (künftig) restriktiveren Auffassung der Finanzverwaltung gewappnet zu sein.

Abs. 2 wiederholt zur **Auflösung von Gewinnrücklagen** im Wesentlichen § 301 **8** Satz 2 AktG, ergänzt um den Einschub, dass die Rücklagen „auf Verlangen der M" aufzulösen sind. Hintergrund dieses Einschubs ist, dass für die Auflösung der während der Dauer des Vertrages gebildeten Gewinnrücklagen grundsätzlich der Vorstand der Organgesellschaft zuständig ist. Ohne den Einschub müsste die M als herrschendes Unternehmen insoweit ggf. auf ihr allgemeines Weisungsrecht nach § 308 AktG zurückgreifen. Ein solches besteht hier zwar aufgrund der Verbindung von Beherrschungs- und Gewinnabführungsvertrag (anders im Fall eines isolierten Gewinnabführungsvertrages!), nach *Spindler/Stilz/Veil* § 291 AktG Rz. 18 f. soll es sich jedoch nicht auf bilanzpolitische Entscheidungen erstrecken (anders die hM, etwa BGH II ZB 9/96 v. 20.5.97, BGHZ 135, 374; *Münch Hdb GesR Bd. 4/Krieger* § 71 Rz. 20). Der Einschub ist daher möglicherweise konstitutiv und sollte auf jeden Fall in einen isolierten Gewinnabführungsvertrag aufgenommen werden (zulässig auch nach *Spindler/Stilz/Veil* § 291 AktG Rz. 38 f. und *ders.* § 301 AktG Rz. 15).

Ertragsteuerlich ist die Auflösung und Abführung von während der Geltungs- **9** dauer des Gewinnabführungsvertrags gebildeten Gewinnrücklagen zulässig (A. 10.00 Rz. 255). Vor der Geltungsdauer des Vertrags gebildete Gewinnrücklagen bzw. ein in dieser Zeit gebildeter Gewinnvortrag und Kapitalrücklagen (egal ob vor oder während der Geltungsdauer des Vertrags gebildet) dürfen hingegen bei einer nicht eingegliederten Organgesellschaft nicht aufgelöst und abgeführt, sondern nur aufgelöst und ausgeschüttet werden (A. 10.00 Rz. 253 und 257). Ein diesbezüglicher Hinweis ist im Gewinnabführungsvertrag nicht zwingend notwendig (wenngleich auch möglich). Im Muster ist keine entsprechende Regelung enthalten. Dies auch, um eine gewisse Flexibilität im Hinblick auf eventuelle Rechtsprechungsänderungen zu haben. Es muss aber in der praktischen Durchführung gewährleistet sein, dass keine die steuerliche Anerkennung der Organschaft gefährdenden Rücklagenabführungen vorgenommen werden.

Abs. 3 wiederholt zur **Bildung von Gewinnrücklagen** die einschränkende Be- **10** stimmung des § 14 Abs. 1 Satz 1 Nr. 4 KStG (vgl. hierzu A. 10.00 Rz. 254), erweitert um den relativ weit verbreiteten Hinweis auf die (selbstverständliche) Voraussetzung, dass die Rücklagenbildung auch handelsrechtlich zulässig sein muss. Zur Absicherung des Organträgers ist zu seinen Gunsten zusätzlich ein Zustimmungserfordernis vorgesehen, da sich die Einstellung in andere Gewinnrücklagen im Übrigen verfahrensmäßig nach § 58 Abs. 2 AktG richtet.

Abs. 4 schreibt fest, dass der Gewinnabführungsanspruch mit Ablauf des Bilanzstich- **11** tags der Organgesellschaft **entsteht** und mit Wertstellung zu diesem Zeitpunkt **fällig** wird dies wäre ohne die vertragliche Regelung streitig, vgl. die Nachweise und die Empfehlung einer entsprechenden vertraglichen Regelung bei A. 10.00 Rz. 193 f.).

Auf eine explizite vertragliche Regelung zur **Verzinsung** wurde im Formular bewusst verzichtet (vgl. hierzu A. 10.00 Rz. 195).

Zu § 3 Verlustübernahme

12 § 3 ist im Fall einer abhängigen AG oder KGaA lediglich klarstellend. Anders wäre dies allerdings insbesondere im Fall einer GmbH als Organgesellschaft, da hier gem. § 17 Abs. 1 Satz 2 Nr. 2 KStG die Vereinbarung einer Verlustübernahme entsprechend den Vorschriften des § 302 AktG in seiner jeweils gültigen Fassung zwingend wäre (näher s. A. 10.00 Rz. 230 ff.). Bei einer AG als Organgesellschaft ist zwar eine entsprechende Formulierung im Gewinnabführungsvertrag weder zivilrechtlich noch steuerlich erforderlich. Dennoch erscheint es unter praktischen Gesichtspunkten empfehlenswert, eine den Anforderungen des § 17 Abs. 1 Satz 2 Nr. 2 KStG entsprechende Klausel auch im Fall einer abhängigen AG oder KGaA zu verwenden. Im Konzernalltag ist es nicht unüblich, für Gewinnabführungsverträge Muster zu verwenden. Hier kann es passieren, dass versehentlich ein für eine AG konzipiertes Muster auch für eine GmbH als Organgesellschaft verwendet wird. In diesem Fall ist es von Vorteil, wenn dieses Muster sich (zumindest im Grundsatz – s. Formulierung „ggf. entsprechend") ebenfalls an den Anforderungen des § 17 Abs. 1 Satz 2 Nr. 2 KStG orientiert.

13 Der Zeitpunkt der Entstehung und Fälligkeit eines Verlustübernahmeanspruchs ist höchstrichterlich geklärt (vgl. A. 10.00 Rz. 224). Auf die Aufnahme einer nur insoweit klarstellenden Regelung wird im Muster verzichtet. Auch dies geschieht im Hinblick auf die strengen steuerrechtlichen Regelungen bei einer GmbH als Organgesellschaft (näher s. A. 10.00 Rz. 230 ff.). Aus den in A. 10.00 Rz. 226 dargestellten Gründen ist ebenfalls keine explizite vertragliche Regelung zur Verzinsung vorgesehen.

Zu § 4 Ausgleichszahlung

14 § 4 sieht zugunsten der außenstehenden Aktionäre (zu ihrer Definition A. 10.00 Rz. 275) einen festen Ausgleich vor (zu den Voraussetzungen eines ggf. alternativ möglichen variablen Ausgleichs siehe A. 10.00 Rz. 282; zu den steuerlichen Restriktionen bei variablen Ausgleichszahlungen s. A. 10.00 Rz. 304). Bei Vorhandensein außenstehender Aktionäre kann auf eine Ausgleichsregelung nicht verzichtet werden, ansonsten ist der Vertrag nichtig (§ 304 Abs. 3 Satz 1 AktG). Die Nichtigkeit des Vertrags führt zugleich auch zur Nichtanerkennung der körperschaft- und gewerbesteuerlichen Organschaft (zur in bestimmten Fällen gegebenen Möglichkeit der Vereinbarung eines sog. „Nullausgleichs" siehe A. 10.00 Rz. 289).

15 Nach der Rechtsprechung des BGH (BGH II ZB 17/01 v. 21.7.03, BGHZ 156, 57 „Ytong") ist bei der Berechnung des angemessenen Ausgleichs auf den Bruttogewinnanteil je Aktie abzustellen. Hiervon ist die **Körperschaftsteuerbelastung** in der jeweils gesetzlich angegebenen Höhe abzusetzen (nach § 16 KStG hat die Organgesellschaft in Höhe von derzeit 20/17 der geleisteten Ausgleichszahlung ein eigenes Einkommen zu versteuern). Vgl. näher zu der „Ytong"-Entscheidung unter A. 10.00 Rz. 289 f. und Rz. 301 f.

16 Zur in Abs. 1 Satz 4 geregelten **Fälligkeit** des Ausgleichs siehe § 58 Abs. 4 Satz 2 AktG und A. 10.00 Rz. 298. Abs. 1 Satz 5 bestimmt, dass der Ausgleich auch bei unterjährigem Wirksamwerden des Vertrages **für das gesamte Geschäftsjahr** der Organgesellschaft, nicht nur anteilig, zu zahlen ist. Die Regelung korrespondiert mit der Rückwirkung der Gewinnabführungsabrede gem. § 6 Abs. 1 (vgl. *Schmidt/Lutter/ Stephan* § 304 AktG Rz. 41) und ist deshalb zwingend.

17 Abs. 2 bestimmt, dass die Organgesellschaft als **Zahlstelle** für den Organträger fungiert. Die Schuldnerstellung des Organträgers (vgl. A. 10.00 Rz. 277) wird hierdurch nicht berührt. Die Regelung ist daher zulässig (*Spindler/Stilz/Veil* § 304 AktG Rz. 33), aber nicht zwingend: Falls eine Zahlstellenfunktion der Organgesellschaft

nicht gewünscht ist, ist sie zu streichen. Die Versteuerung von 20/17 der geleisteten Ausgleichszahlung auf Ebene der Organgesellschaft nach § 16 KStG ist unabhängig davon, ob der Organträger oder die Organgesellschaft als Zahlstelle fungiert.

Gem. Abs. 3 wird der Ausgleich bei unterjähriger Beendigung des Vertrages oder **18** Bildung eines Rumpfgeschäftsjahres nur **zeitanteilig** geschuldet (Klarstellung, vgl. *Schmidt/Lutter/Stephan* § 304 AktG Rz. 42). Die Regelung greift nicht, wenn die außenstehenden Aktionäre lediglich durch Squeeze-out aus der Organgesellschaft herausgedrängt werden und der Vertrag – anders als bei der Eingliederung – nicht endet, sondern fortbesteht (BGH II ZR 244/09 v. 19.4.11, NZG 11, 780; hierzu BVerfG 1 BVR 1577/1 v. 5.12.12, AG 13, 255; OLG Frankfurt 23 U 69/08 v. 26.8.09, AG 10, 368; OLG München 7 U 3515/06 v. 11.10.06, BeckRS 2006, 15342; vgl. auch *Winter* EWiR 06, 418).

Abs. 4 trifft Vorsorge für den Fall einer **nominellen Kapitalerhöhung** bei der **19** Organgesellschaft. In diesem Fall erhöht sich die Zahl der von außenstehenden Aktionären gehaltenen Aktien. Ein fester oder variabler Ausgleich ist daher entsprechend dem Verhältnis der Kapitalerhöhung zu ermäßigen (§ 216 Abs. 3 AktG; *Emmerich/Habersack* § 304 AktG Rz. 72). In dem durch Abs. 5 angesprochenen Fall einer **effektiven Kapitalerhöhung** ist der feste oder variable Ausgleich dagegen auch auf von außenstehenden Aktionären gehaltene neue Aktien zu zahlen. Vergleichbarer Anpassungsbedarf kann sich auch im Fall einer (in der Praxis seltenen) Kapitalherabsetzung oder eines Aktiensplits ergeben.

Zu § 5 Abfindung

§ 305 Abs. 2 AktG bestimmt, ob der Organträger den außenstehenden Aktionären **20** der Organgesellschaft eine **Abfindung in Aktien** oder eine **Barabfindung** anzubieten hat (vgl. A. 10.00 Rz. 314ff.). Sofern der Organträger eine AG oder KGaA mit Sitz in der EU/dem EWR ist, die selbst nicht abhängig ist und nicht in Mehrheitsbesitz steht, hat er als Abfindung eigene Aktien anzubieten; in diesem Fall ist § 5 Abs. 1 des Vertragsformulars zwingend, Abs. 2 dagegen optional. Ist der Organträger dagegen nachgeordnete Konzerngesellschaft, hat er unter den Voraussetzungen des § 305 Abs. 2 Nr. 2 AktG entweder Aktien der Konzernspitze oder eine Barabfindung anzubieten. Da das diesbezügliche Wahlrecht nicht dem außenstehenden Aktionär, sondern den Vertragsparteien zusteht (ganz hM, zB OLG Düsseldorf 26 W 5/08 v. 31.3.09, AG 09, 873, 874), ist in diesem Fall nur einer der Abs. 1 und 2 des Vertragsformulars zwingend (wobei dann in Abs. 1 auf die Konzernspitze Z anstelle der M abzustellen ist). In allen anderen Fällen ist die Barabfindung anzubieten (§ 305 Abs. 2 Nr. 3 AktG). Optional können die Vertragsparteien den außenstehenden Aktionären jedoch stets auch gesetzlich nicht geschuldete Abfindungsarten anbieten (vgl. A. 10.00 Rz. 316).

Zwar „muss" der Vertrag, wenn an der Organgesellschaft außenstehende Aktionäre **21** beteiligt sind, nach § 305 Abs. 1 und 2 AktG ein Abfindungsangebot enthalten. Wenn ein solches Abfindungsangebot fehlt, ist der Vertrag jedoch nicht nichtig (anders § 304 Abs. 3 Satz 1 AktG für den Ausgleich): Sieht der Vertrag überhaupt keine oder eine den Abs. 1 bis 3 nicht entsprechende Abfindung vor, ist diese auf Antrag im Spruchverfahren zu bestimmen, § 305 Abs. 5 Satz 2 AktG.

Abs. 3 des Vertragsformulars **befristet** das Abfindungsangebot in Übereinstim- **22** mung mit § 305 Abs. 4 AktG auf den hiernach frühestmöglichen Zeitpunkt (vgl. zu der entsprechenden Empfehlung A. 10.00 Rz. 322). Da das Abfindungsangebot gem. § 305 Abs. 4 Satz 3 AktG insbesondere während eines Spruchverfahrens „offen" bleiben muss, kann es in praxi oftmals nicht nur während einiger Monate, sondern auch noch Jahre später angenommen werden, damit ggf. sogar noch nach dem Ende des zugrunde liegenden Vertrages (vertragsüberdauerndes Spruchverfahren, vgl. A. 10.00 Rz. 322).

Zu § 6 Wirksamwerden und Dauer

23   **Abs. 1 Satz 1** ist lediglich klarstellend (§ 294 AktG). Satz 2 und Satz 3 tragen der Tatsache Rechnung, dass sich der Vertrag nach ganz hM hinsichtlich der Beherrschungsrede keine Rückwirkung beilegen darf (A. 10.00 Rz. 143), eine Rückwirkung im Hinblick auf die Gewinnabführung dagegen zivilrechtlich und steuerlich möglich ist: Das Einkommen der Organgesellschaft ist dem Organträger erstmals für das Kalenderjahr zuzurechnen, in dem das Wirtschaftsjahr der Organgesellschaft endet, in dem der Gewinnabführungsvertrag wirksam wird, § 14 Abs. 1 Satz 2 KStG (vgl. hierzu aus gesellschaftsrechtlicher Sicht A. 10.00 Rz. 143). Zur korrespondierenden Ausgleichszahlung, die sich bei Gewinnabführungsverträgen auch auf den Rückwirkungszeitraum zu erstrecken hat, vgl. § 4 Abs. 1 Satz 5 des Vertragsformulars. Die variable Formulierung in Satz 3 berücksichtigt, dass sich die Eintragung des Unternehmensvertrages in das Handelsregister evtl. verzögern könnte und deshalb nicht mit festen Jahreszahlen gearbeitet werden sollte (vgl. A. 10.00 Rz. 354).

24   **Abs. 2 Satz 1 bis 3** enthält die für die körperschaft- und gewerbesteuerrechtliche Anerkennung einer Organschaft zwingende Festlegung eines fünfjährigen Mindestzeitraums. Gem. § 14 Abs. 1 Satz 1 Nr. 3 Satz 1 KStG muss der Gewinnabführungsvertrag auf **mindestens fünf Jahre fest abgeschlossen** und während seiner gesamten Geltungsdauer durchgeführt werden (vgl. A. 10.00 Rz. 351 ff.). Das Vertragsmuster verfolgt hierbei die Konzeption einer fixen fünfjährigen Grundlaufzeit in Satz 1 und 2 mit anschließender Fortgeltung auf unbestimmte Zeit in Satz 3 (vgl. hierzu und zu der weiteren denkbaren Konzeption einer Kombination einer grundsätzlich unbestimmten Vertragslaufzeit mit einem Ausschluss der ordentlichen Kündigung für die ersten fünf Zeitjahre A. 10.00 Rz. 353). Die Formulierung berücksichtigt, dass es sich insoweit nach der Rechtsprechung des BFH zwingend um Zeitjahre handeln muss (vgl. A. 10.00 Rz. 352). Der Verweis auf § 6 Abs. 1 Satz 3 beachtet, dass sich der angenommene Starttermin der Organschaft bei Verzögerungen der Eintragung in das Handelsregister verschieben könnte (zeitliche „Gleitklausel", vgl. A. 10.00 Rz. 354). Satz 2 verhindert es, dass die Mindestlaufzeit evtl. organschaftsschädlich während eines laufenden Wirtschaftsjahrs endet (vgl. zu der entsprechenden Diskussion A. 10.00 Rz. 355 und die dortigen Hinweise auf die neuere BFH-Rechtsprechung).

25   **Abs. 2 Satz 4** ist ein lediglich klarstellender Hinweis auf das etwaige Erfordernis eines **Sonderbeschlusses** der außenstehenden Aktionäre im Fall einer ordentlichen Kündigung.

26   Das in **Abs. 3 Satz 1** angesprochene Recht zur **außerordentlichen, fristlosen Kündigung** kann vertraglich nicht abbedungen werden. **Satz 2** definiert einige wichtige Gründe iSd. Vertrages – und orientiert sich dabei an den in KStR 14.5 Abs. 6 Satz 2 beispielhaft genannten, damit steuerlich jedenfalls als solchen anerkannten wichtigen Gründen der „Veräußerung oder Einbringung der Organbeteiligung durch den Organträger, der Verschmelzung, Spaltung oder Liquidation des Organträgers oder der Organgesellschaft". Vgl. näher zur Empfehlung, die in den KStR aufgezählten wichtigen Gründe in den Vertragstext aufzunehmen und andererseits den Katalog der wichtigen Gründe nicht zu umfassend zu gestalten A. 10.00 Rz. 366. Insoweit hat das OLG München (31 Wx 163/11 v. 20.6.11, NZG 11, 867) eine vom Alleingesellschafter „ohne ersichtlichen objektiven Grund" beschlossene Auflösung der Organgesellschaft nicht als wichtigen Grund anerkannt; denn der kündigende Organträger habe den Tatbestand, auf den er die Kündigung stütze, selbst willkürlich geschaffen. Vgl. zur evtl. ertragsteuerlichen Schädlichkeit der „willkürlichen" Schaffung eines wichtigen Grunds A. 10.00 Rz. 364 f. und zu der uE unzutreffenden und daher vom BFH auch zu Recht abgelehnten Auffassung, dass schon die undifferenzierte vertragliche Erwähnung der Veräußerung ggf. organschaftsschädlich sein könnte, A. 10.00 Rz. 364 und Rz. 366.

Zu § 7 Salvatorische Klausel

§ 7 enthält eine umfassende salvatorische Klausel, mit einem Verweis auf § 14 KStG **27** in seiner jeweils geltenden Fassung als Auslegungshilfe.

A. 10.02 Beherrschungs- und Gewinnabführungsvertrag mit GmbH

Gliederung

I. FORMULAR

Formular A. 10.02 Beherrschungs- und Gewinnabführungsvertrag mit GmbH

BEHERRSCHUNGS- UND GEWINNABFÜHRUNGSVERTRAG

zwischen

M-GmbH, Bonn (AG Bonn, HRB 1234)   – nachfolgend M genannt –

und

T-GmbH, Bonn (AG Bonn, HRB 2345)   – nachfolgend T genannt –

§ 1 Beherrschung

Die T unterstellt die Leitung ihrer Gesellschaft der M. Die M ist demgemäß berechtigt, der Geschäftsführung der T hinsichtlich der Leitung der Gesellschaft Weisungen zu erteilen. Unbeschadet des Weisungsrechts obliegt die Geschäftsführung und die Vertretung der T weiterhin den Geschäftsführern der T.

§ 2 Gewinnabführung

(1) Die T verpflichtet sich, ihren ganzen Gewinn entsprechend allen Vorschriften des § 301 AktG in seiner jeweils gültigen Fassung an die M abzuführen.

(2) Während der Dauer dieses Vertrages gebildete andere Gewinnrücklagen sind auf Verlangen der M von der T aufzulösen und als Gewinn abzuführen.

(3) Die T kann mit Zustimmung der M Beträge aus dem Jahresüberschuss insoweit in die Gewinnrücklagen (§ 272 Abs. 3 HGB) einstellen, als dies handelsrechtlich zulässig und bei vernünftiger kaufmännischer Beurteilung wirtschaftlich begründet ist.

(4) Der Anspruch auf Gewinnabführung entsteht zum Ende des Geschäftsjahres der T. Er ist mit Wertstellung zu diesem Zeitpunkt fällig.

§ 3 Verlustübernahme

Die Vorschriften des § 302 AktG in seiner jeweils gültigen Fassung gelten entsprechend.

§ 4 Wirksamwerden und Dauer

(1) Der Vertrag wird mit seiner Eintragung in das Handelsregister der T wirksam. Der Vertrag gilt bezüglich § 1 für die Zeit ab Eintragung dieses Vertrages in das Handelsregister der T. Im Übrigen gilt er rückwirkend ab dem Beginn des Geschäftsjahres der T, in dem dieser Vertrag in das Handelsregister der T eingetragen wird.

(2) Der Vertrag wird für fünf Zeitjahre, gerechnet ab dem Beginn seiner Geltung nach Abs. 1 Satz 3 fest geschlossen. Sofern diese fünf Zeitjahre während eines laufenden Geschäftsjahres der T enden, verlängert sich die Mindestvertragsdauer nach Satz 1 bis zum Ablauf dieses Geschäftsjahres. Der Vertrag setzt sich danach auf unbestimmte Zeit fort, sofern er nicht unter Beachtung der vorstehenden Mindestvertragsdauer mit einer Frist von einem Monat schriftlich gekündigt wird.

(3) Darüber hinaus kann der Vertrag bei Vorliegen eines wichtigen Grundes ohne Einhaltung einer Kündigungsfrist schriftlich gekündigt werden. Ein wichtiger Grund liegt insbesondere auch dann vor, wenn die M nicht mehr mit der Mehrheit der Stimmrechte an der T beteiligt ist, die M die Anteile an der T veräußert oder einbringt, die M oder die T verschmolzen, gespalten oder liquidiert wird oder an der T iSd. § 307 AktG erstmals ein außenstehender Gesellschafter beteiligt wird.

§ 5 Schlussbestimmungen

(1) Sollten einzelne oder mehrere Bestimmungen dieses Vertrages unwirksam oder undurchführbar sein oder werden oder dieser Vertrag eine oder mehrere Regelungslücken enthalten, wird hierdurch die Gültigkeit der übrigen Bestimmungen dieses Vertrages nicht berührt. Statt der unwirksamen oder undurchführbaren Bestimmung soll eine Bestimmung gelten, die dem wirtschaftlichen Ergebnis der unwirksamen oder undurchführbaren Bestimmung in zulässiger Weise am nächsten kommt. Statt der lückenhaften Regelung soll eine Regelung gelten, die von den Parteien im Hinblick auf ihre wirtschaftliche Absicht getroffen worden wäre, wenn sie die Regelungslücke erkannt hätten.

(2) Bei der Auslegung einzelner Bestimmungen dieses Vertrages sind die Vorgaben der §§ 14 und 17 KStG in ihrer jeweils geltenden Fassung bzw. gegebenenfalls die entsprechenden Nachfolgeregelungen zu beachten. Soweit einzelne Bestimmungen dieses Vertrages mit § 3 in Konflikt stehen sollten, geht § 3 diesen Bestimmungen vor.

Bonn, den ....

Für die M-GmbH: Für die T-GmbH:

....
Geschäftsführer   Geschäftsführer

II. ERLÄUTERUNGEN

> **Erläuterungen zu A. 10.02 Beherrschungs- und Gewinnabführungsvertrag mit GmbH**

1. Grundsätzliche Anmerkungen

1   Das Formular betrifft einen kombinierten Beherrschungs- und Gewinnabführungsvertrag (Organschaftsvertrag) zwischen zwei GmbH M und T, wobei die Organgesellschaft T eine **100%-Tochter** der M ist. Schon deshalb enthält das Vertragsmuster keine Ausgleichs- oder Abfindungsregelungen. Bei Beteiligung nur von GmbHs ist nach zutreffender Ansicht nicht zwingend ein Vertragsbericht zu erstellen; eine Prüfung durch einen gerichtlich bestellten Vertragsprüfer entfällt bereits aufgrund des 100%igen Mutter-Tochterverhältnisses (§ 293b Abs. 1 Hs. 2 AktG). Der Zustimmungsbeschluss bei der Organgesellschaft ist notariell zu beurkunden, beim Organträger genügt ein privatschriftlich protokollierter Gesellschafterbeschluss. Anzumelden und einzutragen ist der Vertrag nur bei dem Handelsregister der Organgesellschaft.

Zur ertragsteuerlichen Organschaft allgemein s. zunächst die Erläuterungen unter
A.10.00 Rz. 1 ff.

2. Einzelerläuterungen

Zu § 1 Beherrschung

Die Beherrschungsabrede entspricht derjenigen für AG unter Formular A. 10.01 **2**
§ 1. An die Stelle des „Vorstands" tritt die „Geschäftsführung"; im Übrigen sind Änderungen für die GmbH nicht veranlasst. Auf A. 10.01 Rz. 2–6 wird verwiesen.

Zu § 2 Gewinnabführung

Die Gewinnabführungsabrede entspricht weitgehend derjenigen für AG im Formu- **3**
lar A.10.01 unter § 2, so dass zunächst auf A.10.01 Rz. 7 f. verwiesen wird.

Eine erste, rein sprachliche Änderung betrifft Abs. 1: Da § 301 AktG auf die GmbH
nicht direkt, sondern nur entsprechend anwendbar ist (vgl. § 17 Abs. 1 Satz 2 Nr. 1
KStG), verpflichtet sich die T auch nicht „gemäß", sondern nur „entsprechend" allen
Vorschriften des § 301 AktG zur Abführung ihres ganzen Gewinns. Zur steuerlichen
Bedeutung vgl. A. 10.01 Rz. 7. Die dynamische Bezugnahme auf § 301 AktG in seiner jeweils geltenden Fassung ist steuerlich kein „Formalerfordernis" des Vertrags (vgl.
A. 10.00 Rz. 213; anders jedoch betr. § 302 AktG, vgl. Rz. 5).

In Abs. 3 fehlt gegenüber dem Formular für die AG unter A. 10.01 § 2 der Hinweis **4**
auf die „gesetzlichen Rücklagen", da solche bei der GmbH anders als bei der AG
(§§ 300, 150 AktG) nicht existieren. Vgl. hierzu unter steuerlichen Gesichtspunkten
unter A. 10.00 Rz. 254.

Zu § 3 Verlustübernahme

Die Regelung zur Verlustübernahme entspricht derjenigen im Formular für AG un- **5**
ter A. 10.01 § 3. Während sie bei der AG jedoch nur klarstellend ist, ist sie für die
steuerliche Anerkennung eines Gewinnabführungsvertrages mit einer GmbH nach
Ansicht von BFH und Finanzverwaltung **zwingend erforderlich.** Daher wird – im
Gegensatz zum Muster für die AG – die entsprechende Anwendung ohne den
(Klammer)Zusatz „ggf." vereinbart. Vgl. hierzu A. 10.00 Rz. 230 ff. Die Musterformulierung erfolgt nach dem Konzept der schlichten Wiedergabe des Wortlauts des
§ 17 Abs. 1 Satz 2 Nr. 2 KStG über einen Verweis auf § 302 AktG erweitert um eine
Dynamisierung. Die in § 5 Abs. 2 Satz 2 vorgesehene Auslegungsregel soll die steuerlich notwendige Dynamisierung zusätzlich absichern (vgl. Rz. 11). Für nach dem
26.2.13 abgeschlossene Gewinnabführungsverträge ist dieses Konzept (schlichter Verweis und Dynamisierung) das einzige derzeit völlig rechtssichere Vorgehen (vgl.
A. 10.00 Rz. 239 f.). Da es nicht vollumfänglich ausgeschlossen werden kann, dass in
einer Regelung zur Entstehung und Fälligkeit (unzutreffend) ein der zwingenden Dynamisierung entgegenstehendes Element gesehen wird (s. näher *Stangl/Brühl* DB 13,
538, 540), wird auf eine diesbezügliche – ohnehin nur deklaratorische – Regelung
höchst vorsorglich verzichtet. Entsprechendes gilt für eine Regelung zur Nutzung von
während der Vertragslaufzeit gebildeten Gewinnrücklagen zum Ausgleich eines Jahresfehlbetrags (s. auch hierzu *Stangl/Brühl* aaO).

Zu § 4 Wirksamwerden und Dauer

Die Regelung entspricht grds. wörtlich derjenigen im Formular für AG unter **6**
A. 10.01 § 6. Auf A. 10.01 Rz. 23 ff. wird verwiesen.

Im Gegensatz zum Formular unter A. 10.01 enthält § 4 allerdings eine explizite Regelung zu Fällen, die mit denen des **§ 307 AktG** vergleichbar sind. Dies sind Sachverhalte, in denen an der Organgesellschaft – wie im Formular oben vorausgesetzt – zum
Zeitpunkt des Abschlusses des Beherrschungs- und Gewinnabführungsvertrags **keine
außenstehenden Gesellschafter** beteiligt sind und in denen sich zu einem späteren

Zeitpunkt solche außenstehenden Gesellschafter an der Organgesellschaft beteiligen. Diese Fälle kommen praktisch zB vor, wenn sich an einer Organgesellschaft später ein Joint-Venture-Partner beteiligen will. In diesen Fällen besteht vielfach ein praktisches Bedürfnis zur Beendigung des Gewinnabführungsvertrages.

7   **Gesellschaftsrechtlich** ist die entspr. Anwendung des § 307 AktG auf die GmbH umstritten (s. A. 10.00 Rz. 368). Hält man § 307 AktG bei einer GmbH für entspr. anwendbar, so endet der Gewinnabführungsvertrag spätestens zum Ende des Geschäftsjahres, in dem ein außenstehender Gesellschafter beteiligt ist. Hält man § 307 AktG hingegen nicht für entsprechend anwendbar, so kann eine Vertragsbeendigung per Aufhebung oder nach Maßgabe der Regelungen des Gewinnabführungsvertrags erfolgen. In letzterem Fall ist es denkbar, dass der Gewinnabführungsvertrag im Falle eines Beitritts außenstehender Gesellschafter **(a)** eine entsprechende Anwendung des § 307 AktG anordnet oder **(b)** eine außerordentliche Kündigung aus wichtigem Grund vorsieht. Im Fall **(a)** kommt es mit Ablauf des Jahres des Beitritts der außenstehenden Gesellschafter automatisch zu einer vertraglichen Beendigung des Gewinnabführungsvertrags. Im Fall **(b)** wird der Gewinnabführungsvertrag nur beendet, wenn die entspr. Kündigung ausgesprochen wird.

8   Kommt es im Falle des Beitritts außenstehender Gesellschafter zu einer Beendigung des Gewinnabführungsvertrags innerhalb der Fünfjahresfrist des § 14 Abs. 1 Satz 1 Nr. 3 Satz 1 KStG (vgl. hierzu A. 10.00 Rz. 351 ff.), so stellt sich **ertragsteuerlich** die Frage, ob es zu einem rückwirkenden Wegfall der Organschaft von Anfang an oder nur zu einem Wegfall der ertragsteuerlichen Organschaft ab dem Jahr der Vertragsbeendigung kommt (vgl. auch A. 10.00 Rz. 363 ff.). Teile des Schrifttums verneinen einen retroaktiven Wegfall der ertragsteuerlichen Organschaft von Anfang an in diesem Zusammenhang nur dann, wenn eine Vertragsbeendigung gemäß § 307 AktG in dem Gewinnabführungsvertrag vereinbart ist, da nur dann ein wichtiger Grund vorläge (vgl. A. 10.00 Rz. 368). Allerdings lässt das Schrifttum die Frage offen, ob der Vertrag hierfür eine entsprechende Anwendung des § 307 AktG oder nur eine entspr. Kündigungsmöglichkeit (s. Rz. 7 Fälle (a) und (b)) vorsehen muss. Die Qualifikation als „**wichtiger Grund**" bietet hierfür keine hinreichende Klarheit, da dieser nicht nur für die Vertragsbeendigung im Wege der Kündigung gefordert wird (vgl. A. 10.00 Rz. 363).

9   Das Vertragsmuster ordnet den Beitritt außenstehender Gesellschafter als wichtigen Grund zur außerordentlichen Kündigung des Gewinnabführungsvertrags ein (Rz. 7 Fall (b)). Dies sollte vor dem Hintergrund, dass der wichtige Grund neben der Kündigung (§ 14 Abs. 1 Satz 1 Nr. 3 Satz 2 KStG) auch für eine Vertragsbeendigung qua Gesetz diskutiert wird (vgl. A. 10.00 Rz. 367 f.) auch im Hinblick auf die vorstehende Schrifttumsauffassung als ausreichend zu qualifizieren sein. Eine gewisse **Rechtsunsicherheit** verbleibt allerdings, womit je nach Bedeutung der Organschaft für den zu entscheidenden Fall vor einer Vertragsbeendigung eine Klärung der ertragsteuerlichen Folgen des Beitritts außenstehender Gesellschafter mit der FinVerw. im Rahmen einer **verbindlichen Auskunft** versucht werden sollte. Die Bezugnahme auf § 307 AktG sollte uE selbst in dem Fall nicht organschaftsschädlich sein, in dem in dem Beitritt außenstehender Gesellschafter – uE unzutreffend – kein wichtiger Grund iSd. § 14 Abs. 1 Satz 1 Nr. 3 Satz 2 KStG gesehen wird (s. auch A. 10.00 Rz. 364 und Rz. 366).

Zu § 5 Schlussbestimmungen

10   Die salvatorische Klausel in **§ 5 Abs. 1** des Musters entspricht derjenigen im Formular für AG unter A. 10.01 § 7 Satz 1 bis 3.

11   **§ 5 Abs. 2 Satz 1** des Musters entspricht der Auslegungsregel im Formular für AG unter A. 10.01 § 7 Satz 4, wobei jedoch im letzten Satz für die Auslegung zusätzlich auch auf die Vorgaben des § 17 KStG verwiesen wird. Dies ist zB vor dem Hinter-

grund der Diskussion bzgl. § 17 Abs. 1 Satz 2 Nr. 2 KStG von Bedeutung (vgl. A. 10.00 Rz. 230 ff. und oben Rz. 5). **§ 5 Abs. 2 Satz 2** des Musters enthält eine besondere Auslegungsregelung, wonach der dynamische Verweis auf § 302 AktG im Zweifel einer anderen der Dynamik entgegenstehenden Vertragsbestimmung vorgeht. Dies soll klarstellen, dass die Dynamik immer Vorrang hat und somit auch sämtliche künftig denkbaren Änderungen des § 302 AktG von § 3 des Musters erfasst werden. Eine solche Regelung ist zwar unseres Erachtens nicht notwendig (vgl. *Stangl/Brühl* DB 13, 538, 540), dennoch wird sie rein vorsorglich in das Muster aufgenommen (vgl. auch Rz. 5).

A. 10.03 Gewinnabführungsvertrag mit GmbH

Gliederung

I. FORMULAR

Formular A. 10.03 Gewinnabführungsvertrag mit GmbH

GEWINNABFÜHRUNGSVERTRAG

zwischen

M-AG, Bonn (AG Bonn, HRB 1234) – nachfolgend M genannt –

und

T-GmbH, Bonn (AG Bonn, HRB 2345) – nachfolgend T genannt –

§ 1 Gewinnabführung

(1) Die T verpflichtet sich, ihren ganzen Gewinn entsprechend allen Vorschriften des § 301 AktG in seiner jeweils gültigen Fassung an die M abzuführen.

(2) Während der Dauer dieses Vertrages gebildete andere Gewinnrücklagen sind auf Verlangen der M von der T aufzulösen und als Gewinn abzuführen.

(3) Die T kann mit Zustimmung der M Beträge aus dem Jahresüberschuss insoweit in die Gewinnrücklagen (§ 272 Abs. 3 HGB) einstellen, als dies handelsrechtlich zulässig und bei vernünftiger kaufmännischer Beurteilung wirtschaftlich begründet ist.

(4) Der Anspruch auf Gewinnabführung entsteht zum Ende des Geschäftsjahres der T. Er ist mit Wertstellung zu diesem Zeitpunkt fällig.

§ 2 Verlustübernahme

Die Vorschriften des § 302 AktG in seiner jeweils gültigen Fassung gelten entsprechend.

§ 3 Wirksamwerden und Dauer

(1) Der Vertrag wird mit seiner Eintragung in das Handelsregister der T wirksam. Der Vertrag gilt rückwirkend ab dem Beginn des Geschäftsjahres der T, in dem dieser Vertrag in das Handelsregister der T eingetragen wird.

(2) Der Vertrag wird für fünf Zeitjahre, gerechnet ab dem Beginn seiner Geltung nach Abs. 1 Satz 2 fest geschlossen. Sofern diese fünf Zeitjahre während eines laufenden Geschäftsjahres der T enden, verlängert sich die Mindestvertragsdauer nach Satz 1 bis zum Ablauf dieses Geschäftsjahres. Der Vertrag setzt sich danach auf unbestimmte Zeit fort, sofern er nicht unter Beachtung der vorstehenden Mindestvertragsdauer mit einer Frist von einem Monat schriftlich gekündigt wird.

(3) Darüber hinaus kann der Vertrag bei Vorliegen eines wichtigen Grundes ohne Einhaltung einer Kündigungsfrist schriftlich gekündigt werden. Ein wichtiger Grund liegt insbesondere auch dann vor, wenn die M nicht mehr mit der Mehrheit der Stimmrechte an der T beteiligt ist, die M die Anteile an der T veräußert oder einbringt, die M oder die T verschmolzen, gespalten oder liquidiert wird oder an der T iSd. § 307 AktG erstmals ein außenstehender Gesellschafter beteiligt wird.

§ 4 Schlussbestimmung

(1) Sollten einzelne oder mehrere Bestimmungen dieses Vertrages unwirksam oder undurchführbar sein oder werden oder dieser Vertrag eine oder mehrere Regelungslücken enthalten, wird hierdurch die Gültigkeit der übrigen Bestimmungen dieses Vertrages nicht berührt. Statt der unwirksamen oder undurchführbaren Bestimmung soll eine Bestimmung gelten, die dem wirtschaftlichen Ergebnis der unwirksamen oder undurchführbaren Bestimmung in zulässiger Weise am nächsten kommt. Statt der lückenhaften Regelung soll eine Regelung gelten, die von den Parteien im Hinblick auf ihre wirtschaftliche Absicht getroffen worden wäre, wenn sie die Regelungslücke erkannt hätten.

(2) Bei der Auslegung einzelner Bestimmungen dieses Vertrages sind die Vorgaben der §§ 14 und 17 KStG in ihrer jeweils geltenden Fassung bzw. gegebenenfalls die entsprechenden Nachfolgeregelungen zu beachten. Soweit einzelne Bestimmungen dieses Vertrages mit § 2 in Konflikt stehen sollten, geht § 2 diesen Bestimmungen vor.

Bonn, den ....

Für die M-AG:

....

Vorstand

Für die T-GmbH:

....

Geschäftsführer

II. ERLÄUTERUNGEN

Erläuterungen zu A. 10.03 Gewinnabführungsvertrag mit GmbH

1. Grundsätzliche Anmerkungen

1 Das Formular betrifft einen isolierten Gewinnabführungsvertrag (ohne gleichzeitige Beherrschungsabrede) zwischen der M-AG als Organträger und ihrer **100%-Tochter** T-GmbH als Organgesellschaft. Schon deshalb enthält das Vertragsmuster keine Ausgleichs- oder Abfindungsregelungen. Die M-AG ist eine Einmann-AG, weshalb auch bei ihr auf einen Vertragsbericht verzichtet werden kann; eine Prüfung durch einen gerichtlich bestellten Vertragsprüfer entfällt bereits wegen des 100%igen Mutter-Tochterverhältnisses (§ 293b Abs. 1 Hs. 2 AktG). Beide Zustimmungsbeschlüsse sind hier notariell zu beurkunden: Bei der Organgesellschaft als Satzungsänderung, beim Organträger dagegen aufgrund der Rechtsform „AG". Anzumelden und einzutragen ist der Vertrag nur bei dem Handelsregister der Organgesellschaft.

S. zur ertragsteuerlichen Organschaft allgemein zunächst die Erläuterungen unter A. 10.00 Rz. 1 ff.

2. Einzelerläuterungen

Zu § 1 Gewinnabführung

Die Gewinnabführungsabrede entspricht derjenigen im Formular unter A. 10.02 **2**
§ 2. Auf die dortigen GmbH-spezifischen Erläuterungen unter A. 10.02 Rz. 3 f. sowie
auf die grundsätzlichen Erläuterungen unter A. 10.00 Rz. 170 ff. wird verwiesen.

Zu § 2 Verlustübernahme

Die Regelung zur Verlustübernahme entspricht wörtlich derjenigen im Formular **3**
unter A. 10.02 § 3. Während sie bei der AG nur klarstellend ist, ist sie für die steuerliche Anerkennung eines Gewinnabführungsvertrages mit einer GmbH nach Ansicht
von BFH und Finanzverwaltung **zwingend erforderlich.** Vgl. hierzu A. 10.00
Rz. 230 ff. Die Musterformulierung erfolgt nach dem einfachen Konzept der schlichten Wiedergabe des Wortlauts des § 17 Abs. 1 Satz 2 Nr. 2 KStG unter Verweis
auf § 302 AktG zuzüglich Dynamisierung. Dies ist für nach dem 26.2.13 abgeschlossene Verträge das nach hM sicherste Vorgehen (vgl. A. 10.00 Rz. 239 und A. 10.02
Rz. 5).

Zu § 3 Wirksamwerden und Dauer

Die Regelung entspricht weitgehend derjenigen im Formular unter A. 10.02 § 4. **4**
Abs. 1 Satz 1 ist lediglich klarstellend (§ 294 AktG analog bzw. § 54 GmbHG). Satz 2
trägt der Tatsache Rechnung, dass eine Rückwirkung im Hinblick auf die Gewinnabführung zivilrechtlich und steuerlich möglich ist: Das Einkommen der Organgesellschaft ist dem Organträger erstmals für das Kalenderjahr zuzurechnen, in dem das
Wirtschaftsjahr der Organgesellschaft endet, in dem der Gewinnabführungsvertrag
wirksam wird, § 14 Abs. 1 Satz 2 KStG (vgl. hierzu aus gesellschaftsrechtlicher Sicht
A. 10.00 Rz. 143). Die variable Formulierung berücksichtigt, dass sich die Eintragung
des Unternehmensvertrages in das Handelsregister evtl. verzögern könnte und deshalb
nicht mit festen Jahreszahlen gearbeitet werden sollte, was va. unter steuerlichen Gesichtspunkten im Hinblick auf die Fünfjahresfrist des § 14 Abs. 1 Satz 1 Nr. 3 Satz 1
KStG von Bedeutung ist (vgl. A. 10.00 Rz. 354). Satz 2 verhindert, dass die Mindestlaufzeit evtl. organschaftsschädlich während eines laufenden Wirtschaftsjahres endet
(vgl. zu der entsprechenden Diskussion A. 10.00 Rz. 355 und die dortigen Hinweise
auf die neue BFH-Rechtsprechung; s. auch A. 10.01 Rz. 24).

Abs. 2 entspricht der Regelung im Formular unter A. 10.01 § 6 Abs. 2. Auf die **5**
entsprechenden Erläuterungen zu A. 10.01 Rz. 24 wird verwiesen.

Für Abs. 3 wird auf A. 10.01 Rz. 26 verwiesen.

Zu § 4 Schlussbestimmung

Die Schlussbestimmung entspricht derjenigen im Formular unter A. 10.02 § 5. **6**

A. 10.04 Beherrschungsvertrag mit GmbH

Gliederung

I. FORMULAR

Formular A. 10.04 Beherrschungsvertrag mit GmbH

BEHERRSCHUNGSVERTRAG

zwischen

M-GmbH, Bonn (AG Bonn, HRB 1234)   – nachfolgend M genannt –

und

T-GmbH, Bonn (AG Bonn, HRB 2345)   – nachfolgend T genannt –

§ 1 Beherrschung

Die T unterstellt die Leitung ihrer Gesellschaft der M. Die M ist demgemäß berechtigt, der Geschäftsführung der T hinsichtlich der Leitung der Gesellschaft Weisungen zu erteilen. Unbeschadet des Weisungsrechts obliegt die Geschäftsführung und die Vertretung der T weiterhin den Geschäftsführern der T.

§ 2 Verlustübernahme

Die Vorschriften des § 302 AktG in seiner jeweils gültigen Fassung gelten entsprechend.

§ 3 Wirksamwerden und Dauer

(1) Der Vertrag wird mit seiner Eintragung in das Handelsregister der T wirksam. Der Vertrag gilt bezüglich § 1 für die Zeit ab Eintragung dieses Vertrages in das Handelsregister der T und im Übrigen rückwirkend ab dem Beginn des Geschäftsjahres der T, in dem dieser Vertrag in das Handelsregister der T eingetragen wird.

(2) Der Vertrag ist auf unbestimmte Zeit geschlossen. Er kann ordentlich mit einer Frist von einem Monat zum Ende eines jeden Geschäftsjahres der T schriftlich gekündigt werden.

(3) Darüber hinaus kann der Vertrag bei Vorliegen eines wichtigen Grundes ohne Einhaltung einer Kündigungsfrist schriftlich gekündigt werden. Ein wichtiger Grund liegt insbesondere auch dann vor, wenn die M nicht mehr mit der Mehrheit der Stimmrechte an der T beteiligt ist, die M die Anteile an der T veräußert oder einbringt oder die M oder die T verschmolzen, gespalten oder liquidiert wird oder an der T iSd. § 307 AktG erstmals ein außen stehender Gesellschafter beteiligt wird.

§ 4 Salvatorische Klausel

Sollten einzelne oder mehrere Bestimmungen dieses Vertrages unwirksam oder undurchführbar sein oder werden oder dieser Vertrag eine oder mehrere Regelungslücken enthalten, wird hierdurch die Gültigkeit der übrigen Bestimmungen dieses Vertrages nicht berührt. Statt der unwirksamen oder undurchführbaren Bestimmung soll eine Bestimmung gelten, die dem wirtschaftlichen Ergebnis der unwirksamen oder undurchführbaren Bestimmung in zulässiger Weise am nächsten kommt. Statt der lückenhaften Regelung soll eine Regelung gelten, die von den Parteien im Hinblick auf ihre wirtschaftliche Absicht getroffen worden wäre, wenn sie die Regelungslücke erkannt hätten.

II. ERLÄUTERUNGEN

Erläuterungen zu A. 10.04 Beherrschungsvertrag mit GmbH

---

1. Grundsätzliche Anmerkungen

1   Das Formular betrifft einen reinen Beherrschungsvertrag mit einer 100%igen Tochter-GmbH. Schon deshalb enthält das Vertragsmuster keine Ausgleichs- oder Abfin-

dungsregelungen. Die Mutter-GmbH und ihre Gesellschafter können auf einen evtl. entsprechend § 293a AktG erforderlichen Vertragsbericht verzichten; eine etwaige Vertragsprüfung entfällt bereits entsprechend § 293b Abs. 1 AktG. Der Zustimmungsbeschluss kann bei der Mutter-GmbH privatschriftlich gefasst werden, bei der Tochter-GmbH ist er als Satzungsänderung zu beurkunden. Anzumelden und einzutragen ist der Vertrag nur bei dem Handelsregister der Tochter-GmbH.

Der Beherrschungsvertrag gemäß § 291 Abs. 1 Satz 1, 1. Alt. AktG dient der **Kon-** 2
zernsteuerung (A. 10.00 Rz. 40 ff.). Mit einer abhängigen GmbH wird er isoliert nur selten abgeschlossen, weil hier die Geschäftsführer bereits kraft Gesetzes an Weisungen der Gesellschafterversammlung gebunden sind (§ 37 Abs. 1 GmbHG). Jedoch kann der Beherrschungsvertrag zumindest in der **mehrgliedrigen GmbH** organisatorische Vorteile bieten, da es für die Ausübung des Weisungsrechtes nicht mehr des Umwegs über die Gesellschafterversammlung bedarf (*Keßler* Handbuch des GmbH-Konzerns, 2004 Rz. A 84) und die Beherrschungsabrede insbesondere auch *nachteilige* Weisungen erlaubt (§ 308 AktG). Ferner befreit das Bestehen eines Beherrschungsvertrages von der Beachtung der Kapitalerhaltungsvorschriften (§ 30 Abs. 1 Satz 2 GmbHG; näher *Winter* DStR 07, 1484, 1489 ff.). Zu mitbestimmungsrechtlichen Konsequenzen (§ 2 Abs. 2 DrittelbG) vgl. A. 10.00 Rz. 42.

Vgl. **zivilrechtlich** A. 10.00 Rz. 104 ff. zum Abschluss von Unternehmensverträ- 3
gen sowie A. 10.00 Rz. 51 ff. zu den GmbH-spezifischen Besonderheiten, insbesondere zur analogen Anwendbarkeit der §§ 291 ff. AktG auf die GmbH.

Steuerlich hat der Beherrschungsvertrag für die Anerkennung einer körperschaft- 4
und gewerbesteuerlichen Organschaft keine Bedeutung. Ohne einen Gewinnabführungsvertrag entsteht kein ertragsteuerliches Organschaftsverhältnis, und die mit einem Gewinnabführungsvertrag verbundenen steuerlichen Vorgaben spielen beim reinen Beherrschungsvertrag keine Rolle. Damit ist die mit dem isolierten Beherrschungsvertrag dennoch verbundene Verlustübernahme nach § 302 AktG analog nach allgemeinen ertragsteuerlichen Grundsätzen zu behandeln. Besteht zwischen Ober- und Untergesellschaft kein Beteiligungsverhältnis, so soll der Verlustausgleich auf der Ebene der Obergesellschaft eine steuerlich sofort abzugsfähige Betriebsausgabe sein (*H/H/R/Rosenberg* § 5 EStG Rz. 1386). Ist die Obergesellschaft hingegen an der Untergesellschaft beteiligt, so ist die Verlustübernahme ertragsteuerlich zumindest grundsätzlich als **(verdeckte) Einlage** der Ober- in die Untergesellschaft zu behandeln (*H/H/R/Rosenberg* § 5 EStG Rz. 1386, der eine Ausnahme hiervon bejaht, wenn der Verlustausgleich einem Fremdvergleich standhält). Der isolierte Beherrschungsvertrag kann nach zutreffender Ansicht der Rechtsprechung und der Finanzverwaltung zur Herstellung bzw. Absicherung einer organisatorischen Eingliederung im Hinblick auf die **umsatzsteuerliche Organschaft** dienen (BFH V R 7/16 v. 10.5.17, DStR 17, 1415; UStAE 2.8 Abs. 10 Satz 4 bis 6).

2. Einzelerläuterungen

Zu § 1 Beherrschung

Die Beherrschungsabrede entspricht derjenigen in Formular A. 10.01 § 1. An die 5
Stelle des „Vorstands" tritt die „Geschäftsführung"; im Übrigen sind Änderungen für die GmbH nicht veranlasst. Auf die Erläuterungen zu A. 10.01 Rz. 2 ff. wird verwiesen.

Zu § 2 Verlustübernahme

Die Regelung zur Verlustübernahme entspricht wörtlich derjenigen in Formular 6
A. 10.01 § 3. Zivilrechtlich ist sie nicht zwingend erforderlich, da die Verlustübernahmepflicht unlösbar mit dem Abschluss des Unternehmensvertrages verbunden ist (heute allgem. Meinung, zB BGH II ZB 7/88 v. 24.10.88, BGHZ 105, 324, 334

„Supermarkt"), auch ohne ausdrückliche Regelung. Auch die steuerlichen Vorgaben des § 17 Abs. 1 Satz 2 Nr. 2 KStG betreffen nur den Gewinnabführungsvertrag, nicht auch den isolierten Beherrschungsvertrag. Ertragsteuerlich führt die Verlustübernahme zu einer (verdeckten) Einlage (vgl. Rz. 4).

Zu § 3 Wirksamwerden und Dauer

7   Die Regelung entspricht weitgehend derjenigen in Formular A. 10.01 § 6. Es wird daher zunächst auf die Erläuterungen zu A. 10.01 Rz. 23 ff. verwiesen.

Das herrschende Unternehmen muss sämtliche Verluste übernehmen, die in den „Jahresfehlbetrag" eingehen, bei unterjährigem Beginn damit auch vorvertragliche Verluste des laufenden Jahres. Dies gilt schon deshalb, weil sich vor- und nachvertragliche Verluste ohne weitere Vorkehrungen nicht abgrenzen lassen (*Schmidt/Lutter/ Stephan* § 302 AktG Rz. 33: typisierte Vertragsauslegung). Das herrschende Unternehmen kann sich dem entziehen, indem es die abhängige Gesellschaft veranlasst, bis zum Stichtag des Inkrafttretens des Beherrschungsvertrages ein **Rumpfgeschäftsjahr** zu bilden. Verlangt wird insoweit nicht durchgehend die Änderung des satzungsmäßigen Geschäftsjahres, ggf. genügt bereits die Erstellung einer Zwischenbilanz (*Münch-KommAktG/Altmeppen* § 302 AktG Rz. 21; *Schmidt/Lutter/Stephan* § 302 AktG Rz. 34 unter Hinweis auf § 296 Abs. 1 Satz 1 AktG, „sonst vertraglich bestimmter Abrechnungszeitraum"). Zulässig wäre auch die Vereinbarung eines **späteren Anfangstermins,** damit ein Inkrafttreten zum Beginn des nachfolgenden Geschäftsjahres (*Hüffer/Koch* § 294 AktG Rz. 18; *Schmidt/Lutter/Stephan* § 302 AktG Rz. 34).

Da die fünfjährige Mindestfrist des § 14 Abs. 1 Satz 1 Nr. 3 Satz 1 KStG für den isolierten Beherrschungsvertrag keine Rolle spielt, erlaubt Abs. 2 Satz 2 des Formulars die Kündigung zum Ende eines jeden Geschäftsjahres.

Zu § 4 Salvatorische Klausel

8   Die salvatorische Klausel entspricht derjenigen in Formular A. 10.02 § 5 Abs. 1. § 5 Abs. 2 mit dem Hinweis auf die nur für die ertragsteuerliche Organschaft bedeutsamen Vorgaben der §§ 14 und 17 KStG und des Dynamisierungsvorrangs entfällt.

A. 10.05 Teilgewinnabführungsvertrag mit AG

Gliederung

I. FORMULAR

Formular A. 10.05 Teilgewinnabführungsvertrag mit AG

TEILGEWINNABFÜHRUNGSVERTRAG

zwischen

der A-AG

vertreten durch ......

und

der B-GmbH

vertreten durch ......

§ 1 Gewinnabführung

(1) Die A-AG verpflichtet sich, die Hälfte ihres Jahresgewinns an die B-GmbH abzuführen.

(2) Der Jahresgewinn der A-AG ist nach den Grundsätzen ordnungsmäßiger Buchführung und den handelsrechtlichen Vorschriften über die Gewinnermittlung unter Beachtung der Vorschriften der §§ 301, 300 Nr. 2 AktG zu ermitteln.

(3) Die B-GmbH ist berechtigt, bei der Erstellung der Bilanz der A-AG mitzuwirken, um die Einhaltung der o. a. Grundsätze zu sichern.

§ 2 Fälligkeit

Der Anspruch der B-GmbH auf die Abführung des Teilgewinns entsteht mit dem Tage, an dem die Hauptversammlung der A-AG den Jahresabschluss feststellt.

§ 3 Entgelt

Die B-GmbH verpflichtet sich, an die A-AG ein jährliches festes Entgelt in Höhe von ...... € zu entrichten. Das Entgelt wird fällig an dem Tage, an dem die Hauptversammlung der A-AG den Jahresabschluss feststellt.

§ 4 Vertragsdauer

Dieser Vertrag ist erstmals für das Geschäftsjahr ...... anzuwenden. Er wird auf unbestimmte Zeit geschlossen. Der Vertrag kann von beiden Seiten mit einer Frist von einem halben Jahr zum Ablauf eines jeden Jahres schriftlich gekündigt werden.

§ 5 Schlussvorschriften

Sollten einzelne oder mehrere Bestimmungen dieses Vertrages unwirksam oder undurchführbar sein oder werden oder sollte dieser Vertrag eine oder mehrere Regelungslücken enthalten, wird hierdurch die Gültigkeit der übrigen Bestimmungen dieses Vertrages nicht berührt. Statt der unwirksamen oder undurchführbaren Bestimmung soll eine Bestimmung gelten, die dem wirtschaftlichen Ergebnis der unwirksamen oder undurchführbaren Bestimmung in zulässiger Weise am nächsten kommt. Statt der lückenhaften Regelung soll eine Regelung gelten, die von den Parteien im Hinblick auf ihre wirtschaftliche Absicht getroffen worden wäre, wenn sie die Regelungslücke erkannt hätten.

II. ERLÄUTERUNGEN

Erläuterungen zu A. 10.05 Teilgewinnabführungsvertrag mit AG

Schrifttum: *Berninger* Errichtung einer stillen Gesellschaft an einer Tochter-AG, DB 04, 297; *Böhmer,* Die deutsche Besteuerung grenzüberschreitender Unternehmensverträge, 1991; *Habersack* Festvergütung des stillen Gesellschafters – ein Problem des § 301 AktG? in: FS Happ, 2006, S. 49; *Lieder/Wernert,* Der Teilgewinnabführungsvertrag im Recht der GmbH, NZG 20, 361; *Priester,* Der Abschluss von Teilgewinnabführungsverträgen im GmbH-Recht, NZG 20, 1; *Reuter* Die Besteuerung der verbundenen Unternehmen, S. 210 ff., 355 ff.; *Rubel* Konzerneinbindung einer UG (haftungsbeschränkt) durch Gewinnabführungsverträge, GmbHR 10, 470; *Schulte/Waechter* Atypische stille Beteiligungen und § 294 AktG – neue Fassung, alte Probleme?, GmbHR 02, 189.

1. Wirtschaftliche Vertragsziele

Durch den Teilgewinnabführungsvertrag soll ein anderer den Gewinn eines Unter- 1 nehmens (nicht zur Gänze, dann liegt ein Gewinnabführungsvertrag vor) sondern (nur) zu einem Teil erhalten. Einzelzwecke können sein: beim abführenden Unternehmen Risikominderung und Verstetigung des eigenen Einkommens, wenn der andere ein festes Entgelt zahlt; beim anderen die Teilhabe an der fremden Gewinnchance. Teilgewinnabführungsverträge können auch der Beteiligung der gesamten Arbeitnehmerschaft am Unternehmensgewinn dienen. Die Teilgewinnabführung kann auch die Gegenleistung für die Inanspruchnahme von Finanzierungsmitteln darstellen (partiarisches Darlehen). In der Rechtswirklichkeit kommen Teilgewinnabführungsverträge fast nur als stille Beteiligung vor.

2. Zivilrecht

2   § 292 Abs. 1 Nr. 2 AktG zählt den Teilgewinnabführungsvertrag zu den („anderen") Unternehmensverträgen (vgl. A. 10.00 Rz. 107). **Inhalt des Vertrages** ist, dass sich ein Unternehmen verpflichtet, einen Teil seines Gewinns oder den Gewinn einzelner seiner Betriebe ganz oder zum Teil an einen anderen abzuführen. Obwohl unter diese Definition fallend, sind Gewinnbeteiligungsverträge mit Vorstands-, Aufsichtsratsmitgliedern oder einzelnen Arbeitnehmern (Tantiemeverträge) sowie Gewinnbeteiligungen im Rahmen von Verträgen des laufenden Geschäftsverkehrs oder Lizenzverträgen keine Teilgewinnabführungsverträge (§ 292 Abs. 2 AktG). Eine Gewinnbeteiligung der gesamten Belegschaft ist dagegen Teilgewinnabführung im oa. Sinne (*Emmerich/Habersack* § 292 AktG Rz. 34). Nach einheller Auffassung sind **stille Beteiligungen** an einer AG konzernrechtlich als Teilgewinnabführungsvertrag gem. § 292 Abs. 1 Nr. 2 AktG anzusehen (BGH II ZR 123/05 v. 8.5.06, BB 06, 1405; BGH II ZR 109/02 v. 21.7.03, DStR 03, 2031). Dies gilt auch bei atypisch stillen Beteiligungen (*Hüffer/Koch* § 292 AktG Rz. 15).

3   Kennzeichnendes Merkmal ist die Abführung des **Periodengewinns**, entweder des ganzen Unternehmens oder eines seiner Betriebe, nicht des Gewinns aus einem oder mehreren Geschäften (dann liegt ein Metageschäft vor, vgl. Formular A. 7.01). Entgeltlichkeit ist zwar kein zwingendes Merkmal (hM, etwa *Hüffer/Koch* § 292 AktG Rz. 14; **aA** *Spindler/Stilz/Veil* § 292 AktG Rz. 18 ff.); gegenüber Fremden wird Unentgeltlichkeit aber praktisch nicht vorkommen.

4   Eine **Aktiengesellschaft** oder KGaA darf einen Teilgewinnabführungsvertrag mit einem Aktionär nur schließen, wenn der Vertrag für die Gesellschaft eine angemessene Gegenleistung vorsieht. Sonst ist, wenn die Gesellschaft von dem Aktionär abhängig ist, gemäß § 311 AktG Nachteilsausgleich bzw. gemäß §§ 317, 318 AktG Schadensersatz zu leisten. Im Übrigen sind die §§ 57, 58 und 60 AktG anwendbar; sie führen bei Fehlen einer angemessenen Gegenleistung zur Nichtigkeit des Teilgewinnabführungsvertrages (§ 134 BGB; vgl. OLG Düsseldorf 17 U 201/95 v. 12.7.96, AG 96, 473; *Münch Hdb GesR Bd. 4/Krieger* § 73 Rz. 23).

5   Bei der abführenden Aktiengesellschaft bedarf der Vertrag als („anderer") Unternehmensvertrag der Zustimmung der Hauptversammlung mit einer $^3/_4$-Mehrheit gem. § 293 Abs. 1 Satz 2 AktG sowie der Eintragung im Handelsregister gem. § 294 AktG, wobei der Gesetzgeber im Falle einer Vielzahl von Eintragungen von stillen Anlegern ein vereinfachtes Handelsregisterverfahren in § 294 Abs. 1 Satz 1 2. Halbs. AktG eingeführt hat (*Schulte/Waechter* GmbHR 02, 189). Ist über mehrere stille Beteiligungen auf einer Hauptversammlung abzustimmen, so ist eine sog. Blockabstimmung zulässig, wenn sie sachlich zusammenhängen (BGH II ZR 109/02 v. 21.7.03, DStR 03, 2031). Das OLG München hat zudem eine Berichtspflicht des Vorstands nach § 293a Abs. 1 AktG bejaht (OLG München 5 HKO 13585/09 v. 5.11.09, ZIP 10, 522 zu einem stillen Beteiligungsvertrag).

6   Die Teilgewinnabführung verpflichtet weder zur **Verlustübernahme** noch zur Leistung eines angemessenen **Ausgleichs** und einer angemessenen Abfindung an außenstehende Aktionäre. Durch Abschluss eines Teilgewinnabführungsvertrages können folglich die – mit einer Abführung des ganzen Gewinns zwingend verbundenen – Rechtsfolgen der §§ 302 ff. AktG vermieden werden; dies allerdings um den Preis der fehlenden körperschaft- und gewerbesteuerlichen Organschaft (s. Rz. 10, 13).

Außer AG und KGaA können sich auch Unternehmen anderer Rechtsform zur 7 Teilgewinnabführung verpflichten, insbesondere die **GmbH.** BGH II ZR 175/18 v. 16.7.19, NZG 19, 1149; dazu *Lieder/Wernert* NZG 20, 361 und *Priester* NZG 20, 1) hat hierzu entschieden, dass die Wirksamkeit eines Teilgewinnabführungsvertrages mit einer abführungspflichtigen GmbH im Grundsatz weder von der Zustimmung der Gesellschafterversammlung noch der Eintragung in das Handelsregister abhängt. S. auch schon BayObLG 3 Z BR 233/02 v. 18.2.03, DStR 03, 1218; OLG München 31 Wx 68/11 v. 17.3.11, DB 11, 1912. Für die **UG (haftungsbeschränkt)** ist streitig, ob das Thesaurierungsgebot in § 5a Abs. 3 Satz 1 GmbHG eine Abführung des ganzen Gewinns iSd. § 291 AktG überhaupt zuließe (*Rubel* GmbHR 10, 470, vgl. hierzu A. 10.00 Rz. 113).

Der **empfangende Vertragsteil** braucht kein Unternehmen, sondern kann eine 8 sonstige Person oder ein Personenzusammenschluss sein. Auch Teilgewinnabführungsverträge mit ausländischen Partnern sind grundsätzlich möglich. Zur Anwendung der §§ 292 ff. AktG muss die abführende AG oder KGaA ihren Sitz im Inland haben (*Kölner Komm./Koppensteiner* § 292 Rz. 4).

(frei) 9

3. Steuerrecht

Die **einkommensteuer-/körperschaftsteuerliche** Behandlung des Teilgewinn- 10 abführungsvertrages ist unsicher. Anerkannt ist lediglich, dass ein Teilgewinnabführungsvertrag nicht die Voraussetzungen der körperschaftsteuerlichen Organschaft gemäß § 14 KStG erfüllt (*Bott/Walter/Walter* § 14 KStG Rz. 584), weil sich die organschaftlichen Rechtsfolgen nur für Verträge ergeben, die auf die Abführung des ganzen Gewinns gerichtet sind. Ein Teilgewinnabführungsvertrag mit einem Gesellschafter wird zum Teil als „verunglückte Organschaft" gewertet (*Knepper* BB 82, 2064; zu den Folgen *Gonella/Starke* DB 96, 248). Klar ist, dass die Parteien des Vertrages **selbstständige Steuerrechtssubjekte** bleiben. Sie bilden keine Mitunternehmerschaft. Ausnahme: Atypische stille Gesellschaft (= Mitunternehmerschaft), wenn man die stille Gesellschaft als Teilgewinnabführung ansieht (vgl. hierzu A. 10.00 Rz. 179).

Im Hinblick auf seinen schuldrechtlichen Charakter ist der Teilgewinnabführungs- 11 vertrag uE auch steuerlich anzuerkennen, woraus folgt: Der abgeführte Gewinnanteil mindert als Betriebsausgabe den Gewinn des abführenden Unternehmens (wenn man in der stillen Gesellschaft einen Teilgewinnabführungsvertrag sieht, ist das für die typische stille Gesellschaft auch steuerlich seit jeher anerkannt). Das empfangende Unternehmen vereinnahmt eine gewinnerhöhende Betriebseinnahme. Wenn die Teilgewinnabführung an die gesamte Belegschaft des Unternehmens geht, begründet sie bei den Arbeitnehmern Einkünfte aus nichtselbstständiger Arbeit. Soweit die Gegenleistung für die Teilgewinnabführung in Geld oder geldwerten Gütern besteht, erhöht sie als Betriebseinnahme den Gewinn des abführenden Unternehmens.

Im Verhältnis zu **nahestehenden Unternehmen** ist die Angemessenheit von Gewinnabführung und Entgelt zu prüfen. Bei Unangemessenheit liegt eine verdeckte Gewinnausschüttung bzw. eine verdeckte Einlage vor.

Im Hinblick auf die für die ESt/KSt ungesicherte steuerliche Rechtslage beim Teil- 12 gewinnabführungsvertrag empfiehlt sich die Einholung einer **verbindlichen Auskunft** über die steuerliche Beurteilung beim zuständigen Finanzamt (§ 89 Abs. 2 AO).

Bei der **Gewerbesteuer** ergeben sich keine Besonderheiten außer bei stiller Gesell- 13 schaft, für die § 8 Nr. 1c GewStG gilt. § 2 Abs. 2 Satz 2 GewStG (gewerbesteuerliche Organschaft) greift mangels Vorliegen der körperschaftsteuerlichen Organschaft nicht ein.

A. 10.06 Betriebsführungsvertrag

Gliederung

I. FORMULAR

Formular A. 10.06 Betriebsführungsvertrag

BETRIEBSFÜHRUNGSVERTRAG

zwischen

A GmbH

                          – nachfolgend „Betriebseigentümerin" –

und

B GmbH

                           – nachfolgend „Betriebsführerin" –

Präambel

Die Betriebseigentümerin befasst sich mit der Herstellung von .... Dieser Bereich soll innerhalb der Unternehmensgruppe bei der B GmbH konzentriert werden. Zu diesem Zweck schließt die Betriebseigentümerin mit der B GmbH als Betriebsführerin diesen Betriebsführungsvertrag ab.

§ 1 Definition des zu führenden Betriebs

Zu führen ist der gesamte Betrieb der Betriebseigentümerin. Dieser besteht aus den nachfolgend genannten Teilbereichen (nachfolgend der „zu führende Betrieb"):

......

§ 2 Betriebsführungsabrede

(1) Die Betriebseigentümerin beauftragt die Betriebsführerin mit Wirkung zum 1.7.21, 00:00 Uhr (nachfolgend „Beginn der Betriebsführung") mit der Führung des in § 1 definierten zu führenden Betriebs.

(2) Die Betriebsführung umfasst alle Geschäfte und Maßnahmen, die zur Führung des zu führenden Betriebs notwendig oder nach dem pflichtgemäßen Ermessen der Betriebsführerin sinnvoll sind.

(3) Die Betriebsführung erfolgt in jedem Fall für Rechnung der Betriebseigentümerin und grundsätzlich im Namen der Betriebsführerin, soweit nicht die Betriebseigentümerin die Betriebsführerin bevollmächtigt, im Einzelfall im Namen der Betriebseigentümerin aufzutreten.

(4) Die Betriebseigentümerin behält das volle wirtschaftliche Risiko und die wirtschaftlichen Chancen hinsichtlich des zu führenden Betriebs. Sowohl Gewinne als auch Verluste aus dem zu führenden Betrieb stehen der Betriebseigentümerin zu bzw. sind von dieser auszugleichen.

§ 3 Überlassung des zu führenden Betriebs

(1) Die Betriebseigentümerin überlässt der Betriebsführerin mit Beginn der Betriebsführung die für die Betriebsführung notwendigen Flächen, die Betriebs- und Geschäftsausstattung sowie sonstiges unbewegliches, bewegliches und immaterielles (bilanziertes ebenso wie nichtbilanziertes) Vermögen für die Dauer dieses Vertrages unentgeltlich zur Nutzung. Satz 1 gilt entsprechend für während der Vertragslaufzeit von der Betriebseigentümerin neu angeschafftes oder bei ihr entstehendes, jeweils für die Betriebsführung notwendiges Vermögen.

(2) Die Betriebsführerin tritt mit Wirkung zum Beginn der Betriebsführung im Außenverhältnis in alle Verträge und Vertragsbeziehungen der Betriebseigentümerin ein, die dem zu führenden Betrieb zuzuordnen sind. Soweit ein Vertragseintritt der Betriebsführerin nicht möglich ist, weil insbesondere der Vertragspartner eine ggf. erforderliche Zustimmung nicht erteilt, wird die Betriebsführerin im Außenverhältnis als Erfüllungsgehilfin der Betriebseigentümerin tätig.

(3) Mit dem Beginn der Betriebsführung gehen Besitz, Verantwortung und Verkehrssicherungspflicht hinsichtlich des zu führenden Betriebs auf die Betriebsführerin über. Das rechtliche und wirtschaftliche Eigentum verbleibt jedoch in jedem Fall insgesamt bei der Betriebseigentümerin.

§ 4 Arbeitsverhältnisse

(1) Die Betriebsführerin wird ab dem Beginn der Betriebsführung für den zu führenden Betrieb die betriebliche Leitungs- und Organisationskompetenz ausüben und den zu führenden Betrieb auch gegenüber den Arbeitnehmern im eigenen Namen führen. Zu diesem Zeitpunkt gehen sämtliche dem zu führenden Betrieb zuzuordnenden Arbeitsverhältnisse gemäß § 613a BGB mit allen Rechten und Pflichten von der Betriebseigentümerin auf die Betriebsführerin über.

(2) Neueinstellungen spricht die Betriebsführerin in eigenem Namen, aber für Rechnung der Betriebseigentümerin aus.

§ 5 Geschäfte für Rechnung der Betriebseigentümerin

(1) Die Betriebsführerin handelt bei allen Geschäften und Maßnahmen gegenüber Dritten (einschließlich den Arbeitnehmern), die sich auf den zu führenden Betrieb beziehen, stets für Rechnung der Betriebseigentümerin. Sie tritt hierbei grundsätzlich im eigenen Namen auf, so dass im Außenverhältnis sie selbst zivilrechtlich berechtigt und verpflichtet wird.

(2) Vorsorglich und jederzeit widerruflich bevollmächtigt die Betriebseigentümerin die Betriebsführerin hiermit, die Betriebseigentümerin gegenüber Dritten zu vertreten.

(3) Die Betriebsführerin ist gemäß § 185 Abs. 1 BGB ermächtigt, über ihr gemäß § 3 Abs. 1 überlassene Gegenstände zu verfügen.

(4) Erwirbt die Betriebsführerin Vermögensgegenstände, insbesondere Ersatz- und Neubeschaffungen, im eigenen Namen für fremde Rechnung, wird sie zivilrechtlich berechtigt und verpflichtet. Die Betriebsführerin wird dafür Sorge tragen, dass die Vermögensgegenstände identifizierbar sind, damit sie ihren Herausgabepflichten nach § 11 Abs. 3 nachkommen kann.

§ 6 Sorgfaltspflicht, Vertraulichkeit

(1) Die Betriebsführerin wird den zu führenden Betrieb mit der Sorgfalt eines ordentlichen Kaufmanns und Betriebsleiters führen und sämtliche nach dem Gesetz und den einschlägigen technischen Vorschriften bestehenden Sicherheitsbestimmungen einhalten.

(2) Die Betriebsführerin hat über vertrauliche Angaben und Geheimnisse des zu führenden Betriebs, insbesondere über Betriebs- und Geschäftsgeheimnisse, die ihr im Rahmen der Betriebsführung bekannt werden, gegenüber Dritten Stillschweigen zu bewahren. Die Betriebsführerin ist jedoch berechtigt, vertrauliche Daten gegenüber Behörden, soweit diese aufgrund rechtlicher Vorschriften zur Datenerhebung ermächtigt sind, und gegenüber Mitarbeitern oder solchen Beratern, die beruflich zur Verschwiegenheit verpflichtet sind, offenzulegen.

§ 7 Weisungsrecht, Zustimmungsvorbehalt, Information

(1) Die Betriebseigentümerin kann der Betriebsführerin in allen Angelegenheiten der Betriebsführung Weisungen erteilen.

(2) Die Betriebseigentümerin kann festlegen, dass bestimmte Geschäfte und Maßnahmen, soweit sie den zu führenden Betrieb betreffen, ihrer vorherigen Zustimmung oder Information bedürfen.

(3) Die Betriebseigentümerin und die Betriebsführerin werden sich in wichtigen Angelegenheiten, die den zu führenden Betrieb betreffen, gegenseitig informieren. Die Betriebseigentümerin ist berechtigt, von der Betriebsführerin jederzeit darüber hinausgehende Auskunft über die Betriebsführung zu verlangen.

(4) Die Rechte und Pflichten der Organe der Betriebseigentümerin und der Betriebsführerin nach Gesetz, Gesellschaftsvertrag sowie bestehenden Geschäftsordnungen und Unternehmensverträgen werden von diesem Vertrag nicht berührt.

§ 8 Betriebsführungsentgelt, Aufwendungsersatz, Freistellung

(1) Die Betriebsführerin erhält für ihre Tätigkeit jeweils ein monatliches Betriebsführungsentgelt. Dieses beträgt ......% der nach Abs. 2 jeweils erstattungsfähigen Aufwendungen. Das Betriebsführungsentgelt ist monatlich zzgl. der etwaig gesetzlich geschuldeten Umsatzsteuer zu zahlen.

(2) Die Betriebseigentümerin erstattet der Betriebsführerin alle erforderlichen Aufwendungen, die ihr durch die Betriebsführung nach Maßgabe dieses Vertrages entstehen. Die Betriebsführerin wird die entsprechenden Aufwendungen monatlich abrechnen.

(3) Die Betriebseigentümerin stellt die Betriebsführerin von allen Ansprüchen Dritter frei, die aus der Betriebsführung nach Maßgabe dieses Vertrages entstehen.

§ 9 Haftung, Versicherungen

(1) Gegenüber der Betriebseigentümerin haftet die Betriebsführerin nach den gesetzlichen Bestimmungen für alle Schäden, die von ihr, ihrem Personal oder ihren Erfüllungsgehilfen an dem zu führenden Betrieb verursacht werden, soweit die von der Betriebseigentümerin unter Einschluss der Betriebsführerin oder von der Betriebsführerin selbst abgeschlossenen (Betriebs- und Umwelt-)Haftpflichtversicherungen für den zu führenden Betrieb hierfür Deckung gewähren. Eine darüber hinausgehende Haftung ist im Rahmen des gesetzlich Zulässigen ausgeschlossen.

(2) Gegenüber Dritten haftet die Betriebsführerin nach den gesetzlichen Bestimmungen. Die Betriebseigentümerin stellt die Betriebsführerin von allen Ansprüchen Dritter, die auf die Betriebsführung zurückzuführen sind, frei, soweit die von der Betriebseigentümerin abgeschlossenen (Betriebs- und Umwelt-)Haftpflichtversicherungen un-

ter Einschluss der Betriebsführerin für den zu führenden Betrieb hierfür Deckung gewähren. Weitergehende Freistellungsansprüche nach § 8 Abs. 3 bleiben unberührt.

(3) Sachversicherungen sind von der Betriebseigentümerin in Abstimmung mit der Betriebsführerin abzuschließen.

§ 10 Vertragsdauer

(1) Dieser Vertrag beginnt mit dem Beginn der Betriebsführung und ist auf unbestimmte Zeit geschlossen.

(2) Jede Partei ist berechtigt, diesen Vertrag mit Wirkung zum Ende eines jeden Kalendermonats zu kündigen. Das Recht zur fristlosen Kündigung aus wichtigem Grund bleibt unberührt.

§ 11 Rückgabe des zu führenden Betriebs

(1) Die Betriebsführerin wird durch geeignete Maßnahmen sicherstellen, dass die Betriebseigentümerin den zu führenden Betrieb nach Beendigung dieses Vertrages wieder eigenständig führen und betreiben kann.

(2) Bei Vertragsende ist eine Endabrechnung betreffend das bis dahin noch zu zahlende Betriebsführungsentgelt sowie die herauszugebenden Erträge und zu ersetzenden Aufwendungen durchzuführen. Eventuell während der Betriebsführung geschaffene Vorteile sind der Betriebsführerin nicht zu vergüten.

(3) Die Betriebsführerin hat auf ein schriftliches Herausgabeverlangen der Betriebseigentümerin jederzeit, spätestens jedoch bei Vertragsende alles, was sie zwecks Betriebsführung von der Betriebseigentümerin erhalten oder aus der Betriebsführung erlangt hat, unverzüglich an die Betriebseigentümerin herauszugeben.

§ 12 Schlussbestimmungen

Sollten einzelne oder mehrere Bestimmungen dieses Vertrages unwirksam oder undurchführbar sein oder werden oder dieser Vertrag eine oder mehrere Regelungslücken enthalten, wird hierdurch die Gültigkeit der übrigen Bestimmungen dieses Vertrages nicht berührt. Statt der unwirksamen oder undurchführbaren Bestimmung soll eine Bestimmung gelten, die dem wirtschaftlichen Ergebnis der unwirksamen oder undurchführbaren Bestimmung in zulässiger Weise am nächsten kommt. Statt der lückenhaften Regelung soll eine Regelung gelten, die von den Parteien im Hinblick auf ihre wirtschaftliche Absicht getroffen worden wäre, wenn sie die Regelungslücke erkannt hätten.

II. ERLÄUTERUNGEN

Erläuterungen zu A. 10.06 Betriebsführungsvertrag

1. Grundsätzliche Anmerkungen

Schrifttum: *Behrens,* Vermeidung der Gewerbesteuer-Zerlegung durch den Einsatz von Betriebsführungsgesellschaften – Anmerkung zum BFH-Urteil III R 3/19 vom 18.9.2019, Ubg 20, 415; *Breuninger/Prinz* JbFfSt 1998/1999, 367; *Fenzl* Betriebspacht-, Betriebsüberlassungs- und Betriebsführungsverträge in der Konzernpraxis, 2007; *ders.* Betriebspacht und Betriebsführungsvertrag, Der Konzern 06, 18; *Gembruch/Schönfeld* Umsatzsteuerliche Aspekte der „unechten" Betriebsführung, UR 10, 793; *dies.,* Buchhalterische und bilanzielle Abbildung von „unechten" Betriebsführungsverträgen, Ubg 11, 619; *Haarmann* JbFfSt 1992/93, 526; *Hoffmann* Betriebspacht-, Betriebsüberlassungs- und Betriebsführungsverträge, EStB 05, 195; *Kamlah* Die organisatorische Verselbständigung von Geschäftszweigen im Konzern zwischen Steuerrecht, Arbeitsrecht und Konzernrecht, BB 03, 109; *Köhn* Vertragsbericht und Prüfungsbericht beim Betriebsführungsvertrag, Der Konzern 13, 323; *Neugebauer,* Der Einfluss konzerninterner Unternehmensverträge auf die interkommunale Verteilung der Gewerbesteuer – Manipulation oder Manko des Regelmaßstabs „Arbeitslöhne"?, FR 20, 1025; *Priester* Betriebsführungsverträge im Aktienkonzern, FS Hommelhoff, 2012, S. 875; *Priester,* Betriebsführungsverträge im Personengesellschaftsrecht, ZIP 20, 1685; *Rieble* Betriebsführungsvertrag als Gestaltungsinstrument, NZA 10, 1145; *Weißmüller* Der Betriebsführungsvertrag – eine Alternative zum Unternehmenskauf?, BB 00, 1949; *Winter/Theisen* Betriebsführungsverträge in der Konzernpraxis, AG 11, 662.

a) Wirtschaftliches Vertragsziel

1   Durch einen Betriebsführungsvertrag räumt ein Unternehmen (die Betriebseigentümerin) einer anderen Gesellschaft (der Betriebsführerin) das Recht ein, den Betrieb der Betriebseigentümerin für Rechnung der Betriebseigentümerin zu führen. Geschieht dies auch im Namen der Betriebseigentümerin, spricht man von einem **echten Betriebsführungsvertrag;** handelt die Betriebsführerin im eigenen Namen, spricht man von einem **unechten Betriebsführungsvertrag.**

2   Die **Wahl zwischen echter und unechter Betriebsführung** hängt zunächst davon ab, ob das Unternehmen am Markt gegenüber Dritten (Kunden, Lieferanten usw) weiterhin unter der „Marke" der Betriebseigentümerin auftreten (dann echte Betriebsführung) oder mit dem Zeitpunkt des Betriebsführungsbeginns die **Außendarstellung** auf die Betriebsführerin umstellen will (dann unechte Betriebsführung).

3   Die Wahl entscheidet zudem darüber, ob die Arbeitnehmer des zu führenden Betriebs bei der Betriebseigentümerin verbleiben (echte Betriebsführung) oder aber durch **Betriebsübergang** nach § 613a BGB auf die Betriebsführerin übergehen (unechte Betriebsführung). Sofern die Betriebsführerin auch gegenüber den Arbeitnehmern im eigenen Namen auftritt und die betriebliche Leitungs- und Organisationskompetenz ausübt, bewirkt dies einen Betriebsinhaberwechsel und damit einen Betriebsübergang gemäß § 613a BGB (*W/H/S/S/Willemsen* Rz. G 77 ff.). Entsprechend kommt es zu einem Betriebsteilübergang gemäß § 613a BGB, wenn die Betriebsführerin zwar nicht die Führung des ganzen Betriebs, aber doch von einem oder mehreren Betriebsteilen iSd. § 613a BGB im eigenen Namen übernimmt (vgl. auch Rz. 9).

4   Betriebsführungsverträge haben insbesondere in der **Konzernpraxis** große Bedeutung. Hierbei gibt es betriebswirtschaftlich zwei unterschiedliche Stoßrichtungen:

Zum einen kann die Betriebsführung dazu dienen, im Konzern eine weitere **Konzentration** herbeizuführen. Im Verhältnis zwischen Mutter- und Tochterunternehmen wird hier regelmäßig die Muttergesellschaft die Rolle der Betriebsführerin übernehmen; das Tochterunternehmen ist die Betriebseigentümerin.

Zum anderen kann die Betriebsführung aber auch eine **Dezentralisierung** der Entscheidungen und damit eine organisatorische Verankerung der Spartenorganisation verwirklichen. Im Verhältnis zwischen Mutter- und Tochterunternehmen würde die Mutter einzelne oder auch jede ihrer Sparten jeweils durch ein anderes Tochterunternehmen führen lassen (vgl. *Huber* ZHR 152 (88) 123, 127, 149; *Keller* DB 94, 2097; *MünchHdb GesR Bd. 4/Krieger,* § 73 Rz. 50).

5   Betriebsführungsverträge stellen insoweit eine attraktive Alternative zur **umwandlungsrechtlichen Verschmelzung oder Spaltung** dar, zB wenn der mit einer Umwandlung verbundene Aufwand gescheut wird oder – im Fall der Spaltung – die steuerliche Teilbetriebseigenschaft sowohl des abzuspaltenden wie auch des zurückbleibenden Vermögens nicht gesichert erscheint. Betriebsführungsverträge können einer Umwandlungsmaßnahme auch „vorgeschaltet" werden, um insbesondere das Problem zu lösen, dass die Umwandlung erst mit Eintragung im Handelsregister wirksam wird (§§ 20, 131 UmwG) und dieser Zeitpunkt meist nicht genau vorhersehbar ist. Durch Vorschaltung eines unechten Betriebsführungsvertrages kann der Betriebsübergang genau terminiert werden, mit entsprechenden Vorteilen in der Kommunikation gegenüber Kunden, Lieferanten und nicht zuletzt den Arbeitnehmern. Dies sollte nach richtigem Verständnis auch nicht für die steuerliche Teilbetriebseigenschaft schädlich sein (was aber ggf. über eine bei Teilbetriebsfragen ohnehin häufig notwen-

dige verbindliche Auskunft iSd. § 89 Abs. 2 ff. AO mit der Finanzverwaltung abgestimmt werden sollte).

Selbstverständlich kann ein Betriebsführungsvertrag auch außerhalb eines Konzerns **6** **mit Dritten** abgeschlossen werden. So kann aus Sicht der Eigentümergesellschaft eine Betriebsführung dazu dienen, als Outsourcing-Maßnahme Kosten einzusparen (vgl. *Breuninger/Prinz* JbFfSt 1998/1999, 367, 367 ff.). Ebenso kann das Ziel verfolgt werden, mit der Betriebsführung Management-Leistungen einzukaufen, weil zB das eigene Management nicht über entsprechend hohes Know-How oder genügend Kapazitäten verfügt (vgl. *MünchKommAktG/Altmeppen* § 292 AktG Rz. 144). Schließlich wird eine Betriebsführung in der Literatur vereinzelt und nicht ganz überzeugend als Alternative zum Unternehmenskauf angeboten (*Weißmüller* BB 00, 1949, 1955).

b) Zivilrecht

aa) Rechtsnatur

Durch einen Betriebsführungsvertrag beauftragt die Betriebseigentümerin eine an- **7** dere Gesellschaft, ihren ganzen Betrieb für ihre Rechnung zu führen. Wenn die Betriebsführerin hierbei im Namen der Betriebseigentümerin auftreten soll, spricht man von „echter" Betriebsführung, wenn sie im eigenen Namen handeln soll, von „unechter" Betriebsführung (vgl. *Fenzl* Der Konzern 06, 18, 26; *Forst/Hoffmann* EStB 05, 195, 196 f.; *Huber* ZHR 152 (88) 123, 124;; *MünchKommAktG/Altmeppen* § 292 AktG Rz. 144 f.). Nur ein solches Auftreten im eigenen Namen bewirkt arbeitsrechtlich einen Betriebsinhaberwechsel und damit einen Betriebsübergang gemäß § 613a BGB (vgl. *W/H/S/S/Willemsen* Rz. G 77 ff.; LAG BaWü 2 Sa 35/15 v. 23.3.16, BeckRS 2016, 68742).

Der Betriebsführungsvertrag ist gesetzlich nicht geregelt. Er ähnelt jedoch den in **8** § 292 Abs. 1 Nr. 3 AktG geregelten „anderen" Unternehmensverträgen, durch die eine AG oder KGaA den Betrieb ihres Unternehmens einem anderen verpachtet oder sonst überlässt (Betriebspachtvertrag, Betriebsüberlassungsvertrag). Die hM wendet § 292 Abs. 1 Nr. 3 AktG auf einen Betriebsführungsvertrag jedenfalls dann analog an, wenn es sich bei der Betriebseigentümerin um eine **Aktiengesellschaft** handelt (vgl. *MünchKommAktG/Altmeppen* § 292 AktG Rz. 148 ff.; zur GmbH nachstehend Rz. 10 ff.; zu Personengesellschaften *Priester* ZIP 20, 1685).

Aus dieser Anlehnung an § 292 Abs. 1 Nr. 3 AktG folgt auch, dass ein (entspre- **9** chend § 294 AktG eintragungsbedürftiger) Betriebsführungsvertrag nur dann vorliegen kann, wenn sich die Betriebsführung auf den **gesamten Betrieb,** nicht nur auf einzelne Betriebsteile erstreckt: Wenn die Gesellschaft lediglich einzelne (nicht alle) Betriebe *verpachtet,* während sie andere noch selbst weiter betreibt, ist § 292 Abs. 1 Nr. 3 AktG nicht anwendbar; die Gesellschaft muss sich vielmehr insgesamt zur „Rentnergesellschaft" wandeln (vgl. *MünchKommAktG/Altmeppen* § 292 AktG Rz. 97; *Fenzl* Der Konzern 06, 18, 29). Für Betriebsführungsverträge kann dann nichts anderes gelten, auch wenn dies nur selten ausgesprochen wird (*MünchHdb GesR Bd. 4/Krieger* § 73 Rz. 51). Bezieht sich ein „Betriebsführungsvertrag" nur auf einzelne Betriebe und sind diese als Betriebsteile iSd. § 613a BGB zu qualifizieren, kommt es unabhängig von der vorstehenden Frage betreffend § 292 Abs. 1 Nr. 3 AktG zu einem Übergang der Arbeitnehmer des betroffenen Betriebsteile auf die Betriebsführerin gemäß § 613a BGB.

bb) Betriebsführungsvertrag mit GmbH

Betriebsführungsverträge mit GmbH bedürfen nach hM zu ihrer Wirksamkeit der **10** Schriftform, eines qualifizierten, notariell zu beurkundenden Gesellschafterbeschlusses bei der Betriebseigentümerin sowie der Eintragung in das Handelsregister der Betriebseigentümerin. Vorsorglich sollte auch bei der Betriebsführerin ein zustimmender Gesellschafterbeschluss herbeigeführt werden.

aaa) HM: „Anderer Unternehmensvertrag"

11   Die hM will für eine **GmbH als Betriebseigentümerin**
   – die aktienkonzernrechtliche Bestimmung des § 292 Abs. 1 Nr. 3 AktG analog anwenden (*MünchKommGmbHG/Liebscher* § 13 Anh. Rz. 686 f.; *Emmerich/Habersack*
     § 292 AktG Rz. 59 iVm. 21, 37, 53) und/oder
   – GmbH-spezifisch auf die Vorschriften zu Satzungsänderungen, dh. die §§ 53, 54
     GmbHG, rekurrieren (vgl. *Beck'sches Formularbuch GmbH-Recht,* 2010, L.IV.1
     Anm. 10).

12   Beide Ansätze führen im Wesentlichen zu dem Ergebnis, dass bei der Betriebseigentümerin ein qualifizierter, notariell zu beurkundender Zustimmungsbeschluss (analog
   § 293 Abs. 1 AktG bzw. § 53 GmbHG) und die Eintragung des Betriebsführungsvertrages im Handelsregister erforderlich ist (analog § 294 AktG bzw. § 54 GmbHG).
   Materiell wird dies damit begründet, dass der Betriebsführungsvertrag einen erheblichen Eingriff in die Struktur der Betriebseigentümerin, insbesondere in den materiellen Gehalt der Organkompetenzen sowie die interne Geschäftsverteilung, bewirke.
   Der Betriebsführungsvertrag sei demnach „satzungsähnlich" und mindestens vorsorglich den diesbezüglichen Vorschriften zu unterwerfen.

13   Auf Seiten der **Betriebsführerin** wird die Haupt- bzw. Gesellschafterversammlung
   dann mitwirken müssen, wenn die Betriebsführung für die Betriebsführerin satzungsändernden Charakter hat oder der Betriebsführungsvertrag als „verdeckter Beherrschungsvertrag" zu qualifizieren ist. Nach Möglichkeit sollte die Zustimmung zumindest vorsorglich eingeholt werden. Im Übrigen verlangt § 293 Abs. 2 AktG die
   Zustimmung der Hauptversammlung des anderen Teils nur für einen Beherrschungsund Gewinnabführungsvertrag. Auch die §§ 293a bis 293g AktG sind nicht anwendbar, da sie eine gerade nach § 293 AktG bestehende Zustimmungspflicht voraussetzen.

bbb) Gegenansicht: Geschäftsbesorgung

14   Die Gegenansicht sieht demgegenüber im (konzerninternen) Betriebsführungsvertrag mit einer GmbH grds. keinen Unternehmensvertrag, sondern ein **auftrags- oder
   geschäftsbesorgungsähnliches Rechtsverhältnis** (*Winter/Theisen* AG 11, 662;
   GmbH-Handbuch/Fuhrmann Form. M 208, Fußnote 1). Dieses bedarf dann bei der Betriebseigentümerin (vorbehaltlich abweichender Regelungen in Satzung oder Geschäftsordnung) ggf. schon keines Gesellschafterbeschlusses und erst recht keiner Eintragung in das Handelsregister der Betriebseigentümerin.

15   Nach unseren Erfahrungen behandeln die Registergerichte Betriebsführungsverträge
   mit GmbH gleichwohl als mindestens **eintragungs*fähig*.** In der Regel ist (unter
   Hinweis auf einschlägige Präzedenzfälle) eine Vorabstimmung mit dem betreffenden
   Registergericht möglich und empfehlenswert.

cc) Betriebsführungsvertrag als „verdeckter Beherrschungsvertrag"?

16   Diskutiert wird, ob ein Betriebsführungsvertrag im Einzelfall als **„verdeckter Beherrschungsvertrag"** anzusehen ist. Ein solcher liegt vor, wenn der Betriebsführerin
   durch Vertrag so weitgehende Rechte eingeräumt werden, dass es sich in Wirklichkeit
   um einen Beherrschungsvertrag handelt (*Emmerich/Habersack* § 292 AktG Rz. 58). Insoweit differenziert ein Teil der Literatur danach, ob das herrschende Unternehmen
   die Rolle des Betriebsführers oder jene des Betriebseigentümers übernimmt; außerdem
   kommt es einigen darauf an, ob neben dem Betriebsführungsvertrag auch ein Beherrschungs- und/oder Gewinnabführungsvertrag zwischen den Parteien existiert.

17   **Isolierte Betriebsführungsverträge** hält eine Ansicht für unwirksam, wenn das
   herrschende Unternehmen als Betriebsführer den Betrieb der abhängigen Betriebseigentümerin führt (*Huber* ZHR 152 (88) 123, 140 f.). Denn hierin sei ein verdeckter Beherrschungsvertrag zu sehen, der mangels Offenlegung der Beherrschungssituation und Einhaltung der einschlägigen Formvorschriften ungültig sei.

Die **hM** geht demgegenüber davon aus, dass isolierte Betriebsführungsverträge **18** grundsätzlich wirksam sind, und zwar unabhängig davon, welche vertragliche Rolle dem herrschenden Unternehmen zukommt (*MünchKommAktG/Altmeppen* § 292 AktG Rz. 167 ff.; *Hüffer/Koch* § 292 AktG Rz. 24).

Anders entscheidet die hM nur dann, wenn dem Betriebsführungsvertrag ein **vertragliches Weisungsrecht** entspringt, welches dem herrschenden Unternehmen im Einzelfall Einflussmöglichkeiten gewährt, die dem Weisungsrecht nach § 308 AktG entsprechen (*MünchHdb GesR Bd. 4/Krieger* § 73 Rz. 54, 57; *MünchKommAktG/ Altmeppen* § 292 AktG Rz. 167 ff.; *Rieble* NZA 2010, 1145, 1146; s. auch *Hüffer/Koch* § 292 AktG Rz. 24). Dann handele es sich um einen Beherrschungsvertrag, der zwar nicht als solcher bezeichnet werden müsse, aber insbesondere der Zustimmung der Hauptversammlung auch zum Beherrschungssachverhalt und einer Ausgleichsregelung bedürfe (*Hüffer/Koch* § 292 AktG Rz. 24).

Unseres Erachtens ist mit der hM ein Betriebsführungsvertrag auch dann, wenn er **19** zwischen einer Konzernobergesellschaft als Betriebsführerin und deren Untergesellschaft als Betriebseigentümerin geschlossen wird, nicht *per se* als verdeckter Beherrschungsvertrag zu werten; vielmehr ist die vertragliche Ausgestaltung entscheidend. So setzt **§ 302 Abs. 2 AktG** für Betriebspacht- und -überlassungsverträge voraus, dass ein solcher Vertrag isoliert auch mit einer abhängigen Gesellschaft geschlossen werden kann. Für Betriebsführungsverträge kann dann nichts anderes gelten (vgl. *MünchHdb GesR Bd. 4/Krieger* § 73 Rz. 57). Typischerweise räumt ein Betriebsführungsvertrag zudem gerade der Betriebseigentümerin das Recht ein, der Betriebsführerin umfassende Weisungen hinsichtlich des zu führenden Betriebes zu erteilen (§ 665 BGB). Dieses Weisungsrecht der Betriebseigentümerin darf schon aus steuerlichen Gründen nicht abbedungen werden (dazu Rz. 30 f., 52). Voraussetzung für das Vorliegen eines „verdeckten Beherrschungsvertrages" müsste hingegen gerade die Annahme eines gegenläufigen Weisungsrechts nach § 308 AktG sein. Ein solches wird jedoch typischerweise nicht vereinbart.

Wird ein Betriebsführungsvertrag mit einem Beherrschungs- und/oder Gewinnab- **20** führungsvertrag **kombiniert,** so sind nach heute allgemeiner Meinung grundsätzlich beide Verträge wirksam (*Huber* ZHR 152 (88) 123, 128 ff.; *Hüffer/Koch* § 292 AktG Rz. 21).

dd) Auswirkungen auf IP, Haftungsrecht, öffentlich-rechtliche Genehmigungen

Vor Abschluss eines Betriebsführungsvertrages ist sorgfältig zu prüfen, wie sich die **21** Betriebsführung auf außerhalb des Vertragsrechts liegende Bereiche auswirkt, etwa auf den Umgang mit Schutzrechten (Arbeitnehmererfindungen etc), das Haftungsrecht (Versicherungsschutz etc) und das öffentliche Recht (Umschreibung oder Neubeantragung bestehender Genehmigungen etc).

Ob die Betriebsführung auf **öffentlich-rechtliche Genehmigungen** Auswirkun- **22** gen hat, hängt unter anderem davon ab, welche Art der Genehmigung vorliegt.

Handelt es sich um eine rein anlagen- bzw. allgemeiner **sachbezogene Genehmigung,** kann grundsätzlich unter der ursprünglichen Genehmigung weitergearbeitet werden, da sich die Anlage selbst durch die Betriebsführung nicht verändert. In diesem Fall ist eine Neubeantragung also nicht nötig; zu beachten sind lediglich etwaige Meldepflichten. Ein Beispiel für eine solche anlagenbezogene Genehmigung ist diejenige nach § 4 BImSchG: Selbst wenn durch die Betriebsführung ein Betreiberwechsel stattfinden sollte, führt dieser nicht zu einer neuer Genehmigungsbedürftigkeit. Denn selbst eine Veräußerung der Anlage würde keine neue Genehmigungspflicht auslösen (vgl. BVerwG 4 C 36/86 v. 15.12.89, NVwZ 90, 464).

Personenbezogene Genehmigungen können nicht übertragen oder umgeschrieben werden, sondern sind grundsätzlich neu zu beantragen, wenn das Unternehmen gekauft wird (*Grabowski/Harrer* DStR 93, 20, 21). Selbst bei Umwandlungen kann die Genehmigung, wenn sie an persönliche Qualifikationen anknüpft, nicht einfach im Wege der Gesamtrechtsnachfolge mit übergehen. Sofern mit der Betriebsführung ein Wechsel der genehmigungspflichtigen Person einhergeht, müssen daher personenbezogene Genehmigungen grundsätzlich eine neue Genehmigung beantragt werden. Ob ein solcher Wechsel tatsächlich stattfindet, muss im Einzelfall und anhand des Tatbestands der jeweiligen Norm entschieden werden. Fordert der Tatbestand beispielsweise eine Genehmigung von demjenigen, der faktischen Einfluss bzw. die tatsächliche Verfügungsgewalt über den genehmigungsbedürftigen Sachverhalt ausübt, spricht dies dafür, dass (trotz des vertraglichen Weisungsrechts der Betriebseigentümerin) eine neue Genehmigung für die Betriebsführerin erforderlich sein könnte.

23–29   *(frei)*

c) Steuerrecht

30   Im Hinblick auf die **ertragsteuerliche Wirtschaftsgutzurechnung** muss sichergestellt sein, dass die der Betriebsführung zugrunde liegenden Wirtschaftsgüter steuerlich weiterhin der Betriebsinhaberin zuzurechnen sind. Dh, dass mit dem Abschluss des Betriebsführungsvertrags **kein Übergang des wirtschaftlichen Eigentums** bezüglich der Wirtschaftsgüter des Betriebs von der Betriebseigentümerin auf die Betriebsführerin erfolgen darf. Denn ein solcher Übergang würde im Regelfall zur Aufdeckung der stillen Reserven in diesen Wirtschaftsgütern führen. Die Voraussetzungen des UmwStG an eine Steuerneutralität dürften regelmäßig nicht erfüllt sein (kein von § 1 UmwStG erfasster Akt bzw. keine Gewährung von Gesellschaftsrechten im Sinne der §§ 20, 21, 24 UmwStG). Die Frage nach dem steuerrechtlichen Übergang des wirtschaftlichen Eigentums ist anhand der Maßstäbe des § 39 AO zu messen, der – zumindest im praktischen Ergebnis – auch im Steuerbilanzrecht wirkt (vgl. zu der Frage, ob im Steuerbilanzrecht § 39 AO oder § 246 Abs. 1 Satz 2 AO i. V. m. § 5 Abs. 1 Satz 1 EStG gilt bspw. *Schmidt/Weber-Grellet* § 5 EStG Rz. 151, der darauf hinweist, dass beide Regelungen in der Regel zu identischen Ergebnissen führen).

31   Da Betriebsführungsverträge einem Treuhandverhältnis ähnlich sind, kann bzgl. des Übergangs des wirtschaftlichen Eigentums ergänzend auf die von der Rechtsprechung zu **Treuhandverhältnissen** entwickelten Maßstäbe zurückgegriffen werden (vgl. hierzu auch *Gembruch/Schönfeld* Ubg 11, 619 f.). Bei steuerlich anerkannten Treuhandverhältnissen liegt das wirtschaftliche Eigentum beim Treugeber und nicht beim Treuhänder, § 39 Abs. 2 Nr. 1 Satz 2 AO. Die für die steuerlich Anerkennungen eines Treuhandverhältnis iSd. § 39 Abs. 2 Nr. 1 Satz 2 AO bedeutenden Kriterien sind vorwiegend die strikte Gebundenheit des Treuhänders an die Weisungen des Treugebers und die Möglichkeit des Treugebers, jederzeit die Herausgabe des Treuguts zu verlangen; weitere Kriterien sind, dass der Treuhänder für Rechnung des Treugebers handelt, dass der Treugeber die kurzfristige Kündigung des Treuhandverhältnisses verlangen kann und dass das Treuhandverhältnis in Buchhaltung und Bilanz transparent abgebildet wird (BFH I R 12/09 v. 24.11.09, BStBl. II 10, 590; vgl. hierzu bspw. auch *Koenig/Koenig* § 39 AO Rz. 57). Wickelt die Betriebsführerin daher ihre Geschäfte für Rechnung der Betriebseigentümerin ab, unterliegt sie den Weisungen der Betriebseigentümerin, ist sie zur jederzeitigen Herausgabe von sämtlichen Wirtschaftsgütern, Vertrags- und Kundenbeziehungen und sonstigen aus der Geschäftsführung erlangten Vorteilen verpflichtet und kann die Betriebseigentümerin den Betriebsführungsvertrag jederzeit kurzfristig kündigen, liegt das wirtschaftliche Eigentum an den Wirtschaftsgütern des geführten Betriebes klar unverändert bei der Betriebseigentümerin. Ohne Übergang des wirtschaftlichen Eigentums kommt es anlässlich des Betriebsführungsvertrags auch nicht zur Aufdeckung der in den Wirtschaftsgütern enthaltenen stillen Reserven.

Im Hinblick auf die **ertragsteuerliche Einkünftezurechnung** sind bei Betriebs- 32
führungen die allgemeinen Regeln anzuwenden (*Lüdicke / Sistermann / Schiessl / Brinkmann* Unternehmensteuerrecht, 2018, § 4 Rz. 70; § 39 AO gilt nur für die Zurechnung von Wirtschaftsgütern, nicht für die Zurechnung von Einkommen). Demnach
sind Einkünfte demjenigen zuzurechnen, der den Tatbestand der Einkunftserzielung
erfüllt, also demjenigen, der über die zur Einkunftsentstehung führende Leistung dis-
poniert (vgl. hierzu die Diskussion bei *H / H / R / Musil* § 2 Rz. 125 ff.; vgl. hierzu
grundlegend *Ruppe* DStJG 1, 7, 18 f.). Im Rahmen eines Betriebsführungsvertrags der
die in Rz. 31 ausgeführten Voraussetzungen zur Zurechnung des wirtschaftlichen Eigentums bei der Betriebseigentümerin erfüllt, liegt die Dispositionsbefugnis über die
zur Entstehung der zu den Betriebseinkünften führenden Leistung ebenfalls bei der
Betriebseigentümerin (strenge Weisungsgebundenheit der Betriebsführerin und jederzeitige Möglichkeit den Betrieb wieder heraus zu verlangen). Damit sind die aus dem
Betrieb stammenden Einkünfte in diesen Fällen auch der Betriebseigentümerin steuerlich zuzurechnen. Dies gilt unabhängig davon, ob eine echte oder eine unechte Betriebsführung vorliegt (*H / H / R / Rosenberg* § 5 Rz. 1421 f.; *Lüdicke / Sistermann / Schiessl /
Brinkmann,* Unternehmensteuerrecht, 2018, § 4 Rz. 71 f.). Lediglich das von der Betriebseigentümerin an die Betriebsführerin zu zahlende Betriebsführungsentgelt zählt
in diesen Fällen zu den steuerlichen Einkünften der Betriebsführerin.

Vorstehendes führt **steuer- und auch handelsbilanziell** dazu, dass die Betriebsei- 33
gentümerin die Wirtschaftsgüter des Betriebs weiterhin in ihrer Steuer- und Handelsbilanz ausweist und dass die auf Rechnung der Betriebseigentümerin erzielten Einkünfte ausschließlich in ihrer Gewinnermittlung zu erfassen sind. Die Betriebsführerin
weist hingegen die Wirtschafsgüter des Betriebs nicht in ihrer Steuerbilanz aus und die
mit dem Betrieb auf Rechnung der Betriebseigentümerin erzielten Beträge sind nicht
in der steuerlichen Gewinnermittlung der Betriebsführerin zu erfassen. Lediglich das
Betriebsführungsentgelt und ggf. weitere „eigene" Kosten (Steuern etc.) wird von der
Betriebsführerin steuerlich als Betriebseinnahme erfasst, die Betriebseigentümerin hat
insoweit Betriebsausgaben. Vgl. zu der steuerbilanziellen Behandlung auch *H / H / R /
Rosenberg* § 5 Rz. 1421 f. und *Gembruch / Schönfeld* Ubg 11, 619, 620 ff.

Von den unter Rz. 33 genannten steuer- und handelsbilanziellen Folgen gibt es bei 34
der **unechten Betriebsführung** einige Besonderheiten (vgl. hierzu *H / H / R / Rosenberg* § 5 Rz. 1422). Diese sind darauf zurückzuführen, dass die Betriebsführerin zivilrechtlich nach außen im eigenen Namen auftritt. Die bedeutendste Besonderheit liegt
darin, dass die Betriebsführerin im eigenen Namen eingegangene **Außenverpflich-
tungen** selbst passivieren muss (*Beck Bil-Komm / Schmidt / Ries* § 246 HGB Rz. 51;
A / D / S Teilband 6, § 246 HGB Rz. 300 und 416). Zugleich ist der aufgrund der Be-
triebsführungsvereinbarung erwachsende Freistellungs- oder Erstattungsanspruch der
Betriebsführerin gegen die Betriebseigentümerin zu aktivieren (*A / D / S* Teilband 6,
§ 246 HGB Rz. 300 und 416). Die Betriebseigentümerin muss infolge der vertraglichen Verpflichtung zur Freistellung/Erstattung eine entsprechende Verbindlichkeit
gegenüber dem Betriebsführer passivieren (*Beck Bil-Komm / Schmidt / Ries* § 246 HGB
Rz. 51). Zur Diskussion möglicher vereinfachender Verbuchungen und Bilanzierun-
gen vgl. *Gembruch / Schönfeld* Ubg 11, 619, 624 f.

Nach Maßgabe des **Umsatzsteuerrechts** unterfallen die Geschäfte, die die Be- 35
triebsführerin im eigenen Namen, aber für Rechnung der Betriebseigentümerin (**unechte Betriebsführung)** abschließt, § 3 Abs. 11 UStG. Nach dieser Norm ist die Betriebsführerin einerseits Empfänger einer Leistung und andererseits Erbringer einer
Leistung (*Bunjes / Leonard* § 3 UStG Rz. 296). Erbringt die Betriebsführerin eine Leistung im eigenen Namen für Rechnung der Betriebseigentümerin, ist der Betriebsführerin hiernach selbst (auch) die Leistungserbringung zuzurechnen (*Gembruch / Schönfeld*
UR 10, 793, 794). Infolgedessen treffen die Betriebsführerin dieselben steuerlichen
Verpflichtungen, denen unterliegt, wer nicht für fremde Rechnung tätig ist. Dement-

sprechend muss die Betriebsführerin eigenständig Rechnungen für Dritte (Kunden) unter Angabe der eigenen USt-IdNr. erstellen, die den Umsatzsteuerbetrag gesondert ausweisen. Ferner muss die Betriebsführerin die Umsatzsteuer abführen und Umsatzsteuererklärungen abgeben. Hat die Betriebsführerin beim Erwerb von Vermögensgegenständen oder bei der Inanspruchnahme von Dienstleistungen in eigenem Namen Umsatzsteuer gezahlt, ist sie als Leistungsempfängerin insoweit ggf. (dh. unter Beachtung der allgemeinen umsatzsteuerlichen Regelungen) vorsteuerabzugsberechtigt (*Gembruch/Schönfeld* UR 10, 793, 794). Auch das Leistungsverhältnis zwischen Betriebsführerin und Betriebseigentümerin ist regulär umsatzsteuerlich nach den allgemeinen Grundsätzen abzurechnen. Für umsatzsteuerliche Zwecke werden zwischen der Betriebsführerin und Betriebseigentümerin nach den Grundsätzen der Ein- und Verkaufskommission entsprechende Lieferungsbeziehungen fingiert (*Gembruch/Schönfeld* UR 10, 793, 794).

36   Liegt hingegen eine **echte Betriebsführung** im Namen und auf Rechnung der Betriebseigentümerin vor, so sind von der Betriebsführerin vorgenommene Ein- und Ausgangsleistungen **umsatzsteuerlich** der Betriebseigentümerin zuzurechnen (*Gembruch/Schönfeld* UR 10, 793, 794). Die Betriebsführerin erbringt an die Betriebseigentümerin umsatzsteuerlich eine Vermittlungsleistung.

37   Zu den Auswirkungen der unechten Betriebsführung auf die **gewerbesteuerliche Zerlegung** vgl. zB BFH III R 3/19 v. 18.9.19, DStR 20, 920; *Behrens* Ubg 20, 425; *Brühl/Weiss* GmbHR 20, 621; *Neugebauer* FR 20, 1025.

38–49   *(frei)*

2. Einzelerläuterungen

Zu § 1 Definition des zu führenden Betriebs

50   Das Vertragsformular geht davon aus, dass der ganze Betrieb der Betriebseigentümerin geführt werden soll. Zur Klarstellung sollten die von der Betriebsführung umfassten Bereiche gleichwohl (kurz) umschrieben werden. Dies ist zwingend erforderlich, wenn lediglich **einzelne Betriebsteile** geführt werden sollen – was auch möglich und sogar einfacher ist, weil der Vertrag dann wohl unstreitig nicht als Unternehmensvertrag analog § 292 Abs. 1 Nr. 3 AktG, sondern als einfacher Geschäftsbesorgungsvertrag zu qualifizieren ist (vgl. Rz. 9, 14).

Zu § 2 Betriebsführungsabrede

51   § 2 Abs. 3 des Vertragsformulars macht den Vertrag zu einem **unechten Betriebsführungsvertrag,** weil die Betriebsführerin den Betrieb zwar für Rechnung der Betriebseigentümerin, jedoch im eigenen Namen führt. Dieses Auftreten im eigenen Namen hat Bedeutung erstens für die Außendarstellung gegenüber Kunden und Lieferanten und zweitens für die Arbeitnehmer (Rz. 2 f.): Nur wenn die Betriebsführerin auch gegenüber den Arbeitnehmern im eigenen Namen auftritt, gehen die Arbeitsverhältnisse des zu führenden Betriebs gemäß § 613a BGB auf sie über (vgl. § 4). Zu den mit der unechten Betriebsführung verbundenen umsatzsteuerlichen Folgen s. Rz. 35.

52   § 2 Abs. 4 stellt klar, dass die Betriebseigentümerin das volle wirtschaftliche Risiko und die Chancen des zu führenden Betriebs behält. Die Ausgestaltung des Betriebsführungsvertrages soll insgesamt sicherstellen, dass das **wirtschaftliche Eigentum** an den zum Betrieb gehörenden Vermögensgegenständen für bilanzielle (vgl. § 246 Abs. 1 Satz 2 HGB) und steuerliche Zwecke (vgl. § 39 AO bzw. § 246 Abs. 1 Satz 2 HGB i.V.m. § 5 Abs. 1 Satz 1 EStG) bei der Betriebseigentümerin verbleibt bzw. dieser künftig zusteht (vgl. hierzu Rz. 30 ff.). Von besonderer Bedeutung für die Zurechnung des wirtschaftlichen Eigentums sind hierbei die Regelungen in § 7 Abs. 1 (Weisungsrecht) und § 11 Abs. 3 (jederzeitiges Herausgaberecht), wobei die Zurech-

nung des wirtschaftlichen Eigentums auch durch § 3 Abs. 3 Satz 2 und § 5 Abs. 4 Satz 2 flankiert wird.

(frei) **53**

Zu § 3 Überlassung des zu führenden Betriebs

§ 3 Abs. 1 und 3 des Vertragsformulars regeln zwar die Übergabe und kostenlose **54** Überlassung des zu führenden Betriebs an die Betriebsführerin (zur Vereinbarung eines Entgelts siehe *Weißmüller,* BB 00, 1949, 1954). Das zivilrechtliche Eigentum an allen Vermögensgegenständen verbleibt jedoch bei der Betriebseigentümerin; insbesondere wird insoweit auch auf eine (mögliche) **Übereignung des Umlaufvermögens** an die Betriebsführerin verzichtet. Die Betriebsführerin muss in der Folge wenigstens ermächtigt werden, gemäß § 185 Abs. 1 BGB als Nichtberechtigte (mit Einwilligung der Betriebseigentümerin) über die ihr überlassenen Vermögensgegenstände (insbesondere des Umlaufvermögens) zu verfügen, siehe § 5 Abs. 3 des Vertragsformulars.

Der in Abs. 2 vorgesehene Vertragseintritt dient der konsequenten Umsetzung der **55** Betriebsführung im eigenen Namen (der Betriebsführerin). Die Betriebsführerin soll nicht nur neue Verträge im eigenen Namen eingehen, sondern grundsätzlich auch bestehende **Vertragsverhältnisse übernehmen.** Hierzu ist selbstverständlich die Zustimmung des jeweiligen Vertragspartners erforderlich (*Palandt/Grüneberg* § 398 BGB Rz. 41 ff.). Wo diese nicht erteilt wird, wird die Betriebsführerin bei der Erfüllung der weiterhin der Betriebseigentümerin obliegenden Verbindlichkeiten als deren Erfüllungsgehilfin tätig (vgl. § 278 S. 1 BGB). Aus dieser im Außenverhältnis wirksamen Verpflichtung der Betriebsführerin leitet sich auch der Umstand ab, dass diese Verpflichtungen bei der Betriebsführerin nach hM handels- und steuerbilanziell als Verbindlichkeiten zu erfassen sind (vgl. Rz. 34).

Zu § 4 Arbeitsverhältnisse

Die Arbeitsverhältnisse des zu führenden Betriebs gehen mit Beginn der Betriebsfüh- **56** rung auf die Betriebsführerin über, **§ 613a BGB,** dh. der Vertragspartner wird auf Arbeitgeberseite im Wege der Sonderrechtsnachfolge kraft Gesetzes durch die Betriebsführerin „vollständig" ersetzt. Dies ist eine Folge des Auftretens der Betriebsführerin im eigenen Namen und damit (nur) der unechten Betriebsführung (vgl. Rz. 3, 7).

Zu § 5 Geschäfte für Rechnung der Betriebseigentümerin

§ 5 **Abs. 1 Satz 1** des Vertragsformulars detailliert noch einmal die Für- **57** Rechnung-Abrede für Geschäfte gegenüber Dritten. Der Klammerzusatz „(einschließlich den Arbeitnehmern)" stellt klar, dass dies ungeachtet des arbeitsrechtlichen Betriebsübergangs auch für die Arbeitnehmer gilt; auch ihnen gegenüber handelt die Betriebsführerin nicht für eigene, sondern für fremde Rechnung. Aus dem Tätigwerden für Rechnung und dem Weisungsrecht nach § 7 Abs. 1 leitet sich auch die ausschließliche handels- und steuerbilanzielle Erfassung der betrieblichen Erträge und Aufwendungen auf der Ebene der Betriebseigentümerin ab (vgl. Rz. 32 f.).

Abs. 2 trifft Vorsorge für den Fall, dass die Betriebsführerin ausnahmsweise in offe- **58** ner Stellvertretung für die Betriebseigentümerin handelt (§§ 164 ff. BGB). Dies bietet sich insbesondere dort an, wo die Betriebseigentümerin auch im Außenverhältnis unmittelbar berechtigt und verpflichtet werden soll, wie etwa (zur Vermeidung doppelter Grunderwerbsteuer) beim Erwerb von Grundstücken. Für solche (Ausnahme-) Fälle bietet sich an, zusätzlich noch eine gesonderte **Vollmachtsurkunde** auszustellen, die den Geschäftspartnern vorgelegt werden kann.

Zu **Abs. 3** vgl. Rz. 54. **59**

Abs. 4 Satz 2 soll insbesondere die Herausgabemöglichkeit am Ende des Betriebs- **60** führungsvertrages absichern. Dies soll sicherstellen, dass die Betriebseigentümerin von ihrem Herausgaberecht nach § 11 Abs. 3 auch jederzeit effektiv Gebrauch machen kann. Dies ist ertragsteuerlich für die Zurechnung des wirtschaftlichen Eigentums zur Betriebsführerin von Relevanz (vgl. Rz. 31).

Zu § 7 Weisungsrecht, Zustimmungsvorbehalt, Information

61   Das Weisungsrecht der Betriebseigentümerin ist unbeschränkt, um den Betriebsführungsvertrag möglichst treuhandähnlich auszugestalten (Rz. 53). Das umfassende Weisungsrecht ist für die Zurechnung des wirtschaftlichen Eigentums zur Betriebseigentümerin von herausragender Bedeutung (vgl. Rz. 31). Bei Bedarf kann in § 7 weitergehend ein konkreter Zustimmungskatalog und ein detailliertes Berichtssystem aufgenommen werden.

Zu § 8 Betriebsführungsentgelt, Aufwendungsersatz, Freistellung

62   Abs. 1 regelt ein Betriebsführungsentgelt in Abhängigkeit der erstattungsfähigen Aufwendungen. Denkbar ist auch eine Vereinbarung eines fixen Entgelts. **Arbeitsrechtlich** stehen nach zutreffender Auffassung beide Entgeltvarianten mit dem Betriebsübergang nach § 613a BGB im Einklang (*W/H/S/S/Willemsen* Rz. G 77 ff.). Auch **steuerrechtlich** dürften beide Entgeltvarianten zu akzeptieren sein. Dies gilt, wenn sich Betriebseigentümerin und Betriebsführerin als Dritte gegenüberstehen schon allein aufgrund des natürlichen Interessengegensatzes. Im Grundsatz gilt dies bis zur Grenze der Fremdüblichkeit auch zwischen gesellschaftsrechtlich verbundenen Betriebsführerinnen und Betriebseigentümerinnen. Zur Bestimmung der Fremdüblichkeit ist es hierbei in der Praxis nicht unüblich, die Grundsätze zur Bestimmung der fremdüblichen Haftungsvergütung einer Komplementär-GmbH heranzuziehen. Dies ist insoweit plausibel, als sich auch die Betriebsführerin im Außenverhältnis wirksam für die Schulden des Betriebs verpflichtet.

Zu § 9 Haftung, Versicherungen

63   Gesetzlich haftet die Betriebsführerin der Betriebseigentümerin bereits bei einfacher Fahrlässigkeit. Die haftungsrechtliche Situation der Betriebseigentümerin würde sich dadurch, verglichen mit derjenigen vor der Übertragung der Betriebsführung, sehr verbessern. § 9 des Vertragsformulars zielt daher auf einen am bestehenden Versicherungsschutz orientierten Interessenausgleich (vgl. *Weißmüller* BB 00, 1949, 1954 f.).

Zu § 10 Vertragsdauer

64   Die in § 10 Abs. 2 des Vertragsformulars vorgesehene Kündigungsfrist ist sehr kurz, um die Betriebsführung möglichst treuhandähnlich auszugestalten (Rz. 53) und damit auch eine Zurechnung des wirtschaftlichen Eigentums zur Betriebseigentümerin sicherzustellen (Rz. 31). In Konzernverhältnissen sollte dies unproblematisch sein, im Ausnahmefall eines Betriebsführungsvertrages mit einem außenstehenden Dritten würde man eine deutlich längere Frist vorsehen.

Zu § 11 Rückgabe des zu führenden Betriebs

65   § 11 Abs. 3 will durch die jederzeitige Herausgabemöglichkeit sicherstellen, dass die Betriebsführung treuhandähnlich ist (Rz. 53). Dies ist ein entscheidendes Kriterium für die Zurechnung des wirtschaftlichen Eigentums zur Betriebseigentümerin (Rz. 31). Weitergehend könnte hinsichtlich der Forderungen, die aus der Betriebsführung erlangt werden, auch eine **Vorausabtretung** vorgesehen werden; die Betriebsführerin müsste dann ermächtigt werden, die Forderungen im eigenen Namen geltend zu machen und einzuziehen. Im Hinblick auf dingliche Erwerbsgeschäfte kann zudem ein **antizipiertes Besitzmittlungsverhältnis** iSd § 930 BGB vereinbart werden (vgl. *Fenzl* Betriebspacht-, Betriebsüberlassungs- und Betriebsführungsverträge in der Konzernpraxis, S. 154).

A. 11. Partnerschaft und Partnerschaft mit beschränkter Berufshaftung

Übersicht

A. 11.00 Partnerschaft

Gliederung

I. FORMULAR

Formular A. 11.00 Partnerschaftsvertrag

Vorbemerkung

1. Rechtsanwalt A ......

2. Rechtsanwältin B ......

3. Steuerberater C ......

haben die Absicht, ihre Berufe gemeinschaftlich auszuüben. Sie schließen daher den nachstehenden

PARTNERSCHAFTSVERTRAG

§ 1 Name, Sitz, Rechtsform

(1) Der Name der Partnerschaft lautet

„A, B und Partner – Rechtsanwälte, Steuerberater –"

(2) Sitz der Partnerschaft ist ......

(3) Die Gesellschaft ist eine Partnerschaft im Sinne der §§ 1 ff. PartGG.

§ 2 Gegenstand der Partnerschaft

(1) Gegenstand der Partnerschaft ist die gemeinschaftliche Berufsausübung der Partner in ihrer jeweiligen Eigenschaft als Rechtsanwälte oder Steuerberater.

(2) Die Partnerschaft ist berechtigt, alle Geschäfte und Tätigkeiten vorzunehmen, welche den Gegenstand der Partnerschaft unmittelbar oder mittelbar zu fördern geeignet sind.

§ 3 Zusammenarbeit, Mandate

(1) Die Partner widmen ihre ganze Arbeitskraft der Partnerschaft und verpflichten sich untereinander, die dieser übertragenen Mandate mit der erforderlichen Sorgfalt zu bearbeiten.

(2) Alle Mandate gehen vorbehaltlich anderweitiger gesetzlicher oder berufsrechtlicher Regelungen an die Partnerschaft. Die Partner bringen ihre bisherigen Einzelmandate und Geschäftsbeziehungen in die Partnerschaft ein. Bei solchen Mandaten und Beziehungen, die wegen fehlender Einwilligung der Mandanten und Auftraggeber nicht auf die Partnerschaft übertragen werden können, bleiben die Vertragsverhältnisse bei dem betreffenden Partner. Für das Innenverhältnis gilt, dass die Abrechnung für Rechnung der Partnerschaft erfolgt. Entsprechendes gilt im Fall neuer Mandate, die entgegen obiger Regel nicht an die Partnerschaft gehen.

(3) Jeder Partner entscheidet über die Annahme und Ablehnung von Mandaten selbstständig. Bei der Annahme von Mandaten sind Interessenkollisionen, berufsrechtliche und Standesgrundsätze durch den jeweils annehmenden Partner zu prüfen. Bei Mandaten, die aus dem Rahmen der einvernehmlich festzulegenden Geschäftspolitik der Partnerschaft herausfallen, berät sich der jeweilige Partner mit den übrigen Partnern über die Mandatsannahme.

(4) Die Partner unterrichten sich gegenseitig über alle neuen Mandate fortlaufend und beraten sich auf der Grundlage einer vertrauensvollen und kollegialen Zusammenarbeit erforderlichenfalls bei der Betreuung der Mandate.

(5) Bei einer Kollision voneinander abweichenden standes- und berufsrechtlichen Regelungen gelten die jeweils strengeren Regelungen, die auch von den Partnern anzuwenden sind, für welche sie an sich nicht gelten.

§ 4 Vertretung, Geschäftsführung, Partnerschaftsbeschlüsse

(1) Im Außenverhältnis ist jeder Partner in allen Angelegenheiten der Partnerschaft alleinvertretungsbefugt.

(2) Bei der Erbringung der jeweiligen freiberuflichen Leistungen steht jedem Partner Alleingeschäftsführungsbefugnis zu. Außerhalb dieses Bereiches ist jeder Partner nur bei Gefahr in Verzug alleingeschäftsführungsbefugt, ansonsten ist er gesamtgeschäftsführungsbefugt.

(3) Die Gesamtgeschäftsführungsbefugnis wird durch Partnerschaftsbeschlüsse ausgeübt. Bestimmte Geschäftsbereiche, Geschäfte oder Aufgaben können einzelnen oder mehreren Partnern durch Partnerschaftsbeschluss jeweils zur gemeinsamen oder alleinigen Geschäftsführung übertragen werden.

(4) Partnerschaftsbeschlüsse werden einstimmig gefasst. Partnerschaftsbeschlüsse unterliegen der Schriftform, soweit dies gesetzlich geboten oder in diesem Partnerschaftsvertrag ausdrücklich vereinbart ist. Im Übrigen können sie mündlich gefasst werden und sollen zu Dokumentationszwecken schriftlich protokolliert werden.

§ 5 Partner, Einlagen

(1) Partner sind

A (...... *[Vornamen und Name]*), wohnhaft ......, der in der Partnerschaft den Beruf des Rechtsanwalts ausübt,

B (...... *[Vornamen und Name]*), wohnhaft ......, die in der Partnerschaft den Beruf der Rechtsanwältin ausübt,

C (...... *[Vornamen und Name]*), wohnhaft ......, der in der Partnerschaft den Beruf des Steuerberaters ausübt.

(2) Die Partner bringen jeweils die in den Anlagen A, B und C aufgeführten, bisher in ihrem jeweiligen Alleineigentum stehenden Gegenstände unter Ausschluss der Gewährleistung mit den in den Anlagen A, B und C festgestellten Buchwerten zu Gesamthandseigentum in die Partnerschaft ein. Die hiernach eingebrachten Werte werden dem Einlage-/Kapitalkonto des jeweiligen Partners gutgeschrieben.

(3) Nach Abschluss dieses Vertrages anzuschaffendes Inventar wird Gesamthandsvermögen der Partnerschaft. Inventargegenstände, die ein Partner nachweislich auf eigene Kosten anschafft, sind entsprechend zu kennzeichnen; diese Gegenstände bleiben im Eigentum des betreffenden Partners, der sie aber der Partnerschaft unentgeltlich zur Mitbenutzung überlässt.

(4) Für Kraftfahrzeuge, die von der Partnerschaft angeschafft und einem Partner zur privaten Nutzung überlassen werden, trifft die Partnerschaft mit dem betreffenden Partner eine Vereinbarung über das hierfür zu entrichtende Entgelt.

§ 6 Geschäftsjahr, Gewinnermittlung, Buchführung, Rechnungsabschluss

(1) Geschäftsjahr ist das Kalenderjahr. Für den Zeitraum ab Eintragung der Partnerschaft bis zum 31.12.20.. wird ein Rumpfgeschäftsjahr gebildet.

(2) Die Gewinnermittlung erfolgt durch Einnahme-Überschussrechnung (§ 4 Abs. 3 EStG). Die Partner können nur einstimmig beschließen, dass die Gewinnermittlung durch Vermögensvergleich (§ 4 Abs. 1 EStG) erfolgt. Die Änderung der Gewinnermittlung ist nur zu Beginn eines Geschäftsjahres zulässig.

(3) Einnahmen und Ausgaben sind in einer geordneten Buchführung laufend aufzuzeichnen. Alle Belege sind nach Maßgabe der einschlägigen Vorschriften geordnet aufzubewahren.

(4) Innerhalb von drei Monaten nach Abschluss eines jeden Geschäftsjahres ist für das abgelaufene Geschäftsjahr ein Rechnungsabschluss zu erstellen, aus dem sich der Saldo zwischen den Einnahmen und Ausgaben (Überschuss oder Verlust) ergibt. Der Rechnungsabschluss ist durch Beschluss der Partnerschaft festzustellen. Mit der Feststellung wird der Rechnungsabschluss für die Partner untereinander verbindlich.

(5) Die vorstehende Regelung gilt entsprechend, wenn die Gewinnermittlung durch Vermögensvergleich erfolgt.

§ 7 Partnerkonten

Neben dem in § 5 Abs. 2 Satz 2 bezeichneten Einlage-/Kapitalkonto wird für jeden Partner ein Partnerkonto eingerichtet, über welches sich der Zahlungsverkehr zwischen dem Partner und der Partnerschaft vollzieht.

§ 8 Einnahmen

(1) Alle Einnahmen aus der Berufstätigkeit der Partner sind Einnahmen der Partnerschaft. Dies gilt auch für Einnahmen aus einer Tätigkeit als Schiedsrichter, als Testamentsvollstrecker sowie aus der Mitgliedschaft in Aufsichtsräten, Beiräten oder ähnlichen Einrichtungen. Gehen Zahlungen, welche die Partnerschaft betreffen, auf ein Konto eines Partners ein, so hat er sie unverzüglich auf eines der Konten der Partnerschaft zu überweisen.

(2) Zu den Betriebseinnahmen gehören nicht die Einkünfte aus schriftstellerischer oder vortragender Tätigkeit. Soweit solche Einkünfte auf dem Konto der Partnerschaft eingehen, sind sie unverzüglich auf ein privates Konto des betreffenden Partners weiterzuleiten. Durch Partnerbeschluss kann eine angemessene Anrechnung

auf den Überschussanteil erfolgen, wenn der betreffende Partner die Tätigkeit im Sinne des Satzes 1 zu einem erheblichen Teil während der üblichen Arbeitszeit und mit Arbeitsmitteln der Partnerschaft verrichtet hat.

§ 9 Ausgaben

(1) Die durch den Betrieb der Partnerschaft veranlassten Ausgaben sind Betriebsausgaben der Partnerschaft.

(2) Zu den Betriebsausgaben der Partnerschaft gehören nicht Ausgaben, die zwar der einzelne Partner für zweckmäßig hält, die aber nicht sämtlichen Partnern zugutekommen.

(3) Reisekosten sind Betriebsausgaben. Sie werden nach Wahl der Partner mit den effektiven Aufwendungen oder nach den steuerlich ohne Nachweis zulässigen Sätzen abgerechnet. Bei Bahnfahrten wird die 1. Wagenklasse erstattet; bei Flugreisen grundsätzlich die Economy-Klasse, sofern nicht eine höhere Klasse gegenüber dem betreffenden Mandanten abrechenbar ist.

(4) Bewirtungsspesen, die im Verkehr mit Mandanten oder Berufskollegen oder anlässlich von Tagungen entstehen, sind Betriebsausgaben.

(5) Die Kosten der beruflichen Fortbildung sind im angemessenen Umfang Betriebsausgaben. Die Einzelheiten werden durch Partnerbeschluss geregelt.

(6) Beim Nachweis der Aufwendungen haben die betreffenden Partner dafür Sorge zu tragen, dass der Nachweis alle Angaben enthält, die nach den jeweils anwendbaren steuerlichen Vorschriften für den Betriebsausgaben- bzw. Vorsteuerabzug erforderlich sind.

§ 10 Haftpflichtversicherung, Haftung, Ausgleich im Innenverhältnis

(1) Für Verbindlichkeiten aus Schäden wegen fehlerhafter Berufsausübung unterhält die Partnerschaft eine Berufshaftpflichtversicherung mit einer Versicherungssumme von € ...... für jeden Versicherungsfall. Angemessen abzusichern sind auch persönliche Haftungsrisiken der Partner aus Mandaten nach § 8 Abs. 1 S. 2. Die Angemessenheit des Versicherungsschutzes wird von den Partnern jährlich überprüft. Der Versicherungsschutz der Partnerschaft und der für sie tätigen Berufsträger entspricht mindestens dem gesetzlichen Mindestversicherungsschutz nach Maßgabe des jeweils strengeren Berufsrechts gem. § 3 Abs. 5.

(2) Die mit der Bearbeitung eines Mandats befassten Partner haben dafür Sorge zu tragen, dass Umfang und Inhalt ihrer Bearbeitungsbeiträge hinreichend dokumentiert sind, so dass eine über das Partnerschaftsvermögen hinausgehende persönliche Haftung der Partner, die nicht im Sinne des § 8 Abs. 2 PartGG mit der Bearbeitung des Mandats befasst waren, ausgeschlossen ist.

(3) Den jeweils verantwortlichen Partnern im Sinne des § 8 Abs. 2 PartGG obliegt es, namens der Partnerschaft eine Haftungsbeschränkungs- und -begrenzungsvereinbarung nach den jeweiligen berufsrechtlichen Vorgaben mit dem Mandanten zu schließen. Bei der erkennbaren Möglichkeit, dass das potentielle Schadensrisiko die Deckungssumme des Versicherungsschutzes überschreiten könnte, sind sie hierzu verpflichtet.

(4) Soweit kein Versicherungsschutz besteht, sind Schadensersatzleistungen bei leichter Fahrlässigkeit im Innenverhältnis als Betriebsausgaben der Partnerschaft zu behandeln. Bei mittlerer Fahrlässigkeit werden sie zur Hälfte als Betriebsausgaben von der Partnerschaft und im Übrigen von den jeweiligen verantwortlichen Partnern übernommen. Soweit die Partnerschaft nach vorstehenden Regelungen die Schadensersatzleistungen im Innenverhältnis übernimmt, ist die Haftung auf das Partnerschaftsvermögen beschränkt. Schäden aufgrund von wissentlicher Pflichtverletzung

oder Vorsatz sind im Innenverhältnis von dem verursachenden Partner allein zu tragen.

(5) Nachschusspflichten iS. des § 735 BGB aus Anlass der Liquidation oder der Insolvenz der Partnerschaft oder aus Anlass des Ausscheidens eines Partners sind ausgeschlossen, soweit der Verlust auf einem Berufshaftpflichtfall beruht.

§ 11 Beteiligung am Vermögen sowie am Gewinn und Verlust, Entnahmen

(1) Die Beteiligung am Vermögen der Partnerschaft entspricht der Beteiligung am Gewinn und Verlust.

(2) Die Gewinnanteile der Partner sind von Geschäftsjahr zu Geschäftsjahr variabel. Der jeweilige Gewinnanteil wird auf Basis eines Punktesystems ermittelt und entspricht dem Anteil der persönlichen Punktzahl eines Partners an der Gesamtzahl der vergebenen Punkte. Die persönliche Punktzahl eines Partners ermittelt sich wie folgt:

a) Je 30 Punkte pauschal vorab.

b) A 4 Punkte, B 2 Punkte und C 2 Punkte.

c) Je 2 Punkte für jedes Kalenderjahr der Berufsausübung des in der Partnerschaft registrierten freien Berufs. Maximal können hierdurch 30 Punkte pro Partner zusätzlich erreicht werden. Bei Doppelzulassungen in verschiedenen Berufen zählen die Punkte der jeweils längeren Zulassungszeit. Die Punkte für das erste Zulassungsjahr werden anteilig auf das jeweilige Kalenderjahr ermittelt.

d) Je 4 Punkte für den Erwerb von berufsbezogenen akademischen Titeln sowie je 2 Punkte pro Fachanwaltsbezeichnung oder Ähnlichem.

e) Je 4 Punkte für die Übernahme der Verantwortung in den internen Bereichen Abrechnungswesen, Personal, ...

f) Je 2 Punkte pro angefangene € 10.000,– persönlich abgearbeiteten Umsatzes ab einem persönlich abgearbeiteten Jahresumsatz von € ......

g) Je 2 Punkte pro angefangene € 10.000,– persönlich akquiriertem Umsatz ab einem persönlich akquirierten Jahresumsatz von € ......

(3) Für den Fall, dass ein Geschäftsjahr mit einem Verlust abschließt, bemessen sich die jeweiligen Verlustanteile entsprechend Abs. 1 unter Außerachtlassung der Punkte gemäß Abs. 2 Buchst. e und f.

(4) Die Partner beschließen zu Beginn eines jeden Geschäftsjahres, welche Beträge jeder Partner unter Anrechnung auf seinen Gewinnanteil monatlich entnehmen kann (Monatsentnahme).

(5) Die Partner sind sich einig, dass eine Liquiditätsrücklage für unvorhergesehene Ausgaben durch regelmäßige Überweisung von Liquiditätsüberschüssen auf einem separaten Bankkonto sukzessive aufgebaut und aufrechterhalten werden soll. Die Liquiditätsrücklage beträgt derzeit € ...... und wird von den Partnern als angemessen erachtet.

§ 12 Urlaub

Jedem Partner steht ein Jahresurlaub von 30 Arbeitstagen zu. Während des Urlaubs vertreten sich die Partner gegenseitig, soweit sie auf Grund ihrer berufsrechtlichen Zulassung hierzu berechtigt sind; falls die Terminslage im Übrigen keine andere Lösung zulässt, wird ein externer Vertreter bestellt.

§ 13 Krankheit

(1) Wenn im Fall von Krankheit die Arbeitskraft eines Partners ausfällt, bleibt seine Gewinnbeteiligung gemäß § 11 Abs. 2 für folgende Zeiträume unverändert:

a) Bei einer Partnerschaftszugehörigkeit bis zu zehn Jahren auf die Dauer von drei Monaten;

b) bei einer Partnerschaftszugehörigkeit über zehn Jahre auf die Dauer von sechs Monaten.

(2) Anschließend können die übrigen Partner durch Partnerbeschluss die Gewinnbeteiligung des Ausgefallenen nach billigem Ermessen für die Restdauer des Ausfalles reduzieren oder eine Ersatzkraft unter Anrechnung auf den Gewinnanteil des Ausgefallenen beschäftigen.

(3) Für die Vertretung des erkrankten Partners gilt § 12 entsprechend.

§ 14 Schwangerschaft und Elternzeit

(1) Im Falle der Schwangerschaft ist eine Partnerin berechtigt, sechs Wochen vor dem errechneten Datum der Entbindung und acht Wochen nach der Entbindung ihre Tätigkeit für die Partnerschaft zu unterbrechen. Ihren Anspruch auf Gewinnbeteiligung gemäß § 11 behält sie voll.

(2) Eltern können Elternzeit bis zur Vollendung des dritten Lebensjahres eines Kindes in sinngemäßer Anwendung des § 15 BEEG geltend machen. Der Anspruch auf Gewinnbeteiligung und Gewinnvoraus gem. § 11 ruht für die Zeit der Unterbrechung.

§ 15 Dauer der Partnerschaft, Kündigung

(1) Die Dauer der Partnerschaft ist unbestimmt. Sie beginnt mit ihrer Eintragung im Partnerschaftsregister.

(2) Jeder Partner kann durch gemeinsamen Beschluss aller übrigen Partner mit einer Frist von zwölf Monaten zum Ende eines Kalenderjahres aus sachlichem Grund und nachdem ihm zuvor Gelegenheit zur Stellungnahme gegeben wurde aus der Partnerschaft ausgeschlossen werden.

(3) Liegt in der Person eines Partners ein wichtiger Grund vor, so kann er, nachdem ihm zuvor Gelegenheit zur Stellungnahme gegeben wurde, durch gemeinsamen schriftlichen und einstimmigen Beschluss aller übrigen Partner fristlos ausgeschlossen werden.

(4) Die ordentliche Kündigung des Partnerschaftsverhältnisses durch einen Partner ist unter Einhaltung einer Frist von zwölf Monaten bis zum Ende eines Kalenderjahres – vorbehaltlich des Rechts zur fristlosen Kündigung aus wichtigem Grund – gegenüber den übrigen Partnern möglich. Die übrigen Partner sind zur Anschlusskündigung auf denselben Zeitpunk innerhalb einer Frist von 2 Monaten nach Zugang der Kündigung berechtigt.

(5) Ausschluss, Kündigung und Anschlusskündigung haben gegenüber allen Partnern in Schriftform zu erfolgen.

§ 16 Ausscheiden, Abfindung

(1) Ein Partner, der gekündigt hat oder der ausgeschlossen wurde, scheidet mit Wirksamkeit der Kündigung oder des Ausschlusses aus der Partnerschaft aus. Entsprechendes gilt bei der Kündigung durch einen Privatgläubiger eines Partners.

(2) Bei dauernder Berufsunfähigkeit im Sinne der jeweiligen berufsrechtlichen Regelungen scheidet der Partner spätestens mit Erlass des Rentenbescheids oder mit Verlust der berufsrechtlichen Zulassung aus. Entsprechendes gilt für den Fall des Verlustes der berufsrechtlichen Zulassung aus anderen Gründen.

(3) Hat ein Partner das 63. Lebensjahr vollendet, so kann er im Einvernehmen mit den übrigen Partnern unter angemessener Anpassung seines Gewinnanteils seine Tätigkeit in der Partnerschaft einschränken. Zum Eintritt des gesetzlichen Rentenalters haben jeweils der betroffene Partner oder die Gesamtheit der übrigen Partner ein

Sonderkündigungsrecht, das unter Einhaltung einer Frist von sechs Monaten ausgeübt werden kann. Mit Vollendung des 70. Lebensjahres scheidet der Partner aus, es sei denn, es wird mit seiner Zustimmung durch Partnerschaftsbeschluss eine andere Regelung getroffen.

(4) Wird über das Vermögen eines Partners ein Insolvenzverfahren eröffnet, so scheidet er aus der Partnerschaft vorbehaltlich künftiger individueller Regelungen aus.

(5) Die Beteiligung an der Partnerschaft ist nicht vererblich.

(6) Scheidet ein Partner nach obigen Bestimmungen oder wegen Todes aus der Partnerschaft aus, so hat dies auf den Bestand der Partnerschaft keinen Einfluss.

(7) Ausgeschiedene Partner bzw. deren Erben haben einen Abfindungsanspruch in Höhe des ihnen nach den steuerlichen Vorschriften zuzurechnenden anteiligen Verkehrswertes des Betriebsvermögens. Die Partner sind sich einig, dass die Richtlinien zur Bewertung von Anwaltskanzleien der Bundesrechtsanwaltskammer sowie die Hinweise der Bundessteuerberaterkammer für die Ermittlung des Wertes einer Steuerberaterpraxis mit der Maßgabe Anwendung finden, dass die eingebrachten Mandate jedenfalls nach derzeitigem Stand in der Regel als personenbezogen zu qualifizieren sind.

§ 17 Namensfortführung

Die Partner gestatten einander, ihre Namen über ihr eventuelles Ausscheiden aus der Partnerschaft hinaus in dem Namen der Partnerschaft fortzuführen. In der Außendarstellung der Partnerschaft ist auf den Briefbögen, in Broschüren, im Internetauftritt u. ä. das Ausscheiden kenntlich zu machen. Die jeweils betroffenen Partner können der Namensfortführung im Einzelfall aus wichtigem Grund widersprechen. Ein wichtiger Grund ist insbesondere eine anderweitige Tätigkeit des Ausgeschiedenen auf seinem freiberuflichen Gebiet.

§ 18 Anteilsübertragung

Die Übertragung der Beteiligung an der Partnerschaft ist mit Zustimmung aller Partner zulässig. Sie kann nur auf solche Personen übertragen werden, welche Partner im Sinne von § 1 Abs. 1 und Abs. 2 PartGG sein können, und wenn berufsrechtliche Bestimmungen dem nicht entgegenstehen.

§ 19 Schiedsgericht

Alle Streitigkeiten aus diesem Vertrag sollen unter Ausschluss des ordentlichen Rechtsweges von einem Schiedsgericht endgültig entschieden werden. Die Schiedsvereinbarung wird in gesonderter Urkunde vereinbart, die diesem Vertrag als Anlage beigegeben ist.

§ 20 Schriftform

Änderungen dieses Vertrages bedürfen zu ihrer Wirksamkeit der Schriftform. Auch wiederholte Verstöße gegen diese Bestimmungen beseitigen nicht das Schriftformerfordernis.

§ 21 Teilnichtigkeit

Sollte eine Bestimmung dieses Vertrages nichtig, anfechtbar oder unwirksam sein, so soll die Wirksamkeit der übrigen Bestimmungen hiervon nicht berührt werden. Die angreifbare Bestimmung ist vielmehr durch eine wirksame zu ersetzen und/oder so auszulegen, dass der mit ihr erstrebte wirtschaftliche und/oder ideelle Zweck nach Möglichkeit erreicht wird.

II. ERLÄUTERUNGEN

Erläuterungen zu A. 11.00 Partnerschaftsvertrag
---

1. Grundsätzliche Anmerkungen

a) Wirtschaftliches Vertragsziel

1   Das Partnerschaftsgesellschaftsgesetz (PartGG) v. 25.7.94 (BGBl. I 94, 1744) trat am 1.7.95 in Kraft und war die **erste gesellschaftsrechtliche Neuschöpfung** seit Inkrafttreten von BGB, HGB, GmbHG, AktG und GenG. Es hatte zum Ziel, den Angehörigen Freier Berufe eine Gesellschaftsform anzubieten, die auf ihre Bedürfnisse zugeschnitten ist. Nachdem die neue Gesellschaftsform in der Praxis zunächst nicht den erhofften Zulauf gefunden hatte (Anfang 1997 gab es im Bereich der Rechtsanwälte gerade einmal 78 Partnerschaftsgesellschaften), hat der Gesetzgeber im Rahmen des Handelsrechts-Reformgesetzes v. 22.6.98 (BGBl. I 98, 1474) und des Gesetzes zur Änderung des Umwandlungsgesetzes v. 22.7.98 (BGBl. I 98, 1878) einen weiteren Anlauf unternommen, um mit mehreren klarstellenden Änderungen und mit einer Haftungsverfassung, welche die Partnerschaftsgesellschaft noch stärker gegenüber der GbR privilegiert (vgl. § 8 Abs. 2 PartGG, Näheres unter Rz. 27), die Attraktivität der Partnerschaftsgesellschaft für Freiberufler zu erhöhen. Die Anzahl erhöhte sich sodann bis zum 1.1.07 auf 1725 Partnerschaftsgesellschaften (BRAK-Mitt. 2007 S. 110). Am 31.12.16 gab es 8819 Partnergesellschaften (*Lieder/Hoffmann* NZG 17, 325) gegenüber 10829, die noch am 31.12.13 (*Lieder/Hoffmann* NZG 14, 127) registriert waren. Dieser Rückgang dürfte vor allem auf die Umwandlung bereits vorhandener Partnergesellschaften in Partnergesellschaften mbB zurück zu führen sein (vgl. A. 11.20 Rz. 1). Zum 1.5.20 gab es 8.026 klassische Partnerschaftsgesellschaften und 8.128 Partnerschaftsgesellschaften mbB (*Lieder/Hoffmann* NZG 20, 721). Insbes. bei größeren Gesellschaften, bei denen angesichts der Vielzahl von Berufsträgern eine gemeinsame Betreuung der einzelnen Aufträge faktisch nicht mehr möglich ist, ist die besondere Haftungsverfassung der Partnerschaftsgesellschaft ein angemessenes Instrument, um eine (faktisch verschuldensunabhängige) Haftung mit dem Privatvermögen derjenigen Gesellschafter auszuschließen, die mit dem haftungsauslösenden Auftrag konkret nicht befasst waren.

2   Die Partnerschaftsgesellschaft (oder „Partnerschaft"; vgl. § 2 Abs. 1 Satz 1 PartGG) ist allerdings nicht mehr die einzige neue Gesellschaftsform für Freiberufler. Zwischenzeitlich hat auch die **Rechtsanwalts-GmbH** durch den Gesetzgeber Anerkennung gefunden (Gesetz v. 31.8.98, BGBl. I 98, 2600). In Betracht kommen aber auch **andere Formen von Kapitalgesellschaften** (vgl. *Weyland/Brüggemann* BRAO Vor § 59c, Rz. 8 ff.). Von den Kapitalgesellschaften unterscheidet sich die Partnerschaft als Personengesellschaft vor allem durch die größere Gestaltungsfreiheit, die geringeren registerrechtlichen Anforderungen und ihre steuerliche Behandlung. Vor allem steuerlich ist die Partnerschaft idR noch die für Freiberufler günstigere Rechtsform. Nicht zuletzt sind hier auch höhere berufsrechtliche Hürden in Rechnung zu stellen, welche für eine Kapitalgesellschaft bestehen (vgl. zB §§ 59c ff. BRAO). Angesichts neuer angelsächsischer Alternativen wie die LLP entstand allerdings Reformdruck in Richtung einer Kombination der Haftungsvorteile von Kapitalgesellschaften mit den steuerlichen Besonderheiten von Personengesellschaften (vgl. *Rehm/Henssler/Bank/Leicht/Schnittker/Eilers/Roth* BB-Special 10 Heft 3 S. 1 ff.; *Kilian* NJW 11, 3413). Dazu beigetragen hatte sicherlich auch eine Rechtsprechung des BGH, die im Nachhinein den Vorteilen, die der Gesetzgeber mit dem Haftungsprivileg nach § 8 Abs. 2 PartGG schaffen wollte, nahezu vollständig den Boden entzog (vgl. Rz. 27 sowie *Römermann* AnwBl 12, 288, 289) und die bei lebensnaher Betrachtungsweise einen vernünftigen

Mandanten- bzw. Verbraucherschutz vorhersehbar konterkarieren wird (vgl. Rz. 27). Überdies dürfte die Abneigung des BGH gegenüber Freiberufler-GmbH & Co. KG, soweit es jedenfalls um Rechtsanwaltsgesellschaften geht (BGH AnwZ (Brfg) 18/10 v. 18.7.11, NJW 11, 3036 f.), einen letzten Schub für das schließlich am 19.7.13 in Kraft getretene Gesetz zur Einführung einer Partnerschaft mit beschränkter Berufshaftung und zur Änderung des Berufsrechts der Rechtsanwälte, Patentanwälte und Wirtschaftsprüfer v. 15.7.13 (BGBl. I 13, 2386) gegeben haben (*Henssler* AnwBl 14, 96, 105; *Wälzholz* DStR 13, 2637, 2641; *Leuering* NZG 13, 1001, 1002). In Teil A.11.20 wird dementsprechend als weitere Variante der Partnerschaft die **PartG mbB** vorgestellt. Gleichwohl kann die Partnerschaftsgesellschaft gegenüber der Partnerschaftsgesellschaft mbB noch gewisse Vorteile wie bspw. geringere Anforderungen an die Berufshaftpflichtversicherung vorweisen.

Die Partnerschaft steht als Gesellschaftsform ausschließlich Freiberuflern offen. Nach **3** § 1 Abs. 2 Satz 1 PartGG haben die **Freien Berufe** im Allgemeinen auf der Grundlage besonderer beruflicher Qualifikation oder schöpferischer Begabung die persönliche, eigenverantwortliche und fachlich unabhängige Erbringung von Dienstleistungen höherer Art im Interesse der Auftraggeber oder der Allgemeinheit zum Inhalt. Der umfangreiche Katalog Freier Berufe in § 1 Abs. 2 Satz 2 PartGG ist nicht abschließend (zu den einzelnen Katalogberufen vgl. *Henssler/Strohn/Hirtz* PartGG § 1 Rz. 24 ff.).

Auch **ausländische Rechtsanwälte** können Partner der Partnerschaft sein, selbst wenn sie nicht in Deutschland niedergelassen oder zugelassen sind (*Henssler* NZG 19, 401, 403). Diese Frage ist getrennt zu sehen, von der Frage der Eintragungsfähigkeit und Eintragungspflicht in das deutsche Partnerschaftsregister (*Henssler* NZG 19, 401, 406); vgl. A. 11.11 Rz. 3. Außerdem kann die Beteiligung solcher Partner weitere beachtliche rechtliche Auswirkungen bspw. auf die Postulationsfähigkeit der Partnerschaft nach § 3 Nr. 2 StBerG haben (BFH IX B 20/18 v. 12.12.18, BFH/NV 19, 1350). Die der vorgenannten Entscheidung zu entnehmende Begründung ist allerdings europarechtlich bedenklich und ignoriert die Grundentscheidung für die Postulationsfähigkeit nach § 7 Abs. 4 PartGG. Sie hätte sich allerdings im Ergebnis auch minimalinvasiver mit einem einfachen Verweis auf die Notwendigkeit der Unterzeichnung durch einen zugelassenen Berufsträger begründen lassen können (§ 7 Abs. 4 S. 2 PartGG).

Die Partnerschaft ermöglicht zwar den interprofessionellen Zusammenschluss zwi- **4** schen verschiedenen freien Berufen, doch ist hierbei das jeweilige Berufsrecht (zB § 59a BRAO, § 50 Abs. 4 StBerG, 28 Abs. 2, § 4 WPO) zu beachten (§ 1 Abs. 3 PartGG). Das Sozietätsverbot aus § 59a Abs. 1 Satz 1 BRAO verletzt das Grundrecht der Berufsfreiheit, soweit es Rechtsanwälten eine gemeinschaftliche Berufsausübung mit Ärzten oder mit Apothekern im Rahmen einer Partnerschaftsgesellschaft untersagt (BVerfG 1 BvL 6/13 v. 12.1.16, NJW 16, 700). Auch eine gemischt gewerblich-freiberufliche Tätigkeit (Journalist/Verlag/Buchverkauf) soll gesellschaftsrechtlich zulässig sein, solange nicht ein Partner entgegen § 1 Abs. 1 Satz 1, 2 PartGG ausschließlich gewerblich tätig ist (*Meilicke/Lenz* § 1 PartGG Rz. 88; restriktiver wohl *Eiltebuß* DStR 18, 1568, 1572). Mit Blick auf die sog. Abfärbetheorie ist eine gemischt freiberuflich-gewerbliche Partnerschaft allerdings steuerlich problematisch (vgl. Rz. 9 und A. 5.00 Rz. 13).

Reine Kapitalbeteiligungen durch Personen, die keinen freiberuflichen Beitrag zur **5** Partnerschaft leisten oder zumindest geleistet haben, sind unzulässig. Der Wortlaut des § 1 Abs. 1 Satz 1 PartGG setzt für die Partnerschaft den Zusammenschluss Angehöriger Freier Berufe „zur Ausübung" ihrer Berufe voraus. Ungeklärt ist die Frage, ob immerhin solche Partner in der Partnerschaft verbleiben können, die zB aus Altersgründen ihre aktive Tätigkeit eingestellt haben. Richtigerweise ist das Merkmal „Ausübung" weit auszulegen (*Meilicke/Lenz* PartGG § 1 Rz. 100; **aA** *Henssler/Strohn/Hirz* PartGG § 1 Rz. 34 unter Berufung auf eine ganz h.M.). Unabhängig hiervon verlangt § 9 Abs. 3 PartGG, dass derartige Partner nur Partner bleiben können, wenn sie die

Zulassung zu ihrem freien Beruf behalten. Aufgrund des am 18.5.17 verabschiedeten Geldwäschegesetzes (GwG v. 23.6.17, BGBl. I 17, 1822) besteht auch für Partnerschaften die Verpflichtung, dem **Transparenzregister** ab dem 1.10.17 Vor- und Nachnamen, Geburtsdatum, Wohnort, sowie Art und Umfang des wirtschaftlichen Interesses der jeweiligen Partner mitzuteilen (§ 20 Abs. 1 Satz 1 GwG). Die Erfüllungsfiktion, wonach die Mitteilungspflicht allein wegen der Eintragungen im Partnerschaftsregister als erfüllt gilt (§ 20 Abs. 2 Nr. 2 GwG), greift nach der Gesetzesbegründung regelmäßig ein (BT-Drucks. 18/11555, 93: 95% der Fälle), obwohl in der Regel weder Kapital- noch Stimmverhältnisse dem Partnerschaftsregister mitgeteilt werden. Einzutragen sei aber, wenn die einzutragenden Partner nicht für sich handelten, sondern bspw. für „einen hinter ihnen stehenden Strohmann etwa wegen dessen faktischer Kontrolle" (BT-Drucks. 18/11555, 93). Trotz der offensichtlichen Verwechslung der Begriffe Stroh- und Hintermann ist die restriktive Auslegung der Mitteilungspflichten zu Art und Umfang des wirtschaftlichen Interesses zu begrüßen. M.E. bestehen insoweit jedenfalls dann keine weiteren Mitteilungspflichten, wenn intern nichts vom gesetzlichen Regelfall der §§ 6 Abs. 3 PartG, 199 Abs. 2, 121 Abs. 3 HGB zu Stimm- und Gewinnverteilungsverhältnissen Abweichendes geregelt wurde.

Zur Abgrenzung von Gesellschafter- bzw. Partnerstellung und Arbeitnehmerstellung (vgl. A. 5.01 Rz. 9, 11, 12, 20).

b) Gesellschaftsrecht

6   Die Partnerschaft ist – ohne eine Handelsgesellschaft zu sein (§ 1 Abs. 1 Satz 1 PartGG) – als eine **bedingt rechtsfähige Personengesellschaft** konzipiert; sie ist als „Schwesterfigur zur OHG" zu sehen (BT-Drs. 12/6152, 8; *Seibert* DB 94, 2381). Ohne juristische Person zu sein, ist sie dieser jedoch weitgehend angenähert (BT-Drs. 12/6152; *Leutheusser-Schnarrenberger* BRAK-Mitt. 1995, 90). Die Partnerschaft hat einen Namen, unter dem sie eigene Rechte hat, klagen und verklagt werden kann (§§ 2, 7 Abs. 2 PartGG iVm. § 124 HGB). Auf eine derart klare gesetzliche Grundlage konnte für die GbR nicht verwiesen werden. Erst die spätere Rspr. des II. Zivilsenats des BGH näherte schließlich auch die GbR der OHG an (vgl. A. 5.00 Rz. 4). Die Partnerschaft kann als Prozess- oder Verfahrensbevollmächtigte beauftragt werden, sie handelt dabei durch ihre Partner und Vertreter und kann im gleichen Umfange wie diese postulationsfähig sein (§ 7 Abs. 4 PartGG); vgl. allerdings oben Rz. 3.

7   Anders als bei der GbR bedarf es bei der **Gründung** einer Partnerschaft der Einhaltung der Schriftform für den Gesellschaftsvertrag (§ 3 Abs. 1 PartG) sowie der Registereintragung der Partnerschaft (§§ 4, 5, 7 Abs. 1 PartGG). Die Schriftform erstreckt sich nach hM auf den gesamten Vertragsinhalt, Nebenabreden und damit im rechtlichen Zusammenhang stehende Verträge (*Meilicke/Meilicke* § 3 PartGG Rz. 13). Die Nichtbeachtung führt gem. §§ 125, 139 BGB zur Nichtigkeit des gesamten Vertrages (zu Recht kritisch *MünchHdBGesR/Salger,* Bd 1, § 38 Rz. 10) mit der Folge, dass die Regeln zur faktischen Gesellschaft zur Anwendung kommen. Nach hM bedeutet dies auch, dass die Haftungsbeschränkungen des § 8 PartGG im Zusammenhang mit beruflichen Fehlern auch in der Zeit des Bestehens der faktischen Gesellschaft greifen (*Meilicke/Meilicke* § 3 PartGG Rz. 35). Im Innenverhältnis beginnt die Partnerschaft mit Abschluss des Partnerschaftsvertrages. Im Außenverhältnis wird sie erst mit Eintragung in das Partnerschaftsregister wirksam (§ 7 Abs. 1 PartGG). Zur Anmeldung und Eintragung (vgl. Formular A. 11.10).

8   Die **Umwandlung** einer GbR in eine Partnerschaft ist gem. § 2 Abs. 2 Halbs. 2 PartGG möglich. Im Gegensatz zu den Verhältnissen bei der GbR sieht das UmwG für die Partnerschaft zahlreiche weitere Umwandlungsvorgänge vor, die zur Entstehung einer Partnerschaft führen können oder bei denen die Partnerschaft in eine andere Rechtsform umgewandelt werden kann (vgl. §§ 3, 124, 191 UmwG). Zur Umwandlung der Partnerschaft in eine Partnerschaftsgesellschaft mbB (vgl. A. 11.00 Rz. 3).

c) Steuerrecht

Als Personengesellschaft ist die Partnerschaft kein selbstständiges Steuersubjekt. **9** Vielmehr werden die einzelnen Partner wie die Gesellschafter einer Freiberufler GbR nach den Grundsätzen der freiberuflichen Mitunternehmerschaft (§ 18 Abs. 1 Nr. 1, Abs. 4, 15 Abs. 1 Nr. 2 EStG steuerlich behandelt und unterliegen mit ihren anteilig erzielten Einkünften der **Einkommensteuer.** Kraft Rechtsform dürfen sich an der Partnerschaft nur Freiberufler beteiligen (§ 1 Abs. 1 Satz 1. § 9 Abs. 3 PartGG). Gleichwohl können ihre Einkünfte ähnlich wie bei der Freiberufler GbR steuerlich in gewerbliche umqualifiziert werden (vgl. A. 5.00 Rz. 13) – ua. mit der Folge der **Gewerbesteuerpflicht.**

Da die Partnerschaft Unternehmer iSd. § 2 UStG ist, hat sie grds. für ihre Umsätze **10 Umsatzsteuer** abzuführen und ist vorsteuerabzugsberechtigt, es sei denn, ihre Umsätze sind aus anderen Gründen nicht steuerbar oder steuerbefreit (zB Ärztepartnerschaft iSd. § 4 Nr. 14 UStG). Ein umsatzsteuerbarer Leistungsaustausch ist auch zwischen einer Partnerschaft und einem Partner möglich (vgl. A. 5.00 Rz. 23). Für die Umsatzsteuerschulden der Partnerschaft haften die Partner auch mit ihrem Privatvermögen nach § 8 Abs. 1 Satz 1 PartGG. Gem. § 20 Abs. 1 Nr. 3 UStG besteht (auf Antrag) die Möglichkeit, die Umsatzsteuer nicht nach vereinbarten Entgelten (Soll-Besteuerung), sondern nach vereinnahmten Entgelten (Ist-Besteuerung) zu berechnen. Für die **Grunderwerbsteuer** vgl. A. 5.00 Rz. 11 f. sowie für die **Erbschaft- und Schenkungsteuer** A. 5.00 Rz. 24 f.

2. Einzelerläuterungen

Zu § 1: Name, Sitz, Rechtsform

Absatz 1: Der Name der Partnerschaft gehört zum Mindestinhalt des Partner- **11** schaftsvertrages (§ 3 Abs. 2 Nr. 1 PartGG). Nach § 2 Abs. 1 muss der Name der Partnerschaft den Namen mindestens eines Partners, den Zusatz „und Partner" oder „Partnerschaft" sowie die Berufsbezeichnung aller in der Partnerschaft vertretenen Berufe enthalten. Für eine Steuerberatungsgesellschaft iSd. § 49 Abs. 1 StBerG, dessen Mitglieder auch Rechtsanwälte sein können (vgl. § 50 Abs. 2 StBerG), entfällt indessen nach § 53 Satz 2 StBerG die Pflicht aller in der Partnerschaft vertretenen Berufe in den Namen aufzunehmen (OLG München 31 Wx 281/16 v. 1.12.16, NZG 17, 64). Wenn bereits alle Partner im Namen der Partnerschaft genannt sind, soll der Zusatz „und Partner" irreführend und damit unzulässig sein (*Henssler/Strohn/Hirtz* § 2 PartGG Rz. 5). Über den Wortlaut des Gesetzes hinaus sind auch andere Zusätze zulässig, die deutlich machen, dass es sich um eine Partnerschaftsgesellschaft handelt (*Henssler/Strohn/Hirtz* § 2 PartGG Rz. 4 mwN). Bei der Namensangabe ist nur der jeweilige Nachname erforderlich (§ 2 Abs. 1 Satz 2 PartGG). Die Namen anderer Personen als der Partner dürfen nicht in den Namen der Partnerschaft aufgenommen werden (§ 2 Abs. 1 Satz 3 PartGG). Dies trifft jedoch nicht auf den als Namensgeber ausgeschiedenen Partner zu. Die Partnerschaft darf mit seiner Einwilligung seinen Namen weiterführen, denn § 2 Abs. 2 PartGG verweist für die Einzelheiten des Namensrechts neben den § 18 Abs. 2, §§ 21, 22 Abs. 1, §§ 23, 30, 31 Abs. 2, § 32 und § 37 HGB auch auf § 24 HGB, der ausdrücklich die Namensfortführung eines früheren Geschäftsinhabers regelt (vgl. BGH I ZR 195/99 v. 28.2.02, NJW 02, 2093). Eine unzulässige Irreführung im Falle einer anderweitigen Berufstätigkeit des ausgeschiedenen Namensgebers an anderer Stelle soll nicht vorliegen, wenn das Ausscheiden aus der Partnerschaft hinreichend kenntlich gemacht wird (vgl. BGH I ZR 195/99 v. 28.2.02, aaO). Der Namen eines ausgeschiedenen Partners kann auch mit dessen Doktortitel fortgeführt werden, wenn keiner der verbliebenen Partner promoviert ist (BGH II ZB 7/17 v. 8.5.18, NZG 18, 900).

12   **Absatz 2:** Zum Mindestinhalt des Partnerschaftsvertrages gehört auch der Sitz der Partnerschaft (§ 3 Abs. 2 Nr. 1 PartGG). Bei mehreren Standorten ist nach bisher hM der Standort als Sitz zu bestimmen, der am ehesten als Verwaltungssitz qualifiziert werden kann (*Weyland/Brüggemann* BRAO § 3 PartGG Rz. 7). Mit guten Gründen wird hier aber zunehmend für mehr Wahlfreiheit plädiert. Schließlich sieht das Gesetz ja abweichend von den Personenhandelsgesellschaften die Notwendigkeit einer vertraglichen Regelung ausdrücklich vor (*MünchKommBGB/Schäfer* § 3 PartGG Rz. 18). Die übrigen Standorte sind gem. § 5 Abs. 2 PartGG als Zweigniederlassungen in das Partnerschaftsregister des Hauptsitzes einzutragen (vgl. Formular A. 11.11).

Zu § 2: Gegenstand der Partnerschaft

13   **Absatz 1:** Der Gegenstand der Partnerschaft muss als Mindestinhalt des Partnerschaftsvertrages angegeben werden (§ 3 Abs. 2 Nr. 3 PartGG). Der Gegenstand der Partnerschaft deckt sich idR mit den im Namen der Partnerschaft angegebenen Berufen und hat mittelbar Bedeutung für das im Innenverhältnis greifende Wettbewerbsverbot (§ 6 Abs. 3 Satz 2 PartGG iVm. § 112 HGB). Wird ein angegebener Beruf vorübergehend nicht abgedeckt, weil etwa der betreffende Partner aus der Partnerschaft ausgeschieden ist, so hat dies nach hL keinen Einfluss auf die Wirksamkeit der Vereinbarung des Unternehmensgegenstandes (*MünchKommBGB/Schäfer* § 3 PartGG Rz. 23). Nach Ansicht des BGH kann eine Partnerschaft anders als eine GbR gem. § 59e Abs. 1 S. 1 BRAO nicht Gesellschafterin einer Rechtsanwaltsgesellschaft sein (BGH AnwZ Brfg 33/16 v. 20.3.17, NJW 17, 1681; BGH PatAnwZ 1/00 v. 9.7.01, NJW 2002, 68). Der Ausgang des diesbezüglichen Verfahrens vor dem BVerfG bleibt abzuwarten (BVerfG 1 BvR 1072/17).

14   **Absatz 2:** Es handelt sich lediglich um eine ergänzende salvatorische Klausel, die vorsorglich Annexgeschäfte und -tätigkeiten wie zB Veröffentlichungen im geringeren Umfang abdeckt. Spielen diese Tätigkeiten jedoch eine erhebliche Rolle, wären sie mit Rücksicht auf das Schriftformerfordernis ausdrücklich im Gegenstand der Partnerschaft aufzuführen.

Zu § 3: Zusammenarbeit, Mandate

15   Die Grundsätze, die für die interne Zusammenarbeit gelten müssen, werden auf der einen Seite durch § 6 PartGG vorgegeben, der sich an dem Leitbild der unabhängigen und eigenverantwortlichen Tätigkeit der Freiberufler orientiert (vgl. § 1 Abs. 2 Satz. 1 PartGG) und auf die jeweiligen berufsrechtlichen Grundsätze verweist. Sie werden vor allem durch Abs. 3 (Mandatsannahme) und Abs. 5 (Berufsrecht) in der vorgeschlagenen Regelung konkretisiert. Dem steht auf der anderen Seite der Grundsatz des solidarischen Verhaltens unter Gesellschaftern und hierbei insbesondere der Gedanke der Beitragspflicht (§ 1 Abs. 4 PartGG, § 706 Abs. 3 BGB) gegenüber. In der vorgeschlagenen Regelung wird dies durch Leistungspflichten (Abs. 1 und 2), Informations- und Beratungspflichten (Abs. 3 und 4) sowie Kollisionsregelungen (Abs. 5) berücksichtigt. Einzelnen Partnern kann zwar gem. § 6 Abs. 2 PartGG nicht die Geschäftsführungsbefugnis im freiberuflichen Bereich entzogen werden. Das schließt jedoch die Anordnung von Gesamtgeschäftsführungsbefugnis oder generelle Vorgaben im Partnerschaftsvertrag oder durch Partnerbeschlüsse auch in diesem Bereich nicht prinzipiell aus (*Henssler/Strohn/Hirtz* PartGG § 6 Rz. 8 f.).

Zu § 4: Vertretung, Geschäftsführung, Partnerschaftsbeschlüsse

16   **Absatz 1:** Die Alleinvertretungsbefugnis eines jeden Partners entspricht der gesetzlichen Regel (§ 7 Abs. 3 PartGG iVm. § 125 Abs. 1 HGB). Sie ist auch für die sonstigen Geschäfte iSv. § 6 Abs. 2 PartGG sinnvoll, um die Handlungsfähigkeit der Partnerschaft sicherzustellen. Jedenfalls für den zuletzt genannten Bereich ist sie dispositiv und kann als Gesamtvertretungsbefugnis ausgestaltet oder ganz ausgeschlossen werden (vgl. *Henssler/Strohn/Hirtz* § 7 PartGG Rz. 16). Im freiberuflichen Bereich kann die Vertretungsbefugnis nach hL nicht komplett ausgeschlossen werden. Str. ist allerdings, ob eine Untervollmacht genügt (vgl. *Henssler/Strohn/Hirtz* § 7 PartGG Rz. 16). Abweichungen von der gesetzlichen Regel sind gem. § 7 Abs. 3, § 11 Abs. 2 PartGG iVm. § 125 Abs. 1 und 2 HGB, § 5 Abs. 3 Satz 2 PRV in das Partnerschaftsregister einzutragen.

Absätze 2 und 3: Im Innenverhältnis ist bis auf den freiberuflichen Kernbereich **17** nach § 6 Abs. 2 PartGG (vgl. Rz. 15) abweichend von der Alleinvertretungsbefugnis gem. Abs. 1 und der gesetzlichen Regel nicht Alleingeschäftsführungsbefugnis (§ 6 Abs. 3 Satz 2 PartGG iVm. § 115 Abs. 1 HGB), sondern Gesamtgeschäftsführungsbefugnis iSv. § 6 Abs. 3 Satz 2 PartGG iVm. § 115 Abs. 2 HGB vorgesehen (zum Widerspruchsrecht gem. § 115 Abs. 1 HGB vgl. A. 9.00 Rz. 41). Je größer die Partnerschaft wird und je mehr die Partner mit den Geschäftsgepflogenheiten ihrer übrigen oder neuer Partner vertraut sind, bietet sich an, von der im Formular vorgesehenen Möglichkeit der Übertragung von Alleingeschäftsführungsbefugnis auf einzelne Partner durch Partnerschaftsbeschluss Gebrauch zu machen. Letzteres setzt im Übrigen § 11 Abs. 2 Buchst. e des Formulars im Zusammenhang mit der Gewinnbeteiligung voraus.

Absatz 4: Die gemeinsame Willensbildung der Partnerschaft erfolgt im Einklang **18** mit der dispositiven gesetzlichen Regel durch Fassung einstimmiger Beschlüsse (§ 6 Abs. 3 PartGG iVm. § 119 HGB). Die Beschlussfassung unterliegt grds. nicht bestimmten Förmlichkeiten. Allerdings bedürfen zB Beschlüsse, die Änderungen des Mindestinhalts des Partnerschaftsvertrages zum Gegenstand haben, schon von Gesetzes wegen der Schriftform (§ 3 PartGG). Für die Einzelheiten zur ordnungsgemäßen Beschlussfassung und der Rechtsmittel hiergegen wird auf die einschlägige Kommentarliteratur zu § 119 HGB verwiesen.

Zu § 5: Partner, Einlagen

Absatz 1: Nach § 3 Abs. 2 Nr. 2 PartGG muss der Partnerschaftsvertrag als Min- **19** destinhalt den Namen und „den" Vornamen sowie den in der Partnerschaft ausgeübten Beruf und den Wohnort jedes Partners enthalten. Bei mehreren Vornamen dürfte nach sachgerechter Auslegung der Vorschrift die Angabe eines der Vornamen ausreichend sein. Vorsorglich können jedoch alle angegeben werden (*Meilicke/Meilicke* § 3 PartGG Rz. 21). Bei Doppelvornamen genügt dies hingegen nicht. Zu den Berufen, die in der Partnerschaft ausgeübt werden können vgl. Rz. 3. Hinsichtlich der gesetzlichen Verpflichtung, den Wohnort anzugeben, ist unklar, ob es sich um den Wohnsitz nach den Kriterien des § 7 BGB oder nach denen des § 8 AO handelt. Vorsichtshalber wird empfohlen, alle in Betracht kommenden Wohnorte anzugeben (*Meilicke/Meilicke* § 3 PartGG Rz. 24) und jeweils zu konkretisieren, ob es sich um den Wohnort nach § 8 AO oder § 7 BGB handelt. Nach hL kommt es für die Angabe des Wohnorts lediglich auf den Ort des tatsächlichen dauernden Aufenthalts des Partners an, nicht auf den davon unter Umständen abweichenden Wohnsitz nach § 7 BGB (*MünchKomm-BGB/Schäfer* § 3 PartGG, Rz. 20). Zum Kapitalkonto vgl. Rz. 23.

Absatz 2 und 3: Die Partnerschaft ist eine Gesamthand und als solche Trägerin des **20** Gesellschaftsvermögens (§ 1 Abs. 4 PartGG iVm. §§ 718ff. BGB). Vgl. zur Buchwerteinbringung A. 5.01 Rz. 13.

Absatz 4: Zur steuerlichen Problematik der Anschaffung von Kfz. für Gesellschaf- **21** ter vgl. A. 5.01 Rz. 14.

Zu § 6: Geschäftsjahr, Gewinnermittlung, Buchführung, Rechnungsabschluss

Zur **ertragsteuerlichen Behandlung** vgl. Rz. 9. Der Rechungsabschluss ist die **22** Grundlage für die Gewinnverteilung und für die Erstellung der Überschussrechnung gemäß § 4 Abs. 3 EStG. Der Vorteil der Überschussrechnung liegt darin, dass keine allgemeine steuerliche Buchführungspflicht nach § 141 AO gegeben ist. Die Partnerschaft kann auch anstelle einer Überschussrechnung eine Bilanz und eine Gewinn-

und Verlustrechnung erstellen und ihren Gewinn gemäß § 4 Abs. 1 EStG ermitteln. Eine PartG darf nach Auffassung der Finanzverwaltung trotz registerrechtlicher Erfassung nicht gem. § 4a Abs. 1 EStG einen anderen Gewinnermittlungszeitraum als das Kalenderjahr wählen (vgl. A. 5.01 Rz. 18; BMF v. 21.12.94, DStR 95, 181).

Zu § 7: Partnerkonten

23   Die Einrichtung von Partnerkonten dient der Klarheit im Abrechnungsverkehr zwischen Partnerschaft und Partner. Die Partnerkonten und die Kapitalkonten nach § 5 Abs. 1 Satz 2 berühren nach der vorgeschlagenen Gestaltung insbesondere unter Berücksichtigung von § 11 Abs. 2 nicht die Höhe der Beteiligung am Gesellschaftsvermögen. Zur Beteiligung am Gesellschaftsvermögen vgl. Rz. 29.

Zu § 8: Einnahmen

24   Es entspricht der wirtschaftlichen Zielsetzung eines Partnerschaftsvertrages, alle berufsbedingten Einnahmen der Partner der Partnerschaft zuzuordnen. Dies soll auch für Sondereinnahmen für Tätigkeiten in Aufsichtsräten und ähnlichen Gremien gelten. Mit der Freistellung von Autoren- und Vortragshonoraren in Abs. 2 kann allerdings ein Anreiz gesetzt werden, im Interesse der Partnerschaft publizistisch tätig zu werden, wobei davon ausgegangen wird, dass die Berufsträger solche Tätigkeiten idR überobligatorisch außerhalb des üblichen Geschäftsbetriebes erbringen.

Zu § 9: Ausgaben

25   Zu den typischen Betriebsausgaben, die ein Partner für zweckmäßig halten mag, die aber nicht direkt den übrigen Partnern zugutekommen, können die Kosten für die Teilnahme an Fachkongressen zählen. Durch den Formularvorschlag soll hier ein Zwang zur vorherigen Planung aller Partner hergestellt werden.

Zu § 10: Haftpflichtversicherung, Haftung, Ausgleich im Innenverhältnis

26   **Absatz 1:** Der Abschluss von Berufshaftpflichtversicherungen ist für bestimmte Freiberufler gesetzlich vorgeschrieben (zB § 51 Abs. 1 BRAO, § 67 Abs. 1 StBerG, §§ 54 Abs. 1, 130 Abs. 1 WPO, § 45 Abs. 1 PAO). Nach § 3 Abs. 5 gilt es, den Grundsatz der Anwendbarkeit des strengsten Berufsrechts zu beachten.

27   **Absätze 2 und 3:** Gem. § 8 Abs. 1 PartGG können die Gläubiger der Partnerschaft grds. in entsprechender Anwendung der §§ 129 und 130 HGB neben dem Vermögen der Partnerschaft auch die Partner persönlich mit ihrem Privatvermögen als Gesamtschuldner in Anspruch nehmen. Für die Partner weist die Partnerschaft gegenüber der GbR (wie auch der OHG) allerdings insofern eine günstigere Haftungsverfassung auf, als bei der Bearbeitung von Aufträgen, die Gegenstand der freiberuflichen Tätigkeit sind, neben dem Partnerschaftsvermögen nur die Partner haften, die mit der Bearbeitung des betreffenden Auftrages befasst waren und deren Bearbeitungsbeiträge nicht lediglich von untergeordneter Bedeutung waren (§ 8 Abs. 2 PartGG). Der Wortlaut des Gesetzes setzt nicht voraus, dass der haftungserhebliche Bearbeitungsbeitrag eines Partners dem Auftraggeber gegenüber in Erscheinung getreten ist. Streitig ist, ob es für die **Haftungskonzentration** auf einen bestimmten Partner genügt, wenn er nach der internen Zuständigkeitsverteilung für den Auftrag zuständig gewesen wäre (so *Henssler/Strohn/Hirtz* § 8 PartGG Rz. 20 unter Hinweis auf die Gesetzesbegründung). Jedenfalls eine abstrakte allgemeine Zuständigkeitsverteilung (zB durch die Zuordnung von Fachbereichen) kann mE für sich allein genommen eine Haftungskonzentration nicht rechtfertigen. Das Gesetz verlangt schon nach dem Wortlaut mehr: Es verlangt nämlich, dass der Partner mit der Bearbeitung „befasst war" und nicht bloß für die Bearbeitung „zuständig gewesen wäre oder hätte sein können." Von einer Befassung kann nur ausgegangen werden, wenn ein bestimmter Partner durch den Auftraggeber bzw. von der Partnerschaft hierzu beauftragt war oder, wenn der Partner den Auftrag so an sich gezogen hat, dass er sich damit befassen musste oder be-

fasst hat. Der Partner einer Partnerschaftsgesellschaft, der einen Auftrag nicht selbst bearbeitet und von dem sachbearbeitenden Partner nicht hinzugezogen wird, obwohl dies nach der internen Zuständigkeitsverteilung geboten gewesen wäre, ist deshalb mit der Bearbeitung des Auftrags nicht befasst (OLG Hamm 28 U 151/09 v 14.2.10, DStR 10, 2007; BGH IX ZR 45/10 v. 14.6.12, DStR 13, 280). Nach einem Urteil des IX. Zivilsenats des BGH soll ein Partner, der sich mit der Bearbeitung eines Auftrages befasst, allerdings auch dann haften, wenn der Fehler vor dem Eintritt in die Partnerschaft begangen wurde und im Zeitpunkt der Befassung nicht mehr korrigierbar ist (BGH IX ZR 12/09 v. 19.11.09, DStR 10, 463). Auf eine **kausale Beteiligung** des Partners am konkreten Bearbeitungsfehler komme es nach § 8 Abs. 2 PartGG nicht an. Unabhängig von der Frage, ob mangelnde Kausalität einen Entlastungsgrund darstellen kann, überzeugt die Entscheidung nicht. Schon die im Gesetzestext verwendete Vergangenheitsform gibt Anlass zu einer einschränkenden Auslegung zumindest bezogen auf den Begriff „Auftrag". In dem fraglichen Fall ging es um eine fehlerhafte Klageerhebung, die sich bereits irreparabel ereignet hatte, als der betroffene Partner eingetreten war. Ohne nähere Begründung ist der Senat davon ausgegangen, dass sämtliche Folgetätigkeiten nach einer Klageerhebung Bestandteile ein und desselben Auftrages iSd. § 8 Abs. 2 PartGG sein können. Hier wäre eine differenziertere Betrachtungsweise angemessen. Überdies würde die extensive Auslegung nicht zum Gesetzeszweck passen, so wie ihn der historische Gesetzgeber ausdrücklich vorgegeben hat: Kalkulierbarkeit von Haftungsrisiken für Angehörige der freien Berufe. Bei lebensnaher Betrachtung wären neu hinzutretende Partner nach der Rspr. des IX. Senats gut beraten, sich mit komplizierten Mandaten aus dem Bestand der Partnerschaft gar nicht erst zu befassen. Das gilt vor allem dann, wenn sie eine nur schwer überschaubare Auftrags- und Beratungshistorie haben oder sogar schon ein Beratungsfehler aus der Vergangenheit bekannt ist, der das Mandat für jeden Partner, der helfen will, haftungsträchtig infiziert hat. An diesen Konsequenzen der Überlegungen des IX. Senats können auch die von einem solchen Fehler geschädigten Mandanten oder Patienten kein zu billigendes Interesse haben. Der IX. BGH-Senat hat an dieser Rechtsprechung allerdings nicht nur festgehalten, sondern – aus seiner Sicht konsequent – die Haftung auch auf Fehler erweitert, die nach Abgabe des Mandats innerhalb der Partnerschaft geschehen sind (BGH IX ZR 190/18 v. 12.9.18, DStRE 20, 1019; krit. *Schäfer* NZG 20, 401). Die im Formular vorgeschlagene Dokumentationspflicht hinsichtlich des Umfangs und Inhalts der individuellen Bearbeitungsbeiträge dient der internen und externen Absicherung aller Partner, da der Führung bzw. der nicht ordnungsgemäßen Führung der Akten oder der Erfassung der Zeiten bei Vereinbarung von Zeithonoraren im Falle eines Regresses erheblicher Beweiswert zukommt. Haften Angestellte oder freie Mitarbeiter als sog. „Scheinpartner", bspw., weil sie im Briefkopf der Partnerschaft genannt werden (OLG München 29 U 2962/00 v. 18.1.01, BB 01, 592), so haftet im Außenverhältnis nach hL zunächst nur der handelnde **„Schein-Partner"** bei Bearbeitung eines Auftrags neben dem Vermögen der Partnerschaft nach den Grundsätzen der Rechtsscheinhaftung (*Freund* NZG 17, 1001, 1004). Der geschädigte Auftraggeber kann sich aber einen Freistellungsanspruch des Schein-Partners abtreten oder durch Pfändung überweisen lassen, so dass im Ergebnis doch alle Partner persönlich haften (*Hartung* BRAK-Mitteilungen 14, 179) und damit die Haftungskonzentration entgegen dem ursprünglichen Sinn und Zweck dieser neuen Gesellschaftsform ins Leere läuft. Noch weitergehend wird überdies teils vertreten, dass parallel alle Partner auch unmittelbar persönlich haften (*Henssler/Strohn/Hirtz* § 8 PartGG Rz. 17). Umgekehrt würde dem nicht mit dem Auftrag befassten Scheinpartner auch die Haftungskonzentration auf die mit der Sache befassten Partner zukommen (*Freund* NZG 17, 1001, 1004). Die privilegierende Haftungsverfassung gilt nur für Ansprüche auf Schadensersatz wegen fehlerhafter Berufsausübung, nicht aber für sonstige Ansprüche wie Löhne, Mieten etc.

28   **Absatz 4:** Die Ausgleichsverpflichtungen der vorgeschlagenen Regelung weichen von den dispositiven gesetzlichen Regelungen der § 6 Abs. 3 Satz 2 PartGG iVm. § 110 HGB und § 426 BGB sowie § 1 Abs. 4 PartGG iVm. § 708 BGB ab (vgl. A. 5.01 Rz. 22). Soweit die vorgeschlagene Regelung dem Partner einen Erstattungsanspruch für die Inanspruchnahme aus Berufshaftung zubilligt, war vorsorglich und ausdrücklich klarzustellen, dass sich angesichts der Haftungsverfassung der Partnerschaft die Haftung für den Erstattungsanspruch auf das Gesellschaftsvermögen beschränkt.

28a   **Absatz 5:** Ein Nachschussanspruch für Verluste, die auf einem **Berufshaftpflichtfall** beruhen, würde die Beschränkung der Haftung auf das Gesellschaftsvermögen der Partnerschaft im Ergebnis unterlaufen. Zu Recht wird hierzu in der Literatur die Auffassung vertreten, dass er bei Fehlen einer ausdrücklichen Regelung als konkludent abbedungen gilt (*Henssler* AnwBl, 14, 96, 102; *Wertenbruch* NZG 13, 1006, 1010; *Wälzholz* DStR 13, 2637, 2639). Die vorgeschlagene Regelung hat daher nur deklaratorischen und klarstellenden Charakter.

Zu § 11: Beteiligung am Vermögen sowie an Gewinn und Verlust, Entnahmen

29   Das Gesetz enthält in § 6 Abs. 3 Satz 2 PartGG keinen Verweis auf §§ 120 bis 122 HGB, so dass gem. § 1 Abs. 4 PartGG ohne eine besondere vertragliche Regelung gem. §§ 721 ff. BGB eine Beteiligung nach Köpfen zur Anwendung kommen würde (vgl. hierzu und zu den steuerlichen Auswirkungen A. 5.00 Rz. 34 bis 38). Dies ist in der Praxis nicht immer sachgerecht. Auf der anderen Seite wäre aber auch eine rein kapitalistische Beteiligung nach der Höhe der erbrachten Einlagen idR unangemessen, weil der Erfolg der Partnerschaft letztendlich von der Qualität und Quantität der freiberuflichen Beiträge der einzelnen Partner abhängt. Aus diesem Grunde sind in der Praxis die unterschiedlichsten Regelungen anzutreffen.

Absatz 2: Die im Formular vorgeschlagene Gewinn-(und Vermögens-)beteiligung auf Basis eines Punktesystems trägt Faktoren Rechnung, die bei Vertragsverhandlungen über Gewinnverteilung in der Praxis häufig eine Rolle spielen. Denkbar sind freilich noch weitere Faktoren wie die Höhe des individuell akquirierten Umsatzes, Lehr- und schriftstellerische Tätigkeit etc. Naturgemäß birgt die Materie in der Praxis viel Zündstoff. Aus diesem Grunde sollten sich alle Partner im Voraus über die Gewichtung der im konkreten Fall in Betracht kommenden Faktoren klarwerden. Hierfür bedarf es jeweils Modellrechnungen und Prognosen auf Grund der individuellen Verhältnisse des Unternehmens. Zu beachten ist dabei ua., dass die Punktwerte je nach Unternehmen und Systematik der Punktevergabe stark variieren können (zB Verwässerungseffekte durch die Neuaufnahme von Partnern etc.). Gleichwohl dient die wohl durchdachte Gewichtung der Faktoren über ein Punktesystem im Voraus nicht nur der späteren Streitvermeidung zwischen den Partnern, sondern sie trägt auch dem Umstand Rechnung, dass eine nachträgliche Gewinnverteilungsabsprache steuerlich unzulässig sein kann (BFH IV R 55/06 v. 24.6.09, DStR 09, 2252, 2253; FG Hessen 13 K 4288/04 v. 7.7.05, BeckRS 2005, 26022238; FG Hessen 12 K 4197/01 v. 11.3.08, BeckRS 2008, 26028533; FG Sachsen 8 K 378/07 v. 20.2.13, BeckRS 2013, 94899). Im Einzelnen ist zu den im Formular genannten Faktoren a bis g Folgendes zu erläutern:

a) trägt dem Solidaritätsprinzip Rechnung, indem sich die Gewinnanteile zum Teil nach dem Kopfteilungsprinzip durch eine pauschale und gleich hohe Grundpunktzahl bemessen.

b) trägt dem von jedem Partner zur Verfügung gestellten Eigenkapital Rechnung. Dabei wäre es im Einzelfall zu beachten, wie hoch der Wert der jeweils eingebrachten Gegenstände ist (vgl. § 5). Sachgerecht erscheint es, sich bei der Höhe der Punktzahl an der allgemeinen Zinsertragslage unter Berücksichtigung der individuellen unternehmerischen Risiken zu orientieren.

c) trägt dem sog. Senioritätsprinzip Rechnung.

d) trägt der Förderung fachlicher Qualifikation und den damit für die Partnerschaft verbundenen sonstigen positiven Effekten (Werbeeffekte, Kompetenz etc.) Rechnung. Zur Bestimmung der Höhe der Punktzahl wird vermutet, dass der Erwerb eines zusätzlichen akademischen Titels idR zu dem Verlust von einem Berufsjahr iSv. c) führt, so dass eine angemessene Honorierung mehr als zwei Punkte pro Qualifikation erfordern würde.

e) trägt zur Motivation bei, Verwaltungsaufgaben zu übernehmen, die für den reibungslosen Ablauf der betrieblichen Vorgänge zu bewältigen sind. Die Übertragung derartiger Verwaltungsaufgaben erfolgt nach § 4 Abs. 3 des vorgeschlagenen Formulars.

f) trägt dem nicht zu vernachlässigenden Umstand Rechnung, dass auch ein Betrieb von Freiberuflern Erträge erwirtschaften muss, wenngleich daneben die in § 1 Abs. 2 Satz 1 PartGG genannte „Erbringung von Dienstleistungen höherer Art im Interesse der Allgemeinheit" für Freiberufler weiterhin Bedeutung hat. Buchhalterisch und technisch ist die Erfassung der hier maßgeblichen Umsatzbeiträge in der Praxis nicht immer einfach, aber möglich und verbreitet. Das Formular geht von einem Freiberuflerbetrieb aus, in dem alle umsatzbezogenen Tätigkeiten zeitlich erfasst werden. Stundenhonorare lassen sich danach unmittelbar zuordnen. Gegenstandsgebühren und Pauschalen könnten anhand eines internen Regelstundensatzes über eine Dreisatzrechnung den jeweiligen Partnern zugeordnet werden.

g) Darüber hinaus können zusätzliche Punkte für Akquisitionsleistungen vergeben werden. Dennoch ist hier besondere Umsicht geboten. In der Praxis bestehen oft sehr unterschiedliche Vorstellungen darüber, was Akquise ist und wer diese wofür und für wen tatsächlich geleistet hat. Dies kann zu einer Vielzahl von kaum zu lösenden Streitigkeiten führen.

Absatz 3: Sachgerecht dürfte es idR sein, bei Verlusten am Ende des Geschäftsjahres nicht etwa diejenigen Partner zusätzlich zu benachteiligen, die zB auf Grund eines individuell hohen Umsatzes oder anderer Leistungen dazu beigetragen haben, dass der Verlust nicht etwa noch höher ausgefallen wäre, als er tatsächlich war. Deshalb sollten bei der Berechnung der Verlustanteile jedenfalls die Punkte Abs. 1e und f entfallen. Anderenfalls würden sich die durch das Punktesystem gesetzten Anreize betriebswirtschaftlich in ihr Gegenteil verkehren und den Niedergang des Betriebes beschleunigen.

In der Praxis gibt es freilich noch zahlreiche andere Gewinn- und Verlustbeteiligungsgestaltungen (vgl. A. 5.01 Rz. 25). Zur Problematik der Bildung von Pensionsrückstellungen vgl. A. 9.00 Rz. 61 und A. 9.10 Rz. 7. Zur Umsatzsteuerbarkeit bei Sondervergütungen vgl. A. 5.00 Rz. 23 und UStAE 1.6 Abs. 4.

Zu § 12: Urlaub

Das Formular unterbreitet lediglich einen Vorschlag bei ansonsten gegebener Vertragsfreiheit im Rahmen der jeweiligen berufsrechtlichen Vorschriften. **30**

Zu § 13: Krankheit

Die vorgeschlagene Regelung könnte bei Partnerschaften in Betracht kommen, die **31** auf einen generationenübergreifenden Zuwachs durch Beitritt jüngerer Partner angelegt sind. Vgl. im Übrigen A. 5.01 Rz. 26 f.

Zu § 14: Schwangerschaft und Elternzeit

Vgl. A. 5.01 Rz. 28. **31a**

Zu § 15: Dauer der Partnerschaft, Kündigung

Absatz 2 und 3: Vertragliche Abweichungen von der Ausschließungsklage nach **32** § 9 Abs. 1 PartGG iVm. § 140 HGB werden einer strengen richterlichen Kontrolle unterliegen. Dies hat bereits die zur OHG und KG ergangene höchstrichterliche Rspr. gezeigt (vgl. BGH II ZR 56/80 v. 13.7.81, BGHZ 81, 264; II ZR 217/75 v. 20.1.77,

BGHZ 68, 212). Die im Formular vorgeschlagene Gestaltung dürfte jedoch interessengerecht und selbst im Hinblick auf vorgenannte Rspr. vertretbar sein. Jedenfalls ist in der neueren BGH-Rspr. eine Tendenz zu erkennen, die die Voraussetzungen für eine „Hinauskündigungsklausel" für die Hinauskündigung eines Gesellschafters aus einer Freiberuflergesellschaft nicht mehr allzu hoch ansetzt (BGH II ZR 281/05 v. 7.5.07, NJW-RR 07, 1256 ff.). Allerdings ist es ratsam, die Klausel mit einem nicht abschließenden Katalog von konkreten Tatbeständen zu ergänzen, welche die Partner schon bei Vertragsschluss als sachlichen oder wichtigen Grund zur Rechtfertigung einer Kündigung anerkennen, um der hier noch immer zurückhaltenden Rspr. entgegenzukommen. Vgl. auch A. 9.00 Rz. 75 ff.

33   **Absatz 4:** Hier ist abweichend von der gesetzlichen Regel für die ordentliche Kündigung durch einen Partner eine längere Frist als sechs Monate vorgesehen (§ 9 Abs. 1 PartGG iVm. § 132 HGB). Erleichterungen und Erschwerungen des Kündigungsrechts durch gesellschaftsvertragliche Regelung sind grundsätzlich zulässig (*Baumbach/Hopt* § 132 HGB Rz. 8 f.).

Zu § 16: Ausscheiden, Abfindung

34   **Absatz 1:** Die Regelung entspricht der dispositiven gesetzlichen Regel gem. § 9 Abs. 1 PartGG iVm. § 131 Abs. 3 HGB.

35   **Absatz 2 und 3:** Anstelle eines Ausschlusses wegen Alters oder Berufsunfähigkeit ist hier das automatische Ausscheiden vorgesehen. Für den Verlust der Zulassung ergibt sich dies unmittelbar aus § 9 Abs. 2 PartGG.

36   **Absatz 4:** Für das Ausscheiden wegen Eröffnung eines Insolvenzverfahrens vgl. § 9 Abs. 1 PartGG iVm. § 131 Abs. 3 Nr. 2 HGB.

37   **Absatz 5:** Die Nichtvererblichkeit der Beteiligung entspricht der gesetzlichen Regel (vgl. § 9 Abs. 4 Satz 1 PartGG). Allerdings kann im Partnerschaftsvertrag auch bestimmt werden, dass die Beteiligung an Dritte vererblich ist, die Partner iSv. § 1 Abs. 1 u. 2 PartGG sein können (§ 9 Abs. 4 Satz 2, 3 PartGG). Zu den steuerlichen Gesichtspunkten vgl. A. 5.00 Rz. 18 u. 27.

38   **Absatz 7:** Grds. zulässig ist eine Abfindung unter den Verkehrswerten – je nach Umständen des Einzelfalls bis hin zur Buchwertabfindung (A. 5.00 Rz. 19, 50). Zu den steuerlichen Konsequenzen der Höhe der Abfindung vgl. A. 5.00 Rz. 18 u. 27; A. 5.17 Rz. 2 ff. und A. 11.00 Rz. 41. Die im Formular vorgeschlagene Regelung verweist auf Bewertungsgrundsätze, die jedenfalls von den jeweiligen Berufskammern für die Verkehrswertermittlung anerkannt sind. Darüber hinaus enthält die Regelung eine Art tatsächliche Verständigung zwischen den Gesellschaftern über die tatsächlichen Verhältnisse zu dem wertsenkenden Merkmal der Personenbezogenheit der im Zeitpunkt der Gründung vorhandenen Mandate. Derartiges wäre immerhin als Indiz für die tatsächlichen Verhältnisse bei der steuerlichen und zivilrechtlichen Ermittlung des Verkehrswertes heranzuziehen.

39   Die **Nachhaftung** des ausgeschiedenen Partners ist nach den Regelungen des § 10 Abs. 2 PartGG iVm. § 160 HGB auf maximal fünf Jahre nach der Eintragung des Ausscheidens im Partnerschaftsregister begrenzt. Vgl. auch A. 9.00 Rz. 12 f. zur Nachhaftung bei Dauerschuldverhältnissen und Ansprüchen auf Grund besonderen Rechtsgrundes.

Zu § 17: Namensfortführung

40   Vgl. Rz. 11 sowie weiteres bei A. 5.01 Rz. 33.

Zu § 18: Anteilsübertragung

41   Liegt der Anteilsübertragung ein Verkauf zugrunde, so ist der Veräußerungsgewinn gem. § 18 Abs. 3 EStG steuerpflichtig. Zu den Möglichkeiten einer Steuerentlastung nach § 34 Abs. 1 EStG vgl. A. 5.10 Rz. 3.

Zu § 19: Schiedsgericht

Über die Zweckmäßigkeit von Schiedsvereinbarungen s. A. 13.00 Rz. 1 ff.   42

Zu §§ 20, 21: Schriftform, Teilnichtigkeit

Zur Reichweite des gesetzlichen Schriftformerfordernisses vgl. Rz. 7. Hier ist das   43
Schriftformerfordernis vertraglich im Interesse einer besseren Nachweisbarkeit auf den
gesamten Vertragsinhalt ausgedehnt worden. Allerdings soll ein Verstoß hiergegen in
Abweichung zur gesetzlichen Regelung nicht zu Nichtigkeit des gesamten Vertrages
führen (§§ 125, 139 BGB). Vielmehr werden die Partner durch die Teilnichtigkeitsre-
gelung in § 21 des Formulars zur nachträglichen schriftlichen Niederlegung angehalten
werden. Zur Einhaltung der Schriftform sind alle Partner verpflichtet, den Vertrag zu
unterzeichnen (§§ 126, 127 BGB).

A. 11.10 Handelsregisteranmeldung (Neugründung)

I. FORMULAR

Formular A. 11.10 Handelsregisteranmeldung (Neugründung)

Amtsgericht

– Registergericht –

Betrifft: A, B und Partner, Rechtsanwälte, Steuerberater mit dem Sitz in *[PLZ Ort]*......

Neuanmeldung

Zur Eintragung in das Partnerschaftsregister wird angemeldet:

Wir, die Unterzeichneten, haben eine Partnerschaft

mit dem Namen

A, B und Partner Rechtsanwälte, Steuerberater

gegründet.

Gegenstand der Partnerschaft ist die gemeinschaftliche Berufsausübung der Partner
in ihrer jeweiligen Eigenschaft als Rechtsanwälte oder Steuerberater.

Die Partnerschaft hat ihren Sitz in *[PLZ Ort]*...... Die Geschäftsräume der Partnerschaft befinden sich in ...... *[Anschrift]*.

Partner sind die Unterzeichneten:

A ...... *[Namen und Vornamen]*, geb. am ......, wohnhaft ......, der in der Partnerschaft
den Beruf des Rechtsanwalts ausübt,

B ...... *[Namen und Vornamen]*, geb. am ......, wohnhaft ......, die in der Partnerschaft
den Beruf der Rechtsanwältin ausübt,

C ...... *[Namen und Vornamen]*, geb. am ......, wohnhaft ......, der in der Partnerschaft
den Beruf des Steuerberaters ausübt.

Die Partnerschaft wird durch jeden Partner allein vertreten. Sämtliche hierdurch angemeldeten Partner sind zur alleinigen Vertretung der Partnerschaft berechtigt.

Der Anmeldung sind öffentlich beglaubigte Abschriften der Urkunden über die Zulassung der jeweiligen Partner zu den von ihnen in der Partnerschaft ausgeübten Berufen beigefügt.

Die Unterzeichneten erklären hiermit, dass Vorschriften über die einzelnen Berufe,
die in der Partnerschaft ausgeübt werden, insbesondere solche über die Zusam-

menarbeit von Angehörigen verschiedener in der Partnerschaft ausgeübter Berufe, der Eintragung nicht entgegenstehen.

Die zuständige Rechtsanwaltskammer ist: ...... *[Anschrift]*

Die zuständige Steuerberaterkammer ist: ...... *[Anschrift]*

....
(Unterschrift A)   **(Unterschrift B)**   **(Unterschrift C)**

....
(Beglaubigungsvermerk)

II. ERLÄUTERUNGEN

Erläuterungen zu A. 11.10 Handelsregisteranmeldung (Neugründung)

1   Grundlage für die Anmeldungsverpflichtungen und Eintragungen sind §§ 4, 5 PartGG iVm. §§ 8 bis 12, 13, 13c, 13d, 13h, 14 bis 16, 106 Abs. 1 und 108 HGB in entsprechender Anwendung sowie die Partnerschaftsregisterverordnung (PRV). Sie ist durch alle Partner zu bewirken (§ 108 Abs. 1 HGB). Die Angabe der Geschäftsanschrift ist nicht zwingend (§ 5 Abs. 2 PartGG). Die abstrakte und eine hiervon abweichende konkrete Vertretungsbefugnis sind anzumelden (§ 4 Abs. 1 Satz 2 PartGG).

2   Anstelle der im Formular genannten beglaubigten Abschriften der Urkunden über die Zulassung können Zeugnisse über den Beruf vorgelegt werden. Statt der beglaubigten Abschriften genügt auch die Vorlage der Urschriften oder weiterer Ausfertigungen. Besteht für die angestrebte Tätigkeit keine anerkannte Ausbildung, kann der Nachweis auf sonstige Weise, notfalls durch schlichte Erklärung erbracht werden (§ 3 Abs. 1 PRV). Die genannten Unterlagen werden vom Notar gem. 12 Abs. 2 HGB übermittel.

3   Die anmeldenden Partner sollen zusätzlich eine schlichte Erklärung darüber abgeben, dass Vorschriften über einzelne Berufe, insbesondere solche über die Zusammenarbeit von Angehörigen verschiedener Freier Berufe, einer Eintragung nicht entgegenstehen (§ 3 Abs. 2 PRV). Bedarf die Partnerschaft auf Grund von Vorschriften über einzelne Berufe der staatlichen Zulassung, so wäre die Bestätigung der jeweils zuständigen Behörde beizubringen, dass eine solche erfolgen kann (§ 3 Abs. 3 PRV). Mit der Anmeldung sollen auch die zuständigen Berufskammern angegeben werden (§ 4 Satz 2 PRV).

4   Zweigniederlassungen (§ 5 Abs. 2 PartGG) sind ebenfalls zur Eintragung anzumelden. Die Vorlage des Partnerschaftsvertrages ist idR nicht erforderlich.

A. 11.11 Handelsregisteranmeldung
(Aufnahme eines neuen Partners, Zweigniederlassung)

I. FORMULAR

Formular A. 11.11 Handelsregisteranmeldung (Aufnahme eines neuen Partners, Zweigniederlassung)

An das

Amtsgericht

– Registergericht –

Betrifft: A, B und Partner, Rechtsanwälte, Steuerberater mit dem Sitz in *[PLZ Ort]* ......

Register-Nr.:

Zur Eintragung in das Partnerschaftsregister wird angemeldet:

1. Mit Wirkung zum ...... ist der Partner D ...... *[Vornamen und Namen]*, geb. am ......, wohnhaft in ......, der Partnerschaft beigetreten, der in der Partnerschaft den Beruf des Rechtsanwalts ausübt.

Die Partnerschaft wird durch jeden Partner allein vertreten. Sämtliche hierdurch angemeldeten Partner sind zur alleinigen Vertretung der Partnerschaft berechtigt.

2. Die Partnerschaft hat eine Zweigniederlassung unter folgender Adresse errichtet: ......

Die Unterzeichneten erklären hiermit, dass Vorschriften über die einzelnen Berufe, die in der Partnerschaft ausgeübt werden, insbesondere solche über die Zusammenarbeit von Angehörigen verschiedener in der Partnerschaft ausgeübter Berufe, der Eintragung nicht entgegenstehen.

Die zuständige Rechtsanwaltskammer ist: ...... *[Anschrift]*

Die zuständige Steuerberaterkammer ist: ...... *[Anschrift]*

....

(Unterschrift A)   **(Unterschrift B)**   **(Unterschrift C)**   **(Unterschrift D)**

....

(Beglaubigungsvermerk)

II. ERLÄUTERUNGEN

Erläuterungen zu A. 11.11 Handelsregisteranmeldung (Aufnahme eines neuen Partners, Zweigniederlassung)

Vgl. zunächst A. 11.10 Rz. 1 ff. Auch bei Änderungen haben alle Gesellschafter die **1** Anmeldung zu unterzeichnen (§ 4 Abs. 1 PartGG iVm. § 108 Abs. 1 HGB).

Zweigniederlassungen und die sie betreffenden Änderungen sind beim Registerge- **2** richt des Hauptsitzes anzumelden (§ 5 Abs. 2 PartGG iVm. § 13 HGB). In der Praxis wird entgegen dem gesetzlich verwendeten Begriff „Zweigniederlassung" (vgl. § 5 Abs. 2 PartGG) in der Registeranmeldung auch die Formulierung „Niederlassung in überörtlicher Sozietät in ......" verwendet und unzutreffender Weise gelegentlich von gerichtlicher Seite sogar verlangt. Ebenso wird entgegen der Rechtslage (§ 5 Abs. 2 Hs. 2 PartGG; *Meilicke/Wolff* § 5 PartGG Rz. 49) in der Praxis auch die Anschrift der Geschäftsräume der Zweigniederlassung auch unter Hinweis auf die Bedürfnisse der elektronischen Eingabemaske durchaus verlangt.

Wird eine Zweigniederlassung im **Ausland** begründet, ist fraglich, ob auch die **3** Partner, die ausschließlich im Ausland tätig sind, im deutschen Partnerschaftsregister eingetragen werden müssen. Gleichwohl empfiehlt sich das (*Henssler* NZG 19, 401, 408 f), vgl. A. 11.00 Rz. 3.

A. 11.20 Partnerschaft mit beschränkter Berufshaftung

Gliederung

I. FORMULAR

> **Formular A. 11.20 Gesellschaftsvertrag**

Vorbemerkung

1. Rechtsanwalt A ......
2. Rechtsanwältin B ......
3. Steuerberater C ......

sind die alleinigen Partner der „A, B und Partner – Rechtsanwälte, Steuerberater –" eingetragen unter PR Nr. ...... beim AG ....und haben die Absicht, ihre Partnerschaft in eine Partnerschaft mit beschränkter Berufshaftung umzuwandeln. Sie legen daher ihrem gesellschaftsvertraglichen Verhältnis mit Wirkung ab dem ...... den folgenden

PARTNERSCHAFTSVERTRAG gem. § 8 Abs. 4 PartGG

zugrunde:

§ 1 Name, Sitz, Rechtsform

(1) Der Name der Partnerschaft lautet

„A, B und C

– Rechtsanwälte, Steuerberater –

PartG mbB"

(2) Sitz der Partnerschaft ist ......

(3) Die Gesellschaft ist eine Partnerschaft im Sinne der §§ 1 ff. PartGG.

(4) Die Haftung der Partnerschaft aus Schäden wegen fehlerhafter Berufsausübung wird gem. § 8 Abs. 4 des PartGG auf das Gesellschaftsvermögen beschränkt.

§ 2 Gegenstand der Partnerschaft

(1) Gegenstand der Partnerschaft ist die gemeinschaftliche Berufsausübung der Partner in ihrer jeweiligen Eigenschaft als Rechtsanwälte oder Steuerberater.

(2) Die Partnerschaft ist berechtigt, alle Geschäfte und Tätigkeiten vorzunehmen, welche den Gegenstand der Partnerschaft unmittelbar oder mittelbar zu fördern geeignet sind.

§ 3 Zusammenarbeit, Mandate

(1) Die Partner widmen ihre ganze Arbeitskraft der Partnerschaft und verpflichten sich untereinander, die dieser übertragenen Mandate mit der erforderlichen Sorgfalt zu bearbeiten.

(2) Alle Mandate gehen vorbehaltlich anderweitiger gesetzlicher oder berufsrechtlicher Regelungen an die Partnerschaft.

(3) Jeder Partner entscheidet über die Annahme und Ablehnung von Mandaten selbstständig. Bei der Annahme von Mandaten sind Interessenkollisionen, berufsrechtliche und Standesgrundsätze durch den jeweils annehmenden Partner zu prüfen. Bei Mandaten, die aus dem Rahmen der einvernehmlich festzulegenden Geschäftspolitik der Partnerschaft herausfallen, berät sich der jeweilige Partner mit den übrigen Partnern über die Mandatsannahme.

(4) Die Partner unterrichten sich gegenseitig über alle neuen Mandate fortlaufend und beraten sich auf der Grundlage einer vertrauensvollen und kollegialen Zusammenarbeit erforderlichenfalls bei der Betreuung der Mandate.

(5) Bei einer Kollision voneinander abweichenden standes- und berufsrechtlichen Regelungen gelten die jeweils strengeren Regelungen, die auch von den Partnern anzuwenden sind, für welche sie an sich nicht gelten.

§ 4 Vertretung, Geschäftsführung, Partnerschaftsbeschlüsse

(1) Im Außenverhältnis ist jeder Partner in allen Angelegenheiten der Partnerschaft alleinvertretungsbefugt.

(2) Bei der Erbringung der jeweiligen freiberuflichen Leistungen steht jedem Partner Alleingeschäftsführungsbefugnis zu. Außerhalb dieses Bereiches ist jeder Partner nur bei Gefahr in Verzug alleingeschäftsführungsbefugt, ansonsten ist er gesamtgeschäftsführungsbefugt.

(3) Die Gesamtgeschäftsführungsbefugnis wird durch Partnerschaftsbeschlüsse ausgeübt. Bestimmte Geschäftsbereiche, Geschäfte oder Aufgaben können einzelnen oder mehreren Partnern durch Partnerschaftsbeschluss jeweils zur gemeinsamen oder alleinigen Geschäftsführung übertragen werden.

(4) Partnerschaftsbeschlüsse werden einstimmig gefasst. Partnerschaftsbeschlüsse unterliegen der Schriftform, soweit dies gesetzlich geboten oder in diesem Partnerschaftsvertrag ausdrücklich vereinbart ist. Im Übrigen können sie mündlich gefasst werden und sollen zu Dokumentationszwecken schriftlich protokolliert werden.

§ 5 Partner, Einlagen

(1) Partner sind

A (...... *[Vornamen und Name]*), wohnhaft ......, der in der Partnerschaft den Beruf des Rechtsanwalts ausübt,

B (...... *[Vornamen und Name]*), wohnhaft ......, die in der Partnerschaft den Beruf der Rechtsanwältin ausübt,

C (...... *[Vornamen und Name]*), wohnhaft ......, der in der Partnerschaft den Beruf des Steuerberaters ausübt.

(2) Die von den Partnern erbrachten Einlagen sind in der Buchhaltung der zwischen den Partnern bestehenden Gesellschaft „A, B und Partner – Rechtsanwälte, Steuerberater" erfasst, welche nach der Umwandlung in die PartG mbB übernommen und zu Buchwerten fortgeführt wird.

(3) Auf Kosten der Partnerschaft angeschafftes Inventar ist Gesamthandsvermögen der Partnerschaft. Inventargegenstände, die ein Partner nachweislich auf eigene Kosten anschafft, sind entsprechend zu kennzeichnen; diese Gegenstände bleiben im Eigentum des betreffenden Partners, der sie aber der Partnerschaft unentgeltlich zur Mitbenutzung überlässt.

(4) Für Kraftfahrzeuge, die von der Partnerschaft angeschafft und einem Partner zur privaten Nutzung überlassen werden, trifft die Partnerschaft mit dem betreffenden Partner eine Vereinbarung über das hierfür zu entrichtende Entgelt.

§ 6 Geschäftsjahr, Gewinnermittlung, Buchführung, Rechnungsabschluss

(1) Geschäftsjahr ist das Kalenderjahr.

(2) Die Gewinnermittlung erfolgt durch Einnahme-Überschussrechnung (§ 4 Abs. 3 EStG). Die Partner können nur einstimmig beschließen, dass die Gewinnermittlung durch Vermögensvergleich (§ 4 Abs. 1 EStG) erfolgt. Die Änderung der Gewinnermittlung ist nur zu Beginn eines Geschäftsjahres zulässig.

(3) Einnahmen und Ausgaben sind in einer geordneten Buchführung laufend aufzuzeichnen. Alle Belege sind nach Maßgabe der einschlägigen Vorschriften geordnet aufzubewahren.

(4) Innerhalb von drei Monaten nach Abschluss eines jeden Geschäftsjahres ist für das abgelaufene Geschäftsjahr ein Rechnungsabschluss zu erstellen, aus dem sich der Saldo zwischen den Einnahmen und Ausgaben (Überschuss oder Verlust) ergibt. Der Rechnungsabschluss ist durch Beschluss der Partnerschaft festzustellen. Mit der Feststellung wird der Rechnungsabschluss für die Partner untereinander verbindlich.

(5) Die vorstehende Regelung gilt entsprechend, wenn die Gewinnermittlung durch Vermögensvergleich erfolgt.

§ 7 Partnerkonten

Neben dem in § 5 Abs. 2 Satz 2 bezeichneten Einlage-/Kapitalkonto besteht für jeden Partner ein Partnerkonto, über welches sich der Zahlungsverkehr zwischen dem Partner und der Partnerschaft vollzieht.

§ 8 Einnahmen

(1) Alle Einnahmen aus der Berufstätigkeit der Partner sind Einnahmen der Partnerschaft. Dies gilt auch für Einnahmen aus einer Tätigkeit als Schiedsrichter, als Testamentsvollstrecker sowie aus der Mitgliedschaft in Aufsichtsräten, Beiräten oder ähnlichen Einrichtungen. Gehen Zahlungen, welche die Partnerschaft betreffen, auf ein Konto eines Partners ein, so hat er sie unverzüglich auf eines der Konten der Partnerschaft zu überweisen.

(2) Zu den Betriebseinnahmen gehören nicht die Einkünfte aus schriftstellerischer oder vortragender Tätigkeit. Soweit solche Einkünfte auf dem Konto der Partnerschaft eingehen, sind sie unverzüglich auf ein privates Konto des betreffenden Partners weiterzuleiten. Durch Partnerbeschluss kann eine angemessene Anrechnung auf den Überschussanteil erfolgen, wenn der betreffende Partner die Tätigkeit im Sinne des Satzes 1 zu einem erheblichen Teil während der üblichen Arbeitszeit und mit Arbeitsmitteln der Partnerschaft verrichtet hat.

§ 9 Ausgaben

(1) Die durch den Betrieb der Partnerschaft veranlassten Ausgaben sind Betriebsausgaben der Partnerschaft.

(2) Zu den Betriebsausgaben der Partnerschaft gehören nicht Ausgaben, die zwar der einzelne Partner für zweckmäßig hält, die aber nicht sämtlichen Partnern zugutekommen.

(3) Reisekosten sind Betriebsausgaben. Sie werden nach Wahl der Partner mit den effektiven Aufwendungen oder nach den steuerlich ohne Nachweis zulässigen Sätzen abgerechnet. Bei Bahnfahrten wird die 1. Wagenklasse erstattet; bei Flugreisen grundsätzlich die Economy-Klasse, sofern nicht eine höhere Klasse gegenüber dem betreffenden Mandanten abrechenbar ist.

(4) Bewirtungsspesen, die im Verkehr mit Mandanten oder Berufskollegen oder anlässlich von Tagungen entstehen, sind Betriebsausgaben.

(5) Die Kosten der beruflichen Fortbildung sind im angemessenen Umfang Betriebsausgaben. Die Einzelheiten werden durch Partnerbeschluss geregelt.

(6) Beim Nachweis der Aufwendungen haben die betreffenden Partner dafür Sorge zu tragen, dass der Nachweis alle Angaben enthält, die nach den jeweils anwendbaren steuerlichen Vorschriften für den Betriebsausgaben- bzw. Vorsteuerabzug erforderlich sind.

§ 10 Haftpflichtversicherung

(1) Für Verbindlichkeiten aus Schäden wegen fehlerhafter Berufsausübung unterhält die Partnerschaft eine Berufshaftpflichtversicherung mit einer Versicherungssumme

von € ...... für jeden Versicherungsfall. Angemessen abzusichern sind auch persönliche Haftungsrisiken der Partner aus Mandaten nach § 8 Abs. 1 Satz 2. Die Angemessenheit des Versicherungsschutzes wird von den Partnern jährlich überprüft. Der Versicherungsschutz der Partnerschaft und der für sie tätigen Berufsträger entspricht aber mindestens dem gesetzlichen Mindestversicherungsschutz nach Maßgabe des jeweils strengeren Berufsrechts, welcher erforderlich ist, um die Haftungsbeschränkung auf das Gesellschaftsvermögen für Verbindlichkeiten der Partnerschaft aus Schäden wegen fehlerhafter Berufsausübung gem. § 8 Abs. 4 PartGG zu bewirken.

(3) Verursacht ein Partner einen Berufshaftpflichtfall, für den nach § 8 Abs. 4 PartGG nur das Gesellschaftsvermögen haftet, so sind Rückgriffsansprüche der Partnerschaft gegen den Partner ausgeschlossen – außer bei vorsätzlichem Handeln des Partners.

(4) Nachschusspflichten iS. der §§ 735, 739 BGB aus Anlass der Liquidation oder der Insolvenz der Partnerschaft oder aus Anlass des Ausscheidens eines Partners sind ausgeschlossen, soweit der Verlust auf einem Berufshaftpflichtfall beruht, für den nach § 8 Abs. 4 nur das Gesellschaftsvermögen haftet.

§ 11 Beteiligung am Vermögen sowie am Gewinn und Verlust, Entnahmen

(1) Die Beteiligung am Vermögen der Partnerschaft entspricht der Beteiligung am Gewinn und Verlust.

(2) Die Gewinnanteile der Partner sind von Geschäftsjahr zu Geschäftsjahr variabel. Der jeweilige Gewinnanteil wird auf Basis eines Punktesystems ermittelt und entspricht dem Anteil der persönlichen Punktzahl eines Partners an der Gesamtzahl der vergebenen Punkte. Die persönliche Punktzahl eines Partners ermittelt sich wie folgt:

a) Je 30 Punkte pauschal vorab.

b) A 4 Punkte, B 2 Punkte und C 2 Punkte.

c) Je 2 Punkte für jedes Kalenderjahr der Berufsausübung des in der Partnerschaft registrierten freien Berufs. Maximal können hierdurch 30 Punkte pro Partner zusätzlich erreicht werden. Bei Doppelzulassungen in verschiedenen Berufen zählen die Punkte der jeweils längeren Zulassungszeit. Die Punkte für das erste Zulassungsjahr werden anteilig auf das jeweilige Kalenderjahr ermittelt.

d) Je 4 Punkte für den Erwerb von berufsbezogenen akademischen Titeln sowie je 2 Punkte pro Fachanwaltsbezeichnung oder Ähnlichem.

e) Je 4 Punkte für die Übernahme der Verantwortung in den internen Bereichen Abrechnungswesen, Personal, ...

f) Je 2 Punkte pro angefangene € 10.000,– persönlich abgearbeiteten Umsatzes ab einem persönlich abgearbeiteten Jahresumsatz von € ......

g) Je 2 Punkte pro angefangene € 10.000,– persönlich akquiriertem Umsatz ab einem persönlich akquirierten Jahresumsatz von € ......

(3) Für den Fall, dass ein Geschäftsjahr mit einem Verlust abschließt, bemessen sich die jeweiligen Verlustanteile entsprechend Abs. 1 unter Außerachtlassung der Punkte gemäß Abs. 2 Buchst. e und f.

(4) Die Partner beschließen zu Beginn eines jeden Geschäftsjahres, welche Beträge jeder Partner unter Anrechnung auf seinen Gewinnanteil monatlich entnehmen kann (Monatsentnahme).

(5) Die Partner sind sich einig, dass eine Liquiditätsrücklage für unvorhergesehene Ausgaben durch regelmäßige Überweisung von Liquiditätsüberschüssen auf einem separaten Bankkonto sukzessive aufgebaut und aufrechterhalten werden soll. Die

Liquiditätsrücklage beträgt derzeit € ...... und wird von den Partnern als angemessen erachtet.

§ 12 Urlaub

Jedem Partner steht ein Jahresurlaub von 30 Arbeitstagen zu. Während des Urlaubs vertreten sich die Partner gegenseitig, soweit sie auf Grund ihrer berufsrechtlichen Zulassung hierzu berechtigt sind; falls die Terminslage im Übrigen keine andere Lösung zulässt, wird ein externer Vertreter bestellt.

§ 13 Krankheit

(1) Wenn im Fall von Krankheit die Arbeitskraft eines Partners ausfällt, bleibt seine Gewinnbeteiligung gemäß § 11 Abs. 2 für folgende Zeiträume unverändert:

a) Bei einer Partnerschaftszugehörigkeit bis zu zehn Jahren auf die Dauer von drei Monaten;

b) bei einer Partnerschaftszugehörigkeit über zehn Jahre auf die Dauer von sechs Monaten.

(2) Anschließend können die übrigen Partner durch Partnerbeschluss die Gewinnbeteiligung des Ausgefallenen nach billigem Ermessen für die Restdauer des Ausfalles reduzieren oder eine Ersatzkraft unter Anrechnung auf den Gewinnanteil des Ausgefallenen beschäftigen.

(3) Für die Vertretung des erkrankten Partners gilt § 12 entsprechend.

§ 14 Schwangerschaft und Elternzeit

(1) Im Falle der Schwangerschaft ist eine Partnerin berechtigt, sechs Wochen vor dem errechneten Datum der Entbindung und acht Wochen nach der Entbindung ihre Tätigkeit für die Partnerschaft zu unterbrechen. Ihren Anspruch auf Gewinnbeteiligung gemäß § 11 behält sie voll.

(2) Eltern können Elternzeit bis zur Vollendung des dritten Lebensjahres eines Kindes in sinngemäßer Anwendung des § 15 BEEG geltend machen. Der Anspruch auf Gewinnbeteiligung und Gewinnvoraus gem. § 11 ruht für die Zeit der Unterbrechung.

§ 15 Dauer der Partnerschaft, Kündigung

(1) Die Dauer der Partnerschaft ist unbestimmt.

(2) Jeder Partner kann durch gemeinsamen Beschluss aller übrigen Partner mit einer Frist von zwölf Monaten zum Ende eines Kalenderjahres aus sachlichem Grund und nachdem ihm zuvor Gelegenheit zur Stellungnahme gegeben wurde von der Partnerschaft ausgeschlossen werden.

(3) Liegt in der Person eines Partners ein wichtiger Grund vor, so kann er, nachdem ihm zuvor Gelegenheit zur Stellungnahme gegeben wurde, durch gemeinsamen schriftlichen und einstimmigen Beschluss aller übrigen Partner fristlos ausgeschlossen werden.

(4) Die ordentliche Kündigung des Partnerschaftsverhältnisses durch einen Partner ist unter Einhaltung einer Frist von zwölf Monaten bis zum Ende eines Kalenderjahres – vorbehaltlich des Rechts zur fristlosen Kündigung aus wichtigem Grund – gegenüber den übrigen Partnern möglich. Die übrigen Partner sind zur Anschlusskündigung auf denselben Zeitpunkt innerhalb einer Frist von zwei Monaten nach Zugang der Kündigung berechtigt.

(5) Ausschluss, Kündigung und Anschlusskündigung haben gegenüber allen Partnern in Schriftform zu erfolgen.

§ 16 Ausscheiden, Abfindung

(1) Ein Partner, der gekündigt hat oder der ausgeschlossen wurde, scheidet mit Wirksamkeit der Kündigung oder des Ausschlusses aus der Partnerschaft aus. Entsprechendes gilt bei der Kündigung durch einen Privatgläubiger eines Partners.

(2) Bei dauernder Berufsunfähigkeit im Sinne der jeweiligen berufsrechtlichen Regelungen scheidet der Partner spätestens mit Erlass des Rentenbescheids oder mit Verlust der berufsrechtlichen Zulassung aus. Entsprechendes gilt für den Fall des Verlustes der berufsrechtlichen Zulassung aus anderen Gründen.

(3) Hat ein Partner das 63. Lebensjahr vollendet, so kann er im Einvernehmen mit den übrigen Partnern unter angemessener Anpassung seines Gewinnanteils seine Tätigkeit in der Partnerschaft einschränken. Zum Eintritt des gesetzlichen Rentenalters haben jeweils der betroffene Partner oder die Gesamtheit der übrigen Partner ein Sonderkündigungsrecht, das unter Einhaltung einer Frist von sechs Monaten ausgeübt werden kann. Mit Vollendung des 70. Lebensjahres scheidet der Partner aus, es sei denn, es wird mit seiner Zustimmung durch Partnerschaftsbeschluss eine andere Regelung getroffen.

(4) Wird über das Vermögen eines Partners ein Insolvenzverfahren eröffnet, so scheidet er aus der Partnerschaft vorbehaltlich künftiger individueller Regelungen aus.

(5) Die Beteiligung an der Partnerschaft ist nicht vererblich.

(6) Scheidet ein Partner nach obigen Bestimmungen oder wegen Todes aus der Partnerschaft aus, so hat dies auf den Bestand der Partnerschaft keinen Einfluss.

(7) Ausgeschiedene Partner bzw. deren Erben haben einen Abfindungsanspruch in Höhe des ihnen nach den steuerlichen Vorschriften zuzurechnenden anteiligen Verkehrswertes des Betriebsvermögens. Die Partner sind sich einig, dass die Richtlinien zur Bewertung von Anwaltskanzleien der Bundesrechtsanwaltskammer sowie die Hinweise der Bundessteuerberaterkammer für die Ermittlung des Wertes einer Steuerberaterpraxis mit der Maßgabe Anwendung finden, dass die eingebrachten Mandate jedenfalls nach derzeitigem Stand in der Regel als personenbezogen zu qualifizieren sind.

§ 17 Namensfortführung

Die Partner gestatten einander, ihre Namen über ihr eventuelles Ausscheiden aus der Partnerschaft hinaus in dem Namen der Partnerschaft fortzuführen. In der Außendarstellung der Partnerschaft ist auf den Briefbögen, in Broschüren, im Internetauftritt uä. das Ausscheiden kenntlich zu machen. Die jeweils betroffenen Partner können der Namensfortführung im Einzelfall aus wichtigem Grund widersprechen. Ein wichtiger Grund ist insbesondere eine anderweitige Tätigkeit des Ausgeschiedenen auf seinem freiberuflichen Gebiet.

§ 18 Anteilsübertragung

Die Übertragung der Beteiligung an der Partnerschaft ist mit Zustimmung aller Partner zulässig. Sie kann nur auf solche Personen übertragen werden, welche Partner im Sinne von § 1 Abs. 1 und Abs. 2 PartGG sein können, und wenn berufsrechtliche Bestimmungen dem nicht entgegenstehen.

§ 19 Schiedsgericht

Alle Streitigkeiten aus diesem Vertrag sollen unter Ausschluss des ordentlichen Rechtsweges von einem Schiedsgericht endgültig entschieden werden. Die Schiedsvereinbarung wird in gesonderter Urkunde vereinbart, die diesem Vertrag als Anlage beigegeben ist.

§ 20 Schriftform

Änderungen dieses Vertrages bedürfen zu ihrer Wirksamkeit der Schriftform. Auch wiederholte Verstöße gegen diese Bestimmungen beseitigen nicht das Schriftformerfordernis.

§ 21 Teilnichtigkeit

Sollte eine Bestimmung dieses Vertrages nichtig, anfechtbar oder unwirksam sein, so soll die Wirksamkeit der übrigen Bestimmungen hiervon nicht berührt werden. Die angreifbare Bestimmung ist vielmehr durch eine wirksame zu ersetzen und/oder so auszulegen, dass der mit ihr erstrebte wirtschaftliche und/oder ideelle Zweck nach Möglichkeit erreicht wird.

II. ERLÄUTERUNGEN

> **Erläuterungen zu A. 11.20 Gesellschaftsvertrag für Partnerschaft mit beschränkter Berufshaftung**

1. Grundsätzliche Anmerkungen

a) Wirtschaftliches Vertragsziel

1   Mit dem am 19.7.13 in Kraft getretenen Gesetz zur Einführung einer Partnerschaftsgesellschaft mit beschränkter Berufshaftung und zur Änderung des Berufsrechts der Rechtsanwälte, Patentanwälte, Steuerberater und Wirtschaftsprüfer v. 15.7.13 (BGBl. I 13, 2386) reagierte der Gesetzgeber auf die fortschreitende Aushöhlung der Haftungsverfassung der herkömmlichen Partnerschaft durch die Rechtsprechung (vgl. A. 11.00 Rz. 2 und A. 11.00 Rz. 27) und auf das Phänomen, dass sich einige größere Anwaltskanzleien trotz bestehender Rechtsunsicherheiten von angelsächsischen Gesellschaftsformen wie der LLP eine berufsangemessenere Haftungsverfassung versprachen (vgl. A 11.00 Rz. 2). Wie bei der herkömmlichen Partnerschaft bezieht sich die Haftungsprivilegierung nur auf Verbindlichkeiten aus beruflichen Fehlern. Anders als bei der herkömmlichen Partnerschaft ermöglicht die **Partnerschaft mit beschränkter Berufshaftung** (oder kurz: PartG mbB) aber eine Haftungsbeschränkung auf das Partnerschaftsvermögen auch für die Partner, die ansonsten mit ihrem gesamten Vermögen persönlich haften würden, weil sie mit der Bearbeitung des fehlerträchtigen Auftrages iSd. § 8 Abs. 2 PartGG befasst waren. Den Schritt, auch für Verbindlichkeiten außerhalb der Berufshaftung die Haftung auf das Partnerschaftsvermögen zu begrenzen, wie es bei der LLP der Fall sein soll, ist der Gesetzgeber hingegen nicht gegangen. Dennoch waren am 28.2.14 immerhin schon 721 und am 31.12.16 bereits 4.378 PartG mbB im Partnerschaftsregister eingetragen (vgl. auch *Lieder/Hoffmann* NZG 17, 325), am 1.5.20 waren es dann 8.128 (*Lieder/Hoffmann* NZG 20, 721). Angesichts des drohenden Verlusts des britischen Haftungsprivilegs bei LLPs mit tatsächlichem Verwaltungssitz in Deutschland wird wegen des Brexit mit erheblichen weiteren Zuwächsen bei Partnerschaftsgesellschaften mbB zu rechnen sein (*Lieder/Hoffmann* NZG 17, 325, 332; juve v. 30.12.21; LTO v. 12.1.21).

2   Das Formular betrifft eine **schon bestehende Partnerschaft** nach Maßgabe der Bestimmungen des Formulars A. 11.00, die in eine PartG mbB umgewandelt werden soll. Das Formular eignet sich aber mit geringfügigen Modifikationen (in der Vorbemerkung sowie in § 3 Abs. 2 und § 5 Abs. 2 u. 3) auch für eine **Neugründung.**

b) Gesellschaftsrecht

3   Die PartG mbB ist keine neue Rechtsform, sondern – insoweit vergleichbar mit der UG (haftungsbeschränkt) als Variante der GmbH – eine Partnerschaft mit besonderem Haftungsregime (*Leitzen* DNotZ 13, 596). Soweit das PartGG für die PartG mbB keine Sondervorschriften enthält, gelten für sie die allgemeinen, für sämtliche Partnerschaften geltenden Regelungen. Bestehende Partnerschaften können wie in den vorgestellten Formularen aufgezeigt in eine PartG mbB umgestaltet werden. Eine **Umwandlung** iSd. UmwG liegt darin nicht. Gleichwohl ist die untechnische Verwendung des Begriffs „Umwandlung" wie auch im Formular in der Praxis üblich.

Schon allein wegen der nach § 8 Abs. 4 Satz 3 PartGG gebotenen Namensänderung **3a** bedarf es für die Umgestaltung in eine PartG mbB der **Änderung des Gesellschaftsvertrages** (§ 3 Abs. 2 Nr. 1 PartGG). Welches Mehrheitserfordernis hierfür beachtet werden muss, richtet sich nach dem Gesellschaftsvertrag. Einstimmigkeit ist insoweit nicht zwingend (*Wälzholz* DStR 13, 2637, 2641; *Leuering* NZG 13, 1001, 1005). Wenn nichts Besonderes im Gesellschaftsvertrag geregelt ist, gehört der Abschluss der Berufshaftpflichtversicherung nicht zur laufenden Geschäftsführung, sondern stellt ein **außergewöhnliches Geschäft** dar, für dessen Vornahme nach § 6 Abs. 2 PartGG iVm. § 116 Abs. 2 HGB eine Entscheidung der Partner erforderlich ist (*Sommer/Treptow* NJW 13, 3269, 3270). Die PartG mbB kann ebenso wie die Partnerschaft ohne weiteres auch Zielrechtsform einer Umwandlung nach dem UmwG sein (*Leitzen* DNotZ 13, 596). Zur Möglichkeit, eine Sozietät auch durch Einzelgüterübertragung oder Einbringung der Sozietätsanteile in eine PartG mbB zu überführen s. *Binnewies/Wollweber* AnwBl. 14, 9 ff.

Das Haftungskonzept für Schadensersatzansprüche aus Berufshaftung, welche vor **3b** der Umgestaltung bzw. Umwandlung in die PartG mbB begründet wurden, ändert sich hierdurch nicht. Allerdings kommt nach hM im Schrifttum die **fünfjährige Ausschlussfrist** (jedenfalls analog) gem. § 736 BGB, § 160 HGB, § 10 Abs. 2 PartGG sowie § 224 Abs. 2–4 UmwG ab Eintragung der PartG mbB im Handelsregister zur Anwendung (*Sommer/Treptow* NJW 13, 3269, 3273; *Wälzholz* DStR 13, 2637, 2641; *Henssler* AnwBl. 14, 96, 99). Dabei wird mit guten Gründen vertreten, dass bei Dauerschuldverhältnissen, wie sie bspw. bei Dauermandaten vorliegen können, für den Zeitpunkt der Begründung des Schadensersatzanspruchs abweichend von der hM nicht auf die Begründung des Dauerschuldverhältnisses, sondern nach dem Verstoßprinzip auf den Zeitpunkt der Pflichtverletzung abzustellen ist (*Henssler* AnwBl. 14, 96, 99; aA *Sommer/Treptow* NJW 13, 3269, 3273; *Wälzholz* DStR 13, 2637, 2641). Folgt man dennoch der hM sollte ein Dauerschuldverhältnis auch nicht einfach mit einem Dauermandat oder Dauerpatienten gleichgesetzt werden. Bei der Abgrenzung zwischen Alt- und Neumandat sollte dann sachgerechter Weise nicht etwa auf die Begründung eines wie auch immer gearteten Dauerverhältnisses, sondern auf den jeweiligen Einzelauftrag iSd. § 8 Abs. 2 PartGG abgestellt werden.

c) Steuerrecht

Vgl. A.11.00 Rz. 9 f. Auch nach der Finanzverwaltung führt die Beschränkung der **4** Berufshaftung nicht dazu, dass die PartG mbB kraft Rechtsform der GewSt-Pflicht unterliegt. (OFD NRW v. 12.12.13, DB 14, 214). Als Personengesellschaft ist die PartG mbB selbst nicht Steuersubjekt. Vielmehr erzielen die Gesellschafter in ihrer mitunternehmerischen Verbundenheit gemeinschaftliche Einkünfte, die ihnen nach dem sog. Transparenzprinzip als originäre eigene Einkünfte gem. § 18 Abs. 4 S. 2 iVm. § 15 Abs. 1 S. 1 Nr. 2 EStG zuzurechnen sind (OFD NRW v. 12.12.13, DStR 14, 214).

Mangels Rechtsträgerwechsels und damit mangels Vermögensübergangs ist auch der **4a** identitätswahrende Formwechsel durch bloße Vertragsänderung steuerneutral möglich (*Binnewies/Wollweber* AnwBl. 14.9.12).

2. Einzelerläuterungen

Zu § 1: Name, Sitz, Rechtsform

Absatz 1: Der Name der Partnerschaft muss den Zusatz „mit beschränkter Berufshaf- **5** tung" oder die Abkürzung „mbB" oder eine andere allgemein verständliche Abkürzung dieser Bezeichnung enthalten; anstelle der **Namenszusätze** nach § 2 Abs. 1 S. 1 PartGG kann der Name der Partnerschaft mit beschränkter Berufshaftung den Zusatz „Part" oder „PartG" enthalten (§ 8 Abs. 4 PartGG). Der Namenszusatz „mbH" genügt nach der Gesetzesbegründung nicht (BT-Drs. 17/10487, S. 14). Die Namensänderung und die Eintragung des Namenszusatzes im Partnerschaftsregister soll keine Voraussetzung für die Haftungsbeschränkung sein. Sie wirken lediglich deklaratorisch (*Leuering* NZG 13, 1001, 1005; *Sommer/Treptow* NJW 13, 3269, 3271; *Henssler* AnwBl. 14, 96, 98; *Ruppert* DStR 13, 1623, 1627; *Leitzen* DNotZ 13, 596, 601; aA *Wälzholz* DStR 13, 2637, 2641). Ohne Namensänderung dürfte allerdings die mit der Berufshaftpflichtversicherung erstrebte Haftungsbeschränkung aus Rechtsscheingründen leerlaufen (*Leuering* NZG 13, 1001, 1003; *Henssler* AnwBl. 14, 96, 100 f.). Vgl. im Übrigen A. 11.00 Rz. 11.

6   **Absatz 2:** Vgl. A. 11.00 Rz. 12.

7   **Absatz 4:** Bei der herkömmlichen Partnerschaft und der Partnerschaft mit beschränkter Berufshaftung handelt es sich zwar nicht um zwei unterschiedliche Rechtsformen. Gleichwohl ist eine entsprechende Präzisierung bei der Regelung zur Rechtsform sinnvoll.

Zu § 2 bis § 4:

8   Vgl. A. 11.00 Rz. 13–18.

Zu § 5: Partner, Einlagen

9   **Absatz 1:** Vgl. A. 11.00 Rz. 19.

10   **Absatz 2 und 3:** Die Regelungen berücksichtigen die unterstellte Tatsache, dass es vorliegend um die Neufassung eines Gesellschaftsvertrages einer bereits gegründeten Partnerschaft geht. Für einen Formulierungsvorschlag zu einer Neugründung vgl. A. 11.00 § 5 Abs. 2 u. 3.

11   **Absatz 4:** Vgl. A. 11.00 Rz. 21.

Zu § 6 bis § 9:

12   Vgl. A. 11.00 Rz. 22–25.

Zu § 10: Haftpflichtversicherung

13   **Absatz 1:** Die Modalitäten für die in der Klausel und in § 8 Abs. 4 Satz 1 PartGG angesprochene gesetzlich vorgegebene Berufshaftpflichtversicherung sind bisher vor allem für die folgenden Berufe gesetzlich geregelt: Rechtsanwälte und Patentanwälte mit einer Mindestversicherungssumme von € 2.500.000 (§ 51a BRAO, § 45a PatAO), Steuerberater sowie Wirtschaftsprüfer mit einer Mindestversicherungssumme von € 1.000.000 (§ 76 Abs. 2 StBerG, § 54 Abs. 1 Satz 1 WPO), Architekten und Ingenieure mit unterschiedlichen Mindestversicherungssummen nach Bundesland (vgl. Auflistung bei *Henssler/Trottmann* NZG 17, 241; *Lieder/Hoffmann* NZG 17, 325, 331) und Heilberufe bisher allerdings lediglich in Bayern und Niedersachsen (*Lieder/Hoffmann* NZG 20, 721). Bei Rechtsanwälten und Patentanwälten wurde es Berufshaftpflichtversicherungen für PartG mbB zudem untersagt, einen Ausschluss für wissentliche Pflichtverletzung zu erklären (§ 45a Abs 1 Satz 2 iVm. § 45 Abs 3 PatAO; § 51a Abs. 1 Satz 2 iVm. § 51 Abs. 3 BRAO).

14   Bei der in dem Formular vorgestellten Partnerschaft handelt es sich um eine **gemischte Partnerschaft** von Rechtsanwälten und Steuerberater. Dies bedeutet nach dem auch in § 3 Abs. 5 niedergelegten Grundsatz der Anwendbarkeit des strengsten Berufsrechts, dass eine Mindestversicherungssumme von € 2.500.000 erforderlich ist (*Ruppert* DStR 13, 1623, 1626; *Gladys* DStR 13, 2416 f.; *Wälzholz* DStR 13, 2637, 2639). Überdies darf kein versicherungsseitiger Ausschluss für wissentliche Pflichtverletzung erklärt werden (zweifelnd: *Ruppert* DStR 13, 1623, 1627).

15   Soweit für einen partnerschaftsfähigen Beruf keine für die Bildung einer PartG mbB gesetzlich geregelte Versicherungspflicht (in bestimmter Höhe) gilt, steht die Rechts-

form der PartG mbB diesen Berufen nicht offen. Versicherungspflichten nach dem Satzungsrecht einer Berufskammer genügen nicht (*Leitzen* DNotZ 13, 596, 599). Nicht begründet ist hingegen die von einer Mindermeinung vertretene Auffassung (*Barth* NZG 18, 94), es bedürfe zwingend eines Bundesgesetzes nicht eines Landesgesetzes, wie es aber bereits in vielen Ländern bereits für Architekten und Ingenieure sowie in Bayern und Niedersachsen für Heilberufe vorgesehen ist (*Henssler/Trottmann* NZG 17, 241; *Lieder/Hoffmann* NZG 17, 325, 331). § 8 Abs. 4 PartG spricht jedenfalls nur von einer „durch Gesetz vorgegebenen Berufshaftpflichtversicherung."

Die Rechtsfigur der **Scheinpartnerschaft** ist bei der PartG mbB haftungsrechtlich **15a** weniger problematisch als bei der klassischen Partnerschaft (vgl. A.11.00 Rz. 27). Wenn der Schutz des Mandanten, Patienten u. ä. tatsächlich über die Eindeckung einer § 8 Abs. 4 PartGG entsprechenden Versicherung auch für den Scheinpartner gewährleistet ist, gibt es keinen Grund, den Privilegierungstatbestand des § 8 Abs. 4 PartGG entfallen zu lassen (*Freund* NZG 17, 1001, 1005).

Absatz 2: Enthält der Gesellschaftsvertrag keine ausdrückliche Regelung zur Bin- **16** nenhaftung so kommt jedenfalls für den Bereich der einfachen Fahrlässigkeit ein **konkludenter Haftungsausschluss** in Betracht, da davon auszugehen ist, dass die Partner mit der Wahl des Haftungsprivilegs nach § 8 Abs. 4 PartGG gerade nicht dasselbe wieder mit einem Binnenhaftungsanspruch unterlaufen wollten (*Henssler* AnwBl. 14, 96, 103; *Wertenbruch* NZG 13, 1006, 1008; **aA** ohne Begr. *Sommer/Treptow* NJW 13, 3269, 3274 f., offen *Wälzholz* DStR 13, 2637, 2638 f.). Für den Bereich der groben Fahrlässigkeit dürfte die Annahme eines solchen konkludenten Haftungsausschlusses zu bezweifeln sein (*Henssler* AnwBl. 14, 96, 103). In jedem Fall dürfte eine ausdrückliche Klarstellung der tatsächlich gewollten Reichweite des Haftungsausschlusses sinnvoll sein. Im Einzelfall ist zu prüfen, wie weit der Versicherungsschutz geht: Hat sich die Berufshaftpflichtversicherung einen Regressanspruch für den Fall der wissentlichen Gesetzesverletzung vorbehalten oder ist nur die Mindestversicherungssumme eingedeckt worden, kann allerdings die Interessenlage der übrigen Partner gegen den hier vorgeschlagenen weitreichenden Ausschluss der Binnenhaftung sprechen. Überdies wird im Schrifttum vorgeschlagen, die Geltendmachung konkreter Regressansprüche gegenüber einem Partner zusätzlich von einer formellen Partnerentscheidung abhängig zu machen, um eine Gläubigerpfändung eines solchen Anspruchs zu erschweren (vgl. *Sommer/Treptow* NJW 13, 3269, 3274).

Absatz 3: Vgl. A. 11.00 Rz. 28a. **17**

Zu § 11 bis § 21:

Vgl. A. 11.00 Rz. 29–43. **18**

A. 11.21 Handelsregisteranmeldung (Umwandlung in Partnerschaft mbB)

I. FORMULAR

Formular A. 11.21 Handelsregisteranmeldung (Umwandlung in Partnerschaft mbB)

Amtsgericht

– Registergericht –

Betrifft: A, B und Partner, Rechtsanwälte, Steuerberater mit dem Sitz in *[PLZ Ort]*......

Zur Eintragung in das Partnerschaftsregister wird angemeldet:

Der Name der Partnerschaft ist geändert in:

A, B und C

– Rechtsanwälte, Steuerberater –

PartG mbB"

Der Anmeldung ist eine Versicherungsbescheinigung gem. § 113 Abs. 2 VVG im Original beigefügt.

....

(Unterschrift A)   **(Unterschrift B)**   **(Unterschrift C)**

....

(Beglaubigungsvermerk)

II. ERLÄUTERUNGEN

Erläuterungen zu A. 11.21 Handelsregisteranmeldung (Umwandlung in Partnerschaft mbB)

1   Nicht die Anmeldung einer Umwandlung im engeren Sinne ist erforderlich (vgl. A. 11.20 Rz. 3), sondern lediglich eine **Anmeldung des geänderten Namens** und adiese hat lediglich deklaratorischen Charakter (vgl. A. 11.20 Rz. 5).

2   Der Anmeldung ist eine **Versicherungsbescheinigung** gem. § 113 Abs. 2 VVG beizufügen (§ 4 Abs. 3 PartGG). Zu den Einzelheiten des erforderlichen Versicherungsschutzes vgl. A. 11.20 Rz. 13. Zu den Nachweispflichten gegenüber den jeweiligen Berufskammern vgl. bspw. § 55 Abs. 3 DVStB.

A. 12. Joint Venture und Realteilung einer Personengesellschaft

A. 12.00 Joint Venture in Form einer Personengesellschaft: Joint-Venture-Vertrag und Gesellschaftsvertrag

I. FORMULARE

Formular A. 12.00 Joint-Venture Vertrag

Joint-Venture-Vertrag

zwischen

A-Batterien GmbH,......   **– „A-GmbH" –**

und

B-Zweirad GmbH, ...   **– „B-GmbH" –**

A-GmbH und B-GmbH einzeln auch die „Partei" oder zusammen auch „Parteien"

Präambel

A. Die A-GmbH und die B-GmbH stehen in langjähriger Geschäftsverbindung hinsichtlich der Forschung und Entwicklung von Elektroantrieben bei Fahrrädern und Motorrädern.

B. Diese Forschungs- und Entwicklungsaktivitäten wollen die Parteien nun weiter bündeln und in Zukunft durch ein Gemeinschaftsunternehmen in der Rechtsform einer Kommanditgesellschaft (GmbH & Co. KG) nach deutschem Recht („JV-KG") betreiben. Ziel des Gemeinschaftsunternehmens soll es sein, das Know-how und die bestehenden Erfahrungen der Parteien im Bereich der Elektroantriebe bei Fahrrädern und Motorrädern zu bündeln und deren Marktreife herzustellen.

Dies vorausgeschickt schließen die Parteien zur Regelung der Errichtung und der Finanzierung der JV-KG, der Zusammenarbeit in der JV-KG sowie der Grundsätze und der möglichen Beendigung der Zusammenarbeit folgenden Joint-Venture-Vertrag („Vertrag"):

§ 1 Status

(1) Die A-GmbH ist Eigentümerin der folgenden Vermögensgegenstände: *[Auflistung von Patenten, Know-how und Verträgen].*

(2) Die B-GmbH ist Eigentümerin der folgenden Vermögensgegenstände: *[Auflistung von Beteiligungen an BB-GmbH, Know-how und Verträgen].*

(3) Die Parteien werden am Vollzugstag die ERAD Entwicklungs GmbH & Co.KG als JV-KG errichten. Die A-GmbH und die B-GmbH werden sich an der JV-KG als Kommanditisten mit einer Einlage und Haftsumme im Betrag von jeweils € 50.000,– beteiligen. Persönlich haftende Gesellschafterin der JV-KG soll die ERAD Geschäftsführungs GmbH („Komplementärin") werden, die von der A-GmbH und der B-GmbH mit einem Stammkapital von € 25.000,– zu gründen ist und an der beide Parteien jeweils einen Geschäftsanteil von € 12.500,– halten sollen.

(4) Die Parteien werden am Vollzugstag jeweils die in Abs. 1 und 2 aufgeführten Vermögensgegenstände in die JV-KG einbringen sowie die in § 3 Abs. 3 genannten Darlehen gewähren.

§ 2 Unterzeichnungstag; Vollzugstag

(1) Unterzeichnungstag ist der Tag, an dem die Parteien diesen Vertrag unterzeichnen.

(2) Vollzugstag ist der Tag, an dem der Vollzug aller Maßnahmen und Rechtshandlungen nach Maßgabe von § 3 stattfinden.

§ 3 Errichtung des Gemeinschaftsunternehmens

(1) Die Parteien gründen die Komplementärin. Der Gesellschaftsvertrag der Komplementärin ist als Anlage 3.1 beigefügt. Die Parteien ernennen Herrn ...... und Herrn ...... zu gesamtvertretungsberechtigten Geschäftsführern der Komplementärin. Eine Befreiung der Geschäftsführer von dem Selbstkontrahierungsverbot des § 181 BGB wird nicht erteilt.

(2) Die Parteien gründen mit der Komplementärin die JV-KG durch Abschluss des Gesellschaftvertrags, der diesem Vertrag als Anlage 3.2 beigefügt ist („JV-Gesellschaftsvertrag"). Mit Abschluss des JV-Gesellschaftvertrags der JV-KG haben die Parteien ihre im JV-Gesellschaftvertrag vereinbarte Einlage gemäß § 1 Abs. 4 an die JV-KG zu erbringen.

(3) Die A-GmbH gewährt der JV-KG ein Darlehen im Betrag von € ...... und die B-GmbH gewährt der JV-KG ein Darlehen im Betrag von € ....

(4) Die Durchführung sämtlicher Handlungen gemäß Abs. 1 bis 3 gilt als „Errichtung des Gemeinschaftsunternehmens".

§ 4 Vollzugsbedingungen

Die Verpflichtung zur Vornahme der in § 3 genannten Handlungen steht unter den nachfolgend genannten aufschiebenden Bedingungen:

a) Das Bundeskartellamt hat den in diesem Vertrag vereinbarten Zusammenschluss freigegeben.

b) Der Aufsichtsrat der A-GmbH hat diesem Vertrag und den darin vereinbarten Rechtsgeschäften zugestimmt. Diese Vollzugsbedingung gilt als eingetreten, sobald die A-GmbH der B-GmbH schriftlich mitgeteilt hat, dass die Zustimmung erteilt wurde.

c) Die B-GmbH hat den Kooperationsvertrag mit der Z-AG bezüglich des Baus von Elektrofahrrädern beendet. Diese Vollzugsbedingung gilt als eingetreten, sobald die B-GmbH der A-GmbH die Beendigung des Kooperationsvertrags nachgewiesen hat.

§ 5 Rücktrittsrecht

(1) Jede Partei kann von diesem Vertrag durch schriftliche Erklärung gegenüber der anderen Partei zurücktreten, wenn die Vollzugsbedingung gemäß § 4 lit. a) nicht spätestens bis zum ...... eingetreten ist.

(2) Die A-GmbH kann von diesem Vertrag durch schriftliche Erklärung gegenüber der B-GmbH zurücktreten, wenn eine der Vollzugsbedingungen gemäß § 4 lit. b) und c) nicht bis zum ...... eingetreten ist.

(3) Der Rücktritt gemäß den Abs. 1 und 2 ist innerhalb von zehn Bankarbeitstagen nach positiver Kenntnis von dem Rücktrittsrecht zu erklären. Die Rücktrittserklärung bedarf der Schriftform und muss den in § 16 Abs. 1 genannten Empfängern zugehen.

§ 6 Finanzausstattung des Gemeinschaftsunternehmen

(1) Zum Zwecke der Ausstattung der JV-KG mit Liquidität verpflichtet sich jede Partei zu einer Einzahlung in Höhe von insgesamt € ...... auf ihr Kapitalkonto II bei der JV-KG nach Maßgabe der nachfolgenden Abs. 2 bis 4.

(2) Die Einzahlung des Betrags nach Abs. 1 ist in zwei gleichen Raten wie folgt zu leisten:

a) Rate 1 innerhalb von sechs Monaten nach Errichtung des Gemeinschaftsunternehmens gemäß § 3.

b) Rate 2 innerhalb von drei Monaten nach Abschluss des in Anlage 6.2 beschriebenen Projekts.

(3) § 6 verpflichtet nur die Parteien untereinander und begründet keine Ansprüche der JV-KG gegen die Parteien.

(4) Kommt eine Partei ihrer Zahlungsverpflichtung aus § 6 Abs. 1 und 2 nicht nach, kann die jeweils andere Partei den Fehlbetrag ausgleichen und von der säumigen Partei den ausgeglichenen Fehlbetrag zuzüglich Zinsen in Höhe von ...% vom Tag der Ausgleichung des Fehlbetrags bis zum Tag der Rückzahlung des Betrags durch die säumige Partei verlangen. Das Recht zur Kündigung gemäß § 14 Abs. 2 sowie das Recht gemäß § 13 Abs. 1 lit. c) bleiben unberührt.

§ 7 Stärkung des Eigenkapitals des Gemeinschaftsunternehmens

(1) Hält eine Partei die Stärkung des Eigenkapitals der JV-KG für erforderlich, hat sie gegenüber der anderen Partei eine Erhöhung des Eigenkapitals der JV-KG unter Bezugnahme auf die Finanzplanung der JV-KG in einer schriftlichen Stellungnahme, in der die für den erhöhten Kapitalbedarf wesentlichen Gründe dargelegt werden, vorzuschlagen. Einigen sich die Parteien nicht innerhalb von 20 Bankarbeitstagen auf eine Stärkung des Eigenkapitals, ist die Partei, die die Stärkung des Eigenkapitals verlangt, nach ihrer Wahl berechtigt, (i) das erforderliche Kapital in Höhe des insgesamt für erforderlich gehaltenen Kapitalbedarfs gemäß nachfolgendem Abs. 2 bereitzustellen (in diesem Fall „Verlangende Partei") oder (ii) von ihrem Recht gemäß § 13 Abs. 1 lit. d) oder § 13 Abs. 3 lit. d) Gebrauch zu machen.

(2) Will die die Verlangende Partei nach Abs. 1 das erforderliche Kapital bereitstellen, ist sie berechtigt, von der anderen Partei durch schriftliche Erklärung zu verlangen, dass diese einer unverzüglich zu beschließenden Erhöhung des Festkapitals bei der JV-KG zustimmt, bei der die Verlangende Partei eine weitere Einlage als Kommanditistin übernimmt. Der Nennbetrag der zusätzlichen Einlage ist durch Teilung des Be-

trags der zu erbringenden Kapitaleinlage durch den Nennbetragswert gemäß § 7 Abs. 3 zu ermitteln. Der den Nennbetrag der neuen Kommanditeinlage übersteigende Teil der Kapitaleinlage ist auf das Kapitalkonto II des Kommanditisten bei der JV-KG einzuzahlen.

(3) Der Nennbetragswert ist der vor einer Kapitalerhöhung auf einen Euro Festkapital entfallende, nach dem [DCF-Verfahren gemäß IDW Standard S 1] ermittelte, anteilige Unternehmenswert („Nennbetragswert"). Soweit der ermittelte Nennbetragswert kleiner als eins (1) ist, ist der Nennbetragswert mit eins (1) anzusetzen. Können sich die Parteien bei einer Kapitalerhöhung gemäß Abs. 2 nicht binnen zehn Bankarbeitstagen auf einen Nennbetragswert einigen, ist dieser durch einen Schiedsgutachter zu ermitteln. Der Schiedsgutachter wird durch …… auf Antrag einer der Parteien bestimmt. Die Kosten und Auslagen für den Schiedsgutachter und das Schiedsgutachterverfahren werden von den Parteien je zur Hälfte verauslagt und getragen. Der Schiedsgutachter hat binnen 20 Bankarbeitstagen ab Beauftragung ein Gutachten über den Nennbetragswert zu erstellen und den Parteien zu übermitteln. Stichtag für die Ermittlung des Nennbetragswerts ist der Zugang der schriftlichen Stellungnahme nach Abs. 1 Satz 1. Die Feststellungen des Schiedsgutachters sind für die Parteien bindend.

§ 8 Anmeldung des Zusammenschlusses beim Bundeskartellamt

(1) Die Parteien werden das in diesem Vertrag vereinbarte Vorhaben unverzüglich nach dem Unterzeichnungstag gemeinsam beim Bundeskartellamt anmelden. Sie verpflichten sich, alle Dokumente, Daten und anderen Informationen zur Verfügung zu stellen, die notwendig sind, um die kartellrechtliche Anmeldung vorzubereiten, zu ändern oder zu ergänzen. Weiterhin verpflichten sie sich, mit dem Bundeskartellamt zusammenzuarbeiten, soweit dies erforderlich wird.

(2) Soweit das Bundeskartellamt den in diesem Vertrag vereinbarten Zusammenschluss nur unter Bedingungen oder Auflagen freigibt, die von einer der Parteien oder jeweils mit ihnen verbundenen Unternehmen im Sinne von § 15 AktG zu erfüllen sind, ist keine Partei verpflichtet, diese Bedingungen oder Auflagen zu erfüllen oder deren Erfüllung sicherzustellen. Dies gilt nicht, wenn und soweit die von dem Bundeskartellamt erteilten Bedingungen oder Auflagen unwesentlicher Natur sind, deren Erfüllung von der betreffenden Partei unter Berücksichtigung des damit verbundenen Aufwands einerseits und dem Interesse beider Parteien an einer Freigabe des in diesem Vertrag vereinbarten Zusammenschlusses andererseits nicht verweigert werden darf.

(3) Soweit das Bundeskartellamt den in diesem Vertrag vereinbarten Zusammenschluss untersagt und eine Partei dagegen Rechtsmittel einlegen will, hat die andere Partei sie dabei zu unterstützen.

§ 9 Leitung des Gemeinschaftsunternehmens

(1) Das Gemeinschaftsunternehmen wird durch die Komplementärin, diese vertreten durch ihre Geschäftsführer, geleitet. Unbeschadet § 3 Abs. 2 Satz 3 des Vertrags ist jede Partei berechtigt, einen Geschäftsführer vorzuschlagen. Im Übrigen gilt der Gesellschaftsvertrag der Komplementärin.

(2) Die Parteien werden durch Gesellschafterbeschluss der Komplementärin eine Geschäftsordnung für die Geschäftsführung der Komplementärin, die als Anlage 9.2 beigefügt ist, beschließen. Die Geschäftsordnung für die Geschäftsführung kann nur durch einstimmigen Gesellschafterbeschluss der Komplementärin geändert werden.

(3) Können sich die Geschäftsführer in einer Angelegenheit, in der ihnen die Befugnis zur Geschäftsführung nach der gemäß Abs. 2 verabschiedeten Geschäftsordnung zusteht, nicht einigen, haben sie die Gesellschafterversammlung der JV-KG mit der streitigen Frage zu befassen. Trifft auch die Gesellschafterversammlung keine Ent-

scheidung, legen die Geschäftsführer der Komplementärin die Frage den Gesellschaftern der Parteien zur Entscheidung vor. Einigen sich diese nicht untereinander innerhalb von einem Monat ab Vorlage, haben sie dies den Geschäftsführern der Komplementärin und den Parteien mitzuteilen.

§ 10 Weitere Verpflichtungen der Parteien

(1) Die A-GmbH verpflichtet sich, am Vollzugstag mit der JV-KG einen Mietvertrag, wie in Anlage 10.1 beigefügt, über die von der JV-KG für das Gemeinschaftsunternehmen benötigten Büro- und Betriebsräume und Lagerflächen auf dem Gelände ...... abzuschließen. Die A-GmbH wird ferner an die JV-KG unentgeltlich Leistungen im Bereich Buchführung und Personal erbringen.

(2) Die B-GmbH verpflichtet sich, am Vollzugstag der JV-KG die in Anlage 10.2 (a) aufgelisteten Werkzeuge und Maschinen unentgeltlich zur Nutzung zu überlassen. Die B-GmbH wird der JV-KG Leistungen im Bereich Produktprüfung und Produktkontrolle zu den Bedingungen des Dienstleistungsvertrags gemäß Anlage 10.2 (b) erbringen.

(3) Bezüglich der in die JV-KG eingebrachten oder zur Verfügung gestellten Vermögensgegenstände versichern beide Parteien, dass diese sich in einem ordnungsgemäßen und gebrauchstauglichen Zustand befinden und alle erforderlichen Wartungsarbeiten durchgeführt wurden und frei von Rechten Dritter sind.

(4) Die Parteien verpflichten sich, unverzüglich jeden Umstand mitzuteilen, der den Vollzug dieses Vertrags gefährden, beeinträchtigen oder verhindern oder ein Rücktrittsrecht nach § 5 begründen könnte.

§ 11 Wettbewerbsverbot während der Dauer und nach Beendigung des Gemeinschaftsunternehmens

(1) Die Parteien verpflichten sich, für die Dauer dieses Vertrags wechselseitig zum Wettbewerbsverbot. Sie verpflichten sich, jegliche Betätigung zu unterlassen, mit der sie unmittelbar oder mittelbar in Wettbewerb zum Geschäftsbetrieb der JV-KG treten würden. Sachlich umfasst das Wettbewerbsverbot ausschließlich die Tätigkeiten gemäß § 2 des Gesellschaftsvertrags der JV-KG in den geographischen Gebieten, in denen die JV-KG im Rahmen des Gesellschaftszwecks tätig ist. Die Parteien werden auch kein Unternehmen, das mit den Aktivitäten der JV-KG unmittelbar oder mittelbar in Wettbewerb steht, gründen oder erwerben oder sich an einem solchen Unternehmen unmittelbar oder mittelbar in irgendeiner Weise beteiligen. Ausgenommen von diesem Wettbewerbsverbot ist der Erwerb von bis zu ...% der Aktien an börsennotierten Gesellschaften, sofern jeglicher Einfluss der Partei auf die Leitungsorgane dieser Gesellschaften ausgeschlossen ist. Die Parteien stehen dafür ein, dass auch von ihnen beherrschte Gesellschaften entsprechend den vorstehenden Regelungen nicht in Wettbewerb zu den Aktivitäten der Gesellschaft treten werden.

(2) Vom Wettbewerbsverbot ausgenommen sind folgende Aktivitäten der Parteien: A-GmbH ......; B-GmbH ....

(3) Scheidet eine Partei als Gesellschafter aus der JV-KG aus, gleich aus welchem Grund, ist es ihr für die Dauer von zwei Jahren seit ihrem Ausscheiden untersagt, für Kunden, Lieferanten sowie Forschungs- und Entwicklungspartner der JV-KG, gleich in welcher Art und Weise, ob als Berater, auf eigene oder fremde Rechnung, mittelbar oder unmittelbar tätig zu werden oder sie auf andere Weise zu unterstützen. Die JV-KG hat dem ausscheidenden Gesellschafter zum Termin seines Ausscheidens eine vollständige Liste der Kunden, Lieferanten sowie Forschungs- und Entwicklungspartner zu übergeben.

(4) Im Fall einer Zuwiderhandlung gegen eine Verpflichtung aus den Abs. 1 und 3 hat die abmahnende Partei die zuwiderhandelnde Partei zunächst schriftlich unter Set-

zung einer angemessenen Frist aufzufordern, die Zuwiderhandlung zu unterlassen bzw. für eine Unterlassung der Zuwiderhandlung durch die von ihr beherrschten Gesellschaften zu sorgen. Nach fruchtlosem Ablauf der Frist gemäß Satz 1 hat die zuwiderhandelnde Partei an die abmahnende Partei für jeden folgenden Fall der Zuwiderhandlung eine Vertragsstrafe in Höhe von € ...... zu zahlen. Im Falle eines fortgesetzten Verstoßes wird die Vertragsstrafe für jeden angefangenen Monat, in dem der Verstoß anhält, erneut fällig. Eine Abmahnung gemäß Satz 1 ist entbehrlich, wenn die zuwiderhandelnde Partei das Unterlassen der Zuwiderhandlung ernsthaft und endgültig verweigert.

(5) Im Falle einer Zuwiderhandlung gegen eine Verpflichtung aus den Abs. 1 und 3 kann die abmahnende Partei über die Vertragsstrafe gemäß Abs. 4 hinaus von der zuwiderhandelnden Partei verlangen, dass die JV-KG so gestellt wird, als wäre das gegen die Abs. 1 und 3 verstoßende Geschäft auf ihre Rechnung geführt worden, insbesondere, dass der JV-KG alle im Zusammenhang mit der Zuwiderhandlung stehenden Vorteile der zuwiderhandelnden Partei bzw. einer von ihr beherrschten Gesellschaft herausgegeben werden. Vorbehalten bleibt der Ersatz weitergehender Schäden, die der abmahnenden Partei oder der JV-KG durch das verbotswidrige Verhalten entstehen.

§ 12 Abwerbeverbot

(1) Die Parteien verpflichten sich, es zu unterlassen selbst oder durch einen Dritten zum Zwecke der mittelbaren oder unmittelbaren Abwerbung, der Anwerbung oder Erbringung externer Leistungen Kontakt zu Personen aufzunehmen, die innerhalb der letzten 6 Monate ihrer beruflichen Tätigkeit in einem Anstellungsverhältnis mit der JV-KG standen. Das Abwerbeverbot gilt für die Dauer des Bestehens der JV-KG.

(2) Im Falle einer Verletzung einer der vorstehenden Verpflichtungen hat die verletzende Partei an die JV-KG für jeden Fall der Zuwiderhandlung eine Vertragsstrafe von € ...... zu zahlen. Jeder Mitarbeiter, zu dem in verbotswidriger Weise Kontakt aufgenommen wird, erfüllt jeweils gesondert den Tatbestand einer einzelnen Zuwiderhandlung im vorstehenden Sinne.

(3) Die Parteien und die JV-KG sind berechtigt, den Ersatz eines weitergehenden Schadens gegen die verbotswidrig handelnde Partei geltend zu machen.

§ 13 Put-Option/Call-Option

(1) Nach Errichtung des Gemeinschaftsunternehmens gemäß § 3 hat jede Partei bei Vorliegen der nachfolgenden Ereignisse (jeweils „Put-Options-Ereignis") das Recht, ihren Kommanditanteil an der JV-KG und ihren Geschäftsanteil an der Komplementärin der jeweils anderen Partei mit der Folge anzudienen („Put-Option"), dass diese verpflichtet ist, den Kommanditanteil und den Geschäftsanteil der andienenden Partei zu übernehmen. Kommanditanteil an der JV-KG und Geschäftsanteil an der Komplementärin können immer nur gemeinsam angedient und übernommen werden.

a) Bei Nichterreichbarkeit eines marktfähigen Produkts bis zum .... Die Gründe für die Nichterreichung sind dabei unmaßgeblich. *[Angabe weiterer Gründe möglich.]*

b) Im Falle von dringend gebotenen Sanierungsmaßnahmen zur Abwendung der Insolvenzgefahr (Überschuldung oder wenigstens drohende Zahlungsunfähigkeit im Sinne der InsO) der JV-KG.

c) Nichteinzahlung der Beträge gemäß § 6 Abs. 2.

d) Nichteinigung auf Kapitalerhöhung zur Stärkung des Eigenkapitals nach § 7 Abs. 1.

e) Nichteinigung gemäß § 9 Abs. 3 Satz 3.

(2) Zur Durchführung der Put-Option machen hiermit die A-GmbH gegenüber der B-GmbH und die B-GmbH gegenüber der A-GmbH das unwiderrufliche Angebot, ihren

jeweiligen Kommanditanteil an der JV-KG („Put-Options-Anteil"), wobei sich der Begriff „Put-Options-Anteil" auch auf sämtliche weiteren Anteile an der JV-KG erstreckt, die die jeweilige Partei zum Zeitpunkt der Ausübung der Put-Option hält, zu kaufen und zu erwerben. Die berechtigte Partei kann die Put-Option bei Vorliegen eines Put-Options-Ereignisses jederzeit ausüben. Die Put-Option ist durch eine schriftliche Annahmeerklärung („Put-Options-Erklärung") auszuüben.

(3) Die A-GmbH ist berechtigt, den nach dem Vollzugstag von der B-GmbH gehaltenen Kommanditanteil an der der JV-KG zu erwerben („Call-Option"), wenn folgende Ereignisse vorliegen:

a) Bei Nichterreichbarkeit eines marktfähigen Produkts bis zum .... Die Gründe für die Nichterreichung sind dabei unmaßgeblich. [Angabe weiterer Gründe möglich.]

b) Ablauf von ...... Jahren seit Errichtung des Gemeinschaftsunternehmens gemäß § 3.

c) Nichteinigung auf Kapitalerhöhung zur Stärkung des Eigenkapitals nach § 7 Abs. 1.

d) Erwerb von mehr als 50 % der Stimmrechte und/oder Kapitalanteile an der B-GmbH durch einen Dritten.

(4) Zur Durchführung der Call-Option macht die A-GmbH hiermit gegenüber der B-GmbH das unwiderrufliche Angebot, den Kommanditanteil der B-GmbH an der JV-KG („Call-Options-Anteil"), wobei sich der Begriff „Call-Options-Anteil" auch auf sämtliche weiteren Anteile der B-GmbH an der JV-KG erstreckt, an die A-GmbH zu verkaufen und zu übertragen. Die A-GmbH kann die Call-Option bei Vorliegen eines Call-Options-Ereignisses jederzeit ausüben. Die Call-Option ist durch eine schriftliche Annahmeerklärung („Call-Options-Erklärung") auszuüben.

(5) Mit der Abgabe der Put-Options-Erklärung kommt ohne weiteres ein Kauf- und Übertragungsvertrag über den Put-Options-Anteil zustande. Mit der Abgabe der Call-Options-Erklärung kommt ohne weiteres ein Verkauf- und Übertragungsvertrag über den Call-Options-Anteil zustande.

(6) Der Vertragsinhalt eines Kauf- und Übertragungsvertrags nach Abs. 5 bestimmt sich wie folgt:

a) Verkauf und Übertragung erfolgen gegen Kaufpreiszahlung eines Betrags in Höhe des Nominalbetrags zuzüglich eines Betrages von 6 % p. a. ab vollständiger Einzahlung der auf den Put-Options-Anteil bzw. Call-Options-Anteil gezahlten Einlagen und anderer Zuzahlungen in das Eigenkapital der JV-KG, jedoch vermindert um die auf den Put-Options-Anteil bzw. Call-Options-Anteil entfallenden und ausgeschütteten Gewinne. Wurde die Put-Option aufgrund Abs. 1 lit. c) oder die Call-Option aufgrund Abs. 3 lit. c) oder lit. d) ausgeübt, ist der Kaufpreis des Put-Options-Anteils bzw. Call-Options-Anteils der Verkehrswert zum Zeitpunkt der Put-Options-Erklärung bzw. Call-Options-Erklärung. Der Verkehrswert ist der nach dem [DCF-Verfahren gemäß IDW Standard S 1] ermittelte, anteilige Unternehmenswert. Im Übrigen findet auf die Verkehrswertermittlung § 7 Abs. 3 entsprechend Anwendung.

b) Es wird garantiert, dass jede Partei alleiniger Eigentümer des Put-Options-Anteils bzw. Call-Options-Anteils und diese frei von Rechten Dritter sind, dass sie über diese frei verfügen können und die Einlagen vollständig erbracht sind. Weitere Garantien werden jeweils nicht übernommen und sind ausgeschlossen.

c) Der Verkauf und die Übertragung stehen unter der aufschiebenden Bedingung der fusionsrechtlichen Freigabe. § 8 des JV-Vertrags findet entsprechend Anwendung.

d) Die Übertragung erfolgt mit wirtschaftlicher Wirkung auf den Tag, der dem Tag der Ausübungserklärung folgt.

§ 14 Laufzeit; Kündigung

(1) Dieser Vertrag läuft bis zum .... Er verlängert sich um jeweils ein weiteres Jahr, wenn er nicht von einer Partei mit einer Frist von sechs Monaten zu seinem jeweiligen Enddatum gekündigt wird. Das Kündigungsrecht der Parteien nach § 723 Abs. 1 Satz 1 BGB (jederzeitiges Kündigungsrecht) ist ausgeschlossen.

(2) Das Recht jeder Partei zur Kündigung dieses Vertrages aus wichtigem Grund bleibt unberührt. Ein wichtiger Grund liegt insbesondere in den nachfolgenden Fällen vor.

a) Die andere Partei hat eine wesentliche Pflicht aus diesem Vertrag oder aus einer auf Grundlage dieses Vertrags abgeschlossenen Vereinbarung verletzt und trotz schriftlicher Abmahnung, die die Verletzung spezifiziert, die Pflichtverletzung nicht innerhalb von vier Wochen abgestellt.

b) Über das Vermögen der anderen Partei oder eines mit ihr verbundenen Unternehmens gemäß § 15 AktG, das auf der Grundlage dieses Vertrags eine Vereinbarung mit der JV-KG geschlossen hat, wird ein Insolvenzverfahren eröffnet, wird die Eröffnung eines Insolvenzverfahrens beantragt, wird die Eröffnung eines Insolvenzverfahrens mangels Masse abgelehnt oder wird der Geschäftsanteil der anderen Partei gepfändet; ist ein verbundenes Unternehmen betroffen, so gilt dies nicht, wenn der JV-KG und der ansonsten kündigungsberechtigten Partei innerhalb von fünf Bankarbeitstagen eine unbedingte und unbefristete Einstandserklärung der anderen Partei für die Verpflichtungen des mit der anderen Partei verbundenen Unternehmens gegenüber der JV-KG zugegangen ist.

c) Eine Person oder eine Gesellschaft, die am Unterzeichnungstag keinen beherrschenden Einfluss im Sinne des § 17 Abs. 1 AktG auf die andere Partei ausübt, erlangt einen solchen beherrschenden Einfluss. Die Partei, die von der Änderung der Beherrschungsverhältnisse betroffen ist, ist verpflichtet, dies der anderen Partei unverzüglich schriftlich mitzuteilen.

d) *[Weitere wichtige Gründe]*

(3) Eine Kündigung aus wichtigem Grund ist der anderen Partei innerhalb von zwei Wochen nach Kenntnis des zur Kündigung berechtigenden Grundes zu erklären. Sie führt zum Ausscheiden des kündigenden Gesellschafters entsprechend § 13.3 des JV-Gesellschaftsvertrags.

(4) Jede Kündigung ist durch eingeschriebenen Brief gegenüber der anderen Partei zu erklären.

§ 15 Übertragungsverbot für Rechte und Pflichten

Die Parteien sind nicht berechtigt, den Vertrag oder einzelne Rechte oder Pflichten aus diesem JV-Vertrag ohne vorherige schriftliche Zustimmung der jeweils anderen Partei ganz oder teilweise auf Dritte zu übertragen. Die Zustimmung ist zu erteilen, wenn Rechte oder Pflichten an ein mit der die Übertragung beabsichtigenden Partei verbundenes Unternehmen (§§ 15 ff. AktG) übertragen werden.

§ 16 Vertraulichkeit und Pressemitteilungen

(1) Jede Partei wird die Informationen, die sie im Zusammenhang mit dem Abschluss dieses Vertrags über dessen Inhalt, die jeweils andere Partei sowie die mit dieser verbundenen Unternehmen im Sinne von §§ 15 ff. AktG erhalten hat, streng vertraulich behandeln, vor dem Zugriff Dritter wirksam schützen und solche vertraulichen Informationen nicht für eigene oder fremde Zwecke nutzen. Von der vorstehenden Verpflichtung nicht umfasst sind Tatsachen, die öffentlich bekannt sind oder ohne eine Verletzung dieser Verpflichtung öffentlich bekannt werden oder deren Offenlegung durch Gesetz oder durch für die Partei verbindliche kapitalmarktrechtliche Vor-

schriften vorgeschrieben oder aufgrund der Durchführung dieses Vertrags notwendig ist.

(2) Die Parteien werden sich über Form und Inhalt jeder Pressemitteilung oder anderer freiwilliger Verlautbarung zu den in diesem Vertrag vereinbarten Rechtsgeschäften vor deren Veröffentlichung abstimmen. Sofern Veröffentlichungen durch Gesetz oder durch für die Partei verbindliche kapitalmarktrechtliche Vorschriften vorgeschrieben sind, werden sie sich um eine vorherige Abstimmung bemühen.

(3) Die Pflichten gemäß Abs. 1 und 2 bestehen auch nach Beendigung dieses Vertrags unbefristet fort.

§ 17 Mitteilungen

(1) Alle rechtsgeschäftlichen Erklärungen und andere Mitteilungen (zusammen „Mitteilungen" und einzeln „Mitteilung") im Zusammenhang mit diesem Vertrag bedürfen der Schriftform nach § 126 BGB, soweit nicht notarielle Beurkundung oder eine andere Form durch zwingendes Recht oder durch den Vertrag vorgeschrieben ist. Der Schriftform genügt eine Übermittlung per Telefax (nicht aber eine sonstige telekommunikative Übermittlung) oder ein Briefwechsel. Die elektronische Form (zB E-Mail) ersetzt die Schriftform nicht, selbst wenn sie den Anforderungen des § 126a BGB entspricht.

Alle Mitteilungen an A-GmbH sind zu richten an: ....

Alle Mitteilungen an B-GmbH sind zu richten an: ....

(2) Die Parteien haben Änderungen ihrer in diesem § 17 Abs. 1 genannten Ansprechpartner, Anschriften und Telefaxnummern der jeweils anderen Partei unverzüglich schriftlich mitzuteilen. Bis zu dieser Mitteilung gilt die bisherige Anschrift als wirksam.

§ 18 Kosten, Steuern

(1) Jede Partei trägt ihre eigenen Kosten und Auslagen im Zusammenhang mit der Vorbereitung, Verhandlung und Durchführung dieses Vertrags, einschließlich der Honorare, Kosten und Auslagen ihrer Berater.

(2) Die Kosten und die Gebühren des Bundeskartellamts sowie etwaiger kartellrechtlicher Gerichtsverfahren im Zusammenhang mit dem Zusammenschlussvorhaben werden von den Parteien je zur Hälfte getragen.

(3) Die Parteien tragen Verkehrssteuern, die aufgrund des Abschlusses oder der Durchführung dieses Vertrags anfallen, je zur Hälfte, soweit nicht die JV-KG Steuerschuldner ist. Im Übrigen hat jede Partei die auf sie anfallenden Steuern selbst zu tragen.

§ 19 Schlussbestimmungen

(1) Änderungen, Ergänzungen oder die Aufhebung dieses Vertrags, einschließlich der Änderung dieser Bestimmung, bedürfen der Schriftform, sofern nicht nach zwingendem Recht eine strengere Form (zB notarielle Beurkundung) erforderlich ist.

(2) Dieser Vertrag hat Vorrang vor allen Verträgen, die in Ausführung des Vertrags abgeschlossen werden. Soweit ein Widerspruch zwischen diesem Vertrag und einer in Ausführung des Vertrags geschlossenen Vereinbarung entstanden ist oder entstehen sollte, sind die Parteien verpflichtet, die andere Vereinbarung entsprechend diesem Vertrag auszulegen bzw. – wenn dies nicht möglich ist – zu ändern. Lässt sich ein Widerspruch nicht iSd. dieser Regelungen auflösen, verpflichten sich die Parteien bereits jetzt dazu, die Regelungen der betreffenden in Vollzug dieses Vertrages geschlossenen Vereinbarung zu ändern.

(3) Dieser Vertrag enthält sämtliche Vereinbarungen der Parteien zu seinem Gegenstand und ersetzt alle mündlichen oder schriftlichen Verhandlungen, Vereinbarungen

und Abreden, die zuvor zwischen den Parteien im Hinblick auf den Vertragsgegenstand geschlossen wurden. Nebenabreden zu diesem Vertrag bestehen mit Ausnahme der in diesem Vertrag genannten Anlagen und den aufgrund dieses Vertrags abzuschließenden Verträgen nicht.

(4) „Bankarbeitstage" im Sinne dieses Vertrags sind die Tage, an denen die Banken in ...... zum gewöhnlichen Geschäftsverkehr geöffnet sind. Alle Fristen in diesem Vertrag beginnen, soweit nicht ausdrücklich ein anderes bestimmt ist, jeweils am ersten Bankarbeitstag nach dem Zugang der Erklärungen bei dem Adressaten per Telefax.

(5) Sollten Bestimmungen dieses Vertrags ganz oder teilweise unwirksam oder undurchführbar sein oder werden oder sollte dieser Vertrag eine Lücke enthalten, so wird hierdurch die Gültigkeit der übrigen Bestimmungen dieses Vertrags nicht berührt. An die Stelle unwirksamer oder undurchführbarer Bestimmungen oder zur Ausfüllung der Lücke tritt eine Regelung, die, soweit rechtlich möglich, wirtschaftlich dem am nächsten kommt, was die Parteien wollten oder nach dem Sinn und Zweck dieses Vertrags gewollt hätten, wenn sie bei Abschluss dieses Vertrags oder der späteren Aufnahme einer Bestimmung den Punkt bedacht hätten. Dies gilt auch dann, wenn die Unwirksamkeit einer Bestimmung auf einem in diesem Vertrag normierten Maß einer Leistung oder einer Zeit (Frist oder Termin) beruht; es tritt in solchen Fällen ein dem Gewollten möglichst nahekommendes, rechtlich zulässiges Maß der Leistung und der Zeit (Frist oder Termin) an die Stelle des vereinbarten.

(6) Dieser Vertrag unterliegt deutschem Recht.

(7) Sämtliche Streitigkeiten, die sich aus diesem Vertrag oder über seine Gültigkeit ergeben, werden nach der Schiedsgerichtsordnung der Deutschen Institution für Schiedsgerichtsbarkeit e.V. unter Ausschluss des ordentlichen Rechtsweges endgültig entschieden. Das Schiedsgericht besteht aus drei Schiedsrichtern. Das schiedsrichterliche Verfahren wird in deutscher Sprache durchgeführt. Das schiedsrichterliche Verfahren ist in ...... durchzuführen.

(8) Folgende Anlagen sind wesentliche Bestandteile dieses Vertrags: *[Auflistung der Anlagen].*

Formular A. 12.00a Gesellschaftsvertrag der Joint-Venture Gesellschaft

---

GESELLSCHAFTSVERTRAG
DER ERAD ENTWICKLUNGS GMBH & CO. KG

§ 1   Firma, Sitz und Dauer

1.1   Die Firma der Gesellschaft lautet:

               ERAD Entwicklungs GmbH & Co. KG

1.2   Sitz der Gesellschaft ist ....

1.3   Die Gesellschaft beginnt am 1.1.14. Die Gesellschaft besteht auf unbestimmte Zeit.

§ 2 Gegenstand des Unternehmens

Gegenstand des Unternehmens ist die Forschung und Entwicklung von auf elektromotorischer Basis funktionierenden Fahrrädern und Motorrädern, Prüfung der Produktion und Vermarktbarkeit derartiger Fahrräder und Motorräder sowie alle im Zusammenhang damit stehenden Geschäfte.

§ 3   Gesellschaftskapital und Gesellschafter

3.1   Gesellschafter sind:

a) ERAD Geschäftsführung GmbH mit Sitz in ......, eingetragen im Handelsregister des Amtsgerichts ...... unter HRB ......, als persönlich haftende Gesellschafterin („Komplementärin"). Sie ist am Vermögen der Gesellschaft nicht beteiligt.

b) A-Batterien GmbH mit Sitz in ......, eingetragen im Handelsregister des Amtsgerichts ...... unter HRB ......, als Kommanditistin mit einem festen Kapitalanteil von € [50.000,–] („A-GmbH").

c) B-Zweirad GmbH mit Sitz in ......, eingetragen im Handelsregister des Amtsgerichts ...... unter HRB ......, als Kommanditistin mit einem festen Kapitalanteil von € *[50.000,–]* („B-GmbH").

3.2 Die Kommanditisten erbringen ihre Einlagen auf ihre Kapitalanteile bar. Die Einlagen sind sofort und in voller Höhe zu erbringen. Als Haftsummen sind die festen Kapitalanteile in das Handelsregister einzutragen.

§ 4 Gesellschafterkonten

4.1 Für jeden Kommanditisten wird ein Kapitalkonto I geführt. Auf dieses wird der feste Kapitalanteil des Kommanditisten verbucht. Das Kapitalkonto I ist unverzinslich.

4.2 Daneben wird für jeden Kommanditisten ein Kapitalkonto II geführt. Auf diesem Konto sind die festgestellten, aber nicht entnahmefähigen Gewinnanteile, etwaige auf ihn entfallende Verluste, von den Gesellschaftern beschlossene nicht entnahmefähige Rücklagen sowie von etwaigen eintretenden Gesellschaftern gezahlte Aufgelder zu buchen. Das Kapitalkonto II ist unverzinslich.

4.3 Außerdem wird für jeden Kommanditisten ein Privatkonto geführt. Auf diesem Konto werden die entnahmefähigen Gewinnanteile, Tätigkeitsvergütungen, Zinsen und der Zahlungsverkehr zwischen der Gesellschaft und den Gesellschaftern einschließlich sonstiger Einlagen und Entnahmen verbucht. Das Konto ist im Soll und Haben mit ...% über dem Hauptrefinanzierungssatz der Europäischen Zentralbank, jedoch nicht weniger als mit 1,5% zu verzinsen. Die Zinsen gelten im Verhältnis zueinander als Aufwand und Ertrag.

§ 5 Geschäftsführung und Vertretung

5.1 Zur Geschäftsführung und Vertretung ist die Komplementärin berechtigt und verpflichtet. Die Komplementärin vertritt die Gesellschaft einzeln und ist von den Beschränkungen des § 181 BGB befreit.

5.2 Die Komplementärin hat die Einwilligung der Gesellschafterversammlung, die mit einer Mehrheit von 75% der Stimmen zu erteilen ist, für nachfolgende Geschäfte einzuholen:

a) Geschäfte, die über den gewöhnlichen Geschäftsbetrieb der Gesellschaft hinausgehen.

b) Erwerb, Gründung, Auflösung von Beteiligungen sowie deren Belastung oder Veräußerung.

c) Übernahme (Kauf, Pacht, Nießbrauch oder sonstiger Erwerb) von fremden Grundstücken und Gebäuden sowie die Aufgabe derartiger Übernahmen und die Veräußerung und Belastung eigener Grundstücke.

d) Errichtung von Betriebsstätten und Zweigniederlassungen sowie Aufnahme neuer sowie die Veräußerung, Ausgliederung und Aufgabe bestehender Geschäftszweige und Betriebsteile.

e) Abschluss von Verträgen über eine stille Gesellschaft sowie die Einräumung von Unterbeteiligungen.

f) Abschluss von Beherrschungs- und Ergebnisabführungsverträgen.

g) Erwerb von Gegenständen des Anlagevermögens, ausgenommen geringwertige Wirtschaftsgüter.

h) Abschluss von Miet-, Pacht- Leasing- oder sonstigen Nutzungsverträgen für Grundstücke, Gebäude oder sonstige Gegenstände der Betriebsausstattung sowie von sonstigen Verträgen mit einer Verpflichtung von über € ...... (ohne Nebenkosten) über die gesamte Vertragslaufzeit.

i) Veräußerung von betriebsnotwendigem Anlagevermögen und Gegenständen des Anlagevermögens mit über € ...... Restbuchwert sowie alle Fälle, in denen mit einem Veräußerungsverlust (Veräußerungserlös abzüglich Restbuchwert) zu rechnen ist.

j) Abschluss von Entwicklungs- und Forschungsverträgen mit einer Laufzeit von mehr als sechs Monaten oder einem Umsatz von mehr als € ...... pro Jahr.

k) Anmeldung, Löschung und jedwede Verfügung, insbesondere Veräußerung und Verpfändung, sowie die Einräumung von Patenten, Gebrauchsmustern und Marken.

l) Vereinbarung von Zahlungszielen über 30 Tagen nach Fälligkeit hinaus.

m) Aufnahme von Krediten und Übernahme von Bürgschaften, Garantien und sonstigen Eventualverbindlichkeiten.

n) Gewährung von Darlehen jeder Art an Dritte und Mitarbeiter der Gesellschaft, die einen Wert von € ...... pro Einzelfall oder € ...... pro Jahr übersteigen.

o) Abschluss von Anstellungsverträgen, welche ein Jahresgehalt von insgesamt mehr als € ...... vorsehen und die Übernahme von Pensionsverpflichtungen.

p) Zusage und Erteilung von Handlungsvollmachten und Prokuren.

q) Vereinbarung von Abfindungen an ausscheidende Mitarbeiter von mehr als drei Monatsgehältern.

r) Abschluss von Beratungsverträgen.

s) Führung von Gerichtsverfahren.

t) Verträge mit Gesellschaftern oder mit gemäß §§ 15f. AktG verbundenen Unternehmen eines Gesellschafters.

u) alle sonstigen Geschäfte, die über den gewöhnlichen Geschäftsbetrieb der Gesellschaft hinausgehen.

Das Widerspruchsrecht gemäß § 164 Satz 1 Hs. 2 HGB ist ausgeschlossen.

§ 6 Haftungs- und Geschäftsführungsvergütung

6.1 Die Komplementärin erhält als Gegenleistung für die Übernahme der Haftung eine jährliche Vergütung in Höhe von 5 % des Stammkapitals, das die Komplementärin zu Beginn des Geschäftsjahres aufweist. Die Vergütung ist jeweils zahlbar zum Ende eines Geschäftsjahres.

6.2 Die Vergütung nach Ziffer 6.1 gilt im Verhältnis der Gesellschafter zueinander als Aufwand bzw. Ertrag.

§ 7 Gesellschafterversammlung

7.1 Beschlüsse der Gesellschafter, die nach diesem Gesellschaftsvertrag oder dem Gesetz erforderlich sind, werden in Gesellschafterversammlungen gefasst.

7.2 Die Gesellschafterversammlung wird von der Komplementärin einberufen. Die Einberufung erfolgt formlos. Widerspricht ein Gesellschafter der formlosen Einberufung, so ist die Gesellschafterversammlung durch eingeschriebenen Brief an alle Gesellschafter einzuberufen. Zwischen der Absendung des Briefes und dem Tag der Versammlung müssen mindestens zwei Wochen – bei Eilbedürftigkeit eine Woche – liegen. Bei dieser Form der Einberufung ist die Tagesordnung mitzuteilen.

7.3   Die Komplementärin ist zur Einberufung verpflichtet, wenn es im Interesse der Gesellschaft erforderlich erscheint oder Gesellschafter, die 25 % der Kapitalanteile repräsentieren, es unter Angabe von Gründen verlangen. Entspricht die Komplementärin einem solchen Verlangen nicht unverzüglich, können die übrigen Gesellschafter selbst eine Gesellschafterversammlung einberufen. Ziffer 7.2 Satz 2 ff. gilt für diesen Fall entsprechend.

7.4   Den Vorsitz der Gesellschafterversammlung führt die Komplementärin, sofern dieser nicht einem anderen Gesellschafter übertragen wird.

7.5   Der Vorsitzende hat für die Protokollierung der Ergebnisse der Gesellschafterversammlung, insbesondere der Gesellschafterbeschlüsse, Sorge zu tragen und allen Gesellschaftern das von ihm unterzeichnete Protokoll zuzuleiten. Das Protokoll gilt als durch den einzelnen Gesellschafter genehmigt, wenn dieser der Richtigkeit des Protokolls nicht binnen zwei Wochen nach Erhalt gegenüber der Gesellschaft schriftlich und unter Angabe der Gründe widerspricht. Die Anfertigung des Protokolls ist nicht Wirksamkeitsvoraussetzung für einen gefassten Gesellschafterbeschluss.

7.6   Jeder Gesellschafter kann sich in der Gesellschafterversammlung durch einen Mitgesellschafter oder durch eine von Gesetzes wegen zur Berufsverschwiegenheit verpflichtete Person vertreten bzw. beraten lassen. Die Vollmacht ist schriftlich zu erteilen und in der Versammlung vorzulegen.

7.7   In jedem Geschäftsjahr findet innerhalb der ersten sechs Monate eine ordentliche Gesellschafterversammlung statt.

§ 8   Gesellschafterbeschlüsse

8.1   Die Gesellschafterversammlung ist beschlussfähig, wenn Gesellschafter anwesend oder vertreten sind, die mind. $3/4$ aller vorhandenen Stimmen auf sich vereinigen. Ist eine Gesellschafterversammlung nicht beschlussfähig, so hat die Komplementärin unverzüglich unter Beachtung von Ziffer 7.2 Satz 3 ff. eine weitere Gesellschafterversammlung einzuberufen, die ohne Rücksicht auf die Zahl der anwesenden oder vertretenen Gesellschafter beschlussfähig ist. Auf diesen Umstand ist in der erneuten Ladung hinzuweisen.

8.2   Gesellschafterbeschlüsse werden mit einfacher Mehrheit der abgegebenen Stimmen gefasst, sofern nicht dieser Vertrag oder das Gesetz eine andere Mehrheit vorschreiben.

8.3   Abgestimmt wird nach festen Kapitalanteilen. Jeder € 1,– eines festen Kapitalanteils gewährt eine Stimme.

8.4   Gesellschafterbeschlüsse können – vorbehaltlich zwingender gesetzlicher Formvorschriften – auch telefonisch, durch Telefax oder per E-Mail schriftlich oder mündlich oder in sonstiger medialer Form ohne förmliche Gesellschafterversammlung gefasst werden, wenn sämtliche Gesellschafter damit einverstanden sind. Die gefassten Beschlüsse sind durch die Komplementärin zu protokollieren.

8.5   Über die Beschlüsse der Gesellschafterversammlung fertigt der Vorsitzende der Gesellschafterversammlung eine von ihm zu unterzeichnende Niederschrift an.

§ 9   Geschäftsjahr und Jahresabschluss

9.1   Geschäftsjahr ist das Kalenderjahr. Das erste Geschäftsjahr beginnt am 1.1.01 und endet am 31.12.01.

9.2   Der Jahresabschluss mit Bilanz nebst Gewinn- und Verlustrechnung sowie erläuterndem Anhang und Lagebericht – soweit gesetzlich vorgeschrieben – ist von der Geschäftsführung innerhalb von drei Monaten nach Geschäftsjahresende aufzustellen und, soweit die Gesellschaft einer Prüfungspflicht unterfällt, sodann einem Wirtschaftsprüfer oder vereidigten Buchprüfer zur Prüfung vorzulegen. Alsdann ist er der Gesellschafterversammlung zuzuleiten, damit diese ihn spätestens bis zum Ablauf der ersten acht Monate nach Geschäftsjahresschluss feststellen und über die Ergebnisverwendung beschließen kann. Der Abschlussprüfer ist von der Gesellschafterversammlung zu bestellen.

§ 10 Gewinnverteilung

10.1 Die Gewinnverteilung unter den Kommanditisten erfolgt entsprechend ihrer Anteile am Festkapital.

10.2 Die Gewinnanteile der Kommanditisten sind, solange und soweit deren Kapitalkonto I den Betrag des festen Kapitalanteils nicht erreicht, dem Kapitalkonto I gutzuschreiben. Weitere Gewinnanteile sind, solange und soweit das Kapitalkonto II negativ ist, diesem zuzubuchen. Verbleibende Gewinnanteile werden den Gesellschaftern auf ihrem Privatkonto gutgeschrieben.

§ 11 Entnahmen

11.1 Mit Zustimmung der Gesellschafterversammlung darf jeder Gesellschafter diejenigen Beträge entnehmen, die er benötigt, um die jeweilige Ertragsteuer (derzeit Körperschaftsteuer und Solidaritätszuschlag) auf seinen Gewinnanteil zu bezahlen. Die Höhe der Ertragsteuer wird durch Anwendung des Spitzensteuersatzes (einschließlich etwaiger Kirchensteuer und Solidaritätszuschlag) auf seinen Gewinnanteil ermittelt, unabhängig davon, ob Steuern in dieser Höhe anfallen oder nicht.

11.2 Darüber hinaus dürfen die Kommanditisten, soweit und solange ihr Privatkonto ein Guthaben aufweist, dieses entnehmen.

§ 12 Verfügungen über Gesellschaftsanteile

Verfügungen jeglicher Art über einen Gesellschaftsanteil oder Teile davon, insbesondere die Übertragung, Veräußerung oder Verpfändung von Gesellschaftsanteilen oder Teilen davon, bedürfen der Einwilligung durch einstimmigen Beschluss der Gesellschafterversammlung.

§ 13 Kündigung

13.1 Jeder Gesellschafter kann mit einer Kündigungsfrist von sechs Monaten zum Ende eines Geschäftsjahres sein Ausscheiden aus der Gesellschaft erklären, frühestens jedoch zum Ende des Geschäftsjahres .... Darüber hinaus ist jeder Gesellschafter berechtigt, die Gesellschaft mit sofortiger Wirkung aus wichtigem Grund zu kündigen.

13.2 Jede Kündigung ist schriftlich gegenüber der Gesellschaft zu erklären und an die Komplementärin zu richten. Die Komplementärin teilt nach Zugang der Kündigung diese den übrigen Gesellschaftern unverzüglich mit.

13.3 Mit Wirksamwerden der Kündigung scheidet der kündigende Gesellschafter aus der Gesellschaft aus. Die Gesellschaft wird von den verbleibenden Gesellschaftern fortgeführt.

§ 14 Änderungen des Gesellschaftsvertrags

Änderungen dieses Gesellschaftsvertrags können nur durch einen einstimmigen Beschluss der Gesellschafterversammlung unter Beteiligung beider Gesellschafter erfolgen.

§ 15 Schlussbestimmungen

15.1 Änderungen des Gesellschaftsvertrags bedürfen zu ihrer Wirksamkeit der Schriftform, soweit nicht kraft Gesetzes notarielle Beurkundung vorgeschrieben ist. Auf die Schriftform kann nur schriftlich verzichtet werden.

15.2 Ausschließlicher Gerichtsstand für alle auf dem Gesellschaftsverhältnis beruhenden Auseinandersetzungen der Gesellschafter untereinander und mit der Gesellschaft ist der Sitz der Gesellschaft.

15.3 Sollte eine Bestimmung des Gesellschaftsvertrags ganz oder teilweise unwirksam oder undurchführbar sein oder werden, so wird dadurch die Gültigkeit der übrigen Bestimmungen dieses Vertrages nicht berührt. Das Gleiche gilt, wenn und soweit sich in diesem Vertrag eine Lücke herausstellen sollte. Anstelle der unwirksamen oder undurchführbaren Bestimmung oder zur Ausfüllung der Lücke soll eine angemessene Regelung gelten, die, soweit rechtlich möglich, dem am nächsten kommt oder entspricht, was die Vertragsparteien wirtschaftlich gewollt haben oder nach dem Sinn und Zweck dieser Vereinbarung gewollt hätten, sofern sie diesen Punkt bedacht hätten.

§ 16 Schiedsklausel

Sämtliche Streitigkeiten, die sich aus diesem Gesellschaftsvertrag oder über seine Gültigkeit ergeben, ausgenommen derjenigen Streitigkeiten, die aufgrund Gesetz einem Schiedsgericht nicht zur Entscheidung zugewiesen werden können, werden nach der Schiedsgerichtsordnung der Deutschen Institution für Schiedsgerichtsbarkeit e.V. unter Ausschluss des ordentlichen Rechtsweges endgültig entschieden. Das Schiedsgericht besteht aus drei Schiedsrichtern. Das schiedsrichterliche Verfahren wird in deutscher Sprache durchgeführt. Das schiedsrichterliche Verfahren ist in ...... durchzuführen. Ist eine Angelegenheit aus oder im Zusammenhang mit diesem Gesellschaftsvertrag oder seiner Durchführung durch ein ordentliches Gericht zu entscheiden, ist Gerichtsstand ....

II. ERLÄUTERUNGEN

Erläuterungen zu A. 12.00 Joint-Venture Vertrag

1. Grundsätzliche Anmerkungen

a) Wirtschaftliches Vertragsziel

Ziel der A-GmbH und der B-GmbH ist, ein Joint Venture hinsichtlich Forschung 1 und Entwicklung eines bestimmten Produkts einzugehen. **Joint Venture** ist der international gebräuchliche Begriff für eine wirtschaftliche Kooperation zweier oder mehrerer Partner, die mit der Kooperation vielfältige Interessen, die teilweise übereinstimmen, teilweise aber auch gegenläufig sein können, verfolgen. Beschränkt sich die wirtschaftliche Kooperation der Partner auf eine dauerhafte und über einen punktuellen Leistungsaustausch hinausgehende Zusammenarbeit, deren tragendes Element aber nur eine schuldrechtliche Vereinbarung ist, so spricht man von einem **Contractual Joint Venture.** Die Partner können bei einem Contractual Joint Venture allerdings auch in Form einer Innengesellschaft bürgerlichen Rechts zusammengefasst sein. Eine weitere kapitalmäßige Verflechtung ist jedoch beim Contractual Joint Venture nicht vorgesehen. Gründen die Partner zur Verfolgung der wirtschaftlichen Kooperation jedoch eine rechtlich selbständige Gesellschaft, so spricht man von einem **Equity Joint Venture.** Diese rechtlich selbständige Gesellschaft, das Gemeinschaftsunternehmen, wird mit einer eigenen Kapitalausstattung durch die beteiligten Partner versehen.

2   Als **Gemeinschaftsunternehmen** kommen sowohl **Personen- als auch Kapitalgesellschaften** in Betracht. Aus Sicht des deutschen Rechts sind die KG (mit einer Kapitalgesellschaft als alleiniger Komplementärin) und die GmbH die verbreitetsten Rechtsformen für ein Gemeinschaftsunternehmen. Das Formular sieht für das Gemeinschaftsunternehmen die Rechtsform der GmbH & Co. KG vor. Auch wenn die Rechtsform der GmbH die wohl geläufigste Rechtsform, auch bei Joint Venture, ist, so kann für die Wahl einer Personengesellschaft anstatt einer Kapitalgesellschaft sprechen, dass die formalen Anforderungen bei einer Personengesellschaft geringer sind. Dies gilt zB für die Aufbringung des Kapitals und Einhaltung der Kapitalerhaltungsgrundsätze, Formerfordernisse etc. Daneben können steuerliche Gründe für die Wahl der Personengesellschaft sprechen (s. Rz. 5 ff.).

b) Zivilrecht

3   Das Formular sieht vor, dass die Partner zur Eingehung des Joint Venture einen **Joint-Venture-Vertrag** (Formular A 12.00) schließen. Dieser stellt die Grundvereinbarung dar, in der die beteiligten Partner Gegenstand, Ziel und Modalitäten der geplanten Zusammenarbeit festlegen. Dazu gehört insbesondere die Errichtung und finanzielle Ausstattung der Joint-Venture-Gesellschaft, hier der JV-KG als Personengesellschaft. Diese benötigt auch einen Gesellschaftsvertrag, der in dem Formular als Anlage zum Joint-Venture-Vertrag vorgesehen ist. Der **Gesellschaftsvertrag der Joint-Venture-Gesellschaft** ist als Formular A. 12.00a enthalten. Bei einer Personengesellschaft als Joint-Venture-Gesellschaft wäre diese Zweiteilung nicht erforderlich, wenn sämtliche beteiligten Partner den Joint-Venture-Vertrag unterzeichnen würden, da dieser dann materiell Teil des Gesellschaftsvertrags wäre. Gemäß dem Formular unterzeichnen nur die A-GmbH und die B-GmbH als die Joint-Venture-Partner den Joint-Venture-Vertrag, den Gesellschaftsvertrag der Joint-Venture-Gesellschaft hat neben den beiden Partnern auch die Komplementär-GmbH zu unterzeichnen. Eine Personenidentität liegt daher nicht vor. Die Trennung von Joint-Venture-Vertrag und Gesellschaftsvertrag der Joint-Venture-Gesellschaft ist daher zwingend und entspricht so auch den üblichen Gepflogenheiten.

4   Die Aufteilung von Regelungen in Joint-Venture-Vertrag und Gesellschaftsvertrag der Joint-Venture-Gesellschaft ist üblicherweise so, dass der **Joint-Venture-Vertrag** die **Hauptabreden der Parteien** enthält und der **Gesellschaftsvertrag** nur die **notwendigen formellen Bestimmungen**. So ist auch die Aufteilung in den Formularen gewählt.

c) Ertragsteuerrecht

5   Beim **Equity Joint Venture** unterliegt die rechtlich selbständige Joint-Venture-Gesellschaft den allgemeinen steuerrechtlichen Regelungen. Aus der Tatsache, dass diese ein Gemeinschaftsunternehmen ist, folgen keine steuerlichen Besonderheiten. Für die Errichtung einer GmbH & Co. KG gelten daher die **allgemeinen** auf sie **anwendbaren steuerlichen Grundsätze**; vgl. Formular A. 8.00.

6   Die Nutzung einer GmbH & Co. KG als Joint-Venture-Gesellschaft hat aus Sicht der Joint-Venture-Partner die **folgenden steuerlichen Vorteile** beim Eintritt in das Joint Venture, bei dessen laufender Besteuerung sowie beim Austritt aus dem Joint Venture: Auf die Einbringung eines Betriebs, eines Teilbetriebs, wozu nach Auffassung der Finanzverwaltung auch eine zu einem Betriebsvermögen gehörende 100%ige Beteiligung an einer Kapitalgesellschaft gehört (UmwStErl. BMF v. 11.11.11, BStBl. I 11, 1314, Tz. 24.02), oder von Mitunternehmeranteilen findet § 24 UmwStG Anwendung. Darüber hinaus ist bei Kapitalgesellschaftsanteilen ein zu 95% steuerfreier Verkauf nach § 8b Abs. 2 KStG möglich, soweit die Gesellschafter KST-Subjekte sind. Verluste der KG können für Zwecke der Körperschaftsteuer (nicht aber der Gewerbesteuer) anteilig den Gesellschaftern zugerechnet werden. Teilwertabschreibungen auf die Beteiligungen an den Tochtergesellschaften oder Verluste aus deren Veräußerung sind hingegen steuerlich nicht abzugsfähig (§ 8b Abs. 3 und § 8b Abs. 6 KStG).

Erzielte Gewinne aus der Veräußerung von Tochterkapitalgesellschaften unterliegen **7** zu 95% weder der Körperschaftsteuer noch der Gewerbesteuer (§ 8b Abs. 6 iVm. § 8b Abs. 2 KStG iVm. § 7 Satz 4 2. Halbsatz. GewStG). Zudem unterliegen die in den Tochtergesellschaften erzielten Gewinne keiner wirtschaftlichen Doppelbelastung. Denn **Dividenden** sind einerseits bei den Joint-Venture-Partnern der Tochtergesellschaften zu 95% von der Körperschaftsteuer (§ 8b Abs. 6 iVm. § 8b Abs. 5 iVm. § 8b Abs. 1 KStG) und andererseits bei der Joint-Venture-Gesellschaft von der Gewerbesteuer ausgenommen.

Allerdings bestehen bei **Wahl einer Personengesellschaft als Joint-Venture- 8 Gesellschaft** folgende **steuerlichen Nachteile:** So ist die Übertragung von Einzelwirtschaftsgütern (zB Patente) auf das Gemeinschaftsunternehmen nicht vollständig steuerneutral möglich. Denn § 6 Abs. 5 Satz 5 EStG fordert bspw. die **Aufdeckung** und Versteuerung von 50% der in den Einzelwirtschaftsgütern gebundenen **stillen Reserven,** da sich durch deren Übertragung in das Gesamthandsvermögen der Personengesellschaft insoweit der Anteil einer Körperschaft an dem Wirtschaftsgut erhöht. Zu beachten sind daneben § 6 Abs. 5 Satz 4 und 6 EStG, die zur rückwirkenden Aufdeckung stiller Reserven führen können.

Beabsichtigt ein Joint-Venture-Partner, seine Beteiligung zu veräußern und sich aus **9** dem Joint Venture zurückzuziehen, unterliegt der erzielte Veräußerungsgewinn grundsätzlich der Körperschaftsteuer und gem. § 7 Satz 2 GewStG auch der Gewerbesteuer. Der Veräußerungsgewinn ist allerdings insoweit von der Körperschaft- und Gewerbesteuer befreit, als er auf mittelbar veräußerte Anteile an Tochterkapitalgesellschaften entfällt (§ 8b Abs. 6 KStG iVm. § 7 Satz 4 2. Halbsatz GewStG).

(frei) **10–18**

2. Einzelerläuterungen

a) Gesellschaftsrecht

Zu Präambel:

Die Präambel beschreibt die **Ausgangslage der Parteien** sowie auch die Absich- **19** ten der zukünftigen Joint-Venture Partner. Sie enthält noch keine rechtlich bindenden Verpflichtungen, sondern kann allenfalls als Auslegungshilfe für die Interpretation des Joint-Venture-Vertrags dienen. Der zweite Abschnitt der Präambel, der mit „dies vorausgeschickt" beginnt, beschreibt in Stichworten den Inhalt des Vertrags.

Zu § 1:

§ 1 beschreibt die **Beiträge,** die die Partner für das Joint Venture einzubringen ha- **20** ben. Bei einem Equity Joint-Venture, wie hier vorliegend, muss die Gesellschaft mit Vermögensgegenständen und/oder Kapital ausgestattet werden, um selbständig agieren zu können. Die **Vermögensgegenstände** müssen **zivilrechtlich** auf die **Joint-Venture-Gesellschaft** übertragen werden. Dies bedarf gesonderter Übertragungsverträge. Dabei sind dafür erforderlichen Formvorschriften zu beachten. In dieser Regelung wird dagegen nur die Verpflichtung der Partner statuiert, wer welche Vermögensgegenstände zu übertragen hat. Die Aufzählung der Vermögensgegenstände kann entweder in Vertrag selbst erfolgen oder durch Beifügung von Anlagen dokumentiert werden.

Es sind nicht nur Vermögensgegenstände beschrieben, sondern auch die Gesell- **21** schaft, die **Adressat der Übertragung** ist. **Abs. 3** sieht vor, dass die Partner eine KG gründen und welche Beiträge als Kommanditisten sie erbringen. Um die Gesellschaftsform einer GmbH & Co. KG zu formen, ist zugleich festgeschrieben, dass die Partner auch eine GmbH, die die Funktion der Komplementärin zu erfüllen hat, errichten.

Friedl

Das Formular geht davon aus, dass beide Partner gleichberechtigt im Joint Venture vertreten sind. Daher halten sie gleiche Kommanditanteile und gleiche Geschäftsanteile an der Komplementär-GmbH.

Zu § 2:

22   § 2 macht deutlich, dass mit der Unterschrift unter den Joint-Venture-Vertrag das Joint-Venture- oder das Gemeinschaftsunternehmen noch nicht besteht. Vielmehr enthält der Vertrag gerade die Pflicht das Gemeinschaftsunternehmen zu errichten. Der Tag, an dem dies erfolgt, soll der **Vollzugstag** sein. Diese Definition ist hier den Regelungen (§§ 3–6), die die Errichtung des Gemeinschaftsunternehmens regeln, voran gestellt.

Zu § 3:

23   In § 3 ist die Errichtung des Gemeinschaftsunternehmens, dh. der **Joint-Venture-Gesellschaft,** geregelt. Dazu sind bei einer GmbH & Co. KG als Gesellschaftsform sowohl die GmbH als auch im Anschluss die KG zu gründen.

     Abs. 3 sieht vor, dass die Partner zugleich die neu gegründete Joint-Venture-Gesellschaft jeweils mit einem **Darlehen** ausstatten, um die Gesellschaft lebensfähig zu halten. Die Gewährung von solchen Gesellschafterdarlehen ist einerseits eine Frage der Finanzausstattung der Gesellschaft, die auch in § 6 geregelt ist. Die Darlehensvergabe wurde im Formular jedoch als Maßnahme der Errichtung des Gemeinschaftsunternehmens statuiert, vgl. **Abs. 4,** da sich an deren Nichterfüllung besondere Rechtsfolgen knüpfen, insbesondere das Rücktrittsrecht (§ 5 des Formulars).

Zu § 4:

24   Die Errichtung des Gemeinschaftsunternehmens und damit des Joint Venture als solches kann von der Erfüllung **bestimmter Bedingungen** abhängig gemacht werden. Diese Vollzugsbedingungen qualifizieren als aufschiebende Bedingungen gemäß § 158 BGB. Werden sie nicht erfüllt, kommt das Joint Venture endgültig nicht zustande.

     Das Formular sieht beispielhaft verschiedene Arten von Vollzugsbedingungen vor. Unter **Buchst. a** ist als Bedingung die **Zustimmung des Bundeskartellamts** aufgeführt. Dazu haben die Parteien das Joint Venture beim Bundeskartellamt anzumelden (siehe § 8 des Formulars). Gegebenenfalls bedarf das Joint Venture der Zustimmung weiterer Kartellbehörden, hierbei kommt insbes. die Zustimmung der europäischen Kartellbehörden in Betracht. Ist die Zustimmung des Bundeskartellamts oder anderer Kartellbehörden erforderlich, besteht ein Vollzugsverbot. Folglich darf das Gemeinschaftsunternehmen erst mit der entsprechenden Freigabe errichtet werden.

     Ferner kann die **Zustimmung von Leitungsgremien** der Partner erforderlich sein, damit dieser das Gemeinschaftsunternehmen errichten darf. Daher sieht **Buchst. b** die Zustimmung des Aufsichtsrats der A-GmbH vor. Schließlich sind evtl. vor Beginn des Joint-Venture bestehende Verträge, die einzelne Partner mit Dritten haben, zu beenden, insbes., wenn solche Verträge **Wettbewerbsverbote** vorsehen. Dann muss der Joint-Venture-Partner zuerst diesen Vertrag mit den Dritten beenden, um dann das Joint-Venture zu beginnen. Daher sieht **Buchst. c** die Beendigung eines Kooperationsvertrags der am Joint Venture beteiligten B-GmbH mit der Z-AG vor.

     Joint-Venture-Verträge werden meistens nur wenige Vollzugsbedingungen vorsehen. Diese sind dann jedoch von so großer Wichtigkeit, dass die Möglichkeit eines Verzichts auf diese Bedingungen, wie man ihn regelmäßig in Unternehmenskaufverträgen findet, nicht möglich ist. Allenfalls, wenn eine Material Adverse Change Klausel als Vollzugbedingung aufgenommen wird, was selten ist, könnte die Möglichkeit eines Verzichts sinnvoll sein.

Zu § 5:

Zwischen dem Unterzeichnungstag und dem Vollzugstag ist nicht sicher, ob das 25 Gemeinschaftsunternehmen errichtet wird. Dies hängt davon ab, ob die Vollzugsbedingungen erfüllt werden. Den Parteien des Joint Venture wird das **Recht** eingeräumt, **von dem Vertrag zurückzutreten** und sich so von der Verpflichtung, das Gemeinschaftsunternehmen zu errichten, wieder zu lösen, sollten die Vollzugsbedingungen nicht bis zu einem bestimmten Zeitpunkt eingetreten sein. So soll vermieden werden, dass eine längere Schwebephase entsteht, in der die Parteien nicht wissen, ob das Gemeinschaftsunternehmen errichtet werden kann.

Der **Rücktritt** erfolgt durch Erklärung gegenüber dem anderen Teil, im Übrigen sind die Vorschriften der §§ 346 ff. BGB anwendbar. Eine Rückabwicklung infolge eines Rücktritts dürfte keine erheblichen Probleme aufwerfen, da das Gemeinschaftsunternehmen noch nicht errichtet wurde und die Kooperation infolge des Joint Venture noch nicht begonnen hat. Sofern jedoch nichts anderes im Vertrag geregelt ist, kann keine Partei von der jeweils anderen Ersatz für Aufwendungen, die zur Eingehung des Joint Venture gemacht wurden, verlangen.

Zu § 6:

Bei Errichtung des Gemeinschaftsunternehmens haben die Partner jeweils nur ihre 26 Kommanditeinlage zu leisten und ein Gesellschafterdarlehen zu gewähren. Darüber hinaus werden regelmäßig weitere Finanzmittel benötigt, um den Geschäftsbetrieb zu beginnen oder zu einem späteren Zeitpunkt den Markteintritt zu bewerkstelligen. § 6 regelt daher die Verpflichtung der Partner, **Nachschüsse zu leisten.** Dabei handelt es sich um schuldrechtliche und nicht um gesellschaftsvertraglich geregelte Nachschusspflichten.

Die Nachschüsse sollen bei Vorliegen bestimmter Voraussetzungen zu leisten sein. Dazu sieht das Formular folgende Nachschusspflichten vor: Gemäß **Abs. 1** sind die Partner verpflichtet, einen bestimmten Nachschussbetrag zu leisten, der Betrag wird jedoch in zwei Raten fällig. Die Fälligkeitszeitpunkte sind in **Abs. 2** geregelt: der erste Fälligkeitszeitpunkt stellt sich als bloße Datumsregelung dar, der zweite Fälligkeitszeitpunkt tritt ein, wenn bestimmte Bedingungen erfüllt sind, namentlich ein bestimmtes Forschungsprojekt erfolgreich durchgeführt ist. Nachschüsse können somit zeitlich gestaffelt werden oder vom Eintritt bestimmter Milestones abhängig gemacht werden. Dies gibt den Partnern Sicherheit, dass Finanzmittel ordnungsgemäß verwendet werden und spart Kontrollaufwand.

Abs. 4 regelt die Rechtsfolge, falls eine Partei, den fälligen Nachschuss nicht leistet. Um die Finanzausstattung der Joint-Venture-Gesellschaft nicht zu gefährden, ist bei Verzug eines Partners der andere berechtigt, den Nachschuss zu leisten und vom Partner Ersatz zu verlangen. Der vertragstreue Partner kann jedoch die Gesellschaft kündigen mit der Folge, dass der säumige Partner aus dem Joint Venture ausscheidet. Der säumige Partner dagegen ist berechtigt, seinen Anteil dem anderen Partner anzudienen; ihm steht diesbezüglich eine Put-Option zu.

Zu § 7:

Während § 6 des Formulars die von vornherein geplante Finanzausstattung regelt, 27 können während des Joint Ventures Fälle auftreten, in denen **außerplanmäßig Eigenkapital** zugeführt werden muss. Sind sich die Partner einig, dürfte eine weitere außerplanmäßige Zuführung von Finanzmitteln kein Problem sein. Für den Fall, dass sich die Partner darüber nicht einig sind, kann eine Partei gemäß § 7 des Formulars die andere Partei zur Mitwirkung an einer Kapitalerhöhung zwingen und so die Verwässerung dieser Partei herbeiführen. Die Klausel hat zuallererst präventive Wirkung, denn sie erhöht die Bereitschaft der Partner, konsensuale Lösungen zu finden.

Zu § 8:

28   Gemeinschaftsunternehmen mit größerem Gewicht oder bei der Beteiligung von größeren Joint-Venture-Partnern werden regelmäßig der **kartell- bzw. fusionskontrollrechtlichen Freigabe** bedürfen. Je nach den wirtschaftlichen Gegebenheiten kann daher eine Anmeldung zum Bundeskartellamt oder zur Europäischen Kommission erforderlich sein. Im internationalen Kontext sind gegebenenfalls auch Anmeldungen zu anderen nationalen Kartellbehörden zu prüfen.

Das Formular geht davon aus, dass eine Freigabe des Joint Venture durch das **Bundeskartellamt** notwendig ist. Im Regelfall haben die Parteien bereits in den Verhandlungen zu dem Joint Venture ausgelotet, inwieweit kartellrechtliche Hürden bestehen und wie diese zu lösen sind. Diese Erkenntnisse fließen in die Regelung zur Zusammenarbeit bei der Anmeldung des Gemeinschaftsunternehmens mit ein.

§ 8 sieht dazu die Verpflichtung der Parteien vor, das Gemeinschaftsunternehmen **gemeinsam** beim Bundeskartellamt anzumelden und dabei zusammen zu arbeiten. **Abs. 2** sieht eine Regelung vor für den Fall, dass die Freigabe unter **Bedingungen und Auflagen** erteilt wird. Anders als in Unternehmenskaufverträgen, besteht grundsätzlich keine Verpflichtung, solche Bedingungen und Auflagen zu erfüllen. Die Errichtung des Gemeinschaftsunternehmens soll nicht dazu führen, dass ein Joint-Venture-Partner in seinen übrigen Geschäftsaktivitäten behindert wird. Etwas anderes soll nur gelten, wenn Bedingungen oder Auflagen so geringfügig sind, dass der verpflichtete Partner gegen Treu und Glauben verstoßen würde, wenn er deren Erfüllung verweigern und damit die Errichtung des Gemeinschaftsunternehmens verhindern würde.

Zu § 9:

29   § 9 regelt die **Leitung des Unternehmens.** Dabei wird klargestellt, dass die Leitung durch die Komplementärin erfolgt und dabei das Gemeinschaftsunternehmen paritätisch durch beide Joint-Venture-Partner geleitet wird. Deshalb hat jeder Partner das Recht, einen Geschäftsführer bei der Komplementärin zu benennen. Dieses Benennungsrecht muss ebenfalls im Gesellschaftsvertrag der Komplementär-GmbH (der nicht als Formular enthalten ist) abgebildet werden. **Abs. 2** sieht vor, dass die Partner, die zugleich Gesellschafter der Komplementärin sind, der Geschäftsführung der Komplementärin eine Geschäftsordnung geben werden. Es empfiehlt sich, diese dem Joint-Venture-Vertrag beizufügen.

Die **Geschäftsordnung für die Geschäftsführung** soll dazu dienen, um **Konflikte** zwischen den Geschäftsführern bei Führung der Geschäfte **zu vermeiden. Abs. 3** enthält eine Regelung, falls solche Konflikte doch nicht vermieden werden können. In der Regelung wird die Konfliktlösung auf einer ersten Stufe zuerst der Gesellschafterversammlung der Joint-Venture-Gesellschaft zugewiesen. Kann hier keine Einigung erzielt werden, müssen sich auf einer zweiten Stufe die Gesellschafter der Joint-Venture-Partner mit der streitigen Frage auseinandersetzen und eine Lösung herbeiführen. Ist dies nicht möglich liegt ein Fall einer **endgültigen Nichteinigung** der Joint-Venture-Partner vor. Der Vertrag sieht nicht vor, dass in einer solchen Situation das Gemeinschaftsunternehmen aufgelöst wird. Die Partner werden so zu einer Lösung des Konflikts und Fortführung des Gemeinschaftsunternehmens angehalten. Allerdings ist jede Partei berechtigt, ihren Anteil an die andere Partei zu veräußern; vgl. § 13 Abs. 1 Buchst. e des Formulars.

Zu § 10:

30   Sollen die Joint-Venture-Partner neben ihren Finanzierungspflichten noch **weitere Leistungen** an das Gemeinschaftsunternehmen erbringen, ist dies im Joint-Venture-Vertrag zu regeln. § 10 zählt einige übliche Pflichten von Partnern auf, wie zB die Pflicht, Geschäftsräume mietweise zu überlassen, Werkzeuge oder Maschinen zu

überlassen oder Dienstleistungen zu erbringen. Dies kann entgeltlich oder unentgeltlich geschehen. Bei einem paritätisch besetzten Joint Venture werden die Partner aber darauf achten, dass beide Partner wirtschaftlich äquivalente Leistungen erbringen.

Zu § 11:

§ 11 enthält ein **Wettbewerbsverbot** für die Joint-Venture-Partner bezogen auf 31 den Geschäftsbetrieb der Joint-Venture-Gesellschaft. Denn § 112 HGB gilt für die Joint-Venture-Partner, die Kommanditisten des Gemeinschaftsunternehmen sind, aufgrund § 165 HGB nicht. Daher ist eine vertragliche Regelung notwendig. Das Wettbewerbsverbot gilt auch zwei Jahre nach Ausscheiden einer Partei. **Abs. 4 und 5** regeln Unterlassungspflichten und Schadensersatzpflichten, darunter die Pflicht zur Vertragsstrafe, sollte gegen das Wettbewerbsverbot verstoßen werden.

Zu § 12:

§ 12 enthält ähnlich dem Wettbewerbsverbot ein Verbot, Mitarbeiter der Joint- 32 Venture-Gesellschaft für sich abzuwerben. Das **Abwerbeverbot** gilt allerdings nur für die Dauer des Gemeinschaftsunternehmens.

Zu § 13:

Sind **Konflikte** zwischen den Joint-Venture-Partnern unüberbrückbar, können die 33 Partner das Joint Venture beenden, indem sie die Joint-Venture-Gesellschaft gemäß den §§ 145 ff. HGB auflösen. Im Zuge der **Auflösung der Gesellschaft** können die Gesellschafter die Vermögensgegenstände liquidieren und den Erlös pro rata an die Gesellschafter auskehren. In Frage kommt jedoch auch eine Naturalteilung als andere Art der Auseinandersetzung gemäß § 145 Abs. 1, 2. Alt. HGB. Danach können die Gesellschafter vereinbaren, dass die Vermögensgegenstände der Gesellschaft auf die Gesellschafter verteilt werden. Eine solche Verteilung kann als steuerliche **Realteilung** steuerlich begünstigt sein (vgl. Formular A. 12.01).

Für den Fall von unlösbaren Konflikten können die Parteien aber im Vertrag auch Regelungen treffen, wonach einem Partner das Recht eingeräumt wird, aus dem Gemeinschaftsunternehmen auszuscheiden. Dies kann auf verschiedene Weise vereinbart werden, zB durch Verkauf der Anteile an dem Gemeinschaftsunternehmen, wobei der andere Partner ein Vorkaufsrecht hat, durch Andienungsrechte, kombinierte Verfahren wie zB Russian Roulette (s. OLG Nürnberg 12 U 49/13 v. 20.12.13, NJW-RR 14, 1419) und Texas Shoot-Out-Verfahren oder durch **Put-/Call-Optionen.** Letztere Form der Konfliktbewältigung sieht § 13 vor. Jeder Partner kann durch Ausübung einer Put-Option seinen Anteil bei Vorliegen bestimmter zu definierender Ereignisse an den jeweils anderen Partner veräußern. Darüber hinaus wurde einem Partner, hier der A-GmbH, eine Call-Option eingeräumt. Die A-GmbH ist demnach bei Vorliegen bestimmter zu definierender Ereignisse auch berechtigt, die Anteile des anderen Partners zu erwerben. Die Einräumung einer solchen Call-Option hängt von der Verhandlungssache der Joint-Venture Partner ab.

Der Vertrag sieht vor, dass mit Ausübung der Put- oder Call-Option bereits der Kaufvertrag über den Kommanditanteil zustande kommt; vgl. **Abs. 2** und **Abs. 4,** jeweils iVm. **Abs. 5.** In **Abs. 6** sind dann bereits die wichtigsten Parameter des Anteilskaufvertrags enthalten, insbesondere der Kaufpreis. Zu beachten ist, dass zudem sichergestellt ist, dass der ausscheidende Joint-Venture Partner auch seinen Geschäftsanteil an der Komplementär GmbH überträgt. Da Optionsverträge auf GmbH-Geschäftsanteile der notariellen Beurkundung bedürfen, wurde davon abgesehen, derartige Optionen in den Joint-Venture-Vertrag aufzunehmen. Es ist daher sicherzustellen, dass der Gesellschaftsvertrag der Komplementär GmbH, der hier nicht abgedruckt ist, solche Regelungen enthält.

Zu § 14:

34   Das Joint Venture wird nur für eine bestimmte **Laufzeit** vereinbart. Daher hat auch der Joint-Venture-Vertrag – anders als der Gesellschaftsvertrag der Joint-Venture-Gesellschaft – nur eine begrenzte Laufzeit. Allerdings sieht **Abs. 1** vor, dass durch Erklärung die Laufzeit verlängert werden kann.

     Abs. 2 regelt die **außerordentliche Kündigung des Vertrags** aus wichtigem Grund; eine ordentliche Kündigung ist während der Laufzeit nicht vorgesehen. Als Kündigungsgrund kommen insbes. Verletzungen von wesentlichen Vertragspflichten, die Eröffnung des Insolvenzverfahrens oder ein Wechsel des Anteilseigentums (Change of Control) bei dem anderen Partner in Betracht. Die außerordentliche Kündigung führt zum Ausscheiden des kündigenden Partners.

Zu § 15:

35   § 15 enthält ein **Übertragungsverbot** in Form einer **Vinkulierung.** Eine Übertragung von Gesellschaftsanteilen an der Joint-Venture-Gesellschaft ist nur mit Zustimmung des anderen Partners zulässig. Eine Ausnahme besteht dann, wenn Rechte und Pflichten auf ein verbundenes Unternehmen übertragen werden sollen; dann ist die Zustimmung zu erteilen. Diese Regelung konkretisiert damit die allgemeine Vinkulierungsklausel in § 12 des Gesellschaftsvertrags der Joint-Venture-Gesellschaft.

Zu § 16:

36   § 16 enthält **allgemeine Verschwiegenheitsverpflichtungen** der Joint-Venture-Partner. Im Kontext eines Joint Ventures ist zu beachten, dass Veröffentlichungspflichten aufgrund des Bilanzrechts oder des Kapitalmarktrechts bestehen können.

Zu §§ 18 und 19:

37   Die §§ 18 und 19 enthalten allgemeine Regelungen zu **Kosten** und sonstigen **Schlussbestimmungen.** In einem paritätischen Joint Venture sollen die Partner grundsätzlich ihre Kosten und Steuern selbst tragen. Eventuell anfallende Kosten für ein Fusionskontrollverfahren sollen die Partner daher ebenso gemeinsam je zur Hälfte tragen.

     Abs. 7 enthält eine **Schiedsgerichtsklausel.** Sie ist dem Wortlaut entlehnt, der von der Deutschen Institution für Schiedsgerichtsbarkeit e. V. (DIS) vorgeschlagen wird. Der Vorteil des Schiedsverfahren liegt in der vertraulichen und nicht öffentlichen Streitbeilegung.

b) Kartellrecht

38   Bei der Errichtung eines Equity Joint-Venture, das die Gründung eines Gemeinschaftsunternehmens beinhaltet, sind zwingend die Vorgaben des **Kartellrechts** zu beachten. Dabei sind zwei Ebenen zu unterscheiden. Einerseits muss je nach Größe des Gemeinschaftsunternehmens und Größe bzw. Marktmacht der beteiligten Partner **deutsches Kartellrecht** und/oder **europäisches Kartellrecht** beachtet werden. Andererseits ist bei der Errichtung eines Gemeinschaftsunternehmens darauf hinzuweisen, dass die Errichtung sowohl einen **Fusionsaspekt** als auch einen **Kartellaspekt** hat.

39   Die Errichtung eines Gemeinschaftsunternehmens kann nämlich einen **fusionskontrollrechtlich anmeldepflichtigen Zusammenschluss** darstellen. Die deutsche Fusionskontrolle ist in §§ 35 ff. GWB geregelt. Die Errichtung des Gemeinschaftsunternehmens muss ein Zusammenschluss nach § 37 GWB sein, wobei insbesondere **§ 37 Abs. 1 Nr. 3 S. 3 GWB** von Bedeutung ist, der für Gemeinschaftsunternehmen und deren Mutterunternehmen ein zusätzlichen Zusammenschlusstatbestand fingiert. Darüber hinaus sind die Umsatzschwellen nach § 35 GWB zu prüfen. Hier ist insbes. auf (§ 35 Abs. 1 und 1a GWB) hinzuweisen: Eine Fusionskontrollprüfung er-

folgt demnach vor allem, soweit im Inland ein beteiligtes Unternehmen, das selbst nicht abhängig ist, im letzten Geschäftsjahr vor dem Zusammenschluss weltweit Umsatzerlöse von mehr als 17,5 Millionen Euro erzielt hat.

Auf europäischer Ebene richtet sich die Fusionskontrolle nach der EU-Fusionskon- **40** trollverordnung (VO 139/2004/EG v. 20.1.04, ABl. EG 2004 Nr. L 24 S. 1). Nach **Art. 3 Abs. 4 EU-Fusionskontrollverordnung** stellt die Gründung eines Gemeinschaftsunternehmens, das auf Dauer alle Funktionen einer selbständigen wirtschaftlichen Einheit erfüllt, einen Zusammenschluss dar. Die EU-Fusionskontrollverordnung ist jedoch nur anwendbar, wenn ihr Anwendungsbereich nach Art. 1 FusionskontrollVO, die darin genannten Umsatzschwellen in den jeweiligen Regionen erfüllt sind.

Der Kartellaspekt wird virulent, wenn die Gründung des Gemeinschaftsunterneh- **41** mens zu Wettbewerbsbeschränkungen zwischen den beteiligten Joint-Venture-Partnern führt. Dann ist dieses Gemeinschaftsunternehmen nach deutschem Recht an § 1 GWB zu messen und europarechtlich an Art. 101 Abs. 1 AEUV. Diesbezüglich ist das deutsche Recht stark hinter das europäische Recht zurück getreten, da § 1 GWB an die europäischen Regelungen angepasst wurde.

Erläuterungen zu A. 12.00a Gesellschaftsvertrag der Joint-Venture Gesellschaft

Zu § 1:

§ 1 enthält die notwendigen Angaben zu **Firma und Sitz** der Joint-Venture- **42** Gesellschaft. § 1.3 regelt die Dauer der Gesellschaft. Das Formular sieht vor, dass die **Gesellschaft** auf **unbestimmte Zeit** besteht, wie dies regelmäßig unter Gesellschaftern vereinbart wird. Im Kontext eines Joint Venture ist zu beachten, dass der Joint-Venture-Vertrag meist nur eine **bestimmte Laufzeit** hat. Eine Kündigung des Gesellschaftsvertrags soll daher erst zum Zeitpunkt der erstmaligen Beendigungsmöglichkeit des Joint-Venture-Vertrags möglich sein; vgl. § 13.1.

Zu § 2:

Der **Gegenstand des Unternehmens** beschreibt den Zweck des Joint Venture, **43** vgl. die Präambel des Joint-Venture-Vertrags. Aus der Tatsache, dass es sich bei der Gesellschaft um ein Gemeinschaftsunternehmen handelt, ergeben sich keine Besonderheiten für den Unternehmensgegenstand; s. dazu auch A. 8.00 Rz. 29.

Zu §§ 3 und 4:

In den §§ 3 und 4 sind die Gesellschaft, das von ihnen **eingebrachte Festkapital** **44** sowie die Festlegung der Gesellschafterkonten enthalten. In § 3.2 ist festgehalten, dass als Haftsumme der Betrag der Einlage in das Handelsregister einzutragen ist.

Das Formular sieht **drei Konten** vor: ein Kapitalkonto I, ein Kapitalkonto II sowie ein Privatkonto. Auf das Kapitalkonto I wird der Festkapitalanteil jedes Gesellschafters gebucht, wobei die Komplementär-GmbH keinen Festkapitalanteil hält. Dem Kapitalkonto II werden nicht entnahmefähige Gewinne oder entfallende Verluste sowie die beschlossenen Rücklagen zugewiesen. Beide Kapitalkonten sind unverzinslich. Aufgrund ihrer Ausgestaltung haben sie **Eigenkapitalcharakter.** Das Privatkonto ist verzinslich. Über dieses erfolgt der Zahlungsverkehr zwischen Gesellschaft und den Gesellschaftern. Ferner werden diesem Konto die entnahmefähigen Gewinnanteile sowie Tätigkeitsvergütungen und Zinsen zugewiesen. Es hat daher Forderungs- und somit aus Sicht der Gesellschaft **Fremdkapitalcharakter.** S. dazu auch A. 8.00 Rz. 39 f.

Zu § 5:

Bei einer KG werden die Geschäfte von dem **persönlich haftenden Gesellschaf- 45 ter** geführt. Kommanditisten sind grundsätzlich von der Geschäftsführung ausgeschlossen; § 164 S. 1, 1. Halbs. HGB. Den Handlungen des geschäftsführenden Gesellschafters können sie auch nur dann widersprechen, wenn es sich um eine Maßnahme handelt, die über den gewöhnlichen Betrieb hinausgeht; § 164 S. 1, 2. Halbs. HGB. Die gesetzliche Anordnung wird bei einer GmbH & Co. KG regelmäßig durch vertragliche Regelungen ergänzt.

Dies ist insbes. bei einem paritätisch besetzen Joint Venture erforderlich. § 5 sieht daher in § 5.2 einen **ausführlichen Zustimmungskatalog** vor, wonach die darin aufgezählten Geschäftsführungsmaßnahmen und Rechtshandlungen der vorherigen Zustimmung der Gesellschafterversammlung und damit der Kommanditisten bedarf. Damit ist der Einfluss der Joint-Venture-Partner auf die Geschäftsführung sichergestellt, allerdings um den Preis, dass die Geschäftsführung schwerfälliger wird. Denn zustimmungspflichtige Geschäfte sind zuerst der Gesellschafterversammlung vorzulegen.

Zu § 6:

§ 6 enthält die Tätigkeitsvergütung für die Komplementär GmbH und setzt dafür eine übliche Vergütung von 5 % des Stammkapitals der GmbH fest. § 6.1 dokumentiert, dass die Vergütung handelsrechtlich als Aufwand zu behandeln ist. S. dazu auch A. 8.00 Rz. 38.

Zu §§ 7 und 8:

46 In den §§ 7 und 8 sind übliche Regelungen zu Gesellschafterversammlungen und Gesellschafterbeschlüssen aufgenommen. Bei einem Joint Venture dürften die Joint-Venture-Partner im Regelfall durch Umlaufbeschlüsse handeln und nur in Ausnahmefällen zu physischen Gesellschafterversammlungen zusammenkommen. S. zu Gesellschafterversammlungen und Gesellschafterbeschlüssen auch A. 8.00 Rz. 40 f.

Zu § 13:

47 Jeder Gesellschafter einer KG kann die Gesellschaft kündigen und durch Kündigung aus der Gesellschaft ausscheiden; vgl. §§ 131 Abs. 3 Nr. 3, 132 HGB. Die gesetzlichen Regelungen über das **Kündigungsrecht** des Gesellschafters einer KG werden regelmäßig durch gesellschaftsvertragliche Regelung abbedungen. So auch durch § 13.

§ 13.1 sieht daher vor, dass die **Gesellschaft erst gekündigt** werden kann, wenn zum **ersten Mal der Joint-Venture-Vertrag beendet** werden kann. Damit soll ein Gleichlauf von Joint-Venture-Vertrag und Gesellschaftsvertrag erreicht werden. Im Übrigen ist eine Kündigung nur aus wichtigem Grund möglich.

Zu § 16:

48 § 16 enthält wie § 19 Abs. 7 eine **Schiedsklausel**. Es gilt zu verhindern, dass Streitigkeiten auf den Gesellschaftsvertrag gestützt werden und damit öffentlich ausgetragen werden. Im Gesellschaftsvertrag ist allerdings die Ausnahme enthalten, dass eine Zuweisung von Streitigkeiten an das Schiedsgericht nur in Betracht kommt, soweit sie gesetzlich zulässig ist.

So ist für **Beschlussmängelstreitigkeiten** bei Personenhandelsgesellschaften nicht höchstrichterlich geklärt, inwieweit solche Streitigkeiten schiedsfähig sind (vgl. für die GmbH BGH II ZR 255/08 v. 6.4.09, NJW 09, 1962 – *Schiedsfähigkeit II;* für Personenhandelsgesellschaften fehlt eine derartige Klarstellung). Hinsichtlich solcher Streitigkeiten, sollte man zu dem Ergebnis kommen, dass die staatlichen Gerichte zuständig sind, wäre man verpflichtet, ein öffentliches Gerichtsverfahren durchzuführen.

Hinsichtlich des Schiedsgerichts und des Schiedsverfahrens wird im Grundsatz auf die **Schiedsgerichtsordnung der Deutschen Institution für Schiedsgerichtsbarkeit e. V. (DIS)** verwiesen. Jedoch werden bezüglich Schiedsgericht, Verfahrenssprache und Schiedsort individualvertragliche Regelungen getroffen, die damit insofern die Schiedsgerichtsordnung der DIS abbedingen.

A. 12.01 Realteilung: Auseinandersetzungsvertrag
mit Übertragung von Teilbetrieben unter Buchwertfortführung
ohne Spitzenausgleich

Gliederung

I. FORMULARE

Formular A. 12.01 Auseinandersetzungsvertrag

Sämtliche Gesellschafter der Kommanditgesellschaft unter der Firma „A & B-GmbH & Co. KG" in ......, eingetragen im Handelsregister des Amtsgerichts unter ...... HRA ...... treten unter Verzicht auf alle Frist- und Formvorschriften für die Einberufung und Abhaltung von Gesellschafterversammlungen zu einer Gesellschaftervollversammlung zusammen. Anwesend sind

– die A-GmbH als Kommanditist, geschäftsansässig in ......, mit einem festen Kapitalanteil von € 125.000,–, vertreten durch Herrn A als einzelvertretungsberechtigten Geschäftsführer,

– Herr B als Kommanditist, geschäftsansässig in ......, mit einem festen Kapitalanteil von € 125.000,–,

– die AB-Geschäftsführung GmbH als persönlich haftende Gesellschafterin, geschäftsansässig in ......, mit keinem festen Kapitalanteil, vertreten durch Herrn B als einzelvertretungsberechtigten Geschäftsführer.

Die Gesellschafterversammlung beschließt einstimmig:

1. Die unter der Firma „A & B-GmbH & Co. KG" bestehende Kommanditgesellschaft wird zum 31.12.01 beendet. Abweichend von §§ 161 Abs. 2, 145 ff. HGB bzw. §§ 730 ff. BGB wird als Abwicklungsverfahren die Auseinandersetzung im Wege der Realteilung der KG wie folgt vereinbart:

    1.1 Die A-GmbH übernimmt den Teilbetrieb 1 ...... *[Beschreibung]*, Herr B den Teilbetrieb 2 ...... *[Beschreibung]*, mit den jeweils zugehörigen Forderungen, Verbindlichkeiten und Vertragsverhältnissen einschließlich schwebender Geschäfte und halbfertiger Arbeiten im Innenverhältnis ab 1.1.02. Die AB-Geschäftsführung GmbH übernimmt keine Vermögensgegenstände.

    1.2 Der Realteilung wird die Schlussbilanz der A & B-GmbH & Co. KG zum 31.12.01 zugrunde gelegt. Diese ist unter Fortführung der bisherigen Praxis und gemäß den Vorschriften des Gesellschaftsvertrags zu erstellen. Insbesondere ist darin keine Auflösung stiller Reserven vorzunehmen, auch der Ausweis eines Firmenwerts entfällt (Buchwertansatz). Die in der Schlussbilanz der A & B-GmbH & Co. KG anzusetzenden Buchwerte werden zu diesen Werten auf die Teilbetriebe 1 ...... und 2 ...... aufgeteilt.

1.3 Im Hinblick auf die für die steuerliche Buchwertfortführung notwendigen Kapitalkontenanpassungen in den Fortführungs-Eröffnungs- (bzw. Fortführungs-Einbringungs-)bilanzen der Realteiler wird vereinbart, dass bereits in der Schlussbilanz die festen Kapitalkonten der beiden Gesellschafter erfolgsneutral an die Summe der Nettobuchwerte (Aktiva ./. Verbindlichkeiten) der von jedem Gesellschafter übernommenen Teilbetriebe anzupassen sind.

1.4 Die auf den Privatkonten zum 31.12.01 ausgewiesenen Beträge (anteiliger Jahresgewinn 01) kann jeder Gesellschafter entnehmen.

1.5 Die Gesellschafter der AB-Geschäftsführung GmbH haben der Beendigung der A & B-GmbH & Co. KG und der Zustimmung der AB-Geschäftsführung GmbH zu diesem Vertrag durch Beschluss zugestimmt; dieser Gesellschafterbeschluss ist als Anlage beigefügt.

2. Die Kommanditisten sind nach § 16 Abs. 3 Satz 2 2. Hs. EStG verpflichtet, die auf sie zu übertragenden Teilbetriebe jeweils als gewerbliche Einzelunternehmen mit den in der Schlussbilanz der A & B-GmbH & Co. KG einschließlich der steuerlichen Ergänzungsbilanzen auf die betreffenden Teilbetriebe entfallenden Nettobuchwerten fortzuführen.

3. Ausgleichszahlungen zwischen den Kommanditisten sind nicht zu leisten, da die Parteien von der Gleichwertigkeit der beiden Teilbetriebe ausgehen. Ausgleichszahlungen werden auch insoweit ausgeschlossen, als stille Reserven in unterschiedlichem Umfang auf die einzelnen Gesellschafter übergehen. Ausgleichszahlungen sind weiter ausgeschlossen, soweit als Folge einer Änderung der in der Schlussbilanz der A & B-GmbH & Co. KG auszuweisenden Werte durch eine steuerliche Außenprüfung eine Änderung der Nettobuchwerte und eine abweichende Angleichung der Kapitalkonten erfolgt; die Gesellschafter verpflichten sich, in diesem Fall die auf Grund der Betriebsprüfung geänderten Buchwerte gemäß § 175 Nr. 2 AO und der vorstehenden Ziff. 2 fortzuführen.

4. Zur Ausführung der beschlossenen Beendigung und Realteilung wird hiermit das Gesellschaftsvermögen gemäß den in der Anlage beigefügten Aufstellungen, in denen sämtliche materiellen und immateriellen Vermögensgegenstände, Verbindlichkeiten, Vertragsverhältnisse, schwebenden Geschäfte und halbfertigen Arbeiten usw. aufgeführt und den betreffenden Teilbetrieben zugeordnet sind, übertragen:

4.1 Die KG überträgt hiermit an die A-GmbH sämtliche in der Anlage 1 aufgeführten dem Teilbetrieb 1 ...... zugeordneten Vermögensgegenstände (Aktiva und Passiva) und Vertragsverhältnisse; die A-GmbH nimmt diese Übertragungen hiermit an.

4.2 Die KG überträgt an Herrn B sämtliche in der Anlage 2 aufgeführten und dem Teilbetrieb 2 ...... zugeordneten Vermögensgegenstände (Aktiva und Passiva) und Vertragsverhältnisse auf Herrn B; Herr B nimmt diese Übertragungen hiermit an.

4.3 Die AB-Geschäftsführung GmbH wird unverzüglich sämtliche zum Übergang von Rechten und zur Übernahme von Verbindlichkeiten durch den jeweiligen Gesellschafter ab 1.1.02 notwendigen Zustimmungen von Vertragspartnern einholen. Solange derartige Zustimmungen nicht vorliegen, übernehmen die A-GmbH und Herr B diese Forderungen und Verbindlichkeiten im Innenverhältnis auf eigene Rechnung und verpflichten sich, sich so zu stellen, als wären die Zustimmungen erteilt. Die A-GmbH und Herr B stellen sich auf erste Anforderung gegenseitig von der Haftung für bisher gemeinschaftliche Gesellschaftsverbindlichkeiten frei.

4.4 Die Arbeitsverhältnisse gehen im Wege des Betriebsteilübergangs gem. § 613a BGB mit allen Rechten und Pflichten zum Zeitpunkt der Auseinandersetzung der Gesellschaft auf die übernehmenden A-GmbH (Arbeitnehmer des Teilbetriebs 1) bzw. Herrn B (Arbeitnehmer des Teilbetriebs 2) über. Die A-GmbH und Herr B haben die Arbeitnehmer der Gesellschaft gemäß den Erfordernissen des § 613a BGB über Zeitpunkt, Grund und Folgen des jeweiligen Übergangs sowie die etwaig geplanten Maßnahmen schriftlich unterrichtet bzw. verpflichten sich hierzu, soweit eine Unterrichtung noch nicht stattgefunden hat.

5. Die Übertragung von zwei gesondert geführten Betrieben (Teilbetrieben) ist gem. § 1 Abs. 1a UStG nicht steuerbar, weil jeweils ein in der Gliederung des Unternehmens gesondert geführter Betrieb im Ganzen an die A-GmbH und Herrn B als Unternehmer für dessen Unternehmen übereignet wird. Die A-GmbH und Herr B treten gem. § 1 Abs. 1a Satz 3 UStG insbesondere für Zwecke der Berichtigung des Vorsteuerabzugs gem. § 15a Abs. 10 UStG für die jeweils von ihnen zu übernehmenden Gegenstände an die Stelle der aufgelösten Personengesellschaft. Für die zukünftig evtl. durchzuführenden Vorsteuerberichtigungen wegen geänderter Verwendungsverhältnisse werden folgende Angaben gemacht: ...... *[Angabe nach § 15a Abs. 10 Satz 2 UStG mit Bezeichnung der Wirtschaftsgüter und des Berichtigungszeitraums].*

6. Die mit dem Abschluss dieser Vereinbarung und deren Durchführung entstehenden Kosten (einschließlich Kosten der Beratung, der Aufstellung der Schlussbilanz, der Anmeldung zum Handelsregister) trägt noch die aufzulösende A & B-GmbH & Co. KG. Die Kosten sind in der Schlussbilanz auszuweisen und im Rahmen der Gewinnverteilung für das Geschäftsjahr 01 als Aufwand gemäß dem bisherigen Gewinnverteilungsschlüssel zu behandeln.

Formular A. 12.01a Handelsregisteranmeldung

An das

Amtsgericht ......

– Registergericht –

HRA-Nr. ......, „A & B-GmbH & Co. KG", mit Sitz in ......

Zur Eintragung in das Handelsregister wird hiermit angemeldet:

Die vorgenannte KG ist aufgelöst und mit Wirkung zum Ablauf des 31.12.01 beendet. Ihr Vermögen wurde durch Auseinandersetzung im Wege der Realteilung von den Gesellschaftern wie folgt übernommen:

1. Die A-GmbH übernimmt den Teilbetrieb 1 ...... mit allen Aktiven und Passiven.

2. Herr B übernimmt den Teilbetrieb 2 ...... mit allen Aktiven und Passiven.

3. Die AB-Geschäftsführung GmbH übernimmt keine Vermögensgegenstände.

Die A-GmbH und Herr B melden hiermit die Beendigung der A & B-GmbH & Co. KG zur Eintragung in das Handelsregister an.

Vorgenannte A-GmbH führt den in der vorstehenden Ziffer 1 genannten, ihr als Abfindung zugewiesenen Teilbetrieb 1 ...... *[Beschreibung]* in der A-GmbH weiter, und zwar mit Wirkung vom 1.1.02 an. Die Geschäftsräume der A-GmbH befinden sich weiterhin in ....

Vorgenannter Herr B führt den in der vorstehenden Ziffer 2 genannten, ihm als Abfindung zugewiesenen Teilbetrieb 2 ...... *[Beschreibung]* als Einzelfirma weiter, und

zwar mit Wirkung vom 1.1.02 an, und unter der Firma ...... Er meldet hiermit diese **Firma zur Eintragung ins Handelsregister an. Sitz der Firma ist ......** Die Geschäfts-**räume befinden sich in ....**

......, den ....

....

(Unterschrift A-GmbH)   **(Unterschrift B)**

....

(Unterschrift AB-Geschäftsführung GmbH)

....

(Beglaubigungsvermerk)

II. ERLÄUTERUNGEN

Erläuterungen zu A. 12.01 Auseinandersetzungsvertrag

1. Grundsätzliche Anmerkungen

a) Wirtschaftliches Vertragsziel

1   Ziel der Realteilung einer **Personenhandelsgesellschaft** ist die **Beendigung** dieser unter Zuteilung jeweils bestimmter Vermögensgegenstände auf bestimmte Gesellschafter (Auseinandersetzung), die das wirtschaftliche Engagement der bisherigen Personengesellschaft getrennt (im Fall des Formulars als Einzelunternehmen) fortführen. Dies wird sich vor allem dann anbieten, wenn das Unternehmen der Personengesellschaft aus Teilbetrieben besteht, die auch allein weiter bestehen können. Die Gestaltung wird in diesen Fällen regelmäßig deshalb als Realteilung (Auseinandersetzung mit Buchwertfortführung) vorgenommen, um die ansonsten eintretende steuerpflichtige Gewinnrealisierung auf Grund Betriebsaufgabe durch die Personengesellschaft zu vermeiden (s. Rz. 5 ff.).

Das Formular kann seit 2001 entsprechend angepasst verwendet werden, wenn

– nicht (nur) Teilbetriebe Realteilungsmasse sind, sondern auch Einzelwirtschaftsgüter (bei Gebäuden, Grund und Boden und wesentlichen Betriebsgrundlagen Veräußerungssperre drei Jahre ab Steuererklärung gem. § 16 Abs. 3 Satz 3 EStG zu beachten, s. Rz. 9) oder

– eine Erbengemeinschaft mit (ausschließlich/oder teilweise) Betriebs- und Privatvermögen (sog Mischnachlass) auseinanderzusetzen ist (vgl. *Schmidt/Wacker* § 16 EStG Rz. 538 mwN; vgl. BMF v. 14.3.06, BStBl. I 06, 253; *Heß* DStR 06, 777 f.).

2   Das mit dem Formular angestrebte Ziel, das bisher in einer Personenhandelsgesellschaft geführte gemeinsame wirtschaftliche Engagement zukünftig getrennt jeweils als Einzelunternehmen durch die bisherigen Gesellschafter fortzuführen, lässt sich auch **nicht** durch eine **Aufspaltung** gem. § 123 Abs. 1 UmwG auf die A-GmbH und B als übernehmende Rechtsträger erreichen, weil Herr B als Einzelkaufmann nach dem Katalog des § 3 Abs. 1 UmwG, der gem. § 124 UmwG auch für die Aufspaltung maßgebend ist, nicht übernehmender Rechtsträger sein kann. Als Hilfslösung könnte allerdings die Aufspaltung einer Personenhandelsgesellschaft in anderen als dem Formular zugrunde liegenden Fällen dann gem. § 123 Abs. 1 UmwG gestaltet werden (vgl. *Schmidt/Wacker* § 16 EStG Rz. 542), wenn zB

– die Gesellschafter der aufzuspaltenden Personenhandelsgesellschaft ihrerseits die Rechtsform von Personenhandelsgesellschaften, **EWIV** oder **Partnerschaftsgesellschaft** (nicht jedoch BGB-Gesellschaften) bzw. **Kapitalgesellschaften** haben und auf diese als bestehende übernehmende Rechtsträger gem. § 123 Abs. 1 Nr. 1 UmwG aufgespalten wird (allerdings versagt § 16 Abs. 3 Satz 4 EStG die Buchwert-

fortführung, soweit Einzelwirtschaftsgüter einschließlich eines Teilbetriebs auf Kapitalgesellschaften übergehen, s. Rz. 8); vgl. dazu zB *Engl/Engl* Form. C.2, oder
– die Aufspaltung gem. § 123 Abs. 1 Nr. 2 UmwG auf dadurch neu gegründete Rechtsträger in der Rechtsform von Personenhandelsgesellschaften erfolgt (vgl. Formular A. 15.30 zur Ausgliederung aus dem Vermögen eines Einzelkaufmanns in eine GmbH durch Neugründung, das entsprechend für die Aufspaltung – vgl. Formular A. 15.20 – bzw. für die Abspaltung – vgl. Formular A. 15.10 – auf Personenhandelsgesellschaften, bzw. *Engl/Engl* FB Umwandlungen 5. Aufl. Form. C. 1, verwendet werden kann; vgl. weiter *W/M/Engl* Anh 10 Rz. 371–373).
Mit Blick auf die durch § 6 Abs. 5 Satz 3 ff. EStG erweiterten bzw. neu hinzugekommenen Möglichkeiten, Übertragungen von Einzelwirtschaftsgütern im Bereich von Mitunternehmerschaften zu Buchwerten und damit steuerneutral durchzuführen, lässt sich das mit einer Spaltung verfolgte Ziel – neben der Realteilung – künftig auch durch mehrstufige Akte (sog unechte Realteilung) erreichen (vgl. *Carlé/Bauschatz* KÖSDI 02, 13133 ff., 13139 ff.).

b) Zivilrecht

Bei der Realteilung einer Personenhandelsgesellschaft handelt es sich um eine be- **3** sondere Form der Auflösung, die gesetzlich nicht geregelt ist. Abweichend von den Regelungen in §§ 730 ff. BGB und §§ 145 ff. HGB wird anstelle der Liquidation des Gesellschaftsvermögens durch „Versilberung" (§ 149 HGB) die Naturalteilung (handelsrechtlicher Begriff für Realteilung), dh. Aufteilung des Gesellschaftsvermögens auf die Gesellschafter, beschlossen und durchgeführt („andere Art der Auseinandersetzung" iSd. § 145 HGB); vgl. *Baumbach/Hopt/Roth* § 145 Rz. 10. Es handelt sich nicht um Gesamtrechtsnachfolge (wie etwa bei Verschmelzung, Formwechsel oder Anwachsung) oder Teilgesamtrechtsnachfolge (wie bei Aufspaltung gem. §§ 123 Abs. 1, 131 Abs. 1 Nr. 1 UmwG), sondern um **Einzelrechtsnachfolge.** Notwendig ist also die Einzelübertragung sämtlicher Vermögensgegenstände, Vertragsverhältnisse, Verbindlichkeiten usw. dh. jeder einzelne Vermögensgegenstand, jedes Vertragsverhältnis muss entsprechend den jeweils anwendbaren Vorschriften von der KG auf den jeweils übernehmenden Gesellschafter übertragen werden. Insbesondere ist zu beachten: bei formbedürftigen Grundstücks- und GmbH-Anteilsabtretungen notarielle Beurkundung, bei Abtretung von Rechten Prüfung auf Übertragbarkeit, bei Übertragung von Verbindlichkeiten Zustimmung der Gläubiger zum Schuldnerwechsel; soweit derartige Zustimmungen nicht erreicht werden, kann die Übernahme im Innenverhältnis vereinbart werden.

Für bis zur vollständigen Beendigung der Personenhandelsgesellschaft durch diese **4** begründete Verbindlichkeiten **haften** die persönlich haftenden Gesellschafter der KG weiterhin persönlich gesamtschuldnerisch, die Kommanditisten haften dagegen gem. § 172 Abs. 4 HGB nur bei einer Rückgewähr von Einlagen; auch bei Aufspaltung iSv. § 123 Abs. 1 UmwG tritt gesamtschuldnerische Haftung gem. § 133 Abs. 1 UmwG ein). Aufgrund § 159 HGB ist die Nachhaftung auf fünf Jahre nach Beendigung der KG begrenzt. Die Nachhaftung gilt für Verbindlichkeiten, wenn sie vor Ablauf von fünf Jahren nach der Eintragung der Auflösung ins Handelsregister fällig sind und daraus Ansprüche gegen einen ehemaligen Gesellschafter gerichtlich geltend gemacht werden; bei öffentlich-rechtlichen Verbindlichkeiten genügt zur Geltendmachung der Erlass eines Verwaltungsakts. Einer gerichtlichen Geltendmachung bedarf es nicht, soweit der Anspruch durch die KG oder durch einen ehemaligen Gesellschafter der KG schriftlich anerkannt ist.

c) Ertragsteuerrecht

Der steuerrechtliche Begriff der „Realteilung" und dessen Rechtsfolgen wurden **5** erstmals in § 16 Abs. 3 Satz 1 und 2 EStG (idF StEntlG 1999/2000/2002 v. 24.3.99,

BGBl. I 99, 402) geregelt. Die gesetzliche Regelung galt erstmals für Realteilungen, die nach dem 31.12.98 erfolgten (§ 52 Abs. 34 Satz 3 EStG).

Nachfolgend wird nur die Rechtslage ab 2001 in Grundzügen dargestellt; ausführlich s. *Engl,* Formularbuch Umwandlungen, 4. Aufl. 2017: Formular C. 1 und Alternativen in den Formularen C. 2 (Aufspaltung PartG) und Formular C. 3 (Ausscheiden gegen Sachwertabfindung ins Betriebsvermögen); s. ferner die zT abweichenden Auffassungen der FinVerw. in BMF v. 28.2.06, BStBl. I 06, 228 nunmehr überarbeitet durch BMF v. 20.12.16, BStBl. I 17, 36, vgl. *Krämer* EStB 17, 22.

aa) Einkommensteuer

6 § 16 Abs. 3 Sätze 2–4 idF des UntStFG v. 20.12.01 (BGBl. I 01, 3858) gilt für Realteilungen nach dem 31.12.00 (§ 52 Abs. 34 Satz 4 EStG idF des UntStFG).

Vgl. zur Realteilung ausführlich BMF v. 28.2.06, BStBl. I 06, 228, nunmehr überarbeitet durch BMF v. 20.12.16, BStBl. I 17, 3 und v. 27.3.07, BeckVerw 097781 (vollständige Neufassung des sog. Realteilungserlasses durch BMF v. 19.12.18, BStBl. I 19, 6); *H/H/R/Kulosa* § 16 EStG Rz. 440 ff.; *Engl/Schaflitzl* DB 02, Beil. 1 S. 32 ff., 34; *Heß* DStR 06, 777; *Blümich/Schallmoser* § 16 EStG Rz. 390 ff.; *Carlé/ Bauschatz* KÖSDI 02, 13 133; *Rödder/Schumacher* DStR 02, 105, 107; *Sauter/Heurung/ Oblau* FR 02, 1101; *Littmann/Hörger* § 16 EStG Rz. 186 ff., 197 m ff.; *H/H/R/Apitz* § 16 EStG Rz. J 01–11 ff.; *Paus* FR 02, 866; *Röhrig* EStB 02, 231; *Brandenberg* DStZ 02, 594; *Musil* DB 05, 1291; *Schulze zur Wiesche* DB 06, 921; *Krämer* EStB 17, 22.

7 Bei einer Realteilung sind **zwingend** die **Buchwerte** anzusetzen, wenn im Zuge der Realteilung Teilbetriebe (dazu gehören auch 100%ige Beteiligungen an einer Kapitalgesellschaft), Mitunternehmeranteile (auch Teile von Mitunternehmeranteilen) oder Einzelwirtschaftsgüter in das jeweilige Betriebsvermögen der einzelnen Mitunternehmer (Realteiler) übertragen werden, sofern die Besteuerung der stillen Reserven sichergestellt ist (§ 16 Abs. 3 Satz 2 EStG). Zu Einzelheiten hinsichtlich der **begünstigten Übertragungsobjekte** vgl. *Sauter/Heurung/Oblau* FR 02, 1103; *Littmann/ Hörger* § 16 EStG Rz. 197q und 197r; *H/H/R/Apitz* § 16 EStG Rz. J 01–11 und *H/H/R/Kulosa* § 16 EStG Rz. 443.

Allerdings erfuhr die Steuerneutralität der Realteilung mit **Zuteilung von Einzelwirtschaftgütern** durch das UntStFG ab 2001 zwei **Einschränkungen** (sog. „Sicherungsklauseln"):

8 – Zum einen wird eine Steuerneutralität der Realteilung gem. § 16 Abs. 3 Satz 4 EStG idF des UntStFG nicht gewährt, „soweit die Einzelwirtschaftsgüter unmittelbar oder mittelbar auf eine Körperschaft, Personenvereinigung oder Vermögensmasse übertragen werden" und die Körperschaft nicht schon bisher mittelbar oder unmittelbar an dem Übertragenen Wirtschaftsgut beteiligt war; (zu dieser **Kapitalgesellschaftsklausel** vgl. BMF v. 28.2.06, BStBl. I 06, 228, nunmehr überarbeitet durch BMF v. 20.12.16, BStBl. I 17, 3 und *Schmidt/Wacker* § 16 EStG Rz. 553; *Heß* DStR 06, 777 f. gegen OFD Berlin v. 3.3.03, StuB 03, 609; *H/H/R/Kulosa* § 16 EStG Rz. 465 ff.; *Engl* DStR 01, 1725, 1728 f.; *Engl/Schaflitzl* DB 02, Beil. 1 S. 32 ff., 34).

9 – Zum anderen ist nach § 16 Abs. 3 Satz 3 EStG eine **dreijährige Behaltefrist (Sperrfrist)** zu beachten. Nach dieser Vorschrift führt eine Veräußerung oder Entnahme bestimmter, im Rahmen der Realteilung übertragener Einzelwirtschaftsgüter (Grund und Boden, Gebäude oder andere wesentlichen Betriebsgrundlagen) innerhalb von drei Jahren nach Abgabe der Steuererklärung der Mitunternehmerschaft für den VZ der Realteilung zu einer **rückwirkenden Gewinnrealisierung** zum gemeinen Wert. Diese rückwirkende Realisierung bezieht sich auf den jeweiligen Übertragungsvorgang, lässt also die Steuerneutralität der Übertragung der übrigen Wirtschaftsgüter unberührt (*H/H/R/Kulosa* § 16 EStG Rz. 460 ff.; *Rödder/Schumacher* DStR 02, 107; vgl. auch *Engl* DStR 02, 119).

Von der Rechtstechnik her wurde für VZ 99–00 bei einer Realteilung die **fiktive Aufgabe** des betreffenden Mitunternehmeranteils an der real zu teilenden Mitunternehmerschaft angeordnet; strittig ist, ob diese Rechtsfolge ab 01 entfallen ist (vgl. zur Definition der „Realteilung" *H/H/R/Kulosa* § 16 EStG Rz. 441, wonach zumindest eine Teilbetriebsaufgabe erforderlich sein soll). Demgegenüber ging die Rspr. für die Rechtslage bis 98 und geht die hM wohl ab 01 wieder von einer Aufgabe des Betriebs aus (*H/H/R/Kulosa* § 16 EStG Rz. 441; *Schmidt/Wacker* § 16 EStG Rz. 535); so auch BMF v. 28.2.06, BStBl. I 06, 228, nunmehr überarbeitet durch BMF v. 20.12.16, BStBl. I 17, 3 und *Heß* DStR 06, 777 f.

Gegenüber dem Recht vor 1999 sind ab 2001 auch die bisher von der Rspr. des BFH gewährten und teilweise von der FinVerw. akzeptierten **Wahlrechte** (vgl. *W/M/Engl* Anh. 10 Rz. 302) **entfallen.**

Subjekt der Realteilung (die sog. Realteilungsgesellschaft) kann jede Mitunternehmerschaft iSv. § 15 EStG sein, insbes. jede Personenhandelsgesellschaft, die Partnerschaftsgesellschaft **(PartG), eine gewerbliche EWIV** (s. Formular A. 4.01), eine Erben- oder Gütergemeinschaft sowie auch eine reine Innengesellschaft (zB atypisch stille Gesellschaft, sofern diese entweder gewerblich ist oder über die Verweisungsvorschriften der §§ 14, 14a EStG Einkünfte aus Land- und Forstwirtschaft oder über § 18 Abs. 3 EStG Einkünfte aus selbständiger Arbeit vermittelt; vgl. *H/H/R/Kulosa* § 16 EStG Rz. 442; *W/M/Engl* Anh. 10 Rz. 303, 309–311). **10**

Unter den Begriff der steuerrechtlichen Realteilung iSv. § 16 Abs. 3 Satz 2 EStG fiel bisher **nicht** das ganze oder teilweise Ausscheiden eines Mitunternehmers einer fortbestehenden Personengesellschaft (sog. **Ausscheiden gegen Sachwertabfindung;** vgl. BMF v. 28.2.06, BStBl. I 06, 228; FinSen Berlin v. 3.2.12, BeckVerw 258010; FG Hamburg 3 K 89/11 v. 18.4.12, EFG 12, 1744, rkr). Hieran hält die FinVerw. nicht länger fest, zumindest soweit ein Teilbetrieb oder ein ganzer Mitunternehmeranteil übertragen wird (BMF v. 20.12.16, BStBl. I 17, 36; *Krämer* EStB 17, 22). Eine steuerliche Realteilung ist danach auch möglich, wenn nach Ausscheiden eines Gesellschafters die Mitunternehmerschaft fortbesteht und dem ausscheidenden Gesellschafter ein Teilbetrieb oder ganzer Mitunternehmeranteil übertragen wird (so auch schon BFH III R 49/13 v. 17.12.15, BFH/NV 16, 624; vgl. hierzu auch *Wiese/Lukas* DStR 16, 1078). Werden in einer solchen Konstellation dem ausscheidenden Mitunternehmer nur Einzelwirtschaftsgüter übertragen, geht die FinVerw. nach wie vor nicht von einer steuerlichen Realteilung aus (vgl. diesbezgl. aber jetzt BFH IV R 11/15 v. 30.3.17, BFH/NV 17, 1125; hierzu *Krämer* ErbStB 17, 230). **11**

Die Grundsätze der Realteilung sind auch anwendbar, wenn im Rahmen einer Realteilung Wirtschaftsgüter auf eine Personengesellschaft übertragen werden, an der ausschließlich alle oder einer der Gesellschafter beteiligt sind, die an der Realteilungsgesellschaft beteiligt waren. Bringen zB die Mitunternehmer vor der Realteilung ihre Mitunternehmeranteile jeweils in eine eigene Mitunternehmerschaft ein und teilen sie dann die (Einzel-)Wirtschaftsgüter der Realteilungsgesellschaft auf diese Mitunternehmerschaften auf, liegt eine steuerneutrale Realteilung vor (BFH IV R 8/12 v. 16.12.15, BFH/NV 16, 646; *Krämer* GmbHStB 16, 155). Der Realteilung steht auch nicht entgegen, wenn einer der übernehmenden Realteiler die übernommenen Wirtschaftsgüter verwendet, um die Tätigkeit der Realteilungsgesellschaft unverändert fortzuführen (BFH IV R 31/14 v. 16.3.17, BFH/NV 17, 1093; *Krämer* ErbStB 17, 231).

Ausgleichszahlungen auf Gesellschafterebene führen nach BFH VIII R 57/90 v. 1.12.92, BStBl. II 94, 607 iHd. Ausgleichszahlung – ohne Gegenrechnung von Buchwert –, zu laufendem Gewinn für Zwecke der ESt; entstehen in diesem Sinn für die Rechtslage ab 1.1.01: *Littmann/Hörger* § 16 EStG Rz. 1197y; *Paus* FR 02, 870; *Schmidt/Wacker* § 16 Rz. 548 mwN; *Sauter/Heurung/Oblau* FR 02, 1106; *H/H/R/ Apitz* § 16 EStG Rz. J 01–15); **nach FinVerw.** in BMF v. 28.2.06, BStBl. I 06, 228, **12**

nunmehr überarbeitet durch BMF v. 20.12.16, BStBl. I 17, 3 allerdings Gegenrechnung der anteiligen Buchwerte (s. *Heß* DStR 06, 777). Der Gewinn unterlag aber, obwohl „laufender Gewinn" nicht der GewSt – BFH VIII R 13/94 v. 17.2.94, BStBl. II 94, 809 (zur Rechtslage ab 1.1.01 ebenso: BMF v. 28.2.06, BStBl. I 06, 228; *H/H/R/Apitz* § 16 EStG Rz. J 01–16; *Littmann/Hörger* § 16 EStG Rz. 197y), ist aber ab EZ 2002 nach § 7 Satz 2 GewStG als Gewerbeertrag zu erfassen, soweit er nicht auf eine natürliche Person als unmittelbar beteiligter Mitunternehmer entfällt.

13   **Kapitalkontenanpassung** (technische Umsetzung der Buchwertfortführung). Bis zum 31.12.00 waren im Rahmen der Realteilung nach hM (BFH VIII R 69/86 v. 10.12.91, BStBl. II 92, 385; *Littmann/Hörger* § 16 EStG Rz. 194 und 197h; *Schmidt/Wacker* § 16 EStG Rz. 530) auch die steuerlichen Kapitalkonten an die übernommenen Buchwerte anzupassen (vgl. *W/M/Engl* Anh. 10 Rz. 158 f.). Dies gilt auch **ab 2001 als hM** BMF v. 28.2.06, BStBl. I 06, 228; *Littmann/Hörger* § 16 EStG Rz. 197w; *Schmidt/Wacker* § 16 EStG Rz. 547; *Sauter/Heurung/Oblau* FR 02, 1106; *H/H/R/Apitz* § 16 EStG Rz. J 01–11; *H/H/R/Kulosa* § 16 EStG Rz. 451). Im Falle des Formulars wird von der Anpassung der Kapitalkonten ausgegangen (entsprechend der hM in Rz. 13).

14   In dem Fall, der dem vorliegenden Formular zugrunde liegt, werden jeweils **Teilbetriebe** zugeteilt. Dabei muss es sich um Teilbetriebe iSd. BFH-Rspr. zu § 16 EStG (vgl. EStR 16 Abs. 3) handeln (vgl. *W/M/Engl* Anh. 10 Rz. 523–526). Sofern dabei Ausgleichszahlungen – wie im Formular vorgesehen – vermieden werden, ist der Vorgang insgesamt neutral und die Realteiler haben die bisherigen Buchwerte fortzuführen. In dem Fall, dass keine Ausgleichszahlungen geleistet werden, kann bei Einnahme-Überschussrechnern auch ein (vorübergehender) Übergang zur Bilanzierung unterbleiben (BFH III R 32/12 v. 11.4.13, BFH/NV 13, 1679).

15   Soweit – abweichend vom Formular – auch **Mitunternehmeranteile** übertragen würden, ist zur Erfüllung der steuerlichen Neutralität auch die Übertragung von **Sonderbetriebsvermögen** notwendig. Dies ergibt sich daraus, dass der steuerrechtliche Begriff des Mitunternehmeranteils auch das jeweils dazugehörige Sonderbetriebsvermögen umfasst (vgl. *W/M/Engl* Anh. 10 Rz. 543 ff.).

16–20   *(frei)*

bb) Gewerbesteuer

21   Soweit durch die Realteilung ein **Aufgabegewinn** entsteht, unterliegt dieser als laufender Gewinn der GewSt, soweit auf der Seite des Veräußerers und auf der Seite des Erwerbers dieselben Personen Unternehmer oder Mitunternehmer sind (§ 16 Abs. 3 Satz 5 EStG).

22   Der **Verlustabzug** nach § 10a GewStG bei Einzelunternehmen und Personengesellschaften setzt sowohl die Unternehmens- als auch die Unternehmeridentität voraus. Bei der Realteilung von Personengesellschaften besteht zwischen dem Gewerbebetrieb der Personengesellschaft und den hieraus im Wege der Realteilung hervorgegangenen Betrieben nur dann Unternehmensidentität, wenn das auf einen Gesellschafter übergehende Vermögen bei der Personengesellschaft einen Teilbetrieb gebildet hat und der diesem Teilbetrieb sachlich zuzuordnende Verlust sich ohne weiteres aus dem Rechenwerk der Personengesellschaft ergibt (vgl. BFH X R 20/89 v. 5.9.90, BStBl. II 91, 25; GewStH 10a. 2 „Realteilung"). Sind die Voraussetzungen der Unternehmensidentität erfüllt, kann jeder Inhaber des aus der Realteilung hervorgegangenen Teilbetriebs vom Gewerbeertrag dieses Unternehmens den vortragsfähigen Fehlbetrag der Personengesellschaft nur insoweit abziehen, als ihm dieser entsprechend des Gewinnverteilungsbeschlusses im Verlustentstehungsjahr zuzurechnen war. Es kann jedoch höchstens der Teil des Fehlbetrages abgezogen werden, der dem übernommenen Teilbetrieb tatsächlich zugeordnet werden kann (vgl. GewStR 10a.3 Abs. 3 Satz 9 Nr. 7 Satz 1). Im Ergebnis kann es insoweit zum Verlust von Abzugspo-

tential kommen. Dies kann durch eine verhältniswahrende Auf- bzw. Abspaltung vermieden werden (GewStR 10a. 3 Abs. 3 Satz 9 Nr. 7 Satz 2).

cc) Sonstige Folgen

Soweit steuerlich begünstigte Sachgesamtheiten (Teilbetrieb einschließlich 100%ige **23** Beteiligung an einer Kapitalgesellschaft, Mitunternehmeranteil) **oder einzelne Wirtschaftsgüter** im Rahmen der Realteilung übergehen, ist nach § 16 Abs. 3 Satz 2 2. Hs. EStG die **Buchwertfortführung** zwingend. Der übernehmende Realteiler tritt damit auch in vollem Umfang in die steuerlichen Rechtsfolgen der bisherigen Mitunternehmerschaft ein. Soweit nicht nur einzelne Wirtschaftsgüter übertragen werden, stellt die Realteilung keinen Verstoß gegen die Behaltensregelung nach § 13a Abs. 5 EStG dar (Koordinierte Ländererlasse v. 22.6.17, BStBl. I 17,. 902 Abschnitt 13a.12 Abs. 1 Satz 2).

Für die Realteilung außerhalb der Regelungen der Aufspaltung nach §§ 123 ff. **24** UmwG gibt es **keine Rückwirkung** (weder handelsrechtlich noch steuerrechtlich). Bei Realteilung im Wege der Aufspaltung gem. §§ 123 ff. UmwG 1995 kann handelsrechtlich gem. § 17 Abs. 2 Satz 3 iVm. § 125 UmwG ein Stichtag angesetzt werden, der im Zeitpunkt der Anmeldung ins Handelsregister nicht länger als acht Monate zurückliegt. Auch steuerrechtlich ergibt sich für den Fall der Aufspaltung auf Kapitalgesellschaften (und auf Grund § 24 Abs. 4 2. Hs. UmwStG) aus § 20 Abs. 6 Satz 2 UmwStG mE die entsprechende Anwendung der in § 20 Abs. 6 Satz 1 UmwStG angeordneten bis zu achtmonatigen Rückwirkung, wenn dieser Stichtag höchstens acht Monate vor der Anmeldung zum Handelsregister liegt (*S/St/Moszka* Anh. UmwStG Rz. 585). In diesen Fällen ist das Einkommen gem. § 20 Abs. 5 UmwStG auf Antrag so zu ermitteln, als wenn auch das eingebrachte Betriebsvermögen mit Ablauf des steuerlichen Übertragungsstichtags auf die Übernehmerin übergegangen wäre (allerdings nicht bzgl. Entnahmen und Einlagen, die nach dem steuerlichen Übertragungsstichtag erfolgen, vgl. § 20 Abs. 5 Satz 2 UmwStG; beachte: verlängerte Rückwirkungsfristen in 2020 und 2021 aufgrund COVID-19-Pandemie).

2. Einzelerläuterungen

a) Handelsrecht

Zu Ziff. 1:

Die Auflösung und die Abwicklung in Abweichung von den gesetzlichen Regelun- **25** gen in den §§ 161 Abs. 2, 145 ff. HGB bzw. §§ 730 ff. BGB bedarf grds. eines **einstimmigen Beschlusses** der Gesellschafter, § 131 Abs. 1 Nr. 2 HGB (*Baumbach/Hopt/Roth* § 131 Rz. 12), **der in dem Vertragsformular zu sehen ist.** Ob ein **Mehrheitsbeschluss** möglich ist, ergibt sich aus einer zweistufigen Prüfung. Zuerst ist anhand des Gesellschaftsvertrags durch Auslegung gemäß §§ 133, 157 BGB zu ermitteln, ob der Beschlussgegenstand von der Mehrheitsklausel erfasst ist. In diesem Zusammenhang ist nach der Rspr. des BGH nunmehr nicht mehr von Bedeutung, ob der Beschlussgegenstand hinreichend bestimmt im Gesellschaftsvertrag aufgeführt ist. Dem früheren Bestimmtheitsgrundsatz kommt für die formelle Legitimation einer Mehrheitsentscheidung keine Bedeutung mehr zu (BGH II ZR 84/13 v. 21.10.14, NJW 15, 859, s. auch BGH II ZR 245/05 v. 15.1.07, NJW 07, 1685; zur Änderung der Rspr. *Baumbach/Hopt/Roth* § 119 HGB Rz. 37 ff.). Anschließend ist die materielle Wirksamkeit des Beschlusses zu prüfen. Dabei kommt es bei Eingriffen in die individuelle Rechtsstellung des Gesellschafters, das heißt in seine rechtliche und vermögensmäßige Position in der Gesellschaft, maßgeblich darauf an, ob der Eingriff im Interesse der Gesellschaft geboten und dem betroffenen Gesellschafter unter Berücksichtigung seiner eigenen schützenswerten Belange zumutbar ist (BGH II ZR 84/13 v. 21.10.14, NJW 15, 860). Bei in gesetzlichem Güterstand lebenden verheirateten Gesellschaftern ist § 1365 BGB anwendbar (hM; *MünchKommHGB/K. Schmidt* § 131

Rz. 18). Mit dem Auflösungsbeschluss ist die KG noch nicht beendet: Sie stellt nur ihre „werbende" Tätigkeit ein und geht in die Abwicklungsphase über. Erst mit Durchführung der Realteilung, dh. der vollständigen Verteilung des Gesellschaftsvermögens, ist die Gesellschaft beendet. Sowohl die Auflösung als auch die Beendigung der KG sind durch alle Gesellschafter zum Handelsregister anzumelden, fallen Auflösung und Beendigung jedoch zeitlich zusammen, können beide Tatsachen in einer Anmeldung zusammengefasst werden.

26   Die Zuteilung und Übertragung aller Vermögensgegenstände, Rechte und Verbindlichkeiten, sowie laufender Vertragsverhältnisse der Personengesellschaft müssen im Wege der **Einzelrechtsnachfolge** vorgenommen werden (keine Gesamtrechtsnachfolge, s. Rz. 3). Dies erfordert die listenmäßige Aufführung sämtlicher Vermögensgegenstände, schwebender Vertragsverhältnisse, halbfertiger Arbeiten, Rechte, Verbindlichkeiten und Vertragsverhältnisse, deren Zuteilung an bestimmte Gesellschafter sowie deren rechtswirksame Übertragung auf diese. Das Formular enthält hierzu in dem Beschluss schuldrechtliche Vereinbarungen (**Auseinandersetzungsvertrag**). Die Übertragung des Vermögens ist grds. formlos möglich (die Übertragung von Grundstücken oder GmbH-Anteilen bedarf aber der notariellen Beurkundung). Zur Übertragung von Verbindlichkeiten und anderen Schuldverhältnissen ist die Zustimmung des jeweiligen Gläubigers im Außenverhältnis notwendig (s. Rz. 3). Im Innenverhältnis sollte regelmäßig vereinbart werden, dass der übernehmende Gesellschafter den nicht übernehmenden Gesellschafter bei einer evtl. Inanspruchnahme freizustellen hat. Die Komplementär GmbH übernimmt keine Vermögensgegenstände, da sie nicht am Kapital der KG beteiligt war. Sie scheidet ohne Gegenleistung aus der KG aus. Da die Komplementär GmbH durch die Beendigung der KG ihren Zweck verliert, ist die Beteiligung an dem Auseinandersetzungsvertrag ein Grundlagengeschäft der GmbH, das der Zustimmung der Gesellschafter bedarf. Das Formular sieht daher einen solchen Beschluss vor, der dem Auseinandersetzungsvertrag als Anlage beigefügt ist. Durch die Realteilung wird die Komplementär GmbH nicht per se aufgelöst. Sie muss von deren Gesellschaftern eigens aufgelöst oder einer anderen Verwendung zugeführt werden.

Zu Ziff. 2:

27   Trotz der zwingenden steuerlichen Buchwertfortführung nach § 16 Abs. 3 Satz 2 2. Hs. EStG empfiehlt sich zur Klarstellung die Aufnahme einer entsprechenden Bestimmung im Auseinandersetzungsvertrag.

Zu Ziff. 3:

28   Da bei späteren Änderungen der Schlussbilanzansätze, zB im Anschluss an eine steuerliche Außenprüfung, sich auch die entsprechenden vom Gesellschafter fortzuführenden Buchwerte gem. § 175 Nr. 2 AO ändern und daraus evtl. steuerpflichtige Ausgleichsansprüche (s. Rz. 12) entstehen könnten, empfiehlt sich eine diesbezügliche Regelung in der Vereinbarung (s. Rz. 13 f.).

b) Ertragsteuerrecht

Zu Ziff. 1–4:

29   Ertragsteuerlich geht das Formular davon aus, dass zum Stichtag der Realteilung zwei Teilbetriebe (iSv. EStR 16 Abs. 3) bestehen und diese von jeweils einem der beiden Gesellschafter unter zwingender steuerlicher Buchwertfortführung übernommen werden. Zur Sicherstellung der künftigen Besteuerung der stillen Reserven ist die Angleichung der Kapitalkonten (s. Rz. 13) an die von jedem Gesellschafter übernommenen Nettobuchwerte in Ziff. 1.3 vorgesehen. Dies kann dazu führen, dass ein Gesellschafter zukünftig einen höheren Betrag an stillen Reserven zu versteuern hat als ein anderer Gesellschafter; auch die zeitliche Verteilung der Abschreibung kann unter-

schiedlich sein und zu unterschiedlichen Barwerten der zukünftigen Steuerbelastung führen. Darüber hinaus werden regelmäßig die Teilwerte nicht den Buchwerten entsprechen. Diese Besonderheiten sind im Einzelfall bei der Aufteilung des Betriebsvermögens auf die einzelnen Teilbetriebe (zB durch entsprechende Zuteilung von Geld und Forderungskonten) zu berücksichtigen. Im Formular wird in Ziff. 3 ausdrücklich davon abgesehen, diesbezüglich Ausgleichszahlungen (Spitzenausgleich) zu vereinbaren, um damit evtl. steuerpflichtige Gewinne zu vermeiden (vgl. Rz. 12).

c) Verkehrsteuerrecht

aa) Umsatzsteuer

Zu Ziff. 5:

Bei der Übertragung von Wirtschaftsgütern im Rahmen der Realteilung soll ein **30** entgeltlicher Leistungsaustausch iSd. § 1 Abs. 1 Nr. 1 UStG vorliegen. Das Entgelt ist die Aufgabe der Gesellschaftsrechte (vgl. BFH V 170/58 U v. 17.11.60, BStBl. III 61, 86). Bei der im Formular vorgesehenen Übertragung von zwei Teilbetrieben handelt es sich umsatzsteuerlich um die Übertragung von jeweils in der Gliederung des Unternehmens gesondert geführten Betrieben im Ganzen auf die Herren A und B als Unternehmer zur Fortführung in deren Unternehmen. Diese Übertragungen unterliegen daher im Ergebnis gem. § 1 Abs. 1a UStG nicht der Umsatzsteuer. Da damit aber die Verpflichtung zu etwaigen zukünftigen Vorsteuerberichtigungen die jeweiligen Realteiler trifft (§ 1 Abs. 1a Satz 3 iVm. § 15a Abs. 10 UStG), ist im Formular auf diese Verpflichtung hingewiesen und vorgeschlagen, die dafür notwendigen Angaben bereits im Formular zu machen.

Handelt es sich nicht um die Übertragung von jeweils gesondert geführten Betrieben, bleibt die Realteilung umsatzsteuerbar. Bemessungsgrundlage ist im Ergebnis der gemeine Wert der übertragenen Wirtschaftsgüter (gemeiner Wert der aufgegebenen Gesellschaftsrechte zuzüglich übernommener Verbindlichkeiten = gemeiner Wert sämtlicher übergehender Vermögensgegenstände). Der gemeine Wert wird regelmäßig über den Buchwerten liegen, da umsatzsteuerlich auch stille Reserven und ein evtl. Firmenwert zu berücksichtigen sind. Zu prüfen ist, ob es sich umsatzsteuerlich empfiehlt, durch Option gem. § 9 UStG auf Steuerbefreiungstatbestände nach § 4 Nr. 8 Buchst. b, c, e, f, g sowie nach § 4 Nr. 9 Buchst. a UStG zu verzichten (zur Vermeidung von Nachteilen beim Vorsteuerabzug, insb. gem. § 15a UStG, bzw. zur Vereinfachung), soweit der übernehmende Gesellschafter voll vorsteuerabzugsberechtigt ist. Evtl. vom übernehmenden Realteiler getragene Grunderwerbsteuer gehört nicht länger zum umsatzsteuerlichen Entgelt (vgl. UStAE 10.1 Abs. 7 Satz 6).

bb) Grunderwerbsteuer

Zu Ziff. 6:

Gehört zum Vermögen der aufgelösten und realgeteilten Personengesellschaft ein **31** Grundstück, so unterliegt die Übertragung des Grundstücks von der Gesamthand auf einen Gesellschafter grds. der Grunderwerbsteuer gem. § 1 Abs. 1 Nr. 1 GrEStG. Die Grunderwerbsteuer ist jedoch in Höhe der Beteiligungsquote des übernehmenden Gesellschafters an der Personengesellschaft im Zeitpunkt der Realteilung gem. § 6 Abs. 2 GrEStG nicht zu erheben (jedoch Fünf-Jahresfristen gem. § 6 Abs. 4 und § 1 Abs. 2a GrEStG beachten!). Hinweis auch auf § 1 Abs. 3a GrEStG idF nach dem AmtshilfeRLUmsG. Aufgrund der neuen, sehr weiten Auslegung der Regelung durch den BFH ist jeweils auch zu prüfen, ob eine Vergünstigung nach § 6a GrEStG in Betracht kommt (zur BFH-Rspr. *Loose* DB 20, 919).

Bemessungsgrundlage für die Grunderwerbsteuer ist gem. § 8 Abs. 2 GrEStG der **32** sog. Grundbesitzwert iSd. § 138 Abs. 2 oder 3 BewG des übertragenen Grundstücks (FinMin. BaWü v. 19.12.97, DStR 98, 82; zur Verfassungswidrigkeit der Grundbesitzwerte vgl. BFH II R 64/08 v. 2.3.11, BFH/NV 11, 1009 und v. 23.6.15 (BStBl. II 15, 871. BVerfG 1 BvL 14/11. Mit dem StÄndG 2015 v. 2.11.15 (BGBl I 15, 1834) ist der Verweis in § 8 Abs. 2 GrEStG dahingehend geändert worden, dass nunmehr die sog. **Erbschaftsteuerwerte** Ersatzbemessungsgrundlage sind. Die Neuregelung ist auf alle Erwerbsvorgänge nach dem 31.12.08 anzuwenden (vgl. Gleichl. Ländererlasse v. 16.12.15, BStBl. I 15, 1082; *Loose* DB 16, 75; *Schade* DStR 16, 657).

d) Arbeitsrecht

33   Gehen im Zuge der Realteilung Betriebe oder Betriebsteile auf die übernehmenden Gesellschafter über, sind die Rechtsfolgen eines **Betriebsübergangs nach § 613a BGB** für das einzelne Arbeitsverhältnis wie auch für die Weitergeltung bzw. Ablösung von Kollektivvereinbarungen (Betriebsvereinbarungen, Tarifverträge) zu beachten.

§ 613a BGB enthält **keine eigenständige Definition des Betriebsbegriffs.** Ein Betrieb im Sinne dieser Vorschrift liegt entsprechend der Betriebsübergangsrichtlinie (RL (EG) Nr. 2001/23 v. 12.3.01, ABl. EG Nr. L 082 S. 16) bei einer „ihre Identität bewahrenden wirtschaftlichen Einheit im Sinne einer organisierten Zusammenfassung von Ressourcen zur Verfolgung einer wirtschaftlichen Haupt- oder Nebentätigkeit" vor. Entscheidend ist, dass durch den Übergang einer wirtschaftlichen Einheit die bisher in der Einheit geleistete Tätigkeit im Wesentlichen unverändert fortgeführt werden kann. Die wirtschaftliche Einheit ergibt sich aus dem Personal, ihrer Arbeitsorganisation, ihren Betriebsmethoden sowie den zur Verfügung stehenden Betriebsmitteln (*Erfurter Kommentar ArbR/Preis* § 613a BGB Rz. 6). Dagegen reicht nach der Rechtsprechung eine bloße Fortführung einer Tätigkeit ohne Übernahme einer organisatorischen Einheit (Funktionsnachfolge) nicht aus (EuGH Rs. C-13/95 v. 11.3.97, NJW 97, 2039; BAG 8 AZR 243/95 v. 22.1.98, NZA 98, 638). Ein Übergang iSd. § 613a BGB liegt darüber hinaus nur bei einem Übergang durch Rechtsgeschäft vor. Dies ist bei einer Realteilung durch Naturalteilung gem. § 145 Abs. 1, 2. Alt. HGB der Fall, da die Gesellschafter die Realteilung und damit die eventuelle Übertragung von Betrieben oder Betriebsteilen gemäß des Gesellschaftsvertrags oder Auseinandersetzungsvertrags durchführen. Bei der Durchführung der Realteilung durch eine Aufspaltung nach § 123 Abs. 1 Nr. 1 UmwG ordnet § 324 UmwG die Geltung des § 613a Abs. 1, 4 bis 6 BGB an. Die Voraussetzung, ob ein Betriebsübergang durch die Aufspaltung betroffen ist, ist jedoch selbständig zu prüfen (*S/St/Simon* § 324 UmwG Rz. 3).

34   Ob ein Betriebsübergang vorliegt, überprüft die Rechtsprechung anhand des folgenden **7-Punkte-Katalogs** (*Erfurter Kommentar/Preis* § 613a BGB Rz. 11 ff.; *Münch-KommBGB/Müller-Glöge* § 613a Rz. 25 ff.):
1. Art des bisherigen Betriebs/Unternehmens;
2. Etwaiger Übergang der materiellen Aktiva (Gebäude, bewegliche Güter);
3. Wert der übergegangenen immateriellen Aktiva (Patente, Schutzrechte, Lizenzen) bei Übergang;
4. Etwaige Übernahme der Hauptbelegschaft durch den jeweiligen Realteiler;
5. Etwaiger Übergang der Kundschaft;
6. Grad der Ähnlichkeit zwischen den vor und nach dem Übergang verrichteten Tätigkeiten;
7. Dauer einer eventuellen Unterbrechung der Tätigkeit (nur vorübergehende Schließung der wirtschaftlichen Einheit schließt den Betriebsübergang nicht aus).

35   Folge der Anwendbarkeit des § 613a BGB ist der **gesetzliche Übergang der Arbeitsverhältnisse** der in dem **übergehenden** Betrieb oder Betriebsteil beschäftigten Arbeitnehmer mit sämtlichen Rechten und Pflichten auf den Gesellschafter, der den betreffenden Betrieb oder Betriebsteil übernimmt (§ 613a Abs. 1 Satz 1 BGB). Nicht auf § 613a BGB berufen kann sich ein Arbeitnehmer, der dem übertragenen Betriebsteil nicht zugeordnet ist, zB weil er in übergeordneter Funktion tätig und daher keinem speziellen Betrieb zugeordnet ist (vgl. *W/M/Schwarz* Einf. UmwG Rz. 21.11).

Der bisherige oder neue Arbeitgeber hat gem. § 613a Abs. 5 BGB zwingend eine 36 **Unterrichtungsverpflichtung,** wonach er die von einem Betriebsübergang betroffenen Arbeitnehmer informieren muss (unabhängig von dem Bestehen einer Arbeitnehmervertretung).

Inhaltlich hat der bisherige Arbeitgeber (hier die KG) oder der neue Inhaber vor dem Übergang den Arbeitnehmer in Textform (ausreichend ist ein gedruckter Text ohne Unterschriftserfordernis, zB Kopien, Telefax oder E-Mail) zu unterrichten über (1) **Zeitpunkt** bzw. geplanter Zeitpunkt des Übergangs, (2) **Grund** für den Übergang, (3) **rechtliche, wirtschaftliche und soziale Folgen** des Übergangs für den Arbeitnehmer, und (4) hinsichtlich der Arbeitnehmer **in Aussicht genommene Maßnahmen** (vgl. iE *Gaul/Otto* DB 02, 634f. und 638ff.). Die Rechtsprechung hat die Hürden für eine ordnungsgemäße Unterrichtung sehr hoch gelegt. So sind die Firmenbezeichnung und Adressen anzugeben und die Darstellung der rechtlichen Folgen darf keine juristischen Fehler beinhalten (BAG 8 AZR 305/05 v. 13.7.06, DB 06, 2408). Insgesamt muss die Unterrichtung in einer klaren, für juristische Laien verständlichen Sprache erfolgen (*Erfurter Kommentar ArbR/Preis* § 613a BGB Rz. 86). Allerdings wurden die strengen Anforderungen auf prozessualer Ebene wieder relativiert. So muss der Arbeitnehmer im Rahmen einer abgestuften Darlegungslast nach § 138 Abs. 3 ZPO einen behaupteten Mangel näher darlegen, wenn die Unterrichtung zunächst formal den gesetzlichen Anforderungen, insbes. denen des § 613a Abs. 5 BGB, genügt und nicht offensichtlich fehlerhaft ist. Der bisherige Arbeitgeber und/oder der Erwerber – je nachdem, wer die Unterrichtung vorgenommen hat – hat dann die Darlegungs- und Beweislast für die ordnungsgemäße Erfüllung der Unterrichtungspflicht, indem er mit entsprechenden Ausführungen und Beweisen die Einwände des Arbeitnehmers entkräftet (BAG 8 AZR 430/10 v. 10.11.11, NZA 12, 584; vgl. *Erfurter Kommentar ArbR/Preis* § 613a BGB Rz. 86a).

Zu beachten sind in diesem Zusammenhang die Folgen einer **fehlenden bzw.** 37 **fehlerhaften Unterrichtung:** Dies führt zunächst dazu, dass die einmonatige Frist nicht in Lauf gesetzt wird. Zu weiteren Einzelheiten, insbes. sich hieraus möglicherweise ergebenden Schadensersatzansprüchen des Arbeitnehmers, vgl. *Gaul/Otto* DB 02, 638.

Der betroffene Arbeitnehmer kann dem Übergang des Arbeitsverhältnisses gem. 38 § 613a Abs. 6 BGB grundsätzlich **widersprechen** (das gesetzlich normierte Widerspruchsrecht bestätigt die langjährige Rspr. des BAG; vgl. nur BAG 2 AZR 449/91 v. 7.4.93, ZIP 93, 1176; *Gaul/Otto* DB 02, 636 mwN). Anforderungen hinsichtlich **Form, Inhalt** und **Frist** für den Widerspruch ergeben sich aus § 613a Abs. 6 BGB: Der Widerspruch ist in eigenhändig unterzeichneter, **schriftlicher** Form zu erklären (bloß konkludentes Handeln oder Schweigen reicht insoweit nicht mehr) und hat den Willen zum Ausdruck zu bringen, einen Übergang des Arbeitsverhältnisses zu verhindern. Die Erklärung ist **innerhalb eines Monats** nach Zugang der Unterrichtung abzugeben.

Der ordnungsgemäß und fristgerecht erklärte Widerspruch würde dazu führen, dass 39 der betroffene Arbeitnehmer bei dem übertragenden Rechtsträger beschäftigt bleibt. In den Fällen der Realteilung ist allerdings zu beachten, dass der übertragende Rechtsträger erlischt. Das Widerspruchsrecht läuft damit im Ergebnis ins Leere (vgl. *Wlotzke* DB 95, 40, 43; *Heinrichs* ZIP 95, 794).

Nach einer Auffassung führt daher die Ausübung des Widerspruchs zur Beendigung des Arbeitsverhältnisses (*Boecken* ZIP 94, 1087, 1092), andere halten die Ausübung des Widerrufsrechts für gar nicht möglich bzw. gegenstandslos (vgl. *S/H/S/Langner* Vor § 322–325 Rz. 29). Das BAG (8 AZR 157/07 v. 21.2.08, NZA 08, 815; vgl. *Simon/Weninger* BB 10, 117) hat sich bei Erlöschen des übertragenden Rechtsträgers infolge einer Anwachsung für die letztgenannte Ansicht entschieden. Das BAG hält einen Widerspruch nicht für möglich, wenn der bisherige Arbeitgeber durch die gesellschaftsrechtliche Gestaltung erlischt. Ein Widerspruch kann auch nicht als Kündigung oder andere Beendigungserklärung ausgelegt werden. Vielmehr ist das Erlöschen des bisherigen Arbeitgebers ein wichtiger Grund iSd. § 626 Abs. 1 BGB, aufgrund dessen der Arbeitnehmer berechtigt ist, den Vertrag zu kündigen (BAG 8 AZR 157/07 v. 21.2.08, NZA 08, 818). Ist daher die A & B-GmbH & Co. KG endgültig erloschen, ist ein Widerspruch gegen den Übergang des Arbeitsverhältnisses nicht mehr möglich.

40   Das Arbeitsverhältnis besteht nach dem Betriebsübergang mit allen Rechten und Pflichten unter Anerkennung der Vordienstzeiten fort. Wegen der Rechtsfolgen des § 613a BGB sei iE auf *Engl/Ebener* A. 1 Rz. 150ff. verwiesen. Im Übrigen wird für weitere Einzelheiten auf die einschlägige Kommentarliteratur verwiesen (vgl. nur *Palandt/Weidenkaff* § 613a BGB Rz. 5ff.; *Erfurter Kommentar ArbR/Preis* § 613a BGB Rz. 66ff.).

41   Ferner sind **Informations- und Beteiligungsrechte** der Arbeitnehmervertretungen zu prüfen: Auf betriebsverfassungsrechtlicher Ebene stellt sich die Frage des **Bestands** und der Zusammensetzung von **Betriebsräten** sowie eines etwaigen **Übergangsmandats** nach § 21a BetrVG. Die Teilung von Unternehmen durch Ausgliederung einzelner Aktivitäten kann schließlich eine **sozialplanpflichtige Betriebsänderung** iSd. §§ 111ff. BetrVG darstellen.

A. 13. Schiedsvereinbarung und Mediationsklausel

Übersicht

A. 13.00 Schiedsvereinbarung (zweigliedrige Personengesellschaft)

Gliederung

I. FORMULAR

Formular A. 13.00 Schiedsvereinbarung (zweigliedrige Personengesellschaft)

Vorbemerkung

Die Unterzeichneten A und B haben in § ...... des Vertrages vom ...... über die Gründung einer GbR zum Betrieb eines ...... vereinbart, dass sie eine Schiedsvereinbarung in einer gesonderten Urkunde schließen werden. Sie schließen hiermit auch für die mitunterzeichnete GbR folgende

SCHIEDSVEREINBARUNG

§ 1 Schiedsabrede

(1) Alle Streitigkeiten, die sich zwischen der Gesellschaft und Gesellschaftern oder zwischen Gesellschaftern aus, in Durchführung oder im Zusammenhang mit dem zwischen den Parteien am ...... unterzeichneten GbR-Vertrag ergeben, sowie die Einwendungen, die gegen die sich hieraus ergebenden Ansprüche erhoben werden, werden unter Ausschluss der staatlichen Gerichtsbarkeit der Entscheidung eines Schiedsgerichts durch Schiedsspruch unterworfen, soweit die staatlichen Gerichte nicht zwingend zuständig sind oder in dieser Vereinbarung nicht ausdrücklich etwas anderes bestimmt ist.

(2) Die Schiedsabrede schließt nicht aus, dass ein Gericht vor oder nach Beginn des schiedsrichterlichen Verfahrens auf Antrag einer Partei eine vorläufige oder sichernde Maßnahme in Bezug auf den Streitgegenstand des schiedsrichterlichen Verfahrens anordnet. Jede Partei ist berechtigt, stattdessen Maßnahmen des einstweiligen Rechtsschutzes beim Schiedsgericht gemäß § 1041 ZPO zu beantragen.

§ 2 Zusammensetzung und Bestellung des Schiedsgerichts

(1) Die Zahl der Schiedsrichter ist drei, nämlich zwei Schiedsrichter und ein Obmann. Der Obmann muss Volljurist sein. Die Schiedsrichter dürfen nicht in einem Abhängigkeits- oder ständigen Geschäftsverhältnis zu den Parteien stehen.

(2) Die Kläger- und die Beklagtenseite bestellen jeweils einen der beiden Schiedsrichter. Sollte die Bestellung auf Kläger- oder Beklagtenseite nicht binnen einer Frist von zwei Wochen nach Beginn des schiedsrichterlichen Verfahrens erfolgt sein, so wird die jeweilige Bestellung auf Antrag der jeweils betreibenden Partei durch den Präsidenten der Industrie- und Handelskammer in ...... binnen einer Frist von zwei Wochen ab Antragstellung vorgenommen.

(3) Binnen zwei Wochen nach Bestellung des zweiten Schiedsrichters bestellen die beiden Schiedsrichter den Obmann. Sollte die Bestellung des Obmanns nicht innerhalb der vorgenannten Frist erfolgt sein, so wird die Bestellung auf Antrag einer der Parteien durch den Präsidenten der Industrie- und Handelskammer in ...... binnen einer Frist von zwei Wochen ab Antragstellung vorgenommen.

(4) Die jeweils betreibenden Beteiligten fordern die Person, der sie das Amt eines Schiedsrichters oder des Obmanns antragen, auf, die Übernahme des Amtes auf der Grundlage dieser Schiedsvereinbarung durch Unterzeichnung einer Kopie dieser Schiedsvereinbarung zu bestätigen und sich gemäß § 7 Abs. 1 zu erklären. Der jeweils betreibende Beteiligte ist an die durch ihn vorgenommene Bestellung gebunden, sobald er eine der Parteien von der Bestellung unterrichtet hat.

§ 3 Konstituierung, Ablehnungsverfahren

(1) Das Schiedsgericht ist konstituiert, sobald die Personen der Schiedsrichter und des Obmanns den Parteien bekannt gegeben worden sind und das Schiedsgericht erste Verfahrensanordnungen gegenüber den Parteien getroffen hat.

(2) Gründe zur Ablehnung eines Schiedsrichters oder des Obmanns, die der ablehnenden Partei noch vor der Konstituierung des Schiedsgerichts bekannt geworden sind, müssen innerhalb von zwei Wochen nach der Konstituierung des Schiedsgerichts schriftlich geltend gemacht werden. Für später bekanntwerdende Ablehnungsgründe beträgt die Frist zwei Wochen ab Kenntnisnahme. Im Übrigen gelten für das Ablehnungsverfahren die Regelungen der §§ 1037 Abs. 2 Satz 2 und Abs. 3, 1039 ZPO.

(3) Für die Ersetzung des abgelehnten Schiedsrichters oder Obmanns gelten die Bestimmungen des § 2 entsprechend.

§ 4 Verfahrensort, zuständiges Oberlandesgericht, anwendbares Verfahrensrecht

(1) Der Ort des Schiedsverfahrens ist ...... zuständiges Oberlandesgericht im Sinne von § 1062 Abs. 1 ZPO ist das Oberlandesgericht ....

(2) Auf das Schiedsverfahren finden die Vorschriften des zehnten Buches der Zivilprozessordnung der Bundesrepublik Deutschland Anwendung, soweit sich nicht aus dieser Schiedsvereinbarung etwas anders ergibt.

(3) Die Teilnichtigkeit, -unwirksamkeit oder -undurchführbarkeit führt in der Regel nicht zur Nichtigkeit der Schiedsvereinbarung insgesamt. Die Vorschriften des Zehnten Buches der Zivilprozessordnung der Bundesrepublik Deutschland finden auch dann ergänzend oder hilfsweise Anwendung, wenn eine Regelung dieser Schiedsvereinbarung teilweise oder insgesamt nichtig, unwirksam oder undurchführbar ist.

§ 5 Verfahrenssprache

Die Verfahrenssprache ist Deutsch, soweit die Parteien sich nicht mit einer anderen Verfahrenssprache einverstanden erklären.

§ 6 Anwendbares materielles Recht, Kollisionsrecht, Entscheidung nach Billigkeit

(1) Das Schiedsgericht hat der Entscheidung über den Streitgegenstand als materielles Recht und als Kollisionsrecht das Recht der Bundesrepublik Deutschland zugrunde zu legen.

(2) Das Schiedsgericht hat nur dann nach Billigkeit zu entscheiden, wenn die Parteien es ausdrücklich hierzu ermächtigen.

§ 7 Schiedsrichterverträge

(1) Eine Person, der das Amt des Schiedsrichters oder Obmanns angetragen wird, hat alle Umstände offen zu legen, die Zweifel an ihrer Unparteilichkeit, Unabhängigkeit oder Qualifizierung nach § 2 Abs. 1 wecken können. Diese Verpflichtung besteht auch nach Bestellung bis zum Ende des schiedsgerichtlichen Verfahrens fort.

(2) Die Tätigkeit der Schiedsrichter und des Obmanns wird nach Maßgabe des Rechtsanwaltsvergütungsgesetzes (RVG) vergütet, wobei abweichend von den danach vorgesehenen Aktgebühren ausschließlich die folgenden Gebührentatbestände vereinbart werden: Jeder der Schiedsrichter und der Obmann erhalten pauschal je zwei Gebühren zu einem Satz von …… nach Maßgabe des RVG. Die erste Gebühr entsteht mit der Konstituierung des Schiedsgerichts, die zweite mit Beendigung des Verfahrens durch Schiedsspruch, Vergleich, Klagerücknahme, Anerkenntnis oder sonstige Erledigung des Verfahrens nach Konstituierung. Der Obmann erhält zusätzlich eine Gebühr zu einem Satz von …… nach Maßgabe des RVG. Die Parteien haften den Schiedsrichtern und dem Obmann als Gesamtschuldner.

(3) Verletzt ein Schiedsrichter oder der Obmann seine Amtspflichten, so ist er für den daraus entstehenden Schaden nur dann verantwortlich, wenn die Pflichtverletzung in einer Straftat besteht.

(4) Der Schiedsrichtervertrag gilt mit der Unterrichtung nach § 2 Abs. 4 Satz 2 als zustande gekommen.

§ 8 Kostenvorschüsse

(1) Das Schiedsgericht ist berechtigt, für die Auslagen und Gebühren der Schiedsrichter und des Obmanns von den Parteien angemessene Kostenvorschüsse zu gleichen Anteilen anzufordern.

(2) Die Schiedsrichter erteilen dem Obmann Vollmacht zur Kostenvorschussanforderung und zu der Entgegennahme der Zahlungen hierauf. Der Obmann hat hierüber Buch zu führen und gegenüber den Schiedsrichtern und Parteien abzurechnen. Überzahlungen werden nach Abschluss des Verfahrens an die jeweiligen Parteien ausgekehrt.

(3) Befindet sich eine Partei mit der Zahlung eines Kostenvorschusses in Verzug, so steht es der anderen Partei frei, den Kostenvorschuss vor den staatlichen Gerichten geltend zu machen und/oder die Zahlung zum Zwecke des Fortgangs des Verfahrens selbst zu verauslagen. Alternativ kann sie der sich in Verzug befindenden Partei unter Androhung der Kündigung der Schiedsvereinbarung eine Nachfrist von zwei Wochen zur Begleichung der Kostenvorschussanforderung setzen.

§ 9 Kosten, Kostenentscheidungen

(1) Das Schiedsgericht entscheidet auf Antrag über die Höhe des Streitwerts (Streitwertentscheidung) und in entsprechender Anwendung der §§ 91 ff. ZPO darüber, in welchem Verhältnis zueinander die Parteien die Kosten des Schiedsverfahrens, einschließlich der den Parteien zur zweckentsprechenden Rechtsverfolgung entstandenen Kosten, zu tragen haben (Kostenlastentscheidung).

(2) Das Schiedsgericht setzt auf Antrag die Höhe der erstattungsfähigen Kosten fest (Kostenfestsetzungsentscheidung). Erstattungsfähig sind auch Anwaltskosten, die aufgrund einer berufsrechtlich zulässigen Honorarvereinbarung nach Zeitaufwand in Rechnung gestellt werden. Der maximal erstattungsfähige Stundensatz beträgt € …… zzgl. MwSt. Erbrachter Zeitaufwand ist zeitnah, hinreichend und glaubhaft zu dokumentieren.

(3) Streitwert-, Kostenlast- und Kostenfestsetzungsentscheidung müssen nicht miteinander verbunden werden. Die Anberaumung einer mündlichen Verhandlung liegt im freien Ermessen des Schiedsgerichts. Die Entscheidungen sind lediglich im Verhältnis zu den Parteien, nicht aber im Verhältnis zum Schiedsgericht verbindlich.

II. ERLÄUTERUNGEN

> **Erläuterungen zu A. 13.00 Schiedsvereinbarung**
> **(zweigliedrige Personengesellschaft)**

1. Grundsätzliche Anmerkungen

a) Wirtschaftliches Vertragsziel

1   Mit dem am 1.1.98 in Kraft getretenen **Schiedsverfahrens-Neuregelungsgesetz** v. 22.12.97 (BGBl. I 97, 3224) wurde das Schiedsverfahrensrecht in Deutschland in Anlehnung an das UNCITRAL-Modellgesetz komplett neu gefasst, wie dies bereits weltweit in zahlreichen anderen Staaten geschehen war. Im Hinblick auf die immer größere Bedeutung der internationalen Handelsschiedsgerichtsbarkeit, von der auch der Standort Deutschland profitieren sollte, war eine Harmonisierung mit anderen Prozess- und Schiedsverfahrensrechten erwünscht (Näheres vgl. BT-Drs. 13/5274).

2   Für die Streitbeilegung durch ein schiedsrichterliches Verfahren sind als besondere Vorteile zu nennen: Die Vertraulichkeit (Ausschluss der Öffentlichkeit), das schnellere Verfahren (schon wegen der Beschränkung der Rechtsmittel gegen den Schiedsspruch), die Möglichkeit, Schiedsrichter mit besonderer Eignung und besonderen Fähigkeiten auszuwählen (zB Sprachkenntnisse, Branchenkenntnisse etc.), die größere Verfahrensfreiheit, die meist leichtere internationale Durchsetzbarkeit der Schiedssprüche, die idR größere Vergleichsbereitschaft und je nach Umständen des Falles auch das Kostenargument. Schiedsverfahren dürften eher für umfangreiche und fachlich schwierig gelagerte Streitigkeiten in Betracht kommen, nicht aber zB für einfache Inkassofälle. Sinnvoll können Schiedsvereinbarungen daher insb. bei Investitions- und Bauprojekten, Unternehmensverkäufen, Konsortialverträgen und gesellschaftsrechtlichen Auseinandersetzungen sein.

3   Neben dem Ad-hoc-Schiedsgericht (vgl. Formulare A. 13.00 und A. 13.01) haben in der Praxis die sog. institutionellen Schiedsgerichte große Bedeutung. Für den europäischen Raum sind hier ua. der Internationale Schiedsgerichtshof bei der Internationalen Handelskammer in Paris (ICC International Court of Arbitration, www.iccwbo.org) und die Deutsche Institution für Schiedsgerichtsbarkeit e.V. (www.disarb.de) zu nennen. Institutionelle Schiedsgerichte verfügen meist über administrative Einrichtungen, die das Schiedsverfahren von der Konstituierung bis zum Schiedsspruch begleiten. Das kann unterm Strich zusätzlichen wirtschaftlichen Aufwand für die Parteien bedeuten. Sie halten allerdings auch vorformulierte Schiedsklauseln bereit, die für die Einzelheiten des Verfahrens auf die jeweilige Schiedsordnung Bezug nehmen. Dennoch empfiehlt sich, derartige Klauseln um Regelungen zu ergänzen, die den besonderen Interessen der Parteien im Einzelfall gerecht werden, soweit die jeweilige Schiedsordnung dies zulässt. Vgl. überdies Kostengegenüberstellung *Lachmann* Hdb. Schiedsgerichtspraxis, 3. Aufl. 2008, Rz. 4666 ff.

4   Grds. ist jeder vermögensrechtliche Anspruch objektiv schiedsfähig, dh. einer verbindlichen Entscheidung durch ein Schiedsgericht zugänglich (§ 1030 Abs. 1 S. 1 ZPO). Danach kann bspw. auch über die nach zwingendem Recht vorgesehenen Organhaftungsansprüche von Geschäftsleitern durch ein Schiedsgericht entschieden werden (*Herresthal* ZIP 14, 345). Bei nichtvermögensrechtlichen Streitigkeiten bedarf es hingegen der Vergleichsfähigkeit des Streitgegenstandes (§ 1030 Abs. 1 ZPO). Die Regelung besagt aber unmittelbar nichts dazu, ob und in welchem Umfang ein Dritter an

S. 2 eine Schiedsabrede gebunden ist (BGH III ZB 59/10 v. 30.6.11, BeckRS 2011, 18678, wonach die grundsätzliche Bindung des Insolvenzverwalters an eine vom Gemeinschuldner vor der Eröffnung des Insolvenzverfahrens abgeschlossene Schiedsabrede nicht gilt, wenn insolvenzspezifische Rechte betroffen sind; vgl. Rz. 6). Auch bei vermögensrechtlichen Ansprüchen muss den Parteien der Schiedsvereinbarung die materiell-rechtliche Dispositionsbefugnis zustehen. Sie fehlt bspw. dem Erblasser, der ohne Beteiligung der Pflichtteilsberechtigten Schiedsgerichtbarkeit auch über Pflichtteilsrechte anordnet (BGH I ZB 49/16 v. 16.3.17, SchiedsVZ 18, 37; *Kröll*, SchiedsVZ 18, 201, 212). Nach § 1030 Abs. 2 ZPO ist die schiedsrichterliche Streitbeilegung in Mietstreitigkeiten über Wohnraum unzulässig. Die Regelungen des Zehnten Buches der ZPO über die Schiedsfähigkeit sind nicht abschließend; Einschränkungen können sich auch aus anderen gesetzlichen Regelungen, zB in arbeitsrechtlichen Angelegenheiten gem. § 1030 Abs. 3 ZPO iVm. §§ 4, 101 ff. ArbGG ergeben. Ausführlich zur Schiedsfähigkeit *Lachmann* Hdb. Schiedsgerichtspraxis, 3. Aufl. 2008 Rz. 279 ff. und *Schütze* Schiedsgericht und Schiedsverfahren, 6. Aufl. 2016 Rz. 189 ff., 266 ff.

Die nach hM noch zum alten Recht angenommene Schiedsunfähigkeit bestimmter **5** **gesellschaftsrechtlicher Anfechtungs- und Nichtigkeitsklagen** ließ sich schon nach der Gesetzesbegründung zum neuen Recht nicht mehr mit dem Argument der ausschließlichen Zuständigkeit der Landgerichte – etwa nach § 246 Abs. 3 Satz 1 AktG – herleiten. Grds. bestehen danach keine Bedenken gegen Schiedssprüche mit rechtsgestaltender Wirkung. Soweit die gesetzlichen Regelungen offenlassen, inwieweit ein Schiedsspruch rechtsgestaltend für und gegen Dritte wirken kann, zB ob ein Schiedsspruch über eine aktienrechtliche Anfechtungsklage für und gegen alle Aktionäre wirkt, ist es die ausdrückliche Intention des Gesetzgebers gewesen, diese Problematik „angesichts ihrer Vielschichtigkeit in tatsächlicher und rechtlicher Hinsicht weiterhin der Lösung durch die Rspr. unter Berücksichtigung der konkreten Umstände des Einzelfalls" zu überlassen (vgl. BT-Drs. 13/5274 zu § 1030 BGB). Noch während der Vorbereitung der Reform des Schiedsverfahrensrechts nahm der BGH II ZR 124/95 v. 29.3.96 (NJW 96, 1753 „Schiedsfähigkeit I") im Rahmen eines Falles, der das alte Recht betraf, auch zu den Gesichtspunkten Stellung, die nach neuem Recht für die Frage der Schiedsfähigkeit von Beschlussmängelstreitigkeiten insb. bei einer GmbH oder AG maßgeblich geworden sind. Danach geht es hier weniger um die Frage der objektiven Schiedsfähigkeit als um die Frage der hinreichenden Mitwirkung aller Parteien bei der Konstituierung des Schiedsgerichts. Sie ist durch eine den jeweiligen Verhältnissen angemessene Gestaltung der Schiedsvereinbarung zu lösen (vgl. BGH II ZR 124/95 v. 29.3.96, NJW 96, 1753). BGH II ZR 255/08 v. 6.4.09 (NJW 09, 1962 „Schiedsfähigkeit II") hat die Vorgaben für Schiedsvereinbarungen über Beschlussmängelstreitigkeiten im Recht der GmbH weiter konkretisiert. Schließlich wurden die Vorgaben im Grundsatz auch auf Personen – wie Kommanditgesellschaften übertragen (BGH I ZB 23/16 v. 6.4.17, DStR 17, 1773 „Schiedsfähigkeit III"). Zur Regelung der Zusammensetzung und Bestellung des Schiedsgerichts bei Mehrparteienschiedsverfahren vgl. A. 13.01 Rz. 5.

Der Insolvenzverwalter ist grundsätzlich hinsichtlich der dem Insolvenzschuldner **6** zustehenden Rechte an die Schiedsvereinbarung gebunden. Hinsichtlich ihm originär zustehender Rechte (bspw. das Wahlrecht nach § 103 InsO) hingegen nicht (*Kröll* SchiedsVZ 13, 185, NJW 17, 864, 865 mwN zur Rspr; vgl. auch Rz. 4). Das Einziehungsrecht nach § 166 Abs. 2 InsO steht der Schiedsfähigkeit nicht entgegen (BGH IX ZR 49/12 v. 25.4.13, ZIP 13, 1539). Der Anspruch einer GmbH auf Einzahlung der Stammeinlage ist (auch im Falle ihrer Insolvenz) objektiv schiedsfähig (BGH II ZR 65/03 v. 19.7.04, NJW 04, 2898, 2900).

b) Verfahrensrecht

Die Schiedsvereinbarung muss in einer **Form** geschlossen werden, die den Nach- **7** weis ihres Inhalts ermöglicht. Erforderlich ist nicht in jedem Fall die Schriftform im

Sinne einer eigenhändig unterzeichneten Urkunde, sondern es genügt ein Telefaxwechsel oder andere Formen der Nachrichtenübermittlung, die diesen Nachweis sicherstellen können (§ 1031 Abs. 1 ZPO). Ausreichend nach jeweiliger Verkehrssitte kann auch die stillschweigende Zustimmung durch Schweigen auf ein entsprechendes Schreiben (§ 1031 Abs. 2 ZPO), insb. ein kaufmännisches Bestätigungsschreiben (*Baumbach/Lauterbach/Anders* § 1031 ZPO Rz. 6) sein, sowie die Bezugnahme nach den dargestellten Formerfordernissen auf ein Schriftstück im vorgenannten Sinne (§ 1031 Abs. 3 ZPO). Nach hM genügt die Übermittlung per E-Mail (*Lachmann* Hdb. Schiedsgerichtspraxis, 3. Aufl. 2008 Rz. 346; *Baumbach/Lauterbach/Anders* § 1031 ZPO Rz. 5). Der Abschluss einer Schiedsvereinbarung durch Handelsbrauch kommt hingegen nicht mehr in Betracht (BGH I ZB 69/16 v. 6.4.17, NJW-RR 17, 1531). In der Praxis sollte idR die Schriftform eingehalten werden, auch um unnötige Auseinandersetzungen über die Nachweisbarkeit der Schiedsvereinbarung iSd. § 1031 ZPO und deren Inhalt von vornherein zu vermeiden.

8   Die Formerleichterungen in Bezug auf die Schriftform gelten nicht für Schiedsvereinbarungen, an denen **Verbraucher** beteiligt sind (§ 1031 Abs. 5 ZPO). Gegenüber Verbrauchern bedürfen Schiedsvereinbarungen stets der eigenhändigen Unterschrift und die betreffende Urkunde darf keine anderen Vereinbarungen enthalten, als solche, die sich auf das schiedsrichterliche Verfahren beziehen. Nach der in vorgenannter Vorschrift enthaltenen Legaldefinition sind Verbraucher natürliche Personen, die bei dem Geschäft, das Gegenstand der Streitigkeit ist, zu einem Zweck handeln, der weder ihrer gewerblichen noch ihrer selbständigen beruflichen Tätigkeit zugerechnet werden kann. Da die Verbrauchereigenschaft eines Gesellschafters bei der Beteiligung an einer Gesellschaft, eines Geschäftsführers oder Vorstandes nicht rundweg ausgeschlossen werden kann (vgl. *Graf von Westphalen* ZIP 13, 2184), sollten bei Schiedsvereinbarungen in Bezug auf **Gesellschafts- und Gesellschafterstreitigkeiten** stets die strengeren Formerfordernisse des § 1031 Abs. 5 ZPO beachtet werden, also Schriftform und separate Urkunde. Eine separate Urkunde ist allerdings nicht erforderlich, wenn die Schiedsvereinbarung in einer notariellen Beurkundung mitenthalten ist (§ 1031 Abs. 5 S. 3 ZPO). Zu besonderen Formerfordernissen bei GmbH, AG und korporativen Klausen (§ 1066 ZPO) vgl. A. 13.00 Rz. 3. Angesichts der spezielleren Regelung des § 1031 Abs. 5 ZPO ist zudem die Sinnhaftigkeit der am 26.2.16 in Kraft getretenen Nr. 14 des § 309 BGB unklar, der zufolge eine Bestimmung in AGB unwirksam ist, „wonach der andere Vertragsteil seine Ansprüche gegen den Verwender gerichtlich nur geltend machen darf, nachdem er eine gütliche Einigung in einem Verfahren zur außergerichtlichen Streitbeilegung versucht hat".

8a   Grundsätzlich unterliegen Schiedsklauseln der **AGB-Kontrolle** nach §§ 305 ff. BGB. Das gilt aber nur, wenn sie tatsächlich von einer Partei gestellt werden, was bei Verweisen auf Regelwerke von Börsen regelmäßig ohnehin nicht der Fall sein wird (BGH I ZB 75/16 v. 11.5.17, NJW 17, 3723). Aber auch von einer Partei gestellte Schiedsklauseln stellen sich im kaufmännischen Verkehr regelmäßig nicht als überraschende Klausel dar, selbst wenn sie nicht in Deutsch, sondern in der Vertragssprache abgefasst sind und ein ausdrücklicher Hinweis unterbleibt (*Kröll* NJW 18, 836, 837 mwN).

9   Das auf die Schiedsvereinbarung im Falle einer Streitigkeit folgende Verfahren zur Konstituierung des Schiedsgerichts (§§ 1034 ff. ZPO) ist zu unterscheiden von dem Verfahren, welches das Schiedsgericht selbst durchführt (§§ 1042 ff. ZPO) und letzteres wiederum vom Verfahren zur Überprüfung und Durchsetzung eines Schiedsspruchs durch die staatlichen Gerichte (§§ 1059 ff. ZPO). **Eingriffe eines staatlichen Gerichts** sind nur zulässig, soweit dies ausdrücklich in den §§ 1025 bis 1061 ZPO vorgesehen ist (§ 1026 ZPO). Bei der Konstituierung und bis zum Erlass des Schiedsspruches sind Eingriffe des zuständigen staatlichen Gerichts, des örtlich zuständigen Oberlandesgerichts (§ 1062 ZPO), auf Antrag der Partei vor allem zur konstruktiven Unterstützung der privaten Streitbeilegung zulässig; namentlich bei der Bestellung des

Schiedsgerichts (§ 1035 ZPO), bei der Beendigung des Schiedsrichteramtes und Ersatzbestellung eines Schiedsrichters (§§ 1035, 1037, 1038, 1039 ZPO) sowie bei der Vollziehung von Maßnahmen des einstweiligen Rechtsschutzes, die durch das Schiedsgericht angeordnet worden sind (§ 1041 Abs. 2 ZPO). Ferner kann das gem. § 1062 Abs. 4 ZPO zuständige Amtsgericht auf Antrag des Schiedsgerichts oder einer Partei mit Zustimmung des Schiedsgerichts um Unterstützung bei der Beweisaufnahme ersucht werden (§ 1050 ZPO). Andererseits wird auf Antrag einer Partei auch eine frühzeitige Kontrolle durch das staatliche Gericht (das gem. § 1062 örtlich zuständige Oberlandesgericht) möglich; namentlich im Ablehnungsverfahren von Schiedsrichtern (§ 1037 Abs. 3 ZPO) und bei der Prüfung, ob eine schiedsrichterliche Streitbeilegung überhaupt zulässig ist (§ 1032 Abs. 2 ZPO). Nach Konstituierung des Schiedsgerichts bis zum Schiedsspruch ist eine Überprüfung der grds. Zulässigkeit des Schiedsverfahrens zulässig, wenn es einen Zwischenbescheid über seine Zuständigkeit gem. § 1040 Abs. 3 ZPO erlässt. Wird während eines laufenden Schiedsverfahrens von einer Partei vor einem staatlichen Gericht Klage erhoben, prüft das staatliche Gericht die rechtzeitig erhobene Einrede der Schiedsvereinbarung (§ 1032 Abs. 1 ZPO). Das bereits laufende Schiedsverfahren kann dabei bis zu einer anderslautenden und rechtskräftigen Entscheidung des staatlichen Gerichts fortgeführt werden (§ 1032 Abs. 3 ZPO).

Das vom Schiedsgericht und den Parteien bei der Sachverhaltsermittlung und **10** Rechtsfindung einzuhaltende Verfahren können die Parteien durch Vereinbarung vorbehaltlich zwingender Vorschriften selbst bestimmen. Der Zustimmung durch das Schiedsgericht bedarf es nicht (§ 1042 Abs. 3 ZPO, *Baumbach/Lauterbach/Anders* § 1042 ZPO Rz. 7). Soweit das Zehnte Buch der ZPO schweigt und keine ausdrückliche Parteivereinbarung vorliegt, werden die Verfahrensregeln nach freiem Ermessen des Schiedsgerichts bestimmt (§ 1042 Abs. 4 ZPO). Zum anwendbaren materiellen Recht vgl. Rz. 22.

Nachdem ein formell wirksamer (§ 1054 ZPO) inländischer Schiedsspruch ergan- **11** gen ist, kann er durch das staatliche Gericht nur noch anhand der Katalogtatbestände des § 1059 ZPO **aufgehoben** werden oder ein Antrag auf Vollstreckbarerklärung wegen derselben Tatbestände **zurückgewiesen** werden (§ 1060 ZPO). Möglich ist es aber auch, schon in der Schiedsvereinbarung ein weiteres Schiedsgericht als Berufungsinstanz zu vereinbaren, wenngleich dies dem besonderen Vorteil der zügigen Streitbeilegung im schiedsrichterlichen Verfahren nicht zuträglich ist. Im Falle der Aufhebung des Schiedsspruches durch das staatliche Gericht sieht § 1059 Abs. 5 ZPO vor, dass die Aufhebung des Schiedsspruchs im Zweifel das Wiederaufleben der Schiedsvereinbarung zur Folge hat. Das Oberlandesgericht kann die Sache auf Antrag einer Partei sogar wieder an das Schiedsgericht zurückverweisen (§ 1059 Abs. 4 ZPO). Bei ausländischen Schiedssprüchen besteht die Möglichkeit der Aufhebung durch die deutsche Gerichtsbarkeit nicht (*Zöller/Geimer* § 1059 ZPO Rz. 1b). Ihre Anerkennung und Vollstreckung richtet sich nach den entsprechenden Bestimmungen des UN-Übereinkommens v. 10.6.58 über die Anerkennung und Vollstreckung ausländischer Schiedssprüche (BGBl. II 61, 121) unter Vorbehalt anderer staatsvertraglicher Regelungen (§ 1061 Abs. 1 ZPO). Zur Abgrenzung von inländischen gegenüber ausländischen Schiedssprüchen vgl. Rz. 20.

2. Einzelerläuterungen

Zur Vorbemerkung:

Die Form einer eigenhändig unterzeichneten und gesonderten Urkunde für die **12** Schiedsvereinbarung ist nur noch in Ausnahmefällen erforderlich (vgl. Rz. 7 f., A. 13.01 Rz. 3). Nach bisheriger Rspr. des BGH waren bestimmte Mindestanforderungen für gesellschaftsrechtliche Schiedsklauseln nur bei Anfechtungs- und Nichtigkeitsklagen in Kapitalgesellschaften zu verzeichnen (vgl. A 13.00 Rz. 5). In seiner jüngsten Entscheidung zu dieser Thematik hat der BGH diese Vorgaben im Grundsatz nun auch auf Personengesellschaften wie Kommanditgesellschaften übertragen (BGH I ZB 23/16 v. 6.4.17, DStR 17, 1773 „Schiedsfähigkeit III"). ME sprach zwar Einiges dafür, sich auch bei anderen Mehrparteienstreitigkeiten an den Vorgaben des BGH zu orientieren. Dass dies auch für Zweipersonengesellschaften geboten sein soll, ist hingegen eher zu bezweifeln und wird auch in der jüngsten BGH-Entscheidung nicht näher problematisiert. Die Reichweite der neuen Wendung in der BGH-Rspr. ist jedenfalls umstritten und nicht geklärt (krit. *Nolting* ZIP 17, 1641).

Zu § 1: Schiedsabrede

13 **Abs. 1:** Die Schiedsabrede wird von den staatlichen Gerichten nur auf Rüge vor Beginn der mündlichen Verhandlung zur Hauptsache berücksichtigt (§ 1032 Abs. 1 ZPO). Die sachliche Erstreckung der Schiedsabrede ist hinreichend zu bestimmen (genaue Bezeichnung und Beschreibung des in Bezug genommenen Vertrages). Für Einzelheiten zur sachlichen Erstreckung einer Schiedsabrede, deren Gegenstand künftige Streitigkeiten aus einem Rechtsverhältnis sind, vgl. *Zöller/Geimer* § 1029 ZPO Rz. 26; *Baumbach/Lauterbach/Anders.* Streitig ist die Frage, ob auch die Aufrechnung mit einer der Schiedsabrede nicht unterworfenen Forderung der Entscheidung des Schiedsgerichts unterliegt. Wer dem Schiedsgericht die Entscheidung über einen Anspruch überträgt, überlässt ihm diese notwendig auch über erhobene Einwendungen (*Baumbach/Lauterbach/Anders* § 1029 ZPO Rz. 22 mwN zum Meinungsstand). In der vorgeschlagenen Regelung wurde dies klarstellend berücksichtigt. Die Wirksamkeit einer Schiedsklausel in einem Gesellschaftsvertrag hängt nicht vom Fortbestand der Gesellschaft ab und greift ggf. auch im Liquidationsstadium ein (BGH I ZB 1/15 v. 9.8.16, BeckRS 2016, 15081; I ZB 17/18 v. 31.10.18, BeckRS 2018, 31390; OLG Karlsruhe 17 U 72/11 v. 28.2.12, BeckRS 2012, 05996).

14 Noch zum früheren Recht vertrat die hM die Auffassung, das Schiedsgericht könne bei einer schiedsvertraglich vorgesehenen Kompetenz-Kompetenz-Klausel auch abschließend über seine eigene Zuständigkeit entscheiden. Das ist nach aktuellem Recht überholt. Zwar kann das Schiedsgericht nach § 1040 Abs. 1 ZPO über die eigene Zuständigkeit und über das Bestehen einer wirksamen Schiedsvereinbarung entscheiden, jedoch bindet seine Entscheidung nicht die staatlichen Gerichte (§§ 1040 Abs. 3 Satz 2, 1062 Abs. 1 Ziff. 2 ZPO). Das ist zwingendes Recht (BGH III ZR 265/03 v. 13.1.05, NJW 05, 1125; *Lachmann* Hdb. Schiedsgerichtspraxis, 3. Aufl. 2008 Rz. 687 ff.). Gleichwohl sieht das neue Recht mit der kompetenzbegründenden rügelosen Einlassung vor dem Schiedsgericht immer noch eine Lösung zugunsten der schiedsrichterlichen Streitbeilegung vor (§§ 1027, 1040 Abs. 2 und 3 ZPO).

15 **Abs. 2:** Nach den §§ 1033, 1041 ZPO sind Doppelentscheidungen der staatlichen Gerichte einerseits und des Schiedsgerichts andererseits in Eilsachen denkbar (*Baumbach/Lauterbach/Anders* § 1033 ZPO Rz. 5, 7) – nicht allerdings, wenn das Schiedsgericht bereits in der Hauptsache entschieden hat (vgl. OLG Frankfurt 26 SchH 6/13 v. 13.6.13, BeckRS 2013, 10147). Der Gefahr von Doppelentscheidungen soll nach der vorgeschlagenen Regelung im Kosteninteresse beider Parteien vorgebeugt werden.

15a Mit einer Schiedsvereinbarung ist grundsätzlich auch der Urkundenprozess vor den staatlichen Gerichten ausgeschlossen (BGH III ZR 214/05 v. 12.1.06, NJW 06, 779). Bei Wechselstreitigkeiten gilt dieser Grundsatz nur eingeschränkt (BGH III ZR 214/05 v. 12.1.06, aaO; BGH III ZR 175/92 v. 28.10.93, NJW 94, 136; *Lachmann* Hdb. Schiedsgerichtspraxis, 3. Aufl. 2008 Rz. 2491 ff.).

Zu § 2: Zusammensetzung und Bestellung des Schiedsgerichts

16 **Abs. 1:** Das Formular geht von der gesetzlichen Regel eines Dreierschiedsgerichts aus. Abweichungen sind durch Parteivereinbarung möglich. Allerdings erhöht die Vereinbarung eines Einpersonenschiedsgerichts die Gefahr, dass sich die Parteien nicht

auf einen gemeinsamen Schiedsrichter einigen können und deshalb staatliche Hilfe oder die Hilfe eines Dritten bei der Bestellung in Anspruch genommen werden muss. Ein Zweierschiedsgericht – wie es noch das alte Recht als Regel vorsah – war und ist wegen der großen Wahrscheinlichkeit eines Patts bei der Entscheidungsfindung des Schiedsgerichts unpraktikabel.

Zwingend ist die Unparteilichkeit und Unabhängigkeit der Schiedsrichter sicherzu- **17** stellen (§ 1036 Abs. 1 ZPO). Nicht zwingend sind die sonstigen Qualifikationen der Schiedsrichter. Allerdings sollten die Parteien verbindlich vereinbaren, dass zumindest einer der Schiedsrichter Volljurist ist, da das Schiedsgericht vorbehaltlich einer anderen Parteivereinbarung nicht nach Billigkeit, sondern nach dem jeweils in der Sache anwendbaren Recht zu entscheiden hat (§ 1051 ZPO) und auch prozessrechtliche Gesichtspunkte zu beachten sind, um einen nach §§ 1059 ff. ZPO unangreifbaren Schiedsspruch zu erlassen. In Betracht kommt auch die Vereinbarung weiterer Qualifikationen wie bestimmte technische oder Fremdsprachenkenntnisse oder die Kenntnis eines ausländischen Rechts. Sind Zusatzqualifikationen vereinbart, aber nicht beachtet worden, so rechtfertigt dies die Ablehnung nach § 1036 Abs. 2 Satz 1 ZPO. Schiedsrichter müssen immer natürliche Personen sein (*Baumbach/Lauterbach/Anders* Anhang § 1035 ZPO Rz. 1).

Die in **Abs. 2 u. 3** vorgesehenen Fristen für die Bestellung sollen mehr Klarheit **18** darüber verschaffen, ab wann die Hilfe des staatlichen Gerichts, also des örtlich zuständigen Oberlandesgerichts gem. §§ 1035, 1062 ZPO, in Betracht kommt. Für den Beginn der Fristen zur Bestellung der Schiedsrichter ist der Beginn des schiedsrichterlichen Verfahrens maßgeblich. Das schiedsrichterliche Verfahren beginnt nach § 1044 ZPO mit dem Tag, an dem der Beklagte den Antrag, die Streitigkeit einem Schiedsgericht vorzulegen, empfangen hat. Der Antrag muss die Bezeichnung der Parteien, die Angabe des Streitgegenstandes und einen Hinweis auf die Schiedsvereinbarung enthalten.

Zu § 3: Konstituierung, Ablehnungsverfahren

Abs. 2 stellt Ausschlussfristen für die Ablehnung klar, um die Effizienz des schieds- **19** gerichtlichen Verfahrens zu erhalten. Tritt ein abgelehnter Schiedsrichter von seinem Amt nicht zurück oder stimmt die andere Partei der Ablehnung nicht zu, so entscheidet das Schiedsgericht über die Ablehnung (vgl. § 1037 Abs. 2 Satz 2 ZPO). Bleibt das Ablehnungsgesuch erfolglos, besteht die Möglichkeit des Rechtsschutzes gegen die Zusammensetzung des Schiedsgerichts bei dem zuständigen staatlichen Gericht nach Maßgabe des § 1037 Abs. 3 ZPO. Die erfolgreiche Ablehnung eröffnet die Möglichkeit der Ersatzbestellung eines Schiedsrichters bzw. Obmanns (vgl. § 1039 ZPO).

Zu § 4: Verfahrensort, zuständiges Oberlandesgericht, anwendbares Verfahrensrecht

Der Verfahrensort bestimmt die örtliche Zuständigkeit des Oberlandesgerichts iSv. **20** § 1062 Abs. 1 ZPO für etwaige richterliche Eingriffe in das Schiedsverfahren sowie für die Aufhebung (§ 1059 ZPO) und Vollstreckung (§ 1060 ZPO) inländischer Schiedssprüche (vgl. Rz. 9–11), falls die Parteien ausdrücklich keine andere Vereinbarung getroffen haben. Ebenso führt der Verfahrensort zur Anwendbarkeit des deutschen Schiedsverfahrensrechts, wobei auch hier die Parteien ausdrücklich eine andere Regelung – bspw. Verfahrensort Schweiz und gleichzeitige Vereinbarung des deutschen Verfahrensrechts – vorsehen können (*Baumbach/Lauterbach/Anders* § 1025 ZPO Rz. 4). Allerdings führt die Vereinbarung eines Verfahrensortes im Ausland dazu, dass der Schiedsspruch als ausländischer Schiedsspruch anzusehen ist und sich dessen Anerkennung und Vollstreckung nach den in § 1061 ZPO in Bezug genommenen Abkommen richtet (*Baumbach/Lauterbach/Anders* § 1061 ZPO Rz. 1) sowie dazu, dass die örtliche Zuständigkeit des Oberlandesgerichts gem. § 1062 Abs. 2 ZPO und § 1025

Abs. 3, § 1062 Abs. 3 ZPO verlagert wird. Das vorgestellte Formular geht nicht davon aus, dass der Verfahrensort im Ausland liegt. Bei der Vereinbarung eines exterritorialen Verfahrensortes oder Verfahrensrechts ist äußerste Sorgfalt bei der Prüfung der Konsequenzen geboten: Bspw. sollen Schiedsrichter nach russischem Schiedsrecht ua. einen russischen Abschluss in Rechtswissenschaften haben müssen oder einen entsprechenden Abschluss, der von Russland offiziell anerkannt wird (*Wilske/Markert/Bräuninger* SchiedsVZ 17, 49, 57).

Zu § 5: Verfahrenssprache

21   Die Verfahrenssprache unterliegt grds. der Parteidisposition. Regeln die Parteien diese Frage nicht, so bestimmt hierüber das Schiedsgericht (§ 1045 Abs. 1 Satz 1 und 2 ZPO). Bei der Wahl der Verfahrenssprache sind je nach Umständen des Einzelfalls zB der Kostenfaktor (vgl. § 1045 Abs. 2 ZPO) oder auch der Ort, wo der Schiedsspruch später vollstreckt werden soll, zu berücksichtigen. Differenzierende Regelungen sind möglich (§ 1045 Abs. 1 Satz 3 ZPO).

Zu § 6: Anwendbares materielles Recht, Kollisionsrecht, Entscheidung nach Billigkeit

22   **Abs. 1:** Das Formular sieht vor, dass das Schiedsgericht wie ein staatliches deutsches Gericht auf der Basis der Gesamtrechtsordnung (inkl. des Kollisionsrechts) der Bundesrepublik Deutschland entscheiden muss. Das materielle Recht, das ein Schiedsgericht bei seiner Entscheidung zur Hauptsache anzuwenden hat, ist nicht wie bei staatlichen Richtern durch die lex fori oder zwingend durch den Schiedsort vorgegeben, entscheidend ist vielmehr der Wille der Parteien (§ 1051 Abs. 1 ZPO). Zur Möglichkeit zwingende Vorschriften, bspw. das AGB-Recht, als anwendbares materielles Recht isoliert abzubedingen (vgl. *Pfeiffer* NJW 12, 1169). Sie können nicht nur auf eine Gesamtrechtsordnung eines Staates oder ein Teilgebiet, sondern auch auf einzelne Bestimmungen einer Rechtsordnung oder einer Kombination von Vorschriften nationaler oder internationaler Herkunft verweisen (*Baumbach/Lauterbach//Anders* § 1051 ZPO Rz. 2). Soll bei der Rechtswahl auch auf das Kollisionsrecht der jeweiligen Rechtsordnung verwiesen werden, so haben die Parteien dies ausdrücklich zu vereinbaren (§ 1051 Abs. 1 ZPO). Dies gilt auch für das Kollisionsrecht nach den Rom I- und Rom II-VO, welche das für Schiedsgerichte geltende Sonderkollisionsrecht nicht ändern (*Schilf* RIW 13, 678 unter Hinweis auf Art. 1 Abs. 3 Rom I-VO). Treffen die Parteien keine Rechtswahl, so hat das Schiedsgericht das Recht des Staates anzuwenden, mit dem der Gegenstand des Verfahrens die engste Verbindung aufweist (§ 1051 Abs. 2 ZPO).

23   **Abs. 2:** Eine Entscheidung nach Billigkeit (ex aequo et bono) kann nur mit dem ausdrücklichen Willen der Parteien erfolgen (§ 1051 Abs. 3 ZPO). Eine Ermächtigung des Schiedsgerichts zu einer derartigen Entscheidung dürfte erst bei einem besonderen Vertrauensverhältnis zwischen den Verfahrensbeteiligten in Betracht kommen oder dann, wenn das Schiedsgericht bestimmte Leitlinien seiner Entscheidung zu erkennen gibt oder die Parteien sich hierauf verständigt haben. Eine Schadensschätzung entsprechend dem Rechtsgedanken des § 287 ZPO gilt allerdings nicht als Billigkeitsentscheidung sondern als eine Entscheidung von Rechts wegen (*Kröll* NJW 13, 3135, 3141 mwN zur Rspr.).

Zu § 7: Schiedsrichterverträge

24   Um das Schiedsgericht möglichst zügig zu konstituieren und unnötige Auseinandersetzungen auch noch über die Bedingungen, zu denen die Schiedsrichter tätig werden sollen, zu vermeiden, kann es sinnvoll sein, diese – wie hier vorgeschlagen – in den Grundzügen schon in der Schiedsvereinbarung festzulegen.

25   **Abs. 1** sieht neben den in § 1036 Abs. 1 ZPO enthaltenen Offenlegungspflichten der Schiedsrichter auch solche in Bezug auf eventuelle Mängel hinsichtlich ihrer Qualifikation vor.

Abs. 2: Nach der vom Deutschen Anwaltverein im Einvernehmen mit dem Deut- **26** schen Richterbund ausgearbeiteten Mustervereinbarung für die Vergütung der Schiedsrichter (www.anwaltverein.de) wird empfohlen, den Gebührensatz des Obmanns mit 2,0 für jeden Gebührentatbestand und den Gebührensatz der Schiedsrichter nach denen eines in zweiter Instanz tätigen Rechtsanwalts zu bemessen. Danach kämen zudem als Aktgebühren die Verfahrens-, Termins- und die Einigungsgebühr in Betracht. Die Schiedsrichter sollten im Ergebnis nicht schlechter vergütet werden als die Prozessbevollmächtigten. Dem ist über die individuelle Bemessung des Gebührensatzes bei den in dem Formular vorgesehenen zwei Gebühren pro Schiedsrichter und drei Gebühren für den Obmann Rechnung zu tragen. Näheres zur Vergütung der Schiedsrichter und alternative Gestaltungsvorschläge s. *Lachmann* Hdb. Schiedsgerichtspraxis, 3. Aufl. 2008 Rz. 4319 ff.

Nach Auffassung der FinVerw. bestimmt sich der Ort der Leistung des Schiedsrich- **26a** ters nach § 3a Abs. 1 UStG (bei B2C-Umsätzen) bzw. nach § 3a Abs. 2 UStG (bei B2B-Umsätzen). Dies gilt auch, wenn ein Rechtsanwalt als Schiedsrichter beauftragt wurde. § 3a Abs. 4 Nr. 3 UStG bestimmt zwar, dass für die sonstigen Leistungen eines Rechtsanwalts oder anderen Freiberuflern das Empfängerortsprinzip des § 3a Abs. 3 UStG unter den dort erwähnten Voraussetzungen gilt; dies betrifft jedoch nur die berufsspezifischen Leistungen. Zu diesen zählt die Leistung als Schiedsrichter nicht (OFD Frankfurt v. 16.8.10, BeckVerw 244897).

Abs. 3: Die vorgeschlagene Klausel beinhaltet den Haftungsmaßstab nach dem **27** Spruchrichterprivileg gem. § 839 Abs. 2 S. 1 BGB – zur Problematik der analogen Anwendung oder einer darauf gerichteten konkludenten Vereinbarung vgl. *Götz* SchiedsVZ 12, 311.

Zu § 8: Kostenvorschüsse

Abweichend von dem Grundsatz der alleinigen Vorschusspflicht der jeweils antrag- **28** stellenden oder Beweis antretenden Partei bei ordentlichen Zivilverfahren, wird hier eine quotale Vorschusspflicht vorgesehen. Die Durchsetzung der Vorschusspflicht muss über die staatlichen Gerichte erfolgen, da anderenfalls die Gefahr besteht, dass das Schiedsgericht in eigener Sache entscheidet (vgl. Rz. 29).

Zu § 9: Kosten, Kostenentscheidungen

Das Formular konkretisiert die Regelungen des § 1057 ZPO. Zu den gem. § 92 **29** ZPO erstattungsfähigen Anwaltsgebühren gehören bei Auseinandersetzungen vor staatlichen Gerichten nur die gesetzlichen Gebühren als Kosten der zweckentsprechenden Rechtsverfolgung. Bei komplexen Streitigkeiten sind jedoch abweichende Honorarvereinbarungen üblich. Diesem Umstand trägt die besondere Regelung in Abs. 2 Rechnung. Danach können auch anwaltliche Zeithonorare zugesprochen werden, die über den Rahmen des RVG hinausgehen (OLG München 34 Sch 21/ 11 v. 11.4.12, SchiedsVZ 12, 156; OLG München 34 Sch 29/15 v. 4.7.16, SchiedsVZ 17, 40).

Die Schiedsrichter können nicht in eigener Sache entscheiden. Dies betrifft auch die verbindliche Bestimmung der Höhe ihrer eigenen Ansprüche im Rahmen des lediglich zwischen den Parteien wirkenden Schiedsspruches über die Kostenhöhe (BT-Drs. 13/5274 zu § 1057 BGB). Allerdings ist eine Streitwertfestsetzung durch Schiedsspruch auch dann möglich, wenn von der Höhe des Streitwerts zugleich die Höhe der Gebühren der Schiedsrichter abhängen, da eine solche Festsetzung nur im Verhältnis der Parteien zueinander verbindlich wäre (BGH I ZB 8/15 v. 14.1.16, BeckRS 2016, 3377; II ZB 63/10 v. 28.3.12, NJW 12, 1811). Das ist in Abs. 3 vorsorglich klargestellt.

A. 13.01 Schiedsvereinbarung (Mehrparteienstreitigkeit)

Gliederung

I. FORMULAR

Formular A. 13.01 Schiedsvereinbarung (Mehrparteienstreitigkeit)

Vorbemerkung

Die Unterzeichneten A, B, C halten alle Gesellschaftsanteile der ebenso unterzeichneten ABC GmbH mit Sitz in ......, eingetragen im Handelsregister .... Die Unterzeichneten schließen hiermit folgende

SCHIEDSVEREINBARUNG

§ 1 Schiedsabrede

(1) Alle Streitigkeiten, die sich zwischen der Gesellschaft und Gesellschaftern oder zwischen Gesellschaftern aus, in Durchführung oder im Zusammenhang mit der Satzung, Gesellschafterverträgen und über den Geschäftsbetrieb der ABC GmbH ergeben, sowie die Einwendungen, die gegen die sich hieraus ergebenden Ansprüche erhoben werden, werden unter Ausschluss der staatlichen Gerichtsbarkeit der Entscheidung eines Schiedsgerichts durch Schiedsspruch unterworfen, soweit die staatlichen Gerichte nicht zwingend zuständig sind oder in dieser Vereinbarung nicht ausdrücklich etwas anderes bestimmt ist.

(2) Die Schiedsabrede schließt nicht aus, dass ein Gericht vor oder nach Beginn des schiedsrichterlichen Verfahrens auf Antrag einer Partei eine vorläufige oder sichernde Maßnahme in Bezug auf den Streitgegenstand des schiedsrichterlichen Verfahrens anordnet. Jede Partei ist berechtigt, stattdessen Maßnahmen des einstweiligen Rechtsschutzes beim Schiedsgericht gemäß § 1041 ZPO zu beantragen.

§ 2 Zusammensetzung und Bestellung des Schiedsgerichts

(1) Die Zahl der Schiedsrichter ist drei, nämlich zwei Schiedsrichter und ein Obmann. Der Obmann muss Volljurist sein. Die Schiedsrichter dürfen nicht in einem Abhängigkeits- oder ständigen Geschäftsverhältnis zu den Parteien stehen.

(2) Die Kläger- und die Beklagtenseite bestellen jeweils einen der beiden Schiedsrichter. Sollte die Bestellung auf Kläger- oder Beklagtenseite nicht binnen einer Frist von zwei Wochen nach Beginn des schiedsrichterlichen Verfahrens erfolgt sein, so wird die jeweilige Bestellung auf Antrag der jeweils betreibenden Partei durch den Präsidenten der Industrie- und Handelskammer in ...... binnen einer Frist von zwei Wochen ab Antragstellung vorgenommen.

(3) Binnen zwei Wochen nach Bestellung des zweiten Schiedsrichters bestellen die beiden Schiedsrichter den Obmann. Sollte die Bestellung des Obmanns nicht innerhalb der vorgenannten Frist erfolgt sein, so wird die Bestellung auf Antrag einer oder beider Parteien durch den Präsidenten der Industrie- und Handelskammer in ...... binnen einer Frist von zwei Wochen ab Antragstellung vorgenommen.

(4) Die jeweils die Bestellung eines Schiedsrichters oder die Bestellung des Obmanns betreibenden Beteiligten fordern die Person, der sie das Amt eines Schiedsrichters oder des Obmanns antragen, auf, die Übernahme des Amtes auf der Grundlage dieser Schiedsvereinbarung durch Unterzeichnung einer Kopie dieser Schiedsvereinbarung zu bestätigen und sich gemäß § 8 Abs. 1 zu erklären. Der jeweils betreibende Beteiligte ist an die durch ihn vorgenommene Bestellung gebunden, sobald er eine der Parteien von der Bestellung unterrichtet hat.

§ 3 Mehrparteienstreitigkeiten

(1) Bei Beschlussmängelstreitigkeiten oder Streitigkeiten, an denen auf Kläger- oder Beklagtenseite mehrere Parteien dieser Schiedsvereinbarung als notwendige Streitgenossen (§ 62 ZPO) beteiligt sind, oder weitere Parteien dieser Schiedsvereinbarung auf Veranlassung der jeweils betreibenden Partei sonst als Streitgenossen beteiligt werden sollen (Mehrparteienstreitigkeiten) gilt § 2 mit der Maßgabe, dass der Kläger, bevor er einer Person das Amt eines Schiedsrichters anträgt, alle übrigen Parteien, die an diese Schiedsvereinbarung gebunden sind, unter Angabe des Streitgegenstands und der Person, der er das Amt eines Schiedsrichters anzutragen beabsichtigt, schriftlich auffordert, ihm gegenüber binnen einer Frist von zwei Wochen schriftlich zu erklären, ob sie unter Anerkennung der geltend gemachten Rechtspositionen des Klägers auf Klägerseite dem Streit beitreten und mit dem Kläger einen gemeinsamen Schiedsrichter bestellen oder ob sie dem Streit auf Beklagtenseite beitreten und mit dieser einen gemeinsamen Schiedsrichter bestellen. Letzterenfalls ist die nach Satz 1 aufgeforderte Partei verpflichtet, gleichzeitig die Beklagtenseite schriftlich zu unterrichten.

(2) Bestellen die Beteiligten, die gemäß Abs. 1 der Kläger- oder Beklagtenseite beigetreten sind, nicht innerhalb einer weiteren Frist von zwei Wochen jeweils einen gemeinsamen Schiedsrichter, so wird das gesamte Schiedsgericht durch den Präsidenten der Industrie- und Handelskammer in …… binnen einer Frist von zwei Wochen ab Antragstellung durch die jeweils betreibende Partei bestellt. § 2 Abs. 4 findet in diesem Fall entsprechende Anwendung.

(3) Für diejenigen Parteien, die nach Abs. 1 weder der Kläger- noch der Beklagtenseite beigetreten sind, entfaltet der Schiedsspruch Rechtskraft, es sei denn, sie erklären innerhalb der Frist nach Abs. 1, dass sie mit der Bestellung des Schiedsgerichts im Parteibetrieb nach Abs. 1 iVm. § 2 nicht einverstanden sind. Letzterenfalls wird das gesamte Schiedsgericht nach Abs. 2 bestellt und das so bestellte Schiedsgericht gilt als von allen Beteiligten ermächtigt, einen Schiedsspruch zu fällen, der für alle Beteiligten Rechtskraft entfaltet.

(4) Beteiligte, die an der Bestellung des Schiedsgerichts im Parteibetrieb gem. Abs. 1 nicht mitgewirkt haben oder ihr widersprochen haben, bleiben berechtigt, dem Streit auf Kläger- oder Beklagtenseite nach Konstituierung des Schiedsgerichts gemäß Abs. 3 beizutreten.

(5) Die Beteiligten sind sich einig, dass das schiedsrichterliche Verfahren über eine bestimmte Streitigkeit mit dem Tag beginnt, an dem die Aufforderung des Klägers nach Abs. 1 den übrigen Parteien zugegangen ist, und dass an diesem Tag alle Rechtswirkungen des § 1044 ZPO eintreten.

(6) Bei Beschlussmängelstreitigkeiten ist der Antrag nach Abs. 1 gleichzeitig der Geschäftsführung anzuzeigen. § 246 Abs. 3 AktG gilt sinngemäß. Sollte sich eine Bestimmung dieser Schiedsvereinbarung im Rahmen einer Beschlussmängelstreitigkeit als unklar, nichtig, unwirksam oder undurchführbar erweisen, ist die Schiedsvereinbarung im Zweifel nach Maßgabe der Grundsätze des Urteils des Bundesgerichtshofs vom 6.4.09 – II ZR 255/08 (NJW 09, 1962) durchzuführen.

§ 4 Konstituierung, Ablehnungsverfahren

(1) Das Schiedsgericht ist konstituiert, sobald die Personen der Schiedsrichter und des Obmanns den Parteien bekannt gegeben worden sind und das Schiedsgericht erste Verfahrensanordnungen gegenüber den Parteien getroffen hat.

(2) Gründe zur Ablehnung eines Schiedsrichters oder des Obmanns, die der ablehnenden Partei noch vor der Konstituierung des Schiedsgerichts bekannt geworden sind, müssen innerhalb von zwei Wochen nach der Konstituierung des Schiedsgerichts schriftlich geltend gemacht werden. Für später bekannt werdende Ablehnungsgründe beträgt die Frist zwei Wochen ab Kenntnisnahme. Im Übrigen gelten für das Ablehnungsverfahren die Regelungen der §§ 1037 Abs. 2 Satz 2 und Abs. 3, 1039 ZPO.

(3) Für die Ersetzung des abgelehnten Schiedsrichters oder Obmanns gelten die Bestimmungen der §§ 2, 3 entsprechend.

§ 5 Verfahrensort, zuständiges Oberlandesgericht, anwendbares Verfahrensrecht

(1) Der Ort des Schiedsverfahrens ist ...... zuständiges Oberlandesgericht im Sinne von § 1062 Abs. 1 ZPO ist das Oberlandesgericht ....

(2) Auf das Schiedsverfahren finden die Vorschriften des Zehnten Buches der Zivilprozessordnung der Bundesrepublik Deutschland Anwendung, soweit sich nicht aus dieser Schiedsvereinbarung etwas anders ergibt.

(3) Die Teilnichtigkeit, -unwirksamkeit oder -undurchführbarkeit führt in der Regel nicht zur Nichtigkeit der Schiedsvereinbarung insgesamt. Die Vorschriften des zehnten Buches der Zivilprozessordnung der Bundesrepublik Deutschland finden auch dann ergänzend oder hilfsweise Anwendung, wenn eine Regelung dieser Schiedsvereinbarung teilweise oder insgesamt nichtig, unwirksam oder undurchführbar ist.

§ 6 Verfahrenssprache

Die Verfahrenssprache ist Deutsch, soweit die Parteien sich nicht mit einer anderen Verfahrenssprache einverstanden erklären.

§ 7 Anwendbares materielles Recht, Kollisionsrecht, Entscheidung nach Billigkeit

(1) Das Schiedsgericht hat der Entscheidung über den Streitgegenstand als materielles Recht und als Kollisionsrecht das Recht der Bundesrepublik Deutschland zugrunde zu legen.

(2) Das Schiedsgericht hat nur dann nach Billigkeit zu entscheiden, wenn die Parteien es ausdrücklich hierzu ermächtigen.

§ 8 Schiedsrichterverträge

(1) Eine Person, der das Amt des Schiedsrichters oder Obmanns angetragen wird, hat alle Umstände offen zu legen, die Zweifel an ihrer Unparteilichkeit, Unabhängigkeit oder Qualifizierung nach § 2 Abs. 1 wecken können. Diese Verpflichtung besteht auch nach Bestellung bis zum Ende des schiedsgerichtlichen Verfahrens fort.

(2) Die Tätigkeit der Schiedsrichter und des Obmanns wird nach Maßgabe des Rechtsanwaltsvergütungsgesetzes (RVG) vergütet, wobei abweichend von den danach vorgesehenen Aktgebühren ausschließlich die folgenden Gebührentatbestände vereinbart werden: Jeder der Schiedsrichter und der Obmann erhalten pauschal je zwei Gebühren zu einem Satz von ...... nach Maßgabe des RVG. Die erste Gebühr entsteht mit der Konstituierung des Schiedsgerichts, die zweite mit Beendigung des Verfahrens durch Schiedsspruch, Vergleich, Klagerücknahme, Anerkenntnis oder sonstige Erledigung des Verfahrens nach Konstituierung. Der Obmann erhält zusätz-

lich eine Gebühr zu einem Satz von ...... nach Maßgabe des RVG. Die Parteien haften den Schiedsrichtern und dem Obmann als Gesamtschuldner.

(3) Verletzt ein Schiedsrichter oder der Obmann seine Amtspflichten, so ist er für den daraus entstehenden Schaden nur dann verantwortlich, wenn die Pflichtverletzung in einer Straftat besteht.

(4) Der Schiedsrichtervertrag gilt mit der Bestellung durch den jeweils betreibenden Beteiligten als zustande gekommen.

§ 9 Kostenvorschüsse

(1) Das Schiedsgericht ist berechtigt, für die Auslagen und Gebühren der Schiedsrichter und des Obmanns von den Parteien angemessene Kostenvorschüsse zu gleichen Anteilen anzufordern.

(2) Die Schiedsrichter erteilen dem Obmann Vollmacht zur Kostenvorschussanforderung und zu der Entgegennahme der Zahlungen hierauf. Der Obmann hat hierüber Buch zu führen und gegenüber den Schiedsrichtern und Parteien abzurechnen. Überzahlungen werden an die jeweiligen Parteien ausgekehrt.

(3) Befindet sich ein Kostenvorschusspflichtiger mit Zahlung des Kostenvorschusses in Verzug, so steht es der anderen Partei bzw. den übrigen Streitgenossen auf beiden Seiten frei, den Kostenvorschuss vor den staatlichen Gerichten geltend zu machen und/oder die Zahlung unter Vorbehalt der Kostenentscheidung nach § 10 zum Zwecke des Fortgangs des Verfahrens selbst vorzunehmen.

§ 10 Kosten, Kostenentscheidungen

(1) Das Schiedsgericht entscheidet auf Antrag über die Höhe des Streitwerts (Streitwertentscheidung) und in entsprechender Anwendung der §§ 91 ff. ZPO darüber, in welchem Verhältnis zueinander die Parteien die Kosten des Schiedsverfahrens, einschließlich der den Parteien zur zweckentsprechenden Rechtsverfolgung entstandenen Kosten, zu tragen haben (Kostenlastentscheidung).

(2) Das Schiedsgericht setzt auf Antrag die Höhe der erstattungsfähigen Kosten fest (Kostenfestsetzungsentscheidung). Erstattungsfähig sind auch Anwaltskosten, die aufgrund einer berufsrechtlich zulässigen Honorarvereinbarung nach Zeitaufwand in Rechnung gestellt werden. Der maximal erstattungsfähige Stundensatz beträgt € ...... zzgl. MwSt. Erbrachter Zeitaufwand ist zeitnah, hinreichend und glaubhaft zu dokumentieren.

(3) Streitwert-, Kostenlast- und Kostenfestsetzungsentscheidung müssen nicht miteinander verbunden werden. Die Anberaumung einer mündlichen Verhandlung liegt im freien Ermessen des Schiedsgerichts. Die Entscheidungen sind lediglich im Verhältnis zu den Parteien, nicht aber im Verhältnis zum Schiedsgericht verbindlich.

II. ERLÄUTERUNGEN

> **Erläuterungen zu A. 13.01 Schiedsvereinbarung (Mehrparteienstreitigkeit)**

1. Grundsätzliche Anmerkungen

Vgl. zunächst zum wirtschaftlichen Vertragsziel A. 13.00 Rz. 1–5 und zum Verfahrensrecht A. 13.00 Rz. 6–11. **1**

Auch bei Gesellschaften und gesellschaftsrechtlichen Streitigkeiten, die notwendigerweise mehr als zwei Personen betreffen, besteht ein erhebliches Interesse an Diskretion und den sonstigen Vorteilen einer schiedsgerichtlichen Streitbeilegung (vgl. A. 13.00 Rz. 2). Soll aber der Schiedsspruch für mehr als zwei Parteien rechtsgestal- **2** tend wirken, bedarf es besonderer Regelungen in der Schiedsvereinbarung (vgl. A. 13.00 Rz. 5).

2. Einzelerläuterungen

Zur Vorbemerkung:

3   Grds. sieht das Schiedsverfahrensrecht diverse Formerleichterungen vor (vgl. A. 13.00 Rz. 7 f., 12). Allerdings wäre bei einer GmbH vorsorglich die Beurkundungspflicht für satzungsändernde korporative Klauseln zu beachten (vgl. *Zilles,* Schiedsgerichtsbarkeit im Gesellschaftsrecht, S. 20 ff.). Sinnvoll ist es daher, die Schiedsvereinbarung zumindest als Anlage zur Satzung mit zu beurkunden und in der Satzung auf sie als Bestandteil der Satzung zu verweisen sowie klarzustellen, dass sie auch für künftige Gesellschafter gelten soll (vgl. *Zilles,* Schiedsgerichtsbarkeit im Gesellschaftsrecht, 2002 S. 21 ff.). Die Möglichkeit statuarischer Schiedsklauseln (§ 1066 ZPO), also Klauseln, die Bestandteil der Satzung sind, wird bei der AG unter Hinweis auf den Grundsatz der Satzungsstrenge bestritten (*Heskamp* RNotZ 12, 415, 424 f. mwN). Als Ersatz können Schiedsvereinbarungen zwischen den Beteiligten einer AG außerhalb der Satzung geschlossen werden (*Heskamp* RNotZ 12, 415, 425 mwN).

Zu § 2: Zusammensetzung und Bestellung des Schiedsgerichts

4   Das Formular sieht hier eine im Vergleich zu § 3 des Formulars vereinfachte und schnellere Konstituierung des Schiedsgerichts für den Fall vor, dass ein Rechtsstreit lediglich zwischen zweien der Beteiligten entschieden werden muss.

Zu § 3: Mehrparteienstreitigkeiten

5   Die Frage der detaillierten schiedsvertraglichen Regelung von Mehrparteienstreitigkeiten erlangt vor allem bei gesellschaftsrechtlichen Auseinandersetzungen große Bedeutung (vgl. A. 13.00 Rz. 5). In einem Fall, der noch nach altem Recht (s. A. 13.00 Rz. 5) zu entscheiden war – aber bei dem der BGH offenbar am Rande die Reformvorhaben in seinen Ausführungen berücksichtigte – hielt es der BGH für denkbar, dass ohne eine vertragliche Regelung des Bestellungsverfahrens, ein Schiedsverfahren in derartigen Streitigkeiten möglicherweise gar nicht durchführbar ist. Umgekehrt sah er jedoch „zumindest denkbare Lösungswege" in einer Vertragsgestaltung, die insbes. auch dem Grundsatz der Gleichbehandlung der Parteien gerecht wird (BGH II ZR 124/95 v. 29.3.96, NJW 96, 1753 „Schiedsfähigkeit I", vgl. § 1034 Abs. 2 ZPO). Auch international ist diese Frage höchst umstritten. Die französische Cour de Cassation hielt einen Verzicht auf den vorgenannten Grundsatz offenbar erst nach Entstehen der jeweiligen Streitigkeit für möglich (Cour de Cassation v. 7.1.92, BB 92, Beilage 15, S. 27). Die Praxis wird sich, wie auch hier vorgeschlagen, mit vertraglichen Lösungen befassen müssen, die der einvernehmlichen Bestellung von Schiedsrichtern jeweils auf Kläger- und auf der Beklagtenseite (nach Entstehung der Streitigkeit) einen möglichst breiten Raum lässt. Sollte Einvernehmlichkeit nicht erzielt werden, bleibt nur die Bestellung des gesamten Schiedsgerichts durch einen zuvor ausgewählten unabhängigen Dritten (hL, *Baumbach/Lauterbach/Anders* § 1034 ZPO Rz. 6 mwN, *Lachmann* Hdb. Schiedsgerichtspraxis, 3. Aufl. 2008 Rz. 2818; *Schütze* Schiedsgericht und Schiedsverfahren 6. Aufl. 2016 Rz. 196 ff.; vgl. auch Art. 12 Abs. 8 der Schiedsordnung ICC 17). BGH II ZR 255/08 v. 6.4.09 (NJW 09, 1962 „Schiedsfähigkeit II") hat die Vorgaben für Schiedsvereinbarungen über Beschlussmängelstreitigkeiten im Recht der GmbH weiter konkretisiert (kritisch *Nolting* SchiedsVZ 11, 319). Danach setzt die Wirksamkeit einer Schiedsklausel zu Beschlussmängelstreitigkeiten – am Maßstab des § 138 BGB gemessen – die Erfüllung der folgenden Mindestanforderungen voraus:

1. Die Schiedsabrede muss grundsätzlich mit Zustimmung sämtlicher Gesellschafter in der Satzung verankert sein; alternativ reicht eine außerhalb der Satzung unter Mitwirkung sämtlicher Gesellschafter und der Gesellschaft getroffene Absprache aus.

2. Jeder Gesellschafter muss – neben den Gesellschaftsorganen – über die Einleitung und den Verlauf informiert und dadurch in die Lage versetzt werden, dem Verfahren zumindest als Nebenintervenient beizutreten.

3. Sämtliche Gesellschafter müssen an der Auswahl und Bestellung der Schiedsrichter mitwirken können, sofern nicht die Auswahl durch eine neutrale Stelle erfolgt; im Rahmen der Beteiligung mehrerer Gesellschafter auf einer Seite des Streitverhältnisses kann dabei grundsätzlich das Mehrheitsprinzip zur Anwendung gebracht werden.

4. Schließlich muss gewährleistet sein, dass alle denselben Streitgegenstand betreffenden Beschlussmängelstreitigkeiten bei einem Schiedsgericht konzentriert werden.

Zu § 9: Kostenvorschüsse

Im Unterschied zu der entsprechenden Regelung in § 8 Abs. 3 des Formulars **6** A. 13.00, ist es bei Mehrparteienschiedsvereinbarungen nicht sinnvoll, einem der Beteiligten die Kündigung der Schiedsvereinbarung wegen nicht erfüllter Kostenvorschusspflichten zu gestatten. Dies ginge nämlich willkürlich zum Nachteil aller übrigen Beteiligten, die sich vertragstreu verhalten haben.

A. 13.02 Mediationsklausel

Gliederung

I. FORMULAR

Formular A. 13.02 Mediationsklausel

§ [...] Mediationsklausel

(1) Alle Streitigkeiten, die sich aus, in Durchführung oder im Zusammenhang mit dem Gesellschaftsvertrag, Gesellschaftervereinbarungen oder über den Geschäftsbetrieb der ABC OHG zwischen der Gesellschaft und Gesellschaftern oder zwischen Gesellschaftern ergeben, werden einvernehmlich durch ein Mediationsverfahren beigelegt.

(2) Können sich die Parteien nicht innerhalb einer Frist von drei Wochen nach Zugang des Mediationsantrags auf einen Mediator einigen, wird dieser von dem Präsidenten der Rechtsanwaltskammer in ...... bestimmt.

(3) Die Parteien einigen sich innerhalb einer vom Mediator zu bestimmenden Frist auf einen vom Mediator vorgeschlagenen Termin für die erste Mediationsverhandlung. Anderenfalls lädt der Mediator die Parteien zu der ersten Mediationsverhandlung mit einer Ladungsfrist von mindestens zwei Wochen zu einem von ihm zu bestimmenden Termin. Ladungen erfolgen schriftlich oder in Textform.

(4) Die Beschreitung des Rechtsweges ist vorbehaltlich der Bestimmungen des Abs. 5 erst zulässig, wenn

1. eine Partei dem Mediator und den anderen Parteien eine Frist von mindestens vier Wochen gesetzt hat und innerhalb dieser Frist die erste Mediationsverhandlung nicht stattgefunden hat,

2. eine oder mehrere Parteien der ersten Mediationsverhandlung fernbleiben,

3. eine Partei oder der Mediator die Mediation nach der ersten gemeinsamen Mediationsverhandlung schriftlich für gescheitert erklärt oder

4. zwei Monate seit Zugang des Mediationsantrages vergangen sind und kein Mediator bestimmt ist.

(5) Die Einrede der Mediationsklausel schließt die Zulässigkeit von Klagen, Rechtsmitteln oder Rechtsbehelfen zur Wahrung gesetzlicher Ausschlussfristen sowie die Zulässigkeit von Anträgen auf Eilrechtsschutz und auf Beweissicherung vor oder während des Mediationsverfahrens nicht aus. Unabhängig hiervon sind die Parteien im Rahmen der Mediation gehalten, freiwillig die einvernehmliche Aufrechterhaltung, Änderung oder Ergänzung darauf gerichteter vorläufiger Maßnahmen zu überprüfen und zu regeln.

(6) Verjährungsfristen und vertragliche Ausschlussfristen werden mit Zugang des Mediationsantrags bis zum Abschluss oder Scheitern der Mediation gehemmt. Die Parteien sind sich einig, dass sodann die Dreimonatsfrist nach § 203 Satz 2 BGB gilt.

(7) Die Kosten des Mediationsverfahrens bis einschließlich der ersten Mediationsverhandlung tragen die Parteien kopfteilig. Ansonsten trägt jede Partei von den bis dahin entstandenen Kosten ihre eigenen Kosten und die ihrer Berater. Die Aufteilung aller weiteren Kosten wird in der ersten Mediationsverhandlung durch Mediationsvertrag oder spätestens in der das Verfahren abschließenden Mediationsvereinbarung geregelt. Kommt keine Regelung zustande, sind Satz 1 und 2 entsprechend anwendbar. Im Falle des Abs. 4 Ziff. 2 tragen die Parteien, die der Mediationsverhandlung ferngeblieben sind, die Kosten des Mediationsverfahrens und die eines folgenden Gerichtsverfahrens unabhängig von dessen Ausgang als Gesamtschuldner.

II. ERLÄUTERUNGEN

> **Erläuterungen zu A. 13.02 Mediationsklausel**

1. Grundsätzliche Anmerkungen

a) Wirtschaftliches Vertragsziel

1   **Mediation** ist ein vertrauliches und strukturiertes Verfahren, bei dem Parteien mit Hilfe eines oder mehrerer Mediatoren freiwillig und eigenverantwortlich eine einvernehmliche Beilegung ihres Konflikts anstreben. So die **Legaldefinition** des § 1 Abs. 1 S. 1 des Gesetzes zur Förderung der Mediation und anderer Verfahren der außergerichtlichen Streitbeilegung v. 21.7.12 (BGBl. I 12, 1577 – MediationsG), das am 26.7.12 in Kraft getreten ist. Das Gesetz soll die Mediationsrichtlinie (mit mehr als einjähriger Verspätung) umsetzen (vgl. Richtlinie 2008/52/EG v. 21.5.08, EU ABl. L 136/3) und schafft erstmals in Deutschland eine umfassende gesetzliche Regelung für die Konfliktbeilegungsmethode der Mediation, die seit Beginn dieses Jahrhunderts vor allem auch bei wirtschaftlichen Auseinandersetzungen immer mehr Anklang gefunden hat. Nach dem MediationsG sollen Mediationen nicht nur in Zivilsachen, sondern auch in Rechtsstreitigkeiten anderer Gerichtszweige, bspw. Finanzgerichtssachen (§ 155 FGO), möglich sein. In Steuersachen zeigt sich die FinVerw. bundeseinheitlich abgestimmt allerdings wenig aufgeschlossen (vgl. *FinBeh Hamburg* v. 26.9.12, DStR 12, 2340). Der Mediator ist eine unabhängige neutrale Person ohne Entscheidungsbefugnis, die die Parteien durch die Mediation führt (§ 1 Abs. 2 MediationsG). Von der Schiedsrichterrolle unterscheidet sich die Rolle des Mediators dadurch, dass der Schiedsrichter den Streit durch einen Schiedsspruch für beide Parteien bindend entscheidet, während dem Mediator diese Befugnis nicht zusteht, sondern nur einver-

nehmliche Erklärungen der Parteien verbindlich werden können. Insoweit gleicht die Mediation der Schlichtung. Doch anders als der Schlichter unterbreitet der Mediator den Parteien nicht einen von ihm selbst entwickelten Entscheidungsvorschlag in Form eines unverbindlichen Schlichterspruchs, sondern er leitet die Parteien ergebnisoffen über einen strukturierten Austausch der Fakten, Positionen und Interessen an, gemeinsam eigene Lösungswege zu suchen und zu entwickeln. Gelingt dies den Beteiligten, mündet die Mediation in eine Abschlussvereinbarung, auch Mediationsvereinbarung genannt. Die Mediationsvereinbarung wird materiell-rechtlich in der Regel als ein verbindlicher Vergleich iSd. § 779 Abs. 1 BGB zu qualifizieren sein.

Für die Streitbeilegung durch Mediation spricht: Die Vertraulichkeit (Aus- **2** schluss der Öffentlichkeit), das schnellere Verfahren (auch wegen der Endgültigkeit der Mediationsvereinbarung), die Möglichkeit, Mediatoren mit besonderer Eignung und besonderen Fähigkeiten auszuwählen (zB Sprachkenntnisse, Branchenkenntnisse etc.), die größere Verfahrensfreiheit, die leichtere Durchsetzbarkeit einer Mediationsvereinbarung vor allem im gesamten EU-Raum nach Maßgabe der Mediationrichtlinie v. 21.5.08 (ABl. EU L 136/3) und nicht zuletzt auch in vielen Fällen das Kostenargument. Entscheidend für die Durchführung eines Mediationsverfahrens und gegen Gerichtsverfahren oder Schiedsverfahren können Sachverhaltskonstellationen sprechen, in denen der Erhalt und die Fortdauer einer gemeinsamen Geschäftsbeziehung oder eines gedeihlichen Gesellschaftsverhältnisses für alle Beteiligen von übergeordneter Bedeutung sind. Daher käme Mediation bspw. bei Auseinandersetzungen in noch laufende Investitions- und Bauprojekten, Personengesellschaften, personalistisch strukturierten Kapitalgesellschaften, Konsortialverträgen oder zwischen widerstreitenden Akteuren in Konzernverflechtungen in Betracht. Das Formular stellt eine Mediationsklausel für einen Gesellschaftsvertrag einer Personengesellschaft vor, nämlich einer OHG.

b) Verfahrensrecht

Mediationsklauseln bedürfen **keiner besonderen Form.** Auch § 1031 Abs. 1 **3** ZPO findet keine analoge Anwendung (*Töben* RNotZ 13, 321, 324, str. mwN). Grundsätzlich gilt Formfreiheit. Eine Mediationsklausel bildet auch mit dem Vertrag, auf den sie sich bezieht, kein einheitliches Rechtsgeschäft iSd. § 139 BGB, so dass auch kein abgeleiteter Formzwang besteht (*Fabian/Friedrich* SchiedsVZ 07, 31 f.; *Töben* RNotZ 13, 321, 324, str. mwN). Empfehlenswert ist allerdings zumindest die Einhaltung der Textform. Bei der redaktionellen Einbeziehung einer solchen Klausel in eine GmbH-Satzung ist naturgemäß die notarielle Form zu beachten. Nach hM sollen Mediationsklauseln der **AGB-Kontrolle** nach §§ 305 ff. BGB unterliegen (*Unberath* NJW 11, 1320, 1323 mwN). Die am 26.2.16 in Kraft getretene Nr. 14 des § 309 BGB, der zufolge eine Bestimmung in AGB unwirksam ist, „wonach der andere Vertragteil seine Ansprüche gegen den Verwender gerichtlich nur geltend machen darf, nachdem er eine gütliche Einigung in einem Verfahren zur außergerichtlichen Streitbeilegung versucht hat" betrifft nach richtiger Ansicht nur die Verwendung vorformulierter Klauseln gegenüber Verbrauchern. Sie kann nur ausnahmsweise bei unangemessen ausgestalteten Klauseln im kaufmännischen Verkehr mittelbare Auswirkungen haben (*Greger* SchiedsVZ 17, 306).

Mediationsklauseln ergeben nur einen Sinn, wenn sie von den Parteien – wie hier **4** in dem vorgestellten Formular – als **dilatorischer Klageverzicht** ausgestaltet sind, dh. die Einklagbarkeit der im Streit stehenden Ansprüche vorübergehend nämlich für die Dauer des Mediationsverfahrens ausgeschlossen wird, ohne die materiell-rechtlichen Ansprüche selbst zu beeinträchtigen. Das Mediationsverfahren ist grundsätzlich ergebnisoffen zu gestalten und führt daher nicht stets zu einem Abschluss mit einer vollstreckbaren Mediationsvereinbarung. In solchen Fällen muss jeder Partei die Möglichkeit erhalten bleiben, bestehende oder vermeintliche Ansprüche noch in einem streitigen Verfahren prüfen und geltend machen zu können. Als dilatorische Einrede führt die Mediationsklausel daher nur zu einem Prozessurteil, wonach die Klage als zurzeit unzulässig abzuweisen ist (LG Dortmund 10 O 17/17 v 17.11.17 BeckRS 2017, 158936). Insoweit ist die Rspr. zur Wirkung von Schlichtungsklauseln übertragbar (OLG Frankfurt 5 U 116/13 v. 6.5.14, ZIP 14, 1097; *Fabian/Friedrich* SchiedsVZ 07, 31, 32 mwN zur Rspr. betreffend Schlichtungsklauseln; *Wagner* ZKM 11, 29 ff.). Die Wirkung als dilatorische Einrede entfällt auch nicht allein deshalb, weil eine Mediationsklausel so ausgestaltet ist, dass die Mediation (anders als nach der im Formular vorgeschlagenen Klausel) jederzeit einschränkungslos abgebrochen werden kann (**aA** OLG Frankfurt 14 Sch 4/09 v. 12.5.09, NJW-RR 10, 788; LG Heilbronn 4 O 259 v. 10.9.10, ZKM 11, 29 m. krit. Anm. *Wagner*). Vielmehr bedarf es auch bei derartigen Klauseln der ausdrücklichen Feststellung des angerufenen Gerichts, dass die Mediation abgebrochen oder von vornherein verweigert worden ist, weshalb die dilatorische Einrede nicht mehr greifen kann und eine Sachentscheidung zu ergehen hat (vgl. auch *Wagner* aaO; *Loos/Brewitz* SchiedsVZ 12, 305; *Töben* RNotZ 13, 321, 324 mwN). Die Voraussetzungen, unter denen der Berufung auf eine Mediationsklausel der Treuwidrigkeitseinwand (§ 242 BGB) entgegensteht, sind entsprechend zu beurteilen wie bei der Schiedsvertragseinrede iSd § 1032 Abs. 1 ZPO (OLG Saarbrücken 2 U 31/14 v. 29.4.15, BeckRS 2015, 20819; LG Hamburg 334 O 14/18 v. 17.5.18, BeckRS 2018, 38113, Tz 27: Treuwidrigkeit der Einrede des Beklagten, der außergerichtlich keinerlei Bereitschaft zur Mitwirkung an der Durchführung eines Mediationsverfahren gezeigt hat).

5   Der Mediation kommt verjährungshemmende Wirkung zu. Die **Verjährung** ist gem. § 203 S. 1 BGB gehemmt, wenn zwischen den Parteien Verhandlungen über den Anspruch oder über die den Anspruch begründenden Umstände schweben; eine Mediation stellt eine solche Verhandlung dar. Eine Mediation, aber auch Gespräche über den Vorschlag, eine Mediation einzuleiten, sind als Verhandlungen im Sinne dieser Vorschrift anzusehen. Schlägt zum Beispiel eine Partei eine Mediation vor und die Gegenpartei signalisiert, den Vorschlag zu prüfen und das Ergebnis der Prüfung mitzuteilen, ist die Verjährung nach § 203 BGB gehemmt. Die Hemmung endet in diesem Fall, wenn eine der Parteien eindeutig und klar zu erkennen gibt, eine Mediation nicht beginnen zu wollen. Lassen die Parteien die Mediation zwischenzeitlich ruhen, um die bisher erzielten Ergebnisse zu überprüfen und dann über eine mögliche Fortführung zu entscheiden, endet die Hemmung erst, wenn eine der Parteien die Fortsetzung der Mediation klar und deutlich ablehnt (vgl. MediationsG RegE Begr A II, BR-Drs. 60/11). Wenn die Verhandlungen zwischen den Parteien aber „einschlafen", ist der BGH allerdings nicht mehr ganz so großzügig (BGH IX ZR 158/07 v. 6.11.08, NJW 09, 1806). Vor diesem Hintergrund wurde im Formular ausdrücklich geregelt, dass die Hemmung bereits mit Zugang des Mediationsantrags beginnt und erst endet, wenn die Mediation abgeschlossen oder gescheitert ist (vgl. auch Rz. 10). Die Hemmung greift nicht für **gesetzliche Ausschlussfristen** (bspw. § 246 Abs. 1 AktG, § 4 KSchG).

6   Zu Beginn der Mediation wird üblicherweise ein sog. **Mediationsvertrag** zwischen den Parteien und dem Mediator geschlossen. In ihm werden die Spielregeln der weiteren Verhandlungen festgelegt (Einzelheiten zur Vertraulichkeit, organisatorische Fragen, eventuell einstweilige Maßnahmen zum Streitgegenstand und nicht zuletzt die Kostenfrage). Die Mediationsklausel kann den später zu schließenden Mediationsvertrag, der schon Teil des Mediationsverfahrens ist, nicht ersetzen, da er auf die Besonderheiten des konkreten Streitfalls hin zu verhandeln und auszugestalten ist und auch der Mediator hier Vertragsbeteiligter wird.

7   Vom Mediationsvertrag (vgl. Rz. 6) zu unterscheiden ist die sog. **Mediationsvereinbarung,** die nach einer erfolgreich verlaufenden Mediation geschlossen wird und die Regelung der Maßnahmen zur einvernehmlichen Beilegung des Rechtsstreits ent-

hält. Die Mediationsvereinbarung können die Parteien auf mehrfache Weise nicht nur verbindlich ausgestalten, sondern unter Beachtung der jeweiligen prozessualen Voraussetzungen zusätzlich in eine gerichtlich **vollstreckbare Urkunde** wandeln, nämlich **(a)** bei einer gerichtsnahen oder außergerichtlichen Mediation durch eine vollstreckbare notarielle Urkunde nach Maßgabe des § 794 Abs. 1 Nr. 5 ZPO, **(b)** durch einen nach §§ 796a bis 796c ZPO für vollstreckbar zu erklärenden Anwaltsvergleich, oder **(c)** bei einem Rechtsstreit, der schon rechtshängig ist, durch eine Protokollierung der Vereinbarung bei dem betreffenden Gericht oder durch gerichtliche Feststellung als gerichtlicher Vergleich oder gerichtlichen Vergleich nach § 278 Abs. 6 ZPO.

2. Einzelerläuterungen

Zu Abs 2

Denkbar ist es hier, weitere Vorgaben hinsichtlich der Person oder der Qualifika- **7a** tion des Mediators zu machen (bspw. Zulassung als Rechtsanwalt, Sprachkenntnisse etc.).

Zu Abs 4

Vgl. Rz. 4. **Gesetzliche Ausschlussfristen** unterliegen nicht der Parteidisposition. **8** Lediglich ausnahmsweise kann dem Lauf einer Ausschlussfrist der Einwand der unzulässigen Rechtsausübung nach § 242 BGB entgegengehalten werden (*Töben* RNotZ 13, 321, 332 mwN. Deshalb wird hier die Klageerhebung zur Wahrung derartiger Fristen zugelassen. Die Parteien können dann aber angehalten sein, bei Gericht auf ein Ruhen des Verfahrens für die Zeit der Mediation hinzuwirken (§§ 251, 278a ZPO). Da im GmbH-Recht anders als im Aktienrecht nicht der Grundsatz der Satzungsstrenge gilt, wäre die Möglichkeit zu erwägen, die Ausschlussfrist für Anfechtungsklagen in der GmbH-Satzung den Bedürfnissen des Mediationsverfahrens anzupassen (*Töben* RNotZ 13, 321, 335 mwN). Allerdings sollte beachtet werden, dass der BGH eine Verlängerung der Ausschlussfristen für GmbH-Anfechtungsklagen bei der versuchten Herbeiführung einer einvernehmlichen Lösung lediglich für möglich gehalten hat, wenn mit der nötigen Beschleunigung vorgegangen wurde. Vor diesem Hintergrund ist die sicherste Variante auch in diesem Fall die Erhebung der Anfechtungsklage parallel zum Mediationsverfahren (*Töben* RNotZ 13, 321, 336 mwN).

Zu Abs. 5

Vgl. Rz. 5 aE. **9**

Zu Abs. 6

Die Regelung lässt die Hemmung bereits mit Zugang des Mediationsantrags eintre- **10** ten, ohne dass es darauf ankommt, ob der Empfänger seine Bereitschaft zur Prüfung der geltend gemachten Ansprüche signalisiert hätte. Damit geht die Regelung im Interesse der mediationswilligen Partei etwas weiter als es die aktuelle Rechtslage nach dem insoweit dispositiven § 203 BGB vorsieht (vgl. Rz. 5). Das dient der Rechtssicherheit.

Zu Abs. 7

Eine Mediationsklausel muss und soll noch nicht alle Einzelheiten der späteren Me- **11** diation regeln. Vielmehr ist es Aufgabe des Mediators, die Parteien schon zu Beginn der Mediation zu einem Mediationsvertrag zu führen, in dem die Besonderheiten des Streitfalls und die Spielregeln für das weitere Verfahren festgelegt werden. Der Mediator ist Partei dieses Vertrages. Dort können auch die Kosten umfassend geregelt werden (vgl. Rz. 6). Denkbar ist es bspw. die Kosten der Gesellschaft aufzuerlegen.

Diese Regelung sieht in Satz 5 eine Kostensanktion für eine in der ersten Media- **12** tionsverhandlung säumige Partei vor. Sie ist deshalb aus zweierlei Sicht näher zu beleuchten: Erstens, unter dem Gesichtspunkt des in der Mediation geltenden Grundsatzes der „Freiwilligkeit"; zweitens, unter dem Gesichtspunkt, dass der Mediator normalerweise „keine Entscheidungsbefugnis" hat. Hierzu ist zu sagen, dass es keineswegs so ist, als wäre in der Mediation „am Ende alles freiwillig" (vgl. auch *Töben* RNotZ 13, 321, 331; *Loos/Brewitz* SchiedsVZ 12, 305 f.): In der Mediation geht es genau genommen um nichts weniger, als dass sich die Parteien (zwar Schritt für Schritt, aber dabei dennoch) immer umfassender und schließlich verbindlich auf gemeinsam entwickelte Regeln und Lösungen festlegen. Der erste Schritt ist eine mehr oder weniger umfangreiche Mediationsklausel, der zweite der Mediationsvertrag und der letzte die Mediationsvereinbarung. Was, wann und wie verbindlich festgelegt wird, kann von Mediation zu Mediation variieren. Wer eine Mediationsklausel unterschreibt, sollte sie auch ernst nehmen und dies dadurch bekräftigen, dass er vorab (und dabei freiwillig) zwingende Kostenfolgen für den Fall der eigenen Säumnis akzeptiert. Die vorstehende Regelung steht weiterhin nur vordergründig im Widerspruch zu dem allgemeinen Grundsatz, dass der Mediator „keine Entscheidungsbefugnis" hat. Dieser Grundsatz bedeutet nämlich nicht, dass der Mediator zum Spielball der Parteien werden darf, sondern er muss dem gesamten Verfahren eine Struktur geben können, dh. „die Parteien durch die Mediation führen" (vgl. § 1 Abs. 2 aE MediationsG). Im Idealfall gelingt das natürlich ohne die Androhung der Kostenlastfolge, weil die Parteien sich an die von ihnen selbst vereinbarte und unterzeichnete Mediationsklausel halten.

A. 14. Stille Gesellschaft

Übersicht

A. 14.00 Vertrag über die Errichtung einer typisch stillen Gesellschaft

Gliederung

I. FORMULAR

> **Formular A. 14.00 Vertrag über die Errichtung einer typisch stillen Gesellschaft**

Vertrag

zwischen

Offene Handelsgesellschaft in Firma X & Co. mit dem Sitz in ......

vertreten durch ihre persönlich haftenden Gesellschafter

– nachfolgend Inhaberin genannt –

und

Herrn A, wohnhaft in ......

– nachfolgend stiller Gesellschafter genannt –

Vorbemerkungen

Die Inhaberin betreibt in ...... ein Handelsgewerbe.

Gegenstand des Unternehmens ist ......

Herr A beabsichtigt, sich zur Stärkung des Unternehmenskapitals als stiller Gesellschafter iSd. §§ 230 ff. HGB am Handelsgewerbe der Inhaberin zu beteiligen. Zu diesem Zweck vereinbaren die Parteien was folgt:

§ 1 Einlage des stillen Gesellschafters

Der stille Gesellschafter erbringt eine Bareinlage von € ......

Die Einlage ist sofort fällig.

§ 2 Dauer der Gesellschaft, Geschäftsjahr

(1) Die Gesellschaft beginnt am ......; sie wird auf unbestimmte Dauer abgeschlossen.

(2) Das Geschäftsjahr entspricht dem der Inhaberin.

§ 3 Geschäftführung

(1) Die Geschäftführung steht allein der Inhaberin zu.

(2) Die Inhaberin darf jedoch folgende Maßnahmen nur mit Zustimmung des stillen Gesellschafters vornehmen:

a) Änderungen des Gegenstandes des Unternehmens und der Unternehmensform;

b) Erwerb von oder Beteiligungen an anderen Unternehmen sowie deren Veräußerung;

c) Veräußerung oder Verpachtung des Unternehmens oder eines Teils des Unternehmens;

d) Errichtung von Zweigniederlassungen;

e) Abschluss, Änderung oder Aufhebung von Gewinn- und Verlustübernahmeverträgen;

f) vollständige oder teilweise Einstellung des Gewerbebetriebes.

(3) Beabsichtigt die Inhaberin die Vornahme einer der in Abs. 2 genannten Maßnahmen, so hat sie dies dem stillen Gesellschafter mitzuteilen und ihn zur Erteilung seiner Zustimmung aufzufordern. Der stille Gesellschafter ist verpflichtet, unverzüglich Stellung zu nehmen. Liegt eine Stellungnahme des stillen Gesellschafters nicht innerhalb von vier Wochen seit Absendung der Aufforderung vor, so gilt dies als Zustimmung; auf diese Rechtsfolge ist in der Aufforderung zur Abgabe einer Stellungnahme ausdrücklich hinzuweisen.

§ 4 Informations- und Kontrollrechte

(1) Dem stillen Gesellschafter stehen die gesetzlichen Informations- und Kontrollrechte des § 233 HGB zu. Dies gilt auch nach Beendigung der Gesellschaft in dem zur Überprüfung des Auseinandersetzungsguthabens erforderlichen Umfang.

(2) Der stille Gesellschafter kann seine Informations- und Kontrollrechte durch einen Rechtsanwalt, Steuerberater oder Wirtschaftsprüfer wahrnehmen lassen.

(3) Der stille Gesellschafter hat über alle ihm bekannt gewordenen Angelegenheiten der Gesellschaft Stillschweigen zu bewahren.

§ 5 Jahresabschluss

(1) Die Inhaberin ist auf Grund handelsrechtlicher und steuerrechtlicher Vorschriften verpflichtet, Bücher zu führen und Jahresabschlüsse zu erstellen. Sie hat diese Pflichten auch im Interesse des stillen Gesellschafters zu erfüllen.

(2) Der handelsrechtliche und steuerrechtliche Jahresabschluss (Bilanz, Gewinn- und Verlustrechnung) ist innerhalb von sechs Monaten nach Ablauf eines jeden Geschäftsjahres zu erstellen und dem stillen Gesellschafter unverzüglich zuzusenden. Zusammen mit dem Jahresabschluss ist dem stillen Gesellschafter eine Darstellung der Entwicklung des maßgebenden Ertrages gemäß § 7 zu übermitteln.

(3) Einwendungen des stillen Gesellschafters sind innerhalb eines Monats nach Zugang des Jahresabschlusses schriftlich geltend zu machen. Nach Ablauf dieser Frist gilt der Jahresabschluss als genehmigt.

§ 6 Gesellschafterkonten

(1) Die Einlage des stillen Gesellschafters wird auf einem Einlagekonto verbucht.

(2) Verlustanteile werden auf einem Verlustkonto gebucht. Solange dieses Konto des stillen Gesellschafters Verlustanteile aufweist, werden Gewinnanteile hälftig dem Verlustkonto und dem Privatkonto gutgeschrieben.

(3) Alle sonstigen den stillen Gesellschafter betreffenden Buchungen, insbesondere Gewinngutschriften und Auszahlungen, erfolgen über ein Privatkonto.

§ 7 Maßgebender Ertrag

(1) Der Ergebnisbeteiligung des stillen Gesellschafters wird der im steuerlichen Jahresabschluss ausgewiesene Ertrag vor Berücksichtigung des Gewinn- und Verlustanteils des stillen Gesellschafters nach Durchführung folgender Korrekturen zugrunde gelegt:

a) erhöhte Absetzungen und Sonderabschreibungen sind nach Wahl der Inhaberin durch degressive oder lineare Absetzungen zu ersetzen;

b) steuerfreie Rücklagen sind bei ihrer Bildung dem Ergebnis zuzurechnen, bei ihrer Auflösung abzusetzen;

c) soweit Vergütungen an Mitunternehmer der Inhaberin gem. § 15 Abs. 1 Nr. 2 EStG in der Steuerbilanz nicht als Aufwand abgesetzt sind, sind diese abzuziehen;

d) soweit Leistungen eines Mitunternehmers, die handelsrechtlich einen Ertrag darstellen (zB Zinsen), in der Steuerbilanz nicht als Einnahmen enthalten sind, sind diese hinzuzurechnen;

e) außerordentliche Aufwendungen und Erträge, die auf Geschäftsvorfällen aus der Zeit vor Beginn der stillen Gesellschaft beruhen, sind hinzuzurechnen bzw. abzuziehen;

f) Gewinne und Verluste aus Abgängen von Wirtschaftsgütern des Anlagevermögens, die bei Beginn der stillen Gesellschaft zum Betriebsvermögen der Inhaberin gehören, sind insoweit abzuziehen bzw. hinzuzurechnen, als solche Gewinne bzw. Verluste auf Vorfällen aus der Zeit vor Beginn der stillen Gesellschaft beruhen.

(2) Wird der Jahresabschluss der Inhaberin (zB auf Grund einer Betriebsprüfung) bestandskräftig geändert, so ist diese Änderung auch bei der Ergebnisbeteiligung des stillen Gesellschafters zu berücksichtigen; Ausgleichszahlungen erfolgen innerhalb von vier Wochen nach bestandskräftiger Änderung des Jahresabschlusses.

§ 8 Ergebnisverteilung

(1) An einem gem. § 7 ermittelten Gewinn nimmt der stille Gesellschafter mit ......% teil. Dieser Quote liegen die Kapitalverhältnisse bei Abschluss dieses Vertrages zugrunde.

(2) Am Verlust nimmt der stille Gesellschafter entsprechend dem in Abs. 1 beschriebenen Verhältnis teil, jedoch nur bis zur Höhe seiner Einlage.

§ 9 Entnahmen

Der stille Gesellschafter ist berechtigt, den seinem Privatkonto gutgeschriebenen Gewinnanteil zu entnehmen. Als Abschlagszahlung darf er im laufenden Geschäftsjahr jeweils zum Quartalsende Entnahmen in Höhe von einem Viertel des zuletzt festgestellten Gewinnanteils vornehmen (im Gründungsjahr in Höhe des zu schätzenden Gewinnanteils). Restzahlungen auf den Gewinnanteil bzw. die Rückzahlung überhöhter Abschlagszahlungen sind innerhalb von vier Wochen nach Feststellung der Bilanz vorzunehmen. Die Inhaberin kann die Auszahlung des Gewinnanteils bzw. der Abschlagszahlungen ganz oder teilweise verweigern, soweit dies die Liquiditätslage gebietet oder sich im Laufe des Geschäftsjahres herausstellt, dass der dem Privatkonto gutzuschreibende Gewinnanteil geringer sein wird als die Summe der gemäß Satz 2 möglichen Abschlagszahlungen.

§ 10 Änderung der Kapitalverhältnisse; Aufnahme weiterer stiller Gesellschafter

(1) Ändern sich die Kapitaleinlagen der Gesellschafter der Inhaberin, so ist der stille Gesellschafter berechtigt, seine Einlage in dem Verhältnis zu ändern, in dem sich die Kapitaleinlagen der Gesellschafter der Inhaberin gegenüber dem Wert, der ihnen bei Begründung der stillen Gesellschaft für die Ergebnisbeteiligung (§ 8 Abs. 1) zugemessen wurde, geändert haben. Macht er von diesem Recht keinen Gebrauch, so können die Inhaberin und der stille Gesellschafter mit Wirkung vom Zeitpunkt der Kapitaländerung gemäß Satz 1 eine angemessene Neufestsetzung des Ergebnisverteilungsschlüssels verlangen.

(2) Im Falle des Eintritts weiterer stiller Gesellschafter ist die Höhe der Gewinn- und Verlustbeteiligung unter besonderer Berücksichtigung der Kapitalbeteiligungen neu festzusetzen.

§ 11 Abtretung und Belastung von Anteilen

(1) Abtretung, Veräußerung und Verpfändung des stillen Gesellschaftsanteils sowie Vereinbarung einer Unterbeteiligung, Einräumung von Treuhandverhältnissen und Nießbrauchsbestellung bedürfen der vorherigen schriftlichen Zustimmung der Inhaberin. Die Zustimmung darf nur aus wichtigem Grund versagt werden.

(2) Entsprechendes gilt für die Abtretung und Verpfändung von Gewinnansprüchen und Guthaben auf dem Privatkonto.

§ 12 Tod des stillen Gesellschafters

Im Falle des Todes des stillen Gesellschafters treten seine Erben in seine Rechtsstellung ein. Mehrere Erben haben sich gegenüber der Inhaberin durch einen gemeinsamen Bevollmächtigten vertreten zu lassen. Der Bevollmächtigte hat der Inhaberin seine Vertretungsbefugnis auf Verlangen durch notariell beglaubigte Vollmacht nachzuweisen. Bis zum Nachweis der Bevollmächtigung ruhen die Rechte der Erben aus diesem Vertrag mit Ausnahme des Gewinnbezugsrechtes.

§ 13 Kündigung

(1) Die stille Gesellschaft kann mit einer Frist von sechs Monaten zum Ablauf eines Geschäftsjahres gekündigt werden, erstmals jedoch zum ....

Das Recht zur Kündigung aus wichtigem Grund bleibt unberührt; als wichtiger Grund gilt neben den in § 234 HGB iVm. § 723 BGB genannten Gründen insbesondere auch:

a) die Liquidation der Inhaberin;

b) die Eröffnung des Insolvenzverfahrens über das Vermögen des stillen Gesellschafters;

c) Zwangsvollstreckungsmaßnahmen in Gesellschaftsrechte des stillen Gesellschafters, wenn diese Maßnahmen nicht innerhalb von drei Monaten wieder aufgehoben werden.

(2) Die Kündigung hat durch eingeschriebenen Brief gegen Rückschein oder gegen schriftliches Empfangsbekenntnis gegenüber dem anderen Vertragspartner zu erfolgen. Zur Wahrung der Frist kommt es auf den Zugang der Kündigung an.

§ 14 Umwandlung der Inhaberin

Das stille Gesellschaftsverhältnis endet nicht, wenn im Zusammenhang mit der Umwandlung der Inhaberin in eine andere Rechtsform eine Auflösung der Inhaberin eintritt und das Vermögen der Inhaberin auf das neu errichtete Unternehmen der anderen Rechtsform übertragen wird. In diesem Fall besteht die Einlage des stillen Gesellschafters mit dem gleichen Nennbetrag weiter.

§ 15 Auseinandersetzungsguthaben

(1) Bei Beendigung der stillen Gesellschaft hat der stille Gesellschafter Anspruch auf ein Auseinandersetzungsguthaben, das auf den Tag der Beendigung festzustellen ist.

(2) Der Auseinandersetzungsanspruch berechnet sich aus dem Saldo des unter Berücksichtigung von § 7 ermittelten Einlage-, Privat- und Verlustkontos; ein negativer Saldo des Privatkontos ist auszugleichen. Am Ergebnis schwebender Geschäfte, die nicht bilanzierungspflichtig sind, nimmt der stille Gesellschafter nicht teil.

(3) Fällt der Tag der Beendigung nicht auf einen Bilanzstichtag, so ist zur Ermittlung der Kontostände das Ergebnis des laufenden Geschäftsjahres zeitanteilig aufzuteilen.

(4) § 7 Abs. 2 gilt entsprechend; das Abfindungsguthaben ist unter Berücksichtigung der neuen Bescheide zu berichtigen.

(5) Die Auszahlung des Auseinandersetzungsguthabens erfolgt in ...... gleichen Vierteljahresraten, von denen die Erste drei Monate nach dem Tag der Beendigung der stillen Gesellschaft fällig wird. Steht die Höhe des Auseinandersetzungsguthabens noch nicht fest, ist die Höhe der Rate zu schätzen; der Ausgleich erfolgt, sobald das Auseinandersetzungsguthaben feststeht. Die Auszahlung des Auseinandersetzungsguthabens ist angemessen zu strecken, wenn die Zahlung nach Satz 1 unter Berücksichtigung der Vermögens- und Einkommenslage der Inhaberin nicht zu vertreten ist. Bei Beendigung der stillen Gesellschaft wegen Liquidation der Inhaberin ist das Auseinandersetzungsguthaben innerhalb von ...... Monaten nach seiner Feststellung fällig.

(6) Das Auseinandersetzungsguthaben ist in seiner jeweiligen Höhe mit ......% p.a. zu verzinsen. Die Zinsen werden mit der letzten Rate fällig.

§ 16 Schriftform, Salvatorische Klausel

(1) Änderungen und Ergänzungen dieses Vertrages bedürfen zu ihrer Wirksamkeit der Schriftform. Mündliche Nebenabreden bestehen nicht.

(2) Sollten sich einzelne Bestimmungen des Gesellschaftsvertrages als ungültig erweisen, so wird dadurch die Gültigkeit des Vertrages im Übrigen nicht berührt. In einem solchen Fall sind die Gesellschafter verpflichtet, durch Beschluss die ungültige Bestimmung durch diejenige gesetzlich zulässige Bestimmung zu ersetzen, die den Zweck der ungültigen Bestimmung, insbesondere das, was die Vertragsparteien gewollt haben, mit der weitestgehend möglichen Annäherung erreicht. Entsprechendes gilt, wenn sich bei Durchführung des Vertrages eine ergänzungsbedürftige Lücke ergeben sollte.

(3) Gerichtsstand für sämtliche Streitigkeiten aus diesem Vertrag ist ......, soweit dies zulässig vereinbart werden kann.

II. ERLÄUTERUNGEN

> **Erläuterungen zu A. 14.00 Vertrag über die Errichtung einer typisch stillen Gesellschaft**

1. Grundsätzliche Anmerkungen

a) Wirtschaftliche Funktion

Die stille Gesellschaft nimmt in ihrer wirtschaftlichen Funktion eine Mittelstellung **1** zwischen Darlehen (partiarischem Darlehen) einerseits und Personengesellschaft andererseits ein. Für den kapitalsuchenden Inhaber eines Handelsgewerbes bietet sich die

Möglichkeit, risikobehaftetes Kapital (bei Verlustbeteiligung) aufzunehmen, dessen Verzinsung vom Gewinn seines Unternehmens abhängig ist, ohne gesellschaftsrechtliche Mitspracherechte in größerem Umfang einräumen zu müssen. Da die stille Gesellschaft Innengesellschaft ist, die nach außen nicht in Erscheinung tritt, ist weder eine Änderung der Firmenbezeichnung des Inhabers noch eine Handelsregister-Eintragung erforderlich. Dies gilt nicht bei Aktiengesellschaften, bei denen gem. §§ 292, 294 AktG die stille Gesellschaft in das Handelsregister eingetragen werden muss (vgl. *Hüffer* § 292 AktG Rz. 15). Der Inhaber bleibt alleiniger Eigentümer aller Vermögensgegenstände. Er führt das Unternehmen im eigenen Namen wie bisher fort.

2   Für den Kapitalanleger bietet die stille Gesellschaft die Möglichkeit einer unternehmerischen Kapitalanlage mit allen Chancen und Risiken – wobei die Teilnahme an laufenden Verlusten ausgeschlossen werden kann –, jedoch ohne Verpflichtung und Berechtigung zur aktiven Einflussnahme auf den Geschäftsbetrieb. Eine Haftung des stillen Gesellschafters gegenüber Gläubigern des Inhabers besteht nicht, und zwar anders als beim Kommanditisten auch nicht bei ganzer oder teilweiser Rückzahlung seiner Einlage.

3   Besondere Bedeutung hat die stille Gesellschaft als Finanzierungsinstrument für Kapitalgesellschaften durch ihre Gesellschafter (s. hierzu Formular A. 14.02) und für Familiengesellschaften; bei letzteren bietet sie die Möglichkeit, Familienangehörige (Kinder) am Unternehmenserfolg zu beteiligen und an die unternehmerische Verantwortung heranzuführen, ohne gleichzeitig Mitwirkungsrechte in größerem Umfang einräumen zu müssen (s. Gestaltungsempfehlungen bei *Autenrieth* DStZ 92, 86).

b) Gesellschaftsrecht

4   Eine stille Gesellschaft entsteht, wenn sich eine Person am Handelsgewerbe eines anderen mit einer Vermögenseinlage beteiligt (§ 230 HGB). Stiller Gesellschafter kann jede natürliche oder juristische Person und jede Personenhandelsgesellschaft sein. **Mehrere stille Gesellschafter** können entweder je für sich in einem stillen Gesellschaftsverhältnis zum Inhaber stehen – die stille Gesellschaft ist von Gesetzes wegen eine zweigliedrige Gesellschaft –, so dass zwischen den mehreren stillen Gesellschaftern keine gesellschaftsrechtliche Bindung besteht, oder sie können eine gemeinsame stille Gesellschaft mit einer Mehrheit von stillen Gesellschaftern bilden. Die Rechtsbeziehungen können auch so gestaltet werden, dass sich die mehreren stillen Gesellschafter zu einer Gesellschaft des bürgerlichen Rechts zusammenschließen, die sich ihrerseits still am Handelsgewerbe des anderen beteiligt (vgl. im Einzelnen *Paulick* S. 73 ff.; *Baumbach/Hopt* § 230 HGB Rz. 6, 7; s. auch BFH VIII R 106/87 v. 19.2.91, BStBl. II 91, 569).

5   Der „andere" (Inhaber) muss ein **Handelsgewerbe** betreiben; möglich ist auch die stille Beteiligung an einem Teil eines Handelsgewerbes wie zB an einer Zweigniederlassung oder an einem anderen selbstständig abgrenzbaren Geschäftszweig (BFH I R 11/72 v. 27.2.75, BStBl. II 75, 611). Der Inhaber des Handelsgewerbes muss Kaufmann im Sinne der §§ 1–6 HGB sein (Einzelheiten vgl. *Baumbach/Hopt* § 230 HGB Rz. 5 sowie unten Rz. 23).

6   Die stille Gesellschaft ist **Innengesellschaft;** der stille Gesellschafter tritt nach außen nicht hervor. Aus den im Betrieb geschlossenen Geschäften wird allein der Inhaber berechtigt und verpflichtet (§ 230 Abs. 2 HGB).

7   Der Gesellschaftsvertrag ist grundsätzlich **formfrei** und kann auch stillschweigend abgeschlossen werden (*MünchKommHGB/Schmidt* § 230 HGB Rz. 95). Soll der stille Gesellschafter als Einlage ein Grundstück einbringen, so ist allerdings notarielle Beurkundung erforderlich, § 311b Abs. 1 BGB, nicht jedoch, wenn zum Vermögen des Inhabers Grundstücke gehören, da diese Alleineigentum des Inhabers bleiben.

8   Die **schenkweise Zuwendung** einer stillen Beteiligung bedarf grds. der notariellen Beurkundung gem. § 518 BGB. Zur Frage der Heilung des Formmangels durch

Vollzug der Schenkung gilt Folgendes: Bei einer bereits bestehenden stillen Beteiligung erfolgt der Vollzug (und damit die Heilung) durch Umbuchung im Rechnungswerk der Gesellschaft; soll die stille Beteiligung schenkweise vom Inhaber des Handelsgewerbes begründet werden, so stellt die Umbuchung vom Privatkonto keinen heilenden Vollzug dar (BGH II ZR 136/51 v. 24.9.52, NJW 52, 1412; BGH II ZR 16/52 v. 29.10.52, NJW 53, 138). Nach BFH IV R 95/73 v. 19.9.74, BStBl. II 75, 141 ist in letzterem Fall für die steuerliche Anerkennung nicht nur die Beurkundung des Schenkungsvertrages, sondern auch des stillen Gesellschaftsvertrages erforderlich (ebenso BFH I S 4/85 v. 5.6.85, BFH/NV 86, 725 unter Ablehnung des Billigkeitserlasses der FinVerw., s. BMF v. 8.12.75, BStBl. I 75, 1130; s. auch BGH II ZR 243/89 v. 2.7.90, BB 90, 1507; BFH III R 91/87 v. 31.5.89, BStBl. II 90, 10, und IV R 126/88 v. 21.9.89, BFH/NV 90, 692). Diese frühere Rechtsprechung wurde vom BFH teilweise aufgegeben (BFH IV R 52/11 v. 17.7.14, BFH/NV 14, 1949). Danach soll die unentgeltliche Zuwendung einer atypischen Beteiligung mit Abschluss des Gesellschaftsvertrages zivilrechtlich wirksam vollzogen sein, auch wenn der Abschluss des Schenkungs- und Gesellschaftsvertrages jeweils nach § 518 Abs. 1 S. 1 BGB formbedürftig ist, die vorgeschriebene Beurkundung aber nicht eingehalten worden ist.

Bei **minderjährigen Kindern** als stillen Gesellschaftern bedarf der Gesellschafts- **9** vertrag der vormundschaftsgerichtlichen Genehmigung (§§ 1643, 1822 Nr. 3 BGB), wenn Teilnahme am Verlust vereinbart wird (BGH III ZR 155/55 v. 28.1.57, NJW 57, 672; BFH I R 101/72 v. 28.11.73, BStBl. II 74, 289). Außerdem ist sowohl für den Schenkungsvertrag als auch für den stillen Gesellschaftsvertrag Ergänzungspflegschaft notwendig (§§ 1909, 1629 Abs. 2, 1795 BGB; BFH I R 176/77 v. 19.12.79, BStBl. II 80, 242; jedoch keine Dauerpflegschaft erforderlich, BFH IV R 102/73 v. 29.1.76, BStBl. II 76, 328). Zur schenkweisen Zuwendung einer stillen Beteiligung an ein minderjähriges Kind ausführlich BFH IV R 95/85 v. 9.7.87, BStBl. II 88, 246; krit. *Tiedke* BB 88, 946.

Die die stille Gesellschaft regelnden **§§ 230–236 HGB** sind weitgehend **dispositiv 10** und erlauben daher vielfältige Vertragsgestaltungen, die von dem gesetzlichen Vertragstypus der stillen Gesellschaft mehr oder weniger abweichen können.

Abgrenzungen gegenüber anderen Rechtsbeziehungen: Vom **partiarischen 11 Darlehen** unterscheidet sich die stille Gesellschaft durch den gemeinsamen Zweck, der an die Stelle der gegenläufigen Interessen bei der Darlehensgewährung bzw. -aufnahme tritt. Entscheidend ist das Gesamtbild der Verhältnisse (BFH III R 115/76 v. 10.2.78, BStBl. II 78, 256; OLG Frankfurt 5 U 114/81 v. 1.12.81, DB 82, 540; II ZR 284/91 v. 29.6.92, DStR 92, 1370; II ZR 32/94 v. 10.10.94, DB 94, 2610; *Jestädt* DStR 93, 387); zur Abgrenzung von partiarischem Darlehen und stiller Gesellschaft zwischen Vater und Kindern vgl. BFH I R 31/80 v. 8.3.84, DB 84, 1709; *Lienau/Lotz* DStR 91, 618; zur Abgrenzung zwischen Darlehen mit ausgeprägten Kontrollrechten und atypischer stiller Gesellschaft vgl. BFH IV R 1/92 v. 27.5.93, BStBl. II 94, 700). Bei **Beteiligung** an einzelnen Geschäften (Metageschäft) liegt keine stille Gesellschaft vor (regelmäßig GbR – Innengesellschaft –, vgl. *Baumbach/Hopt* § 230 HGB Rz. 4). Zur Abgrenzung zwischen partiarischem Austauschvertrag und Gesellschaftsverhältnis vgl. BFH IV R 17/84 v. 22.10.87, BStBl. II 88, 62. Zur Abgrenzung der stillen Gesellschaft zum Genussrecht vgl. BFH VIII R 3/05 v. 8.4.08, BStBl. II 08, 852.

Abgrenzung typische – atypische stille Gesellschaft: Nach der gesetzlichen **12** Regelung (§§ 230 ff. HGB) hat der stille Gesellschafter keine Kontroll- und Verwaltungsrechte. Er hat lediglich Anspruch auf eine abschriftliche Mitteilung der jährlichen Bilanz. Bei Beendigung der stillen Gesellschaft erhält der Stille als Abfindungsguthaben den Betrag seiner Einlage, vermindert um ihm zugerechnete Verluste und vermehrt um ihm zustehende Gewinnanteile; die Aufstellung einer Vermögensbilanz ist nicht erforderlich.

13 Diese für die stille Gesellschaft typische Rechtslage kann jedoch vertraglich dahingehend abgeändert werden, dass dem stillen Gesellschafter erweiterte Kontroll- und Mitbestimmungsrechte (Zustimmungs- und Weisungsrechte) eingeräumt werden, und es kann im Innenverhältnis vereinbart werden, dass der stille Gesellschafter auch bei Fehlen eines gesamthänderisch gebundenen Vermögens an den stillen Reserven des Anlagevermögens sowie an einem evtl. Geschäftswert beteiligt wird. Unter diesen Voraussetzungen liegt eine atypische stille Gesellschaft vor, die einer Kommanditgesellschaft angenähert ist (zur Beteiligung des stillen Gesellschafters am laufenden Gewinn und an den stillen Reserven des Unternehmens einschließlich eines Geschäftswerts als Voraussetzungen für die Annahme einer atypischen stillen Gesellschaft vgl. BFH IV R 1/92 v. 27.5.93, BStBl. II 94, 700). Zur Abgrenzung typisch − atypisch stille Gesellschaft vgl. auch OFD Frankfurt v. 26.6.96, DStR 96, 1406; OFD Frankfurt v. 14.3.01, DStR 01, 1159; OFD Frankfurt v. 3.11.08, BeckVerw 251877.

14 *(frei)*

c) Steuerrecht

15 Der stille Gesellschafter bezieht Einkünfte aus **Kapitalvermögen** (§ 20 Abs. 1 Nr. 4 EStG); die Auszahlung sowie die Gutschrift (auch auf Verlustkonto) der Gewinnanteile unterliegen der **Kapitalertragsteuer** (§ 43 Abs. 1 Nr. 3 EStG). Ein eventueller Veräußerungsgewinn, der beim Verkauf der stillen Beteiligung entsteht, ist gem. §§ 20 Abs. 2 Nr. 4 EStG, steuerpflichtig. Bei Anschaffungen vor dem 1.1.09 s. § 52 Abs. 28 S. 13 EStG.

16 *(frei)*

17 Beim Inhaber sind Gewinnanteile des stillen Gesellschafters abzugsfähige Betriebsausgaben, Verlustanteile Betriebseinnahmen. **Gewerbesteuerlich** werden die − beim Inhaber abzugsfähigen − Gewinnanteile wieder hinzugerechnet (§ 8 Nr. 1 Buchst. c GewStG) und zwar iHv. 25% nach Abzug eines Freibetrages von € 100 000 für sämtliche Hinzurechnungsbeträge gemäß § 8 Nr. 1 Buchst. a bis f GewStG.

18 Ist der stille Gesellschafter **beschränkt steuerpflichtig,** so unterliegen die auf ihn entfallenden Gewinnanteile der Besteuerung in Deutschland (§ 49 Abs. 1 Nr. 5a iVm. § 20 Abs. 1 Nr. 4 EStG); die Steuerpflicht ist mit der Kapitalertragsteuer in Höhe von 25% zzgl. 5,5% Solidaritätszuschlag auf die Kapitalertragsteuer abgegolten (§ 50 Abs. 2 EStG, § 3 Abs. 1 Nr. 5 SolZG). Die Forderung auf Auszahlung des Gewinnanteils gehört nicht zum Inlandsvermögen des beschränkt steuerpflichtigen stillen Gesellschafters (BFH III R 66−67/74 v. 17.10.75, BStBl. II 76, 275; zu stillen Beteiligungen an deutschen Personengesellschaften im Verhältnis zur Schweiz vgl. BMF v. 31.3.80, DB 80, 904). Zur atypisch stillen Beteiligung an einer Schweizer Kapitalgesellschaft vgl. BFH II R 70/97 v. 30.6.99, BStBl. II 99, 742.

19 Der **atypische stille Gesellschafter** ist demgegenüber in der Regel steuerlich Mitunternehmer und erzielt Einkünfte aus Gewerbebetrieb. Die Ergebnisanteile des Inhabers einerseits und des atypischen stillen Gesellschafters andererseits werden einheitlich und gesondert gem. § 180 AO festgestellt.

20 **Grunderwerbsteuer:** Die Einbringung von Grundstücken als stille Einlage ist auch dann nicht gem. § 5 Abs. 1 GrEStG − teilweise − grunderwerbsteuerfrei, wenn der einbringende stille Gesellschafter Mitunternehmer wird (BFH II R 30/69 v. 11.12.74, BStBl. II 75, 417).

21 **Umsatzsteuer:** Beteiligt sich ein Unternehmer im Rahmen seines Unternehmens als stiller Gesellschafter mit einer Geldeinlage an einem anderen Unternehmen, so unterliegt der Gewinnanteil des stillen Gesellschafters der Umsatzsteuer (vgl. OFD D'dorf v. 2.6.86, DB 86, 1589) (zur umsatzsteuerlichen Behandlung der stillen Gesellschaft vgl. *Dziadkowski/Beranek* UR 90, 265).

21a **Bewertungsrechtlich** ist die typische stille Beteiligung als Kapitalforderung (sonstiges Vermögen) anzusehen (zur Bewertung vgl. *Christoffel* DB 88, 255).

Familiengesellschaften: Nach der stRspr. des BFH sind Gesellschaftsverträge 22
ebenso wie sonstige Vertragsverhältnisse zwischen nahen Angehörigen nur zu berücksichtigen, wenn sie zivilrechtlich wirksam sind, inhaltlich dem unter Dritten Üblichen
entsprechen und auch wie unter Dritten vollzogen werden. Dies gilt auch für stille
Gesellschaften (BFH v. 31.5.89, BStBl. II 90, 10 mwN). Die von der Rspr. für die
steuerliche Anerkennung von Darlehensverhältnissen zwischen nahen Angehörigen
aufgestellten Grundsätze sind auf typische stille Gesellschaften zwischen Familienangehörigen nicht uneingeschränkt übertragbar; so steht zB die fehlende Sicherung des in
mehreren Jahren zu tilgenden Auseinandersetzungsguthabens einer steuerlichen Anerkennung der stillen Gesellschaft jedenfalls dann nicht entgegen, wenn die Rechtsstellung der schenkweise in das väterliche Unternehmen aufgenommenen Kinder dem
Regelstatut des HGB entspricht (BFH III R 91/87 v. 31.5.89, BStBl. II 90, 10; IV R
126/88 v. 21.9.89, BFH/NV 90, 692). **Tatsächlich durchgeführt** ist ein Vertrag
über eine stille Beteiligung zwischen Familienangehörigen nur dann, wenn die Gewinnanteile entweder ausbezahlt werden oder im Falle einer Gutschrift eindeutig bis
zur Auszahlung jederzeit abrufbar gutgeschrieben bleiben (BFH I R 203/84 v.
18.10.89, BStBl. II 90, 68).
Zur angemessenen Gewinnverteilung in Familiengesellschaften s. Rz. 60.

Einkommensteuerliche Anerkennung schenkweise begründeter stiller Be- 22a
teiligungen: Bis zum Urteil des X. Senats des BFH X R 121/88 v. 12.1.92 (DStR
92, 678) war die schenkweise Begründung einer stillen Beteiligung nach einhelliger
Auffassung von Rspr. (BFH IV R 103/83 v. 24.7.86, BStBl. II 87, 54; III R 91/87 v.
31.5.89 BStBl. II 90, 10; IV R 35/89 v. 21.2.91, DStR 91, 1078) und Literatur (vgl.
Groh BB 87, 1505 mwN) ertragsteuerlich unabhängig davon anzuerkennen, ob die
stille Beteiligung im Wege des Doppelgeschäfts, also durch Schenkung des Geldbetrags
und seiner Verwendung als Einlage, oder durch Abbuchung vom Kapitalkonto des
Geschäftsinhabers erfolgte. In seiner Entscheidung v. 12.1.92 hat der X. Senat des
BFH die Frage aufgeworfen, ob schenkweise begründete stille Beteiligungen einkommensteuerlich ebenso wie schenkweise begründete Darlehensforderungen zu beurteilen sind. In BFH X R 99/88 v. 21.10.92, BStBl. II 93, 289) hat der X. Senat sodann entschieden, dass eine typische stille Gesellschaft dann nicht anzuerkennen ist,
wenn ein Steuerpflichtiger seinen minderjährigen Kindern Geldbeträge mit der Auflage zuwendet, diese ihm sogleich wieder als Einlage im Rahmen einer typischen stillen
Gesellschaft zur Verfügung zu stellen, wenn eine Verlustbeteiligung ausgeschlossen ist.
Eine solche Gestaltung sei der Darlehensgewährung ähnlich, so dass für die einkommensteuerliche Anerkennung die gleichen Grundsätze zu gelten haben. Die FinVerw.
hat sich dieser Auffassung angeschlossen und in BMF v. 23.12.10 (BStBl. I 11, 37),
Tz. 15 die Grundsätze zu schenkweise begründeten Darlehen auch für nach dem
31.12.92 schenkweise begründete stille Beteiligungen für anwendbar erklärt, wenn
keine Beteiligung am Verlust vereinbart und der stille Gesellschafter nicht als Mitunternehmer anzusehen ist.

2. Einzelerläuterungen

Zur Vorbemerkung:

Ist der Inhaber kein Kaufmann, so kann eine stille Gesellschaft im Rechtssinn nicht 23
entstehen. Zwar ist der Gesellschaftsvertrag gültig, doch wird in der Regel eine Innengesellschaft in Form einer Gesellschaft des bürgerlichen Rechts vorliegen (BFH IV
R 126/88 v. 21.9.89, BFH/NV 90, 692), wobei die Beteiligten infolge der Vertragsvereinbarungen im Innenverhältnis die Gültigkeit der Regelungen über die stille Gesellschaft vereinbaren können, soweit diese passen (vgl. *Baumbach/Hopt* § 230 HGB
Rz. 1). Nach BFH I R 133/93 v. 10.8.94 (BStBl. II 95, 171) kann eine atypische stille
Gesellschaft auch an einer freiberuflichen Praxis (Steuerberaterpraxis) bestehen. Zur

Frage der Fehlerhaftigkeit oder Nichtigkeit einer stillen Beteiligung an einem Unternehmen, das die Besorgung fremder Rechtsangelegenheiten betreibt, sowie zur Beteiligung eines Nichtapothekers an einer Apotheke vgl. BGH II ZR 95/78 v. 24.9.79, DB 79, 2478. Ist der Inhaber Kaufmann, erzielt jedoch steuerlich nicht Einkünfte aus Gewerbebetrieb (sondern zB aus Vermietung und Verpachtung bei einer Immobilien-KG), so steht dies einer stillen Gesellschaft nicht im Wege. Der stille Gesellschafter erzielt auch in diesem Fall Einkünfte aus Kapitalvermögen (bei atypischer stiller Gesellschaft aus VuV).

Zu § 1: Einlage des stillen Gesellschafters

24　　Die Einlage des stillen Gesellschafters kann in jedem bewertbaren Vorteil bestehen, also auch zB in der Einbringung von Know-how, der Übernahme einer Unterlassungspflicht, der Umwandlung einer Darlehensforderung sowie in der Überlassung von geldwerten Informationen. Die Vermögenseinlage kann auch in Diensten bestehen. Die Übernahme einer Gesellschaftsschuld durch den typisch stillen Gesellschafter ist nur dann eine „geleistete Einlage" iSv. § 15a EStG, wenn die Gesellschaft endgültig von ihrer Schuld befreit wird (BFH VIII B 90/02 v. 7.8.02, DStRE 02, 1363).

25　　Die Einlage ist so zu leisten, dass sie in das Vermögen des Inhabers übergeht; idR ist also Übereignung vom stillen Gesellschafter an den Inhaber erforderlich. Der stille Gesellschafter erhält lediglich obligatorische Rechte, nicht dingliche. Die Einlage des stillen Gesellschafters ist jedoch nicht „Leihkapital", sondern „verantwortliches Kapital". Die Behandlung der Einlage des stillen Gesellschafters als Fremdkapital oder Eigenkapital kann unterschiedlich sein (vgl. *MünchKommHGB/K. Schmidt* § 230 HGB Rz. 170).

26　　Wird eine Sacheinlage erbracht, so sind die Beteiligten in der Bewertung frei; eine Überbewertung der Einlage kann jedoch uU Schenkung an den stillen Gesellschafter sein.

　　Verwendet der Inhaber die Einlage des stillen Gesellschafters nicht bestimmungsgemäß, so verletzt er seine gesellschaftsvertraglichen Pflichten und macht sich gegenüber dem stillen Gesellschafter schadensersatzpflichtig (BGH II ZR 173/86 v. 29.6.87, GmbHR 88, 56).

Zu § 2: Dauer der Gesellschaft, Geschäftsjahr

27　　Da für die stille Gesellschaft als solche ein Jahresabschluss nicht erstellt wird, empfiehlt es sich, das Geschäftsjahr dem der Inhaberin anzupassen.

Zu § 3: Geschäftsführung

28　　Abs. 1 entspricht der gesetzlichen Regelung, wonach der stille Gesellschafter von der Geschäftsführung ausgeschlossen und auch nicht zum Widerspruch gegen einzelne Geschäftsführungsmaßnahmen berechtigt ist (*HGB-Großkomm./Schilling* § 335 HGB Rz. 47/59). Da der stille Gesellschafter jedoch Anspruch darauf hat, dass das Unternehmen, an dem er sich beteiligt hat, fortgeführt und in seinen wesentlichen Grundlagen nicht ohne seine Zustimmung geändert wird (BGH II ZR 144/79 v. 21.4.80, BB 80, 958), sollte klargestellt werden, dass für bestimmte wesentliche Maßnahmen, wie zB die Beendigung oder Veräußerung des Geschäftsbetriebs oder die Änderung wesentlicher Grundlagen, die Zustimmung des stillen Gesellschafters erforderlich ist. Ein Gesellschafterwechsel bei der Inhaberin bedarf nicht der Zustimmung des stillen Gesellschafters (*HGB-Großkomm./Zutt* § 230 HGB Rz. 90; su. Rz. 69).

29　　Eine Regelung der Vertretungsmacht ist nicht erforderlich, da es bei der stillen Gesellschaft eine Vertretung im rechtstechnischen Sinn nicht gibt. Nach außen tritt allein der Inhaber unter seiner Firma auf, er allein wird aus den von ihm abgeschlossenen Geschäften berechtigt und verpflichtet (§ 230 Abs. 2 HGB). Da der Inhaber weder die Gesellschaft noch den stillen Gesellschafter vertritt, kann er weder von der „Vertretung" ausgeschlossen noch kann ihm diese entzogen werden.

Zu § 4: Informations- und Kontrollrechte

Gem. § 233 HGB stehen dem stillen Gesellschafter lediglich eingeschränkte Infor- 30
mations- und Kontrollrechte zur Verfügung. Sollen diese erweitert werden, empfiehlt
es sich, vertraglich die Rechte des § 716 BGB einzuräumen, der insbesondere das
Recht zur persönlichen Unterrichtung von den Angelegenheiten der Gesellschaft unter Einsichtnahme der Geschäftsbücher und der Papiere gibt. Da nach Beendigung der
stillen Gesellschaft alle Informations- und Kontrollrechte entfallen und der Gesellschafter sich nur noch auf die allgemeinen Vorschriften der §§ 810, 242 BGB stützen kann
(BGH II ZR 203/74 v. 8.4.76, DB 76, 2106), empfiehlt sich eine Ausdehnung der
Rechte auf die Zeit nach Beendigung der Gesellschaft. Zu beachten ist, dass die Kontrollrechte des § 233 HGB unabhängig davon sind, ob der stille Gesellschafter seine eigenen Verpflichtungen erfüllt, insbesondere seine vereinbarte Einlage geleistet hat
(*Baumbach/Hopt* § 233 HGB Rz. 1).

Die Ausübung der Kontrollrechte durch einen bevollmächtigten Buchsachverstän- 31
digen ist im Allgemeinen zuzulassen. Die Regelung des § 4 Abs. 2 dient der ausdrücklichen Klarstellung. Zum Einsichtsrecht eines stillen Gesellschafters einer Publikums-
KG vgl. BGH II ZR 36/83 v. 16.1.84, DB 84, 1460.

Zu § 5: Jahresabschluss

Die stille Gesellschaft ist selbst nicht bilanzierungspflichtig, weil sie nicht Kaufmann 32
iSv. § 238 iVm. §§ 1 ff. HGB ist. Der Geschäftsinhaber erteilt dem Stillen daher nur eine
interne Abrechnung (*Blaurock* § 13 Rz. 13.94). Auch steuerrechtlich besteht jedenfalls
für die typische stille Gesellschaft keine Buchführungs- und Bilanzierungspflicht. Die
stille Gesellschaft als reine Innengesellschaft ist kein gewerblicher Unternehmer im Sinne von § 141 Abs. 1 AO, so dass auch auf Grund dieser Vorschrift keine Buchführungspflicht besteht (BFH VIII R 364/83 v. 12.11.85, BStBl. II 86, 311; *Blaurock* § 13
Rz. 13.96; **aA** *Semler* in *Münchener Vertragshandbuch,* Bd. 1 Form. VIII 1. Anm. 9). Zur
stillen Gesellschaft im Bilanzrecht vgl. *Westerfelhaus* DB 88, 1173.

(frei) 33

Zu § 6: Gesellschafterkonten

Die Aufteilung auf Einlage-, Verlust- und Privatkonto empfiehlt sich zur besseren 34
Übersichtlichkeit. Dies gilt insbesondere auch für die Trennung von Verlust- und Privatkonto, da dadurch Entnahmen bzw. Verlustanteile ohne Hinzuziehung weiterer
Unterlagen sofort erkennbar sind. Verlustanteile des stillen Gesellschafters müssen uE
offen von der Einlage abgesetzt werden, da eine verdeckte Verrechnung die Grundsätze der Bilanzklarheit (§ 243 Abs. 2 HGB) und des Verrechnungsverbots (§ 246 Abs. 2
HGB) verletzen würde.

Das Einlagekonto des stillen Gesellschafters bringt nicht seine wirtschaftliche Betei- 35
ligung am Geschäftsvermögen zum Ausdruck, wie dies bei den Kapitalkonten der
OHG oder KG der Fall ist. Das Konto drückt vielmehr eine echte Verbindlichkeit des
Inhabers gegenüber dem stillen Gesellschafter aus und ist deshalb bei der Prüfung einer
etwaigen Überschuldung des Inhabers als Verbindlichkeit zu behandeln, soweit es
nicht durch Verluste aufgezehrt ist oder eine Rangrücktrittserklärung abgegeben wurde (*Scholz/Schmidt* § 63 GmbHG Rz. 28, str.: **aA** *Wahl* GmbHR 75, 169; OLG Brandenburg 7 U 39/97 v. 26.11.97, GmbHR 98, 190; auch bei Rangrücktrittsvereinbarung bleibt die Einlage – eigenkapitalersetzendes – Fremdkapital und wird nicht zu
Eigenkapital, BFH IV R 1/92 v. 27.5.93, BStBl. II 94, 700). Auch das Privatkonto
stellt ein Gläubigerkonto dar. Häufig wird das Privatkonto auch als Darlehenskonto
bezeichnet. Diese Bezeichnung ist jedoch irreführend, da sich die Rechtsbeziehung
zwischen Inhaber und Stillem nach den gesellschaftsvertraglichen Vereinbarungen
richtet. Die Bezeichnung Darlehenskonto sollte daher den Fällen vorbehalten bleiben,
in denen der Stille dem Inhaber neben seiner stillen Beteiligung ein echtes Darlehen

(iSv. §§ 488 ff. BGB) gewährt. Für die Ermittlung des Gesamtwerts der Beteiligung sind die drei Konten zu saldieren.

36   Bei Eröffnung des Insolvenzverfahrens über das Vermögen **der Inhaberin** kann der stille Gesellschafter seine Einlage, soweit sie nicht durch Verluste aufgezehrt ist, sowie Guthaben auf dem Privatkonto als Insolvenzgläubiger geltend machen (§ 236 HGB). Zur Anfechtung der Einlagenrückgewähr vgl. § 136 InsO.

37   Zur Frage eines Schadensersatzanspruches wegen Verlust der Einlage bei Insolvenz des Inhabers, wenn im Gesellschaftsvertrag vereinbart ist, dass die Einlage erst nach Befriedigung der übrigen Gläubiger zurückgefordert werden darf, vgl. BGH II ZR 157/81 v. 12.7.82, DB 82, 1923. Zur Behandlung der stillen Einlage bei Insolvenz der Publikums-KG, wenn der Stille gleichzeitig Kommanditist ist, vgl. BGH II ZR 38/80 v. 9.2.81, DB 81, 1717.

38   **Wiederauffüllung des Verlustkontos:** Nach der gesetzlichen Regelung (§ 232 Abs. 2 Satz 2 HGB) sind Gewinnanteile des Stillen, solange seine Einlage durch Verlust vermindert ist, in vollem Umfang zur Deckung des Verlustes zu verwenden. Die hier vorgeschlagene Regelung, wonach lediglich die Hälfte der Gewinne zur Wiederaufnahme der Einlage zu verwenden ist, während die verbleibende Hälfte vom stillen Gesellschafter entnommen werden kann, ist daher eine gesellschafterfreundliche Regelung. Hier nicht vorgeschlagen aber möglich ist eine Verzinsung von Salden des Privatkontos (uU empfehlenswert, wenn Teile des Gewinns nicht entnommen werden dürfen, sondern dem Privatkonto zugeschlagen werden).

Zu § 7: Maßgebender Ertrag

39   Der Ermittlung des Ergebnisanteils des Stillen kann sowohl die Handels- als auch die Steuerbilanz zugrunde gelegt werden (*Blaurock* § 14 Rz. 14.6). Dabei hat die Zugrundelegung der Steuerbilanz für den Anteil des Stillen am Ertrag den Vorteil, dass die steuerlichen Gewinnermittlungsvorschriften insofern „genauer" sind, als sie handelsrechtlich zulässige Unterbewertungen nicht enthalten. Die Zugrundelegung der Steuerbilanz ist somit in der Regel für den Stillen günstiger. *Blaurock* (aaO) empfiehlt die Verwendung des Steuerbilanzgewinns als Grundlage für die Berechnung des Anteils des Stillen. Er begründet dies damit, dass der Geschäftsinhaber ansonsten doppelt begünstigt wäre. Einmal auf Grund der geringeren Bemessungsgrundlage der KSt. und zum anderen aus der Abwälzung eines Teils der KSt. auf den stillen Gesellschafter (*Blaurock* § 14 Rz. 14.6), wobei dies größere Bedeutung nur bei Kapitalgesellschaften hat. UE ist es zweckmäßig, die Steuerbilanz zur Ermittlung des maßgeblichen Ertrages zugrunde zu legen, wobei erforderlichenfalls vereinbart werden kann, dass nichtabzugsfähige Betriebsausgaben iSd. § 4 Abs. 5 EStG abzuziehen sind. Damit ist gewährleistet, dass der Stille in vollem Umfang am „wirklichen" Gewinn der Inhaberin beteiligt ist, da handelsrechtlich zulässige Unterbewertungen den Gewinnanteil des Stillen nicht mindern. Die Zugrundelegung der Steuerbilanz hat für den stillen Gesellschafter den weiteren Vorteil, dass die seinem Ergebnisanteil zugrunde liegende Bilanz von den FinBeh geprüft wird.

40   Der Formulierungsvorschlag geht demzufolge von der Zugrundelegung des steuerlichen Jahresabschlusses aus. Da der Gewinnanteil des Stillen Betriebsausgabe gem. § 4 Abs. 4 EStG beim Inhaber ist und den in der Steuerbilanz auszuweisenden Gewinn mindert, muss die Steuerbilanz vor Berücksichtigung dieses Gewinnanteils zugrunde gelegt werden. Durch die vorgeschlagenen weiteren Korrekturen sollen betrieblich nicht begründete Faktoren ausgeschaltet werden.

41   **Zu a) Erhöhte Absetzungen/Sonderabschreibungen:** Erhöhte Absetzungen und Sonderabschreibungen lässt das Steuerrecht aus nichtfiskalischen, lenkungszweckorientierten Gründen heraus in vielen Fällen zu (s. §§ 7h, 7i EStG). Diese Absetzungen gehen regelmäßig über die nach betriebswirtschaftlichen Grundsätzen vorzunehmenden Absetzungen hinaus und sollen daher im Verhältnis zum Stillen auf das

betriebswirtschaftlich gebotene Maß zurückzuführen sein. Betriebswirtschaftlich geboten sind regelmäßig degressive oder lineare Absetzungen.

Zu b) Steuerfreie Rücklagen: Steuerfreie Rücklagen (zB gem. § 6b EStG) mindern ebenfalls das steuerliche Ergebnis, ohne dass nach betriebswirtschaftlichen Grundsätzen ein erzielter Gewinn geschmälert worden ist. Allerdings sind Gewinne aus der Auflösung der steuerfreien Rücklagen vom Gewinn des Stillen wieder abzusetzen. Anderenfalls würde dem Stillen zweimal ein Gewinn für nur einen Gewinnrealisierungsvorgang zugerechnet werden. **42**

Zu c) Vergütungen an Mitunternehmer der Inhaberin: Vergütungen an Mitunternehmer für eine Tätigkeit im Dienst der Gesellschaft, die Hingabe von Darlehen oder die Überlassung von Wirtschaftsgütern mindern das steuerliche Ergebnis nicht. Handelsrechtlich und betriebswirtschaftlich stellen diese Positionen jedoch Aufwand der Gesellschaft dar und sind deshalb bei der Ermittlung des Ergebnisanteiles des Stillen zu berücksichtigen. Die Bestimmung ist erforderlich, da trotz Aufgabe der Bilanzbündeltheorie (BFH I R 142/72 v. 8.1.75, BStBl. II 75, 437; GrS des BFH GrS 4/82 v. 25.6.84, BStBl. II 84, 751) der Gewinn der Handelsgesellschaften in den Steuerbilanzen häufig unter Einbeziehung von Zinsen und Tätigkeitsvergütungen ausgewiesen wird. **43**

Zu d) Steuerneutrale Zahlungen der Mitunternehmer an die Inhaberin: Entsprechend c) sind Leistungen des Gesellschafters an die Gesellschaft dem Gewinn hinzuzurechnen, soweit sie nicht als Einnahmen in der Steuerbilanz enthalten sind (zB Zinszahlungen eines Gesellschafters für ein an ihn ausgereichtes Darlehen oder Vergütungen für andere Leistungen der Gesellschaft an den Mitunternehmer). **44**

Zu e) Außerordentliche Aufwendungen und Erträge: Außerordentliche Aufwendungen und Erträge, die auf Geschäftsvorfällen aus der Zeit vor Beginn der stillen Gesellschaft beruhen, sollen den Gewinn des Stillen nicht erhöhen oder schmälern. Sie haben mit der Beteiligung des stillen Gesellschafters nichts zu tun. Soweit neben außerordentlichen auch außergewöhnliche Erträge oder Aufwendungen zu erwarten sind, sollten diese im Anschluss an Buchst. e) im Gesellschaftsvertrag noch ausdrücklich genannt werden. In Betracht kommen hier insbesondere Ausgleichsansprüche von Handelsvertretern gem. § 89b HGB. Wenn diese Ausgleichsansprüche nicht gegenüber einem neuen Vertreter belastet werden können, können sie zu einer erheblichen wirtschaftlichen Belastung führen, an der der Stille nicht teilhaben sollte. Entsprechendes gilt für Erträge im umgekehrten Fall. **45**

Zu f) Abgänge von Wirtschaftsgütern des Anlagevermögens: Auch die Gewinne und Verluste aus Abgängen von Wirtschaftsgütern des Anlagevermögens, die vor Beginn der stillen Gesellschaft angeschafft wurden, sind vom Gewinn des Stillen insoweit abzuziehen bzw. ihm hinzuzurechnen, als sie ihren Ursprung in der Zeit vor Beginn der stillen Gesellschaft haben (zB Wertminderungen bzw. Steigerungen vor Beginn der stillen Gesellschaft). Das aus dem Abgang resultierende Ergebnis ist insoweit nicht während der Dauer der stillen Gesellschaft erzielt worden und sollte darum auf das Ergebnis keinen Einfluss haben. Um spätere Bewertungsprobleme zu vermeiden, empfiehlt es sich, Wirtschaftsgüter mit erheblichen stillen Reserven (zB Grundstücke) zu Beginn der stillen Gesellschaft zu bewerten. Stille Reserven sind hingegen immer dann zu berücksichtigen, wenn sie während der Dauer der stillen Gesellschaft im Zusammenhang mit dem üblichen Geschäftsbetrieb des Inhabers entstanden und realisiert sind (vgl. iE ausführlich *MünchHdb.GesR/Bezzenberger* § 20 Rz. 1 ff./24). **46**

(frei) **47**

Zu § 8: Ergebnisverteilung

Gesellschaftsrecht: Die Bestimmungen über die Verteilung des Gewinns und Verlustes sind im HGB nur unzureichend geregelt. Zwingend ist eine Beteiligung des Stillen am Gewinn des Inhabers vorgesehen; die Beteiligung am Verlust kann ausge- **48**

schlossen werden. Gem. § 231 Abs. 1 HGB „gilt ein den Umständen nach angemessener Anteil als bedungen", wenn der Anteil des stillen Gesellschafters am Gewinn und Verlust nicht bestimmt ist. Die Höhe der Gewinnbeteiligung kann zwischen den Vertragspartnern grds. frei vereinbart werden (zu den Besonderheiten bei Familiengesellschaften s. Rz. 60). Ein angemessener Maßstab ist das Verhältnis des Werts der stillen Einlage zum Wert des Handelsgewerbes unter Einbeziehung aller stiller Reserven einschließlich des Firmenwerts.

49   **Steuerrecht:** Der auf den stillen Gesellschafter entfallende Gewinnanteil ist für die Inhaberin Betriebsausgabe des Jahres, in dem er entstanden ist. Soweit der Gewinnanteil nicht bereits im Wege der Vorabentnahme entnommen ist, ist deshalb in der Bilanz der Inhaberin eine entsprechende Verbindlichkeit auszuweisen. Es liegt jedoch dann keine Betriebsausgabe vor, wenn der Geschäftsinhaber die Vermögenseinlage des stillen Gesellschafters zu privaten Zwecken verwendet (BFH XI R 24/02 v. 6.3.03, BStBl. II 03, 656).

50   Beim stillen Gesellschafter erfolgt der **Zufluss** in dem Zeitpunkt, in dem der stille Gesellschafter über den Gewinnanteil verfügen kann: Dies erfolgt in der Regel im Zeitpunkt der Verbuchung des Gewinnanteils auf seinem Privatkonto, also bei Aufstellung der maßgebenden Bilanz der Inhaberin. Erfolgt die Auszahlung früher, so kann der maßgebliche Zufluss bereits vor der Verbuchung des Gewinnanteils erfolgen. Die in Abs. 1 vorgesehenen vierteljährlichen Abschlagszahlungen gelten deshalb, auch wenn sie auflösend bedingt sind, als zugeflossen (*Blaurock* § 22 Rz. 22.182; *Schmidt/Levedag* § 20 EStG Rz. 22). Sind die erhaltenen **Abschlagszahlungen** ganz oder teilweise zurückzuzahlen, so stellen die Rückzahlungen Werbungskosten bei den Einkünften aus Kapitalvermögen dar. Ein steuerlicher Zufluss liegt auch insoweit vor, als nicht der gesamte Gewinnanteil entnommen werden darf, sondern ein bestimmter Prozentsatz der stillen Einlage zugeschlagen wird oder auf dem Privatkonto stehen bleibt.

51   **Mehrgewinne auf Grund einer Betriebsprüfung** gelten gleichfalls im Zeitpunkt der Gutschrift als zugeflossen (nicht bereits bei der Feststellung durch die Betriebsprüfung; BFH VI 208/60 U v. 4.8.61, BStBl. III 61, 468).

52   **Verluste des stillen Gesellschafters:** Zu unterscheiden ist zwischen der Beteiligung an laufenden Verlusten des Handelsgewerbes und dem Vermögensverlust der Einlage. Nimmt der stille Gesellschafter nach dem Gesellschaftsvertrag an laufenden Verlusten der Inhaberin teil, so sind bis zum Veranlagungszeitpunkt 2008 die auf ihn entfallenden Verlustanteile nach hM Werbungskosten bei den Einkünften aus Kapitalvermögen (FG München V (IX) 57/76 E 2 v. 5.11.80, EFG 81, 341; *H/H/R* § 20 EStG Rz. 162; *Schmidt/Levedag* § 20 EStG Rz. 143; *Döllerer* BB 81, 1317, zur typischen stillen Unterbeteiligung; nach *Littmann* § 20 EStG Rz. 525, handelt es sich dagegen um negative Einnahmen). FG Berlin IV 371/83 v. 19.9.85 vertrat die Auffassung, negative Einkünfte des stillen Gesellschafters könnten dann nicht als Werbungskosten berücksichtigt werden, wenn diese auf einem gesonderten Verlustkonto verbucht werden, da ein Abfluss iSv. § 11 EStG mangels einer Verrechnung mit dem Einlagekonto nicht vorliege. UE ist dies unzutreffend, da auch die Verbuchung des Verlustes auf einem gesonderten Verlustkonto die Einlageforderung unmittelbar mindert und deshalb zu einem Abfluss iSd. § 11 EStG führt. BFH IV R 38/05 v. 11.10.07 (DStR 08, 38) entschied, dass Verlustanteile eines typisch stillen Gesellschafters steuerlich erst dann als Werbungskosten berücksichtigt werden dürfen, wenn der Jahresabschluss des Geschäftsinhabers festgestellt und der Verlustanteil des stillen Gesellschafters berechnet worden ist.

Ab VZ 2009 entfällt grundsätzlich die Möglichkeit, Werbungskosten (Fahrtkosten, Schuldzinsen etc.) geltend zu machen, da mit der Abgeltungssteuer iHv. 25 % zzgl. Solidaritätszuschlag iHv. 5,5 % auf die Abgeltungssteuer, dh. mit insgesamt 26,375 % kein Werbungskostenabzug mehr möglich ist, § 32d Abs. 1 iVm. § 20 Abs. 9 EStG (der

Sparer-Pauschbetrag bleibt jedoch erhalten; € 801 bzw. € 1602). Die Abgeltungssteuer kommt jedoch unter den Voraussetzungen der § 32d Abs. 2 EStG nicht zur Anwendung (Schuldner und Gläubiger sind einander nahe stehende Personen, Gläubiger ist an der Kapitalgesellschaft zu mindestens 10% beteiligt etc.). Ist die Abgeltungssteuer nicht anwendbar, werden diese Einkünfte im Rahmen der Veranlagung der tariflichen Einkommensteuer unterworfen. Nach Auffassung des BMF sollen die Verluste, die ein stiller Gesellschafter aus seiner Unternehmensbeteiligung erleidet, abweichend von der bisherigen Verwaltungsauffassung, nicht als Werbungskosten, sondern als negative Einnahmen aus Kapitalvermögen behandelt werden, BMF v. 18.1.16, BStBl. I 16, 85.

Negatives Einlagekonto, sinngemäße Anwendung des § 15a EStG: Abweichend von § 232 Abs. 2 Satz 1 HGB kann vereinbart werden, dass der stille Gesellschafter über seine Einlage hinaus am Verlust teilnimmt, so dass ein negatives Einlagekonto entstehen kann, das grds. durch spätere Gewinnanteile wieder aufzufüllen ist (*Baumbach/Hopt* § 232 HGB Rz. 7). Im Zweifel gilt die Beteiligung des stillen Gesellschafters am Gewinn auch für die Beteiligung am Verlust. Soweit der stille Gesellschafter am Verlust des Geschäftsinhabers beteiligt ist, ist ihm der Verlustanteil steuerrechtlich nicht nur bis zum Verbrauch seiner Einlage, sondern auch in Höhe seines negativen Einlagekontos zuzurechnen. Spätere Gewinne sind zunächst mit den auf diesem Konto ausgewiesenen Verlusten zu verrechnen (vgl. BFH VIII R 36/01 v. 23.7.02, BStBl. II 02, 858). Für diesen Fall soll die in § 20 Abs. 1 Nr. 4 Satz 2 EStG angeordnete sinngemäße Anwendung des § 15a EStG verhindern, dass Verlustanteile, die zum Entstehen eines negativen Einlagekontos führen würden, beim stillen Gesellschafter ausgleichsfähig sind (*Schmidt/Wacker* § 15a Rz. 132). Für den Bereich der KG hat BFH VII R 31/88 v. 14.5.91 (BStBl. II 92, 167) entschieden, dass bei der Ermittlung der Höhe des Kapitalkontos iSd. § 15a Abs. 1 EStG das positive oder negative Sonderbetriebsvermögen des Kommanditisten außer Betracht zu lassen sei. Die Fin-Verw. hat daraufhin ihre bisherige entgegengesetzte Auffassung (BMF v. 22.12.89, BStBl. I 89, 484) ausdrücklich aufgegeben (BMF v. 18.1.16, BStBl. I 16, 85, zuletzt geänd. durch BMF v. 16.6.16, BStBl. I 16, 527. Dies gilt uE gleichermaßen für die (typische und atypische) stille Gesellschaft. Strittig war, ob der Verlustausgleich auf die geleistete Einlage beschränkt ist (so *Bordewin/Söffing/Uelner,* Verlustverrechnung bei negativem Kapitalkonto, S. 114) oder auf die vereinbarte Einlage (*Schmidt/Levedag* § 20 EStG Rz. 145). BFH IV B 4/93 v. 26.5.94 (BFH/NV 94, 784) (Aussetzungsbeschluss) entschied, dass die Haftung für die eigene Einlageverpflichtung nicht zum erweiterten Verlustausgleich führt, so dass das Verlustausgleichsvolumen auf die geleistete Einlage beschränkt ist (so auch BFH VIII R 21/06 v. 16.10.07, BStBl. II 08, 126 zur typisch stillen Gesellschaft). **53**

(frei) **54**

Auslandsverluste sind gem. § 2a Abs. 1 Nr. 5 EStG nur beschränkt abzugsfähig. **55**

Steuerabzug vom Kapitalertrag: Die ESt auf die Einkünfte aus der stillen Beteiligung wird, wenn die Inhaberin Wohnsitz, Geschäftsleitung oder Sitz im Inland hat, durch Abzug vom Kapitalertrag erhoben (§ 43 Abs. 1 Nr. 3 EStG). Die Kapitalertragsteuer entsteht am Tag des Zuflusses, wobei sich der Zeitpunkt des Zuflusses nach § 44 Abs. 3 Satz 1 iVm. Abs. 2 EStG bestimmt (BFH I R 111/88 v. 28.11.90, BStBl. II 91, 313 für typische Unterbeteiligungen). **56**

Steuerschuldner der Kapitalertragsteuer ist der stille Gesellschafter als Gläubiger des Kapitalertrags (§ 44 Abs. 1 Satz 1 EStG); die Inhaberin haftet jedoch für die Kapitalertragsteuer, die sie einzubehalten und abzuführen hat (§ 44 Abs. 5 EStG). **57**

Die Kapitalertragsteuer **beträgt** als Abgeltungssteuer gem. § 32d EStG 25% des Kapitalertrags zzgl. 5,5% Solidaritätszuschlag auf die Kapitalertragsteuer (§ 3 Abs. 1 Nr. 5 SolZG). Dem Steuerabzug unterliegen die vollen Kapitalerträge ohne Berücksichtigung evtl. Werbungskosten. Dies ist auch bei **beschränkt steuerpflichtigen stillen Gesellschaftern** von Bedeutung, bei denen die Kapitalertragsteuer Abgeltungscharak- **58** ter hat (§ 50 Abs. 2 EStG); stehen den Kapitalerträgen erhebliche Werbungskosten gegenüber (zB Darlehenszinsen), so kann durch die Kapitalertragsteuer eine konfiskatorische Besteuerung entstehen.

59   Der Kapitalertragsteuerabzug ist in dem **Zeitpunkt** vorzunehmen, in dem der Kapitalertrag dem stillen Gesellschafter zufließt; die einbehaltene Steuer ist jeweils bis zum 10. des folgenden Monats an das FA abzuführen. Der Zeitpunkt des Zufließens iSd. Kapitalertragsteuer kann vom Zufluss iSd. § 11 EStG abweichen (*Schmidt/Levedag* § 44 EStG Rz. 2 mwN). Als Zeitpunkt des Zufließens gilt für Zwecke der Kapitalertragsteuer der Zeitpunkt der tatsächlichen Auszahlung des Gewinnanteils an den stillen Gesellschafter. Deshalb unterliegen auch die Vorabausschüttungen der Kapitalertragsteuer. Ist allerdings im Gesellschaftsvertrag über den Zeitpunkt der Ausschüttung keine Vereinbarung getroffen, so gilt der Kapitalertrag am Tag nach der Aufstellung der Bilanz oder der sonstigen Feststellung des Gewinnanteils des stillen Gesellschafters als zugeflossen, spätestens jedoch sechs Monate nach Ablauf des Wj., für das der Kapitalertrag ausgeschüttet oder gutgeschrieben werden soll (§ 44 Abs. 3 EStG). Eine gesellschaftsvertragliche Regelung des Ausschüttungszeitpunkts empfiehlt sich daher dringend. Bei Vereinbarung einer Stundung der Auszahlung wegen Liquiditätsschwierigkeiten der Inhaberin ist der Steuerabzug erst mit Ablauf der Stundungsfrist vorzunehmen (§ 44 Abs. 4 EStG).

60   Angemessene Gewinnverteilung in **Familiengesellschaften:** Nach der Rspr. unterliegt die Ergebnisverteilung in Familiengesellschaften einer Angemessenheitskontrolle, wobei zwischen geschenkten Kapitaleinlagen und entgeltlich erworbenen Beteiligungen unterschieden wird. Bei **geschenkten Kapitaleinlagen** (notarielle Beurkundung erforderlich, § 518 Abs. 1 BGB) wird ein Gewinnanteil bis zu 15% des gemeinen Werts der Beteiligung anerkannt. Allerdings ist in besonderen Fällen, wie etwa bei Ausschluss der Verlustbeteiligung, der Gewinnanteil auf höchstens 12% zu begrenzen (BFH IV R 56/70 v. 29.3.73, BStBl. II 73, 650; IV R 126/88 v. 21.9.89, BFH/NV 90, 692 mwN). Bei **entgeltlich erworbenen Beteiligungen** kommt es entscheidend darauf an, welcher Gewinnanteil einem Fremden zugestanden worden wäre. Dabei sind alle üblicherweise im kaufmännischen Verkehr herangezogenen und zum Zeitpunkt des Vertragsabschlusses erkennbaren Umstände heranzuziehen (FG BaWü I 224/78 v. 25.2.82, EFG 82, 458, rkr.). Der BFH hat bei Ausschluss der Verlustbeteiligung eine Rendite bis zu 25% für angemessen gehalten (BFH I R 131/70 v. 14.2.73, BStBl. II 73, 395; EStH 15.9 Abs. 5). Soweit der Stille am Verlust beteiligt ist, hat er auch eine Rendite von 35% nicht als überhöht angesehen (BFH I R 167/78 v. 16.12.81, BStBl. II 82, 387; EStH 15.9 Abs. 5). Das FG Köln hat auch eine Rendite von 40% berücksichtigt (FG Köln X (XIV) 533/77 F v. 14.1.81, EFG 81, 278, rkr.). Die FinVerw. folgt im Wesentlichen der BFH-Rspr. (EStH 15.9 Abs. 3). Sind die Gewinne als unangemessen hoch anzusehen, so erfolgt eine Herabsetzung auf den angemessenen Betrag. Insoweit sind die Gewinnanteile des Stillen keine Betriebsausgaben für den Inhaber; der Stille erzielt keine Einnahmen. Zur Angemessenheit eines Gewinnanteils eines Angehörigen als typisch stiller Gesellschafter bei Veränderung der tatsächlichen Verhältnisse (Gewinnsprung) und der Notwendigkeit von Gewinnkorrekturen vgl. BFH IV R 83/06 v. 19.2.09, BStBl. II 09, 798. Zur steuerlichen Anerkennung **schenkweise eingeräumter stiller Beteiligungen** vgl. Rz. 22.

61   *(frei)*

Zu § 9: Entnahmen

62   **Gesellschaftsrecht:** Gem. § 232 HGB ist der auf den stillen Gesellschafter entfallende Gewinn am Schluss des Geschäftsjahres zu errechnen und an den stillen Gesellschafter auszuzahlen. Die hier vorgesehene Regelung, wonach der stille Gesellschafter bereits während des laufenden Geschäftsjahres vierteljährliche Abschlagszahlungen entnehmen darf, ist deshalb gesellschafterfreundlich.

Die Regelung, wonach der volle auf den stillen Gesellschafter entfallende Gewinn- **63** anteil entnommen werden darf, kann den Inhaber uU in **Liquiditätsschwierigkeiten** bringen. Alternativ kommen deshalb Regelungen in Betracht, wonach nur ein bestimmter Prozentsatz des Gewinnanteils entnommen werden darf, während der verbleibende Prozentsatz entweder der stillen Einlage zugeschlagen wird oder als verzinsliches Guthaben auf dem Privatkonto stehen bleibt. Soweit das Verlustkonto einen Saldo ausweist, tritt diese Rechtsfolge ohnehin ein, da gem. § 6 Abs. 2 Gewinnanteile je hälftig dem Verlustkonto und dem Privatkonto gutgeschrieben werden, bis das Verlustkonto ausgeglichen ist.

Bei einer Beschränkung der Entnahmemöglichkeiten sollte sichergestellt sein, dass **64** der stille Gesellschafter mindestens Beträge in Höhe der auf seine Beteiligung entfallenden Steuerbelastung entnehmen darf. Hierbei ist Folgendes zu beachten: Zum einen muss klargestellt werden, ob der stille Gesellschafter in Höhe der tatsächlich auf seinen Anteil entfallenden Steuerbelastung entnehmen darf oder ob für die Entnahmemöglichkeit eine pauschalierte Steuerbelastung unterstellt werden soll. Richtet sich die Entnahme nach der tatsächlichen Steuerbelastung, so ist zum anderen klarzustellen, ob Einkommensteuer- sowie Kirchensteuerbelastung und Solidaritätszuschlag, berücksichtigt werden sollen. Weiter sollte in diesem Fall geregelt werden, wie die tatsächliche Steuerbelastung ermittelt wird (sollen zB Verluste aus Beteiligungen außer Betracht bleiben, so dass nur der Durchschnittsteuersatz auf die positiven Einkünfte maßgeblich ist) und ob der stille Gesellschafter seine tatsächliche Steuerbelastung nachweisen muss, zB durch Vorlage seiner Steuerbescheide. Bei mehreren stillen Gesellschaftern empfiehlt sich uE eine pauschalierte Entnahmemöglichkeit, da die Berücksichtigung der individuellen Steuerbelastungen zu sehr unterschiedlichen Entnahmemöglichkeiten führen kann.

Steuerrecht: Zur steuerlichen Behandlung der Gewinnanteile sowie zur Kapitaler- **65** tragsteuer auf Ausschüttungen s. die Anm. zu § 8 Rz. 49 f. und 56. Bei **Familiengesellschaften** ist die für die steuerliche Anerkennung der stillen Gesellschaft erforderliche tatsächliche Durchführung nur dann gegeben, wenn Gewinnanteile entweder ausbezahlt werden oder im Fall einer Gutschrift eindeutig bis zur Auszahlung jederzeit abrufbar gutgeschrieben bleiben. Der Abschluss eines Darlehensvertrages zwischen stillem Gesellschafter und Inhaber steht der Auszahlung des Gewinnanteils nur dann gleich, wenn der Darlehensvertrag zivilrechtlich wirksam zustande kommt. Liegt ein zivilrechtlich wirksamer Vertrag nicht vor (zB wegen Verstoßes gegen § 181 BGB), so ist die stille Gesellschaft mangels tatsächlicher Durchführung nicht anzuerkennen (BFH I R 203/84 v. 18.10.89, BStBl. II 90, 68).

§ 15a EStG: Im Rahmen der sinngemäßen Anwendung des § 15a EStG ist auch **66** dessen Abs. 3 zu berücksichtigen, wonach Entnahmen, durch die ein negatives Kapitalkonto entsteht oder sich erhöht, grds. als Gewinn zuzurechnen sind. Nach dem hier vorgeschlagenen Vertragsmuster kann ein negatives Einlagekonto nicht entstehen, da dem stillen Gesellschafter zum einen Verluste nur bis zur Höhe seiner Einlage zuzurechnen sind, zum anderen nur die ihm gutgeschriebenen Gewinnanteile entnommen werden dürfen. Sollte jedoch abweichend hiervon im Gesellschaftsvertrag geregelt werden, dass dem stillen Gesellschafter Verluste auch über den Betrag seiner Einlage hinaus zugerechnet werden, so ist zu berücksichtigen, dass Entnahmen evtl. zu einer fiktiven Gewinnzurechnung gem. § 15a Abs. 3 EStG führen können.

Zu § 10: Änderung der Kapitalverhältnisse, Aufnahme weiterer stiller Gesellschafter

Der stille Gesellschafter kann weder nach der gesetzlichen Regelung noch nach den **67** Bestimmungen dieses Vertrages Kapitaländerungen der Inhaberin oder der Aufnahme weiterer stiller Gesellschafter widersprechen (str; vgl. hierzu *Sudhoff* GmbHR 81, 235). Da der Beteiligungsquote des stillen Gesellschafters die Kapitalverhältnisse im Zeitpunkt des Abschlusses des stillen Gesellschaftsvertrages zugrunde liegen (s. Formular § 8), müssen bei einer Änderung der Kapitalverhältnisse der Inhaberin beide Gesellschafter eine angemessene Anpassung verlangen können. Des Weiteren empfiehlt sich, dem stillen Gesellschafter eine entsprechende Anpassung seiner Einlage zu ermöglichen, so dass eine Änderung der Beteiligungsquote überflüssig wird. Dabei ist zu berücksichtigen, dass für die Anpassung der stillen Einlage nicht maßgeblich sein kann, in welchem Verhältnis sich die Kapitaleinlagen der Gesellschafter der Inhaberin gegenüber den Nominalwerten dieser Einlagen bei Beginn der stillen Beteiligung geändert haben, sondern in welchem Verhältnis die Änderung der Kapitaleinlagen der Gesellschafter der Inhaberin zu den Werten stehen, die den Kapitaleinlagen bei Beginn der stillen Beteiligung zur Ermittlung der Beteiligungsquote des stillen Gesellschafters beigemessen wurden.

68   Aus den gleichen Erwägungen ist beim Eintritt weiterer stiller Gesellschafter sowie bei deren Ausscheiden die Ergebnisbeteiligung neu anzupassen. Mögliche Alternativregelungen: Weitere stille Einlagen sind zunächst dem stillen Gesellschafter anzubieten.

Zu § 11: Abtretung und Belastung von Anteilen

69   **Gesellschaftsrecht:** Die Vorschrift betrifft nur Verfügungen über die stille Beteiligung. Der Anteil des Geschäftsinhabers an der stillen Gesellschaft ist untrennbar mit dem Unternehmen verbunden; veräußert der Geschäftsinhaber sein Unternehmen, so wird hiervon auch der Gesellschaftsanteil an der stillen Gesellschaft erfasst; die Zustimmung des stillen Gesellschafters hierzu ist Wirksamkeitsvoraussetzung (*MünchHdb. GesR/Bezzenberger* § 24 Rz. 2 ff.). Die Übertragung einer stillen Beteiligung ist im Gesetz nicht vorgesehen, da es der personenrechtlichen Verbundenheit widersprechen würde, wenn ein Gesellschafter seine Beteiligung ohne Zustimmung des anderen auf eine dritte Person übertragen könnte, mit der der andere nunmehr zusammenarbeiten müsste (§ 717 Satz 1 BGB). Ansprüche auf den Gewinn und auf das künftige Auseinandersetzungsguthaben sind hingegen übertragbar, da es sich hier um vermögensrechtliche Geldansprüche handelt, die nicht mehr in den Gesellschaftsbereich gehören, sondern bereits der vermögensrechtlichen Individualsphäre des stillen Gesellschafters zugeordnet sind (§ 717 Satz 2 BGB; vgl. auch *MünchKommHGB/ K. Schmidt* § 230 HGB Rz. 174). Im Formular ist allerdings vorgesehen, dass auch Gewinnansprüche und Guthaben auf dem Privatkonto nur mit Zustimmung der Inhaberin abgetreten bzw. belastet werden dürfen. Es versteht sich, dass das Einlagekonto nur zusammen mit einem evtl. Verlustkonto übertragen werden darf. Sind mehrere stille Gesellschafter vorhanden, sollte geregelt werden, ob auch die Zustimmung der anderen stillen Gesellschafter erforderlich ist (*MünchHdb. GesR/Bezzenberger* § 25 Rz. 3 ff.).

70   **Steuerrecht:** Die Veräußerung der stillen Beteiligung an dritte Personen (nicht an die Inhaberin) stellte einkommensteuerlich bei Anschaffungsvorgängen **bis 31.12.08** die Veräußerung eines Wirtschaftsgutes des Privatvermögens dar (es sei denn, die Beteiligung wurde in einem Betriebsvermögen gehalten). Ein evtl. Veräußerungsgewinn war daher in diesem Fall nicht steuerpflichtig. Soweit der Veräußerungspreis jedoch auf Gewinnanteile aus einem bereits abgelaufenen Wj. entfiel, handelte es sich beim Veräußerer um Einkünfte iSd. § 20 Abs. 1 Nr. 4 EStG (BFH I R 98/76 v. 11.2.81, BStBl. II 81, 465). Bei Anschaffungen nach dem 31.12.08 ist ein Veräußerungsgewinn, der beim Verkauf der stillen Beteiligung anfällt, gem. §§ 20 Abs. 2 Nr. 4, 52 Abs. 18 Satz 11 EStG steuerpflichtig.

71   Werden lediglich Gewinnansprüche ohne die stille Beteiligung veräußert, so erzielt der Veräußerer vorgezogene Kapitaleinkünfte gem. § 20 Abs. 1 Nr. 4 EStG.

72   Wird die Gewinnbeteiligung unentgeltlich übertragen, so wird sie für schenkungsteuerliche Zwecke selbstständig bewertet ErbStR B 12.4.

Zu § 12: Tod des stillen Gesellschafters

Gesellschaftsrecht: Die im Formular vorgesehene Regelung, wonach die Erben 73
eines stillen Gesellschafters in dessen Rechtsstellung eintreten, entspricht dem Gesetz
(§ 234 Abs. 2 HGB). Mehrere Erben treten als Erbengemeinschaft ein. Die Anordnung der gemeinsamen Vertretung ist im Sinne der Inhaberin sinnvoll. Es kann auch
vereinbart werden, dass die stille Gesellschaft nur mit bestimmten Erben, zB Ehefrau
oder Abkömmlingen, weitergeführt wird. Wesentlich ist, dass dann die erbrechtlichen
Verfügungen auf die gesellschaftsvertragliche Regelung abgestimmt werden.

Steuerrecht: Die erbschaftsteuerliche Bewertung richtet sich nach § 12 ErbStG. 74
Grds. ist der Nennwert anzusetzen, wenn nicht besondere Umstände einen höheren
oder geringeren Wert begründen. Eine höhere Bewertung kann gerechtfertigt sein,
wenn der auf Dauer zu erwartende Ertrag über 10% der Einlage liegt und wenn die
stille Gesellschaft nach den Verhältnissen des Veranlagungszeitpunkts für eine Dauer
von mindestens fünf Jahren besteht, also nicht jederzeit zB zum Schluss eines Geschäftsjahres vom Inhaber gekündigt werden kann (BFH III R 7/69 v. 7.5.71,
BStBl. II 71, 642). Gehört die stille Beteiligung zu einem Betriebsvermögen, so ist bei
einer Erbauseinandersetzung der Beschluss des Großen Senats des BFH GrS 2/89 v.
5.7.90 (BStBl. II 90, 837) zu beachten, wonach Erbfall und Erbauseinandersetzung
keine Einheit bilden.

Zu § 13: Kündigung

Wie jedes Dauerrechtsverhältnis kann auch die stille Gesellschaft aus wichtigem 75
Grund jederzeit gekündigt werden; das Kündigungsrecht aus wichtigem Grund kann
nicht ausgeschlossen werden. Ein wichtiger Grund ist insbes. vorhanden, wenn der andere Gesellschafter eine ihm nach dem Gesellschaftsvertrag obliegende wesentliche Verpflichtung vorsätzlich oder aus grober Fahrlässigkeit verletzt oder wenn die Erfüllung
einer solchen Verpflichtung unmöglich wird (§ 723 BGB; zur fristlosen Kündigung einer stillen Gesellschaft wegen nachhaltiger Zerstörung des gesellschaftlichen Vertrauensverhältnisses vgl. BGH II ZR 34/75 v. 8.7.76, DB 77, 87). Daneben enthält die Vorschrift weitere Gründe, die eine fristlose Kündigung rechtfertigen (zur Frage, ob die
Auflösung einer KG, die Inhaberin in einer stillen Gesellschaft ist, die Beendigung der
stillen Gesellschaft zur Folge hat oder einen wichtigen Grund zur außerordentlichen
Kündigung darstellt, vgl. BGH II ZR 157/81 v. 12.7.82, DB 82, 1923). Zur Anfechtung der Rückgewähr der Einlage bei Insolvenz der Inhaberin vgl. § 136 InsO.

Das Erfordernis der Schriftform empfiehlt sich aus Beweisgründen. Die hier vorge- 76
sehene Form der Zustellung (Einschreiben gegen Rückschein) kann allerdings nur den
Zugang einer Sendung, nicht deren Inhalt beweisen.

Zu § 14: Umwandlung der Inhaberin

Die Bestimmung regelt die Rechtsfolgen einer **übertragenden Umwandlung** des 77
Unternehmens der Inhaberin. Die Inhaberin ist ohne Zustimmung des stillen Gesellschafters regelmäßig nicht berechtigt, die zurzeit der Errichtung der stillen Gesellschaft
bestehende Unternehmensform zu verändern (§ 3 Abs. 2 Buchst. a des Formulars).
Die Änderung der Unternehmensform sollte im Interesse des stillen Gesellschafters
nicht automatisch zur Auflösung der stillen Gesellschaft führen. Durch eine bloße
formwechselnde Umwandlung der Inhaberin (zB bei Umwandlung einer OHG
in eine KG) wird das Rechtsverhältnis mit dem stillen Gesellschafter ohnehin nicht
berührt, da die rechtliche Identität der Inhaberin erhalten bleibt (*MünchHdb.
GesR/Bezzenberger* § 24 Rz. 19).

Zu § 15: Auseinandersetzungsguthaben

Gesellschaftsrecht: Anders als bei GbR, OHG oder KG findet bei Beendigung 78
der stillen Gesellschaft keine Liquidation unter Versilberung des Gesellschaftsvermö-

gens und Begleichung der Schulden statt. Vielmehr ist lediglich das Endguthaben des Stillen aus seiner Beteiligung zu ermitteln, auf dessen Auszahlung er Anspruch hat (§ 235 Abs. 1 HGB; zur Auflösung einer stillen Gesellschaft vgl. iE *Geck* DStR 94, 657). Die Beschränkung des Auseinandersetzungsguthabens auf den Betrag der ursprünglichen stillen Einlage, ggf. vermindert um Verluste, sowie auf den positiven Saldo des Privatkontos entspricht dem Charakter der typischen stillen Beteiligung, die keinen Anspruch auf Beteiligung an stillen Reserven gibt. Zum Meinungsstand über das Auseinandersetzungsguthaben des stillen Gesellschafters vgl. *MünchHdb. GesR/ Bezzenberger* § 28 Rz. 4 ff. Allerdings sind auch bei Ermittlung des Auseinandersetzungsguthabens die besonderen, in § 7 des Vertragsmusters enthaltenen Geschäftsvorfälle zu berücksichtigen. Ein negativer Saldo des Privatkontos muss ausgeglichen bzw. verrechnet werden, da er nur auf Überentnahmen und damit einer teilweisen Rückführung der Einlage beruhen kann. Ist der Stille am Verlust nicht beteiligt und soll er in jedem Fall seine Einlage zurückerhalten, bedarf es nach BGH II ZR 181/90 v. 4.3.91 (DStR 91, 623) keiner Gesamtabrechnung.

79   Sieht der Gesellschaftsvertrag allerdings vor, dass Entnahmen auch über den Gewinnanteil hinaus vorgenommen werden dürfen (zB anteilige Entnahme der vorhandenen Liquidität), so ist durch Auslegung zu ermitteln, ob darin eine teilweise Rückzahlung der Einlage liegt (mit der Folge einer entsprechenden Verringerung des Abfindungsguthabens), oder ob eine Beteiligung an den stillen Reserven gewollt ist, so dass sich das Abfindungsguthaben durch die Überentnahme nicht mindert (in diesem Fall evtl. atypische stille Gesellschaft).

80   Werden dem Stillen – anders als im hier verwendeten Formular – Verluste auch über den Betrag der Einlage hinaus zugerechnet, so führt ein dabei entstehender negativer Saldo des Einlagekontos nicht zu einer Ausgleichpflicht des Stillen.

81   Nach der gesetzlichen Regelung (§ 235 Abs. 2 Satz 2 HGB) nimmt der stille Gesellschafter auch an den zurzeit der Auflösung schwebenden Geschäften teil. Aus Gründen der Vereinfachung bei der Berechnung werden nach dem hier verwendeten Formular schwebende Geschäfte jedoch nicht berücksichtigt, mit Ausnahme solcher schwebender Geschäfte, bei denen ein Verlust zu erwarten ist. Der Verweis auf § 7 Abs. 2 hat zur Folge, dass bei einer Ergebnisänderung infolge einer Betriebsprüfung auch das Abfindungsguthaben des Stillen sich entsprechend ändert.

82   **Steuerrecht:** Erhält ein typischer stiller Gesellschafter bei Beendigung der stillen Gesellschaft eine Abfindung, die den Betrag seiner Einlage übersteigt, so gehört der Mehrerlös grundsätzlich zu den Einkünften aus Kapitalvermögen gem. § 20 Abs. 2 Nr. 4 EStG (BFH VII R 126/82 v. 14.2.84, BStBl. II 84, 580; BFH IX R 7/04 v. 18.10.06, BStBl. II 07, 258). Nach dem BFH liegt in der Kündigung einer typischen stillen Gesellschaft und der Vereinnahmung des Auseinandersetzungsguthabens für Sachverhalte bis zum VZ 08 keine entgeltliche Veräußerung iSd. § 23 EStG (BFH IX R 7/04 v. 18.10.06, BStBl. II 07, 258). Zur Rechtslage für Anschaffungen ab dem 31.12.08, vgl. Rz. 70.

A. 14.01 Vertrag über die Errichtung einer atypisch stillen Gesellschaft

Gliederung

I. FORMULAR

> **Formular A. 14.01 Vertrag über die Errichtung einer atypisch stillen Gesellschaft**

Vertrag

zwischen

Offene Handelsgesellschaft in Firma Y & Co. mit dem Sitz in ......

vertreten durch ihren persönlich haftenden Gesellschafter

– nachfolgend Inhaberin genannt –

und

Herrn B, wohnhaft in ......

– nachfolgend stiller Gesellschafter genannt –

Vorbemerkungen

Die Inhaberin betreibt in ...... ein Handelsgewerbe. Gegenstand des Unternehmens ist .... Herr B beabsichtigt, sich zur Stärkung des Unternehmenskapitals als stiller Gesellschafter im Sinne der §§ 230 ff. HGB am Handelsgewerbe der Inhaberin zu beteiligen. Zu diesem Zweck vereinbaren die Parteien was folgt:

§ 1 Einlage des stillen Gesellschafters

Die Einlage des stillen Gesellschafters beträgt € ...... Sie ist in bar zu erbringen und bis spätestens ...... fällig.

§ 2 Dauer der Gesellschaft, Geschäftsjahr

(1) Die Gesellschaft beginnt am ...... Sie wird auf unbestimmte Dauer geschlossen.

(2) Das Geschäftsjahr entspricht dem der Inhaberin; dieses ist das Kalenderjahr.

§ 3 Geschäftsführung

(1) Die Geschäftsführung der atypischen stillen Gesellschaft obliegt ausschließlich der Inhaberin.

(2) Die Inhaberin darf jedoch folgende Maßnahmen nur mit Zustimmung des stillen Gesellschafters vornehmen:

a) Änderungen des Gegenstandes des Unternehmens und der Rechtsform;

b) Aufnahme weiterer stiller Gesellschafter;

c) Erwerb von oder Beteiligung an anderen Unternehmen sowie deren Veräußerung;

d) Veräußerung oder Verpachtung des Unternehmens oder eines Teils des Unternehmens;

e) Errichtung von Zweigniederlassungen;

f) Abschluss, Änderung oder Aufhebung von Gewinn- und Verlustübernahmeverträgen sowie anderen stillen Gesellschaftsverträgen;

g) Abschluss und Kündigung von Dauerschuldverhältnissen einschließlich Dienstverträgen, durch die die Gesellschaft jährlich mit mehr als € ...... belastet wird bzw. ist;

h) Investitionen über einen Betrag von mehr als € ....

i) Erwerb, Veräußerung und Belastung von Grundstücken und grundstücksgleichen Rechten;

j) Rechtsgeschäfte zwischen der Inhaberin und Gesellschaftern der Inhaberin sowie deren Angehörigen, die über den Betrag von € ...... bzw. bei Dauerschuldverhältnissen von € ...... p. a. hinausgehen;

k) vollständige oder teilweise Einstellung des Gewerbebetriebes.

(3) Beabsichtigt die Inhaberin die Vornahme einer der in Abs. 2 genannten Maßnahmen, so hat sie dies dem stillen Gesellschafter mitzuteilen und ihn zur Erteilung seiner Zustimmung aufzufordern.

Der stille Gesellschafter ist verpflichtet, unverzüglich Stellung zu nehmen. Der stille Gesellschafter ist berechtigt, Einsicht in alle den genehmigungsbedürftigen Geschäften zugrunde liegenden Unterlagen zu nehmen. Liegt eine Stellungnahme des stillen Gesellschafters nicht innerhalb von vier Wochen seit Übersendung der Aufforderung vor, so gilt dies als Zustimmung; auf diese Rechtsfolge ist in der Aufforderung zur Abgabe einer Stellungnahme ausdrücklich hinzuweisen.

§ 4 Stellung des stillen Gesellschafters

(1) Der stille Gesellschafter ist am Ergebnis, Vermögen und an den stillen Reserven der Gesellschaft beteiligt. Die Beteiligungsquote bemisst sich nach § 9.

(2) Das Vermögen der Gesellschaft wird unbeschadet der Tatsache, dass rechtlich kein Gesamthandsvermögen besteht, im Innenverhältnis wie gemeinschaftliches Vermögen behandelt. Insbesondere erstreckt sich die Beteiligung des stillen Gesellschafters auch auf den Vermögenszuwachs und die stillen und offenen Reserven der Gesellschaft.

§ 5 Informations- und Kontrollrechte

(1) Neben den gesetzlichen Informations- und Kontrollrechten gemäß § 233 HGB stehen dem stillen Gesellschafter auch die Rechte gemäß § 716 BGB, § 118 HGB zu. Die Informations- und Kontrollrechte beziehen sich auch auf alle Bücher und Unterlagen, die der Ermittlung der Besteuerungsgrundlagen dienen. Sie umfassen die Steuerbilanz und die Betriebsprüfungsberichte.

Dies gilt auch nach Beendigung der Gesellschaft in dem zur Überprüfung des Auseinandersetzungsguthabens erforderlichen Umfang.

(2) Der stille Gesellschafter kann seine Informations- und Kontrollrechte durch einen Rechtsanwalt, Steuerberater oder Wirtschaftsprüfer wahrnehmen lassen.

(3) Der stille Gesellschafter hat über alle ihm bekannt gewordenen Angelegenheiten der Inhaberin Stillschweigen zu bewahren.

§ 6 Jahresabschluss

(1) Die Inhaberin ist auf Grund handelsrechtlicher und steuerrechtlicher Vorschriften verpflichtet, Bücher zu führen und Jahresabschlüsse zu erstellen. Die Gesellschaft hat diese Pflichten auch im Interesse des stillen Gesellschafters zu erfüllen.

(2) Der Jahresabschluss (Bilanz, Gewinn- und Verlustrechnung) ist innerhalb von sechs Monaten nach Ablauf des Geschäftsjahres von der Inhaberin zu erstellen.

(3) Der Jahresabschluss muss den handelsrechtlichen Grundsätzen ordnungsmäßiger Buchführung und Bilanzierung entsprechen. Weiterhin sind die Vorschriften über die einkommensteuerliche Gewinnermittlung maßgebend.

(4) Dem stillen Gesellschafter ist eine Abschrift des Jahresabschlusses zuzusenden. Einwendungen gegen den Jahresabschluss hat der stille Gesellschafter spätestens einen Monat nach Zugang des Jahresabschlusses schriftlich per Einschreibebrief zu erheben. Versäumt er diese Frist, gilt der Jahresabschluss als genehmigt. Können die Gesellschafter einen schriftlich erhobenen Einwand des stillen Gesellschafters gegen den Jahresabschluss nicht durch Einvernehmen klären, so entscheidet ein durch die für die Inhaberin örtlich zuständige Steuerberaterkammer eingesetzter Schiedsgutachter.

§ 7 Gesellschafterkonten

(1) Die Einlage des stillen Gesellschafters wird auf einem Einlagekonto gebucht.

(2) Verlustanteile werden auf einem Verlustkonto gebucht. Solange dieses Konto des stillen Gesellschafters Verlustanteile aufweist, werden Gewinnanteile hälftig dem Verlustkonto und dem Privatkonto gutgeschrieben.

(3) Alle sonstigen den stillen Gesellschafter betreffenden Buchungen, insbesondere Gewinngutschriften und Auszahlungen, erfolgen über ein Privatkonto.

§ 8 Maßgebender Ertrag

(1) Der Ergebnisbeteiligung des stillen Gesellschafters wird der im steuerlichen Jahresabschluss ausgewiesene Ertrag vor Berücksichtigung des Gewinn- oder Verlustanteils des stillen Gesellschafters zugrunde gelegt. Soweit Vergütungen an Mitunternehmer der Inhaberin gemäß § 15 Abs. 1 Nr. 2 EStG in der Steuerbilanz nicht als Aufwand abgesetzt sind, sind diese abzuziehen; soweit Leistungen eines Mitunternehmers, die handelsrechtlich einen Ertrag darstellen (zB Zinsen), in der Steuerbilanz nicht als Einnahmen enthalten sind, sind diese hinzuzurechnen.

(2) Wird der Jahresabschluss der Gesellschaft im Rahmen der Veranlagung oder bei späteren Berichtigungsveranlagungen, insbesondere auf Grund einer Betriebsprüfung, bestandskräftig geändert, so ist diese Änderung auch bei der Ergebnisbeteiligung des stillen Gesellschafters zu berücksichtigen; Ausgleichszahlungen erfolgen innerhalb von vier Wochen nach bestandskräftiger Änderung des Jahresabschlusses.

§ 9 Ergebnisbeteiligung

An dem gemäß § 8 ermittelten Ergebnis nimmt der stille Gesellschafter im Verhältnis des Werts seiner Einlage zum Gesamtwert des Unternehmens der Inhaberin teil. Die sich daraus ergebende Beteiligungsquote wird von den Beteiligten mit ......% festgelegt. Verluste werden dem stillen Gesellschafter auch insoweit zugerechnet, als sie den Betrag seiner Einlage übersteigen.

§ 10 Entnahmen

(1) Der stille Gesellschafter ist berechtigt, den seinem Privatkonto gutgeschriebenen Gewinnanteil zu entnehmen. Als Abschlagszahlung darf er im laufenden Geschäftsjahr jeweils zum Quartalsende Entnahmen in Höhe von $^{1}/_{4}$ des zuletzt festgestellten Gewinnanteils vornehmen (im Gründungsjahr in Höhe des zu schätzenden Gewinnanteils), soweit ein Gewinnanteil des laufenden Jahres gemäß § 7 Abs. 2 dem Privatkonto gutzuschreiben sein wird. Restzahlungen auf den Gewinnanteil bzw. die Rückzahlungen überhöhter Abschlagszahlungen sind innerhalb von vier Wochen nach Feststellung der Bilanz vorzunehmen.

(2) Die Inhaberin kann die Auszahlungen des Gewinnanteils bzw. der Abschlagszahlungen ganz oder teilweise verweigern, soweit dies die Liquiditätslage zwingend gebietet oder sich im Laufe des Geschäftsjahres herausstellt, dass der dem Privatkonto gutzuschreibende Gewinnanteil geringer sein wird als die Summe der gemäß Abs. 1 Satz 2 möglichen Abschlagszahlungen.

§ 11 Änderung der Kapitalverhältnisse, Aufnahme weiterer stiller Gesellschafter

Ändern sich die Kapitaleinlagen der Gesellschafter der Inhaberin, so ist der stille Gesellschafter berechtigt, seine Einlage in dem Verhältnis zu ändern, in dem sich die Kapitaleinlagen der Gesellschafter der Inhaberin gegenüber dem Wert, der ihnen bei Begründung der stillen Gesellschaft für die Ergebnisbeteiligung (§ 9) zugemessen wurde, geändert haben. Macht er von diesem Recht keinen Gebrauch, so können die Inhaberin und der stille Gesellschafter mit Wirkung vom Zeitpunkt der Kapitaländerung gem. Satz 1 eine angemessene Neufestsetzung des Ergebnisverteilungsschlüssels verlangen. Gleiches gilt im Fall des Eintritts oder des Ausscheidens weiterer stiller Gesellschafter. Kommt eine Einigung über die Neufassung nicht zustande, so entscheidet ein von der zuständigen Industrie- und Handelskammer einzusetzender Schiedsgutachter verbindlich für beide Parteien.

§ 12 Abtretung und Belastung von Anteilen

(1) Abtretung, Veräußerung und Verpfändung des stillen Gesellschaftsanteils sowie Vereinbarung einer Unterbeteiligung, Einräumung von Treuhandverhältnissen und Nießbrauchsbestellung bedürfen der vorherigen schriftlichen Zustimmung der Inhaberin. Die Zustimmung darf nur aus wichtigen Gründen versagt werden.

(2) Entsprechendes gilt für die Abtretung und Verpfändung von Gewinnansprüchen und Guthaben.

§ 13 Tod des stillen Gesellschafters

Im Fall des Todes des stillen Gesellschafters treten seine Erben in seine Rechtsstellung ein. Mehrere Erben haben sich gegenüber der Inhaberin durch einen gemeinsamen Bevollmächtigten vertreten zu lassen. Der Bevollmächtigte hat der Inhaberin seine Vertretungsbefugnis auf Verlangen durch notariell beglaubigte Vollmacht nachzuweisen. Bis zum Nachweis der Bevollmächtigung ruhen die Rechte der Erben aus diesem Vertrag mit Ausnahme des Gewinnbezugsrechts.

§ 14 Kündigung

Die Gesellschaft kann mit einer Frist von sechs Monaten zum Ablauf eines Geschäftsjahres gekündigt werden, erstmals jedoch zum .... Das Recht zur Kündigung aus wichtigem Grund bleibt unberührt. Als wichtiger Grund gilt neben den in § 234 HGB in Verbindung mit § 723 BGB genannten Gründen insbesondere auch:

a) die Liquidation der Inhaberin;

b) die Eröffnung des Insolvenzverfahrens über das Vermögen des stillen Gesellschafters;

c) Zwangsvollstreckungsmaßnahmen in Gesellschaftsrechte des stillen Gesellschafters, wenn diese Maßnahmen nicht innerhalb von drei Monaten wieder aufgehoben werden.

§ 15 Umwandlung

Das stille Gesellschaftsverhältnis endet nicht, wenn im Zusammenhang mit der Umwandlung der Inhaberin in eine andere Rechtsform eine Auflösung der Inhaberin eintritt und das Vermögen der Inhaberin auf das neuerrichtete Unternehmen der anderen Rechtsform übertragen wird. In diesem Fall besteht die Einlage eines stillen Gesellschafters mit dem gleichen Nennbetrag weiter.

§ 16 Auseinandersetzungsguthaben

(1) Bei Beendigung der stillen Gesellschaft hat der stille Gesellschafter Anspruch auf ein Auseinandersetzungsguthaben, das auf den Tag der Beendigung festzustellen ist.

(2) Der Auseinandersetzungsanspruch setzt sich zusammen aus:

a) dem Saldo des unter Berücksichtigung von § 8 ermittelten Einlage-, Privat- und Verlustkontos;

b) dem seiner Beteiligungsquote entsprechenden Anteil des stillen Gesellschafters an den stillen Reserven der Inhaberin (Abs. 4).

Ergibt sich ein negativer Betrag, so ist dieser nur bis zur Höhe eines negativen Privatkontos vom stillen Gesellschafter auszugleichen.

(3) Fällt der Tag der Beendigung nicht auf einen Bilanzstichtag, ist zur Ermittlung der Kontenstände das Ergebnis des laufenden Geschäftsjahres zeitanteilig aufzuteilen.

(4) Zur Ermittlung der stillen Reserven (Abs. 2 Buchst. b) sind sämtliche Vermögensgegenstände der Gesellschaft mit ihren Verkehrswerten anzusetzen; ein selbstgeschaffener Firmenwert ist zu berücksichtigen. Kommt eine Einigung über die Verkehrswerte nicht zustande, so entscheidet ein von der zuständigen Industrie- und Handelskammer einzusetzender Schiedsgutachter verbindlich für beide Parteien.

(5) § 8 Abs. 2 gilt entsprechend. Das Abfindungsguthaben ist unter Berücksichtigung der neuen Bescheide zu berichtigen.

(6) Endet die stille Beteiligung bei Liquidation der Inhaberin, so ist für die Ermittlung der stillen Reserven der Liquidationserlös maßgebend.

(7) Die Auszahlung des Auseinandersetzungsguthabens erfolgt – außer im Fall der Liquidation – in ...... gleichen Vierteljahresraten, von denen die Erste drei Monate nach dem Tag der Beendigung der stillen Gesellschaft fällig wird. Solange die Höhe des Auseinandersetzungsguthabens noch nicht feststeht, ist die Höhe der Raten zu schätzen; der Ausgleich erfolgt bei der Ersten nach Feststellung des Auseinandersetzungsguthabens fälligen Rate. Die Auszahlung des Auseinandersetzungsguthabens ist angemessen zu strecken, wenn die Zahlung nach Satz 1 unter Berücksichtigung der Vermögens- und Einkommenslage der Inhaberin nicht zu vertreten ist. Bei Beendigung der stillen Gesellschaft wegen Liquidation der Inhaberin ist das Auseinandersetzungsguthaben innerhalb von ...... Monaten nach seiner Feststellung fällig.

(8) Das Auseinandersetzungsguthaben ist in seiner jeweiligen Höhe mit ......% p.a. zu verzinsen. Die Zinsen werden mit der letzten Rate fällig.

§ 17 Schriftform, salvatorische Klausel

(1) Änderungen und Ergänzungen dieses Vertrages bedürfen zu ihrer Wirksamkeit der Schriftform. Mündliche Nebenabreden bestehen nicht.

(2) Sollten sich einzelne Bestimmungen des Gesellschaftsvertrages als ungültig erweisen, so wird dadurch die Gültigkeit des Vertrages im Übrigen nicht berührt. In einem solchen Fall sind die Gesellschafter verpflichtet, durch Beschluss die ungültige Bestimmung durch diejenige gesetzlich zulässige Bestimmung zu ersetzen, die den Zweck der ungültigen Bestimmung, insbesondere das, was die Vertragspartner gewollt haben, in der weitestgehend möglichen Annäherung erreicht. Entsprechendes gilt, wenn sich bei Durchführung des Vertrages eine ergänzungsbedürftige Lücke ergeben sollte.

(3) Gerichtsstand für sämtliche Streitigkeiten aus diesem Vertrag ist ......, soweit dies zulässig vereinbart werden kann.

II. ERLÄUTERUNGEN

> **Erläuterungen zu A. 14.01 Vertrag über die Errichtung einer atypisch stillen Gesellschaft**

1. Grundsätzliche Anmerkungen

a) Wirtschaftliche Funktion

Die atypische stille Gesellschaft ist eine auf Grund des dispositiven Charakters der **1** §§ 230 ff. HGB vom gesetzlichen Typ der stillen Gesellschaft abweichende Ausprägung dieser Gesellschaftsform. Sie ist im Innenverhältnis der Personenhandelsgesellschaft angenähert und kann so ausgestaltet werden, dass der stille Gesellschafter die gleichen Rechte und Pflichten wie ein Kommanditist hat, wobei auch über die typischen Kommanditistenrechte hinausgehende Kontroll- und Mitsprachemöglichkeiten eingeräumt werden können. Trotz dieser Ausgestaltung tritt der atypische stille Gesellschafter nach außen nicht in Erscheinung. Wie bei der typischen stillen Gesellschaft wird aus den im Betrieb geschlossenen Geschäften nur der Inhaber berechtigt und verpflichtet; eine Haftung des stillen Gesellschafters gegenüber Gläubigern des Inhabers wird nicht begründet. Die atypische stille Gesellschaft eröffnet die Möglichkeit einer mitunternehmerschaftlichen Beteiligung an einem Handelsgewerbe mit allen Chancen und Risiken, also insbesondere die Beteiligung an Gewinn und Verlust, stillen Reserven und unternehmerischen Entscheidungen, ohne dass damit ein Auftreten des stillen Gesellschafters nach außen und eine persönliche Haftung verbunden ist. Sie stellt somit eine Alternative zur Kommanditgesellschaft dar, wobei allerdings mangels Eintragung des stillen Gesellschafters im Handelsregister eine Außendokumentation der stillen Einlage als haftendes Eigenkapital unterbleibt (s. iÜ zur wirtschaftlichen Funktion der stillen Gesellschaft A. 14.00 Rz. 1).

b) Gesellschaftsrecht

2   Die atypische stille Gesellschaft folgt, auch wenn sie steuerlich als Mitunternehmerschaft qualifiziert und ähnlich wie Personenhandelsgesellschaften behandelt wird, zivilrechtlich den Bestimmungen der §§ 230 ff. HGB. Infolge der weitgehenden Dispositionsfreiheiten dieser Bestimmungen finden sich bei der atypischen stillen Gesellschaft Abweichungen von der gesetzlichen Norm idR in folgenden Bereichen: Erweiterung der Mitteilungspflichten des Inhabers, Einräumung von Kontroll- und Mitspracherechten; Teilnahme am Verlust (gem. § 231 Abs. 2 HGB ist die Verlustbeteiligung nicht zwingend); Vermögensbeteiligung auf Grund schuldrechtlicher Vereinbarung wie bei Gesamthandsgemeinschaften (s. iE A. 14.00 Rz. 1 ff.). Der BGH hat die Grundsätze der fehlerhaften Gesellschaft auf eine mehrgliedrige stille Gesellschaft unter bestimmten Voraussetzungen in Zusammenhang mit geltend gemachten Rückabwicklungsansprüchen bei Publikumsgesellschaften für anwendbar erklärt, vgl. BGH II ZR 383/12 v. 19.11.13, DB 13, 2792.

c) Steuerrecht

3   Steuerlich ist der atypische stille Gesellschafter **Mitunternehmer** und erzielt aus seiner Beteiligung Einkünfte aus Gewerbebetrieb gem. § 15 Abs. 1 Nr. 2 EStG, wenn die Voraussetzungen einer Mitunternehmerschaft vorliegen. Diese sind: Beteiligung am Unternehmerrisiko, dh. insbes. Beteiligung am Gewinn und Verlust und an den stillen Reserven und Unternehmerinitiative (BFH GrS 4/82 v. 25.6.84, BStBl. II 84, 751). Mitunternehmerschaft liegt idR vor, wenn der stille Gesellschafter nicht nur am laufenden Gewinn und Verlust teilnimmt, sondern schuldrechtlich an den stillen Reserven und am Geschäftswert teilhaben soll. Hierzu ist erforderlich, dass er bei Auflösung der Gesellschaft nicht nur seine Einlage, sondern auch einen Anteil an den Wertsteigerungen des Betriebsvermögens einschließlich Geschäftswert erhält (BFH I R 22/75 v. 5.7.78, BStBl. II 78, 644; II R 116/69 v. 14.6.72, BStBl. II 72, 734; VIII R 364/83 v. 12.11.85, BStBl. II 86, 311; BGH II ZR 284/91 v. 29.6.92, DStR 92, 1370; BFH VIII R 57/91 v. 13.10.92, BFH/NV 93, 518; IV R 132/91 v. 18.2.93, BFH/NV 93, 647; IV R 1/92 v. 27.5.93, BStBl. II 94, 700). Dabei muss die Beteiligung am Geschäftswert nach verkehrsüblichen Methoden berechnet werden; die Vereinbarung einer Pauschalabfindung genügt nicht (BFH IV R 61/78 v. 25.6.81, BStBl. II 82, 59; VIII R 364/83 v. 12.11.85, aaO). Eine Beteiligung am Firmenwert kann allerdings für den Fall des vorzeitigen Ausscheidens des stillen Gesellschafters ausgeschlossen oder eingeschränkt werden (BFH v. 25.6.84, aaO und v. 12.11.85, aaO). Gesellschaftsrechtlich ist eine Buchwertklausel auch dann wirksam, wenn vereinbart ist, die stille Gesellschaft wie eine Kommanditgesellschaft zu führen (OLG München 7 U 1562/91 v. 8.7.92, DB 93, 2325).

4   Zur Annahme einer **Mitunternehmerinitiative** ist idR die Einräumung der einem Kommanditisten zustehenden Überwachungsrechte ausreichend (s. hierzu BFH IV R 135/78 v. 25.6.81, BStBl. II 81, 779; VIII R 364/83 v. 12.11.85, BStBl. II 86, 311;

Schmidt/Wacker § 15 EStG Rz. 263 mwN). Da die zu einer atypischen stillen Gesellschaft führenden Abweichungen vom gesetzlichen Leitbild der stillen Gesellschaft vielfältiger Art sein können, ist letztlich das Gesamtbild der Verhältnisse entscheidend. Trotz Fehlens einer Beteiligung an Verlusten und damit am Unternehmerrisiko sowie an den stillen Reserven kann eine mitunternehmerschaftliche stille Beteiligung gegeben sein, wenn andere Anhaltspunkte für eine Mitunternehmerstellung sprechen, insbes. wenn auf Grund der vertraglichen Gesamtgestaltung einer Beteiligung das Ergebnis des Betriebes im Wesentlichen den stillen Gesellschaftern zugute kommt, zB wenn durch Höhe der Beteiligungsquote sowie Vergütungen für Dienstleistungen und verpachtete Wirtschaftsgüter das Betriebsergebnis im Wesentlichen dem stillen Gesellschafter zusteht (BFH IV B 51/85 v. 2.9.85, BStBl. II 86, 10; FG Münster X 7530/82 F v. 25.2.86, EFG 87, 23). Ebenso kann Mitunternehmerschaft trotz Ausschlusses der Beteiligung an Verlust, stillen Reserven und Geschäftswert gegeben sein, wenn dem stillen Gesellschafter die Führung des Unternehmens überlassen ist (BFH IV R 197/79 v. 28.1.82, BStBl. II 82, 389). Nach BFH VIII R 122/86 v. 11.12.90 (FR 91, 236) ist der Alleingesellschafter einer Komplementär-GmbH, der zugleich an der GmbH & Co. KG still beteiligt ist, auch dann als atypischer stiller Gesellschafter (Mitunternehmer) anzusehen, wenn er am Verlust und an den stillen Reserven der GmbH & Co. KG nicht beteiligt ist. Ist der stille Gesellschafter neben einer Gewinnbeteiligung und einer Verlustbeteiligung, die auf seine Einlage beschränkt ist, im Falle des Ausscheidens und der Liquidation an den stillen Reserven des Betriebsvermögens beteiligt, steht seiner Mitunternehmerstellung nicht entgegen, dass seine Initiativrechte auf die Kontrollrechte gem. § 233 HGB beschränkt sind (BFH IV R 10/17 v. 19.7.18, DStR 18, 2372).

Gegen eine Mitunternehmerschaft spricht, wenn der stille Gesellschafter zwar vertraglich an den stillen Reserven und am Geschäftswert beteiligt ist, diese jedoch keine wirtschaftliche Bedeutung haben, insbes. wenn nur eine theoretische Möglichkeit besteht, dass sich stille Reserven bilden und der stille Gesellschafter bei Auflösung der Gesellschafter einen Anteil daran verlangt. Bei Ausschluss der Gewinnbeteiligung liegt bereits zivilrechtlich kein stilles Gesellschaftsverhältnis und damit auch keine Mitunternehmerschaft vor (BFH I R 188/67 v. 9.7.69, BStBl. II 69, 690; IV R 178/68 v. 22.1.70, BStBl. II 70, 416; BFH GrS 4/82 v. 25.6.84, BStBl. II 84, 751; s. auch BFH IV R 1/92 v. 27.5.93, BStBl. II 94, 700 zur Beteiligung des stillen Gesellschafters am laufenden Gewinn und an den stillen Reserven einschließlich eines Geschäftswerts als Voraussetzung für die Annahme einer atypischen stillen Gesellschaft). Zur steuerrechtlichen Anerkennung der atypischen stillen Beteiligung eines minderjährigen Kindes an einer **Familien-GmbH** vgl. BFH VIII R 47/85 v. 13.6.89 (GmbHR 90, 181: keine Anerkennung, wenn der Vater die GmbH beherrscht und wenn weder der Gewinnanteil ausgezahlt wird, noch eine Vereinbarung über das darlehensweise Stehenlassen des Gewinnanteils vorliegt; s. iE *Schulze zur Wiesche* DB 90, 552; BMF v. 5.10.89, DB 89, 2099 zu schenkweise als Kommanditisten aufgenommenen minderjährigen Kindern). **5**

Im Einzelnen ergeben sich bei der atypischen stillen (mitunternehmerschaftlichen) Beteiligung folgende Besonderheiten gegenüber der typischen stillen Beteiligung: **6**
– Zu den **gewerblichen Einkünften** des atypischen stillen Gesellschafters gehört gem. § 15 Abs. 1 Nr. 2 EStG alles, was er als Vergütung für seine Tätigkeit im Dienste des Inhabers oder für die Hingabe von Darlehen oder für die Überlassung von Wirtschaftsgütern bezieht. Diese Vergütungen sind deshalb keine den steuerlichen Gewinn mindernden Betriebsausgaben.
– Wirtschaftsgüter, die der atypische stille Gesellschafter dem Inhaber zur Nutzung überlässt, bilden beim atypischen stillen Gesellschafter **Sonderbetriebsvermögen I** (*Döllerer* DStR 85, 295; BFH VIII R 122/86 v. 11.12.90, FR 91, 236).
– Gewinnauszahlungen unterliegen nicht der Kapitalertragsteuer.

– Gewinne aus der Veräußerung einer atypischen stillen Beteiligung unterliegen gem. §§ 16 Nr. 1, 34 Abs. 2 EStG der ESt mit einem uU begünstigten Steuersatz; gem. § 34 Abs. 3 EStG iHv. 56% des durchschnittlichen Steuersatzes; der Gewerbesteuer unterliegen die Gewinne nicht (GewStR 7.1 Abs. 3).

– Ist der atypische stille Gesellschafter im Ausland ansässig, so ist er **beschränkt steuerpflichtig** mit inländischen Einkünften gem. § 49 Abs. 1 Nr. 2a EStG. Eine inländische Betriebsstätte des ausländischen stillen Gesellschafters ist anzunehmen, obwohl der stille Gesellschafter nur schuldrechtliche Beziehungen zum inländischen Geschäftsinhaber hat (JbFfSt 1986/87, 295).

– Bei atypischen stillen Beteiligungen an ausländischen Unternehmen können unterschiedliche Qualifikationen des Quellenstaates und des Wohnsitzstaates auftreten, zumal wenn im betreffenden Staat das Rechtsinstitut der stillen Gesellschaft nicht bekannt ist (zur atypischen stillen Beteiligung an einer Schweizer Kapitalgesellschaft vgl. OFD Düsseldorf v. 8.1.91, RIW 91, 173).

– Gewinne und Verluste des Inhabers und des stillen Beteiligten werden gem. § 180 Abs. 1 Nr. 2a AO gesondert und einheitlich festgestellt.

7 Eine Klärung diverser offener Fragen der atypischen stillen Gesellschaft (vgl. hierzu *Döllerer* DStR 85, 295) hat das Grundsatzurteil des BFH VIII R 364/83 v. 12.11.85 (BStBl. II 86, 311) gebracht. Daraus ergibt sich:

– Die atypische stille Gesellschaft als solche betreibt – anders als die Personenhandelsgesellschaft – **kein gewerbliches Unternehmen.** Lediglich der Inhaber betreibt ein gewerbliches Unternehmen, auch wenn das Ergebnis dieser Betätigung wegen der schuldrechtlichen Beteiligung des stillen Gesellschafters einkommensteuerrechtlich zum Teil diesem zugerechnet wird.

– Die atypische stille Gesellschaft ist nicht „**Subjekt der Gewinnerzielung**" (vgl. hierzu BFH GrS 4/82 v. 25.6.84, BStBl. II 84, 751).

– Begründet der Inhaber eines Handelsgewerbes an seinem gesamten Betrieb eine atypisch stille Gesellschaft, handelt es sich ertragsteuerlich um eine Mitunternehmerschaft mit dem Inhaber des Handelsgewerbes und dem still Beteiligten als Mitunternehmer. Das Betriebsvermögen des Inhabers des Handelsgewerbes wird mitunternehmerisches Vermögen, das vom Inhaber des Handelsgewerbes im eigenen Namen, aber für Rechnung der Mitunternehmerschaft verwaltet wird (BFH IV R 38/15 v. 1.3.18, DStR 18, 1277). Zur Übermittlungspflicht der E-Bilanz des Inhabers des Handelsgewerbes gem. § 5b EStG vgl. BMF v. 24.11.17, BStBl. I 17, 1543.

– Da die atypische stille Gesellschaft als solche kein Betriebsvermögen hat, kann es auch **keinen Einheitswert des Betriebsvermögens** der atypischen stillen Gesellschaft geben, sondern nur einen Einheitswert des Gewerbebetriebes des Inhabers des Handelsgeschäftes (an dem allerdings der atypische stille Gesellschafter schuldrechtlich beteiligt ist). Nach dem koord. Ländererlass v. 13.11.89 (BStBl. I 89, 452) ist der Einheitswert bei einer atypischen stillen Gesellschaft wie bei anderen Personengesellschaften einheitlich und gesondert festzustellen und auf den Inhaber und den atypischen stillen Gesellschafter aufzuteilen. Der Feststellungsbescheid ist den Gesellschaftern bekannt zu geben (zur steuerlichen Vermögenszuordnung bei der atypischen stillen Gesellschaft s. *Ohlers/Busse* DB 89, 448; *MünchHdb GesR/Bezzenberger* § 19 Rz. 1 ff.).

– Die atypische stille Gesellschaft ist – anders als die Personengesellschaft – nicht **Subjekt der Gewerbesteuer.** Steuerschuldner ist vielmehr nur der Inhaber; der atypische stille Gesellschafter kann nicht als Steuerschuldner in Anspruch genommen werden (s. hierzu BMF v. 26.11.87, DB 87, 2545). Ein Gewerbesteuermessbescheid muss sich deshalb gegen den Geschäftsinhaber richten (BFH IV R 85/88 v. 14.9.89, BFH/NV 90, 591; VIII R 42/90 v. 15.12.92, BStBl. II 94, 702; FG BaWü 6 K 179/88 v. 29.10.92, EFG 93, 337).

– In Finanzstreitverfahren über die einheitliche Feststellung der Einkünfte aus Gewerbebetrieb für eine atypische stille Gesellschaft ist nicht die Gesellschaft klagebefugt, sondern der Inhaber des Handelsgeschäfts (BFH VIII B 203/86 v. 29.7.87, BFH/NV 88, 101; VIII B 90/87 v. 24.11.88, BStBl. II 89, 145). Auch die Prüfungsanordnung, die die gesonderte und einheitliche Feststellung des Gewinns einer atypisch stillen Gesellschaft betrifft, ist an den Geschäftsinhaber zu richten (vgl. BFH IV B 62/10 v. 3.11.11, BFH/NV 12, 369).

Der **Zeitpunkt der** Entstehung des Anspruchs und damit die **Verpflichtung zur** 8 **Aktivierung** des Gewinnanteils ist streitig. Nach zutreffender Auffassung hängt die Entstehung von der Feststellung der Bilanz des Geschäftsinhabers ab (so *Döllerer* DStR 84, 383; *Hense*, Die stille Gesellschaft im handelsrechtlichen Jahresabschluss, 1990, 380). Demgegenüber wird allerdings auch vertreten, der Gewinnanspruch entstehe ohne weiteres zum Bilanzstichtag des Geschäftsinhabers (*HGB-Großkomm./Zutt* § 232 HGB Rz. 23; BFH III R 37/77 v. 16.2.79, BStBl. II 79, 278). Jedenfalls ist bei Hinzutreten bestimmter Voraussetzungen der Gewinnanspruch schon vor Feststellung der Bilanz des Geschäftsinhabers zu aktivieren (s. hierzu BFH VIII R 106/87 v. 19.2.91, BStBl. II 91, 569), so insbes., wenn das Geschäftsjahr des Inhabers vor oder mit dem des stillen Gesellschafters endet und der stille Gesellschafter an der Inhaberin mehrheitlich beteiligt ist.

(frei) 9

2. Einzelerläuterungen

Zur Vorbemerkung

Ist der Inhaber kein Kaufmann, so kann eine stille Gesellschaft im Rechtssinn nicht 10 entstehen (idR liegt dann eine GbR vor, s. hierzu A. 14.00 Rz. 23). Ist der Inhaber Kaufmann, erzielt jedoch steuerlich nicht Einkünfte aus Gewerbebetrieb (sondern zB aus VuV bei einer Immobilien-KG), so steht dies einer stillen Gesellschaft nicht im Wege. Der atypische stille Gesellschafter erzielt in diesem Fall ebenso Einkünfte aus VuV wie die Gesellschafter der Inhaberin, weil die Ausgestaltung als atypische stille Beteiligung eine weitgehende steuerliche Gleichstellung von Inhaberin bzw. deren Gesellschaftern einerseits sowie atypischem stillen Gesellschafter andererseits nach sich zieht.

Übt der Inhaber eine freiberufliche und daneben eine gewerbliche Tätigkeit aus, so sind gem. § 15 Abs. 3 Nr. 1 EStG sämtliche Einkünfte der atypischen stillen Gesellschaft (Mitunternehmerschaft) gewerblich (BFH I R 133/93 v. 10.8.94, BStBl. II 95, 171).

Zu § 1: Einlage des stillen Gesellschafters

Die Einlage des stillen Gesellschafters kann in jedem bewertbaren Vorteil bestehen 11 (s. iE A. 14.00 Rz. 24). Auch bei der atypischen stillen Beteiligung ist die Einlage so zu leisten, dass sie in das Vermögen des Inhabers übergeht. Der stille Gesellschafter erhält lediglich obligatorische Rechte, nicht dingliche. Die Beteiligung am Vermögen und an den stillen Reserven (§ 4) begründet nur einen schuldrechtlichen Anspruch auf Beteiligung an diesen Vermögenswerten. Wird das Darlehen, das ein Nichtgesellschafter einer Personengesellschaft gewährt hat, in eine atypisch stille Beteiligung umgewandelt, so können dem stillen Gesellschafter ertragsteuerlich nur Verluste iH des gemeinen Werts der Darlehensforderung im Zeitpunkt der Umwandlung zugewiesen werden, vgl. BFH VII R 10/00 v. 29.5.01, BStBl. II 01, 747.

Zu § 2: Dauer der Gesellschaft, Geschäftsjahr

Da die atypische stille Gesellschaft nicht Subjekt der Gewinnerzielung ist und ein 12 Betriebsvermögensvergleich für die atypische stille Gesellschaft als solche nicht vorgenommen wird (BFH VIII R 364/83 v. 12.11.85, BStBl. II 86, 311; s. Rz. 7) empfiehlt es sich, das Geschäftsjahr der stillen Gesellschaft dem der Inhaberin anzupassen.

Zu § 3: Geschäftsführung

13   **Abs. 1** entspricht der gesetzlichen Regelung, wonach der stille Gesellschafter von der Geschäftsführung ausgeschlossen ist. Eine Regelung der Vertretungsmacht ist nicht erforderlich, da es bei der stillen Gesellschaft eine Vertretung im rechtstechnischen Sinn nicht gibt; nach außen tritt allein der Inhaber unter seiner Firma auf (s. iE A. 14.00 Rz. 28).

14   Daneben können jedoch auch dem stillen Gesellschafter weitgehende Geschäftsführungs- und Vertretungsbefugnisse für das Unternehmen der Inhaberin eingeräumt werden (Vertretungsbefugnis zB in Gestalt einer Handlungsvollmacht oder Prokura). Die in **Abs. 2** enthaltene Aufzählung zustimmungsbedürftiger Geschäftsführungsmaßnahmen begründet die für die Annahme einer Mitunternehmerschaft erforderliche Mitunternehmerinitiative. Der Zustimmungskatalog kann beliebig erweitert werden; auch eine Einschränkung des Zustimmungskataloges führt so lange nicht zur Ablehnung der Mitunternehmerinitiative, als dem Stillen die für den Kommanditisten gesetztypischen Mitwirkungs- und Kontrollrechte erhalten bleiben (s. hierzu BFH IV R 135/78 v. 25.6.81, BStBl. II 81, 779). BFH VIII R 166/84 v. 10.11.87, BStBl. II 89, 758 hat schenkweise als Kommanditisten aufgenommene minderjährige Kinder als Mitunternehmer anerkannt, obwohl das Widerspruchsrecht nach § 164 HGB ausgeschlossen, das Gewinnentnahmerecht weitgehend beschränkt, das Kündigungsrecht langfristig abbedungen und das Abfindungsguthaben bei vorzeitigem Ausscheiden auf den Buchwert reduziert war (s. zu diesem Urteil allerdings den Nichtanwendungserlass des BMF v. 5.10.89, DB 89, 2099).

Zu § 4: Stellung des stillen Gesellschafters

15   Die Beteiligung am Vermögen und an den stillen Reserven stellt die entscheidende vermögensrechtliche Besonderheit der atypischen stillen Gesellschaft dar. Bedeutung gewinnt die Regelung erst bei Beendigung der stillen Gesellschaft. Während der typische stille Gesellschafter hier lediglich Anspruch auf Rückgewähr seiner Einlage (gegebenenfalls vermindert um Verluste) hat, erhält der atypische stille Gesellschafter ein Abfindungsguthaben, das seiner Vermögensbeteiligung entspricht. Dass dadurch kein Gesamthandsvermögen entsteht, sondern der Stille vermögensrechtlich nur so zu stellen ist, als ob Gesamthandsvermögen bestünde, stellt Abs. 2 klar.

Zu § 5: Informations- und Kontrollrechte

16   Gem. § 233 HGB stehen dem stillen Gesellschafter lediglich eingeschränkte Informations- und Kontrollrechte zur Verfügung. Entspr. dem Charakter der atypischen stillen Gesellschaft sind dem Stillen hier die weitergehenden Rechte des § 716 BGB eingeräumt, der insbesondere das Recht zur persönlichen Unterrichtung von den Angelegenheiten der Gesellschaft unter Einsichtnahme der Geschäftsbücher und -papiere gibt. Da nach Beendigung der stillen Gesellschaft alle Informations- und Kontrollrechte entfallen und der Gesellschafter sich nur noch auf die allgemeinen Vorschriften der §§ 810, 242 BGB stützen kann (BGH v. 11.7.68, BGHZ 50, 324; II ZR 203/74 v. 8.4.76, DB 76, 2106), sind die Informations- und Kontrollrechte auf die Zeit nach Beendigung der Gesellschaft ausgedehnt (iÜ s. A. 14.00 Rz. 30 und oben Rz. 14).

Zu § 6: Jahresabschluss

17   Ebenso wie die typische stille Gesellschaft ist auch die atypische stille Gesellschaft selbst nicht zur Buchführung und Bilanzierung verpflichtet (BFH VIII R 364/83 v. 12.11.85, BStBl. II 86, 311). Handels- und steuerrechtlich gibt es nur einen Vermögensvergleich und einen Gewinn oder Verlust des Inhabers des Handelsgeschäftes und einen Anteil des atypischen stillen Gesellschafters an diesem Gewinn oder Verlust (s. iÜ A. 14.00 Rz. 32). Zu den Bilanzierungsmöglichkeiten der stillen Beteiligung s. *MünchHdb GesR/Bezzenberger* § 18 Rz. 5 ff.

Zu § 7: Gesellschafterkonten

Die Aufteilung auf Einlage-, Verlust- und Privatkonto empfiehlt sich zur besseren 18
Übersichtlichkeit und im Hinblick auf die Grundsätze der Bilanzklarheit (§ 243 Abs. 2
HGB) und des Verrechnungsverbots (§ 246 Abs. 2 HGB; s. iE A. 14.00 Rz. 34). Auch
bei der atypischen stillen Gesellschaft bringt das Einlagekonto des stillen Gesellschafters
nicht seine Beteiligung am Geschäftsvermögen zum Ausdruck, wie dies bei den Kapitalkonten der OHG oder der KG der Fall ist, da ein Gesamthandsvermögen nicht besteht. Das Konto drückt vielmehr eine echte Verbindlichkeit des Inhabers gegenüber
dem stillen Gesellschafter aus und ist deshalb bei der Prüfung einer etwaigen Überschuldung des Inhabers als Verbindlichkeit zu behandeln, soweit es nicht durch Verluste aufgezehrt ist oder eine Rangrücktrittserklärung abgegeben wurde (*Scholz/
Schmidt* § 63 HGB Rz. 28, str.; aA *Wahl* GmbHR 75, 169; auch bei Rangrücktrittserklärung bleibt die Einlage – eigenkapitalersetzendes – Fremdkapital und wird nicht
zu Eigenkapital (BFH IV R 1/92 v. 27.5.93, BStBl. II 94, 700).

Gem. § 9 des Formulars werden dem Stillen auch Verluste zugerechnet, die seine
Einlage übersteigen. Ein dadurch entstehendes negatives Kapitalkonto ist in der Bilanz
der Inhaberin als nicht durch Einlagen gedeckter Verlustanteil des stillen Gesellschafters am Ende der Aktivseite von den Vermögenswerten des Geschäftsinhabers abgesetzt auszuweisen (*MünchHdb. GesR/Bezzenberger* § 18 Rz. 14; str.).

Auch das Privatkonto stellt ein Gläubigerkonto dar (s. iE A. 14.00 Rz. 34). 19

Zur Stellung des stillen Gesellschafters bei Insolvenz über das Vermögen der Inha- 20
berin s. iE A. 14.00 Rz. 36. Zur Wiederauffüllung des Verlustkontos durch künftige
Gewinne s. iE A. 14.00 Rz. 38.

Zu § 8: Maßgebender Ertrag

Ebenso wie bei der typischen stillen Gesellschaft kann der Ermittlung des Ergebnis- 21
anteils des Stillen sowohl die Handels- als auch die Steuerbilanz zugrunde gelegt werden (*Blaurock* § 14 Rz. 14.6). Dabei hat die hier gewählte Zugrundelegung der Steuerbilanz für den Anteil des Stillen am Ertrag den Vorteil, dass die steuerlichen
Gewinnermittlungsvorschriften insofern „genauer" sind, als sie handelsrechtlich zulässige Unterbewertungen nicht enthalten (iU wird auf A. 14.00 Rz. 39 verwiesen). Eine
Korrektur der Steuerbilanz um erhöhte Absetzungen, Sonderabschreibungen und
steuerfreie Rücklagen wie bei der typischen stillen Gesellschaft ist bei der atypischen
stillen Gesellschaft wegen der Beteiligung an den stillen Reserven nicht erforderlich.
Lediglich Tätigkeitsvergütungen und sonstige Vergütungen, die steuerlich Vorabgewinn darstellen, sind zu berücksichtigen (s. hierzu iE A. 14.00 Rz. 43).

Die bei der typischen stillen Beteiligung vorgenommene Ausgliederung von Ge- 22
schäftsvorfällen aus der Zeit vor Beginn der stillen Gesellschaft ist bei der atypischen
stillen Beteiligung nicht erforderlich, da der atypische stille Gesellschafter so gestellt
wird, als wäre er am Vermögen der Inhaberin wie ein Gesamthänder beteiligt.

Zu § 9: Ergebnisbeteiligung

Gesellschaftsrecht: Die Bestimmungen über die Verteilung des Gewinnes und 23
Verlustes sind im HGB nur unzureichend geregelt. Gem. § 231 Abs. 1 HGB „gilt ein
den Umständen nach gemessener Anteil als bedungen", wenn der Anteil des stillen
Gesellschafters am Gewinn und Verlust nicht bestimmt ist. Da der atypische stille Gesellschafter vermögensrechtlich wie ein Gesamthänder behandelt wird, sollte die Beteiligungsquote auf Grund einer Bewertung des Unternehmens der Inhaberin einerseits
unter Berücksichtigung aller stiller Reserven und eines Firmenwerts und der stillen
Einlage andererseits ermittelt werden.

Steuerrecht: Der auf den atypischen stillen Gesellschafter entfallende Anteil am 24
Gewinn oder Verlust des Inhabers gehört bei ihm zu den Einkünften aus Gewerbebetrieb (§ 15 Abs. 1 Nr. 2 EStG). Ebenso gehören Vergütungen, die der atypische stille

Gesellschafter für Dienstleistungen oder für die Überlassung von Wirtschaftsgütern erhält, zu seinen Einkünften aus Gewerbebetrieb. Allerdings betreibt nicht die atypische stille Gesellschaft als solche – anders als die Personenhandelsgesellschaft – ein Gewerbe, sondern nur der Inhaber. Eine Tätigkeit der atypischen stillen Gesellschaft gibt es nicht, auch wenn das Ergebnis dieser Betätigung wegen der schuldrechtlichen Beteiligung des stillen Gesellschafters einkommensteuerrechtlich zum Teil diesem zugerechnet wird (BFH VIII R 364/83 v. 12.11.85, BStBl. II 86, 311). Tätigkeitsvergütungen, die eine oHG an atypisch still Beteiligte zahlt, sind dem Gesamtgewinn der oHG zuzurechnen (BFH IV R 75/96 v. 2.10.97, BStBl. II 98, 137). Auch die Prüfungsanordnung zur Feststellung des Gewinns einer atypisch stillen Beteiligung ist an den Geschäftsinhaber zu richten (BFH VIII B 39/02 v. 3.2.03, BFH/NV 03, 1028).

25   Die atypische stille Beteiligung ist Betriebsvermögen. Wirtschaftsgüter, die der atypische stille Gesellschafter der Inhaberin zur Nutzung überlässt, gehören zu seinem Sonderbetriebsvermögen (Wirtschaftsgüter des Inhabers sind hingegen stets dessen Betriebsvermögen, nicht Sonderbetriebsvermögen (BFH VIII R 276/81 v. 2.5.84, FR 84, 535; **aA** *Schulze zur Wiesche* GmbHR 85, 160, 164).

26   **Negatives Einlagekonto:** Wird im Gesellschaftsvertrag vereinbart, dass dem stillen Gesellschafter abweichend von § 232 Abs. 2 Satz 1 HGB Verluste auch über den Betrag seiner Einlage hinaus zugerechnet werden, so dass ein negatives Einlagekonto entstehen kann, kommt § 15a EStG zur Anwendung. Das Verlustausgleichsvolumen ist dabei auf die tatsächlich geleistete stille Einlage begrenzt; eine höhere vereinbarte stille Einlage ist nicht maßgeblich, da sich die erhöhte Haftung nicht auf Grund einer Eintragung im Handelsregister ergibt (§ 15a Abs. 1 Satz 2 und 3 EStG; vgl. BFH IV B 4/93 v. 26.5.94, BFH/NV 94, 784; VIII R 33/01 v. 11.3.03, BStBl. II 03, 705). Strittig war, ob Sonderbetriebsvermögen (negatives und positives) des stillen Gesellschafters bei der Ermittlung des Verlustausgleichsvolumens mit einzubeziehen ist. Für die KG hat der BFH zunächst entschieden, dass unabhängig vom Streit über den Begriff des Kapitalkontos Verlustanteile, die ein kreditfinanziertes positives Kapitalkonto des Kommanditisten in der Steuerbilanz aufzehren, ausgleichsfähig sind, dh., dass jedenfalls passives Sonderbetriebsvermögen in der Form eines zur Finanzierung der tatsächlich geleisteten Kommanditeinlage aufgenommenen Kredits ein in der Steuerbilanz der KG ausgewiesenes Kapital nicht mindert (BFH IV R 19/88 v. 1.6.89, BStBl. II 89, 1018, s. hierzu den Nichtanwendungserlass des BMF v. 22.12.89, BStBl. I 89, 484). Für die KG hat BFH VIII R 31/88 v. 14.5.91 (BStBl. II 92, 167) entschieden, dass sowohl das negative als auch das positive Sonderbetriebsvermögen des Kommanditisten bei der Ermittlung des Kapitalkontos iSd. § 15a Abs. 1 EStG außer Betracht zu lassen ist. Die FinVerw. hat sich der BFH-Rspr. ausdrücklich angeschlossen (BMF v. 20.2.92, BStBl. I 92, 123). Auch hier kann für die stille Gesellschaft nichts anderes gelten (*Schmidt/Wacker* § 15a EStG Rz. 133). Die Entscheidung ist bereits auf berechtigte Kritik gestoßen (*LS* DStR 91, 1346).

27   **Gewerbesteuerlich** ist die atypische stille Gesellschaft als solche nicht Subjekt der GewSt; alleiniger Schuldner der GewSt ist der Inhaber (BFH VIII R 364/83 v. 12.11.85, BStBl. II 86, 311; s. auch Rz. 7).

28   Die Ermittlung der Beteiligungsergebnisse des atypischen stillen Gesellschafters erfolgt durch einen Vermögensvergleich beim Inhaber; da die atypische stille Gesellschaft handelsrechtlich und steuerrechtlich kein Gesellschaftsvermögen (Betriebsvermögen) hat, kann für die stille Gesellschaft als solche kein Betriebsvermögensvergleich durchgeführt werden (BFH VIII R 364/83 v. 12.11.85, aaO). Allerdings kann sich für den atypischenen stillen Gesellschafter die Notwendigkeit einer Ergänzungsbilanz ergeben, wenn er die Beteiligung von einem Dritten erworben und einen den Buchwert übersteigenden Kaufpreis bezahlt hat.

29   Zur angemessenen Gewinnverteilung in **Familiengesellschaften** s. A. 14.00 Rz. 60.

Die Einräumung einer überhöhten Gewinnbeteiligung kann Schenkung sein (§ 7 **30** Abs. 6 ErbStG).

Steuerfolgen der Einräumung einer atypischen stillen Beteiligung beim 31 Inhaber: Übersteigt die Einlage des Stillen im Hinblick auf vorhandene stille Reserven der Inhaberin seine Beteiligungsquote (im Verhältnis zu den Kapitaleinlagen der Gesellschafter der Inhaberin), so liegt darin uE keine anteilige Veräußerung der stillen Reserven durch die Gesellschafter der Inhaberin an den atypischen stillen Gesellschafter. Da nur die Inhaberin bilanzierungspflichtig ist und ein Vermögensvergleich nur für die Inhaberin stattfindet, sind die Buchwerte des Betriebsvermögens der Inhaberin bei Aufnahme eines stillen Gesellschafters unverändert fortzuführen (*Döllerer* DStR 85, 295; str. s. zB *W/M* § 24 UmwStG Rz. 87; *Schmidt/Wacker* § 15 EStG Rz. 350, mwN).

(frei) **32**

Zu § 10: Entnahmen

Gesellschaftsrecht: Gegenüber der gesetzlichen Regelung, die die Möglichkeit **33** der Entnahme des festgestellten Gewinnanteils jeweils nach Ablauf eines Geschäftsjahres vorsieht (§ 232 HGB), ist die hier vorgesehene Möglichkeit vierteljährlicher Abschlagszahlungen gesellschafterfreundlich. Zur Schonung der Liquidität des Unternehmens kann jedoch auch vereinbart werden, dass nur Teilbeträge des auf den atypischen stillen Gesellschafter entfallenden Gewinnes entnommen werden dürfen (s. hierzu A. 14.00 Rz. 62).

Steuerrecht: Anders als bei der typischen stillen Beteiligung fällt bei der atypischen **34** stillen Gesellschaft auf Entnahmen keine Kapitalertragsteuer an. Zu den steuerpflichtigen gewerblichen Einkünften gehört der festgestellte Gewinnanteil des atypischen stillen Gesellschafters, unabhängig von der Höhe der Entnahmen. Bei **Familiengesellschaften** ist zu beachten, dass die nicht vereinbarungsgemäße Auszahlung des Gewinnanteils einer tatsächlichen Durchführung des Vertrages und damit einer steuerlichen Anerkennung entgegenstehen kann, wenn nicht gleichzeitig eine Vereinbarung über das darlehensweise Stehenbleiben des Gewinnanteils vorliegt (BFH VIII R 47/85 v. 13.6.89, BStBl. II 89, 720).

§ 15a EStG: Nach dem Vertragsmuster werden dem stillen Gesellschafter Verluste auch insoweit zugerechnet, als sie den Betrag seiner Einlage übersteigen (§ 9 Satz 3). Die Entnahmeregelung in § 10 iVm. § 7 Abs. 2 kann dazu führen, dass sich durch die Entnahme ein negatives Kapitalkonto erhöht. Dies führt zu einer fiktiven Besteuerung gemäß § 15a Abs. 3 EStG.

Zu § 11: Änderung der Kapitalverhältnisse, Aufnahme weiterer stiller Gesellschafter

Nach dem Gesellschaftsvertrag (§ 3 Abs. 2 Buchst. b) kann die Inhaberin weitere **35** stille Gesellschafter nur mit Zustimmung des Stillen aufnehmen. Änderungen in den Kapitalverhältnissen der Inhaberin selbst, zB durch Aufnahme weiterer Gesellschafter oder Kapitalerhöhungen vorhandener Gesellschafter, kann der stille Gesellschafter jedoch nicht widersprechen. Da der Beteiligungsquote des stillen Gesellschafters die Kapitalverhältnisse im Zeitpunkt des Abschlusses des stillen Gesellschaftsvertrages zugrunde liegen (s. § 9), müssen bei einer Änderung der Kapitalverhältnisse der Inhaberin oder bei Aufnahme weiterer stiller Gesellschafter beide Gesellschafter eine angemessene Anpassung der Beteiligungsquote des stillen Gesellschafters verlangen können (vgl. iÜ A. 14.00 Rz. 67).

Zu § 12: Abtretung und Belastung von Anteilen

Gesellschaftsrecht: Die Übertragung einer stillen Beteiligung ist im Gesetz nicht **36** vorgesehen, kann jedoch durch den Gesellschaftsvertrag zugelassen werden (s. iE A. 14.00 Rz. 69).

37   **Steuerrecht:** Gewinne aus der Veräußerung einer atypischen stillen Beteiligung unterliegen gem. §§ 16 Abs. 1 Nr. 2, 34 Abs. 2 EStG uU einer begünstigten Besteuerung. Gem. § 34 Abs. 3 EStG kann ggf. ein Steuersatz iHv. 56% des durchschnittlichen Steuersatzes in Anspruch genommen werden. Der Erwerber hat den Mehrbetrag, den er über den Buchwert der erworbenen stillen Beteiligung hinaus bezahlt, in einer Ergänzungsbilanz zu aktivieren. Zahlt eine Kapitalgesellschaft einem ausscheidenden atypisch stillen Gesellschafter eine Abfindung, die auch den selbst geschaffenen, bisher nicht bilanzierten Geschäftswert abgilt, hat die Kapitalgesellschaft den darauf entfallenden Anteil der Abfindung als derivativen Geschäftswert zu aktivieren, vgl. BFH III R 45/98 v. 16.5.02, BStBl. II 03, 10. Gewerbesteuerlich werden Veräußerungsgewinne nicht erfasst (GewStR 7.1 Abs. 3). Verluste aus der Veräußerung einer atypischen stillen Beteiligung sind als gewerbliche Verluste mit anderen positiven Einkünften auszugleichen.

Zu § 13: Tod des stillen Gesellschafters

38   **Gesellschaftsrecht:** Die Regelung entspricht der Bestimmung des § 234 Abs. 2 HGB (s. iE A. 14.00 Rz. 73).

39   **Steuerrecht:** Erbschaftsteuerliche Bemessungsgrundlage ist der Teil des betrieblichen Einheitswertes der Inhaberin, der der Beteiligungsquote des stillen Gesellschafters entspricht. Ein Einheitswert des Betriebsvermögens der atypischen stillen Gesellschaft als solcher besteht nicht, sondern nur ein Einheitswert des Gewerbebetriebes der Inhaberin (BFH VIII R 364/83 v. 12.11.85, aaO).

40   Findet über die atypische stille Beteiligung eine Erbauseinandersetzung statt, so ist der Beschluss des BFH GrS 2/89 v. 5.7.90 (BStBl. II 90, 837) zu beachten, wonach Erbfall und Erbauseinandersetzung keine Einheit bilden mit der Folge, dass die Aufteilung des Nachlasses bei den beteiligten Erben zu Anschaffungs- bzw. Veräußerungsvorgängen führt (vgl. iE *Schmidt/Wacker* § 16 EStG Rz. 610).

Zu § 14: Kündigung

41   Zur Kündigung aus wichtigem Grund wird auf A. 14.00 Rz. 75 verwiesen. Zur Kündigung bei stiller Gesellschaft mit mehreren stillen Gesellschaftern durch einen Gesellschafter bei wesentlicher Änderung des Gesellschaftsvertrages ohne Zustimmung des stillen Gesellschafters s. BGH II ZR 144/79 v. 21.4.80, BB 80, 958.

Zu § 15: Umwandlung

42   Gem. § 3 Abs. 2a des Gesellschaftsvertrages bedarf die Änderung der Rechtsform des Unternehmens der Inhaberin der Zustimmung des stillen Gesellschafters. In Ergänzung hierzu bestimmt § 15, dass bei einer Umwandlung die stille Gesellschaft nicht beendet wird (s. iÜ A. 14.00 Rz. 77).

Zu § 16: Auseinandersetzungsguthaben

43   **Gesellschaftsrecht:** Entspr. der vermögensrechtlichen Beteiligung des atypischen stillen Gesellschafters wie bei einer gesamthänderischen Beteiligung sind bei der Ermittlung des Abfindungsguthabens die stillen Reserven einzubeziehen. Eine Regelung zur Ermittlung der stillen Reserven sieht das Formular nicht vor. Bei umfangreichem Betriebsvermögen der Inhaberin mit erheblichen stillen Reserven kann es empfehlenswert sein, zur Vermeidung von Auseinandersetzungen über das Abfindungsguthaben detaillierte Ermittlungsvorschriften in den Gesellschaftsvertrag aufzunehmen. Hierzu kommen zB folgende Wertermittlungsvorschriften in Betracht:
– Schätzung von Grundstücken und Gebäuden durch den nach dem Baugesetzbuch bestellten Gutachterausschuss;
– Ansatz sonstiger aktiver Wirtschaftsgüter nach den vermögensteuerlichen Bewertungsvorschriften;

– Bewertung von Beteiligungen nach den Ertragsaussichten;
– Auflösung steuerfreier Rücklagen, die während der Dauer der stillen Gesellschaft gebildet worden sind.

Ein stiller Gesellschafter, der bei seinem Beitritt zur Gesellschaft stille Reserven bezahlt und sich dies auf seinem Einlagekonto widerspiegelt, danach wieder aus der Gesellschaft austritt, dürfte bei der Feststellung des Auseinandersetzungsguthabens nur einen Ausgleich für den Zuwachs an stillen Reserven erhalten.

Die für die atypisch stille Gesellschaft erforderliche Mitunternehmerstellung mit ei- **44** ner Beteiligung am Gewinn und Verlust und den stillen Reserven schließt grds. eine Beteiligung am selbst geschaffenen Firmenwert, zumindest bei Auflösung der Gesellschaft mit ein. Bei vorzeitigem Ausscheiden des atypisch stillen Gesellschafters könnte eine Beteiligung am selbst geschaffenen Firmenwert entbehrlich sein (BFH IV R 61/78 v. 25.6.81, BStBl. II 82, 59; IV R 1/92 v. 27.5.93, BStBl. II 94, 700; *Schmidt/ Wacker* § 15 EStG Rz. 343f.).

Die Bestimmung, wonach ein rechnerisches negatives Abfindungsguthaben nur bis **45** zur Höhe eines negativen Privatkontos auszugleichen ist, entspricht dem Charakter der stillen Beteiligung, bei der grundsätzlich ein Nachschuss ausgeschlossen ist. Das negative Kapitalkonto kann bei ordnungsgemäßer Durchführung des Vertrages nur auf Überentnahmen beruhen, die zurückzuführen sind.

Abs. 3 enthält eine Vereinfachungsregelung für eine Beendigung der stillen Gesell- **46** schaft im Laufe eines Geschäftsjahres. Dadurch wird erreicht, dass keine Zwischenbilanz auf den Beendigungsstichtag aufzustellen ist.

Der Verweis auf § 8 Abs. 2 (in Abs. 5) hat zur Folge, dass bei einer Ergebnisände- **47** rung infolge einer Betriebsprüfung auch das Abfindungsguthaben des Stillen sich entsprechend ändert.

Zur Auflösung einer stillen Gesellschaft vgl. iE *Geck* DStR 94, 657.

Steuerrecht: Übersteigt das Abfindungsguthaben den Buchwert der atypischen stil- **48** len Beteiligung, so unterliegt der Gewinn gem. §§ 16 Abs. 1 Nr. 2, 34 Abs. 2 EStG uU einer begünstigten Besteuerung; ggf. kann ein Steuersatz iHv. 56% des durchschnittlichen Steuersatzes in Anspruch genommen werden (§ 34 Abs. 3 EStG). GewSt fällt nicht an. Ist das Abfindungsguthaben geringer als der Buchwert der Beteiligung, so entstehen negative Einkünfte aus Gewerbebetrieb. Zur Beendigung der atypisch stillen Gesellschaft durch Umwandlung in Stammkapital der GmbH vgl. *Schulze zur Wiesche* DB 11, 1477.

Scheidet ein atypischer stiller Gesellschafter mit negativem Kapitalkonto ohne Zah- **49** lung eines Abfindungsguthabens aus, so entsteht in Höhe des negativen Kapitalkontos ein uU begünstigter Aufgabegewinn (§§ 16 Abs. 1 Nr. 2, 34 Abs. 1–3 EStG). Soweit Verluste gem. § 15a EStG nicht ausgleichsfähig waren, sind sie mit dem Aufgabegewinn zu verrechnen (§ 15a Abs. 2 EStG). Der Aufgabegewinn entsteht unabhängig vom Zeitpunkt der Zahlung beim Ausscheiden aus der Gesellschaft. Wird das Abfindungsguthaben in wiederkehrenden Bezügen (Leib- oder Zeitrenten, Gewinnbeteiligung) bezahlt, so hat der Ausgeschiedene ein Wahlrecht zwischen begünstigter Sofortbesteuerung und nichtbegünstigter Zuflussbesteuerung (*Schmidt/Wacker* § 16 EStG Rz. 454, vgl. auch BFH III R 45/98 v. 16.5.02, BStBl. II 03, 10).

Der Inhaber hat die den Buchwert übersteigende Abfindung als Anschaffungskosten **50** für die WG des Betriebsvermögens zu aktivieren, obwohl er sachenrechtlich bereits vorher Alleineigentümer des Betriebsvermögens war (*Schmidt/Wacker* § 16 EStG Rz. 487f.). Liegt das Abfindungsguthaben unter dem Buchwert des ausgeschiedenen atypischen stillen Gesellschafters, so sind die Buchwerte der bilanzierten WG des Betriebsvermögens des Inhabers anteilig herabzusetzen (*Schmidt/Wacker* § 16 EStG Rz. 511, str; **aA** *Knobbe-Keuk* § 23 I 3b: Abstockung nur bis zum Teilwert der WG, im übrigen Ansatz eines negativen Geschäftswerts).

A. 14.02 Vertrag über die Errichtung einer typisch stillen Gesellschaft mit einer GmbH (GmbH & Still)

Gliederung

I. FORMULAR

> **Formular A. 14.02 Vertrag über die Errichtung einer typisch stillen Gesellschaft mit einer GmbH (GmbH & Still)**

Vertrag

zwischen

Firma Z-GmbH mit dem Sitz in ......

vertreten durch den alleinvertretungsberechtigten, von den Beschränkungen des § 181 BGB befreiten Geschäftsführer Herrn C, wohnhaft in ......

– nachfolgend Inhaberin genannt –

und

1. Herrn A, wohnhaft in ......

2. Herrn B, wohnhaft in ......

– nachfolgend stille Gesellschafter genannt –

Vorbemerkungen

Die Inhaberin betreibt in ...... ein Handelsgewerbe.

Gegenstand des Unternehmens ist ...... A und B sind an dem € 100.000,– betragenden Stammkapital der am heutigen Tag gegründeten Z-GmbH wie folgt beteiligt:

A mit einem Geschäftsanteil von € 60.000,– (= 60 %),

B mit einem Geschäftsanteil von € 40.000,– (= 40 %).

Sie beabsichtigen, sich zur Stärkung des Unternehmenskapitals als stille Gesellschafter iSd. §§ 230 ff. HGB am Handelsgewerbe der Inhaberin zu beteiligen. Zu diesem Zweck vereinbaren die Parteien was folgt:

§ 1 Einlagen der stillen Gesellschafter

(1) Die stillen Gesellschafter erbringen folgende Bareinlagen:

A € 240.000,–

B € 160.000,–

(2) Die Einlagen sind innerhalb von zwei Wochen nach schriftlicher Aufforderung der Inhaberin fällig; die Anforderung in Teilbeträgen ist zulässig, wobei jeder stille Gesellschafter berechtigt ist, Teilbeträge entsprechend seiner Beteiligungsquote zu leisten.

§ 2 Rechtsnatur der stillen Gesellschaft

Mit Unterzeichnung dieses Vertrages entsteht eine einheitliche stille Gesellschaft mit zwei stillen Gesellschaftern. Die Rechtsbeziehungen zwischen den Gesellschaftern sind in diesem Vertrag abschließend geregelt.

§ 3 Dauer der Gesellschaft, Geschäftsjahr

(1) Die Gesellschaft beginnt mit der Eintragung der Inhaberin in das Handelsregister; sie wird auf unbestimmte Dauer abgeschlossen.

(2) Das Geschäftsjahr entspricht dem der Inhaberin.

§ 4 Geschäftsführung

Die Geschäftsführung steht allein der Inhaberin zu. Die stillen Gesellschafter sind nicht berechtigt, Geschäftsführungsmaßnahmen der Inhaberin zu widersprechen.

§ 5 Informations- und Kontrollrechte

(1) Den stillen Gesellschaftern stehen die gesetzlichen Informations- und Kontrollrechte des § 233 HGB zu. Dies gilt auch nach Beendigung der Gesellschaft in dem zur Überprüfung des Auseinandersetzungsguthabens erforderlichen Umfang.

(2) Jeder stille Gesellschafter kann seine Informations- und Kontrollrechte durch einen Rechtsanwalt, Steuerberater oder Wirtschaftsprüfer wahrnehmen lassen.

(3) Die stillen Gesellschafter haben über alle ihnen bekannt gewordenen Angelegenheiten der Gesellschaft Stillschweigen zu bewahren.

§ 6 Jahresabschluss

(1) Die Inhaberin ist auf Grund handelsrechtlicher und steuerrechtlicher Vorschriften verpflichtet, Bücher zu führen und Jahresabschlüsse zu erstellen. Die Gesellschaft hat diese Pflichten auch im Interesse der stillen Gesellschafter zu erfüllen.

(2) Der handelsrechtliche und steuerrechtliche Jahresabschluss (Bilanz, Gewinn- und Verlustrechnung) ist innerhalb von sechs Monaten nach Ablauf eines jeden Geschäftsjahres zu erstellen und den stillen Gesellschaftern unverzüglich zuzusenden. Zusammen mit dem Jahresabschluss ist den stillen Gesellschaftern eine Darstellung der Entwicklung des maßgebenden Ertrages gem. § 8 zu übermitteln.

(3) Einwendungen eines stillen Gesellschafters sind innerhalb eines Monats nach Zugang des Jahresabschlusses schriftlich geltend zu machen. Nach Ablauf dieser Frist gilt der Jahresabschluss als genehmigt.

§ 7 Gesellschafterkonten

(1) Die Einlage jedes stillen Gesellschafters wird auf einem Einlagenkonto verbucht.

(2) Verlustanteile werden auf einem Verlustkonto gebucht. Solange dieses Konto eines stillen Gesellschafters Verlustanteile aufweist, werden Gewinnanteile hälftig dem Verlustkonto und dem Privatkonto gutgeschrieben. Übersteigt das Verlustkonto das Einlagekonto, werden künftige Gewinnanteile solange voll dem Verlustkonto gutgeschrieben, bis Verlustkonto und Einlagekonto den gleichen Stand erreicht haben.

(3) Alle sonstigen die stille Gesellschaft betreffenden Buchungen, insbesondere Gewinngutschriften und Auszahlungen, erfolgen über ein Privatkonto.

§ 8 Maßgebender Ertrag

(1) Der Ergebnisbeteiligung der stillen Gesellschafter wird der im steuerlichen Jahresabschluss ausgewiesene Ertrag vor Berücksichtigung des Gewinn- und Verlustanteils der stillen Gesellschafter und vor Abzug der Körperschaftsteuer der Inhaberin zugrunde gelegt.

(2) Wird der Jahresabschluss der Inhaberin (zB auf Grund einer Betriebsprüfung) bestandskräftig geändert, so ist diese Änderung auch bei der Ergebnisbeteiligung der stillen Gesellschafter zu berücksichtigen; Ausgleichszahlungen erfolgen innerhalb von vier Wochen nach bestandskräftiger Änderung des Jahresabschlusses.

§ 9 Ergebnisverteilung

(1) An einem gem. § 8 ermittelten Gewinn nimmt jeder stille Gesellschafter entsprechend dem Verhältnis seiner stillen Einlage zum Stammkapital der Inhaberin zuzüglich aller stillen Einlagen teil, wobei das Stammkapital der Inhaberin zur Ermittlung der Beteiligungsquote mit dem …… fachen zu bewerten ist. Maßgebend sind die bis zum Ende des Jahres, dessen Ergebnis zu verteilen ist, geleisteten stillen Einlagen. Einlagezuführungen gem. § 10 Abs. 1 berühren die Ergebnisverteilung nicht.

(2) Am Verlust nimmt der stille Gesellschafter entsprechend dem in Abs. 1 beschriebenen Verhältnis teil. Verluste sind dem Stillen auch insoweit zuzurechnen, als die Verluste den Betrag seiner Einlage übersteigen. Solche den Betrag der Einlage übersteigenden Verlustanteile sind jedoch nur mit künftigen Gewinnanteilen auszugleichen; eine Nachschusspflicht des stillen Gesellschafters entsteht dadurch nicht.

§ 10 Entnahmen

(1) Der stille Gesellschafter ist berechtigt, 80 % des seinem Privatkonto gutgeschriebenen Gewinnanteils zu entnehmen. Die verbleibenden 20 % seines Gewinnanteils sind für die Ersten fünf Geschäftsjahre der Inhaberin zur Erhöhung der stillen Einlage zu verwenden und dem Einlagenkonto jedes stillen Gesellschafters gutzuschreiben. Ab dem sechsten Geschäftsjahr kann der gesamte auf die stillen Gesellschafter entfallende Gewinnanteil entnommen werden.

(2) Auszahlungen auf den Gewinnanteil sind innerhalb von vier Wochen nach Feststellung der Bilanz vorzunehmen. Die Inhaberin kann die Auszahlung des Gewinnanteils ganz oder teilweise verweigern, soweit dies die Liquiditätslage gebietet.

§ 11 Änderung der Stammkapitals

Ändert sich das Stammkapital der Inhaberin, so ist die Ergebnisverteilung entsprechend der Änderung des Stammkapitals gegenüber dem Wert, der dem Stammkapital zur Ermittlung der Beteiligungsquoten gem. § 9 Abs. 1 zugemessen wurde, zu ändern.

§ 12 Abtretung und Belastung von Anteilen

Abtretung, Veräußerung und Verpfändung des stillen Gesellschaftsanteils sowie Vereinbarung einer Unterbeteiligung, Einräumung von Treuhandsverhältnissen und Nießbrauchsbestellung sind nur mit Zustimmung der Inhaberin zulässig. Die Verfügung kann nur einheitlich für die gesamte stille Beteiligung (Einlage-, Verlust- und Privatkonto) erfolgen.

§ 13 Tod des stillen Gesellschafters

(1) Im Falle des Todes eines stillen Gesellschafters treten seine Erben in seine Rechtsstellung ein. Die Erben haben ihr Erbrecht auf Verlangen der Gesellschaft durch Vorlage eines Erbscheins nachzuweisen. Mehrere Erben haben sich gegenüber der Gesellschaft durch einen gemeinsamen Bevollmächtigten vertreten zu lassen. Der Bevollmächtigte hat der Gesellschaft seine Vertretungsbefugnis auf Verlangen durch notariell beglaubigte Vollmacht nachzuweisen. Bis zum Nachweis der Bevollmächtigung und im Fall des Satzes 2 bis zur Vorlage des Erbscheins ruhen die Rechte der Erben aus diesem Vertrag mit Ausnahme des Gewinnbezugsrechts.

(2) Die Auseinandersetzung über den Nachlass des verstorbenen stillen Gesellschafters hat so zu erfolgen, dass dieselben Personen im gleichen Verhältnis Inhaber des Geschäftsanteils und der stillen Beteiligung sind.

§ 14 Kündigung

(1) Die stille Gesellschaft kann mit einer Frist von sechs Monaten zum Ablauf eines Geschäftsjahres gekündigt werden, erstmals jedoch zum .... Eine teilweise Kündigung ist zulässig. Seitens der Inhaberin kann eine ordentliche Kündigung nur gleichmäßig gegenüber allen stillen Gesellschaftern ausgesprochen werden.

(2) Das Recht zur Kündigung aus wichtigem Grund bleibt unberührt; als wichtiger Grund gilt neben den in § 234 HGB iVm. § 723 BGB genannten Gründen insbesondere auch:

a) die Liquidation der Inhaberin;

b) die Eröffnung des Insolvenzverfahrens über das Vermögen des stillen Gesellschafters;

c) Zwangsvollstreckungsmaßnahmen in Gesellschaftsrechte des stillen Gesellschafters, wenn diese Maßnahmen nicht innerhalb von drei Monaten wieder aufgehoben werden.

(3) Die Kündigung hat durch eingeschriebenen Brief gegen Rückschein oder gegen schriftliches Empfangsbekenntnis gegenüber dem anderen Vertragspartner zu erfolgen. Zur Wahrung der Frist kommt es auf den Zugang der Kündigung an.

§ 15 Auseinandersetzungsguthaben

(1) Bei Beendigung der stillen Gesellschaft hat der stille Gesellschafter Anspruch auf ein Auseinandersetzungsguthaben, das auf den Tag der Beendigung festzustellen ist.

(2) Der Auseinandersetzungsanspruch berechnet sich aus dem Saldo des unter Berücksichtigung von § 8 ermittelten Einlage-, Privat- und Verlustkontos; ein negativer Saldo des Privatkontos ist auszugleichen. Am Ergebnis schwebender Geschäfte, die nicht bilanzierungspflichtig sind, nimmt der stille Gesellschafter nicht teil.

(3) Fällt der Tag der Beendigung nicht auf einen Bilanzstichtag, so ist zur Ermittlung der Kontostände das Ergebnis des laufenden Geschäftsjahres zeitanteilig aufzuteilen.

(4) § 8 Abs. 2 gilt entsprechend; das Abfindungsguthaben ist unter Berücksichtigung der neuen Bescheide zu berichtigen.

(5) Die Auszahlung des Auseinandersetzungsguthabens erfolgt in ...... gleichen Vierteljahresraten, von denen die Erste drei Monate nach dem Tag der Beendigung der stillen Gesellschaft fällig wird. Die Auszahlung des Auseinandersetzungsguthabens ist angemessen zu strecken, wenn die Zahlung nach Satz 1 unter Berücksichtigung der Vermögens- und Einkommenslage der Inhaberin nicht zu vertreten ist. Bei Beendigung der stillen Gesellschaft wegen Liquidation der Inhaberin ist das Auseinandersetzungsguthaben innerhalb von ...... Monaten nach seiner Feststellung fällig.

(6) Das Auseinandersetzungsguthaben ist in seiner jeweiligen Höhe mit ......% p.a. zu verzinsen. Die Zinsen werden mit der letzten Rate fällig.

§ 16 Schriftform, Salvatorische Klausel

(1) Änderungen und Ergänzungen dieses Vertrages bedürfen zu ihrer Wirksamkeit der Schriftform. Mündliche Nebenabreden bestehen nicht.

(2) Sollten sich einzelne Bestimmungen des Gesellschaftsvertrages als ungültig erweisen, so wird dadurch die Gültigkeit des Vertrages im Übrigen nicht berührt. In ei-

nem solchen Fall sind die Gesellschafter verpflichtet, durch Beschluss die ungültige Bestimmung durch diejenige gesetzlich zulässige Bestimmung zu ersetzen, die den Zweck der ungültigen Bestimmung, insbesondere das, was die Vertragsparteien gewollt haben, mit der weitestgehend möglichen Annäherung erreicht. Entsprechendes gilt, wenn sich bei Durchführung des Vertrages eine ergänzungsbedürftige Lücke ergeben sollte.

(3) Gerichtsstand für sämtliche Streitigkeiten aus diesem Vertrag ist ......, soweit dies zulässig vereinbart werden kann.

II. ERLÄUTERUNGEN

> **Erläuterungen zu A. 14.02 Vertrag über die Errichtung einer typisch stillen Gesellschaft mit einer GmbH (GmbH & Still)**

1. Grundsätzliche Anmerkungen

a) Wirtschaftliche Funktion

1   Die stille Beteiligung an einer GmbH hat seit der grds. Anerkennung dieser Gesellschaftsform durch den BFH im Jahr 1954 (BFH VIII R 237/80 v. 21.6.83, BStBl. II 83, 563) als **Finanzierungsinstrument** für die GmbH zunehmend an Bedeutung gewonnen. Wie bei zahlreichen Gesellschaftsformen waren hierfür hauptsächlich steuerliche Gesichtspunkte maßgebend. Ursprünglich wurde die „GmbH & Still" (vgl. zum Begriff *Felix* StbKongrRep. 71, 207) in erster Linie zur Vermeidung der Doppelbelastung mit KSt und ESt gewählt.

2   Der stille Gesellschafter kann gleichzeitig Gesellschafter der GmbH sein (BFH I R 50/76 v. 6.2.80, BStBl. II 80, 477; VIII R 237/80 v. 21.6.83, BStBl. II 83, 563). Dies bietet die Möglichkeit, dass der bzw. die Gesellschafter einer GmbH der Gesellschaft das notwendige Betriebskapital zum (geringeren) Teil in Form von Stammkapital, zum (größeren) Teil als stille Einlage zur Verfügung stellen. Dabei kann die stille Einlage als typische oder als atypische stille Gesellschaft ausgestaltet werden. Im Formular wurde die **typische** stille Gesellschaft gewählt, da diese den Vorteil bietet, dass Tätigkeitsvergütungen an den Gesellschafter/Geschäftsführer der GmbH, der gleichzeitig stiller Gesellschafter ist, sowie sonstige Vergütungen, zB für die Vermietung von Grundstücken, nicht der GewSt unterliegen (s. hierzu A. 14.01 Rz. 6). Allerdings ist zu berücksichtigen, dass der BFH eine stille Beteiligung eines beherrschenden Gesellschafters einer GmbH, der gleichzeitig alleiniger Geschäftsführer dieser GmbH war, als atypische Gesellschaft (Mitunternehmerschaft) qualifiziert hat (BFH VIII R 42/90 v. 15.2.92, BStBl. II 94, 702; einschränkend *Schmidt/Wacker* § 15 EStG Rz. 356 mwN).

3   Die Rechtsform der typischen stillen Beteiligung von GmbH-Gesellschaftern an ihrer GmbH bietet daher gegenüber der reinen GmbH einerseits und der GmbH & Co. KG andererseits folgende Vorteile:
- Tätigkeitsvergütungen sowie sonstige Vergütungen an stille Gesellschafter unterliegen nicht der Gewerbesteuer (anders als bei der GmbH & Co. KG und bei der atypisch stillen Beteiligung; str.; s. Rz. 15);
- die stille Einlage kann jederzeit ganz oder vollständig zurückgezahlt werden (ohne Verfahren der Kapitalherabsetzung gem. §§ 58 ff. GmbHG);
- der stille Gesellschafter haftet gegenüber Gläubigern des Unternehmens auch dann nicht unmittelbar, wenn seine Einlage ganz oder teilweise zurückgezahlt wird;
- die Eintragung des stillen Gesellschafters in das Handelsregister entfällt.

4   Die GmbH & Still ist somit eine beachtenswerte Alternative sowohl zur GmbH als auch zur GmbH & Co. KG, wobei sie gegenüber der letzteren Rechtsform im Hinblick auf Tätigkeitsvergütungen gewerbesteuerliche Vorteile hat.

5   *(frei)*

b) Gesellschaftsrecht

Die GmbH & Still ist gesellschaftsrechtlich eine **Innengesellschaft,** bei der die 6
GmbH das Handelsgewerbe iSd. § 230 HGB betreibt. Als stille Gesellschafter kommen dritte Personen, die an der GmbH nicht beteiligt sind, sowie die Gesellschafter der GmbH in Betracht (auch bei Ein-Mann-GmbH, BFH III R 115/76 v. 10.2.78, BStBl. II 78, 256; *Schulze zur Wiesche* GmbHR 83, 202; BFH IV R 47/72 v. 9.12.76, BStBl. II 77, 155). Wie jede stille Gesellschaft kann die GmbH & Still entsprechend §§ 230 ff. HGB typisch oder vertraglich davon abweichend atypisch ausgestaltet sein, indem dem stillen Gesellschafter erhöhte Mitwirkungsrechte oder eine Vermögensbeteiligung zugestanden werden.

Die GmbH & Still bietet gegenüber der **GmbH & Co. KG** handelsrechtlich den 7
Vorteil der einfacheren Gründung, die keine Anmeldung der Gesellschaft zum Handelsregister erfordert. Mangels Eintragung der stillen Gesellschaft und des stillen Gesellschafters in das Handelsregister kann eine vollständige Anonymität des stillen Gesellschafters gewahrt werden. Eine Firma der stillen Gesellschaft besteht nicht, es bleibt bei der Firmenbezeichnung der GmbH.

Auch **haftungsrechtlich** ist die Position des stillen Gesellschafters günstiger als die 8
des Kommanditisten, da er den Gesellschaftsgläubigern auch dann nicht unmittelbar haftet, wenn seine Einlage ganz oder teilweise zurückgezahlt ist. Bei Insolvenz der Inhaberin ist § 136 InsO zu beachten.

Im Übrigen wird auf die Erläuterungen zur typischen und zur atypischen stillen Gesellschaft verwiesen (A. 14.00 Rz. 4 ff. und A. 14.01 Rz. 2).

Zur Zulässigkeit stiller Gesellschaften im **GmbH-Konzern** vgl. BGH II ZB 7/88 9
v. 24.10.88 (DB 88, 2623) sowie *Schneider/Rensch* (DB 89, 713; sa. *Sarrazin* FR 89, 11).

c) Steuerrecht

Bei der stillen Beteiligung eines GmbH-Gesellschafters an „seiner" GmbH ergeben 10
sich gegenüber der „normalen" stillen Gesellschaft Fragen zum einen bei der Abgrenzung zwischen typischer und atypischer – mitunternehmerschaftlicher – stiller Beteiligung, zum anderen bei der Angemessenheit der Ergebnisverteilung. Weiter ist die Grenze zum verdeckten Nennkapital zu berücksichtigen.

Die stille Beteiligung eines GmbH-Gesellschafters am Unternehmen der GmbH ist steuerrechtlich nur anzuerkennen, wenn ein solches Gesellschaftsverhältnis klar und eindeutig vereinbart ist und die Vereinbarungen tatsächlich durchgeführt werden (BFH I R 92/84 v. 25.5.88, BFH/NV 89, 258). Ist der still beteiligte Gesellschafter keine natürliche Person, können die anteiligen Verluste aus der stillen Beteiligung mit Kapitalgesellschaften nicht mehr mit eigenen positiven Einkünften ausgeglichen werden. Der Verlust aus der stillen Beteiligung darf in diesen Fällen nur noch im Rahmen des § 10d EStG mit Gewinnen verrechnet werden, die der stille Gesellschafter im unmittelbar vorangegangenen VZ oder in den folgenden VZ aus derselben stillen Beteiligung erzielt (§ 15 Abs. 4 Satz 6 und 7 iVm. § 20 Abs. 1 Nr. 4 S. 2 EStG). Damit ist die Möglichkeit, Verluste von einer Kapitalgesellschaft auf eine andere zu verlagern, verbaut. Weiterhin besteht die Möglichkeit mit einer stillen Gesellschaft Gewinne einer Kapitalgesellschaft auf eine Verlust-Kapitalgesellschaft zu transferieren, oder überhaupt Gewinne von einer Kapitalgesellschaft auf eine andere ohne die nachteiligen Folgen des § 8b Abs. 5 KStG (Betriebsausgabenabzugsverbot iHv. 5%) zu transferieren.

d) Abgrenzung typische – atypische stille Beteiligung

Im Schrifttum (*Knobbe-Keuk* StuW 82, 201 ff.) wird zT die Auffassung vertreten, 11
dass der Alleingesellschafter einer GmbH, der sich an seiner GmbH still beteiligt, steuerlich Mitunternehmer ist, weil er auf Grund seiner Stellung als GmbH-Gesellschafter

an den stillen Reserven beteiligt sei und durch seine Geschäftsführer-Position Unternehmerinitiative entfalten könne. Der BFH sah die stille Beteiligung eines beherrschenden Gesellschafters, der auch alleiniger Geschäftsführer dieser GmbH war als atypische stille Gesellschaft (Mitunternehmerschaft) an (BFH VIII R 42/90 v. 15.12.92, BStBl. II 94, 702). Der BFH begründete seine Auffassung damit, dass der Gesellschafter/Geschäftsführer, von dem das Stammkapital der GmbH mehrheitlich stammt, durch die stille Beteiligung an ihm so viele Befugnisse und Möglichkeiten zur Entfaltung von Unternehmerinitiative in sich vereinigt, dass seine Stellung als die eines Mitunternehmers gewertet werden muss. Demgegenüber wird jedoch mehrheitlich uE zu Recht die Auffassung vertreten, dass aus der Gesellschafterstellung in der GmbH nicht auf eine mitunternehmerschaftliche Beteiligung des stillen Gesellschafters geschlossen werden könne (s. ausführliche Nachweise bei *Schwedhelm* Die GmbH & Still als Mitunternehmerschaft, Köln 1987 S. 17; *Schmidt/Wacker* § 15 EStG Rz. 356 mwN; *Lienau/Lotz* DStR 91, 618). Nach BFH VIII R 237/80 v. 21.6.83 (BStBl. II 83, 563) kann sich auch ein beherrschender Gesellschafter typisch still an seiner GmbH beteiligen. FG Münster X 7530/82 F v. 25.2.86 (EFG 87, 23) nimmt eine mitunternehmerschaftliche stille Beteiligung des Mehrheitsgesellschafters und alleinigen Geschäftsführers einer GmbH trotz fehlender Beteiligung an Verlust und stillen Reserven an, wenn auf den stillen Gesellschafter nahezu das gesamte Ergebnis des Unternehmens entfällt (im Urteilsfall ca. 97%) und wesentliche stille Reserven im Unternehmen der GmbH nicht entstehen können, weil die Betriebsgrundstücke der GmbH vom Stillen verpachtet wurden. Zur Abgrenzung zwischen typischer und atypischer stiller Gesellschaft, wenn dem stillen Gesellschafter nahezu das gesamte Unternehmensergebnis zukommt vgl. BFH IV R 197/79 v. 28.1.82, BStBl. II 82, 389.

12   Im Grundsatzurteil BFH VIII R 122/86 v. 12.11.90 (FR 91, 236) hat das Gericht entschieden, dass der alleinige Anteilseigner einer Komplementär-GmbH, der zugleich stiller Gesellschafter der GmbH & Co. KG ist und als alleiniger Geschäftsführer der Komplementär-GmbH auch deren Geschäfte führt, selbst dann atypisch stiller Gesellschafter ist, wenn er weder am Verlust noch an den stillen Reserven noch am Geschäftswert der GmbH & Co. KG beteiligt ist. Aus dem Urteil kann uE nicht gefolgert werden, dass auch eine stille Gesellschaft zwischen GmbH und GmbH-Gesellschafter grds. als Mitunternehmerschaft anzusehen ist. Entscheidend war im Urteilsfall, dass die stille Beteiligung an einer GmbH & Co. KG, also an einer Mitunternehmerschaft bestand und dass der Stille als alleiniger Geschäftsführer der Komplementär-GmbH Mitunternehmerinitiative entfalten konnte (vgl. hierzu *Schulze zur Wiesche* GmbHR 91, 533; *Weber* DB 92, 546; *Autenrieth* DStZ 92, 86).

13   Zur **Angemessenheit der Ergebnisverteilung** wird auf die Erläuterungen zu § 9 des Formulars (s. Rz. 27 ff.) verwiesen.

14   UU kann die GmbH & Still Nachteile gem. § 8a KStG vermeiden, die bei der Finanzierung der Gesellschaft eintreten können.

15   *(frei)*

16   Strittig ist, ob bei einer **atypischen stillen Beteiligung** an einer GmbH die GmbH-Anteile des stillen Gesellschafters bei diesem Sonderbetriebsvermögen darstellen mit der Folge, dass Gewinnausschüttungen zu den gewerblichen Einkünften gehören (vgl. die Darstellung des Meinungsstandes bei *Schwedhelm,* Die GmbH & Still als Mitunternehmerschaft, 1987, S. 101 ff. Ebenso ist umstritten, ob bei einem atypischen stillen Gesellschafter, der gleichzeitig Geschäftsführer der GmbH ist, das Geschäftsführergehalt zu den gewerblichen Einkünften zählt (**bejahend:** *Schmidt/Wacker* § 15 EStG Rz. 358 mwN; einschränkend *Döllerer* DStR 85, 295; **verneinend:** *Sudhoff* DB 69, 2069; *Schulze zur Wiesche* DB 76, 408; *ders.* GmbHR 80, 168; *Costede* StuW 83, 308; *Schwedhelm* aaO S. 113). Die FinVerw. nimmt regelmäßig gewerbliche Einkünfte an. Entsprechendes gilt für die Vergütungen für die Überlassung von WG an die GmbH durch den stillen Gesellschafter.

Zum **Zeitpunkt der Verpflichtung zur Aktivierung** s. A. 14.01 Rz. 8. Ist bei 17
Betriebsaufspaltung eine GbR als stille Gesellschafterin an der GmbH beteiligt, so
ist der Gewinnanspruch bereits mit Ablauf des Wj. realisiert, in dem der Gewinn bei
der GmbH erwirtschaftet wurde. Dies gilt allerdings nur dann, wenn beide Gesellschaften von denselben Gesellschaftern beherrscht werden (BFH VIII R 106/87 v.
19.2.91, BStBl. II 91, 569). Ob der Anspruch bereits entstanden oder fällig ist, ist nach
Auffassung des BFH nicht entscheidend, da jedenfalls mit seiner Entstehung sicher zu
rechnen ist.

2. Einzelerläuterungen

Zur Vorbemerkung:

Das Vertragsmuster geht davon aus, dass die stille Gesellschaft unmittelbar nach 18
Gründung der GmbH errichtet wird und dass die Gesellschafter im gleichen Verhältnis
an der GmbH und an der stillen Gesellschaft beteiligt sind. Ist die Beteiligung **atypisch still** ausgestaltet und beschränkt sich die GmbH auf die Verwaltung ihres eigenen Vermögens, so erzielt der stille Gesellschafter dennoch Einkünfte aus Gewerbebetrieb; der Beschluss des GrS des BFH GrS 4/82 v. 25.6.84, BStBl. II 84, 751 ist auf die
GmbH & Still nicht anwendbar (*Bordewin* FR 85, 8998; *Jurkat* GmbHR 85, 62; *Döllerer* DStR 85, 295; *Uelner* StbJb 85/86, 247; **aA** *Schulze zur Wiesche* WPg 85, 65; *Groh*
WPg 84, 655; *Herzig/Kessler* DB 85, 2528; s. iÜ die Übersicht über den Meinungsstand bei *Schwedhelm* aaO S. 95 ff.).

Zu § 1: Einlage der stillen Gesellschafter

Die Regelung, dass bei Teileinzahlung jeder stille Gesellschafter entsprechend seiner 19
Beteiligungsquote zu Teileinzahlungen berechtigt ist, empfiehlt sich im Hinblick auf
§ 9 (Ergebnisverteilung), da nach dieser Bestimmung für die Ergebnisverteilung die bis
zum Ende eines Jahres geleisteten stillen Einlagen maßgebend sind.

Für die steuerliche Anerkennung einer stillen Beteiligung eines GmbH-
Gesellschafters am Unternehmen der GmbH ist erforderlich, dass die Einlage klar und
eindeutig vereinbart ist und die Vereinbarungen tatsächlich durchgeführt werden. Geschäftsbeziehungen, die der stille Gesellschafter als Inhaber einer Einzelfirma bei deren
Einbringung in eine von ihm gegründete GmbH zurückbehalten hat, kommen als stille Einlage nicht in Betracht (BFH I R 92/84 v. 25.5.88, BFH/NV 89, 258).

Zu § 2: Rechtsnatur der stillen Gesellschaft

Zu den Gestaltungsmöglichkeiten bei mehreren stillen Gesellschaftern (einheitliche 20
stille Gesellschaft bzw. aufgespaltete stille Gesellschaften) s. A. 14.00 Rz. 4.

Zu § 3: Dauer der Gesellschaft, Geschäftsjahr

Da die GmbH als solche erst mit Eintragung in das Handelsregister entsteht, kann 21
die stille Beteiligung an der GmbH erst zu diesem Zeitpunkt beginnen. Wird die
GmbH jedoch bereits vor Eintragung tätig, so kann auch vereinbart werden, dass die
stille Gesellschaft sofort beginnt; es handelt sich dann um eine stille Beteiligung an der
Vorgesellschaft.

Zum Geschäftsjahr s. A. 14.00 Rz. 27.

Zu § 4: Geschäftsführung

Die Bestimmung entspricht der gesetzlichen Regelung, wonach der stille Gesell- 22
schafter von der Geschäftsführung ausgeschlossen und auch nicht zum Widerspruch
gegen einzelne Geschäftsführungsmaßnahmen berechtigt ist. Um den Charakter als typische stille Gesellschaft nicht zu gefährden, empfiehlt es sich, dem stillen Gesellschafter keine weitergehenden Rechte einzuräumen, zumal er gleichzeitig die Rechte eines
GmbH-Gesellschafters hat (s. iÜ A. 14.00 Rz. 28).

Zu § 5: Informations- und Kontrollrechte

23 Die Einschränkung auf die Informations- und Kontrollrechte gem. § 233 HGB entspricht dem Charakter der typischen stillen Gesellschaft. Weitergehende Rechte sind nicht erforderlich, da der Stille gleichzeitig die Rechte eines GmbH-Gesellschafters hat (s. iÜ A. 14.00 Rz. 30).

Zu § 6: Jahresabschluss

24 Die stille Gesellschaft selbst ist nicht bilanzierungspflichtig, weil sie nicht Kaufmann iSv. § 238 iVm. §§ 1 ff. HGB ist. Die Inhaberin erteilt dem Stillen daher nur eine interne Abrechnung (vgl. iÜ A. 14.00 Rz. 32 f.).

Zu § 7: Gesellschafterkonten

25 Das Formular sieht vor, dass dem Stillen Verluste auch über die Einlage hinaus zugerechnet werden, diese allerdings nur mit künftigen Gewinnen auszugleichen sind. Da solche die Einlage übersteigenden Verluste wegen § 15a EStG nicht ausgleichsfähig sind und zunächst mit den späteren Gewinnen verrechnet werden, können die späteren Gewinne in voller Höhe zum Verlustausgleich verwendet werden; Entnahmen für Steuerzahlungen sind nicht erforderlich. S. iÜ die Erläuterungen zur typischen stillen Gesellschaft, A. 14.00 Rz. 34 f. Ist der stille Gesellschafter eine Kapitalgesellschaft, sind die Verluste nur noch eingeschränkt verrechenbar, vgl. Rz. 10.

Zu § 8: Maßgebender Ertrag

26 Zu den Gestaltungsmöglichkeiten, sowohl die Handelsbilanz als auch die Steuerbilanz zur Grundlage der Ertragsbeteiligung des stillen Gesellschafters zu machen s. die Erläuterungen zur typischen stillen Gesellschaft A. 14.00 Rz. 39 f. Eine Korrektur des zugrunde liegenden Steuerbilanzergebnisses ist nicht erforderlich, da die stillen Gesellschafter über ihre GmbH-Beteiligung im gleichen Verhältnis an der Inhaberin beteiligt sind.

Ist im Gesellschaftsvertrag nicht bestimmt, ob das Ergebnis lt. Steuerbilanz vor oder nach Abzug der KSt maßgebend ist, so ist dies durch Auslegung zu ermitteln, wobei der ständigen Übung der Vertragsparteien eine entscheidende Bedeutung zukommt. Zur Klarstellung empfiehlt sich daher eine entsprechende Regelung im Vertrag.

Zu § 9: Ergebnisverteilung

27 Das Vertragsmuster geht für die Ergebnisbeteiligung von einer Gleichwertigkeit der GmbH einerseits und der stillen Beteiligungen andererseits aus. Dies entspricht der Zielsetzung, zum einen evtl. anfängliche Verluste möglichst unmittelbar bei den Gesellschaftern entstehen zu lassen und zum anderen spätere Gewinne gleichfalls so weit als möglich unmittelbar den Gesellschaftern zuzurechnen.

28 Zur **Angemessenheit der Gewinnverteilung** bei einer GmbH & Still hat BFH I R 50/76 v. 6.2.80, BStBl. II 80, 477, bestätigt durch BFH I R 78/79 v. 16.7.86, BFH/NV 87, 326) grundlegend Stellung genommen. Danach hängt die Angemessenheit der Gewinnanteile der stillen Gesellschafter ua. von den erbrachten Kapitalleistungen und deren Verzinsung, den eingegangenen Risiken, dem Arbeitseinsatz und den Ertragsaussichten des Unternehmens sowie uU von der Dringlichkeit des Kapitalbedarfs und der wirtschaftlichen Bedeutung der Kapitalzuführung ab. Die Anwendung der Grundsätze zur Prüfung der Angemessenheit der Gewinnverteilung bei Familien-Personen-Gesellschaften lehnt der BFH für die GmbH & Still ausdrücklich ab (BFH I R 50/76 v. 6.2.80, BStBl. II 80, 477, 479). Aus dem Urteil ergibt sich iE Folgendes:

29 Eine **gesonderte Vergütung für den Arbeitseinsatz** ist nicht erforderlich, wenn die Tätigkeit der Gesellschafter/Geschäftsführer angemessen vergütet wird, da diese Tätigkeit gleichzeitig für die stille Gesellschaft erbracht wird und besondere Arbeiten für die stille Gesellschaft durch die Inhaberin nicht ersichtlich sind (BFH I R 50/76

v. 6.2.80, BStBl. II 80, 477, 479). Eine Regelung der **Verzinsung** des eingesetzten Kapitals enthält der Vertrag weder für die GmbH noch für die stillen Beteiligungen. Bei einer solchen Gestaltung ist der Verzinsungsgedanke grds. auch bei der Verteilung des Gewinns zu berücksichtigen, wobei bei der hier vorgesehenen Gewinnverteilung entspr. dem eingesetzten Kapital von Inhaberin einerseits und stillen Gesellschaftern andererseits dies automatisch der Fall ist.

Hinsichtlich des **Verlustrisikos** weist der BFH zu Recht darauf hin, dass darunter nicht nur das Risiko des Kapitalverlustes zu verstehen ist, sondern auch „das Risiko, in dem einen oder dem anderen Jahr keinen Gewinnanteil zu erhalten (Ertragsausfallrisiko)". Im Urteilsfall hat der BFH das Ertragsausfallrisiko und das Kapitalverlustrisiko als für Inhaberin und stille Gesellschafter gleichwertig erachtet. Für eine Gleichwertigkeit des Verlustrisikos spricht im Formular insbesondere die Bestimmung über die Verlusttragung auch über die Einlage hinaus (s. Rz. 36 f.). **30**

(frei) **31**

Kapitaleinsatz: Die Angemessenheit der Gewinnverteilung wird bei stillen Gesell- **32** schaften im Wesentlichen von dem Verhältnis zwischen dem Wert der stillen Einlagen einerseits und dem Wert der „Beteiligung" der GmbH andererseits beeinflusst. Bei der erforderlichen Bewertung der stillen Einlagen einerseits und des Unternehmens der GmbH andererseits sind die Bareinlagen der stillen Gesellschafter mit dem Nominalwert anzusetzen, während auf der anderen Seite der wirkliche Wert des Gesamtunternehmens der GmbH maßgeblich ist. Hierbei hat der BFH im Urteilsfall den Geschäftswert in Anlehnung an die sog. indirekte Methode ermittelt und dementsprechend einen vorsichtig zu schätzenden nachhaltig erzielbaren Jahresgewinn zugrunde gelegt.

Maßgebend sind nach Auffassung des BFH die Wertverhältnisse der GmbH, wie sie **33** sich im Zeitpunkt des Abschlusses der stillen Gesellschaftsverträge darstellen. Werden GmbH und stille Beteiligungen gleichzeitig begründet und beginnen gemeinsam den Geschäftsbetrieb, so entspricht uE der Wert des Unternehmens der GmbH dem Eigenkapital; ein darüber hinausgehender Geschäftswert kann nicht angesetzt werden. Deshalb ist es vertretbar, bei gleichzeitiger Gründung von GmbH und stiller Gesellschaft die Ergebnisverteilung nach eingezahltem Eigenkapital einerseits und erbrachten stillen Einlagen andererseits festzulegen.

Die **Dringlichkeit des Kapitalbedarfes** ist insofern von Bedeutung, als ein or- **34** dentlicher und gewissenhafter Geschäftsführer für eine stille Einlage, die nicht benötigt wird, keine Gewinnbeteiligung einräumen wird.

Verlustbeteiligung: Gem. § 232 Abs. 2 HGB nimmt der stille Gesellschafter am **35** Verlust nur bis zum Betrag seiner eingezahlten oder rückständigen Einlage teil. Abweichend hiervon ist im Formular bestimmt, dass Verluste dem Stillen auch über den Betrag seiner Einlage hinaus zugerechnet werden, dass allerdings solche Verluste nur mit künftigen Gewinnanteilen auszugleichen sind; eine Nachschusspflicht ist ausdrücklich ausgeschlossen. Eine solche Nachschusspflicht könnte zwar vereinbart werden, würde jedoch ein starkes Indiz für das Vorliegen einer Mitunternehmerschaft darstellen (*Schwedhelm* aaO S. 77).

Die Vereinbarung einer Verlustbeteiligung über den Betrag der Einlage hinaus stellt **36** stille Gesellschafter und Inhaberin im Hinblick auf das Ertragsausfallrisiko weitestgehend gleich und rechtfertigt damit eine Gleichbehandlung bei der Ergebnisverteilung von Inhaberin einerseits und stillen Gesellschaftern andererseits (s. Rz. 27).

Das für die steuerliche Anerkennung der stillen Beteiligung eines GmbH-Gesell- **37** schafters am Unternehmen der GmbH erforderliche Merkmal der klaren und eindeutigen Vereinbarung und der tatsächlichen Durchführung erfordert, dass von vornherein eindeutig ist, nach welcher Bemessungsgrundlage die Vergütung errechnet werden soll. Die Vereinbarung eines „angemessenen Anteils am Gewinn, der 100% der Einlage nicht übersteigen dürfe" genügt nicht (BFH I R 96/85 v. 26.4.89, BFH/NV 90, 63).

Zu § 10: Entnahmen

38   Gem. § 232 HGB ist der stille Gesellschafter zur Entnahme des vollen auf ihn entfallenden Gewinnanteils berechtigt. Die Vertragsbestimmung, dass in den ersten fünf Jahren 20% des Gewinnanteils zur Erhöhung der stillen Einlage zu verwenden sind, dient der Kapitalstärkung des Unternehmens in den Aufbaujahren.

Zu § 11: Änderung der Kapitalverhältnisse

39   Die Bestimmung soll es dem stillen Gesellschafter ermöglichen, auch nach einer Änderung des Stammkapitals durch Anpassung seiner stillen Einlage im gleichen Verhältnis wie zuvor beteiligt zu bleiben.

Zu § 12: Abtretung und Belastung von Anteilen

40   Zum Zustimmungserfordernis s. A. 14.00 Rz. 69. Zu den steuerlichen Auswirkungen einer Abtretung der stillen Beteiligung s. A. 14.00 Rz. 70 f.

Zu § 13: Tod des stillen Gesellschafters

41   Auch durch diese Bestimmung soll sichergestellt werden, dass die Beteiligungen an der GmbH und an der stillen Gesellschaft identisch bleiben. Zu den steuerlichen Auswirkungen bei Vererbung einer stillen Beteiligung s. iÜ A. 14.00 Rz. 74.

Zu § 14: Kündigung

42   Nach dem Vertragsmuster kann ab einem bestimmten Zeitraum die stille Gesellschaft von beiden Parteien gekündigt werden. Denkbar ist auch eine Regelung, wonach die Kündigung der stillen Beteiligung für die Dauer der Zugehörigkeit des stillen Gesellschafters zur Inhaber-GmbH ausgeschlossen ist. Die Bestimmung, dass die Inhaberin eine ordentliche Kündigung nur gleichmäßig gegenüber allen stillen Gesellschaftern aussprechen kann, ist im Interesse der Gleichbehandlung der Gesellschafter erforderlich. S. iÜ A. 14.00 Rz. 75 f.

Zu § 15: Auseinandersetzungsguthaben

43   Zu den gesellschaftsrechtlichen und steuerlichen Auswirkungen wird auf A. 14.00 Rz. 78 ff. verwiesen.

A. 14.03 Vertrag über die Errichtung einer atypisch stillen Gesellschaft mit einer GmbH (GmbH & atypisch Still)

Gliederung

I. FORMULAR

Formular A. 14.03 Vertrag über die Errichtung einer atypisch stillen Gesellschaft mit einer GmbH (GmbH & atypisch Still)

Vertrag

zwischen

Firma Z-GmbH mit dem Sitz in ......

vertreten durch den einzelvertretungsberechtigten, von den Beschränkungen des § 181 BGB befreiten Geschäftsführer Herrn A, wohnhaft in ......

– nachfolgend „Inhaberin" genannt –

und

1. Herrn A, wohnhaft in ......

2. Herrn B, wohnhaft in ......

– nachfolgend „stille oder atypische stille Gesellschafter" genannt –

Vorbemerkungen

Die Inhaberin betreibt in ...... ein Handelsgewerbe

Gegenstand des Unternehmers ist ...... A und B sind an dem € 100.000,– betragenden Stammkapital der am heutigen Tage gegründeten Z-GmbH wie folgt beteiligt:

A mit einem Geschäftsanteil von € 60.000,– (= 60 %)

B mit einem Geschäftsanteil von € 40.000,– (= 40 %).

Sie beabsichtigen, sich zur Stärkung des Unternehmenskapitals als stille Gesellschafter iSd. §§ 230 ff. HGB am Handelsgewerbe der Inhaberin zu beteiligen. Zu diesem Zweck vereinbaren die Parteien was folgt:

§ 1 Einlagen der stillen Gesellschafter

(1) Die stillen Gesellschafter erbringen folgende Bareinlagen:

A: € 60.000,–

B: € 40.000,–

(2) Die Einlagen sind bis spätestens ...... fällig.

§ 2 Rechtsnatur der stillen Gesellschaft

Mit Unterzeichnung dieses Vertrages entsteht eine einheitliche atypische stille Gesellschaft mit zwei atypischen stillen Gesellschaftern. Die Rechtsbeziehungen zwischen den Gesellschaftern sind in diesem Vertrag abschließend geregelt.

§ 3 Dauer der Gesellschaft, Geschäftsjahr

(1) Die Gesellschaft beginnt mit der Eintragung der Inhaberin in das Handelsregister, sie wird auf unbestimmte Dauer abgeschlossen.

(2) Das Geschäftsjahr entspricht dem der Inhaberin.

§ 4 Geschäftsführung

(1) Die Geschäftsführung der atypischen stillen Gesellschaft obliegt ausschließlich der Inhaberin.

(2) Die Inhaberin darf jedoch folgende Maßnahmen nur mit Zustimmung der stillen Gesellschafter vornehmen:

a) Aufnahme weiterer stiller Gesellschafter;

b) Erwerb von oder Beteiligung an anderen Unternehmen sowie deren Veräußerung;

c) Veräußerung oder Verpachtung des Unternehmens oder eines Teiles des Unternehmens;

d) Errichtung von Zweigniederlassungen;

e) Abschluss, Änderung oder Aufhebung von Gewinn- oder Verlustübernahmeverträgen sowie weiterer stiller Gesellschaftsverträge;

f) Abschluss und Kündigung von Dauerschuldverhältnissen einschließlich Dienstverträgen, durch die die Gesellschaft jährlich mit mehr als € ...... belastet wird bzw. ist;

g) Investitionen über einen Betrag von mehr als € ......;

h) Erwerb, Veräußerung und Belastung von Grundstücken und grundstücksgleichen Rechten;

i) Rechtsgeschäfte zwischen der Inhaberin und Gesellschaften der Inhaberin sowie deren Angehörigen, die über den Betrag von € ...... bzw. bei Dauerschuldverhältnissen von € ...... p. a. hinausgehen;

j) vollständige oder teilweise Einstellung des Handelsbetriebs der Inhaberin.

(3) Beabsichtigt die Inhaberin die Vornahme einer der in Abs. 2 genannten Maßnahmen, so hat sie dies den stillen Gesellschaftern mitzuteilen und sie zur Erteilung ihrer Zustimmung aufzufordern.

Die stillen Gesellschafter sind verpflichtet, unverzüglich Stellung zu nehmen. Die stillen Gesellschafter sind berechtigt, Einsicht in alle den genehmigungsbedürftigen Geschäften zugrunde liegenden Unterlagen zu nehmen. Liegt eine Stellungnahme der stillen Gesellschafter nicht innerhalb von vier Wochen seit Übersendung der Aufforderung vor, so gilt dies als Zustimmung; auf diese Rechtsfolge ist in der Aufforderung zur Abgabe einer Stellungnahme ausdrücklich hinzuweisen.

§ 5 Stellung der stillen Gesellschafter

(1) Die stillen Gesellschafter sind am Ergebnis, Vermögen und an den stillen Reserven der Gesellschaft beteiligt. Die Beteiligungsquote bemisst sich nach § 10.

(2) Das Vermögen der Gesellschaft wird unbeschadet der Tatsache, dass rechtlich kein Gesamthandsvermögen besteht, im Innenverhältnis wie gemeinschaftliches Vermögen behandelt. Insbesondere erstreckt sich die Beteiligung der stillen Gesellschafter auch auf den Vermögenszuwachs und die stillen und offenen Reserven der Gesellschaft.

§ 6 Informations- und Kontrollrechte

(1) Den stillen Gesellschaftern stehen die gesetzlichen Informations- und Kontrollrechte des § 233 HGB sowie die Rechte gemäß § 716 BGB zu. Dies gilt auch nach Beendigung der Gesellschaft in dem zur Überprüfung des Auseinandersetzungsguthabens erforderlichen Umfang.

(2) Jeder stille Gesellschafter kann seine Informations- und Kontrollrechte durch einen Rechtsanwalt, Steuerberater oder Wirtschaftsprüfer wahrnehmen lassen.

(3) Die stillen Gesellschafter haben über alle ihnen bekannt gewordenen Angelegenheiten der Gesellschaft Stillschweigen zu bewahren.

§ 7 Jahresabschluss

(1) Die Inhaberin ist auf Grund handelsrechtlicher und steuerrechtlicher Vorschriften verpflichtet, Bücher zu führen und jährliche Jahresabschlüsse zu erstellen. Die Gesellschaft hat diese Pflichten auch im Interesse der stillen Gesellschafter zu erfüllen.

(2) Der Jahresabschluss (Bilanz, Gewinn- und Verlustrechnung) ist innerhalb der gesetzlichen Fristen nach Ablauf des Geschäftsjahres von der Inhaberin zu erstellen.

(3) Der Jahresabschluss muss den handelsrechtlichen Grundsätzen ordnungsmäßiger Buchführung und Bilanzierung entsprechen. Weiterhin sind die Vorschriften über die steuerliche Gewinnermittlung maßgebend.

(4) Jedem stillen Gesellschafter ist eine Abschrift des Jahresabschlusses zuzusenden. Einwendungen gegen den Jahresabschluss hat der stille Gesellschafter spätestens einen Monat nach Zugang des Jahresabschlusses schriftlich geltend zu machen. Nach Ablauf dieser Frist gilt der Jahresabschluss als genehmigt.

§ 8 Gesellschafterkonten

(1) Die Einlage jedes stillen Gesellschafters wird auf einem Einlagekonto verbucht.

(2) Verlustanteile werden auf einem Verlustkonto gebucht. Solange dieses Konto eines stillen Gesellschafters Verlustanteile aufweist, werden die Gewinnanteile ausschließlich diesem Verlustkonto gutgeschrieben.

(3) Alle sonstigen die stillen Gesellschafter betreffenden Buchungen, insbesondere Gewinngutschriften – soweit sie nicht dem Verlustkonto gutgeschrieben werden müssen – und Auszahlungen erfolgen über ein Privatkonto.

§ 9 Maßgebender Ertrag

(1) Der Ergebnisbeteiligung der stillen Gesellschafter wird der im steuerlichen Jahresabschluss ausgewiesene Ertrag vor Berücksichtigung des Gewinn- und Verlustanteils der stillen Gesellschafter und vor Abzug der Körperschaftsteuer der Inhaberin zugrunde gelegt.

(2) Wird der Jahresabschluss der Inhaberin (zB auf Grund einer Betriebsprüfung) bestandskräftig geändert, so ist diese Änderung auch bei der Ergebnisbeteiligung der stillen Gesellschafter zu berücksichtigen; Ausgleichszahlungen erfolgen innerhalb von vier Wochen nach bestandskräftiger Änderung des Jahresabschlusses.

§ 10 Ergebnisbeteiligung

(1) An einem gemäß § 9 ermittelten Gewinn nimmt jeder stille Gesellschafter entsprechend dem Verhältnis seiner stillen Einlage zum Stammkapital der Inhaberin zzgl. aller stillen Einlagen teil. Maßgebend sind die bis zum Beginn des Jahres, dessen Ergebnis zu verteilen ist, geleisteten stillen Einlagen.

(2) Am Verlust nimmt der stille Gesellschafter entsprechend dem in Abs. 1 beschriebenen Verhältnis teil. Verluste sind dem Stillen auch insoweit zuzurechnen, als die Verluste den Betrag seiner Einlage übersteigen. Solche den Betrag der Einlage übersteigenden Verlustanteile sind jedoch nur mit künftigen Gewinnanteilen auszugleichen. Eine Nachschusspflicht des stillen Gesellschafters entsteht dadurch nicht.

§ 11 Entnahmen

(1) Jeder stille Gesellschafter ist berechtigt, den seinem Privatkonto gutgeschriebenen Gewinnanteil zu entnehmen.

(2) Auszahlungen auf den Gewinnanteil sind innerhalb von vier Wochen nach Feststellung der Bilanz vorzunehmen. Die Inhaberin kann die Auszahlung des Gewinnanteils ganz oder teilweise verweigern, soweit dies die Liquiditätslage gebietet.

§ 12 Änderung des Stammkapitals

Ändert sich das Stammkapital der Inhaberin, so ist die Ergebnisverteilung entsprechend der Änderung des Stammkapitals gegenüber dem Wert, der dem Stammkapital zur Ermittlung der Beteiligungsquoten gemäß § 10 Abs. 1 zugemessen wurde, zu ändern, jedoch ist jeder stille Gesellschafter berechtigt, seine Einlage in dem Verhältnis zu ändern, in dem sich das Stammkapital der Gesellschaft der Inhaberin gegenüber dem Wert, der seiner Einlage bei Begründung der stillen Gesellschaft für die Ergebnisbeteiligung zugemessen wurde, geändert hat.

§ 13 Abtretung und Belastung von Anteilen

(1) Abtretung, Veräußerung und Verpfändung des stillen Gesellschaftsanteils sowie Vereinbarung einer Unterbeteiligung, Einräumung von Treuhandverhältnissen und Nießbrauchsbestellung bedürfen der vorherigen schriftlichen Zustimmung der Inhaberin. Die Zustimmung darf nur aus wichtigen Gründen versagt werden. Die Verfügung kann nur einheitlich für die gesamte stille Beteiligung erfolgen.

(2) Entsprechendes gilt für die Abtretung und Verpfändung von Gewinnansprüchen und Guthaben.

§ 14 Tod eines stillen Gesellschafters

(1) Im Falle des Todes eines stillen Gesellschafters treten seine Erben in seine Rechtstellung ein. Die Erben haben ihr Erbrecht auf Verlangen der Gesellschaft durch Vorlage eines Erbscheins nachzuweisen. Mehrere Erben haben sich gegenüber der Gesellschaft durch einen gemeinsamen Bevollmächtigten vertreten zu lassen. Der Bevollmächtigte hat der Gesellschaft seine Vertretungsbefugnis auf Verlangen durch notariell beglaubigte Vollmacht nachzuweisen. Bis zum Nachweis der Bevollmächtigung im Falle des Satzes 2 bis zur Vorlage des Erbscheins ruhen die Rechte der Erben aus diesem Vertrag mit Ausnahme des Gewinnbezugsrechts.

(2) Die Auseinandersetzung über den Nachlass des verstorbenen stillen Gesellschafters hat so zu erfolgen, dass dieselben Personen im gleichen Verhältnis Inhaber des Geschäftsanteils und der stillen Beteiligung sind.

§ 15 Kündigung

(1) Die stille Gesellschaft kann mit einer Frist von sechs Monaten zum Ablauf eines Geschäftsjahres gekündigt werden, erstmals jedoch zum .... Eine teilweise Kündigung ist zulässig. Seitens der Inhaberin kann eine ordentliche Kündigung nur gleichmäßig gegenüber allen stillen Gesellschaftern ausgesprochen werden.

(2) Das Recht zur Kündigung aus wichtigem Grund bleibt unberührt; als wichtiger Grund gilt neben den in § 234 HGB iVm. § 723 BGB genannten Gründen insbesondere auch:

a) Die Liquidation der Inhaberin;

b) die Eröffnung des Insolvenzverfahrens über das Vermögen eines stillen Gesellschafters;

c) Zwangsvollstreckungsmaßnahmen in Gesellschaftsrechte eines stillen Gesellschafters, wenn diese Maßnahmen nicht innerhalb von drei Monaten wieder aufgehoben werden.

§ 16 Auseinandersetzungsguthaben

(1) Bei Beendigung der stillen Gesellschaft hat jeder stille Gesellschafter Anspruch auf ein Auseinandersetzungsguthaben, das auf den Tag der Beendigung festzustellen ist.

(2) Der Auseinandersetzungsanspruch setzt sich zusammen aus:

a) Dem Saldo des unter Berücksichtigung von § 9 ermittelten Einlage-, Privat- und Verlustkontos;

b) dem seiner Beteiligungsquote entsprechenden Anteil des stillen Gesellschafters an den stillen Reserven der Inhaberin (Abs. 4).

Ergibt sich ein negativer Betrag, so ist dieser nur bis zur Höhe eines negativen Privatkontos vom stillen Gesellschafter auszugleichen.

(3) Fällt der Tag der Beendigung nicht auf einen Bilanzstichtag, ist zur Ermittlung der Kontenstände das Ergebnis des laufenden Geschäftsjahres zeitanteilig aufzuteilen.

(4) Zur Ermittlung der stillen Reserven (Abs. 2b) sind sämtliche Vermögensgegenstände der Gesellschaft mit ihren Verkehrswerten anzusetzen; ein selbst geschaffener Firmenwert ist zu berücksichtigen. Kommt eine Einigung über die Verkehrswerte nicht zustande, so entscheidet ein von der zuständigen Industrie- und Handelskammer einzusetzender Schiedsgutachter verbindlich für beide Parteien.

(5) § 9 Abs. 2 gilt entsprechend. Das Abfindungsguthaben ist unter Berücksichtigung der neuen Bescheide zu berichtigen.

(6) Endet die stille Beteiligung bei Liquidation der Inhaberin, so ist für die Ermittlung der stillen Reserven der Liquidationserlös maßgebend.

(7) Die Auszahlung des Auseinandersetzungsguthabens erfolgt – außer im Falle der Liquidation – in ...... gleichen Vierteljahresraten, von denen die Erste drei Monate nach der Beendigung der stillen Gesellschaft fällig wird. Solange die Höhe des Auseinandersetzungsguthabens noch nicht feststeht, ist die Höhe der Raten zu schätzen; der Ausgleich erfolgt bei der Ersten nach Feststellung des Auseinandersetzungsguthabens fälligen Rate. Die Auszahlung des Auseinandersetzungsguthabens ist angemessen zu strecken, wenn die Zahlung nach Satz 1 unter Berücksichtigung der Vermögens- und Liquiditätslage der Inhaberin nicht zu vertreten ist. Bei Beendigung der stillen Gesellschaft wegen Liquidation der Inhaberin ist das Auseinandersetzungsguthaben innerhalb von ...... Monaten nach seiner Feststellung fällig.

(8) Das Auseinandersetzungsguthaben ist in seiner jeweiligen Höhe mit ......% p.a. zu verzinsen. Die Zinsen werden mit der letzten Rate fällig.

§ 17 Schriftform, Salvatorische Klausel

(1) Änderungen und Ergänzungen dieses Vertrages bedürfen zu ihrer Wirksamkeit der Schriftform. Mündliche Nebenabreden bestehen nicht.

(2) Sollten sich einzelne Bestimmungen des Gesellschaftsvertrages als ungültig erweisen, so wird dadurch die Gültigkeit des Vertrages im Übrigen nicht berührt. In einem solchen Fall sind die Gesellschafter verpflichtet, durch Beschluss die ungültige Bestimmung durch diejenige gesetzlich zulässige zu ersetzen, die den Zweck der ungültigen Bestimmung, insbesondere das, was die Vertragspartner gewollt haben, in der weitestgehend möglichen Annäherung erreicht. Entsprechendes gilt, wenn sich bei Durchführung des Vertrages eine ergänzungsbedürftige Lücke ergeben sollte.

(3) Gerichtsstand für sämtliche Streitigkeiten aus diesem Vertrag ist ......, soweit dies zulässig vereinbart werden kann.

II. ERLÄUTERUNGEN

Erläuterungen zu A. 14.03 Vertrag über die Errichtung einer atypisch stillen Gesellschaft mit einer GmbH (GmbH & atypisch Still)

1. Grundsätzliche Anmerkungen

a) Wirtschaftliche Funktion

Ebenso wie die typische stille Beteiligung an einer GmbH wird auch die atypische **1** stille Beteiligung an einer GmbH oftmals als **Finanzierungsinstrument** für die GmbH genutzt. Gegenüber der typischen stillen Gesellschaft besteht ein meist gravierender Nachteil darin, dass die Tätigkeitsvergütungen an den Gesellschafter-Geschäftsführer der GmbH, der gleichzeitig atypischer stiller Gesellschafter ist, der GewSt unterliegen. Bei niedrigen Gewerbesteuerhebesätzen kann die Gesamtsteuerbelastung unter Einbeziehung der GewSt wegen der Steuerermäßigung gem. § 35 Abs. 1 EStG auch abnehmen. Hierbei ist zu erwähnen, dass der BFH auch eine stille Beteiligung eines beherrschenden Gesellschafters einer GmbH, der gleichzeitig alleiniger Geschäftsführer dieser GmbH ist, als atypische stille Gesellschaft (Mitunternehmerschaft) ansieht (BFH VIII R 42/90 v. 15.2.92, BStBl. II 94, 702; einschränkend *Schmidt/ Wacker* § 15 EStG Rz. 355 mwN).

2   Die Rechtsform der atypischen stillen Beteiligung von GmbH-Gesellschaftern bietet gegenüber der reinen GmbH folgende **Vorteile:**
  – Verlustanteile, die auf den stillen Gesellschafter entfallen, können mit sonstigen positiven Einkünften im Rahmen von § 2 Abs. 3 EStG ausgeglichen werden (gegenüber dem Verlustvortrag in der reinen GmbH). Ist der stille Gesellschafter wiederum eine Kapitalgesellschaft, besteht nur noch eine beschränkte Verlustverrechnung, vgl. A. 14.02 Rz. 10;
  – die stille Einlage kann jederzeit ganz oder vollständig zurückgezahlt werden (ohne Verfahren der Kapitalherabsetzung gemäß §§ 58 ff. GmbHG);
  – der stille Gesellschafter haftet gegenüber Gläubigern des Unternehmens auch dann nicht unmittelbar, wenn seine Einlage ganz oder teilweise zurückgezahlt wird.
     Die Eintragung des stillen Gesellschafters in das Handelsregister entfällt; die atypische stille Gesellschaft mit einer GmbH ist somit eine Alternative zur GmbH (vgl. hierzu die Vorteile der typischen stillen Gesellschaft zur GmbH, A. 14.02 Rz. 3).

b) Gesellschaftsrecht

3   Die GmbH & atypisch Still ist gesellschaftsrechtlich eine **Innengesellschaft,** bei der die GmbH das Handelsgewerbe im Sinne des § 230 HGB betreibt. Als stille Gesellschafter kommen dritte Personen, die an der GmbH nicht beteiligt sind, sowie die Gesellschafter der GmbH in Betracht. Gegenüber der GmbH & Co. KG bietet die GmbH atypisch Still den Vorteil der einfacheren Gründung, da keine Anmeldung der Gesellschaft zum Handelsregister erforderlich ist. Mangels Eintragung der stillen Gesellschaft und des stillen Gesellschafters in das Handelsregister kann eine vollständige Anonymität des stillen Gesellschafters gewahrt werden. Eine Firma des stillen Gesellschafters besteht nicht, es bleibt auch bei der Firmenbezeichnung der GmbH.

4   Auch **haftungsrechtlich** ist die Position des stillen Gesellschafters günstiger als die des Kommanditisten, da er den Gesellschaftsgläubigern nicht unmittelbar haftet, auch dann nicht, wenn seine Einlage ganz oder teilweise zurückgezahlt ist.
     Im Übrigen wird auf die Erläuterungen zur typischen stillen Gesellschaft (GmbH & Still) verwiesen (A. 14.02 Rz. 6 ff.).

c) Steuerrecht

5   Die atypische stille Gesellschaft ist eine **Mitunternehmerschaft.** Der stille Gesellschafter bezieht Einkünfte iSd. § 15 Abs. 1 Satz 1 Nr. 2 EStG. Der atypische stille Gesellschafter ist Mitunternehmer mit entsprechenden Folgen auch für die Sondervergütungen iSd. § 15 Abs. 1 Satz 1 Nr. 2 EStG (BFH VIII R 364/83 v. 12.11.85, BStBl. II 86, 311).
     Die Beteiligung an den stillen Reserven und am Geschäftswert bei Beendigung der Gesellschaft ist Regelvoraussetzung für die atypische stille Gesellschaft, denn nur dann wird der Gewerbebetrieb im Innenverhältnis auf gemeinsame Rechnung und Gefahr geführt (BFH VIII R 364/83 v. 12.11.85, aaO). Allerdings kann sich eine stark ausgeprägte Mitunternehmerinitiative auch aus der Stellung des stillen Gesellschafters als Geschäftsführer der GmbH ergeben. Das Mitunternehmerrisiko setzt einen Gesellschafterbeitrag voraus, durch den das Vermögen des stillen Gesellschafters belastet werden kann (vgl. BFH IV R 41/14 v. 13.7.17, DStR 17, 2104).
     Der Anteil des atypisch stillen Gesellschafters an der GmbH gehört zu seinem Sonderbetriebsvermögen II (vgl. *Schulze zur Wiesche* GmbHR 99, 902).

Die atypisch stille Gesellschaft ist nicht Subjekt der GewSt. Steuerschuldner ist nur der Inhaber; der atypisch stille Gesellschafter kann nicht als Steuerschuldner in Anspruch genommen werden. Ein Gewerbesteuermessbescheid muss sich deshalb gegen den Geschäftsinhaber richten (vgl. mwN A. 14.01 Rz. 7). Für den Erlass der Gewerbesteuermessbescheide gegenüber der GmbH als Geschäftsinhaber ist das Betriebsfinanzamt und nicht das Körperschaftsteuerfinanzamt sachlich zuständig (BFH VIII R 42/90 v. 15.12.92, BStBl. II 94, 702). Zur Unternehmeridentität vgl. BFH IV R 38/09 v. 11.10.12, BFH/NV 13, 619. Nach OFD Frankfurt v. 30.1.13, DB 13, 610 kann eine GmbH & atypisch stille Gesellschaft weder Organgesellschaft noch Organträger sein; so auch BMF v. 20.8.15, BStBl. I 15, 649.

d) Abgrenzung typische – atypische stille Beteiligung

Zur Abgrenzung wird auf A. 14.02 Rz. 11 ff. verwiesen.   **6**

2. Einzelerläuterungen

Zur Vorbemerkung:

Das Formular geht davon aus, dass die stille Gesellschaft unmittelbar nach Gründung der GmbH errichtet wird und dass die Gesellschafter im gleichen Verhältnis an der GmbH und an der stillen Gesellschaft beteiligt sind.   **7**

Zu § 1: Einlage der stillen Gesellschafter

Für die steuerliche Anerkennung einer stillen Beteiligung eines GmbH-Gesellschafters am Unternehmen der GmbH ist erforderlich, dass die Einlage klar und eindeutig vereinbart ist und die Vereinbarungen tatsächlich durchgeführt werden.   **8**

Zu § 2: Rechtsnatur der stillen Gesellschaft

Zu den Gestaltungsmöglichkeiten bei mehreren stillen Gesellschaften (einheitliche stille Gesellschaft bzw. aufgespaltete stille Gesellschaften) s. A. 14.00 Rz. 4.   **9**

Zu § 3: Dauer der Gesellschaft, Geschäftsjahr

Da die GmbH als solche erst mit der Eintragung in das Handelsregister entsteht, kann die stille Beteiligung an der GmbH erst zu diesem Zeitpunkt beginnen. Wird die GmbH jedoch bereits vor Eintragung tätig, so kann auch vereinbart werden, dass die stille Gesellschaft sofort beginnt, es handelt sich dann um eine stille Beteiligung an der Vorgesellschaft.   **10**

Für die stille Gesellschaft als solche wird ein Jahresabschluss nicht erstellt, daher empfiehlt es sich, das Geschäftsjahr dem der Inhaberin anzupassen.

Zu § 4: Geschäftsführung

Die Bestimmung entspricht der gesetzlichen Regelung, wonach der stille Gesellschafter von der Geschäftsführung ausgeschlossen und auch nicht zum Widerspruch gegen einzelne Geschäftsführungsmaßnahmen berechtigt ist. Weitergehende Rechte können dem atypischen stillen Gesellschafter als Mitunternehmer eingeräumt werden.   **11**

Zu § 5: Stellung des stillen Gesellschafters

Die Beteiligung am Vermögen und an den stillen Reserven stellt die entscheidende vermögensrechtliche Besonderheit der atypischen stillen Gesellschaft dar. Bedeutung gewinnt die Regelung bei Beendigung der stillen Gesellschaft. Der atypische stille Gesellschafter erhält dann ein Abfindungsguthaben, das seiner Vermögensbeteiligung entspricht. Abs. 2 stellt klar, dass dadurch kein Gesamthandsvermögen entsteht.   **12**

Zu § 6: Informations- und Kontrollrechte

Gemäß § 233 HGB stehen dem stillen Gesellschafter lediglich eingeschränkte Informations- und Kontrollrechte zur Verfügung. Entspr. dem Charakter der atypischen stil-   **13**

len Gesellschaft sind dem Stillen hier die weitergehenden Rechte des § 716 BGB eingeräumt, der insbesondere das Recht zur persönlichen Unterrichtung von den Angelegenheiten der Gesellschaft unter Einsichtnahme der Geschäftsbücher und Papiere hat.
Da nach Beendigung der stillen Gesellschaft alle Informations- und Kontrollrechte entfallen und der Gesellschafter sich nur noch auf die allgemeinen Vorschriften der §§ 810,
242 BGB stützen kann (BGH II ZR 203/74 v. 8.4.76, DB 76, 2106), sind die Informa-
tions- und Kontrollrechte auf die Zeit nach Beendigung der Gesellschaft ausgedehnt.

Zu § 7: Jahresabschluss

14   Die atypische stille Gesellschaft selbst ist nicht zur Buchführung und Bilanzierung
verpflichtet (BFH VIII R 364/83 v. 12.11.85, BStBl. II 86, 311). Handels- und steuerrechtlich gibt es nur einen Vermögensvergleich und einen Gewinn oder Verlust des
Inhabers des Handelsgeschäftes und einen Anteil des atypischen stillen Gesellschafters
an diesem Gewinn oder Verlust.

Zu § 8: Gesellschafterkonten

15   Die Aufteilung auf Einlage-, Verlust- und Privatkonto empfiehlt sich zur besseren
Übersichtlichkeit und im Hinblick auf die Grundsätze der Bilanzklarheit (§ 243 Abs. 2
HGB). Auch bei der atypischen stillen Gesellschaft bringt das Einlagekonto des stillen
Gesellschafters nicht seine Beteiligung am Geschäftsvermögen zum Ausdruck, wie dies
bei den Kapitalkonten der OHG oder der KG der Fall ist, da ein Gesamthandsvermögen nicht besteht. Das Konto drückt vielmehr eine echte Verbindlichkeit des Inhabers
gegenüber dem stillen Gesellschafter aus und ist deshalb bei der Prüfung einer etwaigen Überschuldung des Inhabers als Verbindlichkeit zu behandeln, soweit es nicht
durch Verluste aufgezehrt ist oder eine Rangrücktrittserklärung abgegeben wurde
(*Braun* § 38 InsO Rz. 11 mwN).
Zu weiteren Einzelheiten siehe A. 14.01 Rz. 18 ff.

Zu § 9: Maßgebender Ertrag

16   Bei der Ermittlung des Ergebnisanteils des Stillen kann sowohl die Handels- als auch
die Steuerbilanz zugrunde gelegt werden. Dabei hat die hier gewählte Zugrundelegung der Steuerbilanz für den Anteil des Stillen am Ertrag den Vorteil, dass die steuerlichen Gewinnermittlungsvorschriften insofern „genauer" sind, als sie handelsrechtlich
zulässige Unterbewertungen nicht enthalten (iÜ wird auf A. 14.00 Rz. 39 verwiesen).
Eine Korrektur der Steuerbilanz um erhöhte Absetzungen, Sonderabschreibungen und
steuerfreie Rücklagen wie bei der typischen stillen Gesellschaft ist bei der atypischen
stillen Gesellschaft wegen der Beteiligung an den stillen Reserven nicht erforderlich.
Zur Vermeidung von praktischen Schwierigkeiten, sollte – soweit die Inhaberin keine
getrennte Handels- und Steuerbilanz aufstellt – diejenige Bilanz zur Gewinnermittlung
herangezogen werden, die regelmäßig von der Inhaberin erstellt wird.

Zu § 10: Ergebnisbeteiligung

17   **Gesellschaftsrecht:** Die Bestimmungen über die Verteilung des Gewinns und
Verlustes sind im HGB nur unzureichend geregelt. Gemäß § 231 Abs. 1 „gilt ein den
Umständen nach angemessener Anteil als bedungen", wenn der Anteil des stillen Gesellschafters am Gewinn und Verlust nicht bestimmt ist. Da der atypische stille Gesellschafter vermögensrechtlich wie ein Gesamthänder behandelt wird, sollte die Beteiligungsquote auf Grund einer Bewertung des Unternehmens der Inhaberin einerseits
unter Berücksichtigung aller stillen Reserven und eines Firmenwerts und der stillen
Einlage andererseits ermittelt werden. Hierbei kann auch eine vom Formular abweichende Gewichtung des Stammkapitals auf der einen und die Einlage der stillen Gesellschafter auf der anderen Seite erfolgen.

18   **Steuerrecht:** Der auf den atypischen stillen Gesellschafter entfallende Anteil am
Gewinn oder Verlust des Inhabers gehört bei ihm zu den Einkünften aus Gewerbebe-

trieb (§ 15 Abs. 1 Nr. 2 EStG). Ebenso gehören Vergütungen, die der atypische stille Gesellschafter für Dienstleistungen oder für die Überlassung von Wirtschaftsgütern erhält, zu den Einkünften aus Gewerbebetrieb. Allerdings betreibt nicht die atypische stille Gesellschaft als solche – anders als die Personenhandelsgesellschaft – ein Gewerbe, sondern nur der Inhaber.

Die atypische stille Beteiligung ist Betriebsvermögen des stillen Gesellschafters.
Nach BFH IV R 5/12 v. 18.6.15, BStBl. II 15, 935, wird der Kapitalgesellschaft eine fremdübliche Gewinnbeteiligung steuerlich zugerechnet, auch wenn die Kapitalgesellschaft im Interesse des atypisch stillen Gesellschafters auf eine fremdübliche Gewinnbeteiligung verzichtet hat.

Im Übrigen wird auf A. 14.01 Rz. 23 ff. verwiesen.

Zu § 11: Entnahmen

Gesellschaftsrecht: Gegenüber der gesetzlichen Regelung, die die Möglichkeit 19 der Entnahme des festgestellten Gewinnanteils jeweils nach Ablauf eines Geschäftsjahres vorsieht (§ 232 HGB), ist die hier vorgesehene Möglichkeit der Auszahlung des Gewinnanteils nach Ablauf von vier Wochen nach Feststellung der Bilanz mit der Möglichkeit, die Auszahlung des Gewinnanteils ganz oder teilweise zu verweigern, soweit die Liquiditätslage dies gebietet, gesellschafterfreundlich.

Steuerrecht: Anders als bei der typischen stillen Gesellschaft fällt bei der atypischen 20 stillen Gesellschaft auf Entnahmen bzw. Gutschriften auf dem Verlustkonto keine Kapitalertragsteuer an. Zu den steuerpflichtigen gewerblichen Einkünften gehört der festgestellte Gewinnanteil des atypischen stillen Gesellschafters, unabhängig von der Höhe der Entnahmen.

Im Übrigen wird auf A. 14.01 Rz. 33 f. verwiesen.

Zu § 12: Änderung des Stammkapitals

Nach dem Gesellschaftsvertrag, § 4 Abs. 2 Buchst. a, kann die Inhaberin weitere 21 stille Gesellschafter nur mit Zustimmung der Stillen aufnehmen. Änderungen in den Kapitalverhältnissen der Inhaberin selbst durch die Erhöhung des Stammkapitals kann der stille Gesellschafter jedoch nicht widersprechen. Da der Beteiligungsquote des stillen Gesellschafters die Kapitalverhältnisse im Zeitpunkt des Abschlusses des stillen Gesellschaftsvertrages zugrunde liegen, müssen bei einer Änderung der Kapitalverhältnisse der Inhaberin oder bei Aufnahme weiterer stiller Gesellschafter beide Gesellschafter eine angemessene Anpassung der Beteiligungsquote der stillen Gesellschafter verlangen können.

Zu § 13: Abtretung und Belastung von Anteilen

Gesellschaftsrecht: Die Übertragung einer stillen Beteiligung ist im Gesetz nicht 22 vorgesehen, kann jedoch durch den Gesellschaftsvertrag zugelassen werden (s. iE A. 14.00 Rz. 69).

Steuerrecht: Gewinne aus der Veräußerung einer atypischen stillen Beteiligung 23 sind gemäß §§ 16 Abs. 1 Nr. 2, 34 Abs. 2 EStG uU begünstigt zu versteuern; ggf. kann gem. § 34 Abs. 3 EStG ein Steuersatz iHv. 56% des durchschnittlichen Steuersatzes in Anspruch genommen werden. Der Erwerber hat den Mehrbetrag, den er über den Buchwert der erworbenen stillen Beteiligung hinaus bezahlt, in einer Ergänzungsbilanz zu aktivieren. Gewerbesteuerlich werden Veräußerungsgewinne nicht erfasst (GewStR 7.1 Abs. 3). Verluste aus der Veräußerung einer atypischen stillen Beteiligung sind als gewerbliche Verluste mit anderen positiven Einkünften im Rahmen von § 2 Abs. 3 EStG auszugleichen.

Zu § 14: Tod eines stillen Gesellschafters

Gesellschaftsrecht: Die Regelung entspricht der Bestimmung des § 234 Abs. 2 24 HGB.

25   **Steuerrecht:** Erbschaftsteuerliche Bemessungsgrundlage ist der Teil des betrieblichen Einheitswerts der Inhaberin, der der Beteiligungsquote des stillen Gesellschafters entspricht. Ein Einheitswert des Betriebsvermögens der atypischen stillen Gesellschaft als solcher besteht nicht, sondern nur ein Einheitswert des Gewerbebetriebes der Inhaberin (BFH VIII R 364/83 v. 12.11.85, BStBl. II 86, 311); vgl. iÜ A. 14.01 Rz. 40.

Zu § 15: Kündigung

26   Zur Kündigung aus wichtigem Grund wird auf A. 14.00 Rz. 75 verwiesen.

Zu § 16: Auseinandersetzungsguthaben

27   Zu den gesellschaftsrechtlichen und steuerlichen Folgen der Regelung zum Auseinandersetzungsguthaben wird auf A. 14.01 Rz. 43 ff. verwiesen.

A. 14.10 Abtretung einer stillen Beteiligung (Verkauf)

Gliederung

I. FORMULAR

> **Formular A. 14.10 Vertrag über Verkauf und Abtretung einer stillen Beteiligung**

VERTRAG ÜBER VERKAUF UND ABTRETUNG EINER STILLEN BETEILIGUNG

zwischen

V   – nachfolgend Verkäufer genannt –

und

K   – nachfolgend Käufer genannt –

Vorbemerkungen

Der Verkäufer ist als stiller Gesellschafter am Handelsgewerbe der offenen Handelsgesellschaft in Firma X & Co. (Inhaberin) mit einer vertraglich vereinbarten voll einbezahlten Einlage in Höhe von € ...... beteiligt. Der Vertrag über die stille Gesellschaft vom ...... ist dem Käufer bekannt. Dies vorausgeschickt vereinbaren die Parteien was folgt:

§ 1 Verkauf

Der Verkäufer verkauft seine in der Vorbemerkung genannte stille Beteiligung mit allen Rechten und Pflichten einschließlich des Gewinnbezugsrechts mit Wirkung vom ...... (Abtretungsstichtag) an den Käufer. Die Konten des Verkäufers weisen im Rahmen der stillen Beteiligung zum letzten Bilanzstichtag folgende Salden auf:

Einlagekonto	€ ......
Verlustkonto	€ ......
Privatkonto	€ ......

Das Guthaben auf dem Privatkonto wird, soweit es nach dem Gesellschaftsvertrag bis zum Abtretungsstichtag entnommen werden kann, nicht mit verkauft.

Ein bis zum Abtretungsstichtag entstehender Gewinnanteil auf die stille Beteiligung steht dem Verkäufer zu und ist an diesen auszuzahlen, soweit er nach Gesellschaftsvertrag entnahmefähig ist.

§ 2 Kaufpreis

Der Kaufpreis für die abgetretene stille Beteiligung beträgt € .... Er ist am ...... zur Zahlung fällig. Sollte eine steuerliche Betriebsprüfung bei der X & Co. zu einer Änderung der Kontenstände des Verkäufers führen, so ändert sich der Kaufpreis für die stille Beteiligung dadurch nicht. Dem Verkäufer sind keine Gründe bekannt, die für eine Unrichtigkeit der in der Vorbemerkung genannten Kontenstände im Sinne einer Unvereinbarkeit mit den Grundsätzen ordnungsmäßiger Buchführung sprechen könnten.

§ 3 Gewährleistung

Der Verkäufer übernimmt die Gewährleistung dafür, dass die stille Einlage in voller Höhe einbezahlt ist und dass die Beteiligung frei von Rechten Dritter auf den Käufer übergeht. Im Übrigen übernimmt der Verkäufer keine Gewährleistung, insbesondere nicht für die Werthaltigkeit der Beteiligung.

§ 4 Abtretung

In Vollzug des in § 1 vereinbarten Verkaufs tritt der Verkäufer seine stille Beteiligung mit allen damit verbundenen Rechten und Pflichten einschließlich des Gewinnbezugsrechts ab dem Abtretungsstichtag an den Käufer ab. Dieser nimmt die Abtretung an und tritt in alle Pflichten des stillen Gesellschafters gem. dem Vertrag über die stille Gesellschaft vom ...... ein. Die Abtretung ist aufschiebend bedingt durch die vollständige Bezahlung des Kaufpreises gem. § 2.

§ 5 Genehmigung

Der Verkäufer wird die für die Abtretung erforderliche Zustimmung der Inhaberin einholen. Verweigert die Inhaberin die Zustimmung, so kann keine Vertragspartei aus dem Vertrag Rechte herleiten.

§ 6 Sonstiges

(1) Sollten einzelne Bestimmungen dieses Vertrages unwirksam sein oder werden, so wird dadurch die Wirksamkeit des Vertrages im Übrigen nicht berührt. Die Parteien sind verpflichtet, die unwirksame Bestimmung durch diejenige gesetzlich zulässige Bestimmung zu ersetzen, die dem wirtschaftlichen Ziel der unwirksamen Bestimmung in gesetzlich zulässiger Weise am nächsten kommt. Entsprechendes gilt, wenn sich bei Durchführung des Vertrages eine ergänzungsbedürftige Lücke ergeben sollte.

(2) Änderungen und Ergänzungen dieses Vertrages bedürfen der Schriftform. Mündliche Nebenabreden bestehen nicht.

(3) Erfüllungsort und Gerichtsstand ist der Sitz der Gesellschaft, soweit dies zulässig vereinbart werden kann.

II. ERLÄUTERUNGEN

> **Erläuterungen zu A. 14.10 Vertrag über Verkauf und Abtretung einer stillen Beteiligung**

1. Grundsätzliche Anmerkungen

a) Wirtschaftliche Funktion

1   Ziel ist die entgeltliche Übertragung einer stillen Beteiligung auf eine dritte Person unter Aufrechterhaltung des stillen Gesellschaftsverhältnisses.

b) Gesellschaftsrecht

2   Während Ansprüche des stillen Gesellschafters auf Gewinnanteile und Abfindungsguthaben mangels einer abweichenden Regelung im Gesellschaftsvertrag frei veräußerlich sind (§ 717 Satz 2 BGB), ist die stille Beteiligung insgesamt, da sie nicht nur Ansprüche, sondern auch Pflichten des stillen Gesellschafters beinhaltet, nur übertragbar, wenn dies im Gesellschaftsvertrag festgelegt ist oder wenn der Inhaber im Einzelfall zustimmt (*HGB-Großkomm./Schilling* § 335 HGB Rz. 66). Die Vorausabtretung der Auseinandersetzungsforderung eines stillen Gesellschafters wird hinfällig, wenn dieser seine Beteiligung auf einen Dritten überträgt, bevor der Auseinandersetzungsanspruch entstanden ist, anders im Erbfall bei Gesamtrechtsnachfolge, BGH II ZR 52/99 v. 13.11.00, DStR 01, 494.

Kaufvertrag und Abtretung sind formfrei.

c) Steuerrecht

3   **Typische stille Gesellschaft:** Ein bei der Veräußerung einer typischen stillen Beteiligung an eine dritte Person entstehender Gewinn ist steuerfrei, wenn die Beteiligung im Privatvermögen gehalten wird und die Veräußerung außerhalb der Spekulationsfrist von zwölf Monaten seit Anschaffung, sowie die Anschaffung vor dem 1.1.09 erfolgt ist, § 52 Abs. 28 S. 13 EStG (BFH I R 98/76 v. 12.2.81, BStBl. II 81, 465). Dies gilt auch für die mitveräußerten Ansprüche auf den laufenden Gewinn (nicht jedoch, wenn mit dem Kaufpreis Gewinnanteile aus einem schon abgelaufenen Wj. abgegolten werden, BFH I R 98/76 v. 12.2.81, aaO; s. iE A. 14.00 Rz. 70f.).

Bei einer Anschaffung der stillen Beteiligung nach dem 31.12.08 wird ein Veräußerungsgewinn nach § 20 Abs. 2 Nr. 4 EStG versteuert.

4   **Atypische stille Gesellschaft:** Die Veräußerung einer atypischen stillen Beteiligung ist einkommensteuerlich die Veräußerung eines Mitunternehmeranteils iSd. § 16 Abs. 1 Nr. 2 EStG (vgl. *Märkle* DStZ 80, 471). Ein Veräußerungsgewinn unterliegt uU der begünstigten Besteuerung des § 34 EStG (s. iE A. 14.01 Rz. 37).

2. Einzelerläuterungen

Zu § 3: Gewährleistung

5   Der Erwerb einer stillen Beteiligung ist Rechtskauf iSd. § 453 BGB. Nach dieser Vorschrift haftet der Verkäufer nur für den rechtlichen Bestand der Forderung, nicht jedoch für die Werthaltigkeit der Beteiligung oder für die Ertragskraft des Handelsgewerbes des Inhabers. Das Vertragsmuster entspricht der gesetzlichen Regelung. Abweichend davon kann der Verkäufer weitergehende Garantien übernehmen, zB für einen bestimmten Mindestgewinnanteil der stillen Beteiligung, wobei eine solche Garantie idR nur für einen begrenzten Zeitraum in Betracht kommt.

Zu § 5: Genehmigung

6   Ist die Abtretung der stillen Beteiligung im Gesellschaftsvertrag nicht allgemein für zulässig erklärt, so bedarf sie der **Zustimmung der Inhaberin.** Bis zur Erteilung der

Genehmigung ist der Vertrag schwebend unwirksam. Die Bestimmung, wonach bei Verweigerung der Zustimmung keine Vertragspartei irgendwelche Ansprüche geltend machen kann, soll klarstellen, dass jede Partei bis zur Erteilung der erforderlichen Genehmigung insofern auf eigenes Risiko handelt, als evtl. Kosten, insbes. Beratungskosten, bei Verweigerung der Genehmigung selbst zu tragen sind.

A. 14.11 Abtretung (Schenkung)

Gliederung

I. FORMULAR

Formular A. 14.11 Vertrag über die Schenkung einer stillen Beteiligung

VERTRAG ÜBER DIE SCHENKUNG EINER STILLEN BETEILIGUNG

zwischen

V   – nachfolgend Schenker genannt –

und

seinem Sohn S

vertreten durch ...... als Ergänzungspfleger, bestellt durch Beschluss des Vormundschaftsgerichts ...... vom ......

– nachfolgend Erwerber genannt –

Vorbemerkungen

V ist als stiller Gesellschafter am Handelsgewerbe der XY-GmbH (Inhaberin) mit einer vertraglich vereinbarten voll einbezahlten Einlage in Höhe von € ...... beteiligt. Der Vertrag über die stille Gesellschaft vom ...... ist dem Erwerber bekannt. V will seine stille Beteiligung schenkweise auf seinen Sohn S übertragen. Dies vorausgeschickt vereinbaren die Parteien was folgt:

§ 1 Schenkung

Der Schenker schenkt seine in der Vorbemerkung genannte stille Beteiligung mit allen Rechten und Pflichten einschließlich des Gewinnbezugsrechts mit Wirkung vom ...... (Abtretungsstichtag) seinem Sohn S. Die Konten des Schenkers weisen im Rahmen der stillen Beteiligung zum letzten Bilanzstichtag folgende Salden auf:

Einlagekonto   € ......

Verlustkonto   € ......

Privatkonto   € ......

Das Guthaben auf dem Privatkonto ist, soweit es bis zum Abtretungsstichtag entnommen werden kann, nicht Gegenstand der Schenkung.

Ein bis zum Abtretungsstichtag entstehender Gewinnanteil auf die stille Beteiligung steht dem Schenker zu und ist an diesen auszuzahlen, soweit er nach dem Gesellschaftsvertrag entnahmefähig ist.

§ 2 Ausgleichs- und Anrechnungspflicht

Der Erwerber muss die Schenkung im Erbfall zur Ausgleichung bringen und sich auf den Pflichtteil anrechnen lassen.

§ 3 Gewährleistung

Eine Gewährleistung wird – soweit gesetzlich zulässig – ausgeschlossen.

§ 4 Abtretung

In Vollzug der in § 1 vereinbarten Schenkung tritt der Schenker seine stille Beteiligung mit allen damit verbundenen Rechten und Pflichten einschließlich des Gewinnbezugsrechts ab dem Abtretungsstichtag an den Erwerber ab. Dieser nimmt die Abtretung an und tritt in alle Pflichten des stillen Gesellschafters gem. dem Vertrag über die stille Gesellschaft vom ...... ein.

§ 5 Genehmigung

Der Schenker wird die für die Abtretung erforderliche Zustimmung der Inhaberin einholen. Verweigert die Inhaberin die Zustimmung, so kann keine Vertragspartei aus dem Vertrag Rechte herleiten.

§ 6 Steuern, Kosten

Eine etwa anfallende Schenkungsteuer sowie die Kosten dieses Vertrages und seiner Durchführung trägt der Schenker.

II. ERLÄUTERUNGEN

> **Erläuterungen zu A. 14.11 Vertrag über die Schenkung einer stillen Beteiligung**

1. Grundsätzliche Anmerkungen

a) Wirtschaftliche Funktion

1   Ziel ist die unentgeltliche Übertragung einer stillen Beteiligung auf eine dritte Person (Sohn) unter Aufrechterhaltung des stillen Gesellschaftsverhältnisses.

b) Gesellschaftsrecht

2   Während Ansprüche des stillen Gesellschafters auf Gewinnanteile und Abfindungsguthaben mangels einer abweichenden Regelung im Gesellschaftsvertrag frei veräußerlich sind (§ 717 Satz 2 BGB), ist die stille Beteiligung insgesamt, da sie nicht nur Ansprüche sondern auch Pflichten des stillen Gesellschafters beinhaltet, nur übertragbar, wenn dies im Gesellschaftsvertrag festgelegt ist oder wenn der Inhaber im Einzelfall zustimmt (*HGB-Großkomm./Schilling* § 335 HGB Rz. 66). Häufig wird in Gesellschaftsverträgen vereinbart, dass die Abtretung von Beteiligungen an Abkömmlinge ohne Zustimmung zulässig ist.

3   Das Schenkungsversprechen bedarf der **notariellen Form,** § 518 BGB. Der Formmangel wird jedoch durch Vollzug der Schenkung geheilt. Vollzug liegt hier in Gestalt der Abtretung der Ansprüche aus dem stillen Beteiligungsverhältnis vor. Anders als bei der schenkweisen Einräumung einer stillen Beteiligung, bei der die Einbuchung der Beteiligung keinen heilenden Vollzug darstellt, weil dadurch lediglich ein schuldrechtlicher Anspruch des beschenkten stillen Gesellschafters gegen den Schenker entsteht (BGH II ZR 136/51 v. 24.9.52, NJW 52, 1412 und BGH II ZR 16/52 v. 29.10.52, NJW 53, 138), hat die Abtretung einer bestehenden stillen Beteiligung hei-

lende Wirkung, da durch die Abtretung die Beteiligung mit dinglicher Wirkung vom Schenker auf den Abtretungsempfänger übergeht (s. iE A. 14.00 Rz. 8).

Ist der beschenkte Sohn **minderjährig,** so ist strittig, ob für den Abschluss des 4 Schenkungsvertrages die Bestellung eines Ergänzungspflegers erforderlich ist. Zwar unterliegt der schenkende Vater als gesetzlicher Vertreter des beschenkten Sohnes beim Abschluss des Schenkungsvertrages dem Verbot des Selbstkontrahierens gem. § 181 BGB, so dass ein Ergänzungspfleger für den Abschluss des Schenkungsvertrages bestellt werden müsste (§§ 1909, 1629 Abs. 2, 1795 BGB), doch ist die Bestellung eines Ergänzungspflegers dann nicht erforderlich, wenn das Geschäft für den Minderjährigen lediglich rechtlich vorteilhaft ist (§ 107 BGB). Fraglich ist, ob die Schenkung einer bestehenden stillen Beteiligung lediglich rechtlich vorteilhaft ist. Das Urteil des BFH I R 176/77 v. 19.12.79 (BStBl. II 80, 242), das in der Begründung von stillen Gesellschaften für die beschenkten Kinder nicht nur einen rechtlichen Vorteil sieht, betrifft die Fälle, in denen den Kindern zunächst Geldbeträge geschenkt werden, die dann als stille Einlage eingebracht werden müssen. In dieser Verpflichtung der Einlage der zuvor geschenkten Beträge sieht der BFH einen rechtlichen Nachteil, der zur Notwendigkeit eines Ergänzungspflegers führt. Zwar besteht diese Verpflichtung bei Schenkung einer bestehenden stillen Beteiligung nicht, doch sind andererseits mit der stillen Beteiligung auch Pflichten verbunden (*Palandt/Ellenberger* § 107 BGB Rz. 2 ff.). Es empfiehlt sich daher die Einschaltung eines Ergänzungspflegers für den Abschluss des Schenkungsvertrages (**aA** *Tiedtke* DB 77, 1064).

Vormundschaftsgerichtliche Genehmigung: Durch Abschluss des Schenkungs- 5 vertrages tritt der beschenkte Minderjährige gleichzeitig in den stillen Gesellschaftsvertrag ein. Der Abschluss eines stillen Gesellschaftsvertrages durch einen Minderjährigen bedarf jedoch gem. § 1822 Nr. 3 BGB der vormundschaftlichen Genehmigung, es sei denn, der stille Gesellschafter ist nicht am Verlust des Handelsgewerbes beteiligt (BGH III ZR 155/55 v. 28.1.57, NJW 57, 672; BFH I R 101/72 v. 28.11.73, BStBl. II 74, 289) und die geschenkte Einlage ist in voller Höhe erbracht (vgl. auch *Tiedtke* DB 77, 1064).

c) Steuerrecht

Die unentgeltliche Übertragung der stillen Beteiligung unterliegt der **Schenkung-** 6 **steuer.** S. iE Rz. 10.

2. Einzelerläuterungen

Zu § 2: Ausgleichs- und Anrechnungspflicht

Gem. § 2050 BGB haben Abkömmlinge, die als gesetzliche Erben zur Erbfolge ge- 7 langen, Schenkungen des Erblassers bei der Erbauseinandersetzung untereinander zur Ausgleichung zu bringen, es sei denn, der Erblasser hat bei der Zuwendung etwas anderes angeordnet. IdR wird es angemessen sein, entspr. der gesetzlichen Regelung eine Ausgleichspflicht vorzusehen. Ebenso wird es idR sinnvoll sein, eine Anrechnung der Schenkung für den Fall der Geltendmachung des Pflichtteils zu bestimmen (§ 2315 BGB).

Zu § 3: Gewährleistung

Gem. § 523 Abs. 1 BGB haftet der Schenker für Schäden, die dem Beschenkten aus 8 einem arglistig verschwiegenen Rechtsmangel entstehen. Dem entspricht die Regelung in § 3. Eine Erweiterung der Haftung des Schenkers ist zulässig. In diesem Fall bedarf der Vertrag jedoch notarieller Beurkundung (§ 518 BGB; *Palandt/Weidenkaff* § 524 BGB Rz. 3).

Zu § 5: Genehmigung

Ist die Abtretung der stillen Beteiligung im Gesellschaftsvertrag nicht allgemein für 9 zulässig erklärt (dies ist bei Abtretungen an Abkömmlinge häufig der Fall), so bedarf sie der Zustimmung der Inhaberin. Bis zur Erteilung der Genehmigung ist der Vertrag schwebend unwirksam. Die Bestimmung stellt klar, dass bei Verweigerung der Zustimmung keinerlei Ansprüche eines Vertragspartners gegeben sind.

Zu § 6: Steuern, Kosten

10   Die Bewertung einer **typischen** stillen Beteiligung richtet sich nach § 12 ErbStG. Gem. § 12 Abs. 1 BewG ist eine stille Beteiligung mit dem Nennwert anzusetzen, wenn nicht besondere Umstände einen höheren oder geringeren Wert begründen. Eine über den Nennwert hinausgehende Bewertung kommt insbesondere in Betracht, wenn die stille Beteiligung auf längere Zeit einen besonders hohen Ertrag verspricht und Verluste nicht zu erwarten sind (vgl. *Blaurock* § 27 Rz. 27.26).

11   Bei einer **atypischen** stillen Beteiligung bestimmt sich der Wert nach denselben Grundsätzen wie bei der Bewertung des Anteils an einer OHG oder KG. Als **Steuerwert der Schenkung** gilt danach der anteilige Einheitswert des Betriebsvermögens der Gesellschaft. Obwohl der Erwerber in Verbindlichkeiten der OHG eintritt, liegt keine gemischte Schenkung vor (FM Bayern v. 20.10.83, DStR 84, 44), es sei denn, der Erwerber erbringt sonstige Nebenleistungen oder der Beschenkte hat andere Schulden und Lasten als Betriebsschulden zu übernehmen. Der Anteil am Vermögen ergibt sich aus dem Verhältnis des Einlagekontos des stillen Gesellschafters zum Kapitalkonto des Inhabers.

A. 14.12 Nießbrauch

Gliederung

I. FORMULAR

Formular A. 14.12 Vertrag über die Einräumung des Nießbrauchs an einer stillen Beteiligung

VERTRAG ÜBER DIE EINRÄUMUNG DES NIESSBRAUCHS AN EINER STILLEN BETEILIGUNG

zwischen

S   – nachfolgend stiller Gesellschafter genannt –

und

dessen Schwester Frau N   – nachfolgend Nießbraucher genannt –

Vorbemerkungen

S hat als Alleinerbe von seinem verstorbenen Vater dessen stille Beteiligung an der XY-GmbH erworben. Der Nennwert der voll einbezahlten stillen Einlage beläuft sich auf € .... Der Gesellschaftsvertrag der stillen Gesellschaft ist den Beteiligten bekannt.

Die für die stille Beteiligung geführten Konten weisen zum letzten Bilanzstichtag folgende Salden auf:

Einlagekonto   € ......

Verlustkonto   € ......

Privatkonto   € ......

Aufgrund testamentarischer Anordnung ist S verpflichtet, seiner Schwester N einen anteiligen Nießbrauch (Quotennießbrauch) an der stillen Beteiligung einzuräumen. Zu diesem Zweck vereinbaren die Parteien was folgt:

§ 1 Einräumung des Nießbrauchs

S räumt N mit Wirkung zum ...... *[Todestag des Erblassers]* den lebenslänglichen Nießbrauch an der stillen Beteiligung ein.

§ 2 Umfang des Nießbrauchs

Aufgrund des Nießbrauchs steht die Hälfte des entnahmefähigen Gewinnanteils der stillen Beteiligung N zu.

§ 3 Gesellschaftsrechte

Die Wahrnehmung der Gesellschaftsrechte innerhalb der stillen Gesellschaft obliegt weiterhin S. Eine Kündigung der stillen Beteiligung sowie Änderungen der Ergebnisbeteiligung darf S nur mit vorheriger Zustimmung von N vornehmen.

§ 4 Informationspflicht

Der stille Gesellschafter ist verpflichtet, dem Nießbraucher im Rahmen der ihm von Gesetz und Gesellschaftsvertrag eingeräumten Informationsrechte auf Verlangen Auskunft über die Angelegenheiten der Gesellschaft zu erteilen, soweit nicht ausdrückliche Geheimhaltungsvorschriften dem entgegenstehen.

§ 5 Änderung der Kapitalverhältnisse

Erhöht der stille Gesellschafter seine stille Einlage, so verringert sich der dem Nießbraucher zustehende Gewinnanteil entsprechend. Der Nießbraucher ist jedoch berechtigt, dem stillen Gesellschafter die Hälfte der Einlagenerhöhung als unverzinsliches Darlehen zur Verfügung zu stellen; in diesem Fall steht dem Nießbraucher weiterhin die Hälfte des entnahmefähigen Gewinnanteils der stillen Beteiligung zu. Das unverzinsliche Darlehen ist bei Beendigung des Nießbrauchs an den Nießbraucher zurückzuzahlen.

§ 6 Zustimmung

Der stille Gesellschafter verpflichtet sich, unverzüglich die gem. § ...... des Gesellschaftsvertrages über die stille Beteiligung erforderliche Zustimmung der XY-GmbH zu beantragen.

§ 7 Sonstiges

(1) Sollten einzelne Bestimmungen dieses Vertrages unwirksam sein oder werden, so wird dadurch die Wirksamkeit des Vertrages im Übrigen nicht berührt. Die Parteien sind verpflichtet, die unwirksame Bestimmung durch diejenige gesetzlich zulässige Bestimmung zu ersetzen, die dem wirtschaftlichen Ziel der unwirksamen Bestimmung in gesetzlich zulässiger Weise am nächsten kommt. Entsprechendes gilt, wenn sich bei Durchführung des Vertrages eine ergänzungsbedürftige Lücke ergeben sollte.

(2) Änderungen und Ergänzungen dieses Vertrages bedürfen der Schriftform. Mündliche Nebenabreden bestehen nicht.

(3) Erfüllungsort und Gerichtsstand ist der Sitz der Gesellschaft, soweit dies zulässig vereinbart werden kann.

II. ERLÄUTERUNGEN

> **Erläuterungen zu A. 14.12 Vertrag über die Einräumung des Nießbrauchs an einer stillen Beteiligung**

1. Grundsätzliche Anmerkungen

a) Wirtschaftliche Funktion

1   Wirtschaftliche Funktion des Nießbrauchs an einem Gesellschaftsanteil ist, dem Nießbraucher die Erträge des Gesellschaftsanteils entweder in vollem Umfang oder zu einer bestimmten Quote zukommen zu lassen, während die Substanz des Gesellschaftsanteils beim Besteller verbleibt. Neben der dem Formular zugrunde liegenden Zielsetzung, dass ein Erbe Gesellschafter werden soll, während einem anderen Erben lediglich die Erträge der Beteiligung zustehen sollen, kommen als weitere Gründe für die Bestellung eines Nießbrauchs in Betracht: Ersatz von Vor- und Nacherbschaft, Nutzungs- oder Sicherungsnießbrauch zur Kreditsicherung sowie teilweiser Rückzug eines alternden Gesellschafters (vgl. iE A. 9.23 Rz. 1; *Bitz* DB 87, 1506; *Petzoldt* GmbHR 87, 381 und 433; *MünchHdb GesR / Bezzenberger* § 25 StG Rz. 16 ff.).

b) Gesellschaftsrecht

2   Der Nießbrauch gibt dem Berechtigten das Recht, die Nutzungen aus der stillen Beteiligung, insbesondere den Gewinn, zu ziehen (§§ 1030 ff., 1068 BGB). Die Bestellung eines Nießbrauchs setzt voraus, dass das Recht als solches übertragbar ist (§ 1069 Abs. 2 BGB); da die stille Beteiligung insgesamt nur übertragbar und belastbar ist, wenn dies im Gesellschaftsvertrag festgelegt ist oder wenn der Inhaber im Einzelfall zustimmt (*HGB-Großkomm. / Schilling* § 335 HGB Rz. 66), muss auch die Bestellung eines Nießbrauchs entweder im Gesellschaftsvertrag über die stille Gesellschaft allgemein zugelassen sein oder vom Inhaber im Einzelfall genehmigt werden.

3   Zulässigkeit und Gestaltungsmöglichkeiten der Nießbrauchsbestellung an Gesellschaftsanteilen sind nach wie vor umstritten; im Wesentlichen werden folgende Meinungen vertreten: **(1)** Die Nießbrauchsbestellung erfordert eine zeitlich begrenzte Abtretung des Gesellschaftsanteils an den Nießbraucher (Vollrechtsübertragung); **(2)** zulässig ist auch die Bestellung eines abgespaltenen echten Nießbrauchs an der Mitgliedschaft ohne Übertragung des Gesellschaftsanteils; **(3)** Nießbrauchsbestellung durch selbstständige Belastung des Gewinnstammrechts ohne Mitverwaltungsrechte; **(4)** Nießbrauch an den Gewinnansprüchen, der sich auf die einzelne Gewinnquote erstreckt (s. iE A. 9.23 Rz. 3).

4   Nach dem Formular handelt es sich um einen reinen Ertragsnießbrauch ohne Mitverwaltungsrechte. Infolge der ungeklärten zivilrechtlichen Verhältnisse empfiehlt sich, die Vertragsbeziehungen möglichst eindeutig zu regeln, um Streitigkeiten zu vermeiden.

c) Steuerrecht

5   **Typische stille Beteiligung:** Bei einem Vermächtnisnießbrauch der hier vorliegenden Art sind die Einkünfte aus Kapitalvermögen dem Nießbraucher zuzurechnen (BMF v. 23.11.83, BStBl. I 83, 508 Tz. 55). Bestellt ein typisch stiller Gesellschafter unentgeltlich einen Nießbrauch an seiner typisch stillen Beteiligung, so sind die Einnahmen aus der typisch stillen Beteiligung weiterhin dem stillen Gesellschafter zuzurechnen, BFH I R 69/89 v. 22.8.90, BStBl. II 91, 38.

6   Bei einer **atypischen stillen Beteiligung** bestehen folgende Möglichkeiten: **(1)** Der Nießbraucher ist Mitunternehmer und bezieht Einkünfte aus Gewerbebetrieb.

Diese Möglichkeit kommt insbesondere in Betracht, wenn dem Nießbraucher auch laufende Verluste zuzurechnen sind und er die erforderlichen Mitwirkungsrechte in der Gesellschaft hat. In diesem Fall ist dem Nießbraucher nach überwiegender Meinung der entnahmefähige Gewinnanteil zuzurechnen, soweit er auf den Nießbraucher entfällt. **(2)** Ist der Nießbraucher beim bloßen Ertragsnießbrauch nicht Mitunternehmer, so bezieht er keine gewerblichen Einkünfte iSd. § 15 Abs. 1 Nr. 2 EStG, der Gewinnanteil ist vielmehr allein dem Nießbrauchsbesteller zuzurechnen. Die Bezüge des Nießbrauchers sind entweder nicht steuerpflichtige Einnahmen (zB Ertragsnießbrauch zwischen unterhaltsberechtigten Familienangehörigen) und dementsprechend beim Nießbrauchsbesteller nicht abzugsfähige Einkommensverwendung gem. § 12 Nr. 2 EStG oder es handelt sich um wiederkehrende Bezüge iSd. § 22 Nr. 1 EStG, die beim Nießbrauchsbesteller als Sonderausgaben abzugsfähig sind. Bei dem hier vorliegenden Ertragsnießbrauch auf Grund eines Vermächtnisses erfolgt die Versteuerung beim Nießbrauchsbesteller (BMF v. 23.11.83, BStBl. I 83, 508 Tz. 57).

Erbschaft- und Schenkungsteuer: Der Nießbraucher erwirbt als Vermächtnis- 7 nehmer vom Erblasser, nicht vom Erben als dem Nießbrauchsbesteller. Der Erwerb erfolgt erbschaftsteuerlich demgemäß beim Tod des Erblassers, nicht bei der Nießbrauchsbestellung. Ist der Nießbrauch ein reiner Ertragsnießbrauch wie im Formular, so gelten für die Bewertung §§ 14–16 BewG; die Steuer kann gem. § 23 ErbStG nach den Jahreswerten entrichtet werden.

Wird der Nießbraucher **Mitunternehmer,** so erbt er Betriebsvermögen, das nach 8 § 12 ErbStG, §§ 95 ff. BewG zu bewerten ist.

(frei) 9

2. Einzelerläuterungen

Zu § 1: Einräumung des Nießbrauchs

Die Bestellung des Nießbrauchs erfolgt nach den für die Übertragung des Gesell- 10 schaftsanteils geltenden Vorschriften (§ 1069 Abs. 1 BGB), also durch formlosen Vertrag. Da die Nießbrauchsbestellung testamentarisch vorgesehen ist, erfolgt sie zweckmäßigerweise mit Wirkung zum Todestag des Erblassers.

Zu § 2: Umfang des Nießbrauchs

Der Nießbrauch ist als sog. Quotennießbrauch gestaltet, auf Grund dessen der 11 Nießbraucher Anspruch auf die Hälfte des entnahmefähigen Gewinnanteils der stillen Beteiligung hat. Für die steuerliche Behandlung s. hierzu Rz. 5 f.

Zu § 3: Gesellschafterrechte

Da der Nießbrauch als ein Ertragsnießbrauch gestaltet ist, bei dem gesellschafts- 12 rechtliche Verwaltungsrechte beim stillen Gesellschafter/Nießbrauchsbesteller verbleiben, ist im Muster vorgesehen, dass lediglich für wesentliche Änderungen des Vertrages über die stille Beteiligung, die die Ergebnisbeteiligung betreffen, und für eine Kündigung der stillen Beteiligung die vorherige Zustimmung des Nießbrauchers erforderlich ist.

Zu § 4: Informationspflicht

Da der Nießbraucher nicht Gesellschafter wird, hat er keinen eigenen Informations- 13 anspruch gegenüber der Inhaberin. Es ist deshalb eine Auskunftspflicht des stillen Gesellschafters vorgesehen.

Zu § 5: Änderung der Kapitalverhältnisse

Erhöht der Nießbraucher aus eigenen Mitteln seinen Kapitalanteil, so muss die Er- 14 gebnisbeteiligungsquote des Nießbrauchers sich entsprechend verringern. Der Nießbraucher hat allerdings die Möglichkeit, die bisherige Beteiligungsquote von 50% dadurch beizubehalten, dass er dem stillen Gesellschafter die Hälfte der Einlagenerhöhung als unverzinsliches Darlehen zur Verfügung stellt.

Zu § 6: Zustimmung

15   Ebenso wie für die Übertragung der stillen Beteiligung ist auch für die Nießbrauchsbestellung die Zustimmung der Inhaberin erforderlich, sofern nicht im Gesellschaftsvertrag die Nießbrauchsbestellung generell als zulässig erklärt wird.

A. 14.13 Schenkweise Einräumung einer stillen Beteiligung

Gliederung

I. FORMULAR

Formular A. 14.13 Schenkweise Einräumung einer stillen Beteiligung

Heute, den ......

erschienen vor mir, ...

Notar in ......, in der Geschäftsstelle in ......

1. Herr V, wohnhaft in ......,

2. Herr ......, hier handelnd für den minderjährigen Sohn S des V, wohnhaft in ......, als Ergänzungspfleger, bestellt durch Beschluss des Vormundschaftsgerichts ...... vom ......, der bei Beurkundung in Urschrift vorlag und dieser Urkunde in beglaubigter Abschrift beigefügt ist.

Auf Ersuchen der Erschienenen beurkunde ich gemäß ihren vor mir abgegebenen Erklärungen folgenden

SCHENKUNGSVERTRAG

1. V betreibt in ...... unter der Firma V – Gerätebau einen Gewerbebetrieb, dessen Gegenstand die Herstellung von Werkzeugmaschinen ist.

   Er schenkt hiermit seinem Sohn S € 50.000,– mit der Auflage, diesen Betrag als stille Einlage in das Unternehmen des V gemäß dem Vertrag über die Errichtung einer stillen Gesellschaft, der dieser Urkunde als wesentlicher Bestandteil beigefügt ist, einzulegen.

   Im Erbfall hat S die Schenkung zum Ausgleich zu bringen bzw. sich auf den Pflichtteil anrechnen zu lassen.

2. Die Schenkung wird dadurch vollzogen, dass V von seinem Kapitalkonto einen Teilbetrag in Höhe von € 50.000,– an S abtritt. Der abgetretene Betrag wird als stille Einlage des S geführt.

3. S nimmt die Schenkung und die zu ihrem Vollzug erfolgende Abtretung an.

4. Eine etwa anfallende Schenkungsteuer sowie die Kosten dieses Vertrages und seiner Durchführung trägt V.

Anlage:

Vertrag über die Errichtung einer stillen Gesellschaft *[s. Formular A. 14.00 oder A. 14.01]*.

II. ERLÄUTERUNGEN

> **Erläuterungen zu A. 14.13 Schenkweise Einräumung einer stillen Beteiligung**

1. Wirtschaftliche Funktion

Die schenkweise Einräumung einer stillen Beteiligung geschieht idR im Rahmen **1** einer vorweggenommenen Erbfolge, um Nachfolger am Geschick der Firma zu interessieren und um Erbschaftsteuern zu sparen. Durch die Verlagerung von laufendem Einkommen auf den stillen Gesellschafter ergeben sich weiter einkommensteuerliche Vorteile.

2. Gesellschaftsrecht

Die schenkweise Einräumung einer stillen Beteiligung erfordert zwei Rechtsakte, **2** nämlich zum einen die Schenkung eines Geldbetrages, zum anderen den Abschluss eines stillen Gesellschaftsvertrages, auf Grund dessen der Beschenkte zur Erbringung einer stillen Einlage in Höhe des geschenkten Geldbetrages verpflichtet wird. Die Schenkung des Geldbetrages erfolgt im Formular dadurch, dass der Schenker von seinem Kapitalkonto einen Teil an den Beschenkten unentgeltlich abtritt.

Form: Die schenkweise Zuwendung einer stillen Beteiligung bedarf grundsätzlich **3** der notariellen Beurkundung gem. § 518 BGB. Eine Heilung des Formmangels durch Vollzug der Schenkung kommt in den Fällen, in denen ein Einzelkaufmann von seinem Privatkonto einen Teil an den Beschenkten abtritt, nicht in Betracht, weil er dadurch lediglich eine Forderung gegen sich selbst begründet, was nicht als Vollzug der Schenkung gilt (BGH II ZR 136/51 v. 24.9.52, NJW 52, 1412; BGH II ZR 16/52 v. 29.10.52, NJW 53, 138; *Jebens* BB 80, 407). Nach BFH IV R 95/73 v. 19.9.74 (BStBl. II 75, 141) ist in diesem Fall für die steuerliche Anerkennung nicht nur die Beurkundung des Schenkungsvertrages, sondern auch des stillen Gesellschaftsvertrages erforderlich (ebenso BFH I R 94/81 v. 13.3.85, BFH/NV 86, 91 unter Ablehnung des Billigkeitserlasses der FinVerw., s. BMF v. 8.12.75, BStBl. I 75, 1130). Seit BFH IV R 52/11 v. 17.7.14, BFH/NV 14, 1949 soll die unentgeltliche Zuwendung einer atypischen Beteiligung mit dem Abschluss des Gesellschaftsvertrages zivilrechtlich wirksam sein, auch wenn die Formvorschriften des § 518 Abs. 1 S. 1 BGB nicht eingehalten worden sind. Notarielle Beurkundung des Schenkungsversprechens ist dann nicht erforderlich, wenn der Inhaber seinem Sohn einen Barbetrag schenkt, der im Anschluss daran als stille Einlage eingelegt wird (s. auch A. 14.00 Rz. 8 f.).

Werden **minderjährige Kinder** als stille Gesellschafter aufgenommen, so bedarf **4** der Gesellschaftsvertrag der vormundschaftlichen Genehmigung (§ 1822 Nr. 3 BGB), wenn Teilnahme am Verlust vereinbart wird (BFH I R 101/72 v. 28.11.73, BStBl. II 74, 289). Außerdem ist sowohl für den Schenkungsvertrag als auch für den stillen Gesellschaftsvertrag Ergänzungspflegschaft erforderlich (§§ 1909, 1629 Abs. 2, 1795 BGB; s. BFH I R 176/77 v. 19.12.79, BStBl. II 80, 242). Dauerpflegschaft ist jedoch nicht erforderlich (BFH IV R 102/73 v. 29.1.76, BStBl. II 76, 328).

3. Steuerrecht

Bei der Gewinnverteilung ist zu beachten, dass nach der Rspr. des BFH bei ge- **5** schenkten Kapitaleinlagen nur ein Gewinnanteil des stillen Gesellschafters bis zu 15 % des gemeinen Werts der Beteiligung anerkannt wird. Bei Ausschluss der Verlustbeteiligung reduziert sich dieser Satz auf 12 % (BFH IV R 56/70 v. 29.3.73, BStBl. II 73, 650). Ist der mit der stillen Beteiligung verbundene Gewinnanteil unangemessen hoch, so wird der Unterschiedsbetrag zwischen dem unangemessenen und dem angemessenen Gewinnanteil als Gewinn des Inhabers (Schenkers) angesehen und bei diesem versteuert. Maßstab für die Ermittlung der 15%- bzw. 12%-Grenze ist bei einer geschenkten typischen stillen Beteiligung der Nennwert, bei einer atypischen stillen Beteiligung der tatsächliche Wert (s. auch A. 14.00 Rz. 60).

6   **Schenkungsteuer:** Neben der steuerpflichtigen Schenkung des Geldbetrages kann ein weiterer steuerpflichtiger Vorgang vorliegen, wenn dem stillen Gesellschafter eine Gewinnbeteiligung eingeräumt wird, die nicht in einem angemessenen Verhältnis zum Wert der Einlage steht (§ 7 Abs. 6 ErbStG).

Zur **einkommensteuerlichen** Anerkennung schenkweise begründeter stiller Beteiligung vgl. A. 14.00 Rz. 22.

A. 15. Umwandlung

Übersicht

A. 15.00 Überblick Regelungsbereiche UmwG/UmwStG und Formulare A. 15.10–15.80

Gliederung

I. Allgemeines

1. Überschneidende Regelungskreise UmwG/UmwStG

a) Regelungsbereich des Umwandlungsgesetzes (UmwG)

Die nachfolgenden Formulare A. 15.10–A. 15.80 behandeln ausschließlich **Um-** 1 **wandlungen auf Grund des UmwG.** Das UmwG kennt folgende **vier Arten** von Umwandlungen (Umwandlung als Oberbegriff) von bestehenden Rechtsträgern mit Sitz im Inland:

- Die **Verschmelzung** (§ 1 Abs. 1 Nr. 1 iVm. §§ 2–122l UmwG, vgl. Formulare A. 15.60–A. 15.80) unter Einschluss der grenzüberschreitenden Verschmelzung von Kapitalgesellschaften (vgl. §§ 122a ff.).
- Die **Spaltung** (§ 1 Nr. 2, §§ 123–173 UmwG), und zwar
  - durch Aufspaltung unter Auflösung des übertragenden Rechtsträgers (vgl. dazu Formular A. 15.20),
  - durch Abspaltung von Vermögensteilen aus einem fortbestehenden Rechtsträger (vgl. Formular A. 15.10) oder
  - durch Ausgliederung von Vermögensteilen aus einem fortbestehenden Rechtsträger (vgl. Formular A. 15.30).
- Die **Vermögensübertragung** (§ 1 Abs. 1 Nr. 3, §§ 174–189 UmwG), allerdings beschränkt auf die Übertragung **(1)** von einer Kapitalgesellschaft auf den Bund, ein Land, eine Gebietskörperschaft oder einen Zusammenschluss von Gebietskörperschaften (§ 175 Nr. 1 UmwG) bzw. **(2)** auf öffentlich-rechtliche Versicherungsunternehmen durch Versicherungs-AGs oder Versicherungsvereine auf Gegenseitigkeit und **(3)** umgekehrt (§ 175 Nr. 2 UmwG). Wegen der Beschränkung auf die genannten Rechtsträger und des Ausschlusses der Gewährung von Anteilen oder Mitgliedschaften als Gegenleistung für die Vermögensübertragung (§ 174 UmwG) bleibt die Vermögensübertragung ohne breiten Anwendungsbereich und wird hier nicht weiter behandelt.
- Den **Formwechsel** (§ 1 Abs. 1 Nr. 4, §§ 190–304 UmwG), vgl. Formulare A. 15.40 und A. 15.50. Nicht gesetzlich geregelt im UmwG ist der – europarechtlich zulässige – grenzüberschreitende Formwechsel i. S. d. Verlegung des Satzungssitzes über die Grenze unter Wechsel des Rechtskleids (rechtsformwechselnder Wegzug oder Zuzug). Hierbei werden, soweit deutsches Recht Anwendung findet, die Vorschriften des Formwechsels analog angewendet (OLG Nürnberg 12 W 520/13 v. 19.6.13, NZG 14, 349; OLG Saarbrücken 5 W 79/19 v. 7.1.20, NZG 20, 390).

Das UmwG eröffnet auch **Partnerschaftsgesellschaften** als Rechtsform für Angehörige Freier Berufe zur gemeinsamen Berufsausübung (§ 1 Abs. 1 Satz 1 PartGG) die Verschmelzungsfähigkeit (§ 3 Abs. 1 Nr. 1 UmwG), die Spaltungsfähigkeit (§ 124 Abs. 1 UmwG iVm. § 3 Abs. 1 Nr. 1 UmwG) und die Möglichkeit des Formwechsels (§§ 225a ff. UmwG). Eine Ausgliederung auf eine Partnerschaftsgesellschaft ist jedoch nicht möglich (*Lutter/Schmidt* § 45a UmwG Rz. 3); auch nicht ein Formwechsel von einer Personenhandelsgesellschaft auf eine Partnerschaftsgesellschaft (§ 214 Abs. 1 UmwG; OLG Hamm 27 W 24/18 v. 12.7.18, BeckRS 2018, 35358). Für die Partnerschaftsgesellschaft als beteiligten Rechtsträger regeln §§ 45a bis 45e UmwG die Besonderheiten für den Fall der Verschmelzung und ergänzen damit die allgemeinen Regelungen der §§ 2–38 UmwG. Die §§ 45a bis 45e UmwG sind in Spaltungsfällen entsprechend anwendbar; das Gesetz sieht für Partnerschaftsgesellschaften keine besonderen spaltungsrechtlichen Normen vor.

2   Gemeinsam ist der Verschmelzung und der Spaltung (als Unterfälle von Umwandlungen nach dem UmwG), dass der Vermögensübergang bei Verschmelzungen durch **Gesamtrechtsnachfolge** (§ 20 Abs. 1 Nr. 1 UmwG) und bei Spaltungen durch **partielle Gesamtrechtsnachfolge** bzgl. der übertragenen Vermögensteile (§ 131 Abs. 1 Nr. 1 UmwG) stattfindet; beim Formwechsel wird ein Fortbestehen des formwechselnden Rechtsträgers in der im Umwandlungsbeschluss bestimmten Rechtsform fingiert (§ 202 Abs. 1 Nr. 1 UmwG). Bei Verschmelzung und Aufspaltung **erlischt der übertragende Rechtsträger,** ohne dass es einer Liquidation, Auflösung oder Abwicklung bedarf (§ 20 Abs. 1 Nr. 2 UmwG für die Verschmelzung und § 131 Abs. 1 Nr. 2 UmwG für die Aufspaltung). Die Umwandlungen nach dem UmwG gehen schließlich von einer **Identität der Inhaber der Anteile oder der Mitgliedschaften** an den beteiligten Rechtsträgern aus, dh. im Regelfall werden die Gesellschafter des übertragenden Rechtsträgers mit Wirksamkeit der Umwandlung automatisch An-

teilsinhaber des oder der übernehmenden Rechtsträger (§ 20 Abs. 1 Nr. 3 UmwG für die Verschmelzung und § 131 Abs. 1 Nr. 3 UmwG für die Auf- oder Abspaltung). Beim Formwechsel wird gem. § 202 Abs. 1 Nr. 2 UmwG eine Fortsetzung der Beteiligung an dem Rechtsträger neuer Form fingiert.

All diese Rechtsfolgen treten **mit Eintragung** ein: bei Verschmelzung mit Eintra- **3** gung in das Register des Sitzes des übernehmenden Rechtsträgers gem. § 20 Abs. 1 UmwG, bei den Spaltungsarten gem. § 131 Abs. 1 UmwG mit Eintragung in das Register des Sitzes des übertragenden Rechtsträgers und bei Formwechsel gem. § 202 Abs. 1 UmwG mit Eintragung der neuen Rechtsform in das betreffende Register. Ferner werden mit Eintragung etwaige Mängel der notariellen Beurkundung und ggf. erforderlicher Zustimmungs- und Verzichtserklärungen einzelner Anteilsinhaber geheilt (vgl. § 20 Abs. 1 Nr. 4 und Abs. 2 UmwG für die Verschmelzung, § 131 Abs. 1 Nr. 4 und Abs. 2 UmwG für die Spaltungen und § 202 Abs. 1 Nr. 3 und Abs. 3 UmwG für den Formwechsel).

Die **vier** im UmwG geregelten **Umwandlungsarten** (Verschmelzung, Spaltung, **4** Vermögensübertragung und Formwechsel) sind grds abschließend; daneben sind Umwandlungen nur möglich, wenn sie durch ein anderes Bundesgesetz oder Landesgesetz ausdrücklich vorgesehen sind (§ 1 Abs. 2 UmwG, sog. **Numerus-Clausus**). Dieser Numerus-Clausus betrifft aber nur diese im UmwG definierten vier Arten der Umwandlung. Bisher schon bestehende andere Umstrukturierungsmöglichkeiten, wie zB die Anwachsung nach § 105 Abs. 2 HGB iVm. § 738 BGB, bleiben erhalten. Zu den **weiterhin zulässigen anderen Möglichkeiten** zählen daher insb alle Umstrukturierungstechniken mit **Einzelrechtsnachfolge** (zB durch Einbringung von Betrieben, Teilbetrieben, Mitgliedschaften an Personengesellschaften oder Anteilen an Kapitalgesellschaften) auf andere Gesellschaften (Personenhandelsgesellschaften oder Kapitalgesellschaften) gegen Gewährung von Gesellschaftsrechten; vgl. dazu
- Formular A. 3.01 zur Einbringung in Personenhandelsgesellschaft gegen Gewährung von Gesellschaftsrechten,
- Formular A. 3.02 zur Einbringung eines Betriebs oder Teilbetriebs in GmbH gegen Gewährung von Gesellschaftsrechten,
- Formular A. 3.05 zur Einbringung aller Kommanditanteile an einer GmbH & Co. KG in die Komplementär-GmbH gegen Gewährung von Gesellschaftsrechten, die zur Anwachsung des Vermögens der GmbH & Co. KG auf die Komplementär-GmbH ebenfalls im Wege der Gesamtrechtsnachfolge führt.
- Auch die Realteilung einer Personengesellschaft durch Naturalteilung gem. § 145 Abs. 1 2. Hs. HGB und damit außerhalb des Anwendungsbereichs des UmwG ist nicht ausgeschlossen (s. Formular A. 12); in den Anwendungsbereich des UmwG fällt allerdings die Aufspaltung (und die Abspaltung aus) einer Personenhandelsgesellschaft (vgl. dazu A. 12 Rz. 2).

b) Regelungsbereich des Umwandlungssteuergesetzes (UmwStG)

Mit Art. 6 SEStEG v. 7.12.06 (BGBl. I 06, 2782) wurde auch das UmwStG 1995 **5** neu gefasst und wenn auch nicht vollständig internationalisiert, so doch zumindest „europäisiert". **Neu** ist insbes., dass **verbleibende Verlustabzüge, Zins- und EBITDA-Vorträge nach § 4h Abs. 1 Satz 2 EStG nicht von Körperschaften auf andere Körperschaften übergehen** (bei Verschmelzung gem. § 12 Abs. 3 UmwStG für die Körperschaftsteuer, bei Auf- oder Abspaltung gem. § 15 Abs. 3 UmwStG für die Körperschaftsteuer und iVm. § 19 Abs. 2 UmwStG für die Gewerbesteuer bei Verschmelzung und bei Auf- und Abspaltung). Nach seinem Inkrafttreten hat das UmwStG 2006 zahlreiche Änderungen erfahren, zuletzt durch das StÄndG 2015 v. 2.11.15 (BGBl. I 15, 1834). Die für die steuerliche Beratungspraxis wohl wichtigsten diesbezüglichen Verwaltungsanweisungen waren bisher der **UmwSt-Erl. 1998** (v. 25.3.98, BStBl. I 98, 268) und der **UmwSt-Erl. 2003** (v. 16.12.03, BStBl. I

03, 575), die sich allerdings beide noch auf das UmwStG 1995, also auf die Rechtslage vor der Reform durch das SEStEG beziehen. Eine grundlegende Überarbeitung des UmwSt-Erl. 1998 in Bezug auf das seit 2006 geänderte UmwStG ist der Finanzverwaltung erst im November 2011, also über fünf Jahre nach dem Inkrafttreten des UmwStG 2006, gelungen (**UmwSt-Erl. 2011** BMF v. 11.11.11, BStBl. I 11, 1314).

Nicht alle Änderungen durch das SEStEG können in diesem Rahmen dargestellt werden. Beispielhaft sei auf folgende Regelungen hingewiesen:

- Vollständige Abschaffung der Verlustübertragungsmöglichkeit (einschließlich Zins- und EBITDA-Vorträgen).
- Gewerbesteuerpflicht des Gewinns aus der Aufgabe oder Veräußerung des auf eine Personengesellschaft oder eine natürliche Person übergegangenen Betriebs innerhalb von fünf Jahren nunmehr auch nach einer Umwandlung und zwar auch soweit der Gewinn auf Betriebsvermögen entfällt, das bereits vor der Umwandlung im Betrieb der übernehmenden Personengesellschaft oder der natürlichen Person vorhanden war (§ 18 Abs. 3 Satz 1 Hs. 2 UmwStG).
- Nutzung von Zins- und EBITDA-Vorträgen iSv. § 4h EStG und Verlusten nur, wenn dem übertragenden Rechtsträger die Nutzung auch ohne die steuerliche Rückwirkungsfiktion möglich gewesen wäre (§ 2 Abs. 4 UmwStG idF des JStG 2009 (*Rödder/Schönfeld* DStR 09, 560).

Das **UmwStG** idF des SEStEG (= UmwStG 2006) ist **erstmals** auf Umwandlungen und Einbringungen **anzuwenden,** die nach dem 12.12.2006 erfolgen (§ 27 Abs. 1 UmwStG). Bei allen Umwandlungen ist zukünftig auch zu beachten, ob durch sie Haltefristen nach dem neuen Erbschaftsteuerrecht, namentlich auch bzgl. evtl. abgeschlossener sog. Poolverträge nach § 13b Abs. 1 Nr. 3 Satz 2 ErbStG verletzt werden (hierzu auch Koordinierte Ländererlasse v. 22.6.17, BStBl. I 17, 902).

6   Die Anwendung des UmwStG auf die einzelnen Umwandlungsarten des UmwG ist in der Praxis vor allem aus den folgenden Gründen (s. Rz. 6–10) nur schwierig nachzuvollziehen:

Das UmwStG folgt in seinem Aufbau nicht der im UmwG vorgegebenen Gliederung der vier Umwandlungsarten, sondern enthält eine **eigene Systematik** (vgl. UmwSt-Erl. 2011 BMF v. 11.11.11, BStBl. I 11, 1314, Tz. 01.03. bis 01.48). So fallen zB unter den 2. Teil (§§ 3–10 UmwStG), der die steuerliche Behandlung des Vermögensübergangs von einer Körperschaft auf eine Personengesellschaft oder eine natürliche Person regelt, ua.

- die Verschmelzung von Kapitalgesellschaften mit bzw. auf Personenhandelsgesellschaften (vgl. zB Formular A. 15.70) oder eine natürliche Person,
- in Verbindung mit § 16 UmwStG die Auf- bzw. Abspaltung von Kapitalgesellschaften auf Personenhandelsgesellschaften (vgl. zB Formular A. 15.10) und
- in Verbindung mit § 9 UmwStG der Formwechsel von einer Kapitalgesellschaft in eine Personengesellschaft (vgl. Formular A. 15.50).

7   **Beim Formwechsel** von Kapital- in Personenhandelsgesellschaften und umgekehrt wird abweichend vom Handelsrecht für ertragsteuerliche Zwecke ein **Vermögensübergang fingiert;** so

- in § 9 UmwStG für den Formwechsel einer Kapitalgesellschaft in eine Personengesellschaft (s. Formular A. 15.50), der hierfür die Regelungen der §§ 3–8 und 10 UmwStG für einen Vermögensübergang auf eine Personengesellschaft für entsprechend anwendbar erklärt sowie
- in § 25 UmwStG für den Formwechsel einer Personenhandelsgesellschaft in eine Kapitalgesellschaft (s. Formular A. 15.40), der darauf die Regelungen für die Einbringung in eine Kapitalgesellschaft gegen Gewährung von Gesellschaftsrechten der §§ 20–23 UmwStG für entsprechend anwendbar erklärt.

8   Das UmwStG knüpft an **andere Begriffe/Voraussetzungen** als das UmwG an, so zB

– bei Auf- und Abspaltung durch steuerrechtliche Anknüpfung in § 15 UmwStG an die Voraussetzung des Betriebs, Teilbetriebs, eines Mitunternehmeranteils oder einer Beteiligung an einer Kapitalgesellschaft, die das gesamte Nennkapital der Gesellschaft umfasst, während handelsrechtlich beliebige Teile des Vermögens, dh. im Extremfall auch nur ein einziger Vermögensgegenstand Gegenstand der Abspaltung sein kann;
– durch Verwendung des Begriffes der Einbringung in §§ 20ff. und 24 UmwStG, den es im Rahmen des UmwG nicht gibt;
– steuerlicher Übertragungsstichtag (§§ 2, 9, 20 Abs. 5 und 6, letztere entspr. anwendbar gem. §§ 24 Abs. 4 Hs. 2, 25 UmwStG) gegenüber Verschmelzungsstichtag (§§ 5 Abs. 1 und 126 Abs. 1 UmwG) vgl. UmwSt-Erl. 2011 BMF v. 11.11.11, BStBl. I 11, 1314, Tz. 02.01 bis 02.08.

c) Nicht übereinstimmende Regelungskreise des UmwG und des UmwStG

Das UmwStG umfasst Fälle, die nicht vom UmwG erfasst werden, zB **9**
– Einbringung eines Betriebs, Teilbetriebs, Mitunternehmeranteils oder von Anteilen an Kapitalgesellschaften (sog. Anteilstausch) gegen Gewährung neuer Gesellschaftsanteile in eine Kapitalgesellschaft im Wege der Einzelrechtsnachfolge gem. §§ 20ff. UmwStG (vgl. Formulare A. 3.02 und A. 3.05),
– die Anwachsung des Vermögens einer Personengesellschaft auf eine Kapitalgesellschaft gegen Gewährung von Gesellschaftsrechten gem. § 20 UmwStG (vgl. Formular A. 3.05),
– die Gründung von Personenhandelsgesellschaften gem. § 24 UmwStG,
– die Einbringung von Sacheinlagen gem. § 24 UmwStG in bestehende Personenhandelsgesellschaften (vgl. zB Formular A. 3.01),
– die Aufnahme weiterer Gesellschafter in eine Personengesellschaft gem. § 24 UmwStG oder
– die Verschmelzung von Personenhandelsgesellschaften durch Einbringung der Mitunternehmeranteile, durch Einzelrechtsübertragung oder durch Anwachsung gem. § 24 UmwStG.

Vergleiche zu den sich überschneidenden Regelungsbereichen des UmwStG und **10** des UmwG bzw. zu den jeweils vom UmwStG nicht erfassten Regelungsbereichen, *W/M/Widmann* Vor § 1 UmwStG Rz. 2ff. und Rz. 16 die tabellarischen Gesamtübersichten der Einzelnen vom UmwG geregelten Fälle unter Angabe der darauf anwendbaren steuerrechtlichen Regelungen.

2. Inhalt Formulare A. 15.10–15.80: Umwandlungen, die vom UmwG und vom UmwStG erfasst werden

Die in diesem Abschnitt „Umwandlung" nachfolgenden Formulare behandeln bei- **11** spielhaft praxisrelevante Fälle der häufigsten Gesellschaftsformen (Personenhandelsgesellschaften und GmbHs) aus den drei wichtigsten Umwandlungsarten des UmwG (Spaltung, Formwechsel und Verschmelzung), die auch vom UmwStG erfasst werden.
Die Spaltung einer GmbH mit den Unterfällen
– Abspaltung eines Teilbetriebs aus einer GmbH in eine dadurch neu gegründete Personenhandelsgesellschaft (Formular A. 15.10),
– Aufspaltung einer GmbH durch Übertragung jeweils eines Teilbetriebs auf zwei bestehende GmbHs (Gesellschafter) jeweils durch Aufnahme (Formular A. 15.20),
– Ausgliederung eines Betriebs oder Teilbetriebs aus dem Vermögen eines im Handelsregister eingetragenen Einzelkaufmanns auf eine dadurch neu gegründete GmbH (sog. Ausgründung, Formular A. 15.30).
Den Formwechsel zwischen Personenhandelsgesellschaft und Kapitalgesellschaft, nämlich
– die formwechselnde Umwandlung einer Kommanditgesellschaft in eine GmbH (Formular A. 15.40) und

- die formwechselnde Umwandlung einer GmbH in eine GmbH & Co. KG (Formular A. 15.50).

Die Verschmelzung von bestehenden GmbHs
- Verschmelzung einer 100%igen Tochter-GmbH auf ihre Mutter-GmbH (Formular A. 15.60),
- Verschmelzung einer Mutter-GmbH auf ihre 100%ige Tochter-GmbH (Formular A. 15.61),
- Grenzüberschreitende Verschmelzung einer österreichischen GmbH auf eine deutsche GmbH (Formular A. 15.62) und
- Verschmelzung zweier GmbHs mit gegenseitigen Beteiligungen und eigenen Anteilen (Formular A. 15.63).

Schließlich werden noch **Mischverschmelzungen** (Verschmelzungen von Gesellschaften unterschiedlicher Rechtsform, hier Kapital- mit Personenhandelsgesellschaften) behandelt, nämlich
- die Verschmelzung einer GmbH auf ihre Hauptgesellschafterin in der Rechtsform einer Personenhandelsgesellschaft mit Barabfindungsangebot an Minderheitsgesellschafter (Formular A. 15.70) und
- die Verschmelzung einer Personenhandelsgesellschaft auf eine bestehende GmbH am Beispiel der Verschmelzung einer GmbH & Co. KG auf die Komplementär-GmbH (Formular A. 15.80).

12   Generelle Problemfelder im Rahmen von Umwandlungen werden vorab in den nachfolgenden Abschnitten B bis D behandelt:
- Abschnitt B behandelt Fragen bzgl. des **Umwandlungsstichtags** (handelsrechtlich s. Rz. 16–19; steuerrechtlich s. Rz. 20 bis 24).
- Abschnitt D beinhaltet **Verkehrsteuern** bei Umwandlungsfällen im Rahmen des UStG (s. Rz. 105 bis 114) sowie des GrEStG (s. Rz. 115 bis 124).

13–15   *(frei)*

II. Umwandlungsstichtag (handelsrechtlich/steuerrechtlich)

1. Handelsrechtlicher Umwandlungsstichtag/Stichtag Umwandlungsbilanz

16   Handelsrechtlich ist als Umwandlungsstichtag der Tag anzugeben, von dessen Beginn an das Ergebnis und das Vermögen bereits dem übernehmenden Rechtsträger im Innenverhältnis zuzurechnen ist (zB § 5 Abs. 1 Nr. 6 UmwG: „der Zeitpunkt, von dem an die Handlungen der übertragenden Rechtsträger als für Rechnung des übernehmenden Rechtsträgers vorgenommen gelten **(Verschmelzungsstichtag)**"; bei Spaltung nach § 126 Abs. 1 Nr. 6 UmwG: **„Spaltungsstichtag")**. Bei einem Formwechsel gibt es auf Grund der Identität des formgewechselten Rechtsträgers keinen handelsrechtlichen Umwandlungsstichtag.

17   Die nach § 17 Abs. 2 Satz 2 UmwG einzureichende **Schlussbilanz** des übertragenden Rechtsträgers ist auf das Ende des Tages aufzustellen, der dem handelsrechtlichen Umwandlungsstichtag vorangeht. Dies gilt sowohl für eine Verschmelzung (§ 17 Abs. 2 Satz 2 UmwG) als auch für die Spaltung (§§ 125 Satz 1, 17 Abs. 2 Satz 2 UmwG).

18   Damit folgt der handelsrechtliche Umwandlungsstichtag dem **Stichtag,** auf den die **Schlussbilanz** aufzustellen ist, unmittelbar nach (so auch UmwSt-Erl. 2011 BMF v. 11.11.11, BStBl. I 11, 1314, Tz. 02.02; *Kallmeyer/Müller* § 17 UmwG Rz. 13 mwN). *Beispiel:* Wird als Umwandlungsstichtag der 1. Januar des Jahres 02 gewählt, ist die Schlussbilanz auf den 31. Dezember des Jahres 01 aufzustellen.

19   *(frei)*

2. Steuerlicher Stichtag

Für die Verschmelzung und die Spaltung knüpft § 2 UmwStG (Hinweis auf § 2 **20** Abs. 4 UmwStG idF des AmtshilfeRLUmsG v. 26.6.13 (BGBl. I 13, 1809), vgl. auch *Viebrock* DStR 13, 1364) bzgl. des „steuerlichen Übertragungsstichtags" zwingend an den Stichtag der Bilanz an, die dem Vermögensübergang zugrunde liegt; dies ist der Tag, auf den die handelsrechtliche Schlussbilanz aufgestellt ist (s. Rz. 17). Steuerlicher Übertragungsstichtag ist im og. Beispiel (s. Rz. 18) der 31.12.01 (vgl. UmwSt-Erl. 2011 BMF v. 11.11.11, BStBl. I 11, 1314, Tz. 02.01 bis 02.03; BFH II R 33/97 v. 22.9.99, DStRE 99, 955).

Die Nichtabgestimmtheit zwischen Handels- und Steuerrecht zeigt sich auch in der **21** unterschiedlichen Terminologie: Während das Handelsrecht vom Verschmelzungsstichtag bzw. Spaltungsstichtag (Oberbegriff: Umwandlungsstichtag) ausgeht, ist die steuerrechtliche Terminologie im UmwStG immer noch unterschiedlich:

- „Steuerlicher Übertragungsstichtag": für die Verschmelzung (§ 2 UmwStG), für die Spaltung einer Kapitalgesellschaft (§ 15 Abs. 2 Satz 5 UmwStG), für Einbringungen (§§ 20 Abs. 5 und 6 UmwStG in Kapitalgesellschaften sowie iVm. § 24 Abs. 4 Hs. 2 UmwStG für Einbringungen in eine Personengesellschaft).
- „Übertragungsstichtag": für den Formwechsel einer Kapital- in eine Personengesellschaft (§ 9 Satz 3 UmwStG).

(frei)   **22–24**

III. Maßgeblichkeit der Handelsbilanz anlässlich Umwandlung für steuerliche Zwecke?

Nach der Reform des UmwStG durch das SEStEG v. 7.12.06 (BGBl. I 06, 2782) **25** ist der Maßgeblichkeitsgrundsatz bei der Aufstellung von steuerlichen Bilanzen im Zusammenhang mit Umwandlungen nicht länger anzuwenden (Regierungsentwurf des SEStEG BT-Drs. 16/2710, S. 34; vgl. nunmehr auch UmwSt-Erl. 2011 BMF v. 11.11.11, BStBl. I 11, 1314, Tz. 21.11).

Damit hat sich die lange Auseinandersetzung zwischen FinVerw. und der hM in der **26** Literatur erledigt. Zum UmwStG 1995 vertrat die FinVerw. die Auffassung, dass nach dem Grundsatz der Maßgeblichkeit auch in den steuerlichen Schlussbilanzen nach dem UmwStG nur die auch handelsrechtlich zulässigen Werte angesetzt werden könnten (vgl. zB BMF v. 25.3.98, BStBl. I 98, 268 Tz. 11.01. und für die entgegengesetzte Auffassung zuletzt *Trossen* FR 06, 617).

Unverständlicherweise hielt die Finanzverwaltung zum UmwStG 1995 an ihrer **27** Auffassung fest, auch nachdem die ersten entgegengesetzten Urteile des BFH ergangen waren (vgl. ua. BFH v. 19.10.05, BStBl. II 06, 568 und v. 5.6.07, DStR 07, 1767; *Teichen* DStR 08, 1757).

(frei)   **28–104**

IV. Verkehrsteuern

1. Umsatzsteuer

Die im UmwStG enthaltene Regelung zur Rückwirkung des Übertragungsstichta- **105** ges greift nicht für die Umsatzsteuer (keine Rückwirkung vgl. UmwSt-Erl. 2011 BMF v. 11.11.11, BStBl. I 11, 1314, Tz. 01.01). Der übertragende Rechtsträger hat daher die von ihm zwischen dem rückbezogenen Umwandlungsstichtag und dem Tag der Registereintragung getätigten Umsätze zu versteuern. Dem übernehmenden Rechtsträger sind die Umsätze bzgl. des übernommenen Vermögens erst ab dem Tag der Registereintragung zuzurechnen. Entsprechendes gilt für die Vorsteuerbeträge (vgl. *R/D/F/G/Husmann* § 1 UStG Rz. 293). Da in der Praxis der Zeitpunkt der Eintragung erst nach Mitteilung durch das Handelsregister bekannt wird, dürfte es nicht zu beanstanden sein, wenn die Gesellschaften erst nach Zugang der Mitteilung über die Eintragung die aus dem Umwandlungsvorgang zu ziehenden Konsequenzen hinsichtlich der Ausstellung der Rechnungen und der Umsatzsteuervoranmeldungen ziehen, um zwischenzeitliche Rechnungsberichtigungen zu vermeiden.

106 Gemäß § 1 Abs. 1a UStG sind **Geschäftsveräußerungen** an einen anderen Unternehmer für dessen Unternehmen **nicht umsatzsteuerbar.** Eine Geschäftsveräußerung iSd. § 1 Abs. 1a UStG liegt vor, wenn die wesentlichen Grundlagen eines Unternehmens oder eines gesondert geführten Betriebs übertragen werden (UStAE 1.5 Abs. 1). Ein gesondert geführter Betrieb ist dann anzunehmen, wenn dieser wirtschaftlich selbstständig ist (UStAE 1.5 Abs. 3). Bei Einbringung eines Betriebs liegt auch dann eine Geschäftsveräußerung vor, wenn einzelne Wirtschaftsgüter nicht übertragen, sondern an die Gesellschaft vermietet oder verpachtet werden (UStAE 1.5 Abs. 3 Satz 2).

107 Auch wenn die Umwandlung selbst nicht umsatzsteuerbar ist (vgl. Rz. 106), kann die Umsatzsteuer auf Leistungsbezüge im Zusammenhang mit der Umwandlung – so zB Beratungsleistungen – zum **Vorsteuerabzug** berechtigen. Der Vorsteuerabzug hängt ua. davon ab, inwieweit der übertragende Rechtsträger vorsteuerabzugsschädliche Verwendungsumsätze getätigt hat (vgl. *R/H/L/Rasche* Anh. 9, Rz. 18, 34, 45).

108 Bei Umwandlungsvorgängen tritt der übernehmende Rechtsträger nach § 1 Abs. 1a Satz 3 UStG an die Stelle des Veräußerers, soweit eine Geschäftsveräußerung im Ganzen vorliegt. Der nach § 15a UStG maßgebliche **Berichtigungszeitraum** ist vom übernehmenden Rechtsträger fortzuführen. Im Falle einer (partiellen) Gesamtrechtsnachfolge bedarf es keiner besonderen Verpflichtung zur Weitergabe der für die Vorsteuerberichtigung erforderlichen Unterlagen. § 15a Abs. 10 UStG (ebenso wie § 1 Abs. 1a Satz 3 UStG) läuft in diesen Fällen leer.

109 Sind übertragender und übernehmender Rechtsträger Mitglied des gleichen umsatzsteuerlichen **Organkreises,** liegt kein Unternehmerwechsel vor. Die Umwandlung ist dann unabhängig vom übertragenden Vermögen nicht umsatzsteuerbar (vgl. hierzu auch *Pyszka* DStR 11, 545).

110–114 *(frei)*

2. Grunderwerbsteuer

115 Umwandlungen unterliegen der Grunderwerbsteuer, wenn sie einen Vermögensübergang bewirken und folgende Vermögensgegenstände übergehen:
– inländische Grundstücke (§ 1 Abs. 1 und 2 GrEStG),
– Anteile an Personengesellschaften mit inländischem Grundbesitz, so dass sich innerhalb von fünf Jahren der Gesellschafterbestand unmittelbar oder mittelbar dergestalt ändert, dass mindestens 95 % der Anteile auf neue Gesellschafter übergehen (§ 1 Abs. 2a GrEStG; vgl. hierzu auch BFH II R 57/09 v. 29.2.12, BFH/NV 12, 1260)
– Anteile an Kapitalgesellschaften mit inländischem Grundbesitz, so dass unmittelbar oder mittelbar mindestens 95 % der Anteile in einer Hand vereinigt werden (§ 1 Abs. 3 GrEStG)

116 Die Verstärkung bereits bestehender Anteilsvereinigungen löst keinen Besteuerungstatbestand des § 1 Abs. 3 GrEStG aus (vgl. Gleichl. Ländererlasse v. 2.12.99, BStBl. I 99, 991, Tz. 3; zu Ausnahmen Tz. 4). Hinweis auch auf § 1 Abs. 3a GrEStG idF des AmtshilfeRLUmsG v. 26.6.13 (BGBl. I 13, 1809).

117 **Mittelbare Beteiligungen** an grundbesitzenden Gesellschaften sind bei der Anteilsvereinigung nach § 1 Abs. 3 GrEStG grds. nur dann anzusetzen, wenn der Anteilseigner an der Gesellschaft, die ihm die mittelbare Beteiligung vermittelt, zu min-

destens 95% beteiligt ist (BFH II R 65/08 v. 25.8.10, BFH/NV 11, 379; vgl. *Wischott* DStR 09, 361, *Grieser* DStR 11, 847; BFH II R 21/12 v. 18.9.13, BStBl. II 14, 326 bei Über-Kreuz-Beteiligungen bzw. eigenen Anteilen). Zum Durchrechnen in den Fällen des § 1 Abs. 2a GrEStG s. BFH II R 17/10 v. 24.4.13, DStR 13, 1280: *Loose* DB 13, 1687; *Scheifele* DStR 13, 1805; Gleichl. Ländererlasse v. 16.9.15, BStBl. I 15, 822 und v. 18.2.14, BStBl. I 14, 561, Tz. 3. Seit dem StÄndG 2015 v. 2.11.15 (BGBl. I 15, 1834) regeln § 1 Abs. 2a Sätze 2 bis 5 GrEStG das Durchrechnen mittelbarer Beteiligungen abhängig davon, ob Gesellschafter eine Personen- oder Kapitalgesellschaft ist. Zu beachten sind die möglicherweise ganz erheblichen Verschärfungen bei der GrESt vor allem bei der Übertragung von Gesellschaftsanteilen an grundbesitzenden Gesellschaften durch das im Entwurf vorliegende *Gesetz zur Änderung des Grunderwerbsteuergesetzes* (BR-Drs. 355/19). Aufgrund der neuen, sehr weiten Auslegung der Regelung durch den BFH ist jeweils auch zu prüfen, ob eine Vergünstigung nach § 6a GrEStG in Betracht kommt (zur BFH-Rspr. *Loose* DB 20, 919).

Bemessungsgrundlage der GrESt. Die Grunderwerbsteuer bemisst sich bei Um- **118** wandlungen auf Grund eines Bundes- oder Landesgesetzes, bei Einbringungen und anderen Erwerbsvorgängen auf gesellschaftsvertraglicher Grundlage sowie in den Fällen des § 1 Abs. 2a und 3 GrEStG nach den Werten iSd. § 138 Abs. 2 bis 4 BewG (§ 8 Abs. 2 Satz 1 GrEStG; sog. Grundbesitzwerte). In allen anderen Fällen ist der Wert der Gegenleistung Bemessungsgrundlage für die GrESt (§ 8 Abs. 1 GrEStG). Der GrESt beträgt je nach Bundesland zwischen 3,5% und 6,5% der Bemessungsgrundlage (§ 11 Abs. 1 GrEStG). Die Steuer entsteht mit Eintragung der Umwandlung in das Handelsregister (vgl. FM Bayern v. 12.12.97, WPg 98, 390, Tz. A.I.2, A.II.1.2, A.II.2.2 sowie A.III.2). Zu Zweifeln an der Verfassungsmäßigkeit der Grundbesitzwerte für GrESt-Zwecke vgl. BFH II R 64/08 v. 27.5.09, DStR 09, 1474, Bescheide ergehen insoweit nur noch vorläufig, Gleichl. Ländererlasse v. 17.6.11, BStBl. I 11, 575. Beachte nunmehr: BVerfG 1 BvL 13/11, 1 BvL 14/11 v. 23.6.15, DStR 15, 1678 und hierzu OFD NRW v. 24.7.15, BeckVerw 313036. Mit StÄndG 2015 v. 2.11.15 (BGBl I 15, 1834) ist der Verweis in § 8 Abs. 2 GrEStG dahingehend geändert worden, dass nunmehr die sog. **Erbschaftsteuerwerte** Ersatzbemessungsgrundlage sind. Die Neuregelung ist auf alle Erwerbsvorgänge nach dem 31.12.08 anzuwenden (vgl. Gleichl. Ländererlasse v. 16.12.15, BStBl. I 15, 1082; *Loose* DB 16, 75; *Schade* DStR 16, 657).

Die beim Erwerb eines Grundstücks in Rechnung gestellte **Umsatzsteuer,** hängt **119** nicht länger von der Höhe der Grunderwerbsteuer ab (UStAE 10.1 Abs. 7 Satz 6).

Die **ertragsteuerliche Behandlung** der GrESt im Rahmen der Umwandlungen – **120** wie allgemein der Kosten für den Vermögensübergang (vgl. *Krohn* DB 18, 1755) – erscheint nach wie vor unklar. Die Verwaltung will die GrESt in der Regel nicht als sofort abziehbare Betriebsausgaben, sondern als Anschaffungsnebenkosten behandeln (vgl. UmwSt-Erl. 2011 BMF v. 11.11.11, BStBl. I 11, 1314, Tz. 04.34 und 23.01). Dagegen steht aber das Urteil des BFH I R 2/10 v. 20.4.11, BStBl. II 11, 761 (vgl. hierzu auch OFD Rheinland v. 23.1.12, DB 12, 486; BFH I R 40/10 v. 14.3.11, BStBl. II 12, 281; FG Münster 2 K 2838/10 G, F v. 14.2.13, EFG 13, 806; BFH IX R 50/13 v. 2.9.14, BStBl. II 15, 260; *Krämer* EStB 15, 165; s. nunmehr: OFD NRW v. 21.4.15, BeckVerw 304848 und LfSt Nds. v. 16.7.18, DB 18, 2274).

A. 15.10 Abspaltung aus GmbH in Personenhandelsgesellschaft durch Neugründung

Gliederung

I. FORMULARE

> **Formular A. 15.10 Abspaltungsplan**

Abspaltungsplan

Heute, den ......, erschien vor mir, ..., Notar in ...... in meinen Amtsräumen in ......

Herr A ...... *[Beruf/Wohn- bzw. Geschäftsadresse].*

Herr A erklärte, nachfolgend nicht im eigenen Namen zu handeln, sondern für die Firma A-GmbH mit Sitz in ......, eingetragen im Handelsregister des Amtsgerichts ...... unter HRB ...... (nachfolgend A-GmbH) als deren einzelvertretungsberechtigter Geschäftsführer.

Vertretungsbestätigung ......

Der Erschienene bat um notarielle Beurkundung des folgenden Abspaltungsplans gem. §§ 123 Abs. 2 Nr. 2, 136 UmwG.

Präambel

(1) Das Stammkapital der A-GmbH beträgt € 100.000,– und ist voll einbezahlt. Die Geschäftsanteile werden wie folgt gehalten:

– Herr B hält einen Geschäftsanteil im Nennbetrag von insgesamt € 50.000,–.

– Herr C hält einen Geschäftsanteil im Nennbetrag von insgesamt € 49.500,–.

– Die C-GmbH, mit Sitz in ......, eingetragen im Handelsregister des Amtsgerichts ...... unter HRB ...... (nachfolgend C-GmbH) hält einen Geschäftsanteil im Nennbetrag von insgesamt € 500,–.

(2) Herr C hat am ...... von seinen vor sechs Jahren erworbenen Geschäftsanteil an der A-GmbH im Nennbetrag von € 50.000,– einen Teilgeschäftsanteil von € 500,– auf die von ihm neugegründete C-GmbH übertragen. Die Übertragung erfolgte in Vorbereitung dieser Abspaltung. Der Geschäftsanteil im Nennbetrag von € 500,– der C-GmbH an der A-GmbH wird von dieser treuhänderisch für Herrn C gehalten.

(3) Die A-GmbH betreibt in ...... *[Ort/Straße]* den Betrieb X *[Beschreibung, ggf. Zweigniederlassung ...... – nachfolgend: Teilbetrieb X]* und in ...... den Betrieb Y *[Beschreibung, ggf. Zweigniederlassung ...... – nachfolgend: Teilbetrieb Y]*. Beide Betriebe *[ggf. Zweigniederlassungen]* werden organisatorisch selbstständig von jeweils verschiedenen Prokuristen geführt und haben jeweils eigene Einkaufs-, Fertigungs- und Vertriebsabteilungen.

(4) Herr C ist im Innenverhältnis für den Teilbetrieb Y zuständig und als Prokurist bestellt *[ggf. bei Zweigniederlassung: Prokura für Zweigniederlassung Y]*. In den Gesellschafterversammlungen der A-GmbH kam es über den weiteren Ausbau des Teilbetriebs Y auf Grund der dadurch entstehenden Risiken wiederholt zu Unstimmigkeiten. Der Mitgesellschafter Herr B hat sich insbesondere geweigert, Herrn C als weiteren Geschäftsführer neben Herrn A zu bestellen. Die Gesellschafter sind daher übereingekommen, ihr bisher gemeinsam betriebenes wirtschaftliches Engagement im Rahmen der A-GmbH zu trennen und haben deshalb deren alleinigen Geschäftsführer Herrn A beauftragt, die Abspaltung des Teilbetriebs Y aus der A-GmbH im Wege der Abspaltung durch Neugründung gem. § 123 Abs. 2 Nr. 2 UmwG auf die dadurch neu gegründete Personenhandelsgesellschaft unter der Firma C-GmbH & Co. KG durch Beurkundung des nachfolgenden Abspaltungsplans vorzubereiten.

§ 1 Abspaltungsplan

Die A-GmbH, vertreten durch Herrn A als deren einzelvertretungsberechtigten Geschäftsführer, stellt hiermit folgenden Abspaltungsplan auf:

(1) Bezeichnung der an der Abspaltung beteiligten Gesellschaften

a) Übertragender Rechtsträger ist die A-GmbH mit Sitz in ......, eingetragen im Handelsregister des Amtsgerichts ...... unter HRB ...... (nachfolgend A-GmbH).

b) Übernehmender Rechtsträger ist die neu zu gründende C-GmbH & Co. KG mit Sitz in ...... und Geschäftsräumen in ...... Vorbehaltlich der Genehmigung durch die Gesellschafterversammlung der übertragenden A-GmbH wird mit Wirksamkeit der Abspaltung die C-GmbH mit Sitz in ...... (eingetragen beim Amtsgericht ...... unter HRB ......) und Geschäftsräumen in ...... deren alleinige Komplementärin ohne Vermögenseinlage und ohne eine Gewinn- und Verlustbeteiligung und wird Herr C ...... *[Beruf, Wohn- bzw. Geschäftsadresse]* deren alleiniger Kommanditist mit einer Kommanditeinlage (Hafteinlage) von € 49.500,– und einer Gewinn- und Verlustbeteiligung von 100 %. Ein schriftlicher Gesellschaftsvertrag der C-GmbH & Co. KG, der mit beurkundet wird, ist beigefügt.

(2) Übertragung von Teilen des Vermögens der A-GmbH

a) Die übertragende A-GmbH überträgt die nachfolgend bezeichneten Teile ihres Vermögens jeweils als Gesamtheit mit allen Rechten und Pflichten unter Fortbestand der übertragenden Gesellschaft auf die vorstehend in Absatz 1b, bezeichnete, durch die Abspaltung entstehende Gesellschaft C-GmbH & Co. KG als übernehmender Rechtsträger.

b) Für die Übertragung der Gegenstände des Aktiv- und Passivvermögens und der Rechtsverhältnisse auf die C-GmbH & Co. KG gilt im Einzelnen folgendes:

aa) Auf die C-GmbH & Co. KG werden alle Aktiva, Passiva und Rechtsverhältnisse übertragen, die wirtschaftlich zum Teilbetrieb Y ...... in ...... gehören (nachfolgend insgesamt bezeichnet als Teilbetrieb Y). Bezüglich der übertragenen bilanzierungsfähigen Wirtschaftsgüter wird gem. § 126 Abs. 2 Satz 3 iVm. § 136 UmwG zur Zuordnung ergänzend auf die aus der zum 31.12.01 aufgestellten und geprüften Schlussbilanz mit Anhang der A-GmbH abgeleitete Abspaltungsbilanz des Teilbetriebs Y (Anlage Y 1.) verwiesen; die aus dieser Schlussbilanz entwickelte Abspaltungsbilanz des Teilbetriebs Y ist dieser Urkunde als Anlage Y 1. beigefügt und wurde mitverlesen. Auf die C-GmbH & Co. KG werden insbesondere im Einzelnen übertragen:

- die in Anlage Y 2. (unter Angabe des Grundbuchamtes, Gemarkung, Band- und Blattstelle, Flurstücknummern) aufgeführten Grundstücke nebst Gebäuden,
- die in Anlage Y 3. aufgeführten Gegenstände des Finanzanlagevermögens (ua. Wertpapiere, Beteiligungen, Forderungen unter Angabe der Beträge und Schuldner), des beweglichen Anlage- und Umlaufvermögens, Verbindlichkeiten und Rückstellungen (mit Bezeichnung der Beträge und Gläubiger),
- die bei den in Anlage Y 4. aufgeführten Kreditinstituten bestehenden Bankguthaben,
- die sonstigen Vermögensgegenstände des Anlage- und Umlaufvermögens gem. Inventar und allgemeiner Beschreibung nach Anlage Y 5., und zwar auch soweit sie nicht bilanzierungspflichtig bzw. nicht bilanzierungsfähig sind (zB selbstentwickelte Patente, gewerbliche Schutzrechte, Nutzungsrechte an Urheberrechten) sowie
- alle dem Teilbetrieb Y zuzuordnenden Verträge, insbesondere Miet-, Pacht-, Leasing- und Lieferverträge, Konzessionsverträge, Angebote und sonstige Rechtsstellungen gem. Anlage Y 6. sowie alle mit dem Geschäft des Teilbetriebs Y im Zusammenhang stehende sonstige Vermögensgegenstände.

bb) Von der C-GmbH & Co. KG übernommen werden ferner diejenigen Verbindlichkeiten und Rückstellungen, die wirtschaftlich zu dem Teilbetrieb Y gehören, auch wenn diese in den beigefügten Anlagen oder im Abspaltungsplan bzw. seinem Entwurf nicht aufgeführt sind.

cc) Auf die C-GmbH & Co. KG gehen schließlich die in Anlage Y 7. beschriebenen Arbeits- und Anstellungsverhältnisse über, die dem Teilbetrieb Y zuzuordnen sind.

dd) Soweit ab dem 1.1.02 Gegenstände des Teilbetriebs Y durch die A-GmbH im regelmäßigen Geschäftsverkehr veräußert worden sind, treten die Surrogate an deren Stelle.

ee) Vermögensgegenstände, Verbindlichkeiten, Arbeits- bzw. Anstellungsverhältnisse und sonstige Rechtspositionen, die in den beigefügten Anlagen oder im Abspaltungsplan bzw. seinem Entwurf nicht aufgeführt sind, gehen entsprechend der hier getroffenen Zuordnung auf die C-GmbH & Co. KG über, soweit sie dem Teilbetrieb Y im weitesten Sinne zuzuordnen sind; dies gilt entsprechend auch für immaterielle Vermögenswerte und für bis zur Eintragung der Abspaltung in das Handelsregister am Sitz der übertragenden Gesellschaft erworbene Vermögensgegenstände, bis dahin begründete Arbeits- bzw. Anstellungsverhältnisse, entstandene Verbindlichkeiten oder sonstige erworbene Rechtspositionen.

(3) Gegenleistung

a) Für die vorstehende Übertragung eines Teils ihres Vermögens der A-GmbH werden der C-GmbH und Herrn C als Gesellschafter der übertragenden A-GmbH folgende Mitgliedschaften an dem durch die Abspaltung neugegründeten übernehmenden Rechtsträger C-GmbH & Co. KG gewährt:

– Der C-GmbH ein Komplementäranteil ohne Vermögenseinlage und ohne Gewinn- und Verlustbeteiligung und

– Herrn C ein Kommanditanteil mit einer Kommanditeinlage (Hafteinlage) von € 49.500,– und einer Gewinn- und Verlustbeteiligung von 100 % ab dem Spaltungsstichtag (s. § 2).

b) Die Übertragung erfolgt zu Buchwerten. Übersteigt der positive Saldo der Buchwerte der auf die C-GmbH & Co. KG übertragenen Vermögensteile die Kommanditeinlage von € 49.500,–, so ist der überschießende Teile in eine gesamthänderisch gebundene Kapitalrücklage der C-GmbH & Co. KG einzustellen.

c) Die von C-GmbH und Herrn C gehaltenen Geschäftsanteile im Nennbetrag von insgesamt € 50.000,– an der übertragenden A-GmbH werden gem. § ...... des Gesellschaftsvertrags Zug um Zug gegen die zu gewährenden Mitgliedschaften an der C-GmbH & Co. KG eingezogen.

d) Bare Zuzahlungen sind nicht zu leisten.

(4) Keine besonderen Rechte und Vorteile iSd. §§ 126 Abs. 1 Nr. 7 und 8 iVm. 136 UmwG.

Besondere Rechte und Vorteile für die Gesellschafter der A-GmbH oder die in § 126 Abs. 1 Nr. 7 und 8 UmwG bezeichneten Personen werden nicht gewährt.

(5) Prokuren

Die für den Teilbetrieb Y bestellte Prokura für Herrn C wird widerrufen.

§ 2 Abspaltungsstichtag und -bilanz

(1) Als Abspaltungsstichtag wird der 1.1.02, vereinbart. Ab dem 1.1.02, 0:00 Uhr gelten die auf die übertragenen Vermögensgegenstände und Verbindlichkeiten bezogenen Handlungen der A-GmbH bzgl. des Teilbetriebs Y als für Rechnung der übernehmenden neu gegründeten C-GmbH & Co. KG vorgenommen.

(2) Die A-GmbH verpflichtet sich, das auf die C-GmbH & Co. KG zu übertragende Vermögen in der gem. §§ 15 Abs. 2, 16 UmwStG zum 31.12.01 zu erstellenden steuerlichen Abspaltungsbilanz gem. § 3 Satz 1 UmwStG (iVm. § 16 UmwStG) mit den Werten anzusetzen, die sich aus der Anwendung der Vorschriften über die steuerliche Gewinnermittlung ergeben (Ausschluss des Ansatzes von höheren Zeitwerten).

(3) Die A-GmbH verpflichtet sich, dafür Sorge zu tragen, dass ab dem Zugang der Mitteilung über die Eintragung der Abspaltung im Handelsregister der übertragenden Gesellschaft unverzüglich sämtliche den Teilbetrieb Y betreffenden Ausgangsrechnungen im Namen der C-GmbH & Co. KG ausgestellt werden und alle diesen betreffenden Eingangsrechnungen auf den Namen der C-GmbH & Co. KG ausgestellt sind. Die A-GmbH wird die Umsätze und Vorsteuern, die bis zum Zugang der Mitteilung der Eintragung der Abspaltung im Handelsregister der übertragenden A-GmbH erfolgt sind, noch im Namen dieser in deren umsatzsteuerlichen Voranmeldungen erfassen. Die C-GmbH & Co. KG ist verpflichtet, sämtliche Geschäftsvorfälle für den Zeitraum danach umsatzsteuerlich in ihrem Namen zu erfassen.

(4) Die A-GmbH verpflichtet sich weiter, sämtliche ab dem 1.1.02 eingetretenen Geschäftsvorfälle, die den Teilbetrieb Y betreffen, in ihrem Rechnungswesen separiert in einem gesonderten Buchungskreis zu erfassen und diese Buchungen bis zum Tag des Zugangs der Mitteilung der Eintragung zusammen mit den zugehörigen Buchungsbelegen und Unterlagen der C-GmbH & Co. KG zu übergeben.

§ 3 Grundbucherklärung

Die A-GmbH bewilligt und beantragt, das Grundbuch entsprechend der Abspaltungsvereinbarung (s. § 1) zu berichtigen.

§ 4 Folgen der Spaltung für die Arbeitnehmer und ihre Vertretungen

Die Folgen der Spaltung für die Arbeitnehmer und ihre Vertretung sowie die insoweit vorgesehenen Maßnahmen werden wie folgt beschrieben: ......

§ 5 Sicherheitsleistungen

Den Gläubigern der an der Abspaltung beteiligten Gesellschaften ist, wenn sie binnen sechs Monaten nach der Bekanntmachung der Eintragung der Abspaltung in das Handelsregister des Sitzes der Gesellschaft, deren Gläubiger sie sind, ihren Anspruch nach Grund und Höhe schriftlich anmelden, Sicherheit zu leisten, soweit sie nicht Befriedigung verlangen können und soweit sie glaubhaft machen können, dass durch die Abspaltung die Erfüllung ihrer Forderungen gefährdet wird. Zur Sicherheitsleistung ist allerdings nur die an der Abspaltung beteiligte Gesellschaft verpflichtet, gegen die sich der Anspruch richtet.

§ 6 Kosten und Gebühren

Die mit diesem Abspaltungsplan und dem Gesellschafterbeschluss verbundenen Gebühren, Kosten und Steuern werden wie folgt getragen:

– Notargebühren, Registergebühren und Beratungskosten tragen die A-GmbH und C-GmbH & Co. KG jeweils hälftig.
– Die mit dem Übergang der Grundstücke verbundenen Grundbuchgebühren und Grunderwerbsteuern trägt die C-GmbH & Co. KG.

....

[A-GmbH, vertreten durch Herrn A]

Anlage: Gesellschaftsvertrag der C-GmbH & Co. KG

Formular A. 15.10a Schreiben an den Betriebsrat

Von: Geschäftsleitung A-GmbH   ....
                                                              (Ort/Datum)

An: 1. Gesamtbetriebsrat A-GmbH, z. Hd. des/der Vorsitzenden des Gesamtbetriebsrats, Herrn/Frau ......

        2. Betriebsrat der A-GmbH, Teilbetrieb X in ......, z. Hd. des/der Vorsitzenden des Betriebsrats, Herrn/Frau ......

        3. Betriebsrat der A-GmbH, Teilbetrieb Y in ......, z. Hd. des/der Vorsitzenden des Betriebsrats, Herrn/Frau ......

        jeweils gegen Empfangsbestätigung

Betreff: Bevorstehende Abspaltung des Teilbetriebs Y aus der A-GmbH als übertragende Gesellschaft auf die dadurch neu gegründete C-GmbH & Co. KG als übernehmende Gesellschaft

Sehr geehrte Damen und Herren,

in der voraussichtlich am ...... stattfindenden Gesellschafterversammlung der A-GmbH ist beabsichtigt, dem beigefügten Entwurf des Abspaltungsplans der A-GmbH als übertragende Gesellschaft auf die damit neu gegründete C-GmbH & Co. KG als übernehmende Gesellschaft zuzustimmen und den Abspaltungsplan notariell zu beurkunden. Wir übermitteln Ihnen hiermit den Entwurf des Abspaltungsplans in der Anlage gem. § 126 Abs. 3 iVm. §§ 135, 136 UmwG. Wir bitten, auf die Einhaltung der Monatsfrist des § 126 Abs. 3 UmwG zu verzichten, den Erhalt dieses Schreibens und der Anlage auf den beigefügten Kopien dieses Schreibens zweifach zu bestätigen und an die übertragende A-GmbH, z. Hd. des Geschäftsführers, Herrn A im Hinblick auf den Nachweis im Zuge der Anlagen der Handelsregisteranmeldungen gem. § 17 Abs. 1, 16 iVm. §§ 125, 135 Abs. 1, 137 Abs. 1 und 2 UmwG jeweils zurück zu schicken.

....

[Geschäftsführung A-GmbH]

Hiermit bestätigen wir als jeweilige(r) Vorsitzende(r) des Betriebsrats den Erhalt dieses Schreibens nebst dem als Anlage beigefügten Entwurf des Abspaltungsplans und verzichten auf die Einhaltung der Monatsfrist des § 126 Abs. 3 UmwG.

....	....
[Ort/Datum]	[Gesamtbetriebsratsvorsitzende(r) A-GmbH]
....	....
[Ort/Datum]	[Betriebsratsvorsitzende(r) Teilbetrieb X der A-GmbH]
....	....
[Ort/Datum]	[Betriebsratsvorsitzende(r) Teilbetrieb Y der A-GmbH]

Formular A. 15.10b Abspaltungsbeschluss der übertragenden A-GmbH

Abspaltungsbeschluss (in Gesellschafterversammlung) der übertragenden A-GmbH (mit Einziehungsregelung)

Verhandelt am ......, in ...... vor mir ...... Notar in ...... erschienen, in den Geschäftsräumen in ......

1. Herr B ...... [Beruf/Wohn- bzw. Geschäftsadresse],

2. Herr C ...... [Beruf/Wohn- bzw. Geschäftsadresse]

Die Erschienenen erklärten, wie folgt zu handeln:

– Herr B handelt in eigenem Namen als Inhaber eines Geschäftsanteils im Nennbetrag von € 50.000,– an der A-GmbH mit Sitz in ......, eingetragen im Handelsregister des Amtsgerichts ...... unter HRB ...... (nachfolgend A-GmbH genannt).

– Herr C handelt im eigenen Namen als Inhaber eines Geschäftsanteils im Nennbetrag von € 49.500,– an der A-GmbH sowie für die C-GmbH mit Sitz in ......, eingetragen im Handelsregister des Amtsgerichts ...... unter HRB ...... als deren alleiniger Geschäftsführer, die einen Geschäftsanteil im Nennbetrag von € 500,– an der A-GmbH hält.

Damit ist das gesamte Stammkapital an der A-GmbH von insgesamt € 100.000,– vertreten. Die Stammeinlagen der A-GmbH sind in vollem Umfang erbracht.

Die Herren B und C baten um Beurkundung des folgenden:

Die Erschienenen halten unter Verzicht auf alle Formen und Fristen für die Einberufung und Abhaltung von Gesellschafterversammlungen eine Gesellschaftervollversammlung der A-GmbH ab und beschließen jeweils einstimmig, was folgt.

1. Einfügung einer Bestimmung in den Gesellschaftsvertrag der A-GmbH zur Zulässigkeit der Einziehung von Geschäftsanteilen (falls noch nicht enthalten)

   Der Gesellschaftsvertrag wird unter Einfügung des nachfolgenden § ...... (Zulässigkeit der Einziehung von Geschäftsanteilen) geändert; der neu einzufügende § ...... lautet wie folgt:

   „Durch einstimmigen Beschluss der Gesellschafterversammlung ist die Einziehung von Geschäftsanteilen und Teilgeschäftsanteilen zur Abspaltung eines Teils des Vermögens der Gesellschaft zulässig. Der durch die Einziehung ausscheidende Gesellschafter hat Anspruch auf eine angemessene Abfindung, die aber nicht in Geld, sondern nur in Gewährung von Geschäftsanteilen bzw. Mitgliedschaften an der durch die Abspaltung neu gegründeten diese Vermögensteile übernehmenden Gesellschaft zu gewähren ist. Der Einziehungsbeschluss hat die Zustimmung des durch die Einziehung ausscheidenden Gesellschafters zur Angemessenheit der gewährten Abfindung zu enthalten; die Gesellschafter haben darin ferner unwiderruflich ihren Verzicht auf die Anfechtung des Einziehungsbeschlusses und des Abspaltungsbeschlusses zu erklären."

2. Abspaltungsbeschluss

a) Auf die Versendung des Abspaltungsplans oder seines Entwurfs zusammen mit der Einberufung der Gesellschafterversammlung gem. § 47 iVm. § 125 Satz 1 UmwG wurde einvernehmlich verzichtet; dieser Verzicht wird hiermit nochmals ausdrücklich bestätigt.

b) Auf die Auslegung der Jahresabschlüsse und Lageberichte der A-GmbH für die letzten drei Geschäftsjahre zur Einsicht durch die Gesellschafter in den Geschäftsräumen der Gesellschaft vom Zeitpunkt der Einberufung der Gesellschafterversammlung gem. § 49 Abs. 2 iVm. § 125 Satz 1 UmwG an wurde ebenfalls einvernehmlich verzichtet; auch diesbzgl. wird der Verzicht hiermit nochmals ausdrücklich bestätigt.

c) Auf die Erstellung eines Spaltungsberichts iSv. § 127 Satz 1 UmwG wird hiermit gemäß §§ 127 Satz 2, 8 Abs. 3 UmwG verzichtet.

d) Kein Gesellschafter hat bei der Gesellschaft einen Antrag auf Prüfung des Abspaltungsplans oder seines Entwurfs gem. § 48 iVm. § 125 UmwG gestellt. Die Gesellschafter verzichten hiermit einvernehmlich auf ihr Recht, eine Spaltungsprüfung zu verlangen.

e) Dem Abspaltungsplan der A-GmbH vom ...... (Urkunde-Nr. ...... des Notars ...... in ......) wird gem. § 50 Abs. 1 iVm. §§ 56, 125, 128, 135 UmwG zugestimmt. Eine Ausfertigung des Abspaltungsplans ist dieser Niederschrift als Anlage beigefügt.

f) Gemäß § ...... des Gesellschaftsvertrags wird die Einziehung der von der C-GmbH und von Herrn C gehaltenen Geschäftsanteile im Nennbetrag von insgesamt € 50.000,– an der A-GmbH gem. § ...... des Gesellschaftsvertrags (s. Ziff. 1.) einstimmig beschlossen. Die Einziehung erfolgt gem. § 1 Abs. 3 Buchst. c des Abspaltungsplans gegen Gewährung der in § 1 Abs. 3 Buchst. a des Abspaltungsplans bezeichneten Mitgliedschaften an der C-GmbH & Co. KG als übernehmende Gesellschaft. Dieser Einziehungsbeschluss ist aufschiebend bedingt

– mit der Eintragung der Änderung des Gesellschaftervertrags gemäß dem vorstehend in Ziff. 1. gefassten Beschluss und

– der Eintragung der Abspaltung gem. dem vorstehend in Ziff. 2. Buchst. e gefassten Beschluss

jeweils im Handelsregister der A-GmbH. Herr C erklärt für sich und die von ihm vertretene C-GmbH, dass die Sachabfindung in Form der Mitgliedschaften an der übernehmenden C-GmbH & Co. KG eine angemessene Abfindung gem. § ...... des Gesellschaftsvertrags darstellt.

g) Auf das Recht, die vorstehenden Beschlüsse insbesondere den Zustimmungsbeschluss gemäß Buchst. e und den Einziehungsbeschluss gemäß Buchst. f anzufechten bzw. Klage gegen die Wirksamkeit der Beschlüsse zu erheben, wird ausdrücklich verzichtet.

....

[Herr B]   [Herr C]

Formular A. 15.10c Handelsregisteranmeldung der neu entstehenden Gesellschaft

---

An das

Amtsgericht ......

– Handelsregister Abteilung A –

Betreff: Neugründung der C-GmbH & Co. KG mit dem Sitz in ...... gem. § 123 Abs. 2 Nr. 2 UmwG

Als einzelvertretungsberechtigter Geschäftsführer der übertragenden A-GmbH mit Sitz in ...... (eingetragen im Handelsregister des Amtsgerichts ...... unter HRB ......) melde ich die neuerrichtete Gesellschaft C-GmbH & Co. KG mit Sitz in ......, mit C-GmbH, mit Sitz in ...... und eingetragen im Handelsregister des Amtsgerichts ...... unter HRB ......, als alleiniger Komplementärin und Herrn C ...... *[Beruf, Wohn- bzw. Geschäftsadresse]* als alleinigen Kommanditisten mit einer Einlage von € 49.500,– zur Eintragung in das Handelsregister an. Die Firma C-GmbH & Co. KG wird von der C-GmbH vertreten, diese durch ihren einzelvertretungsberechtigten Geschäftsführer, Herrn C. Die Geschäftsräume der Gesellschaft befinden sich in ...... Ich erkläre, dass eine Klage gegen die Wirksamkeit des Abspaltungsbeschlusses innerhalb der gesetzlichen Frist nicht erhoben worden ist.

Als Anlagen überreiche ich:

I. Beglaubigte Abschrift des Abspaltungsplans vom ...... (Urkunde-Nr. ...... des Notars ...... in ...... vom ......) mit Anlage (Gesellschaftsvertrag);

II. Beglaubigte Abschrift der notariell beurkundeten Gesellschafterbeschlüsse der übertragenden A-GmbH vom ...... *[Urkunde-Nr. ...... des Notars ...... in ...... vom ......]*, die auch die Verzichtserklärungen nach den §§ 8 Abs. 3, Satz 2, 9 Abs. 3 und 12 Abs. 3 sowie den Verzicht auf die Anfechtung der Beschlüsse bzw. den Klageverzicht gegen die Wirksamkeit der Beschlüsse enthalten;

III. Nachweis über die rechtzeitige Zuleitung des Abspaltungsplans bzw. dessen Entwurfs an die sämtlichen Betriebsräte der übertragenden Gesellschaft;

IV. Gesellschaftsvertrag der C-GmbH & Co. KG.

Nach Eintragung der Gesellschaft bitte ich um Übersendung je eines beglaubigten Handelsregisterauszugs an die A-GmbH, die C-GmbH & Co. KG und an den beglaubigenden Notar.

....

[Herr A für A-GmbH]

....

[Beglaubigungsvermerk]

Formular A. 15.10d Handelsregisteranmeldung der übertragenden GmbH

An das

Amtsgericht ......

– Handelsregister Abteilung B –

Betreff: Firma A-GmbH mit dem Sitz in ......, HRB ...... Anmeldung einer Abspaltung nach § 123 Abs. 2 Nr. 2 UmwG

Als einzelvertretungsberechtigter Geschäftsführer der og. Gesellschaft als übertragende Gesellschaft melde ich zur Eintragung an:

1. § ...... des Gesellschaftsvertrags ist geändert.

2. Unter Fortbestand der übertragenden Gesellschaft ist ein Teil ihres Vermögens im Wege der Abspaltung nach Maßgabe des als Anlage I. beigefügten Abspaltungsplans auf die Firma C-GmbH & Co. KG mit dem Sitz in ...... als dadurch neu gegründeten Rechtsträger übertragen worden.

Als Anlagen überreiche ich:

I. Beglaubigte Abschrift des notariell beurkundeten Abspaltungsplans vom ...... (Urkunde-Nr. ...... des Notars ...... in ...... vom ......);

II. Beglaubigte Abschrift der notariell beurkundeten Gesellschafterbeschlüsse der übertragenden A-GmbH vom ...... (Urkunde-Nr. ...... des Notars ...... in ...... vom ......), enthaltend

    1. die Änderung des Gesellschaftsvertrags in § ...... (Einziehung),

    2. Beschlüsse und Erklärungen der Gesellschafterversammlung der A-GmbH;

III. Nachweis über die rechtzeitige Zuleitung des Abspaltungsplans bzw. dessen Entwurfs an die zuständigen Betriebsräte der A-GmbH;

IV. Bilanz der übertragenden A-GmbH mit daraus abgeleiteter Abspaltungsbilanz für den Teilbetrieb Y;

V. Vollständiger Wortlaut des Gesellschaftsvertrags mit Bescheinigung des Notars gem. § 54 Abs. 1 Satz 2 GmbHG;

VI. Berichtigte Gesellschafterliste.

Ich bitte im Hinblick auf die Änderung des Gesellschaftsvertrags, zunächst nur diese Änderung einzutragen. Im Hinblick auf § 137 Abs. 3 UmwG werde ich zur Vervollständigung der Eintragung der Abspaltung noch einen beglaubigten Handelsregisterauszug nachreichen, aus dem sich ergibt, dass der im Wege der Abspaltung neugegründete Rechtsträger, die C-GmbH & Co. KG, mit dem Sitz in ......, eingetragen ist. Als alleiniger Geschäftsführer der übertragenden A-GmbH versichere ich gem. § 140 UmwG hiermit, dass auch unter Berücksichtigung der Abspaltung das Stammkapital der A-GmbH im Zeitpunkt der Anmeldung noch gedeckt ist.

Nach erfolgten Eintragungen bitte ich jeweils um Zusendung eines beglaubigten Handelsregisterauszugs an die Gesellschaft und an den beglaubigenden Notar.

....

[Herr A für A-GmbH]

....

[Beglaubigungsvermerk]

II. ERLÄUTERUNGEN

> Erläuterungen zu A. 15.10 Abspaltungsplan

1. Grundsätzliche Anmerkungen

a) Wirtschaftliches Vertragsziel: Abspaltung auf neu gegründete Personenhandelsgesellschaft

1   Das vorliegende Formular bezweckt die **Abspaltung** eines Teilbetriebs aus einer GmbH auf eine dadurch neu gegründete Personenhandelsgesellschaft **kombiniert** mit einer **Trennung der Gesellschaftergruppen** (durch Einziehung, s. Rz. 3 und 7). Wegen der mit der Abspaltung verbundenen gesamtschuldnerischen Nachhaftung für fünf Jahre des übertragenden und des übernehmenden Rechtsträgers für die im Zeitpunkt der Wirksamkeit der Abspaltung bestehenden Verbindlichkeiten und der Begrenzung der Haftung für die im abgespaltenen Teilbetrieb danach begründeten Verbindlichkeiten wird sich für den als Personengesellschaft neugegründeten über-

nehmenden Rechtsträger regelmäßig die Rechtsform einer GmbH & Co. KG empfehlen. Da aber nach den Regelungen der Abspaltung in §§ 123 ff. UmwG nur diejenigen Gesellschafter, die im Zeitpunkt der Wirksamkeit der Spaltung Gesellschafter des übertragenden Rechtsträgers sind, auch Mitgliedschaften an dem durch die Abspaltung entstehenden neuen Rechtsträger übernehmen können, ist es notwendig, zur Vorbereitung der Abspaltung auf eine neu gegründete GmbH & Co. KG der zukünftigen Komplementär-GmbH einen Mini-Geschäftsanteil an der übertragenden GmbH rechtzeitig vor der Spaltung einzuräumen (*W/M/Schwarz* § 123 UmwG Rz. 4.1.4; **aA** *Kallmeyer/Kallmeyer* § 124 UmwG Rz. 9: Beitritt der GmbH im Zuge der Spaltung). Das Formular geht davon aus, dass diese Einräumung im Innenverhältnis treuhänderisch erfolgt ist und die zukünftige Komplementär-GmbH im Zeitpunkt der Beurkundung des Spaltungsplans und des Zustimmungsbeschlusses bereits durch Eintragung im Handelsregister entstanden ist. In diesem Fall wird auch eine lückenlose Haftungsbegrenzung (mit Ausnahme der gesamtschuldnerischen fünfjährigen Nachhaftung gem. § 133 UmwG), beschränkt auf die Vermögen der übertragenden A-GmbH und der übernehmenden C-GmbH & Co. KG, erreicht.

Die Abspaltung auf eine neu gegründete Personenhandelsgesellschaft kann **steuer- 2 lich neutral** vollzogen werden, wenn **(a)** der abgespaltene Betriebsteil und der zurückbehaltene Betriebsteil jeweils einen Teilbetrieb (mit den dafür notwendigen wesentlichen Betriebsgrundlagen) darstellt (vgl. hierzu UmwSt-Erl. 2011 BMF v. 11.11.11, BStBl. I 11, 1314, Tz. 15.02) und **(b)** die übertragende Gesellschaft in der bzgl. des abzuspaltenden Teilbetriebs zu erstellenden steuerlichen Schlussbilanz von einer Aufdeckung stiller Reserven absieht. Weitere Voraussetzung ist bei der hier vorliegenden Trennung von Gesellschafterstämmen (kombiniert erreichbar mit der ebenfalls im Formular vorgesehenen Einziehung der bisherigen Geschäftsanteile des Gesellschafters, der die Anteile an der übernehmenden neuen Personengesellschaft übernehmen soll), **(c),** dass die Beteiligung an der übertragenden Kapitalgesellschaft seit mindestens fünf Jahren vor dem steuerlichen Übertragungsstichtag bestanden hat (§ 15 Abs. 2 Satz 5 iVm. § 16 UmwStG). **(d)** Weitere Voraussetzung ist gem. § 15 Abs. 3 Satz 3 und 4 iVm. § 16 Satz 1 UmwStG, dass innerhalb von fünf Jahren nach dem steuerlichen Spaltungsstichtag nicht mehr als 20 % der vor Wirksamwerden der Spaltung an der übertragenden Kapitalgesellschaft bestehenden Anteile veräußert werden.

Das Formular kann – in Kombination mit der Abspaltung – auch zur **Trennung 3** des wirtschaftlichen Engagements **von Gesellschafterstämmen** oder **-gruppen** herangezogen werden. Zu weiteren Motiven zur Abspaltung und Aufspaltung vgl. A. 15.20 Rz. 4 und ganz allgemein zu Motiven zum Wechsel von der Rechtsform einer Kapitalgesellschaft in die Rechtsform einer Personengesellschaft, die in A. 15.50 Rz. 2 angeführten steuerlichen Motive.

Das Formular geht weiter davon aus, dass die Gesellschafter der übertragenden A- **4** GmbH in vollem Umfang über deren Geschäftsbetriebe informiert sind und dass daher soweit wie möglich **auf Formalien** und materielle Anforderungen (Informationspflicht, Spaltungsbericht, Spaltungsprüfung, Anfechtungsrechte und dergleichen) **verzichtet** wird.

(frei)   **5**

b) Zivilrecht

Die Abspaltung von Vermögensteilen aus Gesellschaften ist (ebenso wie die Aufspal- **6** tung oder die Ausgliederung) durch das UmwG mittels **partieller Gesamtrechtsnachfolge** (vgl. zum Begriff *Lutter/Teichmann* § 123 UmwG Rz. 9 f.; *W/M/Vossius* § 131 UmwG Rz. 21 ff.) an den zu übertragenden Vermögensgegenständen und mit unmittelbarer Zuordnung der Anteile an den übernehmenden Gesellschaften an die Gesellschafter der übertragenden Gesellschaft möglich. Die Abspaltung kann sich nur auf den erlaubten Umfang der Geschäftstätigkeit der Gesellschaft oder des Betriebsteils im

Zeitpunkt der Abspaltung beziehen. Ist diese Tätigkeit bereits untersagt, so kann nichts mehr wirksam übertragen bzw. abgespalten werden (VGH München 20 B 16.2371 v. 30.6.17, BeckRS 2017, 116457). Ferner gehen personenenbezogene Rechtspositionen, wie bestimmte öffentlich-rechtliche Genehmigungen, sofern diese einer Rechtsnachfolge nicht zugänglich sind, nicht auf den übernehmenden Rechtsträger über (vgl. OVG Münster 13 A 1035/15 v. 9.5.17, BeckRS 2017, 114362).

7   Dieses Formular behandelt die Abspaltung eines Teilbetriebs auf eine dadurch neu gegründete Personenhandelsgesellschaft als übernehmender Rechtsträger (§ 123 Abs. 2 Nr. 2 UmwG), bei der der übertragende Rechtsträger A-GmbH weiter besteht. Bei verhältniswahrender Spaltung würden alle Gesellschafter des übertragenden Rechtsträgers in diesem Verhältnis auch Gesellschafter des neu entstehenden übernehmenden Rechtsträgers. Soll daneben, wie in dem Formular vorgesehen, **auch** gleichzeitig **eine Trennung der Gesellschaftergruppen** erreicht werden, ist eine **abweichende Zuordnung** der Anteile bzw. Mitgliedschaften an dem neu entstehenden übernehmenden Rechtsträger an die Gesellschafter eines Stammes (mit Zustimmung aller Anteilsinhaber gem. § 128 iVm. § 135 UmwG) und deren **Ausscheiden aus dem fortbestehenden übertragenden Rechtsträger** zu regeln (vgl. *W/M/Mayer* § 128 UmwG Rz. 27 ff.). Eine solche nicht verhältniswahrende Spaltung ist in § 126 Abs. 1 Nr. 10 UmwG ausdrücklich vorgesehen (*W/M/Mayer* § 128 UmwG Rz. 27 ff.). Hierzu ist im vorliegenden Formular die im Rahmen des § 34 GmbHG zulässige Einziehung der Geschäftsanteile der Gesellschafter vorgesehen, die alle Mitgliedschaften an dem übernehmenden Rechtsträger erwerben sollen (*W/M/Mayer* § 126 UmwG Rz. 277). Alternativ hierzu kann das Ausscheiden aus dem übertragenden Rechtsträger durch eine vereinfachte Kapitalherabsetzung und einem anschließenden Anteilstausch vollzogen werden. Da die Kapitalherabsetzung aber nur zur Herabsetzung der Nennbeträge führt, wäre weiter eine Abtretung der Geschäftsanteile erforderlich. Die Einziehung erfordert aber, dass die Summe der abgespaltenen Vermögenswerte (zu Buchwerten) aus dem über das Stammkapital hinaus vorhandenen Vermögen (Rücklagen) geleistet werden kann und die Geschäftsanteile an der übertragenden GmbH voll einbezahlt sind (§ 33 Abs. 1 GmbHG). Sollte eine dieser Voraussetzungen nicht erfüllt sein, müsste der kompliziertere, zweistufige Weg der Kapitalherabsetzung mit nachfolgender Anteilsabtretung beschritten werden.

8   Bei dem diesem Formular zugrunde liegenden Fall wird davon ausgegangen, dass der auf die neugegründete C-GmbH & Co. KG zu **übertragende Teilbetrieb** ein **Handelsgewerbe** der C-GmbH & Co. KG begründet (§ 161 Abs. 1 HGB iVm. § 105 Abs. 1 und 2 und § 1 Abs. 2 HGB).

9   **Anzuwendende Vorschriften:** Aufgrund der gesetzlichen Verweisungstechnik finden auf die Spaltung gem. § 125 UmwG (vorbehaltlich der dort genannten Ausnahmen) die Vorschriften über die Verschmelzung grds entsprechende Anwendung, soweit in den §§ 123 ff. UmwG keine Sonderbestimmungen enthalten sind. Die hier behandelte Abspaltung eines Teilbetriebs einer GmbH durch Neugründung einer Personenhandelsgesellschaft unterliegt gem. § 125 Satz 1 UmwG den allgemeinen Vorschriften der §§ 2–38 UmwG (mit Ausnahme von §§ 18, 9 Abs. 2 UmwG) und den besonderen Vorschriften für eine GmbH als beteiligter Rechtsträger in den §§ 46–59 UmwG sowie für Personengesellschaften der §§ 39–45 UmwG. Von den nach § 125 UmwG anwendbaren Verschmelzungsvorschriften sind jedoch nicht anwendbar: die §§ 4 UmwG (anstelle Verschmelzungsvertrag Spaltungsplan gem. § 136 UmwG), § 7 UmwG (Kündigung des Verschmelzungsvertrags), § 16 Abs. 1 UmwG (Anmeldung, stattdessen § 137 Abs. 1 und 2 UmwG) und 27 UmwG (Schadensersatzpflicht des übernehmenden Rechtsträgers). Die für die Abspaltung auf neu entstehende Rechtsträger spezifischen Regelungen sind die §§ 135–137 UmwG im Allgemeinen und bzgl. der Beteiligung von GmbHs im Besonderen die §§ 138–140 UmwG. Nach § 135 Abs. 1 UmwG sind auf die Abspaltung zur Neugründung nicht anwendbar: § 129 UmwG (Anmeldung der

Spaltung, stattdessen § 137 UmwG) und § 130 Abs. 2 UmwG (Eintragung, stattdessen § 137 Abs. 3 UmwG). Für die Vermögens- und Erfolgszuordnung sind bei der Rechnungslegung des übertragenden und übernehmenden Rechtsträgers grds die bei Verschmelzungen geltenden Grundsätze (HFA 2/97 Abschn. 2 und 3, WPg 1997, 235) entsprechend anzuwenden (HFA 1/98 Abschn. 122 und 3/4, WPg 98, 509, mit Besonderheiten für die Abspaltung und zur Bilanzierung beim Gesellschafter).

Kernstück bei der Abspaltung ist der **Spaltungsplan,** der gem. § 136 UmwG an- **10** stelle des Spaltungs- und Übernahmevertrags iSd. § 126 UmwG tritt, für den aber inhaltlich auch die Anforderungen des § 126 UmwG (und über § 125 Satz 1 auch die des § 40 UmwG bzgl der Stellung der Gesellschafter bei der übernehmenden Personenhandelsgesellschaft) gelten. Der Spaltungsplan ist eine einseitige Willenserklärung des übertragenden Rechtsträgers, da der übernehmende Rechtsträger erst mit Eintragung entsteht (vgl. *Kallmeyer/Zimmermann* § 38 UmwG Rz. 7; **aA** *WM/Mayer* § 135 UmwG Rz. 123, § 36 UmwG Rz. 211; *S/St/Bärwaldt* § 36 UmwG Rz. 23). Er ist von dem Vertretungsorgan der übertragenden Gesellschaft aufzustellen (§ 136 Satz 1 UmwG). Er muss notariell beurkundet werden (§ 6 iVm. § 125 UmwG). Der Spaltungsplan wird **erst durch** die **Zustimmung der Anteilsinhaber des übertragenden Rechtsträgers wirksam** (§§ 13, 43, 50, 56 iVm. § 125 Satz 1 UmwG, sowie § 128 iVm. § 135 UmwG bei nicht verhältniswahrender Spaltung).

Bei der Abspaltung auf eine neugegründete Personenhandelsgesellschaft bedarf es der **11** **Mitbeurkundung des Gesellschaftsvertrags** der Personenhandelsgesellschaft im Rahmen der Beurkundung des Spaltungsplans. Zwar bedarf im Normalfall gem. §§ 161 ff., 105 ff., 109 ff. HGB, 705 ff. BGB der Abschluss eines Personenhandelsgesellschaftsvertrags nicht der notariellen Beurkundung; im Zuge der Abspaltung sind jedoch gem. § 125 Satz 1 UmwG die §§ 6, 36 Abs. 1 und 37 UmwG entsprechend anwendbar. Damit bedarf der Gesellschaftsvertrag zwingend der notariellen Beurkundung (*W/M/Fronhöfer* § 125 UmwG Rz. 28; *S/H/S/Hörtnagl* § 136 UmwG Rz. 12). Eine unmittelbare Aufnahme des Gesellschaftsvertrags in den Abspaltungsplan selbst ist nicht nötig. Nach § 9 Abs. 1 Satz 2 BeurkG gelten Erklärungen in einem Schriftstück, auf das in der notariellen Niederschrift (Abspaltungsplan) verwiesen wird und das dieser Niederschrift beigefügt wird, als in der Niederschrift selbst enthalten. Soweit der Gesellschaftsvertrag der Personenhandelsgesellschaft mit der Niederschrift des Abspaltungsplans vorgelesen, genehmigt und diesem beigefügt wird, wird der Gesellschaftsvertrag selbst Teil der notariellen Urkunde (§ 13 BeurkG). Das Formerfordernis der notariellen Beurkundung, das sich aus den §§ 6, 36 Abs. 1, 37 iVm. § 125 Satz 1 UmwG ergibt, bezieht sich nur auf die erste Fassung des Gesellschaftsvertrags; spätere Änderungen können nach den gesetzlichen Bestimmungen formfrei – soweit im Vertrag nicht anderes vereinbart ist – vorgenommen werden. Der Anmeldung zum Handelsregister sind der Spaltungsplan und der Personenhandelsgesellschaftsvertrag, der zusammen mit der Beurkundung des Abspaltungsplans als Anlage mitbeurkundet wurde, beizufügen.

Zu den im Abspaltungsplan zu machenden Angaben vgl. A. 15.20 Rz. 70 ff., *W/M/* **12** *Mayer* § 136 UmwG Rz. 20 ff. sowie *Lutter/Priester* § 136 UmwG Rz. 8 ff. Zu einem Ablaufplan mit weitestgehenden Verzichtserklärungen vgl. A. 15.20 Rz. 11 ff., und zu einem Ablaufplan ohne Verzichtserklärungen vgl. *W/M/Mayer* § 136 UmwG Rz. 39 ff.

(frei) **13, 14**

c) Steuerrecht

aa) Ertragsteuern

aaa) Grundzüge der Besteuerung des Abspaltungsvorgangs auf eine Personenhandelsgesellschaft

Auf die Abspaltung aus einer Kapitalgesellschaft auf eine Personenhandelsgesellschaft **15** finden gem. § 16 Satz 1 UmwStG die Regelungen für die **Besteuerung des Ver-**

mögensübergangs einer **Kapitalgesellschaft auf eine Personengesellschaft** in den §§ 3–8 und 10 UmwStG entsprechende Anwendung; daneben sind – ergänzend – auch die speziellen Voraussetzungen des § 15 UmwStG zur Abspaltung auf Kapitalgesellschaften entsprechend zu beachten (s. Rz. 16 ff.). Die Regelungen der §§ 3–8, 10 UmwStG sind ausführlich unter A. 15.70 Rz. 10 ff. für die Verschmelzung einer GmbH auf eine OHG dargestellt, worauf verwiesen wird. Nachfolgend werden nur Grundzüge und die Besonderheiten, die sich aus der Abspaltung ergeben, erläutert (zur Steuerneutralität der nichtverhältniswahrenden Abspaltung auf eine Kapitalgesellschaft *Walpert* DStR 98, 361). Für die Ertragsbesteuerung sind danach auch bei der Abspaltung aus einer Kapitalgesellschaft auf eine Personenhandelsgesellschaft die folgenden drei Ebenen zu beachten:

– bei der übertragenden GmbH bzgl. eines Übertragungsgewinns (§§ 3, 18 Abs. 1 UmwStG, s. Rz. 22 ff.),

– bei der übernehmenden Personenhandelsgesellschaft bzgl. der Ermittlung des Übernahmegewinns bzw. Übernahmeverlustes (§§ 4 Abs. 4–6, 5, 6 und 18 UmwStG), s. Rz. 26 ff. und

– auf der Ebene der Gesellschafter der übernehmenden Personenhandelsgesellschaft bzgl. der Zurechnung und Einkommensbesteuerung des Übernahmegewinns (s. Rz. 26 ff.).

16   Für die Praxis ist davon auszugehen, dass die FinVerw. das Vorliegen sämtlicher in § 15 UmwStG genannter Voraussetzungen auch für die Abspaltung auf eine Personenhandelsgesellschaft fordern wird (zu dieser Fragestellung *RHL/Schumacher* § 16 UmwG Rz. 17); es handelt sich dabei iE um folgende **Voraussetzungen** (s. Rz. 17–21):

17   (1) **Teilbetriebe.** Abspaltung eines Teilbetriebs unter Zurückbehaltung eines weiteren Teilbetriebs gem. § 15 Abs. 1 Satz 2 UmwStG (sog. doppeltes Teilbetriebserfordernis); dabei gelten auch hier fiktive Teilbetriebe iSd. § 15 Abs. 1 Satz 3 UmwStG, nämlich Mitunternehmeranteile oder 100%ige Beteiligungen an Kapitalgesellschaften, als steuerunschädlich abspaltungsfähige oder zurückbehaltbare Teilbetriebe (UmwSt-Erl. 2011 BMF v. 11.11.11, BStBl. I 11, 1314, Tz. 15.04 ff.), wenn die Anteile hieran bzw. die Mitunternehmeranteile nicht innerhalb der letzten drei Jahre vor dem steuerlichen Übertragungsstichtag durch Übertragung von Wirtschaftsgütern, die keinen Teilbetrieb darstellen, erworben oder aufgestockt worden sind (§ 15 Abs. 2 Satz 1 UmwStG). Für das Teilbetriebserfordernis vgl. UmwSt-Erl. 2011 BMF v. 11.11.11, BStBl. I 11, 1314, Tz. 15.02. Auf die diesbzgl. Erläuterungen in A. 15.20 Rz. 25 ff. wird verwiesen. Zu der Diskussion, ob nach der Neufassung des UmwStG neben einem Teilbetrieb auch andere Wirtschaftsgüter verbleiben bzw. übertragen werden können vgl. *R/H/L/Schumacher* § 15 UmwStG Rz. 111 ff. Die Finanzverwaltung will an ihrem doppelten Ausschließlichkeitsgebot wohl festhalten, vgl. UmwSt-Erl. 2011 BMF v. 11.11.11, BStBl. I 11, 1314, Tz. 15.01.

18   (2) **Keine Steuerneutralität bei Veräußerung an Außenstehende im Rahmen der Abspaltung** (UmwSt-Erl. 2011 BMF v. 11.11.11, BStBl. I 11, 1314, Tz. 15.22 ff.; vgl. *D/J/P/W/Dötsch* § 15 UmwStG nF Rz. 114 ff.). Mit der Abspaltung darf keine Veräußerung an außenstehende Personen (dh. Personen, die vor der Abspaltung nicht Gesellschafter der übertragenden Kapitalgesellschaft waren) vollzogen werden, vgl. hierzu A. 15.20 Rz. 30.

19   (3) **Kein Wahlrecht nach § 11 Abs. 2 UmwStG bei Veräußerung von mehr als 20% der Anteile innerhalb von fünf Jahren nach dem steuerlichen Übertragungsstichtag.** § 15 Abs. 2 Sätze 3 und 4 UmwStG verlangen als weitere Voraussetzung, dass durch die Spaltung nicht die Voraussetzungen für eine Veräußerung geschaffen werden; davon wird unwiderleglich ausgegangen, wenn innerhalb von fünf Jahren nach dem steuerlichen Übertragungsstichtag mehr als 20% der Anteile an einer der an der Spaltung beteiligten Gesellschaften (übertragende Kapitalgesellschaft und übernehmende Personenhandelsgesellschaft im Falle der Abspaltung auf eine Personenhandelsgesellschaft) veräußert werden (UmwSt-Erl. 2011 BMF v. 11.11.11, BStBl. I 11, 1314, Tz. 15.27 ff. mit Beispielen Tz. 15.30; auch FinMin Brandenburg v. 16.7.14, DB 14, 2257). Diesbzgl. wird auf A. 15.20 Rz. 31 ff. verwiesen.

Ein Verstoß gegen die Veräußerungssperre in § 15 Abs. 2 Sätze 3 und 4 UmwStG (vgl. dazu A. 15.20 Rz. 31 ff.) führt jedenfalls nur bzgl. der abgespaltenen Vermögensteile, nicht aber bzgl. der bei der übertragenden Gesellschaft verbleibenden Vermögensteile zur Aufdeckung der stillen Reserven (glA *D/J/P/W/Dötsch* § 15 UmwStG nF Rz. 136; UmwSt-Erl. 2011 BMF v. 11.11.11, BStBl. I 11, 1314, Tz. 15.33). Dies ergibt sich aus der normspezifischen entsprechenden Auslegung der Rechtsfolgeverweisung des § 16 Satz 1 UmwStG auf § 3 UmwStG. Denn § 3 UmwStG kann für den Fall der Abspaltung nur auf den Übergang (nicht aber auf den Verbleib) der Vermögensteile angewendet werden.

(4) **Fünf-Jahres-Vorbesitzzeit bei Trennung von Gesellschafterstämmen.** 20
§ 15 Abs. 2 Satz 5 UmwStG verlangt bei der Trennung von Gesellschafterstämmen eine fünfjährige Vorbesitzzeit vor dem steuerlichen Übertragungsstichtag für die Anteile an der übertragenden Körperschaft, vgl. hierzu UmwSt-Erl. 1998, BStBl. I 98, 268, Tz. 15.36 ff. und A. 15.20 Rz. 42 ff.

Kein Verlust des deutschen Besteuerungsrechts. Auch bei der Abspaltung er- 21
fordert die Buchwertfortführung nach §§ 16 Satz 1 iVm. 3 Abs. 2 UmwStG ua., dass das Recht der Bundesrepublik Deutschland hinsichtlich der Besteuerung des Gewinns aus der Veräußerung der übertragenen Wirtschaftsgüter bei den Gesellschaftern der übernehmenden Personengesellschaft nicht ausgeschlossen oder beschränkt wird. In sog. 50i-Konstellationen ist immer auch die Einschränkung des Buchwertwahlrechts nach § 50i Abs. 2 EStG idF des BEPS-UmsG v. 20.12.16 (BGBl. I 16, 3000) zu beachten.

bbb) Besteuerung bei übertragender GmbH

Werden die auf eine Personenhandelsgesellschaft abgespaltenen Vermögensteile dort 22
im Rahmen eines steuerlichen Betriebsvermögens fortgeführt (Regelfall, insbes. bei der diesem Formular zugrunde liegenden Abspaltung auf eine GmbH & Co. KG, die auf Grund gewerblicher Prägung gem. § 15 Abs. 3 Nr. 2 EStG gewerblich ist) und werden die vorgenannten Voraussetzungen (s. Rz. 16–21) sämtlich erfüllt, so können die auf die Personenhandelsgesellschaft übertragenen Vermögensteile in der steuerlichen Schlussbilanz der übertragenden GmbH insgesamt mit dem **Buchwert oder einem höheren Wert** (maximal **gemeinem Wert;** § 3 Abs. 1 und 2 UmwStG) angesetzt werden (**steuerrechtliches Wahlrecht**). Regelmäßig wird der Ansatz zum Buchwert gewählt, weil der ansonsten entstehende Übertragungsgewinn der Gewerbe- und der Körperschaftsteuer unterliegen würde.

Minderung des verbleibenden Verlustabzugs. Wie bei der Abspaltung auf eine 23
andere GmbH geht bei der Abspaltung auf eine Personenhandelsgesellschaft ein bei der GmbH noch nicht ausgenutzter Verlustabzug und negativer Zinsvortrag nach § 4h EStG nicht über, sondern teilweise unter (§ 15 Abs. 3 UmwStG); ein bei der übertragenden GmbH zum Abspaltungsstichtag verbleibender Verlustabzug sowie ein Zins- und EBITDA-Vortrag nach § 4h EStG mindert sich anteilig; dies gilt auch bei der Gewerbesteuer (§ 19 Abs. 2 UmwStG). Verbleibender Verlustabzug ist der Verlust nach eventueller Verrechnung eines Übertragungsgewinns gem. § 3 UmwStG durch den Ansatz des auf die übernehmende Personenhandelsgesellschaft übergehenden Betriebsvermögen zu einem höheren Wert als dem bisherigen Buchwert (s. Rz. 22). Die **anteilige Verminderung** ist entsprechend dem Verhältnis des auf die Personenhandelsgesellschaft übergehenden Vermögens zu dem gesamten vor Abspaltung zum steuerlichen Übertragungsstichtag vorhandenen Vermögen der übertragenden Gesellschaft vorzunehmen.

24   **Verminderung des steuerlichen Einlagekontos (§ 27 KStG)** entsprechend § 29 Abs. 3 Satz 4 KStG.

25   **Steuerlicher Übertragungsstichtag:** Als steuerlicher Übertragungsstichtag gilt auch bei der Abspaltung zwingend der Tag, auf den die beim Handelsregister eingereichte Schlussbilanz (Abspaltungsbilanz) der übertragenden Gesellschaft aufgestellt ist (§§ 17 Abs. 2, 125 UmwG iVm. § 2 Abs. 1 UmwStG; UmwSt-Erl. 1998, BStBl. I 98, 268, Tz. 02.03), vgl. dazu A. 15.00 Rz. 20 sowie A. 15.20 Rz. 58. Das Einkommen ist so zu ermitteln, als wäre der abgespaltene Teilbetrieb zum Übertragungsstichtag auf die (gesellschaftsrechtlich) erst später gegründete Übernehmerin übergegangen. Zur steuerlichen Behandlung von Geschäftsvorfällen zwischen dem steuerlichen Übertragungsstichtag und der Wirksamkeit der Abspaltung mit Eintragung im Handelsregister der übertragenden Gesellschaft gem. § 131 Abs. 1 Nr. 1 UmwG vgl. UmwSt-Erl. 2011 BMF v. 11.11.11, BStBl. I 11, 1314, Tz. 02.09 ff.

ccc) Übernehmende Personenhandelsgesellschaft und deren Gesellschafter

26   Die übernehmende Personenhandelsgesellschaft hat das von der GmbH übernommene Betriebsvermögen mit den in der steuerlichen Übertragungsbilanz (gem. § 3 iVm. § 16 Satz 1 UmwStG) angesetzten Werten (§ 3 UmwStG) zu übernehmen (§ 4 Abs. 1 UmwStG, sog. **zwingende Wertknüpfung**). Wie bei der Verschmelzung auf eine Personenhandelsgesellschaft ist das übergehende Vermögen auf die Gesellschafter der übernehmenden Personenhandelsgesellschaft nach deren Gewinn- und Verlustbeteiligung zu verteilen. Dies ist deshalb notwendig, weil der Übernahmegewinn/-verlust iSv. § 4 Abs. 4 Satz 1 UmwStG erster Stufe für jeden Mitunternehmer getrennt (UmwSt-Erl. 2011 BMF v. 11.11.11, BStBl. I 11, 1314, Tz. 04.19 ff.; hM, vgl. zB *R/H/L/ van Lishaut* § 4 UmwStG Rz. 139) wie folgt zu ermitteln und gesondert festzustellen ist:
- Dem anteilig auf den Gesellschafter entfallenden übergegangenen Betriebsvermögen (zu den steuerlich verknüpften Werten gem. § 4 Abs. 1 Satz 1, Abs. 4 Satz 1 UmwStG) ist gegenüberzustellen
- der Buchwert der Beteiligung des betreffenden Gesellschafters an der übertragenden GmbH (§ 4 Abs. 4 Satz 1 UmwStG) nebst den Kosten des Vermögensübergangs (zur Besteuerung des Übernahmegewinns im Einzelnen vgl. *R/H/L/van Lishaut* § 4 UmwStG Rz. 74 ff.).

27   Bei einer Abspaltung auf eine hierdurch erst **neu gegründete Personenhandelsgesellschaft** ergibt sich der „Buchwert" der Beteiligung nur im Wege der **Einlagefiktion.** Dabei ist für die Anteile, welche die Gesellschafter der übernehmenden Personenhandelsgesellschaft an der übertragenden Kapitalgesellschaft halten, nach deren steuerlichen Status wie folgt zu unterscheiden:

28   **Anteile im Betriebsvermögen** gelten auf Grund der Einlagefiktion des § 5 Abs. 3 UmwStG zu den dort beschriebenen Werten als (fiktiv) in das Betriebsvermögen der übernehmenden Personengesellschaft zum Übertragungsstichtag eingelegt bei Gesellschaftern der Übernehmerin, unabhängig vom Status der Anteile (s. A. 15.70 Rz. 16).

29   Werden die Anteile an der übertragenden Kapitalgesellschaft erst nach dem steuerlichen Übertragungsstichtag (handelsrechtlicher Abspaltungsstichtag) erworben, wird auch dieser Erwerb fiktiv auf den steuerlichen Übertragungsstichtag zurückbezogen (§ 5 Abs. 1 UmwStG).

30   Hinweis auf die anteilige Besteuerung **offener Rücklagen** der GmbH nach § 7 UmwStG. **Anteile iSd. § 17 EStG** gelten nach § 5 Abs. 2 UmwStG als zu den Anschaffungskosten eingelegt.

31–38   *(frei)*

ddd) Gewerbesteuer

39   Die Regelungen zur Besteuerung der übertragenden Gesellschaft (s. Rz. 22 ff.) und der übernehmenden Gesellschaft (s. Rz. 26 ff.) gelten gem. § 18 Abs. 1 UmwStG grds.

auch für die Gewerbesteuer (§ 18 Abs. 1 UmwStG ordnet die Geltung des § 16 UmwStG auch für die Ermittlung des Gewerbeertrags an); allerdings ist ein dabei entstehender Übernahmegewinn von der Gewerbesteuer befreit (§ 18 Abs. 2 UmwStG) bzw. ein Verlust nicht zu erfassen (§ 18 Abs. 2 UmwStG).

In diesem Zusammenhang ist allerdings die Missbrauchsvermeidungsregelung des § 18 Abs. 3 UmwStG zu beachten, nach der ein Gewinn aus der Auflösung oder Veräußerung der übernehmenden Personengesellschaft innerhalb von fünf Jahren nach dem Vermögensübergang (ab Spaltungsstichtag) der Gewerbeertragsteuer unterliegt und zwar ab 2008 auch, soweit er auf schon vor der Spaltung bei der Personengesellschaft vorhandenes Vermögen entfällt (§ 18 Abs. 3 Satz 1 Hs. 2 UmwStG; vgl. in diesem Zusammenhang auch BFH IV R 33/09 v. 28.2.13, BFH/NV 13, 1122).

Die nach § 7 UmwStG den Gesellschaftern zugerechneten anteiligen sog. „offenen Rücklagen" (s. Rz. 30) unterliegen bei Anteilen iSd. § 17 EStG außerhalb eines Betriebsvermögens nicht der Gewerbesteuer (§ 18 Abs. 2 Satz 2 UmwStG).

(frei) 40

eee) Eintritt in die steuerliche Rechtsstellung

Die übernehmende Personenhandelsgesellschaft tritt in die steuerliche Rechtsstel- 41 lung der übertragenden Gesellschaft ein, insbes. bzgl. der Bewertung der übernommenen Wirtschaftsgüter, der AfA und der den Gewinn mindernden Rücklagen (§§ 16 iVm. § 4 Abs. 2 Satz 1 UmwStG; UmwSt-Erl. 2011 BMF v. 11.11.11, BStBl. I 11, 1314, Tz. 04.09 ff.; vgl. zu Einzelheiten *W/M/Widmann* § 4 UmwStG Rz. 860 ff.); dies gilt unabhängig davon, ob in der steuerlichen Übertragungsbilanz die Buchwerte, Zwischenwerte oder Teilwerte angesetzt wurden. Die Abspaltung stellt regelmäßig keinen Verstoß gegen die Behaltensregelung des § 13a Abs. 5 ErbStG dar; ein solcher kann jedoch bei der Veräußerung der durch die Abspaltung erworbenen Anteile vorliegen (vgl. hierzu auch Koordinierte Ländererlasse v. 22.6.17, BStBl. I 17, 902, vgl. auch Gleichl. Ländererlasse v. 20.11.13, BStBl. I 13, 1508). Für die weitere Ermittlung der Lohnsumme vgl. Gleichl. Ländererlasse v. 21.11.13, BStBl. I 13, 1510.

fff) Sonderfallgruppen

Für die verschiedenen Sonderfallgruppen bzgl. des Status der Anteile an der 42 Übertragerin wird zur Ermittlung der Einkünfte der Gesellschafter der übernehmenden Personenhandelsgesellschaft auf A. 15.70 Rz. 27 ff. verwiesen.

(frei) 43–45

bb) Verkehrsteuern

aaa) Umsatzsteuer

Die Abspaltung aus einer Kapitalgesellschaft auf eine Personenhandelsgesellschaft ist 46 gem. § 1 Abs. 1a UStG dann nicht umsatzsteuerbar, wenn ein in der Gliederung des übertragenden Unternehmens gesondert geführter Betrieb im Ganzen auf die übernehmende Personenhandelsgesellschaft übergeht. Dies dürfte dann der Fall sein, wenn auch die ertragsteuerlichen Voraussetzungen für einen Teilbetrieb vorliegen. Die übernehmende Personenhandelsgesellschaft tritt uE auf Grund der partiellen Gesamtrechtsnachfolge in die Rechtsstellung der übertragenden Kapitalgesellschaft ein, insbes. bzgl. der evtl. notwendigen Vorsteuerberichtigungen (auch bei einer partiellen Gesamtrechtsnachfolge laufen uE die Bestimmungen des § 1 Abs. 1a Satz 3 und § 15a Abs. 10 UStG leer, vgl. aber BFH IV R 29/08 v. 5.11.09, BFH/NV 10, 356). Bzgl. weiterer Details wird auf A. 15.00 Rz. 105 ff. verwiesen.

bbb) Grunderwerbsteuer

Soweit zu den auf die übernehmende Personenhandelsgesellschaft übertragenen 47 Vermögensteilen auch Grundstücke oder grundstücksgleiche Rechte gehören, löst die Abspaltung Grunderwerbsteuer gem. § 1 Abs. 1 Nr. 3 GrEStG aus. Der Steuersatz beträgt je nach Bundesland zwischen 3,5 und 6 %. Besteuerungsbasis sind die sog. Erbschaftsteuerwerte (§ 8 Abs. 2 Satz 1 Nr. 2 GrEStG); vgl. A. 15.00 Rz. 115 ff. Grunderwerbsteuer kann auch ausgelöst werden, wenn im Zuge der Abspaltung Anteile an grundbesitzenden Kapital- oder Personengesellschaften übertragen werden (§ 1 Abs. 2a und 3 GrEStG). Hinweis auch auf § 1 Abs. 3a GrEStG idF des AmtshilfeRLUmsG v. 26.6.13 (BGBl. I 13, 1809); hierzu Gleichl. Ländererlasse v. 9.10.13, BStBl. I 13, 1364 und § 6a GrEStG idF des AmtshilfeRLUmsG v. 26.6.13 (BGBl. I 13, 1809); hierzu Gleichl. Ländererlasse v. 9.10.13, BStBl. I 13, 1375; siehe auch *Behrens* DStR 13, 2726. Aufgrund der neuen, sehr weiten Auslegung der Regelung durch den BFH ist jeweils auch zu prüfen, ob eine Vergünstigung nach § 6a GrEStG in Betracht kommt (zur BFH-Rspr. *Loose* DB 20, 919).

48, 49   *(frei)*

2. Einzelerläuterungen

50   Der Abspaltungsplan wird als **einseitige Willenserklärung** in **notariell beurkundeter** Form (§ 6 iVm. § 125 UmwG) gem. § 136 UmwG vom Vertretungsorgan des übertragenden Rechtsträgers aufgestellt. Er wird wirksam mit Zustimmung der Gesellschafterversammlung des übertragenden Rechtsträgers (§§ 13, 43, 50, 56 iVm. § 125 UmwG, bei nicht verhältniswahrender Abspaltung auch iVm. § 128 Satz 1 UmwG, bei Neugründung iVm. § 135 Abs. 1 UmwG).

51   Der **Mindestinhalt** ergibt sich aus § 126 Abs. 1 (iVm. § 136) UmwG und wegen der Abspaltung auf eine Personenhandelsgesellschaft ergänzend aus § 40 iVm. § 125 UmwG. Bzgl. der Erläuterungen des Mindestinhalts s. A. 15.20 Rz. 70 ff., die entsprechend gelten (*Heidenhain* NJW 95, 2873 ff.).

Zu § 1 Abs. 1: Bezeichnung der beteiligten Rechtsträger

52   Der übernehmende Rechtsträger ist gem. § 126 Abs. 1 Nr. 1 UmwG zu bezeichnen und für die Gewährung von Mitgliedschaften sind die nach § 126 Nr. 2, Nr. 3, Nr. 4, Nr. 5 und Nr. 10 sowie § 40 UmwG vorgesehenen Angaben zu machen: Bezeichnung der Gesellschafter und deren Stellung als Komplementär oder Kommanditist, bei letzterem unter Angabe der Kommanditeinlage sowie des Gewinnbezugsrechts. Zu der Frage, ob ein Gesellschaftsvertrag der übernehmenden GmbH & Co. KG mit zu beurkunden ist, s. Rz. 11.

Zu § 1 Abs. 2: Übertragung von Vermögensteilen

53   Vgl. dazu die eingehenden Erläuterungen in A. 15.20 Rz. 73 ff.

Zu § 1 Abs. 3: Gegenleistung

54   Die Notwendigkeit der Bestimmung der Gegenleistung ergibt sich aus § 126 Abs. 1 Nr. 2, Nr. 3, Nr. 4, Nr. 5 und Nr. 10 UmwG sowie aus § 40 UmwG. Im vorliegenden Fall besteht die Gegenleistung nur in den Mitgliedschaften an der neu entstehenden C-GmbH & Co. KG, die auch in § 1 Abs. 3 Buchst. a bezeichnet sind.

55   **Bare Zuzahlungen** sind nicht zu leisten (vgl. § 1 Abs. 3 Buchst. d des Formulars). Zwar greift bei der Abspaltung auf eine neugegründete Personenhandelsgesellschaft uE die Begrenzung barer Zuzahlungen auf den zehnten Teil des Gesamtnennbetrags der gewährten Geschäftsanteile gem. § 54 Abs. 4 iVm. §§ 56, 125 UmwG nicht ein (glA *W/M/Mayer* § 126 UmwG Rz. 137). Steuerrechtlich würde aber jede Art von Zuzahlungen (gleich ob in bar oder durch Einräumung eines Gesellschafterdarlehens) bei steuerverhafteten Anteilen zur **anteiligen Gewinnrealisierung auf Ebene der Gesellschafter** führen. Deshalb ist in § 1 Abs. 3 Buchst. b Satz 2 vorgesehen, dass auch der Teil der Vermögenswerte, der die zu gewährende Kommanditeinlage übersteigt, einer gesamthänderisch gebundenen Kapitalrücklage der übernehmenden C-GmbH & Co. KG gutzuschreiben ist, dh. auch insofern eine Mitgliedschaft gewährt wird. Sollte der Verkehrswert der auf die übernehmende C-GmbH & Co. KG übertragenen Vermögensgegenstände nicht die Kommanditeinlage erreichen, würde sich dadurch eine persönliche Haftung des Kommanditisten ergeben.

Zu § 1 Abs. 3 Buchst. c: Da eine **Trennung der Gesellschaftergruppen** zu- 56 sammen mit der Abspaltung vollzogen werden soll, die Regelungen des UmwG aber nur zulassen, dass die Anteile an dem neugegründeten übernehmenden Rechtsträger bestimmten Gesellschaftern des übertragenden Rechtsträgers zugeordnet werden können, bedarf es einer **ausdrücklichen weiteren Bestimmung bezüglich der Anteile an dem übertragenden Rechtsträger.** Hier ist für den dem Formular zugrunde liegenden Fall vorgesehen, dass die von der C-GmbH und dem C gehaltenen Geschäftsanteile im Nennbetrag von insgesamt € 50.000,– an der übertragenden A-GmbH Zug um Zug gegen die zu gewährenden Mitgliedschaften an der C-GmbH & Co. KG eingezogen werden. Dazu ist Folgendes erforderlich:
– Zulässigkeit der Einziehung nach dem Gesellschaftsvertrag der A-GmbH (§ 34 GmbHG; vgl. dazu Einfügung einer entsprechenden Satzungsbestimmung in Formular A. 15.10b unter 1.),
– Kapitalerhaltung bei der abspaltenden (übertragenden) A-GmbH wegen der erforderlichen Ausbuchung des auf die C-GmbH & Co. KG übergehenden Vermögens (zu Buchwerten) von dem über das Stammkapital hinaus vorhandenen Vermögen; die Kapitalerhaltung muss im Zeitpunkt der Anmeldung der Abspaltung zum Register der übertragenden Gesellschaft ausdrücklich nach § 140 UmwG erklärt werden (s. Rz. 72; die Erklärung ist nach § 313 Abs. 2 UmwG strafbewehrt) und
– da es sich um eine nicht verhältniswahrende Abspaltung handelt, einstimmige Beschlussfassung in der Gesellschafterversammlung der übertragenden A-GmbH (§ 128 Satz 1 iVm. § 135 Abs. 1 UmwG).

Zu § 1 Abs. 4: Besondere Rechte und Vorteile

Obwohl in dem diesem Formular zugrunde liegenden Fall besondere Rechte und 57 Vorteile iSv. § 126 Abs. 1 Nr. 7 und 8 UmwG an die dort bezeichneten Personen nicht gewährt werden, sollte klarstellend auf diesen Umstand hingewiesen werden (s. zu einer ausführlicheren Formulierung Formular A. 15.70 § 2 Abs. 6 und 7 sowie A. 15.63 Rz. 48 f.).

Zu § 2: Abspaltungsstichtag

Zu § 2 Abs. 1: Angabepflichtig ist gem. § 126 Abs. 1 Nr. 6 UmwG der Zeit- 58 punkt, von dem ab die Handlungen des übertragenden Rechtsträgers als für Rechnung des neu entstehenden übernehmenden Rechtsträgers vorgenommen gelten **(Spaltungsstichtag).** Vgl. dazu A. 15.00 Rz. 16 sowie A. 15.20 Rz. 84.

Zu § 2 Abs. 2: Die Verpflichtung der übertragenden Gesellschaft zum Ansatz der 59 bisherigen Buchwerte auch in der **steuerlichen Schlussbilanz** ist im Interesse der übernehmenden Personenhandelsgesellschaft zu empfehlen, weil diese ansonsten für die dadurch bei der A-GmbH entstehenden Steuern nach § 133 UmwG iVm. § 75 AO gesamtschuldnerisch **haften** würde und sich das auf sie übertragene Vermögen entsprechend mindern würde (dadurch könnte ferner unter Umständen eine Kommanditeinlage teilweise als nicht erbracht gelten).

Zu § 2 Abs. 3 und 4: Diese Regelungen dienen der Klarstellung der praktischen 60 Abwicklung in umsatzsteuerlicher Hinsicht und bzgl. der Übernahme der Ergebnisse von einem Rechnungskreis in einen anderen (vgl. dazu sowie zur umsatzsteuerlichen Behandlung A. 15.20 Rz. 85 und A. 15.20 Rz. 65).

Zu § 3: Grundbucherklärungen

Zu eventuell notwendigen Grundbucherklärungen sowie Grundstücksteilungen s. 61 *W/M/Mayer* § 126 UmwG Rz. 212 ff.

Zu § 4: Folgen der Spaltung für die Arbeitnehmer und ihre Vertretungen sowie die insoweit vorgesehenen Maßnahmen

62   Vgl. dazu A. 15.60 Rz. 34 und das dort in A. 15.60 § 3 (Verschmelzungsvertrag) enthaltene ausführliche Muster sowie *Lutter/Priester* § 126 UmwG Rz. 57 ff.; *Wlotzke* DB 95 40 ff.; *Bachner* NJW 95, 2881 ff. Zur **Unterrichtungspflicht** nach § 613a Abs. 5 BGB vgl. Ausführungen unter A. 12 Rz. 36 ff. und zu sonstigen individual- und kollektivrechtlichen Folgen *Engl/Ebener* A. 1 Rz. 150 f. und 155 ff. Bei der Abspaltung ist insbes. das Übergangsmandat des Betriebsrats gem. § 321 UmwG sowie die fünfjährige Mitbestimmungsbeibehaltung nach § 325 UmwG zu beachten.

Zu § 5: Sicherheitsleistungen

63   Siehe A. 15.20 Rz. 88 ff.

64   *(frei)*

Erläuterungen zu A. 15.10a Schreiben an den Betriebsrat

---

65   Die Verpflichtung auf Übersendung des Spaltungsplans oder dessen Entwurfs mindestens einen Monat vor Beschlussfassung über diesen folgt aus § 126 Abs. 3 UmwG; diese entspricht inhaltlich § 5 Abs. 3 UmwG für die Verschmelzung, so dass diesbzgl. auf A. 15.60 Rz. 35, verwiesen wird. Hier ist die Zurücksendung an die übertragende Gesellschaft (anders als bei Verschmelzung oder bei Aufspaltung auf übernehmende Rechtsträger) vorgeschlagen, weil deren Organ gem. § 137 Abs. 1 und 2 UmwG die Anmeldungen sowohl für den neuen Rechtsträger als auch für den übertragenden Rechtsträger vorzunehmen hat und dabei die nach § 17 Abs. 1 (iVm. § 125) UmwG vorgesehene Erklärung zur rechtzeitigen Zuleitung des Abspaltungsplans oder dessen Entwurfs mindestens einen Monat vor Fassung des Zustimmungsbeschlusses nachzuweisen hat. Nach überwiegender Ansicht in der Literatur können die Betriebsräte auf die Einhaltung der Monatsfrist des § 126 Abs. 3 UmwG und damit auf die Rechtzeitigkeit der Zuleitung gem. § 17 Abs. 1 UmwG verzichten. Dies ergibt sich daraus, dass
– § 126 Abs. 3 UmwG aus der Sicht des jeweiligen Betriebsrates dispositiv ist (*W/M/Mayer* § 126 UmwG Rz. 358 iVm. § 5 UmwG Rz. 259),
– der Sinn und Zweck der Regelung, nämlich den Betriebsrat frühzeitig einzubinden, durch einen Verzicht nicht ausgehöhlt wird (*Müller* DB 97, 713),
– das Abwarten der Frist keinen selbstständigen Beitrag zur Wahrung von Arbeitnehmerrechten leistet (*Melchior* GmbHR 96, 833).
Daher ist hier eine solche Verzichtserklärung bereits in die Anschreiben an die Betriebsräte und die Bestätigung durch diese integriert.

66   *(frei)*

Erläuterungen zu A. 15.10b Abspaltungsbeschluss der übertragenden A-GmbH

---

67   Der Abspaltungsplan wird nur mit **Zustimmung** der Gesellschafterversammlung des übertragenden Rechtsträgers wirksam (§ 13 Abs. 1 iVm. § 125 UmwG). Da hier eine **nicht verhältniswahrende Abspaltung** vorgesehen ist, bedarf der Zustimmungsbeschluss (in Ergänzung zu § 43 und § 50 iVm. §§ 56, 125, 135 UmwG) gem. § 128 Satz 1 UmwG der **Einstimmigkeit.** Der Zustimmungsbeschluss muss auch dann einstimmig gefasst werden, wenn der Gesellschaftsvertrag der übertragenden GmbH dies verlangt (§ 50 Abs. 1 Satz 2 iVm. § 125 UmwG), wenn Minderheitsrechte einzelner Gesellschafter an der übertragenden Gesellschaft bestehen (§ 50 Abs. 2 iVm. § 125 UmwG), wenn nicht voll geleistete Einlagen beim übernehmenden Rechtsträger bestehen (§ 51 Abs. 1 iVm. § 125 UmwG) oder wenn Anteile des über-

tragenden Rechtsträgers vinkuliert sind (§ 13 Abs. 2 iVm. § 125 UmwG), vgl. zu diesen Sonderfällen A. 15.63 Rz. 23 und 77.

Darüber hinaus ist, da eine **Trennung der Gesellschafterstämme** vorgesehen ist, **68** eine separate Regelung (außerhalb des Regelungsbereichs des Abspaltungsplans und dessen Zustimmung) über die Anteile an der übertragenden Gesellschaft zu treffen. Diesem Ziel dient die **Einziehung** (zu den Voraussetzungen für die Einziehung s. Rz. 7 und Rz. 56; dort auch zur Hilfslösung der vereinfachten Kapitalherabsetzung kombiniert mit Anteilsübertragung).

Für den Fall, der dem Formular zugrunde liegt, wird davon ausgegangen, dass sämt- **69** liche an der Abspaltung beteiligte Gesellschafter über **ausreichende Informationen** verfügen, um auch ohne die gesetzlich vorgesehenen Informationsinstrumentarien der Abspaltung zustimmen zu können. Deshalb wird soweit wie möglich in den Beschlüssen jeweils **auf** die Informationsregelungen, Prüfungsanforderungen und **Anfechtungsmöglichkeiten verzichtet,** vgl. dazu A. 15.20 Rz. 100.

Das Formular sieht daher vor, dass die Gesellschafter von vornherein insbes. auf den **70** zeitaufwändigen Spaltungsbericht (§§ 127 Satz 1, 8 Abs. 1 und 2 UmwG) und die Spaltungsprüfung (§§ 125 Satz 1, 9 Abs. 1 UmwG) verzichten.

Erläuterungen zu A. 15.10c und A. 15.10d Handelsregisteranmeldungen

Das Vertretungsorgan des **übertragenden Rechtsträgers** (in vertretungsberechtig- **71** ter Zahl) hat gem. § 137 Abs. 1 und 2 UmwG sowohl den neuen Rechtsträger (an dessen Sitz) als auch die Abspaltung (am Sitz des übertragenden Rechtsträgers) elektronisch zur Eintragung in das jeweils zuständige Register anzumelden (zur elektronischen Anmeldung vgl. A 3.02 Rz. 41). § 129 UmwG, nach dem auch das Vertretungsorgan eines übernehmenden Rechtsträgers berechtigt ist, die Spaltung zur Eintragung in das Register des Sitzes des übertragenden Rechtsträgers anzumelden, gilt für die Abspaltung zur Neugründung nicht (vgl. § 135 Abs. 1 Satz 1 UmwG).

Sämtliche **Geschäftsführer** der übertragenden A-GmbH (hier nur der alleinige **72** Geschäftsführer Herr A) müssen bei der Anmeldung der Abspaltung zum Register der übertragenden A-GmbH gem. § 140 UmwG erklären, dass im Zeitpunkt der Anmeldung die für die Gründung der übertragenden Gesellschaft durch Gesetz oder Gesellschaftsvertrag vorgesehenen Voraussetzungen noch gegeben sind. Diese (gem. § 313 Abs. 2 UmwG strafbewehrte) Versicherung bezieht sich auf die fortbestehende Deckung des gesetzlichen Mindest- oder eines gesellschaftsvertraglich höheren Stammkapitals im Zeitpunkt der Anmeldung unter Berücksichtigung des Vermögensabgangs auf Grund der Abspaltung.

Eingetragen wird zuerst der neue Rechtsträger. Nach **Eintragung** teilt das Gericht **73** des Sitzes des neuen Rechtsträgers von Amts wegen dem Gericht des Sitzes des übertragenden Rechtsträgers den Tag der Eintragung des neuen Rechtsträgers mit (§ 137 Abs. 3 Satz 1 UmwG). Erst danach kann die Abspaltung nach § 137 Abs. 3 Satz 2 UmwG im Register des übertragenden Rechtsträgers eingetragen werden.

A. 15.20 Aufspaltung einer GmbH auf zwei GmbH (Gesellschafter) jeweils durch Aufnahme

Gliederung

I. FORMULARE

Formular A. 15.20 Aufspaltungsvertrag

Aufspaltungsvertrag

Heute, den ......, erschienen vor mir, ..., Notar in ......

1. Herr A ...... [Beruf/Wohn- bzw. Geschäftsadresse]

2. Herr B ...... [Beruf/Wohn- bzw. Geschäftsadresse]

3. Herr C ...... [Beruf/Wohn- bzw. Geschäftsadresse]

Die Erschienenen erklärten, nicht im eigenen Namen zu handeln, sondern

– Herr A als einzelvertretungsberechtigter Geschäftsführer der A-GmbH mit Sitz in ......, eingetragen im Handelsregister des Amtsgerichts ...... unter HRB ...... (nachfolgend A-GmbH).

– Herr B als einzelvertretungsberechtigter Geschäftsführer der B-GmbH mit Sitz in ......, eingetragen im Handelsregister des Amtsgerichts ...... unter HRB ...... (nachfolgend B-GmbH).

– Herr C als einzelvertretungsberechtigter Geschäftsführer der C-GmbH mit Sitz in ......, eingetragen im Handelsregister des Amtsgerichts ...... unter HRB ...... (nachfolgend C-GmbH).

Vertretungsbestätigungen ......

Die Erschienenen baten den Notar um Beurkundung des folgenden Aufspaltungsvertrags gem. § 123 Abs. 1 Nr. 1 UmwG, wozu sie erklärten:

Präambel

(1) Die B-GmbH und C-GmbH halten jeweils einen voll eingezahlten Geschäftsanteil im Nennbetrag von je € 50.000,– am Stammkapital von insgesamt € 100.000,– der A-GmbH.

(2) Die A-GmbH betreibt in ...... (Ort/Straße) den Betrieb X ...... *[Beschreibung, ggf. Zweigniederlassung ...... – nachfolgend: Teilbetrieb X –]* und in ...... den Betrieb Y ...... *[Beschreibung, ggf. Zweigniederlassung ...... – nachfolgend: Teilbetrieb Y –].*

Beide Betriebe *[ggf. Zweigniederlassungen]* werden organisatorisch selbstständig von jeweils verschiedenen Prokuristen geführt und haben jeweils eigene Einkaufs-, Fertigungs- und Vertriebsabteilungen. Die Stabsabteilungen Recht, Steuer, Personal, Versicherung, Rechnungswesen, Controlling befinden sich in ...... *[Ort]* in gemieteten Räumen und werden von dem alleinigen Geschäftsführer Herrn A geleitet.

(3) Die C-GmbH hat die 50%ige Beteiligung an der A-GmbH vor sechs Jahren erworben. Die C-GmbH betreibt einen mit dem Teilbetrieb Y ...... verwandten Geschäftsbetrieb. Die B-GmbH, die bis zum Verkauf der 50%igen Beteiligung an der A-GmbH deren alleinige Gesellschafterin war, betreibt einen mit dem Teilbetrieb X ...... der A-GmbH verwandten Geschäftsbetrieb. Zur Erhöhung der Effektivität der bisher von der A-GmbH selbst unterhaltenen Stabsabteilungen bezüglich ihrer Teilbetriebe X und Y und zur Erreichung von Synergieeffekten aus der Zusammenlegung der jeweils verwandten Teilbetriebe X mit dem Geschäftsbetrieb der B-GmbH und Y mit dem Geschäftsbetrieb der C-GmbH wird der nachfolgende Spaltungs- und Übernahmevertrag geschlossen.

§ 1 Aufspaltungs- und Übernahmevereinbarung

(1) Bezeichnung der an der Aufspaltung beteiligten Gesellschaften

a) Übertragender Rechtsträger ist die A-GmbH mit Sitz in ......, eingetragen im Handelsregister des Amtsgerichts ...... unter HRB ...... (nachfolgend A-GmbH).

b) Übernehmende Rechtsträger sind

– die B-GmbH mit Sitz in ......, eingetragen im Handelsregister des Amtsgerichts ...... unter HRB ...... und
– die C-GmbH mit Sitz in ......, eingetragen im Handelsregister des Amtsgerichts ...... unter HRB ......

c) Die vorstehend unter Buchst. b bezeichneten übernehmenden Rechtsträger sind gleichzeitig jeweils hälftig Anteilsinhaber des vorstehend unter Buchst. a bezeichneten übertragenden Rechtsträgers. Damit entfällt gem. § 54 Abs. 1 Nr. 1 iVm. § 125 (vgl. auch § 131 Abs. 1 Nr. 3 Satz 1 2. Halbsatz, 2. Alternative) UmwG die Gewährung von Anteilen an die Gesellschafter des übertragenden Rechtsträgers sowie eine entsprechende Kapitalerhöhung der übernehmenden Rechtsträger zur Durchführung der Aufspaltung.

(2) Übertragungen von Teilen des Vermögens: Die A-GmbH überträgt die nachfolgend unter Buchst. a bezeichneten Teile ihres Vermögens auf die B-GmbH und die nachfolgend unter Buchst. b bezeichneten Teile ihres Vermögens auf die C-GmbH, und zwar jeweils als Gesamtheit mit allen Rechten und Pflichten unter Auflösung ohne Abwicklung im Wege der Aufspaltung zur Aufnahme durch die vorstehend jeweils bezeichneten übernehmenden Rechtsträger gem. § 123 Abs. 1 Nr. 1 UmwG; die Übertragungen der Vermögensteile erfolgen gem. § 1 ohne Gewährung von Gesellschaftsrechten und ohne sonstige Gegenleistungen.

Für die Übertragung der Gegenstände des Aktiv- und Passivvermögens und der Rechtsverhältnisse auf die beiden übernehmenden Rechtsträger B-GmbH und C-GmbH gilt im Einzelnen Folgendes:

a) Bezeichnung der auf die B-GmbH als übernehmender Rechtsträger zu übertragenden Gegenstände des Aktiv- und Passivvermögens sowie Rechtsverhältnisse:

Auf die B-GmbH werden alle Aktiva, Passiva und Rechtsverhältnisse übertragen, die wirtschaftlich zum Teilbetrieb X ...... in ...... und zu den Stabsabteilungen Rechnungswesen, Controlling, und Recht sowie zur Geschäftsleitung gehören (nachfolgend auch insgesamt bezeichnet als „Teilbetrieb X"). Hinsichtlich der übertragenen bilanzierungsfähigen Wirtschaftsgüter wird gem. § 126 Abs. 2 Satz 3 UmwG zur Zuordnung ergänzend auf die aus der zum 31.12.01 aufgestellten und geprüften Schlussbilanz mit Anhang der A-GmbH abgeleitete Aufspaltungsbilanz des Teilbetriebs X (Anlage X 1.) Bezug genommen; die aus dieser Schlussbilanz entwickelte Aufspaltungsbilanz des Teilbetriebs X ist dieser Urkunde als Anlage X 1. beigefügt und wurde mitverlesen. Auf die B-GmbH werden insbesondere im Einzelnen übertragen:

- die in der Anlage X 2. (unter Angabe des Grundbuchamtes, Gemarkung, Band- und Blattstelle, Flurstücknummern) aufgeführten Grundstücke nebst Gebäuden,
- die in der Anlage X 3. aufgeführten Gegenstände des Finanzanlagevermögens (ua. Wertpapiere, Beteiligungen, Forderungen unter Angabe der Beträge und der Schuldner), Gegenstände des beweglichen Anlage- und Umlaufvermögens, Verbindlichkeiten und Rückstellungen (mit Bezeichnung der Beträge und Gläubiger),
- die bei den in Anlage X 4. aufgeführten Kreditinstituten bestehenden Bankguthaben,
- die sonstigen Vermögensgegenstände des Anlage- und Umlaufvermögens gem. Inventar und allgemeiner Beschreibung nach Anlage X 5., und zwar auch soweit sie nicht bilanzierungspflichtig bzw. nicht bilanzierungsfähig sind (zB selbstentwickelte Patente, gewerbliche Schutzrechte, Nutzungsrechte an Urheberrechten) sowie
- alle dem Teilbetrieb X zuzuordnenden Verträge, insbesondere Miet-, Pacht-, Leasing- und Lieferverträge, Konzessionsverträge, Angebote und sonstige Rechtsstellungen gem. Anlage X 6 sowie alle mit dem Geschäft des Teilbetriebs X im Zusammenhang stehende sonstige Vermögensgegenstände.

Von der B-GmbH übernommen werden ferner diejenigen Verbindlichkeiten und Rückstellungen, die wirtschaftlich zu dem Teilbetrieb X gehören, auch wenn diese in den beigefügten Anlagen oder im Aufspaltungs- und Übernahmevertrag nicht aufgeführt sind.

Auf die B-GmbH gehen die in Anlage X 7. beschriebenen Arbeits- und Anstellungsverhältnisse über, die dem Teilbetrieb X zuzuordnen sind, sowie der Anstellungsvertrag mit ihrem Geschäftsführer, Herrn A.

Soweit ab dem 1.1.02 Gegenstände des Teilbetriebs X durch die A-GmbH im regelmäßigen Geschäftsverkehr veräußert worden sind, treten die Surrogate an deren Stelle.

Vermögensgegenstände, Verbindlichkeiten, Arbeits- bzw. Anstellungsverhältnisse und sonstige Rechtspositionen, die in den beigefügten Anlagen oder im Aufspaltungs- und Übernahmevertrag nicht aufgeführt sind, gehen entsprechend der hier getroffenen Zuordnung auf die B-GmbH über, soweit sie dem Teilbetrieb X im weitesten Sinne zuzuordnen sind; dies gilt entsprechend auch für immaterielle Vermögenswerte und für bis zur Eintragung der Aufspaltung in das Handelsregister am Sitz der übertragenden Gesellschaft erworbene Vermögensgegenstände, bis dahin begründete Arbeits- bzw. Anstellungsverhältnisse, entstandene Verbindlichkeiten und sonstige erworbene Rechtspositionen.

Für die für die Zweigniederlassung X bestellten Prokuren und Handlungsvollmachten gilt Folgendes ...... (Fortbestand, Erlöschen oder Neuerteilung von Prokuren).

b) Bezeichnung der auf die C-GmbH als übernehmender Rechtsträger zu übertragenden Gegenstände des Aktiv- und Passivvermögens sowie Rechtsverhältnisse:

Auf die C-GmbH werden alle Aktiva, Passiva und Rechtsverhältnisse übertragen, die wirtschaftlich zum Teilbetrieb Y ...... in ...... und zu den Stabsabteilungen Steuer, Personal und Versicherung gehören (nachfolgend auch insgesamt bezeichnet als „Teilbetrieb Y"). Hinsichtlich der übertragenen bilanzierungsfähigen Wirtschaftsgüter wird gem. § 126 Abs. 2 Satz 3 UmwG zur Zuordnung ergänzend auf die aus der zum 31.12.01 aufgestellten und geprüften Schlussbilanz mit Anhang der A-GmbH abgeleitete Aufspaltungsbilanz des Teilbetriebs Y (Anlage Y 1.) Bezug genommen; die aus dieser Schlussbilanz entwickelte Aufspaltungsbilanz des Teilbetriebs Y ist dieser Urkunde als Anlage Y 1. beigefügt und wurde mitverlesen. Auf die C-GmbH werden insbesondere im Einzelnen übertragen:

– die in der Anlage Y 2. (unter Angabe des Grundbuchamtes, Gemarkung, Band- und Blattstelle, Flurstücknummern) aufgeführten Grundstücke nebst Gebäuden,
– die in der Anlage Y 3. aufgeführten Gegenstände des Finanzanlagevermögens (ua. Wertpapiere, Beteiligungen, Forderungen unter Angabe der Beträge und der Schuldner), Gegenstände des beweglichen Anlage- und Umlaufvermögens, Verbindlichkeiten und Rückstellungen (mit Bezeichnung der Beträge und Gläubiger),
– die bei den in Anlage Y 4. aufgeführten Kreditinstituten bestehenden Bankguthaben,
– die sonstigen Vermögensgegenstände des Anlage- und Umlaufvermögens gem. Inventar und allgemeiner Beschreibung nach Anlage Y 5., und zwar auch soweit sie nicht bilanzierungspflichtig bzw. nicht bilanzierungsfähig sind (zB selbstentwickelte Patente, gewerbliche Schutzrechte, Nutzungsrechte an Urheberrechten) sowie
– alle dem Teilbetrieb Y zuzuordnenden Verträge, insbesondere Miet-, Pacht-, Leasing- und Lieferverträge, Konzessionsverträge, Angebote und sonstige Rechtsstellungen gem. Anlage Y 6. sowie alle mit dem Geschäft des Teilbetriebs Y im Zusammenhang stehende sonstige Vermögensgegenstände.

Von der C-GmbH übernommen werden ferner diejenigen Verbindlichkeiten und Rückstellungen, die wirtschaftlich zu dem Teilbetrieb Y gehören, auch wenn diese in den beigefügten Anlagen oder im Aufspaltungs- und Übernahmevertrag nicht aufgeführt sind.

Auf die C-GmbH gehen die in Anlage Y 7. beschriebenen Arbeits- und Anstellungsverhältnisse über, die dem Teilbetrieb Y zuzuordnen sind.

Soweit ab dem 1.1.02 Gegenstände des Teilbetriebs Y durch die A-GmbH im regelmäßigen Geschäftsverkehr veräußert worden sind, treten die Surrogate an deren Stelle.

Vermögensgegenstände, Verbindlichkeiten, Arbeits- bzw. Anstellungsverhältnisse und sonstige Rechtspositionen, die in den beigefügten Anlagen oder im Aufspaltungs- und Übernahmevertrag nicht aufgeführt sind, gehen entsprechend der hier getroffenen Zuordnung auf die C-GmbH über, soweit sie dem Teilbetrieb Y im weitesten Sinne zuzuordnen sind; dies gilt entsprechend auch für immaterielle Vermögenswerte und für bis zur Eintragung der Aufspaltung in das Handelsregister am Sitz der übertragenden Gesellschaft erworbene Vermögensgegenstände, bis dahin begründete Arbeits- bzw. Anstellungsverhältnisse, entstandene Verbindlichkeiten und sonstige erworbene Rechtspositionen.

Für die für die Zweigniederlassung X bestellten Prokuren und Handlungsvollmachten gilt Folgendes ...... (Fortbestand, Erlöschen oder Neuerteilung von Prokuren).

(3) Keine Gegenleistungen: Für die vorstehenden Vermögensübertragungen werden der B-GmbH und der C-GmbH keine Gegenleistungen, auch keine baren Zuzahlungen gewährt, da Kapitalerhöhungen gem. § 54 Abs. 1 iVm. § 125 UmwG und Anteilsgewährungen gem. § 131 Abs. 1 Nr. 3 Satz 1 2. Halbsatz 1. Alternative UmwG ausscheiden und die Zuordnung der Vermögensteile verhältniswahrend erfolgt.

(4) Keine besonderen Rechte und Vorteile iSd. § 126 Abs. 1 Nr. 7 und 8 UmwG: Besondere Rechte und Vorteile für die Gesellschafter der A-GmbH oder die in § 126 Abs. 1 Ziff. 7 und 8 UmwG bezeichnete Personen werden nicht gewährt.

§ 2 Spaltungsstichtag, Buchwertfortführung, Umsatzsteuer-Rechnungen

(1) Als Aufspaltungsstichtag wird der 1.1.02 vereinbart. Ab dem 1.1.02, 0:00 Uhr gelten die auf die übertragenen Vermögensgegenstände und Verbindlichkeiten bezogenen Handlungen der A-GmbH jeweils als für Rechnung der den jeweiligen Betriebsteil übernehmenden Rechtsträger (die B-GmbH bezüglich des Teilbetriebs X und die C-GmbH bezüglich des Teilbetriebs Y) vorgenommen.

(2) Der Aufspaltung liegt die auf den 31.12.01 aufgestellte handelsrechtliche Schlussbilanz der A-GmbH zugrunde. Die A-GmbH verpflichtet sich hiermit, auch in der gem. § 15 Abs. 2 UmwStG aufzustellenden steuerlichen Schlussbilanz gem. § 11 Abs. 1 (iVm. § 15 Abs. 1 Satz 1) UmwStG, das Vermögen zu den Werten anzusetzen, die sich nach der steuerlichen Gewinnermittlung zum 31.12.01 ergeben, dh. von dem Wahlrecht gem. § 11 Abs. 1 UmwStG zum Ansatz höherer Werte nicht Gebrauch zu machen und auch im Rahmen der Durchführung der Steuerveranlagungen für den Veranlagungszeitraum des Jahres 01 den Ansatz der steuerlichen Buchwerte zu beantragen. Herr A wird zur Erstellung der Steuererklärungen bevollmächtigt und zum Zustellungsbevollmächtigten für die B-GmbH und die C-GmbH für alle Steuerangelegenheiten bestellt, die nach Wirksamkeit der Aufspaltung für die A-GmbH durch B-GmbH und C-GmbH als Gesamtschuldner noch abzuwickeln sind.

(3) Herr A wird ferner bevollmächtigt und beauftragt, unmittelbar nach Mitteilung über die Eintragung der Aufspaltung im Handelsregister der A-GmbH zu veranlassen, dass ab diesem Zeitpunkt sämtliche Rechnungen von der die übertragenen Betriebsteile übernehmenden B-GmbH bzw. C-GmbH ausgestellt werden und Lieferantenrechnungen an diese zu adressieren sowie eine letzte Umsatzsteuervoranmeldung der übertragenden A-GmbH für den Monat einzureichen, in dem die Mitteilung erfolgt. Die B-GmbH und C-GmbH sind für alle Umsätze, die nach diesem Tag ausgeführt werden, verpflichtet, insoweit für die jeweils übergegangenen Betriebsteile Umsatzsteuervoranmeldungen für die B-GmbH und C-GmbH als übernehmende Gesellschaften abzugeben.

§ 3 Grundbucherklärungen

Soweit im Rahmen der Aufspaltung noch zu vermessende Grundstücksteilflächen übertragen werden, wird auf die beigefügten Pläne Bezug genommen. Diese wurden den Beteiligten zur Durchsicht vorgelegt und von ihnen genehmigt.

Die Vermessung hat unverzüglich zu erfolgen, der beurkundende Notar oder sein Vertreter wird beauftragt, die erforderliche Teilungsgenehmigung sowie etwaige nach den landesrechtlichen Bauordnungen erforderliche Genehmigungen einzuholen sowie nach Vorliegen des amtlichen Messungsergebnisses den jeweils zu übertragenen Grundbesitz zum Zwecke des Grundbuchvollzuges genau zu beschreiben. Sollte die Teilung nicht genehmigt werden, so sind die Beteiligten zur Vereinbarung einer Regelung verpflichtet, die wirtschaftlich dem Gewollten am nächsten kommt.

Im Übrigen bewilligt und beantragt die A-GmbH, das Grundbuch entsprechend der Aufspaltungsvereinbarung (s. § 1) zu berichtigen.

§ 4 Folgen der Spaltung für die Arbeitnehmer und ihre Vertretungen

Die Folgen der Spaltung für die Arbeitnehmer und ihre Vertretungen sowie die insoweit vorgesehenen Maßnahmen werden wie folgt beschrieben. ......

§ 5 Sicherheitsleistungen

Den Gläubigern der an der Aufspaltung beteiligten Gesellschaften ist, wenn sie binnen sechs Monaten nach der Bekanntmachung der Eintragung der Aufspaltung in das Handelsregister des Sitzes der Gesellschaft, deren Gläubiger sie sind, ihren Anspruch nach Grund und Höhe schriftlich anmelden, Sicherheit zu leisten, soweit sie nicht Befriedigung verlangen können und soweit sie glaubhaft machen können, dass durch die Aufspaltung die Erfüllung ihrer Forderungen gefährdet wird. Zur Sicherheitsleistung ist allerdings nur die an der Aufspaltung beteiligte Gesellschaft verpflichtet, gegen die sich der Anspruch richtet.

§ 6 Kosten und Gebühren

Die mit diesem Aufspaltungs- und Übernahmevertrag und den Gesellschafterbeschlüssen verbundenen Gebühren, Kosten und Steuern werden wie folgt von den übernehmenden Rechtsträgern getragen:

– Notargebühren, Registergebühren und Beratungskosten tragen die übernehmenden Rechtsträger B-GmbH und C-GmbH jeweils hälftig bis zur Höhe von jeweils € ......,–; darüber hinausgehende Kosten tragen die Gesellschafter der übernehmenden Rechtsträger jeweils hälftig.

– Die mit dem Übergang der Grundstücke verbundenen Grundbuchgebühren und Grunderwerbsteuern tragen jeweils die den jeweiligen Grundbesitz übernehmenden Rechtsträger.

....

[Herr A für A-GmbH]   [Herr B für B-GmbH]   [Herr C für C-GmbH]

Formular A. 15.20a Schreiben an die Betriebsräte der beteiligten Rechtsträger

Gemeinsames Schreiben gem. §§ 126 Abs. 3; 17 Abs. 1 iVm. § 125 UmwG an die Betriebsräte der A-GmbH, B-GmbH und C-GmbH

Von: Geschäftsleitung A-GmbH, B-GmbH und C-GmbH ....

         (gemeinsames Schreiben)   (Ort/Datum)

An: 1.1   Gesamtbetriebsrat A-GmbH, z. Hd. des/der Vorsitzenden des Gesamtbetriebsrats, Herrn/Frau ......

      1.2   Betriebsrat der A-GmbH, Betriebsteil X in ......, z. Hd. des/der Vorsitzenden des Betriebsrats, Herrn/Frau ......

      1.3   Betriebsrat der A-GmbH, Betriebsteil Y in ......, z. Hd. des/der Vorsitzenden des Betriebsrats, Herrn/Frau ......

      2.   Betriebsrat der B-GmbH, z. Hd. des/der Vorsitzenden, Herrn/Frau ......

      3.   Betriebsrat der C-GmbH, z. Hd. des/der Vorsitzenden, Herrn/Frau ......

           jeweils gegen Empfangsbestätigung

Betreff: Bevorstehende Aufspaltung der A-GmbH als übertragende Gesellschaft auf die B-GmbH und die C-GmbH als übernehmende Gesellschaften

Sehr geehrte Damen und Herren,

in den voraussichtlich am ...... stattfindenden Gesellschafterversammlungen der A-GmbH, B-GmbH und C-GmbH ist beabsichtigt, dem beigefügten Entwurf des Aufspaltungsvertrags zwischen der A-GmbH als übertragender Gesellschaft sowie der B-GmbH und der C-GmbH als jeweils übernehmende Gesellschaft zuzustimmen und den Vertrag in notariell beurkundeter Form abzuschließen. Wir übermitteln Ihnen hiermit den Entwurf des Aufspaltungsvertrags in der Anlage gem. § 126 Abs. 3 UmwG. Wir bitten, auf die Einhaltung der Monatsfrist des § 126 Abs. 3 UmwG zu verzichten, den Erhalt dieses Schreibens und der Anlage auf den beigefügten Kopien dieses Schreibens dreifach zu bestätigen und an die Geschäftsleitung der übernehmenden B-GmbH im Hinblick auf den Nachweis im Zuge der Anlagen zu den Handelsregisteranmeldungen gem. § 17 Abs. 1, 16 iVm. § 125 UmwG jeweils dreifach zurück zu schicken.

....

[Geschäftsführung A-GmbH]

....

[Geschäftsführung B-GmbH]

....

[Geschäftsführung C-GmbH]

Hiermit bestätigen wir als jeweilige(r) Vorsitzende(r) des Betriebsrats den Erhalt dieses Schreibens nebst dem als Anlage beigefügten Entwurf des Aufspaltungsvertrags und verzichten auf die Einhaltung der Monatsfrist des § 126 Abs. 3 UmwG.

....	....
[Ort/Datum]	[Gesamtbetriebsratsvorsitzende(r) A-GmbH]
....	....
[Ort/Datum]	[Betriebsratsvorsitzende(r) Betriebsteil X der A-GmbH]
....	....
[Ort/Datum]	[Betriebsratsvorsitzende(r) Betriebsteil Y der A-GmbH]
....	....
[Ort/Datum]	[Betriebsratsvorsitzende(r) B-GmbH]
....	....
[Ort/Datum]	[Betriebsratsvorsitzende(r) C-GmbH]

Formular A. 15.20b Gesellschafterversammlungen der beteiligten Rechtsträger

Gesellschafterversammlungen der A-GmbH, B-GmbH und C-GmbH

Heute, den ......, erschienen vor mir, ..., Notar in ......, in meinen Amtsräumen in ......

1. Herr B ...... [Beruf/Wohn- bzw. Geschäftsadresse],

2. Herr C ...... [Beruf/Wohn- bzw. Geschäftsadresse],

3. Herr D ...... [Beruf/Wohn- bzw. Geschäftsadresse] und

4. Herr E ...... [Beruf/Wohn- bzw. Geschäftsadresse]

Die Erschienenen erklärten, nicht im eigenen Namen zu handeln, sondern jeweils wie folgt:

Herr B handelt als einzelvertretungsberechtigter Geschäftsführer der B-GmbH mit Sitz in ......, eingetragen im Handelsregister des Amtsgerichts ...... unter HRB ......

Herr C handelt als einzelvertretungsberechtigter Geschäftsführer der C-GmbH mit Sitz in ......, eingetragen im Handelsregister des Amtsgerichts ...... unter HRB ......

Herr D handelt als einzelvertretungsberechtigter Geschäftsführer der D-GmbH mit Sitz in ......, eingetragen im Handelsregister des Amtsgerichts ...... unter HRB ......

Herr E handelt als einzelvertretungsberechtigter Geschäftsführer der E-GmbH mit Sitz in ......, eingetragen im Handelsregister des Amtsgerichts ...... unter HRB ......

Die B-GmbH und C-GmbH halten jeweils Geschäftsanteile im Nennbetrag von je € 50.000,– an der A-GmbH mit dem Sitz in ......, eingetragen im Handelsregister des

Amtsgerichts ...... unter HRB ...... mit einem Stammkapital von insgesamt € 100.000,–. Die Erschienenen erklärten daraufhin: Die Stammeinlagen sind sämtlich vollständig erbracht;

An der B-GmbH hält alle Geschäftsanteile die D-GmbH;

An der C-GmbH hält alle Geschäftsanteile die E-GmbH.

Die Herren B, C, D und E baten um Beurkundung des folgenden:

Abgehalten werden Gesellschafterversammlungen der A-GmbH, der B-GmbH und der C-GmbH, und zwar jeweils unter Verzicht auf alle Formen und Fristen für die Einberufung und Abhaltung von Gesellschafterversammlungen der A-GmbH, B-GmbH und C-GmbH und beschließen jeweils einstimmig, was folgt.

1. Gesellschafterbeschlüsse sowohl der übertragenden A-GmbH als auch der übernehmenden B-GmbH und C-GmbH

   a) Auf die Versendung des Aufspaltungsvertrags oder seines Entwurfs zusammen mit der Einberufung der Gesellschafterversammlungen gem. § 47 iVm. § 125 Satz 1 UmwG wurde einvernehmlich verzichtet; dieser Verzicht wird hiermit nochmals ausdrücklich bestätigt.

   b) Auf die Auslegung der Jahresabschlüsse und ggf. Lageberichte der an der Aufspaltung beteiligten Rechtsträger (A-GmbH, B-GmbH und C-GmbH) für die letzten drei Geschäftsjahre zur Einsicht durch die Gesellschafter in den Geschäftsräumen der Gesellschaften vom Zeitpunkt der Einberufung der Gesellschafterversammlungen gem. § 49 Abs. 2 iVm. § 125 Satz 1 UmwG an wurde ebenfalls einvernehmlich verzichtet; auch diesbezüglich wird der Verzicht hiermit nochmals ausdrücklich bestätigt.

   c) Auf die Erstellung eines Aufspaltungsberichts iSv. § 127 Satz 1 UmwG wird gemäß § 8 Abs. 3 iVm. § 127 Satz 2 UmwG hiermit verzichtet.

   d) Kein Gesellschafter hat bei der Gesellschaft einen Antrag auf Prüfung des Aufspaltungsplans oder seines Entwurfs gem. § 48 iVm. § 125 UmwG gestellt. Die Gesellschafter verzichten hiermit einvernehmlich auf ihr Recht, eine Spaltungsprüfung zu verlangen.

   e) Dem Aufspaltungsvertrag vom ...... zwischen der A-GmbH mit Sitz in ...... (HRB ......) als übertragender Rechtsträger und der B-GmbH mit Sitz in ...... (HRB ......) sowie der C-GmbH mit Sitz in ...... (HRB ......) als jeweils übernehmender Rechtsträger (Urkunde-Nr. ...... des Notars ...... in ......) wird zugestimmt. Eine Ausfertigung des Aufspaltungsvertrags ist dieser Niederschrift als Anlage beigefügt.

   f) Auf das Recht, die vorstehenden Beschlüsse, insbesondere die Zustimmungsbeschlüsse gem. Buchst. e, anzufechten bzw. Klage gegen deren Wirksamkeit zu erheben, wird ausdrücklich verzichtet.

2. Weitere Gesellschafterbeschlüsse der übernehmenden B-GmbH und C-GmbH

   a) Im Hinblick auf den rückwirkenden Wegfall der Voraussetzungen für den Ansatz des übertragenen Vermögens in der steuerlichen Schlussbilanz der A-GmbH gem. §§ 15 Abs. 2, 11 Abs. 1 UmwStG mit den sich nach der steuerlichen Gewinnermittlung ergebenden Werten (sog. steuerliche Buchwerte ohne Ansatz der höheren Zeitwerte) bei Veräußerung von mehr als 20 % der Anteile an der B-GmbH und/oder der C-GmbH als übernehmende Rechtsträger vor dem 1.1.07 gem. § 15 Abs. 3 Satz 4 UmwStG erklärt Herr D als alleiniger Geschäftsführer der D-GmbH, der Alleingesellschafterin der übernehmenden B-GmbH: Die D-GmbH verpflichtet sich, vor dem 1.1.07 nicht mehr als 20 % der Anteile an der B-GmbH zu veräußern. Für den Fall der Zuwiderhandlung wird die D-GmbH den für die A-GmbH im Rahmen von deren Schlussbesteuerung von der B-GmbH und C-GmbH als Gesamtschuldner erhobenen Steuerbetrag in vollem Umfang ausgleichen.

b) Diesbezüglich erklärt auch Herr E als alleiniger Geschäftsführer der E-GmbH, der Alleingesellschafterin der übernehmenden C-GmbH: Die E-GmbH verpflichtet sich, vor dem 1.1.07 nicht mehr als 20 % der Anteile an der C-GmbH zu veräußern. Für den Fall der Zuwiderhandlung wird die E-GmbH den für die A-GmbH im Rahmen von deren Schlussbesteuerung von der B-GmbH und C-GmbH als Gesamtschuldner erhobenen Steuerbetrag in vollem Umfang ausgleichen.

Formular A. 15.20c Handelsregisteranmeldung der Aufspaltung der übertragenden GmbH

An das

Amtsgericht ......

– Handelsregister –

Betreff: A-GmbH mit dem Sitz in ......, HRB ...... Anmeldung der Aufspaltung gem. § 123 Abs. 1 Nr. 1 UmwG

Als einzelvertretungsberechtigter Geschäftsführer der B-GmbH mit Sitz in ...... (eingetragen im Handelsregister ...... unter HRB ......), eine der übernehmenden Gesellschaften im Rahmen der Aufspaltung der im Betreff genannten übertragenden Gesellschaft, melde ich zur Eintragung in das Register der Gesellschaft gem. §§ 129, 16 und 17 iVm. § 125 UmwG an:

Unter Auflösung der Gesellschaft ist jeweils ein Teil ihres Vermögens im Wege der Aufspaltung nach Maßgabe des in der Anlage I. beigefügten Aufspaltungs- und Übernahmevertrags auf die B-GmbH mit Sitz in ...... sowie auf die C-GmbH mit Sitz in ...... übertragen worden.

Zur Vervollständigung der Anmeldung werde ich noch jeweils beglaubigte Handelsregisterauszüge nachreichen, aus denen sich die Eintragung der Aufspaltung in den Registern des Sitzes jeder der übernehmenden Rechtsträger gem. § 130 Abs. 1 Satz 2 UmwG ergibt.

Als Anlagen füge ich bei:

I. Notariell beglaubigte Abschrift des Aufspaltungs- und Übertragungsvertrags vom ...... (Urkunde-Nr. ...... des Notars ......);

II. Notariell beglaubigte Abschrift der Niederschriften der Gesellschafterversammlungen vom ...... (Urkunde-Nr. ...... des Notars ......) der übertragenden Gesellschaft A-GmbH und der beiden übernehmenden Gesellschaften B-GmbH und C-GmbH samt darin gefasster Beschlüsse bzw. Verzichtserklärungen nebst Anlagen

III. Nachweis über die rechtzeitige Zuleitung des Aufspaltungs- und Übertragungsvertrags bzw. des Entwurfs an die Betriebsräte der A-GmbH, B-GmbH und C-GmbH gem. § 17 Abs. 1 iVm. § 125 UmwG [bzw. Nachweis der Zuleitung bei Verzicht auf die Einhaltung der Monatsfrist des § 126 Abs. 3 UmwG].

IV. Schlussbilanz der übertragenden A-GmbH zum 31.12.01 [mit Anhang, versehen mit einem uneingeschränkten Bestätigungsvermerk des ...... Wirtschaftsprüfers, falls nach den Größenmerkmalen des § 267 HGB erforderlich].

Nach Vollzug bitte ich um Eintragungsnachricht an die Gesellschaft und den beglaubigenden Notar sowie um Übermittlung je eines beglaubigten Handelsregisterauszugs an diese.

....

[Herr B als einzelvertretungsberechtigter

Geschäftsführer der B-GmbH]

....

[Beglaubigungsvermerk]

Formular A. 15.20d Handelsregisteranmeldung der Aufspaltung der übernehmenden GmbH

An das

Amtsgericht ......

– Handelsregister –

Betreff: B-GmbH (bzw. C-GmbH) mit Sitz in ...... HRB ...... Anmeldung der Aufspaltung nach § 123 Abs. 1 Nr. 1 UmwG

Als einzelvertretungsberechtigter Geschäftsführer der B-GmbH (bzw. C-GmbH) mit Sitz in ...... (HRB ...... des Amtsgerichts ......), eine der übernehmenden Gesellschaften im Rahmen der Aufspaltung der A-GmbH mit dem Sitz in ......, melde ich gem. §§ 129, 16 und 17 iVm. § 125 UmwG zum Register der B-GmbH (bzw. C-GmbH) an:

Die A-GmbH mit Sitz in ...... (HRB ...... Amtsgericht ......) ist im Wege der Aufspaltung nach Maßgabe des beigefügten Aufspaltungs- und Übernahmevertrags erloschen, und zwar unter Übertragung von jeweils Teilen ihres Vermögens im Wege der Aufspaltung auf die B-GmbH mit Sitz in ...... und auf die C-GmbH mit Sitz in ....

Als Anlagen füge ich bei:

I. Notariell beglaubigte Abschrift des Aufspaltungs- und Übertragungsvertrags vom ...... (Urkunde-Nr. ...... des Notars ......);

II. Notariell beglaubigte Abschrift der Niederschriften der Gesellschafterversammlungen vom ...... (Urkunde-Nr. ...... des Notars ......) der übertragenden Gesellschaft A-GmbH und der beiden übernehmenden Gesellschaften B-GmbH und C-GmbH samt darin gefasster Beschlüsse bzw. Verzichtserklärungen nebst Anlagen;

III. Nachweis über die rechtzeitige Zuleitung des Aufspaltungs- und Übertragungsvertrags bzw. des Entwurfs an die Betriebsräte der A-GmbH, B-GmbH und C-GmbH gem. § 17 Abs. 1 iVm. § 125 UmwG [bzw. Nachweis der Zuleitung bei Verzicht auf die Einhaltung der Monatsfrist des § 126 Abs. 3 UmwG].

Nach Vollzug bitte ich um Eintragungsnachricht an die Gesellschaft und den beglaubigenden Notar sowie um Übermittlung je eines beglaubigten Handelsregisterauszugs an diese.

....

[Herr B als einzelvertretungsberechtigter Geschäftsführer der B-GmbH bzw. Herr C als einzelvertretungsberechtigter Geschäftsführer der C-GmbH]

....

[Beglaubigungsvermerk]

II. ERLÄUTERUNGEN

Erläuterungen zu A. 15.20 Aufspaltungsvertrag

---

1. Grundsätzliche Anmerkungen

a) Wirtschaftliches Vertragsziel: Aufspaltung durch Teilfusionen

Das vorliegende Formular bezweckt die unmittelbare Zuordnung und Übertragung **1** des **Teilbetriebs** X der A-GmbH auf die Gesellschafterin B-GmbH und des Teilbetriebs Y der A-GmbH auf die Gesellschafterin C-GmbH, und zwar jeweils durch Aufnahme der diesen Teilbetrieben zuzuordnenden Vermögensteile (Aktiva, Passiva und Rechtsverhältnisse) und einzelner Stabsabteilungen (im Formular insgesamt bezeichnet als Betriebsteile) durch die B-GmbH bzw. die C-GmbH (Aufspaltung zur

Aufnahme gem. § 123 Abs. 1 Nr. 1 UmwG). Die betreffenden Vermögensteile gehen im Wege der **partiellen** (gegenständlich beschränkten) **Gesamtrechtsnachfolge** mit Eintragung der Aufspaltung im Register der übertragenden A-GmbH auf die B-GmbH und die C-GmbH als jeweils übernehmende Rechtsträger über (§ 131 Abs. 1 Nr. 1 UmwG). Wirtschaftlich handelt es sich im vorliegenden Fall jeweils um Teilfusionen, dh. um Fusion des Betriebsteils X mit der B-GmbH und des Betriebsteils Y mit der C-GmbH.

2   Das Formular geht weiter davon aus, dass die beiden Gesellschafter der übertragenden A-GmbH, nämlich die B-GmbH und C-GmbH, sowie deren Gesellschafter jeweils in **vollem Umfang über die Geschäftsbetriebe der übertragenden A-GmbH informiert sind** und daher soweit wie möglich auf Formalien und materielle Anforderungen (Informationspflichten, Spaltungsbericht, Spaltungsprüfungen, Anfechtungsrechte und dergleichen) **verzichtet** wird.

3   Der Weg der Aufspaltung auf die Gesellschafter als bestehende und jeweils übernehmende Rechtsträger kann dann **ertragsteuerlich neutral** gewählt werden, wenn die **Voraussetzungen des § 15 UmwStG** (vgl. Rz. 20 ff.) gegeben sind. Dazu ist ua. (neben der Fortführung der steuerlichen Buchwerte) notwendig, dass erstens die jeweils übergehenden Vermögensteile sog. „Teilbetriebe" im steuerlichen Sinne darstellen (§ 15 Abs. 1 Satz 1 UmwStG), zweitens dass – wie hier (s. Abs. 3 der Präambel zum Aufspaltungsvertrag) – bei der Trennung von Gesellschafterstämmen die Beteiligungen an der übertragenden A-GmbH mindestens fünf Jahre vor dem steuerlichen Übertragungsstichtag bestanden haben (§ 15 Abs. 2 Satz 5 UmwStG) und drittens, dass mit der Spaltung keine Veräußerung an außenstehende Personen vollzogen wird oder die Voraussetzungen für eine derartige Veräußerung geschaffen werden, dh. innerhalb von fünf Jahren nach dem Spaltungsstichtag nicht mehr als 20% der Anteile der B-GmbH oder C-GmbH veräußert werden (§ 15 Abs. 2 Satz 2–4 UmwStG). All diese Voraussetzungen sollen im vorliegenden Fall gegeben sein.

4   **Motive.** Soweit die steuerlichen Voraussetzungen für eine gewinnneutrale Aufspaltung (s. Rz. 20 ff.) gegeben sind, kann somit die Aufspaltung einer Kapitalgesellschaft auf übernehmende Kapitalgesellschaften ohne Ertragsteuerbelastung
– der Auflösung von Konzernstrukturen dienen,
– neue Kooperationsmöglichkeiten durch rechtliche Verselbstständigung einzelner Unternehmensteile schaffen,
– die Trennung von Gesellschafterstämmen oder von Gesellschaftergruppen bewirken,
– bei der Gestaltung von Erbauseinandersetzungen oder vorweggenommenen Erbfolge eingesetzt werden,
– zur Vermeidung (Entfall eines mitbestimmten Aufsichtsrats bei der Übertragerin; § 325 UmwG greift für die Aufspaltung nicht) oder Verringerung der Mitbestimmung bei Übernehmern (durch Schaffung kleinerer nicht mitbestimmungspflichtiger Einheiten bzw. Verminderung der Mitbestimmungsanforderungen, nämlich von paritätischer (nach MitbestG, anzuwenden bei mehr als 2000 Arbeitnehmern) zu drittelparitätischer Mitbestimmung (nach DrittelbG, anzuwenden bei mehr als 500 Arbeitnehmern) und/oder
– zu einer Verminderung von Publizitätspflichten durch Erreichen kleinerer Größenklassen gem. § 267 HGB führen.

5   *(frei)*

b) Zivilrecht

6   Die Aufspaltung von Gesellschaften ist (ebenso wie die Abspaltung oder die Ausgliederung) durch das UmwG durch **partielle Gesamtrechtsnachfolge** der zu übertragenden Vermögensgegenstände und mit **unmittelbarer Zuordnung der Anteile** an den übernehmenden Gesellschaften auf die Gesellschafter der übertragenden Ge-

sellschaft möglich. Das UmwG ermöglicht Spaltungen von Gesellschaften als Aufspaltungen (mit **Auflösung des übertragenden Rechtsträgers**), als Abspaltung und als Ausgliederung (beide letztgenannten unter **Fortbestehen** des übertragenden Rechtsträgers); Aufspaltungen, Abspaltungen und Ausgliederungen können dabei jeweils auf bestehende Gesellschaften oder hierdurch neu gegründete Gesellschaften vorgenommen werden. Daraus ergeben sich die in § 123 Abs. 1–3 UmwG genannten sechs Grundformen der Spaltungen.

In diesem Formular wird die **Aufspaltung auf jeweils bestehende überneh-** 7
mende Rechtsträger (§ 123 Abs. 1 Nr. 1 UmwG) eingesetzt, die zur Auflösung des übertragenden Rechtsträgers (A-GmbH) führt. Eine weitere Besonderheit (im Sinne der Vereinfachung) des diesem Formular zugrunde liegenden Falls liegt darin, dass die übernehmenden Rechtsträger jeweils Gesellschafter der übertragenden A-GmbH sind und deshalb die Gewährung von Anteilen bzw. Durchführung von Kapitalerhöhungen bei den übernehmenden Rechtsträgern entfällt (**Verbot der Kapitalerhöhung** gem. § 54 Abs. 1 Nr. 1 iVm. § 125 UmwG und **keine Anteilsgewährung** gem. § 131 Abs. 1 Nr. 3 Satz 1, Halbsatz 2, 2. Alt. UmwG). Ferner erfolgt die Vermögenszuordnung wertmäßig entsprechend den (hier hälftigen) Beteiligungsverhältnissen, was durch Zuordnung von Aktiva und Passiva, insbes. von Geldvermögen und Verbindlichkeiten, frei und ohne steuerrechtliche Einschränkungen gestaltbar ist. Daher sind bare Zuzahlungen gem. § 54 Abs. 4 iVm. § 125 UmwG, die mangels Kapitalerhöhungen iSd. § 54 Abs. 1 iVm. § 125 UmwG gar nicht zulässig wären (und auch zur steuerlichen Gewinnrealisierung führen würden), nicht notwendig (Aufspaltung, bei der die übernommenen Vermögensteile wertmäßig der bisherigen Beteiligung entsprechen). Damit entfallen auch die Berechnungen und Angaben zum Umtauschverhältnis von Anteilen und zu baren Zuzahlungen. Für die Vermögens- und Erfolgszuordnung bei der Rechnungslegung des übertragenden Rechtsträgers sind grds. die bei Verschmelzungen geltenden Grundsätze (HFA 2/97 Abschn. 2, WPg 97, 235) entsprechend anzuwenden (HFA 1/98 Abschn. 121/4, WPg 98, 509, mit Besonderheiten für die Abspaltung zur Bilanzierung beim Gesellschafter).

Beteiligte Rechtsträger. An einer Aufspaltung (oder Abspaltung) können als 8
übertragende und/oder übernehmende Rechtsträger die in § 3 Abs. 1 UmwG genannten Rechtsträger beteiligt sein (§ 124 Abs. 1 UmwG), also insbes. Personenhandelsgesellschaften (offene Handelsgesellschaften, Kommanditgesellschaften; nicht BGB-Gesellschaften), Partnerschaftsgesellschaften, Kapitalgesellschaften (GmbH, AG, KGaA), eingetragene Genossenschaften, eingetragene Vereine (§ 21 BGB) und Versicherungsvereine auf Gegenseitigkeit. Als übertragender Rechtsträger kommt für die Aufspaltung auch ein wirtschaftlicher Verein iSv. § 22 BGB in Betracht. Übertragender und übernehmende Rechtsträger können dabei unterschiedliche Rechtsformen haben (§ 3 Abs. 4 iVm. § 124 Abs. 2 UmwG). Auch aufgelöste Rechtsträger können übertragende Rechtsträger sein, wenn deren Fortsetzung beschlossen werden könnte (§ 3 Abs. 3 iVm. § 124 Abs. 2 UmwG). Unzulässig ist die sog. verschmelzende Spaltung (gleichzeitige Verschmelzung eines durch Spaltung entstehenden Rechtsträgers mit einem anderen Rechtsträger im Wege der Verschmelzung durch Neugründung und die Beteiligung mehrerer übertragender Rechtsträger an einem Spaltungsvorgang. Allerdings schließt das Gesetz mehrere übertragende Rechtsträger nur in einem Rechtsakt aus; faktisch ist es jederzeit möglich, beide Umwandlungsarten ua. durch Kettenumwandlungen jeweils aufschiebend bedingt zu verbinden (vgl. *W/M/Schwarz* § 123 UmwG Rz. 9).

Anzuwendende Vorschriften. Aufgrund der gesetzlichen Verweisungstechnik 9
finden auf die Spaltung gem. § 125 UmwG (vorbehaltlich der dort genannten Ausnahmen) die Vorschriften über die Verschmelzung grds. entsprechende Anwendung, soweit in den §§ 123 ff. UmwG keine Sonderbestimmungen enthalten sind. Für die hier behandelte Aufspaltung einer GmbH zur Aufnahme durch zwei GmbHs gelten

somit gem. § 125 UmwG die allgemeinen Regelungen für die Verschmelzung durch Aufnahme in den §§ 2–35 UmwG und die besonderen Vorschriften unter Beteiligung von GmbHs bei Aufnahme in den §§ 46–55 UmwG (mit Ausnahme des Entfallens der Prüfung gem. § 9 Abs. 2 UmwG, vgl. § 125 Satz 1 UmwG bei Konzernverschmelzungen, dh. die Prüfung gem. §§ 9–12 UmwG ist für die Auf- und Abspaltung obligatorisch, soweit darauf nicht notariell beurkundet durch alle Gesellschafter aller beteiligten Rechtsträger verzichtet wird).

10   Kernstück der Spaltungsregelungen ist die **partielle Gesamtrechtsnachfolge,** also die **gegenständlich beschränkte Gesamtrechtsnachfolge** auf Grund parteiautonomer Gestaltung durch Bestimmung im Spaltungsplan (bei Auf- oder Abspaltung zur Neugründung) bzw. im Spaltungs- und Übernahmevertrag (bei Auf- oder Abspaltung zur Aufnahme) gem. §§ 126 Abs. 1 Nr. 9, 131 Abs. 1 Nr. 1 UmwG (*Lutter/Teichmann* § 123 UmwG Rz. 9, vgl. dazu die Einzelerläuterungen zum Aufspaltungsvertrag in Rz. 73ff. zu den Bestimmungen in § 1 Abs. 2 des Aufspaltungsvertrags zur Übertragung von Teilen des Vermögens der aufzuspaltenden Gesellschaft).

11   **Ablaufplan der Aufspaltung einer GmbH auf Gesellschafter in der Rechtsform von GmbHs** als bestehende übernehmende Rechtsträger (engstmöglicher Zeitplan für einvernehmliche Aufspaltung mit weitestgehend möglichen Verzichtserklärungen):

a) Aufstellung der **Schlussbilanz** mit Anhang der übertragenden A-GmbH zum 31.12.01 (bei Spaltungsstichtag 1.1.02), Unterzeichnung durch sämtliche Geschäftsführer, ggf. Prüfung durch Wirtschaftsprüfer gem. Größenmerkmalen des § 267 Abs. 1–3 HGB mit Bestätigungsvermerk und daraus Ableitung der Aufspaltungsbilanzen für die zu übertragenden Teilbetriebe X und Y zu Buchwerten. (Wenn als Wertnachweisunterlage – abweichend vom Formular – benötigt, empfehlen sich gesonderte Berichte mit Zeitwerten und separate WP-Bestätigungen zu den beiden Aufspaltungsbilanzen, wonach Aktiva nicht über- und Passiva nicht unterbewertet sind).

b) Erstellung Entwurf des Aufspaltungs- und Übernahmevertrags,

c) Zuleitung des Entwurfs des Aufspaltungsvertrags an sämtliche Betriebsräte der übertragenden und der beiden übernehmenden GmbH spätestens einen Monat vor Fassung der Zustimmungsbeschlüsse der jeweiligen Gesellschafterversammlungen, falls nicht auf die Monatsfrist des § 126 Abs. 3 UmwG verzichtet wurde; ggfs Informationen des Wirtschaftsausschusses nach § 106 Abs. 2 und 3 Nr. 8 BetrVG und ggfs umfassende Unterrichtung des Betriebsrats, soweit wesentliche Nachteile für die Belegschaft als Folge der Spaltung eintreten könnten, § 111 Nr. 3 BetrVG; unabhängig davon hat die schriftliche Information an alle Arbeitnehmer gem. § 613a Abs. 5 BGB zu erfolgen;

d) Einholung einer ggf. erforderlichen Genehmigung nach GWB bei zuständiger Kartellbehörde (und/oder sonstiger Genehmigungen).

12   **Zu a) bis d):** Die kürzestmögliche Vorlaufzeit – falls nicht auf die Monatsfrist des § 126 Abs. 3 UmwG verzichtet wird – ergibt sich aus Bilanzstichtag plus sieben Monate. Zum Verhältnis Spaltungsstichtag (zB 1.1.01) zum dann maßgeblichen Bilanzstichtag (zB dann 31.12.00) vgl. A. 15.00 Rz. 16ff. Die Schritte a) und d) können zeitlich unabhängig hiervon erfolgen; die Schlussbilanz und die Aufspaltungsbilanzen müssen aber bis zur Einreichung der Anmeldung (su. Schritt g), dh. acht Monate nach dem Bilanzstichtag vollständig ausgefertigt beim Handelsregister vorliegen.

e) Beurkundung des Aufspaltungs- und Übertragungsvertrags, soweit dieser nicht in Schritt b) bereits (anstelle eines Entwurfs) beurkundet wurde,

f) Gesellschafterbeschlüsse der übertragenden A-GmbH sowie der übernehmenden B-GmbH und C-GmbH mit weitestgehenden Verzichtserklärungen,

g) Handelsregisteranmeldungen bei den Registern der übertragenden A-GmbH und den übernehmenden Gesellschaften B-GmbH und C-GmbH.

Die Schritte einschließlich g) müssen spätestens **acht Monate** nach dem Bilanz- 13
stichtag vollzogen sein, damit der Spaltung mit handels- und steuerrechtlicher Wirkung der Bilanzstichtag (§ 17 Abs. 2 Satz 4 UmwG und § 2 Abs. 1 UmwStG an die
handelsrechtliche Regelung anknüpfend) zugrunde gelegt werden kann. In der Praxis
empfiehlt sich, eine taggenaue Terminplanung in enger Abstimmung mit dem beurkundenden und beglaubigenden Notar und möglichst frühzeitige Klärung, ob alle beteiligten Gesellschaften und Gesellschafter die vorgesehenen Verzichtserklärungen
(insbes. bzgl. Spaltungsbericht, Spaltungsprüfung und Verzichte auf Anfechtungs- und
Klagerechte) abgeben (in Zweifelsfällen diese separat rechtzeitig vorab in notariell beurkundeter Form einholen).

Zu Ablaufplänen bei **nicht einvernehmlichem Verzicht** für eine Aufspaltung ei- 14
ner GmbH auf eine GmbH zur Neugründung vgl. *W/M/Mayer* § 136 UmwG
Rz. 39 ff.; zu Ablaufplänen einer Verschmelzung, die entsprechend auch auf eine Aufspaltung durch Aufnahme von GmbH angewendet werden können, vgl. A. 15.63
Rz. 4 ff.

(frei) 15–19

c) Steuerrecht

aa) Ertragsteuern

aaa) Ertragsteuerlich neutrale Durchführung

Das Formular zielt auf eine **ertragsteuerlich neutrale** Durchführung der Aufspal- 20
tung gem. § 123 UmwG und gem. § 15 UmwStG ab. Die **Gewinnrealisierung** gilt
es bei Aufspaltungen oder Abspaltungen aus Kapitalgesellschaften grds. **auf drei Ebenen** zu **vermeiden:**

- **Bei der übertragenden GmbH** bzgl. der stillen Reserven in den Wirtschaftsgü- 21
  tern, die bei der Aufspaltung auf die übernehmenden Rechtsträger übergehen: Dies
  wird nach § 15 Abs. 1 Satz 1 UmwStG bei Vorliegen der steuerlichen Teilbetriebsvoraussetzungen (und weiterer Voraussetzungen, s. dazu Rz. 25 ff.) durch entsprechende Anwendung von § 11 Abs. 2 UmwStG erreicht, wonach der Ansatz der zu
  übertragenden Wirtschaftsgüter bei der übertragenden Gesellschaft zum bisherigen
  steuerlichen Buchwert dann zulässig ist, wenn **(1)** die spätere Besteuerung der in
  dem übergegangenen Vermögen enthaltenen **stillen Reserven** bei der übernehmenden Gesellschaft mit Körperschaftsteuer sichergestellt ist (§ 11 Abs. 2 Nr. 1
  UmwStG), **(2)** das Recht der Bundesrepublik Deutschland hinsichtlich der Besteuerung des Gewinns aus der Veräußerung der übertragenen Wirtschaftsgüter bei
  den übernehmenden Körperschaften nicht ausgeschlossen oder beschränkt wird
  (§ 11 Abs. 2 Satz 1 Nr. 2 UmwStG) und **(3)** nach § 11 Abs. 2 Nr. 3 UmwStG für
  die Übertragung keine Gegenleistung gewährt wird (so wie hier bei Aufspaltung auf
  bestehende Rechtsträger, die gleichzeitig Gesellschafter der übertragenden GmbH
  sind) oder die Gegenleistung in Gesellschaftsrechten besteht. Unter den vorstehenden und weiteren steuerlichen Voraussetzungen (s. Rz. 25 ff.) besteht ein **Wahlrecht der übertragenden GmbH** zum Ansatz der Buchwerte gem. § 11 Abs. 1
  iVm. § 15 Abs. 1 UmwStG. Der durch Ansatz in der Schlussbilanz der übertragenden Gesellschaft entstehende Gewinn durch (freiwillige oder zwingende) Aufdeckung stiller Reserven unterliegt der Körperschaft- und Gewerbesteuer. Abweichend vom Fall des vorliegenden Formulars: bei **Ausgleichszahlungen**
  (Spitzenausgleich, s. Rz. 46 ff.) erfolgt aber **insoweit** (anteilig) **zwingend** eine **Gewinnrealisierung** bei der übertragenden Gesellschaft.
- **Bei den übernehmenden Kapitalgesellschaften.** Bei diesen muss die zukünftige 22
  Besteuerung der in dem übergegangenen Vermögen enthaltenen stillen Reserven
  im Rahmen der Körperschaftsteuer sichergestellt sein (Voraussetzung gem. § 11
  Abs. 2 Satz 1 Nr. 1 iVm. § 15 Abs. 1 Satz 1 UmwStG zur Ausübung des Wahl-
  rechts zum Buchwertansatz in der Schlussbilanz der übertragenden Gesellschaft,

s. Rz. 21). Dies wird grds. durch die Wertverknüpfung gem. § 12 Abs. 1 Satz 1 iVm. § 15 Abs. 1 Satz 1 UmwStG erreicht. Danach hat die übernehmende Kapitalgesellschaft das übergegangene Betriebsvermögen mit dem in der steuerlichen Schlussbilanz der übertragenden Körperschaft ausgewiesenen Wert zu übernehmen (sog. **zwingende steuerliche Wertverknüpfung zwischen übertragender und übernehmender Gesellschaft** bzw. übernehmenden Gesellschaften im Falle der Aufspaltung). Damit werden die stillen Reserven von der übertragenden auf die übernehmende(n) Kapitalgesellschaft(en) ohne steuerliche Gewinnrealisierung überführt und unterliegen dort später bei Realisierung der Besteuerung.

23 • **Ebene der Gesellschafter der übertragenden Kapitalgesellschaft:** Im Fall des vorliegenden Formulars (Teil-Verschmelzungen auf die Gesellschafter) s. Rz. 24. Exkurs (für andere Aufspaltungen): Bei den Gesellschaftern der übertragenden Kapitalgesellschaft liegt grds. in der Hingabe der Anteile an der übertragenden Gesellschaft und dem Erhalt von Anteilen an der (oder den) übernehmenden Gesellschaft(en) ein Tauschvorgang vor, der nach § 6 Abs. 6 EStG zur Realisierung der in den Anteilen verstrickten stillen Reserven zwingen würde; diesen Realisierungstatbestand schließt die entsprechende Anwendung von § 13 UmwStG gem. § 15 Abs. 1 Satz 1 UmwStG aus, wonach auf Grund steuerlicher Fiktionen im Regelfall die Anteile an der übertragenden Kapitalgesellschaft als zum steuerlichen Buchwert bzw. den steuerlichen Anschaffungskosten veräußert und die Anteile an der (oder den) übernehmenden Kapitalgesellschaft(en) als zu diesem Wert angeschafft gelten (s. Rz. 51). Die Anwendung dieser **Veräußerungs- und Anschaffungsfiktion zu den bisherigen steuerlichen Werten** sichert die weitere Erfassung der stillen Reserven bei späteren Realisierungstatbeständen auf der Ebene der Gesellschafter. Diese Behandlung des Anteilstauschs auf der Ebene der Gesellschafter ist grds. unabhängig von der Behandlung des Vermögensübergangs bei der übertragenden und der/den übernehmenden Kapitalgesellschaft/en, allerdings nur bei Erfüllung der Voraussetzung der **Teilbetriebseigenschaften** (§ 15 Abs. 1 Satz 2 UmwStG). Hinweis auf § 20 Abs. 4a Satz 7 EStG idF des AmtshilfeRLUmsG v. 26.6.13 (BGBl. I 13, 1809) für Anteile, die sich im steuerlichen Privatvermögen befinden und keine Anteile iSv § 17 EStG sind (hierzu auch *Bron* DStR 14, 353).
Die Nichterfüllung der Voraussetzungen des § 15 Abs. 2 Sätze 3 und 4 UmwStG lässt die entsprechende Anwendung der Vorschriften des § 13 iVm. § 15 Abs. 1 Satz 1 UmwStG unberührt, weil gesetzlich in diesen Fällen nur die Nichtanwendung von § 11 Abs. 2 UmwStG angeordnet ist (glA vgl. UmwSt-Erl. 2011 BMF v. 11.11.11, BStBl. I 11, 1314, Tz. 15.21; *D/J/P/W/Dötsch/Pung* § 15 UmwStG (SEStEG) Rz. 45 mwN).

24 • Bei einer **Aufspaltung mit Vermögensübergang unmittelbar auf die Gesellschafter der übertragenden Kapitalgesellschaft,** die also gleichzeitig Übernehmer des Vermögens sind, die diesem Formular zugrunde liegt, findet allerdings kein Anteilstausch statt; vielmehr entfallen die bisherigen Beteiligungen der übernehmenden Gesellschaften an der übertragenden Gesellschaft; die übernehmenden Gesellschaften erwerben im Gegenzug hierzu die auf sie übertragenen Vermögensteile. Auch bei diesem Vorgang der Teilfusion wird die spätere Besteuerung der übergehenden stillen Reserven dadurch sichergestellt, dass die übergehenden Vermögensteile gem. § 12 Abs. 1 Satz 1 iVm. § 15 Abs. 1 Satz 1 UmwStG mit den in der steuerlichen Schlussbilanz der übertragenden GmbH angesetzten Werten zu übernehmen und fortzuführen sind und der sich aus dem Aktivtausch (Beteiligung an übertragendem Rechtsträger entfällt, dafür geht das übertragene Vermögen mit der steuerlichen Wertverknüpfung auf den übernehmenden Rechtsträger über) ergebende sog. **Übernahmegewinn** bzw. Übernahmeverlust iSv. § 12 Abs. 2 Satz 1 iVm. § 15 Abs. 1 Satz 1 UmwStG grds. steuerlich neutral behandelt wird, dh. ein Übernahmegewinn steuerbefreit und ein Übernahmeverlust steuerlich nicht abzugs-

fähig ist (dies gilt auch für die Gewerbesteuer; § 19 Abs. 1 UmwStG); zur Anwendung von § 8b KStG auf den quotalen sog. echten Übernahmegewinn vgl. § 12 Abs. 2 Satz 2 UmwStG (*R/H/L/Schumacher* § 15 UmwStG Rz. 86).

bbb) Voraussetzungen für Erfolgsneutralität

Teilbetriebseigenschaft gem. § 15 Abs. 1 Satz 2 UmwStG. Kernvorausset- **25** zung für die Erfolgsneutralität sowohl auf der Ebene der übertragenden Kapitalgesellschaft als auch auf der Ebene ihrer Gesellschafter ist die in § 15 Abs. 1 Satz 2 UmwStG enthaltene Voraussetzung, wonach die übergehenden Vermögensteile (bei Aufspaltung und Abspaltung) bzw. bei Abspaltung auch der verbleibende Vermögensteil steuerlich jeweils die Voraussetzungen für einen sog. **Teilbetrieb (mit allen dazugehörigen funktional wesentlichen Betriebsgrundlagen und nach wirtschaftlichen Zusammenhängen zuordenbaren Wirtschaftsgütern,** Nutzungsüberlassung reicht nicht (BFH I R 96/08 v. 7.4.10, BFH/NV 10, 1749), Übertragung des wirtschaftlichen Eigentums soll ausreichen, vgl. UmwSt-Erl. 2011 BMF v. 11.11.11, BStBl. I 11, 1314, Tz. 15.07) erfüllen müssen. An den Begriff des Teilbetriebs wird im UmwStG selbst für verschiedene Regelungsbereiche angeknüpft (neben § 15 Abs. 1 UmwStG für die Aufspaltung, Abspaltung und Teilübertragung von Körperschaften auf andere Körperschaften, in § 16 UmwStG unter Verweisung auf § 15 UmwStG für die Auf- oder Abspaltung von einer Körperschaft auf eine Personengesellschaft, in § 20 Abs. 1 Satz 1 UmwStG für die Einbringung eines Teilbetriebs in eine Kapitalgesellschaft, in § 24 Abs. 1 UmwStG für die Einbringung in eine Personengesellschaft gegen Einräumung einer Mitunternehmerstellung) und in anderen Steuerrechtsnormen wie in § 16 Abs. 1 Nr. 1 EStG für die Veräußerung oder Betriebsaufgabe und in § 6 Abs. 3 EStG für die unentgeltliche Übertragung eines Teilbetriebs. Die FinVerw. ging bis 2000 davon aus, dass der **Begriff des Teilbetriebs** für die Anwendung aller dieser Normen gleich, und zwar in der Ausprägung des § 16 Abs. 1 Nr. 1 EStG anzuwenden ist (UmwSt-Erl. 1998, BStBl. I 98, 268, Tz. 15.02; aufgegeben durch BMF v. 16.8.00, BStBl. I 00, 1253). Hinsichtlich des Verhältnisses zwischen nationalem Teilbetriebsbegriff und dem Teilbetriebsbegriff nach der **EG-Fusionsrichtlinie** 2009/133/EG vgl. *R/H/L/Schumacher* § 15 UmwStG Rz. 123 ff.; **aA** *D/J/P/W/Dötsch/Pung* § 15 UmwStG (SEStEG) Rz. 65 ff. mit Hinweis auf die Auffassung der FinVerw.

Die FinVerw. will für Zwecke des UmwStG künftig vom **Teilbetriebsbegriff der 26 EG-Fusionsrichtlinie** 2009/133/EG ausgehen. Teilbetrieb soll die Gesamtheit der in einem Unternehmensteil einer Gesellschaft vorhandenen aktiven und passiven Wirtschaftsgüter sein, die in organisatorischer Hinsicht einen selbständigen Betrieb, d. h. eine aus eigenen Mitteln funktionsfähige Einheit, darstellen. Zu einem Teilbetrieb sollen alle funktional wesentlichen Betriebsgrundlagen sowie diesem Teilbetrieb nach wirtschaftlichen Zusammenhängen zuordenbaren Wirtschaftsgüter gehören. Die Voraussetzungen eines Teilbetriebs sollen unter Zugrundelegung der funktionalen Betrachtungsweise aus der Perspektive des übertragenden Rechtsträgers zu beurteilen sein. Zu den funktional wesentlichen Betriebsgrundlagen sowie den nach wirtschaftlichen Zusammenhängen zuordenbaren Wirtschaftsgütern können auch Anteile an Kapitalgesellschaften (nicht aber Mitunternehmeranteile) gehören (vgl. UmwSt-Erl. 2011 BMF v. 11.11.11, BStBl. I 11, 1314, Tz. 15.02).

Fiktiv als Teilbetriebe gelten nach § 15 Abs. 1 Satz 3 UmwStG aber auch **27**
– ein Mitunternehmeranteil (vgl. UmwSt-Erl. 2011 BMF v. 11.11.11, BStBl. I 11, 1314, Tz. 15.04) oder
– die 100%ige Beteiligung an einer Kapitalgesellschaft, wenn sie zum steuerlichen Übertragungsstichtag vorliegt und keinem Teilbetrieb als wesentliche Betriebsgrundlage zuzurechnen ist (vgl. UmwSt-Erl. 2011 BMF v. 11.11.11, BStBl. I 11, 1314, Tz. 15.05 f.),

wenn der Mitunternehmeranteil oder die Beteiligung an einer Kapitalgesellschaft nicht **innerhalb von drei Jahren vor** dem steuerlichen Übertragungsstichtag (Spaltungsstichtag) durch Übertragung von Wirtschaftsgütern, die keinen Teilbetrieb dargestellt haben, erworben oder aufgestockt worden sind (§ 15 Abs. 2 Satz 1 UmwStG).

28 **Grundvoraussetzung** der steuerlich neutralen Aufspaltung oder Abspaltung aus Kapitalgesellschaften ist damit immer, dass bei der übertragenden Gesellschaft **mindestens zwei Teilbetriebe oder fiktive Teilbetriebe** iSv. § 15 Abs. 1 Satz 3 UmwStG vorliegen. Betriebsvermögen, das weder zu den funktonal wesentlichen Betriebsgrundlagen noch zu den nach wirtschaftlichen Zusammenhängen zuordenbaren Wirtschaftsgütern gehört, kann bis zum Zeitpunkt des Spaltungsbeschlusses jedem der Teilbetriebe zugeordnet werden (vgl. UmwSt-Erl. 2011 BMF v. 11.11.11, BStBl. I 11, 1314, Tz. 15.09). Einer 100%-Beteiligung an einer Kapitalgesellschaft oder einem Mitunternehmeranteil sollen nur Wirtschaftsgüter einschließlich Schulden zugeordnet werden können, die in unmittelbarem wirtschaftlichen Zusammenhang mit der Beteiligung oder dem Mitunternehmeranteil stehen (vgl. UmwSt-Erl. 2011 BMF v. 11.11.11, BStBl. I 11, 1314, Tz. 15.11). Zur Frage, ob nach Reform des UmwStG neben Teilbetrieben auch andere Wirtschaftsgüter steuerunschädlich zurückbleiben bzw. mit übertragen werden können, vgl. *R/H/L/Schumacher* § 15 UmwStG Rz. 111 ff. und UmwSt-Erl. 2011 BMF v. 11.11.11, BStBl. I 11, 1314, Tz. 15.01. Die Übertragung von Wirtschaftsgütern, die kein Teilbetrieb sind, (auch die Zuordnung als **Sonderbetriebsvermögen**) innerhalb von drei Jahren vor dem steuerlichen Übertragungsstichtag/Spaltungsstichtag auf eine Gesellschaft führt allerdings wieder zur Vernichtung der fiktiven Teilbetriebseigenschaft einer Beteiligung gem. § 15 Abs. 2 Satz 1 UmwStG für die nachfolgenden drei Jahre (vgl. UmwSt-Erl. 2011 BMF v. 11.11.11, BStBl. I 11, 1314, Tz. 15.16 ff.).

29 Die Teilbetriebsvoraussetzungen müssen nach neuer Auffassung der Finanzverwaltung zum steuerlichen Übertragungsstichtag vorliegen. Ein sog. Teilbetrieb im Aufbau soll keinen Teilbetrieb darstellen (vgl. UmwSt-Erl. 2011 BMF v. 11.11.11, BStBl. I 11, 1314, Tz. 02.14 und 15.03).

30 **Keine Veräußerung an außenstehende Personen im Rahmen des Vollzugs der Spaltung (§ 15 Abs. 2 Satz 2 UmwStG).** § 15 Abs. 2 Satz 2 UmwStG versagt die Vermeidung der Gewinnrealisierung bei der übertragenden Gesellschaft durch Ansatz der Buchwerte in deren Schlussbilanz gem. § 11 Abs. 2 iVm. § 15 Abs. 1 Satz 1 UmwStG, wenn durch die Spaltung die Veräußerung an außenstehende Personen vollzogen wird (vgl. UmwSt-Erl. 2011 BMF v. 11.11.11, BStBl. I 11, 1314, Tz. 15.22 ff.; s. auch FinMin Brandenburg v. 16.7.14, DB 14, 2257). Die Regelung des § 15 Abs. 2 Satz 2 UmwStG ist in Zusammenschau mit den handelsrechtlichen Regelungen unverständlich, denn auf Grund der Vorschriften des UmwG müssen sämtliche Gesellschafter des übertragenden Rechtsträgers mit der Spaltung auch Gesellschafter (des oder) der übernehmenden Rechtsträger(s) werden, dh. ein Zutritt außenstehender Personen durch die Spaltung ist gar nicht möglich (vgl. hierzu *S/H/S/Hörtnagl* § 15 UmwStG Rz. 138 ff.).

§ 15 Abs. 2 Satz 2 UmwStG ist im Zusammenhang mit § 15 Abs. 2 Satz 5 UmwStG (Trennung von Gesellschafterstämmen oder -gruppen, s. Rz. 42 ff.) verständlich, wenn außenstehende Personen innerhalb von fünf Jahren vor der Spaltung der übertragenden Kapitalgesellschaft (Überträgerin) beigetreten sind (vgl. UmwSt-Erl. 2011 BMF v. 11.11.11, BStBl. I 11, 1314, Tz. 15.36 ff.).

31 **Keine Veräußerung von mehr als 20 % der Anteile innerhalb von fünf Jahren nach Durchführung der Spaltung** (§ 15 Abs. 2 Sätze 3 und 4 UmwStG). Als weitere Voraussetzung für die Erfolgsneutralität der Spaltung auf der Ebene der übertragenden Gesellschaft ist die fünfjährige Veräußerungssperre des § 15 Abs. 2 Sätze 3 und 4 UmwStG nach Spaltungen zu beachten; in dieser Hinsicht

  – ordnet § 15 Abs. 2 Satz 3 UmwStG die Gewinnrealisierung rückwirkend an, wenn durch die Spaltung die Voraussetzungen für eine Veräußerung geschaffen werden und

– präzisiert Satz 4, dass von der Schaffung von Voraussetzungen für die Veräußerung durch die Spaltung auszugehen sei (Fiktion), wenn innerhalb von fünf Jahren nach dem steuerlichen Übertragungsstichtag Anteile an einer an der Spaltung beteiligten Körperschaft, die mehr als 20% der vor Wirksamwerden der Spaltung an der Körperschaft bestehenden Anteile ausmachen, veräußert werden (vgl. UmwSt-Erl. 2011 BMF v. 11.11.11, BStBl. I 11, 1314, Tz. 15.27 ff.).

Ein **Verstoß gegen die Veräußerungssperre** in § 15 Abs. 2 Sätze 3 und 4 **32** UmwStG führt nach seinem Wortlaut insgesamt zur Nichtanwendung der Möglichkeit der Vermeidung eines Übertragungsgewinns durch Buchwertansatz in der Schlussbilanz der übertragenden Gesellschaft, und zwar **rückwirkend** (dh. die Schlussbesteuerung der übertragenden Gesellschaft ist bei Eintritt dieser Voraussetzung als rückwirkendes Ereignis gem. § 175 Abs. 1 Nr. 2 AO zu ändern; vgl. UmwSt-Erl. 2011 BMF v. 11.11.11, BStBl. I 11, 1314, Tz. 15.33 ff.).

Sicherstellung der Veräußerungssperre? *Schwedhelm/Streck/Mack* GmbHR 95, **33** 100, 102 schlagen vor, im Spaltungs- und Übernahmevertrag die Voraussetzungen für Anteilsverkäufe und die internen Rechtsfolgen eines vertragswidrigen Verkaufs zu regeln. Sie empfehlen eine Vereinbarung, dass die nachträglich entstandenen Steuerschulden der übertragenden GmbH von derjenigen Gesellschaft zu tragen sind, deren Gesellschafter durch Verkauf die Besteuerung ausgelöst haben. Insoweit würde dann für die übrigen an der Aufspaltung als übernehmende Rechtsträger beteiligten Gesellschaften die Verjährungsvorschrift des § 133 Abs. 3 UmwG eingreifen; dies setzt aber voraus, dass die eventuelle (potentielle) Steuerverbindlichkeit im Spaltungs- und Übernahmevertrag überhaupt zuordenbar ist. Auch *Herzig/Förster* (DB 95, 338, 345 f.) empfehlen, durch geeignete vertragliche Abmachungen sicherzustellen, dass innerhalb der Fünf-Jahres-Frist keine schädlichen Veräußerungen vorgenommen werden oder für den Fall derartiger schädlicher Veräußerungen die veräußernden Gesellschafter zu verpflichten, den dadurch entstehenden Schaden auszugleichen, ohne allerdings anzugeben, wie dies vertraglich zu bewerkstelligen sei. *Thiel* (DStR 95, 237, 242) schlägt vor, dass die Gesellschafter vor der Spaltung zivilrechtlich vereinbaren müssen, inwieweit jeder von ihnen die Beteiligungsquote für unschädliche Veräußerungen nutzen darf und wer die Steuern im Innenverhältnis zu tragen hat, wenn es zu einer steuerschädlichen Veräußerung kommen sollte, jedoch auch ohne anzugeben, wie dies zu geschehen habe.

§ 15 Abs. 2 Sätze 3–4 UmwStG sind **in der Praxis äußerst schwierig anwendbar,** weil sie zur Durchführung eine fünfjährige Verknüpfung sämtlicher im Spaltungszeitpunkt vorhandener Gesellschafter der übertragenden und/oder übernehmenden Gesellschaften verlangt, was bei Publikumsgesellschaften überhaupt nicht erfüllbar bzw. kontrollierbar sein dürfte; auch bei GmbH/AG mit einem geschlossenen Gesellschafterkreis dürften sie nur im Rahmen von **Vinkulierungsregelungen** und schuldrechtlich vereinbarten Veräußerungssperren erfüllt werden können und müssten mit vereinbarten Veräußerungsstrafen bewehrt werden. Selbst in einem Fall, wie er dem Formular zugrunde liegt, dh. der Aufspaltung einer GmbH mit Übertragung der Vermögensteile auf deren Gesellschafter als bestehende übernehmende GmbH, müsste bei beiden übernehmenden GmbH

– durch weitere Änderungen der Gesellschaftsverträge eine Veräußerungssperre durch Vinkulierung der Anteile an den beiden übernehmenden Gesellschaften (hier B-GmbH und C-GmbH) und
– darüber hinaus eine Verknüpfung der Genehmigungserklärungen mit der jeweils anderen übernehmenden Gesellschaft hergestellt werden.

Gestaltungsüberlegungen: Denkbar wäre, im Rahmen der Zustimmungsbe- **34** schlüsse der Gesellschafterversammlung der übernehmenden Rechtsträger Vinkulierungsregelungen einzuführen, die die Abtretung von Geschäftsanteilen an den übernehmenden Rechtsträgern innerhalb von fünf Jahren an die Zustimmung eines (für diesen Zweck bei allen übernehmenden Rechtsträgern gemeinsam eingeführten und bestellten) Beirats anknüpft oder auf Ebene der Gesellschafter Ausgleichszahlungen für den Fall des Verkaufs innerhalb von fünf Jahren zu vereinbaren. Derartige Ausgleichszahlungen müssten alle, dh. auch die Gesellschafter betreffen, die noch innerhalb der 20%-Grenze veräußern, weil ansonsten die letzte Anteilsabtretung, die zum Überschreiten der 20%-Grenze insgesamt führt, die Steuerbelastung insgesamt auslösen würde und es diesem Gesellschafter nicht zugemutet werden kann, den Gesamtschaden alleine zu tragen. Die Zulässigkeit und Praktikabilität derartiger Gestaltungen ist im Einzelfall zu prüfen, aber wohl zweifelhaft. Denkbar wäre jedoch, im Rahmen der Zustimmungsbeschlüsse der Gesellschafterversammlung der übernehmenden Rechtsträger Gesellschaftsvertragsänderungen derart herbeizuführen, dass die Abtretbarkeit der Geschäftsanteile für fünf Jahre ausgeschlossen wird. Im Fall der Unabtretbarkeit des Geschäftsanteils bleibt dem Gesellschafter immer noch die Möglichkeit des Austritts aus wichtigem Grund gegen Abfindung. Es könnte in den Gesellschaftsvertrag aufgenommen werden, dass alleine die fünfjährige Bindungsfrist keinen wichtigen Austrittsgrund darstellt. Eine ebenfalls gesellschaftsvertraglich aufzunehmende Abfindungsklausel kann sowohl die Höhe, die Berechnung und die Zahlungsweise der Abfindung regeln, soweit sie die Freiheit zum Austritt nicht unvertretbar beschränkt. Demnach kann hier auch aufgenommen werden, dass steuerliche Nachteile, die der Gesellschaft durch Austritt eines Gesellschafters entstehen, bei der Berechnung der Höhe der Abfindung berücksichtigungsfähig sind, soweit der Ausgleichsgedanke nicht als Vertragsstrafenregelung formuliert ist, die für den Fall des Austritts aus der Gesellschaft unzulässig wäre.

35   **Die 20%-Grenze bezieht sich** auf die **Gesamtheit der** vor der Spaltung vorhandenen **Anteile an der übertragenden Körperschaft** (vgl. UmwSt-Erl. 2011 BMF v. 11.11.11, BStBl. I 11, 1314, Tz. 15.29), nicht auf die Anteile an einzelnen an der Aufspaltung als übernehmende Rechtsträger beteiligten Gesellschaften oder von einzelnen Gesellschaftern. Die Veräußerungsbeschränkung bezieht sich auf Anteile an jeder der an der Spaltung beteiligten Gesellschaften (dh. auch auf alte Anteile an übernehmenden bestehenden Rechtsträgern und/oder Anteile an übernehmenden neuen Rechtsträgern sowie bei der Abspaltung zusätzlich auch auf die Anteile an dem übertragenden Rechtsträger).

Fraglich ist, auf welcher **Basis** die 20%-Grenze angewendet werden soll. Nach dem Wortlaut ist von den „bestehenden Anteilen" auszugehen. Nach Ansicht der FinVerw. ist die Quote entsprechend dem Verhältnis der übergehenden Vermögensteile zu dem bei der übertragenden Gesellschaft vor der Spaltung vorhandenen Vermögen aufzuteilen, wie es idR im Umtauschverhältnis der Anteile im Spaltungsplan (-vertrag) zum Ausdruck kommt, im Ergebnis also auf Basis des gemeinen Werts; auf die absolute Höhe des Nennkapitals der an der Spaltung beteiligten alten und neuen Gesellschafter kommt es nicht an (vgl. UmwSt-Erl. 2011 BMF v. 11.11.11, BStBl. I 11, 1314, Tz. 15.29 mit Beispiel in Tz. 15.30; vgl. hierzu auch *S/H/S/Hörtnagl* § 15 UmwStG Rz. 180 ff.).

36   Eine **mehrfache Veräußerung desselben Anteils** unterhalb der 20%-Grenze innerhalb von fünf Jahren führt nicht zum Eingreifen der Regelung des § 15 Abs. 2 Sätze 3 und 4 UmwStG (glA *Herzig/Förster* DB 95, 338, 345; *D/J/P/W/Dötsch* § 15 UmwStG nF Rz. 124).

37   **Begriff Veräußerung.** Da das Gesetz in § 15 Abs. 2 Sätze 2–4 UmwStG von „Veräußerung" bzw. „veräußert" spricht, erfüllt die Aufnahme eines weiteren Gesellschafters durch eine der übernehmenden Gesellschaften (bzw. im Fall der Abspaltung auch durch die übertragende Gesellschaft) gegen eine vollwertige Einlage nicht den Tatbestand des § 15 Abs. 2 Sätze 3 und 4 UmwStG (vgl. UmwSt-Erl. 2011 BMF v. 11.11.11, BStBl. I 11, 1314, Tz. 15.25). Auch die Einbringung derartiger Anteile unter Buchwertfortführung zB gem. §§ 21 und 24 UmwStG oder § 6 Abs. 5 EStG innerhalb von fünf Jahren durch Gesellschafter der an der Spaltung beteiligten Rechtsträger kann eine schädliche Veräußerung sein (vgl. UmwSt-Erl. 2011 BMF v. 11.11.11, BStBl. I 11, 1314, Tz. 15.24; *R/H/L/Schumacher* § 15 UmwStG Rz. 231).

Nur die Veräußerung an **„außen stehende Personen"**, dh. an Personen, die vor **38** der Spaltung nicht Gesellschafter des übertragenden Rechtsträgers waren, ist für Veräußerungen gem. § 15 Abs. 2 Sätze 3 und 4 iVm. Satz 2 UmwStG schädlich (*D/J/ P/W/Dötsch* § 15 UmwStG nF Rz. 114; *S/H/S/Hörtnagl* § 15 UmwStG Rz. 198; UmwSt-Erl. 2011 BMF v. 11.11.11, BStBl. I 11, 1314, Tz. 15.26).

Grundsätzlich sind auch Veräußerungen **auf Grund** einer nicht vorhersehbaren **39** **Zwangslage** schädlich; es könnten aber Billigkeitsmaßnahmen iSv. §§ 163, 227 AO in Betracht kommen (*Thiel* DStR 95, 237, 242; *Herzig/Momen* DB 94, 2210, 2211); richtigerweise ist von einer teleologischen Reduktion auszugehen (*Hörger* StbJb 94/95, 251 f.).

Unentgeltliche Anteilsübertragungen (zB bei vorweggenommener Erbfolge, bei **40** Erwerb von Todes wegen oder bei Buchwert-Realteilung einer Erbengemeinschaft, soweit diese ohne Ausgleichszahlung erfolgt) stellen ebenfalls keinen Veräußerungstatbestand iSd. § 15 Abs. 2 Sätze 2 und 3 UmwStG dar (UmwSt-Erl. 2011 BMF v. 11.11.11, BStBl. I 11, 1314, Tz. 15.23; *Hörger* FR 94, 765; *ders.* StbJb 94/95, 225, 251 und *Rödder* DStR 95, 322, 324; *S/H/S/Hörnagl* § 15 UmwStG Rz. 154).

Bei einer Abspaltung führt das Eingreifen der Vorschrift des § 15 Abs. 2 Sätze 3 **41** und 4 UmwStG (Veräußerungssperre von fünf Jahren für mehr als 20% der Anteile) nach Auffassung der FinVerw. nur bzgl. der im Rahmen der Abspaltung übertragenen Wirtschaftsgüter zur rückwirkenden Aufdeckung der stillen Reserven, nicht jedoch für die bei der übertragenden Gesellschaft verbleibenden Wirtschaftsgüter (vgl. UmwSt-Erl. 2011 BMF v. 11.11.11, BStBl. I 11, 1314, Tz. 15.21).

Fünfjährige Vorbesitzzeit bei Trennung von Gesellschafterstämmen. Wei- **42** tere Voraussetzung für die Anwendung des § 11 Abs. 2 UmwStG (Ansatz des übertragenen Betriebsvermögens in der steuerlichen Schlussbilanz der übertragenden Gesellschaft mit den steuerlichen Buchwerten) ist nach § 15 Abs. 2 Satz 5 UmwStG bei der Trennung von Gesellschafterstämmen, dass die Beteiligungen an der übertragenden Kapitalgesellschaft mindestens fünf Jahre vor dem steuerlichen Übertragungsstichtag ohne entgeltliche Veränderung der Beteiligungsquote (§ 15 Abs. 2 Satz 5 UmwStG) bestanden haben (sog. fünfjährige Vorbesitzzeit). Nicht gesetzlich definiert ist, was unter **Trennung von Gesellschafterstämmen** zu verstehen ist. Begrifflich kann von einer **Trennung** nur dann gesprochen werden, wenn **eine vollständige Entflechtung** von Gesellschafterstämmen durch die Spaltung vollzogen wird, dh. Gesellschafter der übertragenden Gesellschaft nach Durchführung der Spaltung zumindest an einer der übernehmenden Gesellschaften überhaupt nicht mehr beteiligt sind (vgl. UmwSt-Erl. 2011 BMF v. 11.11.11, BStBl. I 11, 1314, Tz. 15.37). Dass die Voraussetzung des § 15 Abs. 2 Satz 5 UmwStG dann leicht vermieden werden kann, indem der abzuspaltende Gesellschafterstamm mit einem Zwerganteil an der Übernehmerin beteiligt bleibt (vgl. hierzu *D/P/P/M/Dötsch/Pung* § 15 UmwStG Rz. 154), muss uE wegen des klaren Wortlauts des Gesetzes hingenommen werden.

Wie der Begriff **„Gesellschafterstämme"** auszulegen ist, ist ebenfalls unklar; ein **43** Gesellschafterstamm kann umschrieben werden als eine Gruppe von Gesellschaftern, die in einem gewissen Zugehörigkeitsverhältnis zueinander stehen (vgl. hierzu *D/P/P/M/Dötsch/Pung* § 15 UmwStG Rz. 149; *R/H/L/Schumacher* § 15 UmwStG Rz. 251).

(frei) **44**

Vermögensübergang von EU-Körperschaft auf eine andere EU-Körper- 45 schaft. Weitere Grundvoraussetzung für die Anwendung von § 15 Abs. 1 iVm. § 11 UmwStG ist, dass es sich bei der übertragenden und bei der übernehmenden Körperschaft jeweils um eine EU-Körperschaft iSv. § 1 Abs. 2 Satz 1 Nr. 1 UmwStG handelt.

ccc) Ausgleichszahlungen

46 Soweit für den Vermögensübergang neben oder anstelle der Gewährung von Gesellschaftsrechten Ausgleichszahlungen geleistet werden, kommt insoweit (anteilig) ein Ansatz des übergehenden Vermögens in der Schlussbilanz der übertragenden Körperschaft zu Buchwerten gem. § 11 Abs. 2 Satz 1 Nr. 3 iVm. § 15 Abs. 1 Satz 1 UmwStG nicht in Betracht. Insoweit ist in der Schlussbilanz der **übertragenden Körperschaft (anteilig) ein Gewinn zu realisieren,** dh. sind die übergehenden Wirtschaftsgüter insoweit mit der gewährten Gegenleistung (= Ausgleichszahlung) anzusetzen (Zwischenwertansatz *R/H/L/Rödder* § 11 UmwStG Rz. 138).

47 Soweit eine Ausgleichszahlung geleistet wird, ergibt sich aber nicht nur auf der Ebene der übertragenden Körperschaft, sondern **auch** bei **dem**/den **den Ausgleich empfangenden Gesellschafter(n) ein Realisierungstatbestand.** Ob dieser zu einer Steuerpflicht führt, ist nach dem steuerlichen Status der Anteile des den Barausgleich empfangenden Gesellschafters.

48–50 *(frei)*

ddd) Steuerverstrickung auf Gesellschafterebene

51 Allgemein gilt für die **Steuerverstrickung der** als Gegenleistung für die Spaltung den Gesellschaftern der übertragenden Gesellschaft gewährten **Anteile an der** oder den **übernehmenden Gesellschaft(en)** auf Grund der entsprechenden Anwendung (§ 15 Abs. 1 Satz 1 UmwStG) der Regelungen in § 13 UmwStG Folgendes:

Die Anteile an der übertragenden Körperschaft gelten als zum gemeinen Wert veräußert und die an ihre Stelle tretenden Anteile an der übernehmenden Körperschaft gelten als mit diesem Wert angeschafft (§ 13 Abs. 1 UmwStG). Abweichend hiervon können auf Antrag die Anteile an der übertragenden Körperschaft mit dem Buchwert (Anschaffungskosten, wenn sie nicht zu einem Betriebsvermögen gehören; § 13 Abs. 2 Satz 3 UmwStG) angesetzt werden (und damit im Ergebnis eine Besteuerung vermieden werden), wenn das Recht der Bundesrepublik Deutschland hinsichtlich der Besteuerung des Gewinns aus der Veräußerung der Anteile an der übernehmenden Körperschaft nicht ausgeschlossen oder begrenzt ist (§ 15 Abs. 1 Satz 1 iVm. § 13 Abs. 2 Satz 1 Nr. 1 UmwStG; Hinweis auf § 13 Abs. 2 Satz 1 Nr. 2 UmwStG für Spaltungen, die unter Art. 8 FRL 2009/133/EG fallen). Hinweis auf § 20 Abs. 4a Satz 7 EStG idF des AmtshilfeRLUmsG v. 26.6.13 (BGBl. I 13, 1809) für nicht wesentliche iSv. § 17 EStG Beteiligungen im Privatvermögen (hierzu auch *Bron* DStR 14, 353).

52 Hinsichtlich der **Aufteilung der Wertansätze** bei Auf- und Abspaltungen und **baren Zuzahlungen** vgl. *R/H/L/Schumacher* § 15 UmwStG Rz. 91 ff.

53, 54 *(frei)*

eee) AfA nach Aufspaltung/Abspaltung bei der Übernehmerin

55 **Ansatz zu Buchwerten bei Überträgerin.** Setzt die Überträgerin das übergehende Vermögen in ihrer Schlussbilanz gem. § 11 Abs. 2 iVm. § 15 Abs. 1 Satz 1 UmwStG mit den bisherigen **Buchwerten** an, so tritt die übernehmende Körperschaft in die steuerliche Rechtsstellung der übertragenden Körperschaft ein, insbes. bezgl. der Bewertung der übernommenen Wirtschaftsgüter, der Absetzungen für Abnutzung und der den steuerlichen Gewinn mindernden Rücklagen (§ 12 Abs. 3, 4 Abs. 2 iVm. § 15 Abs. 1 Satz 1 UmwStG).

56 Hat die übertragende Körperschaft das übergehende Betriebsvermögen in ihrer steuerlichen Schlussbilanz mit einem **über dem Buchwert** liegenden Betrag angesetzt, gilt § 4 Abs. 3 iVm. § 12 Abs. 3 iVm. § 15 Abs. 1 Satz 1 UmwStG.

fff) Übernahmefolgegewinn

57 Kommt es durch den Vermögensübergang auf die übernehmende Gesellschaft zu einer Vereinigung von Forderungen und Verbindlichkeiten wegen **unterschiedlicher** (imparitätischer) **Bilanzansätze** und damit zu einem Übernahmefolgegewinn, so ist dieser bei der übernehmenden Körperschaft steuerpflichtig. Eine **gewinnmindernde Rücklage** darf nur gebildet werden, soweit (anteilig) die übernehmende Körperschaft an der zu spaltenden beteiligt war (§ 6 iVm. § 12 Abs. 4 und § 15 Abs. 1 Satz 1 UmwStG). Die Rücklage ist in den drei auf die Bildung folgenden Wirtschaftsjahren mindestens mit je einem Drittel gewinnerhöhend aufzulösen (§ 6 Abs. 1 Satz 2 UmwStG). Hinweis auf die fünf Jahre Haltefrist nach § 6 Abs. 3 UmwStG.

ggg) Steuerliche Rückwirkung (zwingend)

Einkommen und Vermögen der übertragenden sowie der übernehmenden Gesell- **58** schaften sind so zu ermitteln, als wäre das Vermögen der übertragenden Körperschaft mit Ablauf des **steuerlichen Übertragungsstichtags** ganz oder teilweise auf die Übernehmerin (bzw. die Übernehmerinnen) übergegangen (§ 2 Abs. 1 UmwStG). Zwar ist die ausdrücklich Anordnung zur Aufstellung einer steuerlichen Schlussbilanz (§ 15 Abs. 2 UmwStG 1995) durch das SEStEG v. 7.12.06 (BGBl. I 06, 2782) entfallen, doch ergibt sich diese Verpflichtung schon aus der entsprechenden Anwendung von § 11 UmwStG (vgl. *R/H/L/Schumacher* § 15 UmwStG Rz. 75 f). Hinweis auch auf § 2 Abs. 4 Sätze 3 bis 6 UmwStG idF des AmtshilfeRLUmsG v. 26.6.13 (BGBl. I 13, 1809), vgl. auch *Viebrock* DStR 13, 1364. Beachte: verlängerte Rückwirkungsfristen in 2020 und 2021 aufgrund der COVID-19-Pandemie.

hhh) Übergang verbleibender Verluste der übertragenden Gesellschaft (Körperschaftsteuer und Gewerbesteuer)

Nach § 15 Abs. 3 UmwStG gehen verrechenbare Verluste, verbleibende Verlust- **59** vorträge, nicht ausgeglichene negative Einkünfte und ein Zins- und EBITDA-Vortrag nach § 4h EStG bei der Auf-/Abspaltung (anteilig) unter (für die Gewerbesteuer iVm. § 19 Abs. 2 UmwStG; vgl. UmwSt-Erl. 2011 BMF v. 11.11.11, BStBl. I 11, 1314, Tz. 15.41).

Bezüglich der ratierlichen Auszahlung des KSt-Guthabens gem. § 37 KStG und die **60** zu zahlende KSt-Erhöhung gem. § 38 KStG treten die Übernehmer anteilig in die Rechtsstellung der Überträgerin ein (§ 12 Abs. 3 iVm. § 15 Abs. 1 S. 1 UmwStG).

Im Fall der hier vorliegenden Abspaltung auf die Gesellschafter (wie Teilverschmel- **61** zungen auf Gesellschafter) geht im Ergebnis kein bei der Überträgerin vorhandenes **steuerliches Einlagekonto** auf die Übernehmerinnen über (gem. § 29 Abs. 3 Satz 3 iVm. § 29 Abs. 2 Satz 2 KStG erfolgt im Falle von up-stream Übertragungen keine Zurechnung; vgl. UmwSt-Erl. 2011 BMF v. 11.11.11, BStBl. I 11, 1314, Tz. K.10). Deshalb läuft die im ersten Rechenschritt in § 29 Abs. 1 KStG angeordnete Kapitalherabsetzung im Ergebnis leer.

Die Aufspaltung stellt regelmäßig keinen Verstoß gegen die **Behaltensregelung** **62** des **§ 13a Abs. 5 ErbStG** dar; ein solcher kann jedoch bei der Veräußerung der durch die Aufspaltung erworbenen Anteile vorliegen (vgl. hierzu auch Koordinierte Ländererlasse v. 22.6.17, BStBl. I 17, 902; vgl. auch Gleichl. Ländererlasse v. 20.11.13, BStBl. I 13, 1508). Für die weitere Ermittlung der Lohnsumme Hinweis auf Gleichl. Ländererlasse v. 21.11.13, BStBl. I 13, 1510.

(frei) **63**

bb) Verkehrsteuern

aaa) Umsatzsteuer

Werden bei Auf- oder Abspaltung Teilbetriebe auf die Übernehmerin(nen) über- **64** tragen, handelt es sich um die **Geschäftsveräußerung** eines in der Gliederung eines Unternehmens gesondert geführten Betriebs, die gem. § 1 Abs. 1a UStG **nicht umsatzsteuerbar** ist (vgl. A. 15.00 Rz. 106). Aufgrund der Regelung der partiellen Gesamtrechtsnachfolge tritt die jeweils den Teilbetrieb übernehmende Gesellschaft an die Stelle der übertragenden Gesellschaft, und zwar insbes. bzgl. der Berichtigung des Vorsteuerabzugs gem. § 15a UStG.

65   Da der Vermögensübergang erst mit Wirksamkeit der Spaltung, dh. mit Eintragung der Spaltung im Handelsregister der übertragenden Gesellschaft wirksam wird (vgl. § 131 Abs. 1 Nr. 1 UmwG) und umsatzsteuerrechtlich die **Rückwirkungsbestimmung** des § 2 Abs. 1 UmwStG nicht eingreift, bleibt die übertragende GmbH mit den Umsätzen **bis zum Zeitpunkt der Eintragung** selbst umsatzsteuerpflichtig und wird die jeweils übernehmende Gesellschaft bzgl. der Umsätze des übernommenen Teilbetriebs erst ab diesem Zeitpunkt umsatzsteuerpflichtig (s. A. 15.00 Rz. 105).

66   Ein Unternehmerwechsel findet dann nicht statt, wenn die übertragende und die aufnehmende Gesellschaft Mitglied des gleichen umsatzsteuerlichen Organkreises sind (vgl. hierzu auch *Pyszka* DStR 11, 545).

bbb) Grunderwerbsteuer

67   Gehört zu dem im Rahmen der Spaltung übertragenen Vermögen Grundbesitz, unterliegt der Vermögensübergang der Grunderwerbsteuer. Die Grunderwerbsteuer entsteht mit Wirksamkeit der Spaltung, dh. mit Eintragung der Spaltung im Register der übertragenden Gesellschaft (§ 131 Abs. 1 Nr. 1 UmwG). Grunderwerbsteuer wird gem. § 1 Abs. 1 Nr. 3 GrEStG ausgelöst; Besteuerungsbasis sind die Grundbesitzwerte nach § 138 Abs. 2 bis 4 BewG (§ 8 Abs. 2 Satz 1 Nr. 2 GrEStG). Zu Zweifeln an der Verfassungsmäßigkeit der Grundbesitzwerte für GrESt-Zwecke vgl. BFH II R 64/08 Beschl. v. 27.5.09, DStR 09, 1474, Bescheide ergehen insoweit nur noch vorläufig, Gleichl. Ländererlasse v. 17.6.11, BStBl. I 11, 575. Beachte nunmehr: BVerfG 1 BvL 13/11, 1 BvL 14/11 v. 23.6.15, DStR 15, 1678 und hierzu OFD NRW v. 24.7.15, BeckVerw 313036. Mit StÄndG 2015 v. 2.11.15 (BGBl. I 15, 1834) ist der Verweis in § 8 Abs. 2 GrEStG dahingehend geändert worden, dass nunmehr die sog. **Erbschaftsteuerwerte** Ersatzbemessungsgrundlage sind. Die Neuregelung ist auf alle Erwerbsvorgänge nach dem 31.12.08 anzuwenden (vgl. Gleichl. Ländererlasse v. 16.12.15, BStBl. I 15, 1082; *Loose* DB 16, 75; *Schade* DStR 16, 657). Der Steuersatz beträgt in den Bundesländern zwischen 3,5 (Sachsen und Bayern) und 6,5 % (Schleswig-Holstein). Grunderwerbsteuer kann auch ausgelöst werden, wenn im Zuge der Aufspaltung Anteile an grundbesitzenden Kapital- oder Personengesellschaften übertragen werden (§ 1 Abs. 2a und 3 GrEStG). Hinweis auch auf §§ 1 Abs. 3a und 6a GrEStG idF des AmtshilfeRLUmsG v. 26.6.13 (BGBl. I 13, 1809); hierzu Gleichl. Ländererlasse v. 9.10.13, BStBl. I 13, 1364 und 1375; *Behrens* DStR 13, 2726. Aufgrund der neuen, sehr weiten Auslegung der Regelung durch den BFH ist jeweils auch zu prüfen, ob eine Vergünstigung nach § 6a GrEStG in Betracht kommt (zur BFH-Rspr. *Loose* DB 20, 919).

68, 69   *(frei)*

2. Einzelerläuterungen

70   Der Aufspaltungs- und Übernahmevertrag bedarf der **notariellen Beurkundung** (§§ 6 iVm. 125 UmwG). Er wird abgeschlossen zwischen dem aufspaltenden Rechtsträger (hier A-GmbH) und den übernehmenden Rechtsträgern (hier B-GmbH und C-GmbH), und zwar jeweils durch deren Organe (hier Geschäftsführer) in jeweils vertretungsberechtigter Zahl. Der Mindestinhalt ergibt sich aus § 126 Abs. 1 UmwG. Dieser entspricht mit Ausnahme der spaltungsspezifischen Regelungen in § 126 Abs. 1 Nr. 9 und 10 UmwG (ansonsten umgekehrt und parallel) den Regelungen zum Mindestinhalt des Verschmelzungsvertrags gem. § 5 Abs. 1 Nr. 1–9 UmwG. Insoweit wird auf A. 15.63 Rz. 39 ff. verwiesen, nachfolgend wird nur auf die spaltungsspezifischen Regelungen näher eingegangen (s. auch *Heidenhain* NJW 95, 2873 ff.):

Zu § 1: Aufspaltungs- und Übernahmevereinbarung

71   In **Absatz 1** sind gem. § 126 Abs. 1 Nr. 1 UmwG die an der Aufspaltung beteiligten Gesellschaften mit Firma und Sitz (zzgl Handelsregisterangaben) aufgeführt. Beteiligt sind an der Aufspaltung sowohl die A-GmbH als übertragender Rechtsträger als auch die B-GmbH und die C-GmbH als übernehmende Rechtsträger.

Da die übernehmenden Rechtsträger gleichzeitig die beiden alleinigen Gesellschaf- **72** ter der übertragenden A-GmbH sind, wird bereits in **Abs. 1 Buchst. c** auf den Entfall von Kapitalerhöhungen und der Ausgabe von Anteilen hingewiesen. In **Abs. 3** wird auch die Nicht-Notwendigkeit anderer Gegenleistungen, nämlich barer Zuzahlungen auf Grund der den Werten der Beteiligungen entsprechenden Zuordnung der Vermögensgegenstände, festgestellt. Dementsprechend entfallen auch die in § 126 Abs. 1 UmwG vorgeschriebenen weiteren Angaben, nämlich in Nr. 2 bzgl. der Gewährung von Anteilen an den übernehmenden Rechtsträgern an die Gesellschafter der übertragenden Rechtsträger, bzgl. des Umtauschverhältnisses in Nr. 3, bzgl. des Erwerbs der Mitgliedschaften bei den übernehmenden Rechtsträgern in Nr. 4 und bzgl. der Aufteilung der Anteile der übernehmenden Rechtsträger auf die Anteilsinhaber der übertragenden Rechtsträger gem. Nr. 10.

Zu § 1 Abs. 2: Teilübertragungen des Vermögens der A-GmbH

Vorweggestellt ist im ersten Satz die nach § 126 Abs. 1 Nr. 2 UmwG erforderliche **73** Vereinbarung „über die Übertragung der Teile des Vermögens des übertragenden Rechtsträgers jeweils als Gesamtheit …… an den übernehmenden Rechtsträger" (der Satzteil „gegen Gewährung von Anteilen" entfällt im vorliegenden Fall, s. Rz. 72 zu § 1 Abs. 1 Buchst. c und § 1 Abs. 3).

Dieser Absatz stellt die Grundlage für die **partiellen Gesamtrechtsnachfolgeregelungen** der Aufspaltung dar. Diese greifen nur insoweit ein, als die jeweils auf die übernehmenden Rechtsträger übergehenden Vermögensteile genau bezeichnet oder zumindest bestimmbar bezeichnet werden (§ 126 Abs. 1 Nr. 9 iVm. Abs. 2 UmwG). Im Aufspaltungsvertrag (oder -plan) sind nach § 126 Abs. 1 Nr. 9 UmwG anzugeben (vgl. HFA 1/98 Abschn. 11, WPg 98, 509):
– Bezeichnung der übergehenden Betriebe und/oder Teilbetriebe mit Zuordnung zu den übernehmenden Rechtsträgern,
– genaue Bezeichnung und Aufteilung der Gegenstände des Aktiv- und Passivvermögens, die an jede der übernehmenden Gesellschaften übertragen werden sollen mit deren Zuordnung an diese.

Die genaue Bezeichnung der Gegenstände ist wegen der Sonderrechtsnachfolge (partielle Gesamtrechtsnachfolge) erforderlich; der sachenrechtliche **Bestimmtheitsgrundsatz** verlangt eine hinreichende Bezeichnung. Jedoch ist die **Bestimmbarkeit** wie bei Sicherungsübereignung oder Veräußerung von Unternehmen durch Einzelrechtsnachfolge ausreichend.

Wegen der erforderlichen **Bezeichnung** der übergehenden Betriebe **und** Betriebsteile und der **Zuordnung** der Vermögensteile zu den übernehmenden Rechtsträgern empfiehlt sich, aus der Schlussbilanz jeweils **Aufspaltungsbilanzen** des übertragenden Rechtsträgers **separat für die jeweils übergehenden Betriebe oder Betriebsteile** unter Zuordnung der auf diese zu übertragenden Aktiva und Passiva abzuleiten, die entsprechenden Inventarlisten beizufügen und hierauf gem. § 126 Abs. 2 Satz 3 UmwG Bezug zu nehmen (HFA 1/98 Abschn. 11, WPg 98, 509). Darüber hinaus empfiehlt sich, Auffangklauseln wie „sämtliche zu dem Teilbetrieb gehörenden Gegenstände" (sog „Catch-All"-Klauseln) zu verwenden (*Lutter/Priester* § 126 UmwG Rz. 43). Ferner sind Surrogationsregelungen zu nicht aufgeführten Wirtschaftsgütern und insbesondere zu den von § 131 Abs. 3 UmwG nicht erfassten Verbindlichkeiten, zu immateriellen Wirtschaftsgütern und sonstigen bis zur Eintragung der Aufspaltung im Handelsregister ggf. auch nach Beurkundung des Spaltungsvertrags erworbenen oder ausgetauschten Wirtschaftsgüter oder Rechtsverhältnisse zu empfehlen (*W/M/Mayer* § 126 UmwG Rz. 238).

Die gem. § 126 Abs. 1 Nr. 9 iVm. Abs. 2 UmwG erforderlichen genauen Bezeich- **74** nungen sind in Abschnitt a für die auf die B-GmbH übergehenden Vermögensteile und Abschnitt b für die auf die C-GmbH übergehenden Vermögensteile soweit als möglich enthalten; die „Aufteilung" bzw. „Zuordnung" gem. § 126 Abs. 1 Nr. 9 UmwG ergibt sich aus der unterschiedlichen Zuordnung zu den übernehmenden Rechtsträgern in Abschnitt a auf die B-GmbH und in Abschnitt b auf die C-GmbH. Im Einzelnen muss die Bezeichnung nach § 126 Abs. 2 Satz 1 UmwG auch für die Spaltung den allgemeinen Vorschriften für die Bezeichnung bei der Übertragung von Gegenständen durch Einzelrechtsnachfolge genügen. Für Grundstücke und grundstücksgleiche Rechte gilt dies nach § 126 Abs. 2 Satz 2 UmwG ausdrücklich unter der Verweisung auf § 28 der Grundbuchordnung (mindestens Angabe von Grundbuchbezirk und Grundbuchblatt; vgl. *Lutter/Priester* § 126 UmwG Rz. 42). Die in § 126 Abs. 2 Satz 3 UmwG zugelassene Bezugnahme auf Urkunden wie Bilanzen und Inventare (die dem Aufspaltungs- und Übernahmevertrag **als Anlagen beizufügen** sind, dh. mit zu beurkunden oder vorweg zu beurkunden sind und auf die im Vertrag Bezug zu nehmen ist), soweit deren Inhalt eine Zuweisung des einzelnen Gegenstands ermöglicht, ist auch bei Einzelrechtsübertragungen bereits anerkannt und ist somit keine spezielle Erleichterung im Rahmen der Spaltung (vgl. zB *Feddersen/Kiem* ZIP 94, 1078, 1080 mwN). Die Zuordnung von Kassenbestand und Guthaben bei Kreditinstituten muss getrennt nach dem jeweiligen Kassenbestand und den jeweiligen Guthaben bei den verschiedenen Kreditinstituten erfolgen. Eine pauschale Aufteilung dieser Bilanzposition auf die beteiligten Rechtsträger ist nicht bestimmt genug (OLG Celle 9 U 22/15 v. 5.8.15, NZG 15, 1238 f.). Da die Auffangbestimmung des § 131 Abs. 3 UmwG bei Nicht-Zuteilung eines Gegenstands nur Wirtschaftsgüter der Aktivseite erfasst (*W/M/Vossius* § 131 UmwG Rz. 218), empfiehlt sich insbesondere bzgl. der Passiva (einschließlich Rückstellungen für ungewisse Verbindlichkeiten) und bzgl. Verbindlichkeiten aus den gegenseitigen Verträgen eine genaue Bestimmung in den Anlagen und die Vereinbarung von sog „Catch-All"-Klauseln (s. Rz. 73) und Surrogationsbestimmungen, da im Fall der Aufspaltung die Übernehmerinnen für vergessene Verbindlichkeiten der Überträgerin nach § 133 Abs. 1 Satz 1 UmwG gesamtschuldnerisch ohne die Möglichkeit der Enthaftung fünf Jahre lang haften (*W/M/Vossius* § 131 UmwG Rz. 220 ff.; *Lutter/Priester* § 126 UmwG Rz. 44).

75   **Nicht möglich ist die Aufteilung einer einheitlichen Verbindlichkeit** auf verschiedene übernehmende Rechtsträger (vgl. *W/M/Mayer* § 126 UmwG Rz. 240–250). Dagegen können Forderungen und Verbindlichkeiten, auch wenn sie aus einem einheitlichen Vertragsverhältnis resultieren, unterschiedlichen Übernehmern zugewiesen werden (in der Praxis können sich daraus bei laufenden Vertragsbeziehungen aber Abwicklungsschwierigkeiten ergeben). Eine Zustimmung von Gläubigern zur Übernahme von Verbindlichkeiten ist nicht erforderlich (der Gläubigerschutz wird durch die gesamtschuldnerische Haftung nach § 133 Abs. 1 Satz 1 UmwG sichergestellt, s. Rz. 88 ff.; vgl. *W/M/Mayer* § 126 UmwG Rz. 227 ff.). Sind Verbindlichkeiten allerdings durch Grundpfandrechte gesichert, ergeben sich Probleme, wenn dem Übernehmer, dem die gesicherte Verbindlichkeit zugeordnet wird, nicht auch das entsprechende Grundstück zugeordnet wird; hier kommt wohl nur der Austausch des Sicherungsobjektes (mit Zustimmung des Gläubigers) in Betracht (*W/M/Vossius* § 131 UmwG Rz. 220 ff.).

76   Bei der **Zuordnung von Forderungen** muss die Individualisierung durch Bezeichnung des Schuldners und des Forderungsbetrages erfolgen; eine Zustimmung des Schuldners ist nicht erforderlich und ein nach § 399 BGB vereinbartes oder kraft Leistungsinhalts bestehendes Abtretungsverbot greift nicht ein (BGH VII ZR 298/14 v. 22.9.16, NJW 17, 71; *S/St/Schröer* § 131 UmwG Rz. 30 f. unter Behandlung der Rechtslage nach Streichung der §§ 131 Abs. 1 Nr. 1 S. 2, 132 UmwG).

77   Bei der Zuordnung besteht **grundsätzlich Vertragsfreiheit.** Steuerlich ist aber zu beachten, dass die jeweils zugeordneten Vermögensgegenstände und Vertragsbeziehungen ihrerseits einen Teilbetrieb darstellen (s. Rz. 25 ff., insbesondere alle für den Teilbetrieb betriebsnotwendigen Wirtschaftsgüter diesem zugeordnet werden); nur

bzgl für den Teilbetrieb nicht betriebsnotwendiger Wirtschaftsgüter und bzgl. Finanz-
anlagen (Forderungen, Wertpapiere, Bankguthaben) sowie bzgl. Verbindlichkeiten besteht auch steuerlich ohne Gefahr der Gewinnrealisierung ein erheblicher Spielraum.

Die im Vertragsmuster in Anlagen X 6 und Y 6 empfohlene Beschreibung der auf die **78**
jeweiligen übernehmenden Rechtsträger **übergehenden Arbeits- und Anstellungsverhältnisse** ist hier idR nur deklaratorischer Natur. Denn § 613a Abs. 1 Satz 1 BGB
(§ 324 UmwG) ordnet bei der Übertragung eines Betriebs oder Betriebsteils auch für die
in diesem Betrieb oder Betriebsteil bestehenden Arbeits- und Anstellungsverhältnisse
deren Übergang an (*W/M/Mayer* § 126 UmwG Rz. 183). Eine Zuordnung ist aber hier
erforderlich bzgl. des Geschäftsführers der übertragenden A-GmbH, der keinem der
beiden Betriebsteile eindeutig zuzuordnen ist (*W/M/Mayer* § 126 UmwG Rz. 183 f.
und 304 ff. zur Auswirkung der Aufspaltung auf **Organe** des übertragenden Rechtsträgers). Die Bezeichnung ist auch insoweit konstitutiv, als **nicht einem Betrieb oder
Betriebsteil zuzuordnende Arbeits- und Anstellungsverhältnisse** übertragen
werden sollen oder nur einzelne Wirtschaftsgüter übertragen werden (s. dazu *W/M/
Mayer* § 126 UmwG Rz. 184). Widerspricht bei Aufspaltung ein Arbeitnehmer nach
§§ 324 UmwG, 613a Abs. 6 BGB, geht das Arbeitsverhältnis nicht über, sondern erlischt gleichzeitig mit dem Untergang des übertragenden Rechtsträgers durch Eintragung. Zur Fortgeltung kollektivvertraglicher Regelungen s. *Boecken* ZIP 94, 1094.

Auf die vorstehenden (Rz. 78) Auswirkungen sollte im Rahmen der nach § 126 **79**
Abs. 1 Nr. 11 UmwG vorgeschriebenen Angabe über die Folgen der Spaltung für die
Arbeitnehmer (in § 4 des Aufspaltungsvertrags) zusätzlich zu den Folgen für die Ver-
tretungen der Arbeitnehmer hingewiesen werden, vgl. A. 15.60 Rz. 87 und Rz. 34.

(frei) **80**

Zu § 1 Abs. 3: Gegenleistungen

Bei dem diesem Formular zugrunde liegenden Fall ist vorgesehen, dass überhaupt **81**
keine Gegenleistungen gewährt werden. Dies beruht auf Folgendem:
– die Gewährung von Anteilen an den übernehmenden Rechtsträgern an die Gesellschafter des übertragenden Rechtsträgers ist ausgeschlossen, soweit die übernehmenden Rechtsträger Geschäftsanteile an dem übertragenden Rechtsträger
  innehaben (§ 54 Abs. 1 Nr. 1 iVm. § 125 UmwG bzgl. des Ausschlusses von Kapitalerhöhungen und § 131 Abs. 1 Nr. 3 Satz 2, 2. Hs., 2. Alt. UmwG bzgl. der Gewährung von Anteilen);
– andere Gegenleistungen werden ebenfalls nicht gewährt, weil die Zuordnung der **82**
  Vermögensteile wertmäßig jeweils den bisherigen Beteiligungen der übernehmenden Rechtsträger an dem übertragenden Rechtsträger entsprechen, also die Zuordnung der Vermögensteile entsprechend der bisherigen Beteiligungen der übernehmenden Rechtsträger erfolgt.

Beispiel: Verkehrswert der A-GmbH vor der Spaltung € 200.000,–, davon entfallen auf die B-GmbH und C-GmbH jeweils € 100.000,–; Zuordnung von Wirtschaftsgütern zu den Teilbetrieben X und Y von je € 100.000,–.

Bare Zuzahlungen wären gem. § 54 Abs. 4 iVm. § 125 UmwG hier überhaupt
nicht zulässig, weil es an Kapitalerhöhungen fehlt, auf die insgesamt die 10%-
Begrenzung angewendet werden könnte. Würden gleichwohl bare Zuzahlungen oder
andere Gegenleistungen, wie Gesellschafterdarlehen gewährt, ist deren Zulässigkeit
strittig: zu § 2 Abs. 1 Satz 2 SpTrUG wird vertreten, dass diese Bestimmung für die
Spaltung nicht passt, weil nicht verhindert werden muss, dass Gesellschafter der übertragenden Gesellschaft „rausgekauft" werden (*Priester* DB 91, 2377; **aA** wohl *S/H/S/
Stratz* § 54 UmwG Rz. 21, wonach bare Zuzahlungen grds. nur neben einer Anteilsgewährung erfolgen sollen). Da § 54 Abs. 4 UmwG im Rahmen der Aufspaltung gem.
§ 125 UmwG entsprechende Anwendung findet (§ 125 Satz 1 UmwG), wird man daher in der Praxis nur empfehlen können, in diesen Fällen von baren Zuzahlungen und

ganz allgemein von **anderen Gegenleistungen als baren Zuzahlungen abzuse-hen** und den Wertausgleich durch entsprechende Zuteilung von steuerlich „neutra-len" (s. Rz. 49) Aktiva und Passiva (insbes. Wertpapiere, Bankguthaben, Forderungen bzw. Verbindlichkeiten) herzustellen. Andere Methoden, wie Teilverkauf von Antei-len vor der Spaltung (um die entsprechenden Wertverhältnisse herzustellen), können aber im Einzelfall uU die steuerliche Neutralität der Aufspaltung bei der Trennung von Gesellschafterstämmen gem. § 15 Abs. 2 Satz 5 UmwStG insgesamt gefährden und sind daher generell ohne Einzelfallprüfung nicht empfehlenswert. In Betracht käme wohl eine abweichende Gewinnberechtigung ab dem Spaltungsstichtag.

Zu § 1 Abs. 4: Besondere Rechte und Vorteile

83   Klarstellend sollte im Vertrag auch darauf hingewiesen werden, dass besondere Rechte und Vorteile iSv. § 126 Abs. 1 Nr. 7 und 8 UmwG an die dort bezeichneten Personen nicht gewährt werden. Zu einer ausführlicheren Formulierung vgl. Formular A. 15.70 § 2 Abs. 6 und 7 sowie A. 15.63 Rz. 48 f.

Zu § 2: Spaltungsstichtag

84   Angegeben werden muss gem. § 126 Abs. 1 Nr. 6 UmwG der Zeitpunkt, von dem ab die Handlungen des übertragenden Rechtsträgers als für Rechnung jedes der über-nehmenden Rechtsträger vorgenommen gelten **(Spaltungsstichtag).** Dieser wird in dem diesem Formular zugrunde liegenden Fall mit Beginn des 1.1.02 (dh. 0:00 Uhr) festgelegt. Danach gelten mit Beginn dieses Tages, dh. ab dem 1.1.02, 0:00 Uhr die Handlungen des übertragenden Rechtsträgers als für Rechnung der den jeweiligen Betriebsteil übernehmenden Rechtsträger vorgenommen.

Entspricht der Aufspaltungsstichtag (wie in der Praxis regelmäßig zur Vermeidung eines Zwischenabschlusses) dem ersten Tag nach dem Ende eines Geschäftsjahres der übertragenden Gesellschaft, wird auf den vorhergehenden Bilanzstichtag meist auch die gem. § 17 Abs. 2 iVm. § 125 UmwG der Handelsregisteranmeldung des übertra-genden Rechtsträgers beizufügende **Schlussbilanz** (mit Anhang) erstellt werden (vgl. A. 15.00 Rz. 17). Auf diesen Stichtag werden ferner die in § 1 Abs. 2 Buchst. a und b der Vermögenszuordnung ergänzend zugrunde gelegten Aufspaltungsbilanzen für die beiden Betriebsteile X und Y aufgestellt, die daneben auch als Teil einer Wertnach-weisunterlage bei Registeranmeldungen für evtl bei den übernehmenden Rechtsträ-gern vorzunehmenden Kapitalerhöhungen oder ggfs. für einen **Sachgründungsbe-richt** bei Auf- und Abspaltung zur Neugründung sinnvoll sein können.

85   In der Praxis ist darauf zu achten, dass die den jeweils übernehmenden Rechtsträ-gern zuzuordnenden Wirtschaftsgüter und Rechtsverhältnisse auch **buchhalterisch** bzgl der laufenden Geschäftsvorfälle der jeweils (im Innenverhältnis mit Rückwir-kung) übertragenden Betriebe oder Betriebsteile **getrennt** werden können. Hierzu empfiehlt sich, bereits im Vorfeld, dh. vor dem vereinbarten Aufspaltungsstichtag, die entsprechenden Vorkehrungen zu treffen und getrennte Rechnungskreise für die zu übertragenden Betriebe und Betriebsteile einzurichten sowie die Verbuchung der ein-zelnen Geschäftsvorfälle bereits in den getrennten Rechnungskreisen vorzunehmen (dies kann auch ein weiteres Indiz für die Anerkennung sog. steuerlicher Teilbetriebe als Voraussetzung für die steuerneutrale Spaltung darstellen, s. Rz. 26).

Zu § 3: Grundbucherklärungen

86   Die Grundbucherklärungen sind übernommen aus *W/M/Mayer* Anh. 4, Muster-satz 12, M 80.

Zu § 4: Folgen der Spaltung für die Arbeitnehmer und ihre Vertretungen sowie die insoweit vorgesehenen Maßnahmen

87   Vgl. dazu Rz. 78 f. sowie A. 15.60 Rz. 34 und § 3 des Verschmelzungsvertrags in Formular A. 15.60 enthaltenem ausführlichen Muster (ferner *Lutter/Priester* § 126

UmwG Rz. 57 ff.; *Bachner* NJW 95, 2881 ff.). Zur **Unterrichtungspflicht** nach § 613a Abs. 5 BGB vgl. Ausführungen unter A. 12 Rz. 36 ff. und zu sonstigen individual- und kollektivrechtlichen Folgen *Engl/Ebener* A. 1 Rz. 150 f. und 155 ff. Zum Übergangsmandat des Betriebsrats vgl. §§ 321 und 322 UmwG. Die fünfjährige Mitbestimmungsbeibehaltungsregelung des § 325 Abs. 1 UmwG gilt nicht bei der Aufspaltung.

Zu § 5: Sicherheitsleistungen

Die in § 5 des Aufspaltungsvertrags wiedergegebenen Regelungen entsprechen den **88** Regelungen in § 133 UmwG sowie § 22 iVm. § 125 UmwG; vgl. dazu *W/M/Mayer* § 133 UmwG Rz. 1 ff. sowie *Lutter/Hommelhoff* § 133 UmwG Rz. 1 ff. Das Recht der Sicherheitsleistung steht Gläubigern nicht zu, die im Falle der Insolvenz ein Recht auf vorzugsweise Befriedigung aus einer zu ihrem Schutz errichteten und staatlich überwachten Deckungsmasse (zB Pensionssicherungsverein) haben (§ 22 Abs. 2 iVm. § 125 UmwG). Die Regelung zu den Sicherheitsleistungen ist Teil des Gesamtschuldkonzeptes, das aus folgenden vier Elementen besteht (vgl. *Lutter/Hommelhoff* § 133 UmwG Rz. 14 ff.):

– gesamtschuldnerische Haftung aller beteiligten Rechtsträger für Verbindlichkeiten **89** des übertragenden Rechtsträgers, die vor dem Wirksamwerden der Spaltung begründet worden sind, unabhängig davon, welchem Rechtsträger die Verbindlichkeit im Spaltungsplan zugeteilt wurde (§ 133 Abs. 1 Satz 1 UmwG). Die Verbindlichkeit muss vor Wirksamwerden weder entstanden noch fällig sein; ausreichend ist, dass der Rechtsgrund für die Entstehung der Verbindlichkeit gelegt wurde (vgl. BGH VII ZR 90/14 v. 13.8.15, NZG 15, 1280 zur Ausgleichsverbindlichkeit ggü. Handelsvertreter nach § 89b HGB).

– Recht auf Sicherheitsleistung für die Gläubiger nicht fälliger Forderungen, wobei **90** nur die Gläubiger der übernehmenden Rechtsträger die Gefährdung ihrer Forderungen glaubhaft machen müssen (§ 133 Abs. 1 Satz 2 iVm. § 22 Abs. 1 UmwG),

– Begrenzung der Haftungsansprüche bei zeitlicher Enthaftung nach fünf Jahren ge-**91** gen die Rechtsträger, denen die Verbindlichkeiten im Spaltungsplan nicht zugeteilt wurden (§ 133 Abs. 3 UmwG) und

– Anwendung der §§ 25 ff. HGB auch auf die partielle Gesamtrechtsnachfolge (§ 133 **92** Abs. 1 Satz 2 UmwG).

(frei)　　　　　　　　　　　　　　　　　　　　　　　　　　　　　　　　**93–95**

Erläuterungen zu A. 15.20a Schreiben an die Betriebsräte der beteiligten Rechtsträger

Schreiben gem. §§ 126 Abs. 3; 17 Abs. 1 iVm. § 125 UmwG an die Be-96 **triebsräte der beteiligten Rechtsträger.** Die Verpflichtung ergibt sich aus § 126 Abs. 3 UmwG; diese entspricht inhaltlich § 5 Abs. 3 UmwG für die Verschmelzung, so dass diesbzgl. auf A. 15.60 Rz. 35 verwiesen werden kann. Nach überwiegender Ansicht in der Literatur können die Betriebsräte auf die Einhaltung der Monatsfrist des § 126 Abs. 3 UmwG und damit auf die Rechtzeitigkeit der Zuleitung gem. § 17 Abs. 1 UmwG verzichten. Zur Begründung dieser Ansicht vgl. A. 15.10 Rz. 65. Zweckmäßigerweise wird eine solche Verzichtserklärung dann bereits in die Anschreiben an die Betriebsräte und die Bestätigung durch diese integriert.

Die Zurücksendung der bestätigten Empfangsschreiben an die Geschäftsleitung der **97** übernehmenden B-GmbH erfolgt im Hinblick auf die in der Praxis empfehlenswerte Koordinierung und Durchführung der Handelsregisteranmeldungen durch das Vertretungsorgan eines übernehmenden Rechtsträgers gem. § 129 UmwG (in Ergänzung zu § 16 Abs. 1 Satz 2 UmwG). Die dreifache Zurücksendung wird hier empfohlen, weil die Empfangsnachweise gem. § 17 Abs. 1 iVm. § 125 UmwG zu den Registern der übertragenden A-GmbH und zu den Registern der beiden übernehmenden B-GmbH und C-GmbH notwendig sind (vgl. *W/M/Schwarz* § 129 UmwG Rz. 1 ff.).

Erläuterungen zu A. 15.20b Gesellschafterversammlungen der beteiligten Rechtsträger

---

98 Der Aufspaltungsvertrag wird nur mit **Zustimmung** der Gesellschafterversammlungen des übertragenden Rechtsträgers (hier A-GmbH) und jeder der übernehmenden Rechtsträger (hier B-GmbH und C-GmbH) wirksam (§ 13 Abs. 1 iVm. § 125 UmwG). Die **Zustimmungsbeschlüsse** können **nur in Gesellschafterversammlungen,** nicht aber im schriftlichen Umlaufverfahren gefasst werden (§§ 13 Abs. 1 Satz 2, 125 UmwG). Der Zustimmungsbeschluss bedarf für GmbH als beteiligte Rechtsträger gem. § 50 Abs. 1 iVm. § 125 UmwG grundsätzlich einer Mehrheit von mindestens ³/₄ der abgegebenen Stimmen, wenn der jeweilige Gesellschaftsvertrag nicht eine größere Mehrheit oder weitere Erfordernisse bestimmt (§ 50 Abs. 1 Satz 2 iVm. § 125 UmwG). Zu Sonderfällen, in denen wegen **Minderheitsrechten einzelner Gesellschafter** an der übertragenden Gesellschaft (§ 50 Abs. 2 UmwG) bzw. auf Grund nicht vollständig geleisteter Einlagen bei übernehmenden oder übertragenden Rechtsträgern (§ 51 Abs. 1 Satz 1 und 3 iVm. § 125 UmwG) oder wegen Vinkulierung von Anteilen des übertragenden Rechtsträgers (§ 13 Abs. 2 iVm. § 125 UmwG) die Zustimmung dieser oder aller anwesenden Anteilseigner notwendig ist, vgl. A. 15.63 Rz. 21 und Rz. 77 ff.

99 Darüber hinaus sieht § 128 UmwG **bei nicht verhältniswahrender Spaltung** als Wirksamkeitsvoraussetzung die **Zustimmung aller Anteilsinhaber des übertragenden Rechtsträgers** vor. Für die Spaltung zur Aufnahme ist zur Berechnung des Beteiligungsverhältnisses der jeweils zu übertragende Teil des Vermögens zugrunde zu legen.

100 **Weitestgehende Verzichtserklärungen.** Der dem Formular zugrunde liegende Fall geht davon aus, dass sämtliche an der Aufspaltung beteiligten Gesellschaften und deren Gesellschafter über ausreichende Informationen verfügen, um auch ohne die gesetzlich vorgesehenen Informationsinstrumentarien der Aufspaltung zustimmen zu können. Deshalb wird soweit wie möglich in den Beschlüssen jeweils auf die Informationsregelungen, Prüfungsanforderungen und Anfechtungs- bzw. Klagemöglichkeiten verzichtet. Es handelt sich iE um:
- Versendung des Aufspaltungsvertrags bzw. dessen Entwurf zusammen mit der Einberufung der Gesellschafterversammlungen gem. § 7 iVm. § 125 Satz 1 UmwG,
- der Auslegung der Jahresabschlüsse und ggfs Lageberichte sämtlicher an der Aufspaltung beteiligten Rechtsträger für die letzten drei Geschäftsjahre zur Einsicht durch die Gesellschafter jeweils in den Geschäftsräumen der Gesellschaften vom Zeitpunkt der Einberufung der Gesellschafterversammlung an (§ 49 Abs. 2 iVm. § 125 Satz 1 UmwG),
- die Erstellung von Spaltungsberichten durch jeden der an der Spaltung beteiligten Rechtsträger oder eines gemeinsamen Berichts dieser gem. § 127 UmwG; der Verzicht hierauf bedarf gem. § 8 Abs. 3 iVm. § 127 Satz 2 UmwG der notariellen Beurkundung. Der Verzicht ist durch alle Anteilsinhaber aller beteiligten Rechtsträger zu erklären (§ 8 Abs. 3 Satz 1 1. Alt. UmwG),
- die Prüfung (iSd. §§ 9–12 UmwG) des Aufspaltungsvertrags bzw. des Entwurfs nach § 48 iVm. § 125 UmwG auf Verlangen eines Gesellschafters (innerhalb einer Woche nach Erhalt der Aufspaltungsunterlagen; vgl. § 48 Satz 1 UmwG) einer an der Aufspaltung beteiligten Gesellschaften,
- das Recht, die Zustimmungsbeschlüsse gem. § 14 iVm. § 125 UmwG innerhalb eines Monats durch Klage anzugreifen; hierauf kann durch notarielle Beurkundung

der Verzichtserklärung verzichtet werden (§ 16 Abs. 2 Satz 2, 2. Hs. iVm. § 125 UmwG), was sich zur Beschleunigung der Handelsregisteranmeldung empfiehlt, weil dann die Negativverklärung gem. § 16 Abs. 2 Satz 1 iVm. § 125 UmwG entfällt.

Eine **Unterrichtung über die wesentliche Veränderung des Vermögens** der 101 an der Aufspaltung beteiligten Rechtsträger ist **nicht erforderlich.** Im UmwG findet sich eine Unterrichtungspflicht nur für den Vorstand einer AG in § 64 Abs. 1 Satz 2 UmwG . Diese Vorschrift findet bei Spaltungen ebenfalls nur bei Aktiengesellschaften als beteiligte Rechtsträger Anwendung; vgl. § 125 Satz 1 UmwG.

Wichtig ist in der Praxis vor allem die **rechtzeitige Abstimmung** über die **Zu- 102 ordnung** einzelner Vermögensgegenstände an die übertragenden Rechtsträger, so dass keine Wertverschiebungen eintreten, **und** über den **Ablauf** (wegen weitestgehender Verzichtserklärungen) möglichst mit allen Gesellschaftern sämtlicher beteiligten Gesellschaften.

(frei) 103, 104

Erläuterungen zu A. 15.20c und A. 15.20d Handelsregisteranmeldungen

---

Gemäß § 129 UmwG ist zur Anmeldung der Aufspaltung auch das Vertretungsor- 105 gan jedes der übernehmenden Rechtsträger berechtigt. Diese Bestimmung erfolgt zur Klarstellung zu § 16 Abs. 1 Satz 2 UmwG (wonach bei der Verschmelzung das Organ des übernehmenden Rechtsträgers die Verschmelzung auch zur Eintragung in das Register des Sitzes jedes der übertragenden Rechtsträger anmelden kann. Der bei der Verschmelzung durch § 16 Abs. 1 Satz 2 UmwG ermöglichte Effekt, die Registerverfahren für alle beteiligten Rechtsträger in einer Hand zu konzentrieren, kann bei der Spaltung nicht erreicht werden, da § 129 UmwG nur die Zuständigkeit für die Anmeldung für den übertragenden Rechtsträger verändert, also ein Vertretungsorgan eines übernehmenden Rechtsträgers nach dieser Vorschrift nicht berechtigt ist, auch die Anmeldung für den anderen übernehmenden Rechtsträger vorzunehmen (glA *W/M/Schwarz* § 129 UmwG Rz. 9.1; *Lutter/Priester* § 129 UmwG Rz. 2). Demnach müssen die vertretungsberechtigten Organe der übernehmenden Gesellschaften die eigenen Registeranmeldungen jeweils selbst vornehmen. Die weitestgehende Zentrierung der Anmeldungen der übertragenden Gesellschaft durch eine der übernehmenden Gesellschaften (hier B-GmbH) ist dennoch wegen der Koordination der Anlagen sinnvoll. Natürlich können die Anmeldungen auch jeweils durch die Organe der an der Aufspaltung beteiligten Rechtsträger (A-GmbH, B-GmbH und C-GmbH) vorgenommen werden. Die Anmeldungen und die Einreichung der Unterlagen haben elektronisch zu erfolgen (§ 12 HGB; zur elektronischen Anmeldung vgl. A 3.02 Rz. 41).

Zeitlich wichtig ist, dass die **Anmeldung zum Register der übertragenden A- 106 GmbH,** der gem. § 17 Abs. 2 iVm. § 125 UmwG die Schlussbilanz beizufügen ist, **innerhalb von acht Monaten nach dem Bilanzstichtag erfolgt.** Die Acht-Monats-Frist hat nämlich auch Bedeutung für die Anerkennung einer **steuerlichen Rückwirkung** gem. § 2 Abs. 1 UmwStG, s. Rz. 58; zum Verhältnis handelsrechtlicher Spaltungsstichtag zum Bilanzstichtag s. A. 15.00 Rz. 16ff.

Die **Eintragungen** selbst erfolgen **stufenweise: (1)** Zunächst erfolgt die Eintra- 107 gung im Register des Sitzes jedes der übernehmenden Rechtsträger mit dem Vermerk, dass die Spaltung erst mit der Eintragung im Register des Sitzes des übertragenden Rechtsträgers wirksam wird (§ 130 Abs. 1 Satz 2 UmwG). Erst danach darf **(2)** die Spaltung in das Register des übertragenden Rechtsträgers eingetragen werden; erst diese Eintragung hat die in § 131 Abs. 1 UmwG bezeichneten konstitutiven Rechtswirkungen.

A. 15.30 Ausgliederung (Ausgründung) einer GmbH aus Vermögen eines (im Handelsregister eingetragenen) Einzelkaufmanns

Gliederung

I. FORMULARE

Formular A. 15.30 Ausgliederungsplan

Ausgliederungsplan

Heute, den ......, erschien vor mir, ..., Notar in ......

Herr A ...... *[Beruf/Wohn- bzw. Geschäftsadresse]*

und bat um Beurkundung des folgenden Ausgliederungsplans gem. §§ 123 Abs. 3 Nr. 2, 136, 126 UmwG.

Präambel

Herr A betreibt in ...... unter der Firma A ein Handelsgewerbe, nämlich ...... *[Beschreibung]* und ist im Handelsregister des Amtsgerichts ...... unter HRA ...... eingetragen.

Herr A möchte seinen bisher als Einzelunternehmen geführten Betrieb zukünftig in der Rechtsform einer GmbH führen und stellt dazu den nachfolgenden Ausgliederungsplan auf, der als Ausgliederungserklärung mit notarieller Beurkundung wirksam wird.

§ 1 Bezeichnung der an der Ausgliederung beteiligten Rechtsträger und Geschäftsführerbestellung

(1) Übertragender Rechtsträger ist Herr A ......, dessen Handelsgewerbe unter der Firma A im Handelsregister des Amtsgerichts unter HRA ...... eingetragen ist.

(2) Übernehmender Rechtsträger ist die A-GmbH mit Sitz in ...... (Stadt). Für diese gilt der dieser Urkunde als Anlage A beigefügte Gesellschaftsvertrag. Dieser wurde mitverlesen und bildet einen wesentlichen Bestandteil der Urkunde.

(3) Als Gründungsgesellschafter der A-GmbH hält Herr A hiermit auch eine außerordentliche Gesellschafterversammlung der A-GmbH ab und beschließt:

Zum ersten Geschäftsführer der A-GmbH wird Herr A ...... *[Name, Beruf, Wohnort]* bestellt. Er vertritt die Gesellschaft allein und ist von den Beschränkungen des § 181 BGB befreit.

§ 2 Übertragung von Vermögensgegenständen

Herr A überträgt die nachfolgend bezeichneten Gegenstände seines Vermögens auf die A-GmbH, und zwar als Gesamtheit mit allen Rechten und Pflichten unter Ausschluss der Abwicklung seines unter der Firma A betriebenen Einzelunternehmens im Wege der Ausgliederung zur Neugründung der dadurch neu entstehenden A-GmbH als übernehmender Rechtsträger gem. § 123 Abs. 3 Nr. 2 iVm. §§ 152, 158 UmwG. Die A-GmbH führt die Firma des Einzelunternehmens fort.

Auf die A-GmbH werden alle Aktiva, Passiva und Rechtsverhältnisse übertragen, die wirtschaftlich zum Betrieb ...... in ...... (nachfolgend insgesamt bezeichnet als Betrieb) gehören. Bezüglich der übertragenen bilanzierungsfähigen Wirtschaftsgüter wird gem. § 126 Abs. 2 Satz 3 UmwG zur Zuordnung ergänzend auf die aus der zum 31.12.01 aufgestellten Schlussbilanz des Einzelunternehmens des Herrn A (Anlage B) abgeleitete Vermögensaufstellung für die zu übertragenden Vermögensteile (Ausgliederungsübersicht) verwiesen, die dieser Urkunde als Anlage C.1 beigefügt ist und mitverlesen wurde. Auf die A-GmbH werden insbesondere im Einzelnen übertragen:

- die in der Anlage C.2 (unter Angabe des Grundbuchamts, Gemarkung, Band- und Blattstelle, Flurstück-Nummern) aufgeführten Grundstücke nebst Gebäuden,
- die in der Anlage C.3 aufgeführten Gegenstände des Finanzanlagevermögens (ua. Wertpapiere, Beteiligungen, Forderungen, unter Angabe der Beträge und der Schuldner), Gegenstände des beweglichen Anlage- und Umlaufvermögens, Verbindlichkeiten und Rückstellungen (mit Bezeichnung der Beträge und Gläubiger),
- die bei den in Anlage C 4 aufgeführten Kreditinstituten bestehenden Bankguthaben,
- die sonstigen Vermögensgegenstände des Anlage- und Umlaufvermögens gem. Inventar und allgemeiner Beschreibung nach Anlage C.5, und zwar auch, soweit sie nicht bilanzierungspflichtig bzw. nicht bilanzierungsfähig sind (zB selbstentwickelte Patente, gewerbliche Schutzrechte, Nutzungsrechte an Urheberrechten) sowie
- alle dem Betrieb zuzuordnenden Verträge, insbesondere Miet-, Pacht-, Leasing- und Lieferverträge, Konzessionsverträge, Angebote und sonstige Rechtsstellungen sowie alle mit dem Betrieb im Zusammenhang stehende sonstige Vermögensgegenstände (vgl. Anlage C.6).

Von der A-GmbH übernommen werden ferner diejenigen Verbindlichkeiten und Rückstellungen, die wirtschaftlich zu dem Betrieb gehören, auch wenn diese in den beigefügten Anlagen oder dem Ausgliederungsplan nicht aufgeführt sind.

Auf die A-GmbH gehen die in Anlage C.7 beschriebenen Arbeits- und Anstellungsverhältnisse über, die dem Betrieb zuzuordnen sind.

Soweit ab dem 1.1.02 Gegenstände des Betriebs durch Herrn A im regelmäßigen Geschäftsverkehr veräußert worden sind, treten die Surrogate an deren Stelle.

Vermögensgegenstände, Verbindlichkeiten, Arbeits- bzw. Anstellungsverhältnisse und sonstige Rechtspositionen, die in den beigefügten Anlagen oder dem Ausgliederungsplan nicht aufgeführt sind, gehen entsprechend der hier getroffenen Zuordnung auf die A-GmbH über, soweit sie dem Betrieb im weitesten Sinne zuzuordnen sind; dies gilt entsprechend auch für immaterielle Vermögenswerte und für bis zur Eintragung der Ausgliederung in das Handelsregister des übertragenden Rechtsträgers (Herr A) erworbene Vermögensgegenstände, bis dahin begründete Arbeits- bzw. Anstellungsverhältnisse, entstandene Verbindlichkeiten und sonstige erworbene Rechtspositionen.

§ 3 Gegenleistung

Für die vorstehenden Vermögensübertragungen werden Herrn A alle Geschäftsanteile an der hiermit neugegründeten A-GmbH als Gegenleistung gewährt. Das in der Ausgliederungsübersicht (Anlage C.1) zum 31.12.01 für Herrn A ausgewiesene Kapitalkonto wird im Rahmen der Neugründung wie folgt behandelt:

– In Höhe des Nennwerts wird das Kapitalkonto zunächst auf die von Herrn A übernommenen Geschäftsanteile im Nennbetrag von € ......,– angerechnet.

– In Höhe des über den Nennbetrag der übernommenen Geschäftsanteile von insgesamt € ......,– hinausgehenden Betrags wird eine Verbindlichkeit gegenüber Herrn A begründet, die ab dem Zeitpunkt der Eintragung mit ......% p.a. zu verzinsen ist (alternativ wird der Mehrbetrag als Agio geschuldet und ist in die Kapitalrücklage gem. § 272 Abs. 2 Nr. 1 HGB einzustellen).

Unterschreitet der tatsächliche Wert der eingebrachten Vermögensteile im Zeitpunkt der Eintragung in das Handelsregister die übernommene Stammeinlage, entfällt die Begründung eines Darlehens (bzw. alternativ die Vereinbarung des Agios) und ist der Differenzbetrag durch Herrn A in bar auszugleichen.

§ 4 Ausgliederungsstichtag

Als Stichtag wird der 1.1.02, vereinbart. Ab dem 1.1.02, 0:00 Uhr gelten die auf die übertragenen Vermögensgegenstände und Verbindlichkeiten bezogenen Handlungen des Herrn A jeweils als für Rechnung der A-GmbH vorgenommen.

§ 5 Grundbucherklärungen

Herr A bewilligt und beantragt, das Grundbuch entsprechend der Ausgliederungserklärung (s. § 2) zu berichtigen.

§ 6 Folgen der Ausgliederung für die Arbeitnehmer und ihre Vertretungen

Für die Arbeitnehmer des Betriebs und den Betriebsrat werden die Folgen und die insoweit vorgesehenen Maßnahmen wie folgt beschrieben ....

§ 7 Sicherheitsleistungen

Den Gläubigern von Herrn A ist, wenn sie binnen sechs Monaten nach der Bekanntmachung der Eintragung der Ausgliederung in das Handelsregister für den Einzelkaufmann A ihren Anspruch nach Grund und Höhe schriftlich anmelden, Sicherheit zu leisten, soweit sie nicht Befriedigung verlangen können und soweit sie glaubhaft machen können, dass durch die Ausgliederung die Erfüllung ihrer Forderungen gefährdet wird.

§ 8 Kosten und Gebühren

Die mit diesem Ausgliederungsplan verbundenen Gebühren, Kosten und Steuern von voraussichtlich insgesamt ca. € ......,– werden von der A-GmbH getragen; der darüber hinausgehende Betrag ist von Herrn A zu tragen.

....

[Herr A]

Zu Anlage A: Gesellschaftsvertrag der A-GmbH

Ergänzende Bestimmung über Stammkapital/Stammeinlage wegen Sachgründung: „Die Stammeinlagen werden zu einem Ausgabebetrag von € ......,– in voller Höhe durch Übertragung der im Ausgliederungsplan des Einzelkaufmanns Herrn A vom ...... (Urkunde-Nr. ...... des Notars ...... in ...... vom ......) in § 2 aufgeführten Vermögensteile als Ganzes im Wege der Ausgliederung zur Neugründung gem. §§ 123 Abs. 3 Nr. 2, 135, 152 ff., 158 ff. UmwG unter Zugrundelegung der Ausgliederungsbilanz zum 31.12.01 erbracht. Die in der Ausgliederungsbilanz ausgewiesenen Kapitalkonten werden jeweils mit dem Nennbetrag auf die Stammeinlage angerechnet, überschießende Beträge werden dem Gesellschafter als Darlehen gutgeschrieben (alternativ als Agio geschuldet), Fehlbeträge sind durch Bareinzahlung auszugleichen."

Formular A. 15.30a Schreiben an den Betriebsrat

Von: Einzelunternehmen A ....

[Ort/Datum]

An: Betriebsrat des Einzelunternehmens A, z. Hd. des/der Vorsitzenden des Betriebsrats, Herrn/Frau ......

gegen Empfangsbekenntnis

Betreff: Bevorstehende Ausgründung des Betriebs A

auf die damit neugegründete A-GmbH

Sehr geehrte Damen und Herren,

in einem voraussichtlich am ...... stattfindenden Beurkundungstermin ist beabsichtigt, den beigefügten Entwurf des Ausgliederungsplans formwirksam zu beurkunden. Ich übermittle Ihnen hiermit den Entwurf in der Anlage gem. § 126 Abs. 3 iVm. § 135 Abs. 1 UmwG. Die in § 13 iVm. § 125 UmwG vorgesehene Beschlussfassung in einer Gesellschafterversammlung findet nicht statt, weil der Ausgliederungsplan eines Einzelkaufmanns, der alleiniger Gesellschafter der übernehmenden A-GmbH wird, als einseitige Erklärung bereits mit deren notarieller Beurkundung wirksam wird. Ich bitte, auf die Einhaltung der Monatsfrist des § 126 Abs. 3 UmwG zu verzichten, den Erhalt dieses Schreibens und der Anlage auf der beigefügten Kopie dieses Schreibens zweifach zu bestätigen und an mich im Hinblick auf den Nachweis im Zuge der Anlagen zu den Handelsregisteranmeldungen gem. §§ 17 Abs. 1, 16 iVm. § 125 UmwG jeweils zweifach zurück zu schicken.

....

[Herr A]

Hiermit bestätige ich als Vorsitzende(r) des Betriebsrats den Erhalt dieses Schreibens nebst dem als Anlage beigefügten Entwurf des Ausgliederungsplans und verzichte auf die Einhaltung der Monatsfrist des § 126 Abs. 3 UmwG.

....

[Ort/Datum]   [Betriebsratsvorsitzende(r) des Betriebs A]

Formular A. 15.30b Sachgründungsbericht

Sachgründungsbericht A-GmbH gem. § 5 Abs. 4 GmbHG und § 58 Abs. 1 iVm. § 159 Abs. 1 UmwG

Als übertragender Rechtsträger iSv. § 152 UmwG (nachstehend Übertrager) sowie als zukünftiger Alleingesellschafter der durch die Ausgliederung neu entstehenden A-GmbH erstatte ich gem. § 5 Abs. 4 GmbHG iVm. §§ 58 Abs. 1, 159 Abs. 1 UmwG folgenden Sachgründungsbericht für die Gründung der A-GmbH mit Sitz in ...... (nachstehend Gesellschaft):

Zur Erbringung der von dem Übertrager zu übernehmenden Stammeinlage von € ......,– wurden in Anwendung von §§ 123 Abs. 3 Nr. 2, 126 iVm. § 135 Abs. 1 UmwG die in der Ausgliederungserklärung vom ...... (UrkR-Nr. ...... des Notars ......) bezeichneten Vermögensgegenstände auf die Gesellschaft übertragen. Wegen der genauen Bezeichnung der übertragenen Gegenstände und des Betriebs sowie der übernommenen Verbindlichkeiten und Arbeitsverhältnisse wird auf § 2 der Ausgliederungserklärung Bezug genommen.

Aufgrund der beigefügten Bescheinigung des steuerlichen Beraters/Wirtschaftsprüfers des Übertragers kann für das laufende Geschäftsjahr von einem Umsatz der Gesellschaft iHv. € ......,– (Umsatzerwartung) bei einem Jahresüberschuss von € ......,– (Gewinnerwartung) ausgegangen werden. Für die beiden letzten Geschäftsjahre betrugen die Jahresergebnisse € ......,– für ...... und € ......,– für ...... Der Verkehrswert (Substanzwert) des Anlagevermögens beläuft sich auf ca. € ......,–; diese Schätzung beruht auf .... Die Auftragslage stellt sich derzeit wie folgt dar: .... Der Grad der Kostendeckung durch diese Aufträge beträgt ca. ......%.

Aufgrund der vorstehenden Fakten stelle ich fest, dass der Wert des eingebrachten Vermögens auch unter Berücksichtigung der Verbindlichkeiten auf jeden Fall den Betrag der Stammeinlage von insgesamt € ......,– erreicht, auf den sich die Sacheinlage bezieht.

....

[Herr A]

Formular A. 15.30c Handelsregisteranmeldung der neu entstehenden GmbH

An das

Amtsgericht ......

– Handelsregisterabteilung B –

Betreff: Neugründung der Firma A-GmbH mit Sitz in ...... auf Grund Ausgliederung zur Neugründung gem. §§ 123 Abs. 3 Nr. 2, 152, 158 ff. UmwG

Als übertragender Einzelkaufmann und als alleiniger Geschäftsführer der als übernehmender Rechtsträger neu entstehenden A-GmbH melde ich die neu errichtete Gesellschaft A-GmbH und meine Bestellung als von den Beschränkungen des § 181 BGB befreiter Geschäftsführer zur Eintragung in das Handelsregister an.

Als Anlagen überreiche ich:

I.   Beglaubigte Abschrift des Ausgliederungsplans vom ...... (Urkunde-Nr. ...... des Notars ...... in ...... vom ......) mit Bezeichnung der neu errichteten A-GmbH in § 1 Abs. 2 und Gesellschaftsvertrag als Anlage 1, mit meiner Bestellung zum Geschäftsführer und Befreiung von § 181 BGB in § 1 Abs. 3 sowie weiteren Anlagen;

II.   Sachgründungsbericht gem. § 5 Abs. 4 GmbHG, §§ 58 Abs. 1, 159 Abs. 1 UmwG;

III. Nachweis über die rechtzeitige Zuleitung des Entwurfs des Ausgliederungsplans an den Betriebsrat;

IV. Unterlagen über die Werthaltigkeit des im Wege der Ausgliederung auf die errichtete Gesellschaft übertragenen Vermögens: Vermögensaufstellung entsprechend § 159 Abs. 3 UmwG, versehen mit einer Bestätigung des steuerlichen Beraters/Wirtschaftsprüfers, aus der sich ergibt, dass die in der Aufstellung ausgewiesenen Aktiva nicht über- und die dort ausgewiesenen Passiva nicht unterbewertet sind; ergänzend wird auf die der Anlage I. beigefügte Schlussübersicht (dortige Anlage B) und die daraus abgeleitete Ausgliederungsübersicht (Anlage C.1) sowie auf die Anlagen zum Sachgründungsbericht (Anlage II.) verwiesen;

V.   Liste der Gesellschafter

Als übertragender Einzelkaufmann versichere ich, dass meine Verbindlichkeiten mein Vermögen nicht übersteigen und verweise diesbezüglich auf die in entsprechender Anwendung von § 159 Abs. 3 UmwG erstellte Vermögensübersicht.

Meine Bestellung als Geschäftsführer und meine Befreiung von den Beschränkungen des § 181 BGB ergibt sich aus § 1 Abs. 3 des Ausgliederungsplans (vgl. Anlage I).

Die Vertretungsbefugnis ist wie folgt geregelt: ...... *[abstrakt und konkret]*

Die Geschäftsräume der Gesellschaft befinden sich in ....

Als neu bestellter Geschäftsführer versichere ich, dass ab der Eintragung der Ausgliederung im Handelsregister des übertragenden Einzelkaufmanns die im Ausgliederungsplan bezeichneten Vermögenswerte der durch die Ausgliederung neu entstehenden Gesellschaft sich endgültig in meiner freien Verfügung als deren alleiniger Geschäftsführer befinden.

Nach Vollzug bitte ich um Eintragungsnachricht an die Gesellschaft und an den beglaubigenden Notar sowie um Übermittlung je eines beglaubigten Handelsregisterauszugs an diese.

....

[Herr A als übertragender Rechtsträger

und alleiniger Geschäftsführer der A-GmbH]

....

[Beglaubigungsvermerk]

Formular A. 15.30d Handelsregisteranmeldung des Einzelkaufmanns

An das

Amtsgericht ......

– Handelsregisterabteilung A –

Betreff: Einzelkaufmann A ...... in ......;

          HRA-Nr. ......

Gem. § 137 Abs. 2 iVm. §§ 152 ff. UmwG melde ich als übertragender Rechtsträger zur Eintragung in das Register an:

Unter Auflösung des übertragenden Einzelunternehmens ist das gesamte, dem Unternehmen gehörende Vermögen auf Grund der Bezeichnung der Ausgliederungserklärung in § 2 des Ausgliederungsplans (siehe Anlage I.) im Wege der Ausgliederung zur Neugründung auf die hiermit neu gegründete A-GmbH mit Sitz in ...... übertragen worden. Die Geschäftsräume der A-GmbH befinden sich in .... Die A-GmbH führt die Firma des Einzelunternehmens fort.

Als Anlagen überreiche ich:

I.   Beglaubigte Abschrift des Ausgliederungsplans vom ...... (Urkunde-Nr. ...... des Notars ...... in ...... vom ......) nebst Anlagen;

II. Schlussbilanz des übertragenden Einzelunternehmens zum Ausgliederungsstichtag;

III. Nachweis über die rechtzeitige Zuleitung des Entwurfs des Ausgliederungsplans an den Betriebsrat des Einzelunternehmens A;

IV. Zum Nachweis des Nichtvorliegens der Überschuldung als Eintragungshindernis gem. §§ 152 Satz 2, 160 Abs. 2 UmwG die in entsprechender Anwendung von § 159 Abs. 3 UmwG aufgestellte Vermögensaufstellung über mein Vermögen als Einzelkaufmann, aus der sich ergibt, dass meine Verbindlichkeiten meine Aktiva nicht übersteigen.

Zur Vervollständigung der Anmeldung werde ich noch einen beglaubigten Handelsregisterauszug nachreichen, aus dem sich die Eintragung des neuen übernehmenden Rechtsträgers A-GmbH ergibt.

Nach Vollzug bitte ich um Eintragungsnachricht an mich und an den beglaubigenden
Notar sowie um die Übermittlung je eines beglaubigten Handelsregisterauszugs.

....
[Herr A]

....
[Beglaubigungsvermerk]

II. ERLÄUTERUNGEN

Erläuterungen zu A. 15.30 Ausgliederungsplan

---

1. Grundsätzliche Anmerkungen

a) Wirtschaftliches Ziel

1   Ziel der Ausgliederung von Vermögensteilen eines Einzelkaufmanns in eine dadurch neugegründete GmbH ist, das Einzelunternehmen (oder Teile hiervon) zukünftig in der Rechtsform der GmbH zu betreiben, mit der Möglichkeit, die **Haftung** für
zukünftige Verluste und für die nach der Ausgliederung begründeten Verbindlichkeiten auf das Vermögen der GmbH zu beschränken. Die hier im Formular zugrunde gelegte Technik der Ausgliederung zur **Neugründung** (sog. Ausgründung) ermöglicht
auch den Übergang von Verbindlichkeiten im Wege der **partiellen Gesamtrechtsnachfolge** ohne Gläubigerzustimmung. Zwar haftet der bisherige Einzelkaufmann für
die bis zum Zeitpunkt der Wirksamkeit der Ausgliederung entstandenen Verbindlichkeiten persönlich fort, allerdings gem. § 157 UmwG zeitlich begrenzt auf fünf Jahre.

2   Steuerlich ist die Überführung des Einzelunternehmens auf die neugegründete
GmbH neutral möglich, wenn ein sog. Betrieb oder zumindest **Teilbetrieb** überragen
wird und – wie hier vorgesehen – die Gegenleistung zumindest zum Teil in neuen
Gesellschaftsrechten an der übernehmenden GmbH besteht und sonstige Gegenleistungen (zB eingeräumte Darlehen) das steuerliche Kapitalkonto nicht überschreiten.

3   *(frei)*

b) Zivilrecht

4   Die Ausgliederung aus dem Vermögen des Einzelkaufmanns zur Neugründung
(sog. **„Ausgründung"**) ist möglich, wenn
– das von dem Einzelkaufmann betriebene Handelsgewerbe (§§ 1–3 HGB) im Handelsregister eingetragen ist (bzw. spätestens zeitgleich mit der Eintragung der Ausgliederung eingetragen wird, vgl. *W/M/Mayer* § 152 UmwG Rz. 25; *Lutter/
  Karollus* § 152 UmwG Rz. 25) und
– die eingebrachten Verbindlichkeiten die eingebrachten Aktiva nicht übersteigen
  (vgl. §§ 152 Satz 2 und 160 Abs. 2 UmwG für Ausgliederung zur Neugründung
  bzw. § 154 UmwG für Ausgliederung zur Aufnahme); allerdings steht das Ausglie-
  derungsverbot des § 152 Satz 2 UmwG der Ausgliederung im Rahmen eines Insol-
  venzplanverfahrens nicht entgegen (AG Norderstedt 66 IN 226/15 v. 7.11.16,
  BeckRS 2016, 116734).

5   Die **Ausgliederung zur Neugründung** kann entweder das gesamte Vermögen
(hier den gesamten Betrieb) oder Teile des Vermögens (sollte steuerlich aber mindestens einen Teilbetrieb) umfassen. Die Ausgliederung (hier als „Ausgründung") nach
dem UmwG tritt neben die weiterhin zulässige **Einzelübertragung im Wege der
Sachgründung** (vgl. Formular A. 3.02 zur Sachkapitalerhöhung). Die Zulässigkeit
beider Techniken (trotz des Numerus Clausus in § 1 Abs. 2 UmwG) ist allgemein anerkannt (*W/M/Mayer* § 152 UmwG Rz. 15 f.). Die Unterschiede zur Sachgründung
mit Einzelrechtsnachfolge liegen im Wesentlichen in der bei der Ausgliederung unter

Anwendung des UmwG möglichen **partiellen Gesamtrechtsnachfolge** mit **Übertragung von Verbindlichkeiten ohne Gläubigerzustimmung** (allerdings mit fünfjähriger gesamtschuldnerischer **Nachhaftung** gem. § 157 iVm. § 158 UmwG für auf die GmbH übertragenen Verbindlichkeiten und gem. § 133 Abs. 3 UmwG für die nicht auf die GmbH übertragenen Verbindlichkeiten des Einzelunternehmers) sowie der im Innenverhältnis auch **handelsrechtlich möglichen Rückwirkung** von max. acht Monaten auf den Ausgliederungsstichtag (zu den Vorteilen der Einzelrechtsnachfolge s. A. 3.02 Rz. 4).

Die **Ausgliederung** nach dem UmwG ist bzgl ganzer Unternehmen oder Unter- **6** nehmensteile (steuerlich aber zumindest Teilbetriebe) **auf bestehende Rechtsträger,** nämlich bestehende Personenhandelsgesellschaften, Kapitalgesellschaften und eingetragene Genossenschaften anwendbar (§§ 152 Satz 1, 153–157 UmwG). Hier sind allerdings **zusätzlich** zu dem Fall, der diesem Formular zugrunde liegt, auch ein **Ausgliederungsbericht** (für die Gesellschafter des bestehenden übernehmenden Rechtsträgers, nicht aber für den ausgliedernden Einzelkaufmann, vgl. § 153 UmwG) und die **Fassung eines Zustimmungsbeschlusses** in der Gesellschafterversammlung des übernehmenden Rechtsträgers notwendig.

Bei dem Fall, der diesem Formular zugrunde liegt, der sog. **Ausgründung** eines **7** Betriebs auf eine neugegründete GmbH, wird der **Ausgliederungsplan als einseitige Erklärung in notariell beurkundeter Form** (§ 6 iVm. § 125 UmwG) durch den Einzelunternehmer abgegeben, aus dessen Vermögen die auszugliedernden Vermögensteile abgespalten werden. Die Erklärung wird als einseitige nicht empfangsbedürftige Willenserklärung **ohne weiteren Zustimmungsbeschluss** wirksam (vgl. *W/M/Mayer* § 152 UmwG Rz. 6, 20 und 96; *Lutter/Karollus* § 158 UmwG Rz. 10).

Die Angaben in dem Ausgliederungsplan entsprechen grds. den Angaben, die in ei- **8** nem Ausgliederungs- und Übernahmevertrag gem. § 126 UmwG bzw. Spaltungsplan gem. § 136 zu machen sind (§§ 135 Abs. 1, 136, 126 UmwG). Zu beachten ist, dass bei der Ausgliederung eines einzelkaufmännischen Unternehmens eine zu Gunsten einer natürlichen Person bestellte beschränkte persönliche Dienstbarkeit gemäß § 1092 Abs. 1 BGB nicht von der Gesamtrechtsnachfolge der Ausgliederung erfasst werden kann (OLG Naumburg 12 Wx 36/18 v. 4.3.19, BeckRS 2019, 11121). Allerdings entfallen die Angaben zum Umtauschverhältnis gem. § 126 Abs. 1 Nr. 2 und Nr. 10 UmwG sowie die Angaben zu besonderen Vorteilen und Sonderrechten iSv. § 126 Abs. 1 Nr. 7 und Nr. 8 UmwG. Wesentlicher Inhalt des Ausgliederungsplans ist auch hier gem. § 126 Nr. 9 iVm. § 126 Abs. 2 UmwG die genaue Bezeichnung des übergehenden Betriebs sowie die genaue Bezeichnung und Aufteilung der übergehenden Gegenstände des Aktiv- und Passivvermögens. Diesbzgl. wird auf A. 15.20 Rz. 73 ff. verwiesen.

Das **Verbot** des § 54 Abs. 4 UmwG, der **bare Zuzahlungen** nur in Höhe von **9** 10% des Nennbetrags der insgesamt gewährten Anteile zulässt, und das Verbot anderer Zuzahlungen **greifen** für die **Ausgliederung nicht** (nach § 125 Satz 1 ist bei der Ausgliederung § 54 UmwG nicht entsprechend anwendbar; vgl. *S/S/Stengel* § 125 UmwG Rz. 10; *W/M/Fronhöfer* § 125 UmwG Rz. 75). Daher ist es möglich, als Gegenleistung neben den neuen Anteilen auch die Einräumung von Darlehen, wie hier im Formular vorgesehen, zu vereinbaren. Zur bilanziellen Behandlung der Ausgliederung s. HFA 1/98 Abschn. 1.2.3, WPg 98, 508.

Die im Zuge der Ausgliederung neugegründete GmbH kann **keine Unterneh-** **10** **mergesellschaft** iSv. § 5a GmbHG sein. Denn bei der Ausgliederung zur Neugründung wird das Stammkapital der GmbH durch Sacheinlage erbracht. Dies ist aber bei einer Unternehmergesellschaft nach § 5a Abs. 2 Satz 2 GmbHG unzulässig. Die neuzugründende GmbH muss demnach ein Stammkapital von mindestens € 25.000,– haben. A als Gründer darf jedoch mehrere Geschäftsanteile übernehmen. Die Nennbeträge der Geschäftsanteile müssen auf volle Euro lauten und in der Summe mit dem Stammkapital übereinstimmen (§ 5 Abs. 2 und 3 GmbHG).

c) Steuerrecht

aa) Ertragsteuern

11   Die Ausgliederung eines Betriebs (oder Teilbetriebs) aus dem Vermögen eines Einzelkaufmanns auf eine hierdurch neugegründete GmbH gem. §§ 123 Abs. 3 Nr. 2, 124 Abs. 1, 152 ff. UmwG) fällt ertragsteuerlich in den Anwendungsbereich der §§ 20, 22, 23 UmwStG. § 20 Abs. 1 UmwStG erfasst die Einbringung eines Betriebs oder Teilbetriebs in eine Kapitalgesellschaft, bei der der Einbringende zumindest teilweise neue Anteile an der aufnehmenden Kapitalgesellschaft erhält (UmwSt-Erl. 2011 BMF v. 11.11.11, BStBl. I 11, 1314, Tz. E 20.09). Bei der Ausgliederung aus einem Einzelunternehmen auf eine neugegründete GmbH besteht ein Teil der Gegenleistung immer in neuen Gesellschaftsrechten an der aufnehmenden GmbH. Es liegt eine **Sacheinlage** vor. Die Gewährung anderer Gegenleistungen neben der Gewährung neuer Anteile führt nicht insgesamt zum Ausschluss der Möglichkeit der Vermeidung der Gewinnrealisierung, sondern nur soweit deren gemeine Werte den steuerlichen **Buchwert des eingebrachten Betriebsvermögens** (wenn dieses zu Buchwerten von der aufnehmenden Kapitalgesellschaft angesetzt wird) übersteigen (§ 20 Abs. 3 Satz 3 und § 20 Abs. 2 Satz 4 UmwStG, vgl. dazu A. 15.80 Rz. 24 und A. 3.02 Rz. 16). Gehören zu dem eingebrachten Betriebsvermögen Mitunternehmeranteile, so handelt es sich hierbei um jeweils gesonderte Einbringungsvorgänge (UmwSt-Erl. 2011 BMF v. 11.11.11, BStBl. I 11, 1314, Tz. 20.12).

12   Das **Wahlrecht** zur **Vermeidung der Gewinnrealisierung** wird faktisch **von der übernehmenden GmbH** durch Ansatz in deren steuerlicher Eröffnungsbilanz gem. § 20 Abs. 2 UmwStG ausgeübt (zur Ausübung des Wahlrechts auf Buchwertfortführung s. auch LFSt Bayern v. 11.11.14, DStR 15, 429 und *Pyszka* DStR 13, 693; zur Frage der Rechtsbehelfsbefugnis zuletzt zusammenfassend *Heidrich* DStR 13, 2671). Mit dem Wert, mit dem die übernehmende GmbH das übernommene Vermögen in ihrer steuerlichen Eröffnungsbilanz ansetzt, gilt das eingebrachte Vermögen für den einbringenden Einzelkaufmann als veräußert und gelten die dafür gewährten Geschäftsanteile als zu diesem Wert angeschafft (§ 20 Abs. 3 Satz 1 UmwStG).

13   Die übernehmende GmbH hat das eingebrachte Betriebsvermögen grds. mit dem gemeinen Wert anzusetzen (§ 20 Abs. 2 Satz 1 UmwStG). Abweichend von Satz 1 kann das übernommene Betriebsvermögen auf Antrag aber auch einheitlich mit dem Buchwert oder einem höheren Wert (höchstens jedoch mit dem gemeinen Wert) angesetzt werden, soweit
- sichergestellt ist, dass es später bei der übernehmenden Körperschaft der Besteuerung mit Körperschaftsteuer unterliegt,
- die Passivposten des eingebrachten Betriebsvermögens die Aktivposten nicht übersteigen; dabei ist das Eigenkapital nicht zu berücksichtigen,
- das Recht der Bundesrepublik Deutschland hinsichtlich der Besteuerung des Gewinns aus der Veräußerung des eingebrachten Betriebsvermögens bei der übernehmenden Gesellschaft nicht ausgeschlossen oder beschränkt wird (§ 20 Abs. 2 Satz 2 UmwStG). Erhält der Einbringende neben den (neuen) Gesellschaftsanteilen aber auch andere Wirtschaftsgüter, deren gemeiner Wert den Buchwert des eingebrachten Betriebsvermögens übersteigt, hat die übernehmende GmbH das eingebrachte Betriebsvermögen mindestens mit dem gemeinen Wert der anderen Wirtschaftsgüter anzusetzen (§ 20 Abs. 2 Satz 4 UmwStG; insoweit also zwingende Gewinnrealisierung; beachte nunmehr aber die Änderungen durch das StÄndG 2015 v. 2.11.15 (BGBl. I 15, 1834).

14   Bzgl. der weiteren Besteuerungsfolgen wird auf A. 15.80 Rz. 21 ff. verwiesen, die für den Fall der Ausgliederung aus dem Vermögen eines Einzelkaufmanns auf eine neugegründete GmbH entsprechend gelten, nämlich insbes. bzgl.
- der steuerlichen Rückbeziehung bis zu max. acht Monate auf Antrag gem. § 20 Abs. 5 iVm. Abs. 6 UmwStG: vgl. A. 15.80 Rz. 35 ff. mit der Besonderheit, dass die

GmbH für steuerliche Zwecke dann bereits zum Ablauf des steuerlichen Übertragungsstichtags rückwirkend als entstanden gilt (zur Frage ob die Rückbeziehung auch noch nach Abgabe der steuerlichen Schlussbilanz beantragt werden kann, vgl. *Pyszka* DStR 13, 1005; ein einmal gestellter Antrag auf Rückbeziehung kann nicht geändert werden, vgl. BFH I R 1/17 v. 19.12.18, BFH/NV 19, 888);

– der **Besteuerung eines Einbringungsgewinns** beim einbringenden Einzelunternehmer: vgl. Formular A. 15.80 Rz. 21;

– werden innerhalb von sieben Jahren nach der Einbringung unter Teilwert Anteile an der aufnehmenden GmbH oder von der aufnehmenden GmbH mit eingebrachte Anteile an Kapitalgesellschaften veräußert (oder einer der sog. Ersatzrealisationstatbestände ausgelöst), kann dies einen Einbringungsgewinn I und II auslösen (§ 22 Abs. 1 und 2 UmwStG; s. auch OFD Ffm v. 22.7.14, BeckVerw 288448). Zwar steht die unentgeltliche Übertragung der erhaltenen Anteile auf eine Kapitalgesellschaft einer (schädlichen) Veräußerung gleich (§ 22 Abs. 1 Satz 6 Nr. 1 UmwStG), die unentgeltliche Übertragung auf sonstige Körperschaften (etwa eine in- oder ausländische Familienstiftung) fällt allerdings unter § 22 Abs. 6 UmwStG, löst also keinen Einbringungsgewinn I aus (*S/H/S/Schmitt* § 22 UmwStG Rz. 75; *D/P/P/M/ Patt* § 22 UmwStG Rz. 40). Allein der Austritt Großbritanniens aus der EU (ohne weiteres Zutun des Anteilseigners) soll allerdings keine Einbringungsgewinn-Besteuerung auslösen (§ 22 Abs. 8 UmwStG i. d. F. nach dem Brexit-StBG v. 25.3.19). Der Einbringungsgewinn I unterliegt nicht der GewSt, selbst wenn nur ein Teil der erhaltenen Anteile veräußert wird (BFH I R 26/18 v. 11.7.19, BFH/ NV 20, 439). Das Gleiche gilt für einen evtl. Einbringungsgewinn II, soweit Anteile an einer mit eingebrachten Kapitalgesellschaft veräußert werden (BFH I R 13/18 v. 11.7.19, BFH/NV 20, 437).

Die Einbringung von Wirtschaftsgütern in eine Kapitalgesellschaft nach § 20 **15** UmwStG stellt regelmäßig keinen Verstoß gegen die **Behaltensregelung** des § 13a **Abs. 5 ErbStG** dar (§ 13a Abs. 5 Nr. 1 Satz 2, 2. Hs. ErbStG; vgl. hierzu auch Koordinierte Ländererlasse v. 22.6.17, BStBl. I 17, 902; vgl. hierzu auch Gleichl. Ländererlasse v. 20.11.13, BStBl. I 13, 1508). Für die weitere Ermittlung der Lohnsumme vgl. Gleichl. Ländererlasse v. 21.11.13, BStBl. I 13, 1510 und jetzt auch Koord. Ländererlasse v. 22.6.17, BStBl. I 17, 902. Soweit für die Einbringung des Betriebsvermögens jedoch eine Gegenleistung in Form anderer Wirtschaftsgüter erbracht wird, liegt allerdings eine nachsteuerschädliche Veräußerung iSd § 13a Abs. 6 S. 1 Nr. 1 S. 1 ErbStG vor (OFD Frankfurt v. 22.6.20, DStR 20, 1921).

(frei) **16, 17**

bb) Verkehrsteuern

aaa) Umsatzsteuer

Die Ausgliederung eines Betriebs oder Teilbetriebs auf eine neugegründete GmbH **18** ist gem. § 1 Abs. 1a UStG dann nicht steuerbar, wenn ein in der Gliederung des übertragenden Unternehmens gesondert geführter Betrieb (im Falle der Teilausgliederung) bzw. der ganze Betrieb auf die übernehmende GmbH übergeht. Dies dürfte immer dann der Fall sein, wenn auch die ertragsteuerlichen Voraussetzungen für einen Teilbetrieb (vgl. UmwSt-Erl. 2011 BMF v. 11.11.11, BStBl. I 11, 1314, Tz. 20.06) vorliegen. Die übernehmende Kapitalgesellschaft tritt uE auf Grund der partiellen Gesamtrechtsnachfolge in die Rechtsstellung der übertragenden Kapitalgesellschaft, insbes. bzgl. der evtl. notwendigen Vorsteuerberichtigungen, ein (jedenfalls aber gem. § 1 Abs. 1a Satz 3 und § 15a Abs. 10 UStG); vgl. iE A. 15.00 Rz. 105 ff.

bbb) Grunderwerbsteuer

Soweit zu den auf die übernehmende Kapitalgesellschaft übertragenen Vermögens- **19** teilen auch Grundstücke oder grundstücksgleiche Rechte gehören, löst die Ausgliederung Grunderwerbsteuer gem. § 1 Abs. 1 Nr. 3 GrEStG aus. Der Steuersatz beträgt in den Bundesländern zwischen 3,5 (Bayern und Sachsen) und 6,5% (Schleswig-Holstein). Besteuerungsbasis ist der sog. steuerliche Bedarfswert der Grundstücke nach § 138 Abs. 2 bis 4 BewG (§ 8 Abs. 2 Nr. 2 GrEStG); vgl. iE A. 15.00 Rz. 115 ff. Zu verfassungsrechtlichen Bedenken gegen die Bedarfsbewertung für Grunderwerbsteuerzwecke, vgl. BFH II R 64/08 v. 27.5.09, BStBl. II 09, 856, Bescheide ergehen insoweit nur noch vorläufig, Gleichl. Ländererlasse v. 17.6.11, BStBl. I 11, 575; beachte nunmehr: BVerfG 1 BvL 13/11, 1 BvL 14/11 v. 23.6.15, DStR 15, 1678 und hierzu OFD NRW v. 24.7.15, BeckVerw 313036. Mit StÄndG 2015 v. 2.11.15 (BGBl. I 15, 1834) ist der Verweis in § 8 Abs. 2 GrEStG dahingehend geändert worden, dass nunmehr die sog. **Erbschaftsteuerwerte** Ersatzbemessungsgrundlage sind. Die Neuregelung ist auf alle Erwerbsvorgänge nach dem 31.12.08 anzuwenden (vgl. Gleichl. Ländererlasse v. 16.12.15, BStBl. I 15, 1082; *Loose* DB 16, 75; *Schade* DStR 16, 657). Grunderwerbsteuer kann auch ausgelöst werden, wenn zu dem eingebrachten Einzelunternehmen Anteile an grundbesitzenden Kapital- oder Personengesellschaften gehören (§ 1 Abs. 2a und 3 GrEStG). Hinweis auch auf § 1 Abs. 3a und mögliche Steuervergünstigung nach § 6a GrEStG idF des AmtshilfeRLUmsG v. 26.6.13 (BGBl. I 13, 1809); hierzu Gleichl. Ländererlasse v. 9.10.13, BStBl. I 13, 1364 und BStBl. I 13, 1375; *Behrens* DStR 13, 2726. Aufgrund der neuen, sehr weiten Auslegung der Regelung durch den BFH ist jeweils auch zu prüfen, ob eine Vergünstigung nach § 6a GrEStG in Betracht kommt (zur BFH-Rspr. *Loose* DB 20, 919).

2. Einzelerläuterungen

20 Der Ausgliederungsplan ist durch den ausgliedernden Einzelkaufmann A abzugeben, aus dessen Vermögen die auszugliedernden Teile seines Vermögens übertragen werden sollen. Der Ausgliederungsplan wird als einseitige Erklärung mit dessen **notarieller Beurkundung** (§ 6 iVm. § 125 UmwG) wirksam (*W/M/Mayer* § 152 UmwG Rz. 94 ff.). Eines Zustimmungsbeschlusses bedarf es im Fall der Ausgliederung auf eine dadurch neugegründete GmbH nicht, weil der ausgliedernde Einzelunternehmer mit der Wirksamkeit der Ausgliederung Alleingesellschafter der neugegründeten übernehmenden GmbH wird. Ein Zustimmungsbeschluss ist aber bei der Ausgliederung im Wege der Aufnahme durch einen bestehenden Rechtsträger wegen der Notwendigkeit der Zustimmung der bisherigen Gesellschafter des übernehmenden Rechtsträgers erforderlich.

21 Die Angaben im Ausgliederungsplan entsprechen denjenigen eines Spaltungsplans (§ 136 UmwG) bzw. eines Ausgliederungs- und Übernahmevertrags gem. § 126 UmwG (§§ 126, 136 iVm. § 135 Abs. 1 UmwG, da die §§ 152–160 UmwG diesbezüglich keine anderen Regelungen enthalten). Die **Angaben zum Umtauschverhältnis** gem. § 126 Abs. 1 Nr. 2 und Nr. 10 UmwG sowie die Angaben zu besonderen Vorteilen und Sonderrechten iSv. § 126 Abs. 1 Nr. 7 und Nr. 8 UmwG **entfallen** bei der Ausgliederung auf eine neugegründete GmbH. Nachfolgend werden nur Besonderheiten der Ausgliederung auf eine neugegründete GmbH angesprochen. Hinsichtlich der Erläuterung zum übrigen Mindestinhalt wird auf A. 15.20 Rz. 70 ff. verwiesen.

Zu § 1: Bezeichnung der an der Ausgliederung beteiligten Rechtsträger mit Neugründung A-GmbH und Geschäftsführerbestellung

22 Die Notwendigkeit der Bezeichnung der an der Ausgliederung beteiligten Rechtsträger ergibt sich aus § 126 Abs. 1 Nr. 1 UmwG. Für den übernehmenden und neugegründeten Rechtsträger A-GmbH ist der Gesellschaftsvertrag mit zu beurkunden. Wegen der Sachgründung hat die Bestimmung zum Stammkapital und zu den Stammeinlagen auch die Einzelheiten der Erbringung der Sacheinlagen zu enthalten (neben Stammeinlage die Person des Gesellschafters, der die Sacheinlage erbringen muss, Gegenstand der Sacheinlage sowie Wert, mit dem die Sacheinlage auf die Stammeinlage angerechnet wird). Zu einem Formulierungsvorschlag s. am Ende des Formulars A. 15.30.

Zweckmäßigerweise erfolgt im Ausgliederungsplan auch die Bestellung des Ge- **23** schäftsführers der A-GmbH (notwendig wegen der Verpflichtung der Anmeldung gem. § 160 Abs. 1 UmwG durch den Einzelkaufmann und sämtliche Geschäftsführer der neuen Gesellschaft) sowie dessen Befreiung von den Beschränkungen des § 181 BGB.

Zu § 2: Übertragung von Vermögensgegenständen

§ 2 enthält die Ausgliederungserklärung des Einzelkaufmanns A (vgl. *W/M/Mayer* **24** § 152 UmwG Rz. 94). Vergleiche dazu die eingehenden Erläuterungen in A. 15.20 Rz. 73 ff.

Zu § 3: Gegenleistung

Die Notwendigkeit der Bestimmung der Gegenleistung ergibt sich aus § 126 Abs. 1 **25** Nr. 2, Nr. 3, Nr. 4, Nr. 5 und Nr. 10 UmwG. Im vorliegenden Fall besteht die Gegenleistung nur zum Teil in den Geschäftsanteilen an der neugegründeten A-GmbH. Da das Verbot der Gewährung anderer Leistungen als **barer Zuzahlungen** und deren Begrenzung auf 10% des Nennbetrags der insgesamt gewährten Anteile gem. § 54 Abs. 4 UmwG für den Fall der Ausgliederung nicht gilt (nach § 125 Satz 1 UmwG ist bei der Ausgliederung § 54 UmwG nicht anwendbar), ist es möglich, darüber hinaus auch **andere Gegenleistungen** zu vereinbaren. Hierzu ist im Formular die Einräumung einer Forderung vorgesehen (*W/M/Mayer* § 152 UmwG Rz. 102). Die Begründung einer Forderung ist auch ertragsteuerlich insoweit ohne Gewinnrealisierung möglich, als diese das steuerliche Kapitalkonto des Einbringenden (bzgl der auf die A-GmbH im Rahmen der Ausgliederung übertragenen Vermögensgegenstände) nicht übersteigt, vgl. § 20 Abs. 4 Satz 2 UmwStG (vgl. A. 3.02 Rz. 16 und A. 15.80 Rz. 24). Die vorgesehene Verzinsungsregelung ist auch steuerrechtlich nicht mit Rückwirkung zum Ausgliederungsstichtag, sondern erst ab Eintragung der Ausgliederung im Register des übertragenden Rechtsträger mit steuerrechtlicher Wirkung möglich.

Falls neben den Geschäftsanteilen an der neugegründeten A-GmbH keine andere **26** Gegenleistung vereinbart werden soll, empfiehlt sich gleichwohl die alternativ im Formular angegebene Formulierung, wonach ein höherer Ausgabebetrag in dem Beschluss festgesetzt wird, der Mehrbetrag als Agio geschuldet wird und in die **Kapitalrücklage** gem. § 272 Abs. 2 Nr. 1 HGB einzustellen ist. Dies ermöglicht den Ansatz des übertragenen Vermögens bei der A-GmbH auch handelsrechtlich mit einem über den bisherigen Buchwerten liegenden Wert (§ 24 iVm. § 125 UmwG), während gleichwohl steuerrechtlich durch Bildung eines steuerlichen **Ausgleichspostens** iSd. § 20 Abs. 2 Satz 2 UmwStG die bisherigen steuerlichen Buchwerte fortgeführt werden können (vgl. A. 15.80 Rz. 21 und 32 ff.).

Vorsorglich für den Fall, dass der Wert des eingebrachten Vermögens im Zeitpunkt **27** der Eintragung im Handelsregister die übernommene Stammeinlage nicht erreichen sollte, wird zur Vermeidung der **Differenzhaftung** gem. § 9 GmbHG empfohlen, dass die Einräumung sonstiger Gegenleistungen bzw. die Vereinbarung eines Agios entfällt und der Differenzbetrag durch den Gründungsgesellschafter A in bar auszugleichen ist (vgl. *W/M/Mayer* § 152 UmwG Rz. 112 und Rz. 117). Die Differenzhaftung bei der GmbH erstreckt sich nämlich nur auf die Stammeinlage, erfasst jedoch nicht das Agio (BGH II ZR 149/10 v. 6.12.11, DStR 12, 251). Die Kombination von Sacheinlagen und Bareinlagen (sog. Mischeinlage) ist zulässig (*W/M/Mayer* § 152 UmwG Rz. 112).

Zu § 4: Ausgliederungsstichtag

28   Die Angabe des Zeitpunkts, von dem ab die Handlungen des übertragenden Rechtsträgers als für Rechnung des neu entstehenden übernehmenden Rechtsträgers vorgenommen gelten **(Spaltungsstichtag)**, ist gem. § 126 Abs. 1 Nr. 6 UmwG erforderlich (vgl. dazu A. 15.20 Rz. 84 sowie A. 15.00 Rz. 16 ff.).

Zu § 5: Grundbucherklärungen

29   Zu eventuell notwendigen Grundbucherklärungen sowie Teilungsgenehmigungen s. *W/M/Mayer,* Anh. 4, Mustersatz 12, M 80, Abschn. III und § 126 UmwG Rz. 214.

Zu § 6: Folgen der Ausgliederung für die Arbeitnehmer und ihre Vertretungen

30   Vgl. dazu A. 15.60 Rz. 34 und das dort in § 3 des Verschmelzungsvertrags enthaltene ausführliche Muster sowie *Lutter/Priester* § 126 UmwG Rz. 57 ff.; *Wlotzke* DB 95, 40 ff. Bei einer Ausgliederung nur eines Unternehmensteils ist das Übergangsmandat des Betriebsrats gem. § 321 UmwG zu beachten. Zur **Unterrichtungspflicht** nach § 613a Abs. 5 BGB vgl. Ausführungen unter A. 12 Rz. 36 ff. und zu sonstigen individual- und kollektivrechtlichen Folgen *Engl/Ebener* A. 1 Rz. 150 f. und 155 ff. Die Mitbestimmungsbeibehaltungsregelung des § 325 UmwG kommt bei der Ausgliederung aus dem Vermögen eines Einzelkaufmanns nicht in Betracht.

Zu § 7: Sicherheitsleistungen

31   Siehe A. 15.20 Rz. 88 ff.

Zu § 8: Kosten, Gebühren und Gründungsaufwand A-GmbH

32   Die Übernahme des Gründungsaufwandes zu Lasten der Gesellschaft bedarf der statutarischen Festsetzung. Dies ergibt sich mittelbar aus dem Wortlaut der §§ 9a, 9a, 82 Abs. 1 Nr. 1 GmbHG. Der Gesellschaftsvertrag muss danach unter Angabe des Gesamtbetrags regeln, ob und in welcher Höhe die Gesellschaft den Gründungsaufwand tragen soll (BGH II ZB 10/88 v. 20.2.89, NJW 89, 1610; OLG Hamm 15 W 294/83 v. 27.10.83, BB 84, 87, 88; OLG Düsseldorf 3 Wx 60/86 v. 28.2.86, GmbHR 87, 59). Die bloße Angabe der Kostenarten ohne betragsmäßige Festsetzung genügt nicht (BGH II ZB 10/88 v. 20.2.89, NJW 89, 1610). Die Regelung ist auch zur Vermeidung einer verdeckten Gewinnausschüttung der übernehmenden A-GmbH notwendig.

Erläuterungen zu A. 15.30a Schreiben an den Betriebsrat

---

33   Besteht bei dem Unternehmen des übertragenden Einzelkaufmanns ein Betriebsrat, ist diesem in entsprechender Anwendung von § 126 Abs. 3 (iVm. § 135 Abs. 1) UmwG der Entwurf des Ausgliederungsplans zuzuleiten. Besteht kein Betriebsrat, entfällt diese Verpflichtung. § 126 Abs. 3 UmwG verlangt die Zuleitung spätestens einen Monat vor dem Tag der Versammlung der Anteilsinhaber jedes beteiligten Rechtsträgers, die gem. § 125 iVm. § 13 Abs. 1 UmwG über die Zustimmung zum Spaltungs- und Übernahmevertrag beschließen soll. Da bei der Ausgliederung aus dem Vermögen eines Einzelkaufmanns auf eine dadurch neugegründete GmbH ein Zustimmungsbeschluss einer Gesellschafterversammlung aber gar nicht erfolgt (s. Rz. 7 und 20), sondern vielmehr der Ausgliederungsplan mit notarieller Beurkundung wirksam wird (vgl. *W/M/Mayer* § 152 UmwG Rz. 6, 20 und 96; *Lutter/Karollus* § 158 UmwG Rz. 10), ist uE der Entwurf des Ausgliederungsplans spätestens **einen Monat vor**

dem Tag der notariellen Beurkundung des Ausgliederungsplans dem Betriebsrat zuzuleiten. Darüber hinaus kann nach überwiegender Ansicht in der Literatur der Betriebsrat auf die Einhaltung der Monatsfrist des § 126 Abs. 3 UmwG und damit auf die Rechtzeitigkeit der Zuleitung gem. § 17 Abs. 1 UmwG verzichten. Zur Begründung dieser Ansicht vgl. A. 15.10 Rz. 65. Zweckmäßigerweise wird eine solche Verzichtserklärung dann bereits in die Anschreiben an die Betriebsräte und die Bestätigung durch diese integriert.

Die Bestätigung des Erhalts und die Zurücksendung an den ausgliedernden Einzel- **34** kaufmann wird wegen der durch diesen (und sämtlicher Geschäftsführer der neugegründeten GmbH) vorzunehmenden Anmeldung des neuen Rechtsträgers (§ 137 Abs. 1 iVm. § 160 Abs. 1) und der von ihm allein vorzunehmenden Anmeldung beim Register des übertragenden Einzelkaufmanns (§ 137 Abs. 2 UmwG) empfohlen. Da der Nachweis für die rechtzeitige Zuleitung im Rahmen beider Registeranmeldungen gem. §§ 17 Abs. 1 iVm. 125 UmwG abzugeben ist, empfiehlt sich das vorgeschlagene in zweifacher Ausfertigung zu bestätigende Anschreiben.

Erläuterungen zu A. 15.30b Sachgründungsbericht

Die Notwendigkeit des Sachgründungsberichts ergibt sich aus § 5 Abs. 4 GmbHG **35** (zu dem notwendigen Inhalt vgl. A. 3.05 Rz. 27). Der Sachgründungsbericht ist nicht Teil des Gesellschaftsvertrags und daher nicht zu beurkunden. Er bedarf aber der Schriftform (*Baumbach/Hueck* § 5 GmbHG Rz. 54). Zusätzlich ist gem. §§ 58 Abs. 1 iVm. 159 Abs. 1 UmwG bei einer Ausgliederung auf eine neugegründete GmbH auch der aktuelle Geschäftsverlauf und die Lage des übertragenden Rechtsträgers (hier übertragender Einzelkaufmann) darzulegen. Der Inhalt dürfte weitgehend einem **Lagebericht iSv. § 289 HGB** entsprechen, wonach der Geschäftsverlauf und die Lage der Gesellschaft so darzustellen sind, dass ein den tatsächlichen Verhältnissen entsprechendes Bild vermittelt wird; in entsprechender Anwendung von § 289 Abs. 2 HGB sollte der Lagebericht auch auf Vorgänge von besonderer Bedeutung eingehen, die bis zur Erstellung des Sachgründungsberichts eingetreten sind und über die voraussichtliche zukünftige Geschäftsentwicklung sowie über den Bereich Forschung und Entwicklung (falls vorhanden) berichten.

Erläuterungen zu A. 15.30c Handelsregisteranmeldung der neu gegründeten A-GmbH

Die Anmeldung der neugegründeten A-GmbH ist gem. § 160 Abs. 1 iVm. § 137 **36** Abs. 1 UmwG von dem übertragenden Einzelkaufmann und sämtlichen Geschäftsführern der neuen Gesellschaft vorzunehmen. Anzumelden ist die Neugründung, und zwar als Sachgründung unter Vorlage einer Ausfertigung oder einer beglaubigten Abschrift des Ausgliederungsplans, des Sachgründungsberichts (gem. § 5 Abs. 4 GmbHG und § 58 Abs. 1 iVm. § 159 Abs. 1 UmwG) sowie der Wertnachweisunterlagen iSd. § 8 Abs. 1 Nr. 5 GmbHG (zum Teil in der Anlage B = Schlussbilanz und C 1 = Ausgliederungsübersicht zum Ausgliederungsplan, zum Teil in den Anlagen zum Sachgründungsbericht enthalten); ferner wird zum Nachweis des Nichtvorliegens des Eintragungshindernisses gem. §§ 160 Abs. 2, 152 Satz 2 UmwG (Ausschluss der Überschuldung) eine in entsprechender Anwendung von § 159 Abs. 3 UmwG erstellte Vermögensaufstellung des übertragenden Einzelkaufmanns empfohlen (obwohl diese nur im Falle der Gründung einer Aktiengesellschaft oder Kommanditgesellschaft auf Aktien gem. §§ 159 Abs. 2 und 3 UmwG vorgeschrieben ist).

Die zur Beurteilung der Angemessenheit der Sacheinlage in Bezug auf die über- **37** nommene Stammeinlage notwendigen **Wertangaben** zu den nach Maßgabe des

Ausgliederungsplans auf die GmbH übertragenen Vermögensgegenständen sind möglichst detailliert zu machen. Denn die Prüfungspflicht des Registerrichters erstreckt sich auch auf die **Werthaltigkeit der Sacheinlage.** Nach der Änderung des § 9c Abs. 1 GmbHG durch das MoMiG v. 23.10.08 (BGBl. I 08, 2026) hat der Registerrichter aber nur noch zu prüfen, ob die Sacheinlage **„nicht unwesentlich überbewertet"** ist. Eine umfassende Prüfung der Werthaltigkeit soll nur bei begründeten Zweifeln an der Bewertung erfolgen, dh. wenn eine wesentliche Überbewertung zu vermuten ist. Wann die Abweichung zwischen dem Wert der Sacheinlage und dem Ausgabebetrag für die übernommenen Geschäftsanteile wesentlich ist, liegt im pflichtgemäßen Ermessen des Registerrichters. Er wird dabei auch einen strengen Maßstab anlegen dürfen (vgl. *Spindler/Stilz/Döbereiner* § 38 AktG Rz. 9 hinsichtlich des ähnlichen Wortlauts bei der AG). Bestehen allerdings keine Anhaltspunkte für eine Überbewertung, soll das Gericht auch keine Ausforschungsermittlung einleiten dürfen, ob denn zB eine wesentliche Überbewertung der Sacheinlage vorliegt oder überhaupt keine Geldleistungen erbracht worden sind (*Böhringer* BWNotZ 08, 104, 108). Es empfiehlt sich vorerst weiterhin, sämtliche Positionen der Ausgliederungsbilanz zu erläutern. Vorgeschlagen wird ferner, die Ausgliederungsbilanz mit einer **Bescheinigung** eines Steuerberaters bzw. Wirtschaftsprüfers über die Wertansätze wie folgt versehen zu lassen: „Ich, der unterzeichnende WP/StB, bescheinige hiermit, dass die Wertansätze in der vorstehenden Ausgliederungsbilanz den gesetzlichen Vorschriften entsprechen und insbes. die Aktiva nicht über- und die Passiva nicht unterbewertet sind."

38   Der Nachweis der **rechtzeitigen Zuleitung** bzw. bei Verzicht auf die Rechtzeitigkeit nur der Nachweis der Zuleitung des Entwurfs des Ausgliederungsplans **an** einen evtl. bestehenden **Betriebsrat** des übertragenden Einzelkaufmanns ergibt sich aus § 17 Abs. 1 iVm. § 125 UmwG (s. Rz. 7, 33).

39   Die übrigen Anlagen und Versicherungen ergeben sich aus der Neuanmeldung der Gesellschaft mit Vertretungsbefugnis und der bestellten Geschäftsführer.

> **Erläuterungen zu A. 15.30d Handelsregisteranmeldung des übertragenden Einzelkaufmanns**

40   Die Anmeldung ist von dem übertragenden Einzelkaufmann gem. § 137 Abs. 1 UmwG selbst vorzunehmen. Bezüglich der Anlagen gilt § 17 Abs. 1 und 2 iVm. § 125 UmwG (beglaubigte Abschrift oder Niederschrift des notariell beurkundeten Ausgliederungsplans, Nachweis über die rechtzeitige Zuleitung des Entwurfs des Ausgliederungsplans an den Betriebsrat des übertragenden Einzelkaufmanns, Schlussbilanz des übertragenden Einzelkaufmanns). Für die Schlussbilanz gilt § 17 Abs. 2 UmwG und damit die Acht-Monats-Frist. Zur Wahrung der Frist sind sämtliche Unterlagen vorzulegen, die die Wirksamkeit des Umwandlungsvorgangs als solchen betreffen, somit wenigstens der Vertrag und die Umwandlungsbeschlüsse. Andere fehlende Unterlagen können auch nach Fristablauf nachgereicht werden (OLG Brandenburg 7 W 86/17 v. 5.2.18, BeckRS 2018, 4269). Darüber hinaus wird zum Nachweis des Nichtvorliegens der Überschuldung des Einzelkaufmanns (Eintragungshindernis gem. § 152 Satz 2 und § 160 Abs. 2 UmwG) empfohlen, in entsprechender Anwendung von § 159 Abs. 3 UmwG eine Vermögensaufstellung vorzulegen, aus der sich ergibt, dass dessen Verbindlichkeiten die Aktiva nicht übersteigen (obwohl die Vermögensaufstellung nur bei Gründung einer Aktiengesellschaft oder Kommanditgesellschaft auf Aktien gem. § 159 Abs. 2 und Abs. 3 UmwG aufzustellen und vorzulegen ist, s. Rz. 36). Da die Firma von der A-GmbH fortgeführt wird, wird die Eintragung des Einzelkaufmanns mit der Firma im Handelsregister durch Rötung gelöscht (*S/St/Maier-Reimer* § 155 UmwG Rz. 5).

A. 15.40 Formwechsel: Umwandlung einer Kommanditgesellschaft in GmbH

Gliederung

I. FORMULARE

Formular A. 15.40 Formwechselbeschluss

Beschluss zur formwechselnden Umwandlung (Formwechselbeschluss)

Heute, den ......, erschienen vor mir, ..., Notar in ......, in meinen Amtsräumen in ......

1. Herr A ...... [Beruf/Wohn- bzw. Geschäftsadresse] und

2. Herr B ...... [Beruf/Wohn- bzw. Geschäftsadresse].

Die Erschienenen baten um notarielle Beurkundung einer Gesellschafterversammlung mit Beschluss zur Umwandlung einer KG in eine GmbH (Formwechselbeschluss) gem. §§ 190 ff., 214 ff. UmwG:

Präambel

(1) Die Erschienenen sind die alleinigen Gesellschafter der im Handelsregister des Amtsgerichts ...... unter HRA ...... eingetragenen Kommanditgesellschaft mit der Firma „A-KG" mit Sitz in ...... (nachfolgend A-KG), welche in ...... die Herstellung von ...... und den Handel mit ...... betreibt.

(2) Herr A ist deren alleiniger Komplementär mit einem festen Kapitalkonto von € 90.000,–, einer Gewinn- und Verlustbeteiligung von 90 % sowie einem Stimmrecht in der Gesellschafterversammlung mit 90 von insgesamt 100 Stimmen.

(3) Herr B ist deren alleiniger Kommanditist mit einer voll erbrachten und nicht zurückgezahlten Einlage (= Hafteinlage) von € 10.000,– (festes Kapitalkonto), einer Gewinn- und Verlustbeteiligung von 10 % sowie einem Stimmrecht in der Gesellschafterversammlung mit 10 von insgesamt 100 Stimmen. Darüber hinaus ist Herr B seit ...... im Innenverhältnis neben Herrn A zur Geschäftsführung berechtigt und als Prokurist mit Einzelvertretungsbefugnis wirksam bestellt.

(4) Aufgrund der Expansionspolitik des Herrn B seit dem Beginn seiner Geschäftsführung und den damit einhergehenden Risiken möchte Herr A für die zukünftig dar-

aus entstehenden Verbindlichkeiten seine persönliche Haftung ausschließen. Herr A hat daher auf Grundlage des Gesellschaftsvertrags der A-KG mit Schreiben vom ...... schriftlich zu einer außerordentlichen Gesellschafterversammlung mit dem einzigen Tagesordnungspunkt „Beschluss über den Formwechsel der A-KG in die A-GmbH gem. §§ 190 ff. UmwG" geladen. Er hat dieser Ladung keinen Umwandlungsbericht beigefügt und hat auch von der Anfertigung eines solchen abgesehen, weil Herr B im Innenverhältnis gleichfalls zur Geschäftsführung berechtigt ist (§§ 215 und 216 UmwG); er hat deshalb auch von der Übersendung eines Abfindungsangebots nach § 207 iVm. § 30 UmwG zusammen mit der Einladung gem. § 216 UmwG abgesehen, Herrn B aber anderweitig vollumfänglich von seinen Überlegungen unterrichtet.

§ 1 Gesellschafterversammlung

(1) Die Erschienenen erklären, eine außerordentliche Gesellschafterversammlung der A-KG abzuhalten. Deren form- und fristgerechte Ladung wird einvernehmlich von den Erschienenen festgestellt. Die Erschienenen bestätigen hiermit, dass die Erstellung und Übersendung eines Umwandlungsberichts iSv. § 192 UmwG gem. § 215 UmwG nicht notwendig und die Übersendung eines Abfindungsangebots nach § 207 UmwG gem. § 216 UmwG zusammen mit der Einberufung nicht erforderlich ist, da alle Gesellschafter der formwechselnden A-KG zur Geschäftsführung berechtigt sind.

(2) Die Erschienenen stellen weiter fest, dass auf Grund § ...... des Gesellschaftsvertrags der A-KG der Beschluss über den Formwechsel mit 90 von 100 Stimmen gefasst werden kann und damit eine Mehrheitsentscheidung mit mindestens 90/100 Stimmen gem. § 217 Abs. 1 Sätze 2 und 3 UmwG möglich ist. Allerdings folgt aus der entsprechenden Anwendung von § 193 Abs. 2 UmwG auf die Mitgliedschaft in der A-KG, dass der Umwandlungsbeschluss zu seiner Wirksamkeit der Zustimmung aller Gesellschafter bedürfe. Dies ergibt sich daraus, dass die Übertragbarkeit der Mitgliedschaft in Personenhandelsgesellschaften generell nur mit Zustimmung aller jeweiligen Mitgesellschafter möglich sei. Da auch der Gesellschaftsvertrag der A-KG keine hiervon abweichende Bestimmung enthält, kann der Formwechselbeschluss auf Grund § 193 Abs. 2 UmwG trotz der im Gesellschaftsvertrag vorgesehenen ausreichenden Mehrheit von 90 % der Stimmen nur mit Zustimmung des Kommanditisten Herrn B wirksam gefasst werden.

(3) Herr A erklärt, dass er vorab als Berechtigter darauf verzichtet, dass der formwechselnde Rechtsträger ihm für den Fall seines Widerspruchs zur Niederschrift gegen den Umwandlungsbeschluss den Erwerb seiner umgewandelten Geschäftsanteile an der GmbH gegen eine angemessene Barabfindung gem. § 207 UmwG anzubieten habe. Er erläutert zu dieser Verzichtserklärung, dass dieses Barabfindungsangebot leerlaufen würde, da ohne seine Zustimmung zum Formwechselbeschluss dieser ohnehin nicht wirksam würde und er ja gerade die Fassung des Beschlusses zur zukünftigen Begrenzung seiner Haftung wolle. Herr A regt daher an, dass der Kommanditist Herr B ebenfalls seinen Verzicht auf sein Recht, ein Angebot zur Barabfindung gem. § 207 UmwG im Rahmen des Formwechselbeschlusses von dem formwechselnden Rechtsträger zu erhalten, erklären möge.

(4) Herr B lehnt diesen Verzicht ausdrücklich ab. Er erläutert hierzu: Die derzeitige Situation, in der er auf Grund seiner Kommanditistenstellung nur beschränkt, aber Herr A auf Grund seiner Komplementärstellung unbeschränkt mit seinem gesamten Privatvermögen hafte, erlaube ihm gerade die seit seinem Eintritt in die Geschäftsführung von ihm betriebene expansive Geschäftspolitik. Er sei aber durchaus bereit, der Umwandlung in die A-GmbH nicht im Wege zu stehen und, wenn er von der Angemessenheit des Angebots überzeugt sei, auf sein Recht, die Prüfung der Angemessenheit des Barabfindungsangebots gem. §§ 225, 217 Abs. 1 Satz 2, 208 iVm. § 30

Abs. 2 UmwG zu verlangen, zu verzichten, um der Gesellschaft Kosten zu sparen und eine weitere Zeitverzögerung zu vermeiden.

Dies vorausgeschickt, werden zur Vorbereitung der Beschlussfassung die folgenden Beschlussanträge gestellt:

§ 2 Beschlussanträge über den Formwechsel (Umwandlungsbeschluss)

(1) Die A-KG wird durch Formwechsel in eine Gesellschaft mit beschränkter Haftung unter der neuen Firma A-GmbH mit Sitz in ...... umgewandelt. Für die A-GmbH gilt der in der Anlage dieser Urkunde beigefügte Gesellschaftsvertrag, der mit verlesen wird. Zu jeweils einzelvertretungsberechtigten Geschäftsführern der A-GmbH werden bestellt: Herr A ...... *[Beruf/Wohn- bzw. Geschäftsadresse]* und Herr B ...... *[Beruf/Wohn- bzw. Geschäftsadresse]*. Die Herren A und B werden von den Beschränkungen des § 181 BGB befreit.

(2) An die Stelle der bisherigen gesamthänderischen Mitgliedschaften in der A-KG treten in der GmbH die Geschäftsanteile nach folgenden Maßgaben:

– Die A-GmbH wird mit einem Stammkapital von € 100.000,– gegründet. Der Ausgabepreis der neuen Geschäftsanteile wird auf € 200.000,– festgesetzt. Der Differenzbetrag ist als Agio gem. § 272 Abs. 2 Nr. 1 HGB in die Kapitalrücklage einzustellen.

– Herr A übernimmt 90.000 Geschäftsanteile im Nennbetrag von jeweils € 1,– zu einem Ausgabepreis von € 2,– je übernommenen Geschäftsanteil. Die von Herrn A übernommenen Geschäftsanteile tragen die laufenden Nummern 1 bis 90.000. Herr B übernimmt 10.000 Geschäftsanteile im Nennbetrag von jeweils € 1,– zu einem Ausgabepreis von € 2,– je übernommenen Geschäftsanteil. Die von Herrn B übernommenen Geschäftsanteile tragen die laufenden Nummern 90.001 bis 100.000.

– Die Kapitalkonten in der A-KG werden jeweils im Nennbetrag auf die übernommenen Geschäftsanteile und auf die Kapitalrücklagen angerechnet.

– Die Geschäftsanteile an der A-GmbH berechtigen zu einem Gewinnbezugsrecht ab 1.1.02.

– Die A-GmbH verpflichtet sich in ihrer gem. § 20 Abs. 2 Satz 2 iVm. § 25 Satz 1 UmwStG zu erstellenden Steuerbilanz das Vermögen der A-KG mit den bisherigen steuerlichen Buchwerten anzusetzen.

(3) Besondere Rechte iSv. § 194 Abs. 1 Nr. 5 UmwG bestehen nicht, daher sind diesbezüglich auch keine Regelungen zu treffen.

(4) Die A-GmbH macht Herrn B folgendes Abfindungsangebot gem. § 207 UmwG: Für den Fall der Erklärung des Widerspruchs des Herrn B zur Niederschrift zu dem Beschluss über den Formwechsel bietet die A-GmbH Herrn B den Erwerb seiner Geschäftsanteile mit den laufenden Nummern 90.001 bis 100.000 zu einem Preis von insgesamt € 20.000,– an. Dieses Angebot kann von Herrn B teilweise oder insgesamt nur innerhalb von zwei Monaten nach dem Tag angenommen werden, an dem die Eintragung der A-GmbH in das Handelsregister des Amtsgerichts ...... nach § 201 Satz 2 UmwG als bekannt gemacht gilt (§ 209 Satz 1 UmwG). Herrn B wird dieses Abfindungsangebot gem. § 194 Abs. 1 Nr. 6 UmwG im Rahmen des Umwandlungsbeschlusses unterbreitet, obwohl die Umwandlung nur mit seiner Zustimmung beschlossen werden kann (§ 193 Abs. 2 UmwG); es wird Herrn B aber freigestellt, trotz seiner Zustimmung zum Umwandlungsbeschluss hiergegen im Anschluss Widerspruch zu erheben, um die Möglichkeit der Annahme des Barabfindungsangebots zu haben.

(5) Für die Arbeitnehmer der A-KG ergeben sich durch den Formwechsel mit Ausnahme der Änderung des Direktionsrechts, das zukünftig durch die vorstehend be-

stellten Geschäftsführer der A-GmbH ausgeübt wird, keine Änderungen. Ein Betriebsübergang iSv. § 613a Abs. 1 BGB liegt nicht vor. Der bisher bestehende Betriebsrat bleibt weiter im Amt. Aufgrund der Zahl der Arbeitnehmer von weit unter 500 liegen die Voraussetzungen für die Bildung von Mitbestimmungsorganen zukünftig nicht vor.

§ 3 Abstimmung

Über den vorstehend in § 2 zur Abstimmung gestellten Umwandlungsbeschluss wird sodann insgesamt wie folgt abgestimmt:

(1) Für den Umwandlungsbeschluss stimmten Herr A mit 90 Stimmen und Herr B mit 10 Stimmen. Der Umwandlungsbeschluss ist damit mit allen 100 Stimmen der Gesellschafterversammlung der A-KG gefasst.

(2) Sodann erklärt Herr B aber seinen Widerspruch zu diesem Beschluss. Er erklärt, der Widerspruch beziehe sich nicht auf die vorstehende Zustimmung, sondern bezweckt ausschließlich die Sicherung seines Rechts, das in § 2 Abs. 4 enthaltene Barabfindungsangebot innerhalb der Frist des § 209 UmwG annehmen zu können. Herr A akzeptiert diesen Widerspruch und erklärt, dass hierin keine Verletzung der Treuepflicht und kein widersprüchliches Verhalten liegen.

§ 4 Verzichtserklärungen

(1) Herr B erklärt, auf sein Recht, die Angemessenheit der angebotenen Barabfindung durch einen Prüfer überprüfen zu lassen, gem. § 30 Abs. 2 Satz 2 iVm. § 225 UmwG zu verzichten.

(2) Die Herren A und B erklären, auf Ihr Recht, die Wirksamkeit der vorstehend gefassten Beschlüsse anzufechten oder Klage gegen die Wirksamkeit des Umwandlungsbeschlusses nach § 195 UmwG zu erheben, hiermit jeweils ausdrücklich und unwiderruflich zu verzichten.

§ 5 Kosten

Die Kosten dieser Urkunde und ihres Vollzugs trägt bis zu dem voraussichtlichen Betrag von € ......,– die A-KG bzw. die A-GmbH, je nach dem, wann diese Kosten fällig werden, darüber hinaus die Gesellschafter A und B im Verhältnis 9 : 1.

§ 6 Belehrungen des Notars

......

Vorgelesen vom Notar, von den Beteiligten genehmigt und eigenhändig unterschrieben:

....
[Herr A]   [Herr B]

Anlage:

Gesellschaftsvertrag der A-GmbH (Ergänzung der Bestimmung über Stammkapital/Geschäftsanteile wegen Sachgründung *[im Formular A. 15.30 bzw. A. 3.05]*: „Die Gesellschafter leisten ihre Stammeinlage durch formwechselnde Umwandlung der A-KG mit Sitz in ...... auf die Gesellschaft gem. Umwandlungsbeschluss vom ...... (Urkunde-Nr. ...... des Notars ...... in ......). Die Kapitalkonten der Gesellschafter werden jeweils mit dem Nennwert auf die Geschäftsanteile angerechnet, das Agio wird durch die stillen Reserven gedeckt."

Sachgründungsbericht gem. § 5 Abs. 4 GmbHG
und § 220 Abs. 2 UmwG

Wir, die beiden Gründungsgesellschafter iSv. §§ 219, 197 UmwG der durch Umwandlungsbeschluss (Formwechselbeschluss) der Gesellschafterversammlung der A-KG mit Sitz in ...... (Rechtsträger bisheriger Rechtsform) in die A-GmbH mit Sitz in ...... als Rechtsträger neuer Rechtsform (nachfolgend Gesellschaft) umgewandelten Gesellschaft, geben gem. § 5 Abs. 4 GmbHG zur Angemessenheit der Leistung für die im Gesellschaftsvertrag und im Umwandlungsbeschluss festgelegten Sacheinlagen und gem. § 220 Abs. 2 UmwG zum bisherigen Geschäftsverlauf und der Lage der formwechselnden A-KG folgenden Bericht:

Das Vermögen der A-KG steht der Gesellschaft mit allen Aktiven und Passiven uneingeschränkt zur Verfügung. Der Wert des Vermögens ist in der entsprechend § 192 Abs. 2 UmwG erstellten und vom steuerlichen Berater/Wirtschaftsprüfer bestätigten beigefügten Vermögensaufstellung zum ...... wie folgt angegeben:

Summe der Kapitalkonten (zu Buchwerten) mit	€ ......,–
stille Reserven im materiellen und immateriellen Anlagevermögen sowie im Umlaufvermögen mit	€ ......,–
Gesamtverkehrswert	€ ......,–

Die Verkehrswerte der einzelnen Vermögensgegenstände liegen aus folgenden Gründen deutlich über den Buchwerten:

– Die Buchwerte der Wirtschaftsgüter im materiellen Anlagevermögen liegen wegen höchstzulässig vorgenommener degressiver Abschreibungen und der Übertragung von Rücklagen nach § 6b EStG iHv. € ......,– unter dem Verkehrswert.

– Nicht bilanziert sind die selbstentwickelten Patente ...... und Herstellungsverfahren, denen ausweislich eines für ...... *[Land]* abgeschlossenen Lizenzvertrags ein allein für den deutschen Markt daraus analog errechneter Wert von € ......,– beizumessen ist. Darüber hinaus besteht ein Firmenwert ......, der sich aus der äußerst guten Ertragslage, mit deren Fortdauer auch zukünftig zu rechnen ist, wie folgt ergibt: ......

– Die Jahresergebnisse der beiden letzten Geschäftsjahre der A-KG betrugen € ......,– für ...... und € ......,– für ...... Bei diesen Jahresergebnissen sind Tätigkeitsvergütungen iHv. € ......,– für die geschäftsführenden Gesellschafter sowie € ...... Zinsen für Gesellschafterdarlehen bereits als Betriebsausgaben berücksichtigt. Seit dem 1.1.02, dh. im laufenden Geschäftsjahr, hat sich der Geschäftsverlauf weiter verbessert, so konnten in den Monaten ...... im Vergleich zu diesen Monaten des Vorjahres die Umsatzerlöse von € ......,– um € ......,– auf € ......,– gesteigert werden; ähnlich hat sich der Auftragseingang entwickelt. Dem gegenüber ist die Kostenquote in diesem Zeitraum mit ca. ......% der Umsatzerlöse konstant geblieben, so dass Verluste in dieser Zeit ausgeschlossen und mit einem Weiteranstieg der Gewinnerwartung zu rechnen ist. Entnahmen, die das Ergebnis dieses Zeitraums übersteigen würden, wurden nicht vorgenommen.

Im Hinblick auf die guten Erträge der vergangenen beiden Geschäftsjahre, der ausgezeichneten derzeitigen Geschäftslage und der positiv einzuschätzenden zukünftigen Ertragsaussichten verfügt der Betrieb der Gesellschaft über einen erheblichen Geschäftswert.

Aufgrund der vorstehenden Fakten stellen wir fest, dass der Wert des Vermögens der Gesellschaft auch unter Berücksichtigung der Verbindlichkeiten auf jeden Fall den Betrag der Stammeinlagen von insgesamt ......,– € erreicht.

........................, den ....

....

[Herr A]   [Herr B]

Anlage

Formular A. 15.40b Schreiben an Betriebsrat

Von: Geschäftsleitung A-KG durch Herrn A   ....

                                                (Ort/Datum)

An: Betriebsrat der A-KG, z. Hd. des/der Vorsitzenden des Betriebsrats,

Herrn/Frau ......

gegen Empfangsbekenntnis

Betreff: Bevorstehender Umwandlungsbeschluss zum Wechsel der Rechtsform der A-KG in eine GmbH gem. §§ 193, 217 UmwG

Sehr geehrte(r) Frau/Herr ......,

in der voraussichtlich am ...... stattfindenden Gesellschafterversammlung der A-KG ist beabsichtigt, den als Entwurf beigefügten Umwandlungsbeschluss in notariell beurkundeter Form zu fassen. Ich übermittle Ihnen hiermit den Entwurf des Umwandlungsbeschlusses in der Anlage gem. § 194 Abs. 2 UmwG. Ich bitte, auf die Einhaltung der Monatsfrist des § 194 Abs. 2 UmwG zu verzichten, den Erhalt dieses Schreibens und der Anlage auf der beigefügten Kopie dieses Schreibens zu bestätigen und an die A-KG, zu meinen Händen, im Hinblick auf den Nachweis im Zuge der Anlage zur Handelsregisteranmeldung gem. § 199 UmwG zurück zu schicken.

....

[A-KG, vertreten durch Herrn A]

Hiermit bestätige ich als Vorsitzende(r) des Betriebsrats der A-KG den Erhalt dieses Schreibens nebst dem als Anlage beigefügten Entwurf des Umwandlungsbeschlusses und verzichte auf die Einhaltung der Monatsfrist des § 194 Abs. 2 UmwG.

....

[Ort/Datum]

....

[Betriebsratsvorsitzende(r) der A-KG]

Formular A. 15.40c Handelsregisteranmeldung

Anmeldung zum Register der A-KG

An das

Amtsgericht ......

– Handelsregister –

Hier: Formwechsel der A-KG in die A-GmbH, jeweils mit Sitz ...... (Ort) und Geschäftsanschrift ...... (eingetragen bisher im Amtsgericht ...... unter HRA ......)

Als sämtliche neu bestellte Geschäftsführer der A-GmbH melden wir an:

1. Formwechsel der A-KG in die Rechtsform einer GmbH unter der Firma „A-GmbH" mit Sitz in ...... auf Grund des in Anlage I. beigefügten Umwandlungsbeschlusses vom ...... (Urkunde-Nr. ...... des Notars ...... in ......), der in der Anlage hierzu auch den Gesellschaftsvertrag und in § 2 Abs. 1 iVm. § 3 auch die Geschäftsführerbestellung enthält.

2. Unsere Bestellung zu jeweils einzelvertretungsberechtigten, von den Beschränkungen des § 181 BGB befreiten Gesellschaftern.

Als Anlagen überreichen wir:

I. Beglaubigte Abschrift (zweifach) des Umwandlungsbeschlusses vom ...... (Urkunde-Nr. ...... des Notars ...... in ...... vom ......), der in der Anlage dazu auch den Gesellschaftsvertrag der A-GmbH und in § 2 Abs. 1 iVm. § 3 auch die Geschäftsführerbestellung sowie die erforderlichen Verzichtserklärungen enthält

II. Nachweis über die rechtzeitige Zuleitung des Entwurfs des Umwandlungsbeschlusses an den Betriebsrat der A-KG bzw. Verzicht auf die Monatsfrist des § 5 Abs. 3 UmwG (§§ 194 Abs. 2, 199 UmwG);

III. Liste der Gesellschafter;

IV. Sachgründungsbericht mit Unterlagen zur Werthaltigkeit des auf Grund Formwechsels zukünftig bei der A-GmbH vorhandenen Vermögens.

Die Stammeinlagen zu insgesamt € 100.000,– werden dadurch erbracht, dass die A-KG durch den Umwandlungsbeschluss in der Rechtsform einer GmbH weiter besteht und sich deren Vermögen mit Wirksamkeit des Formwechsels endgültig in der freien Verfügung der Geschäftsführung der A-GmbH befinden wird; dieses Vermögen wird, mit Ausnahme des nach § 5 des Umwandlungsbeschlusses von dieser übernommenen Gründungsaufwands und der übernommenen Verbindlichkeiten, nicht mit Schulden belastet sein, die den Nennbetrag des Stammkapitals übersteigen (§ 220 UmwG).

Die Vertretungsbefugnis ist allgemein wie folgt geregelt: ...... *[abstrakt]*

Die Vertretungsbefugnis im Einzelfall ist wie folgt geregelt: Die Geschäftsführer Herren A und B vertreten stets einzeln und sind von den Beschränkungen des § 181 BGB jeweils befreit. Sie erklären gem. § 8 Abs. 3 GmbHG: ......

...................., den ......

....

[Herr A]   **[Herr B]**

....

[Beglaubigungsvermerk]

II. ERLÄUTERUNGEN

Erläuterungen zu A. 15.40 Formwechselbeschluss

1. Grundsätzliche Anmerkungen

a) Wirtschaftliches Ziel

Das Formular bezweckt, ein bisher in der Rechtsform einer Kommanditgesellschaft **1** geführtes Unternehmen künftig in der Rechtsform einer GmbH fortzuführen. Wesentliches Motiv für einen derartigen Rechtsformwechsel dürfte die Beschränkung der persönlichen Haftung des bisherigen Komplementärs auf das Vermögen der zukünftigen GmbH sein. Diese **Haftungsbeschränkung** lässt sich erreichen:
– ab Wirksamkeit des Formwechsels (mit Eintragung im Register des formwechseln- **2** den Rechtsträgers gem. § 202 Abs. 1 UmwG) für die ab diesem Zeitpunkt begründeten Verbindlichkeiten des Unternehmens und

3   – für die bis zum Zeitpunkt der Eintragung des Formwechsels begründeten Verbindlichkeiten nach Ablauf einer sog. fünfjährigen **Nachhaftungsfrist** (§ 224 Abs. 2–5 UmwG), soweit diese Verbindlichkeiten innerhalb von fünf Jahren ab dem Tag der letzten Bekanntmachung des Formwechsels (gem. § 201 Satz 2 iVm. § 224 Abs. 3 UmwG) zwar fällig, aber nicht gerichtlich, bzw. bei öffentlich-rechtlichen Verbindlichkeiten durch Erlass eines Verwaltungsakts, gegenüber dem persönlich haftenden Gesellschafter geltend gemacht oder von diesem schriftlich anerkannt wurden.

4   Diese Nachhaftungsbegrenzung gilt gem. § 224 Abs. 5 UmwG auch, wenn der persönlich haftende Gesellschafter in dem Rechtsträger neuer Form (hier GmbH) geschäftsführend tätig wird. Bis zum Ablauf der fünfjährigen Nachhaftungsfrist und für die bis dahin geltend gemachten Verbindlichkeiten aus der Zeit vor der Wirksamkeit des Formwechsels haftet ein persönlich haftender Gesellschafter gem. § 128 HGB weiter (§ 224 Abs. 1 UmwG). Diese Nachhaftung gilt auch für Kommanditisten (gem. §§ 171 Abs. 1, 172 Abs. 4, 176 HGB), soweit die Kommanditeinlage noch nicht erbracht war oder zurückgezahlt wurde (vgl. *Lutter/Jost* § 224 UmwG Rz. 9).

5   **Steuerliches Motiv** des Formwechsels in eine Kapitalgesellschaft ist häufig, die zukünftige **steuerliche Abzugsfähigkeit von Vergütungen an Gesellschafter** (insbes. Tätigkeitsvergütungen und Pensionsrückstellungen) zu erreichen, dh, bei einer GmbH diese steuerlich abzugsfähig zu gestalten und damit den **Gewerbesteueraufwand zu mindern** bzw. bzgl. von Pensionsrückstellungen für Gesellschafter-Geschäftsführer die Versteuerung auf den Zeitpunkt des Pensionsfalls zu verlagern. Seit das Besteuerungssystem vom bisherigen Vollanrechnungsverfahren auf das sog. Halb- bzw. Teileinkünfteverfahren umgestellt ist und die Steuersätze abgesenkt wurden, sowie eine pauschalierte Anrechnung der Gewerbesteuer in § 35 EStG eingeführt wurde, ist eine detaillierte individuelle Belastungsrechnung zur Ermittlung der Zweckmäßigkeit erforderlich.

6   Das vorliegende Formular geht wegen des auf zwei Gesellschafter beschränkten Gesellschafterkreises und der Geschäftsführungsbefugnis der beiden Gesellschafter (Herr A auf Grund seiner Komplementärstellung, Herr B als Kommanditist abweichend vom Regelfall im Innenverhältnis) sowie der sich daraus ergebenden voll umfänglichen Information dieser davon aus, dass das Umwandlungsbeschlussverfahren durch **Verzichtserklärungen** (insbes. bzgl. Umwandlungsbericht, Prüfung der Angemessenheit eines Barabfindungsangebots und Verzicht auf Anfechtungs- und Klagerechte) soweit als möglich vereinfacht wird.

7   *(frei)*

b) Zivilrecht

8   Der Wechsel von der Rechtsform der Personenhandelsgesellschaft (bzw. Partnerschaftsgesellschaft) ist möglich

9   – in eine Kapitalgesellschaft (GmbH, AG, KGaA – § 191 Abs. 2 Nr. 3 iVm. § 3 Abs. 1 Nr. 2 UmwG), allerdings hinsichtlich der GmbH nicht in eine Unternehmergesellschaft iSv. § 5a GmbHG, s. Rz. 18,

10 – in eine eingetragene Genossenschaft (§ 191 Abs. 2 Nr. 4 UmwG),

11 – in eine Gesellschaft des bürgerlichen Rechts (gem. § 191 Abs. 2 Nr. 1 UmwG) sowie
     – nach den Bestimmungen des HGB in eine andere Personenhandelsgesellschaft (zB von OHG in KG und umgekehrt).

12 Der Formwechsel geht grds. von der **Identität des Rechtsträgers** (§ 202 Abs. 1 Nr. 1 UmwG: „Der formwechselnde Rechtsträger besteht in der in dem Umwandlungsbeschluss bestimmten Rechtsform weiter") und von der **Identität der beteiligten Gesellschafter** und deren Beteiligungsverhältnis aus (§ 202 Abs. 1 Nr. 2 UmwG; HFA 1/96 Abschn. 1, WPg 96, 507) und zwar auch bei Gesellschaftern, die auf Grund der Annahme eines **Abfindungsangebots** gem. §§ 207, 208 iVm. § 30

UmwG erst nach dem Formwechsel aus dem Rechtsträger neuer Form ausscheiden. Allerdings steht der Identität der beteiligten Gesellschafter nicht entgegen, dass der persönlich haftende Gesellschafter mit Wirksamwerden des Formwechsels aus der Gesellschaft ausscheidet (KG 22 W 85/18 v. 19.12.18, NZG 19, 310).

Aufgrund der Identität des Vermögensbestandes entfällt beim Formwechsel regelmäßig die Notwendigkeit einer Vermögensübertragung (wie in §§ 4 f. UmwG bei der Verschmelzung, in § 126 UmwG im Spaltungs- und Übernahmevertrag oder in § 136 UmwG für den Spaltungsplan). Der umfassenden Information der Gesellschafter vor Beschlussfassung dient allerdings der **Umwandlungsbericht gem. § 192 Abs. 1 UmwG,** dem der Entwurf des Umwandlungsbeschlusses (§ 192 Abs. 1 Satz 3 UmwG) und als dessen Bestandteil der Entwurf des Gesellschaftsvertrags des neuen Rechtsträgers (§ 218 Abs. 1 UmwG) beizufügen ist (*W/M/Mayer* § 192 UmwG Rz. 27). Eine Vermögensaufstellung ist dem Umwandlungsbericht nicht mehr beizufügen (vgl. § 194 UmwG). Der Umwandlungsbericht soll der voll umfänglichen Information der Gesellschafter vor Beschlussfassung dienen. Sein Inhalt dürfte im Wesentlichen dem eines Verschmelzungsberichts gem. § 8 Abs. 1 UmwG entsprechen (vgl. dazu A. 15.63 Rz. 10 mwN sowie *W/M/Mayer* § 192 UmwG Rz. 1, 7 und 32). Die Erstellung des Umwandlungsberichts (vgl. zu seinem Inhalt *W/M/Mayer* § 192 UmwG, Rz. 28 ff.) mit den sich daraus ergebenden Unsicherheiten bzgl. des Umfangs der Angabepflicht (vgl. *Lutter/Decher* § 192 UmwG, Rz. 8) und der Publizitätsfunktion durch die Einreichung als Anlage zur Handelsregisteranmeldung (§ 199 UmwG) dürfte in der Praxis dazu führen, dass im Vorfeld möglichst frühzeitig mit allen Gesellschaftern die Grundlagen und Wirkungen des Formwechsels informell erörtert werden und sodann zur Durchführung des Formwechsels auf den Umwandlungsbericht gesondert in notariell beurkundeter Form verzichtet wird. Dies setzt allerdings einen homogenen, voll informierten und einvernehmlichen Gesellschafterkreis voraus. **Nicht notwendig** ist der **Umwandlungsbericht** bei einer Personenhandelsgesellschaft **mit ausschließlich geschäftsführungsbefugten Gesellschaftern** (§ 215 UmwG). Hierzu zählen auch eventuelle Kommanditisten, die zur Geschäftsführung berechtigt sind (*Lutter/Jost* § 215 UmwG Rz. 3; *W/M/Vossius* § 215 UmwG Rz. 10); wie hier im Formular vorgesehen. Im Übrigen ist das Entfallen des Umwandlungsberichts bei einer sog. „Ein-Mann-Gesellschaft" gem. § 192 Abs. 3 Satz 1, 1. Alternative UmwG bei einer formwechselnden Personenhandelsgesellschaft nicht denkbar. Allerdings ist eine Unterrichtung über wesentliche Veränderungen des Vermögens – anders als gegenüber Aktionären – nicht erforderlich.

13

Zur Unterrichtung der Gesellschafter, die von der Geschäftsführung ausgeschlossen sind, ist diesen zusammen mit der Einberufung der Gesellschafterversammlung, die den Formwechsel beschließen soll, der Formwechsel als Gegenstand der Beschlussfassung schriftlich anzukündigen und der erforderliche Umwandlungsbericht **sowie ein Abfindungsangebot nach § 207 UmwG zu übersenden** (§ 216 UmwG). Das Angebot der Barabfindung ist von dem formwechselnden Rechtsträger für jeden Anteilsinhaber abzugeben, der gegen den Umwandlungsbeschluss Widerspruch zur Niederschrift erklärt. Das Abfindungsangebot bezieht sich grds auf den Erwerb der Anteile an dem Rechtsträger neuer Rechtsform, also nach Wirksamkeit des Formwechsels, in dem diesem Formular zugrunde liegenden Fall also auf das **Angebot des Erwerbs** der durch den Formwechsel erlangten GmbH-Anteile durch die GmbH selbst (als **eigene Anteile**). Anzubieten ist daher der Kauf dieser Anteile zu einem zu bestimmenden Preis. Bei einer GmbH als neue Rechtsform ist zwar durch Einfügung von § 33 Abs. 3 GmbHG der Erwerb eigener Geschäftsanteile durch eine GmbH auch für den Fall des § 207 Abs. 1 Satz 1 UmwG zulässig, sofern der Erwerb binnen sechs Monaten nach dem Wirksamwerden der Umwandlung erfolgt; notwendig ist aber, dass die GmbH den Preis für den Erwerb der Anteile aus dem über das Stammkapital hinaus vorhandenen freien Vermögen bezahlen kann und hieraus die nach § 272 Abs. 4 HGB

14

vorgeschriebene **Rücklage für eigene Anteile** in Höhe des Kaufpreises bilden kann. Aus diesem Grund ist bei der Festsetzung des Stammkapitals und der Bewertung des Vermögens im Vorbereitungsstadium darauf zu achten, dass bei Annahme eines Abfindungsangebots durch den Berechtigten die eigenen Anteile auch erworben werden können. Eine nach dem Formwechsel eingeleitete Kapitalherabsetzung könnte wegen des Sperrjahres von einem Jahr diese Voraussetzungen nicht schaffen. Für die Bestimmung des Stammkapitals werden in der Regel die Kommanditeinlagen sich auch betragsmäßig mindestens in den Nennbeträgen der übernommenen Geschäftsanteile wiederspiegeln, um ein Wiederaufleben der Kommanditistenhaftung im Rahmen des Formwechsels in dieser Hinsicht auszuschließen.

15   Das **Abfindungsangebot** ist, soweit darauf nicht ausdrücklich in notariell beurkundeter Form verzichtet wurde (*Lutter/Decher* § 194 UmwG Rz. 23), **an alle Gesellschafter** zu richten, dh. auch an solche, die den Formwechsel über Nichterteilung ihrer Zustimmung ohnehin verhindern können. § 194 Abs. 1 Nr. 6 UmwG regelt nur die Entbehrlichkeit des **Barabfindungsangebots,** wenn der Formwechsel der Zustimmung aller Gesellschafter bedarf oder an dem formwechselnden Rechtsträger nur ein Anteilsinhaber beteiligt ist (*Lutter/Decher* § 194 UmwG Rz. 22). Ein Berechtigter kann das Abfindungsangebot mit allen seinen Anteilen oder nur teilweise annehmen (*S/St/Kalss* § 31 UmwG Rz. 4). Er kann das Abfindungsangebot uE auch dann annehmen, wenn er seine Zustimmung zum Formwechsel erklärt (um den anderen Gesellschaftern zB „nicht im Wege zu stehen"), dann aber seinen Widerspruch zur Niederschrift des Umwandlungsbeschlusses gem. § 207 UmwG erklärt; darin liegt grds. kein nach Treu und Glauben unzulässiges, widersprüchliches Verhalten, sondern entspricht vielmehr der Konzeption des Gesetzes (*W/M/Vollrath* § 193 UmwG Rz. 41; **aA** *Lutter/Grunewald* § 29 UmwG Rz. 10).

16   Zum sonstigen **Mindestinhalt des Umwandlungsbeschlusses,** der sich aus § 194 Abs. 1 UmwG ergibt, vgl. A. 15.50 Rz. 11 ff.

17   Der **Beschluss** über den Formwechsel bedarf grds. nach § 217 Abs. 1 Satz 1 UmwG der Zustimmung aller anwesenden und auch der Zustimmung der nicht erschienenen Gesellschafter. Der Gesellschaftsvertrag der formwechselnden Personenhandelsgesellschaft kann aber für den Umwandlungsbeschluss eine Mehrheitsentscheidung von mindestens $3/4$ der Stimmen vorsehen (§ 217 Abs. 1 Sätze 2 und 3 UmwG). Nicht einschlägig ist § 193 Abs. 2 UmwG, wenn der Gesellschaftsvertrag kein eindeutiges Mehrheitserfordernis für die Übertragung von Gesellschaftsanteilen enthält, so dass die Übertragung unter Anwendung des sog. Bestimmtheitsgrundsatzes des BGH der Zustimmung aller Gesellschafter bedarf; fehlt zugleich eine eindeutige Mehrheitsklausel für den Formwechsel, bedarf es einer einstimmigen Beschlussfassung gem. § 217 Abs. 1 Satz 1 UmwG (*Lutter/Decher* § 193 UmwG Rz. 20). Sofern der Gesellschaftsvertrag eine den Anforderungen des Bestimmtheitsgrundsatzes genügende qualifizierte Mehrheitsentscheidung der Gesellschafter für den Formwechsel vorsieht, ist diese Mehrheitsklausel vorrangig (*Lutter/Decher* § 193 UmwG Rz. 20) und § 193 Abs. 2 UmwG begründet kein erneutes Zustimmungserfordernis (*W/M/Vollrath* § 193 UmwG Rz. 39).

Wenn der Gesellschaftsvertrag hinsichtlich der Mehrheitserfordernisse für den Formwechsel und für die Übertragung von Gesellschaftsanteilen nicht aufeinander abgestimmt ist, dh. für den Formwechsel zB eine $3/4$-Mehrheit vorgesehen ist, für die Übertragung des Gesellschaftsanteils aber Einstimmigkeit erforderlich ist, dann bedarf der Formwechsel der Zustimmung aller Gesellschafter (*Lutter/Decher* § 193 UmwG Rz. 21). Im Formular wird daher davon ausgegangen, dass die Mehrheitsklausel für den Formwechsel nicht dem Bestimmtheitserfordernis entspricht, wie dies oftmals auf Grund des Bestimmtheitsgrundsatzes des BGH der Fall sein dürfte, so dass hier von dem **Gebot der Einstimmigkeit** des Umwandlungsbeschlusses auszugehen wäre.

18   Die im Zuge des Formwechsels entstehende GmbH kann **keine Unternehmergesellschaft** iSv. § 5a GmbHG (eingefügt durch MoMiG v. 23.10.08, BGBl. I 08, 2026)

sein. Denn beim Formwechsel besteht das Stammkapital der GmbH aus dem Vermögen der formwechselnden Gesellschaft (hier der A-KG). Dieser Vorgang entspricht einer Kapitalaufbringung durch Sacheinlagen (§ 220 Abs. 2 UmwG), was aber bei einer Unternehmergesellschaft nach § 5a Abs. 2 Satz 2 GmbHG unzulässig ist. Die GmbH muss daher ein Stammkapital von mindestens € 25000,– haben (*S/St/Schlitt* § 220 UmwG Rz. 8). A und B dürfen jedoch mehrere Geschäftsanteile übernehmen, da die Nennbeträge der Geschäftsanteile nur noch auf volle Euro lauten und in der Summe mit dem Stammkapital übereinstimmen müssen (§ 5 Abs. 2 und 3 GmbHG; im Übrigen vgl. die Erläut. zu den Formularen im Teil A. 6).

(frei) **19, 20**

c) Steuerrecht

aa) Ertragsteuern

Obwohl gesellschaftsrechtlich beim Formwechsel von einer Personenhandelsgesell- **21** schaft in eine GmbH auf Grund des Fortbestands des bisherigen Rechtsträgers (in der Rechtsform einer Personenhandelsgesellschaft) in der neuen Rechtsform (als GmbH) gem. § 202 Abs. 1 Nr. 1 UmwG kein Rechtsträgerwechsel vorliegt, wird für ertragsteuerliche Zwecke auf Grund **§ 25 Satz 1 UmwStG** für den Formwechsel einer Personenhandelsgesellschaft in eine Kapitalgesellschaft durch entsprechende Anwendung der **§§ 20 bis 23 UmwStG ein Rechtsträgerwechsel fingiert** (vgl. UmwSt-Erl. 2011 BMF v. 11.11.11, BStBl. I 11, 1314, Tz. 25.01).

§ 25 Satz 2 iVm. § 9 Satz 2 und 3 UmwStG schreibt ferner vor, dass für steuerliche **22** Zwecke die übertragende Gesellschaft (hier die A-KG) auf den steuerlichen Übertragungsstichtag eine **Steuerbilanz** aufzustellen hat (zur steuerlichen Relevanz s. Rz. 24). Auch diese Regelung weicht vom Handelsrecht (s. A. 15.00 Rz. 80 ff.) ab, wonach wegen der Identität des bisherigen Rechtsträgers jedenfalls keine Schlussbilanz des bisherigen Rechtsträgers (zur Ausnahme der Möglichkeit der Erstellung einer Eröffnungsbilanz für eine Kapitalgesellschaft s. Rz. 14) erstellt werden muss. Die Vermögensübersicht gem. § 192 Abs. 2 UmwG gilt nicht als Bilanz im handelsrechtlichen Sinne, sondern dient lediglich der Information der Gesellschafter und allenfalls als Wertnachweisunterlage für das Registergericht.

Was als „steuerlicher Übertragungsstichtag" zu verstehen ist, ergibt sich aus **23** § 25 Satz 2 iVm. § 9 Satz 3 UmwStG. Die nach § 25 Satz 2 iVm. § 9 Satz 2 UmwStG aufzustellenden Bilanzen können auch für einen Stichtag aufgestellt werden, der höchstens **acht Monate** vor der Anmeldung des Formwechsels zur Eintragung in ein öffentliches Register liegt (Übertragungsstichtag). Beachte: verlängerte Rückwirkungsfristen in 2020 und 2021 aufgrund der COVID-19-Pandemie.

Der **Antrag auf Zugrundelegung eines steuerlichen Übertragungsstichtags,** **24** der innerhalb von acht Monaten vor dem Zeitpunkt liegt, in dem der Rechtsträger neuer Rechtsform (die GmbH) zum **Handelsregister** angemeldet wird, kann **nur insgesamt** von der GmbH mit Wirkung für alle Gesellschafter der die Rechtsform wechselnden Personenhandelsgesellschaft gestellt werden. Vergleiche zu den Auswirkungen dieses Antrags iE A. 15.80 Rz. 35 ff.

Die Anordnung in § 25 Satz 2 iVm. § 9 Satz 2 und 3 UmwStG, dass die (die **25** Rechtsform wechselnde) Personengesellschaft auf den steuerlichen Übertragungsstichtag eine Steuerbilanz aufzustellen habe, ist im Hinblick auf ihre steuerliche Relevanz zu relativieren. Diese dient uE nur der (laufenden) Gewinnermittlung und Abgrenzung bis zum steuerlichen Übertragungsstichtag, nicht aber der Ermittlung eines eventuellen **Übertragungsgewinns.** Dies ergibt sich aus Folgendem: In entsprechender Anwendung von § 20 UmwStG bestimmt sich **ein eventuell bei den Gesellschaftern** der bisherigen Personenhandelsgesellschaft **zu erfassender Übertragungsgewinn** nicht durch Ansatz in der Steuerbilanz der formwechselnden Personengesellschaft, sondern **durch Ansatz in der Bilanz des (fiktiv übernehmenden)**

Rechtsträgers neuer Form, nämlich der Kapitalgesellschaft (§ 20 Abs. 2 iVm. Abs. 3 Satz 1 UmwStG). Nach § 20 Abs. 3 Satz 1 UmwStG gilt nämlich der Wert, mit dem die Kapitalgesellschaft das (fiktiv) eingebrachte Betriebsvermögen ansetzt, für den Einbringenden als Veräußerungspreis und als Anschaffungskosten der Geschäftsanteile. Die nach § 25 Satz 2 iVm. § 9 Satz 2 und 3 UmwStG erforderliche Steuerbilanz auf den steuerlichen Übertragungsstichtag kann daher nur die Bedeutung haben, die ihr nach den steuerlichen Vorschriften über die Gewinnermittlung regelmäßig für den Schluss eines Geschäftsjahres oder eines davon abweichenden steuerlichen Übertragungsstichtags zukommt, nämlich die Ermittlung des laufenden Ergebnisses bis zum steuerlichen Übertragungsstichtag. Für die Ermittlung eines Übertragungsgewinns ist sie nur insofern von Bedeutung, als dieser sich aus dem Differenzbetrag zwischen dem Ansatz in der steuerlichen Eröffnungsbilanz der übernehmenden Kapitalgesellschaft und dem Ansatz in der Schlussbilanz ergibt (*R/H/L/Rabback* § 25 UmwStG Rz. 81).

26   Da somit faktisch der Ansatz des (fiktiv) als übertragen geltenden Vermögens der formwechselnden Personengesellschaft bei der (fiktiv übernehmenden) GmbH die Besteuerung bei den Gesellschaftern der rechtsformändernden Personenhandelsgesellschaft auslöst, empfiehlt sich jedenfalls bei Nichtidentität der Gesellschafter der formwechselnden Personenhandelsgesellschaft und der Geschäftsführer der GmbH neuer Rechtsform die Aufnahme einer die Geschäftsführung zumindest im Innenverhältnis bindenden Bestimmung im Formwechselbeschluss, dass die GmbH die **Buchwerte** (oder falls dies gewünscht wird, die Teilwerte oder Zwischenwerte) in ihrer steuerlichen Eröffnungsbilanz anzusetzen verpflichtet ist soweit dies nach § 20 Abs. 2 Satz 2 UmwStG zulässig ist.

27   *(frei)*

28   **Das Wahlrecht** für Ansatz der steuerlichen Buchwerte (in sog. 50i-Konstellationen ist immer auch die Einschränkung des Buchwertwahlrechts nach § 50i Abs. 2 EStG idF des BEPS-UmsG v. 24.12.16, BGBl. I 16, 3000 zu beachten), der Zwischenwerte oder der gemeinen Werte (§ 20 Abs. 2 Satz 2 UmwStG; vgl. hierzu LfSt Bayern v. 11.11.14, DStR 15, 429) **kann die (aufnehmende) GmbH für jeden Gesellschafter** der die Rechtsform wechselnden Personenhandelsgesellschaft **getrennt ausüben** (*R/H/L/Herlinghaus* § 20 UmwStG Rz. 153). Der sich aus der Einbringung der Mitunternehmeranteile ergebende Eigenkapitalzugang ist, soweit er den dem Anteilseigner im Zuge der Einbringung gewährten Teil des Nennkapitals übersteigt, dem steuerlichen Einlagekonto iSd. § 27 KStG zuzuordnen (*R/H/L/van Lishaut* Anh. 2 Rz. 36 f.). Evtl. geführte Ergänzungsbilanzen sind zu berücksichtigen.

29   Steuerrechtlich ist ua. dann eine **Realisierung zwingend, wenn** nicht **alle wesentlichen Betriebsgrundlagen** auf die A-GmbH mit übertragen werden (zuletzt wieder BFH I R 97/08 v. 16.12.09, BStBl. II 10, 808). Wird zB ein betrieblich genutztes Grundstück, das eine wesentliche Betriebsgrundlage der A-KG darstellt, von einem der Gesellschafter an die A-KG vermietet oder überlassen (sog. **Sonderbetriebsvermögen I**), so setzt sich dieser Mietvertrag bzw. die Überlassung regelmäßig mit der A-GmbH fort. Dies reicht für eine steuerneutrale Einbringung nach § 20 UmwStG nicht aus (BFH I R 96/08 v. 7.4.10, BFH/NV 10, 1749). Zur Vermeidung der zwingenden Gewinnrealisierung bei dem Eigentümer des Grundstücks (auf Grund Wegfalls des Sonderbetriebsvermögens und Nichteinbringung aller wesentlichen Betriebsgrundlagen) müsste das Grundstück **(als separate Sacheinlage zusammen mit dem Formwechsel) auf die A-GmbH übertragen** werden (vgl. dazu A. 15.80 Rz. 26f; allerdings soll auch die Begründung wirtschaftlichen Eigentums ausreichen vgl. UmwSt-Erl. 2011 BMF v. 11.11.11, BStBl. I 11, 1314, Tz. 20.06 iVm. 15.07). Die damit verbundene GrESt kann nicht dadurch reduziert werden, dass das Grundstück kurz vor dem Formwechsel in die A KG eingebracht wird, weil der Formwechsel einen Verstoß gegen die Behaltensfrist nach § 5 Abs. 3 GrEStG darstellt (vgl. BFH II R 2/12 v. 25.9.13, BStBl. II 14, 329). Aufgrund der neuen, sehr weiten Auslegung der Regelung durch den BFH ist jeweils auch zu prü-

fen, ob eine Vergünstigung nach § 6a GrEStG in Betracht kommt (zur BFH-Rspr. *Loose* DB 20, 919).

(frei) 30

Die weiteren Fälle, in denen eine Gewinnrealisierung zwingend ist (**Einbringung** 31 **eines negativen Kapitalkontos** (§ 20 Abs. 2 Satz 2 Nr. 2 UmwStG) bzw. bei Gewährung von den **steuerlichen Buchwert übersteigenden sonstigen Gegenleistungen** (§ 20 Abs. 2 Satz 4 UmwStG), vgl. dazu A. 3.02 Rz. 16 und A. 15.80 Rz. 24), dürften im Fall des Formwechsels von einer Personengesellschaft in eine Kapitalgesellschaft idR kaum einschlägig sein: Bei Überschuldung ist nämlich gem. § 220 UmwG der Formwechsel auf Grund fehlender Kapitalaufbringung ohnehin ausgeschlossen. Die Gewährung sonstiger Gegenleistungen ist beim Formwechsel nur in Ausnahmefällen vorstellbar (anders als bei der Verschmelzung und der Auf- oder Abspaltung als Barzuzahlungen begrenzt auf 10 % der gewährten Geschäftsanteile, vgl. § 54 Abs. 4 UmwG, oder bei der Ausgliederung unbegrenzt wegen Nichtanwendung von § 54 durch § 125 UmwG).

Grundsätzlich hat die übernehmende Gesellschaft das eingebrachte Betriebsvermögen mit dem gemeinen Wert anzusetzen; für die Bewertung von Pensionsrückstellungen gilt § 6a EStG (§ 20 Abs. 2 Satz 1 UmwStG). Nur als Ausnahme ist auf Antrag der Ansatz des übernommenen Betriebsvermögens mit dem Buchwert oder einem höheren Wert, höchstens jedoch mit dem gemeinen Wert, zulässig, soweit

– sichergestellt ist, dass es später bei der übernehmenden Körperschaft der Besteuerung mit Körperschaftsteuer unterliegt,

– die Passivposten des eingebrachten Betriebsvermögens die Aktivposten nicht übersteigen; dabei ist das Eigenkapital nicht zu berücksichtigen und

– das Recht der Bundesrepublik Deutschland hinsichtlich der Besteuerung des Gewinns aus der Veräußerung des eingebrachten Betriebsvermögens bei der übernehmenden Gesellschaft nicht ausgeschlossen oder beschränkt wird (§ 20 Abs. 2 Satz 2 UmwStG).

Zur Besteuerung eines Übertragungsgewinns vgl. A. 15.80 Rz. 21. Bei Ansatz der 32 Sacheinlage unter dem Teilwert kann die spätere Veräußerung (oder Auslösung eines sog. Ersatzrealisationstatbestands) der erhaltenen Anteile innerhalb der Siebenjahresfrist einen sog. Einbringungsgewinn I auslösen (§ 22 Abs. 1 UmwStG). Haben zum Gesamthandsvermögen Anteile an Kapitalgesellschaften gehört, kann deren Veräußerung (oder Auslösung eines sog. Ersatzrealisationstatbestands) einen Einbringungsgewinn II auslösen (§ 22 Abs. 2 UmwStG). Soweit die Gesellschafter natürliche Personen sind, unterliegt der Einbringungsgewinn I nicht der GewSt, selbst wenn nur ein Teil der erhaltenen Anteile veräußert wird (BFH I R 26/18 v. 11.7.19, BFH/NV 20, 439). Das Gleiche gilt für einen evtl. Einbringungsgewinn II, soweit Anteile an einer mit eingebrachten Kapitalgesellschaft veräußert werden (BFH I R 13/18 v. 11.7.19, BFH/NV 20, 437).

Zur Behandlung der AfA und sonstiger Besteuerungsfolgen nach dem Formwechsel 33 vgl. A. 15.80 Rz. 46 ff.

Sind Anteile an der A-KG vor dem Formwechsel steuerbegünstigt nach **§§ 13a,** 34 **13b ErbStG** übertragen worden, ist für die Überprüfung der Einhaltung der **Lohnsummenregelung** auf die (anteilige) Lohnsumme der Kapitalgesellschaft abzustellen, selbst wenn die Beteiligung nicht mehr als 25 % beträgt (Gleichl. Ländererlasse v. 21.11.13, BStBl. I 13, 1510; vgl. hierzu auch Koordinierte Ländererlasse v. 22.6.17, BStBl. I 17, 902).

(frei) 35

bb) Verkehrsteuern

aaa) Umsatzsteuer

Da zivilrechtlich kein Rechtsträgerwechsel vorliegt, sondern gem. § 202 Abs. 1 36 Nr. 1 UmwG von der Identität des Vermögensbestandes auszugehen ist, unterliegt der

Formwechsel nicht der Umsatzsteuer. Die Fiktion des Vermögensübergangs in § 25 Satz 1 UmwStG betrifft nicht die Umsatzsteuer (vgl. UmwSt-Erl. 2011 BMF v. 11.11.11, BStBl. I 11, 1314, Tz. 01.01).

bbb) Grunderwerbsteuer

37   Der Formwechsel unterliegt mangels Rechtsträgerwechsel nicht der GrESt, auch wenn Grundstücke zum Vermögen der formwechselnden Gesellschaft gehören. Dies wurde sowohl von der Rspr. entschieden (vgl. BFH II B 116/96 v. 4.12.96, BStBl. II 97, 661) als auch von der FinVerw. (vgl. FM Bayern v. 12.12.97, WPg 98, 390, Tz. A. IV.2) anerkannt. Soweit für eine Grundstücksübertragung auf die KG die GrESt-Befreiung des § 5 GrEStG in Anspruch genommen worden ist, kann der Formwechsel zu einem Verlust der Befreiung nach § 5 Abs. 3 GrEStG führen (vgl. BFH II R 2/12 v. 25.9.12; BStBl. II 14, 329; in diesem Fall kommt auch die Steuerbefreiung nach § 3 Nr. 6 GrEStG nicht zur Anwendung).

38–40   *(frei)*

2. Einzelerläuterungen

41   Der Beschluss über den Formwechsel hat in einer **Gesellschafterversammlung** zu erfolgen (nicht im Umlauf- bzw. schriftlichen Verfahren, vgl. § 193 Abs. 1 UmwG) und ist **notariell zu beurkunden** (§ 193 Abs. 3 UmwG).

42   Im vorliegenden Fall empfiehlt sich ein ausführliches Protokoll über die Einberufung und den Ablauf der Gesellschafterversammlung wegen der hier vorliegenden Notwendigkeit der Zustimmung sämtlicher Gesellschafter für den Formwechselbeschluss, wobei aber gleichwohl der im Anschluss daran widersprechende Gesellschafter die Freiheit haben will, sein Abfindungsangebot anzunehmen (s. Rz. 15). Aus diesem Grund sind auch **Verzichtserklärungen** soweit möglich vorab aufzunehmen (vgl. dazu § 1 Abs. 3 für den Verzicht des Herrn A auf das Angebot einer angemessenen Barabfindung). Sodann folgen die Beschlussanträge in § 2 mit dem notwendigen Inhalt gem. §§ 194 Abs. 1 und 218 Abs. 1 UmwG (s. Rz. 16) einschließlich des als Anlage beizufügenden Gesellschaftsvertrags der GmbH und sodann erst in § 3 die Abstimmung mit der namentlichen Aufführung der für den Formwechselbeschluss stimmenden Gesellschafter. Diese Anforderung ergibt sich aus § 217 Abs. 2 UmwG und ist für die Bestimmung der Gründungsgesellschafter iSv. §§ 197, 219 UmwG wegen deren Verpflichtung zur Abgabe des Sachgründungsberichts notwendig.

43   In § 3 Abs. 2 ist sodann der **Widerspruch** des Herrn B gegen den Beschluss gem. § 207 Abs. 1 UmwG zu protokollieren; dabei empfiehlt sich, dass der Mitgesellschafter auf die Einrede der Verletzung der Treuepflicht und eines widersprüchlichen Verhaltens verzichtet.

44   In § 4 folgen die übrigen Verzichtserklärungen, nämlich der Verzicht auf die Prüfung der Angemessenheit des Barabfindungsangebots und die Verzichte auf die Anfechtung der bzw. auf Klagen gegen die Beschlüsse, insbesondere des Formwechselbeschlusses nach § 195 UmwG, um die **Eintragung zu beschleunigen** (vgl. § 16 Abs. 2 Satz 2, 2. Alt. UmwG).

45   Bezüglich der **Kosten** ist uE auch zur Vermeidung von verdeckten Gewinnausschüttungen zu empfehlen, diese (wie sonst bei Gründung) betragsmäßig zu beziffern und darüber hinausgehende Kosten den Gesellschaftern A und B im Verhältnis ihrer Gewinn- und Verlustbeteiligung aufzuerlegen.

46–49   *(frei)*

Erläuterungen zu A. 15.40a Sachgründungsbericht

---

50   Beim Formwechsel in eine Kapitalgesellschaft finden gem. § 197 UmwG die **Gründungsvorschriften** entsprechende Anwendung. Notwendig ist somit nach § 5

Abs. 4 GmbHG ein Sachgründungsbericht, in dem aber über den Umfang des § 5 Abs. 4 GmbHG hinaus gem. § 220 Abs. 2 UmwG zusätzlich **auch der bisherige Geschäftsverlauf und die Lage der formwechselnden Gesellschaft** darzulegen ist. Besondere Ausprägung erfährt der Kapitalschutz durch die ausdrückliche Bestimmung in § 220 Abs. 1 UmwG, wonach der Nennbetrag des Stammkapitals einer GmbH das nach Abzug der Schulden verbleibende Vermögen der formwechselnden Gesellschaft nicht übersteigen darf. Das Vermögen ist dabei zu den wirklichen Werten, dh. zu den Verkehrswerten, anzusetzen (*S/St/Schlitt* § 220 UmwG Rz. 13). Daraus ergibt sich die Notwendigkeit, neben dem Sachgründungsbericht auch sachdienliche **Wertnachweisunterlagen** zu beschaffen und im Rahmen der Handelsregisteranmeldung vorzulegen (vgl. *S/St/Schlitt* § 220 UmwG Rz. 20). Eine Vermögensaufstellung gem. § 192 Abs. 2 UmwG könnte zwar diese Funktion erfüllen, geeigneter ist aber wohl ein spezielles Gutachten eines Wirtschaftsprüfers oder des Steuerberaters über die Verkehrswerte des Vermögens im Zeitpunkt der Anmeldung.

Um einen Zwischenabschluss zu vermeiden, sollte der Beschluss des Formwechsels 51 und die Anmeldung zum Handelsregister möglichst kurz nach Ablauf eines laufenden Geschäftsjahres gefasst werden. Das Werthaltigkeitsgutachten und der Sachgründungsbericht können dann an den auf den Schluss des letzten Geschäftsjahres aufgestellten Jahresabschluss anknüpfen und darauf aufbauend die stillen Reserven erläutern. Dann verkürzt sich auch die Zeit, über die nach § 220 Abs. 2 UmwG zum „bisherigen **Geschäftsverlauf**" im laufenden Geschäftsjahr zu berichten ist, und die Schilderung der Lage der formwechselnden Gesellschaft wird sich in der Praxis an den Lagebericht zum Jahresabschluss anlehnen können.

Der **Sachgründungsbericht** ist von sämtlichen Gründungsgesellschaftern abzuge- 52 ben. Als solche gelten gem. §§ 219, 197 UmwG diejenigen Gesellschafter, die dem Formwechsel zugestimmt haben (dh. ein dem Formwechsel nicht zustimmender Gesellschafter ist insofern geschützt).

Erläuterungen zu A. 15.40b Schreiben an den Betriebsrat

Vgl. A. 15.50 Rz. 71. 53

Erläuterungen zu A. 15.40c Handelsregisteranmeldung

Maßgebliches Registergericht. Dem Formular liegt der Fall zugrunde, dass die 54 A-KG (formwechselnder Rechtsträger) bei demselben Registergericht eingetragen ist, bei dem auch der Rechtsträger neuer Rechtsform (A-GmbH) einzutragen ist; der bisherige und der neue Rechtsträger haben also ihren Sitz in dem Bezirk desselben Registergerichts, in dem der bisherige Rechtsträger bereits im Handelsregister eingetragen ist. In diesem Fall ist gem. § 198 Abs. 1 UmwG die neue Rechtsform des Rechtsträgers zur Eintragung in das Register anzumelden, in dem der formwechselnde Rechtsträger bereits eingetragen ist (*W/M/Vossius* § 198 UmwG Rz. 7 ff.).

Würde der **Sitz** der A-GmbH (Rechtsträger neuer Rechtsform) außerhalb des Be- 55 zirks des Registergerichts der A-KG liegen, wäre nach § 198 Abs. 2 Satz 2, Alt. 2, Satz 3 UmwG sowohl bei dem für den künftigen Rechtsträger zuständigen Register, daneben aber auch bei dem für den formwechselnden Rechtsträger zuständigen Register anzumelden. In diesem Fall würde die Eintragung des Formwechsels im Register des bisherigen Rechtsträgers (A-KG) zunächst mit einem **Vorbehaltsvermerk** eingetragen werden, sofern nicht die Eintragungen bei allen Rechtsträgern am selben Tag erfolgen (§ 198 Abs. 2 Satz 4 UmwG). Erst danach wäre im Register des neuen Rechtsträgers der Formwechsel einzutragen (§ 198 Abs. 2 Satz 5 UmwG); nach Mitteilung des Registers des neuen Rechtsträgers an das Register des alten Rechtsträgers

kann dann auch der Vorbehaltsvermerk iSv. § 198 Abs. 2 Satz 4 UmwG, sofern eingetragen, gelöscht und das Registerblatt geschlossen werden (vgl. *W/M/Vossius* § 198
UmwG Rz. 19 ff. und zu anderen Fällen Rz. 12 ff.).

56   **Person des Anmelders:** Im vorliegenden Fall ist die **Anmeldung durch alle** für
den Rechtsträger neuer Rechtsform (A-GmbH) **bestellten Geschäftsführer** abzugeben (§§ 222 Abs. 1, 197 UmwG iVm. § 7 GmbHG); wenn ein Aufsichtsrat bestehen
muss, zusätzlich auch durch alle Mitglieder des Aufsichtsrats (§ 222 Abs. 1 UmwG).
Wechselt die Zuständigkeit des Registergerichts (wegen abweichenden Sitzes der A-
GmbH), kann die nach § 198 Abs. 2 Satz 3 UmwG vorzunehmende weitere Anmeldung zum Register des Sitzes der formwechselnden Gesellschaft (A-KG) auch von deren Vertretungsorganen (hier also Komplementär der A-KG) vorgenommen werden
(§ 222 Abs. 3 UmwG).

57   Die anmeldenden Personen (im Fall des Formulars sämtliche Geschäftsführer der A-
GmbH) haben auch die Erklärungen nach § 16 Abs. 2 iVm. § 198 Abs. 3 UmwG abzugeben (**Negativerklärung** über Nichtanfechtung des Umwandlungsbeschlusses,
vgl. *W/M/Vossius* § 198 UmwG Rz. 32).

58   **Inhalt der Anmeldung** ist sowohl der Formwechsel selbst, der Abschluss des Gesellschaftsvertrags (entsprechende Folgeänderung), die Bestellung neuer Vertretungsorgane sowie die Erklärung nach § 16 Abs. 2 iVm. § 198 Abs. 3 UmwG (Negativerklärung), falls diese nicht wegen der notariell beurkundeten Anfechtungs- bzw.
Klageverzichtserklärung nach § 16 Abs. 2 Satz 2 Hs. 2 iVm. § 198 Abs. 3 UmwG entfällt. Wegen der Gründung der GmbH sind die Bestellung der Geschäftsführer mit
konkreter Vertretungsbefugnis (§§ 7 Abs. 1, 8 Abs. 4 GmbHG) und die abstrakte Vertretungsbefugnis anzumelden sowie die Versicherungen nach § 8 Abs. 2 und Abs. 3
GmbHG abzugeben.

59   Als **Anlagen** sind der Anmeldung nach § 199 UmwG beizufügen: Niederschrift des
Umwandlungsbeschlusses in (empfohlener zweifacher – wegen unterschiedlicher Ab-
teilungen –) Ausfertigung oder öffentlich beglaubigter Abschrift, die nach dem
UmwG erforderlichen Zustimmungserklärungen einzelner Anteilsinhaber, einschließlich evtl. erforderlicher Zustimmungen einzelner nicht erschienener Anteilsinhaber,
der Umwandlungsbericht bzw. die Verzichtserklärung hierfür sowie der Nachweis
über die fristgerechte Zuleitung des Entwurfs des Umwandlungsbeschlusses an den
Betriebsrat.

60   Wegen der **Sachgründung der A-GmbH** sind (über § 197 UmwG) weiter die
sich aus dem GmbH-Gesetz ergebenden Unterlagen beizufügen, nämlich die unterzeichnete **Liste der Gesellschafter** und der übernommenen Geschäftsanteile (§ 8
Abs. 1 Nr. 3 GmbHG), der Sachgründungsbericht (§ 5 Abs. 4 Satz 2 GmbHG) mit
Unterlagen zur Werthaltigkeit der Sacheinlage (§ 8 Abs. 1 Nr. 5 GmbHG) und – falls
nicht wie im vorliegenden Formular als Anlage zum Umwandlungsbeschluss bereits
enthalten – der Gesellschaftsvertrag (§ 8 Abs. 1 Nr. 1 GmbHG, der gem. § 218 Abs. 1
UmwG im Umwandlungsbeschluss enthalten sein muss, weshalb auch die Unterzeichnung entfällt); aus der Liste der Gesellschafter muss der Name, Vorname, Geburtsdatum und Wohnort der Gesellschafter (hier der Herren A und B) sowie die
Nennbeträge und die laufenden Nummern der von den Gesellschaftern übernommenen Geschäftsanteile ersichtlich sein (vgl. § 40 Abs. 1 GmbHG). Der Beschluss über
die Geschäftsführerbestellung (der nicht zwingender Inhalt des Umwandlungsbeschlusses ist, aber zweckmäßigerweise bei dessen Beurkundung mitgefasst wird), ist anzumelden mit jeweils konkreter und abstrakter Vertretungsregelung.

61   Die **Anmeldung** selbst ist seit dem 1.1.07 **elektronisch in öffentlich beglaubigter Form** zum Handelsregister einzureichen (§ 12 Abs. 1 Satz 1 HGB), s. dazu *Baum-
bach/Hopt/Hopt* § 12 HGB Rz. 1). Zur Form der Anmeldung s. A. 15.60 Rz. 41. Die
beglaubigte Abschrift des Umwandlungsbeschlusses nebst Anlagen ist ebenfalls elektronisch und mit einem einfachen elektronischen Zeugnis versehen einzureichen (§ 12

Abs. 2 Satz 1 und Satz 2, 2. Hs. HGB; vgl. *Baumbach/Hopt/Hopt* § 12 HGB Rz. 7; *Seibert/Decker* DB 06, 2447). Die übrigen Dokumente, die in Urschrift einzureichen sind, sind in einer elektronischen Aufzeichnung zu übermitteln, eine elektronische Signatur ist nicht erforderlich (§ 12 Abs. 2 Satz 2, 2. Hs. HGB; vgl. *Baumbach/Hopt/Hopt* § 12 HGB Rz. 7). An dem materiellen Inhalt der Handelsregisteranmeldung hat sich nichts geändert.

Der Formwechsel wird vom zuständigen Registergericht in dem Register des **62** Rechtsträgers der neuen Rechtsform (GmbH: Abteilung B) eingetragen und in einem elektronischen Informations- und Kommunikationssystem des jeweiligen Bundeslandes bekannt gemacht (§ 201 Satz 1 UmwG iVm. § 10 nF, vgl. *Baumbach/Hopt/Hopt* § 10 HGB Rz. 1). Der **bisherige Rechtsträger** (KG: Abteilung A) wird **gelöscht.** Der Bekanntmachung der Eintragung der neuen Rechtsform GmbH wird der Hinweis an die Gesellschaftsgläubiger nach § 204 iVm. § 22 UmwG hinzugefügt (§ 22 Abs. 1 Satz 3 UmwG).

Mit Eintragung der neuen Rechtsform in das Handelsregister treten die in § 202 **63** UmwG genannten **Rechtsfolgen des Formwechsels** ein:
- Wechsel der auf den Rechtsträger anwendbaren Bestimmungen (§ 202 Abs. 1 Nr. 1 UmwG),
- Beteiligung der Anteilsinhaber an dem Rechtsträger neuer Form (§ 202 Abs. 1 Nr. 2 Satz 1 UmwG),
- Fortbestehen von Rechten Dritter an Anteilen von Gesellschaftern durch Surrogation (§ 202 Abs. 1 Nr. 2 Satz 2 UmwG),
- Heilung von Mängeln der notariellen Beurkundung des Beschlusses und der Zustimmungs- oder Verzichtserklärungen einzelner Anteilsinhaber (§ 202 Abs. 1 Nr. 3 UmwG),
- Mängel des Formwechsels (zB kein Umwandlungsbericht, kein Barabfindungsangebot, keine Durchführung einer Prüfung) berühren die Wirkung der Eintragung nicht (§ 202 Abs. 3 UmwG).

Eine **Grundbuchberichtigung** nach § 22 GBO ist **nicht erforderlich.** Es genügt **64** die Richtigstellung des Grundbuchs (vgl. OLG München 34 Wx 70/15 v. 30.11.15, RNotZ 16, 197), die von Amts wegen zu erfolgen hat (*S/St/Kübler* § 202 UmwG Rz. 8). Die formgewandelte Gesellschaft kann unter Vorlage beglaubigter Handelsregisterauszüge auf die notwendige Richtigstellung hinweisen. Gleiches gilt für andere öffentliche Register wie Patentrolle und Markenregister.

A. 15.50 Formwechsel: Umwandlung einer GmbH in GmbH & Co. KG

Gliederung

I. FORMULARE

Formular A. 15.50 Formwechselbeschluss

Formwechselbeschluss

Heute, den ......, erschien vor mir, ..., Notar in ......, in meinen Amtsräumen in ......
Frau A ...... *[Beruf/Wohn-Geschäftsadresse].*

Frau A erklärte, nachfolgend zu handeln:

– in eigenem Namen als Inhaberin von voll eingezahlten Geschäftsanteilen im Nennbetrag von insgesamt € 49.900,– an der A-GmbH mit Sitz in A-Stadt, eingetragen im Handelsregister des Amtsgerichts A-Stadt unter HRB ...... sowie

– als einzelvertretungsberechtigte und von den Beschränkungen des § 181 BGB befreite alleinige Geschäftsführerin der B-GmbH mit Sitz in B-Stadt, eingetragen im Handelsregister des Amtsgerichts B-Stadt unter HRB ......, die einen Geschäftsanteil im Nennbetrag von € 100,– an der A-GmbH mit Sitz in A-Stadt hält.

Feststellung der Vertretungsberechtigung von Frau A für B-GmbH mit Sitz in B-Stadt ....

Frau A bat um notarielle Beurkundung des nachfolgenden Umwandlungsbeschlusses gem. §§ 190 ff., 226 ff. UmwG (nachfolgend: Formwechselbeschluss):

Präambel

(1) Das Stammkapital der A-GmbH mit Sitz in A-Stadt beträgt € 50.000,– und ist nach Angabe voll einbezahlt. Die Geschäftsanteile werden wie folgt gehalten:

– Frau A hält einen Geschäftsanteil im Nennbetrag von insgesamt € 49.900,–,

– die B-GmbH mit Sitz in B-Stadt hält einen Geschäftsanteil im Nennbetrag von € 100,–.

(2) Die B-GmbH hat ihren Geschäftsanteil im Nennbetrag von € 100,– durch notarielle Urkunde vom ...... (UrkRNr. ...... des Notars ...... in ......) von Frau A in Vorbereitung auf den heute zu fassenden Formwechselbeschluss unentgeltlich, treuhänderisch mit der Maßgabe erworben, dass mit Vollzug des Formwechsels der A-GmbH in eine GmbH & Co. KG die an die Stelle des Geschäftsanteils im Nennbetrag von € 100,– tretenden festen und variablen Kapitalanteile von dieser als künftige Komplementärin an Frau A rückabgetreten werden. Frau A hat diese – mit der Eintragung des Formwechsels gem. § 202 Abs. 1 UmwG aufschiebend bedingt wirksame Rückabtretung – bereits in der vorgenannten Urkunde vom ...... angenommen.

(3) Im Hinblick auf den seit Erwerb sämtlicher Geschäftsanteile an der A-GmbH mit Sitz in A-Stadt durch Frau A im Jahre ...... verringerten Geschäftsumfang soll die Rechtsform dieser Gesellschaft mit dem nachfolgenden Formwechselbeschluss in die einer Personenhandelsgesellschaft mit Haftungsbeschränkung geändert werden, dh. in die Rechtsform einer GmbH & Co. KG umgewandelt werden.

(4) Der Unternehmensgegenstand der A-GmbH, nämlich ......, genügt aber weiterhin den Anforderungen des § 105 Abs. 1 und 2 HGB. Deshalb ist der Formwechsel in eine Personenhandelsgesellschaft gem. § 228 Abs. 1 UmwG möglich.

(5) Es wird festgestellt, dass der Entwurf des Formwechselbeschlusses dem Betriebsrat der A-GmbH mit Sitz in A-Stadt am ...... zugeleitet wurde.

Gesellschafterversammlung der A-GmbH mit Sitz in A-Stadt mit Beschluss des Formwechsels

§ 1 Gesellschafterversammlung

Da sämtliche Gesellschafter der A-GmbH vertreten sind, erklärt Frau A hiermit, eine außerordentliche Gesellschaftervollversammlung der A-GmbH abzuhalten, und zwar soweit wie möglich unter Verzicht auf die Einhaltung aller nach Gesetz und Gesellschaftsvertrag vorgesehenen Form- und Fristvorschriften und einstimmig was folgt zu beschließen.

§ 2 Verzichtserklärungen

(1) Auf die Erstellung eines Umwandlungsberichts iSv. § 192 Abs. 1 UmwG wird hiermit gem. § 192 Abs. 2 UmwG verzichtet.

(2) Auf die schriftliche Ankündigung des Formwechsels als Gegenstand der Beschlussfassung, spätestens zusammen mit der Einberufung der Gesellschafterversammlung, die den Formwechsel beschließen soll, und die Übersendung des Entwurfs des Formwechselbeschlusses gem. § 230 Abs. 1 UmwG wird verzichtet.

(3) Auf die Abgabe eines Abfindungsangebots gem. § 207 UmwG wird verzichtet; dementsprechend entfällt auch das Recht, die Prüfung des Barabfindungsangebots zu verlangen (§ 208 iVm. § 30 Abs. 2 Satz 3 UmwG).

§ 3 Formwechselbeschluss

(1) Die A-GmbH mit Sitz in A-Stadt wird gem. §§ 190 ff., 233 Abs. 1 UmwG als formwechselnder Rechtsträger iSv. § 191 Abs. 1 Nr. 2 iVm. § 3 Abs. 1 Nr. 2 UmwG in eine Kommanditgesellschaft iSv. § 191 Abs. 2 Nr. 2 UmwG als Rechtsträger neuer Rechtsform unter der Firma „A-GmbH & Co. KG" mit Sitz in A-Stadt umgewandelt. Komplementärin ist die B-GmbH ohne Kapitaleinlage. Alleinige Kommanditistin ist Frau A, ... [Beruf/Wohn-Geschäftsadresse] mit einer Hafteinlage von € 5.000,–. Am Gewinn und Verlust der A-GmbH & Co. KG ist nur Frau A als alleinige Kommanditistin beteiligt. Die Komplementärin, die B-GmbH, ist am laufenden Gewinn und Verlust im Innenverhältnis nicht beteiligt, sondern erhält lediglich Ersatz ihrer Auslagen und eine Haftungsvergütung in Höhe von € ......,– jährlich. Die darüber hinaus vorhandenen Eigenkapitalanteile (Stammkapital von € 50.000,– und Bilanzgewinn von € 6.000,–) von insgesamt € 56.000,– sind wie folgt gutzuschreiben:

– € 5.000,– dem Einlagenkonto der Kommanditistin und

– in Höhe von € 51.000,– dem Verrechnungskonto der Kommanditistin, Frau A (einschließlich der anteiligen Gutschriften für die Komplementärin) auf Grund der Vereinbarung vom ...... (s. Präambel Abs. 2).

(2) Im Innenverhältnis soll der Formwechsel als zum 31.12.01, 24.00 Uhr erfolgt gelten.

(3) Sonderrechte iSv. § 194 Abs. 1 Nr. 5 UmwG für einzelne Anteilsinhaber der A-GmbH oder Dritte bestehen nicht und werden daher auch im Rahmen des Formwechsels nicht gewährt.

(4) Zu den Folgen des Formwechsels für die Arbeitnehmer und ihre Vertretungen sowie die insoweit vorgesehenen Maßnahmen wird wie folgt berichtet:

Der vorstehend beschlossene Formwechsel hat für die Arbeitnehmer der A-GmbH, mit Ausnahme der Änderung der Direktionsbefugnis, keine Rechtsfolgen; insbesondere stellt der Formwechsel keinen Betriebsübergang iSv. § 613a Abs. 1 BGB dar.

Die Direktionsbefugnis wird zukünftig durch die alleinige Komplementärin, die B-GmbH, durch ihre jeweiligen Geschäftsführer ausgeübt. Die bisher gewählten Betriebsräte bleiben als solche weiter bestehen.

Die A-GmbH unterlag bisher nicht der Mitbestimmung; daran ändert sich auch durch den Formwechsel nichts.

§ 4 Verzicht auf Anfechtungsrechte und Klage gegen Formwechselbeschluss

Auf das Recht, die vorstehenden Beschlüsse, insbesondere den Formwechselbeschluss anzufechten oder dagegen Klage gem. § 195 UmwG zu erheben, wird verzichtet.

§ 5 Kosten

Die Kosten dieser Urkunde und ihres Vollzugs trägt der formwechselnde Rechtsträger, die A-GmbH mit Sitz in A-Stadt.

....

[Unterschrift Frau A]

Formular A. 15.50a Schreiben an den Betriebsrat

Von: Geschäftsleitung A-GmbH   A-Stadt, den ......

An: Betriebsrat der A-GmbH in A-Stadt

z. Hd. des/der Vorsitzenden des Betriebsrats

Herrn/Frau ......

gegen Empfangsbekenntnis

Betreff: Bevorstehender Beschluss des Formwechsels der A-GmbH in die
           A-GmbH & Co. KG mit dem Sitz in A-Stadt

Sehr geehrte(r) Frau/Herr ......,

in der voraussichtlich am ...... stattfindenden Gesellschaftervollversammlung der A-GmbH mit Sitz in A-Stadt ist beabsichtigt, den beigefügten Entwurf des Beschlusses über die formwechselnde Umwandlung der A-GmbH in die A-GmbH & Co. KG mit Sitz in A-Stadt in notariell beurkundeter Form zu fassen. Ich übermittele Ihnen hiermit den Entwurf gem. § 194 Abs. 2 UmwG. Ich bitte, auf die Einhaltung der Monatsfrist des § 194 Abs. 2 UmwG zu verzichten, den Erhalt dieses Schreibens und der Anlage auf der beigefügten Kopie dieses Schreibens zu bestätigen und an mich als alleinige Geschäftsführerin der A-GmbH im Hinblick auf den Nachweis im Zuge der Anlagen zur Handelsregisteranmeldung gem. § 199 UmwG zurück zu schicken.

....

[A-GmbH, vertreten durch Frau A]

Hiermit bestätige ich als Vorsitzende(r) des Betriebsrats den Erhalt dieses Schreibens nebst dem als Anlage beigefügten Entwurf des Formwechselbeschlusses und verzichte auf die Einhaltung der Monatsfrist des § 194 Abs. 2 UmwG.

....

[Ort/Datum]   [Betriebsratsvorsitzende(r) der A-GmbH
                                                   in A-Stadt]

Formular A. 15.50b Handelsregisteranmeldung

An das

Amtsgericht A-Stadt

– Handelsregister –

HRB ...... Firma A-GmbH mit Sitz in A-Stadt

Als einzelvertretungsberechtigte und alleinige Geschäftsführerin der vorstehend genannten Gesellschaft melde ich gem. §§ 235 Abs. 2, 198 UmwG zur Eintragung in das Register an:

1. Die neue Rechtsform als Kommanditgesellschaft unter der Firma „A-GmbH & Co. KG" mit Sitz in A-Stadt und Geschäftsräumen in ...... einzutragen.

2. Die Kommanditgesellschaft betreibt ...... *[Angabe des Gewerbes]*.

3. Gesellschafter sind:
   - B-GmbH mit Sitz in B-Stadt, als alleinige persönlich haftende Gesellschafterin (Komplementärin),
   - Frau A, ... *[Beruf/Wohn- bzw. Geschäftsadresse]* als alleinige Kommanditistin mit einer Einlage von € 5.000,–.

Als Anlage überreiche ich:

I. Beglaubigte Abschrift der Urkunde des Notars ...... in ...... vom ...... (UrkRNr. ......), die ua. folgendes beinhaltet:
   a) Verzichtserklärung zur Erstattung eines Umwandlungsberichts und deshalb auch Entfall der Übersendung desselben gem. § 230 Abs. 1 UmwG,
   b) Verzichtserklärung zur Abgabe eines Abfindungsangebots und deshalb auch Entfall der Prüfung desselben,
   c) Verzicht auf schriftliche Einberufung der Gesellschafterversammlung mit Bezeichnung des Formwechsels als Tagesordnungspunkt gem. § 230 Abs. 1 UmwG und Übersendung des Entwurfs des Umwandlungsbeschlusses,
   d) mit allen Stimmen gefasster Beschluss über den Formwechsel,
   e) Verzicht auf das Recht der Anfechtung der Beschlüsse, bzw. das Klagerecht insbesondere bzgl. des Formwechselbeschlusses nach § 195 UmwG; ich erkläre diesbzgl., dass eine Klage gegen die Wirksamkeit des Formwechselbeschlusses innerhalb der gesetzlichen Frist nicht erhoben worden ist.

II. Nachweis über die rechtzeitige Zuleitung des Entwurfs des Formwechselbeschlusses an den Betriebsrat der Gesellschaft gem. § 194 Abs. 2 UmwG bzw. über Verzicht auf die Rechtzeitigkeit.

Nach Eintragung bitte ich um Übersendung eines beglaubigten Handelsregisterauszugs an die Gesellschaft und den beglaubigenden Notar.

....

[Frau A für A-GmbH]

....

[Beglaubigungsvermerk]

II. ERLÄUTERUNGEN

Erläuterungen zu A. 15.50 Formwechselbeschluss

1. Grundsätzliche Anmerkungen

a) Wirtschaftliches Vertragsziel

Das vorstehende Formular bezweckt den Wechsel der Rechtsform von einer **1** GmbH in eine GmbH & Co. KG unter Anwendung der Regelung der §§ 190 ff.

UmwG bei weitestgehenden Verzichtserklärungen (vgl. *Breuninger* in FS Widmann S. 203 ff.). Im Regelfall werden die Gesellschafter auf die Beschränkung der Haftung auch zukünftig nicht verzichten wollen; deshalb sieht das Formular den Formwechsel in eine GmbH & Co. KG vor. Die Regelungen in §§ 190 ff., 202 Abs. 1 Nr. 2 UmwG gehen aber von der Identität der bisher beteiligten Anteilsinhaber auch in Bezug auf deren Beteiligungsverhältnisse nach dem Formwechsel aus. Da zudem eine Personenhandelsgesellschaft zwingend zwei Gesellschafter hat, muss die **zukünftige Komplementär-GmbH vor oder jedenfalls mit dem Formwechsel der Gesellschaft beitreten, die ihre Form wechseln soll,** hier der GmbH (wenn nicht eine andere Kapitalgesellschaft bereits Gesellschafterin ist und diese die Funktion einer Komplementärin übernehmen würde). Auch ein Beitritt nach Umwandlungsbeschluss und mit Wirksamkeit (dh. Eintragung) des Formwechsels ist ausreichend (vgl. Bay-ObLG 3 Z BR 321/99 v. 4.11.99, NZG 00, 166; BGH II ZR 29/03 v. 9.5.05, NZG 05, 722 ff.; jüngst auch OLG Oldenburg 5 W 43/19 v. 19.12.19, NZG 20, 193). Für den häufigen Fall einer GmbH mit nur (einer oder mehreren) natürlichen Personen als Gesellschafter muss daher erst die **zukünftige Komplementär-GmbH gegründet** werden und diese muss als Gesellschafter der formwechselnden Gesellschaft beitreten (*S/St/Ihrig* § 228 UmwG Rz. 14). Umstritten ist, zu welchem Zeitpunkt der Beitritt erfolgen muss: zum Zeitpunkt des Formwechselbeschlusses oder zum Zeitpunkt des Wirksamwerdens des Formwechsels (vgl. *S/St/Ihrig* § 228 UmwG Rz. 14; *S/H/S/Stratz* § 226 UmwG Rz. 3 jeweils mwN der Lit. und Rspr). Die besseren Gründe sprechen, wie von der hM in der Lit. angeführt, dafür, dass der Beitritt des Gesellschafters auf den Zeitpunkt des Wirksamwerdens des Formwechsels erfolgen kann (so auch OLG Oldenburg 5 W 43/19 v. 19.12.19, NZG 20, 194 f.), die Beteiligung also nicht schon vorher erworben worden sein muss. Für die Praxis empfiehlt sich jedoch die vorherige Abstimmung mit dem zuständigen Handelsregister.

2 Der Beitritt des weiteren Gesellschafters kann daher einerseits auf sicherem Wege durch Übernahme eines **Geschäftsanteils** erfolgen (*W/M/Vossius* § 202 UmwG Rz. 45 und § 228 UmwG Rz. 91 ff.; *Lutter/Happ/Göthel* § 228 UmwG Rz. 27 ff.; auch die treuhänderische Übernahme des Geschäftsanteils ist möglich; zu weiteren Gestaltungsmöglichkeiten, auch zu der hier vorgesehenen aufschiebend bedingten Rückübertragung der künftigen Kapitalkonten der Komplementär-GmbH in der GmbH & Co. KG an den Treugeber, vgl. *Haritz/Benkert/Benkert/Menner* § 14 UmwStG Rz. 18; *Lutter/Happ/Göthel* § 228 UmwG Rz. 27 ff.; *W/M/Vossius* Anh. 4, Mustersatz 21, Rz. M152). Das Formular sieht die Durchführung dieser sicheren Variante und damit die treuhänderische Übernahme eines Geschäftsanteils von € 100,– vor Beschlussfassung über den Formwechsel vor. Es käme aber auch die Übernahme eines Geschäftsanteils im Mindestnennbetrag von € 1,– in Betracht. (vgl. § 5 Abs. 2 S. 1 GmbHG). Nachteil dieser Variante ist, dass eine notarielle Beurkundung der Übernahme dieses Geschäftsanteils durch die B-GmbH erforderlich ist. Andererseits können in dem Formwechselbeschluss der Gesellschafter weitere Gesellschafter ihren Beitritt zum Zeitpunkt des Wirksamwerdens des Formwechsels erklären und die beschließenden Gesellschafter diesen Beitritt annehmen.

3 **Wirtschaftliche Motive** für den Formwechsel von einer Kapital- in eine Personengesellschaft können vielfältig vorliegen, zB die leichtere Handhabung von Personengesellschaften, die höhere Flexibilität, die geringere Eigenkapitalbindung und vielfältige steuerliche Motive. **Steuerliche Vorteile** können generell sein: Schenkung- und erbschaftsteuerliche Aspekte, wenn an der Kapitalgesellschaft keine begünstigte Beteiligung besteht (und dies auch nicht mit entspr. Poolverträgen geschaffen werden kann), die Möglichkeit der Verrechnung von Verlusten aus der Gesellschaft einkommensteuerlich mit anderen Einkünften der Gesellschafter, Ertragsteuertariffälle bei der laufenden Besteuerung wenn pers. ESt-Satz nach GewSt-Anrechnung geringer als KSt und GewSt bei GmbH mit 60%iger ESt-Basis auf Gewinnausschüttungen ist. Daneben kann auch

die zukünftige Inanspruchnahme des ermäßigten (ab 2004: 56% Ansatz) durchschnittlichen Einkommensteuersatzes nach § 34 Abs. 3 EStG (ohne Behaltefristen analog § 3 Nr. 40 Sätze 4 und 5 EStG) ein steuerliches Motiv für den Formwechsel in eine Personengesellschaft sein, wenn natürliche Personen Gesellschafter sind.

Die weitestgehenden **Verzichtserklärungen** (insbes. bzgl. Umwandlungsbericht **4** mit zeitnaher Vermögensaufstellung, Verpflichtung zur Abgabe von Barabfindungsangebot und evtl. Prüfung der Angemessenheit des Barabfindungsangebots auf Anforderung) sind nur bei einem kleinen voll informierten Gesellschafterkreis und bei gleichgerichteten Interessen möglich; ansonsten ist der Formwechsel nur mit einem relativ hohen Aufwand zu vollziehen.

(frei)   **5**

b) Zivilrecht

Der Wechsel der Rechtsform einer GmbH (Kapitalgesellschaft iSv. § 191 Abs. 1 **6** Nr. 2 iVm. § 3 Abs. 1 Nr. 2 UmwG) ist möglich in folgende neue Rechtsformen:
- in eine Gesellschaft bürgerlichen Rechts (§§ 191 Abs. 2 Nr. 1, 228 Abs. 2 UmwG),
- in eine Personenhandelsgesellschaft, dh. OHG oder KG bzw. Partnerschaftsgesellschaft (§§ 191 Abs. 2 Nr. 2 iVm. 126 ff. UmwG),
- in Kapitalgesellschaften, dh. AG oder KGaA (§ 191 Abs. 2 Nr. 3 UmwG) und
- in eingetragene Genossenschaften.

Zum Überblick über die zulässigen Formwechsel vgl. *W/M/Vossius* § 191 UmwG Rz. 20 f.

Der Formwechsel geht von der **Identität des Rechtsträgers** (§ 202 Abs. 1 Nr. 1 **7** UmwG: „Der formwechselnde Rechtsträger besteht in der in dem Umwandlungsbeschluss bestimmten Rechtsform weiter") und von der Identität der beteiligten Anteilsinhaber und deren Beteiligungsverhältnisse aus (§ 202 Abs. 1 Nr. 2 UmwG), soweit deren Beteiligung nicht entfällt (zB Komplementäre einer formwechselnden KGaA oder bestimmte Mitglieder eines formwechselnden Versicherungsvereins auf Gegenseitigkeit), und zwar auch bei Gesellschaftern, die auf Grund der Annahme eines Abfindungsangebots gem. §§ 207, 208 iVm. § 30 UmwG erst nach dem Formwechsel ausscheiden (§ 209 Satz 1 UmwG).

Aufgrund der **Identität des Vermögensbestandes** entfällt beim Formwechsel die **8** Notwendigkeit der Regelung der Vermögensübertragung (wie in §§ 4 ff. UmwG bei der Verschmelzung, § 126 UmwG im Spaltungs- und Übernahmevertrag oder § 136 UmwG für den Spaltungsplan). Der umfassenden Information der Gesellschafter vor Beschlussfassung dient allerdings der **Umwandlungsbericht** gem. § 192 Abs. 1 UmwG. Eine Vermögensaufstellung ist nunmehr dem Umwandlungsbericht nicht mehr beizufügen (vgl. § 194 UmwG idF des Zweiten Gesetzes zur Änderung des UmwG v. 19.4.07, BGBl. I 07, 542). Der Umwandlungsbericht entfällt bei der sog. „Ein-Mann-Gesellschaft" (gem. § 192 Abs. 2 Satz 1, 1. Alt. UmwG), bei einer Personenhandelsgesellschaft mit ausschließlich geschäftsführungsbefugten Gesellschaftern (gem. § 215 UmwG) und wenn alle Gesellschafter (bzw. alle berechtigten Gesellschafter) in notariell beurkundeter Form auf den Umwandlungsbericht in notariell beurkundeter Form verzichten (§ 192 Abs. 2 Satz 1, 2. Alt. und Satz 2 UmwG).

Der **Inhalt des Umwandlungsberichts** gem. § 192 Abs. 1 UmwG entspricht im **9** Wesentlichen dem Inhalt eines Verschmelzungsberichts gem. § 8 Abs. 1 UmwG (vgl. dazu A. 15.63 Rz. 10 ff. mwN sowie *W/M/Mayer* § 192 UmwG Rz. 1, 7 und 32). Der Bericht hat also sowohl den Formwechsel als solchen als auch den Formwechselbeschluss iE in rechtlicher und wirtschaftlicher Hinsicht zu erläutern. Er hat zur Erläuterung des Formwechsels als solchem die rechtlichen und wirtschaftlichen Gründe anzuführen, welche den Formwechsel als das geeignete Mittel zur Verfolgung des Unternehmenszwecks erscheinen lassen; dies erfordert die Angabe der erhofften Verbesserungen für das Unternehmen, die Anteilseigner und/oder die Mitarbeiter. Die rechtliche Struktur der Beteiligung der Anteilsinhaber ist insbes. im Hinblick auf Minderheitsrechte und Beteiligungsquoten iE darzulegen und zu erläutern. Auch die **Unternehmensbewertung** ist gerade wegen zwingender Abfindungsangebote aufzuzeigen. Die Wertverhältnisse sind detailliert und durch Zahlenangaben zu belegen, so dass eine Plausibilitätskontrolle und Kontrolle auf Stichhaltigkeit möglich ist. Die Bewertungsmethode ist allerdings nicht zu erläutern. Die Tatsachen, deren Bekanntwerden geeignet sind, dem Unternehmen oder einem verbundenen Unternehmen einen nicht unerheblichen Nachteil zuzufügen, müssen nicht angegeben werden, jedoch sind die Gründe für die Nicht-Angabe in den Bericht aufzunehmen (§§ 8 Abs. 2 iVm. 192 Abs. 1 Satz 2 UmwG). Inhalt des Umwandlungsberichts ist daneben grds auch **der Entwurf des Gesellschaftsvertrags des neuen Rechtsträgers.**

10   Die Erstellung des Umwandlungsberichts kann sehr aufwändig sein. In der Praxis empfiehlt es sich daher, rechtzeitig mit allen Gesellschaftern bzw. Berechtigten die **Möglichkeit des Verzichts auf den Umwandlungsbericht** zu erörtern, und die Verzichtserklärungen möglichst frühzeitig vorab in notariell beurkundeter Form einzuholen (*Lutter/Decher* § 192 UmwG Rz. 49 ff.). Als **Wertnachweisfunktion** für die Erbringung von Einlagen im Zeitpunkt des Formwechsels wird der Umwandlungsbericht nicht ausreichen, so dass sich uE anbietet, ein Wirtschaftsprüfergutachten über den Unternehmenswert anzufordern sowie den Formwechselbeschluss möglichst zeitnah zu einem Jahresabschlussstichtag zu fassen, zu dem auch der Jahresabschluss vorliegt und an den das Wirtschaftsprüfergutachten anknüpfen kann. Eine Unterrichtung der Anteilsinhaber über wesentliche Veränderungen des Vermögens ist – anders als gegenüber Aktionären gemäß Drittem Gesetz zur Änderung des UmwG v. 14.7.11 (BGBl. I 11, 1338) – nicht erforderlich.

11   Der Formwechselbeschluss ist als „**Umwandlungsbeschluss**" in einer **Gesellschafterversammlung** (nicht im Umlaufverfahren oder in schriftlichem Verfahren) zu fassen (§ 193 Abs. 1 UmwG) und notariell zu beurkunden (§ 193 Abs. 3 UmwG). Für den Formwechsel von einer GmbH in eine Personenhandelsgesellschaft ergibt sich der notwendige Inhalt des Umwandlungsbeschlusses aus § 194 Abs. 1 und § 234 UmwG. **Mindestinhalt** ist danach:

12   – die neue Rechtsform, vorzugsweise in ausgeschriebener Form (§ 194 Abs. 1 Nr. 1 UmwG; *Lutter/Decher* § 194 UmwG Rz. 5),

13   – Firma und Sitz des neuen Rechtsträgers (§ 194 Abs. 1 Nr. 2 und § 234 Nr. 1 UmwG; zur Firma vgl. § 200 iVm. § 18 Abs. 1 Satz 2 und 3 UmwG sowie die für die jeweilige Rechtsform geltenden Vorschriften, vgl. dazu *W/M/Vollrath* § 194 UmwG Rz. 6 f.),

14   – die Beteiligung der bisherigen Anteilsinhaber an dem Rechtsträger nach den für die neue Rechtsform geltenden Vorschriften (§ 194 Abs. 1 Nr. 3 UmwG) nach Art und Umfang der Mitgliedschaft in der Personenhandelsgesellschaft (§ 194 Abs. 1 Nr. 4 und § 234 Nr. 2 UmwG). Beim Formwechsel in eine Kommanditgesellschaft insbesondere die namentliche Bezeichnung der Komplementäre und Kommanditisten, zweckmäßigerweise bereits in der Form, wie sie zur Anmeldung zum Handelsregister erforderlich ist (dh. mit Beruf und Anschrift), der von ihnen übernommenen Stellung (Komplementär oder Kommanditist) und bei Kommanditisten zusätzlich Angabe der Einlage (Hafteinlage und evtl. davon abweichende bedungene Einlage) sowie Angaben über das Schicksal der Eigenkapitalkonten bei der bisherigen GmbH im Rahmen der zukünftigen KG (Verrechnung mit den Einlagen, darüber hinausgehende Beträge entweder durch Gutschrift auf variablen Kapitalkonten oder als Darlehensgewährung),

15   – Angabe zu Sonderrechten einzelner Anteilsinhaber sowie besondere Rechte Dritter (§ 194 Abs. 1 Nr. 5 UmwG) und die dafür vorgesehenen Maßnahmen (bei einem GmbH-Gesellschafter zB Vorabgewinn oder Mehrstimmrecht, Schuldverschreibungen oder Genussrechte, vgl. *Lutter/Decher* § 194 UmwG Rz. 16 ff.),

– Abfindungsangebot nach § 207 UmwG, es sei denn der Umwandlungsbeschluss be- **16** darf zu seiner Wirksamkeit der Zustimmung aller Anteilsinhaber (§ 194 Abs. 1 Nr. 6, 2. Hs., 1. Alt. UmwG, zB bei einem Formwechsel in eine GbR oder OHG nach § 233 Abs. 1 UmwG), oder wenn an dem formwechselnden Rechtsträger nur ein Anteilsinhaber beteiligt ist (§ 194 Abs. 1 Nr. 6, 2. Halbs., 2. Alt. UmwG). Grundsätzlich ist das Abfindungsangebot an alle Gesellschafter, dh. auch an solche, die einen Formwechsel über ein Zustimmungsrecht verhindern könnten, zu richten; auf das Barabfindungsangebot kann jedoch gesondert notariell beurkundet verzichtet werden (vgl. *Lutter/Decher* § 194 UmwG Rz. 23),

– Folgen des Formwechsels für die Arbeitnehmer und ihre Vertretungen sowie die **17** insoweit vorgesehenen Maßnahmen (§ 194 Abs. 1 Nr. 7 UmwG); diese Bestimmung entspricht § 5 Abs. 1 Nr. 9 UmwG für die Verschmelzung bzw. § 126 Abs. 1 Nr. 11 UmwG für die Aufspaltung; hierzu wird auf A. 15.60 Rz. 34 mwN verwiesen (vgl. *W/M/Vollrath* § 194 UmwG Rz. 46 ff.).

– Der **Gesellschaftsvertrag** der zukünftigen Personenhandelsgesellschaft ist nach **18** §§ 194 Abs. 1, 234 UmwG nicht zwingender Inhalt des Umwandlungsbeschlusses (*W/M/Vollrath* § 194 UmwG Rz. 58). Er ist nunmehr aber nach § 234 Nr. 3 UmwG idF des Zweiten Gesetzes zur Änderung des UmwG v. 19.4.07 (BGBl. I 07, 542) zwingender Bestandteil des Umwandlungsbeschlusses (*Heckschen* DNotZ 07, 452).

Mit der Schilderung der Folgen des Formwechsels für die Arbeitnehmer und ihre **19** Vertretungen sowie der insoweit vorgesehenen Maßnahmen in § 194 Abs. 1 Nr. 7 UmwG eng verknüpft ist die Verpflichtung nach § 194 Abs. 2 UmwG, **den Entwurf des Umwandlungsbeschlusses spätestens einen Monat vor dem Tage der Versammlung der Anteilsinhaber,** die den Formwechsel beschließen soll, dem zuständigen **Betriebsrat des formwechselnden Rechtsträgers** zuzuleiten. Zuständige Betriebsräte sind sämtliche beim formwechselnden Rechtsträger bestehende Betriebsräte (also zB Konzernbetriebsrat, Gesamtbetriebsrat und Betriebsräte für die jeweiligen Betriebe). Es empfiehlt sich ein Übermittlungsschreiben mit Empfangsquittung wegen des im Rahmen der Anlagen zur Handelsregisteranmeldung gem. §§ 199, 194 Abs. 2 UmwG vorgesehenen Nachweises über die rechtzeitige Zuleitung. Nach überwiegender Ansicht in der Literatur können die Betriebsräte auf die Einhaltung der Monatsfrist des § 194 Abs. 2 UmwG verzichten. Dies ergibt sich daraus, dass

– § 194 Abs. 2 UmwG aus der Sicht des jeweiligen Betriebsrates dispositiv ist (zum für die Verschmelzung entsprechenden § 5 Abs. 3 UmwG vgl. *W/M/Mayer* § 194 UmwG Rz. 64 iVm. § 5 UmwG Rz. 259),

– der Sinn und Zweck der Regelung, nämlich den Betriebsrat frühzeitig einzubinden, durch einen Verzicht nicht ausgehöhlt wird (*Müller* DB 97, 713),

– das Abwarten der Frist keinen selbstständigen Beitrag zur Wahrung von Arbeitnehmerrechten leistet (*Melchior* GmbHR 96, 833).

Zweckmäßigerweise wird eine solche Verzichtserklärung dann bereits in die Anschreiben an die Betriebsräte und die Bestätigung durch diese integriert.

Eine **Prüfung** des Formwechsels einer GmbH in eine Personenhandelsgesellschaft **20** ist nicht vorgeschrieben. Allerdings ist die **Angemessenheit** einer anzubietenden **Barabfindung** wohl immer zu prüfen (*W/M/Vollrath* § 208 UmwG Rz. 6 ff.). Die Prüfung entfällt jedoch, wenn alle zu einem Barabfindungsangebot Berechtigten auf das Abfindungsangebot in notariell beurkundeter Form vorher verzichten oder die Berechtigten bei Abgabe eines Barabfindungsangebots auf die Prüfung dieses Angebots verzichten. Auch diesbezüglich empfiehlt sich die rechtzeitige Abstimmung mit allen Berechtigten, denen ein Angebot auf Barabfindung zwingend zu machen wäre, damit diese ggfs. rechtzeitig vor Beschlussfassung auf die Barabfindungsangebote oder zumindest auf die Prüfung derselben verzichten, um den Fortgang des Formwechsels insgesamt zu vereinfachen.

21   Der **Beschluss** des Formwechsels einer GmbH in eine Kommanditgesellschaft bedarf gem. § 233 Abs. 2 UmwG einer Mehrheit von mindestens ³/₄ der bei einer Gesellschafterversammlung abgegebenen Stimmen. Der Gesellschaftsvertrag der formwechselnden GmbH kann eine größere Mehrheit und weitere Erfordernisse bestimmen. Dem Formwechsel müssen aber alle Gesellschafter zustimmen, die in der Kommanditgesellschaft die Stellung von persönlich haftenden Gesellschaftern erhalten sollen (§ 233 Abs. 2 Satz 3 UmwG). Gemäß § 233 Abs. 2 Satz 1, 2. Halbs. UmwG gelten die Zustimmungserfordernisse in § 50 Abs. 2 UmwG (**Minderheitsrechte** oder besondere Rechte einzelner Gesellschafter bei der Bestellung der Geschäftsführer oder Vorschlagsrechte der Geschäftsführer) entsprechend, so dass auch die Zustimmung der Gesellschafter notwendig ist, denen derartige in § 50 Abs. 2 UmwG genannte Rechte zustehen. Ferner ist bei vinkulierten Anteilen gem. § 193 Abs. 2 UmwG die Zustimmung der durch die Vinkulierung begünstigten Gesellschafter erforderlich. Nicht von § 193 Abs. 2 UmwG erfasst ist allerdings das Erfordernis der Zustimmung der Gesellschafterversammlung als Organ der Gesellschaft (*Lutter/Decher* § 193 UmwG Rz. 25).

22   **Handelsregisteranmeldung:** hierzu s. Rz. 73 ff.

23   Mit **Eintragung** der neuen Rechtsform in das Handelsregister treten die in § 202 UmwG bezeichneten **Rechtsfolgen** des Formwechsels ein:
- Wechsel der auf den Rechtsträger anwendbaren Bestimmungen (§ 202 Abs. 1 Nr. 1 UmwG),
- Beteiligung der Anteilsinhaber an dem Rechtsträger neuer Form (§ 202 Abs. 1 Nr. 2 Satz 1 UmwG),
- Fortbestehen der Rechte Dritter an Anteilen von Gesellschaftern durch Surrogation (§ 202 Abs. 1 Nr. 2 Satz 2 UmwG),
- Heilung von Mängeln der notariellen Beurkundung des Beschlusses und der Zustimmungs- oder Verzichtserklärungen einzelner Anteilsinhaber (§ 202 Abs. 1 Nr. 3 UmwG),
- Mängel des Formwechsels (zB kein Umwandlungsbericht, kein Barabfindungsangebot, keine Durchführung einer Prüfung) berühren die Wirkung der Eintragung nicht (§ 202 Abs. 3 UmwG).

24   Grundbucheinträge und Einträge in anderen öffentlichen Registern sind richtig zu stellen (vgl. dazu A. 15.40 Rz. 64).

25–34   *(frei)*

c) Steuerrecht

aa) Ertragsteuern

35   Ertragsteuerlich wird der Formwechsel von einer Kapitalgesellschaft in eine Personengesellschaft – abweichend von der zivilrechtlichen Regelung, die von einem Fortbestand der rechtlichen Identität ausgeht – **fiktiv als Vermögensübergang** von der bisherigen Kapitalgesellschaft auf die Personengesellschaft angesehen. § 9 Satz 1 UmwStG bestimmt, dass hierzu die Regelungen in den §§ 3–8 und § 10 UmwStG, die für den Vermögensübergang von einer Kapitalgesellschaft auf eine Personengesellschaft gelten, entsprechend anzuwenden sind.

36   Die Kapitalgesellschaft hat nach § 9 Satz 2 UmwStG für **steuerliche Zwecke eine Übertragungsbilanz und die Personengesellschaft eine Eröffnungsbilanz** aufzustellen (da zivilrechtlich kein Vermögensübergang vorliegt, ist handelsrechtlich keine Bilanz aufzustellen vgl. HFA 1/96 Abschn. 1, WPg 96, 507; A. 15.00 Rz. 80 ff.). Diese steuerlichen Bilanzen sind grds. auf den Zeitpunkt aufzustellen, in dem der Formwechsel wirksam wird (Eintragung im Handelsregister gem. § 202 UmwG). Diese Regelung wäre aber (wegen der Unvorhersehbarkeit des Tages der Eintragung, die auch regelmäßig nicht auf das Ende eines Geschäftsjahres fallen dürfte) in der Praxis nicht umsetzbar. Daher lässt § 9 Satz 3 UmwStG auch zu, dass die steuerliche Übertragungsbilanz der GmbH und die Eröffnungsbilanz der Personengesellschaft auf einen Stichtag aufgestellt

werden können, der höchstens acht Monate vor der Anmeldung des Formwechsels zur Eintragung in das Handelsregister liegt (vgl. UmwSt-Erl. 2011 BMF v. 11.11.11, BStBl. I 11, 1314, Tz. 09.01 f.). Beachte: verlängerte Rückwirkungsfristen in 2020 und 2021 aufgrund der COVID-19-Pandemie. Dieser Tag gilt dann als **steuerlicher Umwandlungsstichtag** („Übertragungsstichtag"). Dieser Umwandlungsstichtag kann innerhalb des Acht-Monats-Zeitraums frei gewählt werden **(Wahlrecht),** in der Praxis wird aber regelmäßig auf den innerhalb dieses Zeitraums liegenden Schluss des Wirtschaftsjahres der GmbH abgestellt, um einen Zwischenabschluss zu vermeiden. Die steuerliche Rückwirkung gilt unabhängig davon, ob am steuerlichen Übertragungsstichtag die gesellschaftsrechtlichen Voraussetzungen für einen Formwechsel vorliegen (vgl. UmwSt-Erl. 2011 BMF v. 11.11.11, BStBl. I 11, 1314, Tz. 02.11). So ist z.B. die rückwirkende Umwandlung einer GmbH in eine GmbH & Co. KG möglich, auch wenn zum steuerlichen Umwandlungsstichtag die Komplementär-GmbH noch gar nicht existiert hat (*S/H/S/Schmitt* § 9 UmwStG Rz. 17).

Die **Ertragsbesteuerung des Formwechsels** spielt sich – wie bei der Verschmel- **37** zung auf eine Personengesellschaft (vgl. A. 15.70 Rz. 10 ff.) – auf den folgenden drei Ebenen ab:
- bei der GmbH,
- bei der Personenhandelsgesellschaft bzgl. der Ermittlung des Übernahmegewinns oder Übernahmeverlusts und
- auf der Ebene der Gesellschafter der GmbH, den späteren Gesellschaftern der Personengesellschaft ua. im Zuge der **Besteuerung der offenen Rücklagen** der GmbH gem. § 7 UmwStG.

Zu den einzelnen Besteuerungsfolgen kann in vollem Umfang auf A. 15.70 **38** Rz. 11 ff. verwiesen werden. Nachfolgend sollen nur die Grundzüge der Besteuerung des Formwechsels von der GmbH auf eine GmbH & Co. KG dargestellt werden.

Der Formwechsel in eine Personengesellschaft nach § 9 UmwStG stellt regelmäßig **39** keinen Verstoß gegen die Behaltensregelung des § 13a Abs. 5 ErbStG dar (vgl. hierzu auch Koordinierte Ländererlasse v. 22.6.17, BStBl. I 17, 902). Für die weitere Ermittlung der Lohnsumme vgl. Gleichl. Ländererlasse v. 21.11.13, BStBl. I 13, 1510.

(frei) **40–44**

aaa) Wahlrecht auf Verzicht der Besteuerung bei der A-GmbH

Die ihre Rechtsform wechselnde A-GmbH kann in ihrer steuerlich (gem. § 9 **45** Satz 2 und 3 UmwStG) zu erstellenden Übertragungsbilanz zum Umwandlungsstichtag auf Antrag die bisherigen steuerlichen Buchwerte ansetzen (soweit nach § 3 Abs. 2 UmwStG zulässig) und damit den Ausweis eines Übertragungsgewinns vermeiden. Dies ist möglich, soweit
- die übertragenen Wirtschaftsgüter Betriebsvermögen der übernehmenden Personengesellschaft oder natürlichen Person werden und sichergestellt ist, dass sie später der Besteuerung mit Einkommensteuer oder Körperschaftsteuer unterliegen, und
- das Recht der Bundesrepublik Deutschland hinsichtlich der Besteuerung des Gewinns aus der Veräußerung der übertragenen Wirtschaftsgüter bei den Gesellschaftern der übernehmenden Personengesellschaft oder bei der natürlichen Person nicht ausgeschlossen oder beschränkt wird, und
- eine Gegenleistung nicht gewährt wird oder in Gesellschaftsrechten besteht (§ 3 Abs. 2 UmwStG). Der Ausweis eines Übertragungsgewinns wird regelmäßig vermieden werden, weil dieser der Körperschaftsteuer und der Gewerbeertragsteuer unterliegen würde (vgl. dazu iE A. 15.70 Rz. 11 ff.).

bbb) Besteuerungsfolgen bei der A-GmbH & Co. KG und deren Kommanditistin Frau A

Die A-GmbH & Co. KG hat die Wirtschaftsgüter mit den Werten in ihre (nach § 9 **46** Satz 2 und 3 UmwStG zu erstellende) steuerliche Eröffnungsbilanz zu übernehmen, mit denen die (ihre Rechtsform wechselnde) A-GmbH diese Wirtschaftsgüter in ihrer steuerlichen Schlussbilanz ausgewiesen hat (**Wertverknüpfung** gem. § 4 Abs. 1 UmwStG, s. A. 15.70 Rz. 16). In einem zweiten Schritt ist hier zunächst ein sog. **Übernahmegewinn oder –verlust erster Stufe** iSv. § 4 Abs. 4 Satz 1 UmwStG für die Kommanditistin Frau A wie folgt zu ermitteln (vgl. hierzu auch UmwSt-Erl. 2011 BMF v. 11.11.11, BStBl. I 11, 1314, Tz. 04.27 ff.):

– Die Anteile iSv. § 17 EStG an der (die Rechtsform wechselnden) A-GmbH gelten mit den **Anschaffungskosten** von € 200.000,– gem. § 5 Abs. 2 UmwStG zum steuerlichen Übernahmestichtag in das Betriebsvermögen der A-GmbH & Co. KG für die Ermittlung des Übernahmegewinns bzw. Übernahmeverlusts als eingelegt.

– Diesem Einlagewert von € 200.000,– ist das übergehende **Betriebsvermögen** mit den in der Eröffnungsbilanz angesetzten Werten gem. § 4 Abs. 4 Satz 1 UmwStG gegenüber zu stellen. Der Wert des übergehenden Betriebsvermögens beträgt im Beispielsfall € 56.000,– (unter der Voraussetzung des Ansatzes der Buchwerte in der fiktiven steuerlichen Schlussbilanz der A-GmbH, s. Rz. 45).

47   Aus der Differenz zwischen den Anschaffungskosten von € 200.000,– und dem Wert, mit dem das Betriebsvermögen in der steuerlichen Eröffnungsbilanz der A-GmbH & Co. KG anzusetzen ist, dh. von € 56000,–, ergibt sich hier ein Übernahmeverlust von € 144.000,– (€ 200.000,– Anschaffungskosten minus € 56.000,– Betriebsvermögen in Eröffnungsbilanz der A-GmbH & Co. KG). Dies ist der sog. Übernahmeverlust erster Stufe.

48   In einer **zweiten Stufe** wird der Übernahmeverlust verringert um einen evtl. restlichen **Sperrbetrag** iSv. § 50c EStG (§ 4 Abs. 5 Satz 1 UmwStG) vermindert bzw. erhöht um die Bezüge, die nach § 7 UmwStG zu den Einkünften aus Kapitalvermögen iSv. § 20 Abs. 1 Nr. 1 EStG gehören (Besteuerung der offenen Rücklagen der GmbH, § 4 Abs. 5 Satz 2 UmwStG).

49   Die Behandlung des Übernahmeverlusts regelt § 4 Abs. 6 UmwStG: Grundsätzlich ist im Fall einer iSv. § 17 EStG beteiligten natürlichen Person der Übernahmeverlust zu 60% jedoch höchstens in Höhe von 60% der Bezüge iSv. § 7 UmwStG zu berücksichtigen (§ 4 Abs. 6 Satz 4 UmwStG idF. des JStG 2009). Sollten die Anteile der Kommanditistin Frau A an der A-GmbH sog. sperrfristbehaftet sein, ist zu beachten, dass der Formwechsel einen Verstoß gegen die Sperrfrist darstellen könnte (vgl. FG Hessen 2 K 406/16 v. 10.7.18, DStR 19, 1393 Rev. I R 25/18).

50   Vgl. zu diesen Regelungen und sonstigen Steuerrechtsfolgen iE A. 15.70 Rz. 20 ff., insbes.

– A. 15.70 Rz. 23 bzgl. der Besteuerung eines (positiven) Übernahmegewinns,
– A. 15.70 Rz. 26 bzgl. der steuerlichen Abschreibungen nach der Aufstockung,
– A. 15.70 Rz. 27 ff. bzgl. der Sonderfallgruppen bei Anteilen im Privatvermögen,
– A. 15.70 Rz. 31 ff. bzgl. des Sonderfalls des Übergangs auf eine Personengesellschaft ohne Betriebsvermögen sowie
– A. 15.70 Rz. 42 bzgl. der steuerlichen Rückbeziehung.

51–58   *(frei)*

bb) Verkehrsteuern

aaa) Umsatzsteuer

59   Da zivilrechtlich kein Rechtsträgerwechsel vorliegt, sondern von der Identität des Vermögensbestandes auszugehen ist, unterliegt der Formwechsel nicht der Umsatzsteuer. Die Fiktion des Vermögensübergangs betrifft nicht die Umsatzsteuer (UmwSt-Erl. 2011 BMF v. 11.11.11, BStBl. I 11, 1314, Tz. 01.01). Auch die Rückwirkung gilt nicht für die Umsatzsteuer; Unternehmer ist bis zur Eintragung des Formwechsels die GmbH (*Schwedhelm* GmbH-StB 99, 106, 107).

bbb) Grunderwerbsteuer

Der Formwechsel unterliegt mangels Rechtsträgerwechsel nicht der GrESt, auch **60** wenn Grundstücke zum Vermögen der formwechselnden Gesellschaft gehören. Dies wurde sowohl von der Rspr. entschieden (vgl. BFH II B 116/96 v. 4.12.96, BStBl. II 97, 661) als auch von der FinVerw. (vgl. FM Bayern v. 12.12.97, WPg 98, 390, Tz. A. IV. 2) anerkannt. Unter Ausnutzung der GrESt-Begünstigung des § 6 GrEStG kann A Grundstücke aus der neuen A-GmbH & Co. KG an sich (zB in ihr Sonderbetriebsvermögen bei der A-GmbH & Co. KG) erst fünf Jahre nach dem Formwechsel übertragen (vgl. § 6 Abs. 4 GrEStG; BFH II R 57/98 v. 4.4.01, BStBl. II 01, 587).

(frei)   **61, 62**

2. Einzelerläuterungen

> **Erläuterungen zu A. 15.50 Formwechsel (Umwandlungs-)Beschluss**

Da die bisherige A-GmbH zukünftig in der Rechtsform einer GmbH & Co. KG **63** geführt werden soll, ist es notwendig, dass vor Beschlussfassung die **zukünftige Komplementär-GmbH der ihre Rechtsform wechselnden A-GmbH beitritt** (s. Rz. 1 mit Treuhandlösung und aufschiebend bedingter Rückabtretung der im Rahmen des Formwechsels der Komplementär-GmbH gewährten Mitgliedschaftsrechte an der GmbH & Co. KG mwN).

Da der Formwechsel in eine Personenhandelsgesellschaft gem. § 228 Abs. 1 UmwG **64** nur möglich ist, wenn der **Unternehmensgegenstand** im Zeitpunkt des Wirksamwerdens des Formwechsels (Eintragung gem. § 202 UmwG) den Vorschriften § 105 Abs. 1 und 2 HGB genügt, sind zweckmäßigerweise die dafür notwendigen Angaben in der Präambel aufzuführen; anderenfalls wäre gem. § 228 Abs. 2 UmwG nur der Formwechsel in eine Gesellschaft des bürgerlichen Rechts möglich und als solcher der Formwechselbeschluss anders zu fassen (vgl. Abs. 4 der Präambel).

Ferner empfiehlt sich in der Präambel die Feststellung, dass der Entwurf des Form- **65** wechselbeschlusses dem **Betriebsrat** der GmbH gem. § 194 Abs. 2 UmwG mindestens einen Monat vor dem Tag der Beschlussfassung zugeleitet wurde; sofern wie hier auf die Rechtzeitigkeit der Zuleitung seitens des Betriebsrats verzichtet wird, genügt die Feststellung der Zuleitung (vgl. Abs. 5 der Präambel).

Zu § 1: Gesellschafterversammlung

Der Formwechsel ist als Umwandlungsbeschluss in einer Gesellschafterversammlung **66** zu fassen (§ 193 Abs. 1 UmwG) und notariell zu beurkunden (§ 193 Abs. 3 UmwG), s. Rz. 11, und zwar in einer Gesellschafterversammlung des Rechtsträgers, der seine Rechtsform ändern soll.

Zu § 2: Verzichtserklärungen

Da es sich im vorliegenden Fall um einen überschaubaren und voll informierten **67** Gesellschafterkreis handelt (Frau A und die von ihr beherrschte zukünftige Komplementär-GmbH), werden regelmäßig Verzichtserklärungen, soweit gesetzlich zulässig, abgegeben werden. Diese sollten dem Formwechselbeschluss vorangestellt werden. Dies ist in § 2 des Formulars vorgesehen bzgl. des Verzichts auf die Erstellung eines Umwandlungsberichts, Formalien und Informationsrechte zur Einberufung der Gesellschafterversammlung und bzgl eines Abfindungsangebots.

Zu § 3: Formwechselbeschluss

Zum Mindestinhalt des Umwandlungsbeschlusses, der sich aus § 194 Abs. 1 und **68** § 234 UmwG ergibt, s. Rz. 12 ff.

Zu § 4: Verzicht auf Anfechtungsrechte und Klagen gegen Formwechselbeschluss

69 Um den Beschluss vor Ablauf der einmonatigen Klagefrist gem. § 195 UmwG beim Handelsregister anmelden zu können, empfiehlt sich die vorgesehene Verzichtserklärung. Damit entfällt auch die bei der Anmeldung ansonsten abzugebende **Negativerklärung** (§ 16 Abs. 2 Satz 2, 2. Alt. iVm. § 198 Abs. 3 UmwG).

70 *(frei)*

Erläuterungen zu A. 15.50a Schreiben an den Betriebsrat

71 Nach § 194 Abs. 2 UmwG ist der Entwurf des Umwandlungsbeschlusses spätestens einen Monat vor dem Tag der Gesellschafterversammlung, die über den Formwechsel beschließt, dem „zuständigen" Betriebsrat des formwechselnden Rechtsträgers zuzuleiten. Das sind sämtliche dort bestehende Betriebsräte (zB Konzernbetriebsrat, Gesamtbetriebsrat und Betriebsräte für die jeweiligen Betriebe, s. Rz. 19). Es empfiehlt sich ein Übermittlungsschreiben wie vorgeschlagen mit **Empfangsquittung** wegen des im Rahmen der Handelsregisteranmeldung gem. §§ 199, 194 Abs. 2 UmwG vorgesehenen Nachweises über die Zuleitung verbunden mit einer Verzichtserklärung auf Einhaltung der Monatsfrist des § 194 Abs. 2 UmwG (s. Rz. 19).

72 *(frei)*

Erläuterungen zu A. 15.50b Handelsregisteranmeldung

73 Der Formwechsel von einer GmbH in eine Personenhandelsgesellschaft ohne Sitzverlegung ist gem. § 198 Abs. 1 UmwG zur Eintragung in das Register anzumelden, in dem der formwechselnde Rechtsträger (GmbH) eingetragen ist. Die Anmeldung ist durch das Vertretungsorgan (Geschäftsführer in vertretungsberechtigter Zahl) des formwechselnden Rechtsträgers (GmbH) nach § 235 Abs. 2 UmwG vorzunehmen.

Die bisherigen Vertretungsorgane müssen die Anmeldung in vertretungsberechtigte Zahl vornehmen (*W/M/Vossius* § 235 UmwG Rz. 8). Allerdings haben beim Formwechsel in eine GmbH & Co. KG auch sämtliche bei der Komplementär-GmbH bestellten Geschäftsführer die Firmenzeichnung abzugeben; soweit diese also nicht identisch sind, haben sie bei der Anmeldung mitzuwirken.

74 **Inhalt der Anmeldung** ist regelmäßig der Formwechsel selbst, entsprechende Folgeänderungen (Neuabschluss des Gesellschaftsvertrags), Bestellung neuer Vertretungsorgane und die Erklärung nach § 16 Abs. 2 iVm. § 198 Abs. 3 UmwG (Negativerklärung, dass keine Klage gegen Wirksamkeit des Formwechselbeschlusses anhängig ist, soweit diese nicht nach § 16 Abs. 2 Satz 2, 2. Alt. UmwG durch notariell beurkundete Verzichtserklärung entfällt) sowie die Lage der Geschäftsräume des formwechselnden neuen Rechtsträgers (§ 24 Abs. 2 Handelsregisterverordnung). Für die Anmeldung einer KG als Rechtsträger neuer Rechtsform sind nach § 106 Abs. 2 HGB die Gesellschafter, die Firma, der Sitz, der Zeitpunkt der Aufnahme der Geschäfte (Wirksamwerden des Formwechsels gem. § 202 UmwG) und für die Kommanditisten die Hafteinlage (gem. § 162 Abs. 12 iVm. § 161 Abs. 2, § 106 Abs. 2 HGB) anzugeben. Beizufügen sind nach § 199 UmwG die Niederschrift des Formwechselbeschlusses (in Ausfertigung oder öffentlich beglaubigter Abschrift), etwaige erforderliche Zustimmungen einzelner Anteilsinhaber, der Umwandlungsbericht oder die Verzichtserklärung sowie der Nachweis über die rechtzeitige Zuleitung des Entwurfs des Umwandlungsbeschlusses an den Betriebsrat gem. § 194 Abs. 2 UmwG (besteht kein Betriebsrat, empfiehlt sich die Angabe, dass kein Betriebsrat besteht).

75 Die **Anmeldung** selbst ist seit dem 1.1.07 **elektronisch in öffentlich beglaubigter Form** zum Handelsregister einzureichen (§ 12 Abs. 1 Satz 1 HGB, s. dazu *Baum-*

bach/Hopt/Hopt § 12 HGB Rz. 1). Zur Form der Anmeldung s. A. 15.60 Rz. 41 und A 15.40 Rz. 41(hinsichtlich einzureichender Dokumente).

Der Formwechsel wird vom zuständigen Registergericht in dem Register des **76** Rechtsträgers der neuen Rechtsform (GmbH & Co. KG: Abteilung A) **eingetragen** und in einem elektronischen Informations- und Kommunikationssystem des jeweiligen Bundeslandes bekannt gemacht (§ 201 Satz 1 UmwG iVm. § 10 HGB; vgl. *Baumbach/Hopt/Hopt* § 10 HGB Rz. 1). Der bisherige Rechtsträger (GmbH: Abteilung B) wird im Register gelöscht. Der Bekanntmachung der Eintragung der neuen Rechtsform GmbH & Co. KG wird der Hinweis an die Gesellschaftsgläubiger nach § 204 iVm. § 22 Abs. 1 Satz 3 UmwG hinzugefügt. In der Bekanntmachung werden die Kommanditisten nur ihrer Zahl nach angegeben (§ 162 Abs. 2 HGB).

Zu den Rechtsfolgen der Eintragung s. Rz. 23 ff. **77**

A. 15.60 Verschmelzung einer 100 %igen Tochter-GmbH auf ihre Mutter-GmbH (einfach)

Gliederung

I. FORMULARE

Formular A. 15.60 Verschmelzungsvertrag

Verhandelt zu ...... am ......: Vor mir, ..., Notar, erschienen

1. Herr A ...... *[Beruf/Wohn- bzw. Geschäftsadresse],* **handelnd als einzelvertretungsberechtigter Geschäftsführer der M-GmbH (Mutter-GmbH) mit Sitz in ......, eingetragen im Handelsregister des Amtsgerichts unter HRB ...... (nachfolgend (M-GmbH) und**

2. Herr B ...... *[Beruf/Wohn- bzw. Geschäftsadresse],* **handelnd als einzelvertretungsberechtigter Geschäftsführer der T-GmbH (Tochter-GmbH) mit Sitz in ......,**

eingetragen im Handelsregister des Amtsgerichts unter HRB ...... (nachfolgend T-GmbH)

und erklärten zu Protokoll den nachfolgenden

VERSCHMELZUNGSVERTRAG

Die Gesellschaft M ...... mit beschränkter Haftung mit Sitz in ...... (nachfolgend M-GmbH genannt) hält alle voll eingezahlten Geschäftsanteile an der Gesellschaft T ...... mit beschränkter Haftung mit Sitz in ...... (nachfolgend T-GmbH genannt) mit einem Stammkapital von € ...... Mit diesem Vertrag soll die T-GmbH (als übertragende Gesellschaft) auf die M-GmbH (als übernehmende Gesellschaft) verschmolzen werden.

§ 1 Vermögensübertragung

(1) Die T-GmbH als übertragender Rechtsträger überträgt ihr Vermögen als Ganzes mit allen Rechten und Pflichten unter Auflösung ohne Abwicklung im Wege der Verschmelzung gemäß §§ 2 Nr. 1, 46 ff. UmwG auf die M-GmbH als übernehmender Rechtsträger ohne Gewährung von Gesellschaftsrechten (Verschmelzung durch Aufnahme).

(2) Als Verschmelzungsstichtag wird der 1.1.02 bestimmt. Die M-GmbH übernimmt das Vermögen der T-GmbH im Innenverhältnis mit Wirkung vom 1.1.02 0.00 Uhr; von diesem Zeitpunkt an gelten die Geschäfte der T-GmbH als für Rechnung der M-GmbH geführt.

(3) Der Verschmelzung wird die mit uneingeschränktem Bestätigungsvermerk des Wirtschaftsprüfers ...... versehene Schlussbilanz der T-GmbH auf den 31.12.01 zugrunde gelegt.

§ 2 Gesellschaftsrechte, Sonderrechte, Vorteile

(1) Da die übernehmende Gesellschaft M-GmbH sämtliche Geschäftsanteile der übertragenden T-GmbH hält, ist eine Kapitalerhöhung bei der übernehmenden M-GmbH gemäß § 54 Abs. 1 Satz 1 Nr. 1 UmwG ausgeschlossen. Die Übertragung des Vermögens im Wege der Verschmelzung erfolgt daher ohne Gegenleistung. Daher entfallen die Angaben über den Umtausch der Anteile nach § 5 Abs. 1 Nr. 2–5 UmwG (§ 5 Abs. 2 UmwG).

(2) Sonderrechte oder Vorzüge iSv. § 5 Abs. 1 Nr. 7 UmwG bestanden weder bei der übertragenden T-GmbH noch bestehen sie bei der übernehmenden M-GmbH.

(3) Es werden keine besonderen Vorteile an die in § 5 Abs. 1 Nr. 8 UmwG genannten Personen (einem Mitglied der Geschäftsführung, einem Mitglied eines Aufsichtsrats, einem geschäftsführenden Gesellschafter, einem Abschluss- oder Verschmelzungsprüfer) gewährt.

§ 3 Folgen der Verschmelzung für Arbeitnehmer und ihre Vertretungen sowie die insoweit vorgesehenen Maßnahmen

(1) Die Verschmelzung der T-GmbH führt zum Übergang sämtlicher Rechte und Ansprüche der Arbeitnehmer der T-GmbH im Wege der Gesamtrechtsnachfolge auf die M-GmbH. Auf den Übergang findet § 613a Abs. 1, 4 bis 6 BGB Anwendung (§ 324 UmwG). Damit hat die Verschmelzung individualarbeitsrechtlich keine Nachteile für die Arbeitnehmer der T-GmbH. Für die Arbeitnehmer der übernehmenden M-GmbH hat die Verschmelzung keine Folgen.

(2) Auch nach der Verschmelzung wird der Betrieb der T-GmbH von der M-GmbH unverändert fortgeführt.

(3) Die bei der T-GmbH und der M-GmbH bisher jeweils bestehenden Betriebsräte bestehen weiter. Der bzgl. des bisherigen Betriebs der T-GmbH in …… eintretende Wechsel des Rechtsträgers lässt die Identität des Betriebs und damit auch die des Betriebsrats unberührt; dieser bleibt als zukünftiger Betriebsrat der M-GmbH für den Betrieb in …… weiter im Amt. Gem. § 47 Abs. 1 BetrVG ist ein Gesamtbetriebsrat bei M-GmbH zu errichten, da bei dieser als Folge der Verschmelzung zukünftig mehrere Betriebe bestehen werden.

(4) Im Hinblick auf die Mitbestimmung ergeben sich durch die Verschmelzung keine Auswirkungen: Die T-GmbH unterlag bisher mit weniger als 500 Arbeitnehmern nicht der Mitbestimmung gem. § 1 DrittelbG. Nach der Verschmelzung wird die Zahl der Arbeitnehmer der M-GmbH einschließlich der von der T-GmbH übergehenden Arbeitnehmer nicht mehr als 500 betragen; somit liegen auch nach der Verschmelzung die Voraussetzungen für die Mitbestimmung gem. § 1 DrittelbG nicht vor.

§ 4 Kosten, Gebühren

Alle mit diesem Vertrag und der Abwicklung entstehenden Kosten, Gebühren und Steuern, einschließlich der Kosten der Zustimmungsbeschlüsse trägt die übernehmende M-GmbH.

Formular A. 15.60a Schreiben an die Betriebsräte

Von: Geschäftsleitung T-GmbH und

Geschäftsleitung M-GmbH (gemeinsames Schreiben)

……………………………………………

[Ort/Datum]

An: 1.   Betriebsrat der T-GmbH, z. Hd. des/der Vorsitzenden des Betriebsrats, Herrn/Frau ……

2.   Betriebsrat der M-GmbH, z. Hd. des/der Vorsitzenden des Betriebsrats, Herrn/Frau ……

jeweils gegen Empfangsbestätigung

Betreff: Bevorstehende Verschmelzung der T-GmbH als übertragende Gesellschaft auf die M-GmbH als übernehmende Gesellschaft

Sehr geehrte Damen und Herren,

in den voraussichtlich am …… 02 stattfindenden Gesellschafterversammlungen der T-GmbH und der M-GmbH ist beabsichtigt, dem beigefügten Entwurf des Verschmelzungsvertrags zwischen der T-GmbH als übertragende und der M-GmbH als übernehmende Gesellschaft zuzustimmen und den Verschmelzungsvertrag in notariell beurkundeter Form abzuschließen. Wir übermitteln Ihnen hiermit den Entwurf des Verschmelzungsvertrags in der Anlage gem. § 5 Abs. 3 UmwG. Wir bitten, auf die Einhaltung der Monatsfrist des § 5 Abs. 3 UmwG zu verzichten, den Erhalt dieses Schreibens und der Anlage auf den beigefügten Kopien zu bestätigen und an die Geschäftsleitung der übernehmenden M-GmbH im Hinblick auf den Nachweis im Zuge der Anlagen zu den Handelsregisteranmeldungen gem. §§ 17 Abs. 1, 16 UmwG jeweils zweifach zurück zu schicken.

…………………………………………   …………………………………………

[Geschäftsführung T-GmbH]   [Geschäftsführung M-GmbH]

Hiermit bestätigen wir, als jeweilige(r) Vorsitzende(r) des Betriebsrats, den Erhalt dieses Schreibens nebst dem als Anlage beigefügten Entwurf des Verschmelzungsvertrags und verzichten auf die Einhaltung der Monatsfrist des § 5 Abs. 3 UmwG.

....

[Ort, Datum]   [Betriebsrats-Vorsitzende(r)
                                                der T-GmbH]

....

[Ort, Datum]   [Betriebsrats-Vorsitzende(r)
                                                der M-GmbH]

Formular A. 15.60b Gemeinsame Gesellschafterbeschlüsse über die Zustimmung zur Verschmelzung für die übertragende Tochter-GmbH und die übernehmende Mutter-GmbH

Verhandelt in ...... am ......:

Vor mir ......, Notar, erschienen

1. Herr A ...... *[Beruf/Wohn- bzw. Geschäftsadresse]*, handelnd als einzelvertretungsberechtigter Geschäftsführer der M-GmbH mit Sitz in ......, eingetragen im Handelsregister des Amtsgerichts ...... unter HRB ......

2. Herr C ...... *[Beruf/Wohn- bzw. Geschäftsadresse]*, handelnd im eigenen Namen als alleiniger Inhaber sämtlicher Geschäftsanteile im Nennbetrag von € ...... an der M-GmbH mit Sitz in ......, eingetragen im Handelsregister des Amtsgericht ...... unter HRB ......

Der Erschienene zu 1. erklärte zu Protokoll: Die von mir vertretene M-GmbH hält alle Geschäftsanteile im Nennbetrag von insgesamt € ......,– an der T-GmbH, mit Sitz in ......, eingetragen im Handelsregister des Amtsgerichts ...... unter HRB .... Die Geschäftsanteile sind voll einbezahlt.

Die Erschienenen zu 1. und 2. erklärten zu Protokoll, unter Verzicht auf die Einhaltung aller nach Gesetz oder nach Gesellschaftsvertrag für die Einberufung und Abhaltung von Gesellschafterversammlungen vorgesehenen Form- und Fristvorschriften, gemeinsame Gesellschaftervollversammlungen für die T-GmbH und die M-GmbH abzuhalten und sowohl für die M-GmbH als auch die T-GmbH was folgt zu beschließen:

a) Auf die Versendung des Verschmelzungsvertrags oder seines Entwurfs zusammen mit der Einberufung der Gesellschafterversammlungen gem. § 47 UmwG wurde einvernehmlich verzichtet; dieser Verzicht wird hiermit nochmals ausdrücklich bestätigt.

b) Auf die Auslegung der Jahresabschlüsse und der Lageberichte der an der Verschmelzung beteiligten Rechtsträger T-GmbH und M-GmbH für die letzten drei Geschäftsjahre zur Einsicht durch die Gesellschafter in den Geschäftsräumen der Gesellschaften ab dem Zeitpunkt der Einberufung der Gesellschafterversammlungen wurde ebenfalls einvernehmlich verzichtet; auch diesbezüglich wird der Verzicht hiermit nochmals ausdrücklich bestätigt.

c) Dem Verschmelzungsvertrag zwischen der T-GmbH mit Sitz in ...... und der M-GmbH mit Sitz in ...... vom ...... (UrkR-Nr. ...... des Notars ...... in ......) wird zugestimmt. Eine Ausfertigung des Verschmelzungsvertrags ist dieser Niederschrift als Anlage beigefügt.

d) Auf das Recht, die vorstehenden Beschlüsse anzufechten, insbesondere gegen die Zustimmungsbeschlüsse gem. Punkt c) Klage zu erheben, wird ausdrücklich verzichtet.

....

[C als alleiniger Gesellschafter   [A als einzelvertretungsberechtigter Geder M-GmbH]   schäftsführer der M-GmbH für diese als
    alleinige Gesellschafterin der T-GmbH]

Formular A. 15.60c Handelsregisteranmeldung der übertragenden GmbH

An das

Amtsgericht ......

– Handelsregister –

T-GmbH mit Sitz in ......, HRB ......

Als einzelvertretungsberechtigter Geschäftsführer der übernehmenden M-GmbH mit Sitz in ...... (HRB ......) melde ich gem. § 16 Abs. 1 Satz 2 UmwG als vertretungsberechtigtes Organ des übernehmenden Rechtsträgers M-GmbH die Verschmelzung der Gesellschaft als übertragender Rechtsträger zur Eintragung in das Register des Sitzes der Gesellschaft an:

Die Gesellschaft ist auf Grund des Verschmelzungsvertrags vom ......, des Beschlusses der Gesellschafterversammlung der Gesellschaft vom ...... und des Beschlusses der Gesellschafterversammlung der M-GmbH mit Sitz in ...... vom ...... mit der M-GmbH durch Aufnahme verschmolzen worden (§ 2 Nr. 1 UmwG).

Als Anlage füge ich bei:

I.   Notariell beglaubigte Abschrift des Verschmelzungsvertrags vom ...... (UrkR.-Nr. ...... des Notars ......);

II. Notariell beglaubigte Abschrift der Niederschriften der Gesellschafterversammlungen nebst Anlagen vom ...... (UrkR–Nr. ...... des Notars ......), nämlich der übernehmenden M-GmbH und der übertragenden T-GmbH;

III. Die von sämtlichen Geschäftsführern unterzeichnete Schlussbilanz der T-GmbH zum 31.12.01 mit Anhang, versehen mit einem uneingeschränkten Bestätigungsvermerk des Abschlussprüfers ......, vom ......;

IV. Nachweise gem. § 17 Abs. 1 UmwG über die rechtzeitige Zuleitung (bzw. bei Verzicht auf die Rechtzeitigkeit nur der Nachweis der Zuleitung) des Entwurfs des Verschmelzungsvertrags an die Betriebsräte der T-GmbH und der M-GmbH.

Die Einreichung von Verschmelzungsberichten und Verschmelzungsprüfungsberichten entfällt gem. §§ 8 Abs. 3 Satz 1, 2. Alt., 9 Abs. 3 und 12 Abs. 3 UmwG, da die übernehmende M-GmbH Alleingesellschafterin der übertragenden T-GmbH ist.

Nach Vollzug bitten wir um Eintragungsnachricht und um Übermittlung je eines beglaubigten Handelsregisterauszugs an die Gesellschaft und an den beglaubigenden Notar.

.................., den ......

....

[Unterschrift A]

....

[Beglaubigungsvermerk]

Friedl/Krämer

Formular A. 15.60d Handelsregisteranmeldung der übernehmenden GmbH

An das

Amtsgericht ......

– Handelsregister –

M-GmbH mit Sitz in ......, HRB ......

Als einzelvertretungsberechtigter Geschäftsführer der M-GmbH mit Sitz in ...... melde ich zur Eintragung in das Handelsregister an:

Auf die M-GmbH ist im Wege der Verschmelzung gemäß § 2 Nr. 1 UmwG als übernehmende Gesellschaft das Vermögen der T-GmbH mit Sitz in ......, eingetragen im Handelsregister des Amtsgerichts ...... unter HRB ...... als Ganzes ohne Abwicklung durch Aufnahme übergegangen.

Nach Vollzug der Eintragung der Verschmelzung bitten wir jeweils um Eintragungsnachricht an die Gesellschaft und an den beglaubigenden Notar sowie um Übermittlung von je zwei beglaubigten Handelsregisterauszügen an die Gesellschaft und eines beglaubigten Handelsregisterauszugs an den beglaubigenden Notar.

Als Anlagen füge ich bei:

I. Notariell beglaubigte Abschrift des Verschmelzungsvertrags vom ...... (UrkR-Nr. ...... des Notars ......);

II. Notariell beglaubigte Abschrift der Niederschriften der Gesellschafterversammlungen nebst Anlagen vom ...... (UrkR-Nr....... des Notars ......) der übernehmenden M-GmbH und der übertragenden T-GmbH.

III.Nachweise gem. § 17 Abs. 1 UmwG über die rechtzeitige Zuleitung (bzw. bei Verzicht auf die Rechtzeitigkeit nur der Nachweis der Zuleitung) des Entwurfs des Verschmelzungsvertrags an die Betriebsräte der T-GmbH und der M-GmbH.

Da die übernehmende M-GmbH Alleingesellschafterin der übertragenden T-GmbH ist, entfallen die folgenden in §§ 17 Abs. 1, 52 Abs. 2 UmwG vorgesehenen Anlagen:

– Verschmelzungsberichte iSd. § 8 Abs. 1 und 2 UmwG: gem. § 8 Abs. 3 Satz 1, 2. Alt. UmwG nicht zu erstellen.

– Bericht über die Prüfung der Verschmelzung iSd. § 12 UmwG: gem. § 9 Abs. 3 iVm. § 8 Abs. 3 Satz 1, 2. Alt. UmwG entfällt die Prüfung und damit auch ein Bericht über die Prüfung.

– Liste der Personen, welche die neuen Stammeinlagen übernommen haben (§ 57 Abs. 3 Nr. 2 GmbHG) und, von allen Geschäftsführern unterschriebene berichtigte Gesellschafterliste: gem. § 54 Abs. 1 Nr. 1 UmwG ist eine Kapitalerhöhung bei der übernehmenden M-GmbH ausgeschlossen; die Geschäftsanteile sind unverändert.

– Durch die Verschmelzung wurde der bisherige Gesellschaftsvertrag nicht geändert; deshalb entfällt die Einreichung des vollständigen Wortlauts des Gesellschaftsvertrags mit Bescheinigung gem. § 54 Abs. 1 Satz 2 GmbHG.

............................, den ......

....

[Unterschrift A]

....

[Beglaubigungsvermerk]

II. ERLÄUTERUNGEN

Erläuterungen zu A. 15.60 Verschmelzungsvertrag

1. Grundsätzliche Anmerkungen

a) Wirtschaftliches Vertragsziel

Die Verschmelzung einer 100%igen Tochtergesellschaft (T-GmbH) auf ihre Mut- **1**
tergesellschaft (M-GmbH) ist in der Praxis in **Konzernverhältnissen** weit verbreitet.
Die Verschmelzung führt bei der übernehmenden M-GmbH zu einem Wegfall der
Beteiligung an der Tochtergesellschaft T-GmbH unter **Übernahme des Vermögens**
der übertragenden T-GmbH. Häufig werden auch die Anteile erst kurz vor der Verschmelzung vollständig auf die Muttergesellschaft übertragen, um eine sonst notwendige Kapitalerhöhung (vgl. A. 15.62 Rz. 8) und die damit verbundene Bewertung
(Berechnung des Austauschverhältnisses, vgl. A. 15.63 Rz. 47 ff.) zu vermeiden.

Steuerlich ungünstig ist die Verschmelzung der Tochter auf die Mutter, wenn **2**
die übertragende T-GmbH steuerlich nicht ausgenutzte (und auch durch Auslösung
eines Übertragungsgewinns nicht verrechenbare; Hinweis auf die sog. Mindestbesteuerung) **Verlustvorträge** hat oder über einen **Zins- oder EBITDA-Vortrag**
iSv. § 4h EStG verfügt, weil der Übergang des Verlustvortrags bzw. Zins- oder
EBITDA-Vortrags der übertragenden Gesellschaft nach § 12 Abs. 3 iVm. § 4 Abs. 2
UmwStG (für KSt) bzw. § 19 UmwStG (für GewSt) ausgeschlossen ist.

b) Zivilrecht

Durch die „Verschmelzung im Wege der **Aufnahme**" gem. § 2 Nr. 1 UmwG **3**
werden T-GmbH (übertragender Rechtsträger) und M-GmbH (übernehmender
Rechtsträger) zu einer einzigen Gesellschaft vereinigt. Die übertragende T-GmbH erlischt mit Eintragung der Verschmelzung im Register der übernehmenden M-GmbH
(§ 20 Abs. 1 Nr. 2 UmwG), ihr Vermögen geht im Wege der **Gesamtrechtsnachfolge** auf die übernehmende M-GmbH über (§ 20 Abs. 1 Nr. 1 UmwG). Das übergehende Vermögen erfasst alle Aktiven und Passiven sowie Vertragsverhältnisse einschließlich der Arbeitsverhältnisse (in entsprechender Anwendung von § 613a Abs. 1
und Abs. 4 BGB gem. § 324 UmwG); zur Anpassung bei gegenseitigen Verträgen s.
§ 21 UmwG (vgl. *S/St/Kübler* § 21 UmwG Rz. 3 ff.). Auch Verbindlichkeiten der
übertragenden T-GmbH gehen gem. § 20 Abs. 1 Nr. 1 UmwG automatisch ohne
Gläubigerzustimmung auf die übernehmende M-GmbH über; Gläubiger können sich
allerdings gem. § 22 UmwG innerhalb von sechs Monaten nach Bekanntmachung der
Eintragung der Verschmelzung Sicherheitsleistung verlangen, wenn sie glaubhaft machen, dass durch die Verschmelzung die Erfüllung ihrer Forderung gefährdet wird; das
Sicherheitsverlangen gilt allerdings nicht für Gläubiger, die im Falle einer Insolvenz
ein Recht auf vorzugsweise Befriedigung aus einer staatlich überwachten Deckungsmasse, zB des Pensionssicherungsvereins für Pensionäre, haben, vgl. § 22 Abs. 2
UmwG (*S/H/S/Stratz* § 22 UmwG Rz. 19). Die Haftung der Übernehmerin ist nicht
auf den Bestand des übernommenen Vermögens beschränkt.

Die Verschmelzung einer 100%igen Tochter-GmbH auf die Mutter-GmbH führt **4**
zum ersatzlosen **Wegfall der bisherigen Beteiligung** an der Tochter-GmbH. Eine
Kapitalerhöhung ist gem. § 54 Abs. 1 Nr. 1 UmwG bei der übernehmenden GmbH
ausgeschlossen und die M-GmbH erwirbt durch die Verschmelzung gem. § 20 Abs. 1
Nr. 3, 2. Hs., 1. Alt. UmwG nicht etwa eigene Anteile; auch **eigene Anteile** des
übertragenden Rechtsträgers **gehen** mit der Verschmelzung **unter** (§ 20 Abs. 1 Nr. 3,
2. Hs., 2. Alt. UmwG).

Für die Verschmelzung durch Aufnahme auf die M-GmbH als Alleingesellschafterin **5**
der übertragenden T-GmbH sind folgende **Einzelakte** notwendig:

– Abschluss des Verschmelzungsvertrags in notariell beurkundeter Form durch die Geschäftsführer (in jeweils vertretungsberechtigter Zahl) der T-GmbH als übertragender Rechtsträger und der M-GmbH als aufnehmender Rechtsträger (§§ 4–6, 46 UmwG).

– Zuleitung des Verschmelzungsvertrags oder dessen Entwurfs an sämtliche bestehende Betriebsräte der T-GmbH und der M-GmbH mindestens einen Monat vor Fassung des Zustimmungsbeschlusses zum Verschmelzungsvertrag in der betreffenden Gesellschafterversammlung (§ 5 Abs. 3 UmwG, vgl. dazu und zum Verzicht auf die Monatsfrist des § 5 Abs. 3 UmwG Rz. 35).

– Zustimmungsbeschlüsse der Gesellschafterversammlungen in notariell beurkundeter Form der T-GmbH und der M-GmbH (§§ 13, 50 UmwG; anders als bei der Verschmelzung auf eine AG als übernehmender Rechtsträger gem. § 62 Abs. 1 UmwG, die mindestens 90% der Anteile an der übertragenden AG oder GmbH hält, ist bei Verschmelzung auf eine GmbH als übernehmender Rechtsträger auch der Zustimmungsbeschluss der übernehmenden GmbH notwendig).

– Anmeldungen der Verschmelzung durch die Geschäftsführer in jeweils vertretungsberechtigter Zahl zu den Handelsregistern der beiden Gesellschaften (§§ 16, 17, 52 UmwG) oder von den Geschäftsführern des übernehmenden Rechtsträgers auch zum Register des übertragenden Rechtsträgers (§ 16 Abs. 1 Satz 2 UmwG).

– Verzicht auf das Anfechtungsrecht bzw. Klageverzicht gem. § 14 UmwG bzgl. der Zustimmungsbeschlüsse zu dem Verschmelzungsvertrag vor den Handelsregisteranmeldungen oder Verstreichen der einmonatigen Anfechtungsfrist gem. § 14 UmwG vor den Handelsregisteranmeldungen.

– Die Eintragung der Verschmelzung bei der übernehmenden Gesellschaft (§ 20 Abs. 1 Nr. 1 UmwG) wirkt konstitutiv; die Eintragung der Verschmelzung bei der übertragenden Gesellschaft gem. § 19 Abs. 1 UmwG ist lediglich vorbereitender Art.

6   **Vgl. allgemein zu dem Ablaufschema einer GmbH-Verschmelzung A. 15.63 Rz. 4 ff.** Bei der Verschmelzung einer 100%igen Tochtergesellschaft auf die Muttergesellschaft entfallen **abweichend vom allgemeinen Schema**

– auf Grund des **Verbots der Kapitalerhöhung** gem. § 54 Abs. 1 Nr. 1 UmwG und des Untergangs der Anteile gem. § 20 Abs. 1 Nr. 3 UmwG im Verschmelzungsvertrag gem. § 5 Abs. 2 UmwG die Angaben zum Umtauschverhältnis nach § 5 Abs. 1 Nr. 2–5 UmwG,

– **Verschmelzungsberichte** der übertragenden und übernehmenden GmbH (bzw. ein gemeinsamer Verschmelzungsbericht) iSv. § 8 Abs. 1 und 2 UmwG gem. § 8 Abs. 3 UmwG, sowie

– die Durchführung einer **Verschmelzungsprüfung** gem. §§ 9–11 UmwG und die Ausfertigung eines Berichts über die Verschmelzungsprüfung gem. § 12 UmwG (§ 9 Abs. 3 Satz 1, 2. Alt. UmwG).

7   **Schlussbilanz.** Der Anmeldung zum Register der übertragenden T-GmbH ist gem. § 17 Abs. 2 Satz 1 UmwG eine Bilanz der T-GmbH als übertragender Rechtsträger beizufügen. Für diese Schlussbilanz gelten die Vorschriften über die Jahresbilanz und deren Prüfung entsprechend (§ 17 Abs. 2 Satz 2 UmwG). Jedoch bedarf es weder einer Bekanntmachung der Schlussbilanz (§ 17 Abs. 2 Satz 3 UmwG) noch deren Feststellung (HFA 2/97 Abschn. 113, WPg 98, 235). Die Schlussbilanz ist regelmäßig die der Verschmelzung zugrunde gelegte Schlussbilanz der übertragenden T-GmbH, die auf einen dem **Verschmelzungsstichtag** vorgehenden Tag (HFA 2/97 Abschn. 111, WPg 97, 235; UmwSt-Erl 1998, BStBl. I 98, 268, Tz. 02.02) aufgestellt ist, der höchstens acht Monate vor der Anmeldung liegt (§ 17 Abs. 2 Satz 4 UmwG). Da auf die **Schlussbilanz** die Vorschriften über die Jahresbilanz anwendbar sind, ist das **Anschaffungskostenprinzip** (§ 253 Abs. 1 Satz 1 HGB) zu beachten, dh. stille Reserven und ein etwaiger originärer Firmenwert sind darin nicht aufzudecken; Zuschreibungen sind nur in eingeschränktem Umfang möglich (HFA 2/97 Abschn. 112, WPg 97, 235). Neben der Schlussbilanz ist ein Anhang notwendig, wenn dieser Angaben enthält, die auch in die Bilanz hätten aufgenommen werden können (§ 284 Abs. 1 HGB); eine Gewinn- und Verlustrechnung (*W/M/Widmann* § 17 UmwG Rz. 12 iVm. *ders.* § 24 UmwG Rz. 103, 119, 121) und Angaben hierzu im Anhang brauchen nicht eingereicht werden, da diese in § 17 Abs. 2 UmwG nicht erwähnt sind. Eine Prüfung ist regelmäßig bei mittelgroßen und großen GmbH iSv. § 267 Abs. 2 und 3 HGB vorgeschrieben.

Handelsbilanz der M-GmbH. Die übernehmende M-GmbH kann das auf sie **8** übergehende Vermögen der übertragenden T-GmbH mit deren Schlussbilanzwerten (s. Rz. 7, dh. den Restbuchwerten) oder zu höheren Wertansätzen (**Wahlrecht** gem. § 24 UmwG; vgl. A. 15.00 Rz. 36 ff.) übernehmen. Ein wichtiges Motiv für die Ausübung des Wahlrechts auf Fortführung der Buchwerte aus der Schlussbilanz der übertragenden T-GmbH oder iSd. **Aufstockung** kann die Vermeidung eines eventuellen **Verschmelzungsverlustes** (Übernahmeverlustes, vgl. Rz. 9) durch gleichzeitigen Wegfall der Beteiligung an der übertragenden T-GmbH sein. Beträgt zB der Buchwert der Anteile an der übertragenden T-GmbH € 100.000,– (historische Anschaffungskosten = Verkehrswert im Zeitpunkt der Verschmelzung), während das übergehende Vermögen der T-GmbH in deren Schlussbilanz mit den bisherigen Restbuchwerten von € 50.000,– angesetzt ist, ergibt sich bei Übernahme des übergehenden Vermögens zu den Schlussbilanzwerten bei der M-GmbH durch die Verschmelzung ein Übernahmeverlust von € 50.000,– (Zugang von Aktiva zu Werten gem. Schlussbilanz der T-GmbH von € 50.000,– und Minderung des Vermögens der M-GmbH durch Wegfall der Beteiligung an der T-GmbH iHv. € 100.000,–). Dieser Übernahmeverlust lässt sich vermeiden, wenn die M-GmbH ihr Wahlrecht dahingehend ausübt, dass sie das übergehende Vermögen mit dem bisherigen Beteiligungsansatz, dh. mit € 100.000,– übernimmt (vgl. HFA 2/97 Abschn. 32212, WPg 97, 239). Hieraus folgt allerdings nach Auffassung der FinVerw. eine teilweise Gewinnrealisierung bei der M-GmbH (s. Rz. 12).

Verschmelzungsgewinn oder –verlust. Bei der übernehmenden M-GmbH ent- **9** steht in der Höhe des Unterschieds zwischen dem bisherigen Beteiligungsansatz für die Anteile an der übertragenden T-GmbH und dem Wert, mit dem das übergehende Vermögen bei ihr angesetzt wird (zum Wahlrecht s. Rz. 8), ein Verschmelzungsgewinn (Ansatz des übergehenden Vermögens übersteigt den bisherigen Beteiligungsbuchwert) oder ein Verschmelzungsverlust (Ansatz des übergehenden Vermögens ist geringer als der bisherige Beteiligungsbuchwert). Ein Verschmelzungsverlust kann durch Ausübung des Wahlrechts auf Aufstockung der Übernahmewerte auf den bisherigen Beteiligungsbuchwert vermieden werden (s. Rz. 8). Ein Verschmelzungsgewinn, der gem. § 12 Abs. 2 Satz 1 UmwStG regelmäßig steuerfrei ist (s. Rz. 15), ist hier mangels Kapitalerhöhung nicht als Agio zu behandeln, sondern erfolgswirksam über die GuV zu verrechnen (vgl. HFA 2/97 Abschn. 332, WPg 97, 240).

Eine **Unterrichtung über die wesentliche Veränderung des Vermögens** der **10** an der Verschmelzung beteiligten Rechtsträger ist nicht erforderlich. Das UmwG sieht eine Unterrichtungspflicht nur für den Vorstand einer AG vor; vgl. § 64 Abs. 1 Satz 2 UmwG. Bei einer Verschmelzung unter Beteiligung einer GmbH ist daher deren Geschäftsführer nicht verpflichtet, die Gesellschafter der GmbH über Vermögensveränderungen bei den verschmelzenden Gesellschaften, die seit dem Abschluss des Verschmelzungsvertrags eingetreten sind, zu unterrichten.

c) Steuerrecht

aa) Ertragsteuern

Gewinnrealisierung als Grundsatz in steuerlicher Schlussbilanz der über- 11 tragenden T-GmbH. Gemäß § 11 Abs. 1 Satz 1 UmwStG sind die übergehenden Wirtschaftsgüter grds. mit dem gemeinen Wert anzusetzen. Bei Ansatz des gemeinen

Wertes sind auch nicht entgeltlich erworbene oder selbst geschaffene immaterielle Wirtschaftsgüter mit dem gemeinen Wert anzusetzen.

12   **Keine Gewinnrealisierung (Wahlrecht).** Nach Wahl der übertragenden T-GmbH kann auf die Gewinnrealisierung durch Ansatz der sich nach den steuerrechtlichen Vorschriften über die Gewinnermittlung ergebenden Werte (sog. Buchwert) ganz (§ 11 Abs. 2 Satz 1 UmwStG) oder bei Ansatz eines Zwischenwerts teilweise verzichtet (§ 11 Abs. 2 Satz 1 UmwStG) werden soweit sichergestellt ist, dass die übergehenden Wirtschaftsgüter später bei der übernehmenden Körperschaft der Besteuerung mit Körperschaftsteuer unterliegen, das Recht der Bundesrepublik Deutschland hinsichtlich der Besteuerung des Gewinns aus der Veräußerung der übertragenen Wirtschaftsgüter bei der übernehmenden Körperschaft nicht ausgeschlossen oder beschränkt wird und eine Gegenleistung nicht gewährt wird oder in Gesellschaftsrechten besteht.

13   **Die übernehmende M-GmbH** hat die auf Grund der Verschmelzung übernommenen Wirtschaftsgüter in ihrer Steuerbilanz mit den Werten zu übernehmen, mit welchen sie in der steuerlichen Verschmelzungsbilanz (Schlussbilanz) der übertragenden T-GmbH angesetzt sind (§ 12 Abs. 1 Satz 1; beachte für den hier vorliegenden Fall des Upstream Merger § 12 Abs. 1 Satz 2 iVm. § 4 Abs. 1 UmwStG).

14   Die übernehmende M-GmbH tritt in die steuerliche Rechtsstellung der übertragenden Körperschaft ein (§ 12 Abs. 3 iVm. § 4 Abs. 2 und 3 UmwStG; Verlust- und Zins- sowie EBITDA-Vorträge nach § 4h EStG gehen allerdings nicht über). Dies gilt auch bezüglich der ratierlichen Auszahlung des KSt-Guthabens gem. § 37 KStG und die zu zahlende KSt-Erhöhung gem. § 38 KStG.

15   Bei der übernehmenden M-GmbH steht dem Übergang des Vermögens der übertragenden T-GmbH (entweder unter Buchwertfortführung oder zu gemeinen Werten) der Wegfall der Beteiligung an der verschmolzenen T-GmbH gegenüber. Ist der Vermögenszugang auf Grund der übergegangenen Wirtschaftsgüter größer als der bisherige Buchwert der Beteiligung, entsteht ein sog. **Übernahmegewinn** iSv. § 12 Abs. 2 Satz 1 UmwStG; unterschreitet die Vermögensmehrung auf Grund der übergehenden Wirtschaftsgüter den bisherigen Buchwert der Beteiligung an der T-GmbH, entsteht ein **Übernahmeverlust**. Weder Übernahmegewinn noch Übernahmeverlust wirken sich ertragsteuerlich aus, dh. ein Übernahmegewinn ist grds. steuerfrei, ein Übernahmeverlust steuerlich nicht abzugsfähig (§ 12 Abs. 2 Satz 1 UmwStG; s. auch BFH I R 58/12 v. 30.7.14, BStBl. II 15, 199; *Helios* DB 14, 2923). Für den Fall, dass die ursprünglichen Anschaffungskosten der M-GmbH für die Anteile an der T-GmbH den Buchwert der Anteile an der übertragenden T-GmbH übersteigen (zB wegen zwischenzeitlich vorgenommener Teilwertabschreibungen) gilt § 12 Abs. 1 Satz 2 iVm. § 4 Abs. 1 Satz 2 und 3 UmwStG. Für den sog. echten Übernahmegewinn iSv. § 12 Abs. 2 Satz 2 UmwStG gilt § 8b KStG. Soweit die Anteile an der Tochtergesellschaft nach § 22 Abs. 2 UmwStG sperrfristbehaftet waren, ist die Aufwärtsverschmelzung eine den Einbringungsgewinn II auslösende Veräußerung dieser Anteile (BFH I R 48/15 v. 24.1.18; BFH/NV 18, 921).

16   Durch die Vereinigung von Forderungen und Verbindlichkeiten zwischen übertragender T-GmbH und übernehmender M-GmbH kann schließlich ein steuerpflichtiger **Übernahmegewinn 2. Stufe** entstehen, soweit die bilanzierten Werte bei beiden Gesellschaften auf Grund des Imparitätsprinzips voneinander abweichen. Dieser Übernahmegewinn 2. Stufe unterliegt grds. der Gewerbe- und Körperschaftsteuer bei der übernehmenden Gesellschaft. Die übernehmende Gesellschaft hat allerdings die Möglichkeit, in Höhe ihrer Beteiligungsquote an der übertragenden Gesellschaft die Besteuerung durch eine Rücklagenbildung auf die drei folgenden Veranlagungszeiträume zu verteilen (Rücklage gem. § 6 Abs. 1–3, § 12 Abs. 4 UmwStG).

17   Bei der Verschmelzung der Tochter- auf die Muttergesellschaft unterbleibt die Hinzurechnung des steuerlichen Einlagekontos der übertragenden Körperschaft nach § 29 Abs. 2 Satz 2 KStG, dh. beim steuerlichen Einlagekonto der Muttergesellschaft ändert sich nichts (vgl. UmwSt-Erl. 2011 BMF v. 11.11.11, BStBl. I 11, 1314, Tz. K.10). Sollten die Anteile der M-GmbH an der T-GmbH sog. sperrfristbehaftet gem. § 22 UmwStG sein, stellt die Aufwärtsverschmelzung einen Sperrfristverstoß dar (BFH I R 48/15 v. 24.1.18, BStBl. II 19, 45).

Steuerliche Rückwirkung-/Verschmelzungsstichtag: Der Stichtag, auf den **18** die Bilanz aufgestellt ist, welche der Anmeldung der Verschmelzung zum Handelsregister der übertragenden Gesellschaft T-GmbH gem. § 17 Abs. 2 UmwG beizufügen ist, gilt als steuerlicher Verschmelzungsstichtag (zwingende steuerrechtliche Rückwirkung nach § 2 UmwStG; s. A. 15.00 Rz. 20 ff.). Dieser Stichtag kann zum Zeitpunkt der Anmeldung zum Handelsregister bis zu acht Monaten vor dem Tag der Anmeldung liegen, dh. die steuerrechtliche Rückwirkung ist ebenfalls bis zu acht Monaten vor dem Zeitpunkt der Anmeldung möglich. Beachte: verlängerte Rückwirkungsfristen in 2020 und 2021 aufgrund der COVID-19-Pandemie. Hinweis auch auf die neue Verrechnungsbeschränkung für positive Einkünfte des übertragenden Rechtsträgers im Rückwirkungszeitraum gem. § 2 Abs. 4 Sätze 3 bis 6 UmwStG idF nach dem AmtshilfeRLUmsG v. 26.6.13 (BGBl. I 13, 1809; vgl. auch *Viebrock* DStR 13, 1364).

(frei) **19**

bb) Verkehrsteuern

aaa) Umsatzsteuer

In den Fällen der Vereinigung von Gesellschaften durch Verschmelzung ist stets der **20** Übergang des gesamten Unternehmens von der übertragenden Gesellschaft auf die übernehmende Gesellschaft gegeben, so dass bei Verschmelzungen die Umsatzsteuerbarkeit auf Grund § 1 Abs. 1a UStG entfällt (vgl. *W/M/Knoll* Anh. 11 Rz. 5 u. 13 ff.); die übernehmende M-GmbH tritt auf Grund der Gesamtrechtsnachfolge bzgl. der Vorsteuerberichtigungen in die Rechtstellung der übertragenden T-GmbH ein (§ 1 Abs. 1a Satz 3 iVm. § 15a Abs. 10 UStG läuft bei Gesamtrechtsnachfolge leer).

Bei der Verschmelzung von einer Tochter- auf die Muttergesellschaft dürfte dar- **21** über hinaus häufig eine **Organschaft** iSv. § 2 Abs. 2 Nr. 2 UStG zwischen den beiden zu verschmelzenden GmbHs bestehen und auch deshalb ein umsatzsteuerbarer Vorgang ausscheiden (vgl. hierzu auch *Pyszka* DStR 11, 545).

(frei) **22–26**

bbb) Grunderwerbsteuer

Soweit **Grundstücke** oder grundstücksgleiche Rechte im Zeitpunkt der Eintra- **27** gung des Verschmelzungsbeschlusses im Handelsregister der T-GmbH zum Vermögen der übertragenden Gesellschaft **T-GmbH** gehören, entsteht Grunderwerbsteuer gem. § 1 Abs. 1 Nr. 3 GrEStG. Ist die übergehende T-GmbH an grundbesitzenden Gesellschaften beteiligt, wird in der Regel eine sog Verkürzung der Beteiligungskette vorliegen (siehe auch *Bock/Behrens* DStR 12, 1307). Der Steuersatz beträgt in den Bundesländern zwischen 3,5 (Bayern und Sachsen) und 6,5% (Schleswig-Holstein). Bemessungsgrundlage ist der sog. Bedarfswert iSd § 138 Abs. 2 bis 4 BewG (§ 8 Abs. 2 Nr. 2 GrEStG). Zu verfassungsrechtlichen Bedenken gegen die Bedarfsbewertung für Grunderwerbsteuerzwecke, vgl. BFH II R 64/08 v. 27.5.09, BStBl. II 09, 856, Bescheide ergehen insoweit nur noch vorläufig, Gleichl. Ländererlasse v. 17.6.11, BStBl. I 11, 575. Beachte nunmehr: BVerfG 1 BvL 13/11, 1 BvL 14/11 v. 23.6.15, DStR 15, 1678 und hierzu OFD NRW v. 24.7.15, BeckVerw 313036. Mit StÄndG 2015 v. 2.11.15 (BGBl I 15, 1834) ist der Verweis in § 8 Abs. 2 GrEStG dahingehend geändert worden, dass nunmehr die sog. **Erbschaftsteuerwerte** Ersatzbemessungsgrundlage sind. Die Neuregelung ist auf alle Erwerbsvorgänge nach dem 31.12.08 anzuwenden (vgl. Gleichl. Ländererlasse v. 16.12.15, BStBl. I 15, 1082; *Loose* DB 16, 75; *Schade* DStR 16, 657). Hinweis auch auf §§ 1 Abs. 3a und 6a GrEStG idF des AmtshilfeRLUmsG v. 26.6.13 (BGBl. I 13, 1809); hierzu Gleichl. Ländererlasse v.

9.10.13, BStBl. I 13, 1364 und 1375; *Behrens* DStR 13, 2726; *Wösthoff* DStR 16, 721. Aufgrund der neuen, sehr weiten Auslegung der Regelung durch den BFH ist jeweils auch zu prüfen, ob eine Vergünstigung nach § 6a GrEStG in Betracht kommt (zur BFH-Rspr. *Loose* DB 20, 919).

28   Auf die gem. Rz. 27 entstehende Grunderwerbsteuer wird eine früher von der übernehmenden M-GmbH erhobene Steuer aus einer vorangegangenen Anteilsvereinigung gem. § 1 Abs. 6 GrEStG angerechnet, soweit sie sich auf die gleichen Grundstücke bezieht.

29, 30   *(frei)*

2. Einzelerläuterungen

31   Der Verschmelzungsvertrag wird zwischen der T-GmbH als übertragender Rechtsträger und der M-GmbH als übernehmender Rechtsträger abgeschlossen, und zwar von deren Geschäftsführern in jeweils vertretungsberechtigter Zahl (bei unechter Gesamtvertretung auch gemeinschaftlich mit einem Prokuristen; Prokura alleine ermächtigt jedoch nicht zum Abschluss, *W/M/Mayer* § 4 UmwG Rz. 39). Der Vertrag ist notariell zu beurkunden (§ 6 UmwG). Der Mindestinhalt des Verschmelzungsvertrags folgt aus §§ 5 Abs. 1 und 2 und 46 UmwG (vgl. A. 15.63 Rz. 39 ff.).

Zu § 1: Vermögensübertragung

32   **Abs. 1** entspricht den Anforderungen von § 5 Abs. 1 Nr. 1 und 2 UmwG. Danach ist anzugeben: die Firma und der Sitz der an der Verschmelzung beteiligten Rechtsträger sowie die Vereinbarung über die Übertragung des Vermögens des übertragenden Rechtsträgers als Ganzes. Die Übertragung erfolgt hier ohne Gegenleistung (Verbot der Kapitalerhöhung gem. § 54 Abs. 1 Nr. 1 UmwG). Daher entfallen gem. § 5 Abs. 2 UmwG die Angaben nach § 5 Abs. 1 Nr. 2–5 UmwG über den Umtausch der Anteile. Deshalb erfolgt zur Klarstellung der Hinweis „ohne Gewährung von Gesellschaftsrechten".

Abs. 2: Die Bestimmung entspricht der Anforderung des § 5 Abs. 1 Nr. 6 UmwG zur Angabe des Verschmelzungsstichtags. Zivilrechtlich geht das Vermögen der übertragenden T-GmbH erst im Zeitpunkt der Eintragung der Verschmelzung in das Register des Sitzes der übernehmenden M-GmbH über (§ 20 Abs. 1 Nr. 1 UmwG).

Abs. 3: Nach § 17 Abs. 2 UmwG ist der Anmeldung zum Register der übertragenden GmbH auch eine Bilanz (Schlussbilanz, vgl. Rz. 7) der übertragenden T-GmbH beizufügen. Diese Schlussbilanz wird auf den Tag aufgestellt, der dem in § 1 Abs. 2 bestimmten Verschmelzungsstichtag vorangeht (HFA 2/97, Abschn. 111, WPg 97, 235; s. A. 15.00 Rz. 25). Für die Schlussbilanz gelten gem. § 17 Abs. 2 Satz 2 UmwG die Vorschriften über die Jahresbilanz und deren Prüfung entsprechend (mit Ausnahme der Bekanntmachung, vgl. § 17 Abs. 2 Satz 3 UmwG). Daher ist für die Schlussbilanz neben der Aufstellung mit Unterschrift durch sämtliche Geschäftsführer – je nach Größe gem. § 267 HGB – unter Umständen auch eine Abschlussprüfung erforderlich.

Zu § 2: Gesellschaftsrechte, Sonderrechte, Vorteile

33   **Abs. 1** stellt klar, dass keine Gegenleistung gewährt wird und insbes. keine Kapitalerhöhung stattfindet (§§ 54 Abs. 1 Nr. 1, 20 Abs. 1 Nr. 3 UmwG) und daher gem. § 5 Abs. 2 UmwG die für das Umtauschverhältnis vorgesehenen Angaben nach § 5 Abs. 1 Nr. 2–5 UmwG entfallen.

Abs. 2: Nach § 5 Abs. 1 Nr. 7 UmwG muss der Verschmelzungsvertrag oder sein Entwurf eventuelle Rechte bezeichnen, die der übernehmende Rechtsträger einzelnen Anteilsinhabern und den Inhabern besonderer Rechte (wie Anteile ohne Stimmrecht, Vorzugsaktien, Mehrstimmrechtsaktien, Schuldverschreibungen und Genussrechte) gewährt sowie die für diese Personen vorgesehenen Maßnahmen anführen. In dem diesem Formular zugrunde liegenden Fall wird davon ausgegangen, dass bei der übertragenden T-GmbH derartige Sonderrechte bisher nicht bestanden und bei der übernehmenden M-GmbH nicht bestehen.

Abs. 3: Die Angabe beruht auf § 5 Abs. 1 Nr. 8 UmwG. Danach ist im Verschmelzungsvertrag oder im Entwurf jeder besondere Vorteil zu bezeichnen, der einem Mitglied eines Vertretungsorgans oder eines Aufsichtsorgans der an der Verschmelzung beteiligten Rechtsträger, einem geschäftsführenden Gesellschafter (bei einer Personenhandelsgesellschaft), einem Abschlussprüfer oder einem Verschmelzungsprüfer gewährt wird. Die Regierungsbegründung (BR-Drs. 75/94) weist darauf hin, dass bei prüfungspflichtigen Gesellschaften Prüfer, die bisher für die übertragende Gesellschaft tätig geworden sind, aus den Verträgen entlassen und entschädigt werden müssen. Das Formular geht davon aus, dass derartige besondere Vorteile nicht gewährt werden; zwar bräuchten die Angaben dann nicht im Verschmelzungsvertrag enthalten sein, gleichwohl empfiehlt sich zur Klarstellung der Hinweis darauf, dass derartige Vorteile nicht gewährt werden.

Zu § 3: Folgen der Verschmelzung für Arbeitnehmer

Die Folgen der Verschmelzung für die Arbeitnehmer und ihre Vertretungen sowie **34** die insoweit vorgesehenen Maßnahmen sind gem. § 5 Abs. 1 Nr. 9 UmwG ebenfalls Mindestinhalt des Verschmelzungsvertrags oder seines Entwurfs. Nach der Begründung (BT-Drs. 12/6699, 82) sind auch die durch die Verschmelzung eintretenden unmittelbaren individual- und kollektivarbeitsrechtlichen Änderungen im Verschmelzungsvertrag aufzuzeigen, da die Verschmelzung auch die Interessen der Arbeitnehmer und ihrer Vertretungen in den an der Verschmelzung beteiligten Rechtsträgern berührt. Fraglich ist, ob zu den individualrechtlichen Änderungen auch die mittelbaren Änderungen (zB im Zuge der Verschmelzung geplante Rationalisierungsmaßnahmen wie Werksschließung etc. aufzuführen sind (so *Wlotzke* DB 1995, 40, 45; **aA** *Lutter/Lutter/Drygala* § 5 UmwG Rz. 53 ff.). Richtigerweise wird man eine Information über nur mittelbare Änderungen nicht fordern können; dies liefe auf eine sinnlose Doppelinformation hinaus, da der Betriebsrat nach § 111 BetrVG vor jeder Betriebsänderung rechtzeitig zu hören ist (so auch *S/St/Simon* § 5 UmwG Rz. 84). Bei Verletzung der Darlegungspflicht gem. § 5 Abs. 1 Nr. 9 UmwG ist der Zustimmungsbeschluss der Anteilseigner nicht durch diese anfechtbar (*S/St/Simon* § 5 UmwG Rz. 98; *Lutter/Lutter/Drygala* § 5 UmwG Rz. 114; **aA** *Engelmeyer* DB 96, 2544). Die Angaben dienen nur den Interessen der Arbeitnehmer und haben hierbei nur Berichtscharakter. Dagegen kommt ihnen kein regelnder Charakter bezüglich der Gesellschafter zu.

Zu weiteren Auswirkungen des Umwandlungsrechts auf das Arbeitsrecht vgl. A. 15.63 Rz. 51 mwN. Zur **Unterrichtungspflicht** nach § 613a Abs. 5 BGB vgl. Ausführungen unter A. 12 Rz. 36 ff. und zu sonstigen individual- und kollektivrechtlichen Folgen *Engl/Ebener* A. 1 Rz. 150 f. und 155 ff.

Das Formular geht davon aus, dass bei jeder Gesellschaft ein Betrieb bestand und diese Betriebe unverändert fortbestehen. Dementsprechend bestehen auch die Betriebsräte in den einzelnen Betrieben unverändert fort. Mit Wirksamkeit der Verschmelzung ist gem. § 47 Abs. 1 BetrVG ein Gesamtbetriebsrat zu bilden.

Erläuterungen zu A. 15.60a Schreiben an die Betriebsräte

Nach § 5 Abs. 3 UmwG ist es erforderlich, dass der Verschmelzungsvertrag oder **35** sein Entwurf spätestens einen Monat vor dem jeweiligen Tag der Fassung des betreffenden Zustimmungsbeschlusses dem Betriebsrat des jeweiligen Rechtsträgers zugeleitet wird. Die Zuleitung ist danach an sämtliche beim übernehmenden und/oder übertragenden Rechtsträger bestehende Betriebsräte, einschließlich evtl. bestehender Gesamtbetriebsräte und eines evtl. bestehenden Konzernbetriebsrates, erforderlich.

Nach überwiegender Ansicht in der Literatur können die Betriebsräte auf die Einhaltung der Monatsfrist des § 5 Abs. 3 UmwG und damit auf die Rechtzeitigkeit der Zuleitung gem. § 17 Abs. 1 UmwG verzichten (LG Stuttgart 4 KfH T 17/99 v. 11.4.00, GmbHR 2000, 622; s. A. 15.63 Rz. 52). Zweckmäßigerweise wird eine solche Verzichtserklärung bereits in die Anschreiben an die Betriebsräte und die Bestätigung durch diese integriert.

Das Formular geht von der Übermittlung des Entwurfs des Verschmelzungsvertrags (nicht des notariell beurkundeten Verschmelzungsvertrags) aus, weil in der Praxis idR der Verschmelzungsvertrag meist erst in engem zeitlichen Zusammenhang mit den Zustimmungsbeschlüssen der Gesellschafterversammlungen beurkundet wird.

Das Übermittlungsschreiben an die Betriebsräte wird zur Führung des Nachweises gegenüber den Handelsregistergerichten des übertragenden und des übernehmenden Rechtsträgers schriftlich und zweifach bestätigt empfohlen (den Anmeldungen ist gem. § 17 Abs. 1 UmwG jeweils auch ein Nachweis über die rechtzeitige Zuleitung des Verschmelzungsvertrags oder seines Entwurfs an den zuständigen Betriebsrat beizufügen); deshalb wird das Übergabeschreiben mit der Bitte um jeweils zweifache Bestätigung überreicht (zur Vorlage an das Register der übertragenden und der übernehmenden Gesellschaft). Da nach § 16 Abs. 1 Satz 2 UmwG das Vertretungsorgan des übernehmenden Rechtsträgers berechtigt ist, die Verschmelzung zur Eintragung in das Register des Sitzes des übertragenden Rechtsträgers anzumelden, wird vorgesehen, dass die bestätigten Empfangsschreiben jeweils an die Geschäftsleitung der M-GmbH zurück geschickt werden. Werden (abweichend vom Formular) im Rahmen einer Verschmelzung mehrere übertragende Rechtsträger gleichzeitig auf einen übernehmenden Rechtsträger verschmolzen, sollte das Bestätigungsschreiben in weiteren Ausfertigungen bestätigt und zurück geschickt werden (zB bei Verschmelzung von zwei übertragenden Rechtsträgern in dreifacher Ausfertigung).

Ist ein Betriebsrat beim übertragenden oder beim übernehmenden Rechtsträger nicht vorhanden, kann die Überreichung insofern unterbleiben.

Erläuterungen zu A. 15.60b Gesellschafterbeschlüsse der übernehmenden und der übertragenden Gesellschaft

---

36   **Vorbemerkung:** Das vorliegende Formular geht von einer möglichst einvernehmlichen Beschlussfassung über die Verschmelzung aus, wobei auf Formalien zur Information (zB §§ 47, 49 Abs. 2 UmwG) und auf das Recht der Anfechtung bzw. der Klageerhebung gegen die Umwandlungsbeschlüsse (gem. § 14 UmwG) bzw. sonstiger Beschlüsse soweit als möglich einvernehmlich verzichtet wird. Über die Einvernehmlichkeit sollte möglichst im Vorfeld rechtzeitig Klarheit geschaffen werden, da ansonsten die Erfüllung der Anforderungen einer längeren zeitlichen Vorlaufzeit bedarf.

Zu a): Es empfiehlt sich, auf die nach der dispositiven Vorschrift des § 47 UmwG vorgeschriebene Übersendung des Verschmelzungsvertrags oder seines Entwurfs an alle Gesellschafter zusammen mit der Einberufung der Gesellschafterversammlung ausdrücklich zu verzichten (obwohl bereits im Rubrum in dem allgemeinen Verzicht auf alle durch Gesetz vorgeschriebenen Formalien für die Einberufung enthalten).

Zu b): Die ebenfalls dispositive Vorschrift des § 49 Abs. 2 UmwG schreibt die Auslegung der Jahresabschlüsse und der Lageberichte aller an der Verschmelzung beteiligten Rechtsträger für die letzten drei Geschäftsjahre in den Geschäftsräumen der an der Verschmelzung beteiligten Gesellschaften vor. Vorsorglich wird empfohlen, hierauf ausdrücklich einvernehmlich zu verzichten (der Verzicht sollte für die übernehmende und die übertragende Gesellschaft ausgesprochen werden).

Wenn sich alle Anteile des übertragenden in der Hand des übernehmenden Rechtsträgers befinden, entfällt gem. § 8 Abs. 3 Satz 1, 2. Alt. UmwG die Erstellung von

Verschmelzungsberichten und gem. § 9 Abs. 3 iVm. § 8 Abs. 3 UmwG die Prüfung der Verschmelzung.

Zu c) Zustimmungsbeschlüsse zum Verschmelzungsvertrag: Die Zustim- **37** mungsbeschlüsse der Gesellschafterversammlungen der übertragenden und der übernehmenden Gesellschaft bedürfen einer Mehrheit von mindestens $^3/_4$ der abgegebenen Stimmen (§ 50 Abs. 1 Satz 1 UmwG); sie bedürfen der notariellen Beurkundung (§ 13 Abs. 3 UmwG) unter Beifügung des Verschmelzungsvertrags oder seines Entwurfs zum Beschluss als Anlage. Der Gesellschaftsvertrag kann eine größere (aber keine geringere) Mehrheit und weitere Erfordernisse bestimmen (§ 50 Abs. 1 Satz 2 UmwG). Davon ist wohl auszugehen, wenn der Gesellschaftsvertrag ganz allgemein für Änderungen eine höhere Mehrheit vorschreibt (hM; s. *W/M/Mayer* § 50 UmwG Rz. 42; *Lutter/Lutter/Drygala* § 13 UmwG Rz. 21).

Für Anteile, die die übernehmende Gesellschaft an der übertragenden Gesellschaft **38** hält, besteht bei Abstimmung über den Verschmelzungsvertrag in der Gesellschafterversammlung der übertragenden Gesellschaft kein Stimmrechtsausschluss (Nichtanwendung von § 47 Abs. 4 GmbHG gem. Begründung zum Regierungsentwurf, zustimmend *Lutter/Winter* § 50 UmwG Rz. 9).

Zu d): Nach § 14 UmwG kann eine Klage gegen die Wirksamkeit eines Verschmelzungsbeschlusses binnen eines Monats nach der Beschlussfassung erhoben werden. Da nach § 16 Abs. 2 UmwG bei der Anmeldung zu erklären ist, dass eine Klage gegen die Wirksamkeit eines Verschmelzungsbeschlusses nicht oder nicht fristgemäß erhoben worden ist, empfiehlt sich zur Beschleunigung der Anmeldung und Eintragung, **Verzichtserklärungen** bzgl. der **Klage gegen die Wirksamkeit des Verschmelzungsbeschlusses** zu fassen und notariell mitbeurkunden zu lassen (§ 16 Abs. 2 Satz 2 UmwG).

Erläuterungen zu A. 15.60c und A. 15.60d Handelsregisteranmeldungen

---

1. Allgemeines

Die Verschmelzungen sind von den **Geschäftsführern** beider Gesellschaften in je- **39** weils vertretungsberechtigter Zahl bei dem jeweils für deren Sitz zuständigen Handelsregister anzumelden (§ 16 Abs. 1 Satz 1 UmwG). Das Vertretungsorgan der übernehmenden M-GmbH ist auch zur Anmeldung für die übertragende T-GmbH berechtigt (§ 16 Abs. 1 Satz 2 UmwG). Bei Verschmelzung einer 100%igen Tochtergesellschaft auf die Mutter-GmbH genügt für die Anmeldung der übernehmenden Gesellschaft, dass die Anmeldung von den Geschäftsführern in vertretungsberechtigter Zahl vorgenommen wird (mangels Kapitalerhöhung müssen nicht sämtliche Geschäftsführer mitwirken; § 78 GmbHG).

Inhalt der Anmeldung ist die Verschmelzung, dh. die Übertragung des Vermögens **40** der übertragenden T-GmbH im Ganzen ohne Abwicklung auf die (zu bezeichnende) übernehmende M-GmbH. Die Anmeldung einer Kapitalerhöhung entfällt bei der Verschmelzung einer Tochtergesellschaft auf die Muttergesellschaft. Die Geschäftsführer haben in beiden Anmeldungen jeweils zu erklären, dass die Gesellschafterbeschlüsse (beider Gesellschafterversammlungen) nicht angefochten wurden (sog. **Negativ-Erklärung** gem. § 16 Abs. 2 Satz 1, 1. Halbs. UmwG); auf Grund der hier vorgesehenen Anfechtungs- und Klageverzichte entfallen diese Erklärungen gem. § 16 Abs. 2 Satz 2, 2. Alt. UmwG.

Die **Anmeldung** selbst ist **elektronisch in öffentlich beglaubigter Form** zum **41** Handelsregister einzureichen (§ 12 Abs. 1 Satz 1 HGB, *Baumbach/Hopt/Hopt* § 12 HGB Rz. 1). Die elektronische Anmeldung erfolgt durch den Notar, der das Dokument mit einem einfachen elektronischen Zeugnis gem. § 39a BeurkG, dh. einer qualifizierten elektronischen Signatur nach dem SigG, versieht und dann an das elektronische Gerichtspostfach des Registergerichts übermittelt (*Seibert/Decker* DB 06, 2447). Beglaubigte Abschriften, wie zB der Verschmelzungsbeschluss, sind ebenfalls elektronisch und mit einem einfachen elektronischen Zeugnis versehen einzureichen (§ 12 Abs. 2 Satz 1 und Satz 2, 2. Hs. HGB; vgl. *Baumbach/Hopt/Hopt* § 12 HGB Rz. 7; *Seibert/Decker* DB 06, 2447). Dokumente, die in Urschrift einzureichen sind (zB die Schlussbilanz), sind in einer elektronischen Aufzeichnung zu übermitteln, eine elektronische Signatur ist nicht erforderlich (§ 12 Abs. 2 Satz 2, 2. Hs. HGB; vgl. *Baumbach/Hopt/Hopt* § 12 HGB Rz. 7). An dem materiellen Inhalt der Handelsregisteranmeldung hat sich durch die Einreichung auf elektronischem Wege aber nichts geändert.

42   Als **Anlagen** sind beiden Anmeldungen der Verschmelzungsvertrag und die Zustimmungsbeschlüsse in Ausfertigung oder in beglaubigter Abschrift beizufügen.

2. Handelsregisteranmeldung der übertragenden GmbH

43   Entsprechend der Ermächtigung in § 16 Abs. 1 Satz 2 UmwG, wonach die Vertretungsorgane des übernehmenden Rechtsträgers auch die Verschmelzung des übertragenden Rechtsträgers zu deren Register anmelden können, erfolgt die Anmeldung zum Register der übertragenden Gesellschaft im Formular durch die Geschäftsführer der übernehmenden M-GmbH in vertretungsberechtigter Zahl. Zulässig wäre natürlich auch, die Anmeldung durch die Geschäftsführer der übertragenden T-GmbH in vertretungsberechtigter Zahl vorzunehmen (§ 16 Abs. 1 Satz 1 UmwG). Wegen der Koordinierung erscheint es aber zweckmäßig, sämtliche Anmeldungen unmittelbar von den Vertretungsorganen der übernehmenden M-GmbH vornehmen zu lassen, bei der auch sämtliche Anlagen zu den Anmeldungen zur Vorbereitung gesammelt werden sollten.

Bei der Anmeldung zum Handelsregister der übertragenden T-GmbH ist deren **Schlussbilanz** einzureichen (§ 17 Abs. 1 Satz 1 UmwG). Dies gilt auch für die Verschmelzung einer Tochter- auf die Muttergesellschaft, obwohl bei dieser eine Wertnachweisunterlage wegen der fehlenden Kapitalerhöhung nicht notwendig sein dürfte. Für die Schlussbilanz sind die Vorschriften über die Jahresbilanz und ihre Prüfung sinngemäß anzuwenden (§ 17 Abs. 2 Satz 2 UmwG). Das bedeutet iE:
– Der Bilanz ist ein Anhang gem. § 264 Abs. 1 Satz 1 HGB beizufügen; die Beifügung der Gewinn- und Verlustrechnung ist dagegen nicht erforderlich;
– die Schlussbilanz und der Anhang sind von sämtlichen Geschäftsführern zu unterschreiben (*Beck Bil-Komm./Budde/Kunz* § 245 Rz. 2);
– falls es sich um eine mittelgroße oder große Kapitalgesellschaft iSv. § 267 Abs. 2 bzw. 3 HGB handelt, sind die Bilanz und der Anhang durch einen Abschlussprüfer zu prüfen;
– die Bilanz und der Anhang sind von der Gesellschafterversammlung nicht separat festzustellen.

3. Handelsregisteranmeldung der übernehmenden GmbH

44   Bei der Anmeldung zum Handelsregister für den Sitz der übernehmenden M-GmbH ist neben dem Verschmelzungsvertrag und den Zustimmungsbeschlüssen nichts weiter einzureichen. Bei der Verschmelzung einer 100%igen Tochter- auf die Muttergesellschaft entfällt nämlich wegen der fehlenden Kapitalerhöhung sowohl die Beifügung einer berichtigten Gesellschafterliste als auch die Liste der Übernehmer der neuen Stammeinlage.

Wenn die Satzung der übernehmenden GmbH nicht geändert wird (zB bzgl. Firma, Vertretung usw.) – wie im Formular vorgesehen – entfällt auch die Einreichung des vollständigen Wortlauts des Gesellschaftsvertrags mit Bestätigungsvermerk gem. § 54 Abs. 1 Satz 2 GmbHG.

A. 15.61 Verschmelzung einer Mutter-GmbH auf ihre 100%ige Tochter-GmbH (einfach)

Gliederung

I. FORMULARE

Formular A. 15.61 Verschmelzungsvertrag

Verschmelzungsvertrag

Verhandelt zu ...... am ......: Vor mir ......, Notar, erschienen

1. Herr A ...... *[Beruf/Wohn- bzw. Geschäftsadresse]*, **handelnd als einzelvertretungsberechtigter Geschäftsführer der M-GmbH mit Sitz in ......, eingetragen im Handelsregister des Amtsgerichts ...... unter HRB ...... (nachfolgend genannt: M-GmbH)**

2. Herr B ...... *[Beruf/Wohn- bzw. Geschäftsadresse]*, **handelnd als einzelvertretungsberechtigter Geschäftsführer der T-GmbH mit Sitz in ......, eingetragen im Handelsregister des Amtsgerichts ...... unter HRB ...... (nachfolgend genannt: T-GmbH)**

und erklärten zu Protokoll den nachfolgenden

VERSCHMELZUNGSVERTRAG

Präambel

Die Gesellschaft M ...... mit beschränkter Haftung mit Sitz in ...... (nachfolgend genannt: M-GmbH) hält alle voll eingezahlten Geschäftsanteile an der Gesellschaft T ...... mit beschränkter Haftung mit Sitz in ...... (nachfolgend genannt: T-GmbH) mit einem Stammkapital von € ...... Mit diesem Vertrag soll die M-GmbH (als übertragende Gesellschaft) auf die T-GmbH (als übernehmende Gesellschaft) verschmolzen werden.

§ 1 Vermögensübertragung

(1) Die M-GmbH als übertragender Rechtsträger überträgt ihr Vermögen als Ganzes mit allen Rechten und Pflichten unter Auflösung ohne Abwicklung im Wege der Ver-

schmelzung gem. §§ 2 Nr. 1, 46 ff. UmwG auf die T-GmbH als übernehmender Rechtsträger (gegen Gewährung der bisherigen Gesellschaftsrechte an der T-GmbH an die Anteilsinhaber der M-GmbH (Verschmelzung durch Aufnahme).

(2) Als Verschmelzungsstichtag wird der 1.1.02 bestimmt. Die T-GmbH übernimmt das Vermögen der M-GmbH im Innenverhältnis mit Wirkung vom 1.1.02, 0.00 Uhr; von diesem Zeitpunkt an gelten die Geschäfte der M-GmbH als für Rechnung der T-GmbH geführt.

(3) Der Verschmelzung wird die mit uneingeschränktem Bestätigungsvermerk des Wirtschaftsprüfers ...... versehene Schlussbilanz der M-GmbH auf den 31.12.01 zugrunde gelegt.

§ 2 Gegenleistung

(1) Mit Wirksamwerden der Verschmelzung durch Eintragung im Handelsregister der T-GmbH erhält der Gesellschafter (erhalten die Gesellschafter) der M-GmbH als Gegenleistung alle Geschäftsanteile an der T-GmbH, und zwar ...... *[Angabe der Geschäftsanteile]*, die alle voll einbezahlt sind. Diese Anteile erhält der (erhalten die) Gesellschafter der M-GmbH wie folgt ...... *[Bezeichnung des (der) Gesellschafter(s) und der Geschäftsanteile einschließlich Nummerierung der Geschäftsanteile]*. Weitere Geschäftsanteile werden nicht gewährt.

(2) Der Erwerb der Anteile an der T-GmbH durch die Gesellschafter der M-GmbH vollzieht sich gem. § 20 Abs. 1 Nr. 1 UmwG kraft Gesetzes uno actu unmittelbar mit Eintragung der Verschmelzung im Handelsregister der T-GmbH.

(3) Gesellschaftsvertragliche Teilungserfordernisse sind gem. § 54 Abs. 3 UmwG nicht zu beachten.

(4) Sonderrechte oder Vorzüge iSv. § 5 Abs. 1 Nr. 7 UmwG bestanden weder bei der übertragenden M-GmbH noch bestehen sie bei der übernehmenden T-GmbH.

(5) Es werden keine besonderen Vorteile an die in § 5 Abs. 1 Nr. 8 UmwG genannten Personen (einem Mitglied der Geschäftsführung, einem Mitglied eines Aufsichtsrates, einem geschäftsführenden Gesellschafter, einem Abschluss- oder Verschmelzungsprüfer) gewährt.

§ 3 Folgen der Verschmelzung für Arbeitnehmer und ihre Vertretungen sowie die insoweit vorgesehenen Maßnahmen

(1) Die Verschmelzung der M-GmbH führt zum Übergang sämtlicher Rechte und Ansprüche der Arbeitnehmer der M-GmbH im Wege der Gesamtrechtsnachfolge auf die T-GmbH. Auf den Übergang findet § 613a Abs. 1, 4 und 5 BGB Anwendung (§ 324 UmwG). Damit hat die Verschmelzung individualarbeitsrechtlich keine Nachteile für die Arbeitnehmer der übertragenden M-GmbH. Für die Arbeitnehmer der übernehmenden T-GmbH hat die Verschmelzung keine Folgen.

(2) Auch nach der Verschmelzung wird der Betrieb der M-GmbH unverändert fortgeführt.

(3) Die bei M-GmbH und T-GmbH bisher jeweils bestehenden Betriebsräte bestehen weiter. Der bzgl. des bisherigen Betriebs der M-GmbH in ...... eintretende Wechsel des Rechtsträgers lässt die Identität des Betriebs und damit auch die des Betriebsrats unberührt; dieser bleibt als zukünftiger Betriebsrat der T-GmbH für den Betrieb in ...... weiter im Amt. Gem. § 47 Abs. 1 BetrVG ist ein Gesamtbetriebsrat bei T-GmbH zu errichten, da bei dieser als Folge der Verschmelzung zukünftig mehrere Betriebe bestehen werden.

(4) Im Hinblick auf die Mitbestimmung ergeben sich durch die Verschmelzung keine Auswirkungen: Die M-GmbH unterlag bisher mit weniger als 500 Arbeitnehmern nicht der Mitbestimmung gem. § 1 DrittelbG. Auch nach der Verschmelzung wird die Zahl

der Arbeitnehmer der T-GmbH einschließlich der von der M-GmbH übergehenden Arbeitnehmer nicht mehr als 500 betragen; somit liegen auch nach der Verschmelzung die Voraussetzungen für die Mitbestimmung gem. § 1 DrittelbG nicht vor.

§ 4 Kosten und Gebühren

Alle mit diesem Vertrag und der Abwicklung entstehenden Kosten, Gebühren und Steuern, einschließlich der Kosten der Zustimmungsbeschlüsse, trägt die übernehmende T-GmbH.

Formular A. 15.61a Gemeinsames Schreiben gem. §§ 5 Abs. 3, 17 Abs. 1 UmwG an die Betriebsräte der M-GmbH und der T-GmbH

Von: Geschäftsleitung M-GmbH und

Geschäftsleitung T-GmbH (gemeinsames Schreiben)

....
[Ort/Datum]

An: 1. Betriebsrat der M-GmbH, z. Hd. des/der Vorsitzenden des Betriebsrats, Herrn/Frau ......

2. Betriebsrat der T-GmbH, z. Hd. des/der Vorsitzenden des Betriebsrats, Herrn/Frau ......

jeweils gegen Empfangsbestätigung

Betreff: Bevorstehende Verschmelzung der M-GmbH als übertragende Gesellschaft auf die T-GmbH als übernehmende Gesellschaft

Sehr geehrte Damen und Herren,

in den voraussichtlich am ...... stattfindenden Gesellschafterversammlungen der M-GmbH und der T-GmbH ist beabsichtigt, dem beigefügten Entwurf des Verschmelzungsvertrags zwischen der M-GmbH als übertragende und der T-GmbH als übernehmende Gesellschaft zuzustimmen und den Verschmelzungsvertrag in notariell beurkundeter Form abzuschließen. Wir übermitteln Ihnen hiermit den Entwurf des Verschmelzungsvertrags in der Anlage gem. § 5 Abs. 3 UmwG. Wir bitten, auf die Einhaltung der Monatsfrist des § 5 Abs. 3 UmwG zu verzichten, den Erhalt dieses Schreibens und der Anlage auf den beigefügten Kopien dieses Schreibens zu bestätigen und an die Geschäftsleitung der übernehmenden T-GmbH im Hinblick auf den Nachweis im Zuge der Anlagen zu den Handelsregisteranmeldungen gem. §§ 17 Abs. 1, 16 UmwG jeweils zweifach zurück zu schicken.

....
[Geschäftsführung T-GmbH]   **[Geschäftsführung M-GmbH]**

Hiermit bestätigen wir, als jeweilige(r) Vorsitzende(r) des Betriebsrats, den Erhalt dieses Schreibens nebst dem als Anlage beigefügten Entwurf des Verschmelzungsvertrages und verzichten auf die Einhaltung der Monatsfrist gem. § 5 Abs. 3 UmwG.

....
[Ort, Datum]   **[Betriebsrats-Vorsitzende(r) der M-GmbH]**

....
[Ort, Datum]   **[Betriebsrats-Vorsitzende(r) der T-GmbH]**

> **Formular A. 15.61b Gemeinsame Gesellschafterbeschlüsse über die Zustimmung zur Verschmelzung für die übertragende M-GmbH und die übernehmende T-GmbH**

Verhandelt in ...... am ......

Vor mir ......, Notar, erschienen

1. Herr C ...... *[Beruf/Wohn- bzw. Geschäftsadresse]*, handelnd im eigenen Namen als alleiniger Inhaber sämtlicher Geschäftsanteile im Nennbetrag von insgesamt € ...... an der M-GmbH mit Sitz in ......, eingetragen im Handelsregister des Amtsgerichts ...... unter HRB ...... (nachfolgend genannt: M-GmbH).

2. Herr A ...... *[Beruf/Wohn- bzw. Geschäftsadresse]*, handelnd nicht im eigenen Namen, sondern als einzelvertretungsberechtigter Geschäftsführer der M-GmbH.

Die Erschienenen erklärten zu Protokoll:

Der zu 2. erschienene Herr A erklärt, dass die von ihm vertretene M-GmbH alle Geschäftsanteile im Nennbetrag von insgesamt € ...... an der T-GmbH mit Sitz in ......, eingetragen im Handelsregister des Amtsgerichts ...... unter HRB ...... (nachfolgend genannt: T-GmbH) hält. Die Geschäftsanteile sind voll eingezahlt.

Die zu 1. und 2. Erschienenen erklären, dass sie jeweils unter Verzicht auf die Einhaltung aller Formen und Fristen, die durch Gesetz oder nach Gesellschaftsvertrag für die Einberufung und Abhaltung einer Gesellschafterversammlung gelten, Gesellschaftervollversammlungen der M-GmbH und der T-GmbH abhalten und sowohl für die übertragende M-GmbH als auch für die aufnehmende T-GmbH was folgt beschließen:

a) Auf die Versendung des Verschmelzungsvertrags oder seines Entwurfs zusammen mit der Einberufung der Gesellschafterversammlungen gem. § 47 UmwG wurde einvernehmlich verzichtet; dieser Verzicht wird hiermit nochmals ausdrücklich bestätigt.

b) Auf die Auslegung der Jahresabschlüsse und der Lageberichte der an der Verschmelzung beteiligten Rechtsträger M-GmbH und T-GmbH für die letzten drei Geschäftsjahre zur Einsicht durch die Gesellschafter in den Geschäftsräumen der Gesellschaften vom Zeitpunkt der Einberufung der Gesellschafterversammlungen an wurde ebenfalls einvernehmlich verzichtet; auch diesbezüglich wird der Verzicht hiermit nochmals ausdrücklich bestätigt.

c) Auf die Erstellung eines Verschmelzungsberichts iSv. § 8 Abs. 1 UmwG wird hiermit gem. § 8 Abs. 3 UmwG verzichtet.

d) Weder die Alleingesellschafterin der T-GmbH, die M-GmbH, bei der T-GmbH, noch der Alleingesellschafter der M-GmbH bei der M-GmbH hat einen Antrag auf Prüfung des Verschmelzungsvertrags oder seines Entwurfs gem. § 48 UmwG gestellt. Beide Gesellschafter verzichten hiermit einvernehmlich auf ihr Recht, eine Verschmelzungsprüfung zu verlangen.

e) Dem Verschmelzungsvertrag zwischen der M-GmbH und der T-GmbH vom ...... (UrkR-Nr. ...... des Notars ...... in ......) wird zugestimmt. C als alleiniger Gesellschafter der übertragenden M-GmbH verzichtet hiermit auf eine Kapitalerhöhung bei der T-GmbH und dem damit verbundenen Erhalt weiterer Geschäftsanteile. Eine Ausfertigung des Verschmelzungsvertrags ist dieser Niederschrift als Anlage beigefügt.

f) Auf das Recht, die vorstehenden Beschlüsse anzufechten, insbesondere gegen die Zustimmungsbeschlüsse gem. e) Klage zu erheben, wird ausdrücklich und unwiderruflich verzichtet.

....

[C als alleiniger Gesellschafter   [A als einzelvertretungsberechtigter Geder M-GmbH]   schäftsführer der M-GmbH für diese als alleinige Gesellschafterin der T-GmbH]

Formular A. 15.61c Handelsregisteranmeldung der übertragenden GmbH

An das

Amtsgericht ......

– Handelsregister –

M-GmbH mit Sitz in ......, HRB ......

Als einzelvertretungsberechtigter Geschäftsführer der übernehmenden T-GmbH mit Sitz in ......, eingetragen im Handelsregister des Amtsgerichts ...... unter HRB ......, melde ich gem. § 16 Abs. 1 Satz 2 UmwG als vertretungsberechtigtes Organ des übernehmenden Rechtsträgers T-GmbH die Verschmelzung der Gesellschaft als übertragender Rechtsträger zur Eintragung in das Register des Sitzes der Gesellschaft an:

Die Gesellschaft ist auf Grund des Verschmelzungsvertrags vom ......, des Beschlusses der Gesellschafterversammlung der Gesellschaft vom ...... und des Beschlusses der Gesellschafterversammlung der T-GmbH mit Sitz in ...... vom ...... mit der T-GmbH durch Aufnahme verschmolzen worden (§ 2 Nr. 1 UmwG).

Als Anlagen füge ich bei:

I.   Notariell beglaubigte Abschrift des Verschmelzungsvertrags vom ...... (UrkR-Nr. ...... des Notars ......);

II. Notariell beglaubigte Abschrift der Niederschriften der Gesellschafterversammlungen nebst Anlagen vom ...... (UrkR-Nr. ...... des Notars ......), nämlich der übernehmenden T-GmbH und der übertragenden M-GmbH;

III. Die von sämtlichen Geschäftsführern unterzeichnete Schlussbilanz der M-GmbH zum 31.12.01 mit Anhang, versehen mit einem uneingeschränkten Bestätigungsvermerk des Abschlussprüfers ...... vom ......;

IV. Nachweise gem. § 17 Abs. 1 UmwG über die rechtzeitige (bzw. bei Verzicht auf die Rechtzeitigkeit nur der Nachweis der Zuleitung) Zuleitung des Entwurfs des Verschmelzungsvertrags an die Betriebsräte der M-GmbH und der T-GmbH.

Nach Vollzug bitten wir um Eintragungsnachricht und um Übermittlung je eines beglaubigten Handelsregisterauszugs an die Gesellschaft und an den beglaubigenden Notar.

............................, den ....

....

[Unterschrift]

....

[Beglaubigungsvermerk]

Formular A. 15.61d Handelsregisteranmeldung der übernehmenden GmbH

An das

Amtsgericht ......

– Handelsregister –

T-GmbH mit Sitz in ......, HRB ......

Als einzelvertretungsberechtigter Geschäftsführer der T-GmbH melde ich zur Eintragung in das Handelsregister an: Auf die T-GmbH ist im Wege der Verschmelzung durch Aufnahme gem. § 2 Nr. 1 UmwG das Vermögen der M-GmbH mit Sitz in ......, eingetragen im Handelsregister des Amtsgerichts ...... unter HRB ...... als Ganzes ohne Abwicklung übergegangen.

Zur Vervollständigung der Anmeldung der Verschmelzung werde ich noch einen beglaubigten Handelsregisterauszug der übertragenden M-GmbH mit dem Sitz in ......, eingetragen im Handelsregister des Amtsgerichts ...... unter HRB ......, nachreichen, aus dem sich die Eintragung der Verschmelzung in das Handelsregister des Sitzes der übertragenden M-GmbH ergibt.

Nach Vollzug der Eintragung der Verschmelzung bitte ich jeweils um Eintragungsnachricht an die Gesellschaft und an den beglaubigenden Notar sowie um Übermittlung von je drei beglaubigten Handelsregisterauszügen an die Gesellschaft und eines beglaubigten Handelsregisterauszugs an den beglaubigenden Notar.

Als Anlagen füge ich bei:

I. Notariell beglaubigte Abschrift des Verschmelzungsvertrags vom ...... (UrkR-Nr. ...... des Notars ......);

II. Notariell beglaubigte Abschrift der Niederschriften nebst Anlagen der Gesellschafterversammlungen vom ...... (UrkR-Nr. ...... des Notars ......), nämlich der übernehmenden T-GmbH und der übertragenden M-GmbH;

III. Nachweise gem. § 17 Abs. 1 UmwG über die rechtzeitige (bzw. bei Verzicht auf Rechtzeitigkeit nur der Nachweis der Zuleitung) Zuleitung des Entwurfs des Verschmelzungsvertrags an die Betriebsräte der M-GmbH und der T-GmbH;

IV. Berichtigte Gesellschafterliste.

Gemäß § 54 Abs. 2 Nr. 2 UmwG wird bei der übernehmenden T-GmbH auf eine Kapitalerhöhung verzichtet; deshalb entfällt die Liste der Personen, welche neue Stammeinlagen übernommen haben (§ 57 Abs. 3 Nr. 2 GmbHG).

.................................., den ......

....

[Unterschrift]

....

[Beglaubigungsvermerk]

II. ERLÄUTERUNGEN

Erläuterungen zu A. 15.61 Verschmelzungsvertrag

1. Grundsätzliche Anmerkungen

a) Wirtschaftliches Vertragsziel

1   Die Verschmelzung einer Muttergesellschaft auf ihre 100%ige Tochtergesellschaft war früher (wegen steuerlicher Unsicherheiten, die nunmehr aber als geklärt erscheinen, vgl. Rz. 7 ff.) in der Praxis selten. Sie wird aber dann zweckmäßig sein, wenn zum Vermögen der Tochtergesellschaft, nicht aber zum Vermögen der Muttergesellschaft Grundstücke gehören (Nichtanfall von Grunderwerbsteuer auf Grundstücke der Tochtergesellschaft, vgl. A. 15.60 Rz. 27).

b) Zivilrecht

2   **Zulässigkeit:** Das UmwG enthält keine Bestimmung, wonach die Verschmelzung einer Muttergesellschaft auf die Tochtergesellschaft unzulässig wäre (*W/M/Mayer* § 5 UmwG Rz. 37). Daraus folgt, dass auch die Verschmelzung der Mutter-GmbH auf die Tochter-GmbH im Wege der Aufnahme gem. § 2 Nr. 1 UmwG gegen Gewährung von Gesellschaftsanteilen an der aufnehmenden Gesellschaft zulässig ist. Die Abfindung der Gesellschafter der M-GmbH kann allein mit den Geschäftsanteilen der übernehmenden T-GmbH erfolgen, die bereits vor der Verschmelzung von der

M-GmbH gehalten werden, wenn diese Anteile vollständig eingezahlt sind. Dies folgt aus § 54 Abs. 1 Satz 2 Nr. 2 UmwG, wonach die übernehmende Gesellschaft von einer Erhöhung des Stammkapitals absehen „kann", soweit der übertragenden Gesellschaft Geschäftsanteile der übernehmenden Gesellschaft gehören, auf welche die Einlagen bereits in voller Höhe bewirkt sind (*W/M/Mayer* § 5 UmwG Rz. 37).

Im Verschmelzungsvertrag sind die von den Gesellschaftern der übertragenden M- **3** GmbH als **Gegenleistung** zu übernehmenden Geschäftsanteile an der übernehmenden T-GmbH detailliert **zu bezeichnen** (§§ 5 Abs. 1 Nr. 3, 46 Abs. 1 und Abs. 3 UmwG), dh. für jeden Gesellschafter müssen die auf ihn übergehenden Geschäftsanteile unter namentlicher Nennung des Gesellschafters festgelegt werden. Für die Teilung gelten gem. § 54 Abs. 3 UmwG Erleichterungen. So sind gesellschaftsvertragliche Teilungserschwernisse unbeachtlich (§ 54 Abs. 3 Satz 1, 1. Hs. UmwG) und die Mindestnennbeträge müssen in gleichlaufender Abänderung von § 5 Abs. 2 und Abs. 3 GmbHG nur noch auf volle Euro lauten (§ 54 Abs. 3 Satz 1, 2. Hs. UmwG).

Der **Übergang der Geschäftsanteile** an der übernehmenden T-GmbH von der **4** übertragenden M-GmbH auf die Gesellschafter der M-GmbH erfolgt gemäß § 20 Abs. 1 Nr. 3 UmwG von Gesetzes wegen, dh. automatisch („uno actu") nach Maßgabe der Bestimmungen des Verschmelzungsvertrags (*Dreissig* DB 97, 1301) und ohne Durchgangserwerb (HFA 2/97 Abschn. 32212, FN-IDW 97, 182; *W/M/Mayer* § 5 UmwG Rz. 38; *S/St/Reichert* § 54 UmwG Rz. 16; **aA** *Rowedder/Zimmermann* § 77 GmbHG Anh. Rz. 428).

Neben der im Formular vorgesehenen vollständigen **Abfindung** der Gesellschafter **5** der übertragenden M-GmbH mit den bestehenden Geschäftsanteilen der übernehmenden T-GmbH („Anteilstausch") ist gem. § 54 Abs. 1 Satz 2 Nr. 2 UmwG **auch eine Erhöhung des Stammkapitals** der übernehmenden T-GmbH zum Zweck der Anteilsgewährung möglich (*W/M/Mayer* § 5 UmwG Rz. 39; *S/St/Reichert* § 54 UmwG Rz. 14). Da die T-GmbH in letzterem Fall eigene Anteile erwirbt, sind die Beschränkungen des § 33 GmbHG zu beachten, dh. der übergehende Bilanzansatz für die eigenen Anteile muss in eine Rücklage für eigene Anteile eingestellt werden (§ 272 Abs. 4 HGB iVm. § 33 Abs. 2 GmbHG). In Höhe des Bilanzwerts der nicht für die Abfindung verwendeten übergehenden Geschäftsanteile an der T-GmbH geht **Ausschüttungsvolumen** der T-GmbH verloren, dessen Verlust sich in jedem Fall bei einer späteren Einziehung realisiert. In der Praxis wird man daher (wie im Formular) bei voll eingezahlten T-GmbH Anteilen idR auf die Kapitalerhöhung und der Gewährung von weiteren Anteilen verzichten. Ein solcher Verzicht der Anteilsinhaber der übertragenden Gesellschafter ist gem. § 54 Abs. 1 Satz 3 UmwG notariell zu beurkunden (s. zur Neuregelung des § 54 Abs. 1 Satz 3 UmwG *S/St/Reichert* § 54 UmwG Rz. 19 ff.; *Mayer/Weiler* DB 07, 1235, 1238).

Bezüglich der sonstigen Voraussetzungen und Rechtsfolgen der Verschmelzung von **6** GmbHs auf bestehende GmbHs (zur Aufnahme) wird auf A. 15.63 Rz. 4 ff. verwiesen.

c) Steuerrecht

aa) Ertragsteuern

Der downstream merger ist zwischenzeitlich in § 11 Abs. 2 Satz 2 UmwStG – zu- **7** mindest inzident – vorgesehen. Eines Billigkeitsantrags aller Beteiligten für die Anwendung der §§ 11 ff. UmwStG, wie ihn die Finanzverwaltung zur alten Rechtslage für erforderlich gehalten hat (vgl. UmwSt-Erl. 1998, BStBl. I 98, 268, Tz. 11.24 f. sowie BMF v. 16.12.03, BStBl. I 03, 786, Tz. 15 ff.), bedarf es daher nicht länger (UmwSt-Erl. 2011 BMF v. 11.11.11, BStBl. I 11, 1314, Tz. 11.17 ff.; zu den handelsbilanziellen und steuerlichen Sonderproblemen beim downstream merger vgl. *Wegener* DB 18, 2071). Auch beim downstream merger, wo die übernehmende Gesellschaft nicht an der übertragenden Gesellschaft beteiligt war, ist ein Übernahmeergebnis iSd. §§ 12 Abs. 2 Satz 1 iVm 15 Abs. 1 Satz 1 UmwStG zu ermitteln; Kosten des Vermögensübergangs können daher nicht als Betriebsausgaben abgezogen werden (vgl. BFH I R 24/12 v. 9.1.13, BFH/NV 13, 881).

8   **Bei der übernehmenden T-GmbH** sieht § 12 Abs. 1 UmwStG vor, dass diese die übergehenden Wirtschaftsgüter mit den in der steuerlichen **Schlussbilanz** der übertragenden M-GmbH ausgewiesenen Werten zu übernehmen hat. Ein Übernahmegewinn bzw. -verlust iSv. § 12 Abs. 2 UmwStG kommt im Fall des downstream merger nicht in Betracht (*R/H/L Rödder* § 12 UmwStG Rz. 62).

9   Wenn, wie im Formular vorgesehen, die übertragende M-GmbH alle **Geschäfts-anteile** an der übernehmenden T-GmbH hält und alle T-GmbH-Anteile unmittelbar an die Gesellschafter der M-GmbH als Gegenleistung gemäß § 20 Abs. 1 Nr. 3 UmwG übergehen, ist nur das übrige Vermögen als Zugang bei der übernehmenden T-GmbH zu erfassen (vgl. *W/M/Widmann* § 12 UmwStG Rz. 375); der sich daraus ergebende Gewinn ist – auch wenn § 12 Abs. 2 Satz 1 UmwStG nicht anwendbar ist – zumindest als Einlage auf gesellschaftsrechtlicher Grundlage bei der übernehmenden GmbH ertragsteuerfrei (*R/H/L/Rödder* § 12 UmwStG Rz. 71). Unterliegen die auf die Gesellschafter der M-GmbH übergehenden Anteile an der T-GmbH bei diesen nicht dem deutschen Besteuerungsrecht (z.B. bei im Ausland ansässigen Gesellschaftern mit entsprechendem DBA-Schutz), ist die Abwärtsverschmelzung nicht zu Buchwerten möglich (BFH I R 31/16 v. 30.5.18, BStBl. II 19, 136 und I R 35/16 v. 30.5.18, BFH/NV 19, 46).

10   *(frei)*

11   **Bei den Gesellschaftern** der übertragenden M-GmbH kann sich die Verschmelzung unter den Voraussetzungen des § 13 Abs. 2 UmwStG steuerneutral vollziehen. Grundsätzlich gelten die Anteile an der übertragenden Körperschaft als zum gemeinen Wert veräußert und die an ihre Stelle tretenden Anteile an der übernehmenden Körperschaft gelten als mit diesem Wert angeschafft. Ausnahmsweise sind aber auf Antrag die Anteile an der übernehmenden Körperschaft mit dem Buchwert (Anschaffungskosten, falls sie nicht zu einem Betriebsvermögen gehören, § 13 Abs. 2 Satz 3 UmwStG) der Anteile an der übertragenden Körperschaft anzusetzen, wenn das Recht der Bundesrepublik Deutschland hinsichtlich der Besteuerung des Gewinns aus der Veräußerung der Anteile an der übernehmenden Körperschaft nicht ausgeschlossen oder beschränkt wird oder die Mitgliedstaaten der EU bei einer Verschmelzung Art. 8 FRL anzuwenden haben; in diesem Fall ist der Gewinn aus einer späteren Veräußerung der erworbenen Anteile ungeachtet der Bestimmungen eines DBA in der gleichen Art und Weise zu besteuern, wie die Veräußerung der Anteile an der übertragenden Körperschaft zu besteuern wäre (§ 13 Abs. 2 UmwStG). Hinweis auf § 20 Abs. 4a EStG idF des AmtshilfeRLUmsG v. 26.6.13 (BGBl. I 13, 1809) für Anteile, die sich im steuerlichen Privatvermögen befinden und keine Anteile iSv. § 17 EStG sind (hierzu auch *Bron* DStR 14, 353).

12   Bzgl. der sonstigen ertragsteuerlichen Folgen der Verschmelzung wird auf A. 15.63 Rz. 23 ff. verwiesen.

13   Die Verschmelzung einer Kapitalgesellschaft auf eine andere Kapitalgesellschaft nach §§ 11 ff. UmwStG stellt regelmäßig keinen Verstoß gegen die **Behaltensregelung** des **§ 13a Abs. 5 ErbStG** dar (vgl. hierzu auch Koordinierte Ländererlasse v. 22.6.17, BStBl. I 17, 902; Gleichl. Ländererlasse v. 20.11.13, BStBl. I 13, 1508). Für die weitere Ermittlung der **Lohnsumme** Hinweis auf Gleichl. Ländererlasse v. 21.11.13, BStBl. I 13, 1510.

14   *(frei)*

bb) Verkehrsteuern

aaa) Umsatzsteuer

15   Bei Verschmelzungen entfällt die Umsatzsteuerbarkeit nach § 1 Abs. 1a UStG auf Grund Übergang des gesamten Unternehmens von der übertragenden auf die übernehmende Gesellschaft (vgl. *W/M/Knoll* Anhang 11 Rz. 5 und 13 ff.). Die übernehmende T-GmbH tritt auf Grund der Gesamtrechtsnachfolge bzgl. der Vorsteuerberichtigungen in die Rechtsstellung der übertragenden M-GmbH ein (§ 1 Abs. 1a Satz 3 iVm. § 15a Abs. 10 UStG läuft bei Gesamtrechtsnachfolge leer).

Falls die übernehmende T-GmbH **Organgesellschaft** der übertragenden M-GmbH **16** iSv. § 2 Nr. 2 UStG ist oder beide Gesellschaften dem gleichen Organkreis angehören, ist die Verschmelzung auch deshalb nicht umsatzsteuerbar (vgl. hierzu auch *Pyszka* DStR 11, 545).

(frei) **17–19**

bbb) Grunderwerbsteuer

Soweit zum Vermögen der übertragenden M-GmbH Grundstücke oder grund- **20** stücksgleiche Rechte gehören, entsteht Grunderwerbsteuer gem. § 1 Abs. 1 Nr. 3 GrEStG. Grunderwerbsteuer kann auch ausgelöst werden, wenn zum übergehenden Vermögen Anteile an grundbesitzenden Kapital- oder Personengesellschaften gehören (§ 1 Abs. 2a und 3 GrEStG). Der Steuersatz beträgt in den Bundesländern zwischen 3,5 (Bayern und Sachsen) und 6,5 % (Schleswig-Holstein). Bemessungsgrundlage ist der sog. Bedarfswert iSd. § 138 Abs. 2 bis 4 BewG (§ 8 Abs. 2 Satz 1 Nr. 2 GrEStG). Zu verfassungsrechtlichen Bedenken gegen die Bedarfsbewertung für Grunderwerbsteuerzwecke, vgl. BFH II R 64/08 v. 27.5.09, BStBl. II 09, 856, Bescheide ergehen insoweit nur noch vorläufig, Gleichl. Ländererlasse v. 17.6.11, BStBl. I 11, 575. Beachte nunmehr: BVerfG 1 BvL 13/11, 1 BvL 14/11 v. 23.6.15, DStR 15, 1678 und hierzu OFD NRW v. 24.7.15, BeckVerw 313036. Mit StÄndG 2015 v. 2.11.15 (BGBl. I 15, 1834) ist der Verweis in § 8 Abs. 2 GrEStG dahingehend geändert worden, dass nunmehr die sog. **Erbschaftsteuerwerte** Ersatzbemessungsgrundlage sind. Die Neuregelung ist auf alle Erwerbsvorgänge nach dem 31.12.08 anzuwenden (vgl. Gleichl. Ländererlasse v. 16.12.15, BStBl. I 15, 1082; *Loose* DB 16, 75; *Schade* DStR 16, 657). Hinweis auch auf §§ 1 Abs. 3a und 6a GrEStG idF des AmtshilfeRLUmsG v. 26.6.13 (BGBl. I 13, 1809); hierzu Gleichl. Ländererlasse v. 9.10.13, BStBl. I 13, 1364 und 1375; *Behrens* DStR 13, 2726. Aufgrund der neuen, sehr weiten Auslegung der Regelung durch den BFH ist jeweils auch zu prüfen, ob eine Vergünstigung nach § 6a GrEStG in Betracht kommt (zur BFH-Rspr. *Loose* DB 20, 919).

(frei) **21**

2. Einzelerläuterungen

Der Verschmelzungsvertrag bedarf der **notariellen Beurkundung** (§ 6 UmwG). **22** Vertragspartner sind die übertragende M-GmbH und die übernehmende T-GmbH. Abgeschlossen wird der Vertrag durch die jeweiligen Geschäftsführer in vertretungsberechtigter Zahl (vgl. A. 15.60 Rz. 31).

Das Vertragsformular beschränkt sich auf den Mindestinhalt des Verschmelzungs- **23** vertrags. Dieser ergibt sich aus §§ 5 Abs. 1 und 2, 46 UmwG, vgl. dazu A. 15.60 Rz. 32 ff. und A. 15.63 Rz. 39 ff.: Benennung der beiden vertragschließenden GmbHs unter Bezeichnung, welche die übertragende und welche die übernehmende Gesellschaft ist sowie Regelung der Übertragung des Vermögens der M-GmbH als Ganzes im Wege der Verschmelzung auf die T-GmbH. Ferner: gem. §§ 5 Abs. 1 Nr. 3, 46 Abs. 1 und 3 UmwG die genaue Bezeichnung der jedem namentlich aufzuführenden Gesellschafter der übertragenden GmbH als Gegenleistung zu gewährenden Geschäftsanteile der übernehmenden T-GmbH; dabei werden die einzelnen Geschäftsanteile mit laufenden Nummern versehen (vgl. §§ 8 Abs. 1 Nr. 3, 40 Abs. 1 GmbHG). Diese Bestimmungen sind durch § 2 Abs. 1 des Formulars erfüllt.

Gemäß § 5 Abs. 1 Nr. 6 UmwG ist der **Verschmelzungsstichtag** anzugeben. Auf **24** den diesem vorangehenden Tag wird die Schlussbilanz aufgestellt, die gem. § 17 Abs. 2 UmwG der Anmeldung zum Register der übertragenden M-GmbH beizufügen ist. Für die Schlussbilanz gelten gem. § 17 Abs. 2 Satz 2 UmwG die Vorschriften über die Jahresbilanz und deren Prüfung (mit Ausnahme der Bekanntmachung, vgl. § 17 Abs. 2 Satz 3 UmwG) entsprechend. Vgl. zur Schlussbilanz A. 15.60 Rz. 7 ff.

Erläuterungen zu A. 15.61a Gemeinsames Schreiben an die Betriebsräte gem. §§ 5 Abs. 3, 17 Abs. 1 UmwG

25   Neben der Darstellung der Folgen der Verschmelzung für die Arbeitnehmer und ihre Vertretungen sowie die insoweit vorgesehenen Maßnahmen gem. § 5 Abs. 1 Nr. 9 UmwG im Verschmelzungsvertrag (vgl. dazu A. 15.60 Rz. 34) ist der Verschmelzungsvertrag oder sein Entwurf gem. § 5 Abs. 3 UmwG den Betriebsräten der übertragenden M-GmbH und der übernehmenden T-GmbH zuzuleiten bis spätestens einen Monat vor dem Tag der jeweiligen Beschlussfassung (vgl. dazu A. 15.60 Rz. 35). Nach überwiegender Ansicht in der Literatur können die Betriebsräte auf die Einhaltung der Monatsfrist des § 5 Abs. 3 UmwG und damit auf die Rechtzeitigkeit der Zuleitung gem. § 17 Abs. 1 UmwG verzichten (vgl. A. 15.63 Rz. 52). Eine solche Verzichtserklärung sollte dann bereits in die Anschreiben an die Betriebsräte und die Bestätigung durch diese (s. Formular A. 15.61a) integriert sein.

Erläuterungen zu A. 15.61b Gemeinsame Gesellschafterbeschlüsse

26   Das Formular geht von einer möglichst einvernehmlichen Beschlussfassung über die Verschmelzung aus, wobei auf Formalien zur Information (§§ 47, 49 Abs. 2 UmwG), die Erstellung eines Verschmelzungsberichts (§ 8 Abs. 1 und 2 UmwG), das Verlangen einer Prüfung des Verschmelzungsvertrags (§ 48 UmwG) sowie auf das Recht der Anfechtung der bzw. die Klage gegen die Zustimmungsbeschlüsse (§ 14 UmwG) jeweils soweit wie möglich verzichtet wird (vgl. dazu iE A. 15.63 Rz. 70 ff.). Die Unterrichtung über wesentliche Veränderungen des Vermögens der an der Verschmelzung beteiligten Rechtsträger ist nicht erforderlich. Zu der Unterrichtungspflicht s. A. 15.63 Rz. 21.

27   Der Verschmelzungsvertrag wird nur wirksam, wenn die Anteilsinhaber der beteiligten Rechtsträger (hier der M-GmbH und der T-GmbH) ihm durch Beschluss zustimmen (enthalten in Formular A. 15.61b unter Buchst. e), vgl. §§ 13 Abs. 1, 50 UmwG). Da einzelne Beschlüsse der notariellen Beurkundung bedürfen (Zustimmungsbeschluss zum Verschmelzungsvertrag gem. § 13 Abs. 3 UmwG, Verzicht auf Verschmelzungsbericht gem. § 8 Abs. 3 UmwG und Verzicht auf Verschmelzungsprüfung gem. § 12 Abs. 3), können auch die anderen Beschlüsse zur Übersichtlichkeit mit beurkundet werden. Der Gesellschafter der übertragenden M-GmbH verzichtet auch gem. § 54 Abs. 1 Satz 3 UmwG auf den Erhalt weiterer Anteile zusätzlich zu dem im Zuge des Anteilstauschs erhaltenen Geschäftsanteil der M-GmbH an der T-GmbH. Die Fassung der Beschlüsse in einer gemeinsamen Versammlung ist kostengünstiger (BayObLG BReg. 3 Z 111/89 v. 21.9.89, GmbHR 90, 353).

28   Beide Zustimmungsbeschlüsse erfordern eine Mehrheit von $3/4$ der abgegebenen Stimmen der voll eingezahlten Anteile (falls nicht der Gesellschaftsvertrag eine größere Mehrheit und weitere Erfordernisse bestimmt, § 50 Abs. 1 UmwG). Zu weiteren Zustimmungserfordernissen bei Vinkulierungsregelungen gem. § 13 Abs. 2 UmwG, bei gesellschaftsvertraglichen Sonderrechten nach § 50 Abs. 2 UmwG und bei nicht voll einbezahlten Geschäftsanteilen gem. § 51 Abs. 1 UmwG, vgl. A. 15.63 Rz. 77 ff. Insbes. bei nicht voll einbezahlten Geschäftsanteilen ist die Zustimmung aller (anwesenden und nicht erschienenen) Gesellschafter erforderlich (gem. § 51 Abs. 1 Satz 1 UmwG bei nicht voll einbezahlten Geschäftsanteilen eines übernehmenden Rechtsträgers und gem. § 51 Abs. 1 Satz 3 UmwG für nicht voll einbezahlte Geschäftsanteile

eines übertragenden Rechtsträgers). Einer Feststellung der Schlussbilanz bedarf es nicht (HFA 2/97 Abschn. 113, WPg 98, 235).

Jedem Beschluss ist der Verschmelzungsvertrag als **Anlage** beizufügen (§ 13 Abs. 3 **29** Satz 2 UmwG). Wird der Zustimmungsbeschluss vor der Protokollierung des Verschmelzungsvertrags gefasst, ist der Verschmelzungsvertrag als Entwurf beizulegen, allerdings muss dann der endgültige Verschmelzungsvertrag identisch mit dem Entwurf sein.

Erläuterungen zu A. 15.61c und A. 15.61d Handelsregisteranmeldungen

Die Verschmelzungen sind von den Geschäftsführern der M-GmbH bzw. der T- **30** GmbH in jeweils vertretungsberechtigter Zahl bei dem jeweils für deren Sitz zuständigen Handelsregister zur Eintragung anzumelden (§ 16 Abs. 1 Satz 1 UmwG). § 16 Abs. 1 Satz 2 UmwG ermächtigt auch die Geschäftsführer des übernehmenden Rechtsträgers, die Verschmelzung des übertragenden Rechtsträgers zu dessen Handelsregister anzumelden; dies ist im Formular aus Zweckmäßigkeitsgründen (wegen Koordinierung und Vorbereitung der Anmeldungen) vorgesehen. Die bei der Anmeldung der T-GmbH beizufügende Liste der Gesellschafter muss Name, Vorname, Geburtsdatum und Wohnort der Gesellschafter sowie die Nennbeträge und die laufenden Nummern der von den Gesellschaftern übernommenen Geschäftsanteile enthalten (vgl. § 40 Abs. 1 GmbHG). Nach Streichung des § 52 Abs. 2 UmwG aF ist die Gesellschafterliste nicht mehr von den Geschäftsführern zu unterschreiben. Vielmehr soll es ausreichend sein, wenn die vom Notar aktualisierte Gesellschafterliste dem Handelsregister übermittelt wird, wozu der Notar aufgrund seiner Mitwirkung an den Zustimmungsbeschlüssen verpflichtet sein soll (BT-Drs. 17/3122, S. 11). Zu Inhalt und Form der Anmeldungen und den notwendigen Anlagen vgl. A. 15.60 Rz. 39 ff.

A. 15.62 Grenzüberschreitende Verschmelzung einer ausländischen Kapitalgesellschaft auf eine Mutter-GmbH (Hinein-Verschmelzung)

Gliederung

I. FORMULARE

Formular A. 15.62 Verschmelzungsplan

Verhandelt zu ...... am ...... 08: Vor mir ......, Notar, erschienen

1. Herr D ...... *[Beruf/Wohn- bzw. Geschäftsadresse]*, handelnd als alleinvertretungsberechtigter Geschäftsführer der D-GmbH mit Sitz in ......, Deutschland, eingetragen im Handelsregister des Amtsgerichts ......, Deutschland unter HRB ...... (nachfolgend genannt: D-GmbH) und

2. Herr A ...... *[Beruf/Wohn- bzw. Geschäftsadresse]*, handelnd als alleinvertretungsberechtigter Geschäftsführer der A-GmbH mit Sitz in ......, Österreich, eingetragen im Firmenbuch beim Landesgericht in ......, Österreich unter FN ...... (nachfolgend genannt: A-GmbH)

und erklärten zu Protokoll den nachfolgenden

VERSCHMELZUNGSPLAN

Präambel

Herr X und Herr Y halten alle voll eingezahlten Geschäftsanteile an der D-GmbH, einer Gesellschaft mit beschränkter Haftung deutschen Rechts mit Sitz und Hauptverwaltung in ......, Deutschland (HRB ......) und mit einem Stammkapital von € 50.000,–. Die D-GmbH hält den einzigen, voll eingezahlten Geschäftsanteil an der A-GmbH, einer Gesellschaft mit beschränkter Haftung österreichischen Rechts mit Sitz und Hauptverwaltung in ......, Österreich (FN ......) mit einem Stammkapital von € 35.000,–.

§ 1 Grenzüberschreitende Verschmelzung, Verschmelzungsstichtag

(1) Die A-GmbH mit Sitz und Hauptverwaltung in ......, Österreich als übertragende Gesellschaft überträgt ihr Vermögen als Ganzes mit allen Rechten und Pflichten im Wege der grenzüberschreitenden Verschmelzung gem. §§ 122a ff. UmwG, §§ 1 ff. EU-VerschG auf die D-GmbH mit Sitz und Hauptverwaltung in ......, Deutschland als übernehmende Gesellschaft.

(2) Verschmelzungsstichtag ist der 1.1.08. Die D-GmbH übernimmt das Vermögen der A-GmbH im Innenverhältnis mit Wirkung vom 1.1.08, 0.00 Uhr; von diesem Zeitpunkt an gelten die Geschäfte der A-GmbH als für Rechnung der D-GmbH geführt.

(3) Der Verschmelzung wird die mit uneingeschränktem Bestätigungsvermerk des Wirtschaftsprüfers ...... versehene Schlussbilanz der A-GmbH auf den 31.12.07 (Stichtag gem. § 5 Abs. 2 Nr. 12 EU-VerschG) zugrunde gelegt.

§ 2 Keine Gewährung einer Gegenleistung, Sonderrechte und besondere Vorteile

(1) Für die Übertragung des Vermögens der A-GmbH werden keine Geschäftsanteile an der D-GmbH als Gegenleistung gewährt, da die D-GmbH alleinige Gesellschafterin der A-GmbH ist. Angaben über einen Umtausch von Anteilen entfallen gem. § 122c Abs. 3 UmwG, § 5 Abs. 3 EU-VerschG.

(2) Die D-GmbH gewährt keinem Gesellschafter Sonderrechte iSd. § 122c Abs. 2 Nr. 7 UmwG. Weder bestanden Sonderrechte iSv. § 5 Abs. 2 Nr. 7 EU-VerschG bei der übertragenden A-GmbH noch bestehen Sonderrechte iSv. § 122c Abs. 2 Nr. 7 UmwG bei der übernehmenden D-GmbH. Deshalb entfallen entsprechende Angaben.

(3) Es werden keine besonderen Vorteile an die in § 122c Abs. 2 Nr. 8 UmwG oder § 5 Abs. 2 Nr. 8 EU-VerschG genannten Personen (Sachverständige, die den Verschmelzungsplan prüfen; Mitglieder der Verwaltungs-, Leitungs-, Aufsichts- oder Kontrollorgane der A-GmbH oder D-GmbH) gewährt.

§ 3 Auswirkungen der grenzüberschreitenden Verschmelzung für die Beschäftigung und Angaben über das Verfahren zur Festlegung der Mitbestimmung

(1) Die grenzüberschreitende Verschmelzung der A-GmbH führt zum Übergang sämtlicher Rechte und Ansprüche der Arbeitnehmer der A-GmbH im Wege der Gesamtrechtsnachfolge auf die D-GmbH. Die grenzüberschreitende Verschmelzung hat individualarbeitsrechtlich keine Nachteile für die Arbeitnehmer der A-GmbH. Auf die Arbeitnehmer der D-GmbH hat die grenzüberschreitende Verschmelzung ohnehin keine Auswirkungen. Die Beschäftigungslage und die Bedingungen der Beschäftigung der Arbeitnehmer ändern sich nicht.

(2) Auch nach der Verschmelzung wird der Betrieb der A-GmbH unverändert fortgeführt.

(3) Die bei D-GmbH und A-GmbH bisher jeweils bestehenden Betriebsräte bestehen weiter. Der bzgl. des bisherigen Betriebs der A-GmbH in ......, Österreich eintretende Wechsel des Rechtsträgers lässt die Identität des Betriebs und damit auch die des Betriebsrats unberührt; dieser bleibt als zukünftiger Betriebsrat der D-GmbH für den Betrieb in ......, Österreich weiter im Amt. Ein Gesamtbetriebsrat bei der D-GmbH ist nicht zu errichten.

(4) Die grenzüberschreitende Verschmelzung hat auf die Mitbestimmung keine Auswirkungen: Die D-GmbH unterlag bisher mit weniger als 500 Arbeitnehmern nicht der Mitbestimmung gem. § 1 DrittelbG. Auch nach der Verschmelzung wird die Zahl der Arbeitnehmer der D-GmbH einschließlich der von der A-GmbH übergehenden Arbeitnehmer nicht mehr als 500 betragen; somit liegen auch nach der Verschmelzung die Voraussetzungen für die Mitbestimmung gem. § 1 DrittelbG nicht vor. Angaben zu dem Verfahren nach §§ 1 Abs. 2 Satz 1, 6 MgVG, §§ 258 ff. ArbVerfG, nach dem die Einzelheiten über die Beteiligung der Arbeitnehmer an der Festlegung ihrer Mitbestimmungsrechte in der D-GmbH geregelt werden, sind nicht erforderlich.

§ 4 Bewertung des Aktiv- und Passivvermögens der A-GmbH

Das Aktiv- und Passivvermögen der A-GmbH, das durch die grenzüberschreitende Verschmelzung auf die D-GmbH übergeht, wird jeweils zu Buchwerten von der D-GmbH übernommen.

§ 5 Gesellschaftsvertrag der D-GmbH

Der zum Zeitpunkt dieses Verschmelzungsplans gültige Gesellschaftsvertrag der D-GmbH ist diesem Verschmelzungsplan entsprechend § 122c Abs. 2 Nr. 9 UmwG als Anlage 1 beigefügt.

§ 6 Verzicht auf Prüfung des Verschmelzungsplans für die A-GmbH

Die D-GmbH als alleinige Gesellschafterin der A-GmbH erklärt hiermit, dass sie gem. § 7 Abs. 1 EU-VerschG hinsichtlich der A-GmbH auf die Prüfung des Verschmelzungsplans verzichtet.

§ 7 Kosten und Gebühren

Alle mit diesem Verschmelzungsplan und der Abwicklung entstehenden Kosten, Gebühren und Steuern, einschließlich der Kosten des Zustimmungsbeschlusses trägt die D-GmbH.

– Anlage 1 –

..............................., den ......

....

[Unterschrift A für A-GmbH]   [Unterschrift D für D-GmbH]

> **Formular A. 15.62a Einreichung des Verschmelzungsplans zum Handelsregister der übernehmenden D-GmbH gem. § 122d UmwG**

An das

Amtsgericht ......

– Handelsregister –

D-GmbH mit dem Sitz in ......, HRB ......

Als einzelvertretungsberechtigter Geschäftsführer der Gesellschaft überreiche ich in der Anlage den Entwurf des Verschmelzungsplans betreffend die Verschmelzung der A-GmbH mit Sitz in ..., Österreich als übertragende Gesellschaft mit der Gesellschaft als übernehmende Gesellschaft. Bei der A-GmbH handelt es sich um eine Gesellschaft mit beschränkter Haftung österreichischen Rechts. Die Verschmelzung erfolgt unter Anwendung der §§ 122a ff. deutsches UmwG, §§ 1 ff. österreichisches EU-VerschG.

Namens der übernehmenden Gesellschaft bitte ich um Bekanntmachung der nach § 122d UmwG erforderlichen Angaben. Hierzu teile ich gem. § 122d Satz 3 UmwG den Inhalt der bekannt zu machenden Angaben mit:

1. Es wird darauf hingewiesen, dass der Verschmelzungsplan beim Handelsregister eingereicht worden ist.

2. An der Verschmelzung sind die A-GmbH, eine Gesellschaft mit beschränkter Haftung nach österreichischem Recht mit Sitz in ..., Österreich als übertragende Gesellschaft und die D-GmbH, eine Gesellschaft mit beschränkter Haftung nach deutschem Recht mit Sitz in ...... als übernehmende Gesellschaft beteiligt.

3.

   a) Die übertragende Gesellschaft ist eingetragen im Firmenbuch des Landesgerichts ...... unter der Firmennummer FN ....

   b) Die übernehmende Gesellschaft ist eingetragen im Handelsregister des Amtsgerichts ...... unter HRB ....

4. a) Die Rechte der Gläubiger der übernehmenden deutschen D-GmbH ergeben sich aus § 122a Abs. 2 UmwG iVm. § 22 UmwG. Danach ist den Gläubigern der an der Verschmelzung beteiligten D-GmbH Sicherheit zu leisten, wenn sie binnen sechs Monaten nach dem Tag, an dem die Eintragung der Verschmelzung in das Register des Sitzes der D-GmbH nach § 122a Abs. 2 iVm. § 19 Abs. 3 UmwG als bekannt gemacht gilt, ihren Anspruch nach Grund und Höhe schriftlich anmelden. Dieses Recht steht den Gläubigern nur zu, wenn sie glaubhaft machen, dass durch die Verschmelzung die Erfüllung ihrer Forderungen gefährdet wird. Die Gläubiger sind in der Bekanntmachung der Eintragung der Verschmelzung bei der D-GmbH gem. § 122a Abs. 2 iVm. § 22 Abs. 1 Satz 3 UmwG auf dieses Recht hinzuweisen. Das Recht, Sicherheitsleistung zu verlangen, steht Gläubi-

gern nicht zu, die im Falle der Insolvenz ein Recht auf vorzugsweise Befriedigung aus einer Deckungsmasse haben, die nach gesetzlicher Vorschrift zu ihrem Schutz errichtet und staatlich überwacht ist.

Hinsichtlich des Anspruchs der Gläubiger ist unerheblich, ob dieser Anspruch auf Vertrag oder Gesetz beruht. Sicherheitsleistungen können aber nur Gläubiger eines so genannten obligatorischen Anspruchs verlangen. § 22 UmwG erfasst keine dinglichen Ansprüche, da insoweit der Gegenstand des dinglichen Rechts die Sicherheit darstellt. Der Inhalt der Forderung ist nur insoweit von Bedeutung, als diese einen Vermögenswert darstellen muss. Der zu sichernde Anspruch muss deshalb nicht notwendig unmittelbar auf Geld gerichtet sein, vielmehr besteht auch bei einem Anspruch auf Lieferung von Sachen oder sonstigen Leistungen ein Sicherheitsbedürfnis hinsichtlich eines später eventuell daraus resultierenden Schadensersatzanspruches.

Der Anspruch ist unmittelbar gegenüber der D-GmbH unter deren Geschäftsanschrift ...... geltend zu machen. Hierzu ist eine genaue Beschreibung der dem Anspruch zu Grunde liegenden Forderung erforderlich, so dass eine Individualisierung ohne weitere Nachforschungen möglich ist. Es wird darauf hingewiesen, dass die Sicherheitsleistung spätestens sechs Monate nach Bekanntmachung der Eintragung der Verschmelzung in das Handelsregister der D-GmbH gefordert werden muss. Unter der vorgenannten Anschrift können im Übrigen vollständige Auskünfte über die Modalitäten für die Ausübung der Rechte der Gläubiger und der Minderheitsgesellschafter eingeholt werden.

b) Ein Hinweis auf die Modalitäten für die Ausübung der Rechte von Minderheitsgesellschaftern ist nicht bekannt zu machen, da es sich um die Verschmelzung einer 100-prozentigen Tochtergesellschaft auf ihre Muttergesellschaft handelt. Außenstehende Minderheitsgesellschafter sind nicht vorhanden.

...................................., den ....

....
[Unterschrift D]

....
[Beglaubigungsvermerk]

Formular A. 15.62b Gemeinsamer Verschmelzungsbericht gem. § 122e UmwG, § 6 österr. EU-VerschG an den Betriebsrat der D-GmbH und die Arbeitnehmervertretung der A-GmbH

VERSCHMELZUNGSBERICHT

(gem. § 122e UmwG, § 6 EU-VerschG)

hinsichtlich der grenzüberschreitenden Verschmelzung der A-GmbH als übertragende Gesellschaft auf die D-GmbH als übernehmende Gesellschaft

Die Geschäftsführer der A-GmbH und der D-GmbH haben am ...... 08 den Verschmelzungsplan der A-GmbH mit der D-GmbH durch Aufnahme der A-GmbH in die D-GmbH abgeschlossen. Der Verschmelzungsplan wird der Gesellschafterversammlung der D-GmbH am ...... 08 zur Zustimmung vorgelegt werden. Zur Unterrichtung der Gesellschafter, Gläubiger und Arbeitnehmer und zur Vorbereitung der Beschlussfassung der Gesellschafter der D-GmbH erstatten die Geschäftsführer der A-GmbH und der D-GmbH den folgenden gemeinsamen Verschmelzungsbericht nach § 122e UmwG, § 6 EU-VerschG:

1. **A-GmbH**

   a) Geschichte und Entwicklung
   b) Mitarbeiter und Mitbestimmung
   c) Beteiligungen
   d) Kapital und Gesellschafter

2. **D-GmbH**

   a) Geschichte und Entwicklung
   b) Mitarbeiter und Mitbestimmung
   c) Beteiligungen
   d) Kapital und Gesellschafter

3. **Wirtschaftliche Gründe der grenzüberschreitenden Verschmelzung**

   a) Ausgangslage
   b) Strategische Ziele und erwartete Vorteile
   c) Synergieeffekte und Strukturkosten
   d) Funktion des Geschäftsbetriebs der A-GmbH in der D-GmbH
   e) Alternativen zur Verschmelzung

4. **Finanzielle und gesellschaftsrechtliche Auswirkungen der grenzüberschreitenden Verschmelzung**

   a) Bilanzielle Folgen
   b) Folgen für die Beteiligung der Gesellschafter
   c) Gesellschaftsrechtliche Folgen
   d) Steuerliche Folgen

5. **Auswirkungen der grenzüberschreitenden Verschmelzung auf Gläubiger**

   a) Auswirkungen auf Gläubiger der A-GmbH
   b) Auswirkungen auf Gläubiger der D-GmbH

6. **Auswirkungen der grenzüberschreitenden Verschmelzung auf Arbeitnehmer und Beschäftigung**

   a) Individualrechtliche Folgen für die Arbeitsverhältnisse
   b) Kollektivrechtliche Folgen für die Arbeitsverhältnisse
   c) Folgen für Beschäftigungslage und Beschäftigungsbedingungen
   d) Beabsichtigte Maßnahmen
   e) Verfahren zur Festlegung der Mitbestimmung

7. **Erläuterung des Verschmelzungsplans**

   a) Grenzüberschreitende Verschmelzung, Verschmelzungsstichtag (§ 1)
   b) Keine Gewährung einer Gegenleistung, Sonderrechte und besondere Vorteile (§ 2)
   c) Auswirkungen der grenzüberschreitenden Verschmelzung auf die Beschäftigung und Angaben über das Verfahren zur Festlegung der Mitbestimmung (§ 3)
   d) Bewertung des Aktiv- und Passivvermögens der A-GmbH (§ 4)
   e) Gesellschaftsvertrag der D-GmbH (§ 5)
   f) Verzicht auf Prüfung des Verschmelzungsplans für die A-GmbH (§ 6)
   g) Kosten und Gebühren (§ 7)

.................................., den ...., den ....

....

[Unterschrift A für A-GmbH]   [Unterschrift D für D-GmbH]

Formular A. 15.62c Gesellschafterbeschluss der übernehmenden D-GmbH

Gesellschafterbeschluss der übernehmenden D-GmbH

Verhandelt in ...... am ...... 08: Vor mir, ..., Notar, erschienen Herr X ...... *[Beruf/Wohn- bzw. Geschäftsadresse]* und Herr Y ...... *[Beruf/Wohn- bzw. Geschäftsadresse]*, jeweils handelnd im eigenen Namen.

Herr X erklärte zu Protokoll: Ich halte 25.000 Geschäftsanteile im Nennbetrag von insgesamt € 25.000,– an der D-GmbH mit Sitz in ......, eingetragen im Handelsregister des Amtsgerichts ...... unter HRB ...... (nachfolgend genannt: D-GmbH).

Herr Y erklärte zu Protokoll: Ich halte 25.000 Geschäftsanteile im Nennbetrag von insgesamt € 25.000,– an der D-GmbH.

Sämtliche Geschäftsanteile an der D-GmbH sind voll eingezahlt. Unter Verzicht auf alle Formen und Fristen, die durch Gesetz oder nach Gesellschaftsvertrag für die Einberufung und Abhaltung einer Gesellschafterversammlung gelten, halten wir hiermit eine Gesellschaftervollversammlung der D-GmbH ab und beschließen:

1. Auf die Versendung des Verschmelzungsplans zusammen mit der Einberufung der Gesellschafterversammlung gem. §§ 122a Abs. 2, 47 UmwG wurde einvernehmlich verzichtet; dieser Verzicht wird hiermit nochmals ausdrücklich bestätigt.

2. Auf die Auslegung der Jahresabschlüsse und der Lageberichte der an der Verschmelzung beteiligten Rechtsträger D-GmbH und A-GmbH für die letzten drei Geschäftsjahre zur Einsicht durch die Gesellschafter in den Geschäftsräumen der Gesellschaft vom Zeitpunkt der Einberufung der Gesellschafterversammlung an wurde ebenfalls einvernehmlich verzichtet; auch diesbezüglich wird der Verzicht hiermit nochmals ausdrücklich bestätigt.

3. Die Prüfung des Verschmelzungsplans und die Erstellung eines Prüfungsberichts gem. §§ 122f, 9–12 UmwG ist nicht erforderlich, da sich alle Geschäftsanteile an der A-GmbH in Händen der D-GmbH befinden; §§ 122f, 9 Abs. 3, 8 Abs. 3 UmwG.

4. Dem Verschmelzungsplan zwischen der D-GmbH und der A-GmbH mit Sitz und Hauptniederlassung in ......, Österreich (FN ......) vom ...... (UrkR-Nr. ...... des Notars ...... in ......) wird zugestimmt. Eine Ausfertigung des Verschmelzungsplans ist dieser Niederschrift als Anlage beigefügt.

5. Die Zustimmung zum Verschmelzungsplan gem. Nr. 4 ist nicht von einer ausdrücklichen Bestätigung der Art und Weise der Mitbestimmung abhängig, da weder die A-GmbH noch die D-GmbH der Mitbestimmung unterliegt.

6. Auf das Recht, die vorstehenden Beschlüsse anzufechten und gegen den Zustimmungsbeschluss gem. Nr. 4 Klage zu erheben, wird ausdrücklich und unwiderruflich verzichtet.

.............................., den ...., den ....

....

[Unterschrift X]   [Unterschrift Y]

Formular A. 15.62d Anmeldung zum Firmenbuch der übertragenden A-GmbH gem. § 14 österr. EU-VerschG

An das

Landesgericht ......, Österreich

– Firmenbuch –

A-GmbH mit Sitz in ......, Firmenbuchnummer ......

Antragsteller: Herr A als alleinvertretungsberechtigter Geschäftsführer der A-GmbH

A. Anmeldung der beabsichtigten Verschmelzung der Gesellschaft als übertragende Gesellschaft auf die D-GmbH, eingetragen im Handelsregister des Amtsgerichts ......, Deutschland unter HRB ...... mit Sitz und Hauptniederlassung in ......, Deutschland (nachfolgend genannt: D-GmbH) als übernehmende Gesellschaft

B. Antrag auf Ausstellung einer Bescheinigung über die ordnungsgemäße Durchführung der grenzüberschreitenden Verschmelzung gem. § 14 Abs. 3 Satz 2 EU-VerschG

A. Anmeldung der grenzüberschreitenden Verschmelzung der Gesellschaft auf die D-GmbH

Die Gesellschaft und die D-GmbH beabsichtigen, auf Grund des Verschmelzungsplans vom ...... 08. durch Anwendung der Vorschriften der grenzüberschreitenden Verschmelzung gem. §§ 1 ff. EU-VerschG, §§ 122a ff. deutsches UmwG die Gesellschaft als übertragende Gesellschaft auf die D-GmbH als übernehmende Gesellschaft zu verschmelzen. Der Verschmelzungsplan wurde gem. § 8 Abs. 1 Nr. 2 EU-VerschG beim Landesgericht ...... eingereicht und der Hinweis auf seine Einreichung im ...... bekannt gemacht sowie gem. § 122d deutsches UmwG zum Handelsregister der D-GmbH eingereicht und von diesem bekannt gemacht.

Die D-GmbH hat dem Verschmelzungsplan mit Beschluss der Gesellschafterversammlung vom ...... 08 zugestimmt. Da weder die A-GmbH noch die D-GmbH der Mitbestimmung unterliegt, wurde die Zustimmung nicht von einer ausdrücklichen Bestätigung der Art und Weise der Mitbestimmung abhängig gemacht. Ein Beschluss der Gesellschafterversammlung der Gesellschaft war gem. § 9 Abs. 2 EU-VerschG nicht erforderlich, da sich alle Geschäftsanteile der Gesellschaft in Händen der D-GmbH befinden. Aus diesem Grund entfällt die Unterbreitung eines Abfindungsangebots sowie der Nachweis hinsichtlich der Sicherstellung der Barabfindung.

Die jeweils vertretungsberechtigten Geschäftsführer haben am ...... 08 einen gemeinsamen Verschmelzungsbericht erstattet. Eine Prüfung des Verschmelzungsplans und die Erstellung eines Prüfungsberichts war gem. §§ 122f, 9 Abs. 3, 8 Abs. 4 Satz 1 Nr. 2 deutsches UmwG nicht erforderlich. Die D-GmbH als alleinige Gesellschafterin der Gesellschaft hat durch Erklärung im Verschmelzungsplan auf die Prüfung des Verschmelzungsplans verzichtet, § 7 Abs. 1 EU-VerschG.

Gläubiger der Gesellschaft haben sich innerhalb der Frist von zwei Monaten nach Bekanntgabe des Verschmelzungsplans gem. § 13 Abs. 1 Satz 1 EU-VerschG nicht bei der Gesellschaft gemeldet.

Als Anlagen füge ich bei:

I. Notariell beglaubigte Abschrift des Verschmelzungsplans vom ...... 08 (UrkR-Nr. ...... des Notars ......);

II. Notariell beglaubigte Abschrift der Niederschrift nebst Anlage der Gesellschafterversammlung vom ...... 08 (UrkR-Nr. ...... des Notars ......), der übernehmenden D-GmbH;

III. Gemeinsamer Verschmelzungsbericht der Gesellschaft und der D-GmbH vom ......;

IV. Die von sämtlichen Geschäftsführern unterzeichnete Schlussbilanz der A-GmbH zum 31.12.07 mit Anhang, versehen mit einem uneingeschränkten Bestätigungsvermerk sowie einem Wertnachweisgutachten des Abschlussprüfers ...... vom ......;

V. Nachweis der Veröffentlichung des Hinweises auf die Einreichung des Verschmelzungsplans zum Landesgericht ...... für die Gesellschaft;

VI. Unbedenklichkeitsbescheinigung des Finanzamtes für den Bezirk gem. § 160 Abs. 3 BAO.

Ich melde zur Eintragung an:

I. Die Gesellschaft beabsichtigt, durch Verschmelzung von Kapitalgesellschaften aus verschiedenen Mitgliedsstaaten der Europäischen Union gem. §§ 1 ff. EU-VerschG, §§ 122a ff deutsches UmwG ihr Vermögen auf die D-GmbH, einer Gesellschaft mit beschränkter Haftung deutschen Rechts, eingetragen im Handelsregister des Amtsgerichts ......, Deutschland unter HRB ...... mit Sitz und Hauptniederlassung in ......, Deutschland zu übertragen;

II. Die Verschmelzung wird wirksam mit ihrer Eintragung im Handelsregister der D-GmbH. Das deutsche Registergericht prüft die Rechtmäßigkeitsvoraussetzungen der Verschmelzung im Rahmen der Eintragung.

B. Antrag auf Ausstellung einer Verschmelzungsbescheinigung gem. § 14 Abs. 3 Satz 2 EU-VerschG

Ich beantrage auf Grund der vorgelegten Anlagen und abgegebenen Erklärungen die Ausstellung einer Verschmelzungsbescheinigung gem. § 14 Abs. 3 Satz 2 EU-VerschG.

Nach Vollzug bitte ich um Eintragungsnachricht und um Übermittlung einer Verschmelzungsbescheinigung an die Gesellschaft.

...., den ......

....

[Unterschrift A für A-GmbH]

Formular A. 15.62e Handelsregisteranmeldung der übernehmenden D-GmbH gem. § 122l UmwG

An das

Amtsgericht ......

– Handelsregister –

D-GmbH mit Sitz in ......, HRB ......

Als einzelvertretungsberechtigter Geschäftsführer der Gesellschaft melde ich zur Eintragung in das Handelsregister an:

– Die A-GmbH mit Sitz in ......, Österreich, eingetragen beim Landesgericht ...... im Firmenbuch unter Firmenbuchnummer ...... als übertragende Gesellschaft ist auf Grund des Verschmelzungsbeschlusses der Gesellschaft im Wege der grenzüberschreitenden Verschmelzung gem. §§ 122a ff. UmwG, §§ 1 ff. österreichisches EU-VerschG, auf die Gesellschaft als übernehmende Gesellschaft verschmolzen.

– Die Geschäftsräume befinden sich unverändert in ......

Ich weise gem. § 122a Abs. 2, 16 Abs. 2 Satz 2 UmwG darauf hin, dass sämtliche Gesellschafter der Gesellschaft auf eine Klage gegen die Wirksamkeit des Verschmelzungsbeschlusses wirksam verzichtet haben.

Als Anlagen füge ich bei:

I. Notariell beglaubigte Abschrift des Verschmelzungsplans vom ...... 08 (UrkR-Nr. ...... des Notars ......) nebst Gesellschaftsvertrag der Gesellschaft in beglaubigter Abschrift als Anlage;

II. Notariell beglaubigte Abschrift der Niederschrift nebst Anlagen der Gesellschafterversammlung vom ...... 08 (UrkR-Nr. ...... des Notars ......), der übernehmenden Gesellschaft;

III. Gemeinsamer Verschmelzungsbericht der Gesellschaft und der A-GmbH vom ......;

IV. Nachweis über die Zugänglichmachung des Verschmelzungsberichts an die Gesellschafter und den Betriebsrat;

V. Verschmelzungsbescheinigung des Landesgerichts ......, Österreich vom 08
gem. § 122l Abs. 1 Satz 2 UmwG;

Eine Vereinbarung über die Beteiligung der Arbeitnehmer gem. § 122l Abs. 1 Satz 2
UmwG ist nicht beizufügen, da weder die A-GmbH noch die Gesellschaft der Mitbestimmung unterliegen.

Nach Vollzug der Eintragung der grenzüberschreitenden Verschmelzung bitte ich jeweils um Eintragungsnachricht an die Gesellschaft und an den beglaubigenden Notar sowie um Übermittlung von je einen beglaubigten Handelsregisterauszug an die
Gesellschaft und an den beglaubigenden Notar.

.............................., den ....

....

[Unterschrift D]

....

[Beglaubigungsvermerk]

II. ERLÄUTERUNGEN

Erläuterungen zu A. 15.62 Verschmelzungsplan

1. Grundsätzliche Anmerkungen

a) Wirtschaftliches Vertragsziel

1   Mit der Verschmelzung einer österreichischen GmbH auf eine deutsche GmbH soll
das gesamte Vermögen der österreichischen GmbH, hier der A-GmbH, auf die deutsche GmbH, die D-GmbH, im Wege der Gesamtrechtsnachfolge übertragen werden.
Das gesamte Vermögen der A-GmbH geht unmittelbar und ohne weitere einzelne
Übertragungsakte auf die D-GmbH über **(Universalsukzession);** es findet ein Vermögensübergang von Österreich nach Deutschland und damit über die Grenze statt.
Im Zuge der Verschmelzung erlischt die A-GmbH als übertragende Gesellschaft, ohne
dass es weiterer Abwicklungsverfahren bedarf; die D-GmbH, die neben ihrem Vermögen auch das Vermögen der früheren A-GmbH hält, besteht als übernehmende
Gesellschaft fort.

2   Die Verschmelzung einer österreichischen GmbH auf eine deutsche GmbH (wie in
dem vorliegenden Formular) ist eine **grenzüberschreitende Verschmelzung** sowohl gem. § 122a Abs. 1 UmwG als auch § 3 Abs. 1 österreichisches EU-VerschG.
Nach § 122a Abs. 1 UmwG liegt eine grenzüberschreitende Verschmelzung vor, bei
der mindestens eine der beteiligten Gesellschaften dem Recht eines anderen Mitgliedstaats der EU bzw. Vertragsstaats des EWR unterliegt. Auf solche grenzüberschreitende Verschmelzungen, an denen eine deutsche Gesellschaft beteiligt ist, sind die
§§ 122a–122l UmwG hinsichtlich der deutschen Gesellschaft (*S/St/Drinhausen* § 122a
UmwG Rz. 8), hier der D-GmbH, anwendbar. Auf die österreichische Gesellschaft,
die A-GmbH, findet das österreichische EU-VerschG (§§ 1–18) Anwendung. Die
Regelungen zur grenzüberschreitenden Verschmelzung beruhen auf der VerschmelzungsRL (RL 2005/56/EG v. 26.10.05, ABl. EG 05 Nr. L 310 S. 1). Anwendungsbereich der §§ 122a–122l UmwG (in Umsetzung der VerschmelzungsRL) ist damit zum
einen nur die Verschmelzung iSd. § 2 UmwG; andere Umwandlungsarten sind nicht
erfasst, so dass zB die Regelungen nicht auf eine grenzüberschreitende Spaltung angewendet werden können (*S/St/Drinhausen* § 122a UmwG Rz. 6). Zum anderen betrifft

der persönliche Anwendungsbereich gem. § 122b Abs. 1 UmwG nur Kapitalgesell-schaften iSd. Art. 2 VerschmelzungsRL, dh. für deutsche Gesellschaften nur die AG, KGaA, GmbH, die Europäische Aktiengesellschaft SE mit Sitz in Deutschland (*S/St/Drinhausen* § 122b UmwG Rz. 4 f.) sowie – als übernehmende Gesellschaft – Perso-nenhandelsgesellschaften mit in der Regel nicht mehr als 500 Arbeitnehmern (*S/H/S/Hörtnagel* § 122b UmwG Rz. 14 ff.). Nach § 3 Abs. 1 EU-VerschG können Aktienge-sellschaften und GmbHs österreichischen Rechts an einer grenzüberschreitenden Ver-schmelzung teilnehmen.

Aus **umwandlungsteuerrechtlicher Sicht** findet auf eine grenzüberschreitende **3** Verschmelzung gem. § 122a Abs. 1 UmwG das UmwStG Anwendung, das durch das am 13.12.2006 in Kraft getretene SEStEG v. 7.12.06 (BGBl. I 06, 2782) neu gefasst wurde, insbes. die §§ 11–13 UmwStG. Darüber hinaus setzt das am 29.12.06 in Kraft getretene MgVG v. 21.12.06 (BGBl. I 2006, 3332) den **mitbestimmungsrechtli-chen Teil** der VerschmelzungsRL um, der in Art. 16 der Richtlinie geregelt ist. Das MgVG (s. dazu *Nagel* NZG 07, 57 ff.) legt in § 4 MgVG fest, dass für die aus der Ver-schmelzung hervorgehende Gesellschaft grundsätzlich die Mitbestimmungsregelung im neuen Sitzstaat gilt; die Ausnahmen von dieser Regel ergeben sich aus § 5 MgVG.

Das Formular sieht eine grenzüberschreitende Verschmelzung einer österreichischen **4** GmbH auf eine deutsche GmbH vor, da beide Mitgliedsstaaten die Verschmel-zungsRL in nationales Recht umgesetzt haben. Damit steht für die im Formular vor-gesehene grenzüberschreitende Verschmelzung ein Rechtsrahmen zur Verfügung: für die D-GmbH die §§ 122a–122l UmwG einschließlich gem. § 122a Abs. 2 UmwG die §§ 2–38, 46–59 UmwG; für die A-GmbH das österr. EU-VerschG einschließlich gem. § 3 Abs. 2 österr. EU-VerschG die §§ 96–101 österreichisches GmbHG.

Das Formular geht von folgendem **Sachverhalt** aus: Herr X und Herr Y halten je- **5** weils einen Geschäftsanteil iHv. € 25.000,– an der deutschen D-GmbH mit einem Stammkapital von € 50.000,–. Die D-GmbH hält wiederum den einzigen Geschäfts-anteil an der österreichischen A-GmbH mit einem Stammkapital von € 35.000,–; die D-GmbH ist danach Muttergesellschaft der A-GmbH. Bei beiden Gesellschaften ist ein Betriebsrat eingerichtet. Weder die D-GmbH noch die A-GmbH unterliegen der betrieblichen Mitbestimmung entsprechend ihrer nationalen Vorschriften. Die A-GmbH soll auf die D-GmbH verschmolzen werden. Bei der Verschmelzung soll auf die materiellen und formellen Anforderungen weitgehend verzichtet werden. Nach der Verschmelzung unterhält die D-GmbH in Österreich weiterhin einen Geschäfts-betrieb.

b) Zivilrecht

Das Formular geht von einer **einvernehmlichen Beschlussfassung mit mög-** **6** **lichst weitestgehenden Verzichtserklärungen** der Herren X und Y als Gesell-schafter der D-GmbH aus. Das Verfahren einer grenzüberschreitenden Verschmelzung ähnelt grds dem einer innerstaatlichen Verschmelzung (s. hierzu A. 15.63 Rz. 4 ff.). Die Durchführung einer grenzüberschreitenden Verschmelzung von Kapitalgesell-schaften, hier der österreichischen A-GmbH auf die deutsche D-GmbH, bedarf der folgenden Schritte:
– Aufstellung des gemeinsamen **Verschmelzungsplans** und dessen Bekanntma- **7** chung; der Verschmelzungsplan ist von den Vertretungsorganen der beteiligten Ge-sellschaften als einheitliches Dokument zu erstellen; eine Erstellung in separaten Dokumenten ist nicht zulässig. Da der Verschmelzungsplan in jeder Gesellschafter-versammlung in der jeweiligen Landessprache vorliegen und in der jeweiligen Amtssprache eingereicht werden muss, ist er ggf. als mehrsprachiges Dokument zu erstellen (*S/St/Drinhausen* § 122c UmwG Rz. 5); der Mindestinhalt des Verschmel-zungsplans ergibt sich aus § 122c Abs. 2 UmwG; diese entsprechen weitgehend de-nen des Verschmelzungsvertrags bei nationalen Verschmelzungen, außer dass gem.

§ 122c Abs. 2 Nr. 10–12 UmwG Angaben zum Verfahren über die Regelung der Mitbestimmung, die Bewertung des Aktiv- und Passivvermögens sowie des Stichtags der verwendeten Bilanzen zu machen sind; der Verschmelzungsplan bedarf der notariellen Beurkundung (§ 122c Abs. 4 UmwG); der Verschmelzungsplan oder sein Entwurf ist spätestens einen Monat vor der Gesellschafterversammlung der deutschen Gesellschaft zum Handelsregister einzureichen, das dann den Hinweis auf die Einreichung bekannt macht (§ 122d UmwG);

8 – Erstellung des **Verschmelzungsberichts** (§ 122e UmwG); der Verschmelzungsbericht als zentrales Informationsinstrument muss die Auswirkungen der Verschmelzung auf die Gesellschafter sowie die Gläubiger und Arbeitnehmer erläutern; grds. ist für jede beteiligte Gesellschaft ein Verschmelzungsbericht zu erstellen; ein gemeinsamer Verschmelzungsbericht ist aber zulässig, wenn er von den Rechtsordnungen der beteiligten Gesellschaften zugelassen wird (vgl. § 8 Abs. 1 Satz 1 2. Hs. UmwG) und er den Anforderungen der beteiligten Rechtsordnungen genügt (*S/St/Drinhausen* § 122e UmwG Rz. 5; *W/M/Mayer* § 122e UmwG Rz. 36); der Verschmelzungsbericht ist dem Betriebsrat oder, falls keiner besteht, den Arbeitnehmern zugänglich zu machen; ob daneben die Verpflichtung besteht, den Verschmelzungsplan gem. § 5 Abs. 3 UmwG dem Betriebsrat zuzuleiten, ist nicht geklärt; einer solchen Zuleitung wird es wohl nicht mehr bedürfen, da der Verschmelzungsplan bereits im Verschmelzungsbericht erläutert wird (vgl. *S/St/Drinhausen* § 122c UmwG Rz. 44; *W/M/Mayer* § 122c UmwG Rz. 31; *Kallmeyer/Marsch-Barner* § 122c UmwG Rz. 18). Auf die Erstellung eines Verschmelzungsberichts kann nicht verzichtet werden (vgl. § 122e Satz 3 UmwG);

9 – **Verschmelzungsprüfung** und Erstellung eines Prüfungsberichts; auf die Verschmelzungsprüfung und den Prüfungsbericht finden die §§ 9–12 UmwG Anwendung; daher gelten die gleichen Regelungen wie bei nationalen Verschmelzungen, so dass auf die Prüfung auch verzichtet werden kann (vgl. *S/St/Drinhausen* § 122f UmwG Rz. 7); die Sonderregelung des § 48 UmwG für die GmbH findet jedoch keine Anwendung (§ 122f Satz 1 2. Hs. UmwG);

10 – **Zustimmungsbeschlüsse der Gesellschafterversammlungen** der beteiligten Gesellschaften; bzgl. ihrer Vorbereitung und Abhaltung gelten die allgemeinen Vorschriften des UmwG. Allerdings kann die Zustimmung von der ausdrücklichen Bestätigung der Art und Weise der Mitbestimmung der Arbeitnehmer in der übernehmenden Gesellschaft abhängig gemacht werden (§ 122g Abs. 1 UmwG). Eine **Unterrichtungspflicht** der Vertretungsorgane der beteiligten Rechtsträger gegenüber den jeweiligen Anteilsinhabern über **wesentliche Veränderungen des Vermögens** der an der Verschmelzung **beteiligten Rechtsträger** besteht nicht, da eine solche Pflicht nur bei einer deutschen AG (vgl. § 64 Abs. 1 Satz 2 UmwG nF), nicht aber bei einer deutschen GmbH eingeführt wurde. Zur Unterrichtungspflicht s. A. 15.63 Rz. 21. Bei einer up-stream Verschmelzung einer 100%igen Tochtergesellschaft ist der Zustimmungsbeschluss der übertragenden Gesellschaft entbehrlich (§ 122g Abs. 2 UmwG);

11 – **Anmeldung** der Verschmelzung zur Eintragung zuerst im Register der übertragenden Gesellschaft und anschließend im Register der übernehmenden Gesellschaft. Die grenzüberschreitende Verschmelzung ist zuerst zur Eintragung in das Register der übertragenden Gesellschaft anzumelden. Dafür gelten die §§ 16 Abs. 2 und 3, 17 UmwG entsprechend. Daneben ist eine Versicherung abzugeben, dass allen Gläubigern, die Sicherheit nach § 122j UmwG verlangt haben, angemessene Sicherheit geleistet wurde (§ 122k Abs. 1 Satz 3 UmwG). Hat das Register der übertragenden Gesellschaft die Verschmelzung eingetragen, stellt sie eine **Verschmelzungsbescheinigung** aus. Diese ist dem Register der übernehmenden Gesellschaft vorzulegen (§ 122k Abs. 3 UmwG). Anschließend ist die Verschmelzung unter Vorlage der Verschmelzungsbescheinigung zur Eintragung in das Register der übernehmenden

Gesellschaft anzumelden (§ 122l Abs. 1 UmwG). Die Verschmelzungsbescheinigung darf nicht älter als sechs Monate sein (§ 122l Abs. 1 Satz 3 Hs. 1 UmwG);

– **Eintragung** und **Bekanntmachung** der Verschmelzung. Die grenzüberschreiten- **12** de Verschmelzung wird mit der Eintragung der Verschmelzung in das Register der übernehmenden Gesellschaft wirksam (§§ 122a Abs. 2, 20 UmwG). Der Tag der Eintragung ist jedem Register einer übertragenden Gesellschaft mitzuteilen (§ 122l Abs. 3 UmwG). Daneben ist die Eintragung der Verschmelzung nach § 10 HGB bekannt zu machen (§§ 122a Abs. 2, 19 Abs. 3 UmwG). Zu den allgemeinen Rechtsfolgen der Verschmelzung wird auch auf A. 15.60 Rz. 4. verwiesen.

Bei der dem vorliegenden Formular zugrunde gelegten **Verschmelzung einer** **13** **100%igen Tochtergesellschaft** auf ihre Muttergesellschaft ist ergänzend auf Folgendes hinzuweisen: Der Verschmelzungsplan muss gem. § 122c Abs. 3 UmwG keine Angaben über den Umtausch der Anteile (§ 122c Abs. 2 Nr. 2, 3 und 5 UmwG) enthalten. Ein Verschmelzungsbeschluss der Gesellschafter der übertragenden Gesellschaft ist gem. § 9 Abs. 2 österr. EU-VerschG (Umsetzung von Art. 15 Abs. 1 2. Spiegelstrich – der VerschmelzungsRL; entspricht § 122g Abs. 2 UmwG) nicht erforderlich.

Der dem Formular zugrunde liegende Sachverhalt einer grenzüberschreitenden **14** Verschmelzung einer österreichischen GmbH auf ihre Gesellschafterin, eine deutsche GmbH, die zwei Gesellschafter hat, hat den Vorteil, dass in beiden Rechtsordnungen Deutsch Amtssprache ist. Folglich kann zB der Verschmelzungsplan und der gemeinsame Verschmelzungsbericht allein in deutscher Sprache abgefasst werden. Dokumente, die den Anmeldungen beizufügen sind, brauchen nicht übersetzt werden. Bei grenzüberschreitenden Verschmelzungen unter Beteiligung von deutschen Gesellschaften mit Gesellschaften aus anderen Mitgliedstaaten stellt sich dagegen die **Frage der Sprache** in den jeweiligen Dokumenten. Dann bietet sich an, den Verschmelzungsplan und gemeinsamen Verschmelzungsbericht als zweisprachiges einheitliches Dokument zu erstellen (vgl. *S/St/Drinhausen* § 122c UmwG Rz. 5). Andere Dokumente müssen ggf. von einem vereidigten Übersetzer übersetzt werden.

c) Steuerrecht

aa) Ertragsteuern

Grundsätzlich gelten für eine Verschmelzung einer KapGes im EU-Ausland auf eine **15** inländische GmbH keine anderen Regelungen als für eine reine Inlandsverschmelzung (s. hierzu Formular A.15.60). Vom Prinzip her kann die Verschmelzung steuerneutral gestaltet werden, wenn das deutsche Besteuerungsrecht gewahrt bleibt.

(frei) **16–21**

bb) Verkehrsteuern

aaa) Umsatzsteuer

Es gelten grds. aus deutscher Sicht die gleichen Regelungen wie im Fall der In- **22** landsverschmelzung (s. hierzu A.15.00 Rz. 105 ff.). Allerdings ist die Behandlung in Österreich zu prüfen.

bbb) Grunderwerbsteuer

Es gelten die gleichen Regelungen wie im Fall der Inlandsverschmelzung (s. hierzu **23** Formular A. 15.60), soweit die A-GmbH ein in Deutschland belegenes Grundstück haben sollte oder an Gesellschaften beteiligt sein sollte, die in Deutschland belegene Grundstück haben. Bzgl. österreichischen Grundbesitzes ist die dortige steuerliche Behandlung zu prüfen.

(frei) **24, 25**

2. Einzelerläuterungen

Der Verschmelzungsplan wird zwischen der A-GmbH als übertragender Gesell- **26** schaft und der D-GmbH als übernehmender Gesellschaft abgeschlossen, und zwar von deren Geschäftsführern in jeweils vertretungsberechtigter Zahl (hinsichtlich der D-GmbH ist die alleinige Vertretung durch Prokuristen nicht ausreichend, *W/M/Mayer* § 4 UmwG Rz. 39). Der Verschmelzungsplan ist **notariell zu beurkunden** (§ 122c Abs. 4 UmwG). Damit ist ein deutscher Notar gemeint. Eine Beurkundung im Ausland soll möglich sein, wenn diese einer Beurkundung durch einen deutschen Notar gleichwertig ist (*S/St/Drinhausen* § 122c UmwG Rz. 42). Auch nach § 5 Abs. 5 EU-VerschG bedarf der Verschmelzungsplan der notariellen Beurkundung, wobei dabei ein „Notariatsakt" gem. § 2 österreichischen Notariatsordnung erforderlich ist. Verlangen die Rechtsordnungen von anderen beteiligten Gesellschaften zwingend eine nationale Beurkundung, kann eine Doppelbeurkundung notwendig sein (*S/St/Drinhausen* § 122c UmwG Rz. 43). Der Verschmelzungsplan ist gesellschaftsrechtlicher Organisationsakt (*S/St/Drinhausen* § 122c UmwG Rz. 6; *W/M/Mayer* § 122c UmwG Rz. 15). Umstritten ist, ob er auch als schuldrechtlicher Vertrag einzustufen ist (dafür: *Krause/Kulpa* ZHR 07, 56; *Winter* Der Konzern 07, 33; dagegen: *S/St/Drinhausen* § 122c UmwG Rz. 6; *W/M/Mayer* § 122c UmwG Rz. 17). Der Mindestinhalt des Verschmelzungsplans folgt aus § 122c Abs. 2 UmwG; unterliegt die übernehmende Gesellschaft nicht dem deutschen Recht, ist nach § 122i UmwG ein Abfindungsangebot für ausscheidungswillige Gesellschafter im Verschmelzungsplan zu unterbreiten (*S/St/Drinhausen* § 122c UmwG Rz. 39).

Zu § 1: Vermögensübertragung

27   **Abs. 1:** Die Bestimmung entspricht den Anforderungen von § 122c Abs. 2 Nr. 1 UmwG. Danach ist die Rechtsform, die Firma und der Sitz der übertragenden und übernehmenden Gesellschaft anzugeben. Die Regelung über die Übertragung des Vermögens ist nicht zwingend erforderlich, da eine § 5 Abs. 1 Nr. 2 UmwG vergleichbare Vorschrift bei § 122c UmwG fehlt. Aus dem Verschmelzungsplan muss sich aber ergeben, dass eine grenzüberschreitende Verschmelzung iSd. § 122a Abs. 1 UmwG erfolgen soll (*W/M/Mayer* § 122c UmwG Rz. 51). Da deren Strukturmerkmal die Vermögensübertragung im Wege der Gesamtrechtsnachfolge ist, ist eine entsprechende Formulierung zur Verdeutlichung unschädlich.

Abs. 2: Die Bestimmung entspricht der Anforderung des § 122c Abs. 2 Nr. 6 UmwG zur Angabe des Verschmelzungsstichtags. Zivilrechtlich geht das Vermögen der übertragenden A-GmbH erst im Zeitpunkt der Eintragung der Verschmelzung in das Register des Sitzes der übernehmenden D-GmbH über (§§ 122a Abs. 2, 20 Abs. 1 Nr. 1 UmwG).

Abs. 3: Nach § 14 Abs. 1 Nr. 6 EU-VerschG ist der Anmeldung zum Firmenbuch der übertragenden A-GmbH auch die **Schlussbilanz** (§ 17 Abs. 2 UmwG) der übertragenden A-GmbH beizufügen. Diese Schlussbilanz wird auf den Tag aufgestellt, der dem in § 1 Abs. 2 bestimmten Verschmelzungsstichtag vorangeht. Welche Vorschriften auf die Schlussbilanz anzuwenden sind, bestimmt sich nach österreichischen Recht; hier wird davon ausgegangen, dass auf Grund der Größe der A-GmbH eine Abschlussprüfung erforderlich ist. Aufgrund § 5 Abs. 2 Nr. 12 EU-VerschG ist der Stichtag der Schlussbilanz der übertragenden A-GmbH (*Kiem* WM 06, 1095; anders *S/St/Drinhausen* § 122c UmwG Rz. 37: Schlussbilanzen aller beteiligten Gesellschaften) ausdrücklich anzugeben; nicht erforderlich ist dagegen die Aufnahme der Bilanz selbst in den Verschmelzungsplan (*S/St/Drinhausen* § 122c UmwG Rz. 37).

Zu § 2: Gegenleistung

28   **Abs. 1:** Eine Gegenleistung wird nicht gewährt, da die übernehmende D-GmbH alleinige Gesellschafterin der übertragenden A-GmbH ist. Die D-GmbH erhält bei einer solchen Konzernverschmelzung keine Anteile; die Angaben über den Umtausch von Anteilen (§ 122c Abs. 2 Nr. 2, 3, und 5 UmwG) können gem. § 122c Abs. 3

UmwG entfallen (gleich lautende Regelungen finden sich in § 5 Abs. 3 iVm. Abs. 2 Satz 2, 3, und 5 EU-VerschG).

Abs. 2: Nach § 122c Abs. 2 Nr. 7 UmwG, § 5 Abs. 2 Nr. 7 EU-VerschG muss der Verschmelzungsplan oder sein Entwurf eventuelle Rechte bezeichnen, die die übernehmende Gesellschaft einzelnen Gesellschaftern und den Inhabern anderer Wertpapieren als Gesellschaftsanteilen (wie Anteile ohne Stimmrecht, Vorzugsaktien, Mehrstimmrechtsaktien, Schuldverschreibungen und Genussrechte) gewährt oder die für diese Personen vorgesehenen Maßnahmen anführen. Für den diesem Formular zugrunde liegenden Fall wird davon ausgegangen, dass bei der übertragenden A-GmbH derartige Sonderrechte bisher nicht bestanden und auch bei der übernehmenden D-GmbH nicht bestehen.

Abs. 3: Nach § 122c Abs. 2 Nr. 8 UmwG, § 5 Abs. 2 Nr. 8 EU-VerschG ist im Verschmelzungsplan oder im Entwurf jeder besondere Vorteil zu bezeichnen, der Sachverständigen, die den Verschmelzungsplan prüfen, insbes. Abschlussprüfer, oder Mitgliedern der Verwaltungs-, Leitungs-, Aufsichts- oder Kontrollorgane gewährt wird. Die Vorschrift entspricht inhaltlich § 5 Abs. 1 Nr. 8 UmwG und dient vorrangig dem Schutz der Gesellschafter (*S/St/Drinhausen* § 122c UmwG Rz. 29). Das Formular geht davon aus, dass besondere Vorteile nicht gewährt werden. Dennoch empfiehlt es sich, diesbzgl einen klarstellenden Hinweis im Verschmelzungsplan aufzunehmen.

Zu § 3: Auswirkungen der grenzüberschreitenden Verschmelzung für die Beschäftigung sowie Angaben über das Verfahren zur Festlegung der Mitbestimmung

Abs. 1–3: Die Auswirkungen der grenzüberschreitenden Verschmelzung für die Beschäftigung sind gem. § 122c Abs. 2 Nr. 4 UmwG, § 5 Abs. 2 Nr. 4 EU-VerschG Mindestinhalt des Verschmelzungsplans oder seines Entwurfs. Hinsichtlich der aufzunehmenden Angaben ist sich an § 5 Abs. 1 Nr. 9 UmwG zu orientieren (*S/St/Drinhausen* § 122c UmwG Rz. 21; **aA** *Lutter/Bayer* § 122c UmwG Rz. 19). Damit sind auch die durch die Verschmelzung eintretenden individual- und kollektivarbeitsrechtlichen Änderungen im Verschmelzungsplan aufzuzeigen (vgl. A. 15.60 Rz. 34 und A. 15.63 Rz. 50 ff.). § 5 Abs. 2 Nr. 4 EU-VerschG fordert konkret Angaben über die Auswirkungen auf die beteiligten Arbeitnehmer, die Beschäftigungslage und die Beschäftigungsbedingungen. Hinsichtlich des Übergangs der Arbeitsverhältnisse der A-GmbH auf die D-GmbH findet österreichisches Recht Anwendung. Die auf europarechtlichen Vorschriften beruhenden Regelungen des Betriebsübergangs, wie sie in § 613a BGB enthalten sind, dürften grundsätzlich auch auf diese Arbeitsverhältnisse Anwendung finden. Der Sachverhalt geht davon aus, dass der Betrieb in Österreich bestehen bleibt; ein Gesamtbetriebsrat nach § 47 BetrVG ist bei der D-GmbH dennoch nicht zu errichten, da im Ausland gelegene Betriebe dabei nicht berücksichtigt werden (*ErfK/Eisemann* § 47 BetrVG Rz. 6). 29

Abs. 4: Nach § 122c Abs. 2 Nr. 10 UmwG, § 5 Abs. 2 Nr. 10 EU-VerschG ist Mindestinhalt des Verschmelzungsplans oder seines Entwurfs Angaben zu dem Verfahren über die Beteiligung der Arbeitnehmer an der Festlegung der Mitbestimmung in der übernehmenden Gesellschaft. Diese Angaben sind dann notwendig, wenn ein Verhandlungsverfahren nach dem MgVG durchzuführen ist und dieses noch nicht beendet wurde (*S/St/Drinhausen* § 122c UmwG Rz. 31). Im Formular sind diesbzgl keine Angaben zu machen, da weder die D-GmbH noch die A-GmbH vor oder nach der grenzüberschreitenden Verschmelzung der Mitbestimmung unterliegt. Daher wurde nur ein klarstellender Hinweis im Verschmelzungsplan aufgenommen, dass Angaben dazu nicht erforderlich sind.

Zu § 4: Bewertung des Aktiv- und Passivvermögens der A-GmbH

Nach § 122c Abs. 2 Nr. 11 UmwG, § 5 Abs. 2 Nr. 11 EU-VerschG sind zwingend 30 Angaben zur Bewertung des Aktiv- und Passivvermögens, das auf die übernehmende

Gesellschaft übertragen wird, zu machen. Der Anwendungsbereich dieser Regelung, die bisher kein Vorbild im deutschen Recht hatte, ist noch nicht geklärt, er lässt sich aber nur dahingehend sinnvoll auslegen, dass anzugeben ist, zu welchen handelsrechtlichen Werten, Buchwerten bzw. Teil- oder Zwischenwerten, die Vermögensgegenstände und Verbindlichkeiten der übertragenden Gesellschaft von der übernehmenden Gesellschaft angesetzt werden (*S/St/Drinhausen* § 122c UmwG Rz. 35; *Kiem* WM 06, 1095).

Zu § 5: Gesellschaftsvertrag der D-GmbH

31   Nach § 122c Abs. 2 Nr. 9 UmwG, § 5 Abs. 2 Nr. 9 EU-VerschG ist die Satzung der übernehmenden Gesellschaft Mindestinhalt des Verschmelzungsplans oder seines Entwurfs. Ausreichend ist, wenn diese, hier der Gesellschaftsvertrag der D-GmbH, als Anlage dem Verschmelzungsplan beigefügt wird (*S/St/Drinhausen* § 122c UmwG Rz. 30).

Zu § 6: Verzicht auf Prüfung des Verschmelzungsplans für die A-GmbH

32   Hinsichtlich der übertragenden Gesellschaft, hier der österreichischen A-GmbH, bestimmt § 7 Abs. 1 EU-VerschG, dass eine Prüfung des Verschmelzungsplans nur dann erforderlich ist, wenn die Gesellschafter schriftlich oder in der Niederschrift einer Generalversammlung der Gesellschaft darauf verzichten. Aus diesem Grund erklärt die D-GmbH als alleinige Gesellschafterin der A-GmbH, vertreten durch ihren Geschäftsführer, den Verzicht. Da der Verschmelzungsplan notariell beurkundet wird, dürfte das Schriftlichkeitserfordernis des österreichischen Rechts gewahrt sein.

Zu § 7: Kosten und Gebühren

33   Die Klausel ist nicht notwendiger Bestandteil des Verschmelzungsplans. Allerdings kann dieser über die Mindestangaben des § 122c Abs. 2 Nr. 1–12 UmwG hinaus weitere Angaben enthalten (*W/M/Mayer* § 122c UmwG Rz. 159 f.). Aufgrund der unklaren dogmatischen Einordnung des Verschmelzungsplans können schuldrechtliche Vereinbarungen zwischen den Parteien auch in ein separates Dokument aufgenommen werden (vgl. *S/St/Drinhausen* § 122c UmwG Rz. 6).

> **Erläuterungen zu A. 15.62a Einreichung des Verschmelzungsplans zum Handelsregister der übernehmenden D-GmbH gem. § 122d UmwG**

34   Nach § 122d UmwG ist der Verschmelzungsplan oder sein Entwurf zum Handelsregister der an der grenzüberschreitenden Verschmelzung beteiligten deutschen Gesellschaften einzureichen. Hinsichtlich der ausländischen beteiligten Gesellschaften ist das jeweilige ausländische Recht zu beachten. Das Formular sieht daher die Einreichung des Verschmelzungsplans zum Handelsregister der D-GmbH vor. Der Verschmelzungsplan oder sein Entwurf ist spätestens einen Monat vor der Gesellschafterversammlung der D-GmbH, die über die grenzüberschreitende Verschmelzung beschließen soll, einzureichen.

35   Folgende **Angaben** sind dabei **gem. § 122d Satz 3 UmwG** zu machen:
– Hinweis, dass Verschmelzungsplan oder Entwurf beim Handelsregister eingereicht wurde;
– Rechtsform, Firma und Sitz der beteiligten Gesellschaften;
– Register der beteiligten Gesellschaften;
– Modalitäten der Ausübung der Rechte von Gläubigern und Minderheitsgesellschaftern; hinsichtlich der Gläubigerinformation ist bei einer übernehmenden deutschen Gesellschaft die Bestimmung des § 22 UmwG, bei einer übertragenden deutschen Gesellschaft § 122j UmwG einschlägig (*W/M/Mayer* § 122d UmwG Rz. 17); hinsichtlich der Minderheitengesellschafterinformation sind Ausführungen zur Verbes-

serung des Umtauschverhältnisses (§ 122h UmwG) und der Abfindungsangebots gemeint (§ 122i UmwG); Die Information muss die Art der jeweiligen Rechte und die Art und Weise ihrer Geltendmachung enthalten (*W/M/Mayer* § 122d UmwG Rz. 17f.); diese Angaben hat das Gericht nach § 10 HGB bekannt zu machen (§ 122d Satz 2 UmwG).

Die Angaben sowie der Verschmelzungsplan oder sein Entwurf sind in elektronischer Form (§ 12 HGB) einzureichen (zu Form der Anmeldung s. Rz. 51 und A. 15.60 Rz. 41).

> **Erläuterungen zu A. 15.62b Verschmelzungsbericht gem. § 122e UmwG, § 6 österr. EU-VerschG an den Betriebsrat der übernehmenden D-GmbH und die Arbeitnehmervertretung der übertragenden A-GmbH**

Nach § 122e UmwG, § 6 EU-VerschG ist die **Erstellung eines Verschmelzungs-** 36 **berichts** erforderlich, der Gesellschaftern, Gläubigern und Arbeitnehmern der beteiligten Gesellschaften die Auswirkungen der grenzüberschreitenden Verschmelzung erläutert. Auf den Verschmelzungsbericht kann nicht verzichtet werden (§ 122e Satz 3 UmwG; zu einer möglichen teleologischen Reduktion des Verzichtsverbots s. *Lutter/Bayer* § 122e UmwG Rz. 13). Das Formular sieht einen gemeinsamen Verschmelzungsbericht der beiden Geschäftsführungen der D-GmbH und A-GmbH vor. Dies ist in dem Formular zugrunde liegenden Fall rechtlich zulässig (s. Rz. 8), da das österreichische Recht dies auch für innerstaatliche Verschmelzungen ermöglicht, und auf Grund der gleichen Amtssprache beider Rechtsordnungen ohne Probleme zu bewerkstelligen.

§ 122e Satz 1 UmwG bestimmt, dass der **Inhalt** des **Verschmelzungsberichts** 37 zum einen den inhaltlichen Anforderungen des § 8 Abs. 1 UmwG genügen muss und zum anderen die Auswirkungen der grenzüberschreitenden Verschmelzung auf die Gläubiger und Arbeitnehmer der an der Verschmelzung beteiligten Gesellschaften erläutern muss. Aufgrund der inhaltlichen Anforderungen des § 8 Abs. 1 UmwG muss der Verschmelzungsbericht demnach die Verschmelzung und den Verschmelzungsplan (**aA** *W/M/Mayer* § 122e UmwG Rz. 3), insbes. das Umtauschverhältnis und das Barabfindungsangebot, sofern notwendig, rechtlich und wirtschaftlich erläutern (*S/St/Drinhausen* § 122e UmwG Rz. 7) und auf besondere Schwierigkeiten der Bewertung hinweisen. Diesbzgl. ergeben sich keine Änderungen zu den Anforderungen an einen Verschmelzungsbericht für eine nationale Verschmelzung, so dass auf A. 15.63 Rz. 10f. verwiesen werden kann. Hinsichtlich der Auswirkungen auf die Gläubiger sind die Gläubigerschutzregelungen des § 22 UmwG (für Gläubiger der übernehmenden D-GmbH) sowie § 13 EU-VerschG (für Gläubiger der übertragenden A-GmbH; entspricht § 122j UmwG) zu erläutern. Da die Gläubiger der übertragenden A-GmbH ihre Interessen bereits vor Vollzug der Verschmelzung geltend machen können, müssen die Informationen im Verschmelzungsbericht so umfassend sein, dass der Gläubiger eine ausreichende Entscheidungsgrundlage erhält, ob er sein Recht auf Sicherheitsleistung ausüben will (*W/M/Mayer* § 122e UmwG Rz. 33). Die auf die Arbeitnehmer bezogenen Berichtspflichten umfassen im Kern die Angaben, die gem. § 122c Abs. 2 Nr. 4 UmwG, § 5 Abs. 2 Nr. 4 EU-VerschG zu machen sind (*W/M/Mayer* § 122e UmwG Rz. 30). Da die österreichische Vorschrift ua. insbes. Ausführungen zu Beschäftigungslage und Beschäftigungsbedingungen fordert, ist dies im Verschmelzungsbericht gesondert aufgeführt. Wegen der spezifischen Besonderheiten jedes Verschmelzungsberichts bzgl. der beiden zu verschmelzenden Gesellschaften wird davon abgesehen, ein Formular für einen Verschmelzungsbericht zu erstellen; stattdessen werden nur Stichworte für eine mögliche Gliederung vorgegeben.

Der gemeinsame Verschmelzungsbericht ist gem. § 122e Satz 2 UmwG iVm. § 63 38 Abs. 1 Nr. 4 UmwG den Gesellschaftern und dem zuständigen Betriebsrat oder, falls es keinen gibt, den Arbeitnehmern der beteiligten Gesellschaften **zugänglich zu ma-**

chen, indem er in den Geschäftsräumen, jeweils zu den üblichen Geschäftszeiten, der beteiligten Gesellschaften zur Einsichtnahme ausgelegt wird. Der Verschmelzungsbericht ist spätestens einen Monat vor der entsprechenden Versammlung der Gesellschafter erstmals zugänglich zu machen; die Zugänglichmachung endet grundsätzlich mit Beginn der Gesellschafterversammlung der D-GmbH, da der Verschmelzungsbericht auch der Arbeitnehmerinformation dient wird man aber, falls ein Verfahren nach dem MgVG durchzuführen ist, die Zugänglichmachung bis zum Abschluss dieses Verfahrens ausdehnen müssen (*W/M/Mayer* § 122e UmwG Rz. 15). Eine gesonderte Zugänglichmachung des Verschmelzungsberichts gegenüber den Gläubigern sieht das Gesetz nicht vor.

Erläuterungen zu A. 15.62c Beschluss der Gesellschafterversammlung der übernehmenden D-GmbH

39   Der Verschmelzungsplan oder sein Entwurf bedarf zu seiner Wirksamkeit der Zustimmung der Gesellschafter der an der grenzüberschreitenden Verschmelzung beteiligten Gesellschaften; diese Zustimmung erfolgt durch Beschluss in einer Gesellschafterversammlung (§ 122a Abs. 2, 13 Abs. 1 Satz 2 UmwG; vgl. *S/St/Drinhausen* § 122g UmwG Rz. 1 und Fn. 2). Für die Beschlussfassung der deutschen beteiligten Gesellschaften gelten die allgemeinen Regeln des UmwG, GmbHG und AktG (§ 122a Abs. 2, 13 UmwG). § 122g UmwG ergänzt die Regelungen zur Beschlussfassung und normiert in Abs. 1, dass die Gesellschafter der übernehmenden Gesellschaft ihre Zustimmung von dem **Mitbestimmungsregime,** das gelten soll, abhängig machen können. Die Gesellschafter werden damit vor unbekannten Bedingungen geschützt und haben das Recht der letzten Entscheidung über die Ausgestaltung der Mitbestimmung (*W/M/Mayer* § 122g UmwG Rz. 3 f.). § 122g Abs. 2 UmwG gewährt eine **Erleichterung für Konzernverschmelzungen.** Befinden sich alle Anteile der übertragenden Gesellschaft in der Hand der übernehmenden Gesellschaft ist der Zustimmungsbeschluss der übertragenden Gesellschaft entbehrlich. Das Formular sieht eine solche up-stream Verschmelzung einer 100%igen Tochtergesellschaft vor, da die übernehmende D-GmbH alle Geschäftsanteile der übertragenden A-GmbH hält. Aus diesem Grund ist ein Gesellschafterbeschluss der A-GmbH entbehrlich und nicht in einem Formular dargestellt. Liegt eine solche Konstellation nicht vor, hat auch die übertragende Gesellschaft, hier die A-GmbH, einen Gesellschafterbeschluss zu fassen; dieser richtet sich ausschließlich nach den Vorschriften des österreichischen Rechts (vgl. § 3 Abs. 2 EU-VerschG).

40   Das Formular geht von einer möglichst einvernehmlichen Beschlussfassung über die Verschmelzung aus. Der Verzicht auf die Einhaltung von Informationspflichten sowie Form- und Fristerfordernissen für die Einberufung der Gesellschafterversammlung ist unter denselben Voraussetzungen wie bei einer innerstaatlichen Verschmelzung möglich (*S/St/Drinhausen* § 122g UmwG Rz. 5). Daher wird in dem Formular auf die Einhaltung der Form- und Fristerfordernisse hinsichtlich der Einladung zur Versammlung, aber auch hinsichtlich materieller Anforderungen soweit als möglich einvernehmlich verzichtet (vgl. für nationale Verschmelzungen A. 15.60 Rz. 36).

41   **Zu 1.:** Es empfiehlt sich, auf die **Übersendung des Verschmelzungsplans** (§ 122a Abs. 2 UmwG iVm. § 47 UmwG) zu verzichten, da § 47 UmwG dispositiv ist. Allerdings sollte der Verzicht ausdrücklich erklärt werden (ein allgemeiner Verzicht auf alle ua durch Gesetz vorgeschriebenen Formalien für die Einberufung ist uE allein nicht ausreichend) und im Protokoll des Gesellschafterbeschluss festgehalten werden (*S/St/Reichert* § 47 UmwG Rz. 5).

42   **Zu 2.:** Die ebenfalls dispositive Vorschrift des § 49 Abs. 2 UmwG schreibt die Auslegung der **Jahresabschlüsse** und der Lageberichte aller an der Verschmelzung

beteiligten Gesellschaften für die letzten drei Geschäftsjahre in den Geschäftsräumen der Gesellschaft vor. Auch hier wird empfohlen, darauf ausdrücklich zu verzichten.

Zu 3.: Hinsichtlich der **Prüfung des Verschmelzungsplans** oder seines Entwurfs finden nach § 122f Satz 1 Hs. 1 UmwG die §§ 9–12 UmwG Anwendung. **43** Folglich ist in dem dem Formular zugrundeliegenden Sachverhalt eine Prüfung des Verschmelzungsplans und die Erstellung eine Prüfungsberichts nach §§ 122f, 9 Abs. 3, 8 Abs. 4 Satz 1 Nr. 2 UmwG nicht erforderlich, da sich alle Geschäftsanteile an der übertragenden A-GmbH in Händen der übernehmenden D-GmbH befinden (vgl. *S/St/Drinhausen* § 122f UmwG Rz. 8). Im Übrigen können die Gesellschafter auf die Verschmelzungsprüfung nach §§ 122f, 9 Abs. 3, 8 Abs. 4 Satz 1 Nr. 1 UmwG durch notariell zu beurkundende Erklärung verzichten. Dabei müssen alle Gesellschafter der an der grenzüberschreitenden Verschmelzung beteiligten Gesellschaften verzichten, demnach auch die Gesellschafter der beteiligten ausländischen Gesellschaften (*S/St/ Drinhausen* § 122f UmwG Rz. 7; *W/M/Mayer* § 122f UmwG Rz. 24). Der Verzicht der an der ausländischen Gesellschaften beteiligten Gesellschafter muss jedoch nicht vor einem deutschen Notar erklärt werden, sondern vor einem Notar des Sitzstaats der ausländischen Gesellschaft (*S/St/Drinhausen* § 122f UmwG Rz. 7). Zu beachten ist, dass bei einer beteiligten deutschen GmbH gem. § 122f Satz 1 2. Hs. UmwG der **§ 48 UmwG keine Anwendung** findet. Folglich ist die Verschmelzungsprüfung nicht deswegen entbehrlich, weil kein Gesellschafter innerhalb der darin festgelegten Ein-Wochen-Frist die Prüfung verlangt hat.

Zu 4.: Zustimmungsbeschluss zum Verschmelzungsplan: Der Zustimmungsbeschluss der Gesellschafterversammlung der übertragenden D-GmbH bedarf **44** einer Mehrheit von mindestens $3/4$ der abgegebenen Stimmen (§§ 122a Abs. 2, 50 Abs. 1 Satz 1 UmwG); er ist notariell zu beurkunden (§§ 122a Abs. 2, 13 Abs. 3 UmwG) und der Verschmelzungsplan oder sein Entwurf ist dem Beschluss als Anlage beizufügen. Der Gesellschaftsvertrag kann eine größere (aber keine geringere) Mehrheit und weitere Erfordernisse bestimmen (§§ 122a Abs. 2, 50 Abs. 1 Satz 2 UmwG). Davon ist wohl auszugehen, wenn der Gesellschaftsvertrag ganz allgemein für Änderungen eine höhere Mehrheit vorschreibt (glA *W/M/Mayer* § 50 UmwG Rz. 42 sowie *W/M/Heckschen* § 13 UmwG Rz. 79; *Lutter/Lutter* § 13 UmwG Rz. 21). Im Übrigen sind die Vorschriften über innerstaatliche Verschmelzungen nach § 122a Abs. 2 UmwG anwendbar, da außer in § 122g Abs. 1 und Abs. 2 UmwG für die grenzüberschreitende Verschmelzung keine Sonderreglungen statuiert sind (*S/St/Drinhausen* § 122g UmwG Rz. 6).

Zu 5.: Ein Beschluss der Gesellschafter der übernehmenden D-GmbH, ob sie die **45** Zustimmung zum Verschmelzungsplan oder seines Entwurfs von ihrer Bestätigung der Art und Weise der **Arbeitnehmermitbestimmung** abhängig machen (§ 122g Abs. 1 UmwG), ist in dem dem Formular zugrunde gelegten Sachverhalt nicht notwendig. Weder die A-GmbH noch die D-GmbH unterliegen vor und nach der grenzüberschreitenden Verschmelzung der betrieblichen Mitbestimmung entsprechend den jeweiligen nationalen Vorschriften.

Zu 6.: Nach §§ 122a, 122a, 14 Abs. 1 UmwG kann gegen die Wirksamkeit eines **46** Verschmelzungsbeschlusses binnen eines Monats nach der Beschlussfassung Klage erhoben werden. Da nach § 122l Abs. 1 Satz 3 2. Hs., 16 Abs. 2 UmwG die übernehmende Gesellschaft bei der Anmeldung erklären muss, dass eine Klage gegen die Wirksamkeit eines Verschmelzungsbeschlusses nicht oder nicht fristgemäß erhoben worden ist, empfiehlt es sich zur Beschleunigung der Registeranmeldung und der Eintragung, **Verzichtserklärungen** der Gesellschafter auf die Klage gegen die Wirksamkeit des Verschmelzungsbeschlusses zu fassen und notariell mit beurkunden zu lassen (§ 16 Abs. 2 Satz 2 UmwG).

> **Erläuterungen zu A. 15.62d und A. 15.62e Anmeldungen zu den betroffenen Registern**

1. Allgemeines

47   Die grenzüberschreitende Verschmelzung bedarf der Eintragung im Register der übertragenden Gesellschaft und der übernehmenden Gesellschaft. Die **Rechtmäßigkeitskontrolle** der Verschmelzung erfolgt daher in **zwei Stufen** (*S/St/Drinhausen* § 122k UmwG Rz. 2). Die Rechtmäßigkeitskontrolle obliegt jeder staatlichen Stelle aber nur für die an der Verschmelzung beteiligten Rechtsträger, die ihrem Sitz unterliegen. Die Durchführung der Kontrolle wird der anderen Stelle in dem anderen Mitgliedsstaat durch die **Verschmelzungsbescheinigung** nachgewiesen (*W/M/Mayer* § 122k UmwG Rz. 3). In Deutschland ist die Rechtmäßigkeitskontrolle den Handelsregistern zugewiesen. § 122k UmwG regelt diese für eine deutsche übertragende Gesellschaft, § 122l UmwG für eine deutsche übernehmende Gesellschaft, die an einer grenzüberschreitenden Verschmelzung beteiligt ist. Die Handelsregister prüfen dabei die Voraussetzungen der Verschmelzung allerdings nur bezogen auf die beteiligten deutschen Gesellschaften. In dem dem Formular zugrundeliegenden Sachverhalt erfolgt die erste Stufe der Rechtmäßigkeitsprüfung gem. § 14 Abs. 3 EU-VerschG durch die österreichische staatliche Stelle, hier das Landesgericht am Sitz der übertragenden A-GmbH, die das Firmenbuch für die A-GmbH führt. Die zweite Stufe der Rechtmäßigkeitskontrolle nimmt gem. § 122l Abs. 2 UmwG das Handelsregister am Sitz der übernehmenden D-GmbH vor.

2. Anmeldung zum Firmenbuch der übertragenden A-GmbH

48   Die Anmeldung der grenzüberschreitenden Verschmelzung bei der staatlichen Stelle, die für die übertragende Gesellschaft zuständig ist, unterliegt dem Recht des Staates, das auf die übertragende Gesellschaft Anwendung findet. Da die A-GmbH österreichischem Recht unterliegt, ist auf die Anmeldung österreichisches Recht anwendbar. Die Anmeldung richtet sich nach § 14 Abs. 1 und 2 EU-VerschG. In Österreich sind dafür die für Kapitalgesellschaften zuständigen Landesgerichte (in Wien „Handelsgericht" genannt) als Firmenbuchgerichte zuständig. Danach ist beim zuständigen Landesgericht anzumelden die „beabsichtigte Verschmelzung durch Übertragung des Vermögens einer Gesellschaft mit Sitz in Österreich auf eine Gesellschaft mit Sitz in einem anderen Mitgliedsstaat" (vgl. amtliche Überschrift des § 14 EU-VerschG).

49   Als **Anlagen** sind gem. § 14 Abs. 1 EU-VerschG der Anmeldung in Urschrift, Ausfertigung oder beglaubigter Abschrift beizufügen:
- Verschmelzungsplan der beteiligten Gesellschaften;
- Niederschrift des Verschmelzungsbeschlusses der übertragenden Gesellschaft; hier auf Grund up-stream Verschmelzung gem. § 9 Abs. 2 EU-VerschG nicht erforderlich;
- Verschmelzungsbericht für die übertragende Gesellschaft; hier der gemeinsame Verschmelzungsbericht für die D-GmbH und A-GmbH;
- Prüfungsbericht für die übertragende Gesellschaft; hier auf Grund des Vorliegens einer Konzernverschmelzung entbehrlich;
- Schlussbilanz; die Aufstellung und Form richten sich nach dem Recht der übertragenden Gesellschaft, hier dem österreichischen Recht;
- Nachweis über die Veröffentlichung des Hinweises auf die Einreichung des Verschmelzungsplans für die übertragende Gesellschaft; der Nachweis auch für die übernehmende D-GmbH ist nicht einzureichen;
- Nachweis der Sicherstellung der Barabfindung widersprechender Gesellschafter und die eventuelle Zustimmung der Gesellschafter der übernehmenden Gesellschaft zur

Einleitung eines Verfahrens zur Überprüfung des Umtauschverhältnisses; hier entbehrlich, da auf Grund up-stream Verschmelzung keine Anteile gewährt werden;
– Nachweis der Sicherstellung der Gläubiger und Erklärung, dass sich weitere Gläubiger nicht fristgerecht gemeldet haben.

Die Geschäftsführer haben gem. § 14 Abs. 2 EU-VerschG in der Anmeldung folgende **Erklärungen** abzugeben: **50**
– Keine Klagen auf Anfechtung oder Feststellung der Nichtigkeit des Verschmelzungsbeschlusses der übertragenden Gesellschaft oder Verzicht auf solche Klagen durch notariell beurkundete Erklärung; hier entbehrlich, da kein Verschmelzungsbeschluss der A-GmbH erforderlich ist;
– Annahme des Barabfindungsangebots durch Gesellschafter (ob und wie viele) Übernahme der Anteile der austrittswilligen Gesellschafter; hier nicht erforderlich, da keine Anteile gewährt werden.

Das zuständige Landesgericht hat gem. § 14 Abs. 3 EU-VerschG zu prüfen, ob die **51** vorangegangenen Rechtshandlungen und Formalitäten ordnungsgemäß durchgeführt wurden und die Forderungen der Gläubiger sowie die Abfindung der austrittswilligen Gesellschafter sicher gestellt ist. Ist die Rechtmäßigkeit festgestellt, hat das Gericht eine **„Bescheinigung der Ordnungsmäßigkeit der der Verschmelzung vorangehenden Rechtshandlungen und Formalitäten"** (vgl. amtliche Überschrift des § 14 österr. EU-VerschG) auszustellen. Diese Bescheinigung (entspricht im deutschen Recht der Verschmelzungsbescheinigung gem. § 122k Abs. 2 Satz 1 UmwG) ist der Geschäftsführung der A-GmbH als Antragsstellerin in der Anmeldung zuzuleiten (vgl. für das deutsche Recht *W/M/Mayer* § 122k UmwG Rz. 61).

3. Handelsregisteranmeldung der übernehmenden D-GmbH

Die Anmeldung der grenzüberschreitenden Verschmelzung beim Handelsregister **52** der übernehmenden D-GmbH unterliegt deutschem Recht, da die D-GmbH eine Gesellschaft deutschen Rechts ist. Die Anmeldung und die Eintragung der Verschmelzung richtet sich folglich nach § 122l UmwG. Gem. § 122l Abs. 1 Satz 1 UmwG hat das Vertretungsorgan der D-GmbH, demnach die Geschäftsführer in vertretungsberechtigter Zahl, die Anmeldung beim Handelsregister des Amtsgerichts vorzunehmen, in dessen Bezirk die übernehmende D-GmbH ihren Sitz hat (*S/St/Drinhausen* § 122l UmwG Rz. 3 u. 5).

Als **Anlagen** sind gem. § 122l Abs. 1 Satz 2 UmwG und §§ 122a Abs. 2, 17 Abs. 2 **53** UmwG der Anmeldung in Ausfertigung oder beglaubigter Abschrift beizufügen:
– Verschmelzungsplan der beteiligten Gesellschaften;
– Verschmelzungsbescheinigungen der beteiligten übertragenden Gesellschaften, die jeweils nicht älter als sechs Monate sein dürfen (§ 122l Abs. 1 Satz 3 Hs. 1 UmwG); diese müssen in deutscher Sprache sein und daher ggf. durch einen vereidigten Übersetzer übersetzt werden (*W/M/Mayer* § 122k UmwG Rz. 62); die Verschmelzungsbescheinigung bedarf als öffentliche Urkunde ggf. der Legalisation oder einer Apostille (*W/M/Mayer* § 122k UmwG Rz. 63); in dem dem Formular zugrundeliegenden Sachverhalt ist die Verschmelzungsbescheinigung ausgestellt durch das für die übertragende A-GmbH mit Sitz in Österreich zuständige Handelsgericht beizufügen; eine Apostille oder anderweitige Beglaubigung ist im Rechtsverkehr zwischen Deutschland und Österreich nicht erforderlich;
– Vereinbarung über die Beteiligung der Arbeitnehmer; hier nicht erforderlich, da die Durchführung eines Verfahrens nach dem MgVG nicht angezeigt ist (weder A-GmbH noch D-GmbH unterliegen der Mitbestimmung);
– Verschmelzungsbeschluss, hier der Gesellschafterbeschluss der D-GmbH;
– Verschmelzungsbericht; hier der gemeinsame Verschmelzungsbericht für die D-GmbH und A-GmbH;

– Nachweis über die Zugänglichmachung des Verschmelzungsberichts an Gesellschafter/Betriebsrat/Arbeitnehmer; an den Nachweis sind keine überspannten Anforderungen zu stellen, er kann als erbracht angesehen werden, wenn die Unterlagen auf der Internetseite der Gesellschaft verfügbar waren und im Verschmelzungsplan darauf hingewiesen wurde; ansonsten genügt eine entsprechende Erklärung des Anmeldenden (vgl. *W/M/Mayer* § 122k UmwG Rz. 17);

– Verschmelzungsprüfungsbericht; hier nicht erforderlich, da nach §§ 122f Satz 1, 9 Abs. 3, 8 Abs. 3 Satz 1 2. Alt. UmwG alle Anteile an der A-GmbH in Händen der übernehmenden D-GmbH waren;

– Zustimmungserklärungen einzelner Gesellschafter (auf Grund Anforderungen im Gesellschaftsvertrag) und/oder staatliche Genehmigungen (bei geänderten Unternehmensgegenstand); hier auf Grund des Sachverhalts nicht erforderlich.

54   Die Anlagen sind nur hinsichtlich der übernehmenden Gesellschaft beizufügen (§ 122l Abs. 1 Satz 3 Hs. 2 UmwG), hinsichtlich der übertragenden Gesellschaft ist nur die Verschmelzungsbescheinigung erforderlich (*W/M/Mayer* § 122l UmwG Rz. 15). Die Geschäftsführer haben in der Anmeldung auch eine **Negativerklärung** hinsichtlich der übernehmenden D-GmbH, jedoch nicht hinsichtlich der übertragenden A-GmbH abzugeben (*S/St/Drinhausen* § 122l UmwG Rz. 7f.). Wurde – wie im Formular vorgesehen – von den klageberechtigten Gesellschaftern durch notariell beurkundete Verzichtserklärungen auf die Klage gegen die Wirksamkeit des Verschmelzungsbeschlusses verzichtet, bedarf es allerdings keiner Negativerklärung bei der Anmeldung (§§ 122a Abs. 2, 16 Abs. 2 Satz 2 UmwG).

55   Das Registergericht der übernehmenden Gesellschaft hat die rechtmäßige Durchführung der grenzüberschreitenden Verschmelzung zu prüfen, aber nicht die Verfahrensschritte, die bereits Gegenstand der Erteilung der Verschmelzungsbescheinigung waren (*S/St/Drinhausen* § 122l UmwG Rz. 10). Nach § 122l Abs. 2 UmwG hat das Gericht insbes. zu prüfen, ob die Anteilsinhaber aller beteiligten Gesellschaften einem gemeinsamen und gleich lautenden Verschmelzungsplan zugestimmt haben und ob ggf. eine Vereinbarung über die Beteiligung der Arbeitnehmer geschlossen worden ist. Die **Eintragung** der grenzüberschreitenden Verschmelzung in das Register der übernehmenden Gesellschaft, hier der D-GmbH, bedingt die Wirksamkeit und zeitigt – wie eine nationale Verschmelzung – die Wirkungen des § 20 Abs. 1 UmwG (*W/M/ Mayer* § 122l UmwG Rz. 32). Folglich geht mit Eintragung das gesamte Aktiv- und Passivvermögen der übertragenden Gesellschaft, hier der A-GmbH, automatisch im Wege der Gesamtrechtsnachfolge auf die übernehmende Gesellschaft, die D-GmbH, über (*S/St/Kübler* § 20 UmwG Rz. 8–10). Die übertragende Gesellschaft erlischt (Dies ist zwar eine Frage des Rechts der übertragenden Gesellschaft, folgt aber zwingend aus Art. 14 Abs. 1 Buchst. c) der VerschmelzungsRL). Ferner werden die Gesellschafter der übertragenden Gesellschaft nun Gesellschafter an der übernehmenden Gesellschaft. Das Registergericht der übernehmenden Gesellschaft hat dem Register, bei dem die übertragende Gesellschaft registriert ist, von Amts wegen den **Tag der Eintragung** der grenzüberschreitenden Verschmelzung **mitzuteilen** (§ 122l Abs. 3 UmwG). Welche weiteren Registerhandlungen bei dem Register der übertragenden Gesellschaft vorzunehmen sind, bestimmt sich nach dem Recht der übertragenden Gesellschaft. Hinsichtlich der A-GmbH muss der Geschäftsführer der übernehmenden D-GmbH – unabhängig von der Mitteilung des Gerichts nach § 122l Abs. 3 UmwG – die Durchführung der grenzüberschreitenden Verschmelzung und die Löschung der A-GmbH zum Firmenbuch anmelden (vgl. § 14 Abs. 5 EU-VerschG). Da die D-GmbH nach der grenzüberschreitenden Verschmelzung weiterhin eine Betriebsstätte in Österreich unterhält, ist ggfs. eine Zweigniederlassung in Österreich anzumelden; dies bestimmt sich nach österreichischem Recht.

56   Die Anmeldung zum Handelsregister ist **elektronisch in öffentlich beglaubigter Form** zum Handelsregister der übernehmenden Gesellschaft einzureichen (§ 12

Abs. 1 Satz 1 HGB). Die der Anmeldung beizufügenden Anlagen sind ebenfalls elektronisch einzureichen (§ 12 Abs. 2 HGB). An dem materiellen Inhalt der Handelsregisteranmeldung hat sich durch die elektronische Anmeldung nichts geändert (s. auch A. 15.60 Rz. 41).

A. 15.63 Verschmelzung zweier GmbH
(ausführlich, mit gegenseitigen Beteiligungen und eigenen Anteilen)

Gliederung

I. FORMULARE

Formular A. 15.63 Verschmelzungsvertrag

Verhandelt zu ...... am ......: Vor mir, ... Notar erschienen

1. Herr A ...... *[Beruf/Wohn- bzw. Geschäftsadresse]*, **handelnd als einzelvertretungsberechtigter Geschäftsführer der A-GmbH mit Sitz in ...... (HRB ......),**

2. Herr B ...... *[Beruf/Wohn- bzw. Geschäftsadresse]*, handelnd als einzelvertretungsberechtigter Geschäftsführer der B-GmbH mit Sitz in ...... (HRB ......)
und erklärten zu Protokoll den nachfolgenden

VERSCHMELZUNGSVERTRAG

Präambel

(1) An der A-GmbH mit einem voll eingezahlten Stammkapital von € 100.000,– werden
die Geschäftsanteile wie folgt gehalten: ein Geschäftsanteil im Nennbetrag von
€ 81.000,– durch Herrn A, ein Geschäftsanteil im Nennbetrag von € 9.000,– durch die
B-GmbH und ein Geschäftsanteil im Nennbetrag von € 10.000,– durch die A-GmbH
selbst (eigener Anteil).

(2) Die B-GmbH hat ein voll eingezahltes Stammkapital von € 50.000,–; die Geschäftsanteile mit einer Summe der Nennbeträge von € 50.000,– werden wie folgt
gehalten: ein Geschäftsanteil im Nennbetrag von € 25.000,– (50 %) durch Herrn A, ein
Geschäftsanteil im Nennbetrag von € 15.000,– (30 %) durch Herrn B, ein Geschäftsanteil im Nennbetrag von € 5.000,– (10 %) durch die A-GmbH und ein Geschäftsanteil im
Nennbetrag von € 5.000,– (10 %) durch die B-GmbH selbst (eigener Anteil).

(3) Mit diesem Vertrag soll die B-GmbH auf die A-GmbH verschmolzen werden.

§ 1 Vermögensübertragung

(1) Die Gesellschaft B ...... mit beschränkter Haftung mit Sitz in ......, eingetragen im
Handelsregister des Amtsgerichts ...... unter HRB ...... (nachfolgend B-GmbH ge-
nannt), als übertragender Rechtsträger überträgt ihr Vermögen als Ganzes mit allen
Rechten und Pflichten unter Auflösung ohne Abwicklung im Wege der Verschmel-
zung gem. §§ 2 Nr. 1, 46 ff. UmwG auf die Gesellschaft A ...... mit beschränkter Haf-
tung mit Sitz in ......, eingetragen im Handelsregister des Amtsgerichts ...... unter
HRB ...... nachfolgend A-GmbH genannt), als übernehmender Rechtsträger (gegen
Gewährung von Geschäftsanteilen der A-GmbH an die Anteilsinhaber der B-GmbH
(Verschmelzung durch Aufnahme).

(2) Als Verschmelzungsstichtag wird der 1.1.02 bestimmt. Die Gesellschaft A-GmbH
übernimmt das Vermögen der B-GmbH im Innenverhältnis mit Wirkung vom 1.1.02,
0.00 Uhr; von diesem Zeitpunkt an gelten die Geschäfte und Handlungen der B-
GmbH als für Rechnung der A-GmbH geführt.

(3) Der Verschmelzung wird die mit uneingeschränktem Bestätigungsvermerk des
Wirtschaftsprüfers ...... versehene Schlussbilanz der B-GmbH auf den 31.12.01
zugrunde gelegt.

§ 2 Gegenleistung

(1) A-GmbH gewährt den Gesellschaftern von B-GmbH als Gegenleistung für die
Übertragung des Vermögens Geschäftsanteile an A-GmbH, und zwar

– Herrn A Geschäftsanteile im Nennbetrag von insgesamt   € 22.500,–.
– Herrn B Geschäftsanteile im Nennbetrag von   € 13.500,–.

Dieser Gegenleistung liegt ein Umtauschverhältnis von 1,111 für die abzufindenden
Anteile an der B-GmbH zugrunde, dh. für 1,111 Anteile an der B-GmbH wird 1 Geschäftsanteil zum Nennbetrag von 1,0 an der A-GmbH gewährt. Für die Beteiligung
des Herrn A im Nennbetrag von bisher € 25.000,– an der B-GmbH ist somit ein Geschäftsanteil im Nennbetrag von € 22.500,– an der A-GmbH zu gewähren (€ 25.000,–
: 1,111 = € 22.500,–); für den von Herrn B bisher gehaltenen Geschäftsanteil im Nennbetrag von € 15.000,– an der B-GmbH ist ein Geschäftsanteil im Nennbetrag von
€ 13.500,– an der A-GmbH zu gewähren (€ 15.000,– : 1,111 = € 13.500,–). Bare Zuzahlungen werden nicht geleistet (s. § 2 Abs. 3).

(2) Die zur Abfindung der Gesellschafter der übertragenden B-GmbH zu gewähren-den Geschäftsanteile an A-GmbH sind teils durch Kapitalerhöhung, teils durch Über-tragung eigener Geschäftsanteile wie folgt zu erbringen:

1. A-GmbH erhöht ihr Stammkapital von bisher € 100.000,– um € 17.000,– auf € 117.000,–. Von dem erhöhten Kapital werden zwei Geschäftsanteile gebildet, und zwar ein Geschäftsanteil im Nennbetrag von € 13.500,–, welcher an Herrn B zu gewähren ist, sowie ein Geschäftsanteil im Nennbetrag von € 3.500,–, der an Herrn A zu gewähren ist.

2. A-GmbH besitzt bereits einen eigenen Geschäftsanteil im Nennbetrag von € 10.000,–. Daneben befindet sich im Vermögen der B-GmbH ein Geschäftsanteil an A-GmbH im Nennbetrag von € 9.000,–, welcher durch die Verschmelzung auf die A-GmbH (als sodann eigener Anteil) übergeht. Beide Geschäftsanteile im Nennbetrag von zusammen € 19.000,– erhält der Gesellschafter Herr A.

3. Die A-GmbH besitzt einen Geschäftsanteil im Nennbetrag von € 5.000,– am Stammkapital der B-GmbH (von insgesamt € 50.000,–), auf welchen die Einlagen vollständig geleistet sind und der im Rahmen der Verschmelzung untergeht. Inso-weit wird keine Gegenleistung gewährt und ist gem. § 54 Abs. 1 Satz 1 Nr. 1 UmwG von der Erhöhung des Stammkapitals der A-GmbH abzusehen; auch bzgl. des von der B-GmbH gehaltenen eigenen Geschäftsanteils von nom. € 5.000,– ist von einer Kapitalerhöhung abzusehen (§ 54 Abs. 1 Satz 1 Nr. 2 UmwG).

(3) Zuzahlungen sind weder von der A-GmbH, noch von deren Gesellschaftern zu leisten.

(4) Die als Gegenleistung zu gewährenden Geschäftsanteile sind ab 1. Januar 02 ge-winnbezugsberechtigt.

(5) Die A-GmbH gewährt keinem Gesellschafter Sonderrechte oder Vorzüge iSd. § 5 Abs. 1 Nr. 7 UmwG, da nach dem Gesellschaftsvertrag der A-GmbH die Mitglied-schaftsrechte gegenüber den bei der B-GmbH bisher geltenden Regelungen in kei-ner Weise unterschiedlich ausgestaltet sind. Sonderrechte oder Vorzüge iSv. § 5 Abs. 1 Nr. 7 UmwG bestanden weder bei der übertragenden B-GmbH noch bestehen sie bei der übernehmenden A-GmbH.

(6) Es werden keine besonderen Vorteile an die in § 5 Abs. 1 Nr. 8 UmwG genannten Personen (einem Mitglied der Geschäftsführung, einem Mitglied eines Aufsichtsrats, einem geschäftsführenden Gesellschafter, einem Abschluss- oder einem Verschmel-zungsprüfer) gewährt.

§ 3 Folgen der Verschmelzung für Arbeitnehmer und ihre Vertretungen sowie die in-soweit vorgesehenen Maßnahmen

(1) Die Verschmelzung der B-GmbH auf die A-GmbH führt zum Übergang sämtlicher Rechte und Ansprüche der Arbeitnehmer der B-GmbH im Wege der Gesamtrechts-nachfolge auf die A-GmbH. Auf den Übergang findet § 613a Abs. 1, 4 und 5 BGB An-wendung (§ 324 UmwG). Damit hat die Verschmelzung individualarbeitsrechtlich kei-ne Nachteile für die Arbeitnehmer der übertragenden B-GmbH. Für die Arbeitnehmer der übernehmenden A-GmbH hat die Verschmelzung keine Folgen.

(2) Im Anschluss an die Verschmelzung ist geplant, den bisherigen ......-Betrieb der B-GmbH in ...... mit dem ......-Betrieb der A-GmbH in ...... zu vereinigen, um damit einen Rationalisierungseffekt zu erzielen. Dafür sind die folgenden Maßnahmen vor-gesehen: ...... (Unterrichtung und Beratung mit Betriebsrat bei mehr als 20 wahlbe-rechtigten Arbeitnehmern gem. § 111 Satz 1 BetrVG; Beratung und Verhandlung mit Betriebsrat über einen Interessensausgleich gem. § 112 Abs. 1 Satz 1 BetrVG und ei-nen Sozialplan gem. § 112 Abs. 1 Satz 2 BetrVG, ggf. über Einigungsstelle gem. § 112

Abs. 4 BetrVG durchsetzbar). Beratung mit einem bei mehr als 100 Arbeitnehmern gebildeten Wirtschaftsausschuss, § 106 Abs. 1, Abs. 3 Nr. 8 BetrVG.

(3) Bei A-GmbH und B-GmbH besteht jeweils ein Betriebsrat. Durch die beabsichtigte Zusammenlegung der ......-Betriebe in ...... werden die Arbeitnehmer des derzeitigen ......-Betriebs der B-GmbH in ...... danach durch den bei der A-GmbH für den ......-Betrieb in ...... bereits bestehenden Betriebsrat vertreten. Im Übrigen hat die Verschmelzung auf die betriebliche Organisation keine weitere Auswirkung auf den bei der B-GmbH bisher bestehenden Betriebsrat, weil die übrigen, nicht dem ......-Betrieb der B-GmbH in ...... zuzuordnenden Arbeitnehmer weiterhin dem übrigen Betrieb zugeordnet bleiben und insoweit nur ein Wechsel des Rechtsträgers eintritt, der die Identität des Betriebs nicht berührt; daher bleibt der Betriebsrat der B-GmbH als zukünftiger weiterer Betriebsrat der A-GmbH weiterhin im Amt. Gem § 47 Abs. 1 BetrVG ist ein Gesamtbetriebsrat bei A-GmbH zu errichten, da bei dieser als Folge der Verschmelzung künftig mehrere Betriebe bestehen werden.

(4) Im Hinblick auf die Mitbestimmung hat die Verschmelzung folgende Auswirkungen: ...... [$^1/_3$-Parität im Aufsichtsrat der A-GmbH gem. § 1 DrittelbG bei mehr als 500 Arbeitnehmern; paritätische Mitbestimmung im Aufsichtsrat der A-GmbH nach § 1 des MitbestG bei mehr als 2.000 Arbeitnehmern]. Der bisher bei der B-GmbH bestehende Aufsichtsrat [mit $^1/_3$-Parität gem. § 1 DrittelbG bzw. paritätische Mitbestimmung nach dem MitbestG] entfällt.

§ 4 Firmenänderung/Geschäftsführerbestellung

(1) Firma der A-GmbH wird geändert in: „AB-......GmbH".

(2) Herr B wird zum weiteren Geschäftsführer der übernehmenden Gesellschaft bestellt. Gem. § ...... der Satzung wird damit die Gesellschaft von zwei Geschäftsführern gemeinschaftlich bzw. von einem Geschäftsführer zusammen mit einem Prokuristen vertreten.

§ 5 Kosten und Gebühren

Die Kosten dieses Verschmelzungsvertrags und seiner Durchführung sowie etwa entstehende Abgaben (zB Grunderwerbsteuer) oder Gebühren einschließlich der Kosten der Zustimmungsbeschlüsse trägt die übernehmende Gesellschaft A-GmbH.

§ 6 Bedingung

Dieser Verschmelzungsvertrag bedarf zu seiner Wirksamkeit gem. § 13 UmwG der Zustimmung der Gesellschafterversammlungen der A-GmbH und B-GmbH. Dieser Vertrag wird mit der aufschiebenden Bedingung geschlossen, dass beide Zustimmungen bis zum ...... endgültig erteilt werden. Die aufschiebende Bedingung gilt im Zeitpunkt des Zugangs der letzten Zustimmung bei dem beurkundenden Notar als eingetreten.

Formular A. 15.63a Gemeinsames Schreiben gem. §§ 5 Abs. 3, 17 Abs. 1 UmwG an die Betriebsräte der A-GmbH und der B-GmbH

Von: Geschäftsleitung A-GmbH und

Geschäftsleitung B-GmbH (gemeinsames Schreiben)

An: 1. Betriebsrat der A-GmbH, z.Hd. des/der Vorsitzenden des Betriebsrats, Herrn/Frau ......

       2. Betriebsrat der B-GmbH, z.Hd. des/der Vorsitzenden des Betriebsrats, Herrn/Frau ......

3. Gegebenenfalls weitere Betriebsräte bzw., falls vorhanden, Gesamt- und/oder Konzernbetriebsrat der ......-GmbH

   jeweils gegen Empfangsbestätigung

Betreff: Bevorstehende Verschmelzung der B-GmbH als übertragende Gesellschaft auf die A-GmbH als übernehmende Gesellschaft

Sehr geehrte Damen und Herren,

in den voraussichtlich am ...... stattfindenden Gesellschafterversammlungen der A-GmbH und der B-GmbH ist beabsichtigt, dem beigefügten Entwurf des Verschmelzungsvertrags zwischen der A-GmbH als aufnehmende Gesellschaft und der B-GmbH als übertragende Gesellschaft zuzustimmen und den Vertrag in notariell beurkundeter Form abzuschließen. Wir übermitteln Ihnen hiermit den Entwurf des Verschmelzungsvertrags in der Anlage gem. § 5 Abs. 3 UmwG. Wir bitten, auf die Einhaltung der Monatsfrist des § 5 Abs. 3 UmwG zu verzichten, den Erhalt dieses Schreibens und der Anlage auf den beigefügten Kopien dieses Schreibens zu bestätigen und an die Geschäftsleitung der übernehmenden A-GmbH im Hinblick auf den Nachweis im Zuge der Anlagen zu den Handelsregisteranmeldungen gem. §§ 17 Abs. 1, 16 UmwG jeweils zweifach zurück zu schicken.

....

[Ort, Datum]

....

[Geschäftsführung A-GmbH] [Geschäftsführung B-GmbH]

Hiermit bestätigen wir, als jeweilige(r) Vorsitzende(r) des Betriebsrats, den Erhalt dieses Schreibens nebst dem als Anlage beigefügten Entwurf des Verschmelzungsvertrags und verzichten auf die Einhaltung der Monatsfrist des § 5 Abs. 3 UmwG.

....

[Ort, Datum] [Betriebsrats-Vorsitzende(r) der A-GmbH]

....

[Ort, Datum] [Betriebsrats-Vorsitzende(r) der B-GmbH]

....

[Ort, Datum] [Betriebsrats-Vorsitzende(r) des Gesamt- bzw. Konzernbetriebsrats der ......-GmbH]

Formular A. 15.63b Gesellschafterbeschlüsse der übernehmenden A-GmbH sowie der übertragenden B-GmbH

Verhandelt in ...... am ......: Vor dem unterzeichneten Notar erschienen:

1. Herr A ......
2. Herr B ......

und erklärten:

Herr A handelt

1. als Gesellschafter der A-GmbH mit einem Geschäftsanteil im Nennbetrag von € 81.000,– am Stammkapital von insgesamt € 100.000,– für sich selbst,

2. als einzelvertretungsberechtigter Geschäftsführer der A-GmbH für diese, welche einen Geschäftsanteil im Nennbetrag von € 5.000,– am Stammkapital der B-GmbH von insges. € 50.000,– hält, sowie

3. als Gesellschafter der B-GmbH mit einem Geschäftsanteil im Nennbetrag von € 25.000,– am gesamten Stammkapital von € 50.000,– der B-GmbH für sich selbst.

Herr B handelt

1. als Gesellschafter der B-GmbH mit einem Geschäftsanteil im Nennbetrag von € 15.000,– am gesamten Stammkapital der B-GmbH von € 50.000,– für sich selbst,

2. als einzelvertretungsberechtigter Geschäftsführer der B-GmbH für diese, welche einen Geschäftsanteil im Nennbetrag von € 9.000,– am Stammkapital der A-GmbH von insges. € 100.000,– hält.

Die restlichen Geschäftsanteile sowohl an der A-GmbH (im Nennbetrag von € 10.000,–) als auch an der B-GmbH (im Nennbetrag von € 5.000,–) werden jeweils als eigene Anteile von diesen Gesellschaften selbst gehalten. Auf sämtliche Geschäftsanteile sind die Einlagen vollständig geleistet. Da somit sämtliche stimmberechtigten Geschäftsanteile der beiden Gesellschaften A-GmbH und B-GmbH heute vertreten sind, halten wir hiermit unter Verzicht auf alle Formen und Fristen, die durch Gesetz oder durch Gesellschaftsvertrag für die Einberufung und Abhaltung von Gesellschafterversammlungen gelten, gemeinsame Gesellschafterversammlungen sowohl der A-GmbH als auch der B-GmbH ab und beschließen jeweils was folgt:

1. Beschlüsse der Gesellschafterversammlung der übernehmenden A-GmbH

   a) Zur Durchführung der Verschmelzung wird das Stammkapital der A-GmbH von € 100.000,– um € 17.000,– auf € 117.000,– erhöht und zwar durch Bildung zweier Geschäftsanteile im Nennbetrag von € 13.500,– und im Nennbetrag von € 3.500,–. Als Gegenleistung für die Übertragung des Vermögens der B-GmbH im Wege der Verschmelzung werden an die Gesellschafter der B-GmbH folgende Geschäftsanteile ausgegeben:

   aa) Aus dem im Wege der Kapitalerhöhung neu geschaffenen Geschäftsanteilen
   – der Geschäftsanteil im Nennbetrag von € 13.500,– an Herrn B und
   – der Geschäftsanteil im Nennbetrag von € 3.500,– an Herrn A.

   bb) Aus eigenen Anteilen unter Verzicht auf eine Kapitalerhöhung
   – ein Geschäftsanteil an der A-GmbH im Nennbetrag von € 10.000,– als derzeit eigener Anteil der A-GmbH an Herrn A sowie
   – ein Geschäftsanteil an der A-GmbH im Nennbetrag von € 9.000,–, der sich gegenwärtig im Vermögen der übertragenden B-GmbH befindet, an Herrn A.

   cc) Zuzahlungen sind nicht zu leisten. Bei der Berechnung des Umtauschverhältnisses sind die Gesellschafter davon ausgegangen, dass zwischen dem Verschmelzungsstichtag und der Wirksamkeit der Verschmelzung weder Gewinnausschüttungen noch Einlagen noch Kapitalrückzahlungen vorgenommen werden.

   dd) Die neuen Geschäftsanteile sind mit einem Gewinnbezugsrecht ab dem 1.1.02 ausgestattet; die auszugebenden bisherigen Anteile sind ebenfalls ab 1.1.02 gewinnbezugsberechtigt.
   § …… der Satzung der A-GmbH erhält folgende Fassung:
   § …… Stammkapital und Stammeinlagen
   (1) Das Stammkapital beträgt € 117.000,–.
   (2) Das Stammkapital ist eingeteilt in

einen Geschäftsanteil von € 81.000,–	(Geschäftsanteil Nr. 1)
einen Geschäftsanteil von € 10.000,–	(Geschäftsanteil Nr. 2)
einen Geschäftsanteil von € 9.000,–	(Geschäftsanteil Nr. 3)
einen Geschäftsanteil von € 3.500,–	(Geschäftsanteil Nr. 4)
einen Geschäftsanteil von € 13.500,–	(Geschäftsanteil Nr. 5)

   § …… bezüglich der Firma der A-GmbH erhält folgende Fassung:
   Die Firma der Gesellschaft lautet: „AB-……GmbH".

b) Herr B wird zum weiteren Geschäftsführer der übernehmenden Gesellschaft A-GmbH bestellt. Gem. § ...... des Gesellschaftsvertrags wird die Gesellschaft danach von zwei Geschäftsführern gemeinschaftlich bzw. von einem Geschäftsführer zusammen mit einem Prokuristen vertreten. Herr A vertritt weiterhin stets allein.

2. Gemeinsame Beschlüsse sowohl der übertragenden B-GmbH als auch der übernehmenden A-GmbH

a) Auf die Versendung des Verschmelzungsvertrags oder seines Entwurfs zusammen mit der Einberufung der Gesellschafterversammlungen gem. § 47 UmwG wurde einvernehmlich verzichtet; dieser Verzicht wird hiermit nochmals ausdrücklich bestätigt.

b) Auf die Auslegung der Jahresabschlüsse und der Lageberichte der an der Verschmelzung beteiligten Rechtsträger (A-GmbH und B-GmbH) für die letzten drei Geschäftsjahre zur Einsicht durch die Gesellschafter in den Geschäftsräumen der Gesellschaften vom Zeitpunkt der Einberufung der Gesellschafterversammlungen an wurde ebenfalls einvernehmlich verzichtet; auch diesbezüglich wird der Verzicht hiermit nochmals ausdrücklich bestätigt.

c) Auf die Erstellung eines Verschmelzungsberichts iSv. § 8 Abs. 1 UmwG wird hiermit gem. § 8 Abs. 3 UmwG verzichtet.

d) Kein Gesellschafter hat bei den Gesellschaften einen Antrag auf Prüfung des Verschmelzungsvertrags oder seines Entwurfs gem. § 48 UmwG gestellt. Die Gesellschafter beider Gesellschaften verzichten hiermit einvernehmlich auf ihr Recht, eine Verschmelzungsprüfung zu verlangen.

e) Dem Verschmelzungsvertrag zwischen der A-GmbH mit Sitz in ...... und der B-GmbH mit Sitz in ...... vom ...... (UrkR-Nr. ...... des Notars ...... in ......) wird zugestimmt. Eine Ausfertigung des Verschmelzungsvertrags ist dieser Niederschrift als Anlage beigefügt.

f) Auf das Recht, die vorstehenden Beschlüsse anzufechten, insbesondere gegen die Zustimmungsbeschlüsse gem. 2e) Klage zu erheben, wird ausdrücklich und unwiderruflich verzichtet.

Formular A. 15.63c Handelsregisteranmeldung der übernehmenden GmbH

An das Amtsgericht ......

– Handelsregister –

A-GmbH mit Sitz in ......, HRB ......

Als sämtliche Geschäftsführer der A-GmbH mit Sitz in ...... melden wir zur Eintragung in das Handelsregister an:

1. Die B-GmbH mit Sitz in ......, eingetragen im Handelsregister des Amtsgerichts ...... unter HRB ......, ist auf Grund des Verschmelzungsvertrags vom ...... (Urkunde-Nr. ...... des Notars ......) und der Beschlüsse der Gesellschafterversammlungen der B-GmbH und der A-GmbH vom ...... (UrkR-Nr. ...... des Notars ......) mit der Gesellschaft (A-GmbH) durch Aufnahme verschmolzen.

2. Das Stammkapital der Gesellschaft ist im Zuge der Durchführung der Verschmelzung von € 100.000,– um € 17.000,– erhöht worden. § ...... des Gesellschaftsvertrags ist entsprechend geändert.

3. Die Firma der Gesellschaft ist geändert in: „AB- ...... GmbH". § ...... des Gesellschaftsvertrags ist entsprechend geändert.

4. Zum weiteren Geschäftsführer der Gesellschaft wurde bestellt: Herr B. Herr B vertritt gem. § ...... des Gesellschaftsvertrags die Gesellschaft mit einem weiteren Geschäftsführer oder einem Prokuristen.

Als Anlagen fügen wir bei:

I.   Notariell beglaubigte Abschrift des Verschmelzungsvertrags vom ...... (Urk.-Nr. ...... des Notars ......);

II.   Notariell beglaubigte Abschrift der Niederschriften der Gesellschafterversammlungen nebst Anlagen vom ...... (UrkR-Nr. ...... des Notars ......) der A-GmbH und der B-GmbH;

III.   Von den Anmeldenden unterschriebene Liste der Personen, welche die neuen Stammeinlagen übernommen haben (§ 57 Abs. 3 Nr. 2 GmbHG);

IV.   Berichtigte und von sämtlichen Geschäftsführern unterschriebene Gesellschafterliste (§ 52 Abs. 2 UmwG);

V.   Vollständiger Wortlaut des Gesellschaftsvertrags mit Bescheinigung eines Notars gem. § 54 Abs. 1 Satz 2 GmbHG;

VI.   Nachweise gem. § 17 Abs. 1 UmwG über die rechtzeitige (bzw. unter Verzicht auf die Rechtzeitigkeit) Zuleitung des *[Entwurfs des]* Verschmelzungsvertrags an die Betriebsräte der A-GmbH und der B-GmbH;

VII.   Zustimmende Stellungnahme der IHK ...... zur Firmenänderung;

      Wir bitten im Hinblick auf § 53 UmwG, zunächst nur die Kapitalerhöhung einzutragen. Zur Vervollständigung der Anmeldung der Verschmelzung werden wir noch einen beglaubigten Handelsregisterauszug der B-GmbH mit Sitz in ...... (Handelsregister des Amtsgerichts ......, HRB ......) nachreichen, aus dem sich die Eintragung der Verschmelzung in das Handelsregister der B-GmbH ergibt.

      Die Firmenänderung und die Bestellung des neuen Geschäftsführers bitten wir mit Wirksamwerden der Verschmelzung einzutragen.

Nach Vollzug der Eintragung der Kapitalerhöhung und nach Vollzug der Eintragung der Verschmelzung, der Firmenänderung und des neuen Geschäftsführers bitten wir jeweils um Eintragungsnachricht an die Gesellschaft und an den beglaubigenden Notar sowie um Übermittlung von zwei beglaubigten Handelsregisterauszügen an die Gesellschaft und eines beglaubigten Handelsregisterauszugs an den beglaubigenden Notar.

...., den ....

....

[Unterschrift A]   [Unterschrift B]

....

[Beglaubigungsvermerk]

Formular A. 15.63d Handelsregisteranmeldung der übertragenden GmbH

An das Amtsgericht ......

– Handelsregister –

B-GmbH, mit Sitz in ......, HRB ......

Als einzelvertretungsberechtigter Geschäftsführer der A-GmbH mit Sitz in ......, eingetragen im Handelsregister des Amtsgerichts ...... unter HRB ......, melde ich gem. § 16 Abs. 1 Satz 2 UmwG als Vertretungsorgan des übernehmenden Rechtsträgers die Verschmelzung der Gesellschaft zur Eintragung in das Register des Sitzes der Gesellschaft als übertragender Rechtsträger an:

Die Gesellschaft ist auf Grund des Verschmelzungsvertrags vom ......, des Beschlusses der Gesellschafterversammlung der B-GmbH vom ...... und des Beschlusses der

Gesellschafterversammlung der A-GmbH mit Sitz in ...... vom ...... mit der A-GmbH durch Aufnahme verschmolzen (§ 2 Nr. 1 UmwG).

Als Anlage füge ich bei:

I. Notariell beglaubigte Abschrift des Verschmelzungsvertrags vom ...... (UrkR-Nr. ...... des Notars ......);

II. Notariell beglaubigte Abschrift der Niederschriften nebst Anlagen der Gesellschafterversammlungen vom ...... (UrkR-Nr. ...... des Notars ......) der übernehmenden A-GmbH und der übertragenden B-GmbH;

III. Die von sämtlichen Geschäftsführern unterzeichnete Schlussbilanz der B-GmbH zum 31.12.01 mit Anhang, versehen mit uneingeschränktem Bestätigungsvermerk der ...... Wirtschaftsprüfungsgesellschaft vom ......;

IV. Nachweise gem. § 17 Abs. 1 UmwG über die rechtzeitige (bzw. unter Verzicht auf die Rechtzeitigkeit) Zuleitung des *[Entwurfs des]* Verschmelzungsvertrags an die Betriebsräte der A-GmbH und der B-GmbH.

Ein beglaubigter Handelsregisterauszug der B-GmbH mit Sitz in ......, aus dem sich ergibt, dass die zur Durchführung der Verschmelzung beschlossene Erhöhung des Stammkapitals im Handelsregister ...... eingetragen worden ist, wird nachgereicht.

Nach Vollzug bitte ich um Eintragungsnachricht und um Übermittlung je eines beglaubigten Handelsregisterauszugs an die Gesellschaft und an den beglaubigenden Notar.

...., den ......

....

[Unterschrift A]

....

[Beglaubigungsvermerk]

II. ERLÄUTERUNGEN

> **Erläuterungen zu A. 15.63 Verschmelzungsvertrag**

1. Grundsätzliche Anmerkungen

a) Wirtschaftliches Vertragsziel

Die Verschmelzung **bezweckt** den **Übergang des gesamten Vermögens** (ein- 1 schließlich aller Rechte und Pflichten sowie Verbindlichkeiten) einer GmbH auf eine andere GmbH durch **Gesamtrechtsnachfolge.** Die übertragende Gesellschaft ist mit der Eintragung im Handelsregister der übernehmenden Gesellschaft (§ 20 Abs. 1 Nr. 2 UmwG) aufgelöst (ohne Abwicklung bzw. Liquidation). Das Vertragsmuster beruht auf der Verschmelzung zweier GmbHs (für Aktiengesellschaften gelten zusätzlich die besonderen Bestimmungen der §§ 60–72 UmwG, die bei Konzernverschmelzungen wesentliche Erleichterungen vorsehen; dies braucht hier aber nicht weiter behandelt werden), wobei die aufnehmende Gesellschaft eine bereits bestehende GmbH ist (Verschmelzung durch Aufnahme gem. § 2 Nr. 1 UmwG). Die Verschmelzung zweier oder mehrerer GmbHs auf eine neu zu gründende GmbH (§ 2 Nr. 2 UmwG: Verschmelzung durch Neugründung) wird hier nicht weiter ausgeführt; es gelten zusätzlich die §§ 56 ff. UmwG für GmbHs (bzw. §§ 72 ff. UmwG für AGs).

Neben der gesellschaftsrechtlichen und organisatorischen Vereinfachung wird die 2 Verschmelzung durch Aufnahme oft auch aus **ertragsteuerlichen Gründen** gewählt, nämlich zur Vermeidung einer Realisierung und Versteuerung stiller Reserven der übertragenden GmbH bei dieser, bei der aufnehmenden GmbH und bei den Gesellschaftern. Häufig dient die Verschmelzung durch Aufnahme auch der Erreichung einer Kompensationsmöglichkeit von zukünftigen Gewinnen und Verlusten (aber ohne **Verlustvorträgen** der Überträgerin).

3   Bei dem im Formular verwendeten Beispiel besteht keine (parallele) Beteiligungsidentität der Gesellschafter an den beiden GmbHs. Der diesem **Formular zugrunde liegende Sachverhalt** enthält eine Kombination von **gegenseitigen** (jedoch nicht 100%igen) **Beteiligungen** der zu verschmelzenden GmbHs. Ferner besitzt jede Gesellschaft (wenige) Gesellschaftsanteile als **eigene Anteile.** Die Anteile der untergehenden (übertragenden) Gesellschaft werden aber nicht vollständig von der überlebenden (aufnehmenden) Gesellschaft gehalten (insoweit ist eine Kapitalerhöhung unzulässig, § 54 Abs. 1 Satz 1 Nr. 1 UmwG). Das Formular behandelt weder die Verschmelzung einer Tochter-GmbH auf ihre Mutter-GmbH (sog. up-stream merger; vgl. Formular A. 15.60) noch die Verschmelzung einer Mutter-GmbH auf ihre 100%ige Tochter-GmbH (sog. down-stream merger; vgl. Formular A. 15.61).

b) Zivilrecht

aa) Ablaufschemata für GmbH-Verschmelzung

4   **Vorbemerkung:** Das vorliegende Formular geht von einer **einvernehmlichen Beschlussfassung mit weitestgehenden Verzichtserklärungen** sämtlicher Gesellschafter zu materiellen Anforderungen (insbes. Verzicht auf **Verschmelzungsbericht,** Nichtverlangen einer **Verschmelzungsprüfung, Verzicht** auf das Recht der Anfechtung insbes. der Klage gegen die Zustimmungsbeschlüsse) und formellen Anforderungen (Einberufung der Gesellschafterversammlung mit Übersendung des Verschmelzungsvertrags gem. § 47 UmwG und Auslegung der letzten drei Jahresabschlüsse der übertragenden und der übernehmenden Gesellschaft gem. § 49 Abs. 2 UmwG in den Geschäftsräumen der Gesellschaften) aus. Ziel dieser weitestgehenden Verzichtserklärungen ist eine Vereinfachung und Verkürzung der „Vorlaufzeit" für die Verschmelzung. Aufgrund des nachfolgenden Ablaufschemas für die im Formular behandelte einvernehmliche Verschmelzung mit weitestgehenden Verzichtserklärungen ist die „Vorlaufzeit" für die Verschmelzung vor deren Anmeldungen zu den Registern (an diesem Tag darf die zugrunde gelegte Schlussbilanz nicht auf einen Stichtag aufgestellt sein, der länger als acht Monate vor dem Zeitpunkt der Anmeldungen liegt) auf mindestens einen Monat (auf Grund der Vorlagefrist des Verschmelzungsvertrags oder seines Entwurfs vor dem Zustimmungsbeschluss an die zuständigen Betriebsräte gem. § 5 Abs. 3 UmwG) verkürzt, soweit auf die Monatsfrist des § 5 Abs. 3 UmwG nicht verzichtet wurde (s. Rz. 5 f.). Dagegen wird die „Vorlaufzeit" bei einer nicht einvernehmlichen Verschmelzung ohne insbes. die Erklärung aller Gesellschafter, auf das Recht zur Klageerhebung gegen die Zustimmungsbeschlüsse innerhalb eines Monats gem. § 14 UmwG zu verzichten, auf mindestens zwei Monate verlängert (s. dazu Rz. 7 ff.).

aaa) Ablaufschema mit engstmöglichem Zeitplan für einvernehmliche Verschmelzung mit weitestgehend möglichen Verzichtserklärungen (Beispiel des Formulars)

5   (1) Aufstellung der Schlussbilanz (mit Anhang) der übertragenden B-GmbH zum 31.12.01 = X (Aufstellung mit Anhang, Unterzeichnung durch sämtliche Geschäftsführer, ggf. Prüfung durch Wirtschaftsprüfer gem. Größenmerkmalen nach § 267 Abs. 1–3 HGB mit Erteilung eines uneingeschränkten Bestätigungsvermerks; Feststellung durch Gesellschafterbeschluss der übertragenden B-GmbH nicht notwendig, vgl. A. 15.60 Rz. 7);

  (2) Erstellung des Entwurfs des Verschmelzungsvertrags;

  (3) Zuleitung des Entwurfs des Verschmelzungsvertrags und Bestätigung des Empfangs unter Verzicht auf die Monatsfrist durch sämtliche Betriebsräte der übertragenden

B-GmbH und der übernehmenden A-GmbH gem. § 5 Abs. 3 UmwG (vgl. Formular A. 15.63a für das Übermittlungs- und Bestätigungsschreiben an die Betriebsräte); ggf. Information des Wirtschaftsausschusses gem. § 106 Abs. 1–3 BetrVG;

(4) Einholung einer ggfs. erforderlichen Genehmigung nach GWB oder Anzeige bei zuständiger Kartellbehörde;

(5) Beurkundung des Verschmelzungsvertrags (vgl. Formular A. 15.63), soweit nicht in Schritt (2) bereits Verschmelzungsvertrag beurkundet wurde (anstelle der Erstellung des Entwurfs);

(6) Gesellschafterbeschlüsse (einstimmig) der übernehmenden A-GmbH und der übertragenden B-GmbH (s. Formular A. 15.63b) mit weitestgehenden Verzichtserklärungen;

(7) Handelsregisteranmeldungen gleichzeitig bei Registern der übertragenden B-GmbH und der übernehmenden A-GmbH (vgl. Formulare A. 15.63c und A. 15.63d).

Kürzestmögliche Vorlaufzeit, dh. Stichtag für die Schritte (2) und (3): Bilanz- **6** stichtag X plus sieben Monate. Die Aufstellung und Prüfung sowie die Unterzeichnung der Schlussbilanz des übertragenden Rechtsträgers (s. Rz. 5 Buchst. a) kann zeitlich unabhängig hiervon erfolgen, muss aber bis zur Einreichung der Anmeldung zum Registergericht der übertragenden Gesellschaft vollständig ausgefertigt vorliegen (insoweit Zeitbedingung für Vorlaufzeit: X plus acht Monate). Die Schritte (5) bis (7) müssen spätestens acht Monate nach dem Bilanzstichtag (X plus acht Monate) vollzogen sein.

In der Praxis empfiehlt sich in enger **Abstimmung mit** dem beurkundenden bzw. beglaubigenden **Notar** nach dessen Terminplanung für sämtliche Beurkundungen und Beglaubigungen sicherzustellen, dass die Handelsregisteranmeldungen mit allen Anlagen spätestens acht Monate nach dem Bilanzstichtag beim Registergericht vorliegen. Dies wird in der Praxis häufig eine Ausweitung der Vorlaufzeiten um zumindest mehrere Tage erforderlich machen.

Zur Abklärung, **ob** auch **sämtliche Gesellschafter und alle Betriebsräte** die vorgesehenen **weitestgehenden Verzichtserklärungen** abgeben, empfiehlt sich (um zur Vermeidung von Erpressungspotentialen noch rechtzeitig auf das Ablaufschema für eine nicht einvernehmliche Verschmelzung (s. Rz. 7 ff.) überschwenken zu können), die Abklärung mit sämtlichen Beteiligten möglichst spätestens fünf Monate nach dem Bilanzstichtag abgeschlossen zu haben; bei Zweifeln sollten die Verzichtserklärungen (s. Formular A. 15.63b Punkt 2. a) bis f)) bereits zeitlich vorgezogen (zB innerhalb von fünf Monaten nach dem Bilanzstichtag) eingeholt werden.

bbb) Ablaufschema bei nicht einvernehmlicher Beschlussfassung und nicht weitestgehend möglichen Verzichtserklärungen sämtlicher Gesellschafter bzw. Betriebsräte (mit Verschmelzungsbericht und Verschmelzungsprüfung)

(1) Aufstellung der **Schlussbilanz** der übertragenden B-GmbH mit Anhang zum **7** 31.12.01 = X (Unterzeichnung durch sämtliche Geschäftsführer, ggf. Prüfung durch Wirtschaftsprüfer gem. Größenmerkmalen nach § 267 Abs. 1–3 HGB mit Erteilung eines uneingeschränkten Bestätigungsvermerks; evtl. vorsorglich Feststellung durch Gesellschafterbeschlusses der übertragenden B-GmbH);

(2) Erstellung des **Entwurfs des Verschmelzungsvertrags,** ggfs. mit Barabfindungsangebot gem. § 29 UmwG (zB bei Vinkulierung der Anteile);

(3) Erstellung der Verschmelzungsberichte durch die Geschäftsführung der übertragenden B-GmbH und der übernehmenden A-GmbH (zweckmäßigerweise als gemeinsamer Bericht gem. § 8 Abs. 1 Satz 1, Hs. 2 UmwG);

(4) **Zuleitung des Verschmelzungsvertrags** oder dessen Entwurfs mit Bestätigung des Empfangs an sämtliche Betriebsräte der übertragenden B-GmbH und der

übernehmenden A-GmbH gem. § 5 Abs. 3 UmwG mindestens einen Monat vor Fassung der jeweiligen Zustimmungsbeschlüsse (vgl. Formular A. 15.63a für das Übermittlungs- und Bestätigungsschreiben an die Betriebsräte); ggfs. Information des Wirtschaftsausschusses gem. § 106 Abs. 1–3 BetrVG;

(5) Einholung einer ggfs. erforderlichen Genehmigung nach GWB bei zuständiger **Kartellbehörde;**

(6) Schriftliche **Einladung zu Gesellschafterversammlungen** der übertragenden B-GmbH und der übernehmenden A-GmbH unter Ankündigung des Tagesordnungspunkts der Verschmelzung und unter Beifügung des Verschmelzungsvertrags bzw. dessen Entwurfs und der Verschmelzungsberichte (bzw. des gemeinsamen Verschmelzungsberichts) gem. §§ 47, 49 UmwG in Verbindung mit den Bestimmungen in den Gesellschaftsverträgen für die Einberufung;

(7) Bestellung der Verschmelzungsprüfer durch Geschäftsführer oder Antrag auf Bestellung durch das Gericht gem. § 10 UmwG, falls ein Gesellschafter die Durchführung einer Verschmelzungsprüfung gem. §§ 48, 9 ff. UmwG beantragt hat (gem. § 48 Satz 1 UmwG muss der Gesellschafter innerhalb einer Woche nach Erhalt der Unterlagen nach § 47 UmwG eine Prüfung verlangen; s. Rz. 15; eine Erpressung durch Beantragung einer Verschmelzungsprüfung erst in der Gesellschafterversammlung ist damit nicht mehr möglich);

(8) **Auslegung der Jahresabschlüsse** und der Lageberichte aller an der Verschmelzung beteiligten Rechtsträger für die letzten drei Geschäftsjahre zur Einsicht durch die Gesellschafter in den Geschäftsräumen der übertragenden B-GmbH und der übernehmenden A-GmbH gem. § 49 Abs. 2 UmwG von der Einberufung der jeweiligen Gesellschafterversammlung an;

(9) **Abhaltung der Gesellschafterversammlungen** zur Fassung der Zustimmungsbeschlüsse zum Verschmelzungsvertrag oder dessen Entwurfs gem. §§ 13, 50 UmwG unter Vorlage des Verschmelzungsprüfungsberichts mit den notwendigen Mehrheiten ($^{3}/_{4}$ der abgegebenen Stimmen, falls nicht Gesellschaftsvertrag – auch allgemein für Änderungen des Gesellschaftsvertrags – oder das Gesetz – zB §§ 13 Abs. 2, 50 Abs. 2, 51 UmwG – eine größere Mehrheit bestimmen). In den Gesellschafterversammlungen der beteiligten GmbHs besteht **keine Unterrichtungspflicht** der Vertretungsorgane, die Anteilsinhaber über jede wesentliche Veränderung des Vermögens des Rechtsträgers, die zwischen dem Abschluss des Verschmelzungsvertrags oder der Aufstellung dessen Entwurfs und dem Tag der Gesellschafterversammlung eingetreten ist, zu unterrichten.

(10) **Beurkundung des Verschmelzungsvertrags** – soweit nicht bereits in Schritt b) (anstelle der Erstellung des Entwurfs des Verschmelzungsvertrags) geschehen;

(11) **Anmeldungen der Verschmelzung** bei den Registern der übernehmenden A-GmbH und der übertragenden B-GmbH.

8 Zwischen den vorstehenden Schritten (5) und (12) ergibt sich eine **Mindestvorlaufzeit von zwei Monaten** vor der Anmeldung der Verschmelzung bei den Registern der übertragenden und übernehmenden Rechtsträger, wenn als Bilanzstichtag des übertragenden Rechtsträgers ein Tag innerhalb des höchstens acht Monate davorliegenden Zeitraums verwendet werden soll. Diese Vorlaufzeit setzt sich aus der Addition der beiden logisch aufeinander folgenden Ein-Monats-Fristen zusammen:
– Ein-Monats-Frist für Vorlage an die Betriebsräte gem. § 5 Abs. 3 UmwG und
– Ein-Monats-Frist für Klageerhebung gegen die Zustimmungsbeschlüsse gem. § 14 UmwG vor Handelsregisteranmeldungen (wegen der Erklärung gem. § 16 Abs. 2 Satz 1 UmwG).

9 Aus Sicht der Praxis ist darauf hinzuweisen, dass auch bei taggenauerer Terminplanung insbes. aus folgenden Gründen eine **zweimonatige Vorlauffrist meist nicht ausreichen** wird:

– Die Bestellung der Verschmelzungsprüfer oder eines gemeinsamen Verschmelzungsprüfers durch das Landgericht gem. § 10 Abs. 1 Satz 1, 2. Alt. UmwG, die Durchführung der Verschmelzungsprüfungen und die Erstellung der Verschmelzungsprüfungsberichte erfordert idR einen Zeitraum, der über einen Monat hinausgeht (der Verschmelzungsprüfungsbericht muss uE bei Fassung des Zustimmungsbeschlusses vorliegen).

– Gegebenenfalls ist nach den Gesellschaftsverträgen eine Einladungsfrist von mehr als einem Monat zu beachten.

– Sonn-, Feier- und Samstage sowie sonstige Verhinderungen sind zu berücksichtigen.

– Risiko der Anfechtung bzw. der Klageerhebung gegen die Zustimmungsbeschlüsse durch einzelne Gesellschafter unter Berufung auf unzureichende Berichterstattung im Verschmelzungsbericht oder unzureichende Darlegung der Folgen der Verschmelzung für die Arbeitnehmer und ihre Vertretungen; dies führt dazu, dass bei der Anmeldung die gem. § 16 Abs. 2 UmwG notwendige Negativerklärung nicht abgegeben werden kann und damit die Eintragung gehemmt wird (zumindest bis zur Rechtskraft eines Beschlusses des für die Klage zuständigen Prozessgerichts auf Antrag der jeweiligen Gesellschaft im Beschlussverfahren nach § 16 Abs. 3 UmwG).

bb) Verschmelzungsberichte

Lässt sich der Verzicht aller Gesellschafter der an der Verschmelzung beteiligten **10** Rechtsträger (hier der übertragenden B-GmbH und der übernehmenden A-GmbH) zur Erstellung und Vorlage von Verschmelzungsberichten bzw. eines gemeinsamen Berichts in notariell beurkundeter Form nicht erreichen (§ 8 Abs. 3 UmwG), sind von der Geschäftsführung der übertragenden (B-GmbH) und übernehmenden (A-GmbH) Gesellschaft Verschmelzungsberichte gem. § 8 Abs. 1 UmwG zu erstatten; diese können auch als gemeinsamer Bericht der beiden Geschäftsführungen abgegeben werden (§ 8 Abs. 1 Satz 1, 2. Hs. UmwG). § 8 Abs. 1 UmwG enthält zum **Inhalt** des **Verschmelzungsberichts** folgende Anforderungen: Der Bericht hat

– sowohl die Verschmelzung als solche

– als auch den Verschmelzungsvertrag iE

in rechtlicher und wirtschaftlicher Hinsicht zu erläutern. Der Bericht zur Erläuterung der Verschmelzung als solcher hat neben der **Begründung** die rechtlichen und wirtschaftlichen Gründe anzugeben, welche die Verschmelzung als das geeignete Mittel zur Verfolgung des Unternehmenszwecks erscheinen lassen (zum Inhalt *Lutter/Lutter/Drygala* § 8 UmwG Rz. 13 ff.). Danach sind die bei der aufnehmenden Gesellschaft erhofften Verbesserungen für das Unternehmen sowie bei beiden Unternehmen die Vorteile für die Anteilsinhaber, ggf. auch für die Arbeitnehmer und für die Allgemeinheit, darzustellen. Ferner sind die Alternativen zur Verschmelzung aufzuzeigen und abzuwägen und daraus die Gründe dafür abzuleiten, dass die Verschmelzung das geeignetste Mittel darstellt. Schließlich sind auch die mit der Verschmelzung verbundenen Nachteile, einschließlich eventueller zukünftig notwendiger betrieblicher Reorganisationen, insbes. eventueller Betriebsstilllegungen, anzuführen.

In dem Bericht sind die **Auswirkungen** im Hinblick auf die rechtliche und wirt- **11** schaftliche Tragweite für jede einzelne Bestimmung des Verschmelzungsvertrags umfassend darzulegen, insb bzgl des Umtauschverhältnisses der Anteile, der Angaben über die Mitgliedschaften bei dem übernehmenden Rechtsträger nach der Verschmelzung mit Darstellung der Rechtsfolgen für die bisherigen Gesellschafter des übertragenden und die bisherigen Gesellschafter des übernehmenden Rechtsträgers, speziell mit der Verwässerungswirkung für Minderheitsgesellschafter und Darlegung für einzelne Gesellschaftergruppen, zB Mehrheitsgesellschafter und der Höhe der ggfs. anzubietenden Barabfindung. Ein Schwerpunkt liegt in der Darlegung der Grundlagen für die Ermittlung des Umtauschverhältnisses und der ggf. anzubietenden Barabfindung. Diesbzgl.

sind neben den ermittelten absoluten Unternehmenswerten die für die Ermittlung maßgeblichen wesentlichen Einzelfaktoren (Planzahlen zur Ermittlung der zugrunde gelegten zukünftigen Ertragserwartungen, Risikoabschläge, Kapitalisierungszins) und besondere Schwierigkeiten in der Bewertung mitzuteilen, so dass eine **Plausibilitäts-kontrolle** möglich ist. Nicht notwendig ist, den Vorgang bis in alle Einzelheiten nachzuvollziehen (*Lutter/Lutter/Drygala* § 8 UmwG Rz. 14). Dies gilt nicht, soweit das Bekanntwerden von Tatsachen einem der beteiligten Rechtsträger oder einem verbundenen Unternehmen einen nicht unerheblichen Nachteil zufügen würde (§ 8 Abs. 2 Satz 1 UmwG). In diesem Fall sind im Bericht die Gründe, weswegen die unternehmerisch schädlichen Tatsachen nicht aufgenommen worden sind, so darzulegen, dass sie einer Plausibilitätskontrolle standhalten (§ 8 Abs. 2 Satz 2 UmwG; *Lutter/Lutter/Drygala* § 8 UmwG Rz. 47).

Wegen der spezifischen Besonderheiten jedes Verschmelzungsberichts bzgl der beiden zu verschmelzenden Unternehmen wird davon abgesehen, ein Formular für einen Verschmelzungsbericht zu erstellen. Als Leitfaden kann der bei *W/M/Heckschen* in Anhang 4 Rz. M2 enthaltene gemeinsame Bericht nach § 8 UmwG herangezogen werden.

12 Der Verschmelzungsbericht für GmbHs als beteiligte Rechtsträger ist nach § 47 UmwG spätestens mit der Einberufung der Gesellschafterversammlung, die über den Zustimmungsbeschluss entscheiden soll, gemeinsam mit dem Verschmelzungsvertrag oder dessen Entwurf an sämtliche Gesellschafter zu **versenden;** auf diese Art der **Offenlegung** kann allerdings durch die Gesellschafter einvernehmlich verzichtet werden. Eine bestimmte Form ist für einen derartigen Verzicht auf dessen Offenlegung nicht vorgeschrieben (anders für die Erstellung des Verschmelzungsberichts: notariell beurkundete Verzichtserklärung gem. § 8 Abs. 3 UmwG). Derartige Verzichte kommen wohl nur bei personalistisch geprägten GmbHs zum Tragen, wenn die Gesellschafter die in den Verschmelzungsbericht aufzunehmenden Informationen bereits voll umfänglich anderweitig erhalten haben.

cc) Verschmelzungsprüfung

13 Soweit die Durchführung einer Verschmelzungsprüfung gem. §§ 9–12 UmwG notwendig ist, gelten im Wesentlichen folgende Grundsätze:

Die **Bestellung der Verschmelzungsprüfer** kann entweder einzeln durch die Geschäftsführung jedes an der Verschmelzung beteiligten Rechtsträgers oder auf Antrag dieser vom Gericht (Vorsitzender der Kammer für Handelssachen am Landgericht, in dessen Bezirk der jeweilige Rechtsträger seinen Sitz hat bzw. dem Landgericht, dem die Entscheidung durch Rechtsverordnung der Landesregierung gem. § 306 Abs. 3 iVm. § 10 Abs. 3 UmwG übertragen wurde) erfolgen; auch kann ein gemeinsamer Verschmelzungsprüfer für mehrere oder alle beteiligten Rechtsträger entweder durch die jeweiligen Geschäftsführer oder auf deren Antrag vom Gericht bestellt werden (§ 10 Abs. 1 Satz 2 UmwG). Verschmelzungsprüfer können sein: Wirtschaftsprüfer/Wirtschaftsprüfungsgesellschaften für große Gesellschaften iSv. § 267 HGB, für mittelgroße oder kleine Gesellschaften auch vereidigte Buchprüfer/Buchprüfungsgesellschaften (§ 11 Abs. 1 UmwG iVm. §§ 319 Abs. 1, 267 Abs. 1–3 HGB).

14 **Inhalt** der Prüfung ist die **Vollständigkeit des Verschmelzungsvertrags** unter Berücksichtigung der Bestimmungen des UmwG (insbes. der §§ 4, 5, 6 und 46 UmwG) und die Richtigkeit der darin enthaltenen Angaben sowie die **Angemessenheit** des vorgeschlagenen **Umtauschverhältnisses oder der Mitgliedschaft** bei dem übernehmenden Rechtsträger und ggf. barer Zuzahlung bzw. eines Abfindungsangebots gem. § 29 UmwG (vgl. § 30 UmwG) als Gegenwert für die Anteile an den übertragenden Rechtsträgern. Die Verschmelzungsberichte sind (bzw. der gemeinsame Verschmelzungsbericht ist) selbst nicht Gegenstand der Verschmelzungsprüfung, sondern nur mit heranzuziehen. Für die Ermittlung des Umtauschverhältnisses ist die

Bewertung sowohl der abzufindenden Anteile an den übertragenden Rechtsträgern als auch der Anteile an dem übernehmenden Rechtsträger durchzuführen. Die Unternehmensbewertung ist nach den **Grundsätzen zur Durchführung von Unternehmensbewertungen** des IdW (*IdW* Standard ES 1 v. 5.9.07) vorzunehmen. Soweit nur das Umtauschverhältnis zu prüfen ist, kommt es regelmäßig nur auf die verhältnismäßige Bewertung der Anteile an dem übertragenden und an dem übernehmenden Rechtsträger an (zu einem Beispiel s. Rz. 47); auf die absolute Höhe des Unternehmenswerts kommt es nur für Barabfindungen und Zuzahlungen an. Der Wahl der „richtigen" Bewertungsmethode, regelmäßig der sog. **Ertragswertmethode** unter Kapitalisierung der erwarteten Zukunftserträge mit Berücksichtigung des Werts für nicht betriebsnotwendige Vermögensteile, kommt überragende Bedeutung zu. Diese „richtige" Methode ist bei der Bewertung der Anteile an der übertragenden und an der übernehmenden Gesellschaft anzuwenden. Deshalb sind im Prüfungsbericht gem. § 12 Abs. 2 Satz 2 UmwG hierzu ausführliche Angaben zu machen (allerdings ist nur über das Ergebnis der Prüfung zu berichten, nicht über den Hergang der Prüfung und die Bewertung iE). Auf die Offenlegung unternehmensschädlicher Tatsachen kann unter Angabe der Gründe verzichtet werden (§§ 12 Abs. 3, 8 Abs. 2 UmwG, s. Rz. 11). Ebenso kann auf die schriftliche Abfassung des Prüfungsberichts (und dessen Offenlegung bei der Anmeldung zum Handelsregister als Anlage, § 17 Abs. 1 UmwG) durch notariell beurkundete Verzichtserklärungen aller Anteilsinhaber aller beteiligten Rechtsträger verzichtet werden (§§ 12 Abs. 3, 8 Abs. 3 UmwG).

Die Gesellschafter einer GmbH haben gem. § 48 Satz 1 UmwG die Prüfung des **15** Verschmelzungsvertrags oder seines Entwurfs innerhalb einer Woche nach Erhalt der in § 47 UmwG genannten Unterlagen zu verlangen. Allerdings enthält das UmwG für die Verschmelzung unter Beteiligung von GmbH keine ausdrückliche Bestimmung, dass der Prüfungsbericht bei Erfassung des Zustimmungsbeschlusses vorzuliegen hat (anders bei der AG in § 63 Abs. 1 Nr. 5 UmwG); nur bei der Anmeldung zum Handelsregister ist dieser gem. § 17 Abs. 1 UmwG als Anlage beizufügen. Dennoch wird unter der neuen Gesetzeslage zu fordern sein, dass der Prüfungsbericht zum Zeitpunkt des Zustimmungsbeschlusses vorliegt. Die Verschmelzungsprüfung wird jedoch mehr Zeit erfordern als zwischen Ablauf der Wochenfrist und dem Datum der Gesellschafterversammlung zur Verfügung steht (*S/St/Reichert* § 48 UmwG Rz. 14). Dann bleibt nur übrig, die Einberufungsfrist für die Gesellschafterversammlung zu verlängern. Um die dadurch entstehende Verzögerung zu vermeiden, sieht das Formular A. 15.63b unter 2. d) vor, dass das Prüfungsverlangen nicht gestellt wurde und vorsorglich auf eine Prüfung verzichtet wird.

dd) Die zu verschmelzende (übertragende/untergehende) GmbH

Auch bei der **Verschmelzung durch Aufnahme** (überlebende GmbH ist eine **16** bereits bestehende GmbH) können mehrere Gesellschaften in einem Vorgang miteinander verschmolzen werden (§ 2 Nr. 1 UmwG). Auch aufgelöste Gesellschaften sind verschmelzungsfähig, wenn deren Fortsetzung beschlossen werden könnte (§ 3 Abs. 3 UmwG); vor dem Abschluss des Verschmelzungsvertrags muss kein eigener Fortsetzungsbeschluss gefasst werden; er ist im Verschmelzungsbeschluss mitenthalten (*Lutter/Lutter* § 3 UmwG Rz. 12).

ee) Verschmelzungsvertrag

Der Verschmelzungsvertrag wird zwischen den beiden GmbH, diese vertreten **17** durch ihre jeweiligen Geschäftsführer (alleinige Vertretung durch Prokuristen nicht möglich, vgl. *W/M/Heckschen* § 6 UmwG Rz. 29 ff. mwN) in vertretungsberechtigter Anzahl, abgeschlossen. Er bedarf der **notariellen Beurkundung** (§ 6 UmwG).

Zum zwingenden Mindestinhalt des Verschmelzungsvertrags gem. §§ 5 Abs. 1 und **18** 46 Abs. 1–3 UmwG, vgl. die Einzelerläuterungen zu §§ 1 und 2 s. Rz. 39 ff. Zwingender Inhalt ist ua die **Übertragung des Vermögens als Ganzes** unter Ausschluss der Abwicklung im Wege der Verschmelzung durch die übertragende Gesellschaft auf die übernehmende Gesellschaft und die Angabe des Nennbetrages des Geschäftsanteils, den die übernehmende Gesellschaft jedem Gesellschafter der übertragenden Gesellschaft zu gewähren hat. Soweit bereits vorhandene (insbes. eigene) Anteile der übernehmenden Gesellschaft an Gesellschafter der übertragenden Gesellschaft gewährt werden sollen, muss dies unter Angabe der Gesellschafter und der jeweiligen Nennbeträge der zu gewährenden Geschäftsanteile ebenfalls im Verschmelzungsvertrag besonders bestimmt werden.

19　　In den zu gewährenden Anteilen kommt das Umtauschverhältnis zum Ausdruck, wonach die Gesellschafter der übertragenden Gesellschaft angemessen entschädigt und dabei die Gesellschafter der übernehmenden GmbH nicht benachteiligt werden sollen. Dazu notwendig ist die Bewertung beider Unternehmen, wobei idR die Ermittlung des relativen **Verhältnisses der Unternehmenswerte** (s. Rz. 14) zueinander ausreichend ist; zur Formel für die Berechnung s. Rz. 47.

20　　Werden als Gegenleistung neben den zu gewährenden Anteilen an der übernehmenden GmbH auch **Zuzahlungen** geleistet (bis zur Höhe von 10% des Gesamtnennbetrags der gewährten Anteile durch Barzahlung möglich, § 54 Abs. 4 UmwG), sind diese im Verschmelzungsvertrag ebenfalls festzusetzen; da Zuzahlungen aber zwingend zur anteiligen **Gewinnrealisierung** führen (s. Rz. 26), werden diese in der Praxis so weit als möglich vermieden.

ff) Unterrichtung über Vermögensveränderungen

21　　Durch das Dritte Gesetz zur Änderung des UmwG v. 11.7.11 (BGBl. I 11, 1338) hat der Gesetzgeber eine **Unterrichtungspflicht** bzgl. Vermögensveränderungen bei Verschmelzungen unter der Beteiligung von AG eingeführt. Danach hat der Vorstand einer an der Verschmelzung beteiligten AG in der Hauptversammlung über jede wesentliche Veränderung des Vermögens der Gesellschaft zu unterrichten, die seit dem Abschluss des Verschmelzungsvertrags oder der Aufstellung des Entwurfs eingetreten sind; vgl. § 64 Abs. 1 Satz 2 UmwG nF.

Diese Unterrichtungspflicht beruht auf der EU-Richtlinie 2009/109/EG v. 16.9.09 (ABl. EU L 259 S. 14). Sah der Regierungsentwurf des Gesetzes zur Änderung des UmwG noch vor, dass eine solche Unterrichtungspflicht für Verschmelzungen und Spaltungen aller Rechtsträger gilt (vgl. *Heckschen* NZG 10, 1042), ist aufgrund der Änderungen im parlamentarischen Verfahren letztlich nur eine solche Pflicht für den Vorstand einer AG aufgenommen worden. Folglich bedeutet dies für den hier vorliegenden Fall, dass die **Geschäftsführer der an der Verschmelzung beteiligten GmbHs keine** solche **Unterrichtungspflicht** haben.

22　　*(frei)*

gg) Zustimmungsbeschlüsse der Gesellschafter

23　　Der Verschmelzungsvertrag bedarf zu seiner Wirksamkeit der Zustimmung der Gesellschafterversammlungen, und zwar sowohl der übertragenden als auch der übernehmenden Gesellschaft (§ 13 Abs. 1 UmwG). Die Gesellschafter müssen dabei mit einer Mehrheit von mindestens $^3/_4$ der abgegebenen Stimmen zustimmen (§ 50 Abs. 1 Satz 1 UmwG); der Gesellschaftsvertrag kann zwar eine höhere qualifizierte Mehrheit vorschreiben, jedoch keine geringere (§ 50 Abs. 1 Satz 2 UmwG); höhere, gesellschaftsvertraglich qualifizierte Mehrheiten sind auch dann für den Zustimmungsbeschluss notwendig, wenn diese dort ganz allgemein für Änderungen des Gesellschaftsvertrags vorgeschrieben sind (*W/M/Mayer* § 50 UmwG Rz. 42; *Lutter/Winter* § 50 UmwG Rz. 6). Für besondere Konstellationen sieht das UmwG darüber hinaus aber noch **weitere Zustimmungserfordernisse** vor: **(a)** wenn die Abtretung der Anteile des übertragenden Rechtsträgers der Genehmigung bestimmter einzelner Anteilsinhaber bedarf (sog. **Vinkulierung**), müssen auch diejenigen Gesellschafter, von deren Genehmigung die Abtretung der Anteile abhängig ist, dem Verschmelzungsvertrag zustimmen (§ 13 Abs. 2 UmwG); **(b)** wenn statutarische Minderheitsrechte und Geschäftsführungssonderrechte einzelner Gesellschafter bei einer der übertragenden Gesellschaften bestehen, welche durch die Verschmelzung beeinträchtigt werden, ist die Zustimmung der jeweils betroffenen Gesellschafter zum Verschmelzungsbeschluss derjenigen übertragenden Gesellschaft erforderlich, bei der diese Sonderrechte bestehen (§ 50 Abs. 2 UmwG); **(c)** bei nicht voll einbezahlten Gesellschaftsanteilen bedürfen die Verschmelzungsbeschlüsse der Zustimmung aller bei der Beschlussfassung anwesenden Anteilsinhaber (§ 51 Abs. 1 Satz 1 UmwG für nicht voll einbezahlte Geschäftsanteile eines übernehmenden Rechtsträgers und § 51 Abs. 1 Satz 3 UmwG für nicht voll einbezahlte Geschäftsanteile eines übertragenden Rechtsträgers), vgl. auch Rz. 77 zu den Gesellschafterbeschlüssen.

Die Zustimmungsbeschlüsse sind notariell zu beurkunden (§ 13 Abs. 3 UmwG); der Verschmelzungsvertrag oder dessen Entwurf ist als Anlage beizufügen (§ 13 Abs. 3 Satz 2 UmwG). Das Formular A. 15.63b sieht Beschlussfassung in gemeinsamen Gesellschaftervollversammlungen für beide Gesellschaften vor (s. Rz. 70 ff.).

hh) Wirkung der Verschmelzung

Mit der Eintragung der Verschmelzung in das Handelsregister der übernehmenden 24 Gesellschaft geht das Vermögen der übertragenden Gesellschaft im Wege der Gesamtrechtsnachfolge auf die übernehmende Gesellschaft über (§ 20 Abs. 1 Nr. 1 UmwG), die übertragende Gesellschaft erlischt (§ 20 Abs. 1 Nr. 2 UmwG) und die Gesellschafter der übertragenden Gesellschaft werden Gesellschafter der übernehmenden Gesellschaft (§ 20 Abs. 1 Nr. 3 UmwG). Allerdings muss vor dieser **Eintragung** zunächst die für die Verschmelzung notwendige **Kapitalerhöhung** bei der übernehmenden Gesellschaft eingetragen sein (§ 53 UmwG). Die Gläubiger der übertragenden GmbH müssen dem Übergang der Verbindlichkeiten nicht zustimmen; sie haben aber das Recht, innerhalb von sechs Monaten ab Bekanntmachung der Eintragung der Verschmelzung in das Handelsregister Sicherheit oder Befriedigung zu verlangen (§ 22 UmwG).

c) Ertragsteuern

Für die Ertragsbesteuerung sind bei der Verschmelzung drei Ebenen zu unterschei- 25 den:
- Besteuerung bei der übertragenden Körperschaft (hier B-GmbH) gem. § 11 UmwStG, s. unten Rz. 24 ff. und 55 f.
- Besteuerung bei der übernehmenden Körperschaft (hier A-GmbH) gem. § 12 UmwStG, s. unten Rz. 28 ff. und 57 ff. und
- Besteuerung bei den Gesellschaftern der übertragenden Körperschaft (hier Gesellschafter der B-GmbH) gem. § 13 UmwStG, su. Rz. 36 ff. und 63.

aa) Steuerfolgen bei der übertragenden Gesellschaft (hier B-GmbH)

Grundsatz: Nach § 11 Abs. 1 Satz 1 UmwStG ist das Vermögen der übertragenden 26 B-GmbH in deren steuerlicher Schlussbilanz (Verschmelzungsbilanz) grds. mit dem gemeinen Wert der übergehenden Wirtschaftsgüter anzusetzen. Auf Antrag können die übergehenden Wirtschaftsgüter gem. § 11 Abs. 2 Satz 1 UmwStG abweichend einheitlich mit dem Buchwert **(Vermeidung der Gewinnrealisierung)** oder einem höheren Wert, höchstens jedoch mit dem gemeinen Wert angesetzt werden, soweit sichergestellt ist, dass sie später bei der übernehmenden Körperschaft der Besteuerung mit Körperschaftsteuer unterliegen, das Recht der Bundesrepublik Deutschland hinsichtlich der Besteuerung des Gewinns aus der Veräußerung der übertragenen Wirtschaftsgüter bei der übernehmenden Körperschaft nicht ausgeschlossen oder beschränkt wird und eine Gegenleistung nicht gewährt wird oder in Gesellschaftsrechten besteht.

27 Verlustvorträge der übertragenden Gesellschaft gehen durch die Verschmelzung unter (§ 12 Abs. 3 iVm. § 4 Abs. 2 UmwStG). Gleiches gilt für evtl. vorhandene Zins- oder EBITDA-Vorträge iSv. § 4h EStG.

28 **Keine Gegenleistung bzw. nur in Form von Gesellschaftsrechten** (§ 11 Abs. 2 Satz 1 Nr. 3 UmwStG): Soweit die von den Gesellschaftern A und B gehaltenen Anteile an der B-GmbH betroffen sind, wird eine Gegenleistung (ausschließlich) in Form von Gesellschaftsrechten an der A-GmbH gewährt. Soweit die von der A-GmbH an der B-GmbH gehaltenen Anteile betroffen sind, wird keine Gegenleistung gewährt. § 11 Abs. 2 Satz 1 Nr. 3 UmwStG ist damit erfüllt. Unter den weiteren og. Voraussetzungen (Rz. 24) können somit die steuerlichen **Buchwerte** des zu übertragenden Vermögens in der Schlussbilanz angesetzt und kann insoweit eine Gewinnrealisierung vermieden werden.

29 Soweit die von der B-GmbH gehaltenen eigenen Anteile betroffen sind, gehen diese Anteile im Rahmen der Umwandlung unter; sie sind in der Übertragungsbilanz nicht mehr zu erfassen. Ein entstehender Buchverlust ist in der steuerlichen Gewinnermittlung außerhalb der Bilanz hinzuzurechnen oder gewinnneutral auszubuchen (vgl. UmwSt-Erl. 2011 BMF v. 11.11.11, BStBl. I 11, 1314, Tz. 11.03 iVm. 03.05).

bb) Steuerfolgen bei der übernehmenden Gesellschaft (hier A-GmbH)

30 Die übernehmende Gesellschaft hat die auf Grund der Verschmelzung übergegangenen Wirtschaftsgüter in ihrer steuerlichen **Übernahmebilanz** grds. mit den Werten zu übernehmen, mit welchen sie in der steuerlichen Schlussbilanz der übertragenden Gesellschaft angesetzt sind (§ 12 Abs. 1 Satz 1 UmwStG). Dh, ist bei der übertragenden B-GmbH auf Grund der Ausübung des Wahlrechts durch diese auf eine Gewinnrealisierung zu verzichten (§ 11 Abs. 2 UmwStG), hat die übernehmende A-GmbH die bisherigen steuerlichen Buchwerte fortzuführen; die übernehmende A-GmbH tritt in die steuerliche Rechtsstellung der übertragenden Gesellschaft ein, insbes. bzgl. der Bewertung der übernommenen Wirtschaftsgüter, der Abschreibungen und der den steuerlichen Gewinn mindernden Rücklagen (§ 12 Abs. 3 iVm. § 4 Abs. 2 und 3 UmwStG) sowie der KSt-Guthaben gem. § 37 KStG und der KSt-Erhöhung gem. § 38 KStG.

31 Hat die übertragende B-GmbH **ihr Wahlrecht gem. § 11 Abs. 2 UmwStG** auf Buchwertansatz nicht ausgeübt, sondern die Wirtschaftsgüter in ihrer steuerlichen Schlussbilanz (steuerlichen Verschmelzungsbilanz) mit einem Zwischenwert oder dem gemeinen Wert nach § 11 Abs. 1 bzw. 2 UmwStG angesetzt, sind die übertragenen Wirtschaftsgüter von der übernehmenden A-GmbH gem. § 12 Abs. 1 Satz 1 UmwStG mit den in der steuerlichen Schlussbilanz ausgewiesenen (aufgestockten) Werten zu übernehmen. Auch in diesen Fällen tritt die übernehmende A-GmbH in die Rechtsstellung der übertragenden B-GmbH ein (§ 12 Abs. 3 iVm. § 4 Abs. 2 und 3 UmwStG).

32 Da die übernehmende A-GmbH an der übertragenden B-GmbH beteiligt ist, ist gem. § 12 Abs. 2 UmwStG ein sich ergebender Unterschiedsbetrag zwischen dem Buchwert der (untergehenden) Beteiligung und dem Wert, mit dem die übergehenden Wirtschaftsgüter zu übernehmen sind steuerlich nicht zu berücksichtigen (§ 12 Abs. 2 Satz 1 UmwStG). Auf den sog. echten Übernahmegewinn findet § 8b KStG Anwendung (§ 12 Abs. 2 Satz 2 UmwStG).

33 Trotz der Wahl zur Buchwertfortführung gem. § 11 Abs. 2 UmwStG kann es insoweit zu einer **partiellen Steuerpflicht** bei der übernehmenden GmbH kommen, als diese zur Entschädigung der Gesellschafter der übertragenden GmbH **eigene alte Anteile gewährt** (*R/H/L/Rödder* § 11 UmwStG Rz. 143; *S/H/S/Schmitt* § 11 UmwStG Rz. 85 *W/M/Widmann* § 11 UmwStG Rz. 107 iVm. § 12 UmwStG Rz. 63).

34 *(frei)*

Ein **steuerpflichtiger Übernahmegewinn zweiter Stufe** kann aus der Vereini- 35
gung von Forderungen und Verbindlichkeiten zwischen übertragender und übernehmender Gesellschaft entstehen, soweit die bilanzierten Werte bei beiden Gesellschaften
(zB auf Grund des Imparitätsprinzips) voneinander abweichen. Dieser Übertragungsgewinn zweiter Stufe unterliegt grds. der Gewerbe- und Körperschaftsteuer bei der
übernehmenden Gesellschaft; allerdings hat diese die Möglichkeit, in Höhe ihrer Be-
teiligungs-Quote an der übertragenden Gesellschaft die Besteuerung durch eine
Rücklagenbildung auf die folgenden drei VZ zu verteilen (Rücklage gem. § 12 Abs. 4
UmwStG iVm. § 6 Abs. 1 und 2 UmwStG).

Ein verbleibender Verlustabzug nach § 10d EStG oder vortragsfähiger Fehlbetrag
iSd. § 10a GewStG der übertragenden Körperschaft geht ebenso wie ein Zins- oder
EBITDA-Vortrag nach § 4h EStG unter (§ 12 Abs. 3 iVm. § 4 Abs. 2 UmwStG; § 19
Abs. 2 GewStG).

cc) Besteuerung der Gesellschafter der übertragenden B-GmbH

Bei den Gesellschaftern der übertragenden GmbH kann sich die Verschmelzung 36
unter den Voraussetzungen des § 13 Abs. 2 UmwStG steuerneutral vollziehen.
Grundsätzlich gelten die Anteile an der übertragenden Körperschaft als zum gemeinen
Wert veräußert und die an ihre Stelle tretenden Anteile an der übernehmenden Körperschaft gelten als mit diesem Wert angeschafft. Ausnahmsweise sind aber auf Antrag
die Anteile an der übernehmenden Körperschaft mit dem Buchwert (Anschaffungskosten, falls sie nicht zu einem Betriebsvermögen gehören, § 13 Abs. 2 Satz 3
UmwStG) der Anteile an der übertragenden Körperschaft anzusetzen, wenn das Recht
der Bundesrepublik Deutschland hinsichtlich der Besteuerung des Gewinns aus der
Veräußerung der Anteile an der übernehmenden Körperschaft nicht ausgeschlossen
oder beschränkt wird oder die EU-Mitgliedstaaten bei einer Verschmelzung Art. 8
FRL anzuwenden haben; in diesem Fall ist der Gewinn aus einer späteren Veräußerung der erworbenen Anteile ungeachtet der Bestimmungen eines DBA in der gleichen Art und Weise zu besteuern, wie die Veräußerung der Anteile an der übertragenden Körperschaft zu besteuern wäre (§ 13 Abs. 2 Nr. 2 UmwStG). Hinweis auf
§ 20 Abs. 4a EStG idF des AmtshilfeRLUmsG v. 26.6.13 (BGBl. I 13, 1809) für nicht
qualifizierte Beteiligungen iSv § 17 EStG, die sich im steuerlichen Privatvermögen befinden (siehe hierzu auch *Born* DStR 14, 353).

(frei) 37, 38

2. Einzelerläuterungen

a) Zivilrecht

Der Verschmelzungsvertrag wird zwischen der B-GmbH als übertragendem
Rechtsträger und der A-GmbH als übernehmendem Rechtsträger abgeschlossen. Er ist
notariell zu beurkunden (§ 6 UmwG). Der Mindestinhalt des Verschmelzungsvertrags
ergibt sich aus §§ 5 Abs. 1 und 2, 46 UmwG.

Zu § 1 Abs. 1: Bezeichnung der Rechtsträger und Vermögensübergang

§ 1 Abs. 1 des Verschmelzungsvertrags entspricht den Anforderungen von § 5 39
Abs. 1 Nr. 1 und 2 UmwG. Danach ist anzugeben: Die Firma und der Sitz der an der
Verschmelzung beteiligten Rechtsträger sowie die Vereinbarung über die **Übertragung des Vermögens** des übertragenden Rechtsträgers als Ganzes gegen Gewährung
von Anteilen an dem übernehmenden Rechtsträger.

Zu § 1 Abs. 2 und 3: Verschmelzungsstichtag

Abs. 2: Die Bestimmung entspricht der Anforderung des § 5 Abs. 1 Nr. 6 UmwG 40
zur Angabe des Verschmelzungsstichtags. Zivilrechtlich geht das Vermögen der übertragenden B-GmbH erst im Zeitpunkt der Eintragung der Verschmelzung in das Re-

gister des Sitzes der übernehmenden A-GmbH über (§ 20 Abs. 1 Nr. 1 UmwG; s. Rz. 22).

41 **Abs. 3:** Nach § 17 Abs. 2 UmwG ist der Anmeldung zum Register der übertragenden B-GmbH auch eine Bilanz **(Schlussbilanz)** der B-GmbH beizufügen. Diese Schlussbilanz wird auf den Tag aufgestellt, der dem in § 1 Abs. 2 bestimmten Verschmelzungsstichtag vorangeht. Da für die Schlussbilanz gem. § 17 Abs. 2 Satz 2 UmwG die Vorschriften über die Jahresbilanz und deren Prüfung entsprechend gelten (mit Ausnahme der Bekanntmachung, vgl. § 17 Abs. 2 Satz 3 UmwG), ist (neben der Aufstellung mit Unterschrift durch sämtliche Geschäftsführer und der Erstellung des Anhangs) – je nach Größe gem. § 267 HGB – eine Abschlussprüfung erforderlich (gesonderte Feststellung allenfalls vorsorglich, vgl. A. 15.60 Rz. 7). Das Registergericht hat einen Bilanzstichtag anzuerkennen, der bis zu acht Monaten vor der Anmeldung der Verschmelzung liegen kann (§ 17 Abs. 2 Satz 4 UmwG). Dieser bis zu achtmonatigen **Rückwirkung** folgt auch das Ertragsteuerrecht; dh. das Einkommen der übertragenden Körperschaft sowie der Übernehmerin sind so zu ermitteln, als ob das Vermögen der übertragenden Körperschaft mit Ablauf des Bilanzstichtages (= Tag, auf den die Verschmelzungsbilanz aufgestellt ist) auf die übernehmende Gesellschaft übergegangen wäre und die übertragende Gesellschaft gleichzeitig aufgelöst worden wäre. Dies gilt entsprechend für die Gewerbesteuer.

42 Steuerlich folgt daraus im Wesentlichen: der Geschäftsbetrieb der übertragenden B-GmbH ist steuerlich ab dem Verschmelzungsstichtag bei der übernehmenden Gesellschaft zu erfassen. Hinweis auch auf § 2 Abs. 4 Sätze 3 bis 6 UmwStG idF des AmtshilfeRLUmsG v. 26.6.13 (BGBl. I 13, 1809), vgl. auch *Viebrock* DStR 13, 1364. Beachte: verlängerte Rückwirkungsfristen in 2020 und 2021 aufgrund der COVID-19-Pandemie.

Zu § 2: Gegenleistung und Umtauschverhältnis

43 **Abs. 1:** Anzugeben ist gem. § 5 Abs. 1 Nr. 3 UmwG das Umtauschverhältnis der Anteile; nach § 46 Abs. 1 Satz 1 UmwG ist zusätzlich für jeden Anteilsinhaber des übertragenden Rechtsträgers der **Nennbetrag des Geschäftsanteils** zu bestimmen und anzugeben, den die übernehmende A-GmbH ihm zu gewähren hat, vgl. Rz. 44. Im Formular sind das Umtauschverhältnis und die konkreten Angaben über die Mitgliedschaftsrechte bei dem übernehmenden Rechtsträger für jeden Gesellschafter aufgeführt. Obwohl bei dem dem Formular zugrundeliegenden Fall keine baren Zuzahlungen (wegen der geringfügigen Rundungsdifferenz) vorgesehen sind, wird auf deren Nichtgewährung ebenfalls klarstellend hingewiesen (im Übrigen dürfen bare Zuzahlungen gem. § 54 Abs. 4 UmwG $^{1}/_{10}$ des gesamten Nennbetrags der als Gegenleistung gewährten Geschäftsanteile nicht übersteigen).

44 **Abs. 2:** Soweit die Erhöhung des Stammkapitals zur Durchführung der Verschmelzung erfolgt, ist zu beachten, dass die Nennbeträge der Geschäftsanteile nur noch auf volle Euro laufen müssen, § 5 Abs. 2 GmbHG. Eine Übernahmeerklärung gem. § 55 Abs. 1 GmbHG ist nicht notwendig; auch entfallen die Bestimmungen über die Einlageleistung in den §§ 56a, 57 Abs. 2, Abs. 3 Nr. 1 des GmbHG (§ 55 Abs. 1 Satz 1 UmwG). Da es sich jedoch um eine **Kapitalerhöhung** auf Grund Sacheinlage handelt, folgt daraus ein Prüfungsrecht des Registergerichts (wohl Sachkapitalerhöhungsbericht sowie Wertnachweisunterlagen notwendig). Obwohl die Kapitalerhöhung nicht Gegenstand des Verschmelzungsvertrags, sondern des Gesellschafterbeschlusses ist (s. Formular A. 15.63b Punkt 1. a), aber die Anteile, mit denen die Gesellschafter der übertragenden GmbH entschädigt werden, zu bezeichnen sind, empfiehlt sich die Aufnahme auch in den Vertrag. Die Gesellschafter des übertragenden Rechtsträgers unterliegen im Zuge der Kapitalerhöhung aufgrund Sacheinlage keiner Differenzhaftung entsprechend §§ 56 Abs. 2, 9 GmbHG (BGH II ZR 199/17 v. 6.11.18, NJW 19, 589). Da eine Übernahmeerklärung nicht erforderlich sei, fehle der maßgebliche

Anknüpfungspunkt für eine Kapitaldeckungszusage des bezugsberechtigten Gesellschafters (BGH II ZR 199/17 v. 6.11.18, NJW 19, 591; auch *Lutter/M. Winter/J. Vetter* UmwG § 55 Rz. 41). Die Gesellschafter des übertragenden Rechtsträgers haben aber nur bei einer solchen gegenüber der Gesellschaft abgegebenen Kapitaldeckungszusage einzustehen und können nicht durch Mehrheitsbeschluss (§ 50 Abs. 1 UmwG) zu weiteren Leistungen verpflichtet werden (BGH II ZR 199/17 v. 6.11.18, NJW 19, 591). Nicht ausgeschlossen ist aber die Annahme eines existenzvernichtenden Eingriffs durch die Gesellschafter eines übernehmenden Rechtsträgers, wenn die Verschmelzung eines insolvenzreifen übertragenden Rechtsträgers als Gestaltungsmittel für dessen liquidationslose Abwicklung eingesetzt und hierdurch die Insolvenz des übernehmenden Rechtsträgers herbeigeführt oder vertieft wird (BGH II ZR 199/17 v. 6.11.18, NJW 19, 589, 592).

Die Angabe und die Bezeichnung der als Gegenleistung auszugebenden Anteile, die **45** nicht durch Kapitalerhöhung neu geschaffen werden, sondern durch Verwendung schon **vorhandener Geschäftsanteile,** sind gem. § 46 Abs. 3 UmwG unter Angabe der Gesellschafter und der Nennbeträge der Geschäftsanteile, die diese erhalten sollen, erforderlich. Bezüglich des von der übernehmenden A-GmbH gehaltenen Geschäftsanteils im Nennbetrag von € 5.000,– an der übertragenden B-GmbH ist gem. § 54 Abs. 1 Satz 1 Nr. 1 UmwG eine Kapitalerhöhung ausgeschlossen. Ferner wird nach der im Formular in § 2 Abs. 2 Nr. 2 getroffenen Regelung von der Bestimmung in § 54 Abs. 1 Satz 2 UmwG Gebrauch gemacht, wonach die übernehmende A-GmbH ihr Stammkapital nicht zu erhöhen braucht, soweit **(1)** sie einen eigenen Geschäftsanteil innehat (im Beispielsfall im Nennbetrag von € 10.000,–, § 54 Abs. 1 Satz 2 Nr. 1 UmwG) oder **(2)** die übertragende B-GmbH einen voll eingezahlten Geschäftsanteil an der übernehmenden A-GmbH hält (im Beispielsfall im Nennbetrag von € 9.000,–; § 54 Abs. 1 Satz 2 Nr. 2 UmwG).

Zum **zwingenden Inhalt** des Verschmelzungsvertrags bezüglich der Gegenleistung **46** gehören bei einer GmbH als übernehmende Gesellschaft neben der Angabe des Umtauschverhältnisses der Anteile und ggf. der Höhe barer Zuzahlungen auch **Angaben über die Mitgliedschaft** beim übernehmenden Rechtsträger (§ 5 Abs. 1 Nr. 3 UmwG), und zwar nach § 46 Abs. 1 Satz 1 UmwG **für jeden Anteilsinhaber eines übertragenden Rechtsträgers** die Bestimmung des ihm zu gewährenden Nennbetrags des Geschäftsanteils an der übernehmenden Gesellschaft. In der Angabe der zu gewährenden Anteile spiegelt sich die Bewertung sowohl der übertragenden Gesellschaften als auch der übernehmenden Gesellschaft wieder, welche zu einem bestimmten **Umtauschverhältnis** (s. Rz. 14) führt (vgl. zum Umtauschverhältnis *Lutter/Lutter/ Drygala* § 5 UmwG Rz. 25; *W/M/Mayer* § 5 UmwG Rz. 94 ff.).

Nachfolgend werden für den diesem Formular zugrundeliegenden **Beispielsfall** das **47** Umtauschverhältnis und die Höhe der zu gewährenden Anteile einschließlich der durchzuführenden Kapitalerhöhung schematisch vereinfacht auf Basis der bilanziellen Eigenkapitalien zzgl. stiller Reserven zum Verschmelzungsstichtag der übertragenden B-GmbH und der übernehmenden A-GmbH ermittelt (in der Praxis ist jeweils das Ergebnis der Unternehmensbewertungen, regelmäßig auf Basis von Ertragswerten zzgl. Substanzwert für nicht betriebsnotwendige Vermögensgegenstände, zu ermitteln und als Basis für die Berechnung des Umtauschverhältnisses zu verwenden); es wird (zur Vereinfachung) unterstellt, dass die übertragende B-GmbH einen Unternehmenswert von € 90.000,– und die übernehmende A-GmbH einen Unternehmenswert von € 200.000,– jeweils vor der Verschmelzung haben solle und nach Durchführung der Verschmelzung die übernehmende A-GmbH einen Unternehmenswert von € 260.000,– haben solle.

Das **Beispiel** geht von den folgenden Werten aus:
Übertragende B-GmbH
Das voll eingezahlte Stammkapital der B-GmbH beträgt

€ 50.000,–. Daran sind beteiligt
– Herr A mit einem Geschäftsanteil im Nennbetrag von   € 25.000,– (50%),
– Herr B mit einem Geschäftsanteil im Nennbetrag von   € 15.000,– (30%),
– A-GmbH mit einem Geschäftsanteil im Nennbetrag von   € 5.000,– (10%),
– B-GmbH (eigene Anteile) mit einem Geschäftsanteil im
  Nennbetrag von   € 5.000,– (10%).

Darüber hinaus weist die handelsrechtliche Schlussbilanz Rücklagen (nach Ausbuchung der Rücklage für eigene Anteile) und einen Bilanzgewinn von zusammen € 25.000,– aus.

B-GmbH hält einen Geschäftsanteil im Nennbetrag von € 9.000,– an der A-GmbH, welcher voll eingezahlt ist und mit diesem Betrag in der Schlussbilanz aktiviert ist. Daneben hält die B-GmbH eigene Geschäftsanteile im Nennbetrag € 5.000,– (10%) an ihrem Stammkapital von insgesamt € 50.000,–. Die eigenen Anteile sind in der Verschmelzungsbilanz bereits erfolgsneutral ausgebucht (gegen die gem. § 272 Abs. 4 HGB iVm. § 33 Abs. 2 GmbHG gebildete Rücklage für eigene Anteile).

Unter Berücksichtigung von € 15.000,– stillen Reserven (davon entfallen € 5.000,– auf Firmenwert) soll die B-GmbH einen Wert von € 90.000,– haben (Kapital € 50.000,– + Rücklagen € 25.000,– + stille Reserven € 15000,–).

Übernehmende A-GmbH

Die übernehmende A-GmbH hat ein voll eingezahltes Stammkapital von € 100.000,–, das wie folgt gehalten wird:
– Von Herrn A nominal € 81.000,– in einem steuerlichen Betriebsvermögen (Einzelunternehmen),
– von der B-GmbH nominal € 9.000,–
– eigene Anteile der A-GmbH nominal € 10.000,– (Nennbetrag = Buchwert = Anschaffungskosten).

Die Beteiligung der A-GmbH an der B-GmbH im Nennbetrag von € 5.000,– steht mit diesem Wert zum Verschmelzungsstichtag in den Büchern der A-GmbH, jedoch haben die ursprünglichen Anschaffungskosten € 10.000,– betragen (Minderung durch vorangegangene Teilwertabschreibung).

Die A-GmbH weist zum Verschmelzungsstichtag Rücklagen und Bilanzgewinne von insgesamt € 65.000,– (vor Berücksichtigung der Verschmelzung) auf.

Unter Einbeziehung von stillen Reserven (einschließlich eines Firmenwerts) von € 35.000,– hat die A-GmbH somit einen Wert von € 200.000,– (€ 100.000,– Kapital, € 65.000,– Bilanzgewinn und Rücklagen, € 35.000,– stille Reserven).

Daraus errechnet sich der **Wert der A-GmbH nach durchgeführter Verschmelzung** wie folgt:

Wert A-GmbH vor Verschmelzung	€ 200.000,–
Wert B-GmbH vor Verschmelzung	€ 90.000,–
./. Wert der Beteiligung von A-GmbH an B-GmbH, welche durch die Verschmelzung wegfällt: € 90.000,– × (€ 5.000,– : € 45.000,– B-GmbH-Kapital ohne eigene Anteile)	./. € 10.000,–
./. Wert der bisherigen Beteiligung von B-GmbH an A-GmbH (werden eigene Anteile von A-GmbH, dadurch kein Vermögenszuwachs): € 200.000,– × (€ 9.000,– : € 90.000,– Kapital von A-GmbH ohne eigene Anteile)	./. € 20.000,–
Wert A-GmbH nach Verschmelzung	€ 260.000,–

Die Geschäftsanteile an der B-GmbH im Nennbetrag von zusammen € 40.000,– sind im Zuge der Verschmelzung abzufinden:

Stammkapital B-GmbH	€ 50.000,–
./. Beteiligung von A-GmbH an B-GmbH, die bei der Verschmelzung untergeht	€ 5.000,–

./. eigene Anteile der B-GmbH (gehen im Rahmen der
Verschmelzung ebenfalls unter)   € 5.000,–
abzufindende B-GmbH-Anteile im Nennbetrag von insgesamt   € 40.000,–

Das ausstehende Stammkapital (ohne eigene Anteile) der B-GmbH in Höhe von nominal € 45.000,– hat einen Wert von € 90.000,–; dh. je nominal € 100,– B-GmbH Geschäftsanteile sind € 200,– wert.

Für die Abfindung von nominal € 40.000,– B-GmbH-Anteilen wird eine durch das Umtauschverhältnis bestimmte Anzahl an A-GmbH-Anteilen benötigt (für das Umtauschverhältnis steht nachfolgend kurz Y). Für die **Abfindung** stehen bereits eigene A-GmbH-Anteile von nominal € 10.000,– sowie die auf Grund der Verschmelzung von B-GmbH auf A-GmbH übergehenden Anteile von nominal € 9.000,–, zusammen also insgesamt € 19.000,– (nachfolgend insgesamt bezeichnet als eigene Anteile) zur Verfügung. Um diese Beteiligung braucht das Kapital der A-GmbH nicht erhöht zu werden. Daraus errechnet sich folgende Formel für die durchzuführende Kapitalerhöhung (Betrag der Kapitalerhöhung nachfolgend bezeichnet K):

(1) Kapitalerhöhung (K) = $\dfrac{\text{abzufindende nominelle B-GmbH-Anteile}}{\text{Umtauschverhältnis (Y)}}$ ./. Eigene Anteile

(2) Kapital + K = $\dfrac{\text{Wert A-GmbH nach Verschmelzung € 100}}{\text{Wert B-GmbH für € 100,– nominal} \times \text{Umtauschverhältnis (Y)}}$

Verschmelzung zweier GmbH

(1) K = $\dfrac{\text{€ 40.000}}{Y}$ ./. € 19.000

(2) € 100.000 + K = $\dfrac{\text{€ 260.000} \times 100}{\text{€ 200} \times Y}$

gesucht: K = Kapitalerhöhung
          Y = Umtauschverhältnis

Durch mathematische Auflösung beider Gleichungen errechnet sich ein Umtauschverhältnis von Y = 1,111 und eine durchzuführende Kapitalerhöhung von K = € 17.003,– (abgerundet) = € 17.000,– wie folgt:

(1) in (2) : € 100.000 + $\dfrac{\text{€ 40.000}}{Y}$ – 19.000 = $\dfrac{260.000 \times 100}{200 \times Y}$

162.000 Y + 80.000 = 260.000
162.000 Y = 180.000
Y = 1,111

(1) in (2) : € 100.000 + $\dfrac{\text{€ 40.000}}{Y}$ – 19.000 = $\dfrac{260.000 \times 100}{200 \times Y}$

162.000 Y + 80.000 = 260.000
162.000 Y = 180.000
Y = 1,111

Y in (1): K = $\dfrac{\text{€ 40.000}}{1,111}$ – € 19.000 = € 17.003 abgerundet   € 17.000

Die Verwendung der durch Kapitalerhöhung neu zu schaffenden A-GmbH Anteile und der alten Anteile ist im Formular (Verschmelzungsvertrag) im Einzelnen bestimmt. Das gefundene Ergebnis lässt sich wie folgt verproben **(Probe):**

Werte der Gesellschafter vor der Verschmelzung:

Herr A an A-GmbH $\dfrac{€\,81.000}{€\,90.000}$ v. € 200.000 € 180.000,–

Herr A an B-GmbH $\dfrac{€\,25.000}{€\,45.000}$ v. € 90.000 € 50.000,–

Summe für Herrn A € 230.000,–

Herr B an B-GmbH $\dfrac{€\,15.000}{€\,45.000}$ v. € 90.000 € 30.000,–

Gesamtwert der Anteile der Gesellschafter vor Verschmelzung: € 260.000,–

Werte der Gesellschafter nach der Verschmelzung (nach Kapitalerhöhung und Ausgabe eigener Anteile):

Herr A für alte A-GmbH-Anteile: $\dfrac{€\,80.000}{€\,117.000} \times €\,260.000$ € 180.000,–

Herr A für ausgegebene A-GmbH-Anteile: $\dfrac{€\,22.500}{€\,117.000} \times €\,260.000$ € 50.000,–

Summe für Herrn A € 230.000,–

Herr B für ausgegebene A-GmbH-Anteile: $\dfrac{€\,13.500}{€\,117.000} \times €\,260.000$ € 30.000,–

Gesamtwert der Anteile der Gesellschafter nach Verschmelzung: € 260.000,–

Nach durchgeführter Verschmelzung und Kapitalerhöhung weist die A-GmbH ein Stammkapital im Nennbetrag von € 117.000,– aus. Die Rücklagen haben sich von bisher € 65.000,– um € 34.000,– auf € 99.000,– erhöht. Die Erhöhung berechnet sich wie folgt:

Übergehendes Nettovermögen B-GmbH (nominal + Rücklagen) € 75.000,–
./. Kapitalerhöhung € 17.000,–
./. Beteiligung der A-GmbH an B-GmbH € 5.000,–
./. eigene Anteile € 19.000,–
Erhöhung Rücklagen A-GmbH auf Grund Verschmelzung: € 34.000,–

Die vorstehende Berechnung berücksichtigt noch keine **Ertragsteuerfolgen** auf Grund der Verschmelzung. Diese werden **stufenweise** nachfolgend (s. Rz. 55 ff.) erörtert.

48 **Abs. 5:** Nach § 5 Abs. 1 Nr. 7 UmwG muss der Verschmelzungsvertrag oder sein Entwurf eventuelle Rechte bezeichnen, die der übernehmende Rechtsträger einzelnen Anteilsinhabern und den Inhabern besonderer Rechte (wie Anteile ohne Stimmrecht, Vorzugsaktien, Mehrstimmrechtsaktien, Schuldverschreibungen und Genussrechte) gewährt oder die für diese Personen vorgesehenen Maßnahmen anführen. In dem diesem Formular zugrundeliegenden Fall wird davon ausgegangen, dass bei der übertragenden B-GmbH derartige **Sonderrechte** bisher nicht bestanden und auch bei der übernehmenden A-GmbH nicht bestehen. Wenn die Anteile an der A-GmbH einer Vinkulierungsregelung unterliegen, muss im Verschmelzungsvertrag jedem Anteilsinhaber, der gegen den Verschmelzungsbeschluss des übertragenden Rechtsträgers Widerspruch erklärt, der Erwerb der Anteile gegen Barabfindung angeboten werden (§ 29 Abs. 1 Satz 2 UmwG). In dem dem Formular zugrundeliegenden Fall wird davon ausgegangen, dass eine derartige Vinkulierungsregelung bei der A-GmbH nicht

besteht und damit die Verpflichtung zur Abgabe eines Barabfindungsangebots entfällt. Eine analoge Anwendung auf andere Belastungen, die mit der Beteiligung an der aufnehmenden Gesellschaft verbunden sind (zB Wettbewerbsverbot, Nachschusspflicht), erfolgt durch § 29 UmwG allerdings nicht (vgl. *Lutter/Grunewald* § 29 UmwG Rz. 31).

Abs. 6: Die Angabe beruht auf § 5 Abs. 1 Nr. 8 UmwG. Danach ist im Ver- **49** schmelzungsvertrag oder im Entwurf jeder besondere **Vorteil** zu bezeichnen, der einem Mitglied eines Vertretungsorgans oder eines Aufsichtsorgans der an der Verschmelzung beteiligten Rechtsträger, einem geschäftsführenden Gesellschafter (bei einer Personenhandelsgesellschaft), einem Abschlussprüfer oder einem Verschmelzungsprüfer gewährt wird. Die Regierungsbegründung (BR-Drs. 75/94) weist darauf hin, dass bei prüfungspflichtigen Gesellschaften Prüfer, die bisher für die übertragende Gesellschaft tätig geworden sind, aus den Verträgen entlassen und entschädigt werden müssen. Das Formular geht davon aus, dass derartige besondere Vorteile nicht gewährt werden; in diesem Fall empfiehlt sich zur Klarstellung dennoch der Hinweis, dass derartige Vorteile nicht gewährt werden.

Zu § 3: Folgen für Arbeitnehmer und ihre Vertretungen

Die Folgen der Verschmelzung für die Arbeitnehmer und ihre Vertretungen sowie **50** die insoweit vorgesehenen Maßnahmen sind gem. § 5 Abs. 1 Nr. 9 UmwG ebenfalls Mindestinhalt des Verschmelzungsvertrags oder seines Entwurfs. Es sind auch die durch die Verschmelzung eintretenden individual- und kollektivarbeitsrechtlichen Änderungen im Verschmelzungsvertrag aufzuzeigen, da die Verschmelzung auch die Interessen der Arbeitnehmer und ihrer Vertretungen in den an der Verschmelzung beteiligten Rechtsträgern berührt. Zu den individualarbeitsrechtlichen Änderungen sind auch die im Zuge der Verschmelzung geplanten Rationalisierungsmaßnahmen aufzuführen, soweit sie Arbeitsplätze verringern können (*Wlotzke* DB 95, 40, 45; **aA** *Lutter/Lutter/Drygala* § 5 UmwG Rz. 53 ff.), auch wenn diese im Zeitpunkt des Vertragsabschlusses noch nicht endgültig absehbar sind. Bei Verletzung dieser Darlegungspflicht gemäß § 5 Abs. 1 Nr. 9 UmwG ist der Zustimmungsbeschluss der Anteilseigner − da einem Verschmelzungsvertrag zugestimmt wird, der nicht rechtmäßig ist − ebenfalls nicht rechtmäßig und deshalb durch Anteilseigner anfechtbar; allerdings Heilung durch Eintragung (§ 20 Abs. 2 UmwG).

Zu **weiteren Auswirkungen** des Umwandlungsrechts auf das Arbeitsrecht vgl. zB **51** *W/M/Mayer* § 5 UmwG Rz. 176 ff.; *Lutter/Jost* § 324 UmwG Rz. 1 ff. u. *ders.* § 323 UmwG Rz. 1 ff.; *Lutter/Lutter/Drygala* § 5 UmwG Rz. 51 ff., zB:
- Es besteht ein Kündigungsverbot gem. § 613a Abs. 4 BGB iVm. § 324 UmwG für Kündigungen aus Anlass der Umwandlung bzw. des Betriebsübergangs (aus anderen Gründen, zB betriebsbedingt wegen Wegfall eines Arbeitsplatzes, kann aber im Anschluss an die Verschmelzung durchaus gekündigt werden, vgl. § 613a Abs. 4 Satz 2 BGB). Daneben muss jedem Arbeitnehmer schriftlich der Betriebsübergang angezeigt werden (§ 613a Abs. 5 BGB).
- Die im Rahmen eines Interessenausgleichs mit dem Betriebsrat zustande gekommene namentliche Zuordnung einzelner Arbeitnehmer zu einem bestimmten Betriebsteil (nach Verschmelzung) wird auf Antrag des einzelnen Arbeitnehmers durch das Arbeitsgericht lediglich auf „grobe Fehlerhaftigkeit" überprüft (§ 323 Abs. 2 UmwG). Die Zuordnung im Interessenausgleich geht der objektivrechtlichen Zuordnung nach § 613a Abs. 1 BGB (wonach sich an dieser Zuordnung durch den Betriebsübergang nichts ändert) vor (§ 323 Abs. 2 UmwG als lex specialis zu § 324 UmwG).

Bei der Verschmelzung greifen das Übergangsmandat des Betriebsrats bei Betriebsspaltung gem. § 321 UmwG und die Mitbestimmungsbeibehaltungen gem. § 325 UmwG nicht ein.

Das Formular geht davon aus, dass bei jeder Gesellschaft ein Betrieb bestand und diese Betriebe unverändert fortbestehen. Dementsprechend bestehen auch die Betriebsräte in den einzelnen Betrieben unverändert fort. Daher ist mit Wirksamkeit der Umwandlung gem. § 47 Abs. 1 BetrVG ein Gesamtbetriebsrat zu bilden. Informativ zu individualarbeits- und kollektivrechtlichen Auswirkungen des Umwandlungsrechts mit Fallbeispielen: *Bachner* NJW 95, 2881 ff. Zur **Unterrichtungspflicht** nach § 613a Abs. 5 BGB vgl. Ausführungen unter A. 12 Rz. 36 ff. und zu sonstigen individual- und kollektivrechtlichen Folgen *Engl/Ebener* A. 1 Rz. 150 f. und 155 ff.

52   Nach § 5 Abs. 3 UmwG ist es erforderlich, dass der Verschmelzungsvertrag oder sein Entwurf spätestens **einen Monat** vor dem jeweiligen Tag der Fassung des betreffenden Zustimmungsbeschlusses dem Betriebsrat des jeweiligen Rechtsträgers zugeleitet wird. Die Zuleitung ist danach an sämtliche beim übernehmenden und/oder übertragenden Rechtsträger bestehende Betriebsräte, einschließlich einem eventuell bestehenden Gesamtbetriebsrat und/oder Konzernbetriebsrat erforderlich. Nach überwiegender Ansicht in der Literatur können die Betriebsräte auf die Einhaltung der Monatsfrist des § 5 Abs. 3 UmwG und damit auf die Rechtzeitigkeit der Zuleitung gem. § 17 Abs. 1 UmwG verzichten. Dies ergibt sich daraus, dass

- § 5 Abs. 3 UmwG aus der Sicht des jeweiligen Betriebsrates dispositiv ist (*W/M/Mayer* § 5 UmwG Rz. 259),
- der Sinn und Zweck der Regelung, nämlich den Betriebsrat frühzeitig einzubinden, durch einen Verzicht nicht ausgehöhlt wird (*Müller* DB 97, 713),
- das Abwarten der Frist keinen selbstständigen Beitrag zur Wahrung von Arbeitnehmerrechten leistet (*Melchior* GmbHR 96, 833).

Zweckmäßigerweise wird eine solche Verzichtserklärung dann bereits in den Anschreiben an die Betriebsräte und die Bestätigung durch diese (s. Formular A. 15.63a) integriert.

Das Formular geht von der Übermittlung des Entwurfs des Verschmelzungsvertrags (nicht des notariell beurkundeten Verschmelzungsvertrags) aus, weil in der Praxis der Verschmelzungsvertrag in der Regel erst in engem zeitlichen Zusammenhang mit den Zustimmungsbeschlüssen der Gesellschafterversammlungen beurkundet wird. Das **Übermittlungsschreiben** an die Betriebsräte wird zur Führung des Nachweises gegenüber den Handelsregistergerichten des übertragenden und des übernehmenden Rechtsträgers zweifach bestätigt empfohlen (den Anmeldungen ist gem. § 17 Abs. 1 UmwG jeweils auch ein Nachweis über die rechtzeitige Zuleitung des Verschmelzungsvertrags oder seines Entwurfs an den zuständigen Betriebsrat beizufügen). Da nach § 16 Abs. 1 Satz 2 UmwG das Vertretungsorgan des übernehmenden Rechtsträgers auch berechtigt ist, die Verschmelzung zur Eintragung in das Register des Sitzes des übertragenden Rechtsträgers anzumelden, wird vorgesehen, dass die bestätigten Empfangsschreiben jeweils an die Geschäftsleitung der übernehmenden A-GmbH zurück gesendet werden. Werden (abweichend vom Formular) im Rahmen einer Verschmelzung mehrere übertragende Rechtsträger gleichzeitig auf einen übernehmenden Rechtsträger verschmolzen, sollte das Bestätigungsschreiben in weiteren Ausfertigungen bestätigt und zurückgeschickt werden (zB bei Verschmelzung von zwei übertragenden Rechtsträgern in dreifacher Ausfertigung).

Ist kein Betriebsrat beim übertragenden oder beim übernehmenden Rechtsträger vorhanden, kann die Überreichung unterbleiben; es genügt eine entsprechende Versicherung gegenüber dem Registergericht im Rahmen der Anmeldung der Verschmelzung (*W/M/Mayer* § 5 UmwG Rz. 262 f.).

Zu § 4: Firmenänderung

53   Um die Firma der übertragenden B-GmbH auch in der Firma der übernehmenden A-GmbH zu erhalten, ist es nach § 18 Abs. 1 UmwG zulässig, dass die übernehmende A-GmbH die Firma der übertragenden B-GmbH fortführt, und zwar mit oder ohne

Beifügung eines das Nachfolgeverhältnis andeutenden Zusatzes. Zulässig dürfte es auch sein, dass die bisherige Firma des übernehmenden Rechtsträgers lediglich um die Firma des übertragenden Rechtsträgers ergänzt wird (anstelle Ersetzung der Firma des übernehmenden durch die des übertragenden Rechtsträgers; s. Firmierungsbeispiele bei *W/M/Vollrath* § 18 UmwG Rz. 37 ff.).

Die Aufnahme der Bestimmungen über die Änderung der Firma und die Geschäftsführerbestellung in den Verschmelzungsvertrag sind nicht zwingend und allein auch nicht ausreichend: Notwendig ist vielmehr deren Aufnahme als weitere Beschlussgegenstände in den Gesellschafterbeschluss (siehe Formular A. 15.63b in Abschn. 1. a), dd).

Zu § 6: Bedingungen

Aus § 7 UmwG folgt, dass der Verschmelzungsvertrag auch unter einer **aufschie-** 54 **benden Bedingung** oder mit Betagung abgeschlossen werden kann (vgl. *W/M/ Heckschen* § 7 UmwG Rz. 7 ff.). Da die Zustimmung beider Gesellschafterversammlungen zum Verschmelzungsvertrag notwendig ist (§ 13 Abs. 1 UmwG), empfiehlt sich zur raschen Durchführung der geplanten Verschmelzung (auch zur Verwendbarkeit der auf einen höchstens acht Monate vor der Anmeldung aufzustellenden Verschmelzungsbilanz und Erhaltung der Aktualität des Umtauschverhältnisses) die Benennung eines Termins, zu welchem die Beschlüsse der Gesellschafterversammlung vorliegen müssen. Derartige Bestimmungen sind aber nicht zwingend.

b) Ertragsteuern am Beispiel

aa) Steuerliche Behandlung bei übertragender B-GmbH

Im Beispiel wird davon ausgegangen, dass die B-GmbH von ihrem Wahlrecht Ge- 55 brauch macht, gem. § 11 Abs. 2 UmwStG von einer **Gewinnrealisierung** abzusehen. Dies ist möglich, soweit sichergestellt ist, dass die übergehenden Wirtschaftsgüter später bei der übernehmenden Körperschaft der Besteuerung mit Körperschaftsteuer unterliegen, das Recht der Bundesrepublik Deutschland hinsichtlich der Besteuerung des Gewinns aus der Veräußerung der übertragenen Wirtschaftsgüter bei der übernehmenden Körperschaft nicht ausgeschlossen oder beschränkt wird und eine Gegenleistung nicht gewährt wird oder in Gesellschaftsrechten besteht. Bei einer wechselseitigen Beteiligung ist jede Gesellschaft zugleich Tochtergesellschaft und Muttergesellschaft der anderen. Da die §§ 11–13 UmwStG (wie sich wenigstens inzidenter aus dem neuen UmwStG ergibt) jeweils isoliert sowohl die up-stream- als auch die down-streamVerschmelzung zum Buchwert zulassen (vgl. schon A. 15.60 Rz. 12 ff. für die upstream-Verschmelzung und A. 15.61 Rz. 7 ff. für die down-stream-Verschmelzung), bestehen keine Bedenken, die Kombinationsform auch zuzulassen.

Die Voraussetzungen des § 11 Abs. 2 UmwStG liegen hier vor, weil:
– die A-GmbH unbeschränkt steuerpflichtig ist und die bisherigen Buchwerte fortzuführen hat und damit die Versteuerung der stillen Reserven bei der A-GmbH sichergestellt ist,
– die A-GmbH als Gegenleistung nur Gesellschaftsrechte (an A-GmbH) einräumt; dem steht nicht entgegen, dass die A-GmbH ihre Beteiligung an der B-GmbH entschädigungslos aufgibt und dass die bisher von B-GmbH an A-GmbH gehaltenen Anteile im Wege der Verschmelzung auf A-GmbH (als dann eigene Anteile) übergehen (vgl. UmwSt-Erl. 2011 BMF v. 11.11.11, BStBl. I 11, 1314, Tz. 11.10 iVm. Tz. 3.21) bzw. zur Abfindung verwendet werden.

Ein steuerpflichtiger Übertragungsgewinn würde jedoch insoweit entstehen, als die 56 übernehmende A-GmbH neben einer Kapitalerhöhung bare Zuzahlung oder Ausgleichszahlungen leisten würde (§ 11 Abs. 2 Satz 1 UmwStG „soweit"; *S/H/S/Schmitt* § 11 UmwStG Rz. 35 ff. auch mit Beispielen zur insoweit erfolgenden Buchwertaufstockung). Dieser Gewinn würde der Gewerbe- und Körperschaftsteuer unterliegen.

bb) Steuerliche Behandlung bei der übernehmenden A-GmbH

57   Da die A-GmbH auf Grund der Wahl der übertragenden B-GmbH gem. § 12 Abs. 1 UmwStG die steuerlichen Buchwerte fortzuführen hat, tritt auch bei ihr grds. keine steuerpflichtige Gewinnrealisierung ein. Denn soweit dafür neue Anteile ausgegeben werden, handelt es sich um eine steuerneutrale Einlage der Gesellschafter. Soweit die A-GmbH ihre Beteiligung an der B-GmbH aufgibt, bleibt der Übernahmegewinn grundsätzlich gem. § 12 Abs. 2 UmwStG außer Ansatz. Vgl. hierzu im Detail *R/H/L/Rödder* § 12 UmwStG Rz. 62ff. Soweit (ein) Ziel der Verschmelzung ist, etwaige bei der übernehmenden A-GmbH vorhandene steuerliche Verlustvorträge zu nutzen, muss berücksichtigt werden, ob hierin ein Gestaltungsmissbrauch liegen kann (FG Hessen 4 K 127/15 v. 29.11.17, DStRE 19, 91, Rev. I R 2/18).

58   Ein uU steuerpflichtiger **Gewinn** entsteht allerdings insoweit als
- A-GmbH eigene alte Anteile hingibt (s. Rz. 33 und A. 15.61 Rz. 10),
- gem. § 12 Abs. 1 Satz 2 iVm. § 4 Abs. 1 Satz 2 und 3 UmwStG frühere Teilwertabschreibungen rückgängig gemacht werden (sog. erweiterte Wertaufholung) und/ oder
- durch Vereinigung von Forderungen und Verbindlichkeiten ein Übernahmegewinn zweiter Stufe entsteht (und nicht durch eine Rücklage neutralisiert werden kann; s. Rz. 35).

59, 60   *(frei)*

61   **Gestaltungshinweis:** Der Gewinn aus der Verwendung eigener Anteile kann vermieden werden, wenn die eigenen Anteile nicht zur Abfindung verwendet werden, sondern statt dessen die Kapitalerhöhung um € 19.000,– höher ausfällt, dh. in Höhe von € 36.000,– vorgenommen wird (€ 40.000 : 1,111).

cc) Überleitung steuerliches Einlagekonto

62   Im Rahmen der Verschmelzung ist das bei der übertragenden B-GmbH vorhandene steuerliche Einlagekonto der übernehmenden A-GmbH anteilig zuzurechnen, soweit die A-GmbH nicht an der B-GmbH beteiligt war (vgl. *R/H/L/van Lishaut* Anh. 2 Rz. 27).

dd) Ertragsteuerliche Behandlung bei den Gesellschaftern

63   Unter der Annahme, dass keine Zuzahlungen erfolgen und die übrigen Voraussetzungen des § 13 Abs. 2 UmwStG erfüllt sind, ergeben sich bei den Gesellschaftern aus der Verschmelzung keine Gewinnrealisierungen und zwar unabhängig von der Behandlung der Verschmelzung auf Ebene der beteiligten Gesellschaften:
- Gesellschafter A, der die Beteiligung an der B-GmbH in einem **Betriebsvermögen** hält (Einzelunternehmen), führt den bisherigen Buchwert als Anschaffungskosten der als Entschädigung gewährten A-GmbH Anteile fort (§ 13 Abs. 2 UmwStG).
- Der Gesellschafter B hält seine Anteile im **Privatvermögen**. Es handelt sich deswegen um qualifizierte Anteile iSv § 17 EStG. B führt die ursprünglichen Anschaffungskosten als fiktive Anschaffungskosten für die als Entschädigung gewährten Anteile an der A-GmbH fort (§ 13 Abs. 2 Satz 3 UmwStG). Der Status des § 17 EStG bleibt erhalten, auch wenn die Beteiligung des B an der A-GmbH nach der Verschmelzung nicht mehr als 1% betragen sollte (§ 13 Abs. 2 Satz 2 UmwStG). Zu Einzelheiten s. Rz. 36ff.

64   Die Verschmelzung einer Kapitalgesellschaft auf eine andere Kapitalgesellschaft nach §§ 11ff. UmwStG stellt regelmäßig keinen Verstoß gegen die **Behaltensregelung** des **§ 13a Abs. 5 ErbStG** dar (vgl. hierzu auch Koordinierte Ländererlasse v. 22.6.17, BStBl. I 17, 902; Gleichl. Ländererlasse v. 20.11.13, BStBl. I 13, 1508). Für die weitere Ermittlung der **Lohnsumme** vgl. Gleichl. Ländererlasse v. 21.11.13, BStBl. I 13, 1510.

c) Verkehrsteuern

aa) Umsatzsteuer

Die Verschmelzung ist gem. § 1 Abs. 1a UStG nicht umsatzsteuerbar. Die über- **65**
nehmende A-GmbH tritt auf Grund Gesamtrechtsnachfolge auch bzgl. der Vorsteuerberichtigungen in die Rechtsstellung der übertragenden B-GmbH ein (§§ 1 Abs. 1a
Satz 3 iVm. 15a Abs. 10 UStG läuft bei Gesamtrechtsnachfolge leer; vgl. *W/M/Knoll*
Anh. 11 Rz. 26 ff.).

Steuerbare Umsätze liegen ebenfalls nicht vor, wenn die übertragende und die aufnehmende Gesellschaft Mitglieder des **gleichen Organkreises** sind (vgl. hierzu auch
Pyszka DStR 11, 545).

bb) Grunderwerbsteuer

Soweit zum Vermögen der übertragenden Gesellschaft Grundstücke oder grund- **66**
stücksgleiche Rechte gehören, entsteht Grunderwerbsteuer gem. § 1 Abs. 1 Nr. 3
GrEStG. Der Steuersatz beträgt in den Bundesländern zwischen 3,5 (Bayern und
Sachsen) und 6,5 % (Schleswig-Holstein). Bemessungsgrundlage ist der sog. Bedarfswert iSd. § 138 Abs. 2 bis 4 BewG (§ 8 Abs. 2 Satz 1 Nr. 2 GrEStG). Zu verfassungsrechtlichen Bedenken gegen die Bedarfsbewertung für Grunderwerbsteuerzwecke,
vgl. BFH II R 64/08 v. 27.5.09, BStBl. II 09, 856 und das Normenkontrollverfahren
BVerfG 1 BvL 14/11, Bescheide ergehen insoweit nur noch vorläufig, Gleichl. Län-
dererlasse v. 17.6.11, BStBl. I 11, 575. Beachte nunmehr: BVerfG 1 BvL 13/11, 1
BvL 14/11 v. 23.6.15, DStR 15, 1678 und hierzu OFD NRW v. 24.7.15, BeckVerw
313036. Mit StÄndG 2015 v. 2.11.15 (BGBl. I 15, 1834) ist der Verweis in § 8 Abs. 2
GrEStG dahingehend geändert worden, dass nunmehr die sog. **Erbschaftsteuerwerte**
Ersatzbemessungsgrundlage sind. Die Neuregelung ist auf alle Erwerbsvorgänge nach
dem 31.12.08 anzuwenden (vgl. Gleichl. Ländererlasse v. 16.12.15, BStBl. I 15, 1082;
Loose DB 16, 75; *Schade* DStR 16, 657).

Ist die übertragende Gesellschaft alleine oder sind die übertragende und überneh- **67**
mende Gesellschaft gemeinsam an anderen (grundstücksbesitzenden) Gesellschaften
unmittelbar oder mittelbar beteiligt, ist regelmäßig zu prüfen, ob durch die Verschmelzung GrESt auf Grund grunderwerbsteuerpflichtiger **Anteilsvereinigung** gem.
§ 1 Abs. 3 GrEStG (vgl. A. 15.62 Rz. 20) ausgelöst wird. Wenn die übertragende Gesellschaft unmittelbar oder mittelbar an einer grundstücksbesitzenden Personengesellschaft beteiligt ist, ist auch der Grunderwerbsteuertatbestand der Anteilsübertragung
nach § 1 Abs. 2a GrEStG zu beachten (unter Beachtung des Fünf-Jahres-Zeitraums).
Hinweis auch auf §§ 1 Abs. 3a und 6a GrEStG idF des AmtshilfeRLUmsG v. 26.6.13
(BGBl. I 13, 1809); vgl. hierzu Gleichl. Ländererlasse v. 9.10.13, BStBl. I 13, 1364
und 1375; *Behrens* DStR 13, 2726. Hinzuweisen ist auf die möglicherweise erhebliche
Verschärfung der GrESt durch das im Entwurf vorliegende *Gesetz zur Änderung des
Grunderwerbsteuergesetzes* (BR-Drs. 355/19). Aufgrund der neuen, sehr weiten Auslegung der Regelung durch den BFH ist jeweils auch zu prüfen, ob eine Vergünstigung
nach § 6a GrEStG in Betracht kommt (zur BFH-Rspr. *Loose* DB 20, 919).

(frei) **68, 69**

Erläuterungen zu A. 15.63b Gesellschafterbeschlüsse

Vorbemerkung: Das vorliegende Formular geht von einer möglichst einvernehm- **70**
lichen Beschlussfassung über die Verschmelzung aus, wobei auf Formalien zur Information (zB §§ 47, 49 Abs. 2 UmwG) und materielle Anforderungen (Verschmelzungsbericht gem. § 8 Abs. 1 UmwG, Verschmelzungsprüfung gem. §§ 9–12 UmwG
und Recht der Anfechtung des Umwandlungsbeschlusses bzw. Klageerhebung gem.
§ 14 UmwG) soweit als möglich **einvernehmlich verzichtet** wird. Über die Einvernehmlichkeit sollte möglichst im Vorfeld rechtzeitig Klarheit geschaffen werden, da

ansonsten in einer längeren Vorlaufzeit diese Anforderungen zu erfüllen sind (insbes. die Forderung eines Gesellschafters nach Prüfung gem. § 48 UmwG des Verschmelzungsvertrags gem. §§ 9–12 UmwG mit der dafür notwendigen Bestellung der Prüfer, Durchführung der Prüfung und Abgabe des Prüfungsberichts würde einen zusätzlichen zeitlichen Vorlauf von mehreren Wochen bedingen, s. Rz. 7 und 15).

71   **Zu 1. a):** Zur Durchführung der Verschmelzung ist eine **Kapitalerhöhung** der übernehmenden A-GmbH notwendig. Die ausgegebenen Geschäftsanteile sind Teil der Gegenleistung für Geschäftsanteile an der übertragenden B-GmbH. Dabei hat die Kapitalerhöhung auch nicht mindestens den Nominalbetrag des Stammkapitals des übertragenden Rechtsträgers zu betragen (*S/St/Reichert* § 54 UmwG Rz. 27 mwN). Grundsätzlich können die Gesellschafter der übertragenden B-GmbH gem. § 54 Abs. 1 Satz 3 UmwG auf die Gewährung von Geschäftsanteilen verzichten, was eine Kapitalerhöhung bei der übernehmenden A-GmbH entbehrlich machen würde (Hinzufügung des Satzes 3 bei § 54 Abs. 1 UmwG durch das Zweite Gesetz zur Änderung des UmwG v. 19.4.07, BGBl. I 07, 542). Dann würden die Gesellschafter der übertragenden B-GmbH aber aus der A-GmbH ausscheiden, was nicht gewollt sein kann. Der Verzicht auf eine Kapitalerhöhung wird bei der **Verschmelzung beteiligungsidentischer Schwestergesellschaften** relevant (*S/St/Reichert* § 54 UmwG Rz. 19; dazu jüngst OLG Köln 18 Wx 22/19 v. 22.1.20, NZG 20, 421 ff.). Hier ist nunmehr klargestellt, dass bei Verzicht der Anteilsinhaber eine Kapitalerhöhung unterbleiben kann (*S/St/Reichert* § 54 UmwG Rz. 24 ff.).

Der **Kapitalerhöhungsbeschluss** ist in einer Gesellschafterversammlung der übernehmenden A-GmbH gesondert zu fassen (die in der Praxis empfohlene Aufnahme auch in den Verschmelzungsvertrag wegen der Bezeichnung der Anteile, mit denen die Gesellschafter der übertragenden B-GmbH entschädigt werden, reicht nicht aus). Die Geschäftsanteile der GmbH müssen auf volle Euro lauten und Gesellschafter können mehrere Geschäftsanteile übernehmen. Es ist weiterhin möglich, Geschäftsanteile mit unterschiedlichen Nennbeträgen zu bilden. Unter bestimmten Umständen ist dies auch ratsam, um die Übersichtlichkeit zu gewährleisten. Allerdings sind die Geschäftsanteile mit laufenden Nummern zu versehen (vgl. §§ 8 Abs. 1 Nr. 3, 40 Abs. 1 GmbHG). Dem wird durch Auflistung der Geschäftsanteile und ihrer Nummern im Gesellschaftsvertrag nachgekommen. Soweit die Kapitalerhöhung für die Durchführung der Verschmelzung notwendig ist, sieht § 55 UmwG bestimmte Erleichterungen vor: keine Notwendigkeit einer Übernahmeerklärung gem. § 55 Abs. 1 GmbHG; auch entfallen die Bestimmungen der §§ 56a, 56a, 57 Abs. 2 und 3 Nr. 1 GmbHG über Leistungen auf die neuen Stammeinlagen. Da es sich jedoch um eine Kapitalerhöhung auf Grund Sacheinlagen handelt, ergibt sich daraus ein Prüfungsrecht des Registergerichts zur Werthaltigkeit (mit möglichem Erfordernis eines Sachkapitalerhöhungsberichts sowie Wertnachweisunterlagen, vgl. Formular A. 3.05e, A.3.04e und A. 3.05 Rz. 27). Dagegen besteht eine Differenzhaftung der Gesellschafter des übertragenden Rechtsträgers nicht (vgl. Rz. 44).

Auch die Änderung der Firma ist als Änderung des Gesellschaftsvertrags durch Gesellschafterbeschluss der übernehmenden GmbH zu beurkunden.

72   **Zu 1. b):** Die Anpassung der **Geschäftsführung** an die Verschmelzung erfolgt hier zweckmäßigerweise zusammen mit den zu beurkundenden Beschlüssen; allerdings könnte die Berufung eines weiteren Geschäftsführers auch außerhalb einer notariellen Urkunde erfolgen. Wird allerdings die Vertretungsregelung des Gesellschaftsvertrags geändert, so ist notarielle Beurkundung erforderlich.

73   **Zu 2. a):** Es empfiehlt sich, auf die nach der dispositiven Vorschrift des § 47 UmwG vorgeschriebene Übersendung des Verschmelzungsvertrags oder seines Entwurfs an alle Gesellschafter zusammen mit der Einberufung der Gesellschafterversammlung ausdrücklich zu **verzichten** (der allgemeine Verzicht auf alle durch Gesetz vorgeschriebenen Formalien für die Einberufung dürfte nicht ausreichen).

Zu 2. b): Die ebenfalls dispositive Vorschrift des § 49 Abs. 2 UmwG schreibt die **74** Auslegung der Jahresbeschlüsse und der Lageberichte aller an der Verschmelzung beteiligten Rechtsträger für die letzten drei Geschäfjahre in den Geschäftsräumender Gesellschaft vor. Vorsorglich wird empfohlen, auch hierauf ausdrücklich einvernehmlich zu verzichten (der Verzicht sollte für die übernehmende und die übertragende Gesellschaft ausgesprochen werden).

Zu 2. c): Nach § 8 Abs. 1 UmwG haben die Geschäftsführungen sowohl des übertra- **75** genden als auch des übernehmenden Rechtsträgers einen ausführlichen schriftlichen **Verschmelzungsbericht** zu erstatten; dass dieser auch gemeinsam erstattet werden kann, ist nur eine geringe Erleichterung. Wenn sich alle Anteile des übertragenden in der Hand des übernehmenden Rechtsträgers befinden, entfällt gem. § 8 Abs. 3 Satz 1, 2. Alt. UmwG die Erstellung von Verschmelzungsberichten. Wenn dies wie in dem diesem Formular zugrundeliegenden Fall nicht gegeben ist (nur 10% der Anteile an der übertragenden B-GmbH befinden sich in der Hand der übernehmenden A-GmbH), kann auf die Erstellung der Verschmelzungsberichte nach § 8 Abs. 3 Satz 1, 1. Alt. UmwG verzichtet werden, wenn alle Anteilsinhaber aller beteiligten Rechtsträger auf dessen Erstattung in notariell beurkundeter Form verzichten. Der Verzicht ist vor dem Zustimmungsbeschluss zu fassen, kann aber, wie hier vorgeschlagen, in der gleichen Gesellschafterversammlung gefasst werden. Bei Zweifeln, ob alle Gesellschafter die Verzichtserklärung aussprechen, empfiehlt sich die vorherige rechtzeitige Abklärung und ggfs. die vorherige getrennte Beurkundung dieser Verzichtserklärungen (vgl. Rz. 70 und 6 f.).

Zu 2. d): Bei Verschmelzung unter Beteiligung von GmbH als übertragende **76** und/oder übernehmende Rechtsträger kann der GmbH-Gesellschafter nach § 48 Satz 1 UmwG eine **Prüfung** des Verschmelzungsvertrags oder seines Entwurfs nach den §§ 9–12 UmwG innerhalb einer Woche nach Erhalt der in § 47 UmwG genannten Unterlagen verlangen. Aufgrund dieser Vorschrift wird zu fordern sein, dass der Prüfungsbericht bei der Fassung des Zustimmungsbeschlusses vorliegt. Da die Verschmelzungsprüfung einige Zeit erfordert, wird empfohlen, vorab mit den Gesellschaftern einen Verzicht auf eine solche Prüfung abzustimmen. Das Formular sieht daher vor, dass das Prüfungsverlangen nicht gestellt wurde und vorsorglich auf eine Prüfung verzichtet wird.

Zu 2. e): Zustimmungsbeschlüsse zum Verschmelzungsvertrag: Die Zu- **77** stimmungsbeschlüsse der Gesellschafterversammlungen der übertragenden und der übernehmenden Gesellschaft bedürfen einer Mehrheit von mindestens $3/4$ der abgegebenen Stimmen (§ 50 Abs. 1 Satz 1 UmwG); sie bedürfen der notariellen Beurkundung (§ 13 Abs. 3 UmwG) unter Beifügung des Verschmelzungsvertrags oder seines Entwurfs zum Beschluss als Anlage. Der Gesellschaftsvertrag kann eine größere (aber keine geringere) Mehrheit und weitere Erfordernisse bestimmen (§ 50 Abs. 1 Satz 2 UmwG). Davon ist wohl auszugehen, wenn der Gesellschaftsvertrag ganz allgemein für Änderungen eine höhere Mehrheit vorschreibt (hM; *W/M/Mayer* § 50 UmwG Rz. 42; *Lutter/ Lutter/Drygala* § 13 UmwG Rz. 21). Für besondere Konstellationen sieht das UmwG darüber hinaus noch weitere Zustimmungserfordernisse vor, ua. wenn

– die Abtretung der Anteile des übertragenden Rechtsträgers der Genehmigung bestimmter einzelner Anteilsinhaber bedarf, so bedarf der Zustimmungsbeschluss des übertragenden Rechtsträgers zur Wirksamkeit auch der Zustimmung derjenigen Gesellschafter, von deren Genehmigung die Abtretung der Anteile abhängig ist (Vinkulierungsregelung bei der übertragenden GmbH gem. § 13 Abs. 2 UmwG);

– Rechte von Inhabern von statutarischen Minderheitsrechten und Geschäftsführungsonderrechten bei der übertragenden Gesellschaft durch die Verschmelzung beeinträchtigt werden, bedarf es auch der Zustimmung dieser Gesellschafter zum Verschmelzungsbeschluss der betreffenden übertragenden Gesellschaft (§ 50 Abs. 2 UmwG);

– beim übernehmenden oder übertragenden Rechtsträger nicht alle zu leistenden Einlagen in voller Höhe bewirkt sind (§ 51 Abs. 1 UmwG), bedarf es der Zustim-

mung aller bei der Beschlussfassung anwesenden Gesellschafter des jeweils anderen
Rechtsträgers.

78   Ein besonderes Zustimmungserfordernis wird aber für jene Fälle nicht verlangt, in
denen beim übernehmenden Rechtsträger statutarische Nebenleistungspflichten (zB
Nachschusspflicht) oder ein Wettbewerbsverbot bestehen. In der Praxis ist, obwohl
der gesetzgeberische Wille im Gesetzestext keinen Niederschlag gefunden hat, gleichwohl zu empfehlen, von der Notwendigkeit der Einstimmigkeit auszugehen. Für
Anteile, die die übernehmende Gesellschaft an der übertragenden Gesellschaft hält, besteht bei Abstimmung über den Verschmelzungsvertrag in der Gesellschafterversammlung der übertragenden Gesellschaft kein Stimmrechtsausschluss (zustimmend *Lutter/
Winter* § 50 UmwG Rz. 9).

79   **Zu 2. f):** Nach § 14 Abs. 1 UmwG kann eine **Klage** gegen die Wirksamkeit eines
Verschmelzungsbeschlusses binnen eines Monats nach der Beschlussfassung erhoben
werden. Da nach § 16 Abs. 2 UmwG bei der Anmeldung zu erklären ist, dass eine
Klage gegen die Wirksamkeit eines Verschmelzungsbeschlusses nicht oder nicht fristgemäß erhoben worden ist, empfiehlt es sich zur Beschleunigung der Registeranmeldung und der Eintragung, Verzichtserklärungen auf die Klage gegen die Wirksamkeit
des Verschmelzungsbeschlusses zu fassen und notariell mit beurkunden zu lassen (§ 16
Abs. 2 Satz 2 UmwG).

80   *(frei)*

Erläuterungen zu A. 15.63c und A. 15.63d Handelsregisteranmeldungen

---

81   Entsprechend der Ermächtigung in § 16 Abs. 1 Satz 2 UmwG, wonach die Organe
des übernehmenden Rechtsträgers auch die Verschmelzung des übertragenden
Rechtsträgers zu deren Register anmelden können, erfolgt die Anmeldung im Formular durch die Geschäftsführer der übernehmenden A-GmbH in vertretungsberechtigter
Zahl. Zulässig wäre auch, die Anmeldung durch die Geschäftsführer der übertragenden B-GmbH in vertretungsberechtigter Zahl vorzunehmen (§ 16 Abs. 1 Satz 1
UmwG). Wegen der Koordinierung erscheint es aber zweckmäßig, sämtliche Anmeldungen unmittelbar von den Organen der übernehmenden A-GmbH vornehmen zu
lassen, bei der auch sämtliche Anlagen zu den Anmeldungen zur Vorbereitung gesammelt werden sollten.
Da bei der übernehmenden Gesellschaft eine Kapitalerhöhung erfolgt, ist diese Anmeldung von **sämtlichen Geschäftsführern** der übernehmenden A-GmbH vorzunehmen, und zwar einschließlich des durch Gesellschafterbeschluss (Formular A. 15.63b
Punkt 1.b.) bestellten weiteren Geschäftsführers, des Herrn B (§ 16 Abs. 1 UmwG,
§§ 57 Abs. 1, 78 GmbHG).

82   Gem § 16 Abs. 2 UmwG haben die Geschäftsführer bei der Anmeldung auch zu
erklären, dass gegen die Zustimmungsbeschlüsse der Gesellschafterversammlungen innerhalb der 1-Monatsfrist des § 14 Abs. 1 UmwG keine Klagen erhoben wurden (sog
Negativerklärung). Wurde – wie im Formular vorgesehen – allerdings von den klageberechtigten Anteilsinhabern durch notariell beurkundete Verzichtserklärungen auf
die Klage gegen die Wirksamkeit des Verschmelzungsbeschlusses verzichtet, so bedarf
es dieser Negativerklärung nicht (§ 16 Abs. 2 Satz 2 UmwG).
Allerdings dürfte es bei jeweils einstimmiger Beschlussfassung auch ohne Verzichtserklärungen nach LG München I 11 HKT 17813/85 v. 7.10.85, GmbHR 86, 193 (zu
§ 24 KapErhG) keiner Negativerklärung bedürfen; gleichwohl sind vorsorglich ausdrücklich notariell beurkundete Verzichtserklärungen zu empfehlen. Bei Klage gegen
den Zustimmungsbeschluss gem. § 14 UmwG kann die Negativerklärung nach § 16
Abs. 3 UmwG durch Beschluss des Prozessgerichts (nicht des Registergerichts) ersetzt
werden durch Feststellung, dass die Erhebung der Klage der Eintragung nicht entgegensteht; damit wird das Fehlen einer Negativerklärung gem. § 16 Abs. 2 UmwG

„überspielt", vgl. iE § 16 Abs. 3 UmwG und dazu *W/M/Schwarz* § 16 UmwG Rz. 20 ff. sowie *Lutter/Bork* § 16 UmwG Rz. 14 ff.

Der Anmeldung zum Register der übertragenden Gesellschaft ist eine handelsrechtli- **83** che **Schlussbilanz der übertragenden Gesellschaft** (Verschmelzungsbilanz) **beizufügen** (§ 17 Abs. 2 UmwG); zu den Anforderungen an die „Schlussbilanz" (mit Anhang, Unterzeichnung, Prüfung; nach *W/M/Schwarz* § 17 UmwG Rz. 12 iVm. § 24 UmwG Rz. 119: keine GuV-Rechnung; Bekanntmachung nicht erforderlich), für die gem. § 17 Abs. 2 Satz 2 UmwG die Vorschriften über die handelsrechtliche Bilanz und deren Prüfung entsprechend gelten, vgl. A. 15.60 Rz. 7 und 43; einer Feststellung der Schlussbilanz bedarf es nicht (HFA 2/97 Abschn. 113, WPg 98, 235). Wegen der Wertnachweisfunktion vgl. A. 15.80 Rz. 14. Die Verschmelzungsbilanz darf auf einen Stichtag aufgestellt sein, der höchstens acht Monate vor dem Zeitpunkt der Anmeldung liegt (§ 17 Abs. 2 Satz 4 UmwG). Zur Wahrung der Frist sind sämtliche Unterlagen vorzulegen, die die Wirksamkeit des Umwandlungsvorgangs als solchen betreffen, somit wenigstens der Vertrag und die Umwandlungsbeschlüsse. Andere fehlende Unterlagen können auch nach Fristablauf nachgereicht werden (OLG Brandenburg 7 W 86/17 v. 5.2.18, BeckRS 2018, 4269). Die Wertansätze in dieser handelsrechtlichen Schlussbilanz (Verschmelzungsbilanz) gelten für die Übernehmerin nur optional als Anschaffungskosten iSv. § 253 Abs. 1 HGB (§ 24 UmwG, vgl. A. 15.00 Rz. 26).

Als **Anlagen** sind gem. §§ 17, 52 UmwG den Anmeldungen beizufügen: **84**
– Verschmelzungsvertrag,
– Niederschriften der Gesellschafterversammlungen, in denen die Verschmelzungsbeschlüsse gefasst wurden,
– evtl. erforderliche Zustimmungserklärungen einzelner Anteilsinhaber einschl. nicht erschienener Anteilsinhaber,
– Verschmelzungsbericht oder Verzichtserklärungen nach § 8 Abs. 3 UmwG,
– Verschmelzungsprüfungsbericht oder Verzichtserklärungen nach § 9 Abs. 3 iVm. § 12 Abs. 3 UmwG,
– Verzichtserklärungen auf Klage gegen die Wirksamkeit des Verschmelzungsvertrages (§§ 14, 16 Abs. 2 Satz 2 UmwG),
– Nachweis über die rechtzeitige Zuleitung des Verschmelzungsvertrags oder seines Entwurfs an die jeweiligen Betriebsräte (§§ 5 Abs. 3, 17 Abs. 1 UmwG).

Der Anmeldung zum Register des übernehmenden Rechtsträger ist ferner eine von **85** deren Geschäftsführern unterschriebene berichtigte **Gesellschafterliste,** aus der Name, Vorname, Geburtsdatum und Wohnort der Gesellschafter sowie die Nennbeträge und die laufenden Nummern der von den Gesellschaftern übernommenen Geschäftsanteile ersichtlich sind (§ 40 Abs. 1 GmbHG), beizufügen (§ 52 Abs. 2 UmwG).

Hinsichtlich der Form der Anmeldung und der beizufügenden Anlagen s. A. 15.60 **86** Rz. 41.

A. 15.70 Verschmelzung GmbH auf bestehende OHG
(Verschmelzung einer GmbH auf ihre Hauptgesellschafterin in der Rechtsform einer Personenhandelsgesellschaft mit Barabfindungsangebot an Minderheitsgesellschafter)

Gliederung

I. FORMULARE

Formular A. 15.70 Verschmelzungsvertrag

Verhandelt am ......02 in ......

Vor mir, ..., Notar in ......, erschienen

1. Herr A ...... [Wohn- bzw. Geschäftsadresse],

2. Herr B ...... [Wohn- bzw. Geschäftsadresse],

und erklärten zu Protokoll den nachfolgenden

VERSCHMELZUNGSVERTRAG

Präambel

1. Die Herren A und B sind die alleinigen, persönlich haftenden Gesellschafter der A&B-OHG mit Sitz in ...... Die A&B-OHG hält einen Geschäftsanteil im Nennbetrag von € 91.000,– am Stammkapital von insgesamt € 100.000,– der AB-GmbH mit Sitz in ....

2. Herr C hält am Stammkapital der AB-GmbH den restlichen Geschäftsanteil im Nennbetrag von € 9.000,–.

3. Die Herren A und B sind alleinige Geschäftsführer der AB-GmbH und zu deren Vertretung gemeinschaftlich berechtigt.

4. Mit diesem Vertrag soll die AB-GmbH auf die A&B-OHG durch Aufnahme verschmolzen werden. Die A&B-OHG wird dabei durch Herrn A als einer ihrer persönlich haftenden Gesellschafter vertreten. Die AB-GmbH wird durch die Herren A und B als deren gemeinschaftlich zur Vertretung berechtigte Geschäftsführer vertreten.

§ 1 Vermögensübertragung

(1) Die Gesellschaft AB-GmbH mit Sitz in ......, eingetragen im Handelsregister des Amtsgerichts ...... unter (HRB ...... (nachstehend AB-GmbH genannt), als übertra-

gender Rechtsträger überträgt ihr Vermögen als Ganzes mit allen Rechten und Pflichten unter Auflösung ohne Abwicklung im Wege der Verschmelzung gem. §§ 2 Nr. 1, 39 ff., 46 ff. UmwG auf die offene Handelsgesellschaft unter der Firma A&B-OHG mit Sitz in ......, eingetragen im Handelsregister des Amtsgerichts ...... unter HRA ...... (nachfolgend A&B-OHG/KG genannt), als übernehmender Rechtsträger gegen die Einräumung einer Kommanditistenstellung für Herrn C nach Maßgabe von § 2; die A&B-OHG wird mit Wirksamkeit der Verschmelzung zu einer Kommanditgesellschaft (Verschmelzung durch Aufnahme).

(2) Als Verschmelzungsstichtag wird der 1.1.02 bestimmt; von diesem Zeitpunkt an gelten die Geschäfte und Handlungen der übertragenden AB-GmbH als für Rechnung der übernehmenden A&B-OHG/KG vorgenommen.

(3) Der Verschmelzung wird die mit uneingeschränktem Bestätigungsvermerk des Wirtschaftsprüfers ...... versehene Schlussbilanz der AB-GmbH auf den 31.12.01 zugrunde gelegt.

§ 2 Gegenleistung und Barabfindungsangebot

(1) Für die von der A&B-OHG an der AB-GmbH gehaltenen Geschäftsanteile von nominal € 91.000,– (91 %) wird keine Gegenleistung gewährt.

(2) Herrn C, der Geschäftsanteile von nominal € 9.000,– (9 %) an der AB-GmbH hält, wird gem. § 40 Abs. 2 UmwG als Gegenleistung die Mitgliedschaft als Kommanditist mit einer Kommanditeinlage (bedungene Einlage = Hafteinlage) von € ...... und einem Gewinn- und Verlustanteil von ......% für die Zeit ab dem 1.1.02 in der A&B-OHG eingeräumt, die damit zu einer Kommanditgesellschaft unter der Firma A&B-KG wird. Die Kommanditbeteiligung entsteht mit Eintragung der Verschmelzung in das Register des Sitzes der übernehmenden A&B-OHG (§ 20 Abs. 1 Nr. 3 UmwG).

(3) Die Kommanditbeteiligung des Herrn C erlischt, wenn dieser innerhalb von zwei Monaten nach der letzten Bekanntmachung (§ 19 Abs. 3 UmwG) gem. § 31 UmwG das nachfolgend in § 2 Abs. 4 enthaltene Barabfindungsangebot (§ 29 Abs. 1 UmwG) durch schriftliche Mitteilung an den beurkundenden Notar gem. § 31 Satz 1 UmwG annimmt.

(4) Herrn C wird gem. § 29 Abs. 1 Satz 1 und 3 UmwG für den Fall seines Widerspruchs gegen den Verschmelzungsbeschluss der AB-GmbH zur Niederschrift und der Erklärung seines Ausscheidens aus der A&B-OHG/KG eine Barabfindung iHv. € 24.300,– angeboten. Die Annahme des Angebots gem. § 31 UmwG in der in § 2 Abs. 3 bestimmten Form und Frist gilt als Ausscheidenserklärung des Herrn C aus der A&B-KG als übernehmenden Rechtsträger iSv. § 29 Abs. 1 Satz 3 UmwG. Die Barabfindung ist zwei Wochen nach Zugang der Annahmeerklärung bei dem beurkundenden Notar fällig und ab dem Tag, der auf die letzte Bekanntmachung der Eintragung der Verschmelzung in das Register des Sitzes des übernehmenden Rechtsträgers folgt, mit jährlich 2 von Hundert über dem jeweiligen Diskontsatz der Deutschen Bundesbank zu verzinsen (entsprechende Anwendung von § 15 Abs. 2 iVm. § 30 Abs. 1 Satz 2 UmwG).

(5) Das Abfindungsangebot kann von Herrn C bereits vor Bekanntmachung ab dem Zeitpunkt der Beschlussfassung gem. § 13 UmwG in der Gesellschafterversammlung des übertragenden Rechtsträgers in der in § 2 Abs. 3 bezeichneten Form angenommen werden. Herr C soll in diesem Fall unmittelbar nach Eintragung der Verschmelzung im Register der A&B-OHG/KG aus dieser Gesellschaft ausscheiden.

(6) Sonderrechte oder Vorzüge iSv. § 5 Abs. 1 Nr. 7 UmwG bestanden weder bei der AB-GmbH noch bestehen sie bei der A&B-OHG/KG.

(7) Es werden keine besonderen Vorteile an die in § 5 Abs. 1 Nr. 8 UmwG genannten Personen (einem Mitglied der Geschäftsführung, einem Mitglied eines Aufsichtsrats, einem geschäftsführenden Gesellschafter, einem Abschluss- oder Verschmelzungsprüfer) gewährt.

§ 3 Folgen der Verschmelzung für Arbeitnehmer und ihre Vertretungen sowie die insoweit vorgesehenen Maßnahmen

(1) Die Verschmelzung der AB-GmbH führt zum Übergang sämtlicher Rechte und Ansprüche der Arbeitnehmer der AB-GmbH im Wege der Gesamtrechtsnachfolge auf die A&B-OHG/KG. Auf den Übergang findet § 613a Abs. 1, 4 und 5 BGB Anwendung (§ 324 UmwG). Damit hat die Verschmelzung individualarbeitsrechtlich keinen Nachteil für die Arbeitnehmer der übertragenden AB-GmbH. Für die Arbeitnehmer der A&B-OHG/KG hat die Verschmelzung keine Folgen.

(2) Auch nach der Verschmelzung wird der Betrieb der AB-GmbH in ...... von der A&B-OHG/KG unverändert fortgeführt.

(3) Die bei der AB-GmbH und bei der A&B-OHG bisher jeweils bestehenden Betriebsräte bestehen weiter. Der bezüglich des bisherigen Betriebs der AB-GmbH in ...... eintretende Wechsel des Rechtsträgers lässt die Identität des Betriebs und damit auch die des Betriebsrats unberührt; dieser bleibt als zukünftiger Betriebsrat der A&B-OHG/KG für den Betrieb in ...... weiter im Amt. Gem. § 47 Abs. 1 BetrVG ist ein Gesamtbetriebsrat zu errichten, da im Unternehmen der A&B-OHG/KG mehrere Betriebe bestehen.

(4) Im Hinblick auf die Mitbestimmung ergeben sich durch die Verschmelzung die folgenden Auswirkungen ......

§ 4 Sonstige Regelungen im Zusammenhang mit der Verschmelzung

(1) Die Firma der A&B-OHG wird geändert in: A&B-KG.

(2) Für den Fall der Annahme des Abfindungsangebots gem. § 2 Abs. 3–5 durch Herrn C, die gem. § 29 Abs. 1 Satz 3 UmwG eine Ausscheidenserklärung bewirkt, wird die Firma wiederum geändert in: A&B-OHG.

(3) Die A&B-OHG/KG trägt die Kosten dieser Urkunde, der notwendigen Beschlüsse, ihres Vollzugs und die anfallenden Verkehrsteuern (Grunderwerbsteuer auf Grundbesitz der AB-GmbH).

§ 5 Hinweise

Der Notar hat die Beteiligten auf den weiteren Verfahrensablauf bis zum Wirksamwerden der Verschmelzung, die Wirkungen der Annahme des Abfindungsangebots durch Herrn C und auf die Rechtsfolgen hingewiesen.

Die vorstehende Niederschrift wurde von den Beteiligten in Gegenwart des Notars vorgelesen, von ihnen genehmigt und wie folgt unterschrieben.

....
[Herr A für A & B-OHG]   [Herren A und B gemeinsam für AB-GmbH]

Formular A. 15.70a Gemeinsames Schreiben an die Betriebsräte

Von: Geschäftsleitung AB-GmbH und Geschäftsleitung A&B-OHG (gemeinsames Schreiben)

....
[Ort/Datum]

An: 1. Betriebsrat der AB-GmbH, z. Hd. des/der Vorsitzenden des Betriebsrats, Herrn/Frau ......

2. Betriebsrat der A, z. Hd. des/der Vorsitzenden des Betriebsrats, Herrn/Frau ......

jeweils gegen Empfangsbestätigung

Betreff: Bevorstehende Verschmelzung der AB-GmbH als übertragende Gesellschaft auf die A als übernehmende Gesellschaft

Sehr geehrte Damen und Herren,

in den voraussichtlich am ...... 02 stattfindenden Gesellschafterversammlungen der AB-GmbH und A&B-OHG ist beabsichtigt, dem beigefügten Entwurf des Verschmelzungsvertrags zwischen der AB-GmbH als übertragende und der A&B-OHG als übernehmende Gesellschaft zuzustimmen und den Verschmelzungsvertrag in notariell beurkundeter Form abzuschließen. Wir übermitteln Ihnen hiermit den Entwurf des Verschmelzungsvertrags in der Anlage gem. § 5 Abs. 3 UmwG. Wir bitten, auf die Einhaltung der Monatsfrist des § 5 Abs. 3 UmwG zu verzichten, den Erhalt dieses Schreibens und der Anlage auf den beigefügten Kopien dieses Schreibens zu bestätigen und an die Geschäftsleitung der übernehmenden A&B-OHG im Hinblick auf den Nachweis im Zuge der Anlagen zu den Handelsregisteranmeldungen gem. §§ 17 Abs. 1, 16 UmwG jeweils zweifach zurück zu schicken.

....

[Geschäftsführung AB-GmbH]   [Geschäftsführung A]

Hiermit bestätigen wir, als jeweilige(r) Vorsitzende(r) des Betriebsrats, den Erhalt dieses Schreibens nebst dem als Anlage beigefügten Entwurf des Verschmelzungsvertrags und verzichten auf die Monatsfrist des § 5 Abs. 3 UmwG.

....

[Ort, Datum]

....

[Betriebsratsvorsitzende(r) der AB-GmbH]

....

Formular A. 15.70b Beschlüsse der Gesellschaftervollversammlungen

Verhandelt am ...... 02 in ......

Vor mir, ..., Notar in ......, erschienen

1. Herr A ...... [Wohn- bzw. Geschäftsadresse],
2. Herr B ...... [Wohn- bzw. Geschäftsadresse] und
3. Herr C ...... [Wohn- bzw. Geschäftsadresse]

und erklärten:

Präambel

1. Die Herren A und B sind die alleinigen, persönlich haftenden Gesellschafter der A&B-OHG mit Sitz in ...... (Amtsgericht ......, HRA-Nr. ......). Die A&B-OHG hält einen Geschäftsanteil im Nennbetrag von € 91.000,– am Stammkapital von insgesamt € 100.000,– der AB-GmbH mit Sitz in ...... (Amtsgericht ......, HRB-Nr. ......).

2. Herr C hält am Stammkapital der AB-GmbH den restlichen Geschäftsanteil im Nennbetrag von € 9.000,–.

3. Die Herren A und B sind gleichzeitig alleinige Geschäftsführer der AB-GmbH und zu deren Vertretung gemeinschaftlich berechtigt.

4. Am ...... 02 wurde jeweils form- und fristgerecht zu den heute stattfindenden, außerordentlichen Gesellschafterversammlungen der AB-GmbH und der A&B-OHG geladen, und zwar unter Angabe der „Verschmelzung der AB-GmbH auf die A&B-OHG" als Beschlussgegenstand unter Beifügung des Entwurfs des Verschmelzungsvertrags, des Verschmelzungsberichts sowie auf Grund des Prüfungsverlan-

gens des Herrn C gem. § 48 UmwG der Bericht über die Prüfung des Entwurfs des Verschmelzungsvertrags und der Angemessenheit der angebotenen Barabfindung gem. § 30 Abs. 1 UmwG des Wirtschaftsprüfers ...... vom .... Die Erschienenen bestätigen die ordnungsgemäßen Ladungen sowie die Tatsache der Auslegung der Jahresabschlüsse und Lageberichte der AB-GmbH und A&B-OHG für die letzten drei Geschäftsjahre zur Einsicht durch die Gesellschafter in den Geschäftsräumen beider Gesellschaften vom Zeitpunkt der Einberufung an (§ 49 Abs. 2 UmwG).

5. Die Ausfertigung und die Übermittlung eines Verschmelzungsberichts für die übernehmende A&B-OHG war gem. § 41 UmwG nicht erforderlich, weil sämtliche Gesellschafter der A&B-OHG zur Geschäftsführung berechtigt sind. Aus demselben Grund entfällt bezüglich der übernehmenden A&B-OHG die Prüfung der Verschmelzung. Für die übertragende AB-GmbH lag den Gesellschaftern ab der Einladung der Verschmelzungsbericht der übertragenden AB-GmbH vor.

Sodann erklärten die Erschienenen, jeweils Gesellschaftervollversammlungen der AB-GmbH (durch (a) A&B-OHG, diese vertreten durch ihre beiden persönlich haftenden Gesellschafter, die Herren A und B und (b) Herrn C) und der A&B-OHG (durch deren persönlich haftende Gesellschafter, die Herren A und B) abzuhalten und folgende Beschlüsse zu fassen:

1. Gemeinsame Beschlüsse der Gesellschafterversammlungen der übernehmenden A&B-OHG und der übertragenden AB-GmbH:

   a) Dem (Entwurf des) Verschmelzungsvertrag(s) zwischen der AB-GmbH mit dem Sitz in ...... (und der A&B-OHG mit Sitz in ...... vom ...... (UrkR-Nr. ...... des Notars ...... in ......) wird zugestimmt. Eine Ausfertigung des (Entwurfs des) Verschmelzungsvertrags ist dieser Niederschrift als Anlage beigefügt.

   b) Auf das Recht gegen die vorstehenden Beschlüsse Klage zu erheben, wird ausdrücklich und unwiderruflich verzichtet.

2. Herr C erklärt:

   a) Gegen den vorstehend zu 1. a) mit der gem. § 50 Abs. 1 UmwG notwendigen (mangels einer Bestimmung im Gesellschaftsvertrag der AB-GmbH, nach der die Zustimmung zur Verschmelzung oder Änderung des Gesellschaftsvertrags einer höheren als der $^3/_4$-Mehrheit bedarf) Mehrheit wirksam gefassten Zustimmungsbeschluss der AB-GmbH zur Verschmelzung erkläre ich hiermit Widerspruch zur Niederschrift gem. § 29 Abs. 1 UmwG.

   b) Auf mein Recht, die Beschlüsse unter Punkt 1 und/oder die Erklärung unter 2.a) anzufechten bzw. Klage dagegen zu erheben, verzichte ich ausdrücklich und unwiderruflich.

....

[Unterschriften]

Formular A. 15.70c Handelsregisteranmeldung der übertragenden GmbH

An das

Amtsgericht ......

– Handelsregister –

HRB ...... Firma AB-GmbH in ......

Als einzelvertretungsberechtigter, persönlich haftender Gesellschafter der A&B-OHG mit Sitz in ...... (Amtsgericht ......, HRA-Nr. ......) melde ich gem. § 16 Abs. 1 Satz 2 UmwG als vertretungsberechtigtes Organ des übernehmenden Rechtsträgers A&B-OHG die Verschmelzung der Gesellschaft als übertragender Rechtsträger zur Eintragung in das Register des Sitzes der Gesellschaft an.

Die Gesellschaft ist auf Grund des Verschmelzungsvertrags vom ......, des Beschlusses der Gesellschafterversammlung der Gesellschaft vom ...... und des Beschlusses der Gesellschafterversammlung der A&B-OHG mit Sitz in ...... vom ...... mit der A&B-OHG durch Aufnahme verschmolzen worden (§ 2 Nr. 1 UmwG).

Als Anlagen füge ich bei:

I. Notariell beglaubigte Abschrift des Verschmelzungsvertrags vom ...... (UrkR-Nr...... des Notars ......);

II. Notariell beglaubigte Abschrift der Niederschriften der Gesellschafterversammlungen vom ...... (UrkR-Nr. ...... des Notars ......) der übernehmenden A&B-OHG und der übertragenden AB-GmbH nebst Anlagen;

III. Die von sämtlichen Geschäftsführern unterzeichnete Schlussbilanz der AB-GmbH zum 31.12.01 mit Anhang, versehen mit einem uneingeschränkten Bestätigungsvermerk des Abschlussprüfers ...... vom ......;

IV. Nachweise gem. § 17 Abs. 1 UmwG über die rechtzeitige (bzw. unter Verzicht auf die Rechtzeitigkeit) Zuleitung des Verschmelzungsvertrags an die Betriebsräte der AB-GmbH und der A&B-OHG;

V. Verschmelzungsbericht der übertragenden AB-GmbH vom ......;

VI. Prüfungsbericht des Wirtschaftsprüfers ...... vom ......, beinhaltend auch die Angemessenheit der angebotenen Barabfindung (§ 30 Abs. 2 Satz 1 UmwG).

Nach Vollzug bitte ich um Eintragungsnachricht und um Übermittlung je eines beglaubigten Handelsregisterauszugs an die Gesellschaft und an den beglaubigenden Notar.

................................, den ......

....

[Unterschrift A oder B]

....

[Beglaubigungsvermerk]

Formular A. 15.70d Handelsregisteranmeldung der übernehmenden OHG

An das

Amtsgericht

– Handelsregister –

HRA ...... Firma A&B-OHG in ......

Als sämtliche persönlich haftende Gesellschafter der A&B-OHG mit Sitz in ...... melden wir an:

1. Die Verschmelzung der AB-GmbH mit Sitz in ...... (Amtsgericht ......, HRB-Nr. ......) als übertragender Rechtsträger auf die Gesellschaft als übernehmender Rechtsträger gem. § 2 Nr. 1 UmwG zur Eintragung in das Register des Sitzes der Gesellschaft.

   Die AB-GmbH ist auf Grund des Verschmelzungsvertrags vom ......, des Beschlusses der Gesellschafterversammlung der Gesellschaft vom ...... und des Beschlusses der Gesellschafterversammlung der AB-GmbH mit Sitz in ...... vom ...... durch Aufnahme durch die Gesellschaft auf diese verschmolzen worden (§ 2 Nr. 1 UmwG).

   Ferner melden wir an:

2. Herr C ...... *[Beruf, Wohn- bzw. Geschäftsadresse]* tritt mit Eintragung der Verschmelzung der Gesellschaft als Kommanditist mit einer Einlage von € ...... bei.

3. Die Firma ist geändert in: A&B KG.

Als Anlagen fügen wir bei.

I.   Notariell beglaubigte Abschrift des Verschmelzungsvertrags vom ...... (UrkR-Nr. ...... des Notars ......);

II. Notariell beglaubigte Abschrift der Niederschriften der Gesellschafterversammlungen vom ...... (UrkR-Nr. ...... des Notars ......) der übernehmenden A&B-OHG und der übertragenden AB-GmbH nebst Anlagen;

III. Nachweise über die rechtzeitige (bzw. unter Verzicht auf die Rechtzeitigkeit) Zuleitung des Verschmelzungsvertrags an die Betriebsräte der AB-GmbH und der A&B-OHG gem. § 17 Abs. 1 UmwG;

IV. Verschmelzungsbericht der übertragenden AB-GmbH vom ......;

V.   Prüfungsbericht der ......, beinhaltend auch die Angemessenheit der angebotenen Barabfindung (§ 30 Abs. 2 Satz 1 UmwG).

Nach Vollzug bitten wir um Eintragungsnachricht und um Übermittlung je eines beglaubigten Handelsregisterauszugs an die Gesellschaft und an den beglaubigenden Notar.

.............................., den ......

....

[Unterschriften A und B]

....

[Beglaubigungsvermerk]

II. ERLÄUTERUNGEN

> **Erläuterungen zu A. 15.70 Verschmelzungsvertrag**

1. Grundsätzliche Anmerkungen

a) Wirtschaftliches Vertragsziel

1   Die diesem Formular zugrundeliegende Verschmelzung bezweckt die Überführung des gesamten Vermögens einer GmbH auf die in der Rechtsform einer Personenhandelsgesellschaft geführte Hauptgesellschafterin im Wege der **Gesamtrechtsnachfolge** unter Ausschluss der Abwicklung. Dabei werden grds. alle Gesellschafter des übertragenden Rechtsträgers auch Gesellschafter der übernehmenden Personenhandelsgesellschaft.

Motive für die Umwandlung können zB sein:

– die Vermeidung der Mitbestimmung in der Rechtsform der übernehmenden Personenhandelsgesellschaft (Unanwendbarkeit des MitbestG und DrittelbG auf Personenhandelsgesellschaften),

– steuerliche Überlegungen, zB **(1)** Durchschleusen von steuerfreien Einkünften bzw. von Steuervergünstigungen wie zB Investitionszulagen und freigestellter Einkünfte von ausländischen Betriebsstätten, **(2)** die Erreichung des durch das StSenkErgG eingeführten ermäßigten (ab 04 steuerpflichtig: 56%) Steuersatzes nach § 34 Abs. 3 EStG im Anschluss an eine Umwandlung in eine Personengesellschaft (s. A. 3.00 Rz. 3), **(3)** die pauschalierte Anrechnung der Gewerbesteuer nach § 35 EStG auf die Einkommensteuer sowie **(4)** die Durchschleusung von Verlusten der Gesellschaft, und zwar sowohl von laufenden Verlusten als auch evtl Veräußerungsverlusten auf Gesellschafterebene.

Der Vorteil der Verschmelzung gegenüber der Veräußerung des Geschäftsbetriebs durch die GmbH an die Personenhandelsgesellschaft und die anschließende Liquidation der GmbH liegt neben der steuerlichen Neutralität in dem Vermögensübergang auf Grund Gesamtrechtsnachfolge (keine Einzelrechtsübertragungen, keine Zustimmung von Gläubigern, keine Liquidation und Abwicklung notwendig) und in der Möglichkeit der **Firmenfortführung** (§ 18 UmwG).

b) Zivilrecht

Die Verschmelzung einer GmbH als übertragender Rechtsträger ist nach dem 2 UmwG auf eine Personenhandelsgesellschaft als übernehmender Rechtsträger möglich, und zwar
– im Wege der Verschmelzung durch Aufnahme einer oder mehrerer übertragender GmbHs gem. § 2 Nr. 1 UmwG oder
– im Wege der Verschmelzung durch Neugründung durch Verschmelzung zweier oder mehrerer übertragender GmbHs auf eine dadurch neugegründete Personenhandelsgesellschaft gem. § 2 Nr. 2 UmwG (Verschmelzung im Wege einer Neugründung).

Diesem Formular liegt die **Verschmelzung durch Aufnahme** eines übertragenden Rechtsträgers durch eine Personenhandelsgesellschaft gem. § 2 Nr. 1 UmwG zugrunde; es werden 91 % der Anteile an der übertragenden GmbH von der übernehmenden Personenhandelsgesellschaft gehalten; das Formular lässt sich aber entsprechend auch auf Abwandlungen anwenden, in denen 1) die übernehmende Personenhandelsgesellschaft nicht an der übertragenden GmbH beteiligt ist oder 2) die übernehmende Personenhandelsgesellschaft alle Geschäftsanteile der übertragenden GmbH hält (in diesem Fall entfällt jegliche Gegenleistung und somit ein Barabfindungsangebot) oder 3) die Verschmelzung der übertragenden GmbH auf eine natürliche Person als Alleingesellschafter (§ 3 Abs. 2 Nr. 2 UmwG). Somit ist eine Verschmelzung auf einen nichtkaufmännischen Alleingesellschafter nicht ausgeschlossen, sondern wird mit Eintragung im Register der übertragenden Gesellschaft wirksam (§ 122 Abs. 2 UmwG; BGH II ZB 18/97 v. 4.5.98, DB 98, 1607; *Lutter/Lutter/Drygala* § 3 UmwG Rz. 11).

Zu den Voraussetzungen der Verschmelzung im Allgemeinen und bzgl. eines über- 3 tragenden Rechtsträgers in der Rechtsform einer GmbH im Besonderen, vgl. A. 15.63 Rz. 4 ff., 40 ff. und 70 ff.

Bei einer **Personenhandelsgesellschaft als übernehmender Rechtsträger** ergeben sich folgende Besonderheiten:

Übernehmender Rechtsträger kann nur eine Personenhandelsgesellschaft (sowie 4 eine Partnerschaftsgesellschaft iSd. § 3 Abs. 1 Nr. 1 iVm. §§ 45a–45e UmwG) sein. Zu den Personenhandelsgesellschaften gehören auch die Kapitalgesellschaften & Co., zB GmbH & Co. KG. Eine BGB-Gesellschaft ist wegen des abschließenden Charakters des § 3 UmwG kein verschmelzungsfähiger Rechtsträger (*Lutter/Lutter/Drygala* § 3 UmwG Rz. 5).

Nicht möglich ist, dass Anteilsinhaber des übertragenden Rechtsträgers (die nicht 5 gleichzeitig übernehmende Rechtsträger sind) im Rahmen der Verschmelzung nicht Gesellschafter des übernehmenden Rechtsträgers werden: Selbst ein der Verschmelzung im Rahmen der Beschlussfassung in der Gesellschafterversammlung des übertragenden Rechtsträgers widersprechender Minderheitsgesellschafter wird somit auf Grund der Verschmelzung zunächst Kommanditist der übernehmenden Personenhandelsgesellschaft; er kann aber durch Annahme des **Barabfindungsangebots** innerhalb von zwei Monaten nach Bekanntmachung der Verschmelzung den **Austritt** aus der übernehmenden Personenhandelsgesellschaft erklären (§ 29 Abs. 1 Satz 3 iVm. § 31 UmwG). Soll ein Minderheitsgesellschafter des übertragenden Rechtsträgers im Rahmen der Verschmelzung nicht mehr an der übernehmenden Personenhandelsgesellschaft beteiligt sein, müsste also ein anderer Gesellschafter dessen Geschäftsanteile vor Fassung des Zustimmungsbeschlusses in der Gesellschafterversammlung des übertragenden Rechtsträgers erwerben oder dieser vorher ausscheiden.

6 Bei der Verschmelzung auf eine Personenhandelsgesellschaft ist Folgendes notwendig:

– Abschluss eines notariell beurkundeten Verschmelzungsvertrags (zum Mindestinhalt s. Rz. 45 ff.);

– Übermittlung des Verschmelzungsvertrags oder dessen Entwurfs an sämtliche Betriebsräte des übertragenden und des übernehmenden Rechtsträgers mindestens einen Monat vor Fassung des Zustimmungsbeschlusses in der Gesellschafterversammlung des betreffenden Rechtsträgers, es sei denn, die Betriebsräte verzichten auf die Einhaltung der Monatsfrist (§ 5 Abs. 3 UmwG, vgl. dazu A. 15.63 Rz. 52);

– Verschmelzungsbericht bzgl. der übertragenden GmbH (nicht bzgl. der übernehmenden Personenhandelsgesellschaft, wenn deren Gesellschafter sämtlich auch zur Geschäftsführung berechtigt sind, vgl. § 41 UmwG), falls nicht sämtliche Gesellschafter der übertragenden GmbH in notariell beurkundeter Form auf die Vorlage von Verschmelzungsberichten verzichten (§ 8 Abs. 3 UmwG); vgl. zum Verschmelzungsbericht A. 15.63 Rz. 10 ff.;

– Verschmelzungsprüfung gem. §§ 9–12 UmwG zur Angemessenheit der vorgesehenen Mitgliedschaft bei dem übernehmenden Rechtsträger und zur Angemessenheit der anzubietenden Barabfindung gem. § 30 Abs. 2 Satz 1 UmwG (vgl. dazu A. 15.63 Rz. 13 ff.); die Verschmelzungsprüfung ist nur in folgenden Fällen entbehrlich:

  a) keiner der Gesellschafter der übertragenden GmbH verlangt gem. § 48 Satz 1 UmwG innerhalb einer Woche nach Erhalt der Unterlagen gem. § 47 UmwG die Durchführung einer Verschmelzungsprüfung und

  b) diejenigen Gesellschafter der übertragenden GmbH, denen ein Barabfindungsangebot zu machen ist (sog Berechtigte iSv. § 30 Abs. 2 Satz 3 UmwG), verzichten in notariell beurkundeter Form auf die Prüfung der Angemessenheit der anzubietenden Barabfindung (§ 30 Abs. 2 iVm. § 9 Abs. 3, § 8 Abs. 3 UmwG);

– Bericht über die Verschmelzungsprüfung gem. § 12 UmwG und die Angemessenheit der angebotenen Barabfindung gem. § 30 Abs. 2 UmwG; auf einen derartigen Prüfungsbericht kann bei vorher durchgeführter Prüfung auch isoliert verzichtet werden (§ 30 Abs. 2 Satz 3 und § 12 Abs. 3 iVm. § 8 Abs. 3 UmwG);

– Zustimmungsbeschlüsse der Gesellschafterversammlungen des übertragenden und des übernehmenden Rechtsträgers in jeweils notariell beurkundeter Form (§§ 13, 43 und 50 f. UmwG), vgl. dazu Rz. 67;

– Anmeldungen der Verschmelzung zu den Handelsregistern des übertragenden und übernehmenden Rechtsträgers nach Verstreichen der einmonatigen Anfechtungs- bzw. Klagefrist für die Gesellschafterbeschlüsse mit Abgabe der sog. Negativerklärung gem. § 16 Abs. 2 UmwG, falls nicht notariell beurkundete Verzichtserklärungen der klageberechtigten Anteilsinhaber vorgelegt werden können; bei der Anmeldung zum Register des übertragenden Rechtsträgers ist auch dessen der Verschmelzung zugrunde gelegte Schlussbilanz gem. § 17 Abs. 2 UmwG beizufügen, die in diesem Zeitpunkt auf einen höchstens acht Monate vor der Anmeldung liegenden Stichtag aufgestellt sein darf (vgl. zur Schlussbilanz und ihren Anforderungen A. 15.60 Rz. 7); s. dazu Rz. 68 f.

7 Zu einem Ablaufplan und den zeitlichen Voraussetzungen wird auf A. 15.63 Rz. 5 ff. verwiesen.

8, 9 *(frei)*

c) Steuerrecht

aa) Ertragsteuern

aaa) Grundzüge der Besteuerung des Verschmelzungsvorgangs

10 Die Ertragsbesteuerung des Verschmelzungsvorgangs spielt sich auf den folgenden drei Ebenen ab:

– Bei der übertragenden GmbH (§§ 3, 10 und 18 UmwStG),
– bei der übernehmenden Personenhandelsgesellschaft bzgl. der Ermittlung des Übernahmegewinns und Übernahmeverlusts (gem. §§ 4 Abs. 4–6, 6, 18 UmwStG), su. Rz. 16 ff. und
– auf der Ebene der Gesellschafter bzgl. der Zurechnung und Einkommensbesteuerung des Übernahmegewinns, der Besteuerung der offenen Rücklagen der übertragenden GmbH nach § 7 UmwStG und der Auswirkung eines restlichen Sperrbetrags iSv. § 50c EStG, s. dazu Rz. 16 ff., 21 ff.

bbb) Übertragende GmbH

Grds. hat die übertragende GmbH die übergehenden Wirtschaftsgüter, einschließ- **11** lich nicht entgeltlich erworbener und selbst geschaffener immaterieller Wirtschaftsgüter, in der steuerlichen Schlussbilanz mit dem gemeinen Wert anzusetzen. Auf Antrag können ausnahmsweise die übergehenden Wirtschaftsgüter einheitlich mit dem Buchwert oder einem höheren Wert, höchstens jedoch mit dem gemeinen Wert, angesetzt werden, soweit sie Betriebsvermögen der übernehmenden Personengesellschaft oder natürlichen Person werden, sichergestellt ist, dass sie später der Besteuerung mit Einkommensteuer oder Körperschaftsteuer unterliegen, das Recht der Bundesrepublik Deutschland hinsichtlich der Besteuerung des Gewinns aus der Veräußerung der übertragenen Wirtschaftsgüter bei den Gesellschaftern der übernehmenden Personengesellschaft oder bei der natürlichen Person nicht ausgeschlossen oder beschränkt wird und eine Gegenleistung nicht gewährt wird oder in Gesellschaftsrechten besteht.

Wird das in das Betriebsvermögen der OHG zu übertragende Vermögen in der **12** steuerlichen Schlussbilanz mit einem über dem Buchwert liegenden Wert angesetzt (Zwischenwert oder gemeinen Wert), sind die stillen Reserven in allen Wirtschaftsgütern dh., auch **originäre immaterielle Wirtschaftsgüter** (selbstgeschaffener Firmenwert sowie Patente etc.) aufzudecken (§ 3 Abs. 1 Satz 1 UmwStG).

Soweit eine Gewinnrealisierung bei der übertragenden Gesellschaft eintritt (sei es **13** durch Ausübung des Wahlrechts oder zwingend z.B. auf Grund Übergang in steuerliches Privatvermögen), unterliegt der Gewinn (sog. **Übertragungsgewinn**) grds. der **Gewerbe-** und **Körperschaftsteuer,** soweit nicht eine Verrechnung mit noch nicht ausgeglichenen Verlustvorträgen (Hinweis auf sog. Mindestbesteuerung nach § 10d EStG) bei der übertragenden GmbH vorgenommen werden kann. Ein danach verbleibender Verlustabzug geht im Rahmen der Verschmelzung unter (dh. geht nicht auf die übernehmende Personenhandelsgesellschaft über). Gleiches gilt für einen evtl. vorhandenen Zins- oder EBITDA-Vortrag nach § 4h EStG. Die aus dem Übertragungsgewinn resultierende Steuerbelastung (Gewerbe-, Körperschaftsteuer, Solidaritätszuschlag) ist in der steuerrechtlichen und handelsrechtlichen Schlussbilanz als Passivposten (Rückstellung) auszuweisen und vermindert so das übergehende Vermögen.

Für die Bewertung von **Pensionsverpflichtungen** gilt § 6a EStG (§ 3 Abs. 1 **14** Satz 2 UmwStG).

Ausstehende Einlagen bei der Kapitalgesellschaft sind in deren steuerlicher Schluss- **15** bilanz nicht zu berücksichtigen (UmwSt-Erl. 2011 BMF v. 11.11.11, BStBl. I 11, 1314, Tz. 03.05; **aA** *S/H/S/Schmitt* § 3 UmwStG Rz. 116).

ccc) Übernehmende Personenhandelsgesellschaft und deren Gesellschafter

Nach § 7 UmwStG werden allen Gesellschaftern der Überträgerin anteilig die offe- **16** nen Gewinnrücklagen" als Einkünfte iSd. § 20 Abs. 1 Nr. 1 EStG zugerechnet und zwar (seit dem SEStEG v. 7.12.06 (BGBl. I 06, 2782) ohne Unterscheidung bzgl. des steuerlichen Status der Anteile (s. Rz. 17 ff.). Zur Vermeidung einer doppelten Erfassung vermindert der Zurechnungsbetrag das Übernahmeergebnis (§ 4 Abs. 5 Satz 2 UmwStG).

(1) Grundfall: Buchwertfortführung nach § 3 Abs. 2 iVm. § 4 Abs. 1 UmwStG

17   Die übernehmende Personenhandelsgesellschaft hat das von der GmbH übernommene Betriebsvermögen mit den in der steuerlichen Schlussbilanz der GmbH ausgewiesenen Werten (§ 3 UmwStG) anzusetzen (§ 4 Abs. 1 UmwStG; zwingende **Wertverknüpfung**). Ein evtl. bestehendes Bewertungswahlrecht nach § 3 UmwStG übt also die übertragende Körperschaft aus. Das auf die Personenhandelsgesellschaft übergehende Betriebsvermögen (regelmäßig Stammkapital, Rücklagen, Bilanzgewinn und Übertragungsgewinn, abzüglich Gewerbesteuer, Körperschaftsteuer und Solidaritätszuschlag auf Übertragungsgewinn) ist in der OHG/KG im Verhältnis der Gewinn- und Verlustbeteiligung der Gesellschafter auf diese zu verteilen. Dies ist deshalb notwendig, weil der **Übernahmegewinn/-verlust** iSv. § 4 Abs. 4 Satz 1 UmwStG **(erster Stufe) für jeden** Mitunternehmer der übernehmenden Personenhandelsgesellschaft **getrennt zu ermitteln** und festzustellen ist (zB auch für Zwecke des § 4 Abs. 7 UmwStG).

18   Bei einer Verschmelzung auf eine Personenhandelsgesellschaft als übernehmende Alleingesellschafterin kann der für die Ermittlung des Übernahmegewinns/-verlusts maßgebliche **Buchwert** unmittelbar aus deren Bilanz einschließlich der **Ergänzungsbilanz** des betreffenden Gesellschafters hergeleitet werden. Buchwert ist dann der Wert, mit dem die Anteile nach den steuerrechtlichen Vorschriften über die Gewinnermittlung in einer für den steuerlichen Übertragungsstichtag aufzustellenden Steuerbilanz anzusetzen sind (vgl. § 4 Abs. 4 Satz 1 UmwStG, mit erweiterter Wertaufholung nach § 4 Abs. 1 Satz 2 UmwStG).

19   Soweit **Anteile an der übertragenden Körperschaft am Verschmelzungsstichtag** (= steuerlicher Übertragungsstichtag) **zu einem anderen inländischen Betriebsvermögen** eines Gesellschafters der übernehmenden Personenhandelsgesellschaft **gehören,** gelten sie auf Grund der Einlagefiktion des § 5 Abs. 3 UmwStG als zum Buchwert mit entsprechenden Anpassungen zB für frühere Abschreibungen (vgl. § 5 Abs. 3 Satz 1 und 2 UmwStG) in das Betriebsvermögen der übernehmenden Personengesellschaft zum Übertragungsstichtag eingelegt.

20   Für Anteile, die die übernehmende Personengesellschaft **nach dem steuerlichen Übertragungsstichtag** angeschafft hat, und für Abfindungszahlungen an ausscheidende Anteilseigner ist der Übernahmegewinn und -verlust so zu ermitteln, als wären die Anteile am Übertragungsstichtag (= Verschmelzungsstichtag) angeschafft worden und/oder als wäre der betreffende Anteilseigner am Übertragungsstichtag (= Verschmelzungsstichtag) abgefunden worden (§ 5 Abs. 1 UmwStG).

21   Ein Übernahmegewinn/Übernahmeverlust erhöht/vermindert sich gem. § 4 Abs. 5 Satz 2 UmwStG um den restlichen Sperrbetrag iSd. § 50c Abs. 4 EStG und Beträge nach § 7 UmwStG (**Erhöhungsbeträge** zur Ermittlung des **Übernahmeergebnisses zweiter Stufe**).

22   *(frei)*

23   Ein positiver **Übernahmegewinn** zzgl. der Erhöhungsbeträge gem. § 4 Abs. 5 Satz 1 UmwStG unterliegt der folgenden **Besteuerung:**
   – Er unterliegt bei der übernehmenden Personengesellschaft nicht der Gewerbesteuer (§ 18 Abs. 2 UmwStG). Im Zusammenhang mit der Gewerbesteuerfreistellung des Übernahmegewinns durch § 18 Abs. 2 UmwStG ist auch **die Missbrauchsvermeidungsregelung des § 18 Abs. 3 UmwStG** zu beachten.
   – Nach § 4 Abs. 7 UmwStG ist bzgl. eines positiven **Übernahmegewinns wie folgt** zu **unterscheiden:**
   – Soweit der Übernahmegewinn (in dem hier nicht vorliegenden Fall, dass an der übernehmenden A&B-OHG eine Kapitalgesellschaft beteiligt ist) auf eine Kapitalgesellschaft entfällt gilt § 8b KStG.

– Soweit der Übernahmegewinn (wie im vorliegenden Fall) auf eine natürliche Person entfällt gilt § 3 Nr. 40 Satz 1 und 2 EStG und § 3c EStG. 60% dieses einer natürlichen Person zuzurechnenden Übernahmegewinns, unterliegen dann zwar der Einkommensteuer, aber auch weiterhin nicht der Gewerbesteuer (§ 18 Abs. 2 Satz 1 UmwStG).

Ein **Übernahmeverlust** bleibt außer Ansatz, soweit er auf eine Körperschaft, Personenvereinigung oder Vermögensmasse als Mitunternehmer entfällt (vgl. § 4 Abs. 6 Satz 3 UmwStG). In den übrigen Fällen ist er zu 60%, höchstens in Höhe von 60% der Bezüge iSv. § 7 UmwStG zu berücksichtigen (§ 4 Abs. 6 Satz 4 UmwStG; Hinweis auf die Einschränkungen nach § 4 Abs. 6 Satz 5 UmwStG; die beschränkte Abziehbarkeit des Übernahmeverlustes ist selbst dann verfassungsgemäß, wenn keine Bezüge i.S.v. § 7 UmwStG vorhanden sind, BFH IV R 37/13 v. 22.10.15, BFH/NV 16, 667). **24**

Ein **Übernahmegewinn mindert** oder ein **Übernahmeverlust erhöht** sich um die Bezüge, die nach **§ 7 UmwStG** zu den Einkünften iSv. § 20 Abs. 1 Nr. 1 EStG gehören (§ 4 Abs. 5 Satz 2 UmwStG). **25**

Die übernehmende Personengesellschaft tritt in die steuerliche Rechtsstellung der übertragenden Gesellschaft ein, insbesondere bzgl. der Bewertung der übernommenen Wirtschaftsgüter, der **Absetzungen für Abnutzung** und der den Gewinn mindernden Rücklagen (§ 4 Abs. 2 und 3 UmwStG). **26**

(2) Sonderfallgruppen

Anteile an der Übertragerin im steuerlichen Privatvermögen. Stellt die Beteiligung eine sog. **qualifizierte** (bis 2001: „wesentliche") **Beteiligung iSd. § 17 Abs. 1 EStG** (§ 5 Abs. 2 UmwStG) dar **oder** handelt es sich um „alte" sog. **einbringungsgeborene Anteile iSd. § 21 UmwStG 1995** (§ 5 Abs. 4 UmwStG 1995 iVm. § 27 Abs. 3 Nr. 1 UmwStG), so gelten diese Anteile „für die Ermittlung des Gewinns" (dh. des Übernahmegewinns bzw. Übernahmeverlusts iSv. § 4 Abs. 4 UmwStG) als zu den Anschaffungskosten zum Übernahmestichtag (Verschmelzungsstichtag) in das steuerliche Betriebsvermögen der übernehmenden Personengesellschaft eingelegt; es gelten damit im Ergebnis auch hierfür die vorstehend (s. Rz. 17ff.) für Anteile im Betriebsvermögen dargestellten Grundsätze. **27**

Nicht qualifizierte Beteiligung im Privatvermögen. Für **andere Anteile des Privatvermögens,** die am Übertragungsstichtag (Verschmelzungsstichtag) nicht zu einem Betriebsvermögen eines unbeschränkt steuerpflichtigen Gesellschafters der übernehmenden Personengesellschaft gehören, und die weder eine qualifizierte Beteiligung iSd. § 17 Abs. 1 EStG noch alte einbringungsgeborene Anteile iSd. § 21 UmwStG sind, enthält das UmwStG **keine Einlagefiktion.** Insoweit kann sich also auf Grund der fehlenden Einlagefiktion kein Übernahmegewinn oder Übernahmeverlust (erster Stufe) ergeben. Diesen Gesellschaftern werden gem. § 7 UmwStG die sog. „offenen Rücklagen" anteilig als Einkünfte aus Kapitalvermögen zugerechnet (s. Rz. 16). **28**

Auf die gem. § 7 UmwStG steuerpflichtigen Einkünfte aus Kapitalvermögen fällt Einkommensteuer und Kapitalertragsteuer an (ab VZ 2009 Abgeltungsteuer). Für die ESt ist keine Stundungsmöglichkeit gegeben. **29**

Gestaltungshinweis für nicht qualifiziert Beteiligte, die ihre Anteile vor dem 1.1.09 erworben haben: Vor Verschmelzungsstichtag steuerfreie Veräußerung der Beteiligung. **30**

(frei) **31–40**

Übernahmefolgegewinn. Entsteht aus der Konfusion von Forderungen und Verbindlichkeiten zwischen übertragender GmbH und übernehmender Personengesellschaft ein Gewinn (auf Grund imparitätischen Ansatzes von Forderungen oder der Auflösung von Rückstellungen), so entsteht ein sog. Übernahmefolgegewinn iSv. § 6 Abs. 1 UmwStG bei der übernehmenden Personengesellschaft. **41**

Ein Übernahmefolgegewinn kann in dem Wj., in das der steuerliche Übertragungs-stichtag fällt, durch eine **steuerfreie Rücklage** neutralisiert werden. Die Möglichkeit der Rücklagenbildung entfällt allerdings, wenn die Übernehmerin den auf sie überge-gangenen Betrieb innerhalb von fünf Jahren nach dem steuerlichen Übertragungsstich-tag in eine Kapitalgesellschaft einbringt oder ohne triftigen Grund veräußert oder auf-gibt (§ 6 Abs. 3 UmwStG). Die Rücklage ist gem. § 6 Abs. 1 Satz 2 UmwStG in den folgenden drei Wj. gleichmäßig gewinnerhöhend aufzulösen.

42   **Steuerliche Rückbeziehung.** Gemäß § 2 Abs. 1 UmwStG sind Einkommen und Vermögen der übertragenden GmbH sowie der übernehmenden Personengesellschaft so zu ermitteln, als ob das Vermögen der übertragenden GmbH mit Ablauf des Verschmel-zungsstichtags auf die Übernehmerin übergegangen wäre. Dies ist der Tag, auf den die handelsrechtliche Schlussbilanz der übertragenden GmbH aufgestellt ist. Die steuerliche Schlussbilanz darf auf einen höchstens acht Monate vor der Anmeldung liegenden Stich-tag aufgestellt sein (§ 17 Abs. 2 UmwG). Dies gilt auch für die Gewerbesteuer (§ 2 Abs. 1 Satz 2 UmwStG) und im vorliegenden Fall der Verschmelzung auf eine Personengesell-schaft auch für das Einkommen der Gesellschafter (§ 2 Abs. 2 UmwStG). War die über-nehmende Personengesellschaft bzw. einer ihrer Gesellschafter am Verschmelzungs-stichtag noch gar nicht existent (zB im Falle der Neugründung einer Kapitalgesellschaft, bzw. bei Erwerb von Anteilen an der Übertragerin oder der Übernehmerin nach dem Verschmelzungsstichtag), so ist für diese gleichwohl eine Steuerveranlagung für den Ver-anlagungszeitraum durchzuführen, in den der Verschmelzungsstichtag fällt (§ 2 Abs. 1 UmwStG). Hinweis auch auf die neue Verrechnungsbeschränkung für positive Ein-künfte des übertragenden Rechtsträgers im Rückwirkungszeitraum gem § 2 Abs. 4 Sätze 3 bis 6 UmwStG idF nach dem AmtshilfeRLUmsG v. 26.6.13 (BGBl. I 13, 1809; vgl. auch *Viebrock* DStR 13, 1364). Beachte: verlängerte Rückwirkungsfristen in 2020 und 2021 aufgrund der COVID-19-Pandemie.

Die steuerliche Rückwirkung **ist obligatorisch** (kein Wahlrecht zur Anwendung von § 2 UmwStG, anders als bei Einbringung in eine Kapitalgesellschaft gem. § 20 Abs. 5 UmwStG).

bb) Verkehrsteuern

aaa) Umsatzsteuer

43   Die Verschmelzung auf eine Personengesellschaft ist nicht umsatzsteuerbar (§ 1 Abs. 1a UStG). Die übernehmende Personengesellschaft tritt auf Grund der Gesamt-rechtsnachfolge in die Rechtsstellung der übertragenden Kapitalgesellschaft ein.

bbb) Grunderwerbsteuer

44   Soweit zum Vermögen der übertragenden GmbH Grundstücke oder grundstücks-gleiche Rechte gehören, löst die Verschmelzung Grunderwerbsteuer gem. § 1 Abs. 1 Nr. 3 GrEStG aus. Besteuerungsbasis ist im Ergebnis der sog. Bedarfswert iSd. § 138 Abs. 2 bis 4 BewG der Grundstücke (§ 8 Abs. 2 Satz 1 Nr. 2 GrEStG). Zur Verfas-sungswidrigkeit der Bedarfsbewertung für Grunderwerbsteuerzwecke, vgl. BFH II R 64/08 v. 27.5.09, BStBl. II 09, 856 und BVerfG 1 BvL 13/11, 1 BvL 14/11 v. 23.6.15, BStBl. II, 15, 871 und hierzu OFD NRW v. 24.7.15, BeckVerw 313036. Mit StÄndG 2015 v. 2.11.15 (BGBl. I 15, 1834) ist der Verweis in § 8 Abs. 2 GrEStG dahingehend geändert worden, dass nunmehr die sog. **Erbschaftsteuerwerte** Ersatz-bemessungsgrundlage sind. Die Neuregelung ist auf alle Erwerbsvorgänge nach dem 31.12.08 anzuwenden (vgl. Gleichl. Ländererlasse v. 16.12.15, BStBl. I 15, 1082; *Loose* DB 16, 75; *Schade* DStR 16, 657). Grunderwerbsteuer kann auch ausgelöst werden, wenn die übertragende GmbH an grundbesitzenden Kapital- oder Personengesell-schaften beteiligt war (§ 1 Abs. 2a und 3 GrEStG). Hinweis auch auf §§ 1 Abs. 3a und 6a GrEStG idF des AmtshilfeRLUmsG v. 26.6.13 (BGBl. I 13, 1809); vgl. hierzu Gleichl. Ländererlasse v. 9.10.13, BStBl. I 13, 1364 und 1375; *Behrens* DStR 13, 2726.

Aufgrund der neuen, sehr weiten Auslegung der Regelung durch den BFH ist jeweils auch zu prüfen, ob eine Vergünstigung nach § 6a GrEStG in Betracht kommt (zur BFH-Rspr. *Loose* DB 20, 919).

2. Einzelerläuterungen

a) Die Regelungen im Einzelnen

Der Verschmelzungsvertrag wird zwischen der übertragenden AB-GmbH (vertreten **45** durch deren Geschäftsführer in vertretungsberechtigter Zahl; Prokura alleine ist nicht ausreichend, vgl. *W/M/Mayer* § 4 UmwG Rz. 39) und der übernehmenden A&B-OHG (vertreten durch einen ihrer persönlich haftenden Gesellschafter) abgeschlossen. Er ist **notariell zu beurkunden** (§ 6 UmwG). Der Mindestinhalt des Verschmelzungsvertrags ergibt sich aus § 5 Abs. 1 und 2 UmwG im Allgemeinen und bzgl. der übertragenden AB-GmbH aus §§ 46 ff. UmwG sowie in Bezug auf die übernehmende A&B-OHG aus §§ 40 ff. UmwG (zu den Besonderheiten bei einer Personenhandelsgesellschaft als Übernehmerin s. Rz. 47 ff.).

Zu § 1: Vermögensübertragung und Verschmelzungsstichtag

Abs. 1 des Verschmelzungsvertrags entspricht den Anforderungen von § 5 Abs. 1 **46** Nr. 1 und 2 UmwG (anzugeben: Firma und Sitz der an der Verschmelzung beteiligten Rechtsträger sowie Vereinbarung über die **Übertragung des Vermögens** des übertragenden Rechtsträgers als Ganzes auf den übernehmenden Rechtsträger).

Abs. 2 des Vertrags entspricht der Anforderung des § 5 Abs. 1 Nr. 6 UmwG zur Angabe des Verschmelzungsstichtags. Zivilrechtlich geht das Vermögen der übertragenden AB-GmbH erst im Zeitpunkt der Eintragung der Verschmelzung in das Register des Sitzes der übernehmenden A&B-OHG auf diese über (§ 20 Abs. 1 Nr. 1 UmwG).

Abs. 3 des Verschmelzungsvertrags wird aus Praktikabilitätsgründen empfohlen: Obwohl gem. § 5 Abs. 1 Nr. 6 im Verschmelzungsvertrag nur der Verschmelzungsstichtag festzulegen ist, ist auf den vorangehenden Tag aber regelmäßig die Schlussbilanz der übertragenden AB-GmbH aufzustellen und ihrer Anmeldung zum Register gem. § 17 Abs. 2 UmwG beizufügen. Da für die Schlussbilanz gem. § 17 Abs. 2 Satz 2 UmwG die Vorschriften über die Jahresbilanz und deren Prüfung (mit Ausnahme der Bekanntmachung, vgl. § 17 Abs. 2 Satz 3 UmwG) entsprechend gelten, ist (neben der Aufstellung und Unterschrift durch sämtliche Geschäftsführer und der Erstellung des Anhangs) – je nach Größe gem. § 267 HGB – eine Abschlussprüfung erforderlich.

Zu § 2: Gegenleistung und Barabfindungsangebot

In **Abs. 1** des Verschmelzungsvertrags wird klargestellt, dass auf Grund der Ver- **47** schmelzung insoweit keine Gegenleistung zu gewähren ist, als die übernehmende A&B-OHG an der übertragenden AB-GmbH beteiligt ist.

In **Abs. 2** wird entsprechend der Anforderung von § 40 Abs. 2 UmwG iVm. § 5 **48** Abs. 1 Nr. 3 und 5 UmwG die dem Gesellschafter C zu gewährende Gegenleistung in Form einer **Kommanditbeteiligung** an der übernehmenden A&B-OHG (die damit zur KG wird) geregelt. C ist die Stellung eines Kommanditisten zu gewähren (§ 40 Abs. 2 Satz 1 UmwG), es sei denn C würde im Rahmen der Zustimmung zum Verschmelzungsbeschluss des übertragenden Rechtsträgers eine Stellung als weiterer persönlich haftender Gesellschafter annehmen (§ 40 Abs. 2 Satz 2 UmwG).

Die Einräumung der Stellung eines Kommanditisten mit Angabe des Betrags seiner Einlage ist im Verschmelzungsvertrag gem. § 40 Abs. 1 Sätze 1 und 2 UmwG festzusetzen; damit ist gleichzeitig die nach § 5 Abs. 1 Nr. 3 UmwG erforderliche Angabe über die Mitgliedschaft bei dem übernehmenden Rechtsträger erfüllt. Schließlich ist nach § 5 Abs. 1 Nr. 5 UmwG auch der Zeitpunkt zu bestimmen, ab dem die Mitgliedschaft als Kommanditist an der A&B-KG für C ein Anteil am Bilanzgewinn zu gewähren ist; hierfür ist entsprechend der Regelung im Innenverhältnis der Zeitpunkt nach Ablauf des Verschmelzungsstichtags bestimmt, weil gem. § 1 Abs. 2 des Verschmelzungsvertrags ab diesem Zeitpunkt alle Geschäfte und Handlungen der übertragenden AB-GmbH als für Rechnung der übernehmenden A&B-OHG/KG vorgenommen gelten. Im Außenverhältnis entsteht die Kommanditbeteiligung aber erst mit Eintragung der Verschmelzung im Register der übernehmenden A&B-OHG (die dann zu einer KG wird, vgl. § 20 Abs. 1 Nr. 3 UmwG).

49 Abs. 3–5 des Verschmelzungsvertrags beinhalten die sich aus der Verpflichtung eines Barabfindungsangebots gem. § 29 Abs. 1 Sätze 1 und 3 UmwG ergebenden Regelungen. Das **Barabfindungsangebot** ist zwingend, der Berechtigte kann aber auf es verzichten. Die Annahme des Barabfindungsangebots ist mit einer Austrittserklärung aus der A&B-KG zu verknüpfen (§ 29 Abs. 1 Satz 3 UmwG). Bei Ausscheiden erlischt die Beteiligung und der Anteil wächst dem Vermögen der Gesellschaft an. Folglich wird C auch bei Widerspruch zur Niederschrift zum Zustimmungsbeschluss des übertragenden Rechtsträgers mit Eintragung der Verschmelzung im Register der übernehmenden A&B-Personengesellschaft (die damit zu einer Kommanditgesellschaft wird) zunächst Kommanditist des übernehmenden Rechtsträgers (§ 20 Abs. 1 Nr. 3 UmwG). Erst durch Annahme des Barabfindungsangebots, die als Austrittserklärung wirkt, scheidet er gegen Barabfindung wieder aus. Um dieses Verfahren abzukürzen, ist abweichend von § 31 UmwG in § 2 Abs. 5 des Verschmelzungsvertrags vorgesehen, dass C das Barabfindungsangebot bereits vor der Eintragung und deren Bekanntmachung annehmen kann; dann wird die Austrittserklärung aufschiebend bedingt mit dem Beitritt zur übernehmenden A&B-Personengesellschaft mit Eintragung auszulegen sein. Um auch dieses Verfahren zu vermeiden, könnte C vor Fassung des Zustimmungsbeschlusses seinen Geschäftsanteil an der übertragenden AB-GmbH entgeltlich (zum Barabfindungspreis) an die übernehmende A&B-OHG veräußern. Dann würden auch die zweimalige Änderung der Firma und der Rechtsform des übernehmenden Rechtsträgers, nämlich mit Eintragung in eine KG und mit Austritt des C aus der KG wieder zurück in eine OHG (s. Rz. 5), sowie ein steuerpflichtiger Veräußerungsgewinn vermieden werden.

50 Die Ausführungen in **Abs. 6 und 7** des Verschmelzungsvertrags erfolgen vorsorglich auf Grund der Bestimmungen des § 5 Abs. 1 Nr. 7 und 8 UmwG, vgl. dazu A. 15.63 Rz. 48 f.

Zu § 3: Folgen für Arbeitnehmer

51 Die Bestimmungen entsprechen der Anforderung in § 5 Abs. 1 Nr. 9 UmwG als weiterer Mindestinhalt; vgl. dazu A. 15.60 Rz. 34 und A. 15.63 Rz. 50 ff.

Zu § 4: Sonstige Regelungen

52 **Abs. 1 und 2** werden aus Praktikabilitätsgründen und zur Klarstellung im Verschmelzungsvertrag empfohlen: Die Firmenänderung (vgl. § 18 UmwG) über die Anpassung an die geänderte Rechtsform bedarf eines Beschlusses der Gesellschafter der übernehmenden Personengesellschaft.

53, 54 *(frei)*

b) Ertragsteuerfolgen der Verschmelzung (mit Zahlenbeispielen)

55 Die AB-GmbH hat ein voll eingezahltes Stammkapital von 100.000,– € sie hat offene Rücklagen von € 60.000,– sowie stille Reserven von € 100.000,– (davon Firmenwert € 50.000,–). Dies ergibt einen Verkehrswert von € 260.000,– (€ 100.000,– Stammkapital + € 60.000,– offene Rücklagen + € 100.000,– stille Reserven), der zur Vereinfachung auch dem Ertragswert nach Unternehmensbewertungsgrundsätzen entsprechen solle. Am Kapital der AB-GmbH sind beteiligt:
– die A&B-OHG mit einem Nominalkapital von € 91.000,–, das diese erst kürzlich zu € 236.600,– (91 % von € 260.000,–) angeschafft hat;

– Herr C mit einem Geschäftsanteil von € 9.000,–, den er im Privatvermögen hält. Es handelt sich um eine qualifizierte Beteiligung (dh. um eine Beteiligung iSv. § 17 Abs. 1 EStG), die dieser vor Jahren entgeltlich zu € 9.000,– erworben hat.

Die Gesellschafter der A&B-OHG, die allesamt unbeschränkt einkommensteuerpflichtig sind, beabsichtigen in dem Fall dieses Formulars, die AB-GmbH auf die A&B-OHG zu verschmelzen. Herr C soll Kommanditist werden. Ihm muss aber gem. § 29 Abs. 1 Satz 1 und Satz 3 UmwG eine Barabfindung angeboten werden; diese wurde auf € 23.400,– (9% von € 260.000,–) festgesetzt (vgl. § 2 Abs. 4 des Verschmelzungsvertrags).

aa) Übertragende AB-GmbH

Die AB-GmbH kann in ihrer steuerlichen Schlussbilanz die auf die A&B-OHG **56** übergehenden Wirtschaftsgüter unter den Voraussetzungen des § 3 Abs. 2 UmwStG, die hier vorliegen sollen, mit dem Buchwert ansetzen. Damit wird auf der Ebene der AB-GmbH eine Gewinnrealisierung vermieden.

bb) Übernehmende Personengesellschaft A&B-OHG/KG

Die übernehmende A&B-OHG/KG hat das übergehende Betriebsvermögen der **57** AB-GmbH gem. § 4 Abs. 1 UmwStG mit den in der steuerlichen Schlussbilanz gem. § 3 UmwStG ausgewiesenen Werten zu übernehmen (Buchwertverknüpfung). Das übergehende Nettobetriebsvermögen beträgt bei der zwingenden Wertverknüpfung € 160.000,–. Dieses Nettovermögen ist im Verhältnis der Gewinn- und Verlustbeteiligung der A&B-OHG zu 91% für die Ermittlung deren Übernahmeverlusts/-gewinns iSd. § 4 Abs. 4 bis 7 UmwStG zuzurechnen. Auf die A&B-OHG entfällt somit € 145.600,– übergehendes Betriebsvermögen. Diesem Wert sind die Anschaffungskosten der A&B-OHG von € 236.600,– gegenüberzustellen. Daraus ergibt sich ein Übernahmeverlust iSv. § 4 Abs. 4 UmwStG von € 91.000,–.

Nach **§ 7 Satz 1 UmwStG** ist dem Anteilseigner der Teil des in der Steuerbilanz ausgewiesenen Eigenkapitals (hier € 100.000,– Nominalkapital zzgl. € 60.000,– offene Rücklagen) abzüglich des Bestands des steuerlichen Einlagekontos im Sinne des § 27 KStG, der sich nach Anwendung des § 29 Abs. 1 KStG ergibt (hier angenommen € 0), in dem Verhältnis der Anteile zum Nennkapital der übertragenden Körperschaft (91% von € 60.000,– für A/B OHG mithin also € 54.600,–) als Einnahmen aus Kapitalvermögen im Sinne des § 20 Abs. 1 Nr. 1 des EStG zuzurechnen.

Nach § 4 Abs. 5 Satz 2 erhöht sich ein Übernahmeverlust um die Bezüge, die nach § 7 UmwStG zu den Einkünften aus Kapitalvermögen im Sinne des § 20 Abs. 1 Nr. 1 EStG gehören. Danach ergibt sich ein Übernahmeverlust für die A&B-OHG von € 151.000,–.

Nach § 4 Abs. 6 Satz 4 UmwStG ist der Übernahmeverlust (€ 151.000,–) im Fall der A&B-OHG zu 60% (€ 90.600,–), höchstens zu 60% der Bezüge im Sinne des § 7 UmwStG (60% von € 54.600,– = € 32.760,–) zu berücksichtigen; ein danach verbleibender Übernahmeverlust bleibt außer Ansatz.

Der Übernahmeverlust ist sowohl im Rahmen der Einkommensteuer in der oben **58** (Rz. 57) ermittelten Höhe (§ 4 Abs. 7 Satz 1 UmwStG) als auch im Rahmen der Gewerbesteuer hier aber in voller Höhe (§ 18 Abs. 2 UmwStG) steuerlich unbeachtlich.

cc) Für C bei Verbleib in der A&B KG

Da es sich um eine qualifizierte Beteiligung handelt, erfolgt diesbezüglich eine Ein- **59** lagefiktion; für C als qualifiziert Beteiligten iSd. § 17 Abs. 1 EStG, gelten für die Gewinnermittlung seine Anteile zum Übertragungsstichtag als mit den Anschaffungskosten in das Vermögen der A&B OHG eingelegt (§ 5 Abs. 2 UmwStG). Der **Übernahmegewinn** gem. § 4 Abs. 4 UmwStG ermittelt sich für C daher wie folgt:

auf Herrn C übergehendes anteiliges
Betriebsvermögen: € 14.400,– (9% von € 160.000,–)
(= Wert des steuerlichen Kapitalkontos des
Herrn C)
abzüglich Anschaffungskosten des Herrn C: € 9.000,–
Übernahmegewinn Herr C: € 5.400,–

60   Nach **§ 7 Satz 1 UmwStG** ist dem Anteilseigner der Teil des in der Steuerbilanz
      ausgewiesenen Eigenkapitals (hier € 100.000,– Nominalkapital zzgl. € 60.000,– offene
      Rücklagen) abzüglich des Bestands des steuerlichen Einlagekontos im Sinne des § 27
      KStG, der sich nach Anwendung des § 29 Abs. 1 KStG ergibt (hier angenommen
      € 100.000,–), in dem Verhältnis der Anteile zum Nennkapital der übertragenden Kör-
      perschaft (9% von € 60.000,– für C mithin also € 5 400,–) als Einnahmen aus Kapital-
      vermögen im Sinne des § 20 Abs. 1 Nr. 1 des EStG zuzurechnen.
            Nach § 4 Abs. 5 Satz 2 vermindert sich ein Übernahmegewinn um die Bezüge, die
      nach § 7 UmwStG zu den Einkünften aus Kapitalvermögen im Sinne des § 20 Abs. 1
      Nr. 1 EStG gehören. Danach ergibt sich ein Übernahmegewinn/-verlust für die C
      von € 0,–.

61–64 *(frei)*

Erläuterungen zu A. 15.70a Gemeinsames Schreiben an die Betriebsräte der AB-GmbH und der A&B-OHG

65   Vgl. dazu A. 15.60 Rz. 35.

Erläuterungen zu A. 15.70b Gesellschafterbeschlüsse

66   Bezüglich der Gesellschafterbeschlüsse, soweit sie sich aus der Rechtsform des über-
      tragenden Rechtsträgers als GmbH ergeben, und bzgl. der Notwendigkeit eines Ver-
      schmelzungsberichts und einer Verschmelzungsprüfung auf Grund des Verlangens des
      C gem. § 48 UmwG wird auf die Erläuterungen in A. 15.63 Rz. 10ff. verwiesen. Das
      Formular beinhaltet auch den Widerspruch des C gegen den Verschmelzungsbe-
      schluss, soweit er die GmbH als übertragenden Rechtsträger betrifft. Der Widerspruch
      muss zur Niederschrift des beurkundenden Notars eingelegt werden und kann weder
      im Voraus noch nachträglich eingereicht werden; er ist materielle Berechtigung zum
      Austritt (*S/St/Kalss* § 29 UmwG Rz. 21). Ausführungen zur Unterrichtung der An-
      teilsinhaber über wesentliche Veränderungen des Vermögens der beteiligten Rechts-
      träger vgl. Drittes Gesetz zur Änderung des UmwG v. 11.7.11 (BGBl. I 11, 1338) sind
      nicht erforderlich, da eine Unterrichtungspflicht nur bei einer Beteiligung von AGs
      besteht. Weitere Voraussetzung nach richtiger, aber umstrittener Ansicht ist, dass der
      Austrittswillige gegen die Verschmelzung stimmt (*S/St/Kalss* § 29 UmwG Rz. 22;
      W/M/Vollrath § 29 UmwG Rz. 30; **aA** *Kallmeyer/Marsch-Barner* § 29 UmwG Rz. 13).

67   Wegen der Besonderheiten, die sich aus der Rechtsform des übernehmenden
      Rechtsträgers als Personenhandelsgesellschaft ergeben, ist auf Folgendes hinzuweisen:
      – Ein **Verschmelzungsbericht** für die übernehmende Personenhandelsgesellschaft
        entfällt, wenn deren persönlich haftende Gesellschafter – wie hier – sämtlich auch
        zur Geschäftsführung berechtigt sind (§ 41 UmwG). Ein Verschmelzungsbericht ist
        aber bzgl. der übertragenden AB-GmbH erforderlich, falls nicht sämtliche Gesell-
        schafter der übertragenden GmbH in notariell beurkundeter Form auf die Vorlage
        dieses Verschmelzungsberichts verzichten (§ 8 Abs. 3 UmwG, zum Verschmel-
        zungsbericht vgl. A. 15.63 Rz. 10).
      – Einer **Verschmelzungsprüfung** bedarf es gem. § 48 UmwG wegen des Verlan-
        gens des Herrn C und wegen der Prüfung der Angemessenheit der anzubietenden

Barabfindung gem. § 30 Abs. 2 Satz 1 UmwG. Die Verschmelzungsprüfung wäre nur dann entbehrlich, wenn keiner der Gesellschafter der übertragenden GmbH innerhalb einer Woche nach Erhalt der in § 47 UmwG genannten Unterlagen die Durchführung einer Verschmelzungsprüfung verlangt (Änderung des § 48 Satz 1 UmwG durch das Zweite Gesetz zur Änderung des UmwG v. 19.4.07, BGBl. I 07, 542) und diejenigen Gesellschafter der übertragenden GmbH, denen ein Barabfindungsangebot zu machen ist (sog. Berechtigte iSv. § 30 Abs. 2 Satz 3 UmwG), in notariell beurkundeter Form auf die Prüfung der Angemessenheit der anzubietenden Barabfindung verzichten (§ 30 Abs. 2 iVm. § 9 Abs. 3, § 8 Abs. 3 UmwG).

- Ein **Bericht über die Verschmelzungsprüfung** gem. § 12 UmwG und über die Angemessenheit der angebotenen Barabfindung gem. § 30 Abs. 2 UmwG ist grds. notwendig; ein derartiger Bericht über die Verschmelzungsprüfung entfällt allerdings dann, wenn entweder 1) es der Verschmelzungsprüfung gar nicht bedarf (s. dazu den vorstehenden Absatz) oder 2) bei Durchführung einer derartigen Prüfung sämtliche Gesellschafter der übertragenden AB-GmbH in notariell beurkundeter Form auf die Ausfertigung des Verschmelzungsprüfungsberichts verzichten (§ 30 Abs. 2 Satz 3 und § 12 Abs. 3 iVm. § 8 Abs. 3 UmwG).
- Einer **Feststellung der Schlussbilanz** bedarf es nicht (vgl. HFA 2/97 Abschn. 113, WPg 98, 235).

Erläuterungen zu A. 15.70c Handelsregisteranmeldung der übertragenden GmbH

Die Anmeldung kann gem. § 16 Abs. 1 Satz 1 UmwG auch durch die Organe der **68** übernehmenden A&B-OHG in vertretungsberechtigter Zahl erfolgen. Anzumelden ist die Verschmelzung der AB-GmbH als Überträgerin auf die A&B-OHG als Übernehmerin. Die beizufügenden Anlagen sind aus dem Formular A. 15.70c ersichtlich. Hinsichtlich der Form der Anmeldung und der beizufügenden Anlagen s. A. 15.60 Rz. 41.

Erläuterungen zu A. 15.70d Handelsregisteranmeldung der übernehmenden OHG

Die Anmeldung erfolgt durch sämtliche persönlich haftende Gesellschafter (§ 108 **69** HGB). Neben der Verschmelzung ist auch der mit Wirksamkeit der Verschmelzung (§ 20 Abs. 1 Nr. 3 UmwG) beitretende Kommanditist, Herr C, mit dem Betrag der Kommanditeinlage (Hafteinlage) anzumelden. Ferner ist die mit Beitritt des Kommanditisten einhergehende Änderung der Rechtsform sowie der Firma (zur Änderung der Firma vgl. § 18 UmwG) anzumelden. Hinsichtlich der Form der Anmeldung und der beizufügenden Anlagen s. A. 15.60 Rz. 41.

A. 15.80 Verschmelzung Personenhandelsgesellschaft auf bestehende GmbH (am Beispiel: Verschmelzung GmbH & Co. KG auf Komplementär-GmbH)

Gliederung

Rz.

I. FORMULARE

Formular A. 15.80 Verschmelzungsvertrag

Verhandelt am ...... 02 in ......

Vor mir, ..., Notar in ...... erschienen:

1. Herr A ...... [Wohn- bzw. Geschäftsadresse] und

2. Herr B ...... [Wohn- bzw. Geschäftsadresse]

und erklärten zu Protokoll den nachfolgenden

VERSCHMELZUNGSVERTRAG

Präambel

1. Herr A ist Alleingesellschafter der A-GmbH mit Sitz in ...... (mit einem Stammkapital von € 50.000,–.

2. Die Herren A und B sind jeweils einzelvertretungsberechtigte Geschäftsführer der A-GmbH. Herr A ist durch § ...... des Gesellschaftsvertrags der A-GmbH und ausweislich der Handelsregistereintragung vom Verbot des Selbstkontrahierens iSd. § 181 BGB iVm. § 35 Abs. 4 GmbHG befreit.

3. Herr A ist ferner alleiniger Kommanditist der Kommanditgesellschaft unter der Firma A-GmbH & Co. KG mit Sitz in ...... mit einer voll eingezahlten Kommanditeinlage von € 10.000,–. Alleinige persönlich haftende Gesellschafterin der A-GmbH & Co. KG ist die A-GmbH. Die A-GmbH ist im Rahmen der A-GmbH & Co. KG weder an deren Vermögen noch an deren Gewinnen und Verlusten beteiligt.

4. Mit diesem Vertrag soll die A-GmbH & Co. KG auf die A-GmbH durch Aufnahme verschmolzen werden. Dabei wird die A-GmbH & Co. KG vertreten durch die A-GmbH, diese wiederum vertreten durch Herrn B als deren einzelvertretungsberechtigter Geschäftsführer. Die A-GmbH wird durch ihren einzelvertretungsberechtigten und von den Beschränkungen des § 181 BGB befreiten Geschäftsführer, Herrn A, vertreten.

§ 1 Vermögensübertragung

(1) Die Gesellschaft A-GmbH & Co. KG mit Sitz in ......, eingetragen im Handelsregister des Amtsgerichts ...... unter HRA ...... (nachstehend KG genannt), als übertragender Rechtsträger überträgt ihr Vermögen als Ganzes mit allen Rechten und Pflichten unter Auflösung ohne Abwicklung im Wege der Verschmelzung gem. §§ 2

Nr. 1, 39 ff., 46 ff. UmwG auf die Gesellschaft A-GmbH mit Sitz in ......, eingetragen im Handelsregister des Amtsgerichts ...... unter HRB-Nr. ...... (nachstehend A-GmbH genannt), als übernehmender Rechtsträger gegen Gewährung von neuen Gesellschaftsanteilen an der A-GmbH an Herrn A nach Maßgabe von § 2 (Verschmelzung durch Aufnahme).

(2) Als Verschmelzungsstichtag wird der 1.1.02 bestimmt; von diesem Zeitpunkt an gelten die Geschäfte und Handlungen der KG als für Rechnung der A-GmbH vorgenommen.

(3) Der Verschmelzung wird die Schlussbilanz der KG auf den 31.12.01 zugrunde gelegt. Die A-GmbH verpflichtet sich, die steuerlichen Buchwerte einschließlich der in einer steuerlichen Ergänzungsbilanz ausgewiesenen Buchwerte der KG gem. § 20 Abs. 2 Satz 2 UmwStG in ihrer Steuerbilanz fortzuführen und spätere Änderungen auf Grund einer Betriebsprüfung gem. Abs. 4 zu übernehmen.

(4) Die in der Schlussbilanz für die Gesellschafter ausgewiesenen Kapitalkonten iHv. € ......,– werden im Rahmen der für die Durchführung der Verschmelzung noch vorzunehmenden Kapitalerhöhung wie folgt behandelt:

– Zunächst erfolgt in Höhe des Nominalbetrags die Anrechnung auf die übernommenen neuen Stammeinlagen.

– Darüber hinausgehende Beträge werden bis zu dem im Kapitalerhöhungsbeschluss festzusetzenden Ausgabebetrag von insgesamt € 20.000,– als Agio geschuldet und sind als Kapitalrücklage iSd. § 272 Abs. 2 Nr. 1 HGB auszuweisen.

– Unterschreitet der tatsächliche Wert des Anteils eines Gesellschafters an der übertragenden KG zum Zeitpunkt der Anmeldung zum Handelsregister seine jeweilige neue Stammeinlage, entfällt das vorstehende Agio und ist der Differenzbetrag durch Barzuzahlung des betreffenden Gesellschafters auszugleichen.

§ 2 Gegenleistung und Abfindungsangebot

(1) Für die Mitgliedschaft der A-GmbH in der KG, die nur in der Stellung der alleinigen persönlich haftenden Gesellschafterin ohne Einlage und ohne Vermögens- und Ergebnisbeteiligung besteht, wird keine Gegenleistung gewährt (§ 54 Abs. 1 Nr. 1 UmwG).

(2) Für die von Herrn A gehaltene Kommanditbeteiligung mit einer voll eingezahlten Kommanditeinlage von € 10.000,– (Mitgliedschaft am übertragenden Rechtsträger) werden als Gegenleistung neu zu schaffende Geschäftsanteile im Nennbetrag von insgesamt € 10.000,– zu einem Ausgabebetrag von € 20.000,– an der übernehmenden A-GmbH gewährt. Die als Gegenleistung zu gewährenden neuen Geschäftsanteile werden im Wege einer Kapitalerhöhung im Rahmen der Verschmelzung gem. §§ 54, 55 UmwG geschaffen. Diese neuen Geschäftsanteile gewähren einen Anteil am Bilanzgewinn der A-GmbH ab dem 1.1.02.

(3) Die A-GmbH bietet gem. § 29 Abs. 1 Satz 1 UmwG Herrn A an, seine ihm zu gewährenden neuen Geschäftsanteile an der A-GmbH gegen eine Abfindung von € 20.000,– zu erwerben, und zwar für den Fall, dass Herr A gegen den Verschmelzungsbeschluss des übertragenden Rechtsträgers Widerspruch zur Niederschrift erklären sollte. Dieses Angebot erfolgt zur Sicherung der Vollständigkeit des Inhalts dieses Verschmelzungsvertrags gem. § 29 UmwG.

(4) Sonderrechte oder Vorzüge iSv. § 5 Abs. 1 Nr. 7 UmwG bestanden weder bei der KG noch bestehen sie bei der A-GmbH.

(5) Es werden keine besonderen Vorteile an die in § 5 Abs. 1 Nr. 8 UmwG genannten Personen (einem Mitglied der Geschäftsführung, einem Mitglied eines Aufsichtsrats, einem geschäftsführenden Gesellschafter, einem Abschluss- oder Verschmelzungsprüfer) gewährt.

§ 3 Folgen der Verschmelzung für Arbeitnehmer und ihre Vertretungen sowie die insoweit vorgesehenen Maßnahmen

(1) Die Verschmelzung der KG führt zum Übergang sämtlicher Rechte und Ansprüche der Arbeitnehmer der KG im Wege der Gesamtrechtsnachfolge auf die A-GmbH. Auf den Übergang findet § 613a Abs. 1, 4 und 5 BGB Anwendung (§ 324 UmwG). Damit hat die Verschmelzung individualarbeitsrechtlich keinen Nachteil für die Arbeitnehmer der übertragenden KG. Die übernehmende A-GmbH hat mit Ausnahme ihrer beiden Geschäftsführer, der Herren A und B, keine Arbeitnehmer.

(2) Auch nach der Verschmelzung wird der Betrieb der KG in ...... von der A-GmbH unverändert fortgeführt.

(3) Der bei der KG bisher bestehende Betriebsrat bleibt weiter bestehen. Der bezüglich des bisherigen Betriebs der KG in ...... eintretende Wechsel des Rechtsträgers lässt die Identität des Betriebs und damit auch die des Betriebsrats unberührt; dieser bleibt als zukünftiger Betriebsrat der A-GmbH für den Betrieb in ...... weiter im Amt. Bei der A-GmbH besteht bisher kein Betriebsrat.

(4) Im Hinblick auf die Mitbestimmung ergeben sich auf Grund der Verschmelzung die folgenden Auswirkungen ......

§ 4 Sonstige Regelungen im Zusammenhang mit der Verschmelzung

Die A-GmbH trägt die Kosten dieser Urkunde, der notwendigen Beschlüsse, ihres Vollzugs und die anfallenden Verkehrsteuern (Grunderwerbsteuer auf Grundbesitz der KG) bis zur Höhe von voraussichtlich insgesamt € ......,–; darüber hinausgehende Kosten trägt Herr A.

§ 5 Hinweise

Der Notar hat die Beteiligten auf den weiteren Verfahrensablauf bis zur Wirksamkeit der Verschmelzung und die Rechtsfolgen hingewiesen.

Die vorstehende Niederschrift wurde von den Beteiligten in Gegenwart des Notars vorgelesen, von ihnen genehmigt und wie folgt unterschrieben:

....

[Herr A für A-GmbH]

....

[für A-GmbH & Co. KG: A-GmbH, diese vertreten durch Herrn B]

Formular A. 15.80a Schreiben der A-GmbH & Co. KG gem. §§ 5 Abs. 3, 17 Abs. 1 UmwG an den Betriebsrat der A-GmbH & Co. KG

Von: Geschäftsleitung A-GmbH & Co. KG

....

[Ort/Datum]

An: Betriebsrat der A-GmbH & Co. KG, z. Hd. des/der Vorsitzenden des Betriebsrats, Herrn/Frau ......

gegen Empfangsbestätigung

Betreff: Bevorstehende Verschmelzung der A-GmbH & Co. KG als übertragende Gesellschaft auf die A-GmbH als übernehmende Gesellschaft

Sehr geehrte(r) Herr/Frau ......

in den voraussichtlich am ...... 02 stattfindenden Gesellschafterversammlungen der A-GmbH und der A-GmbH & Co. KG ist beabsichtigt, dem beigefügten Entwurf des Verschmelzungsvertrags zwischen der A-GmbH & Co. KG als übertragende und der A-GmbH als übernehmende Gesellschaft zuzustimmen und den Verschmelzungsvertrag in notariell beurkundeter Form abzuschließen. Wir übermitteln Ihnen hiermit den Entwurf des Verschmelzungsvertrags in der Anlage gem. § 5 Abs. 3 UmwG. Wir bitten, auf die Einhaltung der Monatsfrist gem. § 5 Abs. 3 UmwG zu verzichten, den Erhalt dieses Schreibens und der Anlage auf den beigefügten Kopien dieses Schreibens zu bestätigen und an die Geschäftsleitung der übernehmenden A-GmbH im Hinblick auf den Nachweis im Zuge der Anlagen zu den Handelsregisteranmeldungen gem. §§ 17 Abs. 1, 16 UmwG zweifach zurück zu schicken.

....

[Geschäftsführung A-GmbH & Co. KG.

vertreten durch A-GmbH,

diese vertreten durch Herrn ......]

Hiermit bestätige ich, als Vorsitzende(r) des Betriebsrats der A-GmbH & Co. KG, den Erhalt dieses Schreibens nebst dem als Anlage beigefügten Entwurf des Verschmelzungsvertrags und verzichte auf die Einhaltung der Monatsfrist gem. § 5 Abs. 3 UmwG.

....

[Ort, Datum]

....

[Betriebsratsvorsitzende(r) der A-GmbH & Co. KG]

Formular A. 15.80b Beschlüsse der Gesellschafterversammlungen der A-GmbH und der A-GmbH & Co. KG in gemeinsamen Gesellschaftersersammlungen

Verhandelt am ...... 02 in ......

Vor mir ......, Notar in ......, erschienen:

1. Herr A ...... [Wohn- bzw. Geschäftsadresse, Ort/Straße] und

2. Herr B ...... [Wohn- bzw. Geschäftsadresse, Ort/Straße]

und erklärten:

Präambel

1. Herr A ist alleiniger Gesellschafter der A-GmbH mit Sitz in ...... (HRB-Nr. ......) mit einem voll eingezahlten Stammkapital von € 50.000,–.

2. Herr A ist ferner alleiniger Kommanditist der Kommanditgesellschaft unter der Firma A-GmbH & Co. KG mit Sitz in ...... (HRA-Nr. ......) mit einer voll eingezahlten Kommanditeinlage von € 10.000,–.

3. Alleinige Komplementärin der A-GmbH & Co. KG ist die A-GmbH. Diese ist am Vermögen und am Gewinn und Verlust der A-GmbH & Co. KG nicht beteiligt.

4. Herr A erklärt nachfolgend, sowohl als alleiniger Kommanditist der A-GmbH & Co. KG als auch als alleiniger Gesellschafter der A-GmbH im Rahmen von außerordentlichen Gesellschafterversammlungen der A-GmbH & Co. KG und der A-GmbH zu handeln.

5. Herr B erklärt, als einzelvertretungsberechtigter Geschäftsführer der A-GmbH, diese im Rahmen einer außerordentlichen Gesellschafterversammlung der A-GmbH & Co. KG als deren alleinige Komplementärin zu vertreten.

Dies vorausgeschickt erklären die Erschienenen, jeweils außerordentliche Gesellschafterversammlungen der A-GmbH & Co. KG und der A-GmbH abzuhalten, und zwar unter Verzicht auf sämtliche Formen und Fristen für die Einberufung von Gesellschafterversammlungen, und jeweils getrennt mit allen Stimmen die nachfolgenden Beschlüsse zu fassen:

1. Beschlüsse der Gesellschafterversammlung der A-GmbH

   a) Herr A als Alleingesellschafter der A-GmbH hat keinen Antrag auf Prüfung des Verschmelzungsvertrags oder seines Entwurfs gem. § 48 UmwG gestellt. Herr A verzichtet hiermit auf sein Recht, eine Verschmelzungsprüfung zu verlangen.

   b) Der Geschäftsanteil im Nennbetrag von bisher € 50.000,– wird in 50.000 Geschäftsanteile im Nennbetrag von jeweils € 1,– geteilt. Die 50.000 Geschäftsanteile erhalten die laufenden Nummern 1 bis 50.000.

   c) Zur Durchführung der Verschmelzung wird das Stammkapital der A-GmbH von bisher € 50.000,– um € 10.000,– auf € 60.000,– zu einem Ausgabebetrag von € 20.000,– erhöht durch Bildung von 10.000 neuen Geschäftsanteilen im Nennbetrag von jeweils € 1,– mit Gewinnberechtigung ab 1.1.02 als Gegenleistung für die Übertragung des gesamten Vermögens der A-GmbH & Co. KG im Wege der Verschmelzung durch Aufnahme. Die 10.000 neuen Geschäftsanteilen erhalten die laufenden Nummern 50.001 bis 60.000. § ...... des Gesellschaftsvertrags der A-GmbH wird wie folgt neu gefasst: „Das Stammkapital beträgt € 60.000,– und ist eingeteilt in 60.000 Geschäftsanteile im Nennbetrag von jeweils € 1,–.

2. Beschlüsse der Gesellschafterversammlung der A-GmbH & Co. KG

   a) Die Prüfung des Verschmelzungsvertrags gem. § 44 UmwG ist nicht notwendig, da der Gesellschaftsvertrag der A-GmbH & Co. KG keine Mehrheitsentscheidung für Zustimmungsbeschluss zur Verschmelzung entsprechend § 43 Abs. 2 UmwG vorsieht.

   b) Gemäß § 30 Abs. 2 Satz 1 UmwG ist die Angemessenheit einer anzubietenden Barabfindung durch einen Verschmelzungsprüfer zu prüfen. Hierzu erklärt Herr A als Berechtigter iSv. § 30 Abs. 2 Satz 3 UmwG, auf die Durchführung dieser Prüfung zu verzichten.

3. Gemeinsame gesonderte Beschlüsse sowohl der A-GmbH & Co. KG als auch der A-GmbH

   a) Auf die Versendung des Verschmelzungsvertrags oder seines Entwurfs zusammen mit der Einberufung der Gesellschafterversammlung gem. § 47 UmwG wurde einvernehmlich verzichtet; dieser Verzicht wird hiermit nochmals ausdrücklich bestätigt.

   b) Auf die Auslegung der Jahresabschlüsse und der Lageberichte der an der Verschmelzung beteiligten Rechtsträger A-GmbH und A-GmbH & Co. KG für die letzten drei Geschäftsjahre zur Einsicht durch die Gesellschafter in den Geschäftsräumen der Gesellschaften vom Zeitpunkt der Einberufung der Gesellschafterversammlungen an wurde ebenfalls einvernehmlich verzichtet; auch diesbezüglich wird der Verzicht hiermit nochmals ausdrücklich bestätigt.

   c) Auf die Erstellung eines Verschmelzungsberichts iSv. § 8 Abs. 1 UmwG wird hiermit gem. § 8 Abs. 3 UmwG verzichtet.

   d) Dem Verschmelzungsvertrag zwischen der A-GmbH mit Sitz in ...... (Amtsgericht ......, HRB-Nr. ......) und der A-GmbH & Co. KG mit Sitz in ...... (Amtsgericht ......, HRA-Nr. ......) vom ...... (UrkR-Nr. ...... des Notars ...... in ......) wird zugestimmt. Eine Ausfertigung des Verschmelzungsvertrags ist dieser Niederschrift als Anlage beigefügt.

   e) Auf das Recht, die vorstehenden Beschlüsse anzufechten, insbesondere gegen die Zustimmungsbeschlüsse gem. Punkt 3. d) Klage zu erheben, wird ausdrücklich verzichtet.

....

[Herr A]   [Herr B]

Formular A. 15.80c Handelsregisteranmeldung gem. §§ 16 und 17 UmwG zum Register der übertragenden A-GmbH & Co. KG

An das

Amtsgericht ......

– Handelsregister –

HRA ...... Firma A-GmbH & Co. KG in ......

Als einzelvertretungsberechtigter Geschäftsführer der A-GmbH mit Sitz in ...... (Amtsgericht ......, HRB-Nr. ......) melde ich gem. § 16 Abs. 1 Satz 2 UmwG als vertretungsberechtigtes Organ des übernehmenden Rechtsträgers A-GmbH die Verschmelzung der Gesellschaft als übertragender Rechtsträger zur Eintragung in das Register des Sitzes der Gesellschaft an.

Die Gesellschaft ist auf Grund des Verschmelzungsvertrags vom ......, des Beschlusses der Gesellschafterversammlung der Gesellschaft vom ...... und des Beschlusses der Gesellschafterversammlung der A-GmbH mit Sitz in ...... vom ...... mit der A-GmbH durch Aufnahme verschmolzen worden (§ 2 Nr. 1 UmwG).

Als Anlagen füge ich bei:

I.   Notariell beglaubigte Abschrift des Verschmelzungsvertrags vom ...... (UrkR-Nr. ...... des Notars ......);

II. Notariell beglaubigte Abschrift der Niederschriften der Gesellschafterversammlungen nebst Anlagen vom ...... (UrkR-Nr. ...... des Notars ......) der übernehmenden A-GmbH und der übertragenden A-GmbH & Co. KG.

III. Die von den sämtlichen Geschäftsführern der A-GmbH als Komplementärin unterzeichnete Schlussbilanz der A-GmbH & Co. KG zum 31.12.01.

IV. Nachweis über die rechtzeitige (bzw: über den Verzicht auf die Rechtzeitigkeit der) Zuleitung des Entwurfs des Verschmelzungsvertrags an den Betriebsrat der übertragenden A-GmbH & Co. KG gem. § 17 Abs. 1 UmwG; bei der A-GmbH besteht kein Betriebsrat, weshalb der diesbezügliche Nachweis entfällt.

Ein beglaubigter Handelsregisterauszug der A-GmbH mit Sitz in ......, aus dem sich ergibt, dass die zur Durchführung der Verschmelzung beschlossene Erhöhung des Stammkapitals im Handelsregister des Amtsgerichts ...... eingetragen worden ist (§ 53 UmwG), wird nachgereicht.

Nach Vollzug bitten wir um Eintragungsnachricht und Übermittlung je eines beglaubigten Handelsregisterauszugs an die Gesellschaft und an den beglaubigenden Notar.

..........................., den ......

....

[Unterschrift]

....

[Beglaubigungsvermerk]

Formular A. 15.80d Handelsregisteranmeldung gem. §§ 16 und 17 UmwG der der übernehmenden A-GmbH

An das

Amtsgericht ......

– Handelsregister –

HRB ...... Firma A-GmbH in ......

Als sämtliche Geschäftsführer der Gesellschaft melden wir an:

1. Das Stammkapitals wurde von € 50.000,– um € 10.000,– auf € 60.000,– erhöht; § ...... des Gesellschaftsvertrags ist geändert.

2. Die Verschmelzung der A-GmbH & Co. KG mit Sitz in ...... (Amtsgericht ......, HRA-Nr. ......) als übertragender Rechtsträger auf die Gesellschaft als übernehmender Rechtsträger gem. § 2 Nr. 1 UmwG zur Eintragung in das Register des Sitzes der Gesellschaft. A-GmbH & Co. KG ist auf Grund des Verschmelzungsvertrags vom ......, des Beschlusses der Gesellschafterversammlung der Gesellschaft vom ...... und des Beschlusses der Gesellschafterversammlung der A-GmbH & Co. KG mit Sitz in ...... vom ...... durch Aufnahme durch die Gesellschaft auf diese verschmolzen worden (§ 2 Nr. 1 UmwG).

Wir bitten im Hinblick auf § 53 UmwG zunächst nur die Kapitalerhöhung einzutragen. Zur Vervollständigung der Anmeldung der Verschmelzung werden wir noch einen beglaubigten Handelsregisterauszug der A-GmbH & Co. KG mit Sitz in ...... (Amtsgericht ......, HRA-Nr. ......) nachreichen, aus dem sich die Eintragung der Verschmelzung in das Handelsregister des Sitzes der A-GmbH & Co. KG ergibt.

Als Anlagen fügen wir bei:

I. Notariell beglaubigte Abschrift des Verschmelzungsvertrags vom ...... (UrkR-Nr. ...... des Notars ......);

II. Notariell beglaubigte Abschrift der Niederschriften der Gesellschafterversammlungen nebst Anlagen vom ...... (UrkR-Nr. ...... des Notars ......) der A-GmbH und der A-GmbH & Co. KG.

III. Die von den Geschäftsführern der A-GmbH als Komplementärin unterzeichnete Schlussbilanz der A-GmbH & Co. KG zum 31.12.01 als Wertnachweisunterlage für die Kapitalerhöhung, versehen mit der Bestätigung des Wirtschaftsprüfers ...... vom heutigen Tag, dass die Wertansätze darin den gesetzlichen Vorschriften entsprechen und darin insbesondere die Aktiva nicht über- und die Passiva nicht unterbewertet sind und dass seither bis heute keine Verluste eingetreten oder Entnahmen getätigt worden sind, die unter Berücksichtigung der stillen Reserven dazu führen würden, dass der Verkehrswert den Betrag der Kapitalerhöhung nicht erreichen würde;

IV. Nachweis über die rechtzeitige (bzw: unter Verzicht auf die Rechtzeitigkeit der) Zuleitung des Entwurfs des Verschmelzungsvertrags an den Betriebsrat der übertragenden A-GmbH & Co. KG gem. § 17 Abs. 1 UmwG; bei der A-GmbH besteht kein Betriebsrat, weshalb der diesbezügliche Nachweis entfällt;

V. Von den Anmeldenden unterschriebene Liste der Personen, welche die neuen Geschäftsanteile übernommen haben (§ 57 Abs. 2 Nr. 2 GmbHG, § 55 Abs. 2 UmwG);

VI. Berichtigte Gesellschafterliste;

Nach Vollzug der Eintragung der Kapitalerhöhung und der Verschmelzung bitten wir jeweils um Eintragungsnachricht an die Gesellschaft und an den beglaubigenden Notar sowie um die Übermittlung von zwei beglaubigten Handelsregisterauszügen an die Gesellschaft und eines beglaubigten Handelsregisterauszugs an den beglaubigenden Notar.

..........................., den ......

....

[Unterschriften]

....

[Beglaubigungsvermerk]

II. ERLÄUTERUNGEN

Erläuterungen zu A. 15.80 Verschmelzungsvertrag

1. Grundsätzliche Anmerkungen

a) Wirtschaftliches Vertragsziel

Vertragsziel ist die Überführung des Vermögens der GmbH & Co. KG auf die **1** Komplementär-GmbH im Wege der **Gesamtrechtsnachfolge** mit der Möglichkeit des Verzichts auf eine ertragsteuerliche Realisierung der stillen Reserven im Vermögen der GmbH & Co. KG (durch **Fortführung der steuerlichen Buchwerte**).

Zu Alternativen vgl. A. 3.05 Rz. 4 ff.: Anstelle der in diesem Formular vorgesehe- **2** nen Verschmelzung (mit den Anforderungen des UmwG) wird das Ziel ebenso, aber sehr viel einfacher durch **Anwachsung** der GmbH & Co. KG auf die Komplementär-GmbH durch **Abtretung der Kommanditanteile** an die Komplementär-GmbH gegen Ausgabe neuer Anteile aus einer Kapitalerhöhung erreicht (vgl. Formular A. 3.05). Stellt die Vermeidung der Realisierung stiller Reserven steuerlich kein Problem dar (zB wegen kurzzeitig vorher erfolgter Anschaffung der Kommanditanteile und der Geschäftsanteile an der Komplementär-GmbH zum Verkehrswert), kann das Ziel auch einfacher durch schlichte Abtretung der Kommanditanteile auf die Komplementär-GmbH mittels Anwachsung ohne Kapitalerhöhung erreicht werden, s. dazu A. 3.05 Rz. 6, Alt 2.

Das vorliegende Formular der Verschmelzung einer Personenhandelsgesellschaft auf **3** eine bestehende GmbH durch **Aufnahme** einer Personenhandelsgesellschaft durch eine Kapitalgesellschaft kann auch für jede andere Form der Verschmelzung einer Personengesellschaft auf eine bestehende GmbH (zB auf Schwester-GmbH, auf Mutter-GmbH, auf Tochter-GmbH oder auf eine GmbH mit einem anderen Gesellschafterbestand) mit entsprechenden geringfügigen Anpassungen verwendet werden.

Steuerliches Ziel der Verschmelzung ist häufig, zukünftig Vergütungen an Gesell- **4** schafter (insbesondere Tätigkeitsvergütungen und Pensionsrückstellungen) bei einer GmbH steuerlich abzugsfähig zu gestalten. Die **Vorteilhaftigkeit** einer Umwandlung von einer Personen- in eine Kapitalgesellschaft ist nach der Unternehmensteuerreform 08 neu abzuwägen. Positiv ist bei einer Personengesellschaft die **pauschalierte Anrechnung der GewSt** auf die EStG der Gesellschafter (§ 35 EStG). Bei einer langfristigen **Thesaurierungspolitik** spricht dagegen der niedrigere Körperschaftsteuersatz von 15 % für eine Kapitalgesellschaft (aber Hinweis auf Möglichkeit der Thesaurierungsbegünstigung bei der Personengesellschaft).

b) Zivilrecht

Die als **übertragender Rechtsträger** zu verschmelzende **Personenhandelsge-** **5** **sellschaft** muss gem. § 3 Abs. 1 Nr. 1 UmwG eine offene Handelsgesellschaft oder Kommanditgesellschaft sein. Zu verschmelzungsfähigen Personenhandelsgesellschaften gehören auch die Kapitalgesellschaften & Co., zB wie hier die GmbH & Co.KG. Auch eine **aufgelöste Personenhandelsgesellschaft** kann übertragender Rechtsträger bei einer Verschmelzung sein, wenn deren Fortsetzung beschlossen werden könnte (vgl. § 3 Abs. 3 UmwG), dh. mit der Verteilung des Vermögens an die Mitglieder noch nicht begonnen worden ist (eines gesonderten Fortsetzungsbeschlusses bedarf es nicht, da sich dieser konkludent aus dem Zustimmungsbeschluss zum Verschmelzungsvertrag ergibt, *Lutter/Lutter/Drygala* § 3 UmwG Rz. 15) und die Gesellschafter nicht eine andere Auseinandersetzung als die Abwicklung, dh. die Liquidation gem. §§ 145 Abs. 1, 146 ff. HGB, oder die Verschmelzung (zB die Realteilung einer Personenhandelsgesellschaft, vgl. Formular A. 12.00) vereinbart haben (§ 39 UmwG).

Auch **Partnerschaftsgesellschaften** iSd. § 3 Abs. 1 Nr. 1 iVm. §§ 45a–45e UmwG, ein **wirtschaftlicher Verein** iSv. § 22 BGB (gem. § 3 Abs. 2 Nr. 1 UmwG nur als übertragender Rechtsträger) oder die **EWIV** (gem. § 1 des EWIV-Ausführungsgesetzes sind die Regeln der OHG anwendbar; s. Formular A. 4.01) sind verschmelzungsfähig; nicht möglich ist die Verschmelzung einer BGB-Gesellschaft oder einer Erbengemeinschaft.

6   Bei jeder Verschmelzung **auf einen Rechtsträger anderer Rechtsform (sog. Mischverschmelzung)** bedarf es im Verschmelzungsvertrag zwingend der Abgabe des Angebots zum Erwerb der Anteile an dem übernehmenden Rechtsträger durch diesen (§ 29 Abs. 1 Satz 1 UmwG) oder einer Barabfindung (§ 29 Abs. 1 Satz 3 UmwG), und zwar wohl auch dann, wenn die Parteien dies im Ergebnis gar nicht wollen, oder – wie hier s. Rz. 61 – das Abfindungsangebot leerläuft, weil ohne die Zustimmung der Berechtigten die Verschmelzung gar nicht durchgeführt werden kann.

7   Die Verschmelzung einer Personenhandelsgesellschaft auf eine GmbH bedarf Folgendes:

– Abschluss eines notariell beurkundeten **Verschmelzungsvertrags** (§§ 5, 6, 26, 40, 46 UmwG);

– **Übermittlung** des Verschmelzungsvertrags oder seines Entwurfs **an sämtliche Betriebsräte** des übertragenden und des übernehmenden Rechtsträgers **mindestens einen Monat vor der Fassung des Zustimmungsbeschlusses** in den Gesellschafterversammlungen des betreffenden Rechtsträgers, es sei denn, die Betriebsräte verzichten auf die Einhaltung der Monatsfrist (§ 5 Abs. 3 UmwG);

– **Verschmelzungsbericht** (vgl. A. 15.63 Rz. 10 ff.) bzgl. der übertragenden Personenhandelsgesellschaft (§ 41 UmwG), wenn nicht sämtliche Gesellschafter auch zur Geschäftsführung berechtigt sind; hierauf kann durch sämtliche Gesellschafter der übertragenden und übernehmenden Rechtsträger in notariell beurkundeter Form verzichtet werden (§ 8 Abs. 4 UmwG);

– **Verschmelzungsprüfung** gem. §§ 9–12 UmwG (vgl. A. 15.63 Rz. 13 ff.) des Verschmelzungsvertrags zur Angemessenheit der vorgesehenen Mitgliedschaft bei dem übernehmenden Rechtsträger und gem. § 30 Abs. 2 Satz 1 UmwG zur **Angemessenheit** der anzubietenden **Barabfindung;** die Verschmelzungsprüfung ist entbehrlich, wenn **(a)** kein Gesellschafter der übernehmenden GmbH die Durchführung einer Prüfung gem. § 48 Satz 1 UmwG verlangt hat, **(b)** bei der übertragenden Personengesellschaft keine Umwandlung durch Mehrheitsbeschluss iSv. § 43 Abs. 2 UmwG erfolgt und kein Gesellschafter ein diesbezügliches Prüfungsverlangen gem. § 44 Satz 1 UmwG gestellt hat sowie **(c)** die zu einer Barabfindung berechtigten Gesellschafter des übertragenden Rechtsträgers iSv. § 30 Abs. 2 Satz 2 UmwG eine notariell beurkundete Verzichtserklärung auf Durchführung der Verschmelzungsprüfung gem. § 30 Abs. 2 Satz 3 iVm. §§ 9 Abs. 3, 8 Abs. 4 UmwG abgeben;

– **Bericht über die Verschmelzungsprüfung** gem. § 12 UmwG (vgl. A. 15.63 Rz. 13 ff.) und die Angemessenheit der angebotenen Barabfindung gem. § 30 Abs. 2 Sätze 1 und 2 UmwG; auf einen derartigen Prüfungsbericht kann bei vorher durchgeführter Prüfung auch isoliert verzichtet werden (§ 30 Abs. 2 Satz 3 und § 12 Abs. 3 iVm. § 8 Abs. 3 UmwG), allerdings nur in notariell beurkundeter Form;

– **Zustimmungsbeschlüsse der Gesellschafterversammlungen** des übertragenden und des übernehmenden Rechtsträgers in jeweils notariell beurkundeter Form (§§ 13, 43 und 50 f. UmwG); der Zustimmungsbeschluss der übertragenden Personenhandelsgesellschaft bedarf gem. § 43 Abs. 1 UmwG der Einstimmigkeit, falls nicht der Gesellschaftsvertrag ausdrücklich die Beschlussfassung für die Verschmelzung mit einer Mehrheit von mindestens $^{3}/_{4}$ der Stimmen zulässt (§ 43 Abs. 2 UmwG);

– **der Anmeldungen der Verschmelzung** zu den Handelsregistern des übertragenden und des übernehmenden Rechtsträgers nach Verstreichen der einmonatigen Anfechtungs- bzw. Klagefrist (§ 14 Abs. 1 UmwG) für die Zustimmungsbeschlüsse mit Abgabe der sog. Negativerklärung gem. § 16 Abs. 2 UmwG, falls nicht notariell beurkundete Verzichtserklärungen der klageberechtigten Anteilsinhaber vorgelegt werden können. Bei Anmeldung zum Register des übertragenden Rechtsträgers ist auch dessen der Verschmelzung zugrunde gelegte Schlussbilanz gem. § 17 Abs. 2 UmwG beizufügen, die in diesem Zeitpunkt auf einen höchstens acht Monate vor der Anmeldung liegenden Stichtag aufgestellt sein darf (vgl. zur Schlussbilanz und ihren Anforderungen A. 15.00 Rz. 25 sowie A. 15.60 Rz. 7).

Zu einem Ablaufplan und zeitlichen Voraussetzungen wird auf A. 15.63 Rz. 4 ff. verwiesen.

(frei) **8–12**

Kapitalerhöhung. Den Gesellschaftern der übertragenden Personenhandelsgesell- **13** schaft sind Anteile an der übernehmenden GmbH als **Gegenleistung** zu gewähren (§ 5 Abs. 1 Nr. 2 UmwG). Diese werden regelmäßig durch eine Kapitalerhöhung bei der übernehmenden GmbH neu geschaffen. Eine Kapitalerhöhung ist allerdings gem. § 54 Abs. 1 Satz 1 Nr. 1 UmwG ausgeschlossen, soweit die übernehmende GmbH Anteile am übertragenden Rechtsträger innehat; dies ist im Fall des vorliegenden Formulars bzgl. der Mitgliedschaft der übernehmenden GmbH an der übertragenden GmbH & Co. KG als deren Komplementärin der Fall, auch wenn diese am Vermögen der übertragenden GmbH & Co. KG nach dem Gesellschaftsvertrag gar nicht beteiligt ist (mangels einer Einlage und bei einer fehlenden Beteiligung am Ergebnis). Bezüglich des Kommanditisten der übertragenden GmbH & Co. KG könnte handelsrechtlich auf eine Kapitalerhöhung verzichtet werden, wenn die übernehmende GmbH eigene Anteile innehätte (§ 54 Abs. 1 Satz 2 Nr. 1 UmwG) oder die übertragende GmbH & Co. KG voll einbezahlte Geschäftsanteile an der übernehmenden Komplementär-GmbH innehätte (§ 54 Abs. 1 Satz 2 Nr. 2 UmwG, bei nicht voll eingezahlten Geschäftsanteilen wäre eine Kapitalerhöhung gem. § 54 Abs. 1 Satz 1 Nr. 3 UmwG unzulässig) und diese als Gegenleistung für die Vermögensübertragung gewährt würden. Im **Regelfall** wird aber eine **Kapitalerhöhung** vorgenommen werden, schon **um die steuerliche Anforderung** (s. Rz. 20) zur Vermeidung der Gewinnrealisierung zu erfüllen, wonach gem. § 20 Abs. 1 UmwStG die Gegenleistung zumindest teilweise in **neuen Geschäftsanteilen** an der übernehmenden Kapitalgesellschaft bestehen muss.

Bei der Kapitalerhöhung ist zu berücksichtigen, dass die Geschäftsanteile der GmbH **14** nur auf volle Euro lauten müssen und Gesellschafter mehrere Geschäftsanteile übernehmen können (§ 5 Abs. 2 GmbHG). Die Geschäftsanteile sind mit laufenden Nummern zu versehen (vgl. § 8 Abs. 1 Nr. 3, § 40 Abs. 1 GmbHG). Auf die Kapitalerhöhung im Rahmen der Umwandlung sind zur **Erleichterung** folgende Bestimmungen des **GmbHG nicht anzuwenden** (vgl. § 55 Abs. 1 Satz 1 UmwG): Die Übernahmeerklärung gem. § 55 Abs. 1 GmbHG, die Einzahlungsbestimmungen des § 7 Abs. 2 Sätze 1 und 3 und Abs. 3 GmbHG (auf Grund Verweisung auf § 56a GmbHG), die Versicherung gem. § 57 Abs. 2 GmbHG bei der Anmeldung und die Einreichung der Übernahmeerklärung gem. § 57 Abs. 3 Nr. 1 GmbHG (da diese nicht notwendig ist). Anwendbar bleiben aber die sonstigen Bestimmungen des GmbHG, insbes. bzgl. der **Kapitalerhöhung mit Sacheinlagen nach § 56 GmbHG:** Gegenstand und Betrag der Stammeinlage, auf die sich die Sacheinlage bezieht, sind im Beschluss über die Erhöhung des Stammkapitals festzusetzen (§ 56 Abs. 1 Satz 1). Gemäß § 9 iVm. § 56 Abs. 2 GmbHG greift die **Differenzhaftung** ein, soweit der Wert einer Sacheinlage (hier im Rahmen der Verschmelzung übergehendes Vermögen der KG) im Zeitpunkt der Anmeldung (hier der Kapitalerhöhung) zum Handelsregister nicht den Betrag der dafür übernommenen Stammeinlage erreicht. Da auf den Anmeldestichtag regelmäßig keine Vermögensübersicht erstellt wird, sondern die (nach § 17 Abs. 2 Satz 2 UmwG) der Anmeldung zum Register der übertragenden Gesellschaft beizufügende Schlussbilanz auf einen bis zu acht Monate davorliegenden Zeitpunkt aufgestellt sein kann, empfiehlt es sich, die Nennbeträge der neu auszugebenden Geschäftsanteile niedriger festzusetzen als den Wert des im Rahmen der Verschmelzung übergehenden Vermögens (in Höhe des Unterschiedsbetrags könnten also zwischenzeitliche Verluste eingetreten sein, ohne dass die Differenzhaftung eingreifen würde). Ferner sollte der Anmeldung zum Register der übernehmenden Gesellschaft beigefügt werden: die Schlussbilanz, vorerst weiterhin versehen mit einer Bestätigung eines Wirtschaftsprüfers, dass Aktiva nicht über- und Passiva nicht unterbewertet sind, mit Angabe der stillen Reserven im Vermögen der übertragenden Gesellschaft und der zumindest näherungsweisen Angabe des laufenden Ergebnisses (jedenfalls: keine Verluste) seit dem Zeitpunkt des Verschmelzungsstichtags und ein Sacherhöhungsbericht (vgl. Formular A. 3.05e). Betreibt die übertragende Gesellschaft ein Unternehmen, ist der nach allgemeinen Grundsätzen ermittelte Unternehmenswert maßgeblich. Dieser ermittelt sich grundsätzlich aus dem Ertragswert zuzüglich des Verkehrswerts des nicht betriebsnotwendigen Vermögens (OLG Rostock 1 W 4/15 v. 19.5.16, DStR 16, 2980). Reicht das in der Verschmelzungsbilanz unter Einbeziehung von stillen Reserven und Ergebnissen bis zum Tag der Anmeldung für jeden Gesellschafter ausgewiesene bzw. vorhandene Eigenkapital nicht zur Deckung der jeweiligen Stammeinlagen aus, bieten sich folgende Möglichkeiten an:

– Sind Gesellschafterdarlehen an die Personengesellschaft vorhanden, kann der jeweilige Gesellschafter entweder vorher auf die Rückzahlung verzichten (Einlage in die Personenhandelsgesellschaft) oder aber die Darlehensforderung als zusätzliche Sacheinlage in die aufnehmende GmbH einbringen.
– Ein Gesellschafter kann die Einlage auch aus dem Kapitalanteil eines anderen Gesellschafters erbringen, wenn der andere Gesellschafter dem zustimmt (zB Schenkung, Darlehen), soweit dessen Eigenkapital dann auch noch für die Erbringung seiner eigenen Stammeinlage ausreichend ist. Möglich ist auch die vorherige Entnahme durch einen Gesellschafter und die Darlehensgewährung durch diesen an den anderen Gesellschafter, der seinerseits die Darlehens-Valuta als Eigenkapital in die Personengesellschaft einlegt.
– Weiter ist die Verbindung mit einer Bareinlage zulässig; nicht ausreichend sind dagegen bloße Forderungen der aufnehmenden GmbH an den Einbringenden.
– Schließlich kommen auch weitere Sacheinlagen in Betracht (steuerlich ohnehin zur Vermeidung der Gewinnrealisierung notwendig, soweit es sich um Sonderbetriebsvermögen handelt, das eine wesentliche Betriebsgrundlage der verschmolzenen GmbH & Co. KG darstellt, s. Rz. 26).

Eine Aufstockung auf die **Verkehrswerte** ist in der **Verschmelzungsbilanz nicht möglich**; denn gem. § 17 Abs. 2 Satz 2 UmwG gelten für die der Verschmelzung zugrundezulegenden Schlussbilanz die Grundsätze für den Jahresabschluss und damit auch das Anschaffungskostenprinzip entsprechend (vgl. A. 15.00 Rz. 25).

15, 16 *(frei)*

17 **Haftung/Nachhaftungsbegrenzung.** Aufgrund der Gesamtrechtsnachfolge gehen sämtliche Verbindlichkeiten der Personenhandelsgesellschaft unmittelbar auf die übernehmende GmbH über. Unabhängig hiervon haften die bisherigen Gesellschafter der Personenhandelsgesellschaft gem. § 128 HGB als persönlich haftende Gesellschafter bzw. gem. §§ 171–176 HGB die Kommanditisten (soweit deren Einlage noch nicht erbracht oder ganz oder teilweise zurückgezahlt worden ist) für die im Zeitpunkt der Eintragung der Verschmelzung im Register des übernehmenden Rechtsträgers (§ 20 Abs. 1 Nr. 1 UmwG) vorhandenen Verbindlichkeiten (sog Altverbindlichkeiten) grds. weiter. Allerdings ordnet § 45 UmwG eine **zeitliche Begrenzung auf fünf Jahre** ab dem Tag an, an dem die Eintragung der Verschmelzung in das Register des

Sitzes der übernehmenden Gesellschaft nach § 19 Abs. 3 UmwG als bekanntgemacht gilt (§ 45 Abs. 2 Satz 1 UmwG). Die Nachhaftung greift ein, wenn Altverbindlichkeiten innerhalb der Fünf-Jahres-Frist fällig werden und gegenüber dem Gesellschafter gerichtlich oder bei öffentlich-rechtlichen Verbindlichkeiten durch Erlass eines Verwaltungsakts geltend gemacht worden sind (§ 45 Abs. 1 UmwG) oder der Gesellschafter den betreffenden Anspruch schriftlich anerkannt hat (§ 45 Abs. 3 UmwG). Die auf fünf Jahre beschränkte Nachhaftung greift auch, wenn der Gesellschafter beim **übernehmenden Rechtsträger geschäftsführend** tätig wird (§ 45 Abs. 4 UmwG; *Lutter/Schmidt* § 45 UmwG Rz. 25).

Ein Kommanditist, dessen Einlage ganz oder teilweise **zurückgezahlt** worden ist **18** und der nach Wirksamkeit der Verschmelzung ein Abfindungsangebot nach § 29 Abs. 1 Satz 1 UmwG gem. § 31 UmwG angenommen hat, dh. die ihm gewährten Anteile an der übernehmenden GmbH an diese veräußert, unterliegt bei Ausscheiden aus der übertragenden Personenhandelsgesellschaft nicht der fünfjährigen Nachhaftung gem. § 45 UmwG, sondern den Regelungen der Nachhaftung nach § 160 HGB, die wiederum § 45 UmwG entsprechen (*Lutter/Schmidt* § 45 UmwG Rz. 9; *S/St/Ihrig* § 45 UmwG Rz. 8).

Sicherheitsleistung. Gemäß § 22 UmwG ist Gläubigern der an der Verschmel- **19** zung beteiligten Rechtsträger, die binnen sechs Monaten nach Bekanntgabe der Eintragung der Verschmelzung in das Register des betreffenden Rechtsträgers gem. § 19 Abs. 3 UmwG ihren Anspruch nach Grund und Höhe schriftlich anmelden und dabei glaubhaft machen, dass durch die Verschmelzung die Erfüllung ihrer Forderung gefährdet wird, eine Sicherheitsleistung zu gewähren, soweit sie nicht Befriedigung verlangen können. Von der Sicherheitsleistung sind allerdings Gläubiger ausgeschlossen, die im Falle der Insolvenz des Schuldners ein Recht auf vorzugsweise Befriedigung aus einer zu ihrem Schutz auf Grund gesetzlicher Vorschriften errichteten und staatlich überwachten Deckungsmasse haben (insbes. Pensionssicherungsverein, vgl. § 22 Abs. 2 UmwG).

c) Steuerrecht

aa) Ertragsteuern

Auf die Verschmelzung einer Personenhandelsgesellschaft als übertragender Rechts- **20** träger auf eine Kapitalgesellschaft (im Formular GmbH) als übernehmender Rechtsträger finden ertragsteuerlich die Vorschriften der §§ 20, 22 und 23 UmwStG entsprechende Anwendung (vgl. deswegen auch die Ausführungen zu den Formularen A.3.02, A.3.05 und A.15.40). Die Vorschriften der §§ 20, 22 und 23 UmwStG regeln die Einbringung eines Betriebs oder Teilbetriebs oder eines Mitunternehmeranteils in eine EU-Kapitalgesellschaft (iSv. § 1 Abs. 4 Satz 1 Nr. 1 iVm. § 1 Abs. 2 Satz 1 Nr. 1 UmwStG) gegen Gewährung von Gesellschaftsrechten. Gegenstand der Einbringung iSd. §§ 20, 22 und 23 UmwStG können Betriebe, Teilbetriebe oder Mitunternehmeranteile sein. Bei einer Verschmelzung einer Personenhandelsgesellschaft auf eine Kapitalgesellschaft wird steuerlich **von der Einbringung von Mitunternehmeranteilen** durch die jeweiligen Mitunternehmer ausgegangen (vgl. UmwSt-Erl. 2011 BMF v. 11.11.11, BStBl. I 11, 1314, Tz. 20.03), obwohl die Anteile dadurch untergehen.

Die Anwendung der Regelungen der §§ 20, 22 und 23 UmwStG setzten zur Vermeidung einer Gewinnrealisierung ua. voraus, dass die Einbringung (hier Verschmelzung) zumindest **zum Teil gegen Ausgabe neuer** (aus einer Kapitalerhöhung geschaffener) **Anteile** an der übernehmenden GmbH erfolgt (vgl. UmwSt-Erl. 2011 BMF v. 11.11.11, BStBl. I 11, 1314, Tz. E 20.09). Die Gewährung einer anderen Gegenleistung neben der Gewährung neuer Anteile führt nicht insgesamt zum Ausschluss der Möglichkeit der **Vermeidung einer Gewinnrealisierung** (vgl. UmwSt-Erl. 2011 BMF v. 11.11.11, BStBl. I 11, 1314, Tz. E 20.11), sondern nur, soweit deren gemeine Werte den steuerlichen Buchwert des betreffenden Mitunternehmeranteils übersteigen (§ 20 Abs. 2 Satz 4, vgl. dazu Rz. 23). Die ausschließliche Gewährung anderer Wirtschaftsgüter als Gegenleistung schließt die Anwendung der §§ 20, 22 und 23 UmwStG allerdings insgesamt aus. „Andere Wirtschaftsgüter" sind auch bereits bestehende, sog. Alt-Anteile zur Abfindung, die entweder der übernehmende Rechtsträger als eigene Anteile selbst oder der übertragende Rechtsträger an dem übernehmenden Rechtsträger hält.

Auch bei der Verschmelzung einer Personenhandelsgesellschaft besteht das **Wahlrecht gem. § 20 Abs. 2 Satz 2 UmwStG** getrennt für jeden Mitunternehmer (*R/H/L/Herlinghaus* § 20 UmwStG Rz. 153). Ausgeübt wird dieses Wahlrecht aber faktisch **von der übernehmenden GmbH** durch Ansatz in deren Bilanz, vgl. § 20 Abs. 2 Satz 1 iVm. § 20 Abs. 3 Satz 1 UmwStG (BFH I R 102/01 v. 30.4.03, BStBl. II 04, 804; *Haritz/Herrmann* GmbHR 03, 1220; LfSt Bayern v. 7.7.14, DB 14, 1898); deshalb empfiehlt sich die Vereinbarung einer vertraglichen Verpflichtung der übernehmenden Gesellschaft zur Fortführung der steuerlichen Buchwerte (einschließlich der in steuerlichen Ergänzungsbilanzen ausgewiesenen Buchwerte) der übertragenden KG gem. § 20 Abs. 2 UmwStG (vgl. Rz. 21, 56); zur Frage der Rechtsbehelfsbefugnis vgl. zuletzt zusammenfassend *Heidrich* DStR 13, 2671.

aaa) Buchwertfortführung/Gewinnrealisierung

21 **Überblick:** Grds. kann die aufnehmende GmbH das Betriebsvermögen der auf sie verschmolzenen Personenhandelsgesellschaft auf Antrag mit den **Buchwerten** (§ 1 Abs. 5 Nr. 4 UmwStG) einschließlich der in Ergänzungsbilanzen ausgewiesenen Buchwerte **fortführen** (unter den weiteren Voraussetzungen des § 20 Abs. 2 Satz 2 UmwStG; insbes. weitere Steuerverstrickung im Inland; in sog. 50i-Konstellationen ist immer auch die Einschränkung des Buchwertwahlrechts nach § 50i Abs. 2 EStG idF des BEPS-UmsG v. 20.12.16 (BGBl. I 16, 3000) zu beachten), auf den gemeinen Wert **aufstocken** oder einen Zwischenwert ansetzen (§ 20 Abs. 2 Satz 2 UmwStG). Der Ansatz in der (gegebenenfalls gem. § 20 Abs. 2 Satz 2 UmwStG abweichenden) **Steuerbilanz** der übernehmenden GmbH (BFH I R 102/01 v. 30.4.03, BStBl. II 04, 804; *Haritz/Herrmann* GmbHR 2003, 1220) ist für die steuerliche Gewinnrealisierung entscheidend;
- **für die Besteuerung der GmbH:** bei Buchwertfortführung keine Erhöhung der Abschreibungsbasis und bei späterer Veräußerung höhere steuerpflichtige Veräußerungsgewinne; bei Aufstockung (bis maximal gemeine Werte) zukünftig höhere Abschreibungen, geringere Veräußerungsgewinne und damit Minderung späterer Einkünfte;
- **für die Besteuerung der Gesellschafter:** soweit Buchwertfortführung durch GmbH, zunächst kein Einbringungsgewinn bzw. bei Ansatz mit dem gemeinen Wert nur insoweit Einbringungsgewinn, jedoch mögliche rückwirkende (pro rata temporis abnehmende) Besteuerung eines sog. Einbringungsgewinns I innerhalb von sieben Jahren nach der Einbringung (Verschmelzung). Der bei Buchwertaufstockung bei den Gesellschaftern insoweit entstehende Einbringungsgewinn wird wie folgt besteuert: regelmäßig keine Gewerbesteuer für natürliche Personen, vgl. § 7 Satz 2 GewStG. Die Tarifbegünstigungen gem. § 34 Abs. 1 oder Abs. 3 EStG iVm. § 20 Abs. 4 Satz 2 UmwStG sind nur bei Ansatz mit dem gemeinen Wert und bei natürlichen Personen als Einbringende sowie bei Einbringung vollständiger Mitunternehmeranteile zu gewähren. Gleiches gilt für den Freibetrag nach § 16 Abs. 4 EStG (vgl. § 20 Abs. 4 Satz 1 UmwStG).

Soweit der Einbringungsgewinn auf Anteile an Kapitalgesellschaften entfällt, ist gem. § 20 Abs. 4 Satz 2 UmwStG die **Anwendung des § 34 EStG ausgeschlossen;** insoweit findet dann ausschließlich eine Begünstigung nach dem Teileinkünfteverfahren (§ 3 Nr. 40 Buchst. b oder c iVm. § 3c Abs. 2 EStG) statt.

22 Bei der Verschmelzung einer Personengesellschaft auf eine GmbH kann die Entscheidung über die Fortführung der Buchwerte bzw. Buchwertaufstockung von der

übernehmenden GmbH **für jeden Gesellschafter der übertragenen Personengesellschaft** gesondert getroffen werden. Dies ergibt sich daraus, dass nach Auffassung der FinVerw. als Einbringender iSv. § 20 Abs. 1 UmwStG nicht die Personenhandelsgesellschaft als solche (dh. nicht die Gesellschafter in ihrer gesamthänderischen Verbindung), sondern dass jeder einzelne Gesellschafter als Einbringender angesehen wird (s. Rz. 20 und vgl. UmwSt-Erl. 2011 BMF v. 11.11.11, BStBl. I 11, 1314, Tz. 20.03). Daraus folgt, dass die nachfolgenden Voraussetzungen für die Zulässigkeit einer steuerlichen Buchwertfortführung zur Vermeidung einer Gewinnrealisierung bzw. die Tatbestände, die zwingend zu einer **Gewinnrealisierung** führen, für jeden Mitunternehmeranteil, dh. für jeden Gesellschafter der übertragenden Personenhandelsgesellschaft, jeweils gesondert geprüft werden müssen.

Zwingende steuerliche Gewinnrealisierung tritt in folgenden Fällen ein:

(1) Soweit ein Gesellschafter ein **negatives Kapitalkonto** zum Umwandlungs- **23** stichtag hat, § 20 Abs. 2 Satz 2 Nr. 2 UmwStG. Für die Frage, ob bzw. in welcher Höhe ein negatives Kapitalkonto eines Mitunternehmers zum Umwandlungsstichtag vorliegt, ist auf den Saldo des Kapitalkontos in der Steuerbilanz einschließlich der für den Gesellschafter geführten **Ergänzungsbilanzen** abzustellen. Zu einer zwingenden Gewinnrealisierung kommt es auch dann, wenn die Summe der steuerlichen Kapitalkonten aller Gesellschafter zusammen positiv sind, jedoch das Kapitalkonto eines Gesellschafters negativ ist (zu Gestaltungsmöglichkeiten s. Rz. 14, insbes. vorherige Einlage, bzw. Zuzahlungen des Gesellschafters mit negativem Kapitalkonto).

(2) **Gewährung anderer Wirtschaftsgüter durch die GmbH (neben GmbH-** **24** **Anteilen) über Kapitalkonten hinaus.** Erhält der einbringende Mitunternehmer neben den GmbH-Anteilen auch andere Wirtschaftsgüter, deren gemeine Werte zusammen sein steuerliches Kapitalkonto zum Umwandlungsstichtag übersteigen, tritt in Höhe des übersteigenden Betrages ebenfalls eine zwingende Gewinnrealisierung ein; denn nach § 20 Abs. 2 Satz 4 UmwStG hat die GmbH das Betriebsvermögen in diesem Fall mindestens mit dem gemeinen Wert der neben den GmbH-Anteilen gewährten Wirtschaftsgüter anzusetzen (beachte aber die Änderungen durch das StÄndG 2015 v. 2.11.15 (BGBl. I 15, 1834)). Der Gesellschafter erzielt in dieser Höhe einen Einbringungsgewinn. Die Umformung von Privatkonten des Personengesellschafters in Gesellschafterdarlehen bei der GmbH soll nicht als Gewährung sonstiger Wirtschaftsgüter gelten, wenn sie als Fremdkapital zu beurteilen sind (vgl. *S/H/S/Schmidt* § 20 UmwStG Rz. 352).

(3) **Ausschluss oder Beschränkung des** Rechts der Bundesrepublik Deutschland **25** hinsichtlich der Besteuerung des Gewinns aus der Veräußerung des eingebrachten Betriebsvermögens bei der übernehmenden Gesellschaft (§ 20 Abs. 2 Satz 2 Nr. 3 UmwStG).

(4) **Nicht-Einbringung aller wesentlichen Betriebsgrundlagen der Perso-** **26** **nengesellschaft.** Weitere Voraussetzung für die Möglichkeit der Buchwertfortführung bei der übernehmenden GmbH ist, dass **sämtliche wesentlichen Betriebsgrundlagen** der eingebrachten Personengesellschaft in die GmbH mit eingebracht werden, dh. insbesondere **auch** Wirtschaftsgüter, die sich im Eigentum einzelner Gesellschafter befinden und die der Personengesellschaft dienen (sog. **Sonderbetriebsvermögen I**). **Auch** Wirtschaftsgüter, die nur der Beteiligung dienen (sog. **Sonderbetriebsvermögen II**), können wesentliche Grundlage des eingebrachten Betriebs sein, die mit eingebracht werden müssen (vgl. nur *D/P/P/M/Patt* § 20 UmwStG Rz. 136); ob die von Kommanditisten gehaltenen Geschäftsanteile an der Komplementär-GmbH eingebracht werden müssen, ist Gegenstand einer lebhaften Auseinandersetzung (vgl. zu deren aktuellem Stand *D/P/P/M/Patt* § 20 UmwStG Rz. 137; auch *Prinz* DB 10, 972; BFH I R 97/08 v. 16.12.09, BStBl. II 10, 808; UmwSt-Erl. 2011 BMF v. 11.11.11, BStBl. I 11, 1314, Tz. 20.09). Werden einzelne Wirtschaftsgüter (bzw. die Mitberechtigung des betreffenden Mitunternehmers hieran), die eine

wesentliche Grundlage des Betriebs der übertragenden Personenhandelsgesellschaft bilden, aber im (Allein- oder) Miteigentum eines Gesellschafters bestehen, **nicht**
in die übernehmende GmbH (als weitere Sacheinlage gegen Gewährung neuer Gesellschaftsrechte) **miteingebracht,** sind die Voraussetzungen für die Buchwertfortführung gem. § 20 UmwStG nach Auffassung der FinVerw. nur bzgl. des Mitunternehmeranteils des betreffenden Gesellschafters nicht gegeben (weil die FinVerw. gem.
UmwSt-Erl. 2011 BMF v. 11.11.11, BStBl. I 11, 1314, Tz. 20.03 von gesonderten
Einbringungsvorgängen ausgeht). Werden wesentliche Betriebsgrundlagen im zeitlichen und wirtschaftlichen Zusammenhang mit der Einbringung in ein anderes Betriebsvermögen überführt, so ist die Anwendung von BFH VIII R 76/87 v. 19.3.91,
BStBl. II 91, 635 (Gesamtplanrechtsprechung) sowie der Grundsatz des § 42 AO zu
prüfen (vgl. UmwSt-Erl. 2011 BMF v. 11.11.11, BStBl. I 11, 1314, Tz. 20.07; siehe
auch BFH I R 72/08 v. 25.11.09, BStBl. II 10, 471 dazu *Gosch* DStR 10, 1173; und
BFH X R 60/09 v. 9.11.11, DStR 12, 648; BFH IV R 41/11 v. 2.8.12, BFH/NV
12, 2053; dazu BMF v. 12.9.13, BStBl. I 13, 1164).

27   Die Einbringung wird steuerlich grds. zu dem **Zeitpunkt** wirksam, in dem das
wirtschaftliche Eigentum an dem eingebrachten Vermögen auf die Kapitalgesellschaft
übergeht; die Übertragung des wirtschaftlichen Eigentums erfolgt regelmäßig zu dem
im Einbringungsvertrag vorgesehenen Zeitpunkt des Übergangs von Nutzen und Lasten (UmwSt-Erl. 2011 BMF v. 11.11.11, BStBl. I 11, 1314, Tz. 20.13). Gleiches gilt
grds. auch für die **Miteinbringung wesentlicher Betriebsgrundlagen.** Hierzu
empfiehlt es sich, die als Sacheinlage mit einzubringenden wesentlichen Betriebsgrundlagen zusammen mit der Verschmelzung zu erbringen und im Gesellschafterbeschluss für die übernehmende GmbH als separate **Sachkapitalerhöhung** vorzusehen
(Kombination der Verschmelzung mit weiteren Sacheinlagen; hierzu kann das Formular A. 3.02 entsprechend verwendet werden). Zu empfehlen ist eine Verknüpfung der
Sacheinlage der wesentlichen Betriebsgrundlagen im Sonderbetriebsvermögen I der
Gesellschafter mit den Sacheinlagen auf Grund Verschmelzung durch Mitaufnahme in
den Beschluss der übernehmenden Kapitalgesellschaft, die gleichzeitige Leistung der
Sacheinlagen, die Abgabe der Übernahmeerklärung und die gleichzeitige Handelsre-
gisteranmeldung.

28   Wird **der Antrag auf steuerliche Rückwirkung** gem. § 20 Abs. 6 Satz 1
UmwStG bzgl. der Verschmelzung gestellt (s. Rz. 35 ff.), wird dieser sinnvollerweise
auch für die weitere Sacheinlage der wesentlichen Betriebsgrundlagen gem. § 20
Abs. 6 Satz 3 UmwStG auf den gleichen Tag, auf den die Schlussbilanz der übertragenden Personenhandelsgesellschaft aufgestellt ist (Verschmelzungsstichtag), gestellt;
dann wirkt auch die weitere Sacheinlage zur Ermittlung des Einkommens auf den
Verschmelzungsstichtag zurück.

29   *(frei)*

30   Werden Wirtschaftsgüter des Sonderbetriebsvermögens, die **keine wesentliche
Betriebsgrundlage** darstellen, im Rahmen der Verschmelzung **zurückbehalten,**
bleiben die Regelungen der §§ 20 ff. UmwStG im Übrigen anwendbar; lediglich die
stillen Reserven in den zurückbehaltenen nicht wesentlichen Wirtschaftsgütern sind
als Entnahmegewinn zu versteuern (UmwSt-Erl. 2011 BMF v. 11.11.11, BStBl. I 11,
1314, Tz. 20.08).

31   Soweit **einzelne Mitunternehmer** (ganz oder teilweise) gezwungen sind, **stille
Reserven** im Rahmen der Verschmelzung steuerlich zu realisieren oder diese freiwillig realisieren, ergeben sich **Ausgleichsprobleme** zwischen den Gesellschaftern:
Denn diejenigen Mitunternehmer, die stille Reserven realisieren, finanzieren im Ergebnis eine **Erhöhung der Abschreibungsbasis** bei der GmbH. Die erhöhten
(steuerlichen) Abschreibungen in der GmbH kommen regelmäßig auch den übrigen
Gesellschaftern anteilig zugute. Zum Ausgleich hierfür bieten sich insbes. zwei Verfahren an, nämlich **Ausgleichszahlungen** oder eine **abweichende Gewinnverteilung**

bei der GmbH (vgl. iE hierzu sowie zu weiteren Verfahren *W/M/Widmann* § 20 UmwStG Rz. 1291 ff.).

Die Einbringung von Wirtschaftsgütern in eine Kapitalgesellschaft und damit auch 32 die Verschmelzung einer Personengesellschaft auf eine Kapitalgesellschaft nach § 20 UmwStG stellt regelmäßig keinen Verstoß gegen die **Behaltensregelung** des § 13a Abs. 5 ErbStG dar (§ 13a Abs. 5 Nr. 1 Satz 2, 2. Hs. ErbStG; vgl. hierzu auch Gleichl. Ländererlasse v. 22.6.17, BStBl. I 17, 902; vgl. auch Gleichl. Ländererlasse v. 20.11.13, BStBl. I 13, 1508). Für die weitere Ermittlung der Lohnsumme s. Gleichl. Ländererlasse v. 21.11.13, BStBl. I 13, 1510. Soweit für die Einbringung des Betriebsvermögens jedoch eine Gegenleistung in Form anderer Wirtschaftsgüter erbracht wird, liegt allerdings eine nachsteuerschädliche Veräußerung iSd § 13a Abs. 6 S. 1 Nr. 1 S. 1 ErbStG vor (OFD Frankfurt v. 22.6.20, DStR 20, 1921).

(frei) 33, 34

bbb) Steuerliche Rückbeziehung (maximal acht Monate gem. § 20 Abs. 5 und 6 UmwStG) auf Antrag

Die Verschmelzung einer Personenhandelsgesellschaft auf eine GmbH als Übernehmerin darf steuerlich auf **Antrag** auf den Stichtag zurückbezogen werden, für den die Schlussbilanz der übertragenden Personenhandelsgesellschaft aufgestellt ist und die der Verschmelzung zugrunde liegt (§ 17 Abs. 2 Satz 2 und § 5 Abs. 1 Nr. 6 UmwG; vgl. A. 15.00 Rz. 16 ff.). Wird der Antrag nicht gestellt, gilt die Sacheinlage mit Eintragung der Verschmelzung im Register des übernehmenden Rechtsträgers (§ 20 Abs. 1 Nr. 1 UmwG) als erbracht. Dieses **steuerliche Wahlrecht** ergibt sich aus § 20 Abs. 6 Satz 1 iVm. Abs. 5 UmwStG (UmwSt-Erl. 2011 BMF v. 11.11.11, BStBl. I 11, 1314, Tz. 20.14). Dieser Zeitpunkt darf höchstens acht Monate vor der Anmeldung der Verschmelzung zur Eintragung in das Handelsregister liegen (vgl. § 20 Abs. 6 Satz 1, 2. Hs. UmwStG und § 17 Abs. 2 Satz 4 UmwG für den Tag, auf den die Schlussbilanz der übertragenden Personengesellschaft aufgestellt ist = steuerrechtlicher Übertragungsstichtag iSv. § 20 Abs. 6 Satz 1 und Abs. 5 Satz 1 UmwStG). Beachte: verlängerte Rückwirkungsfristen in 2020 und 2021 aufgrund der COVID-19-Pandemie.

Der **Antrag** kann bis zur Beendigung der Tatsacheninstanz beim Finanzgericht bei dem für die übernehmende Gesellschaft zuständigen Finanzamt von der übernehmenden Kapitalgesellschaft formlos gestellt oder zurückgenommen (letzteres ist umstritten) werden (vgl. *R/H/L/Herlinghaus* § 20 UmwStG Rz. 225; zuletzt auch *Pyszka* DStR 13, 693). Der Antrag kann allerdings **nur einheitlich** für alle von der Rückwirkung betroffenen Steuerarten gestellt werden. Er kann formlos, also auch mündlich oder konkludent gestellt werden (*R/H/L/Herlingaus* § 20 UmwStG Rz. 225). Der Antrag, dass als steuerlicher Übertragungsstichtag der Bilanzstichtag gelten soll, hat im Wesentlichen folgende **steuerrechtliche Wirkungen** (vgl. UmwSt-Erl. 2011 BMF v. 11.11.11, BStBl. I 11, 1314, Tz. 20.14 i. V. m. 02.11):

– Das von der übertragenden Personenhandelsgesellschaft bis zum Ablauf des Verschmelzungsstichtags erzielte Einkommen wird im Rahmen der einheitlichen und gesonderten Gewinnfeststellung noch den Gesellschaftern der übertragenden Personenhandelsgesellschaft zugerechnet.

– Ein eventueller Einbringungsgewinn wird noch in dem Veranlagungszeitraum steuerlich erfasst, in den der Stichtag der zugrundegelegten Bilanz fällt (zB bei Bilanzstichtag 31. 12. eines Kalenderjahres noch in diesem Veranlagungszeitraum; Gestaltungshinweis: Verschmelzungsstichtag 2. 1. vereinbaren, wenn Realisierung erst im folgenden VZ gewünscht wird).

– Der laufende Gewinn bzw. Verlust des durch Verschmelzung auf die übernehmende GmbH übertragenen Betriebs gilt bereits ab dem Verschmelzungsstichtag bei der übernehmenden GmbH entstanden und unterliegt dort der Besteuerung (Gewerbesteuer, Körperschaftsteuer), auch wenn diese erst später entsteht (zB durch Neugründung) oder die Mitgliedschaft an der Übertragerin erst danach erworben hat. Hinweis auch auf die neue Verrechnungsbeschränkung für positive Einkünfte des übertragenden Rechtsträgers im Rückwirkungszeitraum gem. § 2 Abs. 4 UmwStG idF des AmtshilfeRLUmsG v. 26.6.13 (BGBl. I 13, 1809; vgl. auch *Viebrock* DStR 13, 1364). Die Rückwirkungsfiktion gilt nicht für während des Rückwirkungszeitraums ausscheidende Gesellschafter (UmwSt-Erl. 2011 BMF v. 11.11.11, BStBl. I 11, 1314, Tz. 20.16).

– Die Betriebs- oder Teilbetriebsvoraussetzungen bzw. der Mitunternehmeranteil müssen bereits am steuerlichen Übertragungsstichtag vorgelegen haben (UmwSt-Erl. 2011 BMF v. 11.11.11, BStBl. I 11, 1314, Tz. 20.14).

Wird der **Antrag** gem. § 20 Abs. 6 Satz 1 UmwStG **nicht gestellt,** treten die vorstehend genannten **Rechtswirkungen** erst **ab dem Tag der Eintragung** der Verschmelzung in das Register des übernehmenden Rechtsträgers (§ 20 Abs. 1 Nr. 1 UmwG) in deren Handelsregister ein.

36   Die Regelung des § 20 Abs. 6 Satz 1 UmwStG gilt **entsprechend für Sacheinlagen,** die nicht auf Grund Verschmelzung iSv. § 2 des UmwG, sondern zB durch Sacheinlagen **im Wege der Einzelrechtsnachfolge** (zB Einbringung gegen Kapitalerhöhung, Formulare A. 3.02 und A. 3.05) erbracht werden, wobei der steuerliche Übertragungsstichtag auf bis zu acht Monate vor dem Tag des Abschlusses des Einbringungsvertrags und des Übergangs des eingebrachten Vermögens auf die Kapitalgesellschaft gewählt werden kann (Unmaßgeblichkeit der Handelsregisteranmeldung), § 20 Abs. 6 Satz 3 UmwStG. Erfolgt eine Einbringung im Wege der Sacheinlage durch Aufspaltung, Abspaltung oder Ausgliederung gem. § 123 UmwG, kann auf Antrag auch der Spaltungsstichtag (§ 126 Abs. 1 Nr. 6 iVm. §§ 125, 17 Abs. 2 Satz 2 UmwG) zugrunde gelegt werden, vgl. § 20 Abs. 6 Satz 2 UmwStG.

37   Die steuerliche Rückbeziehung gilt nach § 20 Abs. 5 Satz 2 UmwStG allerdings **nicht für Entnahmen und Einlagen,** die nach dem steuerlichen Übertragungsstichtag erfolgen: Nach § 20 Abs. 5 Satz 3 UmwStG mindern Entnahmen und erhöhen Einlagen, die nach dem steuerlichen Übertragungsstichtag bis zur Eintragung der Verschmelzung erfolgen, die Anschaffungskosten für die den Gesellschaftern der übertragenden Personenhandelsgesellschaft gewährten neuen Anteile an der übernehmenden GmbH iSv. § 20 Abs. 3 UmwStG (vgl. hierzu *R/H/L/Herlinghaus* § 20 UmwStG Rz. 238 ff.). Dies bedeutet, dass die Rückbeziehung grds. nicht Vorgänge umfasst, die lediglich im Zusammenhang mit der Verschmelzung stehen. So sind zB Gehaltszahlungen an den Geschäftsführer der übernehmenden GmbH auf Grund eines Anstellungsvertrags grds. erst ab dem Zeitpunkt der Eintragung der Umwandlung im Handelsregister, nicht jedoch vor dem Abschluss des betreffenden Anstellungsvertrags steuerlich anzuerkennen, wenn die Verträge, zB Anstellungsverträge, Mietverträge, Darlehensverträge erst nach dem steuerlichen Umwandlungsstichtag abgeschlossen werden (vgl. UmwSt-Erl. 2011 BMF v. 11.11.11, BStBl. I 11, 1314, Tz. 20.16; vgl. hierzu auch *R/H/L/Herlinghaus* § 20 UmwStG Rz. 228 f.).

38   Sind allerdings die schuldrechtlichen Vereinbarungen bereits am steuerlichen Übertragungsstichtag abgeschlossen worden, werden sie durchgeführt und sind sie der Höhe nach angemessen, können diese Vergütungen bereits ab dem steuerlichen Übertragungsstichtag als Betriebsausgaben der übernehmenden GmbH behandelt werden und führen beim empfangenden Gesellschafter der übertragenden Personenhandelsgesellschaft grundsätzlich zu Einkünften aus nichtselbstständiger Tätigkeit (im Falle der Gehaltszahlungen), zu Einkünften aus Kapitalvermögen (im Falle von Zinszahlungen) bzw. zu Einkünften aus Vermietung und Verpachtung (im Falle von Mietverträgen), wenn nicht die Vergütungen ihrerseits einem gewerblichen Betriebsvermögen der Gesellschafter zuzurechnen sind. Sollen daher derartige Vergütungen für die Zeit zwischen dem steuerlichen Übertragungsstichtag und der Eintragung der Verschmelzung mit steuerrechtlicher Anerkennung bezahlt werden können, ist neben dem Antrag auf

Rückwirkung gem. § 20 Abs. 6 UmwStG erforderlich, dass die entsprechenden **schuldrechtlichen Vereinbarungen** mit der übertragenden Personenhandelsgesellschaft **bereits im Zeitpunkt des steuerlichen Übertragungsstichtags wirksam** abgeschlossen, seither tatsächlich durchgeführt und der Höhe nach angemessen sind (vgl. hierzu auch *R/H/L/Herlinghaus* § 20 UmwStG Rz. 228 f.).

(frei) **39–45**

ccc) AfA der übernehmenden GmbH

Bei **Fortführung der steuerlichen Buchwerte** gem. § 20 Abs. 2 Satz 2 UmwStG **46** tritt die übernehmende GmbH in die steuerliche Rechtsstellung der übertragenden Personenhandelsgesellschaft ein (§ 12 Abs. 3 1. Hs. iVm. § 23 Abs. 1 UmwStG). Vorbesitzzeiten der übertragenden Personengesellschaft werden der übernehmenden GmbH angerechnet (zB für Zwecke des § 6b EStG, vgl. § 4 Abs. 2 Satz 3 iVm. § 23 Abs. 1 UmwStG).

Soweit der Vermögensübergang auf Gesamtrechtsnachfolge – hier durch Verschmel- **47** zung – beruht und die übernehmende Kapitalgesellschaft das auf Grund Verschmelzung übergehende Vermögen zu einem Zwischenwert oder dem gemeinen Wert ansetzt, tritt die übernehmende Kapitalgesellschaft ebenfalls grds. in die steuerliche Rechtsstellung des Einbringenden ein (§ 12 Abs. 3, Hs. 2 iVm. § 23 Abs. 3 iVm. § 23 Abs. 4 2. Hs. UmwStG) mit folgender Maßgabe: Die AfA oder Substanzverringerung nach § 7 Abs. 1, 4, 5 und 6 EStG sind vom Zeitpunkt der Einbringung an nach den AK oder HK des Einbringenden, vermehrt um den Unterschiedsbetrag zwischen dem Buchwert der einzelnen Wirtschaftsgüter und dem Wert, mit dem die Kapitalgesellschaft die Wirtschaftsgüter ansetzt, zu bemessen und bei den AfA nach § 7 Abs. 2 EStG tritt im Zeitpunkt der Einbringung an die Stelle des Buchwerts der einzelnen Wirtschaftsgüter der Wert, mit dem die Kapitalgesellschaft die Wirtschaftsgüter ansetzt.

Eine Besitzzeitanrechnung erfolgt mangels Verweis auf § 4 Abs. 2 Satz 3 UmwStG in § 23 Abs. 3 und 4 UmwStG nicht.

(frei) **48, 49**

Von einer **Anschaffungsfiktion** wird ausgegangen, wenn die übernehmende **50** GmbH Wirtschaftsgüter **im Wege der Einzelrechtsübertragung erwirbt und zum gemeinen Wert** ansetzt (§ 23 Abs. 4, 1. Hs. UmwStG). Dieser Fall dürfte im Rahmen einer Verschmelzung nur bzgl. einer neben der Verschmelzung vereinbarten weiteren Sacheinlage von einzelnen Wirtschaftsgütern (insbes. wesentliche Betriebsgrundlagen der übertragenden Personenhandelsgesellschaft, die sich im Eigentum der Gesellschafter der Personenhandelsgesellschaft befanden, s. Rz. 26) gegeben sein. Bei Gesamtrechtsnachfolge gilt Rz. 47 entsprechend (§ 23 Abs. 4 Hs. 2 UmwStG).

Ein beim Einbringenden **verbliebener Verlustabzug** iSd. § 10d EStG geht nicht **51** auf die aufnehmende Kapitalgesellschaft über, da ein Wechsel aus dem Bereich der ESt in den Bereich der KSt stattfindet. Gleiches gilt für einen Zins- oder EBITDA-Vortrag nach § 4h EStG (§ 20 Abs. 9 UmwStG). Auch vortragsfähige Fehlbeträge iSd. § 10a GewStG gehen im Ergebnis verloren (§ 23 Abs. 5 UmwStG).

bb) Verkehrsteuern

Grunderwerbsteuer: Gehören zum Gesamthandsvermögen der umgewandelten **52** Personenhandelsgesellschaft Grundstücke oder grundstücksgleiche Rechte, so löst die Umwandlung Grunderwerbsteuer gem. § 1 Abs. 1 Nr. 3 GrEStG aus. Sie wird erhoben vom sog. **Erbschaftsteuerwert** der übergehenden Grundstücke (§ 8 Abs. 2 Satz 1 Nr. 2 GrEStG). Der Steuersatz beträgt in den Bundesländern zwischen 3,5 (Bayern und Sachsen) und 6,5 % (Schleswig-Holstein). Zu Verfassungswidrigkeit der Bedarfsbewertung für Grunderwerbsteuerzwecke, vgl. BFH II R 64/08 v. 27.5.09, BStBl. II 09, 856 und BVerfG 1 BvL 13/11, 1 BvL 14/11 v. 23.6.15, BStBl. II 15, 871 und hierzu OFD NRW v. 24.7.15, BeckVerw 313036. Grunderwerbsteuer kann auch ausgelöst werden, wenn zum Vermögen der übertragenden A-GmbH & Co. KG Anteile an grundbesitzenden Kapital- oder Personengesellschaften gehören (§ 1 Abs. 2a und 3 GrEStG). Hinweis auch auf §§ 1 Abs. 3a und 6a GrEStG idF des AmtshilfeRLUmsG v. 26.6.13 (BGBl. I 13, 1809); vgl. hierzu Gleichl. Ländererlasse v. 9.10.13, BStBl. I 13, 1364 und 1375; *Behrens* DStR 13, 2726. Aufgrund der neuen, sehr weiten Auslegung der Regelung durch den BFH ist jeweils auch zu prüfen, ob eine Vergünstigung nach § 6a GrEStG in Betracht kommt (zur BFH-Rspr. *Loose* DB 20, 919).

53 **Umsatzsteuer:** In den Fällen der Vereinigung von Gesellschaften durch Verschmelzung ist stets der Übergang des gesamten Unternehmens von der übertragenden Gesellschaft auf die übernehmende Gesellschaft gegeben, so dass bei Verschmelzungen die Umsatzsteuerbarkeit nach § 1 Abs. 1a UStG entfällt (vgl. *W/M/Knoll* Anhang 11 Rz. 5 und 13 ff.). Näheres hierzu s. A. 15.00 Rz. 107 ff.

54 *(frei)*

2. Einzelerläuterungen

55 Der Verschmelzungsvertrag wird zwischen der übertragenden Personenhandelsgesellschaft (vertreten durch einen ihrer persönlich haftenden Gesellschafter, dh. in dem Fall des Formulars durch die Komplementär-GmbH, diese wiederum vertreten durch deren Geschäftsführer in vertretungsberechtigter Zahl) und der übernehmenden GmbH (vertreten durch deren Geschäftsführer in vertretungsberechtigter Zahl; Prokura allein ist nicht ausreichend, *W/M/Mayer* § 4 UmwG Rz. 39) abgeschlossen. Er ist **notariell zu beurkunden** (§ 6 UmwG). Der Mindestinhalt des Verschmelzungsvertrags ergibt sich aus § 5 Abs. 1 UmwG im Allgemeinen und im Besonderen bzgl. der übertragenden Personenhandelsgesellschaft aus § 40 UmwG (vgl. dazu A. 15.70 Rz. 45) und bzgl. der übernehmenden GmbH aus § 46 UmwG (vgl. dazu im Allgemeinen A. 15.63 Rz. 46 ff.). Nachfolgend werden nur die Besonderheiten der Verschmelzung einer Personenhandelsgesellschaft auf eine bestehende GmbH als übernehmender Rechtsträger erläutert.

Zu § 1: Vermögensübertragung

56 **Abs. 1 und 2** entsprechen den Anforderungen von § 5 Abs. 1 Nr. 1, 2 und 6 UmwG.

Abs. 3 Satz 1 wird aus Praktikabilitätsgründen empfohlen, um eine Verknüpfung mit der Schlussbilanz des übertragenden Rechtsträgers herzustellen, obwohl nach § 5 Abs. 1 Nr. 6 UmwG im Verschmelzungsvertrag an sich nur der Verschmelzungsstichtag festzulegen ist und die Schlussbilanz nur der Anmeldung zum Register gem. § 17 Abs. 2 UmwG beizufügen ist. Satz 2 des Abs. 3 wird wegen der Steuerrechtsfolgen bei den Gesellschaftern der übertragenden Personenhandelsgesellschaft empfohlen, die allein vom tatsächlichen Ansatz des übertragenen Betriebsvermögens in der Steuerbilanz der übernehmenden GmbH abhängig sind (§ 20 Abs. 2 Satz 2 iVm. Abs. 3 Satz 1 UmwStG, s. Rz. 21); deshalb soll eine schuldrechtliche Verpflichtung der übernehmenden GmbH diesbezüglich geschaffen werden. Die Ergänzung zur Übernahme von Änderungen aufgrund einer Betriebsprüfung dient zwar gesellschaftsrechtlich nur der Klarstellung, die Ergänzung wird aber auch diesbezüglich steuerlich empfohlen, weil es für die Gewinnrealisierung bei den Gesellschaftern gem. § 20 Abs. 3 Satz 1 UmwStG auch diesbezüglich allein auf den Ansatz bei der GmbH ankommt.

57 **Abs. 4** regelt die Behandlung der **Gesellschafterkonten** in der Schlussbilanz der übertragenden KG bei der übernehmenden GmbH: Die Kapitalkonten in der übertragenden Personengesellschaft werden zunächst bis zu Höhe der Stammeinlagen auf diese angerechnet und die überschießenden Teile von den Gesellschaftern als Agio geschuldet (Kapitalrücklage gem. § 272 Abs. 2 Nr. 1 HGB). Von der Gewährung von Darlehen ist auf Grund § 54 Abs. 4 UmwG abzuraten (vgl. *Lutter/Winter* § 54 UmwG

Rz. 33 f.; *W/M/Mayer* § 54 UmwG Rz. 64). Erreicht das Kapitalkonto eines Gesellschafters den Betrag der Stammeinlage nicht, wird weiter die Aufstockung durch Barzuzahlung vorgesehen (Kombination einer Sacheinlage mit einer Bareinlage), um die Differenzhaftung gem. §§ 9, 56 Abs. 2 GmbHG auszuschließen. Gehaftet wird aber nur auf die Differenz zwischen dem Nennwert der Stammeinlage und dem wirklichen Wert des Einbringungsgegenstands, eine Unterdeckung des Agios ist dagegen nicht auszugleichen (BGH II ZR 149/10 v. 6.12.11, DStR 12, 251; vgl. *MünchKomm GmbHG/Lieder* § 57a Rz. 22). Sollte ein Gesellschafter die Bareinlage nicht erbringen können, haften die anderen Gesellschafter im Verhältnis ihrer Anteile gem. § 24 GmbH, und zwar auch Kommanditisten.

Gestaltungshinweis: Vor Beurkundung des Verschmelzungsvertrags und des Zu- **58** stimmungsbeschlusses könnten durch gesonderten Gesellschafterbeschluss der übertragenden Personenhandelsgesellschaft die Kapitalkonten entsprechend reduziert werden (bei Kommanditisten aber nur so weit empfehlenswert als dadurch keine Einlagenrückzahlung eintritt) und in Höhe der Reduzierungsbeträge separate Gesellschafterdarlehen (verzinslich) vereinbart werden (zur steuerlichen Rückwirkung des Zinslaufs ab dem steuerlichen Übertragungsstichtag, s. Rz. 38: durch Darlehensvereinbarung vor dem steuerlichen Übertragungsstichtag). Im Verschmelzungsvertrag sollte dann klarstellend darauf hingewiesen werden, dass diese Darlehensverbindlichkeiten der übertragenden Personenhandelsgesellschaft gegenüber ihren Gesellschaftern nicht als Sacheinlage im Rahmen der Verschmelzung eingebracht werden, sondern vielmehr als weiter bestehende Verbindlichkeiten im Wege der Gesamtrechtsnachfolge durch Schuldnerwechsel auf die übernehmende GmbH übergehen.

Zu § 2: Gegenleistung und Abfindungsangebot

In **Abs. 1** wird klargestellt, dass für die **Mitgliedschaft** der übernehmenden GmbH **59** an der übertragenden KG keine Gegenleistung gewährt wird; eine Kapitalerhöhung ist gem. § 54 Abs. 1 Nr. 1 UmwG selbst dann ausgeschlossen, wenn die übernehmende GmbH – anders als in dem dem Formular zugrundeliegenden Fall – an der übertragenden KG auch vermögensmäßig beteiligt wäre.

In **Abs. 2** sind entsprechend den Bestimmungen der §§ 5 Abs. 1 Nr. 2 und Nr. 3, **60** 46 Abs. 1 UmwG die jedem Gesellschafter des übertragenden Rechtsträgers zu gewährenden Anteile an dem übernehmenden Rechtsträger zu bestimmen. Bei Kommanditgesellschaften wird zur Vermeidung eines Wiederauflebens der Kommanditistenhaftung durch Rückgewähr von Einlagen im Zusammenhang mit der Verschmelzung empfohlen, die Stammeinlage des Kommanditisten mindestens in Höhe seiner bisherigen (erbrachten und nicht zurückgezahlten) Kommanditeinlage bzw. der evtl. höheren Haftsumme festzusetzen.

In **Abs. 3** ist das zwingende Abfindungsangebot gem. § 29 Abs. 1 Satz 1, 1. Hs. **61** UmwG an die Gesellschafter der übertragenden Personenhandelsgesellschaft enthalten, das bei jeder Mischverschmelzung (Verschmelzung auf einen Rechtsträger anderer Rechtsform als der übertragende Rechtsträger) abzugeben ist. Da das **Barabfindungsangebot** nur für den Fall des Widerspruchs zur Niederschrift gegen den Verschmelzungsbeschluss des übertragenden Rechtsträgers abzugeben ist, läuft es in dem vorliegenden, diesem Formular zugrundeliegenden Fall leer. Dies ergibt sich daraus, dass der Verschmelzungsvertrag nur bei Zustimmung auch des abfindungsberechtigten Kommanditisten A wirksam wird, weil § 43 Abs. 1 UmwG für die Fassung des Zustimmungsbeschlusses des übertragenden Rechtsträgers die Zustimmung aller (anwesenden und nicht erschienenen) Gesellschafter verlangt. Praktisch relevant wird das Barabfindungsangebot nur, wenn der Gesellschaftsvertrag der übertragenden Personenhandelsgesellschaft gem. § 43 Abs. 2 UmwG eine ausdrückliche Bestimmung enthält, wonach ein Beschluss über die Zustimmung zu einer Verschmelzung mit einer mindestens $^{3}/_{4}$-Mehrheit gestattet ist. In dem diesem Formular zugrundeliegenden Fall erfolgt die Aufnahme des Abfindungsangebots in § 2 Abs. 3 des Verschmelzungsvertrags gleichwohl, um einem eventuellen Einwand auf Unvollständigkeit des Verschmelzungsvertrags vorzubeugen. Alternativ dazu könnten die Berechtigten vor Beurkundung des Verschmelzungsvertrags auf ein Abfindungsangebot im Verschmelzungsvertrag gem. § 29 Abs. 1 UmwG in notariell beurkundeter Form verzichten.

62   **Zu Abs. 4 und 5:** Die Ausführungen in § 2 Abs. 4 und 5 erfolgen vorsorglich auf Grund der Bestimmungen des § 5 Abs. 1 Nr. 7 und 8 UmwG, vgl. dazu A. 15.63 Rz. 48 f.

Zu § 3: Folgen der Verschmelzung für Arbeitnehmer

63   Die Bestimmung entspricht den Anforderungen des § 5 Abs. 1 Nr. 9 UmwG als weiterer Mindestinhalt; vgl. dazu A. 15.60 Rz. 34. Das Formular geht davon aus, dass die übernehmende GmbH (als „typische" Komplementär-GmbH) neben den beiden Geschäftsführern keine Arbeitnehmer beschäftigt und damit bei ihr kein Betriebsrat besteht. Zur **Unterrichtungspflicht** nach § 613a Abs. 5 BGB vgl. Ausführungen unter A. 12 Rz. 36 ff. und zu sonstigen individual- und kollektivrechtlichen Folgen *Engl/Ebener* A. 1 Rz. 150 f. und 155 ff.

Zu § 4: Tragung Kosten der Kapitalerhöhung

64   Die Angabe des voraussichtlichen Gesamtbetrags der von der übernehmenden GmbH im Rahmen der Kapitalerhöhung zu tragenden Kosten erfolgt zum Ausschluss einer verdeckten Gewinnausschüttung (vgl. *Piltz* DStR 91, 1650 mwN).

Erläuterungen zu A. 15.80a Übermittlungsschreiben an den Betriebsrat der übertragenden Personenhandelsgesellschaft

---

65   In dem Fall, der dem Formular als Beispiel zugrunde liegt, wird davon ausgegangen, dass ein Betriebsrat nur bei der übertragenden Personenhandelsgesellschaft besteht, während bei der übernehmenden GmbH – neben den beiden Geschäftsführern – keine Arbeitnehmer beschäftigt sind und somit bei dieser gar kein Betriebsrat bestehen kann. Entsprechend ist das Übermittlungsschreiben nur an den bestehenden Betriebsrat der übertragenden Personenhandelsgesellschaft auszufertigen. Vgl. im Übrigen A. 15.60 Rz. 35. Nach überwiegender Ansicht in der Literatur können die Betriebsräte auf die Einhaltung der Monatsfrist des § 5 Abs. 3 UmwG und damit auf die Rechtzeitigkeit der Zuleitung gem. § 17 Abs. 1 UmwG verzichten; vgl. A. 15.63 Rz. 52. Zweckmäßigerweise wird eine solche Verzichtserklärung dann bereits in den Anschreiben an die Betriebsräte und die Bestätigung durch diese (s. Formular A. 15.80a) integriert.

Erläuterungen zu A. 15.80b Gesellschafterbeschlüsse

---

66   Bzgl. der Gesellschafterbeschlüsse, soweit sie sich aus der Rechtsform des übernehmenden Rechtsträgers als GmbH ergeben, wird auf die A. 15.63 Rz. 77 ff. verwiesen. Vor dem Kapitalerhöhungsbeschluss wurde der Geschäftsanteil im Nennbetrag von € 50.000,– in 50.000 Geschäftsanteile im Nennbetrag von jeweils € 1,– geteilt und die Geschäftsanteile mit laufenden Nummern versehen. Die Teilung von Geschäftsanteilen obliegt der Gesellschafterversammlung (§ 46 Nr. 4 GmbHG). Bezüglich der Besonderheiten, die sich aus der Rechtsform des übertragenden Rechtsträgers als Personenhandelsgesellschaft ergeben, ist auf Folgendes hinzuweisen:

67   Nach § 41 UmwG entfällt die Notwendigkeit eines **Verschmelzungsberichts** für eine übertragende Personenhandelsgesellschaft nur, wenn alle Gesellschafter dieser Gesellschaft zur Geschäftsführung berechtigt sind; da dies bei einer übertragenden Kommanditgesellschaft nicht der Fall ist, ist ein Verschmelzungsbericht grds. erforderlich.

Hierauf kann aber durch sämtliche Gesellschafter der übertragenden Personenhandels-gesellschaft in notariell beurkundeter Form verzichtet werden (§ 8 Abs. 3 UmwG); zum Verschmelzungsbericht vgl. A. 15.63 Rz. 10.

Einer **Verschmelzungsprüfung** bedarf es im Zuge des Verschmelzungsvertrags **68** oder seines Entwurfs auf Verlangen eines Gesellschafters, wenn der Gesellschaftsvertrag der übertragenden Personenhandelsgesellschaft die Verschmelzung mit Mehrheitsbe-schluss ermöglicht (§ 44 iVm. § 43 Abs. 2 UmwG). Nach § 44 Satz 1 UmwG hat der Gesellschafter die Prüfung innerhalb einer Woche, nachdem er die in § 42 UmwG genannten Unterlagen erhalten hat, zu verlangen. Ein derartiger Fall liegt dem Beispiel des Formulars nicht zugrunde. Darüber hinaus bedarf es aber stets der Prüfung der Angemessenheit einer anzubietenden Barabfindung gem. § 30 Abs. 2 Sätze 1 und 2 UmwG. Die Berechtigten (einer anzubietenden Barabfindung) können auf die Prü-fung und/oder den Prüfungsbericht aber in notariell beurkundeter Form verzichten. Dieser Verzicht ist hier vorgesehen.

Der **Zustimmungsbeschluss** der übertragenden Personenhandelsgesellschaft be- **69** darf der Zustimmung aller anwesenden und nicht erschienenen Gesellschafter (§ 43 Abs. 1 UmwG), falls nicht gem. § 43 Abs. 2 UmwG der Gesellschaftsvertrag auf Grund einer speziellen Bestimmung eine Mehrheitsumwandlung (mit mindestens $3/4$-Mehrheit) ausdrücklich zulässt. Bei einer solchen $3/4$-Mehrheitsklausel genügt die $3/4$-Mehrheit der abgegebenen Stimmen (*Lutter/Schmidt* § 43 UmwG Rz. 4a). Allgemein gefasste Mehrheitsklauseln in Gesellschaftsverträgen, die sich nicht zumindest auch auf Umwandlungsbeschlüsse beziehen, sind nicht ausreichend; notwendig ist, dass die ge-sellschaftsvertragliche Mehrheitsklausel auch für Zustimmungen, die nach dem UmwG erforderlich sind, eine qualifizierte Mehrheit von jeweils mindestens $3/4$ der abgegebenen Stimmen genügen lässt (*Lutter/Schmidt* § 43 UmwG Rz. 13).

Erläuterungen zu A. 15.80c und A. 15.80d Handelsregisteranmeldungen

1. Allgemeines

Zu den Anmeldungen im Allgemeinen vgl. A. 15.63 Rz. 80 ff., hinsichtlich der **70** Form der Anmeldung und der beizufügenden Anlagen s. A. 15.60 Rz. 41.

2. Handelsregisteranmeldung der übertragenden A–GmbH & Co. KG

Die Anmeldung kann gem. § 16 Abs. 1 Satz 1 UmwG auch durch die Organe der **71** übernehmenden GmbH erfolgen. Einzureichen ist auch die der Verschmelzung zugrundeliegende Schlussbilanz, aufgestellt auf den Verschmelzungsstichtag (§ 17 Abs. 2 Satz 1 UmwG).

3. Handelsregisteranmeldung der übernehmenden A–GmbH

Da bei der übernehmenden GmbH die Verschmelzung mit Kapitalerhöhung durch- **72** zuführen ist, hat die Anmeldung durch **sämtliche Geschäftsführer** zu erfolgen. Da im Ergebnis eine Sachkapitalerhöhung vorliegt, empfiehlt es sich, der Anmeldung auch beizufügen: **(1)** die Schlussbilanz der übertragenden Personenhandelsgesellschaft, versehen mit **(2)** einer Bestätigung eines Wirtschaftsprüfers, dass **(a)** die Wertansätze darin den gesetzlichen Vorschriften entsprechen und insbes. die Aktiva nicht über- und die Passiva nicht unterbewertet sind, **(b)** mit Angabe der stillen Reserven im Vermögen der übertragenden Gesellschaft und **(c)** mit zumindest näherungsweiser Angabe des laufenden Ergebnisses bis zum Zeitpunkt der Anmeldung und **(3)** unter eventueller Beifügung eines **Sacherhöhungsberichts** (vgl. Formular A. 3.05e), s. dazu Rz. 14. Ferner ist eine berichtigte **Gesellschafterliste,** aus der Name, Vorname, Geburtsdatum und Wohnort der Gesellschafter sowie die Nennbeträge und die lau-

fenden Nummern der von den Gesellschaftern übernommenen Geschäftsanteile ersichtlich sind (vgl. § 40 Abs. 1 GmbHG), beizufügen, sofern eine solche schon nicht
vom Notar an das zuständige Handelsregister übermittelt wurde. Nach Streichung des
§ 52 Abs. 2 UmwG aF besteht keine Pflicht der Geschäftsführer, eine von ihnen unterschriebene Gesellschafterliste der Anmeldung beizufügen.

73   Aufgrund § 53 UmwG ist **zunächst nur die Kapitalerhöhung einzutragen.**
Erst nach Eintragung der Verschmelzung im Register der übertragenden Personenhandelsgesellschaft mit dem Vermerk, dass die Verschmelzung erst mit der Eintragung
in das Register des Sitzes der übernehmenden GmbH wirksam wird (§ 19 Abs. 1
UmwG), sowie nach Vorliegen der Mitteilung des Gerichts der übertragenden Personenhandelsgesellschaft gem. § 19 Abs. 2 UmwG von Amts wegen beim Gericht der
übernehmenden GmbH kann dort die **Verschmelzung mit konstitutiver Wirkung** (§ 20 Abs. 1 UmwG) **eingetragen** und gem. § 19 Abs. 3 UmwG bekannt gemacht werden. Trotz der in § 19 Abs. 2 UmwG vorgesehenen Mitteilung von Amts
wegen ist in der Anmeldung vorgesehen, dass ein beglaubigter Handelsregisterauszug
über die Tatsache der Eintragung der Verschmelzung in das Register des Sitzes der
übertragenden Personengesellschaft nachgereicht wird (für den Fall, dass mit einem
längeren Amtsweg zu rechnen ist).

A. 16. Unterbeteiligung

Übersicht

A. 16.00 Typische Unterbeteiligung

Gliederung

I. FORMULAR

Formular A. 16.00 Vertrag über die Errichtung einer typischen Unterbeteiligung

VERTRAG ÜBER DIE ERRICHTUNG EINER TYPISCHEN UNTERBETEILIGUNG

Zwischen

......   – nachfolgend Hauptbeteiligter genannt –

und

......   – nachfolgend Unterbeteiligter genannt –

Vorbemerkungen

Hauptbeteiligter ist an der Kommanditgesellschaft in Firma X & Co. KG mit dem Sitz in ......, eingetragen im HR des Amtsgerichts ...... unter HRA ...... (nachstehend auch Hauptgesellschaft genannt) als Kommanditist mit einer Kommanditeinlage von € 200.000,– beteiligt. Gegenstand des Unternehmens der X & Co. KG ist ......

Der Gesellschaftsvertrag der X & Co. KG vom ...... ist dem Unterbeteiligten bekannt.

Zur Begründung einer Unterbeteiligung an dem vorbezeichneten Kommanditanteil des Hauptbeteiligten vereinbaren die Parteien was folgt:

§ 1 Einräumung der Unterbeteiligung; Rechtsnatur

(1) Der Hauptbeteiligte räumt dem Unterbeteiligten an seinem vorbezeichneten Kommanditanteil mit Wirkung vom ...... eine typische Unterbeteiligung ein. Die Unterbeteiligung wird lediglich am Kapitalkonto des Hauptbeteiligten eingeräumt, nicht an seinem Verlustkonto und nicht an seinem Privatkonto.

Aufgrund der Unterbeteiligung ist der Unterbeteiligte an dem auf den Hauptbeteiligten entfallenden Ergebnisanteil mit ......% beteiligt. Die Beteiligungsquote des Unterbeteiligten wurde auf den Zeitpunkt des Beginns der Unterbeteiligung entsprechend dem Wertverhältnis der Kommanditbeteiligung des Hauptbeteiligten (angenommener Veräußerungspreis) und der Einlage des Unterbeteiligten (ggf: durch den Steuerberater ...... auf Basis des Jahresabschlusses für das Jahr ......) ermittelt. Ändern sich die Grundlagen für diese Wertermittlung wesentlich, insbesondere durch Veränderungen des Kommanditanteils des Hauptbeteiligten oder des gewinnabhängig beteiligten Fremdkapitals, sind die Gesellschafter vom Zeitpunkt des Eintritts der Veränderung an zu einer angemessenen Anpassung der Beteiligungsquote des Unterbeteiligten verpflichtet. Der Unterbeteiligte ist in diesem Fall berechtigt, seine Einlage entsprechend zu erhöhen oder herabzusetzen.

(2) Die Unterbeteiligung ist eine Innengesellschaft zwischen dem Hauptbeteiligten und dem Unterbeteiligten. Rechtsbeziehungen zwischen dem Unterbeteiligten und der Hauptgesellschaft sowie deren Geschäftspartnern werden nicht begründet.

§ 2 Einlage des Unterbeteiligten

Der Unterbeteiligte leistet eine in das Vermögen des Hauptbeteiligten übergehende Geldeinlage in bar iHv. € ......,–, fällig am .... Eine Nachschusspflicht des Unterbeteiligten wird ausgeschlossen.

§ 3 Konten des Unterbeteiligten

(1) Der Hauptbeteiligte wird für den Unterbeteiligten im Rahmen der Unterbeteiligung folgende Konten führen: Kapitalkonto, Verlustkonto und Privatkonto.

(2) Auf dem Kapitalkonto wird die vom Unterbeteiligten gemäß § 2 zu erbringende Einlage für die Einräumung der Unterbeteiligung gebucht. Das Kapitalkonto ist fest und unverzinslich.

(3) Auf dem Verlustkonto werden die auf den Unterbeteiligten entfallenden Verlustanteile verbucht. Soweit nach dem Gesellschaftsvertrag der Hauptgesellschaft Gewinnanteile des Hauptbeteiligten dessen Verlustkonto gutzuschreiben sind (bei Vorbelastung des Verlustkontos), sind die auf den Unterbeteiligten entfallenden Gewinnanteile im gleichen Verhältnis seinem Verlustkonto gutzuschreiben, solange dieses einen Saldo ausweist.

(4) Auf dem Privatkonto werden Gewinnanteile und Entnahmen des Unterbeteiligten verbucht. Salden auf dem Privatkonto werden ebenso verzinst wie das Privatkonto des Hauptbeteiligten in der Hauptgesellschaft.

§ 4 Ergebnisbeteiligung, Entnahmen

(1) Der Unterbeteiligte ist an dem auf den Hauptbeteiligten entfallenden Ergebnisanteil (Gewinn und Verlust) der Hauptgesellschaft mit ......% beteiligt. Verluste werden dem Unterbeteiligten auch über den Betrag seiner Einlage hinaus zugerechnet.

(2) Maßgebend für die Beteiligung des Unterbeteiligten am Ergebnis ist der sich aus dem steuerlichen Jahresabschluss ergebende Gewinn oder Verlust des Hauptbeteiligten vor Berücksichtigung des auf den Unterbeteiligten entfallenden Anteils. Zur Bestimmung der Beteiligung des Unterbeteiligten am Gewinn/Verlust haben, soweit dies nicht jeweils bereits bei der Erstellung des Jahresabschlusses berücksichtigt wurde, die folgenden Korrekturen zu erfolgen:

a) steuerfreie Rücklagen sind bei ihrer Bildung dem Ergebnis hinzuzurechnen und bei ihrer Auflösung vom Ergebnis abzusetzen;

b) Abschreibungen auf Vermögensgegenstände des Anlagevermögens sind nur im Umfang von planmäßigen Abschreibungen iSd § 253 Abs 2 S 1 HGB zu berücksichtigen;

c) Tätigkeitsvergütungen, Zinsen oder sonstige Zahlungen an den Hauptbeteiligten, die handelsrechtlich Aufwand sind, sind, soweit nicht in der Steuerbilanz als Aufwand enthalten, vom Ergebnis abzuziehen;

d) Zinsen oder sonstige Leistungen des Hauptbeteiligten, die handelsrechtlich Ertrag sind, sind, soweit nicht in der Steuerbilanz als Einnahmen enthalten, dem Ergebnis hinzuzurechnen;

e) außerordentliche Aufwendungen oder Erträge, die auf Geschäftsvorgängen vor Beginn der stillen Gesellschaft beruhen, sind dem Ergebnis hinzuzurechnen bzw. abzuziehen;

f) Erträge oder Aufwendungen aufgrund Abgangs von Vermögensgegenständen des Anlagevermögens sind vom Ergebnis abzuziehen bzw dem Ergebnis hinzuzurechnen, soweit auf betrieblichen Vorgängen vor Begründung der stillen Gesellschaft beruhen;

g) Maßnahmen bzw Geschäftsvorfälle, zu denen der Unterbeteiligte eine nach diesem Vertrag erforderliche Zustimmung verweigert hat, sind für die Ermittlung des Ergebnisses nicht zu berücksichtigen. Die diesen Korrekturvorschriften zugrundeliegende Vorstellung der Beteiligung des Unterbeteiligten am „wirklichen" betriebswirtschaftlichen Gewinn des Hauptbeteiligten soll dabei ihrem wirtschaftlichen Gehalt nach auch dann gelten, wenn sich die gesetzlichen Vorgaben über die Aufstellung des Jahresabschlusses ändern sollten.

(3) Ändert sich der maßgebende Ergebnisanteil des Hauptbeteiligten an der Hauptgesellschaft (zB nach Durchführung einer steuerlichen Außenprüfung), ist der geänderte Ergebnisanteil des Hauptbeteiligten für die Beteiligung des Unterbeteiligten maßgebend.

(4) Der Unterbeteiligte kann den auf ihn entfallenden Gewinnanteil im gleichen Umfang und zum gleichen Zeitpunkt entnehmen, wie der Hauptbeteiligte den auf ihn entfallenden Gewinnanteil nach den Bestimmungen des Gesellschaftsvertrages der Hauptgesellschaft entnehmen kann. Der Hauptbeteiligte verpflichtet sich, von seinem Entnahmerecht in der Hauptgesellschaft mindestens in dem Umfang Gebrauch zu machen, wie der Unterbeteiligte entsprechend seiner Beteiligungsquote zu Entnahmen berechtigt ist; der Hauptbeteiligte wird die dem Unterbeteiligten zustehenden Entnahmen nach Abzug der von ihm einzubehaltenden und abzuführenden Kapitalertragsteuer in der gesetzlichen Höhe unverzüglich an diesen weiterleiten.

§ 5 Geschäftsführung, Pflichten des Hauptbeteiligten, Informationsrecht

(1) Die Geschäftsführung der Unterbeteiligungsgesellschaft obliegt ausschließlich dem Hauptbeteiligten, und zwar sowohl was die Wahrnehmung der Gesellschafterrechte gegenüber der Hauptgesellschaft betrifft als auch was Geschäftsführungsmaßnahmen im Innenverhältnis gegenüber dem Unterbeteiligten angeht.

(2) Der Hauptbeteiligte ist verpflichtet, seine Rechte als Gesellschafter der Hauptgesellschaft auch im Interesse des Unterbeteiligten wahrzunehmen. Wesentliche Beschlüsse im Rahmen der Hauptgesellschaft wird er nur nach Anhörung des Unterbeteiligten fassen. Über ihm bekannt werdende wesentliche Geschäftsvorfälle der Hauptgesellschaft wird der Hauptbeteiligte den Unterbeteiligten informieren, soweit nicht gesetzliche oder vertragliche Geheimhaltungspflichten entgegenstehen.

(3) Der Hauptbeteiligte wird dem Unterbeteiligten innerhalb von vier Wochen nach Vorliegen des Jahresabschlusses der Hauptgesellschaft den auf den Unterbeteiligten entfallenden Ergebnisanteil sowie eine Entwicklung der Konten des Unterbeteiligten schriftlich mitteilen. Zusammen damit ist dem Unterbeteiligten der Ergebnisanteil des Hauptbeteiligten einschließlich seiner Sondervergütungen und seiner Zahlungen an die Gesellschaft gemäß § 4 Abs. 2 mitzuteilen.

(4) Der Unterbeteiligte ist berechtigt, die Richtigkeit der Rechnungslegung des Hauptbeteiligten anhand des Jahresabschlusses der Hauptgesellschaft durch einen Angehörigen der rechts- oder steuerberatenden bzw. wirtschaftsprüfenden Berufe auf eigene Kosten prüfen zu lassen. Ein eigenes Einsichtsrecht in den Jahresabschluss der Hauptgesellschaft und deren Bücher steht dem Unterbeteiligten nicht zu. Dem Prüfer werden die Unterlagen nur ausgehändigt unter der Auflage, dem Unterbeteiligten lediglich mitzuteilen, ob die Rechnungslegung des Hauptbeteiligten richtig ist.

§ 6 Dauer, Kündigung, Beendigung der Unterbeteiligung

(1) Die Unterbeteiligung wird auf unbestimmte Zeit vereinbart.

(2) Die Unterbeteiligung kann von jedem Gesellschafter mit einer Frist von sechs Monaten zum Ende des Geschäftsjahres der Hauptgesellschaft gekündigt werden, erstmals zum .... Die Kündigung erfolgt durch eingeschriebenen Brief. Mit Wirksamwerden der Kündigung endet die Unterbeteiligung; der Unterbeteiligte scheidet aus der Innengesellschaft aus.

(3) Ohne dass es einer Kündigung bedarf, endet die Unterbeteiligung, wenn

a) über das Vermögen des Unterbeteiligten das Insolvenzverfahren eröffnet oder die Eröffnung des Insolvenzverfahrens mangels Masse abgelehnt wird und der entsprechende Eröffnungs- bzw. Ablehnungsbeschluss rechtskräftig ist;

b) Zwangsvollstreckungsmaßnahmen in Gesellschafterrechte des Unterbeteiligten ergriffen und diese nicht innerhalb von sechs Monaten aufgehoben werden.

§ 7 Auflösung der Hauptgesellschaft, Ausscheiden des Hauptbeteiligten

Wird die Hauptgesellschaft aufgelöst oder scheidet der Hauptbeteiligte aus der Hauptgesellschaft aus, so endet das Unterbeteiligungsverhältnis im Fall der Auflösung bei Beendigung der Liquidationsgesellschaft, im Fall des Ausscheidens zum Zeitpunkt des Ausscheidens des Hauptgesellschafters, ohne dass dies einer Kündigung bedarf.

§ 8 Abfindung

(1) Bei Beendigung der Unterbeteiligung steht dem Unterbeteiligten ein Abfindungsguthaben zu, das dem Saldo aus Kapitalkonto, Verlustkonto und Privatkonto zum Zeitpunkt der Beendigung der Unterbeteiligung entspricht. Ein dabei entstehender negativer Saldo ist nur insoweit auszugleichen, als er auf einem negativen Saldo des Privatkontos beruht. Erfolgt die Beendigung der Unterbeteiligung nicht zu einem Bilanzstichtag der Hauptgesellschaft, so ist vom vorhergehenden Bilanzstichtag auszugehen und das Ergebnis des laufenden Jahres zeitanteilig aufzuteilen. Der Hauptbeteiligte ist berechtigt, anstelle der zeitanteiligen Aufteilung den Stand des Verlustkontos und des Privatkontos auf den Tag der Beendigung der Unterbeteiligung durch Erstellung einer Zwischenbilanz der Hauptgesellschaft zu ermitteln. Hinsichtlich der Prüfung des Abfindungsguthabens gilt § 5 Abs. 4 entsprechend.

(2) Das Abfindungsguthaben ist in ...... aufeinander folgenden gleich bleibenden Halbjahresraten auszuzahlen, von denen die Erste sechs Monate nach Beendigung der Unterbeteiligung zur Zahlung fällig ist. Steht zu diesem Zeitpunkt die Höhe des Abfindungsguthabens noch nicht fest, ist die Höhe der ersten Rate zu schätzen. Die jeweils noch offenen Teile des Abfindungsguthabens sind ab Fälligkeit der ersten Rate mit ......% p. a. zu verzinsen. Die Zinsen sind jeweils mit den Abfindungsraten fällig.

§ 9 Abtretung

Der Unterbeteiligte kann seine Rechte aus der Unterbeteiligung nur mit vorheriger schriftlicher Zustimmung des Hauptbeteiligten abtreten oder belasten.

§ 10 Tod eines Gesellschafters

(1) Stirbt ein Gesellschafter, so wird die Gesellschaft mit Erben oder Vermächtnisnehmern des verstorbenen Gesellschafters fortgesetzt. Der verbleibende Gesellschafter ist jedoch im Falle des Todes des anderen Gesellschafters berechtigt, die Gesellschaft nach den Bestimmungen dieses Vertrages zu kündigen.

(2) Mehrere Erben bzw. Vermächtnisnehmer des Unterbeteiligten haben sich gegenüber dem Hauptbeteiligten durch einen gemeinsamen Bevollmächtigten vertreten zu lassen, der seine Bevollmächtigung durch notariell beglaubigte Vollmacht nachweisen muss. Bis zur Vorlage einer solchen Vollmacht ruhen die Rechte der Erben bzw. Vermächtnisnehmer mit Ausnahme der Gewinnbeteiligungsansprüche.

(3) Zum Nachweis der Erbfolge kann anstelle eines Erbscheins eine notarielle Verfügung von Todes wegen einschließlich der Eröffnungsniederschrift des Nachlassgerichts in öffentlich beglaubigter Form vorgelegt werden.

(4) Die Anordnung einer Testamentsvollstreckung über die Beteiligung eines Gesellschafters ist zulässig.

§ 11 Änderungen der Hauptgesellschaft

(1) Ändert sich die Rechtsform der Hauptgesellschaft, so sind die Parteien verpflichtet, den Unterbeteiligungsvertrag erforderlichenfalls dergestalt anzupassen, wie dies die neue Rechtsform der Hauptgesellschaft bei weitestgehend möglicher Beibehaltung der wirtschaftlichen Gegebenheiten der Unterbeteiligung erfordert.

(2) Ändert sich die Kapitalbeteiligung des Hauptbeteiligten in der Hauptgesellschaft, so hat der Hauptbeteiligte dem Unterbeteiligten eine dieser Änderung entsprechende Erhöhung oder Herabsetzung seiner Unterbeteiligung schriftlich anzubieten. Nimmt der Unterbeteiligte dieses Angebot nicht innerhalb einer Frist von einem Monat an, ist die Ergebnisbeteiligung des Unterbeteiligten angemessen anzupassen. Kommt eine Einigung der Beteiligten über die Anpassung nicht zustande, kann jeder Beteiligte verlangen, dass die Anpassung durch einen von der für die Hauptgesellschaft zuständigen Industrie- und Handelskammer benannten Sachverständigen verbindlich festgelegt wird. Die Kosten des Sachverständigen sind von beiden Parteien je hälftig zu tragen.

§ 12 Treuepflichten des Unterbeteiligten

Im Gesellschaftsvertrag der Hauptgesellschaft sind für den Hauptbeteiligten ein Wettbewerbsverbot sowie Geheimhaltungspflichten und allgemeine Treuepflichten vereinbart (§§ ...... des Gesellschaftsvertrages der Hauptgesellschaft). Die Bestimmung dieses Wettbewerbsverbots sowie der Geheimhaltungs- und Treuepflichten gelten auch für den Unterbeteiligten, und zwar sowohl im Verhältnis zur Unterbeteiligungsgesellschaft als auch im Verhältnis zur Hauptgesellschaft.

§ 13 Schiedsgutachter, Schiedsklausel, Schlussbestimmungen

(1) Soweit die Gesellschafter über aus dem Beteiligungsverhältnis resultierende wirtschaftliche Fragen wie insbesondere die Höhe des Gewinn- und Verlustanteils oder des Auseinandersetzungsguthabens des Unterbeteiligten, die Anpassung der Beteiligung des Unterbeteiligten oder die Änderung eines Jahresabschlusses keine Einigung erzielen können, entscheidet für die Gesellschafter verbindlich ein von der für den Sitz der Gesellschaft örtlich zuständigen Industrie- und Handelskammer zu bestellender Wirtschaftsprüfer nach billigem Ermessen als Schiedsgutachter. Die Kosten des Schiedsgutachters trägt derjenige Teil, dessen Vorschlag von dem durch den Schiedsgutachter ermittelten Ergebnis weiter entfernt lag.

(2) Über alle Rechtsstreitigkeiten aus diesem Beteiligungsvertrag, insbesondere über Wirksamkeit, Auslegung und erforderliche Ergänzung des Vertrages einschließlich

von Maßnahmen des einstweiligen Rechtsschutzes werden – soweit dies gesetzlich zulässig ist – unter Ausschluss des Rechtsweges zu den staatlichen Gerichten nach der Schiedsgerichtsordnung des ...... entschieden. Das Schiedsgericht kann auch über die Gültigkeit dieser Schiedsvereinbarung mit bindender Wirkung für die staatlichen Gerichte entscheiden.

(3) Sämtliche Ansprüche aus diesem Vertrag verjähren in vier Jahren. Die Verjährung beginnt am Ende des Jahres, in dem der Anspruch fällig geworden ist.

(4) Alle Änderungen dieses Beteiligungsvertrages bedürfen der Schriftform, soweit nicht durch das Gesetz eine strengere Form vorgesehen ist. Diese Anforderungen gelten auch für den Verzicht auf das Schriftformerfordernis selbst.

(5) Sollten eine oder mehrere Bestimmungen oder sollte ein wesentlicher Teil dieses Vertrages ganz oder teilweise unwirksam sein oder werden oder sollte der Vertrag lückenhaft sein, wird dadurch die Wirksamkeit der übrigen Bestimmungen des Vertrages nicht berührt. Regelungslücken oder unwirksame Regelungen sind durch ergänzende Vertragsauslegung unter Berücksichtigung des mutmaßlichen Willens der Gesellschafter zu schließen; jeder Gesellschafter kann eine entsprechende ausdrückliche Ergänzung des Vertrages verlangen.

....

(Unterschriften der Beteiligten)

II. ERLÄUTERUNGEN

> **Erläuterungen zu A. 16.00 Vertrag über die Errichtung einer typischen Unterbeteiligung**

1. Grundsätzliche Anmerkungen

a) Wirtschaftliche Funktion

1   Die Unterbeteiligung eröffnet dem Gesellschafter einer Kapital- oder Personengesellschaft (Hauptbeteiligter) die Möglichkeit, einen Dritten **(Unterbeteiligter)** an dem von ihm gehaltenen Gesellschaftsanteil zu beteiligen. Anders als der stille Gesellschafter nach den §§ 230 ff. HGB wird der Unterbeteiligte nicht am Unternehmen, sondern an dem vom Hauptbeteiligten gehaltenen Gesellschaftsanteil beteiligt. Zwischen der Hauptgesellschaft und dem Unterbeteiligten bestehen somit weder vertragliche noch gesellschaftsrechtliche Beziehungen. Die Unterbeteiligung bietet sich in allen Fällen an, in denen die Abtretung eines Teils der Hauptbeteiligung entweder nicht zulässig (zB mangels Zustimmung der anderen Gesellschafter) oder nicht erwünscht ist (zB wenn der Hauptbeteiligte seine gesellschaftsrechtliche Stellung gegenüber den anderen Gesellschaftern nicht schmälern möchte oder wenn der Eintritt des Unterbeteiligten aus Wettbewerbsgründen geheim gehalten werden soll). Im Gegensatz zur direkten Beteiligung taucht der Name des Unterbeteiligten im Handelsregister nicht auf. Es besteht weder Publizität noch Rechnungslegungspflicht. Häufig wird die Unterbeteiligung als Vorstufe zu einer geplanten Hauptbeteiligung eingeräumt (insbesondere bei Familiengesellschaften). Weiter eignet sich die Unterbeteiligung für eine vorweggenommene Erbfolge sowie für die Beteiligung mehrerer Erben, wenn nur ein Miterbe die Gesellschafterstellung des Erblassers übernehmen kann (vgl. zu den Gestaltungsmöglichkeiten *Kühne/Rehm* NZG 13, 561; *Werner* ZEV 15, 194). Außerhalb der Nachfolgeplanung können Unterbeteiligungen auch als Finanzierungsinstrument im Rahmen des Erwerbs der (Haupt-)Beteiligung dienen.

b) Formen der Unterbeteiligung

1a   Unterbeteiligungen können an allen gesellschaftsrechtlichen Beteiligungen eingeräumt werden (*MünchKommBGB/Schäfer* vor § 705 Rz. 97 f.); hauptsächlich werden sie jedoch an Anteilen von Personenhandelsgesellschaften eingeräumt (zur Unterbeteiligung an GmbH-Anteilen vgl. ausführlich Formular A. 6.48). Eine Unterbeteiligung kann als offene, aber auch als stille Unterbeteiligung ausgestaltet sein, die vor den anderen Gesellschaftern (sowie vor Dritten) geheim gehalten wird (vgl. *Beck PersGes-HB/Bärwaldt* § 16 Rz. 4).

Zu unterscheiden sind die **typische** und die **atypische** Unterbeteiligung. Bei der **typischen** Unterbeteiligung hat der Unterbeteiligte nur einen schuldrechtlichen Anspruch auf einen Anteil am Jahresgewinn des Hauptbeteiligten und im Falle der Beendigung der Unterbeteiligungsgesellschaft einen Anspruch auf Rückzahlung der Einlage. Eine **atypische** Unterbeteiligung liegt vor, wenn der Unterbeteiligte ein Mitspracherecht bei der Verwaltung der Hauptbeteiligten hat oder an Wertveränderungen des Gesellschaftsanteils sowie an offenen und stillen Reserven der Gesellschaft teilhaben soll. Diese Differenzierung hat nur **steuerrechtliche** Bedeutung (vgl. Rz. 5). Zivilrechtlich ist eine solche Differenzierung nicht möglich, weil es eine dem gesetzlichen Normaltyp entsprechende und davon abweichende atypische Gestaltung nicht gibt. Steuerlich gesehen ist der Unterbeteiligte bei der atypischen Unterbeteiligung **Mitunternehmer.** Aus diesem Grund stellt die atypische Unterbeteiligung in der Praxis den Regelfall dar. Eine Unterbeteiligung kann des Weiteren als **offene,** dh. gegenüber der Hauptgesellschaft und deren Gesellschaften aufgedeckte Unterbeteiligung oder als **stille** Unterbeteiligung ausgestaltet werden, die vor der Hauptgesellschaft und deren Gesellschaftern – ebenso vor Dritten – geheim gehalten wird. Ist allerdings im Gesellschaftsvertrag der Hauptgesellschaft die Einräumung einer Unterbeteiligung nicht oder nur mit Zustimmung der Gesellschaft bzw. der anderen Gesellschafter gestattet, so ist der Hauptgesellschafter, der entgegen eines solchen Verbots eine Unterbeteiligung einräumt, dem Risiko des Ausschlusses oder von Schadensersatzansprüchen ausgesetzt (*MünchKommHGB/K.Schmidt* § 230 Rz. 222).

c) Gesellschaftsrecht

Eine **gesetzliche Regelung** der Unterbeteiligung besteht grds. nicht. Die Einräu- **2** mung einer Unterbeteiligung begründet zwischen Unterbeteiligtem und Hauptbeteiligtem eine **BGB-Innengesellschaft** (BGH II ZR 179/66 v. 11.7.68, NJW 68, 2003; BFH IV R 114/91 v. 27.1.94, DStR 94, 1004; BFH IV R 35/89 v. 21.2.91, BStBl. II 95, 449; *MünchKommBGB/Schäfer* vor § 705 Rz. 97), allerdings ohne Gesamthandsvermögen, da der Hauptbeteiligte alleiniger Inhaber der Rechte aus der Beteiligung an der Hauptgesellschaft ist, während dem Unterbeteiligten lediglich schuldrechtliche Ansprüche gegen den Hauptbeteiligten zustehen. Die Einlage des Unterbeteiligten geht in das Vermögen des Hauptbeteiligten über. Es bestehen zwei Gesellschaften, nämlich die Hauptgesellschaft und die Unterbeteiligungsgesellschaft (BGH II ZR 179/66 v. 11.7.68, BGHZ 50, 316; BFH I R 82/76 v. 8.8.79, BStBl. II 79, 768; *Baumbach/Hopt* § 105 Rz. 38; *Schmidt/Wacker* § 15 EStG Rz. 366 mwN). Da die Vorschriften über die stille Gesellschaft der Unterbeteiligung eher entsprechen, sind neben den §§ 705 ff. BGB im Zweifel auch die §§ 230 ff. HGB analog anzuwenden (*Beck PersGes-HB/Bärwaldt* § 16 Rz. 15).

Die Unterbeteiligungsgesellschaft entsteht nach § 705 BGB durch den Abschluss ei- **3** nes **Unterbeteiligungsvertrages** zwischen dem Hauptbeteiligten und Unterbeteiligten. Mangels gesetzlicher Regelung der Unterbeteiligungsgesellschaft ist dringend zu empfehlen, die Rechte und Pflichten der Gesellschafter im Gesellschaftsvertrag umfassend zu regeln. Bei der vertraglichen Ausgestaltung ist insbes. darauf zu achten, dass der Unterbeteiligungsvertrag mit dem Gesellschaftsvertrag der Hauptgesellschaft abgestimmt ist, so dass sich Rechte und Pflichten aus der Hauptbeteiligung einerseits und aus der Unterbeteiligung andererseits nicht widersprechen; der Hauptbeteiligte kann nicht mehr Rechte abgeben als er selbst hat Der Unterbeteiligungsvertrag bedarf grundsätzlich keiner Form, Schriftform ist aber dringend anzuraten. Auch gegenüber der Finanzverwaltung wird der Nachweis durch eine klare Dokumentation in jedem Fall erleichtert (*Werner* ZEV 15, 194). Unter bestimmten Voraussetzungen bedarf der Unterbeteiligungsvertrag zur Wirksamkeit der notariellen Beurkundung (vgl. hierzu *Werner* ZEV 15, 194 mwN und Rz. 13).

4   **Abgrenzung gegenüber anderen Vertragstypen.** Aufgrund ihres Charakters als Innengesellschaft steht die Unterbeteiligung der stillen Gesellschaft nahe (BGH II ZR 179/66 v. 11.7.68, BGHZ 50, 320ff., 323; *Baumbach/Hopt* § 105 Rz. 38). Von der stillen Gesellschaft unterscheidet sich die Unterbeteiligung ua. dadurch, dass die stille Gesellschaft die Beteiligung an einem Handelsgewerbe voraussetzt, während die Unterbeteiligung an einem Gesellschaftsanteil bestehen muss (*Schmidt/Wacker* § 15 EStG Rz. 365ff. mwN; *Werner* ZEV 15, 194). Der Unterschied zur Treuhandschaft besteht darin, dass bei einem Treuhandverhältnis der Treuhänder die Beteiligung ausschließlich für fremde Rechnung hält, während bei der Unterbeteiligung der Anteil an der Hauptgesellschaft für eigene und für fremde Rechnung gehalten wird. Bei der Treuhand gilt im Innenverhältnis Auftragsrecht, bei der Unterbeteiligung hingegen Gesellschaftsrecht.

d) Steuerrecht

5   **Allgemeines:** In steuerlicher Hinsicht wird unterschieden zwischen der **typischen** Unterbeteiligung einerseits und der **atypischen (mitunternehmerschaftlichen)** Unterbeteiligung andererseits. Ähnlich wie bei der stillen Beteiligung nehmen zwar sowohl der typische als auch der atypische Unterbeteiligte entsprechend ihrer Beteiligungsquote am Ergebnis des Anteils an der Hauptgesellschaft teil, doch ist der typisch Unterbeteiligte im Gegensatz zum atypisch Unterbeteiligten nicht an den stillen Reserven der Hauptbeteiligung beteiligt. Im Formular ist dies in § 8 geregelt. Zur Abgrenzung s. BFH IV R 153/78 v. 3.5.79, BStBl. II 79, 515; IV R 103/83 v. 24.7.86, BStBl. II 87, 54 und insbes. BFH IV R 79/94 v. 6.7.95, BStBl. II 96, 269 mit einer Zusammenfassung der höchstrichterlichen Rechtsprechung; *Carlè* KöSDI 05, 14475; *Schmidt/Wacker* § 15 EStG Rz. 369ff. Nach der ständigen Rechtsprechung des BFH ist ein Unterbeteiligter nur dann Mitunternehmer, wenn er zum einen Mitunternehmerrisiko trägt und zum anderen in der Lage ist, Unternehmerinitiative zu entfalten (vgl. grundlegend BFH GrS 4/82 v. 25.6.84, NJW 85, 93 (96), *Blümich/Bode* § 15 EStG Rz. 221ff.). **Mitunternehmerrisiko** liegt vor, wenn der Unterbeteiligte sowohl am Gewinn und Verlust als auch an den stillen Reserven der Hauptgesellschaft und damit am Erfolg oder Misserfolg beteiligt ist (vgl. BFH VIII R 74/03 v. 25.4.06, BStBl. II 06, 595). **Mitunternehmerinitiative** verlangt die Teilhabe des Unterbeteiligten an unternehmerischen Entscheidungen hinsichtlich der Hauptgesellschaft (BFH VIII R 74/03 v. 25.4.06 aaO).

5a   Eine solche Teilhabe erfolgt in der Regel durch Ausübung von Geschäftsführungs- und Vertretungsbefugnissen sowie Stimmrechten. Die Merkmale der Mitunternehmerinitiative und des Mitunternehmerrisikos können dabei im Einzelfall mehr oder weniger ausgeprägt sein. Ein Defizit bei der Mitunternehmerinitiative kann durch ein Mehr am Mitunternehmerrisiko ausgeglichen werden und umgekehrt (vgl. BFH VIII R 6/93 v. 16.12.03, DStRE 04, 933 zur stillen Beteiligung). Der Unterbeteiligte ist regelmäßig dann als Mitunternehmer anzusehen, wenn seine Rechte denen eines Kommanditisten entsprechen. Je weiter sich die Beteiligten im Rahmen der Vertragsgestaltung von diesem „Idealbild" des Mitunternehmers entfernen, desto wahrscheinlicher ist es, dass eine typische und keine atypische Unterbeteiligung vorliegt (BFH IV R 10/17 v. 19.7.18, DStR 18, 2372; vgl. hierzu ausführlich *Kühne/Rehm* NZG 13, 561 mwN; *Maetz* DStR 15, 1844)).

6   **Typische Unterbeteiligung: Besteuerung des Hauptbeteiligten:** Beim **Hauptbeteiligten** einer typischen Unterbeteiligung sind die dem Unterbeteiligten zustehenden Ergebnisanteile Sonderbetriebsausgaben bzw. Werbungskosten bei seinen

Einkünften aus der Hauptbeteiligung. Ggf. ist die Zinsschranke gem. § 4h EStG zu beachten. Der Abzug als Sonderbetriebsausgaben bzw. Sonderwerbungskosten setzt allerdings voraus, dass der Unterbeteiligte eine Einlage leistet, d. h. dem Betrieb durch den Unterbeteiligten Mittel zugeführt werden, denn ein Abzug als Sonderbetriebsausgaben kommt nur dann in Betracht, wenn die Begründung der stillen Unterbeteiligung betrieblich veranlasst ist (vgl. BFH IV R 20/16 v. 7.11.18, DStR 19, 206). Soweit der Hauptbeteiligte die Einlage des Unterbeteiligten zu privaten Zwecken verwendet, entfällt der Abzug gleichfalls (so für Gewinnanteile des stillen Gesellschafters BFH XI R 24/02 v. 6.3.03, BStBl. II 03, 656). Gemäß § 43 EStG ist der Hauptbeteiligte verpflichtet, für den typisch Unterbeteiligten Kapitalertragsteuer einzubehalten und abzuführen. Die Einlage des Unterbeteiligten (Gegenleistung für die Einräumung der Unterbeteiligung) ist beim Hauptbeteiligten ergebnisneutral, da in gleicher Höhe eine Verbindlichkeit entsteht.

Typische Unterbeteiligung: Besteuerung des Unterbeteiligten: Der **typisch**　7 **Unterbeteiligte** – soweit er die Beteiligung im Privatvermögen hält – bezieht Einkünfte aus **Kapitalvermögen** gem. § 20 Abs. 1 Nr. 4 EStG (so wohl BFH VIII R 10/85 v. 16.12.86, BFH/NV 87, 715; *Blümich/Ratschow* § 20 EStG Rz. 199; und zwar unabhängig davon, welche Einkünfte der Hauptbeteiligte bezieht (*Märkle* DStZ 85, 508). Es gilt das sog. Zufluss-/Abflussprinzip (§ 11 EStG). Die **Abgeltungssteuer** findet grundsätzlich auch auf Kapitaleinkünfte iSv. § 20 Abs. 1 Nr. 4 EStG Anwendung, es sei denn, Unterbeteiligter und Hauptbeteiligter sind einander nahestehende Personen (§ 32d Abs. 2 EStG). Soweit die Abgeltung greift, sind diese Einkünfte nicht in der ESt-Erklärung anzugeben. Des Weiteren ist das Verbot des Werbungskostenabzugs zu berücksichtigen (§ 20 Abs. 9 EStG). In Ansatz gebracht werden kann nur der jeweils geltende **Sparer-Pauschbetrag.** Ein weitergehender Werbungskostenabzug ist ausgeschlossen.

Auf Antrag kann der Stpfl. eine Veranlagung mit diesen Einkünften verlangen, wenn sein individueller Steuersatz niedriger ist als der Abgeltungssteuersatz von 25 % (bei Kirchensteuerpflicht abzüglich 25 % der auf die Kapitalerträge entfallenden Kirchensteuern, § 32d Abs. 1 Satz 3 EStG). Hält der typisch Unterbeteiligte die Beteiligung im **Betriebsvermögen,** sind die ihm zufließenden Gewinnanteile wegen § 20 Abs. 8 EStG als Einkünfte aus Gewerbebetrieb einzustufen. Kapitaleinkünfte im betrieblichen Bereich unterliegen dem **Teileinkünfteverfahren,** dh. sie sind iHv. 40 % steuerfrei (vgl. § 3 Nr. 40 Satz 1 Buchst. a EStG).

Im Falle der Beendigung der typischen Unterbeteiligungsgesellschaft erhält der Un-　**7a** terbeteiligte seine ursprünglich geleistete Einlage zurück. Soweit der Rückzahlungsbetrag der Einlage entspricht, liegt darin kein steuerlich relevanter Vorgang. Übersteigt der Rückzahlungsbetrag die Einlage, handelt es sich bei dem Differenzbetrag um Einkünfte aus Kapitalvermögen i. S. v. § 20 Abs. 1 Nr. 4 EStG. Dies gilt nicht bei der Ausschüttung stehengelassener Gewinnanteile, die schon zu einem früheren Zeitpunkt versteuert worden waren.

Verlustanteile des typisch Unterbeteiligten, der seine Beteiligung im Privatvermö-　**7b** gen hält, sind Werbungskosten bei den Einkünften aus Kapitalvermögen (BFH VIII R 53/84 v. 10.11.87, BStBl. II 88, 186). Eine Berücksichtigung ist erst zulässig, wenn der Jahresabschluss der Hauptgesellschaft festgestellt sowie der Verlustanteil des Hauptbeteiligten und dann der Verlustanteil des Unterbeteiligten berechnet worden sind (BFH VIII R 53/84 v. 10.11.87, aaO). Nach der Rspr. des BFH können diese Einkünfte bis zur Höhe der von dem Unterbeteiligten erbrachten Einlage auch negativ sein, dh. sie können bis zur Höhe der Einlage mit anderen positiven Einkünften verrechnet werden (entspr. der Regelung bei der typischen stillen Gesellschaft s. BFH VIII R 10/85 v. 16.12.86, BFH/NV 87, 715); für darüber hinausgehende Verluste gilt § 15a EStG (§ 20 Abs. 1 Nr. 4 Satz 2 EStG; vgl. auch BFH VIII R 36/01 v. 23.7.02, DStR 02, 1852 betr. die Bildung eines negativen Kapitalkontos des typisch stillen Gesellschafters, das zu verrechenbaren Verlusten iSv. § 15a EStG führt). **Ab 1.1.09** können Verluste aus Kapitalvermögen nicht mit Einkünften aus anderen Einkunftsarten ausgeglichen und auch nicht nach § 10d abgezogen werden (§ 20 Abs. 6 EStG). Die Verluste mindern jedoch die Einkünfte, die der Stpfl. in den folgenden VZ aus Kapitalvermögen erzielt.

8 **Atypische Unterbeteiligung. Besteuerung des Hauptbeteiligten:**
Die steuerliche Behandlung der **Einräumung** einer atypischen Unterbeteiligung an einem Mitunternehmeranteil beim Hauptbeteiligten ist strittig. Diese Thematik wird – soweit ersichtlich – weder von der Rechtsprechung noch von der FinVerw. behandelt. In der Literatur wird bezüglich der ertragsteuerlichen Konsequenzen der Einräumung einer Unterbeteiligung teilweise danach differenziert, ob diese unentgeltlich oder entgeltlich erfolgt (vgl. hierzu *Maetz* DStR 15, 1844). Die entgeltliche Einräumung einer atypischen Unterbeteiligung wird von Teilen der Literatur als teilweise – und daher nicht nach § 16 Abs. 1 Nr. 2 EStG begünstigte – Veräußerung der Beteiligung des Hauptbeteiligten angesehen (*Blümich/Schallmoser* § 16 EStG Rz. 23; *Schmidt/Wacker* § 16 EStG Rz. 408). Teilweise wird hinsichtlich der entgeltlichen Einräumung einer atypischen Unterbeteiligung noch danach differenziert, ob die Gegenleistung des Unterbeteiligten (dauerhaft) den Zwecken der Unterbeteiligungsgesellschaft dient oder in das Privatvermögen des Hauptbeteiligten erfolgt (*H/H/R/Patt* § 16 EStG Rz. 336).

Zutreffend und in Einklang mit der BFH-Rechtsprechung dürfte die Auffassung sein, dass bei der Einräumung der atypischen Unterbeteiligung – egal ob entgeltlich oder unentgeltlich – ein Mitunternehmeranteil nach § 24 UmStG in eine neu errichtete Unterbeteiligungsgesellschaft eingebracht wird (vgl. *Frotscher/Drüen/Mutscher* § 24 UmwStG Rz. 52; *Maetz* DStR 15, 1844).

Weiter ist dann aber zu beachten, dass die FinVerw. die Auffassung vertritt, dass auch eine Umwandlung oder Einbringung iSd UmwStG eine Veräußerung iSd § 6 Abs. 5 S. 4 EStG darstellt, so dass bei der Einräumung einer atypischen Unterbeteiligung darauf zu achten ist, ob innerhalb der Sperrfrist vor dem Zeitpunkt der Einräumung der Unterbeteiligung eine Übertragung iSd § 6 Abs. 5 S. 3 EStG erfolgt ist. Insofern besteht ggf. die Gefahr der rückwirkenden Versagung der Buchwertfortführung des übertragenen Wirtschaftsguts.

Der Ergebnisanteil des atypisch Unterbeteiligten mindert die positiven bzw. – bei Verlustübernahme – negativen Einkünfte des Hauptbeteiligten aus seiner Beteiligung. Der auf den atypisch am Mitunternehmeranteil beteiligten Untergesellschafter entfallende Ergebnisanteil wird hierbei nicht dem Hauptbeteiligten, sondern direkt dem Unterbeteiligten zugerechnet (BFH IV R 70/04 v. 19.4.07, BStBl II 07, 868). Zur verfahrensrechtlichen Umsetzung vgl. Rz. 12.

9 **Atypische Unterbeteiligung; Besteuerung des atypisch Unterbeteiligten:**
Da der Unterbeteiligte obligatorischer Mitinhaber der Einkunftsquelle des Hauptbeteiligten ist, erzielt er grundsätzlich die gleichen Einkünfte wie der Hauptbeteiligte (Parallelität der Einkunftsarten). Es ist stets zu ermitteln, ob der atypisch Unterbeteiligte Mitunternehmer im Verhältnis zur Hauptgesellschaft oder im Verhältnis zum Hauptgesellschafter ist. Im Falle einer stillen atypischen Unterbeteiligungsgesellschaft wird der Unterbeteiligte regelmäßig nicht als Mitunternehmer der Hauptgesellschaft, sondern vielmehr als Mitunternehmer im Verhältnis zum Hauptgesellschafter beteiligt sein. Ist der Unterbeteiligte als Mitunternehmer der Unterbeteiligungsgesellschaft anzusehen, hat er gewerbliche Einkünfte, sofern der Hauptbeteiligte seinerseits die Stellung eines Mitunternehmers der Hauptgesellschaft annimmt. Bei einer offenen Unterbeteiligungsgesellschaft hingegen kann der Unterbeteiligte dann als Mitunternehmer der Hauptgesellschaft anzusehen sein, wenn seine Stellung gegenüber der Hauptgesellschaft rechtlich und wirtschaftlich besonders stark ausgestaltet ist. Dies ist zB dann der Fall, wenn dem Unterbeteiligten als Nichtgesellschafter in der Hauptgesellschaft Kon-

troll- und Mitwirkungsrechte eingeräumt wurden oder er als leitender Angestellter mit einem nicht unbedeutenden Dispositionsspielraum Einfluss auf die Geschäftspolitik und andere grundsätzliche Fragen der Geschäftsführung ausübt und ihm darüber hinaus (über den Hauptgesellschafter) Mitunternehmerrisiko zukommt.

Ist der Unterbeteiligte danach als Mitunternehmer der Hauptgesellschaft anzusehen, führt dies nach § 15 Abs. 1 Nr. 2 EStG dazu, dass die Gewinnanteile des Unterbeteiligten sowie Tätigkeitsvergütungen, Darlehenszinsen oder Miet- und Pachtzinsen bei der Hauptgesellschaft nicht als Betriebsausgabe abgezogen werden dürfen, sondern vielmehr dem Gesamtgewinn der Hauptgesellschaft zuzurechnen sind.

Nach der BFH-Rechtsprechung sollen auch Tätigkeitsvergütungen der Hauptgesellschaft an den atypisch still Unterbeteiligten, der lediglich im Verhältnis zur Unterbeteiligungsgesellschaft, nicht aber im Verhältnis zur Hauptgesellschaft als Mitunternehmer anzusehen ist, dem Gesamtgewinn der Hauptgesellschaft zuzurechnen sein (vgl. BFH IV R 75/96 v. 2.10.97, BStBl. II 98, 137 und BFH VIII R 67/98 v. 12.10.99, GmbHR 00, 244 mit Anm. *Bitz*).

Die atypische Unterbeteiligung an einem Anteil an einer nicht gewerblich tätigen Personengesellschaft führt nicht zu einer Mitunternehmerschaft des Unterbeteiligten und damit nicht zu gewerblichen Einkünften i.S.v. § 15 Abs. 1 S. 1 Nr. 2 EStG, sondern zur anteiligen Zurechnung des entsprechenden Gewinnanteils als Einkünfte aus Kapitalvermögen. Auch die Unterbeteiligung am Anteil an einer nicht gewerblich tätigen, aber gewerblich geprägten Personengesellschaft i.S.v. § 15 Abs. 3 Nr. 2 EStG stellt keine Mitunternehmerschaft dar (*Schmidt/Wacker* § 15 Rz. 367). Nach ständiger BFH-Rechtsprechung kann ein Unterbeteiligter keine Einkünfte aus VuV erzielen, wenn er nach außen hin nicht selbst als Vermieter auftritt (vgl. BFH XI R 155/89 v. 3.12.91, DStR 92, 1356; IX R 30/94 v. 17.12.96, BStBl. II 97, 406.

Zeitpunkt der Versteuerung: Gewinnanteile des als Mitunternehmer beteiligten **10** Unterbeteiligten sind in dem Jahr zu versteuern, für das der Gewinn der Hauptgesellschaft ermittelt wird, unabhängig davon, ob der Unterbeteiligte über seinen Gewinnanteil verfügen kann oder nicht. Entsprechendes gilt für die Berücksichtigung von Verlusten. Übersteigen die Verluste die Einlage, gilt § 15a EStG.

Zur **angemessenen Gewinnverteilung** in einer als mitunternehmerschaftlichen **11** Unterbeteiligung gestalteten **Familiengesellschaft** s. BFH IV R 114/91 v. 27.1.94, BStBl. II 94, 635 (zur Abgrenzung s. weiter *Schwichtenberg* DB 87, 1963; zur Ausnahme BFH VIII R 77/98 v. 9.10.01, BStBl. II 02, 460). Es gelten die gleichen Grundsätze wie bei atypisch stillen Gesellschaften, dh., eine Gewinnverteilung wird dann als angemessen betrachtet, wenn der Gewinnanteil für eine schenkweise eingeräumte Unterbeteiligung eine Verzinsung des realen Wertes der Beteiligung von durchschnittlich 15% auf längere Zeit nicht übersteigt. Bei entgeltlicher Einräumung der Unterbeteiligung ist iRd. Angemessenheit auch ein höherer Gewinnanteil anzuerkennen. Eine mitunternehmerisch ausgestaltete Unterbeteiligung eines minderjährigen Kindes am Kommanditanteil des Vaters ist steuerrechtlich auch dann anzuerkennen, wenn die Unterbeteiligung dem Kind vom Vater geschenkt wurde; eine Rückfallklausel für den Fall des Vorversterbens des Kindes steht der steuerrechtlichen Anerkennung nicht entgegen (BFH IV R 114/91 v. 27.1.94, BStBl. II 94, 635).

Feststellungsverfahren. Bei einer **typischen Unterbeteiligung** sind Hauptbeteiligter **12** und Unterbeteiligter nicht an denselben Einkünften beteiligt. Eine **gesonderte Feststellung** der Einkünfte findet deshalb nicht statt (BFH VIII R 53/84 v. 10.11.87, BStBl. II 88, 186). Der atypisch Unterbeteiligte bezieht demgegenüber Einkünfte aus Gewerbebetrieb gem. § 15 Abs. 1 Nr. 2 EStG, wenn der Hauptbeteiligte seinerseits Mitunternehmer ist. Die Einkünfte des **atypisch Unterbeteiligten** werden gesondert und einheitlich festgestellt, wobei eine Einbeziehung des atypisch Unterbeteiligten in die Feststellung der Hauptgesellschaft nicht erforderlich ist, da ein gesondertes Feststellungsverfahren für die atypische Unterbeteiligungsgesellschaft durchgeführt wird (BFH

GrS 3/72 v. 5.11.73, BStBl. II 74, 414; § 179 Abs. 2 Satz 3 AO; vgl. hierzu auch *Koenig/Koenig* § 179 AO Rz. 33 ff.). Dadurch ist gewährleistet, dass die Unterbeteiligung auch gegenüber den anderen Gesellschaftern der Hauptgesellschaft geheim gehalten werden kann. Verfahrensrechtlich folgt hieraus eine Bindung an die gesonderte und einheitliche Feststellung der Hauptgesellschaft. Diese ist **Grundlagenbescheid** für die gesonderte Feststellung der Unterbeteiligung. Nur mit Einverständnis aller Beteiligten kann auf das zweistufige Feststellungsverfahren verzichtet werden (§ 179 Abs. 2 S. 3 AO). Das Einverständnis gilt als erteilt, wenn dem Unterbeteiligten die Einkünfte bereits in der Feststellungserklärung für die Hauptgesellschaft zugerechnet werden kann (AEAO zu § 179 Nr. 4).

13 **Veräußerung der typischen Unterbeteiligung.** Die typische Unterbeteiligung stellt steuerlich **Privatvermögen** dar.

Gewinne aus der Veräußerung von nach dem 31.12.08 erworbenen typischen Unterbeteiligungen gehören unabhängig von der Haltedauer zu den Einkünften aus Kapitalvermögen und unterliegen der Abgeltungssteuer von 25 % (§ 20 Abs. 2 Satz 1 Nr. 4 iVm. § 20 Abs. 1 Satz 1 Nr. 4, § 32d EStG). Bei einander nahe stehenden Personen unterliegt ein Veräußerungsgewinn dem individuellen Steuersatz (§ 32d Abs. 2 Satz 1 Nr. 1 Buchst. a EStG). Ein Gewinn aus der Veräußerung der **vor dem 31.12.08** erworbenen typischen Unterbeteiligung ist steuerfrei, wenn diese zum Privatvermögen gehört und kein privates Veräußerungsgeschäft iSv. § 23 EStG vorliegt. Soweit der Veräußerungspreis jedoch auf Gewinnanteile aus einem bereits abgelaufenen Wirtschaftsjahr entfällt, handelt es sich beim Veräußerer um Einkünfte iSd. § 20 EStG (BFH I R 98/76 v. 11.2.81, BStBl. II 81, 465). Werden lediglich Gewinnansprüche ohne die Unterbeteiligung veräußert, ist strittig, wer den Gewinnanteil zu versteuern hat.

13a Die **Beendigung einer mitunternehmerischen Unterbeteiligung** ist aus steuerrechtlicher Sicht für den Unterbeteiligten eine Veräußerung seines gesamten Mitunternehmeranteils i. S. d. § 16 Abs. 1 S. 1 Nr. 2 EStG und für den Hauptgesellschafter wiederum entgeltlicher Anteilserwerb. Für den Unterbeteiligten führt die Beendigung/Veräußerung ggf. zu einem nach §§ 16 Abs. 4 und 34 EStG begünstigten Veräußerungsgewinn, während der Vorgang für den Hauptbeteiligten erfolgsneutral ist (vgl. hierzu *Schmidt/Wacker* § 16 Rz. 407 m.w.N.; *BeckPersGes-HB/Bärwaldt* § 164 Rz. 73). Gewerbesteuer fällt nicht an (GewStR 7.1 Abs. 3 Satz 4). Von der USt ist die Abtretung gem. § 4 Nr. 8 f. UStG befreit; Option ist gem. § 9 UStG möglich, wenn die Veräußerung an einen anderen Unternehmer im Rahmen von dessen Unternehmen erfolgt.

2. Einzelerläuterungen

Zu § 1: Einräumung der Unterbeteiligung; Rechtsnatur

14 **Form:** Der Abschluss eines Unterbeteiligungsvertrages ist grundsätzlich formfrei; dies gilt auch für eine Unterbeteiligung an einem Geschäftsanteil an einer GmbH (OLG Frankfurt 15 U 233/83 v. 8.8.85, GmbHR 87, 57; *Kühne/Rehm* NZG 13, 561), es sei denn, der Unterbeteiligungsvertrag enthält die Verpflichtung zur Übertragung des GmbH-Anteils, zB bei Beendigung der Unterbeteiligung; in diesem Fall bedarf der Unterbeteiligungsvertrag gem. § 15 Abs. 4 GmbHG der notariellen Beurkundung. Die Unterbeteiligung bedarf nicht der Zustimmung der Gesellschaft oder der anderen Gesellschafter (BGH II ZR 179/66 v. 11.7.68, BGHZ 50, 325; *Baumbach/Hopt* § 105 Rz. 38), es sei denn, im Gesellschaftsvertrag der Hauptgesellschaft findet sich eine abweichende Bestimmung (für Unterbeteiligung an einem GmbH-Geschäftsanteil s. OLG Frankfurt 15 U 233/83 v. 8.8.95, GmbHR 87, 57). Zur Frage, ob die Einräumung einer Unterbeteiligung eine unzulässige Umgehung der gesellschaftsvertraglichen Bestimmungen über das Zustimmungserfordernis bei Übertragung

von Geschäftsanteilen sein kann, s. OLG Frankfurt 11 U 21/91 v. 7.9.91, DB 92, 2489.

Ein Unterbeteiligungsverhältnis mit **minderjährigen Kindern** erfordert die Mit- 15 wirkung eines Pflegers (§ 1090 BGB) sowie die Genehmigung des Vormundschaftsgerichtes (§§ 1643 Abs. 1, 1822 Nr. 3 BGB), bei Schenkung der Unterbeteiligung zusätzlich die notarielle Beurkundung (BFH IV R 103/83 v. 24.7.86, BStBl. II 87, 54).

Rechtsnatur: Die Unterbeteiligung ist Innengesellschaft ohne Gesamthandsverö- 16 gen (BGH II ZR 179/66 v. 11.7.68, BGHZ 50, 320). Nach außen tritt nur der Hauptbeteiligte in Erscheinung, er allein haftet und ist der Hauptgesellschaft gegenüber berechtigt und verpflichtet. Sind keine besonderen Absprachen getroffen, so gelten nach hM (*MünchKommBGB/Schäfer* vor § 705 Rz. 97; *Sudhoff*, Personengesellschaften, S. 66) die Vorschriften über die bürgerlich-rechtliche Gesellschaft, allerdings nur mit Einschränkungen: Hinsichtlich Geschäftsführung und Vertretung, Kündigung und Abfindung bei Auflösung erscheinen die Vorschriften über die stille Gesellschaft geeigneter (*Sudhoff*, Personengesellschaften, S. 67; *Beck PersGes-HB/Bärwaldt* § 16 Rz. 15).

Zu § 2: Einlage des Unterbeteiligten

Die Einlage des Unterbeteiligten geht in das Vermögen des Hauptbeteiligten über. 17 Demgegenüber besteht der Beitrag des Hauptgesellschafters für den gemeinsamen Zweck der Unterbeteiligungsgesellschaft darin, dass er den Anteil an der Hauptgesellschaft zur Verfügung stellt. Einlagefähig ist grundsätzlich, was bilanzierungsfähig ist (vgl. *BeckPersGes-HB/Bärwaldt* § 16 Rz. 30, zur Einlage von Dienstleistungen sowie der Überlassung von Sachen vgl. BFH IV R 20/16 v. 7.11.18, DStR 19, 206).

(frei) 18

Zu § 3: Konten der Gesellschafter

Obwohl eine Buchführungspflicht für die Innengesellschaft nicht besteht, empfiehlt 19 es sich aus Gründen der Klarheit, für den Unterbeteiligten Konten zu führen, auf denen seine Einlage, seine Anteile am Gewinn und Verlust sowie seine Entnahmen aufgezeichnet werden. Die im Abs. 3 des Formulars vorgeschlagene Regelung, die Konten des Unterbeteiligten ebenso zu behandeln wie die Konten des Hauptbeteiligten in der Hauptgesellschaft, empfiehlt sich, um zu einem abgestimmten Entnahmeverhalten zu kommen.

Zu § 4: Ergebnisbeteiligung, Entnahmen

Bei der Festlegung der Beteiligungsquote des Unterbeteiligten sind die Ertragsaus- 20 sichten des Anteils des Hauptbeteiligten und der Wert der Einlage des Unterbeteiligten zu berücksichtigen. Die Verlustteilnahme über den Betrag der Einlage hinaus führt zur Anwendung des § 15a EStG und zum Entstehen verrechenbarer Verluste (§§ 20 Abs. 1 Nr. 4 Satz 2, 15a EStG). Eine Verlustbeteiligung des Unterbeteiligten kann entspr. § 231 Abs. 2 HGB ausgeschlossen werden.

Das aufzuteilende Ergebnis entspricht dem Gewinnanteil des Hauptbeteiligten an der 21 Hauptgesellschaft ggfs. abzüglich eigener Kosten der Unterbeteiligungsgesellschaft (zB für Buchführung und Steuererklärungen). Bemisst sich dieser Gewinnanteil des Hauptbeteiligten nach der Steuerbilanz der Hauptgesellschaft, so sind darin idR Tätigkeitsvergütungen des Hauptbeteiligten sowie Vergütungen für die Überlassung von WG enthalten. Da der Unterbeteiligte an derartigen Sondervergütungen nicht teilhaben soll, ist eine Korrektur der Handelsbilanz der Hauptgesellschaft erforderlich (Abs. 2).

Wie bei der typischen stillen Gesellschaft gelten Gewinnanteile dem Unterbeteilig- 22 ten in dem Zeitpunkt als zugeflossen, in dem sie seinem Privatkonto gutgeschrieben werden. Verlustanteile gelten in dem Zeitpunkt als abgeflossen, in dem sie seinem Verlustkonto belastet werden.

23 Das **Entnahmerecht** ist im Muster so geregelt wie das Entnahmerecht des Hauptbeteiligten in der Hauptgesellschaft. Da die Unterbeteiligungsgesellschaft als reine Innengesellschaft über kein eigenes Vermögen verfügt, muss der Hauptbeteiligte in der Hauptgesellschaft zumindest die Beträge entnehmen, die dem Unterbeteiligten zustehen (Abs. 3).

24 **Angemessenheit der Gewinnbeteiligung von Familienangehörigen:** Die Einräumung von Unterbeteiligungen an Familienangehörige ist steuerlich anzuerkennen, wenn die bürgerlich-rechtliche Form eingehalten ist, die Gesellschaftsverhältnisse ernsthaft gewollt sind, tatsächlich durchgeführt werden und unter Bedingungen wie zwischen fremden Dritten stehen (*Schulze zur Wiesche* NJW 83, 2365; *Bilsdorfer* NJW 80, 2785). Die Angemessenheit der Gewinnbeteiligung unterbeteiligter Familienangehöriger richtet sich nach den gleichen Grundsätzen wie bei der stillen Beteiligung (BFH IV R 114/91 v. 27.1.94, BStBl. II 94, 635; *Schulze zur Wiesche* aaO). Demnach ist bei unentgeltlich eingeräumten Unterbeteiligungen eine Gewinnbeteiligung bis zu 15 % vom Wert des Anteils als angemessen anzusehen (BFH GrS 4/71 v. 29.5.72, BStBl. II 73, 5, BFH IV R 83/06 v. 19.2.09, NZG 09, 758). Maßgebend ist der gemeine Wert des Anteils, wobei allerdings bei typischer Unterbeteiligung ohne Vermögensbeteiligung vom Nominalwert der Beteiligung auszugehen ist. Nimmt der stille Gesellschafter an Verlusten nicht teil, so wird lediglich eine Gewinnbeteiligung bis zu 12 % vom Wert des Anteils als angemessen angesehen (BFH IV R 56/70 v. 29.3.73, BStBl. II 73, 650; IV R 33/71 v. 27.9.73, BStBl. II 74, 51). Bei schenkweiser Übertragung einer mitunternehmerischen Unterbeteiligung an ein Kind kann nach BFH VIII R 77/98 v. 9.10.01 (BStBl. II 02, 460) auch eine Gewinnbeteiligung anzuerkennen sein, die zu einem Gewinn des Kindes von mehr als 15 % des Wertes der Unterbeteiligung führt.

25 Bei entgeltlich erworbenen Unterbeteiligungen ist eine Gewinnbeteiligung angemessen, die im Zeitpunkt der Vereinbarung bei vernünftiger kaufmännischer Beurteilung eine durchschnittliche Rendite bis zu 35 % des tatsächlichen Werts der Unterbeteiligung erwarten lässt, wenn der Unterbeteiligte am Verlust beteiligt ist (BFH I R 167/78 v. 16.12.81, BStBl. II 82, 387). Ist der Unterbeteiligte nicht am Verlust beteiligt, so ist eine Gewinnbeteiligung bis zu 25 % als angemessen anzusehen (BFH I R 131/70 v. 14.2.73, BStBl. II 73, 395; vgl. weiter zur steuerlichen Anerkennung typischer stiller Beteiligungen und Unterbeteiligungen von Familienangehörigen, insbes. bei schenkweiser Begründung BFH I R 31/80 v. 8.3.84, BStBl. II 84, 623; I R 176/77 v. 19.12.79, BStBl. II 80, 242; IV R 114/91 v. 27.1.94, DB 94, 1449; s. weiter *Schmidt/Wacker* § 15 EStG Rz. 776 ff.). Werden die vorgenannten Grenzen überschritten, gilt der übersteigende Anteil als ertragsteuerlich unbeachtliche Privatzuwendung. Der BFH IV R 83/06 v. 19.2.09, DStR 09, 959 hat allerdings entschieden, dass kurzfristige Überschreitungen dieser Renditeprozentsätze möglich sind, verlangt jedoch dann eine Anpassung der Gewinnverteilungsabrede für die Zukunft nach dem Maßstab eines Fremdvergleichs (vgl. hierzu *Schmidt* GWR 09, 126). Schenkweise begründete typische Unterbeteiligungen sind nicht anzuerkennen, wenn die Verlustbeteiligung ausgeschlossen ist (BMF v. 1.12.92, BStBl. I 92, 729 mit Rspr.-Nachweisen). Die vorstehenden Grundsätze waren bei Partnern in nichtehelichen Lebensgemeinschaften auch dann nicht anwendbar, wenn diese später heiraten (BFH VIII R 10/85 v. 16.12.86, BFH/NV 87, 715 mwN). Andererseits ist eine steuerliche Korrektur des zivilrechtlich vereinbarten Ergebnisanteils des Unterbeteiligten nicht nur beim Vorliegen familiärer Beziehungen möglich; es reicht aus, dass die gesellschaftsrechtliche Vereinbarung mit der Verfolgung nichtgesellschaftsrechtlicher Interessen verbunden ist (BFH VIII R 162/84 v. 24.7.90, BFH/NV 91, 35 zur Umgehung der Spendenabzugsbeschränkung durch Unterbeteiligung eines Vereins).

26 **Gewerbesteuer:** Die Gewinnanteile des Unterbeteiligten eines Mitunternehmers sind i. H. v. einem Viertel dem Gewerbeertrag hinzuzurechnen § 8 Nr. 1 Buchst. c GewStG. Es ist die Vorschrift über die stille Beteiligung anzuwenden (BFH IV R

196/69 v. 8.10.70, BStBl. II 71, 59). Eine Hinzurechnung unterbleibt, wenn die Summe aller Hinzurechnungen € 100.000,– nicht übersteigt **(Hinzurechnungsfreibetrag).**

Zu § 5: Geschäftsführung, Pflichten des Hauptbeteiligten, Informationsrecht

Ohne gesellschaftsvertragliche Regelung wäre bei der Geschäftsführung der Unter- **27** beteiligungsgesellschaft dahingehend zu unterscheiden, ob es sich um Geschäftsführungsmaßnahmen im internen Verhältnis zwischen Haupt- und Unterbeteiligten oder ob es sich um die Geschäftsführung der Unterbeteiligungsgesellschaft nach außen, also insbesondere um die Wahrnehmung der Gesellschafterrechte in der Hauptgesellschaft handelt: Während interne Geschäftsführungsmaßnahmen entsprechend §§ 709 ff. BGB grundsätzlich beiden Gesellschaftern zustehen, obliegt die Geschäftsführung nach außen ähnlich wie bei der stillen Gesellschaft nur dem Hauptbeteiligten. Abweichend hiervon sieht § 5 Abs. 1 des Formulars vor, dass die gesamte Geschäftsführung, also auch im internen Verhältnis, ausschließlich dem Hauptbeteiligten obliegt.

Eine **Stimmbindung** des Hauptbeteiligten an den Unterbeteiligten ist von einer **28** Zulassung der Unterbeteiligung im Gesellschaftsvertrag der Hauptgesellschaft grds. nicht gedeckt (*Baumbach/Hopt* § 105 Rz. 40). Dementsprechend sieht § 5 Abs. 1 lediglich eine Anhörungspflicht des Hauptbeteiligten vor Beschlussfassungen der Hauptgesellschaft vor.

Informationsrecht des Unterbeteiligten: In entspr. Anwendung von § 233 HGB **29** ist der Unterbeteiligte berechtigt, vom Hauptbeteiligten eine „Bilanz" über dessen Gesellschaftsanteil zu verlangen, aus der sich insbes. die auf den Anteil des Hauptbeteiligten entfallenden Ergebnisse der Hauptgesellschaft und deren Zusammensetzung (Gewinnanteil, Zinsen, Geschäftsführervergütung etc.) ergeben. Dem entspricht die Verpflichtung des Hauptbeteiligten gem. § 5 Abs. 3 des Formulars. Damit wird dem berechtigten Interesse des Unterbeteiligten entsprochen, die Grundlagen für die Berechnung seiner Gewinn- oder Verlustanteile zu erfahren. Zusätzlich ist der Unterbeteiligte gem. Abs. 4 berechtigt, die Richtigkeit dieser Aufstellung durch einen Angehörigen der rechts- oder steuerberatenden bzw. wirtschaftsprüfenden Berufe prüfen zu lassen. Ein weitergehender Rechnungslegungsanspruch steht dem Unterbeteiligten nicht zu; er kann insbesondere nicht Einsicht in die Steuer- und Handelsbilanzen sowie die Gewinn- und Verlustrechnung der Hauptgesellschaft und vor allem deren Grundlagen (Buchhaltung ua.) verlangen, da diese Unterlagen zu den inneren Angelegenheiten der Hauptgesellschaft gehören, an deren Geheimhaltung diese ein berechtigtes Interesse hat. Der Unterbeteiligte hat idR keine Rechtsbeziehungen zur Hauptgesellschaft, er ist ihr gegenüber nicht zur Verschwiegenheit und nicht zur Einhaltung von Wettbewerbsverboten verpflichtet. Sollen dem Unterbeteiligten weitergehende Informationsrechte dahingehend zugestanden werden, dass der Unterbeteiligte in die Bilanz der Hauptgesellschaft Einsicht nehmen kann, ist darauf zu achten, dass nicht eine Kollision mit Geheimhaltungsbestimmungen des Gesellschaftsvertrages der Hauptgesellschaft entsteht. Die Weitergabe der Bilanz an den Unterbeteiligten muss von der Hauptgesellschaft genehmigt sein; eine Zulassung der Unterbeteiligung allein genügt nicht (BGH II ZR 179/66 v. 11.7.68, BGHZ 50, 323; zum Informationsrecht des Unterbeteiligten s. BGH II ZR 179/66 v. 11.7.68, NJW 68, 2003). Mit den zwischenzeitlich weitergehenden Offenlegungspflichten für alle Gesellschaften, bei denen nicht mindestens eine natürliche Person unbeschränkt persönlich haftet, gilt dies mit Einschränkungen hinsichtlich nicht zu veröffentlichender Teile des Abschlusses sowie der Buchhaltung.

Zu § 6: Kündigung, Beendigung der Unterbeteiligung

Eine Unterbeteiligung kann auf bestimmte Zeit oder auf die Dauer der Hauptge- **30** sellschaft abgeschlossen werden. Im Formular wird davon ausgegangen, dass die

Hauptgesellschaft auf unbestimmte Zeit abgeschlossen wurde; dementsprechend ist auch die Unterbeteiligung auf unbestimmte Zeit vereinbart. Bei Beendigung der Unterbeteiligungsgesellschaft findet eine Liquidation im gesellschaftsrechtlichen Sinn nicht statt, da die Unterbeteiligungsgesellschaft eine reine Innengesellschaft ist und deshalb keine Forderungen oder Verbindlichkeiten gegenüber Dritten hat (*BeckPersGes-HB/Bärwaldt* § 16 Rz. 40).

31   Das Muster sieht die Beendigung der Unterbeteiligung bei **Insolvenz** des Unterbeteiligten vor; bei Insolvenz des Hauptbeteiligten wird idR § 7 zur Anwendung kommen. Sieht der Gesellschaftsvertrag der Hauptgesellschaft bei Insolvenz des Hauptbeteiligten dessen Ausscheiden aus der Hauptgesellschaft nicht vor, kann auch für den Fall der Insolvenz des Hauptbeteiligten die automatische Beendigung der Unterbeteiligung vereinbart werden (s. Formular A. 16.01 § 7). Die Beendigung bei Pfändung eines Anteils verhindert das Kündigungsrecht des Pfändungspfandgläubigers, § 725 BGB.

32   Bei der **Ausgestaltung der Kündigungsregelung** sollte im Einzelfall geprüft werden, ob die Kündigungsmöglichkeiten der Unterbeteiligung an der Hauptbeteiligung angepasst werden sollen, damit sich der Hauptbeteiligte für den Fall der Kündigung der Unterbeteiligung durch eine (Teil-)Kündigung der Hauptbeteiligung die zur Abfindung des Unterbeteiligten erforderlichen Mittel beschaffen kann. In diesem Fall sollte die Kündigungsfrist des Unterbeteiligten etwas länger sein als die der Hauptbeteiligung. Ein Ausschluss der Kündigung der Unterbeteiligung während der Dauer der Hauptbeteiligung ist grds. unwirksam (BGH II ZR 259/92 v. 13.6.94, DB 94, 1669).

Zu § 7: Auflösung der Hauptgesellschaft, Ausscheiden des Hauptbeteiligten

33   Mit Auflösung der Hauptgesellschaft bzw. Ausscheiden des Hauptbeteiligten entfällt die Geschäftsgrundlage der Unterbeteiligung, so dass eine automatische Beendigung eintritt.

Zu § 8: Abfindung

34   Entsprechend der Ausgestaltung als typische Unterbeteiligung bemisst sich das Abfindungsguthaben nach dem Buchwert der Unterbeteiligung (s. hierzu *Rasner* NJW 83, 2905; *Geßler* GmbHR 84, 29). Ein negativer Saldo der Kapitalkonten des Unterbeteiligten ist nur auszugleichen, soweit dieser auf einem negativen Privatkonto beruht, da ein solches nur durch Überentnahmen entstanden sein kann. Im Hinblick auf die häufig enge persönliche Beziehung zwischen Hauptgesellschaften und Unterbeteiligten kann den Hauptbeteiligten auch das Recht eingeräumt werden, die Gesellschaft außerordentlich zu kündigen.

Zu § 9: Abtretung

35   **Gesellschaftsrecht:** Gemäß §§ 717, 719 BGB können zwar nicht die Gesellschaftsanteile, jedoch Gewinnansprüche und Ansprüche auf Abfindungsguthaben abgetreten werden. Darüber hinaus sieht das Formular vor, dass sämtliche Rechte aus der Unterbeteiligung, also auch Gewinnansprüche und Abfindungsguthaben, nur mit Zustimmung des Hauptbeteiligten abgetreten werden können.

36   *(frei)*

Zu § 10: Tod eines Gesellschafters

37   **Gesellschaftsrecht:** Grds. führt der Tod eines Gesellschafters gem. § 727 BGB zur Auflösung der Gesellschaft. Abweichend hiervon sieht das Formular vor, dass im Fall des Todes des Hauptbeteiligten die Unterbeteiligung mit dessen Erben fortgesetzt wird. Geht die Hauptbeteiligung auf einen Vermächtnisnehmer des Hauptbeteiligten

über, so muss mit diesem ein neuer Unterbeteiligungsvertrag abgeschlossen werden, da der Vermächtnisnehmer nicht automatisch in den Unterbeteiligungsvertrag eintritt. Erwirbt der Unterbeteiligte die Hauptbeteiligung durch Erbfolge, so erlischt die Unterbeteiligung durch Konfusion. Zum Rechtsübergang beim Tod des Hauptbeteiligten (s. *Blaurock* Rz. 30.60).

Entsprechend der **Fortführung beim Tod des Hauptbeteiligten** wird auch **38** beim Tod des Unterbeteiligten die Unterbeteiligung nicht aufgelöst, sondern mit dessen Erben fortgesetzt, wobei allerdings sinnvollerweise eine gemeinschaftliche Vertretung der Erben anzuordnen ist. Im Hinblick auf die häufig enge persönliche Beziehung zwischen Hauptbeteiligtem und Unterbeteiligtem, kann dem Hauptbeteiligten auch das Recht eingeräumt werden, die Gesellschaft außerordentlich zu kündigen. Rechtsnachfolger eines verstorbenen Unterbeteiligten kann im Übrigen auch eine Erbengemeinschaft sein (anders als bei Gesamtrechtsnachfolge in Gesellschaftsanteile an Personenhandelsgesellschaften, s. A. 9.00 Rz. 71).

Steuerrecht: Die erbschaftsteuerliche Bewertung der typischen Unterbeteiligung **39** richtet sich nach § 12 ErbStG. Grds. ist der Nennwert anzusetzen, wenn nicht besondere Umstände einen höheren oder geringeren Wert begründen. Eine höhere Bewertung kann gerechtfertigt sein, wenn der auf Dauer zu erwartende Ertrag über 10% der Einlage liegt und wenn die stille Gesellschaft nach den Verhältnissen des Veranlagungszeitpunkts für eine Dauer von mindestens fünf Jahren besteht, also nicht jederzeit z.B. zum Schluss eines Geschäftsjahres vom Inhaber gekündigt werden kann (BFH III R 7/69 v. 7.5.71, BStBl. II 71, 642). Gehört die stille Beteiligung zu einem Betriebsvermögen, so ist bei einer Erbauseinandersetzung der Beschluss des Großen Senats des BFH GrS 2/89 v. 5.7.90 (BStBl. II 90, 837) zu beachten, wonach Erbfall und Erbauseinandersetzung keine Einheit bilden (s. hierzu auch A. 16.01 Rz. 21).

Zu § 11: Änderungen der Hauptgesellschaft

Änderungen der Rechtsverhältnisse der Hauptgesellschaft haben keinen unmittelba- **40** ren Einfluss auf die Unterbeteiligung, da unmittelbare Rechtsbeziehungen zwischen Unterbeteiligtem und Hauptgesellschaft nicht bestehen. Deshalb kann der Hauptbeteiligte im Verhältnis zur Hauptgesellschaft ohne Zustimmung des Unterbeteiligten seinen Kapitalanteil an der Hauptgesellschaft ändern oder einen weiteren Unterbeteiligten aufnehmen. Derartige Maßnahmen sind rechtswirksam, können aber uU einen Schadensersatzanspruch des Unterbeteiligten auslösen. Das Formular sieht für Änderungen in der Rechtsform und Veränderung des Kapitalanteils des Hauptbeteiligten in der Hauptgesellschaft Anpassungsmöglichkeiten vor. Zum zivil- und steuerrechtlichen Schicksal der Unterbeteiligung bei Umwandlung der Hauptgesellschaft s. BFH VIII R 34/01 v. 18.5.05, BStBl. II 05, 857; *Schindhelm/Pickhardt-Poremba/Hilling* DStR 03, 1444, 1469; *Stegemann/Middendorf* BB 06, 1084).

Zu § 13: Schiedsgutachter/Schiedsklausel/Verjährung

Der Vorteil eines Schiedsverfahrens liegt darin, dass es unter Ausschluss der Öffent- **41** lichkeit geführt wird und gerade bei gesellschaftsvertraglichen Auseinandersetzungen, die sich häufig auch sehr persönlich gestalten, flexibler ist (vgl. Schiedsverfügung, §§ 1025 ff. ZPO, vgl. hierzu allgemein *Baumbach/Lauterbach* § 1025 ZPO Rz. 6 ff.). Der Schiedsvertrag bedarf der Form des § 1031 ZPO soweit der Unterbeteiligte Verbraucher ist (zur Auslegung einer Schiedsklausel vgl. OLG Koblenz 6 U 1371/06 v. 3.5.07, NJOZ 07, 5922 und OLG Koblenz 6 U 610/07 v. 6.3.08, NJW-Spezial 08, 464). Die einheitliche Regelung der Verjährung aller Ansprüche aus dem Gesellschaftsverhältnis ist zweckmäßig, da die gesetzliche Verjährung zum Teil unangemessen lang, andererseits die Regelverjährung von drei Jahren zum Jahresende (§§ 195, 199 BGB) gelegentlich zu kurz ist.

A. 16.01 Atypische Unterbeteiligung

Gliederung

I. FORMULAR

> **Formular A. 16.01 Vertrag über die Errichtung einer atypischen Unterbeteiligung**

VERTRAG ÜBER DIE ERRICHTUNG EINER ATYPISCHEN UNTERBETEILIGUNG

Zwischen

H   – nachfolgend Hauptbeteiligter genannt –

und

U   – nachfolgend Unterbeteiligter genannt –

Vorbemerkungen

Hauptbeteiligter ist an der Kommanditgesellschaft in Firma X & Co. KG mit dem Sitz in ...... , eingetragen im HR des Amtsgerichts ...... unter HRA ...... (nachstehend auch Hauptgesellschaft genannt) als Kommanditist mit einer Kommanditeinlage von € 200.000,– beteiligt. Neben dem Kapitalkonto iHv. € 200.000,– werden für den Hauptbeteiligten bei der Hauptgesellschaft zum Bilanzstichtag 31.12.... folgende Konten geführt: Verlustkonto € 0,–. Privatkonto € 80.000,–.

Gegenstand des Unternehmens der X & Co. KG ist ....

Der Gesellschaftsvertrag der X & Co. KG vom ...... ist dem Unterbeteiligten bekannt.

Zur Begründung einer (atypischen) Unterbeteiligung an dem vorbezeichneten Kommanditanteil des H vereinbaren die Parteien was folgt:

§ 1 Einräumung der Unterbeteiligung; Rechtsnatur

(1) Der Hauptbeteiligte räumt dem Unterbeteiligten an seinem vorbezeichneten Kommanditanteil mit Wirkung vom ...... eine (atypische) Unterbeteiligung in folgender Höhe ein: am Kapitalkonto iHv. € ......,–, am Privatkonto iHv. € ......,– Aufgrund der Unterbeteiligung ist der Unterbeteiligte am Gesellschaftsanteil des Hauptbeteiligten (Vermögen (inklusive stille Reserven und Firmenwert) und Ergebnis) mit ...% beteiligt. Die Beteiligungsquote des Unterbeteiligten wurde auf den Zeitpunkt des Beginns der Unterbeteiligung entsprechend dem Wertverhältnis der Kommanditbeteiligung des Hauptbeteiligten (angenommener Veräußerungspreis) und der Einlage des Unterbeteiligten (ggf: durch den Steuerberater ...... auf Basis des Jahresabschlusses für das Jahr ......) ermittelt. Ändern sich die Grundlagen für diese Wertermittlung wesentlich, insbesondere durch Veränderungen des Kommanditanteils des Hauptbeteiligten oder des gewinnabhängig beteiligten Fremdkapitals, sind die Gesellschafter vom Zeitpunkt des Eintritts der Veränderung an zu einer angemessenen Anpassung der Beteiligungsquote des Unterbeteiligten verpflichtet. Der Unterbetei-

ligte ist in diesem Fall berechtigt, seine Einlage entsprechend zu erhöhen oder herabzusetzen.

(2) Die Unterbeteiligung ist eine Innengesellschaft zwischen dem Hauptbeteiligten und dem Unterbeteiligten. Rechtsbeziehungen zwischen dem Unterbeteiligten und der Hauptgesellschaft sowie deren Geschäftspartnern werden nicht begründet. Der Hauptbeteiligte bleibt weiterhin Mitunternehmer der Hauptgesellschaft; er bringt nur den Mitunternehmeranteil in die Unterbeteiligungsgesellschaft ein, an der die Unterbeteiligung besteht.

§ 2 Einlage des Unterbeteiligten

Der Unterbeteiligte leistet eine in das Vermögen des Hauptbeteiligten übergehende Geldeinlage in bar iHv. € ......,–, fällig am .... Eine Nachschusspflicht des Unterbeteiligten wird ausgeschlossen.

§ 3 Konten der Gesellschafter

(1) Für den Hauptbeteiligten und für den Unterbeteiligten werden im Rahmen der Unterbeteiligung gleichartige Konten geführt wie für die Gesellschafter der Hauptgesellschaft, nämlich Kapitalkonto, Verlustkonto und Privatkonto.

(2) Auf den Kapitalkonten werden die Beteiligungen von Hauptgesellschafter und Unterbeteiligtem an der Innengesellschaft verbucht. Die Kapitalkonten werden als Festkonten geführt. Sie sind unverzinslich.

(3) Auf den Verlustkonten werden die auf die Gesellschafter entfallenden Verlustanteile verbucht. Soweit nach dem Gesellschaftsvertrag der Hauptgesellschaft Gewinnanteile des Hauptbeteiligten dessen Verlustkonto gutzuschreiben sind (bei Belastung des Verlustkontos), sind die auf den Unterbeteiligten entfallenden Gewinnanteile im gleichen Verhältnis seinem Verlustkonto gutzuschreiben, solange dieses einen Saldo ausweist.

(4) Auf den Privatkonten werden Gewinnanteile und Entnahmen der Gesellschafter verbucht. Salden auf den Privatkonten werden ebenso verzinst wie das Privatkonto des Hauptbeteiligten in der Hauptgesellschaft.

(5) An dem zu Beginn der Unterbeteiligung bestehenden Privatkonto und Verlustkonto des Hauptbeteiligten ist der Unterbeteiligte entsprechend seiner Beteiligungsquote (......%) beteiligt.

§ 4 Ergebnisbeteiligung, Entnahmen

(1) Der Unterbeteiligte ist an dem auf den Hauptbeteiligten entfallenden Ergebnisanteil (Gewinn und Verlust) der Hauptgesellschaft mit ...% beteiligt. Verluste werden dem Unterbeteiligten auch insoweit zugerechnet, als sie den Betrag seiner Einlage übersteigen.

(2) Maßgebend für die Beteiligung des Unterbeteiligten am Ergebnis ist der sich aus dem steuerlichen Jahresabschluss ergebende Gewinn oder Verlust des Hauptbeteiligten vor Berücksichtigung des auf den Unterbeteiligten entfallenden Anteils. Zur Bestimmung der Beteiligung des Unterbeteiligten am Gewinn/Verlust haben, soweit dies nicht jeweils bereits bei der Erstellung des Jahresabschlusses berücksichtigt wurde, die folgenden Korrekturen zu erfolgen:

a) steuerfreie Rücklagen sind bei ihrer Bildung dem Ergebnis hinzuzurechnen und bei ihrer Auflösung vom Ergebnis abzusetzen;

b) Abschreibungen auf Vermögensgegenstände des Anlagevermögens sind nur im Umfang von planmäßigen Abschreibungen iSd § 253 Abs 2 S 1 HGB zu berücksichtigen;

c) Tätigkeitsvergütungen, Zinsen oder sonstige Zahlungen an den Hauptbeteiligten, die handelsrechtlich Aufwand sind, sind, soweit nicht in der Steuerbilanz als Aufwand enthalten, vom Ergebnis abzuziehen;

d) Zinsen oder sonstige Leistungen des Hauptbeteiligten, die handelsrechtlich Ertrag sind, sind, soweit nicht in der Steuerbilanz als Einnahmen enthalten, dem Ergebnis hinzuzurechnen;

e) außerordentliche Aufwendungen oder Erträge, die auf Geschäftsvorgängen vor Beginn der stillen Gesellschaft beruhen, sind dem Ergebnis hinzuzurechnen bzw. abzuziehen;

f) Erträge oder Aufwendungen aufgrund Abgangs von Vermögensgegenständen des Anlagevermögens sind vom Ergebnis abzuziehen bzw dem Ergebnis hinzuzurechnen, soweit auf betrieblichen Vorgängen vor Begründung der stillen Gesellschaft beruhen;

g) Maßnahmen bzw Geschäftsvorfälle, zu denen der Unterbeteiligte eine nach diesem Vertrag erforderliche Zustimmung verweigert hat, sind für die Ermittlung des Ergebnisses nicht zu berücksichtigen. Die diesen Korrekturvorschriften zugrundeliegende Vorstellung der Beteiligung des Unterbeteiligten am „wirklichen" betriebswirtschaftlichen Gewinn des Hauptbeteiligten soll dabei ihrem wirtschaftlichen Gehalt nach auch dann gelten, wenn sich die gesetzlichen Vorgaben über die Aufstellung des Jahresabschlusses ändern sollten.

(3) Ändert sich der maßgebende Ergebnisanteil des Hauptbeteiligten an der Hauptgesellschaft (zB nach Durchführung einer steuerlichen Außenprüfung), ist der geänderte Ergebnisanteil des Hauptbeteiligten für die Beteiligung des Unterbeteiligten maßgebend.

(4) Der Unterbeteiligte kann den auf ihn entfallenden Gewinnanteil in gleichem Umfang und zum gleichen Zeitpunkt entnehmen, wie der Hauptbeteiligte den auf ihn entfallenden Gewinnanteil der Hauptgesellschaft nach den Bestimmungen des Gesellschaftsvertrages der Hauptgesellschaft entnehmen kann. Der Hauptbeteiligte verpflichtet sich, von seinem Entnahmerecht in der Hauptgesellschaft mindestens in dem Umfang Gebrauch zu machen, wie der Unterbeteiligte entsprechend seiner Beteiligungsquote zu Entnahmen berechtigt ist; der Hauptbeteiligte wird die dem Unterbeteiligten zustehenden Entnahmen unverzüglich an diesen weiterleiten.

§ 5 Geschäftsführung, Pflichten des Hauptbeteiligten, Mitwirkungs- und Informationsrechte

(1) Die Geschäftsführung der Unterbeteiligungsgesellschaft obliegt ausschließlich dem Hauptbeteiligten, und zwar sowohl was die Wahrnehmung der Gesellschafterrechte gegenüber der Hauptgesellschaft betrifft, als auch im Hinblick auf Geschäftsführungsmaßnahmen im Innenverhältnis gegenüber dem Unterbeteiligten.

(2) Der Hauptbeteiligte ist verpflichtet, seine Rechte als Gesellschafter der Hauptgesellschaft auch im Interesse des Unterbeteiligten wahrzunehmen. Vor der Fassung von Beschlüssen im Rahmen der Hauptgesellschaft wird der Hauptbeteiligte unverzüglich nach Erhalt der Ladung zur Gesellschafterversammlung der Hauptgesellschaft eine Abstimmung mit dem Unterbeteiligten herbeiführen. Bei Meinungsverschiedenheiten über zu fassende Beschlüsse entscheidet die einfache Stimmenmehrheit innerhalb der Innengesellschaft, wobei die Beteiligungsquoten gemäß § 1 Abs. 1 maßgebend sind. Über ihm bekannt werdende wesentliche Geschäftsvorfälle der Hauptgesellschaft wird der Hauptbeteiligte den Unterbeteiligten informieren, soweit nicht gesetzliche oder vertragliche Geheimhaltungspflichten entgegenstehen.

(3) Der Hauptbeteiligte wird dem Unterbeteiligten innerhalb von vier Wochen nach Vorliegen des Jahresabschlusses der Hauptgesellschaft eine Aufstellung über die Entwicklung der Konten von Hauptbeteiligtem und Unterbeteiligtem zusenden.

(4) Der Unterbeteiligte ist berechtigt, zur Prüfung des auf ihn entfallenden Ergebnisanteils Einsicht in den Jahresabschluss der Hauptgesellschaft zu nehmen. Er kann dieses Prüfungsrecht auch durch einen Angehörigen der rechts- oder steuerberatenden bzw. wirtschaftsprüfenden Berufe wahrnehmen lassen.

§ 6 Treuepflichten des Unterbeteiligten

Im Gesellschaftsvertrag der Hauptgesellschaft sind für den Hauptbeteiligten ein Wettbewerbsverbot sowie Geheimhaltungspflichten und allgemeine Treuepflichten vereinbart (§§ ...... des Gesellschaftsvertrages der Hauptgesellschaft). Die Bestimmung dieses Wettbewerbsverbots sowie der Geheimhaltungs- und Treuepflichten gelten auch für den Unterbeteiligten, und zwar sowohl im Verhältnis zur Unterbeteiligungsgesellschaft als auch im Verhältnis zur Hauptgesellschaft.

§ 7 Dauer, Kündigung, Beendigung der Unterbeteiligung

(1) Die Unterbeteiligung wird auf unbestimmte Zeit vereinbart.

(2) Die Unterbeteiligung kann von jedem Gesellschafter mit einer Frist von sechs Monaten zum Ende des Geschäftsjahres der Hauptgesellschaft gekündigt werden, erstmals zum .... Die Kündigung erfolgt durch eingeschriebenen Brief. Mit Wirksamwerden der Kündigung endet die Unterbeteiligung; der Unterbeteiligte scheidet aus der Innengesellschaft aus.

(3) Ohne dass es einer Kündigung bedarf, endet die Unterbeteiligung, wenn

a) über das Vermögen eines Gesellschafters das Insolvenzverfahren eröffnet oder die Eröffnung des Insolvenzverfahrens mangels Masse abgelehnt wird, sobald der entsprechende Eröffnungs- bzw. Ablehnungsbeschluss rechtskräftig ist;

b) der Anteil eines Gesellschafters gepfändet und die Pfändung nicht innerhalb von sechs Monaten aufgehoben wird.

§ 8 Auflösung der Hauptgesellschaft, Ausscheiden des Hauptbeteiligten

(1) Scheidet der Hauptbeteiligte aus der Hauptgesellschaft aus, so endet das Unterbeteiligungsverhältnis zum gleichen Zeitpunkt. Wird die Hauptgesellschaft aufgelöst, so bleibt die Unterbeteiligung bis zur Beendigung der Liquidation bestehen. Der Unterbeteiligte nimmt am Liquidationserlös entsprechend seiner Beteiligungsquote gemäß § 1 Abs. 1 teil.

(2) Veräußert der Hauptbeteiligte die Hauptbeteiligung, wird er den Erwerber verpflichten, das Unterbeteiligungsverhältnis zu übernehmen. Der Unterbeteiligte ist in einem solchen Fall jedoch berechtigt, die Unterbeteiligung auf den Stichtag des Übergangs der Hauptbeteiligung auf den Erwerber die Unterbeteiligung ohne Einhaltung einer Frist zu kündigen.

§ 9 Abfindung

(1) Bei Beendigung der Unterbeteiligung steht dem Unterbeteiligten ein Abfindungsguthaben zu, das dem Buchwert des Anteils des Unterbeteiligten (Summe sämtlicher für ihn im Rahmen der Unterbeteiligung geführter Konten) zuzüglich seines Anteils an den stillen Reserven der Innengesellschaft entspricht. Die stillen Reserven der Innengesellschaft entsprechen dem Anteil an den stillen Reserven der Hauptgesellschaft, auf die der Hauptbeteiligte bei seinem Ausscheiden aus der Hauptgesellschaft im Zeitpunkt der Beendigung der Unterbeteiligung Anspruch hätte. Ergibt sich ein negativer Saldo, so ist dieser nur insoweit auszugleichen, als er auf einem negativen Saldo des Privatkontos beruht.

(2) Zur Ermittlung der stillen Reserven der Innengesellschaft ist zum Zeitpunkt der Beendigung der Unterbeteiligung eine Auseinandersetzungsbilanz aufzustellen, in der die stillen Reserven der Innengesellschaft nach den gleichen Kriterien zu ermit-

teln sind, wie sie im Gesellschaftsvertrag der Hauptgesellschaft in der bei Beendigung der Unterbeteiligung gültigen Fassung für das Ausscheiden des Hauptgesellschafters zu ermitteln sind. Erfolgt die Kündigung der Unterbeteiligung durch den Hauptgesellschafter, ist bei der Ermittlung der stillen Reserven ein Firmenwert der Hauptgesellschaft auch dann zu berücksichtigen, wenn beim Ausscheiden des Hauptgesellschafters aus der Hauptgesellschaft ein Firmenwert außer Ansatz bleibt.

(3) Das Abfindungsguthaben ist in vier aufeinander folgenden gleich bleibenden Halbjahresraten auszuzahlen, von denen die Erste sechs Monate nach Beendigung der Unterbeteiligung zur Zahlung fällig ist. Steht zu diesem Zeitpunkt die Höhe des Abfindungsguthabens noch nicht fest, ist die Höhe der ersten Rate zu schätzen. Die jeweils noch offenen Teile des Abfindungsguthabens sind ab Fälligkeit der ersten Rate mit ......% p.a. zu verzinsen. Die Zinsen sind jeweils mit den Abfindungsraten fällig.

§ 10 Abtretung

Der Unterbeteiligte kann seine Rechte aus der Unterbeteiligung nur mit Zustimmung des Hauptbeteiligten abtreten oder belasten.

§ 11 Tod eines Gesellschafters

(1) Im Falle des Todes des Hauptbeteiligten wird die Unterbeteiligung mit der Person fortgesetzt, die den Gesellschaftsanteil des Hauptbeteiligten als Erbe oder Vermächtnisnehmer übernimmt. Bei mehreren Erben oder Vermächtnisnehmern wird die Unterbeteiligung auf alle Rechtsnachfolger entsprechend den übernommenen Quoten aufgeteilt. Mehrere Erben oder Vermächtnisnehmer des Hauptbeteiligten haben sich gegenüber dem Unterbeteiligten durch einen gemeinsamen Bevollmächtigten vertreten zu lassen, der seine Bevollmächtigung durch notariell beglaubigte Vollmacht nachweisen muss.

(2) Beim Tod des Unterbeteiligten gehen die Rechte aus der Unterbeteiligung auf dessen Erben bzw. Vermächtnisnehmer über. Mehrere Erben bzw. Vermächtnisnehmer haben sich gegenüber dem Hauptbeteiligten durch einen gemeinsamen Bevollmächtigten vertreten zu lassen, der seine Bevollmächtigung durch notariell beglaubigte Vollmacht nachweisen muss. Bis zur Vorlage einer solchen Vollmacht ruhen die Rechte der Erben bzw. Vermächtnisnehmer mit Ausnahme der Gewinnbeteiligungsansprüche. Sind Erben oder Vermächtnisnehmer des Unterbeteiligten nicht dessen Ehegatte oder leibliche Abkömmlinge, so kann der Hauptbeteiligte innerhalb eines Monats nach schriftlicher Mitteilung über die Personen der Nachfolger des verstorbenen Unterbeteiligten die Unterbeteiligung fristlos kündigen.

§ 12 Änderung der Hauptgesellschaft

(1) Ändert sich die Rechtsform der Hauptgesellschaft, so sind die Parteien verpflichtet, den Unterbeteiligungsvertrag erforderlichenfalls dergestalt anzupassen, wie dies die neue Rechtsform der Hauptgesellschaft bei weitestgehend möglicher Beibehaltung der wirtschaftlichen Gegebenheiten der Unterbeteiligung erfordert.

(2) Ändert sich der Kapitalanteil des Hauptbeteiligten in der Hauptgesellschaft, muss der Hauptbeteiligte den Unterbeteiligten auffordern, seine Beteiligung an der Innengesellschaft im gleichen Verhältnis herauf- oder herabzusetzen, wobei für die Änderung der Beteiligung an der Innengesellschaft die gleichen Bedingungen zu vereinbaren sind wie für die Änderung des Kapitalanteils des Hauptgesellschafters in der Hauptgesellschaft. Kommt der Unterbeteiligte dieser Aufforderung nicht innerhalb der vom Hauptbeteiligten zu setzenden Frist, die mindestens vier Wochen betragen muss, nach, so ist die Beteiligungsquote des Unterbeteiligten den geänderten Kapitalverhältnissen unter Berücksichtigung der gemeinen Werte von Hauptbeteiligung

und Unterbeteiligung vor und nach der Änderung des Kapitalanteils des Hauptbeteiligten an der Hauptgesellschaft anzupassen.

§ 13 Schiedsgutachter, Schiedsklausel, Schlussbestimmungen

(1) Soweit die Gesellschafter über aus dem Beteiligungsverhältnis resultierende wirtschaftliche Fragen wie insbesondere die Höhe des Gewinn- und Verlustanteils oder des Auseinandersetzungsguthabens des Unterbeteiligten, die Anpassung der Beteiligung des Unterbeteiligten oder die Änderung eines Jahresabschlusses keine Einigung erzielen können, entscheidet für die Gesellschafter verbindlich ein von der für den Sitz der Gesellschaft örtlich zuständigen Industrie- und Handelskammer zu bestellender Wirtschaftsprüfer nach billigem Ermessen als Schiedsgutachter. Die Kosten des Schiedsgutachters trägt derjenige Teil, dessen Vorschlag von dem durch den Schiedsgutachter ermittelten Ergebnis weiter entfernt lag.

(2) Über alle Rechtsstreitigkeiten aus diesem Beteiligungsvertrag, insbesondere über Wirksamkeit, Auslegung und erforderliche Ergänzung des Vertrages einschließlich von Maßnahmen des einstweiligen Rechtsschutzes, wird – soweit dies gesetzlich zulässig ist – unter Ausschluss des Rechtsweges zu den staatlichen Gerichten nach der Schiedsgerichtsordnung des ...... entschieden. Das Schiedsgericht kann auch über die Gültigkeit dieser Schiedsvereinbarung mit bindender Wirkung für die staatlichen Gerichte entscheiden.

(3) Sämtliche Ansprüche aus diesem Vertrag verjähren in vier Jahren. Die Verjährung beginnt am Ende des Jahres, in dem der Anspruch fällig geworden ist.

(4) Alle Änderungen dieses Beteiligungsvertrages bedürfen der Schriftform, soweit nicht durch das Gesetz eine strengere Form vorgesehen ist. Diese Anforderungen gelten auch für den Verzicht auf das Schriftformerfordernis selbst.

(5) Sollten eine oder mehrere Bestimmungen oder sollte ein wesentlicher Teil dieses Vertrages ganz oder teilweise unwirksam sein oder werden oder sollte der Vertrag lückenhaft sein, wird dadurch die Wirksamkeit der übrigen Bestimmungen des Vertrages nicht berührt. Regelungslücken oder unwirksame Regelungen sind durch ergänzende Vertragsauslegung unter Berücksichtigung des mutmaßlichen Willens der Gesellschafter zu schließen; jeder Gesellschafter kann eine entsprechende ausdrückliche Ergänzung des Vertrages verlangen.

....

(Unterschriften der Beteiligten)

II. ERLÄUTERUNGEN

Erläuterungen zu A. 16.01 Vertrag über die Errichtung einer atypischen Unterbeteiligung

1. Grundsätzliche Anmerkungen

a) Wirtschaftliche Funktion

Da der atypisch Unterbeteiligte am Ergebnis und am Vermögen des Gesellschaftsan- **1** teils des Hauptbeteiligten beteiligt ist, bietet sich die atypische Unterbeteiligung in den Fällen an, in denen wirtschaftlich die Abtretung eines Teils der Hauptbeteiligung gewollt ist, eine solche Abtretung jedoch nach dem Gesellschaftsvertrag der Hauptgesellschaft nicht zulässig oder nicht erwünscht ist, weil zB der Hauptbeteiligte seine gesellschaftsrechtliche Stellung gegenüber den anderen Gesellschaftern nicht schmälern möchte. Ein häufiger Anwendungsfall atypischer Unterbeteiligungen liegt weiter dann vor, wenn Kinder an ein Unternehmen herangeführt werden sollen, ohne jedoch größere Mitspracherechte zu bekommen (vgl. *Haack* NWB F. 18 S. 4335; *Flore/Lewinski* GmbH-StB 03, 102; *Kühne/Rehm* NZG 13, 561; *Werner* NZG 15, 194).

b) Gesellschaftsrecht und Steuerrecht

2   Da in den grundsätzlichen Anmerkungen zur typischen Unterbeteiligung auch die atypische Unterbeteiligung behandelt ist, wird auf A. 16.00 Rz. 2 ff. (typische Unterbeteiligung) verwiesen.

2. Einzelerläuterungen

Zu § 1: Einräumung der Unterbeteiligung; Rechtsnatur

3   Zur Form des Vertrages und zur Frage der Zustimmung der Hauptgesellschaft bzw. deren Gesellschafter s. A. 16.00 Rz. 3.

Zu § 2: Einlage des Unterbeteiligten

4   Da die Einräumung einer atypischen Unterbeteiligung dem Verkauf eines Teils des Gesellschaftsanteils des Hauptbeteiligten entspricht, unterliegt ein dabei erzielter Veräußerungsgewinn der Besteuerung nach § 16 Abs. 1 Nr. 2 EStG (*Schmidt/Wacker* § 16 EStG Rz. 410 ff.; *Schulze zur Wiesche* NJW 83, 2362). Gem. § 16 Abs. 1 Satz 2 EStG handelt es sich dabei um einen (**gewerbesteuerpflichtigen**) laufenden Gewinn, für den nicht die Vergünstigungen der §§ 16 Abs. 4, 34 gelten. Fraglich ist, ob auf die Einräumung einer atypischen Unterbeteiligung (Einbringung des Anteils des Hauptbeteiligten an der Hauptgesellschaft in die Unterbeteiligungsgesellschaft) § 24 UmwStG anwendbar ist (zustimmend wohl *S/H/S/Schmitt* UmwStG § 24 Rz. 22; *Pyszka* DStR 03, 859).

Zu § 3: Konten der Gesellschafter

5   Obwohl die Unterbeteiligungsgesellschaft als reine Innengesellschaft nicht bilanzierungspflichtig ist, empfiehlt sich aus Gründen der Klarheit die Führung von Konten für die Gesellschafter. Da durch die atypische Unterbeteiligung der Gesellschaftsanteil des Hauptbeteiligten wirtschaftlich betrachtet aufgespalten wird, sollten in der Innengesellschaft die gleichen Konten geführt werden wie in der Hauptgesellschaft. Weitere Folge der Aufspaltung des Gesellschaftsanteils des Hauptbeteiligten durch die Unterbeteiligung ist, dass die Summen der Kapitalkonten und der Verlustkonten innerhalb der Unterbeteiligung dem Kapitalkonto und dem Verlustkonto des Hauptbeteiligten in der Hauptgesellschaft entsprechen müssen, ggf. unter Berücksichtigung der Zu- und Abrechnungen gem. § 4 Abs. 2. Abweichungen können sich bei den Privatkonten ergeben, wenn innerhalb der Unterbeteiligungsgesellschaft andere Entnahmen vorgenommen werden als vom Hauptbeteiligten in der Hauptgesellschaft.

6   Nach dem Formular ist der Unterbeteiligte auch an dem zu Beginn der Unterbeteiligung bestehenden Privat- und Verlustkonto beteiligt. Übersteigt die Einlage des Unterbeteiligten den Buchwert des auf ihn entfallenden Anteils an den Konten des Hauptbeteiligten, so ist der Mehrbetrag in einer Ergänzungsbilanz auszuweisen.

Zu § 4: Ergebnisbeteiligung, Entnahmen

7   Zur Ermittlung des Ergebnisanteils und zur Frage der Angemessenheit bei **Familiengesellschaften** in Form der Unterbeteiligung s. A. 16.00 Rz. 24. Zur **gesonderten und einheitlichen Feststellung** s. A. 16.00 Rz. 12.

8   **Entnahmerecht:** Da die Unterbeteiligungsgesellschaft als reine Innengesellschaft über kein eigenes Vermögen verfügt, empfiehlt es sich, das Entnahmerecht des Unterbeteiligten so zu regeln wie das Entnahmerecht des Hauptbeteiligten in der Hauptgesellschaft. Der Hauptbeteiligte ist weiterhin zu verpflichten, in der Hauptgesellschaft zumindest die Beträge zu entnehmen, die dem Unterbeteiligten im Innenverhältnis zustehen (Abs. 3).

Zu § 5: Geschäftsführung, Pflichten des Hauptbeteiligten, Mitwirkungs- und Informationsrechte

Mitunternehmerinitiative: Entsprechend der Ausgestaltung als atypische Unter- **9** beteiligung sind dem Unterbeteiligten im Innenverhältnis die gleichen Rechte eingeräumt, die der Hauptbeteiligte im Rahmen der Hauptgesellschaft hat. Dies bedeutet, dass vor Beschlussfassung in der Hauptgesellschaft eine Beschlussfassung im Rahmen der Innengesellschaft herbeizuführen ist (zur Mitunternehmerinitiative des atypischen Unterbeteiligten s. BFH IV R 103/83 v. 24.6.86, BStBl. II 87, 54; *Schulze zur Wiesche* DB 87, 551 ff. mwN; *Blaurock* Rz. 31.18 ff.). Eine Stimmbindung des Hauptbeteiligten an Beschlüsse der Unterbeteiligungsgesellschaft wirkt allerdings nur im Innenverhältnis, nicht gegenüber der Hauptgesellschaft (*Baumbach/Hopt* § 105 Rz. 40, 33). Zur **Geschäftsführung** s. A. 16.00 Rz. 27.

Informationsrechte: Im Muster ist dem Unterbeteiligten ein Einsichtsrecht in den **10** Jahresabschluss der Hauptgesellschaft eingeräumt. Bei der Vereinbarung einer solchen Bestimmung ist jedoch darauf zu achten, dass nicht eine Kollision mit Geheimhaltungsbestimmungen des Gesellschaftsvertrages der Hauptgesellschaft entsteht. Die Weitergabe der Bilanz an den Unterbeteiligten muss von der Hauptgesellschaft genehmigt sein; eine Zulassung der Unterbeteiligung im Gesellschaftsvertrag der Hauptgesellschaft allein genügt nicht (BGH II ZR 179/66 v. 11.7.68, BGHZ 50, 323).

Zu § 6: Treuepflichten des Unterbeteiligten

Treuepflichten des Unterbeteiligten bestehen zwar gegenüber dem Hauptbeteilig- **11** ten, nicht jedoch ohne weiteres auch gegenüber der Hauptgesellschaft, da er zu dieser keine vertraglichen Beziehungen hat. Ebenso gilt ein in der Hauptgesellschaft vereinbartes Wettbewerbsverbot zwar für den Hauptbeteiligten, nicht jedoch für den Unterbeteiligten. Bei einer atypischen Unterbeteiligung mit weitgehenden Einsichts- und Mitwirkungsrechten des Unterbeteiligten empfiehlt es sich jedoch, im Gesellschaftsvertrag der Unterbeteiligungsgesellschaft die für den Hauptbeteiligten geltenden Treuepflichten (Wettbewerbsverbot, Geheimhaltungsverpflichtung) auch dem Unterbeteiligten aufzuerlegen (*BeckPersGes-HB/Bärwaldt* § 16 Rz. 37, 38).

Zu § 7: Kündigung, Beendigung der Unterbeteiligung

Die Beendigung der Unterbeteiligung bei Insolvenz eines Gesellschafters (Hauptbe- **12** teiligter oder Unterbeteiligter) entspricht § 728 BGB. Im Übrigen wird auf die Erläuterungen zu A. 16.00 Rz. 31 ff. verwiesen.

Zu § 8: Auflösung der Hauptgesellschaft, Ausscheiden des Hauptbeteiligten

Während bei der typischen Unterbeteiligung für die Auflösung der Hauptgesell- **13** schaft auch vereinbart werden kann, dass die Unterbeteiligung im Zeitpunkt der Auflösung endet, sollte die atypische Unterbeteiligung entspr. ihres wirtschaftlichen Gehalts als schuldrechtlich vereinbarte Beteiligung am Gesellschaftsanteil des Hauptbeteiligten bis zur Beendigung der Liquidation der Hauptgesellschaft bestehen bleiben. Der Unterbeteiligte nimmt entspr. seiner Beteiligungsquote am Liquidationserlös teil.

Ein dabei entstehender Veräußerungsgewinn unterliegt gem. §§ 16 Abs. 1 Nr. 2, 34 **14** EStG der ESt mit dem begünstigten Steuersatz.

Veräußert der Hauptgesellschafter seinen Gesellschaftsanteil, so wird nicht ohne **15** weiteres eine Unterbeteiligung mit dem Erwerber begründet, da die Unterbeteiligung keine dingliche Belastung der Hauptbeteiligung darstellt (*Blaurock/Berninger* GmbHR 90, 11 ff., 15). Im Formular ist deshalb vorgesehen, dass der Hauptbeteiligte im Fall der Veräußerung dafür zu sorgen hat, dass der Erwerber des Anteils in den Unterbeteiligungsvertrag eintritt. Ohne ein entspr. Eintreten des Erwerbers der Hauptbeteiligung wird die Unterbeteiligungsgesellschaft zwischen dem Unterbeteiligten und dem bisherigen Hauptbeteiligten bei Veräußerung der Hauptbeteiligung infolge Zweckvereiteilung aufgelöst (§ 726 BGB). Da andererseits dem Unterbeteiligten nicht auferlegt werden kann, die Unterbeteiligungsgesellschaft mit dem Rechtsnachfolger des Hauptbeteiligten fortzuführen, wird ihm im Vertragsmuster ein außerordentliches Kündigungsrecht eingeräumt.

Zu § 9: Abfindung

16   Entspr. des Charakters der atypischen (mitunternehmerschaftlichen) Unterbeteiligung nimmt der Unterbeteiligte an den stillen Reserven teil. Dementsprechend erhält er bei Beendigung der Unterbeteiligung ein Abfindungsguthaben, das so zu ermitteln ist, als ob der Hauptbeteiligte im Zeitpunkt der Beendigung der Unterbeteiligung aus der Hauptgesellschaft ausscheiden würde. Das Abfindungsguthaben des Unterbeteiligten entspricht seiner quotenmäßigen Beteiligung an der Innengesellschaft. Die Vereinbarung, wonach ein negativer Saldo nur insoweit auszugleichen ist, als er auf einem negativen Saldo des Privatkontos beruht, entspricht dem Charakter der Hauptbeteiligung als Kommanditbeteiligung. Ist die Hauptbeteiligung eine oHG-Beteiligung, so kann auch eine Ausgleichspflicht auf Grund des Verlustkontos in Betracht kommen.

Die Regelung in Abs. 2, wonach bei einer Kündigung durch den Hauptbeteiligten zur Ermittlung des Abfindungsguthabens auch ein Firmenwert der Hauptgesellschaft zu berücksichtigen ist, ist nach dem Urteil des BFH IV R 61/78 v. 25.6.81 (BStBl. II 82, 59) erforderlich für die Anerkennung einer atypischen Unterbeteiligung.

17   Soweit das Abfindungsguthaben den Buchwert der Unterbeteiligung übersteigt, unterliegt es der ESt gem. § 16 Abs. 1 Nr. 2 EStG. Verluste, die gem. § 15a EStG nicht ausgleichsfähig waren, sind mit dem Veräußerungsgewinn zu verrechnen (§ 15a Abs. 2 EStG). Für den Aufgabegewinn gelten ggf. die Vergünstigungen der §§ 16 Abs. 4, 34 EStG: Niedrigerer Steuersatz bei einem Veräußerungsgewinn von bis zu EUR 5 Mio., wenn 55. Lebensjahr vollendet oder im sozialversicherungsrechtlichen Sinne dauernd berufsunfähig und ggfs. Freibetrag nach § 16 Abs. 4 EStG. Der Veräußerungsgewinn ist gewerbesteuerfrei, weil er nicht aus einer werbenden Tätigkeit stammt (GewStR 7.1 Abs. 3 Satz 3). Ein Veräußerungsgewinn ist allerdings insoweit als laufender Gewinn zu versteuern, als auf Seiten des Veräußerers und Erwerbers dieselben Personen Unternehmer bzw. Mitunternehmer sind (§ 16 Abs. 2 S. 3 EStG, BFH VIII R 7/01 v. 15.6.04, BStBl. II 04, 754).

Zu § 10: Abtretung

18   Zum Gesellschaftsrecht wird auf A. 16.00 Rz. 35 verwiesen.

19   Ein Gewinn aus der Veräußerung einer atypischen Unterbeteiligung an einem Mitunternehmeranteil unterliegt gem. § 16 Abs. 1 Nr. 2 EStG der ESt. Gewerbesteuer fällt nicht an (GewStR 7.1 Abs. 3 Satz 4). Von der USt ist die Abtretung gem. § 4 Nr. 8 f. UStG befreit; Option ist gem. § 9 UStG möglich, wenn die Veräußerung an einen anderen Unternehmer im Rahmen von dessen Unternehmen erfolgt.

Zu § 11: Tod eines Gesellschafters

20   **Gesellschaftsrecht:** Es wird auf A. 16.00 Rz. 37 f. verwiesen.

21   **Steuerrecht:** Erbschaftsteuerliche Bemessungsgrundlage ist der Teil des betrieblichen Einheitswerts der Hauptgesellschaft, der der Beteiligungsquote des Unterbeteiligten am Gesellschaftsanteil des Hauptbeteiligten entspricht. Ein Einheitswert des Betriebsvermögens der Unterbeteiligungsgesellschaft besteht nicht, da die Innengesellschaft über kein eigenes Vermögen verfügt. Wie bei der atypischen stillen Beteiligung finden auch auf die atypische Unterbeteiligung die erbschaftsteuerlichen Begünstigungen des § 13a und § 13b ErbStG Anwendung (vgl. hierzu *Troll/Gebel/Jülicher/Jülicher* § 13b ErbStG Rz. 73 ff.). s. A. 9.00 Rz. 72 ff.

Zu § 12: Änderungen der Hauptgesellschaft

22   Es wird auf A. 16.00 Rz. 40 verwiesen.

A. 16.10 Abtretung einer Unterbeteiligung (Verkauf)

I. FORMULAR

Formular A. 16.10 Vertrag über Verkauf und Abtretung einer Unterbeteiligung

---

VERTRAG ÜBER VERKAUF UND ABTRETUNG EINER UNTERBETEILIGUNG

Zwischen

V　　　　　　　　　　　　　　　　　　– nachfolgend Verkäufer genannt –

und

K　　　　　　　　　　　　　　　　　　– nachfolgend Käufer genannt –

Vorbemerkungen

Der Verkäufer ist als Unterbeteiligter am Kommanditanteil des H an der Kommanditgesellschaft in Firma X & Co. KG mit einer Einlage in Höhe von € ......, die einer Quote von ......% entspricht, beteiligt. Der Vertrag über die Unterbeteiligung vom ...... sowie der Gesellschaftsvertrag der X & Co. KG sind dem Käufer bekannt. Dies vorausgeschickt vereinbaren die Parteien was folgt:

§ 1 Verkauf

(1) Der Verkäufer verkauft seine in der Vorbemerkung genannte Unterbeteiligung mit allen Rechten und Pflichten einschließlich des Gewinnbezugsrechts mit Wirkung vom ...... (Abtretungsstichtag) an den Käufer. Die für den Verkäufer im Rahmen der Unterbeteiligung geführten Konten weisen zum letzten Bilanzstichtag folgende Salden auf:

Kapitalkonto　　　　　€ ......,–

Verlustkonto　　　　　€ ......,–

Privatkonto　　　　　€ ......,–

Das Guthaben auf dem Privatkonto wird, soweit es bis zum Abtretungsstichtag entnommen werden kann, nicht mitverkauft.

(2) Ein bis zum Abtretungsstichtag entstehender Gewinnanteil auf die Unterbeteiligung steht dem Verkäufer zu und ist an diesen auszuzahlen, sobald und soweit er nach dem Unterbeteiligungsvertrag entnahmefähig ist.

§ 2 Kaufpreis

Der Kaufpreis für die abgetretene Unterbeteiligung beträgt € ...... Er ist am ...... zur Zahlung fällig. Sollte eine steuerliche Außenprüfung bei der X & Co. KG zu einer Änderung der Kontostände des Verkäufers führen, so ändert sich der Kaufpreis für die Unterbeteiligung dadurch nicht. Ein auf den Verkäufer entfallender entnahmefähiger Mehrgewinn steht diesem zu, ein Mindergewinn ist vom Verkäufer auszugleichen, soweit der Hauptbeteiligte der Unterbeteiligungsgesellschaft einen entsprechenden Ausgleich verlangen kann. Dem Verkäufer sind keine Gründe bekannt, die für eine Unrichtigkeit der in § 1 genannten Kontenstände im Sinne einer Unvereinbarkeit mit den Grundsätzen ordnungsmäßiger Buchführung sprechen könnten.

§ 3 Beschaffenheitsvereinbarungen

(1) Die Parteien treffen hinsichtlich der verkauften Unterbeteiligung folgende Beschaffenheitsvereinbarungen:

a) Die verkaufte Unterbeteiligung ist frei von Rechten Dritter und unterliegt – mit Ausnahme der erforderlichen Genehmigung durch den Hauptbeteiligten – dem uneingeschränkten Recht des Verkäufers zur Veräußerung.

b) Die Angaben des Verkäufers in § 1 Abs. 1 des Vertrages sind zutreffend.

c) Die Unterbeteiligung ist nicht gekündigt.

(2) Weitere Beschaffenheiten der verkauften Unterbeteiligung, insbesondere hinsichtlich der Vermögens- und Ertragslage der Hauptgesellschaft sowie des Anteils des Hauptbeteiligten an der Hauptgesellschaft, sind nicht vereinbart. § 434 Abs. 1 Satz 2 BGB ist ausgeschlossen. Eine Garantie im Sinne von § 444 BGB wird vom Verkäufer nicht gegeben.

(3) Mängelansprüche des Käufers können nur als Anspruch auf Nacherfüllung gemäß § 437 Nr. 1 iVm. § 439 BGB oder – falls eine Nacherfüllung nicht möglich oder dem Verkäufer nicht zumutbar sein sollte – als Anspruch auf Minderung des Kaufpreises gem. § 437 Nr. 2 iVm. § 441 geltend gemacht werden. Weitergehende Ansprüche sind – soweit rechtlich möglich – ausgeschlossen. Eine Minderung bemisst sich abweichend von § 441 Abs. 3 BGB nach dem zur Beseitigung des Mangels erforderlichen Betrag.

§ 4 Abtretung

In Vollzug des in § 1 vereinbarten Verkaufs tritt der Verkäufer seine Unterbeteiligung mit allen damit verbundenen Rechten und Pflichten einschließlich des Gewinnbezugsrechts ab dem Abtretungsstichtag und einschließlich aller für den Verkäufer geführten Konten an den Käufer ab. Dieser nimmt die Abtretung an und tritt in alle Pflichten des Verkäufers gem. Vertrag über die Unterbeteiligung vom ...... ein. Die Abtretung ist aufschiebend bedingt durch die vollständige Bezahlung des Kaufpreises gemäß § 2.

§ 5 Genehmigung

Der Verkäufer wird die für die Abtretung erforderliche Zustimmung des Hauptbeteiligten einholen. Verweigert der Hauptbeteiligte die Zustimmung, so kann keine Vertragspartei aus dem Vertrag Rechte herleiten.

§ 6 Schlussbestimmungen

(1) Änderungen und Ergänzungen dieses Vertrages bedürfen der Schriftform; mündliche Nebenabreden bestehen nicht.

(2) Sollten sich einzelne Bestimmungen dieses Vertrages als ungültig erweisen, so wird dadurch die Gültigkeit des Vertrages im Übrigen nicht berührt. In einem solchen Fall sind die Parteien verpflichtet, durch Beschluss die ungültige Bestimmung durch diejenige gesetzlich zulässige Bestimmung zu ersetzen, die den Zweck der ungültigen Bestimmung, insbesondere das, was die Vertragsparteien gewollt haben, mit der weitestgehend möglichen Annäherung erreicht. Entsprechendes gilt, wenn sich bei Durchführung des Vertrages eine ergänzungsbedürftige Lücke ergeben sollte.

(3) Gerichtsstand für sämtliche Streitigkeiten aus diesem Vertrag ist ......, soweit dies zulässig vereinbart werden kann.

II. ERLÄUTERUNGEN

Erläuterungen zu A. 16.10 Vertrag über Verkauf und Abtretung einer Unterbeteiligung

1. Grundsätzliche Anmerkungen

a) Wirtschaftliche Funktion

1   Ziel ist die entgeltliche Übertragung einer Unterbeteiligung auf eine dritte Person unter Aufrechterhaltung des Unterbeteiligungsverhältnisses.

b) Gesellschaftsrecht

Während Ansprüche des Unterbeteiligten auf Gewinnanteile und Abfindungsgutha- 2
ben mangels einer abweichenden Regelung im Gesellschaftsvertrag frei veräußerlich
sind (§ 717 Satz 2 BGB), ist die Unterbeteiligung insgesamt, da sie nicht nur Ansprüche, sondern auch Pflichten des Unterbeteiligten beinhaltet, nur übertragbar, wenn
dies im Gesellschaftsvertrag festgelegt ist oder wenn der Hauptbeteiligte im Einzelfall
zustimmt (§ 717 Satz 1 BGB). Im Formular A. 16.00 (§ 9) ist darüber hinaus vereinbart, dass sämtliche Rechte aus der Unterbeteiligung (also auch Gewinnanteile und
Abfindungsguthaben) nur mit Zustimmung des Hauptbeteiligten abgetreten werden
können. Kaufvertrag und Abtretung sind formfrei.

c) Steuerrecht

Typische Unterbeteiligung: Gewinne aus der Veräußerung von nach dem 3
31.12.08 erworbenen typischen Unterbeteiligungen gehören unabhängig von der Haltedauer zu den Einkünften aus Kapitalvermögen und unterliegen der Abgeltungssteuer
von 25 % (§ 20 Abs. 2 Satz 1 Nr. 4 § 32d Abs. 1 Satz 1 EStG). Bei einander nahe stehenden Personen unterliegt ein Veräußerungsgewinn dem individuellen Steuersatz
(§ 32d Abs. 2 Nr. 1a) EStG).

Atypische Unterbeteiligung: Die Veräußerung einer atypischen Unterbeteili- 4
gung ist einkommensteuerlich die Veräußerung eines Mitunternehmeranteils iSd. § 16
Abs. 1 Nr. 2 EStG (*Blaurock/Paulick* S. 587f.), wenn der Hauptbeteiligte und der Unterbeteiligte als Mitunternehmer anzusehen sind. Die Begünstigungen gemäß § 34
Abs. 3 EStG und § 16 Abs. 4 EStG finden grundsätzlich Anwendung.

Verkehrssteuern: Die Abtretung einer Unterbeteiligung ist **umsatzsteuerfrei** 5
gem. § 4 Nr. 8f UStG.

2. Einzelerläuterungen

Zu § 3: Beschaffenheitsvereinbarungen

Der Erwerb einer Unterbeteiligung ist Rechtskauf iSd. § 453 BGB, für den die 6
Vorschriften über den Sachkauf entspr. Anwendung finden. Gem. § 434 Abs. 1 BGB
ist für die Mängelgewährleistungspflicht des Verkäufers die vereinbarte Beschaffenheit
des verkauften Rechts bzw. der verkauften Sache maßgebend. Abs. 3 des Formulars
schränkt die Gewährleistungsansprüche auf die Kaufpreisminderung ein und schließt
den Rücktritt sowie Schadensersatzansprüche aus.

Zu § 5: Genehmigung

Ist die Abtretung der Unterbeteiligung im Unterbeteiligungsvertrag nicht allgemein 7
für zulässig erklärt, so bedarf sie der Zustimmung des Hauptbeteiligten. Bis zur Erteilung der Genehmigung ist der Vertrag schwebend unwirksam. Die Bestimmung, wonach bei Verweigerung der Zustimmung keine Vertragspartei irgendwelche Ansprüche geltend machen kann, soll klarstellen, dass jede Partei bis zur Erteilung der
erforderlichen Genehmigung insofern auf eigenes Risiko handelt, als evtl. Kosten, insbes. Beratungskosten, bei Verweigerung der Genehmigung selbst zu tragen sind. Alternativ könnte die Zustimmung als aufschiebende Bedingung (§ 158 Abs. 1 BGB)
vereinbart werden (vgl. Formular A.16.11 § 5).

A. 16.11 Abtretung (Schenkung)

I. FORMULAR

Formular A. 16.11 Vertrag über die Schenkung einer Unterbeteiligung

---

VERTRAG ÜBER DIE SCHENKUNG EINER UNTERBETEILIGUNG

zwischen

V   – nachfolgend auch Schenker genannt –

und

seinem Sohn S   – nachfolgend auch Erwerber genannt –

Vorbemerkungen

V ist als Unterbeteiligter am Kommanditanteil des Hauptbeteiligten H an der Kommanditgesellschaft in Firma X & Co. KG mit einer Einlage iHv. € ......,–, die einer Quote von ......% entspricht, beteiligt. Der Vertrag über die Unterbeteiligung vom ...... ist dem Erwerber bekannt. V will seine Unterbeteiligung schenkweise auf seinen Sohn S übertragen. Dies vorausgeschickt vereinbaren die Parteien was folgt:

§ 1 Schenkung

(1) Der Schenker schenkt seine in der Vorbemerkung genannte Unterbeteiligung mit allen Rechten und Pflichten einschließlich des Gewinnbezugsrechts mit Wirkung vom ...... (Abtretungsstichtag) seinem Sohn S. Die für den Schenker im Rahmen der Unterbeteiligung geführten Konten weisen zum letzten Bilanzstichtag folgende Salden auf:

Kapitalkonto   € ......,–

Verlustkonto   € ......,–

Privatkonto   € ......,–

Das Guthaben auf dem Privatkonto wird, soweit es bis zum Abtretungsstichtag entnommen werden kann, nicht mitübertragen.

(2) Ein bis zum Abtretungsstichtag entstehender Gewinnanteil auf die Unterbeteiligung steht dem Schenker zu und ist an diesen auszuzahlen, sobald und soweit er nach Gesellschaftsvertrag der Unterbeteiligungsgesellschaft entnahmefähig ist. Dies gilt auch, wenn sich ein bis zum Abtretungsstichtag entstehender Gewinnanteil nachträglich, zB auf Grund einer steuerlichen Außenprüfung, erhöht. Sollte sich ein bis zum Abtretungsstichtag auf den Schenker als Unterbeteiligten entfallender Ergebnisanteil verringern, so ist der Schenker insoweit zur Rückführung eines bezogenen überhöhten Gewinnanteils verpflichtet, als der Hauptbeteiligte eine solche Rückführung verlangen kann.

§ 2 Ausgleichs- und Anrechnungspflicht

Der Erwerber muss die Schenkung im Erbfall zur Ausgleichung bringen und sich auf den Pflichtteil anrechnen lassen.

§ 3 Haftung des Schenkers

Jegliche Haftung des Schenkers für Rechtsmängel der geschenkten Unterbeteiligung wird – soweit gesetzlich zulässig – ausgeschlossen.

§ 4 Abtretung

In Vollzug der in § 1 vereinbarten Schenkung tritt der Schenker seine Unterbeteiligung mit allen damit verbundenen Rechten und Pflichten einschließlich des Gewinnbezugsrechts ab dem Abtretungsstichtag an den Erwerber ab. Dieser nimmt die Abtretung an und tritt in alle Pflichten des Schenkers als Unterbeteiligter gemäß Vertrag über die Unterbeteiligung vom ...... ein.

§ 5 Genehmigung

Der Schenker wird die für die Abtretung erforderliche Zustimmung des Hauptbeteiligten einholen. Die Zustimmung ist aufschiebende Bedingung der Schenkung.

§ 6 Steuern, Kosten

Eine etwa anfallende Schenkungsteuer sowie die Kosten dieses Vertrages und seiner Durchführung trägt der Schenker.

§ 7 Schlussbestimmungen

(1) Änderungen und Ergänzungen dieses Vertrages bedürfen der Schriftform; mündliche Nebenabreden bestehen nicht.

(2) Sollten sich einzelne Bestimmungen dieses Vertrages als ungültig erweisen, so wird dadurch die Gültigkeit des Vertrages im Übrigen nicht berührt. In einem solchen Fall sind die Parteien verpflichtet, durch Beschluss die ungültige Bestimmung durch diejenige gesetzlich zulässige Bestimmung zu ersetzen, die den Zweck der ungültigen Bestimmung, insbesondere das, was die Vertragsparteien gewollt haben, mit der weitestgehend möglichen Annäherung erreicht. Entsprechendes gilt, wenn sich bei Durchführung des Vertrages eine ergänzungsbedürftige Lücke ergeben sollte.

(3) Gerichtsstand für sämtliche Streitigkeiten aus diesem Vertrag ist ......, soweit dies zulässig vereinbart werden kann.

II. ERLÄUTERUNGEN

Erläuterungen zu A. 16.11 Vertrag über die Schenkung einer Unterbeteiligung

1. Grundsätzliche Anmerkungen

a) Wirtschaftliche Funktion

Ziel ist die unentgeltliche Übertragung einer Unterbeteiligung auf eine dritte Person (Sohn) unter Aufrechterhaltung des Unterbeteiligungsverhältnisses. **1**

b) Gesellschaftsrecht

Zur Übertragbarkeit der Unterbeteiligung vgl. A. 16.10 Rz. 2. **2**

Form: Das Schenkungsversprechen bedarf der notariellen Form, § 518 BGB. Der Formmangel wird jedoch durch **Vollzug** der Schenkung geheilt. Vollzug liegt hier in Gestalt der Abtretung der Ansprüche aus dem Unterbeteiligungsverhältnis vor. Die **Abtretung einer bestehenden Unterbeteiligung** hat heilende Wirkung, da durch die Abtretung die Unterbeteiligung mit dinglicher Wirkung vom Schenker auf den Abtretungsempfänger übergeht. Bei der **schenkweisen Einräumung** einer Unterbeteiligung, hat der BFH (II R 10/06 v. 16.1.08, BStBl. II 08, 631) entschieden, dass (zivilrechtlich) die Schenkung bei einer atypischen Unterbeteiligung bereits mit Abschluss des Gesellschaftsvertrages, spätestens mit der Einbuchung der atypischen Unterbeteiligung vollzogen sei (zustimmend FG Nds 10 K 269/08 v. 29.9.11, EFG 12, 46). Der BGH (II ZR 306/09 v. 29.11.11, ZEV 12, 167) hat gleichfalls entschieden, dass die unentgeltliche Zuwendung einer durch den Abschluss eines Gesellschaftsvertrags entstehenden Unterbeteiligung, mit der dem Unterbeteiligten über eine schuldrechtliche Mitberechtigung an den Vermögensrechten des dem Hauptbeteiligten zustehenden Gesellschaftsanteils hinaus mitgliedschaftliche Rechte in der Unterbeteiligungsgesellschaft eingeräumt werden, mit dem Abschluss des Gesellschaftsvertrags iS v. § 2301 Abs. 2, § 518 Abs. 2 BGB vollzogen ist (vgl. hierzu *Strnad* ZEV 12, 394).

3   Ist der Beschenkte **minderjährig,** bedarf der Vertrag der Zustimmung des gesetzlichen Vertreters, da der Beschenkte in die Rechte und Pflichten des bestehenden Unterbeteiligungsvertrages eintritt und deshalb durch die Schenkung nicht lediglich einen rechtlichen Vorteil iSd. § 107 BGB erlangt (vgl. *Bilsdorfer* NJW 80, 2785; str., s. *Blaurock* Rz. 30.30 ff.). Ist der Schenker gleichzeitig gesetzlicher Vertreter des beschenkten Minderjährigen, ist nach der hier vertretenen Auffassung, dass der Vertrag der Zustimmung des gesetzlichen Vertreters bedarf, gem. § 1909 BGB für den Abschluss des Schenkungsvertrages die Bestellung eines Ergänzungspflegers erforderlich (keine Dauerpflegschaft!). Die Bestellung eines Ergänzungspflegers ist jedoch in jedem Fall erforderlich, wenn eine atypische Unterbeteiligung am Gesellschaftsanteil eines persönlich haftenden Gesellschafters verschenkt wird und der Unterbeteiligte zur Verlusttragung über seine Einlage hinaus verpflichtet ist (vgl. zur Formbedürftigkeit auch A. 16.13 Rz. 2 ff.).

4   **Vormundschaftsgerichtliche Genehmigung:** Durch Abschluss des Schenkungsvertrages tritt der beschenkte Minderjährige gleichzeitig in den Unterbeteiligungsvertrag ein. Der Schenkungsvertrag bedarf deshalb gem. § 1822 Nr. 3 BGB der vormundschaftlichen Genehmigung, es sei denn, der Unterbeteiligte ist nicht am Verlust des Hauptgesellschafters beteiligt (BGH III ZR 155/55 v. 28.1.57, NJW 57, 672; BFH I R 101/72 v. 28.11.73, BStBl. II 74, 289) und die geschenkte Einlage ist in voller Höhe erbracht (s. auch *Tiedtke* DB 77, 1064; *Blaurock/Berninger* GmbHR 90, 11, 14; *Blaurock* aaO. Rz. 30.33).

c) Steuerrecht

5   Die unentgeltliche Übertragung einer Unterbeteiligung unterliegt der Schenkungsteuer. Die Bewertung richtet sich nach § 12 ErbStG. Gem. § 12 Abs. 1 BewG ist sie mit dem Nennwert anzusetzen, wenn nicht besondere Umstände einen höheren oder geringeren Wert begründen. Eine über den Nennwert hinausgehende Bewertung kommt insbesondere in Betracht, wenn die Unterbeteiligung auf längere Zeit einen besonders hohen Ertrag verspricht und Verluste nicht zu erwarten sind. Bei Schenkung einer mitunternehmerischen Unterbeteiligung an ein Kind kann die vereinbarte quotale Gewinnbeteiligung auch dann steuerlich anzuerkennen sein, wenn dies zu einem Gewinn des Kindes von mehr als 15 % des Wertes der Unterbeteiligung führt (BFH VIII R 77/98 v. 9.10.01, BStBl. II 02, 460). Zur Anwendbarkeit von §§ 13a und 13b Abs. 1 ErbStG s. A. 16.01 Rz. 21.

2. Einzelerläuterungen

Zu § 2: Ausgleichs- und Anrechnungspflicht

6   Gem. § 2050 BGB haben Abkömmlinge, die als gesetzliche Erben zur Erbfolge gelangen, Schenkungen des Erblassers bei der Erbauseinandersetzung untereinander zur Ausgleichung zu bringen, es sei denn, der Erblasser hat bei der Zuwendung etwas anderes angeordnet. IdR wird es angemessen sein, entsprechend der gesetzlichen Regelung eine Ausgleichspflicht vorzusehen. Ebenso wird es idR sinnvoll sein, eine Anrechnung der Schenkung für den Fall der Geltendmachung des Pflichtteils zu bestimmen (§ 2315 BGB). Die Anordnung der Ausgleichungspflicht gem. § 2050 BGB beinhaltet nicht automatisch auch die Anordnung der Anrechnung auf den Pflichtteil (*MünchKommBGB/Lange* § 2315 Rz. 3 ff.).

Zu § 3: Haftung des Schenkers

Gem. § 523 Abs. 1 BGB haftet der Schenker für Schäden, die dem Beschenkten aus 7 einem arglistig verschwiegenen Rechtsmangel entstehen. Eine darüber hinausgehende Haftung des Schenkers wird durch die Regelung in § 3 ausgeschlossen.

Eine Erweiterung der Haftung des Schenkers ist zulässig. In diesem Fall bedarf der 8 Vertrag jedoch notarieller Beurkundung (§ 518 BGB; *Palandt/Weidenkaff* § 524 BGB Rz. 2 und 3; *MünchKommBGB/Koch* § 521 Rz. 1).

Zu § 5: Genehmigung

Ist die Abtretung der Unterbeteiligung im Unterbeteiligungsvertrag nicht allgemein 9 für zulässig erklärt (dies ist bei Abtretungen an Abkömmlinge häufig der Fall), so bedarf sie der Zustimmung des Hauptbeteiligten. Bis zur Erteilung der Genehmigung ist der Vertrag schwebend unwirksam. Die Bestimmung stellt klar, dass bei Verweigerung der Zustimmung keinerlei Ansprüche eines Vertragspartners gegeben sind.

Zu § 6: Steuern, Kosten

Die Bewertung einer **typischen** Unterbeteiligung richtet sich nach § 12 BewG. 10 Gem. § 12 Abs. 1 BewG ist eine Unterbeteiligung mit dem Nennwert anzusetzen, wenn nicht besondere Umstände einen höheren oder geringeren Wert begründen. Eine über den Nennwert hinausgehende Bewertung kommt insbes. in Betracht, wenn die Unterbeteiligung auf längere Zeit einen besonders hohen Ertrag verspricht und Verluste nicht zu erwarten sind.

Bei einer **atypischen** Unterbeteiligung bestimmt sich der Wert nach denselben 11 Grundsätzen wie bei der Bewertung des Anteils des Hauptbeteiligten, bei atypischer Unterbeteiligung an einem Mitunternehmeranteil also gem. § 12 Abs. 5 ErbStG. Es handelt sich dabei um begünstigtes Vermögen iSd. § 13b ErbStG s. A. 16.01 Rz. 21. Der Anteil des Unterbeteiligten ergibt sich aus seiner Beteiligungsquote. Die vom Schenker übernommene Schenkungsteuer erhöht den der Schenkungsteuer unterliegenden Schenkungsbetrag (§ 10 Abs. 2 ErbStG). Zur Bewertung und schenkungsteuerlichen Behandlung einer atypischen Unterbeteiligung an einem MU-Anteil s. A. 16.01 Rz. 21.

A. 16.12 Nießbrauch

Gliederung

I. FORMULAR

> **Formular A. 16.12 Vertrag über die Einräumung des Nießbrauchs an einer Unterbeteiligung**

VERTRAG ÜBER DIE EINRÄUMUNG DES NIESSBRAUCHS AN EINER UNTERBETEILIGUNG

Zwischen

– nachfolgend auch Unterbeteiligter genannt –

und

– nachfolgend auch Nießbraucher genannt –

Vorbemerkungen

U ist als Unterbeteiligter am Kommanditanteil des Hauptbeteiligten H an der XY-GmbH & Co. KG mit einer Einlage iHv. € ......,–, die einer Quote von ......% entspricht, beteiligt. Der Vertrag über die Unterbeteiligung vom ...... ist N bekannt. Die Gesellschafter der XY-GmbH & Co. KG haben mit Beschluss vom ...... eine Kapitalerhöhung der Gesellschaft um € ......,– beschlossen. Der Hauptbeteiligte hat entsprechend dem Unterbeteiligungsvertrag den Unterbeteiligten aufgefordert, im Rahmen der Kapitalerhöhung der XY-GmbH & Co. KG seine Unterbeteiligung im gleichen Verhältnis zu erhöhen. Zur Beschaffung des hierfür erforderlichen Kapitals will U dem N einen entgeltlichen Nießbrauch einräumen. Zu diesem Zweck vereinbaren die Parteien was folgt:

§ 1 Einräumung des Nießbrauchs

Der Unterbeteiligte räumt dem Nießbraucher mit Wirkung zum ...... für die Dauer von zehn Jahren einen Nießbrauch an seiner Unterbeteiligung ein.

§ 2 Umfang des Nießbrauchs

Aufgrund des Nießbrauchs steht das entnahmefähige Ergebnis der Unterbeteiligung zu ...% dem Nießbraucher zu. Besteht der Nießbrauch nicht während eines ganzen Wirtschaftsjahres der Hauptgesellschaft, ist der dem Nießbraucher zustehende Ergebnisanteil zeitanteilig zu ermitteln. An Verlusten nimmt der Nießbraucher nur insoweit teil, als sie den entnahmefähigen Gewinn mindern; zu Nachschüssen irgendwelcher Art ist der Nießbraucher nicht verpflichtet. Der Unterbeteiligte ist verpflichtet, von seinen Entnahmerechten im Rahmen des Gesellschaftsvertrages der Unterbeteiligung in höchstmöglichem Umfang Gebrauch zu machen und 40 % der zulässigen Entnahmen unverzüglich an den Nießbraucher weiterzuleiten.

§ 3 Gegenleistung

Für die Einräumung des Nießbrauchs zahlt der Nießbraucher dem Unterbeteiligten einen einmaligen Betrag in Höhe von € ......,–, der zehn Tage nach Unterzeichnung dieses Vertrages fällig ist.

§ 4 Gesellschafterrechte

Die Wahrnehmung der Rechte aus dem Unterbeteiligungsvertrag innerhalb der Unterbeteiligungsgesellschaft obliegt weiterhin dem Unterbeteiligten. Eine Kündigung der Unterbeteiligung sowie Änderungen der Ergebnisverteilung innerhalb der Unterbeteiligungsgesellschaft darf der Unterbeteiligte nur mit vorheriger Zustimmung des Nießbrauchers vornehmen.

§ 5 Vorzeitige Beendigung der Unterbeteiligung und/oder des Nießbrauchs

Bei Beendigung der Unterbeteiligung endet auch der Nießbrauch. Endet die Unterbeteiligung und/oder der Nießbrauch vor Ablauf von zehn Jahren seit Bestellung des Nießbrauchs, ohne dass die Beendigung vom Nießbraucher zu vertreten ist, ist die für die Einräumung des Nießbrauchs gezahlte Vergütung zeitanteilig an den Nießbraucher zurückzuzahlen. Die Rückzahlung ist fällig innerhalb von vier Wochen nach Beendigung der Unterbeteiligung und/oder des Nießbrauchs.

§ 6 Informationspflicht

Der Unterbeteiligte ist verpflichtet, dem Nießbraucher im Rahmen der ihm von Gesetz und Gesellschaftsvertrag eingeräumten Informationsrechte auf Verlangen Auskunft über die Angelegenheiten der Unterbeteiligungsgesellschaft zu erteilen, soweit nicht ausdrückliche Geheimhaltungsvorschriften dem entgegenstehen. Insbesondere hat der Unterbeteiligte unverzüglich die vom Hauptbeteiligten erstellte Rechnungslegung über den dem Unterbeteiligten zustehenden Ergebnisanteil dem Nießbraucher vorzulegen.

§ 7 Änderung der Kapitalverhältnisse

Ändern sich die Beteiligungsquoten in der Unterbeteiligungsgesellschaft und/oder in der Hauptgesellschaft, so können beide Parteien eine angemessene Anpassung der Nießbrauchsquote verlangen. Kommt eine Einigung zwischen den Parteien über die Anpassung nicht innerhalb eines Monats nach der Änderung der Beteiligungsquoten zustande, so entscheidet auf Antrag einer Partei ein vom Präsidenten der für die Hauptgesellschaft zuständigen Industrie- und Handelskammer zu bestimmender Schiedsgutachter verbindlich für beide Parteien.

§ 8 Zustimmung

Der Unterbeteiligte verpflichtet sich, unverzüglich die gem. § ...... des Vertrages über die Unterbeteiligung erforderliche Zustimmung des Hauptbeteiligten zu beantragen.

§ 9 Schlussbestimmungen

(1) Änderungen und Ergänzungen dieses Vertrages bedürfen der Schriftform; mündliche Nebenabreden bestehen nicht.

(2) Sollten sich einzelne Bestimmungen dieses Vertrages als ungültig erweisen, so wird dadurch die Gültigkeit des Vertrages im Übrigen nicht berührt. In einem solchen Fall sind die Parteien verpflichtet, durch Beschluss die ungültige Bestimmung durch diejenige gesetzlich zulässig Bestimmung zu ersetzen, die den Zweck der ungültigen Bestimmung, insbesondere das, was die Vertragsparteien gewollt haben, mit der weitestgehend möglichen Annäherung erreicht. Entsprechendes gilt, wenn sich bei Durchführung des Vertrages eine ergänzungsbedürftige Lücke ergeben sollte.

(3) Gerichtsstand für sämtliche Streitigkeiten aus diesem Vertrag ist ......, soweit dies zulässig vereinbart werden kann.

II. ERLÄUTERUNGEN

> **Erläuterungen zu A. 16.12 Vertrag über die Einräumung des Nießbrauchs an einer Unterbeteiligung**

1. Grundsätzliche Anmerkungen

a) Wirtschaftliche Funktion

Der Unterbeteiligte will im Rahmen einer Kapitalerhöhung der Hauptgesellschaft 1 seine Unterbeteiligung aufstocken und benötigt hierzu Kapital, das er sich durch Einräumung eines entgeltlichen Nießbrauchs beschafft. Die Höhe des Entgelts ist unter wirtschaftlichen Gesichtspunkten so zu bemessen, dass die während der Dauer des Nießbrauchs voraussichtlich an den Nießbraucher fließenden Erträge das Entgelt zuzüglich einer angemessenen Verzinsung erreichen. Zu weiteren möglichen Gründen für die Bestellung eines Nießbrauchs s. A. 9.23 Rz. 1.

b) Gesellschaftsrecht

2   Die Unterbeteiligung ist nur übertragbar und belastbar, wenn dies im Unterbeteiligungsvertrag festgelegt ist oder wenn der Hauptbeteiligte im Einzelfall zustimmt. Die Bestellung eines Nießbrauchs muss deshalb entweder im Unterbeteiligungsvertrag allgemein zugelassen sein oder vom Hauptbeteiligten im Einzelfall genehmigt werden.

3   Zu Zulässigkeit und Gestaltungsmöglichkeiten der Nießbrauchsbestellung an Gesellschaftsanteilen s. A. 9.23 Rz. 3. Nach dem Formular stehen dem Nießbraucher lediglich die mit der Unterbeteiligung verbundenen Entnahmerechte zu, während die Verwaltungsrechte ausschließlich beim Unterbeteiligten verbleiben.

4   Der Nießbrauch ist im Formular als Quotennießbrauch ausgestaltet, da dem Nießbraucher nicht das gesamte Ergebnis der Unterbeteiligung zusteht, sondern lediglich ein prozentualer Anteil.

c) Steuerrecht

5   **Typische Unterbeteiligung,** bei der der Unterbeteiligte Einkünfte aus Kapitalvermögen bezieht: Bei entgeltlicher Bestellung eines Nießbrauchs an Kapitalvermögen ist dem Nießbrauchbesteller das hierfür gezahlte Entgelt nach § 20 Abs. 2 Nr. 2 EStG zuzurechnen. Entsprechend zieht der Nießbraucher lediglich eine Forderung ein, so dass die Kapitalerträge bei ihm nicht zu besteuern sind (vgl. BFH VI R 301/67v: 12.12.69, BStBl. II 70, 212). BMF v. 23.11.83, BStBl. I 83, 508, Tz. 58 (Nießbrauchserlass) gilt fort, nicht ersetzt durch BMF v. 24.7.98, BStBl. I 98, 914; zu Einkünften aus Vermietung und Verpachtung; BMF v 30.9.13, BStBl. I 13, 1184: *Blümich/Ratschow* § 20 EStG Rz. 455).

Das Nießbrauchsentgelt unterliegt der Abgeltungssteuer gem. § 32d EStG Kapitalertragsteuer ist vom Nießbrauchsbesteller nicht einzubehalten (§ 43 Abs. 1 Satz 1 Nr. 10, 11 EStG).

6   Bei einer **atypischen Unterbeteiligung,** bei der der Unterbeteiligte als Mitunternehmer anzusehen ist, bestehen folgende Möglichkeiten:

7   1. Auch der Nießbraucher ist **Mitunternehmer (Unternehmensnießbraucher)** und bezieht Einkünfte aus Gewerbebetrieb. Diese Möglichkeit kommt insbes. in Betracht, wenn dem Nießbraucher auch laufende Verluste zuzurechnen sind und er die erforderlichen Mitwirkungsrechte in der Unterbeteiligungsgesellschaft hat (vgl. *Schmidt/Wacker* § 15 EStG Rz. 144 mwN und Rz. 306 ff., **a. A.** möglicherweise BFH IV R 10/17 v. 19.7.18, DStR 18, 2372; vgl. *Levedag* jM 20, 75).

Gewinnanteil: Der auf die Unterbeteiligung insgesamt entfallende Gewinnanteil ist zwischen dem Unterbeteiligten und dem Nießbraucher entsprechend der vereinbarten Quote aufzuteilen. Allerdings ist dem Nießbraucher lediglich sein Anteil an den entnahmefähigen Gewinnen zuzurechnen, während darüber hinausgehende auf den Unterbeteiligten entfallende Gewinnanteile diesem zuzurechnen sind (*Schmidt/Wacker* § 15 EStG Rz. 310; *Bitz* DB 87, 1506 mwN). Zur Zurechnung von Verlustanteilen beim Nießbraucher s. *Schmidt/Wacker* § 15 EStG Rz. 311 und BFH.

8   **Nießbrauchsentgelt:** Eine laufende Vergütung für die Nießbrauchsbestellung stellt beim Mitunternehmer-Nießbraucher eine Sonderbetriebsausgabe dar (*Schmidt/Wacker* § 15 EStG Rz. 307; *Biergans* DStR 85, 327). Handelt es sich um eine einmalige Vergütung, so ist diese in einer Sonderbilanz des Mitunternehmer-Nießbrauchers unter die aktiven Rechnungsabgrenzungsposten aufzunehmen und auf die Laufzeit

des Nießbrauchs zu verteilen, da es sich um ein für eine bestimmte Zeit vorausbezahltes Nutzungsentgelt handelt (*Bitz* aaO; *Biergans* aaO). Beim Nießbrauchsbesteller sind laufende Vergütungen für die Nießbrauchsüberlassung Sonderbetriebseinnahmen, eine einmalige Vergütung ist in einer Sonderbilanz des Mitunternehmer-Nießbrauchsbestellers unter die passiven Rechnungsabgrenzungsposten aufzunehmen (*Biergans* aaO; *Bitz* aaO).

2. Hat der Nießbraucher – wie im Formular – einen bloßen **Ertragsnießbrauch** und ist deshalb nicht Mitunternehmer, so bezieht er keine gewerblichen Einkünfte, sondern wiederkehrende Bezüge iSv. § 22 Nr. 1 EStG. Die auf den Nießbraucher entfallenden Bezüge sind beim Nießbrauchsbesteller Sonderbetriebsausgaben. Das Nießbrauchsentgelt gehört beim Nießbraucher zu den Werbungskosten im Rahmen der Einkünfte gem. § 22 Nr. 1 EStG, beim Nießbrauchsbesteller ist wiederum zu unterscheiden, ob ein laufendes Entgelt oder ein Einmalbetrag bezahlt wird. **9**

(frei) **10**

2. Einzelerläuterungen

Zu § 1: Einräumung des Nießbrauchs

Form: Die Bestellung des Nießbrauchs erfolgt nach den für die Übertragung des Gesellschaftsanteils geltenden Vorschriften (§ 1069 Abs. 1 BGB), also durch formlosen Vertrag. **11**

Zu § 2: Umfang des Nießbrauchs

Der Nießbrauch ist als sog. Quotennießbrauch ausgestaltet, auf Grund dessen der Nießbraucher Anspruch auf ...... % des entnahmefähigen Gewinnanteils des Unterbeteiligten hat. Für die steuerliche Behandlung des Gewinnanteils des Nießbrauchers ist entscheidend, ob es sich bei der Unterbeteiligung um eine typische oder um eine atypische Unterbeteiligung handelt; zu den einzelnen steuerlichen Auswirkungen s. Rz. 5 ff. **12**

Zu § 3: Gegenleistung

Zur Bemessung der Gegenleistung s. Rz. 1. Zur steuerlichen Behandlung der Gegenleistung beim Unterbeteiligten einerseits und beim Nießbrauchsbesteller andererseits s. Rz. 5 ff. **13**

Zu § 4: Gesellschafterrechte

Da der Nießbrauch als ein Ertragsnießbrauch gestaltet ist, bei dem gesellschaftsrechtliche Verwaltungsrechte beim Unterbeteiligten verbleiben, ist im Formular vorgesehen, dass lediglich für wesentliche Änderungen des Vertrages über die Unterbeteiligung, die die Ergebnisbeteiligung betreffen, und für eine Kündigung der Unterbeteiligung die vorherige Zustimmung des Nießbrauchers erforderlich ist. **14**

Zu § 5: Vorzeitige Beendigung der Unterbeteiligung und/oder des Nießbrauchs

Da das Entgelt für die Einräumung eines Nießbrauchs auf die Dauer von zehn Jahren bezahlt wird und demgemäß die Parteien bei der Entgeltbemessung davon ausgegangen sind, dass die auf den Nießbraucher entfallenden Erträge aus der Unterbeteiligung innerhalb dieser zehn Jahre zur Rückführung des eingesetzten Kapitals einschließlich einer angemessenen Verzinsung ausreichen, muss eine Regelung für den Fall getroffen werden, dass der Nießbrauch vor Ablauf der Zehnjahresfrist endet. **15**

Zu § 6: Informationspflicht

Da der Nießbraucher nicht Gesellschafter wird, hat er keinen eigenen Informationsanspruch gegenüber dem Hauptbeteiligten; es empfiehlt sich deshalb, eine Auskunftspflicht des Unterbeteiligten vorzusehen. **16**

Zu § 7: Änderung der Kapitalverhältnisse

17   Gemäß § 4 sind Änderungen der Ergebnisbeteiligung innerhalb der Unterbeteiligung nur mit vorheriger Zustimmung des Nießbrauchers zulässig. Ergänzend bestimmt § 7, dass bei einer Änderung der Beteiligungsquoten in der Unterbeteiligung oder des Hauptbeteiligten beide Parteien einen Anpassungsanspruch haben.

Zu § 8: Zustimmung

18   Ebenso wie für die Übertragung der Unterbeteiligung ist auch für die Nießbrauchsbestellung die Zustimmung des Hauptbeteiligten erforderlich, soweit nicht im Vertrag über die Unterbeteiligung die Nießbrauchsbestellung generell als zulässig erklärt wird.

A. 16.13 Schenkweise Einräumung einer Unterbeteiligung

I. FORMULAR

Formular A. 16.13 Schenkungsvertrag

Heute, den ......

erschienen vor mir, ..., Notar in ......, in der Geschäftsstelle

in ......

1. Herr H, wohnhaft in ......

2. Herr ......, hier handelnd für den minderjährigen Sohn U des H, wohnhaft in ...... als Ergänzungspfleger, bestellt durch Beschluss des Vormundschaftsgerichts ...... vom ......, der bei Beurkundung in Urschrift vorlag und dieser Urkunde in beglaubigter Abschrift beigefügt ist.

Auf Ersuchen der Erschienenen beurkunde ich gemäß ihren vor mir abgegebenen Erklärungen folgenden

SCHENKUNGSVERTRAG

1. H ist an der Kommanditgesellschaft in Firma X & Co. KG mit dem Sitz in ...... als Kommanditist mit einer Kommanditeinlage von € ......,– beteiligt. Gegenstand des Unternehmens der X & Co. KG ist ....

   Das für H bei der X & Co. KG geführte Festkapitalkonto beläuft sich auf € 500.000,–. Weiter werden für H ein Verlustkonto und ein Privatkonto geführt.

2. H räumt hiermit seinem Sohn U mit Wirkung vom ...... schenkweise eine atypische Unterbeteiligung an seinem Festkapitalkonto in Höhe von € ......,– ein. Auf das zu Beginn der Unterbeteiligung geführte Verlustkonto sowie das Privatkonto erstreckt sich die Unterbeteiligung nicht. Aufgrund der Unterbeteiligung ist U mit ...% am Ergebnis des Kommanditanteils des H beteiligt. Für die durch die Unterbeteiligung entstehende Innengesellschaft gelten die Bestimmungen des Vertrages über die Errichtung einer atypischen Unterbeteiligung, der dieser Urkunde als wesentlicher Bestandteil beigefügt ist.

3. Im Erbfall hat U die Schenkung mit € ......,– zum Ausgleich zu bringen bzw. sich auf den Pflichtteil anrechnen zu lassen.

4. Die Schenkung wird dadurch vollzogen, dass dem für den Unterbeteiligten zu führenden Kapitalkonto (§ 3 des Unterbeteiligungsvertrages) ein Betrag von € ......,– gutgeschrieben wird.

5. Die Unterbeteiligung fällt ersatzlos an H zurück, wenn U ohne Hinterlassung leiblicher *[evtl. ehelicher]* Abkömmlinge vor H verstirbt. Die Unterbeteiligung fällt weiter

ersatzlos an H zurück, wenn H aus wichtigem Grund den Rücktritt von diesem Vertrag erklärt. Ein wichtiger Grund für den Rücktritt liegt insbesondere vor, wenn

a) H zum angemessenen eigenen Lebensunterhalt oder dem seines Ehegatten auf den Schenkungsgegenstand zurückgreifen muss, weil sein eigenes Einkommen zur Bestreitung dieses Unterhalts nicht ausreicht oder

b) wenn sich U eines groben Undanks gegenüber H oder dessen Ehegatten schuldig macht.

Der Rückfall der Unterbeteiligung erstreckt sich auch auf den durch eine eventuelle Kapitalerhöhung erhöhten Kapitalanteil des Unterbeteiligten.

6. U nimmt die Schenkung und die zu ihrem Vollzug erfolgende Abtretung hiermit an.

7. Eine etwa anfallende Schenkungsteuer sowie die Kosten dieses Vertrages und seiner Durchführung trägt H.

Anlage:

Vertrag über die Errichtung einer atypischen Unterbeteiligung *[s. hierzu Formular A. 16.01]*.

II. ERLÄUTERUNGEN

Erläuterungen zu A. 16.13 Schenkungsvertrag

1. Grundsätzliche Anmerkungen

a) Wirtschaftliche Funktion

Die schenkweise Einräumung einer Unterbeteiligung geschieht idR im Rahmen **1** einer vorweggenommenen Erbfolge, um Nachfolger am Geschick des Unternehmens zu interessieren und um Erbschaftsteuern zu sparen. Durch die Übertragung einer eigenen Einkunftsquelle auf den Sohn wird weiter laufendes Einkommen auf diesen verlagert mit der Folge einer möglichen Einkommensteuerersparnis.

b) Gesellschaftsrecht

Form: Die schenkweise Zuwendung einer Unterbeteiligung bedarf grds. der nota- **2** riellen Beurkundung gemäß § 518 BGB. Zur Heilung des Formmangels durch Vollzug der Schenkung vgl. A. 16.11 Rz. 2. Die schenkweise Einräumung einer Unterbeteiligung erfordert zwei Rechtsakte, nämlich zum einen die Schenkung eines Geldbetrages, zum anderen den Abschluss eines Unterbeteiligungsvertrages. Die Schenkung des Geldbetrages erfolgt im Formular dadurch, dass der Schenker von seinem Kapitalkonto einen Teil an den Beschenkten unentgeltlich abtritt (BGH II ZR 136/51 v. 24.9.52, BGHZ 7, 174; II ZR 27/52 v. 29.10.52, BGHZ 7, 387; *Jebens* BB 1980, 407; *Blaurock/Berninger* GmbHR 90, 11). Nach BFH IV R 95/73 v. 19.9.74 (BStBl. II 75, 141) ist in diesem Fall für die steuerliche Anerkennung nicht nur die Beurkundung des Schenkungsvertrages, sondern auch des Unterbeteiligungsvertrages erforderlich. Hält sich die Unterbeteiligung im Rahmen einer Ausstattung gem. § 1624 BGB, ist die Zuwendung formlos möglich.

Erfolgt die Schenkung an ein **minderjähriges Kind** als Unterbeteiligten, so bedarf **3** der Gesellschaftsvertrag der vormundschaftsgerichtlichen Genehmigung (§ 1822 Nr. 3 BGB), wenn Teilnahme am Verlust vereinbart wird (BFH I R 101/72 v. 28.11.73, BStBl. II 74, 289; OLG Hamm 15 W 36/73 v. 22.1.74, BB 74, 29; *Blaurock/Berninger* GmbHR 90, 11; vgl. auch BFH IV R 114/91 v. 27.1.94, BStBl. II 94, 635). Die schenkweise Einräumung der Unterbeteiligung ändert nichts an der Notwendigkeit der vormundschaftsgerichtlichen Genehmigung, da für die Anwendung von § 1822 Nr. 3 BGB nicht die Art des Erwerbs der Beteiligung wesentlich ist, sondern das mit der Beteiligung zusammenhängende Verlustrisiko.

Außerdem ist sowohl für den Schenkungsvertrag als auch für den Unterbeteiligungsvertrag Ergänzungspflegschaft erforderlich (§§ 1909, 1629 Abs. 2, 1795 BGB; s. BFH I R 176/77 v. 19.12.79, BStBl. II 80, 242). Eine Dauerpflegschaft während des Bestehens der Unterbeteiligung ist jedoch nicht erforderlich (BGH II ZB 6/74 v. 18.9.75, NJW 76, 49; BFH IV R 102/73 v. 29.1.76, BStBl. II 76, 328). Soll der Gesellschaftsvertrag der Unterbeteiligung geändert werden, so ist allerdings wiederum ein Pfleger erforderlich (BGH II ZR 240/59 v. 26.1.61, NJW 61, 724).

c) Steuerrecht

4   Schenkweise eingeräumte Unterbeteiligungen werden steuerlich grundsätzlich anerkannt, wenn sie ernsthaft gewollt, formwirksam abgeschlossen und tatsächlich durchgeführt werden (BFH IV R 153/78 v. 3.5.79, BStBl. II 79, 515 und I R 82/76 v. 8.8.79, BStBl. II 79, 768). Mit der schenkweisen Einräumung einer **(typischen)** Unterbeteiligung an einem Gesellschaftsanteil, die nicht die Voraussetzungen einer **atypischen** Unterbeteiligung erfüllt, wird noch kein Vermögensgegenstand zugewendet (BFH II R 10/06 v. 16.1.08, DStR 08, 768). An einer steuerlich wirksamen Übertragung einer Einkunftsquelle kann es dann fehlen, wenn im Schenkungsvertrag ein **allgemeiner Widerrufsvorbehalt** enthalten ist; in diesem Fall werden die auf den Unterbeteiligten entfallenden Gewinnanteile steuerlich dem Schenker zugerechnet (BFH IV B 34/74 v. 18.7.74, BStBl. II 74, 740). Die in Nr. 5 des Formulars vorgesehene **Rückfallklausel** steht der steuerlichen Anerkennung jedenfalls dann nicht entgegen, wenn die geschenkte Unterbeteiligung mitunternehmerisch ausgestaltet ist (BFH IV R 114/91 v. 27.1.94, BB 94, 1483; s. auch Rz. 13).

5   Gemäß BFH X R 99/88 v. 21.10.92 (BStBl. II 93, 289) ist eine typische stille Gesellschaft (und damit wohl auch eine **typische Unterbeteiligung**) dann nicht anzuerkennen, wenn ein Stpfl. seinen minderjährigen Kindern Geldbeträge mit der Auflage zuwendet, diese ihm sogleich wieder als Einlage im Rahmen einer typischen stillen Gesellschaft zur Verfügung zu stellen, wenn eine Verlustbeteiligung ausgeschlossen ist. Eine solche Gestaltung sei der Darlehensgewährung ähnlich, so dass für die einkommensteuerliche Anerkennung die gleichen Grundsätze zu gelten haben.

6   Diese Grundsätze gelten jedoch gem. BFH IV R 114/91 v. 27.1.94 (BStBl. II 94, 635) nicht für schenkweise eingeräumte **mitunternehmerische Unterbeteiligungen.** Auch die FinVerw. sieht dies so (BMF v. 16.8.93, DB 93, 1899). Somit verbleibt es bei dem der ständigen Rspr. des BFH entsprechenden Grundsatz, dass Gesellschaftsverträge zwischen nahen Angehörigen, soweit die übrigen Voraussetzungen erfüllt sind, auch dann anerkannt werden können, wenn die Beteiligungen oder die zum Erwerb der Beteiligung aufgewendeten Mittel dem in die Gesellschaft aufgenommenen Angehörigen unentgeltlich zugewendet worden sind (BFH IV R 35/89 v. 21.2.91, BStBl. II 95, 449).

7   Bei der Gewinnverteilung ist zu beachten, dass nach der Rspr. des BFH zu stillen Gesellschaften, die auch auf Unterbeteiligungen anzuwenden ist, bei geschenkten Unterbeteiligungen ein Gewinnanteil des Unterbeteiligten nur bis zur Höhe von 15% des gemeinen Werts der Beteiligung anerkannt wird; bei Ausschluss der Verlustbeteiligung reduziert sich dieser Satz auf 12% (BFH IV R 56/70 v. 29.3.73, BStBl. II 73, 650; zur Anwendbarkeit auf Unterbeteiligungen s. BFH I R 206/67 v. 26.6.74, BStBl. II 74, 676). Bei einer typischen Unterbeteiligung ist für die Bemessung des Höchstgewinns vom Nominalwert auszugehen, bei einer atypischen Unterbeteiligung vom tatsächlichen Wert (s. hierzu BFH I R 206/67 v. 26.6.74 aaO). Übersteigt der mit der Unterbeteiligung verbundene Gewinnanteil die vorstehend genannten Sätze, so wird der Unterschiedsbetrag zwischen dem unangemessenen und dem angemessenen Gewinnanteil als Gewinn des Hauptbeteiligten (Schenkers) angesehen und bei diesem versteuert. Der BFH (IV R 83/06 v. 19.2.09, DStR 09, 959) hat allerdings entschieden, dass kurzfristige Überschreitungen dieser Renditeprozentsätze möglich sind, verlangt je-

doch dann eine Anpassung der Gewinnverteilungsabrede für die Zukunft nach dem Maßstab eines Fremdvergleichs (vgl. hierzu *Schmidt* GWR 09, 126).

Der Angemessenheitsprüfung ist die durchschnittliche Gewinnerwartung für fünf **8** Jahre zugrunde zu legen. Hält sich diese Gewinnerwartung innerhalb der vorstehend genannten Grenzen, so ist es unschädlich, wenn in den Folgejahren der tatsächlich auf den Unterbeteiligten entfallende Gewinnanteil die genannten %-Sätze übersteigt (s. hierzu EStH 15.9 Abs. 3 „Unterbeteiligung").

Schenkungsteuer: Es gelten die gleichen Grundsätze wie bei der schenkweisen **9** Übertragung einer Unterbeteiligung (s. A. 16.11 Rz. 10 ff.).

2. Einzelerläuterungen

Zu Ziff. 3: Ausgleichs- und Anrechnungspflicht

Es wird auf A. 16.11 Rz. 6 verwiesen.   **10**

Zu Ziff. 4: Vollzug der Schenkung

Siehe hierzu Rz. 2.   **11**

Zu Ziff. 5: Rückfallklausel

Nach BFH IV R 114/91 v. 27.1.94 (BStBl. II 94, 635) steht eine derartige Rück- **12** fallklausel der einkommensteuerlichen Anerkennung dann nicht entgegen, wenn es sich um eine mitunternehmerisch ausgestaltete (atypische) Unterbeteiligung des min- derjährigen Kindes handelt (EStH 15.9 Abs. 2 „Rückfallklausel").

Zu Ziff. 6: Schenkungsteuer

Siehe hierzu Rz. 9.   **13**

A. 17. Verein

Übersicht

A. 17.01 Satzung eines eingetragenen Vereins

Gliederung

I. FORMULAR

Formular A. 17.01 Satzung eines eingetragenen Vereins

Satzung eines eingetragenen Vereins

§ 1 Name, Sitz, Geschäftsjahr

(1) Der Verein trägt den Namen „......".

(2) Er ist ein rechtsfähiger Verein mit Sitz in ......

(3) Der Verein soll in das Vereinsregister eingetragen werden und trägt dann den Zusatz „e. V.".

(4) Geschäftsjahr ist das Kalenderjahr.

§ 2 Zweck des Vereins

(1) Zweck des Vereins ist ......

(2) Der Satzungszweck wird verwirklicht insbesondere durch ......

§ 3 Mitgliedschaft

(1) Mitglied des Vereins kann jede natürliche und juristische Person werden.

(2) Der Antrag auf Mitgliedschaft erfolgt an den Vorstand, der über die Aufnahme entscheidet.

Über den Antrag auf Aufnahme entscheidet der Vorstand nach freiem Ermessen. Ein Anspruch auf Aufnahme besteht nicht.

(3) Die Mitgliedschaft endet:

a) bei natürlichen Personen durch deren Tod oder Verlust der Geschäftsfähigkeit;

b) bei juristischen Personen durch Verlust der Rechtsfähigkeit;

c) durch Austritt (Abs. 4);

d) durch Ausschluss (Abs. 5).

(4) Der Austritt eines Mitgliedes erfolgt durch Erklärung in Textform gegenüber dem Vorstand. Der Austritt ist nur mit einer Frist von zwei Monaten zum 31.12. eines Geschäftsjahrs zulässig.

(5) Ein Mitglied kann durch den Vorstand mit sofortiger Wirkung aus wichtigem Grund aus dem Verein ausgeschlossen werden, wenn der wichtige Grund die Fortführung der Mitgliedschaft für den Verein oder seine Mitglieder unzumutbar erscheinen lässt. Ein solcher wichtiger Grund liegt insbesondere dann vor, wenn das Mitglied trotz Mahnung länger als sechs Monate mit seiner Beitragszahlung im Rückstand ist oder den Vereinsinteressen grob zuwider gehandelt hat. Dem Mitglied ist vor seinem Ausschluss Gelegenheit zur Anhörung zu geben. Das Mitglied kann gegen den Ausschluss innerhalb einer Frist von einem Monat nach dem Zugang der Ausschlusserklärung die nächste ordentliche Mitgliederversammlung anrufen, die dann abschließend entscheidet.

(6) Die Mitgliederversammlung kann jede natürliche und juristische Person, die sich in besonderem Maße um den Verein verdient gemacht hat, zum Ehrenmitglied ernennen.

§ 4 Pflichten der Mitglieder, Kommunikation

(1) Mit dem Antrag auf Mitgliedschaft erkennen die Mitglieder den Inhalt der Satzung und der sonstigen Vereinsordnungen an. Die Mitglieder sind verpflichtet, die Ziele und Interessen des Vereins zu unterstützen sowie die Beschlüsse und Anordnungen der Vereinsorgane zu befolgen.

(2) Die Mitglieder entrichten Beiträge in Geld an den Verein. Das Nähere – insbesondere die Höhe der Beiträge und ihre Fälligkeit – regelt die Mitgliederversammlung durch Beschluss. Die Mitgliederversammlung ist auch berechtigt, zu diesem Zwecke eine Beitragsordnung zu erlassen. Ehrenmitglieder sind von der Beitragspflicht befreit.

(3) Die Mitglieder sind verpflichtet, dem Vorstand eine ladungsfähige postalische Anschrift sowie eine E-Mail-Adresse mitzuteilen und den Vorstand über jede Änderung ihres Namens und/oder ihrer Adressdaten unverzüglich zu informieren.

(4) Sofern in dieser Satzung nicht ausdrücklich etwas anderes geregelt ist, können Vorstand und Mitglieder sämtliche Erklärungen und alle sonstige Kommunikation neben der Schrift- auch in Textform per E-Mail abgeben. Erklärungen und Kommunikation der Mitglieder per E-Mail an den Verein und/oder den Vorstand können wirksam nur an die auf der Vereinshomepage genannten E-Mailadressen des Vorstands oder der Geschäftsstelle erfolgen.

§ 5 Organe

Organe des Vereins sind:

1. die Mitgliederversammlung;

2. der Vorstand.

§ 6 Einberufung und Aufgaben der Mitgliederversammlung

(1) Die ordentliche Mitgliederversammlung ist mindestens einmal jährlich einzuberufen. Ort, Termin und Tagesordnung bestimmt der Vorstand.

(2) Mitgliederversammlungen sind ferner einzuberufen, wenn das Interesse des Vereins es erfordert oder die Einberufung in Textform von mindestens $1/3$ der Mitglieder unter Angabe einer begründeten Tagesordnung vom Vorstand verlangt wird (außerordentliche Mitgliederversammlung). Die beantragte Tagesordnung ist verpflichtend zu übernehmen.

(3) Die Einberufung der Mitgliederversammlung erfolgt schriftlich oder per E-Mail durch den Vorstand mit einer Einladungsfrist von zwei Wochen. Die Frist beginnt am

Tage der Versendung der Einladung. Eine schriftliche Einladung erfolgt an die von dem Mitglied zuletzt schriftlich mitgeteilte Adresse, eine Einladung per E-Mail erfolgt in Textform an die von dem Mitglied zuletzt in Textform mitgeteilte E-Mail-Adresse.

(4) Jedes Mitglied kann bis spätestens eine Woche vor dem Tag der Mitgliederversammlung beim Vorstand schriftlich oder per E-Mail beantragen, dass weitere Angelegenheiten auf die Tagesordnung gesetzt werden. Eine hieraus folgende Änderung der Tagesordnung ist spätestens zu Beginn der Mitgliederversammlung bekanntzugeben. Anträge zur Wahl oder Abwahl von Vorstandsmitgliedern, Änderung der Satzung oder Auflösung des Vereins, die nicht bereits in der fristgemäßen Einladung nach Satz 1 angekündigt wurden, sind von einer Ergänzung der Tagesordnung ausgeschlossen und können erst auf der nächsten Mitgliederversammlung behandelt werden.

(5) Aufgaben der Mitgliederversammlung sind u. a.:

a) die Wahl der Vorstandsmitglieder und deren Entlastung;

b) die Änderung oder Neufassung der Satzung, soweit kein Fall des § 8 Abs. 3 Buchst. h vorliegt, und einer etwaigen Beitragsordnung;

c) die Beschlussfassung über die Höhe und Fälligkeit der Mitgliedsbeiträge;

d) die Beschlussfassung über Beschwerden gegen den Ausschluss von Vereinsmitgliedern;

e) die Genehmigung des Haushaltsplans und Entgegennahme des Jahresberichts und sonstiger Berichte des Vorstands;

f) die Wahl der Kassenprüfer;

g) Entscheidungen über den An- und Verkauf sowie die Belastung von Grundstücken;

h) die Beschlussfassung über die Auflösung des Vereins;

i) die Beschlussfassung zu einer Vergütung des Vorstands (§ 8 Abs. 5);

j) die Ernennung von Ehrenmitgliedern;

k) sämtliche sonstigen der Mitgliederversammlung durch Gesetz oder an anderer Stelle der Satzung übertragenen Aufgaben.

(6) Der Vorstand ist berechtigt, nach seinem Ermessen Mitgliedern die Teilnahme an der Versammlung ohne Anwesenheit am Versammlungsort auf elektronischem Weg zu ermöglichen oder die Mitgliederversammlung vollständig auf elektronischem Weg durchzuführen.

§ 7 Ablauf der Mitgliederversammlung und Beschlussfassung

(1) Zur Teilnahme an der Mitgliederversammlung sind alle Mitglieder des Vereins berechtigt. Durch Beschluss der Mitgliederversammlung können Gäste zur Anwesenheit berechtigt werden.

(2) Die Mitgliederversammlung wird durch den 1. Vorsitzenden, bei dessen Verhinderung durch den 2. Vorsitzenden, weiter ersatzweise durch den Schatzmeister geleitet. Ist auch dieser nicht anwesend, wählt die Versammlung aus ihrer Mitte einen Versammlungsleiter. Zu Beginn der Mitgliederversammlung ist ein Protokollführer zu wählen und sind etwaige Änderungen der Tagesordnung (§ 6 Abs. 3) durch den Versammlungsleiter bekanntzugeben.

(3) Jede ordnungsgemäß einberufene Mitgliederversammlung ist ohne Rücksicht auf die Zahl der erschienenen Mitglieder beschlussfähig. Stimm- und wahlberechtigt sind alle anwesenden Mitglieder. Jedes Mitglied hat eine Stimme. Das Stimmrecht ist nicht übertragbar und kann nicht durch einen Bevollmächtigten wahrgenommen werden.

(4) Beschlüsse der Mitgliederversammlung werden – soweit das Gesetz oder diese Satzung nichts anderes bestimmen – mit einfacher Mehrheit der abgegebenen Stimmen gefasst. Stimmenthaltungen und ungültige Stimmen gelten als nicht abge-

gebene Stimmen. Über Satzungsänderungen und die Auflösung des Vereins kann in der Mitgliederversammlung nur abgestimmt werden, wenn auf diesen Tagesordnungspunkt bereits in der Einladung zur Mitgliederversammlung hingewiesen wurde. Zur Änderung der Satzung und zur Auflösung des Vereins ist eine Mehrheit von 2/3 der abgegebenen Stimmen erforderlich.

(5) Die Stimmabgabe in der Mitgliederversammlung erfolgt – mit Ausnahme der Wahlen (Abs. 6) – durch Handzeichen der anwesenden Mitglieder. Abweichend von Satz 1 erfolgt eine schriftliche Stimmabgabe, wenn auf Befragen des Versammlungsleiters mindestens ein Viertel der anwesenden Mitglieder eine solche geheime Wahl verlangt. Der Versammlungsleiter hat die Befragung der Mitgliederversammlung nur auf Antrag eines oder mehrerer anwesender Mitglieder durchzuführen. Auf die Frage des Versammlungsleiters erklären sich die eine geheime Wahl verlangenden Mitglieder durch Handzeichen.

(6) Wahlen erfolgen durch geheime, schriftliche Stimmabgabe, sofern die Mitgliederversammlung nicht eine Stimmabgabe durch Handzeichen beschließt. Die Wahl der Mitglieder des Vorstands muss zwingend geheim erfolgen. Gewählt sind die Kandidaten, die die einfache Mehrheit der abgegebenen Stimmen erhalten. Bei Stimmengleichheit erfolgt zwischen den stimmgleichen Kandidaten eine Stichwahl. Bei erneuter Stimmengleichheit gilt der ältere Kandidat als gewählt.

(7) Die Beschlüsse und Wahlergebnisse der Mitgliederversammlung sind zu protokollieren und vom Versammlungsleiter und dem Protokollführer zu unterzeichnen. Die Protokolle sind aufzubewahren.

(8) Der Vorstand ist berechtigt, Mitgliedern die Stimmabgabe ohne Teilnahme an der Mitgliederversammlung in schriftlicher Form vor der Versammlung oder auf elektronischem Weg vor oder während der Versammlung zu ermöglichen.

(9) Die Mitglieder können Beschlüsse auch ohne Mitgliederversammlung auf schriftlichem oder elektronischem Weg fassen (Umlaufverfahren), wenn sämtliche Mitglieder am Umlaufverfahren beteiligt wurden. Die Durchführung des Umlaufverfahrens und den Verfahrensablauf legt der Vorstand fest. Eine Beschlussfassung im Umlaufverfahren ist wirksam, wenn mindestens die Hälfte der Mitglieder ihre Stimme innerhalb einer durch den Vorstand bestimmten Frist in Textform abgegeben hat. Ungültige Stimmen gelten im Umlaufverfahren als abgegebene Stimmen und als Enthaltung. Das Beschlussergebnis des Umlaufverfahrens ist durch den Vorstand den Mitgliedern innerhalb von 14 Tagen nach Fristablauf bekannt zu geben. Unwirksame Umlaufverfahren können – auch mehrfach – wiederholt werden.

§ 8 Vorstand

(1) Der Vorstand besteht aus

a) dem 1. Vorsitzenden;

b) dem 2. Vorsitzenden;

c) dem Schatzmeister;

d) bis zu drei weiteren Vorstandsmitgliedern.

Die vorstehend unter a.–d. genannten Vorstandsmitglieder bilden zugleich den Vorstand iSd. § 26 BGB. Vertretungsberechtigt sind je zwei Vorstandsmitglieder gemeinsam. Durch Beschluss der Mitgliederversammlung können Vorstandsmitglieder von den Beschränkungen des § 181 BGB befreit werden.

(2) Wählbar als Vorstandsmitglied sind nur Mitglieder des Vereins.

(3) Der Vorstand führt die Geschäfte und vertritt den Verein in sämtlichen Angelegenheiten gerichtlich und außergerichtlich. Darüber hinaus hat er insbesondere folgende Aufgaben:

a) Vorbereitung und Einberufung der Mitgliederversammlung; Aufstellung der Tagesordnung;

b) Ausführung der Beschlüsse der Mitgliederversammlung;

c) Führen der Bücher;

d) Erstellung des Haushaltsplans, des Jahresabschlusses und des Jahresberichtes;

e) Abschluss und Kündigung von Dienst- und Arbeitsverträgen;

f) Ausübung des Weisungsrechtes gegenüber Mitarbeitern;

g) Beschlussfassung über die Aufnahme und den Ausschluss von Mitgliedern.

h) Der Vorstand kann Satzungsänderungen beschließen, die durch das Vereinsregister oder die Finanzbehörde verlangt wurden.

(4) Die Mitglieder des Vorstands werden von der Mitgliederversammlung für die Dauer von drei Jahren gewählt. Wiederwahl ist möglich. Die Mitglieder des Vorstandes werden von der Mitgliederversammlung pro Amt im gesonderten Wahlgang bestimmt. Die jeweils amtierenden Vorstandsmitglieder bleiben nach Ablauf ihrer Amtszeit so lange im Amt, bis ihre Nachfolger gewählt sind.

(5) Den Mitgliedern des Vorstandes werden die bei der Vereinsarbeit entstandenen, angemessenen Auslagen ersetzt. Mitglieder des Vorstands können darüber hinaus eine angemessene Vergütung erhalten. Die Vergütung für den Zeitaufwand bedarf dem Grunde und der Höhe nach der vorherigen Beschlussfassung der Mitgliederversammlung.

(6) Die Mitglieder des Vorstands haften dem Verein gegenüber nur für vorsätzliches oder grob fahrlässiges Verhalten. Werden Vorstandsmitglieder aufgrund ihrer Vorstandstätigkeit von Dritter Seite in Anspruch genommen, stellt der Verein das betroffene Vorstandsmitglied von diesen Ansprüchen frei, sofern das Vorstandsmitglied nicht vorsätzlich oder grob fahrlässig handelte.

§ 9 Sitzungen und Beschlüsse des Vorstands

(1) Die Einladung zu Vorstandssitzungen erfolgt schriftlich oder per E-Mail mit einer Frist von mindestens einer Woche durch den 1. Vorsitzenden, ersatzweise den 2. Vorsitzenden. Eine Verkürzung der Ladungsfrist ist mit Zustimmung sämtlicher Vorstandsmitglieder möglich. Die Zustimmung gilt mit dem Erscheinen zur Vorstandssitzung als erteilt. Nach Maßgabe der Regelungen in Satz 1–3 können Vorstandssitzungen auch fernmündlich oder in elektronischer Form (z.B. per Videokonferenz) erfolgen.

(2) Vorstandssitzungen sind beschlussfähig, wenn mindestens ...... Vorstandsmitglieder anwesend sind. Beschlüsse des Vorstands werden mit einfacher Mehrheit der abgegebenen Stimmen gefasst. Bei Stimmengleichheit entscheidet die Stimme des Vorsitzenden, ersatzweise des 2. Vorsitzenden, weiter ersatzweise des Schatzmeisters.

(3) Beschlüsse des Vorstands können auch ohne Einhaltung von Ladungsfristen schriftlich oder per E-Mail gefasst werden (Umlaufverfahren), wenn alle Vorstandsmitglieder zu diesem Verfahren ihre Zustimmung erklären. Die Stimmabgabe im Umlaufverfahren gilt als Zustimmung.

(4) Sämtliche Beschlüsse des Vorstands – auch Umlaufbeschlüsse – sind zu protokollieren und aufzubewahren.

§ 10 Kassenprüfung

(1) Die Mitgliederversammlung wählt für jedes Geschäftsjahr einen Kassenprüfer sowie einen stellvertretenden Kassenprüfer, die weder dem Vorstand angehören noch Angestellte des Vereins sein dürfen. Der Kassenprüfer, im Falle seiner Verhinderung sein Stellvertreter, prüft die Buchführung und den Jahresabschluss, berichtet

über die Prüfungsergebnisse in der Mitgliederversammlung und gibt eine Empfehlung zur Beschlussfassung über die Entlastung des Vorstands ab.

(2) Die Wiederwahl des Kassenprüfers und des stellvertretenden Kassenprüfers ist zulässig.

§ 11 Auflösung des Vereins

(1) Für den Beschluss, den Verein aufzulösen, ist eine ⅔-Mehrheit der in der Mitgliederversammlung anwesenden Mitglieder erforderlich. Der Beschluss kann nur nach rechtzeitiger Ankündigung in der Einladung zur Mitgliederversammlung gefasst werden.

(2) Mit dem Beschluss über die Auflösung kann die Mitgliederversammlung zugleich über die Verwendung des vorhandenen Vermögens beschließen.

II. ERLÄUTERUNGEN

Erläuterungen zu A. 17.01 Satzung eines eingetragenen Vereins

---

1. Grundsätzliche Anmerkungen

a) Gemeinschaftliche Ziele

1   Der Verein ist die Rechtsform für **gemeinschaftliche Aktivitäten.** Er wird im BGB nicht definiert. Es handelt sich um einen freiwillig auf eine gewisse Dauer angelegten, körperschaftlich organisierten und vom Wechsel der Mitglieder unabhängigen Zusammenschluss mehrerer Personen unter einem Vereinsnamen zur Verfolgung gemeinsamer Zwecke (vgl. RG IV 369/33 v. 18.1.34, RGZ 143, 212).

b) Vereinsrecht

2   Das Vereinsrecht ist in den §§ 21 bis 79 BGB geregelt.
Die Vorschriften des BGB enthalten nur wenige **zwingende Vorschriften.** Nach § 57 Abs. 1 BGB gehört zu den Mindesterfordernissen, dass die Satzung den Zweck, den Namen und den Sitz des Vereins enthalten muss; außerdem muss sich aus der Satzung ergeben, dass der Verein in das Vereinsregister eingetragen werden soll.

3   „Soll"-Bestimmungen sind nach § 58 BGB Regelungen
– über den Eintritt und Austritt der Mitglieder,
– darüber, ob und welche Beiträge von den Mitgliedern zu leisten sind,
– über die Bildung des Vorstands,
– über die Voraussetzungen, unter denen die Mitgliederversammlung zu berufen ist,
– über die Form der Berufung und über die Beurkundung der Beschlüsse.
Der Verein soll nur eingetragen werden, wenn die **Zahl der Mitglieder** mindestens **sieben** beträgt.

4   Wird der Verein in das Vereinsregister eingetragen, erhält er den Zusatz „**eingetragener Verein (e. V.)".** Vgl. § 65 BGB. Der Verein ist dann juristische Person. Die Eintragung eines Vereins erfolgt in das **Vereinsregister** bei dem Amtsgericht, in dessen Bezirk der Verein seinen Sitz hat (§ 55 BGB).

5   Das BGB differenziert zwischen dem „**Idealverein"** (§ 21 BGB) und dem **wirtschaftlichen Verein** (§ 22 BGB). Als „e. V." eintragungsfähig ist nur der Idealverein. Der – in der Beratungspraxis eher unbedeutende – wirtschaftliche Verein ist in seinem Zweck auf einen wirtschaftlichen Geschäftsbetrieb gerichtet. Er erlangt grundsätzlich seine Rechtsfähigkeit durch staatliche Verleihung, § 22 Satz 1 BGB.

6   Dem Idealverein ist eine wirtschaftliche Betätigung aber nicht generell untersagt. Nach dem durch die Rechtsprechung entwickelten sog. **Nebenzweckprivileg** darf der Verein auch unternehmerische, wirtschaftliche Tätigkeiten entfalten, soweit diese

dem idealen Hauptzweck zu- und untergeordnet und Hilfsmittel zu dessen Erreichung sind (BGH I ZR 88/80 v. 29.9.82, NJW 83, 569, 571). Dieses vereinsrechtliche Nebenzweckprivileg ist von den Kriterien der Gemeinnützigkeit (§§ 51 ff. AO) und der Frage, inwieweit eine wirtschaftliche Betätigung (§§ 14, 64 ff. AO) mit den gemeinnützigen Satzungszwecken einer Körperschaft vereinbar ist, abzugrenzen.

Vereinsrecht und **Gemeinnützigkeitsrecht** (hierzu A. 17.02 Rz. 3 ff.) können **7** unterschiedlichen Kriterien unterliegen. Insbesondere ist problematisch, dass das Vereinsrecht den Zweckbetrieb (§§ 65 ff. AO) nicht kennt. Während das Steuerrecht eine gemeinnützige wirtschaftliche Betätigung als unproblematisch für die gesamte Gemeinnützigkeit der Körperschaft qualifiziert, ist das Zweckbetriebsprivileg im Vereinsrecht bislang nicht installiert.

In der Praxis wurden in der Vergangenheit vereinzelt Vereinen, deren **Satzungs-** **8** **zweck auf eine Zweckbetriebstätigkeit** (zB Kindergarten, Kindertagesstätten, Museen) gerichtet ist, die Eintragung in das Vereinsregister versagt (vgl. KG Berlin 25 W 35/10 v. 20.1.11, DNotZ 11, 634; 22 W 71/15 v. 16.2.16, DStR 16, 1173; 22 W 40/15 v. 11.4.16, DStR 16, 2120). Der BGH ist dieser sog. „Kita-Rechtsprechung" explizit entgegengetreten und hat klargestellt, dass die **Gemeinnützigkeit** eines Vereins eine **Indizwirkung** dafür entfaltet, dass der Verein nicht auf einen wirtschaftlichen Geschäftsbetrieb gerichtet ist und in das Vereinsregister eingetragen werden kann (BGH II ZB 7/16 v. 16.5.17, NJW 17, 1943). Auch den **Umfang** des Geschäftsbetriebs hat der BGH hierbei nicht als entscheidend angesehen. Für den hiesigen Fall des nicht gemeinnützigen Vereins bleibt die Notwendigkeit der Prüfung des Umfangs der wirtschaftlichen Betätigung aber somit erhalten (s. zum Rechtsstand und den Folgen *Leuschner* NJW 17, 1919).

Der Verein wird durch den **Vorstand** gerichtlich und außergerichtlich vertreten. **9** Der Vorstand hat die Stellung eines gesetzlichen Vertreters. Vgl. § 26 BGB.

(frei) **10**

Die **Anmeldung** zum Vereinsregister erfolgt durch den Vorstand. Ob alle Vor- **11** standsmitglieder die Anmeldung bewirken müssen oder ob dies durch einzelne alleinvertretungsberechtigte Vorstandsmitglieder geschehen kann, war früher streitig. Seit Einführung des VereinsRÄndG (BGBl. I 09, 3145) muss die Erstanmeldung allerdings eindeutig nicht mehr durch alle Vorstandsmitglieder erfolgen (vgl. *Palandt/Ellenberger* § 59 BGB Rz. 1). Anlässlich der Anmeldung sollten die örtlichen Gepflogenheiten festgestellt werden.

Die Anmeldung hat in öffentlich beglaubigter Form zu geschehen (§ 77 BGB). Die **12** Beglaubigung erfolgt regelmäßig durch den **Notar** (§ 129 BGB).

Ein rechtsfähiger Verein kann durch **Formwechsel** in eine GmbH umgewandelt **13** werden, sofern die Satzung oder Vorschriften des Landesrechts nicht entgegenstehen (§ 272 UmwG).

Ebenso kann ein rechtsfähiger Verein – sofern Satzung oder Landesrecht nicht ent- **14** gegenstehen – in eine GmbH **auf-** oder **abgespalten** werden. Auch die Ausgliederung von Vermögensteilen auf eine GmbH ist zulässig (§§ 149, 124 UmwG).

Ferner kann ein rechtsfähiger Verein – auch hier vorbehaltlich der Satzung oder des **15** Landesrechts – auf eine bestehende GmbH oder mit einem anderen Verein zu einer neuen GmbH **verschmolzen** werden (§ 99 UmwG).

c) Steuerrecht

Der rechtsfähige Verein ist nach § 1 Abs. 1 Nr. 4 KStG **körperschaftsteuerpflich-** **16** **tig** und im Rahmen des § 2 GewStG **gewerbesteuerpflichtig.**

Die Körperschaftsteuerpflicht richtet sich nach dem KStG. Was als Einkommen gilt **17** und wie das Einkommen zu ermitteln ist, bestimmt sich nach den Vorschriften des **EStG,** vorbehaltlich besonderer Regelungen im KStG (§ 8 Abs. 1 KStG).

Der Verein hat **nicht zwingend gewerbliche Einkünfte** (vgl. § 8 Abs. 2 KStG). **18**

19   Mithin können bei einem Verein auch **andere Einkunftsarten,** zB Einkünfte aus Land- und Forstwirtschaft, Einkünfte aus Gewerbebetrieb, Einkünfte aus Kapitalvermögen, Einkünfte aus VuV sowie sonstige Einkünfte anfallen, und zwar auch nebeneinander.

20   **Verbände** sind zumeist rechtsfähige oder nichtrechtsfähige Vereine. Für die Besteuerung der Verbände gelten dann in ihrem Ausgangspunkt die gleichen Grundsätze wie für die Vereinsbesteuerung. Wird der Verband – was ohne weiteres möglich ist – in einer anderen Rechtsform betrieben, gelten die Besteuerungsregeln für diese Rechtsform.

21   Der Verein kann regelmäßig den **Freibetrag** nach § 24 KStG in Anspruch nehmen (€ 7500,–, bis VZ 2020 € 5000,–, höchstens die Höhe des Einkommens).

22   Rechtsfähige wie nichtrechtsfähige Vereine und Verbände können nach § 5 KStG **befreit** sein. In der Praxis bedeutsam sind vor allem die Befreiungen der Gemeinnützigkeit (§ 5 Abs. 1 Nr. 9 KStG, s. A. 17.02) und der Berufsverbände (§ 5 Abs. 1 Nr. 5 KStG).

23   **Mitgliedsbeiträge** sind keine steuerpflichtigen Einnahmen, § 8 Abs. 5 KStG. Freigestellt sind satzungsgemäße, nicht freiwillig erhobene Beiträge, die ohne Rücksicht auf eine Gegenleistung gezahlt werden (*Streck/Schwedhelm* § 8 KStG Rz. 461). Die Beiträge müssen in der Satzung festgelegt oder durch die zuständigen Vereinsorgane beschlossen werden, vgl. KStR 8.11 Abs. 2. Die Steuerfreiheit bezieht sich nur auf die Beiträge als solche. Ihre Früchte, zB Zinsen, sind steuerpflichtig, wenn keine Steuerbefreiung greift (vgl. *Streck/Schwedhelm* § 8 KStG Rz. 476).

24   Ist der Beitrag offenes oder verdecktes **Entgelt** für eine bestimmte Leistung des Vereins an seine Mitglieder, entfällt die Steuerfreiheit (KStR 8.11 Abs. 2; BFH I R 86/85 v. 28.6.89, BStBl. II 90, 550; I 114/53 U v. 16.11.54, BStBl. III 55, 12; *Streck/Schwedhelm* § 8 KStG Rz. 462). Abzustellen ist darauf, ob den Beiträgen eine **konkrete Gegenleistung** zuzuordnen ist, die im Hinblick auf die Zahlung der Mitgliedsbeiträge erfolgte (BFH I R 60/01 v. 18.12.02, BFH/NV 03, 1025, 1027). Die Rechtsprechung unterscheidet hierbei zwischen steuerunschädlichen Vereinsleistungen, die im Allgemeininteresse der Mitglieder stehen, und anderen, entgeltlichen Leistungen, die im Sonderinteresse einzelner Mitglieder erbracht werden (so BFH I R 234/71 v. 29.8.73, BStBl. II 74, 60, 62; V R 25/76 v. 20.12.84, BStBl. II 85, 176 (zur USt); FG Berlin 8 K 8516/97 v. 11.9.00, EFG 01, 104, 105, rkr.; FG Baden-Württemberg 3 K 7/87 v. 19.12.90, EFG 92, 766). Letzteres wird insbesondere dann angenommen, wenn der Beitrag nach dem individuellen Vorteil des Mitglieds bemessen wird (BFH XI R 84/90 v. 21.4.93, BFH/NV 94, 60; FG München 7 K 1332/95 v. 28.5.99, EFG 99, 1096, 1098). Die Gefahr der Entgeltlichkeit besteht vor allem dann, wenn bestimmte Vereinsleistungen bei der Bemessung der Mitgliedsbeiträge berücksichtigt werden (vgl. BFH I R 60/01 v. 18.12.02, BFH/NV 03, 1025, 1027). Staffelbeiträge, bei denen die Beitragshöhe vom individuellen Leistungsbezug des Mitglieds abhängig ist, indizieren (Teil-)Entgeltlichkeit und damit (teilweise) Steuerpflicht des Beitrags. Wesentliches Indiz für die Annahme „echter" (steuerfreier) Mitgliedsbeiträge ist dementsprechend die gleichmäßige Erhebung nach einem für alle Mitglieder verbindlichen Bemessungsmaßstab. Die Differenzierung nach persönlichen Kriterien (zB Alter, Einkommen, Familienstatus, Betriebsgröße) ist unschädlich.

2. Einzelerläuterungen

Zu § 1 Abs. 4:

25   Ein vom Kalenderjahr abweichendes Geschäftsjahr ist möglich.

Zu § 2:

26   Um die Rechtsfähigkeit durch Eintragung in das Vereinsregister zu erlangen, darf der Satzungszweck nicht auf einen wirtschaftlichen Geschäftsbetrieb gerichtet sein. Siehe hierzu Rz. 5 ff.

Zu § 3 Abs. 1:

Sofern auch Minderjährige Mitglieder werden sollen, sind ergänzende Regelungen 27
zur Geschäfts- und Vertretungsfähigkeit durch die Erziehungsberechtigten erforderlich. Häufig wird in Vereinssatzungen darüber hinaus auch zwischen aktiven und passiven Mitgliedern differenziert. In diesem Falle muss ergänzend geregelt werden, ob für die passiven Mitglieder mögliche Beschränkungen (zB bei der Teilnahme an Vereinsveranstaltungen oder bei der Ausübung des Stimmrechts in der Mitgliederversammlung) gelten.

Zu § 3 Abs. 2:

Abweichende Regelungen – zB Aufnahme durch Beschluss der Mitgliederver- 28
sammlung – sind möglich.

Zu § 3 Abs. 5:

Weitere Ausschlussgründe aus wichtigem Grund können vorgesehen werden. 29

Zu § 4 Abs. 2:

Zur Steuerfreiheit der Mitgliedsbeiträge s. o. Rz. 23 ff. 30

Zu § 4 Abs. 4:

Nach Art. 2, § 5 Abs. 2 Satz 2 des COVMG (Gesetz über Maßnahmen im Gesell- 30a
schafts-, Genossenschafts-, Vereins-, Stiftungs- und Wohnungseigentumsrecht zur Bekämpfung der Auswirkungen der COVID-19-Pandemie) v. 27.3.20 (BGBl. I 20, 569) kann der Vorstand auch ohne entsprechende Satzungsregelung bis zum 31.12.21 den Mitgliedern ermöglichen, ihre Mitgliederrechte im Wege der elektronischen Kommunikation auszuüben.

Zu § 6 Abs. 3:

Die Form der Einberufung der Mitgliederversammlung gem. § 58 Nr. 4 BGB kann 31
die Vereinssatzung grundsätzlich frei wählen, die Einberufung in „Textform" (E-Mail) ist bspw. möglich (OLG Schleswig-Holstein 2 W 57/11 v. 25.1.12, NZG 12, 678; *Grziwotz* MDR 12, 740).

Zu § 6 Abs. 6:

Ein Verein kann durch Satzung regeln, dass eine Mitgliederversammlung auch vir- 31a
tuell (online) durchgeführt wird (OLG Hamm 27 W 106/11 v. 27.9.11, NZG 12, 189). Nach Art. 2 § 5 Abs. 2 Nr. 1 des COVMG v. 27.3.20 (BGBl. I 20, 569) kann der Vorstand zumindest bis zum 31.12.21 auch ohne Ermächtigung in der Satzung den Mitgliedern ermöglichen, an der Versammlung ohne Anwesenheit am Versammlungsort teilzunehmen.

Zu § 7 Abs. 3:

Diese Regelung empfiehlt sich angesichts der Erfahrung, dass die Teilnahmequote 32
bei Mitgliederversammlungen außerordentlich unsicher ist. Verlangt die Satzung, dass für die Beschlussfassung ein bestimmter Prozentsatz der Mitglieder anwesend sein muss, so muss weiter geregelt werden, was geschieht, wenn diese Quote nicht erreicht ist. Abweichend von der hier vorgeschlagenen Regelung können in der Satzung auch Bevollmächtigungen zugelassen werden.

Zu § 7 Abs. 4:

Enthält die Satzung nicht – wie hier – eine abweichende Regelung, ist eine Sat- 33
zungsänderung nur mit einer Mehrheit von $3/4$ der abgegebenen Stimmen möglich, § 33 Abs. 1 Satz 1 BGB. Zur Änderung des **Vereinszwecks** ist sogar die Zustim-

mung sämtlicher Mitglieder erforderlich, § 33 Abs. 1 Satz 2 BGB; die Zustimmung der nicht erschienenen Mitglieder muss schriftlich erfolgen, § 33 Abs. 1 Satz 2 2. Hs. BGB. Bloße Zweckergänzungen, -erweiterungen oder -begrenzungen, die den Charakter des Vereins nicht verändern, unterliegen allerdings nicht dieser strengen Beschränkung (*Stöber/Otto,* Handbuch zum Vereinsrecht, 11. Aufl., 2016, Rz. 926, mwN). Auch Neuregelungen zu den Mitteln der Erfüllung des Vereinszwecks erfordern nicht die Zustimmung sämtlicher Mitglieder (BGH II ZB 5/85 v. 11.11.85, MDR 86, 472).

Zu § 7 Abs. 8:

33a   Nach Art. 2 § 5 Abs. 2 Nr. 1 und 2 des COVMG v. 27.3.20 (BGBl. I 20, 569) kann der Vorstand zumindest bis zum 31.12.21 auch ohne Ermächtigung in der Satzung den Mitgliedern ermöglichen, ihre Mitgliederrechte im Wege der elektronischen Stimmabgabe auszuüben (Nr. 1) oder ohne Teilnahme an der Mitgliederversammlung ihre Stimmen vor der Durchführung der Versammlung schriftlich abzugeben (Nr. 2).

Zu § 7 Abs. 9:

33b   Nach Art. 2 § 5 Abs. 3 des COVMG v. 27.3.20 (BGBl. I 20, 569) ist zumindest bis zum 31.12.21 auch ohne Satzungsgrundlage abweichend von § 32 Abs. 2 BGB ein Beschluss der Mitgliederversammlung gültig, wenn alle Mitglieder beteiligt wurden, bis zu dem vom Vorstand gesetzten Termin mindestens die Hälfte der Mitglieder ihre Stimme abgegeben haben und der Beschluss mit der erforderlichen Mehrheit gefasst wurde.

Zu § 8 Abs. 1:

34   Möglich und gebräuchlich sind auch Regelungen, wonach nur einzelne Vorstandsmitglieder den Vorstand i.S.d. § 26 BGB bilden, um insoweit die Haftungsrisiken für die Mitglieder des erweiterten Vorstands zu begrenzen.

Zu § 8 Abs. 5:

35   Die Mitglieder des Vorstands sind grundsätzlich ehrenamtlich (= unentgeltlich) tätig, vgl. § 27 Abs. 3 Satz 2 BGB. In diesem Regelfall haben die Vorstandsmitglieder nur einen Anspruch auf Ersatz ihrer Auslagen, § 27 Abs. 3, § 670 BGB. Eine Vergütung ihres Zeitaufwandes ist dann nicht zulässig. Dieser Ehrenamtsgrundsatz kann – wie hier – durch die Satzung abweichend geregelt werden. Ohne Satzungsgrundlage sind Vergütungen des Zeitaufwandes unzulässig und begründen einen zivilrechtlichen Rückforderungsanspruch.

Zu 8 Abs. 6:

36   Die hier vorgeschlagene Regelung geht etwas weiter als das Ehrenamtsprivileg des § 31a BGB. Das Gesetz sieht die Haftungsbeschränkung für vorsätzliches und grob fahrlässiges Verhalten nur für solche Vorstandsmitglieder vor, deren Vergütung € 840,- (bis 2020: € 720,-) im Jahr nicht übersteigt. Sind die Vorstandsmitglieder ohnehin ehrenamtlich tätig, erübrigt sich die Regelung.

Zu § 11 Abs. 2:

37   Eine Bindung bezüglich der Anfallberechtigten existiert nur bei gemeinnützigen Vereinen. Im Übrigen ist die Satzung frei. Es kann auch bestimmt werden, dass das Vermögen durch den Vorstand oder die Mitgliederversammlung verteilt wird oder nach einem bestimmten Schlüssel den Mitgliedern (oder einem Dritten) zugutekommen soll.

A. 17.02 Satzung eines gemeinnützigen eingetragenen Vereins

Gliederung

I. FORMULAR

Formular A. 17.02 Satzung eines gemeinnützigen eingetragenen Vereins

Satzung eines eingetragenen, gemeinnützigen Vereins

§ 1 Name, Sitz, Geschäftsjahr

(1) Der Verein trägt den Namen „......".

(2) Er ist ein rechtsfähiger Verein mit Sitz in ......

(3) Der Verein soll in das Vereinsregister eingetragen werden und trägt dann den Zusatz „e. V.".

(4) Geschäftsjahr ist das Kalenderjahr.

§ 2 Zweck des Vereins

(1) Der Verein verfolgt ausschließlich und unmittelbar gemeinnützige Zwecke im Sinne des Abschnitts „Steuerbegünstigte Zwecke" der Abgabenordnung.

(2) Zweck des Vereins ist ...... Der Satzungszweck wird verwirklicht insbesondere durch ......

(3) Der Verein darf seinen Satzungszweck auch durch Hilfspersonen (§ 57 Abs. 1 Satz 2 AO), durch planmäßiges Zusammenwirken mit einer oder mehreren anderen steuerbegünstigten Körperschaften und durch das Halten von Beteiligungen an steuerbegünstigten Kapitalgesellschaften verwirklichen.

§ 3 Gemeinnützigkeit

(1) Der Verein ist selbstlos tätig; er verfolgt nicht in erster Linie eigenwirtschaftliche Zwecke.

(2) Mittel des Vereins dürfen nur für die satzungsmäßigen Zwecke verwendet werden. Die Mitglieder erhalten keine Zuwendungen aus Mitteln der Körperschaft.

(3) Es darf keine Person durch Ausgaben, die dem Zweck des Vereins fremd sind, oder durch unverhältnismäßig hohe Vergütungen begünstigt werden.

§ 4 Mitgliedschaft

(1) Mitglied des Vereins kann jede natürliche und juristische Person werden.

(2) Der Antrag auf Mitgliedschaft erfolgt an den Vorstand, der über die Aufnahme entscheidet. Über den Antrag auf Aufnahme entscheidet der Vorstand nach freiem Ermessen. Ein Anspruch auf Aufnahme besteht nicht.

(3) Die Mitgliedschaft endet:

a) bei natürlichen Personen durch deren Tod oder Verlust der Geschäftsfähigkeit;

b) bei juristischen Personen durch Verlust der Rechtsfähigkeit;

c) durch Austritt (Abs. 4);

d) durch Ausschluss (Abs. 5).

(4) Der Austritt eines Mitgliedes erfolgt durch Erklärung in Textform gegenüber dem Vorstand. Der Austritt ist nur mit einer Frist von zwei Monaten zum 31.12. eines Geschäftsjahrs zulässig.

(5) Ein Mitglied kann durch den Vorstand mit sofortiger Wirkung aus wichtigem Grund aus dem Verein ausgeschlossen werden, wenn der wichtige Grund die Fortführung der Mitgliedschaft für den Verein oder seine Mitglieder unzumutbar erscheinen lässt. Ein solcher wichtiger Grund liegt insbesondere dann vor, wenn das Mitglied trotz Mahnung länger als sechs Monate mit seiner Beitragszahlung im Rückstand ist oder den Vereinsinteressen grob zuwider gehandelt hat. Dem Mitglied ist vor seinem Ausschluss Gelegenheit zur Anhörung zu geben. Das Mitglied kann gegen den Ausschluss innerhalb einer Frist von einem Monat nach dem Zugang der Ausschlusserklärung die nächste ordentliche Mitgliederversammlung anrufen, die dann abschließend entscheidet.

(6) Die Mitgliederversammlung kann jede natürliche und juristische Person, die sich in besonderem Maße um den Verein verdient gemacht hat, zum Ehrenmitglied ernennen.

§ 5 Pflichten der Mitglieder, Kommunikation

(1) Mit dem Antrag auf Mitgliedschaft erkennen die Mitglieder den Inhalt der Satzung und der sonstigen Vereinsordnungen an. Die Mitglieder sind verpflichtet, die Ziele und Interessen des Vereins zu unterstützen sowie die Beschlüsse und Anordnungen der Vereinsorgane zu befolgen.

(2) Die Mitglieder entrichten Beiträge in Geld an den Verein. Das Nähere – insbesondere die Höhe der Beiträge und ihre Fälligkeit – regelt die Mitgliederversammlung durch Beschluss. Die Mitgliederversammlung ist auch berechtigt, zu diesem Zwecke eine Beitragsordnung zu erlassen. Ehrenmitglieder sind von der Beitragspflicht befreit.

(3) Die Mitglieder sind verpflichtet, dem Vorstand eine ladungsfähige postalische Anschrift sowie eine E-Mail-Adresse mitzuteilen und den Vorstand über jede Änderung ihres Namens und/oder ihrer Adressdaten unverzüglich zu informieren.

(4) Sofern in dieser Satzung nicht ausdrücklich etwas anderes geregelt ist, können Vorstand und Mitglieder sämtliche Erklärungen und alle sonstige Kommunikation neben der Schrift- auch in Textform per E-Mail abgeben. Erklärungen und Kommunikation der Mitglieder per E-Mail an den Verein und/oder den Vorstand können wirksam nur an die auf der Vereinshomepage genannten E-Mailadressen des Vorstands oder der Geschäftsstelle erfolgen.

§ 6 Organe

Organe des Vereins sind:

(1) die Mitgliederversammlung (§§ 7 und 8);

(2) der Vorstand (§§ 9 und 10).

§ 7 Einberufung und Aufgaben der Mitgliederversammlung

(1) Die ordentliche Mitgliederversammlung ist mindestens einmal jährlich einzuberufen. Ort, Termin und Tagesordnung bestimmt der Vorstand.

(2) Mitgliederversammlungen sind ferner einzuberufen, wenn das Interesse des Vereins es erfordert oder die Einberufung in Textform von mindestens $\frac{1}{3}$ der Mitglieder unter Angabe einer begründeten Tagesordnung vom Vorstand verlangt wird (außer-

ordentliche Mitgliederversammlung). Die beantragte Tagesordnung ist verpflichtend zu übernehmen.

(3) Die Einberufung der Mitgliederversammlung erfolgt schriftlich oder per E-Mail durch den Vorstand mit einer Einladungsfrist von zwei Wochen. Die Frist beginnt am Tage der Versendung der Einladung. Eine schriftliche Einladung erfolgt an die von dem Mitglied zuletzt schriftlich mitgeteilte Adresse, eine Einladung per E-Mail erfolgt in Textform an die von dem Mitglied zuletzt in Textform mitgeteilte E-Mail-Adresse.

(4) Jedes Mitglied kann bis spätestens eine Woche vor dem Tag der Mitgliederversammlung beim Vorstand schriftlich oder per E-Mail beantragen, dass weitere Angelegenheiten auf die Tagesordnung gesetzt werden. Eine hieraus folgende Änderung der Tagesordnung ist spätestens zu Beginn der Mitgliederversammlung bekanntzugeben. Anträge zur Wahl oder Abwahl von Vorstandsmitgliedern, Änderung der Satzung oder Auflösung des Vereins, die nicht bereits in der fristgemäßen Einladung nach Satz 1 angekündigt wurden, sind von einer Ergänzung der Tagesordnung ausgeschlossen und können erst auf der nächsten Mitgliederversammlung behandelt werden.

(5) Aufgaben der Mitgliederversammlung sind ua.:

a) die Wahl der Vorstandsmitglieder und deren Entlastung;

b) die Änderung oder Neufassung der Satzung, soweit kein Fall des § 8 Abs. 3 Buchst. h vorliegt, und einer etwaigen Beitragsordnung;

c) die Beschlussfassung über die Höhe und Fälligkeit der Mitgliedsbeiträge;

d) die Beschlussfassung über Beschwerden gegen den Ausschluss von Vereinsmitgliedern;

e) die Genehmigung des Haushaltsplans und Entgegennahme des Jahresberichts und sonstiger Berichte des Vorstands;

f) die Wahl der Kassenprüfer;

g) Entscheidungen über den An- und Verkauf sowie die Belastung von Grundstücken;

h) die Beschlussfassung über die Auflösung des Vereins;

i) Beschlussfassung zu einer Vergütung des Vorstands (§ 9 Abs. 5);

j) Die Ernennung von Ehrenmitgliedern;

k) sämtliche sonstigen der Mitgliederversammlung durch Gesetz oder an anderer Stelle der Satzung übertragenen Aufgaben.

(6) Der Vorstand ist berechtigt, nach seinem Ermessen Mitgliedern die Teilnahme an der Versammlung ohne Anwesenheit am Versammlungsort auf elektronischem Weg zu ermöglichen oder die Mitgliederversammlung vollständig auf elektronischem Weg durchzuführen.

§ 8 Ablauf der Mitgliederversammlung und Beschlussfassung

(1) Zur Teilnahme an der Mitgliederversammlung sind alle Mitglieder des Vereins berechtigt. Durch Beschluss der Mitgliederversammlung können Gäste zur Anwesenheit berechtigt werden.

(2) Die Mitgliederversammlung wird durch den 1. Vorsitzenden, bei dessen Verhinderung durch den 2. Vorsitzenden, weiter ersatzweise durch den Schatzmeister geleitet. Ist auch dieser nicht anwesend, wählt die Versammlung aus ihrer Mitte einen Versammlungsleiter. Zu Beginn der Mitgliederversammlung ist ein Protokollführer zu wählen und sind etwaige Änderungen der Tagesordnung durch den Versammlungsleiter (§ 7 Abs. 3) bekanntzugeben.

(3) Jede ordnungsgemäß einberufene Mitgliederversammlung ist ohne Rücksicht auf die Zahl der erschienenen Mitglieder beschlussfähig. Stimm- und wahlberechtigt sind alle anwesenden Mitglieder. Jedes Mitglied hat eine Stimme. Das Stimmrecht ist

nicht übertragbar und kann nicht durch einen Bevollmächtigten wahrgenommen werden.

(4) Beschlüsse der Mitgliederversammlung werden – soweit das Gesetz oder diese Satzung nichts anderes bestimmen – mit einfacher Mehrheit der abgegebenen Stimmen gefasst. Stimmenthaltungen und ungültige Stimmen gelten als nicht abgegebene Stimmen. Über Satzungsänderungen und die Auflösung des Vereins kann in der Mitgliederversammlung nur abgestimmt werden, wenn auf diesen Tagesordnungspunkt bereits in der Einladung zur Mitgliederversammlung hingewiesen wurde. Zur Änderung der Satzung und zur Auflösung des Vereins ist eine Mehrheit von 2/3 der abgegebenen Stimmen erforderlich.

(5) Die Stimmabgabe in der Mitgliederversammlung erfolgt – mit Ausnahme der Wahlen (Abs. 6) – durch Handzeichen der anwesenden Mitglieder. Abweichend von Satz 1 erfolgt eine schriftliche Stimmabgabe, wenn auf Befragen des Versammlungsleiters mindestens ein Viertel der anwesenden Mitglieder eine solche geheime Wahl verlangt. Der Versammlungsleiter hat die Befragung der Mitgliederversammlung nur auf Antrag eines oder mehrerer anwesender Mitglieder durchzuführen. Auf die Frage des Versammlungsleiters erklären sich die eine geheime Wahl verlangenden Mitglieder durch Handzeichen.

(6) Wahlen erfolgen durch geheime, schriftliche Stimmabgabe, sofern die Mitgliederversammlung nicht eine Stimmabgabe durch Handzeichen beschließt. Die Wahl der Mitglieder des Vorstands muss zwingend geheim erfolgen. Gewählt sind die Kandidaten, die die einfache Mehrheit der abgegebenen Stimmen erhalten. Bei Stimmengleichheit erfolgt zwischen den stimmgleichen Kandidaten eine Stichwahl. Bei erneuter Stimmengleichheit gilt der ältere Kandidat als gewählt.

(7) Die Beschlüsse und Wahlergebnisse der Mitgliederversammlung sind zu protokollieren und vom Versammlungsleiter und dem Protokollführer zu unterzeichnen. Die Protokolle sind aufzubewahren.

(8) Der Vorstand ist berechtigt, Mitgliedern die Stimmabgabe ohne Teilnahme an der Mitgliederversammlung in schriftlicher Form vor der Versammlung oder auf elektronischem Weg vor oder während der Versammlung zu ermöglichen.

(9) Die Mitglieder können Beschlüsse auch ohne Mitgliederversammlung auf schriftlichem oder elektronischem Weg fassen (Umlaufverfahren), wenn sämtliche Mitglieder am Umlaufverfahren beteiligt wurden. Die Durchführung des Umlaufverfahrens und den Verfahrensablauf legt der Vorstand fest. Eine Beschlussfassung im Umlaufverfahren ist wirksam, wenn mindestens die Hälfte der Mitglieder ihre Stimme innerhalb einer durch den Vorstand bestimmten Frist in Textform abgegeben hat. Ungültige Stimmen gelten im Umlaufverfahren als abgegebene Stimmen und als Enthaltung. Das Beschlussergebnis des Umlaufverfahrens ist durch den Vorstand den Mitgliedern innerhalb von 14 Tagen nach Fristablauf bekannt zu geben. Unwirksame Umlaufverfahren können – auch mehrfach – wiederholt werden.

§ 9 Vorstand

(1) Der Vorstand besteht aus

a) dem 1. Vorsitzenden;

b) dem 2. Vorsitzenden;

c) dem Schatzmeister;

d) bis zu drei weiteren Vorstandsmitgliedern.

Die vorstehend unter a–d genannten Vorstandsmitglieder bilden zugleich den Vorstand iSd. § 26 BGB. Vertretungsberechtigt sind je zwei Vorstandsmitglieder gemeinsam. Durch Beschluss der Mitgliederversammlung können Vorstandsmitglieder von den Beschränkungen des § 181 BGB befreit werden.

(2) Wählbar als Vorstandsmitglied sind nur Mitglieder des Vereins.

(3) Der Vorstand führt die Geschäfte und vertritt den Verein in sämtlichen Angelegenheiten gerichtlich und außergerichtlich. Darüber hinaus hat er insbesondere folgende Aufgaben:

a) Vorbereitung und Einberufung der Mitgliederversammlung; Aufstellung der Tagesordnung;

b) Ausführung der Beschlüsse der Mitgliederversammlung;

c) Führen der Bücher;

d) Erstellung des Haushaltsplans, des Jahresabschlusses und des Jahresberichtes;

e) Abschluss u. Kündigung von Dienst- u. Arbeitsverträgen;

f) Ausübung des Weisungsrechtes gegenüber Mitarbeitern;

g) Beschlussfassung über die Aufnahme und den Ausschluss von Mitgliedern;

h) Der Vorstand kann Satzungsänderungen beschließen, die durch das Vereinsregister oder die Finanzbehörde verlangt wurden.

(4) Die Mitglieder des Vorstands werden von der Mitgliederversammlung für die Dauer von drei Jahren gewählt. Wiederwahl ist möglich. Die Mitglieder des Vorstandes werden von der Mitgliederversammlung pro Amt im gesonderten Wahlgang bestimmt. Die jeweils amtierenden Vorstandsmitglieder bleiben nach Ablauf ihrer Amtszeit so lange im Amt, bis ihre Nachfolger gewählt sind.

(5) Den Mitgliedern des Vorstandes werden die bei der Vereinsarbeit entstandenen, angemessenen Auslagen ersetzt. Mitglieder des Vorstands können darüber hinaus eine angemessene Vergütung erhalten. Die Vergütung für den Zeitaufwand bedarf dem Grunde und der Höhe nach der vorherigen Beschlussfassung der Mitgliederversammlung.

(6) Die Mitglieder des Vorstands haften dem Verein gegenüber nur für vorsätzliches oder grob fahrlässiges Verhalten. Werden Vorstandsmitglieder aufgrund ihrer Vorstandstätigkeit von Dritter Seite in Anspruch genommen, stellt der Verein das betroffene Vorstandsmitglied von diesen Ansprüchen frei, sofern das Vorstandsmitglied nicht vorsätzlich oder grob fahrlässig handelte.

§ 10 Sitzungen und Beschlüsse des Vorstands

(1) Die Einladung zu Vorstandssitzungen erfolgt schriftlich oder per E-Mail mit einer Frist von mindestens einer Woche durch den 1. Vorsitzenden, ersatzweise den 2. Vorsitzenden. Eine Verkürzung der Ladungsfrist ist mit Zustimmung sämtlicher Vorstandsmitglieder möglich. Die Zustimmung gilt mit dem Erscheinen zur Vorstandssitzung als erteilt. Nach Maßgabe der Regelungen in Satz 1–3 können Vorstandssitzungen auch fernmündlich oder in elektronischer Form (z. B. per Videokonferenz) erfolgen.

(2) Vorstandssitzungen sind beschlussfähig, wenn mindestens ...... Vorstandsmitglieder anwesend sind. Beschlüsse des Vorstands werden mit einfacher Mehrheit der abgegebenen Stimmen gefasst. Bei Stimmengleichheit entscheidet die Stimme des Vorsitzenden, ersatzweise des 2. Vorsitzenden, weiter ersatzweise des Schatzmeisters.

(3) Beschlüsse des Vorstands können auch ohne Einhaltung von Ladungsfristen schriftlich oder per E-Mail gefasst werden (Umlaufverfahren), wenn alle Vorstandsmitglieder zu diesem Verfahren ihre Zustimmung erklären. Die Stimmabgabe im Umlaufverfahren gilt als Zustimmung.

(4) Sämtliche Beschlüsse des Vorstands – auch Umlaufbeschlüsse – sind zu protokollieren und aufzubewahren.

§ 11 Kassenprüfung

(1) Die Mitgliederversammlung wählt für jedes Geschäftsjahr einen Kassenprüfer sowie einen stellvertretenden Kassenprüfer, die weder dem Vorstand angehören noch Angestellte des Vereins sein dürfen. Der Kassenprüfer, im Falle seiner Verhinderung sein Stellvertreter, prüft die Buchführung und den Jahresabschluss, berichtet über die Prüfungsergebnisse in der Mitgliederversammlung und gibt eine Empfehlung zur Beschlussfassung über die Entlastung des Vorstands ab.

(2) Die Wiederwahl des Kassenprüfers und des stellvertretenden Kassenprüfers ist zulässig.

§ 12 Auflösung des Vereins und Vermögensbindung

(1) Für den Beschluss, den Verein aufzulösen, ist eine 2/3-Mehrheit der in der Mitgliederversammlung anwesenden Mitglieder erforderlich. Der Beschluss kann nur nach rechtzeitiger Ankündigung in der Einladung zur Mitgliederversammlung gefasst werden.

(2) Bei Auflösung oder Aufhebung des Vereins oder bei Wegfall steuerbegünstigter Zwecke fällt das Vermögen des Vereins an ......, der es unmittelbar und ausschließlich für gemeinnützige, mildtätige oder kirchliche Zwecke zu verwenden hat.

II. ERLÄUTERUNGEN

> **Erläuterungen zu A. 17.02 Satzung eines eingetragenen, gemeinnützigen Vereins**

1. Grundsätzliche Anmerkungen

a) Nichtwirtschaftliche, gemeinnützige Ziele

1   Mit der Gründung eines gemeinnützigen Vereins verfolgen die Mitglieder keine wirtschaftlichen, sondern altruistische Motive. Zweck des Vereins ist die **Förderung des Gemeinwohls,** vgl. §§ 51, 52 AO. Der Gesetzgeber bietet **steuerliche Anreize,** insbesondere durch den Spendenabzug. Steuervorteile sollten aber niemals das Hauptmotiv für das Streben nach Gemeinnützigkeit sein. Zu beachten sind die strengen Bindungen des Gemeinnützigkeitsrechts. Das Vermögen ist dem gemeinnützigen Zweck verpflichtet. Die tatsächliche Geschäftsführung und Mittelverwendung (§§ 55 ff. AO) ist ebenso an die gemeinnützigen Zwecke gebunden. Hieraus folgen zusätzliche Haftungsgefahren für die Vereinsorgane.

b) Vereinsrecht

2   Siehe A. 17.01 Rz. 6 ff.

c) Steuerrecht

3   Vereine können aufgrund ihrer Gemeinnützigkeit nach § 5 Abs. 1 Nr. 9 KStG von der Körperschaftsteuer und wg. § 3 Nr. 6 GewStG auch von der Gewerbesteuer befreit sein. Ferner könnten ihre Umsätze nach Maßgabe des § 12 Abs. 2 Nr. 8 UStG dem **ermäßigten Umsatzsteuersatz** unterliegen.

4   Die **Gemeinnützigkeit,** genauer: die „steuerbegünstigten Zwecke", bestimmen sich nach §§ 51 ff. AO. Steuerbegünstigt sind die Zwecke der Gemeinnützigkeit im engeren Sinn (§§ 51, 52 AO), die mildtätigen Zwecke (§ 53 AO) und die kirchlichen Zwecke (§ 54 AO). Eine Körperschaft verfolgt gemeinnützige Zwecke, wenn ihre Tätigkeit darauf gerichtet ist, die Allgemeinheit auf materiellem, geistigem oder sittlichem Gebiet selbstlos zu fördern, § 52 Abs. 1 Satz 1 AO. Die gemeinnützigen Zwecke sind in § 52 Abs. 2 AO aufgezählt. Zu den mildtätigen und kirchlichen Zwecken

s. die näheren Voraussetzungen in §§ 53 und 54 AO. Vorbereitungshandlungen eines neu gegründeten gemeinnützigen Vereins reichen aus, um die Voraussetzungen der Steuerbefreiung zu erfüllen, wenn die Tätigkeiten ernsthaft auf die Erfüllung der steuerbegünstigten, satzungsgemäßen Zwecke ausgerichtet sind (BFH I R 29/02 v. 23.7.03, BStBl. II 03, 930). Die bloße Absicht, die Gemeinnützigkeitskriterien zu einem unbestimmten Zeitpunkt zu erfüllen, ist nicht ausreichend. Zur tatsächlichen Geschäftsführung iSd. § 63 Abs. 1 AO gehören in diesem Zusammenhang alle Tätigkeiten und Entscheidungen, die der Verwirklichung der Satzungszwecke vorausgehen und sie vorbereiten. Nach § 58 Nr. 1 AO – zuletzt neu gefasst mit Wirkung zum VZ 2020 durch das **JStG 2020** v. 21.12.20 (BGBl. I 20, 3096) – können steuerbegünstigte Körperschaften ihre Zwecke auch durch Mittelzuwendungen für die Satzungszwecke anderer steuerbegünstigter Körperschaften oder juristischer Personen des öffentlichen Rechts verwirklichen. Diese Mittelweitergabe kann teilweise, überwiegend oder ausschließlich (z.B. in einem Förderverein) erfolgen. Ist die Mittelweitergabe die einzige Art der Zweckverwirklichung, muss dies in der Satzung benannt werden, § 58 Nr. 1 Satz 3 AO i.d.F. des JStG 2020.

Berufsverbände (zB Steuerberaterverband, Anwaltverein) sind nach § 5 Abs. 1 **5** Nr. 5 KStG befreit, aber **nicht** gemeinnützig.

Bei der Überprüfung und steuerlichen Behandlung des gemeinnützigen Vereins ist **6** **verfahrenstechnisch** zu unterscheiden:

- In der **Gründungsphase** (d.h. vor dem eigentlichen Gründungsakt des Vereins) ist eine (Satzungs-)Überprüfung weder in Gesetz noch Verwaltungsanweisungen vorgesehen. Der (empfehlenswerten) Praxis entspricht es jedoch, den Satzungsentwurf dem zuständigen (Körperschaftsteuer-)Finanzamt zur Prüfung einzureichen. Auf diese Weise können mit der Finanzbehörde bereits im Vorfeld Unklarheiten bereinigt und ggf. Anpassungen vorgenommen werden, um den umständlichen Weg der späteren Satzungsänderung zu vermeiden. Die Stellungnahme der Finanzbehörde ist in diesem Stadium regelmäßig eine unverbindliche Auskunft, auf die kein Rechtsanspruch besteht. Dennoch verläuft die Abstimmung im Regelfall kooperativ und schafft Satzungssicherheit.

- Bei dem neu **gegründeten Verein** bescheinigt das zuständige Finanzamt auf Antrag oder von Amts wegen durch **Feststellungsbescheid** gem. § 60a AO, dass die Satzung die Voraussetzungen für die Gemeinnützigkeit erfüllt. Der Verein ist damit zur Entgegennahme von Spenden berechtigt. Ergänzend erteilt die Finanzverwaltung eine Nichtveranlagungsbescheinigung zur Kapitalertragsteuer (s. § 44a Abs. 4 und 7 EStG).

- Die „Erteilung" der Gemeinnützigkeit erfolgt nicht in einem gesonderten Verfahren. Es erfolgt keine einmalige, isolierte „Anerkennung" als gemeinnützige Körperschaft. Die Entscheidung darüber, ob die Voraussetzungen der Steuerbefreiung vorliegen, wird in den **Veranlagungsverfahren** für die jeweilige Steuer und den jeweiligen Veranlagungszeitraum gefällt (BFH I B 58/85 v. 7.5.86, BStBl. II 86, 677). Die Entscheidung, ob ein Verein im Jahr 01 gemeinnützig und damit steuerbefreit ist, ergeht also im Körperschaftsteuerbescheid des Jahres 01, die Entscheidung über die Gemeinnützigkeit im Jahr 02 im Körperschaftsteuerbescheid 02 usw.

- Die Steuerfreistellung kann auch durch einen steuerlichen **Freistellungsbescheid** (§ 155 Abs. 1 Satz 3 AO) bestätigt werden. Der Freistellungsbescheid ist Steuerbescheid (s. § 155 AO) und regelt verbindlich die Freistellung von der Steuerfestsetzung. Er ist kein Grundlagenbescheid iSd. § 171 Abs. 10 AO, aber dennoch auch für andere Steuerarten maßgebend. Die Freistellung wird spätestens alle drei Jahre von Amts wegen überprüft (AEAO zu § 59 Tz. 3 Satz 2, 3).

- Besteht partielle Steuerpflicht im wirtschaftlichen Geschäftsbetrieb (su. Rz. 7), erfolgt die Veranlagung mit **Körperschaftsteuerbescheid.** Ein ergänzender Freistellungsbescheid für den gemeinnützigen Bereich ergeht dann nicht.

- Die Befreiungsvoraussetzungen der Gemeinnützigkeit müssen während des gesamten Veranlagungszeitraums vorliegen (vgl. § 60 Abs. 2 Satz 2, § 63 Abs. 2 AO). Bei abweichendem Wirtschaftsjahr ist dieses maßgebend (OFD Frankfurt v. 20.6.05, DB 05, 1547). Wurde die Gemeinnützigkeit versagt, hat dies den **Verlust der Steuerbefreiung** für die betroffenen Jahre zur Folge. Werden die Vorschriften über die Vermögensminderung verletzt, konnte die Körperschaft die Gemeinnützigkeit mit zehnjähriger Rückwirkung verlieren, vgl. §§ 61 Abs. 3 aF, 63 Abs. 2 AO.

7   Für die Beratung ist zu beachten, dass die Gemeinnützigkeit keine generelle, sondern nur eine partielle Ertragsteuerbefreiung vermittelt. Unterhält der gemeinnützige Verein einen wirtschaftlichen Geschäftsbetrieb, ist er ertragsteuerpflichtig, § 5 Abs. 1 Nr. 9 KStG. Für seine steuerliche Beurteilung ist dann zwischen bis zu vier Einnahmesphären zu unterscheiden:

- Die Einnahmen des ideellen Bereichs (zB aus Spenden, öffentlichen Zuschüssen oder echten Mitgliedsbeiträge) sind ertragsteuerfrei.
- Die **Vermögensverwaltung** der gemeinnützigen Körperschaft ist ebenfalls ertragsteuerfrei. Sie liegt nach § 14 Abs. 1 Satz 3 AO idR dann vor, wenn Vermögen genutzt, zB Kapitalvermögen verzinst oder unbewegliches Vermögen vermietet oder verpachtet wird.
- Gemeinnützige Vereine sind mit ihrem **wirtschaftlichen Geschäftsbetrieb** ertragsteuerpflichtig, § 5 Abs. 1 Nr. 9 Satz 2 KStG, § 64 Abs. 1, § 14 AO. Regelmäßig fällt auch Umsatzsteuer zum Regelsteuersatz an. Der wirtschaftliche Geschäftsbetrieb ist kein eigenständiges Steuersubjekt, sondern Bestandteil der gemeinnützigen Körperschaft. Steuersubjekt bleibt allein die Körperschaft, die innerhalb des Geschäftsbetriebs der (partiellen) Steuerpflicht unterliegt. Die Steuerfreiheit des übrigen gemeinnützigen Bereichs bleibt unberührt.
- Bestimmte wirtschaftliche Geschäftsbetriebe der gemeinnützigen Körperschaft können wiederum als **Zweckbetriebe** ertragsteuerbefreit sein. Dies sind solche wirtschaftlichen Geschäftsbetriebe, die die Kriterien der §§ 65 ff. AO erfüllen und derart die gemeinnützige Tätigkeit bedingen und unterstützen, dass auch auf sie die Steuerbefreiung Anwendung findet.

8   Zur steuerlichen Behandlung der **Mitgliedsbeiträge** so. A. 17.01 Rz. 23 f.

9   Zur Abzugsfähigkeit von **Spenden** an gemeinnützige Körperschaften s. A. 18.02 Rz. 9 ff.

10–20   *(frei)*

2. Einzelerläuterungen

Zu § 1:

21   Siehe A. 17.01 Rz. 25.

Zu § 2:

22   Durch das JStG 2009 v. 19.12.08 (BGBl. I 08, 2794) wurden in § 60 Abs. 1 Satz 2 AO die Formulierungen der „**Mustersatzung**" der Finanzverwaltung gesetzlich verbindlich vorgeschrieben und als Anlage zur AO genommen. Die Formulierungen sind in allen nach dem 31.12.08 gegründeten Körperschaften sowie bei allen nach dem 31.12.08 vorgenommenen Satzungsänderungen zwingend zu übernehmen, Art. 97 § 1 f EGAO. Seit VZ 2013 wird die satzungsmäßige Gemeinnützigkeit zudem durch einen **Feststellungsbescheid** bestätigt (§ 60a AO).

Zu § 2 Abs. 1:

23   Zwingend gem. Mustersatzung (Rz. 22).

Zu § 2 Abs. 2:

Die **gemeinnützigen Zwecke** sind in § 52 Abs. 2 Satz 1 AO aufgezählt, die mild- 24
tätigen und kirchlichen Zwecke werden in §§ 53 und 54 AO näher definiert. Der Gesetzeskatalog hat grundsätzlich abschließenden Charakter und wurde jüngst durch das
JStG 2020 v. 21.12.20 (BGBl. I 20, 3096) mit Wirkung zum VZ 2020 um weitere
Zwecke (u. a. Klimaschutz) ergänzt. Sofern der von dem Verein verfolgte Zweck
nicht unter den Katalog fällt, kann er nur ausnahmsweise durch eine gesondert zuständige Landesbehörde für gemeinnützig erklärt werden, vgl. § 52 Abs. 2 Satz 2 AO. In
der Praxis empfiehlt es sich daher, den Vereinszweck an den Gesetzeskatalog zu orientieren und durch den Nachsatz „Der Satzungszweck wird verwirklicht insbesondere
durch …" sodann eine nähere Konkretisierung vorzunehmen. Mehrere Zwecke sind
zulässig, sofern sie sämtlich steuerbegünstigt und in der tatsächlichen Geschäftsführung
(§ 63 AO) verwirklicht werden. Sollen die steuerbegünstigten zwecke ausschließlich
durch Mittelweitergaben an anderer steuerbegünstige Körperschaften oder juristische
Personen des öffentlichen Rechts verwirklicht werden (z. B. **Förderverein**), muss dies
in der Satzung geregelt sein, § 58 Nr. 1 Satz 3 AO i. d. F. des JStG 2020.

Eine **Förderung der Allgemeinheit** liegt nicht vor, wenn der Kreis der profitie- 25
renden Personen fest abgeschlossen oder so begrenzt ist, dass er dauerhaft nur klein
sein kann, § 52 Abs. 1 Satz 2 AO. Das Gesetz nennt beispielhaft eine Begrenzung auf
Familien- oder Unternehmensangehörige bzw. nach räumlichen oder beruflichen
Merkmalen. Die Förderung von Sonderinteressen oder exklusiver Kreise ist nicht
steuerbegünstigt. Durch § 52 Abs. 1 Satz 2 AO werden Eingrenzungen aber nicht generell ausgeschlossen. Auch eine gemeinnützige Körperschaft darf (und muss häufig)
den Kreis der Zugangsberechtigten in sachlicher, regionaler, beruflicher oder persönlicher Hinsicht begrenzen. Ausreichend ist daher, wenn der Kreis der Profitierenden
einen Ausschnitt aus der Allgemeinheit darstellt. **Politische Zwecke** sind nicht gemeinnützig (vgl. BFH V R 60/17 v. 10.1.19, BStBl. II 19, 301 – „ATTAC"). Zulässig ist es aber, sich im Rahmen der Verwirklichung der steuerbegünstigten Satzungszwecke politisch zu äußern (BFH V R 60/17 v. 10.1.19, a. a. O.).

Ein **wirtschaftlicher Geschäftsbetrieb** (s. Rz. 7) darf nicht als Satzungszweck 26
festgelegt werden. Aufgrund des Ausschließlichkeitsprinzips (§ 56 AO) ist dies auch
dann nicht zulässig, wenn der wirtschaftliche Geschäftsbetrieb lediglich neben den
steuerbegünstigten Zwecken genannt wird. Ein **Zweckbetrieb** (s. Rz. 7) als Satzungszweck ist aber zulässig.

Die Steuervergünstigung wird gewährt, wenn sich die ausschließliche und unmit- 27
telbare **Verfolgung der gemeinnützigen Zwecke** aus der Satzung ergibt, § 59 AO.
Die Satzungszwecke und ihre Verwirklichung müssen dort so genau beschrieben sein,
dass die satzungsmäßigen Voraussetzungen für die Steuervergünstigung überprüft werden können (§ 60 Abs. 1 AO).

Zu § 2 Abs. 3:

Nach § 57 AO müssen steuerbegünstigte Körperschaften ihre Zwecke grundsätzlich 28
„selbst" verwirklichen (sog. Unmittelbarkeitsgrundsatz). Dies kann auch durch (natürliche oder juristische) Hilfspersonen geschehen, wenn nach den Umständen des Falls,
insbes. nach den rechtlichen und tatsächlichen Beziehungen das Wirken der Hilfsperson wie eigenes Wirken der Körperschaft anzusehen ist, § 57 Abs. 1 Satz 2 AO. Durch
das JStG 2020 v. 21.12.20 (BGBl. I 20, 3096) wurden hierzu wichtige Ergänzungen
getroffen: Steuerbegünstigte Körperschaften können ihre Zwecke nun auch durch
„planmäßiges Zusammenwirken" mit anderen steuerbegünstigten Körperschaften
verwirklichen, § 57 Abs. 3 AO. Damit können auch Zuarbeiten und Unterstützungsleistungen (z. B. Personalüberlassung, Reinigung, Wäscherei, Vermietung, Gestellung
von Sachmitteln) für andere Einrichtungen für die eigene Steuerbegünstigung ausreichen, wenn die hierdurch unterstützte Tätigkeit selbst steuerbegünstigt ist. Ferner ver-

folgt nach § 57 Abs. 4 AO die Körperschaft ihre steuerbegünstigten Zwecke auch dann unmittelbar, wenn sie ausschließlich Anteile an steuerbegünstigten Kapitalgesellschaften (z.B. gemeinnützige GmbH) hält. Damit ist seit VZ 2020 auch die **„gemeinnützige Holding"** zulässig.

Zu § 3:

29 Die Formulierungen sind sämtlich zwingend aufgrund der Mustersatzung (Rz. 22).

Zu § 4:

30 Siehe A. 17.01 Rz. 27 ff.

31, 32 *(frei)*

Zu § 5:

33 Siehe A. 17.01 Rz. 30.

Zu §§ 7–10:

34 Siehe A. 17.01 Rz. 31 ff.

Zu § 12:

35 Für gemeinnützige Körperschaft schreiben §§ 60, 61 AO explizit eine **gemeinnützige Vermögensbindung** vor. Es muss auch satzungsmäßig sichergestellt sein, dass das der Stiftung übertragene Vermögen dauerhaft in der Gemeinnützigkeit verbleibt. Die **Mustersatzung** (Anlage 1 zur AO, s. Rz. 22) gibt zwei alternative Formulierungsvorgaben.

A. 17.03 Satzung eines nichtrechtsfähigen Vereins

I. FORMULAR

Formular A. 17.03 Satzung eines nichtrechtsfähigen Vereins

Hier kann das Formular A. 17.01 (Satzung eines e. V.) übernommen werden, wobei nur **§ 1 Abs. 2** (Eintragungsverpflichtung) **zu streichen** ist.

II. ERLÄUTERUNGEN

Erläuterungen zu A. 17.03 Satzung eines nichtrechtsfähigen Vereins

1. Grundsätzliche Anmerkungen

a) Gemeinschaftliche Ziele

1 Der nichtrechtsfähige Verein unterscheidet sich im Vereinsleben vom rechtsfähigen dadurch, dass er eine **„geringere Bürokratie"** voraussetzt. Eine Anmeldung zum Vereinsregister ist nicht erforderlich. Eine große Vielzahl kleiner Vereinsorganisationen existiert in der Rechtsform des nichtrechtsfähigen Vereins. Die historisch bedingte Furcht vor staatlichen Kontrollen hat jedoch auch dazu geführt, dass Großorganisationen wie die Gewerkschaften in der Form des nichtrechtsfähigen Vereins leben.

2 *(frei)*

b) Vereinsrecht

3 Nach **§ 54 BGB** soll für das Recht des nichtrechtsfähigen Vereins das Gesellschaftsrecht der §§ 705 ff. BGB gelten. Diese Vorschrift wird mit dieser Rechtswirkung nicht mehr angewandt. Insbesondere das Grundrecht des Art. 9 Abs. 1 GG („Alle Deut-

schen haben das Recht, Vereine und Gesellschaften zu bilden") hat dazu geführt, dass der nichtrechtsfähige Verein weitgehend nach den Regeln des rechtsfähigen Vereins behandelt wird (*Palandt/Ellenberger* § 54 BGB Rz. 1).

In der Vereinssatzung **fehlt** beim nichtrechtsfähigen Verein die Bestimmung, wo- 4 nach der Verein eingetragen werden soll (vgl. § 57 Abs. 1 BGB).

Der nichtrechtsfähige Verein ist **keine juristische Person.** Allerdings kann er das 5 Recht des Art. 9 GG in Anspruch nehmen. Er ist nicht grundbuchfähig. Auch kann er Rechte prozessual nicht einklagen, sofern dies nicht durch Sondervorschriften (zB § 58 Abs. 2 FGO) ermöglicht wird. Umgekehrt jedoch kann er verklagt werden (§ 50 Abs. 2 ZPO).

Ein gravierender **Unterschied** zum rechtsfähigen Verein besteht in der **Haftung** 6 nach § 54 Satz 2 BGB: Aus einem Rechtsgeschäft, das im Namen eines nichtrechtsfähigen Vereins abgeschlossen wird, haftet der Handelnde persönlich.

c) Steuerrecht

Der nichtrechtsfähige Verein ist nach § 1 Abs. 1 Nr. 5 KStG **körperschaftsteuer-** 7 **pflichtig** und im Rahmen des § 2 GewStG **gewerbesteuerpflichtig.**

Die **Besteuerung** des nichtrechtsfähigen Vereins unterscheidet sich nicht von der 8 des rechtsfähigen Vereins. Es wird daher auf A. 17.01 Rz. 16 ff. verwiesen. Insbesondere kann der nichtrechtsfähige Verein auch **gemeinnützig** sein und sämtliche steuerlichen Vorteile der Gemeinnützigkeit nutzen, s. iE A. 17.02 Rz. 3 ff.

2. Einzelerläuterungen

Siehe A. 17.01 Rz. 25 ff.   9

A. 18. Stiftung

Übersicht

A. 18.01 Satzung einer rechtsfähigen Stiftung

Gliederung

I. FORMULAR

Formular A. 18.01 Satzung einer rechtsfähigen Stiftung

§ 1 Namen, Rechtsform, Sitz, Geschäftsjahr

(1) Die Stiftung führt den Namen „…… Stiftung". Sie ist eine rechtsfähige Stiftung des bürgerlichen Rechts mit Sitz in …….

(2) Geschäftsjahr der Stiftung ist das Kalenderjahr.

§ 2 Stiftungszweck

Zweck der Stiftung ist ……. Dieser Stiftungszweck wird insbesondere verwirklicht durch …….

§ 3 Stiftungsvermögen

(1) Das Stiftungsvermögen ergibt sich aus dem Stiftungsgeschäft. Es kann durch hierzu bestimmte, nachfolgende Zuwendungen des Stifters oder Dritter (Zustiftungen) erhöht werden. Der Vorstand kann nach seinem Ermessen Rücklagen dem Vermögen zuführen.

(2) Im Interesse des langfristigen Bestands der Stiftung ist das Vermögen dauernd und ungeschmälert in seinem Wert zu erhalten. Es kann mit Zustimmung der Stiftungsbehörde ausnahmsweise bis zur Höhe von 15% seines Wertes in Anspruch genommen werden, wenn anders der Stiftungszweck nicht zu verwirklichen ist und die Rückführung der entnommenen Vermögenswerte zum Stiftungsvermögen innerhalb der drei folgenden Jahre sichergestellt ist. Die Erfüllung der Satzungszwecke darf durch die Rückführung nicht wesentlich beeinträchtigt werden.

(3) Vermögensumschichtungen sind zulässig. Umschichtungsgewinne dürfen ganz oder teilweise zur Erfüllung des Stiftungszwecks verwendet werden.

(4) Ein Rechtsanspruch auf Stiftungsleistungen oder die Zuwendung von Stiftungsmitteln besteht nicht.

§ 4 Stiftungsorgane

(1) Organe der Stiftung sind der Stiftungsvorstand (§§ 5–7) und das Kuratorium (§§ 8–10). Ein Mitglied eines Organs kann nicht zugleich dem anderen Organ angehören.

(2) Die Mitglieder der Stiftungsorgane können für ihre Tätigkeit eine angemessene Vergütung und Ersatz der ihnen entstandenen, angemessenen Auslagen erhalten. Das Nähere regelt der Vorstand in einer Vergütungsordnung, die der Zustimmung des Kuratoriums bedarf.

(3) Die Mitglieder der Stiftungsorgane haften der Stiftung gegenüber nur für vorsätzliches oder grob fahrlässiges Verhalten. Werden Organmitglieder von dritter Seite aufgrund einer Tätigkeit für die Stiftung in Anspruch genommen, stellt die Stiftung das betroffene Mitglied von jeglichen Ansprüchen frei, sofern dem Mitglied nicht vorsätzliches oder grob fahrlässiges Verhalten nachgewiesen wird. Die angemessenen Kosten einer in diesem Zusammenhang notwendigen Rechtsvertretung des Mitglieds trägt die Stiftung. Die Stiftung ist berechtigt, zur Absicherung der vorstehenden Risiken angemessenen Versicherungsschutz für die Stiftung und ihre Organmitglieder abzuschließen.

§ 5 Stiftungsvorstand

(1) Der Vorstand besteht aus drei Personen. Seine ersten Mitglieder sind im Stiftungsgeschäft bestimmt. Im Übrigen ergänzt sich der Vorstand durch Zuwahl (Abs. 3). Der Vorstand wählt aus seiner Mitte mit einfacher Mehrheit einen Vorsitzenden und einen stellvertretenden Vorsitzenden.

(2) Vorstandsmitglieder scheiden mit sofortiger Wirkung aus dem Amt aus, wenn das Vorstandsmitglied

a) sein Amt niederlegt oder verstirbt;

b) das 75. Lebensjahr vollendet;

c) aus wichtigem Grund durch einstimmigen Beschluss der übrigen Vorstandsmitglieder mit Zustimmung des Kuratoriums abberufen wird.

(3) Scheidet ein Mitglied des Vorstandes aus, benennen die verbleibenden Mitglieder durch einstimmigen Beschluss einen Nachfolger. Ist eine Benennung durch den Vorstand nicht innerhalb von drei Monaten nach dem Ausscheiden erfolgt, wird der Nachfolger durch das Kuratorium mit einfacher Mehrheit ernannt.

(4) Der Vorstand ist berechtigt, sich eine Geschäftsordnung zu geben.

§ 6 Aufgaben des Stiftungsvorstands

(1) Der Stiftungsvorstand vertritt die Stiftung gerichtlich und außergerichtlich. Der Vorsitzende ist zur Vertretung der Stiftung allein vertretungsberechtigt. Ansonsten wird die Stiftung durch zwei Vorstandsmitglieder gemeinsam vertreten.

(2) Der Stiftungsvorstand führt die Geschäfte der Stiftung in sämtlichen Angelegenheiten.

(3) Bei der Führung der Geschäfte der Stiftung ist der Vorstand an das Gesetz, diese Satzung und den bekannten oder mutmaßlichen Willen des Stifters gebunden.

(4) Der Vorstand ist berechtigt, zur Erledigung seiner Aufgaben einen Geschäftsführer zu bestellen und nach seinem Ermessen rechtliche und steuerliche Beratung gegen angemessenes Entgelt einzuholen. Ein Geschäftsführer hat die Stellung eines besonderen Vertreters im Sinne des § 30 BGB.

§ 7 Geschäftsgang des Stiftungsvorstands

(1) Der Stiftungsvorstand wird durch den Vorsitzenden, bei seiner Verhinderung durch den stellvertretenden Vorsitzenden nach Bedarf, mindestens jedoch vierteljährlich unter Angabe der Tagesordnung und Einhaltung einer Frist von zwei Wochen zu einer Sitzung einberufen. Sitzungen sind ferner einzuberufen, wenn ein Mitglied dies verlangt.

(2) Der Stiftungsvorstand ist beschlussfähig, wenn ordnungsgemäß geladen wurde und sämtliche Mitglieder anwesend sind. Ladungsfehler gelten als geheilt, wenn alle betroffenen Mitglieder anwesend sind und von ihnen kein Widerspruch erfolgt.

(3) Der Stiftungsvorstand trifft seine Entscheidungen, soweit diese Satzung nichts anderes bestimmt, mit der Mehrheit der abgegebenen Stimmen. Bei Stimmengleichheit gibt die Stimme des Vorsitzenden den Ausschlag.

(4) Wenn kein Mitglied widerspricht, können Beschlüsse im Umlaufverfahren (schriftlich, per Telefax oder elektronisch, zB per E-Mail) gefasst werden.

(5) Über die Sitzungen sind Niederschriften zu fertigen und von den Mitgliedern zu unterzeichnen.

§ 8 Kuratorium

(1) Das Kuratorium besteht aus mindestens drei, höchstens fünf Personen. Die ersten Mitglieder des Kuratoriums werden durch das Stiftungsgeschäft bestimmt. Das Kuratorium ergänzt sich durch Zuwahl (Abs. 3).

(2) Mitglieder des Kuratoriums scheiden mit sofortiger Wirkung aus dem Amt aus, wenn das Mitglied

a) sein Amt niederlegt oder verstirbt;

b) das 75. Lebensjahr vollendet;

c) aus wichtigem Grund durch einstimmigen Beschluss der übrigen Kuratoriumsmitglieder abberufen wird.

(3) Scheidet ein Mitglied des Kuratoriums aus, benennen die verbleibenden Mitglieder durch Beschluss mit einfacher Mehrheit einen Nachfolger.

(4) Die Mitglieder des Kuratoriums wählen aus ihrer Mitte einen Vorsitzenden und einen stellvertretenden Vorsitzenden.

(5) Das Kuratorium ist berechtigt, sich eine Geschäftsordnung zu geben.

§ 9 Aufgaben des Kuratoriums

(1) Das Kuratorium berät den Stiftungsvorstand in allen Angelegenheiten der Stiftung. Es tritt mindestens einmal im Jahr zusammen.

(2) Jedes Mitglied des Kuratoriums hat ein umfassendes Einsichtsrecht in alle Unterlagen und Aufzeichnungen über Geschäftsvorgänge.

(3) Dem Kuratorium obliegen auch

a) die Feststellung der vom Vorstand vorgelegten Jahresabrechnung, Vermögensübersicht und des Berichts über die Erfüllung der Stiftungszwecke,

b) die Entlastung des Vorstands und

c) die Beschlussfassungen im Rahmen der §§ 4, 5 und 11.

§ 10 Geschäftsgang des Kuratoriums

(1) Das Kuratorium wird von seinem Vorsitzenden nach Bedarf, mindestens jedoch halbjährlich unter Angabe der Tagesordnung und Einhaltung einer Frist von zwei Wochen zu einer Sitzung einberufen. Sitzungen sind ferner einzuberufen, wenn ein Mitglied dies verlangt.

(2) Die Mitglieder des Stiftungsvorstandes sind zu sämtlichen Kuratoriumssitzungen zu laden und haben ein Teilnahmerecht. Sie sollen vor den Entscheidungen des Kuratoriums gehört werden, haben aber kein Stimmrecht.

(3) Das Kuratorium ist beschlussfähig, wenn es ordnungsgemäß geladen wurde und mehr als die Hälfte der Kuratoriumsmitglieder anwesend sind. Ladungsfehler gelten als geheilt, wenn alle zu ladenden Teilnehmer (Abs. 1 und 2) anwesend sind und von ihnen kein Widerspruch erfolgt.

(4) Das Kuratorium trifft seine Entscheidungen mit der Mehrheit der abgegebenen Stimmen. Bei Stimmengleichheit gibt die Stimme des Vorsitzenden, ersatzweise des stellvertretenden Vorsitzenden den Ausschlag.

(5) Wenn kein Mitglied widerspricht, können Beschlüsse im Umlaufverfahren (schriftlich, per Telefax oder elektronisch, zB per E-Mail) gefasst werden.

(6) Über die Sitzungen sind Niederschriften zu fertigen und von den anwesenden Kuratoriumsmitgliedern zu unterzeichnen sowie einem ggf. abwesenden Teilnahmeberechtigten (Abs. 1 und 2) zur Kenntnis zu bringen.

§ 11 Satzungsänderungen, Umwandlung und Aufhebung der Stiftung

(1) Änderungen dieser Satzung, Anträge auf Zusammenlegung mit einer anderen Stiftung oder auf Aufhebung der Stiftung können vom Stiftungsvorstand nur mit Zustimmung des Kuratoriums beschlossen werden. Durch Beschluss nach Satz 1 kann mit Zustimmung der Stiftungsbehörde auch der bestehende Stiftungszweck geändert oder erweitert oder die Organisation der Stiftung verändert werden, soweit hierdurch die Erfüllung des Stiftungszwecks nicht beeinträchtigt wird. Eine Aufhebung der Stiftung soll nur erfolgen, wenn nach den eingetretenen Verhältnissen eine gründliche und nachhaltige Verwirklichung des Stiftungszwecks dauerhaft als ausgeschlossen erscheint.

(2) Bei Aufhebung oder Auflösung der Stiftung fällt ihr Vermögen an ....

II. ERLÄUTERUNGEN

> **Erläuterungen zu A. 18.01 Satzung einer rechtsfähigen Stiftung**

1. Grundsätzliche Anmerkungen

a) Wirtschaftliche/nichtwirtschaftliche Ziele

1   Die **Gründe für eine Stiftungsgründung** können sehr unterschiedlicher Natur sein. Die gängigen Motive sind
– gemeinnützige, altruistische Ziele,
– Sicherung der Erbfolge,
– Versorgung der Familie,
– Gläubigerschutz,
– Sicherung der Regeln für die Vermögensverwaltung,
– Andenken an eine bestimmte Person,
– Marketingzwecke eines Unternehmens.

2   Eine Stiftung kann **privatrechtlich** oder **öffentlich-rechtlich** errichtet werden. Im letzteren Falle ist sie in das System der staatlichen Verwaltung eingegliedert und übernimmt öffentliche Aufgaben. Die rechtliche Charakterisierung richtet sich hierbei nicht nach der Zugehörigkeit des Trägers zum Bereich der öffentlich-rechtlichen oder privatrechtlichen Körperschaften, sondern nach der Rechtsform der eigenen Entstehung (s. zur Einordnung als Steuersubjekt iRv. § 1 KStG BFH I R 27/92 v. 24.3.93, BStBl. II 93, 637; BFH I R 106/00 v. 29.1.03, BFH/NV 03, 868). Maßgebend ist die

Rechtsform der Entstehung. Eine Bindung an verwaltungsgerichtliche Entscheidungen besteht nicht (BFH I R 106/00 v. 29.1.03, BFH/NV 03, 868).

Eine Stiftung kann **zu Lebzeiten und von Todes wegen** errichtet werden. In **3** der Mehrzahl der Fälle empfiehlt es sich, die Stiftung schon zu Lebzeiten zu errichten. Testamentsvollstrecker und Erben stehen einer Stiftungserrichtung häufig kritisch oder desinteressiert gegenüber. Gerade in der Anfangszeit ist es jedoch erforderlich, die Stiftung engagiert zu begleiten und zu fördern. Die Stiftung zu Lebzeiten kann mit für den Stifter überschaubarem Vermögen errichtet werden. Im Rahmen des Testaments kann dann endgültig entschieden werden, welche Teile des verbleibenden Gesamtvermögens der Stiftung bzw. den gesetzlichen oder sonstigen gewillkürten Erben überlassen werden.

Der **Stiftungszweck** kann unabhängig davon, ob die Stiftung rechtsfähig oder **4** nicht rechtsfähig ist, mannigfaltig sein. Der Sprachgebrauch kennt zB
- gemeinnützige Stiftungen,
- Familienstiftungen,
- Unternehmensstiftungen, unternehmenshaltende Stiftung,
- kommunale Stiftungen,
- kirchliche Stiftungen,
- Bürgerstiftungen.

In der Gestaltungsberatung ist die grundsätzliche Entscheidung zu treffen, ob eine **5** gemeinnützige oder eine nicht gemeinnützige Stiftung gegründet wird. Eine **gemeinnützige Stiftung** (hierzu Formular A. 18.02) würde in vielfacher Weise steuerlich privilegiert (Vermögensübertragung, Vermögensverwaltung und Vermögensauskehrung). Dieses Privileg ist mit besonderen Anforderungen, insbesondere hinsichtlich Zweckverfolgung, Vermögensbindung und Mittelverwendung sowie mit erhöhten Sanktionen im Falle von Gemeinnützigkeitsverstößen verbunden. Die Stiftungs- und Vermögensverwaltung einer rechtsfähigen Stiftung kann in professionelle, externe Hände gelegt werden.

b) Stiftungsrecht

Die Stiftung ist im deutschen Recht **nicht legaldefiniert.** Sie wird gemeinhin be- **6** zeichnet als rechtsfähige Organisation, die die Aufgabe hat, mit Hilfe des ihr übertragenen Vermögens einen festgelegten Stiftungszweck zu verfolgen (*Richter/v. Campenhausen/Stumpf* § 1 Rz. 6, mwN). Das deutsche Stiftungsrecht unterscheidet die **rechtsfähige** von der **nicht rechtsfähigen** Stiftung (hierzu Formulare A. 18.04 und A. 18.05). Darüber hinaus gibt es sogenannte **Schein- bzw. Nennstiftungen.** Hierbei handelt es sich um andere Rechtsformen, die sich lediglich im Namen mit der Bezeichnung Stiftung zieren (zB Konrad Adenauer Stiftung e. V., Friedrich Ebert Stiftung e. V.).

Die **wesentlichen Elemente** der Stiftung sind Stiftungszweck, Stiftungsvermögen **7** und Stiftungsorganisation. Hintergrund ihrer Gründung ist der Wille des Stifters, ein vorhandenes Vermögen einem dauerhaft zu verfolgenden, von ihm selbst bestimmten Zweck zu widmen.

Die rechtsfähige Stiftung im deutschen Recht ist **juristische Person.** Ihre Beson- **8** derheit liegt in der Verselbständigung ihres Vermögens. Eine Stiftung hat weder Eigentümer, noch Gesellschafter oder Mitglieder. Sie gehört „sich selbst".

Zivilrechtliche Grundlage sind die §§ 80 ff. BGB. **9**

Die Vorschriften des BGB werden ergänzt durch die einzelnen **Stiftungsgesetze 10 der Länder,** insbesondere zur staatlichen Stiftungsgenehmigung und -aufsicht. Die Ländergesetze stimmen in den Grundzügen überein, können jedoch in Einzelfragen voneinander abweichen.

Die rechtsfähige, selbständige Stiftung des Privatrechts **entsteht** durch Stiftungsge- **11** schäft (Formular A. 18.06) und staatliche Anerkennung, § 80 BGB. Auch sie kann unter Lebenden (§ 81 BGB) oder von Todes wegen (§ 83 BGB) errichtet werden. Zur Erlangung ihrer Rechtsfähigkeit bedarf die Stiftung eines staatlichen Hoheitsaktes, der **Anerkennung.** Zu den Mindestanforderungen s. § 80 Abs. 2 BGB. Mit **Anerkennung** ist der Stifter zur Vermögensübertragung auf die Stiftung verpflichtet, § 82 BGB.

12 Die **Stiftungssatzung** wird mit dem Stiftungsgeschäft festgelegt, § 85 BGB. Zwingend erforderlich sind Anordnungen über Namen, Sitz, Organe, Vermögensausstattung und Zweck der Stiftung. Hinzu treten Sollvorschriften der Länder. Die Stiftungsbehörden stellen Mustersatzungen zur Verfügung.

13 Die Stiftung wird gesetzlich vertreten durch ihren Vorstand, §§ 86, 26 Abs. 2 Satz 1 BGB. In der Praxis werden häufig weitere **Organe,** zB Aufsichtsrat, Beirat, Kuratorium oder besondere Vertreter installiert. Der Stifter kann sich zu Lebzeiten das Benennungsrecht der Organe vorbehalten. Er kann sich auch selbst als Organ bestellen.

14 Der **Ablauf einer Stiftungsgründung** gestaltet sich idR wie folgt:
- Die Idee,
- Beratung und Bereitschaft zur Stiftungsgründung,
- Satzungsentwurf – Rohling,
- Detailabstimmung,
- endgültiger Satzungsentwurf,
- Vorabstimmung mit Behörden,
- Stiftungsgründung,
- Anerkennung.

15 Bei der Gründung einer rechtsfähigen Stiftung muss man mit einer **Gründungsdauer** von mindestens **ein bis drei Monaten** rechnen. Im Einzelfall kann dieser Zeitraum auch deutlich überschritten werden. Die Existenz einer (rechtsfähigen) **Vorstiftung** im Stadium zwischen Stiftungsgeschäft und Anerkennung wird von Rechtsprechung (BFH X R 36/11 v. 11.2.15, BFH/NV 15, 738, mwN) und der herrschenden Meinung abgelehnt (s. zB *v. Campenhausen/Richter/Hof* § 6 Rz. 271 ff.; *Schmidt* ZEV 98, 81; **aA** *Palandt/Ellenberger* § 80 BGB Rz. 2; *Wachter* ZEV 03, 445 f., alle mwN).

16 Die rechtsfähige Stiftung unterliegt der behördlichen **Stiftungsaufsicht.** Umfang und Inhalt regeln die jeweiligen Landesstiftungsgesetze (Rz. 10). Sie beschränkt sich nicht nur auf die Anerkennung der Stiftung bei ihrer Gründung, sondern erstreckt sich auch auf die laufende Verwaltung. Die Stiftungsaufsicht ist keine Fachaufsicht. Alle landesrechtlichen Stiftungsgesetze erklären allein den Willen des Stifters sowie die Einhaltung der Gesetze und der Vorgaben der Stiftungssatzung als Prüfungsmaßstab. Die Länder unterhalten zur Stiftungsaufsicht die **Stiftungsbehörden,** deren Aufbau und Struktur durch die Landesstiftungsgesetze geregelt wird.

17 Trotz der weitgehenden Liberalisierung des Stiftungsrechts sind die **Mitwirkungs- und Einwirkungsmöglichkeiten der Stiftungsaufsicht** recht groß: Die Stiftung hat der Stiftungsaufsicht einmal jährlich Rechnung zu legen. Besondere Geschäfte sind anzeigepflichtig. Die Stiftungsaufsicht hat ein Einsichts- und Prüfungsrecht. Sie kann einzelne Maßnahmen beanstanden, besondere Handlungen anordnen und im Notfall selbst vornehmen. Im Extremfall können die Organe abberufen und neu bestellt werden. Zudem sehen fast alle Landesstiftungsgesetze Regelungen vor, wonach die Stiftungsbehörden den Satzungszweck ändern können, die Stiftung mit anderen Stiftungen zusammenlegen oder die Stiftung aufheben kann. Darüber hinaus können für die Stiftung Schadensersatzansprüche gegen die Organe geltend gemacht werden.

18–20 *(frei)*

c) Steuerrecht

21 **Steuern** auf die Errichtung, die laufende Vermögensverwaltung und Begünstigung spielen bei der Stiftungserrichtung eine zentrale Rolle. Im unternehmerischen Bereich

sollte zudem berücksichtigt werden, dass durch die Errichtung einer Stiftung keine unnötigen Hemmnisse für später notwendige Umstrukturierungsmaßnahmen geschaffen werden.

Zu den Besonderheiten und der partiellen Steuerbefreiung der **Gemeinnützigkeit** 22 s. A. 18.02 Rz. 4. Zur **Besteuerung der Stiftungserrichtung** s. A. 18.02 Rz. 8 und A. 18.03 Rz. 4 ff.

Rechtsfähige Stiftungen des privaten Rechts mit Sitz oder Geschäftsleitung im In- 23 land sind **unbeschränkt körperschaftsteuerpflichtig,** § 1 Abs. 1 Nr. 4 KStG. Die Steuerpflicht besteht in sämtlichen Einkunftsarten des EStG, vgl. § 8 Abs. 1 KStG und Rz. 27. Auch die öffentlich-rechtliche Stiftung ist nach § 1 Abs. 1 Nr. 6 KStG ebenfalls Körperschaftsteuersubjekt, allerdings nur steuerbar mit einem Betrieb gewerblicher Art (§ 4 KStG).

Rechtsfähige Stiftungen des privaten Rechts sind **gewerbesteuerpflichtig,** so- 24 weit sie einen wirtschaftlichen Geschäftsbetrieb (keine Land- und Forstwirtschaft) unterhalten, § 1 Abs. 3 GewStG. Zu beachten ist, dass hierfür – im Gegensatz zur Gewerblichkeit – keine Gewinnerzielungsabsicht und Teilnahme am allgemeinen wirtschaftlichen Verkehr erforderlich ist.

Stiftungen sind von den Ertragsteuern **befreit,** wenn sie nach Satzung, Stiftungsge- 25 schäft oder sonstiger Verfassung und der tatsächlichen Geschäftsführung ausschließlich und unmittelbar gemeinnützigen, mildtätigen oder kirchlichen Zwecken dienen, § 5 Abs. 1 Nr. 9 Satz 1 KStG, § 3 Nr. 6 Satz 1 GewStG. Wird ein wirtschaftlicher Geschäftsbetrieb unterhalten, ist die Befreiung insoweit ausgeschlossen, § 5 Abs. 1 Nr. 9 Satz 2 KStG, § 3 Nr. 6 Satz 2 GewStG. Zu den Besonderheiten der Gemeinnützigkeit im Einzelnen A. 18.03 Rz. 8 ff.

Beginn der Ertragsteuerpflicht: Von Todes wegen errichtete Stiftungen sind im 26 Falle ihrer Anerkennung aufgrund der Rückwirkung nach § 84 BGB ab dem Zeitpunkt des Vermögensanfalls körperschaftsteuerpflichtig (BFH I R 85/02 v. 17.9.03, BStBl. II 05, 149). Die Körperschaftsteuerpflicht der Stiftung zu Lebzeiten beginnt nach Auffassung der Finanzverwaltung bei rechtsfähigen Stiftungen mit der staatlichen Anerkennung, bei nicht rechtsfähigen Stiftungen mit der „Errichtung, Feststellung der Satzung oder Aufnahme einer geschäftlichen Tätigkeit" (KStR 1.1 Abs. 4 Satz 5). Bei der rechtsfähigen Stiftung stellt sich damit die Frage der Besteuerung des Stiftungsvermögens im Stadium zwischen Gründung und Anerkennung. Dies ist vor allem für die Frage relevant, ab welchem Zeitpunkt die Vorteile der Gemeinnützigkeit genutzt werden können. Da die hA die Existenz einer Vorstiftung ablehnt (Rz. 15), ist mE bis zum Abschluss des Anerkennungsverfahrens das Stiftungsvermögen als ein Zweckvermögen (§ 1 Abs. 1 Nr. 5 KStG; grundlegend *Streck* StuW 75, 135) als Steuersubjekt anzusehen, wenn sich der Stifter vertraglich unwiderruflich seines Vermögens entäußert und seine Verfügungsbefugnis nach Maßgabe der Stiftungssatzung eingeschränkt hat (ebenso *Wachter* ZEV 03, 445, 447). Die Errichtung eines gesonderten Kontos reicht hierfür allerdings noch nicht aus (s. hierzu FG Köln 1 K 1996/97 v. 12.5.99, EFG 99, 834; *Streck/Streck* § 1 KStG Rz. 20).

Besteht Körperschaftsteuerpflicht – sei es insgesamt oder im wirtschaftlichen Ge- 27 schäftsbetrieb – können Einkünfte in allen Einkunftsarten (§ 8 Abs. 1 KStG, § 2 EStG) erzielt werden. Für die Gewinneinkünfte ist in der Regel die Einnahme/Überschuss-Rechnung nach § 4 Abs. 3 EStG ausreichend. Bilanzierungspflicht nach allgemeinen Grundsätzen (§§ 4 Abs. 1, 5 Abs. 1 EStG, §§ 140 ff. AO). Bei steuerpflichtigen Stiftungen sind Aufwendungen für die Erfüllung von durch Stiftungsgeschäft, Satzung oder sonstige Verfassung vorgeschriebene Zwecke nicht abziehbar, § 10 Abs. 1 Nr. 1 KStG. Die Vorschrift berührt allerdings nicht die Einkommensermittlung nach allgemeinen Regeln. Betriebsausgaben, Werbungskosten und Spenden bleiben abzugsfähig. So gehören zB notwendige Verwaltungskosten einer Stiftung zu den Werbungskosten der verwalteten Kapitalerträge. Leistungen von Unternehmensstiftungen an verdiente Arbeitnehmer sind Betriebsausgaben (BFH I 205/59 U v. 10.5.60, BStBl. III 60, 335). Es gilt der allgemeine **Körperschaftsteuersatz.** Der **Freibetrag** nach § 24 KStG beträgt € 5.000,–.

28   **Zuwendungen an Begünstigte (Destinatäre)** sind grundsätzlich einkommensteuerpflichtig, wenn die Stiftung selbst steuerpflichtig ist und die Leistungen aus versteuertem Einkommen erbracht werden. Die Vorbelastung der Einkünfte der Stiftung mit KSt wird ergänzt durch eine Nachbelastung beim Empfänger. Möglich ist eine Besteuerung als „Leistungen" nach § 20 Abs. 1 Nr. 9 EStG oder als „Bezüge" nach § 22 Satz 1 Nr. 1 Satz 2 Buchst. a EStG. § 20 Abs. 1 Nr. 9 EStG ist vorrangig zu beachten und sollte zumindest dann zur Anwendung kommen, wenn die Leistungsempfänger unmittelbar oder mittelbar Einfluss auf das Ausschüttungsverhalten der Stiftung nehmen können (BFH I R 98/09 v. 3.11.11, BStBl. II 11, 417, vgl. dazu auch *Spanke/Müller* BB 11, 932; *Kessler/Müller* DStR 11, 614). Die Rechtsprechung verpflichtet die Stiftung auch bei unklarer Rechtslage zur Einbehaltung und Abführung der **Kapitalertragsteuer** (BFH I R 98/09 v. 3.11.11, aaO, vgl. dazu auch *Spanke/Müller* BB 11, 932; *Kessler/Müller* DStR 11, 614). Ist die Abgrenzung zwischen Leistung und Bezügen nicht eindeutig, sollte daher im Zweifel von einer Leistung iSd. § 20 EStG ausgegangen werden.

29   Beide Einkommensarten unterliegen bei einer natürlichen Person dem Teileinkünfteverfahren nach § 3 Nr. 40 EStG. Ist der Empfänger körperschaftsteuerpflichtig, sind bei ihm die Bezüge nach § 8b Abs. 1 KStG zu 95 % steuerfrei. Leistungen iSv. § 20 Abs. 1 Nr. 9 EStG unterliegen bei der Stiftung der **Kapitalertragsteuer** (§ 43 Abs. 1 Satz 1 Nr. 4a iVm. § 43a Abs. 1 Nr. 1 EStG). Beim Empfänger kommt idR die Abgeltungswirkung nach § 32d Abs. 1 EStG zum Tragen. Werbungskosten können nur noch im Rahmen des Sparerfreibetrags nach § 20 Abs. 9 EStG geltend gemacht werden. Bei Bezügen nach § 22 EStG ist keine Kapitalertragsteuer einzubehalten. Die Abgeltungswirkung gilt nicht. Stattdessen kann lediglich ein zusätzlicher Pauschbetrag für Werbungskosten iHv. € 102,– geltend gemacht werden (§ 9a Satz 1 Nr. 3 EStG).

30   **Familienstiftungen** genießen in Deutschland grundsätzlich keine Privilegien. Lediglich § 15 Abs. 2 Satz 1 ErbStG sieht ein geringen Vorteil der Steuerklassenwahl vor, sofern die Stiftung wesentliche Interessen einer Familie oder bestimmter Familien im Inland errichtet ist. Ansonsten sind inländische Familienstiftungen durch die Erbersatzsteuer gem. § 1 Abs. 1 Nr. 4 ErbStG erheblich benachteiligt, da alle dreißig Jahre ein Erbfall fingiert wird. Zur Abmilderung kann die Stiftung die dreißigjährige Verrentung der Erbersatzsteuer beantragen (§ 24 ErbStG). Nach § 13a Abs. 9 ErbStG kommen die Verschonungsregeln des § 13a ErbStG zur Geltung. Vor diesem Hintergrund sollte alternativ geprüft werden, ob auch eine ausländische Familienstiftung gegründet werden kann.

31   Im Fall der **Auflösung der Familienstiftung** ist zu beachten, dass die Finanzverwaltung auch bei der Änderung des Stiftungscharakters einer Familienstiftung durch Satzungsänderung davon ausgeht, dass erbschaftsteuerrechtlich die bisherige Familienstiftung aufgehoben und eine neue Stiftung errichtet wird (vgl. ErbStR E 1.2 Abs. 4). Die teilweise Auskehrung des Vermögensstamms an die Begünstigten fällt hingegen nicht als Schenkungsteuer nach § 7 Abs. 1 Nr. 9 ErbStG, sondern erst bei der vollständigen Aufhebung der Stiftung an. Hierbei ist § 15 Abs. 2 Satz 2 ErbStG zu beachten. Als Schenker gilt der Stifter. Bei der Auflösung einer von mehreren Stiftern errichteten Stiftung ist bei der Steuerberechnung gem. § 15 Abs. Satz 2 ErbStG für die Bestimmung der Steuerklasse auf das jeweilige Verhältnis des Anfallsberechtigten zu den Stiftern abzustellen (BFH II R 6/07 v. 30.11.09, BStBl. II 10, 237).

32–35   *(frei)*

2. Einzelerläuterungen

Zu § 1:

36   Der Stifter kann den **Namen** der Stiftung frei bestimmen. Die Nennung des Stifters ist möglich, aber keineswegs zwingend. Der Stifter ist auch in der Wahl des **Stif-**

tungssitzes frei. Der Sitz der Stiftung ist nicht an den Wohn- oder Geschäftssitz des Stifters gebunden. Zu beachten ist, dass durch den Stiftungssitz das jeweilige Landesstiftungsrecht (Rz. 10) und die zuständige Stiftungsbehörde (Rz. 14) bestimmt wird.

Zu § 2:

Der **Stiftungszweck** steht im Mittelpunkt der Beratung. Zu den gängigen Stif- 37
tungszwecken s. Rz. 4. Wird die Gemeinnützigkeit angestrebt, sind die zwingenden Vorgaben der Abgabenordnung (§§ 51 ff. AO) zu beachten. Ansonsten ist man frei. Lediglich die Gesetze und die guten Sitten sind zu beachten. Der Stiftungszweck sollte eindeutig, aber nicht zu eng festgelegt werden, will man Stiftung und Stiftungsorganen noch Entscheidungsspielraum Möglichkeiten für neue Entwicklungen belassen.

Zu § 3:

Eine vorgeschriebene Mindestkapitalausstattung der Stiftung existiert nicht. Das 38
Stiftungsvermögen muss so bemessen sein, dass der Stiftungszweck erfüllt werden kann. In der Mehrzahl der Bundesländer wurde bislang – auch abhängig vom Stiftungszweck – eine Mindestausstattung zwischen € 50.000,– und € 150.000,– erwartet. Der Stifter kann Vorgaben hinsichtlich der Vermögensverwaltung machen. Auch hierbei ist zu berücksichtigen, dass die Stiftung auf Dauer angelegt ist und die Vorgaben so flexibel sein müssen, dass auch bei unerwarteten Entwicklungen sachgerecht gehandelt werden kann. Die Delegation auf Dritte ist zulässig.

Nach dem Grundsatz der **Vermögenserhaltung** muss – sofern nicht der Ausnah- 39
mefall einer Verbrauchsstiftung vorliegt – die Vermögenssubstanz der Stiftung grundsätzlich unangetastet bleiben. Die Landesstiftungsgesetze enthalten entsprechende Vorschriften, wonach das Stiftungsvermögen in seinem Bestand ungeschmälert zu erhalten ist. Zu erhalten ist hierbei das Grundstockvermögen, das sich aus dem bei Stiftungserrichtung zugewendeten Anfangsvermögen und dem nach dem Willen des Stifters, der Zustifter oder der Stiftungsorgane hinzuzurechnenden Vermögenswerten zusammensetzt. Auch die Anlage des Stiftungsvermögens hat dem Gebot der Vermögenserhaltung Rechnung zu tragen. Eine „mündelsichere Anlage" ist nicht mehr vorgeschrieben. Aufgrund des Gebots der Vermögenserhaltung „in seinem Wert" wäre eine rein sicherheitsorientierte Anlage ebenso problematisch wie die Anlage in risikobehafteten und hoch spekulativen Wertpapieren. Oberster Maßstab für Vermögenserhalt und Vermögensanlage ist auch hier der Wille des Stifters, der in der Satzung oder gesonderten Richtlinien Vorgaben treffen kann.

Die **Erträge** des Stiftungsvermögens sind für den Stiftungszweck einzusetzen. Die 40
Vermögenserträge dürfen nur ausnahmsweise der Vermögensmasse zugeführt werden, etwa wenn hierfür eine satzungsmäßige Grundlage besteht oder Vermögensverluste ausgeglichen werden müssen. Das Stiftungsvermögen ist grundsätzlich getrennt von anderen Vermögen zu erhalten. Die Stiftungsgesetze der Länder enthalten eine Reihe von **Genehmigungsvorbehalten** für bestimmte Rechtsgeschäfte. Hierzu gehören insbesondere Geschäfte, die mit Auflagen, Kosten, Einschränkungen oder Risiken verbunden sind wie zB Darlehen, Bürgschaften Schenkungen, erhebliche Vermögensumschichtungen, Belastung und Veräußerung des Grundstockvermögens oder von Grundstücken und Grundstücksrechten. Es empfiehlt sich, die Anlageleitlinien der Stiftung mit der Stiftungsaufsicht **abzustimmen.**

Zu § 4:

Das Gesetz sieht bei Stiftungen nur den **Vorstand als zwingendes Organ** vor, 41
§§ 86, 26 BGB. Er kann aus einer oder mehreren Personen bestehen. Darüber hinaus können nach Belieben des Stifters **zusätzliche Organe** in der Satzung festgeschrieben werden (zB Kuratorium, Beirat, Familienrat, Unternehmerrat). In diesem Fall müssen klare Regeln zur Kompetenzverteilung vorliegen. Das Bedürfnis der gegenseitigen Kontrolle ist selbstverständlich. Man muss jedoch hierbei berücksichtigen, dass die

Stiftung handlungsfähig bleibt und in Notsituationen auch schnell handeln kann. Das vorliegende Satzungsbeispiel sieht ein Kuratorium als zusätzliches Beratungs- und Überwachungsgremium vor. Darüber hinaus muss sich der Stifter im Klaren sein, mit welchen qualifizierten Personen er die Positionen für die Organe besetzt. Dieses Problem stellt sich insbesondere für die Zukunft, wenn der „Kreis" der dem Stifter bekannten und vertrauten Personen nicht mehr zur Verfügung steht. Die damit verbundenen Kosten sind zu berücksichtigen. Es muss jedoch sichergestellt werden, dass die Einbindung der Familie die Tätigkeit der Stiftung nicht unnötig behindert. Unsachliche Interessen sind auszugrenzen. Meinungsverschiedenheiten innerhalb der Familie dürfen nicht dazu führen, dass die Arbeit der Stiftung gehemmt wird. Zur **Vergütung** von Organmitgliedern s. A. 18.01 Rz. 31.

Zu § 5:

42   Die **Anzahl der Vorstandsmitglieder** unterliegt der freien Satzungsgestaltung des Stifters. Auch ein einziges Mitglied ist zulässig. Der Stifter kann dem Vorstand – auch als alleiniges Mitglied – selbst angehören. Die Nachfolge in Vorstandsämtern kann auch durch interne (zB Beirat, Kuratorium, Stiftungsrat) oder externe Gremien (zB Stifter, Gemeinde) bestimmt werden.

Zu § 6:

43   Vgl. §§ 86, 26 BGB.

Zu § 8:

44   Alleiniges **zwingendes Organ** ist der Stiftungsvorstand. Weitere Organe – vorliegend ein beratendes Kuratorium als Beispiel – sind optional und unterliegen der freien Gestaltung.

Zu § 11:

45   Im Gegensatz zur gemeinnützigen Stiftung (s. hierzu A. 18.02 Rz. 1 ff.) ist für die nicht gemeinnützige Stiftung eine explizite **Vermögensbindung nicht erforderlich.**

A. 18.02 Satzung einer rechtsfähigen, gemeinnützigen Stiftung

Gliederung

I. FORMULAR

Formular A. 18.02 Satzung einer rechtsfähigen, gemeinnützigen Stiftung

§ 1 Namen, Rechtsform, Sitz, Geschäftsjahr

(1) Die Stiftung führt den Namen „...... Stiftung". Sie ist eine rechtsfähige, gemeinnützige Stiftung des bürgerlichen Rechts mit Sitz in ....

(2) Geschäftsjahr der Stiftung ist das Kalenderjahr.

§ 2 Gemeinnütziger Stiftungszweck

(1) Die Stiftung verfolgt ausschließlich und unmittelbar gemeinnützige Zwecke im Sinne des Abschnitts „Steuerbegünstigte Zwecke" der Abgabenordnung.

(2) Zweck der Stiftung ist .... Der Satzungszweck wird verwirklicht insbesondere durch ....

(3) Zweck der Stiftung ist auch die Beschaffung von Mitteln gem. § 58 Nr. 1 AO zur Förderung der zuvor genannten Zwecke für die Verwirklichung der steuerbegünstigten Zwecke einer anderen Körperschaft oder durch eine Körperschaft des öffentlichen Rechts.

(4) Die Stiftung kann ihre Aufgaben selbst, durch Hilfspersonen i.S.d. § 57 Abs. 1 Satz 2 AO, durch planmäßiges Zusammenwirken mit einer oder mehreren anderen steuerbegünstigten Körperschaften und durch das Halten von Beteiligungen an steuerbegünstigten Kapitalgesellschaften verwirklichen. Die Stiftung kann zur Verwirklichung des Stiftungszwecks auch Zweckbetriebe unterhalten.

§ 3 Stiftungsvermögen, gemeinnützige Mittelverwendung

(1) Das Stiftungsvermögen ergibt sich aus dem Stiftungsgeschäft. Es kann durch hierzu bestimmte, nachfolgende Zuwendungen des Stifters oder Dritter (Zustiftungen) erhöht werden.

(2) Im Interesse des langfristigen Bestands der Stiftung ist das Vermögen dauernd und ungeschmälert in seinem Wert zu erhalten. Es kann mit Zustimmung der Stiftungsbehörde ausnahmsweise bis zur Höhe von 15% seines Wertes in Anspruch genommen werden, wenn anders der Stiftungszweck nicht zu verwirklichen ist und die Rückführung der entnommenen Vermögenswerte zum Stiftungsvermögen innerhalb der drei folgenden Jahre sichergestellt ist. Die Erfüllung der Satzungszwecke darf durch die Rückführung nicht wesentlich beeinträchtigt werden.

(3) Vermögensumschichtungen sind zulässig. Umschichtungsgewinne dürfen ganz oder teilweise zur Erfüllung des Stiftungszwecks verwendet werden.

(4) Die Stiftung ist selbstlos tätig; sie verfolgt nicht in erster Linie eigenwirtschaftliche Zwecke. Mittel der Stiftung dürfen nur für die satzungsmäßigen Zwecke verwendet werden. Es darf keine Person durch Ausgaben, die dem Zweck der Stiftung fremd sind, oder durch unverhältnismäßig hohe Vergütungen begünstigt werden. Der Stifter und seine Erben erhalten keine Zuwendungen aus Mitteln der Stiftung.

(5) Die Stiftung darf auch Zuwendungen ohne Zweckbestimmung aufgrund einer Verfügung von Todes wegen dem Vermögen zuführen. Rücklagen dürfen im Rahmen der steuerlichen Vorschriften gebildet werden. Freie Rücklagen können dem Stiftungsvermögen zugeführt werden. Im Jahr der Errichtung und den drei folgenden Kalenderjahren dürfen die Überschüsse aus der Vermögensverwaltung und die Gewinne aus wirtschaftlichen Geschäftsbetrieben ganz oder teilweise dem Vermögen zugeführt werden.

(6) Ein Rechtsanspruch auf Stiftungsleistungen oder die Zuwendung von Stiftungsmitteln besteht nicht.

§ 4 Stiftungsorgane

(1) Organe der Stiftung sind der Stiftungsvorstand (§§ 5–7) und das Kuratorium (§§ 8–10). Ein Mitglied eines Organs kann nicht zugleich einem anderen Organ angehören.

(2) Die Mitglieder der Stiftungsorgane können für ihre Tätigkeit eine angemessene Vergütung und Ersatz der ihnen entstandenen, angemessenen Auslagen erhalten. Das Nähere regelt der Vorstand in einer Vergütungsordnung. Jede Änderung und Neufassung der Vergütungsordnung ist der Stiftungsbehörde anzuzeigen.

(3) Die Mitglieder der Stiftungsorgane haften der Stiftung gegenüber nur für vorsätzliches oder grob fahrlässiges Verhalten. Werden Organmitglieder von dritter Seite aufgrund einer Tätigkeit für die Stiftung in Anspruch genommen, stellt die Stiftung das betroffene Mitglied von jeglichen Ansprüchen frei, sofern dem Mitglied nicht vorsätzliches oder grob fahrlässiges Verhalten nachgewiesen wird. Die angemessenen Kosten einer in diesem Zusammenhang notwendigen Rechtsvertretung des Mitglieds trägt die Stiftung. Die Stiftung ist berechtigt, zur Absicherung der vorstehenden Risiken angemessenen Versicherungsschutz für die Stiftung und ihre Organmitglieder abzuschließen.

§ 5 Stiftungsvorstand

(1) Der Vorstand besteht aus drei Personen. Seine ersten Mitglieder sind im Stiftungsgeschäft bestimmt. Im Übrigen ergänzt sich der Vorstand durch Zuwahl (Abs. 3). Der Vorstand wählt aus seiner Mitte mit einfacher Mehrheit einen Vorsitzenden und einen stellvertretenden Vorsitzenden.

(2) Vorstandsmitglieder scheiden mit sofortiger Wirkung aus dem Amt aus, wenn das Vorstandsmitglied

a) sein Amt niederlegt oder verstirbt;

b) das 75. Lebensjahr vollendet;

c) aus wichtigem Grund durch einstimmigen Beschluss der übrigen Vorstandsmitglieder mit Zustimmung des Kuratoriums abberufen wird.

(3) Scheidet ein Mitglied des Vorstandes aus, benennen die verbleibenden Mitglieder durch einstimmigen Beschluss einen Nachfolger. Ist die Benennung durch den Vorstand nicht innerhalb von drei Monaten nach dem Ausscheiden erfolgt, wird der Nachfolger durch das Kuratorium mit einfacher Mehrheit benannt.

(4) Der Vorstand ist berechtigt, sich eine Geschäftsordnung zu geben.

§ 6 Aufgaben des Stiftungsvorstands

(1) Der Stiftungsvorstand vertritt die Stiftung gerichtlich und außergerichtlich. Der Vorsitzende ist zur Vertretung der Stiftung allein vertretungsberechtigt. Ansonsten wird die Stiftung durch zwei Vorstandsmitglieder gemeinsam vertreten.

(2) Der Stiftungsvorstand führt die Geschäfte der Stiftung in sämtlichen Angelegenheiten.

(3) Bei der Führung der Geschäfte der Stiftung ist der Vorstand an das Gesetz, diese Satzung und den bekannten oder mutmaßlichen Willen des Stifters gebunden.

(4) Der Vorstand ist berechtigt, zur Erledigung seiner Aufgaben einen Geschäftsführer zu bestellen und nach seinem Ermessen rechtliche und steuerliche Beratung gegen angemessenes Entgelt einzuholen. Ein Geschäftsführer hat die Stellung eines besonderen Vertreters im Sinne des § 30 BGB.

§ 7 Geschäftsgang des Stiftungsvorstands

(1) Der Stiftungsvorstand wird durch den Vorsitzenden, bei seiner Verhinderung durch den stellvertretenden Vorsitzenden nach Bedarf, mindestens jedoch vierteljährlich unter Angabe der Tagesordnung und Einhaltung einer Frist von zwei Wochen zu einer Sitzung einberufen. Sitzungen sind ferner einzuberufen, wenn ein Mitglied dies verlangt.

(2) Der Stiftungsvorstand ist beschlussfähig, wenn ordnungsgemäß geladen wurde und sämtliche Mitglieder anwesend sind. Ladungsfehler gelten als geheilt, wenn alle betroffenen Mitglieder anwesend sind und von ihnen kein Widerspruch erfolgt.

(3) Der Stiftungsvorstand trifft seine Entscheidungen, soweit diese Satzung nichts anderes bestimmt, mit der Mehrheit der abgegebenen Stimmen. Bei Stimmengleichheit gibt die Stimme des Vorsitzenden den Ausschlag.

(4) Wenn kein Mitglied widerspricht, können Beschlüsse im Umlaufverfahren (schriftlich, per Telefax oder elektronisch, zB per E-Mail) gefasst werden.

(5) Über die Sitzungen sind Niederschriften zu fertigen und von den Mitgliedern zu unterzeichnen.

§ 8 Kuratorium

(1) Das Kuratorium besteht aus mindestens drei, höchstens fünf Personen. Die ersten Mitglieder des Kuratoriums werden durch das Stiftungsgeschäft bestimmt. Das Kuratorium ergänzt sich durch Zuwahl (Abs. 3).

(2) Mitglieder des Kuratoriums scheiden mit sofortiger Wirkung aus dem Amt aus, wenn das Mitglied

a) sein Amt niederlegt oder verstirbt;

b) das 75. Lebensjahr vollendet;

c) aus wichtigem Grund durch einstimmigen Beschluss der übrigen Kuratoriumsmitglieder mit Zustimmung des Vorstands abberufen wird.

(3) Scheidet ein Mitglied des Kuratoriums aus, benennen die verbleibenden Mitglieder durch Beschluss mit einfacher Mehrheit einen Nachfolger.

(4) Die Mitglieder des Kuratoriums wählen aus ihrer Mitte einen Vorsitzenden und einen stellvertretenden Vorsitzenden.

(5) Das Kuratorium ist berechtigt, sich eine Geschäftsordnung zu geben.

§ 9 Aufgaben des Kuratoriums

(1) Das Kuratorium berät den Stiftungsvorstand in allen Angelegenheiten der Stiftung. Es tritt mindestens einmal im Jahr zusammen.

(2) Jedes Mitglied des Kuratoriums hat ein umfassendes Einsichtsrecht in alle Unterlagen und Aufzeichnungen über Geschäftsvorgänge.

(3) Dem Kuratorium obliegen auch

a) die Feststellung der vom Vorstand vorgelegten Jahresabrechnung, Vermögensübersicht und des Berichts über die Erfüllung der Stiftungszwecke,

b) die Entlastung des Vorstands und

c) die Beschlussfassungen im Rahmen des § 5 und des § 11.

§ 10 Geschäftsgang des Kuratoriums

(1) Das Kuratorium wird von seinem Vorsitzenden nach Bedarf, mindestens jedoch halbjährlich unter Angabe der Tagesordnung und Einhaltung einer Frist von zwei Wochen zu einer Sitzung einberufen. Sitzungen sind ferner einzuberufen, wenn ein Mitglied dies verlangt.

(2) Die Mitglieder des Stiftungsvorstandes sind zu sämtlichen Kuratoriumssitzungen zu laden und haben ein Teilnahmerecht. Sie sollen vor den Entscheidungen des Kuratoriums gehört werden, haben aber kein Stimmrecht.

(3) Das Kuratorium ist beschlussfähig, wenn es ordnungsgemäß geladen wurde und mehr als die Hälfte der Kuratoriumsmitglieder anwesend sind. Ladungsfehler gelten als geheilt, wenn alle zu ladenden Teilnehmer (Abs. 1 und 2) anwesend sind und von ihnen kein Widerspruch erfolgt.

(4) Das Kuratorium trifft seine Entscheidungen mit der Mehrheit der abgegebenen Stimmen. Bei Stimmengleichheit gibt die Stimme des Vorsitzenden, ersatzweise des stellvertretenden Vorsitzenden den Ausschlag.

(5) Wenn kein Mitglied widerspricht, können Beschlüsse im Umlaufverfahren (schriftlich, per Telefax oder elektronisch, zB per E-Mail) gefasst werden.

(6) Über die Sitzungen sind Niederschriften zu fertigen und von den anwesenden Kuratoriumsmitgliedern zu unterzeichnen sowie einem ggf. abwesenden Teilnahmeberechtigten (Abs. 1 und 2) zur Kenntnis zu bringen.

§ 11 Satzungsänderungen

(1) Änderungen dieser Satzung können durch den Vorstand beschlossen werden, wenn sie den Stiftungszweck nicht berühren und die ursprüngliche Gestaltung der Stiftung nicht wesentlich verändern oder die Erfüllung des Stiftungszwecks erleichtern.

(2) Beschlüsse über Satzungsänderungen bedürfen der Genehmigung der Stiftungsaufsichtsbehörde, sofern das Landesstiftungsgesetz nicht Abweichendes vorsieht. Sie sind der zuständigen Finanzbehörde anzuzeigen.

§ 12 Zweckerweiterung, Zweckänderung, Zusammenlegung, Auflösung

(1) Der Stiftungsvorstand kann der Stiftung einen weiteren Zweck geben, der dem ursprünglichen Zweck verwandt ist und dessen dauernde und nachhaltige Verwirklichung ohne Gefährdung des ursprünglichen Zwecks gewährleistet erscheint, wenn das Vermögen oder der Ertrag der Stiftung nur teilweise für die Verwirklichung des Stiftungszwecks benötigt wird.

(2) Der Stiftungsvorstand kann die Änderung des Stiftungszwecks, die Zusammenlegung mit einer anderen Stiftung oder die Auflösung der Stiftung beschließen, wenn der Stiftungszweck unmöglich wird oder sich die Verhältnisse derart ändern, dass die dauernde und nachhaltige Erfüllung des Stiftungszwecks nicht mehr sinnvoll erscheint. Die Beschlüsse dürfen die Steuerbegünstigung der Stiftung nicht beeinträchtigen.

(3) Beschlüsse über Zweckerweiterung, Zweckänderung, Zusammenlegung oder Auflösung werden erst nach Genehmigung der Stiftungsaufsichtsbehörde wirksam. Sie sind mit einer Stellungnahme der zuständigen Finanzbehörde anzuzeigen.

(4) Bei Auflösung oder Aufhebung der Stiftung oder bei Wegfall steuerbegünstigter Zwecke fällt das Vermögen der Stiftung an eine juristische Person des öffentlichen Rechts oder an eine andere steuerbegünstigte Körperschaft zwecks Verwendung für steuerbegünstigte Zwecke im Sinne des § 2 dieser Satzung. Die begünstigte Einrichtung wird durch Beschluss des Stiftungsvorstands mit Zustimmung des Kuratoriums bestimmt. Die Vermögensübertragung darf erst nach Zustimmung der Stiftungsaufsicht und der zuständigen Finanzbehörde erfolgen.

II. ERLÄUTERUNGEN

> **Erläuterungen zu A. 18.02 Satzung einer rechtsfähigen, gemeinnützigen Stiftung**

1. Grundsätzliche Anmerkungen

a) Nichtwirtschaftliche, gemeinnützige Ziele

1   Mit der Gründung einer gemeinnützigen Stiftung verfolgt der Stifter keine wirtschaftlichen, sondern altruistische Motive. Zweck der Stiftung ist die **Förderung des Gemeinwohls,** vgl. §§ 51, 52 AO. Der Gesetzgeber bietet **steuerliche Anreize** für die Stiftungsgründung, insbesondere durch den Spendenabzug (Rz. 9 ff.). Steuervorteile sollten aber niemals das Hauptmotiv für die Stiftungsgründung sein. Die gemeinnützige Stiftung ist kein taugliches „Steuersparmodell", da sie eine Entäußerung des

Stifters in Form der endgültigen Vermögensübertragung in den gemeinnützigen Bereich voraussetzt. Steuervorteile können diesen Vermögensverlust nur mindern, nicht kompensieren. Vor diesem Hintergrund ist eine sorgfältige **Beratung des Stifters** über das „Ob" und das „Wie" der gemeinnützigen Stiftung und den Umfang der Vermögensübertragung erforderlich. Für den aufrichtig altruistischen Stifter, der gemeinnützige Ziele verfolgt, sind die partielle Steuerbefreiung (Rz. 3 ff.) und der Spendenabzug (Rz. 9 ff.) idR wichtig, aber nicht entscheidend. Zu beachten sind aber die strengen Bindungen des Gemeinnützigkeitsrechts. Das Vermögen ist dem gemeinnützigen Zweck verpflichtet. Die tatsächliche Geschäftsführung ist ebenso an die gemeinnützigen Zwecke gebunden. Hieraus folgen zusätzliche Haftungsgefahren für die Stiftungsorgane.

b) Stiftungsrecht

s. A. 18.01 Rz. 6 ff. 2

c) Steuerrecht

Stiftungen können wegen ihrer Gemeinnützigkeit nach § 5 Abs. 1 Nr. 9 KStG, § 3 3 Nr. 6 GewStG **ertragsteuerbefreit** sein. Ferner könnten die die Umsätze der gemeinnützigen Stiftung nach Maßgabe des § 12 Abs. 2 Nr. 8 UStG dem **ermäßigten Umsatzsteuersatz** unterliegen.

Die **Gemeinnützigkeit,** genauer: die „steuerbegünstigten Zwecke", bestimmen 4 sich nach §§ 51 ff. AO. Steuerbegünstigt sind die Zwecke der Gemeinnützigkeit im engeren Sinn (§§ 51, 52 AO), die mildtätigen Zwecke (§ 53 AO) und die kirchlichen Zwecke (§ 54 AO). Eine Stiftung verfolgt gemeinnützige Zwecke, wenn ihre Tätigkeit darauf gerichtet ist, die Allgemeinheit auf materiellem, geistigem oder sittlichem Gebiet selbstlos zu fördern, § 52 Abs. 1 Satz 1 AO. Die gemeinnützigen Zwecke sind in § 52 Abs. 2 AO aufgezählt. Zu den mildtätigen und kirchlichen Zwecken s. die näheren Voraussetzungen in §§ 53 und 54 AO. Vorbereitungshandlungen einer neu gegründeten gemeinnützigen Stiftung reichen aus, um die Voraussetzungen der Steuerbefreiung zu erfüllen, wenn die Tätigkeiten ernsthaft auf die Erfüllung der steuerbegünstigten, satzungsgemäßen Zwecke ausgerichtet sind (BFH I R 29/02 v. 23.7.03, BStBl. II 03, 930). Die bloße Absicht, die Gemeinnützigkeitskriterien zu einem unbestimmten Zeitpunkt zu erfüllen, ist nicht ausreichend. Zur tatsächlichen Geschäftsführung iSd. § 63 Abs. 1 AO gehören in diesem Zusammenhang alle Tätigkeiten und Entscheidungen, die der Verwirklichung der Satzungszwecke vorausgehen und sie vorbereiten.

Auch **ausländische und im Ausland tätige Stiftungen** können als gemeinnützig 5 anerkannt werden. Die frühere Beschränkung des § 5 Abs. 2 KStG für ausländische Körperschaften war europarechtswidrig und wurde mit dem JStG 2009 v. 19.12.08 (BGBl. I 08, 2794) weitgehend aufgehoben (s. § 5 Abs. 2 Nr. 2 KStG). Parallel hierzu hat der Gesetzgeber allerdings in § 51 Abs. 2 AO das Erfordernis eines „strukturellen Inlandsbezuges" hinzugefügt.

Bei der Überprüfung und steuerlichen Behandlung ist **verfahrenstechnisch** zu un- 6 terscheiden:

- In der **Gründungsphase** (dh. vor dem eigentlichen Gründungsakt der Stiftung) ist eine (Satzungs-)Überprüfung weder in Gesetz noch Verwaltungsanweisungen vorgesehen. Der (empfehlenswerten) Praxis entspricht es jedoch, den Satzungsentwurf dem zuständigen (Körperschaftsteuer-)Finanzamt zur Prüfung einzureichen. Auf diese Weise können mit der Finanzbehörde bereits im Vorfeld Unklarheiten bereinigt und ggf. Anpassungen vorgenommen werden, um den umständlichen Weg der späteren Satzungsänderung zu vermeiden. Die Stellungnahme der Finanzbehörde ist in diesem Stadium regelmäßig eine unverbindliche Auskunft, auf die kein Rechtsanspruch besteht. Dennoch verläuft die Abstimmung im Regelfall kooperativ und schafft Satzungssicherheit.

- Bei der neu **gegründeten Stiftung** bescheinigt das zuständige Finanzamt auf Antrag oder von Amts wegen durch **Feststellungsbescheid** gem. § 60a AO, dass die Satzung die Voraussetzungen für die Gemeinnützigkeit erfüllt. Die Stiftung ist damit zur Entgegennahme von Spenden berechtigt. Ergänzend erteilt die Finanzverwaltung eine Nichtveranlagungsbescheinigung zur Kapitalertragsteuer (s. § 44a Abs. 4 und 7 EStG).
- Die „Erteilung" der Gemeinnützigkeit erfolgt nicht in einem gesonderten Verfahren. Es erfolgt keine einmalige, isolierte „Anerkennung" als gemeinnützige Körperschaft. Die Entscheidung darüber, ob die Voraussetzungen der Steuerbefreiung vorliegen, wird in den **Veranlagungsverfahren** für die jeweilige Steuer und den jeweiligen Veranlagungszeitraum gefällt (BFH I B 58/85 v. 7.5.86, BStBl. II 86, 677). Die Entscheidung, ob zB eine Stiftung im Jahr 01 gemeinnützig und damit steuerbefreit ist, ergeht also im Körperschaftsteuerbescheid des Jahres 01, die Entscheidung über die Gemeinnützigkeit im Jahr 02 im Körperschaftsteuerbescheid 02 usw.
- Die Steuerfreistellung kann auch durch einen steuerlichen **Freistellungsbescheid** (§ 155 Abs. 1 Satz 3 AO) bestätigt werden. Der Freistellungsbescheid ist Steuerbescheid (s. § 155 AO) und regelt verbindlich die Freistellung von der Steuerfestsetzung. Er ist kein Grundlagenbescheid iSd. § 171 Abs. 10 AO, aber dennoch auch für andere Steuerarten maßgebend. Die Freistellung wird spätestens alle drei Jahre von Amts wegen überprüft (AEAO zu § 59 Nr. 3 Satz 2, 3).
- Besteht partielle Steuerpflicht im wirtschaftlichen Geschäftsbetrieb (su. Rz. 7), erfolgt die Veranlagung mit **Körperschaftsteuerbescheid.** Ein ergänzender Freistellungsbescheid für den gemeinnützigen Bereich ergeht dann nicht.
- Die Befreiungsvoraussetzungen der Gemeinnützigkeit müssen während des gesamten Veranlagungszeitraums vorliegen (vgl. § 60 Abs. 2 Satz 2, § 63 Abs. 2 AO). Bei abweichendem Wirtschaftsjahr ist dieses maßgebend. Wurde die Gemeinnützigkeit versagt, hat dies den **Verlust der Steuerbefreiung** für die betroffenen Jahre zur Folge. Werden die ertragsteuerlichen Vorschriften über die Vermögensminderung verletzt, konnte die Körperschaft die Gemeinnützigkeit mit zehnjähriger Rückwirkung verlieren, vgl. § 61 Abs. 3, § 63 Abs. 2 AO.

7   Für die Beratung ist zu beachten, dass die Gemeinnützigkeit keine generelle, sondern nur eine **partielle Ertragsteuerbefreiung** vermittelt. Unterhält die gemeinnützige Stiftung einen wirtschaftlichen Geschäftsbetrieb, ist sie ertragsteuerpflichtig, § 5 Abs. 1 Nr. 9 KStG. Für die steuerliche Beurteilung der gemeinnützigen Stiftung ist insoweit zwischen **vier Einnahmesphären** zu unterscheiden:
- Die Einnahmen der Stiftung aus Spenden und öffentlichen Zuschüssen fallen in ihren **ideellen Bereich.** Dieser Bereich ist ertragsteuerfrei.
- Die **Vermögensverwaltung** der gemeinnützigen Körperschaft ist ertragsteuerfrei. Sie liegt nach § 14 Abs. 1 Satz 3 AO idR dann vor, wenn Vermögen genutzt, zB Kapitalvermögen verzinst oder unbewegliches Vermögen vermietet oder verpachtet wird.
- Gemeinnützige Körperschaften, die grundsätzlich befreit sind, sind mit ihrem **wirtschaftlichen Geschäftsbetrieb** ertragsteuerpflichtig, § 5 Abs. 1 Nr. 9 Satz 2 KStG, § 64 Abs. 1, § 14 AO. Regelmäßig fällt auch Umsatzsteuer zum Regelsteuersatz an. Der wirtschaftliche Geschäftsbetrieb ist kein eigenständiges Steuersubjekt, sondern Bestandteil der gemeinnützigen Körperschaft. Steuersubjekt bleibt allein die Körperschaft, die innerhalb des Geschäftsbetriebs der (partiellen) Steuerpflicht unterliegt. Die Steuerfreiheit des übrigen gemeinnützigen Bereichs bleibt unberührt.
- Bestimmte wirtschaftliche Geschäftsbetriebe der gemeinnützigen Körperschaft können wiederum als **Zweckbetriebe** ertragsteuerbefreit sein. Dies sind solche wirtschaftlichen Geschäftsbetriebe, die die Kriterien der §§ 65 ff. AO erfüllen und derart

die gemeinnützige Tätigkeit bedingen und unterstützen, dass auch auf sie die Steuerbefreiung Anwendung findet.

Die **Kapitalausstattung** der gemeinnützigen Stiftung kann idR steuerneutral erfolgen: Die Einbringung von Wirtschaftsgütern aus dem Privatvermögen in eine gemeinnützige Körperschaft ist beim Zuwendenden ertragsteuerfrei. Dies gilt auch für die Einbringung wesentlicher Beteiligungen (§ 17 EStG), von Grundstücken oder Wertpapieren. Die Einbringung in eine gemeinnützige Körperschaft kann auch nicht zur Begründung eines gewerblichen Grundstückshandels führen. Die Einbringung von Wirtschaftsgütern des Betriebsvermögens in eine gemeinnützige Körperschaft kann zum Buchwert erfolgen, wenn die Wirtschaftsgüter im ideellen Bereich, in der Vermögensverwaltung oder in einem Zweckbetrieb verwendet werden, § 6 Abs. 1 Nr. 4 Satz 4 und 5 EStG, § 55 Abs. 3 AO. Werden die Wirtschaftsgüter im wirtschaftlichen Geschäftsbetrieb verwendet, ist eine Buchwertfortführung nicht möglich. Bei der Einbringung von Betrieben, Teilbetrieben und Mitunternehmeranteilen ist zwingend der Buchwert anzusetzen, § 6 Abs. 3 EStG. Die steuerbegünstigte Körperschaft führt den Betrieb, Teilbetrieb oder die Mitunternehmerschaft als wirtschaftlichen Geschäftsbetrieb fort, sofern nicht ausnahmsweise ein steuerbefreiter Zweckbetrieb vorliegt. **8**

Unabhängig von der Frage der Gewinnrealisierung kann der Stifter den **Spendenabzug** als Sonderausgaben nach § 10b EStG geltend machen. Abzugsfähig sind Geld- oder Sachspenden. Nicht abzugsfähig sind Nutzungen und Leistungen, § 10b Abs. 3 Satz 1 EStG, § 9 Abs. 2 Satz 2 KStG. Zur Bewertung von Sachspenden s. § 10b Abs. 3 Satz 3 EStG, § 9 Abs. 2 Satz 3 KStG. Die Spende ist bei Entnahme aus dem Betriebsvermögen wahlweise nach § 6 Abs. 1 Nr. 4 Satz 1 EStG (Teilwert mit USt, EStR 10b.1 Abs. 1 Satz 4) oder bei qualifiziertem Empfänger nach § 6 Abs. 1 Nr. 4 Satz 4 und 5 EStG zu ermitteln (s. auch *Schmidt/Heinicke* § 10b EStG Rz. 2). Die Höhe der Zuwendung bestimmt sich nach dem gemeinen Wert des zugewendeten Wirtschaftsguts, sofern dessen Veräußerung im Zeitpunkt der Zuwendung keinen Besteuerungstatbestand erfüllt, § 10b Abs. 3 Satz 3 EStG. Ist Letzteres der Fall, dürfen bei dem Spendenabzug nur die fortgeführten Anschaffungs- oder Herstellungskosten angesetzt werden, sofern nicht zuvor eine Gewinnrealisierung (Aufdeckung stiller Reserven) stattgefunden hat. Dies ist insbesondere bei der Übertragung von GmbH-Anteilen bedeutsam. **9**

Nicht abzugsfähig sind **Spenden, die für den wirtschaftlichen Geschäftsbetrieb** der Körperschaft bestimmt sind. In diesem Fall entfällt auch die Schenkungsteuerbefreiung nach § 13 Abs. 1 Nr. 16 Buchst. b ErbStG. Wird die Zuwendung aber aus Sicht des Spenders für die gemeinnützigen Zwecke gewährt, aber sodann ohne Zutun des Spenders seitens der Körperschaft fehlverwendet, wird hierdurch der Spendenabzug nicht berührt. Zur Spendenhaftung s. § 10b Abs. 4 EStG. Wird durch die Zuwendung ein wirtschaftlicher Geschäftsbetrieb begründet, ist dies sowohl für den Spendenabzug als auch schenkungsteuerlich unschädlich. **10**

In der **Höhe des Spendenabzuges** sieht § 10b Abs. 1 EStG einen einheitlichen Spendenabzug von bis zu 20% der Einkünfte bzw. 4‰ der Umsätze vor. Übersteigende Spenden können nach Maßgabe des § 10d Abs. 4 EStG zeitlich unbegrenzt vorgetragen werden. Ein Rücktrag ist nicht möglich. Für Zuwendungen in den Vermögensstock besteht darüber hinaus noch eine weiter gehende Abzugsmöglichkeit von bis zu € 1.000.000,–, bei zusammenveranlagten Ehegatten bis zu € 2.000.000,–, § 10b Abs. 1a EStG. Gefördert werden nicht nur Spenden anlässlich der Neugründung, sondern allgemein auch Zustiftungen in das Vermögen. Die Zuwendung muss in das zu erhaltende Vermögen erfolgen, so dass Zuwendungen an gemeinnützige Verbrauchsstiftungen regelmäßig nicht dem erhöhten Spendenabzug unterliegen. Der Spender kann diesen zusätzlichen Höchstbetrag einmal alle zehn Jahre in Anspruch nehmen (§ 10b Abs. 1a Satz 3 EStG), wobei der Betrag beliebig auf die einzelnen Jah- **11** re verteilt werden kann. Die Zehn-Jahres-Frist beginnt mit dem Zeitpunkt der Zuwendung, nicht der Stiftungseinrichtung. Im Falle der Verteilung erfolgt eine gesonderte Feststellung, § 10b Abs. 1a Satz 4, § 10d EStG. Bei Zuwendungen aus dem betrieblichen Bereich kann der Betrag allerdings nur bei der Gewerbesteuer, nicht bei der Körperschaftsteuer in Abzug gebracht werden, vgl. § 9 Abs. 1 Nr. 2 KStG.

12   Zuwendungen an den ideellen Bereich von gemeinnützigen Körperschaften sind nach § 13 Abs. 1 Nr. 16 Buchst. b ErbStG **erbschaft- und schenkungsteuerfrei.** Sie gilt nicht, wenn die Zuwendungen in den wirtschaftlichen Geschäftsbetrieb (s. Rz. 7) geflossen sind. Die Befreiung greift allerdings, wenn der gemeinnützigen Körperschaft ein wirtschaftlicher Geschäftsbetrieb schenkweise zugewendet wird (ErbStR 13.8 Abs. 2). Die Finanzverwaltung will die Erbschaft- und Schenkungsteuerbefreiung nicht anwenden, wenn die Körperschaft lediglich als Vorerbin einer nicht gemeinnützigen (zB natürlichen) Person eingesetzt wird. Dies ist weder mit dem Gesetzestatbestand zu vereinbaren noch steuersystematisch gerechtfertigt oder erforderlich, da der Nacherbfall selbst ein steuerbarer Vorgang (§ 1 Abs. 1 Nr. 1, § 6 ErbStG) ist. Nach § 29 Abs. 1 Nr. 4 ErbStG entfällt die Erbschaft- und Schenkungsteuer nachträglich bei Einbringung des ererbten oder geschenkten Vermögens in eine gemeinnützige Stiftung innerhalb von zwei Jahren nach Entstehung der Steuer (s. § 9 ErbStG), wobei der Zweck der Stiftung sämtliche steuerbegünstigten Zwecke iSd. §§ 52–54 AO umfassen kann. Ausgenommen sind lediglich die sog. „Freizeitzwecke" iSd. § 52 Abs. 2 Nr. 23 AO. Auch dieser Befreiungstatbestand gilt sowohl für die rechtsfähige als auch die nicht rechtsfähige Stiftung. Um die Steuerbefreiung zu gewährleisten, dürfen das Stiftungsgeschäft und die Satzung keine Zuwendungen an die Angehörigen iSd. § 58 Nr. 6 AO vorsehen, § 29 Abs. 1 Nr. 4 Satz 2 ErbStG. Ein zusätzlicher Spendenabzug nach § 10b EStG, § 9 Abs. 1 Nr. 2 KStG ist nach dem Gesetzestatbestand ebenfalls ausgeschlossen (zu Gestaltungsmöglichkeiten durch Zweckvermächtnisse (§ 2156 BGB) s. *Söffing/Thoma* ErbStB 05, 212, 214).

13   Erfolgt die Kapitalausstattung durch Schenkung eines Grundstücks, fällt auch **Grunderwerbsteuer** nicht an (s. aber – uE unzutreffend – FinBeh. Hamburg v. 28.12.04, ZEV 05, 340, zur Übertragung der öffentlichen Hand auf eine Stiftung). Dies gilt auch dann, wenn aufgrund der Gemeinnützigkeit nach § 13 Abs. 1 Nr. 16 Buchst. b ErbStG keine Schenkungsteuer erhoben wird. Erfolgt die Schenkung unter Auflagen, ist sie mit Verbindlichkeiten (zB Darlehen) belastet, fällt auch bei der gemeinnützigen Stiftung aufgrund der (Teil-)Entgeltlichkeit Grunderwerbsteuer an (vgl. auch § 3 Nr. 2 Satz 2 GrEStG).

14   **Zuwendungen an Begünstigte** (Destinatäre) der gemeinnützigen Stiftung können bei den Begünstigten steuerpflichtig sein. Steuerpflicht tritt nicht ein, soweit die Leistungen an den Begünstigten im Rahmen des gemeinnützigen Satzungszwecks erbracht werden, § 22 Nr. 1 Satz 2 Buchst. a EStG, zB bei Rentenzahlungen einer mildtätigen Stiftung. Die gemeinnützige Stiftung hat bei Zuwendungen an Begünstigte das Mittelverwendungsverbot für den nicht gemeinnützigen Bereich zu beachten (s. §§ 55 ff. AO).

15   **Zuwendungen an den Stifter und seine Erben** sind regelmäßig unzulässig. Sie dürfen grundsätzlich keine Gewinnanteile oder sonstige Zuwendungen aus Mitteln der gemeinnützigen Stiftung erhalten, § 55 Abs. 3, Abs. 1 Nr. 1 Satz 2 AO. Zwar kann die Stiftung nach § 58 Nr. 6 AO einen Teil, höchstens jedoch $^1/_3$ ihres Einkommens dazu verwenden, um in angemessener Weise den Stifter und seine nächsten Angehörigen zu unterhalten. Hierbei setzen Rechtsprechung und Finanzverwaltung jedoch regelmäßig eine Bedürftigkeit des Begünstigten voraus. Die Zuwendungen im Rahmen von § 58 Nr. 6 AO sind beim Empfänger als wiederkehrende Bezüge iSv. § 22 Nr. 1 EStG steuerpflichtig, wenn sie regelmäßig geleistet werden. Voraussetzung für die Annahme solcher wiederkehrender Bezüge ist, dass sich die Leistungen aufgrund eines von vornherein gefassten einheitlichen Entschlusses oder eines einheitli-

chen Rechtsgrunds mit einer gewissen Regelmäßigkeit, wenn auch nicht immer in gleicher Höhe, wiederholen (BFH VIII 24/65 v. 20.7.71, BStBl. II 72, 170; BFH VIII R 9/77 v. 19.10.78, BStBl. II 79, 133). Der einheitliche Entschluss liegt in dem in der Satzung festgeschriebenen Stifterwillen (BFH IX R 98/82 v. 25.8.87, BStBl. II 88, 344). Erfolgt die Zuwendung **nicht regelmäßig,** findet keine Besteuerung nach § 22 Nr. 1 EStG statt.

(frei) 16–20

2. Einzelerläuterungen

Zu § 1:

s. A. 18.01 Rz. 36. 21

Zu § 2:

Nach § 60 Abs. 1 Satz 2 AO verweist auf die Formulierungen der **„Mustersat-** 22 **zung"** Anlage 1 zur AO. Die Formulierungen sind in allen nach dem 31.12.08 gegründeten Körperschaften sowie bei allen nach dem 31.12.08 vorgenommenen Satzungsänderungen zwingend zu übernehmen, Art. 97 § 1 f EGAO. Die satzungsmäßige Gemeinnützigkeit wird durch einen **Feststellungsbescheid** bestätigt (§ 60a AO).

Zu § 2 Abs. 1:

Zwingend gem. Mustersatzung (Rz. 22). 23

Zu § 2 Abs. 2:

Die **gemeinnützigen Zwecke** sind in § 52 Abs. 2 Satz 1 AO aufgezählt, die mildtä- 24 tigen und kirchlichen Zwecke werden in § 53 und § 54 AO näher definiert. Der Gesetzeskatalog hat grundsätzlich abschließenden Charakter und wurde durch das **JStG 2020** v. 21.12.20 (BGBl. I 20, 3096) mit Wirkung zum VZ 2020 um weitere Zwecke (u.a. Klimaschutz) ergänzt. Sofern der von der Stiftung verfolgte Zweck nicht unter den Katalog fällt, kann er nur ausnahmsweise durch eine gesondert zuständige Landesbehörde für gemeinnützig erklärt werden, vgl. § 52 Abs. 2 Satz 2 AO. In der Praxis empfiehlt es sich daher, den Stiftungszweck an den Gesetzeskatalog zu orientieren und durch den Nachsatz „Der Satzungszweck wird verwirklicht insbesondere durch ..." sodann eine nähere Konkretisierung vorzunehmen. Mehrere Zwecke sind zulässig, sofern sie sämtlich steuerbegünstigt und in der tatsächlichen Geschäftsführung (§ 63 AO) verwirklicht werden. Sollen die steuerbegünstigten Zwecke ausschließlich durch Mittelweitergaben an andere steuerbegünstigte Körperschaften oder juristische Personen des öffentlichen Rechts verwirklicht werden (im Rahmen einer sog. **Förderstiftung**), muss dies in der Satzung geregelt sein, § 58 Nr. 1 Satz 3 AOidF des JStG 2020.

Eine **Förderung der Allgemeinheit** liegt nicht vor, wenn der Kreis der profitie- 25 renden Personen fest abgeschlossen oder so begrenzt ist, dass er dauerhaft nur klein sein kann, § 52 Abs. 1 Satz 2 AO. Das Gesetz nennt beispielhaft eine Begrenzung auf Familien- oder Unternehmensangehörige bzw. nach räumlichen oder beruflichen Merkmalen. Die Förderung von Sonderinteressen oder exklusiver Kreise ist nicht steuerbegünstigt. Durch § 52 Abs. 1 Satz 2 AO werden Eingrenzungen aber nicht generell ausgeschlossen. Auch eine gemeinnützige Körperschaft darf (und muss häufig) den Kreis der Zugangsberechtigten in sachlicher, regionaler, beruflicher oder persönlicher Hinsicht begrenzen. Ausreichend ist daher, wenn der Kreis der Profitierenden einen Ausschnitt aus der Allgemeinheit darstellt. **Politische Zwecke** sind nicht gemeinnützig (vgl. BFH V R 60/17 v. 10.1.19, BStBl. II 19, 301 – „ATTAC"). Zulässig ist es aber, sich im Rahmen der Verwirklichung der steuerbegünstigten Satzungszwecke politisch zu äußern (BFH V R 60/17 v. 10.1.19, a. a. O.).

Ein **wirtschaftlicher Geschäftsbetrieb** (s. Rz. 7) darf nicht als Satzungszweck 26 festgelegt werden. Aufgrund des Ausschließlichkeitsprinzips (§ 56 AO) ist dies auch dann nicht zulässig, wenn der wirtschaftliche Geschäftsbetrieb lediglich neben den steuerbegünstigten Zwecken genannt wird. ~~Ein~~ **Zweckbetrieb** ~~(s. Rz. 7) als Satzungszweck ist aber zulässig.~~

27　　Die Steuervergünstigung wird gewährt, wenn sich die ausschließliche und unmittelbare **Verfolgung der gemeinnützigen Zwecke** aus der Satzung bzw. dem Stiftungsgeschäft ergibt, § 59 AO. Die Satzungszwecke und ihre Verwirklichung müssen dort so genau beschrieben sein, dass die satzungsmäßigen Voraussetzungen für die Steuervergünstigung überprüft werden können (§ 60 Abs. 1 AO).

Zu § 2 Abs. 3:

28　　Diese Ergänzung ist nicht zwingend, aber in der Praxis regelmäßig ratsam, wenn die Stiftung auch andere Organisationen begünstigen will. Sollen die steuerbegünstigten Zwecke aber ausschließlich durch Mittelweitergaben an andere steuerbegünstigte Körperschaften oder juristische Personen des öffentlichen Rechts verwirklicht werden (im Rahmen einer sog. **Förderstiftung**), muss dies in der Satzung geregelt sein, § 58 Nr. 1 Satz 3 AO i. d. F. des JStG 2020.

Zu § 2 Abs. 4:

28a　　Nach § 57 AO müssen steuerbegünstigte Körperschaften ihre Zwecke grundsätzlich „selbst" verwirklichen (sog. **Unmittelbarkeitsgrundsatz**). Dies kann auch durch (natürliche oder juristische) Hilfspersonen geschehen, wenn nach den Umständen des Falls, insbesondere nach den rechtlichen und tatsächlichen Beziehungen das Wirken der Hilfsperson wie eigenes Wirken der Körperschaft anzusehen ist, § 57 Abs. 1 Satz 2 AO. Durch das JStG 2020 v. 21.12.20 (BGBl. I 20, 3096) wurden hierzu wichtige Ergänzungen getroffen: Steuerbegünstigte Körperschaften können ihre Zwecke nun auch durch **„planmäßiges Zusammenwirken"** mit anderen steuerbegünstigten Körperschaften verwirklichen, § 57 Abs. 3 AO. Damit können auch Zuarbeiten und Unterstützungsleistungen (z. B. Personalüberlassung, Reinigung, Wäscherei, Vermietung, Gestellung von Sachmitteln) für andere Einrichtungen für die eigene Steuerbegünstigung ausreichen, wenn die hierdurch unterstützte Tätigkeit selbst steuerbegünstigt ist. Ferner verfolgt nach § 57 Abs. 4 AO die Körperschaft ihre steuerbegünstigten zwecke auch dann unmittelbar, wenn sie ausschließlich Anteile an steuerbegünstigten Kapitalgesellschaften (z. B. gGmbH) hält. Damit ist seit VZ 2020 auch die **„gemeinnützige Holding"** zulässig.

Zu § 3:

29　　S. zunächst A. 18.01 Rz. 38 ff. Bei der Vermögensverwaltung und Mittelverwendung sind die strengen **Vorgaben des Gemeinnützigkeitsrechts** zu berücksichtigen. Die Förderung der Allgemeinheit durch die gemeinnützige Stiftung muss **selbstlos** erfolgen, § 52 Abs. 1 Satz 1 AO. Dieser Gesetzesbegriff wird in § 55 AO näher konkretisiert: Die Körperschaft darf nicht in erster Linie eigenwirtschaftliche Zwecke (zB gewerbliche oder sonstige Erwerbszwecke) verfolgen. Darüber hinaus müssen die in § 55 Abs. 1 Nr. 1 bis 4 AO genannten Voraussetzungen erfüllt werden.

Zu § 3 Abs. 4:

30　　Zwingend gem. Mustersatzung (Rz. 22).

Zu § 4:

31　　S. zunächst A. 18.01 Rz. 41. Auch bei einer gemeinnützigen Stiftung stellt sich immer die Frage, ob und wieweit sich der Stifter oder seiner Familie **Vorrechte** vorbehalten kann. Hier sind fast alle aus dem Wirtschaftsrecht bekannten Gestaltungsmöglichkeiten zulässig. Der Stifter kann sich bzw. seinen Nachkommen einen Sitz in einem der Organe vorbehalten. Es können speziell Organe für die Familie gegründet werden (zB Familienrat). Die Satzung kann einen Katalog zustimmungspflichtiger Geschäfte zugunsten des Stifters und seiner Familie vorsehen. Für die Stifter und seine Familie können besondere Informations- und Einsichtsrechte festgeschrieben werden. Rechtlich **zwingend** ist nur der Stiftungsvorstand, s. A. 18.01 Rz. 41.

Zu § 4 Abs. 2:

Der Stifter sollte in der Satzung eine Regelung vorsehen, ob der Stiftungsvorstand **ehrenamtlich** oder gegen **Vergütung** tätig werden soll. Wird die Möglichkeit einer Vergütung in der Satzung nicht positiv festgelegt, gilt der Ehrenamtsgrundsatz. **Seit 2015** ist dies durch §§ 86, 27 BGB auch gesetzlich verankert. Will die Stiftung ihren Organen eine Vergütung zahlen oder gar hauptamtliche Organmitglieder installieren, bedarf dies einer ausdrücklichen Satzungsgrundlage. Eine nachfolgende Satzungsänderung ist uU schwierig herstellbar, weil die Stiftungsbehörde die Regelung als Verstoß gegen den ursprünglichen Stifterwillen ansehen könnte. **32**

Zu § 4 Abs. 3:

Die vorgeschlagene Regelung geht weiter als die für den Verein konzipierte **Haftungsbeschränkung** des § 31a BGB und trägt dem Praxisinteresse – insbesondere, aber nicht nur bei ehrenamtlichen Vorstandsmitgliedern – Rechnung. Da in Stiftungen häufig erhebliche Vermögenswerte verwaltet und größere Zahlungsströme verantwortet werden, besteht auf Seiten der Stiftungsorgane ein berechtigtes Bedürfnis nach einer Begrenzung des Haftungsrisikos. **33**

Zu §§ 5–6:

Siehe A. 18.01 Rz. 42 f. **34**

Zu § 8:

Siehe A. 18.01 Rz. 44. **35**

Zu § 11:

Für gemeinnützige Stiftungen schreiben §§ 60, 61 AO explizit eine **gemeinnützige Vermögensbindung** vor. Es muss auch satzungsmäßig sichergestellt sein, dass das der Stiftung übertragende Vermögen dauerhaft in der Gemeinnützigkeit verbleibt. Die **Mustersatzung** (Anlage 1 zur AO, s. Rz. 22) gibt zwei alternative Formulierungsvorgaben. **36**

A. 18.03 Stiftungsgeschäft einer rechtsfähigen (gemeinnützigen oder nicht gemeinnützigen) Stiftung

Gliederung

I. FORMULAR

Formular A. 18.03 Stiftungsgeschäft einer rechtsfähigen (gemeinnützigen oder nicht gemeinnützigen) Stiftung

---

Stiftungsgeschäft

1. Ich errichte hiermit unter Bezugnahme auf das Stiftungsgesetz des Landes ...... die

...... Stiftung

als rechtsfähige Stiftung des bürgerlichen Rechts mit dem Sitz in ......: Die Stiftung erhält die in der Anlage beigefügte Satzung, die Bestandteil dieses Stiftungsgeschäfts ist.

2. Zweck der Stiftung ist ......

3. Die Stiftung statte ich mit einem Vermögen von € ...... (in Worten: ......) aus. Ich sichere zu, das Stiftungsvermögen nach Maßgabe der gesetzlichen Bestimmungen auf die Stiftung zu übertragen.

4. Organe der Stiftung sind der Vorstand und das Kuratorium nach Maßgabe der anliegenden Satzung. Zu Mitgliedern des ersten Vorstands bestimme ich:

......, als Vorsitzender.

....

....

Zu Mitgliedern des ersten Kuratoriums bestimme ich

......, als Vorsitzender.

....

....

...., den ......

II. ERLÄUTERUNGEN

Erläuterungen zu A. 18.03 Stiftungsgeschäft einer rechtsfähigen (gemeinnützigen oder nicht gemeinnützigen) Stiftung

---

1. Grundsätzliche Anmerkungen

a) Wirtschaftliche/nichtwirtschaftliche Ziele

1 S. hierzu A. 18.01 Rz. 1 ff.

b) Stiftungs- und Zivilrecht

2 Das Stiftungsgeschäft ist eine einseitige, empfangsbedürftige Willenserklärung. Unter Lebenden bedarf es der **Schriftform,** § 81 Satz 1 BGB. Nach zutreffender, aber streitiger Ansicht bedarf das Stiftungsgeschäft auch dann **nicht der notariellen Beurkundung,** wenn Grundstücke oder GmbH-Anteile übertragen werden: § 81 Abs. 1 Satz 1 BGB wird insoweit mehrheitlich als lex specialis gegenüber § 311b BGB bzw. § 15 Abs. 4 GmbHG angesehen (OLG Schleswig-Holstein 9 W 50/95 v. 1.8.95, DNotZ 96, 770; *Staudinger/Hüttemann/Rawert* § 81 BGB Rz. 16; *v. Campenhausen/Richter/Hof* § 6 Rz. 17 f.). Dem Schutzzweck der Vorschriften wird durch die Stiftungsaufsicht Rechnung getragen. Nach Anerkennung der Stiftung bedarf allerdings der dingliche Übertragungsakt, die Auflassung (§ 925 BGB), der notariellen Beurkundung. Die Beurkundung des Stiftungsgeschäfts mit gleichzeitiger Auflassung reduziert insoweit die Notarkosten.

Bei der Stiftungserrichtung unter Lebenden liegt der Zuwendung an die Stiftung **3**
regelmäßig eine **Schenkung** zugrunde (BGH IV ZR 249/02 v. 10.12.03, NJW 04,
1382). Bei der **Verfügung von Todes wegen** kann das Stiftungsgeschäft in Testa-
mentsform (§§ 2247 ff. BGB) oder durch Erbvertrag (§§ 2274 ff. BGB) erfolgen. Hierbei ist die Testierfähigkeit des Stifters erforderlich (vgl. § 2229 Abs. 4 BGB). Die Testierfähigkeit kann auch durch einen Betreuer gewährleistet werden. Fehlen dem
Betreuten Einsichtsvermögen und die Fähigkeit zur freien Willensbestimmung, kann
aber auch die Zustimmung des Betreuers die Testierfähigkeit nicht herstellen. Aber
auch die Stiftung unter Lebenden ist unter Betreuung stehenden Personen wegen des
zivilrechtlichen Schenkungsverbots (vgl. §§ 1908i Abs. 2, 1804 BGB) regelmäßig versagt. Im Stiftungsgeschäft wird die **Stiftungssatzung** (Formular A. 18.01) festgelegt,
§ 85 BGB.

c) Steuerrecht

Nachfolgend Besteuerungshinweise zur Stiftungserrichtung. Zur **laufenden Stif-** **4**
tungsbesteuerung s. A. 18.01 Rz. 21 ff. Zu den Besonderheiten der gemeinnützigen
Stiftung A. 18.03 Rz. 21 ff.

Die **Stiftungserrichtung** führt bei der Stiftung selbst nicht zur Ertragsbesteuerung.

Beim Stifter, Zustifter oder Spender ist die unentgeltliche **Übertragung** eines **5**
Wirtschaftsguts **aus dem Privatvermögen** an eine Stiftung ebenfalls ertragsteuerfrei.
Sie ist keine Veräußerung, auch nicht bei Übertragung einer wesentlichen Beteiligung
iSd. § 17 EStG (BFH IV R 15/76 v. 17.7.80, BStBl. II 81, 11). Dies gilt auch bei einer Schenkung unter Auflage (BFH IX R 64/82 v. 26.11.85, BStBl. II 86, 161).

Die **Übertragung aus dem Betriebsvermögen** in eine **nicht gemeinnützige** **6**
Stiftung führt idR zur Gewinnrealisierung und zur Aufdeckung der stillen Reserven
(s. iE *v. Campenhausen/Richter/Richter* § 13 Rz. 99). Sie ist nur in Ausnahmefällen
vermeidbar, zB innerhalb einer Betriebsaufspaltung (vgl. BFH I S 2/85, I S 3/85 v.
5.6.85, BFH/NV 86, 433). Der Gewinn kann uU teilweise oder vollständig durch
Betriebsausgaben (hierzu *v. Campenhausen/Richter/Richter* § 13 Rz. 100) oder Spendenabzug neutralisiert werden. Die unentgeltliche Übertragung eines Betriebs, Teilbetriebs oder Mitunternehmeranteils auf eine Stiftung löst beim Zuwendenden keine Ertragsbesteuerung aus, § 6 Abs. 3 EStG. Zum Beginn der Ertragsteuerpflicht der
rechtsfähigen Stiftung s. A. 18.01 Rz. 26. Die unentgeltliche Vermögensübertragung
auf eine nicht gemeinnützige Stiftung bei ihrer Errichtung unterliegt der **Erbschaft-**
und Schenkungsteuer. Es gelten die allgemeinen Grundsätze. Ein steuerpflichtiges
Stiftungsgeschäft nach § 7 Abs. 1 Nr. 8 ErbStG liegt auch dann vor, wenn eine bereits
bestehende Stiftung eine neue Stiftung mit weitgehend gleichem Stiftungszweck
gründet (FG Münster 3 K 5275/06 Erb v. 4.6.09, EFG 10, 65). Steuerschuldner ist
beim Erwerb von Todes wegen der Erwerber, also die Stiftung. Bei der Schenkung
unter Lebenden schulden Schenker und Stiftung die Steuer nebeneinander (§ 20
Abs. 1 ErbStG). Bei der Stiftung zu Lebzeiten entsteht die Schenkungsteuer nicht
schon mit der Unterzeichnung des Stiftungsgeschäfts oder der staatlichen Anerkennung, sondern mit dem Zeitpunkt der Ausführung der Schenkung (§ 47 Abs. 1 Nr. 8
Satz 1 iVm. § 9 Abs. 1 Nr. 2 ErbStG), dh. der rechtswirksamen Übertragung des
Vermögens auf die Stiftung, die regelmäßig erst nach der Anerkennung (§ 82 Abs. 1
BGB) erfolgt. Bei der Stiftung von Todes wegen entsteht die Erbschaftsteuer nicht be-
reits mit dem Erbfall, sondern erst mit der Anerkennung nach § 82 BGB, § 9 Abs. 1
Nr. 1 Buchst. c 1. Alt. ErbStG (s. auch ErbStH E 9.3). Maßgebend ist der Tag der
Bekanntgabe der Anerkennung (vgl. §§ 41, 43 VwVfG).

Die unterschiedlichen Besteuerungszeitpunkte bei der Erbschaft- und Schenkungs- **7**
teuer können in der Praxis zu **Besteuerungsnachteilen für die Stiftung von Todes**
wegen führen, vor allem dadurch, dass zwischen Erbfall und Abschluss des Anerkennungsverfahrens Wertsteigerungen des Stiftungsvermögens eintreten. Die Nachteile

können vermieden bzw. begrenzt werden durch Stiftungserrichtung zu Lebzeiten, frühzeitige Schaffung der Anerkennungsvoraussetzungen oder post- oder transmortale Vollmacht durch den Stifter. Die Verpflichtung der Stiftung, das Vermögen satzungsgemäß zu verwenden, ist keine **Nachlassverbindlichkeit,** die die Besteuerungsgrundlage mindert.

8   **Grunderwerbsteuer** fällt bei der Stiftung von Todes wegen nicht an (§ 1 Abs. 1 Nr. 3 Satz 1, § 3 Nr. 2 Satz 1 GrEStG). Auch bei der Stiftung zu Lebzeiten ist die Vermögensübertragung von der Grunderwerbsteuer befreit, soweit sie der Schenkungsteuer unterliegt, § 3 Nr. 2 Satz 1 GrEStG. Erfolgt die Schenkung allerdings unter Auflagen oder ist sie mit Verbindlichkeiten (zB Darlehen) belastet, fällt aufgrund der (Teil-)Entgeltlichkeit Grunderwerbsteuer an (vgl. auch § 3 Nr. 2 Satz 2 GrEStG). Dies gilt auch dann, wenn die Stiftung gemeinnützig ist. Erfolgt die Übertragung (teil-)entgeltlich, geht das der Stiftung gewidmete Grundstück nicht kraft Gesetzes in das Eigentum der Stiftung über (vgl. § 82 Abs. 2 BGB). Notwendig ist die Auflassung (§§ 873, 925 BGB), die nach der Anerkennung erfolgt. Mit der Auflassung entsteht die Grunderwerbsteuer (§ 1 Abs. 1 Nr. 2 GrEStG iVm. § 38 AO).

2. Einzelerläuterungen

Zu Nr. 1:

9   S. die Erläuterungen in A. 18.01 Rz. 36.

Zu Nr. 2:

10   S. die Erläuterungen zu A. 18.01 Rz. 37 und bei gemeinnütziger Stiftung A. 18.02 Rz. 22.

Zu Nr. 3:

11   Dem Stifter steht es grundsätzlich frei, die **Art des zu übertragenen Vermögens** zu bestimmen. Klassischerweise werden Geld, Wertpapiere, Immobilien, Beteiligungen an Unternehmen sowie Kunstgegenstände übertragen. Von Bedeutung ist lediglich, dass das übertragene Vermögen einen ausreichenden Ertrag für die Erreichung des Stiftungszwecks abwirft. Ertragslose Vermögensbestandteile sind deshalb mit ertragsbringenden Vermögensbestandenteilen zu kombinieren. Der Stiftung sollte nur so viel Vermögen übertragen werden, wie der Erbe und seine Familie entbehren kann. Unbedingten Vorrang hat die **Versorgungssicherheit des Stifters.** Erst wenn feststeht, was der Stifter entbehren kann, ist zu prüfen, ob mit diesem Vermögensteil der **Stiftungszweck** erreicht werden kann. Hierbei ist zu berücksichtigen, dass bei einer Stiftung grundsätzlich der Stiftungszweck aus den Erträgen des Stiftungsvermögens erreicht werden muss. Nur in Ausnahmefällen ist es erlaubt, zur Erreichung des Stiftungszwecks das Stiftungsvermögen auszugreifen.

12   Feste **Größenordnungen** für die Gründung einer rechtsfähigen oder nicht rechtsfähigen Stiftung bestehen nicht. Bei einem kleineren Vermögen (unter € 10.000,–) sollte keine rechtsfähige Stiftung gegründet werden. In Betracht kommt eine Spende bzw. eine Zustiftung an eine fremde Stiftung. Bei mittelgroßem Vermögen (zwischen € 10.000,– und € 100.000,–) kann die Gründung einer nicht rechtsfähigen Stiftung (A. 18.03 und A. 18.04) in Erwägung gezogen werden.

13   Lässt sich der Stiftungszweck nicht aus den Erträgen des Stiftungsvermögens erreichen, kann dennoch eine Stiftung gegründet werden, wenn der Stifter eine sogenannte **Spendenzusage** erteilt. In diesem Fall kann die Stiftung den Stiftungszweck durch die Erträge aus dem Stiftungsvermögen und die kurzfristige Verwendung der Spenden verfolgen.

Zu Nr. 4:

14   s. A. 18.01 Rz. 41.

A. 18.04 Satzung einer nicht rechtsfähigen Stiftung

Gliederung

I. FORMULAR

Formular A. 18.04 Satzung einer nicht rechtsfähigen Stiftung

Satzung der ......-Stiftung

§ 1 Allgemeines

(1) Die Stiftung führt den Namen „......".

(2) Die „......" ist eine nicht rechtsfähige Stiftung des bürgerlichen Rechts in der Verwaltung der [Name des Trägers: ......] mit Sitz in ....

(3) Stifter im Sinne dieser Satzung ist ....

(4) Träger der Stiftung ist ....

(5) Geschäftsjahr der Stiftung ist das Kalenderjahr.

§ 2 Stiftungszweck

Zweck der Stiftung ist .... Dieser Stiftungszweck wird insbesondere verwirklicht durch ....

§ 3 Stiftungsleistungen

(1) Die Vergabe von Stiftungsleistungen und Stiftungsmitteln erfolgt durch den Träger.

(2) Die Entscheidung über die Vergabe von Stiftungsleistungen oder Stiftungsmitteln bedarf der Zustimmung des Stifters, ersatzweise des Beirats, wenn

a) die Leistungen oder Mittel dem Träger oder ihm nahestehende Organisationen zugute kommen,

b) verbindliche Zusagen oder sonstige Verpflichtungen zur Vergabe von Leistungen oder Mitteln über das laufende Geschäftsjahr hinaus getroffen werden oder

c) Leistungen oder Mittel im Wert von mehr als € ...... vergeben werden sollen.

(3) Der Träger kann im Einvernehmen mit dem Stifter, nach dessen Ableben dem Beirat Richtlinien und Leitfäden für die Vergabe von Stiftungsleistungen erstellen, die die Verfolgung der Stiftungszwecke nach § 2 gewährleisten.

(4) Auf die Gewährung von Stiftungsleistungen besteht kein Rechtsanspruch.

§ 4 Stiftungsvermögen

(1) Das Stiftungsvermögen ergibt sich aus dem Stiftungsgeschäft. Es kann durch Zuwendungen des Stifters und Zuwendungen Dritter und Zustiftungen erhöht werden. Die Stiftung ist berechtigt, Zustiftungen auch von Dritten entgegenzunehmen. Dritte werden hierdurch nicht Stifter iSd. Satzung

(2) Das Stiftungsvermögen ist im Interesse des langfristigen Bestands der Stiftung in seinem Wert ungeschmälert zu erhalten.

(3) Umschichtungen des Stiftungsvermögens sind zulässig. Umschichtungsgewinne dürfen ganz oder teilweise zur Erfüllung des Stiftungszwecks verwendet werden. Abs. 2 ist zu beachten.

§ 5 Verwaltung der Stiftung durch den Träger

(1) Die Stiftung wird durch den Träger nach Maßgabe dieser Satzung verwaltet.

(2) Der Träger ist berechtigt, Dritte mit der Wahrnehmung einzelner Verwaltungsaufgaben zu beauftragen. Der Träger hat die Dritten sorgfältig auszuwählen und ihre Tätigkeit fortwährend zu überwachen.

(3) Das Stiftungsvermögen wird getrennt vom übrigen Vermögen des Trägers verwaltet. Der Träger ist berechtigt, das Stiftungsvermögen zusammen mit dem Vermögen anderer Stiftungen anzulegen.

(4) Der Träger handelt im Außenverhältnis in eigenem Namen, im Innenverhältnis für Rechnung der Stiftung. Der Träger ist berechtigt, sich im Außenverhältnis durch einen Bevollmächtigten vertreten zu lassen. Die erteilte Vollmacht kann der Träger gegenüber dem Bevollmächtigten jederzeit ohne Angaben von Gründen widerrufen.

(5) Für die Verwaltung der Stiftung ist der Träger berechtigt, eine angemessene Vergütung aus den Stiftungsmitteln zu erheben. Das Nähere regelt eine Vergütungsvereinbarung, die der Zustimmung des Stifters, ersatzweise des Beirats bedarf.

(6) Der Träger hat dem Stifter, nach dessen Ableben dem Beirat innerhalb von sechs Monaten nach Abschluss des Geschäftsjahres einen schriftlichen Bericht über die Tätigkeit der Stiftung vorzulegen. Dieser Bericht besteht aus der Jahresabrechnung, einer Vermögensübersicht und einem Bericht über die Erfüllung des Stiftungszwecks.

(7) Der Träger ist zur ordnungsgemäßen Erfüllung seiner Aufgaben verpflichtet. Er haftet nur für Vorsatz und grobe Fahrlässigkeit.

§ 6 Errichtung des Beirats

(1) Die Errichtung des Beirats erfolgt durch Erklärung des Stifters, spätestens aber nach dessen Ableben.

(2) Die Errichtung des Beirats gilt als erfolgt, sobald eine Voraussetzung nach Abs. 1 eingetreten und die nach ihrer Mindestzahl erforderlichen Beiratsmitglieder benannt sind. Eine Annahme- oder Zustimmungserklärung des Trägers ist nicht erforderlich. Ein Ablehnungs- oder Widerspruchsrecht des Trägers besteht nicht.

§ 7 Zusammensetzung des Beirats

(1) Der Beirat besteht aus mindestens drei, höchstens fünf Mitgliedern.

(2) Die ersten Mitglieder des Beirats werden durch den Stifter bestimmt. Die Bestimmung kann der Stifter auch zu Lebzeiten im Voraus oder durch Verfügung von Todes wegen vornehmen. Der Stifter ist Mitglied des Beirats auf Lebenszeit.

(3) Ist eine Bestellung durch den Stifter nicht erfolgt, werden die ersten Mitglieder des Beirats durch

a) die Erben des Stifters ...... ersatzweise

b) ......

benannt. Die vorgenannten Bestimmungsberechtigten können dem Beirat auch selbst angehören.

(4) Der Beirat wählt aus seiner Mitte einen Vorsitzenden und einen Stellvertreter. Vorsitz und Stellvertretung können vom Beirat jederzeit durch Neuwahl neu bestimmt werden. Gehört der Stifter dem Beirat an, ist er Vorsitzender auf Lebenszeit.

(5) Die Mitglieder des Beirats werden grundsätzlich auf Lebenszeit bestimmt. Scheidet ein Mitglied aus, wird der Beirat von den verbleibenden Mitgliedern durch Zuwahl ergänzt. Bis zur Bestellung eines neuen Mitglieds verringert sich die Anzahl der Mitglieder entsprechend.

(6) Die Mitglieder des Beirats sind ehrenamtlich tätig. Auslagen können in angemessener Höhe erstattet werden.

§ 8 Aufgabe und Rechte des Beirats

(1) Der Beirat überwacht als unabhängiges Kontrollorgan die Beachtung des Stifterwillens und der Satzung durch den Träger. Er führt eine Prüfung der Stiftung durch. [Optional]: Darüber hinaus berät und unterstützt er den Träger bei der Stiftungsverwaltung und der Vergabe von Stiftungsmitteln.

(2) Aufgaben des Beirats sind insbesondere:

a) Mitwirkung an der Vergabe von Stiftungsleistungen nach Maßgabe des § 3

b) Mitwirkung bei der Verwaltung des Stiftungsvermögens nach Maßgabe des § 5

c) Entgegennahme und Prüfung des Jahresberichtes des Trägers

d) Beschlussfassungen nach § 9

e) etwaige sonstige nach Maßgabe dieser Satzung dem Beirat zugewiesenen Aufgaben.

(3) Jedes Mitglied des Beirats hat ein umfassendes Einsichtsrecht in alle Unterlagen und Aufzeichnungen, die die Stiftung und ihre Geschäftstätigkeit betreffen.

§ 9 Einberufung und Beschlüsse des Beirats

(1) Der Beirat wird von seinem Vorsitzenden – bei seiner Verhinderung von seinem Stellvertreter – schriftlich unter Bezeichnung der einzelnen Punkte der Tagesordnung mindestens einmal im Kalenderjahr einberufen. Die Ladungsfrist beträgt mindestens zwei Wochen.

(2) Der Beirat ist auch einzuberufen, wenn ein Mitglied es verlangt. Das Mitglied hat den Beratungspunkt anzugeben.

(3) Der Beirat ist beschlussfähig, wenn mehr als die Hälfte seiner Mitglieder anwesend sind.

(4) Der Beirat beschließt mit der Mehrheit seiner Stimmen. Bei Stimmengleichheit entscheidet die Stimme des Vorsitzenden, ersatzweise seines Stellvertreters. Der Stiftungsrat kann einen Beschluss auch schriftlich – dh. per Post, Telefax oder elektronisch, zB per E-Mail – fassen, wenn alle Mitglieder zu dieser Form der Beschlussfassung schriftlich ihre Zustimmung erteilen.

(5) Über die in den Sitzungen des Beirats gefassten Beschlüsse ist eine Niederschrift zu fertigen, die vom Vorsitzenden und einem weiteren Mitglied zu unterzeichnen ist. Alle Beschlüsse des Beirats sind zu sammeln und während des Bestehens der Stiftung aufzubewahren.

§ 10 Satzungsänderung, Vermögensübertragung, Aufhebung, Vermögensanfall

(1) Der Träger kann mit Zustimmung des Stifters, ersatzweise des Beirats Änderungen dieser Satzung beschließen, soweit dies zur nachhaltigen Erfüllung des Stiftungszwecks erforderlich oder zweckmäßig ist und die Änderung mit dem Stifterwillen vereinbar ist.

(2) Der Träger kann mit Zustimmung des Stifters, ersatzweise des Beirats die Übertragung des Stiftungsvermögens oder Teile hiervon auf einen anderen Träger beschließen. In diesem Fall wird die Stiftung nicht aufgelöst. Der Träger hat unverzüg-

lich nach der Beschlussfassung eine Abschlussbilanz zu erstellen und das Vermögen auf den in dem Beschluss benannten neuen Träger zu übertragen.

(3) Der Träger kann mit Zustimmung des Stifters, ersatzweise des Beirats Änderungen des Stiftungszwecks (§ 2), die Aufhebung der Stiftung oder die Zusammen- oder Zulegung der Stiftung mit oder zu einer anderen Stiftung nur beschließen, wenn die Erfüllung des Stiftungszwecks unmöglich geworden ist oder angesichts wesentlicher Veränderungen der Verhältnisse nicht mehr sinnvoll erscheint.

(4) Bei Auflösung der Stiftung fällt das Vermögen an ....

....

[Ort, Datum, Unterschrift Stifter]   [Ort, Datum, Unterschrift Träger]

II. ERLÄUTERUNGEN

Erläuterungen zu A. 18.04 Satzung einer nicht rechtsfähigen Stiftung
---

1. Grundsätzliche Anmerkungen

a) Wirtschaftliche bzw. nichtwirtschaftliche Ziele

1   Überträgt der Stifter einer natürlichen oder juristischen Person seines Vertrauens Vermögenswerte mit der Maßgabe, diese zur Verfolgung der vom Stifter festgelegten Zwecke zu verwenden, spricht man von einer **nicht rechtsfähigen, unselbständigen** Stiftung. Auch hier wird ein bestimmtes Vermögen vom Stifter auf Dauer gewidmet.

2   Die nicht rechtsfähige Stiftung kann aus den gleichen **Gestaltungsmotiven** wie die rechtsfähige Stiftung errichtet werden (s. hierzu A. 18.01 Rz. 1 ff.). Mit einer nicht rechtsfähigen Stiftung können ebenfalls sämtliche gängigen **Stiftungszwecke** (A. 18.01 Rz. 4) verfolgt werden. Die Besonderheit der nicht rechtsfähigen Stiftung liegt in der Übertragung des Stiftungsvermögens auf einen **Rechtsträger.** Dies ist notwendig, da diese Stiftung – anders als die rechtsfähige Stiftung (A. 18.01 und A. 18.02) – mangels Rechtsfähigkeit nicht selbst Empfänger und Träger des Stiftungsvermögens sein kann.

3   In der **Gestaltungspraxis** muss die nicht rechtsfähige Stiftung keinesfalls die schlechtere Stiftung sein. Dies lässt sich bereits daraus ersehen, dass nach wie vor die Mehrzahl aller Stiftungen unselbständig sind. Vorteile liegen vor allem in ihrer schnellen, unbürokratischen und zumeist auch kostengünstigeren Errichtungs- und Handlungsmöglichkeit. Eine nicht rechtsfähige Stiftung kann innerhalb von einem Tag errichtet werden. Umständliche Genehmigungsverfahren und staatliche Aufsicht entfallen. Änderungen des Stiftungszwecks oder der Stiftungsorganisation können zwischen Stifter und Treuhänder durch wenige Federstriche im Wege der Vertragsänderung erfolgen. In der Anfangsphase kann mit einem geringeren Betrag zB eine nicht rechtsfähige Stiftung gegründet werden. Durch Zustiftung kann das Vermögen der Stiftung angereicht werden.

4   **Nachteile** hat die unselbständige Stiftung aufgrund ihrer fehlenden Rechtsfähigkeit, je mehr sie nach dem Stiftungszweck auf eine Beteiligung am Rechtsverkehr ausgerichtet ist. Da Rechtsträger und Stifter das Stiftungsgeschäft einseitig kündigen können, bietet die unselbständige Stiftung zudem eine geringere Gewähr für ihre Dauerhaftigkeit. Schließlich bestehen Risiken im Hinblick auf den Haftungszugriff von Gläubigern des Stifters oder des Stiftungsträgers. Sobald sich die Stiftung als „lebensfähig" erweist, kann bei ausreichender Vermögensausstattung eine **Umwandlung in eine rechtsfähige Stiftung** angestrebt werden.

b) Stiftungs- und Zivilrecht

5   Wesentlicher Unterschied ist, dass die unselbständige Stiftung **keine juristische Person** ist. Sie unterliegt keiner staatlichen Aufsicht und bedarf zu ihrer Entstehung

keiner behördlichen Genehmigung. Sie kann kurzfristig durch Vertrag errichtet werden. Die nicht selbständige Stiftung ist zivilrechtlich nicht gesondert geregelt. **Rechtsgrundlage** ist allein der Vertrag zwischen Stifter und empfangendem Rechtsträger.

Die nicht rechtsfähige Stiftung zeichnet sich durch die **Verselbständigung von** 6 **Vermögen** aus, das zur Verwaltung und Trägerschaft auf einen Dritten übertragen und dessen Verwaltung mit einer festgelegten Organisation versehen wird. Bei der **Errichtung** einer nicht rechtsfähigen Stiftung ist sicherzustellen, dass
- ein bestimmter **Vermögensgegenstand** auf einen Dritten (Rechtsträger) übertragen wird,
- ein **Zweck** bestimmt wird, dem der Vermögensgegenstand dienen soll,
- die **Zweckbindung** vertraglich mit dem formal-rechtlichen Träger sowohl hinsichtlich des Vermögensstamms als auch hinsichtlich der Erträge sichergestellt und
- die Verwendung des Zweckvermögens, die **Zweckverfolgung,** geregelt wird.

Taugliche **Rechtsträger** sind alle natürlichen (Ausnahme) oder juristischen Perso- 7 nen (Regelfall). Die Wirksamkeit der Übertragung setzt die Annahme der Übertragung durch den Rechtsträger voraus. Bei Übertragung an eine natürliche Person muss vertraglich sichergestellt werden, dass die Stiftungsverpflichtung auf die Erben übergeht. Eine Eigenstiftung ist nach hM unzulässig (*v. Campenhausen/Richter/Hof* § 36 Rz. 69).

Als **Treuhänder bzw. Verwalter** von nicht rechtsfähigen Stiftungen stehen pro- 8 fessionelle Anbieter, zB der Stifterverband für die Deutsche Wissenschaft e.V. in Essen zur Verfügung. Häufig werden Stiftungsverwaltungen aber auch durch gemeinnützige Träger oder Banken durchgeführt. Das Stiftungsgeschäft der nicht rechtsfähigen Stiftung sollte Regelungen zum Aufwendungsersatz und zur **Vergütung** enthalten.

Die unselbständige Stiftung kann in eine rechtsfähige Stiftung oder eine andere ju- 9 ristische Person **umgestaltet** werden. Sie kann im Ausnahmefall auch von vornherein als Vorstufe zur selbständigen Stiftung errichtet werden, zB wenn das für eine Genehmigung erforderliche Vermögen noch nicht vollständig zur Verfügung steht. Schließlich kann eine nicht rechtsfähige Stiftung durch Verfügung von Todes wegen entstehen (zu Einzelheiten s. *v. Campenhausen/Richter/Hof* § 36 Rz. 117 ff.).

c) Steuerrecht

Nicht rechtsfähige Stiftungen des privaten Rechts mit Sitz oder Geschäftsleitung im 10 Inland sind **unbeschränkt körperschaftsteuerpflichtig,** § 1 Abs. 1 Nr. 5 KStG. Die Stiftung ist also nicht rechtsfähig, aber dennoch Steuersubjekt. Die Körperschaftsteuerpflicht ist subsidiär, wenn ihr Einkommen bereits bei einem anderen Steuerpflichtigen zu versteuern ist (vgl. auch § 3 KStG). Nicht rechtsfähige Stiftungen des privaten Rechts sind **gewerbesteuerpflichtig,** soweit sie gewerblich tätig sind, vgl. GewStR 15. Zu beachten ist, dass für die Gewerblichkeit (§ 15 Abs. 2 EStG) – anders als für den wirtschaftlichen Geschäftsbetrieb (§ 14 AO und A. 18.02 Rz. 7 ff.) – auch Gewinnerzielungsabsicht und Teilnahme am allgemeinen wirtschaftlichen Verkehr erforderlich sind (s. auch *Orth* DStR 01, 325, 326).

(frei) 11–13

2. Einzelerläuterungen

Zu § 1 Abs. 1:

Der **Name** der Stiftung ist frei wählbar. Auch das Wort „Stiftung" braucht im Na- 14 men nicht zwingend enthalten zu sein.

Zu § 1 Abs. 2:

Der **Stiftungssitz** richtet sich regelmäßig nach dem Sitz des Trägers. Denkbar ist 15 allerdings auch, dass die nicht rechtsfähige Stiftung nicht von dem Rechtssitz des Trägers, sondern einem anderen Ort verwaltet wird.

Zu § 2:

16   Siehe A. 18.01 Rz. 37.

Zu § 3:

17   Eine **Zustimmungspflicht** des Stifters oder eines gesonderten Gremiums für die Vergabe von Stiftungsleistungen oder Stiftungsmitteln ist nicht zwingend.

Zu § 4:

18   Siehe A. 18.01 Rz. 41.

Zu § 6:

19   Die Errichtung eines **zusätzlichen Gremiums** (hier als Beispiel: Beirat) ist häufig, aber rechtlich nicht zwingend. Dies unterliegt der freien Gestaltung.

Zu § 10:

20   Anders als bei der gemeinnützigen Stiftung (s. A. 18.02 Rz. 35) ist die Regelung eines expliziten **Anfallberechtigten** nicht zwingend.

A. 18.05 Satzung einer nicht rechtsfähigen, gemeinnützigen Stiftung

Gliederung

I. FORMULAR

Formular A. 18.05 Satzung einer nicht rechtsfähigen, gemeinnützigen Stiftung

Satzung der ......-Stiftung

§ 1 Allgemeines

(1) Die Stiftung führt den Namen „......".

(2) Die „......" ist eine nicht rechtsfähige, gemeinnützige Stiftung des bürgerlichen Rechts in der Verwaltung der [Name des Trägers: ......] mit Sitz in ....

(3) Stifter im Sinne dieser Satzung ist ....

(4) Träger der Stiftung ist ....

(5) Geschäftsjahr der Stiftung ist das Kalenderjahr.

§ 2 Stiftungszweck

(1) Die Stiftung verfolgt ausschließlich und unmittelbar gemeinnützige Zwecke im Sinne des Abschnitts „Steuerbegünstigte Zwecke" der Abgabenordnung.

(2) Zweck der Stiftung ist .... Der Satzungszweck wird verwirklicht insbesondere durch ....

(3) Die Stiftung ist selbstlos tätig, sie verfolgt nicht in erster Linie eigenwirtschaftliche Zwecke.

§ 3 Stiftungsvermögen, gemeinnützige Mittelverwendung

(1) Das Stiftungsvermögen ergibt sich aus dem Stiftungsgeschäft. Es kann durch hierzu bestimmte, nachfolgende Zuwendungen des Stifters oder Dritter (Zustiftungen) erhöht werden. Dritte werden durch Zustiftungen nicht Stifter iSd. Satzung.

(2) Im Interesse des langfristigen Bestands der Stiftung ist das Vermögen dauernd und ungeschmälert in seinem Wert zu erhalten. Vermögensumschichtungen sind zulässig.

(3) Mittel der Stiftung dürfen nur für die satzungsmäßigen Zwecke verwendet werden. Es darf keine Person durch Ausgaben, die dem Zweck der Stiftung fremd sind, oder durch unverhältnismäßig hohe Vergütungen begünstigt werden.

(4) Die Stiftung ist berechtigt, ihre Mittel ganz oder teilweise für die Verwirklichung der steuerbegünstigten Zwecke einer anderen steuerbegünstigten Körperschaft oder Körperschaft des öffentlichen Rechts zu verwenden.

(5) Rücklagen dürfen im Rahmen der steuerlichen Vorschriften gebildet werden. Der Träger kann freie Rücklagen dem Stiftungsvermögen zuführen.

§ 4 Stiftungsleistungen

(1) Die Vergabe von Stiftungsleistungen und Stiftungsmitteln erfolgt durch den Träger. Ein Rechtsanspruch auf Stiftungsleistungen oder die Zuwendung von Stiftungsmitteln besteht nicht.

(2) Die Entscheidung über die Vergabe von Stiftungsleistungen oder Stiftungsmitteln bedarf der Zustimmung des Stifters, ersatzweise des Beirats, wenn

a) die Leistungen oder Mittel dem Träger oder ihm nahestehenden Organisationen zugute kommen,

b) verbindliche Zusagen oder sonstige Verpflichtungen zur Vergabe von Leistungen oder Mitteln über das laufende Geschäftsjahr hinaus getroffen werden oder

c) Leistungen oder Mittel im Wert von mehr als € ...... vergeben werden sollen.

(3) Der Träger kann im Einvernehmen mit dem Stifter, nach dessen Ableben dem Beirat Richtlinien und Leitfäden für die Vergabe von Stiftungsleistungen erstellen, die die Verfolgung der Stiftungszwecke nach § 2 gewährleisten.

§§ 5–9 *[s. Formular A. 18.04]*

§ 10 Satzungsänderung, Vermögensübertragung, Aufhebung, Vermögensanfall

(1) Der Träger kann mit Zustimmung des Stifters, ersatzweise des Beirats, und mit Zustimmung des zuständigen Finanzamts Änderungen dieser Satzung beschließen, soweit dies zur nachhaltigen Erfüllung des Stiftungszwecks erforderlich oder zweckmäßig ist, die Änderung mit dem Stifterwillen vereinbar ist und die Steuerbegünstigung der Stiftung nicht beeinträchtigt wird.

(2) Der Träger kann mit Zustimmung des Stifters, ersatzweise des Beirats, und mit Zustimmung des zuständigen Finanzamts die Übertragung des Stiftungsvermögens oder Teile hiervon auf einen anderen Träger beschließen. In diesem Fall wird die Stiftung nicht aufgelöst. Der Träger hat unverzüglich nach der Beschlussfassung eine Abschlussbilanz zu erstellen und das Vermögen auf den in dem Beschluss benannten neuen Träger zu übertragen.

(3) Der Träger kann mit Zustimmung des Stifters, ersatzweise des Beirats, und mit Zustimmung des zuständigen Finanzamts Änderungen des Stiftungszwecks (§ 2), die Aufhebung der Stiftung oder die Zusammen- oder Zulegung der Stiftung mit oder zu einer anderen Stiftung nur beschließen, wenn die Erfüllung des Stiftungszwecks unmöglich geworden ist oder angesichts wesentlicher Veränderungen der Verhältnisse

nicht mehr sinnvoll erscheint. Der neue Stiftungszweck muss ebenfalls steuerbegünstigt sein.

(4) Die unter Abs. 1–3 genannten Beschlüsse dürfen nur ausgeführt werden, wenn das Finanzamt die Unbedenklichkeit im Hinblick auf die Steuerbegünstigung bestätigt hat.

(5) Bei Auflösung oder Aufhebung der Stiftung oder bei Wegfall steuerbegünstigter Zwecke fällt das Vermögen der Stiftung an ...... der es unmittelbar und ausschließlich für gemeinnützige, mildtätige oder kirchliche Zwecke iSd. § 2 dieser Satzung zu verwenden hat.

II. ERLÄUTERUNGEN

> **Erläuterungen zu A. 18.05 Satzung einer nicht rechtsfähigen, gemeinnützigen Stiftung**

1. Grundsätzliche Anmerkungen

a) Nicht wirtschaftliche, gemeinnützige Ziele

1   S. zunächst die Anmerkungen unter A. 18.02 Rz. 1 ff. Als **Träger** bzw. Treuhänder einer nicht rechtsfähigen, gemeinnützigen Stiftung werden regelmäßig, aber nicht zwingend gemeinnützige, rechtsfähige Körperschaften ausgewählt, die das übertragene Vermögen getrennt von ihrem eigenen Vermögen verwalten. Die Satzungszwecke der nicht rechtsfähigen Stiftung werden in diesem Fall regelmäßig den Zwecken des Trägers angeglichen.

2   Die nicht rechtsfähige, gemeinnützige Stiftung hat sich in der Vergangenheit insbesondere als **Alternative zur Großspende** herausentwickelt. Gemeinnützig orientierte Privatpersonen, die den Aufwand einer „eigenen" rechtsfähigen Stiftung scheuen, wählen eine von ihnen ohnehin bereits unterstützte gemeinnützige, mildtätige oder kirchliche Körperschaft als Spendenempfänger/Erbin aus. Damit die übertragenen Vermögenswerte nicht einfach in das Vermögen der empfangenden Körperschaft eingehen, wählt der Spender die nicht rechtsfähige Stiftung, um eine stärkere Bindung und einen höheren Einfluss auf die Verwendung – ggf. auch über seinen Tod hinaus – zu erlangen.

b) Stiftungs- und Zivilrecht

3   s. A. 18.04 Rz. 5 ff.

c) Steuerrecht

4   Sämtliche Steuervorteile der **Gemeinnützigkeit** können auch durch die nicht rechtsfähige Stiftung genutzt werden. Aus steuerlicher Sicht ist sie gegenüber der gemeinnützigen rechtsfähigen Stiftung (Formular A. 18.02) nicht benachteiligt. S. zur Besteuerung im Einzelnen daher A. 18.02 Rz. 3 ff. Auch die besonderen Vorteile des **Spendenabzugs** an Stiftungen (A. 18.02 Rz. 9 ff.). gelten für Zuwendungen an nicht rechtsfähige gemeinnützige Stiftungen in gleichem Maße. Die Befreiung der **Vermögensübertragung** von der Erbschaft- und Schenkungsteuer (A. 18.02 Rz. 12) gilt ebenfalls.

2. Einzelerläuterungen

Zu § 1:

5   s. A. 18.04 Rz. 14.

Zu § 2:

Siehe A. 18.01 Rz. 37 und A. 18.02 Rz. 22.   6

Zu § 3:

Zur gemeinnützigen Mittelverwendung s. §§ 55 ff. AO.   7

Zu § 4:

Siehe A. 18.01 Rz. 38.   8

Zu § 10:

Zur gemeinnützigen Vermögensbindung s. A. 18.02 Rz. 35.   9

A. 18.06 Stiftungsgeschäft einer nicht rechtsfähigen (gemeinnützigen oder nicht gemeinnützigen) Stiftung
Stiftungsgeschäft einer nicht rechtsfähigen Stiftung

Gliederung

I. FORMULAR

Formular A. 18.06 Stiftungsgeschäft einer nicht rechtsfähigen (gemeinnützigen oder nicht gemeinnützigen) Stiftung

Stiftungsvertrag zur Errichtung der nicht rechtsfähigen ...... Stiftung

1. Herr ...... (im Folgenden: der Stifter) errichtet hiermit die

...... Stiftung

als nicht rechtsfähige Stiftung des bürgerlichen Rechts mit Sitz in ....

2. Rechtsträger und Treuhänder der Stiftung ist ...... (Adresse) ...... (im Folgenden: der Treuhänder). Der Treuhänder erklärt, die Trägerschaft der Stiftung mit dem heutigen Datum zu übernehmen und anzuerkennen.

3. Zweck der Stiftung ist ....

4. Der Stifter gibt der Stiftung die diesem Stiftungsgeschäft als Anlage beigefügte Stiftungssatzung, die Bestandteil und Grundlage dieses Stiftungsvertrages ist und die Stifter und Treuhänder für die Trägerschaft und das Treuhandverhältnis als verbindlich anerkennen.

5. Der Stifter überträgt vor diesem Hintergrund dem Treuhänder zur treuhänderischen Verwaltung und zur Erfüllung der Stiftungszwecke das folgende Stiftungsvermögen: ......

Der Treuhänder nimmt die Übertragung an.

6. Die Übereignung des vorstehenden Vermögens erfolgt unter der Voraussetzung und der Auflage, das übertragene Stiftungsvermögen, die hieraus gewonnenen Er-

träge sowie etwaige weitere Zuwendungen für die Stiftung ausschließlich zur Erfüllung der Stiftungszwecke nach Maßgabe der Stiftungssatzung zu verwalten und zu
verwenden. Der Treuhänder verpflichtet sich, diese Auflagen zu beachten.

................................, den ......

....

(Stifter)   (für den Treuhänder)

II. ERLÄUTERUNGEN

**Erläuterungen zu A. 18.06 Stiftungsgeschäft einer nicht rechtsfähigen (ge-
meinnützigen oder nicht gemeinnützigen) Stiftung**

1. Grundsätzliche Anmerkungen

a) Wirtschaftliche/nichtwirtschaftliche Ziele

1   s. A. 18.04 Rz. 1 ff.

b) Stiftungs- und Zivilrecht

2   Der Vertrag über die unselbständige Stiftung kann als **Treuhandvertrag,** Auftrag,
Geschäftsbesorgung oder **Schenkung unter Auflage** (vgl. auch zu einer Zuwendung
an eine rechtsfähige Stiftung als Schenkung BGH IV ZR 249/02 v. 10.12.03, NJW
04, 1382) zu qualifizieren sein. Die Abgrenzung kann im Einzelfall schwierig sein,
wobei im Regelfall von einem Treuhandverhältnis auszugehen sein wird. Kriterien
hierfür sind fehlendes überwiegendes Eigeninteresse des Rechtsträgers, gesonderte
Verwaltung des übertragenen Vermögens und seine vollständige Bindung an den Stiftungszweck. Abzugrenzen ist ferner gegenüber dem Dienst- oder Werkvertrag. Steht
der Zuwendung des Stiftungsgegenstands eine konkrete Gegenleistung des Trägers gegenüber, liegt idR keine nicht rechtsfähige Stiftung vor.
3   Der Vertrag über die Errichtung einer nicht rechtsfähigen Stiftung ist grundsätzlich
formfrei, es sei denn, die hierin festgelegte Vermögensübertragung selbst ist – zB bei
Grundstücken oder GmbH-Anteilen – nach dem Gesetz formbedürftig (vgl. § 313
BGB, § 15 Abs. 4 GmbHG).

c) Steuerrecht

4   Siehe A. 18.04 Rz. 10 und – zur gemeinnützigen, nicht rechtsfähigen Stiftung –
A. 18.05 Rz. 4.

2. Einzelerläuterungen

Zu Abs. 1:

5   **Stifter** kann jede natürliche oder juristische Person sein.

Zu Abs. 2:

6   Vorliegend das Beispiel einer Treuhandstiftung. Wie unter Rz. 2 dargelegt, ist die
juristische Ausgestaltung als **Treuhandverhältnis** nicht zwingend. Rechtsträger und
Treuhänder kann jede **natürliche oder juristische Person** sein. Rechts- und Geschäftsfähigkeit sind erforderlich.

Zu Abs. 5:

7   Zum Stiftungsvermögen s. A. 18.01 Rz. 38 mit der Einschränkung, dass die nicht
rechtsfähige Stiftung – und damit auch ihre ausreichende Kapitalausstattung – nicht
der Stiftungsaufsicht unterliegt.

B. Sonstige Verträge

Übersicht

B. 1. Angehörigenverträge

B. 1.01 Darlehensvertrag

Gliederung

I. FORMULAR

Formular B. 1.01 Darlehensvertrag

DARLEHENSVERTRAG

zwischen

A ......   – nachfolgend Darlehensgeber genannt –

und

B ......   – nachfolgend Darlehensnehmer genannt –

§ 1 Darlehen

Der Darlehensgeber gewährt dem Darlehensnehmer ein Darlehen in Höhe von € ......, das binnen fünf Werktagen nach Erhalt der vereinbarten Sicherheiten auszuzahlen ist.

§ 2 Verzinsung

Das Darlehen ist jährlich mit ......% zu verzinsen. Die Zinsen sind in monatlichen Raten bis spätestens zum dritten Werktag eines jeden Monats zu zahlen.

§ 3 Rückzahlung

Das Darlehen ist am ...... zurückzuzahlen.

§ 4 Sicherheiten

Der Darlehensnehmer begibt folgende Sicherheiten: ......

§ 5 Kündigung

Der Darlehensvertrag ist unter Vorbehalt der Kündigungsrechte aus §§ 489, 490 BGB beiderseits unkündbar. Die Kündigungserklärung bedarf der Schriftform.

II. ERLÄUTERUNGEN

Erläuterungen zu B. 1.01 Darlehensvertrag

1. Grundsätzliche Anmerkungen

a) Wirtschaftliche Vertragsziele

Der **Darlehensvertrag unter nahen Angehörigen** weist gegenüber einem Dar- **1** lehensvertrag unter nicht verwandtschaftlich verbundenen Parteien gewisse Besonderheiten auf (s. zum allgemeinen Darlehensvertrag Formular B. 5). Der Abschluss eines Darlehensvertrages zwischen Angehörigen kann auf unterschiedlichen Motiven beruhen. Zunächst einmal können sich die Familienmitglieder wie fremde Dritte gegenüberstehen. Auf Grund des familiären Näheverhältnisses sind aber auch Fälle denkbar, in denen die wirtschaftlichen Erwägungen ganz oder teilweise zurücktreten: Der Darlehensgeber kann aus Gefälligkeitserwägungen heraus handeln, um etwa dem Darlehensnehmer eine Finanzierung zu ermöglichen, die von dritter Seite nicht gewährt würde. In einer häufig auftretenden Konstellation versucht der Darlehensnehmer, der dem Darlehensgeber gegenüber unterhaltspflichtig ist, eine Umqualifizierung seiner Unterhaltsleistungen in Zinszahlungen zu erreichen. Eine solche Gestaltung ist selbstverständlich nur dann von Interesse, wenn sich die Zinszahlungen im Zusammenhang mit einer Einkunftsquelle steuermindernd auswirken können. Gerade in dieser Frage der steuerrechtlichen Anerkennung der Zinszahlungen als Betriebsausgaben/Werbungskosten liegt das Hauptproblem der Darlehensverträge zwischen nahen Angehörigen. Dies insbesondere dann, wenn der häufig noch minderjährige und vermögenslose Darlehensgeber erst durch eine Schenkung in die Lage versetzt wird, als solcher aufzutreten. Insoweit rankt sich die Rechtsprechung der Finanzgerichte nicht nur zu den Darlehensverträgen, sondern auch zu anderen Vertragsgestaltungen zwischen nahen Angehörigen um die Frage, wie die Betriebsausgaben/Werbungskosten von privaten Aufwendungen bzw. Unterhaltsleistungen abzugrenzen sind.

b) Zivilrecht

Darlehensverträge zwischen Privatpersonen nach § 488 BGB können grundsätzlich **2** mündlich geschlossen werden. Nur wenn Darlehensnehmer ein Verbraucher und Darlehensgeber ein Unternehmen ist **(Verbraucherdarlehensvertrag),** ist gemäß § 492 Abs. 1 BGB Schriftform erforderlich. Davon unabhängig ist die **schriftliche Fixierung** des Vertrages sowohl unter dem Gesichtspunkt der Beweiserleichterung als auch zur erleichterten Darlegung des Sachverhalts gegenüber den Finanzbehörden im Rahmen des Fremdvergleichs dringend anzuraten.

Eltern können ihre **minderjährigen Kinder** gem. § 1629 Abs. 2 BGB nicht vertre- **3** ten, soweit gem. § 1795 BGB auch ein Vormund von der Vertretung ausgeschlossen ist. Dies betrifft Rechtsgeschäfte mit dem Vormund (den Eltern) selbst (§ 181 BGB), aber auch mit Angehörigen des Vormunds (etwa den Großeltern). Das **Verbot des Selbstkontrahierens** (§ 181 BGB) gilt auch, wenn nur ein Elternteil Vertragspartner des Kindes ist. In solchen Fällen ist durch das Familiengericht ein Pfleger zu bestellen (§ 1909 BGB, § 151 Nr. 5 FamFG). Auch wenn es an der erforderlichen Mitwirkung eines Pflegers fehlt, kann dem Vertrag die steuerrechtliche Anerkennung nicht ohne Weiteres versagt werden (vgl. BFH VIII R 29/97 v. 13.7.99, BStBl. II 00, 386; BFH IX R 4/04 v. 7.6.06, BFH/NV 06, 2162; BFH IX R 45/06 v. 22.2.07, BStBl. II 11, 20; BFH IV R 27/13 v. 12.5.16, BFH/NV 16, 1559). Regelmäßig wird in solchen Fällen das Kind über Vermögen verfügen, das zinsbringend angelegt werden soll, und daher Darlehensgeber sein (etwa in einem Umwandlungsfall nach Rz. 5); ist es ausnahmsweise Darlehensnehmer, so bedarf der Vertrag gem. §§ 1643 Abs. 1, 1822 Nr. 8 BGB zusätzlich der familiengerichtlichen Genehmigung. Möchte das Kind (als Darlehensgeber) später gegenüber dem nahen Angehörigen auf seine Darlehensforderung verzichten, erfordert auch dieser Verzicht neben der Bestellung eines Pflegers (aus den eingangs genannten Gründen) eine familiengerichtliche Genehmigung (§§ 1915, 1812 BGB).

c) Steuerrecht

4 **Ertragsteuern:** Ertragsteuerlich stellt sich im Wesentlichen die Frage der Anerkennung der auf das Darlehen gezahlten Zinsen als Betriebsausgaben/Werbungskosten. Auch Angehörigen steht es frei, untereinander Verträge abzuschließen. Dabei können sie im Grundsatz ihre Rechtsverhältnisse untereinander so gestalten, dass sie für sie steuerlich günstig sind (BMF v. 23.12.10, BStBl. I 11, 37 Tz. 4). Es entspricht allerdings der ständigen Rechtsprechung des BFH und der Auffassung der Finanzverwaltung, dass Vertragsverhältnisse zwischen nahen Angehörigen steuerlich nur anzuerkennen sind, wenn die Verträge – im Sinne einer Indizwirkung (BFH IX R 4/04 v. 7.6.06, BFH/NV 06, 2162; BFH VIII R 29/97 v. 13.7.99, BStBl. II 00, 386; BFH IV R 27/13 v. 12.5.16, BFH/NV 16, 1559; BMF v. 23.12.10, BStBl. I 11, 37 Tz. 9) – bürgerlich-rechtlich wirksam vereinbart worden sind und sowohl die Gestaltung als auch die Durchführung des Vereinbarten **dem zwischen Fremden Üblichen** entsprechen (BMF v. 23.12.10, BStBl. I 11, 37 Tz. 4). Voraussetzung ist, dass die vertraglichen Hauptpflichten klar und eindeutig vereinbart und entsprechend durchgeführt werden; allerdings schließt nicht jede Abweichung einzelner Sachverhaltsmerkmale vom Üblichen die steuerrechtliche Anerkennung des Vertragsverhältnisses aus (BFH X R 44–45/17 v. 10.10.18, BStBl. II 19, 203). Die Rspr. nimmt hier eine **anlassbezogene Fremdvergleichsprüfung** vor (BFH X R 31/12 v. 17.7.13, BStBl. II 13, 1015; BFH X R 26/11 v. 22.10.13, BStBl. II 14, 374) und hat folgende Fallgruppen herausgearbeitet:

5 – Die **Darlehensmittel wurde dem Darlehensgeber zuvor geschenkt** (Umwandlungsfälle): Hier hat die Rspr. insbesondere die Schenkung an minderjährige Kinder vor Augen. Die steuerrechtliche Anerkennung dieser Darlehensverträge scheitert dabei nicht bereits an der vorherigen Schenkung. Für diese Darlehen ist allerdings der Fremdvergleich strikt vorzunehmen. Hinzu kommt, dass auch dann, wenn diese Darlehen dem (formalen) Fremdvergleich standhalten, die steuerrechtliche Anerkennung zu versagen ist, wenn im Verhältnis zwischen dem Schenker und dem Beschenkten keine endgültige Vermögensverschiebung bewirkt worden ist.

6 – Die **geschuldete Vergütung** aus einem laufenden Rechtsverhältnis (zB Arbeits-, Miet- oder Pachtvertrag) **wird durch eine Darlehensvereinbarung ersetzt.** Die Rspr. unterscheidet hier danach, ob die jeweilige Vergütung zur Auszahlung angeboten wurde und an Stelle der Auszahlung ein Darlehen vereinbart wurde oder der jeweilige Betrag schlicht „stehengelassen" wurde. Darlehensvereinbarungen, die erst nach einem tatsächlichen Angebot auf Auszahlung der Vergütung vereinbart wurden, sind steuerrechtlich auch dann anzuerkennen, wenn weder über die Verzinsung noch über die Rückzahlung ausdrückliche Vereinbarungen bestehen.

7 – Das **Darlehen dient der Finanzierung der Anschaffungs- und Herstellungskosten von Wirtschaftsgütern,** die zur Einkünfteerzielung genutzt werden. Da in diesen Fällen der Zweck der Darlehensaufnahme eindeutig durch die Einkünfteerzielung veranlasst ist, ist weniger der Fremdvergleich hinsichtlich einzelner Klauseln von Bedeutung als die tatsächliche Durchführung der Zinsvereinbarung. Für die Finverw. ist zusätzlich entscheidend, ob das Darlehen eine ansonsten notwendige Fremdfinanzierung über Dritte ersetzt (BMF v. 23.12.10, BStBl. I 11, 37 Tz. 8). Hier verzichtet sie bei Darlehen zwischen volljährigen, voneinander wirtschaftlich unabhängigen Angehörigen in Gänze auf eine Prüfung der Modalitäten der Darlehenstilgung und -besicherung (vgl. BMF v. 23.12.10, BStBl. I 11, 37 Tz. 8).

8 Für die Vertragsgestaltung bedeutet das, dass in Bezug auf den Anlass der Darlehensgewährung immer hinreichende **Beweisvorsorge** getroffen werden sollte. Dies kann ggf. auch in einer entsprechenden Präambel des Darlehensvertrages erfolgen.

Durchführung des Fremdvergleichs. Soweit der Fremdvergleich durchzuführen 9
ist, sind als Vergleichsmaßstab nach Auffassung der Finanzverwaltung die Vertragsgestaltungen, die zwischen Darlehensnehmern und Kreditinstituten üblich sind, heranzuziehen (BMF v. 23.12.10, BStBl. I 11, 37 Tz. 4). Entscheidend ist danach, dass (a) eine
Vereinbarung über die Laufzeit und über Art und Zeit der Rückzahlung des Darlehens
getroffen worden ist, (b) die Zinsen zu den Fälligkeitszeitpunkten entrichtet werden
und (c) der Rückzahlungsanspruch ausreichend besichert ist (BMF v. 23.12.10, BStBl. I
11, 37 Tz. 5). Ergänzend sind ggf. Vereinbarungen aus dem Bereich der Geldanlage zu
berücksichtigen (BMF v. 29.4.14, BStBl. I 14, 809). Allerdings ist festzuhalten, dass
nicht bereits jede geringfügige Abweichung vom Üblichen die steuerliche Anerkennung pauschal ausschließt. Entscheidend ist vielmehr das Gesamtbild der Verhältnisse (BFH X R 139/95 v. 16.12.99, BFH/NV 99, 780; BFH VIII R 5/01 v. 9.10.01,
BFH/NV 02, 334; BFH IV B 4/07 v. 25.1.08, BeckRS 2008, 25013172).

Für eine **klare und eindeutige Rückzahlungsvereinbarung** ist ein bloßer Hin- 10
weis auf § 488 Abs. 3 BGB grundsätzlich nicht ausreichend (BFH IV R 109/91 v.
28.1.93, BFH/NV 93, 590). Ein Kündigungsdarlehen bedarf also weiterer Regelungen darüber, unter welchen Umständen und zu welchen Zeitpunkten welche Darlehensbeträge kündbar sind und wie die Rückzahlung zu erfolgen hat.

Die **Zins- und Tilgungsleistungen** müssen zu den vereinbarten und üblichen 11
Zahlungszeitpunkten tatsächlich erbracht worden und in den alleinigen Einkommens-
und Vermögensbereich des Darlehensgebers gelangt sein. Dies ist eher eine Frage der
tatsächlichen Durchführung des Vertrages. Zu beachten ist hier die Rechtsprechung
des BVerfG zu den Ehegattenarbeitsverträgen (vgl. BVerfG 2 BvR 802/90 v. 7.11.95,
BStBl. II 96, 34). Letztlich sollte dennoch die Überweisung auf ein (alleiniges) Konto
des Darlehensgebers immer vorzugswürdig sein.

Bei einem langfristigen Darlehen ist eine **Besicherung** in einer unter Fremden übli- 12
chen Art und Weise vorzusehen. Dabei ist ein langfristiges Darlehen jedenfalls bei einer
Laufzeit von mehr als vier Jahren anzunehmen (BFH X R 126/87 v. 7.11.91, BStBl. II
91, 291; BFH IV R 109/91 v. 28.1.93, BFH/NV 93, 590; BFH X R 70/91 v. 4.3.93,
BFH/NV 94, 156; BFH IX R 44/89 v. 29.6.93, BFH/NV 94, 460; BFH IV R 64/93
v. 9.5.96, BStBl. II 96, 642). Bei Kündigungsdarlehen ist darauf abzustellen, ob der
Gläubiger unter Ausschöpfung seiner Kündigungsrechte eine kurzfristige oder nur eine
langfristige Rückzahlung des Darlehens erzwingen kann (BFH IV R 109/91 v. 28.1.93,
BFH/NV 93, 590). Inhaltlich ist eine ausreichende Besicherung anzunehmen, wenn
diese banküblich ist (BMF v. 23.12.10, BStBl. I 11, 37 Tz. 6). Dabei lässt im Grundsatz
auch eine gute Vermögenslage des Darlehensnehmers die Begebung einer Sicherheit
nicht obsolet werden (BFH VIII R 290/82 v. 18.12.90, BStBl. II 91, 391; BFH VIII R
134/86 v. 18.12.90, BStBl. II 91, 882; BFH X R 121/88 v. 12.2.92, BStBl. II 92, 468;
BFH IV R 109/91 v. 28.1.93, BFH/NV 93, 590). Haben dem Darlehensnehmer auch
fremde Dritte (Banken) in vergleichbarem Umfang Darlehen ohne Sicherheit gewährt,
deutet die fehlende Besicherung nicht ohne weiteres auf eine steuerrechtlich unerhebliche Veranlassung hin (BFH IX R 46/08 v. 12.5.09, BStBl. II 11, 24). Gleiches sollte
gelten, wenn nachgewiesen werden kann, dass der Darlehensnehmer von einem Dritten
ein solches unbesichertes Darlehen erhalten hätte.

In der Bestimmung der **Höhe der Zinsen** sind die Parteien sowohl nach der 13
Rechtsprechung als auch nach der Praxis der Finanzverwaltung für die Anerkennung
des Darlehensverhältnisses keinem strengen Fremdvergleich unterworfen (BFH IX R
150/85 v. 4.6.91, BStBl. II 91, 838), wenngleich auch hier etwa zu hohe Darlehenszinsen in unentgeltliche Zuwendungen umqualifiziert werden können. Für grenzüberschreitende Darlehen kommt allerdings eine Einkünftekorrektur gem. § 1 AStG in
Betracht.

Darlehensgewährungen im Zusammenhang mit Schenkungen. Zusätzliche 14
Besonderheiten ergeben sich, wenn die Darlehensgewährung in einem inneren Zu-

sammenhang mit einer Schenkung steht. Die Rechtsprechung wendet hier einen strengen Fremdvergleichsmaßstab an (vgl. Rz. 5). Voraussetzung für die steuerliche Anerkennung ist insbesondere, dass der Schenker sich der vollen Verfügungsmacht über das Geld entäußert hat und die anschließende Darlehensabrede unabhängig von der Schenkung auf einer freien Willensentscheidung des Beschenkten beruht (so schon BFH VIII R 1/88 v. 18.12.90, BStBl. II 91, 911). So wird ein **Schenkungsversprechen unter der Auflage,** der Beschenkte habe den geschenkten Geldbetrag dem Schenker umgehend als Darlehen zu gewähren, nicht als Schenkung mit anschließender Darlehensabrede gewertet. Es wird vielmehr ein befristetes Schenkungsversprechen angenommen und zwar in der Weise, dass die Vollziehung der Schenkung bis zum Rückzahlungszeitpunkt des „Darlehens" aufgeschoben ist und sich die zu schenkende Geldsumme um die vereinbarten Zinsen erhöht (BFH VIII R 134/81 v. 10.4.84, BStBl. II 84, 705; BFH X R 121/88 v. 12.2.92, BStBl. II 92, 468; BFH X R 129/90 v. 23.9.92, BFH/NV 93, 294; BFH III R 30/92 v. 17.6.94, BFH/NV 95, 197; BMF v. 23.12.10, BStBl. I 11, 37 Tz. 10). Gleiches gilt, wenn das **Schenkungsversprechen unter der aufschiebenden Bedingung** der Rückgabe als Darlehen erfolgt ist (BMF v. 23.12.10, BStBl. I 11, 37 Tz. 11). Nicht endgültig geklärt ist hingegen die Frage, ob ein solcher Sachverhalt steuerrechtlich noch anzuerkennen ist, wenn der Schenkungsvertrag und die Darlehensabrede in einer **einheitlichen Urkunde** niedergelegt sind. Nach Ansicht der Finanzverwaltung ist auch in dieser Konstellation die steuerrechtliche Anerkennung zu versagen, da die Niederlegung in einer einheitlichen Urkunde eine **unwiderlegliche Vermutung** für eine innere Abhängigkeit zwischen Schenkung und Darlehen begründen soll (BMF v. 23.12.10, BStBl. I 11, 37 Tz. 10). Eine solche Handhabung erscheint indessen ungerechtfertigt, wenn die sonstigen Umstände erkennen lassen, dass ein Vermögensübergang tatsächlich stattgefunden hat und das Darlehen auf einem freien Entschluss des Beschenkten/Darlehensgebers beruht. Die Kürze der zwischen Schenkung und Darlehensgewährung liegenden Zeit begründet dagegen noch keine unwiderlegliche Vermutung für die gegenseitige Abhängigkeit der beiden Verträge (BFH IV R 58/99 v. 18.1.01, BStBl. II 01, 393; BMF v. 23.12.10, BStBl. I 11, 37 Tz. 12; EStH 4.8). Eine **widerlegliche Vermutung,** dass zwischen der Schenkung und dem Darlehen eine Abhängigkeit besteht, nimmt die Finanzverwaltung in folgenden Fällen an: (a) Es wird ein Vereinbarungsdarlehen nach § 607 Abs. 2 BGB geschlossen, (b) das Darlehen kann nur mit Zustimmung des Schenkers gekündigt werden, (c) Entnahmen durch den Beschenkten zu Lasten des Darlehenskontos sind nur mit Zustimmung des Schenkers zulässig (BMF v. 23.12.10, BStBl. I 11, 37 Tz. 13). Im Hinblick darauf dürfte in Fällen, in denen ein tatsächlicher Vermögensübergang gegeben ist und die Darlehenshingabe auf einem freien Entschluss des (volljährigen) Angehörigen beruht, die steuerliche Anerkennung nicht zu versagen sein. Liegen diese Voraussetzungen nicht vor und besteht zwischen Schenkungs- und Darlehensvertrag eine auf einem Gesamtplan beruhende sachliche Verknüpfung, wird das Darlehensverhältnis dagegen nicht anerkannt (BFH VIII R 46/00 v. 22.1.02, BStBl. II 02, 685). In jedem Fall ist bei einer entsprechenden Gestaltung immer Vorsicht geboten und darauf zu achten, dass sich die **eindeutige Abgrenzung der Vermögenssphären** des Schenkers/Darlehensnehmers und des Beschenkten/Darlehensgebers der Finanzverwaltung hinreichend darlegen lässt (BFH IV R 58/99 v. 18.1.01, BStBl. II 01, 393; BFH VIII R 50/97 v. 25.1.00, BStBl. II 00, 393; BFH IX R 32/98 v. 19.2.02, BStBl. II 02, 674).

15   **Anwendung auf Darlehen an Personengesellschaften.** Die aufgezeigten Grundsätze gelten auch für Beziehungen zwischen einer Personengesellschaft und nahen Angehörigen der die Gesellschaft beherrschenden Gesellschafter (st. Rspr., BFH IV R 29/86 v. 15.12.89, BStBl. II 89, 500; BFH IV R 17/89 v. 20.9.90, BStBl. II 91, 18; BFH VIII R 290/82 v. 18.12.90, BStBl. II 91, 391; BFH VIII R 138/85 v. 18.12.90, BStBl. II 91, 581; BFH VIII R 134/86 v. 18.12.90, BStBl. II 91, 882; BFH

VIII R 1/88 v. 18.12.90, BStBl. II 91, 911; BFH VIII R 321/83 v. 22.1.91, BFH/ NV 91, 667; BFH IV R 109/91 v. 28.1.93, BFH/NV 93, 590; BFH IV R 60/98 v. 15.4.99, BStBl. II 99, 524; dies entspricht auch der Auffassung der Finanzverwaltung: BMF v. 23.12.10, BStBl. I 11, 37 Tz. 7). Nicht anzuwenden sind diese Grundsätze hingegen für Beziehungen zwischen juristischen Personen und nahen Angehörigen der beherrschenden Gesellschafter oder Gesellschafter-Geschäftsführer. In diesen Fällen kann eine Zurechnung nach den Grundsätzen der verdeckten Gewinnausschüttung beim beherrschenden Gesellschafter oder Gesellschafter-Geschäftsführer erfolgen.

Weitere ertragsteuerliche Auswirkungen. Die steuerrechtliche Anerkennung **16** von Darlehensverträgen hat nicht nur Auswirkungen auf die Abzugsfähigkeit der gezahlten Zinsen als Betriebsausgaben/Werbungskosten, sondern auch auf die **Bewertung** des Betriebsvermögens nach § 103 Abs. 1 BewG sowie für die **Gewerbesteuer** auf die Hinzurechnung nach § 8 Nr. 1 Buchst. a GewStG. Wird das Darlehensverhältnis steuerlich anerkannt, ist nach Berücksichtigung der Zinsschranke (§ 4h EStG, § 8a KStG) dem gewerblichen Betrieb ein Viertel der bei seiner Ermittlung abgezogenen Zinsen (Entgelte) für Schulden hinzuzurechnen (§ 8 Nr. 1 Buchst. a GewStG). Der Darlehensgeber erzielt in der Regel Einkünfte aus Kapitalvermögen nach § 20 Abs. 1 Nr. 7 EStG. Der **gesonderte Steuersatz nach § 32d EStG** greift nicht, wenn Gläubiger und Schuldner nahestehende Personen sind, soweit die entsprechenden Aufwendungen beim Schuldner als Betriebsausgaben oder Werbungskosten abgezogen werden können (vgl. § 32d Abs. 2 Nr. 1 Buchst. a EStG). Das ist aber nicht schon deshalb der Fall, weil der Gläubiger und Schuldner der Kapitalerträge Angehörige iSd. § 15 AO sind (vgl. BFH VIII R 44/13 v. 29.4.14, BStBl. II 14, 992; VIII R 35/13 v. 29.4.14, BStBl. II 14, 990 und VIII R 9/13 v. 29.4.14, BStBl. II 14, 986; vgl. auch BMF v. 18.1.14, BStBl. I 16, 85, zuletzt geändert durch BMF v. 16.9.19, BStBl. I 19, 889, Tz. 136). Im Fall eines **Forderungsausfalls** ist der entstehende Verlust grds. nach § 20 Abs. 2 S. 1 Nr. 7, S. 2, § 20 Abs. 4 EStG, § 20 Abs. 6 EStG zu berücksichtigen (vgl. BFH VIII R 13/15 v. 24.10.17, DStR 17, 2801). Gerade bei Darlehen zwischen Angehörigen dürften bei einem Ausfall aber von Seiten der FinVerw. erhöhte Anforderungen an die Fremdüblichkeit der Darlehensgewährung (wie durch den Ausfall belegt: ohne ausreichende Sicherungsleistung) gestellt werden.

Verkehrssteuern: Darlehenszinsen sind gem. § 4 Nr. 8a UStG von der **Umsatz- 17 steuer** befreit, allerdings besteht eine Optionsmöglichkeit, wenn der Umsatz an einen anderen Unternehmer für dessen Unternehmen ausgeführt wird (§ 9 Abs. 1 UStG).

2. Einzelerläuterungen

Zu §§ 1–3:

Bei der Festlegung der hauptvertraglichen Leistungen und den Rückzahlungsmoda- **18** litäten ist zur Gewährleistung der steuerrechtlichen Anerkennung des Darlehensvertrages auf eine hinreichende Bestimmtheit der Klauseln zu achten. Das hier vereinbarte Endfälligkeitsdarlehen weist in Bezug auf die Rückzahlung insoweit keine Schwierigkeiten auf.

Zu § 4: Sicherheiten

Die Begebung banküblicher Sicherheiten ist bei langfristigen Darlehen im Rahmen **19** des Fremdvergleichs notwendig. Dabei ist Langfristigkeit bei einer Laufzeit von mehr als vier Jahren anzunehmen (st. Rspr., zuletzt BFH IV R 109/91 v. 28.1.93, BFH/NV 93, 590; BFH IX R 44/89 v. 29.6.93, BFH/NV 94, 460; BFH X R 70/91 v. 4.3.94, BFH/NV 94, 156; BFH IV R 24/08 v. 23.4.09, BFH/NV 09, 1427; BFH X R 26/11 v. 22.10.13, BStBl. II 14, 374). Inhaltlich ist eine ausreichende Besicherung anzunehmen, wenn der Darlehensnehmer eine banktübliche Sicherung begibt (BMF v. 23.12.10, BStBl. I 11, 37 Tz. 6). Die gute Bonität des Darlehensnehmers schließt die

Notwendigkeit einer Besicherung des Darlehens nicht aus (BFH VIII R 134/86 v. 18.12.90, BStBl. II 91, 882; BFH VIII R 290/82 v. 18.12.90, BStBl. II 91, 391; BFH X R 121/88 v. 12.2.92, BStBl. II 92, 468; BFH IV R 109/91 v. 28.1.93, BFH/NV 93, 590; BFH VIII R 50/97 v. 25.1.00, BStBl. II 00, 393; FG Nds. 4 K 26/15, v. 14.1.15, BeckRS 2015, 95546). Haben dem Darlehensnehmer aber auch fremde Dritte (Banken) in vergleichbarem Umfang Darlehen ohne Sicherheit gewährt, deutet die fehlende Besicherung nicht ohne weiteres auf eine steuerrechtlich unerhebliche Veranlassung hin (BFH IX R 46/08 v. 12.5.09, BStBl. II 11, 24).

20   Falls die Bestellung einer Sicherheit im Einzelfall nicht möglich ist, sollte jedenfalls ein **Anspruch auf Sicherheitenbestellung** aufgenommen werden, etwa wie folgt:

„Der Darlehensgeber ist gegenüber dem Darlehensnehmer zu jedem Zeitpunkt der Laufzeit des Darlehens berechtigt, Sicherheiten für den ausstehenden Darlehensbetrag zu verlangen, wenn besondere Umstände dies erfordern. Besondere Umstände sind gegeben, wenn ein Kaufmann im Rahmen ordnungsgemäßer Führung seiner Geschäfte eine solche Sicherheit (zB in Form einer Bürgschaft) verlangen würde. Der Darlehensnehmer ist verpflichtet, die erforderlichen Sicherheiten unverzüglich zu stellen; kommt er dem nicht nach, berechtigt dies den Darlehensgeber zur außerordentlichen, fristlosen Kündigung des Darlehens."

Zu § 5: Kündigung

21   Um die steuerrechtliche Anerkennung des Darlehensvertrages nicht zu gefährden, sind auch Kündigungsklauseln inhaltlich so eindeutig abzufassen, dass sie im Rahmen eines Fremdvergleichs einer jederzeitigen Überprüfung unterzogen werden können (BFH IV R 109/91 v. 28.1.93, BFH/NV 93, 590; BFH X R 26/11 v. 22.10.13, BStBl. II 14, 374). Die Fremdüblichkeit wird idR nicht schon verneint werden können, weil auf die gesetzlichen Kündigungsmöglichkeiten verwiesen wird.

B. 1.02 Ehegattenarbeitsvertrag

Gliederung

I. FORMULAR

Formular B. 1.02 Ehegattenarbeitsvertrag

EHEGATTENARBEITSVERTRAG

zwischen

Herrn A

und

Frau A

§ 1 Beginn der Tätigkeit

Das Arbeitsverhältnis beginnt mit Wirkung vom ....

§ 2 Gegenstand der Tätigkeit

Frau A wird im Rahmen des Rechnungswesens beschäftigt und hierbei insbesondere folgende Aufgaben übernehmen: Überwachung des Rechnungseingangs und des Rechnungsausgangs sowie des Zahlungseingangs und des Zahlungsausgangs, Mahnwesen, Führung der Kasse und des Kassenbuches, Überwachung der Bankkonten, Sammlung der Belege.

§ 3 Arbeitszeit

Die Regelarbeitszeit beträgt 38 Stunden wöchentlich. Bei Bedarf wird Frau A auch Überstunden leisten.

§ 4 Vergütung

Frau A erhält ein Bruttogehalt von € ......, zahlbar am Ende eines jeden Monats. Zum Ende des Monats November wird jeweils ein 13. Monatsgehalt gezahlt.

Das Nettogehalt wird auf das Konto Nr. ...... von Frau A bei der Bank ...... überwiesen.

§ 5 Überstundenvergütung

Für jede Überstunde erhält Frau A $^1/_{160}$ des monatlichen Bruttogehaltes sowie einen Zuschlag von $^1/_4$ des sich so errechnenden Betrages.

§ 6 Reisekosten

Aufwendungen, die Frau A im Interesse des Arbeitgebers für betriebliche Zwecke macht, werden im Rahmen der jeweils gültigen steuerlichen Regelungen erstattet.

§ 7 Tantieme

Frau A erhält eine Tantieme in Höhe von ......% nach Maßgabe folgender Berechnung: ......

§ 8 Gehaltsfortzahlung bei Krankheit

Die Gehaltsfortzahlung im Krankheitsfall richtet sich nach den Vorschriften des EntgeltfortzahlungsG.

§ 9 Altersversorgung

Zugunsten von Frau A wird eine Lebensversicherung mit unmittelbarer Bezugsberechtigung (Direktversicherung) in Höhe von € ...... abgeschlossen.

§ 10 Erholungsurlaub

Frau A erhält einen Erholungsurlaub von ...... Werktagen im Kalenderjahr, bezogen auf eine 5-Tage-Woche.

§ 11 Verschwiegenheitspflicht

Frau A ist verpflichtet, alle betrieblichen Angelegenheiten, insbesondere Geschäfts- und Betriebsgeheimnisse, geheim zu halten. Diese Verpflichtung besteht auch nach Beendigung des Arbeitsverhältnisses.

§ 12 Kündigung

Das Arbeitsverhältnis kann von beiden Seiten zum jeweiligen Quartalsende mit sechswöchiger Frist gekündigt werden. Das Arbeitsverhältnis endet, ohne dass es einer Kündigung bedarf, spätestens mit Ablauf des Monats, in dem Frau A die Regelaltersgrenze erreicht hat.

II. ERLÄUTERUNGEN

Erläuterungen zu B. 1.02 Ehegattenarbeitsvertrag

1. Grundsätzliche Anmerkungen

a) Wirtschaftliche Vertragsziele

1   Der **Ehegattenarbeitsvertrag** ist darauf gerichtet, die Mitarbeit des Ehegatten im Betrieb des anderen auf eine arbeitsrechtliche Grundlage zu stellen. Die Ehegatten haben ein Wahlrecht, ob sie im Betrieb des anderen auf arbeitsrechtlicher oder familienrechtlicher Grundlage mitarbeiten. Eine familienrechtliche Verpflichtung besteht diesbezüglich nur ausnahmsweise, und zwar auf Grund der im Rahmen der ehelichen Lebensgemeinschaft bestehenden, rechtlich anerkannten Beistandspflicht (§ 1353 BGB). In der Regel ist daher der Abschluss eines Arbeitsvertrages zwischen Ehegatten rechtlich ohne weiteres möglich (§ 1356 Abs. 2 Satz 1 BGB). Der Güterstand der Eheleute spielt hierbei grundsätzlich keine Rolle. Für **Arbeitsverträge mit Kindern** wäre § 1619 BGB zu beachten, wonach im elterlichen Hausstand lebende Kinder den Eltern in Haushalt und Geschäft bereits auf familienrechtlicher Grundlage gewisse Dienste zu leisten haben; Arbeitsverhältnisse mit **Kindern unter 14 Jahren** wären zudem idR **nichtig** (§ 5 JArbSchG).

b) Zivilrecht (Arbeitsrecht)

2   Für den Abschluss des Arbeitsvertrages gelten grundsätzlich die für das Vertragsrecht allgemein gültigen Regeln des BGB. Wesentliche Regelungen des Arbeitsvertragsrechts finden sich in den §§ 611a ff. BGB, dem Dienstvertragsrecht. Diese Regeln werden allerdings stark überlagert durch für das Arbeitsverhältnis typische Treuepflichten des Arbeitnehmers auf der einen Seite und Fürsorgepflichten des Arbeitgebers auf der anderen Seite.

3   Arbeitsverträge sind grundsätzlich **formfrei** möglich (zur steuerlichen Anerkennung mündlicher Verträge vgl. Rz. 13). Abweichend vom Grundsatz der Formfreiheit kann sich allerdings ein **Schriftformerfordernis** ergeben aus
– Tarifvertrag,
– Betriebsvereinbarungen,
– besonderen Absprachen zwischen Arbeitgeber und Arbeitnehmer,
– Gesetz, und zwar für Berufsausbildungsverträge (§ 11 BBiG), für die Befristung von Arbeitsverträgen (§ 14 Abs. 4 TzBfG) und für Arbeitsverträge im Rahmen einer Arbeitnehmerüberlassung (§ 11 AÜG).

4   Der Regelungsinhalt eines Arbeitsvertrages unterliegt ebenfalls grundsätzlich der Vertragsfreiheit. Diese Vertragsfreiheit ist indessen durch zahlreiche Schutzvorschriften zugunsten des Arbeitnehmers stark eingeschränkt.

c) Sozialversicherungsrecht

5   Wie alle anderen Angestellten unterliegt auch der Arbeitnehmerehegatte ohne Rücksicht auf die Höhe seines Verdienstes der Sozialversicherungspflicht (§ 1 SGB IV). Seit dem 1.4.03 gelten durch das **Zweite Gesetz für moderne Dienstleistungen am Arbeitsmarkt,** sog. Hartz II v. 23.12.02 (BGBl. I 02, 4621), neue Regelungen für die sozialversicherungs- und steuerrechtliche Behandlung von geringfügigen Beschäftigungsverhältnissen. Diese Regelungen wurden zuletzt zum 1.1.13 modifiziert. Eine geringfügige Beschäftigung liegt nach § 8 SGB IV vor, wenn (i) das Arbeitsentgelt aus dieser Beschäftigung regelmäßig im Monat 450 € nicht übersteigt (geringfügig entlohnte Beschäftigung) oder (ii) die Beschäftigung nicht berufsmäßig ausgeübt wird und innerhalb eines Kalenderjahres auf längstens zwei Monate (bei einer 5-Tage-Woche) oder 50 Arbeitstage (wenn weniger als 5 Arbeitstage in der Woche vereinbart sind) nach ihrer Eigenart begrenzt zu sein pflegt oder im Voraus ver-

traglich begrenzt ist (kurzfristige Beschäftigung). Ab dem 1.1.15 bis zum 31.12.18 ist die Grenze auf drei Monate oder 70 Arbeitstage erhöht. Dies ist nunmehr über den 1.1.19 hinaus verlängert worden. Wenn die Voraussetzungen der kurzfristigen Beschäftigung vorliegen, ist die Höhe des Verdienstes sozialversicherungsrechtlich unerheblich. Bei einem regelmäßigem Entgelt bis € 450,– sind allerdings **immer** die Grundsätze der geringfügig entlohnten Beschäftigung anzuwenden, auch dann wenn die Beschäftigung nur kurzfristig ausgeübt wird. Mehrere geringfügige Beschäftigungsverhältnisse werden zusammengerechnet. Übersteigt das gesamte Arbeitsentgelt die Grenze von € 450,–, so unterliegt das gesamte Arbeitsverhältnis den allgemeinen Regeln der Sozialversicherungspflicht. Für nicht abgeführte Beiträge haftet der Arbeitgeber. Neben einer sozialversicherungspflichtigen Beschäftigung kann nur ein Minijob ausgeübt werden, alle weiteren Beschäftigungen werden mit der sozialversicherungspflichtigen Beschäftigung zusammengerechnet. Die Regelungen über die geringfügigen Beschäftigungen gelten dem Grunde nach auch für Beschäftigungen in Privathaushalten (§ 8a SGB IV). IdR werden solche Beschäftigungen zwischen Ehegatten allerdings weder steuerrechtlich noch sozialversicherungsrechtlich anerkannt werden.

Kurzfristige Beschäftigungsverhältnisse sind idR sozialversicherungsfrei, und **6** zwar in der Arbeitslosenversicherung (§ 27 Abs. 2 SGB III), in der gesetzlichen Krankenversicherung (§ 7 Abs. 1 SGB V) und in der Rentenversicherung (§ 5 Abs. 2 Nr. 1 SGB VI). Das ist anders bei einer **geringfügig entlohnten Beschäftigung.** Diese ist – sofern sie nach dem 31.12.12 aufgenommen wurde – im Gegensatz zum früheren Recht rentenversicherungspflichtig. Die Rentenversicherungspflicht tritt auch ein, wenn bei einem vor dem 1.1.13 bestehenden geringfügigen Beschäftigungsverhältnis das Arbeitsentgelt auf einen Betrag von über € 400, bis zu höchstens € 450,– angehoben wird. Der Arbeitgeber hat hierauf eine Pauschalabgabe abzuführen (15% Renten-, 13% Krankenversicherung, 2% Lohnsteuer, 0,9% Umlage bei Krankheit (U1), 0,19% Umlage bei Schwangerschaft/Mutterschaft (U2), 0,12% Insolvenzgeldumlage). Der Arbeitnehmer hat die Differenz zum vollen Rentenversicherungsbeitragssatz von 18,7% aufzustocken (3,6%) Sofern der Arbeitnehmer nicht in einer gesetzlichen Krankenkasse (eigene oder Familienversicherung) versichert ist, zB bei privat Versicherten, ist der pauschale Beitrag zur Krankversicherung in Höhe von 13% nicht zu entrichten. Besonderheiten gelten für Minijobs in Privathaushalten, die zwischen Angehörigen aber in der Regel steuerlich nicht anerkannt werden dürften.

Der Arbeitnehmer hat die Möglichkeit, bei seinem Arbeitgeber schriftlich die Befreiung von der Versicherungspflicht zu beantragen (§ 6 Abs. 1b SGB VI). Arbeitnehmer, die ihre geringfügig entlohnte Tätigkeit vor dem 1.1.13 aufgenommen haben und deren Verdienst auch nach dem 31.12.12 nicht mehr als € 400,– beträgt, bleiben weiterhin rentenversicherungsfrei, es sei denn sie erklären den Verzicht auf die Befreiung.

Beträgt der monatliche Verdienst mehr als € 450,–, aber weniger als € 1.300,– (sog. **7** **Übergangsbereich**), besteht volle Versicherungspflicht in allen Zweigen der Sozialversicherung. Allerdings muss nur der Arbeitgeber den vollen Arbeitgeberanteil entrichten, während die Beiträge des Arbeitnehmers mit steigendem Einkommen linear ansteigen. Mehrere geringfügige Beschäftigungsverhältnisse werden zusammengerechnet. Übersteigt das gesamte Arbeitsentgelt die Grenze von € 450,–, unterliegt das gesamte Arbeitsentgelt der allgemeinen Sozialversicherungspflicht. Soweit zusätzlich zum vereinbarten Gehalt weitere steuerfreie oder pauschal zu versteuernde Gehaltsbestandteile gezahlt werden (zB Erstattung der Fahrtkosten zwischen Wohnung und Arbeitsstätte, Gutscheine im gesetzlichen Rahmen, Direktversicherung, etc.) sind diese zusätzlichen Gehaltsbestandteile sozialversicherungsfrei, auch dann, wenn dadurch die Grenze von € 450,– überschritten wird. Für nicht abgeführte Beiträge haftet der Arbeitgeber. Der Arbeitnehmer kann schriftlich erklären, dass er auf die Anwendung der Gleitzone in der Rentenversicherung verzichtet. Die Erklärung bleibt für die Dauer der Beschäftigung bindend (§ 163 Abs. 10 Satz 7 SGB VI) und ist zu den Entgeltunterlagen zu nehmen. Ein Verzicht in den anderen Zweigen der Sozialversicherung ist nicht möglich.

8 Die **Beitragsbemessungsgrenzen** betragen ab 1.1.21 bei der

	jährlich	monatlich
Renten- und Arbeitslosenversicherung	€ 85.200,–	€ 7.100,00
(neue Bundesländer)	€ 80.400,–	€ 6.700,00
Kranken- und Pflegeversicherung (Versicherungs-pflichtgrenze)	€ 64.350,–	€ 5.362,50

9 Die **allgemeinen Beitragssätze** betragen ab 1.1.21 bei der

Rentenversicherung	18,6%
Arbeitslosenversicherung	2,40%
Krankenversicherung	
Allgemeiner Beitragssatz (mit Sonderbeitrag)	14,6%
Ermäßigter Beitragssatz (ohne Sonderbeitrag)	14,0%
Zusatzbeitrag einkommensunabhängig ggf. von Krankenkasse erhoben	
Pflegeversicherung	3,05%
Beitragssatz für Kinderlose (die Erhöhung trägt der Arbeitnehmer allein)	3,30%

d) Steuerrecht

10 Ökonomisch dienen Ehegattenarbeitsverhältnisse dazu, dem mitarbeitenden Ehegatten für dessen Tätigkeit eine Entlohnung zukommen zu lassen. Steuerlich stellt der Arbeitslohn einschl. etwaiger Rückstellungen für Pensionszusagen beim Arbeitgeberehegatten Betriebsausgaben dar (zu den Voraussetzungen der steuerrechtlichen Anerkennung vgl. Rz. 11). Der Arbeitnehmerehegatte erzielt Einkünfte aus nichtselbständiger Tätigkeit. Durch Steuersatzdifferenzen und Auswirkungen auf die Gewerbesteuer kann es dabei auch zu einer Verringerung der Gesamtsteuerbelastung kommen.

Der Arbeitslohn unterliegt beim Arbeitnehmerehegatten zwar der Einkommensteuer, insbesondere die geringfügig entlohnten „450 €-Mini-Jobs" bieten aber auch für den Arbeitnehmerehegatten steuerliche Vorteile. Bei Abführung der pauschalen Sozialversicherungsabgaben kann die Lohnsteuer einschließlich Solidaritätszuschlag und Kirchensteuer unter Verzicht auf Vorlage einer Lohnsteuerkarte mit 2% vom Arbeitgeber entrichtet werden (vgl. § 40a Abs. 2 EStG). Die **einheitliche Pauschalsteuer von 2%** ist vom Arbeitgeber zusammen mit den Sozialversicherungsbeiträgen an die Minijobzentrale der Deutschen Rentenversicherung Knappschaft-Bahn-See abzuführen (vgl. § 40a Abs. 6 EStG). Bei Abruf von elektronischen Lohnsteuerabzugsmerkmalen (§ 39e Abs. 4 Satz 2 EStG) oder der Vorlage einer Bescheinigung für den Lohnsteuerabzug (§ 39 Abs. 3 oder § 39e Abs. 7 oder Abs. 8 EStG) entfällt die Pauschalbesteuerung gem. § 40a Abs. 2 EStG und es ist das übliche Lohnsteuerverfahren durchzuführen. Bei der Frage, ob die 450 €-Grenze überschritten ist, sind auch arbeits- oder tarifvertraglich zugesicherte Sonderzahlungen zu berücksichtigen und zwar unabhängig davon, ob sie tatsächlich gezahlt bzw. vom Arbeitnehmer eingefordert werden oder nicht (BFH VI R 57/05 v. 29.5.08, BStBl. II 09, 147; vgl. auch LStR 40a.2). Hat der Arbeitgeber keinen **pauschalen** Beitrag zur Rentenversicherung zu tragen (beispielsweise bei der Zusammenrechnung mehrerer geringfügiger Beschäftigungsverhältnisse), so erfolgt eine Pauschalierung der Lohnsteuer nach § 40a Abs. 2a EStG in Höhe von **20%**. Die 20%-Pauschale ist an das Betriebstätten-Finanzamt abzuführen. Für kurzfristige Beschäftigungen iSd. § 40a Abs. 1 EStG gilt ein Pauschalsteuersatz von 25%, wenn die Dauer der Beschäftigung 18 zusammenhängende Tage nicht übersteigt und der Arbeitslohn während der Beschäftigungsdauer € 120,– durchschnittlich je Arbeitstag nicht überschreitet oder die Beschäftigung zu einem unvorhergesehenen Zeitpunkt sofort erforderlich wird. Erfolgt ein pauschaler Lohnsteuerabzug, bleibt das geringfügige Beschäftigungsverhältnis bei der Veranlagung des Arbeitnehmers zur Einkommensteuer außer Ansatz (§ 40a Abs. 5 EStG iVm. § 40 Abs. 3 EStG).

Arbeitsentgelte im Übergangsbereich zwischen € 450,01,– und € 1.300,– sind vom Arbeitgeber unter Vorlage der Lohnsteuerkarte im Rahmen des üblichen Lohnsteuerabzugsverfahren zu behandeln. Gleiches gilt für Arbeitsentgelte über € 1.300,–.

Arbeitsverhältnisse zwischen Ehegatten werden steuerrechtlich nur dann anerkannt, **11** wenn sie in ihren vertraglichen Hauptpflichten **ernsthaft vereinbart** und entsprechend der Vereinbarung **tatsächlich durchgeführt werden** (BFH X R 31/12 v. 17.7.13, BStBl. II 13, 1015; vgl. auch BVerfG 2 BvR 802/90 v. 7.11.95, BStBl. II 96, 34; so iE auch die Finanzverwaltung: EStR 4.8 und EStH 4.8). Entscheidend ist hierbei neben dem wirksamen Arbeitsvertrag, dass die vertragliche Arbeitsleistung von dem Angehörigen erbracht wird und der Steuerpflichtige seinerseits alle Arbeitgeberpflichten, insbesondere die der Lohnzahlung erfüllt. Unklarheiten bei der Wochenarbeitszeit sind für die steuerliche Anerkennung unschädlich, wenn die konkrete Arbeitszeit des Angehörigen von den beruflichen Anforderungen des steuerpflichtigen Arbeitgebers abhängt (BFH VI R 28/18 v. 18.11.20, DStR 21, 596).

Hinsichtlich der Ernsthaftigkeit der Vereinbarungen und der tatsächlichen Durch- **12** führung (Leistung der Arbeit und laufende Zahlung des Arbeitslohnes) werden von Rspr. und Finanzverwaltung eher strenge Anforderungen gestellt. Diese Anforderungen stellen nicht etwa ungeschriebene Merkmale des steuergesetzlichen Tatbestandes, sondern Beweiswürdigungsregelungen dar (BFH III R 81/96 v. 18.6.97, BFH/NV 98, 293), die sicherstellen sollen, dass, wie ganz allgemein bei Verträgen zwischen Angehörigen, es sich um Beziehungen im betrieblichen Bereich und nicht um private Unterhaltsleistungen handelt. Wegen der vermuteten gleichgerichteten Interessen gelten insbesondere in formaler Hinsicht strenge Anforderungen (zu den Grenzen vgl. aber BVerfG 2 BvR 802/90 v. 7.11.95, BStBl. II 96, 34). Wird den Anforderungen nicht entsprochen, wird der Ehegattenarbeitsvertrag steuerlich nicht anerkannt mit der Folge, dass der Arbeitslohn beim Arbeitgeberehegatten keine Betriebsausgabe (Werbungskosten) darstellt und beim Arbeitnehmerehegatten grundsätzlich steuerlich unbeachtliche Unterhaltsleistungen vorliegen (BFH VIII R 27/80 v. 8.2.83, BStBl. II 83, 496; BFH I R 58/82 v. 6.3.85, BFH/NV 86, 83; BFH GrS 1/88 v. 27.11.89, BStBl. II 90, 160). Festzuhalten ist dabei, dass nicht jede Abweichung vom Üblichen die steuerrechtliche Anerkennung ausschließt. Nach der Rspr. ist hierbei die Intensität der erforderlichen Prüfung der Fremdüblichkeit der Vertragsbedingungen auch vom Anlass des Vertragsschlusses abhängig: So ist der Fremdvergleich etwa dann weniger strikt durchzuführen, wenn der Steuerpflichtige ansonsten einen fremden Dritten hätte einstellen müssen, als wenn Tätigkeiten verrichtet werden, die üblicherweise vom Steuerpflichtigen selbst erledigt werden (BFH X R 31/12 v. 17.7.13, BStBl. II 13, 1015).

Vorrangige Voraussetzung für die steuerrechtliche Anerkennung wird idR auch **13** weiterhin ein **zivilrechtlich wirksam geschlossener Arbeitsvertrag** sein. Grundsätzlich ist dabei ein mündlich geschlossener Vertrag ausreichend (aus Nachweisgründen ist die Schriftform allerdings dringend zu empfehlen, vgl. BFH IX R 220/84 v. 10.8.88, BStBl. II 89, 137; BFH IX R 270/87 v. 2.6.92, BFH/NV 92, 806; zur Änderung eines Versorgungsvertrages: BFH X R 13/09, v. 15.9.10, BFH/NV 11, 127). Bei Ehegattenarbeitsverträgen ist – über das reine Nachweiserfordernis hinaus – darauf zu achten, ob vertraglich Schriftform für Änderungen und Ergänzungen des Vertrages vereinbart ist (großzügig BFH VIII R 81/94 v. 20.4.99, BFH/NV 99, 1457, der bloß mündlich vereinbarte Änderungen anerkennt). Der Vertrag ist im Vorhinein abzuschließen. Eine **Rückwirkung** vertraglicher Vereinbarungen wird steuerlich nicht anerkannt (BFH IV R 197/68 v. 7.9.72, BStBl. II 72, 944; BFH I R 73/82 v. 21.8.85, BStBl. II 86, 250; BFH VIII R 83/82 v. 29.11.88, BStBl. II 89, 281; EStH 4.8).

Im Arbeitsvertrag müssen die **vertraglichen Hauptverpflichtungen,** wie Höhe **14** des Gehalts, Arbeitszeit und Art der Tätigkeit festgelegt sein. Denn nur so kann die Angemessenheit geprüft und zudem festgestellt werden, ob der Vertrag tatsächlich durchgeführt worden ist. Weicht das tatsächliche Arbeitsgebiet von der Tätigkeitsbeschreibung lt. Arbeitsvertrag ab, ist das Arbeitsverhältnis mit dem Ehegattenarbeitnehmer nicht anzuerkennen (BFH X B 59/97 v. 10.10.97, BFH/NV 98, 448).

15   Die vertragliche Gestaltung muss **auch unter Dritten üblich** sein (zu den Fallgestaltungen aus Sicht der FinVerw. vgl. EStH 4.8 „Arbeitsverhältnisse zwischen Ehegatten"). Hierzu gehört, dass die arbeitsvertraglichen Verpflichtungen überhaupt erfüllbar sind. Das ist beispielsweise dann nicht der Fall, wenn Ehegatten, die beide einen Betrieb unterhalten, sich wechselseitig verpflichten, mit ihrer vollen Arbeitskraft jeweils im Betrieb des anderen tätig zu sein (BFH I R 165/66 v. 26.2.69, BStBl. II 69, 315; einschränkend BFH X B 59/97 v. 10.10.97, BFH/NV 98, 448). Wechselseitige Teilzeitarbeitsverträge erkennt die Finanzverwaltung dagegen an, wenn die Vertragsgestaltungen insgesamt einem Fremdvergleich standhalten (EStH 4.8 „Arbeitsverhältnisse zwischen Ehegatten" unter Hinweis auf BFH X R 2/86 v. 12.10.88, BStBl. II 89, 354). Zwischen Dritten unüblich sind zB auch Anstellungsverträge zwischen beamteten Lehrern und ihren Ehegatten und Kindern, wenn diese gegen Entgelt für den Lehrer sämtliche Arbeiten erledigen, die zur Vorbereitung und Durchführung von Lehrtätigkeiten anfallen (BFH VI R 86/94 v. 6.3.95, BStBl. II 95, 394).

16   Ob die steuerrechtliche Anerkennung eines Arbeitsverhältnis versagt werden kann, weil die sich aus dem Arbeitsvertrag ergebenden Verpflichtungen nicht über das hinausgehen, was üblicherweise in den Bereich der **Mithilfe** auf familienrechtlicher Basis fällt (so noch zur Reinigung des Arbeitszimmers des anderen Ehegatten: BFH VI R 166/76 v. 27.10.78, BStBl. II 79, 80; vgl. auch noch BFH IV R 14/92 v. 9.12.93, BStBl. II 94, 298), dürfte inzwischen eher bezweifelt werden (vgl. aber BFH VI R 28/18 v. 18.11.20, DStR 21, 596). Allerdings wendet hier die Rspr, den durchzuführenden Fremdvergleich eher streng an (BFH X R 31/12 v. 17.7.13, BStBl. II 13, 1015).

17   Die **Vergütung** für die Arbeitsleistung des im Betrieb beschäftigten Ehegatten kann nur insoweit als Arbeitslohn behandelt werden, als sie **angemessen** ist und nicht den Betrag übersteigt, den ein fremder Arbeitnehmer für eine gleichartige Tätigkeit erhalten würde (zur verfassungsrechtlichen Unbedenklichkeit des Fremdvergleichs BVerfG 2 BvR 802/90 v. 7.11.95, BStBl. II 96, 34). Im Hinblick darauf muss die Arbeitsvergütung in ihren **einzelnen Bezugsteilen** (BFH IV R 2/86 v. 17.4.86, BStBl. II 86, 559; BFH VIII R 106/81 v. 21.8.84, BStBl. II 85, 124; BFH IV R 103/82 v. 28.7.83, BStBl. II 84, 60; BFH I R 118/83 v. 29.4.87, BFH/NV 88, 122), aber auch in ihrer **Gesamtheit** (BFH VIII R 50/80 v. 26.10.82, BStBl. II 83, 209; BFH IV R 53/77 v. 20.3.80, BStBl. II 80, 450; BFH I R 220/82 v. 8.10.86, BStBl. II 87, 205) angemessen sein. Erfolgt in einem steuerlich anzuerkennenden Arbeitsverhältnis zwischen Ehegatten eine sog. echte Barlohnumwandlung in eine Direktversicherung, so sind die Versicherungsbeträge betrieblich veranlasst und ohne Prüfung einer Überversorgung als Betriebsausgabe zu berücksichtigen (BFH VIII R 68/06 v. 10.6.08, BStBl. II 08, 973). Der Anerkennung eines Ehegatten-Arbeitsverhältnisses steht nicht entgegen, dass der **Arbeitslohn unüblich niedrig** ist (BFH IV R 103/82 v. 28.7.83, BStBl. II 84, 60; BFH IV R 2/86 v. 17.4.86, BStBl. II 86, 559), es sei denn, er ist derart niedrig, dass er nicht mehr als Gegenleistung für die Arbeitsleistung angesehen werden kann (BFH IV R 103/82 v. 28.7.83, BStBl. II 84, 60).

18   Bezüglich der einzelnen Bezugsteile ist auf die **Betriebsüblichkeit** abzustellen, so dass im Hinblick darauf – bei dem Arbeitnehmerehegatten steuerpflichtige – Heirats- und Geburtsbeihilfen, Tantiemen und Zukunftssicherungsleistungen ohne weiteres zulässig sein können. Das gilt zB auch für Pensionszusagen (vgl. *Schmidt/Weber-Grellet* § 6a EStG Rz. 34). In Bezug auf die steuerliche Anerkennung entsprechender Rückstellungen gelten die allgemeinen Grundsätze. § 6a EStG ist zu beachten.

19   Auf die Üblichkeit in vergleichbaren Unternehmen des Wirtschaftszweigs bzw. der Branche kommt es dagegen nicht an (BFH I R 135/80 v. 10.11.82, BStBl. II 83, 173; BFH IV R 103/82 v. 28.7.83, BStBl. II 84, 60; BFH VIII R 106/81 v. 21.8.84, BStBl. II 85, 124).

Das Arbeitsverhältnis muss schließlich auch tatsächlich durchgeführt worden sein, **20** dh. Arbeitsleistung und Lohnzahlung müssen erbracht sein. Indiz hierfür ist, dass der Arbeitslohn zu den vereinbarten und üblichen Zahlungszeitpunkten **tatsächlich gezahlt** worden (BFH X R 155/94 v. 26.6.96, BFH/NV 97, 182) und in den alleinigen Einkommens- und Vermögensbereich des Arbeitnehmerehegatten gelangt ist (BFH XI R 30/89 v. 25.7.91, BStBl. II 91, 842; BFH X R 145/94 v. 5.2.97, BFH/NV 97, 347). Dabei darf die steuerrechtliche Anerkennung des Arbeitsverhältnisses nicht schon deshalb versagt werden, weil das Gehalt auf ein Konto des Arbeitgeberehegatten überwiesen wird, über das der Arbeitnehmerehegatte (auch alleinige) Verfügungsbefugnis hat (vgl. BVerfG 2 BvR 802/90 v. 7.11.95, BStBl. II 96, 34). Gleiches gilt für die Überweisung auf ein sog. „Oder-Konto" oder ein Konto des Arbeitnehmerehegatten, für das wiederum der andere Ehegatte (auch) verfügungsbefugt ist. Allerdings geht die FinVerw. davon aus, dass die Überweisung auf ein Konto, über das dem Arbeitnehmerehegatten nur ein Mitverfügungsrecht zusteht, der Anerkennung entgegenstehen kann (EStH 4.8). Letztlich wird trotz der Rechtsprechung des BVerfG die Überweisung auf ein (alleiniges) Konto des Arbeitnehmers immer vorzugswürdig sein.

Die darlehensweise Überlassung des Arbeitslohnes durch bloße Umbuchung im Be- **21** trieb wird steuerlich nicht anerkannt, wohl dagegen die Vereinbarung des **Darlehens** nach angebotener Gehaltsauszahlung, und zwar selbst dann, wenn weder Sicherheiten noch Zinsen vereinbart sind (vgl. Formular B 1.01 Rz. 4 ff.).

2. Einzelerläuterungen

Zu § 1: Beginn der Tätigkeit

Der aus Beweisgründen **schriftlich** abzuschließende Vertrag sollte vor Beginn der **22** Tätigkeit abgeschlossen werden. Ein nach Beginn der Tätigkeit abgeschlossener Vertrag entfaltet keine Beweiskraft für die Vergangenheit.

Zu § 2: Gegenstand der Tätigkeit

Eine möglichst genaue Umschreibung der Tätigkeitsbereiche entspricht ebenfalls **23** den steuerrechtlichen Anforderungen und ermöglicht zudem den Nachweis der tatsächlichen Durchführung des Vertrages und der Angemessenheit des vereinbarten Arbeitslohnes.

Zu § 3: Arbeitszeit

Da es für die Ernsthaftigkeit eines Ehegattenarbeitsvertrages spricht, wenn eine **24** fremde Arbeitskraft durch die Mitarbeit des Ehegatten ersetzt wird, ist die Vereinbarung über die Arbeitszeit unabdingbar. Zulässig ist natürlich auch die Vereinbarung einer kürzeren Arbeitszeit.

Zu § 4: Vergütung

Die Vereinbarung über die Höhe des Gehaltes sowie des Zahlungszeitpunktes ist **25** unverzichtbar. Empfehlenswert ist darüber hinaus die Angabe des Kontos des Arbeitnehmer-Ehegatten. Ein „Oder-Konto" ist allerdings unschädlich (BVerfG 2 BvR 802/90 v. 7.11.95, BStBl. II 96, 34; vgl. auch EStH 4.8).

Zu § 5: Überstundenvergütung

Für Arbeiten über die regelmäßige betriebliche Arbeitszeit hinaus kann neben der **26** Überstundenvergütung ein Zuschlag gezahlt werden. In Anlehnung an den früheren § 15 AZO ist ein Zuschlag von 25% im Allgemeinen zulässig. Die Umrechnung des Monatsgehaltes auf den zu vergütenden Stundensatz kann in pauschalierter Form erfolgen und wird im Allgemeinen zwischen $^1/_{160}$ und $^1/_{180}$ des Monatsgehaltes liegen.

Zu § 6: Reisekosten

27 Die Erstattung von Reisekosten, Spesen und der Kosten für die Benutzung eines eigenen PKWs für Dienstreisen erfolgt nach allgemeinen steuerlichen Grundsätzen (vgl. LStR 3.16 und 9.4–9.8).

Zu § 7: Tantieme

28 Wegen der besonderen Vertrauensstellung des mitarbeitenden Ehegatten rechtfertigt sich gerade bei diesem eine Gewinnbeteiligung. Die Berechnungsgrundlage muss allerdings iE dem Arbeitsvertrag zu entnehmen sein. Die gewährte Tantieme hätte allerdings unter den gegebenen betrieblichen Verhältnissen auch einem fremden Arbeitnehmer gewährt werden müssen, um steuerlich anerkannt zu werden (BFH III R 154/86 v. 31.5.89, BFHE 157, 172).

Zu § 8: Gehaltsfortzahlung bei Krankheit

29 Die Vereinbarung über die Gehaltsfortzahlung bei Krankheit entspricht allgemeinen Grundsätzen und beruht auf §§ 616 Satz 1, 617 Abs. 1 BGB, § 3 Abs. 1 EFZG bzw. bei Auszubildenden auf § 19 Abs. 1 Nr. 2b BBiG.

Zu § 9: Altersversorgung

30 Im Rahmen eines steuerlich anzuerkennenden Arbeitsverhältnisses sind Beiträge zu einer Direktversicherung (dh. einer Lebensversicherung iSd. § 4b EStG) zugunsten des Arbeitnehmerehegatten – wie bei zugunsten eines jeden anderen Arbeitnehmers – als Betriebsausgaben abziehbar, wenn

1. die Verpflichtung aus der Zusage der Direktversicherung ernstlich gewollt sowie klar und eindeutig vereinbart und
2. die Zusage dem Grunde nach angemessen ist.

Liegen die Voraussetzungen vor, sind die Versicherungsbeiträge insoweit abziehbar, als sie der Höhe nach angemessen sind. Bei dem Arbeitgeber sind die Aufwendungen nicht zu aktivieren (§ 4b EStG).

31 Eine ernstlich gewollte und dem Grunde nach angemessene Versorgungszusage kann regelmäßig angenommen werden, wenn auch familienfremden Arbeitnehmern, die

1. nach ihren Tätigkeits- und Leistungsmerkmalen mit dem Arbeitnehmerehegatten vergleichbar sind oder eine geringerwertige Tätigkeit als der Arbeitnehmerehegatte ausüben und
2. im Zeitpunkt des Abschlusses oder des ernsthaften Angebots der Versicherung dem Betrieb nicht wesentlich länger angehört haben als der Arbeitnehmerehegatte in dem Zeitpunkt, in dem die Versicherung abgeschlossen wird,

eine vergleichbare Direktversicherung eingeräumt oder ernsthaft angeboten worden ist.

32 Was die Höhe der Direktversicherung anbelangt, so sind unter Einbeziehung des sonstigen Arbeitslohnes die Versicherungsleistungen als angemessen anzusehen, wenn die Leistungen der betrieblichen Altersversorgung zusammen mit einer zu erwartenden Sozialversicherungsrente 75 % des letzten steuerlich anzuerkennenden Arbeitslohns des Arbeitnehmer-Ehegatten nicht übersteigen. Das Pensionsalter darf im Übrigen nicht später als 70 Jahre vereinbart werden, so dass bei einer geforderten Erdienbarkeit von 10 Jahren die Pensionszusage bei einem Pensionsalter 65 vor Vollendung des 55. Lebensjahres und bei einem Pensionsalter 70 vor Vollendung des 60. Lebensjahres erteilt worden sein muss (vgl. BFH I R 76/13 v. 25.6.14, BStBl. II 15, 665; BFH I R 98/93 v. 21.12.94, BStBl. II 95, 419; BMF v. 1.8.96, BStBl. I 96, 1138).

Wird ein Teil des bis dahin bestehenden angemessenen Lohnanspruchs in einen Direktversicherungsschutz umgewandelt (echte Barlohnumwandlung), sind die Versicherungsbeträge betrieblich veranlasst und ohne Prüfung einer Überversorgung als Betriebsausgabe zu berücksichtigen (BFH VIII R 68/06 v. 10.6.08, BStBl. II 08, 973).

Zu § 10: Erholungsurlaub

Der im Bundesurlaubsgesetz geregelte **Mindesturlaub** beträgt 24 Werktage (bezo- **33** gen auf eine Sechstagewoche, damit vier Wochen, § 3 BUrlG) und dürfte damit hinter tariflichen und einzelvertraglichen Regelungen zurückbleiben, die idR 30 Tage (bezogen auf eine Fünftagewoche, damit sechs Wochen) vorsehen.

Zu § 11: Verschwiegenheitspflicht

Hier gelten allgemein übliche Grundsätze. **34**

Zu § 12: Kündigung

Gem. § 622 Abs. 1 BGB beträgt die Kündigungsfrist grds. vier Wochen zum Fünf- **35** zehnten oder zum Ende eines Kalendermonats, wobei während einer vereinbarten Probezeit, längstens für die Dauer von sechs Monaten, eine verkürzte Kündigungsfrist von zwei Wochen gilt. In Betrieben mit bis zu 20 Arbeitnehmern kann eine vierwöchige Kündigungsfrist ohne festen Termin einzelvertraglich vereinbart werden. Die vom Arbeitgeber einzuhaltende Kündigungsfrist beträgt jedoch nach

2-jähriger Betriebszugehörigkeit	1 Monat
5-jähriger Betriebszugehörigkeit	2 Monate
8-jähriger Betriebszugehörigkeit	3 Monate
10-jähriger Betriebszugehörigkeit	4 Monate
12-jähriger Betriebszugehörigkeit	5 Monate
15-jähriger Betriebszugehörigkeit	6 Monate
20-jähriger Betriebszugehörigkeit	7 Monate

jeweils zum Monatsende, wobei für die Berechnung der Betriebszugehörigkeit Zeiten, die vor der Vollendung des 25. Lebensjahres des Arbeitnehmers liegen, unberücksichtigt bleiben (zur Unanwendbarkeit von § 622 Abs. 2 BGB infolge Anwendungsvorrang des Unionsrechts aufgrund Verstoßes gegen das Verbot der Altersdiskriminierung: BAG 2 AZR 714/08 v. 9.9.10, ZIP 11, 444 in Anlehnung an EuGH Rs. C-287/98 v. 19.1.10, NJW 10, 427 – *Kücükdeveci*).

Im Übrigen gelten nach dem Kündigungsschutzgesetz weitere Einschränkungen (vgl. Überblick im *Beck StB-Handbuch* Teil N Rz. 193 ff.).

Für die Beendigung des Arbeitsverhältnisses ist auf den Zeitpunkt der Regelalters- **36** grenze abzustellen (Vollendung des 67. Lebensjahrs, §§ 35 S. 2, 41 SGB VI).

B. 1.03 Mietvertrag

Gliederung

I. FORMULAR

Formular B. 1.03 Mietvertrag

MIETVERTRAG

zwischen

A ......   **– nachfolgend Vermieter genannt –**

und

B ......   **– nachfolgend Mieter genannt –**

wird folgender Mietvertrag geschlossen:

§ 1 Mietgegenstand

(1) Der Vermieter vermietet dem Mieter ausschließlich für Wohnzwecke die im ......
[Geschoss] des Hauses in ...... gelegene Wohnung, die aus folgenden Räumen besteht ....

Mitvermietet sind folgende Nebenräume außerhalb der Wohnung ....

Die Wohnung wird dem Mieter in renoviertem Zustand übergeben.

(2) Die Gesamtwohnfläche beträgt ...... m^2.

§ 2 Mietzins und Nebenkosten

(1) Der monatliche Mietzins beträgt € ......,–

Eine Mieterhöhung richtet sich nach den gesetzlichen Vorschriften.

(2) Darüber hinaus hat der Mieter alle Betriebskosten gemäß der Betriebskostenverordnung (Anlage) zu tragen. Auf die Betriebskosten sind monatliche Vorauszahlungen wie folgt zu leisten:

1.	Heizungs- und Warmwasserkosten	€ ......,–
2.	Wasser/Kanal	€ ......,–
3.	Straßenreinigung/Müllabfuhr	€ ......,–
4.	Hausreinigung	€ ......,–
5.	Gartenpflege	€ ......,–
6.	Beleuchtung	€ ......,–
7.	Schornsteinreinigung	€ ......,–
8.	Sach- und Haftpflichtversicherung	€ ......,–
9.	Übriges	€ ......,–
Insgesamt		€ ......,–

Bei Erhöhung der Betriebskosten sowie Neueinführung bisher nicht umgelegter Betriebskosten ist der Vermieter berechtigt, die monatliche Vorauszahlung entsprechend anzupassen. Über die Betriebskosten ist jährlich abzurechnen. Ein möglicher Nachzahlungs- bzw. Erstattungsanspruch aus der Betriebskostenabrechnung wird mit Zugang derselben an den Mieter fällig.

(3) Der Mietzins und die Betriebskostenvorauszahlung sind jeweils am dritten Werktag eines Monats fällig und bis zum Fälligkeitstag kostenfrei auf das Konto ...... bei der ...... zu zahlen.

§ 3 Mietzeit

Das Mietverhältnis beginnt am .... Der Mietvertrag wird auf unbestimmte Zeit geschlossen.

§ 4 Kündigung

(1) Das Recht zur Kündigung richtet sich nach den gesetzlichen Bestimmungen.

(2) Eine Kündigungserklärung bedarf der Schriftform.

§ 5 Schönheitsreparaturen

(1) Der Mieter hat die Schönheitsreparaturen fachgerecht auf eigene Kosten vorzunehmen, die während der Mietzeit durch seinen Mietgebrauch erforderlich werden.

(2) Zu den Schönheitsreparaturen gehören das Tapezieren, Anstreichen und Kalken der Wände und Decken, das Streichen der Fußböden, der Heizkörper einschließlich der Heizrohre, der Innentüren sowie der Fenster und Außentüren von innen

(3) Die Schönheitsreparaturen sind fällig, wenn und soweit eine Renovierung nach dem Zustand der jeweiligen Teile des Mietobjekts erforderlich ist.

§ 6 Kleinreparaturen

(1) Die Kosten für Kleinreparaturen sind vom Mieter zu tragen, soweit sie nicht vom Vermieter zu vertreten sind.

(2) Zu den Kleinreparaturen gehören die Behebung kleiner Schäden an den Installationsgegenständen für Gas, Wasser und Elektrizität, den Wasch- und Heizeinrichtungen sowie Verschlussvorrichtungen an Fenstern, Türen und Rollläden.

(3) Die Kostentragung ist begrenzt auf € ......,– je Kleinreparatur, höchstens jedoch auf insgesamt ......% der Jahresmiete gem. § 2 Abs. 1 dieses Vertrages.

§ 7 Aufrechnung, Zurückbehaltung

Zur Aufrechnung mit Gegenforderungen gegenüber der Mietforderung oder zur Ausübung eines Zurückbehaltungsrechtes ist der Mieter nur im Fall unbestrittener oder rechtskräftig festgestellter Forderungen berechtigt. Die nicht abdingbaren Rechte des Mieters gem. §§ 536, 536a BGB sowie Forderungen aus ungerechtfertigter Bereicherung wegen zu viel gezahlter Miete bleiben unberührt.

§ 8 Nutzung durch Dritte

Zur Überlassung der Mietsache an einen Dritten bedarf der Mieter der Erlaubnis des Vermieters.

§ 9 Tierhaltung

Die Haltung von Haustieren ist dem Mieter nur mit Zustimmung des Vermieters gestattet. Dies gilt nicht für die Haltung von Kleintieren.

§ 10 Antenne

Die Installation privater Antennen auf dem Dach, an den gemeinschaftlichen Hausteilen oder an den Außenflächen der Mietsache bedarf der Zustimmung des Vermieters.

§ 11 Betreten der Mietsache

Der Vermieter oder die von ihm Beauftragten dürfen die Mietsache zur Prüfung ihres Zustandes, zum Ablesen von Messgeräten oder im Rahmen eines Verkaufs bzw. einer Neuvermietung der Mietsache in angemessenen Abständen und nach rechtzeitiger Ankündigung während der üblichen Besuchszeiten betreten. Auf eine Verhinderung des Mieters ist dabei Rücksicht zu nehmen. Bei längerer Abwesenheit hat der Mieter dafür Sorge zu tragen, dass der Vermieter oder die von ihm Beauftragten das Recht zur Besichtigung ordnungsgemäß wahrnehmen können.

§ 12 Kaution

(1) Der Mieter hat zur Sicherung der Erfüllung seiner Verbindlichkeiten dem Vermieter eine Kaution in Höhe von drei monatlichen Nettokaltmieten in Höhe von € ......,– zu entrichten. Der Mieter ist berechtigt, die Kautionssumme in drei Monatsraten zu bezahlen. Die erste Rate wird mit Beginn des Mietverhältnisses fällig.

(2) Der Vermieter wird die Kautionssumme bei einer Bank oder öffentlichen Sparkasse zu dem für Spareinlagen mit gesetzlicher Kündigungsfrist üblichen Zinssatz anlegen.

§ 13 Rückgabe der Mietsache

(1) Der Mieter ist verpflichtet, die Mietsache nach Beendigung des Mietverhältnisses geräumt zurückzugeben. Er hat fällige Schönheitsreparaturen vor dem Ende des Mietverhältnisses so rechtzeitig nachzuholen, dass die Räume fachgerecht renoviert zurückgegeben werden können. Es müssen keine Schönheitsreparaturen ausgeführt werden, die im Falle der Fortsetzung des Mietverhältnisses noch nicht erforderlich wären.

(2) Der Mieter hat Einrichtungen, mit denen er die Mietsache versehen hat, zu entfernen und von ihm vorgenommene bauliche Veränderungen rückgängig zu machen.

§ 14 Schriftform

Jede Änderung oder Ergänzung dieses Vertrages bedarf der Schriftform.

II. ERLÄUTERUNGEN

Erläuterungen zu B. 1.03 Mietvertrag

1. Grundsätzliche Anmerkungen

a) Wirtschaftliche Vertragsziele

1   Ein **Mietvertrag zwischen nahen Angehörigen** kann mehrere Ziele verfolgen. Der Vermietung von Mobilien und Immobilien unter nahen Angehörigen liegen häufig soziale oder Gefälligkeitserwägungen zugrunde, so etwa, wenn es darum geht, einen Familienangehörigen durch Vermietung von Wohnraum vor unkontrollierbaren Mieterhöhungen oder Eigenbedarfskündigungen zu schützen. Nicht selten ist die Vermietung von Mobilien oder Immobilien an Angehörige auch darauf gerichtet, eine Verlagerung von Einkünften zu erzielen, wobei diese Vermietung mitunter im Zusammenhang mit gegenseitigen Unterhaltsverpflichtungen steht. Aber gerade in diesem Bereich hat sich eine restriktive Rechtsprechung entfaltet, die eine solche Gestaltung nur in engem Rahmen zulässt. In der überwiegenden Zahl der Fälle wird die Vermietung an einen Angehörigen schlichtweg im Interesse beider Parteien erfolgen und – im Wesentlichen – wie unter Dritten durchgeführt werden.

b) Zivilrecht

2   Ein Mietvertrag über Wohnraum zwischen nahen Angehörigen unterliegt zivilrechtlich keiner besonderen Behandlung gegenüber Mietverträgen zwischen Fremden. Das Mietverhältnis wird somit durch die §§ 535 ff. BGB sowie eine Vielzahl ständiger Veränderung unterworfener mietrechtlicher Sondergesetze bestimmt.

3   Mit Blick auf die im Folgenden näher dargestellte steuerrechtliche Problematik empfiehlt es sich aber in jedem Fall – entgegen § 550 BGB –, den Mietvertrag stets schriftlich abzufassen. Auch wenn für die steuerrechtliche Anerkennung eines solchen Vertrages zwischen nahen Angehörigen eine Schriftform in der Regel nicht verlangt wird (BFH IX R 39/99 v. 19.10.99, BFH/NV 00, 429; BFH IX R 68/99 v. 28.6.02, BStBl. II 02, 699), ist sie doch zu Beweiszwecken angebracht (vgl. BFH IX R 220/84 v. 10.8.88, BStBl. II 89, 137; BFH VII R 35/90 v. 2.6.92, BFH/NV 92, 806).

4   Sollten an dem Mietverhältnis minderjährige Kinder beteiligt sein, so ist für den Fall, dass die andere Partei Inhaber der elterlichen Sorge ist, die Mitwirkung eines **Ergänzungspflegers** nach §§ 181, 1629 Abs. 2, 1795, 1909 BGB notwendig (BFH IV R 46/91 v. 23.4.92, BStBl. II 92, 1024; BFH VIII R 83/05 v. 16.12.08, BFH/NV 09, 1118). Hat das Familiengericht (§ 151 Nr. 5 FamFG) die Bestellung eines Ergänzungspflegers allerdings nicht für erforderlich gehalten, ist die fehlende Mitwirkung des Ergänzungspflegers steuerlich unschädlich, wenn keine begründeten Zweifel am zivilrechtlichen Bindungswillen bestehen (BFH VIII R 29/97 v. 13.7.99, BStBl. II 00, 386; BMF v. 30.9.13, BStBl. I 13, 1184 Tz. 5; BFH IX R 45/06 v. 22.2.07, BStBl. II 11, 20).

c) Steuerrecht

5   **Ertragsteuern:** Im Bereich der **Einkommensteuer** werden Einkünfte aus Grundstücksvermietung, insbesondere Verluste, durchweg steuerlich berücksichtigt. Voraussetzung ist dabei eine **Überschusserzielungsabsicht,** von der jedenfalls bei einer auf Dauer angelegten Vermietung idR auszugehen ist (BFH IX R 80/94 v. 30.9.97, BStBl. II 98, 771; BFH IX R 64/96 v. 27.7.99, BStBl. II 99, 826; BFH IX R 10/04

v. 19.4.05, BStBl. II 05, 692, 754; BMF v. 8.10.04, BStBl. I 04, 933; zu weiteren Einzelheiten *Schmidt/Kulosa* § 21 EStG Rz. 81 ff.). Bei Ferienwohnungen mit teilweiser Selbstnutzung wird auf einen Totalüberschussprognosezeitraum von 30 Jahren abgestellt (BFH IX R 26/11 v. 16.4.13, BStBl. II 13, 613; BFH IX R 18/02 v. 5.11.02, BStBl. II 03, 914; BFH IX R 97/00 v. 6.11.01, BStBl. II 02, 726; BMF v. 8.10.04, BStBl. I 04, 933 Tz. 21, 34, 39). Die Prognose ist bei der Vermietung mehrerer Objekte für jede einzelne vermietete Immobilie gesondert zu prüfen (BFH IX R 67/07 v. 26.11.08, BStBl. II 09, 370). Bei einer wegen beabsichtigter Selbstnutzung von vornherein nur kurzfristig angelegten Vermietungstätigkeit ist indessen wegen der Überschusserzielungsabsicht nur dieser kurze Zeitraum maßgeblich (BFH IX R 57/00 v. 9.7.02, BStBl. II 03, 695; BMF v. 8.10.04, BStBl. I 04, 933 Tz. 34), wobei lediglich indifferente Überlegungen, die Immobilie selbst zu nutzen, nicht zu einer Vermietung auf Zeit führen (BFH IX R 63/07 v. 2.4.08, BFH/NV 08, 1323).

Besondere Grundsätze gelten für die **Vermietung an nahe Angehörige.** Insbesondere dann, wenn ein Werbungskostenüberschuss oder ein Verlust aus der Vermietung und Verpachtung geltend gemacht werden soll, wird diese nur anerkannt, wenn der maßgebliche Vertrag zivilrechtlich wirksam zustande gekommen ist und sowohl seine Gestaltung als auch die tatsächliche Durchführung dem zwischen Fremden Üblichen entspricht (ständige Rspr.: BFH IX R 70/10 v. 22.1.13, BFH/NV 2013, 1067; BFH IX R 8/16 v. 4.10.16, BStBl. II 17, 273). Dazu müssen jeweils zumindest die Hauptpflichtigen eines Mietvertrages wie die Überlassung der Mietsache zum Gebrauch sowie die Entrichtung der vereinbarten Miete klar und eindeutig vereinbart und dementsprechend durchgeführt sein (BFH IX R 18/11 v. 1.8.12, BeckRS 2013, 94452 mwN). Allerdings führt nicht jede Abweichung von dem zwischen fremden Dritten üblichen dazu, dass dem Mietverhältnis steuerrechtlich die Anerkennung zu versagen ist. 6

Vorrangige Voraussetzung für die steuerliche Anerkennung des Mietverhältnisses ist zunächst der **zivilrechtlich wirksame Abschluss** eines Mietvertrages. Dies ist allerdings nicht im Sinne einer Tatbestandsvoraussetzung zu verstehen: Eine etwaige zivilrechtliche Unwirksamkeit hat lediglich eine – wenn auch starke – indizielle Bedeutung (BFH IX R 4/04 v. 7.6.06, BFH/NV 06, 2162; *Schmidt/Kulosa* § 21 EStG Rz. 84). Zwar dürfte die Indizwirkung abnehmen, wenn feststeht, dass die Hauptleistungspflichten (Überlassung der Wohnung einerseits und Mietzahlung andererseits) erfüllt wurden, für die Gestaltungsberatung wird sich der Abschluss eines wirksamen Mietvertrages aber immer anbieten. Zur Beweissicherung sollte dieser schriftlich fixiert werden. Insoweit gelten die gleichen Grundsätze wie bei anderen Angehörigenverträgen auch. 7

Seinem Inhalt nach muss der Mietvertrag für die steuerrechtliche Anerkennung einem **Fremdvergleich,** dh. einer Gegenüberstellung eines Vertrages zwischen verwandtschaftlich nicht verbundenen Parteien, standhalten (BFH IX R 306/87 v. 19.6.91, BStBl. II 92, 75; BFH IX R 17/90 v. 25.5.93, BStBl. II 93, 834; BFH X R 163/94 v. 22.4.98, BFH/NV 99, 24), wobei allerdings nicht jede Abweichung vom Üblichen die steuerliche Anerkennung des Vertragsverhältnisses ausschließt (BFH IX R 18/11 v. 1.8.12, BeckRS 2013, 94452 mwN; BFH IX R 68/99 v. 28.6.02, BStBl. II 02, 699; EStH 21.4). Hinsichtlich des überlassenen Gegenstandes bedeutet dies, dass ein Mietvertrag zwischen Ehegatten oder Partnern einer nichtehelichen Lebensgemeinschaft über eine gemeinsam bewohnte Wohnung idR nicht anzuerkennen sind (EStH 21.4). Wird eine verbilligte Vermietung vereinbart, so steht dies der steuerlichen Anerkennung des Mietverhältnisses nicht entgegen (BFH IX R 59/02 v. 22.7.03, BStBl. II 2003, 806; EStH 21.4), Allerdings werden durch § 21 Abs. 2 EStG bei den Einkünften aus Vermietung und Verpachtung Grenzen gesetzt: Beträgt die vereinbarte Miete weniger als 66% der ortsüblichen Marktmiete, ist die Nutzungsüberlassung in einen entgeltlichen und in einen unentgeltlichen Teil aufzuteilen und dementsprechend sind die Werbungskosten auch nur anteilig abziehbar. Beträgt die vereinbarte Miete 66% und mehr, so ist sowohl die Einkünfteerzielungsabsicht zu un- 8 terstellen als auch der volle Werbungskostenabzug zu gewähren. Die 75%-Grenze (vgl. dazu noch BMF v. 8.10.04, BStBl. I 04, 933) hat damit ab VZ 2012 keine Bedeutung mehr.

9   Des Weiteren muss der Vertrag im Rahmen der vertraglichen Absprache zwischen den Parteien auch tatsächlich durchgeführt worden sein. Dies gilt insbesondere in Bezug auf die **Zahlung des Mietzinses** (BFH IX R 23/00 v. 17.12.02, BFH/NV 03, 612; BFH IX R 53/00 v. 28.1.03, BFH/NV 03, 768), aber auch bezüglich der Nutzung der Mietsache durch den Mieter (BFH IX R 134/86 v. 19.6.91, BStBl. II 91, 904). Trotz der Rechtsprechung des BVerfG zur steuerlichen Anerkennung von Ehegatten-Arbeitsverhältnissen (vgl. dazu B 1.02 Rz. 23) wird die Überweisung auf ein (alleiniges) Konto des Vermieters immer vorzugswürdig sein. Die FinVerw. sieht hier ein Beweisanzeichen dafür, dass die Miete nicht in die Verfügungsmacht des Vermieters gelangt ist, wenn der Mieter wirtschaftlich nicht oder nur schwer in der Lage ist, die Miete aufzubringen (EStH 21.4).

10   Die **Umwandlung** des Zahlungsanspruches **in eine Darlehensforderung** berührt die steuerrechtliche Anerkennung dann nicht, wenn sie auf einem freien Entschluss des Anspruchsberechtigten beruht, es sich also um zwei voneinander getrennte Rechtsgeschäfte handelt. Das gilt auch dann, wenn beide Rechtsgeschäfte unter nahen Angehörigen abgewickelt werden (vgl. auch B. 1.01 Rz. 6).

11   Mietverträge zwischen nahen Angehörigen werden schließlich am **Missbrauchstatbestand des § 42 AO** gemessen (BFH IX R 157/84 v. 23.2.88, BStBl. II 88, 604; BFH IV R 132/85 v. 17.1.91, BStBl. II 91, 607; BFH IX R 33/89 v. 14.1.92, BStBl. II 92, 549; BFH X R 131/93 v. 23.2.94, BStBl. II 94, 694; BFH IX R 47/93 v. 28.3.95, BStBl. II 96, 59; BFH IX R 52/95 v. 22.4.97, BFH/NV 97, 663; BFH IX R 43/96 v. 9.9.97, BFH/NV 98, 316). Die sehr am Einzelfall orientierte Rspr. stellt im Zusammenhang mit Mietverträgen zwischen nahen Angehörigen insb. dann auf § 42 AO ab, wenn die vertragliche Gestaltung sich nicht durch wirtschaftliche oder sonstige außersteuerliche Gründe rechtfertigen lässt (BFH IV R 132/85 v. 17.1.91, BStBl. II 91, 607; BFH IV R 46/91 v. 23.4.92, BStBl. II 92, 1024; BFH IX R 38/96 v. 3.2.98, BStBl. II 98, 539). Eine rechtsmissbräuchliche Gestaltung ist danach immer dann gegeben, wenn ein naher Angehöriger in einen wirtschaftlichen Vorgang zwischengeschaltet wird, um lediglich steuerliche Vorteile zu erlangen. Dies wird angenommen, wenn für die Zwischenschaltung keine vernünftige wirtschaftliche Rechtfertigung ersichtlich ist, so etwa, wenn die zivilrechtliche Gestaltung lediglich der Verschiebung von Einkünften im Rahmen von **Unterhaltsverpflichtungen** dient. Mietverträge mit Angehörigen sind allerdings nicht bereits deshalb rechtsmissbräuchlich, weil der Vermieter ihnen gegenüber unterhaltsverpflichtet ist und die Miete aus den geleisteten Unterhaltszahlungen erbracht wird (vgl. EStH 21.4 mwN aus der Rspr.). Das gilt vor allem dann, wenn der Unterhaltsberechtigte wirtschaftlich selbst in der Lage ist, die Verpflichtungen aus dem Vertrag zu erfüllen, so etwa bei ausreichendem Barunterhalt seitens des Unterhaltsverpflichteten (BFH IX R 39/99 v. 19.10.99, BStBl. II 00, 224), wobei dann auch eine Verrechnung der Miete mit dem Barunterhalt unschädlich ist (BFH IX R 30/98 v. 19.10.99, BStBl. II 00, 223; EStH 21.4). Mietverhältnisse unter Angehörigen sind auch dann anzuerkennen, wenn der Unterhaltsberechtigte erst durch eine größere Geldschenkung durch den Unterhaltsverpflichteten wirtschaftlich in die Lage versetzt wurde, die Miete zu tragen (BFH X R 131/93 v. 23.2.94, BStBl. II 94, 694; BFH IX R 47/93 v. 28.3.95, BStBl. II 96, 59; BFH IX R 27/95 v. 28.1.97, BStBl. II 97, 599; BFH IX R 52/95 v. 22.4.97, BFH/NV 97, 663; BFH IX R 43/96 v. 9.9.97, BFH/NV 98, 316). Das Mietverhältnis ist allerdings nicht anzuerkennen, wenn Eltern und Kinder noch eine Haushaltsgemeinschaft bilden (BFH IX R 39/99 v. 19.10.99, BStBl. II 00, 224).

12   Unabhängig von gegenseitigen Unterhaltsverpflichtungen ist die **wechselseitige Vermietung** von Wirtschaftsgütern lediglich zur Erlangung von Abzugsmöglichkei-

ten im Rahmen der Einkünfte aus Vermietung und Verpachtung (§ 21 EStG) sowohl zwischen Familienangehörigen als auch zwischen nicht verwandten Personen ggf. als ein Verstoß gegen § 42 AO zu werten (BFH IX R 134/86 v. 19.6.91, BStBl. II 91, 904; BFH V R 85/91 v. 1.4.93, BFH/NV 94, 64; BFH IX R 97–98/90 v. 25.1.94, BStBl. II 94, 738; nicht aber nach vorheriger Übertragung im Rahmen vorweggenommener Erbfolge: BFH IX R 54/93 v. 12.9.95, BStBl. II 96, 158). Entsprechendes gilt, wenn ein im Zusammenhang mit einer Grundstücksübertragung eingeräumtes, unentgeltliches Wohnungsrecht gegen Vereinbarung einer dauernden Last aufgehoben und gleichzeitig ein Mietverhältnis mit einem Mietzins in Höhe der dauernden Last vereinbart wird (BFH IX R 56/03 v. 17.12.03, BStBl. II 04, 648). Eine rechtsmissbräuchliche Gestaltung ist dagegen nicht anzunehmen, wenn der Mieter vor Abschluss des Mietvertrages das Grundstück gegen wiederkehrende Leistungen auf den Vermieter übertragen hat (BFH IX R 12/01 v. 10.12.03, BStBl. II 04, 643) oder auf ein unentgeltliches Wohnungsrecht verzichtet wird und stattdessen nunmehr einen Mietvertrag abschließt (BFH IX R 56/03 v. 17.12.03, BStBl. II 04, 648).

Der auf Grund steuerlich anzuerkennender Mietverträge zwischen Angehörigen ge- **13** zahlte Mietzins stellt bei dem Vermieter in der Regel **Einnahmen aus Vermietung und Verpachtung** nach § 21 EStG dar. Dies gilt zB dann nicht, wenn es sich um die gewinnorientierte Vermietung einer Ferienwohnung handelt, die entweder in einer Ferienwohnanlage hotelmäßig angeboten wird (BFH III R 31/87 v. 19.1.90, BStBl. II 90, 383, BFH XI R 31/95 v. 13.11.96, BStBl. II 97, 247; BFH IX R 58/97 v. 24.10.00, BFH/NV 01, 752, BFH IV B 52/08 v. 17.3.09, BFH/NV 09, 1114) oder deren Nebenleistungen eine fremdenpensionsartige Organisation verlangen (BFH IV R 150/82 v. 28.6.84, BStBl. II 85, 211; BFH IX B 23/03 v. 23.7.03, BFH/NV 03, 1425). In diesen Fällen erzielt der Vermieter gewerbliche Einkünfte nach § 15 EStG.

Die Vermietung und Verpachtung von Wirtschaftsgütern an von Angehörigen be- **14** herrschte Kapitalgesellschaften ist in den Fällen der **Betriebsaufspaltung** ebenfalls gewerblich, wenn neben anderen Voraussetzungen (hierzu *Schmidt/Wacker* § 15 EStG Rz. 800 ff.) zwischen Betriebsgesellschaft und Besitzunternehmen eine personelle Verflechtung im Sinne eines einheitlichen geschäftlichen Betätigungswillens gegeben ist (EStH 15.7 Abs. 6). Hier gilt: Sind Familienangehörige, etwa Ehegatten oder Eltern und Kinder, in der Lage, als geschlossene Personengruppe beide Unternehmen, also das Besitz- und das Betriebsunternehmen, zu beherrschen, ist eine personelle Verflechtung zu bejahen (BFH IV B 28/90 v. 28.5.91, BStBl. II 91, 801). Das gilt auch für den Fall, dass die Mehrheit der Anteile an der Betriebsgesellschaft und das an die Betriebsgesellschaft vermietete Wirtschaftsgut zum Gesamtgut einer ehelichen Gütergemeinschaft gehören (BFH IV R 15/91 v. 26.11.92, BStBl. II 93, 876).

Sind beide Ehegatten nur an der Betriebsgesellschaft und nur ein Ehegatte am Be- **15** sitzunternehmen oder nur ein Ehegatte an der Betriebsgesellschaft, aber beide am Besitzunternehmen beteiligt, kommt für Zwecke der personellen Verflechtung eine **Zusammenrechnung der Ehegattenanteile** grds. nicht in Betracht, es sei denn, dass zusätzlich zur ehelichen Lebensgemeinschaft ausnahmsweise Beweisanzeichen vorliegen, die für gleichgerichtete wirtschaftliche Interessen der Ehegatten sprechen (BVerfG 1 BvR 571/81, 1 BvR 494/82, 1 BvR 47/83 v. 12.3.85, BStBl. II 85, 475; BFH IV R 20/98 v. 15.10.98, BStBl. II 99, 445; EStH 15.7 Abs. 7). Liegen derartige Beweisanzeichen (hierzu *Schmidt/Wacker* § 15 EStG Rz. 846) nicht vor, sind die Einkünfte solche aus Vermietung und Verpachtung (§ 21 EStG). Gleiches gilt, wenn der eine Ehegatte nur an der Betriebsgesellschaft und der andere Ehegatte nur an dem vermietenden Besitzunternehmen beteiligt ist (sog. Wiesbadener Modell). Hier scheidet eine Zusammenrechnung und damit eine Betriebsaufspaltung mit gewerblichen Mieteinkünften aus (BFH VIII R 263/81 v. 30.7.85, BStBl. II 86, 359; BFH VIII R 198/84 v. 9.9.86, BStBl. II 87, 28; BFH I R 228/84 v. 26.10.88, BStBl. II 89, 155; BFH X R 5/86 v. 12.10.88, BStBl. II 89, 152; EStH 15.7 Abs. 7).

Eine **Zusammenrechnung von Anteilen von Eltern und minderjährigen Kindern** erfolgt auf Grund elterlicher Vermögenssorge (§ 1626 BGB) grds. nur dann, wenn an der Betriebsgesellschaft oder am vermietenden Besitzunternehmen beide Elternteile mehrheitlich und am anderen Unternehmen ebenfalls beide Elternteile und das Kind zusammen mehrheitlich beteiligt sind (EStH 15.7 Abs. 8). Bei anderen Fallgestaltungen unterbleibt eine Zusammenrechnung, so etwa von Anteilen der Eltern mit volljährigen Kindern (BFH IV R 11/81 v. 26.7.84, BStBl. II 84, 714), von Geschwistern (BFH VIII R 90/81 v. 13.12.83, BStBl. II 84, 474) und sonstigen Angehörigen (BFH IV R 65/83 v. 7.11.85, BStBl. II 86, 364) mit der Folge, dass insoweit stets Einkünfte aus Vermietung und Verpachtung gegeben sind (§ 21 EStG).

16   Soweit Einkünfte aus Gewerbebetrieb gegeben sind, fällt auch **Gewerbesteuer** an, wobei freilich für die Vermietung und Verpachtung von Grundbesitz die Kürzung gem. § 9 Nr. 1 Satz 1 GewStG oder die erweiterte Kürzung gem. § 9 Nr. 1 Sätze 2 und 3 GewStG in Betracht kommen kann (vgl. GewStR 9.2). Auf Seiten des Mieters von unbeweglichen Wirtschaftsgütern des Anlagevermögens kommt bei den Einkünften aus Gewerbebetrieb eine Hinzurechnung gem. § 8 Nr. 1 Buchst. e GewStG iHv. $1/8$ in Betracht.

17   **Verkehrssteuern:** Im Bereich der **Umsatzsteuer** stellt sich die Frage, unter welchen Voraussetzungen ein Mietvertrag unter nahen Angehörigen anzuerkennen ist, praktisch kaum noch. Soweit es um die im Grundsatz gem. § 4 Nr. 12 UStG steuerfreie Vermietung und Verpachtung von Grundbesitz geht, sind die auf die Geltendmachung des Vorsteuerabzuges gerichteten Gestaltungsmöglichkeiten durch die gem. § 9 Abs. 2 UStG nur eingeschränkte Option zur Steuerpflicht stark reduziert. Auf die Steuerbefreiung gem. § 4 Nr. 12 UStG kann nämlich nur dann verzichtet werden, wenn der Mieter das Grundstück ausschließlich für Umsätze verwendet oder zu verwenden beabsichtigt, die den Vorsteuerabzug nicht ausschließen (§ 9 Abs. 2 Satz 1 UStG). Im Hinblick darauf ist die umfangreiche Rspr. zum Gestaltungsmissbrauch (§ 42 AO), insbes. zu sog. Zwischenmietverhältnissen und den Mietverhältnissen zwischen Ehegatten, bei denen der mietende Ehegatte ein nicht zum Vorsteuerabzug berechtigter Unternehmer ist, weitgehend überholt. Zu beachten ist bei unentgeltlichen Mietverhältnissen jedoch, dass es hierdurch dennoch zu einem umsatzsteuerpflichtigen Umsatz kommen kann (§ 3a Abs. 9 Nr. 2 iVm. § 10 Abs. 4 Nr. 3 UStG).

18   Entgegen den von der Rspr. im Bereich der Ertragsteuern aufgestellten Grundsätzen zur Anerkennung von Verträgen zwischen nahen Angehörigen ist die umsatzsteuerrechtliche Anerkennung von Mietverträgen zwischen Angehörigen weder von der tatsächlichen Erbringung der Gegenleistung, dh. des Mietzinses, noch von einem Fremdvergleich abhängig. Für die Umsatzsteuerpflicht bei Vermietung ist lediglich von Interesse, ob tatsächlich Leistungen iSv. § 1 Abs. 1 Nr. 1 Satz 1 UStG, dh. hier Vermietungen, erbracht wurden. Die dabei entscheidende Erwartung einer Gegenleistung hat nicht zur Voraussetzung, dass eine solche auch tatsächlich erbracht worden ist (BFH V R 37/84 v. 22.6.89, BStBl. II 89, 913; BFH XI R 52/90 v. 16.3.93, BStBl. II 93, 562; BFH XI R 65/89 v. 16.2.94, BFH/NV 94, 832). Da die Höhe der Gegenleistung nur zur Feststellung der Bemessungsgrundlage nach § 10 UStG eine Rolle spielen kann, ist nicht nur die tatsächliche Erbringung dieser Gegenleistung, sondern auch ein Fremdvergleich insoweit entbehrlich (BFH V R 37/84 v. 22.6.89, BStBl. II 89, 913; BFH V R 36/87 v. 5.3.92, BFH/NV 93, 61).

2. Einzelerläuterungen

Zu § 1: Mietgegenstand

19   Es ist üblich, den Zweck der Vermietung anzugeben. Andernfalls bestünde die Möglichkeit, die Räumlichkeiten, soweit dem Vorschriften über die Zweckentfremdung nicht entgegenstehen, für gewerbliche Zwecke zu nutzen, wofür üblicherweise

ein höherer Mietzins verlangt werden kann. Der Hinweis, dass die Wohnung in renoviertem Zustand übergeben wird, wurde im Hinblick auf die Verpflichtung des Mieters zu Schönheitsreparaturen gem. § 5 des Formulars aufgenommen.

Zu § 2: Mietzins und Nebenkosten

Die bestimmte Festlegung des Vertragsinhaltes, dh. insbesondere des Mietzinses und **20** der Nebenkosten, ist von Bedeutung, weil bei der Bemessung des Mietzinses zu beachten ist, dass dieser unter Anwendung von § 21 Abs. 2 EStG nicht niedriger als 66 % der ortsüblichen Marktmiete angesetzt werden darf, wenn die uneingeschränkte Geltendmachung von Werbungskosten nicht gefährdet werden soll.

Die Miete findet, soweit weder Staffelmiete (§ 557a BGB) noch Indexmiete (§ 557b BGB) vereinbart sind, ihre betragsmäßige Obergrenze in der ortsüblichen Vergleichsmiete (§ 558 BGB); andernfalls kann, soweit die Miete die vorgenannte Obergrenze um mehr als 20 % übersteigt, eine Mietpreisüberhöhung vorliegen, die hinsichtlich des Überhöhungsbetrages zu einer Rückforderung unter dem Gesichtspunkt der ungerechtfertigten Bereicherung führen kann (BGH VIII ARZ 13/83 v. 11.1.84, BGHZ 89, 316; BGH VIII ZR 190/03 v. 28.1.04, NJW 04, 1740). Ggfs. kommt, wenn die ortsübliche Vergleichsmiete um mehr als 20 % überschritten wird, ein Ordnungswidrigkeitenverfahren wegen Mietpreisüberhöhung (§ 5 WiStG) oder ein Strafverfahren wegen Wuchers (§ 291 StGB) in Betracht.

Mieterhöhungen sind, soweit keine Staffel- oder Indexmiete vereinbart ist, nur in dem durch §§ 558 bis 560 BGB gezogenen Rahmen zulässig. Abzustellen ist im Wesentlichen auf die ortsübliche Vergleichsmiete, wobei entsprechende Mieterhöhungen innerhalb von drei Jahren einer 20%igen Kappungsgrenze unterliegen (§ 558 Abs. 3 BGB).

Eine Umlage ist nur für die in der Betriebskostenverordnung genannten Betriebskosten zulässig (§ 556 BGB), so dass auch nur insoweit eine Neueinführung oder Erhöhung möglich ist (BGH VIII ZR 10/92 v. 20.1.93, WM 93, 660; BGH VIII ZR 167/03 v. 7.4.04, NJW-RR 04, 875).

Zu § 3: Mietzeit

Wird das Mietverhältnis auf unbestimmte Zeit geschlossen, so ergibt sich als Folge, **21** dass unter Einhaltung der gesetzlichen Kündigungsfristen (§ 573c BGB) der Mieter jederzeit und der Vermieter nur bei Vorliegen eines entsprechenden Kündigungsgrundes (zB gem. § 573 BGB) kündigen kann.

Zu § 4: Kündigung

Soweit kein Zeitmietvertrag (§ 575 BGB) vorliegt, der mangels entgegenstehender **22** Vereinbarung auch ohne Kündigung endet, finden Mietverträge nur auf Grund einer besonderen Mietaufhebungsvereinbarung oder einer ordentlichen oder fristlosen Kündigung ihr Ende. Die Kündigungsvorschriften sind in §§ 535 ff. BGB verankert. Sonderkündigungsrechte ergeben sich zB aus § 57a ZVG und aus § 561 BGB. Das Schriftformerfordernis regelt § 568 BGB.

Zu § 5: Schönheitsreparaturen

Im Rahmen der Zumutbarkeit dürfen Schönheitsreparaturen auf den Mieter über- **23** wälzt werden. Die Vereinbarung bestimmter Zeiträume, innerhalb derer diese Reparaturen durchzuführen sind, ist nicht zulässig (BGH VIII ZR 106/05 v. 5.4.06, NJW 06, 2113, 2115; BGH VIII ZR 210/08 v. 18.2.09, NJW 09, 1408; BGH VIII ZR 192/11 v. 20.3.12, NZM 12, 527; BGH VIII ZR 21/13 v. 18.3.15, NJW 15, 1874). Klauseln, welche den Mieter verpflichten, bei vorzeitigem Auszug eine Quote für Schönheitsreparaturen zu zahlen, benachteiligen den Mieter unangemessen und sind daher nach § 307 Abs. 1 BGB unwirksam (BGH VIII ZR 242/13 v. 18.3.15, BGHZ 204, 316). Solche Klauseln verlangen vom Mieter, dass er bei Mietbeginn mehrere hypothetische Betrachtungen hinsichtlich der auf ihn zukommenden Endkosten anstellt. Eine sichere Einschätzung der tatsächlichen Kostenbelastung bei Vertragsbeendigung ist nicht möglich.

Eine formularvertragliche Erweiterung der Arbeiten über den in § 28 Abs. IV der II. BerechnungsVO geregelten Umfang hinaus ist wegen unangemessener Benachteiligung des Mieters gem. § 307 BGB unwirksam (BGH VIII ZR 210/08 v. 18.2.09, NZM 09, 353; BGH VIII ZR 48/09 v. 13.1.10, NJW 10, 674).

Bei § 5 Abs. 3 handelt es sich um eine sog. **Bedarfsregelung.** Eine solche ist gem. § 307 BGB wegen unangemessener Benachteiligung des Wohnungsmieters unwirksam, wenn ihm eine unrenovierte Wohnung überlassen wurde. In diesem Fall wäre ein Renovierungsbedarf schon bei Mietbeginn gegeben. Die Klausel würde daher die Verpflichtung zur Anfangsdekoration einschließen, ohne dass dem Gesichtspunkt der Äquivalenz von reduzierter Miethöhe gegen Übernahme der Schönheitsreparaturen Rechnung getragen wäre (BGH VIII ZR 185/14 v. 18.3.15, BGHZ 204, 302; BGH VIII ZR 242/13 v. 18.3.15, BGHZ 204, 316).

Sofern die Wohnung nicht wie in § 1 vorgesehen im renovierten Zustand übergeben wird, sollte § 5 Abs. 3 dahingehend eingeschränkt werden, dass sich der Bedarf nur auf die vom Mieter selbst verursachte Abnutzung bezieht. Unschädlich soll es auch sein, wenn die Parteien eine Schönheitsreparaturklausel übereinstimmend und eindeutig dahin verstanden oder so gehandhabt haben, dass der Mieter trotz der Bedarfsregelung **keine Anfangsrenovierung** schulden und damit bereits bestehenden Renovierungsbedarf nicht tragen soll (vgl. *Schmidt-Futterer/Langenberg* Mietrecht § 538 BGB Rz. 164).

Zu § 6: Kleinreparaturen

24   Es ist zwar grds. Sache des Vermieters, die Wohnung auf seine Kosten in einem gebrauchsfähigen Zustand zu halten; im Rahmen eines Mietvertrages dürfen aber abweichende Vereinbarungen getroffen werden, soweit diese sich auf die Kostentragung und nicht auch auf die Vornahme der Reparatur selbst beziehen (BGH VIII ZR 129/91 v. 6.5.92, BGHZ 118, 194). Die Kostenbelastung muss für den Mieter jedoch zumutbar und vorhersehbar sein. Im Hinblick darauf ist eine absolute und relative Höchstgrenze zu vereinbaren. Die Gerichte akzeptieren hierbei einen Betrag von 75 € (BGH VIII ZR 129/91 v. 6.5.92, BGHZ 118, 194) bis 100 € (aufgrund sich wandelnder Verhältnisse; vgl. AG Braunschweig 116 C 196/05 v. 17.3.05, ZMR 05, 717; AG Stuttgart-Bad Cannstatt 2 C 1438/13 v. 15.10.13, WuM 14, 22) für die einzelne Reparatur und eine jährliche Begrenzung zwischen 6% (BGH VIII ZR 91/88 v. 7.6.89, BGHZ 108, 1; BGH VIII ZR 129/91 v. 6.5.92, MDR 92, 669; AG Stuttgart-Bad Cannstatt 2 C 1438/13 v. 15.10.13, WuM 14, 22) und 8% (AG Braunschweig 116 C 196/05 v.17.3.05, ZMR 05, 717; AG Würzburg 13 C 670/10 v. 17.5.10, BeckRS 2010, 17352) der Kaltmiete, wobei dem Mieter nicht die Verpflichtung auferlegt werden darf, die Kleinreparaturen selbst vorzunehmen oder durch Dritte vornehmen zu lassen.

Zu § 7: Aufrechnung, Zurückbehaltung

25   Wegen § 309 Nr. 3 BGB kann kein generelles Aufrechnungsverbot vereinbart werden. Eine Mietminderung wegen Mängeln gem. § 536 BGB, ein Schadensersatz gem. § 536a BGB für nachträgliche Sachmängel am Wohnraum und ein Anspruch aus ungerechtfertigter Bereicherung wegen zu viel gezahlter Miete (kann nicht abbedungen werden (§ 556b Abs. 2 BGB), so dass insoweit auch eine Aufrechnung zulässig ist.

Zu § 8: Nutzung durch Dritte

26   Ein Anspruch auf Untervermietung besteht gem. § 540 BGB nicht, es sei denn es existiert ein berechtigtes Interesse, § 553 BGB. § 540 BGB betrifft allerdings nicht die sog. unselbstständige Gebrauchsüberlassung, so dass die Aufnahme zu Besuchszwecken

sowie die Aufnahme von Ehegatten, Kindern, sonstigen Familienangehörigen, Verlobten und eingetragenen Lebenspartnern nicht ausgeschlossen werden kann. In diesen Fällen muss der Vermieter lediglich informiert werden. Im Übrigen, insbesondere beim Einzug von Lebensgefährten, bedarf es der Zustimmung des Vermieters, die stets zu erteilen ist, wenn ein berechtigtes Interesse vorliegt. Bei unerlaubter Gebrauchsüberlassung ist gem. § 543 Abs. 2 Nr. 2 BGB eine fristlose Kündigung zulässig.

Zu § 9: Tierhaltung

Eine Haustierhaltung – etwa für Zierfische – kann nicht uneingeschränkt ausge- **27** schlossen werden (BGH VIII ZR 10/92 v. 20.1.93, WM 93, 660; BGH VIII ZR 340/06 v. 14.11.07, NJW 08, 218). Die Haltung von Hunden und Katzen kann dagegen im Einzelfall untersagt werden (vgl. BGH VIII ZR 168/12 v. 20.3.13, NJW 13, 1526).

Zu § 10: Antenne

Soweit kein Kabelanschluss vorhanden ist, kann die Anbringung insbesondere einer **28** Parabolantenne nicht verhindert werden (BGH VIII ZR 118/04 v. 2.3.05, NJW-RR 05, 596; BGH VIII ZR 5/05 v. 16.11.05, NJW 06, 1062). Wenn ausländische Mieter ihr Heimatprogramm nur über Parabolantenne empfangen können, besteht eine Zustimmungspflicht für die Anbringung (BVerfG 1 BvR 1687/92 v. 9.2.94, BVerfGE 90, 27).

Zu § 12: Kaution

Der Vermieter hat die **Kaution,** die drei Monatsmieten abzüglich Betriebskosten- **29** pauschale nicht übersteigen darf, nach § 551 Abs. 3 BGB zu einem für Einlagen mit gesetzlicher Kündigungsfrist üblichen Zinssatz anzulegen, wobei die Zinserträge nach § 551 Abs. 3 Satz 3 BGB dem Mieter zustehen und bei diesem Einkünfte aus Kapitalvermögen nach § 20 Abs. 1 Nr. 7 EStG bilden. Diese sind vom Mieter mit Fälligkeit auf dem vom Vermieter eingerichteten Konto zu versteuern. Das Kreditinstitut, bei dem die Kaution als Spareinlage gehalten wird, hat je nachdem, ob ihm der Treugeber, dh. der Mieter, bekannt ist oder nicht, für Zwecke des Zinsabschlags eine Steuerbescheinigung auf den Namen des Treugebers bzw. des Treuhänders, dh des Vermieters, auszustellen (BMF v. 26.10.92, BStBl. I 92, 693 Tz. 6). Der Vermieter hat dem Mieter die Steuerbescheinigung zur Verfügung zu stellen, damit dieser die Zinsen versteuern und den einbehaltenen Zinsabschlag auf seine Einkommensteuer anrechnen lassen kann. Werden die Mietkautionen mehrerer Mieter auf demselben Konto angelegt, ist der Vermieter als Vermögensverwalter (§ 34 AO) verpflichtet, gegenüber dem für ihn zuständigen Finanzamt eine Erklärung zur einheitlichen und gesonderten Feststellung der Einkünfte aus Kapitalvermögen der Mieter (§ 180 AO) abzugeben (BMF v. 9.5.94, BStBl. I 94, 312).

Zu § 13: Rückgabe der Mietsache

Die Vereinbarung einer **Renovierungsklausel** ist wegen § 307 BGB in einem **30** Mietvertrag problematisch. Insoweit ist die Verpflichtung des Mieters, eine neu renovierte Wohnung, dh. eine solche, die unabhängig vom Zeitpunkt der letzten Schönheitsreparaturen zu renovieren ist, zurückzugeben, unzulässig (BGH VIII ZR 316/06 v. 12.9.07, NJW 07, 3776). Hingegen lässt die hier vereinbarte Klausel dem Mieter den Spielraum, eine notwendige Renovierung auch selber durchzuführen, weil „fachgerecht renoviert" nicht bedeutet „von einem Fachmann durchgeführt", sondern „den Regeln des Handwerks entsprechend", und dies auch durch eine Eigenrenovierung gewährleistet sein kann (BGH VIII ZR 294/09 v. 9.6.10, NJW 10, 2877). Eine Vorgabe zur farblichen Gestaltung der Wohnung ist zulässig, falls sie sich auf den Zeitpunkt der Rückgabe der Wohnung beschränkt (BGH VIII ZR 224/07 v. 18.6.08, NZM 08, 605; BGH VIII ZR 344/08 v. 23.9.09, NZM 09, 903; BGH VIII

ZR 47/11 v. 21.9.11, ZMR 12, 97; BGH VIII ZR 416/12 v. 6.11.13, NJW 14, 143). Darüber hinaus ist auch gewährleistet, dass eine Renovierung nicht durchzuführen ist, wenn die letzte Renovierung oder Schönheitsreparatur nur kurze Zeit zurückliegt und eine erneute Renovierung daher entbehrlich ist.

31   Im Übrigen hat der Mieter bei Vertragsende das Mietobjekt – von der durch den vertragsgemäßen Gebrauch herbeigeführten Abnutzung abgesehen (§ 538 BGB) – in dem Zustand zurückzugeben, in dem es sich bei Vertragsbeginn befand, so dass Einrichtungen, Aufbauten und sonstige bauliche Maßnahmen zu beseitigen sind (§ 546 Abs. 1 BGB). Zustandsverändernde Maßnahmen muss der Mieter allerdings nicht beseitigen, wenn er sie im Rahmen seiner Verpflichtung zur Vornahme von Schönheitsreparaturen durchgeführt hat (BGH VIII ZR 152/05 v. 5.4.06, NJW 06, 2115, 2116 zur unwirksamen Tapetenentfernungsklausel).

B. 2. Anteilsabtretung

Gliederung

I. FORMULAR

Formular B. 2 Anteilsabtretung

Kauf- und Abtretungsvertrag über einen Geschäftsanteil

Verhandelt am ...... in ......

Vor dem Notar ...... erschienen

1. Herr A

2. Herr B

Der Erschienene zu 1. erklärte:

Ich bin an der Z-GmbH mit Sitz in ...... (Amtsgericht ...... HRB......) mit einem Geschäftsanteil Nr. 1 im Nennbetrag von € 50.000,– (Fünfzigtausend) beteiligt. Auf diesen Geschäftsanteil sind € 30.000,– (Dreißigtausend) eingezahlt. Die offene Stammeinlage ist nicht fällig. Das Stammkapital der Gesellschaft beträgt € 100.000,– (Einhunderttausend); hierauf sind € 60.000,– (Sechzigtausend) eingezahlt.

Die Erschienenen baten sodann um die Beurkundung des folgenden

KAUF- UND ABTRETUNGSVERTRAGES

§ 1 Kauf, Gewinnbezugsrecht

(1) Herr A teilt seinen Geschäftsanteil Nr. 1 zu € 50.000,– (Fünfzigtausend) in zwei Geschäftsanteile Nr. 6 und 7 im Nennbetrag zu je € 25.000 (Fünfundzwanzigtausend) und verkauft den Geschäftsanteil Nr. 6 in Höhe von € 25.000,– (im Folgenden der „verkaufte Geschäftsanteil") an Herrn B.

(2) Der auf den verkauften Geschäftsanteil entfallende Gewinn des laufenden Geschäftsjahres sowie auf den verkauften Geschäftsanteil entfallende noch nicht verteilte Gewinne früherer Geschäftsjahre stehen Herrn B zu.

§ 2 Kaufpreis

Der Kaufpreis beträgt € 80.000,– (Achtzigtausend). Er ist durch Übergabe des Verrechnungsschecks Nr. ...... der Stadtsparkasse ...... gezahlt worden. Herr A bestätigt hiermit den Empfang des vorbezeichneten Schecks.

§ 3 Abtretung

Herr A überträgt hiermit den verkauften Geschäftsanteil mit allen Rechten und Pflichten an Herrn B. Dieser nimmt die Übertragung an.

§ 4 Erforderliche Zustimmungen

Die nach § ...... des Gesellschaftsvertrages der Gesellschaft für die Übertragung erforderliche Zustimmung der Gesellschaft ist schriftlich erteilt. Die Gesellschafterversammlung hat zudem der Teilung gem. § 46 Nr. 4 GmbHG zugestimmt.

§ 5 Gesellschafterliste; Vollmacht

(1) Der Notar wird unverzüglich gem. § 40 Abs. 2 GmbHG eine aktuelle Gesellschafterliste beim Registergericht einreichen und eine Abschrift an die Gesellschaft übermitteln.

(2) Im Hinblick auf § 16 Abs. 1 GmbHG bevollmächtigt hiermit Herr A Herrn B unter Befreiung von den Beschränkungen des § 181 BGB, ihn bei der Ausübung der Gesellschafterrechte aus dem verkauften Geschäftsanteil gegenüber der Gesellschaft und Mitgesellschaftern in vollem Umfang zu vertreten, insbesondere das Stimmrecht in der Gesellschafterversammlung auszuüben.

§ 6 Kosten des Vertrages

Die Kosten der Umsetzung dieses Vertrages und seiner Beurkundung trägt Herr B.

Diese Niederschrift wurde den Erschienenen vom Notar vorgelesen, von ihnen genehmigt und von ihnen und dem Notar wie folgt unterschrieben:

....

(Unterschrift A) (Unterschrift B) (Unterschrift Notar)

II. ERLÄUTERUNGEN

Erläuterungen zu B. 2 Anteilsabtretung

1. Grundsätzliche Anmerkungen

a) Wirtschaftliche Vertragsziele

1 Der Kauf- und Abtretungsvertrag ist auf die Übertragung eines Geschäftsanteils an einer GmbH gerichtet. Regelmäßig wird die an sich gem. § 15 Abs. 1 GmbHG bestehende freie Veräußerbarkeit der Anteile durch Gesellschaftsvertrag eingeschränkt (§ 15 Abs. 5 GmbHG).

b) Zivilrecht

2 Gem. § 15 Abs. 3, 4 GmbHG bedürfen sowohl der Kauf des Geschäftsanteils (= Verpflichtungsgeschäft) als auch die dingliche Abtretung des Anteils (= Verfügungsgeschäft) der **notariellen Beurkundung.** Mit der Abtretung geht der Geschäftsanteil so, wie er kraft Gesellschaftsvertrag besteht, mit allen mitgliedschaftlichen Rechten und Pflichten auf den Erwerber über. Zu den übergehenden Pflichten gehören insbesondere noch offene Einlagen sowie Nachschusspflichten. Die Abtretung wird der Gesellschaft gegenüber erst durch Eintragung des Erwerbers in die Gesellschafterliste und deren Aufnahme in das Handelsregister (§ 16 GmbHG) wirksam. Für alle zu diesem Zeitpunkt bestehenden rückständigen Einlageverpflichtungen haftet der Veräußerer neben dem Erwerber als Gesamtschuldner.

3 Der Gesellschaftsvertrag kann die Abtretung von Geschäftsanteilen an weitere Voraussetzungen knüpfen (**Vinkulierung** gemäß § 15 Abs. 5 GmbHG). Eine Klausel, welche für die Abtretung von Geschäftsanteilen die Zustimmung der Gesellschaft oder der Gesellschafter verlangt, kann unterschiedliche Zwecke verfolgen: Eher selten wird es darum gehen, ein Eindringen Fremder in die Gesellschaft gänzlich zu verhindern (Schutz vor Überfremdung); dieses Motiv mag aber etwa in Familienunternehmen oder Unternehmen, in denen alle Gesellschafter persönlich mitarbeiten, eine Rolle

spielen. Häufiger soll eine Vinkulierung den verbleibenden Gesellschaftern lediglich die Möglichkeit geben, ein Vorkaufsrecht auszuüben, ein Veto gegen ungeeignete Erwerber (zB Wettbewerber) einzulegen oder Beteiligungsquoten aufrechtzuerhalten. Bedarf die Übertragung der Zustimmung der Gesellschaft, so ist diese durch die Geschäftsführer zu erteilen (die Satzung kann weiter vorsehen, dass die Geschäftsführer im Innenverhältnis die Zustimmung der Gesellschafterversammlung oder zB eines Beirates benötigen). Alternativ kann auch die Zustimmung der Gesellschafterversammlung, einzelner oder aller Gesellschafter verlangt werden. Die Gesellschafter können die Zustimmung bis zur Grenze der Treuwidrigkeit oder der Sittenwidrigkeit verweigern (OLG München 7 U 3292/07 v. 23.1.08, DB 08, 923, 924).

Die **Veräußerung** (Abtretung) **von Teilen** eines Geschäftsanteils unterliegt seit In- **4** krafttreten des MoMiG zwar nicht mehr den Restriktionen des § 17 GmbHG aF. § 46 Nr. 4 GmbHG weist die Kompetenz zur Teilung von Geschäftsanteilen jedoch weiterhin nicht dem einzelnen Gesellschafter, sondern der Gesellschafterversammlung zu; sofern die Satzung nichts anderes bestimmt, ist daher für die Teilung ein entsprechender Zustimmungsbeschluss einzuholen. Die Notwendigkeit zur Teilung entfällt, wenn die Geschäftsanteile jeweils auf 1,– € lauten; nach neuem Recht können die Gesellschafter bei Gründung der Gesellschaft beliebig viele Geschäftsanteile übernehmen (§ 5 Abs. 2 GmbHG), ebenso bei einer späteren Kapitalerhöhung (§ 55 Abs. 4 GmbHG).

c) Steuerrecht

Ertragsteuern: Auch soweit Geschäftsanteile nicht zu einem Betriebsvermögen **5** gehören, sind Veräußerungsgewinne der **Einkommensteuer** zu unterwerfen, entweder nach § 17 EStG im Rahmen des Teileinkünfteverfahrens als Gewinn aus Gewerbebetrieb oder nach § 20 Abs. 2 Satz 1 Nr. 1 EStG im Rahmen der Abgeltungsteuer als Einkünfte aus Kapitalvermögen. § 17 EStG geht vor (§ 20 Abs. 8 EStG).

Anwendbar ist § 20 Abs. 2 Satz 1 Nr. 1 EStG erstmals auf Gewinne aus der Veräu- **6** ßerung von Anteilen, die nach dem 31.12.08 erworben werden (§ 52 Abs. 28 Satz 11 EStG). Für zuvor erworbene Anteile gilt noch § 23 Abs. 1 Nr. 2 EStG aF.

Private Gewinne (Verluste) aus der Veräußerung von Geschäftsanteilen werden **7** nach **§ 17 EStG** versteuert, wenn der Veräußerer innerhalb der letzten fünf Jahre zu mindestens 1% beteiligt war. Zur rückwirkenden Absenkung der Beteiligungsgrenze in § 17 Abs. 1 Satz 4 EStG vgl. BMF v. 20.12.10, BStBl. I 11, 16.

Bei der Veräußerung nach altem Recht einbringungsgeborener Anteile (§ 20 **8** Abs. 1, § 23 Abs. 1–4 UmwStG 1995) greift nicht § 17 EStG, sondern § 21 UmwStG aF. ein, falls die aufnehmende Kapitalgesellschaft das eingebrachte Betriebsvermögen nicht mit dem Teilwert angesetzt hat (§ 27 Abs. 3 Nr. 3 UmwStG). Werden nach neuem Recht (SEStEG) im Zuge einer Betriebseinbringung unter dem gemeinen Wert (§ 20 Abs. 2 Satz 2 UmwStG) erhaltene Anteile vom Einbringenden innerhalb von sieben Jahren veräußert, erfolgt eine Nachversteuerung des Einbringungsgewinns I (§ 22 Abs. 1 UmwStG). Darüber hinaus ist die Veräußerung der Kapitalgesellschaftsanteile nach allgemeinen Grundsätzen steuerpflichtig. Der Einbringungsgewinn I gilt hierbei als nachträgliche Anschaffungskosten der erhaltenen Anteile (§ 22 Abs. 1 Satz 4 UmwStG). Die aus der Einbringung erhaltenen Anteile unterliegen unabhängig von der Beteiligungsquote dem § 17 EStG (vgl. § 17 Abs. 6 EStG).

Der Besteuerung nach § 17 EStG unterliegt der **Veräußerungsgewinn.** Das ist **9** nach § 17 Abs. 2 EStG idR. der Betrag, um den der Veräußerungspreis nach Abzug der Veräußerungskosten die Anschaffungskosten übersteigt. Für Veräußerungen nach dem 31.7.19 sowie auf Antrag auch für davor erfolge Veräußerungen sind die Anschaffungskosten nach § 17 Abs. 2a EStG zu ermitteln (zur erstmaligen Anwendung vgl. § 52 Abs. 25a EStG). § 17 Abs. 2a EStG lehnt sich dabei grds. an den handelsrechtlichen Anschaffungskostenbegriff an. Danach sind Anschaffungskosten die Aufwendungen, die geleistet werden, um die Anteile iSd § 17 Abs. 1 EStG zu erwerben.

Dazu gehören auch die Erwerbsnebenkosten und die nachträglichen Anschaffungskosten (§ 17 Abs. 2a S. 1 und 2 EStG).

9a Die besondere Bedeutung von § 17 Abs. 2a EStG liegt darin, dass nunmehr in S. 3 eine Regelung zu den **nachträglichen Anschaffungskosten** enthalten ist. Danach gehören zu den nachträglichen Anschaffungskosten insbesondere (also nicht nur): **(1.)** offene oder verdeckte Einlagen, **(2.)** Darlehensverluste, soweit die die Gewährung des Darlehens oder das Stehenlassen des Darlehens in der Krise der Gesellschaft gesellschaftsrechtlich veranlasst war, und **(3.)** Ausfälle von Bürgschaftsregressforderungen und vergleichbaren Forderungen, soweit die Hingabe oder das Stehenlassen der betreffenden Sicherheit gesellschaftsrechtlich veranlasst war. Eine gesellschaftsrechtliche Veranlassung liegt nach § 17 Abs. 2a S. 4 EStG regelmäßig vor, wenn ein fremder Dritter das Darlehen oder die oben genannten Sicherungsmittel bei sonst gleichen Umständen zurückgefordert oder nicht gewährt hätte.

§ 17 Abs. 2a EStG ist eine Reaktion des Gesetzgebers auf die Änderung der handelsrechtlichen Eigenkapitalersatzregelungen durch das MoMiG v. 23.10.08 (BGBl. I 08, 2026) und die dazu ergangene BFH-Rechtsprechung. BFH IX R 36/15 v. 11.7.17, BStBl. II 19, 208) entschied, dass mit Aufhebung des Eigenkapitalersatzrechtes durch das MoMiG die gesetzliche Grundlage zur Berücksichtigung von Aufwendungen des Gesellschafters als nachträgliche Anschaffungskosten im Rahmen des § 17 EStG entfallen sei. Aus Gründen des Vertrauensschutzes seien für bis zur Veröffentlichung dieses Urteils (am 27.9.17) geleistete eigenkapitalersetzende oder eigenkapitalersetzend gewordene Finanzierungshilfen nach den bisherigen Grundsätzen zu beurteilen. Diese Vertrauensschutzregelung bestätigt BFH IX R 9/18 v. 14.1.20, BStBl. II 20, 490 und BFH IX R 1/19 v. 10.12.19, BFH/NV 20, 504. Insoweit gilt für diesen Zeitraum unter Vertrauensschutzgesichtspunkten BMF v. 21.10.10 (BStBl. I 10, 832) weiter (vgl. BMF v. 5.4.19, BStBl. I 19, 257). Für Veräußerungen vor dem 1.8.19 (nach dem Gesetzeswortlaut vor dem 31.7.19, dann gäbe es für den 31.7.19 aber keine Regelung) hat der Stpfl. damit ein **Wahlrecht,** die Anschaffungskosten entweder nach § 17 Abs. 2a EStG zu ermitteln oder sich auf die bisherige Regelung unter Berücksichtigungen des Wegfalls des Eigenkapitalersatzrechts aber mit den oben angeführten Vertrauensschutzregelungen zu berufen. Wird der Antrag auf Anwendung von § 17 Abs. 2a EStG nicht gestellt, kommt zudem eine Berücksichtigung des Verlustes aus dem Darlehensausfall nach § 20 Abs. 2 EStG in Betracht (vgl. *Ott* DStR 20, 313).

§ 17 Abs. 2a EStG gilt im Anwendungsbereich von § 20 Abs. 2 EStG nicht. Darlehensverluste werden hier allenfalls von § 20 Abs. 2 S. 2 EStG erfasst und mit den Verlustausgleichsbeschränkungen des § 20 Abs. 6 S. 6 EStG behandelt.

10 Die unter den Voraussetzungen des § 17 EStG erzielten **Einkünfte** gehören zu denen **aus Gewerbebetrieb** (§ 17 Abs. 1 EStG). Der Veräußerungsgewinn wird um einen Freibetrag bis zu € 9.060,– (§ 17 Abs. 3 EStG) gekürzt. Ein Veräußerungsverlust ist, soweit nicht zB das Verlustberücksichtigungsverbot des § 17 Abs. 2 Satz 4 EStG oder die Verlustausgleichsbeschränkung des § 2a Abs. 1 Nr. 4 EStG eingreift, gem. § 2 Abs. 2 EStG mit anderen positiven Einkünften auszugleichen (Verlustausgleich); im Übrigen ist ein Verlustabzug gem. § 10d EStG zulässig. Es gilt seit 2009 das Teileinkünfteverfahren (Steuerbefreiung 40%), so dass Veräußerungsgewinne und -verluste grundsätzlich nur in Höhe von 60% angesetzt werden. Werbungskosten können ebenfalls nur mit 60% berücksichtigt werden. Es ist inzwischen geklärt, dass der Abzug von Erwerbsaufwand im Zusammenhang mit Einkünften aus § 17 EStG dann nicht nach § 3c EStG begrenzt ist, wenn der Steuerpflichtige keinerlei durch seine Beteiligung vermittelte Einkünfte erzielt hat (BFH IX B 227/09 v. 18.3.10, BStBl. II 10, 627; BFH IX R 13/13 v. 1.10.14, BFH/NV 15, 198; BMF v. 28.6.10, BStBl. I 10, 599). Das gilt auch dann, wenn objektiv wertlose Anteile zu einem symbolischen Kaufpreis (zB von 1 €) veräußert werden (vgl. BFH IX R 61/10 v. 6.4.11, BStBl. II 12, 8). Ab dem VZ 2011 ist für die Anwendung von § 3c Abs. 2 EStG allerdings die Absicht zur Einnahmeerzielung ausreichend (§ 3c Abs. 2 Satz 2 idF des JStG 2010).

Besteht der Veräußerungspreis in **wiederkehrenden Bezügen,** besteht ein Wahl- **11** recht (vgl. EStR 17 Abs. 7 S. 2 iVm. EStR 16 Abs. 11): Der Veräußerer kann sich für eine Besteuerung mit dem gemeinen Wert (Barwert) der wiederkehrenden Bezüge im Zeitpunkt der Veräußerung entscheiden (Sofortbesteuerung). Ein entsprechender Gewinn bzw. der Verlust unterliegt dem Teileinkünfteverfahren. Zusätzlich ist der in den laufenden Bezügen enthaltene Ertragsanteil nach § 22 Nr. 1a EStG (zB Veräußerungsrente) oder der darin enthaltene Zinsanteil nach § 20 Abs. 1 Nr. 7 EStG (zB Ratenzahlung) im Jahr des Zuflusses steuerpflichtig (BFH X R 187/87 v. 26.11.92, BStBl. II 93, 298). Entscheidet sich der Veräußerer dagegen für eine Besteuerung nach Maßgabe der tatsächlich zufließenden Beträge (§§ 17, 24 Nr. 2 EStG), sind die Rentenzahlungen in einen Zins- und einen Tilgungsanteil aufzuteilen, wobei der Zinsanteil bereits im Zeitpunkt des Zuflusses gem. § 22 Nr. 1 Satz 3 Buchst. a Satz 3 EStG und der Tilgungsanteil erst dann zu versteuern ist, wenn er die Anschaffungskosten zzgl. Veräußerungskosten übersteigt. Auf den Tilgungsanteil ist das Teileinkünfteverfahren (§ 3 Nr. 40c EStG) anwendbar (BMF v. 28.5.04, BStBl. I 04, 1187). Entsprechendes gilt bei der Veräußerung gegen Raten, wobei der Zinsanteil der Besteuerung gem. § 20 Abs. 1 Nr. 7 EStG unterliegt (BMF v. 28.5.04, BStBl. I 04, 1187).

Gehören die Geschäftsanteile iSd. § 17 Abs. 1 EStG zu einem **Betriebsvermögen,** **12** erfolgt die Besteuerung nach den üblichen Grundsätzen, wobei auch hier das Teileinkünfteverfahren eingreift.

Erfolgt die Veräußerung aus dem gewerblichen Betriebsvermögen, fällt auf den **13** Veräußerungsgewinn im Rahmen des Teileinkünfteverfahren **Gewerbesteuer** an, und zwar auch dann, wenn es sich um die Veräußerung einer 100%igen Beteiligung handelt (GewStH 7.1 Abs. 3). Keine Gewerbesteuer fällt an, wenn eine natürliche Person ihren gesamten Betrieb aufgibt oder veräußert, und zwar auch soweit im Betriebsvermögen die Anteile enthalten sind.

Verkehrsteuern: Die Veräußerung von Kapitalanteilen unterliegt bei der **Um-** **14** **satzsteuer** der Steuerbefreiung gem. § 4 Nr. 8 f UStG. Auf die Steuerbefreiung kann allerdings gem. § 9 UStG verzichtet werden. Hält die GmbH Grundbesitz, kann die Veräußerung ausnahmsweise auch Grunderwerbsteuer auslösen (Anteilsvereinigung, § 1 Abs. 3, 3a GrEStG).

Notare sind gemäß § 54 EStDV verpflichtet, dem zuständigen Finanzamt eine **be-** **15** **glaubigte Abschrift** der aufgenommenen Urkunde zu übersenden.

2. Einzelerläuterungen

Zur Eingangserklärung

Durch den Hinweis auf die **offene,** aber noch nicht eingeforderte **Stammeinlage** **16** wird deutlich, dass die Einzahlungsverpflichtung insoweit auf den Erwerber übergeht, und ferner, dass er gem. § 24 GmbHG der Ausfallhaftung für die offenen Einlagen der übrigen Gesellschafter unterliegt. Auf der anderen Seite haftet allerdings auch der Veräußerer, falls der Erwerber auf Grund säumiger Zahlung der offenen Einlage gem. § 21 GmbHG ausgeschlossen wird (§ 22 GmbHG).

Die Erklärung, dass die offene Einlage noch nicht fällig ist (weil die Satzung inso- **17** weit keine Leistungszeit mit festem Datum enthält oder aber eine Einforderung noch nicht erfolgt ist, vgl. § 46 Nr. 2 GmbHG), bedeutet, dass eine Haftung des Veräußerers gem. § 16 Abs. 2 GmbHG gegenüber der Gesellschaft nicht in Betracht kommt.

Sind die Erklärungen des Veräußerers zum Nachteil des Erwerbers unzutreffend, haftet der Veräußerer ggf. gem. § 453 Abs. 1 iVm. §§ 434 ff. BGB. Denn der Anteilskauf ist **Rechtskauf** iSd. § 453 BGB mit der Folge, dass der Verkäufer sowohl für Rechtsmängel als auch für Sachmängel haftet. Ein Rechtsmangel liegt vor, wenn Dritte in Bezug auf den gekauften Geschäftsanteil entgegen den Angaben des Verkäufers Rechte geltend machen können (§ 435 S. 1 BGB), zB weil die Anteile dem Verkäufer gar nicht zustehen oder mit einem Pfandrecht oder Nießbrauch belastet sind. Ein Sachmangel besteht insbesondere, wenn die Parteien eine bestimmte, tatsächlich jedoch nicht gegebene Beschaffenheit des Anteils vereinbart haben (§ 434 Abs. 1 S. 1 BGB).

Zu § 1: Kauf, Gewinnbezugsrecht

18   Der Kauf betrifft das Verpflichtungsgeschäft. Das **Gewinnbezugsrecht** (§ 29 Abs. 1 GmbHG) ist Ausfluss der Gesellschafterstellung, so dass ohne ausdrückliche Abrede bei einer Abtretung während des laufenden Geschäftsjahres der Jahresgewinn gem. § 101 Nr. 2 BGB **zeitanteilig** auf Veräußerer und Erwerber aufzuteilen ist. Der Anspruch auf Ausschüttung des Jahresgewinns entsteht zwar zunächst in der Person des Erwerbers, sofern bei Fassung des Gewinnverteilungsbeschlusses die Abtretung bereits wirksam war, im Innenverhältnis ist aber der Erwerber dem Veräußerer gegenüber zum entsprechenden Ausgleich verpflichtet. Demgegenüber sind die Gewinnanteile **steuerlich nicht zeitanteilig** zuzurechnen: Gem. § 20 Abs. 5 EStG sind die Einkünfte stets demjenigen zuzurechnen, der im Zeitpunkt der Fassung des Gewinnverteilungsbeschlusses Anteilseigner ist.

19   Im Hinblick auf die von § 101 Nr. 2 BGB abweichende steuerliche Zurechnung der Gewinnanteile und die schwierige Ermittlung der zeitanteiligen Gewinnanteile empfiehlt sich stets eine konkrete Vereinbarung, wonach der Gewinn des laufenden Geschäftsjahres insgesamt dem Erwerber zustehen soll (und durch den Kaufpreis abgegolten ist).

19a   Da nur ein **Teilgeschäftsanteil** verkauft werden soll, ist der bestehende Geschäftsanteil Nr. 1 entsprechend zu teilen. In der Gesellschafterliste (§ 40 GmbHG; s. Rz. 23) können die beiden neuen Teilgeschäftsanteile dann mit neuen, bisher noch freien Nummern versehen werden (hier die Nr. 6 und 7); in die Gesellschafterliste sollte zudem in einer sog. **Veränderungsspalte** ein Hinweis aufgenommen werden, dass die neuen Geschäftsanteile durch Teilung des bisherigen Geschäftsanteils Nr. 1 entstanden sind (näher *Gehrlein/Ekkenga/Simon* § 40 GmbHG Rz. 10).

Zu § 2: Kaufpreis

20   Die Annahme des Schecks erfolgt erfüllungshalber. Soll der Kaufpreis erst nach dem Notartermin gezahlt, insbesondere überwiesen werden, empfiehlt es sich zum Schutz des Veräußerers, die Abtretung unter die aufschiebende Bedingung (§ 158 Abs. 1 BGB) der vollständigen Kaufpreiszahlung zu stellen.

Zu § 3: Abtretung

21   Die Abtretung betrifft das dingliche Rechtsgeschäft, durch die der vermögensrechtliche Wechsel in der Zuordnung auch in steuerrechtlicher Hinsicht vollzogen wird.

Zu § 4: Erforderliche Zustimmungen

22   Stets zu prüfen ist, ob der Gesellschaftsvertrag die Abtretung der Geschäftsanteile an weitere Voraussetzungen knüpft (Vinkulierung, § 15 Abs. 5 GmbHG). Eine danach ggf. erforderliche „Genehmigung" ist Zustimmung iSv. §§ 182–184 BGB und kann somit bereits vor der Abtretung eingeholt werden. Die Teilung von Gesellschaftsanteilen erfolgt, sofern gesellschaftsvertraglich nicht anders geregelt, durch Beschluss der Gesellschafterversammlung gem. § 46 Nr. 4 GmbHG.

Zu § 5: Gesellschafterliste; Vollmacht

23   Im Verhältnis zur Gesellschaft gilt der Erwerber erst als Inhaber des Geschäftsanteils, sobald die geänderte Gesellschafterliste in das Handelsregister aufgenommen ist (§ 16 Abs. 1 S. 1 GmbHG). Zuständig für die Einreichung der Gesellschafterliste ist hier gem. § 40 Abs. 2 GmbHG der Notar. Damit der Erwerber auch in der Zwischenzeit bis zur Aufnahme der Gesellschafterliste bereits handeln und insbesondere das Stimmrecht ausüben kann, empfiehlt sich in Bezug auf den verkauften Geschäftsanteil eine entsprechende Bevollmächtigung durch den Veräußerer.

B. 3. Anteilsschenkung gegen Versorgungsleistungen

Gliederung

I. FORMULARE

Formular B. 3 Schenkungsvertrag

SCHENKUNGSVERTRAG

zwischen

A ......   – nachfolgend Schenker genannt –

und

B ......   – nachfolgend Beschenkter genannt –

§ 1 Schenkung

(1) Der Schenker hält an der XY-GmbH mit Sitz in ...... (Amtsgericht ...... HRB ......) den einzigen, voll einbezahlten Geschäftsanteil im Nennbetrag von € 100.000,–. Der Schenker schenkt und tritt hiermit dem Beschenkten diesen Geschäftsanteil ab. Der Beschenkte nimmt dieses Angebot dankend an.

(2) Die Vertragsparteien sind sich darüber einig, dass Übergangsstichtag für den dinglichen Rechtsübergang des Geschäftsanteils als auch für alle aus diesem Vertrag folgenden Rechte und Pflichten der 31.12.20.., 24.00 Uhr, ist. Dies gilt nicht für die Rechte und Pflichten aus § 6 dieses Vertrages.

(3) Noch nicht verteilte Gewinne des laufenden und früherer Geschäftsjahre stehen dem Beschenkten zu.

§ 2 Gewährleistung

(1) Der Schenker gewährleistet, dass der Geschäftsanteil so besteht, wie er geschenkt wird, dass er nicht mit Rechten Dritter belastet ist und dass er über ihn frei verfügen kann.

(2) Ansonsten enthält dieser Vertrag keine Beschaffenheitsangaben, Gewährleistungen oder Garantien. Mit Ausnahme der durch diesen Vertrag begründeten primären Erfüllungsansprüche bestehen keine sonstigen Ansprüche des Beschenkten aus oder in Zusammenhang mit diesem Vertrag. Soweit gesetzlich zulässig, sind alle über die in diesem Vertrag geregelten Ansprüche und Rechte des Beschenkten hinausgehenden Ansprüche und Rechte unabhängig von ihrer Entstehung, ihrem Umfang und ihrer rechtlichen Grundlage ausdrücklich ausgeschlossen.

§ 3 Versorgung

(1) Der Beschenkte verpflichtet sich, dem Schenker auf dessen Lebenszeit, nach dem Tode des Schenkers dessen Ehefrau C auf Lebenszeit, monatlich vorschüssig € 10.000,– zu zahlen.

(2) Die Vertragsparteien sind sich darüber einig, dass diese Versorgungsleistungen bestimmt und geeignet sind, den Lebensunterhalt der Berechtigten zu gewährleisten. Die Höhe der Versorgungsleistungen wird in Abhängigkeit von der Ertragslage der XY-GmbH festgelegt und kann dementsprechend jederzeit durch schriftliche Vereinbarung zwischen dem Beschenkten und dem Berechtigten an diese angepasst werden.

(3) Vorbehaltlich einer Regelung nach Abs. 2 erhöht bzw. vermindert sich die monatliche Versorgungsleistung, wenn der Jahresüberschuss der XY-GmbH um mehr als die Hälfte von dem Jahresüberschuss des Geschäftsjahrs 20.. abweicht. Die Versorgungsleistungen erhöhen bzw. vermindern sich in diesem Fall um den prozentualen Anteil, der sich aus dem Verhältnis des Jahresüberschusses des fraglichen Jahres abzüglich der Hälfte des Jahresüberschusses des Jahres 20.. zum Jahresüberschuss des Jahres 20.. ergibt. Eine Erhöhung oder Verminderung der Versorgungsleistungen wird mit Beginn des folgenden Wirtschaftsjahres wirksam. Der Beschenkte verpflichtet sich, dem Schenker und nach dessen Ableben seiner Ehefrau C bis zum 30.9. eines jeden Jahres über den Jahresüberschuss des vorhergehenden Wirtschaftsjahres Auskunft zu geben. In keinem Falle darf die Versorgungsleistung € 5.000,– pro Monat unterschreiten.

§ 4 Pflichtteilsverzicht

Der Beschenkte verzichtet hiermit gegenüber dem Schenker auf sein Pflichtteilsrecht. Der Schenker nimmt den Pflichtteilsverzicht an.

§ 5 Rückforderung

(1) Unbeschadet der Bestimmungen der §§ 528–533 BGB ist der Schenker berechtigt, den Geschäftsanteil der XY-GmbH zurückzufordern, wenn der Beschenkte mit fünf monatlichen Versorgungszahlungen in Verzug ist.

(2) *[Weitere Rückfallklauseln, zB Vorversterben des Beschenkten usw.]*

§ 6 Kosten und Steuer

(1) Sämtliche Kosten, die durch die Beurkundung und Umsetzung dieses Vertrages entstehen, trägt der Beschenkte.

(2) Abweichend von Abs. 1 trägt der Schenker eine möglicherweise anfallende Schenkungsteuer.

Formular B. 3a Geschäftsführerwechsel

Ich, A, bin Alleingesellschafter und Geschäftsführer der XY-GmbH mit Sitz in ......

Ich lege hiermit mein Geschäftsführeramt mit Wirkung zum Ablauf des 31.12.20.. nieder. Gleichzeitig kündige ich meinen Geschäftsführer-Anstellungsvertrag ordentlich ebenfalls mit Wirkung zum Ablauf des 31.12.20...

Unter Verzicht auf alle Formen und Fristen der Einberufung, Ankündigung und Durchführung halte ich sodann eine Gesellschaftervollversammlung der XY-GmbH ab und beschließe:

1. B, geboren am ......, wohnhaft in ......, wird mit sofortiger Wirkung zum Geschäftsführer bestellt. Seine Vertretungsbefugnis bestimmt sich nach dem Gesellschafts-

vertrag. Mit B wird der in der Anlage beigefügte Geschäftsführer-Anstellungs-vertrag geschlossen.

2. A wird für seine Geschäftsführung Entlastung erteilt.

Weitere Beschlüsse werden nicht gefasst. Damit ist die Gesellschafterversammlung beendet.

..............................., den ....

....

(Unterschrift A)

II. ERLÄUTERUNGEN

Erläuterungen zu B. 3 Schenkungsvertrag

1. Grundsätzliche Anmerkungen

a) Wirtschaftliche Vertragsziele

Die Vermögensübergabe gegen Versorgungsleistungen ist ein typisches Instrument **1** der **vorweggenommenen Erbfolge.** Dabei lässt sich unter Abweichung von der gesetzlichen Erbfolge auf die individuellen zivil- und steuerrechtlichen Bedürfnisse des Erblassers eingehen. Die Übertragung von Einkunftsquellen unter nahen Angehörigen, hier eine Anteilsübergabe, dient zur wirtschaftlichen Alterssicherung des Erblassers, der nicht mehr in der Lage oder bereit ist, die für seinen Unterhalt notwendigen Einkünfte selber zu erwirtschaften. Daneben bietet diese Gestaltung dem Erblasser die Möglichkeit, die **Unternehmensnachfolge** innerhalb der eigenen Familie sicherzustellen und hierauf im Einzelnen Einfluss zu nehmen. Schließlich gibt ihm die Unternehmensübertragung im Rahmen der vorweggenommenen Erbfolge die Möglichkeit, den oder die Nachfolger in das Unternehmen, in die Unternehmensführung und die betrieblichen Abläufe sowie die Kundenbeziehungen einzuweisen und damit den **Erhalt des Unternehmens im Generationswechsel** sicherzustellen.

b) Zivilrecht

Die Übertragung eines Unternehmens vollzieht sich durch **Übertragung der ein-** **2** **zelnen Wirtschaftsgüter** nach den jeweiligen zivilrechtlichen Bestimmungen **(asset deal).** Demgegenüber werden Anteile an Personenhandelsgesellschaften und Kapitalgesellschaften durch **Abtretung der Gesellschaftsbeteiligung** übertragen **(share deal).** Handelt es sich dabei um Geschäftsanteile an einer GmbH, ist sowohl das schuldrechtliche als auch das dingliche Geschäft nach § 15 Abs. 4 bzw. Abs. 3 GmbHG in notarieller Form abzuschließen. Dabei ist zu beachten, dass die Nichteinhaltung dieser Form in Bezug auf das Grundgeschäft nach § 15 Abs. 4 Satz 2 GmbHG durch eine formgültige Abtretung der Geschäftsanteile geheilt wird. Demgegenüber kann die Nichteinhaltung der notariellen Form der Abtretungserklärung nicht geheilt werden.

Bei der Übertragung einer **GmbH & Co. KG** beschränkt sich die Formvorschrift **3** des § 15 Abs. 4 GmbHG nicht auf die Geschäftsanteile der Komplementär-GmbH, sondern erstreckt sich auch auf die Verpflichtung zur Übertragung der Kommanditanteile (s. A. 8.10, Rz. 2 mwN). Die Nichteinhaltung dieser Form kann hingegen aus Kostengründen erwogen werden, da die Heilung nach § 15 Abs. 4 Satz 2 GmbHG auch die nichtbeurkundeten Teile der Gesamtvereinbarung erfasst (BGH VIII ZR 95/91 v. 29.1.92, GmbHR 93, 106 mwN). Zur Sicherung schenkungsteuerlicher Begünstigungen empfiehlt es sich allerdings, bei Übertragungen im Familienkreis nicht auf die Heilungswirkung des § 15 Abs. 4 Satz 2 GmbHG zu vertrauen. Die Finanzverwaltung legt bei der Beurteilung von Verträgen zwischen nahen Angehörigen strenge Maßstäbe an die steuerliche Anerkennung an und verlangt bspw., dass solche

Verträge zivilrechtlich wirksam zu Stande gekommen sind und Vertragsgestaltung und Durchführung dem zwischen Fremden Üblichen entsprechen.

4   Die Verpflichtung zur Übertragung und die Abtretung von Gesellschaftsanteilen an **Personenhandelsgesellschaften** unterliegen keinem Formzwang. Dies gilt selbst dann, wenn sich im Gesellschaftsvermögen ein Grundstück befindet (BGH II ZR 288/81 v. 31.1.83, BGHZ 86, 367).

5   Das Versprechen des Unternehmensübernehmers, regelmäßige Versorgungsleistungen an den Übergeber zu erbringen, **kann** nach § 761 BGB dem **Schriftformerfordernis** unterliegen. Dies ist der Fall, wenn die Versorgungsleistungen im zivilrechtlichen Sinne als Leibrente zu qualifizieren sind. Unter einer **Leibrente** ist „ein einheitliches nutzbares Recht zu verstehen, das dem Berechtigten für die Lebenszeit eines Menschen eingeräumt ist und dessen Erträge aus fortlaufend wiederkehrenden gleichmäßigen Leistungen in Geld oder vertretbaren Sachen bestehen" (stRspr. und hM, vgl. *MünchKommBGB/Habersack* § 759 Rz. 3 mwN). Nicht Leibrente, sondern **Unterhaltsleistung** liegt hingegen vor, wenn der Zahlungsanspruch nachträglich abgeändert werden kann und an dem Unterhaltsbedarf des Empfängers und der Leistungsfähigkeit des Verpflichteten ausgerichtet wird (*MünchKommBGB/Habersack* § 759 Rz. 10 mwN).

c) Steuerrecht

aa) Schenkungsteuer

6   Die Übertragung eines Vermögensgegenstandes gegen Versorgungsleistungen ist nach § 1 Abs. 1 Nr. 2 iVm. § 7 Abs. 1 Nr. 1 ErbStG **schenkungsteuerpflichtig.** Die Übernahme der Versorgungsleistungen stellt schenkungsteuerlich eine Gegenleistung dar, so dass die Vermögensübergabe als gemischt-freigebige Zuwendung zu werten ist (BFH II R 11/02 v. 2.3.05, BStBl. II 05, 532). Die Bereicherung wird ermittelt, indem von dem nach § 12 ErbStG zu ermittelnden Steuerwert der Leistung des Schenkers die Leistungsauflagen mit ihrem ebenfalls nach § 12 ErbStG ermittelten Wert abgezogen werden.

Nach der obigen Formel werden auch sonstige Leistungsauflagen, die dem Betriebsübernehmer auferlegt werden, wie etwa Ausgleichs- oder Abstandszahlungen oder die Übernahme von privaten Verbindlichkeiten, bei der Bestimmung des Steuerwerts berücksichtigt.

7   Auch nach der Entscheidung des BVerfG 1 BvL 21/12 (v. 17.12.14 BStBl. II 15, 50) und der als Reaktion des Gesetzgebers daraufhin erfolgten Änderung des ErbStG durch das Gesetz zur Anpassung des ErbStG an die Rspr. des BVerfG v. 4.11.16 (BGBl. I 16, 2464) können die Beteiligten bei der Übertragung von Betriebsvermögen noch erhebliche **schenkungsteuerliche Begünstigungen** in Anspruch nehmen. Dasselbe gilt bei der Übertragung von Beteiligungen an Kapitalgesellschaften, wenn der Schenker oder Erblasser unmittelbar zu mehr als 25% an dieser Gesellschaft beteiligt war. Die Begünstigungen bestehen vor allem in der Gewährung eines **Verschonungsabschlags** in Höhe von 85% – **Regelverschonung** (§ 13a Abs. 1 Satz 1, § 13b Abs. 1 Nr. Nr. 2 bzw. Nr. 3 ErbStG). Von der danach verbleibenden Bemessungsgrundlage kann ein **Abzugsbetrag** von € 150.000,– abgezogen werden, der sich allerdings bei größeren Vermögen reduziert und ab einer nach Verschonungsabschlag verbleibenden Bemessungsgrundlage von € 450.000,– keine steuerreduzierende Wirkung mehr hat. Schließlich ist der insoweit begünstigte Erwerb stets vergleichbar mit der günstigen **Steuerklasse I** zu versteuern, auch wenn das Verwandtschaftsverhältnis der Beteiligten eigentlich die Anwendung einer ungünstigeren Steuerklasse veranlasste (§ 19a Abs. 1 ErbStG).

8   Der Verschonungsabschlag ist nach neuem Recht nur noch für das begünstigte Vermögen der begünstigungsfähigen Einheiten zu gewähren. Insbesondere soll das sog. **Verwaltungsvermögen** nicht mehr verschont werden. Die nach altem Recht vorgesehene 50%-Grenze ist entfallen. Allerdings zählt das (grds. schädliche) Verwaltungsvermögen zum begünstigten Vermögen, soweit dieses 10% des gemeinen Wertes des Betriebsvermögens (gekürzt um den Nettowert des Verwaltungsvermögens) nicht übersteigt – unschädliches Verwaltungsvermögen (§ 13b Abs. 2 Satz 1, Abs. 7 ErbStG). Zum Verwaltungsvermögen zählt das Gesetz insbesondere Dritten zur Nutzung überlassene Grundstücke (Ausnahme: Nutzungsüberlassung im Rahmen einer Betriebsaufspaltung, konzerninterne Nutzungsüberlassung, Nutzungsüberlassung im Sonderbetriebsvermögen), Anteile an Kapitalgesellschaften, bei denen die unmittelbare Beteiligung 25% oder weniger beträgt, Wertpapiere oder vergleichbare Forderungen, der Bestand an Zahlungsmitteln, Geschäftsguthaben, Geldforderungen und anderen Forderungen soweit er nach Abzug des gemeinen Wertes der Schulden 15% des anzusetzenden Wertes des Betriebsvermögens übersteigt, sowie Kunst- und vergleichbare Gegenstände (§ 13b Abs. 4 ErbStG).

Besteht das übertragene Vermögen zu mehr als 90% aus Verwaltungsvermögen, kann insgesamt keine Begünstigung in Anspruch genommen werden (§ 13b Abs. 2 Satz 2 ErbStG).

Voraussetzung für die Inanspruchnahme des Verschonungsabschlages ist, dass der **8a** Erwerb des begünstigten Vermögens **nicht mehr als 26 Mio. Euro** beträgt (§ 13a Abs. 1 Satz 1 ErbStG). Dabei werden Erwerbe innerhalb von 10 Jahren zusammengerechnet. Bei Erwerben über 26 Mio. Euro schmilzt der Verschonungsabschlag in der Abschmelzungszone von 26 Mio. bis 90 Mio. Euro auf Antrag schrittweise um 1% pro 750.000,– Euro ab. Bei Erwerben über 90 Mio. Euro wird der Verschonungsabschlag nicht mehr gewährt. Möglich ist aber ein **Erlass der Steuer** auf das begünstigte betriebliche Vermögen. Der Erwerber muss dann allerdings 50% seines verfügbaren Vermögens für die Steuerzahlung einsetzen.

Der **Vorabschlag für Familienunternehmen** von max. 30% (§ 13a Abs. 9 ErbStG) dürfte kaum praxisrelevant werden, da die damit verbundenen Beschränkungen zwei Jahre vor und 20 Jahre nach dem Erwerb rechtlich vorliegen und tatsächlich eingehalten werden müssen.

Um kurzfristige Mitnahmeeffekte zu verhindern, sieht das Gesetz eine **zeitanteili-** **9** **ge Nachversteuerung** vor, wenn das begünstigt übertragene Vermögen innerhalb einer Behaltensfrist von fünf Jahren zB veräußert wird (§ 13a Abs. 5 ErbStG) oder die Summe der maßgebenden jährlichen Lohnsummen des Unternehmens innerhalb dieses Zeitraums insgesamt 400% der durchschnittlichen jährlichen Lohnsumme der letzten fünf Jahre vor der Übertragung unterschreitet (sog. „Lohnsummenkontrolle", § 13a Abs. 3 Satz 1 ErbStG). An die Stelle der Mindestlohnsumme von 400% tritt bei mehr als fünf aber nicht mehr als zehn Beschäftigten eine Mindestlohnsumme von 250%, bei mehr als zehn aber nicht mehr als 15 Beschäftigten eine Mindestlohnsumme von 300%.

Die Beteiligten können statt der Regelverschonung auch zu einer **vollständigen** **10** **Steuerbefreiung** optieren (sog. Optionsverschonung), wenn das Verwaltungsvermögen nicht mehr als 20% ausmacht. Die Nachsteuerfrist erhöht sich dann von fünf auf sieben Jahre. Erhöht sind zudem die Lohnsummenfrist von fünf auf sieben Jahre und die maßgeblichen Lohnsummengrenzen auf 700%/500%/565% (§ 13a Abs. 10 ErbStG).

Zu den **neuen Begünstigungsregelungen** hat die Finanzverwaltung in den **11** Gleichl. Ländererlassen v. 22.6.17 (BStBl. I 17, 902) ausführlich Stellung genommen. Diese sind zwischenzeitlich in die ErbStR überführt worden.

bb) Einkommensteuer

Schrifttum (Rechtslage ab 1.1.08): *Bauschatz* Übertragung von Anteilen an Kapitalgesellschaften gegen Versorgungsleistungen, in: FS Spiegelberger, 09, S. 3; *Heinrichshofen* Geänderter Sonderausgabenabzug bei Vermögensübergabe gegen Versorgungsleistungen ErbStB 08, 114; *Korn* Einkommensteuerliche Beurteilung von Vermögensübertragungen gegen Versorgungsleistungen, KÖSDI 10, 16920; *Reimann* Das Ende des familienrechtlichen Versorgungsvertrages?, FamRZ 08, 19; *Risthaus*

Begünstigte Vermögensübergaben gegen Versorgungsleistungen, DB 10, 803; *Schmidt/Schwind* Vermögensübergabe gegen Versorgungsleistungen nach dem JStG 2008, NWB F. 3, 14887; *Seitz* Die wesentlichen Änderungen bei der Vermögensübergabe, DStR 10, 629; *Wälzholz* Versorgungsleistungen nach dem Jahressteuergesetz 2008, DStR 08, 273; *Wißborn* Wiederkehrende Leistungen im Zusammenhang mit einer Vermögensübertragung, FR 10, 322; *Winter* Die Unternehmensübergabe gegen Versorgungsleistungen, NJW-Spezial 10, 399.

12 Zur vorweggenommenen Erbfolge unter nahen Angehörigen hat sich in der Literatur und insbes. in der finanzgerichtlichen Rspr. das selbstständige **Institut der Vermögensübertragung gegen Versorgungsleistungen** herausgebildet. Rspr. und Literatur zu diesem Themenkomplex sind sehr umfangreich. Durch das JStG 2008 v. 20.12.07 (BGBl. I 07, 3150) hat der Gesetzgeber mit Wirkung ab dem 1.1.08 den Anwendungsbereich der Vermögensübertragung gegen Versorgungsleistungen durch die Neufassung von § 10 Abs. 1 Nr. 1a EStG nachhaltig eingeschränkt. Die FinVerw. hat sich hierzu in ihrem vierten sog. Rentenerlass ausführlich geäußert (BMF v. 11.3.10, BStBl. I 10, 227).

13 Das Institut der Vermögensübertragung gegen Versorgungsleistungen ist durch **Vermögensübertragungen** unter Lebenden **mit Rücksicht auf die künftige Erbfolge** gekennzeichnet, wobei sich der Übertragende typischerweise mittels der Versorgungsleistungen zumindest einen Teil der Vermögenserträge vorbehält (BFH GrS 4–6/89 v. 5.7.90, BStBl. II 90, 847; BFH GrS 1/90 v. 15.7.91, BStBl. II 92, 78). Aus diesem Gesichtspunkt ergibt sich auch die steuerrechtliche und verfassungsrechtliche (BVerfG 1 BvR 4/87 v. 17.12.92, FR 93, 157) Rechtfertigung für eine von den sonstigen Grundsätzen abweichende Behandlung.

Die Vermögensübertragung gegen Versorgungsleistungen führt einerseits zu einem vollständigen Abzug der Versorgungsleistungen als Sonderausgaben nach § 10 Abs. 1 Nr. 1a EStG. Damit korrespondierend wird eine Versteuerung beim Empfänger nach § 22 Nr. 1b EStG verlangt. Andererseits aber liegen, wenn die Voraussetzungen einer Versorgungsleistung erfüllt werden, keine Anschaffungskosten des Übernehmers bzw. keine Veräußerungsgewinne des Übertragenden vor (BFH GrS 4–6/89 v. 5.7.90, BStBl. II 90, 847). Die frühere Unterscheidung zwischen dauernder Last und Leibrente hat das JStG 2008 (s. Rz. 12) aufgegeben.

14 Die **Vermögensübertragung gegen Versorgungsleistungen** ist systematisch zwischen der steuerrechtlich nicht relevanten Privatsphäre und, je nach übertragenem Vermögen, den entsprechenden Einkünftetatbeständen des § 2 Abs. 1 EStG angesiedelt. Sie ist zum einen abzugrenzen von Veräußerungen gegen wiederkehrende Leistungen, in denen die Beteiligten Leistung und Gegenleistung nach kaufmännischen Gesichtspunkten gegeneinander abgewogen haben (vgl. Rz. 19) und andererseits von Unterhaltszahlungen (vgl. Rz. 21). Bei der Vermögensübertragung auf Verwandte spricht aber bereits eine Vermutung für eine Vermögensübergabe gegen Versorgungsleistungen (BFH GrS 1/90 v. 5.7.91, BStBl. II 92, 78; BFH VIII R 80/87 v. 17.12.91, BStBl. II 93, 15; X R 193/87 v. 19.1.92, BStBl. II 92, 465; BMF v. 11.3.10, BStBl. I 10, 227, Tz. 5). Dabei hat die Rspr. mittlerweile die Anwendung dieser Grundsätze auch auf Verwandte dritten Grades in der Seitenlinie bejaht (BFH X R 67/92 v. 16.12.93, BStBl. II 96, 669). Die Vermögensübertragung gegen Versorgungsleistungen ist zudem auch außerhalb einer vorweggenommenen Erbfolge bzw. auch unter Fremden möglich (BFH IX R 11/94 v. 16.12.97, BStBl. II 98, 718). Unter Fremden besteht aber die nur in Ausnahmefällen widerlegbare Vermutung, dass bei der Übertragung von Vermögen gegen Versorgungsleistung ein entgeltliches Anschaffungsgeschäft gegeben sei (BFH IX R 11/94 v. 16.12.97, aaO; BMF v. 11.3.10, aaO Tz. 6).

Wird das übertragene Vermögen nachträglich von dem Übernehmer auf einen Dritten übertragen, so endet der sachliche Zusammenhang der Versorgungsleistungen mit der Vermögensübergabe. Daraus folgt, dass die Versorgungsleistungen nicht mehr nach § 10 Abs. 1 Nr. 1a EStG abgezogen werden dürfen. Der sachliche Zusammenhang endet jedoch nicht, wenn der Übernehmer das übernommene Vermögen im Wege der vorweggenommenen Erbfolge weiter überträgt (BMF v. 11.3.10 aaO, Tz. 37 ff.).

Nach der Rspr. des BFH (GrS 2/00 v. 12.5.03, BStBl. II 04, 95) ist eine Vermögens- **15** übergabe gegen Versorgungsleistungen aber nur gegeben, wenn **Gegenstand der Vermögensübergabe** eine existenzsichernde und ertragbringende Wirtschaftseinheit ist, deren Erträge ausreichen, um die Versorgungsleistungen zu erbringen. Die FinVerw. hat sich dieser Sichtweise angeschlossen (BMF v. 11.3.10, BStBl. I 10, 227, Tz. 26 ff.).

Sofern im Rahmen einer vorweggenommenen Erbfolge jedoch ein „wertloser" Betrieb übertragen wird, sind nach Beschluss des GrS des BFH GrS 2/00 v. 12.5.03, BStBl. II 04, 100 die vereinbarten Versorgungsleistungen auch dann nicht abziehbar, wenn sie zwar aus den erzielbaren laufenden Nettoerträgen gezahlt werden können, das Unternehmen jedoch weder über einen positiven Substanzwert noch über einen positiven Ertragswert verfügt. Dem hat sich die FinVerw. ausdrücklich nicht angeschlossen (BMF v. 11.3.10 aaO, Tz. 31).

Zusätzlich zu der Frage, ob die übertragene Wirtschaftseinheit existenzsichernd und **16** ertragbringend ist, hat der Gesetzgeber mit dem JStG 2008 (s. Rz. 12) die **übertragbaren Vermögensklassen** deutlich eingeschränkt. Unter § 10 Abs. 1 Nr. 1a EStG fallen nur noch:
– Versorgungsleistungen im Zusammenhang mit der Übertragung eines Mitunternehmeranteils an einer Personengesellschaft. Die Personengesellschaft muss eine land- und forstwirtschaftliche, eine originär gewerbliche oder eine freiberufliche Tätigkeit entfalten.
– Versorgungsleistungen im Zusammenhang mit der Übertragung eines Betriebs oder Teilbetriebs (gewerblich, land- und forstwirtschaftlich, freiberuflich).
– Versorgungsleistungen im Zusammenhang mit der Übertragung eines mindestens 50%igen Anteils an einer GmbH. Voraussetzung ist jedoch, dass der Übergeber bisher als Geschäftsführer tätig war und der Übernehmer diese Tätigkeit nach der Übertragung des Anteils übernimmt.

Zu den **Mitunternehmeranteilen** an einer Personengesellschaft zählt die FinVerw. neben Anteilen an OHG, KG, GbR und atypisch stiller Gesellschaft auch solche an einer Erben- oder Gütergemeinschaft (BMF v. 11.3.10, BStBl. I 10, 227, Tz. 8); Partnerschaftsgesellschaften oder Personengesellschaften ausländischen Rechts werden nicht erwähnt, müssten aber ebenfalls begünstigt sein (*Korn* KÖSDI 10, 16920, 16924). **Teilmitunternehmeranteile** sind begünstigt, auch wenn sie auf verschiedene Erwerber übertragen werden. Sondervermögen muss zugleich übertragen werden, bei Teilanteilsübertragungen quotal (kritisch *Korn* aaO). Auch Mitunternehmeranteile an einer gewerblich infizierten Personengesellschaft iSd. § 15 Abs. 3 Nr. 1, 1. Alt. EStG (nicht auch: Alt. 2) sind begünstigt (BMF v. 11.3.10 aaO, Tz. 9).

Die Beschränkung bei Anteilen an Kapitalgesellschaften auf **Geschäftsanteile an** **16a** **einer GmbH** steht mit dem Gleichheitsgebot des Art. 3 Abs. 1 GG im Widerspruch. Die FinVerw. begünstigt nach dem vierten Rentenerlass zwar auch die Übertragung von Anteilen an einer Unternehmergesellschaft (§ 5a GmbHG) oder an einer der GmbH vergleichbaren Gesellschaftsform eines anderen EU- oder EWR-Staates; andere Kapitalgesellschaften, insbesondere die AG, sollen danach jedoch außen vor bleiben (BMF v. 11.3.10 aaO, Tz. 15). In der Literatur wird vorgeschlagen, im Wege verfassungskonformer Auslegung die Übertragung 50%iger Anteile an anderen Kapitalgesellschaften ebenso als Fall des § 10 Abs. 1 Nr. 1a EStG zu behandeln (*Wälzholz* DStR 08, 273; *Bauschatz* FS Spiegelberger 09, S. 3, 7 f.).

Nicht mehr übergabefähig im Rahmen einer Vermögensübertragung gegen **17** Versorgungsleistungen ist (entgegen dem früheren Recht) die Übertragung von Privatvermögen in Form von
– Grundvermögen,
– Kapitalvermögen,

– Anteilen an GmbH unterhalb der 50%-Grenze und

– Anteilen an Kapitalgesellschaften, die nicht in der Rechtsform der (deutschen oder ausländischen) GmbH organisiert sind.

Die Rechtsfolgen hängen davon ab, ob die Übertragung als voll entgeltlich, teilentgeltlich oder unentgeltlich einzustufen ist. Zu den Rechtsfolgen *Heinrichshofen* ErbStB 08, 114 und *Brüggemann* ErbBstg 08, 54 sowie Rz. 20 f.

18   Der **Empfänger der Versorgungsleistung** muss im Inland unbeschränkt steuerpflichtig sein. Ansonsten kommt es zu keinem Abzug nach § 10 Abs. 1 Nr. 1a EStG. Nach § 1a Abs. 1 Nr. 1a EStG reicht es jedoch auch aus, wenn der Empfänger Staatsangehöriger eines EU- oder EWR-Staates ist, seinen Wohnsitz oder gewöhnlichen Aufenthalt in einem der genannten Staaten hat und die Versorgungsleistung in diesem Staat besteuert wird. Letzteres ist durch eine Bescheinigung der ausländischen Steuerbehörde nachzuweisen.

19   Die oben beschriebenen Grundsätze der Vermögensübergabe gegen Versorgungsleistung greifen nicht ein, wenn die Parteien **Leistung und Gegenleistung nach objektiven Kriterien als gleichwertig** behandeln (BFH VIII R 80/87 v. 17.1.93, BStBl. II 93, 15; BFH VIII R 238/81 v. 21.1.86, BFH/NV 86, 597), wobei bereits ausreichend ist, dass die Beteiligten subjektiv von der Gleichwertigkeit ausgegangen sind (BFH IV R 154/79 v. 22.12.82, BStBl. II 83, 99; BFH X R 193/87 v. 29.1.92, BStBl. II 92, 465). Auch wenn eine Vermutung für das Vorliegen einer Vermögensübergabe spricht (s. Rz. 14), so ist dies nach dem Wortlaut des § 10 Abs. 1 Nr. 1a EStG („lebenslange und wiederkehrende Versorgungsleistung") nicht der Fall, wenn die Parteien eine sog. **Zeitrente** vereinbaren, die nicht nach der Lebenszeit des Berechtigten, sondern nach Jahren bemessen ist (*Schmidt/Schwind* NWB F. 3, 14887; **aA** *Wälzholz* DStR 08, 273 für den Fall, dass die begrenze Laufzeit durch die Schließung einer Versorgungslücke des Übergebers begründet ist). Ein Austausch von Leistung und Gegenleistung liegt auch dann vor, wenn die wiederkehrenden Leistungen auf die Lebenszeit des Vermögensübergebers, jedoch mindestens für eine bestimmte Laufzeit (sog. Mindestzeitrenten) zu erbringen sind (BFH X R 75/97 v. 21.10.99, BStBl. II 02, 650; BMF v. 11.3.10, BStBl. I 10, 227, Tz. 56).

20   Die Abwägung von Leistung und Gegenleistung nach objektiven Kriterien führt auf Seiten des Erwerbers des Vermögens zu Anschaffungskosten. Dient das gegen Zahlung einer wiederkehrenden Leistung erworbene Wirtschaftsgut der Einkünfteerzielung, ist der Zinsanteil als Werbungskosten oder Betriebsausgaben abzugsfähig. Der Veräußerer erzielt für das entgeltlich übertragene Vermögen einen Veräußerungsgewinn (§§ 17, 20 Abs. 2, 23 EStG) und muss den in den wiederkehrenden Leistungen enthaltenen Zinsanteil versteuern. Zu den Einzelheiten vgl. BMF v. 11.3.10, BStBl. I 10, 227, Tz. 69 ff. Vorstehende Grundsätze gelten dem Grunde nach auch bei teilentgeltlichen Übertragungen, sofern die Grenze zu steuerlich irrelevanten Unterhaltszahlungen (Rz. 21) nicht überschritten ist (dazu iE *Heinrichshofen* ErbStB 08, 114).

21   Wird keine ausreichend ertragbringende Wirtschaftseinheit übertragen und beträgt der Wert der Gegenleistung, dh. das übergehende Vermögen, bei überschlägiger oder großzügiger Berechnung weniger als die Hälfte des Wertes der wiederkehrenden Leistungen, so sind die wiederkehrenden Leistungen als **Unterhaltszahlungen** zu qualifizieren (BMF v. 11.3.10, BStBl. I 10, 227, Tz. 66). Unterhaltszahlungen sind nach § 12 Nr. 2 EStG steuerlich unbeachtlich.

22   **Änderungen** eines Versorgungsvertrages können nur dann steuerlich berücksichtigt werden, wenn sie von den Parteien schriftlich fixiert worden sind. Werden die auf der Grundlage des Vermögensübergabevertrages geschuldeten Versorgungsleistungen „willkürlich" ausgesetzt, so dass die Versorgung des Übergebers gefährdet ist, sind die weiteren Zahlungen auch nach Wiederaufnahme der ursprünglich vereinbarten Leistungen nicht als Sonderausgaben abziehbar (BFH X R 13/09 v. 15.9.10, DB 11, 89).

23   *(frei)*

cc) Umsatzsteuer

Die Betriebsübergabe gegen Versorgungsleistungen wird in der Regel im Bereich 24 der Umsatzsteuer keine Probleme aufwerfen. Nach § 1 Abs. 1a UStG ist die Übergabe eines ganzen Betriebes nicht umsatzsteuerbar. Die Übertragung von Beteiligungen ist von der Umsatzsteuer nach § 4 Nr. 8 f UStG befreit.

dd) Grunderwerbsteuer

Umfasst das übertragene Betriebsvermögen oder die übertragene Gesellschaftsbetei- 25 ligung auch Grundstücke, so kann dies Grunderwerbsteuer auslösen. In Fällen vorweggenommener Erbfolge greifen jedoch in vielen Fällen die Vorschriften des § 3 Nr. 2, Nr. 4 und Nr. 6 GrEStG, die zu einer Befreiung von Grunderwerbsteuer zB bei Übertragungen auf Verwandte in gerader Linie bzw. deren Ehegatten führen. Zu den Steuerbefreiungen im Zusammenhang mit der Vereinigung von Anteilen an einer GmbH gem. § 1 Abs. 3 GrEStG vgl. Gleichl. Ländererlasse v. 19.9.18, BStBl. I 18, 1069.

(frei) 26, 27

2. Einzelerläuterungen

Zu § 1: Schenkung

Es handelt sich hier um eine Vermögensübergabe in der Form einer Beteiligungs- 28 schenkung. Der GmbH-Geschäftsanteil ist durch notariell beurkundete Abtretung zu übertragen. Wenn der Schenker Alleingesellschafter ist, ist eine Abtretung von Geschäftsanteilen ohne Rücksicht auf deren etwaige Vinkulierung (§ 15 Abs. 5 GmbHG) möglich (BGH II ZR 209/90 v. 15.4.91, DStR 91, 952). Der hinausgeschobene Stichtag soll einen gleitenden Übergang ermöglichen, vgl. Rz. 34.

Im Hinblick auf § 101 Nr. 2 BGB sind zwischen dem Schenker und dem Beschenkten Regelungen über die Gewinnteilnahme zu treffen.

Zu § 2: Gewährleistung

Für die Gewährleistung des Schenkers gelten grds. §§ 523, 524 BGB. Im Formular 29 wird eine Haftung des Schenkers weitestgehend ausgeschlossen.

Zu § 3: Versorgung

Mit der hier getroffenen Regelung in Bezug auf die Versorgungsleistungen ist klar- 30 gestellt, dass diese vorbehaltene Erträge aus der übertragenen Wirtschaftseinheit darstellen und sich der Höhe nach an der Ertragslage des Unternehmens orientieren.

Die Anpassungsklausel für die Versorgungsleistungen lässt eine Erhöhung bzw. eine 31 Verringerung derselben für den Fall zu, dass der Jahresüberschuss der Gesellschaft um mehr als 50% von dem letzten Jahresüberschuss vor Übergabe des Unternehmens abweicht. Darüber hinaus ist eine jederzeitige Anpassung der Versorgungsleistungen im gegenseitigen Einverständnis von Übergeber und Übernehmer möglich. Diese Anpassungsregelungen machen einen ausdrücklichen Bezug auf § 323 ZPO überflüssig.

Zu § 4: Pflichtteilsverzicht

Der Pflichtteilsverzicht des Beschenkten ist kein konstitutives Merkmal der Vermö- 32 gensübergabe gegen Versorgungsleistungen. Er stellt hingegen ein häufig eingesetztes Instrument zur Gestaltung der vorweggenommenen Erbfolge dar, das eine individuelle Gestaltung der Erbfolgeregelung unter Lebenden unter Ausschluss der gesetzlichen Erbfolge erlaubt.

Zu § 5: Rückforderung

Neben den Regelungen der §§ 528–533 BGB, die eine Rückforderung des Ge- 33 schenkten wegen einer Notlage des Schenkers oder schweren Verfehlungen des Beschenkten zulassen, soll dem Schenker auch ein Rückforderungsrecht zustehen, wenn der Beschenkte seiner Pflicht zur Versorgungszahlung nicht gehörig nachkommt. Diese Klausel trägt der Tatsache Rechnung, dass der Schenker sich die zu seiner Versorgung notwendigen Erträge im Rahmen der vorweggenommenen Erbfolge vorbehält, die nun aber von dem Beschenkten erwirtschaftet und an ihn weitergeleitet werden sollen.

Der Vereinbarung solcher Rückforderungsrechte kommt auch schenkungsteuerlich hohe Bedeutung zu: Die Rückübertragung des geschenkten Gegenstandes stellt dann nämlich keine neuerliche Schenkung, sondern lediglich die Erfüllung eines schuldrechtlichen (Rückübertragungs-)Anspruches dar und unterliegt ihrerseits nicht erneut der Schenkungsteuer. Gleichzeitig erlischt dann außerdem rückwirkend die Steuer für die ursprüngliche Schenkung (§ 29 Abs. 1 Nr. 1 ErbStG).

Erläuterungen zu B. 3a Geschäftsführerwechsel

34   Um den Abzug der Versorgungsleistungen beim Verpflichteten als Sonderausgaben zu gewährleisten, muss nach dem Wortlaut des § 10 Abs. 1 Nr. 1a Buchst. c EStG der bisherige Inhaber des übertragenen Geschäftsanteils Geschäftsführer der Gesellschaft gewesen sein und dieses Amt mit der Übertragung der Anteile aufgeben. Gleichzeitig muss der Übernehmer „nach der Übertragung" Geschäftsführer werden. Die Fin-Verw. besteht zwar darauf, dass der Übergeber seine Geschäftsführungstätigkeit insgesamt aufgibt; sie erklärt es jedoch für unschädlich, wenn der Übernehmer bereits vor der Übertragung Geschäftsführer der Gesellschaft war, solange er es auch nach der Übertragung bleibt (BMF v. 11.3.10, BStBl. I 10, 227, Tz. 18). Eine gleitende Übergabe des Unternehmens ist damit zumindest in der Weise möglich, dass der Übernehmer bereits einige Zeit vor der geplanten Übertragung zum zweiten Geschäftsführer berufen und eingearbeitet wird. Der Übergeber muss sein Geschäftsführeramt spätestens mit der Vermögensübertragung aufgeben; wenn er in anderer Funktion für die Gesellschaft tätig bleibt, im Rahmen einer selbständigen oder unselbständigen Tätigkeit (zB aufgrund eines Beratervertrages oder als Prokurist, vgl. *Heinrichshofen* ErbStB 08, 114; *Schmidt/Schwind* NWB F. 3, 14887; *Wälzholz* DStR 08, 273), ist dies unschädlich (BMF v. 11.3.10, aaO). Zum Muster eines Geschäftsführer-Anstellungsvertrag s. A. Formular 6.26, zur Handelsregisteranmeldung bei Geschäftsführerwechsel s. Formular A. 6.25a.

B. 4. Bürgschaftsvertrag

Gliederung

I. FORMULAR

Formular B. 4 Bürgschaftsvertrag

BÜRGSCHAFTSVERTRAG

Zwischen

Finanzamt ......   – nachfolgend Finanzamt genannt –

und

B ......   – nachfolgend Bürge genannt –

Vorbemerkung

Herr A schuldet dem Finanzamt auf Grund des Einkommensteuerbescheides 20.. vom ...... Einkommensteuer in Höhe von € 245.000,–. Gegen diesen Steuerbescheid hat Herr A am ...... Einspruch eingelegt und Aussetzung der Vollziehung beantragt. Mit Verwaltungsakt vom ...... hat das Finanzamt die Vollziehung des angefochtenen Steuerbescheides in Höhe von € 150.000,– gegen Sicherheitsleistung ausgesetzt.

§ 1 Gegenstand der Bürgschaft

Für den in der Vorbemerkung bezeichneten Steueranspruch des Finanzamtes gegen Herrn A übernimmt der Bürge die Bürgschaft unter Verzicht auf die Einrede der Vorausklage.

§ 2 Höhe der Bürgschaft

Die Bürgschaft wird bis zu einem Höchstbetrag von € 150.000,– übernommen. Der Betrag der Bürgschaft erhöht sich um die Beträge, die als Aussetzungszinsen und Säumniszuschläge auf die verbürgte Steuerschuld des Herrn A anfallen, und zwar auch dann, wenn hierdurch insgesamt der Höchstbetrag überschritten wird.

§ 3 Inanspruchnahme aus der Bürgschaft

(1) Der Bürge wird auf Anforderung des Finanzamtes im Rahmen dieser Bürgschaft die verbürgte Steuerschuld des Herrn A einschließlich etwaiger Aussetzungszinsen und Säumniszuschläge abdecken. Voraussetzung für die Inanspruchnahme ist die Vorlage des die Aussetzung der Vollziehung aufhebenden Verwaltungsaktes.

(2) Die Ansprüche des Finanzamtes gegen Herrn A gehen weder ganz noch teilweise auf den Bürgen über, bevor das Finanzamt wegen der verbürgten Steuerschuld ganz befriedigt ist. Bis dahin gelten die Zahlungen des Bürgen als Sicherheitsleistungen für die Bürgschaftsschuld. Das Finanzamt ist jedoch berechtigt, sich jederzeit aus gezahlten Beträgen zu befriedigen.

§ 4 Schriftform

Nebenabreden, Änderungen und Ergänzungen dieses Bürgschaftsvertrages bedürfen zu ihrer Rechtswirksamkeit der Schriftform.

II. ERLÄUTERUNGEN

Erläuterungen zu B. 4 Bürgschaftsvertrag

1. Grundsätzliche Anmerkungen

a) Wirtschaftliche Vertragsziele

1   Die Bürgschaft ist eine im Wirtschaftsverkehr weit verbreitete Form der persönlichen Verpflichtung, für die Erfüllung der Verbindlichkeiten eines Dritten einzustehen. Die Bürgschaft dient der Sicherung einer Forderung des Gläubigers gegen den Hauptschuldner. Rechtsgrund für die Bürgschaft ist die Rechtsbeziehung zwischen Bürge und Hauptschuldner; sie entsteht als vertragliches Rechtsverhältnis aber allein durch Vereinbarung zwischen Bürge und Gläubiger.

b) Zivilrecht

2   Der Bürgschaftsvertrag kommt zwischen Gläubiger und Bürge durch Angebot und Annahme zustande (§ 765 BGB). Das Innenverhältnis zwischen Hauptschuldner und Bürge berührt die Wirksamkeit der abstrakt wirkenden Bürgschaft nicht (vgl. hierzu Formular A. 6.19). Der Bürgschaftsübernahme liegt in aller Regel ein Auftrag (§§ 662 ff. BGB) oder ein Geschäftsbesorgungsverhältnis (§§ 675, 677 ff. BGB) zwischen dem Bürgen und dem Hauptschuldner zugrunde. Im Hinblick darauf hat der Bürge nach Befriedigung des Gläubigers nicht nur einen Rückgriffsanspruch aus der übergegangenen Hauptforderung gem. § 774 BGB, sondern auch einen Aufwendungserstattungsanspruch (§§ 670, 675, 683 BGB). Die Bürgschaftserklärung bedarf der Schriftform (§ 766 BGB), es sei denn, sie wird im Rahmen des Handelsgewerbes eines Kaufmanns eingegangen (§ 350 HGB). Die FinVerw. akzeptiert allerdings nur schriftliche Bürgschaftserklärungen (§ 244 Abs. 1 Satz 3 AO).

3   Verbleiben bei einer Zahlungszusage Zweifel, ob eine selbstständige (= Schuldbeitritt; vgl. Formular B. 19) oder nur eine „angelehnte" Schuld (= Bürgschaft) begründet werden sollte, ist eine Bürgschaft anzunehmen (BGH VII ZR 338/84 v. 19.9.85, NJW 86, 580).

4   **Formularmäßige Bürgschaftsverträge** etwa seitens kreditgewährender Banken unterliegen einer **besonderen Inhaltskontrolle** der Gerichte, wenn der Bürge ungewöhnlich stark belastet und eine strukturell ungleiche Verhandlungsstärke erkennbar wird (BVerfG 1 BvR 567/89 ua. v. 19.10.93, NJW 94, 36), so etwa, wenn der Bürge formularmäßig generell auf seine Rechte aus § 776 BGB verzichtet (BGH IX ZR 328/98 v. 2.3.00, WM 00, 64; BGH IX ZR 185/00 v. 25.10.01, NJW 02, 295; OLG Frankfurt 10 U 147/07 v. 25.3.08, IBR 08, 326 – Unwirksamkeit gem. § 307 Abs. 1 und 2 BGB). Eine Nichtigkeit des Bürgschaftsvertrages (§ 138 Abs. 1 BGB) wegen Sittenwidrigkeit wird aber nicht schon dann angenommen, wenn zwischen Verpflichtungsumfang und der Leistungsfähigkeit des Bürgen ein grobes Missverhältnis besteht, und zwar auch dann nicht, wenn der Bürge geschäftlich unerfahren ist (BVerfG 1 BvR 567/89 ua. v. 19.10.93, NJW 94, 36; BGH IX ZR 85/94 v. 5.1.95, BB 95, 378; LG Zweibrücken 3 S 159/94 v. 30.9.94, NJW-RR 95, 311; BGH IX ZR 337/98 v. 26.4.01, NJW 01, 2466). Nur in besonders gelagerten krassen Ausnahmefällen, etwa dann, wenn Eltern unter Verletzung ihrer elterlichen Sorge (§ 1618a BGB) ihre gerade volljährig gewordenen und geschäftlich unerfahrenen Kinder veranlassen, für sie zu bürgen (BGH IX ZR 93/93 v. 24.2.94, NJW 94, 1278; BGH IX ZR 333/95 v. 10.10.96, NJW 97, 52; BGH IX ZR 135/96 v. 17.4.97, NJW-RR 97, 1199) oder

wenn der Bürge, zB der Ehegatte oder Arbeitnehmer, krass überfordert ist, weil er nicht einmal in der Lage ist, die Zinsen der Hauptschulden aufzubringen (BGH IX ZR 283/96 v. 18.9.97, WM 97, 2117; BGH IX ZR 257/97 v. 8.10.98, WM 98, 2327; BGH IX ZR 198/98 v. 27.1.00, WM 00, 410; BGH XI ZR 121/02 v. 14.10.03, BB 03, 2648; BGH XI ZR 28/04 v. 25.1.05, NJW 05, 971; BGH XI ZR 82/11 v. 19.2.13, NJW 13, 1534), kann Sittenwidrigkeit angenommen werden. Hieraus ergibt sich, dass die in der Praxis nicht selten anzutreffenden Bürgschaften geschäftsunerfahrener und vermögensloser Ehepartner in aller Regel wirksam sind, wenn die Bürgschaft dazu diente, dass der Gläubiger durch Vermögensverlagerungen keine Nachteile erleidet. In diesen Fällen kann der Gläubiger indessen nach Treu und Glauben (§ 242 BGB) ganz oder teilweise daran gehindert sein, den Bürgschaftsanspruch geltend zu machen, wenn feststeht, dass sich die Gefahr nicht realisiert, vor der er sich schützen wollte (BGH IX ZR 85/94 v. 5.1.95, BB 95, 378; BGH IX ZR 177/95 v. 25.4.96, WM 96, 1124; BGH IX ZR 69/96 v. 23.1.97, WM 97, 467). Ob ein Widerrufsrecht des Bürgen gem. § 312g BGB weiterhin in Betracht kommt (so die Rspr. zu § 312 Abs. 1 a. F.: BGH XI ZR 169/05 v. 10.1.06, NJW 06, 845; BGH XI ZR 195/05 v. 27.2.07, NJW 07, 2106 zur Haustürsituation am Arbeitsplatz), ist seit dem Inkrafttreten der Verbraucherrechterichtlinie v. 13.6.14 umstritten (für Widerruflichkeit: *Hoffmann* ZIP 15, 1365; *Meier* ZIP 14, 1156; *Schürnbrand* WM 14, 1157; dagegen: *v. Löwenich* NJW 14, 1409 u. *ders.* WM 15, 113; *Strackmann* NJW 14, 2403).

c) Steuerrecht

Ertragsteuern: Aus **betrieblichem Anlass** übernommene Bürgschaftsverpflich- **5** tungen sind erst dann zu passivieren, wenn ernsthaft mit einer Inanspruchnahme zu rechnen ist (BFH X R 5/10 v. 18.4.12, BStBl. II 13, 785). Soweit ein Ausweis als Verbindlichkeit oder Rückstellung noch nicht in Betracht kommt, hat ein auf die Bürgschaft hinweisender Bilanzvermerk unter der Bilanz oder im Anhang zu erfolgen (§§ 268 Abs. 7, 251 HGB). Der Passivierung der Bürgschaftsverpflichtung steht allerdings die Aktivierung eines (unstreitigen) Rückgriffsanspruchs gegen den Hauptschuldner gegenüber (BFH I R 10/98 v. 8.10.00, BStBl. II 01, 349). Ggfs. ist der Rückgriffsanspruch wertzuberichtigen (BFH IV R 8/98 v. 15.10.98, BStBl. II 99, 333). In Höhe des Unterschieds zwischen Verpflichtung und Wert des Rückgriffanspruchs entsteht Aufwand (BFH VIII R 226/84 v. 24.7.90, BFH/NV 91, 588), der, soweit eine Kapitalgesellschaft für ihren Gesellschafter die Bürgschaft erklärt hat, verdeckte Gewinnausschüttung sein kann (BFH I R 173/73 v. 19.3.75, BStBl. II 75, 614). Die Gefahr einer verdeckten Gewinnausschüttung besteht auch, wenn der (beherrschende) Gesellschafter für die Kapitalgesellschaft eine Bürgschaftsverpflichtung eingegangen ist und er nach seiner Inanspruchnahme bei der Gesellschaft Rückgriff nimmt, ohne dass ein Aufwendungsersatz im Voraus klar und eindeutig vereinbart wurde (BFH I R 222/83, BFH/NV 89, 103).

Aus Sicht des Gesellschafters einer Kapitalgesellschaft erhöht die Bürgschaftsver- **5a** pflichtung selbst seine **Anschaffungskosten** noch nicht (*Schmidt/Weber-Grellet* § 17 EStG Rz. 175). Dies kommt erst in Betracht, wenn der Gesellschafter aus einer für Verbindlichkeiten der Gesellschaft eingegangenen Bürgschaft in Anspruch genommen wird. Zu Einzelheiten vgl. B.2 Rz. 9 Anteilsabtretung. Geklärt ist inzwischen, dass der Abzug von Erwerbsaufwand im Zusammenhang mit Einkünften aus § 17 EStG dann nicht nach § 3c EStG begrenzt ist, wenn der Steuerpflichtige keinerlei durch seine Beteiligung vermittelte Einkünfte erzielt hat (BFH IX B 227/09 v. 18.3.10, BStBl. II 10, 627; BMF v. 14.5.10. BStBl. I 10, 599). Ab dem VZ 2011 ist für die Anwendung von § 3c Abs. 2 EStG allerdings die Absicht zur Einnahmeerzielung ausreichend (§ 3c Abs. 2 Satz 2 idF des JStG 2010). Steht die Bürgschaft im **Zusammenhang mit einem Arbeitsverhältnis,** können die hierauf gezahlten Beträge Werbungskosten aus nichtselbstständiger Arbeit (§§ 9, 19 EStG) sein (BFH VI R 55/14 v. 7.5.15, GmbHR

15, 1101; BFH VI B 65/16 v. 16.2.17, BFH/NV 17, 734). Ist die Bürgschaft **privat veranlasst,** kommt eine steuerliche Berücksichtigung allenfalls als außergewöhnliche Belastung (§ 33 EStG) in Betracht (*Schmidt/Loschelder* § 33 EStG Rz. 35, Stichwort „Bürgschaft").

6   **Verkehrssteuern:** Bürgschaftsprovisionen (Avalprovisionen) für die Übernahme von Bürgschaften sind gem. § 4 Nr. 8g UStG von der **Umsatzsteuer** befreit, wobei allerdings unter den dort genannten Voraussetzungen die Möglichkeit einer Option zur Steuerpflicht gem. § 9 UStG besteht.

2. Einzelerläuterungen

Zu § 1: Gegenstand der Bürgschaft

7   Es handelt sich um eine **selbstschuldnerische Bürgschaft** (§ 773 Abs. 1 BGB). Das Finanzamt als Gläubiger kann sich daher sogleich – ohne vorherige Verwertung anderweitiger Sicherheiten – an den Bürgen halten. Damit ist das Erfordernis des § 244 Abs. 1 Satz 2 AO erfüllt, wonach nur eine selbstschuldnerische Bürgschaft als Sicherheit akzeptiert wird.

Zu § 2: Höhe der Bürgschaft

8   Es handelt sich um eine Höchstbetragsbürgschaft, die sich auf die gesamte Hauptschuld bezieht und nur umfangmäßig auf den vereinbarten Höchstbetrag beschränkt ist. Damit haftet der Bürge, solange noch ein Forderungsrest besteht, bis zur Höchstgrenze. Darüber hinaus, und zwar unbegrenzt, erfasst die Bürgschaft hier auch Aussetzungszinsen und Säumniszuschläge (§ 767 Abs. 1 Satz 2 BGB).

Zu § 3: Inanspruchnahme aus der Bürgschaft

9   Abs. 2 enthält eine von § 774 Abs. 1 BGB abweichende Regelung. Erst nach vollständiger Zahlung der verbürgten Steuerschuld geht die Forderung gem. § 774 Abs. 1 BGB auf den Bürgen über. Durch den Forderungsübergang verliert der Anspruch seinen öffentlich-rechtlichen Charakter und wird eine privatrechtliche Forderung, die vor den ordentlichen Gerichten einzuklagen ist (vgl. *Tipke/Kruse* § 38 AO Tz. 43, 50).

Zu § 4: Schriftform

10   Die Schriftform entspricht § 766 BGB. Fehlt die Schriftform, ist der Vertrag nichtig, § 125 Satz 1 BGB. Heilung kommt in Betracht, soweit der Bürge die Hauptverbindlichkeit erfüllt, § 766 Satz 3 BGB.

B. 5. Darlehensvertrag

Gliederung

I. FORMULAR

Formular B. 5 Darlehensvertrag

DARLEHENSVERTRAG

zwischen

A ......   – nachfolgend Darlehensgeber genannt –

und

B ......   – nachfolgend Darlehensnehmer genannt –

§ 1 Darlehen

Der Darlehensgeber gewährt hiermit dem Darlehensnehmer ein Darlehen in Höhe von € ......,–, das binnen fünf Werktagen nach Erhalt der vereinbarten Sicherheiten auszuzahlen ist.

§ 2 Verzinsung

Das Darlehen ist jährlich mit ...... Prozentpunkten über dem jeweiligen Basiszinssatz des § 247 BGB zu verzinsen. Die Zinsen sind bis zum Ablauf des dritten Werktages eines jeden Kalendervierteljahres für das vorangegangene Kalendervierteljahr zu zahlen.

§ 3 Rückzahlung

Das Darlehen ist am ...... zurückzuzahlen. Kommt der Darlehensnehmer mit der Zahlung des Darlehensbetrages oder fälliger Leistungen in Verzug, so ist der Darlehensgeber berechtigt, den ihm entstehenden Schaden als Verzugsschaden geltend zu machen.

§ 4 Sicherheiten

Der Darlehensnehmer sichert das Darlehen wie folgt ab: ......

§ 5 Kündigung

Das Darlehen ist von beiden Seiten jederzeit mit einer Frist von vier Wochen kündbar. Die gesetzlichen Kündigungsrechte nach §§ 489, 490 BGB bleiben unberührt. Die Kündigung durch den Darlehensgeber bedarf der Schriftform.

§ 6 Vorzeitige Rückzahlung

Der Darlehensnehmer ist zur vorzeitigen Rückzahlung des Darlehens jederzeit berechtigt.

II. ERLÄUTERUNGEN

Erläuterungen zu B. 5 Darlehensvertrag

1. Grundsätzliche Anmerkungen

a) Wirtschaftliche Vertragsziele

1   Darlehen, insbesondere Gelddarlehen, haben im Wirtschaftsleben eine zentrale Bedeutung. Während die von Banken gewährten Darlehen weitgehend auf Grund genormter Formularverträge vereinbart werden, sind Darlehensverträge im Übrigen auf die speziellen Bedürfnisse der Vertragsparteien zugeschnitten. Das gilt insbesondere für Darlehen zwischen miteinander verbundenen Unternehmen, Gesellschaft und Gesellschafter oder Arbeitgeber und Arbeitnehmer.

b) Zivilrecht

2   Bei einem Darlehensvertrag ist zwischen Gelddarlehen (§§ 488 ff. BGB) und Sachdarlehen (§§ 607 ff. BGB) zu unterscheiden. Der (Geld-)Darlehensvertrag verpflichtet den Darlehensgeber, dem Darlehensnehmer einen Geldbetrag zu Verfügung zu stellen, während der Darlehensnehmer zur Rückzahlung nach Ablauf einer bestimmten Zeit sowie ggf. zur Zinszahlung verpflichtet ist. Beim Sachdarlehen sind an Stelle der überlassenen vertretbaren Sachen (Lehrbuchbeispiel: Eier) andere gleichwertige zurück zu erstatten.

Eine weitere Unterscheidung, die auch im Hinblick auf Form- und Fristvorschriften relevant ist, ist innerhalb des Gelddarlehens zu machen:

Handelt es sich um ein sog. **Verbraucherdarlehen,** bei welchem sich ein Verbraucher als Darlehensnehmer und ein Unternehmer als Darlehensgeber gegenüberstehen, so sind die §§ 491 ff. BGB zu beachten.

Bei dem vorliegenden Vertragsmuster ist von einem **Darlehen zwischen Privatpersonen** bzw. Geschäftsleuten auszugehen, so dass die §§ 488 ff. BGB Anwendung finden.

3   Einer besonderen Form bedarf der Darlehensvertrag in diesem Fall nicht. Die Ansprüche des Darlehensgebers und des Darlehensnehmers sind grds. abtretbar und damit auch pfändbar (§ 851 ZPO). Gem. § 399 BGB ist allerdings ein Abtretungsverbot möglich und stets anzunehmen, wenn das Darlehen einer Zweckbindung unterliegt (Ausnahme: § 354a HGB bei beiderseitigem Handelsgeschäft). Trotz Abtretungsverbotes bleibt in den Fällen des § 354a HGB die Abtretbarkeit der Forderung erhalten. Seit Abschaffung des Kapitalersatzrechts durch die GmbH-Reform (Streichung der §§ 32a, 32b GmbHG aF per 1.11.08) gelten für Darlehen der Gesellschafter an die GmbH generell die neuen Regelungen in §§ 39 Abs. 1 Nr. 5, Abs. 4, Abs. 5, 44a, 135 Abs. 2 InsO. Vgl. iÜ Formular A. 6.20.

c) Steuerrecht

4   **Ertragsteuern:** Zinsen aus Darlehen stellen beim **Darlehensgeber** im Rahmen der **Einkommensteuer** grundsätzlich Einkünfte aus Kapitalvermögen (§ 20 Abs. 1 Nr. 7 EStG) dar, es sei denn sie sind einer anderen Einkunftsart, insbesondere den Einkünften aus Gewerbebetrieb, zuzurechnen (§ 20 Abs. 8 EStG, § 15 Abs. 1 Nr. 1 EStG). Soweit die Zinsen zu den Einkünften aus Kapitalvermögen zählen, greifen entweder die Regeln über die Abgeltungsteuer oder der gesonderte Steuertarif (§ 43 Abs. 5 EStG; § 32d EStG). Ein Werbungskostenabzug ist ausgeschlossen (§ 20 Abs. 9 Satz 1 2 Hs. EStG). Der besondere Steuersatz gilt zB nicht, wenn Gläubiger und Schuldner einander nahe stehende Personen sind soweit die entsprechenden Aufwendungen beim Schuldner als Betriebsausgaben oder Werbungskosten abgezogen werden können oder wenn die Kapitalerträge von einer Kapitalgesellschaft an einen Anteils-

eigner gezahlt werden, der zu mindestens 10% an der Gesellschaft beteiligt ist (vgl. § 32d Abs. 2 Nr. 1 EStG). Die Zinsen sind im Jahr des Zuflusses zu versteuern (§ 11 Abs. 1 EStG); hierfür genügt es, wenn sie vereinbarungsgemäß dem Kapital zugeschlagen werden. Zur Berücksichtigung von Vermögensverlusten aus Forderungsausfällen, etwa bei Insolvenz des Darlehensnehmers als nachträgliche Anschaffungskosten in den Fällen des § 17 EStG vgl. B.2 Rz. 9 Anteilsabtretung. Es ist inzwischen geklärt, dass der Abzug von Erwerbsaufwand im Zusammenhang mit Einkünften aus § 17 EStG dann nicht nach § 3c EStG begrenzt ist, wenn der Steuerpflichtige keinerlei durch seine Beteiligung vermittelte Einkünfte erzielt hat (BFH IX B 227/09 v. 18.3.10, BStBl. II 10, 627; BMF v. 14.5.10. BStBl. I 10, 599). Ab dem VZ 2011 ist für die Anwendung von § 3c Abs. 2 EStG allerdings die Absicht zur Einnahmeerzielung ausreichend (§ 3c Abs. 2 Satz 2 idF des JStG 2010).

Handelt es sich bei dem Darlehen um **Privatvermögen** und hat dieses auch keinen **4a** Bezug zu einer Beteiligung iSd § 17 EStG ist der durch einen Forderungsausfall entstehende Verlust grds. nach § 20 Abs. 2 S. 1 Nr. 7 S. 2, Abs. 4 EStG, § 20 Abs. 6 EStG zu berücksichtigen (vgl. BFH VIII R 13/15 v. 24.10.17, DStR 17, 2801). Gerade bei Darlehen zwischen Angehörigen dürften bei einem Ausfall aber von Seiten der FinVerw. erhöhte Anforderungen an die Fremdüblichkeit der Darlehensgewährung (wie durch den Ausfall belegt: ohne ausreichende Sicherungsleistung) gestellt werden. Darlehensforderungen im Betriebsvermögen sind mit den Anschaffungskosten (§ 255 Abs. 1 HGB), ggf. mit dem niedrigeren Teilwert anzusetzen (§ 6 Abs. 1 Nr. 2 EStG). Darlehensforderungen in ausl. Währung sind in Euro (Geldkurs) umzurechnen. Nach § 256a HGB sind Fremdwährungsforderungen zum Devisenkassamittelkurs zum Abschlussstichtag umzurechnen. Dementsprechend können Währungsschwankungen zur Realisation führen (vgl. *Schmidt/Weber-Grellet* § 5 EStG Rz. 270 „Fremdwährung").

Für den **Darlehensnehmer** sind die Zinsen nur dann steuerlich absetzbar, wenn sie **5** Werbungskosten oder Betriebsausgaben sind. Das hängt davon ab, ob die Zinsen im wirtschaftlichen Zusammenhang mit einer Einkunftsart stehen oder aber, ob die zugrundeliegende Darlehensschuld Betriebsvermögen oder Privatvermögen darstellt. Bei gemischter Veranlassung kommt eine Aufteilung ggf. im Wege der Schätzung bei entsprechender Abgrenzbarkeit in Betracht. Geringfügige betriebliche oder auch private Veranlassungsbeiträge sind dabei unbeachtlich. Zu den Einzelheiten vgl. *Schmidt/Loschelder* § 9 EStG Rz. 54ff. und *Schmidt/Heinicke* § 4 EStG Rz. 226ff. Stehen die Zinsen in einem wirtschaftlichen Zusammenhang mit Einnahmen, die dem Teileinkünfteverfahren (§ 3 Nr. 40 EStG) unterliegen, greift die Ausgabenabzugsbeschränkung gem. § 3c Abs. 2 EStG ein. Betreffend der Höhe des Abzugs betrieblich veranlasster Zinsen als Betriebsausgaben sind § 4 Abs. 4a, 4h EStG (§ 8a KStG) zu beachten.

Bei der Vergabe von Darlehen zwischen miteinander verbundenen Kapitalgesell- **6** schaften oder zwischen diesen und ihren Gesellschaftern kommt es für Zwecke der Körperschaftsteuer auf die **Angemessenheit** der vereinbarten Darlehensbedingungen, insbesondere der Zinsen an. Zudem stellt sich grundsätzlich die Frage der Besicherung. Im Anwendungsbereich des § 1 AStG soll nach Auffassung des BFH die Nichtbesicherung der Rückzahlungsforderung aus dem Darlehen von den Bedingungen abweichen, die voneinander unabhängige Dritte unter ähnlichen oder gleichen Bedingungen vereinbart hätten und damit nicht dem Fremdvergleich entsprechen (BFH I R 73/16 v. 27.2.19, BStBl. II 19, 394; I R 34/18 v. 14.8.19, BFH/NV 20, 757). Nicht dem Fremdvergleich entsprechende zu hohe Zinsen, die von einer Tochterkapitalgesellschaft gezahlt werden, stellen verdeckte Gewinnausschüttungen (§ 8 Abs. 3 Satz 2 KStG) dar. Bei nachträglichem Zinsverzicht des Gesellschafters können verdeckte Einlagen (§ 8 Abs. 3 Satz 3 KStG) gegeben sein. Bei grenzüberschreitenden Darlehensverhältnissen kommt eine Einkünfteerhöhung gem. § 1 AStG (vgl. BFH I R 4/01 v.

19.3.02, BStBl. II 02, 644) in Betracht (zur Besicherung s. bereits oben). Hinsichtlich der Angemessenheit der vereinbarten Zinsen wird davon ausgegangen, dass sich im Zweifel Darlehensgläubiger und Darlehensschuldner die Spanne zwischen den banküblichen Haben- und Schuldzinsen teilen werden (BFH I R 83/87 v. 28.2.90, BStBl. II 90, 649; BFH I R 93/93 v. 19.1.94, BStBl. II 94, 725).

7   Stehen die Zinsen in einem **wirtschaftlichen Zusammenhang** mit dem Teileinkünfteverfahren unterliegenden Dividenden oder Gewinnen aus der Veräußerung in- und ausländischer Kapitalgesellschaften, greift die Ausgabenabzugsbeschränkung gem. § 3c Abs. 2 EStG ein. Bei Kapitalgesellschaften sind die Zinsen dem Grunde nach – die betriebliche Veranlassung vorausgesetzt – abzugsfähig. In den vorgenannten Fällen gelten aber 5% des Veräußerungsgewinns bzw. der bezogenen Dividenden als Ausgaben, die nicht als Betriebsausgaben abgezogen werden dürfen (§ 8b Abs. 3, 5 KStG).

8   Für Zwecke der **Gewerbesteuer** sind gem. § 8 Nr. 1 Buchst. a GewStG dem gewerblichen Gewinn $1/4$ der bei seiner Ermittlung abgezogenen Zinsen (Entgelte) für Schulden hinzuzurechnen.

9   **Verkehrsteuern:** Darlehenszinsen sind gem. § 4 Nr. 8a UStG von der **Umsatzsteuer** befreit; allerdings besteht – soweit kein Verbraucherdarlehen gegeben ist – die Möglichkeit zur Umsatzsteuerpflicht zu optieren (§ 9 Abs. 1 UStG).

10   *(frei)*

2. Einzelerläuterungen

Zu § 2: Verzinsung

11   Die Zinszahlungspflicht beginnt erst mit der Auszahlung des Darlehens. Dies bedarf allerdings keines besonderen Hinweises.

Anstelle eines festen Zinssatzes ist ein variabler Zins gewählt worden, der als Bezugspunkt den jeweiligen Basiszinssatz hat. Ein derartiger variabler Zinssatz wird der steuerlichen Forderung nach Angemessenheit des Zinses in besonderem Maße gerecht. Zudem werden, soll nicht ein fester Zinssatz vereinbart sein, Zinsanpassungsklauseln vermieden. Allerdings besteht bei einem variablen Zinssatz zwingend ein ordentliches Kündigungsrecht mit dreimonatiger Frist nach § 489 Abs. 2 BGB (vgl. Abs. 4 Satz 1).

Zu § 3: Rückzahlung

12   Für die Geltendmachung von Verzugszinsen gilt grds. § 288 BGB, wobei das Zinseszinsverbot des § 289 BGB zu beachten ist. Im Übrigen ist die Geltendmachung eines Verzugsschadens unbedenklich, wobei auch Verzugspauschalen vereinbart werden können, soweit sie durchschnittlich schadenstypisch sind.

Zu § 4: Sicherheiten

13   Die Sicherheiten sind genau zu bezeichnen.

Zu § 5: Kündigung

14   Bei Darlehen mit gebundenem Sollzinssatz steht dem Darlehensnehmer ein Recht zur ordentlichen Kündigung grds. erst mit Ablauf der Sollzinsbindung zu, § 489 Abs. 1 BGB. Bei einem variablen Zinssatz (so hier, Rz. 11) ist eine Kündigung dagegen jederzeit mit Dreimonatsfrist möglich, § 489 Abs. 2 BGB. Insbesondere § 490 Abs. 1 BGB regelt das außerordentliche Kündigungsrecht des Darlehensgebers bei einer Vermögensverschlechterung des Darlehensnehmers; daneben kann sich für beide Vertragsparteien ein außerordentliches Kündigungsrecht aus den Regeln über die Störung der Geschäftsgrundlage ergeben (§ 314 BGB). Es bleibt den Vertragsparteien aber vorbehalten, weitere Kündigungsrechte vertraglich zu vereinbaren.

B. 6. Dienstvertrag (Beratervertrag)

Gliederung

I. FORMULAR

Formular B. 6 Beratervertrag

BERATERVERTRAG

zwischen

A ......   – nachfolgend Auftraggeber genannt –

und

B ......   – nachfolgend Berater genannt –

§ 1 Gegenstand des Vertrages

Der Berater wird den Auftraggeber in allen betriebswirtschaftlichen Fragen, insbesondere in Fragen der Führung, der Fertigung, der Materialwirtschaft, des Vertriebs, des Verwaltungs- und Rechnungswesens, des Personalwesens sowie des Unternehmensbestandes, beraten.

§ 2 Art und Ort der Tätigkeit

Der Berater wird entsprechend den Anforderungen seitens des Auftraggebers seine Beratungstätigkeit durch schriftliche Ausarbeitungen oder im Rahmen von Beratungsgesprächen mit dem Auftraggeber und seinen Mitarbeitern erbringen. Die Beratungsgespräche erfolgen regelmäßig in den Geschäftsräumen des Auftraggebers. Im Übrigen bestimmt der Berater den Ort seiner Tätigkeit selbst.

§ 3 Vergütung

Der Berater rechnet sein Honorar monatlich ab, wobei ein Stundensatz von € ......,– zuzüglich gesetzlicher Umsatzsteuer zugrunde gelegt wird. Außergewöhnliche Beratungsleistungen, wie zB die Erstellung umfangreicher schriftlicher Gutachten, werden nach vorheriger Abstimmung mit dem Auftraggeber gesondert vergütet.

§ 4 Reisekosten

Reisekosten werden im Rahmen der steuerlich geltenden Höchstsätze vergütet. Im Übrigen erfolgt kein Aufwendungsersatz.

§ 5 Verschwiegenheit

Der Berater verpflichtet sich, über alle ihm zur Kenntnis gelangten Angelegenheiten, auch über die Beendigung des Beratungsverhältnisses hinaus, Stillschweigen gegenüber jedermann zu bewahren.

§ 6 Beendigung des Vertragsverhältnisses

Der Beratervertrag ist von beiden Seiten mit einer Frist von drei Monaten zum Quartalsende schriftlich kündbar, erstmals jedoch zum ....

§ 7 Schriftformklausel

Änderungen des Vertrages sind nur wirksam, wenn sie schriftlich erfolgen.

II. ERLÄUTERUNGEN

Erläuterungen zu B. 6 Beratervertrag

1. Grundsätzliche Anmerkungen

a) Wirtschaftliche Vertragsziele

1   Neben den Arbeitsverhältnissen zwischen Arbeitgeber und Arbeitnehmer als unselbstständigen Dienstverträgen zählen vor allem die Vertragsverhältnisse zwischen Steuerberater/Rechtsanwalt – Mandant bei Dauerberatung und Arzt – Patient zu den Dienstverträgen. Zielsetzung derartiger Dienstverträge ist die zugesagte Leistung, wobei nicht ein bestimmtes Arbeitsergebnis, sondern die Tätigkeit als solche geschuldet wird.

b) Zivilrecht

2   Die Vorschriften über den Dienstvertrag sind in den §§ 611 ff. BGB enthalten. Dienstverträge sind aber auch außerhalb des BGB geregelt, etwa der Handelsvertretervertrag in § 84 HGB. Der Dienstvertrag ist grds. formfrei.

3   Hauptpflicht des Dienstverpflichteten ist die Dienstleistung, die im Zweifel persönlich zu erbringen ist (§ 613 Satz 1 BGB). Dementsprechend ist auch der Anspruch auf Dienstleistung grds. nicht übertragbar (§ 613 Satz 2 BGB). Etwas anderes gilt nur bei abweichender Vereinbarung oder auf Grund der Art und der Umstände des Dienstverhältnisses, etwa bei Mandatierung eines Anwaltes einer Sozietät.

4   Eine Vergütung gilt regelmäßig als vereinbart (§ 612 Abs. 1 BGB). Ist die Höhe der Vergütung nicht bestimmt worden, gilt die taxmäßige Vergütung, bei Rechtsanwälten und Steuerberatern etwa die gesetzlichen Gebührenordnungen. Vgl. iÜ Formular A. 6.17.

c) Steuerrecht

5   **Ertragsteuern:** Der Dienstverpflichtete erzielt mit seiner Vergütung im Rahmen der Einkommensteuer entweder Einkünfte aus nichtselbständiger Arbeit (§ 19 EStG), selbständiger Arbeit (§ 18 EStG) oder aber solche aus Gewerbebetrieb (§ 15 EStG). Abgrenzungsprobleme ergeben sich auf zwei Ebenen, nämlich zwischen nichtselbständiger Arbeit einerseits und selbständiger Arbeit oder Gewerbebetrieb andererseits und dann zwischen selbständiger Arbeit und Gewerbebetrieb.

6   Für die **Abgrenzung von nichtselbständiger Arbeit** einerseits und selbständiger Arbeit bzw. Gewerbebebetrieb ist der Begriff des Arbeitnehmers entscheidend. § 1 LStDV beschreibt einen eigenständigen Arbeitnehmerbegriff. Hiernach ist Arbeitnehmer, wer in einem Dienstverhältnis weisungsgebunden und/oder organisatorisch eingegliedert seine Arbeitskraft schuldet und dabei vom Vermögensrisiko der Erwerbstätigkeit grundsätzlich freigestellt ist (vgl. iE *Schmidt/Krüger* § 19 EStG Rz. 11 ff.). Die arbeits- und sozialversicherungsrechtliche Einordnung ist für das Steuerrecht nicht bindend, sie kann allerdings eine Indizwirkung haben. Von Bedeutung können in diesem Zusammenhang die maßgeblichen Vermutungsregelungen des § 7 Abs. 4 SGB IV (Scheinselbstständigkeit) sein.

In Abgrenzung zur freiberuflichen Tätigkeit (Einkünfte aus selbständiger Arbeit) kommt es, weil vermögensmäßige Risiken nicht selten fehlen, vor allem auf die organisatorische Eingliederung und die Weisungsgebundenheit an. Demgegenüber steht als Abgrenzungskriterium zur gewerblichen Tätigkeit das Vermögensrisiko im Vordergrund.

Die Abgrenzung zwischen selbständiger und gewerblicher Tätigkeit ist insbesondere 7 für die Gewerbesteuer von Bedeutung. Hier sind insbesondere in Abgrenzung zur freiberuflichen eine Vielzahl von Einzelfallentscheidungen ergangen (vgl. iE *Schmidt/Wacker* § 18 EStG Rz. 155).

Verkehrsteuern: Die Umsätze aus der Tätigkeit im Rahmen von Dienstverträgen 8 sind, soweit der Dienstverpflichtete als Unternehmer handelt, im Rahmen der **Umsatzsteuer** steuerbar und grundsätzlich steuerpflichtig. Die Steuerbefreiungen des § 4 UStG sind zu beachten.

(frei) 9

2. Einzelerläuterungen

Zu § 1: Gegenstand des Vertrages

Die Umschreibung des Tätigkeitsfeldes dient vor allem der steuerrechtlichen Quali- 10 fizierung der Einkunftsart. Der Tätigkeitskatalog entspricht demjenigen eines **beratenden Betriebswirtes** (§ 18 Abs. 1 Nr. 1 EStG). Beratender Betriebswirt ist derjenige, der nach einem entsprechenden Studium oder nach einem vergleichbaren Selbststudium mit praktischer Erfahrung mit den hauptsächlichen Bereichen der Betriebswirtschaft und nicht nur mit einzelnen Spezialgebieten vertraut ist, und diese fachliche Breite seines Wissens auch bei seiner praktischen Tätigkeit einsetzen kann und tatsächlich einsetzt (vgl. BFH VIII R 254/80 v. 11.6.85, BStBl. II 85, 584, vgl. auch die Nachweise bei BFH VIII R 10/09 v. 15.6.10, BStBl. II 10, 906). Die erforderliche fachliche Breite in diesem Sinne umfasst die im Vertrag näher bezeichneten Bereiche. Die Beratungstätigkeit muss sich allerdings nicht unbedingt auf einen vergleichbar breiten betrieblichen Bereich erstrecken. Es reicht aus, wenn sich die Beratung wenigstens auf einen betrieblichen Hauptbereich erstreckt (BFH IV R 135/90 v. 14.3.91, BStBl. II 91, 769; vgl. ferner *Schmidt/Wacker* § 18 EStG Rz. 107).

Zu § 2: Art und Ort der Tätigkeit

Die Bezeichnung von Art und Ort der Tätigkeit macht deutlich, dass der Berater 11 weder den Weisungen des Auftraggebers unterliegt noch organisatorisch dessen Betrieb eingegliedert ist.

Zu § 3: Vergütung

Die Vergütung erfolgt auf Stundenbasis und entspricht durchaus berufsüblichen Ge- 12 pflogenheiten. Der Hinweis „zuzüglich gesetzlicher Umsatzsteuer" dient der Klarstellung, weil andernfalls der angegebene Stundensatz im Zweifel die Umsatzsteuer enthielte. Wird überhaupt keine Regelung über die Vergütung getroffen, gilt § 612 BGB.

Zu § 4: Reisekosten

Wegen der steuerlichen Höchstsätze vgl. EStR 4.12 iVm. LStR 9.4–9.8. 13

B. 7. Erlassvertrag

Gliederung

I. FORMULAR

Formular B. 7 Erlassvertrag

ERLASSVERTRAG

zwischen

A ......   – nachfolgend Gläubiger genannt –

und

B ......   – nachfolgend Schuldner genannt –

1. Aufgrund des am ...... geschlossenen Darlehensvertrages schuldet der Schuldner dem Gläubiger zum ...... einen Betrag von € ......,–. Dieser Betrag setzt sich wie folgt zusammen:

Darlehen € ......,–

Zinsen € ......,–

2. Der Gläubiger erlässt dem Schuldner diese gesamte Schuld. Der Schuldner nimmt diesen Erlass an.

II. ERLÄUTERUNGEN

Erläuterungen zu B. 7 Erlassvertrag

1. Wirtschaftliche Funktion

1   Der Erlass ist auf das Erlöschen einer Schuld gerichtet und dient häufig der „Sanierung" des Schuldners.

2. Zivilrecht

2   Der Erlassvertrag (§ 397 BGB) ist ein abstrakter Verfügungsvertrag über eine Forderung, der unmittelbar das Erlöschen der Forderung bewirkt. Dem Erlassvertrag liegt regelmäßig eine Schenkung (§ 518 BGB) oder ein Vergleich (§ 779 BGB) zugrunde.

Der Erlass ist grds. formlos gültig, und zwar auch dann, wenn er auf einer Schenkung beruht. Eine formlose Schenkung wird geheilt (§ 518 Abs. 2 BGB).

Der Erlass unverzichtbarer Ansprüche ist unwirksam. Erlassverbote gelten für familienrechtlichen Unterhalt (§§ 1614, 1360a Abs. 3 BGB); Beamtenbezüge (§ 2 Abs. 3 BBesG); Tariflohn (§ 4 Abs. 4 TVG); Lohnfortzahlung (§ 12 EFZG) sowie beim Betriebsübergang (§ 613a BGB, BAG 8 AZR 722/07 v. 19.3.09, NJW 09, 3260).

Ein einseitiger Erlass von Forderungen ist nicht möglich. Jedoch kann das Erlassangebot stillschweigend angenommen werden (§ 151 BGB).

3. Steuerrecht

Ertragsteuern: Der Erlass privater Forderungen führt beim Gläubiger grds. zu kei- **3** nen steuerlichen Folgen.

Beim Erlass betrieblicher Forderungen ist darauf abzustellen, ob betriebliche oder private Gründe für den Erlass maßgeblich waren. Erfolgt der Verzicht aus betrieblichen Gründen, tritt beim Gläubiger eine Gewinnminderung ein. Sind für den Erlass dagegen private Gründe maßgeblich, ist beim Gläubiger eine Entnahme der Forderung anzunehmen. Wird der Erlass von einer Kapitalgesellschaft mit einem Gesellschafter vereinbart, kann ggf. eine verdeckte Gewinnausschüttung gem. § 8 Abs. 3 Satz. 2 KStG (Verzicht der Kapitalgesellschaft auf eine Forderung gegen ihren Gesellschafter) oder eine verdeckte Einlage gem. § 8 Abs. 3 Satz 3 KStG (Verzicht des Gesellschafters auf eine Forderung gegen die Kapitalgesellschaft) vorliegen.

Für die steuerliche Behandlung des **Forderungsverzichts eines Gesellschafters 3a** gegenüber seiner Kapitalgesellschaft gilt (BFH GrS 1/94 v. 9.6.97, BStBl. II 98, 307; KStH 40 „Forderungsverzicht"): Beruht der Forderungsverzicht auf dem Gesellschaftsverhältnis, so liegt eine **verdeckte Einlage** insoweit vor, wie die Forderung noch werthaltig ist. Soweit der Nennwert der bei der Kapitalgesellschaft passivierten Verbindlichkeit den Teilwert der Forderung übersteigt, erzielt die Kapitalgesellschaft einen ao. Ertrag. Für die Fälle, in denen der Forderungsverzicht erfolgte, um den Fortbestand des von der Kapitalgesellschaft betriebenen Unternehmens zu sichern (unternehmensbezogene Sanierung), hatte die FinVerw. ursprünglich in dem sog. Sanierungserlass eine Steuerstundung bzw. einen Steuererlass aus sachlicher Billigkeit (§§ 163, 222, 227 AO) vorgesehen (BMF v. 27.3.03, BStBl. I 03, 240; ergänzt durch BMF v. 22.12.09, BStBl. I 10, 18). Nachdem der BFH diese Vorgehensweise als nicht mit dem Grundsatz der Rechtmäßigkeit der Verwaltung entsprechend angesehen hat (BFH GrS 1/15 v. 28.11.16, BStBl. II 17, 393), hat die FinVerw. zunächst mit einer Übergangsregelung für Schuldenerlasse bis zum 8.2.17 reagiert (BMF v. 27.4.17, BStBl. I 17, 741). Im Übrigen ist mit § 3a EStG eine gesetzliche Neuregelung in das EStG aufgenommen worden (Art. 2 des Gesetzes gegen schädliche Steuerpraktiken im Zusammenhang mit Rechteüberlassungen v. 27.6.17, BGBl. I 17, 2074). Die Neuregelung tritt jedoch erst in Kraft, wenn die Europäische Kommission durch Beschluss festgestellt hat, dass hierin keine verbotene Beihilfe zu sehen ist (Art. 6 des Gesetzes vom 27.6.17).

Beim Gesellschafter begründet der Verzicht **nachträgliche Anschaffungskosten 3b** auf seine zum Betriebsvermögen gehörende Beteiligung in Höhe des Teilwertes seiner Forderung (*Schmidt/Kulosa* § 6 EStG Rz. 756). Das gilt auch für kapitalersetzende Darlehen (*Schmidt/Weber-Grellet* § 5 EStG Rz. 550 „Gesellschafterfinanzierung; Eigenkapitalersatz; Restrukturierung"). Im Übrigen hat der BFH (IX R 36/15 v. 11.7.17, DStR 17, 2098) nun entschieden, dass nach Aufhebung des Eigenkapitalrechts durch das MoMiG v. 23.10.08 (BGBl. I 08, 2026) Aufwendungen des Gesellschafters aus eigenkapitalersetzenden Finanzierungshilfen – vorbehaltlich weiterer Vereinbarungen, wie etwa eines Rangrücktritts iSd. § 5 Abs. 2a EStG – nicht mehr zu nachträglichen AK auf seine Beteiligung führen. Für Finanzierungshilfen, die bis zum Tag der Veröffentlichung dieses Urteils geleistet wurden oder bis zu diesem Tag eigenkapitalersetzend geworden sind, sollen aber die bisherigen Grundsätze aus Gründen des Vertrauensschutzes weiter angewendet werden (BFH IX R 36/15 v. 11.7.17, aaO.). Teilwertabschreibungen und Verluste aus Forderungsverzichten unterliegen nicht dem Teilabzug nach § 3c Abs. 2 EStG (BFH X R 7/10 v. 18.4.12, BStBl. II 13, 791; BMF v. 23.10.13, BStBl. I 13, 1269). Geklärt ist inzwischen, dass der Abzug von Erwerbsaufwand im Zusammenhang mit Einkünften aus § 17 EStG dann nicht nach § 3c EStG begrenzt ist, wenn der Steuerpflichtige keinerlei durch seine Beteiligung vermittelte Einkünfte erzielt hat (BFH IX B 227/09 v. 18.3.10, BStBl. II 10, 627;

BFH IX R 13/13 v. 1.10.14, BFH/NV 15, 198; BMF v. 14.5.10. BStBl. I 10, 599; BMF v. 23.10.13, BStBl. I 13, 1269). **Ab VZ 2011** ist für die Anwendung von § 3c Abs. 2 EStG allerdings die Absicht zur Einnahmeerzielung ausreichend (§ 3c Abs. 2 Satz 2 idF des JStG 2010). Ist der Darlehensgeber eine Kapitalgesellschaft, so ist § 8b Abs. 3 Satz 4 KStG zu beachten. Zu der Frage der Auswirkungen eines Darlehensverzichts, wenn die Kapitalanteile zum Privatvermögen des Gesellschafters gehören vgl. BMF v. 21.10.10, BStBl. I 10, 832). Zur ertragsteuerlichen Behandlung eines Forderungsverzichts gegen Besserungsschein vgl. BMF v. 2.12.03, BStBl. I 03, 648.

4   **Verkehrssteuern:** Der Erlass von Forderungen aus betrieblichen Gründen führt bei der **Umsatzsteuer** zu einer Änderung der Bemessungsgrundlage (§ 17 UStG) und damit zu einer Verminderung der Umsatzsteuer, falls die Leistung, auf der die Forderung beruht, steuerpflichtig ist. Ggfs. kommt eine Haftung gem. § 13d UStG in Betracht. Ein Erlass aus privaten Gründen führt zu keiner Veränderung der umsatzsteuerlichen Bemessungsgrundlage.

Wird der Erlass im Rahmen eines Leistungsaustausches ausgesprochen, zählt er zum Entgelt für die Leistung des Schuldners (§ 10 Abs. 1 UStG).

5   **Schenkungsteuer** fällt an, wenn der Erlass auf einer Schenkung beruht (§ 7 ErbStG).

B. 8. Forderungsabtretung

Gliederung

I. FORMULAR

Formular B. 8 Abtretungsvertrag

ABTRETUNGSVERTRAG

zwischen

A ...... – nachfolgend Gläubiger genannt –

und

B ...... – nachfolgend Schuldner genannt –

1. Aufgrund des am ...... geschlossenen Darlehensvertrages schuldet der Schuldner dem Gläubiger zum ...... einen Betrag von € ......,–. Dieser Betrag setzt sich wie folgt zusammen:

Darlehen € ......,–

Zinsen € ......,–

2. Zwecks Tilgung der vorstehenden Verbindlichkeit tritt der Schuldner hiermit dem Gläubiger erfüllungshalber einen Teilbetrag von € ......,– aus seiner Forderung gegen ...... ab. Die Forderung beruht auf dem mit ...... am ...... geschlossenen Kaufvertrag.

3. Zahlungen auf die Forderung sind vorrangig auf die abgetretene Teilforderung anzurechnen. Der Gläubiger wird die Abtretung unverzüglich anzeigen.

II. ERLÄUTERUNGEN

Erläuterungen zu B. 8 Abtretungsvertrag

1. Grundsätzliche Anmerkungen

a) Wirtschaftliche Funktion

Eine Forderungsabtretung wird gewählt, wenn ein Wechsel in der Person des **1** Gläubigers ohne Veränderung des Charakters der Forderung gewollt ist. Die Forderungsabtretung dient entweder der Tilgung einer Verbindlichkeit erfüllungshalber oder aber der Sicherung von Forderungen des Zessionars (Sicherungsnehmers) gegen den Zedenten (Sicherungsgeber). Nicht selten ist die Abtretung aber auch nur integraler Bestandteil eines anderen Vertrages, etwa eines Unternehmenskaufvertrages, in dessen Rahmen auch Forderungen mit übergehen sollen.

b) Zivilrecht

2   Die Forderungsabtretung ist ein **Verfügungsgeschäft** zwischen dem bisherigen
Gläubiger (Zedent) und dem Abtretungsempfänger (Zessionar), auf Grund dessen die
Forderung unmittelbar übergeht. Als zugrundeliegende Verpflichtungsgeschäfte kommen in Betracht: Kauf, Schenkung, Geschäftsbesorgung, Treuhand usw.

3   Durch die Abtretung erwirbt der Zessionar die volle Gläubigerstellung. Die Abtretung ist grds. formfrei und ohne weiteres wirksam. Eine Ausnahme ergibt sich aus § 46
AO für die Abtretung von Steuererstattungsansprüchen, die der Anzeige durch den bisherigen Gläubiger an die Finanzbehörde bedarf (zu Einzelheiten AEAO zu § 46).

Zulässig ist die Teilabtretung von Forderungen sowie die Abtretung künftiger
Forderungen. Die wirksame Abtretung setzt aber Bestimmbarkeit der Forderung voraus.

4   Wenn die Forderung höchstpersönlicher Natur oder unpfändbar ist, ihre Abtretung
eine Änderung des Leistungsverhaltens zur Folge hätte oder die Abtretung vertraglich
ausgeschlossen ist, besteht ein **Abtretungsverbot** (§§ 399, 400 BGB). Ein Verstoß
gegen das Abtretungsverbot bewirkt absolute Unwirksamkeit der Abtretung, es sei
denn, das Rechtsgeschäft, das diese Forderung begründet hat, ist für beide Teile ein
Handelsgeschäft, oder der Schuldner ist eine juristische Person des öffentlichen Rechts
oder ein öffentlich-rechtliches Sondervermögen (§ 354a HGB). Nichtigkeit wegen
Sittenwidrigkeit (§ 138 Abs. 1 BGB) kann ausnahmsweise auch bei Globalabtretung
von Kundenforderungen durch einen insolvenzgefährdeten Unternehmer gegeben
sein, wenn sich der Gläubiger mindestens grob fahrlässig über die Erkenntnis der drohenden Insolvenz des Schuldners hinweggesetzt hat (BGH IX ZR 72/94 v. 16.3.95,
WM 95, 995; OLG Köln 11 U 224/95 v. 4.9.96, WM 97, 762). Dem Schuldner bleiben Einwendungen, die zurzeit der Abtretung gegen den bisherigen Gläubiger begründet waren, auch gegen den neuen Gläubiger erhalten (§ 404 BGB). Grundsätzlich
verbleibt ihm auch die Aufrechnungsbefugnis (§§ 404, 406 BGB).

c) Steuerrecht

5   **Ertragsteuern:** Ab dem VZ 2009 unterliegen Gewinne aus der Veräußerung auch
sonstiger Kapitalforderungen iSv. § 20 Abs. 1 Nr. 7 EStG der Besteuerung (§ 20
Abs. 2 Nr. 7 EStG), wenn diese nach dem 31.12.08 angeschafft oder begründet wurden (§ 52 Abs. 28 Satz 15 und 16 EStG). Wertsteigerungen sind damit weitgehend der
Besteuerung unterworfen, auch wenn die entsprechenden Forderungen Privatvermögen darstellen. Verluste aus einem Verkauf der Forderung unter den Anschaffungskosten (i. d. R. unter dem Nennbetrag sind grds. nach § 20 Abs. 2 S. 1 Nr. 7 S. 2, Abs. 4
EStG, § 20 Abs. 6 EStG zu berücksichtigen (vgl. BFH VIII R 13/15 v. 24.10.17,
DStR 17, 2801). Gerade bei Darlehen zwischen Angehörigen dürften bei einem gesunkenen Verkehrswert aber von Seiten der FinVerw. erhöhte Anforderungen an die
Fremdüblichkeit der Darlehensgewährung (wie durch den Ausfall belegt: ohne ausreichende Sicherungsleistung) gestellt werden. Für Einkünfte aus der Veräußerung von
Miet- und Pachtzinsforderungen gilt weiterhin § 21 Abs. 1 Nr. 4 EStG.

Was die zeitliche Zuordnung der abgetretenen Forderung als Einnahme (§ 11
EStG) anbelangt, vgl. *Schmidt/Krüger* § 11 EStG Rz. 50, Stichwort „Abtretung".

6   **Verkehrssteuern:** Die Abtretung einer Forderung selbst ist gem. § 4 Nr. 8c UStG
von der Umsatzsteuer befreit.

Bei der Abtretung einer Forderung unter dem Nennwert bestimmt sich das Entgelt
für die Leistung, aus der die Forderung resultiert, gem. § 10 Abs. 1 UStG nach den
tatsächlichen Aufwendungen des Leistungsempfängers. Die Abtretungsvaluta spielt daher umsatzsteuerlich grds. keine Rolle.

Wird der Anspruch auf die Gegenleistung für einen steuerpflichtigen Umsatz an einen anderen Unternehmer abgetreten, so kommt unter den Voraussetzungen des
§ 13c UStG ggf. eine Haftung des Zessionars in Betracht.

2. Einzelerläuterungen

Der schriftliche Vertrag über die Forderungsabtretung kann zugleich als Urkunde **7** gem. § 410 BGB dienen, bei deren Aushändigung an den Schuldner dieser zur Zahlung an den neuen Gläubiger verpflichtet ist.

Der Hinweis auf eine Abtretung erfüllungshalber dient der Klarstellung (§ 364 **8** Abs. 2 BGB). Die Tilgungsbestimmung zugunsten der abgetretenen Teilforderung verhindert, dass diese mit der Restforderung im Range nur gleichsteht. Die Abtretungsanzeige durch den Zessionar hat für § 407 BGB (befreiende Leistung an den Zedenten) und § 406 BGB (Aufrechnung mit einer Forderung an den Zedenten) rechtliche Bedeutung und dient somit dem Interesse des Zessionars.

B. 8a. Genussrechte

Gliederung

I. FORMULAR

Formular B. 8a Genussrechtsvereinbarung

Genussrechtsvereinbarung

zwischen

A-GmbH, ...

und

Herrn B, ...

wird Folgendes vereinbart:

§ 1 Vertragsgegenstand

(1) Die A-GmbH begibt Genussrechte im Gesamtbetrag von € 1.000.000,–.

(2) Die Genussrechte lauten auf den Namen und sind eingeteilt in 1.000 untereinander gleichberechtigte Genussrechte im Nennbetrag von je € 1.000,–. Die Genussrechte werden in das Genussrechtsregister der A-GmbH eingetragen. Das Recht auf Einzelverbriefung ist ausgeschlossen. Jeder Genussrechtsinhaber muss mindestens fünf Genussrechte übernehmen und halten.

(3) Die A-GmbH bietet Herrn B hiermit unwiderruflich an, diesem nach Maßgabe der nachfolgenden Bedingungen ...... Genussrechte im Gesamtnominalbetrag von € ......,– einzuräumen. Das Angebot ist bis 31.12.2021 befristet.

(4) Die Annahme des Vertragsangebots gemäß Abs. 3 kommt durch Unterzeichnung dieser Vereinbarung und Einzahlung des Genussrechtskapitals auf das Konto der A-GmbH bei der ...... Bank, IBAN ...., zustande.

(5) Die Genussrechte sind nicht durch Rechtsgeschäft übertragbar.

§ 2 Ausschüttungshöhe

(1) Die Genussrechtsinhaber erhalten eine dem Gewinnanteil der Gesellschafter der A-GmbH vorgehende jährliche Ausschüttung in Höhe von 4,5 % des Nennbetrages der Genussrechte.

(2) Die Ausschüttungen auf die Genussrechte sind dadurch begrenzt, dass durch sie kein Bilanzverlust entstehen darf und sie müssen aus Eigenkapitalbestandteilen geleistet werden können, die nicht besonders gegen Ausschüttungen geschützt sind.

(3) Die Genussrechte sind vom Tag der Einzahlung auf die Genussrechte an (Gutschrift auf dem Bankkonto der A-GmbH) ausschüttungsberechtigt; dh. für das Geschäftsjahr 2021 zeitanteilig. Die Ausschüttung wird berechnet durch Multiplikation des Nennbetrages mit dem anwendbaren Zinssatz, multipliziert mit der tatsächlichen Zahl von Tagen in der betreffenden Zinsperiode, geteilt durch 365.

(4) Die Ausschüttung auf die Genussrechte für jedes abgelaufene Geschäftsjahr ist jeweils nachträglich am 30. Juni des folgenden Jahres fällig. Sofern zu diesem Termin der Jahresabschluss der A-GmbH für das vorangegangene Geschäftsjahr noch nicht endgültig festgestellt ist, wird die Zahlung am ersten Bankarbeitstag nach der endgültigen Feststellung fällig. Die Ausschüttung für die Jahre 2027 und 2028 erfolgt am 8.1.2028.

§ 3 Rechte der Genussrechtsinhaber

Die Genussrechte verbriefen Gläubigerrechte, keine Gesellschafterrechte, insbesondere kein Teilnahme-, Mitwirkungs- und Stimmrecht in den Gesellschafterversammlungen der A-GmbH.

§ 4 Ausgabe weiterer Genussrechte

(1) Die A-GmbH behält sich vor, weitere Genussrechte zu gleichen oder anderen Bedingungen herauszugeben.

(2) Die Genussrechte gewähren kein Bezugsrecht auf weitere Genussrechte.

(3) Die Genussrechtsinhaber haben keinen Anspruch darauf, dass ihre Ausschüttungsansprüche vorrangig vor den Ausschüttungsansprüchen bedient werden, die auf weitere Genussrechte entfallen.

§ 5 Bestand der Genussrechte

Der Bestand der Genussrechte wird vorbehaltlich § 7 weder durch Verschmelzung oder Umwandlung der A-GmbH noch durch Veräußerung ihres Stammkapitals berührt.

§ 6 Laufzeit, Kündigung

(1) Die Laufzeit der Genussrechte ist bis zum 8.1.2028 befristet. Vorbehaltlich der Bestimmungen über die Teilnahme am Verlust werden die Genussrechte zum Nennbetrag zurückgezahlt. Der zurückzuzahlende Betrag ist am 8.1.2028 fällig.

(2) Die A-GmbH kann die Genussrechte unter Einhaltung einer Kündigungsfrist von mindestens einem Jahr jeweils zum Ende eines Geschäftsjahres – frühestens zum 31.12.2022 – kündigen, wenn eine Rechtsvorschrift in der Bundesrepublik Deutschland erlassen, geändert oder in einer Weise angewendet wird, dass dies bei der A-GmbH zu einer Steuerbelastung der Ausschüttungen mit Gewerbeertrag- oder Körperschaftsteuer oder einer an deren Stelle tretenden Steuer führt. Die Kündigung darf in diesem Falle – vorbehaltlich des in Satz 1 bestimmten Zeitpunktes – frühestens zum Ende des Geschäftsjahres ausgesprochen werden, das der Ausschüttung vorangeht, bei der erstmalig die Steuerbelastung bei der A-GmbH anfallen würde.

Die gekündigten Genussrechte besitzen bis zum Wirksamwerden der Kündigung ihre vollen Rechte. Im Übrigen gilt Abs. 1 Sätze 2 bis 3 sinngemäß. Der Genussrechtsinhaber kann die Genussrechtsvereinbarung nicht kündigen.

§ 7 Rückzahlungsanspruch

(1) Weist die A-GmbH in einem oder mehreren Jahresabschlüssen einen Bilanzverlust aus oder wird ihr Stammkapital zur Deckung von Verlusten herabgesetzt, so vermindert sich der Rückzahlungsanspruch jedes Genussrechtsinhabers unmittelbar anteilig und zwar insgesamt in dem Umfang, in dem diese Verluste nicht von Eigenkapitalbestandteilen getragen werden können, die gegen Ausschüttungen nicht besonders geschützt sind. Hierdurch wird verhindert, dass durch die Rückzahlung von Genussrechtskapital das bilanzielle Eigenkapital nicht unter die Höhe der Summe der vor Ausschüttungen besonders geschützten Eigenkapitalbestandteile fällt. Bilanzverluste werden mit dem bilanziellen Eigenkapital, das gegen Ausschüttungen

besonders geschützt ist, erst verrechnet, wenn das gesamte Genussrechtskapital durch Verlustverrechnung vollständig aufgezehrt ist.

Bei einer Kapitalherabsetzung vermindert sich der Rückzahlungsanspruch in demselben Verhältnis, in dem das neue Stammkapital zum alten Stammkapital der A-GmbH steht. Verlustvorträge aus Vorjahren bleiben hierbei außer Betracht.

(2) Werden nach einer Teilnahme der Genussrechtsinhaber am Verlust in den folgenden Geschäftsjahren Gewinne erzielt, so sind aus diesen die Rückzahlungsansprüche bis zum Nennbetrag der Genussrechte zu erhöhen, bevor eine anderweitige Gewinnverwendung vorgenommen wird. Diese Verpflichtung besteht nur während der Laufzeit der Genussrechte. Reicht der Gewinn zur Wiederauffüllung dieser und bereits begebener Genussrechte nicht aus, so wird die Wiederauffüllung des Kapitals dieser Genussrechte anteilig im Verhältnis seines jeweiligen Gesamtnennbetrages zum jeweiligen Gesamtnennbetrag früherer begebener Genussrechte vorgenommen.

§ 8 Nachrangigkeit der Genussrechte

Die Genussrechte treten gegenüber allen Bankverbindlichkeiten sowie sämtlichen anderen nicht nachrangigen Gläubigern der A-GmbH im Rang zurück. Im Falle eines Insolvenzverfahrens über das Vermögen oder im Falle der Liquidation der A-GmbH werden die Genussrechte nach allen anderen nicht nachrangigen Gläubigern, gleichrangig mit weiteren Genussrechten und vorrangig vor den Gesellschaftern bedient; die Genussrechte gewähren keinen Anteil am Liquidationserlös.

§ 9 Vertragsänderungen

Nachträglich können die Teilnahme am Verlust (§ 7) nicht zum Nachteil der A-GmbH geändert, der Nachrang der Genussrechte (§ 8) nicht beschränkt sowie die Laufzeit und die Kündigungsfrist (§ 6) nicht verkürzt werden.

Zum vorzeitigen Rückerwerb oder einer anderweitigen Rückzahlung der Genussrechte ist die A-GmbH ohne Rücksicht auf entgegenstehende Vereinbarungen nicht verpflichtet, sofern nicht das Kapital durch die Einzahlung anderen, zumindest gleichwertig haftenden Eigenkapitals ersetzt worden ist.

§ 10 Zahlungsweg

Sämtliche gemäß diesen Genussrechtsbedingungen zahlbaren Beträge sind von der A-GmbH direkt an die Genussrechtsinhaber zu zahlen.

§ 11 Anwendbares Recht

(1) Die Genussrechtsbedingungen sowie alle sich daraus ergebenden Rechte und Pflichten bestimmen sich ausschließlich nach dem Recht der Bundesrepublik Deutschland.

(2) Erfüllungsort und ausschließlicher Gerichtsstand für alle Streitigkeiten, die sich aus den in diesen Genussrechtsbedingungen geregelten Rechtsverhältnissen ergeben, ist ......, soweit nicht zwingende gesetzliche Vorschriften etwas anderes bestimmen.

(3) Sämtliche Zahlungen aus diesem Vertrag erfolgen nach Abzug der Kapitalertragsteuer und des Solidaritätszuschlages sowie anderer eventuell anfallender gesetzlicher Abzugsteuern.

§ 12 Sonstiges

Sollte eine der Bestimmungen der Genussrechtsbedingungen unwirksam sein oder werden, so bleibt die Wirksamkeit der übrigen Bestimmungen unberührt. Für eine

etwa hierdurch entstehende Lücke soll eine dem Sinn und Zweck dieser Bedingungen entsprechende Regelung treten.

......................................, den ....

....

A-GmbH **Herr B**

II. ERLÄUTERUNGEN

Erläuterungen zu B. 8a Genussrechtsvereinbarung

1. Grundsätzliche Anmerkungen

a) Wirtschaftliche Funktion

Genussrechte kommen in den verschiedensten Ausgestaltungsformen vor und die- 1 nen kapitalsuchenden Unternehmen dazu, außerhalb einer Bankenfinanzierung, Kapital aufzunehmen. Meist werden Genussrechte von Kapitalgesellschaften und hier insb. von Aktiengesellschaften ausgegeben und als Mittel der Eigenfinanzierung betrachtet. Sie kommen auch häufig als Mitarbeitergenussrechte vor. Gerade in letzter Zeit hat die Bedeutung der Genussrechte als Mittel der Kapitalbeschaffung zugenommen, auch bei gleichzeitiger Verbesserung der **Eigenkapital-/Fremdkapitalrelation** und damit das für die Fremdkapitalgewährung durch Banken wichtige Unternehmensrating (vgl. *Ziebe* BB 88, 225).

Grundsätzlich kann Genussrechtskapital **handelsbilanziell** entweder Fremdkapital 2 oder Eigenkapital darstellen. Ein ausgegebenes Genussrecht ist besonders dann interessant, wenn es als Eigenkapital in der Bilanz der Emittentin gezeigt werden kann und in einem eventuellen Überschuldungsstatus der Emittentin nicht als Schuldposten zu passivieren ist. Die Vorschriften des HGB über die Rechnungslegung sowie die handelsrechtlichen Grundsätze ordnungsmäßiger Buchführung enthalten keine ausdrücklichen Regelungen darüber, wie Genussrechte im Jahresabschluss der Emittentin zu behandeln sind. Der HFA des IdW hat im Jahr 1994 in einer Stellungnahme ("HFA-Stellungnahme 1/94") zur handelsbilanziellen Behandlung von Genussrechtskapital im Jahresabschluss Stellung genommen (dazu krit. *Baetge/Brüggemann* DB 05, 2145). Nach diesen Grundsätzen kann Genussrechtskapital als Eigenkapital zu klassifizieren sein, wenn die folgenden Kriterien kumulativ erfüllt sind:
– Nachrangigkeit,
– Erfolgsabhängigkeit der Vergütung sowie Teilnahme am Verlust bis zur vollen Höhe,
– Längerfristigkeit der Kapitalüberlassung.

Die **Nachrangigkeit** soll demnach erfüllt sein, wenn im Insolvenz- oder Liquida- 3 tionsfall ein Rückzahlungsanspruch des Gläubigers des Genussrechts erst nach Befriedigung aller anderen Gläubiger, deren Kapitalüberlassung nicht den Kriterien für den Eigenkapitalausweis genügt, geltend gemacht worden ist. Dies bedeutet, dass das Genussrechtskapital den Gläubigern der Kapitalgesellschaft im Falle der Liquidation oder Insolvenz als Haftungssubstanz zur Verfügung steht.

Die Vergütung an den Genussrechtsgläubiger muss **erfolgsabhängig** ausgestaltet werden. Ein Anspruch des Gläubigers auf die Genussrechtsvergütung entsteht nur dann, wenn und soweit ein ausschüttungsfähiger Bilanzgewinn im Jahresabschluss ausgewiesen oder durch Auflösung von nicht gesetzlich gegen Ausschüttung geschützten Eigenkapitalbestandteilen oder Rücklagen geschaffen werden kann. Verluste der Genussrechtsemittentin reduzieren das Genussrechtskapital. Es besteht jedoch grds. keine Nachschusspflicht.

Weiter setzt die Qualifizierung von Genussrechtskapital als Eigenkapital voraus, dass das Kapital für einen längerfristigen Zeitraum überlassen wird, währenddessen sowohl für den Genussrechtsemittenten als auch für den Genussrechtsgläubiger die Rückzahlung ausgeschlossen ist. Für die Längerfristigkeit soll ein Zeitraum von ca. fünf Jahren ausreichend sein (vgl. *Baetge/Brüggemann* DB 05, 2145; *Breuninger/Prinz* DStR 06, 1345, *Müller/Weller/Reinke* DB 08, 1109; *Küting ua.* DB 08, 997).

Das Vertragsformular soll den Ausweis des Genussrechtskapitals als Eigenkapital ermöglichen.

b) Zivilrecht

4   Die Genussrechtsvereinbarung kann grundsätzlich formfrei abgeschlossen werden (vgl. *Hammen* BB 90, 1917). Bei Aktiengesellschaften ist ein Beschluss der Hauptversammlung, die mit einer Mehrheit von drei Viertel des vertretenen Grundkapitals zustimmen muss, gemäß § 221 Abs. 1 und Abs. 3 AktG erforderlich. Der Ermächtigungsbeschluss der Hauptversammlung muss mindestens den Höchstbetrag der auszugebenden Genussrechte und den Ermächtigungszeitraum festlegen (vgl. *Münch Hdb AG/Krieger* § 63 AktG Rz. 54 mwN). Weiter sind die Genussrechte bei der Kapitalgesellschaft im Anhang anzugeben, § 285 Nr. 15a HGB.

Bei Aktiengesellschaften steht den Aktionären ein **Bezugsrecht** zu, § 221 Abs. 4 AktG, das nur ausgeschlossen werden kann, wenn im Gesellschaftsinteresse liegende sachliche Gründe dies rechtfertigen. Bei anderen Gesellschaftsformen, zB bei der GmbH fehlen gesetzliche Vorgaben.

5   Genussrechtsinhaber haben **keine mitgliedschaftsrechtlichen Befugnisse,** wie das Recht auf Teilnahme an der Hauptversammlung bzw. der Gesellschafterversammlung, das Stimmrecht oder ein Anfechtungsrecht. Die Stellung des Genussrechtsinhabers ist vielmehr allein schuldrechtlicher Natur (vgl. *Münch Hdb AG/Krieger* § 63 AktG Rz. 48).

c) Steuerrecht

6   Nach bisher hM ist die Genussrechtsvergütung bei der Emittentin als **Betriebsausgabe** abzugsfähig, § 4 Abs. 4 EStG iVm. § 8 Abs. 1 KStG, wenn neben einer Beteiligung am Gewinn keine Beteiligung am Liquidationserlös einer Kapitalgesellschaft verbunden ist, § 8 Abs. 3 Satz 2 KStG (vgl. *Schmidt/Weber-Grellet* § 5 EStG Rz. 550). Die bisher hM wurde durch OFD NRW v. 12.5.16 (DStR 16, 1816) in Frage gestellt. Danach sollen Genussrechte, die in der Handelsbilanz keine Verbindlichkeit darstellen, auch in der Steuerbilanz wegen der Maßgeblichkeit der Handelsbilanz für die Steuerbilanz gem. § 5 Abs. 1 EStG nicht als Verbindlichkeit ausgewiesen werden. Ausschüttungen auf diese Genussrechte sollen das Einkommen gem. § 8 Abs. 3 Satz 1 KStG nicht mindern (vgl. hierzu *Stegemann* DStR 16, 2151; *Richter* DStR 16, 2058). Dies ist dahingehend kritisiert worden, dass § 8 Abs. 3 Satz 2 Hs. 2 KStG das Maßgeblichkeitsprinzip durchbreche und es daher für die Abzugsfähigkeit als Betriebsausgabe nicht auf die handelsbilanzielle Einordnung ankomme. Die OFD NRW hat nun klargestellt, dass das Genussrechtskapital wegen des schuldrechtlichen Charakters von Genussrechten in der Steuerbilanz als Verbindlichkeit anzusetzen ist. Ausschüttungen auf das Genussrechtskapital sind grds. als Betriebsausgaben abzugsfähig und mindern vorbehaltlich der Regelungen des § 8 Abs. 3 Satz 2 Hs. 2 KStG das steuerliche Einkommen und zwar unabhängig von der handelsrechtlichen Qualifikation als Eigen- oder Fremdkapital (OFD NRW v 19.7.18, DB 18, 1762, vgl. auch *Karcher* DStR 20, 1945 mwN).

Gewerbesteuerlich sind die Genussrechtsvergütungen in Höhe eines Viertels gem. § 8 Satz 1 Nr. 1 Buchst. a GewStG hinzuzurechnen, soweit für sämtliche Zinsbestandteile die Summe von € 100.000,– überschritten wird.

7   Beim Genussrechtsgläubiger stellen die Einkünfte aus Vergütungen auf die Genussrechte mit Beteiligung am **Liquidationserlös** Einkünfte aus **Kapitalvermögen** iSv. § 20 Abs. 1 Nr. 1 EStG dar, ansonsten gem. § 20 Abs. 1 Nr. 7 EStG (ohne Beteili-

gung am Liquidationserlös). Der Emittent der Genussrechte hat im Falle von Ausschüttungen Kapitalertragsteuer und Solidaritätszuschlag einzubehalten und an das Finanzamt abzuführen, § 43 Abs. 1 EStG. Die Kapitalertragsteuer ist gem. § 32d EStG als Abgeltungssteuer ausgestaltet und wird iHv. 25% zzgl. Solidaritätszuschlag iHv. 5,5% auf die Abgeltungssteuer, dh. insgesamt iHv. 26,375% (bei Überschreitung der Grenzbeträge und der Milderungszone, die ab 2021 deutlich angehoben wurden) erhoben. Bei Anwendung der Abgeltungssteuer ist kein Werbungskostenabzug mehr möglich. Der gesonderte Steuertarif der Abgeltungssteuer gilt nicht unter den Voraussetzungen des § 32d Abs. 2 EStG (Schuldner und Gläubiger sind einander nahe stehende Personen, Gläubiger ist an der Kapitalgesellschaft zu mindestens 10% beteiligt etc.). Zur Abgrenzung von Genussrechten zur stillen Gesellschaft, bei der gesellschaftsrechtlich geprägte Mitgliedschaftsrechte gegeben sein müssen, vgl. BFH VIII R 3/05 v. 8.4.08, BStBl. II 08, 852. Der Gewinn aus der Veräußerung der Genussrechte selbst ist gem. § 20 Abs. 2 Nr. 1 (bei Beteiligung am Liquidationserlös) bzw. nach § 20 Abs. 2 Nr. 7 EStG (ohne Beteiligung am Liquidationserlös) steuerlich zu erfassen. Fraglich ist, ob die Umwandlung von Verbindlichkeiten in Genussrechtskapital **(Debt-Equity-Swap)** steuerneutral möglich ist. Es wird argumentiert, dass die Umgliederung der Verbindlichkeit in Eigenkapital in der Handelsbilanz wegen der Maßgeblichkeit auch die Umgliederung in der Steuerbilanz zur Folge hat. Dadurch soll es steuerlich in Höhe des nicht werthaltigen Teils der Forderung zu einem steuerpflichtigen Ertrag kommen. Nur der werthaltige Teil der Forderung führt zu einer Einlage (vgl. OFD Rheinland v. 14.12.11, DStR 12, 189).

2. Einzelerläuterungen

Zu § 1: Vertragsgegenstand:

Die auf den Namen lautenden Genussrechte sind im Formular mit einem Mindest- 8 nennbetrag von € 1.000,– bezeichnet. Hiervon und von der Verpflichtung, mindestens fünf Genussrechte übernehmen zu müssen, kann in der Genussrechtsvereinbarung beliebig abgewichen werden. Der Genussrechtsvertrag kommt durch Unterzeichnung des Angebots sowie Überweisung des Nennbetrags der Genussrechte auf das Konto der Emittentin zustande. Durch die Eintragung der Genussrechtsinhaber in das Genussrechtsregister der Gesellschaft sind die Genussrechtsinhaber der Emittentin namentlich bekannt. Durch das Verbot der Übertragbarkeit der Genussrechte können unliebsame Genussrechtsinhaber ferngehalten werden (vgl. *Hüffer* § 221 AktG Rz. 28).

Zu § 2: Ausschüttungshöhe

Die Genussrechtsvergütung für ein Abrechnungsjahr entspricht einem bestimmten 9 Prozentsatz des Nennbetrags der Genussrechte. Die Berechnung der Vergütung erfolgt taggenau ab der Einzahlung des Genussrechtskapitals auf das Konto der Emittentin. Die Ausschüttung auf die Genussrechte hat jedoch dann und insoweit zu unterbleiben, als durch die Ausschüttung ein Bilanzverlust bei der Emittentin entstehen würde. Auch die im Falle einer Gewinnausschüttung zur Verfügung stehenden Beträge dürfen verwendet werden. Zur Bilanzierung der Vergütung auf Genussrechte vgl. *Wollmert* BB 92, 2106.

Zu § 3: Rechte der Genussrechtsinhaber

Die Genussrechtsvereinbarung begründet keine Teilnahme-, Mitwirkungs- oder 10 Stimmrechte bei der Gesellschafterversammlung bzw. Hauptversammlung der Emittentin. Die Rechtstellung des Genussrechtsinhabers ist rein schuldrechtlicher Natur, vgl. *Hüffer* § 221 AktG Rz. 26.

Zu § 4: Ausgabe weiterer Genussrechte

Die Emittentin behält sich vor, weitere Genussrechte zu gleichen oder anderen Be- 11 dingungen herauszugeben. Die Genussrechtsinhaber erhalten kein Bezugsrecht an weiteren Genussrechten. Dies soll grds. auch bei Aktiengesellschaften entgegen §§ 221 Abs. 4 iVm. 186 AktG zulässig sein (vgl. *Hüffer* § 221 AktG Rz. 66; krit. hierzu *Münch Hdb AG/Krieger* § 63 Rz. 32). Nach der Ausgabe weiterer Genussrechte werden sämtliche Genussrechte bezüglich der Ausschüttungen als gleichrangig betrachtet. Eventuell sollten Regelungen aufgenommen werden, die den Genussrechtsinhabern im Falle von Kapitalerhöhungen einen Verwässerungsschutz bieten (vgl. *Emde* DB 89, 209; *Vollmer* DB 91, 1313).

Zu § 5: Bestand der Genussrechte

12   Es wird klargestellt, dass die Genussrechte auch im Falle der Verschmelzung oder der Umwandlung oder der Veräußerung unverändert bestehen bleiben.

Zu § 6: Laufzeit, Kündigung

13   Die Emittentin ist verpflichtet, zum vorgesehenen Fälligkeitszeitpunkt den Nennbetrag der Genussrechte zurückzubezahlen.

Außerdem ist die Emittentin berechtigt, mit einer Kündigungsfrist von mindestens einem Jahr, jedoch frühestens zum 31.12.21, die Genussrechtsvereinbarung für den Fall zu kündigen, dass die Vergütung an den Genussrechtsinhaber nicht mehr zum Abzug als Betriebsausgabe in steuerlicher Hinsicht zugelassen ist. Diese Regelung ist dann empfehlenswert, wenn die Emittentin unter veränderten steuerlichen Bedingungen die Ausschüttungsbeträge auf die Genussrechte, die in § 2 des Formulars festgelegt sind, unter der zusätzlichen Belastung von Gewerbesteuer und Körperschaftsteuer als zu hoch erachten würde. Dies könnte dann der Fall sein, wenn die Vergütungen auf die Genussrechte nicht mehr als Betriebsausgabe abzugsfähig wären (vgl. hierzu Rz. 6). Vergütungen auf die Genussrechte werden körperschaftsteuerlich auf Grund der derzeit gültigen Gesetzeslage wie Ausschüttungen auf das Nennkapital behandelt, wenn mit den Genussrechten eine Beteiligung am Gewinn und am Liquidationserlös verbunden ist, § 8 Abs. 3 Satz 2 KStG (vgl. *Schmidt/Weber-Grellet* § 17 EStG Rz. 22).

Zu § 7: Rückzahlungsanspruch

14   Da der Genussrechtsinhaber auch an Verlusten der Gesellschaft teilnimmt, reduziert sich der Rückzahlungsanspruch auf die Genussrechte in dem Umfang, in dem das Eigenkapital der Emittentin durch Verluste reduziert worden ist. Umgekehrt haben die Gesellschafter der Emittentin erst dann einen Anspruch auf Gewinnausschüttung, wenn die Nennbeträge der Genussrechte wieder vollständig hergestellt sind. Bei der Wiederauffüllung der Nennbeträge der Genussrechte werden sämtliche Genussrechtsinhaber gleichbehandelt.

Zu § 8: Nachrangigkeit der Genussrechte

15   Die Genussrechtsinhaber treten in der Weise im Rang zurück, dass im Fall der Eröffnung eines Insolvenzverfahrens über das Vermögen der Emittentin oder der Liquidation der Emittentin sowie für die Dauer einer Unternehmenskrise sämtliche Forderungen aus dem Genussrecht erst nach Befriedigung aller anderen Gesellschaftsgläubiger, gleichrangig mit allen weiteren Genussrechten, jedoch vorrangig vor den Einlagerückgewähransprüchen, der Gesellschafter bestehen, vgl. *Hüffer* § 221 AktG Rz. 30.

Zu § 9: Vertragsänderungen

16   Zur Klarstellung wird erwähnt, dass die Verlustbeteiligung, die Nachrangigkeit und die Laufzeit der Genussrechte nicht nachträglich verändert werden können.

B. 9. Geschäftsbesorgung (Kommissionsvertrag)

Gliederung

I. FORMULAR

Formular B. 9 Geschäftsbesorgung (Kommissionsvertrag)

KOMMISSIONSVERTRAG

zwischen

A ......   – nachfolgend Kommittent genannt –

und

B ......   – nachfolgend Kommissionär genannt –

§ 1 Vertragsgegenstand

Der Kommissionär erhält hiermit den Auftrag, die in der Anlage zu diesem Vertrag näher bezeichneten Gegenstände im eigenen Namen für Rechnung des Kommittenten zu verkaufen.

§ 2 Verwahrung

Das aus der Anlage ersichtliche Kommissionsgut wird dem Kommissionär bis zum ...... in seinen Geschäftsräumen übergeben. Der Kommissionär verpflichtet sich, das Kommissionsgut sorgfältig in Verwahrung zu nehmen und gegen Diebstahl, Feuer, Sturm und Wasser zu versichern.

§ 3 Eigentum

Der Kommissionär erwirbt kein Eigentum an den übergebenen Gegenständen. Er ist aber berechtigt, das Eigentum an diesen Gegenständen für den Kommittenten an andere zu übertragen.

§ 4 Preislimit

Ein Verkauf unter dem aus der Anlage zu diesem Vertrag ersichtlichen Preis (ohne Umsatzsteuer) ist ohne Zustimmung des Kommittenten nicht gestattet.

§ 5 Selbsteintritt

Zum Selbsteintritt ist der Kommissionär nicht berechtigt.

§ 6 Provision

Der Kommissionär erhält eine Provision von ......% des jeweils erzielten Verkaufspreises (ohne Umsatzsteuer). Der Provisionsanspruch zuzüglich Umsatzsteuer ist mit Zahlungseingang fällig.

§ 7 Abrechnung

Der Kommissionär erteilt nach jedem Verkauf Abrechnung unter Beachtung der Bestimmungen der §§ 3 Abs. 3, 14 UStG.

§ 8 Freistellungsanspruch

Für Gewährleistungsansprüche Dritter hat der Kommissionär nur insoweit einzustehen als er sie selbst zu vertreten hat.

§ 9 Vertragsbeendigung

Der Vertrag kann jederzeit von beiden Vertragsparteien gekündigt werden. Er endet im Übrigen mit der Erfüllung der sich aus dem Verkauf des letzten Kommissionsgutes ergebenden Verpflichtungen.

§ 10 Transport des Kommissionsgutes

Die Kosten des Transportes des Kommissionsgutes zum Kommissionär und vom Kommissionär zum Kommittenten zurück trägt der Kommittent.

II. ERLÄUTERUNGEN

Erläuterungen zu B. 9 Geschäftsbesorgung (Kommissionsvertrag)

1. Grundsätzliche Anmerkungen

a) Wirtschaftliche Vertragsziele

1   Der Kommissionsvertrag ist darauf gerichtet, dass der Kommissionär im eigenen Namen, aber für Rechnung des Kommittenten Gegenstände verkauft. Hierbei tritt der Kommittent nach außen namentlich nicht in Erscheinung. Das Kommissionsgeschäft hat insbesondere Bedeutung beim Wertpapiergeschäft der Banken, im Kunst-, Antiquitäten- und Briefmarkenhandel sowie im Bereich grenzüberschreitender Warengeschäfte.

b) Zivilrecht

2   Der **gewerbsmäßige Kommissionsvertrag** nach §§ 383 ff. HGB ist ein gegenseitiger Vertrag über eine Geschäftsbesorgung (§ 675 BGB), und zwar bei Einzelaufträgen als Werkvertrag und bei einer Dauergeschäftsbeziehung als Dienstvertrag. Der Kommissionsvertrag ist grds. formfrei. Das Kommissionsverhältnis endet ohne weiteres mit Ausführung, sonst vor allem durch Widerruf des Kommittenten, falls es sich um einen Werkvertrag (§ 649 BGB) handelt, oder durch Kündigung, falls es sich um einen Dienstvertrag handelt (§§ 626, 627, 675 BGB).

3   Wenn nichts anderes bestimmt ist, hat der Kommissionär ein **Wahlrecht** zwischen Ausführungsgeschäft und Eigengeschäft (Selbsteintritt gem. § 400 HGB). Rechte und Pflichten aus dem Ausführungsgeschäft treffen grds. den Kommissionär und den Dritten. Dementsprechend erwirbt im Falle der Einkaufskommission zunächst der Kommissionär das Eigentum an den gekauften Sachen. Es bedarf sodann eines besonderen Übertragungsaktes für den Eigentumsübergang auf den Kommittenten (§ 384 Abs. 2 HGB). Demgegenüber wird im Falle der Verkaufskommission der Kommissionär nicht Eigentümer der Kommissionsware, ist aber befugt, das Eigentum auf Dritte zu übertragen, und zwar ohne Zwischenerwerb durch den Verkaufskommissionär selbst.

Auch **ohne besondere Vereinbarung** steht dem Kommissionär bei Erfüllung des Ausführungsgeschäftes eine Provision zu (§§ 396, 354 HGB). Neben der Provision kann auch Aufwendungsersatz verlangt werden (§ 396 Abs. 2 HGB).

c) Steuerrecht

4   **Ertragsteuern:** Der Kommissionär erzielt aus seiner Tätigkeit grundsätzlich Einkünfte aus Gewerbebetrieb (§ 15 EStG). Sowohl bei der Einkaufskommission als auch bei der Verkaufskommission ist hierbei das wirtschaftliche Eigentum an dem Kommissionsgut idR dem Kommittenten zuzurechnen (*Schmidt/Weber-Grellet* § 5 EStG Rz. 154; *Blümich/Krumm* § 5 EStG Rz. 515). Bei der Einkaufskommission hat der

Kommissionär nicht die Ware, sondern nur eine Forderung gegen den Kommittenten auszuweisen. Gleichzeitig ist die Verbindlichkeit gegenüber dem Lieferanten zu passivieren (*Beck Bil-Komm./Schmidt/Ries* § 246 HGB Rz. 23).

Verkehrssteuern: Gem. § 3 Abs. 3 UStG liegt zwischen dem Kommissionär und 5 dem Kommittenten eine Lieferung vor, wobei im Falle der Verkaufskommission der Kommissionär und im Falle der Einkaufskommission der Kommittent als Abnehmer gilt. Für die Verkaufskommission folgt daraus, dass der Kommissionär für die Lieferung dem Dritten eine Rechnung nach Maßgabe des § 14 Abs. 1 UStG und für die Lieferung des Kommittenten an ihn eine Gutschrift gem. § 14 Abs. 2 Satz 2 UStG zu erteilen hat, wobei Bemessungsgrundlage das um die Provision gekürzte mit dem Dritten vereinbarte Entgelt ist.

Für die Dienstleistungskommission gilt § 3 Abs. 11 UStG.

2. Einzelerläuterungen

Zu § 1: Vertragsgegenstand

Es handelt sich um eine Verkaufskommission, bei der der Kommittent nach außen 6 hin nicht in Erscheinung tritt.

Zu § 2: Verwahrung

Gem. § 390 Abs. 1 HGB haftet der Kommissionär für Verlust oder Beschädigung 7 des Kommissionsgutes, die während der Verwahrung eintreten. Hierbei muss sich der Kommissionär entlasten durch Beweis, dass Verlust oder Beschädigung auf Umständen beruhen, die durch die Sorgfalt eines ordentlichen Kaufmannes (§ 347 HGB) nicht abgewendet werden konnten (BGH I ZR 79/04 v. 1.3.07, WM 07, 1381; OLG Brandenburg 2 U 85/94 v. 5.1.95, NJW-RR 96, 358; vgl. weiter *Baumbach/Hopt* § 390 HGB Rz. 1). Satz 2 enthält iÜ die übliche dem § 390 Abs. 2 HGB entsprechende Versicherungsklausel.

Zu § 3: Eigentum

Es handelt sich um eine Klarstellung. 8

Zu § 4: Preislimit

Das Erfordernis der Zustimmung durch den Kommittenten bei Unterschreiten des Preislimits bedeutet eine üblicherweise vereinbarte Modifizierung des § 386 Abs. 1 HGB, wonach bei Abweichung vom Preislimit zum Nachteil des Kommittenten dieser das Geschäft unverzüglich nach Anzeige über die Ausführung der Kommission zurückweisen muss, wenn er die Abweichung nicht gegen sich gelten lassen will.

Zu § 5: Selbsteintritt

§ 400 HGB wird ausgeschlossen. 9

Zu § 6: Provision

Die Vorschrift entspricht § 396 Abs. 1 HGB und stellt klar, dass die Provision mit 10 Erfüllung des Ausführungsgeschäftes verdient ist, und zwar mit Eingang des für jedes einzelne Kommissionsgut erzielten Verkaufserlöses.

Zu § 7: Abrechnung

Die Abrechnungen stellen Gutschriften gem. § 14 Abs. 2 Satz 2 UStG dar, wobei 11 die Umsatzsteuer gesondert auszuweisen ist.

Zu § 8: Freistellungsanspruch

Die Freistellung bedeutet eine Haftungserleichterung gegenüber § 394 HGB inso- 12 weit, als der Kommissionär nur für eigenes Verschulden haftet.

B. 10. Kaufvertrag

B. 10.01 Kauf eines Kraftfahrzeugs

Gliederung

I. FORMULAR

Formular B. 10.01 Kaufvertrag (Kraftfahrzeug)

KAUFVERTRAG

zwischen

A ......   – nachfolgend Verkäufer genannt –

und

B ......   – nachfolgend Käufer genannt –

§ 1 Kaufgegenstand

Der Verkäufer verkauft dem Käufer folgenden in seinem Eigentum stehenden PKW

Typ ......

Amtl. Kennzeichen ......

Datum der Erstzulassung ......

Fahrgestell-Nr. ......

Nächste Haupt- und Abgasuntersuchung ......

KM-Stand ......

zum ......

mit serienmäßigem Zubehör und folgender Sonderausstattung ......

§ 2 Sachmängelhaftung, Garantien

(1) Der PKW wird verkauft unter Ausschluss jeglicher Sachmängelhaftung, soweit der Verkäufer nicht nachstehend eine Garantie oder Erklärung abgibt. Dieser Ausschluss der Sachmängelhaftung gilt nicht im Falle des Vorsatzes sowie bei Verletzung von Leben, Körper und Gesundheit.

(2) Der Verkäufer garantiert, dass der PKW die in § 1 genannte Gesamtfahrleistung aufweist und keinen Unfallschaden erlitten hat.

§ 3 Kaufpreis

(1) Der Kaufpreis beträgt € ......,– zuzüglich gesetzlicher Umsatzsteuer in Höhe von € ......,– also insgesamt € ......,–. Der Verkäufer ist kein Wiederverkäufer iSv. § 25a UStG.

(2) Der Verkäufer bestätigt den Empfang des Kaufpreises in bar.

§ 4 Übereignung

Der PKW, die Schlüssel und die Zulassungsbescheinigung Teil I und II werden mit Unterzeichnung dieses Vertrages übergeben, wobei sich Verkäufer und Käufer darüber einig sind, dass das Eigentum sofort auf den Käufer übergehen soll. Der Verkäufer wird unverzüglich den Anzeigepflichten gegenüber der zuständigen Kfz-Zulassungsstelle und dem zuständigen Haftpflichtversicherer nachkommen.

....

(Ort, Datum)   (Unterschrift Verkäufer)   (Unterschrift Käufer)

II. ERLÄUTERUNGEN

> **Erläuterungen zu B. 10.01 Kaufvertrag (Kraftfahrzeug)**

1. Grundsätzliche Anmerkungen

a) Wirtschaftliche Vertragsziele

Wirtschaftlich ist der Kauf Umsatz von Ware gegen Geld. Der Kaufvertrag verpflichtet den Verkäufer, den Kaufgegenstand zu übergeben und das Eigentum hieran zu verschaffen. Der Käufer ist verpflichtet, den vereinbarten Kaufpreis zu zahlen (§ 433 BGB). Vgl. iÜ Formular A. 6.33. **1**

b) Zivilrecht

Der Kauf ist ein gegenseitiger schuldrechtlicher Vertrag, der lediglich Ansprüche begründet. Die entsprechende Rechtsänderung erfolgt erst im Rahmen des dinglichen Erfüllungsgeschäftes. Zum Erfüllungsgeschäft gehören die Übereignung der Kaufsache (zB gem. § 929 Satz 1 BGB) und die Zahlung des Kaufpreises. Kaufvertrag und Erfüllungsgeschäft sind rechtlich voneinander unabhängig und werden nicht selten auch zeitlich getrennt voneinander vollzogen. **2**

Der Kaufvertrag ist grds. formlos gültig. Ausnahmen betreffen Verträge über Grundstücke, das Vermögen oder den Nachlass (§ 311b BGB), der Erbschaftskauf (§§ 2371, 2385 BGB), die Einräumung von Wohnungseigentum (§ 4 Abs. 3 WEG), die Bestellung eines Erbbaurechts (§ 11 Abs. 2 ErbbauVO) und die Veräußerung von GmbH-Geschäftsanteilen (§ 15 Abs. 4 Satz 1 GmbHG). **3**

Gegenstand eines Kaufvertrages kann jeder verkehrsfähige Vermögensgegenstand sein, und zwar Sachen, Rechte und sonstige verkehrsfähige Güter. Zu diesen zählen etwa Know-how, Erwerbs- und Gewinnchancen, aber auch Rechts- und Sachgesamtheiten wie Unternehmen einschließlich Firma. Als Nebenverpflichtung ergibt sich für den Verkäufer die Pflicht, auf Verlangen des Käufers eine Rechnung nach Maßgabe des § 14 Abs. 1 UStG sowie im Großhandel einen Beleg gem. § 144 Abs. 4 AO zu erteilen. **4**

c) Steuerrecht

Ertragsteuern: Da seit dem JStG 2010 v. 8.12.10 (BGBl. I 10, 1768) die Gegenstände des täglichen Gebrauchs aus dem Anwendungsbereich des § 23 EStG herausgenommen sind, dürfte eine Besteuerung von Gewinnen aus der Veräußerung von privaten Kfz. ausscheiden. Dementsprechend können aber auch keine Verluste steuerwirksam realisiert werden. **5**

Ist das Kraftfahrzeug einem Betriebsvermögen zugehörig, so ist ein Gewinn oder Verlust im Rahmen der Einkünfte aus Gewerbebetrieb oder selbständiger Tätigkeit zu erfassen. Es gelten die allgemeinen Vorschriften der Gewinn- bzw. Verlustrealisierung. Eine Verlustrealisierung kann nicht bereits vorher durch Rückstellungen für drohende Verluste aus schwebenden Geschäften erfolgen, und zwar weder bei schwebenden Anschaffungs- noch bei schwebenden Veräußerungsgeschäften (§ 5 Abs. 4a EStG). **6**

Verkehrsteuern: Für Zwecke der Umsatzsteuer stellt der Verkauf eines Kfz eine Lieferung iSv. § 3 Abs. 1 UStG dar, die – sofern es sich bei dem Verkäufer um einen **7**

Unternehmer iSd. § 2 UStG handelt und das Kfz dem Unternehmensvermögen zuzurechnen ist – im Inland steuerbar und steuerpflichtig sein wird. Die Entstehung der
Umsatzsteuerschuld knüpft grundsätzlich nicht an den Kaufvertrag, sondern an das
entsprechende Verfügungsgeschäft an (§ 13 Abs. 1 Nr. 1 UStG), das im Wesentlichen
mit dem Begriff der Lieferung (§ 3 Abs. 1 UStG) deckungsgleich ist. Für die Lieferung
insbesondere von Gebrauchtfahrzeugen durch Wiederverkäufer kommt die **Diffe-
renzbesteuerung** gem. § 25a UStG in Betracht. Besonderheiten (auch für Privatpersonen) gelten bei grenzüberschreitenden Vorgängen innerhalb der EU. Der Kauf eines
neuen Kfz aus dem EU-Ausland durch einen privaten Endabnehmer stellt für diesen
einen steuerpflichtigen innergemeinschaftlichen Erwerb dar (§ 1b Abs. 1 UStG). Die
Besteuerung ist nach § 16 Abs. 5a, § 18 Abs. 5a UStG durchzuführen. Der Erwerber
hat insbesondere den innergemeinschaftlichen Erwerb innerhalb von 10 Tagen bei
dem für ihn zuständigen Finanzamt anzumelden und die Steuer abzuführen. Der Verkauf eines Kfz in das EU-Ausland ist für Privatleute eine (steuerfreie) innergemeinschaftliche Lieferung (§ 4 Abs. 1b iVm. § 6a UStG). Der private Verkäufer wird für
diesen Zweck wie ein Unternehmer behandelt (§ 2a UStG).

8   *(frei)*

2. Einzelerläuterungen

Zu § 1: Kaufgegenstand

9   Der Hinweis auf das Eigentum des Verkäufers spielt eine Rolle im Hinblick auf einen etwaigen gutgläubigen Erwerb vom Nichtberechtigten (§ 932 BGB), genügt für
sich allein allerdings nicht: Nach st. Rspr. ist es Mindestvoraussetzung des gutgläubigen Erwerbs eines gebrauchten PKWs, dass der Käufer die Zulassungsbescheinigung
Teil II einsieht (vgl. BGH V ZR 92/12 v. 1.3.13, NJW 13, 1946).

Um den Vorsteuerabzug des Erwerbers zu sichern, bietet es sich an, dass der Verkäufer (Unternehmer) hierüber – neben dem Kaufvertrag (sofern dieser zu weiteren
Punkten Rechnungsangaben enthält) – eine gesonderte Rechnung iSd. § 14 UStG mit
Umsatzsteuerausweis ausstellt. In diese Rechnung sind neben den idR im Kaufvertrag
enthaltenen Angaben (Bezeichnung des Käufers und Verkäufers, Liefergegenstand,
Zeitpunkt der Lieferung etc.) die Steuernummer oder die Umsatzsteuer-Identifika-
tionsnummer des Verkäufers, das Ausstellungsdatum der Rechnung und eine fortlau-
fende Rechnungsnummer anzugeben (vgl. zu den Anforderungen an eine Rechnung:
§ 14 Abs. 4 UStG).

Zu § 2: Sachmängelhaftung, Garantien

10   Durch Abs. 1 wird die Haftung für alle Mängel ausgeschlossen. Dieser Haftungsausschluss ist zulässig und bei Unternehmern als Käufer auch wirksam, soweit § 444 BGB
nicht entgegensteht. Das ist dann nicht der Fall, wenn der Verkäufer den Käufer über
die mängelbegründenden Tatsachen (zB Unfallschäden) vollständig aufklärt, so dass
hierdurch die Wirkungen des § 442 BGB herbeigeführt werden (vgl. hierzu *Palandt/
Weidenkaff* § 444 BGB Rz. 3, 18). Ist der Käufer ein Verbraucher (§ 13 BGB), der
Verkäufer dagegen Unternehmer (Verbrauchsgüterkauf), ist ein Ausschluss der Gewährleistung wegen § 475 Abs. 1 BGB im Ergebnis nicht wirksam. Abs. 2 regelt einige Garantien, die beim Gebrauchtwagenkauf aus erster Hand sinnvoll, bei mehreren
Vorbesitzern hingegen idR auf die Kenntnis des Verkäufers bzw. dessen Besitzzeit zu
beschränken sind.

Zu § 3: Kaufpreis

11   Der Hinweis auf die Umsatzsteuer dient der Klarstellung; denn im Zweifel ist die
Umsatzsteuer im vereinbarten Kaufpreis enthalten. Der Steuersatz beträgt 19%. Der
Hinweis darauf, dass der Verkäufer kein Wiederverkäufer ist, stellt klar, dass eine Dif-
ferenzbesteuerung (§ 25a UStG) ausscheidet.

Alternativ zur Barzahlung ist auch die Hingabe eines bankbestätigten Verrechnungsschecks möglich; sie erfolgt erfüllungshalber (§ 364 Abs. 2 BGB) und sollte dann mit einem Eigentumsvorbehalt bis zur vollständigen Kaufpreiszahlung verbunden werden.

Zu § 4: Übereignung

Die Übereignung des Pkw erfolgt nach § 929 Satz 1 BGB durch Einigung und **12** Übergabe. Das Eigentum an der Zulassungsbescheinigung Teil II wird analog § 952 BGB erworben (BGH X ZR 5/07 v. 19.6.07, NJW 07, 2844). Die Anzeigepflicht gegenüber der Kfz-Zulassungsstelle ergibt sich aus § 13 Abs. 4 FZV. Die Anzeigepflicht gegenüber dem Haftpflichtversicherer beruht auf § 97 Abs. 1 VVG.

B. 10.02 Kauf einer Standardsoftware

Gliederung

Rz.

I. FORMULAR

Formular B. 10.02 Kaufvertrag (Standardsoftware)

KAUFVERTRAG

zwischen

A ...... – nachfolgend Verkäufer genannt –

und

B ...... – nachfolgend Käufer genannt –

§ 1 Vertragsgegenstand

Der Verkäufer verkauft dem Käufer ein Exemplar der Standardsoftware ...... nebst Handbuch und sonstiger Dokumentationen zu einem Preis von € ......,– zuzüglich gesetzlicher Umsatzsteuer. Der Kaufpreis wird mit Übereignung der entsprechenden Datenträger und der Dokumentation fällig.

§ 2 Nutzung der Software

(1) Die Software wird dem Käufer auf Dauer überlassen. Der Käufer darf die Software nur auf einer DV-Anlage zur gleichen Zeit nutzen. Es ist ihm untersagt, die Software gleichzeitig in mehreren DV-Anlagen in irgendeiner Form gespeichert oder sonstwie nutzbar zu halten.

(2) Sofern der Käufer die Software in einem Netzwerk einsetzen möchte, muss er eine zeitgleiche Mehrfachnutzung durch Zugriffsschutzmechanismen unterbinden. Die zeitgleiche Mehrfachnutzung der Software in einem Netzwerk bedarf der ausdrücklichen Zustimmung des Verkäufers und bedingt ein zusätzliches Entgelt.

§ 3 Vervielfältigung

(1) Der Käufer darf die Software entsprechend § 2 Abs. 1 in den Massenspeicher einer *[oder der sonst vereinbarten Anzahl]* DV-Anlage einspeichern. Mit Ausnahme von Abs. 2 dürfen andere Vervielfältigungen nicht erstellt werden. Das Laden der Soft-

ware in den Arbeitsspeicher einer DV-Anlage stellt keine Vervielfältigung, wohl aber eine Maßnahme nach § 2 Abs. 1 Satz 3 dar.

(2) Der Käufer darf eine Sicherungskopie der Software erstellen.

§ 4 Weitergabe

(1) Der Käufer darf die Software unter Einhaltung von § 2 und § 3 im Ganzen, wie in § 1 beschrieben, Dritten zur Nutzung überlassen. Der Käufer hat dem Dritten sämtliche Kopien der Software zu überlassen oder diese zu vernichten.

(2) Der Käufer verpflichtet sich, im Falle der Überlassung der Software an Dritte, diesen sämtliche Verpflichtungen, die sich aus diesem Vertrag mit Ausnahme von § 1 ergeben, aufzuerlegen.

§ 5 Veränderungen

(1) Eingriffe jeglicher Art in die Software sind nur zu Zwecken der Fehlerbeseitigung, und auch dann nur in dem Umfang zulässig, wie sie zur bestimmungsgemäßen Benutzung der Programme notwendig sind.

(2) Die Verwendung der Software oder Bestandteile derselben, welcher Art auch immer, die über die Anwendung der Software hinausgeht, ist untersagt.

§ 6 Mängelansprüche

(1) Die Vertragsparteien sind sich darüber einig, dass eine Software nicht ohne technische Einschränkungen erstellt werden kann.

(2) Für hiervon abweichend auftretende Fehler leistet der Verkäufer zwei Jahre Gewähr. Der Käufer ist berechtigt, nach seiner Wahl Nachbesserung oder Ersatzlieferung zu verlangen.

(3) Sollte die Nachbesserung oder Ersatzlieferung fehlschlagen, so kann der Käufer nach Fristsetzung vom Vertrag zurücktreten, den Kaufpreis mindern oder Schadensersatz oder den Ersatz der vergeblichen Aufwendungen verlangen.

§ 7 Haftungsbeschränkung

(1) Der Verkäufer haftet, auch für seine gesetzlichen Vertreter und Erfüllungsgehilfen, nur für Vorsatz und grobe Fahrlässigkeit. Für leichte Fahrlässigkeit haftet der Verkäufer jedoch nur im Falle der Verletzung einer so wesentlichen Pflicht, dass der Vertragszweck gefährdet ist (Kardinalpflicht) und der Höhe nach begrenzt auf den nach Art des Geschäfts vorhersehbaren und typischen Schaden.

(2) Abs. 1 gilt nicht für die Haftung des Verkäufers aus Verzug oder Unmöglichkeit. Die Haftung des Verkäufers ist in diesen Fällen auf das Fünffache des Verkaufspreises nach § 1 beschränkt.

(3) Die Haftung nach dem Produkthaftungsgesetz bleibt unberührt (§ 14 ProdHG).

§ 8 Eigentumsvorbehalt

Bis zur vollständigen Entrichtung des Kaufpreises behält sich der Verkäufer das Eigentum an der Software nebst Dokumentationen vor.

II. ERLÄUTERUNGEN

Erläuterungen zu B. 10.02 Kaufvertrag (Standardsoftware)

1. Grundsätzliche Anmerkungen

a) Wirtschaftliche Vertragsziele

1   Der Vertrag über den Kauf einer Standardsoftware, welche nicht auf die individuellen Wünsche des Käufers hin erstellt wird, sondern allenfalls noch einer Anpassung an

dessen besondere Bedürfnisse bedarf, ist der am meisten verbreitete Softwarevertrag. Der Käufer will mit Abschluss des Softwarevertrages die rechtliche und wirtschaftliche Macht erlangen, das Programm als Werk mit geistigem Inhalt für seine betrieblichen Zwecke einsetzen zu können. Das sachenrechtliche Eigentum am Datenträger ist für ihn allenfalls sekundär; überwiegend wird Software heute sogar per Download, damit ohne Übergabe eines Datenträgers, gekauft. Da die Software ein Ergebnis geistigen Schaffens ist, wird der Verkäufer in aller Regel daran interessiert sein, dass von der Software insofern kein Gebrauch gemacht wird, als er ihm nicht vergütet wurde. Deshalb wird durchweg vereinbart, dass jedes verkaufte Exemplar der Software gleichzeitig nur an einem Ort verwendet werden darf, und zwar unabhängig davon, wer der jeweilige Anwender ist. Aus demselben Grund wird häufig auch vereinbart, dass ein **Kopierschutz** oder ähnlicher Schutzmechanismus nur entfernt werden darf, wenn er die Programmnutzung beeinträchtigt oder verhindert. Das Vertragsmuster beschränkt sich auf die wichtigsten Regelungen und dürfte sich so vor allem für die Verwendung im Business-to-Consumer-Bereich oder gegenüber Kleingewerbetreibenden eignen.

b) Zivilrecht

Obwohl die vertragstypologische Einordnung der unterschiedlichen Softwareverträge noch nicht abschließend geklärt ist, besteht doch insofern Klarheit, als ein Vertrag, durch den sich die eine Partei zur zeitlich unbegrenzten Überlassung einer bereits erstellten Software gegen einmaliges Entgelt verpflichtet, in aller Regel als **Kaufvertrag** zu qualifizieren ist (BGH VIII ZR 43/86 v. 25.3.87, BB 87, 1277). Software stellt, soweit sie in einem Datenträger verkörpert ist, eine Sache iSd. § 90 BGB dar, auf die die §§ 433 ff. BGB entsprechende Anwendung finden (Sachkauf) mit der Folge, dass auch die für den Kauf von Sachen maßgeblichen Vorschriften der §§ 434 ff. BGB über die Sachmängelhaftung anzuwenden sind (BGH XII ZR 120/04 v. 15.11.06, NJW 07, 2394; VIII ZR 299/98 v. 22.12.99, NJW 00, 1415). Da auch eine Standardsoftware beim Anwender mitunter noch bestimmter Anpassungsarbeiten bedarf, sind über die Regeln des Kaufvertrages hinaus auch **werkvertragsähnliche Bestimmungen** zu berücksichtigen. 2

Trotz Anwendung des Kaufvertragsrechts ist das berechtigte Interesse des Software-Erstellers zu berücksichtigen, eine ihm nicht vergütete Verbreitung der Software zu unterbinden. Im Hinblick darauf sind AGB-Klauseln, die die Nutzung der Software durch den Erwerber beschränken, anerkannt. Die Software ist gem. §§ 2 Abs. 1 Nr. 1, 69a UrhG geschützt, wenn sie ein individuelles Werk in dem Sinne darstellt, dass sie das Ergebnis einer eigenen geistigen Schöpfung ihres Urhebers ist (§ 69a Abs. 3 UrhG). Im Hinblick darauf sind die Schutzanforderungen gering. Wenn also die Software nicht nur einfach kopiert worden ist, nicht nur eine mechanisch-technische Aneinanderreihung von vorbekanntem Material ist und nicht auf rein alltäglicher Programmierarbeit beruht, ist die Software geschützt (BGH VIII ZR 147/92 v. 14.7.93, CR 93, 752). 3

(frei) 4

c) Steuerrecht

Ertragsteuern: Die Einkünfte aus dem Verkauf von Standardsoftware sind im Rahmen der **Einkommensteuer** Einkünfte aus Gewerbebetrieb (§ 15 EStG). Entwickelt der Steuerpflichtige dagegen qualifizierte Software durch eine klassische ingenieurmäßige Vorgehensweise (Planung, Konstruktion und Überwachung), so ist er freiberuflich iSv. § 18 Abs. 1 Nr. 1 EStG tätig, und zwar entgegen der früheren Rechtsprechung nicht nur dann, wenn er Systemsoftware entwickelt, sondern auch bei der Entwicklung von Anwendersoftware (BFH XI R 9/03 v. 4.5.04, BStBl. II 04, 989; BFH XI R 57/05 v. 18.4.07, BFH/NV 07, 1854; zur Tätigkeit eines Systemadministrators: BFH VIII R 31/07 v. 22.9.09, BStBl. II 10, 467). Nicht zu den freibe- 5

ruflichen Tätigkeiten gehört aber zB die Entwicklung von Trivialsoftware. Die vorgenannten Grundsätze gelten im Ergebnis auch dann, wenn ein unbefristetes Nutzungsrecht erworben wird, wenn also das Nutzungsrecht dem durch Vertrag Berechtigten
endgültig verbleibt. Die zeitlich begrenzte Überlassung von Nutzungsrechten an der
Software, wonach das Recht dem Inhaber verbleibt, aber seine zeitweilige Fremdnut-
zung, etwa durch Einräumung einer umfassenden Vertriebslizenz, geduldet wird, führt
demgegenüber zu Einkünften aus Vermietung und Verpachtung (§ 21 Abs. 1 Satz 1
Nr. 3 EStG), soweit nicht Einkünfte aus Gewerbebetrieb oder aus selbständiger Arbeit
gegeben sind.

6   Sowohl Anwender- als auch Systemsoftware sind grundsätzlich selbstständige immaterielle Wirtschaftsgüter, und zwar selbst dann, wenn sie zusammen mit der Hardware
erworben werden (BFH III R 147/86 v. 3.7.87, BStBl. II 87, 787; BFH III R 7/86,
v. 3.7.87, BStBl. II 87, 728; BFH III R 47/92 v. 28.7.94, BStBl. II 94, 873; BFH IX
R 22/08 v. 28.10.08, BStBl. II 09, 527; BFH III R 82/06 v. 30.10.08, BStBl. II 09,
421). Lediglich für Ausnahmefälle, wie zB beim Erwerb von Hardware und zugehöri-
ger Systemsoftware im Rahmen eines sog. Bundling, bei dem die Systemsoftware zusammen mit der Hardware ohne gesonderte Berechnung und ohne eine Aufteilbarkeit
des Entgelts zur Verfügung gestellt wird, bildet die Hardware mit der Systemsoftware
eine Einheit (BFH III B 90/88 v. 16.2.90, BStBl. II 90, 794; BFH III R 47/92 v.
28.7.94, BStBl. II 94, 873). Trivialprogramme und Computerprogramme, deren Anschaffungskosten nicht mehr als € 410,– betragen, sind abnutzbare bewegliche und
selbständig nutzbare Wirtschaftsgüter (EStR 5.5 Abs. 1).

Während Planungs- und Implementierungskosten grundsätzlich zu den Anschaffungskosten einer ERP-Software zählen, gehören insbesondere Vor-, Schulungs- und
Wartungskosten zu den sofort abziehbaren Aufwendungen (BMF v. 18.11.05, BStBl. I
05, 1025). Die betriebsgewöhnliche Nutzungsdauer beträgt bei der Software regelmäßig fünf Jahre (BMF v. 18.11.05, aaO). Häufig dürften sich aber auch kürzere Nut-
zungsdauern vertreten lassen.

7   Der Erwerb eines unbefristeten Nutzungsrechts dürfte idR als Anschaffung eines
immateriellen Wirtschaftsgutes anzusehen sein. Insoweit gelten die allgemeinen
Grundsätze der Übertragung des wirtschaftlichen Eigentums.

8   **Verkehrssteuern:** Für Zwecke der **Umsatzsteuer** stellt der Verkauf von Standardsoftware und Updates auf Datenträgern eine Lieferung nach § 1 Abs. 1 UStG dar
(UStAE 3.5 Abs. 2). Die Überlassung von nicht standardisierter Software ist dagegen
eine sonstige Leistung nach § 3 Abs. 9 UStG. Gleiches gilt für Standardsoftware, wenn
diese über das Internet übertragen wird (UStAE 3.5 Abs. 3). Der Ort der Lieferung
bzw. der sonstigen Leistung richtet sich nach den für die Leistungsart einschlägigen
allgemeinen Vorschriften (§ 3 Abs. 6 bis 8 bzw. § 3a UStG).

Auch wenn die Software urheberrechtlich geschützt ist, scheidet der begünstigte
Steuersatz nach § 12 Abs. 2 Nr. 7c UStG aus, soweit die Überlassung der Software zur
Benutzung und nicht die Übertragung urheberrechtlicher Befugnisse im Vordergrund
steht (UStAE 12.7 Abs. 1 Sätze 5 bis 7). Stehen dagegen die in § 69c Satz 1 Nr. 1 bis
3 UrhG bezeichneten Rechte auf Vervielfältigung und Verbreitung im Vordergrund,
greift der ermäßigte Steuersatz nach § 12 Abs. 2 Nr. 7c UStG ein (BFH V R 14/01 v.
27.9.01, BStBl. II 02, 114).

2. Einzelerläuterungen

Zu § 1: Vertragsgegenstand

9   Die Frage, ob eine Software eine Sache iSv. § 90 BGB ist, kann für die Praxis insoweit dahingestellt bleiben, als nach ganz hM auf zeitlich unbefristete Überlassungsver-
träge gegen einmaliges Entgelt die Regeln des Kaufvertrags nach §§ 433 ff. BGB Anwendung finden (BGH XII ZR 120/04 v. 15.11.06, NJW 07, 2394; VIII ZR 314/86

v. 4.11.87, BGHZ 102, 135; *Palandt/Weidenkaff* § 433 BGB Rz. 9). Die Umsatzsteuer beträgt 19%.

Zu § 2: Nutzung der Software

Die Beschränkung des Nutzungsrechts des Käufers auf eine vertraglich festgelegte 10 Anzahl von DV-Anlagen wird zum Schutze der geistigen Leistung des Software-Erstellers für zulässig erachtet. Dementsprechend kann der Verkäufer für die mehrfache Nutzung oder den Mehrplatzeinsatz in einem Netzwerk eine zusätzliche Vergütung verlangen. Eine Bindung der Nutzung der Software an eine ganz bestimmte DV-Anlage des Anwenders ist dagegen unzulässig.

Zu § 3: Vervielfältigung

Um der unberechtigten Nutzung oder Weitergabe der Software vorzubeugen, ist 11 auch eine Beschränkung der Vervielfältigungen zulässig (vgl. § 69c UrhG). Hingegen kann dem Käufer nicht untersagt werden, eine Sicherungskopie der Software für seine eigenen Zwecke zu erstellen und das Programm in einen Massenspeicher seiner DV-Anlage zu speichern, da nur auf diese Weise eine angemessene Nutzung der heute im Allgemeinen sehr umfangreichen Standardsoftware gewährleistet werden kann (vgl. § 69d Abs. 2 UrhG).

Zu § 4: Weitergabe

Der Käufer hat das Recht zur Nutzung der Software auf unbegrenzte Zeit erwor- 12 ben, weshalb ihm die Weitergabe der Software insofern nicht verweigert werden kann als eine unberechtigte Nutzung oder Vervielfältigung entgegen der ursprünglichen vertraglichen Abrede ausgeschlossen ist. Dementsprechend ist der Käufer verpflichtet, dafür Sorge zu tragen, dass sowohl er als auch der Dritte, an den er die Software weitergibt, diese Absprachen einhalten.

Zu § 5: Veränderungen

Der Käufer erwirbt lediglich das Recht, die Software in der Form, wie sie der Ent- 13 wickler erstellt hat, zu nutzen. Dagegen hat er kein Recht, die Software durch Weiterentwicklung oder Weitergabe der zugrundeliegenden Programmierung kommerziell zu verwerten. Jegliche Eingriffe in die der Software zugrundeliegende Programmierung sind daher untersagt. Dies gilt allerdings nicht für solche Maßnahmen, mit denen der Käufer eine Fehlerbeseitigung der Software erstrebt (vgl. § 69d Abs. 1 UrhG).

Zu § 6: Mängelansprüche

Im Rahmen der Mängelhaftung kann die Tatsache von Interesse sein, dass die Er- 14 stellung von Software nach dem heutigen Stand der Technik ohne technische Einschränkungen nicht möglich ist. Diese Tatsache stellt keine Beschränkung der Mängelansprüche dar, sondern bezieht sich vielmehr auf die Frage, ob die vom Käufer vorgetragenen Beanstandungen einen Sach- oder Rechtsmangel der Software darstellen oder nicht. Die kaufrechtliche Mängelgewährleistungsfrist von zwei Jahren ist in Verträgen mit Verbrauchern nicht abdingbar (§ 475 Abs. 2 BGB), in Formularverträgen mit sonstigen Kunden jedoch bis zu einer Untergrenze von einem Jahr (§ 309 Nr. 8b ff. BGB).

Zu § 7: Haftungsbeschränkung

Die Haftungsbeschränkungen stellen keine software-spezifischen Vertragsklauseln 15 dar. Vielmehr handelt es sich um eine AGB-rechtliche Gestaltung entsprechend § 309 Nr. 7 und 8 BGB. Führt der Verkäufer die Software in die EU ein (etwa bei US-amerikanischer Software), kann der Verkäufer gem. § 4 Abs. 2 ProdHG auch als Hersteller gelten; dann ist zusätzlich § 14 ProdHG zu beachten.

B. 11. Leasingvertrag
(Teilamortisierungsvertrag mit Andienungsrecht)

Gliederung

I. FORMULAR

Formular B. 11 Leasingvertrag

LEASINGVERTRAG

zwischen

A ......   – nachfolgend Leasinggeber genannt –

und

B ......   – nachfolgend Leasingnehmer genannt –

wird folgender Vertrag geschlossen:

§ 1 Vertragsgegenstand

Der Leasinggeber überlässt dem Leasingnehmer das im Folgenden näher bezeichnete Leasinggut zur entgeltlichen Nutzung.

Spezifizierung des Leasinggutes: ......

§ 2 Vertragsdauer, Übergabe- und Rückgabeort

(1) Das Leasingverhältnis wird auf ...... Monate [40 % bis 90 % der betriebsgewöhnlichen Nutzungsdauer des Leasinggutes] geschlossen.

(2) Das Leasingverhältnis beginnt mit dem Tag der Übernahme des Leasinggutes durch den Leasingnehmer und endet mit Ablauf des ......ten Monats, der auf den Monat der Übernahme folgt (Grundmietzeit).

(3) Das Leasingobjekt wird dem Leasingnehmer in ...... übergeben. Der Übergabeort ist zugleich der Rückgabeort.

§ 3 Beschaffung des Leasinggutes

(1) Der Leasinggeber ist verpflichtet, das Leasinggut entsprechend den Angaben in § 1 und nach den Weisungen des Leasingnehmers bei dem vom Leasingnehmer benannten Lieferanten Y zu dessen Lieferbedingungen zu beschaffen und dem Leasingnehmer zur Nutzung zu überlassen.

(2) Der Leasingnehmer erkennt die Lieferbedingungen des Lieferanten Y an.

§ 4 Übernahmebestätigung und Rügeobliegenheiten

(1) Der Leasingnehmer stellt dem Leasinggeber und dem Lieferanten Y bei Übernahme des Leasinggutes eine Übernahmebestätigung aus. In dieser sind das Datum der Übergabe des Leasinggutes sowie die mangelfreie Gebrauchstauglichkeit im Zeitpunkt der Übernahme zu vermerken.

(2) Der Leasingnehmer hat das Leasinggut nach Übernahme in Anlehnung an § 377 HGB auf offensichtliche Mängel hin zu untersuchen. Einen dabei festgestellten Mangel hat der Leasingnehmer sowohl dem Leasinggeber als auch dem Lieferanten Y unverzüglich schriftlich anzuzeigen. Das Gleiche gilt von einem Mangel, den der Leasingnehmer im Laufe des Leasingverhältnisses feststellt.

(3) Hat der Leasingnehmer dem Leasinggeber einen Mangel des Leasinggutes nicht unverzüglich angezeigt und führt dies zu einem Rechtsverlust des Leasinggebers oder des Leasingnehmers gegenüber dem Lieferanten Y, so kann der Leasingnehmer hieraus keine Ansprüche gegen den Leasinggeber herleiten.

§ 5 Höhe und Fälligkeit der Leasingrate

(1) Der Leasingnehmer hat die Leasingraten iHv. € ......,– zzgl. der gesetzlichen Umsatzsteuer monatlich zum 1. im Voraus zu zahlen. Die Anzahl der Leasingraten entspricht der vereinbarten Vertragsdauer in Monaten. Fällt die Übernahme des Leasinggutes durch den Leasingnehmer in einen laufenden Monat, so hat der Leasingnehmer für diesen Monat eine anteilige Leasingrate mit der nächsten fälligen Rate zu leisten.

(2) Leasinggeber und Leasingnehmer sind sich darüber einig, dass die Summe der Leasingraten die Anschaffungs- und Finanzierungskosten des Leasinggebers nebst dessen Gewinn nicht decken. Die Amortisation des während der unkündbaren Leasingdauer nicht amortisierten Betrages erfolgt durch die Vereinbarung eines Andienungsrechtes.

(3) Ändern sich nach Vertragsschluss bei vereinbarten Dienstleistungen mit gesetzlich oder behördlich festgesetzten Gebühren die vom Leasinggeber zu verauslagenden Kosten, können beide Teile eine entsprechende Anpassung der Leasingrate verlangen.

(4) Kommt der Leasingnehmer mit Zahlungen in Verzug, werden Verzugszinsen in Höhe von 9 Prozentpunkten über dem jeweiligen Basiszinssatz gemäß § 247 BGB berechnet.

(5) Befindet sich der Leasingnehmer mit mindestens zwei Raten im Verzug, ist der Leasinggeber berechtigt, den Leasinggegenstand zur Sicherung seines Eigentums bzw. zur Abwendung von Schäden auch ohne Kündigung wieder in Besitz zu nehmen, ohne dass der Anspruch auf die Weiterzahlung der Leasingrate entfällt. Der Leasinggeber ist jedoch verpflichtet, den Leasinggegenstand nach vollständigem Zahlungsausgleich an den Leasingnehmer zurückzugeben.

§ 6 Haftung

(1) Der Leasinggeber haftet für sich, seine gesetzlichen Vertreter und seine Erfüllungsgehilfen nur für grobe Fahrlässigkeit und Vorsatz, es sei denn, es handelt sich um die Verletzung einer so wesentlichen Pflicht, dass der Vertragszweck gefährdet ist (Kardinalpflicht).

(2) § 7 bleibt hiervon unberührt.

§ 7 Lieferungsausfall und Lieferungsverzug

(1) Entgegen § 6 haftet der Leasinggeber im Falle der Unmöglichkeit oder des Verzuges der Lieferung auch für Fahrlässigkeit.

(2) Ein sich hieraus ergebender Schadensersatzanspruch des Leasingnehmers gegen den Leasinggeber ist auf das negative Interesse beschränkt *[auch Begrenzung der Höhe nach möglich]*.

§ 8 Gewährleistung

(1) Der Leasinggeber tritt dem Leasingnehmer seine gegen den Lieferanten Y bestehenden Rechte auf Gewährleistung sowie etwaige zusätzliche Garantieansprüche

ab. Dies betrifft nicht die Rechte des Leasinggebers gegen den Lieferanten Y, die sich aus diesen Gewährleistungsrechten ergeben. Der Leasingnehmer nimmt die Abtretung an. Der Leasingnehmer ist verpflichtet, nach Abnahme des Leasingguts etwaige Ansprüche – insbesondere Mängelansprüche – unmittelbar gegenüber dem Lieferanten des Leasinggutes geltend zu machen. Soweit er dies tut, ist er verpflichtet, dem Leasinggeber unverzüglich und umfassend über diese Geltendmachung von Ansprüchen und Rechten zu informieren.

(2) Soweit der Leasingnehmer Mängelansprüche gegenüber dem Lieferanten des Leasingguts geltend macht, ist er nicht berechtigt, die Zahlung von Leasingraten gegenüber dem Leasinggeber zurückzuhalten. Hierzu ist er erst berechtigt, wenn er Klage wegen Rücktritts oder Minderung erhoben hat.

(3) Der wirksame Rücktritt von dem Vertrag, der zwischen dem Leasinggeber und dem Lieferanten Y zur Beschaffung des Leasinggutes geschlossen wurde, hat die Rückabwicklung des Leasingverhältnisses nach den §§ 346 ff. BGB zur Folge.

(4) Eine Mängelhaftung des Leasinggebers gegenüber dem Leasingnehmer nach §§ 535 ff. BGB wird ausgeschlossen.

§ 9 Sonstige Rechte und Pflichten des Leasingnehmers

(1) Der Leasingnehmer trägt die Gefahr des zufälligen Untergangs und der Verschlechterung des Leasinggutes. Bei Beschädigung, Verlust oder Diebstahl des Leasinggutes hat der Leasingnehmer auf eigene Kosten Ersatz zu beschaffen.

(2) Eine nicht vom Leasinggeber zu vertretende Verschlechterung oder der Untergang des Leasinggutes berechtigen den Leasingnehmer nicht, die Zahlungen der Leasingraten zu verweigern.

(3) Der Leasingnehmer hat das Leasinggut auf eigene Kosten in regelmäßigen Abständen zu warten und alle erforderlichen Reparaturarbeiten durchzuführen.

(4) Der Leasingnehmer hat das Leasinggut auf eigene Kosten angemessen zu versichern. Er ist verpflichtet diese Versicherung auf schriftliches Verlangen dem Leasinggeber nachzuweisen.

(5) Der Leasingnehmer ist ohne schriftliche Zustimmung des Leasinggebers nicht berechtigt das Leasinggut unterzuvermieten oder an Dritte weiter zu vermieten.

(6) Der Leasingnehmer ist berechtigt, unwesentliche technische Änderungen und Einbauten auf eigene Kosten vorzunehmen, sofern dadurch die Funktionsfähigkeit und Werthaltigkeit des Leasingguts nicht verschlechtert wird. Einbauten, die zu Bestandteilen des Leasingguts geworden sind, gehen in das Eigentum des Leasinggebers über.

(7) Wird das Leasinggut mit einem Grundstück oder Gebäude oder einer beweglichen Sache fest verbunden oder auf einem Grundstück eingebracht, so geschieht dies iSv § 95 BGB lediglich zu einem vorübergehenden Zweck; dieser endet mit Ablauf der Grundmietzeit.

(8) Von Zwangsvollstreckungsmaßnahmen in das Leasinggut hat der Leasingnehmer den Leasinggeber unverzüglich schriftlich zu unterrichten, um dem Leasinggeber die Möglichkeit zu eröffnen, Drittwiderspruchsklage gem. § 771 ZPO zu erheben.

§ 10 Kündigung

(1) Die ordentliche Kündigung des Leasingvertrages vor Ablauf der Grundmietzeit ist ausgeschlossen. Das Recht beider Vertragsparteien zur außerordentlichen Kündigung des Leasingvertrages bei Vorliegen eines wichtigen Grundes bleibt hiervon unberührt.

(2) Der Leasinggeber ist zur außerordentlichen Kündigung insbesondere dann berechtigt, wenn

1. der Leasingnehmer mit der Zahlung von zwei Leasingraten in Verzug geraten ist;

2. der Leasingnehmer das Leasinggut vertragswidrig benutzt und diesen Fehlgebrauch – trotz schriftlicher Abmahnung des Leasinggebers mit angemessener Fristsetzung – nicht beendet;

3. über das Vermögen des Leasingnehmers ein Insolvenz- oder Vergleichsverfahren beantragt oder eröffnet wird.

(3) Die Kündigung des Leasingvertrages muss schriftlich erfolgen.

(4) Im Falle der außerordentlichen Kündigung ist der Leasingnehmer verpflichtet, das Leasingobjekt unverzüglich an den Leasinggeber herauszugeben und an den Leasinggeber eine Abschlusszahlung zu leisten. Diese berechnet sich aus der Differenz von € ......,– *[Vollamortisierung]* und der Summe der vom Leasingnehmer bis zu diesem Zeitpunkt bereits geleisteten Leasingraten. Auf die Abschlusszahlung sind 90 % des Erlöses, den der Leasinggeber aus der anderweitigen Verwertung des Leasinggutes erzielt, anzurechnen.

(5) Abs. 2 gilt nicht, wenn der Leasinggeber den Kündigungsgrund nach § 6 zu vertreten hat.

§ 11 Sonstige Rechte und Pflichten des Leasinggebers

(1) Der Leasinggeber ist bereit, mit dem Leasingnehmer über eine Verlängerung des Leasingvertrages zu verhandeln. Kommt nach Ablauf dieses Leasingverhältnisses ein Verlängerungsvertrag zwischen dem Leasinggeber und dem Leasingnehmer nicht zustande, so hat der Leasinggeber das Recht, von dem Leasingnehmer die Übernahme des Leasinggutes zu einem Preis von € ......,– *[mindestens Vollamortisierung]* zu verlangen. Der Leasingnehmer hat gegen den Leasinggeber keinen Anspruch auf Übernahme des Leasinggutes.

(2) Nach Beendigung des Leasingvertrages ist der Leasingnehmer verpflichtet, das Leasinggut auf eigene Kosten an den Leasinggeber zurückzugeben bzw. zurückzusenden; die Kosten der Transportversicherung trägt der Leasingnehmer.

§ 12 Inkrafttreten und Rücktrittsrecht

(1) Dieser Vertrag tritt mit seiner Unterzeichnung in Kraft.

(2) Sollte ein Vertrag zur Beschaffung des Leasinggutes zwischen dem Leasinggeber und dem Lieferanten Y nicht zustande kommen, so hat der Leasinggeber das Recht, von diesem Vertrag zurückzutreten. Der Rücktritt ist gegenüber dem Leasingnehmer unverzüglich zu erklären. Dem Leasingnehmer stehen in diesem Fall gegen den Leasinggeber keine Ansprüche zu.

II. ERLÄUTERUNGEN

Erläuterungen zu B. 11 Leasingvertrag

1. Grundsätzliche Anmerkungen

a) Wirtschaftliche Vertragsziele

Unter Leasing versteht man grundsätzlich die mittel- bis langfristige Nutzungsüber- **1** lassung eines Investitionsobjektes („Leasingobjekt"/Mietgegenstand) von dem Eigentümer („Leasinggeber"/Vermieter) an den Nutzer („Leasingnehmer"/Mieter) gegen Entgelt („Leasingrate"/Miete) (vgl. *Soethe* in: Schäfer/Conzen, Praxishandbuch Immobilien-Investitionen, S. 168). Die wirtschaftliche Bedeutung des Leasingvertrages liegt für den Leasingnehmer darin, den Leasinggegenstand in Eigennutzung gegen laufende Ratenzahlungen statt durch sofortigen Kapitaleinsatz zu nutzen. In der steuerrechtlichen Praxis wird im Wesentlichen zwischen Spezial-, Finanzierungs-, Operating-, Cross-Border-Leasing sowie sale-and-lease-back unterschieden (vgl. dazu *H/H/R/Brinkmann* § 5 EStG Rz. 1101). Das im Muster behandelte Finanzierungsleasing stellt ein Investitionsinstrument dar, welches zwischen einem fremdfinanzierten Kauf und der herkömmlichen Form der Miete angesiedelt ist. Der Finanzierungsleasingvertrag ist hierbei typischerweise durch ein **Dreipersonenverhältnis** zwischen dem Lieferanten, dem Leasinggeber und dem Leasingnehmer gekennzeichnet. Leasingverträge werden sowohl über bewegliche als auch über unbewegliche Wirtschaftsgüter abgeschlossen, wobei dieses Vertragsmuster den Leasingvertrag über bewegliche Wirtschaftsgüter behandelt.

2   Der Leasingnehmer tritt als Investor auf, der gegen periodische Entgeltzahlung das Recht zur Nutzung des Leasinggutes erwirbt, und zwar entweder auf der Grundlage einer Vollamortisierung, bei der der Leasinggeber seine Investitions- und Finanzierungskosten aus den während der Grundmietzeit gezahlten Mietzinsen voll amortisieren kann (vgl. BFH I R 146/81 v. 30.5.84, BStBl. II 84, 825), oder einer Teilamortisierung, bei der die vorgenannten Kosten durch die Grundmieten nicht gedeckt werden (vgl. BMF v. 22.12.75, BB 76, 72; BMF v. 23.12.91, BStBl. I 92, 13). Entgegen einem herkömmlichen Mietvertrag trägt der Leasingnehmer grundsätzlich das gesamte Investitionsrisiko. Der Leasinggeber seinerseits tritt nicht nur als Finanzier, sondern auch als zivilrechtlicher und ggf. auch als wirtschaftlicher Eigentümer des Leasinggutes auf, wobei ihn in dieser Funktion eine Gebrauchsüberlassungspflicht trifft. Darüber hinaus übernehmen Leasinggeber, insbesondere bei Investitionen in hochtechnologische Wirtschaftsgüter, nicht selten auch investitionsberatende Aufgaben. Der Lieferant schließlich steht gewöhnlich nur mit dem Leasinggeber in kaufvertraglichen oder werkvertraglichen Beziehungen.

b) Zivilrecht

3   Die vertragstypologische Einordnung der Leasingverträge ist bis heute umstritten. Für das **Finanzierungsleasing** werden folgende Ansätze vertreten: Der BGH und die wohl überwiegende Meinung im Schrifttum qualifizieren den Finanzierungsleasingvertrag als einen besonders ausgestalteten Mietvertrag oder auch als atypischen Mietvertrag (BGH st. Rspr., zB BGH IX ZR 283/88 v. 14.12.89, NJW 90, 1113; BGH VIII ZR 258/07 v. 29.10.08, NJW 09, 575). Die Regeln des Mietvertragsrechts (§§ 535 ff. BGB) sollen subsidiär immer dann zur Anwendung kommen, wenn die Parteien eine Frage nicht oder nicht wirksam vertraglich geregelt haben. Eine nicht unbeachtliche Meinung im Schrifttum qualifiziert den Finanzierungsleasingvertrag im Hinblick auf die im Vordergrund stehende Gebrauchsüberlassungs- und Finanzierungsfunktion des Finanzierungsleasings als atypischen Vertrag (*Martinek* Moderne Vertragstypen Bd. 1, 1991, S. 86 mwN). Schließlich wird der Finanzierungsleasingvertrag auch als Geschäftsbesorgungsvertrag eingestuft, wonach der Leasinggeber als verdeckter Stellvertreter des Leasingnehmers den Beschaffungsvertrag mit dem Lieferanten in Besorgung eines Geschäfts für den Leasingnehmer in eigenem Namen aber auf Rechnung des Leasingnehmers abschließt (zB *Canaris* AcP 190, 410 ff.). Ist ein Verbraucher an dem Vertrag beteiligt, ist § 506 BGB zu beachten.

4   Trotz dieser mitunter sehr differenzierten Ansätze zur typologischen Einordnung des Finanzierungsleasingvertrages sind die Unterschiede in der rechtlichen Behandlung praktischer Problemfälle relativ gering. Die rechtliche Ausgestaltung ist durch folgende Merkmale geprägt:

– der Leasinggeber beschafft das Leasinggut auf Anweisung des Leasingnehmers bei dem Lieferanten,

– der Leasinggeber trägt die Finanzierungskosten für das Leasinggut und hat dieses dem Leasingnehmer zur Nutzung zu überlassen,

– der Leasingnehmer hat für die Nutzungsüberlassung des Leasinggutes an den Leasinggeber im Rahmen der Grundmietzeit einen periodischen Zins zu zahlen, welcher entweder bereits zur Vollamortisierung führt oder aber durch die Leistung einer Abschlusszahlung bis zur Vollamortisierung aufgestockt wird,

– der Leasinggeber tritt dem Leasingnehmer seine gegen den Lieferanten bestehenden Gewährleistungsansprüche ab,

– der Leasingnehmer trägt die volle Sachgefahr, die sich aus dem Leasinggut ergibt,

– der Leasinggeber trägt das Insolvenzrisiko des Lieferanten; eine Abwälzung des Beschaffungsrisikos, insbesondere des damit eng zusammenhängenden Risikos der Insolvenz des Lieferanten, durch AGB auf den Leasingnehmer hat der BGH für unzulässig erklärt (BGH VIII ZR 258/07 v. 29.10.08, NJW 09, 575).

c) Steuerrecht

Ertragsteuern: Ist der Leasinggeber als wirtschaftlicher Eigentümer nach § 39 AO 5 anzusehen, so hat er das Leasinggut zu bilanzieren, wobei ihm auch eine AfA zusteht, die nach der betriebsgewöhnlichen Nutzungsdauer des Wirtschaftsgutes vorzunehmen ist. In diesen Fällen hat der Leasinggeber die Leasingraten als Einkünfte aus Gewerbebetrieb der **Einkommen- bzw. Körperschaftsteuer** zu unterwerfen. Der Leasingnehmer hat dementsprechend Betriebsausgaben im Wirtschaftsjahr der Nutzungsüberlassung.

Als wirtschaftlicher Eigentümer ist der Leasinggeber insbesondere dann zu qualifi- 6 zieren, wenn der Leasingvertrag in Übereinstimmung mit den Leasingerlassen (Mobilienleasing mit Vollamortisierung BMF v. 19.4.71, BStBl. I 71, 264; Mobilienleasing mit Teilamortisierung BMF v. 22.12.75, BB 76, 72; Immobilienleasing mit Vollamortisierung BMWF v. 21.3.72, BStBl. I 72, 188; Immobilienleasing mit Teilamortisierung BMF v. 23.12.91, BStBl. I 92, 13) gestaltet ist. Unabhängig von der sehr unterschiedlichen Ausgestaltung sowohl der Voll- als auch der Teilamortisierungsleasingverträge in den Bereichen der Mobilien und Immobilien kann der Leasinggeber als wirtschaftlicher Eigentümer angesehen werden, wenn

– zu irgendeinem Zeitpunkt der Vertragsdauer eine Vollamortisierung eintritt und

– der Leasinggeber das Wirtschaftsgut auch nach Ablauf der Grundmietzeit noch wirtschaftlich sinnvoll nutzt, was darin zum Ausdruck kommen kann, dass er das Leasinggut dem Leasingnehmer nicht unter dem Buchwert überlässt oder indem er an einer Wertsteigerung nicht nur unerheblich partizipiert.

Ist die betriebsgewöhnliche Nutzungsdauer länger als die Grundmietzeit, kann wirt- 7 schaftliches Eigentum des Leasingnehmers vorliegen, wenn diesem ein Recht auf Verlängerung der Nutzungsüberlassung oder eine Kaufoption zu so günstigen Konditionen zusteht, dass bei wirtschaftlich vernünftiger Entscheidungsfindung mit der Ausübung des Rechts zu rechnen ist (BFH IV R 23/13 v. 2.6.16, BFH/NV 16, 1433). Bei Sale-and-lease-back-Gestaltungen kommt wirtschaftliches Eigentum nach § 39 Abs. 2 Nr. 1 Satz 1 AO des Leasingnehmers an dem Leasinggegenstand nicht in Betracht, wenn die betriebsgewöhnliche Nutzungsdauer des Leasinggegenstandes länger als die Grundmietzeit ist und dem Leasinggeber ein Andienungsrecht eingeräumt ist (BFH IV R 33/13 v. 13.10.16, BStBl. II 18, 81).

Bei degressiven Leasingraten ist im Immobilienleasing eine Verteilung des Aufwands 8 in jährlich gleich bleibenden Beträgen geboten, so dass aktive Rechnungsabgrenzungsposten am Anfang der vertraglichen Laufzeit zu aktivieren und zum Ende hin gewinnmindernd aufzulösen sind (BFH IV R 184/79 v. 12.8.82, BStBl. II 82, 696; BMF v. 10.10.83, BStBl. I 83, 431; EStH 5.6 „Leasingvertrag mit degressiven Leasingraten"). Sind bewegliche Wirtschaftsgüter Gegenstand des Leasingvertrages, soll dagegen keine aktive Rechnungsabgrenzung erfolgen (BFH I R 51/00 v. 28.2.01, BStBl. II 01, 645; EStH 5.6 „Leasingvertrag mit degressiven Leasingraten). Etwaige Verluste aus der künftigen Veräußerung des Leasinggutes sind nicht rückstellungsfähig (§ 5 Abs. 4a EStG).

Ist das Leasinggut dem Leasingnehmer zuzurechnen, so hat dieser das Leasinggut zu 9 aktivieren und über die betriebsgewöhnliche Nutzungsdauer desselben abzuschreiben.

Die Aktivierung erfolgt in Höhe der der Berechnung der Leasingraten zugrunde gelegten Anschaffungs- oder Herstellungskosten; in gleicher Höhe ist eine Kaufpreisschuld zu passivieren, wobei weitere nicht durch die Leasingraten abgedeckte Aufwendungen für das Leasinggut zu aktivieren sind (BFH I R 146/81 v. 30.5.84, BStBl. II 84, 825). In Höhe des in den Leasingraten enthaltenen Zins- und Kostenanteils sind beim Leasingnehmer Betriebsausgaben gegeben (BMF v. 19.4.71, BStBl. I 71, 264; BMWF v. 21.3.72, BStBl. I 72, 188); i. Ü. liegt eine Kaufpreiszahlung vor. Der Leasinggeber hat eine Kaufpreisforderung zu aktivieren und die Leasingraten in einen erfolgsneutralen Tilgungsanteil und einen erfolgswirksamen Zins- und Kostenanteil aufzuteilen (BMF v. 19.3.73, BB 73, 506).

10 Für Zwecke der **Gewerbesteuer** ist zu unterscheiden: Ist das Leasinggut dem Leasingnehmer zuzurechnen, so sind die in den Leasingraten enthaltenen Zinsanteile beim Leasingnehmer iHv. $^1/_4$ hinzuzurechnen (§ 8 Nr. 1 Buchst. a GewStG). Ist das Leasinggut dem Leasinggeber zuzurechnen, erfolgt beim Leasingnehmer eine Hinzurechnung gem. § 8 Nr. 1 Buchst. d GewStG iHv. $^1/_{20}$ der Leasingrate beim Mobilienleasing und gem. § 8 Nr. 1 Buchst. e GewStG iHv. $^1/_8$ der Leasingrate beim Immobilienleasing.

11 **Verkehrsteuern:** Die Übergabe des Leasinggutes durch den Leasinggeber an den Leasingnehmer ist für Zwecke der **Umsatzsteuer** idR nur dann eine Lieferung (§ 3 Abs. 1 UStG), wenn der Vertrag ausdrücklich eine Klausel zum Übergang des Eigentums an diesem Gegenstand vom Leasinggeber auf den Leasingnehmer enthält und aus den – zum Zeitpunkt der Vertragsunterzeichnung und objektiv zu beurteilenden – Vertragsbedingungen deutlich hervorgeht, dass das Eigentum am Gegenstand automatisch auf den Leasingnehmer übergehen soll, wenn der Vertrag bis zum Vertragsablauf planmäßig ausgeführt wird. (vgl. dazu UStAE 3.5 Abs. 5; für vor dem 18.3.20 abgeschlossene Leasing- und Mietverträge wird es jedoch – auch für Zwecke des Vorsteuerabzugs – nicht beanstandet, wenn die Beteiligten UStAE 3.5 Abs. 5 und 6 übereinstimmend in der am 17.3.20 geltenden Fassung anwenden. In diesen Fällen ist die Übergabe des Leasingguts idR eine Lieferung, wenn das Leasinggut einkommensteuerrechtlich dem Leasingnehmer zuzurechnen ist, vgl. UStAE 3.5 Abs. 5 a. F.).

Besonderheiten gelten im Fall des sog. **sale-and-lease-back.** Hier ist zu prüfen, ob die Verfügungsmacht an dem Gegenstand sowohl im Rahmen der Eigentumsübertragung als auch im Rahmen der anschließenden Nutzungsüberlassung jeweils tatsächlich übertragen wird oder ob eine schlichte Kreditgewährung vorliegt (BFH V R 22/03 v. 9.2.06, BStBl. II 06, 727; BFH V R 12/15 v. 6.4.16, BStBl. II 17, 188; UStAE 3.5 Abs. 7). Zur umsatzsteuerlichen Behandlung von Ausgleichsansprüchen nach Beendigung eines Leasingvertrages vgl. BMF v. 22.5.08, BStBl. I 08, 632. Die Zahlung eines Minderwertausgleichs beim Kfz-Leasing wegen Schäden am Leasingfahrzeug unterliegt nicht der Umsatzsteuer (vgl. BFH XI R 6/11 v. 20.3.13, BStBl. II 14, 206; BMF v. 6.2.14, BStBl. I 14, 267).

2. Einzelerläuterungen

Zu § 2: Vertragsdauer

12 Um einen erlasskonformen Leasingvertrag zu gestalten mit der Folge, dass das Leasinggut dem Leasinggeber zuzurechnen ist, muss die Grundmietzeit zwischen 40% und 90% der betriebsgewöhnlichen Nutzungsdauer des jeweiligen Leasinggutes betragen (BMF v. 22.12.75, BB 76, 72).

13 Es ist zu beachten, dass der Zeitpunkt des Abschlusses des Leasingvertrages für gewöhnlich nicht mit dem Beginn der Grundmietzeit zusammenfällt. Vielmehr ist der Leasinggeber bereits durch den Vertragsschluss verpflichtet, das Leasinggut nach den Angaben des Leasinggebers zu beschaffen, während die Grundmietzeit erst mit Übernahme des Leasinggutes durch den Leasingnehmer beginnt.

Es empfiehlt sich, einen Übergabe- und Rückgabeort im Vertrag zu bestimmen, da **14** sich der Leistungsort nicht bereits aus § 546 Abs. 1 BGB – im Sinne einer Bringschuld – ergibt (BGH VIII ZR 263/15 v. 18.1.17, ZIP 17, 681). Ist im Vertrag kein Leistungsort bestimmt, ergibt dich dieser aus den allgemeinen Regeln (§ 269 BGB). Ein einseitiges Leistungsbestimmungsrecht darf sich der Verwender von Allgemeinen Geschäftsbedingungen grundsätzlich nur vorbehalten, wenn dafür ein berechtigtes Interesse besteht (BGH VIII ZR 263/15 v. 18.1.17, ZIP 17, 681).

Zu § 3: Beschaffung des Leasinggutes

Die Tatsache, dass der Leasinggeber das Leasinggut auf Anweisung des Leasingneh- **15** mers beschafft, stellt eine typische Konstellation des Leasingverhältnisses dar. Der Leasinggeber kann gegenüber dem Leasingnehmer im Bedarfsfalle weitere Verpflichtungen, insbesondere Investitionsberatung, übernehmen. Diese Gebrauchsverschaffungspflicht des Leasinggebers ist vertragliche Hauptpflicht. Der Leasinggeber ist verpflichtet, dem Leasingnehmer das Leasinggut zur Nutzung zur Verfügung zu stellen.

Zu § 4: Übernahmebestätigung und Rügeobliegenheiten

Die Übernahmebestätigung durch den Leasingnehmer erfüllt mehrere Funktionen. **16** Zunächst markiert sie den Zeitpunkt, in dem die Grundmietzeit des Leasingvertrages in Lauf gesetzt wird. Des Weiteren dient sie der Feststellung, dass der Lieferant seine Lieferungsverpflichtungen gegenüber dem Leasinggeber zunächst erfüllt hat, womit sie zugleich eine Quittung (§ 368 BGB) über den Erhalt des Leasinggutes darstellt. Derartige Übernahmebestätigungen erfolgen nicht selten auf vom Leasinggeber erstellten Formularen, ohne dass hierauf ein vertraglicher Anspruch besteht, mit der Folge, dass anderweitig formulierte Übernahmebestätigungen vertragsgemäß sind (BGH VIII ZR 37/92 v. 17.2.93, WM 93, 955).

Den Leasinggeber sollen die Rügepflichten nach § 377 HGB gegenüber dem Liefe- **17** ranten auch dann treffen, wenn der Leasingnehmer nicht Kaufmann ist (BGH VIII ZR 22/89 v. 24.1.90, BGHZ 110, 130, 137 ff.). Dabei soll der Leasingnehmer im Verhältnis Leasinggeber – Lieferant als Erfüllungsgehilfe fungieren. Für den Fall eines Rechtsverlustes nach § 377 HGB ist der Ausschluss einer Eigenhaftung des Leasinggebers gegenüber dem Leasingnehmer in der Regel unwirksam. In diesem Zusammenhang ist auch die Überwälzung der Untersuchungs- und Rügepflichten nach § 377 HGB auf den Leasingnehmer zweifelhaft. Eine solche restriktive Auslegung wird der besonderen wirtschaftlichen Gestaltung des Leasingverhältnisses indessen nicht gerecht. Hält man nämlich mit dem BGH die Obliegenheiten des Leasinggebers gegenüber dem Lieferanten aus § 377 HGB aufrecht, so ist die entsprechende Überwälzung von Pflichten auf den Leasingnehmer durchaus sachgerecht. Es ist hierbei zu berücksichtigen, dass der Leasingnehmer das Leasinggut ausschließlich nutzt, und auch nur er, nicht hingegen der Leasinggeber, rein tatsächlich in der Lage ist, eine Untersuchung und eventuelle Rüge vorzunehmen. Nur wenn der Leasingnehmer dem Leasinggeber einen Mangel des Leasinggutes unverzüglich anzeigt, kann dieser in die Lage versetzt werden, seinerseits dem § 377 HGB zu entsprechen und einen Rechtsverlust zu vermeiden. Daher muss ein Rechtsverlust auf Grund dieser Bestimmung dann zu Lasten des Leasingnehmers gehen, wenn dieser dem Leasinggeber einen Mangel nicht sofort angezeigt hat. Um einer möglichen Unwirksamkeit nach § 307 Abs. 2 BGB zu entgehen, sollte die Überwälzung auf offensichtliche Mängel beschränkt sein (vgl. *Palandt/Weidenkaff* Einf. vor § 535 BGB Rz. 57). Zudem genießt der Leasingnehmer die Vorteile der Finanzierung, so dass es sachgerecht erscheint, ihm im Gegenzug in Form der Rügeobliegenheit Nachteile aufzubürden.

Zu § 5: Höhe und Fälligkeit der Leasingrate

Um die Erlasskonformität des Leasingvertrages sicherzustellen (BMF v. 22.12.75, **18** BB 76, 72), sollte in dem Vertrag ein ausdrücklicher Hinweis darauf, dass es sich um eine **Teilamortisation** handelt, nicht fehlen. Durch die Anpassungsklausel soll dem Leasinggeber ermöglicht werden, Erhöhungen von Gebühren an den Leasingnehmer weiterzugeben. Der Zinssatz von 9 Prozentpunkten über Basiszinssatz muss bei Verbrauchern gemäß § 288 Abs. 1 u. 2 BGB auf 5 Prozentpunkte über Basiszinssatz reduziert werden.

Zu § 6: Haftung

19   Bei dieser Haftungsbeschränkung handelt es sich um keine leasingspezifische Klausel, sondern um einen gängigen AGB-Bestandteil entsprechend § 309 Nr. 7 BGB.

Zu § 7: Lieferungsausfall und Lieferungsverzug

20   Der Leasinggeber hat gegenüber dem Leasingnehmer für das Verhalten des Lieferanten als sein Erfüllungsgehilfe nach § 278 BGB einzustehen. Dieser Haftung kann er, entgegen der Konstruktion, welche im Bereich der Gewährleistung üblich ist, nicht durch die Abtretung seiner Ansprüche gegen den Lieferanten an den Leasingnehmer entgehen. Vielmehr hat der Leasinggeber für den Fall der Unmöglichkeit und des Verzuges der Leistung entgegen § 309 Nr. 7 BGB wegen § 309 Nr. 8 BGB auch für einfache Fahrlässigkeit des Lieferanten einzustehen. Die Begrenzung eines sich daraus ergebenden Schadensersatzanspruches der Höhe nach ist zulässig.

Zu § 8: Gewährleistung

21   Die Abtretung der Gewährleistungsrechte, welche dem Leasinggeber gegenüber dem Lieferanten zustehen, an den Leasingnehmer stellt einen typischen Bestandteil eines Leasingvertrages dar. Dabei ist zu beachten, dass zwischen dem Recht *auf* Gewährleistung und dem Recht *aus der* Gewährleistung zu differenzieren ist, da die berechtigte Geltendmachung von Gewährleistungsrechten durch den Leasingnehmer gegenüber dem Lieferanten auf das Pflichtenverhältnis Leasingnehmer – Leasinggeber zurückwirkt (§ 8 Abs. 2 und 3 des Leasingvertrages). Insofern müssen die Rechte, die sich aus der Gewährleistung ergeben, dem Leasinggeber zustehen. Dementsprechend führt der Rücktritt von dem Liefervertrag zu einer Rückabwicklung des Leasingverhältnisses wegen Wegfall der Geschäftsgrundlage (§ 313 Abs. 3 BGB), wobei die Anwendung der §§ 346 ff. BGB sicherstellt, dass der Leasingnehmer für bereits gezogene Nutzungen des Leasinggutes oder Verschlechterungen desselben einzustehen hat. Der Leasingnehmer kann dem Leasinggeber den Wegfall der Geschäftsgrundlage infolge eines Rücktritts erst entgegenhalten und die Zahlung der Leasingraten verweigern, wenn er gegen den Lieferanten, der einen wirksamen Rücktritt bestreitet, Klage auf Rückabwicklung erhoben hat (BGH VIII ZR 317/09 v. 16.6.10, NJW 10, 2798; BGH VIII ZR 257/12 v. 13.11.13, ZIP 14, 117).

22   Mit der Abtretung der Gewährleistungsrechte durch den Leasinggeber an den Leasingnehmer sollen auch sonstige Gewährleistungspflichten des Leasinggebers abbedungen werden.

23   Als Folge einer derartigen Freizeichnung eigener Mängelhaftung und Abtretung der kaufrechtlichen Gewährleistungsansprüche an den Leasingnehmer ergibt sich, dass der Leasinggeber grds. das Ergebnis eines zwischen dem Leasingnehmer und dem Lieferanten geführten Gewährleistungsprozesses als für sich bindend hinnehmen muss (BGH VIII ZR 188/91 v. 24.6.92, WM 92, 1609).

Zu § 9: Sonstige Rechte und Pflichten des Leasingnehmers

24   Der Leasingnehmer trägt neben dem Investitionsrisiko auch die volle Sachgefahr des Leasinggutes. Es empfiehlt sich, diese Stellung des Leasingnehmers im Einzelnen festzulegen. Der Leasingnehmer hat insoweit für jede zufällige Verschlechterung des Leasinggutes einzustehen; er kann aus einem solchen Umstand auch kein Leistungsverweigerungsrecht in Bezug auf die Leasingraten herleiten. Darüber hinaus hat er das Leasinggut regelmäßig zu warten und zu versichern.

Zu § 10: Kündigung

Im Hinblick darauf, dass der Leasingvertrag rechtlich vorrangig nach **Mietrecht** be- 25
urteilt wird (BGH VIII ZR 182/91 v. 7.10.92, WM 92, 2063), findet auf ihn auch
§ 543 BGB Anwendung, so dass der Leasingnehmer den Leasingvertrag ohne Einhaltung einer Kündigungsfrist **kündigen** kann, wenn ihm der vertragsgemäße Gebrauch
der überlassenen Sache ganz oder teilweise nicht oder nicht rechtzeitig gewährt oder
wieder entzogen wird. Die Kündigung ist hierbei grds. erst zulässig, wenn der Leasinggeber eine ihm vom Leasingnehmer gesetzte **angemessene Frist** hat verstreichen
lassen, ohne Abhilfe zu schaffen (BGH VIII ZR 182/91 v. 7.10.92, WM 92, 2063).
Auch der Leasinggeber hat die Möglichkeit der fristlosen Kündigung.

Kommt es entgegen den vertraglichen Absprachen zu einer vorzeitigen Beendigung 26
der Grundmietzeit und hat der Leasinggeber diese nicht zu vertreten, so wird die
Vollamortisierung des Leasinggebers durch die Leistung einer **Abschlusszahlung**
herbeigeführt. Auf diese sind, entsprechend der erlasskonformen Gestaltung des Teil-
amortisierungsvertrages mit Kündigungsrecht und Anrechnungsverfahren, 90% des
Erlöses, den der Leasinggeber durch anderweitige Verwertung des Leasinggutes erzielt,
anzurechnen (BMF v. 22.12.75, BB 76, 72). Diese Vorteilsausgleichung entspricht den
allgemein anerkannten Grundsätzen des Schadensersatzrechtes (BGH VIII ZR 313/93
v. 8.3.95, DB 95, 1073).

Zu § 11: Sonstige Rechte und Pflichten des Leasinggebers

Erlasskonforme Teilamortisierungsverträge sind dadurch gekennzeichnet, dass eine 27
Vollamortisierung des Leasinggutes erst nach Ablauf der Grundmietzeit erreicht wird.
In diesem Zusammenhang stellt das hier vereinbarte **Andienungsrecht** nur eine
mögliche Gestaltung dar. Dabei hat der Leasinggeber das Recht, dem Leasingnehmer
für den Fall, dass ein Verlängerungsvertrag nicht zustande kommen sollte, das Leasinggut zu einem bereits bei Vertragsschluss festgelegten Preis anzudienen. Die Summe der
gezahlten Leasingraten und des Übernahmepreises wird zu einer Vollamortisierung des
Leasinggutes führen. Dem Leasingnehmer darf hingegen kein Recht auf Übernahme
des Leasinggutes eingeräumt werden (BMF v. 22.12.75, BB 76, 72).

Macht der Leasinggeber von seinem Andienungsrecht keinen Gebrauch, ist das Leasinggut zurückzugeben. Wird das Leasinggut verspätet zurückgegeben, ist gem. § 546a
BGB, der auch auf Leasingverträge Anwendung findet (BGH VIII ZR 49/77 v.
5.4.78, BGHZ 71, 196 [205 f.]; OLG Hamm 13 U 132/98 v. 11.1.99, DB 99, 892),
eine Nutzungsentschädigung in Höhe der bisherigen Leasingraten zu zahlen (BGH
VIII ZR 155/88 v. 22.3.89, BGHZ 107, 123), wobei mitunter aber auch eine neu am
Restwert orientierte Nutzungsentschädigung für richtig gehalten wird.

Zu § 12: Inkrafttreten und Rücktrittsrecht

Wie bereits in Zusammenhang mit § 2 und § 4 dargelegt, ist das Inkrafttreten des 28
Leasingvertrages von dem Beginn des Leasingverhältnisses zu differenzieren.

Typischerweise trägt der Leasinggeber das **Insolvenzrisiko** des Lieferanten, wobei 29
er auch im kaufmännischen Geschäftsverkehr zur Überwälzung dieses Risikos auf den
Leasingnehmer nicht berechtigt ist (BGH VIII ZR 258/07 v. 29.10.08, NJW 09, 575;
BGH VIII ZR 34/90 v. 13.3.91, BGHZ 114, 57, 67 ff.). Wenn dem aber so ist, muss
dem Leasinggeber angesichts der Tatsache, dass der Leasingnehmer sowohl das Leasinggut als auch den Lieferanten vorgibt, eine eingehende Bonitätsprüfung des Lieferanten als seinem zukünftigen Vertragspartner möglich sein. Sollte der Leasinggeber
dabei zu dem Schluss kommen, dass der vom Leasingnehmer benannte Lieferant ihm
nicht vertrauenswürdig erscheint, so muss er sich ohne finanzielle Nachteile von dem
Leasingvertrag lösen können. Anderenfalls würde dem Leasinggeber ein Insolvenzrisiko aufgebürdet, über dessen Eingehung er nicht frei entscheiden kann.

B. 12. Lizenzvertrag (Patente und Know-how)

Gliederung

I. FORMULAR

Formular B. 12 Lizenzvertrag (Patente und Know-how)

LIZENZVERTRAG

zwischen

A ......   – nachfolgend Lizenzgeber genannt –

und

B ......   – nachfolgend Lizenznehmer genannt –

§ 1 Patente

Der Lizenzgeber ist Inhaber des folgenden Patentes: ......

Das vorgenannte Patent ist angemeldet beim ......

am ......

Im Übrigen besteht Patentschutz in folgenden Ländern: ......

Die Patentrechte des Lizenzgebers sind nicht mit Rechten Dritter belastet. Anderweitige Lizenzen sind nicht erteilt worden.

§ 2 Know-how

Der Lizenzgeber verfügt im Zusammenhang mit dem unter § 1 genannten Patent über Know-how auf anwendungstechnischem Gebiet. Es handelt sich hierbei um geheime Produktionsverfahren, die in der zu diesem Vertrag beigefügten Anlage 1 im Einzelnen beschrieben sind.

§ 3 Lizenz

(1) Der Lizenzgeber räumt hiermit dem Lizenznehmer das Recht aus dem Patent (§ 1) sowie auf Nutzung des Know-hows (§ 2) ein. Die Lizenz soll eine ausschließliche sein. Diese Lizenz erfasst das gesamte Anwendungsgebiet der in den §§ 1 und 2 beschriebenen Rechte und berechtigt zur Herstellung wie zum Gebrauch und zum Vertrieb.

(2) Jede weitergehende Nutzung bedarf einer gesonderten Vereinbarung.

(3) Die Eigentumsrechte an dem Lizenzmaterial verbleiben bei dem Lizenzgeber.

(4) Der Lizenznehmer ist verpflichtet, das Lizenzmaterial im Einklang mit den gesetzlichen Bestimmungen insbesondere zum Schutz der Persönlichkeitsrechte, der guten Sitten und der öffentlichen Sicherheit und Ordnung zu verwenden. Insbesondere die Verwendung von Lizenzmaterial wie Aufnahmen von Personen für Werbemaßnahmen, die einen Eingriff in Persönlichkeitsrechte darstellen, ist ohne deren Einverständnis unzulässig. Wird der Lizenzgeber wegen einer von dem Lizenznehmer ver-

schuldeten Verletzung von Persönlichkeitsrechten Dritter in Anspruch genommen, so ist der Lizenznehmer verpflichtet, dem Lizenzgeber alle daraus erwachsenden Kosten, die zur Abwehr der Ansprüche angemessen und erforderlich sind, zu ersetzen.

§ 4 Vertragsgebiet

(1) Die Lizenz gilt nur für folgende Gebiete: ......

(2) In anderen Gebieten darf der Lizenznehmer den Lizenzgegenstand nur vertreiben, soweit und solange der Lizenzgeber dort nicht Inhaber entsprechender Patente (§ 1) ist.

§ 5 Unterlizenzen

Der Lizenznehmer ist nicht berechtigt, Unterlizenzen zu vergeben.

§ 6 Lizenzübertragung

Die Übertragung der Lizenz auf Dritte ist nur mit schriftlicher Zustimmung des Lizenzgebers zulässig. Der Übergang der Lizenzen auf dem Wege der Gesamtrechtsnachfolge berechtigt den Lizenzgeber zur fristlosen Kündigung dieses Vertrages.

§ 7 Ausübungspflicht

Der Lizenznehmer ist verpflichtet, das Lizenzrecht auszuüben. Kommt der Lizenznehmer dieser Verpflichtung nicht nach, ist der Lizenzgeber nach vorheriger Fristsetzung und Androhung berechtigt, den Vertrag fristlos zu kündigen.

§ 8 Lizenzgebühr

(1) Die Lizenzgebühr beträgt ......% zuzüglich gesetzlicher Umsatzsteuer des für die Lizenzgegenstände in Rechnung gestellten Entgelts im Sinne von § 10 Abs. 1 UStG. Die Lizenzgebühr beträgt jedoch mindestens € ......,– für das 1. Jahr, € ......,– für das 2. Jahr und € ......,– für die folgenden Jahre der Vertragslaufzeit.

(2) Bei der Lieferung von Lizenzgegenständen des Lizenznehmers an verbundene Unternehmen wird die Lizenz nach dem angemessenen Entgelt bemessen, falls das tatsächlich in Rechnung gestellte Entgelt niedriger ist. Die Verwaltungsgrundsätze des Bundesministers der Finanzen zur Einkunftsabgrenzung bei international verbundenen Unternehmen vom 23.2.83 (BStBl. I 83, 218) finden entsprechende Anwendung.

§ 9 Steuerklausel

Direkte Steuern, insbesondere Quellensteuern und Verkehrsteuern, insbesondere Umsatzsteuern, die auf die Lizenzen zu zahlen sind, gehen zu Lasten des Lizenzgebers, soweit er nach dem Recht des steuererhebenden Staates Steuerschuldner ist. Bei der Erfüllung der steuerlichen Pflichten hat der Lizenznehmer den Lizenzgeber in zumutbarer Weise zu unterstützen.

§ 10 Lizenzabrechnung

Die Lizenzgebühren sind vom Lizenznehmer bis zum 15. eines jeden Monats für den Vormonat abzurechnen und bis zum Ablauf des Monats auf das Konto des Lizenzgebers bei der ...... Bank zu zahlen. Für jeden angefangenen Monat des Zahlungsverzuges sind Zinsen in Höhe von vier Prozentpunkten über dem jeweiligen Basiszinssatz gem. § 247 BGB zu zahlen. Gerät der Lizenznehmer mit der Abrechnung oder Zahlung von mehr als zwei Monaten in Rückstand, ist der Lizenzgeber berechtigt, den Vertrag fristlos zu kündigen.

§ 11 Prüfungsrecht

(1) Der Lizenzgeber ist berechtigt, die Buchführung und Geschäftsunterlagen des Lizenznehmers zwecks Überprüfung der Lizenzabrechnung jederzeit durch einen zur Verschwiegenheit verpflichteten Angehörigen der steuerberatenden und wirtschaftsprüfenden Berufe einsehen und prüfen zu lassen. Die Kosten der Prüfung trägt der Lizenzgeber.

(2) Für Zwecke der Prüfung ist der Lizenznehmer verpflichtet, die Herstellung und Lieferung der Lizenzgegenstände buchungsmäßig zu erfassen und die dazugehörigen Geschäftsunterlagen aufzubewahren und in einem prüfungsfähigen Zustand zu halten. Verweigert der Lizenznehmer eine Prüfung durch den Lizenzgeber, so ist dieser nach Fristsetzung und Androhung berechtigt, den Vertrag fristlos zu kündigen.

§ 12 Überlassung von Plänen

(1) Die in der Anlage 2 zu diesem Vertrag im Einzelnen aufgeführten technischen Zeichnungen, Pläne und sonstige zur Herstellung des Lizenzgegenstandes erforderlichen Unterlagen werden dem Lizenznehmer für die Vertragsdauer überlassen. Sie bleiben im Eigentum des Lizenzgebers und sind an diesen nach Ablauf dieses Vertrages zurückzugeben.

(2) Der Lizenzgeber steht dafür ein, dass die überlassenen Unterlagen mit der Sorgfalt ordentlicher und gewissenhafter Techniker erstellt worden sind.

(3) Der Lizenznehmer verpflichtet sich, die ihm überlassenen Unterlagen geheim zu halten, sorgfältig aufzubewahren und zu bearbeiten sowie dritten Personen nur insoweit zugänglich zu machen, als es für Zwecke der Fertigung unbedingt erforderlich ist und diese Personen ebenfalls zur Geheimhaltung verpflichtet worden sind. Schließlich verpflichtet sich der Lizenznehmer, die ihm überlassenen Unterlagen ausschließlich für die Herstellung des Lizenzgegenstandes zu verwenden.

§ 13 Veränderungen, Verbesserungen und Erfahrungsaustausch

(1) Der Lizenznehmer unternimmt angemessene Anstrengungen um die Lizenzprodukte zu verbessern. Sofern die Weiterentwicklung zu patentierbaren Erfindungen führen, hat der Lizenznehmer nach seinem Ermessen entweder selbst eine Patentanmeldung in Ländern seiner Wahl einzureichen oder dem Lizenzgeber die Möglichkeit zu verschaffen, die entsprechende Anmeldung in solchen Ländern einzureichen.

(2) Die Vertragsparteien unterrichten sich gegenseitig unverzüglich über alle für die in §§ 1, 2 bezeichneten Rechte bedeutsamen Verbesserungen und Veränderungen, auch soweit diese selbst schutzfähig sind. Für alle Verbesserungs- oder Anwendungserfindungen (abhängige Erfindungen) gewähren sich die Vertragsparteien einander kostenlose nicht ausschließliche Lizenzen nach Maßgabe dieses Vertrages.

§ 14 Stellung von Fachpersonal

Der Lizenzgeber entsendet auf Verlangen des Lizenznehmers Fachpersonal zwecks produktionstechnischer Anleitung in den Betrieb des Lizenznehmers. Der Lizenzgeber verpflichtet sich darüber hinaus, in seinem Betrieb Fachpersonal des Lizenznehmers auszubilden. Hierfür werden gesonderte Vereinbarungen getroffen.

§ 15 Mängelansprüche

(1) Der Lizenzgeber haftet nur für Rechtsmängel des Vertragsgegenstandes (§ 3) oder des ihm zugrundeliegenden Patentes (§ 1) und des Know-hows (§ 2), die bei Abschluss des Vertrages vorhanden sind und die der Lizenzgeber kennt oder die ihm infolge grober Fahrlässigkeit unbekannt geblieben sind, soweit hierdurch dem Lizenznehmer die Verwertung der Lizenz ganz oder teilweise entzogen oder erschwert wird.

(2) Wird das Patent rechtskräftig für nichtig erklärt, hat der Lizenznehmer das Recht, innerhalb von sechs Monaten nach Rechtskraft der Entscheidung über die Nichtigkeit des Patents eine angemessene Kürzung der Lizenzgebühr zu verlangen oder aber den Vertrag zu kündigen. Bezahlte Lizenzgebühren können nicht zurückverlangt werden.

(3) Der Lizenzgeber haftet ferner für technische Ausführbarkeit und Brauchbarkeit der Erfindung, soweit ihm die die Ausführbarkeit und Brauchbarkeit beeinträchtigenden Mängel bei Abschluss des Vertrages bekannt waren oder infolge grober Fahrlässigkeit unbekannt geblieben sind.

(4) Im Übrigen ist eine Haftung für Sach- oder Rechtsmängel ausgeschlossen, soweit gesetzlich zulässig. Die Haftung nach dem Produkthaftungsgesetz bleibt unberührt.

§ 16 Herstellungsqualität

(1) Der Lizenznehmer verpflichtet sich, den Lizenzgegenstand nach Maßgabe der sich in der Anlage 3 zu diesem Vertrag näher bezeichneten Qualitätsmerkmale herzustellen. Der Lizenznehmer ist verpflichtet, in seinem Betrieb oder in anderen Produktionsstätten vierteljährlich Qualitätskontrollen durch Fachpersonal des Lizenzgebers zu dulden.

(2) Ergibt die Qualitätskontrolle, dass nach Auffassung des Lizenzgebers der hergestellte Lizenzgegenstand nicht die vorgegebenen Mindeststandards einhält und damit minderwertig und mangelhaft ist, ist der Lizenzgeber berechtigt, den Vertrieb dieses minderwertigen Lizenzproduktes zu untersagen.

(3) Verweigert der Lizenznehmer eine Qualitätskontrolle durch den Lizenzgeber, so ist dieser nach Fristsetzung und Androhung berechtigt, den Vertrag fristlos zu kündigen.

§ 17 Kennzeichnungspflicht/Lizenzvermerk

(1) Der Lizenznehmer ist verpflichtet, die Lizenzgegenstände dauerhaft lesbar mit fortlaufenden Fabrikationsnummern und mit dem deutlich sichtbaren Hinweis, dass die Herstellung und der Vertrieb in Lizenz des Lizenzgebers erfolgen, zu versehen.

(2) Der Lizenznehmer ist berechtigt, seinen Firmennamen auf den Vertragsgegenständen anzubringen.

§ 18 Verteidigungspflicht, Nichtangriffsverpflichtung

Die Vertragsparteien werden alles unternehmen, um die Patente aufrechtzuerhalten, und werden ferner nach vorheriger Abstimmung alle Maßnahmen ergreifen, um eine Patentverletzung durch Dritte zu verhindern. Der Lizenznehmer verpflichtet sich, das Patent weder selbst anzugreifen noch durch Dritte angreifen zu lassen oder diese hierbei zu unterstützen. Greift der Lizenznehmer das Patent an oder lässt er es durch Dritte angreifen oder unterstützt er Dritte hierbei, ist der Lizenzgeber berechtigt, den Vertrag fristlos zu kündigen.

§ 19 Nachvertragliche Pflichten

Nach Ablauf des Vertrages ist der Lizenznehmer verpflichtet, alle ihm vom Lizenzgeber überlassenen Unterlagen zurückzugeben. Der Lizenznehmer ist ferner verpflichtet, das Patent nicht weiter zu nutzen und das erlangte Wissen bezüglich des Patentes selbst (§ 1) und auch des Know-hows (§ 2) insbesondere der produktionstechnischen Abläufe Dritten gegenüber geheim zu halten und auch für eigene Zwecke nicht zu verwenden.

§ 20 Vertragsdauer

Der Vertrag tritt nach Erteilung der für seine Durchführung erforderlichen Genehmigungen, jedoch nicht vor dem ......, in Kraft und läuft am ...... aus. Wird er nicht mit einer Frist von sechs Monaten vor seinem Ablauf von einem Vertragsteil gekündigt, so wird er um jeweils …… Jahr(e) verlängert, jedoch längstens bis zum Erlöschen des in § 1 genannten Patentes. Eine Kündigung aus wichtigem Grund bleibt vorbehalten.

§ 21 Anwendbares Recht, Gerichtsstand

Es gilt …… Recht. Für die Streitigkeiten aus diesem Vertrag ist Gerichtsstand …… .

§ 22 Salvatorische Klausel

Sind einzelne Vertragsbestimmungen nichtig, so bleibt der Vertrag im Übrigen wirksam. Die Vertragsparteien sind verpflichtet, an die Stelle der unwirksamen Bestimmung diejenige Regelung schriftlich zu treffen, die sie in Kenntnis der Unwirksamkeit nach Treu und Glauben zulässigerweise getroffen hätten.

§ 23 Schlussbestimmung

Dieser Vertrag enthält sämtliche Vereinbarungen in Bezug auf den Gegenstand dieses Vertrages und ersetzt alle bisherigen Bestimmungen, die zwischen den Parteien vereinbart wurden in Bezug auf den Gegenstand dieses Vertrages. Nebenabreden zu diesem Vertrag sind nicht getroffen. Die folgenden Anlagen sind Bestandteil dieses Vertrages:

Anlage 1: Produktionsverfahren (Aufstellung des Know-how)

Anlage 2: Unterlagen zur Herstellung

Anlage 3: Qualitätsmerkmale

II. ERLÄUTERUNGEN

Erläuterungen zu B. 12 Lizenzvertrag (Patente und Know-how)

1. Grundsätzliche Anmerkungen

a) Wirtschaftliche Vertragsziele

1   Lizenzverträge dienen insbesondere dem Zweck, gewerbliche Schutzrechte und nicht geschütztes Spezialwissen (Know-how) dadurch kommerziell zu verwerten, dass dritten Personen die Ausübung dieser Rechte gestattet wird. Damit tritt die Verwertung der vorgenannten Rechte durch Dritte im Wege der Lizenzvergabe wirtschaftlich neben eine Eigennutzung durch den jeweiligen Rechtsinhaber und der Nutzung des durch eine Schutzrechtserteilung begründeten Monopolschutzes. Schutzrechte, die Gegenstand von Lizenzverträgen sein können, sind vor allem Patente, Urheberrechte an geschützten Werken der Literatur, Wissenschaft und Kunst sowie an Mustern und Modellen sowie Verlagsrechte.

2   In Anlehnung an die VO 2349/84/EWG (ABl. EG v. 16.8.84 Nr. L 219 S. 15; Erwägungsgrund 12; aK) lässt sich die Zielsetzung einer **Patentlizenzvereinbarung** wie folgt umschreiben: Patentlizenzvereinbarungen tragen regelmäßig zur Verbesserung der Warenerzeugung und zur Förderung des technischen Fortschritts bei. Sie geben nämlich den Lizenznehmern einen Anreiz, in die Herstellung, die Benutzung und den Vertrieb eines neuen Produktes oder die Benutzung eines neuen Verfahrens zu investieren. Damit erhalten andere Unternehmen als der Patentinhaber selbst die Möglichkeit, ihre Erzeugnisse nach dem neuesten Stand der Technik herzustellen und diese Technik weiterzuentwickeln.

b) Zivilrecht

3   Lizenzverträge sind Verträge, durch die der Lizenzgeber dem Lizenznehmer gestattet, gewerbliche Schutzrechte auszuüben sowie nicht geschütztes technisches, kommerzielles oder organisatorisches Spezialwissen zu benutzen. Nach der Definition der

VO 2349/84/EWG (Erwägungsgrund 2; aK) sind Patentlizenzvereinbarungen Vereinbarungen, in denen ein Unternehmen, das Inhaber eines Patentes ist (Lizenzgeber), einem anderen Unternehmen (Lizenznehmer) die Benutzung der patentierten Erfindung in einer oder mehreren Benutzungsarten gestattet, insbesondere in denen der Herstellung, des Gebrauchs und des Inverkehrbringens. Lizenzen sind Unterfälle des Technologietransfers.

Im Rahmen von Lizenzverträgen werden nicht selten etwa **Patente** und anwen- 4 dungstechnisches **Know-how** gemeinsam lizensiert. Derartige gemischte Vereinbarungen werden getroffen, um die Übertragung einer komplexen Technologie mit patentierten und nicht patentierten Elementen zu gewährleisten. Soweit das Lizenzgebiet mehrere EU-Staaten umfasst, ist ein Einfluss auf den Handel zwischen den Mitgliedstaaten mit der Folge gegeben, dass stets die Vereinbarkeit der vertraglichen Regeln mit Art. 101 AEUV und der Gruppenfreistellungsverordnung (VO (EU) Nr. 316/ 2014 v. 21.3.14, ABl. EU Nr. L 93 S. 17 [TT-GVO]) gegeben sein muss.

Nach der TT-GVO ist es Lizenzgebern und Lizenznehmern innerhalb bestimmter 5 Marktanteilsschwellen freigestellt, ohne weiteres Lizenzverträge abzuschließen, und zwar bei Verträgen zwischen Wettbewerbern, wenn der gemeinsame Marktanteil auf dem relevanten Markt 20% (Art. 3 Abs. 1 TT-GVO) und bei nicht im Wettbewerb stehenden Vertragsparteien, wenn der jeweilige Marktanteil auf dem relevanten Markt 30% nicht überschreitet (Art. 3 Abs. 2 TT-GVO). Eine Freistellung scheidet allerdings zur Gänze aus, wenn der Lizenzvertrag eine sog. Kernbeschränkung enthält (Art. 4 TT-GVO) oder bezogen auf die betreffende Vertragsklausel bei bestimmten anderen Vereinbarungen (Art. 5 TT-GVO). In Fällen von geringer Bedeutung unterbleibt allerdings eine Überprüfung von Lizenzverträgen, wenn in den vorgenannten beiden Fallgruppen die 10%- bzw. 15%-Grenze nicht überschritten wird (sog. Bagatellbekanntmachung der Kommission v. 25.6.14, ABl. EU 2014 Nr. C 291/01 S. 1), es sei denn eine Beschränkung des Wettbewerbs wird „bezweckt". Es bleibt aber bei der Anwendung des deutschen Kartellrechts, soweit durch den Lizenzvertrag das Inland betroffen ist.

Der Lizenzvertrag ist ein **Vertrag eigener Art** (§ 311 Abs. 1 BGB; BGH IXa ZB 6 165/03 v. 12.12.03, NJW-RR 04, 644), der Typenmerkmale des Kauf- und vor allem des Miet- und Pachtvertrages enthält. Daher greift die Rechtsprechung, sofern und soweit vertragliche Abreden (zB über die Gewährleistung) nicht vorliegen, auf die Vorschriften der Rechtspacht und des Mietrechts zurück und wendet diese entsprechend an. Der Lizenzvertrag enthält gleichzeitig sowohl das Verpflichtungsgeschäft, also die Pflicht des Lizenzgebers, dem Lizenznehmer das Recht zur Nutzung und Auswertung des Lizenzgegenstandes zu verschaffen, sowie die Pflicht des Lizenznehmers, hierfür die Lizenzgebühr zu zahlen, als auch das Verfügungsgeschäft, nämlich die Erfüllung dieser gegenseitigen Pflichten. Damit finden auf den Lizenzvertrag als gegenseitigen Vertrag die §§ 320 ff. BGB Anwendung (vgl. BGH IXa ZB 165/03 v. 12.12.03, aaO).

Inhaltlich orientieren sich Lizenzverträge entsprechend dem Lizenzgegenstand an 7 den Bestimmungen des Patentgesetzes, Urheberrechtsgesetzes, Designgesetzes, Gebrauchsmustergesetzes, Markengesetzes und des Gesetzes über das Verlagsrecht. Im Hinblick auf die vielfältigen Beschränkungen, denen der Lizenznehmer auf Grund des Lizenzvertrages gewöhnlich unterworfen ist, sind zusätzlich kartellrechtliche Bestimmungen zu beachten.

Für den Abschluss von Lizenzverträgen ist eine besondere Form nicht vorgeschrie- 8 ben. Das gilt auch, soweit der Lizenzvertrag wettbewerbsrechtliche Beschränkungen enthält. Wegen des komplizierten Regelungswerkes eines Lizenzvertrages und aus Gründen der Beweisvorsorge versteht sich die Schriftform indessen von selbst.

c) Steuerrecht

Ertragsteuern: Lizenzgebühren stellen beim Lizenzgeber im Rahmen der **Ein-** 9 **kommensteuer** grundsätzlich Einkünfte aus Vermietung und Verpachtung (§ 21

Abs. 1 Nr. 3 EStG) dar, es sei denn sie sind einer anderen Einkunftsart zuzurechnen (§ 21 Abs. 3 EStG). In Betracht kommen Einkünfte aus Land- und Forstwirtschaft, aus Gewerbebetrieb (§§ 13, 15 EStG), falls das Recht zum entsprechenden Betriebsvermögen gehört, Einkünfte aus selbstständiger Arbeit (§ 18 EStG), soweit der Lizenzgeber die Lizenzen als freiberuflicher Erfinder oder als Künstler vereinnahmt, und Einkünfte aus nichtselbstständiger Arbeit (§ 19 EStG) bei Arbeitnehmererfindungen.

10   In der Regel ist die Tätigkeit eines Erfinders, soweit sie wissenschaftlich geprägt ist, zwar als selbstständige Arbeit anzusehen, sie kann aber auch im Rahmen und im Dienste eines bestehenden Gewerbebetriebes ausgeübt werden (BFH IV R 223/85 v. 11.2.88, BFH/NV 88, 737). Dies gilt vor allem dann, wenn die Anregung zu einer technischen Neuerung und deren weiterer Entwicklung mit dem Betrieb eines gewerblichen Unternehmens zusammenhängt und die entwickelte Erfindung auch dem gewerblichen Betrieb des Erfinders dienen soll (BFH IV R 78/66 v. 29.1.70, BStBl. II 70, 319; BFH IV R 223/85 v. 11.2.88, BFH/NV 88, 737) oder wenn im Anschluss an eine Spontanidee weitere bis zur Patentreife erforderliche Arbeiten vom Erfinder selbst oder von einem anderen durchgeführt werden (BFH IV R 29/97 v. 18.6.98, BStBl. II 98, 567).

11   Werden einer Kapitalgesellschaft, an der der Erfinder maßgeblich beteiligt ist, von diesem Lizenzen zur gewerblichen Verwertung seiner Patente eingeräumt, kann die Verwertung der Erfindung im Rahmen einer **Betriebsaufspaltung** einen Gewerbebetrieb darstellen. Das ist dann der Fall, wenn die Patente wesentliche Grundlagen des Betriebs der Kapitalgesellschaft darstellen, z.B. weil die Produktion in erheblichem Umfang auf ihnen basiert (vgl. nur BFH XI R 72/97 v. 23.9.98, BStBl. II 99, 281).

12   Gem. § 5 Abs. 2 EStG sind Erfindungen, Patente und Know-how als immaterielle Wirtschaftsgüter in der **Steuerbilanz** nur dann zu aktivieren, wenn sie entgeltlich erworben werden.

13   Wenn immaterielle Wirtschaftsgüter vom Inhaber des Rechts an andere Konzernunternehmen zur Nutzung überlassen werden, können sich in der Praxis **Abgrenzungsprobleme** zwischen **Lizenzvergabe und Eigentumsübertragung** ergeben (vgl. *Vögele/Borstell/Bernhardt* Verrechnungspreise, 5. Teil Kapitel O Rz. 294 ff.). Von der Lizenzvergabe, die eine zeitlich begrenzte Nutzungsüberlassung von Rechten darstellt, ist die endgültige Rechtsübertragung des Eigentums am immateriellen Wirtschaftsgut abzugrenzen (vgl. BFH III R 7/86 v. 3.7.87, BStBl. II 87, 728; BFH IX R 57/99 v. 23.4.03, BFH/NV 03, 1311). Die Übertragung des Eigentums am immateriellen Wirtschaftsgut erfolgt, wenn der Inhaber seine Rechtsstellung vollständig aufgibt. Ein Lizenzgeber vergibt dagegen nur einen Teil seines Rechts, nämlich die Befugnis zur Benutzung. Das rechtliche und regelmäßig auch das wirtschaftliche Eigentum verbleiben somit beim Lizenzgeber. Entscheidend ist für die Abgrenzung, wie sich der Parteiwille bei Abschluss des Vertrags dargestellt hat (FG Berlin-Brandenburg 9 K 156/05 v. 14.6.12, DStRE 13, 790).

14   Aktivierte Patente und Erfindungen können gem. § 7 Abs. 1 Satz 1, 2 EStG ungeachtet etwaiger Schutzfristen über einen Zeitraum von acht Jahren **linear abgeschrieben** werden (OFD Frankfurt v. 8.1.01, StEK EStG § 7 Nr. 359). Bei aktiviertem Know-how kann eine Nutzungsdauer von drei Jahren angebracht sein.

15   Im Rahmen der **beschränkten Steuerpflicht** unterliegen Lizenzgebühren, soweit nicht § 49 Abs. 1 Nr. 2 (Gewerbebetrieb), hier insbes. auch § 49 Abs. 1 Nr. 2 Buchst. f, Nr. 3 (selbständige Arbeit) EStG eingreift, dem insoweit nachrangigen § 49 Abs. 1 Nr. 6 EStG (Patente) bzw. dem § 49 Abs. 1 Nr. 9 EStG (nicht geschütztes Know-how; vgl. dazu BFH IX R 53/02 v. 26.10.04, BStBl. II 05, 167). **Inländische Einkünfte nach § 49 Abs. 1 Nr. 2 Buchst. f und Nr. 6 EStG,** die zur beschränkten Steuerpflicht führen, können sich auch aus der befristeten oder unbefristeten Überlassung von Rechten ergeben, die in ein inländisches Register eingetragen sind. Eines weitergehenden oder zusätzlichen Inlandsbezugs bedarf es für die Anwen-

dung der Norm nicht (BMF v. 6.11.20, BStBl. I 20, 1060). Wird in diesem Zusammenhang ein in einem inländischen Register eingetragenes Recht zeitlich befristet überlassen, hat der Schuldner der Vergütung (Lizenzgebühr) nach § 50a Abs. 5 S. 2 EStG den Steuerabzug vorzunehmen (§ 50a Abs. 1 Nr. 3 EStG), die Steuer an das BZSt abzuführen und dem BZSt nach § 73e EStDV eine Steueranmeldung zu übersenden (BMF v. 6.11.20, BStBl. I 20, 1060). Ausnahmsweise kann für Vergütungen, die dem Vergütungsgläubiger bereits zugeflossen sind oder noch bis einschließlich 30.9.21 zufließen, davon abgesehen werden, den Steuerabzug nach § 50a Abs. 5 S. 2 EStG vorzunehmen, die Steuer nach § 50a Abs. 5 S. 3 EStG abzuführen und eine Steueranmeldung nach § 73e S. 2 EStDV abzugeben, wenn bestimmte Voraussetzungen erfüllt werden (vgl. hierzu BMF v. 11.2.2021, DStR 21, 420).

Im Allgemeinen sind gem. § 50a Abs. 1 Nr. 3, Abs. 2 Satz 1 EStG an beschränkt **16** steuerpflichtige Personen gezahlte Lizenzgebühren einer **Quellensteuer** in Höhe von 15% zzgl. SolZ (5,5%) unterworfen. Hierdurch ist die beschränkte Steuerpflicht abgegolten (§ 50 Abs. 2 Satz 1 EStG). Lizenzzahlungen zwischen verbundenen Unternehmen iSd. § 50g Abs. 3 Nr. 5 Buchst. b EStG sind allerdings innerhalb der EU von Quellensteuer (bei Vorlage einer entsprechenden Bescheinigung iSd. § 50d Abs. 2 EStG) freigestellt (§§ 50g, 50d Abs. 2 EStG). Aufgrund der meisten von der Bundesrepublik mit anderen Staaten abgeschlossenen Doppelbesteuerungsabkommen ist zudem die Besteuerung von Lizenzgebühren ausschließlich dem Ansässigkeitsstaat des Lizenzgebers zugewiesen, so dass der Bundesrepublik insoweit die Quellensteuerbefugnis genommen ist. Zu beachten ist allerdings die Missbrauchsregelung des § 50d Abs. 3 EStG. Legt der Lizenzgeber in diesen Fällen dem inländischen Lizenznehmer einen Freistellungsbescheid des BZSt vor (§ 50d Abs. 2 EStG), darf dieser von der Einbehaltung der Quellensteuer absehen. Wird ohne Freistellungsbescheid keine Quellensteuer einbehalten, besteht die Gefahr der Haftung (§ 73g EStDV). Im Hinblick darauf sollte der inländische Lizenznehmer auf die Einbehaltung der Quellensteuer stets nur gegen Vorlage des Freistellungsbescheides des BZSt verzichten.

Für Zwecke der **Gewerbesteuer** erfolgt beim Lizenznehmer eine Hinzurechnung **17** (§ 8 Nr. 1 Buchst. f GewStG) in Höhe von $1/16$ mit Ausnahme von Lizenzen, die ausschließlich dazu berechtigten, daraus abgeleitete Rechte Dritten zu überlassen.

Beim Lizenzverkehr unter Beteiligung von Kapitalgesellschaften sowie im grenz- **18** überschreitenden Lizenzverkehr zwischen miteinander verbundenen Unternehmen ist auf die **Angemessenheit der vereinbarten Lizenzgebühr (iSd. Fremdvergleichsgrundatzes)** und anderer Bedingungen zu achten. Andernfalls kann es zu einer Einkommenserhöhung im Rahmen verdeckter Gewinnausschüttungen oder einer Einkünftekorrektur auf Grund von § 1 AStG kommen (BFH I B 81/02 v. 15.4.03, BFH/NV 03, 1612; I R 69/88 v. 14.10.92, BFH/NV 93, 269). Ggf. ist auch eine spätere Anpassung der Lizenzsätze geboten (§ 1 Abs. 3 Satz 11 und 12 AStG).

Die **Ermittlung der angemessenen Vergütung** ist häufig mit erheblichen **19** Schwierigkeiten verbunden. Dabei verbietet sich jede pauschalierende Betrachtung, so dass eine Ermittlung unter Berücksichtigung der Besonderheiten des lizenzierten Rechts zu erfolgen hat (Umfang des Nutzungsrechts, Marktsituation, Konkurrenzprodukte etc.). In der Literatur werden hierzu zT sehr detaillierte Erfahrungswerte wiedergegeben (vgl. z.B. *Groß/Strunk*, Lizenzgebühren, 4. Aufl. 2015; *Hellebrand/Himmelmann*, Lizenzsätze für technische Erfindungen, 4. Aufl. 2011; vgl. auch die Hinweise bei *Böcker* StBp 91, 73ff. und *Groß* BB 98, 1321ff.). In der Praxis werden Lizenzgebühren vielfach anhand von Datenbankanalysen ermittelt, wobei RoyaltySource und RoyaltyStat die bekanntesten Datenbanken sind. Erfolgt eine Lizenzierung zwischen verbundenen Unternehmen werden die Lizenzzahlungen von der deutschen Finanzverwaltung häufig kritisch auf Fremdüblichkeit hin hinterfragt. Ein Kriterium dabei ist auch, ob dem Lizenznehmer nach Abzug der Lizenz ein angemessener Betriebsgewinn verbleibt (BMF v. 23.2.83, BStBl. I 83, 218 Tz. 5.2.3.). Hierbei wird immer noch auch die sog. Knoppe-Formel angewendet, die allerdings in der Literatur weitgehend als willkürlich und wirtschaftlich nicht zu rechtfertigen abgelehnt wird (*Vögele/Borstell/Bernhardt* Verrechnungspreise, Teil 5 Kapitel O Rz. 204). Insoweit dürfte die transaktionsbezogene Nettomargenmethode (TNMM) oder auch die Gewinnaufteilungsmethode (Profit-Split) in der Regel zu marktnäheren Ergebnissen führen.

20   Seit 2012 versucht die OECD mit dem sog. **BEPS-Projekt** (Base Erosion and Profit Shifting) unter anderem der missbräuchlichen Nutzung von **grenzüberschreitenden Lizenzvereinbarungen** zum Zwecke der Einkommensverschiebung in Niedrigsteuerländer oder solche mit Steuervorteilen für Einkünfte aus immateriellen Wirtschaftsgütern (zB IP-Boxen) entgegenzuwirken. In diesem Zusammenhang wurde ua. in einem Arbeitspapier (Countering Harmful Tax Practices More Effectively, Taking into Account Transparency and Substance, Oktober 2015) festgehalten, dass Staaten bei der Frage der Angemessenheit einen größeren Fokus auf die Substanz in der IP verwaltenden Gesellschaft legen sollten. Dies wurde mit dem sog. DEMPE- Konzept (Entwicklung, Verbesserung, Erhaltung, Schutz und Verwertung) unterstrichen. Demzufolge soll sich die Angemessenheit von Lizenzgebühren daran orientieren, inwieweit der Lizenzgeber Substanz zur Verwendung des immateriellen Wirtschaftsgutes vorweisen kann. Die sich aus dem BEPS-Projekt ergebenden Entwicklungen sollten beobachtet werden, da deutsche Finanzämter ihren Fokus vermehrt auf die Substanz richten werden. Weiterhin wurde durch das Gesetz gegen schädliche Steuerpraktiken im Zusammenhang mit Rechteüberlassungen v. 27.6.17 (BGBl. I 16, 2074) eine Lizenzgebührenschranke (§ 4j EStG) eingeführt. Damit soll die Verschiebung von Steuersubstrat in Länder mit IP-Boxen vermieden werden. Vereinfacht ausgedrückt sollen Lizenzzahlungen an verbundene Unternehmen in Ländern mit für IP-Einkünfte vorteilhaften Regimen der Betriebsausgabenabzug (teilweise) verweigert werden. Die neue Lizenzschranke (§ 4j EStG) gilt ab VZ 2018 (§ 52 Abs. 8a EStG).

21   Es kann sich gegebenenfalls empfehlen, eine **Lizenzhöchstbetragsklausel** zu vereinbaren, um dem Lizenznehmer eine angemessene Kapitalverzinsung (10–15%) oder Umsatzrendite (3–5%) zu belassen.

22   **Erbschaftsteuer:** Gehören die Rechte zu einem Betriebsvermögen, so sind diese Rechte in die Ermittlung des Wertes des Betriebsvermögens einzubeziehen. Bewertungsziel ist hierbei der Ansatz mit dem gemeinen Wert (§ 12 Abs. 5 ErbStG; §§ 95, 109 Abs. 1, 11 Abs. 2 BewG). Grundsätzlich kommen die Begünstigungen nach §§ 13a und 13b ErbStG in Betracht. Gehören die Rechte nicht zum Betriebsvermögen, erfolgt der Ansatz ebenfalls zum gemeinen Wert (§ 12 Abs. 1 ErbStG). Eine Begünstigung nach §§ 13a und 13b ErbStG ist dann allerdings nicht möglich.

23   **Verkehrsteuern:** Der Ort der sonstigen Leistung beurteilt sich gem. § 3a Abs. 2 UStG nach dem Empfängerprinzip, wenn der Empfänger ein Unternehmer ist. Lizenzen, die in das Ausland vergeben werden, unterliegen damit nicht der deutschen, sondern allenfalls der ausländischen **Umsatzsteuer.**

24   Im Hinblick darauf, dass der Leistungsort bei inländischen Lizenznehmern im Inland liegt, wird die auf die Lizenzgebühr im Ausland ansässiger Lizenzgeber entfallende Umsatzsteuer vom inländischen Lizenznehmer geschuldet (§ 13b Abs. 5 UStG).

25–29   *(frei)*

2. Einzelerläuterungen

Zu § 1: Patente

30   Es sind alle für das Patent bedeutsamen Rechtsverhältnisse aufzuführen.

Zu § 2: Know-how

31   Da die Konkretisierung des Know-hows für die Erfüllung des Vertrages von besonderer Bedeutung ist, sind diese nicht geschützten Rechte genau zu beschreiben. Hier-

bei muss die Geheimniseigenschaft des Know-hows und dessen Eignung, das lizenzierte Patent besser zu nutzen, erkennbar werden. Diese Voraussetzungen müssen bei einem internationalen Lizenzvertrag im Hinblick auf die Vereinbarkeit mit Art. 101 Abs. 2 AEUV erfüllt sein.

Zu § 3: Lizenz

Die Lizenz unterliegt hier keiner technisch gegenständlichen Beschränkung. Soll **32** dagegen die Lizenz auf bestimmte technische Anwendungsfelder begrenzt sein, bedarf es unter § 1 und § 2 einer detaillierten Umschreibung der technischen Anwendungsmöglichkeiten. Wegen etwaiger Auslegungsprobleme empfiehlt es sich, in einer Präambel übergreifend zu beschreiben, für welche Zwecke der Lizenznehmer Patente und Know-how einsetzen will. Eine technisch gegenständliche Beschränkung der Lizenz ist zulässig.

Die patentierte Erfindung ist hier schließlich ohne Einschränkung in allen Benut- **33** zungsarten gestattet. Auch hier sind Einschränkungen zulässig. So kann etwa bestimmt werden, dass der Lizenzgegenstand nur für Zwecke des eigenen Gebrauchs hergestellt, nicht aber vertrieben werden darf. Regelbar ist auch, dass nur an einen bestimmten Abnehmerkreis, etwa innerhalb des Konzerns, verkauft werden darf.

Die Vereinbarung über die **ausschließliche** Lizenz verpflichtet den Lizenzgeber, **34** die lizenzierte Erfindung und das dazugehörige Know-how in dem dem Lizenznehmer überlassenen Gebiet nicht selbst auszuwerten und dort keine weitere Lizenz zu vergeben.

Zu § 4: Vertragsgebiet

Herstellungs- und Vertriebslizenzen nur für einen Teil des Gebietes, für das ein **35** Schutzrecht erteilt ist, sind ohne weiteres zulässig. Ebenso zulässig ist hier das Exportverbot für den Lizenzgegenstand in andere Gebiete, für die der Lizenzgeber Schutzrechte unterhält. Die vertragliche Regelung entspricht den Vorgaben der TT-GVO, wonach eine Beschränkung des sog. aktiven und passiven Verkaufs ohne weiteres zulässig ist (vgl. Art. 4 Abs. 2 Buchst. b Nr. i TT-GVO).

Zu § 5: Unterlizenzen

Diese Vorschrift hat konstitutive Bedeutung, da der Lizenznehmer im Hinblick auf **36** die ausschließliche Lizenz andernfalls zur Erteilung von Unterlizenzen berechtigt wäre.

Zu § 6: Lizenzübertragung

Die Übertragbarkeit der Lizenz ist hier an die Zustimmung des Lizenzgebers ge- **37** bunden. Da bei Gesamtrechtsnachfolge (Tod, Umwandlung) keine rechtsgeschäftliche Übertragung erfolgt, ist die Verankerung eines Kündigungsrechtes für den Lizenzgeber geboten, weil anderenfalls die Lizenz unkontrolliert auf Dritte übergehen könnte.

Zu § 7: Ausübungspflicht

Die Ausübungspflicht begegnet auch international-rechtlich keinen Bedenken. Die **38** Regelung ist sehr allgemein gefasst und kann ohne weiteres ergänzt werden.

Zu § 8: Lizenzgebühr

Es handelt sich hier um eine Umsatzlizenz. Gebräuchlich sind auch Stück- und **39** Umsatzlizenzen (vgl. *Röhricht/Graf von Westphalen/Haas,* Handelsgesetzbuch 5. Aufl., 2019, Lizenzverträge Rz. 214). Von besonderer praktischer Bedeutung ist die exakte Festlegung der Bemessungsgrundlage. Entweder erfolgt dies durch Einzelbeschreibung oder wie hier durch Verweisung auf § 10 Abs. 1 UStG. Lizenzgebühren sind bei ausschließlichen Lizenzen idR höher als bei einer einfachen Lizenz, jedoch von Produkt und Marktsituation abhängig.

Der Hinweis „zuzüglich gesetzlicher Umsatzsteuer" dient der Klarstellung und hat **40** bei einem internationalen Lizenzvertrag insbesondere Bedeutung für den inländischen

Lizenznehmer, weil der Ort der sonstigen Leistung bei Lizenzierung an einen Unternehmer gem. § 3a Abs. 2 UStG dem Empfängerprinzip folgt. Entsprechend ist ggf. auf ausländische Mehrwertsteuer hinzuweisen, falls der Lizenznehmer im Ausland ansässig ist.

41 Die Mindestlizenzgebühr dient dem Interesse des Lizenzgebers und ist bei internationalen Lizenzverträgen zulässig. Der Hinweis auf die deutschen Verwaltungsgrundsätze zur Einkunftsabgrenzung soll eine Korrektur der Bemessungsgrundlage bei Konzernlieferungen ermöglichen, falls die Preise unangemessen niedrig sind. Diese Regelung gilt nicht nur im grenzüberschreitenden Lieferverkehr, sondern sinngemäß auch für Lieferungen im Inland und schützt den Lizenzgeber vor Preismanipulationen durch den Lizenznehmer. Ein Rückgriff auf § 10 Abs. 5 UStG (Mindestbemessungsgrundlage) erscheint wenig sachgerecht.

Zu § 9: Steuerklausel

42 Die Steuerklausel weist das Steuerrisiko dem Lizenzgeber zu, soweit dieser auch Steuerschuldner ist. Eine derartige Risikozuordnung ist zwar selbstverständlich, setzt aber voraus, dass vor Abschluss eines internationalen Lizenzvertrages der Lizenzgeber genaue Kenntnisse von den steuerlichen Belastungen der Lizenzgebühren im In- und Ausland hat, insbesondere über Umsatzsteuern, Quellensteuern, Regelungen im Doppelbesteuerungsabkommen sowie über die Anrechenbarkeit ausländischer Steuern auf die inländische Steuerschuld. Alternativ kann auch vereinbart werden, dass die im Land des Lizenznehmers in Übereinstimmung mit dem Vertrag geleisteten direkten Steuern, insbesondere Quellensteuern, sowie Umsatzsteuern zu Lasten des Lizenznehmers gehen. Schließlich kann auch eine Differenzierung zwischen direkten Steuern einerseits und Umsatzsteuern andererseits vorgenommen werden, was im Hinblick auf § 13b UStG nahe liegt.

Zu § 10: Lizenzabrechnung

43 Die Abrechnungsklausel enthält keine Besonderheit. Da es für den Zahlungsverzug nicht auf Verschulden ankommt, geht das Fehlen einer etwa erforderlichen Devisenverkehrsgenehmigung zu Lasten des Lizenznehmers.

Zu § 11: Prüfungsrecht

44 Das Recht des Lizenzgebers, die Bücher des Lizenznehmers zu überprüfen, ist insbesondere bei Umsatzlizenzen unentbehrlich.

Zu § 12: Überlassung von Plänen

45 Die vereinbarte Geheimhaltungspflicht ist im Hinblick auf §§ 1 ff. GeschGehG von Bedeutung. Die Pflicht zur Rückgabe der Pläne hat auch steuerliche Gründe und gewährleistet in Verbindung mit den in § 18 des Vertrages verankerten Unterlassungspflichten des Lizenznehmers bei untereinander verbundenen Unternehmen, dass eine gewinnerhöhende Realisation eines immateriellen Wirtschaftsgutes (Patent/Knowhow) durch endgültige Überlassung desselben nicht angenommen werden kann. Andernfalls käme eine Gewinnerhöhung insbesondere infolge einer verdeckten Gewinnausschüttung, verdeckten Einlage oder auf Grund von § 1 AStG in Betracht. Möglich ist allerdings auch eine zur Gewinnrealisierung führende fiktive Entnahme wegen grenzüberschreitender Überlassung der Patente und des Know-hows zur Nutzung (§ 4 Abs. 1 Satz 3, § 6 Abs. 1 Nr. 4 Satz 1 Halbs. 2 EStG).

Zu § 13: Erfahrungsaustausch

46 Die Regelungen über den gegenseitigen Erfahrungsaustausch sind zulässig, soweit den Verpflichtungen des Lizenznehmers zur Gewährung von Lizenzen auf Verbesserungs- oder Anwendungserfindungen gleichartige Verpflichtungen des Lizenzgebers gegenüberstehen. Wegen dieses Gleichartigkeitsgebots sehen die Vertragsregelungen auch vor, dass sich Lizenzgeber und Lizenznehmer Lizenzen zu gleichen Konditionen gewähren.

Zu § 14: Stellung von Fachpersonal

Die Einzelregelungen über die Entsendung von Personal sind besonderen Vereinba- 47 rungen vorbehalten. Soweit Personal in das Ausland entsandt wird, sind in steuerlicher Hinsicht die Verwaltungsgrundsätze – Arbeitnehmerentsendung (BMF v. 9.11.01, BStBl. I 01, 796) zu beachten.

Zu § 15: Mängelansprüche

Die Haftungsklausel entspricht internationaler Übung. Mängel der Lizenz in rechtli- 48 cher Hinsicht sind vom Lizenzgeber hier nur eingeschränkt zu vertreten. In Betracht kommen als Rechtsmängel bereits bestehende anderweitige Lizenzen, entgegenstehende Schutzrechte Dritter, Abhängigkeit des Patents, Feststellung eines Vorbenutzungsrechts usw. Während hier die Rechtsmängelhaftung voraussetzt, dass die Benutzung der Lizenz beeinträchtigt wird, ist für den Fall der Nichtigkeitserklärung der Schutzrechte eine Sonderregelung getroffen worden. Im Übrigen haftet der Lizenzgeber für tatsächliche Mängel nur unter dem Gesichtspunkt technischer Ausführbarkeit und Brauchbarkeit. Für kaufmännische Brauchbarkeit haftet er nicht. Da eine Haftung nach dem Produkthaftungsgesetz nicht ausgeschlossen werden kann, ist der Lizenzgeber, insbesondere wenn er auch fertigungstechnisches Know-how zur Verfügung stellt, uU der Produzentenhaftung ausgesetzt. Eine Haftung des reinen Patentlizenzgebers kommt aber nicht in Betracht.

Zu § 16: Herstellungsqualität

Hat der Lizenzgeber ein Interesse daran, dass alle Lizenznehmer nach einem be- 49 stimmten Qualitätsstandard herstellen, muss die Qualität genau vereinbart und kontrolliert werden. Die Verpflichtung auf einen bestimmten Qualitätsstandard ist auch im EU-Bereich zulässig.

Zu § 17: Kennzeichnungspflicht/Lizenzvermerk

Die Verpflichtung des Lizenznehmers, auf den Lizenzgegenstand einen **Vermerk** 50 über den Patentinhaber, das lizenzierte Patent oder die Patentlizenzvereinbarung anzubringen, stellt keine Wettbewerbsbeschränkung iSd. Art. 101 AEUV bzw. § 1 GWB dar. Ein solcher Vermerk kommt allerdings nur in Betracht, wenn der lizenzierte Gegenstand als solcher in den Verkehr gebracht wird und nicht nur Grundprodukt für die Weiterverarbeitung ist. Der Lizenznehmer muss daneben aber berechtigt bleiben auch seinen eigenen Firmennamen zu nennen (*Benkard/Ullmann/Deichfuß* Patentgesetz, 11. Aufl. 2015, § 15 Rz. 147).

Zu § 18: Verteidigungspflicht, Nichtangriffsverpflichtung

Die Aufrechterhaltungs- und Verteidigungspflicht der Vertragsschutzrechte liegt im 51 beiderseitigen Interesse und ist ohne weiteres zulässig. Die iÜ vereinbarte Nichtangriffsverpflichtung beschränkt sich darauf, bei deren Verletzung den Lizenzvertrag zu kündigen (vgl. Art. 5 Abs. 1 Buchst. b TT-GVO).

Zu § 19: Nachvertragliche Pflichten

Im EU-Bereich ist das Verbot für die Weiterbenutzung des Patentes und des 52 Know-hows zulässig, soweit und solange das Know-how noch geheim ist bzw. die Patente bestehen. Die Geheimhaltungsverpflichtung ist im Grundsatz ebenfalls unbedenklich.

Zu § 20: Vertragsdauer

Da bei internationalen Lizenzverträgen mitunter Genehmigungen ausländischer Be- 53 hörden beizubringen sind, ist hier der Vertragsbeginn an das Vorliegen dieser Genehmigung gekoppelt. Lizenzverträge sind langfristig angelegt, finden ihr Ende jedoch stets mit dem Erlöschen der Patente. Sind mehrere Vertragsschutzrechte lizensiert worden, kann die Vertragslaufzeit an das Erlöschen des letzten Vertragsschutzrechtes gekoppelt werden (Längstlaufklausel), soweit dieses vertragswesentlich ist. Das gilt auch dann, wenn künftig neue, vom Lizenzgeber mitgeteilte patentierte oder nicht patentierte Verbesserungen einbezogen werden sollten, sofern der Lizenznehmer berechtigt ist, derartige Verbesserungen abzulehnen oder jeder Partei das Recht eingeräumt wurde, die Vereinbarung nach Ablauf der ursprünglichen Laufzeit und mindestens alle drei Jahre danach zu kündigen.

Zu § 21: Anwendbares Recht, Gerichtsstand

54   Bei internationalen Lizenzverträgen sollte stets das anwendbare Recht festgelegt werden; seit 17.12.09 ergibt sich die Möglichkeit der Rechtswahl für vertragliche Schuldverhältnisse grds. aus Art. 3 VO 593/08/EG (ABl. EG v. 17.6.08 Nr. L 177, S. 6 [Rom I-VO]). Diese Wahl bezieht sich allerdings nur auf den schuldrechtlichen Teil des Lizenzvertrages. Patentrecht, Kartellrecht, Wettbewerbsrecht, Steuerrecht und Verfahrensrecht sind einer Wahl durch die Vertragsparteien entzogen.

Der Gerichtsstand sollte in dem Staat sein, dessen Recht zur Anwendung kommt und dessen Gerichtsurteile in dem Staat des anderen Vertragspartners vollstreckbar sind. Schließlich ist in Erwägung zu ziehen, Schiedsgerichtsvereinbarungen zu treffen, da diese in aller Regel schneller und weniger kostspielig sind.

Zu § 22: Salvatorische Klausel

55   Die salvatorische Klausel dient dazu, die Rechtsfolgen des § 139 BGB zu modifizieren, insbesondere mit der Folge, dass abweichend von der Vermutung des § 139 BGB die Beweislast demjenigen zufällt, der sich auf die Gesamtnichtigkeit des Vertrags beruft (BGH II ZR 84/09 v. 15.3.10, NJW 10, 1660).

B. 13. Mietvertrag (Kfz-Mietvertrag)

Gliederung

I. FORMULAR

Formular B. 13 Kfz-Mietvertrag

KFZ-MIETVERTRAG

zwischen

A ...... – nachfolgend Vermieter genannt –

und

B ...... – nachfolgend Mieter genannt –

§ 1 Vertragsgegenstand

(1) Der Vermieter überlässt dem Mieter ein Kfz ...... Fahrgestellnummer ...... mit dem amtlichen Kennzeichen ...... zum Transport von Möbeln (zur Personenbeförderung).

(2) Das Kraftfahrzeug verfügt über folgende Ausstattung:

....

(3) Das Kraftfahrzeug wird mit ...... (vollem) Tank und innen gereinigt übergeben.

§ 2 Vertragsdauer

Das Kfz ist am ...... bis um ...... zurückzugeben.

§ 3 Übergabe

(1) Das Kfz wird am ...... *[Ort der Übergabe]* an den Mieter übergeben. Hierbei wird der Tachometerstand sowie der Zustand des Kfz protokolliert (Übergabeprotokoll). Das Übergabeprotokoll wird Bestandteil dieses Vertrages. Protokoll, Zulassungsbescheinigung Teil I (Kfz-Schein) und Schlüssel werden mit dem Kfz übergeben.

(2) Die Rückgabe an den Vermieter erfolgt am Übergabeort gem. Abs. 1. Das Kfz ist voll betankt, innen gereinigt und in betriebsbereitem Zustand zu übergeben.

(3) Kfz-Schein und Schlüssel sind an den Vermieter zurückzugeben.

§ 4 Mietzins und Kosten

(1) Der Mieter hat dem Vermieter bei Vertragsschluss € ......,– zu zahlen. Zusätzlich wird für jeden gefahrenen Kilometer ein Betrag von € ......,– bei Rückgabe an den Vermieter gezahlt. Die vorstehenden Beträge verstehen sich einschließlich gesetzlicher Umsatzsteuer.

(2) Die Kosten für Treibstoff sowie für eine evtl. Innenreinigung trägt der Mieter.

§ 5 Kaution

Der Mieter hat bei Vertragsschluss eine Kaution in Höhe von € ......,– zu hinterlegen. Die Kaution wird bei der ordnungsgemäßen Rückgabe des Kfz zurückgezahlt.

§ 6 Verhalten bei Verkehrsunfällen

(1) Wird der Mieter während der Nutzung des Fahrzeugs verschuldet oder unverschuldet in einen Verkehrsunfall, Wildschaden, Brand oder Ähnliches verwickelt, so hat er unverzüglich für eine polizeiliche Aufnahme des Unfall- bzw. Schadenshergangs zu sorgen.

(2) Der Mieter hat dem Vermieter ferner einen schriftlichen Unfallbericht ggf. mit Unfallskizze zu übergeben. Der Mieter hat darin auch Namen und Adresse der beteiligten und Zeugen schriftlich festzuhalten.

§ 7 Vertragsstrafe und Schadensersatz

(1) Bei verspäteter Rückgabe des Kfz ist eine Vertragsstrafe wie folgt zu zahlen: ......
Weitergehende Schadensersatzansprüche bleiben hiervon unberührt.

(2) Das Kfz ist Vollkasko versichert. Bei vorsätzlicher oder grob fahrlässiger Zerstörung, Beschädigung oder bei vorsätzlich oder grob fahrlässig verursachtem Untergang des Kfz hat der Mieter den Schaden zu ersetzen.

(3) Soweit gesetzlich zulässig, haftet der Vermieter nicht für Mängel des Kfz und braucht er einen evtl. entstehenden Schaden nicht zu ersetzen.

§ 8 Sonstige Pflichten des Mieters

(1) Der Mieter hat das Kfz pfleglich und schonend zu behandeln.

(2) Der Mieter allein ist zum Führen des Fahrzeugs berechtigt. Das Kfz darf weder von anderen Personen geführt werden noch darf es untervermietet werden.

(3) Mängel hat der Mieter dem Vermieter sofort anzuzeigen.

(4) Das Kfz ist gegen Diebstahl zu sichern.

II. ERLÄUTERUNGEN

> **Erläuterungen zu B. 13 Kfz-Mietvertrag**

1. Grundsätzliche Anmerkungen

a) Wirtschaftliche Vertragsziele

1   Die Miete ist darauf gerichtet, entgeltlich ein Gebrauchsrecht an einer Sache zu gewähren (§ 535 BGB). Ein Pachtvertrag (§ 581 BGB) kann sich demgegenüber auf eine Sache oder auf ein Recht beziehen und gewährt dem Pächter weitergehend auch den Bezug der Früchte (§ 99 BGB). Vgl. iÜ Formular A. 6.39 sowie Formular B.15.

b) Zivilrecht

2   Auf den Mietvertrag über bewegliche Sachen finden die §§ 535–548, 579 Abs. 1 Satz 1, 2, 580, 580a Abs. 3, 4 BGB Anwendung.

Das Mietverhältnis ist vom Pachtverhältnis oftmals nur sehr schwer zu unterscheiden. Beide Rechtsinstitute haben nur in wenigen Fällen unterschiedliche Rechtsfolgen. Unterschiede bestehen im Wesentlichen bei
– der Ersatzpflicht bei nicht rechtzeitiger Rückgabe der überlassenen Sache nach Vertragsende,
– den gesetzlichen Kündigungsfristen,
– bestimmten Sonderkündigungsrechten und
– der Unterhaltspflicht für mitüberlassenes Inventar.

Es empfiehlt sich daher, in den oben genannten Punkten im Vertrag konkrete Regelungen zu vereinbaren. Auf diese Weise werden diejenigen Risiken ausgeschlossen, die bei nicht ganz eindeutiger Einordnung des Vertrages sonst bestünden.

Hauptpflicht des Vermieters ist es, dem Mieter den Gebrauch des vermieteten Gegenstandes zu gewähren. Hauptpflicht des Mieters ist es, dem Vermieter den vereinbarten Mietzins zu entrichten. 3

c) Steuerrecht

Ertragsteuern: Der **Vermieter** von beweglichen Sachen erzielt für Zwecke der **Einkommensteuer** Einkünfte aus Vermietung und Verpachtung (§ 21 Abs. 1 Nr. 2 EStG), soweit es sich um die Vermietung von Sachinbegriffen handelt. Sofern die Vermietung beweglicher Sachen, insbesondere Kfz, nachhaltig betrieben wird, können auch Einkünfte aus Gewerbebetrieb (§ 15 Abs. 1, 2 EStG) vorliegen. Typisch gewerblich ist zB die Tätigkeit eines Autoverleihunternehmens. Entsprechendes gilt, wenn das zu vermietende Wirtschaftsgut Betriebsvermögen (§§ 4, 5 EStG) darstellt (vgl. § 21 Abs. 3 EStG). Sollte es sich nur um eine gelegentliche Vermietung einzelner beweglicher Gegenstände handeln, sind sonstige Einkünfte nach § 22 Nr. 3 EStG gegeben. Bei dem Mieter sind die Mietzahlungen, sofern sie im Rahmen der Einkünfteerzielung verausgabt werden, **Betriebsausgaben** bzw. **Werbungskosten.** Soweit ein gemietetes Kfz für Fahrten zwischen Wohnung und Arbeitsstätte eingesetzt wird, sind gem. § 9 Abs. 1 Nr. 4, Abs. 2 EStG als Abgeltung sämtlicher Aufwendungen € 0,30 für jeden Entfernungskilometer, höchstens jedoch € 4.500,– im Kalenderjahr zu berücksichtigen (zu Einzelheiten vgl. BMF v. 31.10.13, BStBl. I 13, 1376). Mit der Entfernungspauschale sind zB auch (Leasing)Sonderzahlungen abgegolten (BFH VI R 20/08 v. 15.4.10, BStBl. II 10, 805 – Verfassungsbeschwerde nicht zur Entscheidung angenommen BVerfG 2 BvR 1683/10 v. 7.4.11, nv.). Wird das gemietete Kfz zu mehr als 50% für betrieblich veranlasste Fahrten genutzt, gilt für die private Nutzung die in § 6 Abs. 1 Nr. 4 Satz 2 EStG verankerte 1%-Regelung. Abweichend davon kann die private Nutzung des betrieblichen Kfz aber auch mit den tatsächlichen, auf die Privatfahrten entfallenden Aufwendungen angesetzt werden, wenn diese auf Grund eines ordnungsgemäß geführten Fahrtenbuches nachgewiesen werden können (§ 6 Abs. 1 Nr. 4 Satz 3 EStG). 4

Die Vermietung einzelner beweglicher Sachen ist, sofern die allgemeinen Kriterien eines Gewerbebetriebs vorliegen, eine der **Gewerbesteuer** unterliegende Tätigkeit. Beim **gewerblichen Mieter** erfolgt ggf. eine Hinzurechnung in Höhe von $^1/_{20}$ der Mietzinsen (§ 8 Nr. 1 Buchst. d GewStG). 5

Verkehrsteuern: Sofern die Vermietung des Kfz durch einen Unternehmer im Rahmen seines Unternehmens erfolgt, handelt es sich **umsatzsteuerrechtlich** um eine sonstige Leistung iSd. § 3 Abs. 9 UStG. Ist der Mieter ebenfalls ein Unternehmer, so ist der Ort der sonstigen Leistung dort, wo der Empfänger sein Unternehmen betreibt (§ 3a Abs. 2 UStG). Ansonsten bestimmt sich der Ort der sonstigen Leistung bei nicht-kurzfristiger Vermietung an Verbraucher nach § 3a Abs. 3 Nr. 2 Satz 3 UStG (dort wo der Empfänger seinen Wohnsitz oder Sitz hat) bzw. bei kurzfristiger Vermietung (an alle Leistungsempfänger B2B und B2C) von nicht mehr als 30 Tagen nach § 3a Abs. 3 Nr. 2 UStG (dort wo das Kfz dem Empfänger tatsächlich zur Verfügung gestellt wird). Besonderheiten gelten bei der Vermietung durch einen im Drittlandsgebiet ansässigen Unternehmer. Hier ist der Ort der Leistung im Inland, wenn die Leistung hier genutzt oder ausgewertet wird (§ 3a Abs. 6 UStG). Handelt es sich dagegen um eine einmalige Vermietung, ist mangels Unternehmereigenschaft eine Umsatzsteuerbarkeit nicht gegeben. 6

Wird das gemietete Kfz mindestens zu 10% für das Unternehmen des Mieters genutzt (§ 15 Abs. 1 Satz 2 UStG), ist die Vorsteuer in vollem Umfang abziehbar. Die Korrektur erfolgt über die Besteuerung der privaten Nutzung nach § 3 Abs. 9a UStG. 7

2. Einzelerläuterungen

Zu § 1: Vertragsgegenstand

8   Es empfiehlt sich, im Vertrag niederzulegen, wozu das Kfz vermietet wird, um den üblichen Gebrauch festzustellen.

Zu § 3: Übergabe

9   Diese Vorschrift hat im Wesentlichen die Funktion einer Checkliste für den Mieter, so dass dieser Punkt für Punkt verfolgen kann, was er zu überprüfen hat und worauf er achten muss. Darüber hinaus dient diese Vorschrift der Klarstellung, was tatsächlich in welchem Zustand übergeben wurde und an welchem Ort es zurückzugeben ist.

Zu § 4: Mietzins und Kosten

10   Aus wirtschaftlichen Gründen empfiehlt es sich, die Kosten für das Kfz nicht nur pauschal zu vereinbaren, sondern auch von dem tatsächlichen Gebrauch abhängig zu machen. In den genannten Beträgen ist die gesetzliche Umsatzsteuer enthalten.

Abs. 2 stellt klar, dass der Mieter nicht auf Kosten des Vermieters die Innenreinigung und das Betanken vornehmen kann.

Zu § 5: Kaution

11   Die Höhe der Kaution richtet sich hier nach dem jeweiligen Einzelpreis des Kfz. Ferner sind hier die typischen Schäden zu berücksichtigen, wie zB der Verlust der Autoschlüssel.

Zu § 6: Verhalten bei Verkehrsunfall

12   Die Verpflichtung bei einem Unfall die **Polizei** hinzuzuziehen, ist eine sinnvolle Regelung. Allerdings sollte man nicht die **Haftungsfreistellung** vom Herbeirufen der Polizei abhängig machen, denn eine Klausel, wonach die gegen Zahlung eines zusätzlichen Entgelts gewährte Haftungsfreistellung entfällt, wenn der Mieter gegen die Verpflichtung verstößt, bei einem Unfall die Polizei hinzuzuziehen, ist nach § 307 BGB unwirksam. Die durch die Unwirksamkeit der Klausel entstehende Vertragslücke kann durch die Heranziehung von § 28 Abs. 2 und 3 VVG geschlossen werden (vgl. BGH XII ZR 40/11 v. 24.10.12, VersR 13, 197).

Zu § 7: Vertragsstrafe und Schadensersatz

13   Insbesondere der Mieter sollte darauf achten, dass das Kraftfahrzeug versichert ist, damit er bei einer fahrlässig verursachten Zerstörung oder Beschädigung des Fahrzeugs nicht zum Schadensersatz herangezogen wird.

Zu § 8: Sonstige Pflichten des Mieters

14   Der Vermieter hat darauf zu achten, dass er sich vom Mieter eine gültige Fahrerlaubnis vorzeigen lässt. Aus dem gleichen Grund ist es auch sinnvoll, zu vereinbaren, dass der durch eine gültige Fahrerlaubnis ausgewiesene Mieter allein berechtigt ist, das Fahrzeug zu führen.

B. 14. Nießbrauch

Gliederung

I. FORMULAR

Formular B. 14 Zuwendungsnießbrauch

ZUWENDUNGSNIESSBRAUCH

Verhandelt am ...... in ......

Vor dem unterzeichnenden Notar ...... erschienen

Herr A

und
                                                    – nachfolgend Eigentümer genannt –

Herr B

handelnd als Pfleger für den minderjährigen Sohn des Eigentümers, A1, geb. ......,
auf Grund der in Urschrift vorgelegten Bestallungsurkunde des Amtsgerichts ......
vom ......

                                                    – nachfolgend Nießbraucher genannt –

Die Erschienenen, durch Personalausweise ausgewiesen, erklärten:

§ 1 Nießbrauchbestellung

(1) Der Eigentümer räumt hiermit dem Nießbraucher an dem im Grundbuch des
Amtsgerichts ...... für ...... Band ...... Blatt ...... eingetragenen unbebauten Grundstück auf die Dauer von drei Jahren unentgeltlich ein Nießbrauchrecht ein, beginnend mit dem ....

(2) Der Nießbraucher ist berechtigt, aus dem vorgenannten Grundstück sämtliche
Nutzen zu ziehen. Er hat die auf dem Grundstück ruhenden privaten und öffentlichen
Lasten zu tragen. Das gilt auch für die außerordentlichen öffentlichen Lasten und die
außergewöhnlichen Ausbesserungen und Erneuerungen.

(3) Das vorbezeichnete unbebaute Grundstück ist langfristig verpachtet und dient
dem Pächter als Parkplatz für gewerbliche Zwecke.

(4) Eigentümer und Nießbraucher sind sich über das Entstehen des Nießbrauchrechts einig. Im Hinblick darauf bewilligt und beantragt der Eigentümer die Eintragung des Nießbrauchrechts an dem genannten Grundstück zugunsten des Nießbrauchers.

§ 2 Schenkungsteuer, Kosten des Vertrages

Die auf die unentgeltliche Bestellung des Nießbrauchrechts entfallende Schenkungsteuer sowie die Kosten dieses Vertrages trägt der Nießbraucher. Der Jahreswert des
Nießbrauchs wird mit € ......,– angegeben.

Diese Niederschrift wurde den Erschienenen vom Notar vorgelesen, von ihnen genehmigt und von ihnen und dem Notar wie folgt unterschrieben:

....

(Unterschrift A)   **(Unterschrift B)**   **(Unterschrift Notar)**

II. ERLÄUTERUNGEN

Erläuterungen zu B. 14 Zuwendungsnießbrauch

1. Grundsätzliche Anmerkungen

a) Wirtschaftliche Vertragsziele

1   Die durch den Nießbrauch bewirkte Abspaltung des Nutzungsrechts vom Eigentum dient in erster Linie der Versorgung des Nießbrauchers. Dies gilt insbesondere im Rahmen vorweggenommener Erbfolge etwa dann, wenn die Eltern ein Grundstück auf Kinder unter Vorbehalt des Nießbrauchs übertragen oder im Rahmen der Erbfolge auf die Kinder unter Vorbehalt des Nießbrauchs am Nachlass zugunsten des hinterbliebenen Ehepartners. Schließlich spielen nicht selten auch steuerliche Gründe eine Rolle, und zwar vor allem beim Zuwendungsnießbrauch an Grundstücken.

b) Zivilrecht

2   Der Nießbrauch ist das höchstpersönliche **Recht,** anstelle des Eigentümers sämtliche Nutzungen (§ 100 BGB) aus der belasteten Sache zu ziehen (§ 1030 Abs. 1 BGB). Es handelt sich um ein beschränkt dingliches Recht (Dienstbarkeit). Dieses Nutzungsrecht umfasst ein Besitzrecht (§ 1036 BGB) und auch das Recht zur Vermietung und Verpachtung, wobei der Nießbraucher gem. §§ 567, 578 BGB in ein bereits bestehendes Miet- oder Pachtverhältnis eintritt (§§ 1059d, 571 ff. BGB). Das umfassende Nutzungsrecht kann allerdings eingeschränkt werden (§ 1030 Abs. 2 BGB).

3   Als **Verpflichtung** trifft den Nießbraucher die Erhaltung der Sache, verbunden mit dem Tragen der laufenden Reparaturen (§ 1041 BGB). Ferner hat er die Pflicht, die Sache zu versichern (§ 1045 BGB) sowie die laufenden öffentlichen Lasten, zB Grundsteuer, und privaten Lasten, zB Hypothekenzinsen, zu tragen (§ 1047 BGB). Außerordentliche öffentliche Lasten (zB Erschließungskosten) und außergewöhnliche Ausbesserungen und Erneuerungen treffen den Nießbraucher nicht (§ 1047 BGB).

4   Der Nießbrauch **entsteht** an beweglichen Sachen durch Einigung und Übergabe (§ 1032 BGB), an Grundstücken und grundstücksgleichen Rechten durch Einigung und Eintragung in das Grundbuch (§§ 873f. BGB) sowie an Rechten insbesondere durch Abtretung oder durch Einigung und Übergabe (§§ 1069 Abs. 1, 1080, 1081 Abs. 2, 1084 BGB). Neben dem Immobiliarnießbrauch und dem Nießbrauch an Gesellschaftsanteilen ist auch der Nießbrauch an Sachgesamtheiten, etwa als Unternehmens- und Nachlassnießbrauch (vgl. §§ 1085, 1089 BGB), von praktischer Bedeutung. Der Bestellung des Nießbrauchs als Verfügungsgeschäft liegt stets ein Verpflichtungsvertrag zur Nießbrauchsbestellung zugrunde, der grds. formlos gültig ist. Bei Schenkung ist § 518 Abs. 1 BGB zu beachten.

5   Der Nießbrauch ist grds. **unübertragbar,** unvererblich, nicht belastbar und nicht verpfändbar (§§ 1059 Satz 1, 1069 Abs. 2, 1274 Abs. 2 BGB; Ausnahme: § 1059a BGB – Übertragbarkeit bei juristischer Person im Zuge der Gesamtrechtsnachfolge). Die Ausübung des Nießbrauchs kann allerdings Dritten überlassen werden (§ 1059 Satz 2 BGB), insoweit ist der Nießbrauch auch pfändbar (§ 857 Abs. 3 ZPO).

6   Der Nießbrauch **erlischt** insbesondere durch Aufhebung (§§ 875, 1062, 1064, 1072 BGB), Eintritt einer auflösenden Bedingung oder durch Erreichen des vereinbarten Endtermins (§§ 158 Abs. 2, 163 BGB).

Entsprechend der inhaltlichen Ausgestaltung unterscheidet man insbesondere: **Net-** 7
tonießbrauch, bei dem gemäß dem gesetzlich geregelten Grundfall die laufenden
Aufwendungen vom Nießbraucher zu tragen sind; **Bruttonießbrauch,** bei dem abweichend von der gesetzlichen Regelung der Eigentümer kraft Vereinbarung die
Aufwendungen trägt; **Vorbehaltsnießbrauch,** bei dem sich der Eigentümer bei
Übertragung der Sache das Nießbrauchsrecht vorbehält; **Zuwendungsnießbrauch,**
bei dem der Eigentümer einem Dritten das Nießbrauchsrecht bestellt; **Quotennieß-**
brauch, bei dem das Nießbrauchsrecht an einer Sache nur zu einem Bruchteil bestellt
wird (vgl. hierzu auch BMF v. 30.9.13, BStBl. I 13, 1184).

c) Steuerrecht

Ertragsteuern: Im Hinblick darauf, dass der Nießbrauch vor allem zwischen Fami- 8
lienangehörigen vereinbart wird, gelten hier im besonderen Maße die allgemeinen
Grundsätze für die **steuerliche Anerkennung** von Verträgen zwischen nahen Angehörigen. Wird die steuerliche Anerkennung versagt, kommt eine Zurechnung der
Einkünfte zum Nießbraucher von vornherein nicht in Betracht mit der Folge, dass
etwa erstrebte steuerliche Spareffekte nicht eintreten. Dabei schließt nicht jede geringfügige Abweichung einzelner Sachverhaltsmerkmale vom Üblichen die steuerrechtliche Anerkennung des Vertragsverhältnisses aus. Vielmehr sind einzelne Kriterien des
Fremdvergleichs im Rahmen der gebotenen Gesamtbetrachtung unter dem Gesichtspunkt zu würdigen, ob sie den Rückschluss auf eine privat veranlasste Vereinbarung
zulassen (vgl. BFH X R 26/11 v. 22.10.13, BStBl. II 14, 374).

Entsprechend den allgemeinen Grundsätzen sind für die **Einkommensteuer** Nieß- 9
brauchsvereinbarungen zwischen nahen Angehörigen nur dann anzuerkennen, wenn
sie klar getroffen, ernsthaft gewollt und tatsächlich durchgeführt werden (vgl. allg. BFH
X R 55/09 v. 18.8.10, BStBl. II 11, 633; zu den Voraussetzungen einer Anerkennung
eines Nießbrauchs an einem vermieteten Grundstück vgl. BMF v. 30.9.13, BStBl. I 13,
1184 Tz. 2 ff.; *Schmidt/Kulosa* § 21 EStG Rz. 71 ff.). Voraussetzung ist zunächst, dass der
Nießbrauch **bürgerlich-rechtlich wirksam** bestellt worden ist. Für die Bestellung des
Nießbrauchs an einem vermieteten Grundstück von Eltern zugunsten ihrer minderjährigen Kinder bedarf es daher der Mitwirkung eines Pflegers (BFH VIII R 75/79 v.
13.5.80, BStBl. II 81, 297; BMF v. 15.11.84, BStBl. I 84, 561 Tz. 4; BMF v. 30.9.13,
BStBl. I 13, 1184 Tz. 4 u. 69). Das gilt aber ausnahmsweise dann nicht, wenn das zu-
ständige Familiengericht die Bestellung eines Pflegers für nicht notwendig gehalten hat-
te und keine vernünftigen Zweifel am zivilrechtlichen Bindungswillen bestehen (BFH
VIII R 29/97 v. 13.7.99, BStBl. II 00, 386; BMF v. 30.9.13, BStBl. I 13, 1184 Tz. 4).
Eine Pflegschaft für die Dauer des Nießbrauchs ist allerdings nicht erforderlich (BFH
VIII R 63/79 v. 13.5.80, BStBl. II 81, 295). Was die **tatsächliche Durchführung** des
Nießbrauchs anbelangt, so muss der Nutzungsberechtigte tatsächlich selbst als Ein-
kunfterzielender auftreten (*Schmidt/Kulosa* § 21 EStG Rz. 61).

Das bedeutet etwa beim Zuwendungsnießbrauch, dass neue Mietverträge durch den
Nießbraucher abzuschließen sind und der Eintritt in bestehende Verträge den Mietern
angezeigt wird (BFH VIII R 63/79 v. 13.5.80, BStBl. II 81, 295). Schließlich müssen
die Mietzahlungen auch tatsächlich auf dem Konto des Nießbrauchers eingehen. An
der tatsächlichen Durchführung fehlt es, wenn äußerlich alles beim Alten bleibt und
etwa nur die Erträge an den Nutzungsberechtigten abgeführt werden (BMF v.
30.9.13, BStBl. I 13, 1184 Tz. 3). Hat der Nießbraucher das Gebäude oder eine
Wohnung in Ausübung seines Nießbrauchsrechts an den Eigentümer vermietet, so
kann darin die Rückgängigmachung des Nießbrauchs oder ein **Missbrauch von**
rechtlichen Gestaltungsmöglichkeiten (§ 42 AO) liegen. Bestellen Eltern ihrem
Kind einen befristeten Nießbrauch an einem Grundstück und vermietet das Kind den
Grundbesitz anschließend an die Eltern zurück, stellt eine solche Gestaltung regelmäßig einen Missbrauch von rechtlichen Gestaltungsmöglichkeiten iSd. § 42 AO dar

(vgl. BFH IV R 36/90 v. 18.10.90, BStBl. II 91, 205). Eine missbräuchliche Gestaltung kann auch in der Unkündbarkeit eines in zeitlichem Zusammenhang mit der Nießbrauchbestellung mit dem Nießbrauchbesteller vereinbarten Mietverhältnisses oder darin liegen, dass die Dauer eines befristeten Nießbrauchs auf die Unterhaltsbedürftigkeit des Nießbrauchers abgestimmt ist (BMF v. 30.9.13, BStBl. I 13, 1184 Tz. 17).

10   Im Bereich der Einkünfte aus **gewerblichen Einzelunternehmen** führt nur der **Unternehmensnießbrauch** zu einer Zurechnung der Einkünfte zum Nießbraucher (BFH VIII R 55/77 v. 4.11.80, BStBl. II 81, 396; BFH IV R 7/94 v. 28.9.95, BStBl. II 96, 440), während der **Ertragsnießbrauch** insoweit unbeachtlich ist, weil der Nießbraucher hierbei weder Unternehmerinitiative entfalten kann, noch Unternehmerrisiko trägt (BFH VIII R 349/83 v. 24.9.91, BStBl. II 92, 330).

11   Im Bereich der **mitunternehmerischen** Einkünfte aus Gewerbebetrieb (§ 15 Abs. 1 Satz 1 Nr. 2 EStG, vgl. auch Gleichl. Ländererlasse v. 2.11.12, BStBl. I 12, 1101; BFH II R 67/09 v. 1.9.11, BStBl. II 13, 210; BFH II R 5/12 v. 16.5.13, BStBl. II 13, 635) ist der Nießbraucher nur dann als Mitunternehmer anzusehen, wenn er rechtlich und tatsächlich dem Typusbegriff des Mitunternehmers entspricht (BFH VIII R 35/92 v. 1.3.94, BStBl. II 95, 241; offen aber nunmehr BFH IV R 43/13 v. 3.12.15, BFH/NV 16, 742). Dabei ist es unerheblich, ob der Nießbrauch zivilrechtlich im Wege der sog. Treuhandlösung oder als echter dinglicher Nießbrauch begründet wird. Erforderlich ist jedenfalls, dass der Nießbraucher auch Stimmrechte ausüben kann und er über die Gewinn- und Verlustbeteiligung Mitunternehmerrisiko trägt (*Schmidt/Wacker* § 15 EStG Rz. 306). Im Hinblick darauf vermitteln sowohl der reine Ertragsnießbrauch als auch der Nießbrauch nur am **Gewinnstammrecht** dem Nießbraucher keine Mitunternehmerstellung (BFH IV R 83/75 v. 13.5.76, BStBl. II 76, 592; BFH VIII R 18/93 v. 16.5.95, BStBl. II 95, 714). Der Nießbrauchbesteller bleibt Mitunternehmer, wenn er Mitunternehmerinitiative ausüben kann und an den stillen Reserven sowie am Geschäftswert im Liquidationsfall beteiligt bleibt und ihm der nicht entnahmefähige Gewinnanteil gebührt (*Schmidt/Wacker* § 15 EStG Rz. 309 f.).

12   Im Bereich der **Einkünfte aus Kapitalvermögen** (§ 20 EStG) ist die steuerliche Zurechnung zum Nießbrauchbesteller oder Nießbraucher stark umstritten und letztlich noch ungeklärt (vgl. allgemein zur Zurechnung beim Nießbraucher *Schmidt/Levedag* § 20 EStG Rz. 236). Nach wohl überwiegender Meinung gilt Folgendes:
Es ist zwischen Vorbehalts- und Zuwendungsnießbrauch zu unterscheiden. Während beim **Vorbehaltsnießbrauch** dem Nießbraucher die Einnahmen zuzurechnen sind, werden die Einnahmen beim **unentgeltlich** bestellten **Zuwendungsnießbrauch** weiterhin dem Nießbrauchbesteller (BFH VIII R 146/73 v. 14.12.76, BStBl. II 77, 115; BFH VIII B 4/02 v. 24.8.05, BFH/NV 06, 273) zugerechnet. Beim entgeltlich bestellten Nießbrauch ist die steuerliche Behandlung dagegen zweifelhaft. Nach Tz. 58, 59 des Nießbrauch-Erlasses (BMF v. 23.11.83, BStBl. I 83, 508) soll das für die Bestellung gezahlte Entgelt nach § 20 Abs. 5 Satz 3 EStG dem Nießbrauchbesteller zuzurechnen sein mit der Folge, dass der Nießbraucher lediglich eine Forderung einziehe, die bei ihm keine Steuerfolge auslöse. Es ist davon auszugehen, dass die Finanzverwaltung an dieser Beurteilung trotz der Aufhebung des entsprechenden Erlasses (Schreiben zur Eindämmung der Normenflut – BMF v. 4.4.11, BStBl. I 11, 356) festhalten wird (vgl. zu den verschiedenen Erwägungen: *Blümich/Ratschow* § 20 EStG Rz. 454).

13   Die steuerliche Zurechnung der **Einkünfte aus Vermietung und Verpachtung** hängt nach dem Nießbrauch-Erlass (BMF v. 30.9.13, BStBl. I 13, 1184) davon ab, ob es sich um einen Vorbehaltsnießbrauch oder um einen Zuwendungsnießbrauch handelt. Ist das mit dem **Vorbehaltsnießbrauch** (vgl. BMF v. 30.9.13, BStBl. I 13, 1184 Tz. 41 ff.) belastete Grundstück vermietet, sind die Mieteinnahmen grds. dem Vorbehaltsnießbraucher zuzurechnen. Der Vorbehaltsnießbraucher ist auch zum Werbungskostenabzug, insbesondere zur Inanspruchnahme der Absetzung für Abnutzung, berechtigt (BFH GrS 4/92 v. 30.1.95, BStBl. II 95, 281; BFH IX R 33/94 v. 26.11.96, BFH/NV 97, 643; BFH IV R 20/07 v. 24.6.09, BFH/NV 10, 20).

Handelt es sich um einen **unentgeltlich** bestellten **Zuwendungsnießbrauch** (vgl. **14** Nießbrauch-Erlass BMF v. 30.9.13, BStBl. I 13, 1184 Tz. 18 ff.), sind die Einnahmen dem Nießbraucher zuzurechnen, wenn dieser auch als Vermieter auftritt (BFH IX R 78/88 v. 9.4.91, BStBl. II 91, 809). Nutzt der Nießbrauchbesteller das Grundstück unverändert selbst (BFH IX R 86/84 v. 21.7.88, BStBl. II 88, 938) oder handelt es sich um eine missbräuchliche Gestaltung (§ 42 AO), etwa bei Rückvermietung (BFH IV R 36/90 v. 18.10.90, BStBl. II 91, 205), werden die Einkünfte dem Nießbrauchbesteller zugerechnet. Eine Absetzung für Abnutzung auf das Gebäude kann der Nießbraucher nicht vornehmen (BFH VIII R 141/77 v. 28.7.81, BStBl. II 82, 454). Beim Eigentümer sind Werbungskosten, und somit auch eine Absetzung für Abnutzung mangels entsprechender Einnahmen aber ebenfalls nicht zu berücksichtigen. Gleiches gilt für den **Vermächtnisnießbrauch.** Ein Vermächtnisnießbraucher kann die Gebäude-AfA auf Grund von Anschaffungs- oder Herstellungskosten des Erblassers nicht in Anspruch nehmen (BFH IX R 156/88 v. 28.9.93, BStBl. II 94, 319). Da dem Eigentümer keine Einnahmen zuzurechnen sind, kann er auch keine Werbungskosten geltend machen.

Beim **entgeltlich** bestellten **Zuwendungsnießbrauch** (vgl. BMF v. 30.9.13, **15** BStBl. I 13, 1184 Tz. 26 ff.) sind die Mieteinnahmen dem **Nießbraucher** zuzurechnen, der insoweit auch zum Werbungskostenabzug berechtigt ist. Auf das entgeltlich erworbene Nießbrauchsrecht kann der Nießbraucher eine nach der Dauer des Nießbrauchs bemessene Absetzung für Abnutzung (§ 7 Abs. 1 EStG) vornehmen (BFH VIII R 54/74 v. 27.6.78, BStBl. II 79, 332; *Schmidt/Kulosa* § 21 EStG Rz. 73; *Schmidt/Kulosa* § 7 EStG Rz. 69 ff.).

Beim **Eigentümer** ist das für die Bestellung des Nießbrauchs gezahlte Entgelt grundsätzlich im Jahr des Zuflusses als Einnahme aus Vermietung und Verpachtung zu versteuern. Bei Vorausleistung des Entgelts durch den Nießbraucher für mehr als fünf Jahre können die Einnahmen auf den Zeitraum verteilt werden, für den die Zahlung geleistet wird (§ 11 Abs. 1 Satz 3 EStG).

Zum teilweise entgeltlich bestellten Zuwendungsnießbrauch vgl. Nießbrauch-Erlass BMF v. 30.9.13, BStBl. I 13, 1184 Tz. 31.

Verkehrsteuern: Während bei der **Umsatzsteuer** unentgeltliche Nießbrauchsbe- **16** stellungen allenfalls als Entnahmeeigenverbrauch (§ 3 Abs. 1b UStG) steuerbar sind, ist bei Entgeltlichkeit die Steuerbefreiung gem. § 4 Nr. 12c UStG einschlägig (vgl. UStAE 4.12.8). In beiden Fällen kann eine Vorsteuerberichtigung gem. § 15a Abs. 1, 4 UStG in Betracht kommen, falls im Zusammenhang mit der Errichtung oder dem Erwerb des Gebäudes Vorsteuer abgezogen wurde (vgl. BFH X R 51/81 v. 16.9.87, BStBl. II 88, 205; UStAE 15a.2 Abs. 6 Nr. 3b). Die Vorsteuerberichtigung kann ggf. dadurch vermieden werden, dass für die entgeltliche Nießbrauchbestellung gem. § 9 UStG unter den dort näher genannten Voraussetzungen auf die Steuerbefreiung verzichtet wird. Zu dem der Umsatzsteuer unterliegenden Entgelt (§ 10 Abs. 1 UStG) zählen hierbei nicht die vom Nießbraucher gem. § 1047 BGB zu tragenden Lasten (BFH V R 12/85 v. 28.2.91, BStBl. II 91, 649).

Schenkungsteuer: Zur unentgeltlichen Übertragung etwa eines Grundstücks unter **17** **Nießbrauchsvorbehalt** vgl. Formular B. 18.01.

Der in diesem Formular behandelte unentgeltliche **Zuwendungsnießbrauch** un- **18** terliegt der Schenkungsteuer (§ 7 ErbStG), wobei die Steuer entweder vom Kapitalwert oder jährlich im Voraus vom Jahreswert zu entrichten ist (§ 23 ErbStG). Das entsprechende Wahlrecht übt der Nießbraucher aus.

Als wiederkehrende Nutzung ergibt sich die Bemessungsgrundlage für den Zuwendungsnießbrauch nach § 12 Abs. 1 ErbStG, §§ 13–16 BewG. Danach ist gem. § 13

Abs. 1 BewG grds. der Kapitalwert maßgebend. Der für die Laufzeit zum Bewertungsstichtag maßgebliche Vervielfacher des Jahreswertes des Nießbrauchs ergibt sich aus der Anlage 9a zu § 13 Abs. 1 BewG.

Der Jahreswert ist gem. § 16 BewG höchstens mit dem Wert anzusetzen, der sich ergibt, wenn der Wert durch 18,6 geteilt wird. Bei Grundstücken und den wie Grundvermögen bewerteten Betriebsgrundstücken (§ 99 Abs. 1 Nr. 1 BewG) ist hierbei der Grundbesitzwert gem. § 12 Abs. 3 ErbStG iVm. §§ 151 Abs. 1 S. 1 Nr. 1, 138 Abs. 3 BewG maßgeblich (vgl. dazu Gleichl. Ländererlasse v. 5.5.09, BStBl. I 09, 590 = AEBewGrV und ErbStR 2011).

19 *(frei)*

2. Einzelerläuterungen

Zur Eingangserklärung:

20 Die Bestellung eines unentgeltlichen Zuwendungsnießbrauchs an Grundbesitz beinhaltet nicht lediglich einen rechtlichen Vorteil, so dass es gem. § 107 BGB der Einwilligung des gesetzlichen Vertreters (idR die Eltern) bedarf. Da die Eltern wegen § 181 BGB indessen an der Vertretung gehindert sind, ist eine Ergänzungspflegschaft gem. § 1909 Abs. 1 BGB erforderlich (BFH VIII R 63/79 v. 13.5.80, BStBl. II 81, 295, 297; BFH IX R 216/84 v. 31.10.89, BStBl. II 92, 506; BMF v. 30.9.13, BStBl. I 13, 1184 Tz. 4). Die Zuständigkeit hierfür liegt beim Familiengericht (§ 151 Nr. 5 FamFG). Hat das Familiengericht indessen die Bestellung eines Ergänzungspflegers nicht für erforderlich gehalten, wird die Nießbrauchbestellung steuerlich anerkannt, wenn keine vernünftigen Zweifel am zivilrechtlichen Bindungswillen bestehen (BFH VIII R 29/97 v. 13.7.99, BStBl. II 00, 386; BMF v. 30.9.13, BStBl. I 13, 1184 Tz. 5). Der Bestellung eines Ergänzungspflegers für die Dauer des Nießbrauchs bedarf es nicht (BFH VIII R 63/79 v. 13.5.80, BStBl. II 81, 295).

Zu § 1: Nießbrauchbestellung

21 Es handelt sich um einen Nettonießbrauch, wobei über § 1047 BGB hinaus vom Nießbraucher auch die außerordentlichen öffentlichen Lasten und außergewöhnlichen Ausbesserungen und Erneuerungen zu tragen sind.

22 Da es sich um ein unbebautes Grundstück handelt, spielt es keine Rolle, dass dem Nießbraucher beim Zuwendungsnießbrauch keine Absetzung für Abnutzung zusteht. Im Hinblick darauf wirkt der steuerliche Vorteil uneingeschränkt. Die dem minderjährigen Sohn zuzurechnenden Einkünfte aus Vermietung und Verpachtung unterliegen bei diesem im Rahmen der Einkommensteuer einem zusätzlich eingreifenden Grundfreibetrag (§ 32a Abs. 1 Nr. 1 EStG) und einer niedrigeren Progressionsstufe.

Zu § 2: Schenkungsteuer, Kosten des Vertrags

23 Die Angaben dienen vor allem der Festsetzung der Schenkungsteuer.

B. 15. Pachtvertrag

Gliederung

I. FORMULAR

Formular B. 15 Pachtvertrag

PACHTVERTRAG

zwischen

A ......   – nachfolgend Verpächter genannt –

und

B ......   – nachfolgend Pächter genannt –

§ 1 Pachtgegenstand

(1) Der Verpächter verpachtet dem Pächter das im Grundbuch des Amtsgerichts ......
für ...... Band ...... Blatt ...... eingetragene Grundstück mit aufstehendem Kiosk.

(2) Mitverpachtet wird auch das gesamte vorhandene Inventar, welches in der als
Anlage 1 beigefügten Inventarliste aufgeführt ist.

(3) Die Errichtung zusätzlicher Baulichkeiten ist nur mit vorheriger schriftlicher Zustimmung des Verpächters zulässig.

§ 2 Pachtzweck

(1) Die Verpachtung erfolgt zum Betrieb eines Kiosks.

(2) Eine hiervon abweichende Nutzung ist dem Pächter nur nach vorheriger schriftlicher Erlaubnis des Verpächters gestattet.

§ 3 Pachtdauer

(1) Der Pachtvertrag beginnt am ...... und endet am ....

(2) Der Pachtvertrag verlängert sich jeweils um weitere ...... Jahre, wenn er nicht
durch eingeschriebenen Brief mindestens sechs Monate vor Vertragsablauf gekündigt wird.

(3) Das Recht beider Vertragsparteien, das Pachtverhältnis fristlos aus wichtigem
Grunde zu kündigen, bleibt unberührt.

§ 4 Pachtzins

(1) Der Pachtzins beträgt monatlich € ......,– zuzüglich gesetzlicher Mehrwertsteuer
in Höhe von € ......,– und ist jeweils bis spätestens zum dritten Werktag eines jeden
Monats im Voraus auf das Konto Nr. ...... bei der ...... Bank, BLZ ...... zu zahlen.

(2) Der Pächter übernimmt die auf dem Pachtgrundstück stehenden öffentlichen Lasten und Abgaben einschließlich der Grundsteuer sowie die durch den Gewerbebetrieb verursachten Betriebskosten iSd. Betriebskostenverordnung (Anlage 2).

(3) Auf diese Betriebskosten ist eine monatliche Vorauszahlung in Höhe von € ......,– zuzüglich gesetzlicher Mehrwertsteuer in Höhe von .... ebenfalls bis zum dritten Werktag eines jeden Monats zu zahlen.

(4) Der Pächter hat, soweit möglich, direkt Versorgungsverträge mit den jeweiligen Versorgungträgern abzuschließen und die Kosten direkt an die jeweiligen Versorgungsträger zu zahlen.

(5) Über die Betriebskosten ist jährlich abzurechnen. Erhöhen sich die Betriebs- und Nebenkosten, so ist der Verpächter berechtigt, eine entsprechende Erhöhung auf den Pächter umzulegen.

(6) Das Recht auf Aufrechnung oder Zurückbehaltung gegenüber der Pachtzinsforderung wird ausgeschlossen.

§ 5 Kaution

(1) Zur Sicherung aller Ansprüche des Verpächters gegen den Pächter aus diesem Pachtvertrag hat der Pächter eine Kaution in Höhe von € ......,– spätestens bis zum ...... auf das in diesem Vertrag benannte Konto des Verpächters einzuzahlen.

(2) Dem Pächter ist gestattet, die Kaution durch eine selbstschuldnerische, unbefristete und unbedingte Bürgschaft einer deutschen Großbank oder Sparkasse bis zum .... zu erbringen.

(3) Wird in Folge von Verbindlichkeiten des Pächters die Sicherheit in Anspruch genommen, so hat der Pächter sie binnen zwei Wochen nach erfolgter schriftlicher Aufforderung wieder auf die volle Kautionshöhe aufzustocken.

§ 6 Nebenpflichten

(1) Der Pächter ist verpflichtet, den Geschäftsbetrieb mit der Sorgfalt eines ordentlichen Geschäftsmannes zu führen.

(2) Dem Pächter obliegen die Verkehrssicherungspflichten des verpachteten Objektes, einschließlich der Zuwege. Der Pächter übernimmt die durch Satzung den Anliegern auferlegten Reinigungs- und Schneeräum- sowie Streupflichten der Gehwege und hält den Verpächter von allen Ansprüchen frei, die sich aus einer Verletzung der Verkehrssicherungspflichten ergeben können.

(3) Der Pächter hat das Grundstück und den Kiosk auf eigene Kosten in gutem Zustand zu erhalten. Zerstörte oder sonst unbrauchbare Gegenstände sind durch intakte gleichartige Gegenstände zu ersetzen. Die zu ersetzenden Gegenstände werden Eigentum des Verpächters.

§ 7 Versicherungen

Der Pächter ist verpflichtet, die Pachtgegenstände ausreichend zu versichern. Auf Verlangen sind dem Verpächter sowohl der Versicherungsabschluss als auch die Prämienzahlungen nachzuweisen.

§ 8 Unterverpachtung/Untervermietung

Eine Unterverpachtung oder Untervermietung des Pachtobjektes oder von Teilen des Pachtobjektes bedarf der vorherigen schriftlichen Erlaubnis des Verpächters.

§ 9 Betreten der Pachträume

(1) Der Verpächter kann die Pachträume während der Geschäftszeit nach vorheriger Ankündigung zur Prüfung ihres Zustandes oder aus anderen wichtigen Gründen betreten und hiermit auch andere Personen beauftragen.

(2) Will der Verpächter das Grundstück veräußern oder die Pachträume weiterverpachten, so hat der Pächter nach vorheriger Ankündigung durch den Verpächter die

Besichtigung durch Kauf- und Pachtinteressenten sowie durch Architekten, Handwerker oder Makler zu dulden.

§ 10 Rückabwicklung

(1) Nach Vertragsablauf hat der Pächter den Pachtgegenstand in sauberem, ordnungsgemäßem Zustand zu übergeben.

(2) Der Verpächter ist nicht verpflichtet, einen evtl. vom Pächter geschaffenen Geschäftswert zu vergüten. Der Verpächter ist nicht verpflichtet, bestehendes Umlaufvermögen zu übernehmen oder in bestehende Verträge einzutreten.

(3) Der Verpächter wird sich bemühen darauf hinzuwirken, dass ein nachfolgender Pächter dem Pächter einen geschaffenen Geschäftswert vergütet, Umlaufvermögen des Pächters übernimmt und in bestehende Verträge des Pächters eintritt, soweit der Pächter dies verlangt.

II. ERLÄUTERUNGEN

> **Erläuterungen zu B. 15 Pachtvertrag**

1. Grundsätzliche Anmerkungen

a) Wirtschaftliche Vertragsziele

Die Pacht ist darauf gerichtet, die Nutzung eines Rechtes oder einer Sache und den **1** Bezug der Früchte (§ 99 BGB) zu gewähren (§ 581 BGB). Die Miete (§ 535 BGB) gewährt demgegenüber lediglich ein Gebrauchsrecht an einer Sache. Vgl. Formular B. 13.

b) Zivilrecht

Der Pachtvertrag wird in den §§ 581 ff. BGB geregelt. Größtenteils wird dabei auf **2** die Vorschriften des Mietrechts, §§ 535 ff. BGB, Bezug genommen. Der Pachtvertrag ist an keine bestimmte Form gebunden. Neben dem allgemeinen Pachtvertrag gibt es besondere Pachtverhältnisse, zu denen zB die Landpacht, Kleingartenpacht oder die Jagd- und Fischereipacht zählen. Ein Vertrag, durch den der ganze Betrieb eines Unternehmens verpachtet wird, ist Betriebspacht (vgl. für die AG und KGaA als Verpächterin auch § 292 Abs. 1 Nr. 3 AktG).

Hauptpflicht des Verpächters ist es, dem Pächter den Gebrauch des verpachteten Gegenstandes und den Genuss der Früchte zu gewähren. Hauptpflicht des Pächters ist es, dem Verpächter den vereinbarten Pachtzins zu entrichten.

c) Steuerrecht

Ertragsteuern: Der Verpächter erzielt für Zwecke der **Einkommensteuer** Ein- **3** künfte aus Vermietung und Verpachtung gem. § 21 Abs. 1 Nr. 1 EStG, soweit der Pachtgegenstand nicht zu einem Betriebsvermögen gehört. Gehört der Gegenstand zu einem Betriebsvermögen iSv. §§ 4, 5 EStG (vgl. zB BFH X B 93/12 v. 2.8.13, BFH/NV 13, 1782), erzielt der Verpächter in der Regel Einkünfte aus Gewerbebetrieb (§ 15 Abs. 1 Satz 1 Nr. 1 EStG). In der Regel ist der Verpächter nicht nur rechtlicher, sondern auch wirtschaftlicher Eigentümer (vgl. § 39 Abs. 2 Nr. 1 AO) des gepachteten Gegenstandes (vgl. zB BFH IV R 35/08 v. 20.10.11, BFH/NV 12, 377; BFH X R 82/97 v. 14.2.01, BStBl. II 01, 440). Insoweit verbleibt dem Verpächter auch die Abschreibungsmöglichkeit nach § 7 EStG. Bei dem Pächter sind die Pachtzahlungen im Rahmen der Einkünfte aus Gewerbebetrieb Betriebsausgaben, sofern der Pachtgegenstand betrieblich genutzt wird.

Die Verpachtung von Grundstücken, evtl. einschließlich Inventar, sowie die Unter- **4** verpachtung ist in der Regel – außerhalb der in der Praxis bedeutsamen Grundsätze der Betriebsaufspaltung (vgl. dazu zB BFH X B 96/12 v. 25.6.13, BFH/NV 13, 1802) – kein Gewerbe, sondern Vermögensverwaltung. Dies hat zur Folge, dass insoweit keine **Gewerbesteuer** entsteht. Eine Ausnahme gilt nur für den Fall, dass über die Nutzungsüberlassung hinaus wesentliche Sonderleistungen geboten werden (zu Einzelheiten *Blümich/Bode* § 15 EStG Rz. 114 ff.). Hat der Verpächter oder im Fall des unentgeltlichen Erwerbs sein Rechtsvorgänger auf dem verpachteten Grundstück den nunmehr ebenfalls verpachteten Betrieb selbst bewirtschaftet, so gehört der Pachtzins zu den Einkünften aus Gewerbebetrieb, wenn eine Betriebsaufgabe zuvor nicht erklärt worden ist. Gewerbesteuer fällt hierbei allerdings nicht mehr an (GewStR 2.2). Aus der Sicht des Pächters kommt ggf. eine gewerbesteuerliche Hinzurechnung iHv. $^1/_8$ der gezahlten Pachtzinsen in Betracht (§ 8 Nr. 1 Buchst. e GewStG).

5   **Verkehrsteuern: Umsatzsteuer** entsteht bei der Verpachtung von Grundstücken auf Grund der Steuerbefreiung nach § 4 Nr. 12a UStG grds. nicht. Die Steuerbefreiung erfasst allerdings nicht auch die Baulichkeiten, wenn diese nur zu einem vorübergehenden Zweck mit dem Grund und Boden verbunden und daher keine Bestandteile des Grundstücks sind (vgl. UStAE 4.12.1 Abs. 4 Satz 1). Hierunter kann insbesondere auch ein Kiosk fallen (UStAE 4.12.1 Abs. 4 Satz 2). Da es für den Verpächter im Hinblick auf den Vorsteuerabzug günstiger sein kann, der Umsatzsteuerpflicht zu unterliegen (Vorsteuerabzug), ist ihm die Möglichkeit nach § 9 UStG eingeräumt, auf die Steuerbefreiung zu verzichten, soweit der Leistungsempfänger ein Unternehmer ist und das Grundstück im Rahmen seines Unternehmens ausschließlich für Umsätze verwendet oder zu verwenden beabsichtigt, die den Vorsteuerabzug nicht ausschließen.

6   **Grundsteuer:** Gem. § 535 Abs. 1 Satz 3 iVm. § 581 Abs. 2 BGB hat der Verpächter die auf der Sache ruhenden Lasten zu tragen. Zu diesen Lasten zählt die Grundsteuer. Oftmals wird diese Last auf den Pächter abgewälzt. Eine derartige Lastenüberwälzung betrifft aber nur das Innenverhältnis. In steuerrechtlicher Hinsicht ändert sich nichts. Der Verpächter bleibt weiterhin steuerpflichtig.

7   *(frei)*

2. Einzelerläuterungen

Zu § 1: Pachtgegenstand

8   Der Pachtgegenstand ist möglichst genau zu bezeichnen. Dazu zählt auch, dass das gesamte Anlagevermögen in einem Inventarverzeichnis einzeln aufgelistet wird.

Abs. 3 dient nur der Klarstellung.

Zu § 2: Pachtzweck

Die Festlegung und Konkretisierung des **Vertragszwecks** kann von Bedeutung sein, wenn unterschiedliche Nutzungsarten in Betracht kommen. Die Festlegung des Pachtzweckes dient dem Verpächter, da er gegenüber einer vom ursprünglich vereinbarten Vertragszweck abweichenden Nutzung einen Unterlassungsanspruch gemäß §§ 581 Abs. 2, 541 BGB gegen den Pächter geltend machen kann. Dem Pächter dient die Festlegung des Vertragszweckes, da sie die vom Verpächter zu gewährleistenden Gebrauchsbefugnisse und den Rahmen, innerhalb dessen Änderungen im Mietgebrauch vom Verpächter hinzunehmen sind, umschreibt.

Zu § 3: Pachtdauer

9   Dadurch, dass der Pachtvertrag für eine bestimmte Zeit geschlossen wird, entfällt das ordentliche Kündigungsrecht.

Bei **Abs. 2** ist zu beachten, dass diese Regelung in allgemeinen Geschäftsbedingungen so nicht wirksam wäre. Nach § 309 Nr. 13 BGB kann eine strengere Form als die Schriftform nicht verlangt werden. Ein Einschreibebrief stellt bereits eine strengere Form dar.

Abs. 3 dient wiederum lediglich der Klarstellung.

Zu § 4: Pachtzins

Abs. 1 legt die **Zahlungsbedingungen** konkret fest. Es handelt sich hier um eine **10** Änderung des § 579 BGB iVm. § 581 Abs. 2 BGB, wonach der Pachtzins lediglich am Ende der Pachtzeit zu entrichten ist. Soweit der Pachtzins nach Zeitabschnitten bemessen ist, muss er nach Ablauf des einzelnen Zeitabschnittes entrichtet werden. Gerade bei einer Verpachtung über mehrere Jahre ist es daher erforderlich, diesbezüglich. eine klare Regelung zu treffen.

Es empfiehlt sich, klar festzulegen, welche **Zahlungspflichten,** die von Gesetzes wegen der Verpächter zu tragen hat, auf den Pächter übergewälzt werden. Sofern derartige Pflichten nicht auf den Pächter im Vertrag übertragen werden, ist der Pächter auch später nicht verpflichtet, diese Pflichten zu übernehmen oder sich auf eine Übernahme einzulassen.

Ein Aufrechnungsverbot ist zwar in allgemeinen Geschäftsbedingungen gem. § 309 Nr. 3 BGB unwirksam, als individualrechtliche Vertragsregelung dagegen zulässig.

Zu § 6: Nebenpflichten

In den Nebenpflichten ist insbesondere darauf zu achten, dass der Pächter Gegen- **11** stände des Verpächters zum Gebrauch übernimmt. Es müssen daher Regelungen getroffen werden, die den Ersatz und Erhaltungsaufwand des Eigentums des Verpächters genau regeln.

Zu § 7: Versicherungen

Dem Umstand, dass der Pächter fremdes Eigentum in Gebrauch nimmt, trägt auch **12** § 5 durch eine Versicherung Rechnung.

Zu § 10: Rückabwicklung

Hiernach wird der Verpächter von der Verpflichtung befreit, eventuelle Ausgleichs- **13** ansprüche für geschaffene Werte des Pächters zu leisten. Andererseits wird dem Verpächter die Verpflichtung auferlegt, das in seiner Macht Stehende zu tun, um für einen reibungslosen Übergang vom vorherigen auf den nachfolgenden Pächter zu sorgen.

B. 16. Partiarisches Darlehen

Gliederung

I. FORMULAR

> **Formular B. 16 Vertrag über die Gewährung eines partiarischen Darlehens**

VERTRAG ÜBER DIE GEWÄHRUNG EINES PARTIARISCHEN DARLEHENS

Zwischen

Herrn A, ...   – nachfolgend Darlehensgeber genannt –

und

Kaufmann B, ...   – nachfolgend Darlehensnehmer genannt –

§ 1 Darlehensgewährung

Der Darlehensgeber gewährt dem Darlehensnehmer ein partiarisches Darlehen in Höhe von € ......,– Der Darlehensbetrag ist heute auf folgendes Konto des Darlehensnehmers zu überweisen: XY-Bank, Kto.-Nr. ....

§ 2 Zinsen/Gewinnbeteiligung

(1) Das Darlehen ist ausschließlich in Abhängigkeit vom Gewinn zu verzinsen.

(2) Die Vergütung ist der Höhe nach variabel und beträgt ......% des Gewinns des Darlehensnehmers aus seinem Einzelunternehmen gem. Steuerbilanz, höchstens jedoch 15% des Darlehensbetrages. Besteht das Darlehen nicht während eines ganzen Geschäftsjahres, so ist die Vergütung zeitanteilig zu kürzen. Verringert sich der Darlehensbetrag (zB bei einer Teilkündigung, § 4 Abs. 2), so verringert sich der als Vergütung zu zahlende Gewinnanteil im gleichen Verhältnis.

(3) Am Verlust nimmt der Darlehensgeber nicht teil.

(4) Der Gewinnanspruch entsteht mit Ablauf des Kalenderjahres und ist 14 Tage nach Aufstellung des Jahresabschlusses fällig; die gesetzliche Kapitalertragsteuer ist vom Darlehensnehmer einzubehalten und an das zuständige Finanzamt abzuführen. Der Jahresabschluss ist bis zum 30.6. des Folgejahres aufzustellen. Änderungen des Gewinns haben auf die Höhe der Gewinnbeteiligung nur insoweit Einfluss, als diese bestandskräftig festgestellt werden und die Abweichung insgesamt mehr als 10% beträgt. Vorzunehmende Ausgleichszahlungen sind 14 Tage nach Bestandskraft des Änderungsbescheides fällig.

§ 3 Informations- und Kontrollrechte

(1) Dem Darlehensgeber stehen die Informations- und Kontrollrechte des § 233 HGB zu, solange die Maximalvergütung von 15% des Darlehensbetrages nicht erreicht ist.

(2) Der Darlehensgeber kann seine Informations- und Kontrollrechte durch einen Rechtsanwalt, Steuerberater, vereidigten Buchprüfer oder Wirtschaftsprüfer wahrnehmen lassen.

(3) Der Darlehensgeber hat über alle ihm bekannt gewordenen Angelegenheiten der Gesellschaft Stillschweigen zu bewahren.

§ 4 Rückzahlung des Darlehens/Fälligkeit

(1) Das Darlehen ist zurückzuzahlen, wenn es von einer der Vertragsparteien gekündigt wird. Die Kündigungsfrist beträgt für beide Vertragsparteien zwölf Monate zum Monatsende.

(2) Teilkündigungen sind zulässig.

(3) Das Recht zur fristlosen Kündigung aus wichtigem Grund bleibt unberührt. Als wichtiger Grund, der zur Kündigung berechtigt, gilt insbesondere auch, wenn

a) der Darlehensnehmer die Zahlungen einstellt oder über sein Vermögen das Insolvenzverfahren eröffnet wird;

b) der Darlehensnehmer mit einer fälligen Zahlung im Rückstand ist und auf schriftliche Mahnung des Darlehensgebers hin, in der eine Frist von mindestens zwei Wochen gesetzt werden muss, nicht zahlt;

c) der Darlehensnehmer seine Verpflichtung zur Aufstellung und ggf. Vorlage des Jahresabschlusses nicht bis zum 31.12. des Folgejahres nachkommt.

(4) Die Kündigung des Darlehens hat schriftlich zu erfolgen. Für die Rechtzeitigkeit der Kündigung kommt es auf den Zugang der Kündigungserklärung an.

§ 5 Verzug

Befindet sich der Darlehensnehmer in Verzug, so sind als Verzugszinsen zusätzlich 9 Prozentpunkten über dem Basiszinssatz zu zahlen. Weitergehende Ansprüche bleiben unberührt.

§ 6 Schriftform, Salvatorische Klausel

(1) Änderungen und Ergänzungen dieses Vertrages bedürfen zu ihrer Wirksamkeit der Schriftform. Mündliche Nebenabreden bestehen nicht.

(2) Sollten sich einzelne Bestimmungen dieses Vertrages als ungültig erweisen, so wird dadurch die Gültigkeit des Vertrages im Übrigen nicht berührt.

(3) Erfüllungsort ist der Wohnsitz des Darlehensgebers zurzeit der Leistung. Gerichtsstand für alle aus diesem Vertrag entstehenden Streitigkeiten ist der Wohnort des Darlehensgebers, soweit dies zulässig vereinbart werden kann.

II. ERLÄUTERUNGEN

> **Erläuterungen zu B. 16 Vertrag über die Gewährung eines partiarischen Darlehens**

1. Grundsätzliche Anmerkungen

a) Wirtschaftliche Funktion

Das partiarische Darlehen nimmt eine Mittelstellung zwischen einem reinen Darle- **1** hen einerseits und einer stillen Gesellschaft andererseits ein. Für den kapitalsuchenden Unternehmer bietet sich die Möglichkeit, Kapital aufzunehmen, dessen Verzinsung vom Gewinn seines Unternehmens abhängig ist. Es müssen keinerlei Mitspracherechte eingeräumt werden.

Dem Kapitalanleger gibt das partiarische Darlehen die Möglichkeit einer Kapitalan- **2** lage, bei der höhere Chancen und Risiken als etwa bei einer Anlage in festverzinslichen Wertpapieren gegeben sind, andererseits aber gleichwohl der Nominalwert der Einlage grds. erhalten und damit fest kalkulierbar bleibt. Eine Beteiligung am Verlust oder eine Haftung gegenüber Gläubigern des Unternehmers besteht nicht, vielmehr ist der Darlehensgeber selbst Gläubiger. Eine Verpflichtung und Berechtigung zur aktiven Einflussnahme auf den Geschäftsbetrieb besteht nicht.

b) Zivilrecht

3   In der gesellschaftsrechtlichen Literatur wird als kennzeichnend für das partiarische Darlehen überwiegend die Gewinnbeteiligung des Darlehensgebers teilweise aber auch (etwas allgemeiner) die Ergebnis- oder die Erfolgsabhängigkeit der Vergütung genannt (*Baumbach/Hopt* § 230 HGB Rz. 4; *Bestlex/Vogl* „Partiarisches Darlehen" Rz. 1–3 und *Rödding* DStR 11, 342 mwN). Der BFH ging bisher davon aus, ausschlaggebend für Begriff und Wesen eines partiarischen Rechtsverhältnisses sei, „dass *die Vergütung nicht – oder nicht nur – in einem festen periodischen Betrag besteht, sondern in einem Anteil an dem vom Darlehensempfänger erwirtschafteten Erfolg*" (vgl. BFH I R 61/99 v. 13.9.00, BStBl. II 01, 67). Als eine solche Beteiligung am Erfolg wird auch die rein umsatzabhängige Vergütung gesehen (vgl. BFH I R 61/99 v. 13.9.00, DStRE 01, 81 mwN). In einem neueren Urteil hat der BFH es für die Annahme als partiarisches Darlehen als zwingend angesehen, „*dass dem Darlehensgeber ein Anspruch auf Rückzahlung des hingegebenen Geldes zusteht und keine Verlustbeteiligung vereinbart worden ist*" (BFH X R 10/16 v. 7.2.18, BStBl II 18, 630 mwN).

4   Das partiarische Darlehen steht der stillen Gesellschaft nahe. Der Darlehensgeber ist – ebenso wie der stille Gesellschafter – zwingend am Gewinn des Darlehensnehmers zu beteiligen. Der wesentliche Unterschied besteht darin, dass beim partiarischen Darlehen ein gemeinsamer Zweck, nämlich das gemeinsame Streben nach einem gesellschaftlichen Vertragsziel fehlt und anstelle dessen gegenläufige Interessen (Kreditaufnahme und -gewährung) bestehen (vgl. BGH II ZR 32/94 v. 10.10.94, DB 94, 2610; zur Abgrenzung zwischen partiarischem Darlehen und stiller Gesellschaft vgl. auch *Jestädt* DStR 93, 387). Zur Abgrenzung der Innengesellschaft von partiarischen Darlehen vgl. BGH II ZR 128/88 v. 26.6.89, NJW 90, 573. Anders als der stille Gesellschafter nimmt der partiarische Darlehensgeber grds. nicht am Verlust teil, weil eine solche Verlustbeteiligung mit dem Wesen des Darlehens im Widerspruch steht.

5   Grundsätzlich bestehen über die vereinbarten Leistungen des Darlehensvertrages hinaus – anders als bei der stillen Gesellschaft – keine Rechte und Pflichten. Der Darlehensgeber hat daher auch keinerlei Recht zur Einflussnahme auf die Geschäftsführung. Erforderlich ist jedoch ggf. die Einräumung gewisser Kontrollrechte, s. § 3 des Formulars und Rz. 14 f.

6   Der Darlehensvertrag ist grds. **formfrei.** Notarieller Beurkundung bedarf der Darlehensvertrag allerdings bei schenkweiser Zuwendung des Darlehensbetrages. Soweit Schenkungen – insbesondere unter nahen Angehörigen – in der Weise vorgenommen werden, dass der Schenker den geschenkten Betrag im Wege der Umbuchung von seinem Kapitalkonto abbucht und auf einem Konto des Beschenkten gutbringt, ohne dass eine Geldbewegung stattgefunden hat, handelt es sich nach der Rechtsprechung des BGH um ein Schenkungsversprechen mit der Folge des Erfordernisses notarieller Beurkundung (§ 518 Abs. 1 BGB; BGH II ZR 16/52 v. 29.10.51, BGHZ 7, 378). Einer notariellen Beurkundung bedarf es allerdings dann nicht, wenn und soweit es sich bei der Zuwendung des Darlehensbetrages um eine Ausstattung iSd. § 1624 Abs. 1 BGB handelt; in diesem Fall liegt kraft Gesetzes keine Schenkung vor (vgl. hierzu *Palandt/Götz* § 1624 BGB Rz. 2). Soweit der Schenkungsvertrag notarieller Beurkundung bedarf, muss auch der Darlehensvertrag mit beurkundet werden (BMF v. 23.12.10, BStBl. I 11, 37).

c) Steuerrecht

Der Darlehensgeber bezieht Einkünfte aus **Kapitalvermögen** (§ 20 Abs. 1 Nr. 4 **7** EStG), die Auszahlung der Gewinnanteile unterlag bis einschließlich 08 der **Kapitalertragsteuer** (§ 43 Abs. 1 Nr. 3 EStG), da die gewinnabhängige Vergütung, die für die Nutzungsüberlassung eines partiarischen Darlehens gezahlt wird, unter den Begriff „Zinsen" iSd. § 43 Abs. 1 Nr. 3 EStG fiel (BFH I R 78/09 v. 22.6.10, DStR 10, 2448; I R 41/91 v. 25.3.92, BStBl. II 92, 889). Ab 2009 unterliegen alle Kapitaleinkünfte im Privatvermögen der sog. **Abgeltungssteuer** iHv. 25 %. Die Abgeltungssteuer hat Abgeltungswirkung, dh. der Steuerpflichtige kann keine Werbungskosten in diesem Zusammenhang mehr geltend machen. Weiterhin erhalten bleibt allerdings der Sparer-Pauschbetrag (EUR 801/1602 bei Zusammenveranlagung). Auf Antrag können allerdings die Kapitaleinkünfte zur Einkommensteuer veranlagt werden, wenn der persönliche Steuersatz unter 25 % liegt (**Günstigerprüfung** von Amts wegen).

Die Kapitaleinkünfte aus einem partiarischen Darlehen unterliegen weiterhin dann der Vollversteuerung mit dem persönlichen Steuersatz und vollem Werbungskostenabzug, wenn Darlehensnehmer und Darlehensgeber nahe stehende Personen sind (zB Ehegatten) und die Aufwendungen beim Schuldner Betriebsausgaben oder Werbungskosten im Zusammenhang mit Einkünften, die der inländischen Besteuerung unterliegen, sind und § 20 Abs. 9 S. 1 zweiter Halbsatz keine Anwendung findet (§ 32d Abs. 2 Nr. 1a EStG) oder wenn ein Gesellschafter, der einer Kapitalgesellschaft/Genossenschaft ein partiarisches Darlehen gibt, mit mindestens 10 % an der Gesellschaft/Genossenschaft beteiligt ist (§ 32d Abs. 2 EStG).

Beim Darlehensnehmer sind die für das partiarische Darlehen gezahlten, gewinnabhängigen Leistungen steuerlich grds. berücksichtigungsfähige Betriebsausgaben. Nach BFH XI R 24/02 v. 6.3.02 (BFH/NV 03, 1114) soll die Abzugsfähigkeit der Gewinnanteile für den stillen Gesellschafter als Betriebsausgabe allerdings dann nicht gegeben sein, wenn die Vermögenseinlage zu privaten Zwecken verwendet wurde; nichts anderes gilt für das partiarische Darlehen (vgl. zu Darlehen bereits BFH GrS 1–2/95 v. 8.12.97, BStBl. II 98, 193 mwN).

Ist der Darlehensgeber **beschränkt steuerpflichtig,** so unterliegen die auf ihn ent- **8** fallenden Gewinnanteile der Besteuerung in Deutschland (§ 49 Abs. 1 Nr. 5 Buchst. a EStG). Nach Auffassung der FinVerw. unterliegen die Gewinnanteile der Kapitalertragsteuerpflicht gem. § 43 Abs. 1 Nr. 3 EStG mit der Folge, dass die Steuerpflicht mit der Kapitalertragsteuer iHv. 25 % abgegolten ist. Soweit ein Doppelbesteuerungsabkommen besteht ist zu beachten, dass unter Umständen eine Erstattung der einbehaltenen Kapitalerträge zu beantragen ist (§ 50d Abs. 1 Satz 2 EStG). Das Freistellungsverfahren gem. § 50d Abs. 3 EStG kommt bei Kapitalerträgen in der hier vorliegenden Form nicht in Betracht. Ob und inwieweit die Vergütungen des Darlehensgebers nach Abkommensrecht als Zinsen oder als Dividenden zu behandeln sind, ist im Einzelfall zu prüfen.

Gewerbesteuerlich sind gewinnabhängige Vergütungen für die Überlassung von **9** Kapital und damit insbesondere partiarische Darlehen gemäß § 8 Nr. 1 GewStG „Entgelte". Damit sind die Zinsen partiarischer Darlehen als Dauerschuldzinsen iSd. § 8 Nr. 1 GewStG anzusehen mit der Folge, dass gewerbesteuerlich eine Hinzurechnung iHv. 25 % erfolgt.

(frei) **10**

2. Einzelerläuterungen

Zu § 1: Darlehensgewährung

Zivilrechtlich handelt es sich beim partiarischen Darlehen um ein echtes Darlehens- **11** verhältnis iSv. § 488 BGB. Wird das Darlehen nicht – wie das Formular vorsieht – unmittelbar im Zusammenhang mit dem Abschluss des Darlehensvertrages ausgezahlt, so steht dem Schuldner gem. § 490 BGB ein außerordentliches Kündigungsrecht zu, wenn in den Vermögensverhältnissen des Darlehensnehmers oder den zu stellenden Sicherheiten eine wesentliche Verschlechterung eintritt oder einzutreten droht, durch die der Anspruch auf Rückerstattung des Darlehens gefährdet wird.

Zu § 2: Zinsen/Gewinnbeteiligung

12   Der Darlehensgeber erhält für die Hingabe des Darlehens eine echte Gewinnbeteiligung, nicht eine Verzinsung des Kapitals iSv. § 609 BGB. Um eine Abgrenzung zur stillen Gesellschaft vorzunehmen, ist ausdrücklich klargestellt, dass der Darlehensgeber nicht am Verlust teilnimmt.

13   Bemessungsgrundlage für die Gewinnbeteiligung des Darlehensgebers ist der steuerliche Jahresgewinn des Darlehensnehmers. Dabei ist die Zugrundelegung der Steuerbilanz gegenüber der Handelsbilanz vorzuziehen. Die Zugrundelegung der Steuerbilanz für die Ermittlung des Ergebnisanteils des Darlehensgebers hat insb. den Vorteil, dass die steuerlichen Gewinnermittlungsvorschriften insofern „genauer" sind, als sie handelsrechtlich zulässige Unterbewertungen nicht zulassen. Damit ist die Zugrundelegung der Steuerbilanz in der Regel für den Darlehensgeber günstiger. Demgegenüber wird empfohlen, den Handelsbilanzgewinn der Berechnung des Anteils des Darlehensgebers zugrunde zu legen, weil eine Reihe von Ausgaben, die handelsrechtlich und betriebswirtschaftlich Aufwand darstellen, steuerlich nicht als Betriebsausgaben anerkannt wird. Diesem Einwand kann ggf. dadurch begegnet werden, dass in den Vertrag eine Bestimmung aufgenommen wird, wonach hinsichtlich der Bemessungsgrundlage vereinbart wird, dass nicht abzugsfähige Betriebsausgaben iSd. § 4 Abs. 5 EStG abzuziehen sind. Weitere Korrekturen kommen insb. in Betracht hinsichtlich **(1)** erhöhter Absetzungen und Sonderabschreibungen, **(2)** steuerfreier Rücklagen, die bei ihrer Bildung dem Ergebnis zuzurechnen und bei ihrer Auflösung abzusetzen sind, **(3)** Vergütungen an Mitunternehmer, insbes. Tätigkeitsvergütungen und Zinsen, **(4)** Leistungen eines Mitunternehmers, die handelsrechtlich einen Ertrag darstellen (zB Zinsen), **(5)** außerordentliche Aufwendungen und Erträge, die auf Geschäftsvorfällen aus der Zeit vor Beginn der stillen Gesellschaft beruhen und die hinzuzurechnen bzw. abzuziehen wären sowie **(6)** hinsichtlich Gewinnen und Verlusten aus Abgängen von Wirtschaftsgütern des Anlagevermögens, die bei Beginn des Darlehensverhältnisses zum Betriebsvermögen der Inhaberin gehören, soweit solche Gewinne bzw. Verluste auf Vorfällen aus der Zeit vor Beginn der stillen Beteiligung beruhen. Zum Kapitalertragsteuerabzug gem. Abs. 4 s. Rz. 7.

Zu § 3: Informations- und Kontrollrechte

14   Dem Darlehensgeber stehen nach der gesetzlichen Regelung keinerlei Informations- und Kontrollrechte zu. Um dem Darlehensgeber gleichwohl eine Überprüfung der ihm zustehenden Gewinnbeteiligung zu ermöglichen, sind ihm nach dem Formular die dem stillen Gesellschafter zustehenden Kontrollrechte des § 233 HGB eingeräumt. Danach ist der stille Gesellschafter berechtigt, die abschriftliche Mitteilung der jährlichen Bilanz zu verlangen und ihre Richtigkeit unter Einsicht der Bücher und Papiere zu prüfen. Weitergehende Rechte gem. § 716 BGB, insbes. das Recht zur persönlichen Unterrichtung von den Angelegenheiten der Gesellschaft unter Einsichtnahme der Geschäftsbücher und der Papiere, sind ausgeschlossen. Der BFH (I R 31/80 v. 8.3.84, BStBl. II 84, 623, 624) hat ausdrücklich betont, dass ein Bucheinsichtsrecht für sich allein noch kein hinreichendes Merkmal für das Vorliegen einer stillen Gesellschaft ist, weil auch ein Darlehensgläubiger sich ein Bucheinsichtsrecht ausbedingen kann.

15   Die Ausübung der Kontrollrechte durch einen Bevollmächtigten Buchsachverständigen ist im Allgemeinen zuzulassen. Die Regelung des § 3 Abs. 2 dient der ausdrücklichen Klarstellung (vgl. hierzu *Baumbach/Hopt* § 166 HGB Rz. 6 mwN).

Zu § 4: Rückzahlung des Darlehens/Fälligkeit

Das Kündigungsrecht des Darlehensgebers und des Darlehensnehmers sollten ein- **16** heitlich entsprechend den Erfordernissen des Einzelfalles geregelt werden, wobei die Frist nicht zu kurz bemessen sein sollte. Eine Kündigungsfrist auch für den Darlehensnehmer von zwölf Monaten verstößt im Fall der Gewährung eines partiarischen Darlehens nicht gegen § 489 Abs. 2 BGB Nach dieser Bestimmung kann der Schuldner eines Darlehens mit veränderlichem Zinssatz das Darlehen jederzeit unter Einhaltung einer Kündigungsfrist von drei Monaten kündigen; eine Beschränkung dieses Kündigungsrechts durch Vertrag ist gem. § 489 Abs. 4 BGB nicht zulässig. Nach stRspr. sind jedoch Zinsen wiederkehrende Nutzungsvergütungen für die Überlassung des Gebrauchs eines Kapitals, die im Voraus in einem Bruchteil dieses Kapitals und der Nutzungsdauer des Kapitals bemessen werden (BGH V ZR 123/51 v. 20.3.53, DB 53, 339 mwN). Gewinnbeteiligungen fallen demzufolge nicht unter den Zinsbegriff. Da § 489 Abs. 2 BGB nur von veränderlichen Zinsen spricht, gilt diese Vorschrift nicht für partiarische Darlehen, bei denen es um Gewinnbeteiligungen geht.

Nach dem Formular ist ausdrücklich zugelassen, dass das Darlehen auch **in Teilbeträgen gekündigt** werden darf.

Als Grund zur fristlosen Kündigung aus wichtigem Grund ist insb. auch die Nicht- **17** vorlage des Jahresabschlusses bis zum 31.12. des Folgejahres genannt, weil durch diese Nichtvorlage (die gem. § 2 Abs. 4 des Formulars bis zum 30.6. des Folgejahres zu erfolgen hat) die Auszahlung der Gewinnbeteiligung des Darlehensgebers verzögert werden kann.

Zu § 5: Verzug

Nach § 286 Abs. 3 BGB tritt bei Geldforderungen Verzug 30 Tage nach Fälligkeit **18** ein, soweit der Schuldner die Zahlungsaufforderung erhält. Ausdrücklich klargestellt ist, dass weitergehende Ansprüche (bspw. Ersatz von Kosten im Zusammenhang mit der Mahnung) mit der Zahlung der Verzugszinsen nicht abgegolten sind. Die Höhe der Zinsen orientiert sich an § 288 Abs. 2 BGB.

B. 17. Praxisübertragungsvertrag

Gliederung

I. FORMULAR

Formular B. 17 Praxisübertragungsvertrag

PRAXISÜBERTRAGUNGSVERTRAG

zwischen

Herrn A   – nachfolgend Übergeber genannt –

und

Herrn B   – nachfolgend Übernehmer genannt –

wird folgender Praxisübertragungsvertrag geschlossen:

§ 1 Gegenstand des Vertrages

Gegenstand des Vertrages sind Verkauf und Übertragung der vom Übergeber in ......
betriebenen Steuerberatungspraxis mit allen dazugehörigen materiellen und immateriellen Wirtschaftsgütern, zu denen insbesondere das Praxisinventar und der Man-
dantenstamm gehören. Die Übertragung erfolgt rechtlich und wirtschaftlich (§ 39 AO)
zum ...... *[Übertragungsstichtag]*.

§ 2 Praxisinventar

(1) Der Übergeber verkauft und übergibt die in der Anlage 1 zu diesem Vertrag aufgeführten Gegenstände des Büroinventars nebst Literatur dem Übernehmer.

(2) Der Eigentumsübergang erfolgt am Übertragungsstichtag.

(3) Der Übergeber verkauft das Praxisinventar wie besehen, ohne Haftung für Sachmängel. Der Übergeber versichert, dass die Gegenstände des Praxisinventars in seinem unbelasteten Alleineigentum stehen. Eine Beschaffenheitsgarantie gibt der
Übergeber nicht.

(4) Am Übertragungsstichtag geht die Gefahr des zufälligen Untergangs der verkauften Sachen auf den Übernehmer über.

§ 3 Mandantenstamm

(1) Der Übernehmer tritt in die laufenden Verträge mit den Mandanten vorbehaltlich
deren Zustimmung ein.

(2) Der Übergeber versichert, dass die in der Anlage 2 zu diesem Vertrag aufgeführten Mandanten das Vertragsverhältnis weder gekündigt noch eingeschränkt haben.

§ 4 Abgrenzung von Honoraransprüchen

(1) Honoraransprüche aus vor dem Übertragungsstichtag ganz oder teilweise erledigten, aber noch nicht abgerechneten Aufträgen stehen im Innenverhältnis dem

Übergeber zu. Honoraransprüche aus noch nicht vollständig erledigten Aufträgen stehen dem Übernehmer zu, soweit der Arbeitsaufwand nach dem Übertragungsstichtag geleistet wird. Der Eingang der Zahlung ist für die Aufteilung der Honoraransprüche unerheblich. Die sich hieraus ergebende Aufteilung der Honoraransprüche ist aus der Anlage 3 zu diesem Vertrag ersichtlich. Abgerechnet wird das einzelne Honorar innerhalb von fünf Werktagen nach Eingang der Zahlung.

(2) Im Außenverhältnis tritt der Übergeber alle ausstehenden Honoraransprüche an den Übernehmer ab. Der Übernehmer verpflichtet sich zur Endabrechnung und Einziehung der Honorare. Der Übernehmer übernimmt keine Haftung für den Eingang der Honorare.

§ 5 Eintritt in laufende Verträge und Übernahme des Personals

(1) Der Übernehmer tritt in den Mietvertrag des Übergebers über die Büroräume sowie in andere Dauerschuldverhältnisse (Versorgungsverträge über Telefon, Strom, Wasser, Versicherungsverträge, Wartungsverträge, Zeitschriftenbezug etc.) ein. Soweit hierzu die Zustimmung Dritter erforderlich ist, verpflichtet sich der Übergeber, diese Zustimmung bis zum Zeitpunkt des Übertragungsstichtags einzuholen und schriftlich dem Übernehmer nachzuweisen. Wird die Zustimmung nicht oder nicht rechtzeitig erlangt, hat der Übergeber die genannten Verträge unentgeltlich auf Rechnung des Übernehmers nach den Regeln des Auftragsrechts abzuwickeln.

(2) Der Übernehmer tritt gemäß § 613a BGB in alle Rechte und Pflichten der mit den in Anlage 4 zu diesem Vertrag genannten Arbeitnehmern geschlossenen Anstellungsverträge ein. Der Übergeber verpflichtet sich, die Arbeitnehmer dazu anzuhalten, die bestehenden Verträge mit dem Übernehmer fortzuführen.

(3) Die Vertragsparteien sind sich darüber einig, dass der Übernehmer dem Übergeber von allen Verpflichtungen aus den in Anlage 4 genannten Arbeitsverhältnissen herrührenden Ansprüchen freistellt.

(4) Der Übergeber verpflichtet sich, umgehend sämtliche betroffenen Arbeitnehmer schriftlich über

1. den Zeitpunkt oder den geplanten Zeitpunkt des Übergangs,

2. den Grund für den Übergang,

3. die rechtlichen, wirtschaftlichen und sozialen Folgen des Übergangs für die Arbeitnehmer und

4. die hinsichtlich der Arbeitnehmer in Aussicht genommenen Maßnahmen

zu informieren.

(5) Die in den Absätzen 1 und 2 genannten Verträge sind in Anlage 5 zu diesem Vertrag aufgeführt.

§ 6 Erhaltung des Mandantenstammes

(1) Der Übergeber verpflichtet sich, in einem gemeinsam mit dem Übernehmer aufgesetzten Rundschreiben an die Mandanten auf die Übertragung der Steuerberatungspraxis hinzuweisen und in geeigneter Form die Mandanten zur Fortsetzung ihrer Aufträge mit dem Übernehmer anzuhalten. Der Übergeber erklärt sich zu diesem Zweck bereit, den Übernehmer einzelnen Mandanten persönlich vorzustellen.

(2) Der Übergeber wird vom Zeitpunkt der Übergabe an ferner dem Übernehmer in allen Angelegenheiten, die seine Tätigkeit für die übergebenen Mandate betreffen, nach vorheriger Terminvereinbarung, in einem Zeitraum von .... Monaten zur Verfügung stehen und Auskunft erteilen, soweit er dazu rechtlich und tatsächlich in der Lage ist.

§ 7 Aushändigung von Akten und Unterlagen

(1) Der Übergeber überlässt dem Übernehmer sämtliche Akten und Unterlagen von solchen Mandanten, die dem Übergang der Auftragsverhältnisse auf den Übernehmer zugestimmt haben.

(2) Der Übernehmer verpflichtet sich, die übernommenen Unterlagen bis zum Ablauf der zivil- und strafrechtlichen Verjährungsvorschriften aufzubewahren und sie dem Übergeber, soweit er ein berechtigtes Interesse nachweist, zur Einsicht zur Verfügung zu stellen.

§ 8 Haftung gegenüber Dritten

Der Übergeber stellt im Innenverhältnis den Übernehmer von der Haftung gegenüber Dritten für solche Handlungen frei, die seine berufliche Tätigkeit vor dem Übertragungsstichtag betreffen. Für Handlungen nach dem Übertragungsstichtag haftet der Übernehmer gegenüber Dritten selbst.

§ 9 Entgelt für die Praxisübergabe

Das Entgelt für die Übertragung der Praxis insgesamt beträgt € ......,– (in Worten: ......). Davon entfallen € ......,– auf den immateriellen Praxiswert und € ......,– auf das übernommene Inventar. Die Kaufpreisaufteilung ergibt sich im Einzelnen aus der Anlage 1 zu diesem Vertrag. Übergeber und Übernehmer gehen von einer nicht steuerbaren Geschäftsveräußerung gemäß § 1 Abs. 1a UStG aus. Der Übernehmer tritt an die Stelle des Übergebers (§ 1 Abs. 1a Satz 3 UStG).

§ 10 Ermittlung des Praxiswerts

Der immaterielle Praxiswert wurde nach Maßgabe der Anlage 6 zu diesem Vertrag nach der bereinigten Umsatzpreismethode ermittelt. Dem liegt die von dem Übergeber in Anlage 7 zu diesem Vertrag aufgestellte Liste unter Angabe von Namen, Anschrift, Alter und Beruf der Mandanten, Art des Mandats, Höhe der vereinbarten Pauschalhonorare sowie Umsätze der letzten drei Kalenderjahre zugrunde.

§ 11 Risiko des Praxisübernehmers

(1) Nach dem Übertragungsstichtag eintretende Minderungen oder Erhöhungen der Honorarumsätze haben keinen Einfluss auf das Entgelt für den Praxiswert. Für die zukünftige Umsatz- und Gewinnentwicklung übernimmt der Übergeber keine Garantie.

(2) Der Übergeber steht dafür ein, dass die in diesem Vertrag und in den Anlagen zu diesem Vertrag enthaltenen Daten und sonstigen Angaben zutreffend und vollständig sind. Bei Verletzung der vorstehenden Garantie hat der Übergeber den Übernehmer so zu stellen, als sei die Garantie erfüllt. Rücktritt und Minderung sind ausgeschlossen. Im Garantiefalle kann der Übernehmer nur Schadensersatz oder Ersatz der vergeblichen Aufwendungen verlangen.

§ 12 Fälligkeit

Das gesamte Entgelt für die Praxisübergabe wird am Übertragungsstichtag fällig.

§ 13 Weiterveräußerung durch den Übernehmer

Der Übernehmer darf die übernommene Praxis oder einen Teil derselben vor Ablauf von drei Jahren seit dem Übertragungsstichtag nur mit Zustimmung des Übergebers an Dritte übertragen.

§ 14 Konkurrenzverbot

(1) Der Übergeber verpflichtet sich, innerhalb von zwei Jahren seit dem Übertragungsstichtag weder in ...... noch in einem Umkreis von 50 km als Steuerberater tätig zu

werden. Der Übergeber verpflichtet sich ferner, auf Dauer für keine vom Übernehmer zum Übertragungsstichtag oder später übernommenen Mandanten unmittelbar oder mittelbar beratend tätig zu werden, noch einen anderen Berater zu empfehlen.

(2) Bei Zuwiderhandlungen hat der Übergeber als Vertragsstrafe 120 % des Honorars an den Übernehmer abzuführen, welches dieser auf der Grundlage der Steuerberatergebührenordnung selbst hätte in Rechnung stellen können.

§ 15 Schlussbestimmungen

(1) Anlagen, auf die Bezug genommen wird, sind Gegenstand dieses Vertrages.

(2) Änderungen und Ergänzungen dieses Vertrages (einschl. Anlagen) bedürfen der Schriftform.

(3) Für den Fall, dass die Vertragspartner nicht in Gütertrennung leben, erteilen die Ehepartner durch Unterzeichnung im Hinblick auf § 1365 Abs. 1 BGB vorsorglich ihre Einwilligung zum Vertragsschluss.

(4) Soweit dieser Vertrag nichts anderes bestimmt, gelten die gesetzlichen Bestimmungen.

(5) Sollte eine oder mehrere Bestimmungen dieses Vertrages nichtig sein oder gegen die Standesrichtlinien verstoßen, so wird die Gültigkeit der übrigen Bestimmungen hierdurch nicht berührt.

§ 16 Gerichtsstand

Für Streitigkeiten aus diesem Vertrag ist unbeschadet einer ausschließlichen Zuständigkeit ...... Gerichtsstand. Jeder Vertragspartner ist berechtigt, vor Anrufung eines Gerichts die Steuerberaterkammer ...... um eine Vermittlung zu ersuchen.

II. ERLÄUTERUNGEN

Erläuterungen zu B. 17 Praxisübertragungsvertrag

1. Grundsätzliche Anmerkungen

a) Wirtschaftliche Vertragsziele

Praxisübertragungsverträge dienen dem Zweck, insbesondere den **Praxiswert** da- **1** durch zu kommerzialisieren, dass einem Übernehmer die Chance eröffnet wird, Mandantenbeziehungen des Übergebers fortzuführen. Damit kann sich der Praxisübergeber trotz damit häufig verbundenen Ausscheidens aus dem Berufsleben, zB aus Krankheits- oder Altersgründen, eine Versorgungsgrundlage schaffen. Neben dem Praxiswert als immateriellem Wirtschaftsgut hat der Wert der der Berufsausübung dienenden materiellen Wirtschaftsgüter (Praxisinventar) regelmäßig keine besondere Bedeutung.

b) Zivilrecht

Unter einer **Praxisveräußerung** versteht man die Übertragung des der selbststän- **2** digen Arbeit dienenden Vermögens, des Mandantenstamms sowie der Summe von Möglichkeiten, Beziehungen und Chancen, die Tätigkeit des Übergebers in der bisherigen Form erfolgreich fortsetzen zu können. Praxisübertragungsverträge lassen sich regelmäßig nicht vollständig mit den Kategorien eines Sach- oder Rechtskaufs (§§ 433 ff. BGB) erfassen. Sie schaffen vielmehr ein eigenes Regelwerk, das, neben der Pflicht zur Sach- und Rechtsübertragung, die Pflicht zur Empfehlung des Übernehmers bei den Mandanten, die Unterlassung eigenen Wettbewerbs usw. betrifft.

Der Praxisübertragungsvertrag ist **formfrei**. Eine notarielle Beurkundung ist nur **3** dann erforderlich, wenn gleichzeitig ein Grundstück mitübertragen wird.

4 Veräußerer können der bisherige Praxisinhaber sowie dessen Erben sein. Übernehmer kann nur sein, wer die **fachliche Qualifikation** zur Fortführung der Praxis besitzt.

5 Die standesrechtliche Zulässigkeit eines Verkaufs einer Steuerberatungspraxis steht heute außer Frage (§ 28 Abs. 1 BOStB). Die Pflicht zur Verschwiegenheit ist bei der Übertragung der Praxis in besonderer Weise zu beachten (§ 28 Abs. 2 BOStB; vgl. zur Nichtigkeit des Übertragungsvertrags bei einem Verstoß gegen die Verschwiegenheitspflicht OLG Hamm I-2 U 65/11 v. 15.12.11, DStR 12, 722). Der Praxisübertragungsvertrag soll der zuständigen Steuerberaterkammer vor Abschluss zur Überprüfung der Vereinbarkeit mit den standesrechtlichen Grundsätzen vorgelegt werden (§ 28 Abs. 3 BOStB). Vgl. auch die **Hinweise der Bundessteuerberaterkammer** für die Praxisübertragung mit Stand v. 14.11.12, veröffentlicht unter www.bstbk.de.

c) Steuerrecht

6 Beim **Veräußerer** zählt der Gewinn aus der Veräußerung einer Steuerberatungspraxis zu den Einkünften aus selbstständiger Arbeit und unterliegt damit der **Einkommensteuer** (§ 18 Abs. 3 Satz 1 EStG). Eine Praxisveräußerung iSd. § 18 Abs. 3 Satz 1 EStG liegt vor, wenn die **wesentlichen Grundlagen** der selbstständigen Arbeit im Ganzen einem anderen entgeltlich übertragen werden und hierdurch die freiberufliche Tätigkeit in dem bisherigen örtlich begrenzten Wirkungskreis für eine gewisse Zeit eingestellt wird (BFH IV 136/65 v. 14.5.70, BStBl. II 70, 566; BFH IV R 78/71 v. 14.3.75, BStBl. II 75, 661; BFH IV R 102/74 v. 27.4.78, BStBl. II 78, 562; BFH IV R 44/83 v. 7.11.85, BStBl. II 86, 335; BFH I R 109/93 v. 18.5.94, BStBl. II 94, 925; BFH IV R 36/95 v. 23.1.97, BStBl. II 97, 498; BFH VIII B 166/07 v. 29.5.08, BFH/NV 08, 1478). Entscheidend ist die Übertragung des wirtschaftlichen Eigentums. Bei einer Zeitspanne von mehr als drei Jahren kann im Allgemeinen eine ausreichende **Wartezeit** angenommen werden (OFD Koblenz v. 15.12.06, DB 07, 314; BFH IV R 11/99 v. 10.6.99, BFH/NV 99, 1594).

7 Entsprechendes gilt grds. für die Veräußerung von (gesonderten) **Teilpraxen** (BFH VIII B 202/06 v. 11.12.07, BFH/NV 08, 559). Wird nur ein Teil eines Mitunternehmeranteils an einer freiberuflich tätigen Personengesellschaft (Sozietät) veräußert, ist insoweit laufender Gewinn gegeben (§§ 18 Abs. 3 Satz 2, 16 Abs. 1 Satz 2 EStG). Unschädlich ist es, wenn der Veräußerer nach der Veräußerung frühere Mandanten auf Rechnung und im Namen des Erwerbers berät oder eine nichtselbstständige Tätigkeit in der Praxis des Erwerbers ausübt (BFH I R 109/93 v. 18.5.94, BStBl. II 94, 925; BFH I R 105/93 v. 29.6.94, BFH/NV 95, 109; BFH X S 22/07 v. 11.12.07, BFH/NV 08, 375). Ebenfalls unschädlich ist auch die Fortführung der bisherigen freiberuflichen Tätigkeit in nur geringem Umfang, wenn die darauf entfallenden Umsätze in den letzten drei Jahren weniger als 10% der gesamten Einnahmen ausmachten (EStH 18.3). Hierbei ist die Entwicklung der zurückbehaltenen Mandate nach der Veräußerung unerheblich, solange die vorgenannte Wertgrenze eingehalten wird. Die Hinzugewinnung neuer Mandate innerhalb einer gewissen Zeit nach Betriebsaufgabe ist – auch ohne Überschreiten der 10%-Grenze – zumindest nach Auffassung der Finanzverwaltung in jedem Fall schädlich (OFD Koblenz v. 15.12.06, DB 07, 314; aA *Schmidt/Wacker* § 18 EStG Rz. 223 mwN). Der Veräußerungsgewinn ist um den Freibetrag von bis zu € 45.000,– (bei Teilbetrieben mit einer entsprechenden Quote) zu vermindern (§ 18 Abs. 3 Satz 2 iVm. § 16 Abs. 4 Satz 1 EStG). Voraussetzung ist, dass der Steuerpflichtige das 55. Lebensjahr vollendet hat oder im sozialversicherungsrechtlichen Sinne dauernd berufsunfähig ist und die Freigrenze von € 136.000,– nicht erreicht wird. Er unterliegt als außerordentlicher Gewinn der Tarifermäßigung gem. § 34 Abs. 2 Nr. 1, Abs. 1 EStG (Progressionsglättung) oder bis zur Höhe von € 5 Mio. der Tarifermäßigung gem. § 34 Abs. 2 Nr. 1, Abs. 3 EStG (56% des Durchschnittssteuersatzes), wenn es zu einer zusammengeballten Aufdeckung der stillen Reserven kommt.

Wird eine Gemeinschafts- oder Einzelpraxis in eine Sozietät **eingebracht,** ist § 24 **8**
UmwStG anwendbar (EStR 18.3 Abs. 2), wobei sodann unter Vermeidung eines Veräußerungsgewinnes die Buchwerte von der Sozietät fortgeführt oder aber die stillen
Reserven unter Einschluss des Praxiswertes aufgedeckt und – soweit der Einbringende
an der übernehmenden Gesellschaft beteiligt ist – als laufender Gewinn (§ 24 Abs. 3
Satz 3 UmwStG iVm. § 16 Abs. 2 Satz 3 EStG) versteuert werden müssen. § 24
UmwStG kam nach bisheriger Verwaltungsauffassung auch dann zur Anwendung,
wenn der einbringende Freiberufler und die aufnehmende Sozietät den Gewinn bislang durch Einnahmen-Überschuss-Rechnung gem. § 4 Abs. 3 EStG ermittelt haben,
sodann aber spätestens zum Zeitpunkt der Einbringung zur Gewinnermittlung durch
Betriebsvermögensvergleich gem. § 4 Abs. 1 EStG übergehen, was einen Übergangs-
gewinn oder -verlust auslösen kann (OFD Hannover v. 25.1.07, DStR 07, 1037).
Nach BFH III R 32/12 v. 11.4.13 (BStBl. II 14, 242) ist ein Übergang zum Betriebsvermögensvergleich nur noch notwendig, wenn bei der Einbringung ein Zwischenwert oder der gemeine Wert nach § 24 Abs. 2 UmwStG angesetzt wird (OFD Niedersachsen v. 3.3.17, DB 17, 819). Werden die stillen Reserven nur teilweise
aufgedeckt, ist der Einbringungsgewinn ebenfalls nicht begünstigter laufender Gewinn.
Werden betriebliche Forderungen von der Einbringung ausgenommen, kann von der
Einbeziehung dieser Forderungen in die Ermittlung des Übergangsgewinns abgesehen
werden, wenn die in den Forderungen enthaltenen betrieblichen Werte der Besteuerung nicht verloren gehen. Diese Voraussetzung ist erfüllt, wenn die Forderungen
weiterhin zum Restbetriebsvermögen des Einbringenden gehören (BFH XI R 32/06
v. 14.11.07, BFH/NV 08, 385).

Die **Aufgabe der freiberuflichen Tätigkeit** gilt stets als Veräußerung (§ 18 Abs. 3 **9**
Satz 2 iVm. § 16 Abs. 3 EStG), wobei die bisherige Tätigkeit ebenfalls für eine gewisse
Zeit eingestellt werden muss (BFH IV R 78/71 v. 14.3.75, BStBl. II 75, 661; BFH VIII
B 166/07 v. 29.5.08, BFH/NV 08, 1478; EStR 18.3 Abs. 3). Nach Aufgabe der frei-
ruflichen Tätigkeit noch eingehende Außenstände aus Honoraransprüchen sind dagegen nicht tarifbegünstigte nachträgliche Einkünfte aus selbstständiger Tätigkeit (§§ 24
Nr. 2, 18 Abs. 1 Nr. 1 EStG). Auch die Veräußerung von Wirtschaftsgütern des Umlaufvermögens erfolgt grundsätzlich nicht im Rahmen der Betriebsaufgabe, sondern
noch im Rahmen des laufenden Betriebs, wenn hiermit die frühere normale Geschäftstätigkeit fortgesetzt wird (BFH IV R 136/79 v. 2.7.81, BStBl. II 81, 798; BFH IV R
140/86 v. 1.12.88, BStBl. II 89, 368; BFH IV R 34/07 v. 1.7.10, BFH/NV 10, 2246).
Das wird bei einem Steuerberater eher selten der Fall sein. In der Regel wird die Veräußerung von Wirtschaftsgütern als Hilfsgeschäft zu beurteilen sein, welches im
Zusammenhang mit einer Praxisaufgabe erfolgt und keine Prägung des typischen Be-
rufsbildes eines Freiberuflers durch den Handel mit den Wirtschaftsgütern des Anlagevermögens darstellt (vgl. BFH IV R 19/92 v. 25.11.93, BFH/NV 94, 540).

Soweit die Einkünfte aus freiberuflicher Tätigkeit gem. § 4 Abs. 3 EStG ermittelt **10**
worden sind, muss für Zwecke der Ermittlung des Veräußerungsgewinnes zum **Be-**
standsvergleich (dh. Gewinnermittlung nach § 4 Abs. 1 EStG) übergewechselt werden (BFH IV R 146/84 v. 15.5.86, BFH/NV 88, 84; BFH IV R 18/97 v. 13.11.97,
BStBl. II 98, 290; BFH GrS 2/98 v. 18.10.99, BStBl. II 00, 123), wobei der Gewinn,
der durch diesen Übergang entsteht, nicht begünstigt ist (BFH IV R 151/85 v.
17.4.86, BFH/NV 87, 759). Wird der Kaufpreis etwa auf Grund einer vertraglichen
Anpassungsklausel nachträglich herabgesetzt oder durch sonstige nachträgliche Ereignisse verändert, so ist der ermittelte Veräußerungsgewinn und ggf. ein bereits ergan-
gener Steuerbescheid gem. § 175 Abs. 1 Nr. 2 AO entsprechend zu ändern (BFH IV
R 84/86 v. 23.6.88, BStBl. II 89, 41; BFH GrS 1/92 v. 19.7.93, BStBl. II 93, 894,
897; BFH IV R 53/91 v. 28.7.94, BStBl. II 95, 112; BFH X R 128/92 v. 14.12.94,
BStBl. II 95, 465; BFH IV R 53/04 v. 31.8.06, BStBl. II 06, 906; BFH IV R 20/08
v. 19.3.09, BStBl. II 10, 528).

11 Wird der Kaufpreis in **Raten** gezahlt, so ist bei marktüblicher Verzinsung die Summe der Raten als Kaufpreis anzusetzen. Ist dagegen keine Verzinsung vereinbart, ist der abgezinste Barwert der Raten der Ausgangspunkt für die Berechnung des begünstigten Veräußerungsgewinns, während der Zinsanteil als Einkünfte aus Kapitalvermögen zu versteuern ist. Wird der Kaufpreis als Leibrente vereinbart, kann der Veräußerer wählen zwischen der Sofortversteuerung und der Versteuerung der laufenden Zahlungen als nachträgliche Einkünfte aus selbstständiger Arbeit gem. §§ 24 Nr. 2, 18 Abs. 1 Nr. 1 EStG (EStR 18.3 Abs. 1 iVm. EStR 16.11). Wählt er die Sofortversteuerung, ist Veräußerungspreis der versicherungsmathematische Barwert der Zahlungen, auf den die Tarifermäßigung gem. § 34 EStG zur Anwendung kommt. Die Leibrentenzahlungen selbst werden mit ihrem Ertragsanteil gem. § 22 Nr. 1 Satz 3 Buchst. a EStG als sonstige Einkünfte im Zeitpunkt des Zuflusses versteuert. Wird dagegen die Besteuerung der jährlich wiederkehrenden Zahlungen als nachträgliche Einkünfte aus selbstständiger Arbeit (§§ 24 Nr. 2, 18 Abs. 2 Nr. 1 EStG) gewählt, entsteht ein Gewinn, wenn der Kapitalanteil der Rente das steuerliche Kapitalkonto des Veräußerers zuzüglich etwaiger Veräußerungskosten übersteigt. In diesem Fall scheiden Tarifermäßigung und Freibetrag aus.

12 Der Erwerber kann neben anderen Wirtschaftsgütern den **Praxiswert** als derivativ erworbenes immaterielles Wirtschaftsgut in einem Zeitraum von drei bis fünf Jahren abschreiben (BFH IV R 33/93 v. 24.2.94, BStBl. II 94, 590; BFH IV R 38/94 v. 22.9.94, BFH/NV 95, 385; BMF v. 15.1.95, BStBl. I 95, 14; für wirtschaftlichen Vorteil aus Vertragsarztzulassung vgl. BFH VIII R 13/08 v. 9.8.11, BStBl. II 11, 875). Der anlässlich der Gründung einer Sozietät aufgedeckte Praxiswert ist ein ebenfalls abschreibungsfähiges Wirtschaftsgut, dessen betriebsgewöhnliche Nutzungsdauer doppelt so lang ist (dh. 6–10 Jahre) wie die Nutzungsdauer des Wertes einer Einzelpraxis (BFH IV R 33/93 v. 24.2.94, BStBl. II 94, 590; BFH IV R 38/94 v. 22.9.94, BFH/NV 95, 385; BMF v. 15.1.95, BStBl. I 95, 14).

13 Die Veräußerung einer Einzelpraxis unterliegt als Geschäftsveräußerung im Ganzen nicht der **Umsatzsteuer** (§ 1 Abs. 1a UStG). Die Veräußerung einer Beteiligung an einer freiberuflichen Sozietät ist – sofern der Verkäufer selbst ein Unternehmer ist – gem. § 4 Nr. 8f UStG steuerfrei, wobei allerdings gem. § 9 Abs. 1 UStG zur Steuerpflicht optiert werden kann.

2. Einzelerläuterungen

Zu § 1: Gegenstand des Vertrages

14 Die genaue Bezeichnung des Gegenstandes des Vertrages dient der Klarstellung. Dadurch wird deutlich, dass es sich, entsprechend der vertraglich vorgesehenen Kaufpreistilgung (§ 12), um eine steuerbegünstigte Veräußerung einer freiberuflichen Praxis handelt.

Zu § 2: Praxisinventar

15 Zwecks Vermeidung späterer Streitigkeiten empfiehlt es sich, die übernommenen materiellen Wirtschaftsgüter der Praxis in einer besonderen Aufstellung festzuhalten. Der auf die materiellen Wirtschaftsgüter gem. § 9 entfallende Kaufpreis sollte den einzelnen Gegenständen nach Maßgabe ihrer Teilwerte zugeordnet und somit zur Grundlage für die Absetzung für Abnutzung gemacht werden. Wird das Entgelt für das Inventar in Raten oder durch Rente gezahlt, empfiehlt sich für den Übergeber neben anderen Sicherheiten die Vereinbarung eines Eigentumsvorbehaltes.

16 Auf die Gewährleistung für das Inventar findet ohne besondere Vereinbarung das Recht der Sachmängelhaftung bei einem Kauf (§§ 434 ff. BGB) Anwendung. Diese Regeln sind vertraglich abdingbar. Die Formulierung „wie besehen, ohne Haftung für Sachmängel" schließt solche Mängel von der Haftung aus, die bei ordnungsgemäßer Besichtigung ohne Zuziehung von Sachverständigen wahrnehmbar waren.

Ein vollständiger Haftungsausschluss ist möglich durch die Formulierung: „Die Sa- **17** chen werden, wie sie stehen und liegen, verkauft".

Es empfiehlt sich, die Sachgefahr am Übertragungsstichtag übergehen zu lassen. Der **18** Übergeber hat dann auch Anspruch auf das entsprechende (Teil-)Entgelt, wenn die Sache nach dem Übertragungsstichtag durch Zufall untergeht. Gem. § 444 BGB ist ein Haftungsausschluss dann unwirksam, wenn der Übergeber eine bestimmte Beschaffenheit des Kaufgegenstandes garantiert hat. Um dies auszuschließen, empfiehlt sich die in § 2 Abs. 3 Satz 2 des Formulars verwendete Formulierung.

Der Charakter als eine steuerbegünstigte Praxisveräußerung im Ganzen geht nicht **19** dadurch verloren, dass der Übergeber einzelne nicht betriebsnotwendige Wirtschaftsgüter, wie zB den Betriebs-Pkw, zurückbehält.

Zu § 3: Mandantenstamm

Die Übertragung des Mandantenstammes beruht auf dem Eintreten des Überneh- **20** mers in die laufenden Beraterverträge des Übergebers. Das BGB regelt nur die Abtretung einzelner Forderungen (§§ 398 ff. BGB) und die Übernahme einzelner Schulden (§§ 414, 415 BGB). Rechtsfortbildend ist jedoch auch die Vertragsübernahme als Übernahme eines Schuldverhältnisses im Ganzen anerkannt. Auf die Vertragsübernahme sind die genannten Vorschriften entsprechend anzuwenden; sie bedarf daher insbesondere der Zustimmung des Mandanten.

Die **Zustimmung der Mandanten** ist essentiell. Ohne die vorherige Zustimmung der Mandanten darf der Übergeber die entsprechenden Mandatsverhältnisse gegenüber dem Übernehmer nicht offenbaren. Anderenfalls läge ein Verstoß gegen das informationelle Selbstbestimmungsrecht des Mandanten (Art. 2 Abs. 1 GG) vor; ferner könnten Verstöße gegen Datenschutzbestimmungen (BDSG, DSGVO) oder gegen standesrechtliche Verschwiegenheitspflichten (§ 5 BOStB) vorliegen. Bei einer Verletzung des Berufsgeheimnisses (§ 203 Abs. 1 Nr. 3 StGB) drohen strafrechtliche Konsequenzen. Zudem wäre ein darauf basierender Vertrag wegen eines Verstoßes gegen eine gesetzliche Bestimmung (§ 134 BGB) sowohl hinsichtlich des Verpflichtungsgeschäfts als auch des Erfüllungsgeschäfts nichtig (vgl. *Arens/Pelke* DStR 11, 541, 542; OLG Hamm I-2 U 65/11, 2 U 65/11 v. 15.12.11, NJW 12, 1743).

Im Hinblick darauf, dass nach Übernahme einer Steuerberatungspraxis innerhalb ei- **21** nes Jahres nicht selten ein Mandantenabgang von 10%–30% des übernommenen Mandantenstammes eintritt, sollte der Übernehmer die Gewähr haben, dass zum Zeitpunkt der Übernahme keiner der Mandanten bereits gekündigt oder den Umfang des Beratervertrages eingeschränkt hat.

Die dem Vertrag beigefügte Mandantenliste sollte für die Bewertung der Praxis **22** wichtige Daten enthalten, insbesondere
– jährliches Honoraraufkommen der letzten drei Jahre;
– Beratungsbereiche (Buchführung, Jahresabschlüsse, Steuererklärungen, konzeptionelle Beratung);
– Branchenzugehörigkeit;
– Dauer des Mandatsverhältnisses;
– Lebensalter.

Zu § 4: Abgrenzung von Honoraransprüchen

Eine exakte Abgrenzung der Honoraransprüche in einer gesonderten Anlage des **23** Vertrages ermöglicht eine einfache, aus steuerlichen Gründen notwendige Unterscheidung zwischen den mit dem ungeminderten Satz zu besteuernden nachträglichen Einkünften aus selbstständiger Arbeit (§§ 24 Nr. 2, 18 Abs. 1 Nr. 1 EStG) und dem tarifbegünstigten Veräußerungsgewinn (§ 34 EStG).

Im Übrigen dient es der Vereinfachung der Abwicklung noch nicht erledigter **24** Mandantenaufträge, wenn klar zwischen dem Außenverhältnis, für das der Überneh-

mer nach dem Übertragungsstichtag zuständig ist, und dem Innenverhältnis bzgl. der
Verteilung des Honorars unterschieden wird.

Zu § 5: Eintritt in laufende Verträge und Übernahme des Personals

25   Der Eintritt in laufende Verträge vollzieht sich durch **Vertragsübernahme** entsprechend den §§ 398 ff., 414, 415 BGB und bedarf zu seiner Wirksamkeit der Genehmigung des Vertragspartners (Rz. 20). Im Hinblick darauf sollte sich der Übernehmer bereits vor Abschluss des Übertragungsvertrages der Zustimmung der
Betroffenen versichern. Angesprochen sind insbesondere Mietverträge über Büroräume, Leasingverträge über Kraftfahrzeuge, Datenverarbeitungsanlagen, Multifunktions-
geräte und Telefonanlagen sowie Wartungsverträge über Büromaschinen.

26   Anders ist die Rechtslage bei **Arbeitsverhältnissen.** Hier bestimmt § 613a BGB
aus Gründen des Bestandsschutzes zwingend, dass der Übernehmer in die Arbeitsverträge eintritt. Eine **Kündigung** des neuen Arbeitgebers aus Gründen des Betriebsübergangs ist unzulässig (§ 613a Abs. 4 Satz 1 BGB). Eine Kündigung aus anderen
Gründen bleibt allerdings im Rahmen des Kündigungsschutzgesetzes vorbehalten
(Satz 2). Soweit Steuerberatungspraxen nicht mehr als fünf Arbeitnehmer beschäftigen,
ist eine Kündigung auch ohne soziale Rechtfertigungspflicht möglich (§ 23 Abs. 1
Satz 2 KSchG). Entsprechendes gilt für Arbeitnehmer, deren Arbeitsverhältnis nach
dem 31.12.03 begonnen hat, wenn in der Steuerberaterpraxis regelmäßig nicht mehr
als zehn Arbeitnehmer beschäftigt werden; diese Arbeitnehmer werden insoweit bei
der vorgenannten Grenze von fünf Arbeitnehmern bis zur Beschäftigung von in der
Regel zehn Arbeitnehmern nicht mitgezählt (§ 23 Abs. 1 Satz 3 KSchG).

Gem. § 613a Abs. 2 BGB besteht eine **gesamtschuldnerische Haftung** des bisherigen Arbeitgebers und des Übernehmers für Verpflichtungen, die vor dem Zeitpunkt
des Übergangs entstanden sind. Es ist daher bei Vertragsschluss anzuraten, eine entsprechende Klausel für den Eintritt der Inanspruchnahme zu treffen.

Der Übernehmer oder der Übergeber hat gem. § 613a Abs. 5 BGB sämtliche Arbeitnehmer über den Betriebsübergang in Textform (§ 126b BGB) zu informieren.
Die Unterrichtung ist zudem auch relevant für die Frist, innerhalb derer der Arbeitnehmer dem Übergang des Arbeitsverhältnisses widersprechen kann, mit der Folge,
dass dann der bisherige Arbeitgeber (Übergeber) betriebsbedingt kündigen kann.

Zu § 6: Erhaltung des Mandantenstamms

27   Eine rechtlich gesicherte Möglichkeit der **Fortführung bisheriger Mandantenaufträge** nach Übergabe der Praxis gibt es wegen der höchstpersönlichen Natur der
freiberuflichen Steuerberatungstätigkeit nicht. Aus diesem Grund empfiehlt es sich,
durch geeignetes Zusammenwirken von Übergeber und Übernehmer die Mandanten
dazu anzuhalten, ihr Vertrauen auf den Übernehmer zu übertragen. In Betracht
kommen insbesondere Ankündigungsschreiben, gemeinsame Vorstellungsbesuche sowie Fachinformationsgespräche. Zudem kann vereinbart werden, dass der Übergeber
dem Übernehmer für eine Übergangszeit für Rückfragen zur Verfügung steht. Diese
Tätigkeit kann zB im Rahmen eines freien Mitarbeiterverhältnisses ausgeübt werden.

28   Die Standesvertretungen verlangen, dass jeder Anschein einer Reklame bei Bekanntgabe der Praxisübernahme vermieden wird. Es ist der Maßstab von § 57a StBerG
anzulegen. Soweit Unklarheit über die Form der Bekanntmachung besteht, ist dringend anzuraten, zuvor eine Auskunft bei der zuständigen Steuerberaterkammer einzuholen.

Zu § 7: Aushändigung von Akten und Unterlagen

29   Akten und Unterlagen dürfen dem Übernehmer nur überlassen werden, wenn die
Mandanten dem ausdrücklich oder stillschweigend zugestimmt haben. Ohne vorliegendes Einverständnis besteht die Gefahr, dass der Übergeber sich wegen Verletzung

des Berufsgeheimnisses (§ 203 Abs. 1 Nr. 3 StGB) strafbar macht und/oder gegen standesrechtliche Verschwiegenheitspflichten verstößt (§ 5 BOStB).

Zu § 8: Haftung gegenüber Dritten

Es empfiehlt sich, um spätere Regressstreitigkeiten zu vermeiden, im Innenverhält- **30** nis zwischen Übergeber und Übernehmer klar zu regeln, wer für Beratungsfehler haftet.

Zu § 9: Entgelt für die Praxisübergabe

Die Bestimmung des Veräußerungsentgelts ist zweifellos das schwierigste Problem **31** der Praxisübergabe. Es empfiehlt sich, den Veräußerungspreis in ein Entgelt für den Praxiswert und in ein Entgelt für das Inventar aufzuspalten und dies gesondert auszuweisen. Im Zusammenhang mit der Aufstellung über den Wert der einzelnen übernommenen Sachgegenstände ergibt sich damit eine eindeutige Bewertung aller übernommenen materiellen und immateriellen Wirtschaftsgüter als Ausgangsbasis für die Ermittlung der Absetzung für Abnutzungen, die der Übernehmer steuermindernd geltend macht.

Als Geschäftsveräußerung im Ganzen ist die Praxisübergabe nicht umsatzsteuerbar **32** (§ 1 Abs. 1a UStG).

Zu § 10: Ermittlung des Praxiswertes

Das Hauptproblem der Übergabe ist die Ermittlung des immateriellen Praxiswertes **33** als Entgelt für den Ruf der übertragenen Praxis, die es dem Übernehmer ermöglicht, die bisherige Tätigkeit des Übergebers erfolgreich fortsetzen zu können. Der hier dargestellte Vorschlag der Ermittlung des Wertes nach dem Umsatzwertverfahren entspricht unter Berücksichtigung verschiedener Modifikationen weitgehend den Usancen in der Praxis (vgl. insgesamt zur Bewertung einer Steuerberaterpraxis die Hinweise der Bundessteuerberaterkammer für die Ermittlung des Wertes einer Steuerberaterpraxis – unter Berücksichtigung der Besonderheiten des Berufsstandes und der verschiedenen Bewertungsanlässe, veröffentlicht unter www.bstbk.de).

Ausgangspunkt für die Bewertung ist hiernach der Umsatz des letzten Jahres, ggf. **34** auch der letzten drei Jahre, soweit diese den Umsatz im Aufwärts- oder Abwärtstrend zutreffend widerspiegeln. Der Gesamtumsatz ist aufzuspalten in persönlichkeitsgebundene Umsätze (zB Honorare aus Testamentsvollstreckungen und Konkursverwaltungen), in Umsätze, die nur in mehr als einjährigen Intervallen anfallen (zB Erbschaftsteuererklärungen) und in die übrigen Umsätze aus Beratungs- und Buchführungstätigkeiten. Diese Aufteilung bildet die Grundlage für die Bereinigung des Gesamtumsatzes, der sodann um personengebundene Umsätze gekürzt wird. Umsätze, die in mehrjährigen Intervallen anfallen, werden mit dem Durchschnittswert der letzten drei Jahre angesetzt. Auf diese Bemessungsgrundlage wird ein einheitlicher Prozentsatz angewendet, um den endgültigen Praxiswert zu ermitteln. In der Praxis schwankt heute der Prozentsatz zwischen 80% und 140%.

Abweichungen in der Bewertung sind allerdings dann geboten, wenn der Reinge- **35** winn der Praxis über- oder unterdurchschnittlich ist, die geographische Streuung der Mandanten groß ist und damit erhöhte Fahrtkosten entstehen, der organisatorische Zustand der Praxis eine andere Bewertung erforderlich macht und – zB auf Grund der Altersstruktur das Risiko des Verlustes von Mandanten besonders hoch ist.

Neben dem Umsatzwertverfahren als gängige Praktikermethode finden in der Praxis **36** auch verschiedene Ertragswertmethoden, so zB die sog. Methode der Überverrentung, Anwendung. Vereinfachend dargestellt, geht diese Methode davon aus, dass der Praxiswert deshalb gesondert zu vergüten ist, weil der Übernehmer die Möglichkeit erhält, unter den verbesserten Startbedingungen als selbstständiger Steuerberater mehr zu verdienen als in der Eigenschaft als angestellter Steuerberater. Um diesen Übergewinn zu ermitteln, sind einerseits der bereinigte Gesamtumsatz und andererseits die konkrete Kostenstruktur der Praxis zu berücksichtigen. Ferner wird davon ausgegangen, dass sich der Praxiswert nach fünf Jahren verbraucht.

Daraus ergibt sich folgendes Berechnungsbeispiel:

Gesamtumsatz	600.000,– €
Kürzung um personengebundene Umsätze	65.000,– €
Bereinigung des Gesamtumsatzes	535.000,– €
Aufwand lt. Kostenstruktur 60%	321.000,– €
Betriebsergebnis 40%	214.000,– €
kalkulatorischer Unternehmerlohn	80.000,– €
Nettoüberschuss	134.000,– €
Kapitalisierungsdauer 5 Jahre	
Rentenbarwert bei 8% (nachschüssig)	3,992
Praxiswert	535.000,– €
Praxiswert nach Umsatzpreismethode (100%)	535.000,– €

37   Damit zeigt sich, dass bei durchschnittlicher Kostenstruktur der übergebenen Praxis die Methode der Berechnung nach der Übergewinnverrentung dem Ergebnis des Umsatzwertverfahrens durchaus nahe kommt. Der Vorteil dieser Methode liegt vor allem darin, dass die Kostenstruktur der Praxis hinreichend berücksichtigt und die wirtschaftliche Sicherung des Übernehmers mittels Ansatzes des kalkulatorischen Unternehmerlohnes gewährleistet wird. Bei der bereinigten Umsatzpreismethode können die einzelnen preisbeeinflussenden Bewertungsfaktoren dagegen nur im Rahmen differenzierender Prozentsätze berücksichtigt werden. Im Hinblick darauf empfiehlt es sich, die Methode der Überverrentung jedenfalls bei einer Kontrollrechnung anzuwenden.

Zu § 11: Risiko des Praxisübernehmers

38   Wesentliche Streitpotentiale bei Praxisübernahmen werden dann offenkundig, wenn sich die der Praxisbewertung zugrunde gelegten Umsatz- und Gewinnprognosen nach dem Übertragungsstichtag als unzutreffend erweisen. Um die Risiken zwischen den Vertragspartnern auszugleichen, werden nicht selten Kaufpreiskorrekturen vereinbart, die allerdings bei Praxisübertragungen deshalb problematisch sind, weil künftige Umsatz- und Gewinnentwicklungen insbesondere von den persönlichen Fähigkeiten des Übernehmers abhängen. Im Hinblick darauf werden bei Praxisübertragungen Kaufpreiskorrekturen auf Umsatz- bzw. Gewinnentwicklungen beschränkt, die innerhalb von allenfalls bis zu zwei Jahren nach dem Übertragungsstichtag eintreten. Darüber hinaus ist es üblich, von Kaufpreiskorrekturen Umsatz/Gewinnrückgänge auszunehmen, die auf vom Übernehmer zu verantwortenden Kündigungen von Beratungsverträgen beruhen.

39   Um spätere rechtliche Auseinandersetzungen zu vermeiden, empfiehlt es sich stets, die aus der Sicht insbesondere des Übernehmers erkennbaren Risiken vorweg bei der Kaufpreisbemessung zu berücksichtigen und eine spätere Kaufpreiskorrektur dafür auszuschließen. Dieser Konzeption folgt § 11.

40   § 11 Abs. 2 sieht eine selbstständige Garantieübernahme gem. § 443 BGB des Übergebers für die Richtigkeit und Vollständigkeit der Abgaben in den Anlagen zum Vertrag vor. Die Garantiehaftung richtet sich nach Art und Umfang nach den Gewährleistungsansprüchen aus § 437 BGB, wobei hier die Rechte des Übernehmers auf die Ansprüche aus § 437 Nr. 3 BGB beschränkt worden sind. Eine Garantieübernahme gem. § 443 BGB besteht neben und unabhängig von den Gewährleistungsansprüchen aus §§ 434 ff. BGB.

Zu § 12: Fälligkeit

41   Ist das Entgelt für den Übernehmer finanzierbar, wird in aller Regel eine Einmalzahlung vereinbart. Andernfalls sind Kaufpreisraten üblich, deren Laufzeit allerdings

selten über drei Jahre hinausreicht. Werden Kaufpreisraten vereinbart, sollte eine erste Rate, etwa iHv. $1/4$ des Gesamtentgeltes, bei Vertragsabschluss und eine zweite Rate bei Praxisübergabe bezahlt werden. Für das ausstehende Entgelt sind Vereinbarungen von Zinsen und Sicherheiten, etwa Bürgschaften bzw. Hypotheken, sowie Regelungen für den Fall des Verzugs üblich. Die Vereinbarungen von Leib- oder Zeitrenten sowie umsatz- oder gewinnabhängige Entgelte sind nicht zu empfehlen, weil sie wegen ihrer Ausrichtung auf die persönlichen Fähigkeiten des Übernehmers nicht sachgerecht sind und den Übergeber in eine finanzielle Abhängigkeit bringen. Aus diesem Grunde wird hier dem Konzept der Einmalzahlung gefolgt.

Im Übrigen empfiehlt es sich, wenn Ratenzahlung vereinbart wird, die Anrech- **42** nung auf das Entgelt für das Inventar und für den Praxiswert gesondert festzulegen. Dies folgt daraus, dass bei vereinbartem Eigentumsvorbehalt hinsichtlich der übergebenen Sache der Zeitpunkt des Eigentumsüberganges klar bestimmt werden muss.

Zu § 13: Weiterveräußerung durch Übernehmer

Hat der Übergeber die Praxis selbst aufgebaut, besteht für ihn regelmäßig ein Inte- **43** resse daran, dass seine Praxis aus Gründen der persönlichen Kontinuität vom Übernehmer langfristig weitergeführt wird. Aus diesem Grunde wird er seine Praxis nicht als Spekulationsobjekt sehen wollen. Ist Ratenzahlung vereinbart, empfiehlt es sich ohnehin, dass der Übergeber sich zur Absicherung seiner Ansprüche die Zustimmung zur Weiterveräußerung vorbehält.

Zu § 14: Konkurrenzverbot

Die Zahlung eines Entgeltes für die Überlassung der Praxis gibt dem Übernehmer **44** das Recht, zu verlangen, dass der Veräußerer sich auf absehbare Zeit nicht wieder am selben Ort oder im Einzugsbereich der Praxis niederlässt. Gegen ein auf zwei Jahre festgelegtes Rückkehrverbot ist im Allgemeinen nichts einzuwenden (BGH II ZR 59/02 v. 29.9.03, NZG 04, 35). Es ist berufs- wie wettbewerbsrechtlich unzulässig, wenn sich der Praxisveräußerer nach erfolgter Praxisübergabe und Auslaufen des vertraglich vereinbarten Wettbewerbsverbots mit Werbeschreiben an ehemalige Mandanten zwecks Weiterbetreuung wendet (OLG Frankfurt 6 U 112/08 v. 25.9.08, DStRE 09, 1094).

Zu § 15: Schlussbestimmungen

Sofern die Vertragsparteien nicht jeweils in Gütertrennung leben, ist zur Wirksam- **45** keit des Praxisübergabevertrages vorsorglich das Zustimmungserfordernis des Ehepartners gemäß § 1365 Abs. 1 BGB zu beachten (vgl. *Wehmeier*, Praxisübertragung in wirtschaftsprüfenden und steuerberatenden Berufen, 6. Aufl., 2013, Kapitel B, Rz. 219).

B. 18. Schenkungsvertrag

B. 18.01 Grundstücksschenkung unter Nießbrauchsvorbehalt im Wege vorweggenommener Erbfolge

Gliederung

Vorbemerkung: In der notariellen Beurkundungspraxis wird in vorliegenden Fällen der Schenker zumeist als Übergeber und der Schenkungsvertrag als Übergabevertrag bezeichnet.

I. FORMULAR

Formular B. 18.01 Schenkungsvertrag

SCHENKUNGSVERTRAG

Verhandelt am ...... in ......

Vor dem unterzeichnenden Notar ......

erschienen

Herr A   – nachfolgend Schenker genannt –

und

Herr B,

handelnd als Pfleger für den minderjährigen Sohn des Schenkers, A 1, geb. ......,

auf Grund der in Urschrift vorgelegten Bestallungsurkunde des Amtsgerichts ......

vom ......   – nachfolgend Erwerber genannt –

Die Erschienenen, durch Personalausweise ausgewiesen, erklärten:

§ 1 Grundbuchstand

Der Schenker ist im Grundbuch des Amtsgerichts ...... für ...... Band ...... Blatt ...... als Alleineigentümer des dort bezeichneten Grundstücks eingetragen.

Der Grundbesitz ist in Abteilung II und III unbelastet.

§ 2 Schenkung

Der Schenker überträgt hiermit mit Zustimmung seiner Ehefrau den vorbezeichneten Grundbesitz mit allen Rechten und Pflichten, den wesentlichen Bestandteilen und dem gesetzlichen Zubehör auf den Erwerber zum Alleineigentum. Der Erwerber nimmt die Schenkung hiermit an.

§ 3 Auflassung

Die Vertragsteile sind über den Eigentumsübergang einig. Der Schenker bewilligt und der Erwerber beantragt die Eintragung der Rechtsänderung im Grundbuch. Auf die Bestellung einer Auflassungsvormerkung wird verzichtet.

§ 4 Vollmacht des Notars

Die Erschienenen beauftragen den Notar alles zu tun, was im Rahmen des Vollzugs dieses Vertrages erforderlich oder nach seinem Ermessen zweckdienlich ist. In diesem Rahmen ist der Notar ermächtigt, den Grundbuchvollzug betreffende Erklärungen ggf. nachzuholen, zu ergänzen oder inhaltlich zu berichtigen. Von den Beschränkungen des § 181 BGB ist der Notar befreit.

§ 5 Besitz- und Gefahrübergang

Der mittelbare Besitz, die Gefahr des zufälligen Untergangs und der zufälligen Verschlechterung gehen sofort auf den Erwerber über. Der unmittelbare Besitz, die Nutzungen und die übrigen Lasten verbleiben beim Schenker und gehen erst mit Beendigung des nachfolgend bestellten Nießbrauchs auf den Erwerber über.

§ 6 Haftung des Schenkers

Jegliche Haftung des Schenkers, insbesondere für Sach- und Rechtsmängel, ist ausgeschlossen. Der vorstehende Haftungsausschluss gilt nicht bei Vorsatz oder Arglist.

§ 7 Nießbrauchsvorbehalt

(1) Der Schenker behält sich den lebenslangen unentgeltlichen Nießbrauch an dem in § 1 genannten Grundbesitz vor. Danach ist der Schenker berechtigt, sämtliche Nutzungen aus dem Grundbesitz zu ziehen. Er ist verpflichtet, sämtliche auf dem Grundbesitz ruhenden privaten und öffentlichen Lasten einschließlich der außerordentlichen öffentlichen und die von Gesetzes wegen eigentlich dem Eigentümer obliegenden privaten Lasten zu tragen, insbesondere die außergewöhnlichen Ausbesserungen und Erneuerungen.

(2) Nach dem Ableben des Schenkers steht das Nießbrauchsrecht dessen Ehefrau, Frau A, auf deren Lebenszeit zu.

(3) Die Vertragsteile bewilligen und beantragen die Eintragung des Nießbrauchsrechts zugunsten des Schenkers sowie des aufschiebend bedingten Nießbrauchsrechts zugunsten von Frau A an nächstoffener Rangstelle im Gleichrang untereinander im Grundbuch mit dem Vermerk, dass zur Löschung eines jeden Rechts der Nachweis des Todes des Berechtigten genügt.

§ 8 Rückforderungsrecht

(1) Der Schenker ist berechtigt, die Schenkung zu widerrufen und vom Vertrag zurückzutreten und Rückauflassung des Grundbesitzes zu verlangen, wenn

- der Erwerber vor dem Ableben des Schenkers oder seiner Ehefrau verstirbt,
- über das Vermögen des Erwerbers das Insolvenzverfahren eröffnet oder mangels Masse abgelehnt wird oder die Zwangsversteigerung oder Zwangsverwaltung des Grundbesitzes durchgeführt wird,
- bei Auflösung der Ehe des Erwerbers der Grundbesitz nicht vom Gesamtgut oder vom Zugewinnausgleich ausgenommen ist,
- der Schenker berechtigt ist, die Schenkung wegen groben Undankes zu widerrufen oder
- der Schenker oder seine Ehefrau berechtigt sind, dem Erwerber den Pflichtteil zu entziehen.

(2) Nach dem Ableben des Schenkers steht das Rückforderungsrecht seiner Ehefrau mit der Maßgabe zu, dass sie die Übertragung auf sich selbst verlangen kann. Das Rückforderungsrecht ist weder übertragbar noch vererblich.

(3) Werterhöhende Investitionen sind dem Erwerber zu dem zum Zeitpunkt der Rückübertragung bzw. Übertragung maßgeblichen Zeitwert zu ersetzen, wenn diese Investitionen mit Zustimmung des Schenkers oder seiner Ehefrau erfolgt und vom Erwerber bezahlt worden sind. Zwischenzeitlich bestellte Grundpfandrechte haben der Schenker oder dessen Ehefrau nur zu übernehmen, als sie eigene Verbindlichkeiten sichern.

(4) Die Kosten der Rückübertragung bzw. Übertragung gehen zu Lasten des Erwerbers.

(5) Der Erwerber bestellt zur Sicherung des in Abs. 1 und Abs. 2 bezeichneten aufschiebend bedingten Anspruchs auf Rückübertragung bzw. Übertragung des Grundbesitzes zugunsten des Schenkers und seiner Ehefrau jeweils eine gleichrangige Auflassungsvormerkung, deren Eintragung im Grundbuch im Rang nach dem in dieser Urkunde bestellten Nießbrauchsrecht er hiermit bewilligt und beantragt.

§ 9 Pflichtteilsanrechnung und Ausgleichspflicht

(1) Der Erwerber hat sich den Wert des geschenkten Grundbesitzes abzüglich des Werts des kapitalisierten Nießbrauchsrechts auf sein gesetzliches Pflichtteilsrecht am künftigen Nachlass des Schenkers anrechnen zu lassen.

(2) Eine Ausgleichspflicht gem. § 2050 BGB wird ausgeschlossen.

§ 10 Mietverhältnisse

Die Mietverträge sind dem Erwerber bekannt. Im Hinblick auf den vorbehaltenen Nießbrauch verbleiben sie beim Schenker.

§ 11 Schenkungsteuer, Kosten des Vertrages

Die auf die Übertragung des Grundbesitzes entfallende Schenkungsteuer sowie die Kosten dieses Vertrages trägt der Schenker.

II. ERLÄUTERUNGEN

Erläuterungen zu B. 18.01 Schenkungsvertrag

1. Grundsätzliche Anmerkungen

a) Wirtschaftliche Vertragsziele

1   Grundstücksschenkungen unter Nießbrauchsvorbehalt haben im Rahmen **vorweggenommener Erbfolge** eine besondere Bedeutung: Die durch den Nießbrauch bewirkte Abspaltung des Nutzungsrechts vom Eigentum ermöglicht eine Übertragung von Vermögen auf die nächste Generation, ohne hiermit auch auf die entsprechenden Einkünfte zu verzichten. Im Hinblick darauf dient der Vorbehaltsnießbrauch auch der Altersversorgung. Unter dem Gesichtspunkt der Schenkungsteuer ist die Grundstücksschenkung nur dann günstig, wenn der Grundbesitzwert (§ 12 Abs. 3 ErbStG iVm. § 157 Abs. 3 BewG) ausnahmsweise niedriger ist als der entsprechende Verkehrswert. Zudem ist § 13d ErbStG zu beachten.

b) Zivilrecht

2   **Vermögensübertragungen** im Rahmen **vorweggenommener Erbfolge** unterliegen als Schenkung, Schenkung unter Auflage oder als gemischte Schenkung dem Regelungsbereich der §§ 516 ff. BGB. Eine Vermutung für den Schenkungscharakter gibt es nicht (BGH II ZR 272/85 v. 25.9.86, NJW 87, 890; BayObLG 1 Z BR 15/94 v. 12.2.96, DNotZ 96, 647). Vermögensübertragungen im Rahmen vorweggenommener Erbfolge können auch der Abgeltung vorher erbrachter Leistungen dienen

(BGH IV ZR 36/94 v. 1.2.95, WM 95, 1076). Soweit hierbei Grundstücke übertragen werden, ist notarielle Beurkundung (§ 311b Abs. 1 BGB) erforderlich.

Hinsichtlich einer etwa gebotenen Mitwirkung eines **Ergänzungspflegers** 3 (§§ 1909, 1629 Abs. 2 Satz 1, 1795 Abs. 1 Nr. 1, Abs. 2, 181 BGB) gilt folgendes: Nach der Rspr. des BGH ist ein Rechtsgeschäft, das jemand als Vertreter eines anderen mit sich im eigenen Namen vornimmt (Insichgeschäft), über den Wortlaut des § 181 BGB – entsprechendes gilt für § 1795 Abs. 1 Nr. 1 BGB – hinaus auch dann zulässig, wenn dieses dem Vertretenen lediglich einen rechtlichen Vorteil iSd. § 107 BGB bringt (BGH IX ZR 141/84 v. 25.4.85, BGHZ 94, 232; BGH V ZB 16/79 v. 9.7.80, BGHZ 78, 28). Bei einer Grundstücksschenkung unter Nießbrauchsvorbehalt ist diese Voraussetzung bei einem vermieteten Grundstück allerdings nicht gegeben, weil der minderjährige Erwerber jedenfalls mit der Beendigung des Nießbrauchs entsprechend § 1056 Abs. 1 BGB in die Pflichten aus dem dann noch bestehenden Miet- und Pachtvertrag eintritt (BGH V ZB 44/04 v. 3.2.05, NJW 05, 1430). Im Hinblick darauf ist die Bestellung eines Ergänzungspflegers (§ 1909 Abs. 1 BGB) erforderlich. Einer familiengerichtlichen Genehmigung (§ 1822 BGB) bedarf es dagegen nicht (BGH V ZR 177/81 v. 27.10.82, NJW 83, 1780).

Zur rechtlichen Ausgestaltung des Nießbrauchs vgl. B. 14 Rz. 2 ff. 4

c) Steuerrecht

Ertragsteuern: Der **Vorbehaltsnießbraucher** ist im Normalfall nicht **wirt-** 5 **schaftlicher Eigentümer** (vgl. § 39 AO) des seiner Nutzung unterliegenden Wirtschaftsgutes (BFH VIII R 141/77 v. 28.7.81, BStBl. II 82, 454; BFH X R 91/94 v. 1.10.97, BStBl. II 98, 203; BFH X B 40/99 v. 26.10.99, BFH/NV 00, 563). Dies gilt auch für den Fall, dass Eltern im Rahmen vorweggenommener Erbfolge ihren Kindern schenkweise Grundstücke übertragen und sich gleichzeitig den lebenslänglichen Nießbrauch an den Grundstücken vorbehalten (BFH II R 81/88 v. 24.7.91, BStBl. II 91, 909). Der Vorbehaltsnießbraucher ist einkommensteuerrechtlich ausnahmsweise allerdings dann wirtschaftlicher Eigentümer, wenn sich seine rechtliche und tatsächliche Stellung gegenüber dem zivilrechtlichen Eigentümer von der normalen Stellung eines Nießbrauchers so deutlich unterscheidet, dass er die tatsächliche Herrschaft über das nießbrauchsbelastete Grundstück ausübt (BFH III R 240/83 v. 23.1.87, BFH/NV 87, 502; BFH IV R 39/98 v. 26.11.98, BStBl. II 99, 263). Die gleichen Grundsätze gelten auch für die übrigen Steuerarten.

Da Schenkungen unter Nießbrauchsvorbehalt durchweg zwischen **nahen Ange-** 6 **hörigen** vollzogen werden, gelten die allgemein für die Anerkennung von Verträgen zwischen nahen Angehörigen geltenden Grundsätze (vgl. BMF v. 30.9.13, BStBl. I 13, 1184 Tz. 3). Wird die steuerliche Anerkennung versagt, werden die Einkünfte nicht dem Nießbraucher, sondern dem Eigentümer zugerechnet. Die mit der Schenkung unter Nießbrauchsvorbehalt angestrebten Steuereffekte gehen damit verloren.

Für Zwecke der **Einkommensteuer** werden Grundstücksschenkungen unter 7 Nießbrauchsvorbehalt nur dann anerkannt, wenn der Rechtsübergang an dem Grundstück und die Bestellung des Nießbrauchsrechts Gegenstand einer klaren Vereinbarung sind sowie ernsthaft gewollt und tatsächlich durchgeführt werden. Voraussetzung hierfür ist zunächst, dass sowohl die Grundstücksübertragung als auch die Nießbrauchsbestellung **bürgerlich-rechtlich wirksam** sind (vgl. BMF v. 30.9.13, BStBl. I 13, 1184 Tz. 2 ff, auch zur Notwendigkeit der Bestellung eines Ergänzungspflegers).

Die **tatsächliche Durchführung** der Grundstücksübertragung artikuliert sich wegen des vorbehaltenen Nießbrauches im Wesentlichen in einer nach außen hin etwa gegenüber Behörden und Versicherungen dokumentierten Eigentümerstellung.

Da jede Art von Nießbrauchsrecht ein selbständiges immaterielles Wirtschaftsgut 8 darstellt, ist es selbständig einlegbar, entnehmbar und abschreibbar (BFH GrS 2/86 v. 26.10.87, BStBl. II 88, 348). Daher führt bei den **Einkünften aus Gewerbebetrieb** die schenkweise Übertragung eines zu einem Betriebsvermögen gehörenden Grundstücks unter Nießbrauchsvorbehalt regelmäßig zu einer Entnahme, die gem. § 6 Abs. 1 Nr. 4 EStG mit dem Teilwert anzusetzen ist, so dass es insoweit zu einer Realisation stiller Reserven kommt (BFH VIII R 170/78 v. 2.8.83, BStBl. II 83, 735). Etwas anderes gilt, wenn der Nießbraucher wirtschaftlicher Eigentümer des Grundstücks bleibt. Das ist aber nur bei ganz atypischen Gestaltungen der Fall (BFH VIII R 153/81 v. 7.12.82, BStBl. II 83, 627; BFH II R 81/88 v. 24.7.91, BStBl. II 91, 909).

9   Die steuerliche Zurechnung der **Einkünfte aus Vermietung und Verpachtung** hängt nach dem Nießbrauch-Erlass des BMF v. 30.9.13 (BStBl. I 13, 1184) davon ab, ob es sich um einen Zuwendungsnießbrauch oder um einen Vorbehaltsnießbrauch handelt (vgl. zum Nießbrauch B. 14 Rz. 8 ff.). Beim hier vorliegenden **Vorbehaltsnießbrauch** (vgl. Nießbrauch-Erlass BMF v. 30.9.13, aaO Tz. 39 ff.) sind die Mieteinnahmen grds. dem Vorbehaltsnießbraucher zuzurechnen. Der Vorbehaltsnießbraucher ist auch zum Werbungskostenabzug, insbesondere zur Inanspruchnahme der Absetzung für Abnutzung, berechtigt (BFH VIII R 35/79 v. 28.7.81, BStBl. II 82, 380; BFH IX R 62/83 v. 24.9.85, BStBl. II 86, 12; BFH GrS 4/92 v. 30.1.95, BStBl. II 95, 281; BMF v. 30.9.13, aaO, Tz. 42 f.). Da dem Eigentümer aus dem nießbrauchsbelasteten Grundstück keine Einnahmen zuzurechnen sind, kann er Aufwendungen auf das Grundstück nicht als Werbungskosten abziehen; das gilt auch für die Absetzung für Abnutzung (Nießbrauch-Erlass BMF v. 30.9.13, aaO Tz. 45). Zum Zuwendungsnießbrauch vgl. Nießbrauch-Erlass BMF v. 30.9.13, aaO Tz. 14 ff.

10   **Löst** der Eigentümer den **Nießbrauch** ab, ergeben sich nachträgliche Anschaffungskosten beim Eigentümer, und zwar auch dann, wenn das Grundstück dem Eigentümer zuvor geschenkt wurde (BFH IX R 323/87 v. 15.12.92, BStBl. II 93, 488; BFH IX R 72/90 v. 21.7.92, BStBl. II 93, 486). Ggfs. kann aber im familiären Bereich eine verdeckte Unterhaltszahlung gegeben sein mit der Folge, dass die Ablösezahlung gem. § 12 EStG nicht zu nachträglichen Anschaffungskosten führt (BFH IX R 169/87 v. 21.7.92, BFH/NV 93, 93). Wird ein Vorbehaltsnießbrauch gegen **wiederkehrende Leistungen** abgelöst, ist zu unterscheiden, ob der Verzicht als Vermögensübergabe gegen Versorgungsleistungen zur Vorwegnahme der Erbfolge oder als entgeltliches Veräußerungsgeschäft zu beurteilen ist (BFH X R 148/90 v. 25.11.92, BFH/NV 93, 586; BFH X R 81/91 v. 13.10.93, BFH/NV 94, 620; BFH IX R 53/91 v. 9.2.94, BFH/NV 95, 189; BMF v. 11.3.10, BStBl. I 10, 227, Tz. 25). Handelt es sich um Versorgungsleistungen, scheidet ein Sonderausgabenabzug aus. Wird der Vorbehaltsnießbrauch aufgegeben, ohne dass sich im Gegenzug der Vermögensübernehmer zu Versorgungsleistungen verpflichtet, so bleibt die spätere Vereinbarung von Versorgungsleistungen daher ohne steuerliche Wirkung (BFH X R 2/05 v. 17.5.06, BFH/NV 06, 1824). Ist der Verzicht auf den Nießbrauch dagegen ein entgeltliches Rechtsgeschäft, so stellt der Barwert der wiederkehrenden Leistungen (§ 14 BewG) nachträgliche Anschaffungskosten des Grundstücks dar (BMF v. 11.3.10, BStBl. I 10, 227 Tz. 69 f.). Sind als Entgelt gleichmäßige wiederkehrende Leistungen auf Lebenszeit vereinbart, so handelt es sich um eine Leibrente, deren Zinsanteil nach der Ertragswerttabelle in § 22 EStG zu ermitteln und beim Eigentümer als Werbungskosten abzuziehen ist, sofern kein Werbungskostenabzugsverbot besteht (BMF v. 11.3.10, BStBl. I 10, 227 Tz. 72).

11   Zum Nießbrauch bei anderen Einkunftsarten vgl. B. 14 Rz. 8 ff.

12   **Verkehrsteuern:** Soweit der Nießbrauch an einem unternehmerisch genutzten Grundstück im Rahmen eines Leistungsaustauschs bestellt oder vorbehalten wird, fällt grds. gem. § 4 Nr. 12c UStG keine **Umsatzsteuer** an (UStAE 4.12.8). Der unentgeltliche Nießbrauch führt gem. §§ 1 Abs. 1 Nr. 1, 3 Abs. 1b Nr. 1, 4 Nr. 12c UStG zu einer steuerfreien Entnahme (BFH X R 51/81 v. 16.9.87, BStBl. II 88, 205). Falls im Zusammenhang mit der Errichtung oder dem Erwerb des Grundstücks Vorsteuer abgezogen wurde, kommt allerdings als Folge der Nießbrauchsbestellung eine Vor-

steuerberichtigung gem. § 15a Abs. 1, 4 UStG in Betracht (BFH X R 51/81 v. 16.9.87, BStBl. II 88, 205; UStAE 15a.2 Abs. 6 Nr. 3 Buchst. b). Die Voraussetzungen für eine Vorsteuerberichtigung nach § 15a Abs. 4 UStG sind aber dann nicht gegeben, wenn der Steuerpflichtige zwar das Eigentum an dem Grundstück überträgt, es aber aufgrund eines gleichzeitig vorbehaltenen Nießbrauchs wie bisher besitzt und den Ertrag durch Fortsetzung der bestehenden Mietverhältnisse zieht, weil hierdurch ein Grundstück noch nicht geliefert wird (BFH V R 66/96 v. 13.11.97, BFH/NV 98, 555).

Die Übertragung eines Grundstücks unter Nießbrauchsvorbehalt unterliegt der **13** **Grunderwerbsteuer.** Bemessungsgrundlage ist der Wert der Gegenleistung (§ 8 Abs. 1 GrEStG). Dazu gehören bei dem Kauf eines Grundstücks unter Nießbrauchsvorbehalt auch die vorbehaltenen Nutzungen (§ 9 Abs. 1 Nr. 1 GrEStG). Bei unentgeltlichen Grundstücksübertragungen ist der Grundbesitzwert maßgeblich (§ 8 Abs. 2 Nr. 1 GrEStG iVm. §§ 151, 157 BewG). Grundstücksübertragungen auf Ehegatten und Kinder sind gem. § 3 Nr. 4, 6 GrEStG steuerfrei. Soweit die Grundstücksübertragung von Todes wegen oder unter Lebenden, etwa im Rahmen vorweggenommener Erbfolge eintritt, ist zwecks Vermeidung einer Doppelbelastung von Erbschaft-/Schenkungsteuer und Grunderwerbsteuer ebenfalls Grunderwerbsteuerfreiheit gegeben (§ 3 Nr. 2 GrEStG). Bei Schenkungen unter Auflage tritt daher die Steuerbefreiung nur insoweit ein, als der Grundbesitzwert den Wert der Auflage übersteigt, da für den nicht übersteigenden Teil keine Schenkungssteuer anfällt (§ 3 Nr. 2 Satz 2 GrEStG; vgl. dazu auch BFH II B 38/15 v. 9.2.17, BFH/NV 17, 617). Der Wert der Auflage unterfällt der Grunderwerbsteuer auch dann, wenn die Grundstücksschenkung insgesamt von der Schenkungsteuer befreit ist (BFH II R 57/14 v. 12.7.16, BStBl. II 16, 897). Von der Reichweite der Steuerbefreiung gem. § 3 Nr. 2 GrEStG werden insoweit auch Grundstücksschenkungen unter Nießbrauchsvorbehalt erfasst (BFH II R 41/89 v. 29.1.92, BStBl. II 92, 420; BFH II R 99/91 v. 7.9.94, BFH/NV 95, 433).

(frei) **14**

Schenkungsteuer: Die schenkweise Übertragung eines Grundstücks unter **Nieß-** **15** **brauchsvorbehalt** stellt eine Schenkung unter Auflage dar, die gem. § 7 ErbStG der Schenkungsteuer unterliegt. Steuerpflichtiger Erwerb ist hierbei die Bereicherung des Beschenkten (§ 10 Abs. 1 ErbStG). Bei der Schenkung unter Nießbrauchsvorbehalt handelt es sich um eine Nutzungs- bzw. Duldungsauflage. Unter den ErbStR 2003 war die Unterscheidung zwischen der gemischten Schenkung und den verschiedenen Auflagen noch von Bedeutung (vgl. BFH II R 37/87 v. 12.4.89, BStBl. II 89, 524; zuletzt auch BFH II R 27/09 v. 13.4.11, BStBl. II 11, 730; R 17 ErbStR 2003). Durch Aufhebung des § 25 ErbStG aF durch das ErbStRG 2009 v. 24.12.08 (BGBl. I 08, 3018) verlor die Unterscheidung aber bereits an Bedeutung, da dadurch das Abzugsverbot entfiel. Seit Veröffentlichung der Gleichl. Ländererlasse v. 20.5.11, BStBl. I 11, 562 **unterscheidet die Finanzverwaltung nicht mehr zwischen Duldungs- und Leistungsauflagen** (vgl. auch nach Aufhebung der Gleichl. Ländererlasse v. 20.5.11, aaO allein die ErbStR 7.4 Abs. 1). Die Bereicherung wird nun berechnet, indem von dem nach § 12 ErbStG zu ermittelnden Steuerwert der Leistung des Schenkers die Gegenleistung des Beschenkten und die von ihm übernommenen Leistungs-, Nutzungs- und Duldungsauflagen mit ihren nach § 12 ErbStG ermittelten Wert abgezogen werden (ErbStR 7.4 Abs. 1 S. 2; ErbStH 7.4). Die Abzugsbeschränkungen des § 10 Abs. 6 ErbStG sind jedoch zu beachten (ErbStR 7.4 Abs. 2). Ggfs. kommt eine Anwendung von § 13d ErbStG in Betracht.

Vgl. zur Schenkungsteuer bei unentgeltlicher Einräumung eines Nießbrauchsrechts **16** B. 14 Rz. 18. Zur mittelbaren Grundstücksschenkung vgl. B. 18.02 Rz. 10 ff.

2. Einzelerläuterungen

Zur Eingangserklärung:

17   Aufgrund der bei Grundstücksschenkungen unter Nießbrauchsvorbehalt bestehenden höchstrichterlichen Vorgaben bedarf es der Bestellung eines Ergänzungspflegers (vgl. Rz. 3).

Zu § 2: Schenkung

18   Die Zustimmung der Ehefrau ist gem. § 1375 Abs. 3 BGB von Bedeutung, weil somit das geschenkte Grundstück im Rahmen eines etwaigen Zugewinnausgleichs bei Auflösung der Ehe aus der Berechnung des Zugewinns ausscheidet. Im Übrigen kann die Zustimmung der Ehefrau ggf. auch gem. § 1365 BGB erforderlich sein.

Zu § 4: Vollmacht des Notars

19   Die **Vollzugsvollmacht** zugunsten des Notars ist sinnvoll, um ihm die nachträgliche Korrektur von Fehlern oder Ergänzung von Erklärungen zu ermöglichen, ohne dass Schenker und Erwerber zu einem erneuten Termin erscheinen müssen.

Zu § 5: Besitz- und Gefahrübergang

20   Mit dem Besitz- und Gefahrübergang gehen alle öffentlich-rechtlichen Rechtsverhältnisse und auch Versicherungsverhältnisse, die mit dem Grundbesitz verknüpft sind, automatisch auf den Erwerber über. Demgemäß wechselt für steuerliche Zwecke auch das wirtschaftliche Eigentum an dem Grundbesitz (BFH VIII R 153/81 v. 7.12.82, BStBl. II 83, 627; BFH II R 81/88 v. 24.7.91, BStBl. II 91, 909) mit der Folge, dass zum nächsten Bewertungsstichtag eine Zurechnungsfortschreibung erfolgt (§ 22 Abs. 2 BewG).

Zu § 7: Nießbrauchsvorbehalt

21   Mit dem Recht, sämtliche Nutzungen aus dem nießbrauchsbelasteten Grundstück zu ziehen, korrespondiert die Pflicht, für die Erhaltung der Sache in ihrem wirtschaftlichen Bestand zu sorgen, wozu Ausbesserungen und Erneuerungen zählen, soweit sie für die gewöhnliche Unterhaltung des Grundstücks erforderlich sind (§ 1041 BGB). Den Nießbraucher trifft gem. § 1045 BGB auch eine Versicherungspflicht. Schließlich hat der Nießbraucher auch die auf dem Grundstück ruhenden öffentlichen Lasten (zB Grundsteuer) sowie die schon zur Zeit der Bestellung des Nießbrauchs bestehenden privatrechtlichen Lasten (zB Hypothekenzinsen) zu tragen (§ 1047 BGB). Demgegenüber obliegen dem Eigentümer die außerordentlichen öffentlichen Lasten sowie die außergewöhnlichen Ausbesserungen und Erneuerungen, also solche, die nicht mehr zur gewöhnlichen Unterhaltung des Grundstücks gehören. Da der Eigentümer mangels Einkünfteerzielung nicht zum Werbungskostenabzug berechtigt ist, liegt es nahe, diese Lasten in Abweichung von §§ 1043, 1047 BGB dem Nießbraucher aufzuerlegen.

22   Das Nießbrauchsrecht zugunsten der Ehefrau ist aufschiebend bedingt und als Zuwendungsnießbrauch zu qualifizieren. Während dem Schenker als Vorbehaltsnießbraucher die AfA-Befugnis uneingeschränkt zusteht, geht diese nach dessen Ableben verloren, weil zwar die Ehefrau den Tatbestand der Einkünfteerzielung erfüllt, selbst aber keine Herstellungs- oder Anschaffungskosten auf das Grundstück aufgewendet hat; vgl. zum Zuwendungsnießbrauch B. 14 Rz. 13ff. Auch wenn die Ehefrau später die AfA-Befugnis verliert, so ist ein derart vereinbarter aufschiebend bedingter Zuwendungsnießbrauch dennoch günstiger als ein – von Beginn an vereinbarter – gemeinsamer Nießbrauch, soweit hier die Einkünfte ebenfalls gemeinsam erzielt werden. In diesem Fall bliebe der Ehefrau die AfA versagt und dem Ehemann (Schenker) stünde nur die hälftige AfA zu (BFH VIII R 176/80 v. 27.7.82, BStBl. II 83, 6).

Während der Vorbehaltsnießbrauch keine Schenkungsteuer auslöst, unterliegt der 23
Zuwendungsnießbrauch zugunsten der Ehefrau als Nutzungsrecht der Schenkungsteuer (§ 7 ErbStG), die freilich erst dann erhoben wird, wenn die aufschiebende Bedingung eintritt, wenn also der Schenker vorverstirbt. Als Zuwendungsnießbraucherin hat die Ehefrau den Nießbrauch mit dem Kapitalwert (§ 12 Abs. 1 ErbStG iVm. §§ 13–16 BewG) anzusetzen. Der Kapitalwert berechnet sich hierbei nach § 14 BewG. Statt mit dem Kapitalwert kann der Zuwendungsnießbrauch aber auch jährlich im Voraus mit dem Jahreswert besteuert werden (§ 23 Abs. 1 ErbStG), wobei die Jahressteuer zum jeweils nächsten Fälligkeitstermin abgelöst werden kann (§ 23 Abs. 2 ErbStG).

Der vom Schenker vorbehaltene Nießbrauch sowie der Zuwendungsnießbrauch 24
mindern grundsätzlich den Wert der schenkungsteuerlichen Bereicherung und damit die Schenkungsteuer für die Schenkung. Die Abzugsbeschränkungen des § 10 Abs. 6 ErbStG sind jedoch zu beachten. Vgl. hierzu Rz. 15.

Zu § 8: Rückforderungsrecht

Eine Grundstücksschenkung unter Widerrufsvorbehalt führt unter einkommensteu- 25
errechtlichen Gesichtspunkten grds. auch zu einer Übertragung des wirtschaftlichen Eigentums an dem Grundstück. Etwas anderes gilt nur für den freien Widerrufsvorbehalt (BFH VIII R 196/84 v. 16.5.89, BStBl. II 89, 877). Eine freigebige Zuwendung (§ 7 ErbStG) ist jedoch stets gegeben, und zwar grundsätzlich unabhängig davon, ob die Schenkung unter gebundenem oder freiem Widerrufsvorbehalt erfolgt (BFH II R 67/86 v. 13.9.89, BStBl. II 89, 1034).

Kommt es auf Grund eines Rückforderungsrechtes zur Herausgabe des Geschenks, 26
erlischt die Schenkungsteuer mit Wirkung für die Vergangenheit (§ 29 Abs. 1 Nr. 1 ErbStG) mit der Folge, dass der bisherige Schenkungsteuerbescheid gem. § 175 Abs. 1 Nr. 2 AO zu ändern ist.

Zu § 9: Pflichtteilsanrechnung

Die Pflichtteilsanrechnung ist im Hinblick auf § 2315 BGB von Bedeutung, wo- 27
nach eine Schenkung auf den Pflichtteil nur dann angerechnet wird, wenn dies ausdrücklich bestimmt wurde.

Sollten die Voraussetzungen des § 2050 BGB vorliegen, ist eine lebzeitige Zuwendung im Erbfall auszugleichen. Um dies zu vermeiden, wurde der Ausgleichsanspruch ausgeschlossen.

Zu § 11: Schenkungsteuer, Kosten des Vertrages

Die Vorschrift hat im Hinblick auf § 20 Abs. 1 ErbStG Bedeutung, wonach Schen- 28
ker und Beschenkter Steuerschuldner sind. Die Übernahme der Schenkungsteuer durch den Schenker ist in aller Regel geboten, wenn der Beschenkte, etwa bei einer Schenkung unter Nießbrauchsvorbehalt, nicht über die entsprechenden Mittel verfügt, die Schenkungsteuer zu bezahlen. Die vom Schenker übernommene Schenkungsteuer unterliegt gem. § 10 Abs. 2 ErbStG ebenfalls der Schenkungsteuer. Da aus Gründen der Vereinfachung nur eine einmalige Erfassung der übernommenen Schenkungsteuer erfolgt, ist die Übernahme der Schenkungsteuer durch den Schenker im Ergebnis steuerlich günstig. Bei Anwendung des § 23 Abs. 1 ErbStG ist die übernommene Schenkungsteuer nicht zu berücksichtigen. Insoweit kommt es folglich stets und in vollem Umfang zur Sofortversteuerung (FinMin Baden-Württemberg v. 9.9.08, DStR 09, 1927).

Grunderwerbsteuer fällt nicht an (§ 3 Nr. 2, 4 und 6 GrEStG). 29

B. 18.02 Mittelbare Schenkung

Gliederung

I. FORMULAR

Formular B. 18.02 Schenkungsvertrag

SCHENKUNGSVERTRAG

Verhandelt am ...... in ......

Vor dem unterzeichnenden Notar ......

erschienen

1. Herr A ......   – nachfolgend „Schenker" genannt –

2. Herr B ......

handelnd als Pfleger für den minderjährigen Sohn des Schenkers, A 1, geb. ......, auf Grund der in Urschrift vorgelegten Bestallungsurkunde des Amtsgerichts ...... vom ......

                                – nachfolgend „Erwerber" genannt –

Die Erschienenen, durch Personalausweise ausgewiesen, erklärten:

§ 1 Gegenstand der Schenkung

(1) Der Schenker schenkt hiermit dem dies annehmenden Erwerber einen Betrag von € 207.000,– durch Übergabe eines Verrechnungsschecks (Nr. ......) über diese Summe, gezogen auf das Konto des Schenkers bei der Bank ......, Zweigstelle ......, Konto-Nr. ......

(2) Der vorbezeichnete Betrag darf nur für den Erwerb des im Wohnungsgrundbuch des Amtsgerichts ...... für ...... Band ...... Blatt ...... eingetragen ....../1.000 Miteigentumsanteil an Flst.Nr. ...... verbunden mit den Sondereigentum an der im Aufteilungsplan mit Nr. 4 bezeichneten Wohnung im 1. Obergeschoss von Herrn B verwendet werden. Der Kaufpreis beträgt € 200.000,– und die auf den Erwerb lastende Grunderwerbsteuer € 7.000,–. Der notarielle Kaufvertrag über das Wohnungseigentum soll im Anschluss an diese notarielle Verhandlung abgeschlossen werden.

(3) Die vorbezeichnete Eigentumswohnung ist vermietet.

§ 2 Schenkungsteuer, Kosten des Vertrages

Die auf die Schenkung entfallende Schenkungsteuer sowie die Kosten dieses Vertrages trägt der Erwerber.

Diese Niederschrift wurde den Erschienenen vom Notar vorgelesen, von ihnen genehmigt und von ihnen und dem Notar wie folgt unterschrieben:

....

(Unterschrift A)   (Unterschrift B)   (Unterschrift Notar)

II. ERLÄUTERUNGEN

> ### Erläuterungen zu B. 18.02 Schenkungsvertrag

1. Grundsätzliche Anmerkungen

a) Wirtschaftliche Vertragsziele

Die Schenkung dient dem Vermögenstransfer vom Zuwendenden auf den Be- **1** schenkten. Abgesehen von Pflicht- und Anstandsschenkungen erfolgen Schenkungen von bedeutsamen Vermögenswerten in erster Linie zu gemeinnützigen und mildtätigen Zwecken oder aber zwischen nahe stehenden Personen, etwa im Rahmen vorweggenommener Erbfolge. Schenkungen sind aber nicht selten auch steuerlich motiviert. Das gilt insbesondere für Geldschenkungen an Kinder zwecks Streuung der persönlichen Zurechnung der Einkünfte aus Kapitalvermögen, um insbesondere im Rahmen der Günstigerprüfung (§ 32d Abs. 6 EStG) die im Vergleich zur Abgeltungssteuer (25 %) niedrigere tarifliche Einkommensteuer in Anspruch nehmen zu können. Bei den sog. mittelbaren Schenkungen, bei denen steuerrechtlich ein Grundstück geschenkt wird, gibt es die früher bestehende Bewertungsdifferenz zwar nach dem neuen Erbschaftsteuerrecht in der Regel nicht mehr; für bestimmte bebaute Grundstücke greift aber § 13d ErbStG (Ansatz mit 90 % des steuerlichen Wertes).

b) Zivilrecht

Schenkung ist die vertragliche unentgeltliche Zuwendung eines Vermögensvorteils **2** aus dem Vermögen des Zuwendenden an einen anderen (§ 516 BGB).

Bei einer **Handschenkung** fallen Kausal- und Verfügungsgeschäft zusammen. In anderen Fällen ist ein **Schenkungsversprechen** gegeben, das ein einseitig verpflichtendes Schuldverhältnis darstellt (§ 518 BGB). **Mittelbare Schenkungen** haben die Zuwendung des Kaufpreises zum Erwerb eines Vermögensobjektes zum Gegenstand. **Gemischte Schenkungen** sind Vermögenszuwendungen, die teils entgeltlich, teils unentgeltlich erfolgen. Davon abzugrenzen ist die **Schenkung unter Auflage** (§ 525 BGB), die neben der unentgeltlichen Zuwendung eine den Beschenkten verpflichtende Zweckbindung zum Gegenstand hat. Auf **Schenkungen von Todes wegen** finden nicht die §§ 516ff. BGB, sondern die Vorschriften über die Verfügungen von Todes wegen Anwendung (§ 2301 BGB).

Das Schenkungsversprechen bedarf der notariellen Beurkundung (§ 518 Abs. 1 **3** BGB). Wird das Formerfordernis nicht beachtet, tritt Nichtigkeit ein (§ 125 BGB), es sei denn, die Schenkung wird vollzogen (§ 518 Abs. 2 BGB).

Wegen **Notbedarfs** kann der Schenker das Geschenk zurückfordern (§ 528 BGB) **4** und, soweit die Schenkung noch nicht vollzogen ist, die Erfüllung des Schenkungsversprechens verweigern (§ 519 BGB). Im Übrigen ist der **Widerruf** der Schenkung unter den in §§ 530ff. BGB genannten Voraussetzungen oder nach Maßgabe des Schenkungsvertrages möglich (vgl. BGH X ZR 59/13 v. 7.7.15, BGHZ 206, 165 zur Frage der Unentgeltlichkeit bei gleichzeitigem Verzicht auf das Erb- und Pflichtteilsrecht).

c) Steuerrecht

Ertragsteuern: Ist Gegenstand der Schenkung ein Wirtschaftsgut, das sich im **Pri- 5 vatvermögen des Schenkers** befindet, so führt die Schenkung – von einzelnen Ausnahmen zB im Bereich des § 6 AStG abgesehen – nicht zu einer Gewinnrealisierung. Der Erwerber tritt in die Rechtsstellung des Schenkers ein und hat im Privatvermögen die Abschreibungen des Schenkers fortzuführen (§ 11d EStDV, vgl. BFH IX R 26/15 v. 4.10.16, BStBl. II 17, 343; *Schmidt/Kulosa* § 6 EStG Rz. 134). Wird das Wirtschaftsgut Betriebsvermögen des Erwerbers, so greift § 6 Abs. 4 EStG

(*Schmidt/Kulosa* § 6 EStG Rz. 751 ff.). In diesem Fall hat der Erwerber das Wirtschaftsgut mit dem gemeinen Wert anzusetzen.

Handelt es sich bei dem Schenkgegenstand um ein **Wirtschaftsgut des Betriebsvermögens,** so liegt bei einer **privat veranlassten Schenkung** eine grundsätzlich gewinnrealisierende Entnahme vor (§ 6 Abs. 1 Nr. 4 EStG). Eine wichtige Ausnahme stellt hierbei § 6 Abs. 5 Satz 3 Nr. 3 EStG dar. Danach erfolgt die Übertragung zu Buchwerten, wenn das Wirtschaftsgut aus dem Sonderbetriebsvermögen eines Mitunternehmers in das Sonderbetriebsvermögen eines anderen Mitunternehmers bei derselben Mitunternehmerschaft übertragen wird. Eine weitere wichtige Ausnahme von der Gewinnrealisierung ist in § 6 Abs. 1 Nr. 4 Satz 4 EStG geregelt. Danach kann die Entnahme mit dem Buchwert angesetzt werden, wenn das Wirtschaftsgut anschließend unentgeltlich auf eine nach § 5 Abs. 1 Nr. 9 KStG steuerbegünstigte Körperschaft, Personenvereinigung oder Vermögensmasse oder eine juristische Person des öffentlichen Rechts zur Verwendung für steuerbegünstigte Zwecke iSd. § 10b Abs. 1 S. 1 EStG übertragen wird. **Betrieblich veranlasste Geschenke** sind zwar, soweit § 12 Nr. 1 EStG nicht eingreift, Betriebsausgaben gem. § 4 Abs. 4 EStG, unterliegen aber für Zwecke der Einkommensteuer dem Abzugsverbot des § 4 Abs. 5 Nr. 1 EStG (vgl. hierzu *Schmidt/Loschelder* § 4 EStG Rz. 536). Soweit **Geschenke als Spenden** zu qualifizieren sind, ist ein Betriebsausgabenabzug grds. ausgeschlossen (vgl. BFH I R 126/85 v. 25.11.87, BStBl. II 88, 220; ferner *Schmidt/Loschelder* § 4 EStG Rz. 520, Stichwort Spenden). Für Spenden zur Förderung staatspolitischer Zwecke ergibt sich das ausdrücklich aus § 4 Abs. 6 EStG. Im Übrigen ist ein Sonderausgabenabzug gem. § 10b EStG möglich.

Die vorstehenden Grundsätze gelten nur soweit die Übertragung unentgeltlich erfolgt. Schenkungen unter Auflage sowie gemischte Schenkungen sind **teilentgeltliche Veräußerungsvorgänge** mit der Folge, dass ein Veräußerungsgewinn entsteht, soweit die Gegenleistung den Buchwert übersteigt (BFH GrS 4–6/89 v. 5.7.90, BStBl. II 90, 847; BFH XI R 7, 8/84 v. 10.4.91, BStBl. II 91, 791; BFH XI R 5/83 v. 24.4.91, BStBl. II 91, 793; BFH XI R 34/92 v. 16.12.92, BStBl. II 93, 436). Eine Gegenleistung liegt auch vor, wenn zB Verbindlichkeiten übernommen werden, auch wenn diese mit dem übertragenen Wirtschaftsgut in wirtschaftlichem Zusammenhang stehen.

6   In der dem Formular zu Grunde liegenden Sachverhaltskonstellation der **mittelbaren Schenkung** ist zu berücksichtigen, dass der Schenker dem Erwerber lediglich Geld schenkt, allerdings mit der Auflage, dieses zum Erwerb eines bestimmten Wirtschaftsgutes zu verwenden. Da hier der Erwerb des Wirtschaftsgutes von einem Dritten erfolgt, liegt in der Person dieses Dritten eine Veräußerung vor. Die Folgen richten sich nach allgemeinen Grundsätzen und hängen insbesondere davon ab, ob der Dritte das Wirtschaftsgut aus dem Betriebs- oder Privatvermögen heraus verkauft. Aus Sicht des Erwerbers ist der Erwerb **unentgeltlich,** da die ursprünglich zum Schenkungsteuerrecht entwickelten Grundsätze der mittelbaren Schenkung auch für das Einkommensteuerrecht gelten (vgl. BFH IX R 26/15 v. 4.10.16, BStBl. II 17, 343; zu § 6b EStG: BFH IV R 9/06 v. 23.4.09, BStBl. II 10, 664; zur Eigenheimzulage: BFH IX R 38/06 v. 18.9.07, BFH/NV 08, 29).

7   **Verkehrsteuern:** Leistungen, für die ein Entgelt nicht zu entrichten ist, sind für Zwecke der **Umsatzsteuer** von Bedeutung, wenn die Voraussetzungen der §§ 3 Abs. 1b, 9a UStG gegeben sind. Die Bemessungsgrundlage ergibt sich in diesen Fällen aus § 10 Abs. 4, 5 UStG. Ggfs. ist eine Vorsteuerberichtigung nach § 15a UStG vorzunehmen.

8   Der Grundstückserwerb im Rahmen einer Schenkung ist gem. § 3 Nr. 2 GrEStG von der **Grunderwerbsteuer** freigestellt. Das gilt allerdings nicht bei der mittelbaren Grundstücksschenkung, weil § 3 Nr. 2 GrEStG auf den Grundstückserwerb des Beschenkten vom Dritten keine Anwendung findet (*Boruttau/Meßbacher-Hönsch* § 3 GrEStG Rz. 236).

Schenkungsteuer: Schenkungen unter Lebenden unterliegen gem. § 7 ErbStG der **9** Schenkungsteuer. Diese entsteht mit dem Zeitpunkt der Ausführung der Zuwendung (§ 9 Abs. 1 Nr. 2 ErbStG). Das gilt auch für Schenkungen unter freiem Widerrufsvorbehalt (BFH II R 67/86 v. 13.9.89, BStBl. II 89, 1034). Steuerpflichtiger Erwerb ist die Bereicherung beim Beschenkten (§ 10 Abs. 1 ErbStG). Gegenstand der Schenkung ist in den Fällen der mittelbaren Grundstücksschenkung das Grundstück. Voraussetzung ist, dass dem Beschenkten ein bestimmtes Grundstück oder Gebäude verschafft werden soll (ErbStR 7.3 Abs. 1). Davon ist die Schenkung unter Auflage abzugrenzen, bei der der Beschenkte nur ein Grundstück erwerben soll, ohne dass feststeht, um welches konkrete Grundstück es sich handelt (ErbStR 7.3 Abs. 2). Liegt eine mittelbare Grundstücksschenkung vor, so richtet sich die Bewertung nach § 12 Abs. 3 ErbStG, § 157 Abs. 3 BewG. Bewertungsziel ist dabei der gemeine Wert, § 177 BewG. Für gemischte Schenkungen und Auflagenschenkungen ist nach BFH II R 37/87 v. 12.4.89, BStBl. II 89, 524; BFH II R 18/93 v. 14.12.95, BStBl. II 96, 243; BFH II R 72/99 v. 17.10.01, BStBl. II 02, 25; BFH II R 41/08 v. 15.12.10, BStBl. II 11, 363; BFH II R 27/09 v. 13.4.11, BStBl. II 11, 730 die Bereicherung nach Maßgabe der Verkehrswerte gesondert zu berechnen. Die Schenkung ist sodann mit dem Teil des Steuerwertes der Leistung des Schenkers zur Schenkungsteuer heranzuziehen, der der bürgerlich-rechtlichen Bereicherung des Beschenkten entspricht.

Die **Bereicherung** wird ermittelt, indem von dem nach § 12 ErbStG zu ermitteln- **10** den Steuerwert der Leistung des Schenkers die Gegenleistung des Beschenkten und die von ihm übernommenen Leistungs-, Nutzungs- und Duldungsauflagen mit ihrem nach § 12 ErbStG ermittelten Wert abgezogen werden (ErbStR 7.4 Abs. 1 S. 2).

Die allgemeinen **Begünstigungsvorschriften** sind zu beachten. Sind bebaute **11** Grundstücke oder Grundstücksteile, die zu Wohnzwecken vermietet werden, die im Inland, einem EU- oder EWR-Staat belegen sind und die nicht zu einem begünstigten Betriebsvermögen oder begünstigten Vermögen eines Betriebes der Land- und Forstwirtschaft gehören, Gegenstand der Schenkung, so sind diese mit 90% ihres Wertes anzusetzen (§ 13d ErbStG). Wird Betriebsvermögen oder eine Mitunternehmerbeteiligung schenkweise übertragen, gelten die Begünstigungen der §§ 13a und 13b ErbStG, wobei dann der neue Verschonungsabschlag nach § 13c ErbStG zu beachten ist.

Sog. **unbenannte (ehebedingte) Zuwendungen** sind zwar zivilrechtlich nicht als **12** Schenkungen (§§ 516 ff. BGB) zu qualifizieren (BGH IX ZR 62/82 v. 24.3.83, BGHZ 87, 145; BGH IVb ZR 52/87 v. 5.10.88, FamRZ 89, 147; BGH X ZR 85/04 v. 28.3.06, NJW 06, 2330), diese auf die besondere eherechtliche Konfliktlage ausgerichtete Interpretation der §§ 516 ff. BGB gilt aber nicht für das Schenkungsteuerrecht mit der Folge, dass derartige unbenannte Zuwendungen durchweg freigebige Zuwendungen gem. § 7 Abs. 1 Nr. 1 ErbStG sind (BFH II R 59/92 v. 2.3.94, BStBl. II 94, 366; BFH II R 105/93 v. 30.3.94, BFH/NV 95, 70; BFH II R 106/93 v. 31.8.94, BFH/NV 95, 441; ErbStR 7.2; BFH II R 37/09 v. 27.10.10, BStBl. II 11, 134).

2. Einzelerläuterungen

Zur Eingangserklärung:

Die **mittelbare Schenkung**, die hier auf den Erwerb einer vermieteten Eigen- **13** tumswohnung gerichtet ist, bedeutet nicht lediglich einen rechtlichen Vorteil, so dass es gem. § 107 BGB der Einwilligung des gesetzlichen Vertreters (Eltern) bedarf. Da die Eltern wegen § 181 BGB indessen an der Vertretung gehindert sind, ist Ergänzungspflegschaft gem. § 1909 Abs. 1 BGB erforderlich. Im Hinblick darauf, dass § 1 Abs. 2 des Vertrages als „auf den entgeltlichen Erwerb eines Grundstücks gerichtet" (§ 1821 Abs. 1 Nr. 5 BGB) anzusehen ist, bedarf es der Genehmigung des Familiengerichts (§ 151 Nr. 5 FamFG).

Zu § 1: Gegenstand der Schenkung

14   Abs. 1 enthält das (schuldrechtliche) Kausalgeschäft als Schenkungsversprechen. Denn die Hingabe des Verrechnungsschecks ist lediglich eine **Leistung erfüllungshalber** (§ 364 Abs. 2 BGB). Die Schenkung ist erst mit Einlösung des Schecks und Gutschrift auf dem Konto vollzogen. Alternativ kann auch die direkte Überweisung auf das Bankkonto gewählt werden. Dabei sollte im Vertrag das Bankkonto des Beschenkten ebenso exakt bezeichnet werden.

15   Abs. 2 macht deutlich, dass es sich um eine **mittelbare Schenkung** handelt, die darauf gerichtet ist, im Zeitpunkt der Ausführung der Schenkung ein **bestimmtes Grundstück** oder Gebäude zu verschaffen (ErbStR 7.3 Abs. 1). Gegenstand der Schenkung ist hier nämlich nicht Geld, sondern die Eigentumswohnung. Für Zwecke des Steuerrechts ist die Schenkung erst dann ausgeführt, wenn der Beschenkte das erhalten hat, was ihm nach der Schenkungsabrede nach dem Willen des Schenkers verschafft werden soll (BFH II R 19/84 v. 6.3.85, BStBl. II 85, 382; BFH II R 188/83 v. 5.2.86, BStBl. II 86, 460; BFH II R 39/86 v. 3.8.88, BStBl. II 88, 1025; vgl. ErbStR 9.1 Abs. 2).

16   Über das Geld soll hier der Schenknehmer nicht frei verfügen dürfen. Die **freie Verfügungsmöglichkeit** erhält er im Verhältnis zum Schenkgeber erst über die Eigentumswohnung; damit tritt erst insoweit die endgültige Vermögensmehrung des Schenknehmers ein, der einer endgültigen Vermögensminderung des Schenkgebers entspricht. Die in Abs. 2 getroffene Regelung ist mehr als eine bloße Auflage (§ 525 BGB); denn das hingegebene Geld „darf nur" für den Kauf der Eigentumswohnung verwendet werden (BFH II R 188/83 v. 5.2.86, BStBl. II 86, 460). Formulierungen im Sinne von Auflagen sollten daher vermieden werden (vgl. ErbStR 7.3 Abs. 2).

17   Im Hinblick darauf, dass nicht Geld, sondern die Eigentumswohnung Gegenstand der Schenkung ist, gilt als **Besteuerungsmaßstab** der Grundbesitzwert (§ 12 Abs. 3 ErbStG, § 157 Abs. 3 BewG). Bewertungsziel ist der gemeine Wert (§ 177 BewG).

Zu § 2: Schenkungsteuer, Kosten des Vertrags

18   Die Vorschrift hat im Hinblick auf § 20 Abs. 1 ErbStG Bedeutung, wonach Schenker und Beschenkter Steuerschuldner sind. Anders als bei der Schenkung unter Nießbrauchvorbehalt (siehe B. 18.01) ist es hier jedoch sachgerecht, dass der Beschenkte die Schenkungsteuer trägt.

B. 19. Schuldbeitritt

Gliederung

I. FORMULAR

Formular B. 19 Schuldbeitrittserklärung

Schuldbeitrittserklärung

1. **Aufgrund des am ...... geschlossenen Darlehensvertrages schuldet Herr A der X-AG zum ...... einen Betrag von € ......,–.**

   Dieser Betrag setzt sich wie folgt zusammen:

   Darlehen € ......,–

   Zinsen € ......,–

2. **Die A-GmbH verpflichtet sich hiermit gegenüber der X-AG zur Zahlung des vorgenannten Betrages als Gesamtschuldner neben Herrn A.**

II. ERLÄUTERUNGEN

Erläuterungen zu B. 19 Schuldbeitrittserklärung

1. Wirtschaftliche Vertragsziele

Der Schuldbeitritt (Schuldmitübernahme, kumulative Schuldübernahme) dient in **1** erster Linie der Sicherung von Forderungen des Gläubigers, der sich infolge des Schuldbeitritts nunmehr neben dem Schuldner auch an den Mitübernehmer halten kann.

2. Zivilrecht

Der rechtsgeschäftliche Schuldbeitritt ist im Gesetz nicht geregelt. Es gibt allerdings **2** gesetzliche Fälle des Schuldbeitritts (§§ 546 Abs. 2, 604 Abs. 4, 2382 BGB; §§ 25, 28, 130 HGB). Der Schuldbeitritt ist grds. formfrei, es sei denn, es ergibt sich aus der Art der Verpflichtung ein Formerfordernis (§§ 311b, 780 BGB). Zum Teil wird ein Formerfordernis in Form des § 766 BGB analog für notwendig gehalten, wenn der Mitübernehmer ausnahmsweise kein eigenes wirtschaftliches Interesse beim Schuldbeitritt hat (*MünchKommBGB/Heinemeyer* Vor § 414 BGB Rz. 15).

Der Schuldbeitritt, der eine eigene Schuld begründet, kann entweder mit dem Gläubiger oder aber mit dem Schuldner vereinbart werden. Die Mitwirkung des jeweils anderen Gläubigers oder Schuldners ist nicht erforderlich.

Der Mitübernehmer kann gegenüber dem Gläubiger alle Einwendungen geltend machen, die beim Schuldbeitritt bereits begründet waren (§ 417 Abs. 1 Satz 1 BGB analog).

Schuldner und Mitübernehmer sind **Gesamtschuldner** (§ 421 BGB). Wird der Mitübernehmer vom Gläubiger in Anspruch genommen, richten sich Rückgriffsansprüche des Mitübernehmers nach den mit dem Schuldner getroffenen vertraglichen Vereinbarungen. Fehlt eine vertragliche Vereinbarung, gilt im Zweifel die gesetzliche Ausgleichspflicht gem. § 426 Abs. 1 BGB.

3   Abgrenzung zu verwandten Rechtsinstituten: Bei **befreiender Schuldübernahme** (§§ 414 ff. BGB) erfolgt ein Schuldnerwechsel. Ist die Befreiungserklärung nicht eindeutig formuliert, ist im Zweifel lediglich Schuldbeitritt anzunehmen (BGH IVa ZR 81/81 v. 20.10.82, NJW 83, 678). Eine **Erfüllungsübernahme** (§ 329 BGB) begründet nur Rechte des Schuldners, nicht aber des Gläubigers. Die **Bürgschaft** bedeutet Einstehen für eine fremde Schuld in ihrem jeweiligen Bestand (§§ 765, 767 BGB), wohingegen der Mitübernehmer beim Schuldbeitritt regelmäßig ein eigenes wirtschaftliches Interesse am Hauptvertrag hat (*MünchKommBGB/Heinemeyer* Vor § 414 BGB Rz. 15, 21 f.). Bleiben Zweifel, ob eine Erklärung als Schuldbeitritt oder als Bürgschaft zu verstehen ist, liegt eine Bürgschaft vor (BGH VII ZR 338/84 v. 19.9.85, NJW 86, 580; OLG Hamm 20 U 195/87 v. 15.1.88, NJW 88, 3022; LG Gießen 1 S 376/94 v. 19.10.94, NJW-RR 95, 586; LG Oldenburg 5 O 180/94 v. 9.5.95, NJW-RR 96, 286). Der **Garantievertrag** ist eine Erfolgshaftung ohne Gesamtschuldnerschaft.

4   Der Schuldbeitritt einer GmbH zugunsten ihres Gesellschafters kann zu einer verbotenen **Auszahlung von Stammkapital** iSd. § 30 Abs. 1 GmbHG führen. Denn es besteht Einigkeit, dass die Bestellung einer (schuldrechtlichen oder dinglichen) Sicherheit durch eine Kapitalgesellschaft zugunsten eines Gesellschafters an den Kapitalerhaltungsvorschriften zu messen ist. Unklar ist jedoch der genaue Zeitpunkt, auf den das Vorliegen einer Auszahlung zu prüfen ist. Insoweit bewirkt der Schuldbeitritt, solange er in der Bilanz der GmbH nicht zu passivieren, sondern gem. § 251 HGB „unter dem Strich" auszuweisen ist, bilanziell betrachtet zunächst keine Vermögensveränderung. Eine solche droht aber spätestens bei Inanspruchnahme aus dem Schuldbeitritt. Vor diesem Hintergrund werden vier unterschiedliche Prüfungszeitpunkte vertreten, nämlich (1) bereits die Übernahme der Verpflichtung zur Besicherung, (2) die Bestellung der Sicherheit, (3) die Inanspruchnahme der Sicherheit und (4) die Verwertung der Sicherheit (vgl. näher BGH II ZR 86/06 v. 18.6.07, DStR 07, 1874; *Winter* DStR 07, 1484, 1488).

3. Steuerrecht

5   **Ertragsteuern:** Der betrieblich veranlasste Schuldbeitritt als solcher hat beim **Mitübernehmer** grundsätzlich solange keine unmittelbar wirkenden Konsequenzen bei der **Einkommensteuer,** als noch keine Inanspruchnahme durch den Gläubiger erfolgt und ein Rückgriffsrecht in entsprechender Höhe gegen den Schuldner möglich ist. Entsprechendes gilt, solange eine Inanspruchnahme unwahrscheinlich ist (vgl. BFH IV R 43/09 v. 26.4.12, BStBl. II 17, 1228, auch zur Anwendung im Bereich des § 6a EStG; vgl. zur Bilanzierung von Verpflichtungen beim Unternehmer die Regelung des § 5 Abs. 7 EStG; für den Schuldner gilt § 4f EStG). Ist der Rückgriffsanspruch vertraglich ausgeschlossen, wird der Mitübernehmer in Anspruch genommen, oder droht die Inanspruchnahme ernstlich, so ist die Verpflichtung zu passivieren und ein etwaiger Rückgriffsanspruch mit dem ihm zukommenden Wert zu aktivieren. In Höhe des Unterschieds zwischen Verpflichtung und Wert des Rückgriffsanspruchs entsteht Aufwand (BFH IV R 2/87 v. 19.1.89, BStBl. II 89, 393; BFH VIII R 226/84 v. 24.7.90, BFH/NV 91, 588), der, soweit eine Kapitalgesellschaft für ihren Gesellschafter den Schuldbeitritt erklärt, verdeckte Gewinnausschüttung sein kann (BFH I R 173/73 v. 19.3.75, BStBl. II 75, 614). Erklärt ein nichtbeherrschender Gesellschafter einen Schuldbeitritt gegenüber der GmbH, so ist der Ausgleichsanspruch bei der Gesellschaft gewinnmindernd zu berücksichtigen. Bei einem beherrschenden Gesellschafter gilt das jedoch nur dann, wenn der Ausgleichsanspruch im Voraus klar und eindeutig vereinbart worden ist; andernfalls liegt eine verdeckte Gewinnausschüttung vor (BFH I R 222/83 v. 16.12.87, BFH/NV 89, 103). Soweit ein Ausweis als Verbindlichkeit noch nicht in Betracht kommt, hat ein auf den Schuldbeitritt hinweisender Bilanzvermerk unter der Bilanz zu erfolgen (§§ 268 Abs. 7, 251 HGB). Vgl. i. E. auch die Ausführungen zur Bürgschaftsübernahme (Formular B.4).

Die Behandlung beim **Schuldner** ist entsprechend. Der aus betrieblichen Gründen **6** erfolgte Schuldbeitritt hat steuerlich keine Auswirkungen, solange der Schuldner gegenüber dem Mitübernehmer zum internen Ausgleich verpflichtet bleibt. Ist eine Ausgleichsverpflichtung ausgeschlossen, tritt bereits mit dem Schuldbeitritt bei dem ursprünglichen (Allein-)Schuldner eine Gewinnerhöhung ein, wenn klar ist, dass er nicht mehr in Anspruch genommen wird. Bei der Bilanzierung ist beim ursprünglich Verpflichteten § 4f EStG zu beachten.

Ein privater Schuldbeitritt ist sowohl beim Mitübernehmer als auch beim Schuldner steuerlich grds. ohne Bedeutung. Entfällt eine betriebliche Schuld durch privaten Schuldbeitritt, so ist in entsprechender Höhe eine Einlage des Schuldners gegeben.

Verkehrsteuern: Der Schuldbeitritt ist gem. § 4 Nr. 8g UStG von der **Umsatz-** **7** **steuer** freigestellt; es besteht allerdings eine Option gem. § 9 UStG. Bei Veräußerungen gehört der Schuldbeitritt zum Entgelt des Schuldners (§ 10 Abs. 1 UStG), sofern ein Rückgriffsanspruch des Mitübernehmers ausgeschlossen ist.

Erbschaft-/Schenkungsteuer: Der Schuldbeitritt ohne Rückgriffsanspruch (ohne **8** Gegenleistung) kann eine Schenkung gem. § 7 ErbStG darstellen (BFH II B 88/99 v. 26.1.00, BFH/NV 00, 954).

B. 20. Schuldübernahme

Gliederung

I. FORMULAR

Formular B. 20 Schuldübernahmeerklärung

Schuldübernahmeerklärung

1. Aufgrund des am ...... geschlossenen Darlehensvertrages schuldet Herr A der X-AG zum ...... einen Betrag von € ......,–. Dieser Betrag setzt sich wie folgt zusammen:

Darlehen € ......,–

Zinsen € ......,–

2. Die A-GmbH übernimmt hiermit an Stelle von Herrn A die vorgenannte Zahlungsverpflichtung. Die A-GmbH wird die befreiende Schuldübernahme unverzüglich der X-AG mitteilen und diese zur Genehmigung auffordern.

II. ERLÄUTERUNGEN

Erläuterungen zu B. 20 Schuldübernahmeerklärung

---

1. Grundsätzliche Anmerkungen

a) Wirtschaftliche Vertragsziele

1   Eine befreiende Schuldübernahme wird gewählt, wenn ein Wechsel in der Person des Schuldners ohne Veränderung des Charakters der Schuld gewollt ist.

Die befreiende Schuldübernahme ist zumeist integraler Bestandteil eines anderen Vertrages. Soll etwa ein mit Hypotheken belastetes Grundstück übertragen werden, so wird in aller Regel neben der dinglichen Belastung auch die der Hypothek zugrunde liegende Darlehensschuld vom Käufer übernommen. Im Rahmen eines Unternehmenskaufvertrages wird in aller Regel ebenfalls eine befreiende Schuldübernahme vereinbart.

b) Zivilrecht

2   Die befreiende Schuldübernahme ist in den §§ 414 ff. BGB geregelt. Der Vertrag ist formfrei, es sei denn, die übernommene Verpflichtung selbst ist formbedürftig.

Die befreiende Schuldübernahme ist entweder ein Vertrag des Übernehmers mit dem Gläubiger (§ 414 BGB) oder aber ein Vertrag zwischen Übernehmer und Schuldner, dem der Gläubiger zustimmt (§ 415 BGB). Während der Schuldner nicht mitzuwirken braucht und insoweit auch kein Zurückweisungsrecht hat (hM, *Palandt/Grüneberg* § 414 BGB Rz. 1, *MünchKommBGB/Heinemeyer* § 414 BGB Rz. 6 auch mit Nachweis zur aA), bedarf es also stets der **Zustimmung des Gläubigers.** Diese Zustimmung kann sowohl nachträglich (Genehmigung) als auch vorab erklärt werden (Einwilligung) (BGH IV ZR 22/95 v. 25.10.95, NJW-RR 96, 193, 194). Wird die Genehmigung verweigert, wirkt die verunglückte Schuldübernahme als Erfüllungsübernahme im Innenverhältnis (§ 329 BGB), aus der lediglich der Schuldner, nicht aber der Gläubiger Rechte ableiten kann (§ 415 Abs. 3 BGB).

Die befreiende Schuldübernahme führt zu einem **Schuldnerwechsel,** bei dem der 3 Übernehmer gegenüber dem Gläubiger alle Einwendungen geltend machen kann, die bei der Schuldübernahme bereits begründet waren (§ 417 Abs. 1 Satz 1 BGB). Mit Forderungen des Altschuldners kann er freilich nicht aufrechnen (§ 417 Abs. 1 Satz 2 BGB). Eine Tilgung der übernommenen Schuld durch Aufrechnung eigener Forderungen des Übernehmers ist dagegen möglich. Die befreiende Schuldübernahme führt nicht dazu, dass der Übernehmer in die gesamte Vertragsposition eintritt, daher verbleibt das Recht auf Anfechtung oder Kündigung des Vertrages gegenüber dem Gläubiger beim Schuldner.

Die befreiende Schuldübernahme durch eine GmbH zugunsten ihres Gesellschafters kann zu einer verbotenen **Auszahlung von Stammkapital** iSd. § 30 Abs. 1 GmbHG führen (vgl. bereits B. 19 Rz. 4 sowie aus steuerlicher Sicht unten Rz. 5).

c) Steuerrecht

Ertragsteuern: Wird eine betriebliche Schuld übernommen, ist für die **Einkom-** 4 **mensteuer** zu unterscheiden, ob hierfür betriebliche oder private Gründe maßgeblich waren. Erfolgt die befreiende Schuldübernahme aus privaten Gründen, so wirkt diese wie die Einlage der entsprechenden Mittel durch den Schuldner (§ 6 Abs. 1 Nr. 5 EStG), und zwar ohne Gewinnauswirkung. Wird die betriebliche Schuld dagegen aus betrieblichen Gründen übernommen, tritt beim Schuldner eine entsprechende Gewinnerhöhung insoweit ein, als der Buchwert der Schuld höher ist als der Teilwert.

Soweit eine befreiende Schuldübernahme im Rahmen von Anschaffungsgeschäften erfolgt, führt sie beim Übernehmer zu Anschaffungskosten für das betreffende Wirtschaftsgut (BFH IV R 180/80 v. 12.1.1983, BStBl. II 83, 595). Zur bilanziellen Behandlung der Übernahme von Pensionsverpflichtungen vgl. § 5 Abs. 7 EStG.

Im Zusammenhang mit Veräußerungen zählt die befreiende Schuldübernahme 5 beim Schuldner grds. zur Gegenleistung (BFH I R 28/11 v. 12.12.12, BStBl. II 17, 1265; zur Behandlung eines etwaigen Aufwands vgl. beim ursprünglich Verpflichteten § 4f EStG). Eine Ausnahme hiervon macht die Rspr. allerdings bei schenkweisen Betriebsübertragungen von Eltern auf Kinder im Rahmen vorweggenommener Erbfolge, wenn neben den Aktivwerten auch Betriebsschulden übernommen werden, und zwar selbst dann noch, wenn die Schulden den Wert der Aktiva übersteigen (BFH IV 201/65 v. 23.4.71, BStBl. II 71, 686; BFH VIII R 36/66 v. 24.8.72, BStBl. II 73, 111; BMF v. 13.1.93, BStBl. I 93, 80 Tz. 29f.). Insoweit ist die befreiende Schuldübernahme nicht Gegenleistung, sondern nur Wertminderung der übertragenen Aktiva. Wird die befreiende Schuldübernahme durch eine Kapitalgesellschaft für ihren Gesellschafter oder für eine Schwestergesellschaft erklärt, kann eine verdeckte Gewinnausschüttung vorliegen (BFH I R 62/98 v. 18.2.99, BFH/NV 99, 1515; KStH 8.5 „Schuldübernahme"). Übernimmt dagegen der beherrschende Gesellschafter eine Schuld der Kapitalgesellschaft, so kann er einen Rückgriffsanspruch nur geltend machen, wenn dieser im Vorhinein klar und eindeutig vereinbart worden ist; andernfalls kann eine verdeckte Gewinnausschüttung gegeben sein (BFH I R 222/83 v. 16.12.87, BFH/NV 89, 103). Erfolgt die befreiende Schuldübernahme ohne Rückgriff, liegt eine verdeckte Einlage seitens des übernehmenden Gesellschafters vor.

Verkehrsteuern: Die befreiende Schuldübernahme ist gem. § 4 Nr. 8g UStG von 6 der **Umsatzsteuer** befreit; allerdings besteht eine Option nach § 9 UStG. Bei Veräußerungen gehört die Schuldübernahme zum Entgelt des Schuldners (§ 10 Abs. 1 UStG).

7   **Erbschaft-/Schenkungsteuer:** Die befreiende Schuldübernahme ohne Gegenleistung kann eine Schenkung gem. § 7 ErbStG darstellen. Übernimmt im Zusammenhang mit einer Schenkung der Bedachte eine Schuld des Schenkers (Beispiel: Grundstücksschenkung unter Übernahme der Hypothekenschulden), liegt eine gemischte Schenkung vor. Die bürgerlich-rechtliche Bereicherung ist in diesen Fällen für Zwecke der Schenkungsteuer nach den Grundsätzen ErbStR 7.4 zu berechnen.

2. Einzelerläuterungen

8   Dass eine befreiende Schuldübernahme gewollt ist, muss deutlich zum Ausdruck kommen. Andernfalls ist im Zweifel lediglich ein Schuldbeitritt anzunehmen (BGH IVa ZR 81/81 v. 20.10.82, NJW 83, 678). Es empfiehlt sich daher, den Begriff **„befreiende Schuldübernahme"** wörtlich im Vertragstext zu verwenden.

9   Der Übernehmer verpflichtet sich, die befreiende Schuldübernahme dem Gläubiger mitzuteilen. Die Mitteilung kann auch seitens des Schuldners erfolgen. Sie ist weder form- noch fristgebunden. Im Hinblick darauf sollte stets eine konkrete Fristenregelung vereinbart werden. Die Aufforderung zur Genehmigung kann dem Gläubiger gegenüber auch unter Fristsetzung erfolgen. Wird die Genehmigung nicht bis zum Ablauf der Frist erklärt, gilt die Genehmigung als verweigert (§ 415 Abs. 2 Satz 2 BGB).

B. 21. Unternehmenskauf

Übersicht

B. 21.01 Einzelwirtschaftsgüter

Gliederung

I. FORMULAR

Formular B. 21.01 Unternehmenskaufvertrag (Einzelwirtschaftsgüter)

UNTERNEHMENSKAUFVERTRAG

zwischen

V ......   – Veräußerer –

und

E ......   – Erwerber –

I. Kauf

§ 1 Unternehmen

Wirtschaftlicher Gegenstand dieses Vertrages sind Verkauf und Übertragung eines Teils des Unternehmens von V, nämlich des Einzelhandels mit [...] in A (im Folgenden insgesamt als „Handelsbetrieb" bezeichnet), durch Verkauf aller Aktiva und bestimmter Passiva des Handelsbetriebs von V an E.

§ 2 Einzelwirtschaftsgüter

Rechtlicher Gegenstand des Verkaufs („Kaufgegenstand") sind

a) alle Aktiva, die am 31. März 2017 („Stichtag") wirtschaftlich ausschließlich oder überwiegend dem Handelsbetrieb zuzuordnen sind, einschließlich der folgenden:

- alle im Jahresabschluss von V zum 31. Dezember 2016 aktivierten oder danach erworbenen Wirtschaftsgüter, soweit gemäß allgemeiner Beschreibung in Anlage 1 zum Handelsbetrieb gehörig und nicht seither im ordentlichen Geschäftsbetrieb veräußert oder sonst ausgeschieden oder als Ausnahme in Anlage 1 aufgelistet;
- die Wirtschaftsgüter des Sachanlagevermögens gemäß allgemeiner Beschreibung in Anlage 2;
- alle geringwertigen Wirtschaftsgüter in dem Handelsbetrieb gemäß allgemeiner Beschreibung in Anlage 2;
- die Vorräte gemäß Inventur zum Stichtag in dem Handelsbetrieb;
- alle Forderungen und alle Rechte aus schwebenden Geschäften (einschließlich Auftragsbestand) im Handelsbetrieb am Stichtag;
- die immateriellen und sonstigen Wirtschaftsgüter gemäß Anlage 3;
- alle Genehmigungen und hoheitlichen Erlaubnisse, die ausschließlich oder überwiegend zu dem Handelsbetrieb gehören und soweit sie übertragbar sind;
- alle Ansprüche und Rechte, die ausschließlich oder überwiegend dem Kaufgegenstand zuzuordnen sind, einschließlich der Rechte aus Hersteller- oder Verkäufergarantien;
- alle Bücher, Unterlagen und Aufzeichnungen, Dokumente und Daten, einschließlich Korrespondenz mit (derzeitigen und früheren) Kunden und Lieferanten und unabhängig davon, ob in Papierform oder elektronischer Form, die dem Handelsbetrieb zuzuordnen oder verfügbar sind, soweit nicht der Veräußerer diese aufgrund verpflichtender gesetzlicher oder sonstiger bindender hoheitlicher Regelung oder Verpflichtung zurückbehalten muss und im Fall einer solchen Verpflichtung zur Zurückbehaltung (soweit rechtlich zulässig) Kopien hiervon;
- alle sonstigen im Eigentum des Veräußerers stehenden materiellen und immateriellen Gegenstände, die ausschließlich oder überwiegend dem Handelsbetrieb zuzuordnen sind;
- jedoch nicht die Handelsfirma „V" und nicht die sonstigen Aktiva gemäß Anlage 4;
- Bargeld, Schecks, Guthaben bei Banken;

b) diejenigen Verbindlichkeiten, die am Stichtag wirtschaftlich zu dem Handelsbetrieb gehören und nachstehend aufgelistet sind, nämlich ausschließlich die folgenden:

- die Verbindlichkeiten aus Lieferungen und Leistungen (ausgenommen solche an verbundene Unternehmen), soweit im Jahresabschluss von V zum 31. Dezember 2016 passiviert und seither nicht durch Zahlung oder in anderer Weise erfüllt;
- die Verbindlichkeiten gemäß Anlage 5;
- etwaige Eventualverbindlichkeiten gemäß Anlage 6;
- die Verbindlichkeiten aus schwebenden Geschäften über Lieferungen und Leistungen gemäß Anlage 7;
- die Verbindlichkeiten aus den Mietverträgen für die Betriebsräume gemäß Anlage 8, soweit sie sich auf Mietperioden nach dem Stichtag beziehen;
- die sonstigen Verbindlichkeiten aus schwebenden Geschäften gemäß Anlage 9.

c) Die Anlagen haben den Stand zu dem auf ihnen jeweils angegebenen Zeitpunkt. Veräußerer und Erwerber verpflichten sich, sie binnen zwei Wochen nach dem Stichtag auf den Stand zum Stichtag fortzuschreiben. Dabei können Einzelpositionen bei Vorräten und Forderungen von je unter € 500,– in Sammelposten zusammengefasst werden.

§ 3 Kaufpreis

(1) Der Kaufpreis beträgt [...] (in Worten [...]), fällig zur Hälfte binnen drei Banktagen nach Vertragsabschluss und im Übrigen am 30. Juli 2017 („Zeitpunkt des Vollzugs").

(2) Die Vertragsteile gehen davon aus, dass der Kaufpreis nicht der Umsatzsteuer unterliegt (§ 1 Abs. 1a UStG). Sofern und soweit jedoch Umsatzsteuer festgesetzt wird, so versteht sich der Kaufpreis zuzüglich der gesetzlichen Umsatzsteuer, die am Zehnten des Kalendermonats nach der ersten Kaufpreisfälligkeit fällig wird. Falls Umsatzsteuer festgesetzt wird, wird der Veräußerer dem Erwerber unverzüglich eine die Umsatzsteuer ordnungsgemäß ausweisende Rechnung ausstellen.

(3) Der Verzug tritt ohne Mahnung mit Fälligkeit ein. Der Verzugszins beträgt EURIBOR (ein Monat) zuzüglich 3 Prozentpunkte, wenn kein höherer oder niedrigerer Verzugsschaden nachgewiesen wird.

II. Übertragung (Vollzug)

§ 4 Übergang des Eigentums

Das Eigentum sowie Besitz, Nutzen und Lasten am Kaufgegenstand (§ 2) gehen gemäß vorliegender Einigung der Parteien

a) im Innenverhältnis zwischen den Parteien mit Ablauf des Stichtages,

b) im Übrigen mit Entrichtung des vollständigen Kaufpreises (§ 3), frühestens aber im Zeitpunkt des Vollzugs auf den Erwerber über.

(1) Übergabe

Die Übergabe des Handelsbetriebs und der zugehörigen körperlichen Wirtschaftsgüter erfolgt nach Möglichkeit am Abend vor dem Zeitpunkt des Vollzugs zwischen 18 und 20 Uhr durch Beauftragte von Veräußerer und Erwerber in den jeweiligen Betriebsräumen des Handelsbetriebs unter Übergabe aller zugehörigen Schlüssel und Unterlagen, spätestens jedoch am Sonnabend nach dem Zeitpunkt des Vollzugs, 18 Uhr. Bei der Übergabe ist ein Protokoll gemäß Anlage 10 zu erstellen und von dem Beauftragten jeder Seite zu unterschreiben.

Bei Übergabe vor dem Zeitpunkt des Vollzugs besitzt der Erwerber die Wirtschaftsgüter für den Veräußerer unentgeltlich nach den Regeln über die Verwahrung (§§ 688 ff. BGB) bis zu dem Zeitpunkt gemäß § 4 Buchst. b. Entsprechendes gilt bei Übergabe nach dem Zeitpunkt des Vollzuges bezüglich der Verwahrung durch den Veräußerer für den Erwerber bis zu dem Zeitpunkt gemäß § 4 Buchst. a.

(2) Zustimmung Dritter

a) Soweit zum Übergang von Aktiva oder Passiva eine Zustimmung Dritter erforderlich ist (insbesondere bei Forderungen mit Abtretungsverbot, bei Verbindlichkeiten und bei der Übernahme von Verträgen und schwebenden Geschäften), verpflichtet sich der Veräußerer, diese Zustimmung bis zum Zeitpunkt des Vollzugs einzuholen und schriftlich dem Erwerber zu übergeben. Wird die Zustimmung nicht rechtzeitig oder nicht erlangt, so hat der Veräußerer die betreffenden Aktiva oder Passiva unentgeltlich auf Rechnung des Erwerbers nach den Regeln des Auftragsrechts abzuwickeln.

b) Verweigert ein Vermieter von Betriebsräumen die Genehmigung zur Übernahme des Mietvertrages oder verweigert er die Annahme der ersten beiden Mietzinszahlungen durch den Erwerber mit der Begründung, dass er die Vertragsübernahme nicht genehmige, so ist der Veräußerer gegenüber dem Erwerber zu Ausgleichszahlungen an den Vermieter verpflichtet, um die Genehmigung herbeizuführen, aber nicht über den Betrag von zwei Monatsmieten für die jeweiligen Räume (ohne Nebenkosten) hinaus. Wird innerhalb von drei Monaten nach dem Zeitpunkt des Vollzugs die Genehmigung des Vermieters zur Vertragsübernahme oder zur Untervermietung oder sonstigen Überlassung an den Erwerber bezüglich eines der Ladengeschäfte oder des Großhandels nicht erlangt, so haben die Parteien den rechtlichen Gegenstand dieses Vertrages und den Kaufpreis sowie die sonstigen

Bestimmungen dieses Vertrages entsprechend anzupassen; vorbehaltlich dieser Anpassung hat der Veräußerer dem Erwerber ein Drittel des Kaufpreises gemäß § 3 mit Ablauf von drei Monaten nach dem Zeitpunkt des Vollzugs zurückzuerstatten. Betrifft die Nichterlangung der Genehmigung zur Vertragsübernahme oder Untervermietung zwei Ladengeschäfte oder ein Ladengeschäft und den Großhandel, so kann der Erwerber in der Zeit zwischen dem Ende des dritten Monats und dem Ende des vierten Monats nach dem Zeitpunkt des Vollzugs von diesem Vertrag zurücktreten.

§ 5 Arbeitnehmer

(1) Zu übernehmende Arbeitnehmer

Im Verhältnis zwischen den Parteien sollen die Arbeitsverhältnisse höchstens der in Anlage 11 bezeichneten Arbeitnehmer auf den Erwerber übergehen, mindestens aber die Arbeitsverhältnisse der in Anlage 11 mit Stern bezeichneten Arbeitnehmer. Die Parteien verpflichten sich, nach besten Kräften darauf hinzuwirken, dass die in Anlage 11 mit Stern bezeichneten Arbeitnehmer dem Übergang ihrer Arbeitsverhältnisse nicht widersprechen. Der Erwerber verpflichtet sich, den in Anlage 11 bezeichneten Arbeitnehmern die Übernahme ihrer Arbeitsverhältnisse anzubieten. Zur Einräumung günstigerer als der bisherigen Konditionen ist der Erwerber nicht verpflichtet.

(2) Ausgleichszahlungen

Ist die Fortsetzung des Arbeitsverhältnisses von in Anlage 11 bezeichneten Arbeitnehmern nur durch die Gewährung günstigerer als der bisherigen Konditionen zu erreichen, so leistet der Veräußerer dem Erwerber eine einmalige Ausgleichszahlung in Höhe des Barwertes der Differenz zwischen den Konditionen bis zum Ablauf von zwei Jahren nach dem Zeitpunkt des Vollzugs, abgezinst mit [...], jedoch begrenzt auf einen Höchstbetrag von [...] der Summe der nominalen Gehälter (ohne Nebenkosten) der betroffenen, in Anlage 11 bezeichneten Arbeitnehmer im letzten Jahr vor dem Zeitpunkt des Vollzugs. Widerspricht einer der in Anlage 11 bezeichneten Arbeitnehmer dem Übergang seines Arbeitsverhältnisses und wird der Widerspruch nicht binnen zwei Wochen zurückgenommen, so leistet der Veräußerer dem Erwerber eine Ausgleichszahlung in Höhe der Summe der nominalen Gehälter (ohne Nebenkosten) dieses Arbeitnehmers in den letzten sechs Monaten vor dem Zeitpunkt des Vollzugs; dies gilt nicht, wenn der Widerspruch nicht mehr als fünf Arbeitsverhältnisse betrifft. Gehen kraft zwingenden Rechts mehr Arbeitsverhältnisse als die in Anlage 11 bezeichneten auf den Erwerber über, so leistet der Veräußerer dem Erwerber eine einmalige Ausgleichszahlung in Höhe der Summe der nominalen Gehälter (ohne Nebenkosten) des betreffenden zusätzlichen Arbeitnehmers während der letzten zwölf Monate vor dem Zeitpunkt des Vollzugs; bei kürzerer Beschäftigung als zwölf Monate ist der Betrag der Gehälter auf zwölf Monate hochzurechnen.

(3) Marktleiter

Die Zustimmung zum Übergang der Arbeitsverhältnisse jedes der Marktleiter der Einzelhandelsgeschäfte hat der Veräußerer dem Erwerber binnen zwei Wochen nach Abschluss dieses Vertrages vorzulegen. Werden die Zustimmungen von mehr als zwei dieser vier Personen nicht rechtzeitig vorgelegt, hat der Erwerber während der folgenden zwei Wochen ein außerordentliches Rücktrittsrecht.

(4) Zwingendes Recht, Unterrichtungspflicht

§ 613a BGB bleibt unberührt. Die Parteien verpflichten sich, alle Arbeitnehmer des Betriebs vor dem Vollzug dieses Vertrages nach Maßgabe des § 613a Abs. 5 BGB mit einem Schreiben zu unterrichten, das im Wesentlichen dem als Anlage 12 beigefügten Entwurf entspricht.

§ 6 Abrechnung

(1) Der Erwerber hat dem Veräußerer den Betrag in Geld zu erstatten, um den der positive Saldo der Buchwerte des Umlaufvermögens (Vorräte und Forderungen) die Verbindlichkeiten aus Lieferungen und Leistungen des Handelsbetriebs im Zeitpunkt des Vollzugs den Betrag von [...] (in Worten [...]) übersteigt. Der Saldo ergibt sich aus einer Abrechnungsbilanz, die von den Wirtschaftsprüfern A binnen eines Monats nach dem Zeitpunkt des Vollzugs nach den Grundsätzen ordnungsgemäßer Buchführung und Bilanzierung unter Wahrung der Bilanzierungs- und Bewertungsstetigkeit zu erstellen und dem Veräußerer und dem Erwerber zur Prüfung und Billigung vorzulegen ist. Die Abrechnungsbilanz gilt als richtig, wenn und soweit ihr nicht binnen eines Monats nach Vorlage schriftlich substantiiert widersprochen wird.

(2) Hat zumindest eine der Parteien der Abrechnungsbilanz widersprochen, so wird ein Schiedsgutachter berufen, dessen Entscheidung für die Parteien verbindlich ist. Können sich die Parteien nicht innerhalb von zwei Wochen nach Zugang des (ersten) Widerspruchs bei der anderen Partei über die Person des Schiedsgutachters einigen, so wird dieser auf Antrag einer Partei vom Institut der Wirtschaftsprüfer in Düsseldorf bestimmt. Die Kosten für den Schiedsgutachter werden entsprechend §§ 91, 92 ZPO von den Parteien getragen.

(3) Der sich ergebende Erstattungsbetrag ist acht Tage nach Vorlage der Abrechnungsbilanz durch die Wirtschaftsprüfer bei dem Erwerber zur Zahlung an den Veräußerer fällig, wenn der Abrechnungsbilanz nicht widersprochen wurde. Wurde der Abrechnungsbilanz fristgerecht widersprochen, ist der sich ergebende Erstattungsbetrag acht Tage nach Vorliegen der verbindlichen und endgültigen Entscheidung des Schiedsgutachters zu Zahlung an den Veräußerer fällig. Der Verzug tritt ohne Mahnung mit Fälligkeit ein.

III. Weitere Verpflichtungen des Veräußerers

§ 7 Haftung

(1) Haftungsvereinbarung

Der Veräußerer sichert dem Erwerber zu, dass die nachfolgenden Angaben zutreffend und richtig sind. Alle in diesem § 7 enthaltenen Zusicherungen sind selbstständige Vereinbarungen iSd. § 311 Abs. 1 BGB, dh. Gewährleistungen eigener Art, deren Verletzung kein Verschulden seitens des Veräußerers voraussetzt (nachfolgend auch „Haftungsvereinbarungen"). Veräußerer und Erwerber stellen klar, dass alle Bestimmungen dieses § 7 in Bezug auf die Folgen einer Verletzung der Haftungsvereinbarungen integraler Bestandteil der Haftungsvereinbarungen sind und die Reichweite der jeweiligen Haftungsvereinbarung bzw. den Haftungsumfang abschließend festlegen. Alle Gewährleistungen dieses Vertrages sind keine Garantien bzw. Beschaffenheitsvereinbarungen iSd. §§ 434, 443, 444 BGB und sollen unter keinen Umständen als solche gelten oder ausgelegt werden.

Alle Haftungsvereinbarungen beziehen sich auf den Zeitpunkt des Vollzugs, soweit nicht ausdrücklich anders angegeben.

a) Der Jahresabschluss des Veräußerers zum 31. Dezember 2016, soweit er sich auf den Handelsbetrieb bezieht, die Pro-Forma-Bilanz für den Handelsbetrieb zum 31. Dezember 2016 und die Abrechnungsbilanz (§ 6) sind nach den Grundsätzen ordnungsgemäßer Buchführung und Bilanzierung unter Wahrung der Bilanzierungs- und Bewertungsstetigkeit erstellt. Das Nettoreinvermögen des Handelsbetriebes zu den Buchwerten dieser Bilanzen ist nicht negativ. Vorräte und Forderungen gemäß Abrechnungsbilanz übersteigen die Verbindlichkeiten aus Lieferungen und Leistungen gemäß Abrechnungsbilanz um mindestens € [...] (in Worten Euro [...]).

b) Der Veräußerer hat den Handelsbetrieb seit dem 31. Dezember 2016 bis zum Zeit-punkt des Vollzugs oder einem späteren Zeitpunkt der Übergabe (§ 4 Abs. 1) ord-nungsgemäß geführt. Der in den Betriebsabrechnungen des Handelsbetriebs aus-zuweisende Umsatz und Ertrag liegt in jedem vollen Monat nach dem 31. Dezem-ber 2016 und vor dem Zeitpunkt des Vollzugs um nicht mehr als 3 Prozent unter dem Umsatz bzw. Ertrag des Vergleichsmonats im Vorjahr. Maßgeblich sind die in den Betriebsabrechnungen des Veräußerers ordnungsgemäß auszuweisenden Be-träge.

c) Alle verkauften Aktiva gehen zu vollem Eigentum, frei von Rechten Dritter, zum Zeitpunkt des Vollzugs auf den Erwerber über, soweit in Anlage 13 nicht anders angegeben.

d) Dies gilt entsprechend für alle im Handelsbetrieb genutzten materiellen und imma-teriellen Wirtschaftsgüter, soweit nicht in Anlage 14 anders angegeben.

e) Die Mietverträge über die Betriebsräume des Handelsbetriebs und die Anstel-lungsverträge mit den Marktleitern der Ladengeschäfte sind wirksam und nicht gekündigt. Der Veräußerer hat seine Verpflichtungen daraus vollständig und rechtzeitig erfüllt. Im Zusammenhang mit diesen Rechtsverhältnissen gibt es kei-ne gerichtlichen oder außergerichtlichen Streitigkeiten zwischen dem Veräußerer und dem Vermieter bzw. Angestellten, soweit nicht in Anlage 15 angegeben.

f) Der Handelsbetrieb hat alle zur Fortsetzung seines Betriebs durch den Erwerber erforderlichen Genehmigungen und hoheitlichen Erlaubnisse. Im Zusammenhang mit diesen Genehmigungen oder hoheitlichen Erlaubnissen bestehen weder ge-richtliche noch außergerichtliche Streitigkeiten, soweit nicht in Anlage 16 angege-ben. Nach bestem Wissen und Gewissen des Veräußerers sind diese Genehmi-gungen und hoheitlichen Erlaubnisse nicht durch Widerruf, Rücknahme oä. in ihrem Bestand über den Zeitpunkt des Vollzugs hinaus gefährdet. Das Erfordernis einer etwaigen Neuerteilung von Genehmigungen oder hoheitlichen Erlaubnissen auf Grund des Inhaberwechsels bleibt unberührt.

g) Der Veräußerer unterhält bezüglich des Handelsbetriebes keine Vereinbarungen mit Dritten, auf Grund derer Lieferungen von Handelsware an den Handelsbetrieb oder Absatzgeschäfte des Handelsbetriebes mit Handelsware zu bestimmten Preisen oder anderen Bedingungen zu tätigen sind, soweit solche Vereinbarungen nicht in Anlage 17 aufgeführt sind und vom Veräußerer mit Wirkung spätestens zum Ablauf eines Monats nach dem Zeitpunkt des Vollzugs wirksam beendigt werden.

h) Sämtliche für und im Zusammenhang mit dem Handelsbetrieb derzeit bestehenden Versicherungen sind ungekündigt und bestehen mit unverändertem Versicherungs-schutz bis zum Vollzug fort, soweit solche Versicherungen nicht in Anlage 18 unter Angabe des Zeitpunkts des Ablauf des Versicherungsschutzes aufgeführt sind.

i) Die Angaben in § 1 und die Angaben in den Anlagen zu diesem Vertrag sind richtig und bezüglich ihres Gegenstandes vollständig.

j) Den Mitarbeitern des Veräußerers, die dem Erwerber Auskünfte erteilt haben oder erteilen, und den Mitarbeitern gemäß Anlage 11 sind im Zusammenhang mit dem Gegenstand dieses Vertrages keine Vorteile in Geld oder Geldeswert gewährt oder in Aussicht gestellt worden.

(2) Rechtsfolgen

Bei jeder Verletzung der vorstehenden Haftungsvereinbarungen gemäß Abs. 1 hat der Veräußerer den Erwerber so zu stellen, wie er stünde, wenn die Haftungsverein-barungen zuträfen. Erforderlichenfalls ist der entsprechende Betrag in Geld zu zah-len, höchstens jedoch ein Betrag in Höhe des Kaufpreises (§ 3). Beruft sich der Ve-räußerer auf diese Begrenzung in Höhe des Kaufpreises, so kann der Erwerber binnen eines Monats von dem Vertrag zurücktreten. Im Übrigen ist der Rücktritt ausgeschlossen. Der Zahlungsanspruch ist ausgeschlossen, wenn er bezüglich einer verletzten Haftungsvereinbarung […] (in Worten […]) nicht übersteigt, es sei denn, die Summe aller Zahlungsansprüche des Erwerbers gegen den Veräußerer in Zusammenhang mit diesem Vertrag übersteigt […] (in Worten […]). Die Zurückbehaltung des Kaufpreises (§ 3) ist ausgeschlossen.

(3) Frist

Alle Ansprüche des Erwerbers gemäß diesem § 7 sind ausgeschlossen, wenn sie nicht bis zum Ablauf von zwei Jahren nach dem Zeitpunkt des Vollzugs schriftlich substantiiert geltend gemacht werden. Jedoch endet diese Frist bezüglich Ansprüchen im Zusammenhang mit Steuern und Sozialversicherungsbeträgen nicht vor Ablauf von einem Monat nach Abschluss einer entsprechenden Betriebsprüfung der Finanz- bzw. Sozialversicherungsbehörden; ergehen auf Grund einer solchen Prüfung Bescheide, so endet die Frist nicht vor Ablauf von einem Monat nach Bestandskraft dieser Bescheide. § 203 BGB ist nicht anwendbar, außer die Parteien vereinbaren schriftlich die Hemmung der Verjährung wegen laufender Vergleichsverhandlungen.

(4) Ausschluss weiterer Haftung

Jede sonstige Verpflichtung des Veräußerers gegenüber dem Erwerber auf Grund Sach- oder Rechtsmängelhaftung, insbesondere etwaige gesetzliche Gewährleistungsansprüche, Verschulden vor oder bei Vertragsschluss, Verletzung von Nebenpflichten oder einem anderen Rechtsgrund bezüglich der Eigenschaften oder des wirtschaftlichen Wertes des Handelsbetriebes ist ausgeschlossen, gleich aus welchem rechtlichen oder tatsächlichen Grund, ob bekannt oder erkennbar oder nicht. Der Erwerber stellt den Veräußerer von solchen Ansprüchen frei. Weitere Rechtsfolgen bei Nichtvorliegen der Garantien sind ausgeschlossen. Die Übernahme der Haftungsvereinbarungen durch den Veräußerer kann nicht in der Weise ausgelegt werden, dass dem Erwerber andere als die in diesem Vertrag ausdrücklich geregelten Ansprüche zustehen.

IV. Weitere Verpflichtungen des Erwerbers

§ 8 Haftung des Erwerbers

(1) Der Erwerber übernimmt die in § 2 Buchst. b ausdrücklich bezeichneten Verbindlichkeiten mit den dort bezeichneten Höchstbeträgen. Der Veräußerer stellt den Erwerber von allen weitergehenden Verbindlichkeiten im Zusammenhang mit dem Handelsbetrieb auf erstes Anfordern frei. Die Freistellung gilt auch für Nebenkosten der Rechtsverfolgung und Rechtsverteidigung. Die Freistellung entfällt, wenn der Erwerber den Veräußerer nicht unverzüglich nach Erhebung eines freistellungspflichtigen Anspruchs durch einen Dritten von dem Anspruch verständigt und dem Veräußerer Gelegenheit zur Rechtsverteidigung gegen den Anspruch gibt.

(2) Entsprechend stellt der Erwerber den Veräußerer von allen übernommenen Verbindlichkeiten auf erstes Anfordern frei; Abs. 1 gilt entsprechend.

(3) Verbindlichkeiten gemäß § 25 HGB werden nicht übernommen. Eine Haftungsbeschränkung gemäß § 25 Abs. 2 HGB ist nicht in das Handelsregister einzutragen.

§ 9 Steuerfreistellung

(1) Der Veräußerer stellt den Erwerber von allen Steuern einschließlich der Inanspruchnahme als Haftungsschuldner für Steuern hinsichtlich des Kaufgegenstands frei, soweit diese den Zeitraum bis zum Vollzug betreffen oder aus Handlungen resultieren, die vom Veräußerer vor oder bis einschließlich zum Zeitpunkt des Vollzugs vorgenommen wurden.

(2) Steuern im Sinne des § 9 sind jegliche in- und ausländische Steuern und steuerliche Nebenleistungen im Sinne von § 3 AO oder vergleichbaren Gesetzen anderer

Rechtsordnungen, jede Abgabe oder jede andere vergleichbare Belastung (insbesondere auch alle Zölle) sowie alle Abgaben, Beiträge und Gebühren zu den sozialen Sicherungssystemen oder ähnliche Beiträge (insbesondere einschließlich Rentenversicherung, Krankenversicherung, Pflegeversicherung, Arbeitslosenversicherung, Unfall- und Erwerbsunfähigkeitsversicherung, Kammerbeiträge, Zahlungen an den Pensionssicherungsverein und an Berufsgenossenschaften) je nach deutschem Recht oder dem Recht einer anderen Rechtsordnung, alles einschließlich Zinsen, Strafgebühren oder Zuschlägen darauf, unabhängig davon, wie sie erhoben oder wie sie bestimmt werden und gleichgültig, ob sie auf gesetzlicher oder auf schuldrechtlicher Grundlage als Primärverbindlichkeit oder als Mithaft für Dritte entstehen.

(3) Wenn und soweit der Erwerber die Anordnung einer steuerlichen Außenprüfung für einen Zeitraum (oder Teile hiervon) vor dem […] erhält, hat der Erwerber dies dem Veräußerer innerhalb von 20 Bankarbeitstagen nach Erhalt der entsprechenden Anordnung unter Übersendung einer Kopie derselben schriftlich mitzuteilen und einen von dem Veräußerer benannten steuerlichen Berater („Steuerberater") einzuladen sowie seine Mitwirkung zu ermöglichen. Dazu sind dem Steuerberater alle Prüfungsfragen und Prüfungsfeststellungen sowie – auf schriftliche Aufforderung des Steuerberaters – auch die in der steuerlichen Außenprüfung überlassenen Geschäftspapiere zur Verfügung zu stellen und der Steuerberater ist schriftlich einzuladen, an allen Besprechungen während der steuerlichen Außenprüfung, die einen Einfluss auf Verpflichtungen des Veräußerers haben könnten, mitzuwirken. Der Veräußerer ist berechtigt, jederzeit die Einlegung von Rechtsmitteln auf seine Kosten zu verlangen. Vorbehaltlich § 254 BGB bleibt die Verpflichtung nach § 9 durch eine Verletzung dieser Informationspflicht unberührt.

(4) Der Veräußerer und der Erwerber werden bei steuerlichen Verfahren, insbesondere bei Steuerprüfungen im Zusammenhang mit dem Kaufgegenstand, angemessen zusammenarbeiten Insbesondere werden sich Veräußerer und Erwerber wechselseitig und in angemessenem Umfang Informationen und Unterstützung, einschließlich des Zugangs zu Büchern und Aufzeichnungen gewähren und sich die Anfertigung von Abschriften und Kopien zu ermöglichen, soweit dies für die Geltendmachung von Ansprüchen aus diesem Kaufvertrag zwingend erforderlich ist.

V. Verfahren

§ 10 Vorvertrag

Mit Abschluss dieses Vertrages entfallen alle Verpflichtungen der Parteien auf Grund von Absichtserklärungen, Vorverträgen oder ähnlichen Erklärungen oder Vereinbarungen mit Wirkung von Anfang an. Jedoch entstehen solche Verpflichtungen mit Wirkung von Anfang an erneut, wenn dieser Vertrag durch Anfechtung oder in anderer Weise, einseitig oder durch Vereinbarung, entfällt.

§ 11 Vollzug, Kartellrecht

Die Parteien haben das Zusammenschlussvorhaben beim Bundeskartellamt angemeldet. Sollten die Voraussetzungen des Vollzugsverbots (§ 41 GWB) im Zeitpunkt des Vollzuges vorliegen, so sind sämtliche Vollzugswirkungen dieses Vertrages so lange aufschiebend bedingt, bis das Bundeskartellamt dem Veräußerer und dem Erwerber schriftlich mitgeteilt hat, dass das Zusammenschlussvorhaben die Voraussetzung einer Untersagung (§ 32 GWB) nicht erfüllt. Die aufschiebende Bedingung gilt als eingetreten mit Ablauf der Frist von einem Monat (§ 40 Abs. 1 GWB), ohne dass das Bundeskartellamt den Eintritt in die Prüfung des Zusammenschlusses mitgeteilt hat, oder mit dem Ablauf der Frist von vier Monaten, ohne dass das Bundeskartellamt den Zusammenschluss untersagt hat. Wird der Zusammenschluss untersagt, so kann jede Partei binnen eines Monats von diesem Vertrag zurücktreten.

§ 12 Mitwirkung, kein Wettbewerbsverbot, Vertraulichkeit

Die Parteien werden zusammenwirken, um den Handelsbetrieb bestmöglich auf den Erwerber überzuleiten. Die Verpflichtung zur Enthaltung von Wettbewerb ist ausgeschlossen. Die Parteien bleiben einander zur Vertraulichkeit bezüglich des Inhalts dieses Vertrags und den im Zusammenhang mit ihm erlangten Kenntnissen verpflichtet, es sei denn, der betreffende Umstand wurde ohne Verschulden des Verpflichteten offenkundig.

§ 13 Schiedsklausel

Alle Streitigkeiten zwischen den Parteien oder ihren Rechtsnachfolgern über die Gültigkeit dieses Vertrages oder im Zusammenhang mit seinem Gegenstand werden ausschließlich und abschließend nach der Schiedsgerichtsordnung der Deutschen Institution für Schiedsgerichtsbarkeit eV. (DIS) unter Ausschluss des ordentlichen Rechtswegs abschließend entschieden. Der Ort des Schiedsverfahrens ist München. Verfahrenssprache ist deutsch.

§ 14 Kosten

Alle Beträge gemäß diesem Vertrag erhöhen sich um die gesetzliche Mehrwertsteuer, soweit diese anfällt. Persönliche Steuern trägt der jeweilige Steuerpflichtige selbst. Beratungskosten trägt der jeweilige Auftraggeber. Verkehrsteuern, Gebühren und sonstige Drittkosten trägt der Erwerber.

§ 15 Sonstiges

(1) Schriftform

Änderungen und Ergänzungen dieses Vertrages (einschließlich seiner Anlagen) bedürfen zu ihrer Wirksamkeit der Schriftform. Dies gilt auch für Änderungen hinsichtlich des Schriftformerfordernisses.

(2) Salvatorische Klausel

Sollte eine Bestimmung dieses Vertrages oder ein Teil von ihr unwirksam sein oder werden, so bleibt die Wirksamkeit des Vertrages im Übrigen unberührt. Entsprechendes gilt für die Undurchführbarkeit einer Bestimmung oder eines Teiles von ihr. Beruht die Unwirksamkeit oder Undurchführbarkeit auf dem zu großen (bzw. zu kleinen) sachlichen, räumlichen, zeitlichen oder anderen Umfang der Bestimmung, so gilt die Bestimmung mit ihrem größtmöglich (bzw. kleinstmöglich) wirksamen und durchführbaren Umfang als vereinbart. Im Übrigen haben die Parteien anstelle der unwirksamen oder undurchführbaren Bestimmung diejenige wirksame und durchführbare Bestimmung zu vereinbaren, die dem wirtschaftlichen Gehalt der zu ersetzenden Bestimmung am nächsten kommt. Entsprechendes gilt für die ergänzende Vertragsauslegung.

(3) Zustimmungsvorbehalt

Dieser Vertrag ist aufschiebend bedingt durch die Zustimmung des Aufsichtsrats des Erwerbers. Der Veräußerer ist zum Rücktritt berechtigt, wenn diese Bedingung nicht spätestens eine Woche vor dem Zeitpunkt des Vollzuges eingetreten ist.

(4) Anwendbares Recht, Gerichtsstand

Die Rechtsbeziehungen zwischen den Parteien und ihren Rechtsnachfolgern bezüglich des Gegenstandes dieses Vertrages unterliegen ausschließlich dem Recht der Bundesrepublik Deutschland unter Ausschluss des UN-Kaufrechts und der Bestimmungen des deutschen internationalen Privatrechts und – unbeschadet der Schiedsklausel (§ 12) – der ausschließlichen Gerichtsbarkeit der für München zuständigen ordentlichen Gerichte.

II. ERLÄUTERUNGEN

> **Erläuterungen zu B. 21.01 Unternehmenskaufvertrag (Einzelwirtschaftsgüter)**

1. Grundsätzliche Anmerkungen

1   Das Formular B. 21.01 betrifft den Unternehmenskauf durch Kauf der **Einzelwirtschaftsgüter** („asset deal"). Das Formular B. 21.02 betrifft den Unternehmenskauf durch Kauf von Gesellschaftsanteilen („share deal"). Die beiden Formulare sind einander sehr ähnlich. Nach Möglichkeit unterscheiden sie sich nur in Punkten, die etwas mit dem Unterschied zwischen dem Kauf der Einzelwirtschaftsgüter und dem Kauf der Gesellschaftsanteile zu tun haben. Im Übrigen ist der Sachverhalt im Formular B. 21.01 (Einzelwirtschaftsgüter) eher einfacher als der im Formular B. 21.02. Bei komplexeren Sachverhalten mögen also einzelne Regelungen aus dem Formular B. 21.02 angemessener erscheinen. Zum Praxiskauf s. Formular B. 17; zur Absichtserklärung s. Formular B. 21.03.

2   Zum **Schrifttum** über Fragen des Unternehmenskaufes vgl. zur Veräußerung von Kapitalgesellschaftsanteilen im Allgemeinen siehe *Minnich/Möhlmann-Mahlau*, BC 19, 480; die eingehende Besprechung durch *Hommelhoff* ZHR 86, 254 ff. sowie *Beisel/Klumpp* Der Unternehmenskauf, 7. Aufl. 2016; *Drygalski* in Festschrift zum zehnjährigen Bestehen von P+P Pöllath + Partners, 2008; *v. Hoyenberg* in Münchener Vertragshandbuch Bd. 2, 7. Aufl. 15, Teil IV; *Hölters* (Hrsg.) Handbuch des Unternehmens- und Beteiligungskaufs 9. Aufl. 2019; *Holzapfel/Pöllath* Unternehmenskauf in Recht und Praxis, 15. Aufl., 2017 (vor allem aus der Sicht der Praxis, mit Literaturübersicht in Einleitung); *Rödder/Hötzel/Mueller-Thuns* Unternehmenskauf, Unternehmensverkauf, 2003; *Jung* Praxis des Unternehmenskaufs, 3. Aufl., 1999 (vor allem aus wirtschaftsprüferlicher Sicht); *Knott* Unternehmenskauf, 5. Aufl. 2017; *Pöllath* Grundsätze ordnungsgemäßen Unternehmenskaufs, FS Bezzenberger, 2000; *Pöllath* „69 Regeln" in: FS Welf Müller, 2001; *Picot* Unternehmenskauf und Restrukturierung, 4. Auflage 2013; *ders.* Handbuch Mergers & Acquisitions, 5. Aufl., 2012; *Häger/Kieborz* Checkbuch Unternehmenskauf, 2. Aufl., 2002; *Schröcker* „Unternehmenskauf und Anteilskauf nach der Schuldrechtsreform", ZGR 05, 63 ff.; *Klein-Blenkers*, Die Entwicklung des Unternehmenskaufrechts, NZG 06, 245 ff.; *Hutterer* Die Haftung des Verkäufers beim Unternehmens- und Anteilskauf, MittBayNot 07, 200 ff.; *Böttcher* Organpflichten beim Unternehmenskauf, NZG 07, 481 ff.; zu den Fragen des internationalen Privatrechts vgl. *Land*, Rechtsfragen des internationalen Unternehmenskaufs, BB 13, 2697; *Möller*, Offenlegungen und Aufklärungspflichten beim Unternehmenskauf, NZG 12, 841; *Bisle* Asset Deal versus Share Deal – Beurteilung aus steuerlicher Sicht, SteuK 16, 311; *Göthel/Fornoff* Bilanzgarantien bei Unternehmenskäufen – Praxishinweise und Gestaltungsempfehlungen, DB 17, 530.

a) Wirtschaftliches Vertragsziel

3   Ein Unternehmenskauf beinhaltet den Kauf und die Übertragung eines **lebenden Unternehmens,** das als solches nicht Gegenstand des Rechtsverkehrs ist, sondern entweder mit Hilfe der Übertragung seiner Einzelwirtschaftsgüter (so in Formular B. 21.01) oder der Gesellschaftsanteile an dem Unternehmensträger (so in Formular B. 21.02) übertragen werden muss. Auch wirtschaftlich ist ein Unternehmen kein „statischer" Gegenstand, sondern eher ein sich laufend entwickelnder, „dynamischer" Prozess. Die Rechtsprobleme des Unternehmenskaufs rühren vor allem von diesen Charakteristika her: Das zu übertragende Unternehmen ist mehr und anders als die Gesamtheit der Einzelwirtschaftsgüter oder die Gesellschaftsanteile am Unternehmensträger. Vgl. *Pöllath* Grundsätze ordnungsgemäßen Unternehmenskaufs, FS Bezzenberger, 2000 S. 549 ff., ua. zu Rechtsfolgen des Ziels, Unternehmen und den „Markt" mit Unternehmen zu schützen.

4   Die **Wahl** zwischen dem Kauf von Einzelwirtschaftsgütern und dem von Gesellschaftsanteilen wird oft und weitgehend steuerlich bestimmt (s. Rz. 9 ff.). Zivilrechtlich einfacher erscheint in der Regel der Kauf von Gesellschaftsanteilen. Deshalb wird in der Praxis selbst da, wo Unternehmensteile gekauft werden sollen, oft eine Gesellschaft dafür verwendet, deren Anteile übertragen werden. Oder es wird zwar eine Ge-

sellschaft gekauft, deren Wirtschaftsgüter aber nach dem Kauf auf den Erwerber übertragen werden (uU auch durch Verschmelzung oder Liquidation).

b) Zivilrecht

Materiell-rechtlich schafft ein Unternehmenskaufvertrag meist ein vom Gesetz abweichendes, **eigenes Regelwerk.** Selbst wo die vertraglichen Regelungen der gesetzlichen Rechtslage entsprechen, ist die ausdrückliche Formulierung im Vertrag oft nützlich, weil sie den Beteiligten Voraussetzungen und Folgen bei einem besonders bedeutenden und meist jedenfalls für einen Beteiligten ungewöhnlichen Vorgang besser bewusst macht. 5

Beim Kauf von **Einzelwirtschaftsgütern** liegt ein vertragstypisches Schwergewicht auf den Regelungen über die Haftung des Erwerbers für Altverbindlichkeiten und insbesondere auf dem Ausschluss einer solchen Haftung, ganz oder teilweise. Dagegen ergibt sich eine solche Haftung des Erwerbers beim Kauf von Gesellschaftsanteilen gewissermaßen von selbst; anstelle eines Haftungsausschlusses müsste dort ein wirtschaftlich gleichwertiges Ergebnis garantiert oder durch Freistellungen seitens des Veräußerers oder vorherige Tilgung solcher Verbindlichkeiten durch den Veräußerer erzielt werden. 6

Ein Schwergewicht beim Kauf von **Gesellschaftsanteilen** liegt auf dem Katalog der zu garantierenden oder zu gewährleistenden Umstände. Aber auch beim Kauf von Einzelwirtschaftsgütern sind entsprechende Regelungen erforderlich, weil die gesetzliche Sach- und Rechtsmängelhaftung – auch soweit sie eingreift und reicht – für den Unternehmenskauf nicht ausreicht. 7

Der notariellen **Beurkundung** bedarf der Unternehmenskauf von Einzelwirtschaftsgütern, wenn zu den einzelnen Wirtschaftsgütern Grundbesitz gehört (§ 311b Abs. 1 BGB). Die Beurkundung durch einen ausländischen Notar kann für den Kaufvertrag, nicht aber für die Auflassung genügen; eine Kostenersparnis durch die ausländische Beurkundung ist insofern allenfalls bzgl. des Teils des Gegenstandwertes vorstellbar, der über den der aufzulassenden inländischen Grundstücke hinausgeht. § 311b Abs. 1 BGB verlangt vollständige Beurkundung einschließlich aller Nebenabreden. Zur Beurkundungspflicht, auch aus anderen Rechtsgründen (zB § 311b Abs. 3 BGB), vgl. *Holzapfel/Pöllath* aaO Rz. 1135 ff.; *Heckschen* NZG 06, 772; *Kiem* NJW 06, 2363 ff.; *Morshäuser* WM 07, 337 ff.; *Petzoldt* BB 75, 905; *Saenger/Scheuch* BB 07, 65. Die Beurkundungspflicht kann vermieden werden (wenn die Errichtung der Gesellschaft nicht der Umgehung der Beurkundungspflicht dient; vgl. BGH II ZR 312/06 v. 10.3.08, BB 08, 1251 zu von einer GbR gehaltenen GmbH-Anteilen; BGH II ZR 288/81 v. 31.1.83, NJW 83, 1110), ebenso eventuell die Grunderwerbsteuer (§ 5 GrEStG; beachte § 1 Abs. 3 GrEStG), wenn die Immobilie vorher auf eine Gesellschaft (insbesondere eine Personengesellschaft) ausgegliedert wird. Zur Grunderwerbsteuer vgl. Rz. 18. 8

c) Steuerrecht

Die folgende kurze Zusammenfassung stellt wesentliche Punkte der Besteuerung des Veräußerers und des Erwerbers getrennt dar. Diese Trennung darf nicht darüber hinwegtäuschen, dass es oft gerade darum geht, sich über die steuerliche Situation des Vertragsgegners Klarheit zu verschaffen. Vor allem ist der Kaufpreis für den Veräußerer wie für den Erwerber stets zwar „vor Steuern" im Vertrag ausgewiesen; wirtschaftlich maßgeblich aber ist allein der Betrag „nach Steuern". Bei einer Steuerbelastung von bis zu rund 50% beeinflusst also die – im Vertrag nicht genannte, aber durch ihn gestaltete – Steuerlast den Preis weit über übliche Verhandlungsspielräume bei der Preisbestimmung hinaus. Die Steuerpflicht auf den Veräußerungsgewinn bedeutet für den Veräußerer vielleicht einen Betrag nach Steuern von weniger als der Hälfte des ausgewiesenen Nominalkaufpreises. Die steuerliche Abzugsfähigkeit reduziert den 9

Preis für den Erwerber vielleicht auf weniger als die Hälfte dieses Nominalkaufpreises. Vgl. auch allgemein *Holzapfel/Pöllath* aaO, Rz. 133 ff. sowie *Pöllath/Greitemann/Viskorf*, Verkauf von Familienunternehmen, Strategie-Recht-Steuern, in: Festschrift Rödl, 2008, Tz 59 ff.; *Banerjee* BB 12, 1518.

aa) Ertragsbesteuerung des Veräußerers

10   Die Ertragsbesteuerung des Veräußerers ist abhängig von seiner Rechtsform, der Zugehörigkeit des Kaufgegenstands zum Privat- oder Betriebsvermögen und der Art des Kaufgegenstands (Einzelwirtschaftsgüter oder Kapitalgesellschaftsanteile). Bei einem Veräußerungsgegenstand im **Betriebsvermögen** ist der Veräußerungsgewinn wie jedes Einkommen grds. steuerpflichtig.

10a   **Kapitalgesellschaft** als Veräußerer: Die Veräußerung von **Einzelwirtschaftsgütern** (sowie Mitunternehmeranteilen) durch eine **Kapitalgesellschaft** unterliegt sowohl der Körperschaft- als auch der Gewerbesteuer (§ 7 Satz 2 GewStG).

     Die Veräußerung von **Anteilen** an Kapitalgesellschaften durch **Kapitalgesellschaften** ist hingegen im Ergebnis grds. in Höhe von 95 % körperschaftsteuerfrei (§ 8b Abs. 2, 3 KStG, Ausnahmen für bestimmte Anteilseigner § 8b Abs. 7, 8 KStG, zu Holding-Gesellschaften unter Geltung des § 8b Abs. 7 idF vor dem VZ 2017 vgl. BFH I R 36/08 v. 14.1.09, BFH/NV 09, 852 und zur möglichen Nichtanwendung, wenn die Anteile im Rahmen einer Kapitalerhöhung übernommen wurden *vgl. Blümich/Rengers* § 8b KStG Rz. 451; zur Kürzung eines steuerfreien Veräußerungsgewinns um Gemeinkosten vgl. BFH I R 64/14 v.15.6.16, DStRE 16, 161); diese partielle Befreiung schlägt auch auf die Gewerbesteuer durch. Die Steuerbefreiungsvorschrift des § 8b Abs. 2 KStG gilt auch bei der Zwischenschaltung einer Mitunternehmerschaft (§ 8b Abs. 6 KStG). Dies gilt auch für die Gewerbesteuer (§ 7 Satz 4 GewStG). Durch das SEStEG v. 7.12.06 (BGBl. I 06, 2782) wurde die bisherige Konzeption der einbringungsgeborenen Anteile aufgehoben. Während nach der bisherigen Regelung die steuerbegünstigte Realisierung stiller Reserven durch Einbringung in eine Kapitalgesellschaft und Veräußerung der Anteile innerhalb von sieben Jahren durch Ausschluss der Steuerfreistellung verhindert wurde, schließt die Neuregelung die erhaltenen Anteile nicht mehr vom Anwendungsbereich des § 8b Abs. 2 KStG aus, sondern knüpft an die ursprüngliche Einbringung an. Besteuert werden rückwirkend die im Zeitpunkt der Einbringung vorhandenen stillen Reserven beim Einbringenden unter jährlichem Abschmelzen des Einbringungsgewinns pro rata (Siebtelungsregelung) bei Veräußerung (oder gleichgestellten Vorgängen) innerhalb von sieben Jahren. In Betracht kommen hierfür die Veräußerung der erhaltenen Anteile nach einer Sacheinlage unter dem gemeinen Wert (§ 20 Abs. 2 Satz 2 UmwStG) durch den Einbringenden (§ 22 Abs. 1 Satz 1 UmwStG) und die Veräußerung von unter dem gemeinen Wert im Rahmen einer Sacheinlage (§ 20 Abs. 1 UmwStG) oder eines Anteilstausches (§ 21 Abs. 1 UmwStG) eingebrachten Anteilen durch die übernehmende Gesellschaft (§ 22 Abs. 2 Satz 1 UmwStG), wenn der Einbringende keine nach § 8b Abs. 2 KStG begünstigte Person ist. Im Fall einer Nachbesteuerung erfolgt eine entsprechende Höherbewertung des eingebrachten Vermögens bei der übernehmenden Kapitalgesellschaft und der für die Einbringung erhaltenen Anteile beim Einbringenden (§ 23 Abs. 2 UmwStG). Zu beachten sind jährliche Nachweispflichten bezüglich der Anteile zur Vermeidung der Veräußerungsfiktion (§ 22 Abs. 3 Satz 2 UmwStG).

10b   Veräußerung von **Betriebsvermögen** einer **natürlichen Person/Mitunternehmerschaft:** Die Veräußerung von **Einzelwirtschaftsgütern** (in der Form von Betrieben/Teilbetrieben sowie Mitunternehmeranteilen) aus dem **Betriebsvermögen natürlicher Personen** (auch aus oder über Mitunternehmerschaften) ist grds. einkommensteuerpflichtig. Sofern es sich nicht (nur) um den Teil eines Mitunternehmeranteils (vgl. § 16 Abs. 1 Nr. 2 EStG) handelt, kann der 56 % des durchschnittlichen Steuersatzes betragende ermäßigte Steuersatz (mindestens aber 14 %) nach § 34 Abs. 3

EStG (Veräußerer mindestens 55 Jahre alt oder berufsunfähig, bis 5 Mio. Euro Gewinn je Veräußerer, nur einmalige Anwendung im Leben des Veräußerers) oder die Tarifglättung (§ 34 Abs. 1 EStG) die Steuerbelastung des Veräußerungsgewinns reduzieren. Daneben (nur auf Antrag einmal im Leben und unter den gleichen Voraussetzungen) erfolgt die Besteuerung nur soweit der Veräußerungsgewinn 45.000 € übersteigt, wobei der Freibetrag aber ermäßigt wird um den 136.000 € übersteigenden Veräußerungsgewinn (§ 16 Abs. 4 EStG). Der Gewinn aus der Veräußerung einer gesamten Mitunternehmerbeteiligung ist dann gewerbesteuerfrei, wenn der Veräußerer eine natürliche Person ist und dies auch, wenn die Beteiligung in einem Betriebsvermögen gehalten wird (vgl. GewStR 7.1 Abs. 3 Satz 3 f; § 7 Satz 2 GewStG). Ausnahmen von der Gewerbesteuerfreiheit bestehen in den Fällen des § 16 Abs. 2 Satz 3 EStG und § 18 Abs. 3 UmwStG (fünf Jahre; gesamter Aufgabe- oder Veräußerungsgewinn, § 27 Abs. 7 UmwStG). Bei doppelstöckigen Mitunternehmerschaften verursacht die Veräußerung von Anteilen der Untergesellschaft durch die Obergesellschaft auf Grund des weit gefassten § 7 Satz 2 GewStG eine Gewerbesteuerbelastung. In Betracht kommt insoweit die Vereinbarung eines gesellschafterinternen Ausgleichs gegenüber den Gesellschaftern, die die Gewerbesteuer nicht ausgelöst haben. Für Erhebungszeiträume, die nach dem 31.12.07 enden, ist die Abzugsfähigkeit der Gewerbesteuer als Betriebsausgabe entfallen (§ 4 Abs. 5b, § 52 Abs. 12 Satz 7 EStG). Eine Abmilderung der Gewerbesteuerbelastung durch Anrechnung bei der ESt gewährleistet § 35 EStG (BMF v. 17.4.19, DStR 19, 878 und zu letzterem *Dreßler* DStR 19, 1078; zur Rspr. Des BFH IV R 5/14 v. 14.1.16, BStBl. II 16, 875 zum unterjährigen Gesellschafterwechsel und zu Überlegungen, eine Anrechnungsmöglichkeit auch bei unterjähriger Veräußerung zu erreichen, vgl. *Geiger* DStR 19, 850), nicht jedoch im Fall des § 18 Abs. 3 UmwStG (einschließlich der Gewinne aus Wirtschaftsgütern, die vor der Umwandlung im Betrieb der übernehmenden Personengesellschaft vorhanden waren). Möglichkeiten der steuerfreien Reinvestition (§ 6b EStG) sprechen bei Immobilien für den Verkauf von Einzelwirtschaftsgütern oder Anteilen an Personengesellschaften (vgl. *Holzapfel/Pöllath* aaO, Rz. 144; ausführlich R 6b EStR 2012; H 6b EStH 2016). Im Übrigen ist diese Wahl für einen Veräußerer im steuerlichen Betriebsvermögen ebenso irrelevant wie eine Abtrennung von Kaufpreiselementen durch Zuordnung auf andere Leistungen (zB gesonderte Vergütung eines Wettbewerbsverbots).

Werden **Kapitalgesellschaftsanteile** aus dem **Betriebsvermögen natürlicher Personen** (oder Mitunternehmerschaften) veräußert, kommt es zur Anwendung des Teileinkünfteverfahrens mit Steuerfreiheit in Höhe von 40% (§ 3 Nr. 40 EStG), ebenfalls grds. siebenjährige Sperrfrist bei bestehenden einbringungsgeborenen Anteilen iSv. § 21 UmwStG 1995 (§ 52 Abs. 4b Satz 2 EStG und zu Alt-Einbringungsgeborene Anteilen im Allgemeinen *Klein/Rippert* IStR 19, 439). Ggfs. kommt es zur rückwirkenden Besteuerung stiller Reserven bei Einbringungsvorgängen unter gemeinem Wert im Fall der Veräußerung (oder gleichgestellten Tatbeständen) innerhalb von sieben Jahren unter Abschmelzung des Einbringungsgewinns (§ 22 Abs. 1 UmwStG, vgl. Rz. 10a). Zur Gewerbesteuer vgl. GewStH 7.1 Abs. 3; BFH VIII R 99/03 v. 7.9.05 –, BFH/NV 06, 608; BFH I R 13/18 v. 11.7.19, BFH/NV 20, 437. Der Zeitpunkt der Besteuerung kann (pro Wirtschaftsjahr max. € 500.000) durch Übertragung von stillen Reserven auf Reinvestitionen (Anteile an Kapitalgesellschaften, abnutzbare bewegliche Wirtschaftsgüter oder Gebäude) bis zur Veräußerung des Reinvestitionsobjekts hinausgezögert werden (§ 6b Abs. 10 EStG).

10c Ausländische Veräußerer inländischer Kapitalgesellschaftsanteile sind schon ab 1% Beteiligung (binnen fünf Jahren vor der Veräußerung) steuerpflichtig. Seit 1.1.09 erfolgt auch eine Erfassung des Veräußerungsgewinns aus Kapitalgesellschaftsanteilen unterhalb von 1% unter bestimmten Voraussetzungen (§ 49 Abs. 1 Nr. 5d, § 43 Abs. 1 Satz 1 Nr. 9, § 20 Abs. 2 Satz 1 Nr. 1 EStG – Tafelgeschäfte). Jedoch besteht in DBA-

Fällen idR Schutz vor einem deutschen Besteuerungsrecht, vgl. Art. 13 Abs. 5 OECD-MA. Auch ausländische Kapitalgesellschaften als Veräußerer solcher inländischer Kapitalgesellschaftsanteile sind unter den Voraussetzungen des § 8b Abs. 2 KStG im Ergebnis zu 95 % steuerbefreit (insbesondere in Nicht-DBA-Fällen von Bedeutung). Bei der Veräußerung von inländischem Betriebsvermögen (Betriebsstätte, Mitunternehmeranteile) unterliegen ausländische Veräußerer nach den gleichen Grundsätzen der Besteuerung wie Inländer (deutsches Besteuerungsrecht über Art. 13 Abs. 2 OECD-MA).

11 Ein Veräußerer mit **Privatvermögen** (vor allem eine natürliche Person, aber auch zB eine Stiftung), bei dem Gesellschaftsanteile in diesem Privatvermögen liegen, wird einen Verkauf von **Einzelwirtschaftsgütern** im Allgemeinen aus steuerlichen Gründen ausschließen. Denn der Veräußerungsgewinn unterläge sonst der vollen Besteuerung; dagegen ist ein Gewinn aus der Veräußerung von **Kapitalgesellschaftsanteilen** im steuerlichen Privatvermögen entweder steuerfrei (nach zwölf Monaten Haltedauer, § 23 EStG aF und weniger als 1 % Beteiligung, § 17 EStG) oder war andernfalls zur Hälfte steuerpflichtig (Voraussetzung: Erwerb vor dem 1.1.09, § 52a Abs. 10 Satz 1, Abs. 4 Satz 2, Abs. 3 Satz 2 EStG). Veräußerungen von Anteilen iSv. § 17 EStG sind seit dem VZ 2009 zu 60 % einkommensteuerpflichtig, Werbungskosten in korrespondierendem Umfang abzugsfähig (§ 3 Nr. 40, § 3c Abs. 2, § 52a Abs. 3 EStG). Der Gewinn aus der Veräußerung von nach dem 31.12.08 erworbenen Anteilen an Kapitalgesellschaften, die nicht unter § 17 EStG fallen, ist unabhängig von der Haltedauer steuerpflichtig und unterliegt der Besteuerung mit der Abgeltungssteuer (§ 20 Abs. 2 Satz 1 Nr. 1; § 32d, § 52a Abs. 10 Satz 1 EStG); eine Verrechnung mit Altverlusten aus Spekulationsgeschäften ist seit VZ 2014 nicht mehr möglich (§ 23 Abs. 3; § 20 Abs. 6, § 52a Abs. 10 Satz 1, § 52a Abs. 10 Satz 10, Abs. 11 Satz 11 EStG). Werbungskosten (Ausnahme: direkt zuordenbare Transaktionskosten) können steuerlich nicht geltend gemacht werden (§ 20 Abs. 4 Satz 1, Abs. 9 Satz 1 EStG). Ggfs. kommt es zu rückwirkenden Besteuerung stiller Reserven bei Veräußerung (und gleichgestellten Vorgängen) auf Grund von Einbringungsvorgängen unter dem gemeinen Wert (vgl. Rz. 10a).

12 Die **Kirchensteuer** erhöht die Steuerbelastung des Veräußerungsgewinns um rund zwei Prozentpunkte. Die Kirchensteuer entfällt beim rechtzeitigen Austritt (zur Rechtzeitigkeit und zur Zwölftelung vgl. BVerwG 8 C 16/6 v. 12.2.88, NJW 88, 1804; FG Münster IV 5525/90 v. 1.10.90, EFG 91, 215). Bei Nichtaustritt kann der Steuerpflichtige eine Reduzierung der Kirchensteuer im Voraus verhandeln, regelmäßig eine Halbierung. Die Absprache im Voraus ist naturgemäß verlässlicher als der mögliche Versuch eines Billigkeitserlasses im Nachhinein (vgl. FG BaWü IX K 337/83 v. 2.10.87, EFG 87, 130 zum Finanzrechtsweg nach Ablehnung in Baden-Württemberg). Viele Landeskirchen und Diözesen haben für den Erlass auch Richtlinien aufgestellt, so dass eine vorherige Kontrolle sinnvoll sein kann.

bb) Ertragsbesteuerung des Erwerbers

13 Für den Erwerber wäre der Erwerb von **Einzelwirtschaftsgütern** in aller Regel steuerlich vorteilhaft. Denn der Erwerber erlangt dadurch zusätzlich die **Abschreibungen** auf den Mehrpreis über den Nettobuchwert des Unternehmens hinaus. Umgekehrt ist der Kauf von **Kapitalgesellschaftsanteilen** für ihn steuerlich günstiger, wenn er weniger als den Nettobuchwert zahlt (zum negativen Kaufpreis vgl. *Holzapfel/Pöllath*, aaO, Rz. 207; *Rapp* BB 17, 2903 zur umsatzsteuerlichen Behandlung negativer Kaufpreise), oder das erworbene Unternehmen Verlustvorträge hat, die der Erwerber nutzen kann (wobei jedoch erhebliche Einschränkungen durch § 8c KStG bestehen, teilweise Verfassungswidrigkeit des § 8c KStG für Übertragungen von mehr als 25 % bis 50 % (BVerfG 2 BvL 6/11 v. 29.3.17, DStR 17, 1094). Bisher kam es bei (un)mittelbarer Übertragung von mehr als 25 % des Kapitals, der Beteiligungs- oder

Stimmrechte innerhalb von fünf Jahren an einen Erwerber (oder nahe stehende Person/Gruppe mit gleichgerichteten Interessen) zum anteiligen, bei Übertragung von mehr als 50% zum vollständigen Wegfall der Verlustvorträge (§§ 8c KStG, nun Änderung der Rechtslage: erst ab 50% Übertragung schädlicher Beteiligungserwerb mit Abzugsverbot für vorherige Verluste; außerdem Bestätigung der Sanierungsklausel in § 8c Abs. 1a KStG („JStG 2018" v. 11.12.18, BGBl. I 18, 2338; BVerfG 2 BvL 6/11 v. 29.3.17 –, DStR 17, 1094; *Neyer* DStR 18, 2245; *Heerdt/Mühling* FR 19, 208; **zur Sanierungsklausel:** EuGH C-209/16 P v. 28.6.18 –, BeckRS 2018, 13338; s. hierzu auch *Soltész* BB 19, 1687, sowie *Hörhammer* DStR 19, 847 und **zur Verfassungsmäßigkeit:** BVerfG 2 BvL19/17, Normenkontrollverfahren auf Vorlagebeschluss FG Hamburg 2 K 245/17 v. 29.8.17 –, BB 17, 2654). Für Übertragungen nach 31.12.09 kein Verlustuntergang in Höhe der im Inland steuerpflichtigen stillen Reserven (§ 8c Abs. 1 S. 6 KStG). sowie bei bestimmten konzerninternen Übertragungen (Konzernklausel, § 8c Abs. 1 S. 5 KStG). Für Übertragungen nach dem 31.12.15 besteht die Möglichkeit des sog. fortführungsgebundenen Verlustvortrags nach § 8d KStG (*Röder* DStR 17, 1737; *Neyer* DStR 18, 2245; *Braun/Kopp* DStR 19, 1422 (im Zusammenhang mit Start-ups). Ggfs. sind auch Verkehrsteuern (und Erbschaftsteuer) in den Belastungsvergleich einzubeziehen. Zu Verkehrsteuern vgl. *Holzapfel/Pöllath* Rz. 574 ff. und 595 ff.

Bei der Verteilung eines wirtschaftlichen Gesamtkaufpreises auf Einzelwirtschaftsgü- **14** ter und Leistungen des Veräußerers lassen sich die Präferenzen des Erwerbers grob so zusammenfassen (vgl. *Holzapfel/Pöllath* aaO, Rz. 219 ff. mit detaillierten Listen):
– sofortiger Aufwand (Beratungshonorar, Abfindung Finanzierungskosten, evtl. Wettbewerbsverbot; geringwertige Wirtschaftsgüter; günstige Aufträge; evtl. Vorräte)
– kurzfristiger Aufwand (Forderungen, Know-how, Kfz oä.)
– mittelfristiger Aufwand (günstige Dauerschuldverhältnisse, gewerbliche Schutzrechte, Maschinen)
– langfristiger Aufwand (Geschäftswert, firmenwertähnliche Wirtschaftsgüter; Gebäude)
– Aufwand nur bei Teilwertabschreibung oder Veräußerung (Beteiligungen an Kapitalgesellschaften, nicht bei Kapitalgesellschaften als Erwerber (§ 8b Abs. 3 KStG), nur 60%ige Auswirkung in sonstigen Betriebsvermögen (vgl. § 3c Abs. 2 EStG); betr. Darlehen (Einschränkung durch § 8b Abs. 3 Satz 4 KStG); Grund und Boden; uU Konzessionen.

Die Vorteilhaftigkeit einer bestimmten Verteilung ist möglichst konkret zu ermit- **15** teln. So führt zB eine Zuaktivierung bei Vorräten nur soweit zu abzugsfähigem Aufwand, wie bei einer folgenden Vorratsbewertung nach dem Erwerb weniger Vorratsvermögen oder wiederum reduzierte Werte anzusetzen sind. Die Verteilung auf Einzelwirtschaftsgüter unterliegt steuerlich einer Angemessenheitskontrolle (Verteilung im Verhältnis der Teilwerte zueinander sowie hinsichtlich einer Bindung an eine vereinbarte Verteilung bei fehlendem Interessengleichlauf; zum Interessengleichlauf vgl. *Nolte* DB 81, 908). Zivilrechtlich ist eine nicht ernstlich gemeinte Verteilung ggf. unwirksam (zB Zuordnung auf einen Beratervertrag als Scheingeschäft, § 117 BGB; BGH IVa ZR 187/81 v. 23.2.83, NJW 83, 1843; zur zivilrechtlichen Wirksamkeit trotz Steuerersparnisgründen oä. vgl. die Nachweise bei *Holzapfel/Pöllath* aaO Rz. 194).

Die Veräußerung von **Personengesellschaftsanteilen** erlaubt dem Erwerber **16** gleichfalls die Verteilung eines Mehrwertes auf die Einzelwirtschaftsgüter (über Ergänzungsbilanzen; uU günstig, dass handelsrechtlich der höhere Ertrag vor Abzug der zusätzlichen Abschreibungen auszuweisen ist).

Keinerlei zusätzliche steuerliche Abschreibungen ergeben sich beim Erwerb von **17** **Kapitalgesellschaftsanteilen.** Der Erwerber selbst konnte bis 2000 den Anteilskauf anschließend in eine Art von Einzelwirtschaftsgüterkauf nachträglich umformen (durch Umwandlung der Kapital- in Personengesellschaft mit steuerfreier Buchwertaufstockung auf die Anschaffungskosten der Gesellschaftsanteile, §§ 4 ff. UmwStG). Seit 2001 scheidet dieses Modell aus. Andere Modelle zum Zweck der Buchwertaufstockung scheiden ebenfalls grundsätzlich aus oder sind umstritten.

17a Neben der Möglichkeit der Abschreibung des Kaufpreises bestehen weitere grundlegende Unterschiede zwischen dem Erwerb von Einzelwirtschaftsgütern oder Kapitalgesellschaftsanteilen. So ist es für den Erwerber von entscheidender Bedeutung, ob er **Zinsaufwand** einer Kaufpreisfinanzierung steuermindernd geltend machen kann. Beim Kauf von **Einzelwirtschaftsgütern** ist eine Berücksichtigung von Zinsen grds. möglich (Betriebsausgabe, beim Erwerb von Mitunternehmeranteilen Sonderbetriebsausgabe). Zu Einschränkungen des Betriebsausgabenabzugs für Zinsaufwand kommt es jedoch durch die sog. **Zinsschranke** (§ 4h EStG, § 8a KStG, vgl. *Töben* BB 07, 974; *Wagner/Fischer* BB 07, 1811; ggf. ist eine erhöhte Berücksichtigung von Zinsaufwand im Rahmen der Zinsschranke durch Nutzung eines EBITDA-Vortrags möglich, § 4h Abs. 1 S. 3 ff. EStG, *Liekenbrock* DStR 14, 991; vgl. zur Verfassungsmäßigkeit der Zinsschranke BFH I R 20/15 v. 14.10.15, DStRE 16, 313 sowie das hierzu anhängige Verfahren vor dem BVerfG 2 BvL 1/16; zu Zinsschrankenregelungen in der EU/OECD: *Jochimsen/Zinowsky* ISR 16, 318, mwN; *Wendelin* IStR 16, 135 mwN). Anteiliger bzw. vollständiger Untergang der nicht verbrauchten Zinsvorträge/ EBITDA-Vorträge bei Aufgabe/Übertragung eines Betriebs, Ausscheiden eines Mitunternehmers oder Übertragung von Anteilen an Kapitalgesellschaften (§ 4h Abs. 5 EStG, § 8a Abs. 1 Satz 3, § 8c KStG; Ausnahmen bestehen für bestimmte Übertragungen im Konzern, bei Vorhandensein im Inland steuerpflichtiger stiller Reserven, § 8a Abs. 1 S. 3 KStG sowie iRd. § 8d KStG). Der Zinsabzug iRd. **Gewerbesteuer** ist auf Grund der Hinzurechnungsregelung (§ 8 Nr. 1 lit. a GewStG, sämtliche Schuldzinsen) jedoch nur in Höhe von 75% des Finanzierungsaufwands steuerwirksam (vgl. *Holzapfel/Pöllath* aaO, Rz. 542 ff.).

17b Zinsaufwand zur Finanzierung des Erwerbs von **Kapitalgesellschaftsanteilen** war bis 31.12.08 zu 50% abzugsfähig, wenn der Erwerber eine natürliche Person ist (§ 3c Abs. 2 EStG). Bei Halten der Anteile im Privatvermögen besteht seit 1.1.09 Abzugsfähigkeit zu 60% nur bei Option nach § 32d Abs. 2 Nr. 3 EStG (Beteiligung zu mindestens 25% an der der Kapitalgesellschaft oder Beteiligung zu mindestens 1% und für diese beruflich tätig), iÜ ist grds. kein Abzug von Werbungskosten möglich (§ 20 Abs. 4 und Abs. 9 Satz 1 EStG). Bei Anteilen im Betriebsvermögen natürlicher Personen/Personenunternehmen ist seit 1.1.09 Finanzierungsaufwand iRd. Teileinkünfteverfahren zu 60% abzugsfähig (§ 3 Nr. 40, § 3c Abs. 2 EStG). Ist der Erwerber eine Kapitalgesellschaft, so sind Zinsaufwendungen vollumfänglich abzugsfähig.

17c Ein weiterer wichtiger Unterschied zwischen dem Erwerb von Einzelwirtschaftsgütern und Kapitalgesellschaftsanteilen ist die steuerliche Behandlung von **Verlusten** im Wert des Kaufgegenstands, die nach dem Erwerb eintreten. Beim Erwerb von **Einzelwirtschaftsgütern** sind Abschreibungen grds. steuerwirksam möglich (Teilwertabschreibungen nach § 6 Abs. 1 Nr. 1 und 2 EStG, Voraussetzung: voraussichtlich dauernde Wertminderung, vgl. dazu auch BFH I R 22/05 v. 14.3.06, BStBl. II 06, 680; BMF v. 25.2.00, BStBl. I 00, 372 ff.). Werden **Kapitalgesellschaftsanteile** erworben, so können Abschreibungen auf den Beteiligungsansatz steuerlich nicht berücksichtigt werden, wenn der Erwerber eine Kapitalgesellschaft ist (ebenso für Gewinnminderungen aus bestimmten Darlehensforderungen sowie aus Inanspruchnahme von Sicherheiten gemäß § 8b Abs. 3 Satz 4 KStG). Eine Berücksichtigung zu 60% erfolgt, wenn der Erwerber eine natürliche Person ist und die Anteile im Betriebsvermögen gehalten werden (§ 3 Nr. 40, § 3c Abs. 2 EStG). Bei im Privatvermögen gehaltenen Wirtschaftsgütern scheidet eine Berücksichtigung eines Wertverlustes außerhalb der eventuellen Besteuerung eines späteren Veräußerungsvorgangs und des Rahmens der Verlustverrechnungsbeschränkungen aus (§ 17 Abs. 2 Satz 6, § 3c Abs. 2; § 20 Abs. 6,

§ 52a Abs. 10 Satz 1 EStG, vgl. aber zur Berücksichtigung von Verlusten aus dem Verfall von Optionsrechten ua. BFH IX R 48/14 v. 12.1.16, BStBl. II 16, 456). Schließlich sind bei Erwerb von Kapitalgesellschaftsanteilen von weniger als 10% durch Kapitalgesellschaften alle ab dem 1.3.13 erfolgten Ausschüttungen (sog. Streubesitzdividende) voll steuerpflichtig (§ 8b Abs. 4 KStG idF des Gesetzes zur Umsetzung des EuGH-Urteils vom 20.10.11 in der Rechtssache C-284/09 v. 21.3.13, BGBl. I 13, 561).

cc) Verkehrsteuern

Der Erwerb von **Gesellschaftsanteilen** ist verkehrsteuerlich regelmäßig günstiger **18** als der Erwerb von Einzelwirtschaftsgütern. Bei Existenz von inländischen Grundstücken kommt es zum Anfall von **Grunderwerbsteuer** ab 95% oder bei „Anteilsvereinigung" (Personen- und Kapitalgesellschaft, § 1 Abs. 3 GrEStG). Für Erwerbsvorgänge nach dem 6.6.13: Einschränkung sog. RETT-Blocker Strukturen, bei denen wirtschaftlich mehr als 95% ohne Auslösung von Grunderwerbsteuer übertragen werden konnten, § 1 Abs. 3a GrEStG), nach dem auch eine mittel- und/oder unmittelbare wirtschaftliche Beteiligung von mindestens 95% am Kapital zu GrESt führt, vgl. Gleichl. Ländererlasse v. 19.9.18 (BStBl. I 18, 1056). Bei Personengesellschaften unterliegt jeder Gesellschafterwechsel der Grunderwerbsteuer, wenn innerhalb von fünf Jahren mindestens 95% der Anteile auf neue Gesellschafter übergehen (§ 1 Abs. 2a GrEStG). Hierbei werden mittelbare Beteiligungen anteilig berücksichtigt (sog. Durchrechnung). Dies ist auch zu beachten, wenn i. R. d. Unternehmenskaufs früher etablierte Blocker-Strukturen mit erworben werden, vgl. *Glutsch/Meining* GmbHR 13, 743. Die Verwirklichung des Erwerbstatbestands nach § 1 Abs. 3 GrEStG hat dagegen bei unmittelbarer Beteiligung eines Gesellschafters an einer Personengesellschaft geringere Bedeutung, da er gegenüber dem § 1 Abs. 2a GrEStG ex lege subsidiär ist.

Nach **Aufgabe der „Pro-Kopf-Betrachtung"** durch die Rechtsprechung hat § 1 Abs. 3 GrEStG für Personengesellschaften dennoch an Bedeutung gewonnen (BFH II R 41/15 v. 27.9.17, DStR 18, 189 –; zur Aufgabe der „Pro-Kopf-Betrachtung" *Heurung/Ferdinand/Buhrandt* DStR 18, 1592). Bestimmte Umstrukturierungen im Konzern sind nicht steuerbar (§ 6a GrEStG). Der EuGH hat entschieden, dass die Vorschrift mangels selektivem Charakter keine nach Art. 107 Abs. 1 AEUV verbotene Beihilfe darstellt (vgl. EuGH C-374/17 v. 19.12.18, DStR 19, 49 – *A-Brauerei*).

Die **Grunderwerbsteuerreform** wurde in der Finanzministerkonferenz der Länder im Jahr 2018 beschlossen. Die Durchführung wurde aber verschoben. Bei Redaktionsschluss waren folgende Kernmaßnahmen geplant (BT-Drs. 19/13437): Verlängerung der grunderwerbsteuerlichen Fristen von fünf auf 1zehn Jahre bzw. 15 Jahre für § 6 Abs. 4 GrEStG, keine Fristverlängerung für die Konzernklausel nach § 6a GrEStG, Absenkung der grunderwerbsteuerlichen Schwellenwerte von 95% auf 90%, Schaffung eines neuen Tatbestands für Kapitalgesellschaften: Einführung einer Haltefrist von zehn Jahren in Beteiligungshöhe von mindestens 10% auch bei Kapitalgesellschaften. Nachdem sich die Koalitionsfraktionen CDU/CSU und SPD bereits am 14.4.21 im Finanzausschuss des Bundestages auf einen Entwurf zur Änderung des Grunderwerbsteuergesetzes geeinigt hatten, sollte der Entwurf noch im April 2021 im Bundestag in zweiter und dritter Lesung beraten werden. Vorgesehen war, dass das Gesetz dann bereits am 1.7.21 in Kraft tritt. Grundlage der Beratungen war der Entwurf der Bundesregierung zur Änderung des GrEStG v. 23.9.19 (BT-Drs. 19/13437) in der vom Finanzausschuss geänderten Fassung (BT-Drs. 19/28528).

Die Veräußerung der **Einzelwirtschaftsgüter** unterliegt ggf. der Grunder- **19** werbsteuer (inländische Grundstücke), iÜ der **Umsatzsteuer.** Jedoch unterliegt die Geschäftsveräußerung im Ganzen nicht der Umsatzsteuer (§ 1 Abs. 1a UStG; vgl. BFH V R 14/05 v. 23.8.07, BFH/NV 08, 316; V R 45/02 v. 24.2.05, BStBl. II 07, 61; V R 53/02 v. 18.1.05, BStBl. II 07, 730; BFH V R 21/07 v. 18.9.08, BStBl. II 09, 254; zum weiten Begriff des Unternehmens im UStG vgl. BFH VII R 86/92 v.

11.5.93, BStBl. II 93, 700 zu § 75 AO, zur Ausübung einer Option bei angenommener Geschäftsveräußerung im Ganzen s. *Sterzinger* SteuK 14, 4 und *Balbinot/Berner* DStR 18, 648 zum Vorsteuerabzug bei Holdinggesellschaften). Der Unternehmenserwerber tritt in die Vorsteuer-Korrektur-Position des Veräußerers ein (für dessen Vorsteuern innerhalb dessen Fristen). Das ist für den Erwerber idR dennoch günstiger als die Umsatzsteuer auf den Erwerb (kleinere Beträge, kürzere Restfristen für Berichtigung); zum Verfahren *Amann* UR 98, 285. Eine evtl. Umsatzsteuer ist nicht nur eine Liquiditätsbelastung (zur Verrechnung mit dem Vorsteuererstattungsanspruch des Erwerbers vgl. BFH V R 8/81 v. 24.3.83, BB 83, 1518; Abtretung nur bei Anzeige auf Formblatt wirksam, § 46 AO, vgl. dazu iE *Holzapfel/Pöllath* aaO, Rz. 609 ff.), sondern setzt den Veräußerer (bei Verrechnung mit Vorsteuer eventuell auch den Erwerber; ebenso wegen § 75 AO, BFH V R 50/74 v. 6.10.77, BStBl. II 78, 241) zusätzlichen Steuerrisiken aus, zB durch eine nachträgliche Korrektur der Verteilung eines Gesamtkaufpreises auf steuerpflichtige Einzelwirtschaftsgüter. Wenn der Erwerber voll vorsteuerberechtigt ist, hat der Veräußerer deshalb jedenfalls früher möglichst weitgehend für die Steuerpflicht optiert, um die Auswirkungen späterer Korrekturen einer Verteilung auf die Einzelwirtschaftsgüter umsatzsteuerlich möglichst zu neutralisieren. Bei fehlerhaftem Ausweis der Umsatzsteuer ist diese abzuführen, obwohl sie beim Erwerber nicht zum Vorsteuerabzug berechtigt. Daher ist eine berichtigte Rechnungsstellung erforderlich. IÜ entspricht dem Anfall von Umsatzsteuer grundsätzlich die Berechtigung zum Vorsteuerabzug. Einschränkungen ergeben sich bei Erwerbern mit steuerfreien eigenen Umsätzen. Zur Annahme der Unternehmereigenschaft bereits bei (auch erfolglosen) Vorbereitungshandlungen vgl. UStAE 2.6. Sog. Finanz-Holdinggesellschaften sind grundsätzlich mangels Unternehmereigenschaft nicht zum Vorsteuerabzug berechtigt (anders hingegen ggf. Führungs- und Funktionsholdings, vgl. UStAE 2.3 Abs. 3; BMF v. 26.1.07, BStBl. I 07, 211; zur Zuordnung von Transaktionskosten zu steuerfreien Beteiligungsveräußerungen bei iÜ umsatzsteuerpflichtigen Unternehmern vgl. BFH V R 38/09 v. 27.1.11, BFH/NV 11, 727; BFH V R 40/10 v. 9.2.12, DStR 12, 518 zum Vorsteuerabzug einer Holding bei Erbringung von Konzerndienstleistungen).

d) Kartellrecht

20   Unternehmenskäufe unterliegen uU der **Zusammenschlusskontrolle** nach dem GWB (vorbehaltlich EU-Recht, Rz. 24): ab € 500 Mio. Weltumsatz aller Beteiligten und € 25 Mio. Inlandsumsatz eines Beteiligten und ein weiteres beteiligtes Unternehmen im Inland Umsatzerlöse von mehr als € 5 Mio. erzielt hat (§ 35 Abs. 1 Nr. 2 GWB) (außer Bagatellfälle: zB Nicht-Medien-Unternehmen mit weltweiten Umsatzerlösen von weniger als € 10 Mio. und Marktvolumen unter € 15 Mio.; § 35 Abs. 2 GWB). Vgl. Merkblatt des Bundeskartellamts Stand Juli 2005, in Überarbeitung (www.bundeskartellamt.de).

21   Die **materielle** Zusammenschlusskontrolle betrifft die Möglichkeit einer Untersagung des Zusammenschlusses wegen Marktbeherrschung (fehlender wesentlicher Wettbewerb oder überragende Marktstellung, vgl. § 19 GWB, auch zur Vermutung von Marktbeherrschung). Die Untersagungsmöglichkeit ist verfristet einen Monat nach Anmeldung des Zusammenschlussvorhabens, wenn das Bundeskartellamt nicht den Eintritt in die Prüfung mitgeteilt hat, sonst vier Monate nach der Anmeldung vorbehaltlich einvernehmlicher Fristverlängerung (§ 40 GWB).

22   Kontrollpflichtige (Rz. 20) Zusammenschlüsse sind im Voraus **anzumelden;** der Vollzug vor Verfristung der Untersagungsmöglichkeit ist verboten (Ordnungswidrigkeit) und zivilrechtlich schwebend unwirksam.

23   Von der Fusionskontrolle zu unterscheiden ist die kartellrechtliche Nichtigkeit einzelner Absprachen, zB eines **Wettbewerbsverbots** (§ 1 GWB); s. Rz. 47.

24   Vorrang vor der deutschen Fusionskontrolle hat die Fusionskontrolle nach **europäischem** Gemeinschaftsrecht (vgl. Art. 101 ff. AEUV; EU-FusionskontrollVO 139/

2004; *Bartosch* BB 01, 2013; *Drauz/Schroeder* Praxis der EU-Fusionskontrolle, 3. Aufl. 1995; *Hirsbrunner* EuZW 98, 69, 613; *Montag* Grundzüge M & A Review 01, 242; zur Entscheidungspraxis der Kommission: EC Merger Control Reporter, Loseblattsammlung; *Bechtold/Bosch/Brinker* EU-Kartellrecht, 3. Aufl. 2014; *Wiedemann*, Handbuch des Kartellrechts, 3. Aufl. 2016; *Bechtold* NZKart 15, 331). Die VO erfasst Zusammenschlüsse (= Erwerbskontrolle) von gemeinschaftsweiter Bedeutung. Die EU-Kommission legt den Begriff „Kontrolle" weit aus (bei Sonderregeln auch unter 50%). Gemeinschaftsweite Bedeutung hat ein Zusammenschluss, wenn alle Beteiligten weltweit mehr als € 5 Mrd. Umsatz haben und zwei Beteiligte mindestens jeweils mehr als € 250 Mio. innerhalb der EU. Gemeinschaftsweit bedeutend ist ein Zusammenschluss auch bei (kumulativ) € 2,5 Mrd. Weltumsatz aller Beteiligten, mehr je als € 100 Mio. EU-Umsatz von zwei Beteiligten, mehr als € 100 Mio. Umsatz aller Beteiligten in je drei EU-Mitgliedstaaten und davon mehr als € 25 Mio. Umsatz zweier Beteiligter in je drei solchen (!) EU-Mitgliedstaaten. Gemeinschaftsweite Bedeutung liegt nicht vor, wenn die beteiligten Unternehmen jeweils $^2/_3$ ihres EU-Umsatzes in einem einzigen Mitgliedstaat erzielen. Materiell gemeinschaftswidrig sind Zusammenschlüsse, durch die wirksamer Wettbewerb im gemeinsamen Markt oder in einem wesentlichen Teil davon erheblich behindert würde, insbesondere indem sie eine beherrschende Stellung begründen oder verstärken. Die maßgeblichen Kriterien sind wettbewerbsrechtlicher Natur. Mit dem gemeinsamen Markt vereinbar sind Zusammenschlüsse, wenn der Marktanteil der beteiligten Unternehmen im gemeinsamen Markt oder in einem wesentlichen Teil 25% nicht überschreitet.

Zusammenschlüsse mit **gemeinschaftsweiter Bedeutung** sind nach Vertragsab- **24a** schluss (Möglichkeit der Anmeldung auch davor, zB bei Vorliegen einer Absichtserklärung), der Veröffentlichung des Kauf- oder Tauschangebots oder des Erwerbs einer die Kontrolle begründenden Beteiligung **bei der EU-Kommission anzumelden** (mit Formblatt). Sie dürfen nicht vollzogen werden, bis die Kommission entschieden (grds. 25 Arbeitstage der EU-Kommission + 4 Monate) oder vom Vollzugsverbot befreit hat.

Die Zusammenschlusskontrolle nach der EU-FusionskontrollVO verdrängt die nach dem nationalen Recht eines EU-Staates (vorbehaltlich Verweisung, Art. 9 EU-FusionskontrollVO). Ferner gibt es mittlerweile in vielen Staaten nationale Fusionskontrollvorschriften, so zB in allen EU-Mitgliedstaaten mit Ausnahme von Luxemburg. Diese sind zu beachten, soweit die EU-FusionskontrollVO nicht eingreift. Daneben bestehen auch außereuropäische Zusammenschlusskontrollvorschriften (vgl. zB USA, Korea, China).

Daneben können innerdeutsche Erwerbe auch ausländischen Kartellrechten unter- **25** liegen, insbesondere, wenn es sich um den Erwerb größerer und international tätiger Unternehmen handelt (vgl. *Holzapfel/Pöllath* aaO Rz. 1157 ff.).

e) Investitionskontrolle

Seit Inkrafttreten der Novelle des AWG v. 24.4.09 (BGBl. I 09, 1150), besteht eine **26** **generelle Investitionskontrolle** gegenüber ausländischen Investoren (§ 55 AWV iVm. § 5 Abs. 2 AWG). Das Kontrollrecht beschränkt sich nicht auf bestimmte Branchen, sondern erfasst grundsätzlich jeden Erwerb eines deutschen Unternehmens oder einer 25%-Beteiligung an einem deutschen Unternehmen durch **nicht in der EU/EFTA** (Norwegen, Island, Schweiz, Liechtenstein) ansässige Investoren durch das Bundeswirtschaftsministerium, wenn hierdurch die öffentliche Sicherheit oder Ordnung gefährdet wird.

Es besteht zwar **keine Meldepflicht** durch den Erwerber, allerdings kann durch Beantragung einer **Unbedenklichkeitsbescheinigung** Rechtssicherheit geschaffen werden (§ 58 AWV). Diese gilt nach einem Monat als erteilt, wenn bis dahin kein Prüfungsverfahren eröffnet wird. **Ohne Beantragung** einer Unbedenklichkeitsbescheinigung besteht das Recht, innerhalb von **drei Monaten** nach Abschluss des

Kaufvertrags eine Prüfung des Erwerbs einzuleiten, über die innerhalb von weiteren zwei Monaten nach Einreichung der angeforderten Unterlagen zu entscheiden ist.

27–30   *(frei)*

2. Einzelerläuterungen

Zu § 1: Unternehmen

31   Die Beschreibung des Unternehmens als wirtschaftlicher Gegenstand des Vertrages ist juristisch uU entbehrlich. Sie erleichtert das Verständnis, kann aber auch unerwartete **Risiken** begründen, so zB Haftungsrisiken für den Veräußerer (hier ausdrückliche Gewährleistung gemäß § 7 Abs. 1 Buchst. h).

Zu § 2: Einzelwirtschaftsgüter

32   Im Interesse des Erwerbers ist hier die Aufzählung der verkauften Aktiva beispielhaft, die der zu übernehmenden Passiva abschließend. Für die möglichst eingehende Auflistung und Bezeichnung eignen sich **Anlagen** zum Vertrag. Sie sind rechtzeitig zu erstellen, möglichst schon zu Beginn der Vertragsverhandlungen, und vom Erwerber rechtzeitig zu prüfen. Unmittelbar vor Vertragsschluss sollten sie auf einen möglichst nahe am Zeitpunkt des Vertragsschlusses liegenden Stichtag fortgeschrieben werden.

Zu § 3: Kaufpreis

33   Üblicherweise wird der Kaufpreis bei Vollzug („closing") fällig. Hier ist eine Anzahlung kurz nach Vertragsschluss fällig. Zu variablen Kaufpreisklauseln *von Braunschweig* DB 02, 1815 ff.; *Witte/Mehrbrey* NZG 06, 241 ff.; *Drygala/Wächter* Kaufpreisanpassung und Earnout-Klauseln, 2016. Die **Umsatzsteuer** (Rz. 19) beim Verkauf von Einzelwirtschaftsgütern fällt auf die Summe von Barkaufpreis und übernommenen Verbindlichkeiten an, kann sich also in ihrer Höhe bei einer späteren Betriebsprüfung ohne weiteres erheblich ändern. **Keine Umsatzsteuer** fällt bei Geschäftsveräußerung im Ganzen an. Die Erhöhung des Kaufpreises um eine evtl. Mehrwertsteuer ist ausdrücklich zu vereinbaren; vgl. BGH VIII ZR 34/76 v. 14.12.77, DB 78, 786. Die Formulierungen „einschließlich Mehrwertsteuer" und „zuzüglich Mehrwertsteuer" sind rechnerisch äquivalent, unterscheiden sich im Ergebnis aber vor allem dann, wenn und soweit die Steuer nicht anfällt (Wegfall der Geschäftsgrundlage bei gemeinsamem Irrtum, OLG Düsseldorf 8 U 4/89 v. 5.10.89, DB 90, 39). Bei Abschlagszahlungen sollte der Vertrag die Mehrwertsteuer schon mit den Abschlagszahlungen anfallen lassen; vgl. BFH V R 91/80 v. 10.11.83, HFR 84, 118 mit Anm.

Bei Veräußerung gegen Raten hat der Veräußerer im Zeitpunkt der Gewinnverwirklichung (regelmäßig: Übergang des wirtschaftlichen Eigentums) den Barwert der künftigen Raten sofort zu versteuern und den Zinsanteil in den künftigen Raten später (diesen ggf. als Einkünfte aus Kapitalvermögen). Anders bei Ratenzahlung über mehr als zehn Jahre und Vorliegen von Versorgungsbezügen (vgl. EStH 16 Abs. 11 „Ratenzahlungen"). Bei Veräußerung gegen wiederkehrende Bezüge hat der Veräußerer ein Wahlrecht zwischen Sofortversteuerung des Barwertes und laufender Versteuerung der wiederkehrenden Bezüge (vgl. EStR 16 Abs. 11; BFH III B 15/88 v. 21.12.88, BStBl. II 89, 409; Wahlrecht kann u. U. auch noch im Einspruchsverfahren ausgeübt werden, BFH III R 12/17 v. 26.4.18, –, BFH/NV 18, 948). Dies gilt jedoch nicht bei Vereinbarung eines gewinn- oder umsatzabhängigen Kaufpreises (zwingend laufende Besteuerung, vgl. BFH VIII R 8/01 v. 14.5.02, BStBl. II 02, 532; EStH 16 Abs. 11; vgl. auch im Zusammenhang mit § 8b KStG BFH I R 71/16 v. 19.12.18, –, BStBl. II 19, 493). Der Erwerber hat stets den Barwert zu passivieren (zu umsatz- und gewinnabhängigen wiederkehrenden Bezügen vgl. *Schmidt/Wacker* § 16 EStG Rz. 235). Bei gemischtem Verkauf gegen wiederkehrende Bezüge und festes Entgelt beschränkt sich das Wahlrecht auf die wiederkehrenden Bezüge.

Die Kaufpreisforderung des Veräußerers stellt ggf. nach der Betriebsveräußerung steuerliches Privatvermögen dar. Trotzdem ist auch der nachträgliche Ausfall der Forderung steuerlich zu berücksichtigen (BFH GrS 2/92 v. 19.7.93, BStBl. II 93, 897; EStH 16 Abs. 10; FinMin NRW v. 1.3.94, FR 94, 375 zu § 17 EStG; zur nachträglichen Erhöhung FG München 1 V 859/93 v. 9.12.93, EFG 94, 383; keine Rückwirkung des Forderungsausfalls für ErbSt, BFH II R 46/98 v. 18.10.00, BFH/NV 01, 420; keine rückwirkende Vereinbarung).

Soweit der Kaufpreis zum Teil oder ganz gestundet wird, kann bei natürlichen Personen als Erwerber ein Widerrufsrecht wie bei einem Verbraucher (§§ 355 ff., 491, 495, 512 BGB) bestehen.

Zu § 4: Eigentumsübergang

Das Eigentum soll üblicherweise erst mit Entrichtung des Kaufpreises übergehen 34 (zur hier vorgezogenen Abschlagszahlung vgl. § 3). Davon abweichend kann der Vertrag einen Abrechnungsstichtag im Innenverhältnis zwischen den Parteien festlegen. S. auch Rz. 38.

Zu Abs. 1: Übergabe. Zum Eigentumsübergang gehört neben der genauen Be- 35 zeichnung der übergehenden Sachen und Rechte (mindestens Bestimmbarkeit, hier durch Verweis auf § 2) auch die körperliche Übergabe (§ 929 BGB; oder ihr Ersatz, vgl. §§ 930, 931 BGB).

Zu Abs. 2: Zustimmung Dritter. Der Vertrag sollte regeln, wer in welcher 36 Weise die Zustimmung Dritter, zB zum Übergang von Verträgen (Lieferanten, Kunden, andere) einzuholen hat und welche Rechtsfolgen das Ausbleiben einer Zustimmung haben soll (zB Schadenersatz).

Zu § 5: Arbeitnehmer

Beim Übergang eines Betriebs gehen zwingend die Arbeitsverhältnisse auf den Er- 37 werber über, wenn nicht der Arbeitnehmer dem Übergang widerspricht (§ 613a Abs. 6 BGB, vgl. *Hölters/v. Steinau-Steinrück/Thees* Rz. 6.128 ff.; *Holzapfel/Pöllath* aaO Rz. 1513 ff.); Die Widerspruchsfrist beträgt einen Monat nach Zugang der Unterrichtung nach Abs. 5 (§ 613a Abs. 6 BGB). § 613a BGB erfasst nur Arbeitsverhältnisse. Das Anstellungsverhältnis eines Geschäftsführers geht nicht nach § 613a BGB über (BAG 8 AZR 654/01 v. 13.2.03, DB 03, 942 ff.). Nach § 613a Abs. 5 BGB sind der bisherige Arbeitgeber und der neue Inhaber verpflichtet, die von einem Übergang betroffenen Arbeitnehmer vor dem Übergang in Textform (§ 126b BGB) über Zeitpunkt, Grund und Folgen des Übergangs sowie der hinsichtlich der Arbeitnehmer geplanten Maßnahmen zu unterrichten (vgl. *Holzapfel/Pöllath* aaO Rz. 1585 ff., auch zu Rechtsfolgen unvollständiger oder unrichtiger Unterrichtung). Da die geplanten Maßnahmen dem Erwerber besser bekannt sind, kann im Vertrag festgelegt werden, dass er zur Unterrichtung der Arbeitnehmer verpflichtet ist. Häufig werden sich die Parteien auf eine gemeinsame Mitteilung verständigen. Ein widersprechender Arbeitnehmer setzt sich der betriebsbedingten Kündigung durch den Veräußerer aus (zur Sozialauswahl vgl. BAG 2 AZR 449/91 v. 7.4.93, DB 93, 1877; BAG 2 AZR 419/97 v. 17.9.98, NZA 99, 258; *Gaul/Bonanni* NZA 06, 289; *Thüsing* RdA 05, 12; zum Verlust von Abfindungsansprüchen bei Widerspruch vgl. BAG 8 AZR 416/99 v. 25.5.00, DB 00, 1966; *Altenburg/Leister* NZA 05, 15 ff.). Unabhängig von diesen zwingenden Vorschriften im Außenverhältnis sollte der Vertrag im Innenverhältnis regeln, welche Arbeitsverhältnisse auf den Erwerber übergehen sollen oder müssen und welche Rechtsfolgen wiederum ein Nichtübergehen (oder vertragswidriges Übergehen) hat. Bei internationalen Verflechtungen ist die Kollisionsnorm des Art. 8 VO 593/2008/EG (Rom I-VO) anwendbar. Auf einen Kauf von Gesellschaftsanteilen ist § 613a BGB nicht anwendbar (BAG 2 AZR 39/90 v. 12.7.90, ZIP 90, 1609), jedenfalls solange der Rechtsträger des Betriebes erhalten bleibt.

Im vorliegenden Vertrag ist für den Erwerber die Übernahme der Arbeitsverhältnisse der leitenden Mitarbeiter ein so wichtiger Aspekt, dass er sich hierfür ein Rücktrittsrecht einräumen lässt. Neben solchen spezifischen Rücktrittsrechten wird regelmäßig noch eine sog. MAC-Klausel (material adverse change) vereinbart, die im Fall einer solchen negativen Entwicklung ein Rücktrittsrecht gewährt (vgl. *Holzapfel/Pöllath* aaO Rz. 1201). Angesichts der relativen Überschaubarkeit des vorliegenden Unternehmenskaufs wurde hiervon abgesehen.

Zu § 6: Abrechnung

38 Gerade beim Übergang eines Betriebes hat der Vertrag zu regeln, wie die Ergebnisse von Geschäften vor und nach dem Übernahmestichtag voneinander abzugrenzen und zwischen den Parteien abzurechnen sind. Zum Unterschied zwischen **Abrechnungsbilanz** und **Kaufpreisbilanz** vgl. *v. Hoyenberg* Münchener Vertragshandbuch, Bd. 2 Rz. IV. 3,4 71 ff.; hinsichtl. Schadensersatz bei Verletzung einer Bilanzgarantie: *Mehrbrey/Hofmeister* NZG 16, 419. Zur Abgrenzung und zum Zeitpunkt der Gewinnverwirklichung empfiehlt sich eine klare Zeitangabe im Vertrag; maßgebend ist allerdings die tatsächliche Erfüllung. Ohne klare Regelung sind die Begleitumstände entscheidend; vgl. BFH VIII R 7/90 v. 22.9.92, BB 93, 777; BFH IV R 47/73 v. 2.5.74, BStBl. II 74, 707; FG Berlin VIII 491/85 v. 23.3.87, EFG 87, 505; FG Köln XII 283/78 v. 28.4.81, EFG 82, 80; BFH II R 109/89 v. 9.9.92, BStBl. II 93, 653. Zum Realisierungszeitpunkt (regelmäßig: Übergang des wirtschaftlichen Eigentums) vgl. BFH IV R 113/81 v. 30.6.83, BStBl. II 83, 640, 642; BFH IV R 226/85 v. 10.3.88, BStBl. II 88, 832; BFH III R 70/87 v. 2.3.90, DB 90, 2044 (Aufschub durch nachlaufende Pflichten des Veräußerers); FG München VI 178/77 v. 11.5.89, EFG 90, 22 (Teilanteile); FG BaWü 12 K 206/91 v. 6.5.92, EFG 92, 583 (Grundstücke). Zu steuerlichem Rückwirkungsverbot vgl. *Holzapfel/Pöllath* aaO Rz. 1243. Bei Abtretung im Kaufvertrag unter aufschiebender Bedingung kann eine Gewinnrealisierung schon mit Vertragsschluss möglich sein, wenn der Bedingungseintritt allein vom Willen des Erwerbers abhängt (BFH IV R 3/07 v. 25.6.09, BStBl. II 10, 182).

Zu § 7: Haftung des Veräußerers

39 Da die kaufrechtlichen Vorschriften auch auf den Verkauf „sonstiger Rechte" anwendbar sind, gilt das Kaufrecht ausdrücklich für alle handelbaren Wirtschaftsgüter und damit auch für den Kauf eines Unternehmens (vgl. *Hilgard* BB 04, 1233; *Holzapfel/Pöllath* aaO Rz. 858 ff. mwN; *Jagersberger* Die Haftung des Verkäufers beim Unternehmens- und Anteilskauf, 2006; *Schmitz* RNotZ 06, 561; *Redeker* NJW 12, 2471; *Weißhaupt* WM 13, 782).

Dennoch muss der Vertrag die Gewährleistung und sonstige Haftung des Veräußerers eingehend regeln. Die gesetzlichen Gewährleistungsregelungen sind für einen Unternehmenskauf weiterhin wenig geeignet, da der käuferfreundliche Inhalt selten dem Bedürfnis nach Interessenausgleich und den Besonderheiten jedes Unternehmenskaufs gerecht wird. Es entspricht idR den Interessen von Veräußerer und Erwerber, den Unternehmenskauf nicht rückabzuwickeln und die Rechtsfolgen bei Nichtvorliegen vereinbarter Umstände auf Schadensersatz zu beschränken. Daher wird ein eigenständiges Regelwerk von Voraussetzungen und Rechtsfolgen geschaffen. Die gesetzliche Rechts- und Sachmängelhaftung ist zudem unsicher und genügt nicht. So ist eine Kaufsache mangels vereinbarter Beschaffenheit mangelfrei, wenn sie sich für die nach dem Vertrag vorausgesetzte Verwendung eignet. Dafür können sogar gänzlich außerhalb der Kaufsache liegende Umstände maßgeblich sein. Nach § 434 Abs. 1 Satz 3 BGB gehören zur üblichen Beschaffenheit zudem auch Eigenschaften, die der Käufer nach öffentlichen Äußerungen des Verkäufers erwarten kann. Welche Beschaffenheit üblich ist und vom Käufer erwartet werden kann, ist oft unklar und begründet Unsicherheiten. Da selbst vermeintlich unverbindliche Äußerungen des Verkäufers die Erwartungen des Käufers gestalten können, ist zumindest aus Sicht des Verkäufers in der Regel eine vertragliche Beschränkung seiner Einstandspflicht auf bestimmte Sachverhalte geboten (vgl. *Holzapfel/Pöllath* aaO Rz. 859).

Durch eine selbstständige Garantie kann die sinnvolle **Verschuldensunabhängig-** **39a** **keit der Haftung** (§ 276 Abs. 1 Satz 1 BGB) vereinbart werden. Die Übernahme einer selbstständigen Haftungsvereinbarung durch den Veräußerer bedarf wegen der mit ihr verbundenen weit reichenden Rechtsfolgen stets der ausdrücklichen und eindeutigen Vereinbarung. Worte wie „Versicherung" oder „garantieren" beinhalten nicht notwendig ein Garantieversprechen (vgl. *Holzapfel/Pöllath* aaO Rz. 874; OLG München 12 U 1738, 1739/65 v. 14.11.66, NJW 67, 1326). Der Hinweis auf § 311 BGB stellt klar, dass es sich wirklich um ein selbstständiges Regelwerk von Voraussetzungen und Rechtsfolgen handelt, das sich von den gesetzlichen Vorschriften des Kaufrechts löst. Die Vereinbarung der Rechtsfolgen in Form einer selbstständigen Haftungsvereinbarung konnte zwar grds. gem. § 444 BGB zur Unwirksamkeit der vertraglichen Beschränkung der Rechtsfolgen führen. Dies gilt jedoch nach Änderung des § 444 BGB aus dem Jahre 2004, mit der das Wort „wenn" durch „soweit" ersetzt wurde, nur noch, wenn sich die Rechtsfolgenregelung in Widerspruch zum konkret vereinbarten Garantieinhalt setzt. Dadurch entfällt die zur bisherigen Rechtslage bestehende Unsicherheit, ob § 444 BGB die Beschränkung der Gewährleistungsrechte – etwa im Hinblick auf Mindest- oder Höchstbeträge für Schadenersatzansprüche oder den Anschluss des Rücktrittsrechts – zulässt (vgl. *Holzapfel/Pöllath* aaO Rz. 875).

Zu Abs. 1: Garantie. Der Garantiekatalog im Text ist eher kürzer als üblich. **40**

Zu Abs. 2: Schadensersatz. Bei den Rechtsfolgen werden oft die im Kaufrecht **41** vorgesehenen Rechtsfolgen (Nacherfüllung, Rücktritt, Kaufpreisminderung und Schadensersatz oder Aufwendungsersatz, § 437 BGB) ausgeschlossen, zumindest soweit eine Rückabwicklung des Vertrages möglich ist (vgl. *Holzapfel/Pöllath* aaO Rz. 917, 949 ff.; *Weller* EWiR 2010, 15, 16). Denn eine Rückabwicklung erweist sich in der Regel als unpraktikabel und die gesetzlichen Gewährleistungsrechte der Kaufpreisminderung und Schadensersatz können grds. nur nach Unmöglichkeit, Fehlschlagen oder Verweigerung der Nacherfüllung geltend gemacht werden (§ 437 BGB). Die hier eingeräumte Rücktrittsmöglichkeit, wenn die Begrenzung des Schadenersatzes auf die Höhe des Kaufpreises eingreift, schützt den Erwerber nur bedingt. Die Höhe der Selbstbehalte je verletzte Haftungsvereinbarung und insgesamt sollte im Einzelfall entschieden werden. Bei höheren Kaufpreisen sind Werte im Promillebereich oder insgesamt bis 1% üblich (auch als Freigrenze oder modifiziert). Doch ist zu beachten, dass der Gesamtkaufpreis weit über den Barkaufpreis hinausgehen kann (s. Rz. 33).

Zu Abs. 3: Frist. Der Vertrag verlängert die gesetzliche Gewährleistungsfrist von **42** zwei Jahren für Ansprüche im Zusammenhang mit Steuern und Sozialversicherungsbeiträgen (§ 438 Abs. 1 BGB; Verschulden bei Vertragsschluss drei Jahre, § 195 BGB; beachte jedoch den unterschiedlichen Beginn der Verjährung, §§ 199 und 438 BGB). Zur Verjährungsregelung vgl. *Wunderlich* WM 02, 981, 988; *Weigl* DNotZ 05, 246 ff.; *Hilgard* BB 12, 852. Regelmäßig sollte der Erwerber wenigstens bis kurz nach Vorlage des zweiten, auf den Kauf folgenden Jahresabschlusses Zeit zur Prüfung und Geltendmachung von Ansprüchen gegen den Veräußerer haben. Vgl. *Holzapfel/Pöllath* aaO Rz. 939 ff.

Zu Abs. 4: Haftungsausschluss. Der Vertrag sollte einerseits die vom Veräußerer **43** zu garantierenden Umstände iE genau bezeichnen und andererseits jede weitergehende Haftung des Veräußerers, gleich aus welchem Rechtsgrund (zB auch aus Geschäftsführung) ausschließen; zur Geschäftsführerhaftung vgl. *Lutter* GmbHR 00, 301. Insbesondere gesetzliche Gewährleistungsansprüche sollten ausgeschlossen werden. Dies ist beim Unternehmenskauf möglich, da hier die gesetzlichen Gewährleistungsbestimmungen disponibel sind (anders beim Verbrauchsgüterkauf). Von darüber hinausgehenden Ansprüchen Dritter (auch zB verbundener Unternehmen des Erwerbers) wird der Veräußerer eine Freistellung anstreben, aber keineswegs immer erhalten (da dies für den Freistellenden schwer überschaubar sind).

Zu Vereinbarung von sog. MAC-Klauseln (material adverse change) im Fall von erheblichen nachteiligen Veränderungen vgl. Rz. 37.

Zu § 8: Erwerberhaftung

44   Bestimmung und Beschränkung der Haftung des Erwerbers für Verbindlichkeiten des Veräußerers und die Rechtsfolgen (zB Freistellung) sind einer der wesentlichen Bestandteile gerade eines Kaufvertrages über Einzelwirtschaftsgüter. Zu den verschiedenen Haftungsgrundlagen des Erwerbers vgl. *Holzapfel/Pöllath* aaO Rz. 976 ff. Der hier vorgeschlagene Wegfall der vorgeschlagenen Freistellungspflicht bei Verletzung einer Obliegenheit ist für den Freizustellenden hart. Eine Übernahme von Verbindlichkeiten gemäß § 25 HGB entfällt mangels Firmenfortführung (vgl. § 2 Buchst. a letzter Fall des Formulars).

Zu beachten sind ggf. auch spezielle Haftungstatbestände wie die **Rückforderung von Beihilfen,** die Haftung für **Wettbewerbsverstöße** und für **Umwelt-Altlasten** (vgl. B. 21.07 Rz. 22 ff.).

Zu § 9 Steuerfreistellung

45   Die Steuerklausel dient der Abgrenzung der steuerlichen Verantwortlichkeit zwischen Veräußerer und Erwerber. Beim Erwerb von Einzelwirtschaftsgütern können die Regelungen im Vergleich zum Erwerb von Gesellschaftsanteilen relativ einfach gehalten werden, da die Haftung des Erwerbers nur für einen begrenzten Zeitraum und auf Betriebssteuern beschränkt ist. Wichtig sind die Regelungen zu den Informations- und Mitwirkungspflichten.

Der Erwerber eines Unternehmens im Ganzen (oder eines gesondert geführten Betriebs) **haftet** mit beschränkt auf das übernommene Vermögen für **betriebliche Steuern und Steuerabzugsbeträge** (§ 75 AO), die seit dem Beginn des letzten, vor der Übereignung liegenden Kalenderjahres entstanden sind und bis zum Ablauf von einem Jahr nach Anmeldung des Betriebs durch den Erwerber festgesetzt oder angemeldet werden (vgl. *Holzapfel/Pöllath* aaO Rz. 1019 ff.; allgemein zu Steuerklauseln *Stümper/Walter* GmbHR 08, 31; *Hülsmann* DStR 08, 2402; *Carlé/Demuth* KÖSDI 08, 15979; *Banerjee* BB 12, 1518; *Bisle* SteuK 13, 204 und 206, zu Steuerklauseln in Unternehmenskaufverträgen als rückwirkende Ereignisse iSv. § 175 Abs. 1 Satz 1 Nr. 2 AO vgl. *Welzer* DStR 16, 1393). Betriebssteuern sind u. a. die Gewerbesteuer und die Umsatzsteuer (einschließlich derjenigen aus der Veräußerung selbst, soweit sie nicht wegen § 1 Abs. 1a UStG nicht steuerbar ist; der Unternehmensbegriff von § 75 AO und § 1 Abs. 1a UStG sind jedoch nicht deckungsgleich). Daneben sind Verbrauchssteuern, die Versicherungssteuer und Steuerabzugsbeträge wie Lohnsteuer, Kapitalertragsteuer sowie im Abzugsverfahren zu erhebende Einkommensteuer bei beschränkt Steuerpflichtigen betroffen. Nicht erfasst sind jedoch **Einkommen- und Körperschaftsteuer des Veräußerers.**

Der Übergang der vorhandenen Betriebsgrundlagen im Wesentlichen ist ausreichend. Zwar muss der Betrieb nicht in vollem Umfang fortgeführt werden, die Identität mit dem bisherigen Betrieb muss jedoch gewahrt werden (BFH VII R 11/01 v. 7.11.02, BStBl. II 03, 226; FG München 14 V 3440/07 v. 15.1.08, BeckRS 2008, 26024613). Nicht erfasst von § 75 AO ist der Erwerb aus der **Insolvenzmasse** (§ 75 Abs. 2 AO).

Das Finanzamt kann eine Haftung auch auf § 25 HGB stützen (BFH VII R 12/79 v. 27.11.79, BStBl. II 80, 258). Es bietet sich an, bei dem für den Veräußerer zuständigen Finanzamt vor Erwerb evtl. Steuerrückstände zu erfragen (allerdings ist die Zustimmung des Veräußerers erforderlich, OFD München/Nürnberg v. 23.11.00, AO-Kartei § 30 Abs. 4 Nr. 3 Karte 2). Zudem sollte die Anmeldung durch den Erwerber unverzüglich erfolgen, um den Fristlauf auszulösen.

Auf eine ausdrückliche Regelung zur Korrektur von Umsatzsteuer (§ 15a UStG) wurde vorliegend verzichtet. In anderen Konstellationen, insbesondere beim Erwerb von Grundstücken kann diesem Aspekt jedoch größere Bedeutung zukommen. Ggfs. können Regelungen zur Anrechnung von Steuervorteilen aufgrund von Gegeneffekten sowie Regelungen zur Auswirkungen von zusätzlichen Gewinnen oder Verlusten aufgrund Betriebsprüfungen auf den Kaufpreis getroffen werden.

Zu § 10: Vorvertrag

Wenn es vor dem Vertrag Vorverträge oder andere auch nur möglicherweise **45a** rechtsverbindliche Erklärungen oder Absprachen gab, sollte der Vertrag deren Schicksal regeln (regelmäßig Wegfall). Vgl. auch Formular B. 21.03.

Zu § 11: Kartellrecht

Ein anmeldepflichtiger Vertrag unterliegt der Zusammenschlusskontrolle und einem **46** Vollzugsverbot. Insbesondere letzterem ist durch eine entsprechende Vereinbarung Rechnung zu tragen (andernfalls mindestens Ordnungswidrigkeit). S. Rz. 20 ff.

Zu § 12: Mitwirkungspflicht, Wettbewerbsverbot, Vertraulichkeit

Diese gelten regelmäßig auch ohne besondere Vereinbarung (Nebenpflichten zur **47** Überleitung des Unternehmens; vgl. BGH II ZR 308/98 v. 8.5.00, AnwBl 00, 626; *Pöllath* Grundsätze ordnungsgemäßen Unternehmenskaufs aaO). Hier ist deshalb das Wettbewerbsverbot ausdrücklich ausgeschlossen. Ein besonders vereinbartes Wettbewerbsverbot kann kartellrechtswidrig oder sittenwidrig sein (vgl. BGH II ZR 254/85 v. 28.4.86, ZIP 86, 1056 zur vollständigen Nichtigkeit bei Sittenwidrigkeit, § 138 BGB; BGH II ZR 77/00 v. 4.3.02, NZG 02, 475; zum Kartellrecht vgl. *Hölters/Röhling* Kapitel 7; *Holzapfel/Pöllath* aaO Rz. 1278 ff.; zu Anmeldung und Negativattest vgl. EU-FusionskontrollVO Nr. 17; zur Besteuerung vgl. BFH VIII R 140/79 v. 21.9.82, BStBl. II 83, 289; BFH IV R 138/80 v. 24.3.83, BStBl. II 84, 233; BFH I R 250/83 v. 20.7.88, BStBl. II 88, 936; BFH XI R 43/94 v. 12.6.96, BStBl. II 96, 516; BFH II R 94/87 v. 24.1.90, BStBl. II 90, 590; BFH IX R 86/95 v. 23.2.99, BFH/NV 99, 1590; BFH IX R 76/99 v. 11.3.03, BFH/NV 03, 1161; zu §§ 22 Nr. 3, 24, 16, 17, 34 EStG; FG Münster VI 2429/76 v. 21.10.80, EFG 81, 279; BFH III R 186/81 v. 29.1.86, BFH/NV 86, 400 zu gegenseitigen Wettbewerbsverboten: Gewinnrealisierung durch Tausch!). Bei Kartellrechtswidrigkeit wird das Wettbewerbsverbot regelmäßig auf seinen wirksamen Umfang reduziert.

Zu § 13: Schiedsklausel

Die Wahl zwischen ordentlichem Gericht und Schiedsgericht hängt von zahlrei- **48** chen, oft subjektiv beeinflussten Beurteilungen ab. Regelmäßig gilt das Schiedsgericht als teurer, aber schneller; letzteres muss schon wegen der Herbeiführung der Vollstreckbarkeit (dazu staatliche Gerichte, § 1062 Abs. 1 Nr. 4 ZPO) nicht immer gelten (vgl. § 1060, §§ 1062 ff. ZPO). Bei Vereinbarung eines Schiedsgerichts ist darauf zu achten, dass alle möglichen Streitigkeiten, auch solche aus anderen Verträgen (zB aus dem Gesellschaftsvertrag), ein und demselben Schiedsverfahren unterliegen (vgl. *Holzapfel/Pöllath* aaO Rz. 1649 ff.). Der Verweis auf die Deutsche Institution für Schiedsgerichtsbarkeit eV und die von ihr aufgestellten Regeln erübrigt einen gesonderten Schiedsvertrag zwischen den Parteien.

Zu § 14: Kosten

Die Kostenverteilung, wie vorgesehen, ist üblich. Oft werden aber die vom Erwer- **49** ber allgemein zu tragenden Kosten eingeschränkt (zB Kosten der Eigentumsverschaffung und Lastenfreistellung) oder erweitert (zB Übernahme von Beratungskosten des Veräußerers durch den Erwerber, ganz oder zum Teil auch pauschaliert; s. auch Formular B. 21.03). Gesetzlich trägt Erwerbskosten der Erwerber (§ 448 BGB; auch GrESt, hM).

B. 21.02 Gesellschaftsanteile

Gliederung

I. FORMULAR

Formular B. 21.02 Unternehmenskaufvertrag (Gesellschaftsanteile)

UNTERNEHMENSKAUFVERTRAG

zwischen

V, W, und X   – Veräußerer –

und

E   – Erwerber –

I. Kauf

§ 1 Unternehmen

Wirtschaftlicher Gegenstand dieses Vertrages sind Verkauf und Übertragung des Unternehmens der Z GmbH (im Folgenden „Z") durch Verkauf aller Geschäftsanteile am Stammkapital der Z von V, W und X an E. Das Unternehmen der Z besteht im Vertrieb von EDV-Hardware und in der Entwicklung und im Vertrieb von EDV-Software. Die Geschäftsanteile am Kapital der Z bestehen aus insgesamt fünf Anteilen von je € 100.000,–, € 350.000,–, € 75.000,–, € 75.000,– und € 1.400.000,– (im Folgenden die „Geschäftsanteile").

Nach der im Handelsregister aufgenommenen Gesellschafterliste sind die Verkäufer wie folgt an der Gesellschaft beteiligt:

Gesellschafter	Laufende Nummer der Geschäftsanteile	Anzahl der Geschäftsanteile (Stück)	Nennbetrag der einzelnen Geschäftsanteile in €	Summe der Nennbeträge in €
V	[...]	[...]	[...]	[...]
W	[...]	[...]	[...]	[...]
X	[...]	[...]	[...]	[...]
			Summe:	[...]

Ein Widerspruch ist der Liste der Gesellschafter im Handelsregister nicht zugeordnet. Die Geschäftsanteile befinden sich im freien, unbelasteten Eigentum der Veräußerer. Die Satzung der Z hat die Fassung gemäß der Gründungsurkunde vom 17.1.1983 (Anlage 1) und der Kapitalerhöhungen vom 24.8.1991 und vom 30.6.2007 (Anlagen 2 und 3). Es bestehen keinerlei weitere das Gesellschaftsverhältnis berührende Vereinbarungen oder Beschlüsse, insbesondere nicht auf Kapitalerhöhung, Ausscheiden oder Hinzutreten von Gesellschaftern, Einräumung von Unterbeteiligungen, Treuhandschaften, Beteiligungen am Gewinn, Umsatz oder Vermögen der Z, bezüglich der Ausübung von Stimmrechten uä.

§ 2 Geschäftsanteile

Rechtlicher Gegenstand des Verkaufs sind alle Geschäftsanteile einschließlich aller Nebenrechte dazu, insbesondere aller Ansprüche auf vergangenen, laufenden oder künftigen Gewinn, soweit Gewinnausschüttungen nicht spätestens im Jahresabschluss der Z zum 31.12.2016 berücksichtigt sind. Gesellschafterdarlehen und andere nicht gesellschaftsrechtliche Ansprüche werden nicht übertragen.

§ 3 Kaufpreis

(1) Vorläufiger Kaufpreis

Der Kaufpreis beträgt vorläufig [...] (in Worten [...]). Er ist abzüglich des Einbehalts gemäß § 7 am 30.6.2017 (Stichtag) zu entrichten.

(2) Endgültiger Kaufpreis

Der endgültige Kaufpreis ist gleich dem Netto-Reinvermögen der Z gemäß Kaufpreisbilanz (Abs. 5) zum Stichtag.

a) Unterschiedsbetrag

Der Unterschiedsbetrag gegenüber dem vorläufigen Kaufpreis (Unterschiedsbetrag) ist binnen zwei Wochen nach Vorlage der Kaufpreisbilanz fällig. Die Kaufpreisbilanz ist von den Wirtschaftsprüfern der Z, der WP-Gesellschaft, binnen eines Monats nach dem Stichtag zu erstellen, zu testieren und dem Erwerber vorzulegen. Sie gilt als richtig, wenn und soweit der Erwerber ihr nicht binnen eines Monats nach Vorlage schriftlich widerspricht. Der Widerspruch muss substantiiert begründet sein und den Mindest- und den Höchstbetrag des behaupteten Korrekturbetrages (b) beziffern. Im Übrigen ist der Erwerber ausschließlich nach § 7 vorzugehen berechtigt. Hat der Erwerber der Abrechnungsbilanz widersprochen, so wird ein Schiedsgutachter berufen, dessen Entscheidung für die Parteien verbindlich ist. Können sich die Parteien nicht innerhalb von zwei Wochen nach Zugang des Widerspruchs beim Veräußerer über die Person des Schiedsgutachters einigen, so wird dieser auf Antrag einer Partei vom Institut der Wirtschaftsprüfer e. V. in Düsseldorf bestimmt. Die Kosten für den Schiedsgutachter werden entsprechend §§ 91, 92 ZPO von den Parteien getragen.

b) Korrekturbetrag

Ein Widerspruch lässt die Zahlbarkeit des Unterschiedsbetrages wie vorstehend unberührt. Ein Korrekturbetrag auf Grund des Widerspruches gilt nach seiner rechtskräftigen Feststellung jedoch als mit dem Unterschiedsbetrag fällig.

(3) Zins

Kaufpreis, Unterschiedsbetrag und Korrekturbetrag sind ab Fälligkeit mit 4 Prozentpunkten über EURIBOR (1 Monat) zu verzinsen.

(4) Nebenfolgen

Sicherstellung kann nicht verlangt werden. Zurückbehaltungsrecht und Aufrechnung sind ausgeschlossen. Der Einbehalt nach § 7 (Abs. 5) bleibt unberührt.

(5) Kaufpreisbilanz

Die Kaufpreisbilanz weist Aktiva und Passiva von Z zu den ertragsteuerlichen Buchwerten nach den Grundsätzen ordnungsgemäßer Buchführung und Bilanzierung unter Wahrung der Bilanzierungs- und Bewertungsstetigkeit aus, soweit nicht in Anlage 1 andere Werte angegeben sind, sowie zzgl. eines Pauschalbetrages von [...] (in

Worten [...]). Veränderungen auf Grund späterer steuerlicher Außenprüfungen oder aus anderen Gründen bleiben außer Betracht; § 7 und § 8 bleiben unberührt.

II. Übertragung des Unternehmens (Vollzug)

§ 4 Übergang des Eigentums

Das Eigentum (einschließlich Besitz, Nutzung und Lasten) an den Geschäftsanteilen geht

a) im Innenverhältnis zwischen den Parteien mit Ablauf des Stichtages,

b) im Übrigen mit Entrichtung des vorläufigen Kaufpreises (§ 3 Abs. 1), frühestens aber mit Ablauf des 30.6.2017,

auf den Erwerber über.

§ 5 Mitwirkungspflichten der Veräußerer bis Vollzug

Spätestens bis zum Ablauf von zehn Tagen vor dem Stichtag erteilen die Veräußerer dem Erwerber alle Auskünfte, die zur Überleitung des Unternehmers auf den Erwerber erforderlich sind. Dazu gehört die Vorlage einer von den Geschäftsführern der Z unterschriebenen, soweit möglich auf den Stichtag des Vollzugs aufgestellten

a) Liste aller Abnehmer des Unternehmens, die im letzten abgelaufenen vollen Wirtschaftsjahr Lieferungen und Leistungen von jeweils mindestens [...] abgenommen haben (Summe der Werksabgabepreise vor Abzug von Skonti, Boni ua. ohne USt);

b) Liste aller Zulieferer des Unternehmens, die im letzten abgelaufenen vollen Wirtschaftsjahr Lieferungen und Leistungen von jeweils mindestens [...] an das Unternehmen erbracht haben (Summe der Einstandskosten);

c) Liste aller Arbeitnehmer des Unternehmens (einschließlich arbeitnehmerähnlicher Personen, leitender Angestellter uä.), die vertragsgemäß mehr als 20 Stunden wöchentlich für das Unternehmen tätig waren oder eine monatliche Vergütung von mehr als [...] brutto bezogen;

d) Liste aller Patente, Warenzeichen und anderen gewerblichen Schutzrechte, die das Unternehmen innehat oder in Lizenz vergeben hat oder benutzt;

e) Liste allen rechtlich geschützten Know-Hows, das das Unternehmen innehat oder benutzt;

f) Liste aller Handelsvertreter, Eigenhändler oder Vertriebsunternehmen mit einer Laufzeit oder einer Kündigungsfrist von mehr als drei Monaten, die Güter (Lieferungen und Leistungen) des Unternehmens vertreiben.

Die Veräußerer haben dem Erwerber diese Listen nach dem Stand zum Ablauf des Kalenderquartals vor Unterzeichnung dieses Vertrages vorgelegt.

§ 6 Mitwirkungspflichten des Erwerbers bis Vollzug

Spätestens bis zum Ablauf von zehn Tagen vor dem Stichtag mit Wirkung zum Stichtag vereinbart der Erwerber mit der Bank B die Freistellung der Veräußerer von den selbstschuldnerischen Bürgschaften der Veräußerer vom 18.12.2013 für Verbindlichkeiten der Z gegenüber B oder stellt dem Veräußerer entsprechende Sicherheit durch selbstschuldnerische Bürgschaft einer deutschen Großbank oder eines deutschen Kreditinstituts mit öffentlicher Gewährträgerhaftung.

III. Weitere Verpflichtungen der Veräußerer

§ 7 Haftung (Gewährleistung)

(1) Umstände

Die Veräußerer erklären, dass sie dem Erwerber alle von ihm schriftlich gewünschten oder sonst für seine Beurteilung erforderlichen Angaben bezüglich des Unternehmens der Z richtig und vollständig gemacht haben. Der Erwerber verlässt sich bei Abschluss und Vollzug dieses Vertrages auf die Richtigkeit und Vollständigkeit der Angaben in § 1, der Angaben gemäß § 5 und der nachstehend genannten Angaben zum heutigen Tag und zum Stichtag. Die Veräußerer und der Erwerber stellen klar, dass alle Bestimmungen dieses § 7 in Bezug auf die Folgen einer Verletzung der Haftungsvereinbarungen einen integralen Bestandteil der Haftungsvereinbarungen bilden und die Reichweite der jeweiligen Haftungsvereinbarung bzw. den Haftungsumfang abschließend festlegen. Alle Gewährleistungen dieses Vertrages sind keine Garantien bzw. Beschaffenheitsvereinbarungen iSd. §§ 434, 443, 444 BGB und sollen unter keinen Umständen als solche gelten oder ausgelegt werden.

a) Die Jahresabschlüsse 2015 und 2016 und die Gewinn- und Verlustrechnungen 2013 und 2014 sind entsprechend den Grundsätzen ordnungsgemäßer Buchführung und Bilanzierung und unter Wahrung der Bilanzierungs- und Bewertungsstetigkeit erstellt und testiert. Sie geben die Vermögens- bzw. Ertragslage der Gesellschaft zum jeweiligen Abschlusszeitpunkt richtig wieder.

b) Die Ansätze für Umsatz und Ertrag im Budget 2017 sind bis zum Tage vor Unterzeichnung dieses Vertrages ausweislich der Betriebsabrechnungen der Z mindestens erreicht worden.

c) Die Kaufpreisbilanz (§ 3 Abs. 5) ist nach den Grundsätzen ordnungsgemäßer Buchführung und Bilanzierung unter Wahrung der Bilanzierungs- und Bewertungsstetigkeit (vorbehaltlich der ausdrücklichen Festsetzung des § 3 Abs. 5) erstellt und gibt die Vermögenslage der Z richtig wieder. Sie weist ein Reinvermögen der Z zu Nettobuchwerten von mindestens [...] (in Worten [...]) aus.

(2) Rechtsfolgen

Bei jeder Abweichung der tatsächlichen Umstände von den Angaben gemäß Abs. 1 stellen die Veräußerer den Erwerber oder auf Verlangen des Erwerbers die Z so, wie der Erwerber bzw. die Z wirtschaftlich stünde, wenn die Angaben gemäß Abs. 1 zuträfen. Geldansprüche auf Grund dieser Vorschrift entstehen nur, wenn sie im Einzelfall [...] (in Worten [...]) übersteigen oder wenn der Gesamtbetrag [...] (in Worten [...]) übersteigt. Rücktritt ist ausgeschlossen. Jedoch können die Veräußerer den Rücktritt erklären, wenn der Erwerber auf Grund § 7 Geldansprüche von mehr als 20 % (zwanzig Prozent) des vorläufigen Kaufpreises (§ 3 Abs. 1) geltend macht. Entsprechendes gilt für den Erwerber, wenn ihm auf Grund von § 7 Geldansprüche von mehr als 20 % (zwanzig Prozent) des vorläufigen Kaufpreises (§ 3 Abs. 1) zustehen. Der Rücktritt kann nur binnen eines Jahres nach dem Stichtag erklärt werden.

(3) Abschließende Regelung

Vorbehaltlich der Regelungen in § 8 (Steuern) sind alle sonstigen Ansprüche des Erwerbers gegen die Veräußerer wegen Gewährleistung, Verschulden vor oder bei Vertragsschluss (§ 311 Abs. 2 und 3, § 241 Abs. 2, § 280 BGB), Garantien, Verletzung von Geschäftsführungs- oder Gesellschafterpflichten und aus jedem anderen, ähnlichen Rechtsgrund im Zusammenhang mit dem Gegenstand dieses § 7 sind ausgeschlossen, soweit sie über die Ansprüche gemäß diesem § 7 hinausgehen. Dies gilt auch zugunsten der früheren Geschäftsführer G und H. Der Erwerber steht dafür ein, dass solche ausgeschlossenen Ansprüche nicht von Z oder deren Tochtergesellschaften erhoben werden.

(4) Ausschlussfrist

Alle Ansprüche gemäß diesem § 7 sind ausgeschlossen, wenn und soweit sie nicht binnen zwei Jahren nach dem Stichtag des Vollzuges schriftlich substantiiert geltend gemacht sind. Jedoch endet die Ausschlussfrist bezüglich Ansprüchen im Zusammenhang mit Steuern und Sozialversicherungsbeträgen nicht vor Ablauf von einem Monat nach Bestandskraft endgültiger Bescheide auf Grund einer diesbezüglichen steuerlichen Außenprüfung bzw. einer Prüfung der Sozialversicherungsbehörden. Geltend gemachte Ansprüche verjähren binnen drei Monaten nach Ablauf der vorstehenden Ausschlussfrist. § 438 BGB und § 377 HGB sind ausgeschlossen.

(5) Einbehalt

Bis zum Ablauf der Ausschlussfrist nach Abs. 4 Satz 1 kann der Erwerber von dem Kaufpreis einen Betrag von […] (in Worten […]) einbehalten, danach bis zum Ablauf der Ausschlussfrist gemäß Abs. 4 Satz 2 einen Betrag von […] (in Worten […]). Der Erwerber kann nach seiner Wahl Geldansprüche gemäß diesem § 7 mit einbehaltenen Beträgen verrechnen und eine entsprechende Wiederauffüllung des Einbehaltes durch Zahlung der Veräußerer an den Erwerber verlangen. Vorbehaltlich einer solchen Verrechnung sind einbehaltene Beträge mit 4 Prozentpunkten über EURIBOR (1 Monat) zu verzinsen.

(6) Unterstützungspflicht

Bei der begründeten Annahme möglicher Ansprüche nach diesem § 7 (zB auch bei steuerlichen Außenprüfungen oder in Rechtsmittelverfahren) sind Veräußerer und Erwerber verpflichtet, einander bei der Feststellung des zugrundeliegenden Sachverhalts und der Abwehr von Ansprüchen Dritter Auskünfte zu erteilen und in angemessener Weise zu unterstützen. Der Erwerber steht dafür ein, dass auch Z und ihre Tochtergesellschaften diese Auskünfte und Unterstützungen erteilen.

§ 8 Steuern

(1) Steuern im Sinne dieses Vertrages sind alle Steuern, und steuerliche Nebenleistungen im Sinn des § 3 AO, einschließlich Zölle und Sozialversicherungsbeiträge, Beiträge zu Berufsgenossenschaften und Pensionssicherungsvereinen, Investitionszulagen, Investitionszuschüsse oder andere Beihilfen sowie alle entsprechenden Regelungen und Steuern ausländischen Rechts sowie Haftungsverbindlichkeiten für die vorstehend genannten Positionen. Zusätzlich sind Steuerabzugsbeträge, Steuerstrafen, Bußgelder für Ordnungswidrigkeiten sowie sonstige öffentliche Abgaben umfasst.

(2) Die Übertragenden erklären gegenüber dem Erwerber in der Form selbständiger Garantieversprechen gemäß § 311 Abs. 1 BGB, dass die folgenden Aussagen zum Zeitpunkt der Beurkundung richtig und zutreffend sind (im Folgenden „Steuergarantien"):

a) Die Z hat für alle Zeiträume vor der Beurkundung alle abzugebenden Steuererklärungen und Anmeldungen sowie alle abzugebenden Erklärungen über Sozialabgaben jeweils pflicht- und ordnungsgemäß erstellt und fristgerecht abgegeben und alle fälligen Steuern, Steuervorauszahlungen, Sozialabgaben und andere öffentlichen Abgaben fristgerecht gezahlt, alle einzubehaltenden Steuern, Sozialabgaben und andere Abgaben einbehalten und diese bei Fälligkeit an den zuständigen Empfänger abgeführt.

b) Bis zur Beurkundung sind keine Einsprüche oder andere steuerliche Rechtsbehelfe der Z anhängig oder drohen nach bestem Wissen der Verkäufer innerhalb von 3 (drei) Monaten nach Beurkundung anhängig zu werden.

c) Die Z ist nicht und war zu keiner Zeit für steuerliche Zwecke (einschließlich für Zwecke eines Doppelbesteuerungsabkommens) außerhalb ihres Hauptsitzes ansässig. Die Z unterliegt außerhalb ihres Hauptsitzes in keiner anderen Rechtsordnung aufgrund einer Betriebsstätte, einer Niederlassung oder einer Registrierung der Steuer (außer für Zwecke der Umsatzsteuer).

d) Es bestehen keine verbindlichen Auskünfte oder sonstige bindende Vereinbarungen oder tatsächliche Verständigungen zwischen der Z und Steuerbehörden, welche nach dem Stichtag wirksam sind oder werden.

e) Die Z war nicht Teil einer steuerlichen Organschaft oder einer ähnlichen Vereinbarung, aus der Steuerverbindlichkeiten bestehen oder entstehen können.

f) Alle Transaktionen und Vorgänge, die für Steuern relevant sind, wurden von der Z ordnungsgemäß dokumentiert und alle Aufzeichnungen und Buchführungsunterlagen wurden ordnungsgemäß und gemäß den gesetzlichen Bestimmungen erstellt und aufbewahrt.

(3) Die Verkäufer stellen, gesamtschuldnerisch haftend, den Erwerber und/oder, nach Wahl des Erwerbers, die Z frei von

a) allen Aufwendungen, Verlusten, Verbindlichkeiten und Kosten, die aus der Verletzung einer Steuergarantie der Verkäufer nach § 8 Abs. 2 resultieren, soweit solche diese nicht als Verbindlichkeit oder Rückstellung bereits in den Jahresabschlüssen der Z berücksichtigt sind; und

b) allen Steuern, welche die Z für Zeiträume bis einschließlich zum Stichtag betrifft, soweit nicht, (1) die Steuer bereits am oder vor dem Stichtag bezahlt worden ist; oder (2) die Steuer im Jahresabschluss der Z für das Geschäftsjahr 2016 als Verbindlichkeit oder Rückstellung ausgewiesen ist.

(4) Die Verkäufer sind zur Erstattung von Steuern (abzüglich damit verbundener Kosten und Steuern hierauf) durch den Erwerber berechtigt, welche die Z erhält, wenn und soweit diese Steuererstattungen Zeiträume bis einschließlich zum Stichtag betreffen und nicht als Forderungen oder in sonstiger Weise im Jahresabschluss der Z für das Jahr 2016 aktiviert wurden. Der Erwerber wird die Verkäufer unverzüglich über die oben genannten Erstattungen und die Entscheidungen der Finanzbehörden über diese Erstattungen informieren.

(5) Eine Freistellung von Steuern nach § 8 Abs. 3 oder eine Erstattung von Steuern nach § 8 Abs. 4 können nur geltend gemacht werden, wenn der Freistellungs- bzw. Erstattungsbetrag im Einzelfall [...] (in Worten [...]) übersteigt. Eine Freistellung von Steuern nach § 8 Abs. 3 oder eine Erstattung von Steuern nach § 8 Abs. 4 erfolgt jedoch nicht, soweit eine Steuernachzahlung nur auf einer bloßen zeitlichen Verschiebung der Besteuerungsgrundlagen beruht. Etwaige Zinsen auf Steuernachzahlungen (§ 233a AO) haben die Verkäufer dem Erwerber allerdings auch dann zu erstatten, wenn die der Verzinsung zugrunde liegende Steuerschuld auf einer bloßen zeitlichen Verschiebung der Besteuerungsgrundlagen beruht.

(6) Wenn und soweit eine Freistellung von Steuern nach § 8 Abs. 3 durch die Verkäufer erfolgt, bevor die entsprechende Steuer formell und materiell bestandskräftig festgesetzt wurde und anschließend ein niedrigerer Steuerbetrag festgesetzt wird, ist die Differenz (abzüglich von Kosten und Steuern hierauf) durch den Erwerber spätestens 10 (zehn) Bankarbeitstage nach Erstattung durch die Finanzbehörden auszugleichen. Dies gilt entsprechend wenn und soweit eine Erstattung von Steuern durch den Erwerber nach § 8 Abs. 5 erfolgt, bevor die entsprechende Steuer formell und materiell bestandskräftig festgesetzt wurde und anschließend ein höherer Steuerbetrag festgesetzt wird.

(7) Etwaige Steuerfreistellungsbeträge nach § 8 Abs. 3 mindern und etwaige Steuererstattungen nach § 8 Abs. 5 erhöhen den Kaufpreis. Soweit Zahlungen der Verkäufer direkt an die Z geleistet werden, stellen diese Zahlungen Einlagen des Erwerbers dar.

(8) Die Freistellungsansprüche nach § 8 Abs. 3 sind 10 (zehn) Bankarbeitstage nach schriftlicher Aufforderung durch den Erwerber fällig. Steuererstattungsansprüche nach § 8 Abs. 4 sind 10 (zehn) Bankarbeitstage nach Erhalt der betreffenden Erstattung (ob durch Zahlung oder Verrechnung) seitens der Z und Ermittlung des Erstattungsbetrages zur Zahlung an die Verkäufer fällig. Kommen die Verkäufer bzw. der Erwerber ihren Verpflichtungen zur Zahlung nicht rechtzeitig nach, so geraten der

oder die jeweils zur Zahlung Verpflichteten in Verzug, ohne dass es einer Mahnung bedarf.

(9) Der Erwerber ist verpflichtet, die Verkäufer unverzüglich (spätestens innerhalb von 10 (zehn) Bankarbeitstagen, in jedem Fall aber vor dem Beginn) über den Beginn einer steuerlichen Außenprüfung informieren, welche die Zeiträume bis zum Stichtag betrifft, für die die Übertragenden nach vorstehendem § 8 Abs. 3 verantwortlich sind. Der Erwerber ist verpflichtet, auf Kosten der Verkäufer (einschließlich der Zahlung von Vorauszahlungen hierauf) die Z zu folgenden Maßnahmen zu veranlassen, soweit sie die Zeiträume bis zum Stichtag betreffen und ihm das rechtlich möglich ist:

a) den Verkäufern oder einem von ihnen benannten Angehörigen der steuerberatenden oder wirtschaftsprüfenden Berufe zu gestatten, an allen Prüfungshandlungen einer steuerlichen Außenprüfung einschließlich der Schlussbesprechungen teilzunehmen;

b) gemäß den Anweisungen der Verkäufer auf deren Kosten einen außergerichtlichen oder gerichtlichen Rechtsbehelf gegen die mögliche Steuernachforderung einzulegen und zu führen, welche die Pflichten der Verkäufer nach vorstehendem § 8 Abs. 3 berühren, vorausgesetzt die Verkäufer haben, soweit vom Erwerber verlangt, die Steuern und alle Kosten eines solchen Rechtsbehelfs gezahlt oder für deren Zahlung ausreichende Sicherheit gestellt hat; und

c) den Verkäufern alle in angemessener Weise erforderlichen Informationen, Unterlagen und Auskünfte zu erteilen und ihnen die Prüfungsberichte auszuhändigen.

(10) Alle Ansprüche nach diesem § 8 unterliegen nicht der Regelung des § 7 Abs. 4, sondern verjähren sechs 6 (sechs) Monate nach formeller und materieller Bestandskraft der jeweiligen Steuerfestsetzung.

§ 9 Wettbewerbsverbot

(1) Die Veräußerer verpflichten sich, auf die Dauer von drei Jahren ab dem Stichtag im bisherigen räumlichen und sachlichen Tätigkeitsbereich der Z jeden Wettbewerb mit der Z oder dem Erwerber zu unterlassen. Wettbewerb ist auch die Tätigkeit für ein Konkurrenzunternehmen oder die unmittelbare oder mittelbare Förderung eines Konkurrenzunternehmens oder die unmittelbare oder mittelbare Beteiligung an einem Konkurrenzunternehmen, letzteres unter Ausnahme der bloßen Kapitalanlage durch Erwerb börsennotierter Aktien von nicht mehr als 5 %. Räumlicher Tätigkeitsbereich sind alle Länder Europas, Asiens, Nordamerikas und des an das Mittelmeer angrenzenden Afrikas. Sachlicher Tätigkeitsbereich sind die Tätigkeiten gemäß § 1.

(2) Die Veräußerer stehen dafür ein, dass das vorstehende Wettbewerbsverbot auch von den mit ihnen verbundenen Unternehmen so eingehalten wird, als seien diese Unternehmen selbst gegenüber Z und dem Erwerber zur Unterlassung von Wettbewerb verpflichtet.

(3) Für jeden Einzelfall der Verletzung dieses Wettbewerbsverbots haben die Veräußerer an den Erwerber eine Vertragsstrafe von [...] (in Worten [...]) zu entrichten. Ansprüche des Erwerbers auf Ersatz eines weitergehenden Schadens oder auf Unterlassung bleiben unberührt.

§ 10 Mitwirkung nach Vollzug

(1) Zur Aufrechterhaltung und Überleitung von Geschäftsbeziehungen stehen die Veräußerer der Z und dem Erwerber in den ersten drei Monaten nach dem Zeitpunkt des Vollzuges auf Verlangen je mindestens 10 Zeitstunden je Woche und höchstens 20 Zeitstunden je Woche zu Gesprächen und sonstigen Kontakten mit Lieferanten und Abnehmern und zur Beratung der Z und des Erwerbers zur Verfügung. Jede verlangte und geleistete volle Zeitstunde ist mit [...] (in Worten [...]) zuzüglich etwaiger Mehrwertsteuer zu vergüten.

(2) Zur Aufrechterhaltung und Überleitung der Beziehungen mit Angestellten und freien Mitarbeitern der Z stehen die Veräußerer vor dem Zeitpunkt des Vollzuges und in den ersten drei Wochen nach dem Zeitpunkt des Vollzuges der Z und dem Erwerber insgesamt mindestens 20 und höchstens 40 Zeitstunden zur Teilnahme an Betriebsversammlungen und gemeinsamen oder Einzelbesprechungen zur Verfügung. Die Vergütung bemisst sich entsprechend Abs. 1.

(3) Auf Verlangen der Z oder des Erwerbers wirken die Veräußerer an Rechtsstreitigkeiten, Betriebsprüfungen und ähnlichen Vorgängen nach dem Zeitpunkt des Vollzugs mit, soweit diese Vorgänge aus der Zeit vor dem Zeitpunkt des Vollzugs herrühren. Eine Vergütung ist nicht zu erbringen.

(4) Die Beteiligten werden eine etwaige weitere Mitwirkung der Veräußerer ohne gesonderte Vergütung vereinbaren, soweit dies zur Überleitung des Unternehmens (§ 1) erforderlich und zweckmäßig ist.

§ 11 Entbindung von Verschwiegenheit

Die Veräußerer entbinden hiermit alle ihnen oder der Z zur Verschwiegenheit verpflichteten Personen von dieser Verschwiegenheit gegenüber der Z und dem Erwerber, soweit sich die Verschwiegenheitspflicht auf Umstände im Zusammenhang mit dem Unternehmen (§ 1) bezieht und die Entbindung von der Verschwiegenheitspflicht für die Überleitung des Unternehmens erforderlich oder zweckmäßig ist. Die Veräußerer werden auf Verlangen über die Entbindung von der Verschwiegenheit gesonderte Erklärungen unterzeichnen.

§ 12 Vollmacht

Die Veräußerer bevollmächtigen den Erwerber unter Befreiung von dem Verbot des Selbstkontrahierens (§ 181 BGB) zur Abgabe von Erklärungen gegenüber dem Handelsregister und zu sonstigen Maßnahmen, die zur Durchführung dieses Vertrages, insbesondere zur Überleitung des Unternehmens (§ 1), erforderlich und zweckmäßig sind.

§ 13 Keine weiteren Verpflichtungen der Veräußerer

Die Veräußerer unterliegen gegenüber dem Erwerber keinen weiteren Verpflichtungen im Zusammenhang mit der Überleitung des Unternehmens gemäß diesem Vertrag.

IV. Weitere Verpflichtungen des Erwerbers

§ 14 Erfüllung von Verbindlichkeiten der Gesellschaft gegenüber den Veräußerern

Der Erwerber steht dafür ein, dass die Z am Stichtag den Hauptsachebetrag des Gesellschafterdarlehens jedes der Veräußerer an die Z bis zur Höhe des in der Kaufpreisbilanz jeweils passivierten Schuldstandes an die Veräußerer bezahlt, ferner dass die Z den auf diesen Tilgungsbetrag entfallenden Zinsbetrag für die Zeit seit dem 1. Januar des laufenden Jahres spätestens zwei Wochen nach dem Stichtag des Vollzugs gegenüber den Veräußerern abrechnet und an sie bezahlt. Der Verzug tritt ohne Mahnung mit Fälligkeit ein.

§ 15 Übernahme von Verbindlichkeiten der Veräußerer

Der Erwerber steht dafür ein, dass die Veräußerer binnen drei Monaten nach den Stichtag von den in der Anlage zu diesem § 15 bezeichneten

a) Schuldbeitritten und

b) selbstschuldnerischen Bürgschaften

von dem jeweiligen Gläubiger freigestellt werden, soweit die zugrundeliegende Verbindlichkeit der Z in der Kaufpreisbilanz passiviert ist. Ist die Freistellung von dem jeweiligen Gläubiger nicht erreichbar, so ist der Erwerber nicht zur Tilgung der jeweiligen Verbindlichkeit vor deren Fälligkeit verpflichtet. Der Erwerber stellt jedoch die Veräußerer von jeder Inanspruchnahme aus einer solchen Verbindlichkeit (jedoch nicht über den in der Kaufpreisbilanz dafür passivierten Betrag hinaus) auf erstes Anfordern frei; Sicherheit hat er nicht zu stellen.

§ 16 Ausschluss weiterer Verpflichtungen des Erwerbers

Etwaige weitere Verpflichtungen des Erwerbers gegenüber den Veräußerern im Zusammenhang mit dem Erwerb des Unternehmens und diesem Vertrag sind nicht vereinbart.

V. Gemeinsame Vorschriften

§ 17 Zusammenwirken in der Zukunft im Übrigen

(1) Während seiner Tätigkeit für Z gemäß dem bestehenden Dienstvertrag berichtet der Veräußerer V ausschließlich dem Vorstandsvorsitzenden des Erwerbers oder seinem Stellvertreter.

(2) Für die ersten zwei Jahresabschlüsse nach dem Stichtag steht der Erwerber dafür ein, dass die bisherigen Wirtschaftsprüfer der Z als Abschlussprüfer bestellt werden.

(3) Während der ersten 18 Monate nach dem Stichtag steht der Erwerber dafür ein, dass Z nicht mehr als 50 Angestellte oder freie Mitarbeiter je vollem Geschäftsjahr entlässt. Maßgeblich ist der Zeitpunkt der Kündigungserklärung. Eine einvernehmliche Aufhebung eines Anstellungs- oder Freie Mitarbeiter-Verhältnisses bleibt für diese Höchstzahl unberücksichtigt.

§ 18 Weitere Verträge zwischen den Parteien

(1) Der Erwerber steht dafür ein, dass Z den bestehenden Mietvertrag über die Betriebsräume in der Muster-Straße gemäß dem Vertragstext in der Anlage zu diesem § 17 fortführt. Die Veräußerer W und Z als Vermieter verpflichten sich zur Fortführung dieses Mietvertrages. Diese Einstands- und Fortführungspflichten enden mit dem Ablauf des fünften vollen Kalenderjahres nach dem Stichtag.

(2) Bei einer erheblichen Verletzung ihrer Fortführungspflicht, die die Veräußerer nicht binnen eines Monats nach Abmahnung durch den Erwerber oder durch Z beheben, ist der Erwerber zum Rücktritt von diesem Vertrag berechtigt; dies gilt letztmals für einen Rücktritt, der mit Ablauf eines Jahres nach dem Stichtag ausgesprochen wird.

§ 19 Sonstige Kosten

Alle sonstigen Kosten im Zusammenhang mit der Durchführung dieses Vertrages trägt der Erwerber.

§ 20 Abtretungsverbot

Die Abtretung von Rechten und Ansprüchen aus diesem Vertrag bedarf zu ihrer Wirksamkeit der Zustimmung der jeweils anderen Vertragsseite.

§ 21 Salvatorische Klausel

Sollte eine Bestimmung dieses Vertrages oder ein Teil von ihr unwirksam sein oder werden, so bleibt die Wirksamkeit des Vertrages im Übrigen unberührt. Entsprechendes gilt für die Undurchführbarkeit einer Bestimmung oder eines Teiles von ihr. Beruht die Unwirksamkeit oder Undurchführbarkeit auf dem zu großen (bzw. zu kleinen) sachlichen, räumlichen, zeitlichen oder anderen Umfang der Bestimmung, so gilt die Bestimmung mit ihrem größtmöglich (bzw. kleinstmöglich) wirksamen und durchführbaren Umfang als vereinbart. Im Übrigen haben die Parteien anstelle der unwirksamen oder undurchführbaren Bestimmung diejenige wirksame und durchführbare Bestimmung zu vereinbaren, die dem wirtschaftlichen Gehalt der zu ersetzenden Bestimmung am nächsten kommt. Entsprechendes gilt für die ergänzende Vertragsauslegung.

§ 22 Nebenvereinbarungen

(1) Nebenvereinbarungen bezüglich des Gegenstandes dieses Vertrages bestehen zwischen den Vertragsteilen oder zwischen einem Vertragsteil und Z nicht. Etwaige frühere Vereinbarungen zwischen diesen Personen bezüglich des Vertragsgegenstandes werden hiermit aufgehoben.

(2) Eine Änderung oder Ergänzung dieses Vertrages bedarf zu ihrer Wirksamkeit der Schriftform, soweit keine strengere Form zwingend erforderlich ist. Dies gilt auch für Änderungen hinsichtlich des Schriftformerfordernisses.

VI. Verhältnis zu Dritten

§ 23 Privatrechtliche Zustimmungen

(1) Die Veräußerer bedürfen zum Abschluss und zur Durchführung dieses Vertrages nicht der Zustimmung Dritter.

(2) Ohne die Zustimmung der in der Anlage zu diesem § 23 genannten Dritten sind die dort genannten Arbeitsgemeinschafts-, Lizenz- und anderen Verträge seitens Dritter kündbar. Die Veräußerer holen die Zustimmung der Dritten ein; sie stehen dafür ein, dass die jeweilige Zustimmung erteilt wird.

§ 24 Bundeskartellamt

(1) Die Vertragsteile gehen davon aus, dass dieser Vertrag nicht beim Bundeskartellamt oder der EU-Kommission anzumelden ist.

(2) Die Vertragsteile bevollmächtigen einander gegenseitig zur Anzeige dieses Vertrages beim Bundeskartellamt und wirken an der Anzeige durch Zurverfügungstellung erforderlicher Zahlen und sonstiger Angaben mit.

§ 25 Sonstige öffentlich-rechtliche Zustimmungen

Die Veräußerer stehen dafür ein, dass dieser Vertrag und seine Durchführung keiner sonstigen Zustimmung nach öffentlichem Recht bedürfen.

§ 26 Personenmehrheit, andere Personen

(1) V, W und X sind Gesamtschuldner und Gesamtgläubiger. W und X bevollmächtigen V für alle Angelegenheiten gegenüber E im Zusammenhang mit diesem Vertrag.

(2) Aus diesem Vertrag werden ausschließlich die Veräußerer und der Erwerber berechtigt und verpflichtet, nicht aber mit ihnen verbundene Unternehmen, soweit nicht ausdrücklich schriftlich vereinbart.

§ 27 Vertraulichkeit, Informationen an Dritte

Die Parteien informieren Dritte bei Abschluss dieses Vertrages durch eine Mitteilung gemäß Anlage B. Im Übrigen behandeln die Vertragsteile den Inhalt dieses Vertrages vertraulich.

II. ERLÄUTERUNGEN

> **Erläuterungen zu B. 21.02 Unternehmenskaufvertrag (Gesellschaftsanteile)**

1. Grundsätzliche Anmerkungen

Das Formular B. 21.02 betrifft den Unternehmenskauf durch Kauf von GmbH- **1** Geschäftsanteilen. Zur Abgrenzung gegenüber dem Unternehmenskauf durch Kauf von Einzelwirtschaftsgütern sowie zum Schrifttum und zu auch für das Formular B. 21.02 geltenden Anmerkungen vgl. B. 21.01 Rz. 1 f.

a) Wirtschaftliches Vertragsziel

2   Vgl. B. 21.01 Rz. 3 f. Zum Erwerb einer Beteiligung kommt alternativ statt eines Beteiligungskaufs auch die Übernahme von Geschäftsanteilen aus einer **Kapitalerhöhung** in Betracht. Dabei leistet der Übernehmer die Gegenleistung (bar oder in Sachen) nicht an den Veräußerer, sondern an die Gesellschaft selbst. Auch dabei handelt es sich der Sache nach um einen Unternehmenskauf; der Beteiligungsvertrag mit den Altgesellschaftern sollte deshalb die meisten der Regelungen eines Unternehmenskaufvertrages angepasst übernehmen.

b) Zivilrecht

3   Vgl. B. 21.01 Rz. 5 ff. Der Kauf von GmbH-Geschäftsanteilen bedarf der notariellen Beurkundung. Die Beurkundung durch einen dem deutschen gleichwertigen ausländischen Notar genügte nach früher herrschender Auffassung (vgl. BGH II ZB 8/80 v. 16.2.81, BGHZ 80, 76 zum schweizerischen Notar/Zürich-Altstadt, bestätigt durch BGH II ZR 211/88 v. 22.5.89, ZIP 89, 1052, 1055 und stillschweigend BGH VIII ZR 232-98 v. 29.9.99, DStR 00, 601; OLG München 7 U 2511-97 v. 19.11.97, NJW-RR 98, 758 zum schweizerischen Notar/Basel-Stadt; BayObLG BReg. 3 Z 68/76 v. 18.10.77, Rpfleger 78, 58, LG Kiel 3 T 143/97 v. 25.4.97 BB 98, 120 zum österreichischen Notar; OLG Stuttgart 20 U 68–99 v. 17.5.00, DStR 00, 1704 zur Übertragung von GmbH-Geschäftsanteilen in Kalifornien; OLG Düsseldorf 3 Wx 21/89 v. 25.1.89, NJW 89, 2200 offengelassen für die Niederlande; *Saenger/Scheuch* BB 08, 65; die Wahl des ausländischen Notars sollte sich vorsichtshalber nicht nur aus der angestrebten Kostenersparnis begründen). Nach Änderung des Schweizer Obligationenrechts und aufgrund MoMiG wurde dies zweifelhaft (vgl. obiter dictum LG Frankfurt 3–13 O 46/09 v. 7.10.09, BB 09, 2500), so dass Auslandsbeurkunden praktisch nicht mehr erfolgten. Demgegenüber hat das OLG Düsseldorf I-3 Wx 236/10 v. 2.3.11, DStR 11, 1140 die Beurkundung durch einen Notar im Kanton Basel-Stadt als wirksam angesehen; zwar die Zulässigkeit der Beurkundung offengelassen, aber die Zulässigkeit der Einreichung einer Gesellschafterliste verneinend OLG München 31 Wx 8/13 v. 6.2.13, NZG 13, 340. Allgemein zur Beurkundung in der Schweiz *Peters* DB 10, 97). Eine Beurkundungspflicht erfasst in der Regel den gesamten Vertrag einschließlich Anlagen (vgl. BGH II ZR 144/98 v. 8.5.00, DStR 00, 1272) und abhängiger Vereinbarungen (vgl. BGH v. 11.10.01, NJW 01, 226; BGH VII ZR 321/00 v. 13.6.02, NJW 02, 2559). Der Vorgang kann durch Auslandsbeurkundung ausländischen Verkehrsteuern unterliegen.

4   *(frei)*

c) Steuerrecht

Vgl. B. 21.01 Rz. 9 ff. Zur Behandlung von **steuerlichen Organschaften** und M&A-Transaktionen im Allgemeinen *Möller-Gosoge/Rupp* BB 19, 215; *Schaefer/Wind/Mager* DStR 13, 2399; *Mayer* JuS 18, 203 (zu Organschaft und Verschmelzung).

aa) Ertragsbesteuerung des Veräußerers

5   Im steuerlichen **Betriebsvermögen** ist der Gewinn aus der Veräußerung von Geschäftsanteilen wie jeder andere Gewinn grds. entweder nach dem Teileinkünfteverfahren zu 60% steuerpflichtig (Veräußerer natürliche Person/Mitunternehmerschaft) oder iHv. 95% steuerfrei (Veräußerer Kapitalgesellschaft). Zu Einzelheiten vgl. die Darstellung der Besteuerungsfolgen beim Veräußerer bei B. 21.01 Rz. 10 ff. (Anteile an Kapitalgesellschaften im Vergleich zu Einzelwirtschaftsgütern).

6   Im steuerlichen **Privatvermögen** sind Gewinne aus der Veräußerung von Geschäftsanteilen regelmäßig steuerfrei, wenn sie vor dem 1.1.09 erworben wurden.

(Ausnahme: wesentliche Beteiligung). Veräußerungsgewinne aus Kapitalgesellschaftsanteilen, die nach dem 31.12.08 erworben wurden und keine wesentliche Beteiligung darstellen, sind unabhängig von der Haltedauer steuerpflichtig und unterliegen grds. der Besteuerung mit der Abgeltungssteuer (vgl. B. 21.01 Rz. 11; Zur Behandlung von Veräußerungsverlusten (und nicht solchen aus Liquidation) bei Zwergbeteiligungen *Holzapfel/Pöllath* aaO Rz. 567 und zu Auswirkung eines Gewinnverteilungsbeschlusses, um mitveräußerte thesaurierte Gewinne noch nach Veräußerung an den Veräußerer auszuschütten und bei diesem als Ausschüttung zu besteuern anstatt als Ausschüttung beim Erwerber vgl. BFH IX R 35/16 v. 13.3.18, BFH/NV 18, 936).

bb) Ertragsbesteuerung des Erwerbers

Vgl. B. 21.01 Rz. 17 ff.   7

cc) Verkehrsteuern

Vgl. B. 21.01 Rz. 18 f.   8

d) Kartellrecht

Vgl. B. 21.01 Rz. 20 ff.   9
(frei)   10

2. Einzelerläuterungen

Zu § 1: Unternehmen

Die Beschreibung des Unternehmens als den wirtschaftlichen Gegenstand des Ver 11
trages gewinnt Bedeutung vor allem durch die Einbeziehung in die Gewährleistung (vgl. § 7 Abs. 1 Vor Buchst. a). Vgl. B. 21.01 Rz. 31.

Zu § 2: Geschäftsanteile

Der Vertrag sollte nicht nur die verkauften Geschäftsanteile, sondern auch den Um 12
fang mitverkaufter Nebenrechte genau bezeichnen. Der Erwerber tritt nämlich mit sämtlichen Rechten und Pflichten in die Rechtsstellung seines Rechtsvorgängers ein, vgl. BGH II ZR 194/00 v. 2.12.02, DStR 03, 1040; Vgl. BGH II ZR 163/85 v. 5.5.86, NJW-RR 87, 286: bei Personengesellschaften kommt es im Zweifel zum Übergang von auf dem Gesellschaftsvertrag beruhenden Forderungsrechten, soweit diese bei Vertragsschluss im Rechenwerk der Gesellschaft Niederschlag gefunden haben; BGH II ZR 50/87 v. 2.11.87, ZIP 88, 164; zur Grundstücksnutzung durch Gesellschaften vgl. OLG Hamm 8 U 9/87 v. 7.10.87, EWIR 88, 229 *(Petzold)*. Ein mitverkaufter **Gewinnanspruch** teilt einkommensteuerlich auf Seiten des Veräußerers grds. das Schicksal des Veräußerungsgewinns im Allgemeinen. Der Erwerber kann einen anteiligen, laufenden Gewinnanspruch nicht gesondert aktivieren und damit steuerfrei realisieren, indem der den aktivierten Gewinnanspruch mit einem entsprechenden Anteil aus dem Kaufpreis verrechnet; vgl. BFH I R 199/84 v. 21.5.86, BStBl. II 86, 794; BFH I R 190/81 v. 21.5.86, BStBl. II 86, 815 (Betriebsvermögen); BFH VIII R 316/83 v. 22.5.84, BStBl. II 84, 746 (Privatvermögen); BMF v. 18.3.80, BStBl. I 80, 146, in NRW aufgehoben für Steuertatbestände, die nach dem 1.1.05 verwirklicht werden, OFD Düsseldorf v. 13.6.05, BeckVerw 247947. Anders ggf., wenn Gewinnanspruch durch entsprechenden Gewinnverwendungsbeschluss bereits entstanden ist, vgl. *Schmidt/Weber-Grellet* § 5 EStG Rz. 270 „Gewinnbezugsrecht"; § 17 Rz. 135. Eine Gewinnausschüttung kann beim Empfänger ausnahmsweise nicht Dividende sondern steuerlich Kaufpreis für veräußerte Anteile sein, vgl. BFH I R 111/00 v. 17.10.01, BFH/NV 02, 628; BFH VIII R 72/79 v. 12.10.82, BStBl. II 83, 128. Steuerlich ist die Ausschüttung demjenigen zuzurechnen, der im Zeitpunkt des Ausschüttungsbeschlusses Gesellschafter ist (§ 20 Abs. 5 EStG); dieser hat dann auch die gegebenenfalls entstehende Kapitalertragsteuer zu tragen.

Zu § 3: Kaufpreis

13 Zu der Unterscheidung zwischen Kaufpreisbilanz, Abrechnungsbilanz und Bilanz-garantie vgl. B. 21.01 Rz. 38 und zu Bilanzgarantie vgl. *Göthel/Fornoff* DB 17, 530.

Zu § 5: Mitwirkung vor Vollzug

14 Die Auflistungen gemäß § 5 dienen sowohl dem tatsächlichen Vollzug als auch als Ansatzpunkt für die Gewährleistung nach § 7.

Zu § 7: Gewährleistung

15 Vgl. B. 21.01 Rz. 39 ff.

Die gesetzliche Gewährleistung des Veräußerers für Rechtsmängel beim Unter-nehmenskauf ist derjenigen für Sachmängel nach Voraussetzungen und Rechtsfolgen gleichgestellt (§ 453 Abs. 1 BGB; vgl. *Fischer* DStR 04, 276; *Schmitz* RNotZ 06, 561; *Gomille* JA 12, 487). Da die kaufrechtlichen Vorschriften auch auf den Verkauf „sons-tiger Rechte" anwendbar sind, gilt das Kaufrecht ausdrücklich für alle handelbaren Wirtschaftsgüter und damit auch für den Kauf eines Unternehmens.

Die gesetzliche Gewährleistung bleibt jedoch zumindest unsicher und oft gleichfalls unzureichend. Eine selbstständige Garantie des Veräußerers sichert den Erwerber, er-scheint aber dem Veräußerer in der Praxis oftmals zu hart. Soll keine Garantie (vgl. die Haftungsvereinbarung in § 7 des Formulars B. 21.02) vereinbart werden, kann man sich in der Praxis uU sowie im Formular B. 21.02 behelfen: Der Erwerber lässt sich im Laufe der Gespräche vom Veräußerer eine Reihe von Angaben machen, möglichst schriftlich, von denen sich loszusagen es dem Veräußerer bei der Vertrags-abfassung sodann schwerfällt und auf die sich die vertragliche Gewährleistung bezie-hen kann. Eine solche Anknüpfung bei der Rechtsfigur des Verschuldens bei Ver-tragsschluss gem. § 311 Abs. 2 BGB hat allerdings den Nachteil, dass die Haftung des Veräußerers Verschulden voraussetzt, also regelmäßig Kennen oder Kennenmüssen (vgl. zu **Aufklärungs- und Sorgfaltspflichten** beim Unternehmenskauf BGH VIII ZR 32/00 v. 4.4.01, ZIP 01, 918 ff.; BGH VIII ZR 37/01 v. 28.11.01, NJW 02, 1042, zur Verkäuferhaftung wegen Verletzung von Aufklärungspflichten siehe OLG Düsseldorf I-6 U 20/15 v. 16.6.16, NZG 17, 152). Das wirft für den Erwerber Be-weisprobleme auf. Ähnliches gilt für die Einschränkung von Garantien oder Beschaf-fenheitsvereinbarungen durch die Bezugnahme auf „bestes Wissen und Gewissen" des Veräußerers. Allerdings war für eine Zusicherung nach altem Recht (§ 459 BGB aF) anerkannt, dass eine Zusicherung „ins Blaue hinein", also im Wissen um die eigene Unkenntnis, stets schuldhaft, nämlich sogar arglistig wäre; aber Leichtfertigkeit genüg-te dafür nicht (vgl. BGH V ZR 4/82 v. 10.6.83, WM 83, 990; BGH V ZR 2/85 v. 6.12.85, WM 86, 360; BGH V ZR 29/96 v. 26.9.97, NJW 98, 302; beibehalten, BGH VIII ZR 209/05 v. 7.6.06, NJW 06, 2839; OLG Koblenz 5 U 1385/03 v. 1.4.04, NJW 04, 1670).

16 Um Probleme mit dem **Verschuldensnachweis** zu vermeiden, kann der Vertrag ausdrücklich eine Haftung auch ohne Verschulden vorsehen (vgl. § 276 Abs. 1 Satz 1 letzter Fall BGB). § 7 Abs. 2 geht bzgl. der Rechtsfolgen in diese Richtung; zugunsten des Erwerbers könnte diese Regelung aber klarer formuliert werden. Umgekehrt nei-gen Veräußerer in der Praxis dazu, ihre Gewährleistung durch subjektive Elemente einzuschränken; zB durch Hinweise auf Geschäftsführung, Wirtschaftsprüfer oä. oder durch eine „Bilanzgarantie" nur nach Maßgabe subjektiver Richtigkeit/Erkennbarkeit (zur Haftung beim Unternehmenskauf – Voraussetzungen und Schadensbegriff bei der objektiven und der subjektiven Bilanzgarantie: *König/Gießelmann/Kluth* GWR 16, 155 unter Bezugnahme auf OLG Frankfurt 26 U 35/12 v. 7.5.15, ZIP 16, 774). Der Er-werber wird grds. auf objektiven Garantien oder Beschaffenheitsvereinbarungen be-stehen. Denn die Gewährleistung des Veräußerers ist in erster Linie eine Richtigkeits-gewähr für den – ja gleichfalls „objektiv" vereinbarten und geschuldeten – Kaufpreis.

Ist die Rechtsfolge der Gewährleistung **Schadensersatz** (wie in den meisten Ver- **17** tragsmustern), so wird der Veräußerer allerdings auf einer Beschränkung der Höhe nach bestehen müssen, zB auf den Kaufpreis. Beschränkt sich die Haftung des Veräußerers noch weiter auf einen bloßen Teil des Kaufpreises, so mag der Erwerber wiederum die Möglichkeit des Rücktritts verlangen, auf die er zur Vermeidung einer unwirtschaftlichen, für alle Beteiligten riskanten Rückabwicklung sonst idR verzichten wird. Zur Sicherung der Haftungsbegrenzung können die Parteien klarstellen, dass sie keine Beschaffenheitsvereinbarungen oder Garantie iSd. §§ 434, 443, 444 BGB vereinbaren (vgl. B. 21.01 Rz. 39 ff.). Zur Gewährleistung vgl. *Holzapfel/Pöllath* aaO. Rz. 858 ff. zu einer wesentlich umfangreicheren Liste von Einzelumständen als im Formular B. 21.02; vgl. *Pöllath*, Grundsätze ordnungsgemäßen Unternehmenskaufs, aaO. Die Regelung in § 7 Abs. 1 des Formulars B. 21.02 ist für die Veräußerer sehr günstig und restriktiv. S. iÜ B. 21.01 Rz. 39.

Zu § 8 Steuern

Häufig wird der Veräußerer eine Steuerfreistellung wie in § 8 vereinbaren, bei der **18** die Freistellung nach Wahl des Käufers an diesen oder an die verkaufte Gesellschaft geleistet wird. Inhaltlich ist eine genaue Abstimmung der Steuerklausel an Ergebnisse der Due Diligence (vgl. B. 21.05) ratsam.

B. 21.03 Absichtserklärung (Letter of Intent)

Gliederung

I. FORMULAR

Formular B. 21.03 Letter of Intent

An die	**Briefkopf der**
Gesellschafter der	**X-AG**
Z-GmbH	**(Erwerbsinteressent)**
(Veräußerer)	

Sehr geehrte Damen und Herren,

für die sachlichen und offenen Gespräche zwischen den verschiedenen Beteiligten bedanken wir uns sehr. Aufgrund der letzten Besprechung zwischen Ihren Herren A und B und unserer Frau C sowie Ihren und unseren Anwälten fassen wir den Stand der Verhandlungen in folgendem

LETTER OF INTENT

zusammen.

I. Kauf- bzw. Verkaufsabsicht

1. Unsere Kaufabsicht

In Abstimmung mit unserem Aufsichtsrat bestätigen wir unsere Absicht, das Unternehmen der Z-GmbH (Gesellschaft), mindestens aber 76 % der Geschäftsanteile an

der Gesellschaft (durch Kauf von Anteilen oder Zeichnung einer Kapitalerhöhung) zu erwerben. Der Unternehmenswert soll zwischen dem vier- und dem sechsfachen des durchschnittlichen bereinigten Gewinns (vor Zinsen und Ertragsteuern „EBIT") der Gesellschaft in den Jahren 2013–2016 (abzüglich zinstragender Verbindlichkeiten) betragen; davon soll etwa $^1/_3$ in Aktien unserer Gesellschaft oder in einem mittelfristigen Schuldscheindarlehen erbracht werden. Stichtag soll der 1. Juli des laufenden Jahres sein. Andere wesentliche Punkte des beabsichtigten Unternehmenskaufvertrages ergeben sich aus dem Übersichtsblatt in Anlage A.

Eine spätere, weitergehende Kooperation zwischen uns und der Gesellschaft einerseits und Ihren anderen Unternehmen andererseits wird von Ihnen und uns geprüft, ist aber nicht Gegenstand der laufenden Verhandlungen oder dieses Schreibens.

2. Entwurf, Referenz, Projektleiter

Als erste Schritte sind auf unserer Seite vorgesehen:

a) Wir werden Ihnen bis zum Ablauf einer Woche nach Rückgabe der gegengezeichneten Kopie dieses Schreibens einen Vertragsentwurf gemäß dem Vorstehenden mit üblichen Gewährleistungen und sonstigen Bedingungen als Grundlage für die weiteren Verhandlungen vorlegen.

b) Wir werden Ihnen gleichzeitig eine Bankreferenz und einen Kapitalnachweis vorlegen. Weiter werden wir Ihren Wirtschaftsprüfern, A, unseren Jahresabschluss für das letzte abgelaufene Wirtschaftsjahr vorlegen.

c) Als unseren Projektleiter benennen wir Herrn P. Wir bitten, alle Gespräche bezüglich des Gegenstandes dieses Schreibens ausschließlich mit ihm zu führen, soweit er nicht für bestimmte Arbeitsbereiche ausdrücklich eine bestimmte andere Person benennt.

3. Ihre Verhandlungsabsicht

In Abstimmung mit Ihrer Gesellschafterversammlung beabsichtigen Sie, mit uns auf der Grundlage des Vorstehenden über den Abschluss eines Unternehmenskaufvertrages zu verhandeln. Als Ihren Projektleiter haben Sie Frau Q benannt. Wir werden alle Gespräche ausschließlich mit ihr führen, soweit sie nicht für bestimmte Arbeitsbereiche ausdrücklich eine bestimmte andere Person benennt.

4. Verhandlungen und Abschluss

Die Verhandlungen über den Unternehmenskaufvertrag sollen spätestens eine Woche nach Vorlage des Vertragsentwurfes gemäß vorstehend I.2.a mit einer mindestens eintägigen Sitzung an einem von Ihnen zu bestimmenden Ort beginnen und spätestens am 8. Juli des laufenden Jahres mit Abschluss des notariellen Unternehmenskaufvertrages in Berlin beendet werden, der der Zustimmung unseres Aufsichtsrates bedarf.

II. Ablauf

Zur Vorbereitung und Durchführung des Vorstehenden dienen die folgenden Schritte.

1. Unterlagen

Ihre Wirtschaftsprüfer, A, werden unseren Wirtschaftsprüfern, B, binnen zehn Tagen nach Eingang dieses Schreibens bei Ihnen

– die testierten Jahresabschlüsse 2013 bis 2016 (Bilanz, Gewinn- und Verlustrechnung, Geschäftsbericht),

– das Budget 2017 und

– die Unternehmens- und Investitionsplanung 2016 bis 2020

der Gesellschaft vollständig zur Prüfung zugänglich machen. Unsere Wirtschaftsprüfer werden uns über das Ergebnis ihrer Prüfung anhand unseres Fragenkatalogs ausschließlich schriftlich (mit Kopie an Sie) und ergänzend in einer mündlichen Besprechung in Anwesenheit Ihrer Wirtschaftsprüfer oder eines anderen von Ihrem Projektleiter Benannten unterrichten. Die Prüfung soll bis spätestens 27.5.2017 abgeschlossen sein.

2. Erstes Management-Gespräch

Nach Abschluss der Prüfung gemäß II.1. werden Sie unserem Vertriebs- und unserem Finanzvorstand Gelegenheit zu mindestens einem ausführlichen Gespräch (in Anwesenheit Ihres und unseres Projektleiters) mit dem für Vertrieb bzw. Finanzen zuständigen Geschäftsführer der Gesellschaft über gemeinsam interessierende Fragen geben, darunter über die Möglichkeit und die Bedingungen einer Fortsetzung der Tätigkeit der beiden Herren für die Gesellschaft nach einem Erwerb durch uns.

Nach Abstimmung mit Ihnen werden wir dem Management von Z unser Modell zur Incentivierung und Beteiligung vorstellen und darüber mit den interessierten Mitgliedern des Managements verhandeln.

3. Weitere Management-Gespräche

Bei planmäßigem Verlauf der Verhandlungen werden Sie je einem Vertreter unserer Seite Gelegenheit zu einem ausführlichen Gespräch (in Anwesenheit Ihres und unseres Projektleiters)

– mit dem Leiter des Forschungslabors, das die Gesellschaft gemeinsam mit der Y GmbH betreibt, und

– mit einem möglichst hoch positionierten Vertreter Ihres Hauptabnehmers, der Firma R AG,

geben, wobei – ohne die Erwähnung des beabsichtigten Unternehmenskaufs – die Möglichkeit einer Kooperation zwischen der Gesellschaft und unseren Unternehmen erörtert werden soll.

4. Rechtspflichten

Aus dem Vorstehenden erwachsen Ihnen und uns Ansprüche weder auf Erfüllung noch auf Schadensersatz wegen Nichterfüllung. Sollte bis zum 8. Juli kein Vertrag zustande gekommen sein, sind jegliche Ansprüche im Zusammenhang mit dem Vorstehenden ausgeschlossen.

III. Verpflichtungen

1. Geheimhaltung

a) Bis zum Vertragsabschluss werden wir die Verhandlungen und ihren Inhalt in jeder Weise und gegenüber jedermann geheim halten, ausgenommen gegenüber

– unserem Aufsichtsrat,
– unserem Vorstand (einschließlich Vorstandssekretariat),
– höchstens fünf leitenden Angestellten unseres Hauses,
– dem für unser Haus zuständigen Direktor unserer Hausbank und
– denjenigen anderen internen und externen Personen, die in Abstimmung mit Ihrem Projektleiter in die Verhandlungen und Prüfungen eingeschaltet sind oder werden.

b) Vertrauliche Informationen über Ihre Angelegenheiten werden wir gleichermaßen geheim halten und nur zur Prüfung und Verhandlung gemäß diesem Letter of Intent verwenden. Vertraulich sind Informationen über Verhältnisse der Gesellschaft, ihre Gesellschafter und ihre Geschäftspartner, ausgenommen Informationen, die offenkundig oder allgemein bekannt sind oder ohne unser Verschulden werden oder uns nachweislich bekannt sind oder werden. Die Vertraulichkeit besteht unabhängig von der Art der Übermittlung von Informationen und von ihrer Quelle. Von der Vertraulichkeit ausgenommen ist die Weitergabe an unsere Mitarbeiter und Beauftragte, soweit sie die Informationen zur Prüfung und Verhandlung gemäß Satz 1 kennen müssen und soweit sie ihrerseits einer Vertraulichkeitsverpflichtung unterliegen. Auf Ihr Verlangen sind solche Informationsempfänger unmittelbar zu Ihren Gunsten zur Vertraulichkeit zu verpflichten. Die Vertraulichkeit gilt bis zum Abschluss einer Vereinbarung gemäß I., andernfalls bis zum Ablauf von fünf Jahren nach dem letzten Zeitpunkt, zu dem zwischen Ihnen und uns Verhandlungen gemäß I. stattfinden. Unterlagen, Dateien und Datenträger (gleich welcher Art und Form) mit vertraulichen Informationen, die Sie uns übergeben haben, sind auf Ihr erstes Verlangen an Sie zurückzugeben (einschließlich Kopien aller Art); von uns erstellte oder weiterverarbeitete Unterlagen, Daten oder Datenträger mit solchen vertraulichen Informationen sind sodann zu vernichten (außer soweit solche Unterlagen, Daten und Datenträger keine vertraulichen Informationen enthalten oder zur Wahrung unserer berechtigten Interessen ohne Gefährdung der Vertraulichkeit dienen); die Vollständigkeit von Rückgabe und Vernichtung ist Ihnen auf Ihr Verlangen hin durch unseren verantwortlichen Projektleiter schriftlich zu bestätigen. Über eine mögliche, vorstehend oder anderweitig nicht ausdrücklich gestattete Kenntniserlangung Dritter von vertraulichen Informationen (auch unbeabsichtigt) werden wir Sie unverzüglich nach unserer Kenntnis verständigen; dasselbe gilt für tatsächliche Anhaltspunkte für den Verdacht einer solchen Kenntniserlangung und auf Ihr Verlangen für alle sonstigen Umstände im Zusammenhang mit der Einhaltung des Vorstehenden. Bei der Durchsetzung der Vertraulichkeit und aller Ansprüche im Zusammenhang mit dem Vorstehenden werden wir Sie unterstützen. Die Erfüllung von Offenlegungsverpflichtungen nach zwingendem Recht bleibt unberührt; wir werden Sie ggf. von solchen Offenlegungspflichten unterrichten und Ihnen nach Möglichkeit Gelegenheit zur Abwehr der Offenlegung geben. Das Unterlassen der Geltendmachung von Ansprüchen gemäß dem Vorstehenden beinhaltet keinen Verzicht auf solche Ansprüche.

c) Für den Fall einer Verletzung dieser Vertraulichkeit durch uns verpflichten wir uns zu einer Vertragsstrafe von insgesamt [...], unabhängig von Zahl und Umfang der Verletzungsfälle und unbeschadet eines Anspruches auf Schadenersatz oder Unterlassung.

d) Die Bestimmungen gemäß III.1. a bis c gelten entsprechend für Sie und für die Gesellschaft gegenüber uns für vertrauliche Informationen über uns, unsere Gesellschafter und Geschäftspartner.

2. Unterlassung

a) Wir werden zu keiner Zeit Mitarbeiter der Gesellschaft rechtswidrig abwerben. Nach Beginn der Prüfung gemäß II.1. werden wir während der darauf folgenden sechs Monate keinen Kontakt mit Geschäftspartnern der Gesellschaft aufnehmen, um sie zur Aufnahme einer Geschäftsbeziehung mit uns bzgl. des Gegenstandes ihrer Geschäftsbeziehung mit der Gesellschaft zu veranlassen; allgemeine Werbe- und Vertriebsmaßnahmen bleiben unberührt.

b) Nach Beginn der Prüfung gemäß II.1. werden wir während der darauf folgenden neun Monate und nach Beginn des letzten der Gespräche gemäß II.2. und 3. werden wir während der darauf folgenden zwölf Monate weder unmittelbar noch mittelbar neue Aktivitäten aufnehmen oder konkret ins Werk setzen, die mit den heutigen Aktivitäten der Gesellschaft räumlich oder sachlich konkurrieren.

c) III.1.c) gilt entsprechend.

d) III.1.d) gilt entsprechend, soweit die Maßnahme seitens der Gesellschaft im Zusammenhang mit dem Gegenstand dieser Vereinbarung steht, insbesondere auf im Zusammenhang damit erlangten Informationen beruht.

3. Kostenersatz

Sollte der Unternehmenskaufvertrag bis zum Ablauf von drei Monaten nach dem in I.4. genannten Zeitpunkt nicht zu Stande kommen, obwohl Sie den Mitwirkungspflichten gemäß II.1 bis 3 nachgekommen sind, so erstatten wir Ihnen die üblichen Honorare und Reisekosten Ihrer Wirtschaftsprüfer, A, im Zusammenhang mit II.1. bis zum Gesamtbetrag von [...]. Darüber hinaus erstatten wir Ihnen nach Durchführung der Gespräche gemäß II.2 und 3 die üblichen Honorare und Reisekosten Ihrer Anwälte im Zusammenhang mit den Verhandlungen bis zum Gesamtbetrag von [...], ggf. je zzgl. Umsatzsteuer gegen ordnungsgemäße Rechnungsstellung. Eine ggf. auszuhandelnde Optionsgebühr für den Fall der Einräumung der von uns gewünschten Kaufoption, die im Übrigen nicht Gegenstand dieses Schreibens ist, bleibt unberührt.

4. Ausschließlichkeit

Sie werden während des Fortgangs der Verhandlungen und Prüfungen gemäß dem Vorstehenden, mindestens bis zum Ablauf von einem Monat nach dem in I.4. genannten Zeitpunkt des vorgesehenen Vertragsschlusses, keine Gespräche über die Veräußerung, ganz oder teilweise, der Gesellschaft oder ihres Unternehmens an Dritte bzw. den Erwerb, ganz oder teilweise, einer mit der Gesellschaft räumlich und sachlich konkurrierenden Gesellschaft führen. Bei jeder Verletzung dieser Ausschließlichkeit durch die eine Seite ist die andere Seite von allen etwaigen Verpflichtungen im Zusammenhang mit diesem Schreiben vollständig und endgültig entbunden.

5. Entfallen mit Vertragsschluss

Die vorstehenden Bestimmungen III.1 bis 4 entfallen von Anfang an mit Abschluss des Unternehmenskaufvertrages. Sie entstehen jedoch erneut und von Anfang an mit Wegfall des Unternehmenskaufvertrages, es sei denn, der Wegfall wäre von dem gemäß Ziff. III.1 bis 4 jeweils Berechtigten zu vertreten.

IV. Recht, Gerichtsstand

Die Erklärungen und Vereinbarungen dieses Schreibens und alle Rechte und Pflichten im Zusammenhang mit seinem Gegenstand unterstehen ausschließlich deutschem Recht und der ausschließlichen internationalen und örtlichen Gerichtsbarkeit der für den Sitz der Gesellschaft zuständigen Gerichte.

***

Zum Zeichen Ihres Einverständnisses mit dem Vorstehenden bitten wir um Gegenzeichnung und Rückgabe der beigefügten Kopie dieses Schreibens.

Unser Herr P wird Ihre Frau Q in den nächsten Tagen zur Bestätigung des Termins und des Ortes der vorgesehenen nächsten Besprechungsrunde anrufen. Wir freuen uns auf die weitere Zusammenarbeit und sind zuversichtlich, dass es zu einem zügigen Fortgang und einem beiderseits befriedigenden Abschluss unserer gemeinsamen Bemühungen kommen wird.

Mit freundlichen Grüßen

....

(Unterschrift X-AG)

II. ERLÄUTERUNGEN

> Erläuterungen zu B. 21.03 Letter of Intent

1. Grundsätzliche Anmerkungen

Schrifttum: *Semler/Volhard* Arbeitshandbuch für Unternehmensübernahmen, München 2001, § 6 Rz. 24 ff.; *Beisel/Klumpp* Der Unternehmenskauf, 7. Aufl., 2016, Kap. 1 Rz. 67 ff.; *Hettler/Stratz/*

Hörtnagel Unternehmenskauf, München, 2. Aufl., 2013, § 1 Rz. 101 ff.; *Picot* Unternehmenskauf und Restrukturierung, 4. Aufl. München 2013, § 2 Rz. 18 ff.: *Holzapfel/Pöllath* Unternehmenskauf in Recht und Praxis, 15. Aufl. 2017, 627 ff.; *Hölters* Handbuch Unternehmens- und Beteiligungskauf, 9. Aufl. Köln 2019; VII Rz. 20; *Lutter* Der Letter of Intent, 3. Aufl., Köln ua. 1998; *Heussen* Anwalts-Checkbuch Letter of Intent, 2. Aufl., Köln 2014; *Palandt/Ellenberger* Vor § 145 Rz. 18; *Münch-KommBGB/Busche* Vor § 145 Rz. 58 f.; *Staudinger/Bork* § 145 Rz. 14; *Jahn* Der Letter of Intent, 2000; *Jansen* M & A Review 2002, 249; *Kösters* NZG 99, 623; *Stengel/Schloderer* NJW 94, 158; *Bergjan* ZIP 04, 395; *Hilgard* BB 08, 286; *Bergjan/Schwarz*, Scheitern von Vertragsverhandlungen bei M&A-Transaktionen: Die Breakup-Fee-Klausel im Letter of Intent, GWR 13, 4.

a) Funktion

1   Den Letter of Intent (**„Absichtserklärung"**) hat die kaufmännische Praxis als ein Institut geschaffen, dessen juristische Einordnung im Einzelfall unsicher ist. Unsicher ist insbesondere, ob und in welchem Umfang Rechte und Pflichten aus einem Letter of Intent entstehen. Der Jurist hat einerseits diese kaufmännische Zielsetzung zu respektieren, die eine allzu genaue juristische Präzisierung als dem Fortgang der Verhandlungen nicht förderlich ansieht; andererseits ist es gerade die Aufgabe des Juristen, alle Möglichkeiten einer Präzisierung auszuschöpfen und zumindest der eigenen Seite die rechtlichen Risiken verbleibender Unklarheiten deutlich zu machen.

2   Ein guter Letter of Intent fördert den Fortgang der Verhandlungen und hält zwischenzeitliche Rechte und Pflichten fest (zB Vertraulichkeit, Ausschließlichkeit, Verfahrensfragen, als Anreiz Kostenübernahmen oder Pauschalbeträge), ohne Rechte und Pflichte zu begründen, die über den erreichten Verhandlungsstand hinausgingen, insbesondere die Verhandlungs- und Abschlussfreiheit einer der Parteien einschränken würden. Zum Kartellrecht s. B. 21.01 Rz. 20 ff.

Ein Letter of Intent kann notwendige Voraussetzung dafür sein, dass Management oder Gesellschafter der Gesellschaft dem Erwerbsinteressenten (oft ein aktueller oder potentieller Wettbewerber!) vertrauliche Informationen ohne Verletzung eigener Rechtspflichten offenlegen dürfen; vgl. *Holzapfel/Pöllath* aaO Rz. 631.

Das Formular B. 21.03 ist (vor allem zum Verfahren) weit ausführlicher und detaillierter als die meisten Praxisfälle; diese enthalten allerdings oft in dem Teil I.1 mehr und Spezifiziertes zu den einzelnen Regelungen des künftigen Vertrages.

b) Zivilrecht

3   Der Letter of Intent ist zu unterscheiden vom **Verhandlungsprotokoll** (evtl. Punktation) als rein tatsächliche Verhandlungshilfe und vom **Vorvertrag** (evtl. als Option) als rechtlich voll verpflichtendem Vertrag mit Erfüllungsansprüchen. Der Letter of Intent kann im Wortsinne unverbindliche bloße ‚Absichtserklärung' sein oder aber – idR ausdrücklich – (Neben-)Pflichten begründen, vor allem bzgl. des Verhandlungsgangs. Er soll nie Erfüllungsansprüche oder Ansprüche auf Abschluss des endgültigen Unternehmenskaufvertrages begründen, sondern stets nur ihre (spätere, gesonderte) Begründung vorbereiten helfen. Ein Memorandum of Intent kann aber bindender Vertrag sein (vgl. OLG Köln 19 U 223/93 v. 21.1.94, OLG Report Köln 94, 61). Sind alle wesentlichen Vertragsbestandteile in ihm bestimmt, kann ein Letter of Intent ein rechtlich bindender Vorvertrag sein (OLG Frankfurt 16 U 176/97 v. 9.7.98, OLGR Frankfurt 00, 112). Zu Sorgfalts- und Schadensersatzpflichten vgl. BGH VIII ZR 4/88 v. 22.2.89, NJW-RR 89, 627 (auch schuldlos); BGH XII ZR 126/96 v. 24.6.98, DB 98, 2013; BGH V ZR 29/96 v. 26.9.97, NJW 98, 302; BGH V ZR 264/05 v. 19.5.06, NJW 06, 3139; *Bergjan* ZIP 04, 395; zur Formbedürftigkeit vgl. OLG Stuttgart 9 U 13/89 v. 7.7.89, BB 89, 1932; OLG Frankfurt 16 U 176/97 v. 9.7.98, OLGR Frankfurt 00, 112; LG Heilbronn 2 KfH O 241/87 v. 15.8.88, DB 89, 1227; LG Paderborn 2 O 132/00 v. 28.4.00, NZG 00, 899; *Kapp* DB 89, 1224.

4   Zur Funktion und Abgrenzung des Letter of Intent beim Unternehmenskauf vgl. *Holzapfel/Pöllath* aaO Rz. 658 ff.; *Hommelhoff* ZHR 150 (1986) 254, 255 ff.; *Pöllath,* Grundsätze ordnungsgemäßen Unternehmenskaufs, FS Bezzenberger, 2000 S. 549, 553.

In Anlehnung an geläufige Unterscheidungen bei der Patronatserklärung, die ähnli- 5
chen kaufmännischen, nicht juristischen Zielsetzungen entsprungen ist, kann man
zwischen einem „**weichen**" und einem „**harten**" **Letter of Intent** (und allen
Schattierungen zwischen diesen beiden Polen) unterscheiden (vgl. BGH II ZR
296/08 v. 20.9.10, DStR 10, 2258; OLG Düsseldorf 16 U 28/09 v. 28.12.10, DB 11,
106). Ein „weicher" Letter of Intent ist eine Absichtserklärung, aus der sich keinerlei
Rechte und Pflichten ergeben. Ein solcher Letter of Intent könnte zB lauten:

> „...... **übersenden wir das Gesprächsprotokoll vom** ...... **und bestätigen Ihnen zur**
> **Vorlage an Ihre Gesellschafterversammlung und Ihre Hausbank unsere Absicht, Ihr**
> **gesamtes Unternehmen (ohne Betriebsimmobilie und ohne betriebsneutrales Ver-**
> **mögen) möglichst mit Wirkung zum 1. Januar 2018 und zu einem Kaufpreis in Höhe**
> **von etwa dem sechsfachen Jahresgewinn (nach Gewerbesteuer) vorbehaltlich des**
> **Abschlusses eines schriftlichen Unternehmenskaufvertrages durch ordnungsgemäß**
> **befugte Vertreter Ihrer und unserer Seite zu erwerben. Rechte und Pflichten für Ihre**
> **und unsere Seite ergeben sich nicht aus diesem Schreiben, sondern ausschließlich**
> **aus einem etwaigen solchen schriftlichen Unternehmenskaufvertrag (§ 154 Abs. 2**
> **BGB)."**

Ein „harter" Letter of Intent wird mindestens **Schadensersatz**, wenn schon nicht 6
Erfüllungsansprüche begründen, was im Einzelfall sogar gravierender sein kann als ein
regelrechter Vorvertrag. Umgekehrt gibt es als endgültig erscheinende Unternehmenskaufverträge, die zB unter dem Vorbehalt der Zustimmung des Aufsichtsrates eines oder beider Beteiligten stehen und aus denen sich zuvor ggf. überhaupt keine
Rechte und Pflichten zu ergeben brauchen.

c) Steuerrecht

Ein Letter of Intent (ohne Erfüllungspflichten) löst weder Verkehrssteuern aus (be- 7
achte ggf. § 1 GrEStG, vor allem Abs. 2) noch bewirkt er eine Gewinnrealisierung
(kein Übergang des wirtschaftlichen Eigentums, vgl. aber BFH IV R 226/85
v. 10.3.88 BStBl. II 88, 832; BFH I R 154/85 v. 7.11.90, BFHE 162, 432, beide zu
§ 17 EStG. Vgl. B. 21.01 Rz. 38). Achtung aber bzgl. Aktivierung von Anschaffungskosten; ab Letter of Intent soll regelmäßig davon auszugehen sein, dass eine grds. Er-
werbsentscheidung gefallen ist vgl. FG Köln 13 K 4188/07 v. 6.10.10, – EFG 11, 264;
krit. hierzu z.B. *Kahle/Hiller* DB 14, 500; i.E. dem FG zust. *Hruschka* Stbg 12, 1; zusammenfassend *Farwick* BC 16, 165.

(frei)   8, 9

2. Einzelerläuterungen

Die Teile I und II des Formulars enthalten die rechtlich unverbindlichen Absichts- 10
erklärungen zum Gang und Ergebnis der Verhandlungen (vgl. II.4), der Teil III die
rechtsverbindliche Vereinbarung zu Nebenfolgen (Vertraulichkeit, Wettbewerbsverbot, Kostenübernahme, Ausschließlichkeit).

Zu I:

Die Formulierung lässt offen, ob und inwieweit sich aus I.1 bis 3 verbindliche **Ne-** 11
benpflichten ergeben können (deren Nichtbeachtung eine Haftung aus Verschulden
vor oder bei Vertragsschluss (§§ 311 Abs. 2, 241 Abs. 2, 280 BGB) begründet, vgl.
BGH II ZR 105/80 v. 15.4.81, WM 81, 787; BGH III ZR 23/78 v. 7.2.80, DB 80,
1439; BGH V ZR 216/81 v. 8.10.82, DNotZ 83, 621; BGH VIII ZR 4/88 v.
22.2.89, WM 89, 685; BGH XI ZR 92/96 v. 11.3.97, EWiR 97, 839; BGH V ZR
29/96 v. 26.9.97, NJW 98, 302; OLG Hamburg 11 U 90/92 v. 3.6.94, DStR 94,
1019; OLG Celle 4 W 53–98 v. 1.4.98, OLGR Celle 98, 285; OLG München 7 U
2128/06 v. 26.7.06, DNotZ 07, 712; zu Formerfordernissen OLG München 7 U

736/12 v. 19.9.12, NZG 13, 257), ob nun ein Vertrag überhaupt (auch nach dem vorgesehenen Termin) zustande kommt oder nicht. Vgl. aber II.4. Der BGH hat insbesondere die Aufklärungspflicht beim Unternehmenskauf erheblich ausgeweitet (BGH VIII ZR 32/00 v. 4.4.01, GmbHR 01, 516; VIII ZR 185/00 v. 6.2.02, DStR 02, 1098).

Zu III.1 und 2:

12   Die **Vertraulichkeitsabrede** ist üblich, aber hier sehr zugunsten der Gegenseite formuliert. Aus Sicht des Geheimhaltungspflichtigen wäre die Einzelaufzählung durch eine Generalklausel zu ersetzen.

Das **Abwerbeverbot** ist üblich und entspricht ohnehin geltendem Recht.

Das **Wettbewerbsverbot** ist wenig üblich, aber zB bei Einblick des Erwerbsinteressenten in Know-How und Geschäftsbeziehungen des Veräußerers oder der Zielgesellschaft dem Veräußerer dringend zu empfehlen.

In der Praxis verlangt der Veräußerer gelegentlich, dass ihm der Erwerber seinerseits dessen Informationen und Know-How auf demselben Gebiet zur Verfügung stellt; dann verpflichten sich beide zur Vertraulichkeit und Nichtverwendung der jeweils vom anderen erhaltenen Kenntnisse. Dafür spricht das, was fast immer gilt, wenn eine Klausel wechselseitig gefasst wird: Das gegenseitige Verständnis für das Informations- und für das Geheimhaltungsbedürfnis und die Nutzungsmöglichkeit werden ausgewogener (über den „Geisel"-Effekt hinaus). Es verdoppelt sich aber auch das Risiko der Verletzung. Ein solcher Satz kann lauten: „Zug um Zug gegen die Übermittlung der Informationen gemäß dem vorstehenden Satz übermittelt der Erwerber dem Veräußerer die ihm zur Verfügung stehenden Informationen gleicher Art aus dem entsprechenden Tätigkeitsbereich seines Unternehmens (einschließlich verbundener Unternehmen)." Solche Klauseln eigenen sich grds. nur für die Verhältnisse vergleichbarer, meist großer Unternehmen. Beachte das Risiko der Unwirksamkeit gemäß § 1 GWB.

Zu III.3:

13   Die **Kostenübernahme** ist in der Praxis oft eine notwendige oder zweckmäßige „Gegenleistung", um den Veräußerer zu bewegen, Informationen zu liefern, Prüfungen zu erlauben und den Fortgang der Verhandlungen mit dem nötigen Einsatz (auch Externer, zB Berater) zu betreiben. Vor allem „private" Veräußerer, die Veräußerungskosten bei Scheitern steuerlich nicht absetzen können, haben an einer solchen Übernahme Interesse.

Zu III.4:

14   **Ausschließlichkeitsvereinbarungen** sind jedenfalls für den Erwerber empfehlenswert, aber (ohne Vereinbarung einer Vertragsstrafe) schwer zu sanktionieren und darum rein juristisch eher zwecklos. Ggfs. sollte der Veräußerer eine entsprechende Beschränkung zu Lasten des Erwerbers anstreben.

B. 21.04 Rechtliche Due Diligence Anforderungsliste

Gliederung

I. FORMULAR

> **Formular B. 21.04 Rechtliche Due Diligence Anforderungsliste**

1. Gesellschaftsrechtliche Verhältnisse

1.1 Allgemein

1.1.1 Dokumente über die historische Entwicklung der Gesellschaft

1.1.2 Aktueller elektronischer Handelsregisterauszug der Gesellschaft unter Beifügung noch nicht eingetragener Anmeldungen zum Handelsregister

1.1.3 Aktuelle elektronische Gesellschafterliste

1.1.4 Liste aller Zweigniederlassungen und Betriebsstätten der Gesellschaft mit ihren jeweiligen Anschriften

1.1.5 Gesellschaftsvertrag, wie er zuletzt beim Handelsregister eingereicht wurde, bzw. die aktuelle Version des Gesellschaftsvertrages, wenn er von der zum Handelsregister eingereichten Version abweicht

1.1.6 Gesellschaftervereinbarungen

1.1.7 Gesellschafterbeschlüsse der letzten drei Jahre

1.1.8 Geschäftsführungsbeschlüsse der letzten drei Jahre

1.1.9 Beschlüsse jedweder Aufsichts- oder Beiratsgremien der letzten drei Jahre

1.2 Gründung der Gesellschaft

1.2.1 Notarielle Gründungsurkunde (Gesellschafterbeschluss nebst Übernahmeerklärungen), Gesellschafterlisten/Gründerlisten, Einzahlungsnachweise bei Bargründung

1.2.2 Urkunden über Satzungsänderungen, die seit Gesellschaftsgründung beschlossen wurden, einschließlich derer, die noch nicht zum Handelsregister eingereicht wurden

1.2.3 Im Fall der Sachgründung:

- Gründungsurkunde (Gesellschafterbeschluss)
- Übernahmeerklärung(en) der/s Gesellschafter(s)
- Einbringungsvertrag
- Sachgründungsbericht
- Werthaltigkeitsbescheinigung

1.3 Kapitalveränderungen seit der Gesellschaftsgründung

1.3.1 Im Falle einer Kapitalerhöhung durch Bareinlage:

- Kapitalerhöhungsbeschluss
- Übernahmeerklärung(en) der (neuen bzw. alten) Gesellschafter
- Nachweis über Betrag, Form und Zeitpunkt der Bareinlage
- Gesellschafterliste

1.3.2 Im Falle einer Kapitalerhöhung durch Sacheinlage:

- Beschluss über die Kapitalerhöhung
- Übernahmeerklärung(en) der (neuen bzw. alten) Gesellschafter
- Einbringungsverträge
- Nachweis über die Werthaltigkeit der Sacheinlage
- Handelsregistereintragung

1.4 Umstrukturierungen seit Gründung der Gesellschaft

1.4.1 Dokumente über Verschmelzungen von Unternehmen auf die Gesellschaft

- Verschmelzungsbeschlüsse der beteiligten Gesellschaften
- Verschmelzungsvertrag
- Verschmelzungsbericht der beteiligten Gesellschaften

- Prüfungsbericht der Verschmelzungsprüfer
- Handelsregistereintragungen
- Gesellschafterliste

1.4.2   Bei Abspaltung eines Unternehmensteils der Gesellschaft

- Spaltungsbeschlüsse
- Spaltungs- und Übernahmevertrag
- Spaltungsbericht der beteiligten Gesellschaften
- Handelsregistereintragungen
- Gesellschafterliste

1.4.3   Bei Ausgliederung eines Unternehmensteils der Gesellschaft

- Vertrag über den Betriebsmittelübergang
- Handelsregistereintragungen
- Gesellschafterliste

1.4.4   Bei Rechtsformwechsel

- Umwandlungsbeschluss der Gesellschaft
- Umwandlungsbericht
- Handelsregistereintragung
- Gesellschafterliste

1.5   Verträge der Gesellschaft mit Gesellschaftern und ihnen nahe stehenden juristischen oder natürlichen Personen

1.5.1   Verträge über Gesellschafterdarlehen oder Darlehen von verbundenen Unternehmen der Gesellschafter oder von Gesellschaftern nahe stehenden Personen mit Angaben über Zinsen, ursprünglichen Betrag, Stichtagsbetrag, Rückzahlung und Sicherheiten

1.5.2   Vereinbarungen über die Bestellung von Sicherheiten durch Gesellschafter oder durch verbundene Unternehmen der Gesellschafter oder durch Gesellschaftern nahe stehende Personen für Verbindlichkeiten der Gesellschaft gegenüber Dritten (zB Patronatserklärungen, Bürgschaften, Rangrücktrittserklärungen)

1.5.3   Vereinbarungen über die Gewährung von Darlehen durch die Gesellschaft an ihre Gesellschafter oder mit den Gesellschaftern verbundene Unternehmen oder an Gesellschaftern nahe stehende Personen mit Angaben über Zinsen, ursprünglichen Betrag, Stichtagsbetrag, Rückzahlungen und Sicherheiten

1.5.4   Vereinbarungen über die Bestellung von Sicherheiten der Gesellschaft für Verbindlichkeiten der Gesellschafter oder mit ihnen verbundener Unternehmen oder ihnen nahe stehender Personen

1.5.5   Sonstige Vereinbarungen zwischen der Gesellschaft und ihren Gesellschaftern, mit den Gesellschaftern verbundenen Unternehmen oder den Gesellschaftern nahe stehenden Personen, zB

- Freistellungen von gesetzlichen Wettbewerbsverboten (zB für beherrschende oder geschäftsführende Gesellschafter)
- Konzernumlagen, Geschäftsführungsverträge
- Lieferanten- und Kundenverträge

1.5.6   Gewinnabführungs- und Beherrschungsverträge

1.5.7   Stille Gesellschaften oder ähnliche Verträge

1.6   Verträge über Gesellschaftsanteile

1.6.1   Kauf- und Abtretungsverträge über Gesellschaftsanteile

1.6.2   Verträge über Treuhandschaften, stille Beteiligungen und Unterbeteiligungen

1.6.3   Verträge über die Belastung von Gesellschaftsanteilen (z. B. Verpfändungsverträge und Nießbrauchverträge)

2. Finanzierung

2.1 Jahresabschluss mit Prüfbericht des letzten abgelaufenen Geschäftsjahres (ggf. auch nachfolgender Zwischenabschluss)

2.2 Darlehen

2.2.1 Verträge mit Gesellschaftern und ihnen nahe stehenden Personen

2.2.2 Verträge mit Banken

2.2.3 Verträge mit sonstigen Dritten

2.3 Sicherheiten

2.3.1 Sicherungsübereignungsverträge

2.3.2 Sicherungsabtretungsverträge

2.3.3 Beschlagnahme und Verträge über die Verpfändung von Sacheinlagen (einschließlich Anteilen an Tochtergesellschaften)

2.3.4 Bürgschaften/Garantien

2.3.5 Stundungsvereinbarungen

2.3.6 Andere Sicherheitsverpflichtungen gegenüber Dritten, außer denen im Rahmen des laufenden Geschäftsbetriebes (Eigentumsvorbehalte bzgl. der Wirtschaftsgüter und gesetzliche Pfandrechte)

2.4 Factoring

2.4.1 Echte Factoring-Verträge

2.4.2 Unechte Factoring-Verträge

2.5 Leasingverträge

2.5.1 Finanzierungsleasingverträge

2.5.2 Andere Leasingverträge

2.6 Insolvenzverfahren

2.6.1 Vollständige Dokumentation aller Insolvenzverfahren, die seit Gründung gegen die Gesellschaft eingeleitet oder deren Einleitung angedroht wurde

2.6.2 Vollständige Dokumentation aller Vorgänge, die zur Einleitung oder Androhung eines Insolvenzverfahrens führen können

3. Wichtige Verträge

3.1 Operatives Geschäft

3.1.1 Wichtige Verträge mit den Hauptlieferanten (einschließlich Aufträge)

3.1.2 Wichtige Verträge mit den Hauptkunden (einschließlich Aufträge)

3.1.3 Konditionen des Ein- und Verkaufs

3.1.4 Wichtige Logistikverträge (zB Transport- und Lagerverträge)

3.1.5 Dienstleistungs-, Service- und ähnliche Verträge

3.2 Weitere wichtige Verträge

3.2.1 Organisationsverträge (z.B. Cash-Pool-Verträge, Dienstleistungsverträge zwischen verbundenen Unternehmen)

3.2.2 Verträge über Joint Ventures, Kooperationen

3.2.3 Verträge mit gewerblichen Agenten, Händlern und vergleichbaren Vertriebspartnern

3.2.4 Forschungs- und Entwicklungsverträge

3.2.5 Werbeverträge

3.2.6 Verträge außerhalb des ordentlichen Geschäftsbetriebs der Gesellschaft, soweit sie nicht in den obigen Ausführungen enthalten sind

3.2.7   Verträge mit einer Kündigungsfrist von mehr als 3 Monaten

3.2.8   Verträge mit einem Wert von mehr als € 50.000,–

3.2.9   Verträge, die den Vertragspartner zur Änderung oder Kündigung des Vertrages im Falle eines Kontrollwechsels bei der Gesellschaft berechtigen (change-of-control)

3.3   Unternehmenskaufverträge der letzten 5 Jahre

3.4   Wettbewerb

3.4.1   Konkurrenzverbote

3.4.2   Gebietsschutzverträge

3.4.3   Auflagen, Benachrichtigungen, Anfragen oder Entscheidungen von Kartellbehörden

4. Arbeitsrechtliche Verhältnisse

4.1   Angestellte

4.1.1   Anonymisierte Liste aller Angestellten (einschließlich leitender Angestellten und Geschäftsführer) mit Angaben über Name, Alter, Eintrittsdatum, Funktion und Bruttogehalt für das letzte (vollständige) Kalenderjahr

4.1.2   Durchschnittlicher Krankenstand, Unfallhäufigkeit, sonstige Fehlzeiten in den vergangenen drei Jahren

4.2   Kollektives Arbeitsrecht

4.2.1   Angabe der Arbeitgeberverbände, in denen die Gesellschaft Mitglied ist

4.2.2   Vorlage aller anwendbaren Tarifverträge

4.2.3   Unterlagen zum Betriebsrat

4.2.4   Vorlage sämtlicher derzeit geltender Betriebsvereinbarungen und betriebsinterner Regelungen (Betriebsvorschriften und operational exercises)

4.3   Vergütungssystem

4.3.1   Aufstellung aller aktuellen Vergütungssummen eingeteilt nach Mitarbeitergruppen mit Angaben des regelmäßigen Lohnerhöhungszeitpunktes

4.3.2   Interne Richtlinien über Lohnerhöhungen

4.3.3   Mitarbeiterbeteiligungsprogramme

4.4   Arbeitsverträge

4.4.1   Mustervertrag für die verschiedenen Arbeitnehmer

4.4.2   Anstellungsverträge aller Geschäftsführer und Arbeitnehmer, die ein Jahresgehalt von mehr als € 75.000,– erhalten oder deren Kündigungsfrist mehr als 12 Monate beträgt

4.4.3   Verträge mit Arbeitnehmern über weitere Sozialleistungen (zB Krankheits-, Unfall- und Lebensversicherung) oder andere Verträge (zB Betriebs-Kfz, gewinn- oder umsatzabhängige Tantieme)

4.4.4   Vereinbarungen mit Arbeitnehmern, die Rechtsfolgen an die Übernahme der Gesellschaft durch einen neuen Gesellschafter knüpfen

4.5   Pensionssystem

4.5.1   Muster einer Versorgungszusage gegenüber derzeitigen oder ausgeschiedenen Arbeitnehmern oder Muster anderer Pensionsverpflichtungsregelungen, die für sie gültig sind (kollektive und individuelle Zusagen)

4.5.2   Aufstellung der ausgeschiedenen Arbeitnehmer, die Ansprüche haben oder erwarten, die aus Pensionsverpflichtungen erwachsen, mit Angaben über Alter und Betriebszugehörigkeit

4.5.3   Aufstellung der aktuellen Arbeitnehmer mit Pensionsansprüchen mit Angaben über die erwarteten Ansprüche

4.5.4   Vorlage der bestehenden versicherungsmathematischen Gutachten

4.5.5   Angaben über die Absicherung der Pensionsverpflichtungen (Direktversicherung, Rückstellungen, etc.)

4.5.6   Verträge über Vorruhestand, Altersteilzeit, Zeitkonten etc.

4.6   Andere

4.6.1   Liste der früheren Arbeitnehmer oder Arbeitnehmer, die innerhalb der nächsten 6 Monate ausscheiden werden (inklusive Alter und Betriebszugehörigkeit) und die Ansprüche gegen die Gesellschaft haben (neben Versorgungsansprüchen), insbesondere aus Abfindungsverträgen oder Sozialplänen

4.6.2   Liste der Lohnarbeiter und Teilarbeitszeitbeschäftigten und Leiharbeitnehmer

4.6.3   Sozialpläne der letzten sechs Jahre und Informationen über geplante Maßnahmen

4.6.4   Überblick über gewerbliche Streitigkeiten

4.6.5   Beschreibung der Verstöße gegen arbeitsrechtliche Bestimmungen

4.6.6   Ansprüche oder Schäden auf Grund gefährlicher Arbeit

5. Gewerbliche Schutzrechte

5.1   Liste der Patente, Warenzeichen, Markenrechte, Gebrauchsmuster und anderen gewerblichen Schutzrechte, sowie Domains, die die Gesellschaft nutzt (einschließlich Informationen zu Registrierung, Auslaufen und Anfechtung/Rechtsstreitigkeiten)

5.2   Liste der Patente, Warenzeichen, Markenrechte, Gebrauchsmuster und anderen gewerblichen Schutzrechte, die zugunsten der Gesellschaft eingetragen sind oder deren Eintragung zugunsten der Gesellschaft beantragt wurde (einschließlich Informationen zu Registrierung, Auslaufen und Anfechtung/Rechtsstreitigkeiten)

5.3   Lizenzverträge über an Dritte gewährte Lizenzen oder andere Rechte, die Dritte zum Gebrauch von Patenten, Warenzeichen, Markenrechten, Gebrauchsmustern oder anderen gewerblichen Schutzrechten der Gesellschaft berechtigen

5.4   Lizenzverträge, die die Gesellschaft zur Nutzung von Patenten, Warenzeichen, Markenrechten, Gebrauchsmustern oder anderen gewerblichen Schutzrechten Dritter berechtigen

5.5   Know-How-Verträge mit Dritten

5.6   Verträge über andere immaterielle Rechte (zB Verträge über den Gebrauch von Software, Web-Hosting-Verträge, Namensrechte)

5.7   Patentschriften bzgl. weiterer Rechte (Topografien, Urheberrechte, etc.)

5.8   Beschreibung der Schutzmaßnahmen für Patente, Warenzeichen und Gebrauchsmuster

6. Immobilien

6.1   Grundeigentum

6.1.1   Liste aller Grundstücke (einschließlich Erbbaurechte und Teileigentum)

6.1.2   Liste aller Gebäude im Eigentum der Gesellschaft

6.1.3   Liste aller genutzten Grundstücke

6.1.4   Liste aller genutzten Gebäude

6.1.5 Vollständige beglaubigte Grundbuchauszüge für alle Grundstücke (nicht älter als ein Monat)

6.1.6 Katasterauszüge für alle Grundstücke

6.2 Miet- und Pachtverträge

6.2.1 Miet-, Untermiet-, Pacht-, Leasing- und ähnliche Verträge als Mieter

6.2.2 Miet-, Untermiet-, Pacht-, Leasing- und ähnliche Verträge als Vermieter

7. Rechtsstreitigkeiten

7.1 Gerichtliche Rechtsstreitigkeiten

7.1.1 Einzelheiten über anhängige oder angedrohte Gerichtsverfahren

7.1.2 Einzelheiten über bereits beendete Verfahren, die aber zukünftige Verpflichtungen begründen

7.2 Andere Verfahren

7.2.1 Einzelheiten über anhängige oder angedrohte Verwaltungsverfahren

7.2.2 Einzelheiten über anhängige oder angedrohte Schiedsverfahren

7.2.3 Bereits beendete Verfahren, die aber zukünftige Verpflichtungen begründen

7.3 Einzelheiten aller angedrohten Streitigkeiten oder Risiken, die zu Gerichtsverhandlungen, Schieds- oder anderen Verfahren führen können (einschließlich Produkthaftung)

8. Versicherungen

8.1 Aufstellungen

8.1.1 Aufstellung aller abgeschlossenen Versicherungen mit Angaben über

- Versicherer
- gedecktes Risiko
- Versicherungssumme
- Prämie
- change-of-control-Klauseln

8.1.2 Aufstellung geltend gemachter Versicherungsansprüche der letzten 6 Jahre

8.1.3 Liste ungedeckter Risiken oder Zurückweisung von Versicherungsanträgen

8.2 Versicherungsberichte

9. Umweltangelegenheiten

9.1 Genehmigungspflichtige Betriebsanlagen

9.1.1 Vorlage sämtlicher Genehmigungs- oder Bewilligungsbescheide mit Hinweisen, ob die auferlegten Bedingungen und Auflagen eingehalten werden

9.1.2 Übersicht über Genehmigungen, deren Rücknahme oder Widerruf oder deren Entzug oder Nichtverlängerung droht, sowie über Anfechtung von Bescheiden durch die Gesellschaft

9.2 Zusammenstellung von Verfügungen

9.2.1 Zusammenstellung aller während der letzten 6 Jahre ergangenen umweltrechtlichen Verfügungen oder Beanstandungen von Behörden oder Dritten sowie Nachweise zu deren Erledigung

9.2.2 Zusammenstellung aller während der letzten 6 Jahre ergangenen Beanstandungen und Ansprüche Dritter sowie Nachweise zu deren Erledigung

9.2.3 Überprüfungsberichte

9.3 Zusammenstellung aller bekannten und eventuellen Umweltrisiken

10. Öffentlich-rechtliche Beziehungen

10.1 Zahlungsverpflichtungen der öffentlichen Hand

10.1.1 Förderung

10.1.2 Zuschüsse

10.1.3 Subventionen

10.2 Verpflichtungen gegenüber der öffentlichen Hand

10.2.1 Investitionsmaßnahmen der öffentlichen Hand (aus denen eine Kostenbelastung der Gesellschaft hervorgehen wird)

10.2.2 Planungsmaßnahmen der öffentlichen Hand (mit erheblichen Auswirkungen auf die Geschäftstätigkeit der Gesellschaft)

10.2.3 Wettbewerbsrechtliche Einschränkungen

10.3 Öffentlich-rechtliche Prüfung

10.3.1 Prüfung durch Sozialversicherungsträger (BfA, Krankenkasse etc.) und andere Institutionen (zB Berufsgenossenschaften)

10.3.2 Öffentlich-rechtliche Rahmenbedingungen (zB Emissionsvorschriften, Brandschutz, Arbeitsplatzsicherheit)

10.4 Öffentlich-rechtliche Genehmigungen

10.4.1 Gewerbeanmeldung und Gewerbeerlaubnis

10.4.2 Andere behördliche Genehmigungen für die Ausübung des Geschäftsbetriebs (zB Verarbeitung gefährlicher Stoffe etc.)

II. ERLÄUTERUNGEN

> Erläuterungen zu B. 21.04 Rechtliche Due Diligence Anforderungsliste

1. Grundsätzliche Anmerkungen

Schrifttum: *Holzapfel/Pöllath* aaO Rz. 685 ff. mwN; *Berens/Brauner/Strauch* Due Diligence bei Unternehmensakquisitionen, 7. Aufl. Stuttgart 2013, 503 ff.; *Kneip/Jänisch* Tax Due Diligence – Steuerrisiken und Steuergestaltungen beim Unternehmenskauf, 2. Aufl. 2010; *Beisel/Andreas* Due Diligence, München 2. Aufl., 2010, §§ 12 ff. (S. 123 ff.); *Werner/Rüdiger* Sorgfaltspflichten des Geschäftsführers bei Unternehmensakquisitionen, GmbHR 07, 678; *von Busekist/Timmerbeil* Die Compliance Due Diligence in M&A-Prozessen, CCZ 13, 225; *Möller*, Offenlegungen und Aufklärungspflichten beim Unternehmenskauf, NZG 12, 841; *Goette*, Managerhaft: Handeln auf Grundlage angemessener Information – Umfang einer Due-Diligence-Prüfung beim Unternehmenskauf, DStR 14, 1776; zur sog. Post-M&A Due Diligence siehe von *Falkenhausen* NZG 15, 1209.

a) Was ist Due Diligence?

Due Diligence bezeichnet die „gebotene Sorgfalt" oder die „erforderliche Sorgfalt", **1** mit der beim Kauf, Verkauf oder anderen Transaktionen von Wirtschaftsgütern oder Anteilen der zu erwerbende Vermögensgegenstand im Vorfeld der Transaktion geprüft wird. **Due Diligence** ist eine Bestandsaufnahme, eine systematische Analyse der Stärken oder/und Schwächen des zu erwerbenden Vertragsgegenstandes, eine Analyse der mit dem Kauf verbundenen Risiken sowie seine fundierte Bewertung. Durch die Anzahl an Transaktionen ist dieser Begriff längst auch in Deutschland gebräuchlich geworden.

Due Diligence-Prüfung ist Ausprägung des anglo-amerikanischen „caveat emptor"-Prinzips (der Käufer sei auf der Hut). Im kaufrechtlichen Zusammenhang bedeutet das, dass allein der Käufer das **Risiko etwaiger Mängel der Kaufsache** trägt. Er muss deshalb prüfen, was er kauft. Er führt also in aller Regel eine umfassende Prüfung des Kaufgegenstandes durch. Auf dieser Grundlage kann er sich dann konkret vom Verkäufer bestimmte Garantien für die Mängelfreiheit des Kaufgegenstandes geben lassen. Diese Kaufprüfung ist die so genannte Due Diligence-Prüfung. In rechtlicher Konsequenz mindert eine sorgfältige Prüfung das Risiko des Käufers nicht. Aus ihr ergibt sich nur, was man in einem Kaufvertrag mit dem Verkäufer verhandeln muss.

2   In Deutschland gibt es rechtlich/gesetzlich eine **grundlegend andere Risikoverteilung.** Der Verkäufer trägt das Risiko etwaiger Mängel der Kaufsache. Der Verkäufer hat dem Käufer die Kaufsache grundsätzlich frei von Sach- oder Rechtsmängeln zu verschaffen. Um einen Interessenausgleich zwischen Käufer und Verkäufer herbeizuführen, gibt es in Deutschland ein ausgewogenes Haftungssystem mit Aufklärungs- und Verhaltenspflichten des Verkäufers und gesetzlich geregelten Gewährleistungsansprüchen des Käufers. Eine Due Diligence-Prüfung ist in diesem System eigentlich nicht vorgesehen. Trotzdem hat sich das Due Diligence-Verfahren – auf Grund der Internationalisierung der Transaktionen – mittlerweile auch in Deutschland durchgesetzt. Hintergrund dafür ist auch, dass die Sachmängelhaftung des BGB für den Verkauf von Gesellschaftsanteilen („Share Deal") unzureichend ist und man deshalb auch in Deutschland in Kaufverträgen spezielle Beschaffenheitsvereinbarungen und Garantien verhandeln muss, die das Unternehmen selbst betreffen. Zudem sind auch mögliche Auswirkungen auf die Haftung des Geschäftsführers wegen unterlassener Due Diligence-Prüfung bei einem Unternehmenserwerb zu berücksichtigen (vgl. zu Geschäftsführerhaftung bei einem Erwerb aus der Insolvenz OLG Oldenburg 1 U 34/03 v. 22.6.06, NZG 07, 434).

b) Verkäufer Due Diligence (Vendor Due Diligence) oder Käufer Due Diligence

3   Eine **Verkäufer-Due Diligence** (Vendor Due Diligence) ist die Durchführung einer eigenen Analyse und Prüfung des Kaufobjektes durch den Verkäufer zur Informationsversorgung des Käufers. Der Verkäufer bzw. die Berater des Verkäufers führen proaktiv eine Due Diligence durch und stellen dem Käufer die Ergebnisse zur Verfügung. Haupteinsatzgebiet für eine Vendor Due Diligence sind Auktionsprozesse. Der Verkäufer hat die Möglichkeit, den Umfang und den Zeitplan für eine Due Diligence selbst vorzugeben. Dadurch bestimmt er in großem Umfang, was aus dem Unternehmen gezeigt wird und wie es gezeigt wird. Für eine richtige Vendor Due Diligence muss ein großes Maß an Informationen bereitgestellt werden, weil jeder Interessent „bedient" werden soll und man nicht auf Fragen von Käuferseite reagiert. Vorteile aus einer Vendor Due Diligence sind die Informationsbeschaffung für den Verkäufer/ selbst Vorbereitung des Verkaufsprozesses für den Verkäufer durch einen vorherigen „Generalcheck" des Verkäufers, Beseitigung/Reparatur von „Mängeln", die Verbesserung des Kaufpreises und die Schnelligkeit des Verkaufsprozesses/Prozesssteuerung. Die Käufer-Due Diligence ist die weitaus häufigere Form einer Due Diligence. Der Verkäufer stellt Informationen zur Verfügung, aber unausgewertet. Die Auswertung erfolgt durch den einzelnen Interessenten, der unterschiedlich an die Themenbetreuung herangehen wird. In einem Auktionsprozess kann das zu einer enormen Belastung des Unternehmens führen, weil die Mitarbeiterressourcen von jedem Interessenten beansprucht werden, um ihm bei der Auswertung seiner Ergebnisse zur Seite zu stehen. Naturgemäß hat der Verkäufer aber dann keinen Zugang zu den ausgewerteten Informationen des Käufers.

2. Einzelerläuterungen

4   Das rechtliche und das steuerliche Muster der Checklisten-Formulare sind allgemein gehalten und müssen je nach Branche und sonstigen Besonderheiten des Falles noch individuell abgestimmt werden. Wenn man sich generell in den spezifischen Erwerbs-

vorgang eingearbeitet hat – hinsichtlich spezieller Umstände – kann man auch eine spezielle Due Diligence-Checkliste erstellen, die den Schwerpunkten Rechnung trägt. Diese Checkliste wird dann der anderen Seite mit der Bitte um Zurverfügungstellung der in der Checkliste genannten Unterlagen übersandt. Das gilt beispielsweise unabhängig davon, ob der Verkäufer seinerseits spezielle Unternehmensinformationen in einem Datenraum zusammenstellt. Die Checkliste gilt dann als Wegweiser, ob im Datenraum alles vorhanden war, was man anhand der Checkliste sehen und prüfen sollte. Durch eine möglichst weite und pauschale Fassung der einzelnen Fragen soll erreicht werden, dass auch entsprechende Überlegungen oder Erinnerungen in die Wege geleitet werden. Nicht einschlägige Punkte können dann mit Fehlanzeige beantwortet werden.

B. 21.05 Steuerliche Due Diligence Anforderungsliste

I. FORMULAR

Formular B. 21.05 Steuerliche Due Diligence Anforderungsliste

1. Rechtliche Grundlagen (soweit nicht bereits im Rahmen einer gesonderten rechtlichen Due Diligence angefordert)

1.1 Übersicht der Gruppen-/Konzernstruktur

1.2 Aktuelle Handelsregisterauszüge

1.3 Gesellschaftsverträge/Satzungen

1.4 Gesellschafterbeschlüsse (mindestens der letzten drei Jahre)

2. Steuerliche Veranlagung/Betriebsprüfungen

2.1 Aktueller Kontoauszug des Finanzamtes (kann beim zuständigen Finanzamt – idR – telefonisch angefordert werden)

2.2 Betriebsprüfungsbericht, Umsatzsteuersonderprüfungsbericht, Lohnsteueraußenprüfungsbericht (ggf. Entwürfe, falls Prüfung noch nicht abgeschlossen)

2.3 Sind Steuerbescheide im Anschluss an die letzte Betriebsprüfung bereits unanfechtbar? Vorlage der (geänderten) Steuerbescheide, die für das letzte Veranlagungsjahr des Betriebsprüfungszeitraums ergangen sind. Gibt es Einsprüche/Anträge auf Änderung gegen Steuerbescheide, die im Anschluss an die letzte Betriebsprüfung ergangen sind?

2.4 Sämtliche Steuererklärungen (nebst Anlagen und ergänzender Berechnungen wie etwa iRd. § 60 Abs. 2 EStDV, Sonderbilanzen, Ergänzungsbilanzen, Umsatzsteuerverprobungen etc.) und Steuerbescheide (Grundlagen- sowie Folgebescheide) für alle Veranlagungsjahre, die noch keiner Betriebsprüfung unterzogen wurden, (idR Steuerbescheide unter Vorbehalt der Nachprüfung hinsichtlich Körperschaft-, Gewerbe- und Umsatzsteuer, sowie zur Kapitalertragsteuer)

2.5 Vorläufige Steuerberechnung für Veranlagungsjahre, für die noch keine Steuererklärungen eingereicht wurden

2.6 Voranmeldungen zur Umsatzsteuer, soweit noch keine Umsatzsteuerjahreserklärung abgegeben wurde

2.7 Lohnsteueranmeldungen der letzten drei Monate

2.8 Steueranmeldungen zur Bauabzugsteuer (§ 48a EStG), ggf. Freistellungsbescheinigungen (§ 48b EStG)

2.9 Wurden bereits weitere steuerliche Außenprüfungen angeordnet? Ggfs. Vorlage der Prüfungsanordnungen

2.10 Falls derzeit steuerliche Außenprüfungen stattfinden: Welche Feststellungen wurden durch den Betriebsprüfer bereits getroffen? Ggfs. Vorlage entsprechender Korrespondenz mit der Finanzbehörde bzw. dem steuerlichen Berater

2.11 Anträge und Bescheide bezüglich öffentlicher Zuschüsse und steuerlicher Zulagen (zB Investitionszulage) der letzten fünf Jahre

2.12 Berichte der letzten sozialversicherungsrechtlichen Prüfungen (Rentenversicherungen, Krankenkassen, Berufsgenossenschaft)

3. Rechnungslegung

3.1 Berichte über die Prüfung des Jahresabschlusses (falls nicht vorhanden: Jahresabschlüsse) der letzten drei Jahre und zusätzlich der zurückliegenden Jahre, soweit noch keine steuerliche Betriebsprüfung abgeschlossen ist

3.2 Berichte über die Prüfung des Konzernabschlusses der letzten drei Jahre

3.3 Soweit noch keine Jahresabschlüsse (Prüfungsberichte) vorgelegt werden können: Entwürfe entsprechender Prüfungsberichte bzw. Jahresabschlüsse; für das laufende Geschäftsjahr: aktuelle Quartals- bzw. Zwischenabschlüsse (ggf. auch aktuelle Hauptabschlussübersicht bzw. betriebswirtschaftliche Auswertung der Finanzbuchführung)

4. Gesellschaftshistorie

Jeweils für den Zeitraum seit Abschluss der letzten Betriebsprüfung, mindestens jedoch für die letzten 5 Jahre (die Angaben sind auch notwendig, soweit Gesellschaften nicht mehr existieren, also zB im Rahmen der Verschmelzung untergegangen sind, liquidiert oder deren Anteile an Dritte übertragen wurden):

4.1 Übersicht der durchgeführten Umstrukturierungsmaßnahmen (Verschmelzungen, Formwechsel, Spaltung, Vermögensübertragung, Anteilstausch, Anwachsung, Einbringung etc.)

4.2 Übersicht der Akquisitionen (Unternehmenserwerb, Teilbetriebserwerb, Grundstücke, Sonstiges)

4.3 Übersicht der Verkäufe (Unternehmen, Teilbetriebe, Grundstücke, sonstiges)

4.4 zu den o.g. Maßnahmen: Vorlage von Gutachten/Memos des steuerlichen Beraters/Wirtschaftsprüfers und weiterer Korrespondenz hinsichtlich steuerlicher Fragestellungen

4.5 Historie der Gesellschaftsanteile an den betroffenen Gesellschaften (Gesellschafterwechsel, Aufnahme, Ausscheiden von Gesellschaftern, Einbringungsvorgänge, Sonstiges)

4.6 Unternehmensverträge: Ergebnisabführungsvertrag, Beherrschungsvertrag, sonstige Unternehmensverträge, Änderungen/Kündigungen/Aufhebungsvereinbarungen zu Unternehmensverträgen, jeweils zzgl. entsprechender Gesellschafterbeschlüsse

5. Steuerliche Einzelfragen

5.1 Angaben über steuerliche Verlustvorträge mindestens der letzten fünf Veranlagungsjahre jeweils getrennt nach Steuerart (Körperschaftsteuer, Gewerbesteuer) inklusive Angaben zum Jahr der steuerlichen Verlustentstehung

5.2 Angaben zu außerplanmäßigen Abschreibungen/Teilwertabschreibungen von Anteilen an Kapitalgesellschaften je Gesellschaft und Jahr der Abschreibung

5.3 Überblick über die bestehende Finanzierungsstruktur (Angaben über Gesellschafterdarlehen, Bankdarlehen, gewährte Kreditsicherheiten)

5.4 Vorlage sämtlicher Kreditverträge für den Zeitraum, der noch nicht einer steuerlichen Betriebsprüfung unterlag (auch wenn das Kreditverhältnis inzwischen nicht mehr besteht)

5.5 Angaben über gewährte Kreditsicherheiten zu den oben genannten Kreditverträgen

5.6 Aufstellung der Zinsaufwendungen (je Gläubiger bzw. Darlehen) unter Angabe der Behandlung im Rahmen der gewerbesteuerlichen Hinzurechnung und der „Zinsschranke" nach § 4h EStG/§ 8a KStG für alle Veranlagungsjahre seit der letzten Betriebsprüfung

5.7 Verträge mit nahe stehenden Personen (zB Gesellschaftergeschäftsführerverträge, Verträge mit wesentlich beteiligten Anteilseignern oder diesen nahe stehenden Personen, Beteiligungsunternehmen, verbundenen Unternehmen etc.) soweit sie Veranlagungsjahre seit der letzten Betriebsprüfung betreffen (auch, falls das Vertragsverhältnis inzwischen beendet wurde)

5.8 Aufstellung geldwerter Vorteile (zB Dienstfahrzeuge zur privaten Nutzung, Arbeitnehmerversicherungen, Mitarbeiterbeteiligungsprogramme, etc.)

5.9 Angaben zu ordentlichen Gewinnausschüttungen seit Abschluss der letzten Betriebsprüfung (Ausschüttungsbeschluss, Kapitalertragsteueranmeldung, Steuerbescheinigung)

5.10 Angaben zu (potentiellen) verdeckten Gewinnausschüttungen

5.11 Informationen über Verrechnungspreise gegenüber nahe stehenden Personen (Art und Umfang derartiger Geschäftsbeziehungen, angewandte Verrechnungspreismethode, Ermittlung der Verrechnungspreise, entsprechende steuerliche Gutachten, etc.) und deren Dokumentation im Unternehmen

5.12 Aufzeichnungen über Geschäftsbeziehungen mit nahe stehenden Personen bei Auslandsbezug nach § 90 Abs. 3 AO

5.13 Angaben über Art und Umfang von (unbebauten sowie bebauten) Grundstücken, Erbbaurechten, Gebäuden auf fremdem Grund und Boden und Vorlage entsprechender Grunderwerbsteuerbescheide

5.14 Wurden grunderwerbsteuerliche Tatbestände im Zusammenhang mit Anteilsübertragungen verwirklicht (§§ 1 Abs. 2a bzw. Abs. 3, Abs. 3a GrEStG)? Ggfs. Vorlage entsprechender Grunderwerbsteuerbescheide bzw. steuerlicher Gutachten/Korrespondenz mit steuerlichem Berater sowie Finanzverwaltung

5.15 Wurden Steuererklärungen eingereicht, deren Angaben von geltendem Gesetz, Auffassung der Finanzverwaltung, Rechtsprechung oder verbindlichen Auskünften abweichen?

5.16 Gibt es Anträge auf verbindliche Auskunft?

5.17 Angaben über laufende Einspruchsverfahren

5.18 Angaben zu finanzgerichtlichen Verfahren

5.19 Angaben über ggf. steuerstrafrechtliche Ermittlungen/Verfahren

5.20 Angaben über Abtretung von Steueransprüchen

5.21 Weitere wichtige Korrespondenz mit Finanzverwaltung

5.22 Umsatzsteuer: In welchem Umfang fanden innergemeinschaftliche Lieferungen und Ausfuhrlieferungen statt (für Zeitraum nach Abschluss der letzten Betriebsprüfung)? Können ggf. alle notwendigen Ausfuhrnachweise (Buch- und Belegnachweis) vorgelegt werden?

5.23 Wurden umsatzsteuerliche Sachverhalte realisiert, die zum Übergang der Umsatzsteuerschuldnerschaft führen (§ 13b UStG)?

II. ERLÄUTERUNGEN

Erläuterungen zu B. 21.05 Steuerliche Due Diligence Anforderungsliste
---

Siehe B. 21.04 Rz. 1 ff.

B. 21.06 Vertraulichkeitsvereinbarung

Gliederung

I. FORMULAR

Formular B. 21.06 Vertraulichkeitsvereinbarung

Vertraulichkeitsvereinbarung

zwischen

1. [...]   – im Folgenden: „Veräußerer" –

und

2. [...]   – im Folgenden: „Gesellschaft" –

und

3. [...]   – im Folgenden: „Erwerber" –

Im Zusammenhang mit der Bewertung eines möglichen Erwerbs einer Beteiligung an der Gesellschaft (die „Transaktion") ist der Erwerber an dem Erhalt bestimmter geheimer und vertraulicher Informationen bezüglich der Gesellschaft einschließlich Informationen bezüglich der Geschäftstätigkeit, der Finanzlage, der Geschäftsabschlüsse, Vermögenswerte und Verbindlichkeiten („Geheime Informationen") von der Gesellschaft interessiert.

Mit Abschluss dieser Vereinbarung beabsichtigen die Parteien, die Vertraulichkeit der Geheimen Informationen, die dem Erwerber im Zusammenhang mit der Bewertung der Transaktion zur Verfügung gestellt werden, zu wahren.

Daher wird hiermit zwischen den Parteien Folgendes vereinbart:

§ 1 Der Erwerber wird die Geheimen Informationen vertraulich behandeln und nur zum Zweck der Bewertung der Transaktion verwenden. Der Erwerber verpflichtet sich, die Geheimen Informationen nicht ohne vorherige schriftliche Zustimmung des Veräußerers oder der Gesellschaft Dritten zugänglich zu machen.

§ 2 Der Erwerber ist berechtigt, die Geheimen Informationen an Mitarbeiter oder Berater weiterzugeben, die mit der Bewertung der Transaktion beauftragt sind. Der Erwerber ist verpflichtet, die vorgenannten Personen über die aufgrund dieser Vereinbarung bestehende Geheimhaltungsverpflichtung vor Bekanntgabe einer Geheimen Information zu informieren. Der Erwerber steht für die Einhaltung der Verpflichtungen gemäß dieser Vereinbarung durch die vorgenannten Personen ein.

§ 3 Die Verpflichtung zur Geheimhaltung, und Nicht-Weitergabe findet nur Anwendung auf Informationen, die

a) nicht bereits allgemein bekannt sind;

b) dem Erwerber nicht bereits vorher von der Gesellschaft oder deren Vertretern auf nicht vertraulicher Basis gewährt worden waren;

c) dem Erwerber nicht von Dritten auf nicht vertraulicher Basis zugänglich gemacht wurden, es sei denn, dass dem Erwerber bekannt war, dass dieser Dritte seinerseits durch die Weitergabe eine Geheimhaltungsvereinbarung mit dem Veräußerer oder der Gesellschaft verletzt hat.

§ 4 Eine Geheimhaltungsverpflichtung besteht nicht, soweit der Erwerber gesetzlich verpflichtet ist, Geheime Informationen in gerichtlichen, behördlichen oder sonstigen Verfahren zu offenbaren.

§ 5 Der Erwerber verpflichtet sich, auf schriftliche Anforderung des Veräußerers sämtliche ihm aufgrund dieser Vereinbarung überlassenen Unterlagen, Daten oder Datenträger sowie sämtliche Kopien oder Teile hiervon, die sich noch im Besitz des Erwerbers befinden, an die Gesellschaft zurückzugeben oder zu zerstören und der Gesellschaft die Zerstörung schriftlich zu bestätigen.

§ 6 Weder das Abhalten der beabsichtigten Verhandlungen noch die Bekanntgabe Geheimer Informationen nach dieser Vereinbarung verpflichtet die jeweils andere Partei zum Abschluss einer Transaktion oder zur Aufnahme von Geschäftsbeziehungen zu der jeweils anderen Partei.

§ 7 Im Falle jedes Verstoßes gegen die vorstehend getroffenen Vereinbarungen ist der Erwerber zur Zahlung einer Vertragsstrafe in Höhe von € 500 000,– verpflichtet. Je zwei Wochen einer fortgesetzten Verletzungshandlung gelten als selbständiger Verstoß. Die Geltendmachung darüber hinausgehender Unterlassungs- und Schadensersatzansprüche durch den Veräußerer und die Gesellschaft bleiben hiervon unberührt. Die Vertragsstrafe ist auf Schadensersatzansprüche anzurechnen.

§ 8 Diese Vereinbarung unterliegt dem Recht der Bundesrepublik Deutschland unter Ausschluss der Bestimmungen des internationalen Privatrechts.

§ 9 Für sämtliche Streitigkeiten nach dieser Vereinbarung ist ausschließlich der Gerichtsstand München.

§ 10 Sollte eine Bestimmung dieser Vertraulichkeitsvereinbarung ganz oder teilweise unwirksam, nichtig oder nicht durchsetzbar sein, so wird hierdurch die Wirksamkeit der übrigen Bestimmungen nicht berührt. Sollte eine Bestimmung dieses Vertrages ganz oder teilweise für unwirksam, nichtig oder undurchsetzbar erklärt werden, so wird hierdurch die Wirksamkeit der übrigen Bestimmung nicht berührt. Anstelle der unwirksamen, nichtigen oder nicht durchsetzbaren Bestimmungen gilt eine solche wirksame und durchsetzbare Bestimmung als vereinbart, die dem wirtschaftlichen Sinn und Zweck der unwirksamen, nichtigen oder nicht durchsetzbaren Regelung am ehesten entspricht. Dies gilt entsprechend für etwaige zusätzliche Auslegungen der Bestimmungen dieser Vertraulichkeitsvereinbarung.

...................................., den ....

....

Veräußerer   **Gesellschaft**

....

Erwerber

II. ERLÄUTERUNGEN

Erläuterungen zu B. 21.06 Vertraulichkeitsvereinbarung

---

1. Grundsätzliche Anmerkungen

1   **Schrifttum:** *Holzapfel/Pöllath* Unternehmenskauf in Recht und Praxis, 15. Aufl. 2017 Rz. 629; *Krömker* Due Diligence – ein M&A-Tool mit rechtlichen Fallstricken, M&A Review 08, 201 (zu Informationsweitergabe und Datenschutz); *von Werder/Kost* Vertraulichkeitsvereinbarungen in der M&A-Praxis, BB 10, 2903; *Schiffer/Bruß* Due Diligence beim Unternehmenskauf und vertragliche Vertraulichkeitsvereinbarungen, BB 12, 847; *Fröhlich/Linke*, Gestaltungsoptionen für Vertraulichkeitsvereinbarungen bei Unternehmenstransaktionen, GWR 14, 449; *Sinewe* Tax Due Diligence beim Unternehmenskauf, 2. Aufl., 2014; *Beisel/Klumpp* Unternehmenskauf, 7. Aufl., 2016.

a) Wirtschaftliches Vertragsziel

2   Im Vorfeld eines Unternehmenskaufs verlangt der Erwerber bzw. die von ihm beauftragen Berater va. im Rahmen der Due Diligence regelmäßig **vertrauliche nicht öffentlich zugängliche Informationen** um sich ein genaueres Bild des zu erwerbenden Unternehmens zu machen. Insbesondere bei Erwerb durch einen Wettbewerber sind für den Veräußerer damit erhebliche Risiken im Fall des Scheiterns der Vertragsverhandlungen verbunden. Eine Vertraulichkeitsvereinbarung soll dieses **Risiko mindern.** Da der Abschluss einer mit einer Vertragsstrafe bewehrten Vertraulichkeitsvereinbarung nicht immer durchsetzbar ist oder wenn die Veräußerung aus Sicht des Verkäufers noch sehr unsicher ist, bietet sich auch die Einschaltung von zur (Berufs-)Verschwiegenheit verpflichteten Dritten an, die die Information neutralisieren. Besondere Bedeutung kommt einer Vertraulichkeitsvereinbarung bei Bestehen von Offenlegungsverboten (insbesondere bei Aktiengesellschaften, vgl. § 404 Abs. 1 Nr. 1, § 93 Abs. 1 Satz 3, Abs. 2 AktG und § 38 Abs. 1 Nr. 2 iVm. § 14 Abs. 1 Nr. 2 WpHG) zu (vgl. *Holzapfel/Pöllath* aaO Rz. 630). Zum Erfordernis eines einstimmigen Beschlusses der Gesellschafterversammlung zur Durchführung einer Käufer-Due Diligence bei einer GmbH vgl. LG Köln 90 O 11/08 v. 26.3.08, GmbHR 09, 261; Anm. *Maitzen/Ebel* Beck FD-MA 2008, 270121.

b) Zivilrecht

3   Kern der Vereinbarung ist die Beschreibung der geheim zu haltenden Informationen und die Regelung der Rechtsfolgen bei einem Verstoß gegen Vertraulichkeitsvereinbarung.

c) Steuerrecht

4   Die Vertragsstrafe unterliegt grds. nicht der **Umsatzsteuer** (EuGH Rs. C-277/05 v. 18.7.07, IStR 07, 667; BFH XI R 58/93 v. 4.5.94, BStBl. II 94, 589; *Bunjes/Robisch* § 1 Rz. 53; *Sölch/Ringleb/Oelmaier* § 1 Rz. 105; UStAE 1.3 Abs. 1, Abs. 3).

2. Einzelerläuterungen

Zu § 1: Zustimmungserfordernis zur Informationsweitergabe

5   Die Zustimmung zur Weitergabe der Informationen durch die Gesellschaft ist insbesondere relevant, wenn der Gesellschafter selbst hierüber gar nicht verfügen kann (zB bei Aktiengesellschaften).

Zu § 2: Weitergabe der Informationen an Berater

6   Die Weitergabe der Informationen an die in den Erwerbsprozess eingebundenen Berater ist für den Erwerber regelmäßig unabdingbar. Im Gegenzug haftet der Erwerber für die Einhaltung der Vertraulichkeitsvereinbarung durch die von ihm eingeschalteten **Berater verschuldensunabhängig.**

Zu 3: Einschränkung

Durch diese Klausel wird klargestellt, dass nur die vom Veräußerer aufgrund dieser 7 Vereinbarung übermittelten Informationen geschützt werden. Andernfalls würde der Veräußerer durch diese Vereinbarung eine ungerechtfertigte Besserstellung erhalten.

Zu § 4: Keine Erstreckung

Die Geheimhaltungsverpflichtung kann sich nicht auf die genannten Offenbarungs- 8 pflichten erstrecken. Sollen Informationen (zB nicht patentrechtlich geschützte Verfahren oder vergleichbare Geschäftsgeheimnisse) auch insoweit geschützt werden, muss eine Informationsweitergabe unterbleiben.

Zu § 5: Vernichtung oder Rückgabe von Kopien und Unterlagen

Die Verpflichtung zur Vernichtung oder Rückgabe von Kopien und Unterlagen 9 soll die vor allem bei einem Wettbewerber bestehenden negativen Folgen vermeiden, wenn dieser auch bei einem Scheitern der Verhandlungen weiterhin im Besitz von Unterlagen wäre.

Zu § 6:

Die Klausel dient der Klarstellung, dass sich aus der Vertraulichkeitsvereinbarung 10 keine über die Vertraulichkeit hinausgehenden Verpflichtungen (zB Vorvertrag oder vergleichbare Verpflichtungen) ergeben sollen.

Zu § 7: Vertragsstrafe

Zu unterscheiden sind **Vertragsstrafe** (wie im vorliegenden Formular) und bloße 11 **Schadenspauschalierung** (*Palandt/Grüneberg* § 339 BGB Rz. 1 und § 276 BGB Rz. 26). Während eine Schadenspauschalierung alleine den Schadensbeweis ersparen soll und dem Schuldner grds. der Nachweis eines geringeren Schadens offen bleibt (vgl. OLG Schleswig 9 U 229/83 v. 11.4.84, DNotZ 85, 310, LAG Düsseldorf 2 Sa 292/72 v. 15.11.72, DB 73, 85, *Knütel/Rieger* NZBau 10, 285), ist bei einer Vertragsstrafe der Schadensbeweis bei Verstoß gegen die Vertraulichkeit entbehrlich, so dass nur die Verletzung der Vertraulichkeit nachzuweisen ist. Ein Verschulden (einschließlich eines Verschuldens von Hilfspersonen § 278 BGB) bei Verletzung der Vertraulichkeit ist grds. erforderlich, die Vereinbarung einer verschuldensunabhängigen Haftung ist jedoch möglich (*Palandt/Grüneberg* § 339 BGB Rz. 15; BGH VII ZR 112/69 v. 11.3.71, NJW 71, 883; BGH XI ZR 42/96 v. 28.1.97, NJW-RR 97, 686, 688; Einschränkungen können sich bei AGB aus § 309 Nr. 6 und § 307 BGB ergeben). Ohne Vereinbarung einer Vertragsstrafe kann eine Haftung nur nach allgemeinen Grundsätzen geltend gemacht werden (§ 280 Abs. 1 iVm. § 241 Abs. 2 BGB). Insbesondere der Nachweis des Schadens ist in diesem Fall praktisch nur schwer zu führen.

Das Formular sieht vor, dass bei **wiederholten Verstößen** die Strafe mehrfach anfällt und regelt auch die Behandlung von **Dauerverstößen.** Ohne ausdrückliche Regelung wäre dies eine Frage der Auslegung. Die Rechtsprechung geht in diesem Zusammenhang idR davon aus, dass die Strafe auch bei Fehlen einer natürlichen Handlungseinheit nicht für jede einzelne Tat, sondern nur einmal verwirkt ist (BGH I ZR 323/98 v. 25.1.01, NJW 01, 2622; *Palandt/Grüneberg* § 339 BGB Rz. 18). Zum uneingeschränkten Verzicht auf die Einrede des Fortsetzungszusammenhangs in formularmäßigen Vereinbarungen vgl. BGH I ZR 186/90 v. 10.12.92, NJW 93, 721 (unwirksam; ausnahmsweise Rechtfertigung durch ein schutzwürdiges Interesse des Verwenders; vgl. BGH I ZR 294/90 v. 28.1.93, NJW 93, 1786, OLG München 7 U 5841/93 v. 26.1.94, BB 94, 1104).

Zu § 8: Rechtswahlklausel

Bei grenzüberschreitenden Sachverhalten sind die Regelung des anwendbaren 12 Rechts und insbesondere der Ausschluss der Regelungen des IPR empfehlenswert.

Zu § 9: Gerichtsstandvereinbarung

13   Eine Gerichtsstandvereinbarung setzt voraus grds, dass die Vertragsparteien zu dem in § 38 Abs. 1 ZPO genannten Personenkreis gehören. Eine Gerichtsstandvereinbarung kann auch abgeschlossen werden, wenn mindestens eine der Vertragsparteien keinen allgemeinen Gerichtsstand im Inland hat (§ 38 Abs. 2 ZPO) und die Vereinbarung schriftlich abgeschlossen wird. Einschränkungen ergeben sich bei allgemeinem inländischen Gerichtsstand einer Partei (§ 38 Abs. 2 S. 3 ZPO).

B. 21.07 Unternehmenskaufvertrag aus der Insolvenz

Gliederung

I. FORMULAR

Formular B. 21.07 Kauf- und Übertragungsvertrag aus der Insolvenz

KAUF- UND ÜBERTRAGUNGSVERTRAG

zwischen

[…] geschäftsansässig […], als Insolvenzverwalter über das Vermögen der I-GmbH, [Adresse], eingetragen im Handelsregister des Amtsgerichts [Ort] unter HRB […]

(„Verkäufer" oder „Insolvenzverwalter")

und

[Name], [Adresse] [eingetragen im Handelsregister des Amtsgerichts [Ort] unter HRB […], gesetzlich vertreten durch […]

(„Käufer")

(Verkäufer und Käufer nachfolgend jeweils einzeln „Partei" und gemeinsam die „Parteien")

I. Vorbemerkung

(1) Über das Vermögen der I-GmbH („I-GmbH" oder „Insolvenzschuldnerin") wurde mit Beschluss des Amtsgerichts – Insolvenzgericht – […] vom […] das Insolvenzverfahren eröffnet und der Verkäufer zum Insolvenzverwalter bestellt. Eine Abschrift des Beschlusses ist diesem Vertrag als Anlage 1 beigefügt.

(2) Die Insolvenzschuldnerin stellt am Standort […] […] her.

(3) Der Käufer beabsichtigt, nahezu sämtliche betriebszugehörigen Gegenstände der Insolvenzschuldnerin zu erwerben und deren Geschäftsbetrieb am bisherigen Standort in […] fortzuführen und eine möglichst große Zahl von Arbeitsplätzen langfristig zu erhalten.

II. Vereinbarung

§ 1 Kaufgegenstand

(1) Der Verkäufer verkauft hiermit an den dies hiermit annehmenden Käufer gemäß den nachstehenden Bestimmungen nahezu sämtliche dem Geschäftsbetrieb der In-

solvenzschuldnerin oder sonst der Insolvenzschuldnerin zuzuordnenden Vermögensgegenstände des beweglichen Anlagevermögens sowie des Umlaufvermögens und gegebenenfalls weitere, in diesem Vertrag geregelte Gegenstände und Rechte, soweit in diesem Vertrag nichts anderes bestimmt ist („Verkaufte Gegenstände").

(2) Nicht verkauft sind

a) sämtliche Forderungen der Insolvenzschuldnerin bzw. des Verkäufers, insbesondere solche aus Lieferung und Leistung sowie,

b) vorbehaltlich § 2 Abs. 2 sämtliche im Besitz der Insolvenzschuldnerin befindliche bzw. von ihr genutzte, aber im Eigentum Dritter stehenden Maschinen, Geräte und sonstigen Materialien, insbesondere gemietete und geleaste Gegenstände.

§ 2 Verkauf des Anlage- und Umlaufvermögens

(1) Der Verkäufer verkauft hiermit mit wirtschaftlicher und rechtlicher Wirkung zum Übertragungsstichtag an den dies annehmenden Käufer

a) die in Anlage 2.1 aufgeführten Gegenstände des beweglichen Anlagevermögens der Insolvenzschuldnerin („Verkauftes Anlagevermögen");

b) die in Anlage 2.2 bezeichneten Vorräte, einschließlich der Roh-, Hilfs- und Betriebsstoffe sowie der unfertigen und fertigen Erzeugnissen und Waren der Insolvenzschuldnerin („Verkauftes Umlaufvermögen"). Die Parteien vereinbaren, dass diese Anlage 2.2 gemäß nachfolgendem Absatz 3 dieses Vertrages zu aktualisieren ist;

c) Die Originale aller Handelsbücher und sonstigen Unterlagen nach § 257 HGB der Insolvenzschuldnerin, mit Ausnahme derjenigen Unterlagen, zu deren Aufbewahrung der Verkäufer verpflichtet ist sowie alle bei der Insolvenzschuldnerin zum Übertragungsstichtag dort vorhandenen Unterlagen in Bezug auf die Verkauften Gegenstände, insbesondere Bücher und Aufzeichnungen, Zulieferer- und Kundenlisten sowie technische und sonstige Unterlagen.

d) Der Käufer wird die Handelsbücher und sonstigen Unterlagen für die Dauer der gesetzlichen Aufbewahrungsfrist mit der Sorgfalt eines ordentlichen Kaufmanns für den Verkäufer nach den Vorschriften der unentgeltlichen Verwahrung aufbewahren.

(Sämtliche Gegenstände gemäß diesem § 2 Abs. 1 gemeinsam „Verkaufte Gegenstände".)

(2) Unbeschadet des Vorstehenden werden zum Übertragungsstichtag im Geschäftsbetrieb der Insolvenzschuldnerin vorhandene Gegenstände, die unter verlängertem oder erweitertem Eigentumsvorbehalt geliefert, zur Sicherheit übereignet oder mit gesetzlichen oder vertraglichen Pfandrechten bzw. Pfändungspfandrechten belastet sind, vom Verkäufer nur gemäß und unter Einhaltung von § 166 InsO verkauft und übertragen.

(3) Nur die bei der Insolvenzschuldnerin zum Übertragungsstichtag tatsächlich vorhandenen Gegenstände des Umlaufvermögens gemäß dem vorstehenden Absatz 1 sollen verkauft und übertragen werden. Die Anlage 2.2 ist nach dem Übertragungsstichtag zu aktualisieren und nach der Unterzeichnung durch Käufer und Verkäufer als finale Fassung der Anlage 2.2 diesem Vertrag beizufügen, um die tatsächliche Situation zum Übertragungsstichtag zutreffend wiederzugeben.

§ 3 Verkauf immaterieller Vermögensgegenstände

(1) Der Verkäufer verkauft hiermit an den dies hiermit annehmenden Käufer die in der Anlage 3 aufgeführten immateriellen Vermögensgegenstände der Schuldnerin („Verkaufte eingetragene Rechte").

(2) Der Verkäufer verkauft zudem an den dies annehmenden Käufer alle am Übertragungsstichtag bestehenden Lizenzrechte oder vergleichbaren Rechte, alle geistigen Eigentumsrechte und generellen Schutzrechte der Schuldnerin, soweit sie dem Verkäufer zustehen und rechtlich bzw. tatsächlich übertragbar sind (diese Rechte zusammen mit den „Verkauften eingetragenen Rechten" „Verkaufte IP-Rechte").

(3) Der Verkäufer verkauft hiermit an den dies hiermit annehmenden Käufer sämtliches am Übertragungsstichtag bestehendes technisches und kommerzielles Knowhow der Insolvenzschuldnerin (insbesondere Betriebs- und Geschäftsgeheimnisse, Verfahren, Zeichnungen sowie Kunden- und Lieferantenbeziehungen), soweit nicht bereits von den „Verkauften IP-Rechten" erfasst („Know-how", mit den Verkauften IP-Rechten die „Verkauften Immateriellen Gegenstände").

§ 4 Überleitung von Verträgen

(1) Der Verkäufer wird sich nach besten Kräften im Rahmen seiner Möglichkeiten als Insolvenzverwalter darum zu bemühen, an den Käufer mit wirtschaftlicher Wirkung zum Übertragungsstichtag die folgenden Vereinbarungen, Lizenzen, Verträge, bindende Angebote und sonstigen vertraglichen Rechte auf den Käufer überzuleiten:

a) alle in der Anlage 4.1 aufgeführten Kundenverträge einschließlich offener Bestellungen der I-GmbH („Überzuleitende Kundenverträge");

b) die in Anlage 4.2 aufgeführten Verträge, einschließlich aller offener Bestellungen mit Lieferanten der I-GmbH („Überzuleitende Lieferantenverträge");

c) die sonstigen in Anlage 4.3 aufgeführten Verträge und Vereinbarungen

(alle in diesem § 4 Abs. 1 aufgeführten Vereinbarungen und Verträge gemeinsam „Überzuleitende Verträge"; die Verkauften Gegenstände; die Überzuleitenden Verträge gemeinsam auch „Übertragener Geschäftsbetrieb").

(2) Die Überzuleitenden Verträge werden gemäß den in nachfolgendem § 8 niedergelegten Bestimmungen von dem Verkäufer auf den Käufer übertragen.

§ 5 Kaufpreis

(1) Der Kaufpreis für die „Verkauften Gegenstände" („Kaufpreis") beträgt € …… (in Worten …… Euro).

(2) Der Kaufpreis in Höhe von € […] ist fünf Bankarbeitstage nach dem Tag, an dem die letzte der in § 10 Abs. 1 Buchst. a) und b) genannten Vollzugsbedingungen eingetreten ist, auf das Insolvenzverwalteranderkonto des Verkäufers […] fällig und zahlbar. Der Kaufpreis ist ab Fälligkeit bis zum Datum der tatsächlichen Zahlung (den Zahlungstag ausgenommen) in Höhe von […]% p. a. zu verzinsen.

(3) Die Parteien gehen davon aus, dass die Veräußerung und Übertragung der Verkauften Gegenstände eine Geschäftsveräußerung im Sinne von § 1 Absatz 1a UStG darstellt und daher nicht der Umsatzsteuer unterliegt.

(4) Über die Ankündigung von Betriebsprüfungen, die sich auf die Vorsteuerabzüge oder auf die umsatzsteuerliche Beurteilung dieses Vertrages und seiner Durchführung erstrecken, wird der Verkäufer den Käufer informieren. Der Verkäufer verpflichtet sich, den Käufer über den Stand der Betriebsprüfungen umgehend zu informieren und ihm Gelegenheit zur Mitwirkung zu geben.

(5) Sollten die vertragsgegenständlichen Umsätze wider Erwarten von den zuständigen Finanzbehörden nicht als Veräußerung eines in der Gliederung seines Unternehmens gesondert geführten Betriebs im Sinne des § 1 Abs. 1a UStG, sondern als umsatzsteuerpflichtige Umsätze angesehen werden, erhöhen sich die Zahlungen gemäß Absatz 1 dieses § 5 für das „Verkaufte Anlage-, Umlaufvermögen" und die „Verkauften immateriellen Gegenstände" um die gesetzlich geschuldete Umsatzsteuer. Die in diesem Fall zu zahlende Umsatzsteuer ist spätestens am fünften Ka-

lendertag nach Erhalt einer ordnungsgemäßen, den Anforderungen der §§ 14, 14a UStG genügenden und den Vorsteuerabzug begründenden Rechnung fällig und zahlbar.

§ 6 Übertragung der „Verkauften Gegenstände"

(1) Der Verkäufer und der Käufer sind sich darüber einig, dass das Eigentum an sämtlichen „Verkauften Gegenständen" am Übertragungsstichtag auf den Käufer übergeht.

(2) Der Verkäufer übergibt dem Käufer am Übertragungsstichtag sämtliche „Verkauften Gegenstände". Soweit sich die „Verkauften Gegenstände" im Besitz von Dritten befinden, tritt der Verkäufer hiermit seine Herausgabeansprüche bezüglich dieser Vermögensgegenstände an den Käufer ab, der diese Abtretung hiermit annimmt. Soweit der Käufer am Übertragungsstichtag keinen Besitz an einzelnen Vermögensgegenständen gemäß vorstehendem Sätzen 1 bis 3 erlangt, verwahrt der Verkäufer diese Vermögensgegenstände ab dem Übertragungsstichtag als Übergabesurrogat für den Käufer.

§ 7 Übertragung der „Verkauften immateriellen Vermögensgegenstände"

(1) Der Verkäufer überträgt hiermit mit Wirkung zum Übertragungsstichtag die „Verkauften immateriellen Gegenstände" auf den Käufer. Der Käufer nimmt die Übertragung der „Verkauften immateriellen Gegenstände" hiermit an. Hierzu übergibt der Verkäufer übergibt dem Käufer am Übertragungsstichtag sämtliche Eintragungsurkunden von Patenten und Marken betreffend die „Verkauften eingetragenen Rechte", soweit ihm diese vorliegen sowie die von ihm unterschriebenen Anträge auf Rechtsübertragung der „Verkauften eingetragenen Rechte".

(2) Der Käufer trägt sämtliche im Zusammenhang mit der Umschreibung entstehende Kosten und führt die Umschreibung selbst durch.

§ 8 Überleitung der „Überzuleitenden Verträge"

(1) Der Verkäufer überträgt gemäß den Bestimmungen dieses Vertrages hiermit alle „Überzuleitenden Verträge" (einschließlich aller damit im Zusammenhang stehenden Rechte, Ansprüche und Forderungen) mit wirtschaftlicher Wirkung zum Übertragungsstichtag an den dies annehmenden Käufer; der Käufer übernimmt somit alle Rechte und Pflichten aus den „Überzuleitenden Verträgen" und ersetzt in diesen Verträgen den Verkäufer als Partei. Der Käufer übernimmt die „Überzuleitenden Verträge" mit schuldbefreiender Wirkung für den Verkäufer, gegebenenfalls vorbehaltlich der Genehmigung Dritter gemäß nachfolgendem Absatz 4 und stellt den Verkäufer von allen Ansprüchen der diesbezüglichen anderen Parteien der „Überzuleitenden Verträge" frei.

(2) Der Käufer übernimmt jedoch keine Verbindlichkeiten aus den „Überzuleitenden Verträgen", die vor dem Übertragungsstichtag entstanden und fällig geworden sind (nachfolgend „Ausgeschlossene Verbindlichkeiten") und der Verkäufer wird von diesen „Ausgeschlossenen Verbindlichkeiten" nicht befreit. Soweit „Ausgeschlossene Verbindlichkeiten" jedoch vor dem Übertragungsstichtag entstanden sind, sich aber ganz oder teilweise auf einen Zeitraum nach dem Übertragungsstichtag beziehen, stellt der Käufer den Verkäufer insoweit frei. Mit Ausnahme der „Ausgeschlossenen Verbindlichkeiten" übernimmt der Käufer hiermit mit Wirkung ab dem Übertragungsstichtag alle sich aus oder im Zusammenhang mit den „Überzuleitenden Verträgen" ergebenden Verbindlichkeiten und Verpflichtungen (gleich ob tatsächliche oder Eventualverbindlichkeiten, ob bekannte oder unbekannte Verbindlichkeiten) und verpflichtet sich zu deren Erfüllung bei Fälligkeit, (nachfolgend die „Übernommenen Verbindlichkeiten"). Der Käufer übernimmt diese „Übernommenen Verbindlichkeiten"

mit schuldbefreiender Wirkung, gegebenenfalls vorbehaltlich der Zustimmung Dritter gemäß nachfolgendem Absatz 4. Soweit eine solche Zustimmung noch nicht vorliegt, übernimmt der Käufer die „Übernommenen Verbindlichkeiten" im Wege des Schuldbeitritts. Der Käufer stellt den Verkäufer von allen Ansprüchen aus und im Zusammenhang mit den „Übernommenen Verbindlichkeiten" frei. Unbeschadet abweichender ausdrücklicher Regelungen in diesem Vertrag übernimmt der Käufer neben den gemäß diesem § 8 Abs. 2 „Übernommenen Verbindlichkeiten" keine weiteren Verbindlichkeiten.

(3) Sollte eine der Parteien nach dem Übertragungsstichtag Zahlungen erhalten, die nach diesem Vertrag der anderen Partei zustehen, wird sie diesen unverzüglich an die andere Partei weiterleiten.

(4) Soweit die Übertragung der „Überzuleitenden Verträge" auf den Käufer die Zustimmung eines Dritten erfordert oder nur durch Abschluss eines neuen Schuldverhältnisses mit einem Dritten erfolgen kann

a) unternehmen der Verkäufer und der Käufer sowohl vor als auch nach dem Übertragungsstichtag alle jeweils wirtschaftlich zumutbaren Anstrengungen, um sicherzustellen, dass mit Wirkung zum oder schnellstmöglich nach dem Übertragungsstichtag eine solche Genehmigung erteilt oder ein neues Schuldverhältnis mit schuldbefreiender Wirkung zu Gunsten des Verkäufers abgeschlossen wird;

b) handelt der Verkäufer bis zur Erteilung der Genehmigung oder bis zum Abschluss des neuen Schuldverhältnisses im Außenverhältnis weiter als Vertragspartei des jeweiligen „Überzuleitenden Vertrages", im Innenverhältnis jedoch ausschließlich aufgrund und gemäß den zumutbaren Anweisungen des Käufers und der Käufer erfüllt die Verpflichtungen des Verkäufers aus dem „Überzuleitenden Vertrag";

c) stellt der Käufer den Verkäufer von allen aus oder im Zusammenhang mit dem jeweiligen „Überzuleitenden Vertrag" entstehenden Kosten, Verlusten, Rechtsstreitigkeiten, Ansprüchen, Forderungen und Auslagen – auf angemessenes Verlangen des Verkäufers – frei.

Die Zustimmung einer dritten Partei oder die Erfüllung anderer Voraussetzungen zur Übertragung eines „Überzuleitenden Vertrages" auf den Käufer stellt keine Vollzugsbedingung dar.

(5) Liegen die gemäß vorstehendem Abs. 4 benötigten Zustimmungen und sonstigen Erfordernisse Dritter für die Übertragung von „Überzuleitenden Verträgen" nicht innerhalb von drei Monaten nach dem Übertragungsstichtag vor, ist der Verkäufer berechtigt, die jeweiligen „Überzuleitenden Verträge" so bald wie nach vorheriger Absprache mit dem Käufer möglich, zu kündigen.

(6) Der zwischen *[Vermieter]* und der I-GmbH bestehende Mietvertrag wurde durch eine gesonderte Vereinbarung zwischen *[Vermieter]*, *[I-GmbH]* und *[Käufer]*, die diesem Vertrag als Anlage 8.1 beigefügt – aufschiebend bedingt auf den Übertragungsstichtag aufgehoben und zwischen *[Käufer]* und *[Vermieter]* neu abgeschlossen. Das Zustandekommen dieses neuen Mietvertrags stellt keine Vollzugsbedingung dar.

§ 9 Mitarbeiter

(1) Im zu veräußernden Geschäftsbetrieb sind zum Stichtag [...] die in der Anlage 9.1 aufgeführten Arbeitnehmer beschäftigt. Für den Fall der Abweichung des tatsächlichen Personalstandes von der Anlage 9.1 ist der tatsächliche Bestand maßgeblich.

(2) Dem Käufer ist bekannt, dass sämtliche Arbeitsverhältnisse der I-GmbH, die über den Übertragungsstichtag hinaus fortbestehen, gemäß § 613a Abs. 1 S. 1. BGB kraft Gesetzes auf ihn übergehen.

(3) Der Verkäufer verpflichtet sich, sämtliche übergehende Arbeitnehmer unverzüglich nach dem Übertragungsstichtag über den Übergang ihrer Arbeitsverhältnisse

entsprechend den Anforderungen des § 613a Abs. 5 BGB zu unterrichten. Käufer und Verkäufer werden sich hinsichtlich der Formulierung der Unterrichtung abstimmen, insbesondere verpflichtet sich der Käufer, dem Verkäufer die für die Erstellung des Unterrichtungsschreibens erforderlichen Informationen zukommen zu lassen.

(4) Sofern Arbeitnehmer dem Betriebsübergang widersprechen, verpflichten sich die Parteien, sich gegenseitig darüber zu informieren. Der Käufer stellt den Verkäufer von allen Kosten und Risiken im Zusammenhang mit den widersprechenden Arbeitnehmern frei. Dies erfasst sowohl die Gehaltszahlungen, Sozialversicherungsbeiträge, Kosten etwaiger arbeitsgerichtlicher Verfahren und sonstige im Zusammenhang mit der Beendigung des Arbeitsverhältnisses nach dem Widerspruch entstehenden Kosten.

(5) Die Parteien sind sich darüber einig, dass der Verkäufer unmittelbar nach positiver Kenntnis vom schriftlichen Widerspruch eines Arbeitnehmers diesem gegenüber eine Kündigung aussprechen wird.

(6) Von der Eröffnung des Insolvenzverfahrens bis zum Übertragungsstichtag ist der Verkäufer für die Erfüllung sämtlicher Ansprüche der Arbeitnehmer zuständig. Ab dem Übertragungsstichtag ist der Käufer für sämtliche Ansprüche der gemäß § 613a Abs. 1 BGB übergehenden Arbeitnehmer verantwortlich, soweit sie den Zeitraum nach dem Übertragungsstichtag betreffen.

(7) Für Ansprüche, die sich auf Zeiträume von der Eröffnung des Insolvenzverfahrens bis zum Übertragungsstichtag beziehen, jedoch erst nach dem Übertragungsstichtag fällig werden, erfolgt eine zeitanteilige Verteilung der Kosten zum Übertragungsstichtag mit entsprechender Ausgleichszahlung an die jeweils andere Partei.

§ 10 Vollzugsbedingungen, Übertragungsstichtag

(1) Der Vollzug der mit diesem Vertrag vereinbarten Rechtsgeschäfte ist aufschiebend bedingt durch den Eintritt folgender Vollzugsbedingungen:

a) Kartellrechtliche Genehmigung;

b) Vollständige und unwiderrufliche Freigabe der auf den Verkauften Gegenständen lastenden Sicherheiten durch die Gläubigerbanken und alle weiteren Gläubiger, und zwar zum Vollzugsdatum, allein unter dem Vorbehalt der Zahlung des Kaufpreises an den Verkäufer;

c) Vollständige und unwiderrufliche Zahlung des Kaufpreises entsprechend den Regelungen in vorstehendem § 5 Abs. 2.

(2) Der Vollzug erfolgt am zweiten Arbeitstag, nachdem die letzte Vollzugsbedingung gemäß vorstehendem Abs. 1 eingetreten ist („Übertragungsstichtag").

§ 11 Gewährleistung und Haftung

(1) Dem Käufer ist bekannt, dass er den „Übertragenen Geschäftsbetrieb" aus der Insolvenzmasse erwirbt und der Verkäufer als Insolvenzverwalter der I-GmbH den „Übertragenen Geschäftsbetrieb" nicht auf seinen Bestand, insbesondere ohne jedoch hierauf beschränkt zu sein, seinen rechtlichen Status, Freiheit von entgegenstehenden Rechten Dritter sowie seine Funktions- und Verwendungsfähigkeit hin geprüft hat. Dem Käufer ist dieser Bestand des „Übertragenen Geschäftsbetriebs" bekannt. Dem Käufer ist ebenfalls bekannt, dass die diesem Vertrag zur näheren Spezifizierung des „Übertragenen Geschäftsbetriebs" beigefügten Anlagen diesen näher beschreiben sollen, der Verkäufer diese Anlagen jedoch nicht auf Vollständigkeit und Richtigkeit geprüft hat.

(2) Vorbehaltlich anderweitiger ausdrücklicher Regelungen in diesem Vertrag gewährleistet der Verkäufer nur, dass die „Verkauften Gegenstände" frei von Rechten und Belastungen Dritter sind, vorbehaltlich gesetzlicher und vertraglicher Eigen-

tumsvorbehalte, Belastungen und Rechte Dritter, die im normalen Geschäftsgang begründet worden sind.

(3) Der Verkäufer gewährleistet, dass er als Insolvenzverwalter über das Vermögen der I-GmbH bestellt wurde und berechtigt ist, diesen Vertrag und jedes weitere Dokument entsprechend diesem Vertrag abzuschließen und zu vollziehen. Der Verkäufer übernimmt jedoch keine weiteren Gewährleistungen oder Garantien oder Verpflichtungen im Hinblick auf die Art, Qualität oder den Zustand des „Übertragenen Geschäftsbetriebs". Der Käufer hatte die Gelegenheit, den „Übertragenen Geschäftsbetrieb" zu untersuchen und eine Due Diligence des „Übertragenen Geschäftsbetriebs" durchzuführen, der wie besehen gekauft und vom Käufer akzeptiert ist.

(4) Der Verkäufer gewährleistet, dass sämtliche Mietzahlungen und sonstige Zahlungen aus „Überzuleitenden Verträgen", insbesondere aus Miet- und Leasingverträgen, bis zum Übertragungsstichtag bezahlt und dass insbesondere keine Ansprüche aus diesen Verträgen bestehen, die zu einer Kündigung der „Überzuleitenden Verträge" durch den jeweiligen Vertragspartner berechtigen würden.

(5) Der Verkäufer versichert, dass er sämtliche Versicherungen bezüglich der Verkauften Gegenstände bis zum Übertragungsstichtag aufrecht erhält und bezahlt und dass diese Versicherungen auch nicht vom jeweiligen Versicherer gekündigt wurden.

(6) Der Verkäufer versichert, dass sich nach seiner besten Kenntnis auf dem Produktionsgelände am Standort [...] keine Verunreinigung durch Altlasten besteht, für die der Käufer nach zivil- oder öffentlich-rechtlichen Vorschriften haften würde oder die sich nachteilig auf den „Übertragenen Geschäftsbetrieb" auswirken würden.

(7) Im Fall der Verletzung einer Gewährleistung gemäß diesem § 11 Abs. 2 bis 6 oder der Verletzung irgendeiner anderen Verpflichtung des Verkäufers aus diesem Vertrag, verpflichtet sich der Verkäufer, den Käufer so zu stellen, als wäre die entsprechende Gewährleistung oder die entsprechende vertragliche Pflicht nicht verletzt worden (Naturalrestitution). Stellt der Verkäufer den Käufer nicht innerhalb von zwei Monaten ab Erhalt einer entsprechenden schriftlichen Aufforderung vom Verkäufer so, als sei die entsprechende Gewährleistung oder die entsprechende vertragliche Pflicht nicht verletzt worden, ist der Käufer zu Schadensersatz in Geld berechtigt. Sämtliche Schadensersatzansprüche des Käufers sind insgesamt beschränkt auf einen Höchstbetrag in Höhe des vom Verkäufer erlangten Kaufpreises. Beruft sich der Käufer auf diese Begrenzung in Höhe des Kaufpreises kann der Erwerber binnen eines Monats vom Vertrag zurücktreten. Der Zahlungsanspruch ist ausgeschlossen, wenn er bezüglich einer verletzten Haftungsvereinbarung € [...] (in Worten [...] Euro nicht übersteigt, es sei denn, die Summe aller Zahlungsansprüche des Käufers gegen den Verkäufer im Zusammenhang mit diesem Vertrag übersteigt € [...] (in Worten [...] Euro).

(8) Die Ansprüche des Käufers sind auf die vorgenannten Ansprüche beschränkt. Sämtliche weiteren Ansprüche des Käufers, gleich ob gesetzlicher oder vertraglicher Natur, sind ausgeschlossen und der Käufer verzichtet hierauf, soweit dies gesetzlich möglich ist, ungeachtet ihrer rechtlichen Grundlage. Dies gilt insbesondere, jedoch ohne hierauf beschränkt zu sein, für gesetzliche Ansprüche aufgrund der Verletzung von Gewährleistungen, Störung der Geschäftsgrundlage, Anfechtung, Rücktritt, Minderung, sowie Verschulden bei Vertragsverhandlungen. Zur Klarstellung gilt, dass die Haftung des Verkäufers wegen Vorsatz und arglistiger Täuschung nicht ausgeschlossen ist.

(9) Ansprüche des Käufers gegen den Verkäufer aus und im Zusammenhang mit diesem Vertrag sind ausgeschlossen, wenn sie nicht bis zum Ablauf von sechs Monaten nach dem Übertragungsstichtag schriftlich substantiiert geltend gemacht werden.

§ 12 Ausschluss der Haftung des Insolvenzverwalters

Jede persönliche Haftung des Insolvenzverwalters aus oder im Zusammenhang mit Ansprüchen aus diesem Vertrag, den in diesem Vertrag beschriebenen Transaktionen oder Vereinbarungen in Ausführung dieses Vertrages ist, soweit gesetzlich zulässig, ausdrücklich ausgeschlossen. Dies gilt insbesondere für Ansprüche gemäß §§ 60, 61 Insolvenzordnung (InsO).

§ 13 Schlussbestimmungen

(1) Jede Partei trägt – vorbehaltlich anderweitiger Regelungen in diesem Vertrag – ihre im Zusammenhang mit der Verhandlung, dem Abschluss und der Durchführung dieses Vertrages entstandenen Kosten selbst.

(2) Dieser Vertrag und die in ihm in Bezug genommenen Anlagen enthalten alle Vereinbarungen zwischen den Parten bezüglich des Gegenstandes dieses Vertrages und ersetzen sämtliche früher insoweit bestehenden Vereinbarungen. Nebenabreden, gleich welcher Art, bestehen nicht.

(3) Sämtliche Änderungen und Ergänzungen dieses Vertrages, einschließlich dieser Schriftformklausel, bedürfen der Schriftform, soweit nicht gesetzlich eine strengere Form vorgeschrieben ist.

(4) Dieser Vertrag und alle Rechtsbeziehungen zwischen den Parteien unterliegen ausschließlich dem Recht der Bundesrepublik Deutschland unter Ausschluss der Bestimmungen des deutschen internationalen Privatrechts und des UN-Kaufrechts.

(5) Ausschließlicher Gerichtsstand für alle sich aus oder im Zusammenhang mit diesem Vertrag ergebenden Streitigkeiten ist, soweit gesetzlich zulässig, das Landgericht [...].

(6) Sollte eine Bestimmung dieses Vertrages unwirksam oder undurchführbar sein oder werden, so bleibt die Wirksamkeit der übrigen Bestimmungen dieses Vertrages hiervon unberührt. Anstelle der unwirksamen oder undurchführbaren Bestimmung gilt diejenige wirksame und durchführbare Bestimmung als vereinbart, die dem mit der unwirksamen oder undurchführbaren Bestimmung verfolgten wirtschaftlichen Zweck möglichst nahe kommt. Entsprechendes gilt für die ergänzende Vertragsauslegung.

[...], den [...]

....

[Verkäufer]   [Käufer]

als Insolvenzverwalter der I-GmbH

II. ERLÄUTERUNGEN

Erläuterungen zu B. 21.07 Kauf- und Übertragungsvertrag aus der Insolvenz

1. Grundsätzliche Anmerkungen

Schrifttum: *Nerlich/Althaus* Münchner Anwaltshandbuch Sanierung und Insolvenz, 2. Aufl., **1** 2012; *Holzapfel/Pöllath* Unternehmenskauf in Recht und Praxis, 15. Aufl., 2017, Rz. 2320 ff.; *Wellensiek* NZI 02, 233; *Uhlenbruck/Hirte/Vallender* Insolvenzordnung, 14. Aufl., 2015; *Beck/Depré* Praxis der Insolvenz, 3. Aufl., 2017; *Waza/Uhländer/Schmittmann* Insolvenzen und Steuern, 11. Aufl., 2015; *Frotscher* Besteuerung bei Insolvenz, 8. Aufl., 2014; *Menke,* Der Erwerb eines Unternehmens aus der Insolvenz – das Beispiel der sanierenden Übertragung, BB 03, 1133; *Arends/Hofert-von Weiss* BB 09, 1538; *Maitzen* P+P Chancen in der Krise, Tagungsband 9. P+P Private-Equity-Wochenende 2009 S. 33 ff.; *Arends/Hofert-von Weiss* Distressed M&A – Unternehmenskauf aus der Insolvenz, BB 09, 1538; *Morshäuser/Falkner,* Unternehmenskauf aus der Insolvenz, NZG 10, 881; *Classen* Distressed M&A – Besonderheiten beim Unternehmenskauf aus der Insolvenz, BB 10, 2898; *Bromm* Unternehmenskauf im Vorfeld der Insolvenz, ZRP 10, 79; *Seel* Risiken und Gestaltungsmöglichkeiten beim

Unternehmenskauf in der Krise, JA 11, 369; *Kahlert/Gehrke* ESUG macht es möglich: Ausgliederung statt Asset Deal im Insolvenzverfahren, DStR 13, 975; *Kiesewetter/Narr/Freitag* Unternehmenskauf vom Verkäufer in der Krise, BB 15, 1484; *Schäfer/Decker* Die Unternehmensinsolvenz aus Investorensicht, BB 15, 198; zu Unternehmenskauf in der Insolvenz – Arbeitsrechtliche Besonderheiten, *Stenslik* DStR 16, 874.

a) Wirtschaftliches Vertragsziel

2   Erhebliche Bedeutung für den Erwerber erlangt bei M&A-Transaktionen in Krise und Insolvenz die Vermeidung einer Haftung für Schulden des übernommenen Unternehmens. Daher sind M&A-Transaktionen in Krise und Insolvenz idR als **Asset Deal** strukturiert, durch den der Erwerber die werthaltigen Vermögensbestandteile aus dem Unternehmen herauskauft (vgl. *Wellensiek* NZI 02, 233). Der zu zahlende Kaufpreis wird dann zur Befriedigung der Gläubiger des Insolvenzschuldners verwendet. Durch den Erwerber sollen möglichst nur die Aktiva übernommen werden, so dass eine Trennung von Aktiva und Passiva des insolventen Unternehmens herbeigeführt wird. Anders als bei einem Share Deal kann der Erwerber das Unternehmen fortführen, ohne erst den Insolvenzgrund – Zahlungsunfähigkeit, drohende Zahlungsunfähigkeit oder Überschuldung – beseitigen zu müssen (vgl. *Maitzen* aaO S. 37). Werden sämtliche Aktiva veräußert (und nicht nur die Aktiva eines Betriebsteils oder einer Betriebseinheit), wird das Krisenunternehmen regelmäßig der Liquidation zugeführt, da es nicht überlebensfähig ist (vgl. *Tautorus/Janner* Münchner Anwaltshandbuch Sanierung und Insolvenz § 20 Rz. 11).

3   Inwieweit der Erwerber die Ziele der Transaktionssicherheit und der Haftungsvermeidung bei einem Asset Deal erreichen kann, hängt entscheidend vom **Zeitpunkt der Transaktion** ab, da vor der Eröffnung des Insolvenzverfahrens (§§ 129 ff. InsO) neben zivilrechtlichen und steuerlichen Haftungstatbeständen vor allem die Gefahr der **Anfechtung** durch den Insolvenzverwalter drohen.

b) Zivilrecht

4   Das Unternehmen des Insolvenzschuldners zählt als Rechts- und Sachgesamtheit zur Insolvenzmasse (§ 35 InsO) und unterliegt der Verwertung durch den Insolvenzverwalter. Nicht nur die pfändbaren Gegenstände (zB Grundstücke, Maschinen, Vorräte), sondern auch die nicht der Pfändung unterliegenden Gegenstände (Betriebsgeheimnisse, Kundenlisten, Geschäftsbeziehungen uä), können vom Insolvenzverwalter verwertet und nach den allgemeinen Regeln rechtsgeschäftlich übertragen werden. Auch die Firma des Schuldners kann grundsätzlich verwertet werden (vgl. zu Einzelheiten *Uhlenbruck/Hirte/Vallender* Insolvenzordnung 2015 § 159 Rz. 23 ff. mwN; § 35 Rz. 379).

5   Der Erwerb eines Unternehmens aus der Insolvenz erfolgt regelmäßig im Wege eines Asset Deals, so dass grundsätzlich vergleichbare Aspekte wie bei einem Erwerb außerhalb eines Insolvenzverfahrens zu berücksichtigen sind (vgl. B. 21.01 Rz. 5 ff.). Besonderheit liegt jedoch darin, dass der Insolvenzverwalter regelmäßig keine oder nur **sehr eingeschränkte Zusicherungen oder Garantien** hinsichtlich der verkaufen Gegenstände machen wird (und mangels ausreichender Kenntnis machen kann). Zudem werden die **Haftungstatbestände,** die allgemein für den Erwerb von Unternehmen Anwendung finden, für Erwerbe aus der Insolvenz **eingeschränkt.**

6   Beim Erwerb nach Eröffnung des Insolvenzverfahrens ist § 25 Abs. 1 Satz 1 HGB nach der Rechtsprechung des BGH nicht anzuwenden (vgl. BGH II ZR 85/91 v. 4.11.91, NJW 92, 911), da die Haftung des Erwerbers wegen Firmenfortführung mit dem Ziel des Insolvenzverfahrens, die Insolvenzmasse zu verwerten, nicht zu vereinbaren sei, da dann das Unternehmen regelmäßig unverkäuflich wäre. Eine Ausnahme hiervon bildet jedoch die Haftung nach § 613a BGB für **Arbeitsverhältnisse.**

c) Steuerrecht

7   Auch steuerrechtlich ergeben sich für den Erwerber nur wenige Abweichungen zum Erwerb eines Unternehmens im Wege des Asset Deals außerhalb einer Insolvenz

(vgl. B. 21.01 Rz. 9 ff.). Ähnlich der zivilrechtlichen Haftung ist auch die **steuerliche Haftung** des Betriebsübernehmers aus der Insolvenz **eingeschränkt** (§ 75 Abs. 2 AO) um die Vermögensverwertung im Rahmen eines Insolvenzverfahrens zu ermöglichen. Die Haftungsprivilegierung setzt grds. voraus, dass das Unternehmen nach Eröffnung und vor Aufhebung des Insolvenzverfahrens erworben wird (vgl. BFH VII R 143/97 v. 23.7.98, BStBl. II 98, 765). Ein vertraglicher Haftungsausschluss zwischen den Vertragsparteien ist gegenüber dem Finanzamt unwirksam, da es sich um eine öffentlich-rechtliche Haftung handelt (vgl. *H/H/Sp/Boeker* § 75 AO Rz. 70).

Die Haftungsprivilegierung findet auch Anwendung für den (praktisch seltenen Fall) eines Erwerbs vom vorläufigen Insolvenzverwalter, zumindest wenn sich das Insolvenzverfahren zeitlich unmittelbar anschließt (vgl. *Klein/Rüsken* § 75 AO Rz. 45); BFH VII R 143/97 v. 23.7.98, BStBl. II 98, 765). Der Käufer eines Unternehmens wird allerdings nicht von der Haftung freigestellt, wenn das Insolvenzverfahren mangels Masse nicht eröffnet wurde. Es kann in diesem Fall jedoch an einem lebenden Unternehmen fehlen (vgl. *Klein/Rüsken* § 75 AO Rz. 45). Gegenstände, die nach §§ 47 bis 49 InsO aus- oder abgesondert werden dürfen, sind nicht von § 75 Abs. 2 InsO erfasst, es sei denn die Absonderung führt zum Erwerb im Wege der Zwangsvollstreckung (vgl. *Klein/Rüsken* § 75 AO Rz. 46). Wie beim Erwerb außerhalb der Insolvenz kommt es grundsätzlich nicht zum Übergang von **ertrag- oder gewerbesteuerlichen Verlustvorträgen des Veräußerers** auf den Erwerber.

Zu **Rechnungslegung und zum Steuerrecht des Veräußerers** in der Insolvenz **8** und zu steuerlichen Pflichten des **Insolvenzverwalters** vgl. *Beck/Depré* Praxis der Insolvenz, 3. Aufl. 2017 § 34 f. sowie OFD Frankfurt v. 4.11.09, BeckVerw 241514).

2. Einzelerläuterungen

Zur Vorbemerkung: Bestellung des Insolvenzverwalters und Verfahrenseröffnung

Vor der Eröffnung des Insolvenzverfahrens und bevor der Insolvenzantrag gestellt **9** ist, steht die Verfügungsbefugnis zur Veräußerung alleine dem jeweiligen Unternehmensträger zu. Diese Verfügungsbefugnis wird im Eröffnungsverfahren eingeschränkt. Aufgrund **rechtlicher Unsicherheiten** haben M&A-Transaktionen im **Eröffnungsverfahren** in der Praxis nur eine geringe Bedeutung. Gegebenenfalls kann hier jedoch in Abstimmung mit dem Insolvenzgericht durch eine vorzeitige Eröffnung des Insolvenzverfahrens einer Veräußerung durch den Insolvenzverwalter in Betracht kommen. Vor Stellung des Insolvenzantrags drohen zusätzliche Haftungsrisiken und das Risiko, dass der Insolvenzverwalter die Veräußerung anfechtet (vgl. *Tautorus/Janner* Münchner Anwaltshandbuch Sanierung und Insolvenz § 20 Rz. 11 f.; *Maitzen* aaO S. 37; *Menke* BB 03, 1133; eine Anfechtung kann auch dann drohen, wenn die Veräußerung eines Unternehmens mit Zustimmung des vorläufigen schwachen Insolvenzverwalters vorgenommen wurde). Eine gesicherte rechtliche Basis besteht jedoch idR erst ab Eröffnung des Insolvenzverfahrens. Aus diesem Grund sieht das Formular die Vorlage des Beschlusses über die Eröffnung des Verfahrens und die Bestellung des Insolvenzverwalters vor (Beifügung in Kopie als Nachweis).

Regelmäßig wird während des Eröffnungsverfahrens ein vorläufiger Insolvenzver- **10** walter mit Zustimmungsvorbehalt bestellt (sog. **schwacher vorläufiger Insolvenzverwalter,** vgl. § 21 Abs. 2 Satz 1 Nr. 2 InsO). Für die Wirksamkeit von Transaktionen des Veräußerers ist die Zustimmung des vorläufigen Insolvenzverwalters erforderlich. Die vorrangige Aufgabe eines vorläufigen Insolvenzverwalter ist die Sicherung und Erhaltung des Vermögen des Schuldner (§ 22 Abs. 1 Satz 2 Nr. 1 InsO). Mit dieser Verpflichtung zur Sicherung und Erhaltung der Masse ist die Veräußerung eines Unternehmens regelmäßig nicht vereinbar (vgl. BGH II ZR 313/8789 v. 11.4.88, BGHZ 104, 151). Daher wird der vorläufige Insolvenzverwalter eine derartige Zustimmung in der Regel nicht erteilen. Zudem stellen die von einem schwachen vorläufigen Insolvenzverwalter bis zur Insolvenzeröffnung begründeten Forderungen (anders als bei einer Bestellung als Insolvenzverwalter nach § 21 Abs. 2 Satz 1 Nr. 1 InsO) keine Masseforderungen, sondern nur nicht privilegierte Insolvenzforderungen dar (vgl. BGH IX ZR 195/01 v. 18.7.02, BGHZ 151, 353). Dies betrifft auch sämtliche Ansprüche des Erwerbers aus einem Unternehmenskaufvertrag, einschließlich des Erfüllungsanspruchs auf Übertragung des erworbenen Unternehmens, sofern dieser nicht bereits mit dem Abschluss des Vertrages bereits erfüllt wird (vgl. *Menke* BB 03, 1133).

11   Auch in den Fällen, in denen dem Schuldner ein allgemeines Verfügungsverbot auferlegt wird (§ 21 Abs. 2 Satz 1 Nr. 1 InsO) und die Verwaltungs- und Verfügungsbefugnis auf den vorläufigen Insolvenzverwalter übergeht (§ 22 Abs. 1 S. 1 InsO; sog. **starker vorläufiger Insolvenzverwalter**), kommt es grundsätzlich nicht zu Unternehmensveräußerungen. Auch § 158 InsO, der die Veräußerungsbefugnis des Insolvenzverwalters ausdrücklich regelt, stellt keine Rechtsgrundlage für eine solche Veräußerung dar, da er sich ausschließlich auf Veräußerungen für den Zeitraum nach Eröffnung des Insolvenzverfahrens und vor dem Berichtstermin bezieht.

Anders als im Fall des § 158 InsO hat sich der Gesetzgeber bei der Reform der Insolvenzordnung in §§ 21, 22 InsO gegen eine Veräußerungsbefugnis des vorläufigen Insolvenzverwalters entschieden. Darüber hinaus spricht gegen eine Veräußerungsbefugnis des vorläufigen Insolvenzverwalters, dass zu diesem frühen Zeitpunkt noch nicht einmal verbindlich feststeht, ob überhaupt ein Insolvenzgrund vorliegt. Der Schuldner wäre durch eine Veräußerung des Unternehmens wegen der faktischen Unumkehrbarkeit der Transaktion unverhältnismäßig belastet. Ebenso verfügen auch die Gläubiger zu diesem Zeitpunkt noch nicht über entscheidungsbefugte Organe.

12   Demgegenüber geht mit der Eröffnung des Insolvenzverfahrens die Verfügungsbefugnis über das Vermögen des Schuldners auf den Insolvenzverwalter über (§ 80 Abs. 1 InsO), so dass der Verkauf und die Übertragung des schuldnerischen Unternehmens im Außenverhältnis rechtlich bindend sind (vgl. *Maitzen* aaO S. 41). Allerdings sind im Innenverhältnis gegebenenfalls noch **Zustimmungserfordernisse der Gläubiger** zu beachten: Zwar ist ein Erwerb auch schon vor dem Berichtstermin möglich (§ 158 InsO). Der Insolvenzverwalter kann das Unternehmen sogar ohne Zustimmung des Gläubigerausschusses bzw. der Gläubigerversammlung vor dem Berichtstermin veräußern, allerdings muss ein eventuell bestehender Gläubigerausschuss einer solchen Transaktion zustimmen. Nach dem Berichtstermin bedarf die Veräußerung eines Unternehmens oder eines Betriebs im Ganzen der Zustimmung des Gläubigerausschusses oder, wenn ein Gläubigerausschuss nicht bestellt ist, der Zustimmung der Gläubigerversammlung (§ 160 Abs. 2 Nr. 1 InsO). Daneben besteht eine Unterrichtungspflicht des Insolvenzverwalters gegenüber dem Schuldner (§ 161 InsO). Der Verkauf an eine besonders interessierte Person („Insider") setzt immer die Zustimmung der Gläubigerversammlung voraus, um eine missbräuchliche Preisgestaltung zu verhindern (§ 162 InsO). Eine Zustimmung der Gläubigerversammlung ist auch dann erforderlich, wenn der übertragende Rechtsträger Anteile an dem Erwerber übernimmt.

Ein Verstoß gegen die Zustimmungserfordernisse im Innenverhältnis **berührt die Wirksamkeit** der Veräußerung des Unternehmens im Außenverhältnis **nicht** (§ 164 InsO). Zwar macht sich der Insolvenzverwalter bei einer Missachtung der Zustimmungserfordernisse gegenüber den Gläubigern schadensersatzpflichtig (§ 60 Abs. 1 InsO). Eine Auswirkung auf die Wirksamkeit der Veräußerung im Außenverhältnis kommt demgegenüber erst bei einem für den Erwerber erkennbaren Missbrauch der Verfügungsbefugnis in Betracht (vgl. BGH IX ZR 313/99 v. 25.4.02, BGHZ 150, 153).

Zu § 2 und § 3: Verkauf von Vermögensgegenständen

13   Zur Erfassung der zu übertragenden Einzelwirtschaftsgüter vgl. B. 21.01 Rz. 32. In der Regel werden keine oder allenfalls einzelne Verbindlichkeiten übertragen, da die

„Entschuldung" des Unternehmens idR für den angestrebten Sanierungserfolg uner-
lässlich ist. Zu berücksichtigen bei der **Übertragung einzelner Verbindlichkeiten**
ist auch das Haftungsrisiko des Insolvenzverwalters, da die Übertragung einzelner Verbindlichkeiten auf den Erwerber zu einer Privilegierung der Forderungsinhaber als
einzelner Gläubiger führen würde, soweit nicht eine Privilegierung durch Absonde-
rungsrechte (§§ 49 ff. InsO) besteht (vgl. *Arends/Hofer-von Weiss* BB 09, 1538).

Nach § 166 InsO, der die Regelungen der §§ 49, 50 InsO ergänzt, hat der Insol- **14**
venzverwalter ungeachtet eines bestehenden Absonderungsrechts grundsätzlich ein
Verwertungsrecht für bewegliche Sachen, die er in seinem Besitz hat. Ebenso darf er
zur Sicherheit abgetretene Forderungen (idR durch Einziehung) verwerten (vgl. *Uh-
lenbruck/Brinkmann* § 166 InsO Rz. 1 ff.).

Zu § 4: Überleitung von Verträgen

Vgl. B. 21.01 Rz. 36.   **15**

Zu § 5: Kaufpreis

Vgl. B. 21.01 Rz. 33.   **16**

Zu § 9: Mitarbeiter – Haftung wegen Betriebsübergangs

Nach Eröffnung des Insolvenzverfahrens ist nach der Rechtsprechung des BAG eine **17**
Haftung für Ansprüche ausgeschlossen, die vor Eröffnung des Insolvenzverfahrens entstanden sind **(Altverbindlichkeiten)** (vgl. BAG 3 AZR 649/03 v. 19.5.05, ZIP 05,
1706; grundlegend BAG 3 AZR 160/79 v. 17.1.80, NJW 80, 1124. Begründet wird
dieses Haftungsprivileg mit dem Grundsatz der Gläubigergleichbehandlung: Die Arbeitnehmer würden für bereits entstandene Ansprüche im Gegensatz zu anderen
Gläubigern mit dem Erwerber einen neuen solventen Schuldner erhalten und dadurch
im Verhältnis zu den anderen Insolvenzgläubigern unangemessen bevorzugt. Das Haftungsprivileg gilt nur für Ansprüche, die **vor Eröffnung des Insolvenzverfahrens
entstanden** sind. Die Haftung des Erwerbers für Ansprüche, die nach Eröffnung des
Insolvenzverfahrens entstehen, bleibt davon unberührt.

Auch beim Erwerb eines Unternehmens nach Eröffnung des Insolvenzverfahrens **18**
findet § 613a Abs. 1 Satz 1 BGB auf den Übergang der **Arbeitsverhältnisse** uneingeschränkt Anwendung (vgl. *Holzapfel/Pöllath* aaO Rz. 2387). Dies stellt in der Praxis
ein gewichtiges Sanierungshindernis dar. Ein Ausweg besteht darin, dass zwischen Veräußerer, Arbeitnehmer und einer **Beschäftigungs- und Qualifizierungsgesell-
schaft** (BQG) ein Aufhebungs- und Weiterbeschäftigungsvertrag abgeschlossen wird.
Der Erwerber übernimmt anschließend von der BQG nur die für die Fortführung des
Unternehmens benötigten Arbeitnehmer. Dieses Vorgehen wird von der Rechtsprechung des BAG grundsätzlich gebilligt (vgl. BAG 8 AZR 218/98 v. 21.1.99, ZIP 99,
1572). Voraussetzung ist allerdings, dass die Kontinuität des Arbeitsverhältnisses tatsächlich beendet wird. Daher dürfen weder der Insolvenzverwalter noch der Erwerber
dem Arbeitnehmer ein neues Arbeitsverhältnis beim Erwerber in Aussicht stellen (vgl.
Maitzen aaO S. 42 ff.). § 113 InsO gibt dem Insolvenzverwalter die Möglichkeit einer
Kündigung mit verkürzter Kündigungsfrist (zu Einzelheiten vgl. *Uhlenbruck/Berscheid*
§ 113 InsO Rz. 1 ff.).
Vgl. iÜ B. 21.01 Rz. 37.

Zu § 10: Vollzugsbedingungen, Übertragungsstichtag

Unternehmenszusammenschlüsse, die außerhalb einer Krise des erworbenen Unter- **19**
nehmens unzulässig wären, können ausnahmsweise zulässig sein, wenn die Marktsituation durch den Erwerb nicht stärker beeinträchtigt wird, als durch ein Ausscheiden des
insolventen Unternehmens aus dem Markt und einer Übernahme von dessen Markt-
anteilen durch den potentiellen Erwerber (sog. failing company defence, die mit Unterschieden in Einzelheiten sowohl im deutschen als auch im europäischen Fusions-

kontrollrecht Anwendung findet, vgl. *Arends/Hofert-von Weiss* BB 09, 1538; *Wiede-mann/Wagemann* Kartellrecht 2008 § 16 Rz. 219 ff.; *Fiedler* NZI 02, 79; *Ristelhuber* ZIP 03, 378). Ggfs. ist zu prüfen, on eine Befreiung vom fusionskontrollrechtlichen Voll-zugsverbot beantragt werden soll (Art. 7 Abs. 3 EU-FusionskontrollVO; § 41 Abs. 2 GWB), um dem Zeitdruck im Rahmen einer Insolvenz Rechnung zu tragen. Zum Kartellrecht iÜ vgl. B. 21.01 Rz. 20 ff. und zum Eigentumsübergang vgl. B. 21.01 Rz. 34 ff.

Zu § 11: Gewährleistung und Haftung

20   Ansprüche aus einem nach Eröffnung des Insolvenzverfahrens durch den Insolvenz-verwalter geschlossenen Unternehmenskaufvertrag stellen Masseverbindlichkeiten dar (§ 55 Abs. 1 Nr. 1 InsO). Eine entsprechende persönliche Haftung des Insolvenzver-walters kann sich nach 61 InsO ergeben, wenn die vom Insolvenzverwalter begründe-te Masseverbindlichkeit aus der Masse nicht vollständig erfüllt werden kann und der Insolvenzverwalter den Entlastungsbeweis nicht führen kann, dass er dies bei Begrün-dung nicht erkennen konnte (vgl. *Arends/Hofert-von Weiss* BB 09, 1538). Aufgrund dieser Haftungsrisiken und der Besonderheiten eines Insolvenzverfahrens, in dessen Rahmen der Insolvenzverwalter oft nur eingeschränkte Kenntnis von den verkauften Gegenständen und insbesondere von vor dem Insolvenzverfahren liegenden Umstän-den erlangen wird, sind **umfangreiche Gewährleistungen** bei Veräußerungen im Rahmen eines Insolvenzverfahrens **unüblich.** Meist wird der Insolvenzverwalter ver-suchen, Garantien und Gewährleistungen weitgehend auszuschließen (vgl. *Holzap-fel/Pöllath* aaO Rz. 2385; *Kammel* NZI 00, 102). Der Käufer kann dieser Unsicherheit idR nur durch eine umfangreiche Due Diligence (vgl. B. 21.04 und B. 21.05) und ggf. durch einen entsprechend niedrigeren Kaufpreis begegnen. Zur Geschäftsführer-haftung wegen unterlassener Due Diligence-Prüfung bei Unternehmenserwerb aus In-solvenz vgl. OLG Oldenburg 1 U 34/03 v. 22.6.06, NZG 07, 434.

21   Die **Haftung des Erwerbers** als Betriebsübernehmers nach § 25 HGB sowie 75 AO ist bei einem Erwerb aus der Insolvenz gesetzlich eingeschränkt (vgl. B. 21.06 Rz. 4 f.). Dennoch kann eine Haftung des Erwerbers aus besonderen Haftungstatbe-ständen in Betracht kommen (vgl. *Maitzen* aaO S. 39 f.).

22   Die Rückforderungspraxis der Europäischen Kommission hinsichtlich der Haftung des Erwerbers für die **Rückforderung von Beihilfen** hat sich erheblich verschärft (*Jüchser* NZI 15, 596). Zur Rückzahlung können auch solche Unternehmen verpflich-tet werden, die im Rahmen eines Asset Deals die wesentlichen Vermögenswerte er-worben haben (vgl. EU-Kommission v. 8.7.99, ABl. EU 99 Nr. L 292, 27 – *Gröditzer Stahlwerke* und v. 2.6.99, ABl. EU 2000 Nr. L 227, 24 – *Seleco*). Eine Transaktion dür-fe nicht dazu führen, dass die Rückforderungsentscheidung gegen den Beihilfeemp-fänger wirkungslos werde. Die Rückforderung setzt nicht die Kenntnis des Erwerbers von der rechtswidrigen Beihilfe voraus.

23   Eine Haftung des Erwerbers für die Beihilferückforderung scheidet aus, wenn der Erwerber für das Unternehmen einen *marktüblichen Preis* zahlt (EuGH Rs C-214/07 v. 13.11.08, EWS 08, 525, Tz. 57 ff.; Rs C-277/00 v. 29.4.04, ZIP 04, 1013, Tz. 80 ff. – *System Microelectronic Innovation;* Rs C-390/98 v. 20.9.01, BeckRS 2004, 76970 Tz. 77 f. – *H. J. Banks*). In diesem Fall erlangt der Erwerber **keinen Wettbe-werbsvorteil** und die in der Zahlung des marktgerechten Kaufpreises enthaltene Sub-vention kann gegen den Veräußerer geltend gemacht werden. Allerdings werden hohe Anforderungen an den Nachweis angemessener Konditionen gestellt (vgl. EuGH Rs. C-214/07 v. 13.11.08, EWS 08, 525 Tz. 57 ff.). Gerade bei einem Erwerb durch kon-zernangehörige Gesellschaften, aber auch bei einem MBO sollte die Transaktion im Hinblick auf die wirtschaftlichen Konditionen (Kaufpreisfindung) möglichst transpa-rent ausgestaltet sein (zB gutachterliche Unternehmensbewertung; europaweites Bie-terverfahren nach Absprache mit Europäischer Kommission).

Der Erwerber kann für Verstöße des übernommenen Unternehmens gegen **Euro-** 24
päisches Wettbewerbsrecht haftbar gemacht und mit Bußgeldern belegt werden
(EuG T-134/94 v. 11.3.99, BeckRS 1999, 234460 Tz. 127 ff. – *Neue Maxhütte*). Zur
Begründung wird angeführt, dass die Wettbewerbsregeln ihre praktische Wirkung in
erster Linie am Unternehmen als wirtschaftliche Einheit und nicht am Unternehmensträger entfalten. Entscheidend für die Haftung sei die wirtschaftliche Nachfolge. Diese
sei bei der Übernahme der wesentlichen an der Begehung der Zuwiderhandlung beteiligten materiellen und personellen Faktoren gegeben. Eine mögliche Geldbuße bemisst sich nach dem Unternehmensumsatz (bis zu 10 %) des Erwerbers und nicht des
Veräußerers. Gerade in kartellanfälligen Branchen sollte deshalb der Erwerb über eine
selbständige Zwischengesellschaft erfolgen, die das übernommene Unternehmen dann
als selbständige Tochter führt.

Der Erwerber haftet für **Umwelt-Altlasten,** da die öffentlich-rechtliche Ord- 25
nungspflicht regelmäßig an die tatsächliche Sachherrschaft anknüpft (sog. *Zustands-*
verantwortlichkeit, vgl. zB § 4 Abs. 3 BBSchG). Ein **vertraglicher Ausschluss** dieser
Haftung ist **nicht möglich.** Sofern das Ordnungsrecht ausnahmsweise eine Verhal-
tenshaftung statuiert (vgl. zB § 58 Abs. 1 BBergG), kommt eine Haftung des Erwerbers erst ab der Fortführung des belasteten Unternehmens in Betracht.

Zu § 13: Schlussbestimmungen

Vgl. B. 21.01 Rz. 48 f. 26

B. 21.08 Kooperationsvertrag

Gliederung

I. FORMULAR

Formular B. 21.08 Kooperationsvertrag

KOOPERATIONSVERTRAG

zwischen

1. [...] GmbH, mit Sitz in [...], eingetragen im Handelsregister des Amtsgerichts [...]
unter HRB [...], Geschäftsanschrift: [...],

– nachfolgend „A GmbH" –

2. [...], mit Sitz in [...], eingetragen im Handelsregister des Amtsgerichts [...] unter
HRB [...], Geschäftsanschrift: [...],

– nachfolgend „B GmbH" –

– A GmbH und B GmbH nachfolgend einzeln jeweils „Partei"

und gemeinschaftlich „Parteien" –

§ 1 Präambel

Mit Vertrag vom [...] hat die A GmbH ihre Wirtschaftsgüter, die zum Produktbereich
„B" gehören, an die B GmbH verkauft und übertragen (der „Kauf von Wirtschaftsgü-

tern"). Die Parteien beabsichtigen, auch weiterhin im Produktbereich B Geschäftsbeziehungen zu unterhalten.

(1) Mit diesem Kooperationsvertrag (der „Kooperationsvertrag") beabsichtigen die Parteien, die störungsfreie Ausgliederung des Produktbereichs B aus der A GmbH und die Eingliederung in die B GmbH sicherzustellen und ihre weitere Kooperation in Form der Erbringung von Dienstleistungen der A GmbH gegenüber der B GmbH in verschiedenen Bereichen zu regeln.

(2) Der Kooperationsvertrag umfasst insbesondere die Erbringung von Dienstleistungen durch die A GmbH gegenüber der B GmbH in den Bereichen allgemeine Buchhaltung (Modul 1), Kapazitätsplanung, Artikelorganisation und Kontrolle der Qualitätsrichtlinien (Modul 2), Auftrags- und Personalabwicklung, Empfang und Telefonservice (Modul 3) sowie Lager- und Werkstattpersonal (Modul 4), nachfolgend zusammen die „Dienstleistungen".

(3) Zwischen den Parteien soll durch diesen Kooperationsvertrag keine Gesellschaft (§§ 705 ff. BGB) entstehen.

§ 2 Modul 1: Allgemeine Buchhaltung

(1) Die A GmbH verpflichtet sich, die B GmbH durch die Erbringung der in der Anlage zu 2 genannten Dienstleistungen im Bereich der allgemeinen Buchhaltung (ohne Leitung) zu unterstützen. Die Bearbeitung der Buchhaltung und des Controllings für die A GmbH einerseits und die B GmbH andererseits erfolgen getrennt voneinander.

(2) Für die Leistungserbringung zahlt die B GmbH der A GmbH eine pauschale monatliche Vergütung iHv. € [...] zuzüglich Umsatzsteuer in gesetzlicher Höhe. Diese Pauschalvergütung beruht auf der Annahme, dass ein monatlicher Aufwand von [...] Stunden für die in Anlage zu 2 genannten Dienstleistungen erforderlich ist, die zu einem Stundensatz von € [...] abgerechnet werden.

§ 3 Modul 2: Kapazitätsplanung, Artikelorganisation und Kontrolle der Qualitätsrichtlinien

(1) Die A GmbH verpflichtet sich, die B GmbH durch die Erbringung der in der Anlage zu 3 genannten Dienstleistungen im Bereich Kapazitätsplanung, Artikelorganisation und Kontrolle der Qualitätsrichtlinien zu unterstützen.

(2) Für die Leistungserbringung zahlt die B GmbH der A GmbH eine pauschale monatliche Vergütung iHv. € [...] zuzüglich Umsatzsteuer in gesetzlicher Höhe. Diese Pauschalvergütung beruht auf der Annahme, dass ein monatlicher Aufwand von [...] Stunden für die in der Anlage zu 3 genannten Dienstleistungen erforderlich ist, die zu einem Stundensatz von € [...] abgerechnet werden.

§ 4 Modul 3: Auftrags- und Personalabwicklung; Empfang/Telefonservice

(1) Die A GmbH verpflichtet sich, die B GmbH durch die Erbringung der in der Anlage zu 4 genannten Dienstleistungen im Bereich der Auftrags- und Personalabwicklung sowie Empfang/Telefonservice zu unterstützen.

(2) Für die Leistungserbringung zahlt die B GmbH der A GmbH eine pauschale monatliche Vergütung iHv. € [...] zuzüglich Umsatzsteuer in gesetzlicher Höhe. Diese Pauschalvergütung beruht auf der Annahme, dass ein monatlicher Aufwand von [...] Stunden für die in der Anlage zu 4 genannten Dienstleistungen im Bereich Auftragsabwicklung, ein monatlicher Aufwand von [...] Stunden für die in Anlage zu 4 genannten Dienstleistungen im Bereich Personalabwicklung und ein monatlicher Aufwand von [...] Stunden für die in der Anlage zu 4 genannten Dienstleistungen im Bereich Empfang/Telefonservice erforderlich ist, die jeweils zu einem Stundensatz von € [...] abgerechnet werden.

§ 5 Modul 4: Lager- und Werkstattpersonal

(1) Die A GmbH verpflichtet sich, die B GmbH durch die Erbringung der in der Anlage zu 5 genannten Dienstleistungen im Bereich Lager- und Werkstattpersonal zu unterstützen.

(2) Für die Leistungserbringung zahlt die B GmbH der A GmbH eine pauschale monatliche Vergütung iHv. € [...] zuzüglich Umsatzsteuer in gesetzlicher Höhe. Diese Pauschalvergütung beruht auf der Annahme, dass ein monatlicher Aufwand von [...] Stunden für die in der Anlage zu 5 genannten Dienstleistungen im Bereich Lagerpersonal und ein monatlicher Aufwand von [...] Stunden für die in Anlage zu 5 genannten Dienstleistungen im Bereich Werkstattpersonal erforderlich ist, die jeweils zu einem Stundensatz von € [...] abgerechnet werden.

§ 6 Gemeinsame Bestimmungen für Module 1 bis 4

(1) Die Erbringung der in den Modulen 1 bis 4 vereinbarten Dienstleistungen erfolgt durch die Mitarbeiter der A GmbH in der gleichen Art und Weise wie bereits vor dem Vollzug des in § 1 Abs. 1 bezeichneten Kaufs von Wirtschaftsgütern. Sofern die A GmbH Leistungen nicht selbst erbringt, sondern von Dritten bezieht oder in Zusammenarbeit mit Dritten erbringt, erfolgt die Leistungserbringung für die B GmbH vorbehaltlich der Zustimmung des Dritten. Gleiches gilt für die Nutzung von Lizenzen. Sollte ein Dritter der Leistungserbringung für oder der Nutzung von Lizenzen durch B GmbH nicht zustimmen, werden die Parteien gemeinsam eine Lösung suchen.

(2) Die A GmbH wird den Zeitaufwand, der für die in den Modulen 1 bis 4 vereinbarten Dienstleistungen jeweils anfällt, laufend durch Zeiterfassung und Aktivitätennachweis dokumentieren. Alle 6 (sechs) Monate und erstmals 6 (sechs) Monate nach Vertragsbeginn gemäß Absatz 10 wird der so festgestellte tatsächliche Aufwand für die jeweils in den Modulen 1 bis 4 vereinbarten Dienstleistungen mit den in §§ 2 bis 5 genannten Pauschalbeträgen abgeglichen. Sollte bei dieser Überprüfung absehbar werden, dass der tatsächliche Aufwand für die jeweils in den Modulen 1 bis 4 vereinbarten Dienstleistungen dauerhaft größer oder kleiner ist als in §§ 2 bis 5 genannt, verpflichten sich die Parteien, den jeweils unter §§ 2 bis 5 genannten Pauschalbetrag entsprechend anzupassen.

(3) Die B GmbH stellt der A GmbH oder den jeweils Ausführenden sämtliche für die sachgemäße Erbringung der Dienstleistungen erforderlichen Informationen zur Verfügung.

(4) Die B GmbH ist nicht berechtigt, den Mitarbeitern der A GmbH oder von ihr beauftragten Dritten Weisungen zu erteilen oder sie – und sei es auch nur vorübergehend – für eigene Zwecke einzusetzen.

§ 7 Zahlungsmodalitäten

(1) Die Zahlungen der B GmbH an die A GmbH werden jeweils gegen monatliche Rechnung geleistet. Der jeweilige Leistungserbringer ist zuvor zur ordnungsgemäßen Rechnungsstellung verpflichtet. Der Anspruch des jeweiligen Leistungserbringers in Bezug auf die Umsatzsteuer verjährt nicht, bevor eine diesbezügliche Festsetzung der Finanzbehörden nach den Vorschriften der Abgabenordnung (AO) endgültig und unabänderbar geworden ist.

(2) Die Rechnungsstellung erfolgt bis zum 10. Arbeitstag eines jeden Monats für den jeweils vorangegangenen Monat in einer Rechnung über den Gesamtbetrag für die jeweils in den Modulen 1 bis 4 vereinbarten Dienstleistungen. Die Rechnung ist innerhalb von zehn (10) Werktagen ab Rechnungsdatum ohne Abzug fällig. Für den Bezug von Leistungen von einem Dritten ist die Rechnung entsprechend den mit dem Dritten vereinbarten Zahlungskonditionen ohne Abzug fällig.

§ 8 Qualität und Haftung

(1) Die Dienstleistungen werden grundsätzlich in der gleichen Art und Weise und Güte erbracht, wie sie bisher bei der A GmbH erbracht wurden. Soweit die A GmbH Dienstleistungen anbietet, die sie von einem Dritten bezieht, bestimmt sich die Art und Weise der Leistungsausführung im Verhältnis zu der B-GmbH nach den insoweit zwischen der A GmbH und dem Dritten getroffenen Vereinbarungen, die die B GmbH insoweit anerkennt. Der B GmbH werden die Vereinbarungen mit Dritten unter den Modulen unmittelbar nach Abschluss dieser Vereinbarung auf Wunsch bekanntgegeben. Sofern die B GmbH innerhalb angemessener Frist, längstens jedoch innerhalb von 30 (dreißig) Tagen ab Abschluss dieser Vereinbarung, dagegen Widerspruch erhebt, entfällt die Erbringung der Komponente unter dem jeweiligen Modul ab Zugang des Widerspruchs bei der A GmbH und die Parteien einigen sich über eine Anpassung der Vergütung.

(2) Geben die Dienstleistungen der A GmbH Anlass zu berechtigter Beanstandung, so hat die B GmbH der A GmbH zunächst Gelegenheit zur Nachbesserung zu geben. Hält die A GmbH eine Nachbesserungsfrist von 20 (zwanzig) Werktagen nicht ein, so ist die B GmbH berechtigt, die Vergütung angemessen zu mindern. Geringfügige Beanstandungen bleiben außer Betracht. Die Haftung der A GmbH aus oder im Zusammenhang mit diesem Vertrag gleich aus welchem Rechtsgrund ist auf € [...] beschränkt. Diese Haftungsbegrenzung gilt nicht bei vorsätzlichem oder grob fahrlässigem Verhalten.

§ 9 Höhere Gewalt

(1) Die Parteien haften nicht für Schäden oder für die teilweise oder vollständige Nichterfüllung von Verpflichtungen aus diesem Vertrag, wenn der jeweilige Schaden oder die Nichterfüllung auf einem Umstand beruht, der bei Vertragsschluss nicht vorhersehbar war und die Parteien diese Folgen weder verhindern noch durch zumutbare Maßnahmen beheben können („Höhere Gewalt").

(2) In jedem Fall liegt Höhere Gewalt vor bei Kampfhandlungen (unabhängig davon, ob ein Krieg erklärt worden ist), Unruhen, Explosionen, Feuer, Flut, Erdbeben, Taifun, Epidemien und bei arbeitsrechtlichen Streitigkeiten, aufgrund derer der Geschäftsbetrieb vollständig oder überwiegend zum Erliegen kommt, sowie bei Handlungen, Unterlassungen oder Maßnahmen einer Regierung oder beim Befolgen staatlicher Aufforderungen und bei der Störung von Betriebsanlagen oder Teilen davon, die zur Erfüllung von Verpflichtungen dieses Vertrages dienen.

(3) Im Fall des Eintritts Höherer Gewalt haben sich die Parteien hiervon unverzüglich zu unterrichten und innerhalb von 15 (fünfzehn) Tagen detaillierte Informationen insbesondere über den Umfang und, soweit zumutbarer Weise möglich, die voraussichtliche Dauer der Höheren Gewalt vorzulegen.

§ 10 Vertragsbeginn und Kündigung

(1) Dieser Vertrag steht unter der aufschiebenden Bedingung (§ 158 Abs. 1 BGB) des im Wesentlichen vollständigen Vollzugs des Kaufs von Wirtschaftsgütern von der A GmbH an die B GmbH.

(2) Die Kooperation im Rahmen der Module 1 bis 4 beginnt ab der Unterzeichnung dieses Kooperationsvertrages und ist auf eine Dauer von 12 (zwölf) Monaten beschränkt.

(3) Nach Ablauf der Vertragsdauer gemäß § 10 Abs. 2 verlängert sich die Laufzeit für jedes Modul jeweils um weitere 12 (zwölf) Monate, wenn nicht eine Seite ein oder mehrere Module mit einer Frist von 3 (drei) Monaten zum Ablauf der Vertragsdauer gemäß § 10 Abs. 2 schriftlich kündigt.

(4) Das Recht zur schriftlichen außerordentlichen und fristlosen Kündigung aus wichtigem Grund bleibt von den vorstehenden Regelungen unberührt. Ein wichtiger Grund ist insbesondere dann gegeben, wenn aufgrund einer nicht unerheblichen Pflichtverletzung einer Partei der anderen Partei ein Festhalten an diesem Vertrag nicht zumutbar ist. Ein solcher Fall ist insbesondere dann gegeben, wenn die B GmbH 3 (drei) mal in Folge gegen die Zahlungsvorschriften gemäß § 7 Abs. 2 verstoßen hat, wenn etwaige Fristen für die Erbringung von Dienstleistungen durch die A GmbH 3 (drei) mal in Folge in erheblichem Ausmaß ohne vorherige Ankündigung nicht eingehalten wurden, oder wenn eine Partei Informationspflichten, Mitwirkungspflichten oder sonstige Verpflichtungen nach diesem Vertrag 3 (drei) mal in Folge nicht erfüllt hat, sowie wenn über eine der Parteien das Insolvenzverfahren eröffnet oder die Eröffnung mangels Masse abgelehnt wird. Die außerordentliche Kündigung ist durch die kündigungsberechtigte Partei gegenüber den anderen Parteien zuvor unter Angabe des Kündigungsgrundes und unter angemessener Fristsetzung zur Beseitigung des Kündigungsgrundes schriftlich anzudrohen.

(5) Eine Kündigung gemäß vorstehendem § 10 Abs. 3 und eine Kündigung aus wichtigem Grund gemäß vorstehendem § 10 Abs. 4 ist auch isoliert hinsichtlich einzelner Module zulässig. Eine solche Teilkündigung berührt die Wirksamkeit des Kooperationsvertrages im Übrigen nicht.

§ 11 Geheimhaltung

(1) Die A-GmbH wird Geschäfts- und Betriebsgeheimnisse der B GmbH Partei, die Ihr im Zusammenhang mit diesem Vertrag anvertraut oder bekannt geworden sind („Geheime Informationen"), geheim halten und vertraulich behandeln, nicht weitergeben, ausschließlich zur Durchführung dieses Vertrags verwenden und auch nach Beendigung dieses Vertrags weder für sich noch für andere verwerten.

(2) Die A GmbH ist berechtigt, Geheime Informationen an ihre Mitarbeiter oder an Dritte, soweit diese in die Durchführung dieses Vertrags eingebunden sind, weiterzugeben. Soweit eine Weitergabe Geheimer Informationen hiernach zulässig ist, verpflichtet sich die A GmbH, die Informationsweitergabe an solche Mitarbeiter oder Dritte auf den für die Durchführung dieses Vertrags erforderlichen Umfang zu begrenzen. Die A GmbH verpflichtet sich, solche Mitarbeiter oder Dritte über die aufgrund dieses Kooperationsvertrags bestehende Geheimhaltungsverpflichtung vor Bekanntgabe einer Geheimen Information zu informieren. Die A GmbH steht für die Einhaltung der Verpflichtungen gemäß dieses Kooperationsvertrags durch die vorgenannten Personen ein.

(3) Die Verpflichtung zur Geheimhaltung, und Nicht-Weitergabe findet nur Anwendung auf Informationen, die

(i) nicht bereits allgemein bekannt sind;

(ii) der A GmbH nicht bereits vorher von der B GmbH oder deren Vertretern auf nicht vertraulicher Basis gewährt worden waren;

(iii) der A GmbH nicht von Dritten auf nicht vertraulicher Basis zugänglich gemacht wurden, es sei denn, dass der A GmbH bekannt war, dass dieser Dritte seinerseits durch die Weitergabe eine Geheimhaltungsvereinbarung mit der B GmbH Partei verletzt hat.

(4) Eine Geheimhaltungsverpflichtung besteht nicht, soweit die A GmbH gesetzlich verpflichtet ist, geheime Informationen in gerichtlichen, behördlichen oder sonstigen Verfahren zu offenbaren.

(5) Die A GmbH verpflichtet sich, auf schriftliche Anforderung der B GmbH sämtliche ihr im Zusammenhang mit diesem Kooperationsvertrags überlassenen oder durch sie erstellte Unterlagen, Dateien und Datenträger (gleich welcher Art) sowie sämtli-

che Kopien oder Teile hiervon, die sich noch in ihrem Besitz befinden, an die B GmbH zurückzugeben oder zu zerstören und der B GmbH die Zerstörung schriftlich zu bestätigen, soweit nicht aus Gründen zwingenden Rechts oder zur Wahrung berechtigter Interessen der A GmbH ohne Gefährdung der Vertraulichkeit ein Verbleib solcher Unterlagen oder Kopien hiervon bei der A GmbH erforderlich ist.

(6) Im Falle jedes Verstoßes gegen die vorstehend getroffenen Vereinbarungen ist die A GmbH zur Zahlung einer Vertragsstrafe in Höhe von € [...] verpflichtet. Je zwei Wochen einer fortgesetzten Verletzungshandlung gelten als selbständiger Verstoß. Die Geltendmachung darüber hinausgehender Unterlassungs- und Schadensersatzansprüche durch die B GmbH bleiben hiervon unberührt. Die Vertragsstrafe ist auf Schadensersatzansprüche anzurechnen.

§ 12 Mitteilungen

Alle rechtsgeschäftlichen Erklärungen und anderen Mitteilungen im Zusammenhang mit diesem Vertrag haben dem jeweiligen Empfänger, soweit nicht eine andere Form durch zwingendes Recht vorgeschrieben ist, in Textform (a) durch persönliche Übergabe, (b) per eingeschriebenen Brief oder (c) per Fax, jeweils unter der unten angegebenen Adresse zuzugehen:

(1) Für Mitteilungen an die A GmbH: [...]

(2) Für Mitteilungen an B GmbH: [...]

§ 13 Anwendbares Recht, Gerichtsstand

Dieser Vertrag und alle Rechtsbeziehungen in Verbindung mit ihm unterliegen ausschließlich dem Recht der Bundesrepublik Deutschland unter Ausschluss des internationalen Privatrechts und des UN-Kaufrechts. Ausschließlicher Gerichtsstand ist, soweit gesetzlich zulässig, München.

§ 14 Schlussbestimmungen

(1) Dieser Vertrag und die in ihm in Bezug genommenen Anlagen enthalten alle Vereinbarungen zwischen den Parteien bezüglich des Gegenstands dieses Vertrages und ersetzen sämtliche früher insoweit bestehenden Vereinbarungen. Nebenabreden, gleich welcher Art, bestehen nicht.

(2) Sämtliche Vereinbarungen und Mitteilungen zwischen den Parteien bedürfen der Schriftform, soweit nicht nach zwingendem Recht eine strengere Form erforderlich ist. Dies gilt auch für etwaige Änderungen dieser Schriftformklausel.

(3) Die Vorschriften der §§ 705 ff. BGB finden auf diesen Kooperationsvertrag keine Anwendung.

(4) Sollte eine Bestimmung dieses Vertrages unwirksam oder undurchführbar sein oder werden, so bleibt die Wirksamkeit der übrigen Bestimmungen dieses Vertrages hiervon unberührt. Anstelle der unwirksamen oder undurchführbaren Bestimmung gilt diejenige wirksame und durchführbare Bestimmung als vereinbart, die dem mit der unwirksamen oder undurchführbaren Bestimmung verfolgten wirtschaftlichen Zweck möglichst nahe kommt. Entsprechendes gilt für die ergänzende Vertragsauslegung.

(5) Keine Partei ist berechtigt, diesen Vertrag oder einzelne Rechte und Pflichten daraus ohne Zustimmung der anderen Partei, sei es im Wege der Einzel- oder der Gesamtrechtsnachfolge, auf einen Dritten zu übertragen.

............................, den ....

....
A GmbH   B GmbH

II. ERLÄUTERUNGEN

Erläuterungen zu B. 21.08 Kooperationsvertrag

1. Grundsätzliche Anmerkungen

a) Wirtschaftliches Vertragsziel

Kooperationsvereinbarungen werden in einer Vielzahl von Konstellationen abge- **1** schlossen. Wenn im Zusammenhang mit dem Erwerb von Unternehmensteilen bisher von dem veräußerten Unternehmensteil mitgenutzte Service-Bereiche des Veräußerers nicht übertragen werden, besteht oft ein Interesse des Erwerbers derartige Leistungen noch vom Veräußerer zu erhalten, idR für einen begrenzten Zeitraum bis der Aufbau von eigenen Service-Einheiten oder eine Eingliederung in das übrige Unternehmen des Erwerbers möglich ist. Teilweise erfolgt jedoch auch eine dauerhafte Kooperation. Die vorliegende Kooperationsvereinbarung soll eine zeitlich begrenzte Kooperation zur Eingliederung des erworbenen Unternehmens in die noch aufzubauende Organisation des Erwerbers ermöglichen.

b) Zivilrecht

Kooperationsvereinbarungen können grds. in zwei Grundformen auftreten. Als le- **2** diglich **schuldrechtlich vereinbarte** Kooperation ohne die Gründung eines Gemeinschaftsunternehmens oder als Gemeinschaftsunternehmen (joint venture) auf **gesellschaftsrechtlicher** Grundlage, dem regelmäßig ein sog. Grundlagenvertrag vorausgeht. Kooperationsvereinbarungen sind idR sehr spezifisch auf die jeweiligen Kooperationsvorhaben zugeschnitten. Eine möglichst genaue Beschreibung der einzelnen nach dem Kooperationsvertrag geschuldeten Leistungen sollte in der Anlage zu den jeweiligen Modulen erfolgen. Da die Kooperationsvereinbarung selbst nur die allgemeinen für die Kooperation geltenden Vereinbarungen regelt, ist eine Anpassung der einzelnen Module sowie der hierzu gehörenden Anlagen relativ flexibel umzusetzen. Soweit Kooperationsvereinbarungen im Zusammenhang mit Entwicklungen (Entwicklungsvereinbarungen) geschlossen werden, wären umfassende Regelungen hinsichtlich des geistigen Eigentums (gewerblicher Schutzrechte) zu treffen. Ggfs. sind auch kartellrechtliche Aspekte zu bedenken, wenn sich die Kooperation anders als im vorliegenden Fall nicht nur auf bloße Dienstleistungen im Hinblick auf die geschäftliche Organisation der Parteien bezieht. Kooperationsverträge der vorliegenden Art stellen regelmäßig typgemischte Verträge mit Elementen des Dienst- oder Werkvertragsrechts dar. In anderen Konstellationen kann eine GbR vorliegen (vgl. *Palandt/Sprau* § 705 BGB Rz. 45). Die Anwendung der Regelungen der Gesellschaft (§§ 705 ff. BGB) wurde vorliegend ausdrücklich ausgeschlossen. Eine gesellschaftsrechtliche Ausgestaltung wäre vorliegend auch nicht sachgerecht.

c) Steuerrecht

Steuerlich stellen die Einnahmen Kooperationsvereinbarungen, wie in der vorlie- **3** genden Form, beim Auftraggeber laufende Betriebseinnahmen dar, die der Besteuerung nach den allgemeinen Regeln unterliegen (ESt/KSt sowie GewSt). IdR liegen steuerbare Umsätze vor, die der USt nach den allgemeinen Regeln unterliegen. Umgekehrt stellen die Zahlungen aufgrund der Kooperationsvereinbarung Betriebsausgaben des Auftraggebers dar, die zum Vorsteuerabzug berechtigen, wenn die hierfür erforderlichen allgemeinen Voraussetzungen erfüllt sind.

Hiervon abzugrenzen sind Kooperationsvereinbarungen, in deren Rahmen ein gemeinsamer Zweck verfolgt wird und die **Gesellschaften oder Mitunternehmerschaften** (§ 15 EStG) darstellen können (zu Hilfsgesellschaften vgl. *Schmidt/Wacker* § 15 EStG Rz. 327, zu Arbeitsgemeinschaft und Joint Ventures vgl. *Schmidt/Wacker* § 15 EStG Rz. 329 f.; *IDW* WPg 93, 441).

2. Einzelerläuterungen

Zu § 1: Präambel

4   Die genaue Beschreibung und Definition des Gegenstandes der Kooperationsvereinbarung bildet den Kern des Vertrags. Zu Gunsten einer verbesserten Übersichtlichkeit des Vertrags wurde eine Darstellung in Modulen gewählt, deren Details wiederum in Anlagen detaillierter beschrieben werden. Es erfolgt eine ausdrückliche
Klarstellung, dass die Parteien dieser Vereinbarung ihre Beziehungen ausschließlich auf
schuldrechtlicher Basis regeln möchten und keine Gesellschaft gründen wollen.

Zu §§ 2–5: Einzelne Module

5   Die iR einer Kooperationsvereinbarung zu regelnden Bereiche sind vielfältig und
Einzelfallabhängig. Neben den vorliegenden Modulen kommen häufig auch technische Serviceleistungen wie IT in Frage. Es empfiehlt sich, die Berechnungsgrundlagen
für die Vergütung im Kooperationsvertrag anzugeben, um eine Berechnungsgrundlage
für eine evtl. Anpassung zu haben, wenn sich die der Vereinbarung im Zeitpunkt des
Abschlusses zugrunde gelegten Umstände ändern sollten (vgl. hierzu auch § 6 Abs. 2
der Vereinbarung).

Zu § 8: Qualität und Haftung

6   Der Leistungserbringer wird regelmäßig nur für die gleiche Qualität einstehen wollen, die er bislang in eigenen Angelegenheiten erbracht hat. Seine Leistungen im
Rahmen dieser Kooperation sollen ja nur den Übergang und die störungsfreie Aus-
bzw. Eingliederung des veräußerten Produktbereichs unterstützen. Dem entspricht
auch die Regelung zur Einschaltung Dritter in die Leistungserbringung.

Zu § 10: Vertragsbeginn und Kündigung

7   Die Vereinbarung hängt in ihrem Bestand von der Veräußerung ab, deren Umsetzung sie unterstützen soll. Unter dem Aspekt, dass der Erwerber grds. eigene Kapazi-
ten aufbauen wird, wurde eine relativ kurze Laufzeit gewählt, die jedoch auch das Interesse des Leistungserbringers an einer gesicherten (Personal-)Planung berücksichtigt.

Zu § 11: Geheimhaltung

8   Aufgrund der oftmals sensiblen Informationen werden oft Geheimhaltungsvereinba-
rungen getroffen. Zwar besteht im vorliegenden Fall meist eine Kenntnis des Auftragnehmers (und gleichzeitigen Veräußerers), allerdings macht eine Geheimhaltungsvereinbarung den Parteien die Sensibilität der Informationen nochmals bewusst. Zudem
empfiehlt sich eine Regelung zur Herausgabe von Daten und Unterlagen, die im
Rahmen der Kooperationsvereinbarung beim Auftraggeber entstehen, dh. für die
Zeiträume nach dem Unternehmenserwerb. Allerdings wird sich der Leistungserbringer oftmals nicht auf eine mit einer hohen Vertragsstrafe versehene Geheimhaltungsverpflichtung einlassen, da die Leistungserbringung auch sehr stark im Interesse des
Leistungsempfängers und Unternehmenserwerbers liegt.

Zu § 11: Schlussbestimmungen

9   Zu Schlussbestimmungen vgl. B. 21. Rz. 48 f. Eine Besonderheit besteht hier im
ausdrücklichen Ausschluss der Übertragbarkeit vertraglicher Rechte und Pflichten.
Dies trägt dem erheblichen Interesse der Parteien an der Person des jeweiligen Vertragspartners Rechnung.

B. 22. Werkvertrag (Gutachtervertrag)

Gliederung

I. FORMULAR

Formular B. 22 Gutachtervertrag

GUTACHTERVERTRAG

zwischen

A ......   – nachfolgend Auftraggeber genannt –

und

B ......   – nachfolgend Gutachter genannt –

§ 1 Gegenstand des Vertrages

Der Gutachter wird für den Auftraggeber ein Gutachten zu Fragen der ...... *[Gegenstand des Gutachtens]* erstellen.

§ 2 Zeit

Das Gutachten ist bis zum ...... zu erstellen und dem Auftraggeber zu übergeben.

§ 3 Vergütung

Der Gutachter erhält ein Honorar in Höhe von € ......,– zuzüglich gesetzlicher Umsatzsteuer. Weitere Zahlungen kann der Gutachter nicht verlangen. Die Zahlung ist im Voraus zu leisten.

§ 4 Sach- und Rechtsmängelhaftung

Die Haftung für Sach- und Rechtsmängel wird ausgeschlossen. Der vorstehende Haftungsausschluss gilt nicht bei Vorsatz oder Arglist.

§ 5 Pflichten des Gutachters

(1) Der Gutachter erbringt seine gutachterlichen Leistungen unabhängig, unparteiisch, weisungsfrei, gewissenhaft und in eigener Person.

(2) Der Gutachter verpflichtet sich, über alle ihm zur Kenntnis gelangten Angelegenheiten, auch nach Fertigstellung des Gutachtens, Stillschweigen gegenüber jedermann zu bewahren.

§ 6 Mitwirkungspflichten des Auftraggebers

Der Auftraggeber hat dafür Sorge zu tragen, dass dem Gutachter alle für die ordnungsgemäße Durchführung des Auftrags erforderlichen Auskünfte und Unterlagen unentgeltlich und rechtzeitig zur Verfügung gestellt werden.

§ 7 Beendigung des Vertragsverhältnisses

Der Gutachtervertrag ist seitens des Auftraggebers zu jeder Zeit ohne Angabe von Gründen kündbar. Der Gutachter ist nicht verpflichtet, das Honorar teilweise oder ganz im Falle einer Kündigung zurückzuzahlen. Ansonsten endet das Vertragsverhältnis mit Fertigstellung des Gutachtens und seiner Überstellung an den Auftraggeber.

§ 8 Schriftformklausel

Änderungen des Vertrages sind nur wirksam, wenn sie schriftlich erfolgen.

II. ERLÄUTERUNGEN

Erläuterungen zu B. 22 Gutachtervertrag

1. Grundsätzliche Anmerkungen

a) Wirtschaftliche Vertragsziele

1   Die Hauptpflicht aus dem Werkvertrag besteht in der rechtzeitigen und mangelfreien, dh. vertragsgemäßen Herstellung des Werkes. Im Gegensatz zum Dienstvertrag wird nicht die Tätigkeit als solche geschuldet. Die Abgrenzung zwischen diesen beiden Vertragstypen kann im Einzelfall schwierig sein. Während etwa der auf Dauerberatung angelegte Steuerberatungsvertrag dienstvertraglichen Charakter hat, ist vom Vorliegen eines Werkvertrages stets auszugehen bei Einzelaufträgen wie Fertigung von Steuererklärungen, Bilanzen oder der Erstellung von Gutachten. Entsprechendes gilt für Verträge mit Rechtsanwälten und Wirtschaftsprüfern. Zu den Werkverträgen zählen insbesondere der Architekten-, Ingenieur-, Schornsteinfeger- und der Statikervertrag.

b) Zivilrecht

2   Die Vorschriften über den Werkvertrag sind in den §§ 631 ff. BGB enthalten. Der Werkvertrag ist grundsätzlich formfrei.

Wie beim Dienstvertrag gilt auch beim Werkvertrag eine Vergütung als stillschweigend vereinbart, wenn die Herstellung des Werkes den Umständen nach nur gegen eine Vergütung zu erwarten ist (§ 632 Abs. 1 BGB). Ist die Höhe der Vergütung nicht bestimmt worden, gilt die taxmäßige Vergütung; bei Rechtsanwälten und Steuerberatern sind dies etwa die gesetzlichen Gebührenordnungen.

3   Mängelansprüche verjähren gem. § 634a BGB bei Arbeiten an einer Sache in zwei Jahren, bei Arbeiten an einem Bauwerk oder bei Planungsleistungen in fünf Jahren. Die Verjährungsfrist beginnt hier mit der Abnahme des Werks, ferner mit (auch schlüssig erklärter) endgültiger Abnahmeverweigerung (BGH VII ZR 171/08 v. 8.7.10, NJW 10, 3573; BGH VII ZR 61/10 v. 24.2.11, NJW 11, 1224; BGH VII ZR 94/09 v. 19.5.11, NJW-Spezial 11, 557; OLG Düsseldorf 5 U 170/08 v. 2.7.09, NJW-RR 10, 528).

Bei nichtkörperlichen Werkleistungen, wie etwa Begutachtungen, gilt die dreijährige regelmäßige Verjährungsfrist des § 195 BGB. Hier beginnt die Frist aber erst mit Ende des Jahres zu laufen, in dem der Anspruch entstanden ist und der Gläubiger Kenntnis vom Mangel erlangt hat bzw. erlangen musste (§ 199 Abs. 1 BGB).

c) Steuerrecht

4   **Ertragsteuern:** Im Rahmen des Werkvertrages werden hinsichtlich der **Einkommensteuer** regelmäßig Einkünfte aus Gewerbebetrieb (§ 15 EStG) oder Einkünfte aus selbstständiger Arbeit (§ 18 EStG) erzielt. Der Gutachtenersteller wird jedenfalls als Freiberufler mit seiner Vergütung Einkünfte aus selbstständiger Arbeit (§ 18 EStG) erzielen.

Verkehrsteuern: Die Umsätze aus der Tätigkeit im Rahmen von Werkverträgen 5 sind, soweit Unternehmereigenschaft bejaht werden kann, im Rahmen der **Umsatzsteuer** als sonstige Leistung steuerbar und grundsätzlich steuerpflichtig. Der Ort der sonstigen Leistung richtet sich nach § 3a UStG und hängt sowohl von der ausgeübten Tätigkeit als auch vom Empfänger der Leistung ab. § 3a Abs. 1 UStG stellt dabei die Grundregel auf, dass die Leistung dort erbracht wird, wo der Leistende sein Unternehmen betreibt. Diese Grundregel wird aber nachfolgend in § 3a Abs. 2 bis 7 UStG für die überwiegende Anzahl der Fälle durchbrochen, so dass § 3a Abs. 1 UStG eher als nachrangiger Auffangtatbestand zu verstehen ist.

(frei) 6

2. Einzelerläuterungen

Zu § 1: Gegenstand des Vertrags

Es empfiehlt sich hier, den Gegenstand des Gutachtens möglichst genau zu bestim- 7 men. Da der Gegenstand des Gutachtens nicht sicher den Umfang des Gutachtens bestimmen muss, kann es sich im Einzelfall empfehlen, eine bestimmte Seitenzahl aufzunehmen, die nicht unter- bzw. überschritten werden sollte. Eine hinreichende Bestimmung liegt in erster Linie im Interesse des Auftraggebers, da dieser auf Grund des **Haftungsausschlusses für Sach- und Rechtsmängel** (§ 4 des Vertrages) sich nur gegen ein unvollständiges und nicht gegen ein schlechtes Gutachten wehren kann.

Zu § 3: Vergütung

In § 3 wird klargestellt, dass sämtliche Aufwendungen des Gutachters mit der ein- 8 maligen Zahlung abgegolten sind. Nach der gesetzlichen Regelung des § 641 BGB wird die Vergütung erst bei Abnahme bzw. Vollendung des Werkes fällig. Eine Vorauszahlung der Vergütung kann aber vereinbart werden. Wie im Einzelfall zu verfahren ist, hängt dabei u. a. auch von dem Umfang des Gutachtens ab. Unter Umständen kann auch eine Teilbetragszahlung vereinbart werden, etwa dergestalt, dass das Gutachten kapitelweise vergütet wird.

Zu § 4: Sach- und Rechtsmängelhaftung

Aus der Natur des Gutachtens ergibt sich, dass eine Mangelhaftigkeit des Werkes in 9 Grenzbereichen kaum feststellbar sein wird. Dass ein **mangelhaftes Werk** geliefert wurde, kann regelmäßig nur dann nachgewiesen werden, wenn das Werk unvollständig ist. Dieses Problem ist aber bereits in § 1 des Vertrages mit einer möglichst genauen Bezeichnung des Gegenstandes des Gutachtens einzugrenzen. Für den Gutachtenersteller ist es wichtig, die Haftung für Sach- und Rechtsmängel auszuschließen, da er sonst auf Grund der Behauptung des Auftraggebers, dass das Gutachten mangelhaft sei, um sein Honorar gebracht werden könnte.

Zudem ist eine **Haftungsbegrenzung** sinnvoll, da der Gutachter auch gegenüber 10 Dritten für ein von ihm erstattetes unrichtiges Gutachten nach den von der Rechtsprechung entwickelten Grundsätzen des Vertrages mit Schutzwirkung zu Gunsten Dritter haften kann (OLG Dresden 10 U 1826/10 v. 19.10.11, IBR 12, 591). Individualvertraglich ist die Vereinbarung eines solchen Haftungsausschlusses uneingeschränkt möglich. Sofern es sich jedoch um **AGB** handelt, sind einem Haftungsausschluss enge Grenzen gesetzt. Bei **Verbrauchern** ist gem. § 309 Nr. 8 Buchst. b Doppelbuchst. aa BGB eine Bestimmung in AGB unwirksam, durch die bei Verträgen über Lieferungen neu hergestellter Sachen und über Werkleistungen die Ansprüche gegen den Verwender wegen eines Mangels insgesamt oder bezüglich einzelner Teile ausgeschlossen, auf die Einräumung von Ansprüchen gegen Dritte beschränkt oder von der vorherigen gerichtlichen Inanspruchnahme Dritter abhängig gemacht werden. Zudem ist § 309 Nr. 7 Buchst. a BGB zu beachten, wonach ein Ausschluss oder eine Begrenzung der Haftung für Schäden aus der Verletzung des Lebens, des Körpers oder

der Gesundheit, die auf einer fahrlässigen Pflichtverletzung des Verwenders oder einer vorsätzlichen oder fahrlässigen Pflichtverletzung eines gesetzlichen Vertreters oder Erfüllungsgehilfen des Verwenders beruhen, nicht möglich ist. Handelt der Vertragspartner als **Unternehmer,** ist zwar § 309 BGB gemäß § 310 Abs. 1 Satz 1 BGB nicht anwendbar; soweit AGB-Klauseln jedoch auch im Verkehr zwischen Unternehmern als unangemessen anzusehen sind, kann sich ihre Unwirksamkeit aus § 307 BGB ergeben.

Zu § 6: Mitwirkungspflichten des Auftraggebers

11   § 6 konkretisiert die in § 642 BGB vorgesehene gesetzliche Regelung. Gegebenenfalls können noch detaillierte Regelungen über die Folgen einer unterlassenen Mitwirkung aufgenommen werden wie zB **Vertragsstrafen.**

Zu § 7: Beendigung des Vertragsverhältnisses

12   Nach der gesetzlichen Regelung (§ 649 BGB) kann der Auftraggeber den Vertrag bis zur Vollendung des Werks jederzeit ohne Angabe von Gründen kündigen. Insoweit hat § 6 nur deklaratorische Bedeutung. Eine Abänderung der gesetzlichen Regelung besteht aber darin, dass der Gutachter nicht verpflichtet ist, das Honorar insoweit zurückzuzahlen als er Aufwendungen durch die frühe Kündigung erspart hat. Hierbei ist zu beachten, dass eine derartige Vereinbarung in allgemeinen Geschäftsbedingungen nicht möglich ist und andernfalls deren Unwirksamkeit zur Folge hätte.

B. 23. Sicherungsübereignungsvertrag

Gliederung

I. FORMULAR

Formular B. 23 Sicherungsübereignungsvertrag

SICHERUNGSÜBEREIGNUNGSVERTRAG

zwischen

A ......   – nachfolgend Sicherungsgeber genannt –

und

B ......   – nachfolgend Sicherungsnehmer genannt –

§ 1 Gegenstand der Sicherungsübereignung

(1) Der Sicherungsgeber überträgt hiermit an den Sicherungsnehmer das Eigentum an folgendem Kraftfahrzeug (nachfolgend Sicherungsgut genannt):

Hersteller ......

Typ ......

Fahrgestellnummer ......

Amtliches Kennzeichen ......

Tag der Erstzulassung ......

Km-Stand ......

Versicherung ......

(2) Das Sicherungsgut befindet sich in der Garage am ersten Wohnsitz des Sicherungsgebers. Eine dauernde Veränderung des Standortes bedarf der Einwilligung des Sicherungsnehmers.

(3) Für die Dauer der Sicherungsübereignung übergibt der Sicherungsgeber dem Sicherungsnehmer die über das Sicherungsgut ausgestellten Fahrzeugbriefe. Der Sicherungsnehmer bestätigt den Empfang der vorgenannten Unterlagen.

(4) Die Übergabe des Sicherungsgutes an den Sicherungsnehmer wird in der Weise ersetzt, dass der Sicherungsnehmer dem Sicherungsgeber das Sicherungsgut zu treuen Händen überlässt. Soweit Dritte unmittelbaren Besitz am Sicherungsgut erlangen, tritt der Sicherungsgeber bereits jetzt seine bestehenden und zukünftigen Herausgabeansprüche an den Sicherungsnehmer ab.

§ 2 Sicherungszweck

Die Übereignung und die Übertragung der sonstigen mit diesem Vertrag bestellten Rechte und Ansprüche erfolgt zur Sicherung aller gegenwärtigen, künftigen – auch bedingten oder befristeten – Forderungen, die dem Sicherungsnehmer gegen den

Sicherungsgeber aus dem Darlehensvertrag vom ...... in Höhe von € ......,– und Zinsen p. a. in Höhe von € ......,– zustehen, und zwar auch dann, wenn die vereinbarte Laufzeit des Darlehens verlängert wird.

§ 3 Deckungsgrenze

Die Parteien sind sich darüber einig, dass der Wert des Sicherungsgutes bei Vertragsabschluss ......% (Deckungsgrenze) der zu sichernden Forderung (§ 2) entspricht. Unterschreitet der Wert des Sicherungsgutes die Deckungsgrenze nachhaltig, so ist der Sicherungsgeber zu einer entsprechenden Ergänzung des Sicherungsgutes verpflichtet.

§ 4 Nutzung des Sicherungsgutes

(1) Im Rahmen des üblichen Gebrauchs ist es dem Sicherungsgeber gestattet, das Sicherungsgut zu nutzen. Er ist verpflichtet, das Sicherungsgut auf seine Kosten in ordnungsgemäßen und betriebsfähigen Zustand zu halten und insbesondere die notwendigen Reparaturen sachgerecht durchführen zu lassen. Der Sicherungsgeber hat die Wartungs-, Pflege- und Gebrauchsempfehlungen des Herstellers zu befolgen.

(2) Der Sicherungsnehmer ist jederzeit berechtigt, das Sicherungsgut am Standort (§ 1 Abs. 2) zu überprüfen oder durch seinen Beauftragten überprüfen zu lassen. Für diesen Zweck ist dem Sicherungsnehmer freier Zutritt zum Standort zu gewähren und jede zu diesem Zweck erforderliche Auskunft zu erteilen und die betreffenden Unterlagen zur Einsicht vorzulegen.

(3) Soweit sich das Sicherungsgut in unmittelbarem Besitz Dritter befindet, werden diese vom Sicherungsgeber angewiesen, dem Sicherungsnehmer Zutritt zum Sicherungsgut zu gewähren.

§ 5 Eigentum, Belastungen und sonstige Maßnahmen Dritter

(1) Der Sicherungsgeber versichert, dass ihm an dem Sicherungsgut das unbedingte sowie unbelastete Eigentum zusteht.

(2) Der Sicherungsgeber versichert ferner, dass rückständige Forderungen wegen Garagen- oder Stellplatzmiete, durch die ein Vermieterpfandrecht begründet sein könnte, sowie Prämienrückstände gegenüber dem Haftpflicht- oder dem Kasko-Versicherer oder Pfandrechte aus einem Werkvertrag nicht bestehen.

(3) Soweit das Sicherungsgut in gemieteten Räumen abgestellt wird, hat der Sicherungsgeber auf Verlangen des Sicherungsnehmers den Nachweis zu erbringen, dass die Mietzahlungen geleistet worden sind.

(4) Sollten Pfändungen oder sonstige Maßnahmen Dritter in das Sicherungsgut erfolgen, hat der Sicherungsgeber den Sicherungsnehmer unverzüglich hierüber zu informieren und alle Unterlagen zur Verfügung zu stellen, die der Sicherungsnehmer für den Widerspruch gegen die Pfändung oder sonstige Maßnahmen benötigt. Dies gilt gleichfalls für alle mit dem Sicherungsgut zusammenhängenden Vorkommnisse. Der Sicherungsnehmer ist befugt, zur Abwendung von Maßnahmen Dritter diese auf Kosten des Sicherungsgebers abzuwenden.

§ 6 Ersatzteile und Zubehör

Werden nach Abschluss dieser Vereinbarung Teile aus dem Sicherungsgut entfernt bzw. ausgebaut, so verbleiben diese solange im Eigentum des Sicherungsnehmers, bis sie durch gleichwertige Teile ersetzt worden sind. Hinzuerworbene Bestandteile und Zubehörstücke werden mit ihrem Einbau bzw. ihrer Einbringung in das Sicherungsgut Eigentum des Sicherungsnehmers; sie werden dem Sicherungsgeber gleichfalls leihweise zur Benutzung überlassen.

§ 7 Lastentragung

(1) Der Sicherungsgeber trägt sämtliche das Sicherungsgut betreffenden Gefahren, Haftungen, Steuern, Abgaben und alle sonstigen Lasten, auch soweit sie mit dem Betrieb des Sicherungsgutes in Zusammenhang stehen. Insbesondere bleibt der Sicherungsgeber Halter des Fahrzeugs im Sinne von § 7 StVG.

(2) Der Sicherungsgeber ist verpflichtet, den Sicherungsnehmer von allen Verbindlichkeiten freizustellen, die ihn als Eigentümer des Sicherungsgutes etwa treffen sollten.

§ 8 Versicherungen

(1) Der Sicherungsgeber ist verpflichtet, das Sicherungsgut für die Dauer der Sicherungsübereignung im Rahmen einer Vollkaskoversicherung sowie einer ausreichenden Haftpflichtversicherung zu versichern. Der Sicherungsgeber hat dem Sicherungsnehmer das Bestehen der Versicherung anzuzeigen sowie die Verpflichtung, sämtliche Prämienzahlungen dem Sicherungsnehmer unverzüglich nach dem Fälligkeitstermin unaufgefordert nachzuweisen. Besteht das Versicherungsverhältnis nicht mehr, so darf das Sicherungsgut nicht mehr genutzt werden.

(2) Sämtliche sich aus diesem Versicherungsverhältnis ergebenden gegenwärtigen und zukünftigen Ansprüche gegen den Versicherer tritt der Sicherungsgeber unter Maßgabe der Zweckbestimmung des § 2 an den Sicherungsnehmer hiermit ab.

(3) Der Sicherungsgeber ist verpflichtet, dem Versicherer mitzuteilen, dass das Sicherungsgut an den Sicherungsnehmer zu Eigentum übertragen ist und sämtliche Rechte aus dem Versicherungsvertrag, soweit sie das Sicherungsgut betreffen, dem Sicherungsnehmer zustehen und der Sicherungsnehmer in die Rechte, nicht aber in die Pflichten des Versicherungsvertrages eintritt. Dies gilt mit der Maßgabe, dass der Sicherungsgeber zur Aufhebung der Versicherung ohne Zustimmung des Sicherungsnehmers nicht berechtigt ist.

(4) Der Sicherungsgeber beantragt bei der Versicherung einen entsprechenden Sicherungsschein, der dem Sicherungsnehmer zu übersenden ist.

(5) Wenn der Sicherungsgeber die Versicherung nicht oder nicht ausreichend bewirkt hat, darf der Sicherungsnehmer dies auf Gefahr und Kosten des Sicherungsgebers vornehmen.

§ 9 Verwertung

(1) Verstößt der Sicherungsgeber gegen die ihm obliegenden Pflichten zur vertragsgemäßen Behandlung des Sicherungsgutes in erheblicher Weise oder verfügt er über das Sicherungsgut über den Rahmen des üblichen Gebrauchs hinaus, ist der Sicherungsnehmer berechtigt, die Nutzungsbefugnisse zu widerrufen und die Herausgabe des Sicherungsgutes zu verlangen. Dasselbe gilt, wenn der Sicherungsgeber die Zahlungen eingestellt hat oder ein Insolvenzantrag gestellt worden ist. Die Herausgabe kann der Sicherungsnehmer ferner dann verlangen, wenn der Sicherungsgeber mit fälligen Zahlungen hinsichtlich der durch diesen Vertrag gesicherten Forderung in Verzug ist oder seine vertraglichen Verpflichtungen nicht erfüllt.

(2) Im Falle des Zahlungsverzugs hinsichtlich der durch diesen Vertrag gesicherten Forderung und Nebenleistungen ist der Sicherungsnehmer zudem berechtigt, das Sicherungsgut in unmittelbaren Besitz zu nehmen und zu verwerten, soweit dies zur Erfüllung der rückständigen Forderung erforderlich ist.

(3) Die Verwertung ist dem Sicherungsgeber unter Fristsetzung von einem Monat schriftlich anzudrohen.

(4) Im Verwertungsfalle ist der Sicherungsnehmer berechtigt, das Sicherungsgut nach seiner Wahl öffentlich zu versteigern oder freihändig im eigenen Namen zu ver-

kaufen. Der Sicherungsnehmer kann auch von dem Sicherungsgeber verlangen, dass dieser nach Weisungen das Sicherungsgut bestmöglich verwertet oder bei der Verwertung mitwirkt. Der Sicherungsgeber hat alles bei der Verwertung des Sicherungsgutes Erlangte unverzüglich an den Sicherungsnehmer herauszugeben. Der Sicherungsnehmer ist berechtigt, den Erlös zur Abdeckung der durch diesen Vertrag gesicherten Forderung zu verwenden.

(5) Nach Verwertung hat der Sicherungsnehmer nach Abführung der Umsatzsteuer einen noch verbleibenden Überschuss an den Sicherungsgeber herauszugeben.

§ 10 Rückübertragung und Freigabe von Sicherheiten

(1) Soweit die durch den Sicherungsübereignungsvertrag gesicherten und sich aus ihm ergebenden Forderungen in voller Höhe getilgt sind, hat der Sicherungsnehmer die ihm übertragenen Sicherheiten auf den Sicherungsgeber zurück zu übertragen.

(2) Schon vor vollständiger Befriedigung der durch diesen Vertrag gesicherten Ansprüche ist der Sicherungsnehmer auf Verlangen des Sicherungsgebers verpflichtet, das übertragene Sicherungsgut an den Sicherungsgeber ganz oder teilweise freizugeben, soweit der Schätzwert des Sicherungsgutes ......% der gesicherten Ansprüche des Sicherungsnehmers nicht nur vorübergehend überschreitet. Der Sicherungsgeber hat dem Sicherungsnehmer in diesem Fall ein anderes werthaltiges Sicherungsgut zur Sicherung anzubieten.

(3) Für den Wertvergleich maßgebend ist der jeweilige Verkehrswert des Sicherungsgutes, der sich nach der jeweils aktuellen Schwacke-Liste richtet.

§ 11 Salvatorische Klausel

Soweit eine Bestimmung dieses Vertrages ganz oder teilweise unwirksam ist oder nicht durchgeführt werden kann, berührt dies die Gültigkeit des Vertrages im Übrigen nicht.

II. ERLÄUTERUNGEN

> **Erläuterungen zu B. 23 Sicherungsübereignungsvertrag**

1. Grundsätzliche Anmerkungen

a) Wirtschaftliche Vertragsziele

1   Die Sicherungsübereignung gehört im Wirtschaftsleben zu den wichtigsten **Kreditsicherheitsformen.** Der Vorteil der Sicherungsübereignung besteht darin, dass der Sicherungsgeber, anders als bei einer Verpfändung nach § 1205 Abs. 1 BGB (hier ist zwingend eine Besitzstellung des Gläubigers als Pfandrechtsinhaber erforderlich), weiterhin das Sicherungsgut nutzen kann und nach außen wie ein vollberechtigter Eigentümer erscheint, das Sicherungsgut aber gleichzeitig als Sicherheit zur Erlangung eines Darlehens eingesetzt werden kann. Im Innenverhältnis ist der Sicherungsnehmer Eigentümer und der Sicherungsgeber hat lediglich Treuhandeigentum.

b) Zivilrecht

2   Zur Sicherung einer Forderung, insbesondere eines Darlehens, übereignet der Schuldner/Sicherungsgeber das Sicherungsgut dem Gläubiger/Sicherungsnehmer, behält aber den Besitz an der Sache. Die Übereignung erfolgt im Wege des Besitzkonstituts (§ 930 BGB) durch Einigung (§ 929 BGB) und Vereinbarung eines Besitzmittlungsverhältnisses (§ 868 BGB), kraft dessen der Sicherungsnehmer mittelbarer Besitzer wird und der Sicherungsgeber unmittelbaren Besitz an der Sache behält.

3   Es ist zu unterscheiden zwischen dem schuldrechtlichen Sicherungsübereignungsvertrag (Vertrag sui generis) und dem dinglichen Vollzug durch die Sicherungsübereignung

gem. §§ 929, 930, 868 BGB. Anders als etwa die Bürgschaft besteht zwischen der gesicherten Forderung und dem Sicherungseigentum **keine Akzessorietät,** d. h. tritt der Sicherungsnehmer die Forderung ab, so geht das Sicherungseigentum nicht nach § 401 BGB auf den neuen Gläubiger über. Die Verknüpfung zwischen Forderung und Sicherung schafft nur der Sicherungsvertrag, der den Sicherungszweck festlegt.

Der Sicherungsübereignungsvertrag sollte aus Beweisgründen **schriftlich** geschlossen werden. Mit dem zugrundeliegenden Rechtsgeschäft, zB einem Darlehen, ist der Sicherungsübereignungsvertrag nicht identisch; beide Rechtsgeschäfte können in einer Urkunde verbunden werden, doch wirkt die Nichtigkeit des einen Vertrages auf den anderen Vertrag durch, so dass beide Rechtsgeschäfte nichtig wären. Daher sollten separate Vertragsurkunden erstellt werden. **4**

c) Steuerrecht

Das **Sicherungsgut** wird steuerlich dem Sicherungsgeber als dem wirtschaftlichen **5** Eigentümer zugeordnet (§ 39 Abs. 2 Nr. 1 Satz 2 Alt. 2 AO). Diese Zuordnung gilt für die Einkommensteuer, Körperschaftsteuer, Gewerbesteuer und Grundsteuer. Die zugrundeliegende Forderung hat der Sicherungsgeber zu passivieren.

Verkehrsteuern: Umsatzsteuerlich stellt die Übertragung des Sicherungseigentums **6** noch **keine Lieferung** dar (UStAE 3.1 Abs. 3 Satz 1). Ein Leistungsaustausch erfolgt erst mit Verwertung des Sicherungsgutes durch den Sicherungsnehmer im eigenen Namen an einen Dritten mit dem Ziel seiner Befriedigung (vorher keine Lieferung oder sonstige Leistung; BFH V R 20/04 v. 6.10.05, BStBl. II 06, 931; BFH V R 27/07 v. 23.7.09, BStBl. II 10, 859), mit der Folge, dass dann zwei steuerlich relevante Umsätze vorliegen (sog. Doppelumsatz), nämlich im Verhältnis Sicherungsgeber/Sicherungsnehmer sowie Sicherungsnehmer/Erwerber (BFH V R 2/75 v. 20.7.78, BStBl. II 78, 684; BFH V R 124/75 v. 17.7.80, BStBl. II 80, 673; BFH V R 102/89 v. 9.3.95, BStBl. II 95, 564; BFH V R 27/07 v. 23.7.09, BStBl. II 10, 859; UStAE 1.2 Abs. 1). Wird das Sicherungsgut allerdings durch den Sicherungsgeber im eigenen Namen auf Rechnung des Sicherungsnehmers veräußert, ist sogar ein sog. Dreifachumsatz gegeben (BFH V R 20/04 v. 6.10.05, BStBl. II 06, 931; BFH V R 9/03 v. 30.3.06, BStBl. II 06, 933; BMF v. 30.11.06, BStBl. I 06, 794), jedoch erst dann, wenn aufgrund der konkreten Sicherungsabrede oder aufgrund einer hiervon abweichenden Vereinbarung die Verwertungsreife eingetreten ist (BFH V R 27/07 v. 23.7.09, BStBl. II 10, 859).

(frei) **7–10**

2. Einzelerläuterungen

Zu § 1: Gegenstand der Sicherungsübereignung

Bei der Sicherungsübereignung ist der sachenrechtliche Bestimmtheitsgrundsatz zu **11** beachten (BGH VIII ZR 191/82 v. 21.11.83, NJW 84, 803). Wird nur eine einzelne Sache sicherungsübereignet, stellt dies keine Schwierigkeiten dar, denn in diesem Fall ist nur darauf zu achten, dass die wesentlichen Merkmale des Sicherungsgutes zur Kennzeichnung in den Vertrag aufgenommen sind. Anders verhält es sich bei der Sicherungsübereignung von Sachgesamtheiten (wie zB Warenlagern); die Rechtsprechung verlangt in solchen Fällen nach außen hin zu unterscheidende Merkmale des betroffenen Sicherungsgutes (BGH VIII ZR 191/82 v. 21.11.83, NJW 84, 803; BGH II ZR 11/91 v. 13.1.92, NJW 92, 1161; BGH IX ZR 170/94 v. 11.5.95, NJW 95, 2348).

Die in § 1 Abs. 4 gewählte Formulierung regelt das Treuhandverhältnis zwischen **12** Sicherungsgeber und Sicherungsnehmer.

Zu § 2: Sicherungszweck

Um die fehlende Akzessorietät zwischen Forderung und Sicherung herzustellen, ist **13** die zu sichernde Forderung in unverwechselbarer Weise zu kennzeichnen und herauszustellen, dass das Sicherungsgut zu deren Sicherung übereignet wird.

Zu § 3: Deckungsgrenze

14   Die Deckungsgrenze ist der Betrag, bis zu dem die Forderung durch das Sicherungsgut gedeckt sein muss. Diese darf jedoch nicht zu hoch angesetzt sein, da sonst
die Gefahr der **anfänglichen Übersicherung** und daraus folgend der Nichtigkeit von
Vertrag und Übereignung nach § 138 Abs. 1 BGB bzw. § 307 BGB besteht. Der
BGH hat als Richtschnur für die Höhe der Deckungsgrenze entschieden: „Enthält die
formularmäßige Bestellung (…) keine ausdrückliche oder eine unangemessene Deckungsgrenze, so beträgt diese Grenze (unter Berücksichtigung der Kosten der Verwaltung und Verwertung der Sicherheit, bezogen auf den realisierbaren Wert der Si-
cherungsgegenstände) 110% der gesicherten Forderungen" (BGH GSZ 1 u. 2/97 v.
27.11.97, NJW 98, 671).

Zu § 4: Nutzung des Sicherungsgutes

15   Während der Nutzung des Sicherungsgutes trifft den Sicherungsgeber die Pflicht
zur Erhaltung.

Zu § 5: Eigentum, Belastungen und sonstige Maßnahmen Dritter

16   Da der Sicherungsnehmer nicht unmittelbaren Besitz an dem Sicherungsgut erlangt,
bleiben bereits erworbene Rechte Dritter, wie etwa Vermieter- oder Werkpfandrech-
te (§§ 562, 647 BGB) bestehen oder können nachträglich entstehen. Bestanden bereits
Rechte von Dritten an dem Sicherungsgut, erwirbt der Sicherungsnehmer im Rahmen der Sicherungsübereignung nur ein „zweitrangiges Pfandrecht" und kann sich
nur an dem Sicherungsgeber schadlos halten. Um sich ein erstrangiges Pfandrecht an
dem Sicherungsgut zu sichern, ist die Sicherungsübereignung vor dem Entstehen von
Rechten Dritter vorzunehmen.

Zu § 6: Ersatzteile und Zubehör

17   Der Vertrag sollte auch eine Regelung hinsichtlich ausgetauschter Teile bzw. Zubehör enthalten, um zu verdeutlichen, dass auch diese in den Sicherungsverband fallen.

Zu § 7: Lastentragung

18   Durch die Sicherungsübereignung erhält der Sicherungsnehmer nach außen hin die
Stellung eines Eigentümers mit den damit verbundenen Pflichten. Da aber tatsächlich
der Sicherungsgeber das Sicherungsgut besitzt, sollte der Sicherungsnehmer von etwaigen Ansprüchen im Zusammenhang mit dem Sicherungsgut freigestellt werden.
Für die Frage des § 7 StVG ist zu beachten, dass der Sicherungsgeber auch tatsächlich
die Verfügungsgewalt über das Auto behalten muss. Liegt diese beim Sicherungsnehmer, könnte die Zurechnung auch entgegen der vertraglichen Regelung vorgenommen werden.

Zu § 8: Versicherungen

19   Im Interesse des Sicherungsnehmers, aber auch im eigenen Interesse, sollte der Sicherungsgeber zum Abschluss einer Versicherung für das Sicherungsgut angehalten
sein. Um zu verhindern, dass der Versicherer von seiner Leistung frei wird, hat der Sicherungsgeber die Sicherungsübereignung unverzüglich anzuzeigen (§ 97 VVG).

Zu § 9: Verwertung

20   Das Verwertungsrecht und die Verwertung selbst richten sich nach den vertraglichen Vereinbarungen (BGH VIII ZR 298/78 v. 24.10.79, NJW 80, 226). Hilfsweise
kann auf die Vorschriften der Pfandverwertung zurückgegriffen werden (§§ 1233 ff.
BGB). Die durch die Verwertung entstehenden Kosten hat der Sicherungsgeber analog § 788 ZPO zu tragen. Im Falle der Insolvenz des Sicherungsgebers steht dem Sicherungsnehmer ein Recht auf abgesonderte Befriedigung analog § 51 Nr. 1 InsO zu.

Ist der Vertrag für den Sicherungsgeber ein Handelsgeschäft, so kann die Frist in § 9 **21**
Abs. 3 auf eine Woche verkürzt werden.

Zu § 10: Rückübertragung und Freigabe von Sicherheiten

Ist die Forderung getilgt, hat der Sicherungsnehmer das Sicherungsgut zurück zu **22**
übertragen. Zur Vermeidung der Nichtigkeit des Vertrages gem. § 138 BGB bzw.
§ 307 BGB ist auf eine **nachträgliche Übersicherung** zu achten. Nach dem Beschluss des Großen Senats des BGH (GSZ 1 u. 2/97 v. 27.11.97, NJW 98, 671) darf
der Schätzwert des Sicherungsgutes 150% der gesicherten Ansprüche des Sicherungsnehmers regelmäßig nicht überschreiten.

C. Anträge im Besteuerungsverfahren

Übersicht

C. 1. Abrechnungsbescheid

I. FORMULAR

Formular C. 1 Abrechnungsbescheid

Finanzamt ...

Steuernummer....

Antrag auf Erteilung eines Abrechnungsbescheids

Sehr geehrte(r) ...,

durch Bescheid v. ......, gerichtet an die X-GmbH, ist eine Umsatzsteuerschuld in Höhe von € ......,– festgesetzt worden. Der Bescheid ist rechtskräftig.

Gegen mich als alleiniger Geschäftsführer der X-GmbH erging ein ebenfalls rechtskräftiger Haftungsbescheid in gleicher Höhe. Ich bin nicht verpflichtet, diesen Betrag zu zahlen, denn die X-GmbH hat die Umsatzsteuerschuld inzwischen bezahlt (§§ 47, 44 Abs. 2 AO). Ihre Zahlungsaufforderung ist daher nicht rechtens. Ich beantrage die Erteilung eines Abrechnungsbescheides.

Mit freundlichen Grüßen

....

Steuerberater

II. ERLÄUTERUNGEN

Erläuterungen zu C. 1 Abrechnungsbescheid

Schrifttum: *Schwebe* Der Abrechnungsbescheid nach § 218 Abs. 2 AO, DB 92, 9; *Flies* Abrechnungsverfügung und Abrechnungsbescheid, DStZ 98, 153; *Gosch* Das Verhältnis von Anrechnung und Abrechnung, StBp 97, 271; *Siegert* Das Verhältnis An- und Abrechnungsteil und Leistungsgebot zum Abrechnungsbescheid, DB 97, 2398; *Streck/Schwedhelm* Zur sachlichen Reichweite des Abrechnungsbescheides, Stbg. 96, 166; *Völlmeke* Probleme bei der Anrechnung von Lohnsteuer, DB 94, 1746.

1   **Über Streitigkeiten, die sich auf die Verwirklichung von Ansprüchen aus dem Steuerschuldverhältnis** beziehen, entscheiden die FinBeh durch einen sog. **Abrechnungsbescheid** (§ 218 Abs. 2 AO). § 218 Abs. 2 AO spricht nur von einem „Verwaltungsakt". Jedoch ist der Begriff „Abrechnungsbescheid" gebräuchlich (vgl. OFD Karlsruhe v. 1.6.10, BeckVerw 244036; BFH I B 2/98 v. 17.9.98, BFH/NV 99, 440; VII B 4/04 v. 25.10.04, BFH/NV 05, 657; *Tipke/Kruse* § 218 AO Rz. 16). Der Antrag auf Erteilung eines Abrechnungsbescheides ist ein **zusätzlicher Rechtsbehelf** (BFH III 145/52 v. 16.10.53, BStBl. III 53, 373; *Koenig* § 226 AO Rz. 60). Streitigkeiten können also nicht sofort bei Gericht ausgetragen werden (eine unmittelbare Leistungsklage wäre unzulässig (vgl. FG Bremen 1 K 46/18 v. 30.10.19 –, NZI 20, 86), sondern sind zunächst in einem Verwaltungsverfahren zu klären. *Zuständig* für den Erlass eines Abrechnungsbescheides soll nach BFH (VII R 69/10 v. 12.7.11, DStR 11, 1758) die FinBeh sein, die den StAnspruch festgesetzt hat, um dessen Verwirklichung gestritten wird; bei einem Wohnsitzwechsel des Stpfl. gehe somit zwar die Zuständigkeit für dessen Veranlagung auf das neue örtliche FA über, nicht aber die Zuständigkeit für die Abrechnung bereits festgesetzter Steuer (BFH VII R 69/10 v.12.7.11, aaO vgl. hierzu kritisch *Bergan/Martin* DStR 12, 171).

2   Der Abrechnungsbescheid entscheidet **im Rahmen des Steuererhebungsverfahrens** über die Verwirklichung von Ansprüchen aus dem Steuerschuldverhältnis. Durch

den Abrechnungsbescheid wird nur darüber entschieden, ob eine bestimmte Zahlungsverpflichtung erloschen ist, dh. wirksam gezahlt, aufgerechnet, verrechnet, erlassen, Verjährung eingetreten, die Schuld bereits vor Begründung der Zahlungsschuld erloschen oder der Forderungsberechtigte durch Beitreibung befriedigt worden ist (vgl. hierzu OFD Karlsruhe v. 1.6.10, BeckVerw 244036, Tz. 1.1. und 1.2.). Dabei ist von der **formellen Bescheidlage** auszugehen, ungeachtet der Richtigkeit der Steuerbescheide (BFH VII R 17/09 v. 30.3.10, BFH/NV 97, 537; zu einer Ausnahme BFH VII R 3/97 v. 15.6.99, BStBl. II 00, 46; OFD Karlsruhe v. 1.6.10 aaO, Tz. 4.). Die Begründung der Zahlungspflicht ist hingegen nicht Gegenstand des Abrechnungsbescheides; sie wird vorausgesetzt (BFH I R 123/91 v. 28.4.93, BStBl. II 94, 147, BFH IV R 244/67 v. 5.2.70, BStBl. II 70, 444; VII R 10/82 v. 22.7.86, BStBl. II 86, 776). Daraus folgt, dass Einwendungen, die sich gegen die Steuerfestsetzung selbst richten, nicht gegen einen Abrechnungsbescheid erhoben werden können (BFH VII R 3/97 v. 15.6.99, BStBl. II 00, 46; BFH VII R 33/91 v. 28.4.92, BStBl. II 92, 781). Der Abrechnungsbescheid hat demnach grundsätzlich nur deklaratorische Bedeutung und ist kein vollziehbarer Verwaltungsakt i. v. § 361 AO (vgl. OFD Karlsruhe v. 1.6.10, aaO, Tz. 5). Werden Steuern oder steuerliche Nebenleistungen ausnahmsweise ohne einen Festsetzungsbescheid unmittelbar auf Grund ihres Entstehens kraft Gesetzes erhoben (zB Säumniszuschläge) oder begründet der Abrechnungsbescheid eine eigenständige Leistungspflicht des Steuerpflichtigen, können alle Einwendungen gegen die Entstehung des Steueranspruchs im Rahmen eines Abrechnungsbescheides geltend gemacht werden (vgl. dazu *Tipke/Kruse* § 218 AO Rz. 18; BFH IV R 174/78 v. 15.3.79, BStBl. II 79, 429; OFD Karlsruhe v. 1.6.10, aaO, Tz. 5). Die Überprüfbarkeit des Abrechnungsbescheides beschränkt sich jedoch nur auf die gesetzlichen Voraussetzungen für die Entstehung des im Abrechnungsbescheids festgesetzten Leistungsgebots (zB die gesetzlichen Voraussetzungen der Entstehung von Säumniszuschlägen).

Adressat des Abrechnungsbescheids ist der an dem Steuerschuldverhältnis beteiligte **3** Stpfl., bei Abtretung, Pfändung und Verpfändung (auch) der aus diesem Rechtsverhältnis berechtigte Dritte (BFH VII R 72/83 14.7.87, BStBl. II 87, 802), oder ein Dritter, der zu Unrecht eine Erstattung erhalten hat.

Zum notwendigen **Inhalt eines Abrechnungsbescheides** gehört, dass das FA sei- **4** ne Forderungen nach Steuerart, Jahr und Betrag in einer Weise aufgliedert, dass nachprüfbar ist, welche Beträge das FA noch verlangt und wie sich diese errechnen (FG RhPf. 5 K 34/81 v. 23.11.81, EFG 82, 445). Ist der Anspruch erloschen, muss das FA den Erlöschensgrund genau bezeichnen (BFH VII R 50/96 v. 4.2.97, BStBl. II 97, 479). Alle Fakten müssen spätestens bis zum Schluss der mündlichen Verhandlung vor dem FG substantiiert vorgetragen sein (BFH VII R 153/82 v. 3.11.83, BStBl. II 84, 184).

Gegen einen Abrechnungsbescheid ist der Einspruch gegeben (§ 347 AO). **5** Da der Abrechnungsbescheid im Allgemeinen keinen vollziehbaren Inhalt hat, kann Aussetzung der Vollziehung generell nicht beantragt werden (vgl. BFH VII B 137/87 v. 10.11.87, BStBl. II 88, 43; VII B 137/04 v. 8.11.04, BFH/NV 05, 492; VII S 22/09 v. 20.7.09, BeckRS 2009, 25015474). Dies gilt nicht, wenn der Abrechnungsbescheid die Rechtsposition des Stpfl. verschlechtert, weil er eine gegenüber vorausgegangenen Steuerbescheiden eigenständige Regelung enthält (zB erstmals eine Zahlungspflicht begründet, vgl. dazu *Klein/Rüsken* § 218 AO Rz. 44, *Tipke/Kruse* § 218 AO Rz. 28, OFD Koblenz v. 1.6.10., BeckVerw 244036 Tz. 5; vgl. hierzu auch Rz. 2).

Kommt es **über die Anrechnung** von Vorauszahlungen oder Steuerabzugsbeträ- **6** gen zum Streit, ist eine **Abrechnungsverfügung** zu erlassen. Es handelt sich hierbei um einen selbständigen Verwaltungsakt, der mit Einspruch angefochten werden und auf Antrag des Stpfl. aber auch von Amts wegen ergehen kann (vgl. BFH VII B 147/04 v. 13.1.05, BStBl. II 05, 457; OFD Karlsruhe, 1.6.10, aaO, Tz. 7). Hierin wird über Streitigkeiten, die sich aus einer Anrechnungsverfügung ergeben haben, verbindlich entschieden (BFH VII B 94/99 v. 19.10.99, BFH/NV 00, 1096). Da das Abrechnungsverfahren vor einem Verfahren gegen die Anrechnungsverfügung Vorrang hat, entfällt dadurch für dieses das Rechtsschutzbedürfnis (BFH I R 123/91 v. 28.4.93, BStBl. II 94, 147; I R 100/92 v. 28.4.93, DStR 93, 1448; VII R 8/91 v. 25.2.92, BStBl. II 92, 713). Auch AdV oder eine Aussetzung des Abrechnungsverfahrens nach § 74 FGO kommen nicht mehr in Betracht (BFH VII B 94/99 v. 19.10.99, BeckRS 1999, 25004209). Lehnt das FA in einem solchen Fall den Erlass eines Abrechnungsbescheides ab oder bleibt es auf Antrag untätig, muss der Stpfl. Verpflichtungs-/Untätigkeitsklage erheben (vgl. dazu *Klein/Rüsken* § 218 AO Rz. 42).

C. 2. Abtretung

I. FORMULAR

Formular C. 2 Abtretungsanzeige

Anlage 1 zum AEAO zu § 46 AO:

ACHTUNG	Eingangsstempel
Beachten Sie unbedingt die Hinweise in Abschnitt V. des Formulars! Zutreffendes bitte ankreuzen bzw. leserlich ausfüllen!	

Finanzamt

Raum für Bearbeitungsvermerke

☐ **Abtretungsanzeige**   ☐ **Verpfändungsanzeige**

I. Abtretende(r) / Verpfänder(in)

Familienname bzw. Firma (bei Gesellschaften)	Vorname	Geburtsdatum
	Steuernummer	
Ehegatte/Lebenspartner Familienname	Vorname	Geburtsdatum
Anschrift(en)		

II. Abtretungsempfänger(in) / Pfandgläubiger(in)

Name / Firma und Anschrift

III. Anzeige

Folgender Erstattungs- bzw. Vergütungsanspruch ist abgetreten / verpfändet worden:

1. Bezeichnung des Anspruchs:

☐ Einkommensteuer-Veranlagung für _____ Kalenderjahr

☐ Umsatzsteuerfestsetzung für _____ Kalenderjahr

☐ _____ für _____ Zeitraum

☐ Umsatzsteuervoranmeldung für _____ Monat bzw. Quartal / Jahr

☐ _____ für _____ Kalenderjahr

☐ _____

2. Umfang der Abtretung bzw. Verpfändung:

☐ VOLL-Abtretung / Verpfändung   Hinweis: Die Vollabtretung umfasst auch Erstattungsansprüche aufgrund künftiger Änderungen der Steuerfestsetzung(en), die nicht auf Verlustrückträgen (§ 10d EStG) oder rückwirkenden Ereignissen (§ 175 AO) aus Zeiträumen nach Eingang der Abtretungsanzeige / Verpfändungsanzeige bei der Finanzbehörde beruhen.

☐ TEIL-Abtretung / Verpfändung in Höhe von _____ Euro

3. Grund der Abtretung / Verpfändung: _____
(kurze stichwortartige Kennzeichnung des der Abtretung zugrunde liegenden schuldrechtlichen Lebenssachverhaltes)

4. a) Es handelt sich um eine Sicherungsabtretung oder Verpfändung als Sicherheit:

☐ Ja   ☐ Nein

b) Die Abtretung / Verpfändung erfolgte geschäftsmäßig:

☐ Ja   ☐ Nein

5. Der Abtretungsempfänger / Pfandgläubiger ist ein Unternehmen, dem das Betreiben von Bankgeschäften erlaubt ist:

☐ Ja   ☐ Nein

IV. Überweisung / Verrechnung

Der abgetretene / verpfändete Betrag soll ausgezahlt werden durch:

☐ Überweisung auf Konto IBAN (International Bank Account Number, internationale Kontonummer)   BIC (Business Identifier Code, internationale Bankleitzahl)

Geldinstitut (Zweigstelle) und Ort

Kontoinhaber, wenn abweichend von Abschnitt II

☐ Verrechnung mit Steuerschulden des / der Abtretungsempfängers(in) / Pfandgläubigers(in)

beim Finanzamt _____ Steuernummer _____

Steuerart _____ Zeitraum _____

(für genauere Anweisungen bitte einen gesonderten Verrechnungsantrag beifügen!)

V. Wichtige Hinweise

Unterschreiben Sie bitte kein Formular, das nicht ausgefüllt ist oder dessen Inhalt Sie nicht verstehen!

Prüfen Sie bitte sorgfältig, ob sich eine Abtretung für Sie überhaupt lohnt! Denn das Finanzamt bemüht sich, Erstattungs- und Vergütungsansprüche schnell zu bearbeiten.

Vergleichen Sie nach Erhalt des Steuerbescheids den Erstattungsbetrag mit dem Betrag, den Sie gegebenenfalls im Wege der Vorfinanzierung erhalten haben.

Denken Sie daran, dass die Abtretung aus unterschiedlichen Gründen unwirksam sein kann, dass das Finanzamt dies aber nicht zu prüfen braucht! Der geschäftsmäßige Erwerb von Steuererstattungsansprüchen ist nur Kreditinstituten (Banken und Sparkassen) im Rahmen von Sicherungsabtretungen gestattet. Die Abtretung an andere Unternehmen und Privatpersonen ist nur zulässig, wenn diese nicht geschäftsmäßig handeln. Haben Sie z. B. Ihren Anspruch an eine Privatperson abgetreten, die den Erwerb von Steuererstattungsansprüchen geschäftsmäßig betreibt, dann ist die Abtretung unwirksam. Hat aber das Finanzamt den Erstattungsbetrag bereits an den / die von Ihnen angegebenen neuen Gläubiger ausgezahlt, dann kann es nicht mehr in Anspruch genommen werden, das heißt Sie haben selbst dann keinen Anspruch mehr gegen das Finanzamt auf den Erstattungsanspruch, wenn die Abtretung nicht wirksam ist.

Abtretungen / Verpfändungen können gem. § 46 Abs. 2 AO dem Finanzamt erst dann wirksam angezeigt werden, wenn der abgetretene / verpfändete Erstattungsanspruch entstanden ist. Der Erstattungsanspruch entsteht nicht vor Ablauf des Besteuerungszeitraums (bei der Einkommensteuer / Lohnsteuer: grundsätzlich Kalenderjahr, bei der Umsatzsteuer: Monat, Kalendervierteljahr bzw. Kalenderjahr).

Die Anzeige ist an das für die Bestimmung des / der Abtretenden / Verpfändenden zuständige Finanzamt zu richten. So ist z. B. für den Erstattungsanspruch aus der Einkommensteuer-Veranlagung das Finanzamt zuständig, in dessen Bereich der / die Abtretende / Verpfändende seinen / ihren Wohnsitz hat.

Bitte beachten Sie, dass neben den beteiligten Personen bzw. Gesellschaften auch der abgetretene / verpfändete Erstattungsanspruch für die Finanzbehörde zweifelsfrei erkennbar sein muss. Die Angaben in Abschnitt III. der Anzeige dienen dazu, die gewünschte Abtretung / Verpfändung schnell und problemlos ohne weitere Rückfragen erledigen zu können!

Die Abtretungs- / Verpfändungsanzeige ist sowohl von dem / der Abtretenden / Verpfändenden als auch von dem / der Abtretungsempfänger(in) / Pfandgläubiger(in) zu unterschreiben. Dies gilt z. B. auch, wenn der / die zeichnungsberechtigte Vertreter(in) einer abtretenden (juristischen Person (z. B. GmbH) oder sonstigen Gesellschaft und der / die Abtretungsempfänger(in) / Pfandgläubiger(in) personengleich sind (2 Unterschriften).

VI. Unterschriften

1.   Abtretende(r) / Verpfänder(in) lt. Abschnitt I. - Persönliche Unterschrift -
    Ort, Datum

_____

(Werden bei der Einkommensteuer-Zusammenveranlagung die Ansprüche beider Ehegatten/Lebenspartner abgetreten, ist unbedingt erforderlich, dass beide Ehegatten/Lebenspartner persönlich unterschreiben.)

2.   Abtretungsempfänger(in) / Pfandgläubiger(in) lt. Abschnitt II. - Unterschrift unbedingt erforderlich -
    Ort, Datum

II. ERLÄUTERUNGEN

Erläuterungen zu C. 2 Abtretungsanzeige

Schrifttum: *Best/Ende* § 46 Abs. 4 AO – Abtretung von Steuererstattungsansprüchen an Steuerberater, DStR 07, 595; *Clausnitzer/Stumpf* Pfändung und (Sicherungs-)Zession steuerlicher Erstattungs- und Vergütungsansprüche, BB 15, 1377; *Grönwohldt* Abtretung von Steuererstattungsansprüchen – Alternativen insb. im Lichte des Insolvenzrechts, DStR 07, 1058; *Kupka/Schmittmann*, Freiwillige Abtretung von Einkommensteuererstattungsansprüchen, NZI 10, 669 *Lenke/Widera* Zur Abtretbarkeit von Steuererstattungs- und Vergütungsansprüchen nach § 46 Abs. 4 AO, DB 85, 1367; *Pelke* Pfändung von Steuererstattungsansprüchen in der Insolvenz, SteuK 2013, 379.
Verwaltung: BayLfSt v. 6.2.19, BeckVerw 448678.

Ansprüche des Stpfl. auf Erstattung von Steuern, Haftungsbeträgen, steuerlichen **1** Nebenleistungen und auf Steuervergütungen gegen das Finanzamt können unter den Voraussetzungen des § 46 Abs. 1 AO abgetreten und verpfändet werden. **Erstattungsberechtigt** ist derjenige, auf dessen Rechnung die Zahlung der Steuern bewirkt wurde, nicht entscheidend ist, von wem und mit wessen Mitteln die Zahlung geleistet wurde. Dies gilt auch im Fall der Zusammenveranlagung. Die Ehegatten sind keine Gesamtgläubiger des Erstattungsanspruchs. Anspruchsberechtigt ist vielmehr der Ehegatte, der die zu erstattende Steuer geleistet hat bzw. auf dessen Rechnung geleistet wurde. Vorauszahlungen gelten im Falle einer intakten Ehe als auf Rechnung beider Ehegatten erbracht. Daher müssen im Rahmen einer Abtretung beide Ehegatten als Abtretende angegeben werden (*H/H/Sp/Boeker* § 46 AO Rn. 53).

Die Abtretungsanzeige hat auf dem **amtlichen Vordruck** zu erfolgen (vgl. AEAO **2** Anlage 1 zu § 46; BMF v. 22.7.15, BStBl. I 15, 571). Ablichtungen des amtlichen Vordrucks oder privat hergestellte Vordrucke, die in Form, Inhalt und Aufbau dem amtlichen Muster vollständig entsprechen, sind zulässig (vgl. OFD Frankfurt v. 17.4.14, BeckVerw 276585). Die Verwendung veralteter Formulare ist grundsätzlich unschädlich (BFH VII R 23/93 v. 16.11.93, BFH/NV 94, 598; OFD Frankfurt v. 17.4.14, aaO). Die Abtretungsanzeige muss nicht beidseitig bedruckt werden, auch auf zwei Seiten eingehende Abtretungsanzeigen können anerkannt werden (FG Niedersachsen 9 K 73/07 v. 30.11.09, DStRE 10, 1017; OFD Frankfurt v. 17.4.14, aaO). Zur Sicherheit sollte die Anzeige aber in einem Dokument zusammengefasst sein.

Für **Zölle und Verbrauchsteuern** ist ein abweichendes Formular zu verwenden (Vordruck 5041). Der Vordruck ist unter www.zoll.de abrufbar.

Den notwendigen **Inhalt der Anzeige** regelt § 46 Abs. 3. Anzugeben ist der **3** Name des Abtretenden, des Abtretungsempfängers sowie die Art und Höhe des abgetretenen Anspruchs und des Abtretungsgrundes. Zur Bezeichnung des **Abtretungsgrundes** genügt eine kurze stichwortartige Kennzeichnung des der Abtretung zugrunde liegenden schuldrechtlichen Lebenssachverhalts, die nicht auf eine geschäftsmäßige Abtretung schließen lässt (FG BaWü 1 K 1990/14 v. 3.3.16, BeckRS 2016, 95525). Das entsprechende Feld im amtlichen Vordruck darf nicht leer gelassen werden (BFH VII R 52/10 v. 28.9.11, BStBl. II 12, 92). Da die Abtretungsanzeige aber eine auslegungsfähige einseitige empfangsbedürftige Willenserklärung (BFH VII R 37/03 v. 5.10.04 –, BStBl. II 05, 238) darstellt, führen unvollständige und fehlerhafte Angaben nicht automatisch dazu, dass die Anzeige unwirksam ist. Die Anzeige ist vielmehr entsprechend den Grundsätzen des § 133 BGB auszulegen. Daher ist der wirkliche Wille zu erforschen und nicht am buchstäblichen Sinn des Ausdrucks festzuhalten. Maßgeblich ist der objektive Empfängerhorizont (*Tipke/Kruse/Drüen* § 46 AO Rz. 23). **Abtretender und Abtretungsempfänger** müssen allerdings aus der Abtretungsanzeige eindeutig erkennbar sein (BFH VII R 104/98 v. 6.6.00 –, BStBl. II 00, 491). Grundsätzlich sind diese mit Namen und Anschrift anzugeben. Unvollständigkeiten oder Ungenauigkeiten schaden dann nicht, wenn die Identität der Beteiligten feststeht (*H/H/Sp/Boeker* § 46 AO Rz. 32).

4   Auch die **Art des abgetretenen Anspruchs** muss aus der Abtretungsanzeige eindeutig erkennbar sein (BFH VII R 104/98 v. 6.6.00, BStBl. II 00, 491). Die Anzeige muss den Anspruch nach Steuerart und Steuerabschnitt konkretisieren. Der amtliche Vordruck enthält diesbezüglich bereits Voreintragungen für die häufigsten abgetretenen Steueransprüche (Einkommensteuer und Umsatzsteuer). In der Abtretungsanzeige muss auch die Höhe des abgetretenen Anspruchs angegeben werden. Die Höhe muss lediglich bestimmbar sein, nicht bereits konkret beziffert werden.

5   Die Abtretung wird erst wirksam, wenn sie der zuständigen Finanzbehörde unter Angabe des Abtretenden, des Abtretungsempfängers sowie der Art und Höhe des abgetretenen Anspruchs und des Abtretungsgrundes auf amtlich vorgeschriebenem Vordruck) **angezeigt** wird (§ 46 Abs. 3 S. 1 AO). Die Verpflichtung zur Anzeige stellt eine materielle Wirksamkeitsvoraussetzung dar mit der Folge, dass wenn keine ordnungsgemäße Anzeige vorgenommen wird, die Abtretung unwirksam ist (*Tipke/Kruse/Drüen* § 46 AO Rz. 17). Die Unwirksamkeit gilt nicht nur gegenüber der Finanzbehörde, sondern auch im Verhältnis zwischen Abtretendem und Abtretungsempfänger (BFH VII R 52/10 v. 28.9.11, BStBl. II 12, 92).

Wird die Abtretung nicht von dem bisherigen Gläubiger, sondern von dem Abtretungsempfänger angezeigt, so steht dies der Wirksamkeit der Abtretung nicht entgegen (BFH VII R 117/92 v. 22.3.94, BStBl. II 94, 789). Die Anzeige soll dem Finanzamt die Prüfung ersparen, ob die Abtretung wirksam ist. In erster Linie jedoch hat der Gesetzgeber die formalisierte Anzeige eingeführt, um insbesondere die in der Regel unerfahrenen Lohnsteuerpflichtigen vor einer unüberlegten Abtretung ihrer Erstattungsansprüche zu unangemessenen Bedingungen zu warnen (BT-Drs. 7/2852 S. 47).

Die Anzeige ist gegenüber der Finanzbehörde abzugeben, die zuständig ist. Sind mehrere Behörden zuständig, entscheidet die Behörde, die zuerst mit der Sache befasst worden ist, es sei denn, die Behörden einigen sich auf eine andere zuständige Behörde (§ 25 AO). Bei mehrfacher Zuständigkeit reicht der Eingang der Anzeige bei einer der Behörden. Geht die Anzeige bei einem unzuständigen Finanzamt ein, richtet sich der Zeitpunkt des Zugangs nach Weiterleitung nach dem Zeitpunkt des Eingangs bei der zuständigen Behörde (*H/H/Sp/Boeker* § 46 AO Rz. 47).

6   Nach § 46 Abs. 3 Satz 2 AO ist die Anzeige vom Abtretenden und von dem Abtretungsempfänger zu unterstreichen. S. 2 verlangt hierbei zwar nicht die persönliche Unterschrift des Abtretenden (BFH VI R 205/81 v. 26.11.82, BStBl. II 83, 123); erforderlich ist aber immer eine Unterschrift für den Abtretenden (und den Abtretungsempfänger). Eine Übermittlung der Abtretungsanzeige per Telefax genügt. Dies gilt entsprechend, wenn eine Abtretungsanzeige eingescannt per E-Mail übermittelt wird (vgl. hierzu OFD Frankfurt v. 17.4.14, BeckVerw 276585 und Nr. 7 AEAO zu § 46).

7   Es ist zu beachten, dass nur **fällige** Ansprüche aus dem Steuerschuldverhältnis abgetreten werden können. Eine vor Entstehung des Anspruchs eingehende Anzeige ist somit unwirksam. Die Unwirksamkeit wird nicht durch die spätere Entstehung des Anspruchs geheilt, die Anzeige muss gegebenenfalls wiederholt werden (vgl. OFD Frankfurt v. 17.4.14, BeckVerw 276585). **Zukünftige Ansprüche** können abgetreten oder verpfändet, nicht aber gepfändet werden (§ 46 Abs. 6 S. 1 AO). Die Abtretung oder Verpfändung setzt nach zivilrechtlichen Grundsätzen voraus, dass die Forderung bestimmbar ist (vgl. *Palandt/Grüneberg* § 398 BGB Rz 14 ff. mwN; vgl. auch BGH II ZR 271/00 v. 7.7.03, DStR 03, 1990 zur Auslegung einer Abtretungsvereinbarung über künftige Forderungen). Die Abtretung oder Verpfändung wird aber erst wirksam, wenn sie der zuständigen FinBeh. nach Entstehung der Forderung angezeigt wird (BFH VII R 116/94 v. 6.2.96, BStBl. II 96, 557; VII R 54/04 v. 4.2.05, BStBl. II 06, 348).

Nach einer Anzeige kann das Finanzamt mit **befreiender Wirkung** an den Abtretungsempfänger leisten (§ 46 Abs. 5 AO).

Mit der wirksam angezeigten Abtretung oder Verpfändung tritt der neue 8
Gläubiger bezüglich des Zahlungsanspruchs an die Stelle des Erstattungsbe
rechtigten. Am Steuerfestsetzungsverfahren ist der Abtretungsempfänger nicht beteiligt (BFH VI R 59/92 v. 27.1.93, BStBl. II 93, 350); er kann keine Einwendungen
gegen den Steuerbescheid erheben (BFH VII B 228/97 v. 28.4.98, BFH/NV 99, 43);
ein Änderungsbescheid ist ihm nicht bekannt zu geben, und in einem Verfahren gegen
einen geänderten Bescheid ist er nicht beizuladen (BFH VII R 206/83 v. 6.12.88,
BStBl. II 89, 223; vgl. hierzu AEAO zu § 46 Tz. 4 und OFD Frankfurt v. 17.4.14,
BeckVerw 276585 Ziffer 5.1).

Der Rückforderungsanspruch des Finanzamts wegen rechtsgrundloser Er 9
stattung richtet sich gegen den Abtretungsempfänger. Das gilt auch dann, wenn die
Abtretung unwirksam ist (BFH VII R 206/83 v. 6.12.88, BStBl. II 89, 223; VII R
206/83 v. 6.12.88, BStBl. II 89, 223; VII R 80/94 v. 1.8.95, BFH/NV 96, 5).

Zur Abtretung und Verpfändung im Falle der **Insolvenz** vgl. OFD Frankfurt v. 10
17.4.14, BeckVerw 285628 Ziffer 3.7).

C. 3. Anrufungsauskunft

I. FORMULAR

Formular C. 3 Anrufungsauskunft

Finanzamt ...

Steuernummer....

Anrufungsauskunft nach § 42e EStG

Sehr geehrte(r) ......,

meine Mandantin betreibt ein Unternehmen zur Verteilung von Direktwerbemitteln. Für verschiedene Kaufleute und Handelsunternehmen verteilt das Unternehmen in zahlreichen Städten und Gemeinden Werbeprospekte, Flyer, Angebotszettel und sonstiges Werbematerial an Privathaushalte. Hierzu setzt es eine größere Anzahl von Mitarbeitern als Zusteller der Werbeprospekte und Anzeigenblätter ein. Bei den 300 bis 500 Verteilern handelt es sich vorwiegend um Schüler, Jugendliche, Studenten und Rentner.

Die Mitarbeiter des Unternehmens haben keine feste Arbeitszeit und keinen Urlaubsanspruch. Bei ihrer Tätigkeit haben sie keinen Anspruch auf Fortzahlung der Bezüge im Krankheitsfall. Sie sind bei ihrer Zustelltätigkeit selbstständig in der Organisation und Durchführung. Die Bezahlung erfolgt erfolgsabhängig. Die Mitarbeiter tragen somit das Unternehmerrisiko.

Nach § 42e EStG erbitte ich um Auskunft, dass unter diesen Voraussetzungen die Mitarbeiter steuerlich als Selbständige und nicht als Angestellte des Unternehmens zu behandeln sind (BFH VI R 54/07 v. 30.4.09, NJW 09, 3118).

Mit freundlichen Grüßen

....

Steuerberater

II. ERLÄUTERUNGEN

Erläuterungen zu C. 3 Anrufungsauskunft

Schrifttum: *Grotthoff* Rechtschutz gegen Widerruf einer Anrufungsauskunft, BB 09, 2123; *Tieme* Finanzgerichtliche Überprüfung negativ verbindlicher Auskünfte, DStR 14, 1093.
Verwaltung: BMF v. 12.12.17, DStR 17, 2734.

1   § 42e EStG gibt den Beteiligten im Lohnsteuerabzugsverfahren einen Rechtsanspruch, von der FinVerw. (gebührenfreie) Auskunft über die zutreffende Rechtslage bei der Erhebung und Abführung der Lohnsteuer zu erhalten. **Die Pflicht des Finanzamts,** auf Antrag eine Lohnsteueranrufungsauskunft zu erteilen, ist ein gewisser Ausgleich dafür, dass der Arbeitgeber im Lohnsteuerverfahren im staatlichen Auftrag als „Steuerinspektor ohne Vergütung" (*Hartz* DB 61, 1365) tätig sein muss. Das finanzielle Risiko, das (zivil- und steuerrechtlich) mit der gesetzlichen Verpflichtung zur Vornahme des Steuerabzugs verbunden ist, kann dem ArbG nur dann zugemutet werden, wenn das Finanzamt in Zweifelsfällen eine verbindliche Auskunft über die Handhabung des Lohnsteuerrechts gibt (vgl. BFH VI R 23/02 v. 16.11.05, BStBl. II 06, 210; VI R 97/90 v. 9.10.92, BStBl. II 93, 166 mwN). Gegenstand der Lohnsteu-

eranrufungsauskunft sind deshalb nur lohnsteuerrechtliche Anfragen. Vorfragen oder Fragen, die nur für die Veranlagung zur Einkommensteuer von Interesse sind, gehören nicht dazu (vgl. *H/H/R/Gersch* § 42e EStG Rz. 3).

Auskunftsberechtigte: Mögliche **Antragsteller** einer Anrufungsauskunft (Betei- **2** ligte iSv § 42e S. 1 EStG) sind der Arbeitgeber, der die Pflichten des Arbeitgebers erfüllende Dritte iSv § 38 Abs. 3a EStG und der Arbeitnehmer. Eine Anrufungsauskunft können auch Personen beantragen, die nach Vorschriften außerhalb des EStG für Lohnsteuer haften, zB gesetzliche Vertreter, Vermögensverwalter und Verfügungsberechtigte iSd §§ 34 und 35 AO.

Zuständig ist das Betriebsstättenfinanzamt iSd. § 41 Abs. 2 EStG, das die **3** Auskunft aber nur im Rahmen seiner örtlichen Zuständigkeit erteilen kann. Hat ein Arbeitgeber mehrere Betriebsstätten, so erteilt das FA die Auskunft, in dessen Bezirk sich die Geschäftsleitung (§ 10 AO) befindet. Ist dieses FA kein Betriebsstättenfinanzamt, so ist das FA zuständig, in dessen Bezirk sich die Betriebsstätte mit den meisten Arbeitnehmern befindet. Sind mehrere Betriebsstättenfinanzämter zuständig, hat der Arbeitgeber sämtliche Betriebsstättenfinanzämter, das FA der Geschäftsleitung und erforderlichenfalls die Betriebsstätte mit den meisten Arbeitnehmern anzugeben sowie zu erklären, für welche Betriebsstätten die Auskunft von Bedeutung ist (§ 42e S. 2–4 EStG). Das Wohnsitzfinanzamt des Arbeitnehmers ist nicht zuständig; eine gleichwohl erteilte Auskunft bindet das Betriebsstättenfinanzamt nicht. Eine Bindung nach Treu und Glauben ist jedenfalls zu bejahen, wenn der Arbeitnehmer im Hinblick auf die Auskunft Dispositionen vorgenommen hat (vgl. *Richter* StBp. 83, 56). Ein Lohnsteueraußenprüfer ist zur Erteilung von Anrufungsauskünften nicht zuständig (*Schmidt/Krüger* § 42e EStG Rz. 3).

Eine bestimmte **Form für den Antrag ist nicht vorgeschrieben.** Im Auskunfts- **4** antrag sind aber konkrete Rechtsfragen darzulegen, die für den Einzelfall von Bedeutung sind. Unklarheiten und Beweisschwierigkeiten gehen zu Lasten dessen, der sich auf die Auskunft beruft. Es empfiehlt sich daher in jedem Fall eine schriftliche Ausformulierung des Auskunftsbegehrens und eine hinreichende Darstellung des Sachverhaltes. Die Anfrage kann sich auf alle betrieblichen Vorgänge beziehen, die mit der Einbehaltung und Abführung der Lohnsteuer zusammenhängen, zB Arbeitnehmereigenschaft, geldwerter Vorteil und dessen Bewertung, Zeitpunkt der Anmeldung bei Vorschüssen sowie Form und Inhalt der Lohnkonten. Die Beteiligten haben einen **Rechtsanspruch** auf Erteilung der Auskunft („... hat ...“). Das Betriebsstättenfinanzamt soll die Anrufungsauskunft unter ausdrücklichem Hinweis auf § 42e EStG schriftlich erteilen. Dies gilt auch, wenn der Beteiligte die Auskunft nur formlos erbeten hat. Wird eine Anrufungsauskunft abgelehnt oder abweichend vom Antrag erteilt, hat die Auskunft oder die Ablehnung der Erteilung schriftlich zu erfolgen. Das Betriebsstättenfinanzamt kann die Auskunft befristen.

Die **Erteilung** und die **Aufhebung** (Rücknahme und Widerruf) einer Anrufungs- **5** auskunft stellt nicht nur eine Wissenserklärung (unverbindliche Rechtsauskunft) des Betriebsstättenfinanzamts dar, sondern ist ein feststellender Verwaltungsakt iSd § 118 S. 1 AO, mit dem sich das FA selbst bindet. Der Arbeitgeber hat ein Recht auf förmliche Bescheidung seines Antrags und kann eine ihm erteilte Anrufungsauskunft im Rechtsbehelfsverfahren inhaltlich überprüfen lassen (BFH VI R 54/07 v. 30.4.09 –, BStBl. II 10, 996 und VI R 3/09 v. 2.9.10, BStBl. II 11, 233). Nach Auffassung der FinVerw. kommt aber eine Aussetzung der Vollziehung im Falle der Ablehnung einer Anrufungsauskunft nicht in Betracht, da es sich nicht um einen vollziehbaren Verwaltungsakt handelt (vgl. BMF v. 12.12.17, DStR 17, 2734).

Die Anrufungsauskunft trifft eine Regelung dahin, wie die Finanzbehörde den vom **6** Antragsteller dargestellten Sachverhalt gegenwärtig beurteilt (BFH VI R 54/07 v. 30.4.09 –, BStBl. II 10, 996 und VI R 23/13 v. 27.2.14, BStBl. II 14, 894). Das FG überprüft die Auskunft sachlich nur daraufhin, ob der von dem Antragsteller dargestellte Sachverhalt zutreffend erfasst und die rechtliche Beurteilung nicht evident fehlerhaft ist (BFH VI R 23/13 v. 27.2.14, BStBl. II 14, 894).

7   Erteilt das Betriebsstättenfinanzamt eine Anrufungsauskunft, sind die Finanzbehörden im Rahmen des **Lohnsteuerabzugsverfahrens** an diese gegenüber allen Beteiligten gebunden (BFH VI R 44/12 v. 17.10.13, BStBl. II 14, 892). Das Betriebsstättenfinanzamt kann daher die vom Arbeitgeber aufgrund einer (unrichtigen) Anrufungsauskunft nicht einbehaltene und abgeführte Lohnsteuer vom Arbeitnehmer nicht nach § 42d Abs. 3 S. 4 Nr. 1 EStG nachfordern. Hat der Arbeitgeber eine Anrufungsauskunft eingeholt und ist er danach verfahren, ist eine Nacherhebung der Lohnsteuer auch dann nicht zulässig, wenn der Arbeitgeber nach einer Lohnsteuer-Außenprüfung einer Pauschalierung nach § 40 Abs. 1 S. 1 Nr. 2 EStG zugestimmt hat (BFH VI R 23/02 v. 16.11.05, BStBl. II 06, 210). Die **Bindungswirkung** einer Anrufungsauskunft erstreckt sich – unabhängig davon, ob sie dem Arbeitgeber oder dem Arbeitnehmer erteilt wurde – nicht auf das Veranlagungsverfahren. Nach der Rspr. ist das Wohnsitzfinanzamt nicht gehindert, im Veranlagungsverfahren einen anderen, für den Arbeitnehmer ungünstigeren Rechtsstandpunkt zu vertreten (so zuletzt BFH VI R 61/09 v. 13.1.11, DStR 11, 521; BMF v. 12.12.17, DStR 17, 2734; *Schmidt/Krüger* § 42e EStG Rz. 11 mwN). Die Bindungswirkung der Anrufungsauskunft hat der BFH aber zumindest für das FA des Arbeitnehmers im Lohnsteuerverfahren anerkannt (BFH VI R 44/12 v. 17.10.13, DStR 14, 28).

Danach – so der BFH – ist von einem vorschriftsmäßigen Einbehalt durch den Arbeitgeber auszugehen, wenn dieser entsprechend einer erteilten Anrufungsauskunft nach § 42e EStG erfolgt ist, ungeachtet dessen, ob die erteilte Auskunft materiell richtig oder unrichtig sei. Eine ordnungsgemäße Abführung der Lohnsteuer, auch wenn sie auf einer unzutreffenden Auskunft beruhe, führe zum Erlöschen des Lohnsteueranspruchs des FA (§ 47 AO). Eine ersatzweise Nachforderung der Lohnsteuer beim Arbeitnehmer ist daher auch im Falle einer unzutreffenden Anrufungsauskunft gegenüber dem Arbeitgeber, nicht mehr möglich. Die Entscheidung hilft allerdings nur den Arbeitnehmern, bei denen nach 46 EStG keine Veranlagung zur Einkommensteuer durchgeführt wird. Wird ein Arbeitnehmer zur Einkommensteuer veranlagt, wirkt die Beschränkung seiner Haftung im Lohnsteuerverfahren nicht mehr.

8   Die Auskunft wird **gegenstandslos,** ohne dass es einer ausdrücklichen Mitteilung bedarf, wenn die Rechtsvorschriften, auf denen sie beruht, geändert werden (§ 207 AO analog). Zu den Rechtsvorschriften sollen auch die Lohnsteuer-Richtlinien gehören (BFH VI 109/62 v. 9.3.65, BStBl. III 65, 426). Die Bindung entfällt nach Auffassung der FinVerw. automatisch, wenn sich Rspr. oder die Verwaltungsauffassung ändern (BMF v. 12.12.17, DStR 17, 2734).

9   Zum Verhältnis § 42e EStG und **verbindliche Zusage** nach § 204 AO s. BFH VI B 143/06 v. 22.5.07, BFH/NV 07, 1658; *Blümich/Heuermann* § 42e EStG Rz. 6 ff. Die **Gebührenpflicht** des § 89 Abs. 3 AO für die Erteilung einer verbindlichen Auskunft gilt nicht für die Lohnsteueranrufungsauskunft (vgl. AEAO zu § 89 Tz. 4.1.4.).

C. 4. Aufrechnung

I. FORMULAR

Formular C. 5 Aufrechnung

An das

Finanzamt ......

Steuernummer: ......

Aufrechnung nach § 226 Abgabenordnung

Sehr geehrter ......,

mein Mandant ...... schuldet dem Finanzamt auf Grund von Anmeldungen € 500,–
Lohnsteuer und € 1.000,– Umsatzsteuer.

Gemäß Einkommensteuerbescheid vom ...... steht meinem Mandanten ein Erstattungsanspruch von € 750,– zu.

Insoweit erkläre ich bezüglich meines Einkommensteuererstattungsanspruches die
Aufrechnung gegen die abzuführende Lohnsteuer und Umsatzsteuer.

Mit freundlichen Grüßen

....

Steuerberater

II. ERLÄUTERUNGEN

Erläuterungen zu C. 5 Aufrechnung

Schrifttum: *Jatzke* Einschränkung der Aufrechnungsbefugnis der Finanzbehörden in der Insolvenz des Steuerschuldners durch Änderung der BFH-Rechtsprechung, DStR 11, 919; *Kahlert* Insolvenzrechtliche Aufrechnungsverbote im Umsatzsteuerrecht – Aktuelle Entwicklungen und Auswirkungen auf die Insolvenzpraxis, ZIP 13, 500; *Bergan/Martin* Die Aufrechnung mit Steuerforderungen
gegen staatliche Zuwendungen, DÖV 13, 362; *Obermaier* Die Aufrechnung mit Steuerforderungen in
der Insolvenz, BB 04, 2610; *Roth* Insolvenzrechtliche Berichtigungen und Aufrechnungsfragen, DStR
17, 1766; *Rößler* Bestehenbleiben von Säumniszuschlägen bei Aufrechnung und Verrechnungsvertrag,
DStZ 00, 602; *Rüsken* Aufrechnung von Steuern im Insolvenzverfahren in der neueren Rechtsprechung des Bundesfinanzhofs, ZIP 07, 2053.

Für die Aufrechnung mit Ansprüchen aus dem Steuerschuldverhältnis sowie für die **1**
Aufrechnung gegen diese Ansprüche gelten, soweit nichts anderes bestimmt ist, sinngemäß die **Vorschriften des Bürgerlichen Gesetzbuches** (§§ 387 bis 396 BGB).
Abweichend von § 390 Satz 2 BGB kann mit Ansprüchen aus dem Steuerschuldverhältnis nicht aufgerechnet werden, wenn sie durch Verjährung oder Ablauf einer Ausschlussfrist erloschen sind (§ 226 Abs. 2 AO). **Gegenstand der Aufrechnung** sind
sämtliche Ansprüche aus dem Steuerschuldverhältnis, also auch steuerliche Nebenleistungen (§ 37 AO), nicht hingegen Strafen und Geldbußen. § 226 AO ist nach
Art. 109 Abs. 1 UZK auch auf Zollschulden anwendbar; sofern im Übrigen die Auf-
rechnungsvoraussetzungen vorliegen, gilt dies nicht nur, wenn Ansprüche wegen
Zollschulden (Ein- und Ausfuhrabgaben) oder anderweitig unionsrechtlich begründete
Ansprüche untereinander aufgerechnet werden sollen (**aA** Friedrich StuW 95, 15;
hierzu *Klein/Rüsken* § 226 AO Rz. 4).

Die Aufrechnung setzt **Gleichartigkeit und Gegenseitigkeit** der sich gege- **2**
nüberstehenden Forderungen voraus. Gleichartigkeit liegt vor, wenn sich Haupt-

und Gegenforderung auf einen Geldanspruch beziehen. Die Rechtsgrundlagen sind unerheblich. Es kommt also nicht darauf an, ob dem Gegenanspruch ein Steuerschuldverhältnis zugrunde liegt. Daher kann der Stpfl. zB auch mit Forderungen aus Vertrag aufrechnen. Gegenseitigkeit bedeutet, dass Schuldner und Gläubiger identisch sein müssen. Die Gegenseitigkeit auf Seiten des Fiskus ist gewahrt, wenn die Abgabe derselben Körperschaft zusteht (§ 226 Abs. 1 AO) oder von derselben Körperschaft verwaltet wird (§ 226 Abs. 4 AO). Bei der Aufrechnung durch den Stpfl. gegen Ansprüche aus dem Steuerschuldverhältnis findet das Erfordernis der Kassenidentität gem. § 395 BGB keine Anwendung (BFH VII R 105/87 v. 25.4.89, BStBl. II 89, 949).

3   **Der Anspruch, mit dem aufgerechnet wird, muss** nicht nur entstanden, sondern auch **fällig sein** (BFH VII R 64/80 v. 19.10.82, BStBl. II 83, 541; VII B 107/95 v. 22.8.95, BStBl. II 95, 916). Rechnet das Finanzamt mit einer Steuerforderung gegen eine später als die Steuerforderung fällig gewordene Erstattungsforderung auf, bleiben Säumniszuschläge hinsichtlich der zur Aufrechnung gestellten Steuerforderung für die Zeit vor Fälligkeit der Erstattungsforderung bestehen (BFH VII R 3/97 v. 13.1.00, BStBl. II 00, 46). Die Aufrechnung ist zulässig, sobald der Aufrechnende „die ihm gebührende Leistung fordern kann" (§ 387 BGB). Die Gegenforderung darf also zB nicht gestundet sein. Um wirksam aufrechnen zu können, muss die Stundung der Forderung, mit der aufgerechnet werden soll, vor oder mit der Aufrechnung selbst zurückgenommen oder widerrufen werden (BFH VII R 36/87 v. 25.4.89, BStBl. II 90, 352). Entsprechendes gilt auch für die Fälle des Zahlungsaufschubs und der Aussetzung der Vollziehung (BFH VII R 58/94 v. 31.8.95, BStBl. II 96, 55; VII B 223/99 v. 21.2.00, BStBl. II 00, 880; VII R 85/99 v. 14.11.00, BStBl. II 01, 247). Die Aufrechnungserklärung der Finanzbehörde gilt nicht als konkludenter Widerruf der Stundung. Widerruf und Aufrechnungserklärung können aber gleichzeitig bekanntgegeben werden. Gleiches gilt für den Widerruf des Zahlungsaufschubs oder der Aussetzung (*Tipke/Kruse* § 226 AO Rz. 36). Bezüglich des Anspruchs, gegen den aufgerechnet wird, kommt es nur auf die **Erfüllbarkeit** an („bewirken kann", § 387 BGB). Erfüllbar ist ein Anspruch mit seiner **Entstehung** (§ 38 AO; § 271 BGB); Festsetzung der Steuer ist nicht erforderlich. Jedoch ist auch eine materiell-rechtlich nicht entstandene Steuerforderung, die wirksam festgesetzt ist, so lange erfüllbar, wie die Festsetzung nicht aufgehoben worden ist (*Klein/Rüsken* § 226 AO Rz. 12). Zur Aufrechnung bei Gesamtschuldnerschaft, insbesondere bei Zusammenveranlagung von Ehegatten siehe ausführlich *Klein/Rüsken* § 226 AO Rz. 21 ff.

4   **Der Steuerpflichtige kann nur mit unbestrittenen oder rechtskräftig festgestellten Gegenansprüchen aufrechnen** (§ 226 Abs. 3 AO). Rechtskräftig festgestellt iS des § 226 Abs. 3 AO ist auch ein durch Verwaltungsakt bestandskräftig festgesetzter Anspruch (*Tipke/Kruse* AO § 226 Rz. 40). Bestritten ist ein Gegenanspruch des Steuerpflichtigen regelmäßig nur dann, wenn er mit substantiierten Gründen abgelehnt wird (BFH II 178/54 S v. 9.12.54, BStBl. III 55, 32). Ist jedoch eine andere Behörde für die Feststellung des Bestehens der zur Aufrechnung gestellten Forderung zuständig, so ist es Sache des Steuerschuldners darzulegen, dass diese Forderung entweder rechtskräftig festgestellt oder unbestritten ist. In einem solchen Fall genügt zur Ablehnung der Aufrechnung der Hinweis des Finanzamts, dass das Bestehen des Gegenanspruchs fragwürdig ist (BFH VII R 114/75 v. 10.7.79, BStBl. II 79, 690).

5   Die **Aufrechnungserklärung** kann mündlich oder schriftlich erfolgen oder sogar durch schlüssige Handlung (BFH VII R 153/82 v. 3.11.83, BStBl. II 84, 184). Eine bestimmte Form für die Aufrechnungserklärung ist nicht vorgeschrieben (§ 388 Satz 1 BGB). Es empfiehlt sich, eine Bestimmung darüber zu treffen, welche Forderungen gegeneinander aufgerechnet werden. Wird die Aufrechnung ohne eine solche Bestimmung erklärt, so richtet sich die Reihenfolge der Tilgung nach § 366 Abs. 2 BGB (§ 396 Abs. 1 Satz 2 BGB).

Über die Wirksamkeit einer Aufrechnung ist bei Streit zwischen den Be- 6
teiligten durch einen Abrechnungsbescheid (vgl. Formular C. 1) nach § 218 Abs. 2
AO zu entscheiden (BFH VII R 148/83 v. 2.4.87, BStBl. II 87, 536).

Im **Insolvenzverfahren** des Stpfl. kann die Finanzbehörde nur dann aufrechnen, 7
wenn die Forderungen gleichartig und fällig sind und sich unbedingt gegenüberstehen
(§ 95 Abs. 1 Satz 1 InsO). Ist die Forderung, gegen die die Finanzbehörde aufrechnen
will, erst nach Insolvenzeröffnung „begründet worden", ist die Aufrechnung im Insolvenzverfahren unzulässig, § 96 Abs. 1 Nr. 1 InsO (vgl. BFH VII R 69/03 v. 5.10.04,
BStBl. II 05, 195; siehe hierzu *Klein/Rüsken* § 226 AO Rz. 65 ff. mwN). Nach der
Rspr des BFH war eine Forderung iSd. § 38 InsO „begründet", wenn sie „ihrem
Kern nach", „aufschiebend bedingt" bereits vor der Eröffnung des Insolvenzverfahrens
entstanden ist bzw. ihr „Rechtsgrund" damals bereits gelegt war (unterschiedliche
Formulierungen der Rspr.: vgl. BFH VII R 75/03 v. 16.11.04, BStBl. II 06, 193; VII
R 69/03 v. 5.10.04, BStBl. II 05, 195; VII R 31/99 v. 1.8.00, BStBl. II 02, 323; VII
R 47/98 v. 17.12.98, BStBl. II 99, 423; VII R 119/91 v. 21.9.93, BStBl. II 94, 83).
Das sollte der Fall sein, wenn für die Forderung vor Eröffnung des Insolvenzverfahrens
bereits der zivilrechtliche (oder auch öffentl.-rechtliche) Lebenssachverhalt verwirklicht worden war, an den das Steuergesetz als für die Entstehung des betreffenden
Steueranspruchs anknüpfte. Die Forderung musste nicht vor Eröffnung des Insolvenzverfahrens im steuerrechtlichen Sinn (§ 38) entstehen, um mit Insolvenzforderungen
bzw. vorinsolvenzlichen Erstattungs-/Vergütungsansprüchen verrechnet werden zu
können. Danach schuldete das FA die Vorsteuervergütung in dem Zeitpunkt in dem
ein Unternehmer eine Leistung für das Unternehmen des Vergütungsgläubigers erbracht hatte (BFH VII R 69/03 v. 5.10.04, BStBl. II 05, 195).

Abweichend hiervon hat der V. Senat des BFH in neuerer Zeit § 38 InsO dahin 8
ausgelegt, dass sich die „Begründung" steuerlicher Forderungen danach bestimme, ob
der den UStAnspruch begründende Tatbestand nach den steuerrechtlichen Vorschriften bereits vor oder erst nach Insolvenzeröffnung „vollständig verwirklicht und damit
abgeschlossen" ist; nicht maßgeblich sei lediglich der Zeitpunkt der Steuerentstehung
nach § 13 UStG (BFH V R 64/07 v. 29.1.09, BStBl. II 09, 682; V R 24/11 v. 8.3.12,
BStBl. II 12, 466; vgl. auch BFH I R 20/10 v. 23.2.11, BStBl. II 11, 822 (I. Senat):
Aufrechenbarkeit nur, wenn „der anspruchsbegründende Tatbestand abgeschlossen ist
und damit ein gesicherter Rechtsgrund für das Entstehen der Gegenforderung festgestellt werden könne", sodass „ohne weitere Rechtshandlung eines Beteiligten der entsprechende Anspruch kraft Gesetzes entsteht".

Der VII. Senat des BFH hat mit Rücksicht auf diese Entscheidungen seine bishe- 9
rige Rspr aufgegeben (BFH VII R 29/11 v. 25.7.12, BStBl. II 13, 36). Er sieht jetzt
als entscheidend an, wann der steuergesetzliche Entstehungstatbestand verwirklicht
wird, die in der betr. Vorschrift aufgeführten Tatbestandsvoraussetzungen also eintreten. Hingegen ist (nach wie vor) ohne Bedeutung, ob der betreffende Voranmel-
dungs- oder Besteuerungszeitraum erst während des Insolvenzverfahrens endet und
mithin die Steuer iSd. § 13 UStG erst nach Eröffnung des Insolvenzverfahrens entsteht (vgl. BGH IX ZR 81/06 v. 19.7.07, NJW-RR 08, 206). Auf den Zeitpunkt
der Abgabe einer Steueranmeldung oder des Erlasses eines Steuerbescheids, in dem
der Berichtigungsfall erfasst wird, kommt es in diesem Zusammenhang gleichfalls
nicht an. Ebenso wenig entstehen Ansprüche deshalb erst nach Eröffnung des Insolvenzverfahrens, weil ein diesbezügliches Wahlrecht erst nach diesem Zeitpunkt ausgeübt und ein StBescheid deshalb möglicherweise geändert worden ist (BFH VII R
29/14 v. 18.8.15, MwStR 15, 974 mit Anm. *de Weerth*); vgl. hierzu ausführlich
Klein/Rüsken § 226 AO Rz. 65 ff.

Zur Aufrechnung der der Finanzbehörde während der **Wohlverhaltensphase** im 10
Restschuldbefreiungsverfahren vgl. FG Hessen 10 K 2356/04 v. 29.11.04,
EFG 05, 331; FG Düsseldorf 18 K 321/04 AO (PKH) v. 10.11.04, EFG 05, 845.

C. 5. Aufteilung einer Steuerschuld

I. FORMULAR

Formular C. 5 Aufteilung einer Steuerschuld

Finanzamt ....

Steuernummer....

Aufteilung der Einkommensteuerschuld 2019 der Eheleute Karl Müller und Elisabeth Schulte-Müller

Sehr geehrte(r) ...

namens und im Auftrag der Eheleute Müller bzw. Schulte-Müller beantrage ich die Aufteilung der Einkommensteuerschuld 2019.

Nach der antragsgemäß erfolgten Zusammenveranlagung schulden die Eheleute eine Abschlusszahlung in Höhe von € ...,–. Der Betrag ist fällig am ....

Die für die Aufteilung erforderlichen Angaben können der Steuererklärung entnommen werden.

Herr Müller wird den auf ihn entfallenden Betrag von ...... termingerecht entrichten. Von Sicherungsmaßnahmen (§ 277 AO) bitte ich abzusehen, da der Anspruch nicht gefährdet ist.

....

Steuerberater

II. ERLÄUTERUNGEN

Erläuterungen zu C. 5 Aufteilung einer Steuerschuld

Schrifttum: *Kraemer* Die Aufteilung einer Gesamtschuld, DStZ 89, 609; *Pump* Zusammenveranlagung bei der Einkommensteuer – Aufteilungsbescheid und Aufrechnung, INF 87, 481; *Schlücking* Beschränkung der Vollstreckung durch Aufteilung einer Gesamtschuld, DStR 85, 141; *Witt* Interner Ausgleich zwischen zusammen veranlagten Ehegatten, DStR 07, 56.

Verwaltung: LfSt Bayern v. 11.3.19, BeckVerw 447485.

1 **Gesamtschuldner** (§ 44 AO) können beantragen, dass die Vollstreckung bestimmter Steuern jeweils auf den Betrag beschränkt wird, der sich nach Maßgabe der §§ 269 bis 278 AO bei einer Aufteilung der Steuern ergibt (§ 268 AO). Die Aufteilung ist nur statthaft bei Personen, die Gesamtschuldner sind, weil sie zusammen zur **Einkommensteuer** (§§ 26, 26b EStG) veranlagt wurden (vgl. LfSt Bayern v. 11.3.19, BeckVerw 448678 Tz. 2). Bei der **Kirchensteuer** kommt eine Aufteilung grundsätzlich nur in Betracht, wenn die Anwendung der §§ 268 bis 280 AO durch Landesgesetz vorgeschrieben ist, wie zB durch Art. 18 Bay KiStG. Jedoch folgt aus dem allgemeinen verfassungsrechtlichen Verbot der Benachteiligung von Ehegatten die Pflicht zur proportionalen Aufteilung der Schuld nach entsprechenden Grundsätzen (BVerfG 1 BvL 29/57 u. 1 BvL 20/60 v. 21.2.61, NJW 61, 595; BFH VI R 45/04 v. 17.1.08, BStBl. II 08, 418; VIII R 219/84 v. 11.4.89, BFH/NV 89, 755; FG Hessen 8 K 166/07 v. 20.5.08, EFG 08, 1850; *H/H/Sp/Müller-Eiselt* § 268 AO Rz. 9; *Tipke/Kruse* § 268 AO Rz. 2 mwN). Aufgeteilt werden können nur rückständige Steuern, und zwar sowohl Voraus- und Abschlusszahlungen als auch Steuernachforderungen (§§ 272, 273 AO). **Auf Erstattungsforderungen** sind die §§ 269 ff. AO nicht anwendbar (BFH VII R 103/88 v. 1.3.90, BStBl. II 90, 520; FG Köln 6 K 1160/87 v.

7.10.92, EFG 93, 422; vgl. LfSt Bayern v. 11.3.19, BeckVerw 448678 Tz. 5 und Bsp. in Anlagen).

Eine Aufteilung erfolgt nur auf Antrag, für den zwingend **Schriftform** vorge- **2** schrieben ist. Der Antrag ist bei dem im Zeitpunkt der Antragstellung für die Besteuerung zuständigen Finanzamt zu stellen (§ 269 Abs. 1 AO). Ob das Finanzamt generell oder jedenfalls in bestimmten Ausnahmefällen (zB bei geschiedenen oder getrenntlebenden Ehegatten) auf die Aufteilungsmöglichkeit hinzuweisen hat, ist bestritten. Der BFH verneint eine generelle Hinweispflicht (BFH VIII B 61/75 v. 23.6.76, BStBl. II 76, 572). Die Finanzbehörde kann aber nach § 89 AO zu einer entsprechenden Anregung verpflichtet sein (*Tipke/Kruse* § 268 AO Rz. 13; *H/H/Sp/Müller-Eiselt* § 268 AO Rz. 15, aA *Klein/Werth* § 268 AO Rz. 6; so auch LfSt Bayern v. 11.3.19, BeckVerw 448678 Tz. 3). Der unterlassene Hinweis kann in diesen Fällen eine Amtspflichtverletzung begründen (*Tipke/Kruse* § 268 AO Rz. 13 mwN; *H/H/Sp/Müller-Eiselt* § 268 AO Rz. 15). Vollstreckungsmaßnahmen sind trotz Verletzung einer Hinweispflicht wirksam. In solchen Fällen sollte ein Antrag auf Erstattung der bei einer Aufteilung zu Unrecht beigetriebenen Steuer aus sachlichen Billigkeitsgründen gestellt werden.

Der Antrag kann – unabhängig von der Bestandskraft des Steuerbescheides – vor **3** Fälligkeit, jedoch frühestens nach **Bekanntgabe des Leistungsgebots** gestellt werden (vgl. BFH VII R 17/17 v. 2.10.18, BFH/NV 19, 4). Nach vollständiger Tilgung der rückständigen Steuern ist er unzulässig (§ 269 Abs. 2 S. 2 AO). Mit der Aufhebung der Vollziehung von Zusammenveranlagungsbescheiden, deren Steuerschuld zunächst vollständig getilgt, dann aber teilweise zurückgezahlt worden war, eröffnet sich einem mittlerweile geschiedenen Ehegatten die Möglichkeit, nunmehr einen Antrag auf Aufteilung der Steuerschuld zu stellen.

Eine **Begründung für den Antrag** schreibt das Gesetz nicht vor. Er muss jedoch **4** alle Angaben enthalten, die zur Aufteilung der Steuer erforderlich sind, es sei denn, diese Angaben ergeben sich aus der Steuererklärung (§ 269 Abs. 2 AO). Fehlende Angaben haben nicht die Unwirksamkeit des Antrags zur Folge. Den Antragsteller treffen gesteigerte Mitwirkungspflichten (*H/H/Sp/Müller-Eiselt* § 269 AO Rz. 16). Notfalls muss die Finanzbehörde, deren Ermittlungsbefugnis sich aus § 249 Abs. 2 AO ergibt, die Aufteilungsgrundlagen schätzen. Ist auch eine Schätzung nicht möglich, kann der Antrag zurückgewiesen werden (*Tipke/Kruse* § 269 AO Rz. 8). Ein Antrag auf Aufteilung von Vorauszahlungen gilt zugleich als Antrag auf Aufteilung der weiteren im gleichen Veranlagungszeitraum fällig werdenden Vorauszahlungen und einer etwaigen Abschlusszahlung. **Antragsberechtigt** ist jeder Gesamtschuldner. Wird der Antrag nicht von allen Berechtigten gestellt, so ist den übrigen Gesamtschuldnern im Rahmen des § 91 AO rechtliches Gehör zu gewähren (LfSt Bayern v. 11.3.19, BeckVerw 448678 Tz. 3.2).

Der Eingang des Antrags bewirkt eine Einschränkung der Vollstreckungsmög- **5** lichkeiten. Bis zur unanfechtbaren Entscheidung dürfen Vollstreckungsmaßnahmen nur soweit durchgeführt werden, als dies zur Sicherung des Anspruchs erforderlich ist (§ 277 AO). Die Aufteilung hat nicht nur eine Vollstreckungsbeschränkung im rechtstechnischen Sinn zur Folge; sie schließt auch jegliche Verwirklichung der Gesamtschuld über den auf den jeweiligen Ehegatten entfallenden Aufteilungsbetrag hinaus aus (BFH VII R 69/89 v. 12.6.90, BStBl. II 91, 493). Die rechtzeitige Antragstellung bewirkt damit faktisch einen (vorübergehenden) Vollstreckungsaufschub. Der Zeitpunkt der Antragstellung ist maßgebend für die Höhe des aufzuteilenden Betrages (§ 276 AO). Zahlungen nach Antragstellung werden dem Gesamtschuldner angerechnet, der sie geleistet hat (§ 277 Abs. 6 AO). Allgemeiner Aufteilungsmaßstab ist bei rückständiger Einkommensteuer das Verhältnis der Beträge, die sich bei einer fiktiven getrennten Veranlagung (§ 26a EStG, §§ 272 bis 276 AO) ergeben würden (§ 270 AO). Rückständige Vorauszahlungen werden im Verhältnis der Beträge aufgeteilt, die sich bei getrennter Festsetzung ergeben würden (§ 272 Satz 1 AO). Bei Steuernachforderungen kommt es darauf an, ob die bisherige Steuerschuld bereits getilgt war (§ 273 AO). Die rückständige Steuer kann auch entsprechend einem gemeinsamen Vorschlag der Gesamtschuldner aufgeteilt werden, falls die Tilgung sichergestellt ist (§ 274 AO, ausführlich zum **Aufteilungsmaßstab:** LfSt Bayern v. 11.3.19, BeckVerw 448678 Tz. 6). Der Aufteilungsantrag kann zurückgenommen werden, solange der Aufteilungsbescheid noch nicht ergangen ist (LfSt Bayern v. 11.3.19, BeckVerw 448678 Tz. 3.5; Rücknahme auch nicht im Einspruchsverfahren möglich, FG Nds. 15 K 14/13 v. 5.11.13, DStRE 15, 115).

6   Der **Aufteilungsbescheid** muss schriftlich ergehen. Ein Bescheid ist entbehrlich, wenn keine Vollstreckungsmaßnahmen ergriffen oder bereits ergriffene Vollstreckungsmaßnahmen wieder aufgehoben werden (§ 279 AO). Nach der Aufteilung darf die Vollstreckung nur nach Maßgabe der auf die einzelnen Schuldner entfallenden Beträge durchgeführt werden. Über Vollstreckung nach Aufteilung einer Gesamtschuld vgl. Rz. 5.

7   Gegen den Aufteilungsbescheid sowie gegen die Ablehnung eines Antrages auf Aufteilung ist der **Einspruch** gegeben (§ 347 AO). Erhebt nur ein Adressat Einspruch, muss der andere hinzugezogen (§ 360 Abs. 3 AO) bzw. im Klageverfahren notwendig beigeladen werden (§ 60 Abs. 3 FGO).

8   Nicht ausgeschlossen ist, dass im Anschluss an den Erlass des Aufteilungsbescheides zu Gunsten des „begünstigten" Ehegatten ein **„Haftungsbescheid"** ergeht, durch den die FinVerw. den ursprünglichen Zustand der vollen Haftung beider Ehegatten wieder herbeiführt. Voraussetzung hierfür ist allerdings ein Haftungsgrund, etwa die Mitwirkung an einer Steuerhinterziehung (BFH X R 8/05 v. 7.3.06, BStBl. II 07, 594).

C. 6. Berichtigung von Erklärungen

I. FORMULAR

Formular C. 6 Berichtigung von Erklärungen

Finanzamt ......

Steuernummer ......

Gesamtrechtsnachfolge nach dem Steuerpflichtigen A

Sehr geehrte(r) ......,

ich bin Alleinerbe des am ...... verstorbenen A. Bei Durchsicht der mir nach dem Tode zugänglich gemachten Unterlagen habe ich festgestellt, dass der Verstorbene es versäumt hat, Einkünfte aus Kapitalvermögen in Höhe von € ......,– aus einer liechtensteinischen Stiftung in seiner Einkommensteuererklärung für das Kalenderjahr ...... anzugeben.

Als Gesamtrechtsnachfolger des A vervollständige ich hiermit dessen Einkommensteuererklärung für das Kalenderjahr ....

Mit freundlichen Grüßen

....

Unterschrift Stpfl.

II. ERLÄUTERUNGEN

Erläuterungen zu C. 6 Berichtigung von Erklärungen

Schrifttum: *Beyer* Anwendungserlass zu § 153 AO – Praktische Bedeutung für Berichtigungserklärungen und Selbstanzeigen, NZWiSt 16, 234; *Breitenbach* Strafbarkeitsrisiko des Steuerberaters bei Nichtkorrektur von Fehlern seines Vorgängers?, DStR 16, 2201; *dies.* § 153 AO – Reichweite des Tatsachenbegriffs und Auswirkungen des Kenntnisstands der Finanzbehörden auf die Berichtigungspflicht des Steuerpflichtigen, DStR 16, 2033; *Fromm* § 153 AO im Angesicht der strafbefreienden Selbstanzeige, DStR 14, 1747; *Geberth/Welling* Abgrenzung zwischen einfacher Berichtigung und strafbefreiender Selbstanzeige, DB 15, 1742; *Neuling* Tax Compliance im Unternehmen: schlichte Anzeige (§ 153 AO) vs. Selbstanzeige, DStR 15, 558; *ders.* Berichtigung von Steuererklärungen im Unternehmen: Anwendungserlass zu § 153 AO, DStR 16, 1652; *Schmid/Ntamadaki* Offenbarungspflicht und Anfangsverdacht, DStR 19, 1713; *Seer* Berichtigung nach § 153 AO oder Selbstanzeige nach §§ 371, 398a AO? – Bedeutung des Anwendungserlasses v. 23.5.2016, DB 16, 1228, DB 16, 2192; *Sommer/Kauffmann* Verklammerung der Steuerhinterziehung (durch aktives Tun) des Erblassers und der Steuerhinterziehung (durch Unterlassen) des Erben – ein rein fiskalisches Konstrukt contra legem?, NZWiSt 15, 63; *Wegner* BMF-Schreiben zur Berichtigung von unrichtigen Steuererklärungen (§ 153 AO), SteuK 16, 289; *Weigell/Görlich* Der Anwendungserlass zu § 153 AO – eine praxistaugliche Abgrenzungshilfe?, FR 16, 989.

Gemäß §§ 149, 150 AO ist der Steuerpflichtige verpflichtet, die **Angaben** in **1** den Steuererklärungen **„wahrheitsgemäß"** nach bestem Wissen und Gewissen **zu machen.** § 153 AO ergänzt diese Vorschrift. Erkennt der Steuerpflichtige nach Abgabe der Erklärung, dass er seiner Verpflichtung aus §§ 149, 150 AO nicht gerecht geworden ist, so ist er **verpflichtet, die Steuererklärungen zu berichtigen.** § 153 AO greift nur ein, wenn der Steuerpflichtige seinen Fehler nachträglich erkennt, während im Falle der Selbstanzeige (vgl. Formular E. 1) von vornherein (vorsätzlich) eine falsche Steuererklärung abgegeben wurde. Das BMF hat mit Schreiben v. 23.5.16 (BStBl. I 16, 490) den Anwendungserlass zur AO (AEAO) aktualisiert und erstmals

Regelungen zur Berichtigung von Erklärungen nach § 153 AO geschaffen. Die Erläuterungen sind für die betriebliche Praxis sowie die steuerliche Beratung von erheblichem Interesse, weil sie zahlreiche Anwendungs- und Auslegungshinweise zu § 153 AO enthalten.

2   **Verpflichtet zur Berichtigung** sind der **Steuerpflichtige,** ferner der **Gesamtrechtsnachfolger** (zB Erbe) sowie die nach §§ 34, 35 AO für den Steuerpflichtigen oder dessen Gesamtrechtsnachfolger handelnden Personen (**gesetzliche Vertreter,** Vereinsmitglieder, Gesellschafter, Vermögensverwalter, Verfügungsbefugte). Berichtigungspflichtig ist auch der **Insolvenzverwalter** (*Tipke/Kruse* § 153 AO Rz. 3). Wer nach den Steuergesetzen weder anzeige- noch erklärungspflichtig ist, hat auch keine Pflicht zur Berichtigung nach § 153 Abs. 1 Satz 1 AO (BFH II R 52/99 v. 30.1.02, BFH/NV 02, 917 betr. Erbe nach amtlicher Eröffnung des Testaments). Umstritten ist, ob ein **Ehegatte,** der nachträglich erkennt, dass die Erklärung über die Einkünfte des anderen unrichtig war, zur Berichtigung verpflichtet ist. Stirbt allerdings ein Ehegatte, ist der überlebende Ehegatte als Gesamtrechtsnachfolger hinsichtlich der Erklärungen des verstorbenen Ehegatten anzeige- und berichtigungspflichtig (vgl. hierzu *Klein/Rätke* § 153 AO Rz. 5). Ein **Steuerberater,** der nachträglich die Unrichtigkeit einer von ihm vorbereiteten, der Finanzbehörde bereits eingereichten Erklärung erkennt, ist ebenfalls nicht zur Berichtigung verpflichtet (BGH 5 StR 412/95 v. 20.12.95, NStZ 96, 563). Gleiches gilt, wenn der Berater nachträglich erfährt, dass die einem Antrag auf Herabsetzung von Vorauszahlungen zugrunde liegenden Tatsachen unrichtig waren (BGH 5 StR 412/95 v. 20.12.95, NStZ 96, 563; glA *Dörn* DStR 95, 868). Insoweit unterliegt der Berater einer strafbewehrten Verschwiegenheitspflicht (ebenso *Tipke/Kruse* § 153 AO Rz. 4; vgl. hierzu auch *Kuhn/Weigell* Steuerstrafrecht, Rz. 29 ff.). Dies trifft in gleicher Weise auf den steuerlich beratenden **Rechtsanwalt** zu (vgl. AEAO zu § 153 Tz. 4). Eine Berichtigungspflicht des Beraters könnte allerdings im Falle eines umfassenden Beratungsauftrages oder dann konstruiert werden, wenn der Berater die Erklärung unterschrieben hat (zB die USt-Voranmeldung oder Anträge im Namen des Steuerpflichtigen im Zusammenhang mit der Corona-Pandemie gestellt hat, vgl. *Nürnberg* in Beck'sches Steuer- und Bilanzrechtslexikon, A. Rz. 4).

Unabhängig hiervon besteht eine mögliche Strafbarkeit des Beraters nach §§ 370 ff. AO (vgl. *Klein/Rätke* § 153 AO Rz. 6). Verpflichteter iS des § 153 Abs. 1 Satz 1 Nr. 2 AO ist der Entrichtungsschuldner. Wird ein Minderjähriger handlungsfähig, geht die Pflicht aus § 153 AO auf ihn über.

3   Voraussetzung für eine Berichtigungspflicht ist eine **unrichtige oder unvollständige Erklärung.** Insoweit bestehen Überschneidungspunkte zur **Selbstanzeige** (§ 371 AO; AEAO zu § 153 Tz. 2.1). § 153 AO betrifft nicht nur Steuererklärungen, sondern alle Erklärungen, die sich auf die Höhe der Steuer auswirken (AEAO zu § 153 Tz. 3). Darunter fallen auch Änderungsanträge nach § 172 Abs. 1 Satz 1 Nr. 2 Buchst. a AO oder Herabsetzungsanträge nach § 173 Abs. 1 Nr. 2 AO. Wenn **keine Erklärung** abgegeben worden ist, besteht die ursprüngliche Erklärungspflicht weiter fort und muss vom Stpfl. oder denjenigen, die seine Pflichten zu erfüllen haben, noch erfüllt werden. Die Berichtigungspflicht entfällt auch nicht deshalb, weil der Rechtsvorgänger bei Abgabe der Erklärung die Unrichtigkeit oder Unvollständigkeit kannte (BFH I B 99/06 v. 7.3.07, BFH/NV 07, 1801). Durch die unrichtige oder unvollständige Erklärung muss es zu einer Steuerverkürzung kommen können oder bereits gekommen sein. Das ist zB nicht der Fall, wenn keine Erklärung abgegeben wurde oder wenn der Finanzbehörde unabhängig von der Erklärung Irrtümer oder Fehler unterlaufen sind. Solche Irrtümer oder Fehler muss der Stpfl. auch dann nicht korrigieren, wenn sich die Unrichtigkeit der Annahme des FA aus seinen Erklärungen ergibt, dieses die Information aber falsch oder gar nicht verarbeitet hat (Beispiel: In der Erklärung wird ein Veräußerungsgewinn in Höhe von 1 Mio. Euro gem. § 17 EStG erklärt, vom FA aber nicht festgesetzt. Ein Hinweis (Berichtigung) ist nicht erforderlich.

Nachträgliches Erkennen der Unrichtigkeit liegt nicht vor, wenn der Stpfl. von **4** vornherein (vorsätzlich oder bedingt vorsätzlich) eine falsche Erklärung abgegeben hat. In der Literatur wird überwiegend die Auffassung vertreten, der Stpfl. müsse die Unrichtigkeit tatsächlich erkannt haben. Erkennenmüssen oder -können, genügt nicht (*Tipke/Kruse* § 153 AO Rz. 16, dazu auch *Klein/Rätke* § 153 AO Rz. 10). Dies stellt auch der AEAO zu § 153 Tz. 2.4 klar. Davon zu unterscheiden ist die Frage, ob § 153 AO anzuwenden ist, wenn der Stpfl. die Unrichtigkeit seiner Angaben bei Abgabe der Erklärung zwar nicht gekannt, sie aber **billigend in Kauf genommen,** also mit bedingtem Vorsatz gehandelt hat. Auch hier besteht nach AEAO zu § 153 Tz. 2.2 eine Anzeige- und Berichtigungspflicht aus § 153 Abs. 1 AO. Damit folgt das BMF der Rechtsprechung des BGH, wonach eine steuerrechtliche Anzeige- und Berichtigungspflicht nach § 153 Abs. 1 Nr. 1 AO auch dann besteht, wenn der Stpfl. die Unrichtigkeit seiner Angaben bei Abgabe der Steuererklärung nicht gekannt aber billigend in Kauf genommen hat und später zu der sicheren Erkenntnis gelangt, dass die Angaben unrichtig sind (BGH 1 StR 479/08 v. 17.3.09, NJW 09, 1984). Auch in diesem Fall erlange der Stpfl. erst nachträglich sichere Kenntnis von der Unrichtigkeit. Diese Sichtweise führt im Ergebnis dazu, dass der Täter einer bedingt vorsätzlich begangenen Steuerhinterziehung *steuerlich* verpflichtet wäre, sich *strafrechtlich* zu belasten. (krit. daher *Weigell/Görlich* FR 16, 989).

Die Unrichtigkeit muss **vor Ablauf der Festsetzungsfrist** erkannt sein, denn **5** nach deren Ablauf wäre eine Berichtigung nicht mehr möglich (§ 169 Abs. 1 AO); die Berichtigungserklärung würde also leerlaufen. Die Abgabe einer Berichtigungserklärung bewirkt keine Anlaufhemmung der Festsetzungsfrist iSd. § 170 Abs. 2 Nr. 1 AO (BFH II B 40/96 v. 22.1.97, BStBl. II 97, 266). Kommt der Stpfl. seiner Anzeigepflicht nicht nach, verlängert sich die Festsetzungsfrist gem. § 169 Abs. 2 Satz 2 auf fünf bzw. zehn Jahre (AEAO zu § 153 Tz. 5.3). Die Erstattung der Anzeige innerhalb der Festsetzungsfrist bewirkt deren Ablaufhemmung um ein Jahr seit Eingang der Anzeige (§ 171 Abs. 9 AO; AEAO zu § 153 Tz. 5.4).

Die Anzeige- und Berichtigungspflicht ist **unverzüglich** (dh. ohne schuldhaftes Zö- **6** gern, § 121 BGB) gegenüber der sachlich und örtlich zuständigen Finanzbehörde zu erfüllen. Streitig ist, ob nur die Anzeige unverzüglich erfolgen muss oder auch die Berichtigung. AEAO zu § 153 Tz. 5.1 führt dazu aus, dass sowohl die Anzeige als auch die Berichtigung unverzüglich zu erstatten ist, bejaht aber gleichzeitig, dass die Berichtigung nach § 153 Abs. 1 Satz 1 AO ggf. später nachfolgen kann, wenn hierfür eine gewisse Zeit der Aufarbeitung der Unterlagen erforderlich ist (hM, *Jesse* BB 11, 1431, 1439; **aA** *Halaczinsky/Füllsack* BB 11, 2839, 2845). Das Finanzamt hat diesbezüglich eine angemessene Frist zu gewähren. Es ist daher anzunehmen, dass nur die Anzeige unverzüglich erfolgen muss, die erforderlichen Richtigstellungen jedoch später nachfolgen können (glA *Tipke/Kruse* § 153 AO Rz. 24). Unklar ist in diesem Zusammenhang, welche **Zeitspanne** als unverzüglich anzusehen ist. In der Literatur werden unterschiedliche Vorschläge gemacht, die von einigen Tagen bis zu sechs Wochen reichen (vgl. *Klein/Rätke* § 153 AO Rz. 20 mwN); meist wird jedoch eine Frist von zwei Wochen als angemessen erachtet, die allerdings über- und unterschritten werden kann (*Tipke/Kruse* § 153 AO Rz. 23). Indes können keine pauschalen Aussagen getroffen werden; entscheidend ist hier letztlich immer der konkrete Einzelfall, wobei stets die rechtlichen und sachlichen Schwierigkeiten maßgeblich sind. Hat der Stpfl. die Unrichtigkeit seiner Erklärung billigend in Kauf genommen (vgl. Rz. 4), ist er nach AEAO zu § 153 Tz. 5.2 ebenfalls zur unverzüglichen Anzeige verpflichtet, wenn ihm die Befolgung dieser Pflicht unter Beachtung des nemo-tenetur-Grundsatzes zumutbar ist. Insoweit behandelt das BMF die Anzeige nach § 153 Abs. 1 AO letztlich wie eine Selbstanzeige (§ 371 AO), indem die Anzeige nach § 153 Abs. 1 AO solange als unverzüglich zu werten ist, wie dem Stpfl. eine angemessene Zeit zur Aufbereitung einer Selbstanzeige nach § 371 AO zuzugestehen wäre (krit. *Wegner* SteuK 16, 289, 291).

7   Gem. § 371 Abs. 4 AO wird ein **Dritter,** der die in § 153 AO bezeichneten Erklärungen abzugeben unterlassen oder unrichtig oder unvollständig abgegeben hat, strafrechtlich nicht verfolgt, es sei denn, dass ihm oder seinem Vertreter vorher die Einleitung eines Straf- oder Bußgeldverfahrens wegen der Tat bekanntgegeben worden ist (sog. **Fremdanzeige**). Die Vorschrift stellt ein Strafverfolgungshindernis dar, nicht einen Strafaufhebungsgrund (*Klein/Jäger* § 371 AO Rz. 241). Sinn und Zweck der Vorschrift ist es, einen Dritten nicht der Strafverfolgung auszusetzen, wenn ein anderer die Erklärung nach § 153 AO nachgeholt oder berichtigt hat. Die Fremdanzeige ist ein **eigenes Rechtsinstitut**, das von der Selbstanzeige nach § 371 Abs. 1 AO grundlegend zu unterscheiden ist (vgl. *H//H/Sp/Beckemper* § 371 AO Rz. 209); insofern ist ihre systematische Verankerung bei § 371 AO nicht geglückt. Die Fremdanzeige **setzt nur voraus,** dass die Anzeige nach § 153 AO rechtzeitig und ordnungsgemäß erstattet wird; die Berichtigung kann später nachfolgen (OLG Stuttgart 1 Ws 1/96 v. 31.1.96, wistra 96, 190). Als **Sperrgrund** kennt § 371 Abs. 4 Satz 1 AO nur die Bekanntgabe der Einleitung eines Straf- oder Bußgeldverfahrens gegenüber dem Dritten oder dessen Vertreter. Hat der Dritte **zu eigenen Gunsten** gehandelt, wird er nur dann strafrechtlich nicht verfolgt, wenn er die verkürzten Steuern nebst Zinsen gemäß Abs. 3 nachzahlt (§ 371 Abs. 4 Satz 2 AO). Zu den Praxisproblemen bei der Fremdanzeige vgl. *Wulf* PStR 14, 255.

C. 7. Bilanzänderung

I. FORMULAR

Finanzamt ....

Steuernummer...

Antrag auf Bildung einer Rücklage nach § 6b Abs. 1 EStG

Sehr geehrte(r)....

mein Mandant war Kommanditist der A-Gesellschaft mbH & Co KG. Mit Vertrag vom 19.5.2017 übertrug er seinen Gesellschaftsanteil (Kommanditanlage € 30.000,–) für € 1,– und sein hälftiges Miteigentum an dem Grundstück X-Straße (Sonderbetriebs-vermögen) für € 4 Mio. auf den verbliebenen Kommanditisten A. Im ursprünglichen Gewinnfeststellungsbescheid 2017 wurde meinem Mandanten erklärungsgemäß nur ein Anteil am laufenden Gewinn der KG in Höhe von € 30.000,– zugerechnet. Anläss-lich einer Außenprüfung deckte das Finanzamt auch den Gewinn aus der Veräuße-rung des Grundstücksanteils auf, den es mit € 4.000,– ermittelte. In einem entspre-chenden Änderungsbescheid wurde dieser Gewinn meinem Mandanten zugerechnet.

Ich beantrage nunmehr die Bildung einer Rücklage nach § 6b Abs. 1 EStG in Höhe des vollen bei der Veräußerung des Grundstücksanteils entstandenen Gewinns (BFH VIII R 10/99 v. 12.12.00, BStBl. II 01, 282).

Mit freundlichen Grüßen

....

Steuerberater

II. ERLÄUTERUNGEN

Schrifttum: Vgl. Formular C. 8.

Bilanzänderung iSd. § 4 Abs. 2 Satz 2 EStG ist der Ersatz eines handels- 1 **und steuerrechtlich zulässigen Bilanzansatzes** durch einen anderen ebenfalls zu-lässigen Bilanzansatz (BFH I R 191/77 v. 9.4.81, BStBl. II 81, 620). Anders als bei der Bilanzberichtigung (vgl. Formular C. 8.) darf also ein Bilanzansatz nicht fehlerhaft sein. Die Bilanzänderung darf sich nur auf die Bewertung von Betriebsvermögensge-genständen beziehen. In Betracht kommen vor allem Fälle, in denen der Steuerpflich-tige einen Bilanzansatz im Rahmen eines Bewertungswahlrechts ändert, nachträglich eine Bewertungsfreiheit ausübt oder auf deren Ausübung verzichtet. Von der Bilanz-änderung zu unterscheiden sind Maßnahmen, die dazu dienen sollen, nach Ablauf des Geschäftsjahres Betriebsvorgänge wieder rückgängig zu machen. Sie beinhalten eine rückwirkende Sachverhaltsgestaltung und sind daher steuerrechtlich grundsätzlich nicht zulässig (BFH IV 38/53 v. 5.11.53, BStBl. III 54, 4). Als Bilanzänderung gelten nicht die Ausübung verfahrensrechtlicher Wahlrechte oder rückwirkende Sachver-haltsgestaltungen (*Beck Bil-Komm/Schubert* § 253 HGB Rz. 830).

Bis zur Einreichung der Bilanz beim Finanzamt kann der Steuerpflichtige Bi- 2 lanzansätze beliebig ändern, denn die Bilanzänderung setzt wie die Berichtigung vor-aus, dass eine Bilanz bereits beim FA eingereicht ist (§ 4 Abs. 2 Satz 1 EStG; BFH IV

R 37/04 v. 18.8.05, BStBl. II 06, 165; vgl. hierzu auch *H/H/R/Stapperfend* § 4 Rz. 460). Eine beim Finanzamt vorliegende Bilanz kann nur bei Vorliegen der folgenden Voraussetzungen im Wege einer Bilanzänderung geändert werden: **a)** Es muss ein Bilanzierungswahlrecht oder ein Bewertungswahlrecht vorliegen; **b)** Der Unternehmer muss beim Finanzamt einen Antrag auf Bilanzänderung vor Bestandskraft der Veranlagung stellen; **c)** Die Bilanzänderung muss in einem engen zeitlichen und sachlichen Zusammenhang mit einer Bilanzberichtigung stehen; **d)** Die Bilanzänderung ist nur bis zur Höhe der Gewinnberichtigung durch die Bilanzberichtigung zulässig; **e)** der Stpfl. hat Anspruch auf eine Bilanzänderung, wenn die Voraussetzungen dafür vorliegen. Die Zustimmung des Finanzamts ist nicht erforderlich.

2a Der Stpfl. kann durch die Bilanzänderung maximal dasjenige Ergebnis erreichen, das vor der Durchführung der Bilanzberichtigung bestanden hätte. Eine darüber hinaus gehende Bilanzänderung ist unzulässig (vgl. BFH IV R 7/06 v. 27.9.06, BFH/NV 07, 326). Danach ist die geänderte Rechtslage bei noch offenen oder wieder offenen Veranlagungen dann anzuwenden, wenn sie sich zugunsten des Steuerpflichtigen auswirkt oder die Rechtsfolgen der Bilanzänderung wegen fehlender Ausübung des Wahlrechts noch nicht eingetreten sind. Der **enge zeitliche und sachliche** Zusammenhang zwischen Bilanzberichtigung und -änderung setzt voraus, dass sich beide Maßnahmen auf dieselbe Bilanz beziehen (vgl. BMF v. 18.5.00, BStBl. I 00, 587 u. BMF v. 23.3.01, BStBl. I 01, 244). Ein enger und zeitlicher Zusammenhang ist gegeben, wenn der Steuerpflichtige als Reaktion auf eine Bilanzberichtigung eine Bilanzänderung vornimmt (vgl. BFH IV R 25/06 v. 31.5.07, BFH/NV 07, 2086; hierzu auch *H/H/R/Stapperfend* § 4 EStG Rz. 465). Als maximaler zeitlicher Rahmen wird in der Literatur ein Zeitraum von „einigen Wochen" vertreten (vgl. *H/H/R/ Stapperfend* § 4 EStG Rz. 465). Die Gegenauffassung geht von der Möglichkeit einer Bilanzänderung bis zur Bestandskraft eines ergehenden Änderungsbescheides aus (*Zugmaier* INF 01, 10, 12).

3 **Einen Antrag** setzt die Bilanzänderung nach der Neufassung des § 4 Abs. 2 Satz 2 EStG im Gegensatz zu der früheren Fassung nicht mehr voraus.

4 **Die Bilanzänderung hat zur Folge,** dass der ursprüngliche Bilanzansatz durch den neuen Ansatz rückwirkend ersetzt wird. Weitere Folge ist die Korrektur der fehlerhaft gewordenen Bilanzansätze der Folgejahre.

5 Auswirkungen auf die **Handelsbilanz:** Die Änderung fehlerfreier Bilanzansätze ist nach Feststellung bzw. Billigung des Jahresabschlusses durch die zuständigen Organe ohne zeitliche Grenzen zulässig (*IDW* RS HFA 6 Tz 13). Sie darf jedoch nicht willkürlich erfolgen. Es müssen wichtige rechtliche, wirtschaftliche oder auch steuerrechtliche Gründe vorliegen (*A/D/S* § 172 AktG Anm. 34; *IDW* RS HFA 6 Tz. 9).

C. 8. Bilanzberichtigung

I. FORMULAR

Formular C. 8 Bilanzberichtigung

Finanzamt ....

Steuernummer...

Antrag auf Bilanzberichtigung

Sehr geehrte(r) ......

in der Bilanz der A-Gesellschaft mbH & Co KG. per 31.12. ...... ist eine Schuld gegenüber ...... in Höhe von € ......,– ausgewiesen worden. Inzwischen hat sich herausgestellt, dass diese Schuld nicht existent, der Passivposten also zu Unrecht gebildet worden ist.

Die Bilanz ist daher zu berichtigen. Namens und im Auftrag meines Mandanten, beantrage ich die Berichtigung der Bilanz der A-Gesellschaft mbH & Co KG. für das Jahr ....

Mit freundlichen Grüßen

....

Steuerberater

II. ERLÄUTERUNGEN

Erläuterungen zu C. 8 Bilanzberichtigung

Schrifttum: *Lohse/Zanzinger* Rechtsprechungsänderungen des BFH bei Ertragsteuern und bei der Umsatzsteuer im Jahre 2013, DStR 14, 921; *Ritzrow* Bilanzberichtigung – Überblick über die Rechtsprechung des BFH –, StBp 05, 164 und StBp 05, 230; *Kanzler* Bilanzkorrekturen, NWB 12, 2374; *Weber-Grellet* Abschied vom subjektiven Fehlerbegriff, DStR 13, 729; *Kanzler* Aufgabe des subjektiven Fehlerbegriffs hinsichtlich Rechtsfragen, NWB 13, 1405.

Steuerrechtlich wird unter **Bilanzberichtigung** die Ersetzung eines unrichtigen, **1** dh unzulässigen Bilanzansatzes, durch einen zutreffenden verstanden (§ 4 Abs 2 S 1 EStG, EStR 4.4, Abs 1 und 2). Ist **ein Bilanzansatz unrichtig,** so kann ihn der Stpfl. jederzeit, auch nach Einreichung der Bilanz beim Finanzamt, berichtigen (§ 4 Abs. 2 Satz 1 EStG). Nach bisheriger Rechtsprechung war eine Bilanz unrichtig, wenn sie objektiv gegen handels- oder steuerrechtliche Bilanzierungsge- oder -verbote verstieß und der Stpfl. dies im Zeitpunkt der Bilanzaufstellung bezogen auf die am Bilanzstichtag objektiv bestehenden Verhältnisse bei pflichtgemäßer und gewissenhafter Prüfung des Sachverhalts erkennen konnte (sog. *normativ-subjektiver Fehlerbegriff*; st. Rspr., vgl. nur BFH I R 40/07 v. 23.1.08, BStBl. II 08, 669 m.w.N.; *Blümich/Drüen* § 4 EStG Rz. 983).

Der große Senat des BFH hat den **normativ-subjektiven Fehlerbegriff aufge-** **1a** **geben** (BFH GrS 1/10 v. 31.1.13, BStBl. II 13, 317). Nach diesem Urteil ist das FA nicht mehr an die rechtliche Beurteilung des Stpfl. auf Grundlage der aufgestellten Bilanz/Bilanzansätze gebunden, selbst dann nicht, wenn sie aus Sicht eines ordentlichen und gewissenhaften Kaufmanns im Zeitpunkt der Bilanzaufstellung vertretbar gewesen ist und wenn die Rechtsauffassung von FinVerw. und Rspr. angewendet wurde. Die Bilanzierung ist auch dann zu berichtigen, wenn sie auf geänderter Rspr. beruht (vgl. krit. zur Entscheidung des Großen Senats: *Lohse/Zanzinger* DStR 14, 921). Zur Umsetzung des Beschlusses des Großen Senats des BFH in der FinVerw. vgl. ua. OFD Nds. v. 29.7.14, DStR 14, 2294. Die Frage, von welchem Fehlerbegriff auszugehen ist, wenn der Stpfl. bei der Bilanzierung von unzutreffenden Tatsachen (Prognosen oder Schätzungen) ausgegangen ist, ohne dabei gegen die ihm obliegenden Sorgfaltspflichten verstoßen zu haben, hat der Große Senat ausdrückl. offengelassen (BFH GrS 1/10 v. 31.1.13, BStBl. II 13, 317 Tz. 78). Nach zutr. Ansicht dürfte danach zu differenzieren sein, ob dem Stpfl. hinsichtl. der zu berücksichtigenden Tatsachen ein kaufmännisches Ermessen eingeräumt ist oder nicht (so insbes. *H/H/R* § 4 EStG Rz. 410 und *Weber-Grellet* DStR 13, 729 jeweils mwN).

2   Nur **der unrichtige Bilanzansatz** ist zu berichtigen (BFH I R 150/94 v. 11.2.98, BStBl. II 98, 503). Eine Bilanzberichtigung bezieht sich nach Auffassung des BFH nicht nur auf den unrichtigen Ansatz von aktiven und passiven Wirtschaftsgütern einschl. Rückstellungen sowie Rechnungsabgrenzungsposten dem Grunde und der Höhe nach, sondern auch auf eine Änderung des steuerlichen Gewinns die sich ohne Auswirkung auf den Ansatz eine WG oder eines RAP aus der Nicht- oder fehlerhaften Verbuchung von Entnahmen und Einlagen ergibt (vgl. BFH IV R 54/05 v. 31.5.07, BStBl. II 08, 665).

Dieser Auffassung hat sich auch die FinVerw. angeschlossen (vgl. BMF v. 13.8.08, BStBl. I 08, 845).

3   Bis zur Einreichung der Bilanz sind **Bilanzierungsfehler einschränkungslos zu berichtigen,** nach Bilanzeinreichung müssen Fehler, die zu einer Steuerverkürzung führen können, nach § 153 AO bis zum Ablauf der Festsetzungsverjährungsfrist richtiggestellt werden. Die Unterlassung der erkannten Berichtigungspflicht ist Steuerhinterziehung.

4   Unrichtige Bilanzansätze sind aufgrund des **Grundsatzes des Bilanzenzusammenhangs** und der **Abschnittsbesteuerung** bis zu ihrer Fehlerquelle zu berichtigen (BFH GrS 1/65 S v. 29.11.65, BStBl. III 66, 142). Bei einer Berichtigung an der Fehlerquelle muss bei einem über mehrere Jahre fortgeführten Bilanzansatz der Ansatz in der ursprünglich fehlerhaften Eröffnungs- und Schlussbilanz und ggf. – über den Bilanzenzusammenhang alle folgenden Bilanzen/Veranlagungen korrigiert werden. Dies ist nach § 4 Abs. 2 Satz 1 2. Halbs. nur dann noch möglich, wenn die StBescheide für die jeweiligen VZ noch nicht bestandskräftig geworden sind (so auch st. Rspr. vgl. nur BFH I R 58/05 v. 13.6.06, BStBl. II 06, 928; EStR 4.4, 121) bzw. verfahrensrechtlich aufgehoben oder geändert werden können. Strittig ist aber, ob dies auch dann gilt, wenn der Fehler über mehrere Jahre hin fortgeführt wurde, oder ob das FA in einem solchen Falle befugt ist, von der an sich gegebenen Möglichkeit der Fehlerkorrektur an der Quelle abzusehen und eine sog. *„saldierende Korrektur"* im letzten noch offenen VZ durchzuführen oder die Berichtigung des Fehlers auf mehrere Folgejahre zu verteilen. Der BFH hat wiederholt entschieden, dass die Korrektur in der **ersten** noch offenen Schlussbilanz vorzunehmen sei, in der die Möglichkeit hierzu unter Beachtung der Bestandskraft und Festsetzungsverjährungsfrist sowie der gesetzlichen Änderungsbestimmungen bestehe (BFH X R 72/87 v. 16.5.90, BStBl. II 90, 1044; X R 7/10 v.18.4.12, DStRE 12, 1105; vgl. hierzu *Schmidt/Loschelder* § 4 EStG Rz. 289; *Blümich/Drüen* § 4 EStG Rz. 995 ff.; zu den Möglichkeiten der Bilanzberichtigung nach **bestandskräftiger Veranlagung** s. *Blümich/Drüen* § 4 EStG Rz. 1000). Eine Fehlerberichtigung in der ersten noch offenen Schlussbilanz ist jedoch dann nicht geboten, wenn sich der Fehler im Zeitablauf von selbst aufhebt (zB im Fall zu unterlassener oder überhöhter AfA; s EStH 4.4 und 7.7).

5   Auswirkungen auf **Handelsbilanz:** Eine durchgeführte Berichtigung der StB führt idR nicht dazu, dass der nach handelsrechtlichen Grundsätzen aufgestellte JA anzupassen ist. Der handelsrechtliche JA ist nur dann zu korrigieren, wenn auch ein handelsbilanzieller Fehler vorliegt (handelsbilanzielle Bilanzberichtigung). Im Einzelfall darf dann möglicherweise eine Berücksichtigung im Jahresabschluss des laufenden Geschäftsjahres erfolgen (zB wenn die Ergebnisse einer Betriebsprüfung absehbar sind oder feststehen), auch wenn die steuerbilanzielle Berichtigung im betroffenen Wirtschaftsjahr erfolgt (*IDW* RS HFA 6 Tz. 35, vgl. ausführlich *BeckBil-Komm/Schubert* § 253 HGB Rz. 815 ff.).

C. 9. Erlass

C. 9.01 Persönliche Unbilligkeit

I. FORMULAR

Formular C. 9.01 Billigkeitserlass aus persönlicher Unbilligkeit

---

Finanzamt ...

Steuernummer ......,

Antrag auf Erlass von Einkommensteuer für das Jahr ......

Sehr geehrte(r) ......

namens und im Auftrag meiner Mandantin, der Steuerpflichtigen C, beantrage ich, die für das Kalenderjahr ...... mit Bescheid vom ...... festgesetzte Einkommensteuer in Höhe von € 50.000,– nebst Solidaritätszuschlag in Höhe von ...... zu erlassen.

Zur Begründung führe ich hinsichtlich der persönlichen Unbilligkeit der Geltendmachung des Anspruchs aus dem Steuerschuldverhältnis Folgendes aus:

Meine im Jahre 1948 geborene Mandantin war Inhaberin eines Damenoberbekleidungsgeschäfts. Zum Betriebsvermögen dieses Unternehmens gehörte das Geschäftsgrundstück Y-Straße in B-Stadt. Letztes Jahr gab meine Mandantin ihren Betrieb auf; das Geschäftsgrundstück wurde veräußert. Die Betriebsaufgabe war erforderlich, weil das Gebäude in einem Umlegungsgebiet lag und nach den Plänen des Umlegungsausschusses der Stadt abgerissen und neu aufgebaut werden sollte. Hierzu war meine Mandantin wegen ihres Alters und ihrer finanziellen Verhältnisse nicht in der Lage.

Unter Berücksichtigung eines laufenden Verlustes aus Gewerbebetrieb in Höhe von € 140.000,– und eines Veräußerungsgewinns in Höhe von € 40.000,– wurde die Einkommensteuer für ...... auf € 50.000,– festgesetzt. Der Bescheid ist bestandskräftig.

Meine Mandantin ist sowohl erlassbedürftig als auch erlasswürdig:

Die Bezahlung der Steuerschuld würde zu einer Existenzgefährdung meiner Mandantin führen. Wegen ihres Alters ist sie nicht mehr in der Lage, sich eine neue Existenz aufzubauen. Da sie nie Beiträge zur Kranken-, Renten- oder Lebensversicherung gezahlt hat, muss sie ihren Lebensunterhalt – einschl. von Krankheitskosten – mit dem angesammelten bzw. noch verbliebenen Vermögen bestreiten. Das Vermögen wird, wie sich unschwer errechnen lässt, bald aufgezehrt sein. Zurzeit verfügt sie noch über Mittel in Höhe von rund € 100.000,–. Bei Entrichtung der Steuern würden sich diese Mittel auf € 50.000,– reduzieren. Die Zinsen, die sich daraus erzielen lassen, würden zur Bestreitung des Lebensunterhalts nicht ausreichen. Hinzu kommt, dass meine Mandantin für ein volljähriges Kind zu sorgen hat, das mit Rücksicht auf eine lebensbedrohende Krankheit nicht fähig ist, seinen eigenen Lebensunterhalt zu verdienen.

Bis zur Entscheidung über meinen Erlassantrag beantrage ich Stundung, hilfsweise einstweilige Einstellung der Vollstreckung. Gleichzeitig beantrage ich schon jetzt, gem. § 234 Abs. 2 AO auf Stundungszinsen zu verzichten.

Mit freundlichen Grüßen

....

Rechtsanwalt/ Steuerberater

II. ERLÄUTERUNGEN

Erläuterungen zu C. 9.01 Billigkeitserlass aus persönlicher Unbilligkeit

1. Grundsätzliche Anmerkungen

Schrifttum: *Kirchhof* Gesetz und Billigkeit im Abgabenrecht, Festschrift für Scupin, Berlin 1983, 775 ff.; *Kohlhaas* Vollständiger Erlass von Säumniszuschlägen bei erfolgreichem Rechtsbehelfsverfahren, DStR 10, 2387; *Meinicke* Erlass der Erbschaftsteuer aus Billigkeitsgründen, DStR 04, 573; *Ossola* Verfassungsrechtliche Ansprüche auf steuerliche Billigkeitsmaßnahmen, INF 81, 391; *Pump* Die Beleihung und Verwertung eigenen Vermögens als Stundungs- und Erlaßkriterien, DStZ 91, 265; *Tiedtke/Szczesny* Gesetzlicher Vertrauensschutz und Billigkeitsregelungen, NJW 02, 3733; *Schöngart* Der Erlass nach der AO unter dem besonderen Blickwinkel der persönlichen Billigkeit, AO-StB 11, 93.

Ansprüche aus dem Steuerschuldverhältnis können ganz oder zum Teil erlas- **1** sen werden, wenn deren Einziehung nach Lage des Einzelfalles **unbillig** wäre; unter den gleichen Voraussetzungen können bereits entrichtete Beträge erstattet oder angerechnet werden (§ 227 Abs. 1 AO). **Billigkeit** ist die Gerechtigkeit im Einzelfall (st. Rspr. des BFH zB BFH X B 18/03 v. 12.9.07, BFH/NV 08, 102; IV R 29/10 v. 20.9.12, BStBl. 13, 505 mwN). Im Falle der Unbilligkeit der Steuererhebung im Einzelfall können Steuern gem. § 163 Abs. 1 AO niedriger festgesetzt werden, und einzelne Besteuerungsgrundlagen, welche die Steuern erhöhen, können bei der Festsetzung der Steuer unberücksichtigt bleiben. Ansprüche aus dem Steuerschuldverhältnis sind der Steueranspruch, der Steuervergütungsanspruch, der Haftungsanspruch, der Anspruch auf eine steuerliche Nebenleistung sowie Erstattungsansprüche (§ 37 AO). Als steuerliche Nebenleistungen definiert § 3 Abs. 4 AO Verzögerungsgelder (§ 14b Abs. 2b AO), Verspätungszuschläge (§ 152 AO), Zinsen (§§ 233–237 AO), Säumniszuschläge (§ 240 AO), Zwangsgelder (§ 329 AO) und Kosten (§ 178, §§ 337 bis 345 AO), Verspätungsgelder (§ 22a Abs. 5 EStG) sowie Zinsen iSd. Zollkodexes. Geldstrafen und Geldbußen gehören nicht dazu. Für die Grund- und Gewerbesteuer gelten §§ 227, 163 AO entsprechend (§ 1 Abs. 2 iVm. § 3 Abs. 2 AO). Der Erlass von Einfuhr- oder Ausfuhrabgaben nach Gemeinschaftsrecht ist seit Inkrafttreten des Unions-Zollkodex (UZK – EUVO 952/2013 v. 9.10.13) mit Wirkung zum 1.5.16 in Art. 831 ff. UZK geregelt. Billigkeitsmaßnahmen bei den Kirchensteuern richten sich nach Landesrecht (s. § 51a Abs. 6 EStG). Zum Teil ist die Erlassbefugnis den Finanzämtern übertragen, zum Teil haben sich die Kirchen darüber hinaus (zB § 9 Abs. 8 Satz 2 KiStG Bremen) das Recht zum Erlass vorbehalten (vgl. iE *H/H/Sp/v. Groll* § 227 AO Rz. 100f. mwN). Auf Stundungs- und Aussetzungszinsen kann gemäß § 234 Abs. 2, § 237 Abs. 4 AO ganz oder teilweise verzichtet werden, wenn die Erhebung nach Lage des einzelnen Falles unbillig wäre.

Nach dem Wortlaut des § 227 AO „können" Steueransprüche im Falle der **„Un-** **2** **billigkeit"** ihrer Einziehung erlassen werden. Man unterscheidet hierbei zwischen **sachlichen** und **persönlichen** Billigkeitsgründen (dazu Rz. 16 ff. und C. 9.02 Rz. 1 ff.). In jedem Fall muss geprüft werden, ob eine Unbilligkeit im Einzelfall gegeben ist (vgl. aber Rz. 5). Sachliche Billigkeitserwägungen dürfen nach Unanfechtbarkeit der Festsetzung erst dann angestellt werden, wenn feststeht, dass dem Stpfl. nicht auf anderem Wege geholfen werden kann; so zB durch eine Berichtigung wegen offenbarer Unrichtigkeit (§ 129 AO) oder durch Wiedereinsetzung in den vorigen Stand (§ 110 AO). Weiter ist zu prüfen, ob der VA zurückgenommen (§ 130 AO) oder die Steuerfestsetzung nach §§ 172 ff. AO aufgehoben oder geändert werden kann (BFH VII R 103/69 v. 4.7.72, BStBl. II 72, 806).

Erst wenn alle diese Möglichkeiten ausgeschöpft sind, kommen **Billigkeitsmaß-** **nahmen** (§§ 163, 227 AO) in Betracht (*Tipke/Kruse* § 227 AO Rz. 47). Der Billigkeitserlass ist nicht dazu bestimmt, die Folgen schuldhafter Versäumnis eines Rechtsbehelfs auszugleichen (BFH VII R 121/84 v.11.8.87, BStBl. II 88, 512). Deshalb kommt bei Unanfechtbarkeit des den Stpfl. belastenden Verwaltungsakts ein Erlass nur dann in Betracht, wenn der unanfechtbare Verwaltungsakt offensichtlich und eindeutig fehlerhaft ist und der in Anspruch Genommene das seinerseits Erforderliche getan hat, um die richtige Festsetzung zu erreichen (BFH VII B 45/87 v. 14.7.87, BFH/NV 88, 212 mwN).

Ein Erlassantrag, der allein darauf gestützt wird, dass die **bestandskräftige Steuerfestsetzung falsch** ist, hat keine Aussicht auf Erfolg (vgl. auch C. 9.02 Rz. 5). Eine sachliche Überprüfung einer bestandskräftigen Steuer im Billigkeitsverfahren ist ausgeschlossen, wenn die fehlerhafte Steuerfestsetzung auf eigenen unzureichenden Angaben des Stpfl. in seiner Steuererklärung beruht. Rechtsfolgen, die durch unentschuldbare Nachlässigkeit eingetreten sind, können nicht im Wege des Steuererlasses ausgeräumt werden (st. Rspr. BFH X R 9/09 v. 19.10.10, BFH/NV 11, 561, mwN).

3   **Eine fehlerfreie Ermessensausübung setzt allgemein voraus,** dass die Finanzbehörde ihre Entscheidung anhand des einwandfrei und erschöpfend ermittelten Sachverhalts trifft (BFH I R 76/82 v. 15.6.83, BStBl. II 83, 672). Dabei sind alle Gesichtspunkte tatsächlicher und rechtlicher Art zu berücksichtigen, die nach Sinn und Zweck der Norm, die das Ermessen einräumt, maßgeblich sind (BFH VII R 84/80 v. 1.7.81, BStBl. II 81, 740; FG Köln 13 K 3006/11 v 6.3.12, BeckRS 2012, 95416. Die gebotene Ermessensausübung und -darlegung kann nicht durch typisierende Verwaltungsanweisungen eingeschränkt werden (FG Köln 2 K 3383/88 v. 2.6.89, EFG 90, 50 betr. § 163 AO). Grundsätzlich ist davon auszugehen, dass die Geltendmachung von Steueransprüchen an sich nicht unbillig, der Billigkeitserlass daher die Ausnahme ist (*Tipke/Kruse* § 227 AO Rz. 28). Eine billige Entscheidung im Rahmen des § 227 AO setzt voraus, dass die widerstreitenden Interessen, nämlich das öffentliche Interesse an der ordnungsmäßigen und vollständigen Einziehung der Steuern einerseits und das private Interesse an einer Ausnahmeregelung im Einzelfall andererseits, gegeneinander abgewogen werden. Daraus folgt, dass bei der Prüfung der Voraussetzungen für eine Billigkeitsmaßnahme nicht nur die Belange des Steuerpflichtigen, sondern auch die **Interessen des Steuergläubigers** geprüft werden müssen. Dabei ist nach hM auch die Haushaltslage des jeweiligen Steuergläubigers angemessen zu berücksichtigen. Die Haushaltslage für sich allein rechtfertigt jedoch niemals die vollständige Ablehnung eines Erlassantrages (vgl. *Tipke/Kruse* § 227 AO Rz. 29 mwN; *H/H/Sp/v. Groll* § 227 AO Rz. 172). Ob die Prüfung der Erlassvoraussetzungen, also die Antragsbearbeitung, für die Finanzbehörde mit erheblichem Arbeitsaufwand verbunden ist, ist hingegen unerheblich.

4   **Mangels einer Einschränkung gilt der Tatbestand des § 227 AO (ebenso § 163 AO) für alle Steuerarten.** Anderseits erfordert eine ermessensgerechte Billigkeitsentscheidung, bei der Beurteilung des Einzelfalles auch diejenigen Gesichtspunkte zu beachten, welche das Gesetz als typisch gerade für das betreffende Besteuerungsgebiet ansieht (BFH II R 29/66 v. 5.2.69, BStBl. II 69, 400; FG SchlHol. III 69/77 v. 24.2.81, EFG 81, 582). Das bedeutet, dass nach der Rechtsprechung an den Erlass **abwälzbarer Steuern,** zB der Umsatzsteuer, besonders hohe Anforderungen gestellt werden sollen, denn sie sind typischerweise Betriebsausgaben (BFH VII R 54/72 v. 22.4.75, BStBl. 75, 727). Anderseits ist auch bei diesen Steuern eine differenzierende Betrachtungsweise geboten, denn nur dadurch wird die vom Gesetz verlangte Ermessensausübung „nach Lage des einzelnen Falles" sichergestellt (vgl. auch *Ohlf* UR 94, 264). Hinzu kommt, dass die Frage der etwaigen Abwälzbarkeit, also der wirtschaftlichen Auswirkungen der Steuerbelastung, nur im Falle der persönlichen Härte (Rz. 23.) eine Rolle spielen kann.

5   **Umsatzsteuer:** Aus berichtigter Vorsteuer (§ 17 Abs. 2 UStG) stammende USt-Schulden können seit der Einführung von § 14c Abs. 1 UStG mit Wirkung zum 1.1.04 (Gesetz v. 15.12.03, BGBl. I 03, 2645) weder aus sachlichen noch aus wirtschaftlichen Billigkeitsgründen erlassen werden. Dies gilt auch für den Erlass von

Nachzahlungszinsen aufgrund unberechtigten Steuerausweises (vgl. BFH V R 48/07 v. 19.3.09, BStBl. II 10, 92). Bei den sonstigen Verkehrssteuern, zB Grunderwerbsteuer, ist die Anwendbarkeit der §§ 163, 227 AO zwar begrenzt, aber nicht ausgeschlossen (BFH II R 7/76 v. 6.2.80, BStBl. II 80, 363). Für besondere Härten oder Ereignisse, die bereits in Spezialvorschriften berücksichtigt sind (zB § 33 EStG, § 33 GrStG), gilt § 227 AO subsidiär (BFH II R 10/86 v. 10.8.88, BStBl. II 89, 13).

Billigkeitsmaßnahmen sind auch im **Lohnsteuerrecht** nicht ausgeschlossen (*Schick* **6** BB 84, 733). Erlassen werden kann allerdings nur der gegen den Arbeitnehmer gerichtete Steueranspruch (vgl. auch BFH VI R 71/90 v. 12.3.93, BStBl. II 93, 479 betr. Stundung); im Verhältnis zum Arbeitgeber ist für einen Billigkeitserlass regelmäßig kein Raum (*H/H/Sp/v. Groll* § 227 AO Rz. 145). Säumniszuschläge sind aus sachlichen Billigkeitsgründen zu erlassen, wenn dem Steuerpflichtigen die rechtzeitige Zahlung der Steuer wegen Überschuldung und Zahlungsunfähigkeit unmöglich ist und deshalb die Ausübung von Druck zur Zahlung ihren Sinn verliert (BFH X R 169/90 v. 16.9.92, BFH/NV 93, 510 mwN). Säumniszuschläge sind aber nicht nur Druckmittel, sondern zugleich Entgelt für das Hinausschieben der Fälligkeit. Deshalb kommt regelmäßig nur ein hälftiger Erlass in Betracht (BFH XI R 32/96 v. 16.7.97, BStBl. II 98, 7 mwN; VII B 312/00 v. 31.1.02, BFH/NV 02, 889; vgl. aber FG München 14 V 736/18 v. 13.8.18, BeckRS 2018, 19590).

§ 227 AO enthält keine Ermächtigung zur Aufstellung von Richtlinien für Billig- **7** keitsmaßnahmen in Bezug auf bestimmte **Gruppen gleichgelagerter Fälle.** Gleichwohl werden sie auf Grund der allgemeinen Weisungsbefugnis vorgesetzter Behörden in Grenzen für zulässig gehalten (zB *H/H/Sp/v. Groll* § 227 AO Rz. 202 ff.). Für die Praxis sind ermessensleitende Billigkeitsrichtlinien (zB betreffend Sturm- oder Frostschäden, Hochwasser, Umweltkatastrophen, Pandemie etc.) sicher hilfreich, weil sie einerseits eine reibungslose und annähernd gleichmäßige Abwicklung von Fallgruppen garantieren. Andererseits ist nicht zu verkennen, dass die Ermessensausübung gerade nicht abstrahieren und generalisieren, sondern der Einzelfallgerechtigkeit dienen soll. Vorhandene Billigkeitsrichtlinien entbinden die Verwaltung nicht von einer individuellen Prüfung des einzelnen Falles. Sie binden die Gerichte grds. nicht; eine Bindung kann sich aber aus dem Gesichtspunkt der Gleichbehandlung ergeben (*Tipke/Kruse* § 227 AO Rz. 126 ff. mwN).

Die **Antragsentscheidung** gem. § 163 Abs. 1 AO ist Verwaltungsakt. Mit Be- **8** kanntgabe des Erlasses (§§ 122, 124 AO) erlischt die Steuer (§ 47 AO) in Höhe des Unterschiedsbetrages zwischen dem kraft Gesetzes entstandenen Steueranspruch (§ 38 AO) und dem auf Grund der Billigkeitsmaßnahme niedriger festgesetzten bzw. dem Betrag, der sich aus der Nichtberücksichtigung von Besteuerungsgrundlagen ergibt. Vorher ergangene Bescheide sind nach § 175 Abs. 1 Satz 1 Nr. 1 AO anzupassen (*Tipke/Kruse* § 163 AO Rz. 21a; s. auch BFH VIII R 51/88 v. 21.1.92, BStBl. II 93, 3; FG Köln 6 K 4264/04 v. 22.1.08, EFG 08, 1772).

Eine Steuerschuld kann vor ihrer Entstehung erlassen werden (glA **9** *H/H/Sp/v. Groll* § 227 AO Rz. 211; unklar BFH II R 104/70 v. 22.10.71, BStBl. II 72, 183: Ein Erlass setzt „die Existenz oder mögliche Existenz einer Steuerschuld voraus"). Ein vor Entstehung der Steuerschuld ausgesprochener Erlass hindert die Entstehung des Anspruchs nicht. Das Entstehen der Ansprüche aus dem Steuerschuldverhältnis hängt ausschließlich von der Verwirklichung des Tatbestandes ab, an den das Gesetz die Leistungspflicht knüpft (§ 38 AO). Da der Erlass rechtsbeendigend wirkt, ist die Entstehung des Steueranspruchs wiederum notwendige Voraussetzung für das Wirksamwerden eines im Voraus ausgesprochenen Erlasses. Eine im Voraus erlassene Steuer entsteht also beim Eintritt der für ihre Entstehung maßgebenden Tatbestandsmerkmale gleichsam in einer logischen Sekunde.

Billigkeitsmaßnahmen nach §§ 163, 227 AO setzen keinen Antrag voraus 10 (BFH VII R 103/69 v. 4.7.72, BStBl. II 72, 806; FG Bremen II 63/88 K v. 18.8.92,

EFG 93, 205). In der Praxis werden sie allerdings regelmäßig auf Antrag ergehen. Die zeitlich abweichende Berücksichtigung steuererhöhender oder -mindernder Besteuerungsgrundlagen bedarf wegen der möglicherweise unsicheren zukünftigen Wirkungen zwingend der **Zustimmung des Steuerpflichtigen (§ 163 Abs. 1 Satz 3 AO)**. Da ein Antrag nicht vorgeschrieben ist, sind insoweit auch keine Fristen zu beachten. Andererseits **verwirkt** aber der Steuerpflichtige seinen Anspruch auf eine ermessensfehlerfreie Billigkeitsentscheidung, wenn er unangemessen viel Zeit verstreichen lässt. Für die Bemessung eines in diesem Sinne unangemessenen Zeitraums werden die Vorschriften über die Festsetzungsverjährung für entsprechend anwendbar gehalten (BFH II R 8/76 v. 8.10.80, BStBl. II 81, 82; **aA** FG BaWü. III K 311/83 v. 26.1.84, EFG 84, 358 betr. LStJA-Bescheid, der wegen Eintritts der Festsetzungsverjährung nicht mehr geändert werden konnte; vgl. auch FG Niedersachsen 4 K 342/11 v. 1.8.12, DStRE 13, 565; Rev. VIII R 40/12). Hat der Steuerpflichtige vor Bestandskraft der Steuerfestsetzung einen Antrag gestellt, aus dem sich nicht ergibt, ob er einen **Rechtsbehelf** einlegen **oder** einen **Billigkeitsantrag** stellen will (vgl. auch § 357 Abs. 1 Satz 4 AO), so muss der Inhalt der Erklärung im Wege der Auslegung ermittelt werden.

11   **Antragsberechtigt** ist der Steuer-(Haftungs-)Schuldner (BFH VII R 45/80 v. 19.10.82, BStBl. II 82, 51). Miterben können einen Erlassanspruch einzeln geltend machen (BFH V R 98/83 v. 19.1.89, BStBl. II 90, 360). Im Insolvenzfall hat der Insolvenzverwalter das Antragsrecht (*Tipke/Kruse* § 227 AO Rz. 133). **Die Zuständigkeit zum Erlass** steht den Finanzämtern zu – abgesehen von den durch Bundesfinanzbehörden verwalteten Steuern. Nach den Gleichl. Ländererlassen v. 24.3.17 (BStBl. I 17, 419) ist das Finanzamt befugt zu Billigkeitsmaßnahmen für Beträge bis zu € 20.000,– und bei Säumniszuschlägen, deren Erhebung mit dem Sinn und Zweck des § 240 AO nicht zu vereinbaren ist, in unbegrenzter Höhe. Bei Beträgen bis zu € 100.000,– ist die Zustimmung der OFD, im Übrigen die der oberen Landesfinanzbehörden einzuholen. Bei Steuern, die von den Landesfinanzbehörden im Auftrag des Bundes verwaltet werden, ist die vorherige Zustimmung des Bundesministers der Finanzen einzuholen, wenn der Betrag € 200.000,– übersteigt. Soweit die Finanzbehörden die Kirchensteuer verwalten, sind sie ebenfalls für deren Erlass zuständig.

12   **Gegen die Ablehnung des Erlassantrages, die Rücknahme oder den Widerruf des Erlasses ist** der Einspruch gegeben (§ 347 AO). Die Entscheidung über eine abweichende Steuerfestsetzung aus Billigkeitsgründen ist ein selbstständiger Verwaltungsakt, gegen den ebenfalls Einspruch (§ 347 AO) eingelegt werden kann.

13   **Gem. § 102 FGO kann im finanzgerichtlichen Verfahren nur überprüft werden,** ob der auf Antrag ergangene Verwaltungsakt oder die Ablehnung des Verwaltungsakts rechtswidrig ist, weil die gesetzlichen Voraussetzungen des Ermessens überschritten sind oder von dem Ermessen in einer dem Zweck des Ermessens nicht entsprechenden Weise Gebrauch gemacht worden ist (BFH GmS-OGB 3/70 v. 19.10.71, BStBl. II 72, 603). Zum Erlass einer Ermessensentscheidung mit einem bestimmten Inhalt kann das Finanzgericht verpflichten, wenn seine Sachverhaltsermittlung ergibt, dass nur der Erlass eines Verwaltungsakts mit dem beantragten Inhalt ermessensfehlerfrei ist – sog. Ermessensreduzierung auf Null – (BFH V R 106/84 v. 4.10.89, BStBl. II 89, 179 mwN). Dabei ist aber zu berücksichtigen, dass ein Ermessensfehlgebrauch iS des § 5 AO von den Gerichten voll nachprüfbar ist. Die Frage, ob im Einzelfall aus verfassungsrechtlichen Gründen ein Billigkeitserlass geboten ist, kann auch im Verfassungsbeschwerdeverfahren überprüft werden (BVerfG 1 BvR 117/73 v. 5.4.78, NJW 78, 2089). Ein Billigkeitserlass kann um der Belastungsgleichheit willen geboten sein, wenn ein Gesetz, das in seinen generalisierenden Wirkungen verfassungsgemäß ist, im Einzelfall zu Ergebnissen führt, die dem Belastungsgrund des Gesetzgebers zuwiderlaufen (BVerfG 2 BvR 89/91 v. 13.12.94, NVwZ 95, 989 betr.

Mineralölsteuer; BVerfG 1 BvR 2539/07 v. 3.9.09, NVwZ 10, 902). Die **Verfassungsmäßigkeit eines Gesetzes** kann nicht mit der Verfassungsbeschwerde im Billigkeitsverfahren, sondern nur mit einer Verfassungsbeschwerde im Steuerfestsetzungsverfahren überprüft werden (BVerfG 1 BvR 623/86 v. 8.7.87, DStZ/E 87, 277; 1 BvR 2539/07 v. 3.9.09, aaO).

Maßgebend für die Beurteilung der Unbilligkeit sind die **tatsächlichen Verhält-** 14 **nisse im Zeitpunkt der letzten Verwaltungsentscheidung,** denn das Wesen einer Ermessensvorschrift besteht darin, einen Spielraum zu geben, unter einer Mehrzahl rechtlich zulässiger Verhaltensweisen zu wählen (st. Rspr., zB BFH I R 158/71 v. 26.7.72, BStBl. II 72, 919; V B 28/00 v. 26.5.00, BFH/NV 00, 1326; FG Freiburg 4 K 589/01 v. 18.12.03, DStRE 04,1116). Für die Erstattung aus Billigkeitsgründen sind die Verhältnisse im Zeitpunkt der Zahlung (Einziehung) maßgebend (BFH I R 41/75 v. 24.9.76, BStBl. II 77, 127; IV R 298/84 v. 26.2.87, BStBl. II 87, 612; V B 28/00 v. 26.5.00, BFH/NV 00, 1326). Erstattungen aus Billigkeitsgründen werden nicht verzinst (BFH V R 132/71 v. 19.2.76, BStBl. II 76, 497; VII R 97/87 v. 26.4.88, BStBl. II 88, 865; FG Hess. 6 K 439/87 v. 1.2.89, EFG 89, 496; FG Hamburg II 173/87 v. 24.10.89, EFG 90, 401).

Eine ablehnende Billigkeitsentscheidung ist kein vollziehbarer Verwal- 15 **tungsakt.** Aussetzung der Vollziehung (§ 361 AO, § 69 FGO) kommt daher nicht in Betracht. Die Vollziehung eines Verwaltungsakts, mit dem ein Erlass zurückgenommen oder widerrufen wird, kann jedoch ausgesetzt werden (BFH VII B 41/67 v. 18.7.68, BStBl. II 68, 743).

Vorläufiger Rechtsschutz kann nur im Wege einer einstweiligen Anordnung 16 durch das Finanzgericht erfolgen (vgl. dazu Formular D. 2.08). Dadurch kann dem FA die Einziehung der Steuer vor Beendigung des Hauptverfahrens untersagt werden.

2. Einzelerläuterungen

Persönliche Billigkeitsgründe sind solche, die sich aus den persönlichen Verhält- 17 nissen des Stpfl. ergeben (**Erlassbedürftigkeit** – BFH IV R 51/93 v. 26.5.94, BStBl. II 94, 833; IV R 23/78 v. 29.4.81, BStBl. II 81, 726). Er muss ferner **erlasswürdig** sein.

Persönliche Unbilligkeit wird angenommen, wenn die Steuererhebung die wirtschaftliche oder persönliche Existenz des Stpfl. vernichten oder mindestens ernstlich gefährden würde. Die wirtschaftliche Existenz ist gefährdet, wenn ohne Billigkeitsmaßnahmen der notwendige Lebensunterhalt vorübergehend oder dauernd nicht mehr bestritten werden kann (zB BFH IV R 298/84 v. 26.2.87, BStBl. II 87, 612; IV R 34/89 v. 8.3.90, BStBl. II 90, 673; BVerfG 1 BvR 2539/07 v. 3.9.09, NVwZ 10, 902). Maßgebend sind die Verhältnisse des Steuerpflichtigen. Bei verbundenen Unternehmen ist jedes Unternehmen gesondert zu betrachten (FG Hamburg II 509/99 v. 29.6.00, DStRE 00, 1215). Bei einer Organschaft müssen die wirtschaftlichen Verhältnisse sowohl der Organgesellschaft als auch der Muttergesellschaft berücksichtigt werden (*Beermann/Gosch* § 227 AO Rz. 65; *Koenig/Fritsch* § 227 AO Rz. 31). Zu den persönlichen Gründen des Steuerpflichtigen, die einen Erlass rechtfertigen können, gehören zB Familienverhältnisse, Kinderzahl, Anzahl unterhaltsberechtigter Personen, Gesundheitszustand und Alter des Steuerpflichtigen und seiner Angehörigen, persönliche Verdienstmöglichkeiten und Höhe des etwa vorhandenen Vermögens. Andererseits können derartige persönliche Gründe nur (noch) insoweit berücksichtigt werden, als sie sich nicht schon durch andere Vergünstigungen im Rahmen der Steuerfestsetzung ausgewirkt haben (zB § 33 EStG), denn § 227 AO soll vom Gesetzgeber nicht gewollte Befreiungstatbestände nicht ersetzen.

Persönliche Billigkeitsgründe liegen insbesondere vor, wenn der Stpfl. in eine **un-** 18 **verschuldete finanzielle Notlage** geraten ist oder durch die Steuerfestsetzung und/

oder Erhebung geraten würde, so dass die Fortführung seines Unternehmens oder sein notwendiger Lebensunterhalt dauernd gefährdet würde (BFH X R 134/98 v. 27.9.01, BStBl. II 02, 176). Nur vorübergehende wirtschaftliche Schwierigkeiten sind grds. kein Erlassgrund, sondern rechtfertigen ggf. eine Stundung. Die Voraussetzungen für den Erlass hat der Stpfl. darzulegen (FG BaWü IX K 87/89 v. 22.6.90, EFG 91, 10). Zum **notwendigen Lebensunterhalt** gehören vor allem die Mittel für Nahrung, Kleidung, Wohnung, ärztliche Behandlung und für die sonst erforderlichen Ausgaben des persönlichen Bedarfs. Auch Unterhaltsleistungen, vor allem für den Unterhalt erwachsener Kinder, die wegen Krankheit nicht in der Lage sind, für sich selbst zu sorgen, gehören dazu (BFH IV R 23/78 v. 29.4.81, BStBl. II 81, 726; IV R 298/84 v. 26.2.87, BStBl. II 87, 612). Dabei sind die Grundsätze des Familienunterhaltsrechts zu beachten; zB sind Unterhaltsansprüche gegen Kinder bei der Beurteilung dessen, was zur Sicherung des Lebensunterhalts notwendig ist, zu berücksichtigen (BFH IV S 5/86 v. 3.10.88, BFH/NV 89, 411).

19   Für die Frage, ob die Existenz gefährdet ist, spielen nicht nur die Einkommens-, sondern auch die **Vermögensverhältnisse** eine entscheidende Rolle (BFH IV R 298/84 v. 26.2.87, BStBl. II 87, 612 mwN). Grundsätzlich ist der Stpfl. gehalten, zur Zahlung seiner Steuerschulden alle verfügbaren Mittel einzusetzen. Die Aufnahme von Kreditmitteln zur Begleichung von Steuerschulden ist grds. zumutbar (BFH III S 5/94 v. 29.9.94, BFH/NV 95, 370). Der Stpfl. muss alle verfügbaren Mittel einsetzen und auch seine Vermögenssubstanz angreifen (BFH IV R 298/84 v. 26.2.87, BStBl. II 87, 612). Dies gilt nicht, wenn die Verwertung der Vermögenssubstanz den Ruin des Stpfl. bedeuten würde (zur Zumutbarkeit der Vermögensverwertung BSG B 11 AL 10/02 R v. 21.11.02, NJW 03, 2554). Nach der Rspr. ist aber alten, nicht mehr erwerbstätigen Stpfl. wenigstens so viel von ihrem Vermögen zu belassen, dass sie damit für den Rest ihres Lebens eine bescheidene Lebensführung bestreiten können (BFH IV R 23/78 v. 29.4.81, BStBl. II 81, 726). Solange ältere Stpfl. dagegen noch in vollem Umfang im Erwerbsleben stehen, sind sie grds. in gleicher Weise wie andere Stpfl. heranzuziehen, es sei denn, sie sind mangels ausreichender Altersversorgung noch zur Erwerbstätigkeit gezwungen (BFH IV R 298/84 v. 26.2.87, BStBl. II 87, 612). Die Einziehung kann auch dann unbillig sein, wenn die Durchsetzung der Ansprüche zwar wegen Vollstreckungsschutzes ausgeschlossen ist, die Steuerrückstände aber den Stpfl. daran hindern, eine neue Erwerbstätigkeit zu beginnen und sich so eine eigene, von Sozialhilfeleistungen unabhängige Existenz aufzubauen (BFH X R 134/98 v. 27.9.01, BStBl. II 02, 176).

20   Die Ablehnung eines Erlasses von Steuerschulden ist nicht ermessenswidrig, wenn die Bestreitung des notwendigen Lebensunterhalts unter Berücksichtigung der Einkommens- und Vermögensverhältnisse des **Ehegatten** nicht gefährdet ist (BFH I B 97/81 v. 31.3.82, BStBl. II 82, 530). Auch bei **eheähnlichen Verhältnissen** muss sich der Partner – ebenso wie bei der Arbeitslosenhilfe und der Sozialhilfeunterstützung die Einkünfte des anderen anrechnen lassen (*Koenig/Fritsch* § 227 AO Rz. 31).

21   **Kausalität:** Die persönliche Unbilligkeit muss in der Einziehung selbst liegen (BFH X B 54/88 v. 24.10.88, BFH/NV 89, 285). Ein Erlass ist demnach nur gerechtfertigt, wenn die wirtschaftliche Notlage durch die steuerliche Inanspruchnahme selbst verursacht wurde (BFH XI S 8/01 v. 27.4.01, BFH/NV 01, 1362; krit. *Beermann/Gosch* § 227 AO Rz. 58). Es gilt der Grundsatz: Der Erlass muss dem Steuerschuldner und nicht Dritten wirtschaftlich zugutekommen (BFH V B 52/02 v. 18.7.02, BFH/NV 02, 1546; **aA** *H/H/Sp* § 227 AO Rz. 326.

22   Die von der Rspr. als Voraussetzung für einen Erlass wegen persönlicher Unbilligkeit geforderte **Erlasswürdigkeit** des Steuerpflichtigen ist nicht gegeben, wenn dieser die mangelnde Leistungsfähigkeit selbst herbeigeführt oder durch sein Verhalten in eindeutiger Weise gegen die Interessen der Allgemeinheit verstoßen hat (BFH IV 418/56 U v. 14.11.57, BStBl. III 58, 153; III R 97/74 v. 4.11.77, BStBl. II 78, 237;

(*Tipke/Kruse* § 227 AO Rz. 104 mwN). Die nachhaltige Nichterfüllung steuerlicher Pflichten führt nicht generell zur Erlassunwürdigkeit (BFH X B 152/92 v. 15.10.92, BFH/NV 93, 80). So kann zB die schuldhafte Herbeiführung einer wirtschaftlichen Notlage durch zu hohen Verbrauch einem Erlass entgegenstehen; andererseits kann die Erlasswürdigkeit jedenfalls dann nicht verneint werden, wenn im Zeitpunkt der Befriedigung privater Gläubiger die Steuerschuld noch gar nicht fällig war, die für die Steuerzahlung erforderlichen Mittel aber noch vorhanden waren und hierfür sogar Sicherheit geleistet wurde (BFH IV R 23/78 v. 29.4.81, BStBl. II 81, 726). Bei Prüfung der Erlasswürdigkeit ist zugunsten des Steuerpflichtigen auch zu berücksichtigen, wie lange die Verletzung steuerlicher Pflichten zurückliegt (BFH X B 52/93 v. 14.10.93, BFH/NV 94, 562 betr. Buchführungsmängel). Ein ständiges Überschreiten der Schonfrist kann die Erlasswürdigkeit beeinträchtigen (BFH VII R 7/88 v. 15.5.90, BStBl. II 90, 1007 betr. Branntweinsteuer).

Steuerunehrliches Verhalten soll nicht durch einen Erlass belohnt werden. Deshalb   **23** schließt die Verurteilung wegen Steuerhinterziehung eine Erlasswürdigkeit für die hinterzogenen Beträge in der Regel aus (BFH X B 152/92 v. 15.10.92, BFH/NV 93, 80). Grds. ist auch derjenige **nicht erlasswürdig,** der USt von seinen Kunden erhalten hat und sie entgegen § 18 Abs. 1 und 3 UStG weder erklärt noch abführt (BFH V B 71/88 v. 18.8.88, BFH/NV 90, 137). Gleiches gilt für die vom Arbeitgeber einbehaltene und nicht abgeführte LSt (*Beermann/Gosch* § 227 Rz. 68; offen gelassen BFH I R 120/97 v. 24.3.98, BStBl. II 99, 3). Ausnahmsweise kommt ein Erlass der LSt in Betracht, um einen unverschuldet in Not geratenen Arbeitgeber vor dem Zusammenbruch zu retten und Arbeitsplätze zu erhalten (*Tipke/Kruse* § 227 AO Rz. 36). Bei abwälzbaren Steuern wie Verbrauchsteuern scheidet idR die Möglichkeit eines Billigkeitserweises aus persönlichen Gründen aus, falls die Steuer überwälzt werden konnte (*Tipke/Kruse* § 227 AO Rz. 35; BFH VII R 54/72 v. 22.4.75, BStBl. II 75, 727).

C. 9.02 Sachliche Unbilligkeit

I. FORMULAR

Formular C. 9.02 Billigkeitserlass aus sachlicher Unbilligkeit

Finanzamt ......

Steuernummer ......,

Antrag auf Erlass von Säumniszuschlägen

Sehr geehrte(r) ......

namens und im Auftrag meines Mandanten, Herrn ......, stelle ich Antrag auf Erlass von Säumniszuschlägen in Höhe von € 1.500,–.

Die Einziehung des Anspruchs ist sachlich unbillig:

Ausweislich der Ihnen vorliegenden Bilanzen war mein Mandant im Jahre ...überschuldet. In dieser Zeit waren erhebliche Steuernachforderungen sowie Säumniszuschläge in Höhe von insgesamt € 12.000,– gegen ihn festgesetzt worden, die damals nur in geringem Umfang beigetrieben werden konnten. Aus der Zeit von ...... bis ...... sind noch Säumniszuschläge in Höhe von € 3.000,– rückständig.

Nach ständiger Rechtsprechung des Bundesfinanzhofs sind Säumniszuschläge wegen sachlicher Unbilligkeit zu erlassen, wenn dem Steuerpflichtigen die rechtzeitige Zahlung der Steuerschulden wegen Überschuldung und Zahlungsunfähigkeit unmöglich war (zB BFH X R 169/90 v. 16.9.1992, BFH/NV 1993, 510 mwN). Diese Voraussetzungen sind hier gegeben. Mit Rücksicht auf die bereits angedrohten Vollstre-

ckungsmaßnahmen bitte ich um Stundung der Rückstände, hilfsweise um Einstellung der Vollstreckung.

Mit freundlichen Grüßen

....

Rechtsanwalt/ Steuerberater

II. ERLÄUTERUNGEN

Erläuterungen zu C. 9.02 Billigkeitserlass aus sachlicher Unbilligkeit

1. Grundsätzliche Anmerkungen

Vgl. C. 9.01 Rz. 1 ff.

2. Einzelerläuterungen

1 **Sachliche Unbilligkeit liegt nach der Rechtsprechung vor,** wenn die Besteuerung eines Sachverhalts, der unter einen gesetzlichen Besteuerungstatbestand fällt, im Einzelfall mit dem Sinn und Zweck des Steuergesetzes unvereinbar erscheint, wenn also der Sachverhalt zwar den gesetzlichen Tatbestand erfüllt, die Besteuerung aber den Wertungen des Gesetzgebers zuwiderläuft (BFH I R 44/10 v. 27.7.11, BeckRS 2011, 96486). Hat der Gesetzgeber Besteuerungsmaßnahmen angeordnet, obwohl in bestimmten Fällen bei Durchführung der Anordnung der Eintritt von Härten in der Sache selbst vorauszusehen war, und sind diese Härten bei Erlass des Gesetzes in Kauf genommen worden, so kann die Gewährung eines steuerlichen Billigkeitserlasses gem. § 163 AO, § 227 AO wegen sachlicher Härte grds. nicht in Betracht kommen (zB BFH V R 152/69 v. 15.2.73, BStBl. II 73, 466; I R 44/80 v. 8.3.84, BStBl. II 84, 415; V R 124/79 v. 23.5.85, BStBl. II 85, 489; X R 29/81 v. 21.10.87, BFH/NV 88, 546; X R 104/92 v. 26.10.94, BStBl. II 95, 297; FG BaWü 14 K 292/98 v. 16.4.04, EFG 05, 90; krit. mit Rücksicht darauf, dass die Rechtsprechung zu sehr auf die inzwischen überholte subjektive Auslegungstheorie abstellt, vgl. *Tipke/Kruse* § 227 AO Rz. 40 ff.).

2 **Aus verfassungsrechtlicher Sicht** kommt – unabhängig von einem zum Ausdruck kommenden Willen des Gesetzgebers – ein Erlass aus sachlichen Gründen in Frage, „wenn das Verhalten des Gesetzgebers selbst aus verfassungsrechtlichen Gründen zu beanstanden wäre" (BVerfG 1 BvR 623/86 v. 8.7.87, DStZ/E 87, 277; vgl. auch *Tipke/Kruse* § 227 AO Rz. 77 ff.) oder zB wenn die Erhebung der Steuer im Einzelfall Folgerungen mit sich bringt, die unter Berücksichtigung der gesetzgeberischen Planvorstellung durch den gebotenen Anlass nicht mehr gerechtfertigt sind (BVerfG 2 BvR 89/91 v. 13.12.94, NVwZ 95, 989).

3 **Eine sachliche Unbilligkeit kann nicht allein deswegen verneint werden,** weil der gesetzliche Besteuerungstatbestand erfüllt ist, denn § 227 AO ist, soweit die Vorschrift Unbilligkeiten in der Sache selbst betrifft, gerade dazu bestimmt, „ungewollten Überhängen der gesetzlichen Tatbestände abzuhelfen" (BFH II R 29/66 v. 5.2.69, BStBl. II 69, 400; II R 99/70 v. 9.2.72, BStBl. II 72, 503).

4 **Wirtschaftliche Gesichtspunkte** sind **unerheblich,** wenn und soweit eine Sachunbilligkeit bejaht wird.

5 **Rechtskräftig abgeschlossene Steuerfestsetzungen können** im Billigkeitsverfahren grds. nicht mit der Begründung aufgerollt werden, die Steuerschuld sei fehlerhaft ermittelt und festgesetzt worden. Es ist nicht Sinn des § 227 AO, die Bestandskraft einer Steuerfestsetzung dadurch auszuhöhlen, dass die Finanzbehörden gezwungen werden, im Billigkeitsverfahren nochmals sachlich auf einen bestandskräftig abgeschlossenen Steuerfall einzugehen, sofern nicht ausnahmsweise ganz besondere Gründe

dafür vorliegen (BFH IV 126/60 U v. 2.3.61, BStBl. II 61, 288; VII R 1/79 v. 31.3.81, BStBl. II 81, 507; FG Saarland 2 K 101/86 v. 28.9.89, EFG 90, 215). Bestandskräftig festgesetzte Steuern können im Billigkeitsverfahren nur dann überprüft werden, wenn die Steuerfestsetzung offensichtlich und eindeutig unrichtig ist und wenn es dem Steuerpflichtigen nicht möglich und nicht zumutbar war, sich gegen die Fehlerhaftigkeit rechtzeitig zu wehren (BVerwG 8 C 42/88 v. 23.8.90, NVwZ 91, 481; BFH VII R 121/84 v. 11.8.87, BStBl. II 88, 512). Mangelnde Zumutbarkeit liegt nicht schon dann vor, wenn die Einlegung von Rechtsbehelfen im Hinblick auf eine später geänderte höchstrichterliche Rechtsprechung oder wegen entschuldbarer Rechtsunkenntnis unterblieben ist (BFH VII R 121/84 v. 11.8.87, BStBl. II 88, 242; FG BaWü IX K 31/84 v. 17.4.89, EFG 89, 494; *Haberland* BB 10, 3063). Eine sachliche Überprüfung der bestandskräftigen Steuerfestsetzung im Billigkeitsverfahren ist regelmäßig ausgeschlossen, wenn die fehlerhafte Steuerfestsetzung auf unzureichenden Angaben des Steuerpflichtigen beruhte (BFH VI R 169/78 v. 30.4.81, BStBl. II 81, 611).

Die Verletzung der Grundsätze von Treu und Glauben kann – abweichend **6** von dem Grundsatz, dass im Billigkeitsverfahren regelmäßig keine Einwendungen gegen die Richtigkeit der Steuerfestsetzung erhoben werden können – auch im Billigkeitsverfahren geltend gemacht werden (BFH VII 44/62 U v. 6.8.63, BStBl. III 63, 515; VII 22/62 S v. 19.1.65, BStBl. III 65, 206). Insbesondere kann es billig sein, Vertrauensschutz zu gewähren, wenn die Dispositionen des Steuerpflichtigen durch die Änderung von Gesetzen – einschließlich der Feststellung einer Verfassungswidrigkeit begünstigender Vorschriften durch das Bundesverfassungsgericht – oder der Rechtsprechung beeinträchtigt werden (vgl. Rz. 9). Eine überlange Verfahrensdauer kann nach Auffassung des BFH keinen Billigkeitserlass aus sachlichen Gründen rechtfertigen (vgl. BFH II B 59/97 v. 11.3.98, BStBl. II 98, 395; so auch *H/H/Sp/v. Groll* § 227 AO Rz. 276, 288).

Bei **Gesamtschuldnern** ist es denkbar, dass die sachlichen Billigkeitsgründe im **7** Verhältnis zu allen Gesamtschuldnern bestehen, zB bei Gesetzesänderungen. Denkbar ist aber auch, dass sich nur ein Gesamtschuldner auf eine sachliche Unbilligkeit berufen kann, zB bei einem Vertrauensschutz begründenden Verhalten der Finanzbehörde nur ihm gegenüber.

Der Eintritt der **Rechtsnachfolge** berührt eine sachliche Unbilligkeit nicht (*Tipke/* **8** *Kruse* § 227 AO Rz. 51).

Beispiele für Fallgestaltungen, in denen die Rechtsprechung bzw. Finanz- **9** **verwaltung Sachunbilligkeit anerkannt hat**
– **Verstoß gegen die Hinweispflicht aus § 89 Satz 1 AO;** zB wenn für das FA aus sachlichen Gründen Anlass besteht, den Beteiligten auf eine nicht beantragte, aber nahe liegende Steuermilderung aufmerksam zu machen (BFH I R 82/85 v. 18.12.85, BFH/NV 86, 506).
– Es entspricht allgemeiner Überzeugung, dass bei einer **Verschärfung der Rechtsprechung** auf Grund der §§ 163 und 227 AO Anpassungsregelungen ergehen müssen (BFH III R 16/78 v. 23.2.79, BStBl. II 79, 455). Entsprechendes gilt, wenn eine höchstrichterliche Entscheidung von einer bisher allgemein geübten Verwaltungsauffassung abweicht (GmS-OGB 3/70 v. 19.10.71, BStBl. II 721, 603). Soweit der Vertrauensschutz nicht durch eine allgemeine Billigkeitsregelung gewährt wird, muss ihm durch Einzelmaßnahmen Rechnung getragen werden (BFH GrS 4/82 v. 25.6.84, BStBl. II 84, 751; IV R 87/87 v. 12.1.89, BStBl. II 90, 261).
– Ein **Erlass von Säumniszuschlägen** aus sachlichen Billigkeitsgründen ist geboten, wenn ihre Einziehung mit Rücksicht auf ihre Funktion als Druckmittel eigener Art zur Durchsetzung fälliger Steuern ihren Sinn verliert, weil dem Stpfl. die rechtzeitige Zahlung der Steuern infolge Überschuldung oder Zahlungsunfähigkeit unmöglich war (BFH VII R 54/72 v. 22.4.75, BStBl. II 75, 727; I R 44/80 v. 8.3.84, BStBl. II 84, 415; X R 26/81 v. 14.5.87, BFH/NV 88, 411). Das Finanzamt ist

aber regelmäßig nicht verpflichtet, bei Zahlungsunfähigkeit und Überschuldung des Steuerpflichtigen mehr als die Hälfte der verwirkten Säumniszuschläge zu erlassen, denn diese sind nicht nur Druckmittel, sondern zugleich Entgelt für das Hinausschieben der Fälligkeit (BFH XI R 32/96 v. 16.7.97, BStBl. II 98, 7; vgl. aber FG München 14 V 736/18 v. 13.8.18, EFG 18, 1608). Ein vollständiger Erlass ist möglich, wenn weitere Billigkeitsgründe vorliegen, zB wenn die rückständig gebliebenen Zuschläge den Steuerpflichtigen hindern, eine neue Erwerbstätigkeit aufzunehmen (FG Köln 11 K 1612/00 v. 6.11.02, EFG 03, 754; BFH X R 134/98 v. 27.9.01, BStBl. II 02, 176).

- **Umgehungsgeschäfte** zur Vermeidung von Verfolgungsmaßnahmen aus Gründen der Nationalität, Rasse oder der Politik (BFH II 10/58 v. 21.12.61, HFR 62, 346).
- Führen gesetzliche **Typisierungen** in einzelnen Fällen zu Härten, besteht die Möglichkeit, ggf. sogar die verfassungsmäßige Pflicht, Abgaben zu erlassen (BVerfG 1 BvR 2328/73 v. 12.10.76, BStBl. II 77, 190).
- **Gewerbesteuererlass** in Sanierungsgebieten (BVerwG 8 C 174/81 v. 21.10.83, BStBl. II 84, 244).
- Wird eine bei Geschäftsveräußerung vereinbarte und bei der Ermittlung des Veräußerungsgewinns berücksichtigte **Kaufpreisforderung** später **uneinbringlich,** so ist die darauf entfallende Einkommensteuer zu erlassen (FG Berlin V 175/76 v. 9.11.76, EFG 77, 265).
- Die Erhebung von **Grunderwerbsteuer** kann sachlich unbillig sein, wenn der Meistbietende für den im Versteigerungstermin anwesenden Auftraggeber handeln wollte, dies aber erst nach Schluss der Versteigerung deutlich macht (BFH II R 143/78 v. 26.3.80, BStBl. II 80, 523).
- Eine sachliche Unbilligkeit ist gegeben, wenn der Steuerpflichtige ausschließlich durch **verzögerte Arbeitsweise der Behörde** gehindert war, Steuervorteile in Anspruch zu nehmen, die er bei normaler Arbeitsweise sicher erlangt hätte (BVerwG VII C 58.57 v. 28.3.58, MDR 58, 629; vgl. aber Rz. 10).
- Sachunbilligkeit, wenn die festgesetzte Steuer einer **Verwaltungsübung** widerspricht und der Steuerpflichtige dadurch nicht unerhebliche wirtschaftliche Nachteile erlitten hat, die ohne das Verhalten der Behörde nicht eingetreten wären (BVerwG VII C 18.76 v. 16.9.77, BeckRS 1977, 31273974).
- Erlass von **Vollstreckungskosten,** wenn das FA während eines gerichtlichen Aussetzungsverfahrens mitgeteilt hat, es werde bis zur gerichtlichen Entscheidung keine Vollstreckungsmaßnahmen einleiten (BFH I R 143/90 v. 31.7.91, BFH/NV 92, 431).

10 Beispiele für Fälle, in denen eine Sachunbilligkeit nicht anerkannt wurde:
- Überhöhte Einkommensteuer infolge **Zusammenballung von Einkünften** für mehrere Veranlagungszeiträume (FG SchlHol III 237/76 v. 14.2.78, EFG 78, 436).
- Kein **Grundsteuererlass,** weil der Wert des Grundstücks nicht den Erwartungen entsprach bzw. sich als unwirtschaftlich erwiesen hat (BFH II R 119/71 v. 15.6.77, BStBl. II 77, 807).
- **Irrtum über die Steuerfolgen** einer zivilrechtlichen Vertragsgestaltung (BFH II 46/64 v. 25.7.67, BStBl. III 67, 661).
- Keine Erstattung von **Eingangsabgaben** für Waren, die nach der Abfertigung zum freien Verkehr durch Brand vernichtet worden sind (BFH VII R 111/72 v. 17.12.74, BFHE 115, 82).
- Der Verlust eines privaten Sparkontos durch **Zusammenbruch der Bank** rechtfertigt keinen Erlass aus sachlichen Billigkeitsgründen (BFH VIII R 117/78 v. 24.3.81, BStBl. II 81, 505).
- **Verzögerung bei Übersendung des Betriebsprüfungsberichts** – Ausnahmen denkbar – (BFH III R 29/74 v. 8.8.75, BStBl. II 76, 359).
- Keine Sachunbilligkeit, wenn durch die inländische Einkommensbesteuerung, bei der **ausländische Vermögenseinbußen** nicht berücksichtigt werden, ein im Aus-

land gewährter Steuervorteil nicht berücksichtigt werden kann (BFH VIII R 236/72 v. 13.7.76, BStBl. II 77, 125).

- Kein Erlass aus sachlichen Gründen bei **fehlerhafter Steuerfestsetzung** – strenge Anforderungen an Ausnahmen – (FG Saarland 2 K 101/86 v. 28.9.89, EFG 90, 215).
- **Umstellung auf abweichendes Wirtschaftsjahr** rechtfertigt nicht die Herabsetzung des Gewerbeertrages nach § 163 Abs. 1 Satz 1 AO (FG Berlin VI 67/87 v. 28.2.90, EFG 90, 645).
- Kein Erlass von **Aussetzungszinsen** bei **überlanger Verfahrensdauer** (BFH V R 105/84 v. 21.2.91, BStBl. II 91, 498; s. aber Rz. 6).
- Kein Erlass, wenn die Zahlung der Steuer aus Gewissensgründen abgelehnt wird (BFH III R 81/89 v. 6.12.91, BStBl. II 92, 203).
- Kein Erlass von **Säumniszuschlägen wegen Tod des Stpfl.** (BFH III R 92/89 v. 22.1.93, BFH/NV 93, 455). Dem steht allerdings ein Erlass aus anderen Gründen bei Tod des Steuerpflichtigen nicht entgegen.
- Kein Erlass von Nachzahlungszinsen aufgrund unberechtigten USt-Steuerausweises und nachträglicher Rechnungskorrektur (vgl. BFH V R 48/07 v. 19.3.09, BStBl. II 10, 92).
- Einkommensteuererlass, wenn die Schuld unter anderem auf Kapitaleinkünften aus Lebensversicherungen beruht, die als Altersversorgung gedacht waren (FG Köln 10 K 5589/02 v. 30.1.03, EFG 03, 752).
- Kein Erlass von **Zinsen,** wenn die verspätete Festsetzung der Steuer auf einer durch das Finanzamt verzögerten Veranlagung beruht (BFH I R 7/96 v. 19.3.97, BStBl. II 97, 446).

C. 10. Buchführungserleichterungen

I. FORMULARE

Finanzamt ......

Steuernummer ......,

Antrag auf Stundung Einkommensteuervorauszahlung für ......

Sehr geehrte Damen und Herren,

im Rahmen einer Außenprüfung wurde festgestellt, dass die Aufzeichnungen meines Mandanten insofern nicht in allen Teilen den gesetzlichen Vorschriften entsprechen, als er entgegen § 143 Abs. 3 Nr. 3 AO anstatt der handelsüblichen Bezeichnung aus Vereinfachungsgründen für bestimmte Warengruppen Kurzbezeichnungen verwendet hat. Für dieses Verfahren waren folgende innerbetriebliche Gründe ausschlaggebend ......

Der Prüfer hat festgestellt, dass die Nachprüfung der Besteuerungsmerkmale nicht ausgeschlossen ist. Zwecks Vermeidung einer nicht gerechtfertigten Härte beantrage ich daher, das bisherige Verfahren gem. § 148 AO rückwirkend zu genehmigen.

Mit freundlichen Grüßen

....

Steuerberater

II. ERLÄUTERUNGEN

Schrifttum: *Bernütz* Bilanzierungspflicht der deutschen Betriebsstätte einer britischen Limited Liability Partnership? IStR 11, 587; *Mösbauer* Zur steuerlichen Buchführungspflicht gewerblicher Unternehmer nach § 140 AO, DB 96, 2582; *Lankau* Bewilligung von Buchführungserleichterungen gem. § 148 AO, StWa 80, 108; *Zinn* Rückwirkender Wegfall einer auf Schätzung beruhenden Buchführungspflicht im Billigkeitswege? StBp. 87, 284.

1 **Gem. § 148 AO kann im Einzelfall oder für eine bestimmte Gruppe von Fällen Erleichterung** von den auf Grund von Steuergesetzen bestehenden Buchführungs-, Aufzeichnungs- oder Aufbewahrungsfristen bewilligt werden. Zweck der Vorschrift ist, im Einzelfall unnötige Harten auszugleichen, die sich aus den steuerlichen Buchführungs-, Aufzeichnungs- und Aufbewahrungspflichten ergeben. Die Bewilligung erstreckt sich nur auf steuerrechtliche Buchführungs-, Aufzeichnungs- oder Aufbewahrungspflichten (AEAO zu § 148 AO; *Tipke/Kruse*, § 148 Rz. 1). Voraussetzung ist, dass die Einhaltung der Verpflichtung Härten mit sich bringen würde und dass die Besteuerung durch die Erleichterung nicht beeinträchtigt wird. Die Erleichterung beeinträchtigt die Besteuerung, wenn die Besteuerungsmerkmale nicht mehr in ausreichendem Maße nachprüfbar sind (BFH IV R 31/87 v. 17.9.87, BStBl. II 80, 20). Ob eine **allgemeine Befreiung** von den steuerlichen Buchführungspflichten auf § 148 AO gestützt werden kann, ist umstritten (verneinend *Tipke/Kruse* § 148 AO Rz. 11 ff.; bejahend BFH IV R 31/87 v. 17.9.87, BStBl. II 88, 20; *H/H/Sp/Trzaskalik* § 148 AO Rz. 7 mwN). Der Wortlaut „Erleichterungen" spricht zwar gegen eine umfassende Freistellung von Buchführungspflichten. Andererseits ist zu bedenken, dass auch Steueransprüche in vollem Umfang erlassen werden können (§ 227 AO). Insoweit er-

scheint es nicht ausgeschlossen, sondern sachgerecht, in Härtefällen auch eine umfassende Erleichterung, dh. eine völlige Befreiung von Buchführungs- oder Aufzeichnungspflichten auszusprechen. Dafür spricht auch § 20 Abs. 1 Nr. 2 UStG (vgl. auch Nr. 4 AEAO zu § 141). Anhaltspunkte dafür, dass mit § 148 AO eine Reduzierung der allgemeinen Billigkeitsregelung des § 227 AO zum Ausdruck gebracht werden sollte, sind nicht erkennbar.

Die Bewilligung der Erleichterung steht im pflichtgemäßen Ermessen der **2** Finanzbehörde (BFH IV R 31/87 v. 17.9.87, BStBl. II 88, 20; *Kanzler* FR 88, 594; **aA** *Tipke/Kruse* § 148 AO Rz. 14). Bei der Ermessensausübung sind alle Umstände des Falles zu berücksichtigen. Allerdings kommen nur sachbezogene Merkmale in Betracht, wie zB unangemessen hoher Arbeitsaufwand. Persönliche Gründe, wie Alter und Krankheit des Stpfl., sollen regelmäßig keine Erleichterungen rechtfertigen (BFH II 63/53 v. 14.7.54, BStBl. III 54, 253). Bei einmaligem Überschreiten der Buchführungsgrenzen des § 141 AO soll auf Antrag Befreiung von der Buchführungspflicht bewilligt werden, wenn nicht zu erwarten ist, dass die Grenze auch später überschritten wird (Nr. 4 AEAO zu § 141 AO).

Die Bewilligung kann rückwirkend ausgesprochen werden (§ 148 Satz 2 **3** AO), was bei strafrechtlich relevanten Pflichten erheblich sein kann (insoweit zweifelnd *H/H/Sp/Trzaskalik* § 148 AO Rz. 14). Die Bewilligung steht kraft Gesetzes unter dem Vorbehalt des Widerrufs (§ 148 Satz 3, § 131 Abs. 2 Satz 1 AO). Der Widerruf ist jedoch nur mit Wirkung für die Zukunft zulässig (§ 131 Abs. 2 AO). Sowohl die Ablehnung einer beantragten Erleichterung als auch deren Widerruf können mit dem Einspruch angefochten werden (§ 347 AO).

C. 11. Fortschreibung des Einheitswerts

I. FORMULAR

Formular C. 11. Fortschreibung des Einheitswerts

Finanzamt ......

Steuernummer ......,

Antrag auf Änderung Einheitswert ......

Sehr geehrte Damen und Herren,

das von mir erworbene Objekt ...... Straße, (Grundbuch des Amtsgerichts ......) wurde in all seinen Gebäudeteilen durch einen Frostschaden im November dieses Jahres erheblich geschädigt. Da die Schädigung die Heizungsanlage und die Wasserversorgung des Gebäudes betrifft, ist sie allumfassend. Es handelt sich nicht um einen Bagatellschaden; die Schädigung hat Einfluss auf den Wert. Allein die Schadenssumme, die von der Versicherung und deren Sachverständigen festgestellt worden ist, erreicht mit 1,5 Mio. einen Umfang, der nach den genannten Vorschriften des Bewertungsgesetzes Berücksichtigung bei der Bewertung des Grundstückswertes finden muss. Es wird hiermit eine Wertfortschreibung zum 1.1. des Folgejahres im Sinne von § 222 Abs. 1 BewG beantragt.

Mit freundlichen Grüßen

....

[Unterschrift Stpfl.]

II. ERLÄUTERUNGEN

> ### Erläuterungen zu C. 11. Fortschreibung des Einheitswerts

1. Grundsätzliche Anmerkungen

Schrifttum: *Halaczinsky* 50 Jahre Einheitswerte 1964 – Bewertung des Grundbesitzes in den alten Bundesländern, DStR-Beihefter 14, 139; *Hofmann* Fehlerberichtigende Fortschreibung § 22 Abs. 3 BewG) und Korrekturvorschriften der Abgabenordnung, DStR 90, 331; *Feldner/Stoklassa:* Verfassungsrechtliche Fragen zur sog. Länderöffnungsklausel im Rahmen der Grundsteuerreform, DStR 19, 2505; *Löhr,* Entwurf zum Grundsteuer-Reformgesetz: Die große Unvollendete, DStR 19, 1433; *Eiholz,* Novellierug der Grundsteuer, DStR 20, 1158, 1217.

1   Als **Einheitswerte** werden die Werte bezeichnet, die nach den Vorschriften des ersten Abschnitts der besonderen Bewertungsvorschriften (BewG) ermittelt werden. Die Einheitswerte des Grundbesitzes galten ab 1997 nur noch für die Grundsteuer und die Gewerbesteuer (*Rössler/Troll* § 19 Rz. 2). Danach waren für Grundstücke, die in den alten Bundesländern lagen, die Wertverhältnisse zum 1.1.64 und für Grundstücke in den neuen Bundesländern die Wertverhältnisse zum 1.1.35 maßgeblich.

2   BVerfG 1 BvL 11/14, 1 BvL 12/14, 1 BvL 1/15, 1 BvR 639/11, 1 BvR 889/12 v. 10.4.18 (NJW 18, 1451) hat die bewertungsrechtlichen Vorschriften zur Ermittlung der Bemessungsgrundlage für **unvereinbar mit dem Gleichheitssatz in Art. 3 Abs. 1 GG** erklärt. Der vom BVerfG gesetzten Frist, eine Neuregelung bis spätestens zum 31.12.19 zu treffen, ist der Gesetzgeber rechtzeitig nachgekommen. Das **Grundsteuer-Reformgesetz** v. 26.11.19 (BGBl. I 19, 1794) stellt zum einen das GrStG und zum anderen das BewG durch Einfügung eines siebten Abschnitts (§§ 218 bis 266 BewG) neu auf. Zusätzlich wird eine sog. Grundsteuer C mit dem Gesetz zur Änderung des GrStG zur Mobilisierung von baureifen Grundstücken für die Bebauung eingeführt. Abschließend wurden ebenso Art. 72, 105 und 125b GG geändert. In der vom Gesetzgeber verabschiedeten und verkündeten Fassung wird die vom BVerfG gesetzte Frist zur Fortführung des „alten" Rechts bis zum 31.12.24 voll ausgeschöpft. **Ab dem 1.1.25** müssen die neuen Maßstäbe zur Berechnung der Grundsteuer angewandt werden. Eine zentrale Frage der nun erfolgten Grundsteuer-Reform war, wem die **Gesetzgebungskompetenz** (Bund oder Länder) für die Grundsteuer und damit auch die Bewertung des zu besteuernden Grundvermögens zusteht. Hierzu wurde nun durch einen neuen S. 1 in Art. 105 Abs. 2 GG ausdrücklich festgeschrieben, dass der Bund die konkurrierende Gesetzgebungskompetenz zur Regelung der Grundsteuer hat. Zugleich wurde Art. 72 Abs. 3 S. 1 GG um eine Nr. 7 ergänzt, um den Bundesländern eine umfassende abweichende Regelungskompetenz zu eröffnen. So können die Länder künftig die Grundsteuer zB auch auf Basis der Grundstücks- und Gebäudefläche berechnen (wertunabhängiges Modell) oder eigene Steuermesszahlen festlegen. Zum Zeitpunkt des Redaktionsschlusses arbeiten etwa die Hälfte der Bundesländer an einem eigenen Grundsteuergesetz, aber nur Baden-Württteberg hat bisher ein eigenes Gesetz verabschiedet.

3   Die **Neubewertung** von Grundbesitz für Zwecke der Grundsteuer ab dem 1.1.22 ist in den §§ 218–266 BewG geregelt. Die FinVerw. muss im Rahmen der Hauptfeststellung zum 1.1.22 die neuen Grundsteuerwerte (ersetzt die bisherigen Einheitswerte) für ca. 36 Mio. wirtschaftliche Einheiten ermitteln, die dann erstmals ab dem **Hauptveranlagungszeitpunkt** (1.1.25) der Grundsteuerfestsetzung zugrunde gelegt werden sollen (§ 266 Abs. 1 BewG). Da die Wertverhältnisse während der folgenden Jahre eines Hauptfeststellungszeitraums typischerweise wertrelevanten Veränderungen unterliegen, bedarf es in einem Sieben-Jahres-Turnus (vormals sechs Jahre) einer erneuten **Hauptfeststellung** (§ 221 Abs. 1 BewG). Dabei werden alle relevanten Grundsteuerwerte allgemein festgestellt (Neuberechnung), indem die tatsächlichen Verhältnisse (zB Lage, Größe, Ausstattung, Alter) und die Wertverhältnisse (zB Quadratmeterprei-

se, Höhe der Miete) eines Grundstücks am Hauptfeststellungszeitpunkt zu Beginn des Kalenderjahres) zugrunde zu legen sind (§ 221 Abs. 2 BewG; Stichtagsprinzip). Mit der Neuregelung des Bewertungsverfahrens soll eine weitgehend automationsunterstützte turnusmäßige Neubewertung erreicht werden.

Die vom Bund vorgegebene Neuregelung knüpft an die bisherige Grundsteuer an. **4** Steuergegenstand der Grundsteuer ist der inländische Grundbesitz, der sich in Betriebe der Land- und Forstwirtschaft und Grundvermögen aufgliedert. Die Grundsteuer wird auch zukünftig in einem dreistufigen Verfahren berechnet. Bei der Berechnung der Grundsteuer ist weiterhin von einem **Steuermessbetrag** auszugehen. Allerdings beruht der Messbetrag künftig nicht mehr auf dem Einheitswert, sondern auf dem **Grundsteuerwert.** Der Steuermessbetrag als Besteuerungsgrundlage für die Grundsteuer ergibt sich aus der Anwendung der (neuen) Steuermesszahlen multipliziert. Diese Steuermesszahl ist nunmehr als Promillesatz (%) angegeben (§ 13 GrStG). Die Hebesätze werden nach wie vor durch die Gemeinde festgelegt (Art. 106 Abs. 6 S. GG). Sie sind gesetzgeberisch gehalten, ihre Hebesätze so anzupassen, dass sie insgesamt nicht mehr Grundsteuer einnehmen als vor der Reform.

Grundsteuerwerte werden nach § 219 Abs. 1 BewG für inländischen Grundbe- **5** sitz, also für land- und forstwirtschaftliche Betriebe und Grundvermögen (Privat- und Betriebsgrundstücke) in einem Feststellungsbescheid iSd § 179 AO gesondert festgestellt (§ 180 Abs. 1 S. 1 Nr. 1 AO). Dieser trifft (wie bisher) Feststellungen zur Vermögensart (Land- und Forstwirtschaft oder Grundvermögen), bei Grundvermögen zur Grundstücksart iSd § 249 BewG, zur Zurechnung und bei mehreren Beteiligten zur Höhe ihrer Anteile (§ 219 Abs. 2 BewG). Erstreckt sich ein Grundstück sowohl auf das Inland als auch auf das Ausland, wird der Grundsteuerwert nur für den inländischen Teil festgestellt (§ 231 BewG). Die Grundsteuerwerte werden auf jeweils volle 100 € nach unten abgerundet (§ 230 BewG).

Die sog. **Fortschreibungen** sind zur Berücksichtigung von Veränderungen tat- **6** sächlicher Art an einem bestehenden Grundstück während des Hauptfeststellungszeitraum notwendig. Ansonsten müsse das FA mit einer Anpassung des Grundsteuerwerts bis zur nächsten Hauptfeststellung warten, was eine ungerechte Besteuerung nach sich ziehen würde. Auch nach neuem Recht unterscheidet man weiterhin zwischen:

- Wertfortschreibung (§ 22 Abs. 1 BewG aF, § 222 Abs. 1 BewG nF)
- Artfortschreibung (§ 22 Abs. 2 BewG aF, § 222 Abs. 2 BewG nF)
- Zurechnungsfortschreibung (§ 22 Abs. 2 BewG aF, § 222 Abs. 2 BewG nF)
- Fehlerberichtigende Wertfortschreibung (§ 22 Abs. 3 BewG aF, § 222 Abs. 3 BewG nF).

Die **Fortschreibung** hat bei Vorliegen der Voraussetzungen **stets von Amts wegen** zu erfolgen. Gleichwohl wird der Stpfl. häufig daran interessiert sein, eine Fortschreibung zu beantragen. Daher wird an dieser Stelle ein entsprechendes Antragsmuster vorgestellt.

Gem. § 224 BewG wird ein Einheitswert (Grundsteuerwert) aufgehoben, **7** und zwar unabhängig von einem Antrag, wenn dem Finanzamt bekannt wird, dass
– die wirtschaftliche Einheit (Untereinheit) wegfällt (§ 24 Abs. 1 Nr. 1);
– der Einheitswert der wirtschaftlichen Einheit (Untereinheit) infolge von Befreiungstatbeständen nicht mehr der Besteuerung zugrunde gelegt wird (§ 24 Abs. 1 Nr. 2).

Aufhebungszeitpunkt ist in den Fällen der Nr. 1 der Beginn des Kj., das auf den Wegfall der wirtschaftlichen Einheit folgt, und in den Fällen der Nr. 2 der Beginn des Kj., in dem der Einheitswert erstmals der Besteuerung nicht mehr zugrunde gelegt wird (§ 224 Abs. 2 BewG nF).

Die §§ 228 und 229 BewG regeln **Erklärungs- und Anzeige- und Mitwir-** **8** **kungspflichten** der Grundstückseigentümer. Nach § 228 Abs. 1 S. 1 BewG haben die Steuerpflichtigen stets Erklärungen zur Feststellung der Grundsteuerwerte für den Hauptfeststellungszeitpunkt oder einen anderen Feststellungszeitpunkt abzugeben, wenn sie hierzu durch die Finanzbehörde zur Abgabe einer Erklärung auf, hat sie eine Frist zur Abgabe der Eklärung zu bestimmen, die mindestens einen Monat betragen soll. Dies kann aus Gründen der Verwaltungsvereinfachung auch im Wege der öffentlichen Bekanntmachung erfolgen (§ 228 Abs. 1 S. 2 und 3 BewG).

Nach § 228 Abs. 2 BewG hat der Steuerpflichtige insbesondere bei einer Änderung der tatsächlichen Verhältnisse, die den Wert oder die Art (Vermögens- oder Grundstücksart) beeinflussen oder zu einer erstmaligen Feststellung führen können, auf den Beginn des folgenden Kalenderjahres eine vereinfachte Erklärung (Anzeige) abzugeben. Die Abgabefrist für die Erklärung beträgt einen Monat.

2. Einzelerläuterungen

9 **Eine fehlerbeseitigende Fortschreibung ist gem. § 222 Abs. 3 BewG zugunsten wie zuungunsten des Steuerpflichtigen zulässig.** Fehler iS dieser Vorschrift ist jede objektive Unrichtigkeit, damit auch jeder Fehler in der Rechtsfindung (BFH II R 240/84 v. 16.9.87, BStBl. II 87, 843; II R 73–97 v. 17.2.99, BStBl. II 99, 1452). Keine relevante Änderung der tatsächlichen Verhältnisse ist die nur vorübergehende Nichtbenutzbarkeit eines Gebäudes wegen Renovierung (BFH II R 104/91 v. 14.12.94, BStBl. II 95, 360), wohl aber dessen Zerstörung oder Entkernung (FG Düsseldorf 11 K 5840/95 BG v. 1.2.99, EFG 99, 370). Für die Zulässigkeit der fehlerberichtigenden Fortschreibung ist **nicht Voraussetzung, dass ein klarliegender, einwandfrei feststellbarer Fehler vorliegt** (BFH II R 53/87 v. 29.11.89, BStBl. II 90, 149; II R 18/00 v. 21.2.02, BStBl. II 02, 456). Auf die Offenkundigkeit eines Fehlers kommt es mithin nicht mehr an. Da die materielle Bestandskraft durch eine Fortschreibung nicht berührt wird, sind Fortschreibungen (auf einen späteren Zeitpunkt) auch dann zulässig, wenn der fehlerhafte Einheitswert (Grundsteuerwert) durch rechtskräftiges Urteil festgestellt worden war (BFH III R 115/70 v. 19.11.71, BStBl. II 72, 382).

10 In Schätzungsfällen liegt ein **Fehler bei eindeutig unvertretbarem Ergebnis** vor, zB dann, wenn das Finanzamt sich bei Anwendung des Mietspiegels über die Eigenschaften der Wohnung irrt und daher die übliche Miete eindeutig falsch schätzt). Bei der Fortschreibung eines Einheitswerts (Grundsteuerwerts) wegen Bestandsveränderung können Bewertungsfehler der vorausgegangenen Feststellung beseitigt werden, wenn ein objektiv feststellbarer Bewertungsfehler vorliegt (BFH III 123/53 U v. 5.8.55, BStBl. III 55, 289).

11 **Fortschreibungszeitpunkt** ist stets der Beginn eines Kalenderjahres. Bei einer Änderung der tatsächlichen Verhältnisse ist Fortschreibungszeitpunkt der Beginn des Kalenderjahres, das auf die Änderung folgt (§ 222 Abs. 4 Satz 3 Nr. 1 BewG). Bei einer Fortschreibung zur Beseitigung eines Fehlers ist Fortschreibungszeitpunkt grds. der Beginn des Kalenderjahres, in dem der Fehler dem Finanzamt bekannt wird (BFH II R 15/89 v. 13.11.91, BStBl. II 94, 393; II R 5/96 v. 11.3.98, DStRE 98, 841). Für fehlerbeseitigende Fortschreibungen, die zu einer **Erhöhung des Einheitswerts (Grundsteuerwerts)** führen, trifft § 222 Abs. 4 Satz 3 Nr. 2 BewG eine Sonderregelung. In derartigen Fällen ist Stichtag frühestens der Beginn des Kalenderjahres, in dem der Feststellungsbescheid „erteilt", also bekanntgegeben wird (BFH III R 96/80 v. 15.10.81, BStBl. II 82, 15; III R 63/79 v. 12.3.82, BStBl. II 82, 451). Die Fortschreibung wegen Änderung der tatsächlichen Verhältnisse und die Fortschreibung zur Fehlerbeseitigung stehen, soweit es um den Fortschreibungszeitpunkt geht, selbstständig nebeneinander. Die zeitliche Sperre des § 222 Abs. 4 Nr. 2 zweite Alternative BewG gilt daher für fehlerbeseitigende Fortschreibungen auch dann, wenn diese mit einer Fortschreibung wegen Änderung der tatsächlichen Verhältnisse verbunden werden sollen (BFH III R 96/80 v. 15.10.81, BStBl. II 82, 15; II R 32/87 v. 17.5.90, BStBl. II 90, 732).

C. 12. Lohnsteuerpauschalierung

I. FORMULAR

Formular C. 12 Lohnsteuerpauschalierung

Finanzamt ...

Steuernummer ......,

Antrag auf Lohnsteuerpauschalierung

Sehr geehrte Damen und Herren,

wir beabsichtigen, vom Kalenderjahr ..... an einer größeren Zahl von Arbeitnehmern, mindestens 20 pro Jahr, Jubiläumszuwendungen in Höhe von € 500,– für langjährige Betriebszugehörigkeit zu gewähren. Wir beantragen die Pauschalversteuerung nach § 40 Abs. 1 Nr. 1 EStG.

Eine Berechnung des durchschnittlichen Steuersatzes ist beigefügt. Wir erklären uns bereit, die anfallende Steuer zu übernehmen.

Mit freundlichen Grüßen

....

[Unterschrift Stpfl.]

II. ERLÄUTERUNGEN

Erläuterungen zu C. 12 Lohnsteuerpauschalierung

1. Grundsätzliche Anmerkungen

Schrifttum: *Obermair* Zuschüsse zum ohnehin geschuldeten Arbeitslohn, DStR 13, 1118; *Plenker* Werbungskosten, Pauschalierung der LSt sowie verfahrensrechtliche Regelungen, DB 14, 1103; *Thomas* Handlungsbedarf beim Zusätzlichkeitserfordernis, DStR 13, 233; *Wißfler* Die Reform des steuerlichen Reisekostenrechts: Zweifelsfragen trotz BMF-Schreiben, DStR 13, 2660.

Die §§ 40 bis 40b EStG regeln die **Pauschalierung der Lohnsteuer** als besonde- **1** res Besteuerungsverfahren alternativ zum Regelbesteuerungsverfahren (§§ 39b bis 39d EStG). In den in § 40 Abs. 1 EStG genannten Fällen mit variablem (durchschnittli- chen Pauschalsteuersatz) und in § 40 Abs. 2 EStG mit festem Steuersatz. Der Arbeit- geber hat die pauschale Lohnsteuer zu übernehmen und wird deren Schuldner (§ 40 Abs. 3 S. 1 u. 2 EStG). Der pauschal besteuerte Arbeitslohn und die pauschale Lohnsteuer bleiben bei der Veranlagung des Arbeitnehmers zur Einkommensteuer au- ßer Betracht (§ 40 Abs. 3 S. 3 u. 4 EStG). Die Lohnsteuerpauschalierung dient der Verfahrensvereinfachung (vgl. BT-Drs. 11/2157, S. 157) zugunsten von Arbeitgeber und Finanzverwaltung (BFH I R 24/93 v. 7.12.94, BStBl. II 95, 507), wirkt sich als Folge der pauschalen Steuersätze ggf. steuervergünstigend aus. Die LSt-Pauschalierung ist von der **Nettolohnvereinbarung** zu unterscheiden, bei der sich der ArbG gegen- über dem ArbN zivilrechtl. verpflichtet, die LSt-Abzüge zu übernehmen. Für den ArbN gilt bei Auszahlung des Barlohns die LSt mit der Folge ihrer Anrechnung auf die ESt als vorschriftsmäßig einbehalten, so dass er vom FA nicht mehr in Anspruch genommen werden kann (BFH VI R 41/88 v. 21.2.92, BStBl. II 92, 443; VI R 122/89 v. 6.12.91, BStBl. II 92, 441). Im Gegensatz zur LSt-Pauschalierung bleibt bei der Nettolohnvereinbarung der ArbN Steuerschuldner und hat ggü. dem ArbG ledigl. einen Anspruch auf Freistellung von der Steuer.

2. Einzelerläuterungen

2   **Auf Antrag des Arbeitgebers** kann unter bestimmten Voraussetzungen zugelassen werden, dass die Lohnsteuer mit einem unter Berücksichtigung der Vorschriften des § 38a EStG zu ermittelnden Pauschsteuersatz erhoben wird (§ 40 Abs. 1 EStG). Eine Pauschalierung darf nicht von Amts wegen erfolgen (FG Berlin VIII 123/89 v. 28.5.90, EFG 90, 598). Wer für den Arbeitgeber auftritt, ist nach den Regeln der Anscheinsvollmacht zur Antragstellung befugt (BFH VI R 13/01 v. 10.10.02, DStRE 03, 283). Der Antrag ist an das **Betriebsstättenfinanzamt** iSv. § 41a Abs. 1 Satz 1 EStG zu richten. In den Fällen des § 40 Abs. 2 EStG ist ab 1990 ein Antrag nicht mehr erforderlich. Zwar steht die Bewilligung des Antrags im Ermessen der Finanzbehörde; jedoch ist das Ermessen auf null reduziert, falls die Tatbestandsvoraussetzungen des § 40 EStG erfüllt sind (FG Hessen 1 K 228/83 v. 31.10.84, EFG 85, 312; *Schmidt/ Krüger* § 40 Rz. 4; offen gelassen von BFH VI R 72/82 v. 7.12.84, BStBl. II 85, 170). Bei fehlender Bonität des Antragstellers kann das Finanzamt die Genehmigung mit Rücksicht auf § 40 Abs. 3 EStG verweigern (*H/H/R/Wagner* § 40 EStG Rz. 16 mwN).

2a   Der **Antrag** kann bis zur Unanfechtbarkeit des Pauschalierungsbescheides **zurückgenommen** werden (BFH VI R 219/80 v. 5.11.82, BStBl. II 83, 91), es sei denn, die Rücknahme ist rechtsmissbräuchlich; das kann zB dann der Fall sein, wenn das Finanzamt die Anforderungen an die Begründung eines Haftungsbescheides infolge des Zeitablaufs während des Pauschalierungsverfahrens tatsächlich nicht mehr erfüllen kann (FG BaWü III 34/81 v. 31.1.85, EFG 85, 365). Die Genehmigung der Pauschalierung ist ein begünstigender Verwaltungsakt, der nur unter den Voraussetzungen des § 131 AO zurückgenommen werden kann (*Giloy* FR 83, 528; FG Hessen 1 K 228/83 v. 31.10.84, EFG 85, 312; ferner betr. wiederkehrende Sachverhalte FG Hamburg II 161/85 v. 8.7.88, EFG 89, 80). Gegen eine ablehnende Entscheidung ist der Einspruch gegeben (§ 347 AO). Der Arbeitgeber kann einen Pauschalierungsantrag bis zum Abschluss der mündlichen Verhandlung vor dem FG gegen einen Haftungsbescheid stellen (BFH VI R 88/86 v. 16.3.90, BFH/NV 90, 639).

3   Der Arbeitgeber wird durch die Bewilligung eines Pauschalierungsantrages **nicht verpflichtet,** die Pauschalierung auch tatsächlich durchzuführen.

4   **Die Lohnsteuerpauschalierung nach § 40 Abs. 1 EStG** kommt – anders bei der pauschalen Lohnsteuer für Teilzeitbeschäftigte – nur in Betracht, wenn es sich um eine **größere Zahl von Fällen** handelt. Eine größere Zahl von Fällen wird ohne weitere Prüfung anerkannt, wenn gleichzeitig mindestens 20 Arbeitnehmer in die Pauschalierung einbezogen werden. Bei einer geringeren Zahl kann unter Berücksichtigung der besonderen Verhältnisse des Arbeitgebers und der mit der Pauschalbesteuerung angestrebten Vereinfachung eine größere Zahl von Fällen auch bei weniger als 20 angenommen werden (LStR 40.1 Abs. 1). Die Pauschalierung ist ausgeschlossen, soweit dem einzelnen Arbeitnehmer sonstige Bezüge von mehr als € 1.000,– pro Kalenderjahr gewährt werden (§ 40 Abs. 1 Satz 3 EStG).

5   **Der Arbeitgeber hat dem Antrag eine Berechnung beizufügen,** aus der sich der durchschnittliche Steuersatz unter Zugrundelegung der durchschnittlichen Jahresarbeitslöhne und der durchschnittlichen Jahreslohnsteuer in jeder Steuerklasse für diejenigen Arbeitnehmer ergibt, denen die sonstigen Bezüge gewährt werden sollen (§ 40 Abs. 1 Satz 4 EStG). In bestimmten Fällen, nämlich bei unentgeltlicher oder verbilligter Abgabe arbeitstäglicher Mahlzeiten im Betrieb, bei Zahlung von Arbeitslohn aus Anlass von Betriebsveranstaltungen sowie bei Gewährung von Erholungsbeihilfen, kann das Betriebsstättenfinanzamt die Erhebung der Lohnsteuer mit einem festen Pauschsteuersatz von 25 % zulassen (§ 40 Abs. 2 Satz 1 EStG). Ein Pauschalsteuersatz von 15 % findet Anwendung auf Sachbezüge in Form der unentgeltlichen oder verbilligten Beförderung eines Arbeitnehmers zwischen Wohnung/Arbeitsstätte und für zusätzlich zum ohnehin geschuldeten Arbeitslohn geleistete Zuschüsse zu den Aufwendungen des Arbeitnehmers für Fahrten zwischen Wohnung Arbeitsstätte, soweit die Bezüge den Betrag nicht übersteigen, den der Arbeitnehmer (ohne Pauschalversteuerung) nach § 9 Abs. 2 EStG wie Werbungskosten gelten machen könnte (vgl „zum ohnehin geschuldeten Arbeitslohn" BFH VI R 54/11 v. 19.9.12, BStBl. II 13, 395; VI R 55/11 v. 19.9.11, BStBl. II 13, 398 und BMF v. 22.5.13, BStBl. I 13, 728).

Der Arbeitgeber hat die pauschale Lohnsteuer zu übernehmen. In den Fäl- 6 len des § 40 Abs. 1 Nr. 2 EStG entsteht die **Steuerschuldnerschaft** des Arbeitgebers durch einen auf das Pauschalierungsverfahren hin ergehenden Bescheid über die nachzuerhebende Lohnsteuer. Erst in diesem Zeitpunkt ist der geldwerte Vorteil aus der Steuerübernahme (§ 40 Abs. 3 Satz 1 EStG) dem Arbeitgeber zugeflossen (BFH VI R 219/80 v. 5.11.82, BStBl. II 83, 91). Auf den Arbeitnehmer abgewälzte pauschale Lohnsteuer gilt als zugeflossener Arbeitslohn und mindert nicht die Bemessungsgrundlage (§ 40 Abs. 3 Satz 1 EStG). Der Antrag auf Pauschalierung der Lohnsteuer zieht auch die Pauschalierung der **Lohnkirchensteuer** nach sich, wenn der Arbeitgeber nicht nachweist, dass der oder die betroffenen Arbeitnehmer keine Kirchenmitglieder sind (BFH I R 14/87 v. 30.11.89, BStBl. II 90, 993; I R 26/93 v. 6.10.93, StuW 94, 255; dazu krit. *Lang/Lemaire* StuW 94, 257; *Reusch* DStR 95, 474, vgl. auch *Schmidt/Krüger* § 40 EStG Rz. 2). Pauschal besteuerte Bezüge nach § 40 Abs. 1 und Abs. 2 EStG sind nicht **sozialversicherungspflichtig** (vgl. *Schmidt/Krüger* § 40 EStG Rz. 3 mwN).

Neben der allgemeinen Pauschalierungsregelung für die Lohnsteuer für bestimmte 7 Einzelfälle nach § 40 EStG gibt es noch die **Sonderregelung für die Lohnsteuerpauschalierung von Teilzeitbeschäftigen und geringfügig Beschäftigten** nach § 40a EStG und die Pauschalierung der Lohnsteuer bei bestimmten Zukunftssicherungsleistungen, § 40b EStG (hierzu im Detail *Schmidt/Krüger* § 40a EStG Rz. 1 ff. sowie *ders.* § 40b EStG Rz. 1 ff. sowie LStR 40a und LStR 40b), sowie die Pauschalierung der Einkommensteuer für Sachzuwendungen an Arbeitnehmer und Nichtarbeitnehmer, § 37b EStG. Die Steuerübernahme mit dem Pauschsteuersatz von 30% durch das zuwendende Unternehmen bewirkt die abschließende Besteuerung beim Zuwendungsempfänger. Zur Abgrenzung der Pauschalierung nach § 37b EStG zur allgemeinen Pauschalierung nach § 40 EStG s. BMF v. 19.5.15, BStBl. I 15, 469 (zum Vorgängererlass s. *Hartmann* DStR 08, 1418). Zu eventuellen Besonderheiten im Zusammenhang mit Reisekosten s. BMF v. 24.10.14, BStBl. I 14, 1412.

Nach Abs. 6 ist eine **LSt-Bescheinigung nicht auszustellen,** wenn ausschließlich 8 pauschal besteuerte Bezüge geleistet werden, denn der pauschal besteuerte Arbeitslohn bleibt bei einer Veranlagung nach § 40 Abs. 3 Satz 3 EStG außer Ansatz. Die LSt-Bescheinigung ist entbehrlich, weil deren Zweck als Beweismittel nicht erfüllt werden kann.

C. 13. Steuerbescheid

C. 13.01 Änderung

I. FORMULAR

Formular C. 13.01 Änderung des Steuerbescheides

Finanzamt ...

Steuernummer ......,

Antrag auf Änderung Einkommensteuerbescheid vom ...

Sehr geehrte Damen und Herren,

in meinem Einkommensteuerbescheid vom ...... (noch nicht formell bestandskräftig) ist eine Spende für gemeinnützige Zwecke in Höhe von € 5.000,– nicht als Sonderausgabe berücksichtigt. Ich habe mit meiner Steuererklärung eine Bescheinigung vorgelegt, aus der sich ergibt, dass der Empfänger der Spende, der X-Verein, eine in § 5 Abs. 1 Nr. 9 KStG bezeichnete Körperschaft ist. In der Spendenquittung wird gleichzeitig bestätigt, dass der X-Verein den zugewendeten Betrag nur für seine satzungsgemäßen Zwecke verwendet.

Ich beantrage daher schlichte Änderung des oben bezeichneten Steuerbescheides. Vorsorglich und höchst hilfsweise beantrage ich schon jetzt die Stundung des Betrages von € ......,–.

Mit freundlichen Grüßen

....

[Unterschrift Stpfl.]

II. ERLÄUTERUNGEN

Erläuterungen zu C. 13.01 Änderung des Steuerbescheides

---

1. Grundsätzliche Anmerkungen

Schrifttum: *Bergan/Martin* Allgemeinverfügung und Teileinspruchsentscheidung – die Wunderwaffe der Finanzverwaltung im Kampf gegen Massenrechtsbehelfe? DStR 07, 1384; *Buschke* Widerstreitende Steuerfestsetzungen – Der Anwendungsbereich von § 174 AO, SteuK 11, 386; *Heger* Berichtigung und Änderung von Steuerbescheiden nach der AO anhand von Fällen aus der Rechtsprechung, DStZ 06, 393; *Seer* Das Spannungsverhältnis zwischen der Bestandskraft des Steuerbescheids und Verfassungswidrigkeit einer Steuergesetzesnorm, DStR 93, 307; *Unvericht* Steuervereinfachung durch Beseitigung des Antrags auf „schlichte" Änderung nach § 172 Abs. 1 Nr. 2a AO, DStR 89, 769; *de Weerth* Rückwirkende EuGH-Urteile und Bestandskraft von Steuerbescheiden, DStR 08, 1669; *Wüllenkemper* Änderung von Steuerbescheiden nach Klagerücknahme? DStR 89, 702.

1   Steuerbescheide und die ihnen gleichstehenden Bescheide (vgl § 155 Abs. 1 Satz 3, Abs. 3) haben weitgehende Bestandskraft. Während die übrigen VA grds. frei abänderbar oder aufhebbar sind, sofern nicht die (im Ergebnis allerdings ebenfalls weitgehenden) Einschränkungen der §§ 130 Abs. 2, 131 Abs. 2 eingreifen, gelten für Steuerbescheide besondere Regelungen. Soweit sie nicht nach § 124 Abs. 3 AO nichtig oder unter einer offenbaren Unrichtigkeit leiden (§ 129 AO bzw. § 173a AO) können sie von Amts wegen oder auf Antrag des Stpfl. nur unter den Voraussetzungen der §§ 172 ff. AO geändert werden.

Förmliche **Steuerbescheide** (§ 155 AO) können innerhalb der Festsetzungsfrist 2
(§ 169 AO) nach §§ 172 bis 177 AO aufgehoben oder geändert werden. Den Steuer-
bescheiden stehen gleich:
- Freistellungsbescheide (§ 155 Abs. 1 Satz 3 AO),
- Steuervergütungsbescheide (§ 155 Abs. 4 AO),
- Verwaltungsakte, durch die ein Antrag auf Erlass, Aufhebung oder Änderung eines
  Steuerbescheides ganz oder teilweise abgelehnt wird (§ 172 Abs. 2 AO),
- Steueranmeldungen (§ 168 AO),
- gesonderte Feststellungsbescheide (§ 181 Abs. 1 AO),
- Messbescheide (§ 184 Abs. 1 Satz 3 AO),
- Zerlegungsbescheide (§§ 188, 155, 184 Abs. 1 Satz 3 AO),
- Zuteilungsbescheide (§§ 190, 185, 184 Abs. 1 Satz 3 AO)
  sowie
- Zinsbescheide (§ 239 Abs. 1 Satz 1 AO).
- Steuerbescheid ist auch der Lohnsteuernachforderungsbescheid gegen den Arbeitge-
  ber, wenn dieser die Lohnsteuer übernommen hat (BFH VI R 21/85 v. 30.8.88,
  BStBl. II 89, 193).
- Eine NV-Verfügung, die ausnahmsweise bekanntgegeben wird, erhält dadurch den
  Charakter einer Steuerfestsetzung (*Tipke/Kruse* § 155 AO Rz. 13 mwN).
Spezialvorschriften gelten für die Berichtigung verbindlicher Zusagen (§ 207 AO)
sowie für die Änderung von Aufteilungsbescheiden (§ 280 AO). Sonstige Verwal-
tungsakte, zB Billigkeitsmaßnahmen nach §§ 163, 227 AO (vgl. Formular C. 9),
Stundungen gem. § 222 AO (vgl. Formular C. 14), Gewährung von Buchführungser-
leichterungen nach § 148 AO (vgl. Formular C. 10) oder Haftungsbescheide (§ 191
AO) können nach § 130 AO ganz oder teilweise zurückgenommen werden.

Gem. § 172 Abs. 1 Nr. 2a AO „darf" ein Steuerbescheid zugunsten des Steuer- 3
pflichtigen geändert werden, wenn der Steuerpflichtige vor Ablauf der Einspruchsfrist
einen entsprechenden **Antrag** stellt (vgl. insoweit Rz. 5 f.). Ob die Korrektur im Ermessen des FA liegt, ggf. in eingeschränktem Umfang, ist umstritten (für Ermessen
BFH IV B 230/02 v. 30.5.04, BStBl. II 04, 833; V R 143/92 v. 28.11.96, BFH/NV
97, 741 mwN; *Tipke/Kruse* § 172 AO Rz. 39 ff.; **aA** FG Köln 1 K 51/94 v. 2.9.94,
EFG 95, 238; *H/H/Sp/v. Groll* § 172 AO Rz. 56; *de Weerth* DStR 08, 1669). Im Gegensatz dazu „sind" Steuerbescheide gem. § 173 Abs. 1 Nr. 2 AO aufzuheben, soweit
Tatsachen oder Beweismittel nachträglich bekannt werden, die zu einer niedrigeren
Steuer führen, und den Stpfl. kein grobes Verschulden daran trifft, dass die Tatsachen
oder Beweismittel erst nachträglich bekannt werden. Die Aufhebung oder Änderung
ist in diesen Fällen nur von den tatbestandlichen Voraussetzungen abhängig; ein Antrag des Steuerpflichtigen ist nicht erforderlich (FG Nds. VII 330/77 v. 30.1.78, EFG
78, 360). Gleiches gilt für die Korrektur von Folgebescheiden gem. § 175 AO (BFH
II R 255/83 v. 6.11.85, BStBl. II 86, 168).

2. Einzelerläuterungen

Zulässigkeit und Umfang der Änderung eines Steuerverwaltungsaktes auf An- 4
trag des Stpfl. – und nur dieser Fall wird hier behandelt – hängen davon ab, ob der betreffende Bescheid bereits unanfechtbar ist. Formell bestandskräftige Steuerbescheide
dürfen gem. § 172 Abs. 1 Nr. 2a AO auf Antrag des Stpfl. nur zu dessen Ungunsten
aufgehoben oder geändert werden. Der Stpfl. kann an einer Änderung zu seinen Ungunsten interessiert sein, wenn sich zB der Nachteil im folgenden VZ für ihn vorteilhaft auswirkt. Eine Berichtigung zugunsten des Stpfl. kommt nach § 172 Abs. 1
Nr. 2a AO nur in Betracht, wenn der Stpfl. dies vor Ablauf der Rechtsbehelfsfrist beantragt oder wenn er der Änderung vor Ablauf der Rechtsbehelfsfrist zustimmt.

§ 172 Abs. 1 Nr. 2a AO eröffnet dem Stpfl. die Möglichkeit der **Wahl zwischen** 5
einem Einspruch und dem „Antrag auf schlichte Änderung". Für einen

schlichten Änderungsantrag kann sprechen, dass er – im Gegensatz zum Einspruchsverfahren (§ 367 Abs. 2 AO) – nicht zu einer Wiederaufrollung des gesamten Steuerfalles führt (FG Thüringen III 359/98 v. 25.8.99, EFG 99, 1293), eine Verböserung also ausgeschlossen ist. Andererseits steht die Entscheidung nach § 172 Abs. 1 Nr. 2a AO im pflichtgemäßen Ermessen (§ 5 AO) der Behörde („… darf"); der Stpfl. hat also keinen Rechtsanspruch. Er kann die Entscheidung auch in zeitlicher Hinsicht nicht erzwingen, denn eine Untätigkeitsklage setzt voraus, dass über einen Rechtsbehelf „binnen angemessener Frist nicht entschieden worden ist" (§ 46 FGO). Nur im Einspruchsverfahren kann Aussetzung der Vollziehung gewährt werden. Eine Verböserung im Rechtsbehelfsverfahren kann der Stpfl. dadurch abwenden, dass er den Einspruch zurücknimmt (§ 367 Abs. 2 Satz 2 AO). Darüber hinaus ist das Verfahren über den „schlichen Antrag" kein Vorverfahren, das den Finanzgerichtsweg eröffnet (§ 44 FGO). Bei Abwägung aller Vor- und Nachteile erscheint somit das **Einspruchsverfahren vorteilhafter,** zumal beide Verfahren kostenfrei sind (glA *Tipke/Kruse* § 172 AO Rz. 30; *Klein/Rüsken* § 172 AO Rz. 51). Prozessökonomische Gründe sprechen allerdings dann für einen Antrag auf schlichte Änderung, wenn sichergestellt ist, dass die Behörde innerhalb der Einspruchsfrist positiv entscheidet. Dies wird in der Praxis häufig in einem begleitenden Telefonat mit der Behörde geklärt.

6   **Der schlichte Änderungsantrag bedarf keiner Form,** kann also auch mündlich zB per Telefon (vgl. BFH III R 67/06 v. 10.5.07, BFH/NV 07, 2063; III R 67/06 v. 10.5.07, BFH/NV 07, 2063) gestellt werden. Die Abgabe einer Umsatzsteuererklärung ist ein Antrag auf schlichte Änderung eines zuvor ergangenen Schätzungsbescheids (BFH V R 25/87 v. 21.2.91, BStBl. II B 91, 496). Nach Ablauf der Rechtsbehelfsfrist kann der Antrag seinem betragsmäßigen Umfang nach nicht mehr erweitert werden (BFH XI R 17/93 v. 27.10.93, BStBl. II 94, 439). Ob ein Einspruch oder ein schlichter Änderungsantrag gewollt ist, ist im Wege der Auslegung zu ermitteln. Bleiben Zweifel, so ist ein Einspruch, also das für den Steuerpflichtigen günstigste Ergebnis anzunehmen (BFH VI R 24/96 v. 8.11.96, BFH/NV 97, 363; X B 119/98 v. 29.10.98, BFH/NV 99, 633). Ein ausdrücklich als Änderungsantrag bezeichnetes Begehren kann jedoch nicht gegen den Willen des Steuerpflichtigen in einen Einspruch umgedeutet werden (vgl. FG SchlHol III 20/71 v. 8.7.71, EFG 71, 612). In Zweifelsfällen sollte der Antragsteller befragt und – vor allem, wenn er nicht beraten ist – auf die Vor- und Nachteile der verschiedenen Verfahrensarten hingewiesen werden. Ein mündlich oder telefonisch gestellter Änderungsantrag kann trotz § 357 Abs. 1 Satz 1 AO auch nach Ablauf der Einspruchsfrist in einen Einspruch umgedeutet werden, denn „eine unrichtige Bezeichnung des Rechtsbehelfs schadet nicht" (§ 357 Abs. 1 Satz 4 AO).

7   Den **Umfang der Korrektur** nach § 172 Abs. 1 Nr. 2a AO kann der Stpfl. durch seinen Antrag selbst begrenzen. Deshalb muss der Änderungsantrag erkennen lassen, inwieweit und aus welchen Gründen geändert werden soll (BFH XI R 17/93 v. 27.10.93, BStBl. II 94, 439; X R 30/05 v. 20.12.06, BFH/NV 07, 994). Ist der Antrag auf Änderung nicht auf eine bestimmte Änderung gerichtet, ist er unbestimmt und damit unwirksam. Liegen die Voraussetzungen für die Aufhebung oder Änderung eines Steuerbescheides zugunsten des Stpfl. vor, so sind, soweit die Änderung reicht, zuungunsten und zugunsten des Stpfl. solche Rechtsfehler zu berichtigen, die nicht Anlass der Aufhebung oder Änderung sind (§ 177 Abs. 2 AO, vgl. AEAO zu § 177 Nr. 2ff.).

8   Die Vorschrift ist auch **Rechtsgrundlage** für eine Abhilfe im Einspruchs- und im Klageverfahren, § 172 Abs. 1 Satz 1 Nr. 2a AO. Gleichzeitig verhindert sie, dass durch eine schlichte Änderung die Wirkungen einer nach § 364b Abs. 2 AO gesetzten Ausschlussfrist unterlaufen werden.

9   Gegen die Ablehnung eines Antrags auf schlichte Änderung sind **Einspruch und Verpflichtungsklage** zulässig (BFH XI R 17/93 v. 27.10.93, BStBl. II 94, 439).

10   § 172 Abs. 3 AO ermöglicht es der FinVerw. Anträge, die auf die Aufhebung bzw. Änderung einer Steuerfestsetzung gerichtet sind und eine vor dem EuGH, BVerfG

oder BFH entschiedene Rechtsfrage betreffen und denen nach dem Ausgang des Verfahrens vor diesen Gerichten nicht entsprochen werden kann, mittels **Allgemeinverfügung** zurückzuweisen. Die Regelung dient insoweit der Prozessökonomie. Diese Zurückweisung stellt die Ablehnung des Änderungsantrages dar. § 172 Abs. 3 AO verweist aber insoweit auf § 367 Abs. 2b Satz 2 AO; danach ist für diese Zurückweisung die oberste Finanzbehörde zuständig und nicht das jeweils zuständige FA. Oberste Finanzbehörde sind das BMF sowie die für die FinVerw. zuständigen obersten Landesbehörden (§ 1 Abs. 1 Nr. 1, § 2 Nr. 1 FVG). Die Bekanntgabe der Allgemeinverfügung erfolgt. gem. § 367 Abs. 2b Satz 3 AO im BStBl. I und auf den Internetseiten des BMF; es handelt sich um eine öffentliche Bekanntgabe iSd. § 122 Abs. 3 AO. Als Bekanntgabetag gilt der Tag nach der Herausgabe des BStBl. (§ 172 Abs. 2 Satz 2 iVm. § 367 Abs. 2b Satz 2–6 AO). Gegen die Allgemeinverfügung kann innerhalb eines Jahres nach Bekanntgabe Klage eingereicht werden; ein Einspruch gegen die Zurückweisung ist nicht statthaft (§ 348 Nr. 6 AO). Die Regelung gilt auch für Aufhebungs- und Änderungsanträge, die vor dem Tag der Verkündung des Gesetzes gestellt oder eingelegt wurden (Art. 97 § 18a Abs. 12 EGAO).

C. 13.02 Aufhebung des Vorbehalts

I. FORMULAR

Formular C. 13.02 Aufhebung des Vorbehalts

Finanzamt ...

Steuernummer ......,

Antrag auf Aufhebung des Vorbehaltes der Nachprüfung

Sehr geehrte Damen und Herren,

die Einkommensteuer nebst Solidaritätszuschlag für das Jahr ..... wurde gegen meinen Mandanten gemäß Bescheid vom .... unter dem Vorbehalt der Nachprüfung festgesetzt.

Namens und im Auftrag meines Mandanten beantrage ich den Vorbehalt der Nachprüfung aufzuheben, weil der Steuerfall bereits abschließend geprüft worden ist.

Mit freundlichen Grüßen

....

Steuerberater

II. ERLÄUTERUNGEN

Erläuterungen zu C. 13.02 Aufhebung des Vorbehalts

Schrifttum: *Dünkel* Vertrauensschutz bei Steuerbescheiden unter dem Vorbehalt der Nachprüfung FR 87, 522; *Haas* Aspekte zur Tragweite der Steuerfestsetzung unter dem Vorbehalt der Nachprüfung. Festschrift für *v. Wallis* 1985 S. 452; *Kamann* Die vorbehaltlose Steuerfestsetzung im Verhältnis zur Steuerfestsetzung unter Vorbehalt der Nachprüfung, StuW 82, 149; *Leisner* Vorbehaltsfestsetzungen und Vertrauensschutz, DStZ 99, 358; *Scholz* Steuerfestsetzung unter Vorbehalt der Nachprüfung trotz Außenprüfung, DStZ 88, 459; *Trzaskalik* Über die Vorbehaltsfestsetzung und die Steueranmeldung, StuW 93, 371.

Steuerfestsetzungen (§ 155 AO) können, solange der Steuerfall nicht abschlie- **1** ßend geprüft worden ist, allgemein oder im Einzelfall unter dem Vorbehalt der Nachprüfung ergehen, ohne dass dies einer Begründung bedarf (§ 164 Abs. 1 Satz 1 AO). Solange der Vorbehalt der Nachprüfung besteht, kann die Steuerfestsetzung jederzeit aufgehoben oder geändert werden (§ 164 Abs. 2 Satz 1 AO). Die Vorbehaltsfestsetzung ist stets umfassend vorläufig; darin unterscheidet sie sich von der vorläufigen Festsetzung nach § 165. Die Aufhebung bedarf keiner besonderen Begründung (BFH I R 5/96 v. 10.7.96, BStBl. II 97, 5). Die Aufhebung setzt auch keine abschließende Prüfung des Steuerfalles voraus (BFH V R 100/96 v. 28.5.98, BStBl. II 98, 502). Die Aufhebung oder Änderung kann zugunsten oder zuungunsten des Stpfl. erfolgen (*Tipke/Kruse* § 164 AO Rz. 35). Die Beschränkungen der §§ 172 ff. AO greifen grds. nicht ein. Jedoch ist die Vertrauensschutzregelung des § 176 AO zu beachten (überzeugend *Leisner* DStZ 99, 358 mwN). Der Vorbehalt der Nachprüfung entfällt mit dem Ablauf der Festsetzungsfrist (§ 164 Abs. 4 AO). Bei Steuerhinterziehung und leichtfertiger Steuerverkürzung verlängert sich die regelmäßige Festsetzungsfrist nicht auf zehn Jahre. Auch die Ablaufhemmungen des § 171 Abs. 7, 8 und 10 AO sind nicht anwendbar (§ 164 Abs. 4 Satz 2 AO). Während sich die Vorläufigkeit einer Steuerfestsetzung (§ 165 AO) auf konkrete Sachverhaltspunkte bezieht, erfasst der Vorbehalt der Nachprüfung den gesamten Regelungsinhalt des Steuerbescheids, und zwar sowohl für den Stpfl. als auch für die Finanzbehörde.

2   **Der Stpfl. kann** die Aufhebung oder Änderung der Steuerfestsetzung, also auch **die Aufhebung des Vorbehalts, jederzeit beantragen** (§ 164 Abs. 2 Satz 2 AO). Gegen die Ablehnung des Antrags auf Aufhebung des Vorbehalts ist der Einspruch gegeben (§ 347 AO). Der Antrag nach § 164 Abs. 2 Satz 2 AO ist nicht fristgebunden. Wird der Antrag vor Ablauf der Festsetzungsfrist gestellt, so läuft die Festsetzungsfrist nicht ab, bevor über den Antrag unanfechtbar entschieden worden ist (§ 171 Abs. 3 AO).

3   Das Recht des Stpfl., jederzeit die Aufhebung oder Änderung einer Vorbehaltsfestsetzung zu beantragen, macht den (fristgebundenen) **Einspruch nicht überflüssig.** Eine inhaltliche Korrektur des Steuerbescheids kann nicht mit einem Antrag auf Aufhebung des Nachprüfungsvorbehalts erreicht werden. Da der Nachprüfungsvorbehalt untrennbar mit dem sonstigen Inhalt des Steuerbescheids verbunden ist, ist er eine unselbstständige Nebenbestimmung des Verwaltungsakts. Eine solche unselbstständige Nebenbestimmung kann nicht selbstständig, sondern nur mit der Anfechtungsklage gegen den gesamten Verwaltungsakt angegriffen werden (BFH IV B 20/79 v. 20.6.79, BStBl. II 79, 666). Eine Anfechtungsklage, mit der allein die Aufhebung des Nachprüfungsvorbehalts erstrebt wird, ist daher unzulässig (BFH IV R 168–170/79 v. 30.10.80, BStBl. II 81, 150; *Klein/Rüsken* § 164 AO Rz. 55; **aA** *Tipke/Kruse* § 164 AO Rz. 55). Nur der (fristgebundene) Einspruch, nicht auch noch ein Antrag nach § 164 Abs. 2 Satz 2 AO, ermöglicht die Aussetzung der Vollziehung (§ 361 AO, § 69 FGO; FG Köln 1 V 4851/94 v. 7.10.94, EFG 95, 190).

4   Der Vorbehalt **muss** nach einer Außenprüfung **aufgehoben werden,** wenn sich keine Änderungen ergeben, aber vom Sinn und Zweck der Regelung auch dann, wenn sie sich ergeben; denn auch hier ist der Steuerfall abschließend geprüft und die Rechtfertigung für eine Vorbehaltsfestsetzung damit entfallen. Unterlässt das FA nach einer Außenprüfung die in Abs. 3 Satz 3 vorgeschriebene Aufhebung des Vorbehalts, so steht der Steuerbescheid grundsätzlich weiterhin unter einem wirksamen Vorbehalt der Nachprüfung und kann noch nach § 164 Abs. 2 geändert werden; Treu und Glauben stehen nicht entgegen (st. Rspr. zB BFH X R 8/09 v. 18.8.09, BFH/NV 10, 161, mwN). Das gilt sogar dann, wenn nach Außenprüfung das FA mitteilt, sie habe zu keiner Änderung geführt (BFH V R 43/04 v. 9.11.06, BStBl. II 07, 344; I R 118/83 v. 29.4.87, BStBl. II 88, 168; V R 135/93 v. 15.12.94, BFH/NV 95, 938; kritisch *Thomas* DStR 92, 1468).

5   **Gegen die Aufhebung des Vorbehalts ist der Einspruch gegeben** (BFH IX R 255/84 v. 3.2.87, BFH/NV 87, 751; V B 131/96 v. 30.6.97, BFH/NV 98, 817). Auch eine Aussetzung der Vollziehung kann insoweit in Betracht kommen, als die Leistung aus dem ursprünglichen Bescheid noch nicht bewirkt worden ist (FG Ham-

burg V 44/82 v. 25.6.82, EFG 83, 160). Erfolgt die Aufhebung in der Einspruchsentscheidung, ist dagegen die Klage gegeben (BFH IV R 216/82 v. 4.8.83, BStBl. II 84, 85; BFH IV R 17/07 v. 3.9.09, BStBl. II 10, 631).

C. 13.03 Offenbare Unrichtigkeit

I. FORMULAR

Formular C. 13.03 Offenbare Unrichtigkeit

Finanzamt ...

Steuernummer ......,

Antrag auf Berichtigung des Einkommensteuerbescheides vom ...wegen offenbarer Unrichtigkeit

Sehr geehrte Damen und Herren,

ich beantrage namens und im Auftrag meiner Mandantin, den Einkommensteueränderungsbescheid vom 27.10.20.., bekanntgegeben am 2.11.20.., wegen einer offenbaren Unrichtigkeit zu berichtigen, und zwar aus folgenden Gründen:

In seinem Bericht vom 1.9.20... hat der Außenprüfer negative Einkünfte aus Gewerbebetrieb in Höhe von € 10.000,– festgestellt. Im Steuerbescheid vom 27.10.20... ist jedoch nur der bereits im ursprünglichen Bescheid enthaltene Verlust von € 5.000,– angesetzt. Darin liegt eine offenbare Unrichtigkeit im Sinne des § 129 AO, denn der Steuerbescheid vom 27.10.20... verweist in den Erläuterungen ausdrücklich auf die Feststellungen des Prüfers. Damit liegt ein mechanisches Versehen vor.

Vorsorglich bitte ich, dieses Schreiben als Einspruch aufzufassen.

Mit freundlichen Grüßen

..

Steuerberater

II. ERLÄUTERUNGEN

Erläuterungen zu C. 13.03 Offenbare Unrichtigkeit

Schrifttum: *Birkenfeld* Die Berichtigung von Steuerverwaltungsakten nach § 129 AO in der Rechtsprechung des Bundesfinanzhofs, DStR 91, 729; *Bowitz* Nochmals: Zur Berichtigung eines Verwaltungsaktes wegen offenbarer Unrichtigkeit nach § 129 Abgabenordnung, UR 84, 180; *Friedrich* Zur Berichtigung wegen offenbarer Unrichtigkeit, UR 84, 49; *Gerber* Berichtigung von Verwaltungsakten wegen offenbarer Unrichtigkeiten, BB 85, 1597; *Hering* Die Berichtigung offenbarer Unrichtigkeiten im Steuerbescheid, DStZ 84, 220; *Lühr* Berichtigung „offenbarer" Unrichtigkeiten bei Abweichung zwischen Aktenverfügung und Steuerbescheid, DB 84, 1092, 1611; *Tehler* Ist die Anwendungspraxis zu § 129 AO noch verfassungsgemäß?, DStR 09, 1019; *v. Wedelstädt* Die Berichtigung von Steuerbescheiden wegen offenbarer Unrichtigkeiten nach § 129 AO, DB 85, 1761; *Weber* Fehlender Vorbehalt der Nachprüfung als „offenbare Unrichtigkeit i. S. von § 129 AO – Eine „offenbare" Unrichtigkeit, DStR 07, 1561.

Die Finanzbehörde kann **Schreibfehler, Rechenfehler und ähnliche offenbare** **1** **Unrichtigkeiten,** die beim Erlass eines Verwaltungsaktes unterlaufen sind, jederzeit berichtigen (§ 129 AO). § 129 AO lässt die Bestandskraft des Steuerverwaltungsakts unberührt und stellt die Korrektur in das Ermessen der Finanzbehörde (BFH X R 116/87 v. 8.3.1989, BStBl. II 89, 531). Als „ähnliche offenbare Unrichtigkeiten" qualifiziert die Rechtsprechung solche Fehler, die mit Schreib- und Rechenfehlern auf einer Stufe stehen, also mechanische Versehen, wie beispielsweise Eingabe- oder

Übertragungsfehler. Sie können auch in einem unbeabsichtigten, unrichtigen Ausfüllen des Eingabebogens (BFH IV R 17/97 v. 5.2.98, BStBl. II 98, 535) oder in einem Irrtum über den tatsächlichen Programmablauf oder in der Nichtbeachtung der für das mechanische Veranlagungsverfahren geltenden Dienstanweisungen bestehen (BFH V R 121/73 v. 31.7.75, BStBl. II 75, 868; VI R 4/83 v. 18.4.86, BStBl. II 86, 541; X R 47/91 v. 17.2.93, BFH/NV 93, 638). Fehler bei der Auslegung oder Nichtanwendung einer Rechtsnorm, unrichtige Tatsachenwürdigung, unzutreffende Annahme eines in Wirklichkeit nicht vorliegenden Sachverhalts oder Fehler, die auf mangelnder Sachaufklärung beruhen, schließen die Anwendung der Vorschrift aus (BFH X R 116/87 v. 8.3.89, BStBl. II 89, 531; I R 116/88 v. 31.7.90, BStBl. II 91, 22, IV R 3/99 v. 16.3.00, BStBl. II 00, 372). Ob ein mechanisches Versehen vorliegt, ist Tatfrage, die nach den Verhältnissen des Einzelfalles zu beurteilen ist (BFH IV R 17/97 v. 5.2.98, BStBl. II 98, 535).

1a   Wenn auch nur die **„ernsthafte Möglichkeit"** besteht, dass die Nichtberücksichtigung einer feststehenden Tatsache in einer fehlerhaften Tatsachenwürdigung oder aber in einem Denk- und Überlegungsfehler begründet ist oder auf mangelnder Sachaufklärung beruht, scheidet eine offenbare Unrichtigkeit aus (vgl. hierzu BFH VIII R 15/10 v. 6.11.12, BStBl. II 13, 307 mit Anm. *Thomas* SteuK 13, 218; BFH X R 49/00 v. 31.7.02, BFH/NV 03, 2; BFH II R 9/96 v. 9.12.98, BFH/NV 99, 899). Auch das Übersehen eines Grundlagenbescheides begründet eine offenbare Unrichtigkeit des Folgebescheides, da es sich hierbei um ein mechanisches Versehen des FA handelt, wenn es die Auswertung eines bereits vorliegenden Grundlagenbescheides im Folgebescheid unterlässt (vgl. BFH X R 37/99 v. 16.7.03, DStR 03, 2068). Die Anwendung des § 129 AO soll zugunsten und zuungunsten der Steuerpflichtigen unabhängig davon zulässig sein, ob die offenbare Unrichtigkeit für den Empfänger des unrichtigen Bescheides erkennbar ist (BFH VIII R 46/83 v. 31.3.87, BStBl. II 87, 588; VIII R 110/86 v. 22.8.89, BFH/NV 90, 205; VII R 8/91 v. 25.2.92, BStBl. II 92, 713; I R 93/98 v. 18.8.99, BFH/NV 00, 539; **aA** *Tipke/Kruse* § 129 AO Rz. 6 ff. mwN).

1b   **Offenbar** ist eine Unrichtigkeit immer dann, wenn der Fehler bei Offenlegung des Sachverhalts (der Akten) für jeden objektiven (unvoreingenommenen) Dritten klar und eindeutig als offenbare Unrichtigkeit erkennbar ist (st. Rspr. BFH IV R 56/07 v. 1.7.10, BFH/NV 10, 2004 mwN). Es ist grds. unerheblich, ob der Bescheidadressat die Unrichtigkeit anhand des Bescheids und der ihm vorliegenden Unterlagen selbst erkennen konnte (BFH VI R 45/10 v. 8.12.11, DStR 12, 755; I B 21/06 v. 22.8.06, BFH/NV 10; 7 und XI R 17/05 v. 11.7.07, BFH/NV 07, 1810; **aA** *Tipke/Kruse* § 129 AO Rz. 6 ff.).

2   Berichtigt werden können **Fehler, die „beim Erlass eines Verwaltungsaktes" unterlaufen sind** (§ 129 Satz 1 AO). Aus der Formulierung folgt, dass grundsätzlich nur Fehler berichtigt werden können, die der Behörde unterlaufen sind. § 129 AO ist aber auch anwendbar, wenn die FinBeh. die offenbar fehlerhaften Angaben des Stpfl. als eigene übernimmt (BFH IV R 9/02 v. 17.6.04, BFH/NV 04, 1505; IX R 2/07 v. 14.6.07, BFH/NV 07, 2056; X R 47/07 v. 4.6.08, BFH/NV 08, 1801). Die offenbare Fehlerhaftigkeit der Angaben muss aber für die FinBeh. erkennbar sein, da anderenfalls die FinBeh. keine offenbare Unrichtigkeit vom Stpfl. übernimmt (BFH I R 116/88 v. 31.7.90, BFHE 162, 115; III R 32/00 v. 23.10.02, BFH/NV 03, 441; FG München 4 K 4778/04 v. 17.5.06, EFG 06, 1338; hierzu auch *Klein/Ratschow* § 129 AO, Rz. 12 ff.).

3   Ein Fehler iS des § 129 AO kann **„jederzeit"**, dh. ohne Rücksicht auf den Eintritt der Bestandskraft, berichtigt werden. Eine offenbare Unrichtigkeit durch Versehen bleibt es auch dann, wenn die Flüchtigkeit mehreren Beamten unterlaufen ist, sei es bei der ursprünglichen Veranlagung oder bei einem auf Grund eines Einspruchs ergangenen Änderungsbescheid (BFH VI R 140/81 v. 29.3.85, BStBl. II 85, 569). Eine

Berichtigung nach § 129 AO ist bis zum Eintritt der Festsetzungs- bzw. Zahlungsverjährung zulässig. Gem. § 171 Abs. 2 AO endet die Festsetzungsfrist jedoch nicht vor
Ablauf eines Jahres nach Bekanntgabe des die offenbare Unrichtigkeit enthaltenden
Steuerbescheides. Dieser ist auch dann maßgebend für die Fristbemessung, wenn sich
das Versehen in mehreren nachfolgenden Änderungsbescheiden durch Übernahme
wiederholt hat (BFH X R 116/87 v. 8.3.89, BStBl. II 89, 531).

Die Berichtigung nach § 129 AO liegt im Ermessen des Finanzamts. Wenn 4
eine offenbare Unrichtigkeit für den Steuerpflichtigen nicht erkennbar war, kann es
im pflichtgemäßen Ermessen (§ 129 S. 1 iVm. § 5 AO) des FA liegen, von einer Berichtigung abzusehen (vgl. dazu BFH II R 30/81 v. 24.10.84, BStBl. II 85, 218).

Gegen Verwaltungsakte, durch die ein Antrag auf Berichtigung eines Steuerbe- 5
scheides nach § 129 AO abgelehnt wird, ist der **Einspruch** gegeben (BFH VIII R
67/81 v. 13.12.83, BStBl. II 84, 511).

Zum **1.1.17** wurde mit dem *Gesetz zur Modernisierung des Besteuerungsverfahrens* v. 6
22.7.16 (BGBl. I 16, 1679) mit **§ 173a AO** eine neue Korrekturvorschrift eingefügt.
Danach sind Steuerbescheide aufzuheben oder zu ändern, soweit dem Stpfl. bei Erstellung seiner Steuererklärung **Schreib- oder Rechenfehler** unterlaufen sind und er
deshalb der Finanzbehörde **rechtserhebliche Tatsachen unzutreffend mitgeteilt**
hat. Während § 129 AO also auf einen Fehler der FinVerw. abstellt, ist § 173a AO auf
Fehler auf der Ebene des Stpfl. anwendbar (vgl. hierzu auch zu den Unterschieden
beider Vorschriften *Habel/Müller* DStR 16, 2791). Die Vorschrift ist im Zusammenhang mit den Rechtsgrundlagen über die Automatisierung des Veranlagungsverfahrens
eingeführt worden (vgl. § 155 Abs. 4 und 5 AO), gilt aber nicht nur für Fälle, in denen der Steuerbescheid voll automatisiert erstellt wurde.

C. 13.04 Widerstreitende Steuerfestsetzung

I. FORMULAR

Formular C. 13.04 Widerstreitende Steuerfestsetzung

Finanzamt ...

Steuernummer ......,

**Antrag auf Änderung des Einkommensteuerbescheides für ...... vom vom 14.11.20...
wegen widerstreitender Steuerfestsetzung**

Sehr geehrte Damen und Herren,

**namens und im Auftrag meines Mandanten beantrage ich, den geänderten Einkom-
mensteuerbescheid für .... wegen widerstreitender Steuerfestsetzungen zu berichtigen, und zwar aus folgenden Gründen:**

**Mein Mandant erzielt als Arzt Einkünfte aus einer Gemeinschaftspraxis und einer da-
neben betriebenen Einzelpraxis. Bei der einheitlichen und gesonderten Feststellung
der Einkünfte wurden Mieteinkünfte aus einem dem Sonderbetriebsvermögen zugeordneten fremdvermieteten Grundstück als Sonderbetriebseinnahmen berücksichtigt. Die Einkünfte aus der Einzelpraxis wurden ohne diese Einkünfte erklärt. Allerdings war der ESt-Erklärung eine EÜR beigefügt, die diese Einnahmen erfasste. Der
geänderte ESt-Bescheid berücksichtigt die Vermietungseinkünfte nochmals. Somit
liegt eine doppelte Berücksichtigung von Betriebseinnahmen zuungunsten des Steuerpflichtigen vor.**

Mit freundlichen Grüßen

...

Steuerberater

II. ERLÄUTERUNGEN

Erläuterungen zu C. 13.04 Widerstreitende Steuerfestsetzung

Schrifttum: *Flies* Bilanzzusammenhang und Änderung gem. § 174 AO, DStZ 97, 135; *Gosch* Zur Reichweite der Änderungsmöglichkeit nach § 174 AO bei doppelter Sachverhaltsberücksichtigung, StBp 92, 73; *Stapperfend* Die Änderbarkeit der Steuerfestsetzung als Voraussetzung für die Bilanzberichtigung, FR 08, 937; *von Wedelstädt* Vom Finanzamt verursachter negativer Widerstreit – Grenzen des § 174 AO, DB 95, 1144; *Wüllenkemper* Einkünfteerzielungsabsicht als bestimmter Sachverhalt iSv. § 174 Abs. 4 Satz 1 AO, DStZ 97, 844.

1   § 174 AO besteht aus **vier unterschiedlichen Änderungsvorschriften,** denen ein Widerstreit der steuerlichen Behandlung eines bestimmten Sachverhalts in verschiedenen Bescheiden gemein ist.

    § 174 AO betrifft zum einen den sog. **positiven Widerstreit,** bei dem ein Sachverhalt **Berücksichtigung in mehreren Steuerfestsetzungen** gefunden hat, wobei zwischen einer Berücksichtigung zuungunsten (Abs. 1) und einer solchen zugunsten des Stpfl. (Abs. 2) differenziert wird, die im Einzelnen an unterschiedliche Voraussetzungen anknüpfen. Zum anderen erfasst § 174 AO den sog. **negativen Widerstreit,** bei dem ein steuerlich relevanter **Sachverhalt überhaupt nicht berücksichtigt** worden ist. In den Fällen des Abs. 3 wird dabei ein Sachverhalt von der FinBeh. irrig dem Regelungsbereich eines erst zukünftig zu erlassenden St-Bescheides zugeordnet und daher zu Unrecht nicht erfasst. Abs. 4 regelt den umgekehrten Fall, dass der steuerliche Sachverhalt zunächst von der FinBeh. zu Unrecht berücksichtigt worden ist und sich dies später auf Initiative des Stpfl. als Irrtum herausstellt.

1a   Die Bedeutung des § 174 AO wird in der Praxis häufig unterschätzt. Insbesondere **Abs. 4** enthält eine eigenständige Änderungsnorm (BFH VIII R 54/95 v. 18.2.97, BStBl. II 97, 647), die über die Fälle einer nur alternativen Erfassung steuerlicher Sachverhalte hinausgeht und eine Durchbrechung der Bestandskraft **auch bei abweichender rechtlicher Bewertung** eines Sachverhalts ermöglicht (BFH VIII R 65/93 v. 2.8.94, BStBl. II 95, 264). Wird ein St-Bescheid aufgrund eines Rechtsbehelfs oder eines Antrags des Stpfl. zu seinen Gunsten aufgehoben oder geändert, wird die FinBeh. durch Abs. 4 in die Lage versetzt, durch einen geänderten Steuerbescheid die „richtigen steuerlichen Folgerungen" ziehen. Dabei kommt es nicht auf eine rechtliche Abhängigkeit der St–Festsetzungen zueinander an, sondern allein darauf, dass diesen **derselbe Sachverhalt** zugrunde liegt und irrig beurteilt worden ist (*Klein/Rüsken* § 174 AO Rz. 4). Im Ergebnis kann die FinBeh. dadurch **auch für den StPfl nachteilige steuerliche Konsequenzen** ziehen (BFH XI R 28/98 v. 10.3.99, BStBl. II 99, 475); ein vorheriger Verböserungs-Hinweis analog § 367 AO ist nicht erforderlich (BFH IV R 17/02 v. 19.5.05, BStBl. II 05, 637; aA *Heger* DStZ 06, 393). Die Änderungen sind auch nicht auf die gleiche Steuerart beschränkt (BFH IV R 50/05 v. 30.8.07, BStBl. II 08, 129). Dahinter steht der Gedanke, dass sich der StPfl. an seinem Rechtsstandpunkt auch festhalten lassen muss, soweit dieser zu nachteiligen steuerlichen Konsequenzen führt (*Klein/Rüsken* § 174 AO Rz. 51). Entgegen des Wortlauts („können") besteht kein Ermessen (BFH XI R 2/10 v. 14.3.12, BStBl. II 12, 653; str.; aA *Schick* StuW 92, 197). Über Abs. 5 werden Dritte in den Anwendungsbereich der Vorschrift einbezogen, die am Verfahren beteiligt waren.

2   Gegenstand aller Änderungsvorschriften des § 174 AO ist **„ein bestimmter Sachverhalt".** Der Begriff ist einheitlich auszulegen (BFH IV R 33/07 v. 14.1.10, BStBl. II 10, 586). Gemeint ist der individuelle einheitliche Lebensvorgang, an den das Gesetz steuerliche Rechtsfolgen knüpft (BFH II R 53/10 v. 24.4.13, BStBl. II 13, 755). Dieser Lebensvorgang kann sich über verschiedene Veranlagungszeiträume erstrecken, zB bei der Frage des Vorliegens der Unternehmereigenschaft (BFH V B 153/88 v. 20.4.89, BStBl. II 89, 539). Keinen Sachverhalt in diesem Sinne stellen in-

des neue Schätzungsmethoden dar, die dazu führen, dass eine frühere Schätzung als unzutreffend erkannt wird (BFH X R 59/98 v. 26.2.02, BStBl. II 02, 450).

Widerstreitende Steuerfestsetzungen kommen dort in Betracht, wo sich verschiedene Besteuerungsverfahren auf denselben Sachverhalt beziehen (*Klein/Rüsken* § 174 AO Rz. 10). Ein Widerstreit liegt vor, wenn mehrere Bescheide einen Sachverhalt erfassen, obwohl eine **mehrfache Berücksichtigung denkgesetzlich ausgeschlossen** ist (BFH X R 26/01 v. 7.7.04, BStBl. II 05, 145), also etwa bei Zuordnung des Sachverhalts zu mehreren Stpfl., mehreren Steuerarten oder mehreren Veranlagungszeiträumen. Beispielsweise kann eine Kaufpreisforderung entweder zinslos (dann ggf. Schenkung) oder verzinslich gestundet werden (dann Zinsertrag), jedoch nicht beides (vgl. FG Münster VI 393/77 v. 8.12.81, EFG 82, 352; weitere Beispiele: *BeckOK AO/Klomp* § 174 AO Rz. 65ff. **3**

Kein Widerstreit ist indes anzunehmen, wenn sich die rechtliche Beurteilung eines Sachverhalts in einem späteren Bescheid ändert. So wurde etwa bei Übertragung eines Gewerbebetriebs im Wege vorweggenommener Erbfolge gegen Erbringung von Versorgungsleistungen und einer Einmalzahlung durch den Erwerber die Einmalzahlung von der FinBeh. bei den Veräußerern zunächst bei § 22 Nr. 1 EStG und beim Erwerber korrespondierend als dauernde Last steuermindernd erfasst. Später änderte die FinBeh. ihre Rechtsansicht und korrigierte die Steuerfestsetzung des Erwerbers über § 164 Abs. 2 AO. Eine korrespondierende Kürzung der Steuerfestsetzung um die Einmalzahlung bei den Veräußerern ließ BFH X R 57/89 v. 26.1.94, BStBl. II 94, 597 nicht zu. **4**

C. 14. Stundung

C. 14.01 Persönliche Stundungsgründe

I. FORMULAR

Formular C. 14.01 Stundung aus persönlichen Stundungsgründen

Finanzamt ...

Steuernummer ......,

Antrag auf Stundung Einkommensteuervorauszahlung für ......

Sehr geehrte Damen und Herren,

nach dem Einkommensteuerbescheid vom 20.3.20.. haben meine Mandanten ...... zum 10.6.20.. für das Kalenderjahr 20.. eine Einkommensteuervorauszahlung in Höhe von € 9.000,– zu leisten.

Namens und im Auftrag meiner Mandanten beantrage ich die Stundung der Steuerforderung bis zum 3.8.20...

Begründung: Der Stundungsantrag ist begründet, da die Zahlung der Einkommensteuervorauszahlung bei Fälligkeit für meine Mandanten aus persönlichen Gründen eine erhebliche Härte iSd § 222 AO bedeuten würde und der Steueranspruch durch die Stundung nicht gefährdet erscheint.

Meine Mandanten sind durch einen Brand im Betrieb in ebenso unerwartete wie unverschuldete Liquiditätsschwierigkeiten geraten. Durch den Brand sind wertvolle Maschinen zerstört worden. Sie mussten zwecks Aufrechterhaltung des Betriebes bzw. zwecks Erhaltung der Arbeitsplätze unter Einsatz aller eigenen Mittel und zugleich unter Ausschöpfung des gesamten Kreditrahmens bei der Hausbank unverzüglich wieder Instand gesetzt bzw. neu angeschafft werden.

Die Liquiditätsschwierigkeiten sind nur vorübergehender Natur. Mit einer Festsetzung und Auszahlung der Versicherungssumme ist in zwei bis drei Monaten zu rechnen.

Meine Mandanten sind auch stundungswürdig, da sie aus von ihnen nicht zu vertretenden Gründen nicht über die zur Erfüllung des Anspruchs notwendigen Mittel verfügen und die mangelnde Leistungsfähigkeit auch nicht selbst herbeigeführt haben. Die Stundung erscheint daher auch insoweit ermessensgerecht.

Ich beantrage, die Stundung ohne Sicherheitsleistung zu gewähren. Ausweislich des beiliegenden Vermögensstatus erscheint die Steuerforderung nicht gefährdet.

Im Hinblick auf den unverschuldeten Engpass einerseits sowie die Kurzfristigkeit andererseits beantrage ich weiter, aus Billigkeitsgründen von der Festsetzung von Stundungszinsen abzusehen.

Mit freundlichen Grüßen

....

Rechtsanwalt/Steuerberater

II. ERLÄUTERUNGEN

Erläuterungen zu C. 14.01 Stundung aus persönlichen Stundungsgründen

---

1. Grundsätzliche Anmerkungen

Schrifttum: *Carl/Klos* Beratungshinweise zur Steuerstundung, StB 93, 208; *Janssen* Die Stundung von Steuern, DStZ 91, 77; *Obermair* Stundung, Vollstreckungsaufschub, Insolvenzantrag, BB 06, 582;

Ohlf Die Verrechnungsstundung im Steuerrecht, DStZ 94, 655; *Pump* Die Beleihung und Verwertung eigenen Vermögens als Stundungs- und Erlasskriterium, DStZ 91, 265; *Sangmeister* Die Stundung von Steuerforderungen aufgrund nicht fälliger Gegenansprüche des Steuerschuldners, DStZ 84, 504; *Wackerbeck* Gerichtliche Überprüfbarkeit ablehnender Stundungsentscheidungen des Finanzamts, DStR 16, 1514; *Wohlschlegel* Zahlungsaufschub für den Entrichtungspflichtigen der KESt durch technischen (Verrechnungs-)Aufschub, DStR 95, 713.

Ansprüche aus dem Steuerschuldverhältnis können ganz oder teilweise gestundet **1** werden, wenn die Einziehung bei Fälligkeit eine erhebliche Härte für den Schuldner bedeuten würde und der Anspruch durch die Stundung nicht gefährdet erscheint (§ 222 AO). **Durch eine Stundung wird die Fälligkeit des Steueranspruchs hinausgeschoben.** Dadurch entfallen Säumniszuschläge (anders bei Vollstreckungsaufschub gem. § 258 AO, vgl. Formular C. 20). Die Stundung löst grds. eine **Zinspflicht gem. § 234 AO** aus (vgl. Rz. 10). Eine entstandene Haftung entfällt nicht (BFH VII R 55/03 v. 8.7.04, BStBl. II 05, 7).

Ein gestundeter Anspruch darf mangels Fälligkeit nicht mehr vollstreckt 1a werden (§ 254 Abs. 1 AO). Bei einer rückwirkenden Stundung bedarf es allerdings der ausdrücklichen Aufhebung bereits durchgeführter Vollstreckungsmaßnahmen (§ 257 AO). Durch eine Stundung wird die Zahlungsverjährung unterbrochen (§ 231 AO). Die Aufrechnung mit einer gestundeten Steuerforderung setzt voraus, dass der Aufrechnungserklärung ein wirksamer Widerruf der Stundung vorangegangen ist (BFH VII R 36/87 v. 25.4.89, BStBl. II 90, 352).

Gegenstand der Stundung sind Ansprüche des Steuergläubigers aus dem Steuer- **2** schuldverhältnis. Dazu gehören der Steuer- und der Steuervergütungsanspruch, der Haftungsanspruch, der Anspruch auf eine steuerliche Nebenleistung sowie Steuererstattungsansprüche (§ 37 AO).

Nicht zu den Ansprüchen aus dem Steuerschuldverhältnis gehört der Anspruch des **3** Steuerberechtigten auf Einbehaltung und Abführung von Abzugssteuern und Haftungsansprüche gegen den Entrichtungspflichtigen (§ 222 Satz 3 u. 4 AO; BFH I R 113/98 v. 15.12.99, BFH/NV 00, 1066, vgl. *Tipke/Kruse* § 222 AO Rz. 5 mwN; *Klein/Rüsken* § 222 AO Rz. 4). Die Verpflichtung des Schuldners der Kapitalerträge, die Steuer für Rechnung der Gläubiger der Kapitalerträge zu entrichten, einzubehalten und abzuführen, kann schon nach § 222 Satz 1 AO nicht gestundet werden, denn es handelt sich weder um einen Anspruch aus dem Steuerschuldverhältnis noch um einen Haftungsanspruch; der Entrichtungspflichtige ist auch nicht Schuldner iSv. Satz 1 (BFH I R 120/97 v. 24.3.98, BStBl. II 99, 3; I R 113/98 v. 15.12.99, BFH/ NV 00, 1066; offen gelassen jedoch BFH I R 107/98 v. 23.8.00, BStBl. II 01, 742; aber jedenfalls keine erhebliche Härte, weil fremdes Geld). Die pauschalierte Lohnsteuer kann allerdings gestundet werden, denn insoweit ist der Arbeitgeber Steuerschuldner (§ 40 Abs. 3 Satz 2 EStG). § 222 AO gilt auch **für Verbrauchsteuern.** Die Anwendung des § 222 AO auf Realsteuern, auf örtliche Verbrauch- und Aufwandsteuern sowie auf sonstige **Kommunalabgaben** bestimmt sich nach Landesrecht. Gleiches gilt für die **Kirchensteuer** (Nachweise bei *Tipke/Kruse* § 222 AO Rz. 16 ff.).

Für **Einfuhrabgaben** gilt der UZK, ebenso für EUSt, § 21 Abs. 2 UStG. Nach **3a** Art. 110 ff UZK werden Zahlungserleichterungen in erster Linie durch sog. **Zahlungsaufschub** (von 30 Tagen, bei als Vorsteuer abziehbarer EUSt nur gegen Sicherheitsleistung) gewährt (zu den Modalitäten der Aufschubgewährung und der Berechnung der 30-Tage-Frist vgl. Art. 111 UZK; ferner die Dienstanweisung VSFZ 0914). Daneben lässt Art. 112 Abs. 3 UZK zu, dem Zollschuldner andere Zahlungserleichterungen auf Grund nationalen Rechts einzuräumen, so dass § 222 AO auch auf Zollschulden grds. anwendbar bleibt. Allerdings muss grds. eine Sicherheitsleistung gefordert werden; außerdem sind auf den gestundeten Abgabebetrag Kreditzinsen zu erheben, die sich nach den Kreditzinsen des jeweiligen inländischen Kapitalmarkts richten. Nach Art. 112 Abs. 3 UZK können die Zollbehörden auf Kreditzinsen nur verzichten, wenn diese zu erheblichen wirtschaftlichen oder sozialen Schwierigkeiten beim Beteiligten führen könnten (*Klein/Rüsken* § 222 AO Rz. 4–7).

4 **Spezielle,** neben § 222 AO anzuwendende **Rechtsgrundlagen für eine Stundung** finden sich ua. in § 28 ErbStG. Siehe auch § 20 Abs. 6, § 21 Abs. 2 UmwStG, § 13 Abs. 6 EStG sowie § 15 Satz 2 GrEStG. Spezialgesetzliche Stundungsregeln enthält auch § 6 Abs. 4, 5 AStG (*Klein/Rüsken* § 222 AO Rz. 10–11).

5 **Stundung und Aussetzung der Vollziehung schließen sich nicht aus** (*Tipke/Kruse* § 222 AO Rz. 12). Falls die Tatbestandsvoraussetzungen beider Vorschriften erfüllt sind, empfiehlt es sich, Aussetzung der Vollziehung zu beantragen, denn Stundungszinsen fallen stets an; Aussetzungszinsen nur, wenn und soweit das Rechtsmittel endgültig keinen Erfolg gehabt hat (§ 237 Abs. 1 AO).

6 **Voraussetzung einer Stundung ist eine erhebliche Härte** für den Schuldner **und, dass der Anspruch nicht gefährdet erscheint.** Der Begriff „erhebliche Härte" ist ein unbestimmter Gesetzesbegriff, der mit einer Ermessensentscheidung gekoppelt ist (*Tipke/Kruse* § 222 AO Rz. 19 mwN). Ob die Einziehung von Steuern eine erhebliche Härte darstellt, muss im Einzelfall durch eine Abwägung zwischen den Interessen des Steuergläubigers an einer vollständigen und gleichmäßigen Steuererhebung und dem Interesse des Stpfl. an einem Aufschub der Fälligkeit der Steuerzahlung festgestellt werden. Die Härte muss erheblich sein. Die Anforderungen sind hierbei aber geringer als bei der AdV (vgl. BFH III B 16/99 v. 9.12.99, BFH/NV 00, 885; Formular D. 1.02). Dass Steuerzahlungen allgemein mit Härte verbunden sein können, ist unerheblich. Entscheidend sind die konkreten Verhältnisse des besonderen Falles (BFH VIII R 8/68 v. 21.8.73, BStBl. II 74, 307). Der Stpfl. muss sich auf die zu erwartenden Steuerzahlungen einrichten. Eine erhebliche Härte ist erst dann anzunehmen, wenn dem Stpfl. die erforderlichen Mittel nicht zur Verfügung stehen und er sie sich auch nicht unter zumutbaren Bedingungen verschaffen kann. Die Steuerzahlung als solche muss zu wirtschaftlichen Schwierigkeiten führen (BFH XI S 8/01 v. 27.4.01, BFH/NV 01, 1362). Ob eine erhebliche Härte das Vorliegen „ernsthafter Zahlungsschwierigkeiten" voraussetzt (so *Klein/Rüsken* § 222 AO Rz. 23, *H/H/Sp/ v. Groll* § 222 AO Rz. 131), erscheint zumindest zweifelhaft. Eine Existenzgefährdung wird regelmäßig eine erhebliche Härte darstellen; umgekehrt setzt der Begriff einer erheblichen Härte nicht regelmäßig eine Existenzgefährdung voraus. Da eine Stundung nur die Fälligkeit hinausschiebt, kommt sie nur in Betracht, wenn die Stundungsgründe **vorübergehender Natur** sind (BFH X B 9/94 v. 10.10.94, BFH/NV 95, 472, hierzu auch *Klein/Rüsken* § 222 AO Rz. 24); andernfalls ist unter Umständen ein Erlass (§§ 163, 227 AO) geboten (Formular E. 10). Die erhebliche Härte kann sowohl in **persönlichen** als auch in **sachlichen** Erwägungen begründet sein.

7 Nur ein Anspruch, der durch die Stundung nicht gefährdet erscheint, darf gem. § 222 AO gestundet werden. Ob eine **Gefährdung des Anspruchs** besteht, ist **unbestimmter Gesetzesbegriff** (*Tipke/Kruse* § 222 AO Rz. 39 mwN). Der Anspruch ist gefährdet, wenn mit einem Vermögensverfall, mindestens aber mit einer ernsthaften Verschlechterung der Vermögensverhältnisse zu rechnen ist. Die Gefährdung eines Steueranspruchs erschöpft sich aber nicht in der Betrachtung der Vermögenssituation des Steuerschuldners. Sie kann auch dadurch bewirkt werden, dass sich der Steuergläubiger in Bindungen bezüglich der Tilgungsmodalitäten begeben soll, die ihn in der Wahrnehmung der fiskalischen Interessen behindern könnten (BFH IV B 102/87 v. 8.2.88, BStBl. II 88, 514). Die Situation eines zu sanierenden Unternehmens wird den Steueranspruch regelmäßig gefährdet erscheinen lassen (*Ströfer* StuW 82, 231 ff., 251). Bei ausreichender Sicherheitsleistung ist der Anspruch nicht gefährdet. Daher wäre die Ablehnung einer Stundung in solchen Fällen ermessensfehlerhaft.

8 **Eine Stundung wird regelmäßig nur auf Antrag gewährt.** Der Antrag muss begründet werden. Formalhafte Floskeln genügen nicht. Der Schuldner muss der Finanzbehörde ein zeitnahes Bild seiner wirtschaftlichen Verhältnisse vermitteln (BFH

IV 363/58 U v. 13.4.61, BStBl. III 61, 292). Die Finanzbehörde darf einen Vermögensstatus verlangen (BFH IV 363/58 U v. 13.4.61, BStBl. II 61, 292). Der Antrag kann vor oder nach Fälligkeit gestellt werden. Die rückwirkende Stundung ist zulässig (BFH VII R 55/03 v. 8.7.04, BStBl. II 05, 7). Ein Stundungsbegehren erledigt sich nicht durch das Erlöschen der Steuerforderung (BFH I 204/65 v. 13.9.66, BStBl. II 66, 694). Die **Stundungsverfügung wird mit ihrer Bekanntgabe wirksam** (§ 124 AO); sie kann rückwirkend verfügt werden (§ 109 Abs. 1 Satz 2 AO).

Zuständig für die Gewährung von Stundungen ist gem. § 222 AO die Finanzbehörde, nicht das Finanzgericht. Maßgebend sind die Zuständigkeitsregeln der Länder, soweit es sich um Steuern handelt, die von den Landesfinanzbehörden verwaltet werden. Es gelten einheitliche Zuständigkeitsgrenzen, vgl. Gleichl. Ländererlasse v. 24.3.17 (BStBl. I 17, 419). **9**

Eine Stundungsverfügung kann mit einem **Widerrufsvorbehalt** versehen werden. **10** Der Vorbehalt muss aber sachlich gerechtfertigt sein. Ein automatischer Widerrufsvorbehalt, wie ihn die Gleichl. Ländererlasse v. 24.3.17, BStBl. I 17, 419) vorsehen, erscheint rechtsmissbräuchlich (glA *Tipke/Kruse* § 222 AO Rz. 63 ff.). Die Ausübung eines Widerrufsvorbehalts muss durch sachliche Gründe gerechtfertigt sein, zB durch eine Änderung der tatsächlichen Verhältnisse, die für die Stundungsgewährung maßgeblich waren. Kein Grund liegt vor wenn die Behörde nachträglich ihre Ansicht über Rechtshängigkeit und Zweckmäßigkeit der Verfügung ändert (FG Nds. IV 101/73 v. 10.9.75, EFG 76, 207).

Gegen die Ablehnung eines Stundungsantrags und gegen den Widerruf einer Stundung ist der **Einspruch** gegeben (§ 347 AO); gegen die ablehnende Einspruchsentscheidung ist Verpflichtungsklage zulässig (§ 40 FGO). Der Widerruf einer Stundung ist – anders als die Ablehnung – ein vollziehbarer Verwaltungsakt, dessen Vollziehung ausgesetzt werden kann. Während der Aussetzung gilt die Stundung weiter (BFH VIII B 29/82 v. 8.6.82, BStBl. II 82, 608). Bei gerichtlicher Nachprüfung von Entscheidungen über Stundungsanträge sind die tatsächlichen Verhältnisse im Zeitpunkt der Einspruchsentscheidung maßgebend (BFH VII R 66/90 v. 26.3.91, BStBl. II 91, 545). **Vorläufiger Rechtsschutz** in Stundungssachen kann im Wege der einstweiligen Anordnung gewährt werden (BFH VIII B 94/79 v. 21.1.82, BStBl. II 82, 307; vgl. dazu Formular D. 2.08). **11**

Für die Dauer der gewährten Stundung werden grds. Stundungszinsen **12** **erhoben** (§ 234 Abs. 1 AO), und zwar in Höhe von 0,5% für jeden Monat (§ 238 Abs. 1 AO). Auf die Zinsen **kann ganz oder teilweise verzichtet** werden, wenn ihre Erhebung nach Lage des einzelnen Falles unbillig wäre (§ 234 Abs. 2 AO). Ein solcher Verzicht kann zB in Betracht kommen bei Katastrophenfällen und Pandemie bei länger dauernder Arbeitslosigkeit des Steuerschuldners, bei Liquiditätsschwierigkeiten allein infolge nachweislicher Forderungsausfälle in der Insolvenz und ähnlichen Fällen. Eine zinslose Stundung kommt auch in Betracht im Hinblick auf belegbare, demnächst fällig werdende Ansprüche des Steuerschuldners sowie bei Steuerpflichtigen, die bisher ihren Zahlungspflichten pünktlich nachgekommen sind. Nach Auffassung der Verwaltung kommt ein Verzicht auf Stundungszinsen regelmäßig nur in Betracht, wenn für einen Zeitraum von nicht mehr als drei Monaten gestundet wird und der insgesamt zu stundende Betrag € 5.000,– nicht übersteigt (Nr. 11 AEAO zu § 234). Eine sachliche Rechtfertigung für diese Begrenzung ist nicht ersichtlich.

BMF v. 2.5.19 (BStBl I 19, 448) bzw. BMF v. 27.11.19 (BStBl I 19, 1266) haben **13** die in BFH VIII B 128/18 v. 4.7.19, BFH/NV 19, 1060), IX B 21/18 v. 25.4.18 (DStR 18, 1020) bzw. VIII R 15/18 v. 3.9.18, (DStR 19, 18) geäußerten **schwerwiegenden Zweifel an der Verfassungsmäßigkeit** der Höhe der Nachzahlungszinsen von monatlich 0,5% für Verzinsungszeiträume ab Januar 2012 bestätigt. Der BFH sieht in der realitätsfernen Bemessung der Zinshöhe einen Verstoß gegen den allgemeinen Gleichheitssatz (Art. 3 GG) und das Übermaßverbot. Zutreffend weist der

BFH darauf hin, dass der Sinn und Zweck der Verzinsungspflicht – nämlich die Abschöpfung von Liquiditätsvorteilen – angesichts des bereits seit Jahren extrem niedrigen allgemeinen Zinsniveaus nicht erreichbar ist und dem Fiskus mithin kein Zinsnachteil entsteht, zumal der Stpfl. die zu zahlenden Zinsen durch Anlage der nicht gezahlten Steuerbeträge tatsächlich nicht erzielen kann. Bis zur Entscheidung des BVerfG (Az. 1 BvR 2237/14 und 1 BvR 2422/17) ergehen **Zinsfestsetzungen** derzeit nach § 165 Abs. 1 Satz 2 Nr. 3 AO iVm. § 239 Abs. 1 Satz 1 AO **vorläufig** hinsichtlich der Verfassungsmäßigkeit der Höhe des Zinssatzes von 0,5 % pro Monat (vgl. BMF v. 2.5.19 (BStBl. I 19, 448). Das vorstehende gilt gleichermaßen auch für die Verfassungsmäßigkeit der Zinshöhe bei den Stundungszinsen.

2. Einzelerläuterungen

14   **Persönliche Stundungsgründe** ergeben sich aus den persönlichen Verhältnissen des Steuerschuldners; die Verhältnisse beim Stpfl. müssen ungünstiger liegen als bei den anderen (vgl. *Klein/Rüsken* § 222 AO Rz. 23). Die Tatsache, dass der Entrichtungsschuldner nur fremdes Geld abzuführen hat, schließt die Annahme einer erheblichen Härte für ihn regelmäßig aus (BFH I R 115/86 v. 30.5.90, BFH/NV 90, 757). Die Ablehnung einer entsprechenden Verrechnungsstundung ist daher nicht ermessenswidrig (BFH I R 107/98 v. 23.8.00, BStBl. II 00, 742). Die Einziehung bei Fälligkeit kann zB unbillig sein, weil der Stpfl. plötzlich erkrankt ist oder unerwartet hohe finanzielle Verluste erlitten hat, etwa durch eine Naturkatastrophe. Im Prinzip muss sich der Stpfl. auf vorhersehbare Zahlungstermine, ggf. auch auf Nachzahlungen, einrichten (BFH VIII R 8/68 v. 21.8.73, BStBl. II 74, 307). Dafür muss er auch eigene Mittel, zB ein Wertpapiervermögen, bereithalten und einsetzen. Auch die Aufnahme von Krediten ist zumutbar (BFH VIII R 8/68 v. 21.8.73, BStBl. II 74, 307), falls die Zinsbelastung zumutbar ist (BFH VIII R 8/68 v. 21.8.73, aaO). Der Stpfl. kann sich zur Begründung eines Stundungsantrages grundsätzlich nicht auf Verhältnisse berufen, die er selbst verursacht hat, zB durch extrem hohe Entnahmen. Steuerschulden und andere Verbindlichkeiten sind regelmäßig gleichrangig (*Weidenfeller* StuW 62, 474).

15   **Saisonbedingte Liquidationsengpässe** können eine Stundung rechtfertigen, soweit sie über den jährlich wiederkehrenden Saisonablauf hinausgehen (FG Nds. VII 503/81 v. 1.3.82, EFG 82, 571).

16   Eine Stundung aus persönlichen Gründen ist von der **Stundungswürdigkeit** des Antragstellers abhängig. Stundungsunwürdigkeit ist zB gegeben, wenn der Steuerschuldner nicht die gebotenen Anstrengungen zur pünktlichen Tilgung seiner Steuerschulden unternommen hat (BFH I R 5/83 v. 2.7.86, BFH/NV 87, 684). Steuerhinterziehung schließt Stundungswürdigkeit nicht generell aus (vgl. *Janssen* DStZ 91, 79); ebenso wenig die Nichtabgabe von Steuererklärungen (FG BaWü 12 K 207/95 v. 14.1.98, EFG 98, 713). Die Stundungswürdigkeit entfällt auch nicht, weil der Steuerpflichtige bei verbesserter Ertragslage keinen Antrag auf Erhöhung der Vorauszahlungen stellt (FG Brandenburg 5 K 1090/96 v. 23.10.97, EFG 98, 169; einschränkend FG Thüringen I 419/00 v. 5.6.00, EFG 00, 910).

C. 14.02 Sachliche Stundungsgründe

I. FORMULAR

Formular C. 14.02 Stundung aus sachlichen Stundungsgründen

Finanzamt ...

Steuernummer ......,

Antrag auf Stundung Kfz-Steuer

Sehr geehrte Damen und Herren,

ich beantrage zinslose Stundung der für mein Fahrzeug mit dem amtlichen Kennzeichen ...... in einem Monat fällig werdenden Kraftfahrzeugsteuer in Höhe von € 300,–.

Ich habe beim Finanzamt ..... unter der Steuernummer ..... vor zwei Wochen meine Einkommensteuererklärung für das Jahr ..... eingereicht. Daraus ergibt sich, bedingt durch eine Sonder-AfA nach § 7b EStG und die insgesamt erklärten negativen Einkünfte aus Vermietung und Verpachtung, ein voraussichtliche Einkommensteuererstattungsanspruch in Höhe von € 500,–. Als Nachweis für den sich voraussichtlich ergebenden Erstattungsbetrag füge ich die Berechnung der Einkommensteuer diesem Schreiben bei (s. Anlage).

Begründung:

Die Stundung ist vorliegend bereits aus objektiv-sachlichen Gründen zu gewähren. Eine Aufrechnung des ESt-Erstattungsanspruchs mit der Kraftfahrzeugsteuer-Verbindlichkeit ist zum gegenwärtigen Zeitpunkt noch nicht möglich, da das ESt-Guthaben erst infolge der Bescheidbekanntgabe fällig werden wird. Im Hinblick auf die Zeit bis zur Durchführung der Einkommensteuerveranlagung bitte ich daher um Verrechnungsstundung der Kraftfahrzeugsteuer und um anschließende Aufrechnung mit dem Erstattungsanspruch gem. § 226 AO iVm §§ 387 ff. BGB, da die Voraussetzungen der Aufrechnung zu diesem Zeitpunkt erfüllt sein werden. Die Einziehung einer Steuer stellt nach der Rspr. des BFH dann eine erhebliche sachliche Härte dar, wenn die Erfüllung von Ansprüchen aus einem Steuerschuldverhältnis begehrt wird und diesen alsbald zu erstattende Ansprüche gegenüber stehen. Es widerspricht dem Grundsatz von Treu und Glauben, in einem solchen Fall etwas zu fordern, was sogleich wieder zurückgewährt werden müsste. Eine Ablehnung der Stundung wäre ermessensfehlerhaft, wenn der Gegenanspruch mit an Sicherheit grenzender Wahrscheinlichkeit besteht und in absehbarer Zeit fällig werden wird (vgl. BFHIV R 161/81, BStBl. II 1985, 449; *Klein/Rüsken* § 222 AO Rz. 36 mwN). Ohne der Veranlagung durch das zuständige Finanzamt vorgreifen zu wollen, sind aus meiner Sicht keine Anhaltspunkte ersichtlich, weshalb in wesentlichen Punkten von der Einkommensteuererklärung abzuweichen wäre.

Das Vorliegen dieses Einkommensteuererstattungsanspruchs ist ohne schwierige Nachprüfungen erkennbar, so dass das Finanzamt verpflichtet ist, die beantragte Stundung zu gewähren.

Dass vorliegend unterschiedliche Finanzämter zuständig sind, ist unerheblich. Das Erfordernis der Kassenidentität gem. § 395 BGB findet bei einer Aufrechnung durch den Steuerpflichtigen gegen Ansprüche aus dem Steuerverhältnis keine Anwendung. Für die Aufrechnung wird durch § 226 Abs. 4 AO fingiert, dass als Gläubiger und Schuldner des Anspruchs aus dem Steuerschuldverhältnis auch die steuerverwaltende Körperschaft gilt. Die Identität kann also wahlweise aufgrund der Ertragshoheit oder der Verwaltungshoheit bestehen (vgl. BFHVII R 105/87, BStBl. II 1989, 949).

Angesichts der geschilderten Verhältnisse beantrage ich, aus Billigkeitsgründen auch von einer Zinsfestsetzung abzusehen.

Mit freundlichen Grüßen

....

Unterschrift Stpfl.

II. ERLÄUTERUNGEN

> **Erläuterungen zu C. 14.02 Stundung aus sachlichen Stundungsgründen**

1. Grundsätzliche Anmerkungen

Vgl. C. 14.01 Rz. 1 ff.

2. Einzelerläuterungen

1   **Sachliche Stundungsgründe** sind nicht in der Person des Steuerpflichtigen, sondern in objektiven Verhältnissen begründet (vgl. hierzu *Klein/Rüsken* § 222 AO Rz. 30 ff.). Dass insoweit Überschneidungen möglich sind, ist offenkundig.

2   **Eine erhebliche sachliche Härte kann die Einziehung einer Steuer dann darstellen,** wenn der Steuerpflichtige in Kürze mit einer Steuererstattung rechnen kann, ohne dass die Möglichkeit einer Aufrechnung besteht (BFH I R 98/81 v. 6.10.82, BStBl. II 83, 397, FG Hamburg 2 K 103/11 v. 22.3.12, BeckRS 2012, 95052). Eine nur ungewisse Aussicht auf Erstattung der Steuer genügt aber nicht. Um die Verpflichtung zur Steuerzahlung bei Fälligkeit als erhebliche sachliche Härte zu werten, muss der Gegenanspruch mit an Sicherheit grenzender Wahrscheinlichkeit bestehen und in absehbarer Zeit fällig werden (BFH V B 44/84 v. 29.11.84, BFHE 142, 418; BFH II R 71/94 v. 12.6.96, BFH/NV 96, 873). Die Stundung von Einkommensteuervorauszahlungen kann nicht verlangt werden, wenn zur Begründung des Stundungsantrags lediglich vorgebracht wird, dem Steuerpflichtigen stehe ein – vom Finanzamt bisher nicht anerkannter – Vorsteuerüberschuss zu (BFH IV R 161/81 v. 7.3.85, BStBl. II 85, 449). Über die Voraussetzungen der sog. **Verrechnungsstundung** vgl. OFD Hannover v. 13.3.09 (BeckVerw 158806) und FG Köln 10 K 2772/15 v. 29.9.16, BeckRS 2016, 95731, Rev. BFH V R 57/16).

3   **Einwendungen gegen die materielle Richtigkeit einer Steuerfestsetzung** oder auch die Verfassungswidrigkeit eines Gesetzes rechtfertigen eine Stundung grundsätzlich nicht (BFH V 132/59 U v. 14.8.63, BStBl. III 63, 445). Etwas anderes gilt aber dann, wenn der Steuerpflichtige Stundung bis zur Entscheidung über einen Antrag auf Aussetzung der Vollziehung beantragt. Bei Beteiligungen an Abschreibungsgesellschaften kann eine erhebliche sachliche Härte gegeben sein, wenn der Schuldner eine festgesetzte Steuerschuld bezahlen soll, nach den gegebenen Umständen aber mit überwiegender Wahrscheinlichkeit zu erwarten ist, dass die Steuerfestsetzung demnächst zu seinen Gunsten geändert werden wird (BMF v. 13.7.92, BStBl. I 92, 404). Eine Stundung wegen Inanspruchnahme eines Verlustrücktrages darf nicht mit der Begründung abgelehnt werden, die Steuererklärung für das Verlustjahr liege noch nicht vor (FG Nds. VI 89/82 v. 27.5.82, EFG 82, 636; FG Mecklenburg-Vorpommern 1 K 170/96 v. 6.8.97, EFG 97, 1222). Die Realisierung stiller Reserven ohne Zufluss von Geldmitteln ist kein Grund für eine Stundung aus sachlichen Gründen (BFH I R 145/90 v. 16.10.91, BStBl. II 92, 321).

C. 15. Tatsächliche Verständigung

I. FORMULAR

Formular C. 15 Tatsächliche Verständigung

Niederschrift über die abschließende Besprechung am ......

im Rahmen der Außenprüfung bei

................, wohnhaft in ....

Finanzamt ...., Steuernummer ....

Teilnehmer:

Für den Steuerpflichtigen: Steuerberater ....

Für das Finanzamt: Regierungsrat ....

     Sachgebietsleiter

     Außenprüfung ....

Zur Sicherung des Rechtsfriedens auf der Grundlage der ständigen Rechtsprechung des Bundesfinanzhofs (grundlegend BFH VIII R 131/76, BStBl. II 1985, 354) und der Grundsätze des BMF-Schreibens vom 30.7.2008 (BStBl. I 2008, 831), und weil weitere Ermittlungen aller Voraussicht nach nicht zu einer vollständigen Klärung führen können.

Hintergrund der tatsächlichen Verständigung

Der Steuerpflichtige führt ein Restaurant. Bei der für die Jahre 2015 bis 2017 durchgeführten Betriebsprüfung wurde festgestellt, dass die Buchhaltung und die Aufzeichnungen nicht im vollen Umfang den Grundsätzen ordnungsgemäßer Buchführung entsprechen. Auf die Feststellungen im Betriebsprüfungsbericht vom ...... wird verwiesen.

Inhalt der tatsächlichen Verständigung

Für die Betriebsprüfung war aufgrund der nicht ordnungsgemäßen Buchführung unbestritten die Möglichkeit zur Schätzung eröffnet. Für die Schätzung steht der Finanzverwaltung ein weiter Schätzrahmen zur Verfügung. Die Sach- und Rechtslage wurde ausführlich zwischen den Beteiligten erörtert. Unter Berücksichtigung der vorstehend genannten Umstände und im Hinblick auf den bestehenden Schätzungsrahmen der Betriebsprüfung, waren sich die Beteiligten darüber einig, dass auch weitere Ermittlungen nicht zu einer vollständigen Klärung des Sachverhaltes führen werden. Zur Wahrung des Rechtsfriedens konnten sich die Beteiligten auf die nachfolgend dargelegte Schätzung der Erlöse und die Aufteilung der Umsätze einigen.

....

Die Beteiligten sind sich weiter darüber einig, dass diese tatsächliche Verständigung über die Besteuerungsgrundlagen für alle Beteiligten bindend ist. Die Beteiligten sind sich des Weiteren darüber einig, dass die vorliegende Verständigung die Beteiligten ausschließlich steuerlich bindet. Ein Zugeständnis im Hinblick auf den strafrechtlichen Vorwurf der im Zusammenhang mit den Feststellungen der Betriebsprüfung gegen den Steuerpflichtigen erhoben wird, ist damit nicht verbunden und wir ausdrücklich verneint. Die Schätzung erfolgt allein aufgrund steuerlicher Befugnisse im Rahmen der Abgabenordnung.

..............................., den ....

....
[Unterschrift]   [Unterschrift]

II. ERLÄUTERUNGEN

Erläuterungen zu C. 15 Tatsächliche Verständigung

Schrifttum: *Eich* Die tatsächliche Verständigung im Steuerverfahren und im Steuerstrafverfahren, Köln 1992; *Just* Der Mehrwert bei Vergleich und tatsächlicher Verständigung, DStZ 14, 2079; *Lichtinghagen* Chancen und Risiken der tatsächlichen Verständigung, StuB 09, 63; *Mösbauer* Die tatsächliche Verständigung – ein vages Beweismittel-Surrogat im Besteuerungsverfahren, BB 03, 1037; *Offerhaus* Die tatsächliche Verständigung – Voraussetzungen und Wirkung, DStR 01, 2093; *Pump/Fitkau* Checkliste zur tatsächlichen Verständigung, AO-StB 07, 129, 154; *Seer* Verständigungen in Steuerverfahren, Köln 1996; *Wilke:* Die Auswirkungen der tatsächlichen Verständigung im Steuerrecht auf das parallel geführte Steuerstrafverfahren, DStR 18, 108.

1   **Vergleiche über Steueransprüche sind nach ständiger Rechtsprechung im Hinblick auf Gesetzmäßigkeit und Gleichmäßigkeit der Besteuerung unzulässig** (RFH VI A 723/36 v. 14.10.36, RStBl. 36, 1077; BFH IV 281/54 U v. 27.1.55, BStBl. III 55, 92; III 326/58 U v. 26.5.61, BStBl. III 61, 380). Gleichwohl erkennen die Rspr. und die Finanzverwaltung an, dass in der Praxis ein Bedürfnis besteht, unklare Sachverhalte und deren Behandlung einvernehmlich zu regeln. Sowohl die Finanzbehörde als auch der Stpfl. haben regelmäßig ein ausgeprägtes Interesse daran, kosten-, arbeits- und zeitaufwändige Sachverhaltsermittlungen zu vermeiden. Einvernehmliche Regelungen dienen außerdem der Vermeidung von Rechtsstreitigkeiten, deren Ausgang und vor allen Dingen deren Dauer kaum noch vorhersehbar sind. Seit der Entscheidung des BFH VIII R 131/76 v. 11.12.84 (BStBl. II 85, 354) erkennt die Rspr. einvernehmliche Regelungen im Bereich der Sachverhaltsermittlung an. Sie „betreffen zumeist einen Ausschnitt des Besteuerungssachverhalts und dienen dem Ziel, insoweit Unsicherheiten und Ungenauigkeiten zu beseitigen" (vgl. BFH III R 49/00 v. 24.1.02, BStBl. II 02, 408). Solche Einigungen wirken sich, wie der BFH formuliert, zwar auch auf den Steueranspruch aus, es handele sich jedoch nicht um einen Vergleich über das anzuwendende Recht. Das Recht werde vielmehr erst auf einen einverständlich angenommenen Sachverhalt angewandt. In Betracht kommen vor allen Dingen Fälle der Schätzung, Wertermittlung und der zukunftsorientierten Prognose (vgl. BMF v. 30.7.08, BStBl. I 08, 831). Tatsächliche Verständigungen sind nach der Rechtsprechung des BFH und der Finanzverwaltung bindend, sofern sie nicht zu offensichtlich unzutreffenden Ergebnissen führen (BFH XI R 78/95 v. 31.7.96, BStBl. II 96, 625; III R 49/00 v. 24.2.02, BStBl. II 02, 408; BMF v. 30.7.08, aaO, Tz. 6.1.).

2   **Die Rechtsnatur einer tatsächlichen Verständigung** ist nach wie vor umstritten. Die Rechtsprechung des BFH ist nicht einheitlich. Überwiegend wird die Bindung mit dem Grundsatz von Treu und Glauben begründet (BFH I R 13/86 v. 6.2.91, BStBl. II 91, 673; XI R 78/95 v. 31.7.96, BStBl. II 96, 625; anders dagegen BFH III R 19/88 v. 5.10.90, BStBl. II 91, 5) JuS 00, 1129. Das ganz überwiegende Schrifttum qualifiziert die tatsächliche Verständigung inzwischen als öffentlich-rechtlichen Vertrag (zB *Wassermeyer* FR 87, 513; von *Wedelstädt* DB 91, 515; *Eich* Tatsächliche Verständigung im Steuerverfahren und Steuerstrafverfahren, S. 20; *H/H/Sp/Söhn* § 78 AO Rz. 174; *Klein/Rätke* § 78 AO Rz. 5). UE ist die tatsächliche Verständigung als öffentlich-rechtlicher Vertrag zu qualifizieren. Ein Verstoß gegen den

Grundsatz der Gesetzmäßigkeit der Verwaltung ist darin nicht zu sehen, denn jede Verständigung über Sachverhaltsfragen beinhaltet zugleich eine Verständigung über die Rechtsfolgen. Eine Verständigung über Besteuerungsgrundlagen löst zwangsläufig ganz bestimmte (auch gewollte) steuerrechtliche Folgerungen aus und bewirkt damit im Ergebnis eine partielle Einigung über den Steueranspruch (ebenso *Offerhaus* DStR 01, 2093).

Folgt man der hier vertretenen Auffassung, so wirkt eine tatsächliche Verständigung **3** wie ein **Grundlagenbescheid**. Dessen Bindungswirkung schließt es nach § 182 AO aus, dass über einen Sachverhalt, über den im Feststellungsverfahren entschieden worden ist, im Folgeverfahren in einem damit unvereinbaren Sinn anders entschieden wird. Die Bindungswirkung einer tatsächlichen Verständigung als Vertrag schließt die Anwendung der §§ 173 ff. AO aus (vgl. dazu *Klein/Rätke* § 78 AO Rz. 5).

Nach der Rspr. des BFH sind nur Verständigungen über den der Steuerfestsetzung **4** zu Grunde zu legenden **Sachverhalt** zulässig, **nicht** aber über die Beurteilung von **Rechtsfragen** (grundlegend BFH VIII R 131/76 v. 11.12.84, BStBl. II 85, 354; IV R 54/04 v. 3.4.08, BFH/NV 08, 1263). Voraussetzung für eine tatsächliche Verständigung ist das Vorliegen eines Sachverhalts, der nur unter erschwerten Umständen ermittelt werden kann. Das ist zB der Fall, wenn sich der einzelne Sachverhalt nur mit überdurchschnittlichem Arbeits- und Zeitaufwand und/oder mit überdurchschnittlicher Zeitdauer ermitteln lässt (vgl. BMF v. 30.7.08, BStBl. I 08, 831 Tz. 3; AEAO zu § 88 AO, Nr. 1 Abs. 2). Dabei darf die Finanzbehörde auch berücksichtigen, in welchem Maße sie durch ein zu erwartendes finanzgerichtliches Verfahren belastet wird, sofern sie bei vorhandenen tatsächlichen oder rechtlichen Zweifeln dem Begehren des Steuerpflichtigen nicht entspricht und zu seinem Nachteil entscheidet (BMF v. 30.7.08, aaO, Tz. 3). Eine tatsächliche Verständigung ist auch zulässig, soweit sich die Beteiligten über die Auslegung und rechtliche Beurteilung zivilrechtlicher Verträge oder Rechtsfragen, die als Vorfragen der steuerlichen Beurteilung zugrunde zu legen sind, einigen (BFH IV R 3/00 v. 1.2.01, BStBl. II 01, 520).

Eine tatsächliche Verständigung kann sich nur auf **in der Vergangenheit** verwirk- **5** lichte Besteuerungstatbestände beziehen; eine während eine Ap getroffene Verständigung ist deshalb nur dann über den Prüfungszeitraum hinaus bindend, wenn sie von allen Beteiligten in diesem Sinne verstanden worden ist oder werden musste (vgl BFH I R 63/06 v. 13.2.08, BStBl. II 09, 414). Geht es um die zukünftige Besteuerung, darf allenfalls eine Zusage erteilt werden (*Klein/Rüsken* § 162 AO Rz. 30–33),

Auf **Seiten des Finanzamtes** muss mindestens der für die Entscheidung über die **6** Steuerfestsetzung zuständige, d. h. der **zur abschließenden Zeichnung berechtigte Amtsträger** beteiligt sein. War an dem Abschluss einer tatsächlichen Verständigung ein für die Entscheidung über die Steuerfestsetzung zuständiger Amtsträger nicht beteiligt, kann dieser Mangel durch ausdrückliche nachträgliche Zustimmung gegenüber allen Beteiligten geheilt werden. Mit BMF v. 15.4.19 (MwStR 19, 384) wurde Tz. 5.3. in BMF v. 30.7.08 (BStBl. I 08, 831 um die Sätze 6 und 7 erweitert, wonach die tatsächliche Verständigung bis zur nachträglichen Zustimmung des Amtsträgers schwebend unwirksam ist. Soweit der Stpfl. durch einen Bevollmächtigten vertreten wird, muss eine Vollmacht iSv. § 80 Abs. 1 Satz 12 AO vorliegen.

Einer besonderen Form bedürfen tatsächliche Verständigungen grds. 7 nicht. BMF v. 30.7.08, BStBl. I 08, 831 sieht in Tz. 5.5. vor, dass der Inhalt der tatsächlichen Verständigung in einfacher, aber beweissicherer Form unter Darstellung der Sachlage schriftlich festzuhalten und von den Beteiligten aus Beweisgründen zu unterschreiben ist. Des Weiteren sollen den Beteiligten in eindeutiger und zweifelsfreier Form auf die Bindungswirkung der tatsächlichen Verständigung hingewiesen werden. Eine Ausfertigung der Verständigung ist an alle Beteiligten auszuhändigen. Die fehlende Schriftform kann ein Indiz für den Mangel an Bindungswillen sein kann (BFH IV B 138/99 v. 21.6.00, BFH/NV 01, 2; BFH XI R 78/95 v. 31.7.96, BStBl. II 96, 625;

von Wedelstädt DB 91, 515). Es ist aber nicht ausgeschlossen, den Abschluss einer tatsächlichen Verständigung auch durch andere Beweismittel, zB durch Zeugenvernehmung, zu führen.

8   Die tatsächliche Verständigung kann **in jedem Stadium des Veranlagungsverfahrens,** insbesondere auch anlässlich einer Außenprüfung und während eines anhängigen Rechtsbehelfs- bzw. Rechtsmittelverfahrens (zB im Rahmen einer Erörterung nach § 364a AO) getroffen werden. Von ihr kann auch bei Steuerfahndungsprüfungen bzw. nach Einleitung eines Steuerstrafverfahrens Gebrauch gemacht werden. Dann soll allerdings frühzeitig die für Straf- und Bußgeldverfahren zuständige Stelle bzw. die Staatsanwaltschaft einbezogen werden (BMF v. 30.7.08, BStBl. I 08, 831 Tz. 1). Eine tatsächliche Verständigung kann nicht vorläufig durchgeführt werden, denn durch sie soll ja gerade eine Ungewissheit beseitigt werden (*von Wedelstädt* DB 91, 515).

9   **Eine tatsächliche Verständigung ist unwirksam,** wenn sie unter unzulässigem Druck oder unter der Drohung mit einem noch anhängigen Strafverfahren zustande kommt (vgl. hierzu BFH V B 20/08 v. 8.4.10, BFH/NV 10, 1616). Gleiches gilt, wenn der Steuerpflichtige Tatsachen bewusst verschwiegen hat, um in den Genuss eines für ihn günstigen Ergebnisses zu gelangen (BMF v. 30.7.08, BStBl. I 08, 831, Tz. 8.1) Sie ist auch dann unwirksam, wenn sie offensichtlich zu unrichtigen Ergebnissen führt (BFH X B 58/15 v. 21.9.15 (BFH/NV 16, 48). Eine einvernehmliche Änderung der tatsächlichen Verständigung durch die Beteiligten ist zulässig. Die Aufhebung oder Änderung des Verwaltungsaktes, dessen Bestandteil die tatsächliche Verständigung ist, kommt nur dann in Betracht, wenn dies nach den verfahrensrechtlichen Bestimmungen zulässig ist (vgl. BMF v. 30.7.08 aaO, Tz. 7.1. und 7.2.). §§ 129 ff. AO sind mangels Verwaltungsaktscharakter der tatsächlichen Verständigung für diese selbst nicht anwendbar. Grundsätzlich sind aber die Änderungsvorschriften der §§ 119, 123 BGB auf die tatsächliche Verständigung anwendbar (BFH VIII R 78/06 v. 1.9.09, BFH/NV 10, 593).

10   **Vorteilhaft** kann der Abschluss einer tatsächlichen Verständigung **in (möglicherweise) steuerstrafrechtlich relevanten Fällen** sein: Die Voraussetzung, wonach Unsicherheiten vorliegen müssen, die nicht aufklärbar sind, steht der Annahme einer Strafbarkeit zwar nicht entgegen. Allerdings ist der strafrechtlich erforderliche Nachweis gerade nicht erbracht (vgl. hierzu auch *F/G/J/Randt* § 404 AO, Rz. 151).

C. 16. Verlustabzug

I. FORMULAR

Formular C. 16 Verlustabzug

Steuernummer ......,

Antrag auf eingeschränkten Verlustabzug

Sehr geehrte(r)....,

in meinem Einkommensteuerbescheid vom ...... (noch nicht formell bestandskräftig) wird ein Verlustrücktrag auf das Vorjahr in Höhe von € 14.500,– von Amts wegen durchgeführt. Hiermit beantrage ich nach § 10d Abs. 1 Satz 5 EStG, dass ein Verlustrücktrag auf das Vorjahr nur in Höhe von € 8.500,– vorgenommen wird.

Mit freundlichen Grüßen

....

Unterschrift Stpfl

II. ERLÄUTERUNGEN

Erläuterungen zu C. 16 Verlustabzug

Schrifttum: *Bergan/Horlemann* Corona-Pandemie und Verlustabzug, DStR 20, 1401; *Ewal* Die Minderung des Verlustes nach Maßgabe des § 10d EStG – Eine steuersystematische Analyse, DStR 05, 1556; *Hörhammer* Neueste Entwicklungen beim Verlustabzug nach § 8c KSt, DStR 19, 847; *Intemann/Nacke* Verlustverrechnung nach den Steueränderungen für 2003/2004, DStR 04, 1149; *Laule/Bott* Vererbbarkeit von Verlustvorträgen, DStR 02, 1373; *dies.* DStR 05, 497; *Orth* Mindestbesteuerung – Verlustnutzungsstrategien, Verfassungsrecht, FR 05, 5115; *Schöler* Verlustvortrag und Zusammenveranlagung in der Insolvenz eines Ehegatten, DStR 13, 1453; *Streck* Unternehmenssteuerreform 2008, NJW 07, 3176; *Wassermeyer* Einschränkungen der Verlustverrechnung, FR 11, 752; *Weiss,* Steuerliche Verlustbehandlung nach dem Zweiten Corona-Steuerhilfegesetz, DB 20, 1531.

§ 10d EStG ist eine Vorschrift der Steuergerechtigkeit, die auf unterschiedliche Art und **1** Weise in der Vergangenheit eine Durchbrechung der Abschnittsbesteuerung ermöglicht.

§ 10d EStG in seiner jetzigen Form sieht vor, dass der Verlustausgleich im VZ **2** grundsätzlich einkünfteübergreifend unbegrenzt möglich ist. Der **Verlustrücktrag** in frühere VZ ist zeitlich und betragsmäßig begrenzt und nicht mehr auf Einkunftsarten beschränkt. Der **Verlustvortrag** in spätere VZ ist zeitlich nicht und betragsmäßig nicht mehr nach Einkunftsarten beschränkt, dafür aber seit VZ 2004 betragsmäßig durch Sockelbeträge eingeschränkt (sog. **Mindestbesteuerung**). Die Sockelbeträge nach § 10d Abs. 2 Satz 1 und 2 EStG schränken einen Verlustvortrag für übersteigende Verluste ein, vor allem für Verluste von Großunternehmen, aber auch für sonstige Steuerpflichtige mit hohen Einkünften aus nur einer Einkunftsart. Soweit Verluste Sockelbeträge übersteigen, ist zwar ein Ausgleich mit sonstigen Gewinnen im Veranlagungszeitraum der Verlustentstehung ohne Einschränkung möglich. Der Verlustabzug im späteren Veranlagungszeitraum wird jedoch durch betragsmäßige Begrenzung zeitlich gestreckt (vgl. § 10d Abs. 2 EStG Beispiel: Verlustvortragsbegrenzung EStR 10d).

§ 10d EStG gilt für die Einkommensteuer und gemäß § 8 Abs. 1 KStG auch für die **3** Körperschaftsteuer. Hierbei gelten allerdings Einschränkungen, § 8c KStG (vgl. zu den neuesten Entwicklungen *Hörhammer* DStR 19, 847). Hinsichtlich der Gewerbesteuer gilt § 10a GewStG (zu den Einzelheiten vgl. *Schmidt/Heinicke* § 10d EStG Rz. 11); ein Rücktrag ist insoweit ausgeschlossen.

§ 10d EStG findet Anwendung auf unbeschränkt und mit den Einschränkungen des **4** § 50 Abs. 1 Satz 2 und Abs. 2 EStG auch für beschränkt Einkommensteuer- und Körperschaftsteuerpflichtige. Der Verlustabzug ist **personenbezogen** und steht dem

Steuerpflichtigen zu, der den Verlust erlitten hat. Inwieweit in der Person des Erblassers entstandene Verluste vom Erben abziehbar sind war jahrelang in Literatur und Rspr. umstritten (vgl. *Schmidt/Heinicke* § 10d EStG Rz. 14 mwN). Der Große Senat hat (BFH GrS 2/04 v. 17.12.07, DStR 08, 545) entschieden, dass nicht ausgeglichene Verluste iSv. § 10d EStG nicht vom Erblasser auf den bzw. die Erben übergehen.

5   Ohne **Verlustrücktragsantrag** wird der Verlustrücktrag von Amts wegen vorgenommen, § 10d Abs. 1 Satz 1 iVm. Satz 5 EStG. Der Rücktrag ist seit dem VZ 2013 auf **ein Jahr** und hinsichtlich der **Höhe** auf einen Höchstbetrag beim Verlustrücktrag von € 1 Mio. bzw. € 2 Mio. bei zusammen veranlagten Ehegatten begrenzt (§ 10d Abs. 1 S. 1 iVm. § 52 Abs. 25 S. 7 EStG aF). Zur **befristeten Erhöhung** der Beträge für die **VZ 2019 bis VZ 2021** siehe Rz. 5a und 5b. Der Antrag ist formlos (in der Regel im Rahmen der Steuererklärung) möglich und gesetzlich nicht befristet. Zeitlich begrenzt ist der Verlustabzugsantrag allerdings durch die Bestandskraft der Abzugsveranlagung bzw. die Bestandskraft eines Feststellungsbescheides nach § 10d Abs. 4 EStG (vgl. hierzu *Blümich/Vogel* § 10d EStG Rz. 231).

5a   Mit dem CoronaStHG II v. 29.6.20 (BGBl I 20, 1512) wurden im Rahmen der steuerlichen Hilfsmaßnahmen zur Bewältigung der wirtschaftlichen Folgen der **Corona-Krise** die Höchstbeträge des § 10d Abs. 1 S. 1 EStG **vorübergehend für VZ 2020 und VZ 2021** auf 5 Mio. Euro bzw. auf 10 Mio. Euro bei zusammen veranlagten Ehegatten **angehoben** (§ 52 Abs. 18b S. 1). Ab VZ 22 gelten wieder die früheren Höchstbeträge (§ 52 Abs. 18b S. 2).

5b   Außerdem wurde mit dem CoronaStHG II ein **neuer § 111 EStG** eingeführt, um die Erhöhung der Höchstbetragsgrenzen beim Verlustrücktrag bereits im Rahmen der Veranlagung für **VZ 2019** berücksichtigen zu können (BT-Drs. 19/20058, S. 25). § 111 EStG steht in einem engen Zusammenhang mit § 10d EStG, weil er ein Wahlrecht schafft, bei dessen Ausübung die allgemeine Regelung des Verlustrücktrags (§ 10d Abs. 1 Satz 1) für VZ 2019 ergänzt wird. Im Veranlagungsverfahren für VZ 2019 kann ein pauschalierter (vorläufiger) Verlustrücktrag für 2020 berücksichtigt werden, ohne dass der zugrunde liegende (voraussichtliche) Verlust im Wege der Schätzung zu ermitteln ist (im Detail s. *Blümich/Vogel* § 111 EStG Rz. 55). § 111 ist v. a. für den VZ 19 von Bedeutung, weil der vorläufige Verlustrücktrag für VZ 20 – einschließlich der notwendigen Korrekturen nach Durchführung der Veranlagung für VZ 20 (in VZ 19) wirkt. Der VZ 20 ist lediglich insofern betroffen, als bei Inanspruchnahme des vorläufigen Verlustrücktrags für VZ 20 eine ESt-Erklärungspflicht für VZ 20 besteht (Abs. 5; vgl. *Blümich/Vogel* § 111 EStG Rz. 20).

6   Der **Verlustrücktragsantrag nach § 10d Abs. 1 S. 5 EStG ist widerruflich.** Sinnvoll ist ein solcher Antrag dann, wenn durch einen Verlustrücktrag ein geringerer steuerlicher Entlastungseffekt erzielt wird, als dies bei einem Verlustvortrag der Fall ist. Dies kann zB der Fall sein, wenn durch den Rücktrag das Einkommen des Vorjahres unter einen Betrag sinkt der im Hinblick auf Grundfreibetrag, Sonderausgaben etc. ohnehin steuerfrei bleibt. Als Folge eines Verlustrücktrags können auch nachträgl. Einkommensgrenzen unterschritten werden und damit die Voraussetzungen für die Gewährung bestimmter Steuervergünstigungen erfüllt sein, die von einer bestimmten Einkommensgrenze abhängig sind, zB für die Gewährung der Eigenheimzulage, der ArbN-Sparzulage nach dem 5. VermBG oder der Prämien nach dem SparPG bzw. WoPG eintreten. Ebenso kann der Verlustrücktrag die Folgen einer **Steuerhinterziehung** (§ 370 AO) beseitigen.

7   Allerdings ist das **Kompensationsverbot des § 370 Abs. 4 S. 3 AO** zu beachten. Zwar ist ein Verlustrücktrag grundsätzlich vorzunehmen und es kann davon gem. § 10d Abs. 1 S. 5 EStG auch nur auf Antrag des Stpfl. abgesehen werden. Jedoch besteht der Abzugsbetrag im Zeitpunkt der Tathandlung noch nicht und ist daher bei der Saldierung nicht zu berücksichtigen (BGH 5 StR 613/00 v. 25.4.01, wistra 01, 309 f.; ebenso *H/H/Sp/Hellmann* § 370 AO Rz. 193; *BeckOK AO* § 370 AO Rz. 357 mwN).

C. 17. Vollstreckung

C. 17.01 Aufhebung von Vollstreckungsmaßnahmen

I. FORMULAR

Formular C. 17.01 Aufhebung von Vollstreckungsmaßnahmen

Finanzamt ....
– Vollstreckungsstelle –
Steuernummer ......,
Antrag auf vorläufige Einstellung der Vollstreckung, § 258 AO

Sehr geehrte Damen und Herren,

ich nehme Bezug auf die Vollstreckungsankündigung vom ...... und beantrage hiermit namens und im Auftrag meiner Mandantin die vorläufige Einstellung der Vollstreckung der rückständigen Einkommensteuern für die Jahre 2016 bis 2018 nach § 258 AO.

Hierzu wie folgt:

Die Vollstreckung ist vorübergehend unbillig. Mein Mandant hat Einspruch gegen die Steuerbescheide 2016 bis 2018 eingelegt und die Aussetzung der Vollziehung (AdV) der festgesetzten Einkommensteuern für diese Jahre beim Finanzamt beantragt. Über die Aussetzung ist noch nicht entschieden. Allerdings beruht die Steuernachzahlung darauf, dass das Finanzamt aufgrund einer Betriebsprüfung bei der X-GmbH, deren Gesellschafter und Geschäftsführer mein Mandant ist, verdeckte Gewinnausschüttungen festgestellt hat. Meiner Mitgesellschafterin, der aus dem gleichen Sachverhalt verdeckte Gewinnausschüttungen zugerechnet werden, hat in dieser Sache Aussetzung der Vollziehung beim FG beantragt und mittlerweile wurde ihr unter dem Az .... die Aussetzung der Vollziehung gewährt. Deshalb ist davon auszugehen, dass mein AdV-Antrag gleichfalls Erfolg haben wird. Mit einer kurzfristigen Entscheidung ist zu rechnen. Die Vollstreckung würde vorliegend meinem Mandanten unangemessene Nachteile bringen, die durch kurzfristiges Abwarten der Finanzverwaltung vermieden werden könnten.

Einen Stundungsantrag werde ich gesondert stellen.

Mit freundlichen Grüßen

....
Steuerberater

II. ERLÄUTERUNGEN

Erläuterungen zu C. 17.01 Aufhebung von Vollstreckungsmaßnahmen

---

Schrifttum: *Balmes* Rettungsanker Vollstreckungsaufschub, AO-StB 02, 65; *Bowitz* Zu den Möglichkeiten einer Zahlungsvereinbarung mit dem Finanzamt, DB 84, 1270; *Kowalewsky* Zweckdienliche Anträge auf Einstellung. Beschränkung und Aufhebung der Vollstreckung, NWB F 2, 5073; *Mindermann/Lukas* Stundung und Vollstreckungsaufschub, NWB 12, 2472; *Obermair* Stundung, Vollstreckungsaufschub, Insolvenzantrag, BB 06, 582; *Pump* Typische Fehler bei Anträgen und Verhandlungen, die auf die Gewährung von Vollstreckungsaufschub gerichtet sind, StB 85, 45; *Schwärzer* Die einstweilige Einstellung der Zwangsvollstreckung nach § 258 AO, DStZ 94, 366. Vgl. auch BMF v. 13.3.80, BStBl. I 80, 112 (VollstrA) Abschn. 7.

1   **Soweit im Einzelfall die Vollstreckung unbillig ist,** kann die Vollstreckungsbehörde sie einstweilen einstellen oder beschränken oder eine Vollstreckungsmaßnahme aufheben (§ 258 AO). Die Norm entspricht § 765a ZPO. Der verfassungsrechtliche Grundsatz der Verhältnismäßigkeit ist daher auch hier im besonderen Maße zu beachten (BVerfG 1 BvR 614/79 v. 3.10.79, NJW 79, 2607). Die Anwendung des § 258 AO setzt voraus, dass eine nach der AO vollstreckbare Leistung oder Duldungspflicht besteht (§ 249 AO) und dass die speziellen Voraussetzungen des § 254 AO für den Beginn der Vollstreckung gegeben sind. Unter „**Einstellung" der Vollstreckung** kann auch ein Unterlassen von Vollstreckungsmaßnahmen von vornherein verstanden werden (BFH VII R 111/74 v. 10.8.76, BStBl. II 77, 104). Eine endgültige Untersagung der Zwangsvollstreckung ermöglicht § 258 AO nicht. Nur vorläufige Maßnahmen der Vollstreckungsbehörde kommen in Betracht (BFH VII B 56/86 v. 4.7.87, BFH/NV 87, 20; VII B 2/98 v. 8.10.98, BFH/NV 99, 443). Folglich kommt es für § 258 AO darauf an, dass die Zwangsvollstreckung **vorübergehend unbillig** ist (BFH VII S 15/05 v. 20.6.05, BFH/NV 05, 1761; VII B 61/84 v. 12.2.85, BFH/NV 86, 68; VII B 134/87 v. 24.11.87, BFH/NV 88, 422 mwN; VII B 92/92 v. 7.10.92, BFH/NV 93, 513). Dies ist gegeben, wenn die Vollstreckung insgesamt oder einzelne Vollstreckungsmaßnahmen dem Vollstreckungsschuldner einen unangemessenen Nachteil bringen würden, der durch kurzfristiges Zuwarten oder durch andere Vollstreckungsmaßnahmen vermieden werden könnte (BFH VII B 150/92, v. 8.12.92; BFH/NV 93, 708; BMF v. 13.3.80, BStBl. I 80, 112 Abschn. 7 Abs. 2 Satz 1).

1a   **Nur in Ausnahmefällen** (Gefahr für Leben und Gesundheit des Vollstreckungsschuldners) kann eine **längerfristige Maßnahme rechtmäßig** sein (BFH VII B 2/98 v. 8.10.98, BFH/NV 99, 443). Ist es schlechthin unbillig, den Anspruch geltend zu machen, so ist ein Erlass nach § 227 AO (vgl. Formular C. 9) geboten (BFH VII B 61/84 v. 12.2.85, BFH/NV 86, 68; VII B 107/91 v. 24.9.91, BFH/NV 92, 503). Eine solche **Unbilligkeit** kann nicht schon darin liegen, dass die Vollstreckung als solche mit Härten verbunden ist. Unbilligkeit ist im Einzelfall anzunehmen, wenn die Vollstreckung dem Schuldner einen unangemessenen Nachteil bringen würde, der durch kurzfristiges Abwarten oder durch eine andere Vollstreckungsmaßnahme vermieden werden könnte (BFH VII B 129/85 v. 4.2.86, BFH/NV 86, 478; VII R 63/04 v. 12.12.05, BFH/NV 06, 900; VII R 52/06 v. 11.12.07, BFH/NV 08, 749). Es müssen schwerwiegendere Gründe vorliegen und glaubhaft gemacht werden, die im Regelfall über die bei einer Vollstreckung eintretenden Nachteile hinausgehen (BFH VII B 131/92 v. 15.12.92, BFH/NV 93, 460). Die abstrakte Gefahr, dass Pfändungsmaßnahmen des FA zum Verlust des Arbeitsplatzes oder von Werk- oder Dienstleistungsaufträgen führen oder sogar die Insolvenz nach sich ziehen, reicht zur Glaubhaftmachung einer Existenzgefährdung nicht aus (BFH VII R 62/04 v. 31.5.05, BFH/NV 05, 1743; VII B 119/91 v. 4.2.92, BFH/NV 92, 789, siehe hierzu iE auch *Klein/Brockmeyer* § 258 AO Rz. 6 ff.). Hingegen kann die Vollstreckung unbillig sein, wenn der Vollstreckungsschuldner Ratenzahlungen anbietet (BFH VII B 107/91 v. 24.9.91, BFH/NV 92, 503).

2   Als **zusätzliche Maßnahmen** kommen in Betracht: Die einstweilige Einschränkung jeglicher Vollstreckungstätigkeit, die Beschränkung auf bestimmte Vermögensgegenstände, die Aufhebung einzelner Vollstreckungsmaßnahmen, zB die Aufhebung einer Pfändungsverfügung und ggf. die Aufteilung der Steuerschuld (vgl. Formular C.5). Da die Vorschrift unbillige Härten vermeiden soll, kommt es nicht darauf an, ob die beantragten Billigkeitsmaßnahmen geeignet sind, die Realisierung des Steueranspruchs zu gefährden. Die Einstellung oder Beschränkung der Vollstreckung ist **nicht von einem Antrag des Vollstreckungsschuldners abhängig.** In der Praxis wird Vollstreckungsaufschub regelmäßig nur **auf Antrag** gewährt. Der Antrag setzt keine konkreten Vollstreckungsmaßnahmen voraus. Nach Beendigung der Vollstreckung sind Maßnahmen iSd. § 258 AO begrifflich nicht mehr denkbar. In diesen Fällen verbleibt jedoch die Möglichkeit, unter den Voraussetzungen des § 100 Abs. 1 Satz 4 FGO die Rechtswidrigkeit der abgeschlossenen Maßnahme feststellen zu lassen. Voraussetzung für Maßnahmen nach § 258 AO ist, dass im Einzelfall die Vollstreckung unbillig ist.

Der Vollstreckungsaufschub wirkt sich nicht auf die Fälligkeit der Steuerforderung 3 aus und verhindert damit nicht das Entstehen von **Säumniszuschlägen** gem. § 240 AO (BFH IV R 174/78 v. 15.3.79, BStBl. II 79, 429). Die Anforderung von Säumniszuschlägen kann aber sachlich unbillig sein. Das ist insbesondere dann der Fall, wenn dem Stpfl. Ratenzahlungen eingeräumt sind. In diesen Fällen ist davon auszugehen, dass die Säumniszuschläge als Druckmittel ihren Zweck verlieren (BFH V R 124/79 v. 23.5.85, BStBl. II 85, 489; III R 150/85 v. 22.6.90, BStBl. II 91, 864; vgl. auch ausführlich FG München 10 K 1310/10 v. 21.5.13, BeckRS 2013, 96120; ferner Formular C. 9.02).

Die Ablehnung des beantragten Vollstreckungsschutzes ist mit dem **Einspruch** 4 gem. § 347 AO anfechtbar. Als **vorläufiger Rechtsschutz** kommt eine einstweilige Anordnung in Betracht, wenn die wirtschaftliche oder persönliche Existenz des Vollstreckungsschuldners betroffen ist (BFH VII B 15/88 v. 14.6.88, BFH/NV 89, 75). Will das Finanzamt vor Ergehen einer gerichtlichen Entscheidung über einen Aussetzungsantrag vollstrecken, ist ein Antrag auf eine einstweilige Anordnung, gerichtet auf einstweilige Aussetzung der Vollstreckung, zulässig (FG Düsseldorf VIII 18/83 AE v. 3.2.83, EFG 84, 105).

Stundungszinsen entstehen bei Vollstreckungsaufschub nicht. 5

Eine Unterbrechung der Verjährung bewirkt der Vollstreckungsaufschub nur, 6 wenn er dem Vollstreckungsschuldner mitgeteilt worden ist (BFH VII R 37/90 v. 23.4.91, BStBl. II 91, 742).

C. 17.02 Aussetzung der Verwertung

I. FORMULAR

Formular C. 17.02 Aussetzung der Verwertung

Finanzamt ...

– Vollstreckungsstelle –

Steuernummer ......,

Antrag auf zeitweilige Aussetzung der Verwertung, § 297 AO

Sehr geehrte Damen und Herren,

wegen rückständiger Umsatzsteuerbeträge in Höhe von € 15.000,– hat der Vollziehungsbeamte bei mir mehrere Gemälde gepfändet. Die Versteigerung soll am 15. dieses Monats in meinen Geschäftsräumen stattfinden.

Ich beantrage zeitweilige Aussetzung der Verwertung.

Bei den gepfändeten Gegenständen handelt es sich um wertvolle Stücke, die einerseits einen hohen Sammlerwert haben, für die aber andererseits in einer Zwangsversteigerung erfahrungsgemäß kein den wirklichen Werten entsprechender Preis erzielt werden könnte. Ich stehe zurzeit in Verkaufsverhandlungen mit einer angesehenen Gemäldegalerie, die mir einen relativ hohen Preis in Aussicht gestellt hat. Die alsbaldige Verwertung der gepfändeten Gegenstände wäre daher unbillig.

Mit Rücksicht auf meine gegenwärtigen Verhältnisse wäre ich mit der Anordnung von monatlichen Raten in Höhe von € 1.000,– einverstanden.

Mit freundlichen Grüßen

....

[Unterschrift Stpfl.]

II. ERLÄUTERUNGEN

Erläuterungen zu C. 17.02 Aussetzung der Verwertung

1   **Gem. § 297 AO** kann die Vollstreckungsbehörde die Verwertung gepfändeter Sachen unter Anordnung von Zahlungsfristen einstweilig aussetzen, wenn die alsbaldige Verwertung unbillig wäre. Die Vorschrift regelt einen **Unterfall des § 258 AO.** Voraussetzung ist die Unbilligkeit der alsbaldigen Verwertung. Der Begriff der Unbilligkeit deckt sich mit dem des § 258 AO (vgl. C. 17.01 Rz. 2). Nach BMF v. 13.3.80, BStBl. I 80, 112 (Vollstreckungsaussetzung) Abschn. 40 kommt eine Aussetzung nicht in Betracht, wenn hinreichende Anhaltspunkte dafür vorliegen, dass der Vollstreckungsschuldner die in Aussicht genommenen Zahlungsfristen nicht einhalten kann oder will oder dass er die Verwertung nur hinauszögern will.

2   Eine Aussetzung kann nur erfolgen, wenn die **„alsbaldige" Verwertung unbillig** wäre. Ist die Verwertung schlechthin unbillig, zB weil es sich um ein Familienerbstück handelt, kann eine Aufhebung der Vollstreckungsmaßnahme gem. § 258 AO angemessen sein. Die alsbaldige Verwertung ist unbillig, wenn die Zahlung des Schuldners innerhalb zumutbarer Frist zu erwarten ist.

3   Die Vollstreckungsbehörde muss die zeitweilige Aussetzung, anders als bei Maßnahmen nach § 258 AO, mit einer **Zahlungsfrist** verbinden. Die zeitweilige Aussetzung hat zwar Stundungscharakter; materiell handelt es sich jedoch um einen Vollstreckungsaufschub, der die Fälligkeit des Steueranspruchs nicht beeinträchtigt. Folglich fallen Säumniszuschläge nach § 240 AO an (vgl. Formular C. 17.01 Rz. 3). Allerdings kann auch im Vollstreckungsverfahren unter den Voraussetzungen des § 222 AO noch eine Stundung gewährt werden.

4   **Ein Antrag ist nicht Voraussetzung.** Die Ablehnung einer Aussetzung ist mit dem Einspruch gem. § 347 AO anfechtbar.

C. 18. Zoll(tarif)auskunft

I. FORMULAR

Formular C. 18 Zoll(tarif)auskunft

EUROPÄISCHE UNION

ANTRAG AUF ENTSCHEIDUNG ÜBER EINE VERBINDLICHE ZOLLTARIFAUSKUNFT (VZTA)

---

1. Antragsteller (obligatorisch)

Name: (vertraulich)

Straße und Hausnummer:

Land: ☐☐☐☐☐☐☐☐☐☐☐☐☐

Postleitzahl: ☐☐☐☐☐☐☐☐☐

Ort:

Kennnummer des Antragstellers:

EORI-Nr.:

☐☐☐☐☐☐☐☐☐☐☐☐☐☐☐☐☐

Für Eintragungen der Zollbehörden

Registriernummer:

☐☐☐☐☐☐ ☐☐☐☐☐☐☐☐☐☐☐☐☐☐☐☐☐

Nationale Referenznummer (falls vorhanden):

Ort des Antrags:

Datum des Antrags:

Jahr ☐☐☐☐   Monat ☐☐   Tag ☐☐

Status des Antrags: ☐☐☐

---

2. Ort, an dem die Hauptbuchhaltung für Zollzwecke geführt wird oder zugänglich ist

▶⁽¹⁾ (falls abweichend von oben genanntem Land) (vertraulich) ◀

Straße und Hausnummer:

Land: ☐☐☐☐☐☐☐☐☐☐☐☐☐

Postleitzahl: ☐☐☐☐☐☐☐☐☐

Ort:

---

6. Art der Transaktion (obligatorisch)

Bitte geben Sie an, ob sie beabsichtigen, die sich aus diesem Antrag ergebende vZTA-Entscheidung für eines der folgenden Zollverfahren zu verwenden:

Überlassung zum zoll-rechtlich freien Verkehr   Ja ☐   Nein ☐

Besondere Verfahren   Ja ☐   Nein ☐
(bitte angeben) ....

Ausfuhr   Ja ☐   Nein ☐

---

3. Zollvertreter (falls zutreffend)

Name:

Straße und Hausnummer:

Land: ☐☐☐☐☐☐☐☐☐☐☐☐☐

Postleitzahl: ☐☐☐☐☐☐☐☐☐

Ort:

Kennnummer des Vertreters:

EORI-Nr.:

☐☐☐☐☐☐☐☐☐☐☐☐☐☐☐☐☐

---

7. Zollnomenklatur (obligatorisch)

In welche Nomenklatur ist die Ware einzureihen?

☐ Kombinierte Nomenklatur (KN)

☐ TARIC

☐ Erstattungsnomenklatur

☐ Sonstige (bitte angeben): ....

---

4. Für den Antrag zuständige Kontaktperson:

▶⁽²⁾ (obligatorisch) (vertraulich) ◀

Name:

Tel.-Nr.:

Fax-Nr.:

E-Mail-Adresse:

---

8. Warennummer

Bitte geben Sie den Zollnomenklaturcode ein, in den die Waren nach Erwartung des Antragstellers einzureihen sind.

---

5. Neuausstellung einer vZTA-Entscheidung (obligatorisch)

Bitte geben Sie an, ob der Antrag eine Neuausstellung einer vZTA-Entscheidung betrifft.

Ja ☐   Nein ☐

Wenn ja, geben Sie bitte relevante Einzelheiten an.

Referenznummer der vZTA-Entscheidung: ....

gültig seit:

Jahr ☐☐☐☐   Monat ☐☐   Tag ☐☐

Warennummer: ....

---

9. Warenbezeichnung (obligatorisch)

▶⁽⁹⁾ Detaillierte Beschreibung der Waren, die es erlaubt, sie zu identifizieren und in die Zollnomenklatur einzureihen. Dabei sind auch Angaben zur Zusammensetzung der Waren und zu den für deren Bestimmung verwendeten Untersuchungsmethoden zu machen, sofern die Einreihung von der Zusammensetzung der Waren abhängt. Angaben, die der Antragsteller als vertraulich betrachtet, sind in Feld 10 „Handelsbezeichnung und zusätzliche Angaben" zu machen. ◀

10. Handelsbezeichnung und zusätzliche Angaben (*) (vertraulich)

Bitte nennen Sie alle Angaben, die auf Wunsch des Antragstellers vertraulich zu behandeln sind, einschließlich Warenzeichen und Modellnummer der Waren.

11. Muster und Proben usw.

Bitte geben Sie an, ob Muster bzw. Proben, Lichtbilder, Produktinformationen oder sonstige verfügbare Unterlagen, die den Zollbehörden bei der Einreihung der Ware in die Zollnomenklatur von Nutzen sein könnten, beigefügt sind.

Muster und Proben ☐   Lichtbilder ☐   Produktinformationen ☐   Sonstiges ☐

Sollen die Muster/Proben zurückgesandt werden?

Ja ☐   Nein ☐

Bestimmte den Zollbehörden entstehende Kosten für Analysen, Sachverständigengutachten für Muster und Proben oder die Rücksendung dieser Muster und Proben können dem Antragsteller in Rechnung gestellt werden.

▶(1) **12. Andere bereits erhaltene oder beantragte vZTA** (obligatorisch) ◀

Haben Sie bei einer anderen Zollstelle oder in einem anderen Mitgliedstaat bereits eine vZTA für eine gleiche oder gleichartige Ware beantragt oder erhalten?

Ja ☐   Nein ☐

Falls ja, bitte machen Sie Angaben zu den folgenden Punkten:

Land der Antragstellung: ☐☐	Land der Antragstellung: ☐☐
Ort des Antragstellung:	Ort des Antragstellung:
Datum der Antragstellung:	Datum der Antragstellung:
Jahr ☐☐☐☐ Monat ☐☐ Tag ☐☐	Jahr ☐☐☐☐ Monat ☐☐ Tag ☐☐
Referenznummer der vZTA-Entscheidung:	Referenznummer der vZTA-Entscheidung:
Beginn der Gültigkeit der Entscheidung:	Beginn der Gültigkeit der Entscheidung:
Jahr ☐☐☐☐ Monat ☐☐ Tag ☐☐	Jahr ☐☐☐☐ Monat ☐☐ Tag ☐☐
Warennummer:	Warennummer:

13. Anderen Inhabern ausgestellte vZTA-Entscheidungen (obligatorisch)

Ist Ihnen bekannt, ob anderen Inhabern für eine gleiche oder gleichartige Ware bereits eine vZTA-Entscheidung ausgestellt worden ist?

Ja ☐   Nein ☐

Falls ja, bitte machen Sie Angaben zu den folgenden Punkten:

Referenznummer der vZTA-Entscheidung:	Referenznummer der vZTA-Entscheidung:
Beginn der Gültigkeit der Entscheidung:	Beginn der Gültigkeit der Entscheidung:
Jahr ☐☐☐☐ Monat ☐☐ Tag ☐☐	Jahr ☐☐☐☐ Monat ☐☐ Tag ☐☐
Warennummer:	Warennummer:

14. Ist Ihres Wissens für die in den Feldern 9 und 10 beschriebenen Waren in der EU ein Rechts- oder Verwaltungsverfahren bezüglich der zolltariflichen Einreihung anhängig oder ist in der EU durch ein gerichtliches Urteil bereits über die zolltarifliche Einreihung entschieden worden?

(obligatorisch)

Ja ☐   Nein ☐

Falls ja, bitte machen Sie Angaben zu den folgenden Punkten:

Land: ☐☐

Bezeichnung des Gerichts:

Anschrift des Gerichts:

Aktenzeichen:

15. Datum und Authentifizierung (obligatorisch)

Datum:

Jahr ☐☐☐☐   Monat ☐☐   Tag ☐☐

Unterschrift:

Wichtige Hinweise

▶(2) Mit der Authentifizierung dieses Antrags übernimmt der Antragsteller die Haftung für die Richtigkeit und Vollständigkeit der darin enthaltenen Daten sowie für alle mit diesem Antrag übermittelten zusätzlichen Informationen. Der Antragsteller erklärt sich damit einverstanden, dass diese Daten und etwaige Lichtbilder, Abbildungen, Produktinformationen usw. in einer Datenbank der Europäischen Kommission gespeichert werden und dass die Daten, einschließlich etwaiger vom Antragsteller oder der Verwaltung beigefügter (oder beizufügender) Lichtbilder, Abbildungen, Produktinformationen usw., die nicht in den Feldern 1, 2, 4 und 10 als vertraulich gekennzeichnet sind, der Öffentlichkeit über das Internet zugänglich gemacht werden. ◀

16. Zusätzliche Informationen

▶(3) (*) Bitte ein gesondertes Blatt benutzen, falls dieses Feld nicht ausreicht. ◀

II. ERLÄUTERUNGEN

Erläuterungen zu C. 18 Zoll(tarif)auskunft

Schrifttum: *H/H/Sp* Bd. XIII: Europäisches Abgaben- und Abgabenverfahrensrecht; *Klötzer-Assion* Zollkodex – Fortschritt oder Rolle rückwärts im Europäischen Zollrecht?, wistra 14, 92; *Graf von Bernstorff,* Das neue EU-Zollrecht 2016, RiW 15, 777; *Looks/Dersch* Reform des Zollrechts der Europäischen Union – das bringt der neue Unionszollkodex, DStR 16, 1185.

Am 24.6.08 ist ein **Modernisierter Zollkodex** (MZK) (Verordnung (EG) **1** Nr. 450/2008 v. 23.4.08, ABl. EU 2008 Nr. L 145) zur Festlegung des Zollkodex der Gemeinschaft in Kraft getreten und zum 19.6.12 geändert worden. Spätestens am 24.6.13 sollte er in vollem Umfang angewendet werden. Aber die Kommission hat am 20.2.12 einen Vorschlag für eine Neufassung des MZK und die Weiterentwicklung zum Unionszollkodex vorgelegt. Der MZK wurde ohne in Kraft zu treten wieder **aufgehoben und durch einen „Zollkodex der Europäischen Union – Neufassung (UZK)"** ersetzt; vgl. Verordnung (EU) Nr. 952/2013 v. 9.10.13, ABl. EU 2013 Nr. L 269 S. 1. Der UZK ist am 30.10.13 in Kraft getreten und ist **ab dem 1.5.16 voll anwendbar.** Hinsichtlich der erforderlichen IT-Systeme galt jedoch eine Umsetzungsfrist bis 31.12.20. Zu den wesentlichen Änderungen s. *Graf von Bernstorff* RiW 15, 777 und www.zoll.de.

Grundsätzlich kann jede Person eine **Auskunft** darüber verlangen, welche **zollrechtliche Folgen** (zB Zollwert, Zollsatz, Präferenzbehandlung etc.) ein Ein- oder Ausfuhrvorgang hat. Gegenstand einer Auskunft ist somit die „Anwendung des Zollrechts".

Die Auskunft ist unverbindlich. Demgegenüber haben die in Art 33 Abs. 1 UZK **2** (früher Art. 12 ZK) geregelte **Zolltarifauskunft** (vZTA) und die Entscheidung über **verbindliche Ursprungsauskünfte** (vUA) **verbindlichen** Charakter. Art. 35 iVm. Art. 36 UZK enthält die Möglichkeit, den Anwendungsbereich für verbindliche Auskünfte auf andere Bereiche auszudehnen. Die verbindlichen Auskünfte werden **auf Antrag** erteilt, aber nur wenn die Waren Gegenstand eines Zollverfahrens sein sollen.

Zuständigkeit: Gem. Art. 19 UZK-DelVO ist nach Wahl des Antragstellers die **3** Zollbehörden des Mitgliedstaats, in dem er ansässig (Art. 5 Nr. 31) ist, als auch die Zollbehörden des Mitgliedstaats, in denen die betreffende Auskunft verwendet werden soll, zuständig. Ergibt sich die örtliche Zuständigkeit der Zollbehörde aus der Absicht der Verwendung, so sieht Art. 16 Abs. 1 UZK-DelVO vor, dass die zuständige Zollbehörde innerhalb von sieben Tagen die Zollbehörde des Mitgliedstaats der Ansässigkeit über die Annahme des Antrags informiert, damit diese ggf. sachdienliche Informationen übermitteln kann. Dieser Informationsaustausch dient vor allem dazu, zu verhindern, dass gleichzeitig mehrere Anträge gestellt und möglicherweise sich widersprechende vZTA erteilt werden. Sind Anträge in mehreren Mitgliedstaaten gestellt, wird zwischen den beteiligten Zollbehörden geregelt, welcher Mitgliedstaat den Antrag weiterbearbeitet, idR der der früheren Antragstellung (Verwaltungsleitlinien Taxud.A.4/AV D (2016) 2263388, S. 14).

Jeder Mitgliedstaat hat autonom festgelegt, welche **Stellen/Behörden** in seinem **4** Gebiet für die Erteilung verbindlicher Zolltarifauskünfte zuständig sind. Eine Liste der zuständigen Stellen (gesamte EU) mit Anschriften befindet sich im ABlEU C 261 vom 8.8.15.

In der Bundesrepublik Deutschland kann bei jeder Zolldienststelle ein Antrag auf Erteilung einer vZTA-Entscheidung (Formular 0307) zur Weiterleitung eingereicht werden. Zuständig für die Erteilung einer vZTA und vUA ist das **Hauptzollamt Hannover.**

Inhalt des Antrags: Nach Art. 22 Abs. 1 UZK muss der Antragsteller alle für die **5** Entscheidung erforderlichen Informationen übermitteln. Die Datenanforderungen ergeben sich aus Anh. A, Titel I und II UZK-DelVO bzw. übergangsweise aus Anh. 2 bzw. 3 UZK-ÜDelVO. Die Kommission hat ein Merkblatt „Allgemeine Hinweise zum Ausfüllen des Antrags auf Erteilung einer vZTA" veröffentlicht (http://ec.europa.eu/taxation_customs/sites/taxation/files/ebti_general_information_de.pdf).

6   Zu den **Datenanforderungen für eine vZTA** gehört insbesondere eine detaillierte Warenbeschreibung und ggf. Angaben zur Zusammensetzung der Ware, die es erlauben, die Ware zu identifizieren und in die Zollnomenklatur einzureihen (Feld 8 des Antrags). Die Einreichung von Mustern und Proben kann zweckmäßig sein. Gem. Art. 19 Abs. 2 UZK-DelVO erklärt sich der Antragsteller damit einverstanden, dass sämtliche Daten, einschließlich Fotografien, Bilder und Broschüren, mit Ausnahme vertraulicher Angaben, über die Website der Kommission der Öffentlichkeit zugänglich gemacht werden. (Feld 9 „Vertrauliche Daten" ist deshalb bei Antragstellung zu beachten, vgl. *Witte/Schulte* UZK Art. 33 Rz. 11).

7   Die **Zollbehörden** müssen innerhalb von 30 Tagen nach Eingang des Antrags prüfen, ob diese Bedingungen für die Annahme des Antrags erfüllt sind, Art. 22 Abs. 2 UZK-DelVO. Es gelten die allgemeinen Annahmevoraussetzungen gem. Art. 22 Abs. 1, Art. 11 UZK-DelVO.

Auf Wunsch des Rates im Gesetzgebungsverfahren werden die Gründe für die Ablehnung einer verbindlichen Auskunft in Art. 33 Abs. 1 UZK-DelVO für vZTA- und vUA-Entscheidungen zusammengefasst und klar formuliert. Eine Ablehnung hat zwingend zu erfolgen, wenn **1)** ein Antrag bereits bei derselben oder einer anderen Zollstelle gestellt worden ist; **2)** wenn der Antragsteller gar nicht beabsichtigt, die Entscheidungen Anspruch zu nehmen, sie also nicht im Zusammenhang mit einer tatsächlich beabsichtigten Warentransaktion steht (vgl. hierzu *Witte/Schulte*UZK Art. 33 Rz. 14ff.).

8   Die **Antragsstellung** erfolgt ab dem 1.10.19 gem. Art. 6 Abs. 1 UZK-DelVOin der Regel nur noch elektronisch, die entsprechenden Datenanforderungen ergeben sich aus Anh. A, Titel I und II UZK-DelVO. Übergangsweise ist bis zur Verbesserung des vZTA-Systems gemäß dem Anhang des Durchführungsbeschlusses 2016/578/EU nach Art. 4 UZK-ÜDelVO weiterhin ein schriftlicher Vordruck (Anh. 2 UZK-ÜDelVO bzw. Anh. 3, in Deutschland als Vordruck 0307 auf www.zoll.de veröffentlicht) zu verwenden.

Nach Annahme des Antrags läuft eine **120-tägige Entscheidungsfrist** gemäß Art. 22 Abs. 3 UA 1.

9   Anders als gemäß Art. 12 Abs. 5 ZK können nach Art. 34 Abs. 6 UZK verbindliche Entscheidungen nicht mehr geändert werden kann. An die Stelle der Änderung tritt gegebenenfalls der **Widerruf.**

10   Gemäß Art. 33 Abs. 2 UZK entfaltet die vZTA **Bindungswirkung** sowohl für die Zollbehörden und seit 1.5.16 auch für die Inhaber der Entscheidung (in der Regel den Antragsteller). vZTA-Entscheidungen, die vor dem 1.5.16 erteilt wurden, sind ab diesem Datum ebenfalls für den Inhaber der Entscheidung verbindlich gem. Art. 252 S. 2 UZK-DelVO. Die Bindungswirkung zu Lasten des Inhabers wird damit rückwirkend auf bereits erteilte bestandskräftige Entscheidungen erstreckt Witte/Schulte UZK 33 Rz. 24 mwN).

Neu ist auch, dass die vZTA- und vUA-Entscheidungen drei Jahre Gültigkeit besitzen (früher sechs Jahre), Art. 33 Abs. 3 UZK. Ein Antrag auf Verlängerung der Geltungsdauer durch den Inhaber der Entscheidung ist nicht möglich; es muss vielmehr ein Antrag auf Neuerteilung einer vZTA-Entscheidung gestellt werden (vgl. Feld 4 des vZTA-Antrags). Die neuerteilte vZTA-Entscheidung wird gem. Art. 14 Buchst. b UZK-DelVO am Tag nach Ablauf der Gültigkeit der alten vZTA wirksam.

VZTA-Entscheidungen, die **vor dem 1.1.16** erteilt wurden, sind weiterhin für sechs Jahre gültig, Art. 252 UZK-DelVO.

Die Auskünfte werden gebührenfrei erteilt. Entstandene Auslagen für Analy- 11
sen oder Sachverständigengutachten können dem Antragsteller in Rechnung gestellt
werden.

Gegen eine verbindliche Zolltarifauskunft (vZTA) und auch gegen ihren Widerruf 12
kann bei dem Hauptzollamt Hannover **Einspruch** eingelegt werden. Die Frist für die
Einlegung eines Rechtsbehelfs beträgt einen Monat.

C. 19. Verbindliche Zusage

I. FORMULAR

Formular C. 19 Verbindliche Zusage

Finanzamt ...

Steuernummer ......,

Antrag auf verbindliche Zusage

Sehr geehrte(r),

bei meinem Mandanten, dem freischaffenden Fotografen X, findet zurzeit eine Außenprüfung statt. Der Prüfer hat zunächst angenommen, dass mein Mandant gewerblich tätig ist. Inzwischen hat er sich jedoch auf Grund des eingehend ermittelten Sachverhalts davon überzeugt, dass Herr X als Künstler Einkünfte aus selbstständiger Arbeit iSd. § 18 Abs. 1 Nr. 1 EStG bezieht. Der Sachverhalt wird in dem Betriebsprüfungsbericht eingehend dargestellt werden.

Namens und im Auftrag meines Mandanten beantrage ich gem. § 204 AO die verbindliche Zusage, dass die Tätigkeit meines Mandanten auch zukünftig als freiberuflich qualifiziert wird. Mein Mandant wird seine Arbeitsweise nicht ändern. Die Kenntnis der künftigen steuerrechtlichen Behandlung ist für meinen Mandanten schon im Hinblick auf seine Kalkulationsgrundlagen von Bedeutung; außerdem dient sie der Vermeidung künftiger Auseinandersetzungen.

Mit freundlichen Grüßen

....

Steuerberater

II. ERLÄUTERUNGEN

Erläuterungen zu C. 19 Verbindliche Zusage

Schrifttum: *Bruschke* Verbindliche Auskunft des Finanzamtes nach § 89 Abs. 2 AO, SteuK 12, 179; *Blömer* Zweifelsfragen im Zusammenhang mit der Gebührenpflicht verbindlicher Auskünfte nach § 89 Abs. 3 bis 5 AO, DStR 08, 1866; *Flick* Die verbindliche Auskunft in der Steuerberatungspraxis, FS Offerhaus 1999 S. 849; *Krumm* Verbindliche Auskunft und gesetzliche Kontrolle; Zu den gesetzlichen Voraussetzungen und Grenzen einer administrativen Letztentscheidungskompetenz bei verbindlichen Auskünften, DStR 11, 2429; *Küffner/Zugmaier* Gebührenpflicht für verbindliche Auskunft – Einspruch einlegen! DStR 07, 2307; *Keß/Zillmer* Zur Gebührenpflicht der verbindlichen Auskunft bei Umstrukturierungen – Teuer erkaufte Rechtssicherheit?, DStR 08, 1466; *Laufer* Verbindliche Auskunft im Besteuerungsverfahren, INF 95, 396; *Simon* Die neue Gebührenpflicht für die Bearbeitung von verbindlichen Auskünften, DStR 07, 557; *Tieme* Finanzgerichtliche Überprüfung negativ verbindlicher Auskünfte, DStR 14, 1093; *Tiedtke/Walzholz* Vertrauensschutz im Steuerrecht, DStZ 99, 389.

1 In der Praxis kommt es immer wieder zu Auseinandersetzungen zwischen dem Stpfl. und dem Finanzamt, wenn bei einer späteren Prüfung der Prüfer von einem vorhergehenden Prüfungsbericht abweicht. Diesen – insbesondere für den Stpfl. unerfreulichen – Zustand wollte der Gesetzgeber mit der Einführung einer verbindlichen Zusage im Rahmen einer Außenprüfung beseitigen (BT-Drs. VI/1982, 165).

2 §§ 204 ff. AO gelten für **alle Steuerarten** (betr. Lohnsteueranrufungsauskunft vgl. Formular C. 3).

3 Die Zusage kann gem. § 204 AO – nur – im Anschluss an eine **Außenprüfung** erteilt werden. Dazu gehören sowohl die normale Außenprüfung iSd. § 193 AO als

auch abgekürzte Außenprüfungen gem. § 203 AO sowie Sonderprüfungen wie Lohn-, Umsatz- und Kapitalverkehrssteuerprüfungen (vgl. *Tipke/Kruse* § 204 AO Rz. 11). Eine Umsatzsteuer-Nachschau ist keine Außenprüfung (§ 27b UStG).

Die verbindliche Zusage setzt einen **Antrag** voraus. **Antragsberechtigt** ist in ers- 4 ter Linie der Steuerpflichtige (vgl. auch Rz. 9). Wird die Außenprüfung auf Dritte er- streckt (§ 194 AO), so sind auch sie zur Antragstellung befugt (*Tipke/Kruse* § 204 AO Rz. 6). Eine verbindliche Zusage zu Lasten Dritter ist nichtig (FG Nürnberg VI 108/82 v. 4.5.82, EFG 82, 594). Antragsberechtigt ist auch der Gesamtrechtsnachfol- ger; der Sonderrechtsnachfolger nur insoweit, als eine objektbezogene Zusage ange- strebt wird (*H/H/Sp/Schallmoser* § 204 AO Rz. 14).

Eine **bestimmte Form** für den Antrag schreibt das Gesetz **nicht** vor (**aA** 5 *H/H/Sp/Schallmoser* § 204 AO Rz. 15). Nach Ansicht der Verwaltung „soll" er schriftlich bzw. elektronisch gestellt werden (Nr. 3 AEAO zu § 204). Die Schriftform erscheint jedoch schon deshalb empfehlenswert, weil Unklarheiten zu Lasten des Steuerpflichtigen gehen (BFH X R 208/87 v. 13.12.89, BStBl. II 90, 274).

Der Antrag kann frühestens nach Verwirklichung des Sachverhalts gestellt 6 werden, dessen steuerrechtliche Beurteilung zugesagt werden soll. Die Zusage selbst kann erst „im Anschluss" (§ 204 AO) an die Prüfung erfolgen; jedoch ist **Antragstel- lung vor oder bei Beginn der Prüfung** nicht nur zulässig, sondern sinnvoll (glA *H/H/Sp/Schallmoser* § 204 AO Rz. 19 mwN). Das Gesetz sagt nichts darüber, wie lange ein entspr. Antrag noch gestellt werden kann. Zwischen Außenprüfung und An- trag muss jedoch ein zeitlicher Zusammenhang gewahrt bleiben (BFH XI R 43–45/89 v. 13.12.95, BStBl. II 96, 232). Der Antrag sollte möglichst schon während der Au- ßenprüfung angekündigt werden; wird er erst in der Schlussbesprechung gestellt, ist gemäß FinVerw. idR keine Zusage mehr zu erteilen, wenn nochmalige umfangreiche Prüfungshandlungen erforderlich wären (AEAO zu § 204 Nr 3). Der zeitliche Zu- sammenhang ist gewahrt, wenn die Zusage kurz nach Erhalt des Prüfungsberichts be- antragt wird (FG BaWü 3 K 67/95 v. 20.7.00, EFG 00, 1161). In der Praxis ist es nicht ausgeschlossen, eine verbindliche Zusage auch noch nach (mehr als) einem Jahr nach Zugang des Bescheides zu erhalten, wenn die rechtliche Bewertung komplex ist und der Bescheid mit Einspruch offen gehalten wird. An die Begründung auch der späten Antragstellung sind dann aber hohe Anforderungen zu stellen, etwa ein Wech- sel der Rechtsauffassung auf Seiten der Finanzbehörden und/oder Finanzgerichte.

Der Antrag kann bis zur Bekanntgabe oder Entscheidung der Finanzbehörde 7 **formfrei zurückgenommen oder geändert werden** (*Tipke/Kruse* § 204 AO Rz. 10; *H/H/Sp/Schallmoser* § 204 AO Rz. 20).

Inhaltlich muss der Antrag alle diejenigen Angaben enthalten, welche die Grundla- 8 ge bilden für den durch § 205 Abs. 2 AO vorgeschriebenen Inhalt einer verbindlichen Zusage.

Die verbindliche Zusage setzt ein **berechtigtes Interesse des Steuerpflichtigen** 9 voraus. Dieses ist gegeben, wenn die Kenntnis der künftigen steuerrechtlichen Be- handlung „für die geschäftlichen Maßnahmen des Steuerpflichtigen von Bedeutung ist" (§ 204 AO). Auch nichtgewerbliche und nichtunternehmerische Maßnahmen können „geschäftlich" sein. Weil Zusagen gem. § 204 AO **„im Anschluss an Au- ßenprüfungen"** erteilt werden, können sie von allen Stpfl. beantragt werden, die gem. § 193 AO einer Außenprüfung unterliegen (ebenso *Tipke/Kruse* § 204 AO Rz. 6; *Klein/Rüsken* § 204 AO Rz. 6a; **aA** *Mösbauer* StBp. 00, 289). Ob geschäftliche Maßnahmen, dh. also wirtschaftliche Dispositionen, bedeutsam sind, wird aus der Sicht des Steuerpflichtigen zu beurteilen sein, denn es handelt sich um seine („... des ...") Maßnahmen. Die Bedeutung aus der Sicht des Steuerpflichtigen dürfte je- denfalls immer dann zu bejahen sein, wenn der Steuerpflichtige Gestaltungsalternati- ven hat, die unterschiedliche Steuerfolgen auslösen. Nichtsteuerliche Rechtsfragen (zB Arbeits- oder Gesellschaftsrecht) können nur dann Gegenstand einer Zusage sein, wenn sie als Vorfragen für die steuerrechtliche Beurteilung erheblich sind. Die Bindungswirkung soll sich aber dann nicht auf die richtige Beurteilung der Vorfrage erstrecken (*Tipke/Kruse* § 204 AO Rz. 22).

10   **Gegenstand der Zusage iSd. § 204 AO** ist die verbindliche Entscheidung über die zukünftige steuerrechtliche Beurteilung eines im Prüfungsbericht dargestellten Sachverhalts (vgl. hierzu *Klein/Rüsken* § 204 AO Rz. 3). Gegenstand der verbindlichen Zusage können in der Regel nur solche verwirklichte Sachverhalte sein, die in die Zukunft fortwirken (sog. Sachverhalte mit Dauerwirkung) oder die sich in der Zukunft wiederholen (sog. Sachverhalte mit Wiederholungswirkung). Bei Liebhaberei ist in der Anfangsphase kein beurteilungsreifer Sachverhalt gegeben (FG Hessen 13 K 1637/89 v. 26.7.89, EFG 90, 210). Geplante Sachverhalte werden von einer verbindlichen Zusage nach § 205 AO nicht erfasst (vgl. insoweit Formular C. 20). Nach dem ausdrücklichen Wortlaut des § 204 AO muss der Sachverhalt im Prüfungsbericht dargestellt sein. Der pfl. der Sicherheit für die Zukunft erstrebt, sollte daher rechtzeitig darauf hinwirken, dass die Sachverhaltsdarstellung im Prüfungsbericht erfolgt. Ob insoweit ein einklagbarer Einspruch besteht, ist höchstrichterlich noch nicht geklärt (bejahend *Tipke/Kruse* § 204 AO Rz. 20; **aA** *Klein/Rüsken* § 204 AO Rz. 10; *Buciek* DStZ 99, 389). Die Erteilung einer Zusage soll unzulässig sein, wenn der Prüfer den Sachverhalt zwar geprüft, aber außerhalb des Prüfungsberichts zB in einem Aktenvermerk, dargestellt hat (FG Nds. VI 81/80 v. 19.8.81, EFG 82, 170); dieser Auffassung ist uE nicht zuzustimmen. In geeigneten Fällen sollte daher rechtzeitig eine Darstellung im Bericht selbst angeregt werden. Zu den möglichen Ausnahmen, vgl. *BeckOK AO/Hannig* § 205 AO Rz. 18.

11   Die Erteilung der Zusage steht im **Ermessen** der Finanzbehörde. Bei Vorliegen der Voraussetzungen ist die verbindliche Zusage allerdings zu erteilen, falls nicht ganz besondere Gründe entgegenstehen (*Tipke/Kruse* § 204 AO Rz. 15). Die Finanzbehörde kann die Erteilung einer Zusage ablehnen, wenn sich der Sachverhalt nicht für eine verbindliche Zusage eignet (zB zukünftige Angemessenheit von Verrechnungspreisen bei unübersichtlichen Marktverhältnissen) oder wenn zu dem betreffenden Sachverhalt die Herausgabe von allgemeinen Verwaltungsvorschriften oder eine Grundsatzentscheidung des BFH nahe bevorsteht (AEAO zu § 204 Nr. 5). Allerdings kann es – nach einer entsprechenden Beschränkung des Antrages – in diesen Fällen geboten sein, die Grundlagen zum Gegenstand einer Zusage zu machen, etwa die Einbeziehungsfähigkeit bestimmter, in der Prüfung streitig gewesener Kosten dem Grunde nach.

12   **Die Erteilung oder Ablehnung einer verbindlichen Zusage ist Verwaltungsakt** (§ 118 AO; BFH I R 66/84 v. 6.12.87, BFH/NV 88, 319) und kann mit dem **Einspruch** angefochten werden (§ 347 AO). Das gilt nicht für eine Auskunft, mit der die Rechtsansicht des Antragstellers nicht bestätigt wird (FG Berlin V 404/88 v. 7.5.91, EFG 91, 713; OFD München v. 26.9.01, StEK AO 1977 § 204 Nr. 15). Gegen die Ablehnung eines Antrags auf Erteilung einer Zusage ist die allgemeine Leistungsklage beim Finanzgericht gegeben (§ 40 Abs. 1 FGO). Mit BFH IX R 11/11 v. 29.2.12, BStBl. II 12, 651, wurde ausdrücklich entschieden, dass eine verbindliche Auskunft nach § 89 Abs. 2 AO gerichtlich nur daraufhin überprüft werden kann, ob die Behörde den zu beurteilenden Sachverhalt zutreffen erfasst hat und ob dessen rechtliche Einordnung in sich schlüssig und nicht evident rechtsfehlerhaft ist. Für den Erlass einer einstweiligen Anordnung gem. § 114 FGO zur Regelung eines Anspruchs auf Erteilung einer verbindlichen Zusage fehlt es regelmäßig an einem Anordnungsgrund (BFH I B 21/88 v. 15.4.88, BStBl. II 88, 585).

13   **Die verbindliche Zusage wird schriftlich erteilt** und als verbindlich gekennzeichnet (§ 205 Abs. 1 AO). Mündliche Zusagen entfalten nicht die in § 206 AO normierte Bindungswirkung, sie können allenfalls als allgemeine Zusage verbindlich sein.

14   **Zuständig** ist das Veranlagungs- bzw. Feststellungsfinanzamt, bei Außenprüfungs-Auftrag (§ 195 AO) das beauftragte FA, nicht etwa (auch) eine vorgesetzte Behörde.

Der handelnde Amtswalter muss zur Entscheidung über die Steuerfestsetzung befugt sein (st. Rspr., vgl. ua. BFH I R 71/03 v. 31.3.04, BStBl. II 04, 742; X B 176/05 v. 16.2.06, BFH/NV 06, 1052).

Die verbindliche Zusage muss gem. § 205 Abs. 2 Nr. 1 AO den „ihr 15 **zugrunde gelegten Sachverhalt"** enthalten. Ausreichend ist, wenn in der Zusage auf den im Prüfungsbericht dargestellten Sachverhalt Bezug genommen wird. Die verbindliche Zusage muss die maßgebenden Gründe für die Antragsentscheidung angeben (§ 205 Abs. 1 Nr. 2 AO). Darzulegen sind also die rechtliche Unsicherheit sowie die Bedeutung der steuerrechtlichen Beurteilung für geschäftliche Maßnahmen des Steuerpflichtigen. Mit Rücksicht auf § 207 Abs. 1 AO (vgl. Rz. 18) sind auch die materiellen Aussagen der verbindlichen Zusage zu begründen.

Die verbindliche Zusage muss Angaben darüber enthalten, für welche Steuern und 16 für welchen Zeitraum sie gilt (§ 205 Abs. 2 Nr. 1 AO). Fehlt eine **zeitliche Begrenzung,** so ist sie unbefristet (*H/H/Sp/Schallmoser* § 205 AO Rz. 20; *Tipke/Kruse* § 205 AO Rz. 9).

Die Zusage ist **bindend,** auch wenn sie dem Gesetz widerspricht (BFH X R 17 208/87 v. 13.12.89, BStBl. II 96, 281; X R 208/87 v. 13.12.89, BStBl. II 90, 274; VI 269/60 S v. 4.8.1961, BStBl. III 61, 562). Anderes gilt allerdings bei einer für den Stpfl. erkennbar rechtswidrigen Zusage, weil dann dieser Makel zur Nichtigkeit der Zusage führt (BFH IX R 28/98 v. 16.7.02, BStBl. II 02, 714: „offensichtlich rechtswidrige" Zusage; *Klein/Rüsken* § 204 AO Rz. 14). **Die Bindungswirkung** ist davon abhängig, dass sich der später verwirklichte Sachverhalt mit dem der verbindlichen Zusage zugrunde gelegten Sachverhalt deckt (§ 206 Abs 1 AO). Die Finanzbehörden sind unabhängig von einem Zuständigkeitswechsel gebunden. Die Gerichte sind nur mittelbar, nämlich insofern gebunden, als eine verbindliche Zusage Vertrauensschutz und damit die Rechtmäßigkeit eines möglicherweise dem materiellen Recht widersprechenden Verwaltungsakts begründet (*Tipke/Kruse* § 206 AO Rz. 16). Der Stpfl. ist nur an für ihn günstige Zusagen gebunden (§ 206 Abs. 2 AO).

Die verbindliche Zusage tritt außer Kraft, wenn die Rechtsvorschriften, auf 18 denen die Entscheidung beruht, geändert werden (§ 207 Abs. 1 AO). Bringt das Außerkrafttreten für den Steuerpflichtigen unbillige Härten mit sich, so können im Einzelfall Billigkeitsmaßnahmen, wie zB Stundung (vgl. Formular C. 14) oder Erlass (vgl. Formular C. 9) in Betracht kommen. Die Finanzbehörde kann die verbindliche Zusage mit Wirkung für die Zukunft widerrufen oder ändern (§ 207 Abs. 2 AO). Eine solche Maßnahme liegt im Ermessen der Finanzbehörde. Der Widerruf kann notwendig sein, wenn sich die Rechtsauffassung der Verwaltung oder die Rechtsprechung geändert hat. Bei dieser Ermessensentscheidung hat die Finanzbehörde auch zu berücksichtigen, ob und inwieweit der Stpfl. bereits mit der Verwirklichung des der verbindlichen Zusage zugrunde gelegten Sachverhalts begonnen hat. Wenn der Steuerpflichtige zB auf Grund der Zusage Verpflichtungen eingegangen ist, von denen er sich nicht ohne weiteres wieder lösen kann, kann es geboten sein, von einem Widerruf der verbindlichen Zusage abzusehen oder die Wirkung des Widerrufs zu einem späteren Zeitpunkt eintreten zu lassen (BT-Drs. VI/1982, 165). Die verbindliche Zusage kann nach § 207 Abs. 3 AO rückwirkend nur aufgehoben werden, wenn der Steuerpflichtige zustimmt oder wenn sie von einer sachlich unzuständigen Stelle erteilt oder durch unlautere Mittel (arglistige Täuschung, Drohung oder Bestechung) erwirkt worden ist.

Die **Gebührenpflicht** des § 89 Abs. 3 ff. AO gilt nicht analog für die verbindliche 19 Zusage nach §§ 204 ff. AO (vgl. AEAO zu § 89 Nr. 4.1.4).

C. 20. Verbindliche Auskunft

I. FORMULAR

Formular C. 20 Verbindliche Auskunft

Finanzamt ....

Antragsteller *[vollständiger Name, Wohnsitz und Steuernummer]*

Steuernummer ...

Identifikationsnummer ....

Antrag auf Erteilung einer verbindlichen Auskunft

Sehr geehrte(r)....,

namens und im Auftrag meines oben genannten Mandanten beantrage ich hiermit

die Erteilung einer verbindlichen Auskunft gem. § 89 Abs. 2 AO iVm StAuskV.

Antragsteller/Ausgangssituation

Mein Mandant ...... ist Diplom-Ingenieur und alleinvertretungsberechtigter Geschäftsführer sowie Alleingesellschafter der XY GmbH. Die XY GmbH ist eine Immobilien- und Verwaltungs GmbH, deren Geschäftsgegenstand der Erwerb, die Sanierung, die Verwaltung und Veräußerung von Immobilien ist. Mein Mandant hat vor einigen Jahren privat ein Mietwohngrundstück erworben. Das Objekt ist vermietet.

Ernsthaft geplanter Sachverhalt

Nunmehr beabsichtigt der Antragsteller, das im Privatvermögen gehaltene Mietwohngrundstück an die XY GmbH zu veräußern. Die XY GmbH wird das gekaufte Objekt in vier Eigentumswohnungen aufteilen und die Eigentumswohnungen im eigenen Namen und auf eigene Rechnung veräußern. Der Kaufpreis für das vom Antragsteller veräußerte Mietobjekt beträgt 1,9 Mio. Euro und ist sofort zur Zahlung fällig, das heißt, der Kaufpreis wird nicht erst dann gezahlt, wenn die XY GmbH die späteren Eigentumswohnungen veräußert.

Rechtliche Würdigung/eigene Rechtsauffassung

Der Antragstellerverwirklicht durch die Veräußerung des Mietgrundstückes nicht den Tatbestand eines gewerblichen Grundstückshandels, denn veräußert wird nur ein Objekt, das jahrelang vermietet gewesen ist, so dass nach Maßgabe der Drei-Objekt-Grenze-Rechtsprechung des BFH kein gewerblicher Grundstückshandel vorliegt (vgl. *Schmidt/Wacker* § 15 EStG Rz 48 ff.).

Unter Verweis auf BFH-Urteil III R 25/02 (BStBl. II 2004, 787) wird beim Antragsteller auch kein gewerblicher Grundstückshandel begründet, weil die Aktivitäten der XY GmbH weder im Wege des „Durchgriffs" noch unter dem Gesichtspunkt des Gestaltungsmissbrauchs (§ 42 AO) dem Antragsteller auch persönlich zugerechnet werden können. Soweit ersichtlich, wird in Literatur und Rechtsprechung (vgl. insoweit zusammenfassend *Schmidt/Wacker* § 15 EStG Rz. 75 und ausführlich BFH III R 25/02, BStBl. II 2004, 787) eine Art Durchgriff durch die Kapitalgesellschaft auf den dahinter stehenden Gesellschafter verneint, weil die Kapitalgesellschaft, anders als die Personengesellschaft, ein eigenständiges Zivil- und Steuerrechtssubjekt ist. Auch unter dem Gesichtspunkt des Gestaltungsmissbrauchs verbietet sich im vorliegenden Fall eine Zurechnung der Einkünfte der XY GmbH an meinen Mandanten als gewerblich, da – anders als vom BFH (III R 25/02, BStBl. II 2004, 787) zu entscheidenden Fall –

vorliegend die Art der vertraglichen Gestaltung belegt, dass die XY GmbH nicht nur eingeschaltet wird, um einen gewerblichen Grundstückshandel beim Antragsteller zu vermeiden. Tatsächlich entledigt sich der Antragsteller gänzlich der Verfügungsmacht über das Mietobjekt, sobald der Kaufvertrag abgeschlossen ist. Mit der Sanierung und dem Weiterverkauf des Objektes hat er privat weder persönlich noch wirtschaftlich etwas zu tun (vgl. BFH X R 68/95, BStBl. II 1998, 667). Der Kaufpreis wird von der XY GmbH auch sofort bezahlt und gerade nicht im Wesentlichen aus den späteren Verkaufserlösen der Eigentumswohnungen, was der BFH aber als wesentliches Indiz für die Annahme von Gestaltungsmissbrauch ansieht (vgl. BFH III B 35/97, BFH/NV 2001, 138).

Konkrete Rechtsfrage

Namens und im Auftrag des Antragstellers ersuche ich um verbindliche Auskunft, dass durch die Veräußerung des Mietobjektes an seine GmbH und die geplante Aufteilung des Mietobjektes in Eigentumswohnungen sowie den Weiterverkauf dieser Eigentumswohnungen kein gewerblicher Grundstückshandel begründet wird, der bei ihm zu gewerblichen Einkünften nach § 15 EStG führt.

Besonderes steuerliches Interesse

Der Antragsteller hat ein nachhaltiges steuerliches Interesse an der Klärung, dass bei ihm durch den vorstehend geschilderten Sachverhalt kein gewerblicher Grundstückhandel begründet wird. Die Annahme von gewerblichen Einkünften nach § 15 EStG würde zu einer erheblichen steuerlichen Belastung bei ihm führen, denn er hat das Grundstück vor ca. 15 Jahren für einen Kaufpreis von ca. € 800.000,– angeschafft und kann es nunmehr für € 1,9 Mio. dh. mit einem Gewinn von rd. € 1,2 Mio. verkaufen. Die damit verbundene Steuerbelastung im Falle der Annahme der Gewerblichkeit wäre erheblich.

Erklärungen und Versicherungen

Es wird hiermit erklärt, dass über den zur Beurteilung gestellten Sachverhalt bei keiner anderen Finanzbehörde eine verbindliche Auskunft beantragt wurde.

Weiterhin wird versichert, dass alle für die Erteilung der Auskunft und für die Beurteilung erforderlichen Angaben gemacht wurden und der Wahrheit entsprechen.

Angaben zum Gegenstandswert

Der Gegenstandswert lässt sich überschlägig mit € .... ansetzen. Der Gegenstandswert bemisst sich nach der steuerlichen Auswirkung, die sich aus daraus ergeben, dass auf einen Kaufpreis von € 1,2 Mio Gewerbesteuer zu zahlen ist.

....

Rechtsanwalt/Steuerberater

II. ERLÄUTERUNGEN

Erläuterungen zu C. 20 Verbindliche Auskunft

Schrifttum: siehe hierzu Formular C. 19.
Verwaltungsanweisung: AEAO zu § 89 AO

Gerade unabhängig von Außenprüfungen besteht in der Praxis ein erhebliches **1** Interesse und Bedürfnis, in bestimmten Fällen von der Finanzbehörde eine verbindliche Auskunft über die steuerliche Behandlung geplanter Sachverhalte zu erhalten. Die Komplexität des Steuerrechts und der Umstand, dass die Finanzbehörde erst im Zeitpunkt der Steuerfestsetzung (häufig erst Jahre später) und dann auch nur beschränkt

auf einen bestimmten Besteuerungszeitraum über einen Besteuerungssachverhalt entscheidet, machen es nötig, dem Stpfl. im Zeitpunkt seiner Entscheidung ein Instru-
mentarium an die Hand zu geben, welches ihm Planungs- und Entscheidungssicher-
heit gewährleistet (vgl. hierzu ausführlich *Tipke/Kruse* § 89 AO Rz. 23 mwN).

2   Die heute in **§ 89 Abs. 2 AO** geregelte verbindliche Auskunft ist seit dem 12.9.06
gesetzlich normiert. § 89 Abs. 2 AO regelt hierbei nur das „ob" einer verbindlichen
Auskunft. Hinsichtlich des „wie", dh., Form, Inhalt, Antragsvoraussetzungen und
Reichweite der Bindungswirkung der Auskunft trifft die AO keine Aussage. Vielmehr
wird dies gemäß § 89 Abs. 2 Satz 4 AO einer Rechtsverordnung überlassen (VO zur
Durchführung von § 89 Abs. 2 AO Steuer-Auskunftsverordnung – StAuskV v.
30.11.07, BGBl. I 07, 2783, idF v. 12.7.17, vgl. AEAO zu § 89 Nr. 3.1 AEAO). Zu
den Besonderheiten der verbindlichen Auskunft bei Schenkungen und Erbschaft s.
Kowanda DStR 18, 1902.

3   **Gegenstand** der verbindlichen Auskunft ist der Antrag des Stpfl. über die steuerliche Beurteilung von genau bestimmten, noch nicht verwirklichten Sachverhalten,
wenn daran im Hinblick auf die erheblichen steuerlichen Auswirkungen ein **besonderes Interesse** besteht (vgl. AEAO zu § 89 Nr. 3.1). Der Begriff „erhebliche steuerliche Auswirkungen" wird im AEAO nicht näher definiert, ergibt sich aber daraus,
dass die Voraussetzungen einer verbindlichen Auskunft, die sich bisher aus dem
Grundsatz von Treu und Glauben hergeleitet haben, schon immer ein besonderes
Dispositionsinteresse des Antragstellers voraussetzte, das auch in § 204 AO ausdrücklich als Voraussetzung genannt ist (vgl. Formular C. 19). Diese Anforderung gewährleistet, dass die Erteilung von Zusagen nicht der Normalfall finanzbehördlichen
Handelns ist (vgl. *Tipke/Kruse* § 89 AO Rz. 32). Ein besonderes Dispositionsinteresse
an der Klärung von rechtlichen Ungewissheiten besitzt der Stpfl. insbesondere hinsichtlich Sachverhalten mit Dauerwirkung, dh., die in die Zukunft fortwirken und
Sachverhalten mit Dauerwiederkehr, dh., die sich ständig wiederholen. Bereits abgeschlossene Sachverhalte können nicht Gegenstand einer verbindlichen Auskunft sein.

4   Die Erteilung der verbindlichen Auskunft sowie ihre Ablehnung ist ein **Verwaltungsakt** (BFH VI R 54/07 v. 30.4.09, BStBl. II 10, 996; VIII R 72/13 v. 14.7.15
BeckRS 2015, 96082; BFH I R 45/14 v. 12.8.15, BFH/NV 16, 261). Die Bekanntgabe der verbindlichen Auskunft richtet sich damit nach § 122 AO (BFH VI R 54/07
v. 30.4.09, BStBl. II 10, 996); die Aufhebung und Änderung bestimmt sich nach § 2
Abs. 3 StAuskV. Die Auslegung des Inhalts einer verbindlichen Auskunft sowie die
Frage, ob ein Antwortschreiben des FA als verbindliche Auskunft zu verstehen ist,
richtet sich nach dem **Empfängerhorizont** (BFH I R 45/14 v. 12.8.15, BFH/NV
16, 261).

5   Die verbindliche Auskunft ist nach § 89 Abs. 2 Satz 1 AO **antragsabhängig.** Form
und Inhalt des Antrags auf Erteilung einer verbindlichen Auskunft sind in § 1 StAuskV
im Detail geregelt. Die dort bezeichneten Angaben wie zB genaue Bezeichnung des
Antragstellers, die umfassende und in sich abgeschlossene Darstellung des zum Zeitpunkt der Antragstellung noch nicht verwirklichten Sachverhaltes, die Formulierung
konkreter Rechtsfragen, die Darlegung des erheblichen steuerlichen Interesses und
ähnliches müssen im schriftlichen oder elektronischen Antrag enthalten sein. Zusätzlich soll der Antragsteller nach § 89 Abs. 4 Satz 2 AO Angaben zum **Gegenstandswert** der Auskunft machen vgl. AEAO zu § 89 Nr. 3.4.
    Der Auskunftsantrag ist der ernsthafte Plan, den zum Zeitpunkt der Antragstellung
noch nicht verwirklichten Sachverhalt ausführlich und vollständig darzulegen. Nach
Auffassung der Finanzverwaltung ist es unschädlich, wenn bereits mit vorbereiteten
Maßnahmen begonnen wurde, solange der dem Auskunftsantrag zugrunde gelegte
Sachverhalt im Wesentlichen noch nicht verwirklicht wurde und noch anderweitige
Dispositionen möglich sind (vgl. AEAO zu § 89 Nr. 3.4.2). Der Antragsteller muss
sein eigenes steuerliches Interesse darlegen (vgl. § 1 Abs. 1 Nr. 3 StAuskV). Nach § 1

Abs. 3 StAuskV kann im Falle, dass der dem Antrag zugrunde gelegte Sachverhalt durch eine Person, Personenvereinigung oder Vermögensmasse verwirklicht wird, die im Zeitpunkt der Antragstellung noch **nicht existiert,** auch durch einen **Dritten** gestellt werden, sofern er ebenfalls ein eigenes berechtigtes Interesse an der Auskunftserteilung darlegen kann. In diesem Fall sind die in § 1 Abs. 1 Nr. 1 und 3 StAuskV genannten Angaben auch hinsichtlich der Person, Personenvereinigung oder Vermögensmasse zu machen, die den der Auskunft zugrunde liegenden Sachverhalt verwirklichen soll. In AEAO zu § 89 wird in Nr. 3.4.3 ausdrücklich bestimmt, dass nur in den in § 1 Abs. 4 StAuskV genannten Fällen ein Auskunftsantrag mit Wirkung für Dritte zulässig ist. Für andere Fälle hat eine dritte Person kein eigenes berechtigtes Interesse an einer verbindlichen Auskunft. Im Auskunftsantrag sind **konkrete Rechtsfragen** darzulegen. Es reicht nicht aus, allgemeine Fragen zu den bei Verwirklichung des geplanten Sachverhalts eintretenden steuerlichen Rechtsfragen darzulegen.

Antragsteller einer verbindlichen Auskunft iSd. § 89 Abs. 2 AO ist derjenige, in **6** dessen Namen der Antrag gestellt wird. Antragsteller und Stpfl. müssen nicht identisch sein. Sie sind in der Regel identisch, wenn der Stpfl., dessen künftige Besteuerung Gegenstand der verbindlichen Auskunft sein soll, bei Antragstellung bereits existiert (siehe hierzu auch Rz. 5 zum Antragsrecht Dritter). Antragsteller einer verbindlichen Auskunft über die künftige Besteuerung einer noch nicht existierenden Kapitalgesellschaft kann die Person/können die Personen gemeinsam sein, die diese Kapitalgesellschaft gründen und dann (gemeinsam) zu mindestens 50% an der Gesellschaft beteiligt sein wollen. Entsprechendes gilt für Auskunftsanträge einer Vorgründungsgesellschaft. Die einem Dritten wegen seines berechtigten Interesses erteilte verbindliche Auskunft entfaltet gegenüber dem künftigen Stpfl. auch dann Bindungswirkung, wenn die tatsächlichen Beteiligungsverhältnisse bei Verwirklichung des Sachverhaltes von den bei Antragstellung geplanten Beteiligungsverhältnissen abweichen, soweit die Beteiligungsverhältnisse für die steuerrechtliche Beurteilung ohne Bedeutung sind (vgl. AEAO zu § 89 Nr. 3.2). Der Auskunftsantrag für eine noch zu gründende Kapitalgesellschaft oder Personengesellschaft muss nicht von allen künftigen Gesellschaftern gemeinsam gestellt werden, da § 1 Abs. 4 StAuskV der Regelung in § 1 Abs. 2 StAuskV als lex specialis vorgeht (vgl. AEAO zu § 89 Nr. 3.2.4).

Zuständig für die Erteilung einer verbindlichen Auskunft ist nach § 89 Abs. 2 **7** Satz 2 AO das **Finanzamt,** das bei Verwirklichung des dem Antrag zugrunde liegenden Sachverhalts für die Besteuerung örtlich zuständig sein würde. Abweichend hiervon ist allerdings bei Antragstellern, für die im Zeitpunkt der Antragstellung nach §§ 18 bis 21 AO kein FA zuständig ist, auf dem Gebiet der Steuern, die von den Landesfinanzbehörden im Auftrag des Bundes verwaltet werden, nach § 89 Abs. 2 Satz 3 AO das **Bundeszentralamt für Steuern** (BZSt) für die Auskunftserteilung zuständig. Die Sonderregelung des § 89 Abs. 2 Satz 3 AO geht der allgemeinen Regelung in § 89 Abs. 2 Satz 2 AO vor. Sie gilt allerdings nur für Steuern, die von den Landesfinanzbehörden im Auftrag des Bundes verwaltet werden. Für andere von den Finanzämtern verwaltete Steuern sowie für die Gewerbesteuermessbetragsfestsetzung kann das BZSt auch dann keine verbindliche Auskunft erteilen, wenn im Zeitpunkt der Antragstellung nach §§ 18 ff. AO kein FA für die Besteuerung des Antragstellers zuständig ist. § 89 Abs. 3 Satz 3 AO stellt auf die aktuellen Verhältnisse des Antragstellers im Zeitpunkt der Antragstellung ab, während § 89 Abs. 2 Satz 2 AO auf künftige (geplante) Verhältnisse des Stpfl. (dh., der Person, deren künftige Besteuerung Gegenstand der verbindlichen Auskunft ist) abstellt. Betrifft eine verbindliche Auskunft **mehrere Steuerarten** und sind hierfür jeweils unterschiedliche FA zuständig, so soll eine **Zuständigkeitsvereinbarung** nach § 27 AO herbeigeführt werden, wenn die unterschiedliche Zuständigkeit weder für den Stpfl. noch für die Finanzbehörden zweckmäßig ist. Eine derartige Zuständigkeitsvereinbarung kann auch schon vor Verwirklichung des geplanten Sachverhaltes getroffen werden. Sofern keine Zuständig-

keitsvereinbarung herbeigeführt werden kann, sollen sich die beteiligten FA untereinander abstimmen, um widersprüchlich verbindliche Auskünfte zu vermeiden (vgl.
AEAO zu § 89 Nr. 3.3.2).

8   Der verbindlichen Auskunft ist der vom **Antragsteller vorgetragene Sachverhalt** zugrunde zu legen. **Mit dessen Vollständigkeit und Richtigkeit steht und
fällt die Wirksamkeit der verbindlichen Auskunft.** Das FA ist nicht verpflichtet,
eigens für die zu erteilende Auskunft Ermittlungen durchzuführen. Es soll aber dem
Antragsteller Gelegenheit zum ergänzenden Sachvortrag geben, wenn dadurch eine
Entscheidung in der Sache ermöglicht werden kann. Die Erteilung einer verbindlichen Auskunft für **alternative Gestaltungsvarianten** ist nicht zulässig. Die Erteilung
einer verbindlichen Auskunft ist ausgeschlossen, wenn der Sachverhalt im Wesentlichen bereits verwirklicht ist. Über Rechtsfragen, die sich aus einem bereits abgeschlossenen Sachverhalt ergeben, ist ausschließlich im Rahmen des Veranlagungs- oder
Feststellungsverfahrens zu entscheiden. Das gilt auch, wenn der Sachverhalt erst nach
Antragstellung, aber vor der Entscheidung über den Antrag verwirklicht wird.

8a   Eine Auskunft kann nach Auffassung der FinVerw. auch erteilt werden, wenn der
Antragsteller eine Auskunft für die ernsthaft geplante Umgestaltung eines bereits vorliegenden Sachverhalts begehrt. Dies gilt insbesondere bei Sachverhalten, die wesentliche Auswirkungen in die Zukunft haben. Verbindliche Auskünfte sollen nicht erteilt
werden in Angelegenheiten, bei denen die Erzielung eines **Steuervorteils** im Vordergrund steht (zB Prüfung von Steuersparmodellen, Feststellung der Grenzpunkte für
das Handeln eines ordentlichen Geschäftsleiters). Die Befugnis, nach pflichtgemäßen
Ermessen auch in anderen Fällen die Erteilung verbindlicher Auskünfte abzulehnen,
bleibt laut AEAO zu § 89 Nr. 3.5.4) ausdrücklich vorbehalten.

9   Die verbindliche Auskunft (auch wenn sie nicht der Rechtsauffassung des Antragstellers entspricht) und die Ablehnung der Erteilung einer verbindlichen Auskunft
sind **schriftlich** zu erteilen und mit einer Rechtsbehelfserklärung zu versehen. Nach
Auffassung der FinVerw. (AEAO zu § 89 Nr. 3.5.6) hat die verbindliche Auskunft **zu
enthalten:**

- den ihr zugrunde gelegten Sachverhalt; dabei kann auf den im Antrag dargestellten
  Sachverhalt Bezug genommen werden,
- die Entscheidung über den Antrag, die zugrunde gelegten Rechtsvorschriften und
  die dafür maßgebenden Gründe; dabei kann auf die im Antrag dargelegten Rechtsvorschriften und Gründe Bezug genommen werden und
- eine Angabe darüber, für welche Steuern und für welchen Zeitraum die verbindliche Auskunft gilt.

10   Die verbindliche Auskunft nach § 89 Abs. 2 AO ist für die Besteuerung der Person,
Personenvereinigung oder Vermögensmasse, die den Sachverhalt verwirklicht, **bindend.** Die Bindung setzt aber zwingend voraus, dass der später verwirklichte Sachverhalt von dem der Auskunft zugrunde liegenden Sachverhalt nicht oder nur unwesentlich abweicht (§ 2 Abs. 1 Satz 1 StAuskV). Die Bindungswirkung tritt daher nicht ein,
wenn der tatsächlich verwirklichte Sachverhalt mit dem bei der Beantragung der verbindlichen Auskunft vorgetragene Sachverhalt in wesentlichen Punkten nicht übereinstimmt. Eine vom BZSt nach § 89 Abs. 2 Satz 2 AO rechtmäßig erteilte verbindliche
Auskunft bindet auch das FA, das bei Verwirklichung des der Auskunft zugrunde liegenden Sachverhalts zuständig ist. Im Falle der **Gesamtrechtsnachfolge** geht die
Bindungswirkung entsprechend § 45 AO auf den Rechtsnachfolger über. Bei Einzelrechtsnachfolge erlischt die Bindungswirkung.

10a   Die **Bindungswirkung** der verbindlichen Auskunft **entfällt** nach § 2 Abs. 2
StAuskV ohne Zutun der zuständigen Finanzbehörde ab dem Zeitpunkt, in dem die
Rechtsvorschriften, auf denen die Auskunft beruht, aufgehoben oder geändert werden. Die Bindungswirkung einer verbindlichen Auskunft entfällt ab dem Zeitpunkt, in
dem die Rechtsvorschriften, auf denen die Auskunft beruht, aufgehoben oder geän-

dert werden; bei rückwirkender Gesetzesänderung auch rückwirkend (vgl. hierzu FG Hamburg 6 K 199/12 v. 17.5.13, BeckRS 2013, 95560). Wird die verbindliche Auskunft in diesem Fall zur Klarstellung aufgehoben, hat dies nur deklaratorische Wirkung.

Eine verbindliche Auskunft nach § 89 Abs. 2 AO kann unter den Voraussetzungen **11** der §§ 129 bis 131 AO **berichtigt, zurückgenommen und widerrufen** werden. Über die Fälle der §§ 129 bis 131 AO hinaus kann eine verbindliche Auskunft auch mit Wirkung für die Zukunft aufgehoben oder geändert werden, wenn sich herausstellt, dass die erteilte Auskunft unrichtig war, § 2 Abs. 3 StAuskV. Eine Änderung der Rspr. stellt nach Auffassung der FinVerw. keine Änderung der Rechtslage dar, weil sie die bisherige Rechtsauffassung nur richtigstellt, also die von Anfang an bestehende Rechtslage klarstellt. Daher ist eine verbindliche Auskunft von vornehrein unrichtig iSv. § 2 Abs. 3 StAuskV, wenn sie von einem nach ihrer Bekanntgabe ergangenen FG- oder BFH-Urteil oder einer später ergangenen Verwaltungsanweisung abweicht. Sie ist nicht unrichtig geworden, ihre Unrichtigkeit wurde lediglich erst nachträglich erkannt (vgl. AEAO zu § 89 Nr. 3.6.6). Diese Auffassung ist abzulehnen; sie widerspricht nicht nur dem Sinn und Zweck der verbindlichen Auskunft, Klarheit gerade in den Fällen zu verschaffen, in denen unterschiedliche Rechtsauffassungen vertreten werden. Sie verstößt daneben auch gegen Treu und Glauben, weil sich der Steuerpflichtige gerade auf die Verbindlichkeit der Auskunft verlassen hat, insbesondere in den Fällen, in denen der Steuerpflichtige bereits Dispositionen getroffen hat (so auch *Koenig/Wünsch* § 89 AO Rz. 29).

Gegen die Erteilung der verbindlichen Auskunft wie auch gegen die Ablehnung der **12** Erteilung einer verbindlichen Auskunft ist der **Einspruch** gegeben, § 347 AO. Beurteilt das FA in einer verbindlichen Auskunft den geplanten Sachverhalt nicht offensichtlich rechtsfehlerhaft und ist die rechtliche Einordnung in sich schlüssig (sog. **Evidenzprüfung**), so kann sich der Steuerpflichtige bei einer Negativauskunft nicht gegen diese, sondern nur mit dem Rechtsbehelf gegen den Steuerbescheid wenden (vgl. hierzu ausdrücklich BFH I R 34/12 v. 5.2.14, DStR 14, 1601 und BFH IX R 11/11 v. 29.2.12, BStBl. II 12, 651, wonach sich die gerichtliche Überprüfung einer Negativ-Auskunft allein auf eine Evidenzkontrolle beschränkt). Ob sich die Negativ-Auskunft auf den zweiten Blick als inhaltlich unrichtig erweist, ist unerheblich. In diesem Fall ist es kaum möglich, im Vorfeld eine Änderung der verbindlichen Auskunft zu erwirken, damit der Stpfl. Rechtssicherheit für die Planung des Sachverhaltes erlangen kann.

§ 89 Abs. 3 bis 5 AO ordnen eine **Gebührenpflicht** für die Erteilung der verbind- **13** lichen Auskunft an. Die Höhe der Gebühr ermittelt sich nach § 89 Abs. 5 AO in entsprechender Anwendung des § 34 GKG nach dem Gegenstandswert. Ihre Ermittlung ist damit der im finanzgerichtlichen Verfahren üblichen Streitwertermittlung vergleichbar. In der Vergangenheit kam es regelmäßig zur mehrfachen Gebührenerhebung, sei es wegen der Komplexität des materiellen Rechts, zB in Umwandlungsfällen, oder weil eine eindeutige örtliche Zuständigkeit nicht klar zu ermitteln ist. Geht es dabei auch noch um Personengesellschaften mit einer Vielzahl von Mitunternehmern, drohen erhebliche finanzielle Belastungen. Gleichzeitig besteht die Gefahr, eine verbindliche Auskunft von einem nicht zuständigen FA zu erhalten. Die Verwaltung bestreitet dann uU die Bindungswirkung der verbindlichen Auskunft.

Mit der **Neuregelung** des § 89 Abs. 2 und 3 AO durch das Gesetz zur Modernisie- **13a** rung des Besteuerungsverfahrens v. 18.7.16 (BGBl. I 16, 1679; dazu insgesamt *Gläser/Schöllhorn* DStR 16, 1578) sollen diese Probleme bei der verbindlichen Auskunft beseitigt werden. So sieht die Regelung des § 89 Abs. 3 Satz 2 AO vor, dass für eine gegenüber **mehreren Antragstellern** einheitlich erteilte verbindliche Auskunft nur noch **eine Gebühr** zu erheben ist und die Antragsteller in diesem Fall Gesamtschuldner der Gebühr sind (kritisch zur Regelung *Brühl/Süß* DStR 16, 2617, siehe auch

Neufassung des AEAO zu § 89 Nr. 4.1.3). Wird ein Antrag vor Bekanntgabe der Entscheidung über den Antrag auf verbindliche Auskunft zurückgenommen, kann die Gebühr ermäßigt werden (§ 89 Abs. 7 S 2 AO, vgl. auch AEAO Tz. 4.5.2 zu § 89 AO).

Die in § 89 Abs. 2 Satz 6 AO vorgesehene Ausweitung der Verordnungsermächtigung des § 89 Abs. 2 Satz 4 AO bestimmt, dass im Verordnungswege geregelt werden kann, unter welchen Voraussetzungen eine verbindliche Auskunft gegenüber mehreren Beteiligten **einheitlich** zu erteilen und welche Finanzbehörde hierfür zuständig ist.

14　　§ 89 Abs. 2 Satz 4 AO sieht vor, dass über den Antrag auf Erteilung einer verbindlichen Auskunft innerhalb von **sechs Monaten** ab Eingang des Antrags bei der zuständigen Finanzbehörde entschieden werden soll; kann die Finanzbehörde nicht innerhalb dieser Frist über den Antrag entscheiden, ist dies dem Antragsteller unter Angabe der Gründe mitzuteilen. Ausweislich der Begründung zur Beschlussempfehlung des Finanzausschusses soll durch diese Regelung erreicht werden, dass die Finanzbehörden der zügigen Bearbeitung von Auskunftsanträgen künftig einen höheren Stellenwert einräumen. Eine gesetzliche Regelungswirkung bei erfolglosem Fristablauf soll damit jedoch nicht verbunden sein. Die Regelung sollte offenbar an die Vorschriften des Untätigkeitseinspruchs nach § 347 Abs. 1 Satz 2 AO sowie der Untätigkeitsklage gemäß § 46 Abs. 1 Satz 2 FGO angelehnt werden. Der praktische Nutzen dieser „Bearbeitungsfrist" darf indes bezweifelt werden, da sie zum einen mit sechs Monaten üppig bemessen ist und zum anderen an ihr folgenloses Verstreichen keinerlei Rechtsfolgen geknüpft sind.

15　　**Ein Angehöriger der rechts- und steuerberatenden Berufe kann sich schadenersatzpflichtig machen,** wenn es vor wirtschaftlich weitreichenden Maßnahmen unterlässt, eine verbindliche Auskunft einzuholen (BGH IX ZR 188/05 v. 8.2.07, DStR 07, 1098 mit Anm. *Ruppert* DStRE 08, 259, dazu *Waclawik* DStR 08, 321).

D. Rechtsmittelverfahren
(einschließlich außergerichtlicher Rechtsbehelfe)

Übersicht

D. 1. Verfahren vor den Finanzbehörden

Übersicht

Allgemeines Schrifttum zu den Teilen D. 1, D. 2, D. 3 (Auswahl): Amtliches AO-Handbuch 2020; AEAO, BMF v. 31.1.14, BStBl. I 14, 290, zuletzt geändert 27.8.20; *Ax/Große/Melchior/Lotz/Ziegler* Abgabenordnung und Finanzgerichtsordnung, 21. Aufl. 2017; *Baum* AO/FGO Handausgabe 2020; *Gosch* Abgabenordnung/Finanzgerichtsordnung, Kommentar; *Gräber* Finanzgerichtsordnung, Kommentar, 9. Aufl. 2019; *Hübschmann/Hepp/Spitaler* Kommentar zur Abgabenordnung und Finanzgerichtsordnung; *Jesse* Einspruch und Klage im Steuerrecht, 4. Aufl. 2017; *Klein* Abgabenordnung, Kommentar, 15. Aufl. 2020; *Koenig* Abgabenordnung, 4. Aufl. 2020; *Kühn/von Wedelstädt* Abgabenordnung, Finanzgerichtsordnung, Kommentar, 22. Aufl. 2018; *Sauer/Schwarz* Handbuch des finanzgerichtlichen Verfahrens, 8. Aufl. 2016; *Schaumburg/Hendricks* Der Steuerrechtsschutz, 4. Aufl. 2018; *Schwarz/Pahlke* Kommentar zur Abgabenordnung/Finanzgerichtsordnung; *Tipke/Kruse* Abgabenordnung, Finanzgerichtsordnung, Kommentar. Zum weiterem und älterem Schrifttum s. Formularbuch Recht und Steuern 9. Aufl. D. 1.

D. 1.01 Aussetzung/Ruhen des Verfahrens

I. FORMULAR

Formular D. 1.01 Aussetzung/Ruhen des Verfahrens

Finanzamt München Abt. II/III

80301 München

Im Einspruchsverfahren gegen den Einkommensteuerbescheid für 2019 vom ...... (Steuer-Nr. ...) beantrage ich namens und im Auftrag der Steuerpflichtigen, ..., das Verfahren gem. § 363 Abs. 2 Satz 1 AO bis zum Abschluss des Klageverfahrens vor dem FG München Az. ...... aus Zweckmäßigkeitsgründen ruhen zu lassen.

Im Einspruchsverfahren steht die Abziehbarkeit von Aufwendungen für Kongressreisen als Betriebsausgaben (§ 4 Abs. 4 EStG) im Streit (s. iE Einspruchsbegründung). Wegen derselben Streitfrage ist betreffend den Veranlagungszeitraum 2018 zwischen den Beteiligten bereits das oben angeführte Klageverfahren anhängig, dessen Ausgang auch für den hier streitigen Veranlagungszeitraum bedeutsam ist.

....

Unterschrift

II. ERLÄUTERUNGEN

Erläuterungen zu D. 1.01 Aussetzung/Ruhen des Verfahrens

---

1. Aussetzung des Verfahrens

1   Die **Aussetzung des Verfahrens** wegen sog. Vorgreiflichkeit ist in § 363 Abs. 1 AO geregelt, der § 74 FGO nachgebildet ist; vgl. dazu iE Formular D. 2.03.

§ 363 Abs. 1 AO unterscheidet sich von § 74 Abs. 1 FGO nur insoweit, als nach 2 § 363 Abs. 1 AO **die Entscheidung** auszusetzen ist, während nach § 74 Abs. 1 FGO **die Verhandlung** auszusetzen ist.

Vorgreiflichkeit liegt vor, wenn die Entscheidung ganz oder zum Teil von dem Be- 3 stehen oder Nichtbestehen eines Rechtsverhältnisses abhängt, das den Gegenstand eines anhängigen Rechtsstreits bildet oder von einem Gericht oder einer Verwaltungsbehörde festzustellen ist (§ 363 Abs. 1 AO). Das ist insbes. der Fall, wenn in einem Grundlagenbescheid geregelte oder zu regelnde Fragen betroffen sind (vgl. auch dazu iE Formular D. 2.03). Vorgreiflichkeit liegt dagegen nicht vor, wenn ein Steuerstrafverfahren anhängig ist (*Tipke/Kruse* § 363 AO Rz. 6); vielmehr „kann" das Strafverfahren ausgesetzt werden (vgl. § 396 Abs. 1 AO) und das FG-Verfahren einvernehmlich zum Ruhen gebracht werden, falls dies (ausnahmsweise) zweckmäßig ist (Rz. 5).

Die **Entscheidung über die Aussetzung des Verfahrens** ist eine **Ermessens-** 4 **entscheidung** und bedarf nicht der Zustimmung des Einspruchsführers (*Tipke/Kruse* § 363 AO Rz. 7). Ein Antrag ist aber stets zweckmäßig.

2. Ruhen des Verfahrens

Das **Ruhen des Verfahrens** ist in § 363 Abs. 2 AO geregelt. Ein Ruhen des Ver- 5 fahrens kann die zur Entscheidung berufene Finanzbehörde zum einen mit der **Zustimmung des Einspruchsführers** anordnen, „wenn das aus wichtigen Gründen zweckmäßig erscheint" (§ 363 Abs. 2 Satz 1 AO); es handelt sich um eine **Ermessensentscheidung**. Zum anderen gibt es ein Ruhen **von Gesetzes wegen** (sog. **Zwangsruhe**, § 363 Abs. 2 Satz 2 AO).

Aus wichtigen Gründen zweckmäßig ist das Ruhen etwa dann, wenn der 6 Stpfl., wie im Musterfall, bereits für andere Streitjahre einen Finanzrechtsstreit über die gleiche Rechtsfrage führt, oder wenn eine Außenprüfung während eines Einspruchsverfahrens durchgeführt wird.

Zwangsruhe tritt ein, wenn wegen der Verfassungsmäßigkeit einer Rechtsnorm 7 oder wegen einer Rechtsfrage ein Verfahren beim EuGH, dem BVerfG oder einem obersten Bundesgericht anhängig ist und der **Einspruch hierauf gestützt wird** (§ 363 Abs. 2 Satz 2 Hs. 1 AO; vgl. iE BFH X R 39/05 v. 26.9.06, BStBl. II 07, 222). Das anhängige Musterverfahren muss für das Einspruchsverfahren von präjudizieller Bedeutung sein und eine auch im Einspruchsverfahren entscheidungserhebliche Rechtsfrage betreffen (vgl. BFH X R 39/05 v. 26.9.06, BStBl. II 07, 222). Ferner genügt die bloße Anhängigkeit eines Musterverfahrens nicht; die Einspruchsschrift hat vielmehr verfahrensgestaltende Bedeutung und muss daher aus Gründen der Rechtsklarheit das einschlägige Verfahren (unter Angabe des Aktenzeichens) konkret benennen, damit die Voraussetzungen der Zwangsruhe eingreifen (vgl. BFH IV R 18/04 v. 27.4.06, BFH/NV 06, 17). Nachdem der Wortlaut des § 363 Abs. 2 Satz 2 AO durch das AmtshilfeRLUmsG v. 26.6.13 (BGBl. I 13, 1809) präzisiert wurde (zuvor „Europäischer Gerichtshof"), ist klargestellt, dass Verfahren vor dem EGMR keine Zwangsruhe auslösen (vgl. BFH VI B 101/12 v. 12.8.13, BFH/NV 14, 355); § 165 Abs. 1 Satz 2 Nr. 3 AO wurde entsprechend angepasst. Denn **Zwangsruhe** tritt **nicht** ein, soweit die Steuer gem. § 165 Abs. 1 Satz 2 Nr. 3 oder Nr. 4 AO **vorläufig** festgesetzt wurde (§ 363 Abs. 2 Satz 2 Hs. 2 AO). Keine Zwangsruhe tritt ferner ein, wenn der Steuerpflichtige einen **schlichten Änderungsantrag** nach § 172 AO stellt. § 363 Abs. 2 Satz 2 AO spricht nämlich ausdrücklich nur vom Einspruchsverfahren.

Informationen zu anhängigen Musterverfahren beim BFH können direkt beim BFH 8 bezogen oder auf der Internetseite des BFH (www.bundesfinanzhof.de) eingesehen werden.

Seit Einführung der **Teil-Einspruchsentscheidung** kann und soll über Fragen, die 8a nicht Anlass der Verfahrensaussetzung oder der Verfahrensruhe sind (unselbständige Teile der Steuerfestsetzung), bereits entschieden werden (§ 367 Abs. 2a AO; vgl.

AEAO zu § 363 Nr. 3, s. D. 1.03 Rz. 32). Das ist zT str.; s. dazu *Jesse* Einspruch SteuerR Kap. B Rz. 559, 573 f., 771.

9   Verfahrensruhe kann auch durch **Allgemeinverfügung** – für andere gleichgelagerte Fälle – angeordnet werden, § 363 Abs. 2 Satz 3 AO.

10   Das **Einspruchsverfahren,** das nach § 363 Abs. 2 AO ruht, **wird fortgesetzt,** wenn der Einspruchsführer dies beantragt oder die Finanzbehörde dem Einspruchsführer die Fortsetzung **mitteilt** (§ 363 Abs. 2 Satz 4 AO); das gilt auch für die Fälle der Zwangsruhe und zwar auch dann, wenn der Grund der Zwangsruhe noch nicht entfallen ist (vgl. BFH X R 39/05 v. 26.9.06, BStBl. II 07, 222). Die Entscheidung über die Fortsetzung steht unbeschadet des missverständlichen Wortlauts im Ermessen der Finanzbehörde; die Ermessenserwägungen sind offenzulegen (vgl. BFH X R 39/05 v. 26.9.06, BStBl. II 07, 222). Die (Zwangs-)Ruhe endet zudem (automatisch) mit dem Wegfall des Ruhensgrundes (ohne Fortsetzungsmitteilung, vgl. BFH X R 39/05 v. 26.9.06, BStBl. II 07, 222; dann auch keine Ermessensausübung notwendig, s. BFH X B 152/16 v. 23.6.17, BFH/NV 17, 1622). Die Verfahrensruhe im Einspruchsverfahren kann ferner dadurch beendet werden, dass die Finanzbehörde einen **Vorläufigkeitsvermerk** derselben Reichweite aufnimmt; denn ein solcher bietet einen gleichwertigen Rechtsschutz (vgl. BFH X R 32/08 v. 23.1.13, BStBl. II 13, 423).

3. Rechtsbehelfe

11   **Rechtsbehelfe:** Nach § 363 Abs. 3 AO kann die **Ablehnung** eines Aussetzungs- bzw. Ruhensantrags ebenso wenig gesondert angefochten werden, wie der in der Fortsetzungsmitteilung liegende **Widerruf** einer Aussetzung oder Ruhestellung; ein Einspruch ist nicht statthaft. Es muss **Klage gegen die Einspruchsentscheidung** erhoben werden, wobei ausnahmsweise zulässigerweise deren isolierte Aufhebung beantragt werden kann.

Die **Anordnung** der Verfahrensaussetzung/-ruhe ist demgegenüber selbständig mit dem Einspruch und ggf. der Klage **anfechtbar.** Alternativ soll Untätigkeitsklage (§ 46 FGO) erhoben werden können (BFH I R 72/84 v. 2.3.88, BFH/NV 88, 619; ebenso *Tipke/Kruse* § 363 AO Rz. 21); eine solche dürfte jedenfalls dann in Betracht kommen, wenn zuvor ein **Fortsetzungsantrag** nach § 363 Abs. 2 Satz 4 AO gestellt worden ist.

4. Sonstige Verfahrensunterbrechungen

12   **Unterbrechung** des Verfahrens (kraft Gesetzes): Nach hM wirken sich die Unterbrechungsgründe, die für das Klageverfahren gelten (insbes. bei Eröffnung des Insolvenzverfahrens und bei Gesamtrechtsnachfolge), auch im außergerichtlichen Rechtsbehelfsverfahren aus; §§ 239 ff. ZPO sind entsprechend anzuwenden (vgl. *Tipke/Kruse* § 363 AO Rz. 4; zu den Unterbrechungsgründen s. iE Formular D. 2.03).

D. 1.02 Aussetzung der Vollziehung

I. FORMULAR

Formular D. 1.02 Aussetzung der Vollziehung

Finanzamt München Abt. II/III

80301 München

Wir beantragen kraft der bereits vorgelegten Vollmacht für unseren Mandanten, die Vollziehung der Einkommensteuerfestsetzung für 20.. vom ...... (Steuer-Nr. ...) – gegen die wir unter dem ...... Einspruch eingelegt haben – in Höhe von ...... bis zum

Ablauf eines Monats nach Bekanntgabe der Einspruchsentscheidung oder bis zur anderweitigen Erledigung des Einspruchs auszusetzen und im Hinblick auf bereits verwirkte Säumniszuschläge ab Fälligkeit aufzuheben.

Bis zur Entscheidung über den Aussetzungsantrag bitten wir, von Vollstreckungs-maßnahmen abzusehen (AEAO Nr. 3.1 zu § 361), und um stillschweigende Stundung.

Begründung:

I. Der Antragsteller ist Generalsekretär der Internationalen Vereinigung für Schmet-terlingskunde (IVS). Die Bezüge, die er aus der Tätigkeit erhält, werden als Einkünfte aus selbständiger Arbeit gem. § 18 Abs. 1 Satz 1 EStG behandelt. Der Antragsteller nahm im Veranlagungszeitraum im Rahmen dieser Tätigkeit als Vortragender und Teilnehmer an einem Fachkongress der Schmetterlingskundler in Rio de Janeiro (Brasilien) teil. Diese Reise diente ausschließlich wissenschaftlichen Zwecken.

II. Es bestehen „ernstliche Zweifel" iSd. § 361 Abs. 2 AO, ob überhaupt Einkünfte (aus selbständiger Tätigkeit) vorliegen und dass Aufwendungen für die Auslandsreise keine Betriebsausgaben sind.

Nach der Rechtsprechung des BFH liegen ernstliche Zweifel vor, wenn bei summari-scher Prüfung des Verwaltungsaktes neben für die Rechtmäßigkeit sprechenden Umständen gewichtige, gegen die Rechtmäßigkeit sprechende Umstände zutage treten, die Unentschiedenheit oder Unsicherheit in der Beurteilung von Rechtsfragen oder Unklarheit in der Beurteilung von Tatfragen bewirken (st. Rspr. vgl. BFH V B 37/16 v. 21.6.16, BStBl. II 17, 28). Dabei ist es nicht erforderlich, dass die für die Rechtswidrigkeit sprechenden Gründe im Sinne einer Erfolgswahrscheinlichkeit überwiegen (st. Rspr. vgl. BFH XI B 112/14 v. 20.1.15, BFH/NV 15, 537).

Nach diesen Maßgaben ist bereits die Rechtmäßigkeit der Annahme, es lägen Ein-künfte (aus selbständiger Tätigkeit) vor, ernstlich zweifelhaft. *[...wird ausgeführt...]*

Zumindest wären aber die Ihnen nachgewiesenen Aufwendungen für die Auslands-reise nach Brasilien als Betriebsausgaben in Ansatz zu bringen, da die Reise aus-schließlich betrieblich veranlasst war (§ 4 Abs. 4 EStG). Zwar entspricht es der Le-benserfahrung, dass Reisen häufig einen allgemeinen Bildungs-, Informations- und Erholungszweck erfüllen und somit vielfach eine ausschließlich betriebliche Veran-lassung ausgeschlossen ist (vgl. BFH VI R 71/78 v. 23.10.81, BStBl. II 82, 69). Der vorliegende Fall liegt jedoch insofern anders, als es sich um eine Reise handelte, die der Kläger im Rahmen der Tätigkeit als Generalsekretär der IVS als Vortragen-der und Teilnehmer an einem Fachkongress der Schmetterlingskundler in Rio de Janeiro (Brasilien) unternahm und die ausschließlich wissenschaftlichen Zwecken diente (s. Tagungsprogramm, Anlage 1). Dass der Veranstaltungsort in einem tou-ristisch interessanten Gebiet lag, hat seine Ursache ausschließlich darin, dass ge-rade in diesem Gebiet eine besondere Vielzahl von Schmetterlingsarten heimisch ist (s. Gutachten, Anlage 2). Auch eine nur anteilige Berücksichtigung als Be-triebsausgaben (vgl. dazu BFH GrS 1/06 v. 21.9.09, BStBl. II 10, 672) kommt hier folglich nicht in Betracht.

Rein vorsorglich weisen wir darauf hin, dass die Anordnung einer Sicherheitsleistung nicht in Betracht kommt, weil angesichts der Vermögensverhältnisse unseres Man-danten eine Gefährdung des Steueranspruchs nicht besteht.

....

Unterschrift

II. ERLÄUTERUNGEN

Erläuterungen zu D. 1.02 Aussetzung der Vollziehung

1. Vorbemerkungen

1   Durch die **Einlegung des Einspruchs** wird die Vollziehung des Verwaltungsaktes nicht gehemmt, § 361 Abs. 1 Satz 1 AO. Will der Steuerpflichtige die Steuer **nicht bei Fälligkeit** bezahlen, muss er **Antrag auf AdV bzw. Aufhebung der Vollziehung** stellen, vor allem um die Vollstreckung (§§ 249 ff. AO), aber auch die Verwirkung von Säumniszuschlägen (§ 240 AO) zu vermeiden.

2. Verfahren und Voraussetzungen

2   **Zuständiges FA:** Der Antrag ist regelmäßig an die Behörde zu richten, die den Bescheid erlassen hat (§ 361 Abs. 2 Satz 1 AO). Zu den Zulässigkeitsvoraussetzungen eines Antrags auf AdV direkt an das FG s. Formular D. 2.04.

3   Vorsorglich kann mit dem AdV-Antrag ein **Stundungsantrag** bis zur Entscheidung über die AdV verbunden werden. Die Behörde ist allerdings ohnehin gehalten von **Vollstreckungsmaßnahmen** ab Antragstellung Abstand zu nehmen, sofern der Antrag nicht aussichtslos ist, offensichtlich nur ein Hinausschieben der Vollstreckung bezweckt oder Gefahr im Verzug besteht (AEAO zu § 361 Nr. 3.1). Eine Säumnis kann (im Erfolgsfall) im Wege der **Aufhebung der Vollziehung** beseitigt werden, s. dazu unten Rz. 8.

4   Ein Antrag auf AdV (§ 361 AO, § 69 Abs. 2 FGO) bzw. auf Aufhebung der Vollziehung setzt voraus, dass gegen den Verwaltungsakt, dessen AdV begehrt wird, **Einspruch eingelegt oder Anfechtungsklage erhoben** worden ist (*Tipke/Kruse* § 361 AO, Rz. 8). Ein Aussetzungsantrag *vor* Anfechtung oder *nach* Ablauf der – ungenutzten – Rechtsbehelfsfrist ist unzulässig (BFH IV B 13/81 v. 1.10.81, BStBl. II 82, 133).

5   **Aussetzungsfähig** sind nur vollziehbare Verwaltungsakte, vgl. dazu D. 2.04 Rz. 3f.

6   § 361 AO regelt die AdV während des Einspruchsverfahrens. § 69 Abs. 2 FGO regelt die AdV durch die Finanzbehörde während eines Klageverfahrens. Die Regelungen stimmen im Wesentlichen überein, s. daher zu den materiellen Voraussetzungen der AdV (**„ernstliche Zweifel"** oder **„unbillige Härte"**) iE Formular D. 2.04.

7   **Begründung des Antrags:** Möglichst sollte der Einspruch bei der Einlegung bereits begründet werden. Dann kann für die Begründung des AdV-Antrags auf die Einspruchsbegründung Bezug genommen werden. Einer weitergehenden Darlegung der ernstlichen Zweifel bedarf es in diesen Fällen regelmäßig nicht mehr. Ansonsten sollte der AdV-Antrag begründet werden, um zu verhindern, dass er ohne Sachprüfung bereits mangels Begründung abgelehnt wird und Vollstreckungsmaßnahmen eingeleitet werden.

3. Wirkungen und Folgen der AdV

8   Zu den **Wirkungen der AdV,** die die Verwirklichung des materiellen Regelungsgehaltes des Verwaltungsaktes **„ex nunc"** hindert, sowie zur (zurückwirkenden) **Aufhebung der Vollziehung** s. iE D. 2.04. Rz. 23. AdV steht auch einer **Aufrechnung** durch die Finanzbehörde entgegen, weil es sich um eine Form der Vollziehung iSd. § 361 Abs. 2 Satz 1 AO (Verwirklichung von Ansprüchen aus dem Steuerschuldverhältnis) handelt (vgl. BFH VII R 85/99 v. 14.11.00, BStBl. II 01, 247).

Mit Blick auf die Beseitigung von Säumnisfolgen in der Vergangenheit ist darauf zu achten, dass die Aufhebung der Vollziehung in der Aussetzungsverfügung hinreichend klar zum Ausdruck kommt (vgl. BFH VII R 37/92 v. 30.3.93, BFH/NV 94, 4). Die FinVerw. gewährt Aussetzung/Aufhebung der Vollziehung grds. nur unter dem Vorbehalt des Widerrufs (AEAO zu § 361 Nr. 9.1).

Wird ein **Grundlagenbescheid** (§ 171 Abs. 10 AO) von der Vollziehung ausge- 9
setzt, *ist* von Amts wegen auch die Vollziehung des Folgebescheids auszusetzen (§ 361
Abs. 3 Satz 1 AO).

Zur Berechnung der **aussetzungsfähigen Steuer** s. D. 2.04 Rz. 25 sowie AEAO 10
zu § 361 Nr. 4 ff.

Sicherheitsleistung kann nach § 361 Abs. 2 Satz 5 AO **angeordnet werden** 11
(Ermessensentscheidung); vgl. AEAO zu § 361 Nr. 9.2.

Nach Ergehen der Einspruchsentscheidung ist – mit Blick auf § 69 Abs. 4 12
Satz 1 FGO – **erneut Antrag auf AdV** zu stellen, wenn die AdV – wie regelmäßig –
nur „bis zum Ablauf eines Monats nach Bekanntgabe der Einspruchsentscheidung"
gewährt war, weil in dieser Befristung keine Ablehnung eines AdV-Antrags gesehen
werden kann.

Rechtsbehelfe: Gegen die Ablehnung eines Antrags auf AdV durch das FA ist der 13
Einspruch statthaft; folgt eine ablehnende Einspruchsentscheidung ist hiergegen der
Klageweg **nicht** gegeben (§ 361 Abs. 5 AO); es bleibt die Anrufung des FG nach § 69
Abs. 3 oder 5 Satz 3 FGO. Nach einer behördlichen Ablehnung kann alternativ zum
Einspruch **beim FG** um **AdV** nachgesucht werden (§ 361 Abs. 5 AO, § 69 Abs. 3,
Abs. 5 Satz 3 FGO; s. dazu iE Formular D. 2.04). Zuständig ist das Gericht der
Hauptsache (§ 69 Abs. 3 Satz 1 FGO): nach Klageerhebung das FG, nach Revisions-
einlegung der Bundesfinanzhof. „Zwischen den Instanzen", also in der Zeit zwischen
FG-Entscheidung und Einlegung des Rechtsmittels, bleibt noch das FG zuständig (vgl.
Gosch AO § 69 FGO Rz. 248 mwN).

Probleme können sich mit einer (gegen den Willen des Steuerpflichtigen) von Amts 14
wegen gewährten AdV (**„aufgedrängte" AdV**) ergeben; der BFH hält – wegen der
Tatbestandswirkung der AdV für die Aussetzungszinsen – eine Anfechtungsklage gegen eine aufgedrängte AdV für zulässig (s. BFH I R 91/10 v. 9.5.12, BFH/NV 12, 04,
auch zur Aufhebung der Aussetzungsverfügung und zum Verhältnis zu den Aussetzungszinsen). Immerhin soll sich der Steuerpflichtige auch durch vorzeitige Zahlung
der fälligen Steuer vom Zinslauf befreien können (s. unten Rz. 15).

Aussetzungszinsen: Soweit das Hauptsacheverfahren endgültig keinen Erfolg 15
hat, fallen gem. § 237 Abs. 1 AO Aussetzungszinsen an. Die Zinsen betragen 0,5%
für jeden vollen Monat (§ 238 Abs. 1 AO, s. aber Streit um deren Verfassungsmäßigkeit D. 2.04 Rz. 1, 31) und werden vom Tag des Eingangs des Einspruchsschrei-
bens bis zu dem Tag, an dem die AdV endet, erhoben (§ 237 Abs. 2 AO). Durch
freiwillige Zahlung soll der Zinslauf vorzeitig beendet werden können (vgl. BFH
V R 29/11 v. 25.4.13, BStBl. II 13, 767; krit. *Meinert* DStZ 15, 599, 604 unter
Verweis auf praktische Schwierigkeiten). ZT wird mangels Fälligkeit ein Recht der
Behörde zur Rückzahlung angenommen (so *Tipke/Kruse* § 361 AO Rz. 5). Auf die
Aussetzungszinsen kann ganz oder teilweise verzichtet werden (§ 237 Abs. 4 AO
iVm. § 234 Abs. 2 u. 3 AO), wenn die Erhebung der Zinsen nach Lage des einzel-
nen Falles unbillig wäre.

D. 1.03 Einspruch

I. FORMULAR

Formular D. 1.03 Einspruch

Finanzamt München Abt. II/III

80301 München

**Gegen den Einkommensteuerbescheid für 20.. vom ...... (Steuer-Nr. ...) legen wir
namens und im Auftrag des ...... unter Vollmachtsvorlage**

EINSPRUCH

ein.

Wir stellen den Antrag, die Einkommensteuer auf € …,– herabzusetzen. Wir beantragen ferner eine Erörterung des Sach- und Streitstandes gem. § 364a Abs. 1 AO.

Begründung:

Der Einspruchsführer ist angestellter Musiklehrer und erteilt neben seiner Anstellung auf freiberuflicher Basis in nicht unerheblichem Maße Musikunterricht (s. Erklärung über Einkünfte aus selbstständiger Arbeit). Die geltend gemachten Ausgaben für Notenmaterial sowie AfA auf das neu angeschaffte Klavier sind daher zur Hälfte beruflich und zur Hälfte betrieblich veranlasst. Eine private Nutzung ist allenfalls von ganz untergeordneter Bedeutung und steht dem Ausgabenabzug daher nicht entgegen.

....

Unterschrift

II. ERLÄUTERUNGEN

> **Erläuterungen zu D. 1.03 Einspruch**

1. Vorbemerkungen

1   **Einspruch** ist der von der AO vorgesehene förmliche Rechtsbehelf; die Durchführung des Vorverfahrens ist grds. Voraussetzung für die Klageerhebung (§ 44 FGO). Ausnahmsweise ohne Durchführung des Vorverfahrens ist die Klage nur mit Zustimmung des FA (sog. Sprungklage, § 45 FGO) oder bei Untätigkeit (sog. Untätigkeitsklage, § 46 FGO) zulässig (s. Formular D. 2.21, D. 2.22). Zur Zweckmäßigkeit der sog. Sprungklage s. Formular D. 2.21.

1a   **Keine Hemmung der Vollziehbarkeit:** Durch die Anfechtung mit dem Einspruch wird die Vollziehung des angefochtenen Verwaltungsakts grds. nicht gehemmt (§ 361 Abs. 1 Satz 1 AO), dh. die Steuern müssen, auch wenn der Stpfl. den Bescheid für rechtswidrig hält, bei Fälligkeit entrichtet werden, um die Verwirkung von Säumniszuschlägen nach § 240 AO zu vermeiden (1 % pro Monat, zur Verfassungsmäßigkeit s. D. 2.04 Rz. 24). Das kann durch AdV (§ 361 AO, s. Formulare D. 1.02; D. 2.04) oder durch Stundung gem. § 234 AO (s. Formular C. 14.01 Rz. 1) verhindert werden; wird AdV gewährt, fallen nur im Unterliegensfall in der Hauptsache Zinsen in Höhe von 0,5 % pro Monat an (§ 237, § 238 AO, zur Verfassungsmäßigkeit s. D. 1.04 Rz. 1); wird gestundet, fallen unabhängig vom Ausgang des Einspruchsverfahrens Stundungszinsen an (§ 234 AO).

2. Zulässigkeitsvoraussetzungen

2   **Anfechtbare Bescheide:** In § 347 AO ist abschließend aufgezählt, gegen welche Verwaltungsakte der Einspruch statthaft ist. **Untätigkeit:** Einspruch ist auch gegeben, wenn geltend gemacht wird, dass über einen vom Einspruchsführer gestellten Antrag auf Erlass eines Verwaltungsakts ohne Mitteilung eines zureichenden Grundes binnen angemessener Frist nicht entschieden worden ist (§ 347 Abs. 1 Satz 2 AO). Sind mehrere Verwaltungsakte bescheidmäßig zusammengefasst (zB Einkommensteuerfestsetzung, Anrechnungsverfügung, Solidaritätszuschlag, Kirchensteuer, Verspätungszuschlag), ist jeder Verwaltungsakt getrennt anfechtbar. Dies ist insbes. im Bereich der einheitlichen und gesonderten **Feststellungen** (§§ 179 ff. AO) zu beachten; hier geht die Rspr. davon aus, dass der Bescheid aus einer Vielzahl von verfahrensrechtlich selbständigen Feststellungen besteht (vgl. BFH IV R 26/12 v. 28.5.15, BStBl. II 15, 797). Hierbei ist besondere Aufmerksamkeit geboten, weil nicht angefochtene Besteuerungsgrundlagen in (Teil-)Bestandskraft erwachsen.

Der **Einspruch** ist nach § 348 AO **ausgeschlossen** gegen Einspruchsentscheidun- 3
gen (§ 367 AO), bei Nichtentscheidung über einen Einspruch, gegen Verwaltungsakte
der obersten Finanzbehörden des Bundes und der Länder, außer wenn ein Gesetz das
Einspruchsverfahren vorschreibt, und gegen Entscheidungen der Steuerberaterkam-
mern in Angelegenheiten des Zweiten und Sechsten Abschnitts des Zweiten Teils des
StBerG sowie in den Fällen des § 172 Abs. 3 AO (Allgemeinverfügungen). Ein Einspruch ist auch bei isolierter Anfechtung einer Kostenentscheidung nach § 77 EStG im
Rahmen einer Einspruchsentscheidung (in Kindergeldsachen) nicht statthaft; es ist
sogleich Klage zu erheben (BFH III R 8/14 v. 13.5.15, BStBl. II 15, 844).

Der Einspruch ist als **unzulässig** zu verwerfen, wenn er nicht in der vorgeschriebe- 4
nen Form und Frist eingelegt oder wenn eine Beschwer nicht geltend gemacht worden ist (§ 358 AO).

Einspruchsfrist: Steuerbescheide können, ebenso wie die übrigen Verwaltungsak- 5
te, nur **innerhalb eines Monats** nach Bekanntgabe mit dem Einspruch angefochten
werden (§ 355 Abs. 1 AO), sofern ihnen die vorgeschriebene Rechtsbehelfsbelehrung
beigefügt ist (§ 356 AO, § 157 Abs. 1 Satz 3 AO); zur Anfechtung mit Sprungklage
gem. § 45 Abs. 1 FGO s. Formular D. 2.21. Ist dem Bescheid **keine** oder eine **unrichtige Rechtsbehelfsbelehrung** beigefügt, so kann der Bescheid grds. binnen eines Jahres nach der Bekanntgabe angefochten werden (§ 356 Abs. 2 AO). Vgl. etwa
BFH X B 85/16 v. 10.11.16, BFH/NV 17, 261; XI B 36/16 v. 6.7.16, BStBl. II 16,
863; BFH I B 127/12 v. 6.7.12, BStBl. II 13, 272 zur Frage, wann eine Rechtsbehelfsbelehrung richtig ist.

Der Einspruch wegen **Untätigkeit** nach § 347 Abs. 1 Satz 2 AO ist **unbefristet**
(§ 355 Abs. 2 AO).

Fristbeginn ist bei der Übermittlung durch die Post **per einfachem Brief** im 6
Inland der dritte Tag nach der Aufgabe des Verwaltungsakts zur Post, außer wenn er
nicht oder zu einem späteren Zeitpunkt zugegangen ist (§ 122 Abs. 2 Nr. 1 AO).
Wird der Bescheid zB am 7.2.17 (Dienstag) zur Post aufgegeben, gilt er als am
10.2.17 (Freitag) zugegangen. Wird der Bescheid am 8.2.17 (Mittwoch) zur Post
aufgegeben, würde die Drei-Tage-Frist an einem *Sonnabend* enden und endet sie
wegen § 108 Abs. 3 AO erst am darauffolgenden Werktag, also Montag, 13.2.17
(vgl. BFH IX R 68/98 v. 14.10.03, BStBl. II 03, 898). Entsprechendes gilt, wenn
die Drei-Tages-Frist auf einem *Sonn- oder Feiertag* enden würde; wobei Silvester kein
Feiertag ist (vgl. BFH III B 135/17 v. 20.3.18, BFH/NV 18, 705). Zur Fristberechnung vgl. § 108 AO.

Zu beachten ist, dass die Vermutungsregel nur anwendbar ist, wenn der **Tag der
Aufgabe zur Post** feststeht. Das ist in der Praxis – bei händisch versandten Beschei-
den – nicht selten zweifelhaft und hierauf sollte der Stpfl. ggf. im (Verwaltungs- oder
Klage-)Verfahren hinweisen.

Zwar liegt die Feststellungslast für den Zugang und den Zugangszeitpunkt bei der 6a
Behörde. Ist der **Bescheid** allerdings **verspätet** eingegangen, muss der Steuerpflichti-
ge, um zu einer Feststellungslastentscheidung zu seinen Gunsten zu gelangen, aller-
dings zunächst die gesetzliche Zugangsvermutung *„erschüttern"*, indem er durch sub-
stantiierten Tatsachenvortrag Zweifel an dem typischen Geschehensablauf eines
Zugangs nach drei Tagen weckt (BFH III R 27/17 v. 14.6.18, BStBl. II 19, 16). Die
Zugangsvermutung des § 122 Abs. 2 Nr. 1 AO gilt zwar grds. auch bei **privaten
Postdienstleistern;** indessen kann zur Erschütterung hierauf sowie auf die weitere
Einschaltung eines Subunternehmers verwiesen werden. Wenn dies einen längeren
Postlauf nahelegen sollte, weil bei den vom privaten Dienstleister vorgesehenen organisatorischen und betrieblichen Vorkehrungen nicht regelmäßig von einem Zugang
des zu befördernden Schriftstücks innerhalb von drei Tagen ausgegangen werden
kann, ist die Zugangsvermutung erschüttert (s. zu alledem BFH III R 27/17 v.
14.6.18, BStBl. II 19, 16 sowie nachfolgend nochmals FG Münster 13 K 3280/18 Kg

v. 15.5.19, EFG 19, 1156). Hierauf ist ein Augenmerk zu legen, denn diese Fälle häufen sich aufgrund der (aus Kostengründen) zunehmenden Einschaltung privater Dienstleister, die keine sog. Universalpostdienstleister sind, sondern nur regional tätig sind und infolgedessen zwangsläufig mit Partnern zusammenarbeiten.

6b   Ist dem Steuerpflichtigen der **Bescheid** (gar) **nicht zugegangen,** gilt die Zugangsvermutung nicht und es verbleibt bei der Feststellungslast der Behörde.

Für die ab 2017 mögliche Bekanntgabe von Verwaltungsakten durch Bereitstellung zum Datenabruf (§ 122a AO) gibt es eine Sonderregel für die Bekanntgabe: Ein zum Abruf bereitgestellter Verwaltungsakt gilt am dritten Tag nach Absendung der elektronischen Benachrichtigung über die Bereitstellung (s. § 87a Abs. 1 Satz 5 AO) der Daten an die abrufberechtigte Person als bekannt gegeben (§ 122a Abs. 4 Satz 1 AO, s. aber auch Sätze 2 ff. zur Erschütterung der Vermutung).

6c   Wird der Bescheid durch **förmliche Zustellung** gem. § 122 Abs. 5 AO bekannt gegeben, beginnt die Frist an dem auf die Zustellung folgenden Tag (§ 187 Abs. 1 BGB, § 108 Abs. 1 AO), und zwar auch dann, wenn der auf die Zustellung folgende Tag ein Sonntag, ein allgemeiner Feiertag oder ein Sonnabend ist (BFH IV B 39/10 v. 30.11.10, BFH/NV 11, 613); auch die Drei-Tage-Frist des § 122 Abs. 2 Nr. 1 AO gilt in diesem Fall nicht, vgl. BFH I R 77/89 v. 19.6.91, BStBl. II 91, 826. **Verstößt** eine Ersatzzustellung durch Einlegen in den Briefkasten **gegen zwingende Zustellungsvorschriften,** weil der Zusteller entgegen § 180 Satz 3 ZPO auf dem Umschlag des zuzustellenden Schriftstücks das Datum der Zustellung nicht vermerkt hat, ist das zuzustellende Dokument i.S. des § 189 ZPO in dem Zeitpunkt dem Empfänger tatsächlich zugegangen, in dem er das Schriftstück in die Hand bekommt, und nicht schon dann, wenn nach dem gewöhnlichen Geschehensablauf mit einer Entnahme des Schriftstücks aus dem Briefkasten und der Kenntnisnahme gerechnet werden kann (BFH GrS 2/13 v. 6.5.14, BFH/NV 14, 1307).

7   Bei **Fristversäumung** kann Wiedereinsetzung in den vorigen Stand gewährt werden, wenn die Voraussetzungen des § 110 AO vorliegen (vgl. dazu Formular D. 2.27). Wird von der Finanzbehörde Wiedereinsetzung gewährt, ist die Entscheidung im Klageverfahren voll nachprüfbar, weil eine § 56 Abs. 5 FGO entsprechende Regelung in § 110 AO fehlt (vgl. *Gräber/Stapperfend* § 56 FGO Rz. 66 unter Hinweis auf BFH VI R 178/85 v. 24.8.90, BFH/NV 91, 140 mwN). Fristverlängerung ist nicht möglich. Zur Ausschöpfung von Rechtsmittelfristen und zur auf die bei der Post ausgehängte „Übersicht wichtiger Postlaufzeiten" vgl. BFH VI R 10/86 v. 21.12.90, BStBl. II 91, 437. Über die Gewährung von Wiedereinsetzung wegen der Versäumung der Einspruchsfrist wird durch Einspruchsentscheidung befunden (BFH IV R 82/88 v. 26.10.89, BStBl. II 90, 277; IX R 75/89 v. 2.3.93, BFH/NV 93, 578).

8   **Anfechtungsberechtigt** ist, „wer geltend macht, durch einen Verwaltungsakt oder dessen Unterlassung **beschwert** zu sein" (§ 350 AO). Das entspricht im Wesentlichen § 40 Abs. 2 FGO, wonach die Klage nur zulässig ist, wenn der Kläger geltend macht, durch den Verwaltungsakt oder dessen Ablehnung oder Unterlassung in seinen Rechten verletzt zu sein. Eine **Beschwer** liegt immer dann vor, wenn der angefochtene Verwaltungsakt zuungunsten desjenigen ergangen ist, der den außergerichtlichen Rechtsbehelf einlegt. Ob der angefochtene Verwaltungsakt tatsächlich unrichtig ist, ist dabei ohne Bedeutung. Mangelnde Erfolgsaussichten des Rechtsbehelfs beeinträchtigen die Beschwer nicht (BFH II R 90/83 v. 27.11.85, BStBl. II 86, 243). Eine Beschwer liegt grds. dann nicht vor, wenn die Steuer nach Auffassung des Einspruchsführers zu niedrig oder auf € 0,– festgesetzt ist (vgl. *Tipke/Kruse* § 350 AO Rz. 12). Ausnahmsweise kann auch bei einer solchen Festsetzung eine Beschwer bestehen, wenn sich aus ihr andere Wirkungen ergeben. So kann sich eine höhere Festsetzung zB auf Grund des Bilanzenzusammenhangs in den Folgejahren günstiger auswirken. Die Beschwer muss geltend gemacht werden (vgl. *Tipke/Kruse* § 350 AO Rz. 25 ff.).

Die **Einspruchsbefugnis** ist bei einheitlichen und gesonderten Feststellungen gem. 9
§ 352 Abs. 1 AO eingeschränkt. Gegen sie können nur folgende Personen Einspruch
einlegen:
- Zur Vertretung berufene Geschäftsführer oder, wenn solche nicht vorhanden sind,
  der Einspruchsbevollmächtigte iSv. § 352 Abs. 2 Nr. 1 AO);
- wenn Personen nach § 352 Abs. 1 Nr. 1 AO nicht vorhanden sind, jeder Gesellschafter, Gemeinschafter oder Mitberechtigte, gegen den der Feststellungsbescheid
  ergangen ist oder zu ergehen hätte Nr. 2);
- auch wenn Personen nach § 352 Abs. 1 Nr. 1 AO vorhanden sind, ausgeschiedene
  Gesellschafter, Gemeinschafter oder Mitberechtigte, gegen die der Feststellungsbescheid ergangen ist oder zu ergehen hätte Nr. 3);
- soweit es sich darum handelt, wer an dem festgestellten Betrag beteiligt ist und wie
  dieser sich auf die einzelnen Beteiligten verteilt, jeder, der durch die Feststellungen
  hierzu berührt wird (Nr. 4);
- soweit es sich um eine Frage handelt, die einen Beteiligten persönlich angeht, jeder,
  der durch die Feststellungen über die Frage berührt wird (Nr. 5).

Vgl. dazu im Einzelnen D 2.06 sowie *von Wedelstädt* AO-StB 06, 230, 261; *Voigt*
AO-StB 02, 127.

Die in § 352 Abs. 1 Nr. 1 Alt. 2, Abs. 2 Satz 1 AO geregelte **Einspruchsbefugnis** ei- 10
nes gemeinsamen Empfangsbevollmächtigten (iSd. § 183 Abs. 1 Satz 1 AO, § 6 VO zu
§ 180 Abs. 2 AO) ist insbes. für Personengruppen bedeutsam, die **keinen** Geschäftsführer haben (zB Erben- oder Bruchteilsgemeinschaften, soweit sie nicht selbst nach außen
zur Einkünfteerzielung auftreten). Gibt es keinen bestellten Empfangsbevollmächtigten,
steht die Einspruchsbefugnis dem gesetzlich fingierten Empfangsbevollmächtigten zu
(§ 352 Abs. 2 Satz 2 AO). Diese Vorschriften greifen aber nur, wenn eine entsprechende
Belehrung erfolgt ist (§ 352 Abs. 2 Satz 3 AO) und wenn die Feststellungsbeteiligten
nicht widersprochen haben (§ 350 Abs. 2 Satz 2 Halbs. 2 AO); ausreichend ist der Widerspruch eines Feststellungsbeteiligten. Vgl. iE AEAO zu § 352 AO.

Einspruchsbefugnis des Rechtsnachfolgers: Der Rechtsnachfolger kann auch 11
dann nur innerhalb der für den Rechtsvorgänger maßgebenden Einspruchsfrist Einspruch einlegen, wenn der (dingliche) Bescheid ihm (= Rechtsnachfolger) gegenüber
wirkt, aber nicht bekanntgegeben worden ist (§ 353 AO). Diese Fälle gibt es zB bei dem
Einheitswertbescheid, dem Grundsteuermessbescheid und dem Zerlegungs- oder Zu-
teilungsbescheid über einen Grundsteuermessbetrag; vgl. *Tipke/Kruse* § 353 AO Tz. 1 ff.

Form der Einlegung: Der Einspruch ist schriftlich oder (nach Zugangseröffnung 12
durch die Behörde, § 87a Abs. 1 Satz 1 AO) elektronisch einzureichen oder zur Niederschrift zu erklären (§ 357 Abs. 1 Satz 1 AO). Schriftform erfordert (hier) – wegen
§ 357 Abs. 1 Satz 2 AO – *keine* eigenhändige Unterschrift, sofern das Schriftstück aus
seinem sonstigen Inhalt den Einspruchsführer und den Gegenstand des Einspruchs erkennen lässt (BFH III R 26/14 v. 13.5.15, BStBl. II 15, 790). Dementsprechend bedarf es bei elektronischer Einlegung auch *keiner* qualifizierten elektronischen Signatur
nach dem Signaturgesetz; § 87a Abs. 3 Satz 2 AO findet für die Einspruchseinlegung
keine Anwendung (BFH III R 26/14 v. 13.5.15, BStBl. II 15, 790, anschließend
AEAO zu § 357, Nr. 1). Einspruch per E-Mail genügt daher ebenso wie Telefax und
Computerfax sowie – trotz Streichung des § 357 Abs. 1 Satz 3 AO – Telegramm (vgl.
Gosch AO § 357 AO Rz. 19 ff.). Eine Eröffnung des Zugangs für elektronische Dokumente, wie einen Einspruch, kann auch konkludent erfolgen und darin zu sehen
sein, dass ein FA mit seinem besonderen elektronischen Behördenpostfach (beBPo) als
Adressat im besonderen elektronischen Anwaltspostfach (beA) geführt wird (FG Berlin-Brandenburg 7 V 7130/19 v. 25.9.19, EFG 19, 1877: Direktübermittlung zwischen beA und beBPo ist zulässig, ggf. Wiedereinsetzung). Telefonische Einlegung
genügt auch dann nicht, wenn der Beamte den Inhalt des Gesprächs notiert (BFH III
120/61 U v. 10.7.64, BStBl. III 64, 590).

Die Angabe des Einspruchsführers muss sich aus dem Schriftstück ergeben (§ 357 Abs. 1 Satz 2 AO). Nicht erforderlich ist, dass der Rechtsbehelf richtig bezeichnet wird. Ausreichend ist vielmehr, wenn sich aus der Erklärung ergibt, dass der Erklärende sich durch den Bescheid beschwert fühlt und eine Überprüfung verlangt.

13   **Finanzbehörde, bei der der Einspruch anzubringen ist:** Der Einspruch ist bei der Finanzbehörde anzubringen, deren Verwaltungsakt angefochten wird (§ 357 Abs. 2 Satz 1 AO). Hat den Verwaltungsakt eine Behörde auf Grund gesetzlicher Vorschrift *für* die zuständige Finanzbehörde erlassen, kann der Einspruch auch bei der zuständigen Finanzbehörde angebracht werden (§ 357 Abs. 2 Satz 3 AO). Ist der Einspruch bei einer **unzuständigen Behörde** eingelegt, so ist er dennoch rechtzeitig eingelegt, wenn er von der unzuständigen Behörde innerhalb der Einspruchsfrist an die zuständige Behörde übermittelt wird (§ 357 Abs. 2 Satz 4 AO); allerdings trägt der Steuerpflichtige das **Risiko** der rechtzeitigen Übermittlung.

14   **Inhalt des Einspruchs:** Es *soll* der Verwaltungsakt bezeichnet werden, gegen den sich der Einspruch richtet (§ 357 Abs. 3 Satz 1 AO). Weiter *soll* angegeben werden, inwieweit der Verwaltungsakt angefochten und seine Aufhebung beantragt wird (§ 357 Abs. 3 Satz 2 AO). Zudem *sollen* die Tatsachen, die zur Begründung dienen, und die Beweismittel angeführt werden (§ 357 Abs. 3 Satz 3 AO). Es handelt sich hier um **Soll-Vorschriften,** der Einspruch muss also nicht weiter begründet werden. Es empfiehlt sich aber stets, den Verwaltungsakt genau zu bezeichnen und einen **Antrag** zu stellen, damit das FA (Rechtsbehelfsstelle) die Einwendungen des Steuerpflichtigen feststellen und überprüfen kann. Der Antrag hat Bedeutung für den Umfang der Aufklärungspflicht. Kommt es zu einem Klageverfahren, ohne dass der Einspruch begründet worden ist, können dem Kläger – auch wenn er den Finanzgerichtsprozess gewinnt – die **Kosten** nach § 137 FGO ganz oder teilweise **auferlegt werden,** wenn die Entscheidung „auf Tatsachen beruht, die er früher hätte geltend machen oder beweisen können und sollen". Besondere Bedeutung kommt dem Inhalt bei Einsprüchen gegen **Feststellungsbescheide** zu, die eine Vielzahl von verfahrensrechtlichen Einzelfeststellungen enthalten, die wiederum selbstständig in (Teil-)Bestandskraft erwachsen können (vgl. Rz. 2 sowie bspw. BFH IV R 26/12 v. 28.5.15, BStBl. II 15, 797). Hier ist besondere Sorgfalt geboten.

Die Finanzbehörde hat die Möglichkeit, für die Begründung des Einspruchs **Ausschlussfristen** (§ 364b AO) zu setzen, s. dazu Rz. 20 ff. Es ist bei einer etwaigen Fristsetzung der Finanzbehörde also genau darauf zu achten, ob es sich um eine „normale" Frist oder um eine Ausschlussfrist handelt.

15   **Begründung des Einspruchs:** Bei der Abfassung der Begründung des Einspruchs ist zu berücksichtigen, dass sich die Rechtsbehelfsstelle erstmals mit den Streitfragen beschäftigt, dass also nicht mehr die bisher zuständige Veranlagungsstelle entscheidet (Adressatenwechsel).

16   Die Durchführung eines Einspruchsverfahrens sollte insbes. dazu genutzt werden, den **Sachverhalt umfassend und vollständig vorzutragen** und etwaige Unklarheiten möglichst durch Beweisangebote zu beseitigen (Beweis durch Auskünfte, §§ 365, 93 ff. AO, durch Sachverständigengutachten §§ 365, 96 AO, durch Urkunden §§ 365, 97 AO, durch Inaugenscheinnahme §§ 365, 98 f. AO). Auf diese Weise sollte auch eine später etwa erforderliche Klageerhebung vorbereitet werden; das FA wird dadurch gezwungen, sich mit dem Sachverhalt im Einzelnen auseinanderzusetzen und kann sich nicht auf fehlende Mitwirkung des Steuerpflichtigen berufen.

3. Einspruchsverfahren

a) Erörterungstermin (§ 364a AO)

17   Eine Erörterung des Sach- und Streitstandes im Einspruchsverfahren ist **auf Antrag** des Einspruchsführers (§ 364a Abs. 1 Satz 1 AO) oder **von Amts wegen** (§ 364a

Abs. 1 Satz 3 AO) möglich, aber nicht zwingend. Das **persönliche Erscheinen** des Einspruchsführers sowie weiterer Beteiligter kann die Finanzbehörde anordnen (§ 364a Abs. 3 Satz 2 AO), aber **nicht** durch Zwangsmittel (§ 328 AO) **erzwingen** (§ 364a Abs. 4 AO).

Der **Ort für die Erörterung** ist gesetzlich nicht bestimmt, sodass es auch denkbar   18 ist, dass die Erörterung statt an Amtsstelle beim Einspruchsführer oder im Büro des Beraters stattfindet. Da der Zeitpunkt der Einspruchsentscheidung für den Einspruchsführer nicht feststeht, sollte die Erörterung möglichst **frühzeitig beantragt werden,** ggf. – wenn die Zweckmäßigkeit einer Erörterung schon absehbar ist – mit Einspruchseinlegung.

Folgen der Ladung zum Erörterungstermin bzw. der Ablehnung des An-   19 **trags auf Erörterung:** Unentschuldigtes Ausbleiben ist Mitwirkungspflichtverletzung und kann nach den allgemeinen Regeln ggf. nachteilige Schlüsse zulasten des Steuerpflichtigen rechtfertigen. Die Ablehnung eines beantragten Termins ist zwar Verwaltungsakt, aber – als vorbereitende Verfahrenshandlung im Einspruchsverfahren jedenfalls mangels Rechtsschutzbedürfnisses (vgl. § 44a VwGO) – **nicht** selbständig klagefähig (vgl. BFH I R 63/11 v. 11.4.12, BStBl. II 12, 539 unter Hinweis auf BFH I R 66/84 v. 16.12.87, BFH/NV 88, 319 und II S 28/10 v. 20.12.11, BFH/NV 12, 381). Vielmehr ist die unterbliebene Erörterung als **Verfahrensmangel** innerhalb des Klageverfahrens gegen die Einspruchsentscheidung geltend zu machen. So kann das FG auf die Klage gegen den Steuerbescheid gemäß § 100 Abs. 3 Satz 1 FGO nur die Einspruchsentscheidung zum Zwecke der weiteren Sachaufklärung durch die Behörde aufheben oder der Kläger kann isoliert nur die Einspruchsentscheidung anfechten (§ 100 Abs. 1 FGO), sofern er hierfür ein berechtigtes Interesse geltend machen kann (vgl. BFH I R 63/11 v. 11.4.12, BStBl. II 12, 539). Das erfordert allerdings umfangreiche Darlegungen zur Kausalität der unterbliebenen Erörterung für die Einspruchsentscheidung (s. auch BFH IV B 14/04 v. 6.9.05, BFH/NV 06, 2166). In der finanzgerichtlichen Praxis werden die mit der Erörterung des Sach- und Streitstandes im Einspruchsverfahren verbundenen verfahrensrechtlichen Fragen selten hinreichend substantiiert aufgeworfen.

b) Ausschlussfrist (§ 364b AO)

Nach § 364b AO kann die Finanzbehörde dem Einspruchsführer im Einspruchsver-   20 fahren eine **Frist mit ausschließender Wirkung** setzen, und zwar
– zur Angabe der Tatsachen, durch deren Berücksichtigung oder Nichtberücksichtigung er sich beschwert fühlt (§ 364b Abs. 1 Nr. 1 AO),
– zur Erklärung über bestimmte klärungsbedürftige Punkte (§ 364b Abs. 1 Nr. 2 AO),
– zur Bezeichnung von Beweismitteln oder zur Vorlage von Urkunden, soweit er dazu verpflichtet ist (§ 364b Abs. 1 Nr. 3 AO).

Durch die Fristsetzung soll insbes. erreicht werden, dass Steuerpflichtige, die keine Erklärungen abgeben und deswegen geschätzt werden, schon im Einspruchsverfahren – und nicht erst im Klageverfahren – ihre Steuererklärung einreichen.

Die Fristsetzung steht im **Ermessen** der Finanzbehörde, die dieses sachgerecht auszuüben hat. Das betrifft insbes. auch die angemessene Länge der Frist, die gesetzlich nicht vorgegeben ist, sondern sich an den Umständen des Einzelfalls orientieren muss („ein Monat" gehalten in BFH IV R 23/98 v. 10.6.99, BStBl. II 99, 664).

Folgen der Nichteinhaltung der Frist nach § 364b Abs. 1 AO: Erklärungen und   21 Beweismittel, die erst nach Ablauf der Frist vorgebracht werden, **sind nicht zu berücksichtigen (Präklusion),** sofern der Einspruchsführer darüber **belehrt** worden ist (§ 364b Abs. 3 AO). § 364b Abs. 1 AO ist schärfer als § 79b FGO, da dort die Zurückweisung im pflichtgemäßen Ermessen des FG steht (s. Formular D. 2.01). Nach § 76 Abs. 3 FGO kann die behördliche Präklusionswirkung in das finanzgerichtliche Verfahren hineinreichen, was dazu führen kann, dass eine Überprüfung weder im Einspruchsverfahren noch im Klageverfahren stattfindet. Nach der Rechtsprechung des BFH ist von den FG aber zu prüfen, ob die Ausschlussfrist vom FA wirksam und ermessensfehlerfrei gesetzt worden ist, ob der Beteiligte über die Folgen der Fristversäumung zutreffend belehrt worden ist, ob die zurückgewiesenen Erklärungen nach Ablauf der Frist vorgebracht worden sind, die Verspätung nicht genügend entschuldigt worden ist **und** der Sachverhalt nicht mit geringem Aufwand vom FG selbst bis zur Entscheidungsreife ermittelt werden kann (BFH IV R 23/98 v. 10.6.99, BStBl. II 99, 664). Erst wenn das alles bejaht wird, kommt das Verfahrensermessen des FG gem. § 76 Abs. 3 FGO zum Zuge (BFH I R 47/97 v. 17.12.97, BStBl. II 98, 269).

22   Ob **Verlängerungen** der nach § 364b Abs. 1 AO gesetzten Frist möglich sind, ist streitig. Nach zutreffender Auffassung der Finanzverwaltung kommt eine Fristverlängerung nach § 109 AO in Betracht (AEAO zu § 364b Nr. 4). Es liegt keine gesetzliche Frist vor. Zwingend erforderlich ist aber, dass der Antrag auf Fristverlängerung so rechtzeitig (!) **vor** Ablauf der Frist beim FA eingeht, dass noch eine Entscheidung über die Fristverlängerung möglich ist. Ansonsten tritt Präklusion ein. Ist die Frist abgelaufen (und sei es aufgrund verzögerter Entscheidung des FA über einen Verlängerungsantrag), eröffnet § 364b Abs. 2 Satz 3 AO die Möglichkeit der Wiedereinsetzung nach § 110 AO, dessen entsprechende Anwendung auf die nicht gesetzliche, sondern behördlich gesetzte Frist im Gesetz eigens anzuordnen war.

22a   Ob die Fristsetzung ein **eigenständiger Verwaltungsakt** ist, ist umstritten (dagegen BFH VI R 8/98 v. 20.7.00, nv.; Beschl. nach Art. 1 Nr. 7 BFH EntlG; (Vorinstanz FG München 13 K 2613/97 v. 4.12.97, EFG 98, 436), (wohl) dafür BFH IX B 139/02 v. 24.6.03, BFH/NV 03, 1436, s. im Einzelnen *Gosch* AO § 364b AO Rz. 41 f.). Unbeschadet dessen dürfte nicht zweifelsfrei sein, ob ein selbständiger Rechtsbehelf gegen die Fristsetzung zulässig wäre, weil es sich bei der Fristsetzung um eine vorbereitende Verfahrenshandlung handelt; insofern ließen sich ähnliche Erwägungen wie im Fall der Erörterung nach § 364a AO (dazu Rz. 19) anführen. Zur gerichtlichen Überprüfung gelangen diese Fragen, wenn und weil das FG die Präklusionswirkung über § 76 Abs. 3 (iVm. § 79b Abs. 3) FGO in das Klageverfahren perpetuieren will (vgl. BFH IV R 23/98 v. 10.6.99, BStBl. II 99, 664). Man wird mE zudem die Zulässigkeit einer isolierten Anfechtung der Einspruchsentscheidung – mit der Folge der Fortführung des kostenfreien Einspruchsverfahrens – erwägen müssen; denn eine rechtswidrige Fristsetzung kann einen (entscheidungserheblichen) Verfahrensfehler der Behörde darstellen, der eine (erstmalige) Befassung mit den unzulässigerweise zurückgewiesenen Tatsachen gebieten kann.

c) Akteneinsichtsrecht

23   **Akteneinsicht:** Dem Steuerpflichtigen stand im Einspruchsverfahren **herkömmlich** *kein* **Anspruch** auf Akteneinsicht zu, sondern nur auf ermessensfehlerfreie Entscheidung über einen dahingehenden Antrag (BFH VII B 119/01 v. 28.5.03, DStRE 04, 112). Dieser konnte jedoch im Regelfall ermessensfehlerfrei mit Rücksicht auf die gesetzgeberische Grundentscheidung, im laufenden Verwaltungsverfahren keine Akteneinsicht vorzusehen, abgelehnt werden. Indessen dürften sich die **Rechte des Steuerpflichtigen** gegenüber der Finanzbehörde – *anders* als im FG-Verfahren (s. D. 2.01 Rz. 32) – insoweit aufgrund der Einführung der VO (EU) 2016/679 v. 27.4.16, sog. **Datenschutzgrundverordnung** (DSGVO), zum 25.5.18 **erweitert** haben. **Art. 15 DSGVO** sieht hier einen Informationsanspruch vor, der wegen und gemäß § 2a Abs. 3, 5 AO auch im finanzbehördlichen Verfahren gilt (inkl. Außenprüfung, s. Sächs. FG 5 K 337/19 v. 8.5.19, EFG 20, 661 rkr., *Bleschick* DStR 18, 1050; s. aber Einschränkungen in §§ 32c f. AO). Keine Anwendung findet die DSGVO (wegen Art. 2 Abs. 2 Buchst. d) auf die Tätigkeit der Strafverfolgungsbehörden, und zwar – unbeschadet des § 208 Abs. 1 Satz 1 Nr. 2 AO – auch der für die Steuerfahndung gem. § 208 Abs. 1 Satz 1 Nr. 1 AO zuständigen FÄ (BFH II B 82/19 v. 7.4.20, BStBl. II 20, 624). **Art und Um-**

fang des Anspruchs sind **kontrovers:** Er wird zT als sachlich umfassend angesehen (*Krumm* DB 17, 2182), zT auf die harmonisierten Steuern (USt, nicht aber ESt) beschränkt (FG Nds. 12 K 213/19 v. 28.1.20, EFG 20, 665, Rev. anh. BFH II R 15/20). ZT wird ein gebundener Anspruch angenommen (FG Saarl. 2 K 1002/16 v. 3.4.19, DStRE 19, 1226 u. FG Saarl. 2 K 1002/16 v. 3.4.19, EFG 19, 1217), zT (weiterhin) eine Ermessensentscheidung (BMF v. 12.1.18, BStBl. I 18, 185, Rz. 32). S. zum Thema allgemein auch: *Erkis* DStR 18, 161, *Haupt* DStR 19, 2115 sowie BMF v. 12.1.18, aaO. Die **Ablehnung** der Akteneinsicht/Auskunftserteilung ist vor den FG selbständig mit Einspruch und Klage **anfechtbar** (BFH VII B 119/01 v. 28.5.03, DStRE 04, 112; BMF v. 17.12.08, BStBl. I 09, 6; AEAO zu § 364); das gilt auch für Fälle nach der DSGVO; s. dazu auch § 32i AO zum Finanzrechtsweg für „betroffene Personen" (i. e. Steuerpflichtige) einerseits und OVG NRW 15 E 376/19 v. 13.6.19, BeckRS 2019, 13138 zum Verwaltungsrechtsweg für nicht „betroffene Personen (zB Insolvenzverwalter) andererseits (ebenso BFH II B 65/19 v. 16.6.20, BStBl. II 20, 622, auch zum Anspruch aufgrund InformationsfreiheitsG; s. auch BFH II B 82/19 v. 7.4.20, a. a. O. zum BDSG).

Ein **Anspruch** besteht hingegen **nach § 364 AO** darauf, dass „die Unterlagen der Be-   **23a** steuerung", also alle entscheidungserheblichen Tatsachen- und Berechnungsgrundlagen (etwa Bewertungs- und Schätzungsgrundlagen, Wertgutachten, Auskünfte, Amtshilfe- und Kontrollmitteilungen, s. *Gosch* AO § 364 AO Rz. 8) mitgeteilt werden; s. zur **Auskunftserteilung** auch BMF v. 17.12.08, BStBl. I 09, 6. Die Behörde darf die Mitteilung der Besteuerungsgrundlagen nach § 364 AO (auch) nicht unter Hinweis auf die Möglichkeit eines Akteneinsichtsantrages verweigern (vgl. FG Düsseldorf 16 V 4828/06 v. 19.3.07, EFG 07, 1053). Zu **Klagemöglichkeiten** wegen Auskunftsansprüchen (auch betreffend die **DSGVO**) s. **§ 32i (Abs. 2) AO,** nach dessen Abs. 9 insbes. ein Vorverfahren nicht statthaft ist (s. zu Einzelheiten *Tipke/Kruse* § 32i AO Rz. 1 ff.).

Akteneinsicht ist spätestens **im finanzgerichtlichen Verfahren** zu gewähren (§ 78 FGO; vgl. D. 2.01 Rz. 32).

d) Entscheidung über den Einspruch

Einschränkung des Überprüfungsumfangs im Einspruchsverfahren ist in   **24** zwei Fällen möglich:
– Verwaltungsakte, die unanfechtbare Verwaltungsakte ändern, können nur insoweit angegriffen werden, als die Änderung reicht (es sei denn, aus der AO ergibt sich etwas anderes), § 351 Abs. 1 AO (vgl. dazu ausführlich *Tipke/Kruse* § 351 AO Rz. 1 bis 44),
– Entscheidungen in einem Grundlagenbescheid (§ 171 Abs. 10 AO) können nur durch Anfechtung dieses Bescheides, nicht auch durch Anfechtung des Folgebescheides angegriffen werden (§ 351 Abs. 2 AO), s. dazu *Tipke/Kruse* § 351 AO Rz. 45 ff.

Geänderter Bescheid während des Einspruchsverfahrens: Der neue Verwal-   **25** tungsakt wird **automatisch** Gegenstand des Einspruchsverfahrens, § 365 Abs. 3 Satz 1 AO (ebenso im Klageverfahren, § 68 FGO) und zwar auch dann, wenn ein Verwaltungsakt nach § 129 AO berichtigt wird oder ein Verwaltungsakt an die Stelle eines angefochtenen unwirksamen Verwaltungsakts tritt (§ 365 Abs. 3 Satz 2 AO). Das gilt *nicht*, wenn sich der Einspruch durch den Änderungsbescheid und den Wegfall der Beschwer **erledigt** und das Einspruchsverfahren so **objektiv beendet** wird, weil das FA dem Einspruchsbegehren *in vollem Umfang* Rechnung trägt; maßgebend ist das Begehren im Zeitpunkt der Abhilfe, dh. zwischenzeitliche Änderungen sind zu beachten (BFH X B 99/19 v. 16.10.19, BeckRS 2019, 40734).

Verböserung ist im Einspruchsverfahren möglich, wenn der Einspruchsführer auf   **26** diese Möglichkeit **hingewiesen** worden ist und ihm Gelegenheit gegeben wurde, sich dazu zu äußern (§ 367 Abs. 2 Satz 2 AO). Gegen die Verböserung kann sich der Einspruchsführer nur durch Rücknahme des Einspruchs schützen, s. Rz. 28 f. Dieser Schutzzweck des Verböserungshinweises kann jedoch nicht erreicht werden, wenn sich die Verböserung auch ohne Rücknahme nicht vermeiden lässt. Daher ist ein solcher Hinweis entbehrlich, wenn die Finanzbehörde den Bescheid ohnehin (aufgrund einer **Änderungsvorschrift** und innerhalb der **Verjährungsfristen**) ändern kann (vgl. BFH II R 38/08 17.2.10, BFH/NV 10, 1236).

27 **Rücknahme** des Einspruchs ist bis zur Bekanntgabe der Entscheidung über den Einspruch möglich (§ 362 Abs. 1 Satz 1 AO). Es gelten dieselben Formvorschriften wie für die Einlegung des Einspruchs (§ 362 Abs. 1 Satz 2 AO, s. Rz. 12).

28 **Folgen der Rücknahme:** Bescheid wird bestandskräftig. Die nachträgliche Geltendmachung der Unwirksamkeit der Rücknahme ist nur ausnahmsweise möglich (§ 362 Abs. 2 Satz 2 AO), dies ist zB bei unlauterem Einfluss des FA denkbar (*Tipke/Kruse* § 362 AO, Rz. 19). Die Unwirksamkeit kann nur innerhalb eines Jahres nach Rücknahme des Einspruchs geltend gemacht werden (§ 362 Abs. 2 Satz 2 iVm. § 110 Abs. 3 AO).

Teilrücknahme nach § 362 Abs. 1a AO: Soweit Besteuerungsgrundlagen für ein Verständigungs- oder Schiedsverfahren nach einem Vertrag iSv. § 2 AO von Bedeutung sein können, kann der Einspruch hierauf begrenzt zurückgenommen werden.
Einspruchsverzicht: s. Formular D. 1.04.

29 **Kosten:** Das außergerichtliche Rechtsbehelfsverfahren ist **nicht kostenpflichtig;** Steuerpflichtiger und Finanzbehörde haben jeweils ihre eigenen Aufwendungen zu tragen. In Kindergeldsachen ist die Ausnahmeregelung des § 77 EStG zu beachten; vgl. Formular D. 2.16.

29a **Kostenerstattung:** Für die außergerichtlichen Aufwendungen des Steuerpflichtigen ist Erstattung (insbes. der Kosten für die Vertretung durch einen Rechtsanwalt, Steuerberater oder Wirtschaftsprüfer) nur möglich, wenn sich dem Einspruchsverfahren ein gerichtliches Verfahren angeschlossen hat. Wird das gerichtliche Verfahren mit einer für den Einspruchsführer positiven Entscheidung abgeschlossen, so sind auf Antrag die Kosten des außergerichtlichen Vorverfahrens gem. § 139 Abs. 3 FGO erstattungsfähig; Voraussetzung ist allerdings, dass das Gericht die Zuziehung eines Bevollmächtigten oder Beistandes für notwendig erklärt hat (§ 139 Abs. 3 Satz 3 FGO), vgl. dazu Formular D. 2.16.

In den Fällen des § 839 BGB – Amtspflichtverletzung – besteht aber auch dann Kostenerstattungspflicht, wenn es nicht zur Klage kommt.

30 Die **Einspruchsentscheidung** ist zu begründen, mit einer Rechtsbehelfsbelehrung zu versehen und den Beteiligten schriftlich oder elektronisch zu erteilen (§ 366 AO). Sie kann auch durch Telefax übermittelt und in Form von Telefaxausdrucken wirksam bekanntgegeben werden (BFH I R 17/96 v. 8.7.98, BStBl. II 99, 48).

31 **Teileinspruchsentscheidung:** Nach § 367 Abs. 2a AO (eingefügt durch Gesetz v. 13.12.06, BGBl. I 06, 2878) kann die Finanzbehörde „vorab über Teile des Einspruchs entscheiden, wenn dies sachdienlich ist"; im Übrigen, etwa hinsichtlich einzelner (Verfassungs-)Rechtsfragen, bleibt der Einspruch anhängig (BFH I B 57/16 v. 21.12.16, BFH/NV 17, 881). Durch die Teileinspruchsentscheidungen können daher **unselbständige Teile** eines eigentlich einheitlichen verfahrensrechtlichen Streitgegenstandes in (Teil-)Bestandskraft erwachsen. Erforderlich ist, dass der Erlass einer Teileinspruchsentscheidung **sachdienlich** ist (voll justiziabler unbestimmter Rechtsbegriff), weil Teile des Einspruchs entscheidungsreif sind. Sie kann sich dabei auch nur auf **unstreitige** („unbenannte") **Teile** eines Bescheids beziehen; das ist sogar **regelmäßig** sachdienlich (BFH X R 50/09 v. 14.3.12, BStBl. II 12, 536). Jedenfalls muss die Teileinspruchsentscheidung den Umfang der Bestandskraft anhand der betreffenden Besteuerungsgrundlagen zweifelsfrei (positiv oder negativ) definieren.

Ob eine Teileinspruchsentscheidung ergeht, ist zwar eine Ermessensentscheidung. Ist ihr Erlass aber sachdienlich iSd. § 367 Abs. 2a Satz 1 AO, so ist er in der Regel auch ermessensgerecht, weil die **Ermessensausübung** gesetzlich dahin **vorgeprägt** ist (BFH X R 50/09 v. 14.3.12, BStBl. II 12, 536). Es wäre daher vom Steuerpflichtigen darzulegen, dass ein atypischer Fall vorliegt. Liegen (nur) die Voraussetzungen des § 367 Abs. 2a AO nicht vor, ist im Klageverfahren die Einspruchsentscheidung isoliert aufzuheben (BFH I B 57/16 v. 21.12.16, BFH/NV 17, 881).

Es besteht keine Pflicht des FA, vor Erlass einer Teileinspruchsentscheidung eine Frist nach § 364b Abs. 1 Nr. 1 AO zu setzen oder den Steuerpflichtigen vorher eigens anzuhören (BFH X R 50/09 v. 14.3.12, BStBl. II 12, 536).

Die Teileinspruchsentscheidung ist auch im **Zusammenhang mit der Zwangsruhe** nach § 363 Abs. 2 Satz 2 AO (s. D. 1.01 Rz. 7 ff.) wegen dort genannter anhängiger Musterverfahren zu sehen (instruktiv BFH III R 39/08 v. 30.9.10, BStBl. II 11, 11; s. auch BFH X B 152/16 v. 23.6.17, BFH/NV 17, 1622).

Anhängige Einsprüche, die eine vom EuGH, vom BVerfG oder vom BFH ent **32** schiedene **Rechtsfrage** betreffen und denen nach Ausgang des Verfahrens vor diesen Gerichten nicht abgeholfen werden kann, können durch **Allgemeinverfügung** insoweit zurückgewiesen werden (§ 367 Abs. 2b AO). Die Vorschrift muss im Zusammenhang mit der Teileinspruchsentscheidung nach § 367 Abs. 2a AO und der Zwangsruhe nach § 363 Abs. 2 Satz 2 AO gesehen werden. Die Klagefrist endet in den Fällen der Allgemeinverfügung – abweichend von § 47 FGO – mit Ablauf eines Jahres nach dem Tag der Bekanntgabe § 367 Abs. 2b Satz 5 AO.

e) Weiterer Rechtsschutz

Gerichtliche Rechtsbehelfe: Bei ablehnender Einspruchsentscheidung kann An **33** fechtungs- oder Verpflichtungsklage zum FG erhoben werden (s. Formulare D. 2.01, D. 2.24).

Außerordentliche Rechtsbehelfe sind im Regelfall formlos, fristlos und kosten **34** los. Sie werden wie folgt unterschieden:
- **Gegenvorstellung** (beim handelnden Amtsträger, zB FA),
- **Dienstaufsichtsbeschwerde** (beim Dienstvorgesetzten, zB Vorsteher des FA) und
- **Petition** (beim Petitionsausschuss des Landtags oder des Bundestags nach Art. 17 GG).

D. 1.04 Einspruchsverzicht

I. FORMULAR

Formular D. 1.04 Einspruchsverzicht

Finanzamt München Abt. II/III

80301 München

Durch Einkommensteuerbescheid für 20.. vom ...... (Steuer-Nr. ...) ist eine Einkommensteuerschuld in Höhe von ...... festgesetzt worden. Der Bescheid ist noch nicht bestandskräftig. Namens und im Auftrag meines Mandanten erkläre ich, dass auf die Einlegung eines Einspruchs gem. § 354 AO verzichtet wird. Die Vollmacht liegt Ihnen bereits vor.

....

Unterschrift

II. ERLÄUTERUNGEN

Erläuterungen zu D. 1.04 Einspruchsverzicht

Form des Verzichts: Der Verzicht muss schriftlich oder zur Niederschrift erklärt **1** werden (§ 354 Abs. 2 Satz 1 Hs. 1 AO); er muss **unterschrieben** werden (BFH VII R 18/80 v. 3.4.84, BStBl. II 84, 513).

2   **Inhalt des Verzichts:** Der Verzicht darf **keine weiteren Erklärungen** enthalten (§ 354 Abs. 2 Satz 1 2. Hs. AO), die Verzichtserklärung darf folglich nicht „Bestandteil eines anderen Textes sein" (BFH VII R 18/80 v. 3.4.84, aaO) oder Bedingungen enthalten.

3   **Zeitpunkt des Verzichts:** Eine Verzichtserklärung kann nur nach Erlass des Verwaltungsaktes (§ 354 Abs. 1 Satz 1 AO) und vor Einlegung des Rechtsbehelfs erklärt werden (*Tipke/Kruse* § 354 AO Rz. 3 f.).

4   **Erklärungsempfänger** des Verzichts ist die **zuständige** Finanzbehörde (§ 354 Abs. 2 Satz 1 1. Hs. AO), mithin das FA, das den anzufechtenden Verwaltungsakt erlassen hat.

5   Bei **Abgabe einer Steueranmeldung** (§ 150 Abs. 1 Satz 3 AO) kann die Verzichtserklärung „für den Fall ausgesprochen werden, dass die Steuer nicht abweichend von der Steueranmeldung festgesetzt wird" (§ 354 Abs. 1 Satz 2 AO).

6   **Teilverzicht** ist nach § 354 Abs. 1a Satz 1 AO möglich, soweit Besteuerungsgrundlagen für ein Verständigungs- oder ein Schiedsverfahren nach einem Vertrag iSd. § 2 AO von Bedeutung sein können. Nach § 354 Abs. 1a Satz 2 AO ist die Besteuerungsgrundlage, auf die sich der Verzicht beziehen soll, genau zu bezeichnen. S. dazu iE *Tipke/Kruse* § 354 AO Rz. 6.

7   **Wirkungen des Verzichts:** Ein nach einer wirksamen Verzichtserklärung eingelegter Einspruch ist **unzulässig** (§ 354 Abs. 1 Satz 3 AO). Widerruf, Zurücknahme oder Anfechtung wegen Irrtums sind nicht möglich (*Tipke/Kruse* § 354 AO Rz. 15). Eine Verzichtserklärung nach § 354 AO führt über § 44 FGO zum Verlust des Klagerechts (*Gräber/Levedag* § 50 FGO Rz. 2).

8   **Unwirksamkeit des Verzichts** ist gegeben, wenn er unzulässig ist oder wenn die Finanzbehörde den Steuerpflichtigen in sachlich nicht gerechtfertigter Weise beeinflusst hat.

9   **Folgen der Unwirksamkeit des Verzichts:** Die Unwirksamkeit des Verzichts wird durch **Einlegung eines Einspruchs** gegen den Verwaltungsakt geltend gemacht; eine Anfechtung des Verwaltungsakts ist innerhalb der Einspruchsfrist möglich, danach nur, wenn die Frist der Wiedereinsetzung in den vorigen Stand nach § 110 Abs. 3 AO eingehalten wird (§ 354 Abs. 2 Satz 2 AO).

D. 1.05 Hinzuziehung

I. FORMULAR

Formular D. 1.05 Hinzuziehung

Finanzamt München Abt. II/III

80301 München

Gegen den Einkommensteuerbescheid für 20.. vom ...... (Steuer-Nr. ...), gerichtet an die Eheleute Herrn und Frau Meyer, wurde mit Schreiben vom ...... Einspruch durch Herrn Meyer eingelegt. Die Eheleute werden nach § 26b EStG zusammenveranlagt und sind somit Gesamtschuldner. Es wird die Hinzuziehung von Frau Meyer zum Verfahren gem. § 360 Abs. 1 AO beantragt, da ihre rechtlichen Interessen nach den Steuergesetzen durch die Entscheidung über den Einspruch berührt werden.

....

Unterschrift

II. ERLÄUTERUNGEN

Erläuterungen zu D. 1.05 Hinzuziehung

Einfache Hinzuziehung nach § 360 Abs. 1 AO ist **von Amts wegen** oder **auf** 1 **Antrag** möglich; § 360 Abs. 1 Satz 1 AO entspricht § 60 Abs. 1 Satz 1 FGO. Einfache Hinzuziehung von Steuerpflichtigen soll erfolgen, wenn „deren rechtliche Interessen nach den Steuergesetzen durch die Entscheidung berührt werden, insbes. solche, die nach den Steuergesetzen neben dem Steuerpflichtigen haften" (§ 360 Abs. 1 Satz 1 AO).

Eine notwendige Hinzuziehung muss nach § 360 Abs. 3 AO (entspricht § 60 2 Abs. 3 FGO) erfolgen, wenn „an dem streitigen Rechtsverhältnis Dritte derart beteiligt" sind, „dass die Entscheidung auch ihnen gegenüber nur einheitlich ergehen kann" (§ 360 Abs. 3 Satz 1 AO). Das gilt nicht für Mitberechtigte, die nach § 352 AO nicht klagebefugt sind. Das hat besondere Bedeutung im Bereich der gesonderten und einheitlichen **Feststellungen,** bei denen im GrundSatz sämtliche Beteiligte, die über eine eigene Einspruchsbefugnis verfügen, notwendig hinzuzuziehen sind. Vgl. zu Einzelheiten Formular D. 2.06.

Bei **zusammenveranlagten Ehegatten** liegt nach der – nicht unumstrittenen – 2a Rechtsprechung grundsätzlich **kein** Fall einer notwendigen Hinzuziehung vor, weil es sich bei gegenüber Ehegatten ergehenden Steuerbescheiden nur um die Zusammenfassung von zwei selbständigen Verwaltungsakten handelt, die ein unterschiedliches Schicksal erleiden können. Anders liegt es nur, wenn der klagende Ehegatte statt der Zusammenveranlagung eine getrennte Veranlagung erreichen will, da dies regelmäßig zu nachteiligen steuerlichen Rechtsfolgen beim nicht klagenden Ehegatten führt (BFH III B 101/04 v. 7.2.05, BFH/NV 05, 1083). Zum Meinungsstand vgl. *Klein/Rätke* § 360 AO Rz. 9f. mwN; *Gräber/Levedag* § 60 FGO Rz. 137 mwN. Vgl. auch Formular D. 2.06.

Sind **mehr als fünfzig Personen notwendig** hinzuzuziehen, gilt der als Verein- 3 fachungsvorschrift eingefügte Abs. 5 des § 360 AO (entspricht § 60a FGO). Danach kann die Finanzbehörde anordnen, dass nur solche Personen hinzugezogen werden müssen, die dies innerhalb einer bestimmten Frist beantragen. Das hat für die Betroffenen nachteilige Wirkungen und ist daher an hohe formelle Anforderungen geknüpft, s. § 360 Abs. 5 AO.

Ein **Sonderfall** der Hinzuziehung ist in § 174 Abs. 5 Satz 2 AO geregelt; dies dient 4 der Vermeidung sich widersprechender Steuerfestsetzungen oder Feststellungen; s. dazu auch D. 2.06 Rz. 8f.

Zweck der Hinzuziehung ist eine Verfahrensvereinfachung und die Vermeidung 5 der Gefahr abweichender Entscheidungen (vgl. *Tipke/Kruse* § 360 AO Rz. 1).

Das **rechtliche Gehör** des Steuerpflichtigen (Wahrung des Steuergeheimnisses), 6 der den Einspruch eingelegt hat, wird dadurch gewährt, dass er vor der Hinzuziehung zu **hören** ist (§ 360 Abs. 1 Satz 2 AO). Der Steuerpflichtige hat dadurch die Möglichkeit, seinen Einspruch vor Hinzuziehung eines Dritten zurückzunehmen (§ 362 AO); der Hinzuzuziehende kann dann das Verfahren nicht fortsetzen, da die Hinzuziehung insoweit vom Verfahren des Hauptbeteiligten abhängig ist (*Tipke/Kruse* § 360 AO Rz. 4, 8).

Wirkung der Hinzuziehung: Wer zum Verfahren hinzugezogen ist, ist **Beteilig-** 7 **ter** (§ 359 Nr. 2 AO) und kann dieselben Rechte geltend machen, wie derjenige, der den Einspruch eingelegt hat (§ 360 Abs. 4 AO). Eine Einspruchsentscheidung entfaltet ihm gegenüber Bindungswirkung. Er kann daher selbst Klage erheben, wenn die Entscheidung ihn in seinen Rechten verletzt (BFH IV B 210/04 v. 7.2.07, BFH/NV 07, 869). Der Hinzugezogene kann **nicht** über den Verfahrensgegenstand **disponieren,** mithin auch nicht den Einspruch zurücknehmen.

8   **Folgen unterlassener Hinzuziehung:** Ist die **einfache** Hinzuziehung zu Unrecht abgelehnt worden oder unterblieben, kommt der Einspruchsentscheidung gegenüber dem an sich Hinzuzuziehenden **keine Bindungswirkung** zu. Unterbleibt die **notwendige** Hinzuziehung, so liegt ein schwerer Verfahrensmangel vor, der nach ständiger Rechtsprechung des BFH dadurch **geheilt** werden kann, dass das FG die erforderliche (notwendige) Beiladung vornimmt (vgl. BFH I R 8/98 v. 28.10.99, BFH/NV 00, 579) oder der Nicht-Hinzugezogene selbst form- und fristgerecht Klage erhebt (BFH IV R 21/08 v. 23.9.09, BStBl. II 10, 337). Der Nicht-Hinzugezogene kann sich in seinem eigenen Klageverfahren auf die Durchführung des Vorverfahrens berufen, zu dem er nicht hinzugezogen worden war, wenn der dortige Einspruchsführer seinerseits einspruchsbefugt war (vgl. BFH IV R 48/02 v. 27.5.04, BStBl. II 04, 964). Die Heilungswirkung soll nach zT vertretener Auffassung nicht ohne weiteres eintreten, wenn die Einspruchsentscheidung zu einer **Änderung der Steuerfestsetzung** oder zu einer Heilung von **Verfahrensfehlern nach § 126 AO** geführt hat (*Tipke/Kruse* § 60 FGO, Rz. 112 mwN). Vielmehr soll das Klageverfahren nach § 74 FGO zur Nachholung der Hinzuziehung und Bekanntgabe der Einspruchsentscheidung ausgesetzt werden, weil der Einspruchsentscheidung dann eine besondere Bedeutung zukomme und um dem Hinzugezogenen eine eigene Klagemöglichkeit zu eröffnen.

9   **Rechtsbehelfe:** Gegen die Hinzuziehung und gegen ihre Ablehnung ist nach § 347 AO der Einspruch statthaft.

D. 2. Verfahren vor den Finanzgerichten

Übersicht

Allgemeines Schrifttum: S. Teil D. 1 „Verfahren vor den Finanzbehörden"

D. 2.01 Anfechtungsklage

I. FORMULAR

Formular D. 2.01 Anfechtungsklage

FG München

Ismaninger Str. 95

81675 München

In der Finanzstreitsache

Max Anders

Einsteinstraße 17, 81675 München   – Kläger –

Prozessbevollmächtigte: ...

gegen

Finanzamt München I

Karlstraße 9–11, 80333 München   – Beklagter –

vertreten durch seinen Leiter

wegen Einkommensteuer 20..

Steuer-Nr.: ...

erheben wir namens und im Auftrag des Klägers unter Vollmachtsvorlage

KLAGE.

In der mündlichen Verhandlung werden wir voraussichtlich folgende Anträge stellen:

1. Die Einkommensteuerfestsetzung für 20.. vom ...... (Steuer-Nr. ...) in der Gestalt der Einspruchsentscheidung vom ...... wird abgeändert und auf ...... festgesetzt.

2. Hilfsantrag: Die Revision wird zugelassen.

3. Die Kosten des Verfahrens trägt der Beklagte.

4. Die Hinzuziehung eines Bevollmächtigten für das Vorverfahren wird für notwendig erklärt.

Auf mündliche Verhandlung wird nicht verzichtet.

Begründung

Die Klage wendet sich gegen die Einkommensteuerfestsetzung für 20.. vom ...... (Steuer-Nr. ...) in der Gestalt der Einspruchsentscheidung vom ...... (Rechtsbehelfslisten-Nr. ...).

Streitig ist, ob Aufwendungen des Klägers für eine Auslandsreise betrieblich veranlasst und damit als Betriebsausgaben abziehbar sind. Es handelt sich um Aufwendungen für eine Kongressreise nach Brasilien, an der der Kläger in seiner Funktion als Vorsitzender der Internationalen Vereinigung für Schmetterlingskunde (IVS) als Vortragender und Zuhörer teilgenommen hat. *[...wird ausgeführt...]*

Weitere Klagebegründung sowie eine Klageerweiterung bleiben vorbehalten.

....

Unterschrift

II. ERLÄUTERUNGEN

> **Erläuterungen zu D. 2.01 Anfechtungsklage**

1. Vorbemerkungen

Die Finanzgerichtsordnung sieht folgende **Klagearten** vor: **1**
– Anfechtungsklage (§ 40 Abs. 1 1. Alt. FGO),
– Verpflichtungsklage (§ 40 Abs. 1 2. Alt. FGO), s. Formular D. 2.24,
– Sonstige Leistungsklage (§ 40 Abs. 1 3. Alt. FGO), s. Formular D. 2.20,
– Feststellungsklage (§ 41 Abs. 1 FGO), s. Formular D. 2.12; zur Fortsetzungsfeststellungsklage s. Rz. 23, 24.
Die *Sprungklage* (§ 45 Abs. 1 FGO, s. Formular D. 2.21) und die sog. *Untätigkeitskla-* **2**
ge gem. § 46 FGO (s. Formular D. 2.22) sind keine eigenen Klagearten, bei ihnen ist nur das Vorverfahren entbehrlich: Bei der Sprungklage wird einvernehmlich auf die Durchführung des Einspruchsverfahrens verzichtet, bei der sog. Untätigkeitsklage iSd. § 46 FGO ist das Vorverfahren für Anfechtungs- und Verpflichtungsklage entbehrlich.
Durch die **Anfechtungsklage** wird die **Aufhebung** bzw. die **Änderung** eines **3**
Verwaltungsaktes begehrt (vgl. § 100 Abs. 1 Satz 1, Abs. 2 Satz 1 FGO). Sie stellt im finanzgerichtlichen Verfahren die Hauptklageart dar.
Rechtsbehelfe, so auch die Anfechtungsklage, haben grds. **keine aufschiebende Wirkung,** dh. die Vollziehung wird nicht gehemmt (vgl. D. 2.04, insbes. D. 2.04 Rz. 1), s. § 69 Abs. 1 FGO, zu den Ausnahmen vgl. § 69 Abs. 5 FGO.

2. Zulässigkeitsvoraussetzungen der Anfechtungsklage

Voraussetzung für eine Entscheidung über die Begründetheit der Klage ist deren **4**
Zulässigkeit, dh. es müssen die *positiven* wie *negativen* **Sachentscheidungsvoraussetzungen** vorliegen, zu denen in der Regel in einer Klage nur dann Stellung genommen werden muss, wenn ihr Vorliegen zweifelhaft sein könnte.
Diese Sachentscheidungsvoraussetzungen gelten mit Ausnahme der Durchführung **5**
des Vorverfahrens **für alle Klagearten.** Zu den für Leistungs- und Feststellungsklage besonderen Voraussetzungen vgl. Formular D. 2.12 und D. 2.20.

Übersicht über die Sachentscheidungsvoraussetzungen:

– **Finanzrechtsweg** (§ 33 FGO): Dieser ist insbes. gegeben bei öffentlich-rechtlichen **6**
Streitigkeiten über Abgabenangelegenheiten, soweit die Abgaben der Gesetzgebung des Bundes unterliegen und durch Bundes- oder Landesfinanzbehörden verwaltet werden (§ 33 Abs. 1 Nr. 1 FGO), in öffentlich-rechtlichen Streitigkeiten über die Vollziehung von Verwaltungsakten in anderen Angelegenheiten, soweit die Verwaltungsakte durch Bundes- oder Landesfinanzbehörden nach den Vorschriften der AO zu vollziehen sind (§ 33 Abs. 1 Nr. 2 FGO), in öffentlich-rechtlichen und berufsrechtlichen Streitigkeiten aus dem Bereich des Steuerberatungsgesetzes (§ 33 Abs. 1 Nr. 3 FGO) und für Streitigkeiten, soweit für diese durch Gesetz der Finanzrechtsweg eröffnet ist (§ 33 Abs. 1 Nr. 4 FGO, zB § 98 EStG für Verwaltungsakte, die die Altersvorsorgezulage nach §§ 79 ff. EStG betreffen; vgl. *Gräber/Herbert* § 33 FGO Rz. 40, 41); in **Kirchensteuerangelegenheiten** ist in einigen Ländern – wie etwa in Bayern, Baden-Württemberg, Nordrhein-Westfalen oder Sachsen – der Finanzrechtsweg, in anderen – wie etwa Hessen, Niedersachsen oder Schleswig-Holstein – der Verwaltungsrechtsweg gegeben (vgl. *Gräber/Herbert* § 33 FGO Rz. 42 ff.).
Ist streitig, ob der Finanzrechtsweg gegeben ist, *kann* das Gericht über die Zulässigkeit des Rechtswegs vorab entscheiden (§ 17a Abs. 3 Satz 1, Abs. 4 GVG); s. zB BFH II B 65/19 v. 16.6.20, ZIP 20, 1766. Es *muss* vorab entscheiden, wenn ein

Beteiligter die Zulässigkeit des Rechtswegs rügt (§ 17a Abs. 3 Satz 2 GVG). Ist der Rechtsweg nach Auffassung des Gerichts unzulässig, sind die Beteiligten anzuhören, sodann verweist das Gericht den Rechtstreit an das zuständige Gericht (§ 17a Abs. 2 GVG), das gem. § 17a Abs. 2 Satz 3 GVG an den Beschluss gebunden ist. Wegen der Einzelheiten s. *Gräber/Herbert* Anhang zu § 33 FGO.

7   – Einlegung der Klage beim *örtlich* und *sachlich* **zuständigen FG** (§§ 35, 36, 38, 39 FGO); erfolgt das nicht, wird das FG den *Rechtsstreit verweisen*, denn über § 70 FGO gelten die §§ 17–17b GVG entsprechend (zur Fristwahrung s. Rz. 9). Soweit sich § 38 Abs. 2a FGO für die örtliche Zuständigkeit des FG auf „*Angelegenheiten des Familienleistungsausgleichs*" bezieht, umfasst das auch Verwaltungsakte, die von den zuständigen Familienkassen im Erhebungs-/Vollstreckungsverfahren erlassen werden (str., wie hier FG Hamburg 6 V 4/20 v. 2.3.20, nv. mwN).

8   – **Erfolglose Durchführung des außergerichtlichen Vorverfahrens** (§ 44 Abs. 1 FGO), es muss eine *formelle* Einspruchsentscheidung vorliegen. Ausnahmen: §§ 45, 46 FGO, s. Formular D. 2.20 und 2.21.

9   – **Klagefrist** (§ 47 FGO, beachte bei Untätigkeitsklage § 46 Abs. 1 Satz 2 FGO; bei Versäumung ggf. Wiedereinsetzung in den vorigen Stand nach § 56 FGO, vgl. Formular D. 2.27): Die Klage ist **innerhalb eines Monats** beim (zuständigen) FG zu erheben; die Frist beginnt mit der Bekanntgabe der Einspruchsentscheidung. Soweit ein Vorverfahren nicht erforderlich ist (zB Sprungklage), beginnt sie mit der Bekanntgabe des Verwaltungsakts.
Fristbeginn ist bei Übermittlung im Inland durch die Post **per einfachem Brief** der dritte Tag nach Aufgabe des Verwaltungsakts (wie der Einspruchsentscheidung) zur Post, außer wenn er nicht oder zu einem späteren Zeitpunkt zugegangen ist (§ 122 Abs. 2 Nr. 1 AO). Zur **Berechnung der Drei-Tages-Frist** sowie zu **Besonderheiten** s. D. 1.03 Rz. 7.
Für die ab 2017 mögliche Bekanntgabe von Verwaltungsakten durch Bereitstellung zum Datenabruf (§ 122a AO) gibt es eine Sonderregel für die Bekanntgabe: Ein zum Abruf bereitgestellter Verwaltungsakt gilt am dritten Tag nach Absendung der elektronischen Benachrichtigung über die Bereitstellung (s. § 87a Abs. 1 Satz 5 AO) der Daten an die abrufberechtigte Person als bekannt gegeben (§ 122a Abs. 4 Satz 1 AO, s. aber auch Sätze 2 ff. zur Erschütterung der Vermutung).
Wird der Bescheid durch **förmliche Zustellung** gem. § 122 Abs. 5 AO bekannt gegeben, beginnt die Frist an dem auf die Zustellung folgenden Tag (§ 187 Abs. 1 BGB, § 108 Abs. 1 AO), und zwar auch dann, wenn der auf die Zustellung folgende Tag ein Sonntag, ein allgemeiner Feiertag oder ein Sonnabend ist (BFH IV B 39/10 v. 30.11.10, BFH/NV 11, 613); auch die Drei-Tage-Frist des § 122 Abs. 2 Nr. 1 AO gilt in diesem Fall nicht, vgl. BFH I R 77/89 v. 19.6.91, BStBl. II 91, 826. **Verstößt** eine Ersatzzustellung durch Einlegen in den Briefkasten **gegen zwingende Zustellungsvorschriften,** weil der Zusteller entgegen § 180 Satz 3 ZPO auf dem Umschlag des zuzustellenden Schriftstücks das Datum der Zustellung nicht vermerkt hat, ist das zuzustellende Dokument i.S. des § 189 ZPO in dem Zeitpunkt dem Empfänger tatsächlich zugegangen, in dem er das Schriftstück in die Hand bekommt, und nicht schon dann, wenn nach dem gewöhnlichen Geschehensablauf mit einer Entnahme des Schriftstücks aus dem Briefkasten und der Kenntnisnahme gerechnet werden kann (BFH GrS 2/13 v. 6.5.14, BFH/NV 14, 1307).
Die Frist für die Erhebung **gilt als gewahrt,** wenn die Klage bei der **Behörde,** die den angefochtenen Verwaltungsakt oder die angefochtene Entscheidung erlassen oder den Beteiligten bekanntgegeben hat oder die nachträglich für den Steuerfall zuständig geworden ist, innerhalb der Frist **angebracht** oder zur Niederschrift gegeben wird (§ 47 Abs. 2 Satz 1 FGO). **Angebracht** ist eine Klage, wenn sie in einem verschlossenen und postalisch an das FG adressierten Briefumschlag in den

Briefkasten des Beklagten eingeworfen oder beim Beklagten (= Behörde) abgegeben wird; die Klageschrift muss nicht derart in den Verfügungsbereich des Beklagten (= Behörde) gelangen, dass er von ihrem Inhalt Kenntnis nehmen kann (BFH I R 22/94 v. 26.4.95, BStBl. II 95, 601; I B 80/96 v. 14.2.97, BFH/NV 97, 675; VI B 99/05 v. 9.2.06, BFH/NV 06, 1118). Eine Klageerhebung liegt aber nicht vor, wenn in einem Schätzungsfall nach Ergehen der Einspruchsentscheidung beim Beklagten die Steuererklärungen eingehen (BFH I R 67/85 v. 28.6.89, BStBl. II 89, 848). Im Fall der Klageanbringung beim Beklagten muss die Behörde die Klageschrift dann unverzüglich an das Gericht übersenden (§ 47 Abs. 2 Satz 2 FGO); sie muss auch den Eingangstag beim Beklagten dokumentieren (BFH I R 22/94 v. 26.4.95, BStBl. II 95, 601).

Fehlende oder unrichtige Rechtsbehelfsbelehrung: Fehlt die Rechtsbehelfsbelehrung in dem anzufechtenden Verwaltungsakt oder ist sie **unrichtig,** so kann die Klage innerhalb eines Jahres seit Bekanntgabe der Rechtsbehelfsentscheidung eingelegt werden (§ 55 FGO; BFH X R 3/96 v. 29.7.98, BStBl. II 98, 742 und III R 70/06 v. 21.6.07, BFH/NV 07, 2064 zur Frage, wann eine Rechtsbehelfsbelehrung unrichtig iSv. § 55 FGO ist, sowie BFH I B 127/12 v. 12.12.12, BStBl. II 13, 272 und BFH X R 2/12 v. 20.11.13, BStBl. II 14, 236 zur Frage, wann eine Rechtsbehelfsbelehrung unrichtig iSv. § 356 Abs. 2 Satz 1 AO ist). Dies gilt auch dann, wenn damit statt der gesetzlich vorgeschriebenen Frist eine zu lange Frist angegeben wird, unabhängig davon, ob die Unrichtigkeit der Rechtsbehelfsbelehrung kausal für die Überschreitung der regulären Rechtsbehelfsfrist war (BFH III R 14/14 v. 12.3.15, BStBl. II 15, 850). Auf die Möglichkeit der Einspruchseinlegung in elektronischer Form braucht die Behörde auch dann nicht hinzuweisen, wenn in der Erwähnung der Internetseite in der Fußzeile des Bescheides die konkludente Eröffnung eines „Zugangs" iSv. § 87a Abs. 1 Satz 1 AO zu sehen sein sollte (BFH X R 2/12 v. 20.11.13, aaO im Anschluss an BFH III B 20/09 v. 2.2.10, BFH/NV 10, 830, III B 66/12 v. 12.10.12, BFH/NV 13, 177 und I B 127/12 v. 12.12.12, BStBl. II 13, 272). Die Rechtsbehelfsbelehrung muss dem verfassungsrechtlichen Anspruch auf wirkungsvollen Rechtsschutz Rechnung tragen, soll aber auch so einfach und klar wie möglich sein (BFH X R 2/12 v. 20.11.13, aaO).

Wichtig: Die Klagefrist kann auch dadurch **gewahrt** werden, dass die Klage bei einem örtlich oder sachlich unzuständigen Gericht – allerdings innerhalb der Monatsfrist des § 47 FGO – erhoben wird. Das unzuständige Gericht muss den Rechtsstreit an das zuständige Gericht gemäß § 17a GVG verweisen (s. Rz. 7). Denn nach § 17b Abs. 1 Satz 2 GVG bleiben die Wirkungen, die der Eintritt der Rechtshängigkeit hat, trotz der Verweisung bestehen. Dies bedeutet insbes., dass eine durch die ursprüngliche, fristgerechte Erhebung der Klage (beim falschen Gericht) eingetretene Fristwahrung fortgilt (vgl. auch *Gräber/Herbert* Anhang zu § 33 FGO Rz. 43). Für die Praxis kann dies von großer Bedeutung sein: Droht Fristablauf, zB weil das eigene Fax oder das Fax des Gerichts nicht ordnungsgemäß funktioniert, und das zuständige FG nicht an dem Ort ist, an dem der Steuerpflichtige wohnt bzw. sein Berater sein Büro hat, kann die Klage – fristgerecht! – bei einem unzuständigen Gericht eingelegt werden, mit der Folge, dass die Klage rechtzeitig erhoben ist. Auch bei einem Büroversehen (Adressierung an ein unzuständiges Gericht) hilft die Regelung des § 17b Abs. 1 Satz 2 GVG.

– Die Klage muss **unbedingt** erhoben sein, dh. sie darf von keiner Bedingung abhängig sein (vgl. dazu im Einzelnen *Gräber/Levedag* § 40 FGO Rz. 4 f.). **10**

– **Klagebefugnis** (§ 40 Abs. 2 FGO): Klage kann nur erhoben werden, wenn der Kläger geltend macht, durch den Verwaltungsakt oder durch die Ablehnung oder Unterlassung eines Verwaltungsakts oder einer anderen Leistung in seinen Rechten verletzt zu sein (Beschwer). An einer **Beschwer** fehlt es *in der Regel,* wenn eine Anfechtungsklage gegen einen Einkommensteuerbescheid erhoben wird, in dem die **11**

Steuerschuld auf € 0,– festgesetzt ist (BFH V R 11/09 v. 15.4.10, BFH/NV 10, 1830). Entsprechendes gilt auch für die anderen Steuerarten. Etwas anderes gilt ausnahmsweise, wenn in dem Einkommensteuerbescheid angegebene Einkünfte für die Gewährung von BAföG maßgeblich sind (BFH IX R 124/92 v. 20.12.94, BStBl. II 95, 628) oder bei begehrtem Ansatz eines niedrigeren zu versteuernden Einkommens zur Gewährung eines Kindergeldzuschlags (BFH IX R 80/92 v. 20.12.94, BStBl. II 95, 537) oder wenn der Kläger geltend macht, er sei von der KSt befreit (BFH I R 17/12 v. 27.11.13, BStBl II 16, 68), oder bei einer auf € 0,– lautenden Umsatzsteuerfestsetzung, wenn stattdessen die Festsetzung einer Steuervergütung erstrebt wird oder wenn sich die Steuerfestsetzung nicht in der Konkretisierung des Steuerschuldverhältnisses erschöpft. Vgl. auch *Gräber/Levedag* § 40 FGO Rz. 99 f. mit zahlreichen Rechtsprechungshinweisen.

Beschwert ist grds. der **Adressat eines belastenden Steuerverwaltungsaktes.** Aber auch **Dritte** können beschwert sein, soweit sie sich auf eine *drittschützende Vorschrift*, wie zB Abs. 1 Nr. 9 Satz 2 KStG oder Art. 108 Abs. 3 Satz 3 AEUV berufen können; so können wegen rechtswidriger Nichtbesteuerung oder zu niedriger Besteuerung benachteiligte Dritte *Konkurrentenklage* erheben (BFH I R 30/06 v. 6.2.08, BStBl II 09, 126; I R 10/92 v. 15.10.97, BStBl II 98, 63). Entsprechendes kommt bei Auseinanderfallen von Steuerschuldner und Steuerentrichtungspflichtigem (zB von LSt, KapESt) vor sowie wegen materieller Bindungswirkung iRd § 20 UmwStG (s. dazu Überblick in Schleswig-Holsteinisches FG 1 K 73/18 v. 19.9.19, EFG 19, 1920: kein Drittanfechtungsrecht des Anteilseigners gegen Feststellungsbescheid nach § 27 Abs. 2 KStG [dazu Rev. anh. BFH I R 53/19]).

Hat das FA den Einspruch einer GmbH gegen einen ihr gegenüber ergangenen Schenkungsteuerbescheid als unbegründet zurückgewiesen, ist ein nach § 174 Abs. 5 Satz 2 AO zum Einspruchsverfahren der GmbH hinzugezogener Gesellschafter nicht befugt, gegen die Einspruchsentscheidung und den Schenkungsteuerbescheid zu klagen (BFH II R 1/14 v. 4.3.15, BStBl. II 15, 595: nur bei formeller und materieller Beschwer).

Zu beachten sind bei **Änderungsbescheiden** und **Folgebescheiden** die Einschränkungen gem. § 42 FGO, § 351 AO. Zur Frage, inwieweit eine Änderung eines Steuerbescheides nach übereinstimmender Erledigungserklärung aufgrund einer Änderungszusage des Finanzamts noch möglich ist, s. D. 2.11 Rz. 2).

12   **Klagebefugnis bei Personengesellschaften:** Ist die Personengesellschaft selbst Steuerschuldner (zB Umsatz-, Gewerbesteuer), ist sie unmittelbar selbst klagebefugt. Bei **Feststellungsbescheiden gem. §§ 179 ff. AO** sind die Besonderheiten des § 48 FGO zu berücksichtigen (s. unten Rz. 29 f.). Klage können danach erheben:

– Zur Vertretung berufene Geschäftsführer oder, wenn solche nicht vorhanden sind, der Klagebevollmächtigte iSd. § 48 Abs. 2 FGO (§ 48 Abs. 1 Nr. 1 FGO),

– wenn Personen nach § 48 Abs. 1 Nr. 1 FGO nicht vorhanden sind, jeder Gesellschafter, Gemeinschafter oder Mitberechtigte, gegen den der Feststellungsbescheid ergangen ist oder zu ergehen hätte (§ 48 Abs. 1 Nr. 2 FGO),

– auch wenn Personen nach § 48 Abs. 1 Nr. 2 FGO vorhanden sind, ausgeschiedene Gesellschafter, Gemeinschafter oder Mitberechtigte, gegen die der Feststellungsbescheid ergangen ist oder zu ergehen hätte (§ 48 Abs. 1 Nr. 3 FGO),

– soweit es sich darum handelt, wer an dem festgestellten Betrag beteiligt ist und wie dieser sich auf die einzelnen Beteiligten verteilt, jeder, der durch die Feststellungen hierzu berührt wird (§ 48 Abs. 1 Nr. 4 FGO),

– soweit es sich um eine Frage handelt, die einen Beteiligten persönlich angeht, jeder, der durch die Feststellungen über die Frage berührt wird (§ 48 Abs. 1 Nr. 5 FGO). Der Klagebevollmächtigte nach § 48 Abs. 2 Satz 1 FGO ist der gemeinsame Empfangsbevollmächtigte iSv. § 183 Abs. 1 Satz 1 AO oder des § 6 Abs. 1 Satz 1 der

VO über die gesonderte Feststellung von Besteuerungsgrundlagen nach § 180 Abs. 2 AO v. 19.12.86 (BGBl. I 86, 2663). Haben die Feststellungsbeteiligten keinen gemeinsamen Empfangsbevollmächtigten bestellt, ist klagebefugt der nach den Vorschriften der AO fingierte bzw. bestellte Empfangsbevollmächtigte (§ 48 Abs. 2 Satz 2 FGO). Diese Regelung des Klagebevollmächtigten greift aber nur, wenn die Beteiligten spätestens bei Erlass der Einspruchsentscheidung über die Klagebefugnis des Empfangsbevollmächtigten belehrt worden sind (§ 48 Abs. 2 Satz 3 FGO). Ob die Vorschrift in der Praxis Bedeutung haben wird, ist zweifelhaft.

Eine als Vermieterin auftretende (Erben-)**Bruchteilsgemeinschaft** ist selbst klagebefugt in Verfahren der einheitlichen und gesonderten Feststellung von Einkünften aus Vermietung und Verpachtung (BFH IX B 31/10 v. 10.11.10, BFH/NV 11, 288; IX R 49/02 v. 18.5.04, BStBl. II 04, 929).

Bei Umwandlung einer OHG in eine KG ist die KG auch für die Streitjahre klagebefugt, in denen die Gesellschaft die Rechtsform der OHG hatte (BFH VIII R 138/85 v. 18.12.90, BStBl. II 91, 581). Die Klagebefugnis bleibt auch erhalten, wenn die Personenhandelsgesellschaft **in das Liquidationsverfahren eintritt** (BFH IV R 146/78 v. 21.1.82, BStBl. II 82, 506). Einer handelsrechtlich **voll beendeten** Personenhandelsgesellschaft (zB Umwandlung einer KG in eine GmbH) steht demgegenüber keine Klagebefugnis zu (BFH IV R 23/89 v. 26.10.89, BStBl. II 90, 333; IV R 20/10 v. 11.4.13, BStBl. II 13, 705). Klagebefugt sind in diesen Fällen vielmehr die durch den angefochtenen Bescheid beschwerten Feststellungsbeteiligten als Rechtsnachfolger der Personengesellschaft (BFH VIII R 142/85 v. 23.10.90, BStBl. II 91, 401; IV R 20/10 v. 11.4.13, aaO). Bei einer atypischen stillen Gesellschaft ist der Teilhaber des Handelsgeschäfts klagebefugt (BFH VIII B 90/87 v. 24.11.88, BStBl. II 89, 145). Ein Gesellschafter, der gegen den Bescheid über die Gewinnfeststellung einer KG keinen Einspruch eingelegt hat und auch nicht zum Einspruchsverfahren hinzugezogen worden ist, kann Klage erheben, wenn er gem. § 48 Abs. 1 Nr. 5 FGO ein eigenes Klagerecht hat (BFH IV B 21/01 v. 30.12.03, BStBl. II 04, 239; IV B 91/99 v. 23.3.00, BFH/NV 00, 1217; VIII R 32/01 v. 14.10.03, BFH/NV 04, 279). Zu weiteren Einzelheiten vgl. *Gräber/Levedag* § 48 FGO, insbes. Rz. 23 ff.

Nach der Rechtsprechung des BFH gilt § 48 FGO auch dann, wenn verfahrensgegenständlich die Feststellung der aus einer **ausländischen Personengesellschaft** erzielten und dem Progressionsvorbehalt unterliegenden Einkünfte nach § 180 Abs. 5 Nr. 1 AO ist. Danach ist grds. die ausländische Personengesellschaft klagebefugt; die Klagebefugnis der Gesellschafter ist an das Vorliegen einer der in § 48 Abs. 1 Nr. 2 bis 5 FGO genannten Tatbestände gebunden (BFH I R 42/14 v. 18.8.15, BFH/NV 16, 164, mwN).

Bei einem **negativen Feststellungsbescheid** sind neben der Gesellschaft auch die Gesellschafter nach § 48 Abs. 1 Nr. 4 oder Nr. 5 FGO klagebefugt (BFH IV R 5/16 v. 19.1.17, BFH/NV 17, 755).

– **Beteiligte** (§ 57 FGO): Beteiligtenfähigkeit ist die Fähigkeit, Subjekt eines finanz- 13 gerichtlichen Prozessrechtsverhältnisses zu sein (vgl. dazu *Gräber/Levedag* § 57 FGO Rz. 11 ff.).

Beteiligte des finanzgerichtlichen Verfahrens sind der Kläger, der Beklagte, ggf. der Beigeladene sowie ggf. die Behörde, die dem (Revisions-)Verfahren nach § 122 Abs. 2 FGO beigetreten ist.

– **Prozessfähigkeit** (§ 58 FGO): Sie ist die Fähigkeit, alle Prozesshandlungen wirk- 14 sam vorzunehmen und entgegenzunehmen, und zwar selbst oder durch selbstgewählte **Vertreter** (vgl. *Gräber/Levedag* § 58 FGO Rz. 1 ff.).

– **Passive Prozessführungsbefugnis** („**Passivlegitimation**", § 63 FGO), dh. die 15 Klage muss sich gegen die richtige Behörde richten. Dies ist die Behörde, die den angefochtenen Verwaltungsakt erlassen oder den beantragten Verwaltungsakt abgelehnt hat, es sei denn vor Erlass der Einspruchsentscheidung ist eine andere Behörde für den

Steuerfall örtlich zuständig geworden. Das ist idR das Finanzamt. In Kindergeldsachen ist es die Familienkasse (§ 70 EStG); wobei derzeit durchgreifende Unklarheiten hinsichtlich der Zuständigkeiten für Entscheidungen im Erhebungsverfahren (zB Stundung, Erlass) bestehen (s. dazu zB zuletzt FG München 5 K 2557/19 v. 7.7.20, m. w. N. (Rev. anh. BFH III R 47/20). Hat ein Finanzministerium des Landes oder das Bundesfinanzministerium den ursprünglichen Verwaltungsakt erlassen (Einspruch nach § 348 Nr. 3 AO idR unstatthaft), ist die Klage gegen das Ministerium zu richten. In diesem Zusammenhang kommt der Frage der **rechtsschutzgewährenden Auslegung** Bedeutung zu, um eine Klageänderung durch die Änderung des Beklagten zu vermeiden (s. dazu D. 2.13 Rz. 3). Bei Zweifeln über den zutreffenden Beklagten sind daher möglichst umfassende Informationen in die Klageschrift (mithin innerhalb der Klagefrist) aufzunehmen und die angefochtenen Bescheide beizufügen (s. zu den Auslegungsmöglichkeiten aus jüngerer Zeit zB BFH X R 23/18 v. 8.10.19, BFH/NV 20, 361, aber auch BFH IV R 27/16 v. 9.1.19, BStBl. II 20, 11).

16 – **Ordnungsmäßigkeit der Klageerhebung:** Die Klage **muss** den **Kläger** (Name und Anschrift, bei Gesellschaften genaue Angabe des gesetzlichen Vertretungsverhältnisses), den **Beklagten** und den **Gegenstand des Verfahrens** (s. Rz. 30), bei Anfechtungsklagen auch den angefochtenen **Verwaltungsakt** und die angefochtene Entscheidung über den außergerichtlichen Rechtsbehelf bezeichnen (§ 65 Abs. 1 Satz 1 FGO). Fehlt der nach § 65 Abs. 1 Satz 1 FGO notwendige Klageinhalt, kann dieser auch noch nach Ablauf der Klagefrist innerhalb einer vom Vorsitzenden oder vom Berichterstatter nach § 65 Abs. 2 Satz 1 FGO gesetzten Frist nachgeholt werden (vgl. BFH III R 132/85 v. 12.5.89, BStBl. II 89, 846). Die Frist nach § 65 Abs. 1 Satz 1 FGO ist eine „einfache" Frist, deren Verletzung ohne Folgen bleibt. Nach § 65 Abs. 2 Satz 2 FGO kann dem Kläger aber zu der erforderlichen Ergänzung eine **Frist mit ausschließender Wirkung** gesetzt werden (sog. Ausschlussfrist), bei deren Versäumung die Klage unheilbar unzulässig ist, es sei denn, dem Kläger kann Wiedereinsetzung in den vorigen Stand gewährt werden (§ 65 Abs. 2 Satz 3, § 56 FGO; zur Wiedereinsetzung s. D. 2.27). Verbunden werden kann die Fristsetzung auch mit einer Frist zur Angabe der Tatsachen, durch deren Berücksichtigung oder Nichtberücksichtigung im Verwaltungsverfahren der Kläger sich beschwert fühlt (§ 79b Abs. 1 Sätze 1 u. 2 FGO; vgl. *Gräber/Stapperfend* § 79b FGO Rz. 5–7).

17 – **Schriftform** (§ 64 FGO): Die Klage muss schriftlich oder zur Niederschrift des Urkundsbeamten der Geschäftsstelle des FG erhoben werden. Die Rechtsprechung verlangt eine **eigenhändige** (handschriftliche) **Unterschrift** (vgl. *Gräber/Herbert* § 64 FGO Rzn. 10 ff. mit zahlreichen Nachweisen). Die Unterschrift muss zwar nicht lesbar, aber individualisierbar sein, eine Paraphe genügt beispielsweise nicht, die Unterschrift muss **handschriftlich** geleistet werden (vgl. auch Formular D. 3.01 Rz. 19 sowie zu den Einzelheiten *Gräber/von Groll* § 64 FGO Rz. 18 ff.). Ausreichend ist auch die telegraphische Klageerhebung, die Übermittlung durch Telefax, Fernschreiber oder durch Telekopie (vgl. D. 3.01 Rz. 20). Dabei ist es unbeachtlich, ob die Telekopie von einem Fernkopieranschluss der Deutschen Bundespost, des Prozessbevollmächtigten des Steuerpflichtigen oder von dem privaten Fernkopieranschluss eines Dritten an das Gericht abgesandt wird (BFH VIII B 83/90 v. 26.3.91, BStBl. II 91, 463). Auch das **Computerfax** wird (bislang) als schriftliches Dokument und nicht als elektronisches Dokument (dazu sogleich) angesehen (s. etwa FG Köln 10 K 2732/17 v. 25.1.18, EFG 18, 761). Beim Computer-Fax wird aus technischen Gründen auf Eigenhändigkeit der Unterschrift *verzichtet* (s. zB FG Nds. 8 K 218/19 v. 19.5.20, EFG 20, 1569: eingescannte Unterschrift möglich). Zu Fax und Computerfax s. instruktiv FG Rheinland-Pfalz 2 K 1613/14 v. 13.4.16 (EFG 18, 106) und zum Computerfax und Zweifeln an dessen fortdauernden Zulässigkeit *Tipke/Kruse,* § 64 FGO Rz. 5 ff.

In **elektronischer Form** *kann* inzwischen (nach näherer Maßgabe von **§ 52a FGO** mittels **qualifizierter elektronischer Signatur** *und* über einen **sicheren**

Übermittlungsweg, s. § 52a Abs. 3 FGO) auch Klage erhoben – sowie sonstige *schriftlich einzureichende Anträge und Erklärungen und vorbereitende Schriftsätze* übermittelt – werden (s. dazu insbes. auch die – anstelle der *Verordnung über den elektronischen Rechtsverkehr beim BVerwG und beim BFH* v. 26.11.04, BGBl. I 04, 3091 [geändert durch VO v. 10.12.15, BGBl. I 15, 2207] – **seit dem 1.1.18** geltende Verordnung über die technischen Rahmenbedingungen des elektronischen Rechtsverkehrs und über das besondere elektronische Behördenpostfach [„**Elektronischer-Rechtsverkehr-Verordnung**" – ERVV] v. 24.11.17, BGBl. I 17, 3803 und die Elektronischer-Rechtsverkehr-Bekanntmachung 2018 [ERVB 2018] des Bundesministeriums der Justiz und für Verbraucherschutz v. 19.12.17 [abrufbar – ebenso wie weitere Informationen zum elektronischen Rechtsverkehr – über das Justizportal des Bundes und der Länder unter www.justiz.de]). Sichere Übermittlungswege sind neben De-Mail-Konten va. die **besonderen elektronischen Anwaltspostfächer** („beA" – vgl. § 52a Abs. 4 Nr. 2 FGO iVm. § 31a BRAO). § 31a Abs. 6 BRAO verpflichtet Rechtsanwälte korrespondierend (seit dem 1.1.18), die für die Nutzung des beA erforderlichen technischen Einrichtungen vorzuhalten sowie Zustellungen und den Zugang von Mitteilungen über das beA zur Kenntnis zu nehmen (sog. **passive Nutzungspflicht** des beA; zur aktiven Nutzungspflicht ab 1.1.22 s. § 52d FGO sowie noch unten); das ist verfassungsgemäß (BVerfG 1 BvR 2233/17 v. 20.12.17, BeckRS 2017, 136094). Entsprechendes wird gelten, sobald eine vergleichbare **Regelung für Steuerberater** erlassen wird (vgl. § 52a Abs. 4 Nr. 2 FGO). Die gesetzliche Grundlage für ein solches **„beSt"** soll (lt. Verlautbarung der BStBK v. 13.1.21) noch in das bereits lfd. Gesetzgebungsverfahren BR-Drs. 55/21 integriert werden. Dessen Gegenstand sind bis dato u. a. die *Berufsausübungsgesellschaften* (§§ 59b ff. BRAO-E; §§ 49 ff. StBerG-E) und deren Möglichkeit, ein **beA als Gesellschaftspostfach** zu erhalten (§ 31b BRAO-E).

Die Vorgaben für die elektronische Kommunikation sind genauestens zu **beachten;** ansonsten dürfte die Klageerhebung **unwirksam** sein (vgl. BFH I E 2/16 v. 19.5.16, BFH/NV 16, 1303). Vgl. zu weiteren Einzelheiten *GoschAO/FGO* § 52a FGO Rz. 21 ff. Besondere Beachtung sollte in diesem Zusammenhang finden, dass insbes. die Klageerhebung durch eine einfache E-Mail mit einem Dokument mit qualifizierter elektronischer Signatur wegen § 4 Abs. 1 ERVV nicht mehr zulässig sein dürfte, weil § 4 Abs. 1 ERVV – basierend auf § 52a Abs. 2 Satz 2 FGO – hier weitere Anforderungen stellt (s. BSG B 12 KR 26/18 B v. 9.5.18, NJW 18, 2222: per sicherem Übermittlungsweg oder an das Elektronische Gerichts- und Verwaltungspostfach [EGVP, dazu auch egvp.justiz.de]). Auch ist die bisher zulässige Containersignatur nicht mehr zugelassen (vgl. § 4 Abs. 2 ERVV; einschränkend OLG Brandenburg 13 WF 45/18 v. 6.3.18, NJW 18, 1482). Das BSG (B 12 KR 26/18 B v. 9.5.18, NJW 18, 2222) sieht **gerichtliche Hinweispflichten,** deren Verletzung eine Wiedereinsetzung in den vorigen Stand rechtfertigen können soll.

Im Rahmen des elektronischen Rechtsverkehrs erhält der Absender eine **automatisierte Bestätigung** über den Zeitpunkt des Eingangs (§ 52a Abs. 5 Satz 2 FGO). Die Vorschriften über die Beifügung von Abschriften für die übrigen Beteiligten finden keine Anwendung (§ 52a Abs. 5 Satz 3 FGO) und es bestehen Hinweispflichten zugunsten der Beteiligten (vgl. § 52a Abs. 6 FGO, allerdings wohl nicht bei fehlerhafter Signatur s. auch BSG B 12 KR 26/18 v. 9.5.18, NJW 18, 2222). Soweit ein elektronisches Dokument nicht den *technischen Anforderungen* entspricht, ist der Absender hierüber unverzüglich zu informieren (§ 52a Abs. 6 Satz 1 FGO). Reicht er unverzüglich ein Dokument nach, das den technischen Anforderungen entspricht und macht dessen inhaltliche Übereinstimmung mit dem früheren Dokument glaubhaft, gilt das Dokument als im Zeitpunkt der früheren Einreichung eingegangen (§ 52a Abs. 6 Satz 2 FGO).

Achtung: Ab 1.1.22 – in *Bremen* aufgrund Senatsverordnung vom 8.12.20 (GBl. 20, 500) bereits *ab 1.1.21* – besteht bei **Rechtsanwälten,** Behörden und juristischen Personen des öffentlichen Rechts eine **aktive Nutzungspflicht für den elektronischen Rechtsverkehr** hinsichtlich **vorbereitender Schriftsätze** nebst Anlagen sowie **schriftlich einzureichenden Anträgen und Erklärungen** – das umfasst auch sog. bestimmende Schriftsätze, wie zB die Erhebung der Klage – (§ 52d Satz 1 FGO). Gleiches gilt für andere vertretungsberechtige Personen (wie nach dem Stand der Planungen zukünftig auch **Steuerberatern**), soweit ihnen ein dem beA entsprechendes **besonderes elektronisches Postfach** zur Verfügung steht (§§ 52d Satz 2, 52a Abs. 4 Nr. 2 FGO). Die Nutzungspflicht ist verfassungsgemäß (vgl. BVerfG 1 BvR 2233/17 v. 20.12.17, BeckRS 2017, 136094) und nur aus *„vorübergehenden"* und *„technischen Gründen"* **suspendiert,** die zudem unverzüglich glaubhaft zu machen sind (§ 52d Satz 3 und 4 FGO).

Richtig bleibt auch nach neuer Rechtslage hingegen, dass § 47 Abs. 2 FGO – Klageerhebung über die Finanzbehörde – nicht von den Anforderungen des § 52a FGO befreit (vgl. FG Münster 7 K 2792/14 E v. 26.4.17, BeckRS 2017, 112106 zu § 52a FGO aF).

18   – **Vollmacht** (§ 62 FGO): Im finanzgerichtlichen Verfahren besteht **kein Vertretungszwang,** dh. die Beteiligten können vor dem FG den Rechtsstreit selbst führen (§ 62 Abs. 1 FGO). Das Vertretungsrecht ist mit *Gesetz zur Neuregelung des RechtsberatungsG* v. 12.12.07 (BGBl. I 07, 2840) – ebenso wie die Vertretungsregelungen in den anderen Verfahrensordnungen – mit Wirkung zum 1.7.08 völlig neugestaltet worden. Mit dieser Neuregelung ist zugleich der Vertretungszwang vor dem BFH nunmehr in die allgemeine Vertretungsvorschrift (§ 62 Abs. 4 FGO) integriert worden; § 62a FGO aF wurde aufgehoben. Die Berechtigung eines Prozessbevollmächtigten zur Klageerhebung ist als **Sachurteilsvoraussetzung** – unabhängig von der Verpflichtung zur Vorlage einer Vollmacht – von Amts wegen zu prüfen (BFH V R 49/14 v. 22.7.15, BFH/NV 15, 1692).

Vertretungsbefugt sind nach § 62 Abs. 2 Satz 1 FGO zunächst Rechtsanwälte, Steuerberater, Steuerbevollmächtigte, Wirtschaftsprüfer oder vereidigte Buchprüfer sowie Gesellschaften iSd. § 3 Nr. 2 und 3 des StBerG, die durch solche Personen handeln.

Darüber hinaus enthält § 62 Abs. 2 Satz 2 FGO unter den Nr. 1–7 eine *abschließende Aufzählung* der darüber hinaus vor dem FG als Bevollmächtigte vertretungsbefugten Personengruppen. Bevollmächtigte, die keine natürlichen Personen sind, handeln durch ihre Organe und mit der Prozessvertretung beauftragten Vertreter (§ 62 Abs. 2 Satz 3 FGO). Besondere Anforderungen an die persönliche Qualifikation des Vertreters werden nicht gestellt; s. aber Möglichkeit der Zurückweisung nach § 62 Abs. 3 Satz 3 FGO.

Den Rechtsanwälten gleichgestellt sind gem. § 2 Abs. 1 EuRAG (Gesetz über die Tätigkeit europäischer Rechtsanwälte in Deutschland) iVm. §§ 1, 3 Abs. 1 und 2 BRAO *niedergelassene* **europäische Rechtsanwälte.** Ein niedergelassener europäischer Rechtsanwalt ist nach § 2 Abs. 1 EuRAG ein europäischer Rechtsanwalt, der auf Antrag in die für den Ort seiner Niederlassung zuständige Rechtsanwaltskammer aufgenommen wurde (§ 3 EuRAG). Vgl. näher auch zu Steuerberatungs- und Rechtsanwaltsgesellschaften (Erfordernis der Anerkennung nach § 32 Abs. 3 Satz 1 iVm. §§ 49 ff. StBerG bzw. der Zulassung gem. §§ 59c ff. BRAO) BFH V B 12/17 v. 8.8.17, BFH/NV 17, 1464; II R 33/16 v. 18.1.17, BStBl. 17, 663. Zu Vertretungsbefugnis nicht niedergelassener, sondern *dienstleistender europäischer Rechtsanwälte* s. D. 3.01 Rz. 2.

Die **Vollmacht** muss erkennen lassen, wer Vollmachtgeber ist, wer Bevollmächtigter ist und wozu bevollmächtigt wurde (BFH III R 112/89 v. 15.3.91, BStBl. II 91, 726; IV R 218/85 v. 10.3.88, BStBl. II 88, 731).

Die Vollmacht ist nach § 62 Abs. 6 Satz 1 FGO **schriftlich zu den Gerichtsakten einzureichen.** Die Schriftform war nach § 62 FGO a. F. kein Wirksamkeitserfordernis für die Vollmachterteilung (BFH X B 12/10 v. 30.3.11, BFH/NV 11, 1170). Dass sich das nach neuer Fassung geändert hat, erscheint fraglich; jedenfalls eine schriftliche Übermittlung ist erforderlich (s. dazu Gosch, § 62 FGO Rz. 422 mwN).

Die Vollmacht kann innerhalb einer vom Gericht bestimmten Frist **nachgereicht** werden (§ 62 Abs. 6 Satz 2 FGO). Früher konnte eine **Ausschlussfrist** gesetzt werden (§ 62 Abs. 3 Satz 3 FGO aF), nach deren Ablauf die Klage unzulässig wurde. Diese Möglichkeit sieht § 62 Abs. 6 FGO nF nicht mehr vor.

Das Gericht hat den **Mangel der Vollmacht** von Amts wegen zu berücksichtigen, wenn nicht als Bevollmächtigter eine in § 62 Abs. 2 Satz 1 FGO bezeichnete Person oder Gesellschaft auftritt (§ 62 Abs. 6 Satz 4 FGO). Danach steht im **Ermessen** des Gerichts, ob es eine Prozessvollmacht anfordert. Abzuwägen ist zwischen dem Zweck der Vorschrift – Vereinfachung des Verfahrens – und der Pflicht, das Steuergeheimnis zu wahren. IdR werden die Gerichte die Vorlage einer Vollmacht deshalb verlangen, wenn Akteneinsicht (Steuergeheimnis § 30 AO) begehrt wird. Im Übrigen ist die Anforderung einer Vollmacht ermessensgerecht, wenn begründete Zweifel an der Bevollmächtigung bestehen (vgl. BFH IV B 84/16 v. 19.1.17, BFH/NV 17, 605). Vgl. iE *Gräber/Stapperfend* § 62 FGO Rz. 100–105.

Bevollmächtigte, die die Voraussetzungen des § 62 Abs. 2 FGO nicht erfüllen, werden **zurückgewiesen;** der entsprechende Beschluss ist **unanfechtbar** (§ 62 Abs. 3 Satz 1 FGO). Ihre Prozesshandlungen und Zustellungen an sie sind bis zur Zurückweisung wirksam (§ 62 Abs. 3 Satz 2 FGO. Bevollmächtigte, die die Voraussetzungen des § 62 Abs. 2 Satz 2 FGO erfüllen, kann die weitere Vertretung unter bestimmten Umständen untersagt werden (s. § 62 Abs. 3 Satz 3 FGO).

Bei **Mandatsniederlegung** nach Ladung für den Termin zur mündlichen Verhandlung geht die Wirkung der Ladung für und gegen den Kläger nicht verloren; dh. das Gericht ist in diesen Fällen nicht verpflichtet, den Kläger persönlich zu laden oder zu prüfen, ob der Prozessbevollmächtigte den Kläger von der Ladung verständigt hatte (BFH X B 14/09 v. 18.8.09, BeckRS 09, 25015629). Zur Mandatsniederlegung und zum Widerruf der Bevollmächtigung bei Vertretungszwang s. BFH I B 197/13 v. 8.10.14, BFH/NV 15, 224.

§ 62 Abs. 7 FGO eröffnet Beteiligten die Möglichkeit, mit **Beiständen** zu erscheinen. Diese müssen, wenn sie nicht nach § 62 Abs. 2 FGO vertretungsbefugt sind, vom FG zugelassen werden.

– **Klageverzicht** (§ 50 FGO): Ist auf die Klage verzichtet worden, ist sie unzulässig **19** (vgl. zum Klageverzicht Formular D. 2.15).

– **Klagerücknahme** (§ 72 FGO): Die Klage ist ebenfalls unzulässig, wenn sie zu- **20** rückgenommen wurde (vgl. Formular D. 2.14).

– **Rechtskraft** (§ 110 FGO): Ist über einen Streitgegenstand rechtskräftig entschieden **21** worden, verbietet die Rechtskraftwirkung nach § 110 FGO jede neue Entscheidung über die einmal rechtskräftig festgestellte Rechtsfolge (zum Meinungsstand vgl. *Gräber/Ratschow* § 110 FGO Rz. 10 ff.). S. zur Bestimmung der Reichweite der Rechtskraft bei Klageänderung im ersten Verfahren zB FG Berlin-Brandenburg 6 K 627/17 v. 27.8.19, EFG 20, 13, rkr.).

– **Rechtshängigkeit** (§ 66 FGO): Sie bewirkt vor allem die Unzulässigkeit einer **22** Klage in derselben Sache („doppelte Rechtshängigkeit", vgl. § 155 FGO iVm § 17 Abs. 1 Satz 2 GVG). Zu beachten ist, dass die doppelte Rechtshängigkeit auch durch **Verbindung beider Verfahren** zu beseitigen sein kann (BFH XI R 24–25/14 v. 18.11.15, BFH/NV 16, 418); was eine Rücknahme der zweiten Klage erspart.

3. Fortsetzungsfeststellungsklage

23   **Fortsetzungsfeststellungsklage** ist nach dem Wortlaut des § 100 Abs. 1 Satz 4 FGO nur für die Anfechtungsklage vorgesehen, inzwischen aber auch bei der Verpflichtungsklage zulässig (vgl. D. 2.24 Rz. 8).

24   Eine Fortsetzungsfeststellungsklage kommt dann in Betracht, wenn sich nach Erhebung einer Anfechtungs- oder Verpflichtungsklage der **angefochtene** (oder begehrte) **Verwaltungsakt vor der Entscheidung** über die Klage durch Zurücknahme oder anders **erledigt** hat. In diesen Fällen spricht das Gericht auf **Antrag** durch Urteil aus, dass der Verwaltungsakt **rechtswidrig** gewesen ist, „wenn der Kläger ein berechtigtes Interesse an dieser Feststellung hat". Dh., zusätzlich zu den allgemeinen Sachurteilsvoraussetzungen der Anfechtungs- bzw. Verpflichtungsklage erfordert die Zulässigkeit ein **berechtigtes Interesse**; als berechtigtes Interesse wird „jedes konkrete, vernünftigerweise anzuerkennende schutzwürdige Interesse rechtlicher, wirtschaftlicher oder ideeller Art" anerkannt (*Gräber/Stapperfend* § 100 FGO Rz. 89 mwN). Insofern haben sich in der Rechtsprechung bestimmte Fallgruppen herausgebildet, in denen ein solches Fortsetzungsfeststellungsinteresse in Betracht kommt, so zB Rehabilitierungsinteresse, Geltendmachung von Schadensersatzansprüchen (Fruchterhaltungsgedanke), Wiederholungsgefahr, Verwertungsverbot, schwer wiegender Grundrechtseingriff (s. zu Einzelheiten *Gosch AO/FGO* § 100 FGO Rz. 45).

Besondere Bedeutung hat die Fortsetzungsfeststellungsklage auch im Verhältnis **Vorauszahlungs-/Jahressteuerbescheid:** Nach Ergehen des Umsatzsteuer- bzw. Einkommensteuerjahresbescheids verliert der Einkommensteuer- bzw. Umsatzsteuervorauszahlungsbescheid seine Wirkung. Insofern tritt eine Erledigung des Vorauszahlungsbescheids ein (§ 124 Abs. 2 AO). Wenngleich es durch den Erlass des Jahresbescheids zu einer Auswechslung des Klagegegenstands nach § 68 Satz 1 FGO kommt, soll eine Fortsetzungsfeststellungsklage gegen den Vorauszahlungsbescheid nicht grds. ausgeschlossen sein. So ist eine derartige Fortsetzungsfeststellungsklage trotz Ergehens des Jahressteuerbescheids jedenfalls dann unter dem Gesichtspunkt der Wiederholungsgefahr zulässig, wenn die maßgebende Frage nur in einem Verfahren gegen einen Vorauszahlungsbescheid geklärt werden kann (vgl. BFH X B 58/13 v. 8.11.13, BFH/NV 14, 361). Bereits früher hat der BFH ein berechtigtes Interesse an der Fortsetzungsfeststellungsklage bejaht, da eine das Vorauszahlungsverfahren „betreffende rechtskräftige gerichtliche Entscheidung für die Beteiligten in einem den betreffenden Voranmeldungszeitraum umfassenden Veranlagungsverfahren und in einem sich daran anschließenden Rechtsbehelfsverfahren aus prozessökonomischen Gründen beachtlich" ist, „sofern sich den Beteiligten der zu beurteilende Sachverhalt …… unverändert darstellt. Dies reicht für die Annahme eines rechtlichen Interesses an einer Entscheidung gem. § 100 Abs. 1 Satz 4 FGO aus, da davon auszugehen ist, dass das FA und die Gerichte bei einer erneuten Entscheidung im Rahmen des Veranlagungsverfahrens für den gesamten Besteuerungszeitraum bei unveränderter Sachlage den gleichen Rechtsstandpunkt wie im Vorauszahlungsverfahren einnehmen werden" (BFH V R 127/80 v. 18.12.86, BStBl. II 87, 222; vgl. aber auch BFH V R 81/89 v. 1.10.92, BStBl. II 93, 120 und IV B 151/04 v. 26.5.06, BFH/NV 06, 2086). So kann, etwa wenn der erledigte Bescheid nach wie vor Grundlage einer noch bestehenden Pfändung ist oder sich bei der Beurteilung eines Steuervorauszahlungsbescheids Rechtsfragen stellen, die im Rahmen der Entscheidung über den Jahressteuerbescheid nicht geklärt werden können, an der Klärung ein berechtigtes Interesse bestehen (BFH II B 66/15 v. 19.4.16, BFH/NV 16, 1059).

Zum Meinungsstand und weiteren Fällen vgl. *Gräber/Stapperfend* § 100 FGO Rz. 84.

4. Antrag, Inhalt und Begründung der Anfechtungsklage

25   **Ein bestimmter Antrag und die zur Begründung** dienenden Tatsachen und Beweismittel *sollen* angegeben werden (§ 65 Abs. 1 Sätze 2 und 3 FGO), sie gehören

aber nicht zum notwendigen Mindestinhalt der Klage, dh. der Klageantrag muss nicht innerhalb der Klagefrist gestellt werden. Eine zur Bestimmung des Antrags nach § 65 Abs. 2 *Satz 1* FGO gesetzte Frist ist **keine Ausschlussfrist** (BFH I R 118/88 v. 17.10.90, BStBl. II 91, 242) und eine Ausschlussfrist nach § 65 Abs. 2 Satz 2 FGO kann wegen des Antrags nicht gesetzt werden, da sich diese nur auf die Angaben in § 65 Abs. 1 Satz 1 FGO bezieht (s. Rz. 16). Allerdings kann eine Ausschlussfrist nach § 79b Abs. 2 FGO gesetzt werden zur Angabe von Tatsachen und zur Bezeichnung von Beweismitteln und zur Vorlage von Urkunden oder anderen beweglichen Sachen; vgl. zu den Erfordernissen an eine wirksame Aufforderung BFH VI B 113/17 v. 9.7.18, BFH/NV 18, 1153. Ein ausreichend bestimmter Klageantrag kann *daher bis zum Schluss der mündlichen Verhandlung* gestellt werden. Der Klageantrag muss auch nicht beziffert sein (*Tipke/Kruse* § 65 FGO Rz. 4). Eine **Klage ohne konkreten Antrag** kann im Einzelfall mit Blick auf § 52 Abs. 5 GKG sinnvoll sein, weil dies zur Folge hat, dass die *Gerichtsgebühren vorläufig (nur) nach dem Mindeststreitwert* zu bemessen sind.

Auch lediglich **angekündigte** Anträge sind möglich (vgl. BFH VIII R 29/91 v. 30.6.95, BFH/NV 96, 53); dies betrifft die Zulässigkeit der Klageerweiterung, s. Rz. 28.

Wichtig ist in diesem Zusammenhang, dass das Gericht an das Klagebegehren, das regelmäßig im Rahmen des Klageantrags des Klägers konkretisiert wird, **gebunden** ist; das Gericht darf deshalb dem Kläger nicht mehr oder etwas anderes zusprechen, als er begehrt (vgl. BFH III R 15/10 v. 31.1.13, BFH/NV 13, 1071). Nach der Rechtsprechung des BFH ist das Gericht allerdings nicht an die Fassung des Klageantrags gebunden, sondern hat im Wege der Auslegung den Willen der Partei anhand der erkennbaren Umstände zu ermitteln (vgl. BFH III R 15/10 v. 31.1.13, BFH/NV 13, 1071).

Nach **§ 65 Abs. 1 Satz 4 FGO** sollen der Klage die Urschrift oder eine Abschrift des Verwaltungsakts und der Einspruchsentscheidung beigefügt werden. Die Vorschrift soll der Verfahrensbeschleunigung dienen.

Im Zusammenhang mit der Erhebung der Klage gewinnt auch der als Ausfluss von **26** Art. 19 Abs. 4 GG entwickelte **Grundsatz der rechtsschutzgewährenden Auslegung** Bedeutung. Demzufolge soll/darf der Zugang zum Gericht nicht unnötig erschwert werden, weshalb eine Prozesserklärung so auszulegen ist, dass sie – wenn irgend vertretbar – im Ergebnis dem Willen eines verständigen Klägers entspricht; dies gilt auch für Erklärungen rechtskundiger Personen (BFH IV S 1/10 v. 11.6.10, BFH/NV 10, 1851; IV B 98/06 v. 27.8.07, BFH/NV 07, 2322). S. dazu aus jüngerer Zeit zB BFH X R 23/18 v. 8.10.19, BFH/NV 20, 361, aber auch BFH IV R 27/16 v. 9.1.19, BStBl. II 20, 11. Hierauf sollte man es, wenn möglich, nicht ankommen lassen. Die Neigung der FG und des BFH (und ihrer jeweiligen Spruchkörper) ist durchaus sehr unterschiedlich ausgeprägt.

Gegenstand des Klagebegehrens: Seine Angabe ist nach § 65 Abs. 1 FGO zwin- **27** gend erforderlich. IdR genügt die kurze Beschreibung dessen, was streitig ist. Vgl. zur hinreichenden Bezeichnung des Klagebegehrens iSv. § 65 Abs. 1 Satz 1 FGO BFH VIII B 219/02 v. 6.12.02, BFH/NV 03, 782. Von *herausragender Bedeutung* ist die Konkretisierung des Gegenstands des Klagebegehrens insbes. bei Feststellungsbescheiden, die regelmäßig eine Mehrzahl selbständig anfechtbarer und mithin der Teilbestandskraft fähiger Regelungen, dh. Verwaltungsakte enthalten (vgl. nur BFH IV R 26/12 v. 28.5.15, BStBl. II 15, 797).

Klageerweiterung: Bei fristgebundenen Klagen, wie Anfechtungs- und Verpflich- **28** tungsklagen, ist eine (betragsmäßige) Klageerweiterung nicht nur innerhalb der Klagefrist, sondern (idR) auch noch danach möglich (BFH, GrS 2/87 v. 23.10.89, BStBl. II 90, 327, wegen der Besonderheit bei Feststellungsbescheiden s. oben Rz. 26): Eine betragsmäßige Erweiterung der Anfechtungsklage gegen einen Einkommensteuerbescheid ist daher regelmäßig auch nach Ablauf der Klagefrist möglich, es sei denn der Steuerpflichtige hat eindeutig zu erkennen gegeben, dass er von einem weitergehenden Klagebegehren absieht. Bei dem Einspruch oder der Klage gegen einen Steuerbescheid wegen eines bestimmten Betrages oder eines bestimmten Sachverhalts ist in der Regel nicht von einer bloßen Teilanfechtung auszugehen; ein Ausnahmefall, in dem nur eine Teilanfechtung anzunehmen ist, setzt voraus, dass der Wille des Klägers, von einem weiteren Klagebegehren abzusehen, deutlicher zum Ausdruck kommt als in der bloßen Anfechtung des Steuerbescheids wegen eines bestimmten Streitpunktes (BFH III R 33/96 v. 7.9.00, BFH/NV 01, 415).

Auch nach der Entscheidung des Großen Senats ist es aber empfehlenswert, die Anträge (§ 65 Abs. 1 FGO Soll-Bestimmung) nur unter dem Vorbehalt einer Klageerweiterung zu stellen und darauf auch in der Klagebegründung nochmals hinzuweisen. Nur so kann sichergestellt werden, dass die Klage später auch noch auf einen anderen Gesichtspunkt gestützt werden kann. Denn der Große Senat hat nur über die Erweiterung im Rahmen der Anfechtungsklage gegen einen Einkommensteuerbescheid entschieden und seine Entscheidung ua. auf die „Besonderheiten des Einkommensteuerrechts" gestützt.

29   **Klagehäufung:** Mehrere Klagebegehren können vom Kläger in einer Klage zusammen verfolgt werden (§ 43 FGO, sog. **Klageverbindung**). Dies ist insbes. zweckmäßig, wenn ein- und dieselbe Rechtsfrage verschiedene Veranlagungszeiträume oder Steuerarten betrifft. Kostengünstiger kann es allerdings sein, nur für einen Veranlagungszeitraum Klage zu erheben, wenn das Finanzamt in den übrigen Verfahren das Ruhen des Verfahrens anordnet (vgl. Formular D. 1.01). Im Übrigen werden im Falle der Klageverbindung die Streitwerte nach § 39 Abs. 1 GKG zusammengerechnet.

Das **Gericht** kann auch durch **Beschluss** (ohne dass der Kläger einen Einfluss hat) mehrere bei ihm anhängige Verfahren zu gemeinsamer Verhandlung und Entscheidung verbinden oder auch mehrere in einem Verfahren zusammengefasste Klagegegenstände trennen (§ 73 Abs. 1 FGO); dieser Beschluss ist **unanfechtbar** (§ 128 Abs. 2 FGO). Eine Verbindung ist auch möglich, wenn bei demselben Gericht verschiedene Senate zuständig sind, sofern der Geschäftsverteilungsplan eine entsprechende Regelung vorsieht (*Gräber/Herbert* § 73 FGO Rz. 6 mwN).

5. Gegenstand der Anfechtungsklage

30   **Gegenstand der Anfechtungsklage** ist (nach erfolglos durchgeführtem Vorverfahren) der „ursprüngliche Verwaltungsakt *in der Gestalt,* die er durch die Entscheidung über den außergerichtlichen Rechtsbehelf gefunden hat" (§ 44 Abs. 2 FGO); deshalb muss auch stets die Aufhebung/Abänderung des ursprünglichen Verwaltungsakts *und* der Einspruchsentscheidung beantragt werden.

Wird der angefochtene Verwaltungsakt nach Bekanntgabe der Einspruchsentscheidung **geändert oder ersetzt,** so wird der neue Verwaltungsakt Gegenstand des Verfahrens (§ 68 Satz 1 FGO). Das Klageverfahren wird also fortgesetzt, ein Einspruch ist nach § 68 Satz 2 FGO ausdrücklich ausgeschlossen („unzulässig"). Das soll auch gelten, wenn der Änderungsbescheid nach der Urteilsverkündung bzw. dem Schluss der mündlichen Verhandlung und der Zustellung des Urteils ergeht (s. BFH I B 61/16 v. 29.9.17, BFH/NV 18, 210; IX R 18/12 v. 22.1.13, BFH/NV 13, 1094). Es ist daher das Rechtmittel einzulegen. Von besonderer Bedeutung ist, dass die Regelung von § 68 Satz 1 FGO entsprechend gilt, wenn ein Verwaltungsakt nach § 129 AO **berichtigt** wird (§ 68 Satz 4 Nr. 1 FGO) oder ein Verwaltungsakt an die Stelle eines angefochtenen **unwirksamen** Verwaltungsakts tritt (§ 68 Satz 4 Nr. 2 FGO).

Das bedeutet, dass es zu einer **„automatischen" Auswechslung** des Verfahrensgegenstandes kommt. Dh. auch wenn der ursprünglich angefochtene Verwaltungsakt **nichtig** war, der Beklagte aber während des Klageverfahrens den nichtigen Verwaltungsakt beispielsweise zur Klarstellung (Beseitigung des Rechtsscheins) aufhebt und einen neuen Verwaltungsakt erlässt, wird der neue Verwaltungsakt zum Gegenstand des Verfahrens nach § 68 FGO (vgl. *Gräber/Herbert* § 68 FGO Rz. 27). Diese Regelung führt zu Problemen bei der Frage der **Berechnung des Streitwerts** und bei der Frage der **Kostenverteilung,** wenn beispielsweise der Klage wegen der Nichtigkeit des Verwaltungsakts hätte stattgegeben werden müssen, sich aber der neue Verwaltungsakt als rechtmäßig erweist und die Klage abgewiesen wird.

Ausnahmsweise kann die Rechtsbehelfsentscheidung auch alleiniger Verfahrensgegenstand sein (**"isolierte Anfechtung der Einspruchsentscheidung"**). Allerdings kommt ein auf die Aufhebung der Einspruchsentscheidung beschränkter Klageantrag im Anwendungsbereich des § 44 Abs. 2 FGO nur in Betracht, soweit ein **besonderes rechtliches Interesse** des Klägers an der Wiederholung des Vorverfahrens besteht. Dies kann etwa darin bestehen, dass nur die Einspruchsentscheidung rechtswidrig ist und den Kläger beschwert, etwa wenn das FA einen Einspruch zu Unrecht als unzulässig verwirft (vgl. BFH XI B 129/17 v. 20.2.18, BFH/NV 18, 641). Hierzu kann es ferner in Fällen erheblicher Verfahrensfehler des FA kommen oder wenn dieses seine Pflicht zur Sachverhaltsaufklärung nach § 88 AO verletzt hat (vgl. § 100 Abs. 3 Satz 1 FGO, BFH XI B 129/17 v. 20.2.18, BFH/NV 18, 641; bei Erklärungspflichtverletzung ist § 100 Abs. 3 Satz 2 FGO zu beachten). Ausnahmefälle, in denen die Rechtsbehelfsentscheidung **alleiniger** Verfahrensgegenstand sein kann, liegen danach etwa auch vor, wenn die Behörde den Bürger nicht vor Erlass der Einspruchsentscheidung auf eine beabsichtigte **Verböserung** hingewiesen hat (§ 367 Abs. 2 Satz 2 AO), wenn die Behörde einen Einspruch wegen Versäumung der Einspruchsfrist als unzulässig verworfen hat, ohne den Bürger vorher auf die (mögliche) Fristversäumnis hingewiesen zu haben, und wenn die Behörde im Einspruchsverfahren eine Frist bestimmt hat, bis zu der es dem Bürger möglich sein soll, bei Vermeidung der zugleich angedrohten Verböserung den Einspruch zurückzunehmen, und die Behörde vor Ablauf der Frist über den Einspruch entscheidet (BFH VIII R 18/10 v. 15.5.13, BStBl. II 13, 669). Es bleibt aber dabei: Der Kläger bestimmt den Umfang des Klagebegehrens, dh. er kann – muss aber nicht – die Rechtsbehelfsentscheidung zum alleinigen Verfahrensgegenstand machen.

6. (Vorbereitendes) Verfahren

a) Akteneinsicht

Die Akteneinsicht im Klageverfahren ist seit dem 1.1.18 neu geregelt worden. Vor dem Hintergrund der Einführung der elektronischen Aktenführung ist zu differenzieren, ob die Akten (noch) in Papierform geführt werden oder bereits als sog. **elektronische Akte** (eAkte), vgl. § 52b EStG.

Eine Neuregelung enthält insbes. § 78 Abs. 2 Satz 1 FGO für die eAkte iSv § 52b Abs. 1 FGO (also die og. "echte" bzw. führende eAkte). Hier sieht § 78 Abs. 2 Satz 1 FGO vor, dass die Akteneinsicht grds. durch Bereitstellung des Inhalts der Akten zum Abruf gewährt wird (vgl. wegen weiterer Einzelheiten etwa *Gosch* AO/FGO § 78 FGO Rz. 21).

Werden die **Prozessakten in Papierform** geführt, wird Akteneinsicht gem. § 78 Abs. 3 FGO durch Einsichtnahme in die Akten in Diensträumen gewährt. Die Akteneinsicht kann, soweit nicht wichtige Gründe entgegenstehen, auch durch Bereitstellung des Inhalts der Akten zum Abruf gewährt werden.

Nach der früheren gesetzlichen Regelung bestand **kein Anspruch auf Übersendung der (Papier-)Akten in das Büro des Prozessbevollmächtigten** (st. Rspr. vgl. BFH II B 47/10 v. 9.6.10, BFH/NV 10, 1653; V B 29/08 v. 31.10.08, BFH/NV 09, 194; VIII B 276/04 v. 21.4.05, BFH/NV 05, 1820; die Verfassungsbeschwerde BVerfG 1 BvR 1503/02 gegen den Beschluss des BFH V B 5/02 v. 11.6.02, BFH/NV 02, 1464 wurde nicht zur Entscheidung angenommen). Die Entscheidung, die Akten einem Prozessbevollmächtigten in dessen Geschäftsräumen zu überlassen, war eine Ermessensentscheidung. Dabei waren die für und gegen eine Übersendung der Akten sprechenden Interessen gegeneinander abzuwägen, also insbes. die Vermeidung von Aktenverlusten sowie die jederzeitige Verfügbarkeit der Akten der möglichen Kosten- und Zeitersparnis für den Prozessbevollmächtigten gegenüberzustellen (st. Rspr.: BFH III B 166/05 v. 26.1.06, BFH/NV 06, 963). Die Akten wurden aber auf Wunsch des Prozessbevollmächtigten an ein Gericht (Amts-, Landgericht etc.) oder eine Behörde (idR Finanzamt oder Agentur für Arbeit) seiner Wahl übersandt. Diese **Handhabung** dürfte unter Geltung der neuen Fassung von § 78 FGO, zumal angesichts Abs. 3 Satz 1, für die Papieraktenführung **fortgelten** (idS auch FG BaWü 2 K 770/17 v. 17.12.19, BeckRS 2019, 43510: Kanzleiräume sind keine Diensträume; s. dazu auch *Gosch*, § 78 FGO Rz. 38); s. allerdings zur (Zulässigkeit der) Einsicht in den Kanzleiräumen in Zeiten der **Corona-Pandemie** FG München 4 K 136/20 v. 1.2.21, EFG 21, 386.

Das alles galt und gilt zwar grds. auch für **Akteneinsicht in Kindergeldsachen** (vgl. BFH III B 166/05 v. 26.1.06, BFH/NV 06, 963). Allerdings haben sich hier die Koordinaten mit der Einführung der elektronischen Akte bei den Familienkassen (jedenfalls) praktisch geändert, denn dem FG wird – wenn nicht bereits eine „echte" elektronische Akte übersandt wird – lediglich noch ein Ausdruck der behördlichen eAkten zur Verfügung gestellt. Insofern kann ein Aktenverlust als Argument gegen eine Aktenübersendung jedenfalls an Bevollmächtigte nicht mehr ins Treffen geführt werden, sodass der **Aktenübersendung – auf Anfrage –** praktisch idR nachgekommen wird.

Unbeschadet der Rechte aus dem neu gestalteten § 78 FGO ist kontrovers, ob dem Steuerpflichtigen auch im Klageverfahren die Informationsrechte aus Art. 15 VO (EU) 2016/679 v. 27.4.16, sog. **Datenschutzgrundverordnung** (DSGVO, seit 25.5.18) zustehen. Der BFH hat sich wegen des **Vorrangs der Prozessordnungen** vor dem Datenschutzrecht, einer fehlenden Anwendungsregelung in der FGO und der entsprechenden Bereichsausnahme in Art. 23 Abs. 1 Buchst. f DSGVO zum Schutz der Unabhängigkeit der Justiz und zum Schutz von Gerichtsverfahren **gegen weitergehende Auskunftsrechte** ausgesprochen (BFH X S 6/19 v. 29.8.19, BFH/NV 20, 25; VIII B 5/20 v. 15.12.20, BeckRS 2020, 42029).

Begehrt eine in § 62 Abs. 2 Satz 1 FGO bezeichnete Person oder Gesellschaft als Bevollmächtigte des Klägers Akteneinsicht, ohne zugleich eine schriftliche Vollmacht vorzulegen, hat das Gericht nach pflichtgemäßem Ermessen zu entscheiden, ob die Gewährung der Akteneinsicht von der Vorlage einer Vollmacht abhängig gemacht wird (BFH IV B 84/16 v. 19.1.17, BFH/NV 17, 605).

Die Aktenversendung ist kostenpflichtig. Es fällt eine Pauschale iHv. 12 € (für Hin- und Rücksendung) an (Kostenverzeichnis Nr. 9003 der Anlage 1 zu § 3 Abs. 2 GKG). Die Pauschale für die Aktenversendung wird nach § 9 Abs. 3 GKG sofort nach ihrer Entstehung fällig.

Der Anspruch auf Akteneinsicht bezieht sich nur auf die Gerichtsakten und die vom FG als Grundlage seiner Entscheidung als notwendig erachteten und von der Behörde vorgelegte oder vom FG beigezogene Akten (BFH VIII B 56/10 v. 14.1.11, BFH/NV 11, 630 unter Hinweis auf BFH VII B 347/02 v. 12.11.03, BFH/NV 04, 511). Es besteht kein Anspruch des Steuerpflichtigen darauf, dass das FG zum Zwecke der Gewährung von Akteneinsicht Gerichtsakten beizieht oder sich Verwaltungsakten vorlegen lässt (BFH VIII B 56/10 v. 14.1.11, BFH/NV 11, 630). Zu den nach § 71 Abs. 2 FGO dem FG zu übermittelnden, „den Streitfall betreffenden" Akten gehören bei einer Klage auf Gewährung von Akteneinsicht grds. nicht die Akten oder Aktenteile, um deren Einsichtnahme durch den Kläger in dem finanzgerichtlichen Verfahren gestritten wird (BFH XI B 57/16 v. 19.12.16, BFH/NV 17, 599).

b) Ausschlussfristen

33   **Ausschlussfristen.** Sie müssen vom Richter unterschrieben bzw. qualifiziert elektronisch signiert verfügt werden und können nicht wirksam nur paraphiert werden (vgl. BFH VI B 113/17 v. 9.7.18, BFH/NV 18, 1153). Sie können gesetzt werden

– nach § 65 Abs. 2 Satz 2 FGO (**notwendiger Klageinhalt,** s. Rz. 16),
– nach § 79b Abs. 1 FGO zur Angabe der Tatsachen, durch dessen Berücksichtigung oder Nichtberücksichtigung im Verwaltungsverfahren der Kläger sich **beschwert** fühlt, und
– nach § 79b Abs. 2 FGO zur Angabe von Tatsachen oder Bezeichnung von Beweismitteln, zur Vorlage von Urkunden oder anderen beweglichen Sachen, soweit der Beteiligte dazu verpflichtet ist.

Bei **Versäumung** der Ausschlussfristen nach § 65 Abs. 2 Satz 2 FGO und § 79b Abs. 1 FGO ist die Klage **unzulässig** (BFH X B 243/94 v. 8.3.95, BStBl. II 95, 417 zu § 79b Abs. 1 FGO).

Bei Versäumung der Ausschlussfrist nach § 79b FGO kann das Gericht nach Ablauf der Frist vorgebrachte Erklärungen und Beweismittel **zurückweisen,** wenn
– ihre Zulassung nach der freien Überzeugung des Gerichts die **Erledigung des Rechtsstreits verzögern** würde (absoluter Verzögerungsbegriff, vgl. BFH IV B 119/10 v. 26.10.11, BFH/NV 12, 260) und
– der Beteiligte die Verspätung nicht genügend entschuldigt und
– der Beteiligte **über die Folgen** einer Fristversäumung belehrt worden ist (§ 79b Abs. 3 Satz 1 FGO).

Zu den Voraussetzungen einer wirksamen Ausschlussfristsetzung nach § 79b Abs. 2 FGO vgl. BFH VI B 113/17 v. 9.7.18, BFH/NV 18, 1153; IV B 119/10 v. 26.10.11, BFH/NV 12, 260 (Steuererklärung ist kein Tatsachenvortrag zu „bestimmten Vorgängen"); IX R 6/94 v. 24.4.95, BStBl. II 95, 545. Zu § 79b Abs. 3 FGO vgl. BFH IV B 119/10 v. 26.10.11, BFH/NV 12, 260, V R 7/97 v. 19.3.98, BStBl. II 98, 399. Die Zurückweisung steht im **Ermessen** des Gerichts, das dieses auszuüben hat (vgl. BFH X B 110/15 v. 16.6.16, BFH/NV 16, 1481).

Wichtig: Ausschlussfristen sind als – richterliche – Fristen **verlängerungsfähig.** 34
Der **Antrag** muss aber rechtzeitig **vor (!) Ablauf** der gesetzten Frist **gestellt** und **begründet** werden und zwar mit *erheblichen* Gründen (§ 52 Abs. 2 FGO, § 224 Abs. 2 ZPO), die ggf. glaubhaft zu machen sind (vgl. BFH V S 9/00 v. 8.8.00, BFH/NV 01, 61). Die Verlängerung steht dann im Ermessen des Gerichts, dh. auch eine ablehnende Entscheidung kann ermessensgerecht sein! Die Ausschlussfristen sind nicht wiedereinsetzungsfähig. Allerdings können Entschuldigungsgründe nach § 79b Abs. 3 FGO noch bis zum Schluss der mündlichen Verhandlung geltend gemacht werden (vgl. BFH X B 243/94 v. 8.3.95, BStBl. II 95, 417.

c) Erörterungstermine

Termin zur Erörterung des Sach- und Streitstandes und zur gütlichen 35
Beilegung des Rechtsstreits (§ 79 Abs. 1 Satz 2 Nr. 1 FGO). Erörterungstermine sind grds. nicht öffentlich (BFH IV R 190/85 v. 21.4.86, BStBl. II 86, 568). Sie können, wenn die technischen Voraussetzungen vorliegen, auch als **Videokonferenz** durchgeführt werden (§ 91a Abs. 4 FGO, s. Rz. 45).

Erörterungstermine werden zwar grds. in geeigneten Fällen vom Berichterstatter von sich aus anberaumt. Hiervon wird aber je nach den Gepflogenheiten des Gerichts unterschiedlich Gebrauch gemacht. Es kann daher durchaus zweckmäßig sein, die Durchführung eines Erörterungstermins und ggf. auch eines Ortstermins **anzuregen** und sei es nur um zu signalisieren, dass Interesse an einem persönlichen Austausch besteht. Anlässlich eines Erörterungstermins lassen sich vielfach auch – aus der Sicht des Richters – „Nebenschauplätze" ausführlicher diskutieren, als das in der – formelleren – mündlichen Verhandlung mit drei Berufsrichtern und zwei ehrenamtlichen Richtern möglich ist. Der Termin sollte stets von den Beteiligten **gut vorbereitet** wahrgenommen werden. Denn in der Praxis führen die Erörterungstermine vielfach bereits zur **Beendigung des Rechtsstreits,** sei es durch Klagerücknahme oder durch übereinstimmende Erklärung der Hauptsacheerledigung, nach einer (Teil-)Abhilfe durch die Finanzbehörde und/oder auf der Grundlage einer tatsächlichen Verständigung. Kommt der Rechtsstreit nicht zu einer Beendigung, kann es im Einzelfall zweckmäßig sein, nunmehr auf mündliche Verhandlung zu verzichten (§ 90 Abs. 2 FGO).

d) Gerichtliche Prüfer

36   **Gerichtlicher Prüfer:** Der gerichtliche oder gerichtseigene Prüfer kann unterschiedliche Rollen einnehmen. Er kann als **Buchsachverständiger** (§§ 81 Abs. 1 Satz 2, 82 FGO iVm. §§ 402 ff. ZPO; vgl. BFH VIII B 31/94 v. 7.11.95, BFH/NV 96, 344 mwN; IV B 185/03 v. 2.8.05, BFH/NV 05, 2224) aufgrund eines Beweisbeschlusses eingesetzt werden. Er soll auch als **Augenscheinsgehilfe** des Gerichts in dem Sinne eingesetzt werden können, dass er anstelle des Gerichts den Augenschein – etwa bei Ortsbesichtigungen – einnimmt (§ 81 Abs. 1 Satz 2 FGO iVm. §§ 371 ff. ZPO; vgl. *Gräber/Herbert* § 81 FGO Rz. 19). Ferner kann er iRd. § 79 Abs. 1 Satz 1 FGO auf vorbereitende Anordnung des Berichterstatters als „Richtergehilfe" dergestalt eingeschaltet werden, dass er zu bestimmten Fragen den Streitstoff sichtet und aufbereitet und ggf. eine eigene fachliche Stellungnahme abgibt (vgl. etwa Sachverhalt in BFH X B 12/14 v. 28.4.14, BFH/NV 14, 1383). Vor der Beauftragung des gerichtlichen Prüfers sind die Beteiligten von der Absicht der Beauftragung zu informieren (s. schon § 79 Abs. 2 FGO, ebenso *Gräber/Stapperfend* § 81 FGO Rz. 13).

36a   Ist der gerichtliche Prüfer als **Buchsachverständiger** tätig, kann nach § 82 FGO iVm. § 411 Abs. 3 ZPO angeordnet werden, dass er in der mündlichen Verhandlung seine schriftlichen Ausführungen erläutert. Setzt das Gericht den Prüfer beschlussweise als Sachverständigen ein, stellt sich die Frage, ob es hierdurch zu erkennen gegeben hat, dass ihm die notwendige Sachkunde fehlt. Das kann Bedeutung bei einer späteren Abweichung von den Feststellungen des Prüfers haben (vgl. BFH VIII R 29/87 26.1.88, BFH/NV 88, 788). Ist der Prüfer als Augenscheinsgehilfe tätig, soll er gegebenenfalls als Zeuge in der mündlichen Verhandlung vernommen werden können (vgl. *Gräber/Herbert* § 81 FGO Rz. 19). **Der gesetzliche Richter** (Art. 101 Abs. 1 Satz 2 GG) wird durch den Einsatz keinesfalls berührt. Als Sachverständiger und Augenscheinsgehilfe wird der Prüfer – im Ausgangspunkt nicht anders als sonst – als Beweismittel (bzw. -surrogat) eingesetzt. Nicht unbedenklich erscheint hingegen der Einsatz als Augenscheinsgehilfe angesichts des Grundsatzes der (materiellen) **Unmittelbarkeit der Beweisaufnahme** (s. *Tipke/Kruse*, § 81 FGO Rz. 19, aber auch Rz. 25, 30). Wird der Prüfer hingegen – wie praktisch vielfach – als bloßer Richtergehilfe eingesetzt, ändert dies an der Entscheidungsbefugnis und Verpflichtung des Gerichts zur Aufklärung und Wahrnehmung des Sachverhalts und der Beweismittel (insbes. Urkunden) ebenfalls nichts. Der Prüfer übt vorbereitende Tätigkeiten aus; er verfügt weder über eine weitergehende Sachkunde als das Gericht selbst, noch substituiert er einen Teil der Beweisaufnahme. Seine Einschaltung ändert zudem nichts daran, dass das Gericht den Sachverhalt von Amts wegen zu erforschen (§ 76 Abs. 1 Satz 1 FGO) und hierüber nach seiner freien, aus dem Gesamtergebnis des Verfahrens gewonnenen Überzeugung zu entscheiden hat (§ 96 Abs. 1 Satz 1 FGO). Konsequenterweise ist das Gericht auch weder an die „Feststellungen" des Prüfers, noch an die vom Prüfer gezogenen Schlussfolgerungen gebunden; das gilt insbes. auch für etwaige Vorschläge gegenüber den Beteiligten (vgl. BFH X B 12/14 v. 28.4.14, BFH/NV 14, 1383). Das Gericht kann bzw. muss sich ggf. die Darlegungen des Prüfers zu eigen machen.

7. Entscheidung des FG

a) Verfahren ohne mündliche Verhandlung

37   Verzicht auf mündliche Verhandlung ist möglich (§ 90 Abs. 2 FGO), jedoch in der Praxis nicht von vornherein empfehlenswert. Denn nicht nur kann das FG auch ohne Verzicht auf mündliche Verhandlung durch **Gerichtsbescheid** gem. § 90a FGO *ohne* mündliche Verhandlung entscheiden (vgl. Rz. 38). Der Verzicht auf die mündliche

Verhandlung führt zudem zu einem **umfassenden Rügeverzicht** mit Blick auf etwaige Verfahrensrügen iRv Revision oder NZB (s. D. 3.03 Rz. 30). Die **mündliche Verhandlung** sollte zudem **als Chance** betrachtet werden, den Rechtsstreit mit dem Gericht zu erörtern, die Auffassung des Gerichts kennenzulernen und sich damit auseinanderzusetzen (vgl. auch D. 3.01 Rz. 4). Nach Durchführung eines Erörterungstermins kann indessen im Einzelfall eine nochmalige Erörterung des Sach- und Streitstandes – nun vor dem Senat – entbehrlich sein; wichtig ist, dass aus Sicht des Verzichtenden *keine Sachverhaltsermittlungen mehr* vorzunehmen sind.

Der Verzicht auf mündliche Verhandlung ist *jederzeit* möglich. Er kann auch noch nach einer mündlichen Verhandlung für das weitere Verfahren erklärt werden (BFH III R 62/89 v. 6.4.90, BStBl. II 90, 744). Er ist Prozesshandlung und kann **nicht wegen Irrtums angefochten** und grds. auch **nicht widerrufen** werden (*Gräber/Herbert* § 90 FGO Rz. 13). Ausnahmsweise ist ein Widerruf der Verzichtserklärung bei einer wesentlichen Änderung der Prozesslage möglich (BFH V R 55/84 v. 21.9.89, BFH/NV 90, 353); vgl. *Gräber/Herbert* § 90 FGO Rz. 14. Die Verzichtserklärung ist grds. nur auf die nächste Sachentscheidung des Gerichts zu beziehen, dh. dass beispielsweise ein vom Kläger erklärter Verzicht auf mündliche Verhandlung wirkungslos wird, wenn das Gericht einen Erörterungstermin anberaumt und das persönliche Erscheinen des Klägers anordnet (BFH VIII R 36/08 v. 31.8.10, BStBl. II 11, 126, mE zweifelhaft) oder wenn das FG trotz eines Verzichts auf die mündliche Verhandlung eine solche anberaumt (BFH VI B 147/10 v. 10.3.11, BStBl. II 11, 556). Ein Wechsel in der Besetzung des Gerichts lässt die Wirksamkeit eines zuvor erklärten Verzichts auf mündliche Verhandlung grds. unberührt (BFH IX R 14/07 v. 11.11.08, BFH/NV 09, 293).

Bei Entscheidungen ohne mündliche Verhandlung ist der Zeitpunkt, der dem Schluss der mündlichen Verhandlung nach § 93 Abs. 3 Satz 1 FGO entspricht, die Absendung der Urteilsausfertigungen. Schriftsätze, die bis zu diesem Zeitpunkt beim FG eingehen, müssen grds. – dh. soweit nicht offensichtlich unerheblich – verwertet werden, auch wenn das Urteil ohne mündliche Verhandlung bereits beschlossen ist (vgl. BFH X B 110/15 v. 16.6.16, BFH/NV 16, 1481). Ggf. ist die Sache neu zu beraten (BFH IV B 167/01 v. 30.12.02, BFH/NV 03, 751).

Ohne Einverständnis der Beteiligten kann der Senat **in geeigneten Fällen ohne** **38** **mündliche Verhandlung** entscheiden, und zwar durch **Gerichtsbescheid** (§ 90a Abs. 1 FGO). Wird die **Revision** im Gerichtsbescheid **zugelassen,** können die Beteiligten nach **§ 90a Abs. 2 Sätze 1 und 2 FGO** Antrag auf mündliche Verhandlung stellen oder Revision einlegen, wenn das Gericht in dem Gerichtsbescheid die Revision zugelassen hat. Ist die Revision nicht zugelassen worden, können die Beteiligten nur **Antrag auf mündliche Verhandlung** stellen (§ 90a Abs. 2 Satz 1 FGO). Das FG verletzt den Anspruch eines Beteiligten auf rechtliches Gehör, wenn es gemäß § 94a Satz 1 FGO im vereinfachten Verfahren ohne Durchführung einer mündlichen Verhandlung entscheidet, ohne dem Beteiligten zuvor seine dahingehende Absicht und den Zeitpunkt mitzuteilen, bis zu dem er sein Vorbringen in den Prozess einführen kann (BFH III B 92/15 v. 6.6.16, BStBl. II 16, 844).

Entscheidet der **Vorsitzende/Berichterstatter als Einzelrichter** (§ 79a Abs. 2 Satz 1, 3 und 4 FGO) durch Gerichtsbescheid, ist dagegen jedenfalls dann **nur** Antrag auf mündliche Verhandlung gegeben, wenn die Entscheidung unmissverständlich im vorbereitenden Verfahren (§ 79a Abs. 4 FGO iVm § 79a Abs. 2 Satz 2 FGO) ergangen ist (vgl. BFH XI R 71/98 v. 25.6.99, BFH/NV 99, 1617). Ist die Entscheidung nicht im vorbereitenden Verfahren ergangen, gilt § 90a Abs. 2 FGO.

Antrag auf mündliche Verhandlung nach Gerichtsbescheid kann gem. § 90a **39** Abs. 2 FGO **innerhalb eines Monats** nach Zustellung des Gerichtsbescheids gestellt werden; der Gerichtsbescheid gilt dann als nicht ergangen (§ 90a Abs. 3 FGO). Es empfiehlt sich, den Antrag kurz zu begründen und sich mit den Gründen des finanzgerichtlichen Gerichtsbescheids auseinanderzusetzen. Dies dient der Vorbereitung der mündlichen Verhandlung. Ein Antrag auf mündliche Verhandlung liegt auch in der Absichtserklärung des Steuerpflichtigen, den festzusetzenden Steuerbetrag noch in einer mündlichen Verhandlung bestimmen zu wollen (BFH I R 12/90 v. 18.7.90, BStBl. II 90, 986). Wird kein Antrag auf mündliche Verhandlung gestellt oder wird der Antrag, was zulässig ist (BFH II R 85/86 v. 9.5.90, BStBl. II 90, 548), noch in der mündlichen Verhandlung zurückgenommen, wirkt der Gerichtsbescheid als Urteil (§ 90 Abs. 3 FGO). Eine Rücknahme des Antrags ist erst dann nicht mehr möglich, wenn die Rücknahmeerklärung erst zum Zeitpunkt der nahezu abgeschlossenen mündlichen Verhandlung den erkennenden Spruchkörper erreicht (BFH VIII R 91/ 83 v. 24.1.89, BStBl. II 89, 416).

40   Nach **§ 94a Satz 1 FGO** kann **bei Einhaltung der Streitwertgrenze** (500 Euro) im schriftlichen Verfahren entschieden werden, auf Antrag eines Beteiligten muss mündlich verhandelt werden (§ 94a Satz 2 FGO); das Gericht muss die Absicht, ohne mündliche Verhandlung entscheiden zu wollen, mitteilen; die Hinweispflicht ist aus Art. 103 Abs. 1 GG abzuleiten (vgl. BFH III B 92/15 v. 6.6.16, BStBl. II 16, 844).

b) Mündliche Verhandlung

41   Die **Ladung zur mündlichen Verhandlung** hat gem. § 91 Abs. 1 FGO vor dem FG grds. mit einer **Frist** von zwei Wochen zu erfolgen (Abkürzung ist möglich). Wichtig ist, dass bei ordnungsgemäßer Ladung auch ohne den **nicht erschienen Beteiligten** verhandelt und entschieden werden kann (§ 91 Abs. 2 FGO: hierauf ist hinzuweisen).

42   Nach § 80 Abs. 1 Satz 1 FGO kann das Gericht das **persönliche Erscheinen** eines Beteiligten anordnen und für den Fall des Nichterscheinens ein (zu bezifferndes) Ordnungsgeld gem. § 80 Abs. 1 Satz 2 FGO androhen. Nach *Gräber/Herbert* § 80 FGO Rz. 4 und *Tipke/Kruse,* § 80 FGO Rz. 2 ist hierzu ein Beschluss des Senats bzw. des Einzelrichters erforderlich. Den Entscheidungen des BFH V B 77/12 v. 17.9.12, BStBl. II 13, 28 und X B 103/10 v. 14.12.10, BFH/NV 11, 618 kann nicht entnommen werden, in welcher Form das persönliche Erscheinen angeordnet worden war. Das Ordnungsgeld beträgt mindestens € 5,–, höchstens € 1.000,– (§ 82 FGO iVm. §§ 380, 381 ZPO). Das Ordnungsgeld darf aber nur festgesetzt werden, wenn das unentschuldigte Ausbleiben zu einer Verfahrensverzögerung führt (BFH V B 77/12 v. 17.9.12, BStBl. II 13, 28).

43   **Antrag auf Aufhebung eines Termins zur mündlichen Verhandlung:** Nach § 155 Satz 1 FGO iVm. § 227 Abs. 1 Satz 1 ZPO kann ein Termin nur aus **erheblichen Gründen** aufgehoben, verlegt oder die Verhandlung vertagt werden (s. dazu BFH VIII B 151/19 v. 16.6.20, BB 20, 2005). Der Antrag muss stets begründet werden. Eine Begründung ist zwar gesetzlich nicht vorgeschrieben, die erheblichen Gründe sind aber auf Verlangen des Vorsitzenden bzw. des Gerichts nach § 227 Abs. 2 ZPO glaubhaft zu machen, also im Krankheitsfall bspw. durch Vorlage eines ärztlichen Attests. Vgl. zu den von der Rspr. als erheblich anerkannten Gründen: *Gräber/Herbert* § 91 FGO Rz. 4 f.

Ist die **mündliche Verhandlung eröffnet,** kommt eine Terminsverlegung nicht mehr in Betracht. Es kann **Vertagung** beantragt werden. Dies steht ebenfalls im Ermessen des Gerichts. Dieses ist insbes. beim Ausbleiben eines Beteiligten vom Grundsatz der Gewährung rechtlichen Gehörs beeinflusst (s. BFH VIII B 114/19 v. 19.5.20, nv.).

Ist die **mündliche Verhandlung** schon **geschlossen** worden (§ 93 Abs. 3 Satz 1 FGO), kann die **Wiedereröffnung der mündlichen Verhandlung** beantragt werden, die im Ermessen des Gerichts steht (§ 93 Abs. 3 Satz 2 FGO). Das Ermessen des Gerichts ist zwar auf Null reduziert, wenn durch die Ablehnung der Wiedereröffnung wesentliche Prozessgrundsätze verletzt würden, zB weil anderenfalls der Anspruch eines Beteiligten auf rechtliches Gehör verletzt oder die Sachaufklärung unzureichend ist (BFH XI R 40/14 v. 31.5.17, BFHE 258, 495). Dies darf nicht missverstanden werden. Grds. sind sämtliche Angriffs- und Verteidigungsmittel bis zum Schluss der mündlichen Verhandlung vorzubringen (FG Baden-Württemberg 1 K 1384/19 v. 4.7.19, EFG 19, 1833, Rev. anh. BFH VI R 29/19).

Mündliche Verhandlungen finden grds. öffentlich statt (§ 52 Abs. 1 FGO iVm. **44** § 169 Abs. 1 GVG). Der **Ausschluss der Öffentlichkeit** kann vom Steuerpflichtigen ohne Angabe von Gründen durch schlichten Antrag gem. § 52 Abs. 2 FGO erreicht werden. Die Prozessbeteiligten können aber auch auf die Beachtung der Vorschriften über die Öffentlichkeit des Verfahrens verzichten (BFH X R 45–46/90 v. 24.8.90, BStBl. II 90, 1032), was Bedeutung für eine spätere Geltendmachung eines Verfahrensfehlers hat („Rügeverzicht", s. D. 3.03 Rz. 30). Erörterungstermine (§ 79 Abs. 1 FGO) sind dagegen grds. nicht öffentlich (BFH IV R 190/85 v. 21.4.86, BStBl. II 86, 568). Vgl. *Jesse* DB 08, 1994.

Zunehmend an Bedeutung gewinnt in der gerichtlichen Praxis die sog. **Videokon- 45 ferenzschaltung,** i. e. die Übertragung von Bild und Ton in das Sitzungszimmer des Gerichts und zwar sowohl für Zwecke mündlicher Verhandlungen als auch für Erörterungstermine (§ 91a Abs. 1, Abs. 3 FGO). In geeigneten Fällen – die Zulassung erfolgt durch **Beschluss** des Gerichts – können die Beteiligten so (erhebliche) Zeit und Wegekosten sparen. Sind beim Steuerpflichtigen keine technisch kompatiblen Anlagen vorhanden, besteht die Möglichkeit, sich beim verfahrensführenden Gericht zu erkundigen, ob aus nahe gelegenen Behörden eine Videokonferenz durchgeführt werden kann. Unbeschadet der Videokonferenzschaltung findet die mündliche Verhandlung weiterhin im Sitzungssaal statt; (nur) hier ist auch die Öffentlichkeit herzustellen (vgl. BFH IX B 126/16 v. 21.2.17, BFH/NV 17, 613). Ob die Videokonferenzschaltung auch aus dem Ausland zulässig ist, ist streitig (vgl. nur *Gosch AO/FGO* § 91a FGO Rz. 8.

Zum **Gang der mündlichen Verhandlung** s. § 92f. FGO. In der mündlichen **46** Verhandlung sind, soweit dies erforderlich ist, **Zeugen** zu vernehmen. Das **Verfahren über die Beweisaufnahme** richtet sich nach §§ 83 bis 89 FGO und § 82 FGO iVm. §§ 358 bis 371, 372 bis 377, 380 bis 382, 386 bis 414 und 450 bis 494 ZPO. Der Zeugenbeweis wird durch die Benennung der Zeugen und die Bezeichnung der Tatsachen, über welche die Vernehmung des Zeugen stattfinden soll, angetreten (§ 373 ZPO); vgl. dazu *Gräber/Herbert* § 82 FGO Rz. 17. Beweisermittlungs- oder -ausforschungsanträgen muss das Gericht nicht nachgehen (BFH VIII B 48/05 v. 7.12.06, BFH/NV 07, 712; BFH I B 120/06 v. 15.5.07, BFH/NV 07, 1686). Sind die Voraussetzungen des § 373 ZPO erfüllt, lädt das Gericht die (im Inland wohnenden) Zeugen unter Angabe des Gegenstands der Vernehmung (§ 377 Abs. 2 Nr. 2 ZPO). **Im Ausland ansässige Zeugen** muss das Gericht nicht von Amts wegen laden, sondern sind von dem benennenden Beteiligten im Termin zur mündlichen Verhandlung zu stellen, wenn es sich um einen **Auslandssachverhalt** handelt (st. Rspr., vgl. BFH V B 78/09 v. 18.12.10, BFH/NV 11, 622; III B 158/09 v. 17.11.10, BFH/NV 11, 299 unter Hinweis auf BFH VIII B 192/09 v. 12.2.10, BFH/NV 10, 833). Vgl. auch BFH XI B 222/07 v. 20.11.08, BFH/NV 09, 404 zu der Frage, wann die konsularische Vernehmung eines im Ausland lebenden Zeugen unterbleiben kann.

Nach § 76 Abs. 1 Satz 1 FGO erforscht das Gericht den Sachverhalt von Amts we- **47** gen (Amtsermittlungsgrundsatz, Untersuchungsgrundsatz), vgl. dazu *Gräber/Stapperfend* § 76 FGO Rz. 10 ff. Nach § 76 Abs. 2 FGO hat der Vorsitzende darauf hinzuwirken, dass Formfehler beseitigt, sachdienliche Anträge gestellt, unklare Anträge erläutert, ungenügende tatsächliche Angaben ergänzt, ferner alle für die Feststellung und Beurteilung des Sachverhalts wesentlichen Erklärungen abgegeben werden (sog. **Prozessförderungs- und Fürsorgepflichten**); dazu führt der BFH im Beschluss III B 14/00 v.

5.5.00, BFH/NV 00, 1349 aus: „Der Erfolg der Klage soll nicht an der Rechtsunerfahrenheit eines Klägers, zumal in Formsachen, scheitern ...... Aufgabe des Gerichts ist es jedoch nicht, Rechtsrat und Rechtsauskunft zu geben und neue, weitergehende Prozessziele anzuregen." Inhalt und Umfang der Prozessförderungs- und Fürsorgepflichten nach § 76 Abs. 2 FGO hängen von der Sach- und Rechtslage im Einzelfall ab, von der Mitwirkung der Beteiligten sowie von deren individuellen Fähigkeiten (BFH VI B 91/10 v. 18.10.10, BFH/NV 11, 280).

48   Die prozessuale Fürsorgepflicht sollte das FG insbes. gegenüber dem Kläger auch bei der **Stellung der (Sach-)Anträge** erfüllen. Die Formulierung der Anträge kann bei der Anfechtungsklage am Entscheidungsausspruch des FG (s. dazu § 100 FGO) orientiert werden. Antrag auf Zulassung der Revision sollte ggf. als Hilfsantrag gestellt werden, damit für das FG frühzeitig erkennbar ist, ob der Kläger ein Rechtsmittel im Falle des Unterliegens einlegen will. Der Hilfsantrag sollte auch begründet werden; in Betracht kommen in diesem Verfahrensstadium allerdings nur die Zulassungsgründe „grundsätzliche Bedeutung" (§ 115 Abs. 2 Nr. 1 FGO) oder „Fortbildung des Rechts" bzw. „Sicherung einer einheitlichen Rechtsprechung" (§ 115 Abs. 2 Nr. 2 FGO), s. dazu D. 3.03 Rz. 13 ff.

Ist der Kläger der Meinung, es seien vor einer Entscheidung noch anderweitige Schritte zu unternehmen, zB (weitere) Beweise zu erheben, ist dies bei der Stellung der Sachanträge (auch protokollarisch) deutlich zu machen, um keinen konkludenten Rügeverzicht bezogen auf einen etwaigen Verfahrensfehler zu erklären (s. dazu D. 3.03 Rz. 30).

c) Entscheidung des FG; Rechtsmittel

49   **Entscheidungen** des Gerichts ergehen durch den **Senat** (drei Berufsrichter und zwei ehrenamtliche Richter), soweit nicht ein **Einzelrichter** entscheidet (§§ 5 Abs. 3 Satz 1, 6 FGO) oder der Berichterstatter nach § 79a Abs. 3 und 4 FGO zuständig ist. Bei Beschlüssen außerhalb der mündlichen Verhandlung (idR zB bei Anträgen auf Aussetzung der Vollziehung, einstweilige Anordnung, Prozesskostenhilfe, wegen Befangenheit etc.) und bei Gerichtsbescheiden (§ 90a FGO, s. Rz. 38) wirken die ehrenamtlichen Richter nicht mit (§ 5 Abs. 3 Satz 2 FGO). Nach § 79a Abs. 1 FGO ist im vorbereitenden Verfahren der Berichterstatter allein zuständig, zB für Entscheidungen über die Aussetzung und das Ruhen des Verfahrens (§ 79a Abs. 1 Nr. 1 FGO) und die Beiladung (§ 79a Abs. 1 Nr. 6 FGO). Vgl. dazu iE *Gräber/Stapperfend* § 79a FGO Rz. 5 ff.

50   Der **Einzelrichter** entscheidet, wenn ihm der Rechtsstreit vom Senat nach **§ 6 FGO übertragen** worden ist oder wenn die Beteiligten sich auf eine Entscheidung durch den Berichterstatter anstelle des Senats – den sog. konsentierten Einzelrichter – **verständigt** haben (§ 79a Abs. 3, 4 FGO).

Eine Übertragung nach § 6 FGO setzt voraus, dass die Sache keine besonderen Schwierigkeiten tatsächlicher oder rechtlicher Art aufweist **und** die Rechtssache keine grds. Bedeutung hat (§ 6 Abs. 1 FGO). Die Beteiligten sollten vor der Übertragung **gehört** werden, der **Beschluss** ist nämlich **unanfechtbar** (§ 6 Abs. 4 FGO). Keinesfalls ist zu empfehlen, gleich in der Klageschrift eine Übertragung nach § 6 FGO anzuregen, es sei denn, die gesetzlichen Voraussetzungen lägen nach Ansicht des Klägers vor. Der Einzelrichter bleibt als gesetzlicher Richter auch dann zuständig, wenn inzwischen auf Grund der Geschäftsverteilung durch das Präsidium des Gerichts ein anderer Senat für den Rechtsstreit zuständig geworden ist (BFH VII R 102/97 v. 28.4.98, BStBl. II 98, 544). **Eine Zurückübertragung auf den Senat** ist nach Anhörung der Beteiligten möglich, wenn sich aus einer wesentlichen Prozesslage ergibt, dass die Rechtsfrage grds. Bedeutung hat oder die Sache besondere Schwierigkeiten tatsächlicher oder rechtlicher Art aufweist (§ 6 Abs. 3 FGO). Auch dieser Beschluss ist unanfechtbar (§ 6 Abs. 4 FGO); die Zurückübertragung verändert allerdings abermals den gesetzlichen Richter, was ggf. im Rechtsmittelverfahren gegen das Urteil aufgeworfen werden kann.

Die Beteiligten können sich nach § 79a Abs. 3, 4 FGO darauf **verständigen,** dass **50a** anstelle des Senats der Berichterstatter (als **„konsentierter Einzelrichter"**) entscheiden soll. Die Einverständniserklärung muss unmissverständlich erklärt werden; hieran soll es jedenfalls dann fehlen, wenn der Richter die verfahrensrechtlichen Grundlagen seiner Stellung mit den Beteiligten nicht erörtert und die Kläger in der mündlichen Verhandlung nicht durch einen Angehörigen der rechts- und steuerberatenden Berufe vertreten sind (BFH VIII R 74/97 v. 15.12.98, BStBl. II 99, 300). Der **Richter** ist an die Erklärung der Beteiligten **nicht** gebunden. Die dahingehende Einverständniserklärung ist für die Beteiligten hingegen **bindend.** Ob ein Widerruf überhaupt möglich ist (s. zum Widerruf von Prozesserklärungen, Rz 32), hat der BFH bislang offengelassen. Ein solcher würde jedenfalls eine nachträgliche wesentlich Änderung der Prozesslage erfordern (BFH III B 25/16 v. 6.12.16, BFH/NV 17, 469; X B 79/15 v. 12.1.16, BFH/NV 16, 763; II S 39/10 v. 10.2.11, BStBl. II 11, 657). Ein nachträgliche bessere Rechtserkenntnis des Beteiligten oder ein Wechsel des Berichterstatters (zB bei Ausscheiden wegen Erreichens der Altersgrenze, Änderung des Geschäftsverteilungsplans) genügen hierfür nicht.

Auch unabhängig vom Einverständnis der Beteiligten oder einer Übertragung durch den Senat kann der **Berichterstatter nach § 79a Abs. 2 FGO** (im vorbereitenden Verfahren) **durch Gerichtsbescheid** entscheiden (§ 90a FGO, s. Rz. 38).

Zu **Kosten** und **Streitwert** s. D. 2.16. **51**

Rechtsmittel: Urteile des FG können mit der **Revision** (§ 115 Abs. 1 FGO) an- **52** gefochten werden, wenn sie das FG oder auf die Beschwerde gegen die Nichtzulassung der BFH zugelassen hat (§ 115 Abs. 1 FGO). Die **Zulassung** der Revision ist **auszusprechen,** wenn

– die Rechtssache grundsätzliche Bedeutung hat (§ 115 Abs. 2 Nr. 1 FGO),
– die Fortbildung des Rechts oder die Sicherung einer einheitlichen Rechtsprechung eine Entscheidung des BFH erfordert (§ 115 Abs. 2 Nr. 2 FGO) oder
– bei einem geltend gemachten Verfahrensmangel die angefochtene Entscheidung auf dem Verfahrensmangel beruhen kann (§ 115 Abs. 2 Nr. 3 FGO).

Die Revision ist – wie die NZB – **beim BFH einzulegen** (vgl. D. 3.01 Rz. 23). Vgl. im Einzelnen Formulare D. 3.01, D. 3.02 und D. 3.03.

In mit förmlichen Rechtsmitteln nicht mehr anfechtbaren Entscheidungen kann **53** **Anhörungsrüge** erhoben werden (§ 133a FGO). Vgl. dazu iE Formular D. 2.02. Zu den weiteren außerordentlichen Rechtsbehelfen (Gegenvorstellung, außerordentliche Beschwerde) vgl. Formular D. 2.02.

Ein rechtskräftig abgeschlossenes Verfahren kann nach § 134 FGO iVm. §§ 578 ff. **54** ZPO **wieder aufgenommen** werden (vgl. dazu BFH V K 1/88 v. 18.3.88, BStBl. II 88, 586). Vgl. D. 2.26.

Überlange Dauer von finanzgerichtlichen Verfahren: Nach dem Gesetz über **55** den Rechtsschutz bei überlangen Gerichtsverfahren und strafrechtlichen Ermittlungsverfahren v. 24.11.11 (BGBl. I 11, 2302) besteht ein **Entschädigungsanspruch** für Verfahrensbeteiligte, die infolge unangemessener Dauer eines Gerichtsverfahrens einen Nachteil erleiden (§ 198 Abs. 1 Satz 1 GVG). **Zuständig** für die Entscheidung über sämtliche Entschädigungsansprüche (Entschädigungsklage) ist der **Bundesfinanzhof** (§ 155 Satz 2 FGO iVm. §§ 198, 199, 200 und 201 GVG) mit der Folge, dass Vertretungszwang besteht (vgl. BFH X 11/12 v. 6.2.13, BStBl. II 13, 447). S. zur **Entschädigungsklage** iE Formular D. 3.06. **Voraussetzung** für den Entschädigungsanspruch ist, dass eine **Verzögerungsrüge** (§ 198 Abs. 3 Satz 1 GVG) bei dem mit der Sache befassten Gericht erhoben wird, dh. die Verzögerung des Verfahrens muss ausdrücklich gerügt werden (s. hierzu iE Formular D. 2.25).

D. 2.02 Außerordentliche Rechtsbehelfe (insbes. Anhörungsrüge)

I. FORMULAR

> **Formular D. 2.02 Außerordentliche Rechtsbehelfe**

FG München

Ismaninger Str. 95

81675 München

Az. des FG

In dem Rechtsstreit

Max Anders

Einsteinstraße 17, 81675 München   – Kläger –

Prozessbevollmächtigte: ...

gegen

Finanzamt München I

Karlstraße 9–11, 80333 München   – Beklagter –

vertreten durch seinen Leiter

wegen Einkommensteuer 20..

Steuer-Nr.: ...

legen wir hiermit

ANHÖRUNGSRÜGE

ein. Wir beantragen,

> den Beschluss des FG München vom 15.2.19 (Aktenzeichen: ...) aufzuheben und das Verfahren fortzuführen sowie die Kosten des Verfahrens dem Beklagten aufzuerlegen.

Begründung

1. Die Anhörungsrüge ist statthaft, da gegen den Kostenbeschluss des Gerichts vom 15.2.19 nach § 138 Abs. 2 FGO kein Rechtsmittel oder ein anderer Rechtsbehelf gegeben ist (§ 133a Abs. 1 Satz 1 Nr. 1 FGO). Die Rüge ist rechtzeitig erhoben. Dem Prozessbevollmächtigten sind das Schreiben des Finanzamts und der Beschluss des Gerichts, beide vom 15.2.19, am 18.2.19 bekannt geworden.

2. Mit dem Beschluss vom 15.2.19 hat der Berichterstatter den Anspruch des Beschwerdeführers auf rechtliches Gehör in entscheidungserheblicher Weise verletzt (§ 133a Abs. 1 Satz 1 Nr. 2 FGO), indem er, nachdem der Rechtsstreit in der Hauptsache für erledigt erklärt worden war, die Kosten des Verfahrens nach § 138 Abs. 2 Satz 2 FGO iVm. § 137 Satz 1 FGO dem Kläger auferlegt hat. Der Berichterstatter folgt mit seiner Kostenentscheidung dem mit Schriftsatz vom 13.2.19 gestellten Antrag des Finanzamts. Dieser Antrag ist zusammen mit dem Beschluss vom 15.2.19 an den Prozessbevollmächtigten in einem Briefumschlag übersandt worden. Der Kläger hatte keine Gelegenheit, sich zu dem erstmals vom Finanzamt gestellten Kostenantrag nach § 137 FGO zu äußern. Hätte dem Prozessbevollmächtigten das Schreiben des Finanzamts vom 13.2.2019 vorgelegen, hätte er dem Antrag des Finanzamts entgegentreten können. Denn die Abhilfe des Finanzamts beruht nicht auf Tatsachen, die der Kläger früher hätte geltend machen oder beweisen können und sollen. Bereits im Einspruchsverfahren hat der Kläger seinen Sachvortrag durch Anlagen zur Einspruchsbegründung belegt; eine Kopie der Einspruchsbegründung, in der die An-

lagen im Übrigen im Einzelnen benannt sind, wird vorsorglich beigefügt. Damit war der Sachverhalt dem Finanzamt bereits im Vorverfahren in allen wesentlichen Zügen bekannt.

....

Unterschrift

II. ERLÄUTERUNGEN

Erläuterungen zu D. 2.02 Außerordentliche Rechtsbehelfe

1. Vorbemerkungen

Zu den außerordentlichen Rechtsbehelfen zählen insbes. die **Anhörungsrüge** nach 1
§ 133a FGO (Rz. 2 ff.), die **Gegenvorstellung** (Rz. 8), die **außerordentliche Beschwerde** (Rz. 9) und die **Wiederaufnahmeklage** (s. Formular D. 2.26) nach § 134 FGO iVm. §§ 578 ff. ZPO (Rz. 10 f.). Die **Verzögerungsrüge** nach § 198 Abs. 3 GVG ist kein (außerordentlicher) Rechtsbehelf, sondern Voraussetzung für einen Entschädigungsanspruch wegen unangemessener Dauer eines Gerichtsverfahrens nach § 198 Abs. 1 Satz 1 GVG. Vgl. dazu D. 2.25. S. zur Entschädigungsklage vor dem BFH Formular D. 3.06.

2. Anhörungsrüge

Die Anhörungsrüge (§ 133a FGO) ist kein Rechtsmittel, sondern ein eigenständiger 2
gesetzlicher (außerordentlicher) Rechtsbehelf. Ihre Einführung geht zurück auf die Entscheidung des Plenums des BVerfG im Beschluss BVerfG 1 PBvU 1/02 v. 30.4.03 (DB 03, 1570), das eine **verfassungswidrige gesetzliche Rechtsschutzlücke** im Hinblick auf die **Gewährleistung rechtlichen Gehörs** festgestellt hatte, die bis dato zT von den Gerichten durch außerhalb des geschriebenen Rechts geschaffene außerordentliche Rechtsbehelfe gefüllt worden war. Es verstoße, so das BVerfG, gegen das Rechtsstaatsprinzip in Verbindung mit Art. 103 Abs. 1 GG, wenn eine Verfahrensordnung keine fachgerichtliche Abhilfemöglichkeit für den Fall vorsehe, dass ein Gericht in entscheidungserheblicher Weise den Anspruch auf rechtliches Gehör verletze. Daraufhin wurde mit Wirkung zum 1.1.05 in § 133a FGO die Anhörungsrüge eingeführt.

Die Anhörungsrüge dient nicht dazu, die angegriffene Sache in vollem Umfang nochmals zu überprüfen (BFH XI S 27/06 v. 2.1.07, BFH/NV 07, 750). Zulässiger Gegenstand der Anhörungsrüge nach § 133a FGO ist **(allein)** die Rüge, dass das Gericht im Rahmen der angegriffenen Entscheidung gegen den verfassungsrechtlich verbürgten Anspruch auf **Gewährung rechtlichen Gehörs** (Art. 103 Abs. 1 GG) verstoßen habe (vgl. BFH VI S 3/05 v. 17.6.05, BStBl. II 05, 614; VI S 18/05 v. 13.12.05, BFH/NV 06, 764; V S 6/07 v. 11.5.07, BFH/NV 07, 1590). Eine sinngemäße Anwendung des § 133a FGO bei **Verletzung anderer Verfahrensgrundrechte etc.** soll nicht möglich sein (vgl. BFH VI S 3/05 v. 17.6.05, BStBl. II 05, 614); sie entspräche auch nicht dem Willen des Gesetzgebers (BT-Drs. 15/3706, S. 149). Ob in diesen Fällen ggf. eine *Gegenvorstellung* oder eine *außerordentliche Beschwerde* gegeben ist, ist streitig (vgl. dazu Rz. 8).

Begründetheit: Die Anhörungsrüge ist begründet, wenn das Gericht den An- 3
spruch des Rügeführers auf rechtliches Gehör in entscheidungserheblicher Weise verletzt hat (§ 133a Abs. 1 Satz 1 Nr. 2 FGO). Die Entscheidungserheblichkeit des Verfahrensfehlers ist dabei schon dann zu bejahen, wenn nicht ausgeschlossen werden kann, dass das Gericht ohne die Verletzung des Artikel 103 Abs. 1 GG zu einer anderen für den Rügeführer günstigen Entscheidung gekommen wäre (BT-Drs. 15/3706, 15; BVerfG 1 BvR 496/00 v. 23.6.04, NVwZ 05, 77).

4   **Statthaftigkeit:** Die Anhörungsrüge ist nur statthaft, wenn ein Rechtsmittel oder ein anderer Rechtsbehelf gegen die gerichtliche Entscheidung nicht gegeben ist (§ 133a Abs. 1 Satz 1 Nr. 1 FGO). Aufgrund dieser **Subsidiarität** des § 133a FGO ist zunächst zwingend zu prüfen, ob die Verletzung des rechtlichen Gehörs durch ein Rechtsmittel (Revision, Beschwerde) oder einen anderen gesetzlichen Rechtsbehelf korrigiert werden kann. Hierzu soll auch der Antrag auf *Wiedereinsetzung in den vorigen Stand* gem. § 56 FGO (so *Tipke/Kruse*, § 133a FGO Rn. 4; *Gosch*, § 155 FGO Rz. 18), *nicht aber* die **Verfassungsbeschwerde** gehören (s. dazu Formular D. 3.05 Rz. 6). Es darf sich ferner *nicht um eine der Endentscheidung vorausgehende Entscheidung* handeln (§ 133a Abs. 1 Satz 2 FGO, s. auch § 133a Abs. 4 FGO: „Fortführung des Verfahrens"). Das bedeutet **für das finanzgerichtliche Verfahren,** dass eine Anhörungsrüge gegen **Urteile** wegen der Möglichkeit entweder der Revision oder der NZB und gegen **Gerichtsbescheide** wegen des Antrags auf mündliche Verhandlung (§ 90a Abs. 2 Satz 1 FGO) nicht in Betracht kommt, wohl aber gegen sonstige Entscheidungen, die mit der Beschwerde (§ 128 FGO) nicht angefochten werden können, wie zB
- Kostenbeschlüsse nach Erledigung der Hauptsache (§ 138 FGO);
- Beschlüsse, mit denen ein Antrag auf Prozesskostenhilfe abgelehnt worden ist (§ 128 Abs. 2 FGO),
- Beschlüsse nach § 69 Abs. 3 FGO, sofern nicht die Beschwerde zugelassen ist (§ 128 Abs. 3 FGO). Dem wird zu Unrecht § 69 Abs. 6 FGO entgegenhalten (**str.** für die Statthaftigkeit FG Düsseldorf 13 V 3218/14 A v. 15.12.14; s. zum Streitstand *Pfützenreuter*, Anm. zu FG Baden-Württemberg 13 V 3078/14 v. 22.10.2014, EFG 2015, 578);
- Beschlüsse, mit denen ein Antrag nach § 114 FGO abgelehnt worden ist, sofern nicht die Beschwerde zugelassen ist (§ 128 Abs. 3 FGO). Das ist ebenfalls **str.,** so aber zB FG Hamburg, 4 V 7/19 v. 22.3.19, nv.);
- Beschlüsse über ein Richterablehnungsgesuch (**str.** s. BFH III B 149/12 v. 8.7.13, BFH/NV 13, 1602, unter 6.).

Außerdem ist die Anhörungsrüge für die Überprüfung von **Entscheidungen des BFH** von Bedeutung (s. dazu Formular D. 3.05).

5   **Rügeberechtigt** ist jeder Beteiligte, der durch die gerichtliche Entscheidung beschwert ist und dessen Anspruch auf rechtliches Gehör vom Gericht verletzt sein soll.

Frist: Die Anhörungsrüge ist **binnen zwei Wochen nach Kenntnis** von der Verletzung des rechtlichen Gehörs zu erheben (§ 133a Abs. 2 Satz 1 FGO). Auf den Zugang der Entscheidung kommt es nicht an. § 133a Abs. 2 Satz 3 FGO findet in diesem Zusammenhang keine Anwendung (BFH VII S 39/19 v. 4.5.20, nv).

Der Zeitpunkt der Kenntniserlangung ist grds. substantiiert, dh. schlüssig und ins Detail gehend, darzulegen und (zB durch anwaltliche Versicherung) **glaubhaft** zu machen (§ 133a Abs. 2 Satz 1 Hs. 2 FGO); dessen bedarf es nur dann nicht, wenn Rüge innerhalb von zwei Wochen ab (mündlicher oder schriftlicher) Bekanntgabe der gerichtlichen Entscheidung erhoben wird, da eine Kenntnis vor Bekanntgabe nicht in Betracht kommt (BFH VII S 39/19 v. 4.5.20, nv). Nach Ablauf eines Jahres seit Bekanntgabe der angegriffenen Entscheidung kann die Rüge nicht mehr erhoben werden („**Ausschlussfrist",** § 133a Abs. 2 Satz 2 FGO). Für die **Fristberechnung** gilt § 54 FGO.

Form: Die Rüge ist **schriftlich oder zu Protokoll** des Urkundsbeamten der Geschäftsstelle bei dem Gericht zu erheben, dessen Entscheidung angegriffen wird (§ 133a Abs. 2 Satz 4 FGO). Für Anhörungsrügen gegen Entscheidungen des BFH ist grds. der *Vertretungszwang* des § 62 Abs. 4 FGO zu beachten (BFH II S 11–13/19 v. 22.11.19, BFH/NV 20, 368: auch zu Ausnahmen).

Inhalt: In der Rügeschrift ist die **angegriffene Entscheidung** zu bezeichnen. Ferner ist darzulegen, dass das Gericht den Anspruch des Beteiligten auf **rechtliches**

Gehör in entscheidungserheblicher Hinsicht verletzt hat (§ 133a Abs. 2 Satz 5 FGO). Eine Vielzahl der Anhörungsrügen scheitert bereits an unzureichender Darlegung. Deshalb ist hierauf besonderes Augenmerk zu legen. Zur „Darlegung" ist die schlüssige, substantiierte und nachvollziehbare Darstellung erforderlich, zu welchen Sach- oder Rechtsfragen sich der Rügeführer nicht habe äußern können, welches entscheidungserhebliche Vorbringen des Rügeführers das Gericht unter Verstoß gegen § 96 Abs. 2 FGO, Art. 103 Abs. 1 GG nicht zur Kenntnis genommen oder in Erwägung gezogen habe und woraus der Rügeführer dies meint folgern zu können (BFH X S 28/10 v. 3.11.10, BFH/NV 11, 203).

Verfahren: Adressat der Rüge ist das Gericht, das die angegriffene Entscheidung **6** erlassen hat; insofern hat die Anhörungsrüge **keinen Devolutiveffekt.** Mit der Anhörungsrüge soll das Gericht zu einer Selbstüberprüfung seiner Entscheidung veranlasst werden (vgl. BFH IV B 190/02 v. 5.12.02, BStBl. II 03, 269). Die Rügeschrift ist regelmäßig den anderen Beteiligten zu übersenden, um ihnen Gelegenheit zur Stellungnahme zu geben (§ 133a Abs. 3 FGO).

Entscheidung des Gerichts: Ist die Anhörungsrüge **unzulässig,** wird sie verworfen. Ist sie **unbegründet,** wird sie zurückgewiesen. Beides erfolgt durch einen kurz begründeten, **unanfechtbaren Beschluss** (§ 133a Abs. 4 FGO).

Ist die Anhörungsrüge **erfolgreich,** so hilft ihr das Gericht ab, „indem es das **Verfahren fortführt,** soweit dies auf Grund der Rüge geboten ist" (§ 133a Abs. 5 Satz 1 FGO). Ein Beschluss ist nach dem Wortlaut des Gesetzes nicht erforderlich, wird aber aus Gründen der Rechtssicherheit befürwortet (*Gräber* § 133a FGO Rz. 18). Das Verfahren wird unter Durchbrechung der Rechtskraft in die Lage zurückversetzt, in der es sich vor dem Schluss der mündlichen Verhandlung befand bzw. in schriftlichen Verfahren in den Zeitpunkt, bis zu dem Schriftsätze eingereicht werden können (§ 133a Abs. 5 Sätze 2 und 3 FGO). Sodann ist **in der Sache neu zu entscheiden:** Stimmt die Entscheidung, die nach erfolgreicher Anhörungsrüge ergeht, mit der angegriffenen Entscheidung überein, ist auszusprechen, dass die Entscheidung aufrechterhalten wird; andernfalls ist die frühere Entscheidung ganz oder teilweise aufzuheben und durch eine andere zu ersetzen (§ 133a Abs. 5 Satz 4 FGO iVm. § 343 ZPO).

Kosten: Bei – in vollem Umfang – erfolgloser Anhörungsrüge fallen Gerichtskos- **7** ten in Höhe von € 60 an (Nr. 6400 des Kostenverzeichnisses Anlage 1 zu § 3 Abs. 2 GKG).

3. Gegenvorstellung

Statthaftigkeit der Gegenvorstellung: Die (ungeschriebene) Gegenvorstellung **8** war ursprünglich als Rechtsbehelf entwickelt worden, der zu einer Selbstkontrolle des entscheidenden Richters (iudex a quo) führen und die Möglichkeit eröffnen sollte, unanfechtbare Entscheidungen in Fällen **schwerwiegender Fehler** wie der **Verletzung von Verfahrensgrundrechten** (wie dem rechtlichen Gehör gem. Art. 103 Abs. 1 GG und dem gesetzlichen Richter gem. Art. 101 Abs. 1 Satz 2 GG) sowie bei **Verletzungen des Willkürverbots** bzw. greifbarer Gesetzeswidrigkeit zu korrigieren. Ob eine Gegenvorstellung auch nach der Schaffung der Anhörungsrüge noch statthaft ist, war lange äußerst kontrovers, und zwar insbes. in Ansehung des Postulats der Rechtsmittelklarheit, das im Mittelpunkt der Erwägungen des Plenumsbeschlusses BVerfG 1 PBvU 1/02 v. 30.4.03, DB 03, 1570 (s. dazu Rz. 2) stand. Im Anschluss an BVerfG 1 BvR 848/07 v. 25.11.08 (NJW 09, 82) hat der V. Senat des BFH in V S 10/07 v. 1.7.09, BStBl. II 09, 824 differenziert: Nur wenn die **angegriffene gerichtliche Entscheidung grds. noch abgeändert** werden kann, soll **eine Gegenvorstellung statthaft** sein. Ansonsten fehle es an einer gesetzlichen Grundlage, die Bindung des Gerichts an seine eigene Entscheidung, insbes. die Rechtskraft, zu durchbrechen. Dem haben sich die meisten Senate zwischenzeitlich angeschlossen (BFH III S 11/10 v. 28.5.09, X S 19/19 v. 14.10.10, XI S 1/11 v. 11.2.11, IV S 1/

12). Dass sich eine andere Entwicklung abzeichnet, weil der BFH die Frage der Statthaftigkeit zuletzt immer wieder offengelassen hat (und offenlassen konnte, weil andere Zulässigkeitsvoraussetzungen fehlten, s. zB BFH II S 11–13/19 v. 22.11.19, BFH/NV 20, 368; IX S 3/17 v. 7.4.17, BFH/NV 17, 1049), und zwar zT ausdrücklich auch bei Gegenvorstellungen gegen nicht mehr abänderbare Entscheidungen (BFH V S 29/16 v. 28.10.16, BFH/NV 17, 306 unter Hinweis auf s. auch BVerfG 1 BvR 2544/12 v. 5.11.13, NJW 14, 681), steht mE nicht zu erwarten, denn in BVerfG 1 BvR 2544/12 v. 5.11.13 (a.a.O.) ging es um eine grds. abänderbare einstweilige Anordnung sowie eine PKH-Ablehnung (durch ein SG), bleibt aber noch abzuwarten. Zwar ist die Differenzierung des V. Senats durchaus **nicht kritiklos** geblieben, von ihr dürfte in der Praxis aber einstweilen auszugehen sein. Infolgedessen wird man in den betroffenen Fällen (jedenfalls vorsorglich) sogleich auf die Verfassungsbeschwerde zurückgreifen müssen (*Tipke/Kruse*, § 133a FGO Rz. 3, dort auch Rz. 40ff. zu weiteren Einzelheiten). Zur Gegenvorstellung und deren Statthaftigkeit iE vgl. *Gräber/Ratschow* Vor § 115 FGO Rz. 29.

Statthaft ist die Gegenvorstellung nach alledem also (jedenfalls) weiterhin, soweit die **Ausgangsentscheidung** durch den entscheidenden Richter (iudex a quo) **abgeändert werden kann,** wie zB PKH-Beschlüsse (BFH I S 14,15/13 v. 11.9.13, BFH/NV 14, 50) oder Streitwertfestsetzungen. Auch in diesen Fällen sind allerdings die verfahrensrechtlichen Änderungsvoraussetzungen zu beachten.

Bei der Einlegung der Gegenvorstellung beim BFH (gegen dessen Entscheidungen) ist zu berücksichtigen, dass vor dem BFH der **Vertretungszwang** nach § 62 Abs. 4 FGO gilt, wenn für die beanstandete Entscheidung ihrerseits Vertretungszwang galt (BFH IX S 21/19 v. 23.10.19, BFH/NV 20, 221).

9   **Inhalt:** Um eine schlüssige Gegenvorstellung zu erheben, muss substantiiert dargelegt werden, dass die angegriffene Entscheidung auf schwerwiegenden Grundrechtsverstößen beruht oder unter keinem denkbaren Gesichtspunkt vertretbar erscheint und jeder gesetzlichen Grundlage entbehrt (vgl. BFH V S 29/16 v. 28.10.16, BFH/NV 17, 306). Es muss deutlich werden, dass und worin das „grobe prozessuale Unrecht" (BVerfG 1 BvR 2544/12 v. 5.11.13, a.a.O.) besteht.

10   Die **Entscheidung** über eine Gegenvorstellung ist gerichtsgebührenfrei (BFH IX S 21/19 v. 23.10.19, BFH/NV 20, 221).

Die Gegenvorstellung ist – ebenso wie die Anhörungsrüge – **nicht Teil des Rechtswegs** iSd. § 90 Abs 2 Satz 1 BVerfGG, da sie kein gesetzlich geregelter Rechtsbehelf ist (BVerfG 1 BvR 848/07 v. 25.11.08, BVerfGE 122, 190).

4. Außerordentliche Beschwerde

11   Eine **außerordentliche Beschwerde** (zum BFH) wegen greifbarer Gesetzeswidrigkeit ist nach der Einführung der Anhörungsrüge jedenfalls **nicht mehr statthaft** (st. Rspr. BFH V B 128/12 v. 17.7.13, BFH/NV 13, 1611, kritisch: *Tipke/Kruse* § 133a FGO Rz. 3, dort auch Rz. 40ff. zu weiteren Einzelheiten).

5. Wiederaufnahmeklage

12   Ein **rechtskräftig beendetes Verfahren** kann mit **Klage auf Wiederaufnahme** nach § 134 FGO iVm. §§ 578ff. ZPO wieder aufgenommen werden (vgl. dazu BFH V K 1/88 v. 18.3.88, BStBl. II 88, 586; IV K 1/92 v. 3.6.97, BFH/NV 97, 874; III K 21/96 v. 23.5.96, BFH/NV 96, 925; VIII S 15/89 v. 30.1.90, BFH/NV 90, 719; V B 116/05 v. 8.8.06, BFH/NV 06, 2277). Auch die Wiederaufnahmeklage zählt zu den außerordentlichen Rechtsbehelfen. Ihr Zweck ist es, in rechtskräftig abgeschlossenen Sachen eine Überprüfung zu erreichen, wenn **besonders schwere Verfahrensmängel** vorliegen (**Nichtigkeitsklage,** § 579 ZPO) oder wenn es sich um **schwerwiegende inhaltliche Mängel** handelt, vor allem wenn sich die Grundlage einer rechts-

kräftigen Entscheidung als gefälscht herausstellt (**Restitutionsklage,** § 580 ZPO). Die Nichtigkeitsklage ist vorrangig (§ 578 Abs. 2 ZPO; vgl. BFH VII B 69/03 v. 7.5.03, BFH/NV 03, 1338). Zur Wiederaufnahmeklage s. **gesondertes Formular** unter D. 2.26.

D. 2.03 Aussetzung/Ruhen des Verfahrens

I. FORMULAR

Formular D. 2.03 Aussetzung/Ruhen des Verfahrens

FG München

Ismaninger Str. 95

81675 München

Az. des FG

In der Finanzstreitsache

Max Anders – Kläger –

gegen

Finanzamt München I – Beklagter –

wegen Einkommensteuer 20..

Steuer-Nr.: ...

wird beantragt, das Klageverfahren gem. § 74 FGO auszusetzen.

Begründung

Im angefochtenen Einkommensteuerbescheid für 20.. sind Einkünfte aus Vermietung und Verpachtung enthalten, die der Beklagte dem Kläger zurechnete, obwohl eine gesonderte und einheitliche Feststellung dieser Einkünfte nicht erfolgt war. Der Einkommensteuerbescheid für 20.. ist endgültig. Ein Vorbehalt nach § 164 AO oder eine Festsetzung wegen ungewisser Verhältnisse nach § 165 AO erfolgte nicht.

Für die gesondert festzustellenden Einkünfte ist nicht der Beklagte, sondern das Finanzamt Garmisch-Partenkirchen zuständig. Bislang liegt eine solche Festsetzung nicht vor. Da ein Feststellungsverfahren vorgreiflich für die Entscheidung im Verfahren über den Einkommensteuerbescheid ist, ist das anhängige Klageverfahren gem. § 74 FGO auszusetzen, um den Ausgang des Verfahrens der gesonderten Feststellung abzuwarten.

....

Unterschrift

II. ERLÄUTERUNGEN

Erläuterungen zu D. 2.03 Aussetzung/Ruhen des Verfahrens

1. Aussetzung des Verfahrens

§ 74 FGO enthält eine Regelung für die **Aussetzung des Verfahrens** (wenngleich das Gesetz von der Aussetzung der *Verhandlung* spricht). Eine solche ist möglich, wenn die Entscheidung des Rechtsstreits ganz oder zum Teil von dem Bestehen oder Nichtbestehen eines Rechtsverhältnisses **abhängt**, das den Gegenstand eines anderen anhängigen Rechtsstreits bildet oder von einer Verwaltungsbehörde festzustellen ist (**„Vorgreiflichkeit"**). Die Aussetzung erfolgt bis zur Erledigung des anderen Rechtsstreits oder bis zur Entscheidung der Verwaltungsbehörde. **1**

2   Nicht erforderlich ist, dass die vorgreifliche Entscheidung für das auszusetzende Verfahren bindend ist, es genügt, dass sie „irgendeinen rechtlichen Einfluss" auf das auszusetzende Verfahren hat (BFH I R 12/90 v. 18.7.90, BStBl. II 90, 986; **aA** BFH III R 41/90 v. 8.6.90, BStBl. II 90, 944 und VI B 91/85 v. 21.8.86, BFH/NV 87, 43: „Musterprozess" ist kein vorgreifliches Rechtsverhältnis iSd. § 74 FGO; vgl. aber BFH X B 8/06 v. 15.3.06, BFH/NV 06, 1140 und *Gräber/Herbert* § 74 FGO Rz. 12). Zur Aussetzung des Verfahrens, wenn in einem Parallelverfahren eine **Verfassungsbeschwerde** beim BVerfG anhängig ist, vgl. die Rechtsprechungsübersicht bei *Gräber/Herbert* § 74 FGO Rz. 12. Sollten die Voraussetzungen für eine Aussetzung des Verfahrens nicht gegeben sein, kann jedoch ggf. das Ruhen des Verfahrens angeordnet werden, s. Rz. 8 ff.

3   Die Entscheidung über die Aussetzung ist **Ermessensentscheidung** und nicht vom Antrag des Klägers abhängig; die Stellung eines Antrags ist aber stets empfehlenswert. Ggf. ist das Ermessen des Gerichts aber auf Null reduziert (vgl. *Gräber/Herbert* § 74 FGO Rz. 7).

4   Eine **Aussetzung** des Verfahrens ist grds. **geboten,** wenn das mit dem auszusetzenden Verfahren befasste Gericht keine Entscheidungskompetenz hat (vgl. Musterfall, BFH VIII R 28/79 v. 26.7.83, BStBl. II 84, 290; vgl. auch Formular D. 1.01). Gleiches gilt grds auch, wenn noch unklar ist, ob und wie ein angefochtener Grundlagenbescheid geändert wird (vgl. zB BFH X B 14/13 v. 6.3.13, BFH/NV 13, 956); hiervon kann nur ausnahmsweise abgesehen werden (s. dazu BFH II B 160/89 v. 20.2.91, BStBl. II 91, 368). Wegen eines Verfahrens über den Folgebescheid, kann das Grundlagenbescheid-Verfahren nicht ausgesetzt werden (FG Berlin-Brandenburg 3 K 3178/19 v. 25.9.19, EFG 20, 434). Keine Aussetzung ist geboten, wenn in dem Verfahren, dessentwegen ausgesetzt werden musste, eine Sachentscheidung nicht möglich ist (BFH X R 8/86 v. 20.9.89, BStBl. II 90, 177). Widerruft das FA eine verbindliche Auskunft, ist das Klageverfahren gegen eine Steuerfestsetzung, für die die verbindliche Auskunft ohne den Widerruf bindend wäre, bis zum Abschluss des Rechtsbehelfsverfahrens gegen den Widerruf gemäß § 74 FGO auszusetzen (BFH V R 23/12 v. 16.5.13, BStBl. II 14, 325).

5   Das Verfahren kann mE mangels Vorgreiflichkeit nicht im Hinblick auf ein **anhängiges Strafverfahren** des Klägers ausgesetzt werden (**str.;** vgl. *Gräber/Herbert* § 74 FGO Rz. 15 mit Rechtsprechungsnachweisen). IdR wird eine Aussetzung auch nicht in Betracht kommen beim Schweben eines Verständigungsverfahrens (BFH I 220/64 v. 1.2.67, BFHE 88, 545 [anschließend FG Münster 4 K 1053/11 E v. 14.4.14, EFG 14, 921 insoweit rkr.]; VIII B 163/01 v. 16.12.02, BFH/NV 03, 497). Vgl. iE *Gräber/Herbert* § 74 FGO Rz. 16 f. Ggf. kommt aber die Anordnung des Ruhens des Verfahrens in Betracht, s. Rz. 8 ff.

Die Aussetzung des Verfahrens kommt nicht mehr in Betracht, wenn das Verwaltungsverfahren, von dessen Ausgang die Entscheidung des Rechtsstreits abhängt, abgeschlossen ist. Das ist der Fall, wenn die zuständige Behörde das Verwaltungsverfahren, in dem das vorgreifliche Rechtsverhältnis festzustellen ist, durch bestandskräftig gewordenen Verwaltungsakt abgeschlossen hat (BFH IX B 81/16 v. 6.10.16, BStBl. II 17,196).

6   **Aufhebung** der Aussetzung des Verfahrens ist *jederzeit* möglich, wenn die Voraussetzungen nicht mehr vorliegen (§ 155 FGO iVm. § 150 ZPO). Eine Aufhebung der Aussetzung durch Beschluss ist dann nicht erforderlich, wenn der Aussetzungsbeschluss das Ende der Aussetzung genau bestimmt (BFH I R 143/87 v. 27.9.90, BStBl. II 91, 101; II B 70/98 v. 10.3.99 BFH/NV 99, 1225). Eine Wiederaufnahme des Verfahrens durch die Beteiligten gem. § 155 FGO iVm. § 250 ZPO ist nur in den im Gesetz vorgesehenen Fällen möglich (zB § 246 Abs. 2 ZPO); § 250 ZPO regelt nur die Form der Aufnahme, nicht ihre Statthaftigkeit. Im Fall der nach gerichtlichem Ermessen angeordneten Aussetzung steht die Aufnahme des Rechtsstreits nicht zur Disposition der Beteiligten (BFH I R 143/87 v. 27.9.90, aaO). Ein **Verstoß** gegen § 155 FGO iVm. § 249 ZPO macht das Urteil nicht nichtig, sondern nur **anfechtbar** (BFH I R 143/87 v. 27.9.90, aaO).

Gegen die Anordnung der Aussetzung ist die **Beschwerde** (§ 128 Abs. 1 FGO) zu- 7 lässig, gegen die Ablehnung nur, wenn sie durch gesonderten Beschluss erfolgt; wird sie im Urteil ausgesprochen, so kann sie nur mit dem gegen das Urteil gegebenen Rechtsmittel angegriffen werden (vgl. *Gräber/Herbert* § 74 FGO Rz. 20). Fehlt es im Urteil an einer Begründung, kann schon wegen Ermessensfehlers ein Verfahrensmangel vorliegen (vgl. BFH XI B 5/18 v. 8.5.18, BFH/NV 18, 958).

2. Ruhen des Verfahrens

Die Anordnung des Ruhens des Verfahrens ist gem. § 155 FGO iVm. § 251 8 ZPO möglich (vgl. *Gräber/Herbert* § 74 FGO Rz. 21).

Voraussetzung ist nach § 251 Satz 1 ZPO ein **übereinstimmender Antrag** von 9 Kläger und Beklagtem; das Gericht darf das Ruhen des Verfahrens jedoch nur anordnen, wenn anzunehmen ist, dass es wegen Schwebens von Vergleichsverhandlungen (im Steuerrecht in der Regel ausgeschlossen, vgl. *Gräber/Herbert* § 74 FGO Rz. 23) oder aus sonstigen wichtigen Gründen zweckmäßig ist. Ein wichtiger Grund kann ua. vorliegen, wenn ein Musterprozess durchgeführt wird oder wenn auf Grund der Betriebsprüfung Änderungsbescheide ergehen werden.

Gegen die Anordnung des Ruhens des Verfahrens ist die **Beschwerde** (§ 128 Abs. 1 FGO) gegeben, gegen die Ablehnung nur, wenn sie durch gesonderten Beschluss erfolgt (vgl. *Gräber/Herbert* § 74 FGO Rz. 20).

3. Sonstige Verfahrensunterbrechung

Im Übrigen kann das Verfahren nach § 155 FGO iVm. §§ 239 bis 250 ZPO **unter-** 10 **brochen sein oder ausgesetzt** werden; während der Verfahrensunterbrechung dürfen keine Entscheidungen des Gerichts ergehen (BFH VIII R 90/84 v. 22.11.88, BStBl. II 89, 326; § 249 ZPO). Eine Unterbrechung des Verfahrens tritt nach § 239 ZPO ein bei **Tod** eines Beteiligten (Kläger bzw. Beigeladener nach § 60 Abs. 3 FGO); allerdings gilt dies nach § 246 Abs. 1 ZPO nicht in den Fällen, in denen eine Vertretung durch einen Prozessbevollmächtigten stattfindet. In diesen Fällen ist aber auf Antrag des Prozessbevollmächtigten das Verfahren auszusetzen (§ 246 Abs. 1 ZPO). Ein weiterer Fall gem. § 240 ZPO ist die Unterbrechung durch die Eröffnung des **Insolvenzverfahrens;** zu den Besonderheiten vgl. *Gräber/Herbert* § 74 FGO Rz. 36.

Zu den übrigen Fallgruppen vgl. *Gräber/Herbert* § 74 FGO Rz. 37 ff.

D. 2.04 Aussetzung der Vollziehung

I. FORMULAR

Formular D. 2.04 Aussetzung der Vollziehung

FG München

Ismaninger Str. 95

81675 München

Az.: Neu

In der Finanzstreitsache

Max Anders

Einsteinstraße 17, 81675 München — Antragsteller —

Prozessbevollmächtigte: ......

gegen

Finanzamt München Abt. II/III,

80301 München — Antragsgegner —

vertreten durch seinen Leiter

wegen Einkommensteuer 20.. (Aussetzung und Aufhebung der Vollziehung)

Steuer-Nr.: ...

beantragen wir kraft beigefügter Vollmacht für den Antragsteller,

1. die Vollziehung des Einkommensteuerbescheids 20.. v. ...... (Steuer-Nr. ......) in Höhe von € ......,– bis einen Monat nach Bekanntgabe der Einspruchsentscheidung oder anderweitiger Erledigung des Einspruchsverfahrens auszusetzen und im Hinblick auf verwirkte Säumniszuschläge ab Fälligkeit aufzuheben.

2. Die Kosten des Verfahrens trägt der Antragsgegner.

Begründung

I. Der Antragsteller ist Generalsekretär der Internationalen Vereinigung für Schmetterlingskunde (IVS). Die Bezüge, die er aus der Tätigkeit erhält, werden vom Antragsgegner als Einkünfte aus selbständiger Arbeit gem. § 18 Abs. 1 Satz 1 EStG behandelt (s. Steuerbescheid v. ......, Anlage 1). Der Antragsteller nahm im Veranlagungszeitraum im Rahmen dieser Tätigkeit als Vortragender und Teilnehmer an einem Fachkongress der Schmetterlingskundler in Rio de Janeiro (Brasilien) teil. Diese Reise diente ausschließlich wissenschaftlichen Zwecken.

II. Der Antrag auf AdV und Aufhebung der Vollziehung ist nach § 69 Abs. 3 und 4 FGO zulässig. Insbes. hat der Antragsteller beim Antragsgegner Antrag auf AdV gestellt (Anlage 2), den der Antragsgegner mit Schreiben vom ...... abgelehnt hat (Anlage 3). Über den mit Schriftsatz vom ...... eingelegten Einspruch gegen den Einkommensteuerbescheid 20... (Anlage 4) ist noch nicht entschieden.

III. Es bestehen „ernstliche Zweifel" iSd. § 69 Abs. 3 Satz 1, Abs. 2 Satz 2 FGO, ob überhaupt Einkünfte (aus selbständiger Tätigkeit) vorliegen und dass die Aufwendungen für die Auslandsreise keine Betriebsausgaben sind.

Nach der Rechtsprechung des BFH liegen ernstliche Zweifel vor, wenn bei summarischer Prüfung des Verwaltungsaktes neben für die Rechtmäßigkeit sprechenden Umständen gewichtige, gegen die Rechtmäßigkeit sprechende Umstände zutage treten, die Unentschiedenheit oder Unsicherheit in der Beurteilung von Rechtsfragen oder Unklarheit in der Beurteilung von Tatfragen bewirken (st. Rspr. vgl. BFH V B 37/16 v. 21.6.16, BStBl. II 17, 28). Dabei ist es nicht erforderlich, dass die für die Rechtswidrigkeit sprechenden Gründe im Sinne einer Erfolgswahrscheinlichkeit überwiegen (st. Rspr. vgl. BFH XI B 112/14 v. 20.1.15, BFH/NV 15, 537).

Nach diesen Maßgaben ist bereits die Rechtmäßigkeit der Annahme, es lägen Einkünfte (aus selbständiger Tätigkeit) vor, ernstlich zweifelhaft. [......wird ausgeführt......]

Zumindest wären aber die Aufwendungen für die Auslandsreise nach Brasilien (Nachweise Anlage 5) als Betriebsausgaben in Ansatz zu bringen, da die Reise ausschließlich betrieblich veranlasst war (§ 4 Abs. 4 EStG). Zwar entspricht es der Lebenserfahrung, dass Reisen häufig einen allgemeinen Bildungs-, Informations- und Erholungszweck erfüllen und somit vielfach eine ausschließlich betriebliche Veranlassung ausgeschlossen ist (vgl. BFH VI R 71/78 v. 23.10.1981, BStBl. II 1982, 69). Der vorliegende Fall liegt jedoch insofern anders, als es sich um eine Reise handelte, die der Kläger im Rahmen der Tätigkeit als Generalsekretär der IVS als Vortragender und Teilnehmer an einem Fachkongress der Schmetterlingskundler in Rio de Janeiro (Brasilien) unternahm und die ausschließlich wissenschaftlichen Zwecken diente (s. Tagungsprogramm, Anlage 6). Dass der Veranstaltungsort in einem touristisch interessanten Gebiet lag, hat seine Ursache ausschließlich darin, dass gerade in diesem Gebiet eine besondere Vielzahl von Schmetterlingsarten heimisch ist (s. Gutachten, Anlage 7). Auch eine nur anteilige Berücksichtigung als Betriebsausgaben (vgl. dazu BFH GrS 1/06 v. 21.9.09, BStBl. II 10, 672) kommt hier folglich nicht in Betracht.

Die Aufhebung der Vollziehung wird im Hinblick auf bereits eingetretene Säumnisfolgen beantragt (vgl. BFH I B 208/04 v. 3.2.05, BStBl. II 05, 351); Vorauszahlungen wurden nicht festgesetzt.

....

Unterschrift

II. ERLÄUTERUNGEN

Erläuterungen zu D. 2.04 Aussetzung der Vollziehung

1. Vorbemerkungen

Hemmung der Vollziehung: Durch die Einlegung eines Rechtsbehelfs (zB Ein- **1** spruch oder Klage) wird die Vollziehung des angefochtenen Verwaltungsakts **nicht** gehemmt, § 69 Abs. 1 Satz 1 FGO (Ausnahme: § 69 Abs. 5 FGO bei Untersagung der Berufsausübung nach dem StBerG). Hierzu muss **Antrag auf AdV** gestellt werden; Vollziehungsfolgen können durch eine **Aufhebung der Vollziehung** beseitigt werden.

Bei der Entscheidung, ob ein Antrag auf AdV gestellt werden soll, ist das **Zinsrisiko** zu berücksichtigen (zu **Aussetzungszinsen** gem. § 237 Abs. 1 AO s. Rz. 31); wird dagegen die fällige Steuer entrichtet, fallen – bei Erfolg der Klage – nach § 236 AO **Prozesszinsen** vom Tag der Rechtshängigkeit der Klage iHv. 0,5 % pro Monat (§ 238 Abs. 1 AO) zugunsten des Steuerpflichtigen an. Darüber hinaus sind nach § 233a AO Steuererstattungsansprüche ab einem Zeitpunkt von 15 Monaten nach Ablauf des Kalenderjahres, in dem die Steuer entstanden ist, zu verzinsen. Allerdings hat der BFH für den Zeitraum 1.4.15 bis 16.11.17 **ernstliche Zweifel an der Verfassungsmäßigkeit der Zinshöhe** angemeldet (BFH IX B 21/18 v. 25.4.18, BStBl. II 18, 415, VIII B 15/18 v. 3.9.18, BFH/NV 18, 1279: ab 2012); die weitere Entwicklung bleibt hier abzuwarten, es sind dazu Verfassungsbeschwerden (BVerfG 1 BvR 2237/14 ab Januar 2010 und BVerfG 1 BvR 2422/17 ab Januar 2012) anhängig (s. auch anhängige, aber ausgesetzte Revisionsverfahren: BFH III R 25/17 betr. Zinsen bis 2015 verfassungsgemäß; BFH VIII R 36/16 betr. Zinsen ab Januar 2012 und BFH X R 15/17 betr. Zinsen von 2011 bis 2012). Die Verfassungswidrigkeit ist vorrangig im Festsetzungs-, **nicht** (bzw. nur ausnahmsweise) **im Billigkeitsverfahren** geltend zu machen (BFH VIII R 25/17 v. 3.12.19, DStR 20, 592).

Zwar **hemmt** der bloße AdV-Antrag die Vollziehung, also auch die **Vollstreckung**, **2** **nicht.** Ist aber ein Aussetzungsantrag beim FG anhängig, hat das FA **vor** Einleitung von Vollstreckungsmaßnahmen mit dem FG Verbindung aufzunehmen (AEAO zu § 361 Nr. 3.2 Satz 2 iVm. Abschn. 5 Abs. 4 Satz 3 Vollstreckungsanweisung). Das FG weist wegen des Gebots effektiven Eilrechtsschutzes (Art. 19 Abs. 4 GG, vgl. BVerfG 1 BvR 2616/13 v. 11.10.13, NVwZ 14, 363) das FA regelmäßig darauf hin, dass aufgrund des anhängigen AdV-Verfahrens von einer (weiteren) Vollstreckung abzusehen ist. Eine **einstweilige Maßnahme** („Hängebeschluss") bis zur Entscheidung über die AdV soll jedoch grds. **unzulässig** sein (BFH II S 18/09 v. 3.9.09, BeckRS 2009, 25015592; anders die verwaltungsgerichtliche Rspr. s. etwa Thüringer OVG 4 VO 48/02, 3.5.02, ThürVBl. 03, 14, s. auch *Tipke/Kruse,* § 69 FGO Rz. 107 f.).

2. Allgemeine Zulässigkeitsvoraussetzungen

Statthaftigkeit: Die AdV ist grds. statthaft, wenn ein **vollziehbarer Verwal- 3 tungsakt** vorliegt, **in der Hauptsache eine Anfechtungsklage** der einschlägige Rechtsbehelf wäre und das Rechtsschutzbegehren lediglich auf Aussetzung bzw. Aufhebung der Vollziehung gerichtet ist (BFH V B 25/20 (AdV) v. 2.12.20, BB 21, 424).

Ansonsten ist vorläufiger Rechtsschutz nur durch **einstweilige Anordnung** nach § 114 FGO zu erreichen (s. Formular D. 2.09). Eine Ausnahme macht die Rspr. bei **negativen Feststellungsbescheiden** nach § 180 Abs. 1 Satz 1 Nr. 2 AO, die zwar in der Hauptsache eine Verpflichtungsklage nach sich ziehen, aber im einstweiligen Rechtsschutz dem AdV-Verfahren zugeordnet werden (vgl. BFH GrS 2/85 v. 14.4.87, BStBl. II 87, 637, V B 25/20 (AdV) v. 2.12.20, aaO).

4   **Vollziehbar** sind Verwaltungsakte, die in die Rechtssphäre des Steuerpflichtigen eingreifen, sei es durch ein Leistungs- oder sonstiges Verhaltensgebot, eine Gestaltung oder eine Feststellung und zwar auch ablehnende Verwaltungsakte, solange sie sich nicht auf eine reine Negation beschränken (dann nur einstweilige Anordnung, § 114 FGO, s. dazu D. 2.09). Aussetzungsfähig sind zB
- Einkommensteuerbescheide, Umsatzsteuerbescheide, auch Änderungsbescheide,
- Anordnung einer Betriebsprüfung, Mitteilung über Buchführungspflicht,
- Vollstreckungsmaßnahmen mit Verwaltungsaktqualität,
- Abrechnungsbescheide, soweit in ihnen das Bestehen eines Anspruchs gegen den Steuerpflichtigen festgestellt wird,
- Vorauszahlungsbescheide und Voranmeldungen,
- Grundlagenbescheide (vgl. dazu Rz. 26), insbes. (positive wie negative) Gewinn- und Verlustfeststellungsbescheide iSd. § 180 Abs. 1 Satz 1 Nr. 2 Buchst. a AO (vgl. zu den Einzelheiten *Gräber/Stapperfend* § 69 FGO, Rz. 81),
- Gewerbesteuermessbescheide und zwar unbeschadet des § 35b GewStG (vgl. BFH VIII B 107/93 v. 21.12.93, BStBl. II 94, 300),
- Ablehnungsbescheide betreffend Fortschreibung eines Einheitswerts (BFH II B 66/89 v. 10.4.91, BStBl. II 91, 549),
- Folgebescheide, s. aber unten Rz. 26.

Nicht selbst **aussetzungsfähig** sind ua. **Säumniszuschläge,** da sie nicht durch Verwaltungsakt festgesetzt werden, sondern kraft Gesetzes entstehen (§ 240 AO); s. aber Aufhebung der Vollziehung unten Rz. 24, zur *AdV* des die Säumniszuschläge bestätigenden *Abrechnungsbescheides* zB FG Münster 12 V 901/20 AO v. 29.5.20, EFG 20, 1053) und zur *Verfassungsmäßigkeit* Rz. 24).

5   Der Antrag bei Gericht kann zwar gem. § 69 Abs. 3 Satz 2 FGO auch schon vor Erhebung der Klage beim FG gestellt werden. Ein zulässiger AdV-Antrag setzt aber immer voraus, dass der Verwaltungsakt, dessen AdV begehrt wird, (durch Einspruch bzw. Klage) angefochten ist, also **noch nicht bestandskräftig** ist.

6   **Zuständig** für die Entscheidung ist das Gericht der Hauptsache, also das FG oder nach Einlegung der Revision bzw. der Nichtzulassungsbeschwerde der BFH. Der BFH wird aber nicht dadurch zum Gericht der Hauptsache, dass gegen einen Beschluss des FG, mit dem der Antrag auf AdV abgelehnt worden und die Beschwerde nicht zugelassen worden ist, gleichwohl Beschwerde eingelegt wird (BFH X S 1/11 v. 10.2.11, BFH/NV 11, 827). Beim FG kann der Einzelrichter zuständig sein (§ 6 FGO, § 79a Abs. 3, 4 FGO). In dringenden Fällen kann anstelle des Senats der Vorsitzende allein entscheiden (§ 69 Abs. 3 Satz 4 FGO).

7   **AdV-Antrag** ist schriftlich, nach Maßgabe von § 52a FGO (nF) elektronisch oder zur Niederschrift des Urkundsbeamten der Geschäftsstelle des FG zu stellen (s. zur Form D. 2.01 Rz. 17, zur Vorlage einer schriftlichen Vollmacht vgl. § 62 Abs. 6 FGO, D. 2.01 Rz. 18). Die **Antragsschrift** muss das Begehren deutlich zum Ausdruck bringen. Insbes. muss der auszusetzende Verwaltungsakt bezeichnet werden (BFH V B 28/85 v. 29.8.85, BFH/NV 86, 447); weiter muss geltend gemacht werden, dass der Verwaltungsakt angefochten und noch nicht bestandskräftig ist und dass entweder **ernstliche Zweifel an der Rechtmäßigkeit** des angefochtenen Verwaltungsakts bestehen oder dass eine Vollziehung eine **unbillige Härte** zur Folge hätte; zu den ernstlichen Zweifeln vgl. unten Rz. 15 ff., zur unbilligen Härte vgl. Rz. 18. Es kann zweckmäßig sein, einen betragsmäßig beschränkten Antrag zu stellen. Auch die

zeitliche Reichweite des Begehrens ist deutlich zu machen, so insbes., ob auch eine Aufhebung der Vollziehung beantragt wird. Es ist regelmäßig zweckmäßig, den Antrag auf den **Fälligkeitszeitpunkt** zu beziehen, da ab diesem Zeitpunkt Säumniszuschläge anfallen (s. Rz. 24). Die Antragsschrift muss mit dem möglichen Inhalt einer AdV-Entscheidung abgestimmt werden (s. dazu iE unten Rz. 22 ff.).

Antragsbefugnis: Den Antrag kann jeder stellen, der vom Verwaltungsakt betrof- **8** fen ist, dies wird in der Regel der Adressat des Verwaltungsakts sein; bei Bescheiden über die einheitliche und gesonderte Feststellung richtet sich die Antragsbefugnis nach § 48 FGO. Es ist ein allgemeines Rechtsschutzbedürfnis erforderlich.

3. Besondere Zugangsvoraussetzungen

Besondere (Zugangs-)Voraussetzung für einen Antrag nach § 69 Abs. 3 FGO **9** ist, dass die Finanzbehörde einen **Antrag** auf AdV ganz oder zum Teil **abgelehnt** hat (§ 69 Abs. 4 Satz 1 FGO). Die Regelung des § 69 Abs. 4 Satz 1 FGO gilt **auch für Anträge auf Aufhebung der Vollziehung** (vgl. BFH XI B 14/13 v. 12.3.13, BStBl. II 13, 390). Es genügt eine **einmalige** Ablehnung durch die Finanzbehörde, auch wenn diese in einem früheren Verfahrensstadium erfolgt ist (BFH VII B 155/94 v. 25.10.94, BStBl. II 95, 131). Eine Ablehnung liegt auch dann vor, wenn die Finanzbehörde den bei ihr gestellten Antrag mangels Begründung durch den Antragsteller ohne weitere Sachprüfung abgelehnt hat (BFH VIII B 50/07 v. 20.6.07, BStBl. II 07, 789 unter Hinweis auf BFH VI B 157/97 v. 20.8.98, BStBl. II 98, 744) oder die Finanzbehörde die AdV **nur gegen Sicherheitsleistung** bewilligt hat, obwohl AdV ohne Sicherheitsleistung beantragt war (*Gräber/Stapperfend* § 69 FGO, Rz. 148). In der Bewilligung der AdV unter Widerrufsvorbehalt liegt dagegen keine teilweise Ablehnung des Antrags auf AdV (BFH VI B 266/98 v. 12.5.00, BFH/NV 00, 1411). Vielmehr stellt erst der Widerruf selbst eine Ablehnung dar. Nicht als Ablehnung idS zu verstehen sind auch die Mitteilung der Finanzbehörde über das Ende der AdV nach Erlass der Einspruchsentscheidung (vgl. nur BFH VI B 138/94 v. 22.12.94, BFH/NV 95, 701), die Mitteilung, die befristet gewährte AdV sei abgelaufen (BFH IV S 3/05 v. 15.6.05, BFH/NV 05, 14), oder wenn die AdV nach Ergehen des finanzgerichtlichen Verfahrens beendet ist (BFH V S 21/06 v. 20.9.06, BFH/NV 07, 82).

Ein **Antrag direkt an das FG** – ohne vorherige Ablehnung eines Antrags auf **10** AdV durch die Finanzbehörde – ist **nur ausnahmsweise** nach § 69 Abs. 4 Satz 2 FGO zulässig, wenn die Finanzbehörde über den Antrag ohne Mitteilung eines zureichenden Grundes in angemessener Frist sachlich nicht entschieden hat (Nr. 1) oder eine Vollstreckung droht (Nr. 2).

Zu § 69 Abs. 4 Nr. 1 FGO: Wann die Finanzbehörde **„in angemessener Frist"** **11** sachlich nicht entschieden hat, ist von den Umständen des Einzelfalls abhängig. Die „angemessene" Frist dürfte im Einzelfall erheblich unter sechs Monaten liegen (vgl. § 46 Abs. 1 Satz 2 FGO), da eine AdV eilbedürftig ist. Ein zureichender Grund für eine Fristüberschreitung dürfte insbes. darin zu sehen sein, dass der Steuerpflichtige trotz Aufforderung die AdV nicht begründet bzw. nicht an der Sachaufklärung mitwirkt. S. iE und zur Rspr. *Gräber/Stapperfend* § 69 FGO Rz. 151 ff.

Zu § 69 Abs. 4 Nr. 2 FGO: **Vollstreckung droht,** wenn die Finanzbehörde mit **12** der Vollstreckung begonnen hat (BFH VII B 69/85 v. 29.10.85, BStBl. II 86, 236) bzw. wenn die Finanzbehörde konkrete Schritte zur Durchführung der Vollstreckung ergriffen hat (BFH II S 3/85 v. 5.6.85, BStBl. II 85, 469). Vgl. dazu *Gräber/Stapperfend* § 69 FGO Rz. 154 f. Bei Grundlagenbescheiden kommt es auf die Vollstreckung des Folgebescheides an.

Da es sich bei diesen besonderen Voraussetzungen um sog. **Zugangsvoraussetzun-** **13** **gen** handelt, ist der Antrag **unheilbar** unzulässig, wenn die Voraussetzungen **im Zeitpunkt der Antragstellung** nicht erfüllt sind (vgl. BFH IV B 61/79 v. 11.10.79, BStBl. II 80, 49).

4. Voraussetzungen der AdV

14   **Begründetheit des Antrags:** Ein AdV-Antrag ist nach § 69 Abs. 3 Satz 1 iVm. Abs. 2 Satz 2 FGO begründet, wenn „**ernstliche Zweifel** an der Rechtmäßigkeit des angefochtenen Verwaltungsakts bestehen oder wenn die Vollziehung für den Betroffenen eine **unbillige,** nicht durch überwiegende öffentliche Interessen gebotene **Härte** zur Folge hätte" (zu diesen Gründen s. Rz. 15 ff.). Ob ernstliche Zweifel vorliegen, entscheidet das FG bzw. der BFH. Die Bewilligung der AdV steht (nur) im atypischen Fall im Ermessen des Gerichts. Regelmäßig ist AdV zu gewähren, wenn die Voraussetzungen vorliegen (vgl. dazu *Gräber/Stapperfend* § 69 FGO Rz. 185 ff.).

15   **Ernstliche Zweifel an der Rechtmäßigkeit** liegen nach der Rechtsprechung des BFH vor, wenn bei summarischer Prüfung des Verwaltungsakts neben für die Rechtmäßigkeit sprechenden Umständen gewichtige, gegen die Rechtmäßigkeit sprechende Umstände zutage treten, die Unentschiedenheit oder Unsicherheit in der Beurteilung von Rechtsfragen oder Unklarheit in der Beurteilung von Tatfragen bewirken (st. Rspr. vgl. BFH V B 37/16 v. 21.6.16, BStBl. II 17, 28). Bei der Entscheidung über den Antrag auf AdV sind danach die Erfolgsaussichten des Rechtsbehelfs zu berücksichtigen. Dabei ist es nicht erforderlich, dass die für die Rechtswidrigkeit sprechenden Gründe im Sinne einer Erfolgswahrscheinlichkeit überwiegen (BFH XI B 112/14 v. 20.1.15, BFH/NV 15, 537).

16   Ernstliche Zweifel in **rechtlicher Hinsicht** können zB bestehen, wenn eine höchstrichterliche Entscheidung noch nicht vorliegt und in der Rechtsprechung der FG unterschiedliche Auffassungen vertreten werden oder wenn ein FG von der Rechtsprechung des BFH abgewichen ist; allerdings sind ernstliche Zweifel auch dann nicht von vornherein ausgeschlossen, wenn der Verwaltungsakt mit der herrschenden Meinung im Schrifttum oder mit der Rechtsprechung des BFH im Einklang steht (BFH IV B 35/80 v. 4.12.80, BStBl. II 81, 266). Vgl. dazu iE *Gräber/Stapperfend* § 69 FGO Rz. 160 ff. Ernstliche Zweifel können auch **verfassungsrechtliche Zweifel** an der Gültigkeit einer dem angefochtenen Verwaltungsakt zugrunde liegenden Norm sein. In diesen Fällen wird von der Rechtsprechung ein öffentliches Interesse an der Vollziehung formell verfassungsgemäß zustande gekommener Gesetze in die Betrachtung einbezogen, was jedenfalls im Ergebnis zu einer modifizierten Prüfung führt (s. dazu BFH V B 37/16 v. 21.7.16, BStBl. II 17, 28 mit umfangreichen Nachweisen zur Rspr. sowie *Gosch,* § 69 FGO Rz. 180 ff.).

17   Ernstliche Zweifel in **tatsächlicher Hinsicht** bestehen zB, wenn die Finanzbehörde den Besteuerungssachverhalt nur unvollständig und verworren darstellt und den Steueranspruch nicht schlüssig begründet (BFH VIII B 112/83 v. 14.2.84, BStBl. II 84, 443), wenn dem Steuerpflichtigen die Besteuerungsgrundlagen nicht mitgeteilt worden sind (BFH VII R 71/77 v. 4.4.78, BStBl. II 78, 402) oder wenn weitere Ermittlungen oder eine Beweisaufnahme erforderlich sind. Vgl. dazu iE *Gräber/Stapperfend* § 69 FGO Rz. 167.

18   **Unbillige Härte,** die nicht durch überwiegende öffentliche Interessen geboten ist, liegt vor, wenn die Vollziehung des angefochtenen Verwaltungsaktes zu einer **Gefährdung der wirtschaftlichen Existenz** des Steuerpflichtigen führen würde (BFH III S 12/05 v. 2.6.05, BFH/NV 05, 1834). Auch hier kann AdV nur gewährt werden, wenn Zweifel an der Rechtmäßigkeit des angefochtenen Verwaltungsakts bestehen; die AdV ist selbst bei Vorliegen einer unbilligen Härte zu versagen, wenn der Rechtsbehelf in der Hauptsache offensichtlich keine Aussicht auf Erfolg hat (zB BFH III S 12/05 v. 2.6.05, BFH/NV 05, 1834). Vgl. dazu iE *Gräber/Stapperfend* § 69 FGO Rz. 170–173.

5. Verfahren und Entscheidung über die AdV

19   **Summarisches Verfahren:** Die Entscheidung über die AdV ergeht nach **summarischer Prüfung** aufgrund des Sachverhalts, der sich aus dem Vortrag der Beteiligten und der Aktenlage ergibt (BFH XI B 112/14 v. 20.1.15, BFH/NV 15, 537). Der Tatsachenvortrag des Steuerpflichtigen muss erforderlichenfalls (ggf. vorsorglich) iSd § 294 ZPO **glaubhaft** gemacht werden (vgl. zB BFH VII B 46/04 v. 7.10.04 BFH/NV 05, 827 sowie *Gräber/Stapperfend* § 69 FGO Rz. 196 f.). Hierzu werden nur **präsente Beweismittel** berücksichtigt; von besonderer Bedeutung ist dabei – neben der Beibringung von Urkunden – die Vorlage eidesstattlicher Versicherungen. Der hinreichenden Substantiierung und der Glaubhaftmachung der tatsächlichen Angaben ist in der Praxis größte Beachtung zu schenken.

Auch im summarischen Verfahren muss rechtliches Gehör gewährt werden; der Fi- **20** nanzbehörde wird daher vor der Entscheidung Gelegenheit zur Stellungnahme innerhalb angemessener Frist gegeben.

Entscheidung über den Antrag auf AdV ergeht **durch Beschluss,** in aller Re- **21** gel ohne mündliche Verhandlung (§ 90 Abs. 1 Satz 2 FGO). Der Beschluss ist zu begründen (§ 113 Abs. 2 Satz 2 FGO). Er muss eine Kostenentscheidung enthalten (zu den Kosten s. unten Rz. 32 ff.). Die **Berechnung** der auszusetzenden Beträge kann das FG nach § 100 Abs. 2 Satz 2, § 69 Abs. 3 Satz 1 FGO auf die Finanzbehörde übertragen.

Eine AdV gilt (auch wenn sie keine Angaben über die Dauer enthält) regelmäßig **22** **nur für den jeweiligen Verfahrensabschnitt:** Wird sie im Verwaltungsverfahren ausgesprochen, endet sie mit Abschluss des Einspruchsverfahrens, wird sie im finanzgerichtlichen Verfahren ausgesprochen, endet sie mit der Entscheidung in der Hauptsache (vgl. BFH III S 7/03 v. 29.9.03, BFH/NV 04, 183).

Wirkung der AdV: Durch die AdV wird die Vollziehbarkeit des Verwaltungsaktes **23** gehemmt. **Vollziehung** bedeutet, dass sein materieller Regelungsgehalt in irgendeiner Weise – auch ohne Zwang – verwirklicht worden ist. Das umfasst ua. die **Aufrechnung** mit der Steuerforderung (vgl. BFH VII R 85/99 v. 14.11.00, BStBl. II 01, 247). Die Wirkung tritt erst ab dem Zeitpunkt der Entscheidung, also „**ex nunc**", ein (BFH I B 208/04 v. 3.2.05, BStBl. II 05, 351). Sollen die Wirkungen sich auf Maßnahmen vor der Entscheidung erstrecken, ermöglicht das die **Aufhebung der Vollziehung** (§ 69 Abs. 3 Satz 3 FGO). Ein entsprechender Antrag kann dem AdV-Antrag ggf. auch im Wege der Auslegung zu entnehmen sein kann. Die Vollziehungsaufhebung ist unter denselben Voraussetzungen wie die AdV zu gewähren (BFH III S 7/03 v. 29.9.03, BFH/NV 04, 183). Maßgebend ist, ab welchem Zeitpunkt objektiv ernstliche Zweifel an der Rechtmäßigkeit des Bescheides bestanden (str. BFH III S 7/03 v. 29.9.03, BFH/NV 04, 183, aA Erkennbarkeit für FA maßgebend AEAO zu § 361 Nr. 8.1.1). Die Hauptsache darf nicht vorweggenommen werden (BFH I B 182/02 v. 17.12.03, BFH/NV 04, 815); so kann etwa nicht Aufhebung der Vollziehung von selbständig anfechtbaren Vollstreckungsmaßnahmen (zB Pfändung) erreicht werden (vgl. BFH VII B 33/90 v. 30.10.90, BFH/NV 91, 607). Vollzugsfolgen des GewSt-Bescheides (zB Säumniszuschläge, Rz 24) können eine (rückwirkende) Aufhebung der Vollziehung des GewSt-Messbescheides (Grundlagenbescheid) rechtfertigen (s. FG Hamburg 6 V 270/19 v. 8.1.20, EFG 20, 589 insoweit rkr.).

Entstehung von Säumniszuschlägen (1 % pro Monat ab Fälligkeit) wird von der **24** Rechtsprechung ebenfalls als „Vollziehung" des Steuerbescheides idS angesehen. Da die Wirkung der AdV indessen nur in die Zukunft reicht, beseitigt sie bereits vor der Entscheidung über die AdV entstandene Säumniszuschläge nicht. Ist der Antrag aber – was anzuraten ist – auf den Fälligkeitstermin und auf die Beseitigung von Säumnisfolgen bezogen, ist er ggf. so auszulegen, dass auch eine ex tunc wirkende **Aufhebung der Vollziehung** mit beantragt ist (s. zu alledem BFH I B 208/04 v. 3.2.05, BStBl. II 05, 351; III S 7/03 v. 29.9.03, BFH/NV 04, 183, III S 22/13 v. 19.3.14, BFH/NV 14, 856). Zu beachten ist, dass die – nunmehr auch durch BFH VII B 53/19 v. 14.4.20, BFH/NV 21, 177 (s. auch anh. Beschwerde BFH VII B 13/21) – angezweifelte **Verfassungsmäßigkeit der Höhe der** (seit 1.1.10 entstandenen) **Säum-**

niszuschläge gegen diese selbst (und zwar durch Beantragung eines *Abrechnungsbescheides iSd. § 218 Abs. 2 AO*) geltend gemacht werden muss.

Wird eine AdV nicht gewährt, die rechtswidrige Steuerfestsetzung aber später aufgehoben und hat der Steuerpflichtige alles getan hat, um die AdV zu erreichen (erfolglose Anträge bei FA und FG), kommt ein **Billigkeitserlass** der Säumniszuschläge (§ 227 AO) in Betracht (BFH V R 52/13 v. 24.4.14, BStBl. II 15, 106). Gleiches gilt, wenn die AdV (allein!) an § 361 Abs. 2 Satz 4 AO bzw. § 69 Abs. 2 Satz 8 FGO (keine Aussetzung betreffend festgesetzte Vorauszahlungen) gescheitert ist, obwohl die Vorauszahlungsbescheide ihrerseits ausgesetzt waren (vgl. BFH V R 42/08 v. 20.5.10, BStBl. II 10, 955).

25   **Eingeschränkter Umfang von AdV/Aufhebung der Vollziehung:** Zu beachten ist, dass die grds. mögliche **(vorläufige) Erstattung** von Steuerbeträgen durch § 69 Abs. 3 Satz 4, Abs. 2 Satz 8 FGO **eingeschränkt** wird. Es soll keine Erstattung anzurechnender Steuerabzugsbeträge, anzurechnender Körperschaftsteuer und festgesetzter Vorauszahlungen erfolgen (s. dazu iE AEAO zu § 361 Nr. 4 ff.). Das gilt nur dann nicht, wenn die Aussetzung oder Aufhebung der Vollziehung zur Abwendung wesentlicher Nachteile nötig erscheint (s. dazu *Gräber/Stapperfend* § 69 FGO Rz. 260). Die Einschränkung greift hingegen auch, wenn die betreffenden („festgesetzten") Vorauszahlungsbeträge (wegen AdV) noch nicht entrichtet waren. Diese Einschränkung ist verfassungsgemäß (BFH V R 42/08 v. 20.5.10, BStBl. II 10, 955), kann aber zu einem Billigkeitserlass der Säumniszuschläge führen (s. oben Rz. 24). Weitere Einschränkungen ergeben sich auch im Hinblick auf Vollstreckungsmaßnahmen, weil im einstweiligen Rechtsschutz die **Hauptsache** grds. **nicht vorweggenommen** werden darf (vgl. dazu *Gräber/Stapperfend* § 69 FGO Rz. 37).

26   Wird **AdV eines Grundlagenbescheides** (zB Gewinnfeststellungsbescheid) gewährt, so ist die Vollziehung des Folgebescheids von Amts wegen auszusetzen (§ 69 Abs. 2 Satz 4 FGO, § 361 Abs. 3 Satz 1 AO). Allerdings sollen die für die Erteilung der Folgebescheide zuständigen Finanzämter unterrichtet werden, wenn über den Antrag auf AdV eines Grundlagenbescheides nicht kurzfristig entschieden werden kann; die für die Folgebescheide zuständigen Finanzämter sollen insoweit von Vollstreckungsmaßnahmen absehen. **AdV des Folgebescheides** betreffend gesondert festzustellende Besteuerungsgrundlagen ist im Fall von § 155 Abs. 2 AO möglich.

27   **Sicherheitsleistung** (§ 155 Satz 1 FGO, §§ 108 ff. ZPO) kann – außer bei Grundlagenbescheiden – vom FG angeordnet werden (§ 69 Abs. 3 Satz 1, Abs. 2 Satz 3 FGO). Die Entscheidung ist eine Ermessensentscheidung und stellt einen nicht selbständig anfechtbaren Teil der Entscheidung über den Antrag auf AdV dar. Die Anordnung einer Sicherheitsleistung kommt allerdings nur in Betracht, wenn konkrete Anhaltspunkte für ein Sicherungsbedürfnis des Steuergläubigers bestehen. Derartige Umstände sind vom FA im Verfahren geltend zu machen; (erst) dann ist es Aufgabe des Antragstellers, Umstände vorzutragen, die das Sicherungsbedürfnis als unbegründet oder unangemessen – etwa auch wegen Unbilligkeit oder besonders hoher Obsiegenswahrscheinlichkeit – erscheinen lassen (s. *Gräber/Stapperfend* § 69 FGO Rz. 233 ff.). Hierzu kann sich der Antragsteller bspw. einer Vermögensaufstellung, deren Inhalt durch Unterlagen glaubhaft zu machen ist, oder Bankauskünften (auch falls keine Sicherheitsleistung möglich ist) bedienen.

6. Wiederholung des Antrags; Rechtsmittel

28   **Wiederholung eines Antrags:** AdV kann wiederholt beantragt werden. Berücksichtigt werden allerdings nur veränderte oder im ursprünglichen Verfahren ohne Verschulden nicht geltend gemachte Umstände (vgl. § 69 Abs. 6 Satz 2 FGO). Der Antragsteller hat die Umstände iE darzulegen. Ausreichend ist eine Rechtsänderung, nicht aber bisher nicht berücksichtigte rechtliche Gesichtspunkte (BFH VI S 7/08 v. 13.5.08, BFH/NV 08, 1352).

Rechtsmittel: Nach § 128 Abs. 4 FGO ist die Beschwerde an den BFH nur gege-   29
ben, wenn sie vom FG in seinem Beschluss ausdrücklich zugelassen ist (vgl. § 128
Abs. 3 FGO). Die Nichtzulassung kann nicht mit der Beschwerde angegriffen werden
(BFH XI B 140/13 v. 18.2.14, BFH/NV 14, 879). Zum Problem der aufgedrängten
AdV und der Anfechtung der Aussetzungsverfügung s. D. 1.02.

Eine **außerordentliche Beschwerde** (wegen greifbarer Gesetzeswidrigkeit) ist   30
nicht (mehr) statthaft (BFH V B 33/07 v. 28.2.07, BFH/NV 07, 1171). Es bleibt die
Möglichkeit einer **Gegenvorstellung** oder einer **Anhörungsrüge** (s. BFH I B
158/06 v. 31.1.07, BFH/NV 07, 952), zT str., s. D. 2.02.

Aussetzungszinsen sind gem. §§ 237 f. AO zu zahlen, wenn der Rechtsbehelf im   31
Hauptsacheverfahren endgültig keinen Erfolg gehabt hat (0,5 % pro Monat; bis einschließlich Dezember 2011 verfassungsgemäß, BFH IX R 5/14 v. 14.4.15, BStBl. II
15, 986; für 2013 verfassungsgemäß, BFH III R 10/16 v. 9.11.17, BStBl. II 18, 255;
vom 1.4.15 bis 16.11.17 **ernstliche Zweifel an der Verfassungsmäßigkeit der
Zinshöhe,** BFH IX B 21/18 v. 25.4.18, BStBl. II 18, 415). Der Zinslauf beginnt mit
dem Tag des Eingangs des Einspruchs bzw. mit Rechtshängigkeit der Klage oder mit
einem späteren Beginn der AdV bis zu deren Ende, § 237 Abs. 2 AO. Durch freiwillige Zahlung soll der Zinslauf vorzeitig beendet werden können (vgl. BFH V R 29/11
v. 25.4.13, BStBl. II 13, 767; krit. *Meinert* DStZ 15, 599, 604 unter Verweis auf praktische Schwierigkeiten); zT wird mangels Fälligkeit ein Recht der Behörde zur Rückzahlung angenommen (so *Tipke/Kruse,* § 361 AO Rz. 5). Zum Rechtsschutz gegen
aufgedrängte AdV s. Formular D. 1.02.

Kosten: Für AdV-Verfahren fallen (seit dem 1.7.04) **zwei Gerichtsgebühren** an.   32
Die Gebühr **ermäßigt** sich bei Rücknahme des AdV-Antrags ebenso wie bei Erledigung des Rechtsstreits in der Hauptsache von zwei auf **0,75 Gebühren** (Nr. 6211 des
Kostenverzeichnisses zum GKG). Mehrere Verfahren nach § 69 Abs. 3 und 5 FGO
gelten innerhalb eines Rechtszugs als ein Verfahren (Vorbemerkung 6.2 zu Nr. 6210
des Kostenverzeichnisses zum GKG).

Der **Streitwert** ist grds. nach Ermessen (Bedeutung der Sache) zu bestimmen (vgl.   33
§ 53 Abs. 2 Nr. 3, § 52 Abs. 1 GKG). Der BFH geht in st. Rspr. grds. von **10 %** des
Betrags aus, um den in der Hauptsache gestritten wird (BFH IV R 13/12 v. 22.4.15,
BStBl. II 15, 989; ebenso (unverbindliche) Empfehlung der FG-Präsidenten im
Streitwertkatalog für die Finanzgerichtsbarkeit unter A) 8. (Stand Dezember 2016, ab-
rufbar über die Internetseiten der FG, zB www.fg-muenster.nrw.de) mwN); verein-
zelt wird hiervon abgewichen (dann 25 %, s. iE *Gräber/Ratschow* Vor § 135 FGO
Rz. 160 Stichwort „AdV"). Der Mindeststreitwert von 1.500 € nach § 52 Abs. 4
GKG (seit 1.8.13) gilt in AdV-Verfahren **nicht** (BFH IX E 17/07 v. 14.12.07,
BStBl. II 08, 199). Geht der Streit nur darum, ob die AdV ohne oder gegen Sicherheitsleistung auszusetzen ist, beträgt der Streitwert 10 % der geforderten Sicherheitsleistung, die idR so hoch wie der Aussetzungsbetrag ist. S. iE Formular D. 2.16.

Fälligkeit der Verfahrensgebühr: Ob die Verfahrensgebühr mit der Einreichung   34
des Antrags auf AdV bei Gericht gem. § 6 GKG fällig wird, wird nicht einheitlich beurteilt. Der Wortlaut spricht dafür, von einer Endfälligkeit mit Verfahrensabschluss auszugehen (ebenso FG Hamburg 3 KO 196/15 v. 5.8.15, EFG 15, 1980 mwN auch zur aA).
Ein Antrag auf Prozesskostenhilfe hindert die Fälligkeit der Verfahrensgebühr jedenfalls
nicht. Allerdings wird das Gericht in der Praxis nicht zuletzt wegen Art. 19 Abs. 4 GG
und des Zwecks der Prozesskostenhilfe die Gerichtskasse darauf hinweisen, dass ein Antrag auf Prozesskostenhilfe anhängig ist, sodass Gebühren noch nicht angefordert werden.

Gesetz über den Rechtsschutz bei überlangen Gerichtsverfahren und straf-   35
rechtlichen Ermittlungsverfahren v. 24.11.11 (BGBl. I 11, 2302): Zum Entschädigungsanspruch bei unangemessener Dauer eines Gerichtsverfahrens und der hierfür erforderlichen Voraussetzung, dass eine **Verzögerungsrüge** erhoben wird, vgl. D.
2.25. S. zur **Entschädigungsklage** vor dem BFH Formular D. 3.06.

D. 2.05 Befangenheit

Vgl. Formular D. 2.18.

D. 2.06 Beiladung

I. FORMULAR

Formular D. 2.06 Beiladung

FG München

Ismaninger Str. 95

81675 München

Az. des FG

In der Finanzstreitsache

Max Moritz KG — Klägerin —

gegen

Finanzamt München III — Beklagter —

wegen einheitlicher und gesonderter Gewinnfeststellung 20..

Steuer-Nr.: ...

hat die Klägerin, vertreten durch ihren Komplementär, Herrn Max Moritz, Klage erhoben (§ 48 Abs. 1 Nr. 1 FGO).

Wir teilen mit, dass eine der Kommanditistinnen, Frau Maximiliane Moritz-Bolte, zum 31.12.2010 aus der KG ausgeschieden ist; der angefochtene Gewinnfeststellungsbescheid erging bereits vor ihrem Ausscheiden, nämlich am 12.5.2008.

Frau Maximiliane Moritz-Bolte ist nach § 48 Abs. 1 Nr. 3 FGO zum Klageverfahren der KG notwendig beizuladen (vgl. BFH IV R 52/04, BFH/NV 2007, 1332 mit Rechtsprechungsnachweisen).

....

Unterschrift

II. ERLÄUTERUNGEN

Erläuterungen zu D. 2.06 Beiladung

---

1. Vorbemerkungen

1 **Beteiligung Dritter am Verfahren,** die nicht Kläger oder Beklagter sind, ist durch **einfache** oder **notwendige Beiladung** nach § 60 FGO im finanzgerichtlichen Verfahren möglich. Daneben besteht für die Finanzbehörde unter den Voraussetzungen von § 174 Abs. 5 AO die Möglichkeit eine Beiladung zu beantragen. Im Einspruchsverfahren ist die Beteiligung durch die einfache bzw. notwendige Hinzuziehung nach § 360 AO sowie nach § 174 Abs. 5 AO möglich (vgl. Formular D. 1.05).

Eine Streitverkündung (§§ 72–74 ZPO) sieht die FGO nicht vor. Für eine entsprechende Anwendung der §§ 72 bis 74 ZPO im finanzgerichtlichen Verfahren ist angesichts der besonders weit gefassten Möglichkeiten der Beiladung kein Raum (vgl. BFH V B 179/06 v. 13.6.07, BFH/NV 07, 2296 unter Hinweis auf BFH VII R 61–62/85 v. 6.2.86, BFH/NV 86, 476; X B 87/89 v. 7.3.90, BFH/NV 90, 787; vgl. auch BFH XI S 12/96 v. 23.5.97, BFH/NV 97, 792). Wird die Streitverkündung durch einen fachkundig vertretenen Antragsteller erklärt, kommt eine Umdeutung in einen Antrag auf Beiladung nicht in Betracht (BFH V B 179/06 v. 13.6.07, aaO; III R 16/04 v. 25.6.04, BFH/NV 04, 1539; II B 38/03 v. 12.2.04, BFH/NV 04, 803).

2. Notwendige Beiladung (§ 60 Abs. 3 FGO)

Notwendige Beiladung *muss* von Amts wegen erfolgen, wenn die Voraussetzun- **2** gen von § 60 Abs. 3 FGO vorliegen. Notwendig beizuladen ist, wenn an dem streiti- gen Rechtsverhältnis Dritte derart beteiligt sind, „dass die **Entscheidung** auch ihnen gegenüber **nur einheitlich** ergehen kann". Dies betrifft ua. die nach § 48 FGO Kla- gebefugten (s. dazu D. 2.01 Rz. 12), die den Feststellungsbescheid nicht selbst ange- fochten haben (BFH VIII R 91/84 v. 12.11.85, BStBl. II 86, 525). Beizuladen sind alle angeblichen Mitunternehmer, wenn Streit um das Bestehen einer Mitunterneh- merschaft besteht (BFH VIII R 91/84 v. 12.11.85, BStBl. II 86, 525; eingeschränkt BFH IV R 283/84 v. 21.5.87, BStBl. II 87, 601). Ausgeschiedene Gesellschafter sind immer notwendig beizuladen (so auch der Musterfall, BFH IV R 52/04 v. 15.3.07, BFH/NV 07, 1332; IV R 34/84 v. 17.10.85, BFH/NV 87, 375), vgl. auch § 48 Abs. 1 Nr. 3 FGO iVm. § 60 Abs. 3 FGO. Nach Beendigung einer atypischen stillen Gesellschaft ist der stille Gesellschafter zu dem Klageverfahren des Prinzipals gegen ei- nen Gewinnfeststellungsbescheid notwendig beizuladen (BFH IV R 20/14 v. 13.10.16, BFH/NV 17, 475). Eine notwendige Beiladung hat zu **unterbleiben,** wenn die nach § 48 FGO klagebefugten Personen unter keinem denkbaren rechtli- chen Gesichtspunkt vom Ausgang des Rechtsstreits betroffen werden (BFH VIII B 2/19 v. 24.10.19, BFH/NV 20, 222).

Notwendig beizuladen sind weiter in Verfahren wegen der einheitlichen und ge- **3** sonderten **Feststellung des gemeinen Werts von GmbH-Anteilen** alle Anteils- eigner (vgl. *Gräber/Stapperfend* § 60 FGO Rz. 68), **in den Fällen des § 353 AO** der Rechtsvorgänger bzw. Rechtsnachfolger, wenn nur einer von den beiden Klage er- hebt (zB bei der **Einheitsbewertung** des Grundvermögens). Zu den weiteren Fällen der notwendigen Beiladung vgl. *Gräber/Levedag* § 60 FGO Rz. 50 ff. (ABC der Beila- dung). Kein Fall der (notwendigen) Beiladung liegt bei zusammenveranlagten Ehegat- ten (Gesamtschuldner) vor, vgl. D. 1.05 Rz. 2. Nach BFH II B 131/08 v. 26.4.10, BFH/NV 10, 1854 soll bei Gesamtschuldnern grds. kein Fall der notwendigen Beila- dung vorliegen (im Streitfall ging es um Schenker und Beschenkten, die beide Steuer- schuldner (§ 20 ErbStG) und damit Gesamtschuldner nach § 44 Abs. 1 AO sind).

Auch wenn die **notwendige Beiladung keinen Antrag** voraussetzt, ist es in der **4** Regel zweckmäßig, das Gericht auf das Vorliegen der Voraussetzungen hinzuweisen, da es uU – wie beispielsweise im Musterfall – über das Ausscheiden eines Gesellschaf- ters gar nicht informiert sein kann bzw. ist.

Kommt eine notwendige **Beiladung von mehr als 50 Personen** in Betracht, be- **5** steht die Möglichkeit, dass das Gericht unter bestimmten Voraussetzungen die Beila- dung durch Beschluss auf die Personen beschränken kann, die ihre Beiladung inner- halb einer vom Gericht bestimmten Frist beantragt haben (§ 60a FGO; vgl. dazu die Kommentierungen bei *Gräber/Levedag* und *Tipke/Kruse*).

3. Einfache Beiladung (§ 60 Abs. 1 FGO)

Einfache Beiladung (§ 60 Abs. 1, 2 FGO) ist **von Amts wegen** oder **auf An-** **6** **trag** möglich; sie dient insbes. der Vermeidung weiterer gerichtlicher Verfahren sowie widersprüchlicher Entscheidungen. Beizuladen sind danach die Personen, „deren **rechtliche Interessen** nach den Steuergesetzen durch die Entscheidung **berührt** werden, insbes. solche, die nach den Steuergesetzen neben dem Steuerpflichtigen haf- ten" (§ 60 Abs. 1 Satz 1 FGO). Wirtschaftliche Interessen sind nicht ausreichend (BFH IV B 174/03 v. 28.6.05, BFH/NV 05, 2009).

Die einfache Beiladung steht **im Ermessen des Gerichts.** Bei der Entscheidung ist insbes. auch auf das nach § 30 AO zu wahrende Steuergeheimnis zu achten. Nach der Rspr. ist das Interesse des Steuerpflichtigen an der Wahrung des Steuergeheimnisses im Regelfall höher zu bewerten als das Interesse des Beizuladenden an der Verbesserung seiner Rechtsposition durch die Beiladung, wenn der Beizuladende ein den Belangen des Klägers entgegengesetztes Interesse am Ausgang des Rechtsstreits hat und der Steuerpflichtige der Beiladung widerspricht (BFH I B 27/07 v. 23.4.07, BFH/NV 07, 1675).

7   Einfache Beiladung ist beispielsweise geboten, wenn gegen mehrere Gesamtschuldner ein einheitlicher Bescheid ergangen ist, der Bescheid jedoch nicht von allen Gesamtschuldnern angegriffen wird; zum Erfordernis der Beiladung bei zusammenveranlagten Ehegatten vgl. *Gräber/Levedag* § 60 FGO Rz. 137 mwN. Vgl. im Übrigen zu den Einzelfällen der Beiladung *Gräber/Levedag* § 60 FGO Rz. 50 ff. (ABC der Beiladung).

Liegt **kein Fall der notwendigen Beiladung** vor, weil es an der Klagebefugnis nach § 48 Abs. 1 Nr. 1 FGO fehlt, kommt auch eine einfache Beiladung nach § 60 Abs. 3 FGO nicht in Betracht (BFH VIII B 25/90 v. 28.8.90, BStBl. II 90, 1072).

4. Beiladung nach § 174 Abs. 5 AO

8   Einen **weiteren Fall der Beiladung enthält § 174 Abs. 5 AO.** Wenn ein Steuerbescheid gegenüber einem Dritten nach § 174 Abs. 4, 5 AO geändert werden soll, muss dieser am Verfahren über den fehlerhaften Steuerbescheid beteiligt werden. Zu den Voraussetzungen der Beiladung nach § 174 Abs. 5 AO vgl. BFH II B 48/10 v. 24.11.10, BFH/NV 11, 408. Die Beiladung nach § 174 Abs. 5 AO erfolgt **nur auf Antrag,** zumindest aber auf Veranlassung der Behörde (BFH II B 108/86 v. 14.1.87, BStBl. II 87, 267).

9   In den Fällen des § 174 Abs. 5 AO gilt § 60 Abs. 4 bis 6 FGO (Vorschriften über das Verfahren). Die tatbestandsmäßigen Voraussetzungen von § 60 Abs. 1 bzw. Abs. 3 FGO sind nicht zu prüfen, weil § 174 Abs. 5 AO einen **selbstständigen Beiladungsgrund** enthält (BFH III B 18/05 v. 31.1.06, BFH/NV 06, 1046). Für die Beiladung nach § 174 Abs. 5 Satz 2 AO genügt bereits die *Möglichkeit*, dass ein Steuerbescheid wegen irriger Beurteilung eines Sachverhalts zugunsten des Steuerpflichtigen aufzuheben oder zu ändern ist und hieraus Folgerungen bei dem Dritten zu ziehen sind; dabei hat das Gericht grds. nicht zu prüfen, ob die formellen und materiellen Voraussetzungen für eine Änderung des gegenüber dem Dritten ergangenen Steuerbescheids vorliegen (BFH X B 42/16 v. 22.9.16, BFH/NV 17, 146; III B 127/02 v. 7.4.03, BFH/NV 03, 887).

5. Verfahren

10   Sowohl im **Urteils- als auch im Beschlussverfahren** sind Beiladungen möglich (vgl. *Gräber/Levedag* § 60 FGO Rz. 4). Im Antragsverfahren über die Aussetzung der Vollziehung nach § 69 Abs. 3 FGO sind sie aber nicht erforderlich.

11   **Zeitpunkt der Beiladung:** Beiladung kann erst nach Klageerhebung erfolgen (vgl. *Gräber/Levedag* § 60 FGO Rz. 11). Der BFH kann eine vom FG unterlassene notwendige Beiladung (§ 60 Abs. 3 Satz 1 FGO) im Revisionsverfahren, nicht aber im NZB-Verfahren nachholen (§ 123 Abs. 1 Satz 2 FGO; vgl. BFH IV R 70/04 v. 19.4.07, BStBl. II 07, 868). Beiladungen nach § 60 Abs. 1 FGO sind im Revisionsverfahren jedoch ausgeschlossen (§ 123 Abs. 1 Satz 1 FGO).

12   Das **rechtliche Gehör des Steuerpflichtigen** (Wahrung des Steuergeheimnisses), der den Rechtsbehelf eingelegt hat, wird dadurch gewahrt, dass er vor der Beiladung zu hören ist (§ 60 Abs. 1 Satz 2 FGO); ist er mit der Beiladung nicht einverstanden, kann er – als ultima ratio – die Klage zurücknehmen. Das **rechtliche Gehör des Beigeladenen** wird dadurch gewahrt, dass ihm **nach** erfolgter Beiladung Gelegenheit gegeben wird, sich zu dem Verfahren in rechtlicher und tatsächlicher Hinsicht zu äußern (vgl. dazu und zu den Folgen einer Verletzung des rechtlichen Gehörs des Beige-

ladenen: BFH IV R 48/98 v. 25.2.99, BStBl. II 99, 531). Die **Behörde muss nicht angehört werden,** weil es insbes. darum geht, dass das Steuergeheimnis gegenüber dem Steuerpflichtigen gewahrt wird.

Form der Beiladung: Die Beiladung erfolgt durch Beschluss, formlose Beiladung **13** ist nicht möglich; § 60 Abs. 4 FGO regelt, dass der Beiladungsbeschluss allen Beteiligten zuzustellen ist und der Stand der Sache und der Grund der Beiladung angegeben werden soll. Gegen die Beiladung und gegen ihre Ablehnung ist die **Beschwerde** nach § 128 FGO statthaft (BFH V B 179/06 v. 13.6.07, BFH/NV 07, 2296; II B 108/86 v. 14.1.87, BStBl. II 87, 267); dies gilt auch für die Beiladung nach § 174 Abs. 5 AO (BFH III B 18/05 v. 31.1.06, BFH/NV 06, 1046). Beschwerde können der Beigeladene, der Kläger und auch die Finanzbehörde einlegen.

6. Wirkung von (unterlassenen) Beiladungen

Wirkung der Beiladung: Wer zum Verfahren beigeladen ist, wird Beteiligter **14** (§ 57 Nr. 3 FGO) und hat grds. alle Rechte, die der Kläger auch hat; der Beigeladene kann nach § 60 Abs. 6 Satz 1 FGO „innerhalb der Anträge eines als Kläger oder Beklagter Beteiligten selbstständig Angriffs- und Verteidigungsmittel geltend machen und alle Verfahrenshandlungen wirksam vornehmen", abweichende Sachanträge kann er nur im Falle einer notwendigen Beiladung stellen (§ 60 Abs. 6 Satz 2 FGO). Lediglich in einem Punkt unterscheidet sich die Stellung des Beigeladenen von der des Klägers: Die Dispositionsbefugnis über das Begehren verbleibt bei Kläger und Beklagtem, der Kläger kann also jederzeit ohne Einwilligung des Beigeladenen die Klage zurücknehmen, der Beklagte kann jederzeit dem Begehren des Klägers durch Erlass eines dem Klageantrag entsprechenden Bescheids stattgeben und damit die Hauptsache erledigen. Der Beigeladene kann **selbständig Rechtsmittel** einlegen. Es kommt also nicht darauf an, ob der Kläger oder der Beklagte auch ein Rechtsmittel einlegen. Weiter kommt dem (rechtskräftigen) Urteil **Bindungswirkung** auch gegenüber dem Beigeladenen zu (§ 110 Abs. 1 Satz 1 FGO).

Der nach § 174 Abs. 5 AO Beigeladene hat nach der Rspr. des BFH die Befugnisse **15** eines notwendig Beigeladenen (BFH II B 48/10 v. 24.11.10, BFH/NV 11, 408; IX R 98/82 v. 25.8.87, BStBl. II 88, 344; vgl. auch *Gräber/Levedag* § 60 FGO Rz. 6).

Folgen unterlassener Beiladung: Ist eine **einfache Beiladung** zu Unrecht abgelehnt worden oder unterblieben, kommt der Entscheidung des FG gegenüber dem **16** an sich Beizuladenden keine Bindungswirkung zu.

Unterbleibt eine **notwendige Beiladung,** so liegt ein schwerer Verfahrensmangel („Grundordnung des Verfahrens") vor (s. zu den Folgen in Revision und NZB Rz. 19 sowie D. 3.01 Rz. 3 f.). Wird dieser Mangel nicht behoben und unterbleibt die notwendige Beiladung endgültig, entfaltet das Urteil, auch wenn es formell rechtskräftig wird, gegenüber dem zu Unrecht nicht Beigeladenen, der nicht Beteiligter des Verfahrens war, **keine Bindungswirkung** (vgl. § 110 FGO) und stünde einer Klage des Nicht-Beigeladenen gegen denselben Streitgegenstand nicht entgegen; der frühere Kläger ist hier notwendig beizuladen. Unwirksam ist das Urteil dessentwegen aber nicht (im Ergebnis wohl auch BFH IV B 95/86 v. 15.1.87, BFH/NV 87, 659). Einer Umsetzung eines stattgebenden Urteils auch gegenüber dem Nicht-Beigeladenen kann dieser bei gleichgerichteten Interessen zwar mangels Beschwer nichts entgegenhalten. Eine Umsetzungspflicht besteht indessen (wohl) nicht. Bei gegenläufigen Interessen des Nicht-Beigeladenen ist eine Umsetzung des Urteils ihm gegenüber jedenfalls unzulässig (all das ist **str.,** vgl. zum Streitstand *Tipke/Kruse* § 60 FGO Rz. 109).

Unterbleibt eine **nach § 174 Abs. 5 AO gebotene Beiladung** stellt dies „lediglich" einen einfachen Verfahrensfehler dar, der durch das insoweit beschwerte FA geltend gemacht werden muss (vgl. BFH III B 20/10 v. 30.1.12, BFH/NV 12, 1415).

Die **unterlassene notwendige Hinzuziehung im Vorverfahren** wird durch die **17** Beiladung im finanzgerichtlichen Verfahren **geheilt** (BFH II R 228/82 v. 17.7.85,

BStBl. II 85, 675); allerdings muss die Einspruchsentscheidung vor Erlass einer Sachentscheidung den notwendig Hinzuzuziehenden gegenüber wirksam geworden sein, es sei
denn, dass sich der Regelungsgehalt des angefochtenen Bescheids durch die Einspruchsentscheidung nicht geändert hat und keine Fehler iSd. § 126 AO vorgelegen haben
(BFH II R 73/85 v. 19.7.89, BStBl. II 89, 851; **aA** BFH VIII R 20/93 v. 14.6.94,
BFH/NV 95, 318, der die Nachholung der Bekanntgabe der Einspruchsentscheidung
fordert); vgl. dazu auch *Gräber/Levedag* § 60 FGO Rz. 147 und D. 1.05 Rz. 8.

18   **Kosten:** Dem Beigeladenen können Kosten nur auferlegt werden, soweit er Anträge gestellt oder Rechtsmittel eingelegt hat (§ 135 Abs. 3 FGO). Vgl. *Gräber/Ratschow*
§ 135 FGO Rz. 7 f. Die außergerichtlichen Kosten des Beigeladenen sind nur erstattungsfähig, wenn das Gericht sie aus Billigkeit der unterliegenden Partei oder der
Staatskasse auferlegt (§ 139 Abs. 4 FGO). Hat der Beigeladene kein eigenes Kostenrisiko iSd. § 135 Abs. 3 FGO getragen und das Verfahren auch nicht durch eigene Ausführungen gefördert, entspricht es nicht der Billigkeit, dass die unterliegende Partei
oder die Staatskasse seine außergerichtlichen Kosten trägt (BFH II B 138/87 v.
10.8.88, BStBl. II 88, 842). Vgl. iE dazu *Gräber/Stapperfend* § 139 FGO Rz. 135 ff.

7. Beiladung im Revisionsverfahren

19   **Beiladung im Revisionsverfahren** ist nach § 123 Abs. 1 Satz 2 FGO nur im Fall
der notwendigen Beiladung (§ 60 Abs. 3 Satz 1 FGO) zulässig (vgl. Rz. 11). Durch die
Beiladung kann eine vom FG übersehene Beiladung im Revisionsverfahren nachgeholt
werden, nicht aber im Verfahren der NZB (BFH III B 74/02 v. 8.10.02, BFH/NV 03,
195). Ob der BFH von der Möglichkeit der Beiladung Gebrauch macht, liegt in seinem
Ermessen (BFH I R 12/02 v. 18.12.02, BFH/NV 03, 636; vgl. *Gräber/Ratschow* § 123
FGO Rz. 5 mit weiteren Nachweisen). So wird eine Beiladung regelmäßig dann in Betracht kommen, wenn nicht damit zu rechnen ist, dass auf Grund der Beiladung weitere
tatsächliche Feststellungen zu treffen sind, wozu nur das FG befugt ist.

Nach § 123 Abs. 2 Satz 1 FGO kann ein im Revisionsverfahren Beigeladener Verfahrensmängel nur innerhalb von zwei Monaten seit Zustellung des Beiladungsbeschlusses rügen. Werden begründete Verfahrensmängel gerügt, verweist der BFH den
Rechtsstreit zurück, wenn der im Revisionsverfahren Beigeladene ein berechtigtes Interesse daran hat (§ 126 Abs. 3 Satz 2 FGO; vgl. dazu *Gräber/Ratschow* § 123 FGO
Rz. 6 und § 126 FGO Rz. 17).

D. 2.07 Berichtigungsfälle

I. FORMULAR

Formular D. 2.07 Berichtigungsfälle

FG München
Ismaninger Str. 95
81675 München
Az. des FG

In der Finanzstreitsache

Max Anders   **– Kläger –**

gegen

Finanzamt München I   **– Beklagter –**

wegen Einkommensteuer 20......
Steuer-Nr.: ......

**wird beantragt, den Tatbestand des Urteils vom ......, Az. ......, in der Weise zu be-
richtigen, dass auf Seite ...... der vom Kläger gestellte Antrag wie folgt formuliert
wird:**

> „Es wird beantragt, den Einkommensteuerbescheid für 20.. vom ...... in der Gestalt
> der Einspruchsentscheidung vom ...... und den geänderten Einkommensteuerbe-
> scheid vom ...... (Steuer-Nr. ...) dahin abzuändern, dass die Einkommensteuer
> um € ......,– auf € ......,– herabgesetzt wird."

**Gleichzeitig wird der Antrag gestellt, das Protokoll über die mündliche Verhandlung
vom ...... zu berichtigen und den Antrag wie oben formuliert aufzunehmen.**

Begründung: [......*wird ausgeführt...*]

**Gleichzeitig mit diesen Anträgen auf Berichtigung des Protokolls und Berichtigung
des Tatbestands des Urteils vom ...... wird Antrag auf Ergänzung des Urteils vom
...... mit gesondertem Schriftsatz gestellt.**

....

Unterschrift

II. ERLÄUTERUNGEN

Erläuterungen zu D. 2.07 Berichtigungsfälle

1. Vorbemerkungen

Die FGO kennt folgende **Berichtigungsfälle:**   1
– Berichtigung eines Urteils wegen offenbarer Unrichtigkeiten (§ 107 FGO),
– Berichtigung des Tatbestands des Urteils (§ 108 FGO),
– Berichtigung des Protokolls über die mündliche Verhandlung (§ 94 FGO iVm.
§ 164 ZPO) und
– Ergänzung eines Urteils (§ 109 FGO), s. dazu Formular D. 2.10.
Es ist zu beachten, dass durch Berichtigungsanträge nach § 107 FGO, § 108 FGO   2
bzw. § 94 FGO iVm. § 164 ZPO eine **Rechtsmittelfrist** (zB Revisionsfrist bzw. die
Frist für die Einlegung der NZB) **weder gehemmt noch unterbrochen** wird.

2. Berichtigung offenbarer Unrichtigkeiten

Berichtigung wegen **offenbarer Unrichtigkeiten** ist nach § 107 FGO *jederzeit*   3
möglich, ein Antrag ist nicht erforderlich. **Voraussetzung** für die Berichtigung ist ein
Schreibfehler, ein Rechenfehler oder eine ähnliche offenbare Unrichtigkeit und setzt
ebenso wie § 129 AO voraus, dass es sich um ein **Versehen** handelt. Eine Berichtigung nach § 107 FGO hat zu erfolgen, wenn der Zusammenhang des Urteils ergibt,
dass das Gericht über das gesamte Klagebegehren entschieden hat, in der Urteilsformel
jedoch die teilweise Abweisung der Klage nicht ausgesprochen hat (BFH IV R 44/88
v. 23.8.89, BFH/NV 90, 306). Zum Begriff der Unrichtigkeit vgl. *Gräber/Ratschow*
§ 107 FGO Rz. 5 ff.; *Tipke/Kruse* § 107 FGO Rz. 3; *H/H/Sp* § 107 FGO Rz. 2.
Ist gegen das Urteil, das berichtigt werden soll, Revision eingelegt worden, ist der
BFH zuständig für die Entscheidung über den Antrag auf Urteilsberichtigung (BFH
IV R 35/09 v. 21.5.2010, BFH/NV 10, 1649).
Wird die Berichtigung abgelehnt, kann grds. **Beschwerde** gem. § 128 Abs. 1 FGO   4
erhoben werden; dies gilt auch, wenn nach Auffassung der Beteiligten der Berichtigungsbeschluss unzutreffend sein sollte. Eine Beschwerde ist jedoch ausgeschlossen,
wenn gegen die Entscheidung (Beschluss), die berichtigt werden soll, keine Beschwerde statthaft ist (§ 128 Abs. 1 letzter Hs. FGO). Ist deshalb gegen eine Entscheidung des FG die Beschwerde nicht gegeben, so kann auch ein nachfolgender Beschluss, der diese Entscheidung betrifft, nicht mit der Beschwerde angefochten werden

(zB BFH XI B 37/94 v. 16.9.94, BFH/NV 95, 144; VI B 59/03 v. 27.10.04, BFH/NV 05, 374; V B 163/06 v. 15.1.07, BFH/NV 07, 756).

Das Berichtigungsverfahren ist **kostenfrei,** nicht jedoch das sich ggf. daran anschließende Beschwerdeverfahren.

3. Tatbestandsberichtigung

5   **Tatbestandsberichtigung** nach § 108 FGO ist **antrags- und fristgebunden (§ 108 Abs. 1 FGO);** die Berichtigung kann nur **binnen zwei Wochen** nach Zustellung des Urteils beantragt werden. Die Frist ist nicht verlängerungsfähig (§ 54 Abs. 2 FGO iVm. § 224 Abs. 2 ZPO), Wiedereinsetzung nach § 56 FGO ist möglich.

6   Berichtigt werden kann nur der **Tatbestand** (§ 105 Abs. 2 Nr. 4 FGO); dieser Antrag kann insbes. zur Vorbereitung eines Antrags auf Urteilsergänzung nach § 109 FGO dienen (vgl. dazu Formular D. 2.10; vgl. dazu auch BFH VIII B 21/05 v. 27.3.06, BFH/NV 06, 1256).

7   Die **Bedeutung** der Möglichkeit der Tatbestandsberichtigung liegt insbes. darin, dass der Urteilstatbestand maßgeblich für das Revisionsverfahren ist, da der **Tatbestand** des Urteils gem. § 155 FGO, § 418 ZPO **Beweis für das mündliche Vorbringen** der Beteiligten liefert und der BFH gem. § 118 Abs. 2 FGO „an die in dem angefochtenen Urteil getroffenen tatsächlichen Feststellungen gebunden" ist, wenn nicht durchgreifende Verfahrensrügen erhoben werden (§ 118 Abs. 2 FGO). Sofern Verfahrensmängel jedoch nicht vorliegen, kann sich der Betroffene nur durch eine Tatbestandsberichtigung eine entsprechende Position für das Revisionsverfahren verschaffen (vgl. *Tipke/Kruse* § 108 FGO Rz. 1).

8   Über den Antrag auf Berichtigung entscheidet das Gericht durch Beschluss ohne Mitwirkung der ehrenamtlichen Richter, es sei denn, es wird auf Grund mündlicher Verhandlung über den Berichtigungsantrag entschieden (*Gräber/Ratschow* § 108 FGO Rz. 16 mwN). An der Entscheidung wirken nur die Richter mit, die an der zu berichtigenden Entscheidung beteiligt waren; dh. dass im Fall der Verhinderung von zwei Richtern nur ein Richter über den Berichtigungsantrag entscheidet (*Gräber/Ratschow* § 108 FGO Rz. 16 mit Rechtsprechungsnachweisen und weiteren Beispielen).

Der Beschluss ist nach § 108 Abs. 2 Satz 2 FGO grds. **unanfechtbar.** Ausnahmsweise hält der BFH die Beschwerde für statthaft, wenn der Antrag als unzulässig verworfen wurde oder der Beschluss unter schwerwiegender Verletzung von Verfahrensvorschriften zustande gekommen ist (BFH V B 149/09 v. 15.12.10, BFH/NV 11, 621).

9   Nach der Rspr. des BFH soll § 108 FGO nur auf Urteile Anwendung finden, die auf Grund mündlicher Verhandlung ergangen sind (BFH V B 116/99 v. 17.12.99, BFH/NV 00, 852; III B 105/02 v. 29.8.03, BFH/NV 04, 178; VIII B 21/05 v. 27.3.06, BFH/NV 06, 1256). Dies ist jedoch § 108 FGO nicht zu entnehmen; in § 113 Abs. 1 FGO ist die sinngemäße Anwendung der §§ 107–109 FGO auf Beschlüsse ausdrücklich angeordnet (vgl. dazu *Gräber/Ratschow* § 108 FGO Rz. 10; *Tipke/Kruse,* § 108 FGO Rz. 2).

3. Protokollberichtigung

10   **Antrag auf Protokollberichtigung** gem. § 94 FGO iVm. § 164 ZPO ist *jederzeit* und *ohne Antrag* möglich, auch nach Schluss der mündlichen Verhandlung und auch noch nach Einlegung von Rechtsmitteln (BFH IV B 185/03 v. 2.8.05, BFH/NV 05, 2224). Korrigiert werden kann jede Unrichtigkeit, nicht etwa nur eine offenbare Unrichtigkeit. Unrichtigkeit liegt nur bei fehlerhaftem **notwendigen Inhalt** des Protokolls (s. dazu § 160 Abs. 1–3 ZPO) vor; ansonsten kommt nur eine *Protokollergänzung* in Betracht (§ 160 Abs. 4 ZPO), die allerdings nur bis zum Schluss der mündlichen Verhandlung zulässig ist (FG München 4 K 240/17 v. 27.2.20, EFG 20, 1433). Die Beteiligten sind **vor** der Berichtigung anzuhören (§ 164 Abs. 2 ZPO). Zuständig für

eine Berichtigung des Protokolls ist ausschließlich das erstinstanzliche FG (BFH IX B 44/03 v. 6.8.03, BFH/NV 03, 1604).

Anträge auf Berichtigung sind wie der Antrag auf Tatbestandsberichtigung deswegen von Bedeutung, da der BFH als Revisionsgericht gem. § 118 Abs. 2 FGO an den vom FG festgestellten Tatbestand gebunden ist; das *Sitzungsprotokoll* liefert ebenso wie der Tatbestand *Beweis* für das mündliche Vorbringen der Beteiligten gem. § 155 Satz 1 FGO, § 418 Abs. 1 ZPO.

Ein nach Schluss der mündlichen Verhandlung gestellter, mithin unzulässiger Antrag auf **Protokollergänzung** (§ 94 FGO i.V.m. § 160 Abs. 4 ZPO) kann als Anregung zur Protokollberichtigung ausgelegt werden (BFH VIII S 10/92 v. 22.9.92, BFH/NV 93, 543).

Im Unterschied zur Berichtigung nach § 108 FGO entscheiden nach § 164 Abs. 3 **11** ZPO der Vorsitzende und der Urkundsbeamte allein. Die Entscheidung ist **unanfechtbar,** dh. eine Beschwerde ist unzulässig (BFH VII B 183/05 v. 12.9.05, BFH/NV 06, 102; vgl. auch *Gräber/Herbert* § 94 FGO Rz. 20 mit weiteren Rechtsprechungsnachweisen). Zu den Fällen, in denen ausnahmsweise eine Beschwerde zulässig sein soll, vgl. BFH VIII B 90/09 v. 15.7.10, BFH/NV 10, 2090 und *Gräber/Herbert* § 94 FGO Rz. 21.

D. 2.08 *(nicht belegt)*

D. 2.09 Einstweilige Anordnung

I. FORMULAR

Formular D. 2.09 Einstweilige Anordnung

FG München
Ismaninger Str. 95
81675 München
Az.: Neu

In der Finanzstreitsache

Max Moritz GmbH
vertreten durch ihren allein vertretungsberechtigten Geschäftsführer, Herrn Max Moritz, Müllerstr. 17, 80469 München,

– Antragstellerin –

Prozessbevollmächtigte: ...

gegen

Finanzamt München I,   – Antragsgegner –
80276 München
vertreten durch seinen Leiter

wegen einstweiliger Anordnung (Erteilung einer Steuernummer für Umsatzsteuerzwecke)

Namens und unter Vollmachtsvorlage beantragen wir für die Antragstellerin,

1. den Antragsgegner im Wege der einstweiligen Anordnung gemäß § 114 FGO zu verpflichten, ihr einstweilen bis zum Abschluss des Hauptsacheverfahrens eine Steuernummer, die auch als Umsatzsteuernummer gilt, zu erteilen.

2. Die Kosten des Verfahrens trägt der Antragsgegner.

Begründung

Die Antragstellerin wurde durch Notarurkunde vom 22.8.16 gegründet und sodann in das Handelsregister eingetragen (s. Anlage 1). Gegenstand des Unternehmens ist der Handel mit und der Vertrieb von Kunststoff-Rohren. Die Gründung wurde beim Antragsgegner angemeldet (Anlage 2). Es sind eine Eröffnungsbilanz, ein abgeschlossener Mietvertrag sowie Unterlagen über die Anbahnung von Geschäftsbeziehungen vorgelegt worden (Anlagen 3 bis 10). Der Antragsgegner hat die Erteilung einer Steuernummer für umsatzsteuerliche Zwecke abgelehnt (Anlage 11).

Der Erlass einer Regelungsanordnung nach § 114 Abs. 1 Satz 2 FGO ist geboten, um eine solche Steuernummer einstweilen bis zum Abschluss des Hauptsacheverfahrens zu erwirken.

Der Anordnungsanspruch ergibt sich aus § 14 Abs. 4 Satz 1 Nr. 2 UStG (vgl. auch Art. 214 Abs. 1 Buchst. a der Richtlinie 2006/112/EG des Rates vom 28.11.06 über das gemeinsame Mehrwertsteuersystem – MwStSystRL –). Die Antragstellerin ist Unternehmer iSd. § 2 UStG. Sie hat die – anhand der vorgelegten Unterlagen dokumentierte – Absicht, alsbald ihre unternehmerische Tätigkeit aufzunehmen; ein Missbrauchsfall liegt ersichtlich nicht vor. Die Antragstellerin ist in der Vergangenheit ihren Erklärungs- und Zahlungspflichten ordnungsgemäß nachgekommen und war steuerlich zuverlässig. Daher steht ihr ein Anspruch auf Erteilung einer Steuernummer für umsatzsteuerliche Zwecke zu (vgl. zum Anordnungsanspruch im Einzelnen BFH V B 28/19, BFH/NV 19, 1141; II B 6/08, BFH/NV 08, 1004).

Der Anordnungsgrund liegt hier darin, dass die Steuernummer Voraussetzung für ein selbständiges gewerbliches oder berufliches Tätigwerden ist, da hier Umsätze ausgeführt werden sollen, für die die Ausstellung einer Rechnung vorgeschrieben ist. Ohne die Steuernummer kann die Antragstellerin ihre unternehmerische Tätigkeit nicht ausüben, was einem Berufsverbot gleichkommt und einen schwerwiegenden Eingriff in die Berufsfreiheit darstellt (Art. 12, 19 Abs. 3 GG). Die der Antragstellerin dadurch entstehenden Nachteile könnten nicht mehr rückgängig gemacht werden, wenn sie mit ihrem Begehren erst im Hauptsacheverfahren Erfolg hätte. Diese Nachteile sind wesentlich. Eine Vorwegnahme der Hauptsache kann darin nicht gesehen werden (vgl. nochmals BFH V B 28/19, BFH/NV 19, 1141; II B 6/08, BFH/NV 08, 1004).

....

Unterschrift

II. ERLÄUTERUNGEN

Erläuterungen zu D. 2.09 Einstweilige Anordnung

---

1. Anwendungsfälle für einstweilige Anordnungen

1   Nach § 114 Abs. 1 Satz 1 FGO kann das Gericht auf Antrag eine **einstweilige Anordnung (eA)** in Bezug auf den Streitgegenstand treffen, wenn die Gefahr besteht, dass durch eine Veränderung des bestehenden Zustands die Verwirklichung eines Rechts des Antragstellers vereitelt oder wesentlich erschwert werden könnte (sog. **Sicherungsanordnung**). Einstweilige Anordnungen sind nach § 114 Abs. 1 Satz 2 FGO auch zur Regelung eines vorläufigen Zustands in Bezug auf ein streitiges Rechtsverhältnis zulässig, wenn diese Regelung, vor allem bei dauernden Rechtsverhältnissen, um wesentliche Nachteile abzuwenden oder drohende Gewalt zu verhindern oder aus anderen Gründen nötig erscheint (sog. **Regelungsanordnung**).

     EA sind in der Praxis schon deshalb selten, weil sie nach § 114 Abs. 5 FGO gegenüber dem AdV-Verfahren (§ 69 FGO, s. Formular D. 2.04) **subsidiär** sind. Der Abgrenzung ist in der Praxis hinreichend Beachtung zu schenken, um nicht von einer Umdeutung abhängig zu sein. Dabei bietet der einschlägige **Rechtsbehelf in der Hauptsache** eine Orientierung: Einstweilige Anordnungen kommen regelmäßig nicht bei Anfechtungsbegehren (hier AdV) in Betracht, sondern lediglich **bei Ver-**

pflichtungsklagen, Leistungs- und Feststellungsbegehren. Eine bedeutsame Ausnahme von diesem Grundsatz macht die Rspr. für Fälle eines negativen Feststellungsbescheides nach § 180 Abs. 1 Satz 1 Nr. 2 AO, der zwar in der Hauptsache eine Verpflichtungsklage nach sich zieht, aber im einstweiligen Rechtschutz gleichwohl dem AdV-Verfahren zugeordnet wird (vgl. BFH GrS 2/85 v. 14.4.87, BStBl. II 87, 637). Zum Verhältnis von eA und AdV vgl. BFH VII B 10/86 v. 6.5.86, BFH/NV 87, 96; VII B 119/91 v. 4.2.92, BFH/NV 92, 789.

Anwendungsfälle der einstweiligen Anordnung sind danach etwa: die Freigabe **2** gepfändeter Corona-Soforthilfe (wohl) nach § 258 AO (zB FG Münster 8 V 1791/20 AO, EFG 20, 1195 mwN; s. auch BFH VII S 23/20 (AdV) v. 9.7.20, DStR 20, 1734), die Ablehnung einer gesonderten Feststellung nach § 60a AO sowie die Feststellung der Satzungsmäßigkeit nach § 60a Abs. 2 AO, um Zuwendungsbestätigungen ausstellen zu können (BFH V B 25/20 (AdV) v. 2.12.20, BB 21, 424), Erteilung einer Steuernummer für Umsatzsteuerzwecke (s. Beispielsfall, BFH V B 28/19 v. 17.7.19, BFH/NV 19, 1141; II B 6/08 v. 26.2.08, BFH/NV 08, 1004, krit. dazu *Stadie* in: *Stadie*, Umsatzsteuergesetz, 3. Aufl. 15, § 14 UStG, Rz. 83); Gewährung von Vollstreckungsaufschub nach § 258 AO (BFH VII B 310/98 v. 23.11.99, BFH/NV 00, 588 m wN); Herabsetzung von bestandskräftig festgesetzten Steuervorauszahlungen (BFH I B 187/90 v. 27.3.91, BStBl. II 91, 643); bevorstehende, rufgefährdende, durch den Besteuerungszweck nicht mehr gedeckte Mitteilungen der Finanzbehörde an Dritte (BFH V B 3/86 v. 16.10.86, BStBl. II 87, 30); gegen das Verlangen, Akten an einen parlamentarischen Untersuchungsausschuss abzugeben (BFH VIII B 126/92 v. 1.12.92, BFH/NV 93, 579); gegen die beabsichtigte Versendung von Kontrollmitteilungen (BFH VIII B 28/99 v. 25.7.00, BFH/NV 00, 1384); gegen die beabsichtige Erteilung von Auskünften über steuerlich relevante Verhältnisse an ausländische Finanzbehörden (BFH I B 72/87 v. 20.1.88, BStBl. II 88, 412); gegen die beabsichtigte Weiterleitung von Kontrollmaterial bzw. eines Auskunftsersuchens an eine ausländische Steuerbehörde (FG Köln 2 V 174/18 v. 13.4.18, EFG 18, 1164 sowie 2 V 1375/15 v. 7.9.15, EFG 15, 1769; BFH I B 12/92 v. 29.4.92, BStBl. II 92, 645; I B 30/07 v. 17.9.07, BFH/NV 08, 51; I B 87/05 v. 15.2.06, BStBl. II 06, 616); Unterlassung der Teilnahme der deutschen Finanzverwaltung an einer gleichzeitigen oder gemeinsamen steuerlichen Außenprüfung nach Maßgabe des EUAHiG (FG Köln 2 V 814/17 v. 23.2.18, EFG 18, 852). Vgl. zu weiteren Sachverhalten, in denen eine eA statthaft ist, *Tipke/Kruse* § 114 FGO Rz. 15 ff., 25 ff.

2. Verfahren und Zulässigkeit des Antrags

Zuständig ist das Gericht des ersten Rechtszugs, das auch für die Hauptsache zu- **3** ständig ist (§ 114 Abs. 2 Sätze 1 und 2 FGO); in **dringenden Fällen** kann dort der **Vorsitzende** entscheiden (§ 114 Abs. 2 Satz 3 FGO).

Der Antrag auf Erlass einer einstweiligen Anordnung ist schriftlich oder zu **4** Protokoll der Geschäftsstelle des FG zu stellen (§ 114 Abs. 3 FGO, § 920 Abs. 3 ZPO), s. auch elektronische Form § 52a FGO (nF – s. dazu D. 2.01 Rz. 17). Sie kann auch schon vor Klageerhebung beantragt werden (§ 114 Abs. 1 Satz 1 FGO).

Inhalt des Antrags: Aus dem Antrag müssen sich Antragsteller, Antragsgegner **5** (idR die Behörde, die in der Hauptsache beklagt würde, § 63 FGO analog, s. dazu D. 2.01 Rz. 15) sowie der Anordnungsanspruch (s. unten Rz. 6) und Anordnungsgrund (s. unten Rz. 7) ergeben. Die beiden letzteren – und das ist praktisch für den Verfahrenserfolg von herausragender Bedeutung! – sind **schlüssig darzulegen und glaubhaft** zu machen (§ 114 Abs. 3 FGO, § 920 Abs. 2 ZPO) und zwar durch präsente Beweismittel, insbes. durch eidesstattliche Versicherungen (§ 294 ZPO); vgl. dazu auch D. 2.04 Rz. 19. Zur eA ohne Glaubhaftmachung (gegen Sicherheitsleistung und bei besonderer Dringlichkeit) s. § 114 Abs. 3 FGO, § 921 Satz 1 ZPO sowie BFH I B 26/71 v. 22.9.71, BStBl. II 72, 83).

Zwar bedarf es keines bestimmten Antrags, weil das Gericht über Art und Umfang des vorläufigen Rechtsschutzes entscheidet. Das **Rechtsschutzziel** ist gleichwohl klar herauszustellen. Erforderlich ist ferner ein allgemeines Rechtsschutzbedürfnis (s. dazu iE *Gräber/Stapperfend* § 114 FGO Rz. 15 ff.). Einer Differenzierung zwischen Sicherungsanordnung (Sicherung des bestehenden Zustandes) und Regelungsanordnung (Veränderung des bestehenden Zustands) bedarf es in der Praxis – aufgrund der gleichartigen Voraussetzungen – regelmäßig nicht.

6   **Anordnungsanspruch** ist das „Recht des Antragstellers" (Sicherungsanordnung), um dessen Schutz es dem Antragsteller geht. Es ist das Recht, das im Hauptsacheverfahren Gegenstand des Klagebegehrens ist oder wäre (Streitgegenstand). Entsprechendes gilt für die Regelungsanordnung („streitiges Rechtsverhältnis"); wie im Beispielsfall der Anspruch auf Erteilung einer Steuernummer für Umsatzsteuerzwecke. S. zum Anordnungsanspruch iE bei *Gräber/Stapperfend* § 114 FGO Rz. 35 ff., 50 ff.

7   Ein **Anordnungsgrund** (besondere Eilbedürftigkeit) liegt vor, wenn eine einstweilige Maßnahme erforderlich ist, dh. wenn die behauptete Rechtsposition unmittelbar gefährdet ist. An der Darlegung des Anordnungsgrunds scheitern in der Praxis eine Vielzahl von Anträgen. Die Anforderungen sind sehr hoch und es bedarf folglich **besonderer Sorgfalt** bei der Darlegung und insbes. bei der Glaubhaftmachung (s. zB FG Münster 4 V 1584/20 AO v. 16.6.20, EFG 20, 1254). Vorsichtshalber sollte kurz nach der Einlegung *Kontakt mit dem zuständigen Berichterstatter* aufgenommen werden, um zu eruieren, ob insoweit Nachbesserungen erforderlich sind. S. zum Anordnungsgrund iE bei *Gräber/Stapperfend* § 114 FGO Rz. 42 ff., 56 ff.

8   **Summarisches Verfahren:** Über den Antrag auf eA wird – wie im AdV-Verfahren – nach (nur) summarischer Prüfung entschieden. Dabei ist der Untersuchungsgrundsatz (§ 76 Abs. 1 FGO) eingeschränkt. Das Gericht hat lediglich die Tatsachen zu berücksichtigen, von denen es Kenntnis hat, einschließlich der beigezogenen behördlichen Akten. Der Antragsschrift kommt daher **besondere Bedeutung** zu (s. insbes. Rz. 7). IdR wird (spätestens) zügig nach der Antragserwiderung entschieden, sodass es sich anbieten kann, im Einzelfall telefonisch Kontakt mit dem FG aufzunehmen, um nicht an Darlegungshürden zu scheitern.

3. Entscheidung

9   **Entscheidung:** Das Gericht entscheidet über den Antrag nach § 114 Abs. 1 FGO durch **Beschluss** und zwar auch dann, wenn eine mündliche Verhandlung stattgefunden hat (§ 114 Abs. 4 FGO). Hiergegen ist, nur wenn sie zugelassen ist, die Beschwerde statthaft (§ 128 Abs. 3 FGO, s. dazu D. 3.04 Rz. 3), nicht aber eine Nichtzulassungsbeschwerde (vgl. *Gräber/Stapperfend* § 114 FGO Rz. 101).

10   **Inhalt der Entscheidung:** Nicht das „ob", aber der Inhalt der Entscheidung steht weithin im Ermessen des Gerichts (§ 114 Abs. 3 FGO, § 938 Abs. 1 ZPO). Die Entscheidung darf das Ergebnis der **Hauptsache** grds. **nicht vorwegnehmen** (vgl. BFH v. 26.2.08 II B 6/08, BFH/NV 08, 1004); so kann zB durch eA nicht geregelt werden, dass ein Bewerber zur Steuerberaterprüfung „vorläufig" zugelassen wird (BFH VII B 78/83 v. 21.2.84, BStBl. II 84, 449). Etwas anderes gilt dann, wenn nur durch eine vorwegnehmende Anordnung **unerträgliche Folgen** für den Antragsteller beseitigt werden können (dazu näher *Gräber/Stapperfend* § 114 FGO Rz. 89). Hängt die Entscheidung von einer Ermessensentscheidung der Finanzbehörde ab und hat diese ihr Ermessen noch nicht ausgeübt, darf das Gericht eine eigene Ermessensentscheidung treffen (**„Interimsermessen"**). Die eA kann von einer **Sicherheitsleistung** abhängig gemacht werden (§ 114 Abs. 3 FGO, § 938, 921 ZPO) und/oder befristet werden. Sie dauert längstens bis zum rechtskräftigen Abschluss des Hauptsacheverfahrens (*Gosch AO/FGO* § 114 FGO Rz. 98 unter Verweis auf BFH IV B 41/77 v. 10.8.78, BStBl. II 78, 584).

11   **Vollziehung der Entscheidung:** Für eine erforderliche Vollziehung der eA gelten die §§ 151 ff. FGO. Sie ist ohne Vollstreckungsklausel (§§ 153, 151 Abs. 2 Nr. 2

FGO), aber **nur binnen eines Monats** nach ihrer Zustellung (§ 114 Abs. 3 FGO, § 929 Abs. 2 ZPO) vollstreckbar. Wegen Geldforderungen kann ohne weiteres (§ 152 Abs. 5 FGO), in anderen Fällen nur nach Fristsetzung und Zwangsgeldandrohung (§ 154 FGO) vollstreckt werden.

Wird die eA **vor Anhängigkeit der Hauptsache** beantragt, kann dem Antragsteller auf Antrag des Antragsgegners aufgegeben werden, innerhalb einer vom Gericht zu bestimmenden Frist Klage zu erheben bzw. den zulässigen außergerichtlichen Rechtsbehelf einzulegen (§ 114 Abs. 3 FGO, § 926 Abs. 1 ZPO).   12

Eine spätere **Aufhebung oder Änderung** der eA ist auf Antrag möglich, wenn sich die entscheidungserheblichen Umstände nachträglich geändert haben (BFH IV R 68/86 v. 28.1.88, BStBl. II 88, 449; *Gräber/Stapperfend* § 114 FGO Rz. 105 mwN) oder wenn der Antragsteller der Auflage der Klageerhebung bzw. der Sicherheitsleistung nicht nachkommt (*Gräber/Stapperfend* § 114 FGO Rz. 106).   13

Zu **Kosten, Streitwert** und **Fälligkeit der Verfahrensgebühr** gelten die Ausführungen zur AdV im Wesentlichen entsprechend (D 2.04 Rz. 32 ff.). Der **Streitwert** bemisst sich gem. §§ 53 Abs. 2 Nr. 1 § 52 Abs. 1 GKG grds. nach der Bedeutung der Sache; Ausnahme: Auffangstreitwert § 52 Abs. 2 GKG. Der Mindeststreitwert § 52 Abs. 4 GKG gilt nicht (BFH IX E 17/07 v. 14.12.07, BStBl. II 08, 199). Nach der (unverbindlichen) Empfehlung der FG-Präsidenten im Streitwertkatalog für die Finanzgerichtsbarkeit unter A) 9. (Stand Dezember 2016, abrufbar über die Internetseiten der FG, etwa www.fg-muenster.nrw.de) ist – wie bei der AdV – ein Abschlag auf den Streitwert der Hauptsache vorzunehmen, insbes. bei beschränkter Geltungsdauer (Ausnahme: Vorwegnahme der Hauptsache); s. dort auch weitere Nachweise.   14

Zum **Entschädigungsanspruch** bei unangemessener Dauer eines Gerichtsverfahrens nach dem *Gesetz über den Rechtsschutz bei überlangen Gerichtsverfahren und strafrechtlichen Ermittlungsverfahren* v. 24.11.11 (BGBl. I 11, 2302) und der hierfür erforderliche **Verzögerungsrüge**, vgl. Formular D. 2.25. S. zur **Entschädigungsklage** vor dem BFH das Formular D. 3.06.   15

D. 2.10 Ergänzung des Urteils

I. FORMULAR

Formular D. 2.10 Ergänzung des Urteils

FG München

Ismaninger Str. 95

81675 München

Az. des FG

In der Finanzstreitsache

Max Anders   **– Kläger –**

gegen

Finanzamt München I   **– Beklagter –**

wegen Einkommensteuer 20..

Steuer-Nr.: ...

wird namens und im Auftrag des Klägers beantragt, das Urteil vom ..., Az. ...... mit der Entscheidung über den mit Schriftsatz vom ...... gestellten Klageantrag zu ergänzen.

Anträge auf Berichtigung des Tatbestands des Urteils gem. § 108 FGO und auf Protokollberichtigung gem. § 94 FGO iVm. § 164 ZPO wurden mit Schriftsatz vom selben Tag gestellt.

Begründung: Der Kläger hat schriftsätzlich beantragt, dass neben dem geänderten Einkommensteuerbescheid für 20.. auch der ursprüngliche Steuerbescheid vom ...... in der Gestalt der Einspruchsentscheidung vom ...... aufgehoben wird. Darüber hat der erkennende Senat dem Tenor seiner Entscheidung nach nicht entschieden. Diese Entscheidung ist in einem Ergänzungsurteil nachzuholen. Zur Begründung des Antrags auf Entscheidung über den Antrag auf Aufhebung vgl. unseren Schriftsatz vom heutigen Tage betreffend Tatbestands- und Urteilsberichtigung, den wir zum Gegenstand unseres Vortrags machen (s. Anlage).

....

Unterschrift

II. ERLÄUTERUNGEN

Erläuterungen zu D. 2.10 Ergänzung des Urteils

1   Der **Erlass eines Ergänzungsurteils** ist nach § 109 FGO möglich, wenn ein „nach dem Tatbestand von einem Beteiligten gestellter Antrag oder die Kostenfolge" bei der Entscheidung ganz oder zum Teil übergangen worden ist. Vielfach wird einem Antrag auf Urteilsergänzung ein Antrag auf Tatbestandsberichtigung vorausgehen müssen (vgl. dazu D. 2.07 Rz. 5 ff.). Bei dem ganz oder teilweise übergangenen Antrag muss es sich um einen tatsächlich gestellten **Sachantrag** handeln, der versehentlich – und nicht etwa rechtsirrig – unberücksichtigt geblieben ist (vgl. *Gräber/Ratschow* § 109 FGO Rz. 4). Das Übergehen eines Sachantrags kann grds. nur mit dem Antrag nach § 109 FGO auf Ergänzung des Urteils geltend gemacht werden und nicht etwa mit einer Verfahrensrüge nach § 119 Nr. 6 FGO (BFH III B 193/04 v. 30.6.06, BFH/NV 06, 2101; VIII B 21/05 v. 27.3.06, BFH/NV 06, 1256). Es entspricht den Anforderungen einer sorgfältigen Prozessführung, vorsorglich neben dem Verfahren nach § 109 FGO NZB bzw. Revision einzulegen, „weil in aller Regel ohne weitere Sachverhaltsklärung (Versehen oder Rechtsirrtum) nicht erkennbar ist, in welchem der Verfahren der Verfahrensfehler des FG behoben werden kann" (BFH IX B 47/05 v. 9.2.06, BFH/NV 06, 1120).

    Eine **Berichtigung** durch Ergänzungsurteil hat zB zu erfolgen, wenn der BFH beim Erlass eines Revisionsurteils einen während des Revisionsverfahrens ergangenen Änderungsbescheid übersehen hat (BFH II R 37/09 v. 12.1.11, BFH/NV 11, 629). Unterläuft ein solcher Fehler dem FG, soll darin ein wesentlicher Verfahrensmangel iSd. § 115 Abs. 2 Nr. 3 FGO liegen, sofern neue Streitpunkte/eine höhere Steuer im Änderungsbescheid enthalten sind/ist (vgl. BFH III B 157/12 v. 2.12.13, BFH/NV 14, 545).

    Ist im Urteil (ausweislich der Gründe) inhaltlich eine Entscheidung ergangen und fehlt es lediglich an dem entsprechenden Ausspruch, ist das Urteil nicht nach § 109 FGO zu ergänzen, sondern nach § 107 FGO zu berichtigen, wenn dieser Fehler offenbar ist (vgl. *Gräber/Ratschow* § 109 FGO Rz. 2; vgl. Formular D. 2.07).

2   Die Ergänzung ist **antrags- und fristgebunden;** der Antrag ist innerhalb von **zwei Wochen** nach Zustellung des Urteils zu stellen, bei Fristversäumnis kommt Wiedereinsetzung gem. § 56 FGO in Betracht (vgl. Formular D. 2.27).

3   Ist im Urteil eine **Kostenentscheidung** unterblieben, so kann diese ebenfalls durch Antrag auf Urteilsergänzung nachgeholt werden; dies gilt jedoch nicht für die Entscheidung über den Antrag auf Notwendigerklärung der Zuziehung eines Bevollmächtigten im Vorverfahren gem. § 139 Abs. 3 Satz 3 FGO, da diese zum Kostenfestsetzungsverfahren gehört und in einem selbstständigen Beschluss gefasst wird (BFH GrS 5/66 v. 18.7.67, BStBl. II 68, 56; vgl. D. 2.16 Rz. 13). Wird über einen Antrag nach § 139 Abs. 4 FGO (betr. Erstattung außergerichtlicher Kosten des Beigeladenen)

oder über einen Antrag auf vorläufige Vollstreckbarkeit des Urteils hinsichtlich der Kostenentscheidung (im Falle des vollen oder teilweisen Obsiegens) nicht entschieden, liegt ein Ergänzungsfall iSv. § 109 FGO vor (vgl. BFH IX B 199/05 v. 27.12.06, BFH/NV 07, 1140; III B 2/67 v. 23.2.68, BStBl. II 68, 441 zu § 139 Abs. 4 FGO und BFH IV S 3/81 v. 15.4.81, BStBl. II 81, 402 zu § 711 ZPO), vgl. *Gräber/ Ratschow* § 109 FGO Rz. 5 mwN.

Das Ergänzungsurteil ist, ebenso wie das erste Urteil, angreifbar; durch einen Antrag **4** auf Ergänzung wird die Frist für Revision bzw. Nichtzulassungsbeschwerde **nicht** gehemmt oder unterbrochen.

D. 2.11 Erledigung der Hauptsache

I. FORMULAR

Formular D. 2.11 Erledigung der Hauptsache

FG München

Ismaninger Str. 95

81675 München

Az. des FG

In der Finanzstreitsache

Max Moritz GmbH – Klägerin –

gegen

Finanzamt München für

Körperschaften – Beklagter –

wegen Körperschaftsteuer 20..

Steuer-Nr.: ...

hat der Beklagte durch Änderungsbescheid vom ...... dem mit der Klage gestellten Antrag in vollem Umfang entsprochen. Namens und im Auftrag der Klägerin wird der Rechtsstreit in der Hauptsache für erledigt erklärt.

Es wird beantragt, dem Beklagten gem. § 138 Abs. 2 Satz 1 FGO die Kosten aufzuerlegen.

....

Unterschrift

II. ERLÄUTERUNGEN

Erläuterungen zu D. 2.11 Erledigung der Hauptsache

1. Erledigung der Hauptsache

Kommt die Finanzbehörde durch einen **Änderungsbescheid dem Klageantrag 1 in vollem Umfang** nach, so ist es zweckmäßig, das Klageverfahren zu beenden; denn die Klage wird regelmäßig durch den Wegfall der Beschwer/des Rechtsschutzbedürfnisses unzulässig werden. Dies kann durch Klagerücknahme geschehen (dann aber gesetzliche Kostentragungspflicht nach § 136 Abs. 2 FGO) oder aber durch **Erklärung der Erledigung der Hauptsache** (dann bei Anschluss des Beklagten Kostenentscheidung nach § 138 FGO, s. dazu Rz. 4, 7). Zu den Kosten vgl. Rz. 4.

Im Falle übereinstimmender Erledigungserklärungen des Klägers und des Beklagten **2** ist lediglich noch nach § 138 FGO durch Beschluss über die Kosten des Verfahrens zu entscheiden. Die **Rechtshängigkeit** der Streitsache entfällt bereits **durch die Prozesserklärungen** selbst; ob der Rechtsstreit materiell erledigt ist, ist hierfür ohne Bedeutung.

Vielfach werden die Erledigungserklärungen in der Praxis bereits aufgrund einer **Abhilfezusage/Verpflichtungserklärung des Beklagten** vor deren bescheidmäßiger Umsetzung abgegeben. Kommen nachfolgend Zweifel an der Richtigkeit der Umsetzung der Abhilfezusage auf, sind diese Fragen *zwingend* durch die **Fortsetzung des für erledigt erklärten Verfahrens** zu klären; Entsprechendes gilt, wenn Zweifel an der Abgabe oder der Wirksamkeit der Erledigungserklärungen bestehen oder diese angefochten oder widerrufen werden (BFH X B 42/11 v. 14.12.11, BFH/NV 12, 439). Kommt der Beklagte nach übereinstimmender Erledigungserklärung aufgrund einer Abhilfezusage dieser im nachfolgenden Umsetzungsbescheid nach, ändert die Festsetzung aber noch **wegen anderer Punkte,** kann diese Änderung unbeschadet der Anfechtungsbeschränkung in § 42 FGO, § 351 AO klageweise (in gesondertem Verfahren) angefochten werden (FG Düsseldorf 1 K 542/17 U v. 14.9.18, EFG 19, 325, bestätigt durch BFH V R 37/18 v. 23.7.20, BStBl. II 21, 50 [dort auch zur Hemmung des Festsetzungsfristablaufs nach § 171 Abs. 3a AO]).

3   Die **Erledigungserklärung** muss gegenüber dem Gericht abgegeben werden, in der Regel schriftlich oder zur Niederschrift. Als Prozesshandlung muss sie klar und eindeutig abgegeben werden; bloßes Schweigen darf nach allgemeinen prozessualen Grundsätzen grds. nicht als Prozesshandlung fingiert werden. Allerdings muss im Einzelfall geprüft werden, wie das Schweigen eines Beteiligten zu werten ist (BFH GrS 4/78 v. 5.3.79, BStBl. II 79, 375). Ggf. kann die Erledigung der Hauptsache auch schlüssig erklärt werden (BFH IX B 94/04 v. 25.8.04, BFH/NV 05, 70: allerdings nicht schon bei Schweigen auf gerichtliche Anfrage).

Nach § 138 Abs. 3 FGO ist der Rechtsstreit auch in der Hauptsache erledigt, wenn der Beklagte der Erledigungserklärung des Klägers nicht innerhalb von zwei Wochen seit Zustellung des die Erledigungserklärung enthaltenden Schriftsatzes widerspricht und er vom Gericht auf diese Folge hingewiesen worden ist. Eine entsprechende Regelung für den Kläger ist gesetzlich nicht vorgesehen worden.

2. Kostenentscheidung nach § 138 FGO

4   **§ 138 Abs. 1 FGO** enthält die Grundregel für die vom Gericht zu treffende Kostenentscheidung. Er regelt *nicht,* wann ein Rechtsstreit in der Hauptsache als erledigt anzusehen ist. Er enthält vielmehr die Kostenfolge, wenn es sich nicht um eine Erledigung nach § 138 Abs. 2 FGO (vgl. Rz. 5) handelt. Die Kostenentscheidung ist zB nach § 138 Abs. 1 FGO zu treffen, soweit die Finanzbehörde dem Antrag des Stpfl. nicht abhilft und der Stpfl. das Verfahren insoweit aber nicht mehr weiterverfolgen will. Die Entscheidung über die Kosten ist „nach billigem Ermessen" zu treffen, dh. nach dem wahrscheinlichen Ausgang des Verfahrens unter Berücksichtigung des bisherigen Sach- und Streitstandes (vgl. *Gräber/Ratschow* § 138 FGO Rz. 40 ff.). Die Kosten des Verfahrens können dann dem Kläger oder dem Beklagten ganz auferlegt werden, die Kosten können aber auch gegeneinander aufgehoben oder verhältnismäßig geteilt werden (§ 135 Abs. 1 und § 136 Abs. 1 FGO). Es soll auf einvernehmlichen Vorschlag der Beteiligten auch zulässig sein, dass die Kosten nach Gerichtskosten (Beklagter) und außergerichtlichen Kosten (Kläger) geteilt werden („Hamburger Kostenformel"); was im Ergebnis einer gerichtskostenfreien Rücknahme entspricht.

5   Eine (zwingende) **Sonderregel** enthält § 138 Abs. 2 FGO. Dem liegt zugrunde, dass die Hauptsache erledigt ist, wenn dem Antrag des Stpfl. durch Rücknahme oder Änderung des angefochtenen Verwaltungsaktes stattgegeben oder im Falle der Untätigkeitsklage innerhalb der vom Gericht gem. § 46 Abs. 1 Satz 3 2. Halbs. FGO gesetzten Frist dem außergerichtlichen Rechtsbehelf stattgegeben oder der beantragte

Verwaltungsakt erlassen wird (vgl. zu der Erledigung der Untätigkeitsklage D. 2.22 Rz. 14). Erledigt sich die Hauptsache durch **Rücknahme oder Änderung** des angefochtenen (!) Verwaltungsaktes, so sind grds. der **Behörde die Kosten** aufzuerlegen (§ 138 Abs. 2 Satz 1 FGO; gilt nicht bei Verpflichtungsklagen); *Ausnahme:* § 138 Abs. 2 Satz 2 FGO, der auf § 137 FGO verweist, wonach einem Beteiligten die Kosten ganz oder teilweise auch im Falle des Obsiegens auferlegt werden können, **wenn die Entscheidung** (Abhilfe des Beklagten) **auf Tatsachen beruht,** die er **früher** hätte geltend machen oder beweisen können und sollen (Kausalität und Verschulden!). Das sind insbes. die Fälle, in denen der Einspruch nicht (oder nur unzureichend) begründet worden ist, oder die Fälle, in denen die Klage auf für die Finanzbehörde bisher unbekannte Tatsachen gestützt wird. Zu den weiteren Einschränkungen des Grundsatzes nach § 138 Abs. 2 Satz 1 FGO vgl. *Gräber/Ratschow* § 138 FGO Rz. 54 ff.

Im **Beschlussverfahren** nach § 138 Abs. 1, 2 FGO findet eine (weitergehende) **6** Sachverhaltsaufklärung oder Beweisaufnahme nicht statt. Es wird im Wege **summarischer Prüfung nach Aktenlage** entschieden. Dies kann insbes. für die Anwendung von § 138 Abs. 2 Satz 2 iVm. § 137 FGO von Bedeutung sein, dessen Voraussetzungen als Ausnahmevorschrift feststehen müssen.

Kein Rechtsmittel: In Streitigkeiten über Kosten ist die Beschwerde gemäß § 128 **7** Abs. 4 Satz 1 FGO nicht gegeben. Vgl. zu den außerordentlichen Rechtsbehelfen Formular D. 2.02.

Die Gerichtgebühren ermäßigen sich bei Hauptsacheerledigung von 4,0 auf **8** 2,0 Gebühren (Nr. 6111 Nr. 2 des Kostenverzeichnisses zum GKG).

3. Einseitige Erledigungserklärung

Bei nur **einseitiger Erledigungserklärung** des Klägers kommt es zu einer Klage- **9** änderung in eine Feststellungsklage und das Gericht hat – grds. nur bei Zulässigkeit der ursprünglichen Klage (vgl. BFH X B 162/12 v. 27.11.13, nv.) – die **tatsächliche Erledigung** zu prüfen. Ist nach der Auffassung des Gerichts die Hauptsache tatsächlich erledigt, so ist die Erledigung im Urteil festzustellen; dem Beklagten sind die Kosten des Verfahrens aufzuerlegen (BFH III B 74/01 v. 20.3.03, BFH/NV 03, 935).

Ist dagegen nach der Auffassung des Gerichts die Hauptsache nicht erledigt, so ist die Klage abzuweisen, der Kläger trägt nach § 135 Abs. 1 FGO die Kosten (BFH III B 74/01 v. 20.3.03, aaO unter Hinweis auf BFH IV R 70/72 v. 27.9.79, BStBl. II 79, 779); dies kann/sollte vermieden werden, indem der ursprüngliche Klageantrag (Entscheidung in der Hauptsache) **hilfsweise** aufrechterhalten wird (BFH IV R 70/72 v. 27.9.79, aaO; vgl. *Gräber/Ratschow* § 138 FGO Rz. 96 mwN).

Erklärt der **Beklagte** die Hauptsache für erledigt und hält der Kläger seinen ur- **10** sprünglichen Klageantrag aufrecht, wird das Gericht ebenfalls prüfen, ob die Hauptsache erledigt ist, dh. die Beschwer/das Rechtsschutzbedürfnis entfallen ist. Kommt es zu dem Ergebnis, dass die Hauptsache erledigt ist, wird es die Klage als unzulässig abweisen (BFH X S 22/10 v. 18.8.10, BFH/NV 10, 2108). Ist die Hauptsache nach Auffassung des Gerichts dagegen nicht erledigt, wird zur Sache entschieden. Vgl. zu diesen Fällen *Gräber/Ratschow* § 138 FGO Rz. 101 mwN.

D. 2.12 Feststellungsklage

I. FORMULAR

Formular D. 2.12 Feststellungsklage

FG München

Ismaninger Str. 95

81675 München

Az.: Neu

In der Finanzstreitsache

Max Anders,

Einsteinstraße 17, 81675 München   – Kläger –

Prozessbevollmächtigte: ...

gegen

Finanzamt München I,

Karlstraße 9–11, 80333 München   – Beklagter –

vertreten durch seine Leiterin

wegen Umsatzsteuer 20..

Steuer-Nr.: ...

erheben wir im Namen und im Auftrag des Klägers unter Vollmachtsvorlage gem. § 41 Abs. 1 FGO

FESTSTELLUNGSKLAGE.

In der mündlichen Verhandlung werden wir folgende Anträge stellen:

1. Es wird festgestellt, dass der als Umsatzsteuerbescheid 20.. erlassene Verwaltungsakt des Beklagten vom ...... nichtig ist.

2. Hilfsweise wird beantragt, gegen die Entscheidung des FG die Revision zum Bundesfinanzhof zuzulassen.

3. Die Kosten des Verfahrens trägt der Beklagte.

Auf mündliche Verhandlung wird nicht verzichtet.

Begründung

1. Durch Umsatzsteuerbescheid vom ..., gerichtet an „Herrn Max Anders, Einsteinstraße 17, 81675 München", setzte der Beklagte für ...... Umsatzsteuer in Höhe von € ...... fest. Der Beklagte verwies in den Steuerbescheiden auf den Bericht der Steuerfahndung. An die Steuerbescheide angeheftet war eine an die „BGB-Gesellschaft Max Anders ua." gerichtete Abrechnung über die für 20.. festgesetzte Umsatzsteuer.

2. Der Umsatzsteuerbescheid ist nichtig (§ 125 Abs. 1 AO), da er hinsichtlich seines Adressaten (§ 122 Abs. 1 AO) nicht hinreichend bestimmt ist (§ 119 Abs. 1 AO). Denn aus dem Steuerbescheid im Zusammenhang mit der ihm beigefügten Abrechnung ist nicht zweifelsfrei ersichtlich, ob der Beklagte die Umsatzsteuerfestsetzung dem Kläger als Steuerschuldner (§ 157 Abs. 1 Satz 2 AO) oder als Bekanntgabeempfänger für einen anderen Steuerschuldner bekannt geben wollte. Der Beklagte hält an dem Steuerbescheid weiterhin fest, obwohl er nichtig ist. Ein Interesse an der Feststellung der Nichtigkeit besteht, da der Beklagte aus dem Umsatzsteuerbescheid vollstrecken will.

....

Unterschrift

II. ERLÄUTERUNGEN

Erläuterungen zu D. 2.12 Feststellungsklage

1. Besonderheiten der Feststellungsklage

Die **Feststellungsklage** (§ 41 FGO) ist gerichtet auf die Feststellung des Bestehens 1
oder Nichtbestehens eines Rechtsverhältnisses oder der Nichtigkeit eines Verwaltungsaktes. Zu den allgemeinen **Sachentscheidungsvoraussetzungen** vgl. D. 2.01 Rz. 5 ff.

Die Feststellungsklage ist **nicht fristgebunden** (§ 47 FGO) und **ohne außerge-** 2
richtliches Vorverfahren (§ 44 FGO).

Nach § 41 Abs. 1 **Alt. 1** FGO kann durch die Feststellungsklage die **Feststellung** 3
des Bestehens oder Nichtbestehens eines Rechtsverhältnisses begehrt werden,
wenn der Kläger ein berechtigtes Interesse an der baldigen Feststellung hat. Rechtsverhältnis idS ist jede aus einem konkreten Sachverhalt resultierende, durch Rechtsnormen geordnete rechtliche Beziehung zwischen Personen oder zwischen Personen
und Sachen (BFH XI R 12/08 v. 30.3.11, BStBl. II 11, 819). Das erfordert idR ein
gegenwärtiges Rechtsverhältnis dergestalt, dass die aus ihm folgenden rechtlichen Beziehungen im Zeitpunkt der Entscheidung über die Feststellungsklage schon oder noch
bestehen (BFH II R 47/79 v. 8.4.81, BStBl. II 81, 581).

Besondere Anforderungen werden an **vorbeugenden Rechtsschutz** gestellt: Er- 4
forderlich (und substantiiert darzulegen) ist ein besonderes Interesse, das nur vorliegt,
wenn ein weiteres Abwarten unzumutbar ist, weil ein bestimmtes, künftig zu erwartendes Handeln einer Behörde zu einer nicht oder nur schwerlich wiedergutzuma-
chenden Rechtsverletzung führen würde, die über die reine Geldleistung hinausgehende einschneidende Beeinträchtigungen mit sich brächte (BFH VII R 30/15 v.
28.11.17, BFH/NV 18, 405). S. zur Rechtswidrigkeit einer künftigen Vollstreckung
FG München 10 K 1105/17 v. 30.1.20, EFG 20, 972.

Voraussetzung für eine Feststellungsklage ist ferner, dass der Kläger ein **berechtig-** 5
tes Interesse an der **baldigen** Feststellung hat. Berechtigtes Interesse in diesem Sinne
kann jedes konkrete, vernünftigerweise anzuerkennende schutzwürdige Interesse
rechtlicher, wirtschaftlicher oder ideeller Art sein. Bei dem Feststellungsinteresse iSd.
§ 41 Abs. 1 FGO muss es sich um ein **eigenes abgabenrechtliches Interesse** handeln; ein auf die privatrechtlichen Beziehungen des Steuerpflichtigen zu seinen Vertragspartnern und/oder deren abgabenrechtliche Verhältnisse gerichtetes Interesse soll
nicht ausreichend sein (vgl. BFH XI R 12/08 v. 30.3.11; BFH V R 86/85 v. 11.4.91,
BStBl. II 91, 729 sowie *Gräber/Levedag* § 41 FGO Rz. 28–31).

Die allgemeine Feststellungsklage ist **subsidiär** (§ 41 Abs. 2 Satz 1 FGO), dh. eine 6
Feststellung kann nicht begehrt werden, soweit der Kläger seine Rechte durch Gestal-
tungs- oder Leistungsklage verfolgen kann oder hätte verfolgen können. Zur Subsidiarität vgl. BFH V R 4/18 v. 13.12.18, BFHE 263, 535, s. aber auch BFH VIII R
21/16 v. 30.6.19, BFHE 266, 97.

Nach § 41 Abs. 1 **Alt. 2** FGO kann im Wege der **Nichtigkeitsfeststellungsklage** 7
auch die **Feststellung der Nichtigkeit eines Verwaltungsakts** begehrt werden,
wenn der Kläger ein berechtigtes Interesse an der baldigen Feststellung hat: Da der
nichtige Verwaltungsakt zumindest durch seinen Rechtsschein beschwert, ist auch
eine Anfechtungsklage zulässig, die auf Aufhebung des angefochtenen Verwaltungsakts
zielt. Die Zulässigkeit einer Feststellungsklage wegen Nichtigkeit eines Verwaltungsakts ist grds. unabhängig von der vorherigen Durchführung eines Vorverfahrens oder
einem Antragsverfahren nach § 125 Abs. 5 AO (BFH V R 36/06 v. 24.1.08,
BStBl. II 08, 686).

Bei einer Nichtigkeitsfeststellungsklage gilt zudem die Subsidiarität nicht (§ 41
Abs. 2 Satz 2 FGO). Allerdings ist eine kumulativ **neben der Anfechtungsklage** er-

hobene Nichtigkeitsfeststellungsklage **nicht zulässig** (FG Köln 4 K 278/18 v. 22.11.18, EFG 19, 474, rkr., **str.** s. dazu auch zB BFH V R 96/85 v. 17.7.86, BStBl. II 86, 834 sowie *Gräber/Levedag* § 41 FGO Rz. 24 ff. mwN). Die Erhebung der Anfechtungsklage ist idR vorzugswürdig, weil die Abgrenzung der Nichtigkeit von der „bloßen" Rechtswidrigkeit häufig schwierig und unsicher ist. Die Anfechtungsklage setzt allerdings die Durchführung eines Vorverfahrens voraus (§ 44 FGO). Sie ist zudem grds. fristgebunden (§ 47 FGO); allerdings soll ein nichtiger Bescheid keine Einspruchsfrist auslösen können (vgl. BFH V R 96/85 v. 17.7.86, BStBl. 86, 835; *Gosch*, § 355 AO Rz. 7). S. zur Anfechtungsklage iE Formular D. 2.01.

2. Fortsetzungsfeststellungsklage

8   **Fortsetzungsfeststellungsklage** (§ 100 Abs. 1 Satz 4 FGO) soll systematisch kein Sonderfall der Feststellungsklage, sondern der Anfechtungsklage sein. Sie kommt in Betracht, wenn sich **nach** Erhebung einer Anfechtungs- oder Verpflichtungsklage der angefochtene Verwaltungsakt **vor** der Entscheidung über die Klage erledigt hat, der Kläger die (zuvor zulässige) **Klage** auf Feststellung der Rechtswidrigkeit **abändert** und hierfür ein Fortsetzungsfeststellungsinteresse hat. Vgl. zur Fortsetzungsfeststellungsklage D. 2.01 Rz. 23, 24.

3. Rechtsmittel

9   Wegen möglicher Rechtsmittel vgl. D. 2.01 Rz. 52. Zum Entschädigungsanspruch bei unangemessener Dauer eines Gerichtsverfahrens und der hierfür erforderlichen Voraussetzung, dass eine **Verzögerungsrüge** erhoben wird, vgl. D. 2.25. S. zur **Entschädigungsklage** vor dem BFH Formular D. 3.06.

D. 2.13 Klageänderung

I. FORMULAR

Formular D. 2.13 Klageänderung

FG München

Ismaninger Str. 95

81675 München

Az. des FG

In der Finanzstreitsache

Max Moritz GmbH   **– Klägerin –**

gegen

Finanzamt München   **– Beklagter –**

für Körperschaften

wegen Körperschaftsteuer 20..

Steuer-Nr.: ...

haben wir mit Schriftsatz vom ...... Klage gegen den Körperschaftsteuerbescheid 20.. vom ...... in der Gestalt der Einspruchsentscheidung des Finanzamts München für Körperschaften vom ...... eingelegt. Unzutreffenderweise wurde in dem Schriftsatz zur Klageerhebung als Beklagter jedoch das Hauptzollamt A bezeichnet. Die den Beteiligten wechselnde Klageänderung ist zulässig, da die Änderung innerhalb der Klagefrist erfolgt.

....

Unterschrift

II. ERLÄUTERUNGEN

Erläuterungen zu D. 2.13 Klageänderung

Klageänderungen sind nach § 67 FGO zulässig, „wenn die übrigen Beteiligten 1
einwilligen oder das Gericht die Änderung für **sachdienlich** hält".

Klageänderung ist die Änderung des Streitgegenstandes während der Rechtshän- 2
gigkeit (*Gräber/Herbert* § 67 FGO Rz. 2 mwN). Eine Klageänderung liegt nicht vor,
wenn der Kläger seinen Antrag nur ergänzt, klarstellt oder sonstige Angaben richtigstellt, die Klagebegründung auswechselt etc. (vgl. *Gräber/Herbert* § 67 FGO Rz. 7
mwN).

Der IV. Senat des BFH (IV R 15/08 v. 9.2.11, BStBl. II 11, 764) hat die Rechtsprechung bestätigt, dass bei einer Klage gegen einen **Gewinnfeststellungsbescheid**
jedes nachträglich gestellte Rechtsschutzbegehren, das nicht mit der Klage angegriffene Feststellungen betrifft, zu einer Klageänderung iSd. § 67 FGO führt, die nur innerhalb der Klagefrist zulässig ist. Dem liegt die st. Rspr. des BFH zugrunde, dass in einem Gewinnfeststellungsbescheid eine Vielzahl verschiedener Feststellungen enthalten
sein kann und die einzelnen Feststellungen jeweils selbständige Verwaltungsakte darstellen (vgl. etwa BFH IV R 26/12 v. 28.5.15, BStBl. II 15, 797; s. dazu auch D. 2.01
Rz. 27).

Nach der Rspr. des BFH ist (auch) **eine den Beteiligten wechselnde Klageän-** 3
derung bei fristgebundenen Klagen nur innerhalb der Klagefrist zulässig (vgl. BFH III
R 26/02 v. 22.1.04, BFH/NV 04, 792). Ist die Klage gegen die falsche Behörde gerichtet (§ 63 FGO) oder vom falschen Kläger (§ 65 Abs. 1 Satz 1 FGO) erhoben worden, so ist sie als unzulässig abzuweisen, wenn nicht eine bloße Berichtigung möglich
ist (vgl. BFH III R 26/02 v. 22.1.04, BFH/NV 04, 792; FG Münster 1 K 2869/05 Kg
v. 13.12.06, EFG 07, 700). Um diesem Risiko, gegen die falsche Behörde zu klagen,
zu begegnen, sollten im Zweifel bei der Klageerhebung sämtliche Umstände mitgeteilt
werden, die die Rspr. zu einer großzügigen („rechtsschutzgewährenden") Auslegung
veranlassen können (s. dazu zB BFH X R 23/18 v. 8.10.19, BFH/NV 20, 361, aber
auch BFH IV R 27/16 v. 9.1.19, BStBl. II 20, 11). Ggf. kommt Wiedereinsetzung in
den vorigen Stand in Betracht (§ 56 FGO; vgl. Formular D. 2.27).

Zu den **Arten** der Klageänderung vgl. *Gräber/Herbert* § 67 FGO Rz. 12 ff.   4

Sachdienlichkeit wird bejaht, wenn die Klageänderung der Prozessökonomie 5
dient und dazu beiträgt, „den zwischen den Parteien eines bereits anhängigen Prozes-
ses herrschenden Streit in diesem Prozess in vollem Umfang zu erledigen und einen
neuen Prozess über einen anderen Teil desselben Streitkomplexes zu erübrigen" (BFH
VII R 60/78 v. 26.2.80, BStBl. II 80, 331).

Die Einwilligung des **Beklagten** in die Klageänderung ist nach § 67 Abs. 2 FGO 6
anzunehmen, wenn der Beklagte sich, ohne ihr zu widersprechen, in einem Schriftsatz
oder in einer mündlichen Verhandlung auf die geänderte Klage eingelassen hat; vgl.
dazu *Gräber/Herbert* § 67 FGO Rz. 22.

D. 2.14 Klagerücknahme

I. FORMULAR

Formular D. 2.14 Klagerücknahme

FG München
Ismaninger Str. 95
81675 München
Az. des FG

In der Finanzstreitsache

Max Moritz GmbH   **– Klägerin –**

gegen

Finanzamt München
für Körperschaften   **– Beklagter –**

wegen Körperschaftsteuer 20..

nehmen wir die mit Schriftsatz vom ...... eingelegte Klage gegen den Körperschaftsteuerbescheid 20.. vom ...... in der Gestalt der Einspruchsentscheidung vom ...... zurück.

...

Unterschrift

II. ERLÄUTERUNGEN

Erläuterungen zu D. 2.14 Klagerücknahme

1. Erklärung der Rücknahme

1   Klagerücknahme ist nach § 72 Abs. 1 FGO vom Eintritt der Rechtshängigkeit **bis zur Rechtskraft des Urteils** möglich (§ 110 FGO) bzw. bis zur Abgabe übereinstimmender Erledigungserklärungen. Klagerücknahme bedeutet, dass der Kläger das Klageverfahren nicht mehr weiterführen will.

2   Die Rücknahme kann demzufolge auch noch **nach Einlegung von Nichtzulassungsbeschwerde oder Revision** erklärt werden (BFH I R 182/76 v. 6.7.77, BStBl. II 77, 696; vgl. *Gräber/Herbert* § 72 Rz. 16; *Tipke/Kruse*, § 72 FGO Rz. 16 und Rz. 11). Die Klage kann jedoch **nicht mehr zurückgenommen** werden, wenn die Revision nach § 125 FGO zurückgenommen wurde, denn nach Rücknahme der Revision ist das Urteil des FG rechtskräftig.

3   Nach Schluss der mündlichen Verhandlung, bei Verzicht auf die mündliche Verhandlung und nach Ergehen eines Gerichtsbescheids ist die Rücknahme der Klage allerdings **nur mit Einwilligung des Beklagten** möglich (§ 72 Abs. 1 Satz 2 FGO). Die Einwilligung gilt als erteilt, wenn der Klagerücknahme nicht innerhalb von zwei Wochen seit Zustellung des die Rücknahme enthaltenden Schriftsatzes widersprochen wird; das Gericht hat den Beklagten allerdings auf diese Folge ausdrücklich hinzuweisen (§ 72 Abs. 1 Satz 3 FGO).

§ 72 Abs. 1 Satz 2 FGO berücksichtigt, dass der Beklagte an einer Entscheidung des Rechtsstreits durch das Gericht interessiert sein kann, weil es zB zu der streitigen Rechtsfrage noch keine (veröffentlichte) Entscheidung gibt, um so eine Grundlage für Verfahren anderer Steuerpflichtiger zu bekommen. Umgekehrt kann der Kläger sein Interesse an einer gerichtlichen Entscheidung nicht „durchsetzen", wenn die Behörde ihn klaglos (Wegfall der Beschwer/des Rechtsschutzbedürfnisses) stellt.

Sind noch andere am Verfahren beteiligt (zB Beigeladene), ist deren Einwilligung zur Klagerücknahme nicht erforderlich.

Die Rücknahme ist **nicht formgebunden;** sie kann schriftlich (oder nach Maßga- **4** be von § 52a FGO (nF) elektronisch – s. dazu D. 2.01 Rz. 17) erklärt werden oder mündlich zur Niederschrift des Urkundsbeamten der Geschäftsstelle, in der mündlichen Verhandlung vor dem FG oder in einer Verhandlung zu Protokoll abgegeben werden, sie muss jedoch **ausdrücklich** erfolgen. Vgl. BFH V R 40/05 v. 26.10.06, BStBl. II 07, 271. Die Rücknahmeerklärung muss **eindeutig** sein und darf nicht unter einer Bedingung abgegeben werden. Sie ist **dem Gericht** gegenüber zu erklären.

Eine **begrenzte** Klagerücknahme lässt § 72 Abs. 1a FGO zu, soweit Besteuerungs- **5** grundlagen für ein Verständigungs- oder ein Schiedsverfahren nach einem Vertrag im Sinne von § 2 AO von Bedeutung sein können.

Anfechtung und Widerruf der Rücknahmeerklärung sind – wie bei anderen **6** Prozesserklärungen – grds. **nicht möglich** (vgl. BFH V R 40/05 v. 26.10.06, BStBl. II 07, 271; *Gräber/Herbert* § 72 FGO Rz. 18 ff.). **Ausnahmen** bestehen dann, wenn ein Wiederaufnahmegrund (§ 155 FGO iVm. §§ 579, 580 ZPO; vgl. BFH VI B 134/90 v. 8.8.91, BFH/NV 92, 49) besteht oder wenn eine Klagerücknahme in unzulässiger Weise (zB durch Drohung, Druck, Täuschung oder auch unbewusste Irreführung) durch den Beklagten oder das Gericht erreicht worden ist (vgl. BFH V R 40/05 v. 26.10.06, BStBl. II 07, 271; XI R 15/04 v. 6.7.05, BStBl. II 05, 644) oder wenn der Prozessbevollmächtigte weisungswidrig gehandelt hat oder die Rücknahme auf einem erkennbaren Versehen beruht (BFH X S 47/08 v. 12.8.09, BFH/NV 09, 1997). Vgl. iE *Gräber/Herbert* § 72 FGO Rz. 20, 21). Wenn der Kläger die Klage aus eigenem Antrieb und aus selbst angestellten Erwägungen zurücknimmt und sich dies als prozessualer Fehler erweist, kommt eine Änderung der bestandkräftigen Bescheide auch dann nicht in Betracht, wenn diese (rechtsfehlerhaften) Überlegungen auf Rücksichtnahme auf andere Prozessbeteiligte sowie das FG beruhen (BFH X B 80/16 v. 8.2.17, BFH/NV 17, 760).

2. Wirkung der Rücknahme

Wirkungen der Klagerücknahme: Rücknahme der Klage führt zur **Beendi- 7 gung des Verfahrens,** ein **bereits ergangenes Urteil wird** – bei Rücknahme der Klage im Revisionsverfahren – **wirkungslos,** ohne dass es einer Aufhebung bedarf (BFH II R 70/85 v. 6.9.89, BFH/NV 90, 448). Allerdings ist nach der Rspr. des BFH die Rechtsfolge (Unwirksamkeit des FG-Urteils, Gegenstandslosigkeit der Revision) aus Gründen der Rechtsklarheit vom BFH ausdrücklich auszusprechen (vgl. BFH V R 37/07 v. 30.8.07, BFH/NV 07, 2323). Die Rücknahme einer fristgebundenen Klage (§ 47 FGO betreffend Anfechtungs- und Verpflichtungsklage) führt zum Verlust des Klagerechts (§ 72 Abs. 2 Satz 1 FGO).

Bei Klagerücknahme **stellt** das Gericht das **Verfahren** gem. § 72 Abs. 2 Satz 2 **8** FGO **von Amts wegen durch Beschluss ein.** Nach **§ 128 Abs. 2 FGO** ist die Beschwerde gegen Einstellungsbeschlüsse nach Klagerücknahme nicht mehr statthaft. Es kann allerdings geltend gemacht werden, dass die Klagerücknahme unwirksam sei (§ 72 Abs. 2 Satz 3 FGO).

Kostentragungspflicht: § 136 Abs. 2 FGO schreibt vor, dass der, der die Klage **9** zurücknimmt, die Kosten zu tragen hat; zur Kostentragungspflicht des vollmachtlosen Vertreters s. D. 2.01 Rz. 18.

Reduzierung der Gerichtsgebühren: Nr. 6110 des Kostenverzeichnisses zum GKG bestimmt für das Verfahren im Allgemeinen eine Verfahrensgebühr (Pauschalgebühr) von 4,0. Sie **ermäßigt** sich auf 2,0, wenn das gesamte Verfahren beendigt wird durch Zurücknahme der Klage a) vor dem Schluss der mündlichen Verhandlung oder b) wenn keine mündliche Verhandlung stattfindet, vor Ablauf des Tages, an dem das Urteil oder der Gerichtsbescheid der Geschäftsstelle übermittelt wird (Nr. 6111 des Kostenverzeichnisses zum GKG). Vgl. zu den Kosten auch Formular D. 2.16.

3. Unwirksamkeit der Rücknahme

10   Soweit die **Unwirksamkeit der Klagerücknahme** geltend gemacht wird, ist dies als Antrag auf Fortsetzung des Verfahrens an das Gericht zu verstehen, mit der Folge, dass das Klageverfahren fortzusetzen ist; das Gericht hat in dem (dann fortzusetzenden) Urteilsverfahren entweder in der Sache zu entscheiden oder aber auszusprechen, dass die Klage zurückgenommen ist (BFH II B 163/89 v. 28.3.90, BStBl. II 90, 503; *Gräber/Herbert* § 72 FGO Rz. 37–39).

11   **Frist:** Die Geltendmachung der Unwirksamkeit der Klagerücknahme kann nach § 72 Abs. 2 Satz 3 FGO iVm. § 56 Abs. 3 FGO, abgesehen vom Fall der höheren Gewalt, nur innerhalb eines Jahres seit Ende der Jahresfrist geltend gemacht werden. Sie beginnt mit der Bekanntgabe des Einstellungsbeschlusses (vgl. BFH XI R 1/07 v. 11.7.07, BStBl. II 07, 833). War für das Klageverfahren ein Prozessbevollmächtigter bestellt, beginnt die Frist ab dem Zeitpunkt der Bekanntgabe des Einstellungsbeschlusses an den Bevollmächtigten zu laufen (vgl. BFH XI R 1/07 v. 11.7.07, aaO).

D. 2.15 Klageverzicht

I. FORMULAR

Formular D. 2.15 Klageverzicht

Finanzamt München I

Karlstr. 9–11

80333 München

Sie haben am ...... einen Einkommensteuerbescheid für 20.., gerichtet an Max Anders (Einsteinstr. 17 in 81675 München, Steuer-Nr.: ...) erlassen. Die ablehnende Einspruchsentscheidung ist am ...... ergangen. Auf die Erhebung der Klage gegen den Bescheid vom ...... in der Gestalt der Einspruchsentscheidung vom ...... betreffend Einkommensteuer 20.. wird verzichtet.

..

Unterschrift

II. ERLÄUTERUNGEN

Erläuterungen zu D. 2.15 Klageverzicht

---

1   Klageverzicht ist in § 50 FGO geregelt. Er führt zum **Verlust des Klagerechts.**

2   Der Verzicht ist gegenüber der zuständigen Behörde schriftlich oder zur Niederschrift zu erklären (§ 50 Abs. 2 Satz 1 FGO).
     Voraussetzung für einen Klageverzicht nach § 50 Abs. 1 FGO ist, dass ein Verwaltungsakt erlassen ist. Der Anwendungsbereich des § 50 Abs. 1 FGO ist begrenzt auf Fälle der Sprungklage und auf die Zeit zwischen Bekanntgabe der Einspruchsentscheidung und Ablauf der Klagefrist (vgl. *Gräber/Levedag* § 50 FGO Rz. 1). Eine trotz des Verzichts erhobene Klage ist unzulässig (§ 50 Abs. 1 Satz 3 FGO).

3   Der Klageverzicht ist in der Praxis selten anzutreffen. S. auch Einspruchsverzicht D. 1.04.

4   § 50 Abs. 1a FGO sieht einen sehr speziellen **Teilverzicht** vor. Soweit bestimmte Besteuerungsgrundlagen für ein **Verständigungs- oder Schiedsverfahren** nach ei-

nem Vertrag im Sinne des § 2 AO von Bedeutung sein können, kann auf die Klage bereits **vor Erlass** des Verwaltungsaktes verzichtet werden. Nach der Begründung zum Gesetz soll durch diese Möglichkeit die Durchführung solcher Verfahren erleichtert werden, die in der Regel die Bestandskraft/Rechtskraft der maßgeblichen behördlichen/gerichtlichen Entscheidung erfordern.

Zum Verzicht auf den Einspruch nach § 354 AO vgl. Formular D. 1.04. Der Einspruchsverzicht nach § 354 AO führt zum Verlust des Klagerechts (*Gräber/Levedag* § 50 FGO Rz. 2).

Zu den Voraussetzungen des Klageverzichts vgl. im Einzelnen die Kommentierungen von *Tipke/Kruse*, § 50 FGO; *H/H/Sp* § 50 FGO und *Gräber/Levedag* § 50 FGO.

D. 2.16 Kosten

I. FORMULAR

Formular D. 2.16 Kosten

Finanzgericht München

Ismaninger Str. 95

81675 München

Az. des FG

In dem Finanzrechtsstreit

Max Anders   **– Kläger –**

gegen

Finanzamt München I   **– Beklagter –**

wegen Einkommensteuer 20..

Steuer-Nr.: ......

wird beantragt, die dem Kläger zu erstattenden Aufwendungen nach § 149 Abs. 1 FGO festzusetzen und auszusprechen, dass der festgesetzte Betrag ab der Antragstellung mit 5 % über dem Basiszinssatz jährlich verzinst wird.

Weiter wird beantragt, die Zuziehung eines Bevollmächtigten zum Vorverfahren für notwendig zu erklären (§ 139 Abs. 3 Satz 3 FGO).

Gegenstandswert: ......

Ia. Vorverfahren eines Steuerberaters unter Geltung der StBGebV (unbedingte Auftragserteilung vor dem 20.12.2012)

1.	1,3 Geschäftsgebühr (§ 40 Abs. 1 StBGebV; ggf. Änderungen nach § 40 Abs. 2 bis 6 StBGebV)	€ ......
2.	Entgelte für Post- und Telekommunikationsdienstleistungen (§ 16 Sätze 1 und 2 StBGebV)	€ ......
3.	Pauschale für Ablichtungen und für die Überlassung elektronischer Dokumente (§ 17 StBGebV iVm. Nr. 7000 VV RVG)	€ ......
4.	Fahrtkosten für Geschäftsreisen (§ 18 Abs. 1, 2, § 19 StBGebV)	€ ......
5.	Tage- und Abwesenheitsgeld (§ 18 Abs. 3, § 19 StBGebV)	€ ......
Zwischensumme		€ ......
Umsatzsteuer (§ 15 Satz 1 StBGebV)		€ ......
Summe		€ ......
davon ....../...... gem. Kostenentscheidung		€ ......

Ib. Vorverfahren eines Steuerberaters unter Geltung der StBVV a. F. (unbedingte Auftragserteilung ab dem 20.12.2012 und vor dem 1.7.2020)

1. 1,3 Geschäftsgebühr (§ 40 Abs. 1 StBVV a. F., ggf. Änderungen nach § 40 Abs. 2 bis 6 StBVV a. F.)   € ......
2. Entgelte für Post- und Telekommunikationsdienstleistungen (§ 16 Sätze 1 und 2 StBVV)   € ......
3. Pauschale für Ablichtungen und für die Überlassung elektronischer Dokumente (§ 17 StBVV iVm. Nr. 7000 VV RVG)   € ......
4. Fahrtkosten für Geschäftsreisen (§ 18 Abs. 1, 2, § 19 StBVV a. F.)   € ......
5. Tage- und Abwesenheitsgeld (§ 18 Abs. 3, § 19 StBVV a. F.)   € ......

Zwischensumme   € ......

Umsatzsteuer (§ 15 Satz 1 StBVV)   € ......

Summe   € ......

davon ....../...... gem. Kostenentscheidung   € ......

Ic. Vorverfahren (eines Rechtsanwalts und bei Auftragserteilung ab dem 1.7.2020 auch eines Steuerberaters)

1. 1,3 Geschäftsgebühr (§§ 2, 13, 14 RVG iVm. Nr. 2300 VV RVG; ggf. abzüglich der halben Geschäftsgebühr bei bereits im Verwaltungsverfahren vor dem Einspruchsverfahren entstandener Geschäftsgebühr nach Vorbemerkung 2.3 Abs. 4 VV RVG; ggf. bei mehreren Auftraggebern Erhöhung nach Nr. 1008 VV RVG)   € ......
2. Tatsächliche Entgelte oder Pauschale für Post- und Telekommunikationsdienstleistungen (Nr. 7001 oder 7002 VV RVG)   € ......
3. Pauschale für die Herstellung und Überlassung von Dokumenten (Nr. 7000 VV RVG)   € ......
4. Fahrtkosten Geschäftsreisen (Nr. 7003 bzw. 7004 VV RVG)   € ......
5. Tage- und Abwesenheitsgelder bei einer Geschäftsreise (Nr. 7005 VV RVG)   € ......
6. Sonstige angemessene Auslagen bei Geschäftsreisen (Nr. 7006 VV RVG)   € ......

Zwischensumme   € ......

Umsatzsteuer (Nr. 7008 VV RVG)   € ......

Summe   € ......

davon ....../...... gem. Kostenentscheidung   € ......

II. Verfahren vor dem Finanzgericht (Klage)

1. 1,6 Verfahrensgebühr (§§ 2, 13, 14 RVG iVm. Nr. 3200 VV RVG, ggf. abzüglich halber Geschäftsgebühr gemäß Vorbemerkung 3 Abs. 4 Sätze 1 bis 5 VV RVG; ggf. bei mehreren Auftraggebern Erhöhung nach Nr. 1008 VV RVG)   € ......
2. 1,2 Terminsgebühr (§§ 2, 13, 14 RVG iVm. Nr. 3202 VV RVG)   € ......
3. Ggf. 1,0 Erledigungsgebühr (§§ 2, 13, 14 RVG iVm Nr. 1003 VV RVG)   € ......
4. Tatsächliche Entgelte oder Pauschale für Post- und Telekommunikationsdienstleistungen (Nr. 7001 oder 7002 VV RVG)   € ......
5. Pauschale für die Herstellung und Überlassung von Dokumenten (Nr. 7000 VV RVG)   € ......

6. Fahrtkosten Geschäftreisen (Nr. 7003 bzw. 7004 VV RVG)   € ......

7. Tage- und Abwesenheitsgelder bei Geschäftsreisen (Nr. 7005 VV RVG)   € ......

8. Sonstige angemessene Auslagen bei Geschäftsreisen (Nr. 7006 VV RVG)   € ......

Zwischensumme   € ......

Umsatzsteuer   € ......

Summe   € ......

davon ....../...... gem. Kostenentscheidung   € ......

III. Verfahren vor dem Bundesfinanzhof (Nichtzulassungsbeschwerde)

1. 1,6 Verfahrensgebühr (§§ 2, 13, 14 RVG iVm. Nr. 3506 VV RVG)   € ......

   (ggf. zuzüglich Erhöhung nach Nr. 1008 VV RVG bei mehreren Auftraggebern)

2. Tatsächliche Entgelte oder Pauschale für Post- und Telekommunikationsdienstleistungen (Nr. 7001 oder 7002 VV RVG)   € ......

3. Pauschale für die Herstellung und Überlassung von Dokumenten
   (Nr. 7000 VV RVG)   € ......

Zwischensumme   € ......

Umsatzsteuer (Nr. 7008 RVG)   € ......

Summe   € ......

davon ....../...... gem. Kostenentscheidung   € ......

IV. Verfahren vor dem Bundesfinanzhof (Revision)

1. 1,6 Verfahrensgebühr (§§ 2, 13, 14 RVG iVm. Nr. 3206 VV RVG,
   ggf. zuzüglich Erhöhung nach Nr. 1008 VV RVG bei mehreren Auftraggebern; eine für eine vorangegangene Nichtzulassungsbeschwerde entstandene Verfahrensgebühr ist nach Nr. 3506 VV RVG vollständig anzurechnen)   € ......

2. 1,5 Terminsgebühr (§§ 2, 13, 14 RVG iVm. Nr. 3210 VV RVG)   € ......

3. Ggf. 1,3 Erledigungsgebühr (§§ 2, 13, 14 RVG iVm. Nr. 1004 VV RVG)   € ......

4. Tatsächliche Entgelte oder Pauschale für Post- und Telekommunikationsdienstleistungen (Nr. 7001 oder 7002 RVG)   € ......

5. Pauschale für die Herstellung und Überlassung von Dokumenten
   (Nr. 7000 VV RVG)   € ......

6. Fahrtkosten (Nr. 7003 bzw. 7004 VV RVG)   € ......

7. Tage- und Abwesenheitsgelder bei Geschäftsreisen (Nr. 7005 VV RVG)   € ......

8. Sonstige angemessene Auslagen bei einer Geschäftsreise (Nr. 7006 VV
   RVG)   € ......

Zwischensumme   € ......

Umsatzsteuer (Nr. 7008 RVG)   € ......

Summe   € ......

davon ....../...... gem. Kostenentscheidung   € ......

Wir bitten unter Hinweis auf die Abtretungserklärung in der vorgelegten Vollmacht
um Überweisung des festzusetzenden Betrags in Höhe von € ......,– auf unser Konto
bei ...... (IBAN......, BIC......).

....

Unterschrift

V. Verfahren vor dem Bundesfinanzhof (Entschädigungsklage wegen überlanger gerichtlicher Verfahrensdauer, § 155 Satz 2 FGO)

1. 1,6 Verfahrensgebühr (§§ 2, 13, 14 RVG iVm. Nr. 3300 VV RVG,

   ggf. zuzüglich Erhöhung nach Nr. 1008 VV RVG bei mehreren Auftraggebern)   € ......

2. 1,2 Terminsgebühr (§§ 2, 13, 14 RVG iVm. Vorbemerkung 3.3.1 iVm. Nr. 3104 VV RVG)   € ......

3. Tatsächliche Entgelte oder Pauschale für Post- und Telekommunikationsdienstleistungen (Nr. 7001 oder 7002 RVG)   € ......

4. Pauschale für die Herstellung und Überlassung von Dokumenten (Nr. 7000 VV RVG)   € ......

5. Fahrtkosten (Nr. 7003 bzw. 7004 VV RVG)   € ......

6. Tage- und Abwesenheitsgelder bei Geschäftsreisen (Nr. 7005 VV RVG)   € ......

7. Sonstige angemessene Auslagen bei einer Geschäftsreise (Nr. 7006 VV RVG)   € ......

Zwischensumme	€ ......
Umsatzsteuer (Nr. 7008 RVG)	€ ......
Summe	€ ......
davon ....../...... gem. Kostenentscheidung	€ ......

Wir bitten unter Hinweis auf die Abtretungserklärung in der vorgelegten Vollmacht um Überweisung des festzusetzenden Betrags in Höhe von € ......,– auf unser Konto bei ...... (IBAN......, BIC......).

....

Unterschrift

VI. Verfahren vor dem Bundesfinanzhof (Beschwerde nach § 128 Abs. 3 FGO, betreffend einstweiligen Rechtsschutz nach § 69 Abs. 3, 5 FGO, § 114 Abs. 1 FGO)

1. 1,6 Verfahrensgebühr (§§ 2, 13, 14 RVG iVm. Vorbemerkung 3.2.2., Nr. 3 VV RVG iVm. Nr. 3206 VV RVG)   € ......

   (ggf. zuzüglich Erhöhung nach Nr. 1008 VV RVG bei mehreren Auftraggebern)

2. Tatsächliche Entgelte oder Pauschale für Post- und Telekommunikationsdienstleistungen (Nr. 7001 oder 7002 VV RVG)   € ......

3. Pauschale für die Herstellung und Überlassung von Dokumenten (Nr. 7000 VV RVG)   € ......

Zwischensumme	€ ......
Umsatzsteuer (Nr. 7008 RVG)	€ ......
Summe	€ ......
davon ....../...... gem. Kostenentscheidung	€ ......

Wir bitten unter Hinweis auf die Abtretungserklärung in der vorgelegten Vollmacht um Überweisung des festzusetzenden Betrags in Höhe von € ......,– auf unser Konto bei ...... (IBAN......, BIC......).

....

Unterschrift

VII. Verfahren vor dem Finanzgericht bzw. Bundesfinanzhof wegen Aussetzung der Vollziehung nach § 69 Abs. 3, 5 FGO bzw. einstweiliger Anordnung nach § 114 FGO

1. 1,6 Verfahrensgebühr (§§ 2, 13, 14 RVG iVm. Nr. 3200 VV RVG; ggf. zuzüglich Erhöhung nach Nr. 1008 VV RVG bei mehreren Auftraggebern)   € ......

2. Tatsächliche Entgelte oder Pauschale für Post- und Telekommunikationsdienstleistungen (Nr. 7001 oder 7002 VV RVG)   € ......

3. Pauschale für die Herstellung und Überlassung von Dokumenten (Nr. 7000 VV RVG)   € ......

Zwischensumme   € ......

Umsatzsteuer (Nr. 7008 RVG)   € ......

Summe   € ......

davon ....../...... gem. Kostenentscheidung   € ......

Wir bitten unter Hinweis auf die Abtretungserklärung in der vorgelegten Vollmacht um Überweisung des festzusetzenden Betrags in Höhe von € ......,– auf unser Konto bei ...... (IBAN......, BIC......).

....

Unterschrift

VIII. Verfahren vor dem Finanzgericht bzw. Bundesfinanzhof wegen Rüge der Verletzung des Anspruchs auf rechtliches Gehör nach § 133a FGO

1. 0,5 Verfahrensgebühr (§§ 2, 13, 14 RVG iVm. Nr. 3330 VV RVG, ggf. zuzüglich Erhöhung nach Nr. 1008 VV RVG bei mehreren Auftraggebern)   € ......

2. 0,5 Terminsgebühr (§§ 2, 13, 14 RVG iVm. Nr. 3331 VV RVG)   € ......

3. Tatsächliche Entgelte oder Pauschale für Post- und Telekommunikationsdienstleistungen (Nr. 7001 oder 7002 RVG)   € ......

4. Pauschale für die Herstellung und Überlassung von Dokumenten (Nr. 7000 VV RVG)   € ......

5. Fahrtkosten (Nr. 7003 bzw. 7004 VV RVG)   € ......

6. Tage- und Abwesenheitsgelder bei Geschäftsreisen (Nr. 7005 VV RVG)   € ......

7. Sonstige angemessene Auslagen bei einer Geschäftsreise (Nr. 7006 VV RVG)   € ......

Zwischensumme   € ......

Umsatzsteuer (Nr. 7008 RVG)   € ......

Summe   € ......

davon ....../...... gem. Kostenentscheidung   € ......

Wir bitten unter Hinweis auf die Abtretungserklärung in der vorgelegten Vollmacht um Überweisung des festzusetzenden Betrags in Höhe von € ......,– auf unser Konto bei ...... (IBAN......, BIC......).

....

Unterschrift

IX. Verfahren vor dem Finanzgericht bzw. Bundesfinanzhof wegen Prozesskostenhilfe

1. 1,0 Verfahrensgebühr (§§ 2, 13, 14 RVG iVm. Nr. 3335 VV RVG; ist aber auf die Verfahrensgebühr für ein an die Bewilligung von Prozesskostenhilfe anschließendes Hauptsacheverfahren vollständig anzurechnen)   € ......

2. ... Terminsgebühr (§§ 2, 13, 14 RVG iVm. 3.3.6 Vorbemerkung VV RVG, wonach sich im Verfahren über die Prozesskostenhilfe die Terminsgebühr nach den für dasjenige Verfahren geltenden Vorschriften, für das die Prozesskostenhilfe beantragt wird, bestimmt)   € ......

3. Tatsächliche Entgelte oder Pauschale für Post- und Telekommunikationsdienstleistungen (Nr. 7001 oder 7002 RVG)   € ......

4. Pauschale für die Herstellung und Überlassung von Dokumenten (Nr. 7000 VV RVG)   € ......

5. Fahrtkosten (Nr. 7003 bzw. 7004 VV RVG)   € ......

6. Tage- und Abwesenheitsgelder bei Geschäftsreisen (Nr. 7005 VV RVG)   € ......

7. Sonstige angemessene Auslagen bei einer Geschäftsreise (Nr. 7006 VV RVG)   € ......

Zwischensumme	€ ......
Umsatzsteuer (Nr. 7008 RVG)	€ ......
Summe	€ ......
davon ....../...... gem. Kostenentscheidung	€ ......

Wir bitten unter Hinweis auf die Abtretungserklärung in der vorgelegten Vollmacht um Überweisung des festzusetzenden Betrags in Höhe von € ......,– auf unser Konto bei ...... (IBAN......, BIC......).

....

Unterschrift

II. ERLÄUTERUNGEN

Erläuterungen zu D. 2.16 Kosten

Schrifttum: *Balmes/Felten* Kosten des Steuerstreits, DStZ 10, 454; *Bartone* Das neue Gerichtskostengesetz in der Beratungspraxis, AO-StB 05, 22; *ders.* Das neue Gerichtskostengesetz in der Beratungspraxis – Friktionen mit der FGO fordern den Berater, AO-StB 05, 22–28; *Berners* Die Anwendung des RVG auf die steuerberatenden Berufe, NWB Fach 30, 1525; *Carle/Rockoff* Abtretung des Kostenerstattungsanspruchs an den Prozessbevollmächtigten, AO-StB 05, 84; *Dellner* Die Auswirkungen des Kostenrechtsmodernisierungsgesetzes auf das finanzgerichtliche Verfahren, DStZ 04, 647; *Eberl* Der Mindeststreitwert als neue Zugangsbeschränkung in der Finanzgerichtsbarkeit, DB 04, 1912; *ders.* Prozesskosten-Risiko, GmbH-Stpr 04, 339; *ders.* Prozesskostenrisiko für das finanzgerichtliche Verfahren (Stand: 1.7.2004), StuB 04, 904; *Gersch* Die Kosten des Beigeladenen, AO-StB 01, 59; *Gruber* Änderung der Kostenberechnung im Steuerprozess durch Einführung des Rechtsanwaltsvergütungsgesetzes, BB-Special 04 Nr. 1, 12; *ders.* Anmerkungen zu den außergerichtlichen Kosten im Beschwerde- und Revisionsverfahren nach der FGO sowie in Verfahren vor dem BVerfG und dem EuGH, StB 03, 220; *ders.* Kostenrechtliche Betrachtungen zur Beiladung im finanzgerichtlichen Verfahren, StB 03, 16; *Gluth* Kostenüberlegungen bei der Beendigung, AO-StB 01, 156; *Hollatz* Kosten im gerichtlichen Steuerrechtsstreit, NWB Fach 2, 8677 und NWB Fach 2, 8607; *Jost* Aktuelle Entwicklungen und Tendenzen im Gebührenrecht, Information StW 05, 917 und StW 04, 197; *ders.* Fragen zum Gerichtskostengesetz nach Änderung durch das Kostenrechtsmodernisierungsgesetz, Information StW 04, 636; *Just* Das Kostenrecht im Finanzprozess, Allgemeine Grundlagen, Verfahren,

Rechtsbehelfe, DStR 08, Beihefter zu Heft 40 S. 70 ff.; *Lange* Kosten des Beigeladenen bei sog. Formalantrag, DB 02, 608; *Lemaire* Vergütungsfestsetzung und Kostenfestsetzung, AO-StB 07, 159; *Mack* Kosten im FG-Verfahren, AO-StB 02, 321; *Morgenstern* Ab 1.7.2004 wird die Verfahrensgebühr bei Klageerhebung sofort fällig – Die Neuregelung des Gerichtskostengesetzes und ihre Folgen im FG-Prozess, AO-StB 04, 180; *Müller* Kosten eines finanzgerichtlichen Verfahrens, sj 07, 17; *Schoenfeld* Auswirkungen des Kostenrechtsmodernisierungsgesetzes auf das finanzgerichtliche Verfahren, DB 04, 1279; *Schwarz* Kosten des finanzgerichtlichen Verfahrens, AO-StB 04, 31; *Wenner/Schuster* Einführung der Deckelung des Streitwerts in RVG und GVG: Hohe Streitwerte, kleines Risiko, BB 05, 230; *Zenke* Ist der Mindeststreitwert auch im Antragsverfahren nach § 69 FGO anzuwenden?, StB 06, 267, 268; *Müller* Streitwertermittlung nach dem neuen § 52 Abs. 3 S. 2 GKG – Auswirkungen auch bei der Besteuerung von Unternehmen, BB 13, 2519, 2520; *Just*, Die Erhebung der Vorfälligkeitsgebühr bei den Finanzgerichten, DStR 14, 2481, 2483; *Schneider*, Die Änderungen in verwaltungsrechtlichen Angelegenheiten durch das 2. Kostenrechtsmodernisierungsgesetz, NJW 14, 522.

Verwaltung: Kosten des finanzgerichtlichen Verfahrens nach Inkrafttreten des Kostenrechtsmodernisierungsgesetzes (KostRMoG) v. 5.5.04 (BGBl. I 04, 718):

- FinMin NRW v. 14.2.14, BeckVerw 282731).
- FinMin Saarland v. 23.5.06 (B/1–3–173/2006-FG 2018).
- LfSt Bayern v. 28.4.06 (FG 2018 – 1 St 41 N), AO-Kartei BY §§ 135–149 FGO Karte 1.
- OFD Karlsruhe v. 1.12.05 (FG 2018), AO-Kartei BW vor §§ 135–149 FGO, Karte 1.
- OFD Hannover v. 8.12.04 (FG 208-21– StO 141), AO-Kartei ND Vor §§ 135–149 FGO Karte 1.
- OFD Frankfurt v. 21.2.13, BeckVerw 269958.

Zu Kosten für **Verfahren, die vor dem 1.7.2004 eingegangen sind** s. *Formularbuch Recht und Steuern* 8. Aufl. Formular D. 2.16b.

Am **1.7.04** ist das **Gesetz zur Modernisierung des Kostenrechts** (Kostenrechts- **1** modernisierungsgesetz – KostRMoG) v. 5.5.04 (BGBl. I 04, 718) **in Kraft** getreten und hat zu grundlegenden Änderungen für das Kostenrecht relevanter Gesetze geführt. In Art. 1 des KostRMoG ist das Gerichtskostengesetz (GKG) neu gefasst worden. Mit Art. 3 des KostRMoG wurde das – die BRAGO ablösende – Rechtsanwaltsvergütungsgesetz (RVG) mit neuen Gebührensätzen und neuen Gebührentatbeständen eingeführt. Das neu gefasste GKG gilt für alle Verfahren, die **nach dem 30.6.04** bei Gericht eingegangen sind bzw. eingehen. Das RVG ist anzuwenden, wenn der unbedingte Auftrag zur Erledigung derselben Angelegenheit **nach dem 30.6.04** erteilt worden ist. Seitdem wird die Verfahrensgebühr nunmehr mit Einreichung der Klage bzw. Revision fällig (§ 6 Abs. 1 Satz 1 Nr. 5 GKG). Gerichtsgebühren werden auch bei Rücknahme einer Klage bzw. einer Revision erhoben. Für das finanzgerichtliche Verfahren wurde erstmalig ein Mindeststreitwert von damals 1.000 € eingeführt.

Am 1.8.13 ist das **Zweite Gesetz zur Modernisierung des Kostenrechts 1a** (2. Kostenrechtsmodernisierungsgesetz – 2. KostRMoG) v. 23.7.13 (BGBl. I 13, 2586) nach Art. 50 des 2. KostRMoG in Kraft getreten. Das **GKG idF des 2. KostRMoG** ist gemäß § 71 Abs. 1 Satz 1 und 2 GKG in allen Verfahren anzuwenden, in denen ein **Verfahren nach dem 31.7.13 beim Finanzgericht anhängig gemacht wird** bzw. **ein Rechtsmittel nach dem 31.7.13 beim BFH eingelegt** wird (vgl. BFH X E 20/15 v. 16.12.15, BFH/NV 16, 573). Die Vergütung des Rechtsanwalts ist nach dem **RVG idF des 2. KostRMoG** zu berechnen, wenn dem Prozessbevollmächtigten **nach dem 31.7.13 der unbedingte Auftrag erteilt** wird bzw. wenn er **nach dem 31.7.13 bestellt oder beigeordnet** wird oder wenn er **nach dem 31.7.13 ein Rechtsmittel** in einer Angelegenheit **einlegt,** in der er bereits zuvor tätig war (vgl. die Übergangsvorschrift des § 60 RVG).

Das **2. KostRMoG** enthält **Änderungen** ua. in Art. 3 zum GKG, in Art. 7 zum JVEG und in Art. 8 zum RVG. Der Wortlaut des GKG wurde in seiner Neufassung am 27.2.14 auf Grund § 70a GKG bekannt gemacht (BGBl. I 14, 154).

Der im finanzgerichtlichen Verfahren ab 1.7.04 zu beachtende **Mindeststreitwert 2** (§ 52 Abs. 4 GKG) wurde von bisher € 1.000,– **für ab 1.8.13 anhängig gemachte Verfahren auf € 1.500,– erhöht. Der Mindeststreitwert ist für ab 1.8.13 anhängig gemachte Kindergeldangelegenheiten nicht mehr anwendbar.** Hier kann also auch ein niedrigerer Streitwert zum Tragen kommen. Wie bisher gilt der Mindeststreitwert auch für beim BFH erhobene Entschädigungsklagen wegen überlanger Dauer (§ 155 Satz 2 FGO iVm. §§ 198 ff. GVG) eines finanzgerichtlichen Verfahrens nicht (§ 52 Abs. 4 Nr. 1 GKG).

3   Beim Streitwert sollen anders als nach der bisherigen Kostenrechtsprechung offensichtlich absehbare **zukünftige finanzielle Auswirkungen** des Rechtsstreits den für das konkrete Verfahren ermittelten **Streitwert erhöhen.** Nach § 52 Abs. 3 Satz 1 GKG, der unverändert ist, ist für den Streitwert bei Anträgen, die eine bezifferte Geldleistung oder einen hierauf gerichteten Verwaltungsakt betreffen, deren Höhe maßgebend. Angefügt worden ist durch das 2. KostRMoG § 52 Abs. 3 Satz 2 GKG:

> „Hat der Antrag des Klägers offensichtlich absehbare Auswirkungen auf künftige Geldleistungen oder auf noch zu erlassende, auf derartige Geldleistungen bezogene Verwaltungsakte, ist die Höhe des sich aus Satz 1 ergebenden Streitwerts um den Betrag der offensichtlich absehbaren zukünftigen Auswirkungen für den Kläger anzuheben, wobei die Summe das Dreifache des Werts nach Satz 1 nicht überschreiten darf."

§ 52 Abs. 3 Satz 2 GKG ist nur anwendbar, wenn sich der Antrag nach § 52 Abs. 3 Satz 1 GKG auf eine bezifferte Geldleistung oder einen hierauf bezogenen Verwaltungsakt richtet, nicht also bei Anfechtung von Feststellungsbescheiden, zB Verlustfeststellungsbescheiden (BFH X S 22/16 v. 18.1.17, BFH/NV 17, 615). Die Vorschrift erfasst nicht „Folgesteuern" angefochtener Steuerbescheide wie Kirchensteuer, Solidaritätszuschlag und Zinsen (FG Hamburg 5 K 137/16 v. 22.3.17, EFG 17, 944) oder bei Streit über die AfA-Bemessungsgrundlage nicht die Auswirkungen auf die AfA künftiger Jahre (FG Hamburg 2 K 195/14 v. 14.2.17, EFG 17, 772). Es bestehen keine durchgreifenden verfassungsrechtlichen Bedenken gegen den begrenzten Anwendungsbereich des § 52 Abs. 3 Satz 2 GKG und die dadurch mittelbar bewirkte Ausklammerung sonstiger wirtschaftlicher Interessen aus der Streitwertbestimmung. Die **Vorschrift** führt dazu, dass Folgewirkungen eines Steuerbescheids den **Streitwert** erhöhen, **nicht** aber **senken** können (BFH II S 1/19 v. 15.1.19, BStBl. II 19, 183).

Im finanzgerichtlichen Verfahren hat ein Antrag dann iSv. § 52 Abs. 3 Satz 2 GKG **„offensichtlich absehbare Auswirkungen",** wenn **ohne umfangreiche Prüfung oder aufwändige Überlegungen, also auf den ersten Blick, erkennbar** ist, dass der konkret verwirklichte Sachverhalt auch die Höhe zukünftiger Steuerfestsetzungen beeinflusst (vgl. BFH XI S 1/15 v. 17.8.15, BStBl. II 15, 906; *Müller* BB 13, 2519, 2520; *Just* DStR 14, 2481, 2483). **Nicht ausreichend** ist es demnach, wenn dieselbe rechtliche Problematik zwar in zukünftigen Zeiträumen auftritt, die Verwirklichung des entsprechenden konkreten Sachverhalts aber nicht hinreichend sicher absehbar ist. Insoweit kommt es auf die Bestimmbarkeit der zukünftigen Auswirkungen zum Zeitpunkt der die Instanz einleitenden Antragstellung an. Hierfür sind die dem Kostenbeamten bzw. dem selbst den Streitwert festsetzenden Gericht vorliegenden Akten einschließlich des Antrags auf Streitwertfestsetzung und der mit dem Antrag vorgelegten Unterlagen heranzuziehen. **Offensichtlich absehbar** sind zB zukünftige Auswirkungen, wenn wegen der im Klage- oder Rechtsmittelverfahren streitigen Rechtsfrage bereits Einspruchsverfahren für die Folgejahre ruhen und dies auf den ersten Blick anhand der vorliegenden Akten erkennbar ist. Betrifft ein Rechtsstreit über eine Steuer zwei Streitjahre und hat der Streitfall iSv. § 52 Abs. 3 Satz 2 GKG offensichtlich absehbare Auswirkungen auch für nachfolgende Streitjahre, so ist die in dieser Vorschrift vorgesehene Erhöhung des Streitwerts auf das Dreifache des durchschnittlichen Streitwerts für die anhängigen beiden Streitjahre begrenzt (vgl. BFH XI S 1/15 v. 17.8.15, BStBl. II 15, 906; FG Köln 10 Ko 2520/15 v.16.3.16, EFG 16, 836; FG Bln-Bdbg 3 K 3150/18 v. 24.9.19, EFG 20, 221). Ist anhand der vorliegenden Unterlagen nicht eindeutig bestimmbar, dass die Entscheidung Auswirkungen für zukünftige

Steuerjahre haben wird, so scheidet eine Erhöhung des Streitwerts nach § 52 Abs. 3 Satz 2 GKG aus. Sind künftige **Auswirkungen** dem Grunde nach eindeutig bestimmbar, der Höhe nach aber **nicht exakt bezifferbar,** so sind sie zu **schätzen** (BFH X S 15/17 v. 21.7.17, BFH/NV 17, 1460). Hängen sie von einem künftigen Antrag des Stpfl. ab, den er bei verständiger Betrachtung stellen wird, so sind sie streitwerterhöhend zu berücksichtigen. Die Anwendung der Vorschrift setzt regelmäßig zu erwartende Steuerbescheide voraus (vgl. *Schneider* NJW 14, 522), ist also zB **nicht bei Gewinnfeststellungsbescheiden oder Gewerbesteuermessbetragsbescheiden anwendbar** (vgl. *Tipke/Kruse* Vor § 135 FGO Rz. 119a; BFH IV E 2/16 v. 19.7.16, BFH/NV 16, 1582; FG Hamburg 3 K 157/14 v. 19.3.15, BeckRS 2015, 94849). Ist der sich bei Anwendung des § 52 Abs. 3 Satz 2 GKG ergebende Streitwert geringer als der Streitwert nach § 52 Abs. 3 Satz 1 GKG, führt die Anwendung des § 52 Abs. 3 Satz 2 GKG nicht zu einer Minderung des nach § 52 Abs. 3 Satz 1 GKG errechneten Streitwerts. Die Anwendung des § 52 Abs. 3 Satz 2 GKG wirkt sich nur dann betragsmäßig erhöhend auf den Streitwert des § 52 Abs. 3 Satz 1 GKG aus, wenn weniger als drei Besteuerungszeiträume rechtshängig sind (vgl. FG Niedersachsen 9 K 165/15 v. 6.10.17, EFG 17, 1978). Die Streitwerterhöhung nach § 52 Abs. 3 Satz 2 GKG kommt auch zur Anwendung, wenn die Berechnung des Streitwerts nach § 52 Abs. 3 Satz 1 GKG zum Ansatz des **Mindeststreitwerts** (§ 52 Abs. 4 Nr. 1 GKG) führt. Ist Streitgegenstand die Frage der Zulässigkeit einer rückwirkend zu bildenden Rücklage nach § 6c Abs. 1 Satz 2 EStG iVm. § 6b Abs. 3 EStG, wirkt sich die Beantwortung der Frage regelmäßig nicht nur auf das Streitjahr, sondern iS des § 52 Abs. 3 Satz 2 GKG auch auf die Folgejahre aus (BFH VI S 12/17 v. 24.7.18, BFH/NV 18, 1090). Sind bei der Bestimmung des Streitwerts sowohl die Erhöhung wegen Auswirkungen auf künftige Steuerbescheide als auch der Mindeststreitwert zu beachten, so ist zuerst die Erhöhung durchzuführen und danach der Mindeststreitwert anzuwenden (FG Bln-Bdbg 3 K 3150/18 v. 24.9.19, EFG 20, 221).

In Kindergeldangelegenheiten tritt an die Stelle des dreifachen Jahresbetrags iSd. § 52 Abs. 3 Satz 2 GKG ein einfacher Jahresbetrag **(§ 52 Abs. 3 Satz 3 GKG).**

Nach § 6 Abs. 1 Satz 1 Nr. 5 GKG wird in Prozessverfahren (Klage- und Revisi- **3a** onsverfahren) vor den Gerichten der Finanzgerichtsbarkeit die Verfahrensgebühr mit Einreichung der Klage-, Antrags- oder Rechtsmittelschrift fällig. Die Erhebung der Gerichtsgebühren schon bei Einreichung der Klage- bzw. Rechtsmittelschrift nach § 6 Abs. 1 Satz 1 Nr. 5 GKG verstößt nicht gegen Verfassungsrecht und ist auch nicht als europarechtswidrig anzusehen. Eine Verletzung von Art. 6 Abs. 1 EMRK liegt insoweit ebenfalls nicht vor (BFH X E 1/17 v. 19.10.17, BFH/NV 18, 227). Durch Art. 7 Nr. 7 und Nr. 8 des **Gesetzes zur Durchführung der Verordnung (EU) Nr. 1215/2012 sowie zur Änderung sonstiger Vorschriften** v. 8.7.14 (BGBl. I 14, 890) wurde durch Einfügung eines **neuen § 52 Abs. 5 GKG** geregelt, dass in der Finanzgerichtsbarkeit für **alle ab dem 16.7.14 anhängig gewordenen Klage- bzw. Revisionsverfahren** die vorfällige Verfahrensgebühr nur noch dann nach dem Mindeststreitwert (§ 52 Abs. 4 Nr. 1 GKG, 1500 €) zu bemessen ist, wenn der **nach § 52 Abs. 3, Abs. 4 Nr. 1 GKG** maßgebende Streitwert sich „nicht unmittelbar aus den gerichtlichen Verfahrensakten ergibt" (vgl. hierzu *Just* DStR 14, 2481; *Tipke/Kruse* Vor § 135 FGO Rz. 21; *Gräber/Ratschow* Vor § 135 FGO Rz. 47 ff.). Ist Streitgegenstand ein Gewinnfeststellungsbescheid oder ein Gewerbesteuermessbescheid, ist § 52 Abs. 3 GKG nicht anwendbar und somit bei Berechnung der vorfälligen Verfahrensgebühr der Mindeststreitwert nach § 52 Abs. 4 Nr. 1 GKG in Höhe von € 1500,– anzusetzen (BFH IV E 2/16 v. 19.7.16, BFH/NV 16, 1582; BFH X E 1/17 v. 19.10.17, BFH/NV 18, 227). Erst bei Erstellung der Schlusskostenrechnung ist somit für Gewinnfeststellungsbescheide, Gewerbesteuermessbetragsbescheide und alle anderen nicht in den Anwendungsbereich von § 52 Abs. 3 GKG fallenden Bescheide (zB Einheitswertbescheide usw.) der tatsächliche Streitwert anzusetzen.

Zu den **gerichtlichen Verfahrensakten** zählen auch der Klageantrag sowie die vorgelegten Anschriften der Einspruchsentscheidung sowie des angefochtenen Steuerbescheids (FG Sachsen-Anhalt 3 KO 962/15 v. 15.9.15, EFG 15, 2108; FG Sachsen-Anhalt 3 KO 137/17 v. 2.2.17, EFG 17, 937). Der **Streitwert** dürfte sich also nur dann sofort unmittelbar aus den gerichtlichen Verfahrensakten ergeben, wenn zB ein unmittelbar auf eine Geldleistung gerichteter Klage- oder Revisionsantrag gestellt wird, wenn sich aus Klageschrift in Verbindung mit der eingereichten Einspruchsentscheidung der Streitwert unmittelbar ergibt bzw. sofort errechnen lässt oder wenn bei Revisionseinlegung die Abschrift des angefochtenen FG-Urteils beim BFH mit eingereicht wird und sich hieraus der Streitwert unmittelbar ableiten lässt.

Der Kläger und ggf. sein Prozessbevollmächtigter haben es also uU in der Hand, durch Vermeidung eines sofortigen betragsmäßig bezifferten Antrags den Ansatz des tatsächlichen Streitwerts für die Bemessung der vorfälligen Verfahrensgebühr zu vermeiden und so zunächst den **Ansatz des Mindeststreitwerts** sowie damit durch eine vorab niedrigere Gerichtskostenzahlung Zinsvorteile zu erreichen. Nach Abschluss des Klage- bzw. Revisionsverfahrens wird bei teilweisem oder endgültigem Unterliegen des Klägers ohnehin für Zwecke der abschließenden Schlusskostenrechnung ein endgültiger Streitwert ermittelt. Für die Ermittlung des vorläufigen Streitwerts für Zwecke der vorfälligen Verfahrensgebühr sollten daher keine besonderen Sachverhaltsermittlungen des Gerichts und kein unverhältnismäßig hoher Verwaltungsaufwand erforderlich sein (zutreffend *Just* DStR 14, 2481; *Tipke/Kruse* Vor § 135 FGO Rz. 21).

Mit Wirkung ab dem 1.1.21 sind die Gebühren nach dem GKG und dem RVG durch das Gesetz zur Änderung des Justizkosten- und des Rechtsanwaltsvergütungsrechts und zur Änderung des Gesetzes zur Abmilderung der Folgen der COVID-19-Pandemie im Zivil-, Insolvenz- und Strafverfahrensrecht **(Kostenrechtsänderungsgesetz 2021 – KostRÄG 2021) v. 21.12.20** (BGBl. I 20, 3229) grundsätzlich linear um 10% erhöht worden. Zudem wurde in Prozesskostenhilfe-Fällen die PKH-/VKH-Kappungsgrenze in § 49 RVG von bisher 30.000 Euro auf 50.000 Euro angehoben. Das **GKG idF des KostRÄG 2021** ist gemäß § 71 Abs. 1 Satz 1 und 2 GKG in allen Verfahren anzuwenden, in denen ein **Verfahren nach dem 31.12.20 beim Finanzgericht anhängig gemacht wird** bzw. **ein Rechtsmittel nach dem 31.12.20 beim BFH eingelegt** wird. Die Vergütung des Rechtsanwalts ist nach dem **RVG idF des KostRÄG 2021** zu berechnen, wenn dem Prozessbevollmächtigten **nach dem 31.12.20 der unbedingte Auftrag zur Erledigung derselben Angelegenheit erteilt worden ist** (vgl. die Übergangsvorschrift des § 60 Abs. 1 S. 1 RVG). Erhält der Rechtsanwalt nach § 45 RVG, auch in Verbindung mit § 59a RVG, eine Vergütung aus der Staatskasse und hat der Rechtsanwalt keinen Auftrag desjenigen, dem er beigeordnet oder für den er bestellt wurde, so ist für diese Vergütung in derselben Angelegenheit bisheriges Recht anzuwenden, wenn der Rechtsanwalt eine Gebühr aus der Staatskasse verlangen kann, die vor dem Inkrafttreten einer Gesetzesänderung entstanden ist. War der Rechtsanwalt vor seiner Beiordnung oder Bestellung beauftragt und ist nach Satz 1 für die insoweit entstandene Vergütung bisheriges Recht anzuwenden, so ist auch für die in derselben Angelegenheit aus der Staatskasse zu zahlende Vergütung bisheriges Recht anzuwenden (vgl. § 60 Abs. 1 Sätze 2 und 3 RVG i. d. F. des KostRÄG 2021).

4   Ein **Kostenerstattungsanspruch** setzt voraus, dass der Beteiligte im Verfahren zumindest teilweise oder vollständig obsiegt hat und dass folglich das Gericht in der Kostenentscheidung der beklagten Behörde die Kosten des Verfahrens zumindest teilweise auferlegt hat. Die den Beteiligten (idR Kläger, Beschwerdeführer, Antragsteller, Beigeladener) **zu erstattenden Aufwendungen** werden auf **Antrag** festgesetzt und zwar von dem **Urkundsbeamten des Gerichts des ersten Rechtszugs,** also in der Regel dem Finanzgericht (§ 149 Abs. 1 FGO); das gilt auch für die Kosten eines

Rechtsmittelverfahrens beim BFH (s. hierzu Teil D.3). Der Urkundsbeamte des BFH ist lediglich für die Kostenfestsetzung betreffend Entschädigungsklagen wegen überlanger gerichtlicher Verfahrensdauer zuständig, da insoweit der BFH ausnahmsweise erstinstanzlich tätig wird (vgl. § 155 Satz 2 FGO iVm. §§ 198 ff. GVG; *Tipke/Kruse* § 149 FGO Rz. 6; BFH X K 5/13 v. 6.7.15, BeckRS 2015, 95809, Rz. 7). Die Aufwendungen der **Finanzbehörden** sind **nicht zu erstatten** (§ 139 Abs. 2 FGO); zu den Finanzbehörden zählen auch Hauptzollämter und auch insoweit, als sie mit der Verwaltung der Kernbrennstoffsteuer beauftragt sind (FG Hamburg 3 KO 152/15 v.12.11.15, BeckRS 2016, 94085). Wird beim BFH eine **Entschädigungsklage** wegen einer überlangen Verfahrensdauer eines finanzgerichtlichen Verfahrens eingelegt, wird das beklagte **Bundesland** (vgl. § 200 Satz 1 GVG) nicht als Finanzbehörde tätig und kann bei einem Obsiegen einen **Kostenfestsetzungsantrag** stellen (BFH X K 5/13 v. 6.7.15, BeckRS 2015, 95809).

Der **Kostenfestsetzungsantrag** kann auch direkt an den Urkundsbeamten des Ge- 5 richts des ersten Rechtszuges gerichtet werden, gleichwohl wird der Antrag in der Praxis meist an das Finanzgericht gestellt werden, da für die Entscheidung über den Antrag, die Zuziehung eines Bevollmächtigten im außergerichtlichen Vorverfahren für notwendig zu erklären (§ 139 Abs. 3 Satz 3 FGO), nicht der Urkundsbeamte, sondern das Gericht zuständig ist (vgl. dazu Rz. 16 ff.).

Der **Urkundsbeamte** des FG ist auch zuständig, wenn ein Verfahren unmittelbar 6 beim BFH betrieben wird, dh., wenn der BFH über einen bei ihm gestellten Antrag auf Aussetzung der Vollziehung (§ 69 FGO) oder auf Erlass einer einstweiligen Anordnung (§ 114 FGO) entscheidet (ebenso *Gräber/Stapperfend* § 149 FGO Rz. 6; BFH V S 7/66 v. 11.5.67, BStBl. III 67, 422, bestätigt durch BFH VI S 22/05 v. 3.12.07, BStBl. II 08, 306).

Der Kostenfestsetzungsantrag ist **schriftlich** oder zu Protokoll der Geschäftsstelle zu 7 stellen; beizufügen sind gem. § 155 Satz 1 FGO iVm. § 103 Abs. 2 Satz 2 ZPO die Kostenberechnung, ihre zur Mitteilung an den Gegner bestimmte Abschrift und die zur Rechtfertigung der einzelnen Ansätze dienenden Belege. Der Antrag ist nicht fristgebunden.

Der Antrag ist von dem **erstattungsberechtigten Beteiligten** zu stellen, der Pro- 8 zessbevollmächtigte kann den Kostenfestsetzungsantrag jedoch auch stellen, da sich die Prozessvollmacht idR auch auf das Kostenfestsetzungsverfahren erstreckt. Auch bei Abtretung des Erstattungsanspruchs kann der Prozessbevollmächtigte den Anspruch nicht im eigenen Namen, sondern nur im Namen des erstattungsberechtigten Beteiligten stellen; dies ist aber nicht unstreitig (wie hier BFH VII B 29/69 v. 8.12.70, BStBl. II 71, 242; BFH VII B 115/09 v. 1.7.09, BFH/NV 09, 1821; ebenso *Gräber/Stapperfend* § 149 FGO Rz. 8 mit weiteren Hinweisen zur abweichenden Auffassung). Der Bevollmächtigte kann aber auf Grund seiner Vollmacht verlangen, dass ihm der Erstattungsbetrag auf sein Konto überwiesen wird.

Eine Kostenfestsetzung ist nur möglich, wenn ein entsprechender rechtskräftiger 9 oder zumindest vorläufig vollstreckbarer Titel vorliegt, dh. es muss eine **Kostengrundentscheidung** in einem Urteil, das rechtskräftig ist oder dessen Kostenentscheidung für vorläufig vollstreckbar erklärt wurde (§ 151 Abs. 3 FGO), oder einen Kostenbeschluss nach § 138 FGO geben (*Gräber/Stapperfend* § 149 FGO Rz. 5).

Der Antrag auf **Verzinsung** des festgesetzten Betrags beruht auf § 155 FGO iVm. 10 § 104 Abs. 1 Satz 2 ZPO. Die Verzinsung erfolgt vom Eingang des Festsetzungsantrags an. Die festgesetzten Kosten sind **auf Antrag (!)** mit fünf Prozentpunkten über dem Basiszinssatz nach § 247 BGB zu verzinsen; § 104 Abs. 1 Satz 2 ZPO. Antrag ist zwingende Voraussetzung (*Tipke/Kruse* § 149 FGO Rz. 11). § 247 BGB lautet:

„(1) Der Basiszinssatz beträgt 3,62 Prozent. Er verändert sich zum 1. Januar und 1. Juli eines jeden Jahres um die Prozentpunkte, um welche die Bezugsgröße seit der letzten Veränderung des Basiszinssatzes gestiegen oder gefallen ist. Bezugsgröße ist der Zinssatz für die jüngste Hauptrefinanzierungsoperation der Europäischen Zentralbank vor dem ersten Kalendertag des betreffenden Halbjahrs.

(2) Die Deutsche Bundesbank gibt den geltenden Basiszinssatz unverzüglich nach den in Absatz 1 Satz 2 genannten Zeitpunkten im Bundesanzeiger bekannt." (Der von der Deutschen Bundesbank jährlich bekanntgemachte Basiszinssatz liegt seit dem 1.1.16 unverändert bei – **0,88 %**).

11   **Rechtsbehelf:** Gegen den Kostenfestsetzungsbeschluss des Urkundsbeamten ist die **Erinnerung an das Gericht** gegeben (§ 149 Abs. 2 Satz 1 FGO); sie ist innerhalb von zwei Wochen einzulegen (§ 149 Abs. 2 Satz 2 FGO). Die Frist beginnt mit der Zustellung des Kostenfestsetzungsbeschlusses (§ 53 Abs. 1 FGO; *Gräber/Stapperfend* § 149 FGO Rz. 15). Die Entscheidung über die Kostenfestsetzung ist mit einer Rechtsbehelfsbelehrung zu versehen (§ 149 Abs. 2 Satz 3 FGO); fehlt diese oder wird sie unrichtig erteilt, beginnt die Frist nicht zu laufen (§ 55 Abs. 1 Satz 2 FGO ist entsprechend anzuwenden; *Gräber/Stapperfend* § 149 FGO Rz. 15). Außerdem kann Anhörungsrüge erhoben werden; *Tipke/Kruse* (§ 149 FGO Rz. 24) meinen, Rechtsgrundlage sei eine analoge Anwendung von § 133a FGO, ggf. könnte man aber auch § 69a GKG als Rechtsgrundlage annehmen. Ob weiter eine Gegenvorstellung oder eine außerordentliche Beschwerde als nicht förmlicher Rechtsbehelf statthaft sind, ist zweifelhaft (vgl. D. 2.02 Rz. 8, 9).

12   Über die **Erinnerung** entscheidet das **Gericht** durch Beschluss (§ 149 Abs. 4 FGO), soweit der Urkundsbeamte nicht abhilft. Streitig ist, ob die Entscheidung durch den Senat oder den Einzelrichter ergehen muss. Nach Sinn und Zweck der Vorschriften (§ 149 FGO, § 79a Abs. 1 Nr. 5 FGO) und überwiegender Rspr. der Finanzgerichte ist eine Entscheidung durch den Berichterstatter als Einzelrichter zulässig, wenn er die Kostenentscheidung im vorbereitenden Verfahren nach § 79a Abs. 1 Nr. 5, Abs. 4 FGO getroffen hat. Ist die Kostenentscheidung dagegen in einem Senatsbeschluss enthalten, muss der Senat über die Erinnerung entscheiden (zum Meinungsstand vgl. *Gräber/Stapperfend* § 149 FGO Rz. 18, mit Rechtsprechungshinweisen, zB FG Münster 11 Ko 3705/11 KFB v. 10.7.12, EFG 12, 1962; vgl. auch *Tipke/Kruse* § 149 FGO Rz. 21).

Das Erinnerungsverfahren ist gerichtsgebührenfrei, da ein Gebührentatbestand fehlt. Gerichtliche Auslagen (zB Kopierkosten) sind dagegen vom Kostenschuldner zu tragen. Außergerichtliche Kosten sind bei einem Obsiegen zu erstatten.

Der Beschluss, mit dem das Gericht über die Erinnerung entscheidet, ist **unanfechtbar** (§ 66 Abs. 3 Satz 3 GKG, § 128 Abs. 4 Satz 1 FGO; vgl. BFH IV S 7/11 v. 22.9.11, BFH/NV 12, 241).

13   Der **Umfang** der zu erstattenden Kosten ergibt sich aus der Kostenentscheidung des Gerichts, das regelmäßig im Urteil oder durch Beschluss, zB bei Hauptsacheerledigung, über die Kostentragungspflicht entscheidet (§ 143 Abs. 1 FGO).

14   Die **erstattungsfähigen Kosten** sind die zur zweckentsprechenden Rechtsverfolgung oder Rechtsverteidigung **notwendigen** Aufwendungen der Beteiligten einschließlich der Kosten des Vorverfahrens (§ 139 Abs. 1 FGO). Dh. die Aufwendungen müssen zur Rechtsverfolgung erforderlich gewesen sein und unmittelbar mit dem Rechtsstreit in Zusammenhang stehen. Dazu ist es ausreichend, wenn der Beteiligte die Aufwendungen nach Prozesslage für erforderlich halten konnte. So können zB Aufwendungen zur Durchführung eines Betreuungsverfahrens, das dazu dient, die Prozessfähigkeit eines Beteiligten zu klären, notwendige und damit erstattungsfähige Kosten eines finanzgerichtlichen Verfahrens sein (FG Hamburg 2 KO 1369/13 v. 19.11.13, EFG 14, 1213). Zu den erstattungsfähigen Aufwendungen gehören **Gebühren** und **Auslagen.**

15   Sind **Gebühren und Auslagen** eines Bevollmächtigten oder Beistands **gesetzlich vorgesehen** (zB nach StBVV, RVG), sind diese Kosten stets erstattungsfähig (§ 139 Abs. 3 Satz 1 FGO). Sind Gebühren und Auslagen gesetzlich nicht vorgesehen, so können sie nach § 139 Abs. 3 Satz 2 FGO „bis zur Höhe der gesetzlichen Gebühren und Auslagen der Rechtsanwälte erstattet werden". Über die gesetzlichen Gebühren des Rechtsanwalts oder Steuerberaters hinausgehend vereinbarte Stundensatz-Honorare sind nicht zu erstatten (FG Hamburg 3 KO 74/17 v. 13.7.17, AGS 17, 590). Tritt ein **Rechtsanwalt bzw. Steuerberater/Steuerbevollmächtigter in eigener Sache** auf, sind ihm die gesetzlichen Gebühren und Auslagen nach § 91 Abs. 2 Satz 3 ZPO iVm. § 155 Satz 1 FGO ebenfalls zu erstatten (FG Hamburg 3 KO 123/16 v. 9.5.16, EFG 16, 1280; *Gräber/Stapperfend* § 139 FGO Rz. 20). Eine Erstattung von **Reisekosten eines Rechtsanwalts,** der nicht im Bezirk des Prozessgerichts niedergelassen ist und am Ort des Prozessgerichts auch nicht wohnt, kommt aufgrund des prozessrechtlichen Kostenminderungsgebots nur beschränkt in dem Maße in Betracht, als seine Zuziehung zur zweckentsprechenden Rechtsverfolgung oder Rechtsverteidigung notwendig war. Dies ist der Fall, wenn hierfür besondere sachliche Gründe vorliegen. Solche Gründe können beispielsweise in besonderen Fachkenntnissen liegen, die ein ortsansässiger Bevollmächtigter nicht hat (FG Köln 2 Ko 2385/18 v. 20.12.18, EFG 19, 555). Die **Umsatzsteuer** gehört nach Nr. 7008 VV RVG in voller Höhe zu den Auslagen. Sie ist nach § 104 Abs. 2 Satz 3 ZPO iVm. § 155 FGO zu berücksichtigen, wenn der Antragsteller die Erklärung abgibt, dass er die Beträge nicht als Vorsteuer abziehen kann (vgl. zu den Einzelheiten *Gräber/Stapperfend* § 139 FGO Rz. 111). Grundsätzlich ist **nicht nur deutsche Umsatzsteuer,** sondern zumindest die in anderen Mitgliedstaaten der **Europäischen Union** geschuldete Umsatzsteuer erstattungsfähig (FG Köln 2 Ko 3002/18 v. 6.2.19, EFG 19, 819).

Für das **Vorverfahren** sind Gebühren und Auslagen nur erstattungsfähig, wenn das **16** Gericht die Zuziehung eines Bevollmächtigten oder Beistandes für das Vorverfahren für notwendig erklärt (§ 139 Abs. 3 Satz 3 FGO). Der Beschluss ist unanfechtbar (§ 128 Abs. 4 FGO; vgl. *Gräber/Ratschow* § 128 FGO Rz. 12). Vorverfahren iSd. § 139 Abs. 3 Satz 3 FGO ist nur das der finanzgerichtlichen Klage vorangegangene über einen Einspruch geführte Verwaltungsverfahren, welches der Überprüfung des Bescheids durch die Finanzbehörde dient (*Gräber/Stapperfend* § 139 FGO Rz. 121). In der Praxis wird in der Regel die Zuziehung eines Bevollmächtigten wegen der Schwierigkeit des Steuerrechts für notwendig erklärt. Die Entscheidung ist keine Kostenentscheidung und daher gem. § 139 Abs. 3 Satz 3 FGO vom Gericht zu treffen (ständige Rechtsprechung, vgl. *Gräber/Stapperfend* § 139 FGO Rz. 132 mwN). Der Urkundsbeamte darf daher in einem nach § 149 FGO ergangenen Kostenfestsetzungsbeschluss nicht über die Erstattungsfähigkeit von Aufwendungen im Vorverfahren entscheiden (BFH III R 24/15 v. 13.4.16, BFH/NV 16, 1284). Kein erstattungsfähiges Vorverfahren liegt vor, wenn sich ein **Rechtsanwalt/Steuerberater/Wirtschaftsprüfer** im außergerichtlichen Einspruchsverfahren **in eigener Sache** selbst vertreten hat (*Gräber/Stapperfend* § 139 FGO Rz. 126).

Das (ganz oder zum Teil) erfolglose Aussetzungsverfahren bei der Finanzbehörde, das Zugangsvoraussetzung für einen Antrag auf Aussetzung der Vollziehung an das Finanzgericht ist (§ 69 Abs. 4 FGO), ist nach der Rspr. der FG ebenso kein Vorverfahren iSv. § 139 Abs. 3 Satz 3 FGO wie das prüfungsrechtliche Überdenkungsverfahren bei der Steuerberaterprüfung nach § 29 DVStB (*Gräber/Stapperfend* § 139 FGO Rz. 121 mwN).

Zu beachten ist die **Ausnahmeregelung des § 77 EStG in Kindergeldverfah-** **17** **ren.** Danach ist anders als in der AO bei erfolgreichem Einspruch grundsätzlich eine Erstattung von **notwendigen** Kosten im außergerichtlichen Rechtsbehelfsverfahren vorgesehen, damit eine Schlechterstellung gegenüber dem früher geltenden Recht vermieden wird. Die Frage, ob die Hinzuziehung eines Bevollmächtigten oder Beistandes, der nach den Vorschriften des Steuerberatungsgesetzes zur geschäftsmäßigen Hilfeleistung in Steuersachen befugt ist, iS des § 77 Abs. 2 EStG notwendig war, ist aus der Sicht eines verständigen Bürgers vom Wissens- und Erkenntnisstand des Rechtsbehelfsführers zu beurteilen. Ein verständiger Bürger wird allerdings nicht einen Rechtsanwalt beauftragen, sondern die erforderlichen Nachweise selbst einreichen, wenn alle erforderlichen Hinweise von der Familienkasse in allgemein verständlicher Form gegeben worden sind und die Einreichung der angeforderten Daten und Unterlagen durch den Kindergeldberechtigten selbst oder mit Hilfe des erwachsenen Kindes möglich und zumutbar ist (BFH VIII R 73/00 v. 23.7.02, BFH/NV 03, 25; FG Bremen 2 K 34/17 (1) v. 11.8.17, BeckRS 2017, 135080). Einspruch iSd. § 77 Abs. 1 Satz 1 EStG ist auch ein sog. Untätigkeitseinspruch nach § 347 Abs. 1 Satz 2 AO, der auf die erstmalige Kindergeldfestsetzung zielt (FG München 7 K 2111/17 v. 25.10.17, BeckRS 2017, 139705). Ist der erfolgreiche Einspruch aber schuldhaft verursacht (§ 77 Abs. 1 Satz 3 EStG), sind die Aufwendungen insgesamt nicht erstattungsfähig. Ein Verschulden in diesem Sinne liegt zB vor, wenn der Einspruchsführer seiner Mitwirkungspflicht nicht nachgekommen ist und die Familienkasse trotz der ihr obliegenden Amtsermittlungspflicht keine andere Entscheidung treffen konnte (BFH XI B 2/14 v. 2.4.14, BFH/NV 14, 1049). Die Kostenentscheidung ist ein selbstständiger Verwaltungsakt, der ebenfalls mit Einspruch angefochten werden kann; bei ablehnender Einspruchsentscheidung ist Klage zum FG möglich (vgl. FG Düsseldorf 18 K 1795/05 v. 31.3.06, EFG 06, 909, rkr.). Auch ein Kostenerstattungsverfahren nach § 77 EStG gehört zu den **„Verfahren in Kindergeldangelegenheiten"** iS des § 52 Abs. 4 Nr. 1 GKG idF des 2. KostRMoG: Daher kommt kein Mindeststreitwert im Verfahren wegen der Erstattung der einem Kindergeldberechtigten entstandenen Kosten der Rechtsverfolgung nach § 77 EStG zum Ansatz (FG Münster 4 Ko 4071/13 GK v. 23.12.13, EFG 14, 586). Die Vorschrift des § 77 EStG ist über ihren Wortlaut hinaus auch im Falle von erfolgreichen Untätigkeitseinsprüchen anwendbar (FG Köln 14 K 1020/12 v. 21.11.12, EFG 13, 713). Vgl. zu § 77 EStG auch BFH VIII R 73/00 v. 23.7.02, BFH/NV 03, 25; III B 140/06 v. 12.2.07, BFH/NV 07, 1109; FG Münster 1 K 5994/03 Kg v. 18.6.07, EFG 07, 1533; FG München 4 K 29/04 v. 25.7.07, EFG 07, 1704). Kostenerstattung iSd. § 77 EStG kann auch beansprucht werden, wenn sich der Einspruch nicht gegen eine Kindergeldfestsetzung richtet, sondern gegen den als Abrechnungsbescheid zu qualifizierenden Hinweis, dass wegen des Erstattungsanspruchs eines Sozialleistungsträgers kein Kindergeld an den Berechtigten gezahlt wird (BFH III R 31/14 v. 23.6.15, BStBl. II 16, 26). Wendet sich der Einspruchsführer isoliert gegen die im Rahmen einer Einspruchsentscheidung ergangene Kostenentscheidung nach § 77 Abs. 1 und 2 EStG, ist statthafter Rechtsbehelf hiergegen ausschließlich die Klage, nicht (auch) der Einspruch (BFH III R 8/14 v. 13.5.15, BStBl. II 15, 844; III R 24/15 v. 13.4.16, BFH/NV 16, 1284). Ein Kostenerstattungsanspruch nach § 77 EStG kann ohne Rücksicht auf die einschränkenden Wirksamkeitsvoraussetzungen des § 46 AO formlos nach den Vorschriften des BGB an den Prozessbevollmächtigten abgetreten werden (FG Hessen 12 K 1651/11 v. 18.3.15, EFG 15, 1616). Soweit der Einspruch des Kindes gegen die Ablehnung der beantragten Abzweigung des Kindergelds an sich selbst erfolgreich ist, ist die Regelung über die Erstattung von Kosten im Vorverfahren gemäß § 77 EStG analog anwendbar (BFH III R 39/12 v. 26.6.14, BStBl. II 15, 148); eine Kostenerstattung nach § 77 EStG ist grundsätzlich auch bei einem erfolgreichen Einspruch gegen einen Kindergeld-Abzweigungsbescheid zu gewähren (zuletzt FG Münster 12 K 4369/12 Kg v. 2.7.14, EFG 14, 1696; BFH XI R 24–25/14 v. 18.11.15, BFH/NV 15, 418).

18   Zu den **außergerichtlichen Kosten des Beigeladenen** vgl. D. 2.06 Rz. 18.

19   Die Gebührenhöhe ist abhängig vom **Gegenstandswert** (§ 2 Abs. 1 RVG), dieser bestimmt sich nach den Wertvorschriften für die Gerichtsgebühren (§ 23 RVG). Wird der für die Gerichtsgebühren maßgebende Wert gerichtlich durch das FG oder den BFH festgesetzt (vgl hierzu Rz. 22), ist die Festsetzung auch für die Gebühren des Rechtsanwalts maßgebend (§ 32 Abs. 1 RVG). Der Rechtsanwalt kann zwar grundsätzlich aus eigenem Recht die Festsetzung des Werts beantragen (§ 32 Abs. 2 RVG). Das Recht des Rechtsanwalts, nach § 32 Abs. 2 Satz 1 RVG aus eigenem Recht die Festsetzung des Werts zu beantragen, eröffnet jedoch keine über die für die Beteiligten oder Staatskasse existierenden gesetzlichen Regelungen hinausgehende Antragsmöglichkeit. Demnach ist etwa in Verfahren vor den Gerichten der Finanzgerichtsbarkeit ein hierauf gestützter Antrag auf vorläufige Streitwertfestsetzung nach § 63 Abs. 1 Satz 3 GKG im Grundsatz nicht statthaft (BFH III S 11/15 v. 17.11.15, BFH/NV 16, 572). Eine Wertfestsetzung findet nach § 33 RVG zudem statt, wenn sich die Gebühren des Rechtsanwalts nicht nach dem für die Gerichtsgebühren maßgebenden Wert richten oder wenn es an einem solchen Wert fehlt, zB weil bei den Gerichtskosten eine streitwertunabhängige Festgebühr angesetzt wird. Eines besonderen Rechtsschutzinteresses bedarf es hierfür nicht (BFH X S 25/12 v. 11.12.12, BFH/NV 13, 741; IV S 2/08 v. 8.10.08, BFH/NV 09, 182; FG Sachsen 8 K 1846/13 (Kg) v. 9.1.15, AGS 15, 459). Ein Antrag auf Wertfestsetzung nach § 33 RVG ist aber erst dann zulässig, wenn die Vergütung fällig ist (§ 33 Abs. 2 RVG).

Der **Streitwert** ist grundsätzlich Bemessungsgrundlage für die Gerichtsgebühren **20** und die Gebühren der Bevollmächtigten. In Verfahren vor den Finanzgerichten richtet sich der Streitwert nach der sich aus dem Antrag des Klägers für ihn ergebenden Bedeutung der Sache (§ 52 Abs. 1 GKG). Betrifft jedoch der Antrag des Klägers eine bezifferte Geldleistung oder einen hierauf gerichteten Verwaltungsakt, ist nach § 52 Abs. 3 Satz 1 GKG deren Höhe maßgebend. Bei Anfechtung eines Steuerbescheids bildet demnach die Differenz zwischen festgesetzter und erstrebter Steuer den Streitwert. Auch wenn der Kläger eine Erhöhung der Steuer begehrt, ist der Streitwert im Ausgangspunkt mit der Differenz zwischen der festgesetzten und der angestrebten Steuer zu bemessen (BFH X S 15/17 v. 21.7.17, BFH/NV 17, 1460). Der Streitwert bezüglich einer Steuerart ist nicht um gegenläufige Folgewirkungen bei einer anderen Steuerart zu mindern (BFH II S 1/19 v. 15.1.19, BStBl. II 19, 183). Der Streitwert richtet sich danach regelmäßig nach dem Antrag des Klägers. Fehlt ein Antrag, ist der Streitwert anhand der ersichtlichen Umstände des Verfahrens zu schätzen. Bietet der Sach- und Streitstand auch für eine Schätzung keine genügenden Anhaltspunkte, so ist gemäß § 52 Abs. 2 GKG ein Streitwert von € 5.000,– anzunehmen (sog. Auffangstreitwert). Der ungekürzte Auffangstreitwert ist auch in Verfahren des einstweiligen Rechtsschutzes (AdV, einstweilige Anordnung) anzuwenden (BFH VIII E 1/19 v. 11.12.19, BFH/NV 2020, 380; **aA** FG Münster 11 V 4418/05 AO v. 30.1.07, EFG 07, 1109) anzuwenden. Gemäß § 52 Abs. 4 GKG darf der Streitwert in Verfahren vor den Finanzgerichten und dem BFH **€ 1.500,–** nicht unterschreiten, sog. **Mindeststreitwert.** Der Mindeststreitwert gilt **nicht** in **Verfahren des einstweiligen Rechtsschutzes** (AdV, einstweilige Anordnung, vgl. BFH IX E 17/07 v. 14.12.07, BStBl. II 08, 199) sowie bei **Entschädigungsklagen** und für ab dem 1.8.2013 anhängig gemachte **Kindergeldangelegenheiten** (§ 52 Abs. 4 Nr. 1 idF des 2. KostRMoG). Durch das 2. KostRMoG wurde ein neuer **Satz 2 in § 52 Abs. 3 GKG** eingefügt, wonach **offensichtlich absehbare zukünftige finanzielle Auswirkungen des Rechtsstreits** den Streitwert erhöhen sollen (vgl. hierzu Rz. 3). Ferner wurde § 52 Abs. 3 Satz 3 GKG mit dem Gesetz zur Durchführung der Verordnung (EU) Nr. 1215/2012 sowie zur Änderung sonstiger Vorschriften v. 8.7.14 (BGBl. I 14, 890) dahin geändert, dass bei Dauersachverhalten in Kindergeldangelegenheiten ein Jahresbetrag des Kindergelds zuzüglich der bei Klageerhebung bereits fälligen Kindergeldbeträge als **Streitwert** anzusetzen ist. Hat die Aufhebung der Kindergeldfestsetzung für einen in der Vergangenheit liegenden Zeitraum keine rechtlichen oder faktischen Auswirkungen auf nachfolgende Zeiten, ist § 52 Abs. 3 Satz 3 GKG nicht anwendbar (BFH III S 16/18 v. 6.5.19, BFH/NV 19, 1133).

Eine **Verfahrensverbindung gemäß § 73 FGO** wirkt **nicht in die Vergan-** **20a** **genheit,** so dass die Verbindung von zwei Verfahren auf die bereits bei Klageerhebung entstandenen Gerichtsgebühren keine Auswirkung hat. Die Gerichtskosten der einzelnen Verfahren sind – auch nach Verbindung – mit den Einzelstreitwerten abzurechnen (FG Berlin-Brandenburg 9 KO 9140/18 v. 25.4.19, BeckRS 2019, 14946).

Werden mehrere in einem Verfahren zusammengefasste Klagegegenstände getrennt, so ist für jedes einzelne Verfahren rückwirkend zum Zeitpunkt der Verfahrenseinleitung ein eigener Einzelstreitwert anzusetzen (BFH X E 5/16 v. 13.4.16, BFH/NV 16, 1057). Werden in einer Klage mehrere selbständige Klagebegehren (§ 43 FGO) zusammen verfolgt (objektive Klagehäufung), sind die Beträge der einzelnen Begehren – ohne Berücksichtigung des Mindeststreitwerts für einzelne Klagebegehren – zu einem Gesamtstreitwert zu addieren (§ 39 Abs. 1 GKG), sofern sie nicht gemäß § 45 Abs. 1 Satz 3 GKG denselben Gegenstand betreffen. Dies gilt auch dann, wenn für einzelne oder alle Klagebegehren der Auffangstreitwert aus § 52 Abs. 2 GKG anzunehmen ist (vgl. I.2. des Streitwertkatalogs für die Finanzgerichtsbarkeit). Nach § 43 Abs. 1 GKG wird der Wert der Nebenforderungen nicht berücksichtigt, sofern außer dem Hauptanspruch auch Früchte, Nutzungen, Zinsen oder Kosten als Nebenforderungen betroffen sind. Etwas anderes gilt jedoch dann, wenn die Zinsen nicht als Nebenforderung betroffen sind, sondern den Hauptanspruch erhöhen. Das ist im Verfahren vor den Finanzgerichten der Fall, wenn der Kläger die Zinsfestsetzung mit eigenständigen Angriffsmitteln in Frage gestellt und wenn das FG darüber in der Hauptsache entschieden hat (BFH VIII S 15/12 v. 17.8.12, BFH/NV 12, 1822). Hilfsanträge wirken sich nur streitwerterhöhend aus, wenn das Gericht über sie entscheidet (§ 45 Abs. 1 Satz 2 GKG). Umfasst der Hilfsantrag (teilweise) denselben Gegenstand, ist nur der Wert des weitergehenden Antrags maßgebend (§ 45 Abs. 1 Satz 3 GKG; vgl. I.7. des Streitwertkatalogs für die Finanzgerichtsbarkeit). Betrifft der Hilfsantrag einen anderen selbständigen Streitgegenstand als der Hauptantrag, kann der Kläger aber durch den Hilfsantrag im Ergebnis keine höhere als mit dem Hauptantrag beantragte Verlustzuweisung erreichen, ist es gerechtfertigt, den an sich Streitwert erhöhenden Hilfsantrag (§ 45 Abs. 1 Satz 2 GKG) dem Streitwert nicht erhöhend hinzuzurechnen (BFH IX S 16/19 v. 5.8.19, BFH/NV 19, 1354). Zur **Streitwertberechnung** im Einzelnen vgl. zB *Gräber/Ratschow* Vor § 135 FGO Rz. 160, Streitwert-ABC, *Eckert/Tremmel*, Steuerberatervergütungsverordnung, 6. Aufl., KostR, Tz. 4.10., Streitwert-ABC, sowie *Tipke/Kruse* Vor § 135 FGO Rz. 145 ff.).

21   Der im Juni 2009 von den Präsidenten der Finanzgerichte beschlossene **Streitwertkatalog** für die Finanzgerichtsbarkeit ist keine verbindliche Rechtsgrundlage (BFH VII E 1/16 v. 7.3.16, BFH/NV 16, 1039), sondern enthält lediglich eine Zusammenstellung der finanzgerichtlichen Rechtsprechung und soll zur Vereinheitlichung der Rechtsprechung zur Bemessung des Streitwerts beitragen. Mit den angegebenen Werten werden damit Empfehlungen ausgesprochen. Der Streitwertkatalog wurde letztmals im Dezember 2019 überarbeitet und ist im Internet abrufbar auf der Homepage der meisten Finanzgerichte (zB FG Hamburg: www.justiz.hamburg.de/contentblob/13380226/246d0717ba47c830446d522750818389/data/streitwertkatalog-stand-ende-2019.pdf; FG Münster: www.fg-muenster.nrw.de), zT mit Hinweisen auf Besonderheiten am jeweiligen FG (zB FG Düsseldorf: www.fg-duesseldorf.nrw.de).

22   In der **Finanzgerichtsbarkeit** besteht, anders als zB in der Zivilgerichtsbarkeit, grundsätzlich **keine Verpflichtung zur Festsetzung des vorläufigen oder endgültigen Streitwerts durch Beschluss des Senats** (vgl. § 63 Abs. 1 Satz 3, Abs. 2 Satz 2 GKG; FG Nürnberg 2 K 565/18 v. 6.12.18, EFG 20, 550). Eine Ausnahme besteht insoweit lediglich für die Entschädigungsklageverfahren wegen überlanger gerichtlicher Verfahrensdauer nach § 155 Satz 2 FGO iVm. §§ 198 ff. GVG, für die der BFH ausnahmsweise erstinstanzlich zuständig ist (vgl BFH X K 10/12 v. 5.3.13, BFH/NV 13, 953). Grundsätzlich wird bei jeder Instanz (BFH, FG) der Streitwert selbständig ermittelt (vgl. § 19 Abs. 1 GKG; BFH V E 2/09 v. 20.8.10, BFH/NV 11, 265). Es besteht grundsätzlich keine Bindung des BFH an einen vom FG ermittelten oder beschlossenen Streitwert. Ein Beteiligter kann zwar Festsetzung des Streitwerts durch das Gericht beantragen; hierfür wird aber grundsätzlich die Darlegung eines besonderen Rechtsschutzbedürfnisses verlangt (vgl. zuletzt BFH IV S 15/10 v. 17.11.11,

BStBl. II 12, 246; XI S 1/15 v. 17.8.15, BStBl. II 15, 906; *Gräber/Ratschow* Vor § 135 FGO Rz. 149 ff.). Der Beigeladene, dem das Gericht einen Kostenerstattungsanspruch dem Grunde nach zugesprochen hat, hat ein rechtliches Interesse an der gerichtlichen Festsetzung des Streitwerts, wenn er den vom Kostenbeamten im Kostenansatz zugrunde gelegten Streitwert für unzutreffend hält (BFH IX S 16/19 v. 5.8.19, BFH/NV 19, 1354). Das für eine förmliche Streitwertfestsetzung erforderliche Rechtsschutzbedürfnis kann gegeben sein, wenn die Höhe des Streitwerts nicht nur auf der Grundlage eines einfachen Rechenvorgangs ermittelt werden kann und zwischen den Beteiligten umstritten ist, oder Fälle der vorliegenden Art in der Rechtsprechung noch nicht entschieden sind (BFH X S 22/16 v. 18.1.17, BFH/NV 17, 615). Ein derartiges Rechtsschutzbedürfnis besteht jedoch in der Praxis in den meisten Fällen nicht. Eine Streitwertfestsetzung durch FG oder BFH erfolgt dementsprechend in aller Regel nicht. Sofern das Gericht den Streitwert auch nach Abschluss des Verfahrens nicht förmlich festsetzt, wird der Streitwert regelmäßig durch den Urkundsbeamten der Geschäftsstelle bzw. den Kostenbeamten im Rahmen des Kostenansatz- oder Kostenfestsetzungsverfahrens als unselbständiger Teil der Entscheidung formlos festgestellt. Sofern der Stpfl. oder der Bevollmächtigte mit dem im Kostenfestsetzungsbeschluss bzw. in der Kostenrechnung angesetzten Streitwert nicht einverstanden sind, können sie den Streitwert im Rahmen einer Erinnerung durch das Gericht überprüfen lassen. Zur gerichtlichen **Streitwertfestsetzung nach § 63 GKG,** die dann zwingend für die Gerichtsgebühren maßgeblich und auch der Gebührenrechnung des Bevollmächtigten zugrunde zu legen ist, vgl. *Gräber/Ratschow* Vor § 135 FGO Rz. 145 ff.). Wird gegen die Kostenfestsetzung durch den Urkundsbeamten Erinnerung eingelegt, kann darin ein konkludenter Antrag auf gerichtliche Festsetzung des Streitwerts liegen (vgl. *Gräber/Ratschow* Vor § 135 FGO Rz. 148 mwN). Das Verfahren zur Streitwertfestsetzung ist gerichtsgebührenfrei; im GKG ist nämlich kein Gebührentatbestand erfasst (BFH III B 49/95 v. 10.10.95, BFH/NV 96, 246).

Der Streitwertbeschluss eines Finanzgerichts oder des BFH ist **nicht mit der Be-** **23** **schwerde** angreifbar (§ 66 Abs. 3 Satz 3 GKG). Gegen die Streitwertfestsetzung durch Gerichtsbeschluss sind aber die **Anhörungsrüge (§ 69a GKG)** und die **Gegenvorstellung** (als nicht förmlicher Rechtsbehelf) gegeben (vgl. *Gräber/Ratschow* Vor § 135 FGO Rz. 157). Die Anhörungsrüge ist fristgebunden (zwei Wochen nach Kenntnis von der Verletzung des rechtlichen Gehörs, § 69a Abs. 2 Satz 1 GKG) und inhaltlich zudem beschränkt auf die Rüge der Verletzung des rechtlichen Gehörs. Ob die Gegenvorstellung gegen einen Streitwertbeschluss fristgebunden ist (entsprechend § 63 Abs. 3 Satz 2 GKG), ist streitig. Darüber hinaus gibt es auch die Möglichkeit, dass das Gericht die Streitwertfestsetzung **von Amts wegen** (ggf. auch auf einen Antrag bzw. Hinweis der Beteiligten) ändert (§ 63 Abs. 3 GKG; vgl. FG Düsseldorf 10 K 1892/19 AO v. 12.8.19, EFG 19, 1649). Die Änderung ist aber nur **innerhalb von sechs Monaten** zulässig, nachdem die Entscheidung in der Hauptsache Rechtskraft erlangt oder das Verfahren sich anderweitig erledigt hat (§ 63 Abs. 3 Satz 2 GKG). Ggf. kann innerhalb dieser Frist auch der BFH als Rechtsmittelgericht einen finanzgerichtlichen Streitwertbeschluss ändern, wenn das Hauptsacheverfahren beim BFH schwebt (§ 63 Abs. 3 Satz 1 Nr. 2 GKG).

Das **RVG gilt** nicht nur für Rechtsanwälte, sondern im finanzgerichtlichen Verfahren **24** sowie vor dem BFH gemäß §§ 45 und 46 der Steuerberatervergütungsverordnung (StBVV) entsprechend **auch für Steuerberater,** wenn diese den Steuerpflichtigen vertreten (vgl. FG Nds. 9 KO 3/16 v. 4.10.16, StBg 2017, 40). Für das gerichtliche Verfahren gilt danach auch der Mindeststreitwert von 1.500 EUR (§ 52 Abs. 4 Nr. 1 GKG), und zwar für Rechtsanwälte und Steuerberater gleichermaßen. Der Ansatz des Mindeststreitwerts auch im Vorverfahren scheidet bei einem Steuerberater aber aus (FG Nds. 9 KO 3/16 v. 4.10.16, DStR 17, 624). Die Höhe der Vergütung bestimmt sich gemäß § 2 Abs. 2 Satz 1 RVG nach dem Vergütungsverzeichnis (VV) der Anlage 1 zum RVG. Die

Höhe der Wertgebühr richtet sich nach dem Gegenstandswert, sie ist in § 13 RVG geregelt. In Anlage 2 zu § 13 Abs. 1 Satz 3 GKG ist in einer Tabelle aufgelistet, wie hoch eine Gebühr nach dem RVG bei Gegenstandswerten von 0 bis 500.000 € jeweils ist.

25   Bei einer Tätigkeit eines Bevollmächtigten bereits im **außergerichtlichen Einspruchsverfahren ("Vorfahren")** vor einem finanzgerichtlichen Verfahren und ggf. auch einem Rechtsmittelverfahren beim BFH kann der Kläger bei Ergehen entsprechender Kostenentscheidungen einen **Kostenerstattungsanspruch** sowohl für das Vorverfahren als auch beide gerichtliche Instanzen haben. Für das **behördliche Einspruchsverfahren** als **Vorverfahren** war allerdings bei unbedingter Auftragserteilung **ab dem 20.12.12** und **vor dem 1.7.2020 zwischen Steuerberatern und Rechtsanwälten zu differenzieren.** Während sich bei Rechtsanwälten die Vergütung generell nach dem RVG richtet, galt dies bei Steuerberatern nur für das gerichtliche Verfahren ua. vor Gerichten der Finanzgerichtsbarkeit (vgl. § 45 StBVV). **Steuerberater** haben ein behördliches Vorverfahren, für das der Auftrag **ab dem 20.12.12 und vor dem 1.7.2020** erteilt worden ist, nach der **Steuerberatervergütungsverordnung** (**StBVV** – siehe hierzu Formular D. 2.16 unter Ib) abzurechnen. Die StBGebV hat mit Wirkung ab 20.12.12 den neuen Titel **StBVV** erhalten. Die Vergütung des Steuerberaters war gemäß § 47a StBVV nach dem bisherigen Recht (StBGebV) zu berechnen, wenn der Auftrag zur Erledigung der Angelegenheit vor dem Inkrafttreten der StBVV am 20.12.12 erteilt worden ist, bei einer Auftragserteilung ab dem 20.12.12 somit nach der StBVV. Durch Art. 8 der Fünften Verordnung zur Änderung steuerlicher Verordnungen v. 23.6.20 (BGBl. I 20, 1495) wurde u. a. § 40 StBVV geändert. Auf die Vergütung des **Steuerberaters** für Verfahren vor den Verwaltungsbehörden sind nunmehr die **Vorschriften des Rechtsanwaltsvergütungsgesetzes sinngemäß** anzuwenden. Dies gilt gem. § 47a Satz 1 StBVV, wenn dem Steuerberater der **Auftrag ab dem 1.7.2020 erteilt** worden ist; der Steuerberater hat in diesem Fall die Abrechnung eines Vorverfahrens wie ein Rechtsanwalt abzurechnen (siehe hierzu Formular D. 2.16 unter Ic sowie nachfolgen Rz 28).

26   Für die Vertretung im **Rechtsbehelfsverfahren vor Verwaltungsbehörden,** für das der **Auftrag ab dem 20.12.12 und vor dem 1.7.2020 erteilt** worden ist, erhält der **Steuerberater** unter Geltung der StBVV in der vor Inkrafttreten der Fünften Verordnung zur Änderung steuerlicher Verordnungen v. 23.6.20 gültigen Fassung (im Folgenden: StBVV a. F.) nach § 40 Abs. 1 Satz 1 StBVV a. F. eine Geschäftsgebühr von $^{5}/_{10}$ bis $^{25}/_{10}$ einer vollen Gebühr nach Tabelle E (Anlage 5 zur StBVV a. F.). Innerhalb des vorgegebenen Gebührenrahmens kann der Steuerberater gemäß § 11 StBVV a. F. die Höhe der Gebühr nach den Umständen des Einzelfalls, unter Berücksichtigung des Umfangs und der Schwierigkeit der Tätigkeit, bestimmen. Zur Beantwortung der Frage, wann eine Bestimmung unbillig ist, ist grundsätzlich der Mittelwert der Gebühr als Richtschnur heranzuziehen. Von diesem kann nach oben abgewichen werden, wenn der Steuerberater darlegt und beweist, dass die Tätigkeit im Vergleich zur Bearbeitung von durchschnittlichen Fällen schwierig oder umfangreich war (FG Hessen 1 Ko 2202/11 v. 31.1.13, EFG 13, 644). Eine Gebühr von mehr als $^{13}/_{10}$ einer vollen Gebühr kann nur gefordert werden, wenn die Tätigkeit umfangreich oder schwierig war (§ 40 Abs. 1 Satz 2 StBVV a. F.). Eine höhere Geschäftsgebühr als 13/10 einer vollen Gebühr kann nur verlangt werden, wenn die Bearbeitung der Sache einen über das übliche Maß hinausgehenden Zeit- und/oder Sachaufwand erfordert, oder wenn der Fall derartige rechtliche und/oder tatsächliche Schwierigkeiten aufwirft, dass er nach den üblichen Maßstäben nicht zügig erledigt werden kann (FG Hessen 1 Ko 2202/11 v. 31.1.13, EFG 13, 644). Beschränkt sich der Auftrag auf ein Schreiben einfacher Art, das weder schwierige rechtliche Ausführungen noch größere sachliche Auseinandersetzungen enthält, beträgt nach 40 Abs. 1 Satz 3 StBVV a. F. die Gebühr $^{3}/_{10}$ einer vollen Gebühr. Die Abs. 2 bis 4 sowie Abs. 6 des § 40 StBVV a. F. sehen mehrere **Ermäßigungen bzw. Begrenzungen der Ge-**

schäftsgebühr von grundsätzlich 1,3 vor, wenn der Steuerberater bereits im Verwaltungsverfahren vor dem Einspruchsverfahren tätig war und Gebühren zB nach § 28 StBVV a. F. (Zeitgebühr für Prüfung von Steuerbescheiden), § 24 StBVV a. F. (Anfertigung von Steuererklärungen), § 31 StBVV a. F. (Besprechungen) oder § 23 StBVV a. F. (sonstige Einzeltätigkeiten) entstanden sind. Die Ermäßigung nach § 40 Abs. 2 StBVV a. F. ist auch für die Prüfung des Steuerbescheids vorzunehmen, die zur Einspruchseinlegung und anschließend zur Klageerhebung geführt hat (FG Köln 2 Ko 2385/18 v. 20.12.18, EFG 19, 555). Diese Prüfung des Steuerbescheids ist insoweit nicht Teil des Vorverfahrens, da dieses erst mit der Einlegung des Einspruchs beginnt und damit die Gebühr für die Prüfung des Steuerbescheids nicht zu den als Teil der Verfahrenskosten gem. § 139 Abs. 3 Satz 3 FGO erstattungsfähigen Gebühren und Auslagen zählt (FG Hessen 1 Ko 2202/11 v. 31.1.13, EFG 13, 644). Hierbei reicht es bereits aus, dass der Gebührentatbestand erfüllt ist (FG Köln 10 Ko 3092/01 v. 15.10.01, EFG 02, 115). Die Geschäftsgebühr für das außergerichtliche Vorverfahren ermäßigt sich gem. § 40 Abs. 2 StBGebV auch im Verfahren wegen der Festsetzung eines Verspätungszuschlags (FG Düsseldorf 4 Ko 3125/12 K, F v. 7.1.13, EFG 13, 399). Wird der Steuerberater andererseits in derselben Angelegenheit für mehrere Auftraggeber tätig, zB hinsichtlich eines Einkommensteuerbescheids von Ehegatten, und ist der Gegenstand der beruflichen Tätigkeit derselbe, so erhöht sich nach § 40 Abs. 5 Satz 1 StBVV a. F. die Geschäftsgebühr für jeden weiteren Auftraggeber grundsätzlich um $^3/_{10}$, in den Fällen des § 40 Abs. 2 StBVV a. F. (ermäßigte Geschäftsgebühr wegen Prüfung von Steuerbescheiden) um 2/10 und in den Fällen des § 40 Abs. 3 StBVV a. F. (wegen Gebühren für Erstellung von Steuererklärungen ermäßigte Geschäftsgebühr) um $^1/_{10}$ einer vollen Gebühr. Die Erhöhung wird nach dem Betrag berechnet, an dem die mehreren Auftraggeber gemeinschaftlich beteiligt sind; mehrere Erhöhungen dürfen den Betrag von $^{20}/_{10}$, in den Fällen des § 40 Abs. 2 StBVV a. F. den Betrag von $^{16}/_{10}$ und in den Fällen des § 40 Abs. 3 StBVV a. F. den Betrag von $^6/_{10}$ einer vollen Gebühr nicht übersteigen (§ 40 Abs. 5 Sätze 2 und 3 StBVV a. F.). Die Auslagentatbestände für Steuerberater sind in den §§ 15 bis 20 StBVV geregelt. Für Ablichtungen verweist § 17 Abs. 2 Satz 1 StBVV auf die Dokumentenpauschale im VV RVG und die dort bestimmten Beträge (VV RVG Nr. 7000, siehe Rz. 32). Die Entgelte für Post- und Telekommunikationsdienstleistungen kann der Steuerberater gegen Nachweis in voller Höhe ansetzen, ansonsten werden sie mit 20% der Gebühren, aber maximal mit 20 € nach § 16 StBVV berücksichtigt. Die Auslagen bei Geschäftsreisen sind gemäß §§ 18 und 19 StBVV zu berücksichtigen, als Fahrtkosten werden bei Benutzung eines eigenen Kraftfahrzeugs je gefahrenen Kilometer € 0,30 angesetzt (§ 18 Abs. 2 Nr. 1 StBVV a. F.). Eine Geschäftsreise liegt vor, wenn das Reiseziel außerhalb der Gemeinde liegt, in der sich die Kanzlei oder die Wohnung des Steuerberaters befindet (§ 18 Abs. 1 Satz 2 StBVV a. F.).

Zu den Auslagen gehört auch die **Umsatzsteuer** auf die Vergütung (§ 15 StBVV); **27** das gilt nicht, wenn die Umsatzsteuer nach § 19 Abs. 1 UStG nicht erhoben wird.

§ 40 StBGebV sowie §§ 15 bis 20 StBGebV entsprechen inhaltlich den **§§ 15 bis 20, 40 StBVV a. F.** Für die Vertretung im Rechtsbehelfsverfahren vor Verwaltungsbehörden **unter Geltung der StBGebV** gelten daher die vorstehenden Ausführungen (Rz. 26, 27) sinngemäß, bei einem entsprechenden Antrag ist nur jeweils anstelle der StBVV die StBGebV als Rechtsgrundlage anzuführen (siehe Formular D. 2.16 unter Ia).

Ein **Rechtsanwalt** erhält im **Vorverfahren** als Vertreter des Steuerpflichtigen eine **28** Geschäftsgebühr von 0,5 bis 2,5. Allerdings kann eine Gebühr von mehr als 1,3 nur gefordert werden, wenn die Tätigkeit umfangreich oder schwierig war (Nr. 2300 Vergütungsverzeichnis – VV RVG). Eine Erhöhung der Geschäftsgebühr auf 2,5 wegen überdurchschnittlicher Schwierigkeit kann gefordert werden, wenn die Tätigkeit des Rechtsanwalts schwierige verfassungsrechtliche Fragestellungen umfasste (FG

Hamburg 4 K 84/17 v. 22.1.18, EFG 18, 683). Erzielt ein Rechtsanwalt erhebliche Synergieeffekte durch gleichgelagerte Einspruchsverfahren, so ist die durch die Parallelität der Sachverhalte und rechtlichen Fragestellungen bedingte erhebliche Reduzierung des zeitlichen Aufwands im Rahmen der Gesamtwürdigung aller Umstände bei der Bemessung der Höhe der Geschäftsgebühr zu berücksichtigen (FG Hamburg 4 K 85/17 v. 25.1.18, EFG 18, 686). Soweit der Rechtsanwalt wegen desselben Gegenstands bereits im Verwaltungsverfahren vor dem Einspruchsverfahren tätig war und insoweit bereits eine Geschäftsgebühr nach Teil 2 VV RVG entstanden ist, wird diese Gebühr zur Hälfte, bei Wertgebühren jedoch höchstens mit einem Gebührensatz von 0,75, auf eine Geschäftsgebühr für eine Tätigkeit im weiteren Verwaltungsverfahren, das der Nachprüfung des Verwaltungsakts dient, angerechnet. Bei einer Betragsrahmengebühr beträgt der Anrechnungsbetrag höchstens € 175,– (vgl. Vorbemerkung 2.3 Abs. 4 VV RVG).

29   Für die Vertretung im **Klageverfahren vor den Finanzgerichten** erhalten Rechtsanwälte und Steuerberater als Prozessbevollmächtigte gleichermaßen eine **Verfahrensgebühr** von **1,6** (Nr. 3200 VV RVG) sowie eine **Terminsgebühr** von 1,2 (Nr. 3202 VV RVG). Nach § 7 Abs. 1 RVG erhält ein Rechtsanwalt, der in derselben Angelegenheit für mehrere Auftraggeber tätig wird, die Gebühr nur einmal. Gemäß § 15 Abs. 1 RVG entgelten die Gebühren, soweit dieses Gesetz nichts anderes bestimmt, die gesamte Tätigkeit des Rechtsanwalts vom Auftrag bis zur Erledigung der Angelegenheit. Nach § 15 Abs. 2 RVG kann der Rechtsanwalt die Gebühren in derselben Angelegenheit nur einmal fordern. Anwaltliche Leistungen betreffen idR „dieselbe Angelegenheit", wenn zwischen ihnen ein innerer Zusammenhang besteht und sie sowohl inhaltlich als auch in der Zielsetzung so weitgehend übereinstimmen, dass von einem einheitlichen Rahmen der Tätigkeit gesprochen werden kann. Eine einheitliche Angelegenheit kann trotz getrennter Vollmachten auch bei unterschiedlichen Adressaten parallel erlassener Steuerbescheide vorliegen, wenn die jeweilige Regelung auf einem einheitlichen Lebenssachverhalt beruht, eine inhaltlich identische Rechtsfrage zu klären ist und zwischen den Adressaten eine Streitgenossenschaft gem. § 59 FGO iVm. §§ 59, 60 ZPO besteht (FG SchlHol. 1 K 149/16 v. 27.11.19, EFG 20, 131). Wird der Rechtsanwalt, nachdem er in einer Angelegenheit schon einmal tätig geworden ist, beauftragt, in derselben Angelegenheit weiter tätig zu werden, erhält er nicht mehr an Gebühren, als er erhalten würde, wenn er von vornherein hiermit beauftragt worden wäre (§ 15 Abs. 5 Satz 1 RVG). Ist der frühere Auftrag seit mehr als zwei Kalenderjahren erledigt, gilt die weitere Tätigkeit als neue Angelegenheit und im RVG bestimmte Anrechnungen von Gebühren entfallen (§ 15 Abs. 5 Satz 2 RVG). Auch wenn zwischen dem Abschluss eines finanzgerichtlichen Verfahrens im ersten Rechtszug und dem Beginn des finanzgerichtlichen Verfahrens im zweiten Rechtszug nach Zurückverweisung durch den BFH in der Revisionsinstanz ein Zeitraum von mehr als zwei Jahren liegt, ist die Verfahrensgebühr aus dem ersten Rechtszug auf die Verfahrensgebühr des zweiten Rechtszugs anzurechnen, wenn der Prozessbevollmächtigte den Kl. in allen Verfahrensabschnitten vertreten hat und deswegen eine erneute Einarbeitung in den Streitstoff für den zweiten Rechtsgang nicht erforderlich ist (FG Köln 2 Ko 32/19 v. 1.2.19, EFG 19, 816).

29a   Sind Auftraggeber **in derselben Angelegenheit** mehrere Personen, erhöht sich die Verfahrensgebühr für jede weitere Person um 0,3, die Erhöhung ist nach dem Betrag zu berechnen, an dem die Personen gemeinschaftlich beteiligt sind; mehrere Erhöhungen dürfen jedoch einen Gebührensatz von 2,0 nicht übersteigen (Nr. 1008 VV RVG). Die Verfahrensgebühr entsteht für das Betreiben des Geschäfts einschließlich der Information (vgl. Vorbemerkung 3 Abs. 2 VV RVG). Soweit der Rechtsanwalt wegen desselben Gegenstands bereits im behördlichen Einspruchsverfahren tätig war und insoweit bereits eine Geschäftsgebühr nach Teil 2 VV RVG entstanden ist, wird diese Gebühr zur Hälfte, bei Wertgebühren jedoch höchstens mit einem Gebührensatz von 0,75, auf die Verfahrensgebühr des gerichtlichen Verfahrens angerechnet. Eine Anrechnung findet aber nur statt, wenn die Geschäfts- und die Verfahrensgebühr bei demselben Rechtsanwalt bzw. derselben Sozietät oder derselben Partnerschaft entstanden sind, also nicht, wenn die Geschäftsgebühr bei dem einen und die Verfahrensgebühr wegen Anwaltswechsels bei einem anderen Rechtsanwalt angefallen ist. Von einem solchen – die Anrechnung der Geschäftsgebühr ausschließenden – Anwaltswechsel ist auszugehen, wenn eine Sozietät das Vorverfahren geführt hat und nach Einleitung des Klageverfahrens beendet worden ist, ein bisheriger Sozius das Klageverfahren beendet und damit die Verfahrensgebühr verdient hat (FG Köln 2 Ko 3002/18 v. 6.2.19, EFG 19, 819). Bei Betragsrahmengebühren beträgt der **Anrechnungsbetrag** höchstens € 175,–. Sind mehrere Gebühren entstanden, ist für die Anrechnung die zuletzt entstandene Gebühr maßgebend. Bei einer Betragsrahmengebühr ist nicht zu berücksichtigen, dass der Umfang der Tätigkeit im gerichtlichen Verfahren infolge der vorangegangenen Tätigkeit geringer ist. Bei einer wertabhängigen Gebühr erfolgt die Anrechnung nach dem Wert des Gegenstands, der auch Gegenstand des gerichtlichen Verfahrens ist (vgl. Vorbemerkung 3 Abs. 4 Sätze 1 bis 5 VV RVG). Bei einer **vorzeitigen Beendigung des Auftrags** oder einer nur eingeschränkten Tätigkeit des Anwalts reduziert sich die Verfahrensgebühr auf 1,1 (vgl. zu den Voraussetzungen hierfür **Nr. 3201 VV RVG** sowie die darin enthaltene Anmerkung). Wird vom BFH das angefochtene FG-Urteil aufgehoben und die Sache zur anderweitigen Verhandlung und Entscheidung zurückverwiesen (§ 126 Abs. 3 Satz 1 Nr. 2 FGO), ist das weitere Verfahren beim FG ein neuer Rechtszug (§ 21 Abs. 1 RVG); die beim FG im ersten Rechtszug bereits entstandene Verfahrensgebühr ist dann auf die im zweiten Rechtszug neu entstehende Verfahrensgebühr anzurechnen (Vorbemerkung 3 Abs. 6 VV RVG).

29b Für ein Verfahren auf **gerichtliche Aussetzung der Vollziehung nach § 69 Abs. 3, 5 FGO** sowie eine **einstweilige Anordnung** (§ 114 Abs. 1 FGO) durch FG oder BFH ist eine **1,6-fache Verfahrensgebühr** nach Nr. 3200 VV RVG vorgesehen (vgl. zuletzt FG Nds. 5 KO 5/16 v. 23.11.16, BeckRS 2016, 124135), die sich bei einer vorzeitigen Beendigung des Auftrags oder einer nur eingeschränkten Tätigkeit des Anwalts auf eine 1,1-fache Verfahrensgebühr reduziert (Nr. 3201 VV RVG). Die **Verfahrensgebühr** für Verfahren über eine **Rüge wegen Verletzung des Anspruchs auf rechtliches Gehör** (§ 133a FGO) beträgt bei FG sowie beim BFH **0,5** (KV 3330 VV RVG), die **Terminsgebühr ebenfalls 0,5** (KV 3331 VV RVG). In Verfahren über **Prozesskostenhilfe** bei FG oder BFH legt Nr. 3335 VV RVG eine 1,0-fache Verfahrensgebühr fest; sofern eine Terminsgebühr anfällt, bestimmt sie sich nach Vorbemerkung 3.3.6 VV RVG nach den für dasjenige Verfahren geltenden Vorschriften, für das die PKH beantragt wird. Bei einer vorzeitigen Beendigung des Auftrags für ein PKH-Verfahren ermäßigt sich die Verfahrensgebühr auf 0,5 (Nr. 3337 VV RVG). Das Verfahren über die PKH und das Verfahren, für das die PKH beantragt worden ist, sind **dieselbe Angelegenheit iS des § 16 Nr. 2 RVG.** Die 1,0-fache Verfahrensgebühr für das PKH-Bewilligungsverfahren (Nr. 3335 VV RVG) geht deswegen in der Verfahrensgebühr für das Verfahren auf, für das PKH bewilligt wird.

30 Die **Verfahrensgebühr** für ein **Revisionsverfahren** sowie eine **Beschwerde nach § 128 Abs. 3 FGO** (wegen Aussetzung der Vollziehung nach § 69 FGO bzw. einstweiliger Anordnung nach § 114 FGO) beim **BFH** beträgt 1,6 (Nr. 3206 VV RVG sowie Vorbemerkung 3.2.2, Nr. 3 VV RVG) und mindert sich bei vorzeitiger Beendigung des Auftrags sowie bei eingeschränkter Tätigkeit des Anwalts ebenfalls auf 1,1 (Nr. 3207 VV RVG, der auf die Anmerkung zu Nr. 3201 VV RVG verweist). Die **Verfahrensgebühr** für eine **Nichtzulassungsbeschwerde** beim **BFH** beträgt ebenfalls 1,6 (Nr. 3506 VV RVG) und mindert sich bei vorzeitiger Beendigung des Auftrags ebenfalls auf 1,1 (Nr. 3507 VV RVG); die Verfahrensgebühr ist jedoch auf ein nachfolgendes Revisionsverfahren in vollem Umfang anzurechnen (Anmerkung in Nr. 3506 VV RVG). Die **Terminsgebühr** für ein **Revisionsverfahren** beim BFH beträgt 1,5 (Nr. 3210 VV RVG). Im Bereich der **Entschädigungsklagen wegen überlanger gerichtlicher Verfahrensdauer** wird der **BFH** ausnahmsweise **erstinstanzlich** tätig (§ 155 Satz 2 FGO iVm. §§ 198 ff. GVG); insoweit steht dem Bevollmächtigten eine 1,6-fache Verfahrensgebühr (Nr. 3300 VV RVG, dort. 3) sowie eine 1,2-fache Terminsgebühr zu (Vorbemerkung 3.3.1 VV RVG iVm. Nr. 3104 VV RVG).

31   Die **Terminsgebühr** entsteht auch dann, wenn gemäß § 79a Abs. 2, § 90a oder § 94a FGO ohne mündliche Verhandlung entschieden wird, und zwar sowohl für die Wahrnehmung von gerichtlichen Terminen als auch für die Wahrnehmung von außergerichtlichen Terminen und Besprechungen, wenn nichts anderes bestimmt ist. Ergeht ein Gerichtsbescheid, mit dem der Klage eines durch einen Rechtsanwalt vertretenen Klägers stattgegeben wird, und stellt das FA hiergegen den Antrag auf Durchführung der mündlichen Verhandlung und erlässt sodann einen der Klage abhelfenden Bescheid mit der Konsequenz, dass die Beteiligten daraufhin übereinstimmend den Rechtsstreit in der Hauptsache für erledigt erklären, so steht dem Prozessbevollmächtigten eine Terminsgebühr zu (FG Saarland 1 KO 1229/17 v. 16.10.2017, DStR 18, 543). Dass der Gerichtsbescheid nach § 90a Abs. 3 Hs. 2 FGO in diesem Fall als nicht ergangen gilt, steht dem nicht entgegen. Eine Terminsgebühr entsteht jedoch nicht für die Wahrnehmung eines gerichtlichen Termins nur zur Verkündung einer Entscheidung (vgl. Vorbemerkung 3 Abs. 3 Sätze 1 und 2 VV RVG). Weder ein Telefonat einer Prozesspartei mit dem Berichterstatter des FG kann eine Terminsgebühr begründen (FG Sachsen-Anhalt 4 Ko 1272/13 v. 17.12.13, EFG 14, 1143; FG Köln 10 Ko 2594/13 v. 2.9.13, EFG 13, 2042; FG BaWü 8 KO 2155/14 v. 4.12.14, DStR 15, 1943; **aA** FG D'dorf 11 Ko 186/19 KF v. 14.1.20, DStR 20, 614) noch ein Kostenbeschluss nach übereinstimmender Erklärung der Erledigung der Hauptsache nach § 138 FGO (FG Thüringen 4 Ko 557/13 v. 14.10.14, EFG 15, 72), noch Telefonate und E-Mail-Verkehr, wenn es dabei ausschließlich um die rechtliche Umsetzung einer Entscheidung des BVerfG auf den Streitfall geht (FG Hamburg 4 K 100/17 v. 12.1.18, EFG 18, 679). Hat das BVerfG über ein Normenkontrollverfahren nicht mündlich verhandelt, kann keine Terminsgebühr geltend gemacht werden (FG Hamburg 4 K 84/17 v. 22.1.18, EFG 18, 683).

31a   Eine **Erledigungsgebühr** kann entstehen, wenn sich eine Rechtssache ganz oder teilweise nach Aufhebung oder Änderung des mit einem Rechtsbehelf angefochtenen Verwaltungsakts durch die anwaltliche Mitwirkung erledigt. Fehlt es an der Kausalität der besonderen anwaltlichen Mitwirkung für den Erledigungserfolg, entsteht eine Erledigungsgebühr nicht (FG Hamburg 4 K 100/17 v. 12.1.18, EFG 18, 679). Das Gleiche gilt, wenn sich eine Rechtssache ganz oder teilweise durch Erlass eines bisher abgelehnten Verwaltungsakts erledigt (vgl. Nr. 1002 VV RVG). Die Einschränkung des ursprünglichen Klagebegehrens um mehr als 10% kann lediglich ein Indiz für die Entstehung einer Erledigungsgebühr sein. Im Einzelfall müssen weitere Anhaltspunkte vorliegen, die auf eine über die allgemeine Prozessführung hinausgehende zusätzliche Beratungsleistung des Bevollmächtigten bzw. ein besonderes Einwirken des Bevollmächtigten auf den Stpfl. hindeuten (FG Köln 2 Ko 1654/17 v. 29.5.18, BeckRS 2018, 14281). Eine Erledigungsgebühr iS. der Nr. 1002 VV RVG setzt eine anwaltliche Mitwirkung bei der Erledigung voraus, die über die überzeugende Begründung sowie die allgemein auf Verfahrensförderung gerichtete Tätigkeit hinausgeht und auf eine Erledigung der Rechtssache ohne förmliche Entscheidung gerichtet ist. Einigen sich die Beteiligten (lediglich) auf einen Vorschlag des Gerichts und erledigt sich dadurch der Rechtsstreit ohne weiteres Zutun des Bevollmächtigten, fällt keine Erledigungsgebühr an. Die Erledigungsgebühr ist keine reine Erfolgsgebühr, sondern eine besondere Tätigkeitsgebühr (FG Köln 2 Ko 3253/17 v. 29.5.18, EFG 18, 1582). Die

Recherche einschlägiger Rechtsprechung stellt heutzutage keine über die schlichte Begründung des Klagebegehrens hinausgehende Tätigkeit dar, die eine Erledigungsgebühr auslösen kann (FG Köln 2 Ko 2139/18 v. 4.9.18, EFG 18, 1909). Nr. 1004 in Verbindung mit Nr. 1002 VV RVG bestimmt den Gebührensatz für eine Erledigungsgebühr in den Fällen, in denen ein Berufungs- oder Revisionsverfahren anhängig ist, mit 1,3. Nach Nr. 1003 VV RVG fällt in den übrigen gerichtlichen Verfahren die entsprechende Gebühr nur in einer Höhe von 1,0 an. Die Höhe einer **Erledigungsgebühr** im finanzgerichtlichen Verfahren war lange umstritten. Zwischenzeitlich hat sich die Auffassung durchgesetzt, nach der in einem Verfahren beim **FG** nur eine Gebühr von **1,0** nach Nr. 1003 RVG in Betracht kommt (vgl. FG Hamburg 3 KO 110/14 v. 2.6.14, EFG 14, 1817; FG Köln 10 Ko 930/12 v. 11.7.12, EFG 12, 2236, unter Anschluss an FG Münster 9 Ko 647/10 KFB v. 7.6.10, EFG 10, 2021; FG Köln 2 Ko 32/19 v. 1.2.19, EFG 19, 816). Nur eine ggf. während des Rechtsmittelverfahrens beim **BFH** entstehende Erledigungsgebühr beträgt nach Nr. 1004 VV RVG **1,3**.

In **Teil 7** der **VV RVG** sind die **Auslagentatbestände** geregelt. Es können nach **32** Nr. 7000 VV RVG Auslagen für die Herstellung von Kopien und Ausdrucken angesetzt werden; 0,50 EUR für die ersten 50 abzurechnenden Seiten, 0,15 EUR für jede weitere Seite. Eine Übermittlung durch den Bevollmächtigten per Telefax steht dabei der Herstellung einer Kopie gleich. Nach Nr. 7001 VV RVG können die Entgelte für Post- und Telekommunikationsdienstleistungen gegen Nachweis in voller Höhe angesetzt werden, ansonsten werden sie pauschal mit 20% der Gebühren, aber maximal mit € 20,– nach Nr. 7002 VV RVG berücksichtigt. Die Auslagen bei Geschäftsreisen (Fahrtkosten, Tage- und Abwesenheitsgeld, sonstige Auslagen wie Übernachtungskosten) sind gemäß Nrn. 7003 bis 7006 zu berücksichtigen, als Fahrtkosten werden bei Benutzung eines eigenen Kraftfahrzeugs je gefahrenen nach Nr. 7003 VV RVG idF des KostRÄG 2021 Kilometer 0,42 € (nach Nr. 7003 VV RVG idF vor Inkrafttreten des KostRÄG 2021: 0,30 €) angesetzt. Eine Geschäftsreise liegt vor, wenn das Reiseziel außerhalb der Gemeinde liegt, in der sich die Kanzlei oder die Wohnung des Rechtsanwalts befindet (Vorbemerkung 7 Abs. 2 VV RVG). Angemessene Aufwendungen für die Benutzung anderer Verkehrsmittel bei der Geschäftsreise können in der tatsächlichen Höhe angesetzt werden. Das gilt auch bei **Anreise** des Bevollmächtigten per **Flugzeug,** soweit die dadurch entstehenden Mehrkosten nicht außer Verhältnis zu den Kosten einer Bahnreise stehen (FG BaWü 11 KO 840/15 v. 18.1.16, EFG 16, 600).

Zu den Auslagen gehört auch die **Umsatzsteuer** auf die Vergütung (Nr. 7008 VV RVG); das gilt nicht, wenn die Umsatzsteuer nach § 19 Abs. 1 UStG unerhoben bleibt. Grundsätzlich ist nicht nur deutsche Umsatzsteuer, sondern zumindest die in anderen Mitgliedstaaten der EU geschuldete Umsatzsteuer erstattungsfähig (FG Köln 2 Ko 3002/18 v. 6.2.19, EFG 19, 819).

Ist die Vergütung des Rechtsanwalts fällig und verweigert der Mandant die Bezah- **33** lung, kann der **gesetzliche Vergütungsanspruch** auf Antrag des Bevollmächtigten oder des Auftraggebers gem. **§ 11 RVG** vom Urkundsbeamten der Geschäftsstelle des Finanzgerichts festgesetzt werden. Es handelt sich dabei um ein gebührenfreies, einfaches und schnelles **Verfahren zur vollstreckbaren Festsetzung** der für ein gerichtliches Verfahren (auch Prozesskostenhilfe-Verfahren; nicht: Beratungshilfe) entstandenen gesetzlichen Vergütung des Rechtsanwalts (*Tipke/Kruse* § 139 FGO Rz. 56). Wegen der Einzelheiten wird auf § 11 RVG hingewiesen.

Gerichtskosten setzen sich grundsätzlich aus den **Gebühren** (s. unten Rz. 36 ff.) **34** und den **Auslagen** zusammen (§ 139 Abs. 1 FGO). Sie bestimmen sich grundsätzlich nach dem Wert des Streitgegenstands **(Streitwert),** § 3 Abs. 1 GKG; maßgebend für die Gebühren ist auch in der Finanzgerichtsbarkeit das GKG (§ 1 Abs. 2 Nr. 2 GKG). Zum Streitwert vgl. Rz. 20 ff.

Zuständig für den Kostenansatz ist stets der Kostenbeamte der jeweiligen Instanz (FG, BFH), bei der die Kosten entstanden sind (§ 19 Abs. 1 GKG).

35 Die Gerichtsgebühren richten sich gemäß § 3 Abs. 2 GKG nach dem Kostenverzeichnis (KV, Anlage 1 zum GKG). Die Höhe streitwertabhängiger Wertgebühren ist der Formel des § 34 Abs. 1 Sätze 1 und 2 GKG zu entnehmen. Gemäß § 34 Abs. 1 Satz 3 GKG ist in Anlage 2 zum GKG eine Tabelle angefügt, aus der sich jeweils die exakte Höhe einer Gebühr bei Streitwerten zwischen 0 und 500.000 € entnehmen lässt.

36 Im erstinstanzlichen Verfahren (FG) wird grundsätzlich für den Prozess im **Hauptsacheverfahren** eine **einheitliche Verfahrensgebühr** in Höhe einer **vierfachen** Gebühr (Nr. 6110 KV) erhoben, bei Beschluss nach § 138 FGO (Erledigung des Rechtsstreits in der Hauptsache) ermäßigt sich die Verfahrensgebühr auf **zwei** Gebühren (Nr. 6111 KV), ebenso in den Fällen der (rechtzeitigen) Klagerücknahme.

37 Eine Klagerücknahme führt also nicht zu einem vollständigen Entfallen, sondern nur zu einer Reduzierung bereits entstandener Gerichtskosten, wenn die Klage **vor dem Schluss der mündlichen Verhandlung** oder, wenn eine solche nicht stattfindet, vor Ablauf des Tages, an dem das Urteil oder der Gerichtsbescheid der Geschäftsstelle übermittelt wird, zurückgenommen wird (Nr. 6111 KV). Die Verfahrensgebühr richtet sich nach dem Streitwert. Für ein **Revisionsverfahren** beim BFH entsteht eine **fünffache Verfahrensgebühr** (Nr. 6120 KV). Diese fünffache Gebühr ermäßigt sich nach Nr. 6121 KV auf eine **einfache** Gebühr, wenn **vor Eingang einer Revisionsbegründung** entweder die Revision zurückgenommen wird oder es zu einer Erledigung der Hauptsache (§ 138 FGO) kommt. Eine erst **nach Eingang der Revisionsbegründung erfolgende Erledigung der Hauptsache bzw. Rücknahme** der Klage oder der Revision führt zu einer Ermäßigung auf eine Verfahrensgebühr nach Nr. 6122 KV auf **3,0**, wenn die Klage oder Revision **vor dem Schluss der mündlichen Verhandlung** oder, wenn eine solche nicht stattfindet, vor Ablauf des Tages, an dem das Urteil oder der Gerichtsbescheid der Geschäftsstelle des BFH übermittelt wird, zurückgenommen wird (Nr. 6122 KV, unter 1.); dies gilt entsprechend für eine nach Eingang der Revisionsbegründung eintretende Erledigung der Hauptsache, solange noch kein Urteil bzw. Gerichtsbescheid bzw. Beschluss in der Hauptsache vorausgegangen ist (Nr. 6122 KV, unter 2.).

38 Für das Verfahren der gerichtlichen **Aussetzung der Vollziehung (§ 69 Abs. 3 und Abs. 5 FGO)** und die **einstweilige Anordnung (§ 114 FGO)** wird eine Verfahrensgebühr in Höhe von zwei Gebühren erhoben (Nr. 6210 KV). Nach Vorbemerkung 6.2. Abs. 2 Satz 2 KV gelten mehrere Verfahren nach § 69 Abs. 3 und 5 FGO innerhalb eines Rechtszugs als ein Verfahren. Die Entscheidung über einen Antrag nach § 69 Abs. 6 Satz 2 FGO ist deshalb unselbständiger Bestandteil des Verfahrens nach § 69 Abs. 3 FGO. Eine Kostenentscheidung ist deswegen generell nicht zu treffen (BFH X S 9/15 v. 13.5.15, BFH/NV 15, 1099). Wird aber ein finanzgerichtlicher AdV-Beschluss nach § 69 Abs. 6 Satz 2 FGO geändert und in dem Änderungsbeschluss in höherem Umfang als bisher AdV gewährt, so ist auch die ursprüngliche Kostenentscheidung im ersten AdV-Beschluss in dem nun gegebenen Verhältnis des Unterliegens anzupassen (FG München 7 V 2273/18 v. 28.11.18, EFG 19, 61). Die Verfahrensgebühr ermäßigt sich auf 0,75, wenn der Antrag vor dem Schluss der mündlichen Verhandlung, oder wenn eine solche nicht stattfindet, vor Ablauf des Tages, an dem der Beschluss der Geschäftsstelle übermittelt wird, zurückgenommen wird oder wenn nach Erledigung des Rechtsstreits in der Hauptsache ein Beschluss nach § 138 FGO ergeht (Nr. 6211 KV). **Beschwerden** beim **BFH** gegen finanzgerichtliche Beschlüsse über **Aussetzung der Vollziehung (§ 69 Abs. 3 und Abs. 5 FGO)** und die **einstweilige Anordnung (§ 114 FGO)** kosten nach Nr. 6220 KV 2,0 Gebühren, bei einer Beendigung des gesamten Verfahrens durch Zurücknahme der Beschwerde ermäßigt sich die Gebühr auf 1,0 (vgl. Nr. 6221 KV).

Wird gegen ein finanzgerichtliches Urteil eine **Nichtzulassungsbeschwerde** einge- 39
legt, sieht Nr. 6500 KV für eine vom BFH als unzulässig oder unbegründet zurückge-
wiesene **Nichtzulassungsbeschwerde** 2,0 Gebühren vor. Soweit die Beschwerde **zurückgenommen** wird oder das Verfahren durch anderweitige Erledigung, zB
Erledigung der Hauptsache, beendet wird, ermäßigt sich die Gebühr nach Nr. 6501 KV
auf **1,0. Gerichtsgebühren** für eine beim BFH eingelegte Nichtzulassungsbeschwerde
entstehen also **nicht,** wenn und soweit der BFH auf die Beschwerde hin das finanzgerichtliche Urteil aufhebt und entweder den Rechtsstreit nach § 116 Abs. 6 FGO an das
Finanzgericht **zurückverweist** oder wenn die **Revision zugelassen wird** und damit
das Rechtsmittelverfahren unmittelbar als Revisionsverfahren fortgeführt wird. Ab dem
Zeitpunkt der Zulassung der Revision trägt der Kläger aber das Kostenrisiko einer
fünffachen Verfahrensgebühr nach Nr. 6120 KV (Revisionsverfahren).

Für die übrigen beim BFH geführten, anderweitig im KV nicht erwähnten Be- 40
schwerden (alle Beschwerden mit Ausnahmen der Nichtzulassungsbeschwerden und der
Beschwerden in Verfahren des einstweiligen Rechtsschutzes, also zB Beschwerden wegen Akteneinsicht, Beiladung usw.) wird nach **Nr. 6502 KV** idF des KostRÄG 2021
eine vom Streitwert nicht abhängige **Festgebühr von € 66,–** (nach dem 31.7.2013 und
vor dem 1.1.21 eingelegte Beschwerden: 60 €; vor dem 1.8.13 eingelegte Beschwerden:
€ 50,–) erhoben, wenn die Beschwerde vom BFH als unzulässig verworfen oder als unbegründet zurückgewiesen wird. Für mehrere nach Nr. 6502 KV gebührenpflichtige
Beschwerden, die lediglich äußerlich in einem Beschwerdeschriftsatz und in einer Be-
schwerdeentscheidung zusammengefasst sind, fällt die Festgebühr mehrfach an (BFH X
E 12/17 v. 30.11.17, BFH/NV 18, 351). Wird eine sonstige Beschwerde nur teilweise
verworfen oder zurückgewiesen, kann das Gericht die Gebühr nach billigem Ermessen
auf die Hälfte ermäßigen oder bestimmen, dass eine Gebühr nicht zu erheben ist. Bei
Rücknahme einer grundsätzlich unter Nr. 6502 KV fallenden Beschwerde ist dieser
Gebührentatbestand nicht erfüllt, fallen also keine Gerichtskosten an.

In einem erstinstanzlichen Klageverfahren wird der **BFH** nur im Bereich der **Ent-** 41
schädigungsklagen wegen überlanger gerichtlicher Verfahrensdauer tätig (§ 155
Satz 2 FGO iVm §§ 198ff. GVG). In einem **erstinstanzlichen Klageverfahren vor
dem BFH** wird grundsätzlich für den Prozess im **Hauptsacheverfahren** eine **einheitliche Verfahrensgebühr** in Höhe einer **fünffachen** Gebühr **(Nr. 6112 KV)**
erhoben, bei Beschluss nach § 138 FGO (Erledigung des Rechtsstreits in der Hauptsache) ermäßigt sich die Verfahrensgebühr auf **drei** Gebühren (Nr. 6113 KV), ebenso in
den Fällen der (rechtzeitigen) Klagerücknahme, wenn die Klage **vor dem Schluss
der mündlichen Verhandlung** oder, wenn eine solche nicht stattfindet, vor Ablauf
des Tages, an dem das Urteil oder der Gerichtsbescheid der Geschäftsstelle des BFH
übermittelt wird, zurückgenommen wird **(Nr. 6113 KV),** sowie bei Löschung der
Entschädigungsklage wegen Nichtzahlung der vorfälligen Verfahrensgebühr (vgl. § 26
Abs. 3 Satz 3 KostVfg).

Für eine erfolglose, nach dem 31.12.20 erhobene **Anhörungsrüge** (§ 133a FGO, 42
vgl. Formular D. 2.02) ist eine **pauschale Gebühr von € 66,–** zu zahlen **(Nr. 6400
KV idF des KostRÄG 2021);** für einen nach dem 31.7.13 und vor dem 1.1.21 erhobene erfolglose Anhörungsrüge werden 60 € fällig, für eine vor dem 1.8.13 erhobene erfolglose Anhörungsrüge 50 €.

Wird ein **selbstständiges Beweisverfahren** durchgeführt, wird eine einfache Gebühr erhoben (Nr. 6300 KV).

**Verfahren über Anträge auf gerichtliche Handlungen der Zwangsvollstre-
ckung gemäß § 152 FGO (Nr. 6301 KV)** kosteten vor dem 1.8.13 € 15,–, in der
Zeit vom 1.8.13 bis zum 31.12.20 € 20,– und nach Inkrafttreten des KostRÄG 2021
ab 1.1.21 nunmehr 22 €.

Verzögerungsgebühr: Nach § 38 Satz 1 GKG iVm Nr. **6600 KV** kann das Gericht dem Kläger oder dem Beklagten eine besondere Gebühr in Höhe einer einfa-

chen Gebühr auferlegen, wenn durch das Verschulden des Klägers oder des Beklagten die Vertagung einer mündlichen Verhandlung nötig oder die Erledigung des Rechtsstreits durch nachträgliches Vorbringen von Angriffs- oder Verteidigungsmitteln, Beweismitteln etc., die früher vorgebracht werden konnten, verzögert worden ist. Die Gebühr kann bis auf einen Gebührensatz von 0,3 ermäßigt werden (§ 38 Satz 2 GKG). Die Gebühr kann auch dem Beigeladenen auferlegt werden, denn er steht nach § 38 Satz 3 GKG dem Kläger und dem Beklagten gleich.

Die Entscheidung, einem Beteiligten eine Verzögerungsgebühr aufzuerlegen, kann in jeder Lage des Verfahrens ergehen, setzt also nicht den Abschluss des gerichtlichen Verfahrens voraus (BFH VIII B 157/06 v. 7.1.07, BFH/NV 07, 931). Die Entscheidung ergeht durch Beschluss, der zu begründen ist (BFH VIII B 157/06 v. 7.1.07, aaO).

43   Eine **Beschwerde** gegen die Verzögerungsgebühr ist ausgeschlossen. Bei der Entscheidung gem. § 38 GKG handelt es sich um eine Kostenentscheidung (BFH VIII B 157/06 v. 7.1.07, BFH/NV 07, 931), gegen die nach § 128 Abs. 4 Satz 1 FGO die Beschwerde grundsätzlich ausgeschlossen ist. Lediglich eine Anhörungsrüge nach § 133a FGO (s. Formular D. 2.02) ist statthaft. Ob eine Gegenvorstellung nach der Schaffung der Anhörungsrüge noch statthaft ist, ist zweifelhaft. Der BFH hat diese Frage in seiner Entscheidung BFH VIII B 157/06 v. 7.1.07, aaO offen gelassen. Eine außerordentliche Beschwerde ist jedenfalls unstatthaft.

44   **Fälligkeit:** Die Verfahrensgebühr für das Hauptsacheverfahren wird bei Prozessverfahren (Klageverfahren beim FG, Revisionen beim BFH) bereits **mit der Einreichung der Klage- bzw. Rechtsmittelschrift** bei Gericht (§ 6 Abs. 1 Satz 1 Nr. 5 GKG) bzw. bei Zulassung der Revision durch den BFH mit der Zulassung der Revision fällig (§ 6 Abs. 1 Satz 2 GKG) und ist „alsbald" nach Fälligkeit zu erheben (§ 15 Abs. 1 KostVfG). Die sofortige Fälligkeit bedeutet nicht, dass in der Finanzgerichtsbarkeit jetzt ein Vorschuss (vgl. § 10 GKG) erhoben wird, was in anderen Gerichtsbarkeiten üblich ist, denn die Tätigkeit des FG ist im Steuerprozess nicht von der Zahlung der fällig gestellten Gebühren abhängig (vgl. *Gräber/Ratschow* Vor § 135 FGO Rz. 45 mwN). Das bedeutet, dass der Prozess vom FG und vom BFH unabhängig davon durchgeführt wird, ob die fällige Verfahrensgebühr auch tatsächlich bezahlt wird. Eine Ausnahme gilt aber für die erstinstanzlichen Klageverfahren beim BFH wegen unangemessener gerichtlicher Verfahrensdauer (§ 155 Satz 2 FGO iVm. §§ 198 ff. GVG); § 12a Satz 1 GKG schreibt insoweit die Anwendung des § 12 GKG und damit der für Verfahren nach der Zivilprozessordnung geltenden Fälligkeitsregeln vor. Deswegen soll hier die Klageschrift erst nach Zahlung der Verfahrensgebühr zugestellt werden (§ 12 Abs. 1 Satz 1 GKG, zu Ausnahmen vgl. § 14 GKG), und wird die Streitsache erst mit Zustellung der Klage rechtshängig (§ 12a Satz 2 GKG). Die sofortige Fälligkeit der Gebühren nach § 6 Abs. 1 Satz 1 Nr. 5 bzw. Abs. 1 Satz 2 GKG betrifft nach hM nur das Klage- und Revisionsverfahren als „Prozessverfahren", nicht aber alle übrigen finanzgerichtlichen Verfahren wie zB Verfahren des vorläufigen Rechtsschutzes oder Beschwerden (vgl. *Gräber/Ratschow* Vor § 135 FGO Rz. 45 mwN und D. 2.04 Rz. 38). Soweit eine Gebühr für die übrigen Verfahren bei FG oder BFH eine Entscheidung oder sonstige gerichtliche Handlung voraussetzt, wird sie mit dieser fällig (§ 6 Abs. 2 GKG).

45   Zur Frage, ob aus Art. 19 Abs. 4 GG folgt, dass kostenloser Rechtsschutz zu gewähren ist vgl. FG Nds. 5 KO 22/05 v. 28.3.06, BeckRS 2006, 26021060.

46   Die Höhe der Gebühr, die bei Einreichung der Klageschrift fällig wird, bestimmt sich vorrangig nach dem sich „unmittelbar aus den gerichtlichen Verfahrensakten ergebenden Streitwert gemäß § 52 Abs. 3, Abs. 5 Nr. 1 GKG und – wenn sich ein solcher Wert nicht unmittelbar aus den Verfahrensakten ergibt oder unter 1.500 € liegt – hilfsweise nach dem **Mindeststreitwert** (vgl. § 52 Abs. 5 GKG idF v. 8.7.14, BGBl. I 14, 890 Art. 7 Nr. 7b; **siehe hierzu Rz. 3a**). Der Mindeststreitwert beträgt € 1.500,–, ist aber für Entschädigungsklagen wegen überlanger Verfahrensdauer (Verfahren nach § 155 Satz 2 FGO) und ab dem 1.8.13 auch in Kindergeldangelegenheit nicht mehr anwendbar (§ 52 Abs. 4 Nr. 1 GKG). Angesetzt werden also bei Einreichung der Klageschrift beim FG bzw. der Revisionsschrift beim BFH die jeweiligen Verfahrensgebühren (4,0 bzw. 5,0 Gebühren). Bei ab dem 1.1.21 (Inkrafttreten des KostRÄG) anhängig gemachten Klageverfahren kostet eine Gebühr auf Basis des Mindeststreitwerts von € 1.500,– € jetzt € 78,–, mit Einreichung der Klageschrift werden also nunmehr (vierfache Gebühr) € 312,– fällig. Dementsprechend wird bei Einlegung einer Revision beim BFH ab dem 1.1.21 eine (fünffache) Verfahrensgebühr in Höhe von jetzt € 390,– fällig. Wurde eine Nichtzulassungsbeschwerde beim BFH vor dem 1.1.21 eingelegt und wird daraufhin die Revision erst ab dem 1.1.21 vom BFH zugelassen, werden die Kosten des Revisionsverfahrens gemäß § 71 Abs. 1 Satz 1 GKG nach dem bisherigen Recht idF vor dem Inkrafttreten des KostRÄG 2021 erhoben; insoweit handelt es sich um das nämliche Rechtsmittel. Nach Abschluss des Verfahrens und dem Ergehen einer Kostenentscheidung erstellen die Finanzgerichte und der BFH eine **Schlusskostenrechnung,** in der die vorab bezahlte vorfällige Verfahrensgebühr angerechnet wird. Bei einem vollständigen oder teilweisen Obsiegen oder auch bei einer Verminderung der Verfahrensgebühr durch eine Rücknahme der Klage bzw. der Revision bzw. eine Erledigung der Hauptsache kann sich dadurch je nach Einzelfall auch eine Erstattung von Gerichtskosten zugunsten des Klägers ergeben. Eine Verzinsung ist ausgeschlossen (§ 5 Abs. 4 GKG). Der Anspruch auf Rückerstattung von Gerichtskosten verjährt vier Jahre nach Ablauf des Kalenderjahres, in dem das Verfahren durch eine rechtskräftige Entscheidung oder in sonstiger Weise beendet worden ist (§ 5 Abs. 1 GKG).

Nach Auffassung des BFH unterliegt die Regelung in § 52 Abs. 4 GKG (Mindest- **47** streitwert) **keinen durchgreifenden verfassungsrechtlichen Bedenken,** zumal der Kläger Antrag auf Prozesskostenhilfe (§ 142 FGO iVm. §§ 114 ff. ZPO) stellen könne (vgl. BFH V E 2/06 v. 31.5.07, BStBl. II 07, 791; BFH VII E 26/05 v. 30.5.06, BFH/NV 06, 1686 sowie BFH V E 3/12 v. 16.10.12, BFH/NV 13, 81).

In Verfahren des **vorläufigen Rechtsschutzes** (Aussetzung der Vollziehung nach **48** § 69 FGO, einstweilige Anordnung nach § 114 FGO) ist der Mindeststreitwert nicht anzusetzen, vgl. BFH IX E 17/07 v. 14.12.07, BStBl. II 08, 199.

Ein **Prozesskostenhilfeantrag** (vgl. Formular D. 2.17), der gleichzeitig mit der **49** Erhebung der Klage gestellt wird, lässt die Entstehung der Verpflichtung zur Zahlung der Gebühr und die Fälligkeit der Gebühr unberührt (vgl. *Gräber/Ratschow* Vor § 135 FGO Rz. 49 mwN). *Gräber/Ratschow* (aaO) ist zuzustimmen, dass es jedoch dem Zweck der Prozesskostenhilfe und Art. 19 Abs. 4 GG entspricht, von der Erhebung der Gebühr bis zur Entscheidung über den Prozesskostenhilfeantrag abzusehen. Die Praxis ist in den Bundesländern unterschiedlich. Vielfach wird so verfahren, dass das FG der Gerichtskasse mitteilt, es sei Prozesskostenhilfeantrag gestellt, über den noch nicht entschieden sei; deshalb werde gebeten, von der Einziehung der Gebühren vorerst abzusehen. Das FG hat bisher rechtlich keine Möglichkeit, der Gerichtskasse eine entsprechende Anweisung zu erteilen. Die Bewilligung von Prozesskostenhilfe bewirkt, dass die Bundes– bzw. Landeskasse rückständige Gerichtskosten nur nach den Bestimmungen, die das Gericht trifft, geltend machen kann. „Rückständig" sind Gerichtskosten, die im Zeitpunkt des Wirksamwerdens der Prozesskostenhilfe fällig, aber noch nicht bezahlt waren (FG Düsseldorf 4 Ko 437/17 GK v. 29.5.17, AGS 17, 350).

Auslagen: Auslagen dürfen nach § 1 Abs. 1 GKG nur erhoben werden, wenn dies **50** im Gesetz vorgesehen ist. Die für das finanzgerichtliche Verfahren hauptsächlich relevanten Auslagentatbestände sind in Nr. 9000 bis 9007 des Kostenverzeichnisses (KV, Anlage 1 zu § 3 Abs. 2 GKG) abschließend aufgezählt. Nach § 77 Abs. 1 Satz 3 FGO sind den Schriftsätzen Abschriften für die übrigen Beteiligten (in der Regel: Finanzamt, Hauptzollamt oder Agentur für Arbeit; ggf. zusätzlich für Beigeladene etc.) beizufügen. Für den Fall, dass nicht die erforderliche Zahl von Mehrausfertigungen beigefügt ist, wird die Ablichtung vom Gericht gefertigt und **mit € 0,50 je Seite** (für die ersten 50 Seiten, € 0,15 für jede weitere Seite) gemäß Nr. 9000 KV berechnet. Das gilt auch, wenn an das Gericht per Telefax Mehrfertigungen von Schriftsätzen übermittelt und von der Empfangseinrichtung des Gerichts ausgedruckt werden. **Nr. 9000 KV** lautet:

> „Pauschale für die Herstellung und Überlassung von Dokumenten: 1. Ausfertigungen, Kopien und Ausdrucke bis zur Größe DIN A 3, die auf Antrag angefertigt oder auf Antrag per Telefax übermittelt oder angefertigt worden sind, weil die Partei oder ein Beteiligter es unterlassen hat, die erforderliche Zahl von Mehrausfertigungen beizufügen; der Anfertigung steht es gleich, wenn per Telefax übermittelte Mehrfertigungen von der Empfangseinrichtung des Gerichts ausgedruckt werden."

51   Bei **Aktenversendung zur Akteneinsicht** (vgl. D. 2.01 Rz. 32) werden Auslagen in Höhe von pauschal € 12,– sofort fällig (§ 28 Abs. 2 GKG iVm. Nr. 9003 KV). Weitere im finanzgerichtlichen Verfahren relevante Auslagen sind in Nr. 9001 KV (Auslagen für Telegramme in tatsächlicher Höhe). Nr. 9002 KV (Pauschale für Zustellungen mit Zustellungsurkunde, Einschreiben gegen Rückschein oder durch Justizbedienstete nach § 168 Abs. 1 ZPO: € 3,50,– je Zustellung, wenn in einem Rechtszug mehr als zehn Zustellungen anfallen), Nr. 9004 KV (Auslagen für öffentliche Bekanntmachungen in voller Höhe) Nr. 9005 KV (nach dem JVEG zu zahlende Beträge in voller Höhe), Nr. 9006 KV (anlässlich von außerhalb des Gerichts durchgeführten Geschäften den Gerichtspersonen aufgrund gesetzlicher Vorschriften gewährte Vergütungen wie Reisekosten usw.; € 0,42 pro Kilometer bei Einsatz eines gerichtlichen Dienstfahrzeugs, vor Inkrafttreten des KostRÄG 2021 noch 0,30 €) sowie in Nr. 9007 KV (an beigeordnete oder bestellte Rechtsanwälte zu zahlende Beträge mit Ausnahme der nach § 59 RVG auf die Staatskasse übergegangenen Ansprüche) enthalten.

52   Gegen den Ansatz der Gerichtskosten ist für den Kostenschuldner und die Staatskasse die **Erinnerung** gem. § 66 Abs. 1 GKG gegeben. Mit der Erinnerung gem. § 66 Abs. 1 GKG gegen den Kostenansatz können nur Einwendungen erhoben werden, die sich gegen die Kostenrechnung selbst richten, also gegen Ansatz und Höhe einzelner Kosten oder gegen den Streitwert (BFH IX E 1/19 v. 28.5.19, BFH/NV 19, 843; BFH IX E 2/19 v. 28.5.19, BFH/NV 19, 844; BFH IX E 6/20 v.19.2.20, BFH/NV 20, 707). Das Erinnerungsverfahren gegen den Kostenansatz ist ein kontradiktorisches Streitverfahren, in dem die Staatskasse dem Kostenschuldner als Gegner gegenübersteht und als Erinnerungsgegner beteiligt ist. Erhebt der Kostenschuldner Erinnerung, schließt dies nicht die Möglichkeit der Staatskasse aus, ebenfalls Erinnerung einzulegen. Die Anschlusserinnerung ist möglich. Das bei einer ausschließlich vom Kostenschuldner erhobenen Erinnerung zu beachtende Verböserungsverbot (Verbot der reformatio in peius – § 96 Abs. 1 Satz 2 FGO) gilt im Erinnerungsverfahren nicht, wenn eine Anschlusserinnerung eingelegt wurde (FG Sachsen-Anhalt 5 Ko 87/18 v. 8.3.18, JurBüro 18, 189). Gegen eine Kostenrechnung des BFH kann der Kostenschuldner persönlich Erinnerung einlegen; insoweit gilt der beim BFH ansonsten zu beachtende Vertretungszwang nach § 62 Abs. 4 FGO nicht (BFH X E 4/12 v. 26.6.12, BFH/NV 12, 1622; BFH IX E 3/19 v. 8.8.19, BFH/NV 19, 1354). Die Erinnerung ist zu Protokoll der Geschäftsstelle abzugeben oder **schriftlich** einzureichen (§ 66 Abs. 5 GKG). Beim BFH ist die Einlegung einer Erinnerung durch eine **E-Mail** seit dem 1.1.18 nur noch zulässig, wenn das elektronische Dokument mit einer **qualifizierten elektronischen Signatur** der verantwortenden Person versehen ist oder von der verantwortenden Person signiert und auf einem sicheren Übermittlungsweg eingereicht wird (§ 5a GKG iVm § 52a Abs. 3 FGO; zu den anerkannten sicheren Übermittlungswegen s. § 52a Abs. 4 FGO). Eine Frist für die Erinnerung ist nicht bestimmt. Über die Erinnerung entscheidet das Gericht durch unanfechtbaren Beschluss, wenn der Kostenbeamte nicht abhilft. Beim FG entscheidet der Senat durch eines seiner

Mitglieder als Einzelrichter (§ 66 Abs. 6 Satz 1 GKG iVm. § 6 FGO); der Einzelrichter kann das Verfahren dem Senat übertragen, wenn die Sache besondere Schwierigkeiten tatsächlicher oder rechtlicher Art aufweist oder die Rechtssache grundsätzliche Bedeutung hat (§ 66 Abs. 6 Satz 2 GKG). Die ehrenamtlichen Richter wirken bei der Entscheidung über eine Erinnerung nicht mit (§ 66 Abs. 6 Satz 3 GKG). Über **Erinnerungen gegen den Kostenansatz beim BFH** nach § 66 Abs. 1 GKG entschied nach früherer BFH-Rechtsprechung zu der vor dem 1.8.13 gültigen Gesetzeslage der zuständige Senat des BFH in der bei Beschlüssen außerhalb der mündlichen Verhandlung gemäß § 10 Abs. 3 FGO maßgebenden Besetzung von drei Richtern (vgl. BFH X E 1/05 v. 28.6.05, BStBl. II 05, 646). Durch die Einfügung eines **neuen Abs. 5 in § 1 GKG** durch das 2. KostRMoG wurde dafür gesorgt, dass die **Entscheidung über die Erinnerung** gegen eine Kostenrechnung gemäß § 1 Abs. 5, § 66 Abs. 6 Satz 1 GKG idF des 2. KostRMoG v. 23.7.13 (BGBl. I 13, 2586) nunmehr **auch beim BFH** durch den **Einzelrichter** getroffen wird (vgl. BFH X E 2/14 v. 25.3.14, BFH/NV 14, 894).

Die Erinnerung hat keine aufschiebende Wirkung, das **Gericht** kann aber auf Antrag oder von Amts wegen ganz oder teilweise die **aufschiebende Wirkung der Erinnerung anordnen;** für die Voraussetzungen der Anordnung der aufschiebenden Wirkung der Erinnerung ist an die Grundsätze anzuknüpfen, die für die gerichtliche Aussetzung der Vollziehung nach § 69 Abs. 3 Satz 1 FGO entwickelt worden sind. Über den Antrag auf Anordnung der aufschiebenden Wirkung einer Erinnerung nach § 66 Abs. 1 GKG entscheidet auch im Verfahren vor dem BFH der Berichterstatter als Einzelrichter (BFH IV S 8/16 v. 18.1.17, BFH/NV 17, 479).

Das Erinnerungsverfahren ist **gerichtsgebührenfrei** (§ 66 Abs. 8 GKG). Gerichtliche Auslagen (zB für die Fertigung von Zweitschriften) sind dagegen zu erstatten. **Kosten,** die dem Erinnerungsführer bzw. Erinnerungsgegner entstehen, werden **nicht erstattet** (§ 66 Abs. 8 Satz 2 GKG).

Rechtsbehelfe: Gegen die Entscheidung des FG über die Erinnerung gegen den **53** Kostenansatz ist die Beschwerde nicht gegeben. Auch eine außerordentliche Beschwerde wegen sog. greifbarer Gesetzeswidrigkeit ist im Finanzprozess seit Inkrafttreten des § 321a ZPO (iVm. § 155 FGO) zum 1.1.02 und der Anhörungsrüge in § 133a FGO nicht mehr statthaft (BFH II B 84/07 v. 15.2.08, BFH/NV 08, 1168). Statthaft ist die **Anhörungsrüge nach § 69a GKG,** wenn der Anspruch des Kostenschuldners auf rechtliches Gehör verletzt worden ist. Über die Anhörungsrüge nach § 69a GKG entscheidet wie im Erinnerungsverfahren der Einzelrichter (BFH X S 1/18 v. 28.2.18, BFH/NV 18, 643).

Von der **Erhebung der Kosten** kann bei **unrichtiger Sachbehandlung durch 54 das Gericht** auf Antrag oder auch von Amts wegen abgesehen werden (§ 21 Abs. 1 Satz 1 GKG; vgl. *Gräber/Ratschow* Vor § 135 FGO Rz. 84ff.). Das Gleiche gilt für Auslagen, die durch eine von Amts wegen veranlasste Verlegung eines Termins oder Vertagung einer Verhandlung entstanden sind (§ 21 Abs. 1 Satz 2 GKG). Für abweisende Entscheidungen sowie bei Zurücknahme eines Antrags kann ebenfalls von der Erhebung der Kosten abgesehen werden, wenn der Antrag auf unverschuldeter Unkenntnis der tatsächlichen oder rechtlichen Verhältnisse beruht (§ 21 Abs. 1 Satz 3 GKG; vgl. BFH V E 2/06 v. 31.5.07, BStBl. II 07, 791; *Gräber/Ratschow* Vor § 135 FGO Rz. 94f.).

Über den Antrag entscheidet das Gericht (§ 21 Abs. 2 Satz 1 GKG). Wird der Antrag nach Ergehen der Kostenrechnung gestellt, ist er nach st. Rspr. als Erinnerung zu behandeln (vgl. BFH V E 1/04 v. 22.12.04, BFH/NV 05, 717). Im Rahmen der Erinnerung kann dann auch über einen Antrag auf Nichterhebung der Kosten nach § 21 GKG entschieden werden (BFH X E 1/13 v. 25.3.13, BFH/NV 13, 1106).

Eine unrichtige Sachbehandlung liegt vor, wenn das Gericht gegen eindeutige ge- **55** setzliche Regelungen verstoßen hat, der Verstoß offen zutage tritt und dies unmittelbar ursächlich für die entstandenen Kosten war (vgl. BFH III E 1/91 v. 27.9.91, BFH/NV 92, 482). Vgl. zu den Fällen des § 21 Abs. 1 GKG im Einzelnen *Gräber/ Ratschow* Vor § 135 FGO Rz. 87 ff.

D. 2.17 Prozesskostenhilfe

I. FORMULAR

Formular D. 2.17 Prozesskostenhilfe

FG München

Ismaninger Str. 95

81675 München

Az.: Neu

In der Finanzstreitsache

Anna Anders,

Martin-Luther-Str. 7, München

– Antragstellerin –

Prozessbevollmächtigte: ...

gegen

Finanzamt München I

Karlstraße 9–11, 80333 München

– Antragsgegner –

vertreten durch seine Leiterin

wegen Einkommensteuer 20..

Steuer-Nr.: ...

beantrage ich namens und im Auftrag der Antragstellerin unter Vollmachtsvorlage,

1. der Antragstellerin für das Verfahren vor dem FG Prozesskostenhilfe zu bewilligen.

2. der Antragstellerin Rechtsanwalt ...... als Prozessbevollmächtigten beizuordnen.

Die Erklärung über die persönlichen und wirtschaftlichen Verhältnisse ist auf dem amtlich vorgeschriebenen Vordruck beigefügt. Ein Entwurf der Klageschrift ist zur Darlegung der hinreichenden Aussicht auf Erfolg beigefügt.

...

Unterschrift

II. ERLÄUTERUNGEN

Erläuterungen zu D. 2.17 Prozesskostenhilfe

---

1. Vorbemerkungen

1   Nach § 142 Abs. 1 FGO gelten im finanzgerichtlichen Verfahren die Vorschriften der Zivilprozessordnung (§§ 114 bis 127 ZPO) sinngemäß. Prozesskostenhilfe wird gewährt, wenn der Antragsteller nach seinen **persönlichen und wirtschaftlichen Verhältnissen** die Kosten der Prozessführung nicht, nur zum Teil oder nur in Raten aufbringen kann, und wenn die beabsichtigte Rechtsverfolgung **hinreichende Aussicht auf Erfolg bietet und nicht mutwillig erscheint** (§ 114 Satz 1 ZPO). Für die grenzüberschreitende Prozesskostenhilfe innerhalb der Europäischen Union gelten nach § 114 Satz 2 ZPO ergänzend die §§ 1076 bis 1078 ZPO.

2. Hinreichende Erfolgsaussichten; Mutwilligkeit

Hinreichende Aussicht auf Erfolg bietet ein Rechtsschutzersuchen (schon) **2** dann, wenn das Gericht den Rechtsstandpunkt des Antragstellers nach dessen Sachdarstellung und dem Inhalt der vorliegenden Akten für zutreffend oder mindestens für vertretbar hält, in tatsächlicher Hinsicht von der Möglichkeit der Beweisführung überzeugt ist und deshalb bei summarischer Prüfung für einen Eintritt des erstrebten Erfolgs eine **gewisse Wahrscheinlichkeit** spricht (BFH V S 1/12 (PKH) v.14.2.12, BFH/NV 12, 979; *Gräber/Stapperfend* § 142 FGO Rz. 38–44 mwN).

Eine Rechtsverfolgung ist dann **mutwillig,** wenn ein verständiger, nicht hilfsbe- **3** dürftiger Beteiligter seine Rechte nicht in gleicher Weise verfolgen würde oder wenn der Beteiligte den von ihm verfolgten Zweck auf einem billigeren als dem von ihm eingeschlagenen Weg erreichen könnte (BFH I S 16/85 v. 27.3.86, BFH/NV 86, 632). Die Einschätzung, dass die beabsichtigte Rechtsverfolgung allein deshalb mutwillig ist, weil *Mitwirkungspflichten im außergerichtlichen Rechtsbehelfsverfahren* verletzt worden sind (und eine Kostenentscheidung nach § 137 iVm. § 138 Abs. 2 Satz 2 FGO droht), dürfte in dieser Allgemeinheit überholt sein. Denn für die Mutwilligkeit ist grds. das innerprozessuale Verhalten des Antragstellers, nicht aber „zurückliegendes Verhalten" vor dem (anstehenden) Rechtsstreit maßgebend (vgl. BFH III B 247/11 v. 9.4.13, BFH/NV 13, 1112, s. auch differenziert *Tipke/Kruse*, § 142 FGO Rz. 49).

3. Antragsberechtigung

Antragsberechtigung: Grds. kann **jedem Beteiligten iSd. § 57 FGO** Prozesskos- **4** tenhilfe bewilligt werden. Prozesskostenhilfe können natürliche Personen erhalten. Es ist nicht erforderlich, dass der Antragsteller einen inländischen Wohnsitz hat (BFH VIII S 1/96 v. 19.3.96, BFH/NV 96, 781).

Nach § 116 ZPO kann aber auch **Parteien kraft Amtes** (zB Insolvenzverwalter, **5** Testamentsvollstrecker, Nachlassverwalter etc.), juristischen Personen und parteifähigen Vereinigungen (OHG, KG etc.) Prozesskostenhilfe gewährt werden. Eine GbR kann als parteifähige Vereinigung iSd. § 116 Abs. 1 Nr. 2 ZPO Prozesskostenhilfe jedenfalls dann erhalten, wenn sie als Gesellschaft befugt ist, selbstständig Klage zu erheben (vgl. BFH V S 18/07 (PKH) v. 3.8.07, BFH/NV 07, 2309 betr. die Klage einer Gesellschaft bürgerlichen Rechts gegen einen Umsatzsteuerbescheid). Nach § 116 ZPO bestehen für Parteien kraft Amtes, juristische Personen und parteifähige Vereinigungen aber weitere, besondere Voraussetzungen: Parteien kraft Amtes erhalten Prozesskostenhilfe, „wenn die Kosten aus der verwalteten Vermögensmasse nicht aufgebracht werden können und den am Gegenstand des Rechtsstreits wirtschaftlich Beteiligten nicht zuzumuten ist, die Kosten aufzubringen" (§ 116 Satz 1 Nr. 1 ZPO). Einer juristischen Person oder einer parteifähigen Vereinigung kann Prozesskostenhilfe gewährt werden, „wenn die Kosten weder von ihr noch von den am Gegenstand des Rechtsstreits wirtschaftlich Beteiligten aufgebracht werden können und wenn die Unterlassung der Rechtsverfolgung oder Rechtsverteidigung allgemeinen Interessen zuwiderlaufen würde" (§ 116 Satz 1 Nr. 2 ZPO). Vgl. BFH I S 15/06 v. 2.8.07, BFH/NV 07, 2306; I S 2/93 v. 28.4.93, BFH/NV 94, 55; s. dazu auch *Gräber/Stapperfend* § 142 FGO Rz. 9, 50 f., 53. Die verfassungsgemäße Einschränkung des § 116 Satz 1 Nr. 2 ZPO verstößt auch nicht gegen den in Art. 47 der Charta der Grundrechte der Europäischen Union verankerten Grundsatz des effektiven Rechtschutzes, vgl. BFH V S 37/16 (PKH) v. 18.1.17, BFH/NV 17, 614.

4. Antragstellung

Vertretungszwang besteht für den Antrag auf Prozesskostenhilfe nicht, auch **6** nicht, wenn es um ein Verfahren vor dem BFH geht (BFH X S 9/17 (PKH) v. 19.10.17, BFH/NV 18, 203). Der Antrag muss **alle Angaben** enthalten, damit das

Gericht beurteilen kann, ob die beabsichtigte Rechtsverfolgung Aussicht auf Erfolg bietet und nicht mutwillig erscheint (§ 114 ZPO).

7   Weiter sind dem Antrag eine **Erklärung des Antragstellers über seine persönlichen und wirtschaftlichen Verhältnisse** auf dem amtlichen Vordruck und die entsprechenden Belege beizufügen (§ 117 Abs. 2 Satz 1, § 117 Abs. 3 und Abs. 4 ZPO; VO v. 6.1.14, BGBl. I 14, 34 – PKHFV). Dass die eingeführten amtlichen Vordrucke zu benutzen sind, hat der BFH in ständiger Rechtsprechung bestätigt (vgl. nur BFH V S 11/05 v. 24.11.05, BFH/NV 06, 756). Hilfreich zum Verständnis des amtlichen Vordrucks und zum Wesen der Prozesskostenhilfe ist das Hinweisblatt zu diesem Vordruck, das zusammen mit dem Vordruck bei den Gerichten erhältlich ist. Zur Benutzung des Vordrucks sind nur natürliche Personen verpflichtet (§ 1 Abs. 2 PKHFV); andere als natürliche Personen (Parteien kraft Amtes, juristische Personen und parteifähige Vereinigungen) müssen die Voraussetzungen für die Bewilligung der Prozesskostenhilfe individuell darlegen (vgl. *Gräber/Stapperfend* § 142 FGO Rz. 71 mwN). Die Erklärung und die Belege dürfen der Finanzbehörde nur mit Zustimmung des Antragstellers zugänglich gemacht werden (§ 117 Abs. 2 Satz 2 ZPO). Nach § 115 Abs. 3 ZPO iVm. § 90 SGB XII hat ein Beteiligter sein Vermögen für die Prozessführung einzusetzen, soweit es zumutbar ist. Außerdem ist zu prüfen, ob der Antragsteller einen Anspruch gegen seinen Ehegatten auf Gewährung eines Prozesskostenzuschusses hat (§ 1360a BGB). Ein solcher kommt nämlich, soweit dies der Billigkeit entspricht, in Betracht, wenn ein Ehegatte nicht in der Lage ist, die Kosten eines Rechtsstreits in einer persönlichen Angelegenheit (dazu gehören auch Steuerverfahren) zu tragen (BFH VI S 13/06 v. 1.2.07, BFH/NV 07, 957).

8   Der **Antrag** ist **jederzeit** möglich, und zwar bis zur Rechtskraft der Entscheidung (vgl. dazu iE *Gräber/Stapperfend* § 142 FGO Rz. 59–63). Nach Beendigung der Instanz kann ein Antrag auf Prozesskostenhilfe nicht mehr wirksam gestellt werden (BFH VII S 57/10 (PKH) v. 14.12.10, BFH/NV 11, 446; vgl. *Gräber/Stapperfend* § 142 FGO Rz. 62). Zu beachten ist, dass bei **Prozesskostenhilfe für ein Entschädigungsklageverfahren** vor dem BFH (s. dazu D. 3.06) die Mittellosigkeit innerhalb der Klagefrist nachgewiesen werden muss (BFH X S 9/17 (PKH) v. 19.10.17, BFH/NV 18, 203: sonst Wiedereinsetzung möglich).

9   Der Antrag kann **auch schon vor Erhebung der Klage** gestellt werden: Dies kann sich unter *Kostengesichtspunkten* empfehlen (vgl. das obige Muster), wenn bereits im Zeitpunkt der Klageerhebung bekannt ist, dass der Kläger nach seinen persönlichen und wirtschaftlichen Verhältnissen die Kosten für die Prozessführung nicht aufbringen kann. Dann ist **innerhalb der Klagefrist nur („isoliert") ein Antrag auf Prozesskostenhilfe** zu stellen und dem Antrag der (nicht unterschriebene oder ausdrücklich als solcher gekennzeichnete) **Entwurf der Klage sowie der ausgefüllte Vordruck zur Erklärung über die persönlichen und wirtschaftlichen Verhältnisse** beizufügen. Nach st. Rspr. hat nämlich ein mittelloser Beteiligter, der eine Klage ankündigt, Anspruch auf Wiedereinsetzung in den vorigen Stand, wenn er seinen (vollständigen!) Antrag auf Prozesskostenhilfe innerhalb der Klagefrist zusammen mit der Erklärung iSd. § 117 Abs. 2 bis 4 ZPO (s. Rz. 7) bei Gericht vorgelegt hat (BFH VII B 103/85 v. 19.11.85, BFH/NV 86, 180; VI B 150/85 v. 3.4.87, BStBl. II 87, 573) und wenn er nach Bekanntgabe der Gewährung der Prozesskostenhilfe (iE Wegfall des Hindernisses „Mittellosigkeit") bis zum Ablauf der Wiedereinsetzungsfrist (2 Wochen!, § 56 Abs. 2 Satz 1 FGO), die Klage erhebt (§ 56 Abs. 2 Satz 3 FGO); Entsprechendes gilt für Verfahren vor dem BFH, s. zB BFH X S 15/05 (PKH) v. 28.9.05, BFH/NV 05, 2249. Wird die Gewährung von **Prozesskostenhilfe abgelehnt,** soll nach der Bekanntgabe des Beschlusses noch eine kurze **„Bedenkzeit"** (drei bis vier Tage) bestehen, bevor die zweiwöchige Wiedereinsetzungsfrist beginnt (Gleichstellung des mittellosen mit dem vermögenden Rechtsschutzsuchenden; vgl. BFH V B 87/13 v. 5.3.14, BFH/NV 14, 886; BGH VIII ZA 21/08 v. 20.1.09, NJW-RR 09, 789).

Wird der Weg eines solchen selbständigen Antrags auf Prozesskostenhilfe gewählt, geht der Kläger **keinerlei Prozesskostenrisiko** ein. Voraussetzung ist allerdings, dass der Antrag auf Prozesskostenhilfe ordnungsgemäß gestellt wird und die Fristen genau überwacht werden, damit die Klage innerhalb der Frist von zwei Wochen nach Zustellung bzw. Bekanntgabe des Prozesskostenhilfebeschlusses auch bei Gericht erhoben wird. Zu beachten ist ferner, dass eine Klage nicht mehr zulässigerweise anhängig gemacht werden muss und kann, soweit der Beklagte dem Begehren bereits **auf die PKH-Begründung abhilft;** eine Rückbeziehung der Erfolgsaussichten auf den Zeitpunkt erstmaliger Bewilligungsreife kommt in dieser Konstellation nicht in Betracht (FG Köln 6 K 1075/18 (PKH), EFG 18, 1830; FG Berlin-Brandenburg 7 K 7093/17 v. 21.9.17, BeckRS 2017, 130088). Das hat *Auswirkungen auf die abrechenbaren Kosten!* Zu den Kosten vgl. Formular D. 2.16.

Antrag auf Prozesskostenhilfe ist **für jeden Rechtszug** getrennt zu stellen (§ 119 **10** Abs. 1 Satz 1 ZPO). Zuständig ist das Gericht des ersten Rechtszugs. Ist das Verfahren in einem höheren Rechtszug anhängig, so ist das Gericht dieses Rechtszugs zuständig (§ 127 Abs. 1 ZPO).

Ein Antrag auf Prozesskostenhilfe kann auch nach Ablehnung eines solchen Antrags **11 wiederholt** gestellt werden, wenn neue Gesichtspunkte vorliegen (BFH VI S 2/06 v. 15.3.06, BFH/NV 06, 1097). Denn gerichtliche Entscheidungen im Prozesskostenhilfeverfahren erwachsen nicht in materielle Rechtskraft (BFH VI B 87/99 v. 30.8.99, BFH/NV 00, 216).

5. Entscheidung; Rechtsmittel

Über den Antrag wird durch **Beschluss** entschieden, dh. es findet keine mündliche **12** Verhandlung statt. Nach § 142 FGO iVm. § 118 Abs. 1 Satz 3 ZPO kann aber im Rahmen des Prozesskostenhilfeverfahrens die Sach- und Rechtslage auch erörtert werden, wenn eine Einigung zu erwarten ist (vgl. BFH V B 80/84 v. 31.1.85, BFH/NV 85, 97). Soweit die Gründe der Entscheidung Angaben über die persönlichen und wirtschaftlichen Verhältnisse des Antragstellers enthalten, dürfen sie der Finanzbehörde nur mit Zustimmung des Antragstellers zugänglich gemacht werden (§ 127 Abs. 1 Satz 3 ZPO).

Hat die Rechtsverfolgung nur **teilweise Aussicht auf Erfolg,** ist Prozesskostenhilfe anteilig zu bewilligen und im Übrigen zu versagen (FG Nds. 10 S 28/06 v. 13.4.07, EFG 07, 1892).

Beigeordnet werden kann ein Rechtsanwalt (§ 121 ZPO) oder Steuerberater **13** (§ 142 Abs. 2 FGO). Ist eine Vertretung durch einen Rechtsanwalt oder Steuerberater nicht vorgeschrieben, wird auf Antrag ein zur Vertretung bereiter Rechtsanwalt oder Steuerberater beigeordnet. Die Beiordnung anderer nach § 62 Abs. 1 FGO in Frage kommender Bevollmächtigter (insbes. die ansonsten nach § 3 StBerG zur unbeschränkten Hilfeleistung in Steuersachen befugten Personen) ist nicht möglich. Da vor dem FG kein Vertretungszwang besteht, erfolgt eine Beiordnung nur, wenn die Vertretung durch einen Steuerberater oder Rechtsanwalt erforderlich erscheint (§ 121 Abs. 2 ZPO). Nach § 121 Abs. 3 ZPO kann ein nicht in dem Bezirk des Prozessgerichts niedergelassener Rechtsanwalt (bzw. Steuerberater) nur beigeordnet werden, wenn dadurch weitere Kosten nicht entstehen.

Prozesskostenhilfe kann grds. **nur für einen Rechtszug** (im kostenrechtlichen **14** Sinn) gewährt werden (§ 119 Abs. 1 Satz 1 ZPO).

Wird die **Prozesskostenhilfe zur Durchführung eines Rechtsmittels** bean- **15** tragt, muss ggf. erneut eine Erklärung über die persönlichen und wirtschaftlichen Verhältnisse vorgelegt werden. Das bedeutet, dass im neuen Rechtszug selbstständig zu prüfen ist, ob der Antragsteller noch bedürftig ist (vgl. BFH XI S 51/96 v. 2.4.97, BFH/NV 97, 800). Nach der Rspr. des BFH genügt allerdings regelmäßig eine Bezugnahme auf die in dem früheren Verfahrensstadium abgegebene Erklärung, wenn diese mit der Versicherung verbunden wird, dass sich die Verhältnisse seit Einreichung des ausgefüllten Vordrucks nicht geändert hätten (vgl. BFH V S 11/05 v. 24.11.05, BFH/NV 06, 756). Wenn der Gegner das Rechtsmittel eingelegt hat, ist nicht zu prüfen, ob die Rechtsverfolgung oder Rechtsverteidigung hinreichende Aussicht auf Erfolg bietet oder mutwillig erscheint (§ 119 Abs. 1 Satz 2 ZPO; BFH III S 16/05 v. 30.6.05, BFH/NV 05, 2020).

16   **Gerichtsgebühren** entstehen für das Prozesskostenhilfeverfahren nicht (§ 142 FGO, § 1 Nr. 3 GKG iVm. dem Kostenverzeichnis).

17   **Rechtsmittel:** Nach § 128 Abs. 2 FGO können Beschlüsse im Verfahren der Prozesskostenhilfe nicht mit der Beschwerde angefochten werden. Es kommt jedoch die Erhebung einer Anhörungsrüge (§ 133a FGO) oder einer Gegenvorstellung (nicht ausdrücklich in der FGO geregelter Rechtsbehelf) in Betracht (vgl. BFH I S 14,15/13 v. 11.9.13, BFH/NV 14, 50; *Gräber/Stapperfend* § 142 FGO Rz. 100 f.).

Zur Anhörungsrüge und Gegenvorstellung vgl. im Übrigen Formular D. 2.02.

D. 2.18 Richterablehnung

I. FORMULAR

Formular D. 2.18 Richterablehnung

FG München

Ismaninger Str. 95

81675 München

Az. des FG

In der Finanzstreitsache

Marc Aurel

Romstraße 5, 80539 München   **– Kläger –**

Prozessbevollmächtigte: ...

gegen

Finanzamt München I

Karlstraße 9–11, 80333 München   **– Beklagter –**

vertreten durch seine Leiterin

wegen Einkommensteuer 20..

Steuer-Nr.: ...

lehnen wir namens und im Auftrag des Klägers Richter A wegen Besorgnis der Befangenheit ab.

Begründung: Richter A hat gegen den Prozessbevollmächtigten des Klägers Strafanzeige wegen Sachbeschädigung und übler Nachrede gestellt, was als Indiz auf ein gespanntes Verhältnis zwischen dem Prozessbevollmächtigten des Klägers und dem Richter schließen lässt. Dass ein gespanntes Verhältnis zwischen dem Prozessbevollmächtigten einer Partei und einem Richter die Ablehnung des Richters durch die Partei begründen kann, ist von der Rechtsprechung anerkannt (vgl. BFH I B 32/77 v. 21.9.1977, BStBl. II 1978, 12 und V B 119/88 v. 6.2.1989, BFH/NV 1990, 45). Im vorliegenden Fall besteht die Besorgnis, Richter A werde sein persönliches Verhältnis zu dem Prozessbevollmächtigten nicht hinreichend von dem konkreten Rechtsstreit trennen können.

....

Unterschrift

II. ERLÄUTERUNGEN

Erläuterungen zu D. 2.18 Richterablehnung

1. Ausschließung und Ablehnung von Gerichtspersonen

§ 51 FGO iVm. §§ 41 bis 49 ZPO regelt die Voraussetzungen für **Ausschließung** 1
und **Ablehnung** von Gerichtspersonen. Gerichtspersonen sind die (Berufs-)Richter,
die ehrenamtlichen Richter sowie die Urkundspersonen der Geschäftsstelle. Sachverständige können aus denselben Gründen, die zur Ablehnung von Richtern berechtigen, abgelehnt werden (§ 82 FGO iVm. § 406 Abs. 1 Satz 1, § 42 Abs. 1 und 2 ZPO);
der auf Grund eines förmlichen Beweisbeschlusses eingesetzte Prüfungsbeamte des FG
ist Sachverständiger und nicht lediglich Augenscheinsgehilfe oder (sachverständiger)
Zeuge, dessen Ablehnung nicht zulässig wäre (BFH VIII B 31/95 v. 7.11.95,
BFH/NV 96, 344; IV B 185/03 v. 2.8.05, BFH/NV 05, 2224).

Ein sog. **absoluter Ausschließungsgrund** liegt vor, wenn die Ausübung des Am- 2
tes unabhängig von den Umständen des Einzelfalls an sich nicht möglich ist, zB wenn
die Voraussetzungen für die Ausübung des Richteramtes nach §§ 8 ff. DRiG fehlen.

Die sog. **relativen Ausschließungsgründe** sind in § 51 Abs. 1 FGO iVm. § 41 3
ZPO und in § 51 Abs. 2 FGO abschließend aufgezählt. **Kraft Gesetzes** von der Ausübung des Amts als Richter, als ehrenamtlicher Richter oder als Urkundsperson ist
ausgeschlossen, wer bei dem vorausgegangenen Verwaltungsverfahren mitgewirkt hat
(§ 51 Abs. 2 FGO). **Kraft Gesetzes** ist auch ein Richter ausgeschlossen, der zur Zeit
des Erlasses der Einspruchsentscheidung Vorsteher des beklagten Finanzamtes war
(BFH II R 65/89 v. 4.7.90, BStBl. II 90, 787). Zu weiteren Ausschlussgründen kraft
Gesetzes s. § 41 ZPO. ZB ist nach § 41 Nr. 2 ZPO ein Richter in Sachen seines Ehegatten ausgeschlossen, auch wenn die Ehe nicht mehr besteht. Verwandt-
schaft/Schwägerschaft (§ 1589 BGB, § 1590 BGB) stellt ebenfalls einen Ausschlussgrund dar (§ 41 Nr. 3 ZPO). Eine Verwandtschaft zu dem Prozessbevollmächtigten
eines Beteiligten reicht nicht aus; allerdings ist nach Auffassung des BFH ein Verwandtschaftsverhältnis iSd. § 41 Nr. 3 ZPO zu einem Verfahrensbevollmächtigten geeignet, Misstrauen gegen die Unparteilichkeit eines Richters zu begründen (BFH IV B
108/02 v. 17.9.02, BFH/NV 03, 73). Vgl. zu den Ausschlussgründen nach § 41 ZPO
im Einzelnen *Gräber/Stapperfend* § 51 FGO Rz. 6 ff.).

Einen **besonderen (relativen) Ablehnungsgrund** enthält § 51 Abs. 1 Satz 2
FGO: Danach können Gerichtspersonen auch abgelehnt werden, *„wenn von ihrer Mitwirkung die Verletzung eines Geschäfts- oder Betriebsgeheimnisses oder Schaden für die geschäftliche Tätigkeit eines Beteiligten zu besorgen ist"*.

Nach § 42 ZPO, der gem. § 51 Abs. 1 Satz 1 FGO sinngemäß anzuwenden ist, kann
ein Richter auch in den Fällen, in denen er von der **Ausübung des Richteramts kraft
Gesetzes ausgeschlossen** ist, abgelehnt werden, obwohl es an sich keines besonderen
Ablehnungsgesuchs bedarf, da der Richter von Gesetzes wegen ausgeschlossen ist.

Antrag auf Ablehnung eines Richters wegen **Besorgnis der Befangenheit** (§ 42 4
ZPO): Das Antragsrecht steht allen Beteiligten iSd. § 57 FGO zu (§ 51 Abs. 1 FGO
iVm. § 42 Abs. 3 ZPO).

Statthaft ist nur ein **Individual-Ablehnungsgesuch,** dh. die Ablehnung des ein- 5
zelnen Richters ist zulässig. Unzulässig ist daher insbes. die Ablehnung des Gerichts in
seiner Gesamtheit bzw. aller Richter eines Spruchkörpers, es sei denn, es liegt eine zulässige Häufung von Individual-Ablehnungsgründen vor.

Form und Verfahren: Das Ablehnungsgesuch muss **schriftlich** oder während der 6
mündlichen Verhandlung mündlich oder zu Protokoll der Geschäftsstelle angebracht
werden; es muss neben der Angabe des abgelehnten Richters auch eine substantiierte
Darlegung des Ablehnungsgrundes enthalten (vgl. *Gräber/Stapperfend* § 51 FGO Rz. 32
mwN).

Grds. ist über ein Ablehnungsgesuch gem. § 51 Abs. 1 Satz 1 FGO iVm. § 45 Abs. 1 der Zivilprozessordnung (ZPO) eine **dienstliche Äußerung** des abgelehnten Richters einzuholen; hiervon kann abgesehen werden, wenn das Gesuch offensichtlich unzulässig ist (vgl. BFH V B 133/16 v. 22.5.17, BFH/NV 17, 1199).

7   **Besorgnis der Befangenheit** ist in § 42 Abs. 2 ZPO definiert: Danach ist Besorgnis der Befangenheit zu bejahen, „wenn ein Grund vorliegt, der geeignet ist, Misstrauen gegen die Unparteilichkeit eines Richters zu rechtfertigen". Dabei kommt es darauf an, ob der betroffene Beteiligte von seinem Standpunkt aus bei vernünftiger objektiver Betrachtung Anlass hat, die Voreingenommenheit des abgelehnten Richters zu befürchten (BFH III B 122/16 v. 5.4.17, BFH/NV 17, 1047). Solche Ablehnungsgründe können sich aus persönlichen Beziehungen (zB Verwandtschaft), Äußerungen (zB in der mündlichen Verhandlung) oder sonstigem Verhalten des Richters ergeben. Für sich allein ist der Umstand, dass der Überzeugungsbildung des Gerichts ein in Form eines Urteilsentwurfs abgefasster Bericht zugrunde lag, kein Ablehnungsgrund (BFH X R 55/94 v. 17.5.95, BStBl. II 95, 604; X B 206/05 v. 18.7.06, BFH/NV 06, 1877). Auch fehlerhafte Entscheidungen, Verfahrensfehler oder Rechtsverstöße rechtfertigen grds. keine Richterablehnung, denn gerichtliche Entscheidungen sind allein im Rechtsmittelweg zu überprüfen; etwas anderes gilt nur bei unsachlicher Einstellung des Richters gegenüber dem ihn ablehnenden Beteiligten oder auf Willkür (st. Rspr., vgl. BFH XS 4/20 (PKH) v. 28.5.20, BFH/NV 20, 910 VII S 23/06 v. 16.1.07, BFH/NV 07, 1463). Zum Vorliegen bzw. Nichtvorliegen von weiteren Ablehnungsgründen vgl. Übersicht bei *Gräber/Stapperfend* § 51 FGO Rz. 45 bis 58 mit weiteren Rechtsprechungsnachweisen.

8   Das **Ablehnungsrecht** geht **verloren,** wenn sich die Partei bei dem Richter, der abgelehnt werden soll, in die Verhandlung eingelassen oder Anträge gestellt hat, ohne den ihr bekannten Ablehnungsgrund geltend zu machen (§ 43 ZPO).

Zum Verlust des Ablehnungsrechts führt es danach, wenn die während eines Erörterungstermins oder während einer mündlichen Verhandlung entstehenden Ablehnungsgründe nicht bis zum Schluss des Termins geltend gemacht werden. Vgl. iE zum Verlust des Ablehnungsrechts *Gräber/Stapperfend* § 51 FGO Rz. 39 bis 44.

9   **Ablehnung** nach § 51 FGO kommt grds. in **jedem Verfahren** in Betracht, in dem eine Gerichtsperson tätig werden kann, dh. insbes. in Klage- und AdV-Verfahren. Ein Ablehnungsgesuch ist auch im Tatbestandsberichtigungsverfahren nach § 108 Abs. 1 FGO (vgl. Formular D. 2.06) statthaft (BFH VII B 70/89 v. 17.8.89, BStBl. II 89, 899); es besteht aber dann kein Rechtsschutzinteresse, wenn bei Begründetheit des Ablehnungsgesuchs eine weitere richterliche Tätigkeit im Berichtigungsverfahren ausgeschlossen wäre (zB bei Ablehnung sämtlicher Richter des Spruchkörpers), BFH VII B 70/89 v. 17.8.89, BStBl. II 89, 899.

2. Entscheidung; Rechtsmittel

10   Die **Entscheidung** über die Besorgnis der Befangenheit ergeht grds. durch **Beschluss** (§ 46 Abs. 1 ZPO). An der Entscheidung darf der **abgelehnte Richter** grds. **nicht mitwirken** (§ 45 Abs. 1 ZPO). Etwas anderes (ie. eine **zulässige Selbstablehnung**) gilt nur dann, wenn das Gericht den Antrag für rechtsmissbräuchlich oder sonst offenkundig unzulässig hält und sich dies iR **einer rein formalen Prüfung** – dh. gänzlich ohne Aktenkenntnis/Eingehen auf den Verfahrensgegenstand – feststellen lässt („kein Richter in eigener Sache", vgl. BFH X B 99/19 v. 16.10.19, BeckRS 2019, 40734; auch kein „Automatismus" bei Ablehnung des gesamten Spruchkörpers, BFH III B 122/16 v. 5.4.17, BFH/NV 17, 1047; X B 6/18 v. 27.12.19, BFH/NV 20, 769); (nur) in einem solchen Fall kann die Ablehnung auch ohne gesonderten Beschluss in der Hauptsacheentscheidung erfolgen (vgl. BFH III B 122/16 v. 5.4.17, BFH/NV 17, 1047). Ist ein Befangenheitsantrag gegen einen Einzelrichter (§ 6 FGO) gestellt, entscheidet darüber der Senat, dem der abgelehnte Richter angehört (BFH VII S 11/98 v. 29.7.98, BFH/NV 99, 201).

Der zurückweisende Beschluss muss nach dem Wortlaut des § 113 Abs. 2 FGO **nicht begründet** werden; mit der Bedeutung des Verfahrens und der Überprüfungsmöglichkeit im Rechtsmittelverfahren gegen die Hauptsacheentscheidung ist dies nicht vereinbar (vgl. *Tipke/Kruse,* § 51 FGO Rz. 41). Deswegen sollte der Beschluss vom Gericht grds. begründet werden.

Wird ein Einzelrichter (§ 6 FGO) erfolgreich wegen Besorgnis der Befangenheit **11** abgelehnt, so wird sein geschäftsplanmäßiger Vertreter in diesem Verfahren als Einzelrichter zuständig (BFH I R 22/98 v. 26.10.98, BStBl. II 99, 60).

Rechtsmittel: Nach § 128 Abs. 2 FGO können Beschlüsse über die Ablehnung **12** von Gerichtspersonen, Sachverständigen und Dolmetschern **nicht mit der Beschwerde** angefochten werden. Es kann im Rechtsmittelverfahren **gegen die Hauptsacheentscheidung** ein **Verfahrensfehler** geltend gemacht werden, wenn die Zurückweisung des Ablehnungsgesuchs greifbar gesetzeswidrig und damit willkürlich ist (BFH VIII B 211/08 v. 15.12.09, BFH/NV 10, 663). Von greifbarer Gesetzeswidrigkeit bzw. Willkür ist bei **unzulässiger Selbstablehnung** durch einen betroffenen Richter – wegen der Bedeutung des Rechts auf den gesetzlichen Richter in Art. 101 Abs. 1 Satz 2 GG – **stets** auszugehen; das gilt nach jüngerer Rspr. unbeschadet dessen, ob die Zurückweisung durch Beschluss oder in der Hauptsacheentscheidung erfolgt. Der Fehler schlägt immer auf die Endentscheidung durch (BFH X B 99/19 v. 16.10.19, BeckRS 2019, 40734; III B 122/16 v. 5.4.17, BFH/NV 17, 1047).

D. 2.19 Ruhen des Verfahrens

S. Formular D. 2.03.

D. 2.20 Sonstige Leistungsklage

I. FORMULAR

Formular D. 2.20 Sonstige Leistungsklage

FG München

Ismaninger Str. 95

81675 München

Az.: Neu

In der Finanzstreitsache

Marc Aurel

Romstraße 5, 80539 München **– Kläger –**

Prozessbevollmächtigte: ......

gegen

Finanzamt München I

Karlstraße 9–11, 80333 München **– Beklagter –**

vertreten durch seine Leiterin

wegen Leistung

Steuer-Nr.: ......

erheben wir namens und unter Vollmachtsvorlage des Klägers

SONSTIGE LEISTUNGSKLAGE.

In der mündlichen Verhandlung werden wir folgende Anträge stellen:

1. Dem Beklagten wird untersagt, die ihm von der Staatsanwaltschaft oder der Steuerfahndungsstelle übermittelten Geschäftsunterlagen des Klägers als Kontrollmitteilungen bei den Prüfungsfeststellungen zu verwerten.

2. Hilfsweise wird die Zulassung der Revision beantragt.

3. Die Kosten des Verfahrens trägt der Beklagte.

Auf mündliche Verhandlung wird nicht verzichtet.

Begründung

Die Klage ist zulässig, da der Antrag auf schlichtes Verwaltungshandeln gerichtet ist, und begründet.

U. a. wegen Betrugsverdachts ordnete das Landgericht ...... am ...... die Durchsuchung der Geschäftsräume des Klägers an. Bei der Durchsuchung wurden 117 Ordner und weitere Unterlagen beschlagnahmt. Auf Antrag der Staatsanwaltschaft bestätigte das zuständige Amtsgericht die Beschlagnahme auch insoweit, als sie nicht durch den Beschluss des Landgerichts vom ...... gedeckt war.

Auf die Beschwerde des Klägers entschied das Landgericht, dass der Beschluss des Amtsgerichts nicht mehr aufrecht erhalten bleiben könne, es entschied weiter, dass die Beschlagnahme unzulässig gewesen sei.

Mit Verfügung vom ...... war vom Beklagten eine Außenprüfung angeordnet worden. Im Rahmen der Betriebsprüfung wurde dem Kläger bekannt, dass dem Beklagten von der Staatsanwaltschaft oder der Steuerfahndungsstelle Kopien von Geschäftspapieren übermittelt worden waren, die am ...... anlässlich der Durchsuchung der Geschäftsräume des Klägers beschlagnahmt worden waren.

Die dem Beklagten überlassenen Geschäftsunterlagen dürfen bei den Prüfungsfeststellungen nicht verwertet werden, da deren Kenntnis rechtswidrig erlangt wurde. Denn nach dem Beschluss des LG ...... durfte die Staatsanwaltschaft die beschlagnahmten Unterlagen vor der Herausgabe nicht fotokopieren, die Staatsanwaltschaft war daher nicht berechtigt, die Ablichtungen den Finanzbehörden zu überlassen.

Weitere Klagebegründung bleibt vorbehalten.

....

Unterschrift

II. ERLÄUTERUNGEN

Erläuterungen zu D. 2.20 Sonstige Leistungsklage

1   Eine **sonstige** (oder andere, allgemeine) **Leistungsklage** (§ 40 Abs. 1 3. Alt. FGO) ist auf eine Leistung (Tun, Dulden oder Unterlassen) gerichtet und nicht auf den Erlass eines Verwaltungsaktes, wie die Verpflichtungsklage. Da die Finanzbehörden in der Regel durch Verwaltungsakt handeln, kommt der sonstigen Leistungsklage keine große praktische Bedeutung zu.

2   Sie ist **nicht fristgebunden** (§ 47 FGO). Die Durchführung eines außergerichtlichen Rechtsbehelfsverfahrens ist nicht erforderlich (§ 44 FGO).

3   Mit der Leistungsklage kann auch verfolgt werden ein **Folgenbeseitigungsanspruch** (FG SchlHol. I 100/80 v. 8.10.80, EFG 81, 403), das **Verlangen auf Akteneinsicht,** soweit nicht ein ablehnender Verwaltungsakt vorausgegangen ist, die **Herausgabe von Unterlagen** (BFH I R 66/84 v. 16.12.87, BFH/NV 88, 319; FG Bremen 298284 K 2 v. 6.7.99, EFG 99, 1092, sofern nicht ein ablehnender Verwaltungsakt vorausging, so jedenfalls BFH I R 66/84 v. 16.12.87, BFH/NV 88, 319; vgl. dazu *Tipke/Kruse,* § 40 FGO Rz. 17), die **Untersagung der Verwertung bestimmter Unterlagen** (BFH I R 269/81 v. 4.4.84, BStBl. II 84, 563, so der Musterfall), die **Erteilung einer Auskunft** (BFH I R 306/82 v. 23.7.86, BStBl. II 87, 92, zu Unrecht a. A. (offenbar) Hessisches FG 4 K 977/16 v. 11.12.18, EFG 19, 745: Verpflichtungsklage) oder deren Weiterleitung (BFH I B 28/86 v. 29.10.86, BStBl. II 87,

440), die **Rücknahme** eines von der Finanzbehörde gestellten **Insolvenzantrags** (FG Köln 15 K 4934/04 v. 9.11.04, EFG 05, 372), ein Anspruch auf Herausgabe einer Bürgschaft (FG München 10 K 1105/17 v. 30.1.20, EFG 20, 972).

Die Leistungsklage kommt auch dann in Betracht, wenn zB durch das Urteil ein **Steuerbescheid geändert** wird und das Finanzamt die überzahlte Steuer nicht wieder ausbezahlt; dem zusammen mit einer Anfechtungsklage geltend gemachten Begehren auf Erstattung wird allerdings in der Regel das Rechtsschutzbedürfnis fehlen (BFH VII R 24/77 v. 16.7.80, BStBl. II 80, 632; vgl. *Gräber/Levedag* § 40 FGO Rz. 35).

Wegen der weiteren Beispiele für Fälle der Leistungsklage vgl. *Gräber/Levedag* § 40 FGO Rz. 42 ff.

Nicht verfolgt werden kann mit der Leistungsklage die Rücknahme einer der Gewerbebehörde bereits erteilten Auskunft des Finanzamts über die Höhe der Steuerrückstände des Klägers, weil dieser Antrag auf etwas Unmögliches gerichtet ist (BFH VII R 56/93 v. 23.11.93, BStBl. II 94, 356). Für eine allgemeine Leistungsklage einer (vermeintlichen) Organgesellschaft, mit der das Finanzamt verurteilt werden soll, eine von ihm im Besteuerungsverfahren des (vermeintlichen) Organträgers gemachte Mitteilung an die zur Festsetzung der Gewerbesteuer zuständige Gemeinde inhaltlich zu korrigieren, fehlt die Klagebefugnis (BFH I R 85/13 v. 25.11.15, BStBl. II 16, 479). **4**

Besondere **Zulässigkeitsanforderungen** werden an **vorbeugenden Rechtsschutz** gestellt. So ist eine vorbeugende Unterlassungsklage nur – ausnahmsweise – dann zulässig, wenn substantiiert und in sich schlüssig dargetan wird, durch ein bestimmtes, künftig zu erwartendes Handeln einer Behörde in eigenen Rechten verletzt zu sein, und dass ein Abwarten der tatsächlichen Rechtsverletzung unzumutbar sei, weil die Rechtsverletzung dann nicht oder nur schwerlich wiedergutzumachen sei (BFH VIII R 61/06 v. 8.4.08, BStBl. II 09, 579 Rn. 23). Die Klage gegen ein beabsichtigtes Auskunftsersuchen des Finanzamts an Dritte wurde erstinstanzlich anerkannt durch FG Berlin-Brandenburg 9 K 9069/18 v. 14.3.19 (EFG 19, 1430, Rev. anh. BFH X R 25/19; mE unzutreffend als Feststellungsklage ausgelegt). **5**

Im Übrigen gelten die allgemeinen Sachentscheidungsvoraussetzungen, vgl. D. 2.01 Rz. 5 ff.

Zum Verzicht auf mündliche Verhandlung: Vgl. D. 2.01 Rz. 37. **6**

Rechtsmittel: Vgl. D. 2.01 Rz. 52. **7**

Gesetz über den Rechtsschutz bei überlangen Gerichtsverfahren und strafrechtlichen Ermittlungsverfahren v. 24.11.11 (BGBl. I 11, 2302): Zum Entschädigungsanspruch bei unangemessener Dauer eines Gerichtsverfahrens und der hierfür erforderlichen Voraussetzung, dass eine **Verzögerungsrüge** erhoben wird, vgl. D. 2.25. S. zur **Entschädigungsklage** vor dem BFH Formular D. 3.06. **8**

D. 2.21 Sprungklage

I. FORMULAR

Formular D. 2.21 Sprungklage

FG Münster

Warendorfer Str. 70

48145 Münster

Az.: Neu

In der Finanzstreitsache

Max Anders

Einsteinstraße 17, 81675 München   – **Kläger** –

Prozessbevollmächtigte:

gegen

Finanzamt Münster-Innenstadt

Anton-Bruchausen-Straße 1, 48147 Münster   – Beklagter –

vertreten durch seine Vorsteherin

wegen Schenkungsteuer 20......

Steuer-Nr.: ......

erheben wir im Namen und im Auftrag des Klägers unter Vollmachtsvorlage gem. § 45 FGO

SPRUNGKLAGE.

Dem Beklagten wurde bereits mit Schreiben vom ...... mitgeteilt, dass beabsichtigt ist, Sprungklage zu erheben. Er hat in Aussicht gestellt, dass er der Erhebung der Sprungklage zustimmen wird. In der mündlichen Verhandlung werden wir folgende Anträge stellen:

1. Der Schenkungsbescheid für 20...... vom ...... (Steuer-Nr. ......) wird aufgehoben.

2. Hilfsweise wird die Zulassung der Revision beantragt.

3. Der Beklagte trägt die Kosten des Verfahrens.

Auf mündliche Verhandlung wird nicht verzichtet.

Begründung

1. Die Sprungklage wendet sich gegen den Schenkungsteuerbescheid vom ...... (Steuer-Nr. ......). Dem Kläger wurde von seinem in Münster lebenden Vater, Herrn Josef Anders 1998 ein zinsloses Darlehen gewährt. Vereinbarungen zur Rückzahlung haben der Kläger und sein Vater nicht getroffen. Es ist zwischen den Beteiligten unstreitig, dass der Kläger bis heute das Darlehen nicht getilgt hat.

Von diesem Sachverhalt erfuhr das beklagte Finanzamt nach einer Betriebsprüfung, die beim Kläger durchgeführt worden war, auf Grund einer am 4.4.02 eingegangenen Mitteilung des Finanzamts X. Das beklagte Finanzamt forderte den Kläger mit Schreiben vom 17.7.02 zur Abgabe einer Schenkungsteuererklärung auf. Der Kläger hat keine Erklärung abgegeben.

Das FA sah in der unentgeltlichen Nutzungsüberlassung der Kapitalsumme einen schenkungsteuerlichen Vorgang und setzte mit Bescheid vom 12.1.07 Schenkungsteuer fest. Einwendungen gegen die Ermittlung der Höhe des steuerpflichtigen Erwerbs werden nicht erhoben.

2. Der Kläger ist der Auffassung, dass keine Schenkungsteuer mehr festgesetzt werden darf, weil zum Zeitpunkt des Erlasses des Schenkungsteuerbescheids Festsetzungsverjährung eingetreten war (vgl. BFH II R 54/05 v. 6.6.2007, BStBl. II 07, 954). Nach § 170 Abs. 5 Nr. 2 Alt. 2 AO beginnt die Festsetzungsfrist mit Ablauf des Kalenderjahres, in dem das Finanzamt von der Schenkung Kenntnis erlangt hat. Das war im Streitfall das Jahr 2002. Im Streitfall endete die vierjährige Festsetzungsfrist daher mit Ablauf des 31.12.06.

Der Kläger ist weiter der Auffassung, dass keine freigebige Zuwendung iSd. § 7 Abs. 1 Nr. 1 ErbStG vorliegt. Die Rechtsprechung des BFH, wonach die unentgeltliche Überlassung einer Kapitalsumme auf Zeit der Schenkungsteuer unterliege (BFH II R 13/04 v. 11.4.06, BFH/NV 06, 1665 und II R 70/04 v. 21.2.2006, BFH/NV 06, 1300) sei nicht zutreffend.

[......wird ausgeführt......]

....

Unterschrift

II. ERLÄUTERUNGEN

Erläuterungen zu D. 2.21 Sprungklage

1. Besondere Zulässigkeitsvoraussetzungen

Nach § 45 FGO ist die Klage **ohne Vorverfahren** zulässig, wenn der Beklagte in- **1** nerhalb eines Monats nach Zustellung der Klageschrift **zustimmt** (§ 45 Abs. 1 Satz 1 FGO); vgl. Rz. 6 f. Die Sprungklage ist nur **innerhalb der Einspruchsfrist** möglich. Wird nach Einlegung eines Einspruchs innerhalb der Klagefrist Sprungklage erhoben, ist die Klageerhebung als Umwandlung des Einspruchs in eine Klage anzusehen (BFH IV R 27/96 v. 4.9.97, BStBl. II 98, 286 m. w. Rechtsprechungsnachweisen). Legt der Steuerpflichtige nach Erhebung einer Sprungklage und noch *vor* dem Ergehen der behördlichen Zustimmungserklärung **Einspruch** ein, führt dies zur Umwandlung der Sprungklage in einen Einspruch. Eine Klage existiert dann nicht mehr und war auch nie anhängig (vgl. BFH I R 1/15 v. 8.11.16, BStBl. II 17, 720).

Empfehlenswert ist die **Erhebung einer Sprungklage** nur dann, wenn eine reine Rechtsfrage zur Entscheidung ansteht und der Sachverhalt aus dem Steuerbescheid (und ggf. dem Betriebsprüfungsbericht) zu entnehmen ist, da durch die Erhebung der Sprungklage eine Tatsacheninstanz (Einspruchsverfahren vor dem FA) übersprungen wird.

Eine **Ausnahme** von dem Grundsatz, dass eine Klage erst nach erfolglosem Ab- **2** schluss des außergerichtlichen Rechtsbehelfsverfahrens zulässig ist (§ 44 Abs. 1 FGO), enthält neben § 45 FGO (Sprungklage) nur noch § 46 FGO (sog. Untätigkeitsklage), s. dazu Formular D. 2.22.

§ 45 FGO betrifft jegliche Art von Anfechtungs- und Verpflichtungsklagen. **3**

Die Erhebung der Sprungklage ist schon mangels erforderlichen Vorverfahrens **aus- 4 geschlossen bei**
– sonstigen Leistungsklagen (Formular D. 2.20) und
– Feststellungsklagen (Formular D. 2.12).

Im Übrigen gelten für die Sprungklage die **allgemeinen Sachentscheidungsvor- 5 aussetzungen** (vgl. D. 2.01 Rz. 5 ff.).

Zustimmung des Beklagten: Die Zulässigkeit der Sprungklage ist von der aus- **6** drücklichen Zustimmung des Beklagten abhängig, die innerhalb eines Monats nach Zustellung der Klageschrift **dem Gericht gegenüber** abgegeben werden muss. Eine rügelose Einlassung des Beklagten genügt nicht (vgl. BFH X R 34/06 v. 27.5.09, BFH/NV 09, 1826).

2. Verfahrensfortgang

Wird die **Zustimmung** durch die Finanzbehörde **nicht erteilt** (keine oder keine **7** rechtzeitige Äußerung) oder ausdrücklich versagt, so ist nach § 45 Abs. 3 FGO die Sache **als Einspruch** zu behandeln, dh. formlos an die nach § 367 Abs. 1 Satz 1 AO zuständige Finanzbehörde abzugeben. Besteht der Kläger auf einer gerichtlichen Entscheidung – zB weil er meint, es reiche eine konkludente Zustimmung des Beklagten aus – ist die Klage durch Prozessurteil als unzulässig abzuweisen (vgl. *Gräber/Levedag* § 45 FGO Rz. 34, vgl. auch BFH VII B 107/15 v. 27.7.16, BFH/NV 17, 146).

Sind mehrere Personen berechtigt, Einspruch oder Klage zu erheben (zB gegen Be- **8** scheide nach §§ 179 ff. AO), und hat ein Berechtigter einen außergerichtlichen Rechtsbehelf eingelegt und ein anderer Berechtigter unmittelbar Klage erhoben, enthält § 45 Abs. 1 Satz 2 FGO eine Regelung, damit eine einheitliche Entscheidung gewährleistet ist. Ist einerseits Einspruch eingelegt und andererseits Sprungklage erhoben und Zustimmung durch die Behörde bereits erteilt worden, „ist zunächst über den außergerichtlichen Rechtsbehelf zu entscheiden" (§ 45 Abs. 1 Satz 2 FGO). Das

Klageverfahren ist einem solchen Fall nach § 74 FGO auszusetzen (vgl. Formular D. 2.03). Zu den weiteren verfahrensrechtlichen Folgen vgl. *Gräber/Levedag* § 45 FGO Rz. 19.

9   **Abgabe an das Finanzamt, auch wenn die Zustimmung zur Sprungklage erteilt worden ist:** Nach § 45 Abs. 2 Satz 1 FGO ist das Gericht auch bei Zustimmung des Beklagten zur Sprungklage berechtigt, eine Klage nach § 45 FGO *„innerhalb von drei Monaten nach Eingang der Akten der Behörde bei Gericht, spätestens innerhalb von sechs Monaten nach Klagezustellung, durch Beschluss an die zuständige Behörde zur Durchführung des Vorverfahrens"* abzugeben, *„wenn weitere Sachaufklärung notwendig ist, die nach Art oder Umfang erhebliche Ermittlungen erfordert, und die Abgabe auch unter Berücksichtigung der Belange der Beteiligten sachdienlich ist"*; die Klage ist in diesem Fall als Einspruch zu behandeln, der Beschluss unanfechtbar (§ 45 Abs. 2 Satz 3 FGO).

10   Will das Gericht das Verfahren nach § 45 Abs. 2 Satz 1 FGO an die Finanzbehörde abgeben, sollte dem Kläger (und dem Beklagten) vorher **rechtliches Gehör** gewährt werden.

11   Erlässt das Finanzamt **nach** Erhebung der Sprungklage eine **Einspruchsentscheidung,** dürfte die bei fehlender Zustimmung des Beklagten unzulässige Klage nach der Rechtsprechung des BFH zur Untätigkeitsklage (s. D. 2.22 Rz. 14) in die Zulässigkeit hineinwachsen.

12   **Zum Verzicht auf mündliche Verhandlung:** Vgl. D. 2.01 Rz. 37.

13   **Zum Vorbehalt der Klageerweiterung:** vgl. D. 2.01 Rz. 28. Ein solcher Vorbehalt ist im Streitfall nicht angebracht, da der Kläger den Schenkungsteuerbescheid bereits mit der Klage in vollem Umfang angegriffen hat.

14   **Rechtsmittel:** Vgl. D. 2.01 Rz. 52.

15   *Gesetz über den Rechtsschutz bei überlangen Gerichtsverfahren und strafrechtlichen Ermittlungsverfahren* v. 24.11.11 (BGBl. I 11, 2302): Zum Entschädigungsanspruch bei unangemessener Dauer eines Gerichtsverfahrens und der hierfür erforderlichen Voraussetzung, dass eine **Verzögerungsrüge** erhoben wird, vgl. D. 2.25. S. zur **Entschädigungsklage** vor dem BFH Formular D. 3.06.

D. 2.22 Untätigkeitsklage

I. FORMULAR

Formular D. 2.22 Untätigkeitsklage

FG München   18.10.16
Ismaninger Str. 95
81675 München
Az.: Neu

In der Finanzstreitsache

Max Moritz GmbH
vertreten durch ihren allein vertretungsberechtigten Geschäftsführer, Herrn Max Moritz,
Müllerstraße 17, 80469 München   – Klägerin –
Prozessbevollmächtigte: ...

gegen

Finanzamt München für Körperschaften
Meiserstraße 4, 80333 München   – Beklagter –

vertreten durch seine Leiterin

wegen Körperschaftsteuer 20..

Steuer-Nr.: ...

erheben wir namens und im Auftrag der Klägerin unter Vollmachtsvorlage

UNTÄTIGKEITSKLAGE.

In der mündlichen Verhandlung werden wir voraussichtlich folgende Anträge stellen:

1. Der Bescheid über Körperschaftsteuer vom 15.11.15 für das Kalenderjahr 20.. (Steuer-Nr. ...) wird aufgehoben.

Hilfsweise: Das Verfahren wird ausgesetzt; der Beklagte wird verpflichtet, innerhalb von vier Wochen ab Klagezustellung über den mit Schreiben vom 1.12.15 eingelegten Einspruch gegen den Bescheid über Körperschaftsteuer vom 15.11.15 für das Kalenderjahr 20.. zu entscheiden.

2. Hilfsantrag: Die Revision wird zugelassen.

3. Die Kosten des Verfahrens trägt der Beklagte.

Auf mündliche Verhandlung wird nicht verzichtet.

Begründung

1. Streitig ist, ob der zwischen der X-GmbH und der Klägerin bestehende Gewinnabführungsvertrag im Streitjahr steuerrechtlich anzuerkennen ist. Dem liegt folgender Sachverhalt zugrunde [...wird ausgeführt...].

2. Die Klage ist zulässig. Zwar hat der Beklagte noch nicht über den Einspruch entschieden. Allerdings liegen hier die Voraussetzungen für die Erhebung einer Untätigkeitsklage nach § 46 Abs. 1 FGO vor.

Über den Einspruch der Klägerin vom 1.12.15 wurde bislang nicht entschieden, obwohl bis heute – 18.10.16 – sind mehr als zehn Monate vergangen. Regelmäßig ist davon auszugehen, dass Finanzbehörden zum Abschluss eines außergerichtlichen Rechtsbehelfsverfahrens eine Frist von sechs Monaten zugebilligt wird; dies lässt sich dem Rechtsgedanken des § 46 Abs. 1 Satz 2 FGO entnehmen, wonach diese Regelfrist grds. nicht als unangemessen angesehen werden kann, „es sei denn, dass wegen besonderer Umstände des Falles eine kürzere Frist geboten ist" (ebenso *Gräber/Levedag* § 46 FGO Rz. 7). Die Sechsmonatsfrist ist im folgenden Fall bereits um mehr als vier Monate überschritten. Eine sachliche Entscheidung wäre inzwischen längst möglich gewesen, da die Einspruchsbegründung zusammen mit der Einspruchseinlegung vorgelegen hat und auch nach dem vorliegenden Betriebsprüfungsbericht alle tatsächlichen Feststellungen, die zur Entscheidung über den Einspruch notwendig sind, bereits vom Beklagten bzw. der Betriebsprüfung getroffen wurden. Eine weitere Aufklärung des Sachverhalts ist demzufolge nicht erforderlich. Soweit ersichtlich, besteht auch kein Streit über den Sachverhalt zwischen der Klägerin und dem Beklagten bzw. der Betriebsprüfung.

Ob ein zureichender Grund für das Nichtabschließen des Rechtsbehelfsverfahrens vorliegt, mag offenbleiben. Ein solcher wurde, obwohl dies gesetzlich vorgesehen ist, bislang nicht mitgeteilt. Der Beklagte hat insbes. auf den klägerischen Hinweis, dass eine Untätigkeitsklage in Betracht gezogen werde (vgl. unser Schreiben vom ...), nicht geantwortet.

3. Die Klage ist auch begründet. [...wird ausgeführt...]

..

Unterschrift

II. ERLÄUTERUNGEN

Erläuterungen zu D. 2.22 Untätigkeitsklage

---

1. Besondere Zulässigkeitsvoraussetzungen

1   Die sog. Untätigkeitsklage nach § 46 Abs. 1 FGO ist eine Anfechtungs- oder Verpflichtungsklage auf Aufhebung oder Änderung der Bescheide **ohne Durchführung eines Vorverfahrens,** dh. es handelt sich nicht um eine eigenständige Klageart (BFH VII R 43/05 v. 27.6.06, BFH/NV 07, 396). Auch die Klage nach § 46 Abs. 2 FGO wird als Untätigkeitsklage bezeichnet, da ihr Klageziel darin besteht, eine Behörde dazu zu veranlassen, in einer bestimmten Sache überhaupt tätig zu werden (vgl. Rz. 12).

2   Die **Untätigkeit der Verwaltung** während des Einspruchsverfahrens ist Anlass der Klage nach § 46 Abs. 1 FGO, nicht aber Gegenstand; Gegenstand der Klage ist die Aufhebung bzw. Änderung eines Verwaltungsakts (Anfechtungsklage) oder die Verurteilung zum Erlass eines abgelehnten Verwaltungsakts (Verpflichtungsklage), nicht aber die Beendigung der Untätigkeit. Dementsprechend ist auch der **Antrag** zu formulieren. Voraussetzung ist in jedem Fall, dass über den **Einspruch nicht entschieden** ist.

3   § 46 FGO ist **nur auf Anfechtungs- und Verpflichtungsklagen** anwendbar, nicht jedoch auf sonstige Leistungsklagen und Feststellungsklagen (kein Vorverfahren erforderlich).

4   Für die Untätigkeitsklage gelten besondere, **zusätzliche Zulässigkeitsvoraussetzungen:**
– Fehlende Entscheidung über einen außergerichtlichen Rechtsbehelf,
– Ablauf einer angemessenen Frist,
– Fehlen der Mitteilung eines zureichenden Grundes.

5   **Ablauf einer angemessenen Frist:** Mindestens sechs Monate seit Einlegung des außergerichtlichen Rechtsbehelfs, es sei denn, „dass wegen besonderer Umstände des Falles eine kürzere Frist geboten ist" (§ 46 Abs. 1 Satz 2 FGO). Aus dem Rechtsgedanken von § 46 Abs. 1 Satz 2 FGO lässt sich entnehmen, dass den Finanzbehörden grds. eine Regelfrist von sechs Monaten für den Abschluss eines außergerichtlichen Rechtsbehelfsverfahrens zugebilligt wird. Auch nach Ablauf von sechs Monaten ist jedoch zu prüfen, ob das Tatbestandsmerkmal „in angemessener Frist" zu bejahen ist. Einerseits sind die Interessen des Rechtsbehelfsführers an einer baldigen Entscheidung, andererseits aber auch der Umfang und die rechtlichen Schwierigkeiten des Falls zu berücksichtigen (BFH IV R 18/04 v. 27.4.06, BFH/NV 06, 2017). Ein zureichender Grund für die Überschreitung einer angemessenen Frist ist grds. nicht anzunehmen, wenn die Ursache im Bereich der Behördenorganisation (zB Arbeitsüberlastung durch Personalmangel, Urlaub, Krankheit) liegt (BFH IV R 18/04 v. 27.4.06, aaO).

6   In ganz seltenen Ausnahmefällen und unter besonderen Umständen mag man davon ausgehen, dass das Klagerecht nach § 46 Abs. 1 FGO **verwirkt** worden ist (s. dazu *Gosch,* § 46 FGO Rz. 145 ff. mwN).

7   **Fehlen der Mitteilung eines zureichenden Grundes:** Ein zureichender Grund ist ua. darin zu sehen, dass bestimmte Ermittlungen (Betriebsprüfung) abgewartet werden sollen oder wenn gem. § 363 Abs. 1 AO das Verfahren ausgesetzt ist (*Gräber/Levedag* § 46 FGO Rz. 11 mwN). Voraussetzung ist jedoch grds., dass dieser Grund vor Klageerhebung **mitgeteilt** wurde (BFH IV R 18/04 v. 27.4.06, BFH/NV 06, 2017).

Als „zureichender Grund" kann auch das Abwarten einer noch ausstehenden Entscheidung in einem sog. „Musterverfahren" in Betracht kommen (BFH II B 141/05 v. 31.8.06, BFH/NV 06, 2296). Anders kann es liegen, wenn weder das Finanzamt noch das FG wegen § 363 Abs. 1 AO bzw. § 74 FGO eine Sachentscheidung treffen könnte (vgl. BFH III B 138/92 v 8.5.92, BStBl. II 92, 673: rechtsmissbräuchlich, unheilbar unzulässig).

Im Übrigen gelten für die Untätigkeitsklage die **allgemeinen Sachentschei-** 8
dungsvoraussetzungen, vgl. D. 2.01 Rz. 5 ff.

Zum Verzicht auf mündliche Verhandlung: Vgl. D. 2.01 Rz. 37.   9

Zum Vorbehalt der Klageerweiterung: Vgl. D. 2.01 Rz. 28.   10

Das Gericht kann entweder über die Klage nach § 46 Abs. 1 FGO **selbst ent-** 11
scheiden, ohne dass ein Vorverfahren durchgeführt wird, es kann aber auch das Verfahren bis zum Ablauf einer von ihm bestimmten verlängerungsfähigen Frist zur Entscheidung über den Rechtsbehelf **aussetzen** (§ 46 Abs. 1 Satz 3 FGO). Bei der Aussetzung handelt es sich um eine Ermessensentscheidung (BFH VI B 65/06 v. 21.5.07, BFH/NV 07, 1688; V B 50/97 v. 14.7.97, BFH/NV 98, 49).

Liegen die Voraussetzungen für die zulässige Erhebung einer Untätigkeitsklage (Ablauf einer angemessenen Frist bzw. Mitteilung eines zureichenden Grundes, s. Rz. 4–7) nicht vor, ist die Klage unzulässig. Nach der st. Rspr. des BFH handelt es sich bei den in § 46 Abs. 1 FGO angeführten Tatbestandsvoraussetzungen aber nicht um Zugangsvoraussetzungen mit der Folge, dass bei ihrem Nichtvorliegen von einer unheilbar unzulässigen Klage auszugehen sei; es handelt sich vielmehr um Sachentscheidungsvoraussetzungen, die erst im Zeitpunkt der letzten mündlichen Verhandlung erfüllt sein müssen (BFH VI B 78/04 v. 7.3.06, BStBl. II 06, 430). Eine bei Klageerhebung unzulässige Klage kann danach **in die Zulässigkeit hineinwachsen** (BFH VI B 78/04 v. 7.3.06, aaO; zum Meinungsstand vgl. *Gräber/Levedag* § 46 FGO Rz. 9). Folgerichtig kann auch bei einer unzulässigen Untätigkeitsklage das Verfahren ausgesetzt werden (BFH VI B 78/04 v. 7.3.06, aaO).

2. Sonderfälle

Die **Untätigkeitsklage nach § 46 Abs. 2 FGO** ist dann zu erheben, wenn von 12
den in § 348 Nr. 3 und Nr. 4 AO genannten Stellen (Verwaltungsakte der obersten Finanzbehörden des Bundes und der Länder sowie Entscheidungen des Zulassungsausschusses und des Prüfungsausschusses der Oberfinanzdirektionen in Angelegenheiten des Steuerberatungsgesetzes) über einen Antrag auf Vornahme eines Verwaltungsakts ohne Mitteilung eines zureichenden Grundes in angemessener Frist nicht entschieden wurde.

Hat die Finanzbehörde über einen beantragten Verwaltungsakt nicht in angemesse- 13
ner Frist entschieden, kann **sog. Untätigkeitseinspruch** nach § 347 Abs. 1 Satz 2
AO erhoben werden (vgl. D. 1.04 Rz. 2).

Zu den Rechtsfolgen im Falle einer sog. doppelten Untätigkeit (Untätigkeitsklage wird in zeitlichem Zusammenhang mit einem Untätigkeitseinspruch bei der Behörde erhoben) vgl. BFH I R 60/04 v. 9.7.07, BFH/NV 07, 2238; I R 97/05 v. 28.6.06, BFH/NV 06, 2207; I R 74/02 v. 3.8.05, BFH/NV 06, 19.

3. Verfahren nach Untätigkeitsklage

Erlässt die **Finanzbehörde** nach Erhebung der Klage gem. § 46 FGO die **Ein-** 14
spruchsentscheidung, gilt Folgendes:
– Wird dem Begehren des Klägers **in vollem Umfang innerhalb der** vom Gericht
  gesetzten (Aussetzungs-)Frist entsprochen, ist der Rechtsstreit in der Hauptsache als
  erledigt anzusehen (§ 46 Abs. 1 Satz 3 2. Hs. FGO); es ist nur noch über die Kosten
  zu entscheiden (vgl. dazu Formular D. 2.10).
– Wird dem Begehren des Klägers **in vollem Umfang** entsprochen, aber **nicht in-**
  nerhalb der vom Gericht gesetzten **Frist** oder wenn das Gericht **keine Frist** gesetzt hat, ist der Rechtsstreit in der Hauptsache nicht kraft Gesetzes erledigt; es
  kommt vielmehr auf die Erledigungserklärung der Beteiligten an.

– Wird dem Begehren des Klägers **nicht oder nur zum Teil** entsprochen, ist das Klageverfahren fortzuführen, ohne dass eine erneute Klage erforderlich oder zulässig wäre (BFH III B 184/86 v. 28.10.88, BStBl. II 89, 107 mwN; vgl. aber auch BFH II B 140/03 v. 5.10.04, BFH/NV 05, 237, und BFH VIII B 33/95 v. 3.1.96, BFH/NV 96, 559 zu dem Fall, dass ausdrücklich nur eine Klage auf Tätigwerden der Finanzbehörden und nicht auf Anfechtung des Steuerbescheides unter den besonderen Zulässigkeitsvoraussetzungen des § 46 Abs. 1 FGO erhoben worden ist); str. ist, ob das auch gilt, wenn die Untätigkeitsklage nicht alle zusätzlichen Zulässigkeitsvoraussetzungen erfüllt (vgl. Rz. 4 ff. und 11).
Zur Kostenentscheidung nach Hauptsacheerledigung vgl. BFH V B 25/05 v. 28.12.05, BFH/NV 06, 791; V B 170/01 v. 14.10.02, BFH/NV 03, 197.

15   **Rechtsmittel:** Setzt das Gericht das Verfahren aus (vgl. Rz. 11), ist die Beschwerde gegeben (§ 128 FGO); iÜ vgl. D. 2.01 Rz. 52.

16   **Gesetz über den Rechtsschutz bei überlangen Gerichtsverfahren und strafrechtlichen Ermittlungsverfahren** v. 24.11.11 (BGBl. I 11, 2302): Zum Entschädigungsanspruch bei unangemessener Dauer eines Gerichtsverfahrens und der hierfür erforderlichen Voraussetzung, dass eine **Verzögerungsrüge** erhoben wird, vgl. D. 2.25. S. zur **Entschädigungsklage** vor dem BFH Formular D. 3.06.

D. 2.23 Urteilsergänzung

Vgl. Formular D. 2.10.

D. 2.24 Verpflichtungsklage

I. FORMULAR

Formular D. 2.24 Verpflichtungsklage

FG München
Ismaninger Str. 95
81765 München
Az.: Neu

In der Finanzstreitsache

Moritz Anders
Einsteinstraße 27, 81675 München   **– Kläger –**
Prozessbevollmächtigte: ......

gegen

Zentralfinanzamt München
Winzererstr. 47a, 80784 München   **– Beklagter –**
vertreten durch seinen Leiter

wegen Erlass von Einkommensteuer 20..
Steuer-Nr.: ...

erheben wir im Namen und im Auftrag des Klägers unter Vollmachtsvorlage

KLAGE.

In der mündlichen Verhandlung werden wir voraussichtlich folgende Anträge stellen:

1. Die Einspruchsentscheidung vom ...... und die ablehnende Verfügung des Beklagten vom ...... werden aufgehoben; der Beklagte wird verpflichtet, die durch Bescheid vom ...... festgesetzte Einkommensteuer in Höhe von ...... zu erlassen.

2. Hilfsweise: Die Revision wird zugelassen.

3. Der Beklagte trägt die Kosten des Verfahrens.

Auf mündliche Verhandlung wird nicht verzichtet.

Begründung

Die Klage richtet sich gegen die den Erlass ablehnende Verfügung des Beklagten vom ...... (Steuer-Nr. ......) in der Gestalt der Einspruchsentscheidung, mit dem der Antrag auf Erlass von Einkommensteuer aus persönlichen Billigkeitsgründen abgelehnt wurde. Der Klage liegt folgender Sachverhalt zugrunde. [......wird ausgeführt......]

Der Antrag ist auch begründet. Nach § 227 Abs. 1 AO können die Finanzbehörden Ansprüche aus dem Steuerschuldverhältnis ganz oder teilweise erlassen, wenn deren Einziehung nach Lage des einzelnen Falles unbillig wäre. Die Entscheidung über einen Erlassantrag aus Billigkeitsgründen ist eine Ermessensentscheidung, die im finanzgerichtlichen Verfahren daraufhin überprüft werden kann, ob die Ablehnung des Verwaltungsakts rechtswidrig ist, weil die gesetzlichen Voraussetzungen des Ermessens überschritten sind oder von dem Ermessen in einer dem Zweck des Ermessens nicht entsprechenden Weise Gebrauch gemacht ist (§ 102 FGO).

Die Ablehnung des beantragten Erlasses ist ermessensfehlerhaft, weil der Beklagte keine Feststellungen dazu getroffen hat, ob die Steuererhebung die wirtschaftliche oder persönliche Existenz des Klägers vernichtet oder ernstlich gefährdet, wie dies mit Schriftsätzen vom ...... und vom ...... und in dem Einspruch vom ...... vorgetragen wurde. [......wird ausgeführt......]

....

Unterschrift

II. ERLÄUTERUNGEN

Erläuterungen zu D. 2.24 Verpflichtungsklage

1. Zulässigkeit und Verfahren

Zu den allgemeinen Sachentscheidungsvoraussetzungen vgl. D. 2.01 Rz. 5 ff. **1**

Die **Verpflichtungsklage ist zu erheben,** wenn der Erlass eines abgelehnten oder **2** unterlassenen Verwaltungsaktes begehrt wird (§ 40 Abs. 1 2. Alt. FGO). Eine Aufhebung oder Änderung des angefochtenen Verwaltungsaktes (Ablehnungsbescheid), wie dies mit der Anfechtungsklage erreicht werden könnte, hilft dem Kläger nicht.

In diesen Fällen kann allerdings das **FG nicht selbst** über den Antrag entscheiden, **3** sondern muss die **Verpflichtung der Finanzbehörde** aussprechen, den begehrten Verwaltungsakt zu erlassen, wenn die Sache **spruchreif** ist (§ 101 Satz 1 FGO); ist die Sache **nicht spruchreif,** so wird die Finanzbehörde verpflichtet, den Kläger unter Beachtung der Rechtsauffassung des Gerichts neu zu bescheiden (§ 101 Satz 2 FGO).

Die **Zulässigkeitsvoraussetzungen** der Verpflichtungsklage entsprechen denen **4** der Anfechtungsklage, vgl. D. 2.01 Rz. 5 ff. Voraussetzung ist die Durchführung des Vorverfahrens (§ 44 FGO) und die Einhaltung der Klagefrist von einem Monat (§ 47 Abs. 1 Satz 2 FGO), s. D. 2.01 Rz. 9.

Gegenstand von Verpflichtungsklagen sind zB die Ablehnung der Festsetzung **5** von Kindergeld, die Ablehnung einer Antragsveranlagung, die Ablehnung einer Zusammenveranlagung etc. Die Verpflichtungsklage ist insbes. auch gegeben, wenn das FA einen Antrag auf **Änderung/Aufhebung der Steuerfestsetzung** aufgrund einer Änderungsvorschrift oder auf schlichte Änderung nach § 172 Abs. 1 Satz 1 Nr. 2 Buchst. a Hs. 2 AO ablehnt (BFH XI R 17/93 v. 27.10.93, BStBl. II 94, 439).

Einen Fall der Verpflichtungsklage stellt auch die **Untätigkeitsklage** dar, der der **6** Einspruch nach § 347 Abs. 1 Satz 2 AO vorausgeht; zur Abgrenzung zur sog. Untätigkeitsklage nach § 46 FGO s. Formular D. 2.22; vgl. auch BFH I R 89/80 v. 29.10.81, BStBl. II 82, 150.

7   Zur **isolierten Anfechtungsklage** (in einer Verpflichtungssituation) ist zu sagen, dass diese im Regelfall unzulässig sein dürfte, wenn und weil ein Rechtsschutzbedürfnis nur für die Aufhebung der Ablehnungsentscheidung fehlt und andererseits die Verpflichtungsklage das Anfechtungsbegehren zugleich in sich trägt (vgl. Klageantrag/Tenor: Der Beklagte wird unter Aufhebung des VA verpflichtet ...). Gleichwohl gibt es Konstellationen, in denen es auch anders liegen kann; so dürfte etwa die isolierte Anfechtung einer Einspruchsentscheidung, die einen Verpflichtungseinspruch als unzulässig zurückweist, zulässig sein, um den Steuerpflichtigen wieder ins Einspruchsverfahren (und dort in eine Sachprüfung) zu versetzen (insofern gilt aber nichts anderes als in der Anfechtungskonstellation). Vgl. auch *Gräber/Levedag* § 40 FGO Rz. 26 sowie D. 2.01 Rz. 31.

8   **Fortsetzungsfeststellungsklage** ist nach § 100 Abs. 1 Satz 4 FGO nach dem Wortlaut und dem Gesetzeszusammenhang nur für Anfechtungsklagen vorgesehen, sie ist aber im Wege der Analogie auch für die Verpflichtungsklage eröffnet worden (BFH I R 5/16 v. 11.4.18 BStBl. II 18, 761; vgl. dazu D. 2.01 Rz. 23, 24 und *Gräber/Stapperfend* § 100 FGO Rz. 80 ff.).

9   **Zum Verzicht auf mündliche Verhandlung** vgl. D. 2.01 Rz. 37.

10   **Zur Klageerweiterung:** Vgl. D. 2.01 Rz. 28.

11   **Rechtsmittel:** Gegen Urteile des FG ist die Revision zulässig, wenn diese vom FG zugelassen ist. Ist die Revision (vgl. Formulare D. 3.01 und D. 3.02) nicht zugelassen, kann NZB erhoben werden (vgl. Formular D. 3.03). Vgl. auch D. 2.01 Rz. 52.

12   **Gesetz über den Rechtsschutz bei überlangen Gerichtsverfahren und strafrechtlichen Ermittlungsverfahren** v. 24.11.11 (BGBl. I 11, 2302): Zum Entschädigungsanspruch bei unangemessener Dauer eines Gerichtsverfahrens und der hierfür erforderlichen Voraussetzung, dass eine **Verzögerungsrüge** erhoben wird, vgl. D. 2.25. S. zur **Entschädigungsklage** vor dem BFH Formular D. 3.06.

2. Besonderheiten bei Ermessensentscheidungen

13   **Ermessensentscheidungen:** Sind Gegenstand der Verpflichtungsklage **im Ermessen** der Finanzbehörde liegende Verwaltungsakte wie Billigkeitserlass oder Stundung, kann das Gericht die Ermessensentscheidung des FA gem. § 102 FGO nur daraufhin überprüfen, ob die Grenzen des Ermessens überschritten bzw. unterschritten (Ermessensüber- bzw. Ermessensunterschreitung) worden sind und ob von dem Ermessen falsch Gebrauch gemacht wurde (Ermessensmissbrauch, Ermessensfehlgebrauch). Abgesehen vom Fall der Ermessensreduzierung auf Null, in dem nur eine einzige Entscheidung ermessensfehlerfrei ist und deshalb ein Anspruch auf diese Entscheidung besteht, kann nur ein fehlerfreier Ermessensgebrauch beansprucht werden (*Gräber/Stapperfend* § 102 FGO Rz. 17). Das Gericht ist insbes. nicht befugt, seine Entscheidung an die Stelle der Ermessenserwägungen der Finanzbehörde zu setzen.

14   Die Erlassvorschriften (§§ 163, 227 AO) sind „einheitliche Ermessensvorschriften" GmS-OGB 3/70 v. 19.10.71, BStBl. II 72, 603 zu § 131 RAO; vgl. dazu *Gräber/Stapperfend* § 102 FGO Rz. 10). Eine weitere Ermessensentscheidung ist zB Stundung (BFH IV R 161/81 v. 7.3.85, BStBl. II 85, 449). Unter § 102 FGO fallen auch belastende Verwaltungsakte, gegen die sich der Steuerpflichtige iRd. Anfechtungsklage wehrt; dazu gehören insbes. Duldungs- und Haftungsbescheide (vgl. zB BFH VII R 187/82 v. 23.10.85, BStBl. II 86, 156), Prüfungsanordnungen (BFH VIII R 48/85 v. 23.7.85, BStBl. II 86, 433), die Entscheidung über die Auswahl unter mehreren Gesamtschuldnern (BFH VII R 86/78 v. 3.2.81, BStBl. II 81, 493), Entscheidungen über Anträge auf Akteneinsicht und Auskunftsersuchen nach § 93 AO, Festsetzung von Verspätungszuschlägen, Anordnung von Zwangsmitteln sowie Maßnahmen der Vollstreckung (BFH VII B 41/84 v. 11.12.84, BStBl. II 85, 196). Vgl. dazu auch *Gräber/Stapperfend* § 102 FGO Rz. 9.

Bei der Ablehnung des Antrags auf Erörterung des Sach- und Rechtsstands gemäß § 364a AO handelt es sich um eine einzelfallbezogene Regelung und damit um einen Verwaltungsakt, gegen den gerichtlicher Rechtsschutz – auch dann, wenn das eigentliche Klageziel in der Vornahme einer tatsächlichen Handlung besteht – im Wege einer Verpflichtungsklage verfolgt werden muss (vgl. BFH I R 63/11 v. 11.4.12, BStBl. II 12, 539 unter Hinweis auf BFH I R 66/84 v. 16.12.87, BFH/NV 88, 319 und II S 28/10 v. 20.12.11, BFH/NV 12). Allerdings soll einer gleichwohl erhobenen Klage nach BFH I R 63/11 v. 11.4.12, aaO, das Rechtsschutzinteresse fehlen und die Klage deswegen *unzulässig* sein. Hiergegen lasse sich nicht einwenden, dass der Einspruchsführer schutzlos gestellt würde. Denn die fehlende Anfechtungsmöglichkeit lasse unberührt, dass entweder das FG im Rahmen einer Klage gegen den Steuerbescheid gemäß § 100 Abs. 3 Satz 1 FGO nur die Einspruchsentscheidung zum Zwecke der weiteren Sachaufklärung durch die Behörde aufheben oder der Kläger isoliert nur die Einspruchsentscheidung anfechten könne (§ 100 Abs. 1 FGO), sofern er hierfür ein berechtigtes Interesse habe.

Für die gerichtliche Nachprüfung von Ermessensentscheidungen waren die tatsächlichen Verhältnisse **im Zeitpunkt der letzten Verwaltungsentscheidung** maßgeblich (*Gräber/Stapperfend* § 102 FGO Rz. 14; BFH VII R 66/90 v. 26.3.91, BStBl. II 91, 545 mw. Rechtsprechungsnachweisen); dies gilt auch dann, wenn der angefochtene Verwaltungsakt im Zeitpunkt der gerichtlichen Entscheidung noch nicht vollzogen ist (BFH VII R 66/90 v. 26.3.91, aaO, betr. die Anfechtung einer Anordnung zur Abgabe der eidesstattlichen Versicherung). **15**

Nach **§ 126 Abs. 2 AO** können jedoch Handlungen nach § 126 Abs. 1 Nr. 2–5 AO zwar bis zum Abschluss der Tatsacheninstanz eines finanzgerichtlichen Verfahrens nachgeholt werden, dh. dass die Nachholung der Begründungen bis zum Abschluss des finanzgerichtlichen Verfahrens möglich ist. Zu beachten ist allerdings, dass nach § 102 Satz 2 FGO die Finanzbehörde ihre Ermessenserwägungen hinsichtlich des Verwaltungsaktes bis zum Abschluss der Tatsacheninstanz eines finanzgerichtlichen Verfahrens nur noch ergänzen kann. „Ergänzen" ist nach der Rspr. des BFH, der in vollem Umfang zuzustimmen ist, einschränkend zu verstehen (BFH VII R 52/02 v. 11.3.04, BStBl. II 04, 579; VI B 39/02 v. 9.11.04, BFH/NV 05, 378); dh. dass die Behörde im Prozess lediglich befugt ist, die zuvor angestellten und dargelegten Ermessenserwägungen zu *„vertiefen, zu verbreitern oder zu verdeutlichen"*, nicht aber „erstmals anzustellen, Ermessensgründe auszuwechseln oder vollständig nachzuholen" (BFH VII R 52/02 v. 11.3.04 aaO und VI B 39/02 v. 9.11.04, aaO). Vgl. auch *Gräber/Stapperfend* § 102 FGO Rz. 25 ff. **16**

D. 2.25 Verzögerungsrüge

I. FORMULAR

Formular D. 2.25 Verzögerungsrüge

FG München

Ismaninger Str. 95

81675 München

Az. des FG

In der Finanzstreitsache

Max Anders

Einsteinstraße 17, 81675 München – Kläger –

Prozessbevollmächtigte: ......

gegen

Finanzamt München Abt. II/III,

80301 München   **– Beklagter –**

vertreten durch seinen Leiter

wegen Einkommensteuer 20..

Steuer-Nr.: ...

bringen wir hiermit eine

VERZÖGERUNGSRÜGE

iSd. § 198 Abs. 3 Satz 1 GVG an.

Der Kläger hat Anlass zu der Besorgnis, dass sich das Klageverfahren unangemessen verzögert und bittet um zeitnahe Förderung des Verfahrens. Die Klage ist seit dem 4.3.18 rechtshängig. Maßnahmen, um das Verfahren weiter zu fördern und einen Verfahrensabschluss vorzubereiten, sind bislang nicht erkennbar, zumal das Gericht auf die klägerische Sachstandsanfrage vom 21.2.20 keine konkreten Maßnahmen zur weiteren Verfahrensbearbeitung mitgeteilt hat.

....

Unterschrift

II. ERLÄUTERUNGEN

Erläuterungen zu D. 2.25 Verzögerungsrüge

1. Vorbemerkungen

1   **Kontext:** Wer infolge unangemessener Verfahrensdauer eines Gerichtsverfahrens als Verfahrensbeteiligter einen Nachteil erleidet, kann nach § 198 GVG eine Entschädigung erhalten (sog. **Entschädigungsklage,** s. Formular D. 3.06). Das Institut der Entschädigungsklage trägt Art. 13 EMRK Rechnung; grundlegend für die Problematik der überlangen Verfahrensdauer ist die Rspr. des EGMR und des BVerfG (näher dazu BFH X K 3/12 v. 17.4.13, BStBl. II 13, 547, unter III.3.a).

    Voraussetzung für eine Entschädigung (in Geld – nicht aber für einen Feststellungsausspruch gem. § 198 Abs. 4 Satz 3 Hs. 1 GVG) ist ua., dass der Beteiligte bei dem mit der Sache befassten Gericht die Dauer des Verfahrens gerügt hat (**Verzögerungsrüge,** § 198 Abs. 3 Satz 1 GVG). Die Verzögerungsrüge hat zwei Facetten: Zum einen wird auf ihrer Grundlage eine nachträgliche Geldentschädigung oder anderweitige Genugtuung gewährt (Entschädigungsklage). Zum anderen aber soll der Verzögerungsrüge im jeweiligen Einzelfall eine Warnfunktion zukommen, um eine (weitere) Verzögerung (noch) zu vermeiden. Die Rüge muss von dem Verfahrensbeteiligten erhoben werden, der später die Entschädigung beansprucht. Sie kann in jedem Gerichtsverfahren iSd. § 198 Abs. 6 Nr. 1 GVG erhoben werden, auch in isolierten PKH-Verfahren (vgl. BFH X K 4/18 v. 20.3.19, BFHE 263, 498, s. auch D. 2.17). Annexverfahren, wie die Anhörungsrüge oder die Gegenvorstellung (s. dazu D. 2.02), sind nicht selbst verzögerungsfähig (vgl. BFH X K 4/18 v. 20.3.19, aaO, s. aber unten Rz. 2). Zu den weiteren Voraussetzungen und Einzelheiten der **Entschädigungsklage** s. Formular D. 3.06.

    Die überlange Verfahrensdauer als solche stellt **keinen Verfahrensfehler** dar, der im Rechtsmittelverfahren gerügt werden könnte (vgl. BFH VIII B 107/16 v. 20.7.17, BFH/NV 17, 1458, nur bei Kausalität).

2. Angemessene Verfahrensdauer und Verzögerung

Die **Angemessenheit der Verfahrensdauer** richtet sich gem. § 198 Abs. 1 Satz 2　**2**
GVG nach den Umständen des Einzelfalles, insbes. nach der Schwierigkeit und Bedeutung des Verfahrens und nach dem Verhalten der Verfahrensbeteiligten und Dritter. Es ist eine **Einzelfallbetrachtung** anzustellen, starre Fristen verbieten sich. Für
ein finanzgerichtliches Klageverfahren, das im Vergleich zu dem typischen in dieser
Gerichtsbarkeit zu bearbeitenden Verfahren keine wesentlichen Besonderheiten aufweist, wird vom BFH die **Vermutung** aufgestellt werden, dass die Dauer des Verfahrens angemessen ist, wenn das Gericht **„gut zwei Jahre" nach dem Eingang der**
Klage (zB „etwas mehr als zwei Jahre und einen Monat" BFH X K 7/13 v. 17.6.14,
BFH/NV 15, 33) mit Maßnahmen beginnt, die das Verfahren unverzüglich einer Entscheidung zuführen sollen, und die damit begonnene (dritte) Phase des Verfahrensab-
laufs nicht mehr durch nennenswerte Zeiträume unterbrochen wird (s. zB BFH X K
1/15 v. 6.4.16, BStBl. II 16, 694; X K 2/15 v. 26.10.16, BFHE 255, 407; X K 2/16
v. 6.6.18, BFH/NV 18, 1149; „Drei-Phasen-Rechtsprechung" s. dazu iE D. 3.06).
Die Rspr. hat aufgrund ihrer (in praxi strengen) Schematisierung durchaus Kritik erfahren (s. dazu *Tipke/Kruse*, § 155 FGO Rz. 13b). Sie hat allerdings einerseits eine
recht hohe **Vorhersehbarkeit der Ergebnisse** für sich und lässt andererseits (hinreichend) Raum für die Berücksichtigung von Besonderheiten des Einzelfalls. So kann
die „gut zwei Jahre"-Frist sich im Einzelfall **verlängern,** wenn das Gericht bereits innerhalb der zwei Jahre besondere Maßnahmen der Verfahrensförderung unternommen
hat (vgl. BFH X K 13/12 v. 7.11.13, BStBl. II 14, 179: sechs Monate bei rechtlichem
Hinweis). Im Übrigen ist die Ursache für die Verzögerung ohne Bedeutung, sodass
eine Verlängerung nicht unter Rekurs auf den Verantwortungsbereich des einzelnen
Richters oder die *Gerichtsorganisation* begründet werden kann (BFH X K 2/15 v.
26.10.16, BStBl II 17, 350 zum Berichterstatterwechsel). Für die Beantwortung der
Frage, ob eine unangemessene Verfahrensdauer gegeben ist, kommt es grds. **aus-**
schließlich auf die Verhältnisse des zu beurteilenden Ausgangsfalls an. Allerdings sind die Auswirkungen des Ausgangsverfahrens auf andere Verfahren zu berücksichtigen. Daher kann es aufgrund von in Zusammenhang stehenden und *wegen des*
Ausgangsverfahrens nach § 74 FGO ausgesetzten Verfahren geboten sein, das den Grundlagenbescheid betreffende (Ausgangs-)Verfahren beschleunigt zu bearbeiten (s. BFH X
K 5/13 v. 4.6.14, BFH/NV 15, 30). Eine **kürzere Frist** kann sich im Übrigen bei
besonderer **Eilbedürftigkeit** ergeben, die dem Gericht grds. **darzutun** ist; zB muss
das nicht von sich aus die Akten danach durchsehen, ob sich darin Anhaltspunkte dafür finden, dass der Beteiligte bereits ein *hohes Alter* erreicht hat (vgl. BFH X K 3–
6/17 v. 27.6.18, BFH/NV 19, 27); auch ist *allein das Alter* des Klägers kein Grund ein
Verfahren vorzuziehen (BFH X K 2/16 v. 6.6.18, BFH/NV 18, 1149: dort 68,
70 Jahre). Werden solche Gründe rechtzeitig – *vorsorglich bereits mit der Einleitung des*
Verfahrens – und in nachvollziehbarer Weise vorgetragen, gilt nicht die „gut zwei Jahre"-Frist, sondern allein die besonderen Umstände des Einzelfalls (BFH X K 13/12 v.
7.11.13, BStBl. II 14, 179). Werden solche Gründe hingegen *nicht mitgeteilt*, werden
sie bei der Bestimmung der angemessenen Verfahrensdauer *nicht berücksichtigt* (BFH X
K 7/13 v. 17.6.14, BFH/NV 15, 33).

In dieser (dritten) zielgerichtet auf den Verfahrensabschluss zu richtenden Phase des　**3**
FG-Verfahrens kommt es folglich zu **relevanten Verfahrensverzögerungen,** wenn
das FG keine verfahrensfördernde Maßnahme ergreift. Zu beachten ist aber auch, dass
solche verfahrensfördernden Maßnahmen eine bereits eingetretene Verzögerung wieder unterbrechen können (BFH X K 2/15 v. 26.10.16, BStBl II 17, 350); umgekehrt
kann es auch nach dem Ergreifen von verfahrensfördernden Maßnahmen erneut zu
relevanten Verzögerungen kommen (vgl. BFH X K 1/19 v. 8.10.19, BFH/NV 20,
98). Zu den **verfahrensfördernden Maßnahmen** können zB Aufklärungsverfügun-

gen, rechtliche Hinweise (BFH X K 1/19 v. 8.10.19, aaO: incl. nachlaufender Schriftsatzaustausch), Erörterungstermine (bzw. schon die Ankündigung) gezählt werden, aber auch die Ermittlung etwaiger Zeugen (vgl. BFH X K 7/13 v. 17.6.14, BFH/NV 15, 33). Dem FG kommt bei der Verfahrensgestaltung ein großer Spielraum zu; die bloße *Beantwortung einer Sachstandsanfrage* ist indessen keine Verfahrensförderung (BFH X K 3/15 v. 25.10.16, BFH/NV 17, 159). Zu beachten ist auch, dass bei **Parallelverfahren,** solange das „Leitverfahren" bearbeitet wird, in allen Verfahren keine Verzögerung eintritt (s. BFH X K 3–6/17 v. 27.6.18, BFH/NV 19, 27). Das FG ist *nicht* durch das **Vorliegen eines Ruhensgrundes** iSd. § 155 Satz 1 FGO, § 251 ZPO von der Verfahrensförderung entbunden (BFH X K 12/13 v. 4.6.14, BStBl II 14, 933, X K 4/14 v. 2.12.15, BFH/NV 16, 758, X K 6/14 v. 2.12.15, BFH/NV 16, 755, s. aber zu den Auswirkungen auf die Art der Wiedergutmachung, wenn die fehlende Zustimmung unbegründet ist (s. dazu D. 3.06 Rz. 11).

4   Von vornherein kürzere Fristen gelten etwa im Fall eines **isolierten PKH-Verfahrens** (s. dazu auch D. 2.17): Hier ist **gut acht Monate** nach der Einleitung des Verfahrens mit Maßnahmen zu beginnen, die unverzüglich zur Entscheidung führen (vgl. BFH X K 4/18 v. 20.3.19, BFHE 263, 498). **Kindergeld-Streitigkeiten** sollen zwar per se eine überdurchschnittlich hohe Bedeutung für den Kläger haben (vgl. BFH X K 13/12 v. 7.11.13, BStBl. II 14, 179), eine konkrete bzw. verallgemeinerungsfähige Verkürzung des Angemessenheitszeitraums lässt sich daraus (bislang) aber nicht ableiten.

5   Zu beachten ist, dass sich eine Verfahrensverzögerung auch (erst) aus sog. **Annexverfahren** ergeben kann, die, wie eine Gegenvorstellung oder eine Anhörungsrüge (s. dazu D. 2.02), nicht selbst Gerichtsverfahren iSd. § 198 Abs. 6 Nr. 1 GVG sind (vgl. BFH X K 4/18 v. 20.3.19, BFHE 263, 498). Gänzlich *ohne* Bedeutung für eine Verzögerung ist hingegen die Dauer des Verwaltungsverfahrens (vgl. BFH X K 3–6/17 v. 27.6.18, BFH/NV 19, 27).

6   Die (noch) angemessene Dauer eines **Revisionsverfahren vor dem BFH** ist nicht abschließend geklärt. *Kulosa* (jM 2014, 293, 298), der als „Architekt" der „Drei-Phasen-Rechtsprechung" (s. näher Rz. 2 sowie Formular D. 3.06) bezeichnet werden kann, hält diese auch auf das Revisionsverfahren für übertragbar. Das BAG hat 21 Monate bis zur Urteilszustellung bzw. 17 Monate bis zur Urteilsverkündung für den Abschluss eines Revisionsverfahrens nicht beanstandet (BAG 5 AZA 84/17 v. 13.12.17, NJW 18, 724). Für ein Verfahren der **Nichtzulassungsbeschwerde** ist es grds. keine unangemessene Verfahrensdauer, wenn es innerhalb von **zwölf Monaten** nach seinem Eingang abgeschlossen wird (BFH X S 31–36/16 (PKH) v. 7.2.17, BFH/NV 17, 612).

7   Der BFH legt der Prüfung eine **monatsweise Berechnung** der Verzögerung zugrunde, wobei nur *volle verzögerte Monate* in die Wertung eingehen. Dies führt vielfach zu einer „Rundung" zulasten des Entschädigungsklägers. Gleichwohl hält es der BFH darüber hinaus noch für möglich, dass es im Einzelfall einen **„Toleranzrahmen"** („keine allzu kleinteilige Betrachtungsweise") nach Art einer **Bagatellschwelle** geben kann, ohne dies zu konkretisieren (vgl. BFH X K 7/13 v. 17.6.14, BFH/NV 15, 33; „entzieht sich einer generalisierenden Betrachtungsweise"); der BGH hält eine Verzögerung („Verfahrenslücke") von zwei Monaten entschädigungsrechtlich nicht für relevant (BGH III ZR 335/13 v. 10.4.14, NJW 14, 1967).

3. Anbringung der Verzögerungsrüge

8   **Zuständiges Gericht:** Während die Zuständigkeit für die Entschädigungsklage gem. § 155 Satz 2 FGO iVm. § 201 GVG stets beim BFH (dort grds. der X. Senat) liegt (sog. Entschädigungsgericht), ist die Verzögerungsrüge bei dem jeweiligen **mit der Sache befassten Gericht,** also beim FG und/oder beim BFH, anzubringen.

Form der Rüge: Das Gesetz stellt zwar keine besonderen Anforderungen an die 9
Form oder den Mindestinhalt einer Verzögerungsrüge, die auch keine prozessrechts-
gestaltenden Wirkungen entfaltet (BFH X K 13/12 v. 7.11.13, BStBl. II 14, 179, s.
auch BT-Drucks. 17/3802, 21; **aA** *Gräber/Stapperfend* § 155 FGO, Rz. 65: Prozess-
handlung/Schriftform). Die Rüge sollte aber schon aus Gründen des Nachweises
schriftlich erhoben werden.

Es kann zur Begründung der Wirksamkeit der Verzögerungsrüge zweckmäßig sein, 10
vor der eigentlichen Rüge eine **Anfrage nach dem Bearbeitungsstand** sowie nach
der beabsichtigten weiteren Verfahrensförderung zu stellen, um die erforderlichen
konkreten Anhaltspunkte für eine mögliche Verzögerung zu dokumentieren und ggf.
gerichtsseitig mitgeteilte Umstände bei der (zeitlichen) Anbringung der Rüge berücksichtigen zu können.

Inhalt der Rüge: An die Auslegung einer Eingabe als Verzögerungsrüge sind keine 11
hohen Anforderungen zu stellen (BFH X K 1/15 v. 6.4.16, BStBl. II 16, 694); es ist zum
Ausdruck zu bringen, dass der Beteiligte mit der Verfahrensdauer nicht einverstanden
ist. Eine weitere Begründung ist nicht zwingend. Etwas anderes gilt nur, wenn es für die
Verfahrensförderung auf – die „Regellaufzeit" von „gut" zwei Jahren verkürzende –
Umstände ankommt, die noch nicht in das Verfahren eingeführt worden sind (§ 198
Abs. 3 Satz 3 GVG, s. dazu zB BFH X K 13/12 v. 7.11.13, BStBl II 14, 179). Das können etwa drohende Nachteile sein, die in dem Verfahren selbst ohne Bedeutung und
dem Gericht daher unbekannt sind (*Gräber/Stapperfend* § 155 FGO Rz. 69). Auch eine
drohende Insolvenz dürfte ein solcher Umstand sein. Auf solche neuen Umstände muss
die Rüge hinweisen, ansonsten werden sie vom Entschädigungsgericht bei der Bestimmung der angemessenen Verfahrensdauer nicht berücksichtigt.

Rügefrist bzw. Zeitpunkt der Rüge sind bei der Anbringung der Verzöge- 12
rungsrüge besondere Beachtung zu schenken:
Die Verzögerungsrüge kann einerseits **erst** erhoben werden, wenn **Anlass zu der**
Besorgnis besteht, dass das Verfahren nicht in einer angemessenen Zeit abgeschlossen
wird, § 198 Abs. 3 Satz 2 Hs. 1 GVG. Der Eintritt einer Verzögerung muss nicht abgewartet werden (vgl. auch BFH X K 1/19 v. 8.10.19, BFH/NV 20, 98). Maßgeblich
ist, wann ein Betroffener erstmals konkrete Anhaltspunkte dafür hat, dass das Verfahren als solches keinen angemessen zügigen Fortgang nimmt. Dabei sind sämtliche
Umstände des Verfahrens von Bedeutung, insbes. aber auch, ab welchem Zeitpunkt
im betreffenden Verfahren *objektiv* von einer Verzögerung auszugehen ist (vgl. BFH X
K 2/15 v. 26.10.16, BFHE 255, 407, s. auch oben Rz. 2); hierauf kann auch die Verzögerung eines Parallelverfahrens Einfluss haben (BFH X K 1/19 v. 8.10.19, aaO).
Andererseits wirkt eine erst nach bereits eingetretener (objektiver) Verzögerung an-
gebrachte Verzögerungsrüge – wegen ihrer Präventions-/Warnfunktion – nach der
Rechtsprechung des BFH (X K 1/15 v. 6.4.16, BStBl. II 16, 694) grds. **nur einge-**
schränkt auf den Zeitpunkt des Verzögerungsbeginns **zurück,** und zwar „gut" **sechs**
Monate (kein unbeschränktes „Dulden und Liquidieren", anders (noch) BGH III ZR
335/13 v. 10.4.14, NJW 14, 1967). Eine längere Rückwirkung kommt ausnahmsweise
in Betracht, wenn das Gericht eine zeitliche Ankündigung gemacht hat und der Kläger
sich auf diese eingestellt hat (vgl. BFH X K 1/16 v. 29.11.17, BStBl. II 18, 132).
BVerwG (5 C 31/15 D v. 29.2.16, NJW 16, 3464) und BSG (B 10 ÜG 3/16 R v.
7.9.17) gehen zwar nicht von einer beschränkten Rückwirkung aus; eine Klärung durch
den GmS-OGB (s. §§ 1, 2 G zur Wahrung der Einheitlichkeit der Rspr. der obersten
Gerichtshöfe des Bundes) ist nicht zu erwarten (s. BSG B 10 ÜG 3/16 R v. 7.9.17).
Wann die Rüge spätestens erhoben werden muss, ist iE ungeklärt. Aufgrund ihrer Prä-
ventivfunktion soll sie **nur solange erhoben** werden können, wie das Verfahren bei
Gericht anhängig ist (BSG B 10 ÜG 4/19 R v. 27.3.20, SozR 4–1720 § 198 Nr. 19).

Zu beachten ist, dass eine **verfrüht** (zur Unzeit) **erhobene Verzögerungsrüge**
unheilbar unwirksam ist; sie wird auch nicht dadurch wirksam, dass später tatsäch-

lich eine unangemessene Verfahrensdauer eintritt (vgl. BFH X K 2/15 v. 26.10.16, BFHE 255, 407, offengelassen in BFH X K 2/16 v. 6.6.18, BFH/NV 18, 1149). Dieses Risiko muss folglich vermieden werden. Es ist daher anzuraten, die Rüge erst mit Beginn der (angenommenen) objektiven Verzögerung (ggf. sogar zzgl. einer weiteren Sicherheitskarenz) zu erheben.

13   Wegen Verzögerungen, die vor dem Inkrafttreten des G über den Rechtsschutz bei überlangen Gerichtsverfahren (v. 24.11.11, BGBl. I 11, 2302) eingetreten sind, war die Verzögerungsrüge *unverzüglich* – grds. drei Monate (zB BFH X K 9/13 v. 20.8.14, BStBl. II 15, 33) – nach dem Inkrafttreten (3.12.11) anzubringen (s. Art. 23 des G; s. mwN *Gräber/Stapperfend* § 155 FGO Rz. 69). Ohne eine solche unverzügliche Rüge ist der Anspruch bis zu einer späteren ordnungsgemäßen Rüge ausgeschlossen (vgl. BFH X K 10/13 v. 9.4.14, BFH/NV 14, 1393).

14   Über die **Wirksamkeit der Verzögerungsrüge** entscheidet erst und allein das **Entschädigungsgericht** (BFH) im Rahmen der Entschädigungsklage (vgl. BFH X K 2/15 v. 26.10.16, BFHE 255, 407); s. dazu Formular D. 3.06. Eine Entscheidung des betroffenen Gerichts über die Verzögerungsrüge ergeht nicht. Es ist aber möglich, dass das Gericht den Beteiligten anlässlich der Rüge auffordert, Gründe vorzutragen, die die Sache als besonders eilbedürftig erscheinen lassen und eine vorgezogene Bearbeitung rechtfertigen können.

15   Eine **Wiederholung der Verzögerungsrüge** gegenüber demselben Gericht ist frühestens nach sechs Monaten möglich, außer wenn ausnahmsweise eine kürzere Frist geboten ist, § 198 Abs. 3 Satz 2 Hs. 2 GVG. Letzteres erscheint denkbar, wenn neue Nachteile durch eine weitere Verzögerung drohen. Von einer Wiederholung der Rüge sollte mit Blick auf die Folgen verfrühter Rügen und die eingeschränkte Rückwirkung von Verzögerungsrügen im Bedarfsfall Gebrauch gemacht werden.

16   **Verzögerung in beiden Instanzen:** Verzögert sich das FG-Verfahren und danach auch das Verfahren vor dem BFH, bedarf es sowohl einer Verzögerungsrüge gegenüber dem FG als auch einer Verzögerungsrüge gegenüber dem BFH (§ 198 Abs. 3 Satz 5 GVG). Die Rüge ist folglich (erforderlichenfalls) in jeder Instanz zu erheben.

17   **Kosten** fallen für die Rüge **nicht** an; es handelt sich – anders als bei der Entschädigungsklage (s. dazu D. 3.06) – nicht um einen selbständigen Rechtsbehelf. Zu beachten ist aber mit Blick auf die Entschädigungsklage, dass hier der **Rechtsgedanke des § 93 ZPO** eingreifen soll und die Kosten des Verfahrens bei sofortigem Anerkenntnis durch den beanspruchten Rechtsträger getragen werden müssen (vgl BFH X K 1/16 v. 29.11.17, BStBl. II 18, 132). Insofern ist anzuraten, zuvor außergerichtlich an diesen bzw. das FG, dem die Verzögerung angelastet wird, heranzutreten (s. dazu Formular zur Entschädigungsklage D. 3.06 Rz. 21).

D. 2.26 Wiederaufnahmeklage

I. FORMULAR

Formular D. 2.26 Wiederaufnahmeklage

FG München
Ismaninger Str. 95
81675 München

In der Finanzstreitsache

Max Anders
Einsteinstraße 17, 81675 München   – Kläger –
Prozessbevollmächtigte: ...

gegen

Finanzamt München Abt. II/III,

80301 München   **– Beklagter –**

vertreten durch seinen Leiter

wegen Einkommensteuer 20..

Steuer-Nr.: ...

erheben wir unter Vollmachtsvorlage für Kläger

RESTITUTIONSKLAGE

Wir beantragen,

1. das Urteil des FG München vom ...... *[Az.]* aufzuheben und die Einkommensteuer-festsetzung für 20.. vom ...... in der Gestalt der Einspruchsentscheidung vom ...... aufzuheben,

2.   die Kosten des Verfahrens dem Beklagten, hilfsweise der Staatskasse aufzuerlegen.

Begründung

I. Das bezeichnete Urteil des FG München beruht auf einer vorsätzlichen Verletzung der Wahrheitspflicht (§ 134 FGO, § 580 Nr. 3 ZPO). Die Streitsache betraf *[...wird ausgeführt...]*. Das FG stützte die Klageabweisung ausweislich der Entscheidungs-gründe (Anlage 1) allein auf die für glaubhaft gehaltene Aussage des Zeugen X in der mündlichen Verhandlung vom .... *[...wird ausgeführt...]* Der Zeuge X wurde aufgrund dieser Aussage durch Strafurteil ...... (Anlage 2) rechtskräftig wegen uneidlicher Falschaussage (§ 153 StGB) verurteilt (§ 581 Abs. 1 ZPO). Die Ausführungen des Strafgerichts treffen in allen Punkten zu; der Kläger macht sie sich zu eigen.

Diese Umstände konnten anderweitig nicht geltend gemacht werden. Die Frist für die Erhebung der Klage ist eingehalten, § 586 ZPO. *[...wird ausgeführt und glaubhaft gemacht...]*

II. Über die Sache ist danach neu zu entscheiden (§ 590 ZPO). Der Klage ist stattzu-geben. Zur Sache tragen wir wie folgt vor. *[...wird ausgeführt...]*

....

Unterschrift

II. ERLÄUTERUNGEN

Erläuterungen zu D. 2.26 Wiederaufnahmeklage

1. Vorbemerkungen

Ein **rechtskräftig beendetes Verfahren** kann mit **Klage auf Wiederaufnahme** 1 nach § 134 FGO iVm. §§ 578 ff. ZPO wieder aufgenommen werden. Die Wiederauf-nahmeklage ist ein außerordentlicher Rechtsbehelf, der es in einigen, gesetzlich aufge-zählten Gründen ermöglicht, eine rechtskräftige fehlerhafte Entscheidung wegen schwerwiegender Verfahrensfehler (sog. **Nichtigkeitsklage,** § 579 ZPO) oder wegen fehlerhafter Entscheidungsgrundlagen (sog. **Restitutionsklage,** § 580 ZPO) aufzuhe-ben und die Entscheidung in der Sache abzuändern. Zur analogen Anwendbarkeit s. BFH III B 22/99 v. 8.7.99, BFH/NV 99, 1628. Die Wiederaufnahmeklage hat **kei-nen Suspensiveffekt,** hemmt also die Wirkung der betroffenen rechtskräftigen Ent-scheidung nicht.

Das **Verfahren der Wiederaufnahme** vollzieht sich in drei Stufen: Zunächst wird 2 die Zulässigkeit der Wiederaufnahmeklage geprüft **(1. Stufe).** Ist die **Wiederauf-**

nahmeklage zulässig, wird im Rahmen der Begründetheit das Vorliegen des gesetzlich anerkannten **Wiederaufnahmegrundes** von Amts wegen geprüft **(2. Stufe).** Liegt er nicht vor, weist das Gericht die Klage durch Urteil bzw. Beschluss ab. Liegt er vor, hebt das Gericht die angefochtene Entscheidung (entsprechend durch Urteil oder durch Beschluss) auf – sog. **aufhebende Entscheidung** (mit Rückwirkung) – und eröffnet ggf. neuen Zugang zur Verhandlung und – sog. **ersetzenden – Entscheidung** über den früheren Rechtsstreit **(3. Stufe,** § 590 ZPO). Zu beachten ist, dass sich diese Neuverhandlung **nur auf den vom Anfechtungsgrund betroffenen Teil des Verfahrens** erstreckt (*Gosch,* § 134 FGO Rz. 111).

2. Zulässigkeit der Wiederaufnahmeklage

3   **Gegenstand:** Das Wiederaufnahmeverfahren (§ 134 FGO) gilt für **Urteile,** aber auch für **Beschlüsse,** soweit sie selbständige Verfahren abschließen und der **materiellen Rechtskraft** fähig sind (BFH II B 50/05 v. 13.7.05, BFH/NV 05, 2032). Das schließt eine Wiederaufnahmeklage insbes. gegen Beschlüsse auf Aussetzung der Vollziehung (so jedenfalls BFH VII S 30/97 v. 18.2.98, BFH/NV 98, 990) sowie über Prozesskostenhilfe aus; vgl. dazu iE *Gräber/Ratschow* § 134 FGO Rz. 2.

4   Das **Wiederaufnahmeverfahren** ist grds. **subsidiär,** sodass zunächst alle möglichen anderweitigen Rechtsbehelfe und Rechtmittel ausgeschöpft werden müssen (vgl. § 579 Abs. 2 ZPO, § 582 ZPO); eine vorherige Entscheidungsberichtigung nach §§ 107–109 FGO soll nicht erforderlich sein (vgl. BFH VIII S 14/86 v. 12.02.87, BFH/NV 87, 786).

5   Für die Wiederaufnahmeklage müssen neben den **allgemeinen,** auch **besondere Zulässigkeitsvoraussetzungen** erfüllt sein:

6   **Zuständig** ist grds. das Gericht, das im ersten Rechtszug erkannt hat (§ 584 Abs. 1 ZPO), also das FG. Der BFH als Revisionsgericht ist zuständig, wenn seine Entscheidung wegen §§ 579, 580 Nr. 4, 5 ZPO angefochten wird (vgl. BFH X K 5/14 v. 16.12.14, BFH/NV 15, 515); beim BFH besteht **Vertretungszwang** (BFH VIII B 37/88 v. 24.8.88, BFH/NV 89, 314). Für eine Klage auf Wiederaufnahme eines Verfahrens, das durch die Zurückweisung einer NZB durch den BFH abgeschlossen wurde, ist grds. das FG zuständig; BFH II K 1/07 v. 21.8.07, BeckRS 2007, 25012332 unter Hinweis auf BFH I K 1/98 v. 25.11.99, BFH/NV 00, 730 und III K 1/03 v. 26.6.03, BFH/NV 03, 1436). Vgl. iE *Gräber/Ratschow* § 134 FGO Rz. 4.

7   Da das Wiederaufnahmeverfahren prozessual als Fortsetzung des ursprünglichen Verfahrens gilt, sind die **Beteiligten** des Wiederaufnahmeverfahrens grundsätzlich mit denen des ursprünglichen Verfahrens identisch. Dies gilt auch in Bezug auf eine im ursprünglichen Verfahren **beigeladene Person.** Diese wird ohne Weiteres Beteiligter des Wiederaufnahmeverfahrens (BFH VIII B 180/19 v. 29.1.20, BFH/NV 20, 610).

8   **Klagefrist:** Eine Klage ist binnen **eines Monats** zu erheben (§ 586 Abs. 1 ZPO). Die Frist beginnt mit dem Tag, an dem der Beteiligte von dem Anfechtungsgrund **Kenntnis** erhalten hat, jedoch nicht vor eingetretener Rechtskraft (§ 586 Abs. 2 Satz 1 ZPO). Eine Klage auf Wiederaufnahme ist **nicht** (mehr) **statthaft,** wenn seit dem Tag der Rechtskraft des Urteils **fünf Jahre** vergangen sind (§ 586 Abs. 2 Satz 2 ZPO). Bei einer Nichtigkeitsklage wegen mangelnder Vertretung kommt es für den Fristbeginn auf die Kenntnis des Beteiligten bzw. des gesetzlichen Vertreters an (§ 586 Abs. 3 ZPO).

9   In der **Klageschrift** muss (nach *Tipke/Kruse,* § 134 FGO Rz. 55: soll) die Bezeichnung des Urteils, gegen das die Nichtigkeits- oder Restitutionsklage gerichtet wird, und die Erklärung, welche dieser Klagen erhoben wird, enthalten sein (§ 587 ZPO). Für die Zulässigkeit ist ferner schlüssig darzulegen (und glaubhaft zu machen, § 294 ZPO), dass ein gesetzlich anerkannter Nichtigkeitsgrund iSd. § 579 ZPO (s. Rz. 11) bzw. Restitutionsgrund iSd. § 580 ZPO (s. Rz. 12) vorliegt (s. BFH VI B 5/15 v.

8.7.15, BFH/NV 15, 1426). Ferner sind ggf. Darlegungen zur Subsidiarität zu machen. Der Restitutionsklage sind die Urkunden, auf die sie gestützt wird, in Urschrift oder in Abschrift beizufügen, § 588 Abs. 2 Satz 1 ZPO, s. aber auch Satz 2 sowie § 588 Abs. 1 ZPO.

Zu unterscheiden sind die **Nichtigkeitsklage** nach § 579 ZPO und die **Restitu-   10 tionsklage** nach § 580 ZPO, wobei die **Restitutionsklage** gegenüber der Nichtigkeitsklage **subsidiär** ist (§ 578 ZPO; vgl. BFH VII B 69/03 v. 7.5.03, BFH/NV 03, 1338).

Nichtigkeitsklage findet gem. § 579 Abs. 1 ZPO statt: 11
1. wenn das erkennende Gericht nicht vorschriftsmäßig besetzt war (inkl. Verletzung (nur bei Willkür!) von Vorlagepflichten an andere Gerichte, s. BFH XI K 1/17 v. 7.2.18, BFHE 260, 410);
2. wenn ein Richter bei der Entscheidung mitgewirkt hat, der von der Ausübung des Richteramts kraft Gesetzes ausgeschlossen war, sofern nicht dieses Hindernis mittels eines Ablehnungsgesuchs oder eines Rechtsmittels ohne Erfolg geltend gemacht ist;
3. wenn bei der Entscheidung ein Richter mitgewirkt hat, obgleich er wegen Besorgnis der Befangenheit abgelehnt und das Ablehnungsgesuch für begründet erklärt war;
4. wenn eine Partei in dem Verfahren nicht nach Vorschrift der Gesetze vertreten war, sofern sie nicht die Prozessführung ausdrücklich oder stillschweigend genehmigt hat.

Zu beachten ist: In den Fällen des § 579 Abs. 1 Nr. 1 und Nr. 3 ZPO besteht **Subsidiarität** zum Rechtsmittel, § 579 Abs. 2 ZPO. Im Übrigen soll das Rechtsschutzbegehren der Nichtigkeitsklage nur zulässig sein, wenn der in Frage stehende Nichtigkeitsgrund **übersehen,** nicht aber wenn er im Vorprozess schon geprüft und verneint worden ist (vgl. BFH VII K 2/03 v. 30.4.03, BFH/NV 03, 1337: Rechtsgedanke des § 579 Abs. 1 Nr. 2 Hs. 2 ZPO).

Restitutionsklage findet gem. § 580 ZPO statt: 12
1. wenn der Gegner durch Beeidigung einer Aussage, auf die das Urteil gegründet ist, sich einer vorsätzlichen oder fahrlässigen Verletzung der Eidespflicht schuldig gemacht hat;
2. wenn eine Urkunde, auf die das Urteil gegründet ist, fälschlich angefertigt oder verfälscht war;
3. wenn bei einem Zeugnis oder Gutachten, auf welches das Urteil gegründet ist, der Zeuge oder Sachverständige sich einer strafbaren Verletzung der Wahrheitspflicht schuldig gemacht hat;
4. wenn das Urteil von dem Vertreter der Partei oder von dem Gegner oder dessen Vertreter durch eine in Beziehung auf den Rechtsstreit verübte Straftat erwirkt ist;
5. wenn ein Richter bei dem Urteil mitgewirkt hat, der sich in Beziehung auf den Rechtsstreit einer strafbaren Verletzung seiner Amtspflichten gegen die Partei schuldig gemacht hat;
6. wenn das Urteil eines ordentlichen Gerichts, eines früheren Sondergerichts oder eines Verwaltungsgerichts, auf welches das Urteil gegründet ist, durch ein anderes rechtskräftiges Urteil aufgehoben ist;
7. wenn die Partei a) ein in derselben Sache erlassenes, früher rechtskräftig gewordenes Urteil oder b) eine andere Urkunde auffindet oder zu benutzen in den Stand gesetzt wird, die eine ihr günstigere Entscheidung herbeigeführt haben würde;
8. wenn der Europäische Gerichtshof für Menschenrechte eine Verletzung der Europäischen Konvention zum Schutz der Menschenrechte und Grundfreiheiten oder ihrer Protokolle festgestellt hat und das Urteil auf dieser Verletzung beruht.

Zu beachten ist: Die **Zulässigkeit** der Restitutionsklage wird in den Fällen des § 580 Nr. 1 bis 5 ZPO im Hinblick auf den Nachweis der **Straftat** durch § 581 ZPO **eingeschränkt.** S. auch **Subsidiarität** nach § 582 ZPO.

13 Zu beiden Wiederaufnahmegründen s. iE *Tipke/Kruse,* § 134 FGO Rz. 13 ff.; *Gosch,* § 134 FGO, Rz. 28 ff.

3. Verfahren

14 Das **Verfahren** folgt den allgemeinen Grundsätzen (§ 585 ZPO). Das Verfahren kann als Zwischenstreit erfolgen oder in einer zusammengefassten mündlichen Verhandlung (vgl. § 590 Abs. 2 FGO). Die Entscheidung ergeht in gleicher Senatsbesetzung wie bei der angefochtenen Entscheidung (nicht durch den Einzelrichter, *Gräber/Ratschow* § 134 FGO Rz. 6).

15 **Rechtsmittel:** Es sind die **üblichen Rechtsmittel** statthaft (§ 591 ZPO). Das gilt auch, sofern über das (positive) Vorliegen eines Wiederaufnahmegrundes – aufhebende Entscheidung – durch Zwischenurteil entschieden wird. Gegen Entscheidungen des FG ist folglich die Revision bzw. NZB gegeben. Gegen Beschlüsse des FG *kann* die Beschwerde statthaft sein (§ 128 FGO). Gegen Entscheidungen des BFH gibt es kein Rechtsmittel. Aufgrund nur beschränkter Rechtskraftwirkung ist eine **erneute Wiederaufnahmeklage** aus einem anderen Grunde gegen das neue Urteil zulässig (BFH VII K 11/74 v. 14.8.79, BStBl. II 79, 777).

16 **Kosten: Gebührenrechtlich** ist das Wiederaufnahmeverfahren **eine eigene Instanz;** §§ 35, 37 GKG sind nicht anzuwenden (s. dazu auch *Zöller/Greger* § 578 ZPO Rz. 4). Bleibt die Wiederaufnahmeklage ohne Erfolg, sei es, weil sie unzulässig ist, sei es, weil die alte Entscheidung im Ergebnis bestätigt wird, trägt grds. der Wiederaufnahmekläger die Kosten. Obsiegt der Wiederaufnahmekläger in der Sache, trägt der Wiederaufnahmebeklagte die Kosten. § 135 Abs. 4 FGO enthält hierfür eine **Billigkeitsregelung:** Danach können die Kosten eines erfolgreichen Wiederaufnahmeverfahrens der Staatskasse auferlegt werden, sofern sie nicht durch das Verschulden eines Beteiligten entstanden sind. Grundgedanke dieser Regelung ist, dass die Kosten des Wiederaufnahmeverfahrens nicht stets dem in der Hauptsache Unterliegenden auferlegt werden sollen, wenn und weil dieser den Wiederaufnahmegrund in der Regel nicht zu vertreten hat (vgl. BFH IX R 47/95 v. 17.12.96, BStBl. II 97, 348; s. iE *Tipke/Kruse,* § 135 FGO Rz. 23; *Gosch,* § 134 FGO Rz. 118).

D. 2.27 Wiedereinsetzung in den vorigen Stand

I. FORMULAR

Formular D. 2.27 Wiedereinsetzung in den vorigen Stand

FG München

Ismaninger Str. 95

81675 München

Az. Neu

In der Finanzstreitsache

Max Moritz GmbH

vertreten durch ihren allein vertretungsberechtigten

Geschäftsführer, Herrn Max Moritz

Müllerstr. 17, 80469 München   **– Klägerin –**

Prozessbevollmächtigte: ......

gegen

Finanzamt München für Körperschaften,

Meiserstraße 4, 80333 München   **– Beklagter –**

vertreten durch seinen Leiter

wegen Körperschaftsteuer 20..

Steuer-Nr.: ...

stellen wir gem. § 56 Abs. 1 FGO

ANTRAG AUF WIEDEREINSETZUNG IN DEN VORIGEN STAND

und erheben hiermit gegen den Körperschaftsteuerbescheid für 20.. vom ..., in der Gestalt der Einspruchsentscheidung vom ...... (Steuer-Nr. ...), zugestellt mit Postzustellungsurkunde am ..., namens und im Auftrag der Klägerin

KLAGE.

Begründung des Wiedereinsetzungsantrags: Der Unterzeichner, der sein Büro in München hat, hat am letzten Tag der Klagefrist die Klage gefertigt und seinen Sohn gegen 18.30 Uhr damit beauftragt, den Schriftsatz in den Nachtbriefkasten des FG München vor 24.00 Uhr einzuwerfen.

Beweis: Eidesstattliche Versicherung des Unterzeichners, Anlage 1,

Eidesstattliche Versicherung des Sohnes des Unterzeichners, Anlage 2.

Der Unterzeichner hat seinen Sohn ausdrücklich auf die Wichtigkeit und Eilbedürftigkeit der Überbringung des Schriftsatzes an das FG hingewiesen, er hat insbes. darauf hingewiesen, dass es der letzte Tag der Frist sei.

Beweis: Eidesstattliche Versicherung des Unterzeichners, Anlage 1,

Eidesstattliche Versicherung des Sohnes des Unterzeichners, Anlage 2.

Der Sohn des Unterzeichners ist gegen 19.00 Uhr mit dem Fahrrad zum FG München gefahren, das ca. 5 km von der Kanzlei des Unterzeichners entfernt liegt. Auf dem Weg zum FG verunglückte der Sohn des Unterzeichners schwer; er wurde von einem Autofahrer angefahren und musste sofort ins Krankenhaus gebracht werden.

Beweis: Polizeiprotokoll vom ..., Anlage 3,

Ärztliches Zeugnis von ...... vom ..., Anlage 4.

Der Sohn des Unterzeichners war erst drei Tage nach dem Unfall wieder bei Bewusstsein.

Beweis: Ärztliches Zeugnis, Anlage 4.

Der Unterzeichner erfuhr von dem Unfall erst am auf den Unfall folgenden Tag, da er am Tag des Unfalls eine Reise zu einem Mandanten nach Hamburg antrat und nicht erreichbar war.

Beweis: Eidesstattliche Versicherung des Unterzeichners, Anlage 1, Flugticket vom ..., Anlage 5, eidesstattliche Versicherung der Sekretärin des Unterzeichners, die den Unterzeichner in Hamburg von dem Unfall unterrichtete, Anlage 6.

Der Unterzeichner war danach ohne Verschulden verhindert, die Klagefrist einzuhalten (vgl. zum Fristversäumnis bei Beauftragung eines Boten auch BFH VII B 119/85 v. 18.3.1986, BFH/NV 1987, 139).

Die beantragte Wiedereinsetzung in den vorigen Stand ist damit zu gewähren.

In der mündlichen Verhandlung werden wir folgende Anträge stellen:

[...wird ausgeführt...]

Zur Klagebegründung tragen wir Folgendes vor: *[...wird ausgeführt...]*

....

Unterschrift

II. ERLÄUTERUNGEN

Erläuterungen zu D. 2.27 Wiedereinsetzung in den vorigen Stand

1   Wiedereinsetzung in den vorigen Stand ist nach § 56 FGO möglich, „wenn jemand **ohne Verschulden verhindert** war, eine **gesetzliche Frist** einzuhalten".

2   **Gesetzliche Fristen** bestehen zB für die Klageerhebung (§ 47 Abs. 1 FGO), den Antrag auf Wiedereinsetzung (§ 56 Abs. 2 Satz 1 FGO), den Antrag auf mündliche Verhandlung (§§ 79a Abs. 2 Satz 2, 90a Abs. 2 FGO), die Anträge auf Tatbestandsberichtigung (§ 108 Abs. 1 FGO) und Urteilsergänzung (§ 109 Abs. 2 Satz 1 FGO), die Einlegung und Begründung der Nichtzulassungsbeschwerde (§ 115 Abs. 2 Satz 1 und Abs. 3 Satz 1 FGO) und die Einlegung und Begründung der Revision (§ 120 Abs. 1 Satz 1 und Abs. 2 Satz 1 FGO) sowie die Einlegung der Beschwerde (§ 129 Abs. 1 FGO) und die Erhebung der Wiederaufnahmeklage (§ 134 FGO iVm. § 586 Abs. 1 ZPO).

3   Auf **richterliche Fristen** ist § 56 FGO **nicht anwendbar,** es sei denn, etwas anderes ist gesetzlich angeordnet; s. etwa § 60a Satz 8 FGO (Antragsfrist bei Beiladung) und § 65 Abs. 2 Satz 3 FGO (Ausschlussfrist für Klageergänzung nach § 65 Abs. 2 Satz 2 FGO).

4   Voraussetzung für die Gewährung der Stattgabe des Wiedereinsetzungsantrags ist, dass jemand ohne Verschulden verhindert war, die Frist einzuhalten; dies kann der **Prozessbeteiligte selbst** sein, der sich aber nach § 155 FGO iVm. § 85 Abs. 2 ZPO auch das **Verschulden seines gesetzlichen Vertreters** und seines **Prozessbevollmächtigten** wie eigenes Verschulden zurechnen lassen muss (st. Rspr. zB BFH XI B 115/06 v. 1.10.07, BFH/NV 08, 89; weitere Nachweise bei *Gräber/Stapperfend* § 56 FGO Rz. 8ff.).

5   Nach der Rspr. des BFH muss die „**äußerste,** den Umständen des Falles angemessene und vernünftigerweise zu erwartende **Sorgfalt**" beobachtet werden (BFH IV R 108/81 v. 8.10.81, BStBl. II 82, 165; X R 21/04 v. 26.9.06, BFH/NV 07, 186; **aA** *Gräber/Stapperfend* § 56 FGO Rz. 7 mwN; zur Wiedereinsetzung wegen Versäumung der Frist durch Rechtsirrtum BFH VII R 125/89 v. 20.2.90, BStBl. II 90, 546). Zwar dürfen auch nach der Rspr. des BFH zur Gewährleistung eines effektiven Rechtsschutzes nach Art. 19 Abs. 4 GG die Anforderungen an das Vorliegen der Voraussetzungen für die Gewährung von Wiedereinsetzung in den vorigen Stand nicht überspannt werden (vgl. zB BFH III R 66/07 v. 20.11.08, BFH/NV 09, 245; VI R 48/05 v. 29.11.06, BFH/NV 07, 861). Gleichwohl steht schon **einfache Fahrlässigkeit** der Wiedereinsetzung entgegen und die Rspr. fordert insbes. von professionellen Bevollmächtigten umfangreiche Vorkehrungen, um ein sog. **Organisationsverschulden,** z.B. bei für sich besehen unvorhersehbaren Erkrankungen, zu vermeiden (vgl. z.B. BFH XI R 15/18 v. 4.8.20, BFH/NV 21, 29). Zu den Einzelfällen – Übersicht über Rechtsprechung – vgl. *Gräber/Stapperfend* § 56 FGO Rz. 20 ABC der Wiedereinsetzungsgründe.
     Es empfiehlt sich, in dem Wiedereinsetzungsantrag den tatsächlichen Ablauf möglichst detailliert darzustellen und zu belegen (präsente Beweismittel!) und auf die Entschuldigungsgründe einzugehen; instruktiv BFH III R 70/07 v. 10.12.10, BFH/NV 10, 617.

6   Die Wiedereinsetzung ist **antrags- und fristgebunden.** Der Antrag ist in der Form zu stellen, der für die versäumte Handlung gilt, bei Versäumung der Klagefrist ist **Schriftform** erforderlich. Der Antrag ist **binnen zwei Wochen!** nach Wegfall des Hindernisses (Antragsfrist) zu stellen (§ 56 Abs. 2 Satz 1 FGO). Die Frist beginnt mit Wegfall des Hindernisses, dies ist – abhängig vom jeweiligen konkreten Hindernis – idR spätestens der Tag der Bekanntgabe der gerichtlichen Mitteilung über den Zeitpunkt des Klageeingangs beim Kläger bzw. seinem Bevollmächtigten bzw. der Mitteilung des Gerichts oder eines Beteiligten, dass eine Frist nicht eingehalten worden sei (BFH VI B 161/02 v. 9.8.04, BFH/NV 04, 1668).

Die Frist für den Wiedereinsetzungsantrag bei Versäumung der Frist zur Begründung der Revision oder der NZB beträgt **einen Monat** (§ 56 Abs. 1 Satz 1 2. Hs. FGO).

Zu beachten ist: Innerhalb der Frist des § 56 Abs. 2 Satz 1 FGO müssen die für eine **7** Wiedereinsetzung wesentlichen **Tatsachen** schlüssig und substantiiert vorgetragen werden; die **Glaubhaftmachung** (§ 56 Abs. 2 Satz 2 FGO) der innerhalb der Frist vorgetragenen Gründe kann noch „im Verfahren über den Antrag" erfolgen (st. Rspr. BFH IX B 32/10 v. 17.6.10, BFH/NV 10, 1655). Nach Fristablauf können Wiedereinsetzungsgründe nicht mehr nachgeschoben, sondern nur noch unklare und unvollständige Angaben ergänzt oder vervollständigt werden. Das FG ist nicht verpflichtet, von sich aus zu ermitteln, ob Gründe gegeben sind, die eine Wiedereinsetzung in den vorigen Stand rechtfertigen können (BFH IX B 32/10 v. 17.6.10, BFH/NV 10, 1655).

Zur Glaubhaftmachung sind alle Beweismittel zulässig, auch die Versicherung an Eides Statt (§ 294 Abs. 1 ZPO); es dürfen jedoch nur sog. **präsente Beweismittel** angeboten werden, auf Grund derer der Beweis sofort und unmittelbar erbracht werden kann (§ 294 Abs. 2 ZPO); vgl. zur Glaubhaftmachung D. 2.03 Rz. 19.

Die **Nachholung der versäumten Rechtshandlung** ist innerhalb der Antragsfrist **8** erforderlich (§ 56 Abs. 2 Satz 3 FGO), das ist zB bei Versäumung der Klagefrist die Erhebung der Klage. Ggf. kann dann auch Wiedereinsetzung ohne Antrag gewährt werden (§ 56 Abs. 2 Satz 4 FGO; vgl. dazu *Gräber/Stapperfend* § 56 FGO Rz. 48f.).

Die Wiedereinsetzung ist **ausgeschlossen,** wenn seit dem Ende der versäumten **9** Frist ein Jahr verstrichen ist, es sei denn, dass der Antrag vor Ablauf der Jahresfrist infolge höherer Gewalt unmöglich war (§ 56 Abs. 3 FGO). Die Jahresfrist beginnt mit dem Ende der versäumten Frist, auf den Zeitpunkt des Wegfalls des Hindernisses kommt es nicht an.

Wird die **Frist** für den **Wiedereinsetzungsantrag versäumt,** kann wiederum **10** Antrag auf Wiedereinsetzung gestellt werden.

Die Entscheidung über die Wiedereinsetzung wird idR mit der Entscheidung über **11** die versäumte Prozesshandlung verbunden (vgl. § 155 Satz 1 FGO, § 238 Abs. 1 Satz 1 ZPO). Sie wird also im Klageverfahren insbes. in den Fällen der Gewährung der Wiedereinsetzung regelmäßig im **Endurteil** ergehen; es kann über den Antrag auf Wiedereinsetzung aber auch gesondert und vorab durch Zwischenurteil entschieden werden. Bei einer Ablehnung dürfte das selten sachdienlich sein. Zu beachten ist, dass die Kosten, die durch einen Antrag auf Wiedereinsetzung in den vorigen Stand entstehen, dem Antragsteller zur Last fallen (§ 136 Abs. 3 FGO) und zwar auch nach einer Abhilfe (vgl. BFH VIII R 81/05 v. 11.5.09, BFH/NV 09, 1447).

Rechtsmittel: Wird Wiedereinsetzung **gewährt,** ist diese – anders als eine Ent- **12** scheidung über eine Wiedereinsetzung nach § 110 AO! – **unanfechtbar** (§ 56 Abs. 5 FGO); die nachgeholte Handlung ist als fristgemäß anzusehen. Der BFH hat also nicht die Möglichkeit, die vom FG gewährte Wiedereinsetzung „aufzuheben" und eine Klage deswegen abzuweisen oder das Verfahren an das FG zurückzuverweisen! Vgl. BFH IV B 124/93 v. 23.2.94, BFH/NV 94, 729.

Die **Ablehnung** der Wiedereinsetzung ist anfechtbar und zwar mit dem Rechtsmittel gegen die die Ablehnung enthaltende Entscheidung. Im Rechtsmittelverfahren ist diese Entscheidung voll überprüfbar und durch den BFH abänderbar.

D. 2.28 Zulassung der Revision

Vgl. D. 2.01 Rz. 44 und D. 3.01 Rz. 1.

D. 3. Verfahren vor dem Bundesfinanzhof

Übersicht

D. 3.01 Revisionsschrift

I. FORMULAR

Formular D. 3.01 Revisionsschrift

Bundesfinanzhof

Postfach 86 02 40

81629 München 5.2.2020

In dem Rechtsstreit

Herr/Frau ..., Anschrift

– Klägerin und Revisionsklägerin –

Prozessbevollmächtigter: Rechtsanwältin ...

gegen

das Finanzamt ..., vertreten durch die Vorsteherin,

– Beklagter und Revisionsbeklagter –

wegen Einkommensteuer 20... lege ich namens und im Auftrag der Revisionsklägerin gegen das Urteil des FG ...... vom ...... (Az.: ...), zugestellt am ...,

REVISION

ein.

Die Revision gegen das angefochtene Urteil ist vom FG gem. § 115 Abs. 2 Nr. 1 FGO wegen grundsätzlicher Bedeutung der Rechtssache zugelassen worden. Eine Abschrift des Urteils ist beigefügt. Antrag und Begründung der Revision folgen in einem gesonderten Schriftsatz. Ich bitte um Verlängerung der Revisionsbegründungsfrist bis zum ...... (§ 120 Abs. 2 Satz 3 FGO).

...

Unterschrift

II. ERLÄUTERUNGEN

Erläuterungen zu D. 3.01 Revisionsschrift

---

1. Erläuterungen zum (Revisions-)Verfahren vor dem BFH

1   Die Revisionsschrift leitet das Verfahren über die Revision ein, deren **Statthaftigkeit** § 115 Abs. 1 FGO regelt. Sie kann **gegen FG-Urteile** (iSd. § 36 Nr. 1 FGO,

einschließlich Gerichtsbescheide nach § 90a Abs. 2 Satz 2 FGO) eingelegt werden, wenn die **Zulassung der Revision** durch das FG oder den BFH erfolgt ist (vgl. BFH VII R 15/08 v. 28.4.09, BFH/NV 09, 1445). § 115 Abs. 2 FGO enthält einen *abschließenden Katalog der Revisionszulassungsgründe* (Grundsatz-, Rechtsfortbildungs-/ Rspr-Vereinheitlichungs- und Verfahrensrevision); s. dazu iE D. 3.03 Rz. 1 ff.). Dieser ist, weil der BFH an die Zulassung der Revision gebunden ist (§ 115 Abs. 3 FGO, BFH X R 20/08 v. 23.4.08, BFH/NV 2008, 1682), weniger im Revisionsverfahren als vielmehr im FG-Verfahren und im Verfahren über die Nichtzulassungsbeschwerde (NZB) von Bedeutung. Wenngleich das FG über die Revisionszulassung von Amts wegen zu entscheiden hat, sollte in der Praxis dringend *bereits im FG-Verfahren herausgestellt* werden, wenn die Revisionszulassung angestrebt wird und dass die Voraussetzungen für die Zulassung der Revision vorliegen (s. dazu unten D. 3.03 Rz. 1 ff.). Denn der Weg die in § 116 FGO geregelte NZB ist, wie die Vergangenheit zeigt, nicht allzu oft von Erfolg gekrönt; die Erfolgsquote von NZB betrug in 2018 12% und in 2019 17%. Dabei ist zu berücksichtigen, dass eine Vielzahl von Revisionen (nach wie vor) an streng verstandenen Zulassungsvoraussetzungen scheitert.

Für das Revisionsverfahren gelten die allgemeinen Verfahrensvorschriften 2 **der FGO sinngemäß** (§ 121 Satz 1 FGO), dh. soweit die Besonderheiten des Revisionsverfahrens nicht zu einer abweichenden Beurteilung zwingen. So hat zB die Verpflichtung des Vorsitzenden, gem. §§ 65, 76 FGO auf ausreichende Anträge hinzuwirken, im Revisionsverfahren einen anderen Sinn als im Klageverfahren (BFH II R 75/72 v. 14.12.77, BStBl. II 78, 196). Die Vorschriften über die Sachaufklärungsverpflichtung (§ 76 FGO) sowie die Beweisaufnahme (§§ 81 ff. FGO) sind, soweit die Bindung des Revisionsgerichts an die im angefochtenen Urteil getroffenen Feststellungen reicht (§ 118 Abs. 2 FGO), nicht anwendbar. Für das Verfahren vor dem BFH gilt **Vertretungszwang,** und zwar bereits für die Einlegung der Revision (§ 62 Abs. 4 Satz 2 FGO); zusätzlich sind die Vertretungsmöglichkeiten für Steuerpflichtige gegenüber dem FG-Verfahren eingeschränkt (§ 62 Abs. 4 FGO). Für **PKH-Anträge** gilt der Vertretungszwang nicht (BFH X S 9/17 (PKH) v. 19.10.17, BFH/NV 18, 203).

Soweit der Vertretungszwang reicht können Revision/NZB/Beschwerde nur durch **bestimmte Berufsträger** – Rechtsanwalt, Steuerberater, Steuerbevollmächtigten, vereidigten Buchprüfer oder Wirtschaftsprüfer – eingelegt werden, sowie auch durch **Gesellschaften** iSd. § 3 Nr. 2 und 3 StBerG, die durch solche Personen handeln (§ 62 Abs. 4 Satz 3 FGO). Den Rechtsanwälten gleichgestellt sind gem. § 2 Abs. 1 EuRAG (Gesetz über die Tätigkeit europäischer Rechtsanwälte in Deutschland) iVm. §§ 1, 3 Abs. 1 und 2 BRAO **niedergelassene europäische Rechtsanwälte.** Ein niedergelassener europäischer Rechtsanwalt ist nach § 2 Abs. 1 EuRAG ein europäischer Rechtsanwalt, der auf Antrag in die für den Ort seiner Niederlassung zuständige Rechtsanwaltskammer aufgenommen wurde (§ 3 EuRAG). Vgl. näher auch zu Steuerberatungs- und Rechtsanwaltsgesellschaften (Erfordernis der Anerkennung nach § 32 Abs. 3 Satz 1 iVm. §§ 49 ff. StBerG bzw. der Zulassung gem. §§ 59c ff. BRAO) BFH V B 12/17 v. 8.8.17, BFH/NV 17, 1464; II R 33/16 v. 18.1.17, BStBl. 17, 663. Vertretungsbefugt sind auch **dienstleistende europäische Rechtsanwälte,** die **nicht** in Deutschland **niedergelassen,** sondern hier nur vorübergehend tätig sind, wenn sie *im Einvernehmen* mit einem hier niedergelassenen (Einvernehmens-)Anwalt handeln (§ 28 Abs. 1 EuRAG). Zu **beachten** ist: Dieses Einvernehmen ist bei der ersten Handlung gegenüber dem Gericht *schriftlich nachzuweisen* (§ 29 Abs. 1 EuRAG), sonst ist die Rechtshandlung unwirksam (§ 29 Abs. 3 EuRAG) und die Revision unzulässig (BFH III R 31/12 v. 11.6.13, BFH/NV 13, 1607). **Andere Steuerrechtskundige,** zB Hochschullehrer (BFH IV R 33/89 v. 29.5.89, BFH/NV 90, 251), sind **von der Vertretung ausgeschlossen.** Auch Rechtsbeistände sind nicht vertretungsbefugt (BFH II B 79/85 v. 22.1.86, BFH/NV

88, 177; V B 8/90 v. 7.3.90, BFH/NV 91, 177). Gleiches gilt für Volljuristen, die nicht als Rechtsanwalt zugelassen sind (BFH III B 92/90 v. 20.6.90, BFH/NV 91, 106). Es genügt nicht, dass der Bevollmächtigte die Qualifikationsmerkmale für die berufsrechtliche Zulassung erfüllt. Er muss zugelassen sein (BFH XI R 33/00 v. 21.9.00, BFH/NV 01, 607). Die fehlende Vertretungsbefugnis schließt die Postulationsfähigkeit eines Beteiligten aus; von ihm vorgenommene Prozesshandlungen sind unwirksam (BFH I R 6/99 v. 9.6.99, BFH/NV 99, 1555). Für den Antrag auf Beiordnung eines Rechtsanwalts, Steuerberaters usw. gilt der Vertretungszwang nicht, da dem Kläger hierdurch erst ein Prozessvertreter verschafft werden soll (BFH I B 45/94 v. 26.7.94, BFH/NV 95, 247). Rechtsanwälte, Steuerberater und Wirtschaftsprüfer dürfen sich in eigener Sache selbst vertreten und zwar auch dann, wenn sie kraft Amtes (zB als Insolvenzverwalter) auftreten (BFH IV R 16/82 v. 4.10.84, BStBl. II 85, 60). Die von einem nicht postulationsfähigen Kläger eingelegte Revision kann nicht nachträglich durch eine vertretungsberechtigte Person genehmigt werden (BFH IV R 114/90 v. 15.2.91, BFH/NV 92, 481). Zur **Vollmacht** vgl. D. 2.01 Rz. 18.

Aus § 155 Satz 1 FGO iVm. § 78b ZPO kann sich (in seltenen Fällen) ein Anspruch auf **Beiordnung eines Bevollmächtigten** ergeben, wenn ein Beteiligter eine zu seiner Vertretung vor dem BFH bereite Person nicht findet und zudem die Rechtsverfolgung nicht mutwillig oder aussichtslos erscheint. Dies setzt u.a. voraus, dass zuvor eine Mehrzahl vertretungsberechtigter Personen erfolglos um Rechtsbeistand für das Verfahren ersucht wurde, und zwar aus anderen Gründen als der Nichtzahlung eines Vorschusses (s. iE BFH VI B 41/10 v. 4.5.10, BFH/NV 10, 1476: jedenfalls mehr als vier).

3   Zur **Einlegung einer Revision** sind nur die am erstinstanzlichen Verfahren **Beteiligten** berechtigt, die zugleich auch **Beteiligte des Revisionsverfahrens** sind (§ 122 Abs. 1 FGO, s. dazu BFH VI R 17/16 v. 22.2.18, BStBl. II 19, 496). Dies sind gem. § 57 FGO – vorbehaltlich gesetzlicher Beteiligtenwechsel – Kläger, Beklagter und Beigeladene(r), und zwar grds. nach Maßgabe des Rubrums des angefochtenen Urteils (BFH VI R 17/16 v. 22.2.18, aaO). Ist das *Rubrum falsch*, kann es vom BFH berichtigt werden (BFH III R 26/02 v. 21.1.04, BFH/NV 04, 792). Ist im FG-Verfahren eine **Beiladung** verfahrensfehlerhaft unterblieben, *kann* (Ermessen) diese **im Revisionsverfahren** (nur dann) **nachgeholt** werden, wenn es sich um eine notwendige Beiladung iSd. § 60 Abs. 3 Satz 1 FGO handelt (§ 123 Abs. 1 Satz 2, Abs. 2 FGO). Erfolgt die Nachholung, kann der Beigeladene *Verfahrensmängel nur innerhalb von zwei Monaten* nach Zustellung des Beiladungsbeschlusses rügen (§ 123 Abs. 2 Satz 1 FGO); die Frist kann verlängert werden (§ 123 Abs. 2 Satz 2 FGO). Wird die Beiladung nicht nachgeholt, kommt eine Zurückverweisung an das FG in Betracht (§ 126 Abs. 3 Satz 1 Nr. 2 FGO), weil in der unterbliebenen notwendigen Beiladung – als unverzichtbare Sachentscheidungsvoraussetzung – ein in der Revision von Amts wegen zu berücksichtigender Verstoß gegen die Grundordnung des Verfahrens, mithin ein Verfahrensfehler zu sehen ist (vgl. BFH IV R 54/16 v. 28.11.19, BFH/NV 20, 420). Im Übrigen können neue Beteiligte am Revisionsverfahren nicht teilnehmen, weil mit der Revision eine zwischen bestimmten Beteiligten ergangene Entscheidung der Vorinstanz nachgeprüft werden soll (BFH VIII R 41/96 v. 24.7.97, BFH/NV 97, 128). Zur Sonderstellung des *Verfahrensbeitritts* s. Rz. 5.

4   § 122 FGO ist im **NZB-Verfahren** (§ 116 FGO in der seit 2001 geltenden Fassung, s. dazu iE D. 3.03) sinngemäß anzuwenden, dh. der Beigeladene wird auch dort zum Verfahrensbeteiligten (§ 57 Nr. 3 FGO, s. BFH IX B 27/04 v. 28.7.04, BStBl. II 04, 895; IV B 76/05 v. 14.3.07, BStBl. II 07, 466), sofern die NZB nicht offensichtlich unzulässig ist (BFH I B 181/12 v. 29.1.13, BFH/NV 13, 757). Die Beteiligung des Beigeladenen beschränkt sich jedoch auf Informationen zum laufenden Verfahren und ggf. auf ein Recht zur Stellungnahme vor einer Entscheidung nach § 116 Abs. 6 FGO (vgl. BFH IV B 76/05 v. 14.3.07, aaO). Zu beachten ist, dass eine im FG-

Verfahren unterbliebene notwendige Beiladung im NZB-Verfahren – anders als im Revisionsverfahren (s. Rz. 3) – gerügt werden muss (vgl. BFH VIII B 2/19 v. 24.10.19, BFH/NV 20, 222 auch zu den strengen Darlegungsanforderungen).

Betrifft das Verfahren eine auf Bundesrecht beruhende Abgabe oder eine Rechts- 5 streitigkeit über Bundesrecht, so kann das **BMF** dem Verfahren **beitreten;** ggf. steht dieses Recht den zuständigen *obersten Landesbehörden* zu. Mit dem Beitritt erlangt die Behörde die **Rechtsstellung eines Beteiligten** (§ 122 Abs. 2 Satz 4 FGO). Der Beitritt ermöglicht es denjenigen Behörden, denen die Abgabenverwaltung übertragen ist (Art. 108 GG), sich *jederzeit* in ein anhängiges Revisionsverfahren einzuschalten und entscheidungserhebliche Gesichtspunkte vorzutragen (vgl. BFH I R 301/81 v. 14.12.83, BStBl. II 84, 409). Der BFH kann gem. § 122 Abs. 2 Satz 3 FGO zum Beitritt auffordern (s. zB BFH IX R 11/19 v. 28.4.20, DStR 20, 1426); der *Stpfl. kann dies anregen*. Die zuständige Stelle ist zum Beitritt berechtigt, aber nicht verpflichtet (*Gräber/Ratschow* § 122 FGO Rz. 6). Beteiligt am Verfahren über die Revision und damit auch an einem Vorlageverfahren vor dem Großen Senat des BFH ist das BMF auch dann, wenn es seinen Beitritt erklärt, nachdem es in einem früheren Verfahrensstadium auf einen Beitritt verzichtet hatte (BFH GrS 4/82 v. 25.6.84, BStBl. II 84, 751).

Klageänderungen sind **im Revisionsverfahren unzulässig** (§ 123 Abs. 1 Satz 1 6 FGO). Klageänderung ist Änderung des Streitgegenstands während der Rechtshängigkeit (*Gräber/Herbert* § 67 FGO Rz. 2f., vgl. auch D. 2.13). Obwohl eine **Erweiterung des Klagebegehrens** (§ 264 Nr. 2 ZPO iVm. § 155 Satz 1 FGO, *innerhalb desselben Streitgegenstands*) begrifflich nicht zu einer Klageänderung führt, ist sie nach st. Rspr. im Revisionsverfahren ausgeschlossen, weil das Wesen des Revisionsverfahrens darin besteht, eine gerichtliche Entscheidung zu überprüfen, die wiederum liegt nur insoweit vor, als das Klagebegehren reichte (zB BFH IX R 22/17 v. 13.3.18, BFH/NV 18, 824, s. *Tipke/Kruse* § 123 FGO, Rz. 4, wegen weiterer Konstellationen unzulässiger Änderungen). Zulässig ist hingegen eine „Erweiterung" dergestalt, dass anstelle der (vor dem FG beantragten) Änderung nunmehr (in der Revision) Antrag auf Aufhebung der angefochtenen Bescheide gestellt wird (BFH X R 20/08 v. 23.4.08, BFH/NV 08, 1682).

Eine **Einschränkung des Klageantrages** in der Weise, dass die Herabsetzung der Steuer um einen geringeren als im ursprünglichen Antrag genannten Betrag begehrt wird, also innerhalb desselben Streitgegenstands (§ 264 Nr. 2 ZPO iVm. § 155 Satz 1 FGO), ist hingegen auch noch in der Revisionsinstanz statthaft (BFH V R 60/02 v. 24.2.05, BFH/NV 2005, 1327).

Verwaltungsakte, durch die ein angefochtener Verwaltungsakt nach Bekanntgabe der Einspruchsentscheidung geändert oder ersetzt oder nach § 129 AO berichtigt wird, und Verwaltungsakt, die an die Stelle eines angefochtenen Verwaltungsakts treten, werden auch im Revisionsverfahren kraft Gesetzes Gegenstand des Verfahrens (§§ 68, 121 Satz 1 FGO). Nach einem solchen **neuen oder geänderten Verwaltungsakt** kann der BFH das angefochtene Urteil nach § 127 FGO aufheben und die Sache zurückverweisen. Haben sich allerdings durch die Bescheidänderung hinsichtlich der streitigen Punkte keine Änderungen ergeben, *stellt der Revisionskläger keinen weitergehenden Antrag* und liegt auch kein (sonstiger) Verfahrensmangel des FG vor, kann der BFH aufgrund der fortbestehenden tatsächlichen Feststellungen gleichwohl in der Sache entscheiden (vgl. BFH VI R 17/16 v. 22.2.18, BStBl. II 19, 496).

Der BFH entscheidet grds. aufgrund **mündlicher Verhandlung** (§§ 121 Satz 1, 90 7 FGO); Entscheidungen nach §§ 79a, 94a FGO sind gesetzlich ausgeschlossen (§ 121 Satz 2 FGO). Ein **Verzicht auf mündliche Verhandlung** ist auch im Revisionsverfahren möglich (§§ 90 Abs. 2, 121 Satz 1 FGO). Hiervon wird praktisch häufig Gebrauch gemacht, nicht zuletzt deshalb, weil der mündlichen Verhandlung aufgrund der idR feststehenden Tatsachen (§ 118 Abs. 2 FGO) nicht dieselbe Bedeutung zukommt, wie vor dem FG (s. dazu D. 2.01 Rz. 37, 41 ff.). Die mündlichen Verhandlungen umfassen neben dem Plädoyer der Beteiligten idR ein ausführliches Rechtsgespräch mit den Beteiligten (§§ 93, 121 FGO). Die Verhandlungen sind indessen (in aller Regel) hinsichtlich der zu beantwortenden Rechtsfragen unter Berücksichtigung des Vorbringens sowohl im außergerichtlichen als auch im FG-Verfahren als auch im Revisionsverfahren en détail vorbereitet, sodass die Einflussnahme-Möglichkeit der Beteiligten nicht überschätzt werden darf. Zu beachten ist: Der Verzicht auf mündliche Verhandlung ist **grds. nicht widerruflich,** es sei denn die Prozesslage hat sich nach Abgabe der Einverständniserklärung wesentlich geändert (s. dazu ausführlich *Gräber/Herbert* § 90 FGO Rz. 14).

Gem. §§ 90a Abs. 1, 121 Satz 1 FGO kann der BFH – unabhängig von einem Verzicht auf die mündliche Verhandlung – in geeigneten Fällen ohne mündliche Verhandlung durch **Gerichtsbescheid** entscheiden (zur irrtümlichen Annahme des Verzichts s. BFH XI R 67/00 v. 4.9.02, BStBl. II 03, 142). Die Beteiligten können hiergegen innerhalb eines Monats ab Zustellung des Gerichtsbescheids mit der Folge mündliche Verhandlung beantragen, dass der Gerichtsbescheid als nicht ergangen gilt (§ 90a Abs. 2 Satz 1, Abs. 3 FGO). Erfolgt der Antrag rechtzeitig, gilt der Gerichtsbescheid als nicht ergangen, andernfalls wirkt er als Urteil (§ 90a Abs. 3 FGO). Eine *Begründung* des Antrags ist nicht erforderlich, aber *geboten*. Es sind durchaus Gründe denkbar, die es ratsam erscheinen lassen können, mündliche Verhandlung zu beantragen. Selbst wenn im konkreten Fall nicht mit einer Änderung des Tenors zu rechnen ist, kann es – zB bei einer Zurückverweisung mit Rücksicht auf die Bindungswirkung des § 126 Abs. 5 FGO – empfehlenswert sein, durch die mündliche Verhandlung eine Änderung der Entscheidungsgründe anzustreben. Der Antrag auf mündliche Verhandlung kann *auf einen abtrennbaren Streitgegenstand beschränkt* werden, sodass der Gerichtsbescheid (nur) in diesem Umfang als nicht ergangen gilt und im Übrigen als rechtskräftiges Urteil wirkt (vgl. BFH VII R 27/74 v. 17.7.79, BStBl. II 79, 652). Der Antrag auf mündliche Verhandlung kann (isoliert) *zurückgenommen* werden (BFH II R 144/66 v. 22.10.71, BStBl. II 70, 330). Dies gibt den Beteiligten – in praxi insbes. der FinVerw. zur (idR einstweiligen) Vermeidung einer Breitenwirkung – Gelegenheit noch prozessual auf die Einschätzung des BFH zu reagieren: Nach bzw. mit einem Antrag auf mündliche Verhandlung kann die Revision durch den Revisionsführer, aber auch die Klage durch den Kläger (jeweils mit Zustimmung der beklagten Behörde (vgl. §§ 72 Abs. 1 Satz 2, 125 Abs. 1 Satz 2 FGO) noch *zurückgenommen* werden, der Rechtsstreit kann *übereinstimmend für erledigt* erklärt werden, zB, weil die beklagte Finanzbehörde den Kläger *durch Abhilfezusage/Änderungsbescheid klaglos* gestellt hat (Wegfall des Rechtsschutzbedürfnisses!). *Kostenmäßig* wirkt sich eine Rücknahme zu diesem Zeitpunkt nicht mehr vorteilhaft aus (vgl. D. 2.16 Rz. 41).

8   **Jeder Beteiligte,** der durch die Entscheidung des FG beschwert ist, **kann selbstständig Revision einlegen.** Für die Frage der Beschwer kommt es hierbei darauf an, wer Revision einlegt. Bei der Revision *des Klägers* ist die **formelle Beschwer** entscheidend; sie ist nur gegeben, soweit das FG dem Klagebegehren nicht voll entsprochen hat (BFH X R 27/11 v. 15.5.13, BFH/NV 13, 1583). Diese liegt vor, wenn dem Rechtsmittelführer in der angegriffenen Entscheidung etwas versagt wurde, was er vor dem FG beantragt (bzw. begehrt) hat. Demgegenüber kommt es *beim Beklagten oder Beigeladenen* auf die **materielle Beschwer** an. Materiell beschwert ist der Beklagte dann, wenn die angefochtene Entscheidung – ohne Rücksicht auf die in erster Instanz gestellten Anträge – für ihn nachteilig ist (BFH III B 151/16 v. 2.8.17, BFH/NV 17, 1628; vgl. hierzu näher *Gräber/Ratschow* Vor § 115 FGO Rz. 12 f.; *H/H/Sp/Lange* Vor §§ 115–134 FGO Rz. 15 ff.).

9   Der Revisionsbeklagte kann sich aber auch der Revision des Gegners anschließen (**Anschlussrevision,** § 155 Satz 1 FGO, § 554 ZPO). Die Bezeichnung ist hierfür nicht notwendig. Es reicht aus, wenn sich aus der Erklärung der Wille des Anschlussrevisionsführers ergibt, gleichfalls eine *Änderung der Entscheidung* erreichen zu wollen. Die Anschlussrevision ist nach hM kein Rechtsmittel. Sie ist ihrem Wesen nach **akzessorisch** zur Hauptrevision und hat die Bedeutung eines Antrags *innerhalb der vom Revisionskläger eingelegten Revision* (BFH VII R 53/76 v. 3.7.79, BStBl. II 79, 655 mwN, BFH III R 33/97 v. 20.9.99, BStBl. II 00, 208). Der Anschluss kann nur für die Jahre erklärt werden, die mit der Hauptrevision angefochten worden sind (BFH VI 39/63 U v. 17.11.64, BStBl. III 65, 178; I R 89/84 v. 25.1.89, BFH/NV 89, 577). Die Anschlussrevision ist generell von der Zulässigkeit und der Fortführung des Hauptrechtsmittels abhängig. Sie verliert folglich kraft Gesetzes ihre Wirkung, wenn die Hauptrevision wirksam zurückgenommen oder als unzulässig verworfen wird (vgl. hierzu *Gräber/Ratschow* § 120 FGO Rz. 81). Soll diese Abhängigkeit vermieden werden, so muss der Revisionsbeklagte selbst innerhalb der Revisionsfrist das zugelassene Rechtsmittel einlegen, das dann allen Zulässigkeitsvoraussetzungen der Revision unterliegt. Die Anschließung ist nur innerhalb der Frist des entsprechend anzuwendenden § 554 Abs. 2 S. 2 ZPO zulässig, dh. sie muss innerhalb eines Monats nach Zustellung der Revisionsbegründung eingelegt und *mit der Einlegung sogleich begründet* werden; die Frist für die Begründung der Anschlussrevision kann nicht verlängert werden (vgl. BFH IX R 20/17 v. 19.2.19, BFH/NV 19, 540). Im Hinblick auf die dargestellte verfahrensrechtliche Situation, insbes. die fehlende Möglichkeit der Verlängerung der Begründungsfrist sollte im Zweifel lieber eigenständig Revision eingelegt werden. Allerdings ist ein solches Vorgehen auch unter Kostengesichtspunkten zu betrachten; bei einer Rücknahme der eigenständigen Revision fallen Anwalts- und Gerichtskosten an.

Der BFH prüft die **Zulässigkeitsvoraussetzungen von Amts wegen.** Ist die **10** **Revision unzulässig,** insbes. weil sie nicht statthaft oder nicht in der gesetzlichen Form eingelegt ist (§ 124 FGO), so verwirft sie der BFH durch Beschluss als unzulässig (§ 126 Abs. 1 FGO). Ist die **Revision unbegründet,** so weist sie der BFH durch Urteil zurück (§ 126 Abs. 2 FGO). Dies gilt auch dann, wenn das FG-Urteil zwar Fehler aufweist, die Entscheidung sich aber *aus anderen Gründen als zutreffend* darstellt (§ 126 Abs. 4 FGO).

§ 126 Abs. 6 FGO erlaubt für die Entscheidung über die Revision (nur dann) von **11** einer Begründung abzusehen, soweit der BFH Rügen von *Verfahrensmängeln nicht für durchgreifend* erachtet. Das gilt nicht für absolute Revisionsgründe nach § 119 FGO und – bei ausschließlicher Geltendmachung von Verfahrensmängeln – für Rügen, auf denen die Zulassung der Revision beruht. Die Begründungserleichterung entspricht § 564 ZPO, § 144 Abs. 7 Satz 1 VwGO, § 170 Abs. 3 Satz 1 SGG.

Erachtet der BFH die **Revision** für **begründet,** so kann er in der Sache selbst ent- **12** scheiden (wenn diese spruchreif ist) oder das angefochtene Urteil aufheben und die Sache zur anderweitigen Verhandlung und Entscheidung an das FG zurückverweisen (§ 126 Abs. 3 FGO, insbes. wegen eines Verfahrensfehlers oder fehlender tatsächlicher Feststellungen). Hat bei begründeter Revision der erst im Revisionsverfahren nach § 123 Abs. 1 Satz 2 FGO *notwendig Beigeladene* (s. dazu Rz. 3) ein berechtigtes Interesse an einer Zurückverweisung, ist dem nachzukommen (§ 126 Abs. 3 Satz 2 FGO); so etwa, wenn der Beigeladene geltend macht, dass weitere Tatsachenfeststellungen erforderlich sind. In allen Fällen der Zurückverweisung hat das FG bei seiner Entscheidung die rechtliche Beurteilung des BFH zugrunde zu legen (§ 126 Abs. 5 FGO). Zur Reichweite der Bindungswirkung s. iE *Gosch AO/FGO* § 126 FGO, Rz. 90 ff.

Hält der BFH die Revision *einstimmig* für unbegründet und eine mündliche Verhandlung nicht für erforderlich, so kann er nach § 126a Satz 1 FGO in der Besetzung von fünf Richtern durch Beschluss entscheiden. Die Beteiligten sind vorher zu hören (§ 126a Satz 1 FGO) und der Beschluss soll eine kurze Begründung enthalten, wobei von den Begründungserleichterung des § 126 Abs. 6 FGO (s. dazu Rz. 11) Gebrauch gemacht werden kann (§ 126a Satz 3, 4 FGO). § 126a FGO ist verfassungsgemäß

(BFH II R 42/94 v. 12.12.96, BFH/NV 97, 336; BVerfG 1 BvR 1485/89 v. 6.9.96, NJW 97, 1693).

13   Die **Revision** kann bis zur Rechtskraft des Urteils **zurückgenommen** werden. Nach Schluss der mündlichen Verhandlung, bei Verzicht auf die mündliche Verhandlung und nach Ergehen eines Gerichtsbescheids ist die Rücknahme nur mit Einwilligung des Revisionsbeklagten möglich (§ 125 Abs. 1 FGO). Für die Rücknahme der Revision gilt **kein Vertretungszwang** (BFH VII R 80/96 5.11.96, nv.; IX B 133/02 v. 5.5.03, BFH/NV 03, 1089 [zur NZB], **aA** *Gräber/Ratschow* § 125 FGO Rz. 5). Die von einem vollmachtlosen Vertreter erklärte Zurücknahme der von ihm eingelegten NZB ist wirksam (BFH III B 45/98 v. 2.7.98, BFH/NV 99, 318). Die Rücknahme der Revision bewirkt den Verlust des eingelegten Rechtsmittels (§ 125 Abs. 2 FGO); das angefochtene Urteil bleibt bestehen.

Gleichfalls **mit Zustimmung des Beklagten** kann auch noch im Revisionsverfahren die **Klage zurückgenommen** werden (§ 72 Abs. 1 Satz 2 FGO), mit der Folge, dass das FG-Urteil gegenstandslos wird; die Zustimmungsfiktion des § 72 Abs. 1 Satz 3 FGO gilt (vgl. BFH I R 45/16 v. 10.1.18, BFH/NV 18, 450).

Werden **sowohl die Klage als auch die Revision** zurückgenommen, ist nach der Rspr. des BFH regelmäßig anzunehmen, dass in erster Linie die Rücknahme der Klage als Prozesserklärung mit den weiterreichenden Folgen erklärt wurde (vgl. BFH I R 45/16 v. 10.1.18, aaO).

2. Einzelerläuterungen zur Revisionsschrift

14   Die **Revision** kann *gegen FG-Urteile* eingelegt werden, wenn die *Revision zugelassen* ist (s. zur Statthaftigkeit iE Rz. 1). Hat das FG in einem **Gerichtsbescheid** die Revision zugelassen, hat der Beteiligte die Wahl, mündliche Verhandlung (vor dem FG) zu beantragen oder die Revision einzulegen (§ 90a Abs. 2 Satz 2 FGO). In diesem Fall sollte Revision nur dann eingelegt werden, *wenn der Sachverhalt vom FG vollständig und zutreffend festgestellt worden ist* und nur noch die Klärung von Rechtsfragen angestrebt wird. Wird von beiden Rechtsbehelfen Gebrauch gemacht, findet gem. § 90a Abs. 2 Satz 3 FGO mündliche Verhandlung statt.

15   Mit der Revision können grds. alle Arten von **Urteilen eines FG** angefochten werden (§ 115 Abs. 1, § 36 Nr. 1 FGO). **Gerichtsbescheide** sind den Urteilen gleichgestellt (§ 90a Abs. 2 FGO). Die Revision ist nicht statthaft gegen Entscheidungen des Vorsitzenden oder des bestellten Berichterstatters; hiergegen ist ggf. Beschwerde einzulegen (§ 128 Abs. 1 FGO; vgl. Formular D. 3.04).

16   **Die Umdeutung einer Revision** in eine NZB kommt nicht in Betracht (BFH I R 84/86 v. 18.12.86, BFH/NV 88, 34; X R 3/94 v. 14.2.94, BFH/NV 94, 809; IX B 54/97 v. 15.10.97, BFH/NV 98, 481).

17   **Revision kann nur einlegen,** wer am finanzgerichtlichen Verfahren beteiligt war (BFH VII B 97/87 v. 17.3.87, BFH/NV 88, 374, vgl. hierzu unter Rz. 8). Vor dem BFH besteht **Vertretungszwang** (§ 62 Abs. 4 FGO), s. dazu oben Rz. 2. Zur **Bevollmächtigung** s. neben § 62 Abs. 4 FGO auch D. 2.01 Rz. 18.

18   Die **Frist für die Einlegung der Revision beträgt einen Monat.** Sie kann – im Gegensatz zur Begründungsfrist – **nicht verlängert** werden. Für die Fristberechnung gelten die Vorschriften des § 54 Abs. 2 FGO iVm. § 222 ZPO, §§ 187, 188 BGB. Die **Frist beginnt** mit der Zustellung des vollständigen (§ 105 FGO) Urteils (§ 120 Abs. 1 FGO). Ist die Revision auf Grund einer NZB zugelassen worden, so wird das Beschwerdeverfahren als Revisionsverfahren fortgesetzt, wenn nicht der BFH das angefochtene Urteil nach § 116 Abs. 7 FGO aufhebt. Der Einlegung einer Revision durch den Beschwerdeführer bedarf es nicht (§ 116 Abs. 7 FGO). Hat das FG durch Gerichtsbescheid entschieden, beginnt die Revisionsfrist mit dem Tag, an dem der Gerichtsbescheid als Urteil wirkt (BFH I R 11/08 v. 27.5.08, DStR 08,1535). Bei Ver-

säumung der Revisionsfrist wegen eines gestellten Antrags auf Prozesskostenhilfe kommt Wiedereinsetzung in den vorigen Stand (§ 56 FGO) in Betracht. Grds. jedoch nur, wenn der Beteiligte das Gesuch und die Erklärung über seine persönlichen und wirtschaftlichen Verhältnisse (§ 117 ZPO) innerhalb der Frist eingereicht hat (ausführlich *Gräber/Ratschow* § 120 FGO Rz. 30 f. mwN). Eine fehlerhafte Rechtsmittelbelehrung setzt die Revisionsfrist nicht in Lauf. In diesem Fall gilt § 55 Abs. 2 FGO. Die Revision darf nicht unter einer **Bedingung** eingelegt werden (BFH VIII R 219/72 v. 10.3.73, BStBl. II 74, 34).

Die **Revision** ist **schriftlich einzulegen.** Außerdem verlangt die hM unter Berufung auf § 126 BGB grds. eigenhändige (handschriftliche) Unterschrift vom Vertretungsbefugten (Rz. 13). Die Rechtsprechung verlangt nicht, dass die **Unterschrift** lesbar ist. Es muss sich aber um einen die Identität des Schreibenden ausreichend kennzeichnenden individuellen Schriftzug handeln, der charakteristische Merkmale aufweist und sich nach dem gesamten Schriftbild als Unterschrift eines Namens darstellt. Dazu gehört, dass mindestens einzelne Buchstaben zu erkennen sind, weil es sonst an dem Merkmal einer Schrift überhaupt fehlt (BFH I B 96/74 v. 26.2.75, BStBl. II 75, 449; I R 50/81 v. 8.3.84, BStBl. II 84, 445; I R 2/84 v. 30.5.84, BStBl. II 84, 669; ausführlich *Gräber/Herbert* § 64 FGO Rz. 10 ff. mwN). Bei einer Behörde genügt der in Maschinenschrift wiedergegebene Name des zum Richteramt befähigten Verfassers nebst Beglaubigungsvermerk (BFH I R 33/86 v. 24.1.90, BStBl. II 90, 470). Der **Mangel** einer nicht formgerechten Unterschrift kann **nicht rückwirkend geheilt** werden (BFH III R 86/68 v. 29.8.69, BStBl. II 70, 89). **19**

Die Revision kann durch **Telegramm** (BFH GrS 1/85 v. 1.12.86, BStBl. II 87, 264), durch **Fernschreiben** (BVerfG 1 BvR 475/85 v. 11.2.87, BVerfGE 74, 228) oder auch per **Telefax** eingelegt werden. Auch ein **Computerfax** mit eingescannter Unterschrift ist mit Rücksicht auf die Entwicklung der Verhältnisse zulässig (GmS-OGB 1/98 v. 5.4.00, BB 00, 1645; BFH VI B 125/99 v. 27.1.03, BFH/NV 03, 646). Die Einlegung der Revision durch Fernsprecher oder Erklärung zur Niederschrift des Urkundsbeamten ist allerdings ausgeschlossen (vgl. zu den Voraussetzungen an die eigenhändige Unterschrift des Prozessbevollmächtigten bei Telefax und Computerfax BVerfG 1 BvR 110/07 v. 18.4.07, NJW 07, 3117). **20**

Zwischenzeitlich können beim BFH **in allen Verfahrensarten** elektronische Dokumente eingereicht werden. Hierzu bedarf es grds. einer **qualifizierten elektronischen Signatur** und einer Übermittlung auf einem **sicheren Übermittlungsweg** (§ 52a Abs. 3 FGO); wegen der Einzelheiten s. iE D. 2.01 Rz. 17. Neben § **52a FGO** sind insbes. zu beachten die seit dem 1.1.18 geltende Verordnung über die technischen Rahmenbedingungen des elektronischen Rechtsverkehrs und über das besondere elektronische Behördenpostfach (**"Elektronischer-Rechtsverkehr-Verordnung"** – ERVV) v. 24.11.17, BGBl. I 17, 3803 und die Elektronischer-Rechtsverkehr-Bekanntmachung 2018 (ERVB 2018) des Bundesministeriums der Justiz und für Verbraucherschutz v. 19.12.17 (abrufbar – ebenso wie weitere Informationen zum elektronischen Rechtsverkehr – über das Justizportal des Bundes und der Länder unter www.justiz.de). **21**

Beachten Sie: **Ab 1.1.22** sind vorbereitende Schriftsätze sowie schriftlich einzureichende Anträge und Erklärungen – also auch die Einlegung der Revision – eines Rechtsanwaltes **zwingend auf elektronischem Wege** einzureichen (§ 52d FGO). S. wegen der Einzelheiten D. 2.01 Rz. 17. **22**

Die Revision ist **beim Bundesfinanzhof einzulegen** (§ 120 Abs. 1 Satz 1 FGO). Die Einlegung bei einer anderen Behörde wahrt die Frist nicht (*Gräber/Ratschow* § 120 FGO Rz. 3); das Risiko der (rechtzeitigen) Weiterleitung der Revisionsschrift trägt der Revisionskläger (BFH IX R 56/98 v. 21.1.99, BFH/NV 99, 821). **23**

Die Revision muss das **angefochtene Urteil bezeichnen** (§ 120 Abs. 2 Satz 2 FGO). Die Zulässigkeit der Revision setzt also zwingend voraus, dass bereits in der **24**

Revisionsschrift das angefochtene Urteil so genau bezeichnet wird, dass Irrtümer ausgeschlossen sind. Dazu gehören regelmäßig die Angabe des erstinstanzlichen Gerichts, Urteilsdatum und Aktenzeichen (BFH I R 187/188/71 v. 23.5.73, BStBl. II 73, 684). Mängel bei der Bezeichnung des Urteils sind unschädlich, wenn das Gericht die fehlenden Angaben innerhalb der Revisionsfrist aus den Akten entnehmen kann (BFH VII R 94/74 v. 30.4.80, BStBl. II 80, 588). Jedenfalls gehen etwaige Unklarheiten zu Lasten des Revisionsklägers. Eine **Nachholung der fehlenden Angaben** in der Revisionsbegründung ist **nicht möglich.** Zu einer genauen Bezeichnung des angefochtenen Urteils gehört grds. auch die Bezeichnung der Verfahrensbeteiligten; mindestens muss sich aus der Revisionsschrift unmissverständlich ergeben, wer Revisionskläger ist (BFH I R 74/10 v. 31.3.11, BFH/NV 11, 1371). Fehlen die vorgeschriebenen Angaben, ist die Revision unzulässig.

25   Der Revision *soll* eine **Ausfertigung oder Abschrift des Urteils** beigefügt werden, falls dies nicht bereits, wie in § 116 Abs. 2 Satz 3 FGO vorgeschrieben, mit der Einlegung einer NZB geschehen ist (§ 120 Abs. 1 Satz 3 FGO). § 120 Abs. 1 Satz 3 FGO ist eine Sollvorschrift. Deren Verletzung hat nicht die Unzulässigkeit der Revision zur Folge (BFH VII B 6/02 v. 10.7.02, BFH/NV 02, 1597). Im Fall der elektronischen Revisionseinlegung entfällt die Beifügung ganz, § 120 Abs. 1 Satz 4 FGO.

D. 3.02 Revisionsbegründung

I. FORMULAR

Formular D. 3.02 Revisionsbegründung

Bundesfinanzhof
Postfach 86 02 40
81629 München

In dem Rechtsstreit

Herr/Frau ..., Anschrift

– Klägerin und Revisionsklägerin –

Prozessbevollmächtigter: Rechtsanwältin ...

gegen

das Finanzamt ..., vertreten durch die Vorsteherin,

– Beklagter und Revisionsbeklagter –

wegen Einkommensteuer 20... begründe ich nachstehen die am 5.2.20 eingelegte und unter dem Az ...... geführte Revision. In der mündlichen Verhandlung werde ich folgende Anträge stellen

1. Das angefochtene Urteil des FG ...... vom ...... wird aufgehoben,

2. der Einkommensteuerfestsetzung 2017 vom ...... in Gestalt der Einspruchsentscheidung vom ...... wird dahingehend abgeändert, dass weitere Aufwendungen in Höhe von € 25.000 als außergewöhnliche Belastung anerkannt werden.

BEGRÜNDUNG

1. Die Beteiligten streiten um die Abzugsfähigkeit von Aufwendungen in Höhe von € 25.000 als außergewöhnliche Belastung (§ 33 EStG).

Der Revisionskläger ist Eigentümer eines von ihm errichteten Einfamilienhauses, das er mit seiner Familie bewohnt. Infolge einer schweren Erkrankung (progressive Mus-

keldystrophie) kann er sich seit 2005 nur noch ebenerdig fortbewegen. Deswegen ließ der Revisionskläger in sein Haus, das an einem Steilhang liegt und nur über Treppen erreichbar ist, einen Fahrstuhl zum Gesamtpreis von € 25.000 einbauen. Wegen der Einzelheiten des Sachverhalts wird auf den insoweit zutreffenden Tatbestand des angefochtenen Urteils verwiesen.

Der Revisionsbeklagte lehnte die steuerliche Berücksichtigung der Aufwendungen mit der Begründung ab, es handele sich der Art nach um Werbungskosten bei den Einkünften aus Vermietung und Verpachtung.

Das FG hat die hiergegen erhobene Klage als unbegründet zurückgewiesen. Es hat die Revision wegen grundsätzlicher Bedeutung der Rechtssache zugelassen.

2. Das angefochtene Urteil beruht auf der Verletzung von Bundesrecht (§ 118 Abs. 1 Satz 1 FGO), denn das FG hat § 33 EStG unzutreffend ausgelegt.

[...wird ausgeführt...]

....

Unterschrift

II. ERLÄUTERUNGEN

Erläuterungen zu D. 3.02 Revisionsbegründung

1. Erläuterungen zum (Revisions-)Verfahren vor dem BFH

Allgemeine Erläuterungen zum (Revisions-)Verfahren vor dem BFH s. unter **1** D. 3.01 Rz. 1 ff.

2. Einzelerläuterungen zur Revisionsbegründung

a) Form und Frist

Die **Revision** ist **schriftlich** zu **begründen** (wegen der Anforderungen an das Er- **2** fordernis der Schriftform vgl. D. 3.01 Rz. 19). Die Revisionsbegründung ist beim BFH einzureichen (§ 120 Abs. 2 Satz 2 FGO). Der **Vertretungszwang** ist einzuhalten (§ 62 Abs. 4 FGO, s. D. 3.01 Rz. 2). Dazu gehört, dass der Prozessbevollmächtigte auch für den Inhalt die volle Verantwortung übernimmt. Er darf weder fremde Schriftsätze ungeprüft übernehmen (BFH I R 61/82 v. BStBl. II 82, 607; BVerfG 1 BvR 1525/84 v. 15.4.86, DStZ/E 86, 174) noch genügt die Bezugnahme auf ein beigefügtes Rechtsgutachten, und zwar selbst dann nicht, wenn sich der Prozessbevollmächtigte die von einer vor dem BFH nicht postulationsfähige Person erarbeiteten Gedanken ausdrücklich zu eigen macht (BFH IX R 177/83 v. 16.10.84, BStBl. II 85, 470; III B 68–69/84 v. 24.9.85, BFH/NV 86, 230). Eine Bezugnahme auf Schriftsätze in anderen Verfahren ist ausnahmsweise zulässig, wenn es sich in beiden Verfahren um dieselben Beteiligten und die gleiche Rechtsfrage handelt (BFH X B 60/97 v. 12.8.97, BFH/NV 98, 330). Der BFH ist zwar nicht gehalten, den Revisionskläger innerhalb der noch laufenden Revisionsfrist auf formelle Mängel der Revisionsbegründung hinzuweisen (BVerfG 1 BvR 198/89 v. 24.1.91, StRK FGO § 120 R. 177), tut dies aber idR.

Die Revision ist **innerhalb von zwei Monaten nach Zustellung des vollstän- 3 digen FG-Urteils** (oder des Gerichtsbescheids nach § 90a Abs. 2 Satz 2 FGO) **zu begründen.** Dies gilt unbeschadet dessen, ob wegen Versäumnis der Revisionseinlegungsfrist Wiedereinsetzung in den vorigen Stand beantragt worden war (BFH I R 111/93 v. 18.5.94, BStBl. II 95, 24; VI R 97/98 v. 3.11.99, BFH/NV 00, 471). Bei **erfolgreicher NZB** (§ 116 Abs. 7 FGO) beträgt die Begründungsfrist für den Beschwerdeführer einen Monat nach Zustellung des Beschlusses über die Revisionszulassung (§ 120 Abs. 2 Satz 1 FGO). Für die **Fristberechnung** gelten die allgemeinen Grundsätze (§§ 120, 54 FGO; s. dazu D. 2.01 Rz. 9). Ein Antrag, das Verfahren ruhen zu lassen, hat keinen Einfluss auf den Lauf der Begründungsfrist (BFH V R 192/84 v. 9.5.85, BStBl. II 85, 552). Voraussetzung für den Lauf der Revisionsbegründungsfrist ist, dass der Kläger in dem angefochtenen Urteil auch über diese Frist belehrt worden ist. Die Rechtsmittelbelehrung muss richtig, vollständig und unmissverständlich sein (*Tipke/Kruse* § 120 FGO Rz. 30). Bei fehlender oder fehlerhafter Belehrung kann die Revision (oder NZB) gem. § 55 Abs. 2 FGO noch binnen Jahresfrist eingelegt werden (BFH VIII R 30/89 v. 18.7.89, BStBl. II 89, 1020). Das gilt auch, wenn die unrichtige Belehrung für die Fristversäumung nicht ursächlich war (BFH V R 116/86 v. 12.2.87, BStBl. II 87, 438).

Bei **Wiedereinsetzung nach Versäumung der Revisionsbegründungsfrist** (§ 56 FGO) muss die Revisionsbegründung innerhalb der Wiedereinsetzungsfrist von zwei Wochen eingereicht werden (BFH IX R 26/93 v. 3.9.93, BFH/NV 94, 52; hinsichtlich der formalen Anforderungen an den Wiedereinsetzungsantrag s. BFH II R 5/13 v. 10.5.13, BFH/NV 13, 1428). Wiedereinsetzung bei verspätet angekommenem Schriftsatz setzt eine lückenlose Darstellung des Sachverhalts voraus. Es muss dargelegt werden, „welche Person zu welcher Zeit in welcher Weise den Brief, in dem sich das betreffende Schriftstück befunden haben soll, aufgegeben hat" (BFH V B 193/02 v. 11.3.03, BFH/NV 03, 517). Wiedereinsetzung in den vorigen Stand wegen schuldloser Versäumung der Frist setzt ua. voraus, dass der Revisionskläger innerhalb von zwei Wochen nach Wegfall des Hindernisses die Revisionsbegründung nachholt (BFH GrS 1/85 v. 1.12.86, BStBl. II 87, 264; I R 318–319/83 v. 19.8.87, BStBl. II 87, 310). Zur Abgrenzung des Büroversehens vom Bearbeitungsfehler bei Versäumung der Revisionsbegründungsfrist vgl. BFH IV R 144/85 v. 29.10.87, BFH/NV 88, 380, zur Möglichkeit der Wiedereinsetzung bei Erkrankung des Prozessbevollmächtigten vgl. BFH II R 5/13 v. 10.5.13, aaO.

4   Die **Revisionsbegründungsfrist** kann – anders als die Revisionseinlegungsfrist – durch den Vorsitzenden des zuständigen Senats **verlängert** werden (§ 120 Abs. 2 Satz 3 FGO; zur Form auch BFH I B 53, 54/07 v. 26.9.07, DStR 07, 2156). Vgl. auch D. 3.01. Der Antrag muss vor Ablauf der Frist beim BFH eingegangen sein, kann aber noch nach Fristablauf entschieden werden (BFH VIII R 128/70 v. 10.12.74, BStBl. II 75, 338; VII R 112/99 v. 16.5.00, BFH/NV 00, 1479). Es kann sich empfehlen, den Antrag schon in der Revisionsschrift zu stellen (vgl. D. 3.01). Vor einer wiederholten Verlängerung ist der Revisionsbeklagte zu hören (§ 54 Abs. 2 FGO, § 225 Abs. 2 ZPO); ein Verstoß gegen das Anhörungsgebot hat jedoch keinen Einfluss auf die Wirksamkeit des Verlängerungsbeschlusses (*Zöller* § 225 ZPO Rz. 7).

b) Inhalt der Revisionsbegründung

5   § 120 Abs. 3 FGO schreibt zwingend vor, dass die Revisionsbegründung die Erklärung enthalten muss, **inwieweit das Urteil angefochten und dessen Aufhebung beantragt wird (Revisionsanträge).** Ein förmlicher Revisionsantrag ist allerdings nicht zwingend erforderlich, wenn sich aus dem Vorbringen des Revisionsklägers eindeutig ergibt, inwieweit er sich beschwert fühlt und in welcher Form er die Abänderung des Urteils anstrebt (BFH III R 50/06 v. 27.8.08, BFH/NV 09, 553; *Gräber/Ratschow* § 120 FGO Rz. 53 mwN; *H/H/Sp/Lange* § 120 FGO Rz. 167; BFH VII R 42/11 v. 20.9.12, BFH/NV 13, 942). Der Antrag, das angefochtene Urteil aufzuheben, ist regelmäßig dahin auszulegen, dass eine Entscheidung nach den in erster Instanz gestellten Anträgen begehrt wird (BFH III R 102/95 v. 25.9.96, DStRE 97, 102 mwN). Sind im Besteuerungsverfahren jedoch mehrere Steuerbescheide ergangen, ist der Rechtsmittelantrag, das FG-Urteil aufzuheben, nicht genügend „bestimmt". Der Antrag muss vielmehr erkennen lassen, in welchem Umfang die einzelnen Steuerbescheide angegriffen werden sollen (BFH V R 39/97 v. 12.1.98, BFH/NV 98, 979; IV

R 25/08 v. 17.3.10, BStBl. II 10, 622). Hatte der Kläger beim FG mehrere Anträge gestellt und hat das FG die Klage teils als unbegründet, teils als unzulässig abgewiesen, so muss der Revisionskläger deutlich machen, in Bezug auf welche Teile er das Urteil für falsch hält (BFH VII R 104/75 v. 24.8.76, BStBl. II 76, 788). Ein rechtzeitig gestellter Antrag kann im Laufe des Verfahrens eingeschränkt werden; eine Erweiterung nach Ablauf der Revisionsbegründungsfrist ist unzulässig, wenn die Erweiterung von der Revisionsbegründung nicht gedeckt ist (BFH I R 9/92 v. 29.7.92, BFH/NV 94, 579). Ein Revisionsantrag darf auch grundsätzlich nicht über das Klagebegehren hinausgehen. Eine Erweiterung des Klageantrags im Revisionsverfahren ist unzulässig. Eine Ausnahme gilt nur dann, wenn keine Bindung an den Klageantrag gemäß § 96 Abs. 1 Satz 2 FGO besteht, weil der angefochtene Bescheid insgesamt rechtswidrig ist (BFH II R 15/17 v. 5.11.19 II R 15/17, BFH/NV 20, 468). Hinsichtlich gänzlich neuer Streitgegenstände, die im Revisionsverfahren eingeführt werden sollen, fehlt es zudem an der formellen Beschwer (vgl. BFH IV R 43/16 v. 28.11.19, BFH/NV 20, 511). Wegen Beschränkung oder Erweiterung des Klagebegehrens im Laufe des Revisionsverfahrens vgl. ferner D. 3.01 Rz. 6.

In der Revisionsbegründung müssen ferner die **Umstände bezeichnet werden,** 6 **aus denen sich die Rechtsverletzung ergibt** (§ 120 Abs. 3 Nr. 2 Buchst. a FGO). Der Rechtsmittelführer muss darlegen, welche Rechtsnorm er für verletzt hält. Es muss sich um **Bundesrecht** handeln (§ 118 Abs. 1 FGO). Es sind Ausführungen dazu erforderlich, welche Gründe das angefochtene Urteil rechtsfehlerhaft erscheinen lassen (BFH X R 66/00 v. 25.6.03, BFH/NV 04, 19). Mit der Revision kann nur die Rechtsanwendung durch das FG, nicht aber dessen Tatsachenwürdigung überprüft werden (zB BFH I R 3/12 v. 20.8.12, BFH/NV 12, 1990). Der Revisionskläger muss sich mit der Begründung des angefochtenen Urteils auseinandersetzen (BFH X R 66/00 v. 24.7.97, BFH/NV 98, 59) und erkennen lassen, dass er anhand der Gründe des angefochtenen Urteils sein bisheriges Vorbringen überprüft hat (BFH VI R 44/09 v. 20.4.10, BStBl. II 10, 691 mwN). Eine Bezugnahme auf die Klagebegründung oder auf Schriftsätze, die in erster Instanz eingereicht wurden, reicht nicht aus (BFH I R 71/82 v. 6.10.82, BStBl. II 83, 48; IX R 7/83 v. 28.4.87, BStBl. II 87, 814; V R 49/95 v. 24.7.97, BFH/NV 98, 59); ebenso wenig die wörtliche Wiedergabe von Teilen der Klagebegründung (BFH VII R 22/96 v. 11.9.96, BFH/NV 97, 191). Die Bezugnahme auf eine erfolgreiche NZB kann unter gewissen Voraussetzungen zulässig sein (BFH VII R 46/07 v. 4.9.08, BFH/NV 09, 38). Wird die Revision auf die Verletzung allgemeiner Rechtsgrundsätze, zB Treu und Glauben, gestützt, so muss „diejenige Ausprägung des allgemeinen Gedankens angegeben werden", die verletzt sein soll (BFH II R 118/67 v. 5.11.68, BStBl. II 69, 84; IV R 9/87 v. 28.11.88, BFH/NV 89, 790).

Soweit mit der **Revisionsbegründung Verfahrensfehler** gerügt werden, prüft 7 der BFH diese grds. nur, wenn sie ordnungsgemäß gerügt werden (Rz. 7), und zwar **innerhalb der Revisionsbegründungsfrist** (BFH II B 163/92 v. 13.5.94, BFH/NV 94, 111; XI R 64/06 v. 17.12.08, BFH/NV 09, 798 mwN). Zur Nachholung einer bestimmten Verfahrensrüge kann die Wiedereinsetzung in den vorigen Stand nicht gewährt werden (BFH VII R 51/04 v. 21.2.07; BFH/NV 07, 1161). Einer Verfahrensrüge bedarf es ausnahmsweise dann nicht, wenn ein Verstoß gegen die **Grundordnung des Verfahrens** vorliegt. Ein solcher ist – anders als bei der NZB (unten D. 3.03) – auch ohne entsprechende Rüge von Amts wegen zu beachten (zB BFH IVR 17/16 v. 5.6.19, BFH/NV 19, 1123), so zB Verletzung von § 74 FGO, eine unterbliebene notwendige Beiladung nach § 60 Abs. 3 FGO (zu beidem BFH IX B 73/19 v. 30.1.20, BFH/NV 20, 562) oder die Klarheit der Urteilsformel (§ 105 Abs. 2 Nr. 3 FGO, BFH IV R 17/19 v. 29.4.20, BFH/NV 20, 1058).

Verfahrensmängel sind Verstöße des FG gegen Vorschriften des Gerichtsverfahrensrechts, nicht aber Fehler des FG bei Auslegung von Vorschriften der Abgabenordnung und anderer das Besteuerungsverfahren regelnder Vorschriften (BFH VII B 72/07 v. 2.11.07, BeckRS 2007, 25012872). Verfahrensfehler, die dem FA im Besteuerungs- oder im außergerichtlichen Einspruchsverfahren unterlaufen sind, gehören ebenso wenig zu den Verfahrensmängeln iSd. Revisionsrechts (BFH IX B 218/06 v. 9.5.07, BFH/NV 07, 1526; VI B 76/01 v. 26.6.01, BFH/NV 01, 1591; III B 98/02 v. 6.6.03, BFH/NV 03, 1474). Nach der älteren Rechtsprechung und Lehre ist nicht jeder Irrtum in der Auslegung verfahrensrechtlicher Bestimmungen ein Verfahrensmangel, sondern nur ein Irrtum, der das Verfahren des Gerichts bei der Urteilsfindung beeinflusst hat *(error in procedendo)*. Die rechtlich falsche Beurteilung verfahrensrechtlicher Vorschriften *(error in iudicando)* hat einen inhaltlichen Mangel zur Folge (BFH X B 114/09 v. 17.3.10, BFH/NV 10, 1239 mwN). Nach der neueren Rspr. wird eine solche Differenzierung in der Praxis nicht mehr vorgenommen, vielmehr wird die fehlerhafte Beurteilung von Sachentscheidungsvoraussetzungen generell als Verfahrensfehler behandelt (vgl. BFH IV B 76/05 v. 14.3.07, BStBl. II 07, 466). Für (weitere) Beispiele für Verfahrensmängel s. D. 3.03 Rz. 27.

Verfahrensfehler haben insbes. **Bedeutung für die Tatsachenfeststellung.** Ist das Urteil des FG verfahrensfehlerfrei und liegen auch keine Verstöße gegen Denkgesetze oder gegen allgemeine Erfahrungssätze (materielle Mängel, s. Rz. 7) vor, sind die **Feststellungen** und tatsächliche Schlussfolgerungen des FG für das Revisionsgericht **grds. bindend** (§ 118 Abs. 2 FGO), und zwar auch dann, wenn die Schlussfolgerungen, zu denen auch der Erklärungswert von Willenserklärungen zählt, nicht zwingend, aber möglich sind (BFH V R 22/18 v. 7.5.20, DStR 20, 1797). Tatsachenfeststellungen können auch **materiellen Mängeln** unterliegen, so zB bei fehlerhafter Beweiswürdigung (BFH V R 167/84 v. 23.5.90, BStBl. II 90, 1095); allerdings kann eine vorweggenommene Beweiswürdigung auch Verfahrensmangel sein (BFH VII B 183/99 v. 17.12.99, BFH/NV 00, 597). Ein materieller Fehler liegt auch bei Verstößen gegen Denkgesetze und Erfahrungssätze vor (*Gräber/Ratschow* § 115 FGO Rz. 268 mwN); sie lassen die Bindung an die betroffene Feststellung nach § 118 Abs. 2 FGO entfallen. Hiervon ist aber nur auszugehen, wenn der vom FG gezogene Schluss schlechthin unmöglich ist (BFH VII R 40/93 v. 20.9.94, BFH/NV 95, 485).

8   Für eine **ordnungsgemäße Verfahrensrüge** müssen diejenigen Tatsachen bezeichnet werden, die den Mangel ergeben; die bloße Bezeichnung der verletzten Rechtsnorm genügt nicht (§ 120 Abs. 3 Nr. 2 Buchst. b FGO; vgl. ferner D. 3.03 Rz. 26 ff.). Eine Verfahrensrüge muss die Tatsachen, die den Mangel ergeben, „schlüssig" bezeichnen; der Begriff „Verfahrensfehler" muss nicht fallen (BFH V R 28/19 v. 27.2.20, BFH/NV 20, 1275). Die zur Begründung der Rüge vorgetragenen Tatsachen müssen schon als solche, unabhängig von ihrer Beweisbarkeit, ausreichen oder geeignet sein, den behaupteten Verfahrensmangel darzutun (BFH V R 135/68 v. 5.3.70, BStBl. II 70, 384; VIII R 262/80 v. 25.10.88, BStBl. II 89, 291; vgl. auch D 3.03 Rz. 21 und *Rüsken/Bleschick* DStR-Beihefter 15, 47, Tz. 3.6.1).

Darüber hinaus muss der Revisionskläger darlegen (D. 3.03 Rz. 28), dass das angefochtene Urteil auf dem Verfahrensmangel **beruhen** kann (BFH V R 28/19 v. 27.2.20, aaO; D. 3.03 Rz. 25). Ob die angefochtene Entscheidung auf dem Verfahrensmangel beruhen kann, beurteilt sich nach dem *materiell-rechtlichen Standpunkt des FG*, mag dieser richtig oder falsch sein (BFH I B 123/06 v. 9.7.07, BFH/NV 07, 2148). Zu den Darlegungserfordernissen s. iE D. 3.03 Rz. 28.

Wird der Verstoß gegen Vorschriften des Prozessrechts gerügt, auf deren Beachtung die Beteiligten verzichten können (zB die gerichtliche Pflicht zur Sachaufklärung gem. § 76 Abs. 1 FGO), muss zudem dargelegt werden, dass der **Verstoß in der Vorinstanz gerügt** wurde oder weshalb dem Beteiligten eine derartige Rüge nicht möglich war (st. Rspr., vgl. zB BFH VI B 126/08 v. 29.4.09, BFH/NV 09, 1267); etwas anderes gilt nur, soweit sich dies schon aus dem Urteil oder dem Sitzungsprotokoll ergibt (BFH XI B 58/02 v. 30.12.02, BFH/NV 03, 787). Der (versehentliche) Rügeverzicht ist **von eminenter praktischer Bedeutung**, sodass bereits in der mündlichen Verhandlung vor dem FG besondere Aufmerksamkeit geboten ist.

D. 3.03 Nichtzulassungsbeschwerde

I. FORMULAR

Formular D. 3.03 Nichtzulassungsbeschwerde

Bundesfinanzhof   15.1.2020
Postfach 86 02 40
81629 München

In dem Rechtsstreit

der X-GmbH, vertreten durch ihren Geschäftsführer...,

– Klägerin und Beschwerdeführerin –

Prozessbevollmächtigter: ...

gegen

das Finanzamt ..., vertreten durch die Vorsteherin,

– Beklagter und Beschwerdegegner –

wegen Grundsteuer

lege ich namens der Klägerin und Beschwerdeführerin

NICHTZULASSUNGSBESCHWERDE

ein. Es wird beantragt,

die Revision gegen das Urteil des Niedersächsischen FG vom ...... – Az. ..., zugestellt am 15.12.2019, zuzulassen,

hilfsweise das angefochtene Urteil aufzuheben und den Rechtsstreit zur anderweitigen Verhandlung und Entscheidung zurückzuverweisen.

Eine Abschrift des Urteils ist beigefügt.

Begründung

1. Die Beteiligten streiten um die Grundsteuerbefreiung für ein Parkhaus. Die Klägerin und Beschwerdeführerin betreibt in unmittelbarer Nachbarschaft ihres Warenhauses ein Parkhaus. Das Parkhaus öffnet und schließt eine Stunde vor Geschäftsbeginn bzw. nach Geschäftsende des Warenhauses. Es kann während der Geschäftszeiten von jedermann entgeltlich benutzt werden. Mit Schreiben vom ...... beantragte die Beschwerdeführerin Befreiung von der Grundsteuer gem. § 4 Nr. 3 Buchst. a GrStG. Der Beschwerdegegner wies den Antrag als unbegründet zurück. Das FG hat die Klage ohne mündliche Verhandlung abgewiesen und die Revision nicht zugelassen.

2. Die Revision ist wegen grundsätzlicher Bedeutung der Rechtssache gem. § 115 Abs. 2 Nr. 1 FGO zuzulassen.

Die Rechtsfrage, ob ein Parkhaus zu den Bauwerken gehört, die dem „öffentlichen Verkehr" dienen (§ 4 Nr. 3 Buchst. a GrStG), hat grundsätzliche Bedeutung.

Es ist kontrovers, ob das Tatbestandsmerkmal „öffentlicher Verkehr" auf den fließenden Verkehr beschränkt ist oder auch den ruhenden Verkehr umfasst. In der Finanzgerichtsbarkeit hat das Schleswig-Holsteinische FG (Urteil vom ...... Az. ..., EFG ...) – wie das Niedersächsische FG in der angefochtenen Entscheidung – die Ansicht vertreten, der Begriff „öffentlicher Verkehr" iSd. § 4 Nr. 3 Buchst. a GrStG sei schlechthin auf den fließenden Verkehr beschränkt. Diesen Standpunkt vertritt im Fachschrifttum nur .... ZT wird dort vertreten, dass § 4 Nr. 3 Buchst. a GrStG grds. Gebührenfreiheit der Einrichtung voraussetzt. Die hM im Fachschrifttum gelangt jedoch zu der Einschätzung, dass auch ein gebührenpflichtiges Parkhaus dem öffentlichen Verkehr dienen kann (so etwa ......). Eine Entscheidung des BFH zu dieser Frage liegt bislang noch nicht vor.

Aus Gründen der Rechtssicherheit und der einheitlichen Handhabung des Rechts besteht ein abstraktes Interesse der Allgemeinheit an der Klärung der Frage, denn sie ist für eine Vielzahl gleichgelagerter Sachverhalte bedeutsam, mithin klärungsbedürftig. [...]

Die Rechtsfrage ist vorliegend auch klärungsfähig, denn die Klageabweisung durch das FG beruht entscheidungserheblich auf der Auslegung, § 4 Nr. 3 Buchst. a GrStG sei nur auf fließenden Verkehr anwendbar. Andernfalls wäre der Klage stattzugeben gewesen.

2. [*alternatives Beispiel*] Die Revision ist zur Sicherung einer einheitlichen Rechtsprechung gem. § 115 Abs. 2 Nr. 2 Alt. 2 FGO zuzulassen.

Das FG stützt seine hier angefochtene Entscheidung auf den abstrakten Rechtssatz: Der Begriff „öffentlicher Verkehr" iSd. § 4 Nr. 3 Buchst. a GrStG umfasst ausschließlich den fließenden Verkehr.

Damit weicht das angefochtene Urteil von der Entscheidung des Schleswig-Holsteinischen FG ab. Dieses hat im Urteil vom ...... Az. ..., EFG ..., zur Auslegung der nämlichen Vorschrift die gegenteilige Auffassung vertreten und seiner Entscheidung den Rechtssatz zugrunde gelegt: Der Begriff „öffentlicher Verkehr" iSd. § 4 Nr. 3 Buchst. a GrStG umfasst auch den ruhenden Verkehr.

Die Abweichung ist im Streitfall auch entscheidungserheblich. Denn hätte das FG auch den ruhenden Verkehr zu dem „öffentlichen Verkehr" iSd. § 4 Nr. 3 Buchst. a GrStG gezählt, hätte es der Klage stattgegeben.

3. Die Revision ist gem. § 115 Abs. 2 Nr. 3 FGO zuzulassen, weil das angefochtene Urteil auf einem Verfahrensmangel beruht, hilfsweise ist das Urteil aufzuheben und die Sache zur anderweitigen Verhandlung und Entscheidung zurückzuverweisen (§ 116 Abs. 6 FGO).

Die Beschwerdeführerin erhebt für die Benutzung ihres Parkhauses für eine Parkdauer bis zu zwei Stunden ..., (pro angefangene Mehrstunde ...). In der Klageschrift hat die Beschwerdeführerin ua. vorgetragen, das Parkhaus diene dem öffentlichen Verkehr. Eigene wirtschaftliche Interessen des Warenhauses, die möglicherweise dem Begriff „öffentlich" entgegenstehen könnten, seien schon deshalb ausgeschlossen, weil die Benutzungsgebühren nicht höher seien als bei vergleichbaren städtischen Einrichtungen. Der Beschwerdegegner hat diese Behauptung bereits im Vorverfahren bestritten.

Das FG hat den (wiederholt gestellten) Beweisantrag der Beschwerdeführerin verfahrensfehlerhaft übergangen. Denn nach dem eigenen Rechtsstandpunkt des FG kam es für die Entscheidung auf die eigenen wirtschaftlichen Interessen für den Begriff des „öffentlichen Verkehrs" gerade an. Es lehnte nämlich die Steuerfreiheit mit der Begründung ab, weil die Gebühren der Beschwerdeführerin höher seien als die Gebühren städtischer Parkhäuser, läge kein „Allgemeingebrauch" vor und infolgedessen sei das Tatbestandsmerkmal „öffentlich" nicht erfüllt. Mithin war die Höhe bzw. das Verhältnis der Parkentgelte von entscheidungserheblicher Bedeutung für das FG (s. dazu S. ...... des angefochtenen Urteils). Hätte das FG den wiederholt beantragten Beweis erhoben, hätte sich ergeben, dass die von der Beschwerdeführerin erhobenen Gebühren sogar noch unter denen vergleichbarer städtischer Einrichtungen liegen. **Das FG hätte dann nach seiner eigenen materiell-rechtlichen Sichtweise zu einer Stattgabe der Klage kommen müssen.**

Die Beschwerdeführerin hat ihr Rügerecht auch nicht verloren. Sie hatte bereits in der Klageschrift ausdrücklich und detailliert beantragt, den Beweis zu erheben (Klageschrift vom ..., Blatt ...... der Finanzgerichtsakte). Sie hat diesen Beweisantrag ferner zum Schluss der mündlichen Verhandlung nochmals wiederholt (s. Protokoll der mündlichen Verhandlung vom ......).

....

Unterschrift

II. ERLÄUTERUNGEN

Erläuterungen zu D. 3.03 Nichtzulassungsbeschwerde

1. Grundsätzliche Anmerkungen

Revisionszulassungsgründe: Gem. § 115 Abs. 2 FGO ist die Revision nur zuzu- **1** lassen, wenn
1. eine Rechtssache grundsätzliche Bedeutung hat,
2. die Fortbildung des Rechts oder die Sicherung einer einheitlichen Rspr. eine Entscheidung des BFH erfordert oder
3. ein Verfahrensmangel geltend gemacht wird, auf dem die Entscheidung beruhen kann.

Die Zulassungsgründe des § 115 Abs. 2 FGO gelten sowohl für die Zulassung durch **2** das FG als auch für die Zulassung durch den BFH aufgrund einer NZB (§ 116 Abs. 3 Satz 3 FGO). Die Erfolgsaussichten der Revision, also der Einwendungen gegen das FG-Urteil selbst, sind für die Zulassung unerheblich. Mit Ausnahme der Zulassung wegen eines erheblichen Verfahrensmangels ist allen Zulassungsgründen gemein, dass über das Einzelinteresse eines Beteiligten an einer Korrektur des erstinstanzlichen Urteils hinaus ein **Interesse der Allgemeinheit** an einer Entscheidung des Revisionsgerichts bestehen muss (vgl. Gesetzesbegründung zu § 115 BT-Drs. 14/4061, 9 und BT-Drs. 14/722, 66). Konkret bedeutet dies, dass sich die Bedeutung der Sache nicht in der Entscheidung des konkreten Einzelfalles erschöpfen darf, sondern in der Regel eine Vielzahl von gleich gelagerten Fällen betreffen muss. In diesem Sinne rechtfertigen die wirtschaftlichen oder finanziellen Auswirkungen einer Entscheidung für sich gesehen nicht die Revisionszulassung (BFH VIII B 117/93 v. 9.12.94, BFH/NV 95, 509). Auch die Korrektur von Fehlern bei der Auslegung und **Anwendung von materiellem Recht im Einzelfall** begründet grds. **nicht** das Allgemeininteresse (s. zur Ausnahme unten Rz. 24).

Die **Nichtzulassungsbeschwerde (NZB)** ist das statthafte **Rechtsmittel**, wenn **3** das FG in seinem Urteil die **Revision nicht zugelassen** hat, § 116 FGO. Es ist allerdings zu berücksichtigen, dass einer NZB nur in wenigen Fällen stattgegeben wird: Die Erfolgsquoten betrugen im Jahr 2018 12%, in 2019 17% und in 2020 19%. Dies liegt – neben den gesetzlichen Anforderungen an die Zulassung – ganz maßgeblich an den vom BFH streng verstandenen Darlegungsvoraussetzungen. Insofern ist bei der **Formulierung der Beschwerdeschrift** – insbes. auch in formeller Hinsicht – **äußerste Sorgfalt geboten.**

2. Einzelerläuterungen

a) Einlegung und Begründung der NZB

Die NZB ist beim Bundesfinanzhof einzulegen (§ 116 Abs. 2 FGO). Wird die **4** Beschwerde entgegen § 116 Abs. 2 Satz 1 FGO beim FG eingereicht, trägt der Beschwerdeführer das Risiko einer fristgerechten Weiterleitung an den BFH (BFH XI B 99/08 v. 15.1.09, BFH/NV 09, 778; *Gräber/Ratschow* § 116 FGO Rz. 7 bzw. Rz. 15, es sei denn, die vorgeschriebene Rechtsmittelbelehrung (§ 55 FGO) war fehlerhaft). Die NZB ist ein Rechtsmittel, das nicht bedingt eingelegt werden kann (BFH VII B 115/81 v. 22.6.82, BStBl. II 82, 603). Die Einlegung der NZB **hemmt die Rechtskraft des Urteils** (§ 116 Abs. 4 FGO).

5   **Form und Frist der NZB-Einlegung:** Die Nichtzulassung der Revision kann selbstständig durch Beschwerde innerhalb eines Monats nach Zustellung des Urteils angefochten werden (§ 116 Abs. 1 und 2 FGO). Bei fehlender oder unrichtiger Rechtsmittelbelehrung kann die NZB innerhalb eines Jahres eingelegt werden (§ 55 Abs. 1, § 121 FGO). Die **Beschwerdefrist von einem Monat,** beginnend mit der Zustellung des vollständigen Urteils, ist eine Ausschlussfrist, die nicht verlängert werden kann. Der Antrag eines Verfahrensbeteiligten auf Tatbestandsergänzung (§ 108 Abs. 3 FGO) beeinflusst den Lauf der Frist nicht, jedoch kommt bei unverschuldeter Säumnis eine Wiedereinsetzung in den vorigen Stand in Betracht (BFH III S 9/00 v. 23.8.00, BFH/NV 01, 63; IX S 11/93 v. 24.1.94, BFH/NV 94, 805 mwN). Ein Irrtum des Prozessbevollmächtigten über die Frist ist nicht entschuldbar (BFH VII B 14/92 v. 29.5.92, BFH/NV 93, 33). Wird das Urteil mehreren Prozessbevollmächtigten zugestellt, beginnt die Frist mit der ersten Zustellung (BFH X B 94/02 v. 28.1.03, BFH/NV 03, 646).

Die Beschwerde ist **schriftlich** einzulegen. Über die Anforderungen an den Begriff der Schriftform und zur elektronischen Form s. D. 3.01 Rz. 23.

6   **Beschwerdebefugt** ist jeder Beteiligte (§ 57 FGO), s. D. 3.01 Rz. 21. Der Beschwerdeführer muss sich vertreten lassen (§ 62 Abs. 4 FGO). Wegen Einzelheiten betreffend den **Vertretungszwang** s. D. 3.01 Rz. 21.

7   **Frist der NZB-Begründung:** Die Beschwerde ist **innerhalb von zwei Monaten nach Zustellung** des vollständigen Urteils zu begründen (§ 116 Abs. 3 Satz 1 FGO). Die Begründungsfrist ist somit unabhängig von der Einlegung der NZB. Die Begründungsfrist kann (nur) *um einen Monat* verlängert werden (§ 116 Abs. 3 Satz 4 FGO). Eine weitere Verlängerung ist nicht statthaft (BFH IV B 118/01 v. 21.9.01, BStBl. II 01, 768; XI B 97/01 v. 13.3.02, BeckRS 2002, 30246429; II B 22/05 v. 27.7.05, BFH/NV 05, 2036). Der Verlängerungsantrag ist vor Ablauf der Zweimonatsfrist zu stellen (§ 116 Abs. 3 Satz 4 FGO). **Zulassungsgründe,** die nach Ablauf der Beschwerde- und der Begründungsfrist vorgetragen werden, **können nicht mehr berücksichtigt werden** (BFH III B 547/90 v. 27.3.92, BStBl. II 92, 842). Nach Ablauf der Beschwerdefrist eingegangenes Vorbringen kann nur berücksichtigt werden, wenn es sich um bloße Erläuterungen und Ergänzungen handelt (BFH II B 97/08 v. 23.2.09, BeckRS 2009, 25014893; X B 116/06 v. 20.6.07, BFH/NV 07, 1705). Ist die Beschwerdebegründung nicht fristgerecht abgegeben und ein Antrag auf Fristverlängerung nicht gestellt worden, so kann die Fristversäumnis nur geheilt werden, wenn die Beschwerdebegründung innerhalb der Wiedereinsetzungsfrist nachgeholt wird (BFH VII B 99/02 v. 16.12.02, BFH/NV 03, 567).

8   Die **inhaltlichen Anforderungen an die Begründung** normiert § 115 Abs. 2 iVm. § 116 Abs. 3 Satz 3 FGO. Der gesetzlich angeordnete Begründungszwang bezweckt die Entlastung des Revisionsgerichts. Daher müssen die Zulassungsgründe schlüssig dargelegt bzw. bezeichnet werden. Durch den Zwang zur Begründung einer NZB soll der BFH der Mühe enthoben sein, selbst in den Akten oder in der Rspr. nach möglichen Zulassungsgründen zu suchen (BFH I B 9/83 v. 30.3.83, BStBl. II 83, 479; X B 158/04 v. 1.3.05, BFH/NV 05, 1014). Bezugnahmen auf früheres Vorbringen, andere anhängige Verfahren oä. reichen daher grds. nicht aus (BFH III B 97/01 v. 17.10.01, BFH/NV 02, 366; IX B 84/00 v. 13.12.00, BeckRS 2000, 25005525 ferner D. 3.02 Rz. 5 u. 6). Der BFH prüft nur das, was vorgetragen worden ist. Auf die Begründung der NZB ist **äußerste Sorgfalt** zu verwenden. Die Darlegungsan-

forderungen versteht der BFH sehr streng; eine Vielzahl von Beschwerden scheitert bereits daran, dass die Revisionszulassungsgründe nicht schlüssig dargelegt sind.

Der BFH entscheidet über die NZB durch **Beschluss** (§ 116 Abs. 5 Satz 1 FGO). **9** Maßgebend für die Zulassung auch durch den BFH sind die Verhältnisse im **Zeitpunkt der Entscheidung der NZB** (BFH VI B 158/03 v. 8.6.04, BFH/NV 04, 1406).

Ist die **Beschwerde begründet** und beruht die angefochtene Entscheidung auf ei- **10** nem geltend gemachten Verfahrensmangel, so kann der BFH die Entscheidung – zur Verfahrensbeschleunigung – aufheben und den Rechtsstreit zur anderweitigen Verhandlung und Entscheidung zurückverweisen (§ 116 Abs. 4 FGO). Ansonsten wird das **Beschwerdeverfahren als Revisionsverfahren fortgesetzt** (§ 116 Abs. 7 Satz 1 FGO). Der Einlegung einer Revision durch den Beschwerdeführer bedarf es nicht mehr. Es entfällt für den Beschwerdeführer – nicht aber für die übrigen Beteiligten, s. § 116 Abs. 7 Satz 2 FGO – die für eine Revisionseinlegung vorgesehene Frist von einem Monat (§ 120 Abs. 1 Satz 1 FGO) und die **Revisionsbegründungsfrist,** die mit der Zustellung des Beschlusses beginnt (§ 116 Abs. 7 Satz 2 FGO), verkürzt sich von zwei (§ 120 Abs. 2 Satz 1 FGO) auf einen Monat. Diese Monatsfrist beginnt mit der Zustellung des Beschlusses über die Zulassung der Revision (s dazu D. 3.02 Rz. 3). Von einer Begründung kann ggf. abgesehen werden (§ 116 Abs. 5 Satz 2 FGO).

Der Beschluss, mit dem eine NZB **zurückgewiesen** wird, „soll kurz begründet" **11** werden (§ 116 Abs. 5 Satz 2 FGO). Von einer Begründung kann jedoch abgesehen werden, wenn „sie nicht geeignet ist, zur Klärung der Voraussetzungen beizutragen, unter denen eine Revision zuzulassen ist". Nach den Vorstellungen des Gesetzgebers soll der BFH „im Regelfall verpflichtet" sein, eine Kurzbegründung zu geben, und zwar im Informationsinteresse der Prozessbeteiligten, vor allem aber, um den FG „Hinweise für die Zulassungspraxis" zu geben (BR-Drs. 440/00 S. 23). Ein Informationsinteresse der Prozessbeteiligten dürfte stets zu bejahen sein (vgl. auch EGMR 30544/96 v. 21.1.99, NJW 99, 2429), wenn sich nicht das Revisionsverfahren anschließt.

Zu beachten ist, dass die Revision in entsprechender Anwendung von § 126 Abs. 4 FGO auch dann nicht zuzulassen ist, wenn sich die Entscheidung des FG zwar in der Begründung fehlerhaft, aber *im Ergebnis als richtig* darstellt (BFH V B 142/17 v. 14.3.18, BFH/NV 18, 732).

Mit der Ablehnung der Beschwerde durch den BFH, also mit der Zustellung des **12** Verwerfungsbeschlusses, wird das **Urteil rechtskräftig** (§ 116 Abs. 5 Satz 3 FGO).

b) Grundsätzliche Bedeutung der Rechtssache

Gem. § 115 Abs. 2 Nr. 1 FGO ist die Revision zuzulassen, wenn „die Rechtssache **13** grundsätzliche Bedeutung hat". Nach der Gesetzesbegründung soll die Grundsatzrevision in allen Fällen zugelassen werden, „in denen über den Einzelfall hinaus **ein allgemeines Interesse** an einer korrigierenden Entscheidung des Revisionsgerichts besteht". Fehler bei der Auslegung des revisiblen Rechts könnten auch dann die allgemeinen Interessen nachhaltig berühren und somit die Grundsatzrevision eröffnen, wenn sie „von erheblichem Gewicht und geeignet sind, das Vertrauen in die Rechtsprechung zu beschädigen". In diesen Fällen könne es geboten sein, der Rechtspraxis auch dann „eine höchstrichterliche Orientierungshilfe" zu geben, wenn die engen Zulassungsgründe des bisherigen Rechts nicht vorliegen (BR-Drs. 440/00 S. 20). Der Zulassungsgrund der **Rechtsfortbildung** ist als spezieller Tatbestand in § 115 Abs. 2 Nr. 2 1. Alt. FGO geregelt.

(Bloße) **Materielle Rechtsfehler** begründen eine Grundsatzrevision nicht; in Aus- **14** nahmefällen kann eine Zulassung nach § 115 Abs. 2 Nr. 2 Alt. 2 FGO in Betracht kommen (dazu unten Rz. 24). Zweifel an der **Verfassungsmäßigkeit einer Norm** können – wenn auch mit gewissen Einschränkungen – die Zulassung wegen grundsätzlicher Bedeutung rechtfertigen (BFH III B 151/86 v. 4.2.87, BStBl. II 87, 339; IV B 150/97 v. 26.11.98, BFH/NV 99, 657). Von grundsätzlicher Bedeutung ist jedoch nicht der Verfassungsverstoß, sondern die Rechtsfrage, aus der sich die Verfassungswidrigkeit ergeben soll; ihre Klärungsbedürftigkeit ist in der Beschwerdeschrift auszuführen (BFH V B 77/87 v. 14.12.87, BFH/NV 89, 27; BFH II B 68/91 v. 16.12.92, BFH/NV 94, 248). Das Gleiche gilt bei Verstößen gegen **Völkerrecht** oder **Unionsrecht** (vgl. *H/H/Sp/Lange* § 115 FGO Rz. 96).

15   Auch **Verfahrensfragen** können grundsätzliche Bedeutung haben, nicht jedoch Verfahrensfehler, also Verstöße gegen verfahrensrechtliche Vorschriften (BFH VI B 20/99 v. 12.7.99, BFH/NV 00, 60).

16   Rechtsfragen, die **auslaufendes Recht** betreffen, sollen die Zulassung wegen grundsätzlicher Bedeutung nur in Ausnahmefällen rechtfertigen, nämlich dann, wenn die entscheidungserhebliche Frage noch für eine Vielzahl von Fällen bedeutsam ist (BFH V B 28/78 v. 15.2.79, BStBl. II 79, 274; VII B 32/72 v. 19.6.73, BStBl. II 73, 685; VII B 154/93 v. 19.10.93, BFH/NV 94, 835; V B 47/99 v. 14.9.99, BFH/NV 00, 327). Zeitlich unbefristete Gesetze sind im Steuerrecht die Ausnahme. In einer Vielzahl, wenn nicht gar in der Mehrzahl der Fälle, entscheiden die FG und erst recht der BFH über die Auslegung und Anwendung von Steuergesetzen, die im Zeitpunkt der Entscheidung längst überholt sind, was im Zweifel nicht mehr der Rechtsfortbildung, wohl aber dem abstrakten Interesse der Allgemeinheit an der einheitlichen Rechtsanwendung dienen kann.

17   Die Zulassung wegen grundsätzlicher Bedeutung setzt eine **klärungsbedürftige Rechtsfrage** voraus, deren Beantwortung zu Zweifeln Anlass gibt, also unterschiedliche Rechtsauffassungen zu dieser Frage bestehen oder *bestehen können* (BFH IV B 135/01 v. 27.1.04, BFH/NV 04, 783; VII B 240/05 v. 8.12.06, BFH/NV 07, 922). Dies ist zB **nicht der Fall,** wenn sich ihre Beantwortung unmittelbar aus dem Gesetz ergibt (BFH IV B 143/01 v. 16.4.03, BeckRS 2003, 25002155) bzw. offensichtlich so zu beantworten ist, wie es das FG getan hat, die Rechtslage also eindeutig ist (BFH II B 54/19 v. 3.6.20, DStR 20, 1730) oder wenn sie schon Gegenstand einer Entscheidung des BFH gewesen ist und von einer erneuten Entscheidung eine weitere Klärung nicht zu erwarten ist (BFH IV B 41/06 v. 24.5.07, BFH/NV 07, 2049) oder aber auch, wenn es lediglich um die Anwendung fester Rechtsgrundsätze auf einen bestimmten Sachverhalt geht (BFH VII B 345/06 v. 13.8.07, BFH/NV 08, 23). Anders jedoch, wenn einzelne FG dem BFH nicht gefolgt sind oder wenn in der Literatur *beachtliche Argumente* vorgetragen wurden, die der BFH noch nicht erkennbar gewertet hat (BFH VI B 162/08 v. 27.5.09, BFH/NV 09, 1435). Eine bereits vom BFH entschiedene Rechtsfrage bleibt auch im Falle sog. Nichtanwendungserlasse nur klärungsbedürftig, wenn die FinVerw. *beachtliche Argumente* gegen die Entscheidung des BFH vorbringt (BFH III B 50/01 v. 30.6.02, BFH/NV 03, 55; IV B 171/06 v. 8.11.07, BStBl. II 08, 380). Gleiches gilt, wenn das angefochtene Urteil von der Rspr. des BVerfG oder der eines anderen oberen Bundesgerichts abweicht. Klärungsbedarf kann auch bei unterschiedlicher Verwaltungspraxis bestehen, zB auf Grund voneinander abweichender Verwaltungsanweisungen (BFH V B 52/99 v. 19.8.99, BFH/NV 00, 212). Die **Erfolgsaussichten der Revision,** also die Beurteilung der Frage, ob sich der BFH der von der Revisionsklägerin erstrebten Lösung der Rechtsfrage anschließen wird, sind für die Zulassung unerheblich. Allerdings kommt es vor, dass der BFH in diesen Fällen die Klärungsbedürftigkeit verneint, weil ersichtlich so zu entscheiden sei, wie es das FG getan habe.

18   **Klärungsfähigkeit:** Auch klärungsbedürftige Rechtsfragen führen nur dann zur Zulassung der Revision, wenn die Rechtsfrage, deren grundsätzliche Bedeutung dargelegt wird, für die Entscheidung des Streitfalles überhaupt **erheblich** ist, dh. es muss die konkrete Möglichkeit einer Klärung bestehen (BFH X B 132/02 v. 10.9.03, BFH/NV 04, 495). Hat das FG seine Entscheidung kumulativ auf **mehrere je für**

sich das Urteil tragende Gründe gestützt und hat nur eine der angesprochenen Rechtsfragen grundsätzliche Bedeutung, ist die Revision nicht zuzulassen (BFH IV B 3/74 v. 2.5.74, BStBl. II 74, 524; VI B 109/08 v. 19.5.09, BeckRS 2009, 25015246). Folglich ist bei selbständig tragenden Mehrfachbegründungen Aufmerksamkeit geboten: Enthält das Urteil des FG eine Haupt- und zwei Hilfsbegründungen, so ist bei einer NZB hinsichtlich jeder Begründung ein Zulassungsgrund darzulegen (BFH II B 84/18 v. 25.6.19, BFH/NV 19, 1112).

Die grundsätzliche Bedeutung der Rechtsfrage muss in sämtlichen Punkten **darge-** **19** **legt** werden (§ 116 Abs. 3 Satz 3 FGO; vgl. auch D. 3.02 Rz. 6). Dies ist **Zulässig-keitsvoraussetzung** der NZB, deren **hohe Bedeutung** für den (Miss-)Erfolg der NZB nicht oft genug betont werden kann. Dies setzt im Ausgangspunkt stets und in jedem Fall voraus, dass eine **konkrete Rechtsfrage** benannt – und nicht lediglich die Richtigkeit des FG-Urteils angegriffen – wird (vgl. BFH I B 88/11 v. 29.2.12, BFH/NV 12, 1089). Darüber hinaus sind konkrete Darlegungen sowohl dazu erforderlich, warum die Rechtsfrage vom BFH beantwortet werden soll, dh. warum also die **Allgemeinheit ein Interesse** an einer solchen höchstrichterlichen Klärung der Rechtsfrage hat **(Klärungsbedürftigkeit),** als auch dazu, dass sie geklärt werden kann **(Klärungsfähigkeit).** Zwar kann nach der Rechtsprechung des BFH von Darlegungen zur grundsätzlichen Bedeutung abgesehen werden, wenn die grundsätzliche Bedeutung der Rechtssache offenkundig ist, weil die – unbeschadet dessen – konkret bezeichnete Rechtsfrage zB seit längerer Zeit in der Literatur kontrovers diskutiert wird, vom BFH noch nicht geklärt und für eine Vielzahl von Steuerpflichtigen von Bedeutung ist (BFH XI B 113/19 v. 29.4.20, BStBl. II 20, 476). Hierauf sollte sich der Beschwerdeführer aber keinesfalls verlassen. Vielmehr sollte die NZB-Schrift sauber anhand dieser Punkte gegliedert werden. Es muss unbedingt der Eindruck vermieden werden, das Urteil werde (nur) wegen seiner Unrichtigkeit (im Stile einer Revisionsbegründung) angegriffen.

Beispiele für die Beurteilung der Darlegungspflicht. Der Beschwerdeführer **20** muss in der Beschwerdeschrift substantiiert und in sich schlüssig ausführen, worin das Interesse der Allgemeinheit an der Entscheidung der klärungsbedürftigen und klärungsfähigen Rechtsfrage (Rz. 19) liegen soll (BFH VI B 78/07 v. 23.7.08, BStBl. II 08, 878). Der Darlegungspflicht wird nicht genügt, wenn der Revisionskläger lediglich unter Benennung einer bestimmten Norm erklärt, das materielle Recht sei verletzt und die Entscheidung habe auch für seine künftigen Veranlagungen Bedeutung (BFH VIII B 128/00 v. 5.2.01, BeckRS 2001, 25005752). Erforderlich ist ein konkretes Eingehen auf die Rechtsfrage und ihre über den Einzelfall hinausgehende Bedeutung (BFH III B 58/93 v. 27.9.93, BFH/NV 94, 388). Es reicht auch nicht der Hinweis, der BFH habe über die Streitfrage bisher noch nicht entschieden (BFH II B 8/99 v. 29.9.99, BFH/NV 00, 340 mwN). Hat der BFH die streitige Rechtsfrage bereits entschieden, muss der Beschwerdeführer „unmissverständlich sagen, worin er die grundsätzliche Bedeutung sieht" (BFH VIII B 35/02 v. 13.11.02, BFH/NV 03, 333). Ein allgemeiner Hinweis auf „neue Gesichtspunkte in der Literatur" reicht nicht (BFH VIII B 96/99 v. 9.11.99, BFH/NV 00, 473). Die Revision kann aber auch dann zugelassen werden, wenn dem BFH dadurch die Möglichkeit eröffnet wird, beispielhaft für in der einen oder anderen Variante immer wiederkehrende Sachverhaltskonstellationen der Rechtsprechung der Instanzgerichte eine „Richtung" vorzugeben (vgl. hierzu BFH IX R 48/12 v. 9.7.13, BStBl. II 13, 693). Die bloße Behauptung der Verfassungswidrigkeit der Vorschrift genügt nicht. Es muss insbes. auch dargelegt werden, dass und warum der Gesetzgeber die verfassungsrechtlichen Grenzen seiner Gestaltungsfreiheit nicht eingehalten hat (BFH II B 73/02 v. 6.5.03, BFH/NV BFH/NV 03, 1185). Bei behaupteter Verfassungswidrigkeit einer Norm erfordert die schlüssige Darlegung der grundsätzlichen Bedeutung auch Ausführungen dazu, dass eine zu erwartende Entscheidung des BVerfG zu einer rückwirkenden Neuregelung des beanstandeten Gesetzes oder nur zu einer Übergangsregelung für alle noch offenen Fälle führen wird (BFH IV B 150/97 v. 26.11.98, BFH/NV 99, 657 betr. Gewerbeertragsteuer). Ebenso wenig genügt eine inhaltliche Kritik an der Rechtsauffassung des FG im Stil einer Revisionsbegründung (BFH XI B 113/19 v. 29.4.20, BStBl. II 20, 476) oder ein Hinweis auf Parallelverfahren, die beim BFH anhängig sind (BFH III B 13/04 v. 25.2.05, BFH/NV 05, 1065). Für die Darlegung der grundsätzlichen Bedeutung einer verfahrensrechtlichen Frage gelten die gleichen Anforderungen wie bei einer Frage des materiellen Rechts (BFH VI B 20/99 v. 12.7.99, BFH/NV 00, 60).

c) Fortbildung des Rechts

21   **Rechtsfortbildung**: Gem. § 115 Abs. 2 Nr. 2 FGO enthält zwei weitere materielle Zulassungsgründe: Der Zulassungsgrund des **Erfordernisses einer Rechtsfortbildung** (§ 115 Abs. 2 Nr. 2 Alt. 1 FGO) ist ein Unterfall der *„grundsätzlichen Bedeutung"* iSd. § 115 Abs. 2 Nr. 1 FGO (BFH II B 54/19 v. 3.6.20, DStR 20, 1730). Die Revision wird zur Fortbildung des Rechts zugelassen, wenn über eine bisher ungeklärte abstrakte Rechtsfrage zu entscheiden ist, insbes. wenn der Streitfall im allgemeinen Interesse Veranlassung gibt, Leitsätze für die Auslegung von Gesetzesbestimmungen des materiellen Rechts oder des Verfahrensrechts aufzustellen oder Gesetzeslücken auszufüllen oder wenn gegen eine bestehende höchstrichterliche Rechtsprechung Argumente vorgetragen werden, die der BFH noch nicht erwogen hat (BFH XI B 16/14 v. 2.4.14, BFH/NV 14, 1098). Darüber hinaus gelten die auch für die „grundsätzliche Bedeutung" geltenden Grundsätze (s. dazu Rz. 13 ff.): Die Rechtsfortbildung muss über den Einzelfall hinaus im **allgemeinen Interesse** liegen und eine **klärungsbedürftige** und **klärungsfähige Rechtsfrage** betreffen, deren Entscheidung im konkret angestrebten Revisionsverfahren auch zu erwarten ist (BFH II B 54/19 v. 3.6.20, aaO, XI B 16/14 v. 2.4.14, aaO). Entsprechendes gilt für die Anforderungen an die **ordnungsgemäße Darlegung** dieser Voraussetzungen (§ 116 Abs. 3 Satz 3 FGO), auf die hier nicht mindere Sorgfalt zu verwenden ist (s. dazu oben Rz. 19 f.).

d) Sicherung einer einheitlichen Rechtsprechung, greifbare Gesetzeswidrigkeit

22   **Divergenz**: Die Zulassung nach § 115 Abs. 2 Nr. 2 Alt. 2 FGO zur **Sicherung einer einheitlichen Rspr.** dient im Wesentlichen der Beseitigung oder Verhinderung einer uneinheitlichen Rspr. Hierunter fällt zum einen die eigentliche **Divergenzrevision,** dh. das Abweichen von einer Entscheidung anderer Gerichte. Diese setzt im Ausgangspunkt voraus, dass das FG in einer **konkreten Rechtsfrage** von der Entscheidung eines anderen Gerichts abgewichen ist. **Anderes Gericht** kann dabei sein: ein anderer Spruchkörper desselben FG (BFH VIII B 124/17 v. 8.5.18, BFH/NV 18, 1511), ein anderes FG, der BFH oder ein anderes oberstes Bundesgericht (s. zB BFH III B 91/10 v. 27.6.11, BFH/NV 11, 1664; VIII B 29/07 v. 16.12.08, BFH/NV 09, 574.) sowie der GemSOGB, das BVerfG oder der EuGH, weil der BFH im Verhältnis zu all diesen Gerichten (nicht aber zu den Instanzgerichten der anderen Rechtszweige) eine einheitliche, ggf. auch rechtswegübergreifende Klärung herbeiführen kann (vgl. BFH I B 160/09 v. 10.5.10, BFH/NV 10, 1644). Ob eine Divergenz zur Rspr. des RFH relevant ist, ist str. (s. zu alledem *Gosch AO/FGO* § 115 FGO Rz. 118 mwN). Erforderlich für eine Divergenz ist ferner, dass beide Gerichte über **dieselbe Rechtsfrage** entschieden haben und diese für beide Entscheidungen **rechtserheblich** war, dass die Entscheidungen zu gleichen oder **vergleichbaren Sachverhalten** ergangen sind, dass die abweichend beantwortete Rechtsfrage im Revisionsverfahren geklärt werden kann und dass eine Entscheidung des BFH zur Wahrung der Rechtseinheit erforderlich ist (BFH II B 54/19 v. 3.6.20, DStR 20, 1730).

23   Auch ein Revisionsgrund des § 115 Abs. 2 Nr. 2 FGO muss **„dargelegt"** werden (§ 116 Abs. 3 Satz 3 FGO). Insofern gelten im Ausgangspunkt dieselben Voraussetzungen wie bezüglich der grundsätzlichen Bedeutung (vgl. D. 3.03 Rz. 20); insbes. darf nicht der **Fehler** begangen werden, die NZB-Begründung gegen die Richtigkeit des angefochtenen Urteils zu richten oder sie im Stile einer Revisionsbegründung zu verfassen. Es empfiehlt sich, um diesen Eindruck zu vermeiden, klar anhand der Voraussetzungen für die Zulassung zu differenzieren. So ist zur schlüssigen Darlegung einer Abweichungsrüge herauszuarbeiten, welcher **tragende und abstrakte Rechtssatz** des angefochtenen FG-Urteils einerseits und welcher tragende, abstrakte Rechtssatz der Divergenzentscheidung zugrunde liegt. Beide sind **einander gegenüberzustellen,** um so die behauptete Abweichung zu verdeutlichen (BFH II B 54/19 v. 3.6.20, DStR 20, 1730); die Divergenzentscheidung ist dabei mit Aktenzeichen und Datum oder der Fundstelle zu bezeichnen (BFH I B 123/13 v. 30.7.14, BFH/NV 14, 1910). Der abstrakte Rechtssatz kann sich auch aus den **fallbezogenen Rechtsausführungen** des FG ergeben (BFH VIII B 15/07 v. 14.9.07, BFH/NV 08, 61). Eine Divergenz allein in der Würdigung von Tatsachen oder Subsumtionsfehler genügt indessen nicht (BFH VIII B 49/07 v. 19.2.08, BFH/NV 08, 1158). Auch die **Vergleichbarkeit der Sachverhalte** ist darzulegen (BFH VII B 208/02 v. 11.3.03, BFH/NV 03, 816).

„Greifbar gesetzeswidrige Entscheidung": Nach den Vorstellungen des Gesetzgebers, die der BFH in seiner Rspr. aufgegriffen hat, sind unter die **Sicherung einer einheitlichen Rspr.** aber auch die Fälle zu subsumieren, in denen ein Urteil an einem **schwerwiegenden Rechtsfehler** leidet, der geeignet ist, das **Vertrauen in die Rspr.** zu beschädigen. Hierunter fallen zum einen die Rechtsfehler von verfassungsrechtlicher Relevanz („Verstoß gegen das Willkürverbot" des Art. 3 GG), aber auch sonstige gravierende Rechtsfehler, die nach der Rspr. des BFH zu einer „greifbar gesetzeswidrigen" Entscheidung führen (st. Rspr. BFH XI BH 115/18 v. 19.12.19, BFH/NV 20, 340 mwN, s. hierzu *Gräber/Ratschow* § 115 FGO Rz. 70 f.; *H/H/Sp/Lange* § 115 FGO Rz. 200 ff.). Nicht leicht vorherzusehen ist, wann der BFH die Schwelle zur greifbaren Gesetzeswidrigkeit im Einzelfall als überschritten ansieht. ZT wird vom BFH auch von (objektiver) **Willkür** gesprochen (vgl. BFH VII B 203/10 v. 3.6.11, ZSteu 11, R1220; *H/H/Sp/Lange* § 115 FGO Rz. 204 ff.), ohne dass sich abstrakt greifen ließe, wo genau die Trennlinie verläuft (Beispiele bei *H/H/Sp/Lange* § 115 FGO Rz. 210). Klar ist, dass – auch wenn die Revision keine materielle Richtigkeitskontrolle von Einzelfallentscheidungen sein soll – **krasse Fehlentscheidungen** keinen Bestand haben sollen. Der Fehler des FG muss daher **offensichtlich** sein (BFH IV B 11/18 v. 22.5.19, BFH/NV 19, 1136). 24

Auch diese Zulassungsanforderungen sind iSd § 116 Abs. 3 Satz 3 FGO **„darzulegen",** dh im Einzelnen zu begründen. Hier kann und muss **in der Sache klar und deutlich** vorgetragen werden. Indessen ist darauf hinzuweisen, dass – auch wenn der Unmut über den Verfahrensausgang vor dem FG im Einzelfall groß sein mag – die Erfolgsaussichten der NZB durch *eine unsachliche oder gar polemische Begründung* nicht gesteigert werden können. Derartiges wird auch nicht als Zeugnis von besonderer fachlicher Autorität oder Überlegenheit wahrgenommen. 25

Zur (Un-)Möglichkeit der Zulassung der Revision wegen **Wiederholungsgefahr** s. BFH V B 37/14 v. 23.9.14 (BFH/NV 15, 67). 26

e) Verfahrensfehler

Gem. **§ 115 Abs. 2 Nr. 3 FGO** ist die Revision zuzulassen, wenn die angefochtene Entscheidung auf einem geltend gemachten Verfahrensmangel beruhen kann. **Verfahrensmängel iS dieser Vorschrift sind Verstöße des FG gegen das Gerichtsverfahrensrecht** (BFH I B 5/09 v. 27.5.09, BeckRS 2009, 2501527; III B 135/03 v. 9.12.03, BFH/NV 04, 339), mit Ausnahme solcher Normen, die einen engen sachlichen Bezug zum materiellen Recht haben. So sind zB Fehler bei der **Beweiswürdigung** revisionsrechtlich grds. dem materiellen Recht zuzuordnen (BFH V 27

R 53/83 v. 29.9.88, BStBl. II 88, 1022; IV B 103/06 v. 4.7.07, BeckRS 2007, 25012205). Gleiches gilt für **Verstöße gegen Denkgesetze oder Erfahrungssätze** (BFH I R 81/72 v. 16.1.74, BStBl. II 74, 291; IX B 154/07 v. 15.4.08, BFH/NV 08, 1340). Die Differenzierung zwischen einem (unbeachtlichen) Fehler bei der rechtlichen Beurteilung verfahrensrechtlicher Vorschriften/„error in procedendo" (BFH IV B 93/69 v. 26.2.70, BStBl. II 70, 545; IV B 6/85 v. 27.2.86, BStBl. II 86, 492) und einem (beachtlichen) Fehler, der das Verfahren des Gerichts bei der Urteilsfindung beeinflusst hat/„error in iudicando", ist überholt (s. auch D. 3.02 Rz. 6). Insbes. ist jede fehlerhafte Beurteilung von **Sachentscheidungsvoraussetzungen** als beachtlicher Verfahrensmangel anzusehen (vgl. BFH III B 135/03 v. 9.12.03, BFH/NV 04, 339; XI B 46/02 v. 8.6.04, BFH/NV 04, 1417; IX 47/83 v. 24.9.85, BStBl. II 86, 268).

28   Zu den **Verfahrensfehlern** sind iE ua. zu zählen:

- *Verletzung des rechtlichen Gehörs.* Die schlüssige Rüge erfordert keine Ausführungen darüber, was bei ausreichender Gewährung noch vorgetragen worden wäre und dass dieser Vortrag die Entscheidung des Gerichts hätte beeinflussen können, wenn das Gericht verfahrensfehlerhaft in Abwesenheit des Rechtsmittelführers auf Grund mündlicher Verhandlung entschieden hätte (BFH GrS 3/98 v. 3.9.01, BStBl. II 01, 802, in Abkehr von der bisherigen Rspr., vgl. auch BVerfG 1 PBvU 1/02 v. 30.4.03, NJW 03, 1924).
- *Unterlassen einer notwendigen Beiladung* (BFH VIII R 33/05 v. 19.6.06, BFH/NV 06, 1693) – Grundordnung des Verfahrens.
- FG verweigert Akteneinsicht (BFH IX B 67/12 v. 16.7.12, BFH/NV 12, 1637).
- Fehlerhafte Ablehnung oder Übergehen eines *Beweisantrages* (vgl. dazu *Gräber/ Ratschow* § 115 FGO Rz. 80; BFH IV B 4/08 v. 1.9.08, BFH/NV 09, 35; VI B 7/06 v. 14.12.06, BFH/NV 07, 496).
- Vorweggenommene Beweiswürdigung (BFH IX B 27/09 v. 30.6.09, BeckRS 2009, 25015363; VIII B 209/03 v. 21.2.05, BFH/NV 05, 1123; X B 248/07 v. 22.10.08, BFH/NV 09, 186).
- Ein *Verstoß gegen den klaren Inhalt der Akten* kann, wenn auch mit gewissen Einschränkungen, Verfahrensmangel sein (BFH I R 163/82 v. 9.10.85, BFH/NV 86, 288). Ein solcher Verstoß stellt zB dann einen Verfahrensfehler dar, wenn das FG seiner Entscheidung einen Sachverhalt zugrunde legt, der dem schriftlichen Vortrag der Beteiligten nicht entspricht oder wenn eine nach dem Akteninhalt feststehende Tatsache nicht berücksichtigt wird (BFH III R 46/98 v. 23.3.99, BFH/NV 99, 1465).
- Nichtberücksichtigung von Aktenbestandteilen ist Verstoß gegen § 96 Abs. 2 Satz 1 FGO (BFH VIII B 174/05 v. 23.1.07, BFH/NV 07, 911; X B 86/02 v. 21.11.02, BFH/NV 03, 337).
- Unterlassen des FG, gem. § 76 Abs. 2 FGO auf den Übergang zu einer sachdienlichen Fortsetzungsfeststellungsklage hinzuwirken (BFH V R 57/83 v. 4.2.88, BStBl. II 88, 413).
- Ein Urteil ist *nicht mit Gründen versehen* (§ 119 Nr. 6 FGO), wenn Tatbestand und Entscheidungsgründe nicht binnen fünf Monaten nach Verkündung schriftlich niedergelegt, von den Richtern besonders unterschrieben und der Geschäftsstelle übergeben worden sind (GmS OGB 1/92 v. 27.4.93, NJW 93, 2603).
- Verletzung des Grundsatzes der *Unmittelbarkeit der Beweisaufnahme* (BFH X B 67/07 v. 22.4.08, BFH/NV 08, 1346; VI B 162/04 v. 17.5.05, BFH/NV 05, 1613).
- Verletzung der Pflicht zur Aussetzung des Verfahrens nach § 74 FGO (BFH X B 67/07 v. 22.4.08, BFH/NV 08, 1346; VI B 162/04 v. 17.5.05, BFH/NV 05, 1613) – Grundordnung des Verfahrens.
- Verstoß gegen *Sachaufklärungspflicht* nach § 76 FGO (BFH IV R 141/77 v. 19.2.81, BStBl. II 81, 433; XI R 35/92 v. 21.1.93, BFH/NV 93, 671). Ein solcher liegt ua.

vor, wenn das FG die Beiziehung entscheidungserheblicher Akten unterlässt (BFH V B 26/13 v. 19.3.14, BFH/NV 14, 1102) oder einen ordnungsgemäßen Beweisantrag übergeht bzw. zu Unrecht ablehnt (BFH III B 56/13 v. 2.10.13, BFH/NV 14, 62).

– *Überraschungsentscheidung,* dh. wenn das Urteil auf einen bis zuletzt nicht angesprochenen rechtlichen Gesichtspunkt gestützt wird (BFH X R 79/88 v. 19.9.90, BStBl. II 91, 100; BFH II B 69/03 v. 6.8.04, BFH/NV 04, 1666).

– Fehlerhafte Anwendung von *Präklusionsvorschriften* (BFH III B 75/03 v. 28.11.03, BFH/NV 04, 523; BFH VIII B 40/08 v. 25.6.08, BeckRS 08, 25013782).

– Verzögerungen bei der schriftlichen Urteilsabfassung bzw. bei der Weitergabe des Urteils an die Geschäftsstelle, jedenfalls bei einer Verzögerung von fünf Monaten (vgl. BFH IV R 45/09 v. 19.9.12, BStBl. II 13, 123).

Siehe zu weiteren einzelnen Verfahrensfehlern auch *Gräber/Ratschow* § 115 FGO Rz. 80 ff. mwN.

Neben dem Vorliegen eines Verfahrensfehlers ist nach § 115 Abs. 2 Nr. 3 FGO er- **29** forderlich, dass die Entscheidung auf dem Fehler **beruhen** kann. Hierzu ist darauf hinzuweisen, dass es für die Erheblichkeit des Mangels auf den **materiell-rechtlichen Standpunkt des FG** ankommt, sei er zutreffend oder unzutreffend (BFH VI B 12/76 v. 13.4.76, BStBl. II 76, 503; V B 125/98 v. 23.2.99, BFH/NV 99, 963; II B 117/99 v. 7.12.99, BFH/NV 00, 681). Hiervon ausgehend genügt es, wenn die Möglichkeit besteht, dass das Urteil bei richtigem Verfahren anders ausgefallen wäre (BFH V B 62/94 v. 7.2.95, BFH/NV 95, 861; IV B 5/09 v. 29.10.09, BFH/NV 10, 445). Bei den sog. **absoluten Revisionsgründen,** die im Einzelnen in § 119 FGO aufgezählt sind, besteht die *unwiderlegliche Vermutung,* dass sich der Verfahrensfehler auf die Entscheidung des FG ausgewirkt hat. Soweit dies in § 119 Nr. 3 FGO auch einen Verstoß gegen das rechtliche Gehör umfasst, gilt die dortige Kausalitätsvermutung nur für solche Gehörsverletzungen, die sich auf das Gesamtergebnis des Verfahrens beziehen (zB Teilnahme an der mündlichen Verhandlung), nicht aber wenn nur einzelne Feststellungen betroffen sind (s. zB BFH X B 100/19 v. 28.2.20, BB 20, 1700).

Von **besonderer Praxisrelevanz** ist zudem: In bestimmten Fällen kann das **30** **Recht,** einen **Verfahrensmangel zu rügen, verwirkt** werden. Dies gilt bei der Verletzung von Verfahrensvorschriften, auf deren Einhaltung die Beteiligten gem. § 155 Satz 1 FGO iVm. § 295 Abs. 1 ZPO verzichten können (BFH VII B 123/70 v. 18.4.72, BStBl. II 72, 573; VII R 143/81 v. 26.2.85, BFH/NV 86, 100). Hierzu gehören zB die Verletzung der Sachaufklärungspflicht auch in Ansehung von Beweisanträgen (Ausnahme im Zusammenhang mit der Grundordnung des Verfahrens s. BFH IX B 73/19 v. 30.1.20, BFH/NV 20, 562), Formverstöße bei der Beweisaufnahme, Einhaltung der Vorschriften über das rechtliche Gehör (BFH X B 12/20 v. 28.5.20, BeckRS 2020, 19811) sowie das Gebot der Öffentlichkeit des Verfahrens (*Gräber/Ratschow* § 115 FGO Rz. 101). Nicht verzichten können die Beteiligten auf die Einhaltung derjenigen Verfahrensnormen, deren Befolgung auch im Interesse der Öffentlichkeit liegt, zB die richtige Besetzung des Gerichts (*Gräber/Ratschow* § 115 FGO Rz. 102). Verzichtbare Verfahrensmängel müssen bereits in der ersten Instanz gerügt werden (vgl. BVerfG 2 BvR 620/92 v. 19.2.93, HFR 93, 331); andernfalls gilt der Mangel als geheilt (BFH I B 81/12 v. 9.1.13, BFH/NV 13, 752).

Die Rüge ist bei der „**nächsten mündlichen Verhandlung**" anzubringen. Hierzu bedarf es nicht notwendig eines neuen Termins. Vielmehr genügt dafür auch eine Verhandlung, die sich an eine Beweisaufnahme unmittelbar anschließt (BFH X B 40/19 v. 11.12.19, BFH/NV 20, 231). Zwar genügt *auch eine konkludente Rüge,* indem der Beteiligte deutlich macht, mit der Verfahrensweise des Gerichts nicht einverstanden zu sein (BFH X B 40/19 v. 11.12.19, aaO: zB Vertagungs- statt Sachantrag). Es sollte gleichwohl vorsorglich ausdrücklich gerügt und insbes. darauf hingewirkt werden, dass die **Rüge in das Sitzungsprotokoll** aufgenommen wird. Ggf. ist, wenn die Rüge erhoben, aber nicht protokolliert worden ist, ein Protokollberichtigungsantrag gem. § 94 FGO iVm. § 164 ZPO (s. dazu D. 2.07 Rz. 10 f.) zu stellen, denn die Rüge ist protokollierungspflichtig und unterliegt der Beweiskraft des Protokolls (§ 94 FGO iVm. § 165 ZPO), gegen das ansonsten nur der Nachweis der Fälschung (§ 94 FGO iVm. § 165 Satz 2 ZPO) geführt werden kann (vgl. BFH VI R 2/16 v. 16.1.18, BFH/NV 18, 712). In diesem (konkludenten) Rügeverzicht liegt auch die Gefahr eines **Verzichts auf die mündliche Verhandlung,** der bei rechtskundigen oder vertretenen Beteiligten zugleich einen Rügeverzicht bedeuten kann (s. BFH IX S 2/11 (PKH) v. 4.5.11, BFH/NV 11, 1383). Dem soll indes begegnet werden können, indem nach der Verzichtserklärung deutlich gemacht wird, dass auf die Einhaltung der Verfahrensvorschriften nicht verzichtet wird (BFH III B 143/12 v. 18.3.13, BFH/NV 13, 963). Hierauf sollte man sich indessen nicht verlassen.

Beachten Sie auch, dass der **Rügeverzicht** nach § 295 Abs. 1 ZPO eine Prozesshandlung ist, die **nicht frei widerrufen** werden kann (vgl. BFH III B 125/18 v. 2.7.19, BFH/NV 19, 111).

31   Auch ein entscheidungserheblicher Verfahrensmangel ist gem. § 116 Abs. 3 Satz 3 FGO „darzulegen". Es gilt zur Darlegung das zu den anderen Revisionszulassungsgründen Ausgeführte (Rz. 13 ff.). Es ist **größte Sorgfalt** auf die ordnungsgemäße Darlegung zu verwenden, indem (jedenfalls vorsorglich) zu allen Voraussetzungen iE Stellung genommen wird. Wird **mangelnde Sachaufklärung** mit der Begründung gerügt, das FG habe auch ohne Beweisantritt von Amts wegen aufklären müssen, sind *genaue Angaben* der Beweismittel erforderlich, die das FG nicht erhoben hat, deren Erhebung sich ihm aber auch ohne besonderen Antrag als noch erforderlich hätte *aufdrängen* müssen und warum nicht ein Beweisantrag gestellt worden ist (BFH X B 62/11 v. 27.6.12, BFH/NV 12, 1625; VIII B 183/02 v. 26.8.03, BFH/NV 04, 177). Hierzu ist erforderlich, dass Tatsachen angegeben werden, die den gerügten Verfahrensverstoß schlüssig ergeben und dass die maßgebenden Geschehensabläufe genau geschildert werden (BFH II B 68/91 v. 16.12.92, BFH/NV 94, 248). Ist ein **Beweisantrag** gestellt worden, den das FG **übergangen** hat, so ist darzulegen, welche Tatfrage aufklärungsbedürftig ist, welche Beweismittel das FG zu welchem Beweisthema nicht erhoben hat, die genauen Fundstellen (Schriftsatz mit Datum und Seitenzahl, Terminprotokoll), in denen die Beweismittel und Beweisthemen angeführt worden sind, das voraussichtliche Ergebnis der Beweisaufnahme, inwiefern das Urteil des FG aufgrund dessen sachlich-rechtlicher Auffassung auf der unterbliebenen Beweisaufnahme beruhen kann und dass die Nichterhebung der Beweise vor dem FG rechtzeitig gerügt worden ist oder aufgrund des Verhaltens des FG nicht mehr vor diesem gerügt werden konnte (BFH VI R 2/16 v. 16.1.18, BFH/NV 18, 712). Bei einer Rüge, das FG habe seiner Beweiswürdigung nicht das **Gesamtergebnis des Verfahrens** zugrunde gelegt, muss genau – einschließlich Seitenzahl – angegeben werden, welche Teile nicht berücksichtigt wurden (BFH III B 8/89 v. 14.12.89, BFH/NV 90, 709; *H/H/Sp/Lange* § 115 FGO Rz. 240). Besonderes Augenmerk ist darauf zu legen, dass die ausführliche Begründung eines Verfahrensfehlers nicht genügt, sondern dass auch das „Beruhen" (idR) iE dargelegt werden muss, so zB, welches Ergebnis die von ihm beantragte Einholung eines Gutachtens (BFH II B 87/86 v. 17.9.86, BFH/NV 88, 235) oder einer Zeugenbefragung gehabt hätte (BFH XI B 18/00 v. 22.6.01, BFH/NV 01, 1588) und wie sich das – ausgehend vom materiell-rechtlichen Standpunkt des FG – auf die Entscheidung hätte auswirken können.

Schließlich ist (bei verzichtbaren Verfahrensmängeln) in der Beschwerdebegründung vorzutragen, dass der Verstoß in der ersten Instanz gerügt wurde (BFH VII R 143/81 v. 26.2.85, BFH/NV 86, 100).

32   **Entscheidung des BFH:** Bei einem **durchgreifenden Verfahrensmangel** kann der BFH die Revision durch Beschluss zulassen (§ 116 Abs. 7 Satz 1 FGO) oder er kann, was idR erfolgt, das angefochtene Urteil bereits in dem Beschluss über die NZB aufheben und den **Rechtsstreit zurückverweisen** (§ 116 Abs. 2 FGO). Anders als im Revisionsverfahren kann der BFH im NZB-Verfahren eine verfahrensfehlerhaft unterbliebene Beiladung nicht nachholen (vgl. BFH VIII B 2/19 v. 24.10.19, BFH/NV 20, 222).

D. 3.04 Beschwerde gegen Entscheidungen, die nicht Urteile oder Gerichtsbescheide sind

I. FORMULAR

Formular D. 3.04 Beschwerde

In der Finanzstreitsache

Marc Aurel

Romstraße 5, 80539 München　　　　　　　　　　　　　**– Kläger und Beschwerdeführer–**

Prozessbevollmächtigte: ......

gegen

Finanzamt München I　　　　　　　　　　　　　　**– Beklagter und Beschwerdegegner –**

vertreten durch die Leiterin

Karlstraße 9–11, 80333 München

wegen Grunderwerbsteuer

erheben wir namens und im Auftrag des Klägers gegen den Beschluss des FG vom ...... über die Aussetzung des Klageverfahrens Az. ....

BESCHWERDE

und beantragen, den angefochtenen Beschluss aufzuheben.

Begründung

Das FG hat das Klageverfahren wegen Grunderwerbsteuer gemäß § 74 FGO ausgesetzt, da das Verfahren wegen gesonderter Feststellung des Grundbesitzwertes auf den 1.1.20.. vorgreiflich sei. Der Bescheid wegen gesonderter Feststellung des Grundbesitzwertes auf den 1.1.20.. ist als Feststellungsbescheid nach § 180 Abs. 1 Nr. 1 AO zwar Grundlagenbescheid im Sinne des § 171 Abs. 10 AO, der Bindungswirkung für den Grunderwerbsteuerbescheid hat. Der Grunderwerbsteuerbescheid ist insoweit Folgebescheid.

Die Voraussetzungen für eine Aussetzung sind im Streitfall aber ausnahmsweise nicht gegeben.

Nach der Rechtsprechung des BFH ist es regelmäßig geboten und zweckmäßig, dass das FG den Streit um die Rechtmäßigkeit eines Folgebescheids nach § 74 FGO aussetzt, solange noch unklar ist, ob und wie ein angefochtener Grundlagenbescheid geändert wird (vgl. BFH-Urteil VIII R 57/76, BStBl. II 1979, 678; BFH-Beschluss II B 160/89, BStBl. II 1991, 368; BFH-Beschluss X B 21/07, BFH/NV 2007, 1532). Dies gilt insbes. dann, wenn der Rechtsstreit ausschließlich oder vorrangig die Rechtmäßigkeit des Grundlagenbescheids betrifft (vgl. BFH-Urteil I R 41/99, BStBl. II 2001, 416 mit weiteren Rechtsprechungsnachweisen).

Nur ausnahmsweise kann bei Vorliegen besonderer Umstände im Einzelfall eine Aussetzung des Verfahrens ermessenswidrig sein (vgl. BFH-Urteile II R 62/05, BFH/NV 2007, 8 und VIII R 73/99, BFH/NV 2005, 1029; BFH-Beschlüsse II B 160/89, aaO, und IX B 18/88, BFH/NV 1989, 525). Ermessenswidrigkeit liegt dann vor, wenn – wie im Streitfall – mit dem angefochtenen Folgebescheid ein lange zurückliegender

Sachverhalt erfasst wird und mit der Klage geltend gemacht wird, dass die Festsetzung verjährt bzw. verwirkt ist. In diesen Fällen hat das FG ausnahmsweise „in Umkehrung der normalerweise bestehenden Prüfungsreihenfolge zunächst zu prüfen, ob die Klage nicht ungeachtet des Ausgangs des Rechtsstreits über die Grundlagenbescheide wegen ...... Verjährung oder Verwirkung entscheidungsreif ist" (vgl. BFH II B 160/89, aaO).

....

Unterschrift

II. ERLÄUTERUNGEN

Erläuterungen zu D. 3.04 Beschwerde

1   Die in §§ 128 ff. FGO geregelte Beschwerde ist ein **eigenständiges förmliches Rechtsmittel**, dessen Zulässigkeit sich nach den speziellen Vorschriften der §§ 128 ff. FGO und im Übrigen nach den für alle Rechtsmittel geltenden Voraussetzungen bestimmt (*Gräber/Ratschow* § 128 FGO Rz. 1).

2   **Statthaftigkeit**: Die Beschwerde an den BFH ist nach § 128 Abs. 1 FGO grds. statthaft gegen Entscheidungen des FG, die **nicht Urteile oder Gerichtsbescheide** (§ 90a FGO) sind – weil insoweit mit der Revision und der NZB besondere Rechtsmittel bereitstehen (s. D. 3.01-.03) –, und sofern sie *nicht gesetzlich ausgeschlossen* ist (s. dazu Rz. 4 f). Gegenstand der Beschwerde können auch Entscheidungen des Vorsitzenden (auch des Einzelrichters gem. §§ 6, 79a Abs. 3 u. 4 FGO) oder des Berichterstatters (§ 65 Abs. 2 Satz 1 FGO) sein.

3   Die Beschwerde ist damit statthaft zB gegen Beiladungsbeschlüsse oder die Ablehnung der Beiladung (sofern durch gesonderten Beschluss ausgesprochen), gegen die Anordnung des Ruhens oder die Aussetzung der Verhandlung, gegen die Ablehnung der Akteneinsicht, gegen die Ablehnung der Überlassung vollständiger Kopie beigezogener Akten (BFH X B 36/17 v. 5.5.17, BFH/NV 17, 1183), aber – sofern vom FG zugelassen – auch gegen Beschlüsse nach § 17a GVG zur Zulässigkeit des Rechtswegs (BFH II B 65/19 v. 16.6.20, ZIP 20, 1766 – s. aber § 70 FGO auch Rz. 5). Vgl. zu den weiteren Fällen *Gräber/Ratschow* § 128 FGO Rz. 4 ff.

Gegen die **Entscheidung über die Aussetzung der Vollziehung** nach § 69 Abs. 3 u. 5 FGO und über **einstweilige Anordnungen** nach § 114 Abs. 1 FGO ist die Beschwerde nur statthaft, wenn sie in der Entscheidung zugelassen worden ist (§ 128 Abs. 3 FGO, vgl. dazu Formular D. 2.04, D. 2.09); eine NZB gibt es hier nicht.

4   **Nicht statthaft** ist die Beschwerde nach § 128 Abs. 2 FGO gegen Aufklärungsanordnungen, Beschlüsse über die Vertagung oder die Bestimmung einer Frist, Beweisbeschlüsse, Beschlüsse nach § 91a FGO, Beschlüsse über Ablehnung von Beweisanträgen, über Verbindung und Trennung von Verfahren und Ansprüchen und über die Ablehnung von Gerichtspersonen, Sachverständigen und Dolmetschern, Einstellungsbeschlüsse nach Klagerücknahme sowie *Beschlüsse in Prozesskostenhilfeverfahren.* Entsprechendes gilt gem. § 128 Abs. 2 FGO auch für „*prozessleitende Verfügungen*", ein Begriff, der in der FGO nicht ausdrücklich geregelt ist. Die Rspr. versteht hierunter Entscheidungen des Gerichts oder des Vorsitzenden, die eine Förderung des Verfahrens, mithin den Verlauf des gerichtlichen Verfahrens selbst, betreffen (zB BFH V B 203/06 v. 25.1.07, BFH/NV 07, 951). Zu den prozessleitenden Verfügungen gehören u.a. die Anberaumung eines Termins zur mündlichen Verhandlung durch den Vorsitzenden (vgl. BFH V B 203/06 v. 25.1.07, aaO), die Fristsetzung nach § 79b FGO oder § 65 Abs. 2 FGO, die Anordnung, ein Verfahren im Prozessregister auszutragen (BFH III B 231/92 v. 12.4.94, BFH/NV 95, 61), die Aufforderung, Schriftsätze einzureichen (BFH I B 113/99 v. 7.12.99, BFH/NV 00, 734) sowie eine Entscheidung über die

Wiedereröffnung der mündlichen Verhandlung gem. § 93 Abs. 3 Satz 2 FGO (BFH I B 41/82 v. 15.12.82, BStBl. II 83, 230). Vgl. dazu iE auch *Gräber/Ratschow* § 128 FGO Rz. 7 f.

Ferner nicht statthaft ist eine Beschwerde in Streitigkeiten über Kosten – insbes. **5** auch nach übereinstimmender Erledigung der Hauptsache, § 138 FGO – (§ 128 Abs. 4 FGO, s. auch § 145 FGO), bei Übertragungen des Rechtsstreits auf den Einzelrichter (§ 6 Abs. 4 FGO), bei Verweisungsbeschlüssen wegen Unzuständigkeit (§ 70 FGO – anders bei Rechtswegverweisung, s. Rz. 3), gegen Beschlüsse, mit denen ein Ablehnungsgesuch für begründet erklärt wird (§§ 45, 46, 51 ZPO), gegen Beschlüsse über die Wiedereinsetzung in den vorigen Stand (§ 56 Abs. 5 FGO), gegen Beschlüsse über die Tatbestandsberichtigung (§ 108 Abs. 2 Satz 2 FGO, vgl. D. 2.07 Rz. 8) sowie gegen Beschlüsse, mit denen eine Anhörungsrüge verworfen oder zurückgewiesen wird (§ 133a Abs. 4 Satz 3 FGO; vgl. auch D. 2.02). Vgl. dazu iE *Gräber/Ratschow* § 128 FGO Rz. 13.

Beschwerdeberechtigt sind die Beteiligten iSd. § 57 FGO. Der Begriff der Betei- **6** ligten gilt im Beschwerdeverfahren sinngemäß (BFH GrS 5/82 v. 16.1.84, BStBl. II 84, 439). Sie müssen durch die Entscheidung selbst **beschwert** sein (BFH X B 7/20 v. 30.3.20, BFH/NV 20, 1277). Darüber hinaus sind die sonst durch die Entscheidung Beschwerten befugt, gegen diese Entscheidung Beschwerde einzulegen, zB der zu einer Ordnungsstrafe verurteilte Zeuge (BFH GrS 5/82 v. 16.1.84, BStBl. II 84, 439) oder der Prozessbevollmächtigte, dem die Überlassung der Akten in die Kanzlei verweigert wurde (BFH V B 166/01 v. 19.11.02, BFH/NV 03, 484).

Form, Frist und Inhalt: Die Beschwerde ist **beim FG** (iudex a quo) **schriftlich** **7** (oder nach Maßgabe des § 52a FGO elektronisch – s. dazu D. 2.01. Rz. 17) **oder zu Protokoll** des Urkundsbeamten der Geschäftsstelle **binnen zwei Wochen** nach Bekanntgabe der Entscheidung einzulegen (§ 129 Abs. 2 FGO). Die Beschwerdefrist kann nicht verlängert werden, ggf. ist wegen Versäumung der Frist Wiedereinsetzung nach § 56 FGO möglich (vgl. Formular D. 2.27). Die Frist ist allerdings auch gewahrt, wenn die Beschwerde innerhalb der Frist beim BFH eingeht (§ 129 Abs. 2 FGO). Der **Vertretungszwang** gilt gemäß § 62 Abs. 4 Satz 2 FGO auch für Prozesshandlungen, durch die ein Verfahren vor dem BFH eingeleitet wird, also auch für die Einlegung von Rechtsmitteln beim FG (BFH V B 42/16 v. 13.4.16, BFH/NV 16, 105); vgl. D. 3.01 Rz. 21.

Inhalt der Beschwerde ist zwar gesetzlich nicht geregelt. Angegeben werden muss aber die angefochtene Entscheidung mit Datum und Aktenzeichen. Eine **Begründung** soll für die Zulässigkeit nicht erforderlich sein, sofern die Beschwer erkennbar ist (vgl. BFH II B 82/19 v. 7.4.20, BStBl. II 20, 624). Es sollten gleichwohl die Gründe für die Beschwerde iE substantiiert dargelegt und die zur Begründung dienenden Tatsachen und Beweismittel angegeben werden.

Abhilfeverfahren beim iudex a quo: Das FG, der Vorsitzende oder der Bericht- **8** erstatter, dessen Entscheidung angefochten wird, können ihr abhelfen (§ 130 Abs. 1 FGO). Andernfalls ist die Beschwerde unverzüglich dem BFH vorzulegen. Das FG soll die Beteiligten von der Vorlage in Kenntnis setzen (§ 130 FGO).

Aufschiebende Wirkung hat die Beschwerde **grds. nicht,** sondern nur dann, **9** wenn sie die Festsetzung eines Ordnungs- oder Zwangsmittels zum Gegenstand hat. In anderen Fällen können das FG, der Vorsitzende oder der Berichterstatter, dessen Entscheidung angefochten wird, bestimmen, dass die **Vollziehung der angefochtenen Entscheidung einstweilen auszusetzen** ist (§ 131 Abs. 1 Satz 2 FGO, s. dazu iE *Gosch AO/FGO* § 131 FGO, Rz. 5). Dies kann vom unterliegenden Antragsgegner *zugleich mit der Beschwerdeeinlegung (beim FG) mitbeantragt* werden, insbes. um bei einer Vorwegnahme der Hauptsache vollendete Tatsachen zu verhindern. Auf einen solchen AdV-Antrag kommt es dann zu einem (zweiten) FG-Beschluss über die sofortige Vollziehung des Ausgangsbeschlusses; dieser zweite Beschluss ist indessen (wenngleich

§§ 128 Abs. 2, 3 FGO nicht anwendbar sind) *nicht* mit der Beschwerde anfechtbar, weil sogleich ein Antrag auf AdV beim BFH gestellt werden kann (s. zB BFH VII S 23/20 (AdV) v. 9.7.20, DStR 20, 1734: zur Freigabe der Corona-Soforthilfe aus einer Kontenpfändung). Zu beachten ist: Sobald dem BFH die (erste) Beschwerde gegen die Stattgabe der einstweiligen Anordnung zur Entscheidung vorgelegt worden ist, geht − entgegen § 131 Abs. 1 Satz 2 FGO − das Recht zur Entscheidung über die AdV des Ausgangsbeschlusses auf den BFH über (vgl. BFH VII S 23/20 (AdV) v. 9.7.20, aaO).

10   **Entscheidung des BFH:** Der BFH entscheidet über die Beschwerde durch unanfechtbaren Beschluss (§ 132 FGO).

D. 3.05 Anhörungsrüge

I. FORMULAR

Formular D. 3.05 Anhörungsrüge

Bundesfinanzhof   10.3.2019
Postfach 86 02 40
81629 München

In dem Rechtsstreit

Anton G, ... *[Anschrift]* ..., Prozessbevollmächtigter ...

– Kläger und Beschwerdeführer –

gegen

Finanzamt ..., vertreten durch seine Vorsteherin,

– Beklagter und Beschwerdegegner –

erhebe ich namens und im Auftrag des Beschwerdeführers

ANHÖRUNGSRÜGE

gemäß § 133a FGO gegen den Beschluss des BFH vom 4.1.19 Az. ...... , mit dem die Beschwerde gegen die Nichtzulassung der Revision durch FG ...... im Urteil vom ...... (Az: ...) abgelehnt worden ist.
Wir beantragen, das Verfahren fortzuführen.

Begründung

1. Die Anhörungsrüge ist statthaft, da gegen den o. g. Beschluss kein Rechtsmittel oder ein anderer Rechtsbehelf gegeben ist (§ 133a Abs. 1 Satz 1 Nr. 1 FGO). Die Rüge ist auch rechtzeitig erhoben, denn der Beschluss ist dem Beschwerdeführer am 10.3.19 zugegangen.

2. Der Beschluss über die Nichtzulassung der Revision vom 4.1.19 verletzt den Anspruch des Beschwerdeführers auf rechtliches Gehör in entscheidungserheblicher Weise.

Der Anspruch auf rechtliches Gehör (Art. 103 Abs. 1 des Grundgesetzes (GG), § 96 Abs. 2 FGO) beinhaltet für das Gericht die Verpflichtung, die Ausführungen der Beteiligten zur Kenntnis zu nehmen, in Erwägung zu ziehen und sich mit dem entscheidungserheblichen Kern des Vorbringens auseinander zu setzen (vgl. BFH-Beschluss VII S 17/05 v. 17.5.05, BFH/NV 05, 1458). Art. 103 Abs. 1 GG und § 96 Abs. 2 FGO ist dann verletzt, wenn sich aus den besonderen Umständen des Einzelfalles deutlich

ergibt, dass das Gericht Vorbringen entweder überhaupt nicht zur Kenntnis genommen oder doch bei seiner Entscheidung ersichtlich nicht in Erwägung gezogen hat (vgl. BFH-Beschluss X B 78/01, BFH/NV 03, 335, mwN, BVerfG 1 BvR 1557/01, NVwZ 05, 81).

Diesen Anspruch hat das Gericht vorliegend in seinem Beschluss vom 4.1.19 verletzt, weil ...... [ausführen]

II. ERLÄUTERUNGEN

Erläuterungen zu D. 3.05 Anhörungsrüge

Die seit dem 1.1.05 geltende Anhörungsrüge ist in § 133a FGO gesetzlich geregelt. **1** Die Vorschrift geht zurück auf eine Entscheidung des BVerfG (1 PBvU 1/02 v. 30.4.03, NJW 03, 1924) und schließt eine bis dato bestehende verfassungswidrige gesetzliche Rechtsschutzlücke hinsichtlich der Überprüfung von Verstößen gegen den Grundsatz des rechtlichen Gehörs. Der Anwendungsbereich der Anhörungsrüge ist auf die Rüge der **Verletzung des rechtlichen Gehörs** beschränkt. Eine sinngemäße Anwendung des § 133a FGO bei Verletzung anderer Verfahrensgrundrechte oder bei einer vermeintlich fehlerhaften Feststellung und Bewertung des Sachverhaltes sowie seiner rechtlichen Lösung ist nicht zulässig (vgl. BFH VI S 3/05 v. 17.6.05, BStBl. II 05, 614). S. zu den Hintergründen des § 133a FGO unter D. 2.02 Rz. 2).

Wegen der **allgemeinen verfahrensrechtlichen und inhaltlichen Vorausset- 2 zungen** der Anhörungsrüge wird auf Formular D. 2.02 verwiesen. Es gilt auf folgende Besonderheiten bei Verfahren vor dem BFH hinzuweisen:

Für die Erhebung der Anhörungsrüge gegen Entscheidungen des BFH ist grds. der **3 Vertretungszwang** des § 62 Abs. 4 FGO zu beachten (BFH II S 11–13/19 v. 22.11.19, BFH/NV 20, 368: auch zu Ausnahmen).

Statthaft ist die Anhörungsrüge gegen Entscheidungen, wenn ein Rechtsmittel **4** oder ein anderer Rechtsbehelf gegen die Entscheidung nicht gegeben ist (§ 133a Abs. 1 Satz 1 FGO); dies gilt nicht, wenn es sich um eine der Endentscheidung vorausgehende Entscheidung handelt (§ 133a Abs. 1 Satz 2 FGO). Das bedeutet für Verfahren vor dem BFH, dass sie gegen (endgültige) Revisionsentscheidungen (§ 126 Abs. 1, 2, FGO, § 126a FGO) sowie nach (endgültigen) Entscheidungen über NZB und Beschwerden, und zwar betreffend die Ablehnung von Prozesskostenhilfe (BFH VI S 3/05 v. 17.6.05, BStBl. II 05), zulässig sein kann.

Anders als zT im Revisionsverfahren wird im Verfahren der Anhörungsrüge die **5 Kausalität** der Gehörsverletzung für die Entscheidung **nicht** von Gesetzes wegen **vermutet;** es sind deshalb auch Ausführungen zur Entscheidungserheblichkeit des Verfahrensverstoßes erforderlich.

Verhältnis zur Verfassungsbeschwerde: Die Zulässigkeit der Verfassungsbe- **6** schwerde setzt die Erschöpfung des Rechtswegs voraus (§ 90 Abs. 2 Satz 1 BVerfGG). Das *Anhörungsrügeverfahren gehört zum Rechtsweg,* wenn eine Verletzung des Art. 103 Abs. 1 GG geltend gemacht werden soll (st. Rspr. BVerfG 1 BvR 1054/20 v. 9.7.20, nv.). Schon deswegen ist die Verfassungsbeschwerde umgekehrt kein Rechtsbehelf, dem gegenüber die Anhörungsrüge subsidiär wäre.

Zu weiteren **außerordentlichen Rechtsbehelfen** s. Formular D. 2.02. **7**

D. 3.06 Entschädigungsklage

I. FORMULAR

Formular D. 3.06 Entschädigungsklage

Bundesfinanzhof
Postfach 86 02 40
81629 München

Az.: Neu

In der Streitsache

Thomas Müller
Musterstraße 8, Potsdam   – Kläger –
Prozessvertreter: RA ......
Prozessbevollmächtigte: ......

gegen

das Land X   – Beklagter –
vertreten durch ......

wegen Entschädigung wegen unangemessener Verfahrensdauer des Verfahrens vor dem FG ...... (Az: ......)

erheben wir namens und im Auftrag des Klägers unter Vollmachtsvorlage

ENTSCHÄDIGUNGSKLAGE.

In der mündlichen Verhandlung werden wir folgende Anträge stellen:

1. Der Beklagte wird verurteilt, an den Kläger wegen unangemessener Verfahrensdauer des Klageverfahrens vor dem FG ...... (Az.: ...) eine Entschädigung in Höhe von € 600 nebst Zinsen in Höhe von fünf Prozentpunkten über dem Basiszinssatz nach § 247 BGB seit Rechtshängigkeit zu zahlen.

2. Die Kosten des Verfahrens trägt der Beklagte.

Zur Begründung der Klage tragen wir Folgendes vor:

1. Zum Sachverhalt: Die Klage ist auf Zahlung einer Entschädigungsleistung aufgrund überlanger Verfahrensdauer gerichtet. Der Kläger reichte am 9.3.16 Klage beim FG ...... ein (s. Anlage). Mit der Klage wehrte er sich gegen die Nichtanerkennung einer Zahlung seines früheren Arbeitgebers als Schenkung. Nach Eingang der Klageerwiderung am 19.5.16 beantragte der Kläger Akteneinsicht, die am 12.10.16 stattfand. Mit Schriftsatz vom 17.10.16 erklärte der Kläger, dass eine weitere Stellungnahme nicht beabsichtigt sei und bat, da die Sache ausgeschrieben sei, um Terminierung (s. Anlage). Unbeschadet einer Sachstandsanfrage des Klägers vom 12.12.17 wurde das FG nicht weiter tätig (s. Anlage). Am 21.3.18 erhob der Kläger erstmals eine ausdrückliche Verzögerungsrüge (s. Anlage). Am 28.3.18 erläuterte der Vorsitzende des Senats, dass mit einer Senatsentscheidung wegen der angespannten Geschäftslage des FG zeitnah nicht zu rechnen sei. Am 24.10.18 erging Ladung zur mündlichen Verhandlung am 13.12.18 (s. Anlage), aufgrund derer am gleichen Tag ein klageabweisendes Urteil erging (s. Anlage). Der Kläger ist mit dem Begehren, ihm eine Entschädigung wegen unangemessener Verfahrensdauer zu gewähren, an den Beklagten (vertreten durch den Präsidenten des FG ...) herangetreten (s. Anlage). Dieser hat den klägerischen Anspruch bestritten (s. Anlage).

2. Zur Begründung des Anspruchs: Dem Kläger steht aus § 198 GVG ein Anspruch auf Entschädigung in Höhe von € 600 zu. Das o. g. Ausgangsklageverfahren vor dem FG war iSd. § 198 Abs. 1 Satz 1 GVG unangemessen lang.

Der BFH konkretisiert die Angemessenheit der Dauer eines erstinstanzlichen Klageverfahrens in st. Rspr. dahingehend, dass grundsätzlich gut zwei Jahre nach Eingang der Klage mit Maßnahmen begonnen werden muss, die zu einer Verfahrenserledigung führen.

Damit war der Ausgangsrechtsstreit ab Beginn des Monats April 2018 verzögert. Der Rechtsstreit ist sowohl tatsächlich als auch rechtlich eher von unterdurchschnittlichem Schwierigkeitsgrad: Der Sachverhalt war unstreitig, die Rechtsfrage beschränkte sich allein darauf, ob die Zahlung als Schenkung oder Arbeitslohn (§§ 8, 19 EStG) anzusehen war. Die Sache war (spätestens) seit Oktober 2016 ausgeschrieben und entscheidungsreif. Die erste zur Verfahrensförderung zu zählende Maßnahme ergriff das FG in Form der Ladung zur mündlichen Verhandlung, und zwar erst im Oktober 2018. Infolgedessen ist das Verfahren wegen des Zwischenzeitraums sechs volle Monate als verzögert anzusehen ist. Etwaige organisatorische Mängel des FG, dessen etwaig unzureichende Personalausstattung oder die etwaig ungleiche Verteilung der Geschäfte durch das Präsidium ändern an der unangemessen langen Verfahrensdauer nichts.

Der Kläger hat beim FG die für eine Entschädigung erforderliche Verzögerungsrüge iSd. § 198 Abs. 3 Satz 1 GVG angebracht, und zwar bereits in objektiv verzögerter Zeit.

Die nach alledem zu gewährende Entschädigung beträgt € 600 (§ 198 Satz 3 GVG). Der Kläger hat derentwegen den Beklagten vor Klageerhebung vergeblich zur Zahlung angemahnt. Der Zinsanspruch fußt auf § 288 Abs. 1 Satz 2 iVm. § 191 BGB.

....

Unterschrift

II. ERLÄUTERUNGEN

Erläuterungen zu D. 3.06 Entschädigungsklage

1. Vorbemerkungen

Allgemein: Der **EGMR** hat die Bundesrepublik Deutschland in zahlreichen Verfahren (zB EGMR 75529/01 v. 8.9.06, NJW 06, 2389; 46344/06 v. 2.9.10, NJW 10, 3355) gerügt, dass die deutsche Rechtsordnung entgegen **Art. 13 EMRK** keinen wirksamen innerstaatlichen Rechtsbehelf bereithält, mit dem Abhilfe bei überlangen (zivilgerichtlichen) Verfahren erlangt werden kann. Mit dem Inkrafttreten des G über den Rechtschutz bei überlangen Gerichtsverfahren und staatsanwaltlichen Ermittlungsverfahren vom 3.12.11 ist dem in **§§ 198 ff. GVG** erstmals Rechnung getragen worden und diese Vorschriften finden nach § 155 Satz 2 FGO **auch auf FG-Verfahren Anwendung**. § 198 GVG gilt nach näherer Maßgabe des § 199 GVG *auch für das Steuerstrafverfahren,* und zwar *einschließlich Ermittlungsverfahren* der Staatsanwaltschaft bzw. der nach § 386 Abs. 2 AO zuständigen Finanzbehörde; dort ist auch die Verzögerungsrüge (s. Rz. 10) anzubringen. Entschädigungsgericht ist in diesen Fällen das OLG (§ 201 GVG). **1**

§ 198 Abs. 5 Satz 1 GVG sieht zur Durchsetzung der Rechte der Verfahrensbeteiligten bei überlanger Verfahrensdauer die **Entschädigungsklage** vor; s. zum Verfahren iE Rz. 13 ff. Im Zentrum stehen dabei die Voraussetzungen des **Entschädigungsanspruchs,** die allgemein, mithin auch für das finanzgerichtliche Verfahren, in § 198 Abs. 1 Satz 1 GVG normiert sind. Danach wird angemessen entschädigt, wer infolge **unangemessener Dauer** eines Gerichtsverfahrens als Verfahrensbeteiligter **2** einen Nachteil erleidet. §§ 198 ff. GVG betreffen sowohl Vermögensnachteile (s. dazu iE *Tipke/Kruse* § 155 FGO Rz. 12), als auch Nachteile, die nicht Vermögensnachteile sind (immaterielle Nachteile). Für beide kann iRd. Entschädigungsklageverfahrens indessen „**angemessene Entschädigung**" (§ 198 Abs. 1 GVG) erlangt werden; das ist kein Schadensersatz iSd §§ 249 ff. BGB. Für **immaterielle Nachteile** hält § 198 GVG besondere Reglungen bereit: Das Vorliegen eines solchen Nachteils wird gem. § 198 Abs. 2 Satz 1 GVG bei unangemessener Verfahrensdauer (widerleglich) vermutet. Liegt ein immaterieller Nachteil vor, kann eine **Wiedergutmachung** beansprucht werden, die nach näherer Maßgabe von § 198 Abs. 2 Satz 2, Abs. 4 GVG in einer **Entschädigung in Geld** bestehen kann, und zwar **grds. € 1.200 p.a.** (von der Höhe kann aus Billigkeitsgründen abgewichen werden, § 198 Abs. 2 Satz 4 GVG). Sie kann auch (als Minus zur Entschädigung) in einer **Feststellung** des Entschädigungsgerichts bestehen, dass die Verfahrensdauer unangemessen war (§ 198 Abs. 4 GVG); in schwerwiegenden Fällen kommt dies auch neben einer Entschädigung in Betracht. S. zum Entschädigungsanspruch iE unten Rz. 6 ff.

3   **Revision/NZB:** Fälle überlanger Verfahrensdauer können nur dann einen (zur Zulassung der Revisionen führenden) Verfahrensmangel darstellen, wenn der Rechtsmittelführer darlegt, dass die Entscheidung der Vorinstanz anders ausgefallen wäre, wenn zu einem früheren Zeitpunkt entschieden worden wäre (BFH IV B 139/10 v. 26.10.11, BFH/NV 12, 263).

4   **Verfassungsbeschwerden** wegen überlanger Verfahrensdauer bei den Fachgerichten weist das BVerfG seit Inkrafttreten §§ 198 ff. GVG wegen Nichterschöpfung des Rechtswegs zurück, sofern zuvor keine Entschädigungsklage nach § 198 GVG eingelegt worden ist (zB BVerfG 1 BvR 2447/11 v. 5.9.13, BeckRS 2013, 56022).

5   **Amtshaftungsansprüche** (§ 839 BGB iVm. Art. 34 GG), die in die Zuständigkeit der ordentlichen (Land-)Gerichte fallen (§ 71 Abs. 2 GVG), bleiben durch den Entschädigungsanspruch unberührt, setzen – anders als der Entschädigungsanspruch – allerdings materiell ein *Verschulden* des Beklagten (bzw. seiner Organe) voraus.

2. Entschädigungsanspruch

6   § 198 GVG hat in erster Linie eine **Entschädigung für Nichtvermögensschäden** im Blick (zu Vermögensschäden s. Rz. 12). Nach § 198 Abs. 1 Satz 1 GVG wird angemessen entschädigt, wer infolge unangemessener Dauer eines Gerichtsverfahrens als Verfahrensbeteiligter einen Nachteil erleidet.

7   **Gerichtsverfahren** idS ist gem. § 198 Abs. 6 Nr. 1 GVG jedes Verfahren von der Einleitung bis zum rechtskräftigen Abschluss einschließlich eines Verfahrens auf Gewährung *vorläufigen Rechtsschutzes* und zur Bewilligung von *Prozesskostenhilfe.* Ein isoliertes Verfahren auf Bewilligung von PKH stellt ein Gerichtsverfahren iSv. § 198 Abs. 6 Nr. 1 GVG dar. Dagegen ist eine sich hieran anschließende Anhörungsrüge oder Gegenvorstellung ein Rechtsbehelf, der auf die Fortführung des ursprünglichen Verfahrens gerichtet ist (BFH X K 4/18 v. 20.3.19, BStBl. II 20, 16). *Kein Gerichtsverfahren* ist das *Verwaltungsverfahren* beim Finanzamt (BFH X S 18/12 (PKH) v. 26.7.12, BFH/NV 12, 1822).

8   **Verfahrensbeteiligter** iSd. § 198 Abs. 1 Satz 1 GVG ist gem. § 198 Abs. 6 Satz 2 GVG jede Partei und jeder Beteiligte eines Gerichtsverfahrens mit Ausnahme der Verfassungsorgane, der Träger öffentlicher Verwaltung und sonstiger öffentlicher Stellen, soweit diese nicht in Wahrnehmung eines Selbstverwaltungsrechts an einem Verfahren beteiligt sind. Dies sind im Finanzprozess in aller Regel der Kläger bzw. Antragsteller sowie ggf. Beigeladene (s. § 57 FGO), und zwar auch wenn es sich um juristische Personen handelt (vgl. BFH X K 1/16 v. 29.11.17, BStBl. II 18, 132).

9   Die **Angemessenheit der Verfahrensdauer** richtet sich gem. § 198 Abs. 1 Satz 2 GVG nach den **Umständen des Einzelfalles,** insbes. nach der Schwierigkeit und

Bedeutung des Verfahrens und nach dem Verhalten der Verfahrensbeteiligten und Dritter. Die Aufzählung ist beispielhaft und nicht abschließend. Das BVerfG (1 BvR 352/00 v. 20.7.00, NJW 01, 214) führt weitergehend an: Bedeutung der Streitsache für die Beteiligten, der Umfang des Falles (wie zB ein hoher Streitwert oder die Bedeutung des Ausgangsverfahrens für nachfolgende Veranlagungszeiträume), die Schwierigkeit des Sachverhalts oder der Rechtslage (wie zB Sachverhaltsermittlungen im Ausland), ermittlungsbedürftige Sachverhalte, das Verhalten der Beteiligten (wie zB die Inanspruchnahme des Gerichts durch eine Vielzahl von Anträgen, Beantragung von häufigen Fristverlängerungen uä.), Verzögerungen durch Dritte wie zB Sachverständige, ein hohes Alter und der Gesundheitszustand. **Keine Auswirkungen** auf die Angemessenheit hat hingegen die **Ursache für die Verzögerung,** sodass eine Verlängerung der Bearbeitungsfrist nicht unter Rekurs auf den Verantwortungsbereich des einzelnen Richters oder die *Gerichtsorganisation* begründet werden kann (BFH X K 2/15 v. 26.10.16, BStBl. II 17, 350 zum Berichterstatterwechsel).

Der BFH geht ausgehend von BFH X K 13/12 v. 7.11.13 (BStBl. II 14, 179) in st. Rspr. – vorbehaltlich besonderer Umstände im Einzelfall – davon aus, dass aufgrund der eher homogenen Fallstruktur in der Finanzgerichtsbarkeit und der relativ einheitlichen Bearbeitungsweise der einzelnen Gerichte für bestimmte typischerweise zu durchlaufende Abschnitte finanzgerichtlicher Verfahren zeitraumbezogene Konkretisierungen gefunden werden können. Danach wird das typische **Verfahren erster Instanz in drei Phasen** eingeteilt:

- In der *ersten Phase* wird die Klage eingereicht und werden die Schriftsätze ausgetauscht. Nur ausnahmsweise werden bereits rechtliche Hinweise erteilt. Diese **Phase des Schriftsatzaustauschs** ist dabei nicht bereits generell mit der Klageerwiderung beendet, sondern erstreckt sich so lange, wie die Beteiligten ihren Anspruch auf rechtliches Gehör in Anspruch nehmen und zum Verfahren und/oder zur Sache Stellungnahmen abgeben (vgl. BFH X K 7/13 v. 17.6.14, BFH/NV 15, 33).
- In der *zweiten Phase* sind die Rechtsmeinungen umfassend ausgetauscht, das Verfahren kann aber wegen der Arbeit an anderen Verfahren noch nicht bearbeitet werden; es wird in dieser Phase faktisch weder vom Gericht noch von den Beteiligten betrieben **("Ruhensphase").**
- In der *dritten Phase* trifft das Gericht Maßnahmen, die das Verfahren einer Entscheidung zuführen sollen **("Bearbeitungsphase").**

Nach Auffassung des BFH ist die Dauer der ersten und dritten Phase in besonderem Maße vom Schwierigkeitsgrad des Verfahrens und vom Verhalten der Beteiligten abhängig; vor allem die dritte Phase entziehe sich jedem Versuch einer zeitlichen Konkretisierung dessen, was als „angemessen" angesehen werden könnte. Demgegenüber ist die zweite Phase eher für die Suche nach zeitlichen Konkretisierungen geeignet. Vor diesem Hintergrund spricht nach der st. Rspr. des BFH bei einem finanzgerichtlichen Klageverfahren, das im Vergleich zu dem dargestellten Verfahrensablauf *keine wesentlichen Besonderheiten* aufweist, eine **Vermutung für die Angemessenheit der Verfahrensdauer,** wenn das Gericht **„gut zwei Jahre"** nach **Eingang der Klage** mit der **Bearbeitungsphase beginnt** und Maßnahmen ergreift, die das Verfahren einer Entscheidung zuführen sollen, ohne dass die Bearbeitung durch nennenswerte Zeiträume unterbrochen wird, in denen das Gericht die Akte unbearbeitet lässt (vgl. zB BFH X K 7/14 v. 2.12.15, BStBl. II 16, 405). Der BFH hat in diesem Zusammenhang zu einer **Vielzahl von Einzelkonstellationen** entschieden und diesen Grundsatz konkretisiert; dessentwegen wird auf das *Formular zur Verzögerungsrüge D. 2.25 Rz. 2* verwiesen. Bedeutsam ist insbes., dass die **Vermutung der Angemessenheit der Verfahrensdauer** von „gut zwei Jahren" dann **nicht** gilt, wenn der Verfahrensbeteiligte das Ausgangsgericht rechtzeitig und in nachvollziehbarer Weise auf Umstände hinweist, die für eine *besondere Eilbedürftigkeit des Verfahrens* sprechen, was bereits in § 198 Abs. 3 Satz 3 GVG angelegt ist. Die Ausnahme betrifft bspw.

Verfahren, die die Existenzgrundlage des Beteiligten betreffen oder in denen die Verschlechterung eines Beweismittels etwa wegen Krankheit oder hohen Alters eines wichtigen Zeugen droht. Auch insoweit wird wegen der Einzelheiten auf D. 2.25 Rz. 2 (Verzögerungsrüge) verwiesen. Zu beachten ist in jedem Fall, **dem FG** diese **Umstände,** sofern sie noch nicht in das Verfahren eingeführt worden sind, spätestens bei der Verzögerungsrüge **mitzuteilen.** Widrigenfalls werden sie nach § 198 Abs. 3 Satz 4 GVG bei der Bestimmung der angemessenen Verfahrensdauer nicht berücksichtigt (s. BFH X K 7/13 v. 17.6.14, BFH/NV 15, 33).

Ein Klageverfahren kann danach auch **mehrere Verzögerungszeiträume** aufweisen, wenn die Verzögerung durch verfahrensfördernde Maßnahmen des FG unterbrochen wurde, das Verfahren danach aber wieder in nennenswertem zeitlichen Umfang unbearbeitet geblieben ist (BFH X K 2/15 v. 26.10.16, BStBl. II 17, 350); insoweit ist besonders auf eine *ordnungsgemäße Verzögerungsrüge* zu achten (s. dazu Formular D. 2.25 sowie Rz. 10).

10   **Verzögerungsrüge:** Nach der Rspr. des BFH (zB X K 13/12 v. 7.11.13, BStBl. II 14, 179) ist **materielle Voraussetzung des Entschädigungsanspruchs** – nicht hingegen der Feststellung der Verzögerung oder etwaiger anderer Formen der Wiedergutmachung (§ 198 Abs. 4 Satz 3 Hs. 2 GVG) – eine ordnungsgemäß erhobene (formlose) Verzögerungsrüge iSd. § 198 Abs. 3 Satz 1 GVG (s. dazu iE zur Verzögerungsrüge Formular D. 2.25, insbes. D.2.25 Rz. 4 zur Form und D.2.25 Rz. 5 zum Inhalt). Dabei müssen zwingend auch etwaige *besondere Umstände,* die *für die Bestimmung des Verzögerungszeitpunktes* relevant sind und noch nicht eingeführt oder bekannt sind, mitgeteilt werden, um zu verhindern, dass sie bei der Bemessung der Verzögerung unberücksichtigt bleiben (§ 198 Abs. 3 Satz 4 GVG, s. auch BFH X K 7/13 v. 17.6.14, BFH/NV 15, 33). Die Rüge ist bei dem jeweiligen **mit dem Ausgangsrechtsstreit befassten Gericht,** also beim FG und/oder beim BFH (bzw. dem dort jeweils konkret betroffenen *Spruchkörper),* anzubringen. Hierbei ist größtes Augenmerk auf das **genaue „Timing"** der Rüge zu legen, um sie weder zu früh noch zu spät zu erheben. Sie kann erst erhoben werden, wenn Anlass zu der Besorgnis besteht, dass das Verfahren nicht in einer angemessenen Zeit abgeschlossen werden wird (§ 198 Abs. 3 Satz 2 GVG, s. iE zur Verzögerungsrüge D. 2.25 Rz. 12). Kommt sie **zu früh,** ist sie mit Blick auf die Begründung eines Entschädigungsanspruchs gänzlich unwirksam (BFH X K 2/15 v. 26.10.16, BFHE 255, 407). Kommt sie **zu spät,** verliert der Kläger aufgrund der (idR auf sechs Monate) *begrenzten Rückwirkung* der Verzögerungsrüge den Entschädigungsanspruch für die davor liegende Zeit einer unangemessen langen Verfahrensdauer (BFH X K 1/16 v. 29.11.17, BStBl. II 18, 132; X K 1/15 v. 6.4.16, BStBl. II 16, 694). Diese **Fragen der Wirksamkeit** entscheidet nicht das verzögernde Gericht, sondern das Entschädigungsgericht (BFH) im Rahmen der Entschädigungsklage (vgl. BFH X K 2/15 v. 26.10.16, BFHE 255, 407).

11   **Entschädigung:** „Wiedergutmachung" des Nichtvermögensnachteils in Gestalt einer **Entschädigung in Geld** kann nach § 198 Abs. 2 Satz 2 GVG nur beansprucht werden, soweit nicht nach den Umständen des Einzelfalles Wiedergutmachung auf andere Weise (§ 198 Abs. 4 GVG) ausreichend ist. IdS hat der BFH zB nur eine *Feststellung der Verzögerung* (als Minus zur Entschädigung) ausgesprochen, wenn objektiv ein Grund vorliegt, ein *Verfahren zum Ruhen* zu bringen, die Beteiligten der Anregung des FG aber nicht zugestimmt haben, obwohl hierfür keine Gründe erkennbar sind (BFH X K 12/13 v. 4.6.14, BStBl. II 14, 933; X K 4/14 v. 2.12.15, BFH/NV 16, 758; X K 6/14 v. 2.12.15, BFH/NV 16, 755); fehlt es allerdings an einer Anregung des FG gilt das nicht (BFH X K 7/14 v. 2.12.15, BStBl. II 16, 405). Ebenfalls keiner Entschädigung in Geld bedarf es, wenn eine finanzgerichtliche *Klage unschlüssig,* d. h. bereits nach dem eigenen Tatsachenvortrag des Klägers erkennbar unbegründet ist, weil das verzögerte Verfahren dann für den Entschädigungskläger objektiv keine besondere Bedeutung habe (BFH X K 3/12 v. 17.4.13, BStBl. II 13, 547). Liegen die

Voraussetzungen für eine Geldentschädigung hingegen vor, kann für den durch die Verzögerung verursachten immateriellen Schaden eine **pauschale Entschädigung von € 1.200** für jedes Jahr der Verzögerung verlangt werden (§ 198 Abs. 2 Satz 3 GVG). Diese bricht der BFH auf eine monatsweise Betrachtung herunter (BFH X K 8/13 v. 19.3.14, BStBl. II 14, 584). Gem. § 198 Abs. 2 Satz 4 GVG kann in Fällen der „Unbilligkeit" ein höherer oder niedrigerer als der im Gesetz genannte Pauschalbetrag für Nichtvermögensnachteile festgesetzt werden (s. BFH X K 3–7/16 v. 12.7.17, BStBl. II 18, 103; X K 2/16 v. 6.6.18, BFH/NV 18, 1149). Ein (immaterieller) **Nachteil kann insgesamt fehlen,** wenn der Kläger im FG-Verfahren ausschließlich wegen der überlangen Verfahrensdauer obsiegt hat, weil zu einem Zeitpunkt, in dem das Ausgangsverfahren bereits als verzögert anzusehen war, eine zugunsten des Klägers wirkende Änderung der Rspr. eingetreten ist (BFH X K 2/12 v. 20.11.13, BStBl. II 14, 395).

Soll iRd. Entschädigungsklage ein **echter Vermögensnachteil** liquidiert werden, was zT für zulässig gehalten wird (s. dazu iE *Tipke/Kruse* § 155 FGO Rz. 12), ist jedenfalls der materielle Nachteil sowie die **Ursächlichkeit** der unangemessenen Dauer des Gerichtsverfahrens für den Nachteil iE darzulegen und nachzuweisen. In Betracht kommt grds. jede Vermögenseinbuße, die bei der Bearbeitung des Verfahrens in angemessener Dauer nicht entstanden wäre. Ein materieller Schaden wird im Entschädigungsklageverfahren allerdings nur „angemessen entschädigt" nicht iSd. §§ 249 ff. BGB restituiert.   12

3. Durchsetzung des Entschädigungsanspruchs (Entschädigungsklage)

Klageerhebung und Zuständigkeit: Die Entscheidung über die Entschädigungs-   13
klage ist im finanzgerichtlichen Verfahren *ausschließlich* dem **BFH** (§ 155 Satz 2 FGO) übertragen (Abweichung von § 201 GVG); er ist das **Entschädigungsgericht** iSd. § 198 Abs. 3 Satz 4 GVG. Die Verfahren sind dort dem X. Senat (betreffend Verfahren des X. Senats dem VII. Senat) zugewiesen. Für Entschädigungsklagen besteht wie im Allgemeinen vor dem BFH **Vertretungszwang** nach § 62 Abs. 4 FGO (BFH X K 11/12 v. 6.2.13, BStBl. II 13, 447). Das gilt *nicht für PKH-Verfahren,* für die ebenfalls der BFH zuständig ist (BFH X S 40/13 (PKH) v. 23.1.14, BFH/NV 14, 569; X S 9/17 (PKH) v. 19.10.17, BFH/NV 18, 203): jeweils auch zu Begründungsanforderungen, s. dazu auch Formular D. 2.17).

Beklagter: Die Klage ist gegen die *jeweils betroffene Gebietskörperschaft* zu richten, die   14
für die Verzögerungen ihrer Gerichte haftet (s. § 200 GVG); die Länder werden regelmäßig vertreten durch den Präsidenten des jeweiligen FG (vgl. BFH X K 3/12 v. 17.4.13, BStBl. II 13, 547; X K 3/13 v. 19.3.14, BFH/NV 14, 1053).

Kein Vorfahren, aber Zahlungsaufforderung: Für die Entschädigungsklage ist   15
kein Vorverfahren vorgesehen. Gleichwohl *muss,* bevor eine Entschädigungsklage eingereicht wird, *aus Kostengründen* das beklagte Land (für dieses der Präsident des betroffenen FG) **vorgerichtlich zur Zahlung aufgefordert** werden. Dies ist zwar keine verfahrensrechtliche Voraussetzung für die Zulassung oder den Erfolg der Klage. Indessen läuft der Kläger ansonsten Gefahr, die *Kosten des Entschädigungsverfahrens analog § 93 ZPO* tragen zu müssen, wenn der Beklagte den Anspruch sofort anerkennt (s. BFH X K 1/16 v. 29.11.17, BStBl. II 18, 132) und *insoweit* keinen Klageabweisungsantrag stellt (s. BFH X K 3/15 v. 25.10.16, BFH/NV 17, 159). Nachdem der BFH mittlerweile einige „Grundpfeiler" zur angemessenen Verfahrensdauer eingeschlagen hat, dürften in Fällen offenkundiger Verzögerung bereits auf diesem Weg Auszahlungen (ggf. auch für Teilzeiträume) bzw. *einvernehmliche Streitbeilegung* zu erreichen sein (s. zB BFH X K 3–6/17 v. 27.6.18, BFH/NV 19, 27); wegen eines (Verzugs-)Zinsanspruchs in diesen Fällen s. Rz. 18.

16   **Fristen:** Die Entschädigungsklage kann gem. § 198 Abs. 5 Satz 1, 2 GVG zum einen **frühestens sechs Monate nach Erhebung der Verzögerungsrüge** erhoben werden („*Wartefrist*"), wobei es für die Zulässigkeit der Entschädigungsklage auf die Wirksamkeit der Rüge nicht ankommt (BFH X K 2/16 v. 6.6.18, BFH/NV 18, 1149). Die Klage kann *schon vor Abschluss des Ausgangsverfahrens*, muss aber **spätestens sechs Monate nach Eintritt der Rechtskraft** der Entscheidung, die das Verfahren beendet, oder einer anderen Erledigung des Ausgangsverfahrens erhoben werden („*Klagefrist*", s. BFH X K 2/16 v. 6.6.18, aaO; X S 9/17 (PKH) v. 19.10.17, BFH/NV 18, 203). Zur Wartefrist hat der BFH entschieden, dass es sich um eine **Zulässigkeitsvoraussetzung** handelt (BFH X S 12/13 (PKH) v. 12.3.13, BFH/NV 13, 961, X K 2/16 v. 6.6.18, aaO). Entsprechendes hat er bislang auch für die Klagefrist angenommen (BFH X K 2/16 v. 6.6.18, aaO), dies aber – mit Blick auf die abweichende Rspr. des BSG (zB BSG B 10 ÜG 1/17 R v. 7.9.17: materiell-rechtliche Ausschlussfrist) – nicht noch einmal bekräftigt (BFH X K 4/18 v. 20.3.19, BStBl. II 20, 16). Wird das **Ausgangsverfahren** – einschließlich etwaiger nachlaufender Anhörungsrügen! – bereits **vor Ablauf der Wartefrist beendet,** kommt es auf diese nicht mehr an; sie verliert ihren Sinn und der Entschädigungskläger kann die Entschädigungsklage unverzüglich erheben (BFH X S 31–36/16 (PKH) v. 7.2.17, BFH/NV 17, 612). Bei **Entscheidungen, die nicht der materiellen Rechtskraft fähig** sind, ist iRd. Klagefrist auf die formelle Rechtskraft abzustellen, d. h. maßgeblicher Zeitpunkt ist deren Zustellung bzw. Bekanntgabe (BFH X K 4/18 v. 20.3.19, BStBl. II 20, 16). Zu beachten ist in diesem Zusammenhang: Die *Klagefrist* wirkt *im PKH-Verfahren als Ausschlussfrist* für den *Nachweis der Mittellosigkeit* (s. BFH X S 9/17 (PKH) v. 19.10.17, BFH/NV 18, 203).

17   **Klageziel und –antrag:** Bei einer unangemessenen Dauer des Gerichtsverfahrens hat der Kläger Anspruch auf Ersatz des dadurch entstandenen immateriellen und materiellen Schadens. Wegen des im Zentrum des § 198 GVG stehenden Nichtvermögensnachteils kann eine **pauschale Entschädigung von € 1.200** für jedes Jahr der Verzögerung verlangt werden (§ 198 Abs. 2 Satz 3 GVG); die der BFH auf eine monatsweise Betrachtung herunterbricht (BFH X K 8/13 v. 19.3.14, BStBl. II 14, 584). Die Klage ist als **Leistungsklage** zu erheben (*Tipke/Kruse* § 155 FGO, Rn. 16). Nachdem der BFH in seiner „älteren" Rspr. für den Klageantrag auf Entschädigung lediglich verlangt hat, dass der Kläger einen Mindestbetrag angibt (zB BFH X K 7/14 v. 2.12.15, BStBl. II 16, 405), hat er diese Rspr. dahingehend „fortentwickelt", dass ein **bestimmter und bezifferter Klageantrag** (Leistungsklage) gestellt werden muss und sich der Entschädigungskläger mithin auf die Annahme einer bestimmten Dauer der Verzögerung festlegen muss. Hierdurch wird das klägerische *Kostenrisiko* begrenzt, aber auch der *Entscheidungsumfang des Gerichts*. Etwas anderes gilt nur, soweit der BFH gem. § 198 Abs. 2 Satz 4 GVG in **Fällen der „Unbilligkeit"** einen höheren oder niedrigeren als den im Gesetz genannten Pauschalbetrag für Nichtvermögensnachteile festsetzen kann (s. BFH X K 3–7/16 v. 12.7.17, BStBl. II 18, 103, X K 2/16 v. 6.6.18, BFH/NV 18, 1149).

18   **Prozesszinsen:** Soweit ein Entschädigungsklageverfahren zur Zuerkennung eines Geldanspruchs führt, besteht zusätzlich ein Anspruch auf *Zinsen iHv. fünf Prozentpunkten über dem jeweiligen Basiszinssatz* gemäß § 288 Abs. 1 Satz 2 und § 291 BGB. **Dies muss beantragt werden.** Der erhöhte Zinssatz nach § 288 Abs. 2 BGB ist nicht anwendbar, weil ein Anspruch auf Entschädigung keine „Entgeltforderung" ist (BFH X K 8/13 v. 19.3.14, BStBl. II 14, 584; X K 2/16 v. 6.6.18, BFH/NV 18, 1149). Der **Zinslauf** beginnt mit der Rechtshängigkeit der Entschädigungsklage, die (für seit dem 15.10.16 eingehende Klagen) nicht wie sonst mit Klageerhebung, sondern erst mit Klagezustellung eintritt (§ 66 Satz 2 FGO, s. dazu BFH X K 1/19 v. 8.10.19 v. 8.10.19, BFH/NV 20, 98). Insofern ist auf die *zeitige Einzahlung des Gerichtskostenvorschusses* (Rz. 21) Acht zu geben.

Für den Fall, dass der Beklagte bereits **auf vorprozessuale Mahnung Teilbeträge gezahlt** hat, kann insoweit und soweit ein Entschädigungsanspruch tatsächlich bestanden hat, ein **Verzugszinsanspruch** iHv. von fünf Prozentpunkten über dem Basiszinssatz (§§ 288 Abs. 1, 286 BGB) in Betracht kommen, der ebenfalls **beantragt** werden muss (s. dazu BFH X K 3/16 v. 27.6.18, BFH/NV 19, 27).

Verfahren: Auf das Entschädigungsklageverfahren sind die Vorschriften über das **19 Verfahren im ersten Rechtszug** (Tatsacheninstanz!) anzuwenden (§ 155 Satz 2 Hs. 2 FGO; s. dazu einschlägige Formulare unter D. 2.). Der BFH entscheidet grds. nach mündlicher Verhandlung – auf die auch nach § 90 Abs. 2 FGO verzichtet werden kann (BFH X K 3/15 v. 25.10.16, BFH/NV 17, 159) – durch Urteil oder ohne mündliche Verhandlung durch Gerichtsbescheid (§ 90a FGO). Zwischenentscheidungen nach §§ 97 ff. FGO sind möglich (s. BFH X K 13/12 v. 7.11.13, BStBl. II 14, 179: Zwischenurteil iSd. § 99 FGO). Grds. dürfte bei einem Streitwert bis zu € 500 (entspricht fünfmonatiger Verzögerung) auch ein Verfahren nach billigem Ermessen § 94a FGO in Betracht kommen. *Einzelrichterübertragungen nach § 6 FGO* sind *unzulässig* (vgl. § 201 Abs. 2 Satz 2 FGO, im Ergebnis auch BFH X E 8/12 v. 20.2.13, BFH/NV 13, 763). Die *Zuständigkeit des Berichterstatters nach § 79a FGO* ist hingegen (anders als in § 121 Satz 2 FGO) durch § 155 Satz 2 FGO nicht ausgeschlossen und der BFH will diese unter Hinweis auf BT-Drs. 17/7217, S. 28, auch annehmen (BFH X E 8/12 v. 20.2.13, BFH/NV 13, 763). Das ist allerdings nur insoweit zutreffend, als es *nicht um Sachentscheidungen* geht; denn für diese wollte der Gesetzgeber die Einzelrichterstellung gerade ausschließen (BT-Drs. 17/7217, S. 28).

Rechtsmittel gegen die BFH-Entscheidung über die Entschädigungsklage sind **20 nicht vorgesehen.** § 133a FGO ist aber anwendbar (ebenso *Gosch AO/FGO* § 155 FGO Rz. 131; *Tipke/Kruse* § 155 FGO Rz. 17), s. zur Anhörungsrüge Formular D. 3.05 und Formular D. 2.02.

Kosten: Für die Entschädigungsklage ist ein **Gerichtskostenvorschuss** zu leisten. **21** Anders als im finanzgerichtlichen Verfahren im Übrigen, sondern wie im Zivilprozess soll die **Klage erst nach dessen Einzahlung zugestellt** werden (§ 12a, § 12 Abs. 1 Satz 1 GKG); das hat Bedeutung für Rechtshängigkeit und Zinslauf (s. Rz 18). Die Streitwertermittlung richtet sich nach dem Antrag (s. aber auch BFH X K 10/12 v. 5.3.12, BFH/NV 13, 953). Der *Mindeststreitwert* gem. § 52 Abs. 4 Nr. 1 GKG ist im Entschädigungsverfahren allerdings *nicht* anzuwenden. Zu den Kosten s. iE Formular D. 2.16. Für die **Kostenentscheidung in der Hauptsache** gelten die allgemeinen Grundsätze (§§ 135 ff. FGO), ergänzt durch den Rechtsgedanken des § 93 ZPO (keine *vorprozessuale Zahlungsaufforderung,* s. dazu Rz. 15) sowie durch § 201 Abs. 4 GVG, wonach das Gericht über die Kosten nach billigem Ermessen entscheidet, soweit ein Entschädigungsanspruch nicht oder nicht in der geltend gemachten Höhe besteht, aber eine unangemessene Verfahrensdauer festgestellt wird (s. dazu BFH X K 12/13 v. 4.6.14, BStBl. II 14, 933).

E. Steuerstrafverfahren

Übersicht

E. 1. Selbstanzeige

E. 1.01 Selbstanzeige

Gliederung

I. FORMULAR

Formular E. 1.01 Selbstanzeige

An das Finanzamt ......

Betr.:   **Eheleute ......**

StNr.: ......

hier: Einkommensteuer 2009 bis 2019, Gewerbe- und Umsatzsteuer 2014 bis 2019

Sehr geehrte Damen und Herren,

bei Durchsicht unserer Steuerunterlagen haben wir festgestellt, dass die für die Jahre 2009–2019 abgegebenen Steuererklärungen nicht vollständig sind.

So sind folgende nur dem Ehemann zugeflossenen Provisionseinnahmen steuerlich nicht erfasst worden:

2014 – € 24.500,–

2015 – € 16.600,–

2016 – € 18.700,–

2017 – € 28.600,–

2018 – € 26.100,–

2019 – € 28.200,–

Die monatliche Zuordnung der Provisionseinnahmen kann der beigefügten Anlage entnommen werden.

Darüber hinaus sind folgende Zinseinnahmen aus Festgeld- und Sparbuchguthaben nicht angegeben worden:

2009 – € 6.973,32

2010 – € 4.349,92

2011 – € 7.339,86

2012 – € 7.287,35

2013 – € 5.749,30

2014 – € 8.324,47

2015 – € 9.684,25

2016 – € 9.142,14

2017 – € 9.834,27

2018 – € 10.239,73

2019 – € 11.483,83

Sofern für weitere, vorstehend nicht ausdrücklich aufgeführte Veranlagungszeiträume noch keine Festsetzungsverjährung eingetreten sein sollte bzw. nach Ihrer Rechtsansicht weitere Veranlagungszeiträume, welche vorstehend nicht ausdrücklich genannt sind, von dem Berichtigungsverbund nach § 371 Abs. 1 AO umfasst sein sollten, soll für die Zwecke dieser Anzeige unterstellt werden, dass in diesen Veranlagungszeiträumen jeweils bislang nicht deklarierte Zinseinnahmen aus Festgeld- und Sparbuchguthaben in Höhe von € 8.000,– erzielt wurden.

Die weitergehenden Einzelheiten entnehmen Sie bitte den als Anlage beigefügten Berechnungslisten und Bankunterlagen.

Ferner werden wir innerhalb der nächsten zwei bis drei Wochen eine freiwillige Akontozahlung auf die im Raum stehende Steuernachforderung in Höhe von € ...,– leisten. Wir bitten, die Finanzkasse zu unterrichten und das Guthaben bis zur Festsetzung zu verwahren und zunächst mit den Steuernachzahlungen nachrangig mit Solidaritätszuschlag und Kirchensteuer zu verrechnen.

Hinsichtlich der Festsetzung von Vorauszahlungen gehen wir davon aus, dass in den Folgejahren Einkünfte in ähnlicher Höhe wie im Jahr 2019 entstehen werden.

....

[Unterschrift]

[Datum]

Anlage

II. ERLÄUTERUNGEN

Erläuterungen zu E. 1.01 Selbstanzeige

1. Grundsätzliche Anmerkungen

a) Funktion und Zweck der Selbstanzeige

Die Selbstanzeige dient aus Sicht des Steuerpflichtigen dem Ziel, für eine bereits 1 begangene Steuerstraftat oder Steuerordnungswidrigkeit Straffreiheit (Bußgeldfreiheit) zu erlangen. Der Sinn und Zweck der Selbstanzeige besteht insbesondere in der im Fiskalinteresse liegenden Erschließung unbekannter Steuerquellen sowie in der Honorierung der (vollständigen) Rückkehr in die Steuerehrlichkeit.

b) Strafrecht

Anwendungsbereich der Selbstanzeige. Bei § 371 AO handelt es sich um einen 2 persönlichen **Strafaufhebungsgrund.** Im Hinblick darauf tritt die Strafbefreiung allein für denjenigen Täter oder Teilnehmer ein, der die Selbstanzeige erstattet (BGH 5 StR 548/03 v. 5.5.04, NJW 05, 2720). Nach dem Wortlaut ist eine Selbstanzeige nur möglich bei einer Steuerhinterziehung im Sinne des § 370 AO.

Hiervon abzugrenzen ist eine Korrektur nach § 153 AO (siehe Formular E.2). Sowohl § 153 AO als auch § 371 AO sind Korrekturvorschriften, die Anwendung finden, wenn in der Vergangenheit unrichtige Angaben gemacht worden sind. Der Unterschied liegt allein im subjektiven Bereich. Hat der Täter vorsätzlich falsche Angaben gemacht, kann eine Offenlegung und Berichtigung gegenüber den Behörden nur eine Selbstanzeige gem. § 371 AO bzw. bei leichtfertigen Handeln nach § 378 Abs. 3 AO darstellen. Dementsprechend sind die strengen Anforderungen, die an eine wirksame Selbstanzeige gestellt werden, zwingend zu beachten. War dem Stpfl. hingegen die Unrichtigkeit seiner Angaben nicht bekannt und erkennt er diese erst im Nachhinein, besteht lediglich eine Pflicht gem. § 153 AO, die Unrichtigkeit der Angaben unverzüglich anzuzeigen und zu berichtigen.

Im Übrigen ist eine Selbstanzeige für andere Straftaten nur insoweit möglich, als andernorts die entsprechende Anwendung des § 371 AO vorgeschrieben ist (zB § 14 Abs. 3 des 5. VermBG; § 8 Abs. 2 WoPG).

Die Straffreiheit der Selbstanzeige erstreckt sich nicht auf etwaige mit der Steuerhinterziehung tateinheitlich oder tatmehrheitlich begangene allgemeine Straftaten. Sie hindert auch nicht die Festsetzung einer Geldbuße wegen Steuergefährdung, weil § 379 AO die Möglichkeit einer Selbstanzeige nicht vorsieht (KG 2 Ss 33/92 ua. v. 7.5.92, wistra 94, 36). Auch disziplinarrechtliche Folgen für Richter, Beamte und Soldaten sowie standesrechtliche Folgen zB für Rechtsanwälte, Steuerberater oder Wirtschaftsprüfer sind trotz Selbstanzeige nicht ausgeschlossen (vgl. zu Mitteilungen zur Durchführung dienstlicher Maßnahmen gegen Beamten und Richter, BMF v. 12.1.18, BStBl. I 18, 201). Bei einer Selbstanzeige aus freien Stücken kann jedoch die höchste Disziplinarmaßnahme (Entfernung aus dem Beamtenverhältnis, Aberkennung des Ruhegehalts) selbst bei enormer Höhe des Hinterziehungsbetrags nicht verhängt werden (BVerwG 2 C 16/10 v. 28.7.11, wistra 12, 37).

3   Eine wirksame Selbstanzeige **hindert die Festsetzung einer Geldbuße** gegen eine juristische Person oder Personenvereinigung gem. § 30 OWiG, da eine selbstständige Festsetzung gem. § 30 Abs. 4 S. 3 OWiG ausgeschlossen ist, wenn die Anknüpfungstat (zB Steuerhinterziehung eines Mitarbeiters) aus rechtlichen Gründen nicht verfolgt werden kann. Dies gilt jedoch nach wohl hM nicht, wenn die Anknüpfungstat eine Aufsichtspflichtverletzung nach § 130 OWiG ist (aA *Reichling* NJW 13, 2233). Es ist daher für Unternehmen von erheblicher Bedeutung, dass alle (Leitungs-)Personen, die als Anknüpfungstäter in Betracht kommen, in die Selbstanzeige einbezogen werden (*Reichling* NJW 13, 2233). In der Praxis werden hierzu Anschlusserklärungen erstellt (Siehe Formular E.1.04).

Auch nach dem geplanten **Verbandssanktionengesetz** (VerSanG – BT-Drs. 19/23568) soll gem. § 5 VerSanG-E eine Sanktion ggü. dem Verband nicht verhängt werden, „*wegen einer Verbandstat, die nicht verfolgt werden kann, weil eine Strafe ausgeschlossen oder aufgehoben ist*". Aufgrund der nach dem geplanten VerSanG drohenden massiven Sanktionen, wird einer wirksamen Selbstanzeige mit Schutzwirkung für alle potenziell Beteiligten eine noch größere Bedeutung zukommen.

4   **Kreis der Anzeigeerstatter.** Im Hinblick darauf, dass es sich um einen persönlichen Strafaufhebungsgrund handelt, führt die Selbstanzeige nur bei demjenigen zur Straffreiheit, der sie erstattet hat. In Betracht kommen der Täter, Nebentäter und Mittäter, der Anstifter und der Gehilfe. Insbesondere bei Steuerstraftaten/-OWi im Unternehmen ist, aufgrund der arbeitsteiligen Strukturen und regelmäßig vorzufindenden Delegation von Aufgaben, in diesem Zusammenhang sorgfältig zu prüfen, wer als potenzieller Täter/Teilnehmer in Betracht kommt. Wie bereits erörtert, ist die Frage im Hinblick auf eine möglicherweise im Raum stehende Geldbuße gegen das Unterneh-

men von großer Relevanz. Im Unternehmenskontext stellt sich des Weiteren die Frage, durch wen die Selbstanzeige zu erfolgen hat. Obwohl es sich bei der Selbstanzeige um einen persönlichen Strafaufhebungsgrund handelt, ist nach herrschender Meinung in Rspr. und Literatur (BGH 5 StR 548/03 v. 5.5.04, NJW 05, 2720; KG (4) 121 Ss 169/16 (195/16) v. 24.11.16, NStZ-RR 17, 215; *Esser/Rübenstahl/Saliger/Tsambikakis/Hunsmann* Wirtschaftsstrafrecht 2017 § 371 AO Rz. 25; *J/J/R* § 371 AO Rz. 107; *Handel* DStR 18, 709) eine Stellvertretung grundsätzlich zulässig. Inwieweit eine offene oder verdeckte Stellvertretung zulässig ist, ist umstritten (siehe zum Meinungsstand *Handel* DStR 18, 709).

Jedenfalls in den Fällen des § 398a AO und eines Fristsetzungserfordernisses gem. § 371 Abs. 3 AO sollte eine Offenlegung erfolgen, da es nur so möglich ist, dem Täter oder Teilnehmer eine Frist zu setzen bzw. in den Fällen des § 398a AO nur so der FinVerw. bekannt wäre, wer zur Entrichtung des Geldbetrages heranzuziehen ist (siehe auch Rz. 26). Voraussetzung für eine wirksame Stellvertretung ist, dass der Vertreter von dem Selbstanzeigeerstatter nach Begehung der Tat und vor Abgabe der Selbstanzeige persönlich beauftragt und bevollmächtigt worden ist. Die Selbstanzeige muss durch den Betroffenen persönlich veranlasst worden sein. Die Anzeige eines Vertreters ohne Vertretungsmacht bleibt wirkungslos; daran ändert auch eine nachträgliche Genehmigung nichts. Eine Geschäftsführung **ohne Auftrag** iSd § 677 BGB wird ebenfalls nicht anerkannt. Schließlich muss die Vollmacht zur Erstattung einer Selbstanzeige spezieller Natur sein; eine allgemeine, etwa dem Steuerberater vor der Tat erteilte Steuervollmacht reicht nicht aus. Es ist zwar keine Form formgeschrieben, aber die schriftliche Niederlegung ist aus Beweisgründen dringend zu empfehlen. Die potenziell beteiligten Mitarbeiter sollten daher vorsorglich ausdrücklich in die Schutzwirkung der Selbstanzeige einbezogen werden.

Form der Selbstanzeige. § 371 AO schreibt für die Selbstanzeige keine besonde- **5** re **Form** vor. Daher kann die Selbstanzeige auch mündlich oder fernmündlich erstattet werden. Um Missverständnisse und Zweifel an der Vollständigkeit der Selbstanzeige von vornherein auszuschließen, ist die Schriftform stets vorzuziehen.

Die Selbstanzeige ist so abzufassen, dass sich aus ihr die Person des Anzeigenden ergibt. Die Bezeichnung als Selbstanzeige ist nicht erforderlich (BGH 1 StR 631/10 v. 25.7.11, NJW 11, 3249). Es reicht aus, dass sich aus den Umständen ergibt, dass es sich um eine solche handeln soll. Daher reicht auch die nachträgliche Abgabe einer richtigen Steuererklärung aus, wenn sich aus ihr ergibt, dass sie eine frühere abgegebene unrichtige Steuererklärung ersetzen oder unterlassene Steuererklärungen nachholen soll. Nicht erforderlich ist dagegen, dass der Selbstanzeige ausgefüllte Erklärungsvordrucke (zB Anlage KAP) beigefügt werden. Auch die Einreichung einer wahrheitsgemäßen Umsatzsteuerjahreserklärung kann im Verhältnis zu den zuvor unterlassenen oder unzutreffenden monatlichen Umsatzsteuer-Voranmeldungen eine Selbstanzeige darstellen. Ein ausdrücklicher Hinweis ist nicht erforderlich (BGH 5 StR 392/98 v. 13.10.98, NStZ 99, 38).

Notwendiger Inhalt der Selbstanzeige. § 371 Abs. 1 AO verlangt seit der Än- **6** derung der Selbstanzeige durch das am 3.5.11 in Kraft getretene *Schwarzgeldbekämpfungsgesetz* v. 28.4.11 (BGBl. I 11, 676; *Schauf/Schwartz* PStR 11, 117; *Schwartz/Külz* PStR 11, 249; *Schwartz/Höpfner* PStR 14, 170), dass zu allen Steuerstraftaten einer Steuerart in vollem Umfang die unrichtigen Angaben berichtigt, die unvollständigen Angaben ergänzt oder die unterlassenen Angaben nachgeholt werden. Im Hinblick darauf reicht der Hinweis nicht aus, in der Vergangenheit Steuern hinterzogen zu haben. Allgemeine Formulierungen sind stets unzureichend. Grundsätzlich ist vielmehr erforderlich, der Finanzbehörde derart konkrete Angaben über Besteuerungsgrundlagen zu machen (Grundsatz der Materiallieferung), dass sie ohne langwierige eigene Ermittlungen zum Sachverhalt die Steuern so veranlagen kann, als wäre die Steuererklärung von vornherein ordnungsmäßig abgegeben worden (BGH 4 StR 369/74 v.

5.9.74, NJW 74, 2293; BGH 5 StR 548/03 v. 5.5.04, NJW 05, 2720; BGH 5 StR 118/05 v. 16.6.05, NJW 05, 2723). Jede Selbstanzeige muss daher zwingend korrigierte Zahlen enthalten.

Erforderlich ist die **Korrektur aller unverjährten Steuerstraftaten einer Steuerart.** In der durch das Gesetz zur Änderung der Abgabenordnung und des Einführungsgesetzes zur Abgabenordnung (AOÄndG 2015 v. 22.12.14, BGBl. I 14, 2415) mWv 1.1.15 erneut geänderten Fassung verlangt § 371 Abs. 1 Satz 2 AO zusätzlich, dass mindestens Angaben **zu allen Steuerstraftaten innerhalb der letzten 10 Kalenderjahre** (sog. **erweiterter Berichtigungsverbund**) gemacht werden.

6a   In zeitlicher Hinsicht bestimmt sich das Vollständigkeitsgebot zunächst nach der strafrechtlichen Verfolgungsverjährung (§§ 78 ff. StGB) und nicht nach der steuerrechtlichen Festsetzungsverjährung (§§ 169 ff. AO). Die strafrechtliche Verfolgungsverjährung beträgt im Fall der einfachen Steuerhinterziehung nach § 78 Abs. 3 Nr. 4 StGB iVm § 369 Abs. 2 AO derzeit fünf Jahre. Liegt dagegen eine Steuerhinterziehung im besonders schweren Fall vor (§ 370 Abs. 3 Satz 2 Nr. 1 bis 6 AO), verlängert sich die Verjährung seit Inkrafttreten des JStG 2020 am 29.12.20 von vormals zehn auf fünfzehn Jahre. Erfasst werden sämtliche zum Zeitpunkt des Inkrafttretens noch nicht verjährten Taten.

Zu beachten ist, dass bereits vor Verabschiedung des JStG 2020 mit Wirkung zum 1.7.20 durch Art. 6 des CoronaStHG II v. 29.6.20 (BGBl. I 20, 1512) § 376 AO geändert und insbes. der Abs. 3 neu eingefügt worden ist. Die absolute Verjährungsfrist wurde auf das Zweieinhalbfache verlängert. Hiernach gilt nunmehr für besonders schwere Fälle der Steuerhinterziehung nach § 370 Abs. 3 S. 2 Nr. 1 bis 6 AO eine absolute Verjährung von 37,5 Jahren. Zudem wurde in Abs. 1 ein neuer Hs. 2 eingefügt, der § 78b Abs. 4 StGB (Ruhen der Verjährung) für entsprechend anwendbar erklärt. Da im Rahmen einer Selbstanzeige alle unverjährten Steuerstraftaten umfasst sein müssen, bedeutet die Verlängerung der Verjährungsfrist für besonders schwere Fälle, dass nunmehr potenzielle Taten im Zeitraum von 15 Jahren zu berücksichtigen sind. Für die Praxis ergibt sich insoweit die Problematik, dass es regelmäßig nur schwer möglich sein wird, an Unterlagen aus derart lang zurückliegenden Zeiträumen zu kommen. Insbesondere Bankunterlagen werden in der Regel dann nicht mehr vollumfänglich zur Verfügung stehen. Banken sind nämlich gemäß § 257 HGB nur verpflichtet Unterlagen für 6 bzw. 10 Jahre vorzuhalten. Zu berücksichtigen ist dabei auch, dass eine Speicherung über diesen Zeitraum hinaus sogar unzulässig und nach der DSGVO bußgeldbewehrt sein kann. So lange nach § 257 HGB eine Pflicht zur Aufbewahrung besteht, hat derjenige, der die Daten verarbeitet, auch das Recht die Daten zu speichern. Für den Zeitraum danach bedarf es jedoch eines legitimen Zwecks (Art. 5 Abs. 1 lit. b) DSGVO). Es ist davon auszugehen, dass insbesondere Banken schon aus Vorsichtsgründen nach Ablauf der gesetzlichen Aufbewahrungsfrist eine Löschung vornehmen werden. Ohne konkrete Zahlen, kann eine wirksame Selbstanzeige dann nur noch im Wege der Schätzung erreicht werden.

Da ein schwerer Fall der Steuerhinterziehung u.a. schon bei einem Hinterziehungsbetrag von mehr als € 50.000 vorliegt, wird insbesondere bei Unternehmen häufig eine schwere Steuerhinterziehung vorliegen, sodass in diesen Fällen regelmäßig die 15 Jahre zu beachten sind.

Durch die Verlängerung der Verjährungsfrist für Fälle der schweren Steuerhinterziehung ist der 10-Jahres-Zeitraum, der neben dem Kriterium, dass alle unverjährten Steuerstraftaten zu korrigieren sind, zu beachten ist, nur noch für Fälle der einfachen Steuerhinterziehung von Bedeutung. In Fällen schwerer Steuerhinterziehung ist immer die Verjährungsfrist von 15 Jahren zu beachten.

Die Bestimmung des mWv 1.1.15 neu eingeführten **Zehnjahres-Zeitraums** ist im Einzelnen alles andere als eindeutig (*Kohlmann/Schauf*, Steuerstrafrecht, § 371 AO, Rz. 117 ff.). So ist nach wie vor nicht abschließend geklärt, ob die Formulierung „innerhalb der letzten zehn Kalenderjahre" die zurückliegenden zehn Besteuerungszeiträume (Kalenderjahre) meint oder alle Taten einer Steuerart, die in den letzten zehn Jahren begangen wurden. Je nachdem, wann die unrichtige Steuererklärung eingereicht wurde (Zeitpunkt der Tatvollendung und -beendigung), ergeben sich unterschiedliche Berichtigungszeiträume. In **Nr. 11 Abs. 3 AStBV (St) 2017** (BStBl. I 16, 1338) wurde nunmehr eine Regelung aufgenommen, wie der **erweiterte Berichtigungsverbund** aus **Sicht der Finanzverwaltung** zu bestimmen ist: *„Die zehn Kalenderjahre sind diejenigen, die dem Jahr des Eingangs der Selbstanzeige vorangehen. Nach dem Vollständigkeitsgebot müssen zu allen unverjährten Steuerstraftaten einer Steuerart in vollem Umfang die unrichtigen Angaben berichtigt werden, die unvollständigen Angaben ergänzt oder die unterlassenen Angaben nachgeholt werden, so dass auch die Steuerstraftaten, die im Kalenderjahr der Abgabe der Selbstanzeige begangen wurden, mit erklärt werden müssen, damit von einer wirksamen Selbstanzeige ausgegangen werden kann. Anknüpfungspunkt für den strafrechtlich noch nicht verjährten Zeitraum ist die materielle Tat, die durch Steuerart und Besteuerungszeitraum bestimmt wird. Bei Abgabe einer unrichtigen oder unvollständigen Erklärung ist für die Berechnung des Berichtigungszeitraums auf den Abgabezeitpunkt der Erklärung abzustellen. Bei Unterlassungsdelikten ist auf die Tatvollendung abzustellen. "*

Die FinVerw. unterscheidet zwischen der Berechnung des Zehnjahres-Zeitraums und der Bestimmung der in den Zehnjahres-Zeitraum fallenden Taten. Bei der Berechnung des Zehnjahres-Zeitraums nimmt die FinVerw. keine taggenaue Abrechnung, die auf den Tag des Eingangs der Selbstanzeige abstellt, vor, sondern legt die vollen zehn Kalenderjahre zugrunde, die dem Jahr des Eingangs der Selbstanzeige vorangehen. Zusätzlich müssen etwaige Steuerstraftaten, die im Kalenderjahr der Abgabe der Selbstanzeige begangen wurden, mit erklärt werden. Bei der Bestimmung der in den Zehnjahres-Zeitraum fallenden Taten soll im Fall der Tatbegehung durch Abgabe einer falschen Erklärung (in Anlehnung an § 8 StGB) auf den Abgabezeitpunkt der Erklärung und nicht auf den Zeitpunkt der Tatvollendung (Veranlagung) abzustellen sein. Bei Unterlassungsdelikten soll dagegen abweichend auf die Tatvollendung, dh den Abschluss der wesentlichen Veranlagungsarbeiten der entsprechenden Steuerart (95%-Grenze) abzustellen sein.

Bei **Abgabe einer Selbstanzeige im Jahr 2019** wegen Einkommensteuerhinter- **6b** ziehungen würde der Zehnjahres-Zeitraum demnach die Jahre 2009 bis 2018 umfassen, wobei mit der Selbstanzeige zudem etwaige Einkommensteuerhinterziehungen aus dem Jahr 2019 berichtigt werden müssten. Folglich müssten mindestens die Steuererklärungen der Jahre 2008 bis 2018 korrigiert werden, da die Einkommensteuerhinterziehung für das Jahr 2008 frühestens im Jahr 2009 (und damit innerhalb des Zehnjahres-Zeitraum) erfolgt sein kann. Wurde zudem die Einkommensteuererklärung für das Jahr 2007 erst im Kalenderjahr 2009 abgegeben, ist diese ebenfalls zu berichtigen. Dies gilt selbstverständlich nur dann, wenn keine schwere Steuerhinterziehung vorliegt. Andernfalls müssen 15 Jahre korrigiert werden.

Solange keine Rspr. zur Bestimmung des erweiterten Berichtigungsverbunds existiert, ist zu empfehlen, die vorstehende Verwaltungsansicht heranzuziehen. Lässt sich für einzelne Jahre nicht mehr sicher feststellen, wann die Steuererklärungen abgegeben wurden, sollte im Zweifel eher ein Jahr zu viel als ein Jahr zu wenig offengelegt werden. Nach Abgabe der Selbstanzeige können die für die Fristberechnung benötigten Angaben bei der FinVerw. abgefragt werden.

Selbstanzeigen, die sich **nur auf einzelne noch nicht verjährte Taten dersel-** **6c** **ben Steuerart** beziehen bzw. nicht alle unverjährten Taten derselben Steuerart umfassen, sind insgesamt unwirksam. In sachlicher Hinsicht bezieht sich das Vollständigkeitserfordernis auf die jeweils offenbarte Steuerart. Eine Legaldefinition des Begriffs der Steuerart existiert nicht. Es besteht jedoch dahingehend Einvernehmen, dass zumindest die „gängigen" Steuerarten, wie Einkommensteuer, Körperschaftsteuer, Gewerbesteuer oder Umsatzsteuer als Steuerarten im Sinne des § 371 Abs. 1 AO zu verstehen sind. Steuerstraftaten verschiedener Steuerarten sind für die Frage der Straffreiheit auf Grund einer Selbstanzeige isoliert zu betrachten. Der Steuerpflichtige kann demnach Straffreiheit für begangene Einkommensteuerhinterziehungen erlangen, auch wenn er eine ebenfalls begangene Hinterziehung von Schenkungsteuer nicht offenbart.

7   Im Anschluss an die Entscheidung des 1. Strafsenats des BGH (1 StR 577/09 v. 20.5.10, NJW 10, 2146) hatte der Gesetzgeber mit dem Schwarzgeldbekämpfungsgesetz v. 28.4.11 (BGBl. I 11, 676) durch die Einführung des **Vollständigkeitsgebots** die Teilselbstanzeige kraft Gesetzes abgeschafft. Eine unvollständige Selbstanzeige ist damit seither grundsätzlich insgesamt unwirksam. Die Erlangung teilweiser Straffreiheit im Umfang der korrigierten Angaben war nicht mehr möglich.

In der Praxis hat sich erwiesen, dass der Ausschluss einer weiteren Korrektur insbesondere im Bereich der Umsatzsteuer und der Lohnsteuer als sog. **Anmeldesteuern** in Unternehmen nicht praxistauglich war (*Schwartz* PStR 12, 116; *Heuel/Beyer* UStB 11, 287). Die entsprechenden (Vor-)Anmeldungen müssen – je nach Größe des Unternehmens – mitunter mehrfach berichtigt werden. Nach § 371 AO idF des *Schwarzgeldbekämpfungsgesetzes* v. 28.4.11 (BGBl. I 11, 676) blieb jedoch die Möglichkeit verwehrt, (bedingt) vorsätzlich abgegebene Umsatzsteuervoranmeldungen oder Lohnsteueranmeldungen mehrfach zu korrigieren. Nach dem Gesetzeswortlaut gab es vielmehr nur eine einzige Chance der Korrektur. Der Gesetzgeber hat den Regelungsbedarf erkannt und mit dem neuen § 371 Abs. 2a AO mWv 1.1.15 für den Bereich der Umsatzsteuervoranmeldungen und Lohnsteueranmeldungen die Rechtslage vor dem 3.5.11 wieder hergestellt und die Teilselbstanzeige insoweit wieder zugelassen. Abweichend von dem Vollständigkeitsgebot nach § 371 Abs. 1 AO tritt bei Selbstanzeigen bzgl. **Umsatzsteuervoranmeldungen und Lohnsteueranmeldungen** Straffreiheit nunmehr wieder in dem Umfang ein, in dem der Täter die unrichtigen Angaben berichtigt, die unvollständigen Angaben ergänzt oder die unterlassenen Angaben nachholt. Durch § 371 Abs. 2a Satz 2 AO wird ferner gewährleistet, dass auch eine mehrfache Korrektur einer Umsatzsteuervoranmeldung oder Lohnsteueranmeldung möglich ist, indem der Sperrgrund der Tatentdeckung ausgeschlossen wird, wenn die Entdeckung darauf beruht, dass eine Umsatzsteuervoranmeldung oder Lohnsteueranmeldung nachgeholt oder berichtigt wurde. Der Sperrgrund des § 371 Abs. 2 Satz 1 Nr. 3 AO findet in diesem Zusammenhang ausdrücklich keine Anwendung, so dass bei (Teil-)Selbstanzeigen bzgl. Umsatzsteuervoranmeldungen und Lohnsteueranmeldungen unabhängig von der Höhe der verkürzten Steuer kein Geldbetrag nach § 398a AO zu zahlen ist. Die Ausnahmeregelung in § 371 Abs. 2a AO greift ausdrücklich nicht für Umsatzsteuerjahreserklärungen (§ 371 Abs. 2a Satz 3 AO).

BGH 1 StR 349/18 v. 20.11.18, NStZ-RR 19, 81, hat bestätigt, dass in der Einreichung einer (wahrheitsgemäßen) Umsatzsteuerjahreserklärung im Verhältnis zu den zuvor unterlassenen oder unzutreffenden monatlichen Umsatzsteuervoranmeldungen eine Selbstanzeige liegen kann. Eine strafbefreiende Selbstanzeige liegt nach der Rechtsprechung jedoch dann nicht vor, *„wenn die Erklärung selbst wieder neue, erhebliche Unrichtigkeiten enthält“*.

8   Nach überwiegender Auffassung zu § 371 AO aF konnte eine Berichtigung auch in mehreren Schritten erfolgen, die erst in ihrer Gesamtheit die Anforderungen des § 371 AO aF erfüllten (sog. „gestufte Selbstanzeige“). Dieser Möglichkeit hat die Rspr. inzwischen eine klare Absage erteilt (BGH 1 StR 577/09 v. 20.5.10, BGHSt 55, 180; OLG Hamm 5 RVs 119/15 v. 27.10.15, wistra 16, 116). Zur Vermeidung der Sperrwirkung gem. § 371 Abs. 2 AO ist es jedoch ausreichend, aber auch zwingend erforderlich, dass die Besteuerungsgrundlagen zunächst, ggf. im Wege einer Schätzung, konkret beziffert werden, um sie dann im Rahmen einer von der Finanzbehörde zu setzenden Frist zu konkretisieren (OLG Hamburg 1 Ss 119/91 v. 2.6.92, wistra 93, 274; *H/H/Sp/Beckemper* § 371 AO Rz. 77). Der BGH hat insoweit klargestellt, dass für den Fall, dass dem Stpfl. aufgrund unzureichender Buchhaltung oder wegen feh-

lender Belege eine genau bezifferte Selbstanzeige nicht möglich ist, *„von Anfang an – also bereits auf der ersten Stufe der Selbstanzeige – alle erforderlichen Angaben über die steuerlich erheblichen Tatsachen, notfalls auf der Basis einer Schätzung anhand der ihm bekannten Informationen, zu berichtigen, zu ergänzen oder nachzuholen"* sind (BGH 1 StR 577/09 v. 20.5.10, BGHSt 55, 180). Erforderlich ist mithin, dass – schon auf der ersten Stufe – alle relevanten Angaben über die steuerlich erheblichen Tatsachen berichtigt, ergänzt oder nachgeholt werden (BGH 1 StR 577/09 v. 20.5.10, NJW 10, 2146) und die Finanzbehörde aufgrund dieser Angaben in die Lage versetzt wird, ohne langwierige Nachforschungen den Sachverhalt vollends aufzuklären und die Steuer richtig festzusetzen (BGH 5 StR 548/03 v. 5.5.04, NJW 05, 2720; BGH 1 StR 577/09 v. 20.5.10, aaO). Damit die Selbstanzeige nicht in ihrem ersten Stadium unvollständig ist, sollten die vorläufig angegebenen und geschätzten Besteuerungsgrundlagen zu Lasten des Steuerpflichtigen höher angegeben werden **(Sicherheitsmarge).**

Geringfügige Abweichungen sind **unbeachtlich** (*Kohlmann/Schauf*, Steuerstrafrecht, § 371 AO Rz. 220 ff.; *Schwartz* PStR 11, 122). Dies ergibt sich aus den Gesetzesmaterialien zum Schwarzgeldbekämpfungsgesetz v. 28.4.11 (BGBl. I 11, 676), wonach Bagatellabweichungen nicht zur Unwirksamkeit der Selbstanzeige führen sollen (BT-Drs. 17/5067 S. 21). Dabei ist nach der Rspr. jedenfalls eine Abweichung mit einer Auswirkung von mehr als 5 % vom Verkürzungsbetrag iSd § 370 Abs. 4 AO nicht mehr als geringfügig zu werten (BGH 1 StR 631/10 v. 25.7.11, NJW 11, 3240). Wurden im Rahmen einer Steuerhinterziehung Steuern im Umfang von € 100.000,– verkürzt, so wären die Abweichungen in einer sich auf diese Tat beziehenden Selbstanzeige jedenfalls dann nicht mehr geringfügig, wenn durch die Selbstanzeige lediglich eine vorsätzliche Verkürzung von weniger als € 95.000,– aufgedeckt würde. Allerdings führt nicht jede Abweichung unterhalb dieser (relativen) Grenze stets zur Annahme einer unschädlichen „geringfügigen Differenz". Bei Abweichungen unter 5 % ist eine Gesamtwürdigung vorzunehmen. Dabei dürften bewusst vorgenommene Abweichungen regelmäßig nicht als geringfügig anzusehen sein. Umstritten und bislang höchstrichterlich nicht entschieden ist die Frage, ob Anknüpfungspunkt für die Bestimmung der Geringfügigkeit die jeweilige Tat (*Rolletschke/Roth* Stbg 11, 200) oder der gesamte Berichtigungsverbund (*Schwartz* PStR 11, 122, *Hunsmann* NJW 11, 1482) ist. Das LG München II hat sich gegen eine Gesamtbetrachtung ausgesprochen (LG München II W 5 KLs 68 Js 3284/13 v. 13.3.14, BeckRS 2015, 03061). So reiche es für eine wirksame Selbstanzeige nicht aus, über den gesamten Erklärungszeitraum Gewinne in einer Höhe zu erklären, dass darin sämtliche tatsächliche, bisher nicht erklärte steuerpflichtige Einkünfte enthalten wären. Die unrichtige Zuordnung von Einkünften stelle gerade keine Berichtigung von früheren Angaben dar, sondern eine weitere wahrheitswidrige Angabe, die für die Wirksamkeit der Selbstanzeige schädlich sei. Die FinVerw. geht in einem unveröffentlichten verwaltungsinternen Positionspapier hingegen davon aus, dass die Berechnung der Geringfügigkeitsgrenze von 5 % für den gesamten Berichtigungszeitraum und nicht isoliert für jede materiell-rechtliche Tat erfolge (BMF IV A 4 – S 0702/13/10001-12; siehe auch den neuen Anwendungserlass zu §§ 371, 398a AO (FinMin NRW v. 12.1.16, BeckVerw 333636).

Können im Rahmen der Selbstanzeige keine konkreten Angaben über Besteue- **9** rungsgrundlagen gemacht werden, etwa weil überhaupt keine Bücher geführt worden sind, so bleibt die **Selbstanzeige wirkungslos.** Erforderlich ist auf jeden Fall die Angabe bestimmter Kalkulationsgrundlagen. So reicht etwa die Angabe des Umsatzes aus, wenn auf Grund von Richtsätzen der Gewinn geschätzt werden kann (*J/J/R* § 371 AO Rz. 62 ff.).

Der Selbstanzeige muss entnommen werden können, auf welche **bestimmten 10 Steuerarten und Zeiträume** sie sich bezieht. Hierzu bedarf es keiner ausdrücklichen Erklärung. Es reicht vielmehr aus, wenn sich die diesbezüglichen Angaben aus den Umständen ergeben.

11 Grundsätzlich hat der Steuerpflichtige nur seine eigenen Angaben zu berichtigen. Nicht entschieden ist jedoch die Frage, ob die **Beteiligung an gleichartigen Steuerstraftaten Dritter** von dem Vollständigkeitserfordernis erfasst wird. Im Schrifttum wird die Ansicht vertreten, das Kriterium der „Steuerart" sei einschränkend dahingehend auszulegen, dass nur dieselbe Steuerart ein und desselben Steuerpflichtigen gemeint sei (*Beckemper/Schmitz/Wegner/Wulf* wistra 11, 281). Dem könnte der Grundsatz des Erfordernisses der vollständigen Rückkehr zur Steuerehrlichkeit entgegenstehen (*Klein/Jäger* § 371 AO Rz. 44). Solange diese Frage nicht entschieden ist, sollten Beteiligungen an gleichartigen Steuerstraftaten Dritter vorsorglich mit offengelegt werden.

Im Falle der Selbstanzeige eines **Mittäters** oder **Teilnehmers** tritt die Straffreiheit nur dann ein, wenn der Mittäter oder Gehilfe außer seinen eigenen Angaben auch die der Tatbeteiligten berichtigt, ergänzt oder nachholt. Dies gilt freilich nur insoweit, als ihm die Unrichtigkeit bzw. die Unvollständigkeit der Angaben der anderen überhaupt bekannt ist. Die Selbstanzeige des Anstifters ist nur wirksam, wenn sie Angaben über die dem Anstifter bekannte Tat sowie über das Ausmaß dessen Mitwirkung enthält (BGH 5 StR 489/02 v. 18.6.03, NJW 03, 2996).

12 **Adressat der Selbstanzeige.** Richtiger Adressat der Selbstanzeige ist jede Finanzbehörde iSd § 6 Abs. 2 AO. Dabei muss es – entgegen früherer Ansicht – nicht die sachlich und örtlich zuständige Finanzbehörde sein (*Klein/Jäger* § 371 AO Rz. 60). Wegen der Pflicht zur Weiterleitung an die im Einzelfall zuständige Finanzbehörde (§ 111 AO) kann der Steuerpflichtige davon ausgehen, die Steuerquelle durch die Offenlegung *„für den Fiskus als Ganzes"* erschlossen zu haben. Danach können auch Außenprüfer und Fahndungsbeamte Adressat der Selbstanzeige sein. Gleichwohl ist zu empfehlen, die Selbstanzeige bei der örtlich und sachlich zuständigen Finanzbehörde zu erstatten. Beim Wechsel der Zuständigkeit, etwa bei Wohnsitzverlegung, ist das nunmehr zuständige Finanzamt Adressat der Selbstanzeige. Die Abgabe der Selbstanzeige bei einer unzuständigen Stelle führt nur dann zur strafbefreienden Wirkung, wenn die Anzeige rechtzeitig bei der zuständigen Stelle eingeht. Die zeitliche Verzögerung kann dann Auswirkungen haben, wenn zwischenzeitlich gegen den Steuerpflichtigen ein Ermittlungsverfahren eingeleitet wird. Die verspätete Selbstanzeige ist dann unwirksam und wirkt sich lediglich strafmildernd aus.

13 **Nachzahlungsfrist.** Während in der bis zum 31.12.14 geltenden Fassung die Straffreiheit der Selbstanzeige nur davon abhing, dass der Anzeigende die zu seinen Gunsten hinterzogenen *Steuern* binnen einer ihm bestimmten angemessenen **Frist** entrichtete, verlangt § 371 Abs. 3 Satz 1 AO in der durch das *AOÄndG 2015* v. 22.12.14 (BGBl. I 14, 2415) mWv 1.1.15 geänderten Fassung zusätzlich, dass der Anzeigende die Hinterziehungszinsen nach § 235 AO sowie darauf anrechenbare Zinsen gem. § 233a AO innerhalb der Frist nachzahlt. Bis dahin besteht nur eine Anwartschaft auf Straffreiheit. Wird diese Frist versäumt, verschuldet oder unverschuldet, so ist die Straffreiheit verwirkt. Eine **Wiedereinsetzung in den vorigen Stand** kommt **nicht** in Betracht, weil § 110 AO für § 371 Abs. 3 AO nicht gilt. Bei der Nachzahlungsfrist gem. § 371 Abs. 3 AO handelt es sich nämlich um eine strafrechtliche Zahlungsfrist, die nicht zwingend mit der steuerrechtlichen Zahlungsfrist übereinstimmen muss. Im Hinblick darauf bedeutet demnach eine Stundung oder eine Aussetzung der Vollziehung nicht automatisch auch eine Fristeinräumung iSv § 371 Abs. 3 AO. Daher sollte in der Praxis ein Antrag auf Stundung bzw. auf Aussetzung der Vollziehung stets mit einem Antrag auf entsprechende Fristeinräumung nach Maßgabe des § 371 Abs. 3 AO gekoppelt werden. Eine Verlängerung der Nachzahlungsfrist gem. § 371 Abs. 3 AO ist ohne weiteres möglich. Die Verlängerung muss allerdings vor Ablauf der Frist ausgesprochen werden, andernfalls verfällt die Straffreiheit. Ungeklärt ist die Frage, ob der Täter teilweise Straffreiheit erreicht, wenn er wirtschaftlich nicht in der Lage ist, die zu seinen Gunsten hinterzogene Steuer vollständig nachzuzahlen (vgl. *Kohlmann/Schauf,* Steuerstrafrecht, § 371 AO Rz. 404). Korrespondierend mit der Abschaffung der Teilselbstanzeige dürfte auch die teilweise Erfüllung der Nachzahlungspflicht nicht mehr strafbefreiend wirken.

Sachlich **zuständig** für die **Fristsetzung** ist das Finanzamt, das nach den §§ 387, 390 **14** AO für die Steuerstrafsache sachlich zuständig ist. Ob ein Rechtsmittel gegen die Fristsetzung nach § 371 Abs. 3 AO eingelegt werden kann, ist streitig. Wegen Art. 19 Abs. 4 GG muss aber auch diese belastende Entscheidung überprüfbar sein. Deswegen spricht einiges für die Statthaftigkeit der Beschwerde gem. § 304 StPO (*J/J/R* § 371 AO Rz. 165 f.).

Ausschließungsgründe. Die Straffreiheit auf Grund der Selbstanzeige tritt gem. **15** § 371 Abs. 2 Satz 1 AO nicht ein, wenn

1. bei einer der zur Selbstanzeige gebrachten unverjährten Steuerstraftaten, vor der Berichtigung, Ergänzung oder Nachholung
   a) dem an der Tat Beteiligten, seinem Vertreter, dem Begünstigten iSd § 370 Abs. 1 AO oder dessen Vertreter eine Prüfungsanordnung nach § 196 AO bekannt gegeben worden ist, beschränkt auf den sachlichen und zeitlichen Umfang der angekündigten Außenprüfung, oder
   b) dem an der Tat Beteiligten oder seinem Vertreter die Einleitung des Straf- oder Bußgeldverfahrens bekannt gegeben worden ist oder
   c) ein Amtsträger der Finanzbehörde zur steuerlichen Prüfung erschienen ist, beschränkt auf den sachlichen und zeitlichen Umfang der Außenprüfung, oder
   d) ein Amtsträger zur Ermittlung einer Steuerstraftat oder einer Steuerordnungswidrigkeit erschienen ist oder
   e) ein Amtsträger der Finanzbehörde zu einer Umsatzsteuer-Nachschau nach § 27b UStG, einer Lohnsteuer-Nachschau nach § 42g EStG oder einer Nachschau nach anderen steuerrechtlichen Vorschriften erschienen ist und sich ausgewiesen hat oder
2. eine der Steuerstraftaten im Zeitpunkt der Berichtigung, Ergänzung oder Nachholung ganz oder zum Teil bereits entdeckt war und der Täter dies wusste oder bei verständiger Würdigung der Sachlage damit rechnen musste oder
3. die nach § 370 Abs. 1 AO verkürzte Steuer oder der für sich oder einen anderen erlangte nicht gerechtfertigte Steuervorteil einen Betrag von € 25.000,– je Tat übersteigt oder
4. ein in § 370 Abs. 3 Satz 2 Nr. 2 bis 6 AO genannter besonders schwerer Fall vorliegt.

Nachdem die bestehenden Sperrgründe bereits im Rahmen des *Schwarzgeldbekämpfungsgesetzes* v. 28.4.11 (BGBl. I 11, 676) ausgeweitet sowie mit der Bekanntgabe einer Prüfungsanordnung (§ 371 Abs. 2 Satz 1 Nr. 1a AO) und dem Überschreiten eines Hinterziehungsbetrags von (ursprünglich) € 50.000,– (Nr. 3) neue Sperrgründe in das Gesetz eingeführt wurden, hat der Katalog der Sperrgründe zum 1.1.15 weitere Änderungen erfahren. Insbesondere wurde die Sperrwirkung der Nr. 1a und Nr. 1c in § 371 Abs. 2 Satz 1 AO nunmehr ausdrücklich auf den sachlichen und zeitlichen Umfang der Außenprüfung beschränkt. Außerdem wurde die Nachschau als neuer Sperrgrund in Nr. 1e eingeführt. Ferner führt nach § 371 Abs. 2 Satz 1 Nr. 3 AO bereits das Überschreiten eines Hinterziehungsbetrags von € 25.000,– zur Sperrwirkung. Schließlich tritt eine Sperrwirkung jetzt auch ein bei Vorliegen eines in § 370 Abs. 3 Satz 2 Nr. 2–5 AO benannten besonders schweren Falles (§ 371 Abs. 2 Satz 1 Nr. 4 AO).

Als Reaktion auf die sog. **Panama-Papers** hat der Gesetzgeber mit § 370 Abs. 3 Satz 2 Nr. 6 AO einen weiteren besonders schweren Fall der Steuerhinterziehung geregelt (Steuerumgehungsbekämpfungsgesetz v. 23.6.17, BGBl. I 17, 1682). Danach liegt ein besonders schwerer Fall der Steuerhinterziehung in der Regel vor, wenn der Täter eine sog. **Drittstaat-Gesellschaft,** auf die er alleine oder zusammen mit nahestehenden Personen iSd § 1 Abs. 2 AStG unmittelbar oder mittelbar einen beherrschenden oder bestimmenden Einfluss ausüben kann, zur Verschleierung steuerlich erheblicher Tatsachen nutzt und auf diese Weise fortgesetzt Steuern verkürzt oder nicht gerechtfertigte Steuervorteile erlangt. Die Verwirklichung des neuen § 370 Abs. 3 Satz 2 Nr. 6 AO soll ebenfalls eine Sperrwirkung nach § 371 Abs. 2 Nr. 4 AO herbeiführen.

16   Die Sperrgründe des § 371 Abs. 2 Satz 1 Nr. 1a und Nr. 1c AO sind einheitlich zu betrachten. Dabei bildet § 371 Abs. 2 Satz 1 Nr. 1a AO den Regelfall ab, wohingegen § 371 Abs. 2 Satz 1 Nr. 1c AO als Auffangtatbestand dient.

       Bekanntgabe der Prüfungsanordnung (§ 371 Abs. 2 Satz 1 Nr. 1a AO). Die Selbstanzeige ist gesperrt, wenn dem an der Tat Beteiligten, seinem Vertreter, dem Begünstigten iSd § 370 Abs. 1 oder dessen Vertreter wegen **einer** der **zur Selbstanzeige gebrachten Taten** eine Prüfungsanordnung nach § 196 AO bekannt gegeben worden ist. Nach der durch das Schwarzgeldbekämpfungsgesetz v. 28.4.11 (BGBl. I 11, 676) geschaffenen Gesetzeslage waren damit sämtliche unverjährten Taten derselben Steuerart ebenfalls gesperrt (sog. Infektionswirkung).

16a   Diesen sehr weitgehenden Gesetzeswortlaut hat der Gesetzgeber **zum 1.1.15 wieder eingeschränkt.** Seitdem erstreckt sich die Sperrwirkung nur noch auf den sachlichen und zeitlichen Umfang der angekündigten Außenprüfung. Zur Bestimmung des Umfangs der Sperrwirkung ist der Inhalt der Prüfungsanordnung maßgeblich. Die Sperrwirkung erstreckt sich nur auf die von der Prüfungsanordnung umfassten Steuerarten und die dort genannten Besteuerungszeiträume. Erfolgt zum Beispiel eine Prüfungsanordnung für die Kirchensteuer, Gewerbesteuer und Umsatzsteuer einer GmbH, so bleibt die Selbstanzeige für Einkommensteuerverkürzungen des Gesellschafters weiter möglich. Erweitert wurde zum 1.1.15 der Kreis der möglichen Bekanntgabeadressaten. Nunmehr reicht ausdrücklich die Bekanntgabe gegenüber einem *„an der Tat Beteiligten"*. Auch die Bekanntgabe einer Prüfungsanordnung gegenüber einem Anstifter oder Gehilfen führt also zur Sperrwirkung für den Täter und umgekehrt. Außerdem nennt § 371 Abs. 2 Satz 1 Nr. 1a AO nun den *„Begünstigten im Sinne des § 370 Absatz 1"* als weiteren Bekanntgabeadressaten einer Prüfungsanordnung. Nicht gänzlich geklärt ist, wer als Begünstigter in diesem Sinne gilt. Jedenfalls fällt darunter auch der Schuldner der hinterzogenen Steuer (*Kohlmann/Schauf*, Steuerstrafrecht, § 371 AO, Rz. 430). Hauptanwendungsfall ist die Bekanntgabe einer Prüfungsanordnung gegenüber einem Unternehmen, die auch zur Sperre für Mitarbeiter und Organe des Unternehmens führt. Ausdrücklich erfasst werden soll nach der Begründung des Regierungsentwurfs zum AOÄndG 2015 (BR-Drs. 431/14, S. 8) der Fall, dass ein Mitarbeiter zugunsten eines Unternehmens eine Steuerhinterziehung begangen hat, aber zwischenzeitlich aus dem Unternehmen ausgeschieden ist. Umstritten ist, ob die im Verfahrensrecht geltende sog. Bekanntgabefiktion des § 122 Abs. 1 AO Anwendung findet, was dem Täter in der Regel noch ein kleines Zeitfenster für die Erstattung einer Selbstanzeige verschaffen würde (*Kohlmann/Schauf*, Steuerstrafrecht, § 371 AO Rz. 424 ff.). Die bloße **Ankündigung** der Prüfung sowie eine im Vorfeld erfolgende Terminabstimmung lösen **keine Sperrwirkung** aus. Da § 378 Abs. 3 AO keine entsprechende Regelung enthält, kann bei einer leichtfertigen Steuerverkürzung auch weiterhin nach Bekanntgabe der Prüfungsanordnung bzw. selbst während der laufenden Betriebsprüfung eine Selbstanzeige erfolgen.

17   **Erscheinen eines Amtsträgers** (§ 371 Abs. 2 Satz 1 Nr. 1c, Nr. 1d und Nr. 1e AO). Es gibt seit dem 1.1.15 drei Fälle, in denen das Erscheinen eines Amtsträgers eine **Sperrwirkung** auslöst, nämlich:

- das Erscheinen zur steuerlichen Prüfung (Nr. 1c),
- zur Ermittlung einer Steuerstraftat oder -ordnungswidrigkeit (Nr. 1d) und
- das Erscheinen zur Nachschau (Nr. 1e).

       Sobald ein Amtsträger aus einem dieser drei Gründe erschienen ist, **kann eine wirksame Selbstanzeige nicht mehr erstattet werden.**

       § 371 Abs. 2 Satz 1 Nr. 1c und Nr. 1e AO erfassen **nur Amtsträger von Finanzbehörden.** Zu diesen Finanzbehörden zählen das Finanzamt, die Oberfinanzdirektion, das Finanzministerium, das BZSt und die Gemeindesteuerbehörde. Sobald Amtsträger anderer Behörden tätig werden, schließen sie die Straffreiheit einer Selbstanzeige nicht aus. Zu den Amtsträgern der Finanzbehörde gehören insbesondere **Außenprüfer, Steuer-**

fahnder oder **Zollfahnder** und zwar auch dann, wenn sie in einem von der Staatsanwaltschaft geführten steuerstrafrechtlichen Ermittlungsverfahren weisungsgebunden tätig werden (LG Stuttgart StbSt(R) 14/88 v. 21.8.89, wistra 90, 72), sowie Beamte, die gem. § 210 AO im Rahmen einer Steueraufsicht oder Nachschau tätig werden.

Ein Amtsträger der Finanzbehörde muss erschienen sein. Das heißt, dass er in das **18** Blickfeld des Selbstanzeigenden getreten sein muss. Dieses **Erscheinen** muss aber dem Zweck einer **steuerlichen Prüfung,** dem Zweck einer **Ermittlung** einer Steuerstraftat oder Steuerordnungswidrigkeit oder einer Nachschau dienen (BFH VIII R 99/04 v. 19.6.07, BStBl. II 08, 7). Im Hinblick darauf ist die Selbstanzeige nur für denjenigen ausgeschlossen, bei dem ein Amtsträger der Finanzbehörde zwecks Prüfung, Nachschau oder Ermittlung erschienen ist. Daraus folgt, dass alle anderen Teilnehmer einer Steuerstraftat, die hierdurch nicht betroffen sind, gleichwohl noch eine Selbstanzeige wirksam abgeben können. Das gilt auch dann, wenn Täter und Teilnehmer demselben **Betrieb** angehören und die Steuerhinterziehung in diesem Betrieb begangen haben (BGH 2 StR 657/87 v. 15.1.88, wistra 88, 151; LG Stuttgart StbSt (R) 14/88 v. 21.8.89, wistra 90, 72).

Nach der Neufassung des § 371 Abs. 2 Satz 1 Nr. 1c AO erstreckt sich die Sperr- **19** wirkung nur noch auf den **sachlichen und zeitlichen Umfang der Außenprüfung,** der sich nach dem Inhalt der Prüfungsanordnung (§ 196 AO) bestimmt. Was den sachlichen Umfang der Sperrwirkung anbelangt, entspricht dies der bisher herrschenden Rechtsauffassung (BGH 2 StR 657/87 v. 15.1.88, wistra 88, 151, *Kohlmann/Schauf,* Steuerstrafrecht, § 371 AO Rz. 490 ff.). Das Erscheinen des Amtsträgers zur Prüfung führt daher nur hinsichtlich der von der Prüfung umfassten Steuerarten eine Sperrwirkung herbei. In zeitlicher Hinsicht war die Sperrwirkung durch das Schwarzgeldbekämpfungsgesetz v. 28.4.11 (BGBl. I 11, 676) hingegen erheblich ausgeweitet worden. So führte das Erscheinen des Amtsträgers wegen einer der zur Selbstanzeige gebrachten Taten dazu, dass eine Selbstanzeige bzgl. *sämtlicher* unverjährter Taten derselben Steuerart ausgeschlossen war (sog. Infektionswirkung). Durch die Beschränkung auf den zeitlichen Umfang der angekündigten Außenprüfung wurde die **Infektionswirkung** für nicht von der Prüfungsanordnung umfasste Kalenderjahre/Taten mWv 1.1.15 **wieder aufgehoben** und der Rechtszustand vor Inkrafttreten des Schwarzgeldbekämpfungsgesetzes wiederhergestellt. Wie vormals kann demnach heute für Jahre, die nicht Gegenstand der Prüfungsanordnung sind, grundsätzlich eine strafbefreiende Selbstanzeige abgegeben werden.

Sieht eine Prüfungsanordnung lediglich die Prüfung der gesonderten Feststellung **19a** der Einkünfte vor, beschränkt sich die Sperrwirkung nicht nur auf die betroffenen Einkünfte, sondern erfasst alle Einkünfte (LG Hamburg (50) 36/88 Ns v. 22.8.88, wistra 89, 239). Ist die dem Erscheinen des Amtsträgers zu Grunde liegende Prüfungsanordnung nichtig, weil sie an besonders schwerwiegenden, offenkundigen Fehlern leidet, tritt allerdings eine Sperrwirkung nicht ein (BGH 5 StR 118/05 v. 16.6.05, NJW 05, 2723).

Soweit ein Amtsträger der Finanzbehörde zur Ermittlung einer Steuerstraftat oder **20** einer Steuerordnungswidrigkeit erschienen ist, tritt die Sperrwirkung nur für denjenigen ein, bei dem dieser Amtsträger erschienen ist. Erscheint der Amtsträger bei einem **Dritten,** so verliert der Steuerpflichtige die Möglichkeit zur strafbefreienden Selbstanzeige ebenso wenig wie in dem Fall, dass ein Amtsträger der Finanzbehörde bei ihm zur Ermittlung etwaiger Steuerverfehlungen eines Dritten erscheint, an der er nicht beteiligt ist. Im Hinblick darauf tritt etwa für den Geschäftsführer einer Kapitalgesellschaft dann keine Sperrwirkung ein, wenn eine Steuerfahndung bei der Kapitalgesellschaft auf der Grundlage des § 103 StPO durchsucht.

Seit dem 1.1.15 löst gem. § 371 Abs. 2 Satz 1 **Nr. 1e** AO auch das **Erscheinen** **20a** **eines Amtsträgers** der Finanzbehörde zu einer Umsatzsteuer-Nachschau (§ 27b UStG), einer Lohnsteuer-Nachschau (§ 42g EStG) oder **zu einer Nachschau nach**

anderen **steuerlichen Vorschriften** eine Sperrwirkung aus, wenn der Amtsträger sich ausgewiesen hat. Wenngleich dies (anders als bei Nr. 1a und Nr. 1c) nicht ausdrücklich in den Gesetzeswortlaut aufgenommen wurde, ist die Reichweite des § 371 Abs. 2 Satz 1 Nr. 1e AO in sachlicher Hinsicht auf die jeweilige Steuerart zu beschränken. In zeitlicher Hinsicht wollte der Gesetzgeber scheinbar keine Beschränkung, so dass sich die Sperrwirkung auf alle unverjährten Hinterziehungen dieser Steuerart erstreckt (*Kohlmann/Schauf*, Steuerstrafrecht, § 371 AO Rz. 546).

21   **Das Erscheinen eines Amtsträgers zur Ermittlung einer Steuerstraftat oder einer Steuerordnungswidrigkeit** ist in § 371 Abs. 2 Satz 1 **Nr. 1d** AO als eigenständiger Sperrgrund geregelt. Anders als bei den „prüfungsbedingten" Sperrgründen der Nr. 1a und Nr. 1c gilt insoweit keine Beschränkung der Sperrwirkung auf den sachlichen und zeitlichen Umfang der Ermittlungen. Nach der Rspr. des BGH ist der Verfolgungswille der Strafverfolgungsbehörden das entscheidende Kriterium für die sachliche Reichweite der Sperrwirkung des § 371 Abs. 2 Satz 1 Nr. 1d AO (BGH 5 StR 226/99 v. 5.4.00, wistra 00, 219). Nach der Rspr. des BGH (1 StR 577/09 v. 20.5.10, NJW 10, 2146) sollen jedoch auch nicht vom Ermittlungswillen des Amtsträgers erfasste **Zusammenhangstaten** von der Sperrwirkung des § 371 Abs. 2 Satz 1 Nr. 1d AO erfasst sein, wenn unter Berücksichtigung des bisherigen Überprüfungsziels einerseits und den steuerlichen Gegebenheiten des beschuldigten Stpfl. andererseits bei üblichem Gang des Ermittlungsverfahrens zu erwarten ist, dass sie ohnehin in die Überprüfung einbezogen würden. Dies soll stets dann der Fall sein, wenn sich die neuen Tatvorwürfe lediglich auf weitere Besteuerungszeiträume hinsichtlich derselben Steuerarten bei identischen Einkunftsquellen erstrecken.

22   **Bekanntgabe Verfahrenseinleitung** (§ 371 Abs. 2 Satz 1 Nr. 1b AO). Ist dem an der Tat Beteiligten oder seinem Vertreter die Einleitung eines Straf- oder Bußgeldverfahrens wegen einer der zur Selbstanzeige gebrachten Taten bekanntgegeben worden, bevor die Selbstanzeige bei einer Finanzbehörde eingeht, tritt die strafbefreiende Wirkung gem. § 371 Abs. 2 Satz 1 Nr. 1b AO nicht ein. Auch dieser Sperrgrund wurde (wie § 371 Abs. 2 Satz 1 Nr. 1a AO) mit der Neufassung des § 371 AO **zum 1.1.15** auf den *„an der Tat Beteiligten"* erweitert.

Gem. § 397 Abs. 1 AO ist das **Strafverfahren eingeleitet,** sobald die Finanzbehörde, die Polizei, die Staatsanwaltschaft, einer ihrer Hilfsbeamten oder der Strafrichter eine Maßnahme trifft, die erkennbar darauf abzielt, gegen jemanden wegen einer Steuerstraftat strafrechtlich vorzugehen. Für die Einleitung des Bußgeldverfahrens gilt § 397 AO entsprechend (§ 410 Abs. 1 Nr. 6 AO). Der Umfang der Sperrwirkung richtet sich in sachlicher Hinsicht (Steuerart) nach dem Inhalt der Bekanntgabe der Mitteilung. In zeitlicher Hinsicht erstreckt sich die Sperrwirkung jedoch auf alle Taten einer Steuerart, wenn wenigstens hinsichtlich einer der nacherklärten Steuerstraftaten die Einleitung eines Straf- oder Bußgeldverfahrens bekannt gegeben worden ist. Wegen Steuerstraftaten anderer Steuerarten bleibt eine Selbstanzeige ohne weiteres möglich.

23   **Tatentdeckung** (§ 371 Abs. 2 Satz 1 Nr. 2 AO). Der Ausschluss der Straffreiheit tritt auch dann ein, wenn eine der Taten im Zeitpunkt der Berichtigung, Ergänzung oder Nachholung ganz oder zum Teil bereits **entdeckt** war und der Täter dies wusste oder bei verständiger Würdigung der Sachlage damit rechnen musste (§ 371 Abs. 2 Nr. 2 AO). Dabei bestimmt sich die einzelne **Tat** nach Ansicht des BGH (5 StR 226/99 v. 5.4.00, NStZ 00, 427) nach Steuerart, Besteuerungszeitraum und Steuerpflichtigem (kritisch *Schwartz* wistra 11, 81).

Der Begriff der Tatentdeckung kann nach Ansicht des BGH mit den üblichen strafprozessualen Verdachtsgraden nicht gleichgesetzt werden, sondern soll einen eigenständigen Bedeutungsgehalt haben (BGH 1 StR 577/09 v. 20.5.10, NJW 10, 2146). Insbesondere soll ein **hinreichender Tatverdacht** iSv § 170 Abs. 1, § 203 StPO **nicht** erforderlich sein (BGH 1 StR 577/09 v. 20.5.10, aaO; *aA Randt/Schauf* DStR 08, 490). Keine Tatentdeckung liegt jedoch bei der bloßen Kenntniserlangung von einer Steuerquelle vor. Die Tat ist in der Regel dann entdeckt, wenn unter Berücksichtigung der zur Steuerquelle oder zum Auffinden der Steuerquelle bekannten weiteren Umstände nach allgemeiner kriminalistischer Erfahrung eine Steuerstraftat oder Steuerordnungswidrigkeit nahe liegt (BGH 1 StR 577/09 v. 20.5.10, aaO). Tatentdeckung liegt stets vor, wenn der Abgleich mit den Steuererklärungen des Steuerpflichtigen ergibt, dass die Steuerquelle nicht oder unvollständig angegeben wurde (BGH 1 StR 577/09 v. 20.5.10, aaO). Nicht erforderlich soll dagegen sein, dass bereits ein Schluss auf vorsätzliches Handeln gezogen werden kann (BGH 1 StR 577/09 v. 20.5.10, aaO).

Eine die Straffreiheit ausschließende Entdeckung kann nur seitens einer Person erfolgen, die nicht zum Kreis des Täters gehört. Vertrauenspersonen des Täters (Familienangehörige, Steuerberater) scheiden somit als Tatentdecker aus. Neben den Finanzbehörden, der Polizei und der Staatsanwaltschaft kommen vor allen Dingen auch andere Behörden in Betracht, die nach § 116 AO verpflichtet sind, den Finanzbehörden Tatsachen, die sie dienstlich erfahren und die den Verdacht einer Steuerstraftat begründen, mitzuteilen. Dritte können darüber hinaus Tatentdecker sein, soweit damit zu rechnen ist, dass sie ihre Kenntnisse an die zuständigen Behörden weiterreichen werden (BGH 3 StR 37/87 v. 13.5.87, wistra 87, 293; BGH 3 StR 10/87 v. 12.8.87, wistra 87, 342).

Liegen die Voraussetzungen des § 371 Abs. 2 Satz 1 Nr. 2 AO für eine Tat vor,   **24** führt dies nach hM dazu, dass die Sperrwirkung – entsprechend der Regelung bei § 371 Abs. 2 Satz 1 Nr. 1 AO – für sämtliche Steuerstraftaten der betroffenen Steuerart eintritt (sog. Infektionswirkung).

Allein die Entdeckung der Tat führt jedoch noch nicht zum Ausschluss der Straf-   **25** freiheit der Selbstanzeige. Daneben ist erforderlich, dass der Täter (Teilnehmer) von der Tatentdeckung **wusste** oder bei verständiger Würdigung der Sachlage damit **rechnen musste.**

Der Kenntnis des Täters von der Entdeckung der Tat steht es gleich, wenn er mit diesem Umstand bei verständiger Würdigung der Sachlage zum Zeitpunkt der Abgabe der Selbstanzeige rechnen musste. Hierbei kommt es auf das individuelle Verständnis des Täters an (*J/J/R* § 371 AO Rz. 324). War die Tat noch nicht entdeckt, ist der Täter aber hiervon ausgegangen, so berührt dies die Wirksamkeit der Selbstanzeige nicht. An die Annahme des *„Kennenmüssens"* der Tatentdeckung will der BGH keine hohen Anforderungen mehr stellen und den Sperrgrund des § 371 Abs. 2 Satz 1 Nr. 2 AO maßgeblich durch die objektive Voraussetzung der Tatentdeckung und weniger durch die subjektive Komponente bestimmen (BGH 1 StR 577/09 v. 20.5.10, NJW 10, 2146). Der Nachweis der vom Täter bestrittenen Kenntnis wird dadurch ersetzt, dass der Strafrichter dem Täter einzelne bestimmte und zwingende Umstände nachzuweisen vermag, aus denen sich dem Täter die Überzeugung von der Entdeckung seiner Steuerverfehlung aufdrängen musste (OLG Hamm 5 RVs 119/15 v. 27.10.15, BeckRS 2015, 19710). In der Rechtsprechung besteht indes die Tendenz, das *„Kennenmüssen"* der Tatentdeckung weit auszulegen. So soll ein *„Kennenmüssen"* bereits vorliegen, wenn der Täter aufgrund der ihm bekannten Umstände eine Tatentdeckung für durchaus möglich oder wahrscheinlich hält, auch wenn eine gewisse Unsicherheit verbleibt (OLG Schleswig 2 Ss 63/15 v. 30.10.15, wistra 16, 119).

In diesem Zusammenhang ist insbesondere problematisch, ob und ggf. wann der Täter bei extensiver Medienberichterstattung über Ankäufe sog. **Steuer-CDs** mit Tatentdeckung rechnen musste, wenn er Kunde der von der Berichterstattung betroffenen Bank ist und diesbzgl. Erträge bislang nicht deklariert hat (*Kohlmann/Schauf*, Steuerstrafrecht, § 371 AO Rz. 735 ff.). Das OLG Schleswig hat angenommen, dass in zeitlicher Hinsicht bei einem Zeitablauf von mehr als sechs Monaten seit dem Datenerwerb durch die Finanzverwaltung jedenfalls von einer zwischenzeitlichen Auswertung der auf der CD enthaltenen Daten auszugehen sei (OLG Schleswig 2 Ss 63/15 v. 30.10.15, wistra 16, 119).

26 **Hinterziehungsbetrag größer € 25.000,–** (§ 371 Abs. 2 Satz 1 Nr. 3 AO). Straffreiheit tritt nicht ein, wenn die nach § 370 Abs. 1 AO verkürzte Steuer oder der für sich oder einen anderen erlangte nicht gerechtfertigte Steuervorteil einen Betrag von € 25.000,– (bis 31.12.14: € 50.000,–) **je Tat** übersteigt. Eine Infektionswirkung kennt § 371 Abs. 2 Satz 1 Nr. 3 AO nicht. Eine strafbefreiende Selbstanzeige ist daher nur bis zu einem Hinterziehungsbetrag von € 25.000,– möglich. Übersteigt der Hinterziehungsbetrag € 25.000,–, wird nach **§ 398a AO** von der **Strafverfolgung abgesehen,** wenn der an der Tat Beteiligte neben der hinterzogenen Steuer, die Hinterziehungszinsen nach § 235 AO bzw. die auf die Hinterziehungszinsen anrechenbaren Zinsen nach § 233a AO und zudem einen **Geldbetrag** in der in § 398a Abs. 1 Nr. 2 AO bestimmten Höhe zugunsten der Staatskasse zahlt. Ist die Selbstanzeige jedoch unvollständig oder wegen der kumulativen Verwirklichung eines weiteren Sperrgrundes unwirksam, läuft § 398a AO leer. Während die durch das Schwarzgeldbekämpfungsgesetz mWv 3.5.11 neu eingeführte Vorschrift zunächst die Zahlung eines einheitlichen Betrags von 5 % der hinterzogenen Steuer vorsah, ist die Höhe des Geldbetrags nunmehr in Abhängigkeit von der Höhe des Hinterziehungsbetrags wie folgt gestaffelt:
a) Hinterziehungsbetrag bis einschließlich € 100.000,–: 10 % der hinterzogenen Steuer;
b) Hinterziehungsbetrag übersteigt € 100.000,– jedoch nicht € 1.000.000,–: 15 % der hinterzogenen Steuer;
c) Hinterziehungsbetrag übersteigt € 1.000.000,–: 20 % der hinterzogenen Steuer.

Nach dem neu eingeführten § 398a Abs. 2 AO gilt bei der Bemessung des Hinterziehungsbetrags § 370 Abs. 4 AO. Damit hat der Gesetzgeber ausdrücklich klargestellt, dass das Kompensationsverbot bei der Bestimmung des Hinterziehungsbetrags und damit des anzuwendenden Prozentsatzes Anwendung findet. Für die Ermittlung der *„hinterzogenen Steuern"* iSd § 398a Abs. 1 Nr. 2 AO, als Bemessungsgrundlage des Geldbetrags, gilt das Kompensationsverbot hingegen nicht, so dass insoweit auf den wirtschaftlichen Schaden abzustellen ist (Nr. 82 Abs. 4 AStBV (St) 2017, BStBl. I 16, 1338; *Kohlmann/Schauf,* Steuerstrafrecht, § 398a AO, Rz. 27).

Bei **mehreren Tätern** geht die Praxis der Ermittlungsbehörden davon aus, dass der Zuschlag durch jeden Täter in voller Höhe zu zahlen ist (Nr. 82 Abs. 4 AStBV (St) 2017, BStBl. I 16, 1338; ebenso LG Aachen 86 Qs 11/14 v. 27.8.14, wistra 14, 493). Zur Zahlung des Geldbetrages ist dem Täter eine angemessene Frist zu setzen. Insoweit gelten die Grundsätze zu § 371 Abs. 3 AO. Ist der Täter wirtschaftlich nicht in der Lage, den Zuschlag für alle Taten zu zahlen, ist nach § 398a AO hinsichtlich der Taten von der Strafverfolgung abzusehen, für die die hinterzogenen Steuern und der Geldbetrag vollständig gezahlt wurden.

26a § 398a AO enthält eine gebundene Entscheidung, so dass den Ermittlungsbehörden bei Vorliegen der Tatbestandsvoraussetzungen kein Ermessensspielraum zusteht. In § 398a Abs. 3 AO ist ausdrücklich geregelt, dass die Wiederaufnahme eines nach § 398a Abs. 1 AO abgeschlossenen Verfahrens zulässig ist, wenn die Finanzbehörde erkennt, dass die Angaben im Rahmen einer Selbstanzeige unvollständig oder unrichtig waren. Damit hat sich der zu § 398a AO aF geführte Streit, ob eine Einstellung nach § 398a AO – entsprechend § 153a Abs. 1 Satz 5 StPO – zu einem beschränkten Strafklageverbrauch führt (dazu *Kohlmann/Schauf,* Steuerstrafrecht, § 398a AO, Rz. 35), erledigt. Tritt die Rechtsfolge des § 398a Abs. 1 AO nicht ein, wird ein bereits gezahlter Geldbetrag nach § 398a Abs. 1 Nr. 2 AO nicht erstattet (§ 398a Abs. 4 AO). Einen ausdrücklichen Rechtsbehelf hat der Gesetzgeber auch im Rahmen des AOÄndG 2015 v. 22.12.14 (BGBl. I 14, 2415) nicht eingeführt. Die Vermeidung des Zuschlags durch bloße Nichtzahlung und Herbeiführung einer strafgerichtlichen Überprüfung wird dem Rechtsschutzbedürfnis des Betroffenen nicht gerecht. Diesem ist durch einen Antrag auf gerichtliche Entscheidung nach § 98 Abs. 2 Satz 2 StPO analog bei dem nach § 162 StPO zuständigen Gericht Rechnung zu tragen (*Kohlmann/Schauf,* Steuerstrafrecht, § 398a AO Rz. 43).

Durch den mWv 1.1.15 neu eingeführten Sperrgrund des § 371 Abs. 2 Satz 1 Nr. 4 **26b** AO tritt Straffreiheit auch dann nicht mehr ein, wenn ein **in § 370 Abs. 3 Satz 2 Nr. 2–6 AO genannter besonders schwerer Fall** vorliegt. Auch in diesen Fällen wird jedoch gemäß § 398a AO von der Strafverfolgung abgesehen, wenn der an der Tat Beteiligte innerhalb einer ihm bestimmten angemessenen Frist die zu seinen Gunsten hinterzogenen Steuern und die Hinterziehungszinsen sowie einen nach der Vorschrift vorgesehenen Geldbetrag entrichtet. Von Bedeutung ist insbesondere der besonders schwere Fall nach **§ 370 Abs. 3 Satz 2 Nr. 4 AO.** Eine Selbstanzeige ist ausgeschlossen, wenn der Täter unter Verwendung nachgemachter oder verfälschter Belege fortgesetzt Steuern verkürzt oder nicht gerechtfertigte Steuervorteile erlangt. Bei Steuerhinterziehungen in Verbindung mit Urkundenfälschungen ist daher stets sorgsam zu prüfen, ob überhaupt eine wirksame Selbstanzeige abgegeben werden kann.

Ende der Sperrwirkung. Eine Selbstanzeige mit strafbefreiender Wirkung auch **27** für geprüfte Steuerabschnitte kann wieder erstattet werden, sobald die Prüfung abgeschlossen ist. Insoweit hat die Sperrwirkung des § 371 Abs. 2 Satz 1 Nr. 1a und Nr. 1c AO ihr Ende gefunden (*J/J/R* § 371 AO Rz. 354 ff.). Abgeschlossen ist eine steuerliche Prüfung, sobald das Finanzamt die auf Grund der Prüfung erstmalig erlassenen oder geänderten Steuer- oder Mess- oder Feststellungsbescheide abgesandt oder – wenn die Prüfung kein Ergebnis erbracht hat – den Prüfungsvorgang abgeschlossen und dem Steuerpflichtigen nach Maßgabe des § 202 Abs. 1 Satz 3 AO mitgeteilt hat, dass die Außenprüfung zu keiner Änderung der Besteuerungsgrundlagen geführt hat (BGH 2 StR 657/87 v. 15.1.88, wistra 88, 151; LG Hamburg (50) 36/88 Ns v. 22.8.88, wistra 89, 239; *J/J/R* § 371 AO Rz. 359). Im Falle der durch eine Nachschau eingetretenen Sperrwirkung nach § 371 Abs. 2 Satz 1 Nr. 1e AO lebt die Selbstanzeigemöglichkeit mit Verlassen der Räumlichkeiten durch den Amtsträger wieder auf (*Kohlmann/Schauf,* Steuerstrafrecht, § 371 AO, Rz. 545).

Nach straf- oder bußgeldrechtlichen Ermittlungen endet die Sperrwirkung mit Einstellung des Verfahrens oder im Falle der Anklage oder des Strafbefehlsantrags oder Erlass eines Bußgeldbescheides nach endgültigem Abschluss des Straf- oder Bußgeldverfahrens (*J/J/R* § 371 AO Rz. 362).

Selbstanzeige bei leichtfertiger Steuerverkürzung. Gemäß § 378 Abs. 3 AO **28** wird eine Geldbuße wegen leichtfertiger Steuerverkürzung nicht festgesetzt, soweit der Täter gegenüber der Finanzbehörde die unrichtigen Angaben berichtigt, die unvollständigen Angaben ergänzt oder die unterlassenen Angaben nachholt, bevor ihm oder seinem Vertreter die Einleitung eines Straf- oder Bußgeldverfahrens wegen der Tat bekanntgegeben worden ist. Damit ist die Selbstanzeige bei leichtfertiger Steuerverkürzung selbst dann noch möglich, wenn eine Sperrwirkung gem. § 371 Abs. 2 Satz 1 Nr. 1a, Nr. 1c, Nr. 1e, Nr. 2 und Nr. 3 AO vorliegen sollte. Im Übrigen führt im Fall einer leichtfertigen Steuerverkürzung auch weiterhin eine nur teilweise Berichtigung insoweit zur Bußgeldfreiheit. Die Möglichkeit einer Selbstanzeige bei Steuergefährdung (§ 379 AO) ist demgegenüber nicht vorgesehen.

(frei) **29**

c) Steuerrecht

Eine wirksame Selbstanzeige schützt zwar vor Strafe wegen Verwirklichung des **30** § 370 AO, nicht aber vor den nachteiligen Folgen, die das Steuerrecht an eine Steuerhinterziehung knüpft, und zwar
- Haftung als Steuerhinterzieher (§ 71 AO),
- verlängerte Festsetzungsfrist (§ 169 Abs. 2 Satz 2 AO),
- Ablaufhemmung (§ 171 Abs. 5, 9 AO),
- keine erhöhte Bestandskraft (§ 173 Abs. 2 AO),
- Hinterziehungszinsen (§ 235 AO).

Im Hinblick auf das Verhältnis von § 171 Abs. 5 und Abs. 9 zueinander, hat der BFH erneut bestätigt, dass *„eine Nacherklärung von Besteuerungsgrundlagen gemäß § 171 Abs. 9 AO eine auf Ermittlungshandlungen der Steufa beruhende Ablaufhemmung gemäß § 171 Abs. 5 Satz 1 AO hinsichtlich derselben Besteuerungsgrundlagen nicht ausschließt (BFH-Urteile in BFHE 226, 198, BStBl II 2010, 583, unter II.2.c dd; vom 17.11.2015 VIII R 68/13, BFHE 252, 210, BStBl II 2016, 571, Rz. 20 bis 22). Nach Abgabe einer Nacherklärung muss das Finanzamt nicht abwarten, ob der Steuerpflichtige zu den hinterzogenen Einkünften bis zum Ablauf der einjährigen Hemmungsfrist des § 171 Abs. 9 AO ausreichende Angaben macht. Vielmehr hat das Finanzamt die Möglichkeit, vor Ablauf der ungehemmten Festsetzungsfrist eigene Ermittlungen durch die Steuerfahndung anzustellen, um die Hemmung nach § 171 Abs. 5 Satz 1 AO herbeizuführen"* (BFH VIII R 10/16 v. 3.7.18, BFH/NV 18, 1233). Die Ablaufhemmung nach Abs. 5 greift jedoch nur ein, wenn neben dem Zeitkriterium (der Aufnahme der Ermittlungen vor Ablauf der ungehemmten Festsetzungsfrist) die Steuerfestsetzung auf den Ermittlungen der Steuerfahndung beruht.

Voraussetzung ist indessen stets, dass der objektive und subjektive Tatbestand der Steuerhinterziehung erwiesen ist. Im Zusammenhang mit nacherklärten Einkünften aus Kapitalvermögen aus Nicht-EU-Staaten, die nicht dem automatischen Informationsaustausch unterliegen, ist ferner die mWv. 1.1.15 neu eingeführte **Anlaufhemmung** nach § 170 Abs. 6 AO von Relevanz.

2. Einzelerläuterungen

Zur Selbstanzeige

31   Soweit möglich, sollte eine Selbstanzeige bereits zum Zeitpunkt der Abgabe alle nachzuerklärenden Besteuerungsgrundlagen enthalten. Soweit die unrichtigen Steuererklärungen gemeinsam abgegeben worden sind, sollte auch eine **gemeinsame Selbstanzeige** erstattet werden. Wenn darüber hinaus etwa die unrichtige Umsatz- und Gewerbesteuererklärung nur von einem Ehegatten abgegeben worden ist, so ist es unschädlich, die diesbzgl. Selbstanzeige in die gemeinsame Selbstanzeige mit einzubeziehen. Im Hinblick darauf sollten im Betreff alle betroffenen Steuerarten bzw. Steuererklärungen sowie alle diesbezüglichen Steuernummern angegeben werden.

32   Die Selbstanzeige muss als solche **nicht ausdrücklich bezeichnet** werden. Es ist daher ohne weiteres zulässig, eine allgemeine Eingangsformulierung zu wählen, die offen lässt, ob überhaupt eine (vorsätzliche) Steuerhinterziehung gegeben ist. Ein Schuldbekenntnis ist nicht erforderlich.

Es ist die Angabe erforderlich, wann und in welcher Höhe den Eheleuten die Provisionseinnahmen steuerlich zugeflossen sind.

32a   Im Hinblick darauf, dass die Bestimmung des **10-Jahres-Zeitraums** in § 371 Abs. 1 Satz 2 AO noch nicht abschließend geklärt ist, sollten vorsorglich alle Besteuerungsgrundlagen mitgeteilt werden, die nach der ungünstigsten Auslegung noch in den Berichtigungszeitraum fallen. Dem wird in dem E. 1.01 mit der Formulierung begegnet, dass für Zwecke der Nacherklärung unterstellt wird, dass in diesen Veranlagungszeiträumen jeweils Einkünfte in bestimmter Höhe angefallen sind (die Provisionen wurden demgegenüber erst seit 2014 gezahlt). Hierbei kann man sich einer vernünftigen Schätzung (zB Durchschnitt der Einkünfte in den anderen Jahren, ältestes Kalenderjahr) bedienen. Sofern ein Fall der schweren Steuerhinterziehung vorliegt, ist nunmehr zwingend die verlängerte Verjährungsfrist von 15 Jahren zu beachten, sodass 15 Jahre zu korrigieren sind.

33   Da auch Umsatzsteuer-Voranmeldungen unrichtig abgegeben worden sind, stellt sich stets die Frage, ob es ausreicht, den jeweiligen Jahresumsatz nachzuerklären oder aber eine Aufgliederung nach Monaten bzw. Kalendervierteljahren vorzunehmen ist.

Diese Frage wurde durch den BGH (5 StR 392/98 v. 13.10.98, wistra 99, 27) in dem Sinne geklärt, dass eine Aufteilung nach Monaten oder Kalendervierteljahren für den Fall der Abgabe einer zutreffenden Jahreserklärung eine unnötige *„Förmelei"* darstelle. Die Abgabe einer **Umsatzsteuerjahreserklärung mit korrekten Umsatzzahlen** wirkt also auch ohne Nachreichung der unterlassenen oder berichtigten Umsatzsteuervoranmeldungen insoweit als strafbefreiende Selbstanzeige. Eine andere Frage ist, ob die Korrektur unrichtiger Voranmeldungen durch eine richtige Jahreserklärung angesichts der Neuregelung in § 371 Abs. 2a AO noch empfehlenswert ist. Gem. § 371 Abs. 2a Satz 3 AO gilt die Ausnahme vom Vollständigkeitsgebot sowie vom Sperrgrund der Tatentdeckung nicht für Umsatzsteuerjahreserklärungen. Enthält die Umsatzsteuerjahreserklärung keine vollständige Korrektur der Voranmeldungen, ist auch die Umsatzsteuerjahreserklärung objektiv unrichtig. Eine spätere (weitere) Korrektur kann daher (im Fall der Steuerhinterziehung) als Selbstanzeige zu werten sein. In diesem Fall wären die §§ 371 Abs. 2 Satz 1 Nr. 3, 398a AO gem. § 371 Abs. 2a Satz 3 AO anwendbar. Dies kann vermieden werden, wenn die Korrekturen durch Berichtigungen der Voranmeldungen erfolgen. Die **Musterselbstanzeige** im E. 1.01 wird dieser Problematik dadurch gerecht, dass die nacherklärten Provisionen in einer Anlage den einzelnen Monaten (Voranmeldungszeiträumen) zugeordnet werden (wenngleich aufgrund der Höhe der jeweils verkürzten Steuer § 371 Abs. 2 Satz 1 Nr. 3, § 398a AO in dem Beispiel nicht zur Anwendung kommen).

Ein besonderer **Antrag auf Einräumung einer Frist zur Zahlung** der verkürz- 34 ten Steuer ist nicht erforderlich, weil die Fristsetzung von Amts wegen erfolgt. In der Regel wird die Frist im Rahmen des geänderten Steuerbescheides bestimmt und ist daher identisch mit den üblichen Zahlungsfristen. Um den Zinslauf (faktisch) zu stoppen, ist eine zeitnahe freiwillige Akontozahlung auf die erwartete Steuernachforderung anzuraten.

Zur Selbstanzeige mit vorläufiger Schätzung

Ist es aus Zeitgründen notwendig unverzüglich eine Selbstanzeige zuerstatten, sind 35 aber die nachzuerklärenden Besteuerungsgrundlagen noch nicht in vollem Umfang bekannt, können in einem **ersten Schritt** zunächst nur – aber auch zwingend – Schätzzahlen und die maßgeblichen zu besteuernden Sachverhalte bekannt gegeben. Sodann erfolgt in einem **zweiten Schritt** eine Konkretisierung der Schätzzahlen.

Die persönliche sowie die zeitliche Zuordnung der jährlichen Besteuerungsgrundlagen hat hierbei stets schon auf der ersten Stufe zu erfolgen.

Vgl. zunächst die Erläuterungen zu Formular E. 1.01.

Im Übrigen: Auch bei einer Selbstanzeige, die nachträglich konkretisiert wird, sind 36 im Rahmen der ersten Stufe bereits alle Angaben so genau wie möglich zu machen. Der zeitliche Rahmen der Selbstanzeige ist stets schon auf der ersten Stufe vollständig zu bezeichnen. Erforderlich ist ferner eine Quantifizierung der Besteuerungsgrundlagen.

Diese sind, soweit eine Konkretisierung einstweilen nicht möglich ist, zu schätzen. Aus Gründen der Vorsicht ist zur Vermeidung der Unwirksamkeit der Selbstanzeige über den oberen Schätzungsrahmen hinauszugehen **(Sicherheitsmarge);** denn liegen die geschätzten Zahlen unter den später tatsächlich ermittelten Zahlen, kann die Selbstanzeige hierdurch unwirksam werden. Eine geringfügige Abweichung ist nach zutreffender Ansicht grundsätzlich unschädlich.

Die Bitte um Einräumung einer Frist zur Konkretisierung der Zahlen ist zwar nicht rechtlich begründet, dennoch aber empfehlenswert. Durch die Fristeinräumung wird nämlich durch die Finanzbehörde der zeitliche Rahmen gesteckt, innerhalb dessen trotz einer nachträglich erfolgten Konkretisierung noch von einer einheitlichen Selbstanzeige auszugehen ist.

E. 1.02 Selbstanzeige mit vorläufiger Schätzung

I. FORMULAR

Formular E. 1.02 Selbstanzeige mit vorläufiger Schätzung

An das Finanzamt ......

Betr.:   Eheleute ......

                Steuer-Nr.: ......

                hier: Einkommensteuer 2009 bis 2019, Gewerbe- und Umsatzsteuer
                2014–2019

Sehr geehrte Damen und Herren,

bei Durchsicht unserer Steuerunterlagen haben wir festgestellt, dass die für die Jahre 2009–2019 abgegebenen Steuererklärungen nicht vollständig sind.

So haben wir es unterlassen, in den Jahren 2014–2019 bestimmte Provisionseinnahmen steuerlich zu erfassen. Aufgrund der derzeit uns zur Verfügung stehenden Unterlagen handelt es sich um folgende nur dem Ehemann zuzurechnende Beträge:

2014 – € 30.000,–

2015 – € 20.000,–

2016 – € 25.000,–

2017 – € 35.000,–

2018 – € 35.000,–

2019 – € 35.000,–

Die vorstehenden Zahlen sind großzügig geschätzt.

Darüber hinaus sind Zinsen aus Festgeld- und Sparguthaben steuerlich nicht erklärt worden. Es handelt sich hierbei um folgende geschätzte Beträge:

2009 – € 8.000,–

2010 – € 6.000,–

2011 – € 9.000,–

2012 – € 10.000,–

2013 – € 8.000,–

2014 – € 12.000,–

2015 – € 13.000,–

2016 – € 13.000,–

2017 – € 13.000,–

2018 – € 14.000,–

2019 – € 15.000,–

Sofern für weitere, vorstehend nicht ausdrücklich aufgeführte Veranlagungszeiträume noch keine Festsetzungsverjährung eingetreten sein sollte bzw. nach Ihrer Rechtsansicht weitere Veranlagungszeiträume, welche vorstehend nicht ausdrücklich genannt sind, von dem Berichtigungsverbund nach § 371 Abs. 1 AO umfasst sein sollten, soll für die Zwecke dieser Anzeige unterstellt werden, dass in diesen Veranlagungszeiträumen jeweils bislang nicht deklarierte Zinseinnahmen aus Festgeld- und Sparbuchguthaben in Höhe von € 8.000,– erzielt wurden.

Wir werden bemüht sein, innerhalb der nächsten 14 Tage die nachzuversteuernden Beträge genau zu berechnen. Wir bitten Sie, uns diese Frist einzuräumen.

Ferner werden wir innerhalb der nächsten zwei bis drei Wochen eine freiwillige Akontozahlung auf die im Raum stehende Steuernachforderung in Höhe von € ...,– leisten. Wir bitten, die Finanzkasse zu unterrichten und das Guthaben bis zur Festsetzung zu verwahren und zunächst mit den Steuernachzahlungen, nachrangig mit Solidaritätszuschlag und Kirchensteuer zu verrechnen.

Hinsichtlich der Festsetzung von Vorauszahlungen gehen wir davon aus, dass in den Folgejahren Einkünfte in ähnlicher Höhe wie im Jahr 2019 entstehen werden.

....

[Unterschrift]

[Datum]

Anlage

II. ERLÄUTERUNGEN

Erläuterungen zu E. 1.02 Selbstanzeige mit vorläufiger Schätzung

Erläuterungen s. E. 1.01 Rz. 1 ff.

E. 1.03 Antrag auf Verlängerung von Nachzahlungsfristen

I. FORMULAR

Formular E. 1.03 Antrag auf Verlängerung von Nachzahlungsfristen

Betr.:   Eheleute ......
             Steuer-Nr.: ...... /ÜLSteuer-Nr. ......
             hier: Einkommensteuer 2009 bis 2019 sowie Gewerbe- und Umsatz-
             steuer 2013 bis 2018

Sehr geehrte Damen und Herren,

auf Grund unserer Selbstanzeige vom ...... hat das Finanzamt ...... unter dem Datum vom ...... geänderte Einkommensteuerbescheide für die Jahre 2009–2019 sowie geänderte Umsatzsteuerbescheide für die Jahre 2014–2019 erlassen. Darüber hinaus sind seitens der Stadt am ...... geänderte Gewerbesteuerbescheide ergangen. Nach Maßgabe der vorgenannten Steuerbescheide haben wir bis zum ......

Einkommensteuer € ......,– an die Finanzkasse zu zahlen.

Im Übrigen habe ich, der Ehemann, bis zum ...... € ......,– Umsatzsteuer

und bis zum ...... € ......,– Gewerbesteuer

nachzuentrichten.

Wir haben beim Finanzamt ...... sowie beim Steueramt der Stadt ...... Stundungsanträge hinsichtlich der vorbezeichneten Steuerforderungen nebst festgesetzter Zinsen gem. § 235 AO gestellt, die wir in Fotokopie beifügen.

Wir bitten Sie, uns die nach § 371 Abs. 3 AO gesetzte Frist entsprechend unseren Stundungsanträgen zu verlängern.

....

[Unterschrift]

[Datum]

Anlage

II. ERLÄUTERUNGEN

Erläuterungen zu E. 1.03 Antrag auf Verlängerung von Nachzahlungsfristen

1. Grundsätzliche Anmerkungen

Die **strafbefreiende Wirksamkeit** der Selbstanzeige hängt davon ab, dass die hinter-   **1** zogenen Steuern innerhalb der vom Finanzamt gesetzten Frist nachentrichtet werden.

2   Die **strafrechtliche Nachzahlungsfrist** (§ 371 Abs. 3 AO) hat nichts mit den steuerrechtlichen Monatsfristen zu tun, innerhalb derer die Mehrsteuern nebst festzusetzenden Zinsen gem. § 235 AO auf Grund der Änderungsbescheide kraft Gesetzes fällig werden. So wird denn die strafrechtliche Nachzahlungsfrist von der Bußgeld- und Strafsachenstelle oder – in den einzelnen Bundesländern unterschiedlich organisiert – von einem besonders zuständigen Finanzamt für Steuerstrafsachen bestimmt. In der Regel werden aber beide Fristen übereinstimmen. Der Antrag auf Verlängerung der Nachzahlungsfrist muss stets **vor** Ablauf der Frist gestellt werden. Im Gegensatz zu einem Stundungsantrag kann einem Antrag auf Verlängerung der Nachzahlungsfrist nämlich nicht rückwirkend stattgegeben werden.

2. Einzelerläuterungen

3   Der Antrag auf Verlängerung der Nachzahlungsfrist gem. § 371 Abs. 3 AO ist an die Bußgeld- und Strafsachenstelle des Finanzamtes oder an das gesondert zuständige Finanzamt für Steuerstrafsachen zu richten.

Ein gemeinsamer Antrag der Eheleute ist ohne weiteres zulässig. Im Betreff sind alle einschlägigen StNrn. und ÜLStr.-Nrn. anzugeben.

4   Für den **Antrag** auf Einräumung einer Nachzahlungsfrist gem. § 371 Abs. 3 AO bedarf es keiner besonderen Begründung, wenn parallel ein Stundungsantrag (§ 222 AO) gestellt worden ist. Es reicht aus, wenn auf den betreffenden Stundungsantrag verwiesen wird. Regelmäßig hängt sich das für die Steuerstrafsache zuständige Finanzamt an die Entscheidung des für die Stundung zuständigen Finanzamtes an.

4a   Da nach der Neufassung des § 371 Abs. 3 Satz 1 AO auch die **fristgerechte Nachzahlung** der Hinterziehungszinsen nach § 235 AO sowie der anrechenbaren Zinsen nach § 233a AO Wirksamkeitsvoraussetzung der Selbstanzeige ist, sind diese in den Veranlagungszeitraum einzubeziehen.

5   Wird ein rechtzeitig eingereichter Stundungsantrag **nach Fristablauf abgelehnt,** gewährt das für die Strafsache zuständige Finanzamt in aller Regel gleichwohl eine kurze Nachfrist, weil andernfalls der Anspruch auf Straffreiheit entfiele.

E. 1.04 Anschlusserklärung

I. FORMULAR

Formular E. 1.04 Anschlusserklärung

Anschlusserklärung

Das Schreiben an das Finanzamt ...... vom ...... ist mir vorgelegt worden. Ich schließe mich dem Inhalt der Erklärungen vollumfänglich an. Vor diesem Hintergrund bevollmächtige ich die Vertretungsberechtigten dazu, die Erklärungen auch in meinem Namen abzugeben. Über die Gründe dieser Anschlusserklärung bin ich informiert worden. Ferner bestätige ich, nach bestem Wissen und Gewissen bei der Aufarbeitung der relevanten Sachverhalte mitgearbeitet zu haben, und insbesondere alle mir bekannten steuerlich relevanten Informationen in Vorbereitung des Schreibens bereitgestellt zu haben.

....

[Unterschrift]

[Datum]

II. ERLÄUTERUNGEN

Erläuterungen zu E. 1.04 Anschlusserklärung

Erläuterungen s. E. 1.01 Rz. 2 ff.

E. 2. Berichtigungsschreiben an das Finanzamt gem. § 153 AO

I. FORMULAR

Formular E. 2. Berichtigungsschreiben an das Finanzamt gem. § 153 AO

An das Finanzamt ......

Betr.:   Korrektur von Mieteinkünften gem. § 153 AO

               Steuer-Nr.: ......

               hier: Einkommensteuer 2016 bis 2019

Sehr geehrte Damen und Herren,

in der vorgenannten Angelegenheit zeigen wir an, dass uns Herr ..., wohnhaft in ..., mit der Wahrnehmung seiner rechtlichen Interessen beauftragt hat. Eine Kopie der uns legitimierenden Vollmacht ist diesem Schreiben als Anlage beigefügt.

Namens und in Vollmacht unseres Mandanten zeigen wir hiermit an, dass in dem vorgenannten Zeitraum in den Einkommensteuererklärungen Mieteinnahmen versehentlich nicht deklariert wurden.

Im Einzelnen:

1. Sachverhalt

Unser Mandant ist Eigentümer mehrerer vermieteter Eigentumswohnungen, u.a. auch der Eigentumswohnung in der ...... in Köln. Unser Mandant ist steuerlich beraten. Sein Steuerberater war bis 2016 Herr ...... Seit 2017 wird unser Mandant von Herrn ...... betreut. Beiden Beratern wurden alle relevanten Unterlagen wie insbesondere die Mietverträge und Belege über die Mieteinnahmen zur Verfügung gestellt. Im Zusammenhang mit dem Beraterwechseln im Jahr 2016 wurden versehentlich die Mieteinkünfte aus der Wohnung in der ...... bis einschließlich 2019 nicht angegeben. Obwohl die Mieteinkünfte in den Jahren zuvor richtig deklariert wurden, ist weder dem steuerlichen Berater noch unserem Mandaten aufgefallen, dass die Mieteinkünfte, die sich auf die Wohnung in der ...... beziehen, fehlten. Auch das Finanzamt, dem insbesondere der zugehörige Mietvertrag vorliegt, hat hierzu keine Nachfragen gestellt. Da es sich um geringe Beträge im Vergleich zu den Gesamteinkünften handelt, ist der Fehler unserem Mandanten auch bei Überprüfung der Steuererklärungen nicht aufgefallen.

2. Nachzuerklärende Einnahmen

Im Auftrag unseres Mandanten erklären wir für die steuerlich noch nicht festsetzungsverjährten Veranlagungszeiträume 2016 bis 2019 die folgenden Mieteinkünfte (alle Angaben in EUR):

Jahr	Betrag
2016	7.800,00
2017	7.800,00
2018	7.800,00
2019	7.800,00

3. Akontozahlung

Unser Mandant wird in den nächsten Tagen eine Akontozahlung auf die im Raum stehenden Steuernachforderungen in Höhe von ...... leisten. Wir bitten Sie, die zu-

ständige Finanzkasse darüber zu unterrichten und das Guthaben bis zur Änderungsfestsetzung zu verwahren. Nach Erlass der zu ändernden Steuerbescheide bitten wir,
die Akontozahlung mit nachzuzahlenden Beträgen zur Einkommensteuer und zu Solidaritätszuschlag zu verrechnen.

4. Schlussbemerkung

Die Unterzeichner werden sich erlauben, Sie in den nächsten Tagen telefonisch zu
kontaktieren, um das weitere Vorgehen abzustimmen.

Für Rückfragen stehen wir Ihnen selbstverständlich auch vorab gerne zur Verfügung.

Mit freundlichen Grüßen

....

[Unterschrift]

[Datum]

Anlage

II. ERLÄUTERUNGEN

> **Erläuterungen zu E. 2. Berichtigungsschreiben an das Finanzamt gem.
> § 153 AO**

1. Grundsätzliche Anmerkungen

1   Der **Anzeige- und Berichtigungspflicht nach § 153 AO** kommt in der Praxis
große Bedeutung zu, da es aufgrund der Vielzahl und Komplexität an steuerlichen
Vorschriften schnell zu fehlerhaften Angaben kommen kann. Insbesondere in Unternehmen sind Steuererklärungen aufgrund der schieren Masse an steuerrechtlich relevanten Geschäftsvorfällen höchst fehleranfällig. Kommt es zu unrichtigen Angaben,
kann eine Anzeige ggü der Finanzverwaltung und Berichtigung der Angaben notwendig sein. Erkennt der Stpfl. nachträglich vor Ablauf der Festsetzungsfrist, dass eine von
ihm oder für ihn abgegebene Erklärung unrichtig oder unvollständig ist und dass es
dadurch zu einer Verkürzung von Steuern kommen kann oder bereits gekommen ist,
ist er verpflichtet, dies unverzüglich anzuzeigen und die erforderliche Richtigstellung
vorzunehmen. Diese Verpflichtung trifft gem. § 153 Abs. 1 Satz 2 AO auch die gesetzlichen Vertreter (§ 34 AO) und den Gesamtrechtsnachfolger. Dabei trifft die Berichtigungspflicht den gesetzlichen Vertreter nicht nur dann, wenn er nachträglich erkennt, dass er selbst falsche Angaben gemacht hat, sondern auch, wenn bspw. sein
Vorgänger unrichtige Angaben gemacht hat. Ehegatten hingegen sind nur für die eigenen Angaben verantwortlich, sodass fehlerhafte Angaben des Ehepartners grundsätzlich keine Berichtigungspflicht für den anderen Ehepartner auslösen. Vorsicht ist allerdings dann geboten, wenn es Anhaltspunkte dafür gibt, dass eventuell ein vorwerfbares
Handeln angenommen werden könnte und der Ehepartner in irgendeiner Form Hilfe
geleistet hat.

2   Von der Berichtigungspflicht nach § 153 AO ist **die Selbstanzeige gem. § 371
AO bzw. § 378 Abs. 3 AO** abzugrenzen. In allen Fällen handelt es sich um Korrekturvorschriften für den Fall, dass die Steuererklärung im Zeitpunkt der Abgabe objektiv falsch war. Der entscheidende Unterschied liegt im subjektiven Tatbestand. Hat
der Stpfl. vorsätzlich oder leichtfertig gehandelt, stellt die nachträgliche Berichtigung
eine Selbstanzeige dar und ist nach den §§ 371 bzw. § 378 Abs. 3 AO zu bewerten.
Lag hingegen kein vorwerfbares oder allenfalls fahrlässiges Verhalten vor, ist hierin
eine Berichtigung nach § 153 AO zu sehen. Die Abgrenzung zwischen § 153 AO und
§ 371 AO findet im Rahmen einer Würdigung durch die Finanzverwaltung statt und
ist in der Praxis mitunter schwer zu antizipieren, da es sich um eine innere Tatsache

handelt. Eine Berichtigung gem. § 153 AO sollte daher regelmäßig selbstanzeigesicher ausgestaltet werden.

2. Einzelerläuterungen

Den Berichtigungspflichtigen trifft die Pflicht gem. § 153 AO, wenn er nachträglich **3** vor Ablauf der Festsetzungsfrist die **Unrichtigkeit oder Unvollständigkeit der Erklärung tatsächlich erkennt** (positive Kenntnis). Bloßes Erkennen-Können bzw. Erkennen-Müssen reicht hingegen nicht aus (BGH 1 StR 479/08 v. 17.3.09, NJW 09, 1984). Er muss vielmehr von der Unrichtigkeit oder Unvollständigkeit der Erklärung tatsächliche Kenntnis haben und erkennen, dass es dadurch zu einer Verkürzung der Steuer kommen kann oder bereits gekommen ist. Es wird vom Steuerpflichtigen nicht erwartet, dass er ständig die steuerlichen Entwicklungen eines Problems bis zum Eintritt der Feststellungsverjährung verfolgt und überwacht (FG Düsseldorf 7 K 1884/13 GE v. 26.3.14, BeckRS 2014, 95257). Auch gibt es keine Pflicht aktiv nach Unrichtigkeiten zu suchen. Werden hingegen durch das Unternehmen interne Ermittlungen angestoßen, können die hierdurch gewonnenen Erkenntnisse eine Anzeigepflicht nach § 153 AO auslösen. Eine andere Frage ist, ob im Einzelfall Nachforschungen sinnvoll oder sogar aufgrund gesellschaftsrechtlicher Sorgfaltspflichten angezeigt sein können.

Nach der BGH-Rechtsprechung besteht die Anzeigepflicht nach § 153 AO auch dann, wenn der Steuerpflichtige zwar keine positive Kenntnis von der Unrichtigkeit seiner Angaben bei Abgabe der Steuererklärung hatte, diese jedoch billigend in Kauf genommen hat und später sichere Erkenntnis von der Unrichtigkeit erlangt hat (BGH 1 StR 479/08 v. 17.3.09, NStZ 09, 508).

Die Anzeige- und Berichtigungspflicht nach § 153 AO verlangt sowohl eine **An-** **4** **zeige** (1. Stufe) wie auch eine **Berichtigung** (2. Stufe). Die Anzeige hat unverzüglich zu erfolgen. Nach hM erfolgt die Bestimmung des Unverzüglichkeitsbegriffs in Anlehnung an § 121 Abs. 1 BGB, sodass die Anzeige ohne schuldhaftes Zögern zu erfolgen hat (BGH 1 StR 479/08 v. 17.3.09, NJW 09, 1984). Die Bestimmung der konkreten Zeitspanne kann nur im Einzelfall bestimmt werden, da eine Korrektur eines Fehlers bei komplexen Sachverhalten mit zahlreichen Berechnungen naturgemäß mehr Zeit in Anspruch nimmt als eine bloße Mitteilung einer einzelnen Tatsache (siehe auch zusammenfassende Übersicht *Hornig* PStR 20, 018). Richtigerweise sollte dem Stpfl. zumindest die Zeit zugestanden werden, die notwendig ist, um sich einen Überblick über den Sachverhalt und die zugehörigen Rechtsfragen zu verschaffen und hierzu auch ggf rechtlichen Rat einzuholen. Soweit sich nach dem Gesetzeswortlaut eine Verpflichtung ergibt „unverzüglich anzuzeigen und die erforderliche Richtigstellung vorzunehmen", vertritt die ganz hM die Auffassung, dass sich die Unverzüglichkeit nur auf die Anzeigepflicht und nicht auf die Berichtigung bezieht (s. u. a. *BeckOK AO/Rosenke* AO § 153 Rz. 27). AEAO zu § 153 AO Tz. 5.1 spricht zwar davon, dass beide Pflichten unverzüglich zu erfüllen sind, gleichzeitig wird diese Aussage in S. 2 wieder relativiert, indem es dort heißt, dass eine Berichtigung ggf. später nachfolgen kann, wenn eine gewisse Zeit zur Aufbereitung der Unterlagen erforderlich ist (AEAO zu § 153 AO Tz. 5.1).

Auch nach hier vertretener Auffassung ergibt sich für die Berichtigung **nach dem** **5** **Gesetzeswortlaut keine Frist.** Die FinVerw. kann jedoch eine Fristsetzung vornehmen. Unterbleibt eine Fristsetzung, hat die Berichtigung nach wohl hM (*Tipke/ Kruse* § 153 AO Rz. 24; *Neuling* DStR 16, 1652) in einer angemessenen Zeit zu erfolgen, wobei die Umstände im Einzelfall zu berücksichtigen sind. Die Anforderungen an die Unverzüglichkeit bzw. an eine angemessene Zeit für die Berichtigung sind umstritten und mitunter schwer zu bestimmen. Insbesondere bei komplexen Sachverhalten und teilweise ungeklärtem Sachverhalt, sollte daher so schnell wie möglich eine

Anzeige mit großzügig geschätzten Zahlen erfolgen. Gleichzeitig empfiehlt es sich mit der FinVerw. eine Frist abzustimmen, die dem Unternehmen für die Aufbereitung und Konkretisierung der Angaben eingeräumt wird. Insoweit kann es zu der Situation kommen, dass einerseits die Notwendigkeit besteht, möglichst zeitnah zu berichtigen, um nicht Gefahr zu laufen, dass die FinVerw. die Berichtigung nicht mehr als unverzüglich ansieht. Andererseits aber auch mehr Zeit benötigt wird den Sachverhalt ausreichend gründlich aufzuklären, da nur so sichergestellt werden kann, dass die Anzeige vollständig und damit wirksam ist, für den Fall, dass nachträglich doch ein vorsätzliches Handeln angenommen wird und die Berichtigung daher als Selbstanzeige einzustufen ist (vgl. auch *Wegner* SteuK 16, 289).

6   Zu beachten ist, dass Nacherklärungen, die im Rahmen einer laufenden Außenprüfung abgegeben werden, grundsätzlich der BuStra **zur Prüfung vorzulegen** sind (vgl. AStBV Nr. 131).

7   Verstößt der Stpfl. gegen die Anzeige- und/oder Berichtigungspflicht, macht er sich gemäß § 370 Abs. 1 Nr. 2 AO (Steuerhinterziehung durch Unterlassen) **strafbar.** Kommt er hingegen der Anzeige- und Berichtigungspflicht nur teilweise nicht nach – zB durch unvollständige Angaben – steht eine Strafbarkeit wegen aktiver Steuerhinterziehung nach § 370 Abs. 1 Nr. 1 AO im Raum (vgl. BGH 1 StR 479/08 v. 17.3.09, BGHSt 53, 210). Wird die Anzeige im Nachhinein als verspätet gewertet, stellt sie bis zu dem Zeitpunkt, an dem bei ordnungsgemäßer Anzeige ein geänderter Steuerbescheid ergangen wäre, einen Rücktritt vom Versuch gem. § 24 StGB dar. Nach diesem Zeitpunkt kann das Schreiben als Selbstanzeige gewertet werden, wenn die Berichtigung alle Anforderungen einer Selbstanzeige nach § 371 AO erfüllt.

E. 3. Beschwerde gegen den Durchsuchungs- und Beschlagnahmebeschluss

I. FORMULAR

> **Formular E. 3 Beschwerde gegen den Durchsuchungs- und Beschlagnahmebeschluss**

In dem Ermittlungsverfahren

gegen

Herrn ......

Az.: ......

wegen Steuerhinterziehung

bestelle ich mich hiermit zum Verteidiger. Eine auf mich lautende Vollmacht lege ich in der Anlage bei.

Gegen den Durchsuchungsbeschluss des Amtsgerichts ...... vom ...... lege ich hiermit

BESCHWERDE

ein mit dem Antrag, den vorgenannten Beschluss aufzuheben und die beschlagnahmten Unterlagen herauszugeben.

Im vorgenannten Beschluss wird angeführt, es bestehe der Verdacht, der Beschuldigte habe „sich eines Vergehens gegen die Abgabenordnung schuldig" gemacht. Weitere den Tatvorwurf konkretisierende Angaben enthält der Beschluss nicht.

Damit entspricht der Durchsuchungs- und Beschlagnahmebeschluss in keiner Weise den rechtsstaatlichen Mindestanforderungen, wie sie in den Entscheidungen des Bundesverfassungsgerichts (BVerfG 2 BvR 2158/98, wistra 1999, 257, 2 BvR 1619/00, NJW 2002, 1941, 2 BvR 950/05, NJW 2006, 2974, 2 BvR 2151/06, NJW 2007, 2752; BGH StB 26/08, NStZ-RR 2009, 142) zum Ausdruck gekommen sind. Hiernach muss der Durchsuchungsbeschluss tatsächliche Angaben über den Inhalt des Tatvorwurfs enthalten sowie die denkbaren Beweismittel, denen die Durchsuchung gilt, umschreiben (BVerfG 2 BvR 902/06, NJW 2009, 2431). Darüber hinaus ist die Angabe des Zeitraums erforderlich, in dem die Steuerhinterziehung begangen sein soll. Im Hinblick darauf, dass die Beamten der Steuerfahndung derzeit noch mit der Durchsicht von Unterlagen beschäftigt sind, beantrage ich sofortige Entscheidung und die weitere Vollziehung der Beschlüsse auszusetzen (§ 307 Abs. 2 StPO).

....

[Unterschrift]

[Datum]

Anlage

II. ERLÄUTERUNGEN

> **Erläuterungen zu E. 3 Beschwerde gegen den Durchsuchungs- und Beschlagnahmebeschluss**

Erläuterungen hierzu s. E. 4 Rz. 1 ff.

E. 4. Widerruf der freiwilligen Herausgabe von Unterlagen anlässlich der Durchsuchung und Antrag auf richterliche Entscheidung über die Beschlagnahme

Gliederung

I. FORMULAR

Formular E. 4 Widerruf der freiwilligen Herausgabe von Unterlagen anlässlich der Durchsuchung und Antrag auf richterliche Entscheidung über die Beschlagnahme

In dem Ermittlungsverfahren

gegen

Herrn ......

Az.: ......

wegen Steuerhinterziehung

bestelle ich mich hiermit zum Verteidiger. Eine auf mich lautende Vollmacht lege ich in der Anlage bei.

Aufgrund des Durchsuchungsbeschlusses des Amtsgerichts vom ...... fanden am ...... in den Geschäfts- und Privaträumen des Beschuldigten Durchsuchungen durch Beamte der Steuerfahndungsstelle des Finanzamtes ...... statt. Im Rahmen dieser Durchsuchungen wurden umfangreiche Unterlagen sichergestellt. Ausweislich der mir vorliegenden Ausfertigung des Verzeichnisses gem. § 107 StPO hat der Beschuldigte die Unterlagen freiwillig herausgegeben. Diese freiwillige Herausgabe wird hiermit widerrufen.

Zugleich ersuche ich das Gericht um Entscheidung gem. § 98 Abs. 2 Satz 2 StPO und beantrage, die Beschlagnahme aufzuheben und die sich im Gewahrsam der Steuerfahndung befindlichen Gegenstände herauszugeben.

Begründung:

....

....

[Unterschrift]

....

[Datum]

Anlage

II. ERLÄUTERUNGEN

> **Erläuterungen zu E. 4 Widerruf der freiwilligen Herausgabe von Unterlagen anlässlich der Durchsuchung und Antrag auf richterliche Entscheidung über die Beschlagnahme**

1. Grundsätzliche Anmerkungen

a) Funktion

Die **Beschwerde** gegen den **Durchsuchungs- und Beschlagnahmebeschluss** 1 dient dem Ziel richterlicher Überprüfung der Rechtmäßigkeit des Beschlusses. Die Beschwerde, über die das für das Beschlussgericht zuständige Landgericht entscheidet, hat in der Praxis in aller Regel geringe Erfolgsaussichten. Sie kann gleichwohl gerechtfertigt sein, wenn entweder gar kein Anfangsverdacht vorliegt, der Beschluss unter verfahrensrechtlichen Mängeln leidet, der Beschluss älter ist als sechs Monate oder aber Personen betroffen sind, für die ein Durchsuchungs- und Beschlagnahmeprivileg gilt. Auch nach bereits erfolgter Durchsuchung ist eine gerichtliche Überprüfung möglich.

Der **Widerruf** der **freiwilligen Herausgabe** von Unterlagen anlässlich der Durch- 2 suchung eröffnet eine Rechtsbehelfsmöglichkeit über den Weg eines Antrages auf richterliche Entscheidung. Hiergegen ist sodann wiederum die Beschwerde gegeben.

b) Strafprozessrecht

Gem. § 105 Abs. 1 StPO dürfen Durchsuchungen beim Tatverdächtigen (§ 102 3 StPO) und bei anderen Personen (§ 103 StPO) **nur durch den Richter,** bei Gefahr im Verzug auch durch die Staatsanwaltschaft und ihre Ermittlungspersonen angeordnet werden.

Die Anordnung der Durchsuchung ist durch die Staatsanwaltschaft und durch die Steuerfahndung nur bei Gefahr im Verzug zulässig (§ 105 Abs. 1 Satz 1 StPO). Unter diesen Voraussetzungen ist die Anordnung der Durchsuchung durch die Staatsanwaltschaft oder durch die Steuerfahndung nur dann zulässig, wenn die durch die Anordnung des Richters bedingte Verzögerung den Untersuchungserfolg gefährden würde. Diese Fälle kommen nur selten vor, so dass die richterliche Durchsuchung im Bereich der Steuerfahndung die Regel ist. Die nichtrichterliche Anordnung der Durchsuchung ist die Ausnahme und muss sehr strengen Anforderungen bei der Auslegung der „Gefahr im Verzug" genüge tun (vgl. BVerfG 2 BvR 1444/00 v. 20.2.01, NJW 01, 1121). Erfolgt sie, so trifft die Ermittlungsbehörden eine Dokumentationspflicht (BVerfG 2 BvR 1444/00 v. 20.2.01, aaO).

Ist die Anordnung der Durchsuchung durch die Staatsanwaltschaft oder durch die 4 Steuerfahndung erfolgt, so hat der Betroffene in entsprechender Anwendung des § 98 Abs. 2 Satz 2 StPO die Möglichkeit, eine richterliche Entscheidung herbeizuführen. Der Antrag auf gerichtliche Entscheidung ist an keine Form und an keine Frist gebunden. Auch nach Abschluss der Durchsuchung ist eine Überprüfung zulässig (BVerfG BvR 817/90 ua. v. 30.4.97, NJW 97, 2163; BVerfG 1 BvR 1935/96 ua. v. 24.3.98, NJW 98, 2131; BGH 5 ARs (VS) 2/98 v. 5.8.98, NStZ 99, 151; BGH 3 ARs 10/98 v. 14.10.98, wistra 99, 66; BGH 5 AR (VS) 2/98 v. 7.12.98, NJW 99, 730).

Für die **Durchsuchungsanordnung** schreibt das Gesetz keine bestimmte **Form** 5 vor. Im Hinblick darauf kann sie mündlich, telefonisch, telegrafisch oder per E-Mail ergehen. Für die richterliche Durchsuchungsanordnung gilt dies aber nur bei Gefahr im Verzug (BVerfG 2 BvR 2267/06 v. 23.7.07, BeckRS 2007, 25604; BGH 1 StR 531/04 v. 13.1.05, NStZ 05, 392). Ohne Gefahr im Verzug ist die Durchsuchungsanordnung des Richters schriftlich zu erlassen.

Die Durchsuchungsanordnung muss konkret gefasst sein. Das bedeutet, dass tatsächliche Angaben über den Inhalt des Tatvorwurfs gemacht werden müssen. Bloße Vermutungen reichen nicht aus (BVerfG 2 BvR 974/12 v. 13.3.14, NJW 14, 1650; BVerfG 2 BvR 358/03 v. 28.4.03, NJW 03, 2669; BGH StB 17/19 v. 31.7.19, BeckRS 2019, 17948; LG Regensburg 2 Qs 41/14 v. 10.10.14, BeckRS 2014, 100231). Darüber hinaus sollen nach Möglichkeit auch die denkbaren Beweismittel, deren Auffindung die Durchsuchung gilt, umschrieben werden. Auf die Angabe der wesentlichen Verdachtsmomente darf verzichtet werden, wenn die Bekanntgabe den Untersuchungszweck gefährden würde und daher den Zwecken der Strafverfolgung abträglich wäre (BGH 1 Ws 448/08 v. 18.12.08, NStZ-RR 09, 143; LG Wiesbaden 2 Qs 74/16 v. 4.10.16, BeckRS 2016, 18039). Was die Beschreibung der aufzuklärenden Steuerstraftat anbelangt, so ist insbesondere die **Angabe des Zeitraums** erforderlich, in dem die Steuerhinterziehung begangen sein soll (BVerfG 2 BvR 2551/12 v. 4.4.17, NJW 17, 2016; BVerfG 2 BvR 1345/08 v. 5.3.12, NJW 12, 2097; BVerfG 2 BvR 294/76 v. 26.5.76, NJW 76, 1735; BVerfG 2 BvR 988/75 v. 24.5.77, NJW 77, 1489), andernfalls ist der Durchsuchungsbeschluss verfassungswidrig (BVerfG 2 BvR 417/88 v. 23.6.90, NJW 91, 690). Die vorstehende Konkretisierung ist erforderlich, damit die mit der Durchführung der Durchsuchung verbundenen Eingriffe in die Grundrechte messbar und kontrollierbar sind (BVerfG 2 BvR 2551/12 v. 4.4.17, DStR 17, 982; BVerfG 2 BvR 1710/15 v. 5.7.16, BeckRS 2016, 48485; BVerfG 2 BvR 358/03 v. 28.4.03, NJW 03, 2669). Das gilt in besonderer Weise bei einer gegen Freiberufler gerichteten Durchsuchungsanordnung (BVerfG 2 BvR 1219/05 v. 7.9.06, NJW 07, 1443). Diesen Anforderungen werden die Durchsuchungsanordnungen in der Praxis häufig nicht gerecht. Sie enthalten nicht selten bloß formel- und schlagwortartige, den Gesetzeswortlaut wiederholende Formulierungen. Derartige Durchsuchungsanordnungen sind rechtswidrig.

6   Ein **Beweisverwertungsverbot** der im Rahmen der Durchsuchung aufgefundenen Beweismittel ergibt sich regelmäßig insbes. dann nicht, wenn bei hypothetischer Betrachtungsweise ein rechtmäßiger Durchsuchungsbeschluss hätte erlangt werden können. Eine Nichtverwertbarkeit kommt jedoch in Betracht, wenn ein besonders schwerer Verstoß vorliegt (BGH 2 StR 46/15 v. 6.10.16, NStZ 17, 367; BGH 3 StR 210/11 v. 30.8.11, NStZ 12, 104).

7   Das Ziel einer jeden Durchsuchung ist das Auffinden von Beweismitteln und deren **Beschlagnahme.** Werden Beweismittel **freiwillig** herausgegeben, so bedarf es gem. § 94 Abs. 2 StPO weder einer Beschlagnahmeanordnung noch einer Beschlagnahme selbst. Von der Beschlagnahme bei freiwilliger Herausgabe kann auch dann abgesehen werden, wenn bereits eine Beschlagnahmeanordnung vorliegt. Freiwillig ist eine Herausgabe indessen nur, wenn der Gewahrsamsinhaber sich der Tatsache bewusst ist, dass er zur Herausgabe nicht verpflichtet ist. Hierüber braucht der Gewahrsamsinhaber nicht belehrt zu werden, wenn sich aus den Umständen ergibt, dass er sich über seine Rechte im Klaren ist. Zur freiwilligen Herausgabe bedarf es schließlich auch nicht einer ausdrücklichen Willenserklärung, diese liegt auch vor, wenn sich der Gewahrsamsinhaber mit der Übernahme der Gegenstände in die amtliche Verwahrung stillschweigend einverstanden erklärt.

Im Hinblick auf die Beschlagnahme von Unterlagen im Zusammenhang mit internen Ermittlungen hat das BVerfG festgestellt, dass es nicht gegen Verfassungsrecht verstößt, dass im betroffenen Fall *„die Fachgerichte § 160a Abs. 1 S. 1 StPO, nach dem eine Ermittlungsmaßnahme unzulässig ist, die sich gegen einen Rechtsanwalt richtet und voraussichtlich Erkenntnisse erbringen würde, über die dieser das Zeugnis verweigern dürfte, im Bereich der Beschlagnahme beziehungsweise der dieser vorausgehenden Sicherstellung zur Durchsicht nicht für anwendbar gehalten haben".* Es sei herrschende Ansicht in Rspr. und Literatur, dass es sich bei § 97 StPO um eine Spezialregelung für Beschlagnahmen handelt, die § 160a Abs. 1 S. 1 StPO grundsätzlich verdrängt (BVerfG 2 BvR 1405/17, 2 BvR 1780/17 v. 27.6.18, NStZ 19, 159), so dass die Annahme eines Vorrangs der Vorschrift verfassungsrechtlich nicht zu beanstanden sei.

In Bezug auf Beschlagnahmeverbote hat zudem BGH 2 ARs 121/18, 2 AR 69/18 v. 8.8.18, NStZ 19, 100 klargestellt, dass ein Strafverteidiger, der die Beschlagnahme von Geschäftsunterlagen, für die kein Beschlagnahmeverbot besteht, vereitelt, den Tatbestand der Strafvereitelung erfüllt. Unterlagen, die nicht spezifisches Verteidigungsmaterial darstellen, sog. *„verfängliche Geschäftsunterlagen"*, dürfen dem staatlichen Zugriff nicht dadurch entzogen werden, dass der Verteidiger sie in den Kanzleiräumen verborgen hält oder falsche Angaben zum Belegenheitsort macht. Diesbezüglich greift kein Beschlagnahmeverbot.

Der Gewahrsamsinhaber kann sein Einverständnis jederzeit zurückziehen und die **8** freiwillige Herausgabe widerrufen. In diesem **Widerruf** ist zugleich ein Antrag auf gerichtliche Entscheidung nach § 98 Abs. 2 Satz 2 StPO zu sehen.

Die **Beschlagnahme** ist eine formelle Sicherstellung. Damit ist zugleich die Ent- **9** ziehung oder Beschränkung der tatsächlichen Verfügungsgewalt über den Gegenstand verbunden.

Die Beschlagnahme wird durch den Richter, bei Gefahr im Verzug durch die Staatsanwaltschaft oder die Steuerfahndung angeordnet (§ 98 Abs. 1 Satz 1 StPO).

Für die richterliche Beschlagnahmeanordnung ist vor Erhebung der öffentlichen **10** Klage das **Amtsgericht zuständig,** in dessen Bezirk die Staatsanwaltschaft oder ihre den Antrag stellende Zweigstelle ihren Sitz hat (§ 162 Abs. 1 Satz 1 StPO). Durch diese zum 1.1.08 durch das Gesetz v. 21.12.07 (BGBl. I 07, 3198) eingeführte Änderung der Zuständigkeitsregelung sind Schwierigkeiten überwunden, die mit der früheren differenzierenden Zuständigkeitsregelung verbunden waren.

Grundsätzlich darf das Amtsgericht nur auf Antrag der Staatsanwaltschaft entscheiden. Nur bei Gefahr im Verzug darf das Amtsgericht ohne einen derartigen Antrag beschlagnahmen, wenn ein Staatsanwalt nicht erreichbar ist (§ 165 StPO). In Steuerstrafsachen ist das die Ausnahme. Soweit das Amtsgericht auf Antrag der Staatsanwaltschaft die Beschlagnahme anordnet, darf es über den Antrag nicht hinausgehen.

Nach Anklageerhebung entscheidet das mit der Sache befasste **Gericht** über den **11** Beschlagnahmeantrag.

Die **Beschlagnahme** kann auch von der **Staatsanwaltschaft** oder der **Steuer- 12 fahndung** angeordnet werden, wenn es sich nicht um die Beschlagnahme nach § 97 Abs. 5 Satz 2 StPO in den Räumen einer Redaktion, eines Verlages, einer Druckerei oder einer Rundfunkanstalt handelt (§ 98 Abs. 1 Satz 2 StPO). Voraussetzung für die Beschlagnahmeanordnung der Staatsanwaltschaft und der Steuerfahndung ist gem. § 98 Abs. 1 Satz 1 StPO, dass Gefahr im Verzug vorliegt. Dies ist stets dann zu bejahen, wenn der Erfolg der Beschlagnahme durch die Verzögerung infolge der vorherigen Anrufung des Amtsgerichts nicht eintreten würde. Die bloße Möglichkeit reicht nicht aus. Erforderlich ist vielmehr das Vorliegen bestimmter Tatsachen, die auf eine gewisse Wahrscheinlichkeit der Erfolgsvereitelung hinweisen. Nicht selten wird die Steuerfahndung ohne vorherige richterliche Beschlagnahmeanordnung tätig. Bei Auffindung von Beweismitteln ist dann stets Gefahr im Verzug gegeben, so dass die Steuerfahndung unmittelbar selbst die Beschlagnahme anordnen kann.

Das Gericht erlässt die Beschlagnahmeanordnung als **Beschluss.** Im Rahmen der **13** Gewährung rechtlichen Gehörs müsste der Betroffene an sich vor der Entscheidung gehört werden. Da dies aber den Zweck der Beschlagnahmeanordnung gefährden würde, sind die Betroffenen in der Praxis im Verfahren bis zum Beschluss nicht beteiligt.

Die Legitimation hierfür ergibt sich aus § 33 Abs. 4 Satz 1 StPO. Im Beschwerdeverfahren muss das rechtliche Gehör allerdings nachgeholt werden.

Gerichtliche Beschlagnahmeanordnungen müssen wie alle durch Rechtsmittel anfechtbaren Entscheidungen der Gerichte begründet werden (§ 34 StPO). Insbesondere müssen die Beschlagnahmegegenstände konkret bezeichnet werden.

Die Beschlagnahmeanordnung ist dem Betroffenen spätestens mit der Beschlagnah- **14** me selbst **bekanntzumachen.** Der früheste Zeitpunkt liegt, da andernfalls der Untersuchungszweck gefährdet wäre, mit der Bekanntgabe der Durchsuchungsanordnung. Beide Anordnungen können miteinander verbunden werden.

15   Gegen die von der Staatsanwaltschaft oder der Steuerfahndung – bei Gefahr im Verzug – angeordnete Beschlagnahme hat der Betroffene das Recht, einen **Antrag auf gerichtliche Entscheidung** zu stellen (§ 98 Abs. 2 Satz 2 StPO). Über dieses Antragsrecht ist er nach Maßgabe des § 98 Abs. 2 Satz 5 StPO zu belehren. Dieser Antrag kann auch dann gestellt werden, wenn das Gericht bereits die Beschlagnahme durch die Staatsanwaltschaft oder Steuerfahndung auf deren Antrag gem. § 98 Abs. 2 Satz 1 StPO bestätigt hat. In diesem Fall richtet sich der Antrag auf gerichtliche Entscheidung gegen den Bestätigungsbeschluss (*Meyer-Goßner/Schmitt* § 98 StPO Rz. 19).

Fehlende Gefahr im Verzug macht die Beschlagnahme durch die Staatsanwaltschaft oder durch die Steuerfahndung regelmäßig nicht unwirksam. Nur bei willkürlicher Annahme von Gefahr im Verzug oder bewusster und gezielter Missachtung des Richtervorbehalts ist der beschlagnahmte Gegenstand unverwertbar (OLG Düsseldorf III-3 RVs 46/16 v. 23.6.16, NStZ 17, 177; OLG Koblenz 1 Ss 93/02 v. 6.6.02, NStZ 02, 660; LG Saarbrücken 8 Qs 70/03 v. 28.4.03, wistra 04, 34).

16   War bei der Beschlagnahme durch die Staatsanwaltschaft oder durch die Steuerfahndung weder der Betroffene selbst noch ein erwachsener Angehöriger anwesend, oder wird gegen die Beschlagnahme Widerspruch erhoben, so soll gem. § 98 Abs. 2 Satz 1 StPO die richterliche **Bestätigung der Beschlagnahme binnen drei Tagen eingeholt** werden. Bei freiwilliger Herausgabe der Beweismittel bedarf es dagegen einer richterlichen Bestätigung nicht. Wird die freiwillige Herausgabe durch den Betroffenen widerrufen, so werden dadurch Staatsanwaltschaft und Steuerfahndung nicht verpflichtet, die richterliche Bestätigung zu beantragen. In diesem Falle verbleibt dem Betroffenen allerdings das Recht aus § 98 Abs. 2 Satz 2 StPO, wonach er jederzeit eine gerichtliche Entscheidung über die Beschlagnahme herbeiführen kann.

17   Bei der richterlichen Bestätigung gem. § 98 Abs. 2 Satz 1 StPO werden nicht die Verhältnisse zum Zeitpunkt der Beschlagnahme durch die Staatsanwaltschaft oder Steuerfahndung zugrunde gelegt, sondern diejenigen zum **Zeitpunkt der richterlichen Entscheidung**. Im Hinblick darauf trifft das Gericht auch keine Entscheidung darüber, ob die Beschlagnahme durch die Staatsanwaltschaft oder durch die Steuerfahndung rechtswidrig oder rechtmäßig war.

18, 19   *(frei)*

c) Steuerrecht

20   Eine steuerliche Bedeutung haben die eingangs genannten Maßnahmen nicht. Allenfalls ist für den Fall der Feststellung eines strafrechtlichen Verwertungsverbotes zu prüfen, ob dieses auch steuerlich Wirkung entfaltet (*Joecks/Jäger/Randt* § 393 AO Rz. 60 f.).

2. Einzelerläuterungen

Zur Beschwerde gegen den Durchsuchungs- und Beschlagnahmebeschluss

21   Die Beschwerde ist grds. bei dem Gericht (Amtsgericht) einzulegen, das den Beschluss erlassen hat (§ 306 Abs. 1 StPO).

Die Beschwerde ist nicht fristgebunden. Obwohl kein Begründungszwang besteht, sollte, um eine möglichst schnelle Entscheidung zu erreichen, die Beschwerde unmittelbar mit einer Begründung versehen werden.

Solange die Wirkungen des Durchsuchungs- und Beschlagnahmebeschlusses noch andauern, sollte um sofortige Entscheidung gebeten werden und zugleich der Antrag auf Aussetzung der Vollziehung des Beschlusses gestellt werden (§ 307 Abs. 2 StPO).

Zum Widerruf der freiwilligen Herausgabe von Unterlagen sowie Antrag auf richterliche Entscheidung über die Beschlagnahme

Die Widerrufserklärung ist an das Amtsgericht zu richten und jederzeit möglich. **22** Eine Begründung des Widerrufs ist nicht erforderlich. Obwohl der Widerruf zugleich als Antrag auf richterliche Entscheidung nach § 98 Abs. 2 Satz 2 StPO zu werten ist, sollte dieser aber noch einmal ausdrücklich formuliert werden. Dieser Antrag, der nicht form- und fristgebunden ist, geht letztlich dahin, die beschlagnahmten Gegenstände herauszugeben. Dieser Antrag ist deshalb zulässig, weil der vorangehende Widerruf der freiwilligen Herausgabe der Gegenstände dazu führt, dass die Sicherstellung wie eine nichtrichterliche Beschlagnahme gem. § 98 Abs. 2 Satz 1 StPO zu behandeln ist (*Löwe/Rosenberg* § 98 StPO Anm. 51).

F. Mandatsbezogene Verträge

Übersicht

F. 1. Steuerberaterrahmenvertrag

I. FORMULAR

Formular F. 1 Steuerberaterrahmenvertrag

Steuerberatungsrahmen- und Vergütungsvereinbarung

zwischen

...... *[Herrn/Frau/Firma ..., Adresse, ggf. Vertretungsverhältnis],*

– nachfolgend „Mandant" –

und

......

– nachfolgend „Sozietät" –

Teil A. Steuerberatungsrahmenvereinbarung

§ 1 Umfang und Ausführung des Auftrags

(1) Die Sozietät berät den Mandanten in steuerlichen Angelegenheiten. Nachstehendes Leistungsspektrum bietet die Sozietät dem Mandanten zur Annahme durch Einzelvereinbarung nach Maßgabe des Abs. 2 an:

a) Allgemeine steuerliche Beratung in laufenden Angelegenheiten einschließlich der Vertretung der Interessen des Mandanten gegenüber den Finanzbehörden (die Erteilung einer Vollmacht ist hiermit nicht verbunden);

b) Erstellung von Stellungnahmen zu steuerrechtlichen Einzelfragen, Steuerbelastungsvergleiche, Investitions- und Finanzierungsrechnungen und vergleichbare Tätigkeiten, Testate für Wirtschaftsförderung;

c) steuerliche Gestaltungsberatung;

d) Erstellung von Steuererklärungen;

e) Prüfung von Steuerbescheiden, Abrechnungsbescheiden und anderen Fiskalverwaltungsakten;

f) außergerichtliche und gerichtliche Rechtsbehelfe in Abgabenangelegenheiten;

g) Erstellung von Umsatzsteuervoranmeldungen;

h) Finanzbuchführung einschließlich des Kontierens der Belege mit Kontokorrent und Erstellung der monatlichen betriebswirtschaftlichen Auswertung;

i) Erstellung handelsrechtlicher Jahresabschlüsse nebst schriftlichen Erläuterungsberichten;

j) Beratung und Vertretung anlässlich steuerlicher Außenprüfungen, Lohnsteueraußenprüfungen und Umsatzsteuersonderprüfungen einschließlich der Vertretung gegenüber der Finanzbehörde (die Erteilung einer Vollmacht ist hiermit nicht verbunden) sowie Prüfung eines etwaigen Zwischen- und des Schlussberichts;

k) Führung der Lohnkonten des Mandanten und Anfertigung der monatlichen Lohnabrechnungen sowie der Lohnsteuer-Anmeldungen;

l) ......

(2) Der Gegenstand der Beratungsleistung iSd. Abs. 1 wird zwischen den Parteien einvernehmlich jeweils durch Einzelvereinbarung festgelegt. Auftragserteilung und Auftragsannahme zu der jeweils einzelnen steuerlichen Angelegenheit erfolgen in Schrift- oder Textform.

(3) Dieser Steuerberatungsrahmenvertrag gilt für alle Einzelaufträge, die der Mandant der Sozietät erteilt, soweit nichts Abweichendes vereinbart ist.

(4) Die Beratung erfolgt ausschließlich in deutschem Steuerrecht. Ausländisches Steuerrecht oder sonstige rechtliche Beratung sind von der Beauftragung nicht erfasst.

(5) Die Sozietät wird die vom Mandanten genannten Tatsachen, insbesondere Zahlenangaben, als richtig zugrunde legen. Die Prüfung der Richtigkeit, Vollständigkeit und Ordnungsmäßigkeit der übergebenen Unterlagen und Zahlen, insbesondere der Buchführung und Bilanz, gehört nur zum Auftrag, wenn dies schriftlich vereinbart ist.

§ 2 Vergütung

Die Vergütung für die in § 1 bezeichneten Tätigkeiten bestimmen die Parteien mittels gesonderter Vergütungsvereinbarung (Teil B.). Die Sozietät weist den Mandanten darauf hin, dass in Textfom eine höhere oder niedrigere als die gesetzliche Vergütung vereinbart werden kann.

§ 3 Verschwiegenheit

Die Sozietät ist nach Maßgabe der gesetzlichen Vorgaben zur Verschwiegenheit verpflichtet. Darüber hinaus besteht keine Verschwiegenheitspflicht, soweit dies zur Durchführung eines Zertifizierungsaudits in der Kanzlei der Sozietät erforderlich ist und die insoweit tätigen Personen ihrerseits über ihre Verschwiegenheitspflicht belehrt und zur Verschwiegenheit verpflichtet worden sind. Der Mandant erklärt sich damit einverstanden, dass durch einen entsprechenden Zertifizierer/Auditor Einsicht in seine – von der Sozietät abgelegte und geführte – Handakte genommen werden darf. Ferner ist die Sozietät gegenüber ihren Kooperationspartnern von der Verschwiegenheitspflicht befreit, soweit die Kooperationspartner ebenfalls berufsmäßig zur Verschwiegenheit verpflichtet sind.

§ 4 Mitwirkung Dritter

Die Sozietät ist berechtigt, zur Ausführung des Auftrags Mitarbeiter, fachkundige Dritte sowie datenverarbeitende Unternehmen heranzuziehen, die berufsmäßig oder durch entsprechende vertragliche Vereinbarung mit der Sozietät zur Verschwiegenheit iSd. § 3 verpflichtet sind. Die Sozietät ist berechtigt, allgemeinen Vertretern (§ 69 StBerG) sowie Praxistreuhändern (§ 71 StBerG) im Fall ihrer Bestellung Einsichtnahme in die Handakten iSd. § 66 Abs. 2 StBerG zu verschaffen.

§ 5 Gewährleistung

(1) Die Sozietät ist nach Maßgabe der gesetzlichen Vorgaben zur Gewährleistung verpflichtet.

(2) Offenbare Unrichtigkeiten (zB Schreibfehler, Rechenfehler) können von der Sozietät jederzeit Dritten gegenüber berichtigt werden. Sonstige Mängel darf die Sozietät Dritten gegenüber mit Einwilligung des Mandanten berichtigen. Die Einwilligung ist nicht erforderlich, wenn berechtigte Interessen von der Sozietät den Interessen des Mandanten vorgehen.

§ 6 Haftung

(1) Die Haftung der Sozietät für einen Schaden, der aus einer oder – bei einheitlicher Schadensfolge – aus mehreren Pflichtverletzungen anlässlich der Erfüllung eines Auftrags resultiert, wird auf einen Betrag iHv. € 1.000.000,– begrenzt. Die Beschränkung bezieht sich allein auf einfache Fahrlässigkeit. Die Haftung für grobe Fahrlässigkeit und Vorsatz bleibt insoweit unberührt. Von der Haftungsbeschränkung ausgenommen sind Haftungsansprüche für Schäden aus der Verletzung des Lebens, des Körpers oder der Gesundheit.

(2) Die Haftungsbeschränkung nach Abs. 1. gilt für die gesamte Tätigkeit der Sozietät für den Mandanten, also insbesondere für sämtliche nach § 1 erteilte Aufträge und Folgeaufträge des Mandanten. Einer erneuten Vereinbarung der Haftungsbeschränkung bedarf es für diese Aufträge nicht.

(3) Die vereinbarte Haftungsbeschränkung nach Abs. 1 bis 2 gilt von Beginn der Mandatsbeziehung mit dem Mandanten an, hat ggf. also rückwirkende Kraft. Die Sozietät versichert, dass ihr im Zeitpunkt der Zeichnung dieser Vereinbarung entstandene Haftungsansprüche nicht bekannt sind. Die Haftungsbeschränkung gilt auch für neu in die Sozietät eintretende Sozien.

(4) Die vereinbarten Haftungsbeschränkungen nach Abs. 1 bis 3 gelten auch gegenüber Dritten, soweit diese in den Schutzbereich des Mandatsverhältnisses fallen. § 334 BGB wird nicht abbedungen.

(5) Einzelvertragliche Haftungsbegrenzungsvereinbarungen gehen dieser Vereinbarung vor, lassen die Wirksamkeit dieser Haftungsbegrenzungsvereinbarung – soweit nicht ausdrücklich anders geregelt – aber unberührt.

§ 7 Pflichten des Mandanten

(1) Der Mandant ist zur Mitwirkung verpflichtet, soweit es zur ordnungsgemäßen Erledigung des Auftrags erforderlich ist. Insbesondere hat er der Sozietät unaufgefordert alle für die Ausführung des Auftrags notwendigen Unterlagen vollständig und so rechtzeitig zu übergeben, dass der Sozietät eine angemessene Bearbeitungszeit zur Verfügung steht. Entsprechendes gilt für die Unterrichtung über alle Vorgänge und Umstände, die für die Ausführung des jeweiligen Auftrags von Bedeutung sein können. Der Mandant ist verpflichtet, alle schriftlichen und mündlichen Mitteilungen der Sozietät zur Kenntnis zu nehmen und bei Zweifelsfragen Rücksprache zu halten.

(2) Setzt die Sozietät beim Mandanten in dessen Räumen Datenverarbeitungsprogramme ein, so ist der Mandant verpflichtet, den Hinweisen der Sozietät zur Installation und Anwendung der Programme nachzukommen. Des Weiteren ist der Mandant nur berechtigt, die Programme in dem von der Sozietät vorgeschriebenen Umfang zu vervielfältigen oder zu verbreiten. Die Sozietät bleibt Inhaber der Nutzungsrechte. Der Mandant hat alles zu unterlassen, was der Ausübung der Nutzungsrechte an den Programmen durch die Sozietät entgegensteht.

(3) Unterlässt der Mandant eine ihm nach § 7 Abs. 1 bis 2 oder sonst obliegende Mitwirkung oder kommt er mit der Annahme der von der Sozietät angebotenen Leis-

tung in Verzug, ist die Sozietät nach schriftlicher Setzung einer angemessenen Frist für die Mitwirkung oder Leistung berechtigt, den Vertrag fristlos zu kündigen. Unberührt bleibt der Anspruch der Sozietät auf Ersatz der ihr durch den Verzug oder die unterlassene Mitwirkung des Mandanten entstandenen Mehraufwendungen sowie des verursachten Schadens, und zwar auch dann, wenn die Sozietät von dem Kündigungsrecht keinen Gebrauch macht.

(4) Sofern der Mandant aus von ihm eingesetzten EDV-Programmen (nachfolgend „Vorsysteme") Daten (z. B. Daten zur Kassenführung- und -abrechnung, zur Material- und Warenwirtschaft, zur Fakturierung, zur Lohnabrechnung, zum Debitoren-/Kreditorenmanagement, Wiegedaten, Daten zu Taxametern, zur Zeiterfassung etc.) der Sozietät für deren Tätigkeit im Mandat überlässt, insbesondere zum Zweck der Übernahme in die laufende steuerliche Buchhaltung oder den Jahresabschluss, obliegt es allein dem Mandanten, die Ordnungsgemäßheit der von ihm eingesetzten Vorsysteme unter steuerlichen und sonstigen rechtlichen Gesichtspunkten sowie die Richtigkeit und Vollständigkeit der aufgrund der Vorsysteme an die Sozietät übermittelten Daten sicherzustellen; die Prüfung der Ordnungsgemäßheit der Vorsysteme unter steuerlichen und sonstigen rechtlichen Gesichtspunkten und die Prüfung der Richtigkeit und Vollständigkeit der aufgrund der Vorsysteme an die Sozietät übermittelten Daten ist, soweit nicht durch Einzelvereinbarung anders festgelegt, vom Mandat nicht umfasst.

§ 8 Beendigung des Vertrags

(1) Der Vertrag wird auf unbestimmte Zeit geschlossen. Der Vertrag endet nicht durch den Tod, durch den Eintritt der Geschäftsunfähigkeit des Mandanten – oder sofern es sich bei dem Mandanten um eine Gesellschaft handelt – durch Gesamtrechtsnachfolge oder Auflösung des Mandanten oder durch Gesamtrechtsnachfolge oder Auflösung der Sozietät.

(2) Der Vertrag kann von jedem Vertragspartner jederzeit mit sofortiger Wirkung – außer zur Unzeit – gekündigt werden; die Kündigung hat schriftlich zu erfolgen.

(3) Bei Kündigung des Vertrags durch die Sozietät sind zur Vermeidung von Rechtsverlusten des Mandanten in jedem Fall noch diejenigen Handlungen vorzunehmen, die zumutbar sind und keinen Aufschub dulden.

(4) Nach Beendigung des Mandatsverhältnisses sind die der Sozietät übergebenen Unterlagen von der Sozietät bereitzustellen und durch den Mandanten am Sitz der Sozietät abzuholen. Sofern die Handakte elektronisch geführt wird, ist die Sozietät nach ihrer Wahl berechtigt, die Handakte dem Mandanten entweder elektronisch auf einem verkehrsüblichen Datenspeicher (zB USB-Stick, CD-ROM, DVD) in maschinenlesbarer Form zur Verfügung zu stellen oder in Papierform oder durch elektronische Datenübergabe über den Softwareanbieter, sofern hierzu die technische Möglichkeit besteht und der Mandant oder der neue Steuerberater des Mandanten dieser Vorgehensweise zugestimmt hat, zu übergeben. Die Sozietät ist verpflichtet, dem Mandant die erforderlichen Nachrichten über den Bearbeitungsstand im Mandat zu geben, auf Verlangen über den Stand der Angelegenheit Auskunft zu erteilen und Rechenschaft abzulegen. § 9 bleibt unberührt.

(5) Mit Beendigung des Vertrags hat der Mandant der Sozietät die bei ihm zur Ausführung des Auftrags eingesetzten Datenverarbeitungsprogramme einschließlich angefertigter Kopien sowie sonstige Programmunterlagen unverzüglich herauszugeben bzw. von der Festplatte zu löschen. § 9 bleibt unberührt.

§ 9 Aufbewahrung, Herausgabe

(1) Die Sozietät hat die Handakten nach Beendigung des Auftrags zehn Jahre, in jedem Fall aber bis zum Ablauf der für die Aufbewahrung der Akten für den Mandanten

bestimmten gesetzlichen Fristen, aufzubewahren. Diese Verpflichtung erlischt schon vor Beendigung dieses Zeitraums, wenn die Sozietät den Mandanten schriftlich aufgefordert hat, die Handakten binnen einer Frist von drei Monaten ab Zugang des Aufforderungsschreibens in Empfang zu nehmen und der Mandant dieser Aufforderung binnen drei Monaten, nachdem er das Aufforderungsschreiben erhalten hat, nicht nachgekommen ist.

(2) Auf Anforderung des Mandanten hat die Sozietät dem Mandanten die Handakten vorbehaltlich eines gesetzlichen Zurückbehaltungsrechts innerhalb einer angemessenen Frist zur Abholung bereitzustellen. Die Sozietät kann von Unterlagen, die sie an den Mandanten zurückgibt, Abschriften oder Fotokopien anfertigen und zurückbehalten.

§ 10 Datenschutz

(1) Die Sozietät speichert Informationen über den Mandanten in ihrem EDV-System. Der Mandant ist einverstanden, dass die Sozietät ihr EDV-System durch qualifiziertes, externes Fachpersonal warten lässt.

(2) Die Sozietät ist als „Verantwortliche" im Sinne der EU-Datenschutz-Grundverordnung (DSGVO) unter den folgenden Kontaktdaten erreichbar: (...).

(3) Der betriebliche Datenschutzbeauftragte der Sozietät, Herr/Frau (...) ist zu erreichen unter der folgenden Anschrift: (...) (oder per E Mail unter: (...)).

(4) Für die durchgeführte Datenverarbeitung gelten im Übrigen die nachfolgenden Hinweise.

Wenn Sie uns mandatieren, erheben wir folgende Informationen:

- Anrede, Vorname, Nachname, Staatsangehörigkeit, Geburtsdatum,
- eine oder mehrere gültige E-Mail-Adressen,
- postalische Anschrift,
- Telefonnummer (Festnetz und/oder Mobilfunk),
- unter Umständen besondere personenbezogene Daten im Sinne von Art. 9 Abs. 1 DSGVO, die für die Tätigkeit im Rahmen des Mandats notwendig sind,
- darüber hinausgehende Informationen, die für die Beratung und die Tätigkeit im Rahmen des Auftrags iSd § 1 notwendig sind.

Die Erhebung dieser Daten erfolgt, um Sie als unseren Mandanten identifizieren zu können und um Sie angemessen steuerlich beraten und vertreten zu können sowie zur Korrespondenz mit Ihnen, zur Rechnungsstellung.

(5) Wir informieren Sie über die Auftragsbeziehung hinaus gerne über aktuelle steuerrechtliche Fragen, über Entwicklungen unserer Sozietät oder über von uns organisierte Veranstaltungen. Zu diesen Zwecken nutzen wir insbesondere auch die E-Mail-Adressen, die uns im Rahmen des Auftrags von Ihnen oder Ihren Mitarbeitern mitgeteilt werden. Jeder Empfänger kann uns bei Erhalt einer solchen E-Mail unmittelbar durch einen dort vorgesehenen Link mitteilen, dass er zukünftig keine weiteren Nachrichten unter der verwendeten E-Mail-Adresse erhalten möchte.

(6) Die Datenverarbeitung erfolgt auf Ihre Anfrage hin. Mit der Unterzeichnung dieser Vereinbarung erklären Sie insoweit nach Art. 6 Abs. 1 Satz 1 Buchst. a DSGVO und Art. 9 Abs. 2 Buchst. a DSGVO Ihre Einwilligung zu der beschriebenen Datenverarbeitung. Sie ist zudem in dem unter Ziffer 4 beschriebenen Umfang nach Art. 6 Abs. 1 Satz 1 Buchst. b DSGVO für die angemessene Bearbeitung des Auftrags iSd § 1 und für die beidseitige Erfüllung von Verpflichtungen aus der vorliegenden Vereinbarung erforderlich bzw. nach Art. 9 Abs. 2 Buchst. f DSGVO zur Geltendmachung, Ausübung oder Verteidigung von Rechtsansprüchen erforderlich.

(7) Die für die Mandatierung von uns erhobenen personenbezogenen Daten werden in Anlehnung an die steuerlichen Aufbewahrungsfristen für einen Zeitraum von zehn Jahren nach Ablauf des Kalenderjahrs, in dem das Mandat beendet wurde, gespeichert und danach gelöscht, es sei denn, dass wir gemäß Art. 6 Abs. 1 Satz 1 Buchst. c DSGVO aufgrund von gesetzlichen Aufbewahrungs- und Dokumentationspflichten (beispielsweise aus dem StGB oder Steuergesetzen) zu einer längeren Speicherung verpflichtet sind. Mit der Unterzeichnung der vorliegenden Vereinbarung erklären Sie nach Art. 6 Abs. 1 Satz 1 Buchst. a DSGVO ihre Einwilligung zu dieser Vorgehensweise.

(8) Sämtliche Daten und Informationen, die uns im Rahmen des Auftragsverhältnisses bekannt werden, unterliegen der berufsmäßigen Verschwiegenheit. Darüber hinaus findet eine Übermittlung Ihrer persönlichen Daten an Dritte unter datenschutzrechtlichen Gesichtspunkten nur statt, soweit Sie nach Art. 6 Abs. 1 Satz 1 Buchst. a DSGVO zugestimmt haben oder dies nach Art. 6 Abs. 1 Satz 1 Buchst. b DSGVO für die Abwicklung von Auftragsverhältnissen mit Ihnen erforderlich ist. Hierzu gehört beispielsweise die Weitergabe an Vertrags- und Verhandlungspartner, Verfahrensgegner und deren Vertreter (insbesondere deren Rechtsanwälte) sowie Gerichte und andere öffentliche Behörden zum Zwecke der Korrespondenz sowie zur Geltendmachung und Verteidigung Ihrer Rechte.

(9) Sie haben hinsichtlich der Daten die aus den Vorgaben der DSGVO folgenden Betroffenenrechte (Widerruf der Einwilligung, Auskunft, Berichtigung oder Vervollständigung, Löschung, Einschränkung der Verarbeitung, Beschwerde bei der Aufsichtsbehörde und/oder Widerspruch gegen eine Nutzung auf der Grundlage von berechtigten Interessen). Wegen der Einzelheiten verweisen wir auf die allgemeine Datenschutzerklärung der Sozietät, die auf unserer Internetseite (www.(...).de) in der jeweils aktuellen Form verfügbar ist.

(10) Der Mandant erklärt sein Einverständnis, dass die Kommunikation zwischen Sozietät und Mandant, aber auch gegenüber sonst in das Mandat eingebundenen Dritten auch mittels unverschlüsselter E-Mail erfolgen kann. Im Hinblick auf den Einsatz von unverschlüsselten E-Mails weist die Sozietät vorsorglich auf folgende Risiken und Umstände hin:

a) Derzeit besteht bei jeder unverschlüsselten Versendung von Informationen und Dokumenten per E-Mail ein technisch unvermeidbares Risiko, dass

 – sich Dritte Zugang zu den enthaltenen Daten verschaffen und damit Kenntnis von ihrem Inhalt erlangen;
 – E-Mails Viren enthalten;
 – theoretisch andere Internet-Teilnehmer den Inhalt der E-Mails modifizieren können;
 – nicht vollständig sichergestellt ist, dass E-Mails tatsächlich von dem Absender stammen, der angegeben ist.

b) Da gegenwärtig ein strafrechtlicher Schutz für E-Mails nicht besteht (zB fallen sie nicht unter den Schutz des Postgeheimnisses), ist die rechtliche Zugriffsschranke für Dritte gering. Entsprechend kann die Sozietät eine Haftung für die Sicherheit der übermittelten Daten und Informationen nicht übernehmen und haftet für ggf. entstehende Schäden nicht.

c) Grundsätzlich hat der Mandant einen datenschutzrechtlichen Anspruch auf verschlüsselte E-Mail-Korrespondenz. Nach Maßgabe der Einverständniserklärung in Satz 1 dieses Absatzes verzichtet der Mandant ausdrücklich auf diesen Anspruch.

Teil B. Vergütungsvereinbarung

(1) Für die auf Grundlage der Steuerberatungsrahmenvereinbarung (Teil A.) zu erbringenden Leistungen vereinbaren die Parteien nachstehendes Stundenhonorar:

– Tätigkeit eines Partners: € ...... je Stunde;
– Tätigkeit eines angestellten Steuerberaters: € ...... je Stunde;
– Tätigkeit eines sonstigen Mitarbeiters: € ...... je Stunde.

Die Beträge verstehen sich zzgl. Umsatzsteuer und Auslagen. Die Abrechnung des Stundenhonorars erfolgt in 6-Minuten-Einheiten. Kürzere Zeiten werden am Ende eines Tags jeweils bis zum Erreichen einer Abrechnungseinheit zusammengefasst; danach verbleibende Zeiten werden minutengenau abgerechnet. Kosten für Telefon, Telefax und Porto werden mit 2 % des Zeithonorars pauschaliert, sonstige Auslagen werden nach Anfall in Rechnung gestellt. Fahrtkosten werden mit € 0,30 je gefahrenen Kilometer berechnet.

(2) Eine Aufrechnung gegenüber einem Vergütungsanspruch der Sozietät ist nur mit unbestrittenen oder rechtskräftig festgestellten Forderungen zulässig.

(3) Für bereits entstandene oder voraussichtlich entstehende Vergütungsansprüche und Auslagen kann die Sozietät einen Vorschuss fordern. Die Sozietät kann die Aufnahme der Tätigkeit von der Zahlung des Vorschusses abhängig machen.

(4) Soweit Honorarrechnungen für Vergütungsansprüche nach Maßgabe der vorliegenden Vereinbarung von der Sozietät an den Mandanten gestellt werden, erklärt der Mandant sein ausdrückliches Einverständnis, dass diese Rechnungen auch in einfach elektronischer, verkehrsüblicher Form, insbesondere in Form einer pdf-Datei, an den Mandanten übermittelt werden dürfen und dass diese Rechnungen nicht unterzeichnet sein müssen.

(5) Im Mindestmaß gelten zwischen den Parteien für alle auf Grundlage dieser Vereinbarung erbrachten Leistungen die gesetzlichen Gebühren nach StBVV bzw. RVG vereinbart. Für den Fall der Abrechnung nach StbVV bzw. RVG weist die Sozietät darauf hin, dass sich die gesetzlichen Gebühren regelmäßig nach dem Gegenstandswert der Streitsache richten.

(6) Diese Vergütungsvereinbarung weicht von den gesetzlichen Gebührenvorschriften nach der Steuerberatervergütungsverordnung (StBVV) bzw. Rechtsanwaltsvergütungsgesetz (RVG) ab. Im Fall einer gerichtlichen Kostenerstattung muss eine gegnerische Partei, ein Verfahrensbeteiligter oder die Staatskasse regelmäßig nicht mehr als die gesetzliche Vergütung nach RVG bzw. StBVV erstatten.

Teil C. Sonstiges

(1) Die Steuerberatungsrahmenvereinbarung (Teil A.), die Vergütungsvereinbarung (Teil B.) sowie sämtliche Aufträge, die nach Maßgabe des § 1 der Sozietät erteilt werden, unterliegen ausschließlich deutschem Recht. Die Sozietät ist nicht bereit, an einem Streitbeilegungsverfahren vor einer Verbraucherschlichtungsstelle teilzunehmen (§§ 36, 37 VSBG).

(2) Sofern der Mandant Kaufmann, juristische Person des öffentlichen Rechts oder öffentlich-rechtliches Sondervermögen ist oder keinen allgemeinen Gerichtsstand im Inland hat, wird für sämtliche Streitigkeiten aus oder in Zusammenhang mit dem Auftragsverhältnis ...... als ausschließlicher Gerichtsstand vereinbart.

(3) Ansprüche aus der Steuerberaterrahmen-Vereinbarung (Teil A.), der Vergütungsvereinbarung (Teil B.) sowie aus Aufträgen, die nach Maßgabe des § 1 der Sozietät erteilt worden sind, können vom Mandanten nicht an Dritte abgetreten werden.

(4) Falls einzelne Bestimmungen in Teil A. und B. dieser Vereinbarungen unwirksam sein oder werden sollten, wird die Wirksamkeit der übrigen Bestimmungen dadurch nicht berührt. Die unwirksame Bestimmung ist durch eine gültige zu ersetzen, die dem angestrebten Ziel möglichst nahekommt.

(5) Änderungen und Ergänzungen bedürfen der Schriftform. Dies gilt auch für die Aufhebung des Schriftformerfordernisses.

II. ERLÄUTERUNGEN

Erläuterungen zu F. 1 Steuerberaterrahmenvertrag

1. Grundsätzliche Anmerkungen

Das Dauermandatsverhältnis beruht in der Regel auf einem **Geschäftsbesor-** 1 **gungsvertrag mit werk- sowie dienstvertraglichen Elementen.** Es empfiehlt sich insbesondere unter Haftungsgesichtspunkten, die Dauermandatsbeziehung auf die Grundlage einer schriftlichen Rahmenvereinbarung zu stützen.

Wichtige Regelungspunkte eines Rahmenvertrags sind die Festlegung der ge- 2 schuldeten Tätigkeiten, Regelung der Vergütung, Begrenzung der Haftung, Festlegung der Kommunikationsformen zwischen Berater und Mandanten sowie Möglichkeiten und Verfahrensweise bei Beendigung des Beratungsverhältnisses. Dabei wird das vorliegende Gesamtregelungswerk wegen des Separierungsgebots der § 3a Abs. 1 Satz 1 RVG bzw. § 4 Abs. 1 Satz 2 StBVV unterteilt in die (sonstigen) Steuerberaterrahmenvereinbarungen einerseits sowie die Vergütungsvereinbarung andererseits.

Regelmäßig dürften die verwendeten Vergütungsvereinbarungen sowie Rahmen- 3 vereinbarungen als **allgemeine Auftragsbedingungen** zu qualifizieren sein, da sie zur mehrfachen Verwendung gegenüber den Mandanten bestimmt sind. Dies hat zur Folge, dass die Vereinbarungen den **berufsrechtlichen Restriktionen** für vorformulierte Vertragsbedingungen und – dies wird häufig übersehen – dem **allgemeinen AGB-Recht** iSd. §§ 305 ff. BGB unterliegen. Dies ist bei Verfassung entsprechender Verträge zu berücksichtigen.

Das Formular enthält im Vergleich zu den sonst am Markt angebotenen Allgemei- 4 nen Auftragsbedingungen die **reduzierte Version eines Steuerberatungsrahmenvertrags.** Auf redundante Wiederholungen des Gesetzeswortlauts wurde verzichtet.

Vertragliche Verkürzungen der gesetzlichen **Verjährungsvorschriften,** wie sie in 5 den sonst am Markt erhältlichen Allgemeinen Auftragsbedingungen üblich sind, enthält das Formular nicht: Die gesetzliche dreijährige Verjährungsfrist beginnt gem. § 199 BGB mit Ablauf des Jahres, in dem der Anspruch entstanden ist und der Anspruchsteller von den den Anspruch begründenden Tatsachen Kenntnis erlangt oder allein aufgrund grober Fahrlässigkeit keinerlei Kenntnis erlangt hat. Die sonst am Markt verfügbaren Allgemeinen Auftragsbedingungen sehen ebenfalls eine dreijährige Verjährung vor, verlagern aber den Beginn der Verjährung vom jeweiligen Jahresende auf den konkreten Zeitpunkt der Schadensentstehung vor. Diese Vorverlagerung trägt das Risiko der Unwirksamkeit in sich: Das allgemeine Zivilrecht lässt nach § 202 Abs. 1 BGB grundsätzlich Verkürzungen der Verjährungsfristen außerhalb der Haftung für Vorsatz zu. Allerdings hat der BGH zu § 68 StBerG aF die Verkürzung der Verjährungsfrist durch Allgemeine Auftragsbedingungen für den Regelfall als eine unangemessene Benachteiligung des Mandanten angesehen und für unwirksam erklärt. Eine solche Verkürzung sei mit dem wesentlichen Grundgedanken der gesetzlichen Regelung des StBerG nicht zu vereinbaren (vgl. BGH VII ZR 61/85 v. 16.1.86, NJW 86, 1171; *Wollweber/Alvermann* DStR 08, 1707, 1710, mwN). Ob die Grundsätze des zitierten Urteils auch auf die nach Aufhebung des § 68 StBerG aF nunmehr greifenden allgemeinen Verjährungsvorschriften des BGB anwendbar sind, ist höchstrichterlich nicht geklärt. Mit Blick auf die tatsächlich nur marginale Verjährungsverkürzung von allenfalls wenigen Monaten sieht das Formular von einer Begrenzung der Verjährungsfristen ab.

6   Regelungen zum **Zurückbehaltungsrecht** enthält das Formular nicht: Abweichungen von den gesetzlichen Vorgaben und den Vorgaben durch die Rechtsprechung zulasten des Mandanten sind im Allgemeinen unwirksam (vgl. hierzu etwa *Wollweber/Olbing* DStR 09, 2700, 2702).

7   Klauseln einer **Ausschlussfrist** im Hinblick auf die Geltendmachung von Schadensersatzansprüchen sind im Formular ebenfalls nicht aufgenommen (OLG München 21 U 3655/16 v. 9.2.18, BeckRS 2018, 1076; BGH III ZR 59/07 v. 29.5.08, NJW-RR 08, 1129). Die in den Allgemeinen Auftragsbedingungen häufig enthaltene Klausel, wonach ein Schadensersatzanspruch nur innerhalb einer Ausschlussfrist von 12 Monaten geltend gemacht werden kann, nachdem der Anspruchsberechtigte von dem Schaden und dem anspruchsbegründenden Ereignis Kenntnis erlangt hat, soll nach der obergerichtlichen Rechtsprechung den Auftraggeber unangemessen iSd. § 307 BGB benachteiligen, da sie materiell deutlich hinter den gesetzlichen, den Mindeststandard wiedergebenden Regelungen zur Geltendmachung von Schadensersatzansprüchen gegen Angehörige beratender Berufe, die besonderes Vertrauen genießen, zurückbleibe (OLG Düsseldorf 24 U 27/08 v. 21.4.09, DStR 09, 2219; zustimmend: OLG Stuttgart 12 U 75/07 v. 15.1.08, BeckRS 2010, 65284).

2. Einzelerläuterungen

Zu Teil A.:

Zu § 1:

8   Der **Leistungskatalog** in Abs. 1 ist beispielhaft und sollte einzelfallbezogen überarbeitet werden.

Zu § 2:

9   Die Vergütungsvereinbarung muss vom übrigen Teil der vertraglichen Regelungen deutlich abgegrenzt sein. Gem. § 3a Abs. 1 Satz 1 RVG bzw. § 4 Abs. 1 Satz 2 StBVV muss die Vergütungsvereinbarung als **Vergütungsvereinbarung** oder in vergleichbarer Weise bezeichnet werden, von anderen Vereinbarungen mit Ausnahme der Auftragserteilung **deutlich abgesetzt** sein und darf **nicht in der Vollmacht** enthalten sein; Art und Umfang des Auftrags sind zu bezeichnen. Um die Abgrenzung zu betonen, ist im Formular die Auftrags- und Vergütungsvereinbarung als „eigener" Teil Vereinbarung formuliert, um die Abgrenzung zu den übrigen Vereinbarungsbestandteilen vorzunehmen (vgl. hierzu auch *Weitze-Scholl/Jendrzo* DStR 17, 65).

Zu § 3:

10   Die Regelung verweist für Fragen der **Verschwiegenheit** grundsätzlich auf die gesetzlichen Regelungen, lässt aber Ausnahmen für Zertifizierer und Auditoren sowie Kooperationspartner zu.

11   **Abs. 2** regelt das Einverständnis des Mandanten zum **elektronischen Datenverkehr** mittels unverschlüsselter E-Mail. Diese Einverständniserklärung sollte im Hinblick auf die Unsicherheiten des elektronischen Datenverkehrs in jedem Fall eingeholt werden.

Zu § 4:

12   Zur **Offenlegung von Berufsgeheimnissen** wird die Sozietät durch diese Regelung auch gegenüber Mitarbeitern, fachkundigen Dritten sowie datenverarbeitenden Unternehmen berechtigt, sofern diese einem vergleichbaren Geheimnisschutz unterliegen.

Zu § 6:

Für die formale Wirksamkeit der **Haftungsbegrenzungsvereinbarung** (zu de- 13
ckungsrechtlichen Aspekten: *Gallus* KÖSDI 18, 20933) ist es nach § 67a Abs. 1 Nr. 1
StBerG bzw. § 52 BRAO grundsätzlich erforderlich, dass entweder auf demselben
Dokument in Schriftform die Original-Unterschriften beider Vertragsparteien, dh. des
Beraters und des Mandanten enthalten sind oder – soweit die Haftungsbegrenzung in
vorformulierten Vertragsbedingungen geregelt ist – die Vertragsbedingungen schriftlich niedergelegt und dann wirksam in den Vertrag einbezogen worden sind. Soweit
empfangsbedürftige Willenserklärungen einem Schriftformerfordernis unterliegen,
müssen diese Erklärungen grundsätzlich nicht nur formgerecht erstellt werden, sondern auch in der vorgeschriebenen Form dem Empfänger zugehen (vgl. hierzu etwa
MünchKommBGB/Einsele § 126 Rz. 20); hierfür genügt nicht die Übermittlung einer
Telefaxkopie der im Original unterschriebenen Urkunde (*MünchKommBGB/Einsele*,
aaO, mwN). Auch die Vereinbarung von Zugangserleichterungen ist nicht unproblematisch (*MünchKommBGB/Einsele*, aaO, mwN). Es empfiehlt sich daher, den Steuerberaterrahmenvertrag auf einem einheitlichen Papieroriginal von beiden Parteien unterzeichnen zu lassen.

Im hier abgedruckten Formular ist die **Haftungsbegrenzung** für Schadensersatz- 14
ansprüche allein für **einfach fahrlässige Pflichtverletzung** vorgesehen. Für Haftungsbegrenzungen bei Beauftragung von Rechtsanwälten stellt § 52 BRAO klar:
Werden vorformulierte Vertragsbedingungen verwandt, kann die Haftung bloß für
einfach fahrlässig verursachte Schäden, nicht jedoch für grob fahrlässig verursachte
Schäden begrenzt werden.

Bislang nicht in Rechtsprechung und Literatur abschließend geklärt ist die Frage, ob 15
durch **vorformulierte Auftragsbedingungen** die Haftung der Steuerberater für
grobe Fahrlässigkeit begrenzt werden kann.

In der Literatur wird überwiegend vertreten, dass § 67a StBerG die formularmäßige 16
Haftungsbegrenzung für grobe Fahrlässigkeit erlaube (vgl. hierzu etwa gl. *Wollweber/
Alvermann* DStR 08, 1707, 1708, *Gounalakis* NJW 98, 3593; *Koslowski* § 67a StBerG
Rz. 4, mwN; *Waschk* DStR 06, 817; *Fahrendorf/Mennemeyer/Terbille*, Die Haftung des
Rechtsanwalts, 8. Aufl., 2009, Kapitel 11, Rz. 1856). Gestützt wird die Argumenta-
tion auf den Wortlaut der Vorschrift, der die Haftungsbegrenzung für den Fall vorformulierter Vertragsbedingungen für „Fahrlässigkeit" erlaubt, anders also als für
Rechtsanwälte, die ihre Haftung bei Verwendung vorformulierter Auftragsbedingungen nur für Fälle einfacher Fahrlässigkeit, nicht jedoch für den Fall grober Fahrlässigkeit begrenzen können. Insoweit wird in der Literatur argumentiert, bei Einführung
des § 67a StBerG habe – anders als bei § 51a BRAO aF (jetzt: § 52 BRAO) – der Gesetzgeber bewusst die formularmäßige Haftungsbegrenzung für jede Art der Fahrlässigkeit, dh. **auch für grobe Fahrlässigkeit** vorgesehen. Andererseits ist das Verhältnis zu § 309 Nr. 7 BGB weder in der Literatur noch in der höchstrichterlichen
Rechtsprechung bislang geklärt. Nach § 309 Nr. 7 BGB ist eine AGB-mäßige Klausel,
die den Ausschluss oder die Begrenzung der Haftung für Schäden vorsieht, die auf einer grob fahrlässigen Pflichtverletzung des Verwenders oder eines Vertreters oder Erfüllungsgehilfen des Verwenders beruhen, unzulässig. Gestützt auf diese Argumenta-
tion hat bspw. das LG Hamburg (309 O 425/08 v. 12.6.13, GWR 13, 341) die
Wirksamkeit einer vorformulierten Haftungsbegrenzungsvereinbarung für grobe Fahrlässigkeit verworfen. Das OLG Köln hingegen weist darauf hin, dass § 67a Abs. 1
Nr. 2 StBerG im Vergleich zu AGB-Recht **lex specialis** sei, weshalb die **Haftung
für grobe Fahrlässigkeit** durch vorformulierte Vertragsbedingungen ausgeschlossen
werden könne (OLG Köln I-8 U 2/10 v. 21.2.13, DStR 14, 1895). UE sprechen aber
gute Gründe dafür, dass § 67a StBerG als lex specialis der Regelung des § 309 Nr. 7
BGB vorgeht. Sicher ist dies nicht (vgl. hierzu auch *Wollweber/Alvermann* DStR 08,
1707, 1708).

Restrisiken für den Fall eines Haftungsprozesses verbleiben daher. Angesichts dessen muss der Steuerberater eine **sorgsame Risiko-/Nutzenabwägung** durchführen, ob die Haftung auf einfache Fahrlässigkeit begrenzt wird (so wie im vorliegenden Formular), mit der Folge der unbeschränkten Haftung bei grober Fahrlässigkeit, oder aber, ob die vorformulierte Haftungsbegrenzung auch grobe Fahrlässigkeit umfassen soll mit der hieraus resultierenden Unsicherheit einer möglichen Unwirksamkeit der gesamten Haftungsbegrenzungsvereinbarung.

17   Die **Haftungsbegrenzungsvereinbarung** sieht betragsmäßig eine **Beschränkung auf den Betrag** von € 1 Mio., dh. den Mindesthaftungsbetrag bei Haftungsbegrenzung durch vorformulierte Haftungsbegrenzung für Rechtsanwälte und Steuerberater in Einzelkanzlei, Sozietät oder Partnerschaft (nicht: PartG mbB) vor: § 67a Abs. 1 StBerG bzw. § 52 Abs. 1 BRAO bestimmen insoweit, dass die Haftung durch vorformulierte Vertragsbedingungen auf das Vierfache der Versicherungsmindestsumme begrenzt werden kann. Für Wirtschaftsprüfer (Mindestversicherungssumme: € 1.000.000,–, § 54a WPO) bedeutet dies, dass diese durch vorformulierte Vertragsbedingungen eine Mindesthaftung von € 4.000.000,– gewährleisten müssen. Sofern ausschließlich Steuerberater eine Partnerschaft mit beschränkter Berufshaftung gründen, beträgt gem. § 51a BRAO die Mindestversicherungssumme € 1.000.000,– (Folge: Mindesthaftbetrag € 4.000.000,–); sind an der Partnerschaft mit beschränkter Berufshaftung (auch) Rechtsanwälte beteiligt, beträgt die Mindestversicherungssumme der Partnerschaft mit beschränkter Berufshaftung € 2.500.000,– (Folge: Mindesthaftbetrag: € 10.000.000,–).

18   Im Formular ist vorgesehen, dass die Haftungsbegrenzung auf den Beginn des Mandats zurückwirkt. Diese **Rückwirkung** dürfte uE zulässig sein; sie dürfte materiellrechtlich als Verzichtsvertrag auszulegen sein. Stellungnahmen in Literatur bzw. Rechtsprechung hierzu gibt es – soweit ersichtlich – bislang nicht.

19   Einbezogen werden in die Haftungsbegrenzung solche **Schadensersatzansprüche Dritter,** die in den Schutzbereich des geschlossenen Steuerberatervertrags fallen. Hat der Steuerberater bspw. den Steuerberatungsvertrag nur mit der Gesellschaft geschlossen, fallen typischerweise die Gesellschafter, ggf. auch deren nahe Angehörige oder Schwester-, Mutter- und Tochtergesellschaften, in den Schutzbereich des Steuerberatungsvertrags (vgl. hierzu im Einzelnen *Wollweber/Alvermann* DStR 08, 1707, 1709). Eine solche Haftung gegenüber Dritten, sei es aus einem Vertrag zugunsten Dritter oder nach den Grundsätzen des Vertrags mit Schutzwirkung zugunsten Dritter, kann nach Ansicht des BGH weder durch AGB noch Individualvereinbarung ausgeschlossen werden, da solche Haftungsbegrenzungsvereinbarungen sich als Verträge zulasten Dritter darstellen und mit dem Grundsatz der Privatautonomie unvereinbar sein sollen (BGH VI ZR 262/69 v. 15.6.71, BGHZ 56, 269). Dagegen kann sich der Steuerberater, wie in § 6 Abs. 4 des Formulars vorgesehen, bei einem Vertrag mit Schutzwirkung zugunsten Dritter dem Dritten gegenüber auf eine mit dem Gläubiger vereinbarte Haftungsbeschränkung berufen (BGH IVa ZR 86/85 v. 26.11.86, DB 87, 828). Der Dritte kann nicht besser stehen als der unmittelbare Vertragspartner selbst (BGH X ZR 144/94 v. 13.11.97, MDR 98, 646, III ZR 50/94 v. 10.11.94, DB 95, 209). Auch wenn der Gesetzgeber in § 67a StBerG ausdrücklich nur den „Auftraggeber" nennt, dürfte eine Haftungsbegrenzung auch gegenüber Dritten möglich sein – und zwar in dem zwischen den eigentlichen Vertragsparteien vereinbarten Umfang (BGH VIII ZR 345/88 v. 25.10.89, NJW 90, 181).

19a   Die **Datenschutzgrundverordnung** ist seit Mai 2018 in Kraft. Hieraus resultieren Belehrungspflichten und Pflichten zur Einholung von Einwilligungserklärungen gegenüber dem Mandanten, insbesondere zur Datenverarbeitung. Das Formular sieht vor, dass der Mandant der **unverschlüsselten E-Mail-Korrespondenz** zustimmt; ohne eine solche Einwilligung verstößt die unverschlüsselte E-Mail-Korrespondenz gegen Datenschutzrecht. Ob die Einwilligung zur unverschlüsselten E-Mail-Korrespondenz wirksam seitens des Mandanten erklärt werden kann, ist derzeit **nicht ge-**

klärt und unsicher. Nach diesseitigem Dafürhalten handelt es sich aber bei dem datenschutzrechtlichen Anspruch auf verschlüsselte Kommunikation um eine disponible Rechtsposition des Mandanten, auf die dieser durch Unterzeichnung der Vereinbarung verzichten kann.

Zu Teil B.:

Die **Vergütungsvereinbarung** muss deutlich von den übrigen Bestandteilen einer **20** Mandatsrahmenvereinbarung abgehoben werden (vgl. *Wollweber/Ruske* Stbg 16, 402). Eine Vergütungsvereinbarung ist von anderen Vereinbarungen, mit Ausnahme der Auftragserteilung, abgesetzt, wenn der Vertrag die Vergütungsvereinbarung in einem gesonderten und entsprechend gekennzeichneten Abschnitt oder Paragrafen regelt; deutlich ist dieses Absetzen, wenn die Vergütungsvereinbarung **optisch eindeutig** von den anderen im Text enthaltenen Bestimmungen (mit Ausnahme der Auftragserteilung) abgegrenzt ist (BGH IX ZR 40/15 v. 3.12.15, DStR 16, 1183). Diese Anforderungen sollen nach Auffassung des BGH nicht erfüllt sein, wenn sich in einer allgemeinen als **„Beratungsvertrag"** beschriebenen Vereinbarung unter einer gesonderten Paragrafenbezeichnung („§ XX Vergütung") die Regelungen zur Vergütung **nur unauffällig in dem Gesamtvertrag** einfügen würden; dass der Vertrag, so der BGH, eine Vergütungsvereinbarung enthalte, die von den gesetzlichen Regelungen abweiche, werde dem Auftraggeber nicht hinreichend vor Augen geführt, wenn sich die Klausel zwischen anderen Regelungen befinde und ihre Gestaltung sich in keiner Weise von übrigen Regelungen unterscheide oder abhebe. Dies gelte insbesondere, wenn der gesamte Vertragstext einschließlich der Vergütungsvereinbarung einheitlich gestaltet sei. Die bloße Überschrift des Paragrafen in Fettdruck und mit Zentrierung reiche nicht aus, um von einem eindeutigen Absetzen auszugehen (BGH IX ZR 40/15 v. 3.12.15, DStR 16, 1183, vgl. auch *Wollweber/Ruske* Stbg 16, 402). Ist die Vergütungsvereinbarung, wie üblich, nicht vom Mandanten, sondern vom Berater verfasst, muss sie das Wort „Vergütungsvereinbarung" enthalten; andernfalls genügt sie nicht den Anforderungen an eine wirksame Vergütungsvereinbarung (LG Wiesbaden 9 O 199/13 v. 27.11.14, nv.). In außergerichtlichen Angelegenheiten kann nach § 4 Abs. 3 Satz 1 StBVV eine niedrigere als die gesetzliche Vergütung unter den Formerfordernissen des Abs. 1 vereinbart werden, sofern diese in einem angemessenen Verhältnis zu der Leistung, der Verantwortung und dem Haftungsrisiko des Steuerberaters stehen, § 4 Abs. 3 Satz 2 StBVV. Der Steuerberater hat den Auftraggeber nach § 4 Abs. 4 StBVV in Textform darauf hinzuweisen, dass eine höhere oder niedrigere als die gesetzliche Vergütung in Textform vereinbart werden kann.

Durch die Dritte Verordnung zur Änderung steuerlicher Verordnungen v. 18.7.16 **21** (BGBl. I 16, 1722), in Kraft getreten zum 23.7.16 sind die Abs. 1 sowie 3 und 4 des § 4 Abs. 1 Satz 1 StBVV neu gefasst worden. Bislang erforderte die Vergütungsvereinbarung nach StBVV Schriftform. Nunmehr erlaubt ist der Abschluss der Vergütungsvereinbarung in Textform. Für Vergütungsvereinbarungen von Rechtsanwälten gilt die Textform nach § 3a Abs. 1 Satz 1 RVG bereits seit 2008. **„Textform"** erfordert die Abgabe der Erklärung in einer Urkunde oder auf andere zur dauerhaften Wiedergabe in Schriftzeichen geeignete Weise, die Benennung der Person des Erklärenden sowie die Erkennbarkeit des Abschlusses der Erklärung durch Nachbildung der Namensunterschrift oder in vergleichbarer Form, § 126b BGB. Die Übersendung einer Vergütungsvereinbarung als eingescannte Kopie per E-Mail erfüllt uE das Formerfordernis der sog. Textform iSd. § 126b BGB (vgl. § 3a RVG; LG Görlitz 1 S 51/12 v. 1.3.13, AnwBl. 13, 939). Die Nichteinhaltung der gebotenen Form führt nicht zur Gesamtnichtigkeit der Vergütungsvereinbarung; sie hat lediglich zur Folge, dass die von dem Berater zu fordernde Vergütung für seine Tätigkeit sich grundsätzlich auf die ihm nach dem Gesetz für die Angelegenheit zustehende Gebühr beschränkt (OLG Hamm l-28 O 189/13 v. 7.7.15, AnwBl. 16, 175). Das Formerfordernis, wie es in

§ 3a Abs. 1 RVG bzw. § 4 StBVV geregelt ist, gilt grundsätzlich auch für den **Schuldbeitritt** zur Vergütungsvereinbarung. Hierdurch soll den Beitretenden deutlich gemacht werden, dass er nicht nur der gesetzlichen Vergütungsschuld des Mandanten beitritt, sondern der davon abweichenden, vertraglich vereinbarten Vergütung (BGH IX ZR 208/15 v. 12.5.16, BB 16, 1537).

22   Eine **formularmäßige 15-Minuten-Zeittaktklausel** verstößt nach h. Rspr. wegen Benachteiligung des Mandanten gegen § 307 BGB (BGH IX ZR 140/19 v. 13.2.20, NJW 20, 1811; OLG Düsseldorf 24 U 196/04 v. 29.6.06, NJW-RR 07, 129; 24 U 183/05 v. 18.2.10, DStRE 10, 1346; nachgehend ausdrücklich offen gelassen: BGH IX ZR 37/10 v. 21.10.10, NJW 11, 63; LG Köln 26 O 453/16 v. 24.1.18, DStR 18, 640; OLG München 15 U 318/18 Rae v. 5.6.19, BeckRS 2019, 10655). Das OLG Schleswig hat formularmäßige 15-Minuten-Zeittaktklauseln nicht beanstandet (OLG Schleswig 11 U 151/07 v. 19.2.09, AnwBl. 09, 554; *Schons* AGS 10, 118 ff.; *Weitze-Scholl/Jendrzo* DStR 17, 65). Der BGH hat die Frage offen gelassen, tendiert aber mE dazu, formularmäßige 15-Minuten-Zeittaktklauseln für grundsätzlich zulässig zu erachten, dies jedenfalls dann, wenn die Klausel keine Aufrundungsberechtigung bei Erreichen der nächsten 15-Minuten-Taktung vorsieht (BGH IX ZR 37/10 v. 21.10.10, NJW 11, 63). Um die formularmäßige 6-Minuten-Zeittaktklausel weniger angreifbar zu machen, ist im Formular aufgenommen, dass Zeiteinheiten für Einzeltätigkeiten, die die 6-Minuten-Taktung jeweils nicht erreichen, am Ende des Tags zusammengefasst werden. Alternativ möglich wäre, die Regelung über die Taktung wegzulassen. Nach Ansicht von LG Köln 26 O 453/16 v. 24.1.18, DStR 18, 640 soll eine Klausel, nach der die abgerechneten Zeiten als anerkannt gelten, wenn der Auftraggeber nicht binnen einer Frist von vier Wochen der Abrechnung widerspricht, wegen einer unangemessenen Benachteiligung des Mandanten nach § 307 Abs. 1 Satz 1 BGB unwirksam sein.

23   Die im Formular vorgesehene Vergütungsvereinbarung setzt in Abs. 5 als **Mindestvergütung** die gesetzlichen Beträge nach RVG/StBVV an. Die formularmäßige Vereinbarung einer Mindestvergütung in Höhe des Dreifachen der gesetzlichen Vergütung nach RVG soll nach Ansicht des OLG München gegen § 307 Abs. 2 Nr. 1 BGB verstoßen (OLG München 15 U 318/18 Rae v. 5.6.19, BeckRS 2019, 10655). Die Regelung sollte – im Hinblick auf § 49b Abs. 5 BRAO – den Hinweis enthalten, dass sich die gesetzlichen Rahmengebühren nach dem Gegenstandswert bemessen. Der Rechtsanwalt, der den Mandanten vor Übernahme des Auftrags entgegen § 49b Abs. 5 BRAO schuldhaft nicht darauf hinweist, dass sich die für seine Tätigkeit zu erhebenden Gebühren nach dem Gegenstandswert richten, kann dem Mandanten ggf. zu Schadensersatz verpflichtet sein (BGH IX ZR 89/06 v. 24.5.07, NJW 07, 2332; zum Ganzen: *Schmitt* NJ 17, 59). Auch ein Mandant mit juristischer Vor- und Ausbildung soll im Hinblick auf § 49b Abs. 5 BRAO grundsätzlich belehrungsbedürftig sein (OLG Hamm 28 U 1/09 v. 16.6.09, AnwBl. 10, 143). Allerdings obliegt es dem Mandanten für den Fall eines Verstoßes gegen § 49b Abs. 5 BRAO, darzulegen, dass dieser Verstoß ursächlich für einen Schaden geworden ist, dass sich der Mandant bei entsprechendem Hinweis auf den Gegenstandswert also anders verhalten und das Mandat ggf. nicht erteilt hätte (BGH IX ZR 89/06 v. 24.5.07, NJW 07, 2332). Auch im Streit um die Wirksamkeit einer Vergütungsvereinbarung kann es dem Mandanten ggf. verwehrt sein, sich auf einen Verstoß gegen § 49b Abs. 5 BRAO zu berufen: Setzt der Mandant im Honorarprozess erfolgreich die Unwirksamkeit einer Honorarvereinbarung durch und stellt der Anwalt aus diesem Grund nunmehr eine geänderte Honorarrechnung nach RVG, kann es aus Sicht des Mandanten treuwidrig sein, wenn dieser Mandant der neuerlichen Abrechnung nach RVG nunmehr entgegenhalten will, während der Mandatsanbahnung vom Anwalt nicht nach § 49b Abs. 5 BRAO auf die Abrechnung nach Gegenstandswerten hingewiesen worden zu sein (OLG Koblenz 2 U 1023/11 v. 11.7.12, NJW-RR 12, 1466).

Ein zum **Pflichtverteidiger** bestellter Anwalt muss vor Abschluss einer Vergütungsvereinbarung dem Beschuldigten einen eindeutigen Hinweis erteilen, dass er auch ohne den Abschluss der Honorarvereinbarung zu weiterer Verteidigung verpflichtet ist (BGH IX ZR 216/17 v. 13.12.18, NJW 19, 676).

F. 2. Vollmacht

F. 2.01 Umfassende Vollmacht in Steuerangelegenheiten

I. FORMULAR

Formular F. 2.01 Umfassende Vollmacht in Steuerangelegenheiten

Umfassende Vollmacht in Steuerangelegenheiten

Ich/wir erteile(n) hiermit Herrn/Frau SteuerberaterIn ...... Vollmacht, mich in allen steuerlichen und sonstigen Angelegenheiten iSd. § 1 StBerG zu vertreten. Die Vollmacht gilt zeitlich unbefristet. Der Bevollmächtigte ist berechtigt, Untervollmachten zu erteilen und zu widerrufen.

Die Vollmacht berechtigt zu allen die Angelegenheiten iSd. § 1 StBerG betreffenden Verfahrenshandlungen, insbesondere zur Einlegung und Rücknahme von Rechtsbehelfen einschließlich Klagen, Revisionen und Beschwerden, – ganz oder teilweise – zu Verzicht auf Rechtsbehelfe, zur Zustimmung, zur Berichtigung oder Änderung von Verwaltungsakten, insbesondere von Steuerbescheiden, zur Entgegennahme von Zustellungen, zur Bestellung von Unterbevollmächtigten, zur Empfangnahme von Urkunden und Wertsachen, soweit die Angelegenheit hierzu Anlass bietet.

Die Vollmacht ermächtigt im Rahmen der Angelegenheiten iSd. § 1 StBerG zur Entgegennahme von Steuer-, Beitrags- und Gebührenerstattungen sowie von Geldleistungen. Die Vollmacht ermächtigt jedoch nicht zur Empfangnahme von Verwaltungsakten, die die vorstehende Angelegenheit nicht betreffen, und ebenfalls nicht zur Entgegennahme von Steuer-, Beitrags- und Gebührenerstattungen sowie von Geldleistungen, die die Angelegenheiten iSd. § 1 StBerG nicht betreffen.

II. ERLÄUTERUNGEN

Erläuterungen zu F. 2.01 Umfassende Vollmacht in Steuerangelegenheiten

Siehe F. 2.02 Rz. 1.

F. 2.02 Prozessvollmacht

I. FORMULAR

Formular F. 2.02 Prozessvollmacht

Prozessvollmacht

Ich/wir erteile(n) der Sozietät ......, Geschäftsanschrift ......, Vollmacht für den Finanz-/Verwaltungsrechtsweg in Sachen ....

Die Vollmacht ermächtigt zu allen Verfahrenshandlungen, die das Verfahren, einschließlich Rechtsmittelverfahren, betreffen, insbesondere zur Erhebung und Rücknahme von Klagen, zur Einlegung und Zurücknahme von Rechtmitteln, zum Verzicht auf Klagen und Rechtsmittel, zur Vornahme und Entgegennahme von Zustellungen, soweit sie dieses Verfahren betreffen, sowie zur Bestellung eines Vertreters oder Unterbevollmächtigten.

Die Vollmacht erstreckt sich auch auf Nebenverfahren, insbesondere auf die Verfahren der Aussetzung der Vollziehung, der einstweiligen Anordnung, der Wiederaufnahme sowie auf das Kostenfestsetzungs- und Vollstreckungsverfahren (§§ 69, 114, 134, 149, 150 ff. FGO; §§ 80, 123, 153, 164, 167 ff. VwGO). Die Vollmacht umfasst die Berechtigung zur unmittelbaren Vertretung in entsprechend weitem Umfang der an dem Verfahren Beteiligten (§ 57 FGO, § 63 VwGO) sowie zur Entgegennahme von Zustellungen seitens der Beteiligten, soweit diese Angelegenheit betroffen ist.

Die Vollmacht berechtigt ferner zur Empfangnahme von Geldern, einschließlich Steuer-, Beitrags- und Gebührenerstattungen und sonstigen Geldleistungen, die im Steuerverfahren festgesetzt werden. Sie umfasst insbesondere die Berechtigung zur Empfangnahme der von öffentlichen Kassen zu erstattenden Kosten sowie zur Verfügung darüber ohne die Beschränkungen des § 181 BGB.

Die Vollmacht berechtigt zur Einlegung der Verfassungsbeschwerde und der Vertretung vor dem Bundesverfassungsgericht.

II. ERLÄUTERUNGEN

> **Erläuterungen zu F. 2.01 und F. 2.02 Umfassende Vollmacht in Steuerangelegenheiten, Prozessvollmacht**

Die Formulare F. 2.01 und F. 2.02 können grundsätzlich ohne Änderung – unter 1 Anpassung des genauen des Kanzleinamens – für die Einzelkanzlei, die Sozietät, die Partnerschaft bzw. PartG mbB verwendet werden.

Auch im Hinblick auf die **interprofessionelle Berufsausübungsgemeinschaft** 2 besteht keine Notwendigkeit, die Vollmacht anders als bei den „reinen" Berufsausübungsgemeinschaften auszugestalten: Die Frage, ob der Sozietät selbst oder jeweils nur dem Berufsträger, der zulässiger Weise die Tätigkeit ausüben darf, Auftrag und Vollmacht erteilt werden kann, hat in Rspr. und Literatur zwischenzeitlich einen Wandel erfahren: Im Jahr 1999 hatte der BGH ausgeführt, ein Geschäftsbesorgungsvertrag, der auf eine Rechtsbesorgung und eine sich daraus ergebende treuhänderische Geldverwaltung gerichtet sei, komme im Zweifel nicht mit Steuerberatern und Wirtschaftsprüfern einer aus unterschiedlichen Berufsangehörigen bestehenden Sozietät zustande, sondern allein mit den soziierten Anwälten (BGH IX ZR 117/99 v. 16.12.99, DStR 00, 599). Dem Urteil lag ersichtlich das zwischenzeitlich überholte Modell der fehlenden Rechtsfähigkeit der GbR und der darauf fußenden Doppelverpflichtungslehre zugrunde. Inzwischen hat der BGH die Rechtsfähigkeit der Außen-GbR anerkannt (BGH II ZR 331/00 v. 29.1.01, NJW 01, 1056).

Nunmehr scheint in **Rechtsprechung und Literatur** anerkannt zu sein, dass es 3 auch bei der gemischten Berufsausübungsgemeinschaft – ohne Verstoß gegen das RDG – zulässig ist, ein Auftrags- und Vollmachtsverhältnis bezogen auf eine anwaltliche Tätigkeit zwischen Mandanten und der gemischten Sozietät abzuschließen (BGH IX ZR 44/10 v. 9.12.10, DStRE 11, 391; *Offermann-Burckart* AnwBl. 13, 788, 790). Es ist sogar zulässig, dass ein anwaltliches Mandat durch einen nichtanwaltlichen Sozius angenommen wird, wenn sichergestellt ist, dass die Tätigkeit später durch einen anwaltlichen Sozius ausgeübt wird; ein Verstoß gegen das RDG soll allerdings dann vorliegen, wenn die Rechtsdienstleistung von einem nichtanwaltlichen Sozius erbracht wird oder aber in der Sozietät ausschließlich angestellte Rechtsanwälte vorhanden sind (*Offermann-Burckart* AnwBl. 13, 788, 790).

Damit können die Vollmachten in rechtlichen oder steuerlichen Angelegenheiten 4 unmittelbar der gemischten Sozietät erteilt werden.

F. 3. Mandatsbeendigungsvereinbarung bei streitiger Mandatsbeendigung

I. FORMULAR

> **Formular F. 3 Mandatsbeendigungsvereinbarung bei streitiger Mandatsbeendigung**

Mandatsbeendigungsvereinbarung

zwischen

1. SteuerberaterIn ......,	– nachfolgend: „Steuerberater" –
2. Herrn Z.,	– nachfolgend: „Herr Z." –
3. Frau Z.,	– nachfolgend: „Frau Z."–

und

Z. GmbH sowie Z. GmbH & Co. KG.
– nachfolgend einheitlich: „Unternehmen Z." –

Präambel

Herr Z. sowie die Unternehmen Z. waren bis zum ...... Mandanten des Steuerberaters. Zur einvernehmlichen und endgültigen Auseinandersetzung schließen die Parteien nachstehende Vereinbarung:

§ 1 Ausgleichszahlung

(1) Zur Tilgung aller offenen oder noch abrechenbaren Honorarforderungen des Steuerberaters gegenüber Herrn Z. und dem Unternehmen Z. verpflichten sich Herr Z. sowie die Unternehmen Z. gesamtschuldnerisch gegenüber dem Steuerberater zur Zahlung eines Betrags iHv. brutto € ......,–.

(2) Für die Zahlungsverpflichtung gem. Ziff. 1 haftet Frau Z. gesamtschuldnerisch.

(3) Der Betrag gem. Ziff. 1 ist fällig in monatlichen Teilbeträgen von jeweils € ......,–, beginnend ab September 20.., fällig jeweils zum dritten Werktag des Monats.

(4) Der Betrag gem. Ziffer 1 ist zu überweisen auf folgendes Bankkonto:

......

(5) Kommen Herr Z. bzw. die Unternehmen Z. mit Zahlungsverpflichtungen aus dieser Vereinbarung in Höhe eines Betrag von mehr als einer Monatsrate iSd. Abs. 3 mehr als zwei Wochen in Zahlungsverzug, wird der dann noch offene Restbetrag in einer Summe fällig.

(6) Forderungen aus diesem Vertrag sind ab Fälligkeit mit 8 Prozent pro Jahr zu verzinsen.

§ 2 Herausgabe von Unterlagen

(1) Der Steuerberater ist nach jeweiligem Eingang der Ausgleichszahlungen iSd. § 1 gegenüber Herrn Z. wie folgt zur Herausgabe von Gegenständen, Unterlagen und Datensätzen verpflichtet:

a) bei Zahlung eines Gesamtbetrags von insgesamt € ......,–: Herausgabe von sämtlichen Gegenständen, Unterlagen und Datensätzen der Z. GmbH;

b) bei Zahlung eines Betrags von insgesamt € ......,–: Herausgabe von sämtlichen Gegenständen, Belegen, Unterlagen und Datensätzen der Z. GmbH & Co. KG;

c) bei Zahlung des danach noch verbleibenden Restbetrags: Herausgabe von sämtlichen Gegenständen, Unterlagen und Datensätzen an Herrn Z.

(2) Der Steuerberater wird unmittelbar nach Zahlungseingang die jeweils herauszugebenden Unterlagen und Gegenstände in seinen Büroräumlichkeiten zur Abholung bereitstellen und gegen Quittung aushändigen und der vollständigen sowie vorbehaltlosen Übertragung sämtlicher Daten zuzustimmen, die für Herrn Z. bzw. die Gesellschaften des Unternehmens Z. durch die DATEV eG, Paumgartnerstraße 6–14, 90429 Nürnberg, gespeichert sind.

§ 3 Abgeltung

Soweit in dieser Vereinbarung nicht anders geregelt, erlöschen mit Abschluss dieser Vereinbarung sämtliche wechselseitigen bestehenden, fälligen oder nicht fälligen, bekannten oder unbekannten Ansprüche zwischen dem Steuerberater auf der einen Seite und Herrn Z., Frau Z. sowie den Unternehmen Z. auf der anderen Seite endgültig; vorsorglich verzichten die Parteien wechselseitig auf entsprechende Ansprüche. Der Steuerberater versichert, dass ihm im Zeitpunkt der Unterzeichnung dieses Vertrags keine haftungsbegründenden Umstände bekannt sind.

§ 4 Sonstiges

(1) Jede Partei trägt die Beraterkosten selbst, die ihr im Rahmen der Vorbereitung und des Abschlusses dieser Vereinbarung entstanden sind.

(2) Sollten einzelne Bestimmungen dieses Vertrags unwirksam sein, so wird die Wirksamkeit des Vertrags im Übrigen dadurch nicht berührt; das gilt insbesondere, wenn die Unwirksamkeit sich nur auf einzelne Forderungen oder Forderungsteile erstreckt. Die Vertragschließenden sind in diesem Fall verpflichtet, die unwirksamen Vertragsbestimmungen durch rechtlich gültige Bestimmungen zu ersetzen, die den mit den unwirksamen Bestimmungen angestrebten wirtschaftlichen Zweck erreichen.

(3) Änderungen oder Ergänzungen dieses Vertrags bedürfen zu ihrer Gültigkeit der Schriftform; dies gilt auch für den Verzicht auf das Schriftformerfordernis.

II. ERLÄUTERUNGEN

Erläuterungen zu F. 3 Mandatsbeendigungsvereinbarung bei streitiger Mandatsbeendigung

1. Grundsätzliche Anmerkungen

Geht das Mandat ausnahmsweise streitig zu Ende, sollte es das Interesse des Beraters **1** sein, die **Durchsetzung seines Honoraranspruchs** abzusichern und sich gegen mögliche zukünftige **Haftungsansprüche** zu schützen. Beide Ziele können durch eine gesonderte Mandatsbeendigungsvereinbarung erreicht werden.

2. Einzelerläuterungen

Zu § 1:

Probates Mittel zur Durchsetzung von Honorar in der Krise kann die gesamt- **2** schuldnerische Mitinhaftungsnahme weiterer Personen sein (vgl. dazu i.E.: *Wollweber* DStR 10, 1801 ff.). Nach vorliegendem Formular haften Mandant, Unternehmen sowie Ehefrau gesamtschuldnerisch.

Zu § 2:

Geeignetes Mittel zur Durchsetzung von Honoraransprüchen kann die Ausübung **3** des **Zurückbehaltungsrechts** sein (vgl. dazu: *Olbing/Wollweber* DStR 09, 2700). Zu unterscheiden sind das speziell in § 66 StBerG geregelte Zurückbehaltungsrecht und das allgemeine Zurückbehaltungsrecht („Einrede des nicht erfüllten Vertrags") nach §§ 320, 322, 273 BGB. Das Zurückbehaltungsrecht nach § 66 Abs. 2 StBerG ist Sonderrecht des Beraters, das weiter geht als das allgemeine Zurückbehaltungsrecht nach § 273 BGB und es dem Steuerberater ermöglicht, seine berechtigten Ansprüche gegen den Auftraggeber auch ohne Prozess und ohne Anrufung der Gerichte durchzusetzen (mit Blick auf § 50 BRAO: BGH IX ZR 244/96 v. 3.7.97, NJW 97, 2944, 2945). § 66 StBerG bezieht sich ausschließlich auf die Handakte (zum Begriff: *Hölscheidt/König* NJW 17, 358; *Hölzle* Stbg 16, 226). Gem. § 66 Abs. 4 Satz 1 StBerG kann der Steuerberater seinem Auftraggeber die Herausgabe der Handakten verweigern, bis er wegen seiner Gebühren und Auslagen befriedigt ist.

4   Das hier abgedruckte Formular typisiert das **Zurückbehaltungsrecht** des Steuerberaters vertraglich und koppelt die sukzessive Rückgabe von Unterlagen und Daten an Zahlungseingänge. Die Höhe der Einzelbeträge, bei deren Erreichen jeweils weitere Unterlagen herausgegeben werden, sollte sich an den offenen Rechnungsbeträgen für Leistungen orientieren, auf die sich die jeweils zurückgehaltenen Unterlagen beziehen. Hierdurch wird die sachliche Koppelung von zurückbehaltenen Unterlagen an die offenen Honoraransprüche abgebildet, wie sie im Hinblick auf das gesetzliche Zurückbehaltungsrecht gefordert wird (vgl. dazu im Einzelnen: *Olbing/Wollweber* DStR 09, 2700).

Zu § 3:

5   Der **Abgeltungsklausel** kommt aus Sicht des Steuerberaters eine gesteigerte Bedeutung zu: Sie schützt ihn vor möglichen, ggf. im Zeitpunkt des Vertragsschlusses, unbekannten Haftungsrisiken aus vermeintlichen Beraterhaftungsansprüchen des im Streit scheidenden Mandanten. In der streitigen Verhandlung mit dem Mandanten auf Abschluss einer Mandatsbeendigungsvereinbarung sollte der Steuerberater hier nach Möglichkeit „hart" bleiben, dh. ggf. ein gewisses Entgegenkommen bei der Gesamthöhe des vom Mandanten zu verlangenden Resthonorars zeigen, um hierdurch eine Freistellung von mitunter unerkannten Haftungsrestrisiken zu erwirken. Gerade für den Fall, dass das Mandat unfriedlich beendet wird, besteht eine erhöhte Wahrscheinlichkeit, dass der Mandant dem nachfolgenden Steuerberater gezielt Auftrag erteilt, mögliche Haftungsansprüche gegenüber dem Vorberater zu prüfen.

F. 4. Haftungsbegrenzung

F. 4.01 Individuelle Haftungsbegrenzungsvereinbarung

I. FORMULAR

Formular F. 4.01 Individuelle Haftungsbegrenzungsvereinbarung

---

Sehr geehrte(r) Frau/Herr ......,

die ...... Steuerberatungssozietät (nachfolgend: „Sozietät") berät Sie hinsichtlich der .... Wie wir in der in der Besprechung vom ...... festgehalten haben, sind wir mit ...... beauftragt. Unsere Tätigkeit beschränkt sich auf die Beratung im Bereich des deutschen Steuerrechts (nachfolgend: „Mandat").

Wie in unserer Besprechung am ...... erörtert und bei der Bemessung des Honorars berücksichtigt, möchten wir mit Ihnen folgende Haftungsbegrenzungsvereinbarung schließen:

(1) Die Haftung der Sozietät für einen Schaden, der aus einer oder mehreren Pflichtverletzungen anlässlich der Beratung und Vertretung in diesem Mandat durch die Sozietät resultiert, wird auf einen Betrag iHv. € 250.000,– begrenzt. Die Beschränkung umfasst jede Art der Fahrlässigkeit. Die Haftung für Vorsatz bleibt von dieser Vereinbarung unberührt.

(2) Die in Ziff. 1 beschriebene Haftungsbeschränkung gilt auch gegenüber etwaiger in den Schutzbereich einbezogener Dritter. § 334 BGB wird nicht abbedungen. Die in Ziff. 1 beschriebene Haftungsbeschränkung gilt auch für neu in die Sozietät eintretende Sozien.

(3) Die in Ziff. 1 beschriebene Haftungsbeschränkung entfaltet Wirkung von Beginn des Mandats an. Insoweit versichert die Sozietät, dass ihr zum Zeitpunkt dieser Vereinbarung entstandene Haftungsansprüche nicht bekannt sind. Von der Möglichkeit, etwaig entstehende höhere Schadensersatzansprüche durch eine Einzelversicherung abzudecken, wollen Sie keinen Gebrauch machen.

Sofern Sie mit vorstehender Haftungsbegrenzungsvereinbarung einverstanden sind, darf ich Sie bitten, die beiliegende Durchschrift zu diesem Schreiben als Zeichen Ihres Einverständnisses zu unterzeichnen und an uns im Original zurückzusenden.

Mit freundlichem Gruß

Einverstanden am ......:

....

(Name des Mandanten)

II. ERLÄUTERUNGEN

Erläuterungen zu F. 4.01 Individuelle Haftungsbegrenzungsvereinbarung

---

Die Haftung für Einzelmandate kann durch **einzelvertragliche Regelungen** für **1** den Einzelfall weitergehend eingegrenzt werden als durch allgemeine Auftragsbedingungen (grdl. *Gallus* KÖSDI 18, 20933).

Durch **individualvertragliche,** schriftliche Vereinbarung kann der Schadensersatz- **2** anspruch des Auftraggebers gegenüber dem Steuerberater aus dem Mandatsverhältnis gem. § 67a Abs. 1 Nr. 1 StBerG bzw. § 52 Abs. 1 Nr. 1 BRAO für einen einzelnen

Fall auf Ersatz eines fahrlässig verursachten Schadens auf die Mindestversicherungssumme beschränkt werden: Für Rechtsanwälte oder Steuerberater, die einzeln oder in Sozietät tätig sind, kann in dieser Weise die Haftung auf einen Betrag von € 250.000,– beschränkt werden. Die Haftung kann für leichte als auch für grobe Fahrlässigkeit begrenzt werden. Einer **Haftungsbegrenzung** für Vorsatz steht hingegen § 276 Abs. 2 BGB entgegen.

3 Die Rechtsprechung stellt an die Zulässigkeit einzelvertraglicher Haftungsbegrenzungsvereinbarungen gesteigerte Anforderungen. Bereits äußerlich muss der Eindruck vermieden werden, dass die vereinbarte Haftungsbeschränkung vorformuliert verwendet wird. Für jeden einzelnen Fall **einer individuellen Haftungsbegrenzung** ist auf eine einzelfallbezogene Ausgestaltung des Vertragstexts zu achten: Jede einzelfallbezogene Haftungsbegrenzungsvereinbarung muss individuell und ohne Zuhilfenahme von Textbausteinen formuliert werden. Insofern ist **dringendst davon abzuraten,** den Wortlaut des vorliegend als Formular dargestellten Beispiels zu übernehmen. Vielmehr bedarf es für jeden Fall einer **persönlich gehaltenen und einzeln angepassten Abfassung,** in der die konkrete Situation der Mandatsanbahnung wiedergegeben ist. Bei der wiederkehrenden Verwendung desselben Texts besteht die Gefahr einer Qualifikation als allgemeine Auftragsbedingungen; werden in diesem Fall die Wirksamkeitsgrenzen für vorformulierte Haftungsbegrenzungen nicht eingehalten, etwa die dort vorgesehenen Mindesthaftungsgrenzen unterschritten, ist die Haftungsbegrenzung ggf. unwirksam. Entsprechend ist die als Beispiel angeführte Haftungsbegrenzungsvereinbarung in der Form eines persönlichen Anschreibens gehalten, das auf eine durchgeführte Besprechung und deren Inhalt konkret Bezug nimmt. Ergänzende Hinweise mit Blick auf eine alternativ angebotene Einzelhaftpflichtversicherung des konkreten Mandats sind von Vorteil.

4 Die einzelvertragliche Haftungsbegrenzung setzt zudem eine **vorhergehende Erörterung und Verhandlung** mit dem Auftraggeber voraus. Aus Beweisgründen kann das Erörterungsgespräch in der Haftungsbegrenzungsvereinbarung erwähnt werden.

5 Die individuell ausgehandelte Haftungsbegrenzung darf sich nur auf den **Einzelfall** beziehen, § 52 Abs. 1 Nr. 1 BRAO bzw. § 67a Abs. 1 Nr. 1 StBerG. Die individuell ausgehandelte Haftungsbegrenzungsvereinbarung darf sich also jeweils nur auf eine Angelegenheit beziehen; andernfalls droht wegen Verstoßes gegen § 52 Abs. 1 Nr. 1 BRAO bzw. § 67a Abs. 1 Nr. 1 StBerG die Unwirksamkeit.

F. 4.02 Vorformulierte Haftungsbegrenzungsvereinbarung für Dauermandat

I. FORMULAR

Formular F. 4.02 Vorformulierte Haftungsbegrenzungsvereinbarung für Dauermandat

---

Haftungsbegrenzungsvereinbarung

zwischen

...... (nachfolgend „Sozietät")

und

...... (nachfolgend „Mandant")

(1) Die Sozietät berät und vertritt den Mandanten im Zusammenhang mit

...... (nachstehend „Auftrag").

(2) Das Auftragsverhältnis besteht seit dem .... und ist noch nicht beendet.

(3) Die Regelungen der Haftungsbegrenzungsvereinbarung gelten – soweit nicht anders vereinbart – für sämtliche zukünftigen Tätigkeiten der Sozietät für den Mandanten sowohl im Zusammenhang mit dem Auftrag iSd. Ziff. 1 als auch in Zusammenhang mit etwaigen weiteren, zukünftigen Mandaten.

(4) Die Haftung der Sozietät für einen Schaden, der aus einer oder – bei einheitlicher Schadensfolge – aus mehreren Pflichtverletzungen anlässlich der Erfüllung eines Auftrags resultiert, wird auf einen Betrag iHv. € 1.000.000,– begrenzt. Die Beschränkung bezieht sich allein auf einfache Fahrlässigkeit. Die Haftung für grobe Fahrlässigkeit und Vorsatz bleibt insoweit unberührt.

(5) Die Haftungsbeschränkung iSd. Ziff. 4 hat Gültigkeit von Beginn des Auftragsverhältnisses an, wirkt insoweit also auf den Zeitpunkt der Auftragsübernahme zurück. Die Sozietät versichert, dass im Zeitpunkt der Zeichnung dieser Vereinbarung entstandene Haftungsansprüche nicht bekannt sind.

(6) Die Haftungsbeschränkung iSd. Ziff. 4 gilt auch gegenüber Dritten, soweit diese in den Schutzbereich des zwischen der Sozietät und des Mandanten bestehenden Rechtsverhältnisses fallen. § 334 BGB wird nicht abbedungen.

(7) Die Sozietät hat auf die Möglichkeit hingewiesen, zur Absicherung von Schäden anlässlich des Auftrags eine Einzelhaftpflichtversicherung abzuschließen, insbesondere um ein hier eventuell nicht abgedecktes Risiko abzusichern.

(8) Für die vorstehende Haftungsbegrenzungsvereinbarung gilt deutsches Recht. Sofern der Mandant Kaufmann, juristische Person des öffentlichen Rechts oder öffentlich-rechtliches Sondervermögen ist oder keinen allgemeinen Gerichtsstand im Inland hat, wird für sämtliche Streitigkeiten aus oder in Zusammenhang mit dem Mandatsverhältnis ...... als ausschließlicher Gerichtsstand vereinbart.

II. ERLÄUTERUNGEN

> **Erläuterungen zu F. 4.02 Vorformulierte Haftungsbegrenzungsvereinbarung für Dauermandat**

Vorliegendes Formular ist der äußeren Form nach als vertragliche Vereinbarung **1** konzipiert. Sofern das Formular bestimmt ist, in einer Vielzahl von Fällen verwendet zu werden, wird es sich materiell-rechtlich gleichwohl um **AGB/AAB** handeln. Die Haftungsbegrenzungsvereinbarung kann auch offen als AGB/AAB ausgestaltet sein. Nach § 305 Abs. 2 BGB werden diese allgemeinen Auftragsbedingungen nur dann Bestandteil eines Vertrags, wenn sie in diesen **einbezogen** werden, dh. der Verwender bei Vertragsschluss die andere Vertragspartei ausdrücklich auf die AAB hinweist, der anderen Vertragspartei die Möglichkeit verschafft, in zumutbarer Weise, die auch eine für den Verwender erkennbare körperliche Behinderung der anderen Vertragspartei angemessen berücksichtigt, von ihrem Inhalt Kenntnis zu nehmen und wenn die andere Vertragspartei mit ihrer Geltung einverstanden ist. Weniger streng sind die Regelungen für die Einbeziehung von Allgemeinen Geschäftsbedingungen bei Unternehmern, § 310 Abs. 1 BGB.

Formulierungsvorschlag für den Verweis im Mandatsvertrag auf die „Allgemeinen **2** Auftragsbedingungen" (AAB):

„Bestandteil dieses Mandatsvertrags sind die beigefügten „Allgemeinen Auftragsbedingungen" des Auftragnehmers [Steuerberater, Sozietät]. Diese „Allgemeinen Auftragsbedingungen" sind dem Mandanten/der Mandantin übersandt worden. Der Mandant/die Mandantin bestätigt hiermit, den Inhalt der „Allgemeinen Auftragsbedingungen" des Auftragnehmers zur Kenntnis genommen zu haben.

**Sie/er erklärt sich mit der Geltung der „Allgemeinen Auftragsbedingungen"
einverstanden."**

3   Die Zulässigkeit einer Haftungsbegrenzung durch Allgemeine Auftragsbedingungen
für Steuerberater und Steuerbevollmächtigte richtet sich nach § 67a Abs. 1 Nr. 2
StBerG: Danach kann der Anspruch des Auftraggebers aus dem Mandatsverhältnis auf
Ersatz eines fahrlässig verursachten Schadens durch vorformulierte Vertragsbedingungen auf den **vierfachen Betrag der Mindestversicherungssumme** beschränkt
werden, wenn insoweit Versicherungsschutz besteht. Für Rechtsanwälte bestimmt
§ 52 Abs. 1 Nr. 2 BRAO, dass die Haftung durch vorformulierte Vertragsbedingungen für Fälle einfacher Fahrlässigkeit auf den vierfachen Betrag der Mindestversicherungssumme begrenzt werden kann, wenn insoweit Versicherungsschutz besteht.

4   Die **Mindestversicherungssumme** beträgt für Steuerberater und steuerberatende
Partnerschaftsgesellschaften nach § 52 Abs. 1 DVStB und für Rechtsanwälte nach § 51
Abs. 4 Satz 1 BRAO für jeden einzelnen Versicherungsfall derzeit € 250.000,–. Für
Partnerschaften mbB, an denen ausschließlich Steuerberater und Steuerbevollmächtig-
te beteiligt sind, gilt eine Mindestversicherungssumme iHv. € 1.000.000,– (§ 67 Abs. 2
Satz 1 StBerG) und soweit an der Partnerschaft mbB (auch) Rechtsanwälte beteiligt
sind, eine Mindestversicherungssumme iHv. € 2.500.000,– (§ 51a Abs. 2 Satz 1
BRAO).

5   Die Haftungsbegrenzung kann durch vorformulierte Vertragsbeziehungen daher auf
nachstehende **Mindestbeträge** je Versicherungsfall begrenzt werden:
Steuerberater und/oder Anwälte in Einzelkanzlei/Sozietät/
Partnerschaft: € 1.000.000,–;
Steuerberater in Partnerschaft mbB   € 4.000.000,–;
Rechtsanwälte in Partnerschaft mbB, ggf. gemeinsam mit
Steuerberatern: € 10.000.000,–.

6   Die Mindesthaftungssumme für **Wirtschaftsprüfer/vereidigte Buchprüfer** beträgt nach § 54a Abs. 1 Satz 2 WPO iVm. § 323 Abs. 2 Satz 1 HGB € 1.000.000,– für
jeden Versicherungsfall ohne Begrenzung in der Jahreshöchstleistung. Durch individualvertragliche schriftliche Regelung kann die Haftung für den Einzelfall auf die Mindesthöhe der Deckungssumme von € 1.000.000,– beschränkt werden. Die Haftung
kann für Prüfungstätigkeiten der Wirtschaftsprüfer und vereidigten Buchprüfer durch
Allgemeine Auftragsbedingungen auf € 4.000.000,– für fahrlässig verursachte Schäden
begrenzt werden. Die Haftungsregelung des § 54a WPO greift auch, wenn der Wirtschaftsprüfer steuerberatend tätig wird. Auch in diesem Fall richtet sich die Möglichkeit der Haftungsbegrenzung für den Wirtschaftsprüfer allein nach § 54a WPO. Ein
Rückgriff auf § 67a StBerG ist nicht möglich.

7   Problematisch sind **„Doppel- oder Dreifachbänder":** Nach dem sog. Meistbe-
lastungsprinzip sollen sog. „Doppelbänder", also Steuerberater, die zugleich Wirtschaftsprüfer oder vereidigte Buchprüfer sind, in der Frage der Haftungsbegrenzung
dem Berufsrecht der Wirtschaftsprüfer folgen müssen, da § 54a WPO die Möglichkeiten einer Haftungsbegrenzung stärker einschränke und daher aus Sicht des Mandanten
günstiger sei (*Bonner Hdb. der Steuerberatung/Hartmann*, Teil B, § 67a StBerG Rz. 39.1,
mwN). Auch für den Fall, dass der „Doppelbänder" ausschließlich steuerberatend tätig
wird, soll eine Haftungsbegrenzung nach § 67a StBerG nicht möglich sein (*Bonner
Hdb. der Steuerberatung/Hartmann* aaO, Rz. 39.1).

8   Bei „Dreifachbändern", also Personen, die zugleich Steuerberater, Wirtschaftsprüfer
und Rechtsanwalt sind, ergeben sich bei konsequenter Anwendung des Meistbelas-
tungsgrundsatzes die gesetzlichen Anforderungen an die formularmäßige Haftungsbegrenzung aus einer kumulativen Anwendung von § 51a Abs. 1 BRAO und § 57a
Abs. 1 WPO. Die Haftung kann hier allein für leichte Fahrlässigkeit auf einen Mindestbetrag von € 4.000.000,– begrenzt werden (vgl. § 51a Abs. 1 BRAO; § 54a
WPO).

Unangemessen kann im Einzelfall die Begrenzung auf den gesetzlich zulässigen 9
Mindestwert sein, wenn von vornherein ein erkennbar krasses **Missverhältnis** zwischen dem prognostizierbaren Haftungsrisiko und dem vereinbarten Haftungshöchstbetrag besteht (*Bonner Hdb. der Steuerberatung/Hartmann aaO*, § 67a StBerG Rz. 30).
Bei Großmandaten muss daher ggf. mit höheren Haftungshöchstgrenzen gearbeitet
werden.

Klauseln, die neben der einzelfallbezogenen Haftungsbegrenzung eine **zusätzliche** 10
Haftungshöchstbegrenzung für bestimmte Zeiträume vorsehen (etwa: *„Zusätzlich
wird die Haftung je Kalenderjahr auf € 2.000.000,– begrenzt"*), dürften, sofern es hierdurch zu einer Unterschreitung der gesetzlich vorgesehenen Mindesthaftsumme je
Einzelfall kommen kann, unwirksam sein. Eine solche Begrenzungsmöglichkeit führt
bei mehreren großen Schadensfällen dazu, dass die vierfache Mindestversicherungssumme nicht mehr für jeden einzelnen Schadensfall zur Verfügung steht. Gerade dies
ordnet § 67a Abs. 1 Nr. 2 StBerG an.

Die **betragsmäßige Haftungsbegrenzung** auf das Vierfache der Mindestversi- 11
cherungssumme hat dem **Transparenzgebot** nach § 307 Abs. 1 Satz 2 BGB zu entsprechen. In den Allgemeinen Auftragsbedingungen sollte aufgrund der Risiken einer
Unwirksamkeit wegen Intransparenz allein die sich nach aktueller Rechtslage ergebende Haftungssumme ausdrücklich mit dem konkreten Betrag, (zB „€ 1.000.000,–")
aufgenommen werden. Eine Klausel, die die Haftung für einfache Fahrlässigkeit „auf
den vierfachen Betrag der Mindestversicherungssumme" festlegt, ohne zugleich den
konkreten Haftungshöchstbetrag zu beziffern, birgt ggf. die Gefahr, als intransparent
und damit als nach § 307 Abs. 1 Satz 2 BGB unwirksam qualifiziert zu werden.

Wird die Haftungshöchstsumme auch auf sog. Serienschäden bezogen, besteht die 12
Gefahr der Unwirksamkeit der Haftungsbegrenzung. **Serienschäden** entstehen aufgrund mehrerer Pflichtverstöße, die auf demselben fachlichen Fehler beruhen. Würde
für Serienschäden formularmäßig die Haftung auf insgesamt € 1.000.000,– begrenzt,
wäre mit Blick auf das mit Serienschäden gesteigerte Schadensrisiko die Haftungssumme uU nicht mehr angemessen und die Klausel in der Folge unwirksam. Eine entsprechende Klausel enthält das Formular daher nicht.

In der Höhe des vereinbarten Haftungsbetrags muss **tatsächlich Versicherungs-** 13
schutz bestehen. Sollte eine Haftpflichtversicherung in dieser Höhe nicht vorhanden
sein oder während der Dauer der Mandate entfallen, ist bzw. wird die Haftungsbegrenzung unwirksam.

Bereits bestehende Haftungsbegrenzungsvereinbarungen müssen insbesondere dann 14
überprüft werden, wenn die bisherige Sozietät in eine Partnerschaft mbB umgewandelt wird. Werden die vereinbarten Haftungsoberbeträge nicht an die gesetzlich vorgegebenen Beträge angepasst, wird die Haftungsbegrenzungsvereinbarung unwirksam.

Wird die Haftungsbegrenzung gesondert neben den allgemeinen Mandatsbedingun- 15
gen vereinbart, handelt es sich der Sache nach dennoch idR um **Allgemeine Ge-**
schäftsbedingungen: Allgemeine Geschäftsbedingungen sind gem. § 305 Abs. 1
Satz 1 BGB alle für eine Vielzahl von Verträgen vorformulierten Vertragsbedingungen, die eine Vertragspartei (Verwender) der anderen Vertragspartei bei Abschluss eines Vertrags stellt.

In der ganz herrschenden Literatur wird – uE mit zutreffenden Gründen – die An- 16
sicht vertreten, von der formularmäßigen Haftungsbegrenzung könnten bei Steuerberatern auch Fälle **grober Fahrlässigkeit** umfasst werden. Diese Ansicht ist jedoch
bislang jedenfalls höchstrichterlich nicht gesichert (siehe F. 1 Rz. 15). Das hier abgedruckte Formular hat daher – konservativ – die Haftung nur für den Fall einfacher
Fahrlässigkeit begrenzt; risikoangemessen kann es angesichts der bislang nicht abschließend gesicherten Rechtslage ebenso sein, auch den Fall der groben Fahrlässigkeit zu
erfassen, wenn sehenden Auges die latenten Unwirksamkeitsrisiken in Kauf genommen werden sollen.

17   Abzuraten ist von dem vermeintlich eleganten Versuch, vorbezeichneten Meinungsstreit durch einen schlichten Gesetzesverweis zu umgehen, etwa eine Haftungsbegrenzung für einen *„fahrlässig iSd. § 67a Abs. 1 Nr. 2 StBerG verursachten Schaden"* vorzusehen. Durch eine solche Formulierung würde die Frage des Fahrlässigkeitsmaßstabs in die Hände des Gerichts gelegt. Der Mandant wüsste zunächst nicht, welcher Fahrlässigkeitsgrad denn nun von der Haftungsbegrenzung erfasst sein soll. Es bestünde die nicht unerhebliche Gefahr eines Verstoßes gegen das **Transparenzgebot** (*Furmans* NJW 07, 1400, 1403). Die Klausel wäre dann unwirksam.

18   Die **persönliche Haftung** auf Schadensersatz kann gem. § 67a Abs. 3 StBerG bzw. § 52 Abs. 2 Satz 2 BRAO durch vorformulierte Vertragsbedingungen beschränkt werden auf die einzelnen Mitglieder einer Sozietät, die das Mandat im Rahmen ihrer eigenen beruflichen Befugnisse bearbeiten und namentlich bezeichnet sind. Die Zustimmungserklärung des Mandanten zu einer solchen Beschränkung darf keine anderen Erklärungen enthalten und muss vom Auftraggeber unterschrieben sein. In der Praxis sind derlei Beschränkungen selten anzutreffen. Das Formular hat diese Möglichkeit der Haftungsbegrenzung nicht vorgesehen.

19   Bei der **Partnerschaftsgesellschaft** ist per Gesetz gem. § 8 Abs. 2 PartGG die Haftung für denjenigen Partner beschränkt, der vertragsgemäß die Bearbeitung eines Auftrags übernommen hat. Einer gesonderten Vereinbarung bedarf es hier nicht. Der verantwortliche Partner der Partnerschaftsgesellschaft muss namentlich bezeichnet sein; er muss den Auftrag im Rahmen seiner eigenen beruflichen Befugnisse, so zB als Steuerberater, Rechtsanwälte oder Wirtschaftsprüfer, bearbeiten.

20   Die Haftungsbegrenzung sollte auch auf **neu eintretende Sozien** erstreckt werden.

21   Ein **weitergehender Haftungsausschluss** für einfache fahrlässige Pflichtverletzungen von Erfüllungsgehilfen braucht mE nicht aufgenommen werden: Die vollständige Haftungsfreizeichnung des nicht als Berufsträger tätigen Personals für einfache Fahrlässigkeit wird in der Literatur zwar als „erwägenswert" bezeichnet. Ebenso wie zu der Frage der Haftungsbegrenzung für grobe Fahrlässigkeit fehlt jedoch höchstrichterliche Rechtsprechung. Entscheidend für die Möglichkeit einer umfassenden Freizeichnung bei einfachem Gehilfenverschulden ist, ob die Mindesthaftungssumme des § 67a Abs. 1 Nr. 2 StBerG auch für Pflichtverstöße des Erfüllungsgehilfen gilt und als spezielleres Gesetz die Vorschrift des § 309 Nr. 7 Buchst. b BGB verdrängt. Der Wortlaut des § 67a Abs. 1 Nr. 2 StBerG ist indifferent: Nach der Vorschrift kann der Schadensersatzanspruch des Auftraggebers aus dem Mandatsverhältnis durch AGB auf das Vierfache der Mindestversicherungssumme beschränkt werden. Ob der Schadensersatzanspruch auf einer Pflichtverletzung des Steuerberaters oder dessen Erfüllungsgehilfen beruht, ist nach dem Wortlaut bedeutungslos. Gleichermaßen werden von § 67 Abs. 1 Nr. 2 StBerG – so eine mögliche Auslegung – sowohl Pflichtverletzungen des Steuerberaters als auch dessen Erfüllungsgehilfen erfasst. Die vollständige Haftungsfreizeichnung der Erfüllungsgehilfen für einfache Fahrlässigkeit kann zudem im Einzelfall unzulässig sein, wenn hierdurch vertragliche Kardinalpflichten berührt werden, also Pflichten, für die der Berater zentral einzustehen hat und deren Delegierung nicht zur Haftungsentlastung führen darf (in diesem Sinne: *MünchKommBGB/Wurmnest* § 309 Nr. 7 Rz. 3).

22   Ein Zivilgericht könnte den Haftungsausschluss für einfaches Verschulden der Erfüllungsgehilfen daher für unwirksam erachten. Aus diesem Grund sollte von vollständiger Freizeichnung der Erfüllungsgehilfen für einfache Fahrlässigkeit abgesehen werden. Deren Pflichtverletzungen fallen – genau wie diejenigen der Berufsträger – unter die allgemeine betragsmäßige Haftungsbegrenzung bis max. € 1.000.000,–.

23   In den **Schutzbereich eines Steuerberatungsvertrags** fallen regelmäßig **Dritte,** wenn diese Personen typischerweise mit den erbrachten Steuerberatungsleistungen in Kontakt kommen, ihr Schutz vom Mandanten zumindest auch beabsichtigt ist und sie als geschützter Personenkreis aus Sicht des Steuerberaters erkennbar selbst schutzbedürftig sind (BGH III ZR 15/92 v. 21.1.93, NJW-RR 93, 944; IX ZR 145/11 v. 14.6.12, DStR 12, 1825; IX ZR 193/10 v. 13.10.11, DStR 12, 720). Geschützter Dritter kann bspw. ein Ehegatte des Mandanten oder ein Gesellschafter sein, wenn das Steuerberatungsmandat mit der Gesellschaft besteht. Eine solche Haftung gegenüber Dritten, sei es aus einem Vertrag zugunsten Dritter oder nach den Grundsätzen des Vertrags mit Schutzwirkung zugunsten Dritter, kann nach Ansicht des BGH weder durch AGB noch Individualvereinbarung ausgeschlossen werden, da solche Haftungsbegrenzungsvereinbarungen sich als Verträge zulasten Dritter darstellen und mit dem Grundsatz der Privatautonomie unvereinbar sein sollen (BGH VI ZR 262/69 v. 15.6.71, BGHZ 56, 269). Dagegen kann sich der Steuerberater, wie in Formular F.1 § 6 Abs. 4 vorgesehen, bei einem Vertrag mit Schutzwirkung zugunsten Dritter dem Dritten gegenüber auf eine mit dem Gläubiger vereinbarte Haftungsbeschränkung berufen (BGH IVa ZR 86/85 v. 26.11.86, DB 87, 828). Der Dritte kann nicht besser stehen als der unmittelbare Vertragspartner selbst (BGH X ZR 144/94 v. 13.11.97, MDR 98, 646; III ZR 50/94 v. 10.11.94, DB 95, 209). Auch wenn der Gesetzgeber in § 67a StBerG ausdrücklich nur den „Auftraggeber" nennt, dürfte eine Haftungsbegrenzung auch gegenüber Dritten möglich sein – und zwar in dem zwischen den eigentlichen Vertragsparteien vereinbarten Umfang (BGH VIII ZR 345/88 v. 25.10.89, NJW 90, 181).

Haftungsbeschränkungen sollen nach dem Willen der Parteien regelmäßig auch **24** gegenüber dem in den Schutzbereich des Mandatsvertrags fallenden Dritten wirken. Die Haftungsbeschränkung ist insoweit kein (unzulässiger) Vertrag zulasten Dritter: Die Ansprüche des geschützten Dritten dürfen nicht weiter reichen als diejenigen des Mandanten selbst (BGH III ZR 50/94 v. 10.11.94, NJW 95, 392).

In der **Haftungsbeschränkungsvereinbarung** sollte klargestellt werden, dass nach **25** dem Parteiwillen auch die Haftung für Dritte beschränkt wird, die in den Schutzbereich des Mandatsverhältnisses fallen.

Wird die Haftungsvereinbarung von einer Sozietät oder Partnerschaftsgesellschaft **26** verwendet, greift sie **ausschließlich,** wenn die **Gesellschaft selbst** mandatiert ist. Sollte einer der Partner ein Mandat außerhalb der Sozietät als Einzelperson, also nicht im Namen der Sozietät annehmen, ist ein solches Mandat nicht von der Haftungsbegrenzungsvereinbarung umfasst. Diese müsste dann entsprechend persönlich angepasst werden.

Es kann vorkommen, dass mit der Mandatstätigkeit bereits vor Abschluss der Haf- **27** tungsbeschränkungsvereinbarung begonnen wurde. In der Haftungsvereinbarung kann mE klargestellt werden, dass die Haftungsbegrenzung bereits ab Beginn des Mandats gilt. Materiell-rechtlich handelt es sich um einen teilweisen Forderungserlass iSd. § 397 BGB in den Grenzen des § 67a StBerG.

Das allgemeine Zivilrecht lässt nach § 202 Abs. 1 BGB grundsätzlich Verkürzungen **28** der **Verjährungsfristen** außerhalb der Haftung für Vorsatz zu. Allerdings hat der BGH zu § 68 StBerG aF die Verkürzung der Verjährungsfrist durch Allgemeine Auftragsbedingungen für den Regelfall als eine unangemessene Benachteiligung des Mandanten angesehen und für unwirksam erklärt. Sie sei mit wesentlichen Grundgedanken der gesetzlichen Regelungen des StBerG nicht zu vereinbaren (BGH VII ZR 61/85 v. 16.1.86, NJW 86, 1171).

In der Literatur wird auch eine individualvertragliche Abkürzung der Verjährung als **29** unangemessen iSd. der Grundsätze von Treu und Glauben problematisiert (§ 242 BGB; *Borgmann/Jungk/Schwaiger/Borgmann*, Anwaltshaftung, 5. Aufl., 2014, Kap. X Rz. 42; *Kuhls ua./Kuhls*, StBerG, 3. Aufl. 2011, § 67a Rz. 30). Es ist mE von einer Begrenzung der Verjährungsfristen abzusehen.

Auch im Fall einer wirksamen Haftungsbegrenzungsvereinbarung greift ein formu- **30** larmäßig vereinbarter Haftungsschutz nur dann, wenn sich die Tätigkeit innerhalb des

Versicherungsschutzes hält: Eine Haftungsbegrenzungsvereinbarung iSd. § 67a Abs. 1 Nr. 2 StBerG erfasst nur solche Tätigkeit, für die Versicherungsschutz besteht. So ist bspw. die Beratung im außereuropäischen Steuerrecht von Standard-Versicherungsverträgen in der Regel nicht umfasst. Erfolgt gleichwohl eine Beratung, unterfallen Fehler nicht der Haftungsbegrenzungsvereinbarung.

31   Erst recht gilt dies für **unerlaubte Rechtsberatung** durch den Steuerberater. Auch nach Inkrafttreten des Rechtsdienstleistungsgesetzes zum 1.7.08 (BGBl. 1 07, 2840) bleibt das Monopol der Rechtsberatung im Grundsatz bei den Anwälten. Steuerberater sind jenseits des § 1 StBerG zur außergerichtlichen Rechtsberatung nach § 5 Abs. 1 RDG nur befugt, wenn diese Beratung als Nebenleistung zum Berufs- oder Tätigkeitsbild gehört. Die Auslegung des unbestimmten Rechtsbegriffs der „zum Berufs- oder Tätigkeitsbild gehörenden Nebenleistung" bleibt der Rechtsprechung vorbehalten. Die Rechtsberatung des Steuerberaters außerhalb der Steuerberatung iSd. § 1 StBerG ist auch zukünftig unerlaubte und damit nicht versicherte Tätigkeit, wenn sie nicht bloß als Nebenleistung erfolgt. In der Folge greift auch eine Haftungsbegrenzungsvereinbarung nicht.

F. 4.03 Haftungsbegrenzungsvereinbarung in der interprofessionellen Berufsausübungsgemeinschaft, an der auch Wirtschaftsprüfer beteiligt sind

I. FORMULAR

Formular F. 4.03 Haftungsbegrenzungsvereinbarung in der interprofessionellen Berufsausübungsgemeinschaft, an der auch Wirtschaftsprüfer beteiligt sind

(1) bis (3): *[Siehe Formular F. 4.02 „Vorformulierte Haftungsbegrenzungsvereinbarung für Dauermandat".]*

(4) Die Haftung der Sozietät für einen Schaden, der aus einer oder – bei einheitlicher Schadensfolge – aus mehreren Pflichtverletzungen anlässlich der Ausübung einer allein anwaltlichen Tätigkeit resultiert, wird auf einen Betrag iHv. € 1.000.000,– begrenzt; für sämtliche sonstige Tätigkeiten der Sozietät wird die Haftung der Sozietät für einen Schaden, der aus einer oder – bei einheitlicher Schadensfolge – aus mehreren Pflichtverletzungen resultiert, auf einen Betrag von € 4.000.000,– begrenzt. Die Beschränkungen nach Satz 1 und Satz 2 beziehen sich allein auf einfache Fahrlässigkeit. Die Haftung für grobe Fahrlässigkeit und Vorsatz bleibt insoweit unberührt. Ebenso unberührt bleibt die Haftung für gesetzliche Vorbehaltsaufgaben der Wirtschaftsprüfer und vereidigten Buchprüfer gem. § 323 HGB.

(5) bis (8): *[Siehe Formular F. 4.02 „Vorformulierte Haftungsbegrenzungsvereinbarung für Dauermandat".]*

II. ERLÄUTERUNGEN

Erläuterungen zu F. 4.03 Haftungsbegrenzungsvereinbarung in der interprofessionellen Berufsausübungsgemeinschaft, an der auch Wirtschaftsprüfer beteiligt sind

1   Durch Grundsatzurteil hat der BGH für die interprofessionelle Berufsausübungsgemeinschaft entschieden: Wird ein Anwaltsvertrag mit einer Sozietät geschlossen, der neben Rechtsanwälten auch Steuerberater angehören, so haften für einen Regressanspruch wegen Verletzung anwaltlicher Beratungspflichten auch diejenigen Sozien per-

sönlich, die selbst nicht Rechtsanwälte sind (BGH IX ZR 125/10 v. 10.5.12, NJW 12, 2435). Das Gericht bejaht also eine **haftungsrechtliche Allzuständigkeit** der Berufsträger einer interprofessionellen Berufsausübungsgemeinschaft.

Umso stärker drängt sich in dieser Form des Zusammenschlusses die Frage nach **2** **vertraglicher Haftungsbegrenzung** auf: Wesentlich stellt sich die Frage, ob sich die Mindesthaftsumme einer interprofessionellen Berufsausübungsgemeinschaft für jegliche ihrer Tätigkeiten nach der bezogen auf den einzelnen Berufsträger höchsten Mindestversicherungssumme richtet oder ob die Mindestversicherungssumme sich je nach konkreter Art der Tätigkeit ändert. Sofern die Mindestversicherungsbeträge identisch sind, bspw. bei Steuerberatern und Rechtsanwälten in Einzelkanzlei oder Sozietät, ist diese Frage wissenschaftlicher Art: Hier kann einheitlich für Fälle einfacher Fahrlässigkeit die Haftung grundsätzlich auf einen Betrag von € 1.000.000,– je Schadensfall begrenzt werden.

Von erheblicher Bedeutung ist diese Frage, wenn eine interprofessionelle Be- **3** rufsausübungsgemeinschaft mit Wirtschaftsprüfern/vereidigten Buchprüfern besteht: Während die ausschließlich aus Steuerberatern und/oder Rechtsanwälten bestehende Sozietät eine **Mindestversicherungssumme** von € 250.000,– je Schadensfall abzudecken hat, beläuft sich diese für Wirtschaftsprüfer/vereidigte Buchprüfer auf € 1.000.000,–.

Grundsätzlich greift für interprofessionelle Berufsausübungsgemeinschaften das **4** **Prinzip der Meistbelastung** (*Deckenbrock* AnwBl. 14, 118, 127; *ders.* BB 02, 2454, 2458): Für Rechtsanwälte ergibt sich dies bspw. aus § 30 BRAO: Nach **Satz 1** darf sich ein Rechtsanwalt mit Angehörigen anderer Berufe nur dann zu einer gemeinschaftlichen Berufsausübung in einer Sozietät zusammenschließen, wenn diese bei ihrer Tätigkeit auch das anwaltliche Berufsrecht beachten.

UE ist bei Ausgestaltung der Haftungsbegrenzungsvereinbarungen **zu differenzie-** **5** **ren, welche Berufsgruppen soziiert sind:** Besteht die Sozietät aus Steuerberatern und Wirtschaftsprüfern, dürfte die Haftungsbegrenzungsvereinbarung auch für rein steuerliche Angelegenheiten dem Meistbelastungsgrundsatz unterliegen, da, sofern nicht die gesetzliche Abschlussprüfung als Vorbehaltsprüfung des Wirtschaftsprüfers/vereidigten Buchprüfers betroffen ist, der berufsrechtliche Tätigkeitsbereich von Wirtschaftsprüfern/vereidigten Buchprüfern einerseits und Steuerberatern andererseits identisch ist (*Bonner Hdb. der Steuerberatung/Hartmann*, Teil B, § 67a StBerG Rz. 42). Ist daher in der Steuerberatersozietät ua. auch ein Wirtschaftsprüfer tätig, ist in vorformulierten Vertragsbedingungen als **Haftungshöchstsumme** auch für steuerliche Angelegenheiten ein Betrag von € 4.000.000,– vorzusehen.

Andererseits dürfte im Einzelfall eine Haftungsbegrenzung gem. § 52 BRAO für **6** den Anwaltssozius auf einen Betrag von € 250.000,– bzw. – bei vorformulierten Vertragsbedingungen – auf einen Betrag iHv. € 1.000.000,– bezogen auf anwaltliche Tätigkeiten auch dann möglich sein, wenn in der Sozietät zugleich Wirtschaftsprüfer soziiert sind, für welche der Mindesthaftungsbetrag von € 1.000.000,– bzw. bei vorformulierten Vertragsbedingungen iHv. € 4.000.000,– greift (so iE wohl auch: *Bonner Hdb. der Steuerberatung*, Teil B, § 67a StBerG Rz. 42; aA: *Furmans* NJW 07, 1400, 1402).

Im Hinblick auf die **fehlende Rechtsprechung** und die fehlenden Stellung- **7** nahmen in der Literatur trägt vorliegendes Formular, das unterschiedliche Haftungsobergrenzen für die anwaltliche Tätigkeit einerseits und die steuerberatende und wirtschaftsprüfende Tätigkeit andererseits ausweist, das **latente Risiko einer Un-** **wirksamkeit.** Sollen Restrisiken für eine Sozietät, an der ua. Wirtschaftsprüfer bzw. vereidigte Buchprüfer beteiligt sind, vermieden werden, sollte die Haftung in vorformulierten Haftungsbegrenzungsvereinbarungen in generell interprofessionellen Sozietäten für jeden Schadensfall auf einen Betrag von € 4.000.000,– und einfache Fahrlässigkeit beschränkt werden.

F. 5. Vergütungsvereinbarungen

F. 5.01 Stundenbasierte Vergütungsvereinbarung

I. FORMULAR

Formular F. 5.01 Stundenbasierte Vergütungsvereinbarung

Auftrags- und Vergütungsvereinbarung

zwischen

Herrn/Frau/Firma ......, Adresse ......, ggf. Vertretungsverhältnis,

– nachfolgend „Mandant" –

und

......,

– nachfolgend „Sozietät" –

I. Auftragserteilung

1. Die ...... Sozietät (nachfolgend „Sozietät") berät und vertritt den/die Mandanten/in im Zusammenhang mit ......; die Beratung erfolgt ausschließlich in deutschem Recht (nachstehend „Auftrag").

2. Das Auftragsverhältnis besteht seit dem ...... und ist noch nicht beendet. Die im Rahmen der Auftrags- und Vergütungsvereinbarung getroffenen Regelungen gelten insoweit auch rückwirkend für die bisherige Mandatstätigkeit der Sozietät.

3. Die Regelungen der Auftrags- und Vergütungsvereinbarung gelten – soweit nicht anders vereinbart – auch für sämtliche zukünftigen Tätigkeiten der Sozietät für den Mandanten sowohl im Rahmen des Auftrags iSd. Ziff. 1 als auch im Rahmen etwaiger weiterer, zukünftiger Mandaten.

II. Vergütungsvereinbarung

Für die Tätigkeiten im Zusammenhang mit dem Auftrag wird vereinbart:

1. Die Sozietät berechnet ein Stundenhonorar:

– Sozius   € ......,–

– Angestellte Steuerberater/Rechtsanwälte   € ......,–

2. Die Beträge verstehen sich zzgl. Umsatzsteuer und Auslagen. Die Abrechnung des Stundenhonorars erfolgt in 6-Minuten-Einheiten. Kürzere Zeiten werden am Ende eines Tags jeweils bis zum Erreichen einer Abrechnungseinheit zusammengefasst. Kosten für Telefon, Telefax und Porto werden mit 2 % des Zeithonorars pauschaliert, sonstige Auslagen werden nach Anfall in Rechnung gestellt. Fahrtkosten werden mit € 0,30 je gefahrenen Kilometer berechnet.

3. Sollte es zu einem streitigen Verfahren kommen, rechnet die Sozietät mindestens in Höhe der gesetzlichen Gebühren nach dem RVG/StBVV ab. Für diesen Fall weist die Sozietät darauf hin, dass sich die gesetzlichen Gebühren im streitigen Verfahren regelmäßig nach dem Gegenstandswert richten.

4. Sämtliche Beträge verstehen sich zzgl. der gesetzlichen Umsatzsteuer. Soweit Honorarrechnungen für Vergütungsansprüche nach Maßgabe der vorliegenden Vereinbarung von der Sozietät an den Mandanten gestellt werden, erklärt der Mandant sein ausdrückliches Einverständnis, dass diese Rechnungen auch in ein-

fach elektronischer, verkehrsüblicher Form, insbesondere in Form einer pdf-Datei, an den Mandanten übermittelt werden dürfen und dass diese Rechnungen nicht von einem Gesellschafter der Sozietät unterzeichnet sein müssen.

5. Die Sozietät weist darauf hin, dass vorstehender Vergütungsvorschlag von den gesetzlichen Gebühren des Rechtsanwaltsvergütungsgesetzes (RVG) und der Steuerberatervergütungsverordnung (StBVV) abweicht. Im Falle eines Anspruchs auf Kostenerstattung muss die gegnerische Partei, ein Verfahrensbeteiligter oder die Staatskasse regelmäßig nicht mehr als die gesetzlichen Gebühren erstatten. Generell weist die Sozietät darauf hin, dass in Textfom eine höhere oder niedrigere als die gesetzliche Vergütung vereinbart werden kann.

III. Sonstiges

1. Diese Auftrags- und Vergütungsvereinbarung unterliegt deutschem Recht.
2. Sofern der Mandant Kaufmann, juristische Person des öffentlichen Rechts oder öffentlich-rechtliches Sondervermögen ist oder keinen allgemeinen Gerichtsstand im Inland hat, wird für sämtliche Streitigkeiten aus oder in Zusammenhang mit dem Mandatsverhältnis ...... als ausschließlicher Gerichtsstand vereinbart.

.............................., den ....

....

Mandant   **Sozietät**

II. ERLÄUTERUNGEN

> **Erläuterungen zu F. 5.01 Stundenbasierte Vergütungsvereinbarung**

S. Erläuterungen zu F. 1 Rz. 20 ff., Teil B (Vergütungsvereinbarung). 1

Wird zu Gunsten des Beraters ein **Stundenhonorar** vereinbart, hat er die während 2 des abgerechneten Zeitintervalls erbrachten Leistungen **konkret und in nachprüfbarer Weise** darzulegen (BGH IX ZR 18/09 v. 4.2.10, AnwBl. 10, 362). Der Hinweis, dass in Textfom eine höhere oder niedrigere als die gesetzliche Vergütung vereinbart werden kann, wird nach Neufassung des § 4 StbVV im Jahr 2016 nunmehr gem. § 4 Abs. 4 StbVV vom Steuerberater geschuldet.

F. 5.02 Pauschalvergütungsvereinbarung

I. FORMULAR

> **Formular F. 5.02 Pauschalvergütungsvereinbarung**

Sehr geehrte(r) Herr/Frau ......,

mit Bezug auf unsere Besprechung vom ...... schlage ich Ihnen den Abschluss nachstehender Vergütungsvereinbarung vor:

1. Wir vertreten Sie in .... Tätigkeiten im außergerichtlichen Rechtsbehelfsverfahren sowie für ggf. anschließende Instanzen sind von diesem Vorschlag nicht umfasst. Sollte es zu solchen Verfahren kommen, werden wir uns über das Honorar verständigen.
2. Für die in Ziff. 1 bezeichnete Tätigkeit vereinbaren wir ein zeit- und aufwandsunabhängiges Pauschalhonorar iHv. € ......,–. Der Betrag versteht sich zzgl. Umsatzsteuer und Auslagenersatz. Diese Vereinbarung wird für eine Mindestlaufzeit von einem Jahr geschlossen.

3. Soweit Honorarrechnungen für Vergütungsansprüche nach Maßgabe der vorliegenden Vereinbarung von der Sozietät an den Mandanten gestellt werden, erklärt der Mandant sein ausdrückliches Einverständnis, dass diese Rechnungen auch in einfach elektronischer, verkehrsüblicher Form, insbesondere in Form einer pdf-Datei, an den Mandanten übermittelt werden dürfen und dass diese Rechnungen nicht von einem Gesellschafter der Sozietät unterzeichnet sein müssen

4. Wir weisen darauf hin, dass vorstehender Vergütungsvorschlag von den gesetzlichen Vorgaben des Rechtsanwaltsvergütungsgesetzes/der Steuerberatervergütungsverordnung (RVG/StBVV) abweicht. Im Fall einer Kostenerstattung hat die gegnerische Partei, ein Verfahrensbeteiligter oder die Staatskasse regelmäßig nicht mehr als die gesetzlichen Gebühren nach dem RVG bzw. der StBVV zu erstatten. Generell weisen wir darauf hin, dass in Textform eine höhere oder niedrigere als die gesetzliche Vergütung vereinbart werden kann.

Sollten Sie mit vorstehender Vergütungsvereinbarung einverstanden sein, darf ich Sie bitten, beiliegende Durchschrift zu unterzeichnen und an mich im Original zurückzusenden.

Mit freundlichem Gruß

Einverstanden:

....

(Mandant)

II. ERLÄUTERUNGEN

Erläuterungen zu F. 5.02 Pauschalvergütungsvereinbarung

1   Die **Pauschalhonorarvereinbarung** mit einem Steuerberater bedarf zu ihrer Wirksamkeit der konkreten Festlegung der zu übernehmenden Tätigkeiten und der Zeiträume, für die sie geleistet werden sowie der zwingend vorgeschriebenen Schriftform (OLG Hamm I-25 U 5/13, 25 U 5/13 v. 26.11.13, DStR 14, 2151). Wegen der weiteren formalen Anforderungen an die Wirksamkeit einer Vergütungsvereinbarung, s. F. 1, Rz. 21. Für wiederkehrende dh. laufende Tätigkeiten – zB laufende Buchhaltung – gelten zu Lasten der Steuerberater zudem die gesetzlichen Vorgaben des § 14 StBVV ist eine solche Vereinbarung für einen Zeitraum von einem Jahr in Textform zu treffen. In der Vereinbarung sind zudem die vom Steuerberater zu übernehmenden Tätigkeiten und die Zeiträume, für die geleistet wird, im Einzelnen aufzuführen. Für die in § 14 Abs. 2 StBVV genannten Tätigkeiten darf keine Pauschalvereinbarung getroffen werden.

2   Der **Höhe** nach ist das vertraglich vereinbarte Honorar an den Maßstäben des § 138 BGB bzw. der berufsrechtlichen Grenze der Unangemessenheit zu beurteilen (zum Ganzen: *Wollweber/Ruske* Stbg 16, 402). Vereinbart ein Berater eine Vergütung, die mehr als das Fünffache über den gesetzlichen Höchstgebühren liegt, spricht eine tatsächliche Vermutung dafür, dass sie unangemessen hoch und daher auf ein angemessenes Maß anzupassen ist (BGH IX ZR 273/02 v. 27.1.05, BGHZ 162, 98 ff.; IX ZR 73/08 v. 12.2.09, AnwBl. 09, 389; IX ZR 119/14 v. 10.11.16, DStR 17, 517). Diese Vermutung der Unangemessenheit kann durch die Darlegung entkräftet werden, dass die vereinbarte Vergütung im konkreten Fall unter Berücksichtigung aller Umstände angemessen ist (BGH IX ZR 18/09 v. 4.2.10, AnwBl. 10, 362).

3   *(frei)*

4   Die vorliegend als individualvertragliche Honorarvereinbarung ausgestaltete Regelung sieht vor, dass das Pauschalhonorar **zeit- und aufwandsunabhängig** mit erster Tätigkeit entsteht. Würde eine solche Regelung im Rahmen einer vorformulierten

Vergütungsvereinbarung vorgeschlagen, würde dies das latente Risiko einer Unwirksamkeit nach sich ziehen: Die in einer Vergütungsvereinbarung enthaltene Formularklausel, wonach der Rechtsanwalt die Pauschalvergütung auch bei vorzeitiger, von ihm nicht zu vertretender Mandatsbeendigung in voller Höhe erhält, soll nach Ansicht des OLG Köln wegen Verstoßes gegen § 307 Abs. 2 Nr. 1, § 308 Nr. 7 Buchst. a BGB **unwirksam** sein (OLG Köln 17 U 7/12 v. 17.10.12, BeckRS 2013, 08393). Diese Ansicht ist uE abzulehnen, da eine solche Regelung dem gesetzlichen Leitbild für Rahmengebühren entspricht, vgl. § 12 Abs. 4 StBVV iVm. § 15 Abs. 4 RVG.

Hat der Berater die Vertretung seines Mandanten für ein Pauschalhonorar aufgrund **5** **mündlicher Vergütungsvereinbarung** übernommen, wobei der Pauschalbetrag in der Folgezeit in Teilbeträgen von dem Mandanten gezahlt worden ist, ist dem Mandanten trotz formeller Unwirksamkeit der Honorarvereinbarung (§ 3a Abs. 1 Satz 1 RVG) die Rückforderung der über die gesetzlichen Gebühren erbrachten Zahlungen nicht schon deshalb nach Treu und Glauben verwehrt, wenn der Mandant auf das Verlangen des Rechtsanwalts auf Abschluss einer schriftlichen Honorarvereinbarung anlässlich einer Besprechung erwidert hat, er brauche keine Honorarvereinbarung; für ihn sei die Bezahlung seiner Berater, eine Sache der Ehre. Er habe seine Anwälte immer bezahlt und werde dies auch weiterhin tun (BGH IX ZR 100/13 v. 22.10.15, NJW 16, 1391). Treuwidrig handelt der Mandant allerdings ggf. dann, wenn er an einer in vollem Umfang wirksamen Verpflichtung zweifelt, sich aber gleichwohl in einer Weise verhält, dass der Berater annehmen darf, der Mandant sei sich der Möglichkeit einer fehlenden Verpflichtung bewusst, wolle hieraus aber keine Rechte ableiten (BGH IX ZR 100/13 v. 22.10.15, NJW 16, 1391). Umgekehrt kann sich der Steuerberater – zur Durchsetzung eines höheren Honorars – auf die Formunwirksamkeit einer mündlich vereinbarten Abänderung einer schriftlichen Vereinbarung einer Pauschalvergütung nicht berufen, wenn er den Mandanten nicht zuvor auf das Schriftformerfordernis **hingewiesen** hat (OLG Schleswig-Holstein 17 U 21/18 v. 11.1.19, DStR 19, 1595).

F. 5.03 Erfolgsabhängige Vergütungsvereinbarung

I. FORMULAR

Formular F. 5.03 Erfolgsabhängige Vergütungsvereinbarung

Vergütungsvereinbarung
zwischen
......
und
...... (nachfolgend „Sozietät")

1. **Die Sozietät ist vom Mandanten mit der Vertretung im Rahmen des Verfahrens ...... beauftragt (nachfolgend „Auftrag").**

2. **Die Parteien vereinbaren als Vergütung für die in Ziff. 1 bezeichnete Tätigkeit ein zeitabhängiges Honorar iHv. € ......,– pro Stunde. Die Abrechnung des Stundenhonorars erfolgt in 6-Minuten-Einheiten. Kürzere Zeiten werden am Ende eines Tags jeweils bis zum Erreichen einer Abrechnungseinheit zusammengefasst.**

3. **Der Auftrag und die Durchsetzung der mit dem Auftrag verbundenen Ansprüche ist mit Erschwernissen dergestalt verbunden, dass ....**

    Sollte eine außergerichtliche Erledigung der Sache gelingen, einigen sich der Mandant und die Sozietät mit Blick auf diese Erschwernisse daher, dass für diesen Fall zusätzlich eine Erledigungsgebühr iHv. € ......,–.

4. Als Mindesthonorar gilt das Honorar nach dem Rechtsanwaltsvergütungsgesetz bzw. der Steuerberatervergütungsverordnung als vereinbart. Die gesetzlichen Gebühren für den Auftrag betragen: € ......,–. Die Sozietät wäre bereit gewesen, den Auftrag auch für ein erfolgsunabhängiges Pauschalhonorar iHv. € ......,– zu übernehmen.

5. Wesentliche Gründe für die Bemessung der Erledigungsgebühr waren: ....

6. ......

7. Das Honorar versteht sich zzgl. Auslagenersatz und Umsatzsteuer. Soweit Honorarrechnungen für Vergütungsansprüche nach Maßgabe der vorliegenden Vereinbarung von der Sozietät an den Mandanten gestellt werden, erklärt der Mandant sein ausdrückliches Einverständnis, dass diese Rechnungen auch in einfach elektronischer, verkehrsüblicher Form, insbesondere in Form einer pdf-Datei, an den Mandanten übermittelt werden dürfen und dass diese Rechnungen nicht von einem Gesellschafter der Sozietät unterzeichnet sein müssen.

8. Die Sozietät weist darauf hin, dass

– dieser Vergütungsvorschlag von den gesetzlichen Gebühren des Rechtsanwaltsvergütungsgesetzes (RVG)/der Steuerberatervergütungsverordnung (StBVV) abweicht;

– die Vereinbarung keinen Einfluss auf die gegebenenfalls vom Auftraggeber zu zahlenden Gerichtskosten, Verwaltungskosten und die von ihm zu erstattenden Kosten anderer Beteiligter hat;

– im Fall eines Anspruchs auf Kostenerstattung die gegnerische Partei, ein Verfahrensbeteiligter oder die Staatskasse regelmäßig nicht mehr als die gesetzlichen Gebühren nach RVG bzw. StBVV erstatten muss;

– in Textform eine höhere oder niedrigere als die gesetzliche Vergütung vereinbart werden kann.

.............................., den ....

II. ERLÄUTERUNGEN

Erläuterungen zu F. 5.03 Erfolgsabhängige Vergütungsvereinbarung

1   § 4a RVG und § 9a Abs. 2 StBerG lassen Erfolgshonorarvereinbarungen nur in engen Grenzen zu. Gem. § 4a Abs. 1 Satz 1 RVG bzw. § 9a Abs. 1 Satz 1 StBerG darf ein Erfolgshonorar vom Rechtsanwalt nur für den **Einzelfall** und nur dann vereinbart werden, wenn der Auftraggeber aufgrund seiner **wirtschaftlichen Verhältnisse** bei verständiger Betrachtung ohne die Vereinbarung eines Erfolgshonorars von der Rechtsverfolgung abgehalten würde. Dabei darf vereinbart werden, dass keine oder eine geringere als die gesetzliche Vergütung zu zahlen ist, wenn für den Erfolgsfall ein angemessener Zuschlag auf die gesetzliche Vergütung vereinbart wird, § 4a Abs. 1 Satz 2 RVG bzw. § 9a Abs. 1 Satz 2 StBerG.

2   Die Vereinbarung muss die **voraussichtliche gesetzliche Vergütung** enthalten und ggf. die **erfolgsunabhängige vertragliche Vergütung,** zu der der Berater bereit wäre, den Auftrag zu übernehmen, sowie die Angabe, **welche Vergütung bei Eintritt welcher Bedingungen** verdient sein soll, § 4a Abs. 2 RVG bzw. § 9a Abs. 3 Satz 1 StBerG. In der Vereinbarung sind außerdem die **wesentlichen Gründe** anzugeben, die für die Bemessung des Erfolgshonorars bestimmend sind, § 4a Abs. 3 Satz 1 RVG bzw. § 9a Abs. 4 StBerG. Ferner ist ein **Hinweis** aufzunehmen, dass die Vereinbarung keinen Einfluss auf die ggf. vom Auftraggeber zu zahlenden Gerichtskosten, Verwaltungskosten und die von ihm zu erstattenden Kosten anderer Beteiligter hat.

3   Zu Beispielen weiterer Formulierungen für erfolgsabhängige Vergütungskomponenten s. *Madert* AGS 07, 19 und *ders.* AGS 05, 536.

Sachregister

Die fetten Buchstaben und Zahlen verweisen auf die einzelnen Teile und Formulare,
die mageren Zahlen auf die Randziffern.